Wilhelm Koch

# Eisenbahn-Stations-Verzeichniss der dem Vereine Deutscher Eisenbahn-Verwaltungen

Wilhelm Koch

**Eisenbahn-Stations-Verzeichniss der dem Vereine Deutscher Eisenbahn-Verwaltungen**

ISBN/EAN: 9783743437982

Hergestellt in Europa, USA, Kanada, Australien, Japan

Cover: Foto ©ninafisch / pixelio.de

Weitere Bücher finden Sie auf **www.hansebooks.com**

# Eisenbahn-Stations-Verzeichniss

der dem

**Vereine Deutscher Eisenbahn-Verwaltungen**

**angehörigen, sowie der übrigen im Betriebe oder Bau befindlichen Eisenbahnen**

**EUROPA'S**

**unter Angabe der Adressen der Eisenbahn- und Stations-Verwaltungen, der Entfernungen der Stationen untereinander, der directen Verkehrsbeziehungen derselben im Eisenbahn-Gütertransporte, sowie ihrer geographischen und politischen Lage.**

**Handbuch für den Eisenbahn-Güter-Verkehr.**

**Für Eisenbahn-Beamte, Spediteure, Fabrikanten und sonstige Gewerbtreibende,**

nach officiellen Quellen zusammengestellt und nach Revision Seitens fast sämmtlicher betreffender Eisenbahn-Verwaltungen herausgegeben,

von


DR. JUR. W KOCH,

Redacteur der Zeitung des Vereins Deutscher Eisenbahn-Verwaltungen.


Mit einer Uebersichtskarte, auf welcher die Namen und Gebiete der einzelnen Bahn-Verwaltungen in Farbendruck angegeben sind und Barthol's Eisenbahn-Karte von Europa.

Vierte vollständig umgearbeitete und vermehrte Auflage.


Berlin, 1872.

Verlag von Barthol & Co.

(Wilhelm Lobeck & Max Schirmer).

---

Preis ohne Karten 25 Sgr. Mit beiden Karten 1 Thlr. 20 Sgr.

# I.

# Alphabetisch-Geographische Uebersicht

der Eisenbahn-Gebiete Europas mit ihren Linien, Stationen und Haltestellen unter Angabe der Adressen der Eisenbahn- und Stations-Verwaltungen, der Meilenzeiger, Uebersicht der Tarife u. der directen Verkehrsbeziehungen der Stationen im Eisenbahn-Gütertransporte, u. deren politischen Lage. Vorbemerkungen, Erklärung der Zeichen, etc.

1. **Im Bau begriffene Bahnen**, deren Eröffnung im Jahre 1872 bevorsteht. Die Stationen findet man nur dann beigefügt, wenn solche bereits definitiv festgestellt worden sind. Zuweilen kommt unmittelbar vor der Bahn-Eröffnung eine Aenderung selbst dieser Stationen noch vor, welche aus der Zeitung des Vereins Deutscher Eisenbahn-Verwaltungen zu ersehen ist, in welcher die Eröffnung neuer Bahnlinien und Stationen an der Spitze des betreffenden Blattes officiell bekannt gemacht wird.

**Die Zeit der Betriebseröffnung** ist (soweit uns zuverlässige Mittheilungen vorlagen) bei den betreffenden Linien beigefügt worden. Da, wo diese Eröffnung der Linien streckenweise erfolgte, ist der Kürze wegen der Ausdruck von Station-Station für die zwischenliegende Strecke gebraucht worden. Demnach ist z. B. bei der Bergisch-Märkischen Eisenbahn, Linie a. die Notiz: Eröffnet Stat. 12-13 12/8 52, dahin zu verstehen: dass die Eisenbahn-Strecke zwischen Station 12 und 13 am 12. August 1852 in Betrieb gesetzt wurde.

2. **Die Adresse jeder Bahnverwaltung** (zugleich ihr Domicil enthaltend, welches meist mit dem der betreffenden Eisenbahn-Gesellschaft zusammenfällt) findet sich unter der Ueberschrift eines jeden Bahn-Gebietes angegeben. — Die Oesterr. Eisenbahnen haben den Titel: Kaiserlich-Königlich privilegirt oder ausschliesslich privilegirt = K. k. pr. oder K. k. a. pr.

**Die Adressen der Stations-Verwaltungen.** Bei den meisten Eisenbahnen bestehen für die Stationen resp. Haltestellen keine verschiedene Titulaturen, und die Adresse: An den Stations-Vorsteher (Stations-Vorstand, in Oesterreich Stations-Chef) der N. N. Eisenbahn zu N. N. genügt vollkommen. Nur da, wo weitere Unterschiede in der Titulatur bestehen (wie bei den Badischen, Bayerischen, Sächsischen u. Württemb. Staatsbahnen) wird solches nachstehend bei den betreffenden Bahn-Verwaltungen übersichtlich angegeben und in dem alphabetischen Stations-Verzeichniss (II.) bei den betreffenden einzelnen Stationen der Titel abgekürzt wiederholt. — Neben den Stations-Vorständen bestehen namentlich in Preussen auf den grösseren Stationen Güter-, Billet- (für Personen-Transport) und Telegraphen-Expeditionen.

Die Anfangs-Buchstaben der Eisenbahn-Namen dienen (wo Abkürzungen nöthig) als Bezeichnung derselben im alphabetischen Stations-Register.

3. Zur ersten Rubrik: **Namen der Stationen und Haltestellen nebst den bei solchen angegebenen Zeichen und Buchstaben.**

a) ⊗ = Stationen, bei welchen eine Nachbarbahn kreuzt. ○ = Stationen, bei welchen eine Nachbarbahn anschliesst; was für eine Nachbarbahn anschliesst, ist aus den alphabetisch geordneten Notizen über Anschlüsse zu ersehen, welche sich unter der Ueberschrift einer jeden Eisenbahn zusammengestellt finden. Vergleicht man z. B. Aachen-Mastricht, so findet sich das Zeichen ○ bei Aachen und Mastricht angegeben, während in den Vorbemerkungen zu Aachen-Mastricht (betreffend Anschlüsse) die genannten alphabetisch geordneten Stationen mit der Angabe vermerkt sind, welche Nachbarbahnen bei denselben Anschluss haben. (Aachen: Berg.-Märk. etc.)

b) Bei den Stationen, an welchen eine Zweigbahn anschliesst, ist hinter der fortlaufenden Stations-Nummer in ( ) der **Buchstabe**, welchen die Zweigbahn trägt, angegeben und wird bei letzterer die bereits bei der Hauptlinie genannte Anschlussstation mit der Zahl aufgeführt, welche ihr bei ersterer Linie gegeben wurde. Man vergleiche bei Altona-Kiel Station 1: Altona, wo in ( ) die Buchstaben i und k, welche die Linien Altona-Hamburg und Altona-Blankenese kennzeichnen, eingetragen sind, während bei diesen Linien die Anschlussstation Altona mit der Nummer 1 wiederholt wird.

Die Namen der bedeutenderen Stationen sind durch fettere oder durchschossene Schrift hervorgehoben.

c) Stationen, welche nur Personen- u. Gepäckverkehr haben, sind mit P.-St., die, welche nur Güterverk. haben, mit G.-St. bezeichnet.

d) Die Haltestellen sind meistens durch *Cursiv-Schrift* hervorgehoben und sind bei denselben zu unterscheiden:

*PH.* = Haltestelle nur mit Personen- u. Gepäckverkehr.
*PH.** = Haltestelle mit Personen- u. beschränktem Güterverk.
*GH.* = Haltestelle nur mit Güterverkehr.
K. oder Kohle, Erze, Salz = Haltestellen (resp. Stationen) für Kohle, Salz, Erze und andere Bergwerks-Producte.

NB. Haltestellen haben keine besonderen Stations-(Güter-) Geleise und regelmässig keine Cassenbeamte; die Güter werden in diesem Falle vom Bahnwärter angenommen und dem Packmeister zur Expedition übergeben. Es kann daher der Absender von einer solchen Haltestelle nicht frankiren, während andererseits bei Sendungen nach einer Haltestelle frankirt werden muss. Von Haltestelle zu Haltestelle kann somit gewöhnlich ordnungsmässig nicht direct versendet werden. Auch hinsichtlich der zu zahlenden Fracht sind diese Haltestellen ungünstiger gestellt, als die Stationen. Bei Transporten von sowie nach solchen Anhaltepuncten wird die Fracht der hinter dem Bestimmungsorte zunächst befindlichen Hauptstation erhoben, sofern nicht ein bestimmter Frachtsatz dafür im Tarife angegeben ist.

4. Zur zweiten Rubrik: **Meilenzeiger.** Die Entfernung jeder Station wird vom Anfangspunct der Linie berechnet und zwar in Tarif-Meilen (resp. Kilometern) wie solche in den Tarifen (die wirkliche Länge abgerundet auf ca. [illegible]) zur Berechnung der Tarifsätze angegeben werden. Dagegen ist am Kopf einer jeden Linie deren wirkliche Länge in Meilen resp. Kilometern verzeichnet. — Die Entfernungen sind überall nach dem von den betreffenden Bahn-Verwaltungen angewendeten Längenmaass eingetragen. Das neue Metermaass, welches nach Beschluss des Nordd. Reichstags v. [illegible] 68 resp. nach Art. 79 I 2 der Deutschen Reichsverfassung vom 1. Januar 1872 ab in ganz Deutschland obligatorische Geltung hat, ist uns zwar für die Länge der Linien, dagegen noch nicht für die Entfernungen der einzelnen Stationen überall angegeben. Wir verweisen in dieser Richtung auf die genaue Reductions-Tabelle auf dem Umschlag des Works, welche für die Einheits-Zahlen 1—10 eine Vergleichung der gebräuchlichsten Europäischen Längenmaasse enthält.

5. Zur dritten Rubrik: **Verbands-Güter-Verkehr und Tarife.** Die Güter-Verkehre werden auf die Weise kurz bezeichnet, dass nach der Ueberschrift der betreffenden Bahn diejenigen Eisenbahnen oder Stationen (mit Buchstaben oder kleinen Zahlen) angegeben werden, mit welcher directe Kartirung resp. Verbands-Güterverkehr statt findet, worauf bei den Betreffenden Verbands-Stationen lediglich die Buchstaben- resp. Zahlen-Bezeichnung des directen Verkehrs wiederholt wird, z. B. bei Aachen-Mastricht: a = Directer Verkehr mit den belgischen Staatsbahnen. Besonders zu bemerken ist, dass hiernach die Buchstaben a etc. bei den verschiedenen Bahnen ganz verschiedene Bedeutung haben. Nur bei einigen Haupt-Verbänden (Norddeutsche, Mitteldeutsche etc.) ist der Anfangsbuchstabe des Namens desselben (N. M. etc. fast durchgehend zur Bezeichnung des Verbandsverkehrs benutzt worden.

Bei dem zu Gebote stehenden Raume konnte da, wo eine Station mehrere mit auf einander folgenden Buchstaben bezeichnete Verkehre hat, oft nur der erste und letzte Buchstabe mit einem Bindestrich angeführt werden, z. B. a-d. = a. b c. d.

Der Publications-Termin (Datum) des für den fraglichen Verkehr geltenden Verbands-Tarifs (T.), sowie die zu demselben erschienenen Nachträge (N.), desgl. das Datum der zur Zeit geltenden Local-Tarife findet man bei Aufzählung der directen Verkehre am Kopf der Bahn in ( ) angegeben, soweit uns Seitens der betreff. Bahnverwaltungen Mittheilungen zugegangen sind. — Uebrigens werden selbst in den wichtigsten Verkehren fast sämmtliche Classifications-Aenderungen und viele Tarif-Berichtigungen nicht durch Nachträge publicirt, sondern durch Dienstbefehle der Stationen, Veröffentlichung in den Blättern etc., sodass eine Vollständigkeit in der Darstellung der Tarife dermalen nicht zu erreichen ist.

Eine Uebersicht der bestehenden Verbände können wir an dieser Stelle nicht geben. Siehe Zeitung des Vereins Deutsch. Eisenb.-Verwaltung Jahrg. 1871 S. 730 fg.

Bezugs-Quelle. Die Verbandstarife sind bei den Verbands-Expeditionen der betheiligten Verwaltungen zu kaufen resp. zu bestellen, Localtarife bei den Stationen des Local-Verkehrs.

6. Zur vierten Rubrik: **Lage der Bahnen und Stationen.** Bei jeder Bahn ist im Kopfe (nach der Ueberschrift) angegeben, in welchen Ländern die Stationen der Bahn liegen und welchen Titel die Verwaltungsbezirke der fraglichen Länder führen. Für **Oesterreich** sind die Namen der **Kronländer** (z. B. Böhmen, Mähren etc.) meistens angegeben; für Preussen dagegen specieller die **Regierungsbezirke.**

Soweit es der Raum erlaubt, ist sodann bei jeder einzelnen Station (wenigstens innerhalb Deutschlands und Oesterreichs) noch durch Wiederholung jener Bezirke die politische Lage der ersteren veranschaulicht worden.

Liegen Stationen in anderen Staaten, als in dem innerhalb dessen sich der Sitz der Verwaltung befindet, so werden jene Stationen noch durch Zeichen in der vierten Rubrik (z. B. *, ** etc.) markirt, welche sich bei jeder Bahn nach der Ueberschrift erklärt finden.

d. **Telegraphen- Post- und Steuer-Aemter.** Soweit von den betreff. Bahnverwaltungen angegeben worden ist, ob und in wie weit ihre Stationen solche Aemter besitzen, ist solches denselben beigefügt worden. In dieser Richtung bedeutet: T = Telegraphen-Station des Deutsch-Oesterr. Telegraphen Vereins; T̶ = desgl. Telegraphen- und Postamt; Σ = Eisenbahn-Telegraphen-Station (für den öffentlichen Verkehr); P = Post-Amt resp. Post-Expedition, H.-St.-A. = Haupt-Steuer-Amt; H.-Z.-A. = Haupt-Zoll-Amt; U.-St.-A. = Unter-Steuer-Amt. Wir behalten uns vor, ein vollständiges alphabetisches Verzeichniss der beim Eisenbahnverkehr in Betracht kommenden Zoll- und Steuer-Aemter mitzu-

# Uebersicht der Eisenbahnen Europa's,

## welche sich in dem Nachtrag zum Stations-Verzeichniss zusammengestellt finden.

Zur Notiz. ( ) = Bahnen in fremdem Betrieb; [ ] = mit andern Bahnen von vornherein vereinigte oder nachträglich fusionirte Bahnen. Dieselben sind, soweit solche noch mit ihren früheren Namen erwähnt werden, in der alphabetischen Reihenfolge mit aufgeführt mit Hinweis auf die Nummer der Bahn und die Litera der Linie, unter welcher dieselben nachstehend zu finden sind; * = Staatsbahnen; ** = Privatbahnen in Staatsverwaltung; † = dem Staat angehörige Eisenbahnen in Verwaltung von Privatunternehmungen. ° = noch im Bau befindliche Bahngebiete.

## A. Deutschland u. Oesterreich.

Sämmtliche Bahnen gehören dem Vereine Deutscher Eisenbahnverwaltungen an mit Ausnahme der mit *Cursivschrift* gesetzten Industrie- und Pferdeb. u. der mit ° bezeichneten noch im Bau befindlichen Eisenb. Dagegen sind unter B. (Ausländische E.) die dem Vereine Deutscher Eisenb.-Verwalt. angehörigen Eisenb. *cursiv* gesetzt, um solche ebenfalls alsbald hervortreten zu lassen.

[Aachen-Düsseldorf]** 12.
1. (Aachen-Mastricht)
[Albertsbahn] 82.
2. Alfeldbahn
(Almelo-Salzb.) Niederl. 2b.
[Alsenzbahn] 78.
3. °Altenburg-Zeitzer Eisenb.
4. Altona-Kiel u. Schleswig.
(Anhalt. Leopoldb.)† 13.
5. Arad-Temesvárer Eisenb.
6. Aussig-Teplitz
7. Badische Eisenb.* und **
8. Báttaszék-Dombovar-Zákányer (Donau-Drau-) E.
9. Bayerische Ostbahnen
10. Bayerische Staatsb. * u. **
11. Bebra-Hanau *
12. Bergisch-Märkische **
13. Berlin-Anhaltische
*Berlin-Charlottenb. Pferdeb.*
14. Berlin-Görlitzer
15. Berlin-Hamburger
16. Berlin - Potsdam - Magdeb.
18. Berlin-Stettiner
(Berliner Verbindungsb.)* 66.
*Hockwaer Kohlenbahn.*
19. Böhmische Nordb.
[Böhmische Nordwestb.] 25.
20. Böhmische Westb.
[Borna-Kieritzsch] * 82.
21. Braunschweigische Eisenb.
(Breslau-Posener)** 70.
22. Bresl.-Schweidnitz-Freib.
23. Breslau-Warschauer E.
24. *Bröllthalbahn*
(Brünn-Rossitzer) 72
25. Buschtiehrader
(Carlsruher Rheinb.)** 7.
(Chemnitz-Würschnitz) **82.
[Cöthen-Bernburg] 61c.
(Cosel-Oderb. = Wilhelmsb.)** 70
26. (Cottbus-Grossenh.) 53.
27. *Cottbus-Schwielochseer Pferdeb.*
28. *Crefeld-Kreis Kempener I.-E.*
29. Deggendorf-Plattlingen
(Deutz-Giessen) 51d.
30. Dux-Bodenbach
[Eifelbahn] s. Rheinische d.
31. Elmshorn-Glückstadt
32. Elsass-Lothringische E.
*(Erfurt-Leersyehofen)*† 88.
33. Eutin-Lübecker Eisenb.
34. Frankfurt-Hanau
(Frankfurt-Offenbach)* 45b.
(Freiburg-Breisach) 7.
35. Friedrich-Franz-E.*
*Fröttstedt-Waltershausener Pferdebahn* * 88.
36. Fünfkirchen-Barcser
37. Galizische Carl-Ludwigb.
(Gössnitz-Gera)** s. Sächs. 82.
38. Graz-Köflacher
(Greiz-Brunn)** s. Sächs. 82.
39. Halberstadt-Blankenburger Eisenb.
[Grossenhainer Zweigb.] 53.
[Halle-Nordhausen-Cassel] 60.
*Hamburger Pferdebahn*
41. °Hannover-Altenbeken
42. Hannoversche Staatsb.*
(Heppens-Oldenburg)* 74.
43. Hess. Ludwigsb.
44. [Hessische Nordbahn]**
[Höchst-Soden] s. Taunusb.
45. Hohenstadt-Zöptauer E.
46. Homburger Eisenb.
*Huggelbahn*
*Ilsederhütte-Peine*
47. Kaiser Ferdinands-Nordb.
48. Kaiser Franz-Josefsbahn
49. Kaiserin Elisabethbahn
50. Kaschau-Oderberger
Kirchheimer Privatbahn (**100.)
[Klosterkrug-Schleswig. s. 4.]
51. Köln-Mindener
52. Kronprinz-Rudolfsbahn
*Lägerndorf-Itzehoer Pferdeb.*
(Lahrer E.)** s. Baden p.
53. Leipzig-Dresdner
54. Lemb.-Czernowitz-Jassy
55. Leoben-Vordernberger E.
(Löbau-Zittau)** 82.
56. Ludwigsb. (Nürnb.-Fürth)
57. {a. Lübeck-Büchen
{b. Lübeck-Hamburg
Lübeck-Kleinen* (s. 35.)
58. °Mährisch-Schlesische Centralbahn.
59. Märkisch-Posener
60. Magdeburg-Leipziger
61. Magdeburg-Halberstädter
[Magdeb.-Wittenberge] 61.
62. Main-Neckar-Eisenbahn*
63. Main-Weser-E.*
Mecklenburgische E.* (s. 35.)
64. Mohacs-Fünfkirchen
(Murgthalb.) s. Baden r.
65. Nassauische E.*
[Neisse-Brieger] ** 70.
Neumarkt-Braunau (49.)
66. Niederschles.-Märkische*
67. Niederschles. Zweigb.
68. Nordhausen-Erfurter
69. Oberhessische
*Oberhohndorf-Reinsdorfer Kohlb*
70. Oberschlesische**
71. Oesterr. Nordwestb.
72. Oesterreich. Staatsbahn
73. Oesterreich. Südbahn
(Offenbacher E.)* 62.
*Ofener Strassen-E.*
74. Oldenburgische E.*
[Oppeln-Tarnowitz] 79.
75. Ostpreuss. Südbahn
(Ostrau-Friedland) 47.
*Pest-Neupester Pferdeb.*
76. Pfälzische Eisenbahnen
(Piesberger Zweigb.) 42.
77. *Pressburg-Tyrnauer Pferdeb.*
78. Preussische Ostbahn*
79. Rechte Oderuferbahn
80. Rheinische Eisenbahn
(Rhein-Nahebahn)** 81d.
(Rheinthalb.) s. Baden o.
(Ruhr-Siegbahn**) 12.
81. Saarbrücker u. S.-Trierer*
(Sächsisch-Böhmische Verbindungsbahn) (s. 82.)
82. Sächs. Staatsb.* u. **
83. Salzburg-Hallein.
[Schlesische Gebirgsb.]* 66d.
(Schleswigsche E.) 4.
84. I. Siebenbürger E.
85. Süd-Norddeutsche Verb.-B.
*Stuttgart-Berger Pferdeb.*
86. Taunusbahn
*Temesvárer Strassenbahn.*
87. Theissbahn
88. Thüringische u. Werra-E.
89. Tilsit-Insterburger E.
90. Turnau-Kralup-Prag
93. Ungarische Staatsb.*
94. Ungarische Westb.
95. Ungarisch-Galizische E.
[Venlo-Hamburg] 51.
96. Vorarlberger E.
(Werrabahn) s. Thüring. B.
97. Westfälische E.*
98. Wiener Neustadt-Grammat-Neusiedeler Eisenb.
99. *Wiener Tramway*
[Wilhelmsbahn**] (70.)
*Wilkischner u. Nutschitzer K.-B.*
*Wolfsegg-Traunthaler K.-B.*
100. Württemberg. Staatsb.*
(Zittau-Reichenberg)** 71c.

## B. Ausländische E.

### Belgien.

1. Staatsbahnen (État.)*
2. *Grand Central*
3. *Lüttich-Mastricht*
4. Nord-Belge
5. Société générale d'exploit.
6. Malines-Terneuzen.
7. Grand-Luxembourg
8. Chimaybahn
9. Anvers-Gand
10. Gand-E.-Bruges
11. Turnhouter E.

### Dänemark.

1. Jütisch-Fünensche E. †
2. Seeländische E.

### Frankreich.

1. Nord
anschliessende kleine Bahnen:
w. Enghien-Montmorency
x. Anzin-Somain
x¹. Chauny-St. Gobain
y. Lille-Bethune u. B.-G.
y¹. Violaines-Grenay
z. Valenciennes-Lille
2. Est (Ostb.) mit den im Betrieb der Ostbahn befindlichen Industriebahnen.
3. Ouest (Westbahn)
4. Orléansbahn
5. Paris-Lyon-Méditerranée
6. Midi (Südb.) | 8. Charente
7. Vendée | 9. Medoc
10. Perpignan-Prades
11. Ceinture de Paris.

Griechenland. Athen-Piräus

### Italien.

1. Alta-Italia (Ober-Italien.)
1a. Turin-Savona
2. Römische E.
3. Südbahn
4. Calabro-Siciliansche
5. Sardinische.

### Luxemburg. Wilhelmsb.

### Niederlande.

1. *Niederl. Rheinbahn*
2. *Niederl. Staatsbahnen* †
3. *(Anvers-Amsterdam)* Belg. 2a.
4. *Niederl. Centralbahn*
5. Holland-Izeren-Spoorweg.

### Russland.

I. Eisenbahnen in Polen.
1a. *Warschau-Wien* †
1b. *Warschau-Bromberg*
2. Lodz
3. Warschau-Terespol
II. Die Linien der Grossen Russischen Eisenb.-Ges.
a. Petersburg-Warschau
b. Landwarow-Eydtkuhnen
c. Nicolai (Petersb.-Moskau)†
d. Moskau-Nischny
5. Novotorschok
6. Rybinsk-Osetschenska
7. Tschudowo-Nowgorod und Ostland
8. Petersb.-Zarskoje-Selo
9. Petersburg-Peterhof
10. Finnländische E.
11. Baltische E.
IV. In Riga einmündende E.
12. Riga-Mitau
13. Riga-Dünaburg
13a. °Riga-Bolderaa.
14. Libau-Schoell
15a. Dünaburg-Witebsk
15b. Orel-Witebsk
V. Moskauer Gruppe.
16. Schuja-Iwanowo-Kineschma
17. Moskau-Sergiew-Jaroslaw
18. Moskau-Rjäsan mit Zwgb.
19. Rjäsan-Koslow
20. Skopin-Bahn
21. Zwgb. Rjäschk-orschansk.
22. Tambow-Koslow
23. Tambow-Saratow
24. Koslow-Woronesch
25. Orel-Jeletz u. Jeletz-Grajasi
26. Grjasy-Borisoglebsk-Zarazyn
27. Wolga-Don
28. Woronesch-Rostow
29. Moskau-Kursk
30a. Kursk-Charkow
30b. Charkow-Rostow
30c. Losowo-Sepastopol
30d. Konstantinowo-Nowotroizk
31. Moskau-Smolensk.
VI. Odessaer Gruppe.
32a. Odessa-Birsula
32b. Birsula-Schmerinka
32c. Schmerinka-Wolotschisk
32d. Birsula-Elisabethgrad
32e. Rasdelnaja-Tiraspol
32f. Tiraspol-Kischenew
33. Kijew-Brest-Litewsk
34. Preuss. Grenze-Brest-
35. Kursk-Kiew
36. Nicolajewsk-E. (Elisabethgrad-Charkow)
VII. Transkaukasische Bahn

### Schweden u. Norwegen.

I. Schwedische Staatsb.*
a. Westb. Stockholm-Göteborg
b. Nordb. Stockholm-Upsala
c. Ostb. Katrinenholm-Norrköp.
d. Hallsberg-Oerebro
e. Südb. Falköping-Malmö
f. Nordwestb. Laxa-Christineh.-Arvika-Norweg. Grenze
II. Schwedische Privatb. S. 93, welche in die Stsb. einmünden.
III. Privatb. ohne Anschluss an die Staatsbahnen.
IV. Norwegen S. 98.
1. Stsb. a. Christiania-Eidsvold
b. Lilleströmmen-Kongsv.
2. Hamar-Aamodt
3. Drammen-Randsfjord
4. Christiania-Drammenbahn.
5. Trondjem-Stören.

### Schweiz.

1. Centralbahn
2. Nordostb.
3. Vereinigte Schweizerb.
3e. Toggenburger
4. Bernische Stsb.*
5. Westschweizer.
6. Jura Industriel.
7. Jougnebahn
8. Ligne d'Italie.

### Spanien.

### Türkei.

I. Rumänien.
1. Suczava-Jassy s. A. Nr. 42.
2. Rumänische E.
3. Gurgewo-Bukarest
II. Bosnien etc.
4. Rustschuk-Varna

# A. Die in Deutschland und Oesterreich domicilirten Eisenbahnen.

## Aachen-Düsseldorf-Ruhrort.

Siehe Bergisch-Märkische Eisenbahn, Linie a. Seit 1. Januar 1866 in das Eigenthum und in den Betrieb der Gesellschaft der Berg.-Märk.-Eisenb. übergegangen.

## Aachen-Mastricht.

Domicil der Gesellschaft: Aachen u. Mastricht.
Preussen: Regierungsbezirk Aachen. Niederlande: Herzogthum Limburg. Belgien: Provinz Limburg.
Eröffnet: Aachen-Mastricht am 23/10 1853, Mastricht-Hasselt am 1/10 1856. Seit der im Sommer 1865 erfolgten Eröffnung der Eisenbahn Hasselt-Antwerpen stellt die Linie Aachen-Hasselt-Antwerpen die directeste Transitverbindung Antwerpen's mit Deutschland her.
Seit 1. August 1867 in Betrieb des Grand Central Belge.
Anschlüsse resp. Uebergangsstationen: Aachen: Berg.-Märk. und Rheinische E.; Mastricht: Lüttich-Mastricht u. Niederl. Staatsb. (Mastricht-Venlo).

Directer Güterverkehr mit a = Belgische Staatsb.; b = Lüttich-Mastricht; c = Nordbelge, Lüttich-Namur; d = Bergisch-Märkische Eisenbahn.
Alle Stationen sind für Personen- und Güterverk. eingerichtet. Auf den Stationen 1—7 (Aachen—Mastricht: T).

| Stationsnamen. | Meilen. | Kilometer. | Directer Güterverkehr. | Polit. Lage. |
|---|---|---|---|---|
| 1. ○ Aachen, Marschirthor | — | — | a.b.c. | Preussen |
| 2. Aachen, Templerbend (Zoll-Abf.-Stelle mit Ansage-Verfahren.) | 0,31 | 2 | a.b.c. | » |
| 3. Simpelveld (Gr.-Z.-A.) | 1,35 | 12 | | Niederlande. |
| 4. Wylré | 2,17 | 19 | | » |
| 5. Fauquemont (Valkenburg) | 3,05 | 25 | a-d. | » |
| 6. Meerssen | 3,85 | 31 | | » |
| 7. ○ Mastricht (Wyk) | 4,12 | 36 | a. d. | » |
| 8. Lanaeken (Gr.-Z.-A.) | 5,33 | 42 | a.b.d. | Belgien. |
| 9. Eygenbilsen | 5,90 | 47 | | » |
| 10. Münsterbilsen | 6,42 | 51 | a.b. | » |
| 11. Beverst | 6,98 | 55 | | » |
| 12. Diepenbeek | 7,50 | 59 | | » |
| 13. Hasselt | 8,35 | 65 | a.b.d. | » |

In Hasselt schliessen sich die weitern Linien des dem Verein Deutscher Eisenbahn-Verwaltungen ebenfalls angehörigen Grand Central Belge und der Niederländischen Stsb. nach Eindhoven an, siehe unter Belgien Nr. 2. und Niederlande Nr. 1.

## Alföld-Fiumaner Eisenbahn

Grosswardein-Essegger Strecke.
Sitz der Verwaltung u. der Betriebs-Direction in Pest. Königreich Ungarn.

Diese, mit der Flügelbahn Essegg-Villány 51,3 Oesterr. Meilen = 389,4 Kil. lange Ungarische Eisenbahn, welche in Verbindung mit der projektirten Fortsetzung Essegg-Sissek und mit der im Bau begriffenen Strecke Carlstadt-Fiume, die Produkte des Ungarischen Tieflandes an das Adriatische Meer zu führen bestimmt ist, hat am 11. Sept. 1869 die Theilstrecke Szegedin-Zombor (13,2 Oesterr. Mln.), am 20. Decbr. 1870 die weiteren Theilstrecken Csaba-Szegedin (11,9 Oesterr. Mln.) und Zombor-Essegg-Villány (14,6 Oesterr. Mln.), Grosswardein-Csaba (11,7 Oesterr. Mln.) am 14. September 1871 dem Betriebe übergeben.

Anschlüsse. Csaba: Theissb., Grosswardein: Theissb. und Ungar. Ostbahn (Grosswardein-Klausenburg), Szegedin: Oesterr. Staatsb., südöstl. Linie; Villány: Mohács-Fünfkirchner Bahn.

### a. Grosswardein-Essegg.

| | Mln. | Kil. |
|---|---|---|
| 1. ○ Grosswardein | — | — |
| 2. *Less PH.* | 2,1 | 10,2 |
| 3. Cséffa | 3,5 | 26,6 |
| 4. Szalonta | 5,2 | 39,3 |
| 5. Sarkad | 7,8 | 59,4 |
| 6. Gyula | 9,6 | 73,4 |
| 7. ⊗ Csaba | 11,7 | 88,0 |
| 7a. *Gerendás PH.* | — | — |
| 8. Csorvás | 14,3 | 108,6 |
| 9. Orosháza | 16,3 | 123,4 |
| 10. *Sámson PH. u. Eilgut* | 17,9 | 135,4 |
| 11. Vásárhely | 20,3 | 154,0 |
| 12. Algyö | 22,3 | 168,9 |
| 13. ⊗ Szegedin | 23,5 | 178,3 |
| 14. Horgos | 25,9 | 196,3 |
| 15. *Palics PH.* Eilgut | 28,0 | 212,6 |
| 16. Maria-Theresiopel | 29,0 | 220,2 |
| 17. Tavankut Ausweiche (ohne Personen- und ohne Güteraufnahme.) | 31,2 | 236,7 |
| 18. Bajmok | 32,5 | 246,9 |
| 19. Militics | 35,4 | 268,7 |
| 20. Zombor | 36,7 | 278,6 |
| 21. Priglevitza St. Iván | 38,7 | 293,4 |
| 22. Szonta | 39,8 | 302,0 |
| 23. Gombos-Bogojeva | 40,8 | 309,8 |
| 24. Erdöd | 41,3 | 313,2 |
| 25. Dálya | 42,3 | 321,1 |
| 26. *Szarvas PH.* | 43,8 | 332,0 |
| 27. (b) Essegg | 45,4 | 344,5 |

### b. Zweigbahn Essegg-Villány.

(5,9 Meilen = 44,9 Kil. Eröffnet am 20. Decbr. 1870).

| | Mln. | Kil. |
|---|---|---|
| (27. Essegg) | — | — |
| 28. Dárda | 1,4 | 10,6 |
| 28a. *Laskafalva PH.* | 2,3 | — |
| 29. Baranyavár-Monostor | 3,6 | 27,3 |
| 30. *Magyar Boly PH. u. Eilgut* | 5,1 | 38,7 |
| 31. ○ Villány | 5,9 | 44,9 |

## Altenburg-Zeitzer Eisenbahn.

Sitz der gleichnamigen (im Jan. 1870 concessionirten) Eisenb. Gesellschaft, sowie der Verwaltung: Altenburg.

Eröffnung im Frühjahre 1872 bevorstehend.

Die 3,4 Mln. lange Bahn, welche ein Verbindungsglied für den Sächs. und Thüring. Verkehr bildet, schliesst sich in Altenburg an die Sächs. Staatsb., in Zeitz an die Thüringische E. an.

Stationen resp. Haltestellen.

1. ○ Altenburg 2. *Kositz H.* 3. Meuselwitz 4. Rehmsdorf 5. ○ Zeitz.

## Altona-Kieler Eisenbahn.

Direction und Sitz der Gesellschaft in Altona.

Am 1. Jan. 1870 ist das gesammte Schleswigsche Eisenbahn-Netz 30,26 M. in den Betrieb der Altona-Kieler Verwaltung gegen eine feste Verzinsung des Anlagecapitals der Schleswigschen Eisenbahnen übergegangen.

Anschlüsse. Elmshorn: Glückst.-Elmsh.; Eutin: Eutin-Lübecker E.; Schulterblatt: Berlin-Hamburg als Pächterin des Hamburger Theils der Hamb.-Altonaer Verbindungsbahn; Rendsburg: Schleswigsche; Wamdrup: Dänische (Jütländ.) E.

NB. Directer Verkehr mit den Stationen a) der Jütisch-Fünenschen Bahn. b) mit der Glückstadt-Elmshorner Bahn von und nach allen Altona-Kieler Stationen. Ferner c) von Altona ab jeden Tag nach Ankunft des letzten Zuges in Kiel nach Korsoer, und d) jeden Dienstag und Freitag Abends 10 Uhr via Kiel nach Kopenhagen directe Beförderung von Passagieren und Gütern vermittelst Dampfschiffes Aurora.

Am 29. Dec. 1869 wurde die Abkürzungslinie Eggebeck-Jübeck-Schleswig mit Eggebeck-Sollbrück 4,11 M. eröffnet, welche den grossen Bogen beseitigt, den bis dahin die Hauptlinie der Schleswigschen Bahnen über Ohrstedt machte. Die früheren Bahn-Strecken Klosterkrug-Ohrstedt und Sollbrück-Eggebeck mit den Stationen Klosterkrug, Holm und Sollerup sind eingegangen.

Von den Haltestellen 35. 38. 56 u. 57 können Güter mit Holsteinischen Localverkehr ganz in derselben Weise wie von den Stationen expedirt werden. Ebenso sind auf den kleinen Stationen 3. u. 4. Klasse in Schleswig (No. 14. 17. 21. 22. 24. 25. 27. 29. 44. 45. 48) die Güter-Expeditionen im Localverkehr nicht beschränkt.

### a. Altona-Flensburg-Wamdrup (32,8 M.).

Eröffnet Stat. 1-10: $^{18}/_{9}$ 44; 10-13: $^{18}/_{9}$ 45; 13-17: $^{2}/_{12}$ 69; 17-27: $^{15}/_{4}$ 64; 27-29: $^{1}/_{10}$ 64; 29-31: $^{9}/_{11}$ 66.

| | Deutsche Reichs-Mln. | Kilom. | | Preussen Provinz |
|---|---|---|---|---|
| 1. (i,k) **Altona** . . . . | — | — | a-d. | Holstein |
| 2. *Eidelstedt PH.** . . | 0,9 | 7,5 | a. b. | » |
| 3. Pinneberg . . . . . | 2,1 | 15 | a. b. | Holstein |
| 4. Tornesch . . . . . . | 3,1 | 22,5 | a. b. | » |
| 5. ○ Elmshorn . . . | 4,1 | 30 | a. b. | » |
| 6. Horst . . . . . . . | 5,1 | 37,6 | a. b. | » |
| 7. *Dauenhof PH.** . . | 5,7 | 42 | a. b. | » |
| 8. Wrist . . . . . . . | 7 | 52,7 | a. b. | » |
| 9. *Brockstedt PH.** . . | 8,1 | 60,5 | a. b. | » |
| 10. (b,c) Neumünster . | 10 | 75 | a. b. | » |
| 11. Nortorf . . . . . . . | 11,8 | 80 | | » |
| 12. *Bockelholm PH.** . | 13,1 | 97 | | » |
| 13a. Rendsburg Stadt . | 14,5 | 106 | | » |
| 13b. Rendsburg Station | 14,6 | 109 | | Schleswig |
| 14. Owschlag . . . . . . | 16,0 | 120 | | » |
| 15. **Schleswig** . . . . . | 17,8 | 128 | | » |
| 16. (e) Jübeck . . . . . | 19,2 | 143 | | » |
| 17. Eggebeck . . . . . . | 20,2 | 150 | | » |
| 18. Tarp . . . . . . . . | 20,9 | 152 | | » |
| 19. Nord-Schlesw. Weiche | 22,3 | 165 | | » |
| 20. **Flensburg** . . . . . . | 23,0 | 170 | | » |
| 21. Pattburg . . . . . . | 23,3 | 173 | | » |
| 22. Schaafhaus . . . . . | 24,0 | 180 | | » |
| 23. (f) Tingleff . . . . | 25,3 | 188 | | » |
| 24. Bollersleben . . . . . | 26,2 | 195 | | » |
| 25. Jordkirch . . . . . . | 26,7 | 199 | | » |
| 26. (g) Rothenkrug . . . | 27,4 | 203 | | » |
| 27. Ober-Jersdal . . . . | 29,4 | 218 | | » |
| 28. (h) Woyens . . . . | 30,1 | 225 | | » |
| 29. Sommerstedt . . . . | 31,1 | 232,5 | | » |
| 30. ○ Wamdrup . . . | 32,8 | 244 | | Dänemark (Jütland) |

In Wamdrup findet die Ueberlieferung der Züge an die Dänische Bahn statt.

### b. Neumünster-Kiel.

Eröffnet am $^{18}/_{9}$ 1844.

| | | | | |
|---|---|---|---|---|
| (10. Neumünster) . . . | — | — | | Holstein |
| 31. Bordesholm . . . . . | 1,6 | 11 | a. b. | » |
| 32. *Voorde PH.** . . . | 2,8 | 18 | a. b. | » |
| 33. (d) Kiel . . . . . . | 4,2 | 30 | a. b. | » |

## Ostholsteinische Bahnen.

Eröffnet am 31. Mai 1866.

### c. Neumünster-Neustadt (8,30 M. = 62,3 Kilom.)

| | Meilen | Kilom. | |
|---|---|---|---|
| (10. Neumünster) . . . . | — | — | Holstein |
| 34. *Bockhorst PH.** . . . | 1,3 | 9,0 | » |
| 35. Wankendorf H. . . . . | 2,00 | 15,0 | » |
| 36. (d) Ascheberg . . . . | 3,40 | 22,5 | » |
| 37. Plön . . . . . . . . | 4,30 | 31,5 | » |
| 38. Gremsmühlen H. . . . | 5,50 | 41,3 | Oldenburg |
| 39. ○ Eutin . . . . . . | 6,20 | 46,5 | » |
| 40. *Bujendorf PH.** . . . | 7,30 | 54,0 | » |
| 41. Neustadt . . . . . . | 8,30 | 62,3 | Holstein |

### d. Zweigb. Kiel-Ascheberg (3,60M. = 27,0 Kilom.).

| | | | |
|---|---|---|---|
| (33. Kiel) . . . . . . . | — | — | Holstein |
| 42. *Raisdorf PH.** . . . . | 1,4 | 11 | » |
| 43. Preetz . . . . . . . . | 2,1 | 15 | » |
| (36. Ascheberg) . . . . . . | 3,6 | 23 | » |

### e. Jübeck-Tönning (6,4 M.).

Eröffnet Jübeck-Ohrstedt $^{25}/_{10}$ 69, Rendsburg-Ohrstedt-Tönning (frühere Südschlesw. E.) $^{15}/_{4}$ 64.

| | Mln. | Kil. | |
|---|---|---|---|
| (16. Jübeck) . . . . . . . | — | — | Schleswig |
| 44. Sollbrück . . . . . . . | 0,7 | 5 | » |
| 45. Ohrstedt . . . . . . . | 1,9 | 15 | » |
| 46. Husum . . . . . . . . | 3,6 | 26 | » |
| 47. Friedrichstadt . . . . . | 4,9 | 37,5 | » |
| 48. Harbleck . . . . . . . | 5,6 | 40,5 | » |
| 49. Tönning . . . . . . . | 6,4 | 48,0 | » |

### f. Zweigb. Tingleff-Tondern (3,43 M. = 25,83 Kil.).

Eröffnet am $^{14}/_{8}$ 1867.

| | | | |
|---|---|---|---|
| (23. Tingleff) . . . | — | — | Schleswig |
| 50. Bülderup-Bau . . | 1,6 | 11 | » |
| 51. Jeising-Hostrup . | 2,7 | 19 | » |
| 52. Tondern . . . . | 3,5 | 26 | » |

### g. Zweigb. Rothenkrug-Apenrade (0,91 M. = 6,85 Kil.).

Eröffnet am $^{15}/_{9}$ 1868.

| | | | |
|---|---|---|---|
| (26. Rothenkrug) . | — | — | Schleswig |
| 53. Apenrade . . . | 1,0 | 7,54 | » |

### h. Zweigb. Woyens-Hadersleben (1,56 M. = 11,75 Kil.).

Eröffnet am $^{9}/_{3}$ 1866.

| | | | |
|---|---|---|---|
| (28. Woyens) . . . | — | — | Schleswig |
| 54. Hammelef . . . . | 0,9 | 6 | » |
| 55. Hadersleben . . | 1,6 | 12 | » |

### i. Altona-Blankenese (1,3 Meilen = 9,80 Kilom.).

Eröffnet am 19. Mai 1867.

| | | | |
|---|---|---|---|
| (1. **Altona**) | — | — | Holstein |
| 56. Bahrenfeld H. . . | 0,4 | 3,0 | » |
| 57. Flottbeck H. . . . | 0,9 | 6,8 | » |
| 58. Blankenese . . | 1,3 | 9,8 | » |

### k. Altona-Hamburger Verbindungsbahn.

Holsteinischer Theil (0,4 M.); der Hamburger Theil der Bahn ist mit $^{1}/_{1}$ 1870 in den Betrieb der Berlin-Hamburger Eisenb. (siehe dort Linie c.) übergegangen.

Eröffnet am 30. Septemb. 1865 für den Güterverkehr und am 16. Juli 1866 für den Personenverkehr.

| | | |
|---|---|---|
| (1. **Altona**) . . . . . . . . | — | Holstein |
| 59. ○ Schulterblatt (Altona) | 0,4 | (Stadt Altona) |

### Arader Strassenbahn,

Eröffnet $^{24}/_{10}$ 69. Direction in Arad.

## Arad-Temesvárer Eisenbahn.

Concessionirt an ein Consortium der Oesterr. Credit-Anst. in Wien, Darmstädter Handels- u. Industriebank, Kramer-Klett, Nürnberg, Gebrüder Sulzbach, Frankfurt a. M., Georg Klapka, Pest. Den Betrieb führt die Theissbahn.

Oesterreichisch-Ungarische Monarchie. Königreich Ungarn.

Anschlüsse. Arad: Theiss- u. Siebenbürger E.; Temesvár: Oesterr. Staatsbahn (südöstl. Linie).

Betriebslänge 7,54 Mln. = 57,20 Kil.

Neben den Tarifmeilen ist in Kilometer die wirkliche Länge der Strecke angegeben.

Ganze Strecke eröffnet 6. April 1871.

Directer Güterverkehr: a = mit sämmtlichen Stat. der Theissbahn; b = mit Stat. der Oesterr. Staatsb. bis Marchegg; c = mit sämmtlichen Stat. der ersten Siebenbürger Bahn.

| | Osterr. M. | Kil. | |
|---|---|---|---|
| 1. ○ Arad T P . . . | — | — | Ungarn |
| 2. Neu-Arad Ꮖ P . . | 1 | 6,07 | » |
| 3. Segenthau *PH.* . . | 2,5 | 16,76 | » |
| 4. Vinga Ꮖ P . . . . | 3,5 | 24,65 | » |
| 5. Orčzidorf Ꮖ P . . | 4 | 30,87 | » |
| 6. Merčzidorf Ꮖ P . . | 5 | 36,79 | » |
| 7. Szt. András Ꮖ P . | 6 | 44,00 | » |
| 8. ○ Temesvár T P . | 8 | 57,20 | » |

## Aussig-Teplitz-Dux-Komotau.

Direction in Teplitz.

Betriebslänge 8 $^{1}/_{2}$ Meilen

Eröffnet bis Teplitz $^{20}/_{8}$ 1858; bis Dux $^{15}/_{7}$ 1867; bis Komotau am $^{6}/_{10}$ 1870.

Anschlüsse. Aussig: Oesterr. Staatsbahn, nördl. Linie; Dux: Dux-Bodenbach; Komotau: Buschtěhrader.

An die Aussig-Teplitzer Hauptbahn schliesst sich eine grössere Anzahl von Kohlenbahnen (Gesammtlänge 11,400 Klaftern) an, welche unmittelbar von den Schächten des Aussig-Teplitzer Braunkohlen-Beckens die Braunkohle der Hauptbahn zuführen, sämmtlich der Aussig-Teplitzer Eisenbahn-Gesellschaft gehören und mit den Fahrbetriebsmitteln derselben betrieben werden.

Nicht nur für die Stationen, sondern auch für diese Kohlenschächte der Aussig-Teplitzer Eisenbahn, welche wir mit kleinerer Schrift bei jeder Station, zu welcher solche gerechnet werden, unter a, b u. s. w. aufführen, bestehen directe Kohlentarifsätze. Diese Kohlen-Stationen werden im Orts-Register, nicht im alphabet. Stat.-Reg. demnächst aufgeführt.

| | Länge der Kohlenb. in Klaftern. | Min.-Entfernung ab Aussig | Oesterreich Böhmen |
|---|---|---|---|
| 1. ○ Aussig. . . | — | — | |
| 2. Türmitz . . . . | — | 0,60 | » |
| a. Arnold-Schacht | 156 | — | » |
| b. Elisabeth-Schacht | 109 | — | » |
| c. Franz Joseph-Sch. | 82 | — | » |
| 3. Schönfeld . . . | — | 0,87 | » |
| a. Albert-Schacht | 69 | — | » |
| 4. Karbitz . . . . | — | 1,15 | » |
| a. Milada-Schacht | 205 | — | » |
| b. Julien-Schacht | 297 | — | » |
| c. Saxonia-Schacht | 385 | — | » |
| d. Ball-Schacht | 590 | — | » |
| e. Theresia Schacht | 457 | — | » |
| f. Ritschel-Schacht } g. Herbitzer Rampe } | 314 | — | » |
| h. Austria-Schacht | 129 | — | » |
| i. Bohemia-Schacht | 1292 | — | » |
| 5. Mariaschein . . | — | 1,69 | » |
| a. Doblhoff-Schacht | 144 | — | » |
| b. Elbe Colliery-Sch. | {503 117 | — | » |
| c. Musterung Rampe | 202 | — | » |
| d. Fügner-Schacht | 595 | — | » |
| e. Clary-Schacht | 856 | — | » |
| f. Reffeen-Schacht | 302 | — | » |
| g. Britania No. 3 | 163 | — | » |
| h. Richard-Schacht | 177 | — | » |
| i. Victoria-Schacht | 97 | — | » |
| 6. Teplitz . . . . | — | 2,36 | » |
| a. Wenzels-Schacht | 205 | — | » |
| 7. Settenz . . . . | — | 2,64 | » |
| 8. Ullersdorf . . . | — | 3,07 | » |
| a. Segen Gottes-Sch. | 430 | — | » |
| b. August Adolf-Sch. | 261 | — | » |
| c. Barbara-Schacht | 819 | — | » |
| d. Prokopi-Schacht | 147 | — | » |
| 9. ○ Dux . . . . | — | 3,69 | » |
| a. Sylvester-Schacht | 102 | — | » |
| b. Christianen-Schacht | 130 | — | » |
| 10. Preschen-Bilin . . . . . | | 4,21 | » |
| 11. Ratschitz-Oberleutensdorf. . . . . . | | 4,94 | » |
| 12. Brüx . . . . . . . . . | | 5,74 | » |
| 13. Holtschitz-Seestadtl. . . | | 6,78 | » |
| 14. Wurzmes . . . . . . . . | | 7,35 | » |
| 15. Udwitz-Görkau. . . . . | | 7,77 | » |
| 16. ○ Komotau . . . . . | | 8,54 | » |

## Badische Eisenbahnen.

Direction der Grossh. Verkehrs-Anstalten in Carlsruhe.

Titulatur der Stationen (je nachdem dieselben zugleich Post-Behörden sind oder nicht): Grossherzogl. 1. Eisenbahn-Amt (= E. A.) an den bedeutendsten Stationen oder Post- u. Eisenbahn-Amt. 2. Eisenbahn-Expedition (= E. Exp.) oder Post- und Eisenb. Expedition. 3. Billetausgabebüreau (= Billetb. oder B.A.B.) (zuweilen auch mit der Güter-Expedition betraut). 4. Güter-Expedition (= G. Exped.).

In Baden: Kreise. * = Württemberg; °° = Schweiz: Cantone. °°° = Preussen: Hohenzollern.

Anschlüsse. Basel (indirect): Schweiz. Centralb. u. Franz. Ostb.; Bruchsal: Württemb. Staatsb.; Heidelberg: Main-Neckarb.; Kehl (Mitte Rheinbrücke): Elsässer E. Mannheim (Mitte Rheinbrücke): Pfälz. Bahnen; Mannheim (Friedrichsfeld): Main-Neckarb.; Maxau (pr. Eisenb.-Schiffbrücke): Pfälz. Bahnen; Mengen im Bau; Mühlacker u. Pforzheim. Württemb. Stsb.; Schaffhausen u. Waldshut: Schweiz: Nordostbahn; Würzburg: Bayer. Staatsb.; Jagstfeld, Immendingen, Mergentheim, Osterburken, Sigmaringen (im Bau) u. Villingen: Württemb. Staatsb.

Directer Güterverkehr: W. S. R., sodann:

a = Verk. mit Württemb. (Baden-Württemb. G.-T. 1/6 71);

b = mit den Pfälz. Bahnen, der Königl. Saarbrücker und Hess. Ludwigsb. (T. f. d. Baden-Pfalz-Saarbrücker G.-V.);

c = mit der Main-Neckar- und Frankfurt-Offenbacher Bahn (T. 1/4 64);

d = mit Rotterdam und Amsterdam (T. f. d. Niederländ.-Bad.-Württemb. G.-V. v. 1/8 69; N. v. 1/5 70);

f = mit der Schweiz. Centralb. (T. v. 1/6 65)

g = mit der Schweiz. Nordostb. (T. 1/5 65; Nachträge: I v. 1/8 65; II v. 1/12 65; III v. 1/1 67; IV. v. 10/5 68; u. Verein. Schweizerb. (T. 1/7 68);

h = mit Belgischen Bahnen (T. f. d. Belgisch-Badisch-Württemb. G.-V. v. 15/5 69; Nachträge: I v. 1/11 70; II v. 1/5 71);

i = mit der Bayer. Staatsb. via Würzburg bezw. via Lindau (Bad.-Bayer. G.-T. v. 1/5 70; Nachtr. I v. 15/3 71);

k = mit den Sächs. Staatsb. via Würzburg bezw. via Lindau (Tarif f. d. Sächsisch-Bad. G.-V. v. 1/3 69; Nachtr. I u. II v. 1/9 69; III v. 15/11 69; IV v. 1/5 71.)

Entfernungen in geogr. Meilen und Kilometern.

*PH.* = Personenhaltestelle; *PH.** = Personenhaltestelle mit Güterbeförderung.

## I. Staats-Eisenbahnen.

### a. Mannheim-Constanz

(55,3 Reichsmeilen = 414 Kilom.).

Eröffnet Mannheim-Rheinbrücke-Ludwigshafen 25/3 (für Güter), resp. 10/8 67, Mannheim-Heidelberg 12/9 1840, Heidelberg-Carlsruhe 10/4 43, Carlsruhe-Rastatt, Rastatt-Oos und Oos-Offenburg 1/5 resp. 6/5 und 1/6 44, Offenburg-Freiburg 1/8 45, Freiburg-Müllheim 1/6 Müllheim-Schliengen 15/6 47, Schliengen-Efringen 8/11 48, Efringen-Haltingen 21/1 51, Haltingen-Basel 20/2 55, Basel-Säckingen 4/2 56, Säckingen-Waldshut 30/10 56, Waldshut bis Mitte Rhein-Brücke 18/8 59, bis Constanz 13/6 63.

| | Meilen | Kilom. | | |
|---|---|---|---|---|
| 1. ○ (b.c.t) Mannheim | — | — | W.S.R.a-k. | Mannheim |
| 2. (c) Friedrichsfeld P.H.* | 1,2 | 9 | a.b. | » |
| 3. ○ (d) Heidelberg | 2,5 | 19 | W.S.R.a.b-k. | Heidelb. |
| 4. *Kirchheim PH.* . | 3,0 | 22 | | » |
| 5. *St. Ilgen PH.* . . | 3,5 | 27 | | » |
| 6. Wiesloch . . . . . . | 4,3 | 32 | a.b. | » |
| 7. *Roth-Malsch PH.* | 5,0 | 38 | | » |
| 8. Langenbrücken . . | 5,7 | 42 | a.b. | Carlsruhe |
| 9. *Ubstadt P.H.* . . . | 6,2 | 46 | } W.S.R.a.b.c.d.k. | » |
| 10. ○ Bruchsal . . . | 6,9 | 52 | | » |
| 11. *Untergrombach PH.* | 7,6 | 57 | Güterdienst ausser. ganz. Wagenladgn | » |
| 12. Weingarten PH.* . | 8,1 | 60 | b. | » |
| 13. (g) Durlach . . . | 9,1 | 68 | S.R.W.a.b.c. | » |
| 14. (o.t) Carlsruhe. . . | 9,7 | 73 | W.S.R.a-c.d.f-b.i.k. | » |
| 15. Ettlingen . . . . . | 10,6 | 80 | b.c.d.h. | » |
| 16. Malsch PH.* . . . | 11,7 | 88 | b. | » |
| 17. Muggensturm . . . | 12,2 | 92 | b.c. | Baden |
| 18. (r) Rastatt. . . . | 12,9 | 97 | S.R.a.b.c.h.i.k. | » |
| 19. (h) Oos . . . . . | 14,1 | 106 | b. | » |
| 20. *Sinzheim PH.* . . | 14,6 | 110 | | » |
| 21. Steinbach PH.* . . | 15,0 | 113 | b. | » |
| 22. Bühl . . . . . . | 15,6 | 117 | a.b.c. | » |
| 23. *Ottersweier PH.* . | 16,0 | 120 | | » |
| 24. Achern . . . . . . | 16,7 | 125 | b.c. | » |
| 25. Renchen . . . . . | 17,6 | 132 | b.c. | » |
| 26. (i) Appenweier . | 18,3 | 137 | b.c. | Offenburg |
| 27. *Windschläg PH.* . | 18,8 | 141 | | » |
| 28. (k) Offenburg . . | 19,4 | 145 | W.S.R.a-c.d.f-h.i.k. | » |
| 29. *Niederschopfheim PH* | 20,6 | 155 | | » |
| 30. *Friesenheim PH.* . | 21,2 | 159 | | » |
| 31. (p) Dinglingen . | 21,8 | 164 | R.S.a.b.c.f.g.i.k. | » |
| 32. *Kippenheim PH.* . | 22,4 | 168 | | Freiburg |
| 33. Orschweier . . . . | 22,9 | 172 | b. | » |
| 33 a. *Ringsheim PH.* . . | 23,3 | 175 | | » |
| 34. Herbolzheim PH.* . | 23,7 | 178 | | » |
| 35. Kenzingen . . . . | 24,1 | 181 | b. | » |
| 36. Riegel . . . . . . | 24,8 | 186 | b.c. | » |
| 37. Emmendingen. . . | 25,7 | 193 | R.W.a.b.c.d.f.g.i.k. | » |
| 38. Denzlingen PH.* . . | 26,6 | 200 | b. | » |
| 39. (s) Freiburg. . . | 27,8 | 208 | W.R.S.a-c.d.f-h.i.k. | » |
| 40. *St. Georgen PH.* . | 28,3 | 213 | | » |
| 41. Schallstadt PH.* . | 28,9 | 217 | b. | » |
| 42. Krozingen . . . . | 29,7 | 223 | b. | » |
| 43. Heitersheim. . . . | 30,5 | 229 | b.f.g. | » |
| 44. *Buggingen PH.* . . | 30,9 | 232 | | Lörrach |
| 45. Müllheim . . . . . | 31,6 | 237 | b.c.f.g. | » |
| 46. *Auggen PH.* . . . | 32,0 | 240 | (Erztransport) | » |
| 47. Schliengen . . . . | 32,4 | 243 | b.f.g. | » |
| 48. *Bellingen PH.* . . | 32,9 | 247 | | » |
| 49. Rheinweiler PH.* . | 33,3 | 250 | b. | » |

| Station | Mln. | Kil. | | |
|---|---|---|---|---|
| 50. *Kleinkems PH.* . . | 33,7 | 253 | | Lörrach |
| 51. *Istein PH.* . . . . | 34,2 | 256 | | » |
| 52. Efringen . . . . . | 34,4 | 258 | b.f.g. | » |
| 53. *Eimeldingen PH.* . | 35,0 | 262 | | » |
| 54. Haltingen . . . . . | 35,2 | 264 | b. | » |
| 55. Leopoldshöhe PH.* | 35,6 | 267 | b.g. | » |
| 56. ○ (q) Basel . . . . | 36,0 | 270 | W.S.R. a-d.g.i.k. | 0* Basel |
| 57. Grenzach PH.* . . | 36,7 | 276 | | Lörrach |
| 58. *Wyhlen PH.* . . . | 37,1 | 278 | | » |
| 59. bei Rheinfelden . . | 38,0 | 285 | a.g. | Waldshut |
| 60. *Beuggen PH.* . . . | 38,5 | 289 | | » |
| 61. Brennet . . . . . | 39,6 | 297 | g. | » |
| 62. Säckingen . . . . | 40,3 | 302 | R.W.S.a.g.i.k. | » |
| 63. Murg PH.* . . . . | 41,1 | 308 | g. | » |
| 64. Laufenburg P.Stat.. | 41,5 | 311 | | » |
| 65. Laufenburg G.Stat.. | 41,7 | 312 | b.g. | » |
| 66. Albbruck . . . . . | 42,4 | 318 | b.c.g. | » |
| 67. *Dogern PH.* . . . | 42,8 | 321 | | » |
| 68. ○ Waldshut . . | 43,4 | 326 | W.S.R.a-c.d.g.i.k. | » |
| 69. Thiengen . . . . . | 44,2 | 331 | a.b.g.i.k. | » |
| 70. Oberlauchringen . . | 44,7 | 335 | | » |
| 71. Griessen PH.* . . | 45,5 | 341 | | » |
| 72. Erzingen . . . . . | 46,1 | 346 | a.b.g. | » |
| 73. *Wilchingen PH.* . | 46,5 | 349 | | 0* Schaff- |
| 74. Neunkirch . . . . | 46,9 | 352 | a.b.g. | hausen |
| 75. *Beringen PH.* . . . | 47,7 | 358 | (Rohmaterialien in ganz. Wagenladungen.) | 0* » |
| 76. Neuhausen . . . . | 48,2 | 362 | R.a.b.g. | 0* » |
| 77. ○ Schaffhausen. | 48,6 | 364 | S.W.R.a-c.d. g.i.k. | 0* » |
| 78. *Herblingen PH.* . | 49,2 | 369 | | 0* » |
| 79. Thayingen . . . . | 49,7 | 373 | a.b.g. | 0* » |
| 80. Gottmadingen . . . | 50,5 | 379 | g. | Constanz |
| 81. (l) Singen . . . . | 51,2 | 384 | R.a.b.g.h.i.k. | » |
| 82. *Rickelshausen PH.* | 52,1 | 391 | | » |
| 83. (m) Radolfzell. . | 52,6 | 394 | R.a.b.g.i.k. | » |
| 84. *Markelfingen PH.* . | 53,0 | 397 | (Rohmaterialien i. g. Wagen.) | » |
| 85. Allensbach . . . . | 53,8 | 403 | | » |
| 86. *Reichenau PH.* . . | 54,5 | 408 | | » |
| 87. Constanz . . . . . | 55,3 | 414 | W.R.a-c.d.g.i.k. | » |

### b. Hafenbahn Mannheim-Rheinhafen

(0,4 Reichs-Meilen = 3 Kilom.).
Eröffnet 7/11 54.

| Station | | | | |
|---|---|---|---|---|
| (1. Mannheim Bahnh.) | — | — | | Mannheim |
| 88. Mannheim | | | | |
| a) Rheinhafen G.Stat. | 0,4 | 3 | wie 1 | » |
| b) Neckarhafen G.St. | 0,4 | 3 | » | » |

### c. Verbindungsbahn Mannheim-Friedrichsfeld

1,2 Reichs-Meilen = 9 Kilom.).

| Station | | | | |
|---|---|---|---|---|
| (2. Friedrichsfeld) . . . | — | — | | Mannheim |
| 89. Mannheim . . . . | 1,2 | 9 | | » |

NB. Main-Neckar-Güterexpedition. Badische Beamten.

### d. Heidelberg-Mosbach-Würzburg

(21,2 Meilen = 159 Kilom.).
Eröffnet: Heidelberg-Mosbach 23/10 1862, Mosbach-Osterburken 25/8 66, bis Würzburg 1/11 66.

| Station | Meilen | Kil. | | |
|---|---|---|---|---|
| (3. Heidelberg, Bahnh.) | — | — | | Heidelberg |
| 90. *Heidelb., Carlsth. PH.* | 0,3 | 2 | | » |
| 91. *Schlierbach PH.* . | 0,7 | 5 | | » |
| 92. Neckargemünd . . | 1,3 | 10 | a.b.c.i. | » |
| 93. Bammenthal PH.* . | 1,9 | 14 | b. | » |
| 94. *Mauer PH.* . . . | 2,3 | 17 | | Heidelberg |
| 95. (e) Meckesheim . | 2,6 | 20 | b.c.i. | » |
| 96. Neidenstein PH.* . | 3,6 | 27 | b.i. | » |
| 97. Waibstadt . . . . | 4,0 | 30 | a.b.c.i. | » |
| 98. Helmstadt PH.* . . | 4,6 | 35 | a.b.i. | » |
| 99. Aglasterhausen . . | 5,2 | 39 | b. | » |
| 100. *Asbach PH.* . . . | 5,7 | 42 | | Mosbach |
| 101. Neckarelz . . . . | 6,7 | 50 | a.b.i. | » |
| 102. Mosbach . . . . | 7,1 | 53 | S.R.a-c.f.g.h.i.k. | » |
| 103. *Neckarburken PH.* | 7,6 | 57 | | » |
| 104. Dallau PH.* . . . | 7,9 | 59 | b. | » |
| 105. *Auerbach PH.* . . | 8,3 | 62 | | » |
| 106. Schefflenz . . . . | 9,0 | 67 | b. | » |
| 107. *Eicholzheim PH.* | 9,2 | 69 | | » |
| 108. Seckach . . . . . | 9,8 | 74 | b. | » |
| 109. Adelsheim . . . . | 10,4 | 78 | a.b.i. | » |
| 110. ○ Osterburken. | 10,8 | 81 | S.a.b.i. | » |
| 111. Rosenberg PH.* . | 11,5 | 86 | b. | » |
| 112. Eubigheim . . . . | 12,4 | 93 | b. | » |
| 113. Boxbrg.-Wölchingen | 13,9 | 104 | a.b.i. | » |
| 114. Unterschüpf PH.* | 14,5 | 109 | b. | » |
| 115. (f[1]) Königshofen . | 15,1 | 114 | a.b.i. | » |
| 116. (f.f[1]) Lauda . . . | 15,5 | 116 | a.b.i. | » |
| 117. Gerlachsheim. . . | 15,8 | 118 | b. | » |
| 118. Grünsfeld . . . . | 16,4 | 123 | b. | » |
| 119. Zimmern PH.* . . | 16,9 | 126 | b. | » |
| 120. Wittighausen . . . | 17,6 | 132 | b. | » |
| 121. Kirchheim (b. Würzburg) P.H.* . . . . | 18,3 | 137 | b. | Bayern |
| 122. Geroldshausen PH.* | 19,1 | 143 | b. | » |
| 123. Reichenberg PH.* | 19,8 | 149 | b. | » |
| 124. Heidingsfeld PH.* | 20,5 | 154 | b. | » |
| 125. ○ Würzburg . . . | 21,2 | 159 | S.a.i. | » |

### e. Meckesheim-Jagstfeld (4,8 M. = 36 Kilom.).

Eröffnet Meckesheim-Rappenau 20/8 1868; Rappenau-Jagstfeld am 1/8 69.

| Station | | | | |
|---|---|---|---|---|
| (95. Meckesheim) . . | — | — | | Heidelberg |
| 126. *Zuzenhausen PH.* | 0,4 | 3 | | » |
| 127. Hoffenheim PH.* | 0,8 | 6 | b. | » |
| 128. Sinsheim . . . . . | 1,3 | 10 | a.b. | » |
| 129. Steinsfurth . . . . | 1,7 | 13 | b. | » |
| 130. Grombach P.H.* . | 2,7 | 20 | b. | » |
| 131. Babstadt PH.* . . | 3,3 | 25 | b. | » |
| 132. Rappenau . . . . (Zweigb. nach der Saline Rappenau.) | 3,7 | 28 | a.b. | » |
| 133. Wimpfen . . . . | 4,5 | 34 | a.b. | Hessen |
| 134. ○ Jagstfeld . . | 4,8 | 36 | S.R.W.a.b.i. | * Württemberg |

### f. Lauda-Wertheim (4,2 Reichs-M. = 31 Kil.).

Eröffnet Lauda-Hochhausen 20/10 1867, bis Wertheim 15/10 68.

| Station | | | | |
|---|---|---|---|---|
| (116. Lauda) . . . . . | — | — | i. | Mosbach |
| 135. *Distelhausen PH.* | 0,5 | 4 | | » |
| 136. Tauberbischofsheim | 1,0 | 8 | a.b.i. | » |
| 137. Hochhausen . . . | 1,7 | 13 | b. | » |
| 138. Gamburg PH.* . | 2,5 | 19 | b. | » |
| 139. Bronnbach . . . . | 3,2 | 24 | b. | » |
| 140. *Reicholzheim PH.* | 3,6 | 27 | | » |
| 141. Wertheim . . . | 4,2 | 31 | S.i.R.a.b. | » |

### f[1]. Lauda-Königshofen-Mergentheim.

Eröffnet 23/10 69.
Diese Linie, 1,3 M. lang, bildet die Fortsetzung der Württemb. Bahn Crailsheim-Mergentheim nach Wertheim (Linie f).

| Station | | | | |
|---|---|---|---|---|
| (116. Lauda) . . . . . | — | — | | Mosbach |
| (115. Königshofen . . . | 0,3 | 2 | | » |
| 141a. *Unterbalbach PH.* | 0,6 | 5 | | » |
| 141b. Edelfingen . . . . | 0,8 | 6 | b. | Württemb. |
| 142. ○ Mergentheim | 1,3 | 10 | S.i.R.a.b. | » |

### g. (Carlsruhe) Durlach-Mühlacker

(5,2 Reichs-Meilen = 39 Kilom.). Eröffnet Durlach-Wilferdingen 10/5 1859, bis Pforzheim 1/7 61, bis Mühlacker 1/8 63.

| Station | | | | |
|---|---|---|---|---|
| (13. Durlach) . . . . | — | — | | Carlsruhe |
| 142a. Grötzingen PH.* . | 0,4 | 3 | b. | » |
| 143. Berghausen PH.* . | 0,7 | 5 | b. | » |
| 144. *Söllingen PH.* . . | 1,0 | 8 | (Steintransp.) | » |
| 144a. *Kleinsteinbach PH.* | 1,4 | 10 | | » |
| 145. Wilferdingen . . . | 1,7 | 12 | b. | » |

| Station | Meilen | Kil. | | |
|---|---|---|---|---|
| 146. Königsbach PH.* | 2,0 | 15 | b | Carlsruhe |
| 147. *Ersingen PH.* | 2,6 | 20 | | » |
| 148. *Ispringen PH.* | 3,0 | 23 | f | » |
| 149. ○ Pforzheim | 3,5 | 26 | W.S.R.a-c.d.f. g.h.i.k. | » |
| 150. *Eutingen PH.* | 4,0 | 30 | (Rohmaterialien in ganz. Wagenladungen.) | » |
| 151. Niefern PH.* | 4,3 | 32 | b. | » |
| 152. Enzberg PH.* | 4,6 | 35 | b. | *Neckarkr. Württemberg |
| 153. ○ Mühlacker | 5,2 | 39 | S.a.b.f.g. | * » |

### h. Oos-Baden (0,5 geogr. M. = 4 Kilom.).

Eröffnet 25 Juli 1845.

| Station | Meilen | Kil. | | |
|---|---|---|---|---|
| (19. Oos) | — | — | | Baden |
| 154. Baden | 0,6 | 4 | W.S.R.a-c.d.f-h.i.k. | » |

### i. Appenweier-Kehl (1,8 Gr. M. = 13 Kilom.).

Eröffnet bis Kehl neuer Bahnhof 1/6 1844, bis Kehl Mitte Rheinbrücke (Anschluss an die Elsässer Bahnen) 11/6 61.

| Station | Meilen | Kil. | | |
|---|---|---|---|---|
| (26. Appenweier) | — | — | | Offenburg |
| 155. *Legelshurst PH.* | 0,7 | 5 | | » |
| 156. Kork | 1,1 | 8 | b. | » |
| 157. ○ Kehl | 1,8 | 13 | W.S.R.a-c.d.f.g.i.k. | » |

### k. Offenburg-Hausach-(Kinzigthalbahn)

4,4 Meilen = 33 Kilom.
Eröffnet 2/7 1866.

| Station | Meilen | Kil. | | |
|---|---|---|---|---|
| (28. Offenburg) | — | — | | Offenburg |
| 158. Ortenberg PH.* | 0,5 | 4 | | » |
| 159. Gengenbach | 1,3 | 9 | b. | » |
| 160. *Schönberg PH.* | 2,0 | 15 | | » |
| 161. Biberach-Zell | 2,4 | 18 | b. | » |
| 162. *Steinach PH.* | 3,0 | 23 | | » |
| 163. Haslach | 3,5 | 26 | b. | » |
| 164. Hausach | 4,4 | 33 | R.W.S.a.b.d.i.k. | » |

Hausach-Villingen im Bau.

| Im Bau | Meilen | Kil. | | |
|---|---|---|---|---|
| 165. Gutach | — | — | | » |
| 166. Hornberg | — | — | | Villingen |
| 167. Tryberg | — | — | | » |
| 168. St. Georgen | — | — | | » |
| 169. Peterzell | — | — | | » |
| 170. Stockwald | — | — | | » |
| 171. Kirnach | — | — | | » |
| 172. ○ (l) Villingen | — | — | | » |

### l. Singen-Donaueschingen-Villingen.

(8,4 Meilen = 63 Kilom.).
Eröffnet: Singen-Engen 2/6 1866, bis Donaueschingen 15/6 68.; bis Villingen 16/6 69.

| Station | Meilen | Kil. | | |
|---|---|---|---|---|
| (81. Singen) | — | — | | Constanz |
| 173. Hohenkrähen PH.* | 0,8 | 6 | | » |
| 174. Mühlhausen | 1,1 | 8 | | » |
| 175. *Welschingen PH.* | 1,6 | 12 | | » |
| 176. Engen | 1,9 | 15 | g.i.k. | » |
| 177. *Thalmühle PH.* | 2,6 | 19 | (Rohmaterialien in ganz. Wagenladungen.) | » |
| 178. Hattingen P.H.* | 3,4 | 25 | | » |
| 179. ○ Immendingen | 4,0 | 30 | a. | » |
| 180. *Hintschingen PH.* | 4,5 | 33 | | » |
| 181. Geisingen | 4,8 | 36 | | Villingen |
| 182. *Gutmadingen PH.* | 52, | 39 | | » |
| 183. *Neudingen PH.** | 5,7 | 43 | | » |
| 184. *Pfohren PH.** | 6,1 | 46 | (Rohmaterialien in ganz. Wagenladungen.) | » |
| 185. Donaueschingen | 6,6 | 49 | i.R.a. | » |
| 186. *Grüningen PH.* | 7,3 | 55 | | » |
| 187. Klengen | 7,7 | 58 | | » |
| 188. Marbach | 8,1 | 60 | | » |
| (172. Villingen) | 8,4 | 63 | i.R.a. | » |

### m. Radolfzell-Messkirch (5,0 Reichs-M. = 38 Kil.).

Radolfzell-Stockach eröffnet 20/6 1867; Stockach-Messkirch am 2/6 70.

| Station | Mln. | Kil. | | |
|---|---|---|---|---|
| (83. Radolfzell) | — | — | | Constanz |
| 189. Stahringen PH.* | 1,0 | 7 | | Constanz |
| 190. Wahlwies PH.* | 1,3 | 10 | | » |
| 191. Nenzingen PH.* | 1,8 | 14 | (Rohmaterialien in ganz. Wagenladungen.) | » |
| 192. Stockach | 2,3 | 17 | a.i.g. | » |
| 193. Zizenhausen | 2,8 | 21 | | » |
| 194. Mühlingen | 3,3 | 25 | | » |
| 195. Schwakenreuthe | 3,7 | 27 | | » |
| 196. Sauldorf | 4,3 | 32 | | » |
| 197. Messkirch | 5,0 | 38 | i.R.a. | » |
| Im Bau: 197a. Menningen | — | — | | » |
| 197b. Göggingen | — | — | | » |
| 198(m.*) Krauchenwies | — | — | | *** Hohenzollern |
| 198a. Zielfingen | — | — | | » |
| 199. ○ Mengen | — | — | | *Württemberg |

### m.* Krauchenwies-Sigmaringen.

| Im Bau | | | | |
|---|---|---|---|---|
| (198. Krauchenwies) | — | — | | *** Hohenzollern |
| 199a. Josephslust | — | — | | » |
| 200. ○ Sigmaringen | — | — | | » |

## II. Privatb. unter Staatsverwaltung.

### o. Carlsruher Rheinbahn (1,3 R.-M. = 10 Kilom.).

Eröffnet bis Maxau 8/4 62, bis Mitte Rheinbrücke 8/4 65.

| Station | Mln. | Kil. | | |
|---|---|---|---|---|
| (14. Carlsruhe Bahnh.) | — | — | | Carlsruhe |
| 201. *Carlsruhe, Mühlburger Thor PH.* | 0,3 | 2 | (Kohlen) | » |
| 202. Mühlburg PH.* | 0,6 | 4 | b. | » |
| 203. *Knielingen PH.* | 0,9 | 6 | | » |
| 204. ○ Maxau | 1,3 | 10 | S.a.b.g.i.k. | » |

### p. Lahr-Dinglingen (0,4 Reichs-M. = 3 Kilom.).

Eröffnet 1/11 1865. Verwaltungsrath in Lahr.

| Station | Mln. | Kil. | | |
|---|---|---|---|---|
| (31. Dinglingen) | — | — | | Offenburg |
| 205. Lahr | 0,4 | 3 | W.S.R.a-c.d.f.g.h.i.k. | » |

### q. Wiesenthal-Bahn (3,0 Reichs-M. = 22 Kilom.).

Eröffnet 7/6 1862.

| Station | Mln. | Kil. | | |
|---|---|---|---|---|
| (56. ○ Basel) | — | — | | **Basel |
| 206. *Riehen PH.* | 0,7 | 5 | | ** » |
| 207. *Stetten PH.* | 1,0 | 7 | | Lörrach |
| 208. Lörrach | 1,2 | 9 | W.S.R.a.b. c.f.g.i.k. | » |
| 209. Haagen PH.* | 1,5 | 11 | | » |
| 210. Steinen | 2,1 | 16 | | » |
| 211. Maulburg PH.* | 2,5 | 19 | | » |
| 212. Schopfheim | 3,0 | 22 | W.S.R.a-c.f. g.i.k. | » |

### r. Rastatt-Gernsbach-(Murgthalbahn)

(2,0 Meilen = 15 Kilom.).
Eröffnet 1/6 1869.

| Station | Mln. | Kil. | | |
|---|---|---|---|---|
| (18. Rastatt) | — | — | | Baden |
| 213. Kuppenheim | 0,5 | 4 | b. | » |
| 214. Rothenfels | 1,1 | 8 | b. | » |
| 214a. Gaggenau | 1,3 | 10 | b. | » |
| 215. Hördten | 1,7 | 13 | b. | » |
| 216. Gernsbach | 2,0 | 15 | R.a.b. | » |

### s. Freiburg-Breisach (3,0 M. = 22 Kilom.).

Eröffnet am 15. September 1871.

| Station | Mln. | Kil. | | |
|---|---|---|---|---|
| (39. Freiburg) | — | — | | Freiburg |
| 217. Hugstetten | 1,0 | 7 | | » |
| 218. Gottenheim | 1,6 | 12 | | » |
| 219. Ihringen | 2,4 | 18 | | » |
| 220. Breisach | 3,0 | 22 | | » |

### t. Mannheim-Carlsruhe (Rheinthalbahn)

(8,3 Mln. = 62 Kilom.)
Eröffnet am 4. August 1870.

| Station | Mln. | Kil. | | |
|---|---|---|---|---|
| (1. Mannheim) | — | — | | Mannheim |
| 221. Neckarau | 0,4 | 3 | | » |

| | Meilen | Kil. | | |
|---|---|---|---|---|
| 222. Schwetzingen . . . | 1,8 | 14 | a. | Mannheim |
| 223. Hockenheim . . . | 2,9 | 21 | | » |
| 224. Neulussheim . . . | 3,2 | 24 | | » |
| 225. Waghäusel . . . . | 4,0 | 30 | a. | Carlsruhe |
| 226. *Wiesenthal PH.* . | 4,3 | 32 | | » |
| 227. Graben-Neudorf . . | 5,3 | 40 | | » |
| 228. Linkenheim . . . . | 6,2 | 47 | | » |
| 229. Eggenstein . . . . | 7,0 | 53 | | » |
| (201. Carlsruhe Mühlburger Thor) . . . . . | 8,0 | 60 | | » |
| (14. Carlsruhe Bahnhof) | 8,3 | 62 | | » |

## Báttaszék-Dombovár-Zákányer (Donau-Drau-) Eisenbahn.

### Sitz des Verwaltungsrathes in Pest.

Voraussichtliche Eröffnung der Strecke Zákány-Dombovár: Frühjahr 1872, Dombovár-Báttaszék: Spätjahr 1872.

Anschluss in Zákány an die K. Ung. Staatsbahnen (Linie Agram-Zákány) und an die Oesterr. Südbahnlinie Kottori-Barcs.

| | Oesterr. M. | Kil. | Politische Lage etc. |
|---|---|---|---|
| 1. Báttaszék | — | — | am rechten Donauuf. Marktfl. 6452 Einw. Tolnauer Comitat |
| 2. Mórágy . . . | 1,19 | 9,1 | abseits liegend unbedeutender Ort, 1765 E. Tolnauer C. |
| 3. Bonyhád . . | 3,36 | 25,5 | zweit' grösster Markt an der Bahn. 5610 E. Tolnauer C. |
| 4. Szászvár . . | 4,56 | 34,6 | abseits liegendes Dorf, 1141 E. Baranyer Com. |
| 5. Mágocs . . . | 7,15 | 54,3 | Marktfl., 3436 E. Baranyer C. |
| 6. Dombovár | 8,71 | 66,1 | Marktfl., 2230 E. Tolnauer C. |
| 7. Bati . . . . . . | 10,59 | 80,4 | Dorf, 614 Einw. C. Somogyer |
| 8. Kaposvár . | 12,42 | 94,2 | Stadt u. Comitatssitz, 6449 Einw. Somogyer Com. |
| 9. Kis Korpád | 14,40 | 109,3 | abseits liegendes Dorf, 464 Einw. Somogyer Com. |
| 10. Jákó . . . . . | 15,00 | 113,8 | abseits liegendes Dorf, 321 Einw. Somogyer Com. |
| 11. Beleg . . . . . | 16,53 | 125,4 | abseits liegendes Dorf, 558 Einw. Somogyer Com. |
| 12. Szobb . . . . | 17,77 | 134,8 | abseits liegendes Dorf, 1375 Einw. Somogyer Com. |
| 13. Csurgó . . . | 20,16 | 153,0 | Markt. 3017 E. Somogyer C. |
| 14. ○ Zákány | 21,76 | 165,1 | 845 E. » |

## Königl. priv. Bayerische Ostbahnen.

### Verwaltungsrath und Direction in München.

Königreich Bayern: Bezirke. °° Oesterreich: Kronl. Böhmen..

Anschlüsse: Bayreuth: Bayer. Staatsb.; Eger: Bayer. Stsb, Sächs. westl. Staatsb. u. Buschtěhrader Bahn; Furth a/W.: Böhm. Westb.; München: Bayer. Staatsbahn; Nürnberg: Bayer. Staatsb.; Passau: Kaiserin Elisabethb. Plattling: Deggendorf-Plattling.

Reglements und Tarife. Directer Güterverkehr.

a = mit Stationen der Kgl. Bayer. Staatsbahnen ($^{11}/_{4}$ 70 mit Nachtr. I. v. $^{1}/_{4}$ 70);

b = Oesterreichisch-Bayer.-Belgisch-Englisch-Französischer Güterverkehr via Cöln-Mainz-Aschaffenburg ($^{1}/_{7}$ 70);

c = Berlin-Bayerischer Verbands-Güterverkehr $^{1}/_{11}$ 70);

d = zwischen Stationen der Böhmischen Westb. u. der Kaiser Franz Josefsbahn einer-, dann Stationen der Kgl. Bayer. Ostbahnen andererseits, *Kohlentarife nach sämmtlichen Ostbahnstationen enthaltend ($^{1}/_{12}$ 70 mit Nachtr. I. v. $^{1}/_{2}$ 71, II. v. $^{1}/_{4}$ 71);

e = zwischen Stationen der Frankfurt-Hanauer Bahn einer-, dann Stationen der Bayer. Staats- und Ostbahnen anderer-

m = Magdeburg-Bayerischer Güterverkehr ($^{1}/_{3}$ 71);
Specialtarif für die directe Beförderung von Zucker ($^{15}/_{7}$ 70); desgl. von Salz $^{1}/_{12}$ 69);

n = zwischen Stationen der Nassauischen Bahn einer-, dann Stationen der Bayer. Staats- u. Ostb. andererseits ($^{1}/_{4}$ 65);

o = Niederl.-Bayer.-Oesterr. Güterverkehr: 1) via Moerdijk-Venlo-Mainz-Aschaffenburg ($^{1}/_{7}$ 69); 2) via Emmerich-Giessen-Frankfurt-Aschaffenburg ($^{1}/_{7}$ 69); 3) via Cleve-Bingen-Mainz-Aschaffenburg ($^{1}/_{7}$ 69); 4) für Nymegen ($^{1}/_{7}$ 69);

p = zwischen Stationen der Bayer. Staats- und Ostbahnen einer-, dann Stationen der Elisabethbahn, der Oesterr. Staatseisenbahngesellschaft, der Oesterr. Südbahn, der Mohacs-Fünfkirchener und der Fünfkirchen-Barcser Bahn andererseits ($^{1}/_{10}$ 70 mit Nachtr. I. v. $^{1}/_{4}$ 71);

q = Specialtarif für den Rechtsrheinisch-Bayerisch-Oesterr. Güterverkehr ($^{1}/_{1}$ 70 mit Nachtr. I. v. $^{1}/_{5}$ 70);

r = Rheinisch-Bayer.-Oesterr. Güterverkehr via Bingen-Mainz-Aschaffenburg ($^{1}/_{1}$ 69, Ausnahmetarif v. $^{10}/_{1}$ 70, Nachtr. I. hierzu v. $^{15}/_{7}$ 70);

s = zwischen Stationen der K. Saarbrücker- u. Saarbrücken-Trierer Eisenbahn einer- und nördl. Stationen der Bayer. Staats- und Ostbahnen andererseits ($^{1}/_{9}$ 67 mit Nachtr. I. v. $^{1}/_{4}$ 68, II. v. $^{1}/_{1}$ 69);

t = Sächsisch-Bayer. Güterverkehr ($^{1}/_{5}$ 70 mit Nachtr. I. v. $^{15}/_{7}$ 70);

u = Oesterr.-Bayer.-Schweizerischer Güterverkehr ($^{1}/_{6}$ 64 mit Nachtr. I. v. $^{1}/_{6}$ 64, III. v. $^{15}/_{12}$ 66, IV. v. $^{1}/_{11}$ 67, VI. v. $^{1}/_{3}$ 69, VII. v. $^{15}/_{6}$ 69);

v = zwischen Stationen der Bayer. Ostbahnen einer- u. Stat. der übrigen Süddeutschen Verbandsbahnen andererseits ($^{1}/_{7}$ 70);

w = zwischen Stationen der Bayer. Ostbahnen und der Böhm. Westbahn einerseits und Stationen der Taunusb. andererseits ($^{1}/_{3}$ 71);

x = Thüringisch-Bayer.-Oesterr. Verkehr ($^{1}/_{10}$ 70);

y = Bayer.-Tiroler Güterverkehr ($^{1}/_{5}$ 68);

z = Stettin-Bayer. Verbandsgüterverkehr ($^{1}/_{11}$ 70);

α = Specialtarife für den directen Güterverkehr zwischen Stationen der a. pr. Buschtěhrader E. einer-, dann Stat. der Bayer. Ostb. und der Elisabethbahn andererseits via Eger-Passau.

Kohlentarife nach sämmtlichen Ostbahnstationen ($^{1}/_{1}$ 71).

NB. *P.* = Station nur für Personen- und Gepäckverkehr; *P.H.** = Personen-, Gepäck- u. beschränkter Güterverkehr (Colli bis zu 2 Ctr.)

### a. München-Nürnberg (38,09 D. Reichs-M. = 288,75 K.).

Eröffnet München bis Regensburg $^{12}/_{12}$ 59, bis Hersbruck $^{12}/_{9}$ 59, von da bis Nürnberg $^{7}/_{5}$ 59.

| | | | |
|---|---|---|---|
| 1. ○ **München** . . . | — | a.c.d.f.m.t.v.z.α. | Ober- |
| 2. *Feldmoching PH.** | 1,5 | | bayern |
| 3. Schleissheim . . | 2,0 | a. | » |
| 4. Lohhof . . . . . | 2,5 | a. | » |
| 5. Neufahrn b. Freising | 3,5 | a. | » |
| 6. Freising . . . . . | 5,0 | a.d.e.k.n.p.r.t-y. | » |
| 7. Langenbach . . . | 6,0 | a. | » |
| 8. Moosburg . . . | 7,0 | a.u.v. | » |
| 9. *Bruckberg PH.** . | 8,0 | | » |
| 10. Landshut . . . | 10,0 | a-h.k.m-r.t-z. | Nieder- |
| 11. Mirskofen . . . . | 11,0 | a. | Bayern |
| 12. Ergoldsbach . . . | 12,5 | a. | » |
| 13. Neufahrn b. Ergb. . | 13,0 | a. | » |
| 14. Niederlindhart . . | 14,0 | a. | » |
| 15. Laberweinting . . | 14,5 | a.e.k.v.w. | » |
| 16. (b) Geiselhöring | 15,5 | a.e.k.u.v.w. | » |
| 17. Sünching . . . . . | 17,0 | a. | Oberpfalz |
| 18. Taimering . . . . | 17,5 | a. | » |
| 29. Moosham . . . . | 18,0 | a. | » |
| 20. Mangolding . . . | 18,5 | a. | » |
| 21. *Obertraubling PH.** | 19,0 | | » |
| 22. (f) Regensburg . | 20,0 | a-h.k-α. | » |
| 43. Wallhallastrasse . | 21,0 | a.e.k.v.w. | » |

| | | | | |
|---|---|---|---|---|
| 37. | *Etzelwang P.* . . | 33,0 | | Oberpfalz |
| 38. | Hartmannshof . . | 33,5 | a. | Mittelfranken |
| 39. | Pommelsbrunn . . | 34,5 | a. | » |
| 40. | Hersbruck . . . . | 35,0 | a-h.k.m-p.r-t.v-z. | » |
| 41. | Ottensoos . . . . | 36,0 | a.p. | » |
| 42. | Lauf. . . . . . . | 36,5 | a.b.d.e.k.n-p.r.s.v-y. | » |
| 43. | Röthenbach . . . | 37,0 | a. | » |
| 44. | Mögeldorf . . . . | 38,0 | a.d.e.k.p.v.w. | » |
| 45. | ○ (f) **Nürnberg** . . | 38,5 | a.d.p.t.v.α. | » |

**b. Geiselhöring-Passau** (12,37 M. = 93,75 Kil.).

Eröffnet bis Straubing 12/12 59, bis Passau 20/9 60.

| | | | | |
|---|---|---|---|---|
| (16. | Geiselhöring). | 15,5 | vgl. 16. | |
| 46. | *Pilling P.*. . . . | 16,5 | | Niederbayern |
| 47. | Straubing . . . . | 17,5 | a-h.k.m-z. | » |
| 48. | *Amselfing P.* . . . | 18,5 | | » |
| 49. | Strasskirchen. . . | 19,5 | a.e.k.v.w. | » |
| 50. | *Stephansposching P.H.** . . . . . . | 20,0 | | » |
| 51. | ○ Plattling . . | 21,0 | a.d.e.k.n.p-y. | » |
| 52. | Langen-Isarhofen . | 22,0 | a. | » |
| 53. | Osterhofen . . . . | 23,0 | a.e.k.u.v.w. | » |
| 54. | Pleinting. . . . . | 24,0 | a. | » |
| 55. | Vilshofen. . . . . | 25,0 | a.e.k.p-r.u-y. | » |
| 56. | Sandbach . . . . | 26,0 | a.e.k.q.r.v.w. | » |
| 57. | *Schalding P.*. . . | 27,0 | | » |
| 58. | ○ Passau . . . . | 28,0 | a-z. | » |

**c. Schwandorf-Furth a./W.** (8,91 M. = 67,5 Kil.).

Eröffnet bis Cham am 1/1 61, bis Furth 15/10 61.

| | | Mln. | | |
|---|---|---|---|---|
| (29. | Schwandorf). . . | 26,0 | vgl. 29. | Oberpfalz |
| 59. | Altenschwand . . | 28,0 | a. | » |
| 60. | Bodenwöhr. . . . | 29,0 | a.e.k.n.q.r.u.v.w. | » |
| 61. | *Neubau P.*. . . . | 30,0 | | » |
| 62. | Roding . . . . . | 31,0 | a.e.k.n.q.r.v.w. | » |
| 63. | *Pösing PH.** . . | 31,5 | | » |
| 64. | Cham . . . . . . | 32,5 | a.d.e.k.n.p-t.v-y. | » |
| 65. | Kothmaissling . . | 33,5 | a. | » |
| 66. | Ahrnschwang. . . | 34,5 | | » |
| 67. | ○ Furth a./W.. . | 35,0 | a-c.e-h.k-α. | » |

**d. Irrenlohe-Eger** (13,36 Mln. = 101,25 Kilom.).

Eröffnet bis Weiden 1/10 63, bis Mitterteich 15/8 64, bis Eger 15/10 65.

| | | | | |
|---|---|---|---|---|
| (30. | Irrenlohe) . . | 26,5 | | Oberpfalz |
| 68. | Schwarzenfeld . . | 27,0 | a. | » |
| 69. | Nabburg. . . . . | 28,0 | a.d. | » |
| 70. | *Pfreimt PH.** . . | 29,0 | | » |
| 71. | Wernberg . . . . | 29,5 | a.e.k.n.q.r.v.w. | » |
| 72. | Luhe . . . . . . | 31,0 | a.d. | » |
| 73. | *Rothenstadt P.*. . | 31,5 | | » |
| 74. | (e) Weiden . . . | 32,0 | a-h.k.m.n.p-z. | » |
| 75. | Neustadt a/Wald-Naab . . . . . . | 33,0 | a.c-h.k.m.n.p-t.v-z. | » |
| 76. | Windisch Eschenbach . . . . . . | 34,0 | a. | » |
| 77. | Reuth . . . . . . | 35,0 | a.e.k.n.q.r.v.w. | » |
| 78. | Wiesau . . . . . | 36,5 | a.e.k.v.w. | » |
| 79. | Mitterteich. . . . | 37,5 | a.d.e.k.n.p-r.t.v.w.y. | » |
| 80. | Waldsassen. . . | 38,5 | a.d.e.k.p-r.t.v.w.y. | » |
| 81. | ○ Eger. . . . . | 40,0 | a.d.l.p.v.y. | **Böhmen |

**e. Weiden-Bayreuth** (7,92 Mln. = 60 Kilom.).

Eröffnet 1/12 63.

| | | | | |
|---|---|---|---|---|
| (74. | Weiden). . . . | 32,0 | | Oberpfalz |
| 82. | Parkstein-Hütten . | 33,5 | a. | » |
| 83. | *Schwarzenbach P.* . | 34,0 | | » |
| 84. | Pressath . . . . . | 35,0 | a.e.k.n.v.w. | » |
| 85. | Trabitz . . . . . | 35,5 | a.e.k.v.w. | » |
| 86. | Kemnath. . . . . | 36,5 | a.e.k.n.v.w. | » |
| 87. | Kirchenlaibach . . | 37,5 | a. | » |
| 88. | Seybothenreuth . . | 38,0 | a. | Oberfranken |

**Im Baue:**

**f. Nürnberg-Neumarkt-Regensburg.**

Länge der Bahn von Mitte zu Mitte der Endstationen 13,36 Mln. = 100,40 Kil.

Eröffnung der Strecke Nürnberg-Neumarkt: 1. December 1871; Neumarkt-Regensburg: Herbst 1872.

| | | Mln. | |
|---|---|---|---|
| (45. | Nürnberg) . . . . | — | Mittelfranken |
| 90. | Dutzendteich . . . . | 0,47 | » |
| 91. | Feucht. . . . . . . | 1,64 | » |
| 92. | Ochenbruck . . . . | 2,21 | » |
| 93. | Postbauer . . . . . | 3,62 | Oberpfalz |
| 94. | Neumarkt . . . . . | 4,85 | » |
| 95. | Deining . . . . . . | 6,24 | » |
| 96. | Seubersdorf . . . . | 7,60 | » |
| 97. | Parsberg . . . . . . | 8,60 | » |
| 98. | Mausheim . . . . . | 9,39 | » |
| 99. | Beratzhausen . . . . | 10,00 | » |
| 100. | Laaber. . . . . . . | 10,89 | » |
| 101. | Eichhofen . . . . . | 11,84 | » |
| 102. | Etterzhausen . . . . | 12,23 | » |
| 103. | Prüfening . . . . . | 13,05 | » |
| (22. | Regensburg) . . . | 13,54 | » |

## Königl. Bayerische Staatseisenbahnen.

### General-Direction der Kgl. Bayer. Verkehrs-Anstalten in München.

**Königreich Bayern:** Eintheilung in 8 Kreise. Auch Stationen in *°Württemberg und **Oesterreich; Dampfschiffstationen in der Schweiz* und Oesterreich**.

**Anschlüsse.** Aschaffenburg: Frankf.-Hanau u. Hess. Ludwigsbahn, Linie c.; Bayreuth: Bayer. Ostb. e.; Eger: Bayer. Ostb. d. u. Sächsische Stsb. r., Buschtěhrader Bahn und Kaiser Franz-Josefsbahn; Fürth: Nürnberg-Fürth (ohne Geleisverbindung); Fürther Kreuzung: Nürnberg-Fürth; Gemünden (im Bau): Bebra-Hanauer Bahn; Hof: Sächsische Staatsb. k.; Kufstein: Oesterr. Südb., Tirol k.; Lichtenfels u. Meiningen (im Bau): Werrabahn; München: Bayer. Ostbahn a.; Nördlingen: Württemb. Stsb. g.; Nürnberg: Bayer. Ostb. a. u. Nürnb.-Fürth (ohne Geleisverbindung); Regensburg: (im Bau): Bayer. Ostb.; Salzburg: Kaiserin Elisabethb. a.; Simbach: Kaiserin Elisabethb.; Ulm: Württemb. Staatsb. a.; Würzburg: Badische Staatsbahn d.; Heidingsfeld: Badische Staatsb. d.

**Titulatur der Stationen** (je nachdem dieselben zugleich Postbehörden sind): Königl. 1. Ober-Post- u. Bahn-Amt (= O.P. u. B.A.); 2. Post- u. Bahn-Amt (= P. u. B.A.); Bahn-Amt (= B.A.); Local-Bahn-Amt (= L.B.A.); 3. Post- und Bahn-Verwaltung (= P. u. B.V.); Bahn-Verwaltung (= B.V.); 4. Post- und Bahn-Expeditionen (= P.u.B.E.); Bahn-Expeditionen I. Cl. (= B.E.); 5. Bahn-Expeditionen II. Cl. (= B.E.*); 6. Haltestellen nur mit Personen- und Gepäckverkehr (= P.H.).

(Die Stationen, bei denen eine dieser oben bezeichneten Titulatur fehlt, sind sämmtlich Post- u. Bahn-Expeditionen I. Classe. Die Expeditionen II. Classe, bei welchen beschränkte Güterabfertigung stattfindet, sind mit *PH** bezeichnet.) Am Kopfe jeder Eisenbahn-Linie sind die wirklichen Entfernungen der Linien eingetragen, bei den Stationen die Entfernung unter sich abgerundet, wie sie zur tarifmässigen Behandlung im General-Meilenzeiger vorgezeichnet sind.

**Verzeichniss der für den internen, directen und Transitgüterverkehr bestehenden Tarife.**

1. *Interner Güterverkehr (Tarif v. 1/6 71), (I. Nachtr. v. 1/9 71);
2. Specialtarif für ungepressten Hopfen ab Lindau (20/10 67);
3. do. für Eger und Franzensbad (1/11 65);
4. do. für Lindau (1/6 71);
5. *Meilenzeiger für die Bayer. Staatsb. (15/6 70), (I. Nachtr. v. 1/8 70, II. Nachtr. v. 15/6 71, III. Nachtr. v. 1/8 71);
6. *Wechselgüterverk. zwischen Bayer. Staats- u. Ostb. (1/6 71);
7. Specialtarif für Cement ab Kufstein loco und transit nach Stationen der Kaiserin Elisabeth-Bahn (1/1 70);
8. *Bayer.-Oesterreichischer Güterverkehr (1/10 70), (I. Nachtr. v. 1/6 71, II. Nachtr. v. 1/9 71, III. Nachtr. v. 1/10 71);
9. *Bayerisch-Württembergischer Güterverk. (1/6 70), (I. Nachtr. v. 1/8 71, II. Nachtr. v. 1/11 71);
10. *Bayerisch-Badischer Güterverkehr (1/7 70 u. I. N. 1/1 71), (II. Nachtr. v. 1/8 71, III. Nachtr. v. 1/12 71);
11. *Südliche und südöstliche Linie der Bayer. Staatsb. mit Darmstadt, Frankfurt etc. via Ulm (1/7 70), (I. N. v. 1/11 71);
12. *Südliche u. südöstl. Linie der Bayer. Staatsb. mit Gustavsburg und Mainz via Aschaffenburg (1/7 70), (I. N. v. 1/11 71);
13. *Uebernahmst. für Frankfurt, Darmstadt u. Offenbach (1/7 70);
14. Nordbayern mit Mannheim, Mainz u. Gustavsburg (1/4 70); (I. Nachtr. v. 1/6 71, II. Nachtr. v. 1/11 71);
15. *Bayer. Staatsb. — Hessische Ludwigsb. (1/7 70). (I. Nachtr.

16. Bayer. Ostb. — Hess. Ludwigsb. (1/4 70, I. N. v. 1/10 71);
17. *Bayer. Staats- u. Ostbahn mit der Frankfurt-Hanauer B. (1/7 70 u. I. N. 10/4 71, II. Nachtr. v. 1/11 71);
18. *Bayer. Staatsb. — Taunusbahn (1/4 71);
19. Bayer. Ost- u. Böhm. Westb. — Taunusbahn (1/8 71);
20. Südbayern — Saarbrücker Bahn (1/1 67, *Neue Tarifsätze 1/5 68, mit I. Nachtr. 1/1 69);
21. *Kohlentarif 9 Südbayern — Saargruben (11/1 71);
22. do. 9a Wien — Saargruben (7/5 69);
23. do. 9b Kufstein transit — Saargruben (1/11 69);
24. do. 12 Tirol — Saargruben (10/11 69);
25. Nordbayern und Bayer. Ostb. — Saarbrücker Bahn (1/5 67, I. N. 1/5 68, II. N. 1/1 69, II. N. v. 1/6 71, III. N. v. 15/5 71);
26. Kohlentarif von 11 Nordbayern u. Ostb. — Saargruben 1/5 67);
27. *Bayer. Staats- und Ostbahn, sowie K. k. priv. Kaiserin Elisabethb. mit Rhein-Nahe-Bahn (1/10 63 mit I. N. 1/11 65; II. N. 1/5 66);
28. *Bayer. Staats- und Ostbahn — Nassauische Bahn (1/5 65 mit I. N. 1/11 65, II. N. 1/7 66, III. N. 15/5 68);
29. Linksrheinisch-Bayerisch-Oesterreich. G.-V. (1/1 69 mit I. Nachtr. v. 15/5 69, II. N. v. 1/6 71, III. N. v. 15/5 71);
30. Ausnahmetarif hierzu für Getreide, Eisen und leere Säcke (10/1 70, Nachtr. 15/5 70);
31. Prag mit der Rheinischen Bahn (1/1 69);
32. Rechtsrheinisch-Bayerisch-Oesterr. G.-V. (1/1 70, I. N. 1/5 70),
33. *Oesterr.-Bayerisch-Niederländ. G.-V. (1/7 69);
Ausnahmetarif für Liverpool (10/7 69);
do. für Getreide (1/10 69, resp. 1/5 70);
34. *Oesterr.-Bayerisch-Belgisch-Französisch-Englischer G.-V. (10/5 70, I. N. 1/5 71);
35. Oesterr.-Belgisch-Englischer G.-V. (Wien) (1/7 70);
36. *Thüringisch-Bayerisch-Oesterreich. G.-V. (1/12 70, I. N. v. 1/10 71);
36a. Thüringisch-Württembergischer G.-V. (15/5 71);
37. Tarif f. Rohzucker Thüringen — Bayer. Staats- u. Ostb. (1/1 70);
38. Hannover-Bayer.-Oesterreich. G.-V. (15/11 69, I. N. v. 1/12 71);
39. *Bayerisch-Magdeburger Güterverkehr (1/5 71 I. N. 15/7 71);
40. Specialtarif für Zucker von der Magdeburg-Leipziger, Magdeb.-Halberst., nach Bayer- Staats- u. Ostb. (15/ 70);
41. Specialtarif für Salz ab Stassfurt, Schönebeck etc. nach der Bayer. Staatsb. (1/5 70);
42. Magdeburg und Halle mit Bodenseeuferplätzen (1/5 71);
43. Bayer. Staats- u. Ostb. — Hamburg und Lübeck (15/12 69);
44. Bodenseeuferplätze — Hamburg u. Lübeck (1/11 69, N. 1/5 70);
45. *Berlin-Bayerischer Verbandsgüterverkehr (1/11 70);
46. *Stettin-Bayerischer Verbandsgüterverkehr (1/11 70);
47. *Berlin u. Stettin mit Bodenseeuferplätzen (1/11 70);
48. Berlin-Badische Staatsbahn (1/5 69, I. N. 15/ , 70, II. N. v. 1/7 71, III. N. v. 15/5 71);
49. *Bayerisch-Sächsischer Güterverkehr (1/5 70, I. N. 10/7 70, II. N. 1/12 70, III. N. v. 1/5 71, IV. N. v. 1/12 71);
50. Specialtarif für Zinkblech ab Morgenroth (15/5 70);
51. Sächsisch-Badischer Güterverkehr (1/5 69, I. N. 1/5 69, II. N. 1/9 69, III. N. 15/11 69, IV. N. 1/5 71, V. N. v. 1/7 71);
52. Specialtarif für Rohzucker Mannheim-Halle etc. (15/5 70);
53. Sachsen — Hessische Ludwigsb. u. Frankf.-Hanauer B. (15/4 69, I. N. 1/5 70, II. N. 1/5 71);
54. Sächsisch-Pfälzischer Güterverkehr (1/5 69, I. N. 1/5 71);
55. Sächsisch-Französischer Güterverkehr (1/5 65);
56. *Sächsisch-Württembergischer Güterverkehr (1/5 71);
57. Berlin-Württembergischer Güterverkehr (1/5 71);
58. *Bayerisch-Böhmischer Güterverkehr (1/12 70, I. N. 1/5 71, II. N. 1/5 71);
59. Specialtarif für Kohlen mit der Buschtěhrader E. (1/10 70);
60. Böhmisch-Rheinländischer Güterverkehr (1/7 70, I. N. 1/5 71);
61. Böhmisch-Saarbrücker Güterverkehr (10/5 69, I. N. 1/5 71);
62. Bayerisch-Tiroler Güterverk. (1/11 71);
63. Böhmisch-Tiroler Güterverkehr (10/7 69, I. Nachtr. 1/1 70);
64. Oesterreichisch-Tiroler Güterverkehr (20/5 68, I. N. 1/6 70);
65. Sächsisch-Tiroler Güterverkehr (15/5 65);
66. *Berlin-Tiroler Güterverkehr (15/4 68);
67. Hess. Ludwigsb. u. Frankf.-Hanau-Tiroler Güterverkehr (1/5 68, I. N. 1/12 68);
68. Rheinische Bahn — Tiroler Güterverkehr (15/11 68, I. N. 15/5 69);
69. Deutsch-Italienischer Güterverkehr (Heft I. II. und III. 1/11 71);
70. Specialtarif von 14 Saargruben-Italien (15/1 70);
71. Specialtarif für Kohlen Hausham-Italien (20/7 70);
72. *Italienisch-Schweizerisch-Süddeutscher Güterverk. (1/11 71);
73. Oesterr.-Bayer.-Schweizerischer Güterverkehr (1/5 64);

## a. Lindau-Augsburg-Nürnberg-Hof

(Ludwigs-Süd-Nordb.) 73,61 D. Reichs-M. 566,48 K.

Eröffnet Streckenweise von 1844—Nov. 53; nämlich Stat. 1-7 am 12/10 53; 7-8 1/5 53; 8-11 1/5 53; 11-18 1/4 52; 18-26 20/9 47; 26-31 20/11 44; 31-36 15/5 49; 36-39 20/9 49; 39-44 20/9 49; 44-46 1/5 49; 46-56 25/8 44; 56-61 15/1 46; 61-68 15/10 46; 68-75 1/11 48; Hof bis Sächs. Grenze 20/11 48.

| Stationen | Mls. | | |
|---|---|---|---|
| 1a. ◯ Rorschach (Dampfschiff-Stationen) | | | * Schweiz |
| 1b. ◯ Romanshorn (Dampfschiff-Stationen) | | | » |
| 1c. Bregenz (Dampfschiff-Stationen) | | | **Oesterreich |
| 1d. Fussach (Dampfschiff-Stationen) | | | » |
| 1. (v) **Lindau** P.u.BA. . . | — | 2.6.8.10.11.21.28.29.34. 36.38-47.49.58.59.62.69. 74.83. | Bayern Kreis Schwaben u. Neuburg |
| 2. *Oberreitnau PH.* . | 1 | | |
| 3. Schlachters . . . . | 2 | 6.11.15.82. | » |
| 4. Hergatz . . . . . . | 3 | 6.11.18.21.34.74.82. | » |
| 5. Röthenbach . . . . | 5,5 | 6.8.9.10.11.15.20.27.29.32. 34.36.39-41.43.45.49.62. 74.77.81. | » |
| 6. Harbatzhofen . . . | 6 | 6.11.15.74.82. | » |
| 7. Oberstaufen . . . . | 7 | 6.9.11.15.74.82. | » |
| 7a. *Thalkirchdorf PH.** | 7,5 | | » |
| 8. Immenstadt P.u.BV. | 9,5 | 6.8-11.20.21.27.29.32-34. 36.38-41.43.45.46.48.58. 59.62.69.74.77.81. | » |
| 9. *Oberdorf PH.** . . | 10,5 | | » |
| 10. *Waltenhofen PH.* . | 11,5 | | » |
| 11. (k) Kempten P.u.BA. | 12 | 6.8-11.15.20.21.27.29.32-34. 36.38-41.43.45.46.49.58.59. 62.69.74.77.81.83. | » |
| 12. *Betzigau PH.* . . . | 13 | | » |
| 13. Wildpoldsried . . . | 13,5 | 6.11.21.82. | » |
| 14. Günzach. . . . . . | 15 | 6.8.9.11.20.21.27.29.32.36. 38-41.43.45.49.58.59.62. 74.81. | » |
| 15. Aitrang . . . . . . | 16 | 6.11.21.74.82. | » |
| 16. *Ruderatshofen PH.** | 16,5 | | » |
| 17. Biessenhofen. . . . | 17 | 6.9.11.21.29.32.36.38.43 49.74.82 | » |
| 18. Kaufbeuren P.u.BV. | 18 | 6.8-11.15.20.21.27.29.32- 34.36.38-41.43.45.46.49. 58.59.62.69.74.77.81.83. | » |
| 19. *Pforzen PH.* . . . | 19 | | » |
| 20. (w) Buchloë . . . . | 20,5 | 6.9.11.12.13.15.17.18.21. 28.29.32.74.82. | » |
| 21. *Westereringen PH.* | 22 | | » |
| 22. Schwabmünchen . . | 23 | 6.9.11.12.15.17.18.21.82 | » |
| 23. *Grossaitingen PH.* . | 23,5 | | » |
| 24. Bobingen . . . . . | 24,5 | 6.9.11.12.15.17.18.21.62. 74.82. | » |
| 25. *Inningen PH.* . . . | 25 | | » |
| 26. (c) Augsburg OP.u. BA.u.LBA. . . . . | 26 | 2.6.8-13.15.17.18.20.21.27. 30.32-34.36.38-41.43.45. 46.49.50.58.59.62.69.74. 77.81.83. | » |
| 27. *Gersthofen PH.** . | 27 | | » |
| 27a. *Langweid PH.* . . | 28 | | » |
| 28. Meitingen . . . . . | 28,5 | 6.14.15.17.18.82. | » |
| 29. Nordendorf . . . . | 29,5 | 6.14.15.17.18.82. | » |
| 30. *Mertingen PH.** . . | 30,5 | | » |
| 31 (x) Donauwörth P.u.BV | 31,5 | 6.8-10.14.15.17.18.25-30. 33.34.36.38-41.43.45.46. 49.58.59.62.74.77.81.83. | » |
| 32. Harburg. . . . . . | 33 | 6.9.14.15.17.82. | » |
| 33. Möttingen . . . . . | 34,5 | 6.14.15.17.18.82. | » |
| 34. ◯ Nördlingen | | 2.6.8-10.15.17.18.25-30.33. | » |

| Station | Mln. | | |
|---|---|---|---|
| (42. Georgensgmünd) | — | | Mittelfranken |
| 42a. Spalt . . . . . | 0,95 | | » |
| 43. Roth . . . . . . . | 45,5 | 2.6.9.10.14.15.17.18.77.82. | » |
| 44. Schwabach. . . . . | 47 | 2.6.9.10.14.15.17.18.25.26.36.38-41.43.45.49.58.59.77.82. | » |
| 45. *Reichelsdorf PH.**. | 48 | | » |
| 46. ○ (e.y) **Nürnberg** OP.u.BA.u. LBA. . . | 49 | 2.6.9.10.14.15.17.18.25-30.32-34.36.38-41.43.45.46.49.50.62.69.74.77.81.83. | » |
| 47. ○ (e) Fürther Kreuzung | 49,5 | 6.9.14.15.17.18.25.26.36.38-41.43.45.49.58.59.82. | » |
| 48. ○ (e) **Fürth** P.u.BA. | 50 | 2.6.8.9.10.14.15.17.18.25-30.32.33.34.36.38-41.43.45.46.49.58.59.62.69.74.77.81.83. | » |
| 49. *Poppenreuth PH.* . | 50 | | » |
| 50. Eltersdorf . . . . . | 51 | 6.14.15.17.18.82. | » |
| 51. Erlangen P.u.BV. | 51,5 | 2.6.8.9.10.14.15.17.18.25-29.33.34.36.38-41.43.45.46.49.58.59.62.74.77.81.83. | » |
| 52. Bayersdorf. . . . . | 52,5 | 6.14.15.17.18.82. | » |
| 53. Forchheim. . . . . | 53,5 | 2.6.9.10.14.15.17.18.25.26.29.33.34.36.38-41.43.45.49.58.59.74.77.82. | Oberfranken |
| 54. *Eggolsheim PH.* . . | 54,5 | | » |
| 55. Hirschaid . . . . . | 55,5 | 6.14.15.17.18.82. | » |
| 56. (b) **Bamberg** OP.u. BA.u.LBA. . . . . | 57 | 2.8.9.10.14.15.17.18.25-30.32-34.36.38-41.43.45.46.49.50.58.59.62.69.74.77.81.83. | » |
| 57. Breitengüssbach . . | 58 | 6.14.15.17.18.29.82. | » |
| 58. Zapfendorf . . . . | 59 | 6.14.15.17.18.29.82. | » |
| 59. Ebensfeld . . . . . | 59,5 | 6.14.15.17.18.29.82. | » |
| 60. Staffelstein . . . . | 60,5 | 6.14.15.17.18.29.33.36-49.58.59.82. | » |
| 61. ○ Lichtenfels P.u. BA. . . . . . . . . | 61 | 6.8.9.10.14.15.17.18.25-29.32-34.39-41.43.45.46.49.58.59.62.69.74.77.81.83. | » |
| 62. (l) Hochstadt. . . | 62,5 | 6.9.14.15.17.18.26.28.29.36.39.82. | » |
| 63. Burgkundstadt. . . | 63 | 6.14.15.17.18.29.36.49.59.82. | » |
| 64. *Mainroth PH.* . . | 64 | | » |
| 65. Mainleus . . . . . | 64,5 | 6.14.15.17.18.28.29.32.82. | » |
| 66. Culmbach . . . . . | 65,5 | 6.8.9.10.14.15.17.18.25-29.33.34.36.38.39.41.43.45.46.49.58.59.62.74.77.81. | » |
| 67. Untersteinach . . . | 66 | 6.14.15.17.18.49.82. | » |
| 68. (m) Neuenmarkt. | 67 | 6.14.15.17.18.49.82. | » |
| 69. Markt-Schorgast . . | 68 | 6.14.15.17.18.59.82. | » |
| 70. *Falls PH.* . . . . | 68,5 | | » |
| 71. Stambach . . . . . | 69,5 | 6.14.15.17.18.82. | » |
| 72. Münchberg . . . . | 71 | 6.9.14.15.17.18.26.29.36.41.45.49.59.82. | » |
| 72a. *Seulbitz PH.* . . . | 71,5 | | » |
| 73. Schwarzenbach a./S. | 72 | 6.9.14.15.17.18.25.26.28.29.36.39.41.45.46.49.59.82. | » |
| 74. (n) Oberkotzau. . | 73 | 6.14.15.17.18.49.59.82. | » |
| 75. ○ (n) **Hof** P.u.BA. | 74,5 | 6.8.9.10.14.15.17.18.25-30.32-34.36.38.58.59.62.74.77.81.83. | » |

### b. Bamberg-Aschaffenburg (Ludwigs-Westbahn)

(25,24 Mln. = 192,11 Kilom.).

Eröffnet Bamb.-Schweinf. 5/11 52; Schweinf.-Würzb. 1/7 54; bis Aschaffenb. 1/10 54.

| Station | Mln. | | |
|---|---|---|---|
| (56. Bamberg) . . . . | — | | Oberfranken |
| 76. *Oberhaid PH.* . . . | 1 | | » |
| 77. Staffelbach. . . . . | 1,5 | 6.14.15.17.18.82. | » |
| 78. Ebelsbach . . . . | 2,5 | 6.14.15.17.18.28.29.32.82. | Unterfranken |
| 79. Zeil . . . . . . . | 3,5 | 6.14.15.17.18.82. | » |
| 80. Hassfurt . . . . . | 4,5 | 6.10.14.15.17.18.36.49.58.59.82. | » |
| 81. *Obertheres PH.** . . | 5 | | » |
| 82. *Gädheim PH.** . . | 6 | | » |
| 83. Schonungen . . . . | 6,5 | 6.14.15.17.18.82. | » |
| 84. (t.z) Schweinfurt P.u.B.A. . . . . . | 7,5 | 6.8.10.14.15.17.18.25-30.32-34.36-41.43.45.46.49.58.59.62.69.74.77.81.83. | » |
| 85. *Bergrheinfeld PH.** | 8,5 | | » |
| 86. Weigolshausen . . . | 9 | 6.10.14.15.17.18.30.32.82. | » |
| 87. *Essleben PH.* . . . | 10 | | » |
| 88. [illegible] | 10,5 | [illegible] | » |
| 89. Seligenstadt . . . . | 11 | 6.10.14.15.17.18.25.26.30.32.36.38-41.43.49.58.59.74.77.81. | Unterfr. |
| 90. (e) Rottendorf. . | 12,5 | 6.10.14.15.17.18.36.37.39-41.49.58.59.74.77.81. | » |
| 91. ○ (d,e) **Würzburg** OP.u.BA.u.LBA. . . | 13,5 | 6.8.10.14.15.17.18.25-30.32-34.36-41.43.45.46.49.50.58.62.69.74.77.81.83. | » |
| 92. Veitshöchheim . . . | 14,5 | 6.10.15.17.18. | » |
| 93. *Thüngersheim PH.** | 15 | | » |
| 94. Retzbach . . . . . | 16 | 6.10.15.17.18. | » |
| 95. Karlstadt . . . . . | 17 | 6.10.15.17.18. | » |
| 96. *Wernfeld PH.** . . | 18 | | » |
| 97. ○ (u) Gemünden . | 19 | 6.10.15.17.18. | » |
| 98. Lohr . . . . . . . | 20,5 | 6.10.15.17.18.29.32.33.58. | » |
| 99. Partenstein . . . . | 22 | 6.10.15.17.18. | » |
| 100. Heigenbrücken . . | 23 | 6.10.15.17.18. | » |
| 101. Laufach . . . . . | 24 | 6.15.17.18. | » |
| 102. ○ **Aschaffenburg** P.u.BA. . . . . . | 25,5 | 6.8.10.36.40.49.58.62.69.81. | » |

### c. Ulm-Augsburg-München-Salzburg

(39,79 Deutsche Reichs-Meilen).

Eröffnet Stat. 103-4 1/4 54; 104-9 26/9 53; 109-12 1/4 54; 112-Augsb. 26/9 53; Augsb.-Stat. 123 4/10 54; 122-3 1/9 39; 123-4 27/10 39; 124-München 1/9 39; München-Stat. 137 25/5 71; 137-44 7/5 60; 137-Salzb. und damit vollständig 12/8 60.

| Station | Mln. | | |
|---|---|---|---|
| 103. ○ (k) **Ulm** (Bayer. Bahn) . . . . . . . | — | 6.8.9.20.36.39.40.41.45.46.49.58. | Württemberg Donaukreis |
| 104. (k) Neu-Ulm P.u. BA. . . . . . . . . | 0,5 | 6.8.9.11.20.21.36.38-41.43.45.49.58.62.69.74.81.83. | Bayern Schwaben u. Neuburg |
| 105. Nersingen . . . . | 1,5 | 6.11.21.82. | » |
| 106. Leipheim . . . . . | 3 | 6.9.11.21.82. | » |
| 107. Günzburg. . . . . | 3,5 | 6.9.11.20.21.74.81. | » |
| 108. Offingen . . . . . | 4,5 | 6.9.11.17.18.21.74.82. | » |
| 109. Burgau. . . . . . | 5,5 | 6.9.11.21.82. | » |
| 110. Jettingen. . . . . | 6 | 6.11.21.82. | » |
| 111. *Gabelbachgereuth PH.* | 7 | | » |
| 112. Dinkelscherben . . | 8 | 6.9.11.21.82. | » |
| 113. *Mödishofen PH.* . | 8,5 | | » |
| 114. Gessertshausen . . | 9,5 | 6.11.21.82. | » |
| 115. *Diedorf PH.* . . . | 10 | | » |
| 116. Westheim . . . . | 10,5 | 6.11.21.82. | » |
| (26. Augsburg) . . . | 11,5 | | » |
| 117. Stierhof . . . . . | 12,5 | 6.11.12.15.17.18.21.82. | Oberbayern |
| 118. Mering. . . . . . | 13,5 | 6.11.12.15.17.18.20.21.29.32. | » |
| 119. Althegnenberg . . | 14,5 | 6.11.12.15.17.18.21.82. | » |
| 120. Haspelmoor . . . | 15 | 6.11.12.15.17.18.21.82. | » |
| 121. Nanhofen . . . . | 15,5 | 6.11.12.15.17.18.21.82. | » |
| 122. Maisach . . . . . | 16,5 | 6.11.12.15.17.18.20.21.29.32.82. | » |
| 123. *Olching PH.**. . . | 17 | | » |
| 124. *Lochhausen PH.**. | 18 | | » |
| 125. (b) Pasing . . . | 18,5 | 6.11.12.15.17.18.20.21.29.36.74.82. | » |
| 126. ○ (h,p,r,s,w) **München** OP.u.BA.u.LBA. | 19,5 | 2.6-8-13.15.17.18.20.21.27-30.32-34.36.38.39.62.69.74.77.81.83. | » |
| 127. (s) Thalkirchen . . | 20,5 | 6.8.9.10.11.12.49.62. | » |
| 128. (s) Haidhausen . . | 21,0 | 6.8.9.10.11.12.49.62. | » |
| 129. *Trudering PH.* . . | 22,0 | | » |
| 130. *Haar PH** . . . . | 22,5 | | » |
| 131. Zorneding . . . . | 23,5 | 6.11. | » |
| 132. Kirchseeon . . . . | 24,0 | 6.9.11.12. | » |
| 133. Grafing . . . . . | 25,0 | 6.9.11.12.62. | » |
| 134. *Assling PH** . . . | 26,0 | | » |
| 135. Ostermünchen. . . | 26,5 | 6.9.11.12. | » |
| 136. Grosskarolinenfeld *PH** | 27,5 | | » |
| 137. (f,r) Rosenheim P.u.BA. . . . . . | 28,5 | 6.8-13.15.17.18.20.21.27-29.32.33.36.38.39.43.45.49.58.59.62.69.74.77.81. | » |
| 138. *Stephanskirchen PH** | 29,5 | | » |
| 139. Endorf . . . . . . | 30,5 | 6.9.11.12.15.17.18.21.28.29.32.33.74.82. | » |
| 140. Prien . . . . . . | 32,0 | 6.9.11.12.15.17.18.20.21.28.29.32.33.82. | » |
| 141. Bernau. . . . . . | 32,5 | 6.11.12.15.17.18.21.28.29.32.33.74.82. | » |

| | Mln. | | Oberbayern |
|---|---|---|---|
| 142. Uebersee . . . . . | 33,5 | 6.9.11.12.15.17.18.20.21. 28.29.32.33.82. | » |
| 143. Bergen . . . . . | 34,5 | 6.11.12.15.17.19.21.28. 29.32.33.74.82. | » |
| 144. Traunstein P.u.BV. | 35,5 | 6.8-13.15.17.18.20.21.27.28. 32.33.36.38.43.62.74.77.82. | » |
| 145. *Lauter PH.* . . . | 36,5 | | » |
| 146. Teisendorf . . . . | 38,0 | 6.8.9.11.12.15.17.18.20. 21.29.33.62.82. | » |
| 147. (o) Freilassing . | 39,5 | 6.8.11.12.15.17.18.21.62.82. | » |
| 148. ○ Salzburg BA. | 40,5 | 6.8-13.15.17.19.20. 21.27-30.32.33.34.36. 38.39.43.45.46.49. 58.59.62.69.74.77.81.83. | **Oesterreich Salzburg |

## d. Gunzenhausen-Ansbach-Würzburg

(15,44 D. Reichs- Meilen = 107,53 Kilom.).
Gunzenhausen-Ansbach (der Stadt Ansbach gehörig), $^{1}/_{7}$ 1859.
Ansbach-Würzburg $^{1}/_{7}$ 64 eröffnet.

| | | | |
|---|---|---|---|
| (39.[a,p]Gunzenhausen) | — | | Bayern |
| 149. Altenmuhr . . . . | 0,5 | 6.14.15.17.18.82. | Mittel- |
| 150. Triesdorf . . . . . | 1,5 | 6.14.15.17.18.82. | franken |
| 151. *Winterschneidbach PH.* . . . . . . | 2 | | » |
| 152. Ansbach P.u.BA. | 3,5 | 6.8-10.14.15.17.18.25-29.36.38-41.43.49.58. 59.62.74.77.81. | » |
| 153. Lehrberg . . . . . | 4,5 | 6.14.15.17.18.49.82. | » |
| 154. *Rosenbach PH.* . | 5 | | » |
| 155. Oberdachstetten . . | 6 | 6.9.14.15.17.18.82. | » |
| 156. Burgbernheim . . | 7 | 6.14.15.17.18.82. | » |
| 157. Steinach . . . . . | 7,5 | 6.8-10.14.15.17.18.25-29.33.34.36.38-41.43. 49.58.59.62.74.77.82. | » |
| 158. Ermetzhofen . . . | 8,5 | 6.14.15.17.18.82. | » |
| 159. Uffenheim . . . . | 9,5 | 6.9.10.14.15.17.18.25-29.33.34.36.38-41.43. 49.58.59.74.77.82. | » |
| 160. Herrnbergtheim . . | 10,5 | 6.10.14.15.17.18.82. | » |
| 161. Marktbreit P.u.BV. | 12 | 6.8-10.14.15.17.18. 25-30.32-34.36. 38-41.43.45.49.50. 58.59.62.74.77.81.83. | Unterfranken |
| 162. Ochsenfurt . . . . | 12,5 | 6.8-10.14.15.17.18.25-29. 33.34.36.38-41.43.49.58. 59.62.74.77. | » |
| 163. *Gossmannsdorf PH.* | 13 | | » |
| 164. Winterhausen . . . | 13,5 | 6.14.15.17.18.82. | » |
| 165. ○ Heidingsfeld. | 14,5 | 6.8.15.17.18.33.34.36. 38.39.40.41.43.45.49.62. | » |
| (91. ○ [b,e] Würzburg) | 15,5 | | » |

## e. Nürnberg-Fürth-Würzburg

(13,61 Deutsche Reichs.-Mln. = 103,86 Kil.).
Eröffnet am $^{1}/_{6}$ 65.

| | | | |
|---|---|---|---|
| (46. ○ Nürnberg) . . | — | | Mittelfranken |
| (47. ○ Fürther Kreuzung) . . . | 0,5 | | » |
| (48. ○ Fürth) . . . . | 1 | | » |
| 166. Burgfarrnbach . . | 1,5 | 6.9.14.15.17.18.82. | » |
| 167. (e[1]) Siegelsdorf . . | 2 | 6.14.15.17.18.82. | » |

e[1]. Vizinalbahn Siegelsdorf-Langenzenn
(0,78 M. = 5,76 Kilom.).

| | | | |
|---|---|---|---|
| (167. Siegelsdorf). | — | | » |
| 167a. Langenzenn . . | 0,78 | | » |
| 168. Hagenbüchach . . | 3,5 | 6. | » |
| 169. Emskirchen. . . . | 4 | 6.9.10.14.15.17.18.82. | » |
| 170. Neustadt a./Aisch . | 5,5 | 6.8-10.14.15.17.18.25-29. 33.34.36.38-41.43.49.58. | » |

## f. Rosenheim-Kufstein (4,55 M. = 34,86 Kilom.).

Eröffnet $^{4}/_{6}$ 1858.

| | | | |
|---|---|---|---|
| (137. [c,r] Rosenheim) | — | | Oberbayern |
| 178. *Raubling PH.** . . | 1 | | » |
| 179. Brannenburg . . . | 2 | 6.9.11.12.15.17.18.21. 28.29.32.33.62.74.82. | » |
| 180. *Fischbach PH.** . | 2,5 | | » |
| 181. Oberaudorf . . . . | 3,5 | 6.11.12.15.17.18.21.82. | » |
| 182. Kiefersfelden . . . | 4 | 6.11.15.17.18.21.62.82. | » |
| 183. ○ Kufstein B.A. . | 4,5 | 6-13.15.17.18.20. 21.23.27-30.32-34. 36.38.39.43.45.46.49. 58.59.62.74.77.81.83. | **Oesterreich Tyrol |

## g. Holzkirchen-Schliersee (3,383 M. = 25,78 Kil.).

Eröffnet bis Miesbach den $^{21}/_{11}$ 61; bis Schliersee $^{1}/_{8}$ 69.

| | | | |
|---|---|---|---|
| (261. (r) Holzkirchen) | — | | Oberbayern |
| 184. *Darching PH.** . | 1 | | » |
| 185. Thalham . . . . . | 1,5 | 6.11.12.15.17.18.21.82. | » |
| 186. Miesbach . . . . . | 2,5 | 6.8.9.11.12.13.15.17.18.20. 21.28.29.32.33.62.74.82. | » |
| 187. Hausham . . . . . | 3 | 6.9-12.15.17.18.21.71.74. 77.82. | » |
| 188. Schliersee . . . | 3,5 | 6.9.11.12.14.17.18.21.74.82. | » |

## h. München-Tutzing-Unterpeissenberg

(7,99 Meilen = 60,91 Kilom.).
Eröffnet von Starnberg bis Tutzing am $^{1}/_{7}$ 65, von da bis Peissenberg am $^{1}/_{2}$ 66.

| | | | |
|---|---|---|---|
| (126. ○[c,p,r,s,w] München) | — | | Oberbayern |
| (125. Pasing) . . . . | 1 | | » |
| 189. Planegg . . . . . | 1,5 | 6.11.12.15.17.18.21.82. | » |
| 190. *Gauting PH.* . . | 2,5 | | » |
| 191. *Mühlthal PH.** . . | 3 | | » |
| 192. Starnberg . . . . | 3,5 | 6.9.11.12.13.15.17.18.20. 21.29.32.33.82. | » |
| 193. Possenhofen . . . | 4,5 | 6.11.12.15.17.18.21.82. | » |
| 194. Feldafing . . . . . | 5 | 6.11.12.15.17.18.21.82. | » |
| 195. (i) Tutzing . . . | 5,5 | 6.11.12.15.17.18.20.21. 29.32.82. | » |
| 196. *Diemendorf PH.* . | 6 | | » |
| 197. Wilzhofen . . . . | 7 | 6.11.12.15.17.18.20.21.29.82. | » |
| 198. Weilheim . . . . . | 7,5 | 6.8-12.15.17.18.20.21.29. 32-34.62.74.77.82. | » |
| 199. Unterpeissenberg | 8 | 6.9.11.12.15.17.18.21.62. 74.82. | » |

Als Abzweigung eine Kohlenbahn nach dem Hohenpeissenberger Kohlenwerk (Tiefbau) projectirt
200 Bad Sulz 0,331 M. = 2,479 Kilom.

## i. Tutzing-Penzberg (3,065 M. = 23,06 Kilom.).

Eröffnet am $^{16}/_{10}$ 65.

| | | | |
|---|---|---|---|
| (195. Tutzing) . . . . . | — | | Oberbayern |
| 201. Bernried . . . . . | 1 | 6.11.12.15.17.18.21.82. | » |
| 202. Seeshaupt . . . . | 1,5 | 6.11.12.15.17.18.21.82. | » |
| 203. Staltach . . . . . | 2,5 | 6.9.11.12.15.17.18.21.82. | » |
| 204. Penzberg . . . . . | 3 | 6.9.11.12.15.17.18.21.32. 62.74.82. | » |

## k. Ulm-Memmingen-Kempten (Illerbahn)

(11,106 D. Reichs-Meilen = 84,55 Kilom.).
Eröffnet bis Memmingen den $^{11}/_{10}$ 62, von da bis Kempten $^{1}/_{6}$ 63.

| | | | |
|---|---|---|---|
| (103. ○ Ulm) . . . . . . | — | | **Württemberg. Donaukreis |
| (104. Neu-Ulm) . . . | 0,5 | | Bayern |
| 205. Senden . . . . . . | 1,5 | 6.9.11.21.82. | Schwaben |
| 206. *Vöhringen PH.* . | 2 | | u. Neuburg |
| 207. *Bellenberg PH.* . | 2,5 | | » |
| 208. Illertissen . . . . | 3 | 6.9.11.21.74.82. | » |

(62. Hochstadt) . . . — Oberfranken
217. *Redwitz PH.** . . 0,5 »
218. *Oberlangenstadt PH.* 1 »
219. Küps . . . . . . . 1,5 6.14.15.17.18.29.36.49.82. »
220. Kronach . . . . . . 2 6.8-10.14.15.17.18.25.26. 28.29.32.36.38.39.41.43. 45.49.59.62.74.77.82. »
221. Gundelsdorf . . . 3 6.29.36.49. »
222. Stockheim . . . 3,5 6.14.15.17.18.29.36.62.82. »

## m. Neuenmarkt-Bayreuth (2,82 M. = 21,52 Kilom.).

Eröffnet 28/11 1853; der Stadt Bayreuth gehörig.

(68. Neuenmarkt) . . — Oberfranken
223. Trebgast . . . . . . 0,5 6.14.15.17.18. »
224. *Harsdorf PH.** . . 1 »
224a. *Bindlach PH.* . . 2,5 »
225. ○ (y) Bayreuth P.u.BA. . . . . . 3 6.9.10.14.15.17.18.25-29. 33.34.36-39.41.43.45.46. 49.54.74.77.81. »

## n. Hof-Eger (8,52 M. = 64,01 Kilom.).

Eröffnet von Oberkotzau bis Eger am 1/11 65.

(75. ○ Hof) . . . . . . — Oberfranken
(74. Oberkotzau) . . 1,5 »
226. Rehau . . . . . . . 2 6.9.14.15.17.18.25.26. 29.41.49.82. »
227. Selb . . . . . . . . 3 6.9.14.15.17.18.25.26.29. 33.34.36.38.39.41.43.45. 49.58.74.82.83. »
228. Asch BV. . . . . . 4 6.8-10.14.15.17. 18.25-27.29.33. 34.36.38.39.41.43.45. 49.58.59.62.74.77.82.83. Oesterreich
229. Hasslau BE. . . . 5,5 6.8.14.15.17.18.25.26.33. 34.29.41.45.39.38.62.82. »
230. Franzensbad BE. . 7 3.6.8.14.15.17.18. 25-27.33.34.36.38. 49.58.59.62.82.83. Böhmen
231. ○ Eger BA. . . . 8,5 3.6.10.14.15.17.18.25.26.27. 29.30.32-34.36.38.61.83. »

## o. Freilassing-Reichenhall (1,99 M. = 15,06 Kil.).

Eröffnet am 1/7 66.

(147. Freilassing) . — Oberbayern
232. Hammerau . . . . 1 6.11.12.15.17.18.21.42. »
233. *Piding PH.** . . 1,5 »
234. Reichenhall P.u.BV. 2 6.8-12.15.17.18.20.21.29. 32.33.45.49.62.77.81. »

## p. München-Ingolstadt-Gunzenhausen

(21,27 D. Reichs-Meilen = 162,12 Kilom.).

Eröffnet bis Ingolstadt am 14/11 67; bis Treuchtlingen 11/4 70; bis Gunzenhausen 2/10 69.

(126. ○ [c,h,r,s,w] München) — Oberbayern
235. *Allach PH.** . . . 1,5 »
226. Dachau. . . . . . . 2,5 6.14.15.17.18.82. »
237. Röhrmoos . . . . 3,5 6.14.15.17.18.82. »
238. Petershausen . . . 5 6.14.15.17.18.82. »
239. *Reichertshausen PH.** 6 »
240. Pfaffenhofen . . . 6,5 6.8.9.10.14.15.17.18.49. 59.77.82. »
241. Wolnzach . . . . 8 6.14.15.17.18.49.82. »
242. Reichertshofen . . 9,5 6.14.15.17.18.82. Schwaben u. Neuburg
243. (x) Ingolstadt P.u. BV. . . . . . . . 11 6.8-10.14.15.17.18.36. 39.41.49.59.77.81. Oberbayern
244. Gaimersheim . . . 12 *PH** Mittelfranken
245. Adelschlag . . . 14 6.14.17.18. »
246. Eichstädt . . . . 14,5 6.8-10.14.15.17.18.34.36. 39.41.49.59.69.77.81. »
247. Dollnstein . . . . 16 6.14.15.17.18. »
248. Solnhofen . . . . . 17 6.8-10.14.15.17.18.34.36.39. 45.46.49.58.69.77.81. »
249. Pappenheim . . . 17,5 6.8-10.14.15.17.18.34.36.39. 41.45.46.49.58.69.77.81. »
250. (q) Treuchtlingen (P.u.BA.) . . . . 18,5 6.9.10.14.15.17.18.36. 39.41.49.77.81. »
251. *Wettelsheim PH.** 19 »
252. Berolzheim . . . . 19,5 6.14.15.17.18. »
253. Windsfeld . . . . 20,5 6.14.15.17.18. »
(39. [a,d] Gunzenhausen) 21,5 (21,635) »

## q. Treuchtlingen-Pleinfeld (2,448 M. = 18,58 Kilom.)

(250. [p] Treuchtlingen). . . . — Geogr. M. Mittelfranken
254. *Grönhard PH.** . 0,5 »
255. Weissenburg . . . 1 6.8-10.14.15.17.18.34.36. 41.45.46.49.59.69.77.81. »
256. Ellingen . . . . . . 1,5 6.9.10.14.15.17.18.49.77. »
(41. [s] Pleinfeld . . 2,5 »

## r. München-Holzkirchen-Rosenheim

(9,63 Meilen

Eröffnet München-Stat. 256 24/6 54; Stat. 258-266 resp. 137 1/3 60

(126. ○ [c,h,p,s,w] München). . . . . . — Oberbayern
257. Mittersendling . . 1,0 6.11.12.15.17.18.21.32. »
258. Grosshesselohe . . 1,5 6.11.12.15.17.18.21.82. »
259. Deisenhofen . . . 2,5 6.11.12.15.17.18.21.28.29. 32.82. »
260. Sauerlach. . . . . 3,5 6.11.12.15.17.18.21.82. »
261. (g) Holzkirchen . . 5,0 6.8-12.15.17.18.20.21.28. 29.32.33.62.74.77.82. »
262. Westerham . . . . 6,5 6.11.12.15.17.18.20.21. 29.32.82. »
263. Bruckmühl . . . . 7,5 6.11.12.15.17.18.21.28.29. 32.33.82. »
264. Heufeld . . . . . 8,0 6.8.9.11.12.15.17.18.20.21. 29.32.39.45.58.59.62.74.82. »
265. Aibling. . . . . . 8,5 6.8.9.11.12.15.17.18.21. 62.82. »
266. Kolbermoor . . . 9,0 6.8.11.12.15.17.18.21. 46.69.82. »
(137. Rosenheim) . . 10,0 »

## s. München-Simbach (16,49 M.).

München-Haidhausen für Güterverkehr eröffnet am 15/5 71; Haidhausen-Neuötting am 1/5 71; Neuötting-Simbach am 4/6 71 (provisorisch).

(126. ○ [c,h,p,r,w] München) — Oberbayern
(127. Thalkirchen) . . . 1,0 6.9.10.11.12.49.62.80. »
(128. Haidhausen) . . . 1,5 6.9.10.11.12.49.62.69.80. »
267a. *Riem PH.* . . . . 2,5 »
267b. *Feldkirchen PH.** 3,0 »
268. *Poing PH.* . . . 3,5 »
269. (s[1]) Schwaben . . . 4,5 6.11.12. »

s[1]. Vizinalbahn Schwaben-Erding (1,91 M. = 14,16 Kilom.). Bauvollendung im Frühjahr 1872.

(269. Schwaben) . . . — — Oberbayern
269a. Erding . . . . 1,91 »
270. *Hörlkofen PH.* . . 5,5 »
271. *Walpertskirchen PH.** 6,0 »
272. Dorfen . . . . . . . 8,0 6.9.11.12. »
273. Schwindegg . . . 8,5 6.9.11.12. »
274. *Weidenbach PH.* . 10,0 »
275. Ampfing . . . . . 10,5 6.9.10.11.12.62. »
276. Mühldorf . . . . . 11,5 6.8.9.10.11.12.49.62.69.80. »
277. Neuötting . . . . 13,5 6.8.9.10.11.12.62. »
277a. Perach PH.
278. Marktl . . . . . . . 15 6.10.11.12. »
279. *Buch PH.* . . . . 15,5 Niederbayern
280. Simbach P.u.BA. . 17,0 6.8.9.10.11.12.49.62.69.80. »

## t. Schweinfurt-Kissingen (3,41 M. = 25,59 Kilom.).

Eröffnung 9. Oct. 1871.

(84. [b,g] Schweinfurt) — Unterfranken u.
181. Oberndorf (Rangirbahnhof) »
282. Oberwern . . . 1,5 6.14.15.17. Aschaffenburg
283. *Poppenhausen PH.** 2,0 »
284. Ebenhausen . . . 2,5 6.14.15.17. »
285. Kissingen BE. . 3,5 6.10.14.15.17.62.80. »

## u. Gemünden-Elm (2,72 M. = 20,41 Kilom.),

siehe Bebra-Hanau.

Fertigstellung: Frühjahr 1872.

(97. Gemünden) . . . — Unterfranken
286. Rineck . . . . . . 0,79 »
287. Burgsinn . . . . . 1,69 »
288. Mittelsinn . . . . 2,40 »

## v. Lindau-Grenze gegen Bregenz (ca. 0,5 M. = 4,4 Kil.

**w. München-Landsberg-Buchloe** (9,25 M. = 68,8 Kil.) **und Buchloe-Memmingen-Grenze** (7,75 M. = 57,3 Kil.).
Voraussichtliche Eröffnung im Frühjahr resp. Herbst 1873.

**x. Donauwörth-Regensburg** (16,49 M. = 121,99 Kil.).
Voraussichtliche Fertigstellung Ende 1873.

**y. Nürnberg-Hersbruck-Bayreuth**
(13,16 Meilen = 97,39 Kilom.).
Wahrscheinliche Bauvollendung 1874.

**z. Schweinfurt-Meiningen** (9,87 M. = 73,04 Kilom.).
Wahrscheinliche Bauvollendung 1874.

## Bebra-Hanauer Eisenbahn.

Königl. Direction in Cassel.

Preussen: Provinz Hessen: Regierungsbezirk Cassel.
Anschlüsse. Bebra: Hess. Nordb., Hanau: Frankfurt-Hanauer Bahn; Gemünden (im Bau): Bayer. Staatsb.
Directer Güterverkehr: M. = Mitteld. Verband; a = Hannover-Thüring. Verb.; b = Rheinisch-Thüring. Verband.

### a. Bebra-Fulda-Hanau.

19,3 D. Reichs-M. = 144,56 Kilom.

Eröffnet bis Hersfeld $^{22}/_{1}$ 66, bis Fulda $^{1}/_{10}$ 66, von Hanau bis Wächtersbach $^{1}/_{5}$ 68, von Fulda bis Neuhof und von Wächtersbach bis Steinau $^{1}/_{7}$ 68, von Neuhof bis Steinau $^{11}/_{9}$ 68.

| | Meil. | Kil. | | |
|---|---|---|---|---|
| 1. ○ Bebra Ɪ . . . . | — | — | | Cassel |
| 1a. *Mecklar PH.* . . . | 0,9 | 6,49 | | » |
| 2. Hersfeld T . . . . . | 1,8 | 13,38 | M.a.b. | » |
| 2a. *Oberhaun PH.* . . | 2,48 | 18,60 | | » |
| 3. Neukirchen Ɪ . . . . | 3,5 | 26,46 | | » |
| 4. Burghaun Ɪ. . . . . | 4,7 | 35,04 | | » |
| 5. Hünfeld Ɪ. . . . . . | 5,3 | 39,43 | | » |
| 6. **Fulda** T . . . . . . | 7,5 | 56,01 | M.a.b. | » |
| 7. Neuhof Ɪ . . . . . . | 9,3 | 69,41 | | » |
| 8. Flieden Ɪ. . . . . . | 9,9 | 74,36 | | » |
| 9. (b) Elm Ɪ . . . . . | 11,3 | 84,47 | | » |
| 10. Schlüchtern Ɪ . . . . | 12,3 | 92,21 | M. | » |
| 11. Steinau Ɪ. . . . . . | 13,1 | 98,51 | | » |
| 12. Salmünster Ɪ . . . . | 14,0 | 105,20 | | » |
| 13. Wächtersbach Ɪ . . . | 14,9 | 111,76 | M. | » |
| 14. Gelnhausen Ɪ . . . . | 16,3 | 122,49 | M. | » |
| 15. Meerholz Ɪ . . . . . | 16,7 | 125,35 | | » |
| 16. Langenselbold Ɪ . . . | 17,7 | 132,70 | | » |
| 16a. *Niederrodenbach PH.* | 18,3 | 137,25 | | » |
| 17. ○ **Hanau** (Zoll-St.) T . | 19,3 | 144,56 | M. | » |

### b. Zweigbahn Elm-Gemünden.

6,13 Meil. = 46,00 Kilometer.
Voraussichtliche Eröffnung 1. Mai 1872.

| | | Meil. | Kil. | |
|---|---|---|---|---|
| | (9. Elm) . . . . . . | — | — | Cassel |
| Im Bau | 18. Vollmerz . . . . | 0,86 | 6,47 | » |
| Im Bau | 19. Sterbfritz . . . . | 1,53 | 11,50 | » |
| Im Bau | 20. Jossa . . . . . . | 3,08 | 23,11 | Bayern |
| Im Bau | 21. Mittelsinn . . . . | 3,77 | 28,29 | » |
| Im Bau | 22. Burgsinn . . . . . | 4,45 | 33,40 | » |
| Im Bau | 23. Rieneck . . . . . | 5,34 | 40,05 | » |
| Im Bau | 24. ○ Gemünden. . | 6,133 | 45,999 | » |

## Bergisch-Märkische Eisenbahn.

Königliche Eisenbahn-Direction in Elberfeld.

Preussen. Regierungsbezirke: Aachen, Cöln, Düsseldorf, Arnsberg; Fürstenthum Waldeck; Niederlande (Limburg).
Uebergangs-Stationen: Aachen T: Aachen-Mastricht, Aachen M.: Rheinische; Crefeld: Rheinische; Duisburg, Düsseldorf, Dortmund: Köln-Minden; Duisburg-Hochfeld: Rheinische; Düren, Eschweiler, (im Bau), Essen: Rheinische; Hamm: Köln-Minden u. Westfälische; Heissen, Kaldenkirchen, Neuss: Rheinische; Mülheim a/Rhein, Oberhausen: Köln-Minden; Siegen: Köln-Minden; Soest: Westfälische; Uerdingen: Rheinische; Venlo: Niederländische Stsb. u. Rheinische.

Directe Güterverkehre:
a = Rheinisch-Thüring., u. Oesterr. Verband $^{1}/_{1}$ 71 u. $^{1}/_{3}$ 71);
b = Westfälischer Verband ($^{15}/_{1}$ 71);
c = Rheinischer Verband (rechte Rheinseite) ($^{1}/_{4}$ 64);
d = Hessisch-Rheinisch-Westfälischer Verband [früher Main-Weser-Verband] ($^{1}/_{4}$ 69);
e = Sächsisch-Rheinischer Verband ($^{1}/_{3}$ 69);
f = Preussisch-Braunschweig. Verband ($^{1}/_{6}$ 68 mit Nachtr.);
g = Ueberseeischer Verb. via Venlo-Utrecht ($^{1}/_{10}$ 71);
h = Belgischer Verkehr via Mastricht, Landen und Herbesthal ($^{1}/_{11}$ 67);
i = Verkehr mit der Grand-Central-Belge via Düsseldorf-Mastricht ($^{1}/_{5}$ 69);
k = Deutsch-Französischer Verkehr via Mastricht und Herbesthal ($^{1}/_{4}$ 69);
l = Linkerheinischer Verband ($^{1}/_{1}$ 62);
m = Verkehr mit der Hessischen Ludwigs- u. Taunus-B. (63);
n = Verkehr mit der Niederländischen Rheinbahn (März 62);
o = Bergisch-Hannoverscher Verkehr ($^{15}/_{6}$ 69);
p = Deutsch-Holländischer Verkehr ($^{1}/_{1}$ 69);
q = Rheinisch-Bergisch-Westfälischer Verband ($^{10}/_{9}$ 66);
r = Schlesisch-Rheinischer Verkehr ($^{15}/_{10}$ 70);
s = Verkehr via Giessen-Arenshausen resp. via Giessen Nordheim-Nordhausen ($^{1}/_{5}$ 69);
t = Ostdeutsch-Rheinischer Verband ($^{1}/_{7}$ 69);
u = Russisch-Rhein. Verband ($^{1}/_{7}$ 69);
v = Rechtsrheinisch-Bayerisch-Oesterreichischer Güter-Verkehr ($^{1}/_{1}$ 70 mit I. Nachtr. v. Aug. 1870).

Localtarif v. $^{1}/_{10}$ 70 mit Nachtr. I, II u. III v. $^{15}/_{10}$ 70, $^{1}/_{5}$ 71 u. $^{15}/_{10}$ 71. Zollabfertigungsstellen:

Die Aemter mit unbeschränkter Abfertigungsbefugniss sind mit 1; diejenigen, welche zur Ausfertigung und Erledigung von Begleitscheinen allein befugt sind, mit 2; welche lediglich zur Erledigung der Begleitscheine II Ermächtigung haben, mit 4 bezeichnet; N bedeutet Niederlagerecht.

| | |
|---|---|
| Aachen 1 N | Elberfeld 2 |
| Arnsberg 4 | Kaldenkirchen 2 |
| Dortmund 4 | Neuss 2 N |
| Düsseldorf 1 N | Ruhrort 1 N |
| Duisburg 1 N | Uerdingen 2 N |

### a. Aachen-Gladbach-Neuss-Düsseldorf

(11,37 M. = 85,616 Kilom.)

Eröffnet Stat. 1-5 und 13-17 $^{17}/_{1}$ 53; 5-12 $^{17}/_{11}$ 52; 12-13 $^{22}/_{6}$ 52; 17-18 $^{1}/_{6}$ 70.

× = Kohlenstationen.

Von Aachen M.

| | M. | Kil. | | Regierungsbez. |
|---|---|---|---|---|
| 1. ○ **Aachen** T P Marschirthor | — | — | a.b.f.l.n.o. q.r.t.u. | Aachen |
| 2. ○ **Aachen** T P Templerbend | 0,30 | 2,259 | a.b.f.l.n.o. q.r.t.u. | » |
| 3. *Richterich PH.* . | 0,75 | 5,647 | | » |
| 4. Kohlscheidt × Ɪ . | 1,16 | 8,735 | l.q. | » |
| 5. Herzogenrath × Ɪ P | 1,76 | 13,253 | h.i.l.m.q. | » |
| 6. *Palenberg PH.* . . | 2,70 | 20,331 | | » |
| 7. Geilenkirchen T P | 3,27 | 24,623 | h.i.l.m.q. | » |
| 8. Lindern Ɪ . . . . | 4,22 | 31,024 | a.b.h.i.l.m. o.q.r. | » |
| 9. Baal Ɪ . . . . . . | 5,10 | 38,855 | h.i.l.m.q. | » |
| 10. Erkelenz T P . . | 5,90 | 44,427 | h.i.l.m.q. | » |
| 11. Wickrath T P . . | 7,08 | 53,312 | a.f.h.i.l.m.o.q.r. | » |
| 12. Rheydt T P . . . | 7,60 | 57,228 | a.b.f.h.i.k. l.m.o.q.r. | Düsseldorf |
| 13. (c.e) M. Gladbach T P | 8,10 | 60,993 | a.b.f.h.i.k.l. m.o.q.r.t.u. | » |
| 14. *Corschenbroich PH.* | 8,61 | 64,833 | | » |
| 15. Kleinenbroich Ɪ . | 9,12 | 68,874 | q. | » |
| 16. *Büttgen PH.* . . . | 9,62 | 72,439 | | » |
| 17. ○ (b) Neuss T P | 10,37 | 78,086 | a.b.f.h.i.k. m.o.q.r. | » |
| 18. ○ (f.bb) Düsseldorf T P | 11,37 | 85,616 | a.b.f.i.r.h.u.v. | » |

### b. Neuss-Obercassel (1,06 M. = 7,98 Kil.).

Eröffnet $^{16}/_{10}$ 54.
von Neuss.

| | | | | |
|---|---|---|---|---|
| (17. ○ Neuss) | — | — | | Düsseldorf |
| 19. Obercassel Ɪ . | 1,06 | 7,98 | i.k.l.m. | » |

### c. M. Gladbach-Ruhrort (5,60 M. = 42,168 K.).

Eröffnet Viersen-Homberg am $^{5}/_{10}$ 49, vollständig am $^{15}/_{10}$ 52.
von Gladbach

| | M. | Kil. | | |
|---|---|---|---|---|
| (13. M. Gladbach) . | — | — | | Düsseldorf |
| 20. (d) Viersen T P | 1,13 | 8,509 | a.b.f.h.i.k.l. m.o.q.r.t.u. | » |
| 21. Anrath Ɪ . . . . | 1,86 | 14,006 | q. | » |
| 22. ○ Crefeld T P . | 3,11 | 23,418 | a.b.f.h.i.k.l. o.q.r. | » |
| 23. ○ Uerdingen T P | 4,03 | 30,346 | f.h.i.k.l.m.q. | » |
| 24. Trompet Ɪ . . . . | 4,84 | 36,445 | q. | » |
| 25. Homberg Ɪ P. . . | 5,60 | 42,168 | h.i.k.l.m.q. | » |

### d. Preuss.-Niederl. Verbindungsbahn

(2,96 M. = 22,289 Kilom.).
Eröffnet bis Kaldenkirchen $^{27}/_{1}$ 66; von da bis Venlo $^{1}/_{11}$ 66.

| von Viersen | M. | Kil. | | |
|---|---|---|---|---|
| (20. Viersen). . . . | — | — | | Düsseldorf |
| 26. Dülken T P . . . | 0,66 | 4,970 | q.t-u. | » |
| 27. Boisheim T . . . | 1,30 | 9,789 | q. | » |
| 28. Breyell T P . . . | 1,73 | 13,027 | q. | » |
| 29. ○ Kaldenkirchen T P | 2,34 | 17,620 | q. | » |
| 30. ○ Venlo T . . . | 2,96 | 22,289 | a.b.f.o.q.r. | Niederland (Limburg) |

**e. München-Gladbach-Odenkirchen** (1 M. = 7,53 Kil.).
Eröffnet am 1. Febr. 1870.

| | Mln. | Kilom. | | |
|---|---|---|---|---|
| (13. München-Gladbach) | — | — | | Düsseldorf |
| 31. Rheydt-Geneicken T P | 0,50 | 3,77 | a.f.o.q. | » |
| 32. Müllfort T . . . . . | 0,80 | 6,02 | | » |
| 33. (ee) Odenkirchen T P | 1,00 | 7,53 | a.f.o.q. | » |

**f. Düsseldorf-Elberfeld-Hagen, resp. Herdecke**
(8,04 Mln. = 60,541 Kilom.).
Düsseldorf bis Elberfeld seit 1857 mit der Bergisch-Märk. E. fusionirt.
Eröffnet bis Stat. 33 20/12 1838; 33-38 10/4 41; bis 39 3/4 41; 39-43 9/10 47; die ganze Bahn bis Dortmund 20/12 48 für Güter, 1/3 49 für Personen.

| von Düsseldorf | M. | Kil. | | |
|---|---|---|---|---|
| (18. ○ Düsseldorf) | — | — | | Düsseldorf |
| 34. Gerresheim T P . . | 0,82 | 6,175 | a.b.f.g.o.q.r. | » |
| 35. Erkrath T . . . . | 1,17 | 8,810 | a.b.f.g.q.r. | » |
| 36. Hochdahl T . . . | 1,85 | 13,931 | a.b.d.f.g.i.o.q.r. | » |
| 37. (p) Haan T. . . . | 2,52 | 18,976 | g.q. | » |
| 38. (i) Vohwinkel T P | 3,15 | 23,720 | a.b.c.f.g.io.q.r.v. | » |
| 39. Elberfeld (Steinbeck) *G.H.* | 3,87 | 29,141 | a.b.c.d.f.g.i.k. o.p.q.r.t.u.v. | » |
| 40. *Elberfeld* (Döppersberg) *P.H** T P | 4,00 | 30,120 | a.b.c.d.f.g.i.k. o.p.q.r.t.u.v. | » |
| 41. Barmen T P . . . | 4,49 | 33,810 | a.b.c.d.f.g.i. k.o.p.q.r.t.u.v. | » |
| 42. (o) Barmen-Rittershausen T P | 4,74 | 35,632 | a.b.c.d.f.g.i. o.p.q.r.v. | » |
| 43. Schwelm T P . . | 5,41 | 40,737 | a.b.c.d.f. g.o.p.q.r.v. | Arnsberg |
| 44. Milspe T P . . . | 6,00 | 45,180 | a-d.f.g.o.p.q.r. | » |
| 45. Gevelsberg T P . | 6,29 | 47,364 | a-c.f.g.o-r.v. | » |
| 46. Haspe × T P . . | 7,04 | 53,011 | a-d.f.g.i.o-r.v. | » |
| 47. (k.m.ff) Hagen T P | 7,48 | 56,324 | a.b.c.d.f.g.i. k.o-r.t.u.v. | » |
| 48. (g.bb) Herdecke T P | 8,04 | 60,541 | q. | » |

**g. Herdecke-Dortmund** (3,56 Mln. = 26,807 Kilom.).

| von Herdecke | M. | Kil. | | |
|---|---|---|---|---|
| (48. Herdecke) | — | — | | Arnsberg |
| 49. Wetter T . . . . | 0,46 | 3,464 | c.d.f.g.q. | » |
| 50. (y) Witten × T P | 1,49 | 11,220 | a-d.f.g.i.o-r. t.u.v. | » |
| 51. Annen × T . . . | 2,05 | 15,437 | a.b.d.f.g.i.o-r. | » |
| 52. Barop × T. . . . | 2,78 | 20,933 | a-d.f.g.i.o-r.v. | » |
| 53. (h.s) *Dortmunderfeld G.H.* × T . . | 3,20 | 24,096 | a.b.d.f.i.o-r.v. | » |
| 54. ○ (h.s) Dortmund × T P | 3,56 | 26,807 | a-d.f.g.i.l.o-r. t.u.v. | » |

h. Dortmund-Unna-Soest (7,1[illegible] Mln. = [illegible] Kil.)

| von Vohwinkel | M. | Kil. | | |
|---|---|---|---|---|
| (38. Vohwinkel) | — | — | | Düsseldorf |
| 60. Dornap T . . . . | 0,35 | 2,636 | q. | » |
| 61. Aprath T P . . . | 0,61 | 4,593 | g.q. | » |
| 62. Neviges T P . . . | 1,78 | 13,403 | q. | » |
| 63. Langenberg T P . | 2,55 | 19,202 | a.b.c.f.g.i.o.q.r. | » |
| 64. Nierenhof × T . . | 2,85 | 21,461 | a-c.f.i.o- q.r.v. | Arnsberg |
| 65. (bb) Kupferdreh × T | 3,51 | 26,430 | a.b.f.i. o-r.v. | Düsseldorf |
| 66. Ueberruhr × T. . | 4,17 | 31,400 | a.b.f.i.o.- p.q. | Arnsberg |
| 67. (s.t.bb) Steele × T P | 4,47 | 33,659 | a-d.f.g.i.o-r v. | » |

**k. Hagen-Siegen** (Ruhr-Sieg-Bahn).
(14,10 M. = 106,173 Kilom.)
Eröffnet 1/8 61.

| von Hagen | M. | Kil. | | |
|---|---|---|---|---|
| (47. Hagen) | — | — | | Arnsberg |
| (68a. Herdecke-Einhaus-Hengstei) | — | | | » |
| 68b. (m) *Hengstei G.H.* T | 0,74 | 5,572 | | » |
| 69. Cabel T . . . . . | 1,06 | 7,982 | q. | » |
| 70. Limburg T P . . | 2,21 | 16,641 | a-d.f.g.o.q.r.v. | » |
| 71. (l) Letmathe T P. | 2,78 | 20,933 | a-d.f.g.o.q.r.v. | » |
| 72. Altena T P . . . | 3,98 | 29,969 | a-d.f.g.i. o-r.t.u.v. | » |
| 73. Werdohl T P . . | 5,23 | 39,382 | a-c.f.g.o.q.r.v. | » |
| 74. Plettenberg T P . | 6,41 | 48,267 | a.b.c.g.o.q. | » |
| 75. Finnentrop T P . | 8,11 | 61,068 | a-d.f.g.q.r.v. | » |
| 76. Grevenbrück Erze T P | 8,83 | 66,490 | a.b.f.g.o-r.v. | » |
| 77. Altenhundem Erze T P | 9,76 | 73,493 | a.b.d-g.o-q.s.v. | » |
| 78. Welschenennest T. | 11,24 | 84,637 | q. | » |
| 79. Creuzthal Erze T | 12,76 | 96,083 | a.b.d-g.o.q.s.v. | » |
| 80. Geisweid T. . . . | 13,41 | 100,977 | a.b.d-g.o.q.s.v. | » |
| 81. *Hardt* Erze *G.H.* T | 13,75 | 103,538 | a.b.d-f.o.q.s.v. | » |
| 82. ○ Siegen Erze T P | 14,10 | 106,173 | a.b.f.g.o-q. | » |

**l. Letmathe-Iserlohn** (0,73 Mln. = 5,497 Kilom.).
Eröffnet 31/5 64.

| | M. | Kil. | | |
|---|---|---|---|---|
| (71. Letmathe) | — | — | | Arnsberg |
| 83. Iserlohn Erze T P | 0,73 | 5,497 | a-d.f.g.i.o-r.v. | » |

**m. Hengstei-Holzwickede** (2,32 Mln. = 17,470 Kil.).
Eröffnet 1/6 67.

| von Hagen | M. | Kil. | | |
|---|---|---|---|---|
| (47. Hagen) | — | — | | Arnsberg |
| (68b. Hengstei). . . . | 0,74 | 5,572 | | » |
| 84. Westhofen T . . . | 1,29 | 9,714 | q. | » |
| 85. (aa.bb) Schwerte T P | 1,84 | 13,855 | a.b.f.g.i.o.q.v. | » |
| (57. Holzwickede) . | 3,06 | 23,042 | | » |

**n. Unna-Hamm** (2,44 Mln. = 18,373 Kilom.).
Eröffnet 10/1 66.

| | M. | Kil. | | |
|---|---|---|---|---|
| (58. Unna) | — | — | | Arnsberg |
| 86. Boenen T . . . . | 1,15 | 8,660 | q. | » |
| 87. ○ Hamm T P . . | 2,44 | 18,373 | | » |

**o. Rittershausen-Remscheid** (2,32 Mln. = 17,470 Kil.).
Eröffnet 1/9 68.

| | M. | Kil. | | |
|---|---|---|---|---|
| (42. B. Rittershausen) | — | — | | Düsseldorf |
| 88. Ronsdorf T P. . | 0,90 | 6,777 | a.b.d.f.g.o.q.r.v. | » |

| Station | M. | Kil. | | |
|---|---|---|---|---|
| 96. ○ (r.dd) Mülheim a./Rhein T P . . | 3,81 | 28,689 | a.b.f.g.o. q.r.t.u. | Cöln |
| 96a ○ Deutz . . . . | 4,31 | 32,454 | | » |

**q. Ohligs-Wald-Solingen** (0,75 Mln. = 5,647 Kilom.).
Eröffnet 25/9 67.

| Station | M. | Kil. | | |
|---|---|---|---|---|
| (92. Ohligs-Wald) | — | — | | Düsseldorf |
| 97. Solingen T P . | 0,75 | 5,647 | a.b.d.f.g.i. o.q.r.t.u.v. | » |

**r. Mülheim a. Rhein-Bergisch-Gladbach-Bensberg**
(1,80 M. = 13,55 Kilom.).
Eröffnet bis B. Gladbach für den Güterverkehr 1/12 68; für den Personenverkehr 15/12 68; bis Bensberg eröffnet 15/10 70.

| Station | Mln. | Kilom. | | |
|---|---|---|---|---|
| (96. ○ Mülheim a./Rhein) | — | — | | Cöln |
| 98. Dellbrück Ꭵ . . . | 0,70 | 5,271 | | » |
| 99. Bergisch-Gladbach T P . . . | 1,30 | 9,35 | a.f.q. | » |
| 100. Bensberg Erze T P | 1,80 | 13,55 | a. | » |

**s. Dortmund-Steele-Mülheim a.d.Ruhr-Duisburg**
(7,24 M. = 53,517 Kilom.).
Eröffnet bis Langendreer den 4/10 62; von Bochum bis Mülheim den 1/5 62; von Mülheim bis Duisburg 1/1 62.

| Station | von Dortmund M. | Kil. | | |
|---|---|---|---|---|
| (54. Dortmund) | — | — | | Arnsberg |
| (53. Dortmunderfeld) | — | — | | » |
| 101. Marten × Ꭵ. . . | 1,00 | 7,530 | a.b.f.i.o.p.q. | » |
| 102. (t.y) Langendreer × Ꭵ P . . . . | 1,72 | 12,952 | a.b.f.i.o.p.q. | » |
| 103. (z) Bochum × T P | 2,58 | 19,427 | a-d.f.g.i.k. o-r.t.u.v. | » |
| (67. Steele) × . . . | 3,90 | 29,367 | | » |
| 104. ○ Essen × T P | 4,69 | 35,316 | a.b.d.f.g. i.k.o-r.t.u.v. | Düsseldorf |
| 104a. ⊗ Heissen . . . | 5,40 | | | » |
| 105. (v.w.δ) Mülheim a. d. Ruhr T P | 6,16 | 46,385 | a.b.d.f.g.i.o-r.v. | » |
| 106. ○ (x) Duisburg T P | 7,24 | 53,517 | a.b.f.i.r.t.u.v. | » |

**t. Steele-Dahlhausen-Laer-Langendreer**
(2,31 Meil. = 17,394 Kilom.).
Eröffnet Steele bis Dahlhausen 21/4 63; Dahlhausen-Langendreer 10/10 70.

| Station | M. | Kil. | | |
|---|---|---|---|---|
| (67. Steele) | — | — | | Arnsberg |
| 107. (u) Dahlhausen × Ꭵ P . . . | 0,55 | 4,142 | a.b.f.i.o.p.q. | » |
| 108. Laer × *GH.* Ꭵ . . | 1,36 | 10,241 | a.b.f.o. | » |
| (102. Langendreer) . | 2,31 | 17,394 | | » |

**u. Dahlhausen-Hattingen** (0,70 Mln. = 5,271 Kil.).
Eröffnet 24/12 69.

| Station | M. | Kil. | | |
|---|---|---|---|---|
| (107. Dahlhausen) | — | — | | Arnsberg |
| 109. (bb) Hattingen × T P | 0,70 | 5,271 | a.b.d.f.g.i. o.q.r.t.u.v. | » |

**v. Mülheim a. d. Ruhr-Oberhausen**
(0,69 Mln. = 5,196 Kilom.).
Eröffnet 1/1 62.

| Station | M. | Kil. | | |
|---|---|---|---|---|
| (105. Mülheim a.d.Ruhr) | — | — | | Düsseldorf |
| 110. ○ Oberhausen × T P . . . | 0,69 | 5,196 | a.b.f.g.o-r.t.u.v. | » |

**w. Mülheim (Styrum)-Ruhrort** (1,50 M. = 11,295 Kil.).
Eröffnet 3/11 67 resp. 4/12 67.

| Station | M. | Kil. | | |
|---|---|---|---|---|
| (105. Mülheim a.d.Ruhr) | — | — | | Düsseldorf |
| 111. *Ruhrort Haf.G.H.* Ꭵ | 1,28 | 9,638 | a.b.f.o.r.v. | » |
| 112. ○ Ruhrort × T P | 1,50 | 11,295 | a.b.f.h-m. q.r.t.u.v. | » |

**x. Hochfeldbahn Duisburg-Hochfeld**
(0,58 M. = 4,367 Kilom.).
Eröffnet 14/6 67.

| Station | M. | Kil. | | |
|---|---|---|---|---|
| ⊗ Hochfeld (Rheinhausen) | — | — | | Düsseldorf |
| (106. ○ Duisburg) . | 0,58 | 4,367 | | » |

**y. Witten-Langendreer** (0,70 Mln. = 5,271 Kilom.).
Eröffnet 20/10 60.
NB. Verbindungsbahn zwischen den Linien g und s.

| Station | M. | Kil. | | |
|---|---|---|---|---|
| (50. Witten) . . . . | — | — | | Arnsberg |
| 102. Langendreer) | 0,70 | 5,271 | | » |

**z. Zweigbahn vom Bahnhof Bochum nach der Bochumer Gussstahlfabrik, und nach verschiedenen Kohlenzechen des Bochumer Reviers.**
(1,45 Meil. = 10,919 Kilom.
Von Bochum bis Zeche Hannibal seit 1/12 68 im Betrieb, von Hannibal resp. Riemke bis Herne seit 15/4 70 übernommen.

| Station | M. | Kil. | | |
|---|---|---|---|---|
| (103. Bochum) . . . . . | — | — | | Arnsberg |
| 113. *Riemke GH.* . . . . | 0,50 | 3,765 | | » |
| 113a Herne . . . . . . | 1,00 | 7,530 | | » |

**aa. Schwerte-Arnsberg** (6,55 Mln. = 49,32 Kilom.).
Eröffnet 1/6 70.

| Station | M. | Kil. | | |
|---|---|---|---|---|
| (85. Schwerte) . . . . . | — | — | | Arnsberg |
| 114. (γ) Langschede Ꭵ . . | 1,5 | 11,30 | | » |
| 115. (γ) *Fröndenberg PH.** Ꭵ | 2,06 | 15,51 | | » |
| 116. (γ) Wickede Ꭵ . . . | 3,15 | 23,72 | a.b.g.q. | » |
| 117. (γ) Neheim-Hüsten T P | 4,75 | 35,77 | | » |
| 118. (γ) Arnsberg T P . | 5,85 | 44,05 | g. | » |
| 119. (γ) Oeventrop . . . . | 6,55 | 49,32 | | » |
| 119a. (γ) Meschede T P . | 8,40 | 63,25 | | » |

## Im Bau.

**bb. Ruhrthalbahn: Düsseldorf-Ratingen-Kettwig-Werden-Kupferdreh-Hattingen-Herdecke-Schwerte-Arnsberg-Meschede-Warburg, mit den Zweigbahnen Kettwig-Mülheim a. d. Ruhr u. Fröndenberg-Menden.**

**α. Düsseldorf-Kupferdreh** (5,00 M. = 37,65 Kilom.)

| | Station | M. | Kil. | | |
|---|---|---|---|---|---|
| | (18. ○ Düsseldorf) | — | — | Düsseldorf | |
| Im Bau | 120. Rath . . . | 1,17 | 8,81 | » | Herbst 1871 voraussichtliche Eröffnung |
| | 121. Ratingen T P | 1,71 | 12,88 | » | |
| | 122. Hösel . . | 2,46 | 18,52 | » | |
| | 123. (δ) Kettwig T P | 3,15 | 23,72 | » | |
| | 124. Werden T P | 3,72 | 28,01 | » | |
| | (65. Kupferdreh) | 5,00 | 37,65 | » | |
| | (67. Steele) | | | » | |
| | (107. Dahlhausen). | | | » | |
| | (109. Hattingen) | | | » | |

**β. Hattingen-Herdecke** (3 M. = 22,590 Kilom.).

| Station | |
|---|---|
| 125. Blankenstein. | Arnsberg |
| 126. Bommern | » |
| 127. Volmarstein | » |

**γ. Schwerte-Warburg** (18,25 Mln. = 137,423 Kil.).

| Station | M. | Kil. | | |
|---|---|---|---|---|
| (85. Schwerte) . . . | — | — | Arnsberg | |
| (114. Langschede) . . | 1,50 | 11,30 | » | |
| (115. Fröndenberg) . | 2,06 | 15,51 | » | |
| (116. Wickede) . . . | 3,15 | 23,72 | » | |
| (117. Neheim-Hüsten) | 4,75 | 35,77 | » | |
| (118. Arnsberg) . . | 5,85 | 44,05 | » | |
| (119. Oeventrop) . . | 6,55 | 49,32 | » | |
| (119a. Meschede) T P | 8,40 | 63,25 | » | In 1872 voraussichtl. Eröffnung |
| 130. Eversberg . . . | 9,00 | 67,77 | » | |
| 131. Bestwig . . . | 9,60 | 72,29 | » | |
| 132. Olsberg . . . . | 10,45 | 78,689 | » | |
| 133. Brilon P . . . | 11,50 | 86,60 | » | |
| 134. Messinghausen . | 12,70 | 95,63 | » | Ende 1873 voraussichtl. Eröffnung |
| 135. Bredelar . . . | 13,75 | 103,54 | » | |
| 136. Stadtberge T P | 14,90 | 112,20 | » | |
| 137. Wrexen . . . . | 16,50 | 124,25 | Waldeck | |
| 138. ○ Warburg T P | 18,25 | 137,423 | Minden | |

**δ. Zweigbahn Kettwig-Mülheim a./d. Ruhr.**
(1,9 Meil. = 14,307 Kilom.)
Herbst 1872 voraussichtliche Eröffnung.

| Station | M. | Kil. | |
|---|---|---|---|
| (123. Kettwig) | — | — | Düsseldorf |
| 139. Saarn P . . . | 1,20 | 9,036 | » |
| 140. Broich . . . . | 1,50 | 11,295 | » |
| (105. ○ Mülheim a.d.R.) | 1,90 | 14,307 | » |

**ε. Zweigbahn Fröndenberg-Menden**
(0,67 Mln. = 5,045 Kilom.).

| Station | M. | Kil. | |
|---|---|---|---|
| (115. Fröndenberg) | — | — | Arnsberg |
| 141. Menden T P. | 0,67 | 5,045 | » |

### ee. Aachen-Landesgrenze (Welkenraedt)

(0,67 Mln. = 5,045 Kilom.).

| | | | |
|---|---|---|---|
| (2. ○ Aachen) | — | — | Arnsberg |
| 142. Landesgr. Welkenraedt | 0,67 | 5,045 | |

### dd. Odenkirchen-Jülich-Düren, Jülich-Stolberg

(8,95 Mln. = 67,394 Kilom.).

α. **Odenkirchen-Jülich** (3,85 Pr. M. = 28,991 Kilom.).

| | | | |
|---|---|---|---|
| (33. Odenkirchen) | — | — | Düsseldorf |
| 144. Neukirchen P . | 0,65 | 4,744 | » |
| 145. Otzenrath . . . | 1,28 | 9,038 | Aachen |
| 146. Amelen . . . . | 2,43 | 18,298 | » |
| 147. (β) Jülich T P | 3,85 | 28,991 | » |

β. **Jülich-Düren** (2 Mln. = 15,06 Kilom.).

| | | | |
|---|---|---|---|
| (147. Jülich) . . . | — | — | Aachen |
| 148. Krauthausen . . | 0,80 | 6,02 | » |
| 149. ○ Düren P . | 2,00 | 5,06 | » |

γ **Jülich-Stolberg** (3,1 Mln. = 23,343 Kilom.).

| | | | |
|---|---|---|---|
| (147. Jülich) | — | — | Aachen |
| 150. Inden . . . . | 0,80 | 6,02 | » |
| 151. Weisweiler . . | 1,55 | 11,672 | » |
| 152. ⊗ Eschweiler P | 2,10 | 15,793 | » |
| 153. Eschweiler Aue | 2,55 | 19,202 | » |
| 154. ⊗ Stolberg T P | 3,10 | 23,343 | » |

### ff. Volmethalbahn Hagen-Brügge

(3,33 Mln. = 25,075 Kil.)

Eröffnet bis Oberhagen für den Güterverkehr am 1/10 71.

| | | | |
|---|---|---|---|
| (47. Hagen) | — | — | Arnsberg |
| 155. Oberhagen . . | 0,30 | 2,259 | » |
| 156. Delstern . . . | 0,60 | 4,508 | » |
| 157. Dahl . . . . . | 1,30 | 9,789 | » |
| 158. Schalksmühlen . | 2,40 | 18,072 | » |
| 159. Brügge . . . . | 3,33 | 25,075 | » |

Ausserdem sind zum Bau vorbereitet:

Rittershausen-Blankenstein-Bommern-Witten 2¼ M.
Lennep-Hückeswagen-Wipperfürth 2½ M.
Bochum-Essen mit Umgebung der Stadt Steele 1⅞ M.
Finnentrop-Olpe-Rothemühle 4⅔ M.

## Berlin-Anhaltische Eisenbahn.

Direction in Berlin.

Preussen: Reg.-Bez. *Sachsen, Kreisdirection. **Anhalt.

Anschlüsse. Berlin: Berl.-Görlitz, Berl.-Hamburg, Berl.-Potsd.-Magdeb., Berl.-Stettin, Niederschles.-Märk. u. Ostbahn; Falkenberg: Halle-Sorau-Guben; Halle: Mgdb.-Leipz., Halle-Cassel, Thüring. sowie im Bau: Halle-Guben-Sorau; Cöthen: Magdeb.-Leipzig, Magdeb.-Halberst; Leipzig: Leipz.-Dresden, Magdeb.-Leipz., Sächs. westl. Staatsb., Thüring.; Röderau: Leipz.-Dresden.

Directe Güter-Verkehre: a = mit Magdeburg-Leipzig u. Halle-Cassel (15/6 69 mit 6 Nachtr.); b = Magdeburg-Halberstadt (20/4 70); c = Leipzig-Dresden (1/1 69 mit 3 Nachtr.); d = Thüring. u. Werrab. (1/1 70 mit 1 Nachtr.); e = Sächs. Staatsb. (1/6 70, Nachtr. 10/6 70); f = Mitteldeutschen E.-Verbd. via Bebra-Hanau (1/1 69 mit 16 Nachtr.); g = Böhmischer Braunkohlen-Verkehr in Wagenl. à 200 Z.-Ctr. via Bodenbach (1/10 70 mit 4 Nachtr.); h¹ = via Giessen-Northeim resp. Arensbausen (1/5 69 mit 15 Nachträgen); h² = zwischen Berlin und Northeim via Northausen (10/11 68); h³ = zwischen Berlin, Göttingen, Münden, Cassel via Northeim-Arensbausen (15/4 69); i = zwischen Berlin, Löbau, Zittau, Grossschönau u. Reichenberg via Dresden (15/7 70); k = Steinkohlen und Coaks von den Kohlen-Stat. der Berg.-Märk. u. Westf. E. via Soest-Minden-Vienenburg-Cöthen (11/11 70); l = Steinkohlen und Coaks von Köln-Mindener Stationen via Hamm-Holzminden-Vienenburg-Cöthen (1/12 70 als Nachtr. zum Kohlentarif vom 15/7 70 von Köln-Mindener nach Magdeb.-Halberst. Stationen); m = im Berlin-Bayer. Verb.-Güterverk. (1/11 70); n = im Stettin-Bayer. Verb.-Güterverk. (1/11 70); o = zwischen Berlin u. Stettin mit Lindau, Romanshorn, Rorschach, Fussach u. Bregenz via Hof (1/11 70); p = zwischen Berlin und Stationen der Tiroler Linie (15/4 68); q = Beförderung von Krapp und Garacin in Wagenldg. von mindest. 100 Ctr. von Avignon (Genf) via Romanshorn-Lindau nach Berlin (1/4 70); r = Berlin-Württemb. Güterverk. (1/3 71); s = zwischen Badischen Stationen und Berlin via Mosbach-Würzburg-Hof u. via Constanz-Lindau-Hof (1/6 69 mit 3 Nachtr.); t = Salz-Transport v. den Thüring. Stat. Dürrenberg, Weissenfels, Köstritz, Sulza, Erfurt u. Gotha nach Berlin-Stettiner Stationen (1/9 68); u = Salztransporte von Halle u. Sangerhausen (via Jüterbog) u. Schönebeck und Stassfurt (via Magdeb.) nach Stationen der Berl.-Stettiner u. der Friedrich-Franz Eisenb. (15/8 68, Nachtr. v. 1/2 69 u. 15/7 69); v = Stettin-Thüringischer Verbandsverk. (15/10 71); w = Stettin-Sächsischer Verbandsverk. (1/6 71); x = Niederschles.-Märk. E. (1/7 71); y = Gemeinschaftl. Tarif der Oberschles., Niederschles.-Märk. und Berlin-Anh. E. für Oberschles. Steinkohlen v. 1/7 71; z = Gemeinschaftl. Tarif der Rechte-Oderufer-, Niederschles.-Märk. u. Berl.-Anh. E. für Oberschles. Steinkohlen v. 1/11 71; zz. Directer Güterverk. zwischen Hamburg und Berlin einerseits und Stationen der Kaiser Ferdinands-Nordbahn u. der Oesterr. Staatsb. andererseits, v. 1/1 69 mit 5 Nachträgen; a = zwischen Hamburg und Berlin einerseits und Oesterreichischen Staatsb. sowie Teplitz anders. (1/12 69, Nachtr. I v. 10/4 70, II v. 15/10 70); β = zw. Hamburg einer- und Löbau, Zittau, u. Reichenberg via Dresden andererseits (15/5 68); γ = Verbandsverkehr zw. Dresden, Meissen, Riesa u. Hamburg (21/7 68, Nachtr. I 1/6 69, II 15/11 69, III 15/1 71); δ = Directer Verk. zw. Hamburg einer- und Döbeln, Waldheim, Mittweida, Chemnitz, Waldkirchen, Zschopau, Wolkenstein u. Annaberg-Buchholz anders. (1/11 69, Nachtr. I 1/6 70, II 1/2 71, III 1/1 71); directer Berlin-Württembergischer Güterverkehr via Hof v. 1/3 71; directer Güterverkehr im Ostdeutsch-Sächs. Eisenb.-Verband v. 20/3 71; directer Güterverk. im Sächs.-Polnischen Eisenb.-Verband v. 27/6 71.

### a. Berlin-Halle (21,46 Mln. = 161,647 Kilom.).

Eröffnet Berlin-Jüterbogk 1/7 1841; Jüterb.-Wittenberg 10/9 41; Wittenberg-Bitterfeld 1/8 59; Bitterfeld-Halle 1/8 59.

| | Meilen. | Kilom. | |
|---|---|---|---|
| 1. ○ Berlin T Ξ P . | — | — | M. Potsdam |
| 1a. Lichterfelde Ξ P . | 1½ | 11,299 | » |
| 2. Grossbeeren Ξ P . | 2½ | 18,831 | » |
| 3. Ludwigsfelde Ξ P . | 3½ | 26,364 | » |
| 4. Trebbin Ξ P . | 4½ | 33,896 | » |
| 5. Luckenwalde T Ξ P | 6½ | 48,961 | » |
| 6. (b) Jüterbogk T Ξ P | 8½ | 64,026 | M. » |
| 7. Blönsdorf Ξ . . . | 10 | 75,325 | Merseburg |
| 8. Zahna Ξ P . . . . | 11 | 82,857 | » |
| 9. (c) Wittenberg T Ξ P | 13 | 97,922 | M. » |
| 10. Bergwitz Ξ P . . . | 14 | 105,455 | » |
| 11. Gräfenhainchen Ξ P | 15½ | 116,754 | » |
| 12. Burgkemnitz Ξ . . | 16½ | 124,286 | » |
| 13. (d, e) Bitterfeld T Ξ P | 18 | 135,585 | » |
| 14. Roitzsch Ξ P . . . | 19 | 143,117 | » |
| 15. Brehna Ξ P . . . | 19½ | 146,883 | » |
| 16. Landsberg Ξ P . . | 20 | 150,6497 | » |
| 17. *Hohenthurm PH.* | 20½ | 154,416 | » |
| 18. ○ Halle T Ξ P . . | 22 | 165,715 | » |

### b. Jüterbogk-Röderau (10,38 Mln. = 78,187 Kil.).

Eröffnet Jüterbogk-Herzberg 1/7 48; Herzberg-Röderau resp. Riesa 1/10 48.

| | | | |
|---|---|---|---|
| (6. Jüterbogk) T Ξ P | 8½ | 64,026 | Merseburg |
| 19. Oehna . . . . . . | 9½ | 71,559 | » |
| 20. Linda Ξ . . . . . | 10½ | 79,091 | » |
| 21. Holzdorf Ξ P . . | 11½ | 86,624 | » |
| 22. Herzberg T Ξ P . | 13½ | 101,689 | » |
| 23. ⊙ Falkenberg Ξ . | 15 | 112,987 | » |
| 24. Burxdorf Ξ P . . . | 17 | 128,052 | » |
| 25. Jacobsthal . . . . | 18 | 135,585 | *Dresden |
| 26. ○ Röderau Ξ . . | 19 | 143,117 | * » |

### c. Wittenberg-Cöthen (7,685 Mln. = 57,887 Kil.).

Eröffnet Cöthen-Dessau 1/9 40; Dessau-Coswig und Coswig-Wittenberg resp. 10/8 u. 28/8 40.

| | | | |
|---|---|---|---|
| (9. Wittenberg) T Ξ P | 13 | 97,922 | **Anhalt |
| 27. Coswig Ξ P . . . | 14½ | 109,221 | ** » |
| 28. *Kliecken PH.* . . | 15½ | 116,754 | ** » |
| 29. (f) Rosslau Ξ P . | 17 | 128,052 | ** » |
| 29a. Wallwitzhafen . . | 17½ | 131,818 | ** » |
| 30. (d) Dessau T Ξ P | 17½ | 131,818 | ** » |
| 31. *Mosigkau PH.* . | 18½ | 139,351 | ** » |
| 32. Elsnigk . . . . . | 19½ | 146,883 | ** » |
| 33. ○ Cöthen T Ξ P | 20½ | 154,416 | ** » |

### d. Zweigb. Dessau-Bitterfeld (3,366 Mln. = 25,354 K.).

Eröffnet 21/8 57.

| | | | |
|---|---|---|---|
| (30. Dessau) T Ξ P | 17½ | 131,818 | **Anhalt |
| 34. *Heideburg PH.* | 18½ | 139,351 | ** » |
| 35. *Marke PH.* | 19 | 143,117 | ** » |

| | | Mln. | Kil. | |
|---|---|---|---|---|
| 36. Raguhn T P | | 19½ | 146,883 (NB. via Bitterfeld auf Linie a n. 19.) | ** Anhalt |
| 37. Jessnitz T P | | 20 | 150,6497 (NB. 19 via Bitterf.) | ** |
| (13. Bitterfeld) T T P . | | 21 | 158,182 | ** » |

**e. Bitterfeld-Leipzig** (4,208 Mln. = 31,697 Kilom.).
Eröffnet 1/8 39.

| | | | |
|---|---|---|---|
| (13. Bitterfeld) . . | 18 | 135,585 | Merseburg |
| 38. Delitzsch T T P . | 19½ | 146,883 | » |
| 39. *Zschortau PH.* * P | 20 | 150,6497 | » |
| 40. Rackwitz P . . . . | 20½ | 154,416 | » |
| 41. ○ Leipzig T T P . | 22 | 165,715 | * Leipzig |

**f. Rosslau-Zerbst (Herz. Anhaltische Leopoldsbahn)**
(1,7 M. = 12,8052 Kilom.)
Eröffnet am 1/11 63.

| | | | |
|---|---|---|---|
| (29. Rosslau) . . . . | 17 | 128,052 | ** Anhalt |
| 42. *Tornau PH.* . . . | 17 | 128,052 | ** » |
| 43. *Jütrichau PH.* . . | 18 | 135,585 | ** » |
| 44. Zerbst T T P . . | 18½ | 139,351 | ** » |

## Berlin-Charlottenburger Pferdebahn.
Verwaltungsrath in Berlin.

circa 1 Meile lang, (am 7/4 65 eröffnet) von der Dorotheenstr. durch den Thiergarten nach Charlottenburg u. Westend führend, hat nur Personenverkehr.

## Berlin-Görlitzer Eisenbahn.
Direction in Berlin.

(27,6 Pr. = 27,75 neue Meilen = 208,13 Kilom.)
Eröffnet von Berlin bis Cottbus am 13. Juni 66 (provisorisch), bis Görlitz am 31. December 1867.

Anschlüsse. In Berlin an die daselbst einmündenden anderen Bahnen; in Cottbus an die Cottbus-Grossenhainer, Halle-Sorau-Gubener Eisenbahn und Cottbus-Schwielochsee-Pferdebahn; in Görlitz an die Niederschles.-Märkische, Schles. Gebirgsbahn und Sächsische Staatsb.

Local-, directe und Transit-Güter-Verkehre.

A. Tarife für den Binnen-Verkehr.

1. Local-Tarif v. 31/1, 67.
2. Special-Tarife: a) für façonnirtes Eisen etc.; b) Zink etc.; c) Kartoffeln, Coaks; d) für Kalk; e) für Salz aller Art; f) für Roheisen, Brucheisen etc.; g) für Steinkohlen; h) für Braunkohlen; i) für Phosphorit, Steine, Magnesit, Cement, Sand, Holz; k) für comprimirtes Heu; l) für Knochen, Lumpen etc.
3. Ausnahme-Tarif für die nach u. von Sachsen u. Böhmen über Görlitz transitirenden Güter v. 1/8 70.
4. Desgl. über Cottbus v. 5/1 70.

B. Tarife für den directen u. Transit-Verkehr.

SR. = Tarif f. d. Schles.-Rhein. Eisenb.-Verb. v. 15/11 70.
a. Gemeinsch. Steinkohlen-Tarif von Stationen d. Schles. Gebirgsb. nach d. Berlin-Görl. Eisenb. v. 1/4 71.
b. Desgl. von Stat. d. Oberschles. Eisenb. v. 1/1 71.
c. Tariff. gebr. Kalk v. Stat. d. Oberschles. E. nach Stat. Berl.-Görl. v. 1/4 71.
d. T. zw. den Berlin-Hamburger St. u. Berl-Görlitzer v. 10/3 71.
e. T. zw. St. d. Berl.-Görl. u. Berl.-Potsd.-Magdeb. E. v. 25/11 69.
f. T. zw. Stat. d. B.-G. u. Cottbus-Grossenhainer (Leipzig-Dresden) v. 1/10 70.
g. T. zw. Stettin u. Stat. Görlitz u. Uhsmannsdorf v. 10/1 70.
h. T. zw. Hamburg u. Görlitz für Güter nach u. von Löbau, Zittau u. Reichenberg v. 15/7 69.
i. T. zw. Stat. Berlin u. Löbau etc. (Sächs. Stsb.) v. 15/8 70.

Nachstehende Stationen sind sowohl für Personen- als für Güterverkehr bestimmt.

| | | M. | Kil. | direkt. Verk. | Preussen Reg.-Bez. |
|---|---|---|---|---|---|
| 1. ○ Berlin . . . | | — | — | a.f.i. | Potsdam |
| 2. Grünau . . . | | 1,82 | 13,71 | a.b.c.f. | » |
| 3. Königs-Wusterhausen . . . | | 3,67 | 27,63 | a.b.c.f. | Potsdam » |
| 4. Halbe . . . . | | 6,67 | 50,23 | a.b.c.f. | » |
| 5. Brand . . . . | | 7,92 | 59,64 | a.b.c.f. | Frankfurt |
| 6. Lübben . . . | | 9,90 | 74,55 | a.b.c.d.e.f. | » |
| 7. Lübbenau . . | | 11,34 | 85,39 | a.b.c.d.e.f. | » |
| 8. Vetschau . . | | 12,92 | 97,29 | a.b.c.f. | » |
| 9. ⊗ Cottbus . | | 15,22 | 114,61 | SR.a.b.c.d.e. | » |
| 10. Spremberg . . | | 18,36 | 138,25 | SR.a.b.c.d.e.f. | » |
| 11. Weisswasser (Muskau) . . | | 20,85 | 157,00 | a.b.c. | Liegnitz |
| 12. Rietschen . . | | 22,96 | 172,89 | a.b.c. | » |
| 13. Uhsmannsdorf | | 24,45 | 184,11 | a.b.c.f.g. | Liegnitz |
| 14. ○ Görlitz . . | | 27,60 | 207,83 | d.e.f.g.h. | » |

## Berlin-Hamburger Eisenbahn.
Direction in Berlin.

Preussen: Reg.-Bez. *1 Mecklenb-Schwerin. *2 Lauenb. *3 Hamb.

Anschlüsse. Berlin: Berlin-Anhalt etc., siehe dort; Büchen: Lübeck-Büchen; Hagenow: Grossh. Friedrich-Franz Eisenb.; Hamburg: Altona-Kiel u. Lübeck-Hamburger Linie b.; Lauenburg: Hannoversche E. b.; Wittenberge: Magdeb. Halberst., b

Directer Verkehr. a = mit d. Grossh. Friedrich-Franzb. u. Lübeck-Büchener Eisenbahn; b = mit der Berlin-Lehrter und Magdeburg-Wittenberge'schen Eisenbahn.

Seit 1/1 1846 ist der Betrieb der Hamb.-Bergedorfer Bahn an die Berl.-Hamb. E.-Gesellschaft pachtweise übergegangen.

**a. Berlin-Büchen Hamburg** (38,1 R.-M. = 285,7 K.).
Eröffnet Hamb.-Bergedorf in 1842 (17/5 für Personen; 20/7 für Gütertransp.). Berl.-Boitzenb. 15/10 46; Boitzenb.-Berged. 15/12 46.

| | Reichs-Meil. | Kilom. | | | Reg. Bezirk. |
|---|---|---|---|---|---|
| 1. ○ Berlin | — | — | a. | | Potsdam |
| 2. Spandau . . . . | 1,6 | 11,6 | a. | | » |
| 3. Seegefeld . . . . | 2,7 | 20,4 | | | » |
| 4. Nauen . . . . . | 4,7 | 35,4 | a.b. | | » |
| 5. Paulinenaue . . . | 6,5 | 49,0 | a. | | » |
| 6. Friesack . . . . | 8,2 | 61,7 | a.b. | | » |
| 7. Neustadt a./D. . . | 10,1 | 75,4 | a.b. | | » |
| 8. Zernitz . . . . . | 11,1 | 83,5 | a.b. | | » |
| 9. Glöwen . . . . . | 13,6 | 101,8 | a.b. | | » |
| 10. Wilsnack . . . . | 15,0 | 112,7 | a. | | » |
| 11. ○ (c) Wittenberge | 16,9 | 126,6 | a. | | » |
| 12. Karstädt . . . | 19,2 | 144,3 | a.b. | | » |
| 13. Wendisch-Warnow | 20,6 | 154,8 | a. | | » |
| 14. Grabow . . . . . | 21,8 | 162,2 | a.b. | *1 | Meckl.-Schwr. |
| 15. Ludwigslust . . . | 22,8 | 170,7 | a.b. | *1 | » |
| 16. ○ Hagenow . . | 25,6 | 191,8 | a.b. | *1 | » |
| 17. Pritzier . . . . . | 27,0 | 202,6 | a. | *1 | » |
| 18. Brahlsdorf . . . | 28,2 | 211,5 | a. | *1 | » |
| 19. Boitzenburg . . . | 30,0 | 224,9 | a.b. | *1 | » |
| 20. ○ (b) Büchen . | 31,9 | 238,9 | a. | *2 | Lauenburg |
| 21. Schwarzenbeck . | 33,2 | 249,2 | a. | *2 | » |
| 22. Friedrichsruh . . | 34,6 | 259,5 | a. | *2 | » |
| 23. Reinbeck . . . . | 35,5 | 266,3 | a. | | Holstein |
| 24. Bergedorf . . | 36,0 | 270,0 | a.b. | *3 | Hamburg |
| 25. ○ Hamburg . . . | 38,1 | 285,7 | a.b. | *3 | » |

Ausserdem hat Hamburg directen Güter- bezw. Personenverkehr mit Magdeburg, Oschersleben, Halberstadt, Quedlinburg, Thale, Halle, Leipzig, Königl. Sächs. und Bayer. Stationen, Chemnitz, Mitweida, Dresden, Zeitz, Krossen, Köstritz, Gera, den Böhmischen Stationen, Wien, Olmütz, Brünn, Pest etc., Galizischen und Mährischen Stationen, Breslau etc., Görlitz, Löbau, Zittau, Reichenberg, Frankfurt a. O., Stettin, den Stat. der Thüringischen und der Werrab., den Schweizerischen Stat., den Hauptstationen der Preuss. Ostb., der Grossen Russ. Eisenb. (St. Petersburg etc.) und der Warschau-Wiener Bahn, sowie mit den Stationen des Niederdeutschen, West- und Nordwestdeutschen, sowie des Bergisch-Hannoverschen Verbandes, via Lauenburg-Lüneburg.

Der Hamburger Theil der Altona-Hamburger Verbindungsb. mit den Stationen 28. Sternschanze, 29. Dammthor, 30. Klosterthor (Hamburg) sind aus dem Betrieb von Altona-Kiel in den von Berlin-Hamburg am 1/1 70 übergegangen.

**b. Büchen-Lauenburg** (1,8 Reichs-M. = 13,2 Kil.).
Eröffnet vollständig 1/1 53.

| | | | | |
|---|---|---|---|---|
| (20. Büchen) . . . | 31,9 | 238,9 | *2 | Lauenburg |
| 26. ○ Lauenburg . | 33,6 | 252,0 | *2 | » |

NB. Dampffähre nach Hohnstorf.

c. Im Bau: **Wittenberge-Lüneburg** (circa 18 Mln. = 135 Kil.), zum Anschluss an die Bremen-Hamburger Eisenbahn in Jesteburg.
Voraussichtliche Eröffnung 1872.

## Berlin-Potsdam-Magdeburger Eisenb.
Directorium in Berlin.

Neben den Bahnhofsvorständen befinden sich in Berlin, Potsdam, Brandenburg u. Magdeburg besondere Güter-, Eilgut-, Gepäck- und Billet-Expeditionen.

Ausserdem haben in Berlin die Ober-Betriebs-Inspection und die Ober-Güter-Inspection ihren Sitz.

Anschlüsse. Berlin: Berlin-Anhalt etc., siehe dort; Magdeburg: Magdeb.-Leipzig, Magdeb.-Halberst.

Directe Güterverkehre.

1 = Norddeutscher Güterverkehr (1/4 68);
2 = Preussisch-Braunschweigischer Güterverkehr (1/4 68 mit 26 Nachtr.);
3 = Norddeutsch-Französischer Verkehr via Köln (1/4 69);
4 = Deutsch-Französischer Verkehr via Düsseldorf-Mastricht (1/4 69);
5 = Norddeutsch-Belgischer Verkehr (1/10 69);
6 = Norddeutsch-Niederländischer Verkehr (1/10 69);
7 = Westdeutscher Verkehr (1/1 69 mit 22 Nachtr.);
8 = Nordwestdeutscher Verkehr vom 1. Aug. 1870 (6 Nachtr.);
9 = Verkehr zwischen Berlin-Potsdam-Magdeburg und Magdeburg-Halberstadt vom 1. Juli 1865;
10 = Verkehr zwischen Berlin-Potsdam-Magdeburg und Niederschlesisch-Märkischen Stationen vom 10. März 1870;
11 = Verkehr zwischen Berlin-Potsdam-Magdeburg und Magdeburg-Leipziger Stationen (10/6 70 mit 2 Nachtr.);
12 = Salzverkehr von Schönebeck und Stassfurt nach Berlin-Potsdam-Magdeburger Stationen (1/1 68);
13 = Steinkohlenverkehr von Oberschlesien (Oberschlesische Bahn 1. Juli 1871, Rechte-Oder-Ufer-Bahn 1. April 1871);
14 = Steinkohlen-Verkehr von Waldenburg und Altwasser (1/3 69);
15 = Steinkohlen-Verkehr von Zwickau u. St. Egidien (1/1 69);
16 = Wein-Verkehr von Mittelrheinischen Stationen (15/11 68);
17 = Verkehr zwischen Stettin und Magdeburg (1/5 64);
18 = Verkehr zwischen Berlin-Görlitzer und Berlin-Potsdam-Magdeburger Stationen (22/11 69);
19 = Verkehr von Gallizien nach Magdeburg (Getraide) (1/1 70);
20 = Braunkohlen-Verkehr von Aussig-Teplitz nach Berlin-Potsdam-Magdeburger Stationen (1/10 70);
21 = Magdeburg-Preussischer Verkehr (Magdeburg mit Ostbahn) (1/11 70);
22 = Verkehr Potsdam-Dresden (Zucker).

## a. Berlin-Potsdam-Magdeburg.

19,54 M. = 147,17 Kil.

Eröffnet Berl.-Potsdam 29/10 38; Potsdam bis zur Friedrichsst.-Magdeburg 7/8 46; Potsdam-Havelbrücke 15/8 46; Friedrichsst.-Magdeburg bis zum Fürstenwall-Magdeburg 15/8 48.

| | Meil. | Kilom. | | Preussen Reg.-Bez. |
|---|---|---|---|---|
| 1. ○ Berlin T P . | — | — | 1.2.3.4.5.6.7.8.9.11.12.16. | Potsdam |
| 2. *Steglitz PH.* P. . | 0,92 | 6,93 | | » |
| 3. Zehlendorf T P . | 1,60 | 12,05 | 1.2.4.12.13.14.15. | » |
| 4. *Neuendorf PH.* . | 3,25 | 24,48 | | » |
| 5. **Potsdam** T P . | 3,50 | 26,36 | 1-15.18.20.22. | » |
| 6. *Wildpark PH.* . | 3,93 | 29,60 | | » |
| 7. Werder T P . . | 4,78 | 36,00 | 1.2.9.12.13.14.15.20. | » |
| 8. Gr. Kreutz T P | 6,24 | 47,00 | 1.2.9.12.13.14.15.20. | » |
| 9. Brandenburg T P | 8,15 | 61,39 | 1-15.18.20. | » |
| 10. Wusterwitz T P . | 10,15 | 76,46 | 1.2.9.12-15.20. | Magdeburg |
| 11. Genthin T P . . | 12,15 | 91,53 | 1.2.9.11-15.20 | |
| 12. Güsen T P . . . | 14,11 | 106,29 | 1.2.9.11.12.13.14.15. | » |
| 13. Burg T P . . . | 15,62 | 117,66 | 1.2.9.10-15.18.20. | » |
| 14. *Niegripp PH.* . | 16,45 | 123,90 | | » |
| 15. *Hohenwarthe PH.* | 17,01 | 128,12 | | » |
| 16. *Lostau PH.* . . | 17,48 | 131,66 | | » |
| 17. Gerwisch . . . . | 17,86 | 134,53 | 1.2.11.12.15. | » |
| 18. ○ (b,d) **Magdeburg** T P . . . . . | 19,54 | 147,17 | 10.12-15.17.18.19.21. | » |

### Neue concessionirte Linien:

b. **Burg-Magdeburg** 3 Meilen, tritt an Stelle der jetzt im Betrieb befindlichen alten Bahnstrecke Burg-Magdeburg; die um 1 Meile kürzere neuconcessionirte Strecke schneidet, von Burg ausgehend, die jetzige Linie bei Gerwisch, geht unterhalb Magdeburg über die Elbe, und zwischen der alten und neuen Neustadt, wo ein Bahnhof etablirt wird, hindurch, um westlich von Magdeburg (vor dem Ullrichsthor) in den neu zu etablirenden Centralbahnhof zu münden. Dieselbe kommt jedoch voraussichtlich erst 1872 zur Eröffnung und ist daher hier noch nicht berücksichtigt. Es wird vielmehr die Magdeburg-Jerxheimer Bahn einstweilen ihren Anschluss an den jetzigen Magdeburger Bahnhof durch die ad c erwähnte Zweigbahn (Magdeburg-Sudenburg) erhalten. Hiernach sind auch die ad d angegebenen Entfernungen berechnet.

c. **Zweigb. von Sudenburg** nach dem jetzigen Bahnhof am Friedrich-Wilhelmsgarten, zur Erhaltung des Elbverkehrs, 0,6 M. lang.

## d. Magdeburg-Jerxheim (8,0 Mln = 60,26 Kilom.).

Anschlüsse. Magdeburg: Magdeburg-Leipziger Eisenbahn und Magdeburg-Halberstädter Eisenbahn mit Magdeburg-Wittenberger; Jerxheim und Helmstedt: Braunschweigische Eisenbahn.

Voraussichtliche Eröffnung im Jahre 1872 ab Magdeburg (vorläufig Perron des alten Bahnhofs).

| | Mln. | Kil. | |
|---|---|---|---|
| (18. ○ **Magdeburg**) . . | — | — | Magdeburg |
| 19. Sudenburg . . . . . | 0,6 | 4,52 | » |
| 20. Niederndodeleben. . | 1,51 | 11,37 | » |
| 21. Ochtmersleben . . . | 2,68 | 20,19 | Magdeburg |
| 22. Drakenstedt . . . . | 3,0 | 22,60 | » |
| 23. (e) Eilsleben. . . | 4,22 | 31,78 | » |
| 24. Völpke . . . . . . | 5,26 | 39,62 | » |
| 25. Offleben . . . . . . | 5,99 | 45,12 | Braunschweig |
| 26. Schöningen. . . . . | 6,5 | 48,96 | » |
| 27. Söllingen . . . . . | 7,25 | 54,61 | » |
| 28. ○ Jerxheim . . . | 8,00 | 60,26 | » |

## e. Zweigb. Eilsleben-Helmstedt (2,34 M = 17,63 K.).

Voraussichtliche Eröffnung im Jahre 1872 ab Eilsleben.

| | | | |
|---|---|---|---|
| (23. Eilsleben) . . . . | — | — | Magdeburg |
| 29. Wefensleben . . . . | 0,72 | 5,43 | » |
| 30. ○ Helmstedt . . | 2,34 | 17,63 | Braunschweig |

# Berlin-Stettiner Eisenbahn.

Directorium in Stettin.

Königreich Preussen: Reg.-Bezirke.

Anschlüsse. Berlin: Berlin-Anhaltische etc. siehe daselbst. Danzig: zur Preuss. Ostbahn; Stargard: Oberschlesische (Stargard-Posener); Strassburg: Mecklenb. Friedrich-Franzbahn; Wangerin: Pommersche Centralb. (im Bau).

Directer Güterverkehr: a = Oberschlesische (1/1 70); b = Friedrich-Franzbahn und Lübeck via Güstrow (1/1 67); c = Ostbahn; d = Lübeck-Büchen (Hamburg) via Güstrow-Kleinen-Lübeck (15/8 70).

Sodann Salzverkehr via Magdeb. (15/5 68) u. von Stat. der Thüring. E. (1/4 68) auch Transit der Friedr. Franzb.

Steinkohlenverkehr von Stat. der Oberschles. E. via Stargard (1/1 71), desgl. von Waldenburg, Dittersbach, Gottesberg u. Altwasser via Berlin (10/5 71) u. von Waldenburg u. Altwasser via Posen nach Stat. d. Strecke Stargard-Cöslin-Colberg (1/1 69). Zwischen Berlin u. Amsterdam, Rotterdam, Antwerpen, Gent, Brüssel, Dünkirchen, Havre u. Bordeaux via u. ab Stettin per Seeweg (1/4 70).

Ueber die Verkehre Stettins siehe unten.

## a. Berlin-Stettin-Cöslin (40,58 M. = 304,36 Kil.).

Stettin-Cöslin mit Zweigbahn nach Collberg, s. g. Hinterpommersche Bahn.

Eröffnet Berlin-Neustadt-Eberswalde 30/7 1842, bis Angermünde 15/8 42, bis Stettin 15/8 (für Güter 5/9) 43, Stettin-Stargard 28/4 46, Stargard-Cöslin 1/6 59.

NB. Die Entfernung von Stettin, in ( ) die von Berlin in Mln.; in Kilom. ist nur die Länge der Linien angegeben.

| | | | |
|---|---|---|---|
| 1. ○ **Berlin** T P . . | 17,9 — | a.b. | Potsdam |
| 2. Bernau T P . . . | 14,9(3,0) | a. | » |
| 3. Biesenthal T P . . | 13,5(4,4) | a. | » |
| 4. (g) Neustadt E/W. T P | 11,9(6,0) | a. | » |
| 5. Chorin T P . . . . | 10,2(7,7) | a. | » |
| 6. (d) Angermünde T P | 8,5(9,4) | a. | » |
| 7. Passow T P . . . | 6,0(11,9) | a. | » |
| 8. Casekow T P . . . | 4,6(13,3) | a. | Stettin |
| 9. Tantow T P . . . | 3,1(14,8) | a. | » |
| 10. (f) **Stettin** T P . . | —(17,9) | a.b.c.d. | » |

H.Z.A. mit Ansageverfahren.

Ausserdem hat Station Stettin Verband- resp. directen Güterverkehr: 1. mit Wien via Dresden (1/10 58); 2. mit Magdeburg (1/5 64); 3. mit Waldenburg via Breslau etc. für Flache (10/1 65); 4. mit Stat. des Preuss.-Braunschw. Verb. (1/4 68) 5. mit Nordd. Verb. Stat. (1/4 68); 6. mit Westd. Verb. Stat. (1/1 69); 7. mit Nordwestd. Verb. Stat. 1/1 69); 8. mit Stat. der Gross. Russ. E. im Ostdeutsch-Schles.-Russ. Verb. (15/10 69); 9. mit Warschau, Alexandrowo u. Lodz via Thorn (1/3 71); 10. mit Stat. der Kais. Ferd. Nordb. u. Oesterr. Staatsb. via Posen-Cosel-Oderberg (Stettin-Oesterr.-Ungar. Verb. 1/1 69); 11. mit Krakau u. Stat. der Galiz. C.-L.-B. u. der Lemb.-Czernow. via Posen Nordd.-Galiz. Verb. (1/1 70); 12. mit Görlitz für Sendg. nach Sachsen u. Oesterr. (10/5 70); 13. mit Stat. des Nordd.-Rhein.-Französ. Verband via Deutz-Cöln-Herbesthal (1/4 69); 14. mit Stat. des Deutsch-Französischen Verb. via Düsseldorf-Mastricht (1/4 69); 15. mit Stat. des Westd. u. Nordwestd.-Französ. Verb. (1/1 70); 16. im Mitteld. Verb. (1/1 70); 17. mit Stat. der Niederschles.-Märk. E. (15/11 70 u. Nachtr. 1/2 71); 18. mit Triest (1/4 69); 19. mit Stat. der Thür. u. Werrab. (1/8 70); 20. mit Stat. der Leipz.-Dresd. u. Sächs. Staatsb. 1/4 70); 21. mit Stat. der Bayer. Ost- u. Staatsb. (1/11 70); 22. mit Romanshorn, Rorschach, Fussach u. Bregenz via Hof-Lindau (1/11 70); 23. Hamburg via Berlin (15/11 70);

| | | | |
|---|---|---|---|
| 11. *Finkenwalde PH.* T P | 1,0(18,9) | | Stettin |
| 12. Damm T P . . . | 1,3(19,2) | a. | » |
| 13. Carolinenhorst T . | 3,0(20,9) | a. | » |
| 14. ○ Stargard T P | 4,6(22,5) | | » |
| 15. Trampke T P . . | 6,9(24,8) | | » |
| 16. Freienwalde i/P. T P | 8,3(26,2) | | » |

17. ○ Wangerin T P . 10,6(28,5 Stettin
18. Labes T P . . . . 12,2(30,1) »
19. Schivelbein T P . 15,1(33,0) Cöslin
20. Gross-Rambin T P 17,2(35,1) »
21. (c) Belgard T P 19,4(37,3) »
22. Nassow T P . . . 20,8(38,7) »
23. *Thunow P H.* . . 21,4(39,3) »
24. (b) Cöslin T P . 22,7(40,6) a.c. »

**b. Cöslin-Stolp-Danzig** (26,42 M. = 198,29 Kilom.).
Cöslin-Stolp am 1/7 1869 eröffnet; Stolp-Zoppot 1/9 70; Zoppot-Danzig 1/9 70.

(24. Cöslin) . . . . 22,7(40,5) Cöslin
25. Schübben-Zanow T P 24,2(42,0) »
26. Carwitz T P . . . 26,8(44,7) c. »
27. Schlawe T P . . . 28,0(45,9) c. »
28. Zitzewitz T P . . 29,9(47,8) »
29. Stolp T P . . . 31,6(49,5) c. »
30. Hebron-Damnitz T P 34,1(52,0) »
31. Pottangow T P . . 36,0(53,9) »
32. Lauenburg T P . . 38,5(56,4) c. »
33. Gross-Boschpol T P 40,6(58,5) »
34. Neustadt i. W. T P . 43,2(61,1) c. Danzig
35. Rheda T P . . . . 44,4(62,3) c. »
36. Kielau T P . . . 45,6(63,5) c. »
37. Zoppot T P . . . 47,0(65,5) c. »
38. Oliva T P . . . . 48,0(65,9) c. »
39. Langfuhr T P . . 48,6(66,5) c. »
40. ○ Danzig T P . . 49,1(67,0) c. »

**c. Zweigb. Belgard-Colberg** (4,77 M. = 35,79 Kil).
Eröffnet 1/9 1859.

(21. Belgard) T P . . 19,4(37,3) Cöslin
41. Cörlin T P . . . . 20,5(38,4) »
42. Fritzow T P . . . 21,6(39,5) »
43. Degow T P . . . 22,7(40,6) »
44. Colberg T P . . 24,2(42,1) a.c. »

**d. Angermünde-Pasewalk-Stralsund.**
(Vorpommersche Eisenbahn.)
(22,66 M. = 169,92 Kilom.).
Eröffnet bis Anclam 16/3 63, bis Stralsund 1/11 63.
NB. Nur die nachstehend mit + bezeichneten Entfernungen der Stationen von Stettin sind über Angermünde (Strecke d) alle übrigen auf der directen Linie über Pasewalk (Strecke f) berechnet. In () ist die Entfernung von Berlin angegeben.

(6. Angermünde) T P — (9,4) Potsdam
45. Greiffenberg T P { 12,6(10,6) » / +9,7 — »
46. Wilmersdorf T P { 12,0(11,2) » / +10,3 — »
47. Seehausen T P . . 10,3(12,9) »
48. Prenzlau T P . 8,86(14,4) b. »
49. Nechlin T P . . . 7,0(16,2) »
50. (f. h.) Pasewalk T P 5,6(17,6) b.c.d. Stettin
51. Jatznick T P . . . 7,0(19,0) »
52. Ferdinandshof T P 8,0(20,0) »
53. Borkenfriede T P . 9,0(21,0) »
54. Ducherow T P . . 9,8(21,8) »
55. Anclam T P . . . 11,4(23,4) »
56. (e) Züssow T P . 13,6(25,6) Stralsund
57. Greifswald T P . . 15,9(27,9) b. »
58. Miltzow T P . . . 18,1(30,1) »
59. Stralsund T P . 20,1(32,1) b.c. »

**e. Zweigb. Züssow-Wolgast** (2,38 M. = 17,85 Kil.).
Eröffnet 1/11 63.

(56. Züssow) . . . . 13,6(25,6) Stralsund
60. Buddenhagen T P. 15,0(27,0) »
61. Wolgast T P . . 16,0(28,0) b. »

**f. Zweigb. Pasewalk-Stettin** (5,59 M. = 41,93 Kil.).
Eröffnet 16/3 63.

(50. Pasewalk) . . . 5,6 c. Stettin
62. Löcknitz T P . . . 3,3(19,9) über Pasewalk »
63. Grambow T P . . 2,0(19,9) über Stettin »
(10. Stettin) . . . . — »

**g. Zweigb. Neustadt E./W.-Wriezen a./O.**
(4,05 M. = 30,34 Kilom.).
Eröffnet 1/9 67.

(4. Neustadt E./W.) 11,9(6,0) Potsdam
64. Niederfinow T P . 13,3(7,4) »
65. Falkenberg T P . 13,7(7,8) »
66. Freienwalde a/O. T P 14,5(8,6) »
a = an der alten Oder.
67. Wriezen a/O. T P 16,0(10,1) »

**h. Pasewalk-Mecklenburgische Grenze.**
(3,16 M. = 23,69 Kilom.).
Eröffnet 1/1 67.
Die eingeklammerten Zahlen sind die Entfernungen von Berlin über Angermünde.

(50. Pasewalk) . . . 5,6(17,6) Stettin
68. *Blumenhagen P H.* 6,9(18,9) Potsdam
69. ○ Strassburg T P. 8,0(20,0) b. »
Mecklenburgische Grenze 8,7 (20,7). NB. keine Station.

---

**Bielathalb.** siehe S. 23 (wird von Aussig-Teplitz übernommen.)

**Bockwaer Kohlenbahn,**
der Bockwaer Eisenb.-Ges. gehörig und von derselben betrieben. Direction in Bockwa. Eröffnet 4. Sept. 1861.
1,86 M. Anschluss an die Sächs. Staatsb. (Linie d) bei Zwickau.

---

# K. k. priv. Böhmische Nordbahn.

Verwaltungsrath und Direction in Prag.

Anschlüsse. In Bakov an die Turnau-Kraluper, in Bodenbach an die Oesterr. Staatsbahn (nördliche Linie) und die Kgl. Sächs.-Böhm. Staatsbahn, in Warnsdorf an die Sächs. Stsb. (Zittau-Gross-Schönau).
Direkter Tarif mit cumulativen Frachtsätzen von allen Stat. er Böhm. Nordbahn nach Stat. der angrenzenden Oesterr. Eisenbahnen. Directer Transitkohlentarif siehe Nachträge.
Localtarife: 1. Allgemeiner Localtarif sammt Meilenzeiger v. 16/1 69; 2. Specialtarif für Kohle v. 16/1 69; 3. Specialtarif für Holz v. 20/4 69; 4. Specialtarif für Erze, Eisenflossen, Bruchglas, Kalk, Gyps u. chemische Düngstoffe v. 1/3 70.
Sämmtliche Stationen sind für Personen- und Güterverkehr bestimmt. Totallänge 19,11 Oesterr. Meilen = 144,98 Kilom.

**a. Bakov-Rumburg-Gersdorfer Strasse**
(12,22 Oesterr. M. = 92,71 Kil.).
Eröffnet bis B. Leipa 16/11 67, bis Rumburg am 16/1 69.

| | Oesterr. M. | Kilom. | Oesterreich |
|---|---|---|---|
| 1. ○ Bakov . . . . . | — | — | Böhmen |
| 2. Weisswasser . . . . | 1,25 | 9,48 | » |
| 3. Bösig . . . . . . . | 2,41 | 18,28 | » |
| 4. Woken. . . . . . . | 3,04 | 23,06 | » |
| 5. Hirschberg . . . . . | 3,81 | 28,90 | » |
| 6. Habichtstein . . . . | 4,57 | 34,67 | » |
| 7. Reichstadt-Niemes . | 5,00 | 37,93 | » |
| 8. (d) Böhm. Leipa. . . | 5,86 | 44,45 | » |
| 9. Langenau . . . . . | 6,98 | 52,95 | » |
| 10. Haida . . . . . . . | 7,47 | 56,67 | » |
| 11. Röhrsdorf-Zwickau . | 8,14 | 61,75 | » |
| 12. (c) Tannenberg. . | 9,27 | 70,32 | » |
| 13. Schönfeld . . . . . | 10,01 | 75,94 | » |
| 14. (b) Kreibitz-Neudörfel . . . . . . | 10,48 | 79,50 | » |
| 15. Schönlinde . . . . . | 11,12 | 84,36 | » |
| 16. Rumburg . . . . . | 11,95 | 90,66 | » |
| 16a. Rumburg-Gersdorfer Strasse . . . . . . | 12,22 | 92,71 | » |

**b. Kreibitz-Neudörfel-Warnsdorf**
1,53 Oesterr. Meilen = 11,60 Kilom.). Eröffnet am 16/1 69.

| | | | |
|---|---|---|---|
| (14. Kreibitz-Neudörfel) | — | — | Böhmen |
| 17. Grund-Georgenthal . | 0,70 | 5,31 | » |
| 18. Niedergrund . . . . | 1,13 | 8,57 | » |
| 19. ○ Warnsdorf . . | 1,53 | 11,60 | » |

**c. Bodenbach-Tannenberg**
(5,25 Oesterr. Meilen = 39,83 Kilom.). Eröffnet am 16/1 69.

| | | | |
|---|---|---|---|
| 20. ○ Bodenbach . . | — | — | Böhmen |
| 21. Tetschen. . . . . . | 0,35 | 2,65 | » |
| 22. (d) Bensen . . . . . | 1,44 | 10,92 | » |
| 23. Ebersdorf-Markersdorf | 2,15 | 16,31 | » |
| 24. Rabstein . . . . . | 2,66 | 20,17 | » |
| 25. B.-Kamnitz-Steinschönau | 3,20 | 24,28 | » |

| | | | |
|---|---|---|---|
| 26. Falkenau | 4,12 | 31,26 | Böhmen |
| (12. Tannenberg) | 5,25 | 39,83 | » |

**d. Bensen-B. Leipa** 2,7 M. = 20,612 Kil.

Eröffnung Anfangs 1872 bevorstehend.

| | | | |
|---|---|---|---|
| (22. Bensen) | — | — | Böhmen |
| 27. Franzensthal | 0,39 | 2,99 | » |
| 28. Sandau-Politz | 1,26 | 9,65 | » |
| 29. Straussnitz | 1,74 | 13,34 | » |
| (8. B. Leipa) | 2,69 | 20,61 | » |

**e. Elbe Schleppbahn.**

| | | | |
|---|---|---|---|
| (21. Tetschen) | 0,11 | 0,83 | Böhmen |

**f. Rumburg-Georgswalde-Ebersbach.**

0,99 M. = 7,377 Kil. Der Bau beginnt.

**g. Rumburg-Schluckenau-Landesgrenze.**

Concess. v. ⁵/₉ 71. 1,71 M. = 12,987 Kil.

## K. k. priv. Böhmische Westbahn.

Verwaltungsrath in Wien; Betriebsdirection in Prag.

NB. Von Prag, der Ausgangsstation, bis Furth, der Endstation, beträgt die Entfernung 25½ Oesterr. Bahn-Meilen.

Anschlüsse. Furth: Bayer Ostb.; Pilsen: Kaiser Franz-Josefsb. nach Budweis; Prag: Buschtěhrader, K. Franz-Josefsb. u. Oesterr. Staatsb. (letztere 3 Anschlüsse im Bau.)

Directer Güterverkehr:

S = 1. mit den Bayer. Ostbahnen.
2. mit den Bayer. Staatsbahnen.
3. mit den Württembergischen Staatsbahnen.
4. mit der Grossherzoglich Badischen Bahn.
5. mit den Pfälzischen Bahnen.
6. mit der Main-Neckarbahn nach Weinheim, Bensheim und Eberstadt.
7. mit der Hessischen Ludwigsbahn nach Alzey, Babenhausen, Bischofsheim, Dieburg, Gernsheim, Grossgerau, Monsheim, Rosengarten, Bingen, Darmstadt, Gustavsburg, Mainz und Worms.
8. mit der Frankfurt-Hanauer Bahn nach Frankfurt a./M., Hanau und Mainkur.
9. mit den bei der Rheinischen Bahn mit: m bezeichneten Stationen.
10. mit der Taunus-Bahn nach Castel, Bibrich, Wiesbaden und Höchst.
11. mit der Köln-Mindener Bahn: Berge-Borbek, Deutz, Dillenburg, Düsseldorf, Duisburg, Empel, Essen (Alten-), Essen (Stadtbahnhof), Gelsenkirchen, Mülheim a/Rh., Niederscheldén, Oberhausen, Ruhrort (Kohlenstation u. Rheinhafen), Siegburg, Siegen, Sinn Sterkrade, Troisdorf, Wesel, Wetzlar, Haiger, Herdorf, Neunkirchen, Wissen, Bielefeld, Emmerich, Gütersloh, Herford.
12. mit Stationen der Berg.-Märkischen Bahn: Altena, Altenhunden, Barop, Barmen, B.-Rittershausen, Bochum, Creuzthal, Dortmund, Dortmunderfeld, Düsseldorf, Duisburg, Elberfeld, Essen, Finnentrop, Geisweid, Gevelsberg, Grevenbrück, Hagen, Hamm, Hardt, Haspe, Hochdahl, Hörde, Iserlohn, Kupferdreh, Lennep, Letmathe, Limburg a/Lenne, Mülheim a/Rhr., Nierenhof, Oberhausen, Ohlingswald, Remscheid, Ronsdorf, Ruhrort, Ruhrort-Hafen, Schwelm, Soest, Solingen, Steele, Unna, Vohwinkel, Werdohl, Werl, Witten, Schwerte.

a = mit der Kaiser Ferdinands-Nordbahn, Oesterr. Staatsbahn-Stationen: Wien, Marchegg, Pest;

b = mit der Süd-Norddeutschen Verbindungsbahn:

c = mit der Kaiserin Elisabethbahn nach St. Valentin, Oesterr. Passau, Braunau, Linz, Wels, Salzburg, Wien und Gmunden, Kleinmünchen; ausserdem für Kohlen: Penzing, Hütteldorf, Weidlingen, Purkersdorf, Pressbaum, Rekawinkel, Neulengbach, Kirchstetten, Böheimkirchen, Pottenbrunn, St. Pölten, Prinzersdorf, Loosdorf, Melk, Pöchlarn, Krummnussbaum, Kemmelbach, Blindenmarkt, Amstetten, Aschbach, St. Peter, Haag, St. Valentin, Enns, Asten, Hörsching, Marchtrenk, Gunskirchen, Lambach, Breitenschützing, Schwanenstadt, Attnang, Vöklabruck, Timmelkam, Redl, Vöklamarkt, Frankenmarkt, Strasswalchen, Köstendorf-Neumarkt, Seekirchen.

d = mit der Saarbrücker, Saarbrücken-Trierer und Rhein-Nahebahn nach Beurig, Saarburg, Bous, Friedrichsthal, Louisenthal, Malstadt, Merzig, Mettlach, Saarlouis, Styringen, Sulzbach, Völklingen für Eisen, Conz, Creuznach, Dillingen, Forbach, Neunkirchen, Saarbrücken u. Trier, von Burbach nur für Eisen.

F. = mit den Französischen West- und Ostbahnen (siehe dort die mit: a bezeichneten Stationen.)

B. = mit 1. den Belgischen Staats-Bahnen (s. dort die mit a bezeichneten Stationen) und der Französischen Nordb. (siehe dort die mit: a bezeichneten Stationen.)
2. mit der Great-Eastern-Bahn nach London.
3. mit der Niederländischen Rhein-Eisenbahn nach Amsterdam, Rotterdam, Nymwegen und Utrecht.
4. mit der Wilhelm-Luxemburg-Bahn nach Collmar, Berg, Dommeldange, Esch-Ottange und Luxemburg, jedoch nur für Roheisen.
5. mit der Oesterr. Südbahn Tyroler Linie: Kufstein, Jenbach, Schwaz, Hall, Innsbruck, Brixen, Bozen, Trient, Roveredo.
6. mit den Oberitalienischen und Römischen, der Italienischen und Oesterr. Südbahn: Alexandria, Ancona, Arona, Asti, Bari, Bergamo, Biola, Bologna, Brescia, Brindisi, Cambiano, Camerlata, Carrara, Casarsa, Chivasso, Codogno, Conegliano, Cormons, Cremona, Cuneo, Desenzano; Este, Ferrara Firenze, Foggia, Gallarate, Genova, Görz, Ivrea, Lecce, Lecco, Livorno, Lodi, Lonigo, Lucca, Mantua, Milano, Modena, Monza, Napoli, Novarra, Padova, Parma, Pavia, Piacenza, Pinerolo, Pisa, Pistoja, Pontelagoscuro, Pordenone, Ravenna, Rimini, Roma, Rovigo, Sanbonifacio, Sampierdarena, St. Benigno, Savona, Susa, Taranto, Torino, Triest, Udine, Varese, Venezia, Verona, Vicenza.
7. mit der Schweiz: Romanshorn, Rorschach.
8. mit der Magdeburg-Leipziger Bahn für Salz: Stassfurt.
9. mit der Kaiser Franz-Josef Bahn, Horazdowic, Strakonitz, Racic, Pisek, Wodnian, Netolic, Frauenberg, Budweis.
10. im Schlesisch-Böhmischen Verband: Posen, Poln. Lissa, Rawicz und Breslau mit den Verband-Stationen Pilsen und Furth a/W.

Die Stationen 4, 5, 6, 10, 11 sind auch Kohlenstationen.

Sämmtliche Stationen der Strecke Furth-Prag, ausgenommen Blisowa und Kuchelbad, haben für den allgemeinen Verkehr eröffnete Eisenbahn-Telegraphen-Stationen, ebenso auch die Station Radnitz.

**a. Furth-Prag** (25,5 Oesterr. M. = 191,25 Kilom.) m. **Flügel Chrast-Radnitz** (1,5 Oesterr. M. = 11, 25 Kil.)

Eröffnet bis Skurnian ¹⁵/₁₀ 61, bis Prag ¹⁵/₇ 62.

Die Entfernungen sind von Prag berechnet.

| | | | | |
|---|---|---|---|---|
| 1. ○ Furth a. W. | 25,5 | 191,25 | | Bayern |
| 2. Taus | 22,5 | 168,75 | S.a-c. | Böhmen |
| 3. *Blisowa PH.* | 21 | 157,50 | | » |
| 4. Stankau | 20 | 150 | S.a-c. | » |
| 5. Staab | 18 | 135 | S.a-c. | » |
| 6. Nürschan | 16,5 | 123,75 | S.a-c. | » |
| 8. ⊗ Pilsen | 14,5 | 108,75 | S.a-d. | » |
| 9. Chrast | 13 | 97,50 | S.a-c. | » |
| Flügelb. von Chrast nach | | | | |
| 10. Radnitz | 14,5 | 108,75 | S.a-c. | » |
| 11. Rokitzan | 11,5 | 86,25 | S.a-c. | » |
| 12. Holoubkau | 10,5 | 78,75 | S.a-c. | » |
| 13. Zbirow | 9,5 | 71,25 | S.a-c. | » |
| 14. Hořowitz | 7,5 | 56,25 | S.a-c. | » |
| 15. Zditz | 6,5 | 48,75 | b.c. | » |
| 16. Beraun | 5 | 37,50 | S.a-c. | » |
| 17. Karlstein | 4 | 30 | c. | » |
| 18. Rewnitz nunmehr comp. Station | 3 | 22,50 | c. | » |
| 19. Dobřichowitz | 2,5 | 18,75 | c. | » |
| 20. Radotin | 1,5 | 11,25 | c. | » |
| 21. *Kuchelbad PH.* | 0,5 | 3,75 | | » |
| 22. ○ Prag (Smichow) | — | — | S.d.B.F. | » |

NB. Nr. 7 Skurnian (Kohlenstation) ist fortgefallen.

**b. Kohlenflügelbahnen.**

| | Oesterr. M. | |
|---|---|---|
| 1. Pankrazbahn | 0,4 | einmündend in der Station Nürschan |

Von der Pankrazbahn zweigt sich 0,2 Meilen von Nürschan der Flügel zum Aureliaschachte in der Länge von 0,2 Meilen ab.

| | | |
|---|---|---|
| 2. Wilkischner Bahn | 1,3 | » |
| 3. Flügelb. der Westböhm. Bergbaugesellschaft | 0,2 | » |
| 4. Littitzer Flügel | 1 | » |

Vom Littitzer Flügel zweigt sich 0,8 Meilen von Nürschan sowohl der Flügel zum Max-Carlschachte in der Länge von 0,2 Meilen, als auch jener zum Sulkowschachte in der Länge von 0,1 Meile ab.

| | | |
|---|---|---|
| 5. Mantauer Bahn | 0,5 | einmündend 0,27 M. vor Station Staab |
| 6. Miröschauer Bahn | 1,1 | einmündend in der Station Rokitzan |

**Die anschliessenden Industriebahnen der Prager Eisen-Industrie-Gesellschaft zu Prag.**

Im eigenen Betrieb der genannten Gesellschaft.

Die Bahn unter a wurde am ¹/₁₁ 1861 eröffnet.

Eine weitere, derselben Gesellschaft gehörige Kohlenbahn die Dombrakuer (0,4 M. lang).

**a. Wilkischner Kohlenbahn** (1,3 M.).

Anschluss in Nürschan an die Böhm. Westbahn.

| | | | | |
|---|---|---|---|---|
| Nürschan . . . | — | | 4. Barbaraschacht . | 1,1 |
| 1. (NürschanerHütte) | 0,1 | | 5. Hermannshütte . | 1,3 |
| 2. Stein-Aujezd . . | 0,2 | | 6. Lazarusschacht . | 0,3 |
| 3. Blatnitz. . . . | 0,4 | | 7. Albertschacht. . | 0,5 |

### b. Načicer Kohlenbahn (3,97 M.),

an die Buschtěhrader Eisenbahn bei Wejhybka und Kladno anschliessend.

von Kladno

| | | | | |
|---|---|---|---|---|
| 1. Kladno . . . . | — | | 4. Horelic . . . . | 2,50 |
| Flügelbahn zum | | | Abzweigung nach: | |
| 1a. Amalienschacht | 0,3 | | | |
| 2. Wejhybka . . . | — | | 5. Tachlowic . . | 3,15 |
| 3. Roth-Aujezd . . | 1,25 | | 6. Nutschic . . . | 2,65 |

## Braunschweigische Eisenbahnen.

Direction in Braunschweig.

Braunschweig: Kreise; Preussen: Reg.-Bez.

**Anschlüsse.** Braunschw.-Preuss. Grenze bei Vechelde: Hannoversche Staatsbahn; Helmstedt: Berlin-Potsd.-Magdeb. (im Bau); Holzminden: Westf. Stsb.; Jerxheim: Berlin-Potsd.-Magdeb. (im Bau); Kreiensen: Hannoversche Stsb.; Oschersleben: Magdeb.-Halberst. B.; Braunschw.-Preuss. Grenze bei Gittelde (Seesen-Osteroder B., im Bau): Hannoversche E.; Ringelheim: Hannover-Altenbekener E. (Hildesheim-Vienneburg im Bau): Vienenburg: Hannover-Altenbekener E. (im Bau) und Hannoversche Staatsb.

**Directer Güterverkehr:** a = nach Magdeburg-Halberst. Stationen (Regl. u. Tarif $^{1}/_{4}$ 70); b = im Braunschw.-Hannov.-Oldenburg-Westfälischen Verk. (Tarif $^{1}/_{2}$ 68); c = im Hannov.-Bayer.-Oesterr. Verk. (R. u. T. $^{15}/_{11}$ 69); d = im Hannov.-Thüring. Verbd. (R. u. T. $^{1}/_{4}$ 69); e = mit Stationen der Sächs. westl. Staatsbahn (R. u. T. $^{1}/_{12}$ 68); f = im Norddeutschen Verb. (T. $^{1}/_{6}$ 68); g = im Nordd. Verband für Kohlen (T. $^{1}/_{6}$ 68); h = im Preuss.-Braunschw. Verbande (T. $^{1}/_{4}$ 68); i = im Preuss.-Braunschw. Verb. für Kohlen (T. $^{1}/_{6}$ 64); k = im Niederdeutschen Eisenbahnverbande (R. u. T. $^{1}/_{10}$ 69); l = im Hannover-Thüring. Eisenb.-Verb. via Halle (R. u. T. $^{1}/_{7}$ 71); m = im Nordd.-Rheinisch-Franz. (T. $^{1}/_{4}$ 69) und Rheinisch-Belgischen (T. $^{1}/_{10}$ 69) Verk. via Deutz-Cöln-Herbesthal; n = im Deutsch-Französischen Verk. via Düsseldorf-Mastricht (R. u. T. $^{1}/_{6}$ 69); o = im Braunkohlenverkehre mit Böhmischen Stationen via Bodenbach (T. $^{1}/_{10}$ 70); p = im Norddeutsch-Niederländischen Verk. via Salzbergen (R. u. T. $^{1}/_{10}$ 69); q = im Westf. Verk. und im Rheinisch-Thüring. Verbd.; r = Verkehr mit Bodenbach und Prag (R. u. T. $^{10}/_{12}$ 68); s = Kohlenverk. mit Köln-Mindener Stationen via Holzminden (Sp. T. $^{1}/_{4}$ 70, siehe x); t = im Westdeutschen (R. u. T. $^{1}/_{6}$ 69) und im Nordwestdeutschen (R. u. T. $^{1}/_{7}$ 70) Eisenbahnverbande; u = im Verk. mit Stationen der Magdeb.-Leipziger u. Halle-Casseler Bahnen via Arenshausen (R. u. T. $^{1}/_{4}$ 69); v = im Schlesisch Rheinischen Verbande (T. $^{15}/_{10}$ 70); w = im Getreideverkehre mit Galizischen etc. Stationen (Sp. T. $^{1}/_{4}$ 70 nach Stat. der Nordd. und Pr.-Braunschw. Verbande via Berlin); x = im Sächsisch-Westfälischen Eisenbahnverb. (R. u. T. $^{10}/_{6}$ 70).

### a. Holzminden-Kreiensen-Börssum Jerxheim-Oschersleben (20,59 Meil. = 152,77 Kil.).

Eröffnet bis Kreiensen $^{10}/_{10}$ 65, von da bis Börssum $^{5}/_{6}$ 56, von Börssum bis Jerxheim $^{1}/_{7}$ 68.

| | Meil. | Kilom. | | |
|---|---|---|---|---|
| 1. ○ Holzminden | — | — | a.b.c.d.h.q. u.v.w. | Holzminden |
| 2. Stadtoldendorf . | 1,98 | 14,69 | a.b.h.i.s. | » |
| 3. Vorwohle . . . | 2,93 | 21,74 | i.s. | » |
| 4. Naensen . . . . | 4,72 | 35,02 | i.s. | » |
| 5. ⊗ Kreiensen . | 5,90 | 44,44 | a.h.l.s.v.w. | Gandersheim |
| 6. Gandersheim . . | 6,80 | 50,45 | a.b.i.s. | |
| 7. *Ildehausen P.H.** | 8,05 | 59,73 | | » |
| 8. (f) Seesen . . . | 8,67 | 64,33 | a.b.h.i.s.x. | » |
| 9. Neuekrug *P.H.** | 9,59 | 71,15 | | » |
| 10. Lutter a./B. . . | 10,56 | 78,35 | b.i.s. | » |
| 11. ○ Ringelheim . | 11,47 | 85,10 | h.i.s. | °*Hannover |
| 12. Salzgitter . . . | 12,11 | 89,85 | a.c.d.h.i.s.x. | » |
| 13. *Gielde P.H.** . . | 13,35 | 99,05 | | » |
| 14. (d) Börssum . . | 14,16 | 105,06 | d.h.i.s.n.x. | Wolfenbüttel |
| 15. *Hedeper P.H.* . | 15,29 | 113,44 | | |
| 16. Mattierzoll . . . | 16,08 | 119,30 | | » |
| 17. ○(b,c) Jerxheim | 17,28 | 128,21 | a.f.v.w. | Helmstedt |
| 18. (b) *Gunsleben P.H.** | 18,72 | 138,89 | | °*Magdeburg |
| 19. (b) Wegersleben | 19,32 | 143,34 | a. | » |
| 20. (b) ○ Oschersleben . . . . | 20,59 | 152,77 | b.d.f.g.h.i.k.p.t. | » |

### b. Oschersleben-Jerxheim-Wolfenbüttel-Braunschweig-Landesgrenze hinter Vechelde.

(11,4 Meil. = 81,58 Kilom.).

Eröffnet bis Oschersleben $^{1}/_{7}$ 43, von Braunschweig bis zur Grenze $^{1}/_{7}$ 44.

| | Meil. | Kilom. | | |
|---|---|---|---|---|
| (20. ○ Oschersleben) | — | — | | Magdeburg |
| (19. Wegersleben) . | 1,27 | 9,42 | | » |
| (18. *Gunsleben P.H.**) | 1,87 | 13,87 | | » |
| (17. Jerxheim) . . . | 3,31 | 24,56 | | Helmstedt |
| 21. *Watenstedt P.H.** | 3,87 | 28,71 | | » |
| 22. Schöppenstedt . | 4,91 | 36,43 | a. | Wolfenbüttel |
| 23. *Dettum P.H.** . | 5,98 | 44,37 | | » |
| 24. *Wendessen G.H.* | 6,68 | 49,56 | Verk. nur für die Zuckerfabrik daselbst | » |
| 24a. (d) Wolfenbüttel | 7,31 | 54,24 | a.b.c.d.f.g.h.i. k.l.o.p.t.u.v.w. | » |
| 25. Braunschweig . | 8,89 | 65,96 | a.b.c.d.e.f.g. h.i.k.l.m.n.o. p.r.t.u.v.w.y. | Braunschweig |
| 26. *Gr. Gleidingen P.H.* | 10,09 | 74,86 | | » |
| 27. ○ Vechelde . | 10,78 | 80,18 | b.g. | » |

Braunsch. Landesgrenze (keine Endstation) 11,40 Mln. = 84,58 Kilom.

### c. Jerxheim-Helmstedt (3,03 Ml. = 22,48 Kil.).

Eröffnet am $^{30}/_{7}$ 58.

| | | | | |
|---|---|---|---|---|
| (17. Jerxheim) . . | — | — | | Helmstedt |
| 28. Söllingen . . . . | 0,75 | 5,56 | a. | » |
| 29. Schöningen . . | 1,50 | 11,13 | a.b.f.h.k.p.v.w. | » |
| 30. (cc) Büddenstedt | 2,10 | 15,58 | | » |
| 31. ○ Helmstedt . | 3,03 | 22,48 | a.b.f.h.k.p.v.w. | » |

cc Büddenstedt-Trendelbusch (Zweigbahn zur Kohlenzeche.)

| | Mln. | Kilom. |
|---|---|---|
| (30. Büddenstedt) . . | — | — |
| 32. *Trendelbusch K.S.* | 1,00 | 7,42 |

### d. Wolfenbüttel-Börssum-Harzburg.

(4,5 Meil. = 33,39 Kilom.)

Eröffnet Schladen-Vienenburg $^{31}/_{10}$ 41, Vienenburg-Harzburg $^{5}/_{11}$ 43.

| | Mln. | Kilom. | | |
|---|---|---|---|---|
| (24a. Wolfenbüttel) | — | — | | Wolfenbüttel |
| 33. *Hedwigsburg P.H.** | 0,86 | 6,38 | | » |
| (14. Börssum) . . . . | 1,62 | 12,02 | | » |
| 34. Schladen . . . . | 2,22 | 16,47 | b.i.s. | °*Hannover |
| 35. ○ (e) Vienenburg . | 3,42 | 25,37 | b.i.s. | » |
| 36. Harzburg . . . | 4,50 | 33,39 | a.b.d.h.i.k.p.s.x. | » |

### e. Vienenburg-Goslar (1,75 M. = 12,98 Kil.).

Eröffnet den $^{1}/_{8}$ 66.

| | | | | |
|---|---|---|---|---|
| (35. Vienenburg) . | — | — | | Hannover |
| 37. Oker . . . . . . | 1,25 | 9,27 | a.b.h.i.s.x. | Wolfenbütt. |
| 38. Goslar . . . . | 1,75 | 12,98 | a.b.h.i. k.p.s.x. | °*Hannover |

### f) Seesen-Osteroder Bahn (Entfernung v. Seesen bis z. Braunschw.-Preuss. Landesgr. b. Gittelde: 2,08 Ml. = 15,43 K.).

Eröffnet am 1. September 1871.

| | | | |
|---|---|---|---|
| (8. Seesen) . . . . | — | — | Gandersheim |
| 39. Gittelde-Grund . | 1,63 | 12,09 | » |
| 40. Braunschw. Preuss. Landesgr. (k. Endst.) | 2,08 | 15,43 | » |

### Im Bau.

### g. Braunschweig-Helmstedt (5,23 M. = 38,80 Kil.).

Voraussichtliche Eröffnung am 1. Januar 1872.

| | Mln. | Kilom. | |
|---|---|---|---|
| (25. Braunschweig) . | — | — | Braunschweig |
| 41. Schandelah . . . . | 1,86 | 13,80 | » |
| 42. Königslutter . . . | 3,09 | 22,93 | Helmstedt |
| 43. Frellstedt . . . . . | 4,23 | 31,38 | » |
| 44. Prinz Wilh. (Kohlenst.) | 4,55 | 33,76 | » |
| (31. (c) Helmstedt) . | 5,23 | 38,80 | » |

## Breslau-Schweidnitz-Freiburger E.

Directorium in Breslau.

**Anschlüsse.** Altwasser: Schlesische Gebirgsbahn; Breslau: Niederschlesisch-Märkische, Oberschlesische, Rechte Oder-Ufer-Eisenbahn für Güterverk.; Liegnitz: Niederschles.-Märkische; Glogau: Niederschlesische Zweigbahn und Oberschles. E.; Rothenburg: Märkisch-Posener E.

1) Verbands-Güterverkehr: S = Schlesisch-Sächsisch-Thüringischer (T. 20/4 70 mit Nachtr. 1/3 71: R = Schlesisch-Rheinischer (15/11 70); O = Ostdeutsch-Schlesisch-Russischer (15/10 70); B = Schlesisch-Böhmischer Verband (10/3 71).

2) Directer Güter-Verkehr: a = mit Berlin, Frankfurt a/O. u. Görlitz; b = mit Stationen der Schles. Gebirgsbahn von Waldenburg bis Hirschberg; c = mit sämmtlichen Stationen der Oberschlesischen Eisenb.; d = mit sämmtl. Stationen der Rechte-Oder-Ufer-Eisenb; e = mit Stationen der Märkisch-Posener E.

### a. Breslau-Waldenburg (9,6 M. = 72,288 Kilom.).

Eröffnet Breslau-Freiburg 28/10 1843, bis Waldenburg 1/3 53.

| | M. | Kil. | | Preussen Reg.-Bezirk |
|---|---|---|---|---|
| 1. ○ Breslau T P . | — | — | B.b. | Breslau |
| 2. Schmolz E P . . | 1,3 | 9,7 | b.c.d. | » |
| 3. Canth E P . . . . | 2,7 | 20,3 | b.c.d. | » |
| 4. Mettkau E. P . . | 4,0 | 30,1 | b.c.d. | » |
| 5. Ingramsdorf E. P | 4,8 | 36,1 | b.c.d. | » |
| 6. Saarau E P . . . | 5,7 | 42,9 | S.R.b.c.d.e. | » |
| 7.(b) Königszelt E P | 6,4 | 48,2 | b.c.d.e. | » |
| 8. Freiburg T E P . | 7,6 | 57,2 | S.R.a.b.c.d.e. | » |
| 9. ○ Altwasser E P | 9,3 | 70,0 | auch Kohlenst. | Bres- |
| 10. Waldenburg T E P | 9,6 | 72,28 | O.a.b.c.d.e. | lau |

### b. Frankenstein-Liegnitz (12,9 Pr. M. = 97,169 Kil.).

Eröffnet Station 11-13 am 1/11 58; Stat. 13-16 am 28/1 55; Stat. 16-17 am 28/7 44; Stat. 7-22 am 1/3 54.

| | | | | |
|---|---|---|---|---|
| 11. Frankenstein T E P | — | — | S.R.a b.c.d.e. | Bres- |
| 12. Gnadenfrei E P . | 1,3 | 9,7 | S.R.a.b.c.d.e. | lau |
| 13. Reichenbach T E P | 2,9 | 21,8 | S.R.a.b.c.d.e. | » |
| 14. Faulbrück E P . . | 3,9 | 29,3 | b.c.d. | » |
| 15. Jacobsdorf *PH.* . | 4,9 | 36,9 | | » |
| 16. Schweidnitz T E P | 5,4 | 40,6 | S.R.a.b.c.d.e. | » |
| (7. Königszelt) . . . . | 6,7 | 50,4 | | » |
| 17. Striegau T E P . | 8,1 | 61,0 | S.R.a.b.c.d.e. | » |
| 17a. Ober-Streit *GH.* | 8,4 | 63,2 | | » |
| 18. Gross-Rosen E P | 8,9 | 67,0 | b.c.d. | Liegnitz |
| 19. Jauer T E P . . . | 10,1 | 76,0 | S.R.b.c.d.e. | » |
| 20. Brechelshof E P . | 10,9 | 82,1 | | » |
| 21. Neuhof E . . . . | 12,1 | 91,1 | | » |
| 22. ⊗ (c) Liegnitz T P | 12,9 | 97,1 | b.e. | » |

### c. Liegnitz-Rothenburg (16,90 M. = 127,27 Kil.).

Station 23—24 eröffnet 14/12 1869; 24-27 am 1/3 1871; Stat. 27-33 am 1. October 1871.

| | | | |
|---|---|---|---|
| (22. Liegnitz) . . . . | — | | Liegnitz |
| 23. Neurode . . . . . . | 1,5 | b. | » |
| 24. Lüben E *P.* . . . . . | 2,9 | S.R.a.b.e. | » |
| 25. Raudten E . . . . . | 5,1 | b. | Breslau |
| 26. Gramschütz E . . . . | 6,4 | b. | Liegnitz |
| 27. ⊗ Glogau . . . . . | 8,0 | | » |
| 28. Fröbel . . . . . . . | 9,2 | | » |
| 29. Beuthen . . . . . . | 10,6 | | » |
| 30. Neusalz . . . . . . | 12,2 | | » |
| 31. Nittritz . . . . . . | 13,2 | | » |
| 32. Grünberg . . . . . | 15,2 | | » |
| 33. ○ Rothenburg . . | 16,9 | | » |

Als Fortsetzung der Bahn ist die Linie Rothenburg-Cüstrin-Stettin-Swinemünde in den generellen Vorarbeiten beendet. Auch die Linie Breslau-Raudten genehmigt.

## Breslau-Warschauer Eisenbahn.
## Preussische Abtheilung.

Sitz der Gesellschaft und des Verwaltungrathes: Polnisch Wartenberg, letzterer jedoch während des Baues in Berlin.

Anschlüsse 1. in Oels an die Rechte-Oder-Ufer-Eisenbahn 2. in Lods an die Warschau-Wiener Eisenbahn.

NB. z. Z. wird erst der Preussische Antheil der Breslau-Warschauer Eisenbahn bis Podzamce an der Preussisch-Russischen Grenze gebaut, mit Aussicht auf die Concession für den Russischen Theil bis Lods.

Eröffnet Station 1—4 am 10. Nov. 1871

| | Mls. ab Breslau | | |
|---|---|---|---|
| 1. ○ Oels . . . . | $3\frac{3}{4}$ | zunächst theilweise gemeinschftl. Benutzung des Bahnhofs der Rechten Oder-Ufer-E. | Bres- lau |
| 2. Pontwitz (Ladestelle) | $5\frac{1}{4}$ | | » |
| 3. Stradam *PH.* * . | $6\frac{1}{4}$ | | Breslau |
| 4. Wartenberg . . . | $7\frac{1}{4}$ | | » |
| 5. Bralin *PH.* * . . | $8\frac{1}{4}$ | | » |
| 6. Kempen . . . . | $9\frac{1}{4}$ | | Posen |
| 7 Swiba (Ladestelle) | $10\frac{1}{2}$ | | » |
| 8. Podzamce. . . . | $11\frac{1}{4}$ | | » |

Preuss. Haupt-Zoll-Amt gegenüber dem Russischen Grenzzollamt Wieruszow.

## Brölthaler Eisenbahn.

Sitz der Brölthaler Eisenb.-Actien-Gesellsch. in Köln.

Eröffnet Stat. 1-6 mit Zweigb. b: am 27. Mai 1862; Stat. 6-7: 1/9 63; 8-10: 9/7 70.

Länge der Hauptbahn 4,06 M. (von Stat. Hennef gerechnet 4,13 Meilen.)

NB Die schmalspurige Brölthalbahn gehört nicht zu den Bahnen im Sinne des Vereins- (Bundes-) Reglements und muss auf den nach den Stat. derselben adressirten Frachtbriefen, Hennef als Eisenbahnstation vorgeschrieben werden, während die Stationen der Brölthalbahn nur als Bestimmungsort in der Frachtbrief-Adresse figuriren dürfen und daher auch nicht in dem alphabetischen Stations- sondern im Ortsregister aufgeführt werden.

Entfernung in Trf.-Ml. vom Ausgangspuncte bei Hennef-Warth.

| | | |
|---|---|---|
| 1. Allner . . . . . . . . . . . | 0,51 | (0,20) |
| 2. Bröl . . . . . . . . . . . | 0,51 | |
| 3. Ingersauelermühle . . . . | 1,20 | |
| 4. Herrnstein . . . . . . . | 1,90 | (1,59) |
| 5. Felderhofer Brücke . . . . | 1,90 | |
| 6. (b) Schönenberg . . . . . | 2,18 | |
| 7. Ruppichteroth . . . . . . | 2,63 | |
| 8. Bennroth . . . . . . . . | 3,13 | |
| 9. Berkenroth . . . . . . . | 3,31 | |
| 10. Waldbröl . . . . . . . . | 4,06 | |

b. Zweigb. von Schönenberg ins Saurenbacher-Thal.

| | | |
|---|---|---|
| (6. Schönenberg) . . . . . . . . | 2,18 | |
| 11. Saurenbacher-Thal . . . . . . | 2,63 | (2,50) |

---

**Brünner Tramway.** Direction in Brünn.

Dient nicht nur dem Personen-, sondern auch dem Frachtenverkehr.

---

## K. k. a. pr. Brünn-Rossitzer Eisenbahn.

Sitz der Gesellschaft und der Direction (Verwaltungsrath) in Wien.

Laut Vertrags vom 19/4 70 ist der Betrieb der Brünn-Rossitzer Bahn, welche von Brünn nach Segen Gottes führt (zunächst auf 10 Jahre) vom 1. Juli 1870 ab der Oesterr. Staatsbahn-Gesellschaft (siehe dort Linie c.) pachtweise überlassen. An die Hauptbahn schliessen sich folgende der Brünn Rossitzer E.-G. gehörigen Kohlenbahnen aus dem Rossitz-Oslovaner Kohlen-Revier: a) Flügelbahn von Segen-Gottes zum Simsonschacht 0,67 geogr. M. (eröffnet 10/4 62) mit Abzweigung zum b) Erbstollen der Rossitzer Gewerkschaft 0,10 M. 2. Hundebahn zum c) Ferdinandsschacht 0,01 M. 3. Abzweigung aus der Flügelbahn zum d) Heinrichsschacht der Zbeschauer Gewerkschaft, 0,05 M. lang.

## A. priv. Buschtěhrader Eisenbahn.

General-Direction in Prag.

Oesterreich-Böhmen.

Anschlüsse. Prag (Bubna) 1: Oesterr. Stsb., nördl. Linie; Komotau 24: Aussig-Teplitzer Bahn
Eger 30: Bayer. Stsb., Bayer. Ostbahnen, Sächs. Stsb. u. Kaiser Franz-Josefs-Bahn;
Kralup: Oesterr. Stsb., nördliche Linie, Turnau-Kralup-Prager Bahn;
bei Kladno 51 und Wejhybka 10 (Linie a, c) findet Anschl. an die Kladno Nutschitzer Erzb. (3,97 M. lang) mit der Amalienschächter Flügelbahn (0,3 M. lang),
welche beide der Prager Eisen-Industrie-Gesellschaft zu Prag gehören, statt. Nach Ausbau der Strecke Komotau-Weipert wird der Anschl. an die Sächs. Staatsbahnlinie Annaberg-Weipert u. nach Ausbau der Strecke Prag (Smichow)-Hostiwic in Smichow, der Anschl. an die Böhm. Westbahn u. Franz-Josefsbahn hergestellt, endlich wird sich die im Bau begriffene Linie Tirschnitz-Franzensbad an die Bayer. und Sächs. Staatsbahnen anschliessen.

Direkter Verkehr. Für den Transport mineral. Kohle mit = a Bayer. Staatsb. seit 1. October 1870; = b Bayer. Ostb. seit Sept. 1870; = c. dir. Güterverkehr mit Stationen der Bayer. Ostb. u. Kaiserin Elisabethb. seit 1. Juli 1871.

### a. Prag (Bubna)-Komotau-Weipert.

(24,118 Oesterr. M. wirkl. Länge.)

Eröffnet Stat. 1-2 am [illegible] 68; 2-10 im Novemb. 63; 10-12 [illegible] 69; 12-24 am [illegible] 71. Die Eröffnung d. Stat. 24-32 dürfte noch Ende 1871 stattfinden.

| | Tarif-M. | Kil. | dir. Verk. | |
|---|---|---|---|---|
| 1. ○ (d, e) Prag (Bubna) | — | — | | Böh- |
| 2. Prag (Sandthorbahnhof) | 0,5 | 3,8 | | men |
| 3. Weleslawin | 1 | 7,6 | | » |
| 4. Liboc | 1,2 | 9,1 | | » |
| 5. Rusin | 1,4 | 10,6 | | » |
| 6. (e) Hostiwic | 1,9 | 14,4 | | » |
| 7. Jenč | 2,4 | 18,2 | | » |
| 8. Rössel | 2,7 | 20,5 | | » |
| 9. Unhoscht | 3,2 | 24,3 | | » |
| 10. ⊗ (c) Wejhybka | 3,7 | 28,1 | | » |
| 11. Mrakau | 4,6 | 34,9 | | » |
| 12. (h) Lana | 5,4 | 41 | | » |
| 13. Neustraschitz | 6,4 | 48,6 | | » |
| 14. Reno | 7 | 53,1 | | » |
| 15. (f) Lužna-Lišan | 8,1 | 61,4 | | » |
| 16. Krupa | 8,7 | 66 | | » |
| 17. Milostin-Kounowa | 9,4 | 71,3 | | » |
| 18. Satkau-Teschnitz | 10,8 | 81,9 | | » |
| 19. Měcholup | 11,8 | 89,5 | | » |
| 20. Trnowan | 12,9 | 97,9 | | » |
| 21. Saaz | 13,5 | 102,4 | | » |
| 22. Horatic | 14,4 | 109,2 | | » |
| 23. (b) Priesen | 15,3 | 116,1 | | » |
| 24. ○ Komotau | 16,5 | 12.,2 | | » |
| Im Bau: 25. Tschernowitz | — | — | | » |
| 26. Domina | — | — | | » |
| 27. Krima-Neudorf | — | — | | » |
| 28. Sonnenberg | — | — | | » |
| 29. Pressnitz-Reischdorf | — | — | | » |
| 30. Kupferberg | — | — | | » |
| 31. Schmiedeberg | — | — | | » |
| 32. ○ Weipert | — | — | | » |

**b. Priesen-Eger.**

(14,794 Oesterr. Mln. wirkliche Länge).
Eröffnete Stationen 41-50 am [illegible] 70; die Stat. (23) 33-41 dürften noch Ende 1871 eröffnet werden.

| | Tarif-M. | Kil. | dir. Verk. | |
|---|---|---|---|---|
| (23. (a) Priesen) | 15,3 | 116,1 | | Böh- |
| 33. Tuschnitz | 16 | 121,4 | | men |
| Im Bau: 34. Kaaden-Brunnersdorf | 16,7 | 126,7 | | » |
| 35. Klösterle | 17,7 | 134,3 | | » |
| 36. Pürstein-Tschirnitz | 18,7 | 141,9 | | » |
| 37. Warta | 19,5 | 147,9 | | » |
| 38. Welchau-Wikwitz | 20,2 | 153,2 | | » |
| 39. Schlackenwerth | 21 | 159,3 | | » |
| 40. Neudau | 22 | 166,9 | | » |
| 41. Carlsbad | 23,1 | 175,2 | a.b.c. | » |
| 42. Chodau | 24,5 | 185,9 | a.b. | » |
| 43. Elbogen-Neusattel | 25,1 | 190,4 | a.b. | » |
| 44. Falkenau a. d. Eger | 26,1 | 198 | a.b.c. | » |
| 45. Zieditz | 26,5 | 201 | a.b. | » |
| 46. Dassnitz | 27,3 | 207,1 | a.b. | » |
| 47. Königsberg-Maria Kulm | 28 | 212,4 | a.b. | » |
| 48. Mostau-Nebanitz | 28,4 | 215,4 | a.b. | » |
| 49. (g) Tirschnitz | 29,2 | 221,5 | a.b. | » |
| 50. ○ Eger | 30,1 | 228,3 | | » |

**c. Wejhybka-Kralup** (3,47 Oesterr. M. wirkl. Länge).

Eröffnet im Juli 1856.

| | Tarif-M. | Kil. | dir. Verk. | |
|---|---|---|---|---|
| (10. ⊗ (a) Wejhybka) | 3,7 | 28,1 | | Böh- |
| 51. ○ Kladno | 4,4 | 33,4 | | men |
| 52. Duby (Kohle) | — | — | | » |
| 53. Buschtěhrad | 5 | 37,9 | | » |
| 54. Brandeisl | 5,3 | 40,2 | | » |
| 55. Zakolan | 6,1 | 46,3 | | » |
| 56. Wotwowic | 6,4 | 48,6 | | » |
| 57. ○ Kralup | 7,1 | 53,9 | | » |

**d. Prag (Bubna)-Prag (Staatsbahnhof)** (0,25 Mln.).

Eröffnet am [illegible] 68.

Laut Uebereinkommen mit der Staatsb.-Gesellsch. verkehren die Personenzüge der Buschtěhrader Eisenbahn-Gesellsch. ab und bis Staatsbahnhof Prag.

**e. Prag (Smichow)-Hostiwic** (ca. 2,6 Meilen).

Dürfte Ende 1871 eröffnet werden.

| | | | |
|---|---|---|---|
| Im Bau: (1. Prag, Smichow) | — | — | Böhmen |
| 58. Cibulka | — | — | » |
| 59. Repy | — | — | » |
| 6. (Hostiwic) | — | — | » |

**f. Lužna-Lišan-Rakonitz** (0,9 M.) eröffnet im Mai 1871.

| | | | |
|---|---|---|---|
| (15. Luzna-Lišan) | — | | Böhmen |
| 60. Rakonitz | 0,9 | — | » |

**g. Tirschnitz-Franzensbad** (ca. 0,5 Meile).

Dürfte Ende 1871 eröffnet werden.

**h. Pferdebahn Lana-Pinie**

(1,723 Mln. wirkl. Länge) in die Locomotiv-Eisenb.-Station Lana einmündend, hauptsächlich zu Holztransporten dienend.

| | | | |
|---|---|---|---|
| (12. ○ Lana) | — | — | Böhmen |
| 61. Thiergarten | — | — | » |
| 62. Pinie | 1,7 | — | » |

# Cottbus-Grossenhainer Eisenbahn.

Sitz der Gesellschaft und Direction in Cottbus.

Die Bahn ist von der Leipzig-Dresdner Eisenbahn-Gesellschaft in Betrieb genommen.

Preussen: Reg.-Bezirke. *Sachsen: Kreisdirections-Bezirke.

Anschlüsse. Cottbus: Berlin-Görlitzer, Cottbus-Schwielochseer u. Halle-Guben-Sorauer E.; Grossenhain: Leipzig-Dresdner E.

Directe Verkehre. M = Mitteldeutschen Verbands-Stationen (Tarif v. [illegible] 69); R = Rheinisch-Thüringischer Verband (Tarif [illegible] 71); a = Sächs.-Rheinischer Verband (Tarif [illegible] 69); b = Verkehr via Giessen-Northeim (Tarif [illegible] 69); i² = Salzverkehr mit Magdeburg-Leipziger Stationen (Tarif [illegible] 70, Nachtr. [illegible] 70); m = mit Berlin-Görlitz (Tarif [illegible] 70); n = Sächs.-Westf. Verb. (Tarif [illegible] 70); o = Böhmischer Braunkohlenverkehr; Posen-Sächs. Verb. ([illegible] 71).

Eröffnet am 21. April 1870.

| | Meilen | | | |
|---|---|---|---|---|
| 1. ○ Cottbus | — | 10,6 | M.R.a.b.i².n.o. | Frankfurt a./O. |
| 2. Drebkau | 1,8 | 8,8 | i².m.o. | |
| 3. Petershain | 2,7 | 7,9 | i².m.o. | » |
| 4. Senftenberg | 4,5 | 6,1 | i².m.o.p. | » |
| 5. Ruhland | 6,2 | 4,4 | i².m.o.p. | Liegnitz |
| 6. Ortrand | 7,8 | 2,8 | i².m.o.p. | Merseb. |
| 7. Schönfeld | 9,1 | 1,5 | i².o. | * Dresden |
| 8. ○ Grossenhain | 10,6 | — | m.p. | » |

# Cottbus-Schwielochsee-Pferdebahn.

Direction in Cottbus.

Preussen: Reg.-Bezirk.

Anschluss in Cottbus: Berlin-Görlitzer, Cottbus-Grossenhainer und Halle-Guben-Sorauer Eisenb.

Eröffnet 24. Juni 1846.

| | | |
|---|---|---|
| 1. ○ Cottbus | — | Frankfurt a./O. |
| 2. Fehrow | 1½ | » |
| 3. Goyatz | 4⅕ | » |

---

# Crefeld-Kreis Kempener Industrie-Eisenbahn-Gesellschaft.

Sitz der Direction in Crefeld.

Preussen: Regierungsbezirk Düsseldorf.

Concession vom [illegible] 1868. Eröffnet Stat. 1—6 u. Linie b am 1. Novbr. 1870.

Die Bahn läuft von Süchteln bei Viersen kreisförmig, bei Crefeld und Kempen die Rheinische Eisenb. schneidend, nach ihrem Anfangspunkt zurück.

Länge (incl. der Stations-Geleise) 5,8 M. = 42 Kil.

Anschlüsse. Die Linie schliesst in Grefrath direct, in Kempen u. Crefeld indirect an die Rheinische Bahn an. Ferner schliesst dieselbe in Viersen direct, in Crefeld indirect an die Bergisch-Märkische Eisenbahn an.

Entfernungen der Stationen untereinander.

**a. Viersen-Süchteln.**

| | Mln. | Kil. |
|---|---|---|
| 1. ○ Viersen | | — |
| 2. (b) Süchteln | 0,2 | 2 |
| 3. Vorst | 0,6 | 4,5 |
| 4. St. Tönis | 0,6 | 4,7 |
| 5. ⊗ Crefeld | 0,6 | 4,2 |
| 6. Hüls | 0,6 | 4,3 |
| 6a. St. Hubert H. | — | — |
| 7. ⊗ Kempen | 0,7 | 4,9 |
| 8. Oedt | 0,8 | 5,9 |
| (2. Süchteln | 0,3 | 2,6 |

**b. Süchteln-Grefrath.**

| | | |
|---|---|---|
| (2. Süchteln) | — | — |
| 9. ○ Grefrath-Paes | 0,8 | 6 |

## Deggendorf-Plattlinger Eisenbahn.

(1,5 M. = 11,25 Kilom.)

(der Deggendorf-Plattlinger Eisenbahn-Gesellschaft gehörig und der Betrieb von den Bayer. Ostbahnen geleitet).

Verwaltungsrath zu Deggendorf.

Eröffnet am $^{1}/_{5}$ 66.

Anschluss in Plattling an die Bayer. Ostbahnen Hinsichtlich der Bedeutung der Buchstaben im directen Verkehr vgl. die Erklärung bei den Bayer. Ostbahnen.

| | | | | |
|---|---|---|---|---|
| 1. ○ Plattling | — | — | | Niederbayern |
| 2. Deggendorf | 1,5 | 11,25 | a-h.k-m.o-r.t-z. | » |

Donau-Draubahn siehe unter B Báttaszék.

## K. k. pr. Dux-Bodenbacher Eisenbahn.

Sitz des Verwaltungsrathes und der Direction, Teplitz. Oesterreich, Böhmen.

### I. Dux-Bodenbacher Linie.

Anschlüsse. Bodenbach: K. k. priv. Oesterr. Staatsb.-Gesellsch. (nördl. Linie); Königl. Sächs. östl. Staatsb.; K. k. pr. Böhm. Nordbahn; K. k. pr. Oesterr. Nordwestb. (rechte Elbeuferbahn); Dux: K. k. priv. Aussig-Teplitzer Bahn; K. k. pr. Prag-Duxer u. K. k. pr. Pilsen-Priesener Bahn.

(Länge: 6,694 Mln. = 50,784 Kil.) Eröffnet am 2. Octbr. 1871.

| | Mln. | Kil. | |
|---|---|---|---|
| 1. ○ Bodenbach | — | — | Böhmen |
| 2. Bünaburg | 0,6 | 4,552 | » |
| 3. Eulau | 1,2 | 9,103 | » |
| 4. Königswald | 1,8 | 13,655 | » |
| 5. Klein-Kahn | 2,1 | 15,932 | » |
| 6. Kulm | 3,4 | 25,794 | » |
| 7. Rosenthal | 3,7 | 28,070 | » |
| 8. Hohenstein | 4,2 | 31,863 | » |
| 9. Teplitz | 4,8 | 36,415 | » |
| 10. (II) Kosten | 5,3 | 40,208 | » |
| 11. ○ Dux | 6,7 | 50,829 | » |

### II. Linie Ossegg-Komotau.

Im Bau: Betriebseröffnung Ende 1872.

Anschlüsse. Komotau: K. k. pr. Böhm. Nordwestb. (Buschtěhrader) und K. k. pr. Aussig-Teplitzer Bahn.

Länge: 4,550 Mln. = 34,513 Kil.

Entfernung vom Abzweigungspunkte der K. k. pr. Dux-Bodenbacher Linie*.

| | | | |
|---|---|---|---|
| (11. Dux) | — | — | Böhmen |
| 12. Ossegg | 0,1 | 0,769 | » |
| 13. Bruch | 0,7 | 5,310 | » |
| 14. Oberleitensdorf | 1,2 | 9,103 | » |
| 15. Ober-Georgenthal | 2,0 | 15,173 | » |
| 16. Eisenberg | 2,6 | 19,725 | » |
| 17. Görkau | 3,5 | 26,552 | » |
| 18. ○ Komotau | 4,6 | 34,897 | » |

* Von Kosten der Dux-Bodenbacher Linie, bis zur Abzweigung der Ossegg-Komotauer Linie beträgt die Entfernung 0,756 Mln. = 5,735 Kil.).

### III. Bielathalbahn (Bilin-Aussig).

Concessionäre: Johann Liebieg & Comp. in Wien.

Im Bau: Betriebseröffnung Anfang 1872.

Anschlüsse. Aussig: K. k. pr. Oesterr. Staatsb. (nördliche Linie); K. k. pr. Oesterr. Nordwestbahn (rechte Elbeuferb.); K. k. pr. Aussig-Teplitzer Bahn; Bilin: K. k. pr. Prag-Duxer Bahn; Pilsen-Priesener Bahn.

(Länge: 4 Meilen = 30,346 Kil.).

| | | | |
|---|---|---|---|
| 19. ○ Aussig | — | — | Böhmen |
| 20. Türmitz | 0,6 | 4,552 | » |
| 21. Tschochau | 1,4 | 10,621 | » |
| 22. Auperschin | 2,2 | 16,690 | » |
| 23. Wohontsch | 3,0 | 22,759 | » |
| 24. Hostomitz | 3,3 | 25,035 | » |
| 25. Schwatz-Kuttowitz | 3,5 | 26,552 | » |
| 26. ○ Bilin | 4,0 | 30,346 | » |

## Elmshorn-Glückstadt-Itzehoer Eisenb.

Sitz der Direction: Glückstadt.

Preussen, Provinz Holstein.

Länge der Bahn: 4,50 M. = 33,89 Kilom. = 33894 Meter.

Eröffnet am $^{19}/_{7}$ 45.

| | Mln. | Kilom. | |
|---|---|---|---|
| 1. Elmshorn | — | — | Holstein |
| 2. *Siethwende P.H.** | 1 | 7,532 | » |
| 3. *Herzhorn P.H.** | 1,80 | 13,56 | » |
| 4. Glückstadt | 2,30 | 17,32 | Holstein |
| 5 Crempe | 3,30 | 24,86 | » |
| 6. *Cremperheide P.H.** | 3,80 | 28,62 | » |
| 7. Itzehoe | 4,50 | 33,89 | » |

## Elsass-Deutsch-Lothringische E.

General-Direction in Strassburg

Local-Gütertarif von $^{1}/_{5}$ 71.

Deutsche Zollabfertigungsstellen bestehen in St. Louis, Altmünsterol u. Avricourt.

Telegraphen-Aemter auf Station 1. (auch T) 3. 5. 10. 16. 19. 76. (T) 78. (T) 81. 83. 86. 89. 95. 104. 105. 108. 112. 115. 123. 129. 136. 144. 151.

Anschlüsse: in Avricourt (No. 21), Novéant (55), Fontoy (63), Alt-Münsterol (106): an die Franz. Ostb.; Rhein-Grenze bei Kehl: an die Badische E.; Forbach (Styring): Saarbrücker E.; Weissenburg: Pfälzische E.; St. Louis (da das Stück St. Louis-Basel von der Ostb. nicht abgetreten wird): Schweiz. Centralb.

### a. Strassburg-Weissenburg.

Eröffnet Stat. 2-5 $^{18}/_{7}$; 5-10 $^{25}/_{10}$ 55.

| | Kil. | | Kil. |
|---|---|---|---|
| 1. (b,h,i,q) Strassburg | — | 7. Sulz unterm Wald (Soultz-sous-Forêts.) | 50,4 |
| 2. (b) Wendenheim | 9,5 | 8. Hoffen | 54,2 |
| 2a. Hördt | 16,7 | 9. Hundsbach *PH* | 58,3 |
| 3. Bischweiler | 26,3 | 9a. Riedselz *HP*. | 63,0 |
| 4. Marienthal *PH** | 28,1 | 10. ○ Weissenburg | 67,0 |
| 5. (d) Hagenau | 33,8 | | |
| 6. Wallburg | 42,1 | | |

### b. Strassburg-Avricourt

resp. Deutsch-Französ. Grenze gegen Nancy.

Eröffnet Stat. 1-18 $^{27}/_{12}$ 51; 18-21 $^{17}/_{8}$ 52.

| | Kil. | | Kil. |
|---|---|---|---|
| (1. Strassburg) | — | 16. Zabern (Saverne) | 43,8 |
| (2. Wendenheim) | 9,5 | 17. Lützelburg | 53,8 |
| 11. Brumat | 17,0 | 18. Saarburg | 70,5 |
| 12. Mommenheim | 22,5 | 19. Hemmingen | 78,7 |
| 13. Hochfelden | 27,3 | 20. Rixingen (Réchicourt.) | 88,3 |
| 14. Dettweiler | 35,4 | 21. ○ (c) Avricourt | 92,2 |
| 15. Steinburg | 39,3 | | |

### c. Avricourt-Dieuze. Eröffnet $^{25}/_{11}$ 64.

| | Kil. | | Kil. |
|---|---|---|---|
| (21. Avricourt) | — | 24. Gelucourt | 17,5 |
| 22. Moussey | 5,1 | 25. Dieuze | 23,3 |
| 23 Azoudange-Maizières | 11,1 | | |

### d. Hagenau-Beningen-Merlenbach.

Eröffnet bis Stat. 31 $^{17}/_{12}$ 64; 31-38 $^{5}/_{12}$ 69; 38-41 $^{14}/_{12}$ 65.

| | Kil. | | Kil. |
|---|---|---|---|
| (5. Hagenau | — | 34. Bitsch | 45 |
| 26. Schweighausen PH. | 4 | 35. Lemberg | 53 |
| 27. Merzweiler | 11 | 36. Rohrbach | 65 |
| 28. Mietersheim | 13 | 37. Bliesbrücken | 72 |
| 29. Gundershofen | 16 | 38. ○ Saargemünd | 83 |
| 30. Reichshofen | 18 | 39. Hundling | 93 |
| 31. Niederbronn | 21 | 40. Farschweiler | 98 |
| 32. Philippsburg | 28 | 41. (e,g,g[1]) Beningen-Merlenbach | 106 |
| 33. Banstein | 35 | | |

### e. Forbach-Metz-Novéant.

Eröffnet bis Metz $^{10}/_{7}$ 50; Metz-Forbach $^{24}/_{7}$ u. $^{15}/_{11}$ 51; bis zur Preuss. Grenze $^{20}/_{8}$ 52.

| | Kil. | | Kil. |
|---|---|---|---|
| 42. ○ Styring-Wendel | — | 48. Herny | 47 |
| 43. Forbach | 6 | 49. Remilly | 54 |
| 44. Cocheren | 12 | 50. Courcelles | 62 |
| (41. Beningen) | 15 | 51. Peltre | 69 |
| 45. Homburg | 19 | 52. (f) Metz | 75 |
| 46. St. Avold | 25 | 53. Montigny PH. | 78 |
| 47. Falkenberg (Faulquemont.) | 36 | 54. Ars-sur-Moselle | 83 |
| | | 55. ○ Novéant | 88 |

### f. Metz-Diedenhofen (Thionville). Eröffnet $^{16}/_{8}$ 54.

| | Kil. | | Kil. |
|---|---|---|---|
| (52. Metz) | — | 59. Ebange | 30 |
| 56. Maizières | 17 | 60. (g,g[1]) Diedenhofen (Thionville.) | 33 |
| 57. Hagendingen (Hagondange.) | 22 | 61. Hettingen (Hettange.) | 41 |
| 58. Hückingen (Uckange.) | 27 | Grenze gegen Luxemburg. | |

NB. Zwischen Stat. 57 und 58 mündet in die Linie

f[1] die 55 Kilom. lange Industriebahn von Moyenvre.

f[2] Localbahn Avricourt-Cirey eröffnet $^{1}/_{9}$ 71 mit den Stationen: Foulcrey, Gogney, Blamont, Fremonville, Cirey. 18 Kil.

**g. Diedenhofen-Grenze gegen Longuyen.**
Eröffnet $^{20}/_{4}$ 63. Kil.

(60. Diedenhofen) . . —
62. Havingen . . . 8
(Hayange.)
63. Fontoy . . . . . 16

**g¹. Bening-Carling.**
Bening-Carling 10 Kilom. für den Güterverkehr in 1866 eröffnet; der Weiterbau dieser Linie nach Diedenhofen hat noch nicht begonnen

**h. Strassburg-Kehl.**
Eröffnet $^{11}/_{4}$ 61. Provisorisch in Betrieb der Badischen Staatsb.-Verwaltung.

(1. Strassburg [Stadt]) . . . . . . . . . . 7,7
70. Strassburg (Metzger Thor) . . . . . . . 1,53
Bahngrenze: Mitte Rhein.
○ Kehl (Bad. Stat.) . . . . . . . . . . 11,8

**i. Strassburg-Basel.**
Eröffnet streckenweise bis Stat. 71 $^{26}/_{4}$ 44; 71-78 $^{1}/_{4}$ 41; 78-86 $^{15}/_{10}$ 40; 86-95 $^{15}/_{8}$ 41; 95-100 $^{25}/_{10}$ 40; bis Basel $^{11}/_{6}$ 44.

(1. Strassburg) —
71. (q.) Königshofen 3,2
72. Grafenstaden . 8,9
73. Geispoldsheim *PH** . . . . 10,5
74. Fegersheim . . 13,8
75. Limmersheim *PH** . . . . 17,3
76. Erstein . . . . 21,8
77. Matzenheim *PH** 24,8
78. Benfeld . . . 28,6
79. Kogenheim . . 33,9
80. Ebersheim *PH** 38,3
81. (p) Schlettstadt 45,1
82. Saint-Hippolyt *PH** . . . . 50,5
83. Rappoltsweiler 54,7
(Ribeauville.)
84. Ostheim *PH** 58,0
85. Bennweier-Mittelweier . 61,2
86. (o) Colmar . 67,4
87. Egisheim . . 71,9
88. Herrlisheim . 74,5
89. Rufach . . . 80,7
90. Merxheim *PH** 86,0
91. (n) Bollweiler . 92,9
92. Wittelsheim *HH** 97,4
93. (l) Lutterbach 104,4
94. (l) Dornach . 107,1
95. (k,l) Mühlhausen . . 110,2
96. Rixheim *PH** 115,6
97. Habsheim . . 117,0
98. Sierentz . . . 126,8
99. Bartenheim *PH** 130,0
100. Saint-Louis T P 137,0
○ Basel . . 142,8

**k. Mühlhausen-Grenze gegen Belfort.** Eröffnet $^{16}/_{10}$ 57.

(95. Mühlhausen) —
102. Zillisheim *PH.* 6,8
103. Illfurth . . . 9,8
104. Altkirch . . 16,5
105. Dammerkirch 26,1
(Dannemarie.)
106. Alt-Münsterol 34,2
(Montreux-Vieux).
106a. Geisenberg (Clèvremont) . 42,5
106b. Belfort T P 48,3

**l. Zweigb. Mühlhausen-Wesserling.**
Eröffnet bis Thann $^{12}/_{9}$ 39. Thann-Wesserling $^{15}/_{11}$ 63.

(95. Mühlhausen —
(94. Dornach) . . 3,2
(93. Lutterbach) . 5,8
107. (m) Sennheim 15,0
(Cernay.)
108. Thann . . . 20,3
109. Bitschweiler bei Thann . . 23,5
110. Weiler . . . 25,4
111. St. Amarin . 29,9
112. Wesserling . 35,5

**m. Sennheim (Cernay) Sentheim.** Eröffnet $^{3}/_{6}$ 69.

(107. Sennheim) [Cernay] . . . . —
113. Ober-Aspach *PH** 4,6
114. Burnhaupt . . 7,7
115. Gebenheim . . 11,0
116. Sentheim . 13,6

**n. Gebweiler-Bollweiler.** Eröffnet in 1869.

(91. Bollweiler) . . . . . . . . . . . . . —
117. Ober-Sulz (Soultz-Wuenheim) . . . . . . 4,8
118. Gebweiler . . . . . . . . . . . . 7,2

**o. Colmar-Münster.**

(86. Colmar) . . —
118. Logelbach . . 2,7
119. Türkheim . . 5,8
120. Walbach (Halt) 10,4
121. Weier-im-Thal 12,7
(Wihr au Val)
122. Günspach . . 15,5
123. Münster . . 18,5

**p. Schlettstadt-Mariakirch** (St. Mario aux Mines).
Eröffnet $^{23}/_{11}$ 64.

(81. Schlettstadt) —
124. Kestenholz (Châtenois) . . 4,6
125. Weilerthal . . 6,2
(Val de Ville)
126. La [illegible] *PH* 9,1
127. Leberau (Liepvre) 14,2
128. Heilig-Kreuz im Leberthal . 18,3
(St. Croix aux Mines.)
129. Mariakirch 21,4
(St. Marie aux Mines.)

**q. Zweigb. Strassburg-Barr et Wasselonne.**
Die Hauptbahn am $^{1}/_{9}$ 64, die Zweigb. q¹ u. r $^{13}/_{12}$ 64 eröffnet.

(1. Strassburg) . —
(71. Königshofen) 3,2
130. Lingolsheim *HP** 7,1
131. Holzheim *PH** 8,4
132. Enzheim *PH.** 11,6
133. Düppigheim *PH** 14,2
134. Düttlenheim *PH** 15,8
135. Dachstein *PH** 18,3
136. (q¹,r) Molsheim 20,9

q¹. Molsheim-Mutzig.
137. Mutzig . . 3,0

138. Dorlisheim *HP** 23,4
139. Rosheim . . 25,8
140. Bischofsheim *PH** . . . . 27,9
141. Oberehnheim (Obernay) . . 30,9
142. Goxweiler *PH** 34,3
143. Gertweiler *PH** 36,8
144. Barr . . . . 37,7

r. Molsheim-Wasselonne.
(136. Molsheim) —
145. Avolsheim *PH** 2,9
146. Sulz (Bad) . . 3,9
(Soultz-les-Bains.)
147. Scharrachbergheim *PH** . . 6,7
148. Kirchheim *PH** 8,6
149. Marlenheim . 10,2
150. Wangen *PH**. 11,3
151. Wasselnheim (Wasselonne) 13,7

## Eutin-Lübecker-Eisenbahn.

Verwaltungsrath in Eutin.

Grossherzogthum Oldenburg (Fürstenthum Lübeck).
Voraussichtliche Eröffnung: Sommer 1872.
Anschluss in Lübeck an die Lübeck-Büchener E., in Eutin an die Ostholsteinsche E.
Welche Verwaltung den Betrieb übernimmt, ist noch nicht festgestellt.

1. ○ Lübeck . . . . — — Freie Stadt Lübeck
2. Schwartau P . . . 1,00 7,5 Oldenburg
3. Pansdorf P . . . 1,95 14,625 »
4. Gleschendorf-Garkau P . . . 2,85 21,375 »
5. ○ Eutin . . . . 4,50 33,75 »

## Frankfurt-Hanauer Eisenbahn.

Verwaltungsrath und Direction zu Frankfurt a./M.
Bahnhofs-Verwaltung in Frankfurt und Hanau.
Auf jeder Zwischen-Station Güter-, Billet- und Telegraphen-Expeditionen.

Preussen: Reg.-Bez. Wiesbaden (Frankfurt), Reg.-Bez. Cassel.
*) Bayern: Regierungs-Bezirk Unterfranken.

Anschlüsse. Frankfurt: Hess. Ludwigsbahn, Homburger, Main-Neckarb., Main-Weserb., Offenbach-Frankfurt, Taunusbahn. Hanau: Bebra-Hanau. Aschaffenburg: Bayer. Staatsb. und Hess. Ludwigsbahn.

Directer Güterverkehr: S = im Süddeutschen Verb. ($^{1}/_{7}$ 70);
a¹ = mit Kgl. Bayer. Staats- und Ostb. (Tarif v. $^{1}/_{1}$ 70);
a² = » Böhm. Westb. ($^{1}/_{7}$ 70);
a³ = » Sächs. Stsb. via Hof ($^{15}/_{4}$ 69);
a⁴ = » Werra-Bahn ($^{1}/_{2}$ 61);
a⁵ = » (Nord-) Tirol via Kufstein-Ansbach ($^{1}/_{7}$ 68);
a⁶ = Italien.-Bayer. Verk. via Brenner-Kufstein ($^{15}/_{6}$ 69);
a⁷ = mit Württemberg. E. im Mitteld. Verb. ($^{1}/_{1}$ 69 mit 10 N.);
a⁸ = Niederländisch-Bayer-Oesterreichischen Verkehr via Emmerich-Giessen-Frankfurt-Aschaffenburg zwischen den Stationen der Niederl. Rheinb., Rotterdam, Amsterdam resp. Utrecht und Arnheim einerseits und Wien, Stationen der K. K. priv. Kaiserin Elisabethbahn und Stationen der K. K. priv. Oesterreichischen Südbahn andererseits. ($^{15}/_{6}$ 69);
a⁹ = Niederländisch-Mittelrheinischer Güterverk. ($^{1}/_{1}$ 69);
a¹⁰ = Niederländisch-Bayer.-Oesterreichischer Verkehr, via Emmerich-Giessen-Frankfurt-Aschaffenburg mit Stationen der Bayer. Staats- und Ostbahn, der Kaiserin Elisabethbahn und der Böhmischen Westbahn ($^{1}/_{1}$ 69);
a¹¹ = Specialtarife 1—6 für den Rechts-Rheinisch-Bayer.-Oesterreichischen Verk. via Giessen-Frankfurt-Aschaffenburg ($^{1}/_{1}$ 70);
a¹² = mit Bebra-Hanauer Bahn ($^{1}/_{1}$ 69 mit Nachtr. $^{1}/_{6}$ 70);
a¹³ = » Hessischen Ludwigsbahn ($^{1}/_{1}$ 71);
b¹ = mit der Taunus-Bahn u. mit der Nassauischen B. ($^{1}/_{1}$ 71);
b² = für den Transitverkehr zwischen der Nassauischen, der Bayer. Staats- und Ostbahn ($^{1}/_{8}$ 65);
b³ = mit Pfälzischen Bahnen ($^{1}/_{7}$ 71);
b⁴ = » Rheinischen Bahn via Hessischen Ludwigsb. ($^{1}/_{7}$ 71);
b⁵ = » Rhein-Nahe- und Saarbrücker Bahn, der Hessischen Ludwigsbahn via Bingerbrück-Bingen ($^{1}/_{1}$ 71);
b⁶ = Kohlenverkehr aus den Saargruben nach Hanau via Bingerbrück-Mainz ($^{1}/_{4}$ 70);
b⁷ = Kohlen-Verkehr mit der Berg.-Märkischen Bahn ($^{1}/_{4}$ 71);
b⁸ = directer Verkehr zwischen Stationen der Königl. Bayer. Staatsb. einer- und den Stationen der Taunusbahn, Biebrich, Castel und Wiesbaden andererseits ($^{1}/_{2}$ 71);
b⁹ = zwischen Stationen der Bayer. Ostbahnen u. der Böhm. Westb. einer- u. Stat. der Taunusb. andererseits ($^{1}/_{1}$ 71);
c = für Steinkohlen und Coaks in Wagenladungen von Köln-Mindener Stationen via Giessen nach Stationen der Main-Weser- und Frankfurt-Hanauer Bahn ($^{1}/_{2}$ 71);

| | Ml. | Kilom. | | |
|---|---|---|---|---|
| 1. ○ Frankfurt Ŧ | — | — | S. a¹⁻¹⁸ c. | Frankfurt |
| 2. Mainkur Ŧ ...... | 0,8 | 5,3 | M.a. | Cassel |
| 3. *Hochstadt-Dörnigheim P.H.* ........ | 1,4 | | | » |
| 4. Wilhelmsbad *PH** Ŧ . | 1,9 | 13,8 | | » |
| 5. ○ Hanau Ŧ .... | 2,2 | 16,1 | a.b.d. | » |
| 6. Gr.-Auheim Ŧ .... | 2,7 | 19,8 | | » |
| 7. Kahl Ŧ ........ | 3,5 | 25,3 | | *¹ Unter- |
| 8. Dettingen Ŧ ...... | 4,1 | 29,8 | | franken |
| 9. Ostheim Ŧ ...... | 4,8 | 34,9 | | *¹ » |
| 10. ○ Aschaffenburg . | 5,6 | 41,1 | M.b.c. | *¹ » |

Die Frankf. Verbindungsb., welche im Betrieb der Frankfurt-Hanauer steht, ist 0,8 M. — 5817 Meter lang (städt. Tarif).

NB. Die Strecke Kahl-Aschaffenburg gehört zu den K. Bayer. Staatsb. und ist an Frankfurt-Hanau verpachtet. Station 10 hat mit Bayern gemeinschaftliches Stations-Personal.

Vom 15. Juni 1871 an ist in dem Zollhofe zu Frankfurt a M eine gemeinschaftliche, von sämmtlichen dasigen Bahnen etablirte Expedition in Thätigkeit getreten, welche der Verwaltung der Frankfurt-Hanauer Bahn unterstellt ist.

## Grossh. Friedrich-Franz-Eisenbahnen.

Grossherzogl. Direction in Schwerin.

Bahnhofs-Inspectionen auf den Hauptstationen, sonst Bahnhofs-Verwaltungen.

Im Grossherzogthum Mecklenburg-Schwerin (Hauptb. Stat. 3-17 u. sämmtl. Zweigb.), in Mecklenburg-Strelitz, Stat. 3/17. 18 bis Grenze) und im Gebiete der Freien Stadt Lübeck (Stat. 1.)

Ganze Länge 42,8 M. = 321,0 Kil.

Anschlüsse. Hagenow: Berlin-Hamburger E.; Lübeck: Lübeck-Hamburg, Lübeck-Büchen. E.; Grenze b. Strassburg: Berlin-Stettiner E.

Directer Güterverkehr mit Stationen: a = der Berlin-Hamburger Bahn (T. v. 1/1 69); b = der Lübeck-Büchener (Lübeck-Hamburger) Bahn (T. 1/4 70); c = Magdeburg, Halle, Leipzig (T. 1/1 70); d = der Berlin-Stettiner Bahn (T. 1/1 67); e = der Köln-Mindener u. Berg.-Märk. E. (Bergisch-Hannov. Verk. T. 15/1 68); f = Hannov., Braunschw. u. Oldenburg'schen E. (Niederdeutscher Verb. T. 1/6 69); g = der Oberschlesischen Bahn (Lübeck-Schlesischer Verk. T. 1/1 71.)

### a. Haupt-Cours. Lübeck-Mecklenburgisch-Preussische Grenze via Kleinen, Bützow (30,6 M. = 229,5 Kil.).

Eröffnet: Lübeck-Kleinen 1/1 70, Kleinen-Güstrow streckenweise 1/5 47, vollständig 13/5 50, Güstrow-Neubrandenburg 13/11 64, Neubrandenburg-Grenze 1/1 67.

| | Meilen | Kilom. | | |
|---|---|---|---|---|
| 1. Lübeck Ŧ ...... | — | — | a.b.g. | Lübeck |
| 2. Schönberg ...... | 2,6 | 19,50 | b. | M. Strelitz |
| 3. Grevesmühlen ... | 4,9 | 36,75 | | M. Schwerin |
| 4. Bobitz *P.* ...... | 6,7 | 50,25 | | » |
| 5. (b.c) Kleinen ... | 7,9 | 59,25 | a.b. | » |
| 6. Ventschow *PH.** .. | 9,0 | 67,50 | | » |
| 7. Blankenberg .... | 10,2 | 76,50 | a.b. | » |
| 8. Friedrichswalde *GH.* | 10,8 | 81,00 | | » |
| 9. Warnow *PH.** ... | 11,9 | 89,25 | | » |
| 10. (d) Bützow .... | 13,3 | 99,75 | a.b. | » |
| 11. Güstrow (*H.St.A.*) . | 15,1 | 113,25 | a.b.c.d.e.f. | » |
| 12. Lalendorf Ŧ P. ... | 17,2 | 129,00 | a.b. | » |
| 13. Teterow Ŧ ..... | 19,0 | 142,50 | a.b.d. | » |
| 14. Malchin Ŧ ..... | 20,8 | 156,00 | a.b.d. | » |
| 15. Stavenhagen Ŧ .. | 22,3 | 167,25 | a.b.d. | » |
| 16. Mölln/Meckl. *PH.* Ŧ P | 24,9 | 186,75 | | » |
| 17. Neubrandenburg Ŧ (*H.St.A.*) ..... | 26,7 | 200,25 | a.b.d. | M. Strelitz |
| 18. Oertzenhof .... | 29,7 | 222,75 | a.b.d. | |
| Mecklenburg-Preuss. Grenze gegen Strassb. | 30,6 | 229,50 | | |

### b. Zweigb. Kleinen-Hagenow (6,0 M. = 45,0 Kil.).

Eröffnet 12/1 48.

| | Mln. | Kil. | | |
|---|---|---|---|---|
| (5. Kleinen) ...... | — | — | | M. Schwerin |
| 19. Schwerin (*H.St.m.A.*) | 2,2 | 16,50 | a.b.c.e.f. | » |
| 20. Zachun *PH.* .... | 4,4 | 33,00 | | » |
| 21. Hagenow ...... | 6,0 | 45,00 | a.b. | » |

### c. Zweigb. Kleinen-Wismar (2,114 M. = 15,75 Kil.).

Eröffnet 12/1 48.

| | Mln. | Kil. | | |
|---|---|---|---|---|
| (5. Kleinen) ...... | — | — | | M. Schwerin |
| 22. Wismar (*N.Z.A.I.*). | 2,1 | 15,75 | a.b.c.d.e.f. | » |

### d. Zweigb. Bützow-Rostock (4,1 M. = 30,75 Kil.).

Eröffnet 13/5 50.

| | Mln. | Kil. | | |
|---|---|---|---|---|
| (10. Bützow) .... | — | — | | M. Schwerin |
| 23. Schwaan ...... | 1,9 | 14,25 | a.b. | » |
| 24. Rostock (*H.St.m.A.*) | 4,1 | 30,75 | a-f. | » |

## Fünfkirchen-Barcser Eisenbahn.

Sitz des Verwaltungsraths in Pest, Königreich Ungarn.

Betriebsleitung der Bahn in Fünfkirchen. Der Betrieb wurde am 6. Mai 1868 eröffnet.

Anschluss in Üszög an die Mohács-Fünfkirchener Bahn, in Barcs an die Oesterreichische Südb.

Sämmtliche Stationen sind gleichzeitig Personen- u. Frachten-Stationen.

Directer Güterverkehr a = mit den Agentien der Donau-Dampfschifffahrts-Gesellschaft; b = mit der Mohács-Fünfkirchener Bahn seit 6. Mai 1868; c = mit der Oesterr. Südbahn seit 1. September 1868; d = mit Alföldbahn seit 30. December 1870.

| | Meilen | Kilom. | |
|---|---|---|---|
| 1. ○ Üszög ...... | — | — | Komitate |
| 2. Fünfkirchen (Pécs) .. | 0,66 | 5,01 | Baranya |
| 3. Szt. Lörincz ...... | 3,13 | 23,75 | » |
| 4. Szigetvár ...... | 5,06 | 38,39 | Somogy |
| 5. Darány ...... | 7,29 | 55,30 | » |
| 6. ○ Barcs ...... | 8,97 | 68,05 | » |

---

## Galizische Carl-Ludwig-Bahn.

Verwaltungsrath und General-Direction in Wien; Betriebs-Direction in Lemberg.

Kaiserthum Oesterreich: Kronland Galizien.

Die Bahn beginnt in Krakau — in einer Entfernung von 55½ Meilen = 421 Kilom. vom Verwaltungs-Domicil.

Anschlüsse. Krakau: Kaiser Ferd. Nordbahn; Przemyśl: Erste Ungarisch-Galiz. E.; Lemberg: Lemberg-Czernowitz-Jassy-Bahn; Podwołoczyska (im Laufe des Jahres 1871) Zweigbahn Żmirynka-Wołoczysk der Odessaer Dampfschifffahrts- und Eisenbahncompagnie; Brody: (Ende des Jahres 1871:) Zweigb. Dubno Radziwiłów der Kiew-Brester Eisenbahn.

Allgemeiner Tarif für den Local u. directen Anschluss-Verkehr vom 1/1 69.

Directer Güterverkehr mit sämmtlichen eigenen und den Stationen der Kais. Ferd. Nord- und Mährisch-Schlesischen Nordbahn, sowie mit den im Oesterreichischen Gebiete gelegenen Stationen der Lemberg-Czernowitz-Jassybahn: a = mit der Oesterr. Staatsbahn; N G = mit den Bahnen des Norddeutsch-Galizischen Verbandes (1/4 70); G R = mit den Bahnen des Galizisch-Nordrussischen Verbandverkehres (Regl. u. Tarif v. 1/12 70); D = mit Danzig (Tarif u. Regl. f. d. Verbandgüterverk. zwischen Danzig, Krakau-Lemberg (1/11 64).

### a. Krakau-Lemberg (45,044 M. = 345 Kil.). mit den Zweigb. Bierzanów-Wieliczka (0,610 M. = 5 Kilom.) u. Podłęże-Niepołomice (0,643 M. = 5 Kilom.) zusammen 46,297 M. = 352 Kilom.

Eröffnet Stat. 1-12 mit Zweigb. nach Stat. 3 am 20/2 57; Zweigb. nach Stat. 5 11/2 58; Stat. 12-16 15/11 58; Stat. 16-22 1/12 60; Stat. 22-29 11/12 63.

| Tarifmässige Entfernung von Krakau in Oestr. Mln. | | | |
|---|---|---|---|
| 1. ○ Krakau T Hpt.Z.A. | — | | Galizien |
| 2. Bierzanów Ŧ .... | 1 | | » |
| 3. Zwgb. Wieliczka Ŧ | 1,5 | a. | » |
| 4. Podłęże Ŧ .... | 2,5 | | » |
| 5. Zwgb. Niepołomice Neb.Z.A. (Salz-Stat.) | 3 | | » |
| 6. *Kłay PH.* .... | 4 | | » |
| 7. Bochnia Ŧ .... | 5 | a.NG. | » |
| 8. Słotwina Ŧ .... | 7 | a.NG. | » |
| 9. Bogumilowice ... | 9,5 | | » |
| 10. Tarnów T Hpt.Z.A. . | 10,5 | a. | » |
| 11. Czarna Ŧ ...... | 13 | | » |
| 12. Dembica (Dębica) Ŧ | 14,5 | a. | » |
| 13. Ropczyce Ŧ .... | 16,5 | | » |
| 14. Sędziszów Ŧ .... | 17,5 | | » |
| 15. *Trzciana PH.** .. | 19 | | » |
| 16. Rzeszów T .... | 21 | a.NG. | » |
| 17. Łańcut Ŧ ..... | 23 | | » |
| 18. Przeworsk Ŧ .... | 25,5 | | » |

### g. Diedenhofen-Grenze gegen Longuyon.

Eröffnet $^{20}/_{4}$ 63. Kil.

(60. Diedenhofen). . —
62. Havingen . . . 8
(Hayange.)
63. Fontoy. . . . . 16

### g[1]. Bening-Carling.

Bening-Carling 10 Kilom. für den Güterverkehr in 1866 eröffnet; der Weiterbau dieser Linie nach Diedenhofen hat noch nicht begonnen

### h. Strassburg-Kehl.

Eröffnet $^{11}/_{6}$ 61. Provisorisch in Betrieb der Badischen Staatsb.-Verwaltung.

(1. Strassburg [Stadt]) . . . . . . . . . . 7,7
70. Strassburg (Metzger Thor). . . . . . . 1,53
Bahngrenze: Mitte Rhein.
○ Kehl (Bad. Stat.) . . . . . . . . . . 11,8

### i. Strassburg-Basel.

Eröffnet streckenweise bis Stat. 71 $^{24}/_{5}$ 44; 71-78 $^{1}/_{5}$ 41; 78-86 $^{19}/_{10}$ 40; 86-95 $^{15}/_{8}$ 41; 95-100 $^{22}/_{10}$ 40; bis Basel $^{15}/_{6}$ 44.

(1. Strassburg) —
71. (q.) Königshofen 3,2
72. Grafenstaden . 8,9
73. Geispoldsheim *PH** . . . . 10,5
74. Fegersheim . . 13,8
75. Limmersheim *PH** . . . . 17,3
76. Erstein . . . . 21,8
77. Matzenheim *PH** 24,8
78. Benfeld . . . 28,6
79. Kogenheim . . 33,9
80. Ebersheim *PH** 38,3
81. (p) Schlettstadt 45,1
82. Saint-Hippolyt *PH** . . . . 50,5
83. Rappoltsweiler 54,7
(Ribeauville.)
84. Ostheim *PH** 58,0
85. Bennweier-Mittelweier . 61,2
86. (o) Colmar . 67,4
87. Egisheim . . 71,9
88. Herrlisheim . 74,5
89. Rufach . . . 80,7
90. Merxheim *PH** 86,0
91. (n) Bollweiler . 92,9
92. Wittelsheim *HH** 97,4
93. (l) Lutterbach 104,4
94. (l) Dornach . . 107,1
95. (k,l) Mühlhausen . . 110,2
96. Rixheim *PH** 115,6
97. Habsheim . . 117,0
98. Sierentz . . . 126,8
99. Bartenheim *PH** 130,0
100. Saint-Louis T P 137,0
○ Basel . . 142,8

### k. Mühlhausen-Grenze gegen Belfort. Eröffnet $^{16}/_{10}$ 57.

(95. Mühlhausen) —
102. Zillisheim *PH.* 6,8
103. Illfurth . . . 9,8
104. Altkirch . . 16,5
105. Dammerkirch 26,1
(Dannemarie.)
106. Alt-Münsterol 34,2
(Montreux-Vieux).
106a. Geisenberg (Clèvremont) . 42,5
106b. Belfort T P 48,3

### l. Zweigb. Mühlhausen-Wesserling.

Eröffnet bis Thann $^{1}/_{9}$ 39. Thann-Wesserling $^{7}/_{11}$ 63.

(95. Mühlhausen —
(94. Dornach) . . 3,2
(93. Lutterbach) . 5,8
107. (m) Sennheim 15,0
(Cernay.)
108. Thann . . . 20,3
109. Bitschweiler bei Thann . . 23,5
110. Weiler . . . 25,4
111. St. Amarin . 29,9
112. Wesserling . 35,5

### m. Sennheim (Cernay) Sentheim. Eröffnet $^{3}/_{6}$ 69.

(107. Sennheim) [Cernay] . . . . —
113. Ober-Aspach *PH** 4,6
114. Burnhaupt . . 7,7
115. Gebenheim . . 11,0
116. Sentheim . 13,6

### n. Gebweiler-Bollweiler. Eröffnet in 1869.

(91. Bollweiler) . . . . . . . . . . —
117. Ober-Sulz (Soultz-Wuenheim) . . . . . . 4,8
118. Gebweiler . . . . . . . . . . . 7,2

### q. Zweigb. Strassburg-Barr et Wasselonne.

Die Hauptbahn am $^{7}/_{9}$ 64, die Zweigb. q[1] u. r[1] $^{11}/_{11}$ 64 eröffnet.

(1. Strassburg) . —
(71. Königshofen) 3,2
130. Lingolsheim *HP** 7,1
131. Holzheim *PH** 8,4
132. Enzheim *PH.** 11,6
133. Düppigheim *PH** 14,2
134. Düttlenheim *PH** 15,8
135. Dachstein *PH** 18,3
136. (q[1],r) Molsheim 20,9
q[1]. Molsheim-Mutzig.
137. Mutzig . . 3,0
138. Dorlisheim *HP** 23,4
139. Rosheim . . 25,8
140. Bischofsheim *PH** . . . . 27,9
141. Oberehnheim (Obernay) . . 30,9
142. Goxweiler *PH** 34,3
143. Gertweiler *PH** 36,8
144. Barr . . . . 37,7

r. Molsheim-Wasselonne.

(136. Molsheim) —
145. Avolsheim *PH** 2,9
146. Sulz (Bad) . . 3,9
(Soultz-les-Bains.)
147. Scharrachbergheim *PH** . . 6,7
148. Kirchheim *PH** 8,6
149. Marlenheim . 10,2
150. Wangen *PH**. 11,3
151. Wasselnheim (Wasselonne) 13,7

## Eutin-Lübecker-Eisenbahn.

Verwaltungsrath in Eutin.

Grossherzogthum Oldenburg (Fürstenthum Lübeck).

Voraussichtliche Eröffnung: Sommer 1872.

Anschluss in Lübeck an die Lübeck-Büchener E., in Eutin an die Ostholsteinsche E.

Welche Verwaltung den Betrieb übernimmt, ist noch nicht festgestellt.

| | | | | |
|---|---|---|---|---|
| 1. | ○ Lübeck . . . . | — | — | Freie Stadt Lübeck |
| 2. | Schwartau P . . . | 1,00 | 7,5 | Oldenburg |
| 3. | Pansdorf P . . . | 1,95 | 14,625 | » |
| 4. | Gleschendorf-Garkau P . . . | 2,85 | 21,375 | » |
| 5. | ○ Eutin . . . . | 4,50 | 33,75 | » |

## Frankfurt-Hanauer Eisenbahn.

Verwaltungsrath und Direction zu Frankfurt a./M.
Bahnhofs-Verwaltung in Frankfurt und Hanau.
Auf jeder Zwischen-Station Güter-, Billet- und Telegraphen-Expeditionen.

Preussen: Reg.-Bez. Wiesbaden (Frankfurt), Reg.-Bez. Cassel. *[1] Bayern: Regierungs-Bezirk Unterfranken.

Anschlüsse. Frankfurt: Hess. Ludwigsbahn, Homburger, Main-Neckarb., Main-Weserb., Offenbach-Frankfurt, Taunusbahn. Hanau: Bebra-Hanau. Aschaffenburg: Bayer. Staatsb. und Hess. Ludwigsbahn.

Directer Güterverkehr: S = im Süddeutschen Verb. ($^{1}/_{7}$ 70);
$a^{1}$ = mit Kgl. Bayer. Staats- und Ostb. (Tarif v. $^{1}/_{7}$ 70);
$a^{2}$ = » Böhm. Westb. ($^{1}/_{7}$ 70);
$a^{3}$ = » Sächs. Stab. via Hof ($^{15}/_{6}$ 69);
$a^{4}$ = » Werra-Bahn ($^{1}/_{3}$ 61);
$a^{5}$ = » (Nord-) Tirol via Kufstein-Ansbach ($^{1}/_{5}$ 68);
$a^{6}$ = Italien.-Bayer. Verk. via Brenner-Kufstein ($^{15}/_{8}$ 69);
$a^{7}$ = mit Württemberg. E. im Mitteld. Verb. ($^{1}/_{1}$ 69 mit 10 N.);
$a^{8}$ = Niederländisch-Bayer.-Oesterreichischen Verkehr via Emmerich-Giessen-Frankfurt-Aschaffenburg zwischen den Stationen der Niederl. Rheinb., Rotterdam, Amsterdam resp. Utrecht und Arnheim einerseits und Wien, Stationen der K. K. priv. Kaiserin Elisabethbahn und Stationen der K. K. priv. Oesterreichischen Südbahn andererseits. ($^{15}/_{6}$ 69);
$a^{9}$ = Niederländisch-Mittelrheinischer Güterverk. ($^{1}/_{1}$ 69);
$a^{10}$ = Niederländisch-Bayer.-Oesterreichischer Verkehr, via Emmerich-Giessen-Frankfurt-Aschaffenburg mit Stationen der Bayer. Staats- und Ostbahn, der Kaiserin Elisabethbahn und der Böhmischen Westbahn ($^{1}/_{1}$ 69);
$a^{11}$ = Specialtarife 1—6 für den Rechts-Rheinisch-Bayer.-Oesterreichischen Verk. via Giessen-Frankfurt-Aschaffenburg ($^{4}/_{1}$ 70);
$a^{12}$ = mit Bebra-Hanauer Bahn ($^{1}/_{1}$ 69 mit Nachtr. $^{1}/_{6}$ 70);
$a^{13}$ = » Hessischen Ludwigsbahn ($^{1}/_{1}$ 71);

| | Ml. | Kilom. | | |
|---|---|---|---|---|
| 1. ○ Frankfurt T | — | — | S. a1-18 c. | Frankfurt |
| 2. Mainkur T . . . . . | 0,8 | 5,3 | M.a. | Cassel |
| 3. *Hochstadt-Dörnigheim P.H.* . . . . . . . | 1,4 | | | » |
| 4. Wilhelmsbad *PH** T . | 1,9 | 13,8 | | » |
| 5. ○ Hanau T . . . . | 2,2 | 16,1 | a.b.d. | » |
| 6. Gr.-Auheim T . . . . | 2,7 | 19,8 | | » |
| 7. Kahl T . . . . . . . . | 3,5 | 25,3 | | *1 Unter- |
| 8. Dettingen T . . . . . | 4,1 | 29,8 | | franken |
| 9. Ostheim T . . . . . . | 4,8 | 34,9 | | *1 » |
| 10. ○ Aschaffenburg . | 5,6 | 41,1 | M.b.c. | *1 » |

Die Frankf. Verbindungsb., welche im Betrieb der Frankfurt-Hanauer steht, ist 0,8 M. — 5817 Meter lang (städt. Tarif).

NB. Die Strecke Kahl-Aschaffenburg gehört zu den K. Bayer. Staatsb. und ist an Frankfurt-Hanau verpachtet. Station 10 hat mit Bayern gemeinschaftliches Stations-Personal.

Vom 15. Juni 1871 an ist in dem Zollhofe zu Frankfurt a M eine gemeinschaftliche, von sämmtlichen dasigen Bahnen etablirte Expedition in Thätigkeit getreten, welche der Verwaltung der Frankfurt-Hanauer Bahn unterstellt ist.

## Grossh. Friedrich-Franz-Eisenbahnen.

Grossherzogl. Direction in Schwerin.

Bahnhofs-Inspectionen auf den Hauptstationen, sonst Bahnhofs-Verwaltungen.

Im Grossherzogthum Mecklenburg-Schwerin (Hauptb. Stat. 3-17 u. sämmtl. Zweigb.), in Mecklenburg-Strelitz, Stat. 2/17. 18 bis Grenze) und im Gebiete der Freien Stadt Lübeck (Stat. 1.)

Ganze Länge 42,8 M. = 321,0 Kil.

Anschlüsse. Hagenow: Berlin-Hamburger E.; Lübeck: Lübeck-Hamburg, Lübeck-Büchen. E.; Grenze b. Strasburg: Berlin-Stettiner E.

Directer Güterverkehr mit Stationen: a = der Berlin-Hamburger Bahn (T. v. 1/1 69); b = der Lübeck-Büchener (Lübeck-Hamburger) Bahn (T. 1/1 70); c = Magdeburg, Halle, Leipzig (T. 1/1 70); d = der Berlin-Stettiner Bahn (T. 1/1 67); e = der Köln-Mindener u. Berg.-Märk. E. (Bergisch-Hannov. Verk. T. 15/1 68); f = Hannov., Braunschw. u. Oldenburg'schen E. (Niederdeutscher Verb. T. 1/6 69); g = der Oberschlesischen Bahn (Lübeck-Schlesischer Verk. T. 1/1 71.)

### a. Haupt-Cours. Lübeck-Mecklenburgisch-Preussische Grenze via Kleinen, Bützow (30,6 M. = 229,5 Kil.).

Eröffnet: Lübeck-Kleinen 1/4 70, Kleinen-Güstrow streckenweise 1/5 47, vollständig 11/5 50, Güstrow-Neubrandenburg 15/11 64, Neubrandenburg-Grenze 1/1 67.

| | Meilen | Kilom. | | |
|---|---|---|---|---|
| 1. Lübeck T. . . . . | — | — | a.b.g. | Lübeck |
| 2. Schönberg . . . . . | 2,6 | 19,50 | b. | M. Strelitz |
| 3. Grevesmühlen . . . | 4,9 | 36,75 | | M. Schwerin |
| 4. Bobitz *P.* . . . . . . | 6,7 | 50,25 | | » |
| 5. (b.c) Kleinen . . . | 7,9 | 59,25 | a.b. | » |
| 6. Ventschow *PH.** . . | 9,0 | 67,50 | | » |
| 7. Blankenberg . . . . | 10,2 | 76,50 | a.b. | » |
| 8. Friedrichswalde *GH.* | 10,8 | 81,00 | | » |
| 9. Warnow *PH.** . . . | 11,9 | 89,25 | | » |
| 10. (d) Bützow . . . . | 13,3 | 99,75 | a.b. | » |
| 11. Güstrow (*H.St.A.*) . | 15,1 | 113,25 | a.b.c.d.e.f. | » |
| 12. Lalendorf T P. . . . | 17,2 | 129,00 | a.b. | » |
| 13. Teterow T . . . . . . | 19,0 | 142,50 | a.b.d. | » |
| 14. Malchin T . . . . . . | 20,8 | 156,00 | a.b.d. | » |
| 15. Stavenhagen T . . . | 22,3 | 167,25 | a.b.d. | » |
| 16. Möllni/Meckl. *PH.* T P | 24,9 | 186,75 | | » |
| 17. Neubrandenburg T (*H.St.A.*) . . . . . | 26,7 | 200,25 | a.b.d. | M.Strelitz |
| 18. Oertzenhof . . . . | 29,7 | 222,75 | a.b.d. | |
| Mecklenburg-Preuss. Grenze gegen Strassb. | 30,6 | 229,50 | | |

### b. Zweigb. Kleinen-Hagenow (6,0 M. = 45,0 Kil.).

Eröffnet 1/1 48.

| | Mln. | Kil. | | |
|---|---|---|---|---|
| (5. Kleinen) . . . . . | — | — | | M. Schwerin |
| 19. Schwerin (*H.St.m.A.*) | 2,2 | 16,50 | a.b.c.e.f. | » |
| 20. Zachun *PH.* . . . | 4,4 | 33,00 | | » |
| 21. Hagenow . . . . . | 6,0 | 45,00 | a.b. | » |

### c. Zweigb. Kleinen-Wismar (2,114 M. = 15,75 Kil.).

Eröffnet 11/1 48.

| | Mln. | Kil. | | |
|---|---|---|---|---|
| (5. Kleinen) . . . . . | — | — | | M. Schwerin |
| 22. Wismar (*N.Z.A.I.*) | 2,1 | 15,75 | a.b.c.d.e.f. | » |

### d. Zweigb. Bützow-Rostock (4,1 M. = 30,75 Kil.).

Eröffnet 13/5 50.

| | Mln. | Kil. | | |
|---|---|---|---|---|
| (10. Bützow) . . . . | — | — | | M. Schwerin |
| 23. Schwaan . . . . . | 1,9 | 14,25 | a.b. | » |
| 24. Rostock (*H.St.m.A.*) | 4,1 | 30,75 | a-f. | » |

## Fünfkirchen-Barcser Eisenbahn.

Sitz des Verwaltungsraths in Pest, Königreich Ungarn.

Betriebsleitung der Bahn in Fünfkirchen. Der Betrieb wurde am 6. Mai 1868 eröffnet.

Anschluss in Üssög an die Mohács-Fünfkirchener Bahn, in Barcs an die Oesterreichische Südb.

Sämmtliche Stationen sind gleichzeitig Personen- u. Frachten-Stationen.

Directer Güterverkehr a = mit den Agentien der Donau-Dampfschifffahrts-Gesellschaft; b = mit der Mohács-Fünfkirchener Bahn seit 6. Mai 1868; c = mit der Oesterr. Südbahn seit 1. September 1868; d = mit Alföldbahn seit 20. December 1870.

| | Meilen | Kilom. | |
|---|---|---|---|
| 1. ○ Üszög . . . . . . . | — | — | Komitate |
| 2. Fünfkirchen (Pécs) . . | 0,66 | 5,01 | Baranya |
| 3. Szt. Lörincz. . . . . . | 3,13 | 23,75 | » |
| 4. Szigetvár . . . . . . . | 5,06 | 38,39 | Somogy |
| 5. Darány. . . . . . . . . | 7,29 | 55,30 | » |
| 6. ○ Barcs . . . . . . . . | 8,97 | 68,05 | » |

---

## Galizische Carl-Ludwig-Bahn.

Verwaltungsrath und General-Direction in Wien; Betriebs-Direction in Lemberg.

Kaiserthum Oesterreich: Kronland Galizien.

Die Bahn beginnt in Krakau — in einer Entfernung von 55 1/8 Meilen = 421 Kilom. vom Verwaltungs-Domicil.

Anschlüsse. Krakau: Kaiser Ferd. Nordbahn; Przemyśl: Erste Ungarisch-Galiz. E.; Lemberg: Lemberg-Czernowitz-Jassy-Bahn; Podwołoczyska (im Laufe des Jahres 1871) Zweigbahn Zmirynka-Wołoczysk der Odessaer Dampfschifffahrts- und Eisenbahncompagnie; Brody: (Ende des Jahres 1871:) Zweigb. Dubno Radziwilów der Kiew-Brester Eisenbahn.

Allgemeiner Tarif für den Local u. directen Anschluss-Verkehr vom 17/7 69.

Directer Güterverkehr mit sämmtlichen eigenen und den Stationen der Kais. Ferd. Nord- und Mährisch-Schlesischen Nordbahn, sowie mit den im Oesterreichischen Gebiete gelegenen Stationen der Lemberg-Czernowitz-Jassybahn: a = mit der Oesterr. Staatsbahn; N G = mit den Bahnen des Norddeutsch-Galizischen Verbandes (1/4 70); G R = mit den Bahnen des Galizisch-Nordrussischen Verbandverkehres (Regl. u. Tarif v. 1/10 70); D = mit Danzig (Tarif u. Regl. f. d. Verbandgüterverk. zwischen Danzig, Krakau-Lemberg (1/11 64).

### a. Krakau-Lemberg (45,044 M. = 345 Kil.). mit den Zweigb. Bierzanów-Wieliczka (0,610 M. = 5 Kilom.) u. Podłęże-Niepołomice (0,643 M. = 5 Kilom.) zusammen 46,297 M. = 352 Kilom.

Eröffnet Stat. 1-12 mit Zweigb. nach Stat. 3 am 20/1 57; Zweigb. nach Stat. 5 16/9 33; Stat. 12-16 15/11 58; Stat. 16-22 1/10 60; Stat. 22-29 11/12 63.

| Tarifmässige Entfernung von Krakau in Oestr. Mln. | | | |
|---|---|---|---|
| 1. ○ Krakau T Hpt.Z.A. | — | | Galizien |
| 2. Bierzanów T. . . . . | 1 | | » |
| 3. Zwgb. Wieliczka T | 1,5 | a. | » |
| 4. Podłęże T . . . . | 2,5 | | » |
| 5. Zwgb. Niepołomice Neb.Z.A. (Salz-Stat.) | 3 | | » |
| 6. *Kłay PH.* . . . . | 4 | | » |
| 7. Bochnia T . . . . | 5 | a.NG. | » |
| 8. Słotwina T . . . . | 7 | a.NG. | » |
| 9. Bogumiłowice . . . | 9,5 | | » |
| 10. Tarnów T Hpt.Z.A. . | 10,5 | a. | » |
| 11. Czarna T . . . . . | 13 | | » |
| 12. Dembica (Dębica) T | 14,5 | a. | » |
| 13. Ropczyce T. . . . | 16,5 | | » |
| 14. Sędziszów T. . . . | 17,5 | | » |
| 15. *Trzciana PH.** . . | 19 | | » |
| 16. Rzeszów T. . . . | 21 | a.NG. | » |
| 17. Łańcut T . . . . | 23 | | » |
| 18. Przeworsk T. . . . | 25,5 | | » |

| | | | |
|---|---|---|---|
| 19. Jaroslaw T. . . . | 27,5 | a.NG. | Galizien |
| 20. Radymno . . . . . | 29,5 | | » |
| 21. *Żurawica PH.* . . | 31,5 | | » |
| 22. ○ Przemyśl T Hpt.Z.A. . . . . . | 32,5 | a.NG. | » |
| 23. Medyka Ɛ . . . . . | 34 | | » |
| 24. Mościska Ɛ . . . . | 36 | NG. | » |
| 24a. Chorosnica *PH.* | | | » |
| 25. Sąd. Wisznia Ɛ. . . | 38,5 | | » |
| 26. Gródek Ɛ . . . . | 41 | a.NG. | » |
| 27. *Kamienobród PH.** | 41,5 | | » |
| 28. Mszana Ɛ . . . . . | 43 | | » |
| 29. (b) ○ Lemberg T. Hpt.Z.Amtsexp. I. Cl. am Bahnhofe . . . | 45 | a.NG.GR.D. | » |

**b. Lemberg-Krasne-Podwołoczyska mit Zweigbahn Krasne-Brody**, hiervon eröffnet Lemberg-Złoczów (9,964 M. = 75 Kilom.) und Zweigbahn Krasne-Brody (5,556 M. = 41 Kilom.) 12/7 1869; Złoczów-Tarnopol (8,400 M. = 63 Kilom.) am 27/11 1870 für den Frachten-, am 1/5 71 für den Personenverkehr; Tarnopol-Podwołoczysk 4/10 71.

| | Tarif-Mln. | | |
|---|---|---|---|
| (29. Lemberg) Haupst. | — | | Galizien |
| 30. Lemberg-podzamkiem | 1 | a. | » |
| 31. Barszczowice . . . | 3 | | » |
| 32. Zadwórze Ɛ . . . . | 5 | a. | » |
| 33. Krasne . . . . . . | 6,5 | | » |
| Zweigb. 34. Ożydów . . . . | 9 | | » |
| Zweigb. 35. Zabłotce . . . | 10,5 | | » |
| Zweigb. 36. ○ Brody T . Hauptzoll-Amts-Exp. I. Cl. | 12 | a.NG.GR. | » |
| 37. *Kniaże PH.** . . . | 8,5 | | » |
| 38. Złoczów T . . . . | 10 | a.NG.GR. | » |
| 39. Pluchów *PH**. | | | » |
| 40. Zborów Ɛ. . . . . | 13 | | » |
| 41. Jezierna Ɛ . . . . | 15 | | » |
| 42. Hluboczeck wielki *PH**. | | | » |
| 43. Tarnopol T Hpt. Z.A. II. Cl. . . . . | 18,5 | a.NG.GR. | » |
| 44. Borki wielkie Ɛ . . . | (20) | | » |
| 45. Maxymowka *PH.* | | | » |
| 46. Bogdanowka (Kamionka) | | | » |
| 47. ○ Podwołoczyska Ɛ . . . Neb.Z.-A. II. Cl. | (25) | a.NG.GR. | » |

NB. Ausweichen sind zwischen: Stat. 8 u. 9: Biadoliny; Stat. 10 u. 11: Walki; Stat. 17 u. 18: Rogóżno; Stat. 24 u. 25: Horoś- nica; Stat. 25 u. 26: Hodatycze eingeschaltet worden.

## Graz-Köflacher Eisenbahn.

(3,5 Meilen = 41,426 Kilom.).

Verwaltungsrath und Central-Direction in Wien.

Kaiserth. Oesterreich. Kronland Steiermark.

Anschluss in Graz: Oesterreichische Südbahn und im Bau: Ungar. Westbahn.

Eröffnet 3. April 1860.

Allgemeiner Tarif vom 20. Sept. 1871.

| | Mln. | Kilom. | |
|---|---|---|---|
| 1. ○ Graz . . . . . | — | — | Steiermark |
| 2. Strassgang . . . . . | 1 | 3,76 | » |
| 3. Premstätten-Tobelbad | 1,5 | 11,29 | » |
| 4. Lieboch . . . . . . . | 2 | 15,06 | » |
| 5. Söding . . . . . . . . | 3 | 22,59 | » |
| 6. Krottendorf-Ligist . . | 3,5 | 26,36 | » |
| 7. Krems . . . . . . . | 4, | 30,12 | » |
| 8. Voitsberg . . . . . . | 4,5 | 33,89 | » |
| 9. Oberdorf-Rosenthal . | 5 | 37,66 | » |
| 10. Köflach . . . . . . | 5,5 | 41,426 | » |

An die Graz-Köflacher Eisenbahn schliessen sich folgende der Graz-Köflacher Eisenb.-Gesellschaft gehörige, mit Pferden u. Locomotiven betriebene Kohlen-Industriebahnen an: bei Station 9:

a. südwärts: Kleine und grosse Rosenthaler Flügelbahn 0,07 respect. 0,15 Oesterr. Meil. lang (Pferdebetrieb).

b. nordwärts: Mitterdorfer Flügelbahn 0,12 Meile

In der Station Köflach, nach Westen hin:

c. unterirdische Revierstollenbahn 0,15 M. (mit Locomotiven betrieben).

Länge in Wiener Klafter.

d. Voitsberger Flügelbahn lang = 514,4 }
e. Schafloser » » = 301,6 } mit Locomotiven betrieben.
f. Pichlinger » » = 408,3 }

## Halberstadt-Blankenburger Eisenb.

Verwaltungsrath in Braunschweig.

Königreich Preussen: Reg.-Bez. Herzogthum Braunschweig.

○ Anschluss in Halberstadt an die Magdeburg-Halberstädter E.

Betriebseröffnung: Frühjahr 1872.

| | | | |
|---|---|---|---|
| 1. ○ Halberstadt . | — | — | Magdeburg |
| 2. Langenstein . . . . | 1,34 | 9,942 | » |
| 3. *Börnecke PH.* . . | 1,98 | 14,690 | Braunschweig |
| 4. Blankenburg . . | 2,56 | 18,994 | » |

## Halle-Sorau-Gubener Eisenbahn.

Sitz des Verwaltungsraths und der Direction in Berlin.

Preussen: Regierungs-Bezirke Merseburg und Frankfurt a./O.

Anschlüsse. a. in Halle: Berlin-Anhaltische, Halle-Casseler Zweigbahn, Magdeburg-Leipziger und Thüringische; b. in Delitzsch: Bitterfeld-Leipziger Linie der Berlin-Anhaltischen E.; c. in Falkenberg: Jüterbogk-Röderauer Linie der Berlin-Anhaltischen E.; d. in Cottbus: Berlin-Görlitzer, Cottbus-Grossenhain, Cottbus-Schwielochsee, e. in Sorau: Niederschlesisch-Märkische E. und Niederschlesische Zweigbahn; f. in Guben: Niederschlesisch-Märkische und Märkisch-Posener Eisenb.

### a. Hauptbahn Halle-Cottbus-Guben

(28,22 Neue Meilen = 211,65 Kilometer).

Voraussichtliche Eröffnung: Halle-Falkenberg 15/4 72; Falkenberg-Cottbus wurde am 1/12 71; Cottbus-Guben 1/5 71 eröffnet.

| | Neu-M. | Kil. | Regierungsbezirk |
|---|---|---|---|
| 1. ○ Halle . . . . . | — | — | Merseburg |
| 2a. Reussen . . . . . | 1,59 | 11,93 | » |
| 2b. Keitzchmar . . . | 2,46 | 18,45 | » |
| 3. ⊗ Delitzsch . . . | 3,59 | 26,94 | » |
| 4. Crensitz . . . . . . | 4,76 | 35,69 | » |
| 5. Eilenburg . . . . | 6,59 | 49,39 | » |
| 6. Mockrehna . . . . | 8,48 | 63,57 | » |
| 7. Torgau . . . . . | 10,29 | 77,18 | » |
| 8. Zschakau H. . . . . | 10,99 | 82,41 | » |
| 9. ⊗ Falkenberg . . . | 12,69 | 95,15 | » |
| 10. Beutersitz . . . . . | 13,75 | 103,13 | » |
| 11. Dobrilugk . . . . | 15,63 | 117,24 | Frankf. a./O. |
| 12. Finsterwalde . . . . | 17,09 | 128,15 | » |
| 13. Gollmitz . . . . . | 18,97 | 142,26 | » |
| 14. Calau . . . . . . . | 20,01 | 150,08 | » |
| 15. Eichow . . . . . . | 21,40 | 160,52 | » |
| 16. (b) ⊗ Cottbus . . | 23,20 | 173,97 | » |
| 17. Peitz . . . . . . . | 25,08 | 188,07 | » |
| 18. Guben . . . . . . | 28,22 | 211,65 | » |

### b. Zweigbahn Cottbus-Sorau (7,87 M. = 59,03 Kil.).

Voraussichtliche Eröffnung: Cottbus-Forst 1/4 72; Forst-Sorau 1/6 72.

| | | | |
|---|---|---|---|
| (16. Cottbus) . . . . | — | — | Frankfurt a./O. |
| 19. Forst . . . . . . . | 2,94 | 22,05 | » |
| 20. Teuplitz . . . . . | 5,06 | 37,95 | » |
| 21. ○ Sorau . . . . . | 7,87 | 59,03 | » |

**Hamburg-Bergedorf**, siehe Berlin-Hamburg.

**Hamburger Pferdebahn.** Direction in Hamburg.
a. Hamburg-Wandsbeck 0,99 M.
b. Zweigb. nach Barmbeck 0,45. M.

## Hannover-Altenbekener Eisenbahn.

Verwaltungsrath und Direction in Hannover.

Königreich Preussen: Regierungsbezirke Hannover, Minden, Cassel; Fürstenthum Waldeck; Fürstenthum Lippe-Detmold.

Anschlüsse. Altenbeken: Westfälische E.; Elze, Hannover, Hastenu. Hildesheim: Hannoversche E.: Ringelheim: Braunschweigische E.; Vienenburg: Braunschweigische, Hannoversche Staatsb. u. Magdeburg-Halber.

### Im Bau.

#### a. Hannover-Altenbeken (14,9 Meilen).

Concessionirt den 25. Novbr. 1868. Eröffnung bis Hameln Ende December. 1871.

| | | |
|---|---|---|
| 1. ○ Hannover | — | Hannover |
| 2. Linden | 0,6 | » |
| 3. Ronnenberg | 1,4 | » |
| 4. (b) Weetzen | 1,8 | » |
| 5. Bennigsen | 2,9 | » |
| 5a. Eldagsen | 3,8 | » |
| 6. Springe | 4,3 | » |
| 7. Münder | 5,4 | » |
| 7a. Hasperde | 5,9 | » |
| 8. (c.d) Hameln | 6,8 | » |

Eröffnung d. 15. Juni 1872.

| | | |
|---|---|---|
| 9. Emmern | 7,8 | » |
| 10. Pyrmont | 9,5 | Waldeck |
| 11. Schieder | 11,0 | Lippe-Detmold |
| 12. Steinheim | 12,1 | Minden |
| 13. Bergheim | 12,8 | » |
| 14. Sandebeck | 13,5 | » |
| 15. ○ Altenbeken | 14,9 | » |

#### b. Deister-Zweigbahn (Weetzen-Haste) (3,6 Mln.)

Concessionirt den 25. Nov. 68. Eröffnung bis Barsinghausen 71.

| | | |
|---|---|---|
| (4. Weetzen) | — | Hannover |
| 16. Wennigsen | 0,6 | » |
| 17. Egestorf | 1,2 | » |
| 18. Barsinghausen | 1,8 | » |
| 19. Nenndorf | 3,0 | Cassel |
| 20. ○ Haste | 3,6 | » |

#### (c. Hameln-Löhne (7,1 Meilen).

Concess. 21/4 1870. Soll 1871 in Bau genommen werden.

| | | |
|---|---|---|
| (8. Hameln) | — | Hannover |
| 21. Oldendorf | 1,7 | Cassel |
| 22. Rinteln | 3,3 | » |
| 23. Eisbergen | 4,0 | Minden |
| 24. Vlotho | 5,5 | » |
| 25. Oeynhausen | 6,4 | » |
| 26. ○ Löhne | 7,1 | » |

#### d. Hameln-Hildesheim (3,7 Meilen).

Concess. 21/4 1870. 1871 in Bau genommen.

| | | |
|---|---|---|
| (8. Hameln) | — | Hannover |
| 27. Coppenbrügge | 1,5 | » |
| 28. Osterwald | 2,5 | » |
| 29. Mehle | 3,1 | » |
| 30. ○ (e) Elze | 3,7 | » |

#### e. Von Elze über Nordstemmen nach Hildesheim

(2,4 Mln.), wird Seitens der Hannover-Altenbekener Eisenbahn-Gesellschaft auf dem Planum der Hannoverschen Staatsbahn das II. Geleise gebaut und für die Hannover-Altenbekener Eisenbahn ein concurrenter Betrieb hergestellt.

#### f. Hildesheim-Vienenburg (6,1 Meilen).

Concess. 21/4 1870. Soll 1871 in Bau genommen werden.

| | | |
|---|---|---|
| 31. ○ Hildesheim | — | Hannover |
| 32. Düngen | 1,5 | » |
| 33. Derneburg | 2,4 | » |
| 34. Rast | 3,4 | » |
| 35. ○ Ringelheim | 4,7 | » |
| 36. Othfresen | 5,5 | » |
| 37. Grauhof | 6,7 | » |

Minden u. Löhne: Köln-Minden; Osnabrück im Bau: Köln-Minden (Venlo-Hamburger Eisenbahn); Osterode Braunschw. E.; Rheine: Westfäl. Staatsb.; Uelzen im Bau: Magdeb.-Halberstädter E.; Vienenburg: Braunschweigische u. Magdeb.-Halberstädter Eisenb.; im Bau: Hannover, Hildesheim und Haste: Hannover-Altenbekener Eisenb.

Directer Güterverkehr. Bei jedem der nachfolgenden Güterverkehre geben wir in ( ) die Einführungszeit der gegenwärtig gültigen Tarife für den Güterverkehr an: N. (1/4 68) W. (1/1 69) N.-W. (1/6 70 Nachtr. v. 10/10 70); a. Hannover-Thüringischer Verband via Cassel (1/3 69 Nachträge v. 1/7 u. 1/9 69 1/6 70); b. Hannover-Bayerisch-Oesterr. Verband via Cassel (Tarif No. I u. II—VII v. 15/11 69); c. Verkehr mit Stationen der Sächsisch westl. Staatsbahn (1/10 68); d. Verkehr mit Oesterr. via Dresden-Bodenbach (15/11 69); e. Westf. Verb. (1/4 68, Nachtr. v. 1/9 68 1/4 69 u. 15/10 70); f. Hannov.-Thüringischer Verband via Halle (1/1 71); g. Braunschw.-Hannover-Oldenb.-Westfälischer Verkehr (1/5 68), h. Norddeutsch-Rheinisch-Französischer Verkehr (1/4 69); i. Norddeutsch-Rheinisch-Belgischer Verkehr (1/10 69); k. Hannover-Oldenburgischer Verkehr (15/5 69 mit Nachtr. v. 1/6 u. 1/7 70); l. Niederdeutscher Verband (Verkehr zwischen Stationen der Hannov., Braunschw. und Oldenburg. E. einerseits u. Stationen v. Lübeck-Büchen, Berl.-Hamb., Altona-Kiel u. der Mecklenb. E. andererseits via Hohnstorf-Lauenburg resp. mit Hamburg, Lübeck etc. (Tarif v. 1/10 69 mit Nachträgen v. 1/4 10/5 10/10 u. 15/11 70); m. Verk. m. Magdeb.-Leipz. resp. Leipzig-Dresdener Stationen via Northeim bezw. Arenshausen (1/5 69); n. Bergisch-Hannoverscher Verkehr (15/4 68, Nachträge v. 15/8 u. 1/11 68, 1/1 u. 1/6 69, 1/5 u. 15/5 70; ditto Kohlentarif v. 1/12 70 mit Nachträgen v. 15/4 1/10 u. 10/10 70); o. Russisch-Rheinischer u. Ostdeutsch-Rheinischer Verk. (1/7 69); p. Hannover-Niederländischer Verband (1/4 68, Nachtr. v. 1/10 69 u. 1/5 70); q. Schlesisch-Rheinischer Verband (15/10 70); r. Verkehr mit Amsterdam, Rotterdam u. Utrecht (Verkehr zwischen Hannov. Stationen östl. von Minden, sowie Hamburg und Lübeck via Hohnstorf einerseits u. Amsterdam, Rotterdam u. Utrecht andererseits, sowohl via Salzbergen als via Oberhausen v. 1/1 69. Nachtr. v. 1/1 71. Desgl. zwischen Stationen der Bahnstrecke Rheine-Minden einers. u. Amsterdam, Rotterdam, Utrecht anderers. via Salzbergen v. 1/1 69); s. Sächsisch-Westfälischer Verb. (20/5 70. Nachtr. v. 1/7 15/10 20/11 70 u. 15/4 71); t. Verk. via Giessen-Northeim resp. Arenshausen (1/2 69.) u. Hannov.-Thüringischer Verb. via Nordhausen, resp. via Leinefelde (15/5 71).

Neben den Tarif-Meilen (vom Anfangspunkt der Linie berechnet) ist die wirkliche Entfernung vom Verwaltungs-Domicil in Kilom. angegeben.

H. = Haltestelle für Personen- und unbeschränkten Güterverkehr. Einen beschränkten Güterverkehr (für Erze resp. Kohle) ohne Personentransport haben nur Nr. 60 u. Nr. 62.

#### a. Hannover-Harburg (22,97 M. = 170,4 Kilom.).

Eröffnet Stat. 1-3 22/10 1843; 3-6 15/10 45; 6-17 1/5 47. Geogr. M. K.

| | | | | |
|---|---|---|---|---|
| 1. ○ (c,e,b) Hannover T | — | — | N.W.N-W.a.b.c.f.h.i.k.l.m.n.p.q.r.u. | Hannover |
| 2. Misburg H. T | 1½ | 8,5 | | » |
| 3. ○ (f,g) Lehrte T | 2 | 16,2 | N.l.m.q. | » |
| 4. Burgdorf T | 3 | 24,5 | g.l. | » |
| 5. Ehlershausen H. | 4 | 33,0 | g. | » |
| 6. Celle T | 5½ | 44,0 | N.W.N-W.a.b.f.g h.i.k.l.m.n.p.q.r.u. | » |
| 7. Eschede T | 8 | 61,7 | g. | » |
| 8. Unterlüss T | 9½ | 73,1 | g. | » |
| 9. Suderburg T | 11 | 85,5 | | » |
| 10. ○ Uelzen T | 12½ | 96,3 | N.f.g.h.k.l.m.n. p.q.r.u. | » |
| 11. Bevensen T | 14½ | 109,1 | g.l.m. | » |
| 12. Bienenbüttel T | 15½ | 118,6 | | » |
| 13. ○ (b) Lüneburg T | 17½ | 131,6 | N.W.N-W.a.b.c.f. g.h.i.k.l.m.n.p.q.r.u. | » |
| 14. Bardowiek H. T | 18½ | 136,4 | | |
| 15. Winsen T | 20 | 150,6 | N.f.g.n.q.r.u. | » |
| 16. Stelle H. T | 20½ | 158,0 | | » |

| | Mln. | Kil. | | |
|---|---|---|---|---|
| 23. Neustadt Ɛ . . . | 3½ | 30,9 | g. | Hannover |
| 24. Hagen *H.* Ɛ . . . | 4½ | 40,0 | | » |
| 25. Linsburg *H.* . . | 5½ | 46,2 | | » |
| 26. Nienburg T . . . | 6½ | 55,2 | N.W.a.g.k.l.m.n. p.q.r.u. | » |
| 27. Rohrsen *H.* . . . | 7½ | 62,6 | | » |
| 28. Eistrup Ɛ . . . | 8½ | 71,0 | g.k. | » |
| 29. Dörverden *H.* . . | 9½ | 78,1 | | » |
| 30. Verden T . . . . | 10½ | 86,5 | N.W.a.g.k.l.m. n.p.q.r.u. | » |
| 31. Langwedel *H.* Ɛ . | 11½ | 93,7 | | » |
| 32. Achim Ɛ . . . . | 13 | 106,8 | W.N-W.a.g.k.n.r.u. | » |
| 33. Sebaldsbrück Ɛ . | 14 | 116,6 | N.W.N-W.a.b.c.f.g. h.i.k.l.m.n.o.p.q.r.u. | » |
| 34. ○ Bremen T . . | 15 | 122,4 | N.W.N-W.a. b.c.d.f.g.i.k.l. m.n.o.p.q.r.u.* | Freie Stadt Bremen |
| 35. (d) Burg-Lesum Ɛ | 16½ | 134,0 | N.m.q.u. | Hannover |
| 36. Osterholz, Scharmbeck Ɛ . . . . . | 18 | 143,4 | g. | » |
| 37. Oldenbüttel *H.* . | 19¾ | 150,3 | | » |
| 38. Stubben Ɛ . . . | 20½ | 164,3 | g. | » |
| 39. Loxstedt *H.* Ɛ . . | 22¼ | 176,3 | | » |
| 40. Geestemünde T (Bremerhafen) . | 23¼ | 184,2 | wie 34 (Bremen) | » |

**d. Burg-Lesum-Grohn-Vegesack** (0,73 M. = 5,4 Kil.).
Eröffnet am 9/12 62.

| | | | | |
|---|---|---|---|---|
| (35. Burg-Lesum) | — | — | | Hannover |
| 41. St. Magnus *P.H.* | ½ | 136,7 | | » |
| 42. Grohn-Vegesack T | ¾ | 139,4 | g. | » |

**e. Wunstorf-Rheine** (21,31 M. = 160,5 Kilom.).
Minden-Löhne gemeinsame Strecke mit Köln-Minden.
Eröffnet Hannover-Minden 11/10 47; Stat. 51-57 21/1 55; 57-64 19/6 56.

| | | | | |
|---|---|---|---|---|
| (1. Hannover) . . | — | — | | Hannover |
| (22. Wunstorf) . . | — | — | | |
| 43. ○ Haste Ɛ . . . | 1 | 28,3 | g. | » |
| 44. Lindhorst *H.* Ɛ . | 2 | 35,9 | | **Schaumb.-Lippe |
| 45. Stadthagen Ɛ . . | 3 | 42,3 | g.k.p. | » |
| 46. Kirchhorsten Ɛ . | 3½ | 48,5 | g.k.p. | » |
| 47. Bückeburg T . . | 4½ | 55,2 | g.p. | » |
| 48. ○ Minden T . . | 5¾ | 64,4 | N.W.N-W.a.b.f.g. h.i.k.l.m.p.q.r.u. | Minden |
| 49. Porta . . . . . | 6½ | 69,5 | e.r. | » |
| 50. Rehme . . . . . | 7½ | 79,3 | N.W.a.e.g.k.l.m. p.q.r.u. | » |
| 51. ○ Löhne Ɛ . . | 8½ | 85,0 | e.p.r. | » |
| 52. Kirchlengern *H.* . | 9½ | 89,9 | | » |
| 53. Bünde Ɛ . . . . | 10 | 94,9 | N.W.N-W.a.e.m.p.q.u. | |
| 54. Bruchmühlen *H.* . | 11 | 103,7 | | Hannover |
| 55. Melle Ɛ . . . . | 12 | 111,0 | e.p. | » |
| 56. Wissingen *H.* . . | 13½ | 121,3 | | » |
| 57. ⊙ Osnabrück T | 15 | 132,7 | N.W.N-W.a.b.e.f.g. k.l.m.p.q.r.u. | » |
| Zweigb. Osnabrück-Piesberg | | | | |
| 58. Piesberg Ɛ . . . | 15¾ | 138,6 | e. | » |
| 59. Velpe Ɛ . . . . | 17 | 147,6 | e. | » |
| 60. Laggenbeck (Erze) | 18 | 153,9 | e. | Münster |
| 61. Ibbenbüren Ɛ . . | 18½ | 158,3 | e.p. | » |
| 62. Püsselbüren K.St. | 19 | 161,5 | e. | » |
| 63. Hörstel Ɛ . . . . | 19½ | 168,0 | e. | » |
| 64. ○ Rheine T . . | 21½ | 179,5 | N.g.l.m.q. | » |

**f. Lehrte-Peine** (2,57 M. = 19 Kilom.).
Eröffnet bis Braunschweig 19/10 1845.

| | Mln. | Kilom. | | |
|---|---|---|---|---|
| (3. Lehrte) . . . . | — | 16,2 | | Hannover |
| 65. Hämeler Wald *H.* Ɛ | 1½ | 26,0 | g. | » |
| 66. ○ Peine Ɛ . . . | 2½ | 35,2 | N.a.f.g.k.l.m.n.q.r.u. | » |
| Braunschw. Grenze bei Vechelde . | 3½ | 42,1 | | » |
| Braunschweig . . | 6¼ | 60,6 | | *Braunschweig |

**g. Lehrte-Nordstemmen** (3,54 M. = 26,2 Kilom.).
Eröffnet 12. Juli 1846.

| | Mln. | Kil. | | |
|---|---|---|---|---|
| (3. Lehrte) . . . . | — | 16,2 | | Hannover |
| 67. Sehnde *H.* Ɛ . . | 1 | 22,7 | | » |
| 68. Algermissen Ɛ . | 2 | 30,1 | g. | » |
| 69. Harsum *H.* . . . | 2½ | 34,7 | | Hannover |
| 70. ○ Hildesheim T | 3½ | 38,1 | N.W.N-W.a.b.f.g. h.i.k.l.m.n.p.q.u. | » |
| 71. (h) Nordstemmen Ɛ | 5 | 42,4 | g.k. | » |

**h. Hannover-Cassel** (22,41 M. = 166,3 Kilom.).
Eröffnet bis Stat. 77: 1/6 53; 77-84: 1/6 54; 84-86: 6/5 56; bis Cassel 21/9 56.

| | | | | |
|---|---|---|---|---|
| (1. Hannover) . . | — | — | | Hannover |
| 72. Wülfel *PH.* . . | 1 | 7,1 | | |
| 73. Rethen *H.* Ɛ . . | 1½ | 11,9 | | » |
| 74. Sarstedt Ɛ . . . | 2½ | 18,4 | | » |
| 74.a Barnten *PH.* . . | 3 | 22,3 | | » |
| (71. Nordstemmen) Ɛ | 3½ | 27,0 | g.k. | » |
| 75. Elze Ɛ . . . . . | 4½ | 32,9 | g.k.l.u. | Hannover |
| 76. Banteln Ɛ . . . | 5½ | 39,0 | | » |
| 77. Alfeld Ɛ . . . . | 6½ | 50,0 | g. | » |
| 78. Freden Ɛ . . . . | 8 | 58,7 | g. | » |
| 79. ⊗ Kreiensen Ɛ | 9½ | 68,7 | W.N-W.k. l.m.u. | *Braunschw. |
| 80. Salzderhelden Ɛ . | 10½ | 76,9 | g.m.s.u. | Hannover |
| 81. (i) Northeim T | 12 | 88,5 | W.N-W.a.b.g.k.l.m. n.p.r.s.t.u. | » |
| 82. Nörten Ɛ . . . . | 13½ | 97,9 | g. | » |
| 83. Bovenden *PH.* . | 13¾ | 101,8 | | » |
| 84. (l) Göttingen T | 14½ | 110,3 | W.N-W.a.b.g.k.l.m. p.r.s.t.u. | » |
| 85. Dransfeld Ɛ . . . | 16½ | 123,9 | | » |
| 86. Münden T . . . | 19 | 142,2 | W.N-W.a.b.g.k.l.m.t.u. | |
| 87. ○ Cassel T . . . | 22½ | 166,3 | W.g.k.l.m. | Cassel |

**i. Südharzbahn Northeim-Nordhausen**
(5,94 Meilen = 44,07 Kilom.).
Northeim-Herzberg am 1/12 1868; Herzberg-Nordhausen 1/8 69 eröffnet.

| | | | | |
|---|---|---|---|---|
| (81. Northeim) . | — | — | | Hannover |
| 88. Catlenburg Ɛ . . | 1,18 | 8,75 | g.m. | |
| 89. Hattorf *H.* . . | 2,64 | 19,59 | | » |
| 90. (k) Herzberg T . | 3,66 | 27,16 | W.g.l.m.n.s.u. | » |
| 91. Scharzfeld-Lauterberg Ɛ . . . . | 4,42 | 32,80 | g.l.m.n.s. | » |
| 92. Osterhagen *H.* Ɛ | 5,43 | 40,29 | | » |
| 93. Tettenborn *H.* . | 6,05 | 44,89 | m. | » |
| 94. Walkenried Ɛ . | 6,71 | 49,79 | m.s. | Braunschweig |
| 95. Ellrich Ɛ . . . | 7,32 | 54,31 | g.m.s. | Erfurt |
| 96. Niedersachswerfen Ɛ | 8,42 | 62,48 | m. | Hannover |
| 97. ○ Nordhausen T | 9,29 | 68,78 | g.l.m.s.t. | Erfurt |

Anschluss an Magdeburg-Leipzig (Halle-Cassel) und Nordhausen-Erfurt.

**k. Zweigbahn-Herzberg-Osterode** (1,76 M. = 13,06 K.).
Eröffnet 10. Oct. 1870.

| | | | | |
|---|---|---|---|---|
| (90. Herzberg) . . . | | — | | Hannover |
| 98. ○ Osterode T . . | | 1¾ | W.l.m.n.s.u. | » |

**l. Göttingen-Arenshausen** (2,71 Meilen = 20,11 K.).
Eröffnet am 1. August 1867.

| | | | | |
|---|---|---|---|---|
| (84. Göttingen). | — | — | | Hannover |
| 99. Obernjesa *H* Ɛ. | 1,18 | 8,76 | | » |
| 100. Friedland *H.* Ɛ | 1,79 | 13,28 | | » |
| 101. ○ Arenshausen Ɛ | 2,71 | 20,11 | g.l.t. | Merseburg |

## Hessische Ludwigsbahn.

Verwaltungsrath in Mainz.

An den Hauptstationen: Bahnhofs-Verwalter, an den mittlern Stationen: Stations-Verwalter und an den Haltestellen: Haltestellen-Verwalter.

Grossherzogth. Hessen: Provinzen Rheinhessen und Starkenburg. *Bayern. **Preussen.

Anschlüsse. Aschaffenburg: Bayer. Stsb. u. Frankf.-Hanau; Bensheim: Main-Neckarbahn; Bingen: Rheinische E., Rhein-Naheb., Nassauische Stsb. (Traject); Darmstadt: Main-Neckarbahn; Frankfurt: Frankf.-Hanau, Homburger, Main-Neckarb., Main-Weserb., Offenbach-Frankf., Taunusb.; Mainz: Taunusb. (Traject); Worms: Pfälzische Bahnen.

Directer Güterverkehr mit

a = Bayer. Staatsb.: I. Mainz und Gustavsburg-Nordbayern (Tarif v. 1/ 70 mit Nachtr. v. 1/ 71), II. Mainz und Gustavsburg-Südbayern (1/7 70), III. Südbayern via Ulm (1/7 70), IV. Nord- und Südbayern via Aschaffenburg (1/7 70);

b = Bayer. Ostb. (1/7 70);

c = Bergisch-Märkische Bahn via Bingen (Kohlenverk.) (1/6 67 mit Nachtr. v. 20/5 68 u. 15/5 69);
d = Berg.-Märk. Bahn via Frankfurt (1/1 70);
e = Belgisch-Rheinischer Güterverkehr (1/11 67);
f = Böhmischen Westbahn (1/7 70);
g = Kohlenverk. mit Köln-Mindener B. via Bingen (1/4 70);
h = Rohproductenverk. mit Köln-Mindener B. via Frankfurt (1/1 71);
i = Dünkirchen (1/4 70);
k = Englisch-Rheinischer Güterverk. (1/6 66);
l = Frankfurt-Hanauer B. (1/1 71);
m = Franz. Nordb. (1/7 69);
n = Französ. Ostb. (1/7 68 mit Nachtr. v. 25/5 69);
o = Italienisch-Bayerischer Güterverk. (15/8 69);
p = Main-Neckarb. (10/1 66);
q = Mannheim (15/1 66);
r = Mitteldeutschen Verband (1/1 69 mit Nachtr. v. 1/6, 1/9, 1/11 69, 1/3, 1/4, 1/9, u. 15/12 70);
s = Nassauischen Bahn (1/1 71);
t = Niederländischen Rheinb. (1/2 69);
u = Niederländischen Staatsb. (1/11 69);
v = Nordwestdeutschen Verband (1/5 70 mit Nachtr. v. 10/10 70, 1/1, 15/2 71);
w = Nymwegen (1/10 67);
x = Offenbach (10/1 66);
y = Pfälzischen Bahn (1/1 71). Das Exemplar kostet 54 fr.;
z = Paris via Forbach (15/4 70);
aa = Rheinischen Bahn (1/1 71). Das Exemplar kostet 54 fr.;
bb = Rheinischen Verband (1/7 70);
cc = Saarbrücker Bahn (1/1 71 mit Nachtr. v. 10/4 71);
dd = Saarbrücken-Hessisch-Pfälzischen Verband (1/4 71);
ee = Sächsische Staatsb. via Hof (15/6 69);
ff. = Süddeutschen Verband (1/7 70);
gg = Taunusbahn (1/1 71);
hh = Tyroler Bahn (1/ 66);
ii = Werrabahn (1/7 61).

Zoll-Abfertigungsstellen: A = Hauptzollamt; B = Hauptzollamt mit Niederlage; C = Hauptsteueramt; D = Nebenzollamt I; E = Uebergangsscheim-Expeditionsstelle; F = Orts-Einnehmerei.

### a. Mainz-Worms (5,96 M. = 44,215 Kilom.).

Eröffnet: Mainz-Oppenheim 17/3 53; Stat. 6-8: 10/5 53; 8-10: 25/7 53; 10-11 und damit die ganze Bahn am 25/8 53.

| | Meilen | | |
|---|---|---|---|
| 1. ○ (b,c,d,k) Mainz B T E | — | a-ii. | Rheinhessen |
| 3. *Laubenheim PH** F . | 0,69 | l.y. | » |
| 3. Bodenheim F E . . | 1,17 | l.s.y.aa.cc.gg. | » |
| 4. *Nackenheim PH** F . | 1,63 | l.y. | » |
| 5. Nierstein F E . . . | 2,27 | l.s.y.aa.cc.dd.gg. | » |
| 6. Oppenheim E E . . | 2,54 | l.p.s.x.y.aa-dd.gg. | » |
| 7. Guntersblum F E . . | 3,53 | l.p.s.y.aa.cc.dd.gg. | » |
| 8. Alsheim F E . . . . | 3,93 | l.s.y.aa.cc.dd.gg. | » |
| 9. *Mettenheim PH** F E | 4,13 | l.y.dd. | » |
| 10. Osthofen E E . . . | 4,86 | l.p.s.x.y.aa-dd.gg. | » |
| 11. ○ (e,f,g) Worms B T E | 5,96 | a-n.p.r-y.aa-hh. | » |

### b. Mainz-Bingen (4,33 M. = 32,052 Kilom.).

Eröffnet: 17/11 59.

| | | | |
|---|---|---|---|
| (1. Mainz) . . . . . . | — | | Rheinhessen |
| 12. Mombach F E . . . | 0,62 | l.s.y.aa-dd.gg. | » |
| 13. Budenheim F E . . | 1,21 | l.s.y.aa.cc.dd.gg. | » |
| 14. Heidesheim F E . . | 1,97 | l.s.y.aa.cc.dd.gg. | » |
| 15. Ingelheim {Nieder-Ingelh. E, Ober-Ingelh. F} | 2,64 | l.p.q.s.x.y.aa.cc.dd.gg. | » |
| 16. Gau-Algesheim F E | 3,06 | l.p.q.s.y.aa.cc.dd.gg | » |
| 17. *Gaulsheim PH.** . . | 3,64 | l. | » |
| 18. ○ (e) Bingen B T E | 4,33 | a-d.g.h.l.n-v.x-ee.gg.hh. | » |

### c. Mainz-Darmstadt-Aschaffenburg

(11,24 Meilen = 83,248 Kilom.).

Eröffnet: Mainz-Darmst. 1/8 58; bis Aschaffenb. 7/12 58;

| | | | |
|---|---|---|---|
| (1. Mainz) . . . . . . | — | | Rheinhessen |
| 19. *Gustavsburg G St.* E | 1,50 | a.b.d.f.h l.p-s.v. x.y.aa.cc.ee-ii. | Starkenburg |
| 20. (d) Bischofsheim F E | 2,06 | l.p.q.y.aa. | » |
| 21. Nauheim E . . . . | 3,17 | l.aa. | » |
| 22. Gross-Gerau F E . | 3,60 | a.b.f.l.p.q.s.x.y.aa.cc. ff.gg. | » |
| 23. Weiterstadt E . . . | 4,55 | l.aa. | » |
| 24. ○ (f.h) Darmstadt B u. Zollex. a. Bahnhof T E . | 5,56 | a.b.f.l.m.o.s-u.y.aa. cc.ee.ff-ii. | » |
| 25. Messel F E . . . . | 6,90 | l.aa. | » |
| 26. Dieburg E E . . . | 7,93 | a.b.f.l.p.q.s.x.y.aa.cc. ff.gg. | » |
| 27. *Altheim PH.** . . | 8,53 | l. | » |
| 28. (i) Babenhausen F E . | 9,35 | a.b.f.l.p.q.s.x.y.aa.cc.gg. | » |
| 29. Stockstadt a/M. E E | 10,43 | l.aa. | *Unterfranken |
| 30. ○ Aschaffenburg B T . . . . | 11,24 | g.p.q.t.u.y.aa.cc. | » |

### d. Mainz-Frankfurt (6,07 M. = 44,910 Kilom.).

Eröffnet: 1/4 63 (die Rheinbrücke für Güter: 11/12 62).

| | | | |
|---|---|---|---|
| (11. Mainz) . . . . . | — | | Rheinhessen |
| (20. Bischofsheim) . | — | | Starkenburg |
| 31. Rüsselsheim F E . | 2,60 | l.p-s.v.x.y.aa.cc.gg. | » |
| 32. Raunheim E . . . | 3,10 | l.aa. | » |
| 33. Kelsterbach F E . | 4,17 | l.aa. | » |
| 34. *Schwanheim PH** E E | 4,58 | l. | ** Hessen-Nassau |
| 35. *Niederrad GH.* E . | 5,45 | l.aa. | » |
| 36. ○ Frankfurt (Main-Neckar-Bahnhof) B T | 6,06 | e.i.k.m.n.w.y.s.aa.cc. | » |

NB. Bei den Entfernungen unter c. und d. ist für die Rheinbrücke ein Zuschlag von 1,17 Meilen angenommen.

### e. Worms-Alzey-Bingen 8,55 M. = 63,37 Kilom.).

Eröffnet bis Stat. 39: 1/12 64; bis Alzey für Güter 21/12 66; für Personen 10/4 67; Bingen-Armsheim 20/8 70 u. Armsheim-Alzey 1/11 70.

| | | | |
|---|---|---|---|
| (11. Worms) . . . . | — | | Rheinhessen |
| 37. *Pfiffligheim PH** F | 0,40 | l. | » |
| 38. Pfeddersheim F E . | 0,83 | l.p.x.y.aa.dd. | » |
| 39 (m,n) Monsheim F E | 1,56 | a.b.d.f.h.l.p.s.x.y.aa-dd.ff.gg. | » |
| 40. Nieder-Flörsheim F E | 2,01 | l.y.aa.dd. | » |
| 41. Gundersheim F E . | 2,66 | l.s.y.aa.cc.dd.gg. | » |
| 42. Eppelsheim F E . . | 3,04 | l.s.y.aa.cc.dd.gg. | » |
| 43. *Kettenheim PH** . | 3,50 | l. | » |
| 44. (k) Alzey F T E . | 4,05 | a-d.f-h.l.n.r-v.y.aa-cc.ee-gg. | » |
| 45. (k) Albig F E . . . | 4,38 | l.aa. | » |
| 46. (k,l) Armsheim F E | 5,09 | l.aa. | » |
| 47. Wallertheim F E . . | 5,53 | l.aa. | » |
| 48. Gau-Bickelheim F E | 5,85 | l.aa. | » |
| 49. Sprendlingen F E . | 6,32 | l.aa. | » |
| 50. *Welgesheim-Zotzenheim PH.** . . | 6,71 | l. | » |
| 51. Gensingen-Horrweiler F E . . . . . . | 7,07 | l.aa. | » |
| 52. Büdesheim-Dromersheim F E . . . . . . | 7,63 | l.aa. | » |
| 53. *Kempten PH.** F . | 8,21 | | » |
| (18. Bingen) . . . . | 8,55 | | » |

### f. Darmstadt-Hofheim (Worms) [Riedbahn].

(5,13 Meilen = 38,02 Kilom.).

Eröffnet Darmstadt-Stat. 59: 15/4 1869; Stat. 59-62: 1/6 1869.

| | | | |
|---|---|---|---|
| (24. Darmstadt) . . . | — | | Starkenburg |
| 54. Griesheim F E . . | 1,00 | l.s.aa.gg. | » |
| 55. *Wolfskehlen PH.** F | 1,52 | l. | » |
| 56. *Erfelden-Goddelau PH.** F . . . . | 1,78 | l. | » |
| 57. Stockstadt a. Rhein F E | 2,18 | l. | » |
| 58. *Biebesheim PH.** F | 2,61 | l. | » |
| 59. Gernsheim E T E . | 3,05 | a.b.f.l.s.aa.ff.gg. | » |
| 60. Gross-Rohrheim F E . | 3,70 | l. | » |
| 61. Biblis F E . . . . | 4,16 | l. | » |
| 62. (g) Hofheim F E . | 4,76 | l. | » |

### g. Worms (Rosengarten-Hofheim)-Bensheim

(3,25 Mln. = 21,26 Kilom.)

Eröffnet: Rosengarten-Hofheim 1/4 69; Hofheim-Bensheim 1/11 69; Hafenbahn und Traject für Güter 15/8 70.

| | | | |
|---|---|---|---|
| (11. Worms) . . . . . | — | | Rheinhessen |
| 63. *Worms-Hafen G St.** auf dem linken Rheinufer. | 0,32 | l.s.y.aa.cc.gg. | » |
| 64. Rosengarten E . . . (auf dem rechten Rheinufer). | 1,50 | a.b.f.l.s.y.aa. ff.gg. | Starkenburg |
| (62. Hofheim) . . . . | 2,00 | | » |
| 65. *Bürstadt PH.** F . | 2,61 | l. | » |
| 66. Lorsch E T E . . | 3,70 | s.y.aa.gg. | » |
| 67. ○ Bensheim D E . | 4,37 | s.aa.gg. | » |

### h. Darmstadt-Erbach (Odenwald-Bahn).

(6,82 Mln. = 50,490 Kilom.).

Eröffnet Darmstadt-Ober-Ramstadt $^{27}/_{12}$ 70; Ober-Ramstadt-Reinheim $^{15}/_{4}$ 71; Reinheim-Wiebelsbach im Juli 1871.

| | | | |
|---|---|---|---|
| (24. Darmstadt). . . | — | | Starkenburg |
| 68. Rosenhöhe T . . . | 0,50 | | » |
| 69. Nieder-Ramstadt-Traisa F T . . . . | 1,23 | aa. | » |
| 70. Ober-Ramstadt F T | 1,65 | aa. | » |
| 71. *Zeilhard PH.** . . | 2,21 | | » |
| 72. Reinheim F T . . | 2,65 | | » |
| 73. Lengfeld F T . . . | 3,34 | | » |
| 74. (i) Wiebelsbach-Heubach F T . . . . | 3,79 | | » |
| Im Bau: | | | |
| 75. Höchst. . . . . . | 4,57 | | » |
| 76. Mümling-Grumbach | 4,91 | | » |
| 77. König. . . . . . | 5,45 | | » |
| 78. Zell . . . . . . | 5,75 | | » |
| 79. Michelstadt . . | 6,34 | | » |
| 80. Erbach . . . . | 6,82 | | » |

**i. Zweigbahn Babenhausen-Wiebelsbach-Heubach.**

(2,04 Mln. = 15,116 Kilom.)

Eröffnet: Babenhausen-Gr.-Umstadt $^{15}/_{4}$ 70; bis Wiebelsbach am $^{21}/_{12}$ 70.

| | | | |
|---|---|---|---|
| (28. Babenhausen). . | — | | Starkenburg |
| 81. *Langstadt PH.** F . | 0,57 | l.aa. | » |
| 82. *Klein-Umstadt PH.**F | 1,00 | l.aa. | » |
| 83. Gross-Umstadt F T | 1,51 | l.aa.cc. | » |
| (74. Wiebelsbach-Heubach) F T . . . | 2,04 | aa. | » |

**k. Mainz-Alzey-Grenze (6,00 M.).**

Bis Anfang 1872 fertig.

| | |
|---|---|
| (1. Mainz). | Rheinhessen |
| 84. Gartenfeld. | » |
| 85. Gonsenheim. | » |
| 86. Marienborn. | » |
| 87. Klein-Winternheim. | » |
| 88. Nieder-Olm. | » |
| 89. Nieder-Saulheim. | » |
| 90. Wörrstadt. | » |
| 46. Armsheim). | » |
| (45. Albig). | » |
| (44. Alzey). | » |
| 81. ○ Wahlheim. | |

**l. Zweigb. Armsheim-Flonheim.**

(0,74 Mln. = 5,47 Kilom.).

| | |
|---|---|
| (46. Armsheim). | Rheinhessen |
| 92. Bornheim. | » |
| 93. Flonheim. | » |

**m. Strecke Monsheim-Grenze gegen Bockenheim.**

(0,33 Mln. 2,44 Kilom.).

| | |
|---|---|
| (39. Monsheim) | Rheinhessen |
| 94. ○ Hohensülzen | » |

**n. Strecke Monsheim-Wachenheim-Grenze.**

(0,53 Mln. = 3,9 Kilom.).

| | |
|---|---|
| (39. Monsheim | Rheinhessen |
| 95. ○ Wachenheim | » |

## Hessische Nordbahn

NB. Eigenthümerin: Bergisch-Märkische Eisenb.-Gesellschaft, bis jetzt aber unter derselben Kgl. Verwaltung mit der Bebra-Hanauer Eisenbahn in Cassel.

Preussen: Regierungs-Bezirk. *° Grossherzogth. Sachsen-Weimar: Verwaltungsbezirk.

Adresse der Stations-Verwaltungen in Cassel neben den Bahnhofsvorstand: Güterexpedition, an den übrigen Stationen: Bahnhofs-Vorstände für die Güter- wie für die Eilgut-Expedition.

Anschlüsse. Bebra: Bebra-Hanau (unter derselben Verwaltung), Cassel: Hannov. Staatsb., Main-Weserb., Gerstungen: Thüringische E., Guntershausen: Main-Weserb., Warburg: Westfälische Staatsb. und im Bau: Bergisch-Märkische Eisenbahn.

Directer Güterverkehr: M. sodann a = Rheinisch-Thüring-Verband; b = Hannov.-Thüringischer; c = Hannov.-Bayerischer; d = Westfälischer Verb.; e = Westdeutscher Verb.

**a. Gerstungen-Cassel-Warburg (18 M. = 134,64 Kil.).**

Eröffnet Stat. 1-3 (resp. die ganze Bahn) $^{25}/_{9}$ 49; 3-8 $^{15}/_{9}$ 48; [illegible] 11-13 $^{7}/_{8}$ 49; 13-15 $^{20}/_{8}$ 48; 15-17 $^{1}/_{8}$ 49.

| | Mln. | Kilom. | | |
|---|---|---|---|---|
| 1. ○ Gerstungen | 10,5 | 78,8 | a. | *° Eisenach |
| 2. Hönebach . . . . | 9,3 | 69,6 | | Cassel |
| 3. ○ Bebra . . . | 7,7 | 57,8 | M.a.b.c. | » |
| 4. Rotenburg . . . | 7,0 | 52,2 | | » |
| 5. Altmorschen . . | 5,3 | 40,0 | | » |
| 6. Beiseförth . . . | 4,7 | 35,6 | | » |
| 7. Melsungen . . . | 3,9 | 29,6 | | » |
| 8. Guxhagen. . . . | 2,3 | 17,1 | | » |
| 9. ○ Guntershausen | 1,9 | 13,9 | b. | » |
| 10. Wilhelmshöhe . . | 0,5 | | | » |
| 11. ○ Cassel . . . . | — | — | a-d. | » |
| 12. Mönchehof . . . | 1,5 | 11,8 | | » |
| 13. Grebenstein . . . | 2,9 | 21,6 | | » |
| 14. Hofgeismar . . . | 3,7 | 27,5 | | » |
| 15. (b) Hümme . . | 4,4 | 33,3 | | » |
| 16. Liebenau . . . . | 6,0 | 45,1 | | » |
| 17. ○ Warburg . . | 7,1 | 53,4 | c. | Minden |

**b. Hümme-Carlshafen (2¼ M. = 16,83 Kilom.).**

Eröffnet $^{30}/_{3}$ 48.

| | | | | |
|---|---|---|---|---|
| (15. Hümme) . . . | 4,4 | 33,7 | | Cassel |
| 18. Trendelburg . . | 5,0 | 37,7 | | » |
| 19. Helmarshausen . | 6,2 | 46,7 | | » |
| 20. Carlshafen . . | 6,6 | 49,7 | a.b.c.e. | » |

## Hohenstadt-Zöptauer Eisenbahn.

Verwaltungsrath zu Wien.

Oesterreichischer Kaiserstaat.

Eröffnet am 1. October 1871.

Den Betrieb übernimmt die Oesterr. Staatsb.-Verwaltung.

Anschluss in Hohenstadt an die Oesterr. nördl. Staatsb.

| | Oestr. M. | Kil. | |
|---|---|---|---|
| 1. ○ Hohenstadt . | — | — | Mähren |
| 2. Heilendorf . . . . | 0,7 | 5,31 | » |
| 3. Mährisch-Schönberg | 1,7 | 12,90 | » |
| 4. Petersdorf. . . . . | 2,4 | 18,21 | » |
| 5. Zöptau . . . . . | 2,9 | 22,00 | » |

## Homburger Eisenbahn.

Verwaltungsrath und Direction in Homburg.

2,41 (2½) Meilen = 18,115 Kilom.

Eröffnet 10. Sept. 1860.

Preussen: Regierungsbezirk Wiesbaden.

Anschluss in Frankfurt: Frankf.-Hanau, Hess. Ludwigsbahn, Main-Neckarbahn mit Frankf.-Offenbach, Main-Weserbahn, Taunusbahn.

Directer Güterverkehr: a = nach den Hauptstationen der Taunusb. ($^{1}/_{1}$ 69); b = nach sämmtlichen Stationen der Nassauischen Eisenb. ($^{1}/_{1}$ 69); c = von den Kohlenstationen der Kgl. Saarbrücker Bahn ($^{1}/_{1}$ 69).

| | Mln. | Kilom. | | Preussen Regierungsbezirk |
|---|---|---|---|---|
| 1. Homburg T P . . | — | — | a.b.c. | Wiesbaden |
| 2. Oberursel T P . . | 0,54 | 4,1 | a.b.c. | » |
| 3. Weiskirchen . . . | 0,91 | 6,9 | | » |
| 4. Rödelheim . . . . | 1,68 | 12,7 | | » |
| 5. ○ Frankfurt T P | 2,41 | 18,2 | | » |

## Hüggelbahn.

(Industriebahn der Georg-Marienhütte zu Osnabrück) 1 Meile, für Eisenstein- und auch Personentransport, am $^{15}/_{9}$ 1866 vollständig dem Betrieb übergeben. Nach Concession vom $^{29}/_{12}$ 68 soll dieselbe durch eine von dem genannten Hüttenverein zu erbauende Verbindungsbahn an die im Bau begriffene Venlo-Hamburger E. Anschluss erhalten.

## Industrie-Pferdebahn zur Ilseder Hütte.

Eröffnet im Mai 1865, hat den Zweck, die auf Station Peine (Nr. 64 der Hannov. Staatsb.) für den Hüttenbetrieb ankommenden Brennmaterialien direct nach der Hütte und das producirte Eisen von der Hütte an die Station zu führen.

## I. K. k. a. pr. Kaiser Ferdinands-Nordb.

Direction in Wien.

Oesterreich: Kronländer.

Anschlüsse. Brünn: Mähr.-Schles. Nordb. u. Oesterr. Stsb. (nördliche); Dziedítz: Rechte-Oder-Ufer-Bahn; Granica: Warschau-Wiener; Jedlersee: Oesterr. Nordwstb. Krakau: Gal. Carl-Ludwigbahn; Marchegg: Oesterr. Staatsb. (südöstl.); Myslowice: Oberschles. B.; Oderberg: Kaschau-Oderberger und Wilhelmsb.; Olmütz: Mähr.-Schles. Nordb. u. Oesterr. Staatsb. (nördl.) u. (im Bau) Mähr.-Schles. Centralb.; Ostrau: Ostrau-Friedland;

Oświeçim: Oberschles. Bahn; Preran: Mähr.-Schles. Nordb.: Wien: Oesterr. Stsb., Südb., Kaiserin Elisabethb., Kaiser Franz. Josefsb.

Directer Verkehr für Gütersendungen besteht von sämmlichen Frachtenstationen der Nordb. nach sämmtl. Stat. nachgenannter inländischer Bahnen: 1. der Nördl. Stsb.; 2. der Südöstl. Stsb.; 3. der Süd-Norddeutschen Verbindungsb.; 4. der Aussig-Teplitzer E.; 5. der Theissbahn; 6. der Galiz. Carl-Ludwigsb.; 7. der Lemberg-Czernow.-Jassyb.; 8. der Ung. Stsb.; 9. der Kaschau-Oderberger E.; 10. Ostran-Friedländer Bahn.

Ausserdem ab einzelnen Stationen der Nordb. nach Stat. folgender Bahnen: 10. der Böhm. Westb. 11. der Alföld-Fiumaner B. 12. der I. Siebenbürger B. 13. der Ungar. Ostb. 14. der Oesterr. Südb. 15. der Kaiser. Elisabethb. 16. den Dampfschifffahts-Stat. 17. der Turnan-Kralup-Prager Eisenb. 18. der Böhm. Nordb. und 19. der Oesterr. Nordwestbahn.

Ferner bestehen folgende directe ausländische Verkehre:

A. via Granica.

a = Danzig-Krakauer Verk. (1/11 64 mit Nachtr. I. v. 1/6 70).
b = Oesterr.-Galiz.-Russ. Verk. (1/11 70).
c = Oesterr.-Böhm.-Ung.-Russ. Verk. (1/11 70).
d = Oesterr.-Italisch-Russ. Verk. (1/12 68).
d¹ = Wien-Warschauer Verk. 1/6 67.
d² = Triest-Warschauer Verk. 15/8 70.

B. via Oderberg.

e = Preuss.-Schles.-Oesterr.-Ung. Verk. (15/6 68, resp. 2. Thl. 15/1 70; Nachtr. I. 15/7 70, II. 1/3 71).
f = Stettin-Oesterr.-Ung. Verk. (1/6 69, Nachtr. I. 1/1 69, II. 1/1 71).
g = Triest-Breslauer Verk. (1/7 69).
h = Triest-Stettiner Verk. (1/8 69).

C. via Oderberg u. Bodenbach.

i = Hamb.-Berlin-Oesterr. Verk. (1/3 69; Nachtr. I. 20/6 69, II. 15/1 70, III. 1/6 70, IV. 20/6 70, V. 1/7 70, VI. 1/1 71).
i* = desgl. nur für Getreide von Märischen Stationen.

D. via Myslowitz, Oswieçim u. Oderberg.

k = Kohlen-Verk. mit der Oberschl. incl. Wilhelmsb. (10/7 69; Nachtr. I. 1/8 70, II. 1/1 71).

E. via Bodenbach.

l = Dresden-Leipzig-Oesterr. Verk. (1/6 68; Nachtr. I. 15/7 68, II. 10/12 68, III. 20/4 69, IV. 1/8 69, V. 15/6 70, VI. 1/8 70, VII. 1/- 70, VIII. 15/4 71, IX. 10/6 71).
m = Bremen-Harburg etc.-Oesterr. Verk. (15/11 69).
n = Rhein.-Thür.-Oesterr. Verk. (1/3 71; Nachtr. I. 3/7 71, II. 1/11 71).
o = Getreidetarif f. d. Oesterr.-Sächs.-Rhein. Eisenb. Verband via Eisenach Giessen (1/4 69).
p = Getreidetarif f. d. Norddeutsch. Eisenb. Verb. via Magdeburg (15/11 69).
q = Getreidetarif mit Köln-Giessener, Nassauischen, Main-Weser- u. Hannoverschen Stat. (15/3 70, Nachtr. I. 15/3 71).
r = Oesterr. Ostindischer Verk. via-Triest-Suez-Kanal (1/6 70).

F. via Myslowitz

s = Norld.-Galiz. Verk. (1/3 70, Nachtr. I. 1/10 70).)
*P.H.* = Haltestelle mit nur Personenverkehr.
*P.H.** = „ mit Personen-, Gepäck- u. beschränktem Güterverk.

## a. Wien-Krakau (55¼ Ö. M. = 421,05 Kilom.).

Eröffnet Stat. 1-2 1/7 1838; 2-4 29/11 37; 4-5 14/11 38; 5-7 1/7 39; 7-10 1/7 39; 10-15 1/3 41; 15-19 1/9 41; 19-20 15/8 42; 20-26 1/5 47; 26-33 17/12 1855; 33-35 1/3 56; 35-41 1/5 58 (letztere Strecke von dem Staat übernommen).

| | Oestr. Ml. | Kil. | | |
|---|---|---|---|---|
| 1. ○ Wien (Nordbahnhof) | — | — | d.e.f.i.l.m. n.o.p.q. | Oesterreich |
| 2. ○ (b) Floridsdorf | 0,6 | 7,59 | e.f.i.l.m.n. | „ |
| 3. Süssenbrunn *PH.* | 1,7 | 15,17 | | „ |
| 4. Wagram | 2,3 | 18,97 | | „ |
| 5. (c) Gänserndorf | 4 | 30,35 | | „ |
| 6. Angern | 5,2 | 37,93 | | „ |
| 7. Dürnkrut | 6,5 | 53,10 | | „ |
| 8. Drösing *PH.* | 7,6 | 60,69 | | „ |
| 9. Hohenau | 8,5 | 68,28 | | „ |
| 10. (d) Lundenburg | 10,9 | 83,45 | c.f.r. | Mähren |
| 11. M. Neudorf | 12,4 | 94,83 | | „ |
| 12. Göding | 13,7 | 106,21 | i* (n. Getr.) | „ |
| 13. Strassnitz-Rohatetz | 14,6 | 113,80 | | „ |
| 14. Bisenz-Pisek | 16,3 | 128,97 | i* (nur Getr.) | „ |
| 15. Ung. Hradisch | 18,1 | 144,14 | e.i* (n. Getr.) | „ |
| 16. Napagedl | 19,6 | 159,71 | | „ |
| 17. Quassitz-Tlumatschau | 21,1 | 166,90 | | „ |
| 18. Hullein | 22,1 | 174,49 | i* nur Getr.) | „ |
| 19. (e,l) Prerau | 24,1 | 189,66 | e.f.i* (n. Getr.) | „ |
| 20. Leipnik | 26,1 | 204,83 | i* (n. Getr.) | „ |
| 21. Weisskirchen | 27,8 | 216,21 | | „ |
| 22. Pohl | 29,1 | 227,59 | e. | „ |
| 23. Zauchtl-Neutitschein | 30,6 | 238,97 | | „ |
| 24. Stauding | 32,1 | 250,35 | | Oesterr.- |
| 25. (f) Schönbrunn | 34,4 | 269,32 | | Schlesien |
| 26. ○ (m) Ostrau | 35,1 | 273,11 | r. | Mähren |
| 27. Hruschau | 35,4 | 275,39 | | Oesterr. |
| 28. ○ Oderberg | 36,2 | 284,49 | e.r. | Schlesien |
| 29. Petrowitz | 38,2 | 299,66 | | „ |
| 30. Seibersdorf *PH.* | 38,9 | 307,25 | | „ |
| 31. Pruchna | 39,7 | 311,04 | | „ |
| 32. Chybi | 40,9 | 318,63 | | „ |
| 33. ○ (g) Dziedilz | 42,7 | 333,80 | | „ |
| 34. Jawiszowice *PH.* | 43,9 | 341,39 | | Galizien |
| 35. ○ Oświeçim | 45,5 | 356,56 | | „ |
| 36. Chelmek *PH.* | 46,6 | 364,15 | | „ |
| 37. Chrzanów *PH.* | 48,3 | 379,32 | | „ |
| 38. (h) Trzebinia | 48,9 | 383,11 | | „ |
| 39. Krzeszowice | 50,6 | 394,49 | | „ |
| 40. Zabierszów | 52,3 | 409,67 | | „ |
| 41. ○ Krakau | 54,0 | 421,05 | a.b.r. | „ |

## b. Floridsdorf-Jedlersee (1¼ Ö. M. = 9,48 Kilom.).

Eröffnet 24/7 1841.

| | | | |
|---|---|---|---|
| (1. Wien) | — | — | Oesterreich |
| (2. ○ Florisdorf) | 0,6 | 7,59 | „ |
| 42. ○ Jedlersee | 1¼ | 9,48 | „ |

Die anschliessende Strecke Jedlersee-Stockenau gehört ab 1. November der Oesterr. Nordwestb.

## (c. Gänserndorf-Marchegg (2½ Ö. M. = 18,97 Kilom.)

Eröffnet 20/8 1848.

| | | | | |
|---|---|---|---|---|
| (5. Gänserndorf) | 4 | 30,35 | | Oesterreich) |
| 47. Oberweiden *PH.* | 5,2 | 37,93 | | „ |
| 48. ○ Marchegg | 6,4 | 49,38 | e.f.i.l.-r. | „ |

## d. Lundenburg-Brünn (9 Ö. M. = 68,28 Kilom.).

Eröffnet 1/7 1841.

| | | | | |
|---|---|---|---|---|
| (10. Lundenburg) | 10,9 | 83,45 | | Mähren |
| 49. Kostel *PH.* | 12,3 | 94,63 | | „ |
| 50. Saitz | 13,4 | 98,02 | | „ |
| 51. Branowitz | 15,5 | 121,38 | | „ |
| 52. Rohrbach *PH.* | 16,5 | 128,94 | | „ |
| 53. Raigern | 17,3 | 136,55 | | „ |
| 54. Mödritz | 17,9 | 144,11 | | „ |
| 55. Ober-Gerspitz | 18,5 | 147,13 | | „ |
| 56. ○ (m) Brünn | 18,8 | 151,73 | d.e.f.r. | „ |

## e. Prerau-Olmütz (3 Ö. M. = 22,76 Kilom.).

Eröffnet 17/10 1841.

| | | | | |
|---|---|---|---|---|
| (19. Prerau) | 24,1 | 189,66 | | Mähren |
| 57. Brodek | 25,3 | 201,04 | | „ |
| 58 ○ (m) Olmütz | 27,1 | 212,42 | c.e.f.r. | „ |

## f. Schönbrunn-Troppau (4 Ö. M. = 30,35 Kilom.).

Eröffnet 17/12 1855.

| | | | | |
|---|---|---|---|---|
| (25. Schönbrunn) | 34,4 | 269,32 | | Oesterr.- |
| 59. Dielhlau *PH.* | 35,4 | 276,90 | | Schlesien |
| 60. Freiheitau | 36,3 | 284,49 | | „ |
| 61. Oppahof-Stettin *P.H.* | 37,1 | 292,00 | | „ |
| 62. Komorau *PH.* | 37,5 | 295,87 | | „ |
| 63. ○ Troppau | 38,2 | 299,66 | e.r. | „ |

## g. Dziedilz-Bielitz (1½ Ö. M. = 11,38 Kilom.).

Eröffnet 11/12 1855.

| | | | | |
|---|---|---|---|---|
| (33. Dziedilz) | 42,7 | 333,80 | | Oesterr.- |
| 64. Bielitz | 44,2 | 345,18 | e.r. | Schles. |

## h. Trzebinia-Myslowice (4 Ö. M. = 30,35 Kilom.).

Eröffnet 1/3 1858.

| | | | | |
|---|---|---|---|---|
| (38. Trzebinia) | 48,9 | 383,11 | | Galizien |
| 65. Cieszkowice *PH.* | 50,3 | 394,49 | | „ |
| 66. (i) Szczakowa | 51,0 | 398,92 | b.r. | „ |
| 67. Dąbrowa (Zweigb.) | 52,0 | | nur Kohlentransport | „ |
| 68. ○ (Myslowice) Myslowiçe | 54½ | 413,46 | a.g. | *Preussen |

## i. Szczakowa-Granica (½ Ö. M. = 3,80 Kilom.).

Eröffnet 1/3 1858.

| | | | |
|---|---|---|---|
| (66. Szczakowa) | 51,0 | 398,29 | Galizien |
| 69. ○ Granica | 51,3 | 402,08 | **Russ.Polen |

## II. K. k. priv. Mähr.-Schles. Nordb.

(Der Kaiser Ferd. Nordbahn gehörig.)

Anschlüsse. Brünn: Kais. Ferd. Nord- und nördl. Staats-Eisenb.; Olmütz: Kais. Ferd. Nord- u. nördl. Staatsb.; Perrau: Kais. Ferd. Nordb.; Troppau: im Bau Mähr.-Schles. Centralbahn.

Directer Verkehr für Gütersendungen besteht von sämmtlichen Frachtenstationen nach sämmtlichen Stationen nachgenannter inländischer Bahnen:
1. der nördlichen Staats-Eisenb.;
2. der südöstlichen Staats-Eisenb.;
3. der Süd-Norddeutschen Verbindungsb.;
4. der Aussig-Teplitzer Bahn;
5. der Galiz. Carl-Ludwigsb.;
6. der Lemb.-Czern.-Jassy-Bahn;
7. der Kaschau-Oderberger Bahn.

Ferner besteht ein directer Kohlenverkehr von sämmtlichen Stationen nach den Kohlenstationen der Oberschles. u. vormal. Wilhelmsbahn.

Bezüglich der übrigen directen Verkehre von den Anschlussstationen vide Kaiser Ferd. Nordb.

### k. Brünn-Olmütz-Sternberg (15,¼ Oestr. M. = 115,79 Kilom.).

Eröffnet: Brünn-Nezamislitz $^{30}/_{8}$ 1869; Nezamislitz-Olmütz-Sternberg $^{1}/_{7}$ 1870.

| Station | Oestr. M. | Kilom. | Land |
|---|---|---|---|
| (56. Brünn) | — | — | Mähren |
| 70. Chirlitz-Turas | 1,2 | 9,10 | » |
| 71. Sokolnitz | 2,0 | 15,17 | » |
| 72. Křenowitz | 3,2 | 24,28 | » |
| 73. Rausnitz | 4,3 | 32,62 | » |
| 74. Wischau | 6,2 | 47,04 | » |
| 75. Eywanowitz | 7,3 | 55,38 | » |
| 76. (l) Nezamislitz | 8,2 | 62,21 | » |
| 77. Bedihost | 10,018 | 76,01 | » |
| 78. Prossnitz | 10,630 | 80,65 | » |
| (58. ○ Olmütz) | 13,361 | 101,36 | » |
| 79. Sternberg | 15,261 | 115,79 | » |

Die Linie soll über Sternberg, Zuckmantel nach Neisse (in Preuss. Schlesien, Anschluss: Oberschles. E.) weiter gebaut werden.

### l. Nezamislitz-Prerau

(3,5 Oesterr. M. = 26,55 Kilom.). Eröffnet $^{30}/_{8}$ 1870.

| Station | Oestr. M. | Kilom. | Land |
|---|---|---|---|
| (76. Nezamislitz) | — | — | Mähren |
| 80. Kojetein | 1,5 | 11,38 | » |
| 81. Chropin | 2,1 | 15,93 | » |
| (19. ○ Prerau) | 3,5 | 26,55 | » |

### III. m. Ostrau-Friedländer Eisenbahn.

Verwaltungsrath in Wien.
Oesterreich: Mähren.
Anschluss in Ostrau an die Kaiser Ferd. Nordb.
Bahnlänge 4,38 M. = 32,86 Kilom.
Eröffnet $^{1}/_{1}$ 1871.
Im Pachtbetriebe der Direction der Kaiser Ferd. Nordb.

| Station | Oestr. M. | Kilom. | Land |
|---|---|---|---|
| (26. ○ Mährisch-Ostrau [Stadt]) | — | — | Mähren |
| 82. Ostrau-Wilkowitz | 0,42 | 3,22 | Oesterr. |
| 83. Kunzendorf *PH.* | 1,6 | 8,76 | Schlesien |
| 84. Paskau | 1,90 | 14,43 | » |
| 85. Carlshütte | 2,54 | 19,28 | » |
| 86. Friedek-Mistek | 2,94 | 22,31 | » |
| 87. Baschka *PH.* | 3,36 | 25,53 | » |
| 88. Friedland | 4,38 | 32,86 | Mähren |

## K. k. pr. Kaiser Franz Josefs-Bahn.

Verwaltungsrath und General-Direction in Wien.

Anschlüsse. Wien: Kaiser Ferdinands-Nordbahn, Kaiserin Elisabethb., Oesterr. Staats-, Südb. und Nordwestbahn; Sigmundsherberg-Horn: im Bau Oestr. Nordwestb.; Budweis: Kaiserin Elisabethb.; Pilsen: Böhm. Westb.; Prag im Bau: Böhm. Westb., Oesterr. Staatsb., dann mit dem Neratowitzer Flügel der Turnau-Kralup-Prager Eisenbahngesellschaft; Eger: im Bau Buschtěhrader Eisenb., Kgl. Bayer. Staatsb., Bayer. Ostb. und Kgl. Sächsische Staatsbahnen; Nussdorf, Klosterneuburg u. Tulln: Contact mit der Wasserstrasse der Oesterr. Donau-Dampfschifffahrts-Gesellschaft.

### a. Hauptbahn Wien-Budweis-Pilsen-Eger.

Eröffnungen: Wien-Eggenburg (10,4 M.) am $^{1}/_{7}$ 70; Eggenburg-Budweis (17,7 M.) $^{1}/_{11}$ 69; Budweis-Pilsen (17,9 M.) $^{1}/_{9}$ 68; Pilsen-Eger im Bau.

Güterverkehr. Local-Tarife, zwischen sämmtlichen eigenen Stationen (vom $^{15}/_{8}$ 1870).

Directe Verkehre: a = mit der Böhm. Westb. mit Zugrundelegung der beiderseitigen Normal-Tarife; b = mit der Böhm. Westbahn, auf Grund des ermässigten directen Tarifs, zwischen den bezeichneten Stationen und der Station Prag (vom $^{15}/_{8}$ 1870); c = mit der Südbahn-Gesellschaft unter Anwendung der beiderseitigen Normal-Tarife; d = mit den Stationen Triest und St. Peter (Fiume) der Südbahn-Gesellschaft unter Anwendung des directen Tarifs v. 15. März 1871; e = mit der Bayer. Ost- und Staatsb. (v. $^{1}/_{10}$ 1870).

| | Station | M. | Dir. Verk. | Land |
|---|---|---|---|---|
| | 1. ○ Wien | — | | Nieder-Oesterreich |
| | 2. Nussdorf T. | 0,5 | | |
| | 2a. Kahlenbergerdorf *PH.* T. | 1,0 | | » |
| | 3. Klosterneuburg T. | 1,0 | | » |
| | 4. Kritzendorf *PH.* T P. | 2,0 | | » |
| | 4a. Greifenstein *PH.* T. | 2,5 | | » |
| | 5. St. Andrä-Wördern T. | 3,0 | | » |
| | 6. Langenlebarn *PH.* P. | 4,0 | | » |
| | 7. Tulln T. | 4,5 | c.e. | » |
| | 7a. Neu-Aigen *PH.* | 5,5 | | » |
| | 8. Absdorf-Hippersdorf T P. | 6,0 | e. | » |
| | 9. Gross-Weikersdorf *PH.* P. | 7,0 | | » |
| | 10. Ziersdorf T. | 8,0 | | » |
| | 11. Limberg-Maissau *PH.* | 9,0 | | » |
| | 12. Eggenburg T. | 10,5 | c.e. | » |
| | 13. Sigmundsherberg-Horn T P. | 11,5 | e. | » |
| | 14. Hötzelsdorf *PH.* P. | 13,0 | | » |
| | 15. Wappoltenreith T P. | 14,5 | | » |
| | 16. Göpfritz-Gr.-Siegharts T. | 16,0 | c.e. | » |
| | 17. Schwarzenau T. | 18,0 | c. | » |
| | 18. Vitis | 19,5 | | » |
| | 19. Pürbach-Schrems T. | 20,5 | c. | » |
| | 20. (b) Gmünd T. | 21,5 | c.d.e. | » |
| | 21. Gratzen T. | 23,5 | | Böhmen |
| | 22. Forbes T. | 25,5 | | » |
| | 23. ○ Budweis T. | 28,0 | b.c.d.e. | » |
| | 24. Frauenberg T. | 29,5 | b.e. | » |
| | 25. Netolic T. | 31,0 | b. | » |
| | 26. Wodnian T. | 32,0 | b.c. | » |
| | 27. Protiwin T. | 33,0 | b.c. | » |
| | 28. Ražice-Pisek T. | 34,0 | b.c.e. | » |
| | 29. Čejtic *PH.* | 35,0 | | » |
| | 30. Strakonic T. | 36,0 | b.c.d.e. | » |
| | 31. Kattowic *PH.* | 37,0 | | » |
| | 32. Horažd'owic T. | 38,0 | b.c.d.e. | » |
| | 33. Wolšan T. | 39,5 | | » |
| | 34. Nepomuk T. | 41,5 | c.e. | » |
| | 35. Žd'ar Ždirec *PH.* | 42,5 | | » |
| | 36. Blowic T. | 43,0 | | » |
| | 37. Stiahlau T. | 44,5 | c.e. | » |
| | 38. Plzenec *PH.* | 45,0 | | » |
| | 39. ○ Pilsen T. | 46,0 | c.d. | » |
| Eröffnung 1871. | 40. Tuschkau | 47,5 | | » |
| | 41. Neuhof | 49,1 | | » |
| | 42. Mies-Kladrau | 50,4 | | » |
| | 43. Schweissing | 51,5 | | » |
| Im Bau. | 44. Plan | 54,4 | | » |
| | 45. Marienbad | 56,0 | | » |
| | 46. Königswart | 57,0 | | » |
| | 47. Sandau | 57,8 | | » |
| | 48. ○ Eger | 60,0 | | » |

### b. Zweigbahn Gmünd-Prag. (24,5 Mln. = 185,8 K.).

Eröffnet von Gmünd bis Cerčan-Pišely am 3. Sept. 1871, bis Prag voraussichtlich bis Ende 1871.

| Station | M. | Land |
|---|---|---|
| (20. Gmünd) | | Nieder-Oesterreich |
| 49. Erdweis GH. für Wagenladungen | 0,8 | » |
| 50. Suchenthal | 2,2 | » |
| 51. Chlumec | 3,0 | Böhmen |
| 52. Wittingau | 4,5 | » |
| 53. Lomnic | 5,7 | » |
| 54. Wesely | 7,3 | » |
| 55. Soběslau | 8,2 | » |
| 56. Plána | 9,8 | » |
| 57. Tabor | 10,8 | » |
| 58. Sudoměřic | 12,5 | » |
| 59. Stupčic *PH.* | 13,4 | » |

| | | | |
|---|---|---|---|
| 60. | Klein-Heřmanic | 14,6 | Böhmen |
| 60a. | Bestahow *PH.* | 15,3 | » |
| 61. | Wottic | 15,7 | » |
| 62. | Bistřic | 17,0 | » |
| 63. | Beneschau | 17,7 | » |
| 64. | Cerčan-Pišely | 18,9 | » |
| 65. | Mnichowic-Stranšic *PH.* | 20,8 | » |
| 66. | Řičan *PH.* | 21,7 | » |
| 67. | Uřinoves | 22,5 | » |
| 68. | Hostivař *PH.* | 23,2 | » |
| 69. | ○ Prag | 24,5 | » |

Im Bau sind ferner:

c. Flügelbahn Absdorf-Krems (4,2 Ml. = 31,8 Kil.).
d. Flügelbahn Budweis-Wessely (4,9 Ml. = 37,1 K.).

Concessionirt sind:

e. Flügelbahn Absdorf-Stockerau,
f. Flügelbahn Klattau an die Hauptbahn.

## K. k. pr. Kaiserin Elisabeth-Bahn.

Verwaltungsrath und Direction in Wien.

**Kaiserthum Oesterreich:** Erzherzogthümer ** Königr. Bayern.

**Anschlüsse.** Amstetten: Kronprinz Rudolfsbahn (im Bau); Simbach: Bayer. Staatsb.; Budweis: Kaiser Franz Josefsbahn; Passau: Bayer. Ostb.; Salzburg: Bayer. Staatsb.; Wien: Kais. Ferd.-Nordb., Oesterr. Staatsb. Oesterr. Südb.; St. Valentin: Kronprinz Rudolfsb.

**Directer Güterverkehr:** 1. Ö[1] = Oesterreichischer (inländischer Anschluss-) Verkehr mit Oesterr. Südb. (Tarif für Montan-Industrie-Erzeugnisse von Stationen der Südbahn nach Stationen der Elisabethb. v. 10/12 70); Ö[2] = mit Oesterr. Staatsb. (Tarif für Körner- etc. Früchte und Mahlproducte von Stationen der Oesterr. Staatsbahn zwischen Stadlau, Bazias und Oravicza nach Stationen der Elisabethb. via Stadlau-Wien Staatsbahnhof v. März 1871, Nachtr. I. v. 1/6 71); Ö[3] = Gebührentarif der Wiener Verbindungsbahn v. 1/5 71.

2. Ausländischer directer Güterverkehr: S. u. zwar mit a = Nordtyrolerb. via Kgl. Bayerische Staatsb., (Transport-Bestimmungen u. Tarif v. 10/4 68); b = Oesterreichisch-Bayer. Güterverk. mit Stationen der Kgl. Bayer. Staatsb., Bayer. Ostb. via Salzburg und Passau, (Reglem. u. Tarif v. 1/10 70); c = Süddeutscher E.-Verb., (R. u. T. 1/7 70 mit Nachtr. I. u. II.); d = Oesterr.-Bayerisch-Schweizerischer Güterverk. mit Stationen sämmtlicher Schweizer-Bahnen (siehe unter Schweiz) via Romanshorn u. Rorschach (Regl. u. Tarif v. 1/6 70 mit Nachtr. I betr. Verrières, Basel, Schaffhausen v. 20/10 70, Nachtr. II betr. Spiritus in Fässern v. 1/12 70, Nachtr. III. betr. Genf v. 1/12 70, Reglement und Tarif zwischen Genf trans. und Wien v. 15/2 70); e = internationaler Güterverkehr mit Französischen Stationen (Export-Tarif Nr. 6 für den Transport von Eisen und Stahl etc. via Verrières-Romanshorn oder via Genf-Romanshorn v. 1/6 70); f = Oesterr.-Belgischer Güterverkehr (Regl. und Tarife für directe Gütersendungen (via Cöln-Mainz-Aschaffenburg v. 10/4 70, betr. Antwerpen, Gent, Ostende und London v. 1/7 70 mit Nachtr. I (Specialtarif für Eisen u. Stahl vom März 1871; desgl. Specialtarif für Getreide v. 1/1 71); g[1] = Linksrheinisch-Bayer.-Oesterr. Güterverkehr mit Stationen d. Rheinischen E., Bayer. Staats- u. Ostb. etc. via Bingen-Mainz-Aschaffenburg (Regl. u. Tarife v. 1/1 69; Ausnahme-Tarife für Eisen und Stahl, Getreide etc. v. 10/1 70); g[2] = Rechtsrheinisch-Bayer.-Oesterr. Güterverkehr (Specialtarife für Eisen u. Stahl, Eisenbahnschienen etc., Getreide und Holz etc. zwischen Stationen der Köln-Mindener, Berg.-Märk. u. Main-Weserb. mit Bayer. Staats- u. Ostb., Böhm. Westb. etc. mit Nachtr. I); h = Thüringisch-Bayer.-Oesterr. Verkehr (Regl. u. Tarife für den Transport von Gütern nach und von Stationen der Thüringischen und Werrabahn via Lichtenfels v. 1/10 70); i[1] = Niederländischer Verkehr zwischen Rotterdam und Amsterdam, resp. Utrecht und Arnheim einer- und Wien und Oesterr. Südb. andererseits (Regl. u. Tarife v. 15/6 69, mit Nachtr. I (via Cleve-Bingen-Mainz-Aschaffenburg) v. 15/11 70); i[2] = desgl. via Emmerich-Giessen-Frankfurt-Aschaffenburg (Regl. u. Tarif v. 15/6 69, Nachtr. I v. 15/11 70); i[3] = desgl. zwischen Rotterdam und Amsterdam und Stationen der Bayer. Staats- u. Ostb., Kaiserin Elisabethb. und Böhm. Westb. (Regl. u. Tarife v. 1/7 69); i[4] = desgl. via Emmerich-Giessen-Frankfurt-Aschaffenburg (Regl. u. Tarif v. 1/7 69); i[5] = zwischen Niederl. Staatsb.-Stationen Rotterdam, Dordrecht u. Amsterdam einer- u. Wien (Westb.) u. Stationen der Oesterr. Südbahn andererseits (Regl. u. Tarif v. 1/7 69); i[6] = mit Amsterdam, Rotterdam u. Dordrecht u. Stationen der Bayer. Staats- u. Ostb., K. Elisabeth- u. Böhm. Westb. via Moerdijk-Venlo-Mainz-Aschaffenb. (1/7 69); i[7] = Getreidetarif via Venlo-Moerdijk v. 1/3 71; i[8] = Ausnahme-Tarif v. 1/3 70 für Getreide, Hülsenfrüchte etc. nach Stat der Niederländischen Staatsbahn via Arnheim-Cleve-Bingen-Mainz-Aschaffenburg; k[1] = directer Güterverkehr zwischen Nymwegen einer-, Wien u. Stationen der Oesterreichischen Südb. andererseits via Passau-Mainz-Cleve (Regl. u. Tarif v. 1/7 69); k[2] = directer Güterverkehr zwischen Nymwegen einer- und Stationen der Bayer. Staats- und Ostb., der Kaiserin Elisabethb. u. Böhm. Westb. (Regl. u. Tarif v. 1/7 69); l[1] = Hannover-Bayer.-Oesterr. Verkehr zwischen Stationen der Hannoverschen, Braunschweigischen, Westfälischen und Hessischen Nordbahn einer- und Stationen der Bayer. Staats- und Ostb. und der Kaiserin Elisabethb. anders. via Lichtenfels (R. u. T. v. 15/11 69); l[2] = desgl. mit Wien und Stationen der Oesterr. Südb. via Lichtenfels Tarif v. 15/11 69); l[3] = Nordseehäfen-Verkehr zwischen Geestemünde, Bremerhafen, Bremen, Sebaldsbrück, Harburg, Lüneburg, Leer und Papenburg einer- und Stationen der Bayer. Staats- und Ostb., der Kaiserin Elisabethbahn andererseits via Lichtenfels (Regl.-Bestimm. u. Tarife v. 15/11 69); l[4] = Verkehr zwischen Geestemünde, Bremerhafen, Bremen, Sebaldsbrück, Harburg, Lüneburg, Emden, Leer und Papenburg einer-, Wien u. Stationen der Oestr. Südbahn andererseits via Lichtenfels (Regl.-Bestimm. und Tarife v. 15/11 69); m[1] = Verkehr zwischen Leipzig und Wien via Eger-Passau (Regl. u. Tarife v. 15/1 69); m[2] = Güterverkehr zwischen Stationen der Sächs. (westl.) Staatsb. und Stationen der Kaiserin Elisabethb. (Tarif v. 1/8 69); n = Oesterreichisch-Böhmischer Verkehr zwischen der Kaiserin Elisabethbahn und der Böhm. Westb. trans. der Bayer. Ostb. via Passau-Furth a/Wald (Transp.-Bestimm. und Tarife v. 1/5 71).

### a. Wien-Salzburg (41,5 Oesterr. Ml. = 314,816 Kilo.).

Eröffnet Stat. 1-28 am 21/11 resp. 15/12 58; 28-33 1/9 59; 33-41 1/8 60; 41 Salzb. 1/8 60.

| | | Oesterr. Ml. | Kilom. | | |
|---|---|---|---|---|---|
| 1. | ○ Wien | — | — | s.Ö. | Oesterreich u.d.Enns |
| 2. | (c) Penzing | 0,5 | 3,793 | | |
| 3. | Hütteldorf | 1,0 | 7,586 | | » |
| 4. | Weidlingau | 1,5 | 11,379 | | » |
| 5. | Purkersdorf | 2,0 | 15,172 | | » |
| 6. | Pressbaum | 3,0 | 22,758 | | » |
| 7. | Rekawinkel | 3,5 | 26,551 | | » |
| 8. | Neulengbach | 5,5 | 41,723 | | » |
| 9 | Kirchstetten | 6,0 | 45,516 | | » |
| 10. | Böheimkirchen | 6,5 | 49,309 | | » |
| 11. | Pottenbrunn | 7,5 | 56,895 | | » |
| 12. | St. Pölten | 8,0 | 60,687 | s.Ö. | » |
| 13. | Prinzersdorf | 9,5 | 72,066 | | » |
| 14. | Loosdorf | 10,5 | 79,652 | | » |
| 15. | Melk | 11,5 | 87,238 | | » |
| 16. | Pöchlarn | 12,5 | 94,824 | | » |
| 17. | Krummnusbaum | 13,0 | 98,617 | | » |
| 18. | Kemmelbach | 14,5 | 109,996 | | » |
| 19. | Blindenmarkt | 15,5 | 117,582 | | » |
| 20. | ○ Amstetten | 16,5 | 125,168 | | » |
| 20a. | *Mauer GH.* | 17,5 | 132,750 | | » |
| 21. | Aschbach | 18,0 | 136,547 | | » |
| 22. | St. Peter | 19,5 | 147,926 | | » |
| 23. | Haag | 20,0 | 151,719 | | » |
| 24. | ○ (e[1]) St. Valentin | 22,0 | 166,891 | | » |
| 25. | Enns | 23,0 | 174,477 | | o. d. Enns |
| 26. | Asten | 23,5 | 178,269 | | » |
| 27. | Kleinmünchen | 24,5 | 185,855 | S. | » |
| 28. | (f) Linz | 25,0 | 189,648 | Ö.S. | » |
| 29. | Hörsching | 26,5 | 201,027 | | » |
| 30. | Marchtrenk | 27,5 | 208,613 | | » |
| 31. | (b) Wels | 28,5 | 216,199 | Ö.S. | » |
| 32. | Gunskirchen | 29,5 | 223,785 | | » |
| 33. | (d) Lambach | 30,0 | 227,578 | | » |
| 34. | (h) Breitenschützing | 31,0 | 235,164 | | » |
| 35. | Schwanenstadt | 31,5 | 238,957 | | » |
| 36. | (i) Attnang | 32,5 | 246,543 | | » |
| 37. | Vöcklabruck | 33,0 | 250,336 | | » |
| 38. | Timmelkam | 33,5 | 254,129 | | » |
| 39. | Redl | 34,5 | 261,715 | | » |
| 40. | Vöcklamarkt | 35,0 | 265,508 | | » |
| 41. | Frankenmarkt | 35,5 | 269,301 | | » |
| 42. | Strasswalchen | 37,5 | 284,473 | | Salzburg |
| 43. | Köstendorf-Neumarkt | 38,0 | 288,266 | | » |
| 44. | Seekirchen | 39,5 | 299,644 | | » |
| 45. | ○ Salzburg | 41,5 | 314,816 | Ö.S.» | » |

### b. Wels-Passau (11,0 Oesterr. Mln. = 83,445 Kil.).

Eröffnet 1/9 61.

| | Oesterr. M. | Kilom. | |
|---|---|---|---|
| (31. Wols) . . . . . | — | — | Oesterr. |
| 46. Wallern . . . . . | 1,5 | 11,379 | o. d. Enns |
| 47. Grieskirchen . . . | 2,5 | 18,965 | » |
| 48. (g) Neumarkt . . | 4,0 | 30,344 | » |
| 49. Riedau . . . . . | 5,5 | 41,723 | » |
| 50. Andorf . . . . . | 6,5 | 49,309 | » |
| 51. Taufkirchen . . . | 7,5 | 56,895 | » |
| 52. Scheerding . . . | 9,0 | 68,273 | » |
| 53. Wernstein . . . . | 9,5 | 72,066 | » |
| 54. ○ Passau . . . | 11,0 | 83,445 Ö.S. | » |

### c. Penzing-Hetzendorf (Verbindungsbahn).

| | | | |
|---|---|---|---|
| (2. Penzing) . . . | — | — | Oesterreich |
| 55. Hetzendorf . . | 1,0 | 7,586 | o. d. Enns |

### d. Lambach-Gmunden (4,0 Oesterr. Ml. = 30,344 Kl.).

Eöffnet als Pferdebahn 1/8 36; für Locomotiv-Betrieb seit 1/8 55.

| | | | |
|---|---|---|---|
| (33. Lambach) . . | — | — | Oesterreich |
| 56. Alt-Lambach *PH.* | 0,5 | 3,793 | o. d. Enns |
| 57. Roitham . . . . | 2,0 | 15,172 | » |
| 58. Traunfall *PH.* . . | 2,0 | 15,172 | » |
| 59. Eichberg . . . . | 2,5 | 18,965 | » |
| 60. Laakirchen . . . | 2,5 | 18,965 | » |
| 61. Oberweis *PH.* . . | 3,0 | 22,758 | » |
| 62. Engelhof *PH.* . . | 3,5 | 26,551 | » |
| 63. Gmunden . . . | 4,0 | 30,344 Ö.S.o. | » |

### e. Pferdebahn Linz-Zartlesdorf (10 Oestr. Meilen).

Die im Herbst 1828 eröffnete Strecke Linz-Kerschbaum der Pferdebahn Linz-Budweis und weiter bis Zartlesdorf ist provisorisch bis zur Eröffnung der Locomotivbahnstrecke Zartlesdorf-Gaisbach-Linz für Personen- und Güterverkehr wieder in Betrieb gesetzt.

| | | | |
|---|---|---|---|
| 64. Linz-Urfahr . . | — | — | Oesterreich |
| 65. Oberndorf . . . . | 2,5 | 18,965 | o. d. Enns |
| 66. Weitersdorf . . . | 4,0 | 30,344 | » |
| 67. Lest . . . . . . | 5,5 | 41,723 | » |
| 68. Kerschbaum . . . | 8,5 | 64,480 | » |
| 69. (e[1]) Zartlesdorf | 10 | — | » |

### e[1]. St. Valentin-Budweis (15,72 Oesterr. M.).

Nach Concession v. 8/4 1869 wird die bisherige Pferdeb. Linz-Budweis in eine Locomotivbahn umgewandelt und eine Zweigb. von Wartberg resp. Gaisbach nach St. Valentin gebaut. Eröffnet Budweis-Zartlesdorf, 6,5 M., 1/7 71 für Güter- und 20/8 71 auch für Personen-Verkehr; gleichzeitig wurde die anschliessende Strecke Zartlesdorf-Linz der Pferdebahn mit den Stationen Kerschbaum, Lest, Weitersdorf, Oberndorf, Linz (Urfahr) für den Personen- und Güterverkehr wieder eröffnet. Voraussichtliche Eröffnung: Zartlesdorf-Summerau Dec. 1871; Summerau-Wartberg-St. Valentin: Wartberg-Linz: in 1872. Anschlüsse. St. Valentin: Kronpr. Rudolfsb.; Budweis: Kais. Franz. Josefsb. — Die Entfernungen der einzelnen Stationen untereinander sind angegeben.

| | | | |
|---|---|---|---|
| Im Bau (24. St. Valentin) | — | | Oesterr. u. d. Enns |
| Im Bau 70. Manthausen . . | 0,96 | | Oesterr. o. d. Enns |
| Im Bau 71. (f) Gaisbach | 1,71 | | » |
| Im Bau 72. Wartberg . . | 0,75 | | » |
| Im Bau 73. Kefermarkt . . | 1,43 | | » |
| Im Bau 74. Freistadt . . . | 1,26 | | » |
| Im Bau 75. Summerau . . | 1,24 | | » |
| Im Bau 76. Böhm. Hörschlag | 0,86 | | Böhmen |
| 77. Zartlesdorf . . | 0,98 | | » |
| 78. Umlowitz . . . . | 1,33 | | » |
| 79. Kaplitz . . . . . | 0,86 | (noch nicht eröffnet) | » |
| 80. Krumau-Weleschin | 0,96 | | » |
| 81. Holkau . . . . . | 0,67 | (noch nicht eröffnet) | » |
| 82. Steinkirchen . . . | 0,89 | | » |
| 83. ○ Budweis . . . | 1,79 | | » |

### f. Linz-Gaisbach (Wartberg) (3,22 Oesterr. M.).

| | | |
|---|---|---|
| Im Bau (28. Linz) . . . . | — | Oesterr. o. d. Enns |
| Im Bau 84. Steyregg . . . | 0,8 | » |
| Im Bau 84a. St. Georgen . | 1,02 | » |
| Im Bau 85. Lungitz . . . | 0,64 | » |
| Im Bau (71. Gaisbach) . | 1,04 | » |

### f[1]: Hetzendorf-Donaulände (2,7 M. 20,482 Kil.).

Concession v. 20/6 1870.

### g. Neumarkt-Ried-Braunau-Simbach

(8 Oesterr. Meilen = 60,688 Kil.).

Eröffnet bis Braunau 20/11 70, bis Simbach 1/7 71.

| | Oesterr. Ml. | Kilom. | |
|---|---|---|---|
| (48. Neumarkt) . . | — | — | Oesterreich |
| 86. Pram-Haag . . . | 1,3 | 9,862 | o. d. Enns |
| 87. Ried . . . . . . . | 2,9 | 21,999 | » |
| 88. Gurten . . . . . . | 4,7 | 35,654 | » |
| 89. Obernberg-Altheim | 5,6 | 42,482 | » |
| 90. Minning . . . | 6,4 | 48,550 | » |
| 91. Braunau . . . . | 7,8 | 59,171 | » |
| 92. ○ Simbach . . | 8,0 | 60,688 | Bayern |

### Anschliessende Pferde- (Kohlen-) Bahnen.

Der Wolfsegg-Traunthaler Kohlen-Werks und Eisenbahn-Gesellschaft gehörig. Verwaltungsrath in Wien.

### h. Breitenschützing-Wolfsegg (1,5 Ö. M. = 11,379 K.).

| | | |
|---|---|---|
| (34. Breitenschützing) | — | — |
| 93. Wolfsegg . . . . | 1,5 | 11,4 |

### i. Attnang-Thomasroith (1,5 Oesterr. M. = 11,379 K.).

| | | |
|---|---|---|
| (36. Attnang) . . . . | — | — |
| 94. Thomasroith . . . | 1,5 | 11,4 |

## K. k. priv. Kaschau-Oderberger Eisenb.

General-Direction in Pest.

(Hochstrasse Nr. 9).

Anschlüsse. Oderberg: Kaiser Ferdinands Nordb. u. Oberschlesische (Wilhelmsbahn); Kaschau: Theissbahn u. Ungar. Nordostb. (im Bau); Ruttek: Kgl. Ungar. Staatsbahn (im Bau).

Allgemeiner Tarif auch für den Lokal- und internen Anschlussverkehr vom August 1870 mit Nachtr. v. Octbr 1870 u. Febr. 1871 vorläufig noch im Kraft.

### a. Hauptbahn Oderberg-Kaschau 46,14 Mln.

Eröffnet: Oderberg-Teschen am 1/2 69; Teschen-Sillein 8/1 71. Sillein-Popräd, ausser Station 12 (Rutka) am 8/12 1871; Popräd-Igló am 12/12 71. Zu eröffnen Igló-Abos am 26. Juni 1872 mit 12,5 Mln.

| | | |
|---|---|---|
| 1. ○ Oderberg T Ꚍ . . . . . | — | Schlesien |
| 2. Dombrau Ꚍ . . . . . . . | 1,5 | » |
| 3. Karwin T Ꚍ . . . . . . . | 2 | » |
| 4. Darkau *PH.* . . . . . . . | 2,5 | » |
| 5. Teschen T Ꚍ . . . . . . . | 4 | » |
| 6. Trzinietz Ꚍ . . . . . . . | 5 | » |
| 7. Jablunkau Ꚍ . . . . . . . | 7 | » |
| 8. Csácza T Ꚍ . . . . . . . | 9,5 | Ungarn |
| 9. Kisutza-Neustadt Ꚍ . . . | 12 | » |
| 10. Sillein T Ꚍ . . . . . . . | 13,5 | » |
| 11. Varin Ꚍ . . . . . . . . | 14,5 | » |
| 12. ○ Rutka (Ruttek) Ꚍ . . . | 16 | » |
| 13. Turány Ꚍ . . . . . . . . | 17 | » |
| 14. Kralován Ꚍ . . . . . . . | 18,5 | » |
| 15. Lubochna Ꚍ . . . . . . . | 19 | » |
| 16. Rosenberg T Ꚍ . . . . . . | 21 | » |
| 17. Tepla Ꚍ . . . . . . . . | 22 | » |
| 18. Pártsháza *PH.* . . . . . . | 23 | » |
| 19. Liptó-Szt Miklos T Ꚍ . . . | 24 | » |
| 20. Hradek Ꚍ . . . . . . . . | 25,5 | » |
| 21. Vazeč Ꚍ . . . . . . . . | 27,5 | » |
| 22. Hochwald *PH.* . . . . . . | 29 | » |
| 23. Lucsiona Ꚍ . . . . . . . | 31 | » |
| 24. Popräd-Felka Ꚍ . . . . . | 32 | » |
| 25. Kapsdorf Ꚍ . . . . . . . | 33,5 | » |
| 26. Igló T Ꚍ . . . . . . . . | 35 | » |
| 27. Markedorf Ꚍ . . . . . . | 36,5 | » |
| 28. Wallendorf Ꚍ . . . . . . | 38 | » |
| 29. Krompach T Ꚍ . . . . . . | 39 | » |
| 30. Stefanshütte Ꚍ . . . . . | 40 | » |
| 31. Margiczán Ꚍ . . . . . . | 41 | » |
| 32. Kis-Ladna . . . . . . . | 43 | » |
| 33. (b) Abos Ꚍ . . . . . . . | 44 | » |
| 34. ○ Kaschau T Ꚍ . . . . . | 46 | » |

### b. Zweigb. Abos-Eperies 2,56 Mln.

Eröffnet 1/2 70.

| | | |
|---|---|---|
| (33. Abos) Ꚍ . . . . . . . . | 2 | Ungarn |

| | | | |
|---|---|---|---|
| 35. Lemes *PH.* . . . . . . . . | 0,5 | | Ungarn |
| 36. Eperies T Ŧ . . . . . . . | 2 | | » |

Kirchheimer Privatbahn siehe Württemb. E. Linie k.

## Klosterkrug-Schleswiger Eisenbahn

0,60 Mln., seit 1. Februar 1869 zufolge Kaufs im Besitz der Schleswigschen Eisenb.-Gesellschaft.

# Köln-Mindener Eisenbahn

### incl. der Köln-Giessener u. Venlo-Hamburger Linien. Direction in Köln.

Adressen der Stations-Verwaltungen: 1. Bahnhofs-Inspectoren (Vorsteher der Stationen); 2. Stations-Einnehmer (Billet-Ausgeber); 3. Gepäck-Expeditionen; 4. Güter-Expeditionen.

Königreich Preussen: Regierungsbezirke, in der Provinz Hannover Landrostei-Bezirke; Niederlande (Limburg); Freie Städte Bremen und Hamburg.

Anschlüsse. Dortmund, Duisburg und Düsseldorf: Bergisch-Märkische; Emmerich: Niederländ. Rheinbahn; Giessen: Main-Weser-Bahn u. Oberhessische E.; Hamm: Berg.-Märkische u. Westfälische Staatsb.; Köln (Deutz): Rheinische; Löhne u. Minden: Hannoversche Staatsbahn; Mülheim: Bergisch-Märkische; Münster: Westfälische; Oberhausen, Ruhrort, Siegen: Berg.-Märkische; Osnabrück: Hannoversche Staatsb.; Troisdorf: Rheinische; Wetzlar: Nassauische Staatsbahn. (Zwischen dem Stadtbahnhofe Essen und dem Bahnhofe Essen der Bergisch-Märkischen und Rheinischen besteht keine Schienenverbindung. Die bei Nr. 46 (Hennef) anschliessende Bröltbalbahn ist nur Industriebahn.)

Directer Güterverkehr. Nd. = Norddeutscher Verb. (T. v. 1/1 68)
a = Norddeutscher Verb. mit Oesterreich u. Ungarn (15/6 69)
b = Norddeutsch-Galizischer Verb. (1/4 70);
c = Schlesisch-Rheinischer Verb. (1/10 70);
d = Russisch-Rheinischer Verk. (1/7 69);
e = Ostdeutsch-Rheinischer Verk. (1/1 69);
f = Norddeutsch-Rheinisch-Französ. resp. Belgischer Verk. (1/1 69);
g = Bergisch-Hannoverscher Verb. (15/4 68);
h = Rheinisch-Bergisch-Westfälischer Verb. (10/12 68);
i = Westfälischer Verb. (1/4 68);
k = Nassauische Bahn (1/1 63);
l = Hessisch-Rheinisch-Westfälischer Verb. (1/6 69);
m = Sächsisch-Rheinischer Verb. (1/3 69);
n = Directer Verkehr via Giessen-Arenshausen resp. Northeim (1/12 69);
o = Sächsisch-Westfälischer Verb. (20/5 70);
p = Directer Verk. mit der Niederländischen Rheinbahn (1/6 70);
q = Niederländisch-Rechtsrheinischer Verk. (1/1 69);
r = Rechtsrheinisch Bayerisch-Oesterreichischer Verk. (1/1 70);
s = Berlin-Kölner Verb. (1/1 71);
K. = directer Kohlen- u. Kokes-Verkehr nach den Bahnen des Bergisch-Hannoverschen, des Norddeutschen und des Westfälischen Verbandes, nach der Niederschlesisch-Märkischen und der Ostbahn, der Halle-Casseler, der Main-Weser-Bahn, der Bergisch-Märkischen, der Rheinischen, der Nassauischen, der Taunusbahn, der Frankfurt-Hanauer, der Hessischen Ludwigs-, der Main-Neckarb., den Pfälzischen, Badischen, Württembergischen Bahnen, der Niederländischen Rheinbahn und der Niederländischen Staatsb., der Französischen Nordbahn und den Belgischen Bahnen.

### a. Köln-Pr. Minden (34,87 M. = 262,7 Kilom.).

Eröffnet Stat. 1-3 (Rheinbrücke) 21/12 59; 2-7 20/12 45; 7-10 9/2 46; 10-21 15/10 47; 21-33 15/10 48 (gleichzeitig mit der Strecke Minden-Hannover).

| | Mln. | Kil. | | |
|---|---|---|---|---|
| 1. ○ Köln . . . . . . | — | — | | Köln |
| 2. (d) Deutz T Ŧ P *H.St.A.* | — | — | Nd.a.b.c.d.e.g. h.i.k.l.m.n.q.r.s. | » |
| 3. ○ Mülheim a. Rhein T Ŧ P | 0,54 | 4,1 | a.b.c.d.e.g. h.i.k.l.q.r.s. | Düsseldorf |
| 4. Küppersteg Ŧ P . . | 1,76 | 13,3 | a.b.g.h.i.l.r.s. | » |
| 5. Langenfeld Ŧ P . . | 2,67 | 20,1 | g.h.i.l.s. | » |
| 6. Benrath Ŧ . . . . . | 3,79 | 28,5 | g.h.i.l.s. | » |
| 7. ○ Düsseldorf T Ŧ P *H.St.A.* | 5,10 | 38,4 | a.b.c.d.e.f.g.i. p.r.s. | » |
| 8. Calcum Ŧ . . . . . | 6,55 | 49,3 | b.i.o. | » |
| 9. *Grossenbaum PH.* . | 7,41 | 55,8 | | » |
| 10. ○ Duisburg T Ŧ P *H.St.A.* | 8,41 | 63,3 | a.b.c.d.e.g.i. k.l.o.p.r. | » |
| 10a. Duisburger Hafen . | 8,79 | — | | » |
| 11. ○ (b) Oberhausen T Ŧ P | 9,38 | 70,6 | a.c.d.e.f.g.i.k. l.o.p.r.s.K. | » |
| 12. Berge-Borbeck Ŧ P | 10,24 | 79,7 | Nd.c.f.g.h.i.k. l.o.p.r.s.K. | » |
| 13. Altenessen (Essen) Ŧ P *U.St.A.* | 10,24 | 82,1 | Nd.a.b.c.d.e.g. i.k.l.o.p.r.s.K. | » |
| 13a. Stadtbahnhof Essen Ŧ P | 10,24 | 82,8 | Nd.a.b.c.d.e.g. i.l.o.p.r.s.K. | Düsseldorf » |
| 14. Gelsenkirchen Ŧ P | 11,81 | 88,9 | Nd.b.c.g.h.i. k.l.o.p.r.s.K. | Arnsberg |
| 14a. (g) Wanne . . . | 12,61 | 95,0 | K. | » |
| (14a. nur f. Kohlen-Transp.) | | | | |
| 15. Herne (Bochum) Ŧ P | 13,05 | 98,3 | b.h.i.k.p.K. | » |
| 16. Castrop Ŧ . . . . | 13,43 | 105,1 | h.i.K. | » |
| 17. Mengede Ŧ. . . . | 13,43 | 110,5 | h.i. | » |
| 18. (h) ○ Dortmund T Ŧ P *H.St.A.* | 13,43 | 119,4 | a.c.d.e.f.g.i.o. p.s.K. | » |
| 19. *Courl PH.** . . . | 15,13 | — | K. | » |
| 20. Camen Ŧ P . . . | 15,56 | 135,5 | Nd.a.b.c.f.g.h. i.o.p.s. | » |
| 21. ○ Hamm T Ŧ P | 15,71 | 150,5 | Nd.a.c.f.g.i.p.s. | » |
| 22. Ahlen T Ŧ P . . | 17,23 | 162,0 | h.i. | Münster |
| 23. Beckum Ŧ P . . | 18,54 | 171,9 | h.p. | » |
| 24. Oelde Ŧ P . . . | 19,71 | 180,7 | b.h.i.p. | » |
| 25. Rheda T Ŧ P . . | 21,12 | 191,3 | Nd.b.c.h.i.p.s. | Minden |
| 26. Gütersloh T Ŧ P . | 22,29 | 200,1 | Nd.b.c.f.g.h.i. l.p.r.s. | |
| 27. Brackwede Ŧ P . | 24,03 | 213,2 | Nd.g.h.i.l.p. | » |
| 28. Bielefeld T Ŧ P | 24,60 | 217,5 | Nd.b.c.d.e.f.g. h.i.l.p.r.s. | » |
| 29. Herford T Ŧ P . . | 26,44 | 231,3 | Nd.b.c.f.g.h.i.l.p.s. | » |
| 30. ○ Löhne Ŧ P . . | 27,85 | 241,9 | h.i.l.p. | » |
| 31. Bad Oeynhausen (Rehme) T Ŧ P . | 28,57 | 247,4 | Nd.h.i.l.p.s. | » |
| 32. Porta Ŧ P . . . . | 29,89 | 257,3 | h.i.p. | » |
| 33. ○ Minden T Ŧ P *H.St.A.* | 30,60 | 262,7 | f.h.i.l.p. | » |

### b. Oberhausen-Ruhrort (1,23 M. = 9,3 Kilom.).

Eröffnet 11/10 1848.

| | | | | |
|---|---|---|---|---|
| (11. Oberhausen) . . | 9,38 | 70,6 | | Düsseldorf |
| 34. (b) *Meiderich P.H.* . | 10,05 | 75,7 | | |
| 35. ○ Ruhrort T Ŧ P *H.St.A.* a Kohlen-Station | 10,51 | | Nd.c.g.i.l.o.p.r.s. | » |
| b Hafen-Station | 10,61 | | Nd.a.b.c.d.e.g.i.k.l. o.p.r.s.K. | » |

### c. Oberhausen-Emmerich (8,07 M. = 60,8 Kil.).

Eröffnet bis Emmerich 20/10 1856.

| | | | | |
|---|---|---|---|---|
| (11. Oberhausen) . . | 9,38 | 70,6 | | Düsseldorf |
| 36. (h) Sterkrade Ŧ P . | 9,91 | 74,6 | Nd.g.h.i.l. o.p.r.s. | |
| 37. Dinslaken Ŧ P . . | 11,24 | 84,6 | h.i. | » |
| 38. (f) Wesel T Ŧ P. *H.St.A.* | 12,93 | 97,3 | Nd.a.b.c.f.g.h. i.k.l.p.r.s. | » |
| 39. Mehrhoog Ŧ . . . | 14,54 | 108,5 | h.o. | » |
| 40. Empel Ŧ P . . . | 15,86 | 119,4 | Nd.c.g.h.i.l.o.p.r.s. | |
| 41. ○ Emmerich T Ŧ P *H.Z.A.* | 17,45 | 131,4 | Nd.a.b.c.f.g.h. i.k.l.o.q.r.s. | » |

### d. Deutz-Giessen (22,2 M. = 165,9 Kilom.).

Eröffnet Deutz bis Stat. 46 1/7 59; 46-47 11/10 59; 47-50 1/9 60; 50-51 10/1 61; 51-54 1/7 61; 54-64 11/1 1862.

NB. Zur letzten Rubrik: 10 = Grossherzogth. Hessen: Provinz.

| | | | | |
|---|---|---|---|---|
| (2. Deutz) . . . . . . | — | — | | Köln |
| 42. Deutzer-Feld . . . | 0,2 | 1,5 | | » |
| 43. Wahn Ŧ . . . . . | 1,70 | 12,8 | h. | » |
| 44. ○ Troisdorf Ŧ . . . | 2,65 | 19,9 | g.h.k.l.m.n.q.s. | » |
| 45. Siegburg T Ŧ P . | 3,23 | 24,3 | g.h.k.l.m.n.q.r.s. | » |
| 46. Hennef Ŧ P . . . | 4,09 | 30,8 | h. | » |
| 47. Eitorf Ŧ P . . . | 5,72 | 43,1 | h. | » |
| 48. Schladern Ŧ . . . | 7,75 | 58,4 | h. | » |
| 49. Au Ŧ P . . . . . | 8.60 | 64,8 | g.h.k.l.m.n.q.r.s. | » |
| 50. Wissen Ŧ P . . . | 9,46 | 71,3 | g.h.k.l.m.n. q.r. | Coblenz |
| 51. (e) Betzdorf Ŧ P | 11,00 | 82,9 | g.h.k.l.m.n.q. | » |
| 52. Herdorf Ŧ . . . . | 11,94 | 90,0 | h.q.r. | » |
| 53. Neunkirchen Ŧ P . | 12,47 | 94,0 | h.q.r. | » |
| 54. Burbach Ŧ P . . . | 13,39 | 100,9 | h.q. | » |
| 55. Haiger Ŧ P . . . | 15,69 | 118,2 | g.h.k.l.m. n.q.r. | Wiesbaden |
| 56. Dillenburg Ŧ P . *H.St.A.* | 16,59 | 125,0 | g.h.k.l.m.n.q.r. | » |
| 57. Herborn Ŧ P . . . | 17,34 | 130,7 | g.h.k.l.m.n. | » |
| 58. Sinn Ŧ . . . . . . | 17,81 | 135,0 | h.l.m.n.q.r. | » |

| | Mln. | Kil. | | |
|---|---|---|---|---|
| 59. Ehringshausen T P | 19,05 | 143,6 | h. | Coblenz |
| 60. ○ Wetzlar T P . | 20,37 | 153,5 | h.l.m.n.q.r. | » |
| 61. ○ Giessen T T P *H.St.A.* | 22,02 | 165,9 | h.k.q. | °*Oberhessen |

### e. Betzdorf-Siegen (2,28 M. = 17,2 Kilom.).

Eröffnet $^{17}/_{1}$ 1861.

| | | | | |
|---|---|---|---|---|
| (51. Betzdorf) . . . | 11,00 | 82,9 | | Coblenz |
| 62. Kirchen T P . . . | 11,34 | 85,5 | g.h.k.l.m.n.q.r. | » |
| 63. Niederschelden T . | 12,43 | 93,7 | g.h.l.m.n.q.r. | » |
| 64. ○ Siegen T T P | 13,28 | 100,1 | i.k.l.m.n.q.r. | » |

### f. Venlo-Hamburg. 55,20 Mln.

Die Bahn wird den durchgehenden Verkehr zwischen Hamburg, Bremen und Belgien resp. Frankreich, sowie auch mittelst der Zweigbahn von Haltern nach Wanne bei Gelsenkirchen mit Köln etc. vermitteln. — Der Bau hat im Jahre 1867 begonnen u. soll spätestens in 1872 ganz vollendet werden. Die Strecke Wanne-Haltern-Münster ist bereits seit dem 1. Januar 1870; die Strecke Münster-Osnabrück seit 1. September 1871 dem Betriebe übergeben.

Anschlüsse. Bremen: Hannoversche und Oldenburgische Staatsbahn; Geldern: Rheinische; Hamburg: Berlin-Hamburg, Lübeck-Hamburg; Hassbergen: Hüggelbahn; Harburg: Honnoversche Staatsbahn; Münster: Westfälische; Osnabrück: Hannoversche Staatsb.; Venlo: Berg.-Märk., Niederländische Staatsbahn, Rheinische.

| | | | | |
|---|---|---|---|---|
| Im Bau: 65. ○ Venlo . . . . | — | | | Niederlande (Limburg) |
| Im Bau: 66. ○ Geldern . . . | 3,02 | | | Düsseldorf |
| Im Bau: (38. Wesel) . . . . | 6,35 | | | » |
| Im Bau: 67. Dorsten . . . . . | 9,62 | | | » |
| 68. (g) Haltern T P . . | 11,85 | | p.s. | Münster |
| 69. Dülmen T P . . . . | 13,47 | | h.o.p.s. | » |
| 69a. Appelhülsen . . . . | 15,07 | | | » |
| 70. ⊗ Münster T T P *H. St.A.* | 17,40 | | h.p.s. | » |
| 70a. Westbevern . . . . | 17,71 | | | » |
| 70b. Kattenfenne . . . . | 18,34 | | | » |
| 71. Lengerich . . . . . | 21,59 | | | » |
| 71a. ○ Hassbergen . . . | 22,73 | | s. | » |
| 72. ⊗ Osnabrück . . . | 24,14 | | | Hannover |
| Im Bau: 73. Lemförde . . . | 28,82 | | | » |
| Im Bau: 74. Diepholz . . . . | 31,00 | | | » |
| Im Bau: 75. Barnstorf . . . | 33,00 | | | » |
| Im Bau: 76. Bossum . . . . | 35,85 | | | » |
| Im Bau: 77. Hemelingen . . . | 39,35 | | | » |
| Im Bau: 78. ⊗ Bremen . . . | 40,15 | | | Bremen |
| Im Bau: 79. Ottersberg . . . | 43,05 | | | Hannover |
| Im Bau: 80. Rotenburg . . . | 45,65 | | | » |
| Im Bau: 81. Welle . . . . . . | 49,55 | | | » |
| Im Bau: 82. Jeesteburg . . . | 51,55 | | | » |
| Im Bau: 83. ○ Harburg . . | 53,75 | | | » |
| Im Bau: 84. ○ Hamburg . . | 55,25 | | | Hamburg |

### g. Zweigbahn Wanne-Haltern. 3,25 M. = 24 Kil.

Eröffnet am 1. Januar 1870.

| | | | | |
|---|---|---|---|---|
| (14a. Wanne) . . . . . . | — | — | | Münster |
| 85. Recklinghausen . . . . | 1,33 | 10,0 | Nd.b.h.o.p.s. | » |
| (68. Haltern) . . . . . . | 3,25 | 24,5 | Nd.b.h.o. | » |

### h. Emscherthalbahn.

Herne-Castrop (0,84 M.) eröffnet $^{21}/_{9}$ 70.

| | |
|---|---|
| (34. Meiderich) | Düsseldorf |
| 86. Hamborn | » |
| (36. Sterkrade) | » |
| 87. Bottrop | » |
| 88. Horst | » |
| (14a. Wanne) | Arnsberg |
| (15. Herne) | » |
| 89. Stadt Castrop | » |
| (18. Dortmund) | » |

### i. Scheldethalbahn.
(im Bau)

## K. k. priv. Kronprinz Rudolfs-Bahn.

Verwaltungsrath und Direction in Wien.

Anschlüsse. St. Valentin u. Amstetten: Kaiserin Elisabethbahn; Leoben, Klagenfurt, Villach u. Laibach: Oesterr. Südbahn.

Sämmtliche Stationen sind mit Ausnahme der mit PH. (Personenhaltestelle) bezeichneten sowohl für Personen- als auch für Güterverkehr eingerichtet.

### a. St. Valentin-Villach 49,518 Ö. M. = 232,09 Kil.

Eröffnet Stat. 1-3 am $^{15}/_{8}$ 68; 3-8 am $^{7}/_{10}$ 69; 16-20 am $^{7}/_{8}$ 69; 20-39 am $^{17}/_{10}$ 68; Weyer-Rottenmann im Sommer 1872 zu vollenden.

| | Tarifm. | Kil. | |
|---|---|---|---|
| 1. ○ St. Valentin . . | — | — | Oesterreich |
| 2. Ernsthofen . . . . . . | 1,0 | 7,29 | |
| 2a. Rammingdorf *PH.* . | 2,1 | 15,92 | » |
| 3. Steyer (Stadt) . . . | 2,7 | 20,35 | » |
| 3a. Garsten *PH.* . . . | 3,1 | 23,35 | » |
| 4. Ternberg . . . . . | 4,4 | 33,03 | » |
| 5. Losenstein . . . . . | 5,5 | 42,09 | » |
| 6. Reichramming . . . | 6,5 | 48,24 | » |
| 7. Grossramming . . . | 7,2 | 54,90 | » |
| 8. (b) Weyer (Küpfern) | 8,1 | 61,77 | » |
| Im Bau: 9. Klein-Reifling . . | 8,9 | 67,41 | » |
| Im Bau: 10. Weissenbach St. Gallen . . . | 10,8 | 81,95 | Steiermark |
| Im Bau: 11. Gross-Reifling . | 12,2 | 92,67 | |
| Im Bau: 12. Hieflau . . . . . | 13,5 | 102,76 | » |
| Im Bau: 13. Gstatterboden (Johnsbach) . . | 14,7 | 111,84 | » |
| Im Bau: 14. Admont . . . . | 16,6 | 125,66 | » |
| Im Bau: 15. Liezen . . . . . | 18,4 | 139,69 | » |
| 16. Rottenmann . . . . | 19,4 | 147,38 | » |
| 17. Trieben . . . . . . | 1,3 | 9,57 | » |
| 17a. Wald . . . . . . | 3,3 | 24,75 | » |
| 18. Kalwang . . . . . . | 4,2 | 31,82 | » |
| 19. Mautern . . . . . . | 5,2 | 39,73 | » |
| 19a. Seiz-Kammern *PH.* | 6,3 | 47,73 | » |
| 20. (b) St. Michael . . | 7,3 | 55,46 | » |
| 20a. Kaisersberg *PH.* . | 8,0 | 59,86 | » |
| 21. St. Lorenzen . . . . | 9,4 | 71,22 | » |
| 22. Knittelfeld . . . . . | 10,2 | 77,65 | » |
| 23. Zeltweg . . . . . . | 11,2 | 85,19 | » |

### a[1] Flügel-Industrie-Bahn Zeltweg-Antonyschacht.

Eröffnet Stat. 23a. am $^{17}/_{8}$ 70; 23b. am $^{10}/_{8}$ 71; gepachtet.

| | | | |
|---|---|---|---|
| (23. Zeltweg) . . . | — | — | Steiermark |
| 23a. Fohnsdorf . . . | 1,020 | — | |
| 23b. Antonyschacht. | 1,255 | — | » |
| 24. Judenburg . . . . | 12,2 | 93,62 | » |
| 25. Thalheim . . . . . | 13,0 | 99,07 | » |
| 26. St. Georgen . . . . | 14,0 | 106,44 | » |
| 27. Unzmarkt . . . . . | 14,7 | 110,97 | » |
| 28. Scheifling . . . . . | 15,6 | 119,56 | » |
| 29. Schauerfeld . . . . | 16,7 | 126,67 | » |
| 30. Neumarkt . . . . . | 17,4 | 132,66 | » |
| 30a. Einöd *PH.* . . . . | 18,3 | 139,16 | » |
| 31. Friesach . . . . . . | 19,5 | 148,19 | Kärnthen |
| 32. Hirt . . . . . . . | 20,2 | 153,55 | » |
| 33. Treibach-Althofen . . | 21,0 | 158,97 | » |
| 34. (d.) Launsdorf . . | 22,7 | 172,39 | » |
| 35a. (c) St. Veit . . . | 23,6 | 179,58 | » |
| 35b. St. Veit (Stadt) *PH.* | 23,9 | 181,17 | » |
| 35c. Feistritz *PH.* . . . | 24,8 | 187,84 | » |
| 36. Glanegg . . . . . . | 25,6 | 194,31 | » |
| 37. Feldkirchen . . . . | 27,0 | 205,09 | » |
| 38. Ossiach . . . . . . | 28,6 | 216,72 | » |
| 39. ○ Villach . . . . | 30,4 | 230,47 | » |
| Project: 40. Firnitz . . . . . | — | — | » |
| Project: 41. Arnoldstein . . | — | — | » |
| Project: 42. (e) Tarvis . . | — | — | » |

### b. Verbindungsbahn St. Michael-Leoben (Bruck a/M.)

Eröffnet am $^{1}/_{12}$ 68.

| | | | |
|---|---|---|---|
| (20. St. Michael) . . . . | — | — | Steiermark |
| 43. ○ Leoben (Rudolfsb.) | 1,8 | 11,84 | |

### c. Verbindungsbahn St. Veit-Klagenfurt.

2,33 Oesterr. M. = 17,68 Kil.

Eröffnet am $^{11}/_{8}$ 1869.

| | Tarifm. | Kil. | |
|---|---|---|---|
| (35a. St. Veit) | — | — | Kärnthen |
| 44. Zollfeld *PH.* | 0,9 | 6,53 | » |
| 45. Maria Saal | 1,2 | 8,81 | » |
| 46. ○ Klagenfurt | 2,3 | 17,68 | » |

**d. Flügel-Industrie-Bahn Launsdorf-Mösel.**
3,871 Oesterr. M. = 29,37 Kil.
Bis Mösel eröffnet 20/7 1869; bis Hüttenberg 14/10 1870.

| | Tarifm. | Kil. | |
|---|---|---|---|
| (34. Launsdorf) | — | — | Kärnthen |
| 47. Brückel | 0,9 | 6,60 | » |
| 48. Eberstein | 1,8 | 13,51 | » |
| 49. Mösel | 3,2 | 24,44 | » |
| 50. Hüttenberg | 3,9 | 29,37 | » |

**e. Laibach-Tarvis** (13,474 M. = 102,22 Kilom.).
Eröffnet am 14. Dec. 1870.

| | Tarifm. | Kil. | |
|---|---|---|---|
| Laibach (Südb.) | — | — | Krain |
| 51. ○ Laibach (Rudfb.) | 0,1 | 0,84 | » |
| 52. Vismarje | 0,8 | 6,07 | » |
| 53. Zwischenwässern | 1,6 | 12,20 | » |
| 54. Laak | 2,6 | 20,03 | » |
| 55. Krainburg | 3,8 | 29,01 | » |
| 56. Podnart | 5,2 | 39,40 | » |
| 57. Radmannsdorf-Lees | 6,8 | 51,40 | » |
| 58. Jauerburg | 8,1 | 61,45 | » |
| 59. Assling | 8,5 | 64,20 | » |
| 60. Lengenfeld | 9,8 | 74,33 | » |
| 61. Kronau | 11,4 | 86,50 | » |
| 62. Ratschach-Weissenfels | 12,4 | 94,36 | » |
| (42. Tarvis) | 13,5 | 102,22 | Kärnthen |

**f. Verbindungsb. Amstetten-Klein-Reifling**
(5,781 Oesterr. Mln. = 43,86 Kil.)
Eröffnung im Sommer 1872.

| | | Wirkl. Länge | | |
|---|---|---|---|---|
| | 63. ○ Amstetten | — | — | Oesterreich |
| Im Bau | 64. Ulmerfeld | 1,029 | 7,81 | » |
| Im Bau | 65. Waidhofen | 3,094 | 23,40 | » |
| Im Bau | 66. Gaflenz | 4,539 | 34,43 | » |
| Im Bau | (8. Weyer) | 5,378 | 40,80 | » |

**Lägerndorf-Itzehoer Pferdebahn** (0,9 Mln.).
Eröffnet im Juni 1869.
Dient zum Transport von Mergel etc. für 2 Cementfabriken.

## Leipzig-Dresdner Eisenbahn.

Directorium in Leipzig.

**Anschlüsse.** Dresden: Sächs. Staatsb.; Leipzig: Berlin-Anhalt., Magdeb.-Leipzig, Sächs. Staatsb. und Thüringische Eisenbahn; Grossenhain: Cottbus-Grossenhainer Bahn; Röderau: Berlin-Anhaltische; Riesa und Döbeln: Sächs. Staatsbahn.

Die den Tarifen zu Grunde liegenden Meilenangaben sind auf 1/10 abgerundet. Dieselben entsprechen bei der alten Linie via Riesa der wirklichen geogr. Entfernung, während die Meilenangaben der neuen Strecke via Döbeln durch Reduction nach dem Verhältniss von 17,25 : 15,5 gewonnen sind.

Directer Güterverkehr:
M. = Mitteldeutschen Stationen (Tarif v. 1/1 69 mit 8 Nachtr.)
N. = Nordd. Stat. via Magdeburg (T. 1/4 68 mit 9 Nachtr.) und Niederländ. Stat. via Salzbergen (T. 1/1 69 mit Nachtr. 1/3 70 u. 1/5 71);
Ö¹ = Böhmisch-Mährischen Stat. (10/12 68, Nachtr. 20/4 69);
Ö² = Wien, Marchegg u. Ungar. Stat. via Bodenbach (1/4 68, Nachtr. 1/8 69, 15/11, 15/8, 1/4 70);
R = Rheinisch-Thüring. Stat. (Verb. T. 1/1 71 m. Nachtr.);
S = Schlesischen Stat. (Schles.-Sächs. Verk. T 1/5 71);
a = Sächs.-Rhein. Verband (via Eisenach-Giessen) (T. 1/2 69, Nachtr. 1/1 70, 1/11, 10/11 1/12 70, 1/8 71);
b = Verk. via Giessen-Northeim resp. Arenshausen (Main-Weser, Köln-Giessen, Nassauische, Berg-Märk. (T. 1/2 69 m. Nachtr.);
c = Verk. mit Französ. Stationen
c¹ via Giessen-Deutz (1/2 70);
c² » Magdeb.-Köln (1/4 69);
c³ » Düsseldorf-Mastricht (1/6 69);
d = Berlin-Anhalt. Stat. via Röderau resp. Bitterfeld (1/11 69, Nachtr. 1/12 69, 1/5 70, 1/4 70);
e = Stettin (Stettin-Sächs. Verk.) T. 1/3 70, Nachtr. 1/7 70;
f = Ostdeutschen Stat. (Ostd.-Sächs. Verb. via Berlin) T. 20/5 71;
g = Russisch-Polnischen Stat. (Sächs.-Russ.-Poln. Verk. via Kattowitz) T. 1/10 70;
h = Hamburg via Röderau (27/7 68, Nachtr. 15/6 69, 1/7 69, 15/1 71;
i = Magdeb.-Leipziger, Halle-Casseler etc. Stat.
i¹ Verk. mit Magdeb.-Leipziger resp. Halle-Casseler Stat. } 1/2 70, Nachtr. 15/10 70;
i² Salzverk. m. Magdeb.-Leipz. Stat. }
i³ Hannov. Stat. via Northeim (1/8 69);
i⁴ Oldenburg Stat. via Northeim (1/11 69);
i⁵ Köln-Mindener u. Niederländ. Stat. via Northeim 1/3 70;
k¹ = Stat. der Sächs. (westl.) Staatsb. 1/4 68;
k² = » » » (östl.) » 22/3 71;
l = Cottbus-Grossenhainer E. 21/4 70, Nachtr. 10/4 70;
m = Berlin-Görlitz 1/10 70;
n = Sächs.-Westfäl. Verb. via Holzminden 1/7 70 m. Nachtr.;
o = Böhm. Braunkohlenverkehr (1/10 70, Nachtr. 1/1, 1/4 71);
p = Granit- u. Sandstein-Sendungen v. d. Sächs. Stsb. 1/4 67;
q = im Norddeutsch-Galizischen Verk. (Getreide) 20/3 71;
r = Hamburg u. Lübeck via Magdeb. (1/1 68);
s = Posen-Sachs. Verb. via Cottbus 1/7 71).

**a. Leipzig-Riesa-Dresden** (15,5 M. = 116,75 Kilom.).
Eröffnet Leipzig-Althen (1 M.) 24/4 37; bis Stat. 4 11/5 38; 4-6 11/7; 6-8 16/9; 8-9 3/11; 9-11 21/11 38; 11-15 (resp. Oberau) 8/4 39; womit die ganze Bahn eröffnet, indem Oberau-Stat. 18 am 1/7 und Stat. 18-Dresden 17/1 38 bereits in Betrieb gesetzt war.

| | Kilom. | | |
|---|---|---|---|
| 1. ○ Leipzig | — | S.Ö¹.Ö².(Getr.)d.e.f.g.i¹.².k¹.².l.m.o.p.q.s. | Leipzig |
| 2. (b) *Borsdorf PH.** | 11,10 | o. | » |
| 3. *Posthausen GH.* | 15,07 | | » |
| 4. *Machern PH.** | 17,48 | | » |
| 5. *Altenbach GH.* | 22,57 | | » |
| 6. Wurzen | 25,43 | S.Ö.(Getr.)d.i¹.².k¹.l.o.p.s. | » |
| 7. *Dornreichenbach PH.** | 35,62 | d. (Steine) | » |
| 8. Dahlen | 43,10 | d.i².k¹.l.o.p.s. | » |
| 9. Oschatz | 52,55 | d.i².k¹.l.o.p.s. | » |
| 10. *Bornitz PH.** | 57,65 | | » |
| 11. ○ Riesa | 65,90 | M.N.R.S a.b.c.h.i¹⁻⁵.l-p.s. | Dresden |
| 12. ○ Röderau | 73,4 | S.i².k¹.o.s. | Dresden |
| 13. *Langenberg PH.** | 71,98 | l. | » |
| 14. (c) Pristewitz | 84,36 | d.i².k¹.l.o.p.s. | » |
| 15. *Niederau PH.** | 95,39 | d.l.o. | » |
| 16. (b) Coswig | 101,47 | d.i².o.p.s. | » |
| 17. *Kötzschenbroda PH.** | 105,60 | o. | » |
| 18. *Weintraube PH.* | 107,48 | | » |
| 19. *Radebeul PH.* | 107,55 | | » |
| 20. ○ Dresden | 114,98 | M.N.R.a.b.c.¹⁻³.d.e.f.h.i¹⁻⁵.k¹.l.m.n.s. | » |

Ausserdem sind die vorgenannten Stationen mit der neuen Linie theils via Borsdorf resp. Meissen theils via Riesa-Döbeln verbunden.

**b. Leipzig-Döbeln-Dresden** (16,1 M. = 132,38 Kil.).
Eröffnet Borsdorf-Stat. 23 11/5 resp. für Güter 1/6 66; 23-26: 18/10 67; 26-28a 1/4 resp. für Güter 15/4 68; 28-30: 21/10; 30-34 und damit die ganze Bahn 22/12 68.

| | Kilom. | | |
|---|---|---|---|
| (1. ○ Leipzig) | — | | Leipzig |
| (2. *Borsdorf) PH.** | 11,10 | | » |
| 21. *Naunhof PH.** | 20,10 | d.l.o p. | » |
| 22. *Grosssteinberg PH.** | 24,45 | | » |
| 23. Grimma | 31,05 | S.(Getr.)d.i¹.².k¹.o.p.s. | » |
| 24. *Grossbothen PH.** | 37,88 | d.o.p. | » |
| 25. *Tanndorf PH.** | 46,28 | | » |
| 26. Leisnig | 53,56 | S.(Getr.Thon)d.i¹.².k¹.o.p.s. | » |
| 27. *Klosterbuch PH.** | 58,51 | o. | » |
| 28ª. ⊗ Döbeln | 66,76 | M.N.R.S.d.c.i¹⁻⁵.n.o.p.r.s. | » |
| 28ᵇ. *Döbeln PH.* | 69,24 | | » |
| 29. Rosswein | 77,64 | i¹.².k¹.l.o.p.s. | » |
| 30. Nossen | 85,97 | i².k¹.l.o.p. | » |
| 31. *Deutschenbora PH.** | 90,10 | l.o.p. | Dresden |
| 32. *Miltitz PH.** | 99,10 | l.o.p. | » |
| 33. Meissen | 108,03 | M.N.R.S.(Getr.Thon)a.b.d.c.h.i¹.².³.k¹.l.n.o.p.s. | » |
| 34. *Neusörnewitz PH.* | 113,58 | | » |
| (16. Coswig) | 116,88 | | » |
| (20. ○ Dresden) | 132,38 | | » |

**c. Pristewitz-Grossenhainer Zweigbahn.**
Eröffnet 14. Oct. 1862; im Besitz der Leipzig-Dresdner Eisenb.-Comp. seit 1. Juli 1869.

| | Tarif. Mln. | | |
|---|---|---|---|
| (14. Pristewitz) . . . . | — | d.k.¹.l. | Dresden |
| 35. ○ Grossenhain . . . | 0,7 | M.R.S.d.(¹.².k¹. n.o. | » |

**d. Cottbus-Grossenhainer Bahn,**
siehe dortselbst

## Lemberg-Czernowitz-Jassy-Eisenb.

Verwaltungsrath und General-Direction in Wien.

Kaiserthum Oesterreich: Kronland Galizien und Bukowina.
Anschlüsse: in Lemberg: Galiz. Carl-Ludwigsb.; Roman: Rumänische Eisenbahn.
Directer Personen- und Güterverkehr mit der Carl-Ludwigsb., Kaiser Ferd.-Nordb., Oesterr. Staatsb., ferner mit St. Petersburg und Riga.
Directer Güterverk. mit Stettin, Breslau, Danzig u. Warschau. Auf den Bahnhöfen Lemberg, Czernowitz und Itzkani-Sucsawa befinden sich Zollämter, bei welchen das Aussageverfahren Anwendung findet.

**a. Lemberg-Czernowitz** (4,97 M. = 265.205 Kilom.).
Eröffnet 1 September 1866.

| | Meilen | Kilom. | |
|---|---|---|---|
| 1. ○ Lemberg T P . . . | — | — | Galizien |
| 2. *Siechów PH.** . . . | — | — | » |
| 3. Staresiolo . . . . . . | 3 | 24,57 | » |
| 4. Bóbrka (*Chlebowice-wielkie*) *PH.** | 4½ | — | » |
| 5. Wybranówka *PH.** . | 5½ | 42,87 | » |
| 6. Borynicze . . . . . . | 6½ | 50,26 | » |
| 7. Chodorów . . . . . | 8½ | 63,11 | » |
| 8. Bortniki . . . . . . | 9 | 70,76 | » |
| 9. Bukaczowce . . . . . | 11½ | 87,51 | » |
| 10. Bursztyn . . . . . . | 13 | 99,57 | » |
| 11. Halicz . . . . . . . | 14½ | 110,87 | » |
| 12. Jezupol . . . . . . | 16½ | 124,84 | » |
| 13. Stanislau T P . . . | 18½ | 139,67 | » |
| 14. Ottynia . . . . . . . | 21½ | 162,52 | » |
| 15. Korszow . . . . . . | 23½ | 179,17 | » |
| 16. Kolomea T P . . . . | 25½ | 194,81 | » |
| 17. Zablotów . . . . . | 28½ | 214,41 | » |
| 18. Sniatyn T P . . . . | 30½ | 230,37 | » |
| 19. *Nepolokoutz PH.* . . | 32 | 242 | » |
| 20. Luzan . . . . . . . . | 33 | 251,38 | Bukowina |
| 21. *Zuczka-Sadagóra PH.* | — | — | » |
| 22. (b) Czernowitz . T P | 35 | 265,456 | » |

**b. Czernowitz-Suczawa** (11,82 Mln. = 89,667 Kil.).
Eröffnet 28. Octob. 1869.

| | Tarif-Mln. | |
|---|---|---|
| (22. Czernowitz) . . . . . | — | Bukowina |
| 22a. *Czernowitz Volksgarten PH.** . . . . . . . | 1 | » |
| 23. Kuczurmare . . . . . . . | 2,5 | » |
| 24. Hliboka P . . . . . . . | 4,5 | » |
| 25. Czerepkoutz-Sereth . . . . | 5,5 | » |
| 25a. Ruda *PH.** . . . . . . | 7 | » |
| 26. Hadikfalva-Radautz P . . | 8 | » |
| 26a. *Isten Segitz PH.* . . . . | 8,5 | » |
| 27. Milleschoutz . . . . . . | 9,5 | » |
| 27a. *Hatna PH.** . . . . . . | 10,5 | » |
| 28. Itzkani-Suczawa T P | 12 | » |

**c. Suczawa-Jassy** (17,8 Oesterr. Meilen).
Stat. 28-34 eröffnet 12. Dec. 1869; Stat. 34-39: am 4. Juni 1870

| | Tarif Mln. | |
|---|---|---|
| (28. Itzkany-Suczawa) . . . | — | Bukowina (Grzst. |
| (30. Verestie) . . . . . . . . | — | Moldau |
| 40. Bucecea . . . . . . . . . | 2,5 | » |
| 41. *Leverda PH.* . . . . . . . | 4 | » |
| 42. Botoșani (Botuschani) . | 6 | » |

**e. Zweigbahn Paskani-Roman** (5,1 Oesterr. M.).
Eröffnet 12. Dec. 1869.

| | | |
|---|---|---|
| (34. Pascani) . . . . . . . | — | Moldau |
| 43. *Halaucestie PH.* . . . . | 2,5 | » |
| 44. Mircestie . . . . . . . . | 3,5 | » |
| 45. ○ Roman T P . . . . . | 5,5 | » |

Anschluss an die Rumänische Eisenbahn (nach Bukarest).

## Leoben-Vordernberger Eisenbahn.

Verwaltungsrath in Graz.

Den Betrieb der demnächst zu eröffnenden Bahn leitet die Südbahn-Gesellschaft.
Anschluss in Leoben an die Oesterr. Südbahn.

| | |
|---|---|
| 1. Leoben | Steiermark |
| 2. Donawitz | » |
| 3. *St. Peter-Freienstein PH.* | » |
| 4. *Gmeingrub PH.* (Haltestelle). | » |
| 5. Trofayach | » |
| 6. *Haffning* (Haltestelle) *PH.* | » |
| 7. *Friedauwerk PH.* | » |
| 8. Vordernberg | » |

## Ludwigsbahn (Nürnberg-Fürth).

Directorium in Nürnberg.

Eröffnung der Bahn, als der ersten Deutschen Locomotivb. am 7. December 1835.
0,80 M. = 6,030 Kilom.
Anschluss an die Bayer. Staatsbahn bei Fürther Kreuzung

| | | Bayern. |
|---|---|---|
| 1. ○ Nürnberg . . | — | Mittelfranken |
| 2. Muggenhof . . . . | 0,43 | » |
| 3. ○ Fürth . . . . | 0,80 | » |

Die Ludwigsbahn hat beschränkten Güterverkehr.

## Lübeck-Büchener und Lübeck-Hamburger Eisenbahn.

Direction in Lübeck.

Freistaat Lübeck. Herzogthum Lauenburg. Provinz Holstein. Freie Stadt Hamburg.
Anschlüsse. Büchen: Berlin-Hamburger Bahn; Lübeck: Grossherzogliche Friedrich-Franz Eisenbahnen (Kleinen Lübeck) u. im Bau: Eutin-Lübecker Eisenb.; Hamburg: Altona-Kieler, Berlin-Hamburger Bahn.
Directer Güterverkehr:
I. Lübeck-Büchener Bahn; W = Westdeutsch (Tarif v. ½ 69); NW. = Nordwestdeusch (T. v. ¼ 70); M = Mitteldeutsch (Tarif v. ⅟₁₂ 64); sodann a = mit Stationen der Berlin-Hamburger Bahn (Tarif v. Juli 65); b = mit Pasewalk und Stettin (via Büchen) (T. v. ½ 67); c = mit Stationen d. Hannoverschen, Braunschweigischen u. Oldenburgischen Bahn (Niederdeutscher Verband, Tarif. v. ⅟₁₀ 69); d = mit Stationen des Berg.-Hannov. Verband. (Tarif v. ¹⁵⁄₄ 68); e = mit Stationen des Hannov.-Thüring. Verbandes (Tarif v. ½ 69); f = mit Französischen Stationen (Norddeusch-Rhein.-Französischer Verb., T. v. ¼ 69); g = mit Belgischen Stationen (Nordd.-Rhein.-Belgischer Verb., Tar. v. ⅟₁₀ 69); h = mit Stationen der Niederländischen Rheinbahn (Tarif v. ¼ 69); i = mit Magdeburg, Halle und Leipzig (T. ½ 70); k = mit Sächsischen Stationen (T. v. ⅟₁₀ 69); l = mit Niederschlesisch-Märkischen Stationen (T. v. ¼ 71); m = mit Stat. der K. K. a. pr. Kaiser-Ferdinands-Nordb.

| | Station | Tarif-M. | Kil. | | |
|---|---|---|---|---|---|
| 1. | ○ (b) Lübeck T P . | — | — | W.NW.M.a-r. | Lübeck |
| 2. | Blankensee *PH.** | 1,2 | 7,5 | | „ |
| 3. | Sarau *PH.** . . . | 1,7 | 12,8 | | Lauenburg |
| 4. | Ratzeburg T P . . | 2,6 | 19,6 | a.s. | „ |
| 5. | Mölln T P . . . . | 3,9 | 29,4 | a.s. | „ |
| 6. | Roseburg *PH.** . | 5,4 | 40,7 | | „ |
| 7. | ○ Büchen T P . | 6,3 | 47,4 | W.NW.e-i. | „ |

**b. Lübeck-Hamburg** (8,45 M. = 63,64 Kilom.).

Eröffnet 1. August 1865; Haltestelle Niendorf $^{1}/_{5}$ 69.

| | Station | Tarif-M. | Kil. | | |
|---|---|---|---|---|---|
| 8. | (a) Lübeck . . . . | — | — | | Lübeck |
| 8a. | Niendorf *PH.* . . . | 1 | 7,5 | | „ |
| 9. | Reinfeld T P . . . | 2 | 15,0 | | Holstein |
| 10. | Oldesloe T P . . . | 3 | 22,6 | s. | „ |
| 11. | Bargteheide T P . | 4,5 | 33,9 | | „ |
| 12. | Ahrensburg T P . | 5,5 | 41,4 | | „ |
| 13. | Alt-Rahlstedt *PH.* | 6,7 | 50,4 | | „ |
| 14. | Wandsbeck T P . | 7,5 | 56,5 | s. | „ |
| 15. | ○ Hamburg T P . | 8,3 | 62,5 | t.u.v. | Hamburg |

## Mährisch-Schlesische Centralbahn.

Verwaltungsrath in Wien.

Anschlüsse. 1. Leobschütz: Oberschlesische (Wilhelmsb.), Linie e; 2. Neisse: Oberschles. E., Linie d; 3. Olmütz: Kaiser Ferd. Nordb., Linie e u. Oesterr. Staatsb. Linie b; 4. Troppau: Kaiser Ferd. Nordb., Linie f.

**a. Olmütz-Jägerndorf-Landesgrenze gegen Leobschütz** (11,90 M.).

Voraussichtliche Eröffnung: October 1872.

| | Station | ab Olmütz Meilen | |
|---|---|---|---|
| 1. | ○ Olmütz . . . . . | — | Mähren |
| 2. | Gross-Wisternitz . . . | 0,73 | „ |
| 3. | Hombock . . . . . . | 1,36 | „ |
| 4. | Gross-Wasser . . . . | 2,46 | „ |
| 5. | Domstadl . . . . . . | 3,79 | „ |
| 6. | Bärn . . . . . . . | 4,63 | „ |
| 7. | Dittersdorf . . . . | 5,85 | „ |
| 8. | Kriegsdorf . . . . . | 7,36 | „ |
| 9. | Freudenthal . . . . . | 8,37 | Oesterr. Schlesien |
| 10. | Erbersdorf . . . . . | 9,52 | „ |
| 11. | *Braunsdorf PH.* . . | 10,40 | „ |
| 12. | (b) Jägerndorf . . | 11,36 | „ |
| 13. | Olbersdorf . . . . . | 13,08 | „ |
| 14. | Röversdorf . . . . . | 13,58 | „ |
| 15. | Hennersdorf . . . . | 14,63 | „ |
| 16. | Landesgrenze gegen Neisse . . . . . . | 14,90 | „ |

**b. Jägerndorf-Troppau** (3,83 Mln.).

Voraussichtliche Eröffnung: October 1872.

| | Station | Meilen | |
|---|---|---|---|
| (12. | Jägerndorf) . . . | — | Oesterr. Schlesien |
| 17. | Strochowitz . . . . . | 1,69 | „ |
| 18. | Jaklar (Kohle) . . . | 3,19 | „ |
| 19. | ○ Troppau . . . . | 3,83 | „ |

## Märkisch-Posener Eisenbahn.

Domicil und Sitz der Verwaltung in Guben.

Königreich Preussen, Regierungsbezirke Frankfurt a./O., Liegnitz, Posen.

Anschlüsse. Guben: Niederschlesisch-Märkische u. Halle-Sorau-Guben; Posen: Oberschlesische Eisenb.; Frankfurt a/O.: Niederschlesisch-Märkische u. Preuss. Ostb. Rothenburg: Breslau-Freiburg im Bau.

Local-Personen- und Güter-Tarif v. $^{24}/_{5}$ 70.

Tarife betreffend den directen Güterverkehr:

a = Directer Berlin-Posener Verband-Güter-Tarif v. $^{24}/_{11}$ 70 (nur Stat. Posen betheiligt).

b = Gemeinschaftlicher Tarif der Oberschles. und Märkisch-Posener Bahn für Oberschlesische Steinkohlen via Posen v. $^{5}/_{10}$ 70 (Stat. 3-13. 15 u. 16 betheiligt);

c = Gemeinschaftlicher Tarif der Oberschlesischen und Märkisch-Posener Eisenbahn für Oberschlesischen Kalk via Posen v. $^{1}/_{3}$ 71;

d = Gemeinschaftlicher Tarif der Rechten-Oder-Ufer-Bahn, Niederschlesisch-Märkischen Bahn und Märkisch-Posener B. (Stat. 2. 17. 18. 19. betheiligt) für Oberschlesische Steinkohlen via Guben und Frankfurt v. $^{1}/_{5}$ 71;

e = Directer Magdeburg-Preussischer Verband Güter-Tarif v. $^{15}/_{5}$ 71 (nur Stat. Posen betheiligt.);

f = Tarif für den Transport von Salz aller Art im Verk. von Stationen der Magdeburg-Cöthen-Halle-Leipziger B. nach Stationen der Kgl. Niederschles.-Märk. Bahn, Ostbahn, Niederschles. Zweigb., Oberschles. Bahn, Breslau-Schweidn.-Freib. B., Märkisch-Posener B. u. Rechte-Oder-Ufer-Bahn v. $^{15}/_{5}$ 71, erstreckt sich auf sämmtliche Stationen excl. Posen, Guben, Frankfurt;

g = Directer Ostdeutsch-Rheinischer Güter-Tarif v. $^{1}/_{7}$ 71 (nur Stat. Posen betheiligt);

h = Gemeinschaftlicher Special-Tarif für Salz aller Art von Stationen Schönebeck u. Stassfurt nach Posen (Oberschles. u. Märk.-Pos. Bahnhof) v. $^{15}/_{7}$ 71.

Siehe weitere Nachträge Seite 74.

**a. Frankfurt a/O.-Posen** (23,1 M. = 173,94 Kilom.).

Eröffnet am 26. Juni 1870.

| | Station | Meilen | Kilom. | |
|---|---|---|---|---|
| 1. | ○ Frankfurt a/O. | — | — | Frankfurt a/O. |
| 2. | Reppen . . . . . . | 2,9 | 21,84 | „ |
| 3. | Sternberg . . . . . | 2,3 | 17,32 | „ |
| 4. | Neu-Cunersdorf . . | 1,2 | 9,04 | „ |
| 4a. | Wutschdorf . . . . | 1,8 | 13,55 | „ |
| 5. | Schwiebus . . . . . | 3,6 | 27,11 | „ |
| 6. | Stentsch . . . . . . | 1,4 | 10,54 | „ |
| 7. | (b) Bentschen . . | 1,8 | 13,55 | Posen |
| 7a. | Alt-Jastrzemski . . | 1,6 | 12,05 | „ |
| 8. | Neu-Tomysl . . . . | 0,7 | 5,27 | „ |
| 9. | Eichenhorst . . . . | 1,5 | 11,29 | „ |
| 10. | Opalenica . . . . . | 1,0 | 7,53 | „ |
| 11. | Buk . . . . . . . . | 1,2 | 9,03 | „ |
| 12. | Otusz . . . . . . . | 0,6 | 4,52 | „ |
| 13. | Dombrowka . . . . | 1,5 | 10,29 | „ |
| 14. | ○ Posen . . . . . | 1,8 | 13,55 | „ |

**b. Zweigb. Bentschen-Guben** (13,16 M. = 98,64 Kil.).

Eröffnet am 26. Juni 1870.

| | Station | Meilen | Kilom. | |
|---|---|---|---|---|
| (7. | Bentschen) . . . | — | — | Posen |
| 15. | Bomst . . . . . . . | 1,6 | 12,05 | „ |
| 16. | Züllichau . . . . . | 2,3 | 17,32 | Frankfurt a/O. |
| 17. | ○ Rothenburg . | 2,3 | 17,32 | Liegnitz |
| 18. | Crossen a/O. . . . | 3,0 | 22,59 | Frankfurt a/O. |
| 19. | Merzwiese . . . . . | 1,3 | 9,78 | „ |
| 20. | ○ Guben . . . . . | 2,6 | 19,57 | „ |

## Magdeburg-Cöthen-Halle-Leipziger E.

Directorium in Magdeburg.

Preussen: Regierungsbezirke. ** = Herzogthum Anhalt. *** = Königreich Sachsen: Kreisdirectionen.

Anschlüsse. Arenshausen: Hannov. Staatsb.; Halle: Berlin-Anhalt, Thüringische E. u. im Bau: Halle-Sorau-Guben und Magdeburg-Halberstädter Eisenbahn; Cöthen: Berlin-Anhalt und Magdeburg-Halberstadt (Cöthen-Wegeleben); Leipzig: Berlin-Anhalt, Leipzig-Dresden, Sächs. westl. Staatsb., Thüringische; Magdeburg: Berlin-Potsdam-Magdeburg, Magdeburg-Halberstadt mit Magdeb.-Wittenberge; Stassfurt: Magdeb.-Halberstadt.

Anschlüsse auf der Halle-Casseler Linie. Leinefelde: Thüringische (Gotha-Leinefelde); Nordhausen: Nordhausen-Erfurt u. Hannov. Staatsb.; Wulkramshausen: Nordhausen-Erfurt; Cassel (im Bau) Hannov. Staatsb., Hess. Nord.- u. Main-Weserbahn.

Directe Verkehre: N., M., ferner mit Stationen der

a = Thüringischen und Werrabahn ($^{10}/_{5}$ 70, Nachtr. v. $^{1}/_{11}$ 70 u. $^{1}/_{1}$ 71);

b = Hannoverschen und Braunschweigischen Bahn via Arenshausen resp. via Northeim-Herzberg-Nordhausen ($^{1}/_{5}$ 69 mit 7 Nachtr. der 7. v. $^{25}/_{5}$ 71);

c = Bayer. Staats- und Bayer. Ostbahn ($^{1}/_{5}$ 71);

d = Nordhausen-Erfurter Bahn ($^{15}/_{1}$ 71);

e = Berlin-Anhaltischen Bahn ($^{15}/_{6}$ 69 mit 8 Nachtr., der 8. v. $^{9}/_{5}$ 71);

f = Leipzig-Dresdner B. ($^{1}/_{5}$ 70 mit N. v. $^{1}/_{5}$ u. $^{15}/_{10}$ 70, $^{15}/_{5}$ 71);

g = Sächsisch östlichen u. den Schlesischen Bahnen (v. $^{1}/_{7}$ 68, $^{1}/_{5}$ 71, für Salz v. $^{15}/_{5}$ 71);

h = Sächs. westl. Staatsb. ($^{1}/_{7}$ 70 mit Nachtr. v. $^{1}/_{1}$ u. $^{1}/_{5}$ 71);

i = Magdeburg-Halberstädter Bahn ($^{1}/_{11}$ 71);

k = Wittenberge ($^{1}/_{6}$ 63) und Hamburg ($^{1}/_{6}$ 68 mit Nachtr. v. $^{1}/_{10}$ 69, $^{1}/_{4}$ 70, $^{1}/_{10}$ 70, $^{15}/_{2}$ 71 u. $^{15}/_{5}$ 71);

l = Lübeck, Schwerin, Rostock, Wismar, Güstrow ($^{1}/_{4}$ 70);

m = Berlin-Potsdam-Magdeburger Bahn ($^{10}/_{5}$ 70 mit Nachtr. v. $^{10}/_{6}$ 70 u. $^{1}/_{1}$ 71);

n = Kohlenverkehr von Böhmen ($^{1}/_{10}$ 70);

o = Kohlenverkehr von der Bergisch-Märkischen Bahn via Arenshausen resp. via Northeim-Herzberg-Nordhausen ($^{15}/_{11}$ 69 mit Nachtr. II v. $^{10}/_{10}$ 70, III. v. $^{1}/_{2}$ 71);

p = Köln-Giessen, Nassauischen u. Main-Weserb. via Arenshausen-Giessen ($^{1}/_{5}$ 69 mit 12 Nachtr. der XII v. $^{1}/_{2}$ 71);

q = Salzverkehr nach allen Richtungen hin ($^{1}/_{6}$ 69);

r = Güterverkehr im Sächsisch-Westfälischen Verbande via Northeim-Herzberg-Nordhausen und via Arenshausen ($^{10}/_{5}$ 70 mit 13 Nachtr. der XIII v. $^{10}/_{5}$ 71);

s = Verkehr mit Oesterreich via Bodenbach (directer Gütertarif v. 10/11 68 mit Nachtr. I. v. 20/4 69, II. v. 15/8 70, directer Güter- und Eilguttarif v. 1/4 68 mit 7 Nachtr. der VII. v. 1/5 70);
t = Getreidetarif von Galisien v. 1/1 resp. 1/8 70 u. 1/1 71;
u = Mergel-Specialtarif für den Verkehr von Gernrode;
v = Italienischen Bahnen v. 1/11 71;
w = Thüringisch-Bayerisch-Oesterr. Verkehr vom 1/10 71.

## a. Magdeburg-Leipzig (15,8 M. = 119,01 Kilom.).

Eröffnet Stat. 1-3 17/6 39; 3-5 7/7 39; 5-7 17/8 40; 7-11 22/3 40; 11-14 18/8 40.

| | | Mln. | | |
|---|---|---|---|---|
| 1. | ○ Magdeburg T P | — | M.a.b.c.d.e.f.h.i.n.s.t.v. | Magdeburg |
| 2. | Westerhüsen Σ P | 1,1 | a.f.h.i. | |
| 3. | (b) Schönebeck T P | 2,1 | M.N.a.b.c.d.e.f.g.h.i.m.n.q. | " |
| 4. | Gnadau Σ P . . . | 2,8 | M.a.d.i.m.n. | " |
| 5. | An der Saale (Calbe) Σ P | 3,7 | M.a.b.c.d.e.f.h.i.m.n.t. | " |
| 6. | Wulffen Σ . . . . | 5,6 | a.d.e.f.h.i.m. | *°Anhalt |
| 7. | ○ Cöthen T P . | 6,8 | N.a.b.c.d.f.h.h.i.m.n.t.v. | " |
| 8. | Gr. Weissandt Σ . | 8,0 | a.b.d.e.f.h.i.m.r. | " |
| 9. | Stumsdorf Σ P . . | 8,9 | M.a.b.c.d.e.f.h.k.i.m. n.r.t. | Merseburg |
| 10. | Niemberg Σ . . . | 9,9 | N.a.b.i.r. | " |
| 11. | ○ (c) Halle T P . | 11,5 | N.b.c.f.g.h.i.k.l.m.n.q.s.t.v. | " |
| 12. | Gröbers Σ . . . . | 13,0 | a.e.f.h.i.m. | " |
| 13. | Schkeuditz Σ P . . | 14,1 | a.e.f.h.i.m.n.r. | " |
| 14. | ○ Leipzig T P . . | 16,0 | N.b.d.i.k.l.m o.s.t. | **Sachsen Leipzig |

## b. Zweigbahn Schönebeck-Stassfurt-Lödderburg

(5,5 M. = 41,43 Kilom.).
Eröffnet 12. Mai 1857.

| | | | | |
|---|---|---|---|---|
| (3. | Schönebeck) . . | 2,1 | M.N. | Magdeburg |
| 15. | Eggersdorf Σ . . . | 3,0 | | " |
| 16. | Eickendorf Σ . . . | 3,4 | | " |
| 17. | Förderstedt Σ . . | 4,2 | | " |
| 18. | ○ Stassfurt T P | 5,1 | M.N.a.b.c.d.f.g.h.i.k.l. m.n.q.s. | " |
| 19. | Lödderburg . . . | 5,7 | | " |

Von sämmtlichen Stationen und Anhaltepuncten findet Personen-, Gepäck- und Güterbeförderung statt, ausser von Lödderburg.

## c. Halle-Nordhausen-Cassel (29,12 M. = 219,290 Kil.).

Eröffnet bis Eisleben 1/9 1865, bis Nordhausen 10/7 66, bis Arenshausen 9/7 67.

Die Entfernungen sind von Halle aus berechnet.

| | | | | |
|---|---|---|---|---|
| (11. | Halle) (gemeinschaftl. Station) T P . . | — | N.b.d.i.o.p.r. | Merseburg |
| 20. | Teutschenthal Σ P | 2,5 | a.b.d.e.h.i. | " |
| 21. | Ober-Röblingen Σ P | 3,6 | a.b.c.d.e.h.i. | " |
| 22. | Eisleben T P . . | 6,1 | M.a-i.l.m.n.o.p.r.s.v.w. | " |
| 23. | Riestedt Σ P . . . | 7,1 | a.b.d.i. | " |
| 24. | Sangerhausen T P | 7,9 | N.a-i.l.m.n.o.q.p.r.w. | " |
| 25. | Wallhausen Σ P . | 8,8 | a.b.d.e.f.h.i.m.n.o.p.t.w. | " |
| 26. | Rossla Σ P . . . | 10,1 | M.a-d.f.g.h.i.m.n.o.p.r.w. | " |
| 27. | Heringen Σ P . . | 12,0 | a.b.c.d.h.i.m.o.p.r.w. | " |
| 28. | ○ Nordhausen T P | 13,0 | M.a.b.c.f.g.h.i.l.m.n. p.s.t. | Erfurt |
| 28a. | ○ Wolkramshausen Σ P . . . . . . | 14,1 | a.b.c.e.f.g.h.i.m.w. n.o.p.r.w. | " |
| 29. | Bleicherode T P . | 15,5 | a.b.d.e.f.h.i.m.n.o.p.r. | " |
| 30. | Sollstedt Σ P . . | 16,6 | a.d.i.o.r. | " |
| 31. | Gernrode b. Worbis Σ P . . . . . | 17,8 | a.b.d.e.f.h.i.m.n. o.p.r.u | " |
| 32. | ○ Leinefelde Σ P | 18,6 | a.b.d.e.f.g.h.i.m.n.o.p.r.s. | " |
| 33. | Heiligenstadt T P . | 20,7 | a.b.d.e.f.h.i.m.n.o.p.r.w. | " |
| 34. | ○ Arenshausen Σ P | 22,3 | a.d.e.f.g.h.i.n.s.w. | " |
| 35. | Witzenhausen | | | Cassel |
| 36. | Hedemünden | | | Hannover |
| 37. | Münden | | | " |
| 38. | ○ Cassel | | | Cassel |

Der Bau der Strecke Arenshausen-Münden-Cassel wird voraussichtlich ultimo 1871 oder Anfangs 1872 beendigt sein.

# Magdeburg-Halberstädter Eisenbahn.

Directorium in Magdeburg.

Königreich Preussen: Regierungsbezirke. *Herzogth. Anhalt.
° Herzogthum Braunschweig.

Der Magdeburg-Halberstädter Eisenbahn-Gesellschaft gehören seit 1864 auch Cöthen-Bernburg (Linie c) u. Magdeburg-Wittenberge (Linie b) an.

An den Haupt-Stationen Bahnhofs-Inspectionen, sonst Stations-Vorstände; an den Haltestellen Einnehmer.

Anschlüsse. Cöthen: Berlin-Anhalt und Magdeburg-Leipzig; Halle: Berlin-Anhalt, Halle-Guben-Soran, Magdeburg-Leipziger u. Thüringische E.; Lehrte: Hannoversche E.; Magdeburg: Berl.-Potsdam-Magdeb.; Magdeburg-Leipz.; Oschersleben: Braunschw. Eisenbahn; Stassfurt: Magdeburg-Leipzig; Uelzen: Hannoversche E.; Vienenburg: Braunschweigische u. im Bau: Hannover-Altenbekener E.; Wittenberge: Berlin-Hamburg.

Entfernungen in Meter-Meilen (Tarifmeilen) und Kilom.

## a. Magdeburg-Halberstadt-Thale

(11,53 M. = 86,475 Kilom.).
Eröffnet bis Halberstadt 15/7 43, von da bis Thale 9/7 62.
Local-Güter-Tarif v. 1/8 71 mit Nachtr. v. 1/6 71.

Directe Verkehre: A. 1. Magdeburg hat directen Güterverkehr a) mit den Verbandstationen des Nordd. Verbandes (Verb.-Güter-Tarif v. 1/4 68), sowie aa) der Niederländischen Staatsb. via Salzbergen (Verb.-T. 1/10 69), b) mit Stationen des Preuss.-Braunschw. Verbandes (1/4 68); c) mit einigen Belg. und Französischen Stat. im Nordd.-Rhein.-Französ. (1/4 69), u. Nordd.-Rhein.-Belg. (1/12 69), West- und Nordwestdeutsch-Französ. via Kehl, Weissenburg und Forbach (1/1 70), d) Güterverk. mit Stationen der Braunschweigischen Bahn (1/7 70), e) ferner für Weinsendungen von Stationen der Rheinischen Eisenb. (15/11 68);

2. Stationen 2—14 (Dodendorf bis Thale) haben directen Güter-Verkehr mit Stationen der Berlin-Potsdam-Magdeburger Bahn (1/7 65, N. 1/1 67), directen Kohlen-Verkehr von Stat. des Nordd. und Preuss.-Braunschw. Verbandes (1/4 68);
3. Stationen Oschersleben, Halberstadt, Quedlinburg u. Thale haben directen Güter-Verkehr a) mit Stettin u. b) directen Braunkohlen-Verkehr von Stationen der Aussig-Teplitzer Eisenbahn (1/1 70). c) Halberstadt u. Oschersleben stehen im directen Verkehr mit Wien, Marchegg u. Ungarischen Stationen für Getreide u. Sendungen v. Hülsenfrüchten, Malz, Mehl, Oelkuchen und Oelsaat in Quantitäten von 100 Ctr. (15/1 69);
4. Halberstadt hat ausserdem directen Güter-Verkehr mit Stationen des Nordd. u. Pr.-Br. Verbandes = 1a-b., sowie mit Stationen der Braunschweigischen Eisenbahn (= 1 d), endlich mit Stationen der Berlin-Anhaltischen = 4a (10/6 70), der K. Sächs. westl. Staatsbahn = 4b (1/10 68) und der Aussig-Teplitzer Eisenb. (= 3b), sowie mit Station Hamburg = 4c (1/4 57);
5. Quedlinburg und Thale sind Verbandstationen des Preuss.-Braunschweig. Eisenbahn-Verbandes = 1b;
6. Sämmtliche Stationen zwischen Dodendorf (incl.) u. Oschersleben, ferner Wegeleben, Quedlinburg und Thale haben directen Kohlen-Verkehr ab Zwickau (1/4 68);
7. Stationen Magdeb., Bernburg, Stassfurt, Güsten, Aschersleben, Thale, Quedlinburg, Halberstadt u. Wasserleben haben directen Güterverk. mit Stationen des Westd. (1/1 69) resp. Nordwestdeutschen (1/5 70) Verbandes;
8. Die Stationen Thale, Oschersleben, Halberstadt, Wasserleben u. Vienenburg stehen im directen Verk. mit der Magd.-Leipz. Stat. Schönebeck für Kochsalz-Sendungen in Wagenladungen v. 200 Ctr. (1/6 69).

Siehe weiter die bei Linie b und c aufgeführten Verkehre.

| | | M. M. | Kil. | | Preussen Reg.-Bezirk |
|---|---|---|---|---|---|
| 1. | ○ (b) Magdeburg T Σ P | — | — | 1a-e.7. | Magdeburg |
| 2. | Dodendorf . . . . | 1,4 | 10,5 | 2.6. | |
| 3. | Langenweddingen Σ P | 2,1 | 15,7 | 2.6.Bla. | " |
| 4. | Blumenberg . . . | 2,8 | 21,0 | 2.6.Bla. | " |
| 5. | Hadmersleben Σ P. | 4,2 | 31,7 | 2.6.Bla. | " |
| 6. | ○ Oschersleben T Σ P. . . . . . | 5,1 | 38,25 | 2.3a.b.c.6. | " |
| 7. | Crottorf . . . . . | 6,1 | 45,75 | 2. | " |
| 8. | Nienhagen . . . . | 6,5 | 48,75 | 2. | " |
| 9. | (g) Halberstadt T Σ P | 7,8 | 58,5 | 1a.b.d.2.3a.b.c. 4a.b.c.7.8.C5.6. | " |
| 10. | (c) Wegeleben . | 8,8 | 66 | 2.6. | " |
| 11. | Ditfurth . . . . . | 9,4 | 70,5 | 2. | " |
| 12. | Quedlinburg T Σ P | 10,3 | 77,25 | 1b.2.3.a.b.5.6.7.8. C5.6. | " |
| 13. | Neinstedt . . . . | 11,1 | 83,25 | 2. | " |
| 14. | Thale T Σ P . . | 11,6 | 87 | 1b.2.3a.b.5.6.7.8. C5.6. | " |

## b. Magdeburg-Wittenberge (14,56 M. M.)

Eröffnet bis Seehausen 7/7 49, bis Wittenberge 27/8 49.

Directen Güter-Verkehr haben:

B. 1. a) Magdeburg mit Hamburg der Berlin-Hamburger E. (1/4 68) mit Lübeck der Lübeck-Büchener B. (1/4 70) und Mecklenb. Stat. Schwerin, Wismar, Güstrow u. Rostock (1/8 70), ferner mit Stationen der Berlin-Hamburger Bahn (10/11 64), sowie im directen Salzverk. mit Stat. der Berl.-Hamburger, Lübeck-Büchner und der Grossh. Friedrich-Franzb. (1/1 69); desgl. directer Viehverk. zwischen Hadmersleben, Blumenberg, Langenweddingen, Magdeburg, Wolmirstedt, Mahlwinkel, Stendal Osterburg und Seehausen

einers. u. Hamburg andererс., desgl. zwischen Magdeb. u. Lübeck (1/5 69), b) Neustadt-Magdeb. directen Braunkohlen-Verkehr von Foerderstedt, Eggersdorf der Magd.-Leipz. E. (1/4 68), Zwickau (= A 6) und von Stationen der Aussig-Teplitzer Eisenbahn (= A 3b);
2. Wolmirstedt, Stendal, Osterburg, Seehausen mit verschiedenen Stationen der Berlin-Hamburger Bahn (10/11 64) u. directen Kohlen-Verkehr von Stationen der Aussig-Teplitzer Eisenbahn (= A 3b);
3. Wittenberge a) mit Halle, Leipzig (1/1 63), b) mit Stationen der Thüring. Bahn (1/4 67), c) mit Station Altenburg u. Hof der Königl. Sächs. Staatsbahnen, (15/3 68) und mit den Stat. der Bayer. Staats- und Ostbahnen.

| | M. M. | Kil. | | |
|---|---|---|---|---|
| 15. ○(a)Magdeburg T E P | — | — | 1a.b. | Magdeburg |
| 16. Barleben . . . . | 1,3 | 9,75 | | » |
| 17. Wolmirstedt T E P | 2 | 15,0 | 2. | » |
| 18. Rogätz. . . . . . | 3,3 | 24,75 | | » |
| 19. Mahlwinkel. E P . | 4,7 | 35,25 | | » |
| 20. Tangerhütte E P . | 5,3 | 39,75 | | » |
| 21. Demker . . . . . | 6,6 | 49,5 | | » |
| 22. (h.i) Stendal T E P | 7,9 | 59,25 | 1a.2. | » |
| 23. Goldbeck P . . . | 9,8 | 74,50 | | » |
| 24. Osterburg T E P . | 11,3 | 84,75 | 1a. | » |
| 25. Seehausen T E P . | 12,8 | 96 | 2. | » |
| 26. ○ Wittenberge T E P . . . . | 14,6 | 109,50. | 3a-c. | Potsdam |

## c. Wegeleben-Bernburg-Cöthen (9,04 M. M. = 67,8 K.).

Eröffnet Cöthen-Bernb. 1/4 46, Wegeleben-Bernburg 10/4 66.
Directe Verkehre bestehen:

C. 1. Zwischen sämmtlichen Stationen und den Norddeutschen und Preuss.-Braunschweigischen Kohlenstationen für Kohlen und Koks (= A 2);
2. Zwischen Cöthen, Bernburg, Güsten, Aschersleben und den Pr.-Braunschw. Verband-Stationen (= A 1b);
3. Zwischen Aschersleben, Bernburg, und Güsten (via Stassfurt) und Magdeburg, und Stationen der Berlin-Anhaltischen Bahn via Stassfurt (1/4 57, Nachtr. 6/11 66);
4. Zwischen Bernburg und Aschersleben und Stationen der Aussig-Teplitzer Eisenbahn für Braunkohlen (= 3b);
5. Zwischen Güsten, Aschersleben, Halberstadt, Quedlinburg, Thale, Wasserleben einerseits u. Stationen der Bayerischen Staats- u. Ostbahnen andererseits für Zucker aller Art (Specialtarif v. 15/7 70);
6. zwischen Bernburg, Güsten, Stassfurt, Aschersleben, Halberstadt, Quedlinburg und Thale einer- u. Halle u. Leipzig andererseits für Eilgut (1/4 70);
7. zwischen Aschersleben u. Halle für dunkles Braunkohlen-Theeröl in Ladungen v. 200 Ctr. (10/5 70).

| | M. M. | Kil. | | |
|---|---|---|---|---|
| (10. Wegeleben) E . | — | — | C1. | Magdeburg |
| 27. Gatersleben P E . . | 1,3 | 9,75 | C1. | » |
| 28. Nachterstedt E . . | 1,9 | 14,25 | C1. | » |
| 29. (f) Frose E P . . | 2,3 | 17,25 | C1. | » |
| 30. (k)Aschersleben T P E | 3,3 | 24,75 | A7.C1-4.6.7. | » |
| 30a. *Giersleben PH.* . | 3,9 | 29,25 | | » |
| 31. (e) Güsten E P . | 4,8 | 36,0 | A7.C1.2.3.5. | *Bernburg |
| 32. Bernburg T E P . | 6,4 | 48,0 | A7.C1.2.3.4.5. | burg |
| 33. (d) Biendorf E . . | 7,7 | 57,75 | C1. | *» |
| 34. ○ Cöthen T E P . | 9,1 | 68,25 | C1.2. | *» |

## d. Zweigb. Biendorf-Gerlebogk (1 M. M. = 7,5 Kil.).

D. Directer Kohlen-Verkehr zwischen Biendorf im Nordd. und Preuss.-Braunschw. Verbande (= A 2b).

| | M. M. | Kil. | | |
|---|---|---|---|---|
| (33. Biendorf) E . . . | 1,30 | 9,75 | * | Bernburg |
| 35. Körmigk } Kohlen-Stationen | 2,25 | 16,5 | * | » |
| 36. Preusslitz } Kohlen-Stationen | 2,25 | 16,5 | * | » |
| 37. Gerlebogk } Kohlen-Stationen | 2,40 | 18 | * | » |

## e. Güsten-Stassfurt (0,84 M. M. = 6,3 Kilom.).

Eröffnet 12/4 66.

E. Directer Güter-Verkehr besteht
1. zwischen Stassfurt und den Stationen des Pr.-Braunschw. Verbandes (= A 1b);
2. für Salz und Salzfabrikate ab Stassfurt nach Stationen des Nordd. Verbandes, nach den Stationen der Berl.-Anhalter (1/3 resp. 15/11 68), Magdeburg-Leipziger, Halle-Casseler E. via Güsten (1/7 68), Thüringer (1/11 68), Leipzig-Dresdner, Sächs. westl. und östl. Bahn (1/10 68), Stationen der E. Grossenhain-Cottbus (Specialtarif v. 6/4 70), Stationen der Bayerischen Staats- u. Ostbahnen (1/12 69), ferner Stat. der Niederschlesisch-Märkischen, der Schlesischen Gebirgsbahn, der Niederschlesischen Zweigbahn, der Breslau-Schweidnitz-Freiburger, der Neisse-Brieger und der Wilhelmsbahn (= Salz) via Berlin u. via Güsten-Leipzig (1/2 69) und mehreren Stationen der K. k. Oesterr. Staatsb. (20/10 68) (= Salz).

| | M. M. | Kil. | | |
|---|---|---|---|---|
| (31. Güsten) E P | — | — | | *Bernburg |
| 38. ○ Stassfurt T E P | 0,9 | 6,75 | A1.2.3.7.C6. | Salz. Magdeb. |

## f. Frose-Ballenstedt (1,79 M. M. = 13,425 Kil.)

Eröffnet 1/7 68.

F 1. Directer Kohlen-Verkehr besteht zwischen Ermsleben und Ballenstedt mit Stationen des Nordd. und Pr.-Braunschw. Verbandes (= A 2b);
2. ferner directer Verkehr für Kreide-Mergel ab Ballenstedt nach Leipzig-Halle, Schönebeck, Magdeburg, Schöningen u. nach der Thüring. Stat. Köstritz (1/4 69) (= Kreide).

| | M. M. | Kil. | | |
|---|---|---|---|---|
| (29. Frose) E P . . | — | — | | Magdeburg |
| 39. *Reinstedt PH.* . | 0,5 | 3,75 | | » |
| 40. Ermsleben T E P | 1,10 | 8,25 | 1. | » |
| 41. Ballenstedt T E P | 1,8 | 13,5 | 1.2. Kreide | » |

## g. Zweigbahn Halberstadt-Vienenburg

(4,89 M. M. = 36,675 Kilom.).
Eröffnet am 1. März 1869.

G 1. Directer Verkehr besteht zwischen Wasserleben u. Stat. der Braunschweiger Bahn für Fracht und Eilgüter;
2. ferner für den Transport von Roheisen ab Vienenburg nach den Thüring. Stat. Erfurt, Arnstadt u. Gotha (15/7 69).

| | M. M. | Kil. | | |
|---|---|---|---|---|
| (9. Halberstadt) T E P | — | — | | Magdeburg |
| 42. (n)Heudeber-Dannstädt E | 1,9 | 14,25 | | » |
| 43. Wasserleben E . . . . | 3,0 | 22,75 | A7.8.C5.G1. | » |
| 44. ○ Vienenburg E. . . | 4,9 | 36,75 | A8.G2. | » |

## h. Berlin-Lehrte (31,84 M. M. = 238,8 Kilom.).

Eröffnet: Berlin-Spandau am 1/7 71, Spandau-Gardelegen am 1/8 71, Gardelegen-Lehrte am 1. November (für den Güter- u. am 1/12 71 für den Personenverkehr.
bk = Stationen im dir. Verk. mit den Stat. des neuen Berlin-Kölner Verbandes v. 1/11 71.

| | ab Berlin M. M. | Kil. | | |
|---|---|---|---|---|
| 45. ○ Berlin P . . . | — | — | bk. | Potsdam |
| 46. Spandau T E P . . | 1,8 | 13,5 | bk. | » |
| 47. Wustermark E . . | 4,1 | 30,75 | | » |
| 48. Gr. Behnitz E . . . | 5,8 | 43,50 | | » |
| 49. Buschow E . . . . | 7,0 | 52,5 | | » |
| 50. Nennhausen E . . . | 8,1 | 60,75 | | » |
| 51. Rathenow T E P. . | 9,5 | 71,25 | bk. | » |
| 52. *Gr. Wudicke PH.* | 10,6 | 80,25 | | Magdeburg |
| 53. Schönhausen E P . | 12,3 | 92,25 | | » |
| 54. Hämerten E . . . | 13,0 | 97,5 | | » |
| (22. Stendal) P . . . | 14,0 | 105,0 | bk. | » |
| 55. Vinzelberg E . . . | 15,7 | 117,75 | | » |
| 56. Gardelegen T E P . | 18,3 | 137,25 | | » |
| 57. Mieste . . . . . . | 20,2 | 151,5 | | » |
| 58. Oebisfelde . . . . | 22,3 | 167,25 | | » |
| 59. Vorsfelde . . . . . | 23,4 | 175,5 | bk. | *Braunschw. |
| 60. Fallersleben . . . . | 24,7 | 185,25 | bk. | Hannover |
| 61. Giffhorn . . . . . | 26,4 | 198,0 | bk. | » |
| 62. Ohof . . . . . . . | 28,5 | 213,75 | | » |
| 63. Dollbergen . . . . | 29,8 | 223,5 | | » |
| 64. ○ Lehrte . . . . | 31,9 | 239,25 | | » |

## i. Zweigbahn Stendal-Uelzen (14,3 M. = 107,25 Kil.).

Die Strecke bis Salzwedel am 15. März 1870 mit folgenden Stationen eröffnet. (Ueber Eröffnung der Strecke Salzwedel-Uelzen steht noch nichts fest).

| | Met. Mln. | Kilom. | | |
|---|---|---|---|---|
| (22. Stendal) T E P . | — | — | | Magdeburg |
| 65. Klaeden E. . . . . | 2,0 | 15,0 | | » |
| 66. Bismark E . . . . | 2,7 | 20,25 | | » |
| 67. *Messdorff PH.* . . | 3,5 | 26,25 | | » |
| 68. Brunau-Packebusch E | 4,3 | 32,25 | | » |
| 69. Kallehne E . . . . | 5,4 | 40,5 | | » |
| 70. *Deutsch-Pretzier PH.* | 6,5 | 48,75 | | » |
| 71. Salzwedel T E P . . | 7,6 | 57,0 | bk. | » |

Im Bau nach Uelzen.

## k. Aschersleben-Halle (7,6 Mm. = 57,0 Kil.).

Eröffnet am 15. October 1871 Aschersleben-Cönnern (3,78 Met. M. = 28,350 Kil.).

| | Met. M. ab Aschersleben | Kil. | |
|---|---|---|---|
| (30. Aschersleben) . . | — | — | Magdeburg |

| | Met. M. ab Aschersleben | Kil. | |
|---|---|---|---|
| 72. Sandersleben . . . . | 1,5 | 11,4 | Anhalt Cöthen |
| 73. Belleben . . . . . . | 2,4 | 18,3 | Merseburg |
| 74. Cönnern . . . . . . | 3,8 | 28,4 | » |
| Im Bau 75. Naundorf . . . . . | 5,2 | 39,10 | » |
| Im Bau 76. Wallwitz . . . . . | 5,7 | 42,9 | » |
| Im Bau 77. Trotha . . . . . | 6,8 | 51,2 | » |
| Im Bau 78. ○ Halle . . . . | 7,6 | 57,2 | » |

**l. Vienenburg-Neukrug** (3,68 Mln. = 27,7 Kil.).
Concessionirt unterm 26. Juli 1869; Baubeginn im Frühjahr 1871 noch nicht erfolgt.

| | | | |
|---|---|---|---|
| (44. Vienenburg) . . . | — | — | Hannover |
| 79. Grauhof . . . . . . | 1,4 | 10,7 | » |
| 80. (m) Langelsheim . . . | 2,4 | 17,7 | » |
| 81. Neukrug . . . . . | 3,6 | 27,7 | » |

**m. Langelsheim-Clausthal** (3,12 Mln. = 23,47 Kil.).
Concessionirt unterm 26. Juli 1869; Baubeginn im Frühjahr 1871 noch nicht bestimmt.

| | | | |
|---|---|---|---|
| (80. Langelsheim) . . | — | — | Hannover |
| 82. Lautenthal . . . . . | 1,56 | 11,7 | » |
| 83. Wildemann . . . . . | 2,5 | 18,8 | » |
| 84. Clausthal . . . . . | 3,12 | 23,5 | » |

**n. Heudeber-Wernigerode** (1,25 Mln. = 9,41 Kil.).
Voraussichtliche Eröffnung 1871. (?)

| | | | |
|---|---|---|---|
| (42. Heudeber) . . . . | — | — | Magdeburg |
| 85. Wernigerode . . . | 1,25 | 9,4 | » |

(1,28 von Mitte Stat.-Geb. auf Bahnhof Heudeber)

## Main-Neckar-Eisenbahn (Staatsbahn).

Direction zu Darmstadt.

Grossherzogthum Hessen-Darmstadt (Provinzen). *° = Baden (Kreise). **° = Preussen.

Anschlüsse. Darmstadt: Hess. Ludwigsb.; Frankfurt: Frankf.-Hanau, Hess. Ludwigsb., Homburger, Main-Weserb., Offenbach-Frankfurt, Taunusb.; Bensheim: Hess. Ludwigsb.; Heidelberg: Badische Staatsb.; Mannheim (Friedrichsfeld): Badische Staatsb. und Pfälzische Ludwigsbahn.

Directe Güterverkehre.

a = mit der Badischen Bahn (1/4 64);
b = » » Königl. Württemb. Bahn (1/6 64);
c = » dem Mitteldeutschen Verbande (1/1 69);
d = » der Schweizer. Nordostbahn und den Vereinigten Schweizerbahnen (1/4 68);
e = mit der Nassauischen und Taunusbahn (1/10 66);
f = » » Schweiz. Centralbahn (1/8 65);
g = » den Bodenseeuferplätzen (1/11 71);
h = » dem Westdeutschen Verband (1/1 69);
i = » den Pfälzischen Bahnen (1/1 66);
k = » der Offenbacher Bahn (1/1 66);
l = » » Hessischen Ludwigsbahn; (10/1 66);
m = Kohlenverkehre mit den Kohlenstat. der Bergisch-Märk., Köln-Mindener und Rheinischen B. (1/4 71, 1/4 70, 1/3 68);
n = mit dem Süddeutschen Verbande (1/7 70);
o = » den Saargruben (1/12 67);
p = » der Königl Bayer. Staatsbahn (via Ulm) 1/7 70;
q = » » Französischen Ostbahn (10/1 68);
r = » den Südbayer. Stationen (1/7 70);
s = Rohproducten-Verkehr mit der Köln-Mindener Bahn in einzelnen Rohproducten (1/1 71);
t = mit dem Niederländisch-Mittelrheinischen Verb. (1/1 69);
u = » » Niederländisch-Badisch-Württemb. Verb. (1/3 69);

Die Station Darmstadt besitzt eine selbstständige Zollabfertigungsstelle im Bahnhof und die Station Frankfurt ist durch die Geleise mit dem dortigen Zollhofe in Verbindung gesetzt.

**a. Frankfurt-Heidelberg** (11,82 M. = 67,55 Kilom.).
Eröffnet streckenweise 23/7, vollständig 1/8 46.

| | Mln. | Kil. | |
|---|---|---|---|
| 1. ○ (b) **Frankfurt** T | — | — | **°Preussen |
| 2. Isenburg . . . . . | 0,88 | 6,51 | Starkenburg |
| 3. Langen T . . . . | 1,78 | 13,18 | » |
| 4. *Arheilgen Pll.* T . | 2,89 | 21,40 | » |
| 5. ○ **Darmstadt** T . | 3,60 | 26,74 | » |
| 6. Eberstadt T . . | 4,50 | 33,33 | » |
| 7. Bickenbach T . . | 5,45 | 39,79 | » |
| 8. Zwingenberg T . . | 5,87 | 43,48 | » |
| 9. Auerbach T . . | 6,21 | 46,07 | » |
| 10. ○ Bensheim T . . | 6,54 | 48,44 | » |
| 11. Heppenheim T . . | 7,16 | 53,03 | » |
| 12. Hemsbach T . . . | 7,94 | 58,81 | Baden |
| 13. Weinheim T . . . | 8,52 | 63,11 | *°Unter- |
| 14. Grosssachsen T . . | 9,25 | 68,51 | rheinkreis |
| 15. Ladenburg T . . . | 9,88 | 73,25 | *° » |
| 16. ○ Friedrichsfeld T | 10,43 | 77,25 | *° » |
| 17. ○ Heidelberg T | 11,82 | 87,55 | *° » |

**b. Frankfurt-Offenbacher Bahn** (1,1 M. = 9 Kilom.).
Die Mitglieder der Direction der Main-Neckarb. für Preussen und Hessen bilden die Verwaltung dieser Bahn.
Eröffnet Stat. 18-20 16/4 48; bis Frankf. 18/11 49.

| | | | |
|---|---|---|---|
| (1. Frankfurt) . . . | — | — | **°Wiesbaden |
| 18. Sachsenhausen T . | 0,5 | 3,7 | » |
| 19. Oberrad T . . . . | — | — | » |
| 20. Offenbach T . . | 1,1 | 8,2 | Starkenburg |

## Main-Weser-Eisenbahn.

Kgl. Preussische und Grossh. Hessische, unter Kgl. Preussischer Verwaltung stehende Staatsbahn. Kgl. Direction zu Cassel.

(27 M. = 200,34 Kilom.).

Preussen. Hessen, Regierungsbez. * = Grossherzogth. Hessen, Provinz Oberhessen.

Eröffnet Stat. 1-3: 17/12 49; 3-6: 5/1, 8-10: 4/8, 10-11: 9/4, 11-13: 25/7, 13-14 25/8 50; 14-15 15/8 52; 15-16 1/8 51; 16-18 1/12 50; 18-25 10/8 50; die ganze Bahn 15. Mai 1852.

Anschlüsse. Cassel: Hess. Nordb., Hannov. Staatsb., später Halle-Cassel; Frankfurt: Frankfurt-Hanau, Hess. Ludwigsb., Homburger, Main-Neckarb., Taunusb.; Guntershausen: Hess. Nordb.; Giessen: Köln-Minden (Köln-Giessen) u. Oberhessische Eisenbahnen

Local-Gütertarif v. 1/2 69; 1. u. 2. Nachtr. v. 15/9 69, 3. v. 1/4 70.

W = Westdeutscher Verb. (Tarif v. 1/1 69 mit 21. Nachtr., 21. v. 1/1 71; Tarif für Güterbeförderung zwischen Westd. Stat. und der Schweiz und Vorarlberg v. 1/6 68 mit 4. Nachtr., 4. v. 15/12 70);

NW. = Nordwestdeutscher Verb. (1/5 70 mit 3. Nachtr. 3. v. 15/1 71);

a = Hessisch-Rheinisch-Westfälischer Verb. (1/6 69, Nachtr. v. 15/11 70);
b = Steinkohlen- und Coaks-Transporte der Köln-Mindener E. (1/3 71);
c = Steinkohlen- u. Coaks-Transporte der Berg.-Märk. E. (1/4 71,) Specialtarif für Eisen- u. Stahl-Transporte (v. 1/6 69);
d = Sächsisch-Rheinischer Verb. (1/3 69 mit 6. Nachtr. 6. v. 1/3 71, Specialtarif für Getreide v. 1/8 69);
e = Französisch-Deutscher Güterverk. via Deutz-Giessen (1/3 70);
f = Belgisch-Deutscher Güterverk. via Deutz-Giessen (1/11 66);
g = directer Verk. mit der Wilhelm-Luxemburger Bahn, Spec.-Tarif für Erz und Roheisentransport vom 15/11 67;
h = directer Verk. der Stat. Friedberg mit den Belg. Stat. Ougrée u. Grivegnée resp. Angleur (10/4 67 u. Aug. 1867);
i = Holländisch-Schweizerischer Güterverkehr via Deutz-Giessen-Heidelberg (15/1 68);
k = Niederländisch-Rechtsrheinischer Güterverk. via Emmerich-Deutz-Giessen (1/1 69, Nachtr. I v. 20/4 70);
l = Niederländisch-Mittelrheinischer Güterverkehr via Emmerich-Giessen-Frankfurt (1/1 69);
m = Niederländ.-Badisch-Württemb. Güterverk. via Emmerich-Giessen-Frankfurt (1/3 69, Nachtr. I v. 1/3 70, II 1/8 70, III 1/11 70);
n = directer Güterverk. via Giessen-Arenshausen resp. Giessen-Northeim (1/3 69 mit 12 Nachtr., 12. v. 1/5 70, Sp.-Tf. für Salz v. 1/3 69 mit Nachtr. v. 10/4 69, Sp.-Tf. für Getreide v. 15/3 70);
o = directer Verk. zw. Stat. der Köln-Mindener u. Berg.-Märk. E. einers. und Stat. südlich von Frankfurt belegener Bahnen andererseits (1/8 70 u. 1/1 71);
p = Niederländ.-Bayer.-Oesterr. Güterverk. via Emmerich-Giessen-Frankfurt-Aschaffenburg (15/8 69 u. 1/7 69, Nachtr. 15/11 70, Sp.-Tf. für Getreide etc. v. 1/8 70);
q = Rechtsrheinisch-Bayer.-Oester. Güterverk. via Giessen-Frankfurt-Aschaffenburg (Sp.-Tf. I-VI v. 1/1 70, Nachtr. I v. 1/8 70);
r = Westdeutsch- und Nordwestdeutsch-Französ. Güterverk. via Kehl, via Weissenburg u. via Forbach (1/1 70, Nachtr. I v. 1/12 70);
s = Nordwestdeutsch-Französ.-Schweizer Güterverkehr via Cassel-Frankfurt-Mainz-Weissenburg-Basel (1/4 70, Nachtr. I v. 1/4 70);
t = directer Verk. mit den Oberhessischen E. (Ausnahme-Tarif v. 15/3 70).

| | Mln. | Kilom. | | |
|---|---|---|---|---|
| 1. ○ Cassel T T P . Zollabf. | — | — | W.NW.a.e.f.g. n.r. | Preussen, Reg.-Bez. Cassel |
| 2. Wilhelmshöhe T . | 0,51 | 3,75 | | Preussen, Reg.-Bez. Cassel |
| 3. ○ Guntershausen T P | 1,87 | 13,88 | W.NW.a.g. | Preussen, Reg.-Bez. Cassel |
| 4. Gensungen T . . . | 3,72 | 27,60 | | Preussen, Reg.-Bez. Cassel |
| 5. Wabern T P . . . | 4,60 | 34,13 | W.NW.b. | Preussen, Reg.-Bez. Cassel |

| | Min. | Kilom. | | |
|---|---|---|---|---|
| 6. Borken Σ P . . . | 5,83 | 43,26 | * | Preussen, Reg.-Bez. Cassel |
| 7. Zimmersrode Σ P . | 6,68 | 49,57 | * | |
| *Kohlen von Köln-Mind. Stat. können direct nach den Sätzen für Wabern befördert werden. | | | | |
| 8. Treysa Σ P . . . | 8,24 | 61,14 | W.NW.b.c. | |
| 9. Neustadt Σ P . . | 9,65 | 71,60 | W.NW.b.c. | |
| 10. Kirchhain Σ P . . | 12,11 | 89,86 | W.NW.b.c.g. | |
| 10a. *Cölbe PH.* . . . | — | — | | |
| 11. Marburg T Σ P. Zollabf. | 14,15 | 104,99 | W.NW.a.b.c. d.g.n.q. | |
| 12. Fronhausen Σ P . | 16,13 | 119,68 | W.NW.a.b.c. | |
| 13. Lollar Σ P . . . | 17,00 | 126,14 | W.NW.a.b.c. g.q.t. | Hessen-Darmstadt |
| 14. ○ Giessen T Σ P Zollabf. | 18,18 | 134,89 | W.NW.d.g. k.n.q.r. | |
| 15. Lang-Göns Σ P . | 19,46 | 144,39 | W.NW.b.c.g. | |
| 16. Butzbach Σ P . . | 20,63 | 153,07 | W.NW.a.b.c. g.t. | |
| 17. Nauheim T Σ P . (der Staats-Telegraph nur während der Badezeit) | 21,95 | 162,87 | W.NW.a.h.c. | |
| 18. Friedberg Σ P Erze nach d. Belg. Stat. Ougrée u. Grivegnée resp. Angleur | 22,44 | 166,50 | W.NW.a.b.c. g.q.t. | |
| 19. Nieder-Wöllstadt Σ P | 23,47 | 174,15 | W.NW.a.b.c. | |
| 20. Gross-Karben Σ P | 24,19 | 179,49 | W.NW.b.c. | |
| 21. Dortelweil Σ . . . | 24,59 | 182,46 | b.c. | |
| 22. Vilbel Σ P . . . | 25,08 | 186,09 | W.NW.b.c.t. | |
| 23. Bonames Σ P | 25,68 | 190,54 | NW.b.c. Wiesbaden | Preussen |
| 24. Bockenheim T Σ P | 26,64 | 197,67 | W.NW.a. b.c.t. Cassel | |
| 25. ○ Frankfurt a./M. T Σ P . Zollabf. | 27,00 | 200,34 | W. a.b.c.k.n. Wiesbaden | |

## Mohács-Fünfkirchener Eisenbahn.

Betriebs-Direction der k. k. priv. Donau-Dampfschifffahrts-Gesellschaft in Wien.

Betriebsleitung der Bahn in Fünfkirchen, Königreich Ungarn.

Anschluss in Üszög an die Fünfkirchen-Barcser Bahn und in Villány an die Alföld-Fiumaner E.

Directer Güter-Verkehr: a = mit den Agentien der Donau-Dampfschifffahrts-Gesellschaft; b = mit der Fünfkirchen-Barcser Eisenbahn seit 6. Mai 1868; c = mit der Oesterr. Südbahn seit 1/1 68, d = mit der Alföld-Fiumaner E. seit 20/11 70 und e = mit der südlichen Linie der kgl. Ungar. Stsb. bezuglich des Personen- u. Gepäcktransportes s. 15/4 71.

### a. Hauptbahn Mohács-Üszög (7,25 Oest. M. = 55,0 Kil.).

Eröffnet 2. Mai 1857.

| | | | |
|---|---|---|---|
| 1. Mohács T Σ. . . . . . | — | — | Ungarn |
| 2. Deutsch-Boly-Rácz-Töttös Σ | 1,84 | 13,96 | Baranyáer |
| 3. ○ Villány Σ . . . . . . | 3,21 | 24,35 | Comitat |
| 4. *Trinitás P.H.* . . . . . | 4,54 | 34,44 | » |
| 5. Ata Σ . . . . . . . . | 5,19 | 39,37 | » |
| 6. ○(b) Üszög Σ . . . . | 7,25 | 55,00 | » |

### b. Zweigbahn Üszög-Grube (0,75 Oest. M. = 5,69 Kil.).

Eröffnet 1. December 1854.

| | | | |
|---|---|---|---|
| (6. Üszög). . . . . . . . | — | — | Baranyáer |
| 7. Grube K.St. Σ . . . . . | 0,75 | 5,69 | Comitat |

NB. Ausser der Station Grube und Haltestelle Trinitás, woselbst die Bezeichnungen massgebend sind, dienen die übrigen Stationen sowohl für den Personen- als Frachten-Verkehr. Station Üszög ist Anschluss-Station für die Bahn nach Grube und zugleich für die Fünfkirchen-Barcser Bahn und die Station Villány für die Alföld-Fiumaner Eisenb.

E. (1/10 65); c = Saarbrücker u. Rhein-Naheb. (1/1 71); d = Homburger E. (1/1 69); e = Köln-Minden (1/1 63); f = Main-Neckarb., Stat. Mannheim (Badische) u. Offenbach (1/10 66); g = Frankfurt-Hanau (1/1 71); h = Bayer. Staats- u. Ostb. via Frankfurt-Hanau (1/8 65); i = südl. u. südöstl. Linien der Bayer. Staatsb. (1/7 70); k = mit Rotterdam u. Amsterdam via Cleve (25/1 65); l = mit Nymwegen (Rheinische E.) u. via Nymwegen mit Rotterdam per Gelder'sche Dampfboot (11/8 65); m = mit Frans. Ost- u. Westb. via Forbach u. Weissenburg (1/7 68); n = Rheinisch-Belgisch-Französischer Verb. (1/1 1867); M. = Mitteld. Verb. via Bebra-Hanau 1/1 69; o = Sächsisch-Rheinischer Verband 1/2 69; p = Giessen-Northeim-Arenshausener Verk. 1/3 69; q = Hessische-Ludwigs u. Pfälzische Bahn 1/1 71.

### a. Wiesbaden-Oberlahnstein-Wetzlar.

(25,14 M. [à 7,50 Kil.] = 188,55 Kilom.).

Eröffnet Stat. 1-10 11/8 56; 10-19 22/8 62; 20-22 1/1 58; 22-23 7/1 60; 23-30 3/1 62; 30-36 10/10 62; 36-41 10/1 63.

| | Min. | Kilom. | | |
|---|---|---|---|---|
| 1. ⊙ Wiesbaden . | — | — | M.b.c.k-m. | Wiesbaden |
| 2. ○ Biebrich-Mosbach | 0,67 | 5,0 | R²-e.f.h-l. | » |
| 3. Schierstein . . | 1,09 | 8,2 | a.c. | » |
| 4. Nieder-Walluf . | 1,52 | 11,4 | a.d. | » |
| 5. Eltville . . . . | 1,92 | 14,4 | R²-d.f.g. | » |
| 6. Erbach *PH.* . | 2,19 | 16,4 | | » |
| 7. Hattenheim . . | 2,59 | 19,4 | a.c.g. | » |
| 8. Oestrich-Winkel | 3,01 | 22,6 | W-d. | » |
| 9. Geisenheim (Johannisberg) . . . | 3,60 | 27,0 | M.W-d.f. | » |
| 10. ○ Rüdesheim | 4,10 | 30,8 | M.R²-m. | » |
| 11. Assmannshausen | 4,71 | 35,3 | a-d. | » |
| 12. Lorch . . . . | 5,68 | 42,6 | a-d. | » |
| 13. Caub . . . . . | 6,56 | 49,2 | M.W.a-d.f.g. | » |
| 14. St. Goarshausen | 7,95 | 59,6 | R²-.g. | » |
| 15. Kestert . . . . | 8,83 | 66,2 | R².a.c.d. | » |
| 16. Camp . . . . . | 9,54 | 71,6 | a.c.d. | » |
| 17. Osterspai . . . | 10,47 | 78,5 | a.c.d. | » |
| 18. Braubach . . . | 11,12 | 83,4 | R².a-d.f.g. | » |
| 19. ○ Oberlahnstein | 11,56 | 86,7 | M.R²a-d.f-i | » |
| 20. Hohenreinerhütte *G.H.* . . . . . | 11,95 | 89,6 | a. | » |
| 21. Nievernerhütte *G.H.* | 12,77 | 95,8 | a. | » |
| 21a. Emserhütte GH. | 13,20 | 99,0 | | » |
| 22. Ems . . . . . . | 13,41 | 100,6 | R²-l.n. | » |
| 23. Nassau . . . . | 14,43 | 108,2 | a-g. | » |
| 24. Obernhof *PH.* | 15,01 | 112,6 | | » |
| 25. Laurenburg . . | 15,93 | 119,5 | R².a-f. | » |
| 26. Rupbach. G.H. . | 16,21 | 121,6 | | » |
| 27. Balduinstein . . (Schloss Schaumburg) | 16,72 | 125,4 | a-f. | » |
| 28. Fachingen . . . | 17,17 | 128,8 | a-e. | » |
| 29. (b) Diez. . . . | 17,46 | 131,0 | R²-l. | » |
| 30. (c) Limburg . | 17,94 | 134,6 | R²-l.n. | » |
| 31. Eschhofen . . . | 18,37 | 137,8 | a-e. | » |
| 31a. Kerkerbach G.H. | 18,70 | 140,3 | | » |
| 32. Runkel . . . . | 18,95 | 142,1 | a-e. | » |
| 33. Villmar . . . . | 19,34 | 145,1 | a-e. | » |
| 34. Aumenau. . . . | 20,23 | 151,7 | a-e. | » |
| 35. Schafstall (Erz u. and. Bergw.-Prod.). | 20,45 | 153,4 | a. | » |
| 36. Weilburg . | 21,83 | 163,7 | W.a-e. | » |
| 37. Löhnberg . . . | 22,20 | 166,5 | a-e. | » |
| 38. Stockhausen | 23,00 | 172,5 | a-e. | Coblenz |

| | Mln. | Kil. | |
|---|---|---|---|
| (30. Limburg) . . | 17,94 | 134,6 | Wiesbaden |
| 46. Staffel . . . . . | 18,26 | 137,0 | » |
| 47. Elz . . . . . . | 18,50 | 138,8 | » |
| 48. Hadamar . . . | 19,01 | 142,6 | » |

**Neisse-Brieger Eisenbahn,**
siehe Oberschlesische Eisenbahn Linie d.

**Neumarkt-Ried-Braunauer Eisenbahn,**
siehe Kaiserin Elisabethbahn Linie g.

## Niederschlesisch-Märkische Eisenb. mit B. Schlesische Gebirgsbahn.

Preussische Staatsbahn. Kgl. Direction in Berlin.
Königreich Preussen: Regierungsbezirke.

Anschlüsse. Berlin: siehe Berlin-Anhalt; Breslau: siehe Oberschlesische; Frankfurt a/O.: Preuss. Ostbahn und Märkisch-Posener Eisenb.; Görlitz: Sächs. Staatsb. und Berlin-Görlitzer Eisenb.; Guben: Halle-Guben Sorau u. Märkisch-Posener E.; Hansdorf: Niederschles. Zweigb.; Liegnitz u. Altwasser: Breslau-Schw.-Freib.; Sorau: Halle-Guben-Sorauer E. u. Niederschlesische Zweigbahn (im Bau); Liebau: Südnorddeutsche Verbindungsb.

1. Localtarif der Niederschlesisch-Märkischen Eisenbahn. Vierte Auflage. Enthaltend sämmtliche allgemeinen und Special-Tarife (1/5 62, 4. Aufl. 20/1 71);

Directer Güterverkehr:

2. Hamburg-Oesterreichischer Gütertarif (1/5 69, 5 Nachträge);
3. Directer Gütertarif von Hamburg nach Görlitz zum Weitertransport nach Sachsen (15/10 66);
4. Schlesisch-Sächsisch-Thüringischer Verbandgüterverkehr 10/1 70, Nachtr. 1/3 u. 1/10 71);
5. Directer Ostdeutsch-Russischer Güterverkehr (15/11 71);
6. Directer Tarif zwischen Hamburg und Görlitz via Berlin und Frankfurt a/O. zum Weitertransport nach Löbau, Zittau und Reichenberg oder vice versa (1/1 61);
7. Directer Verkehr mit der Königlichen Ostbahn (15/7 64);
8. Verbandsverkehr mit der Berlin-Potsdam-Magdeburger Eisenbahn (10/5 70);
9. Verbandsverkehr mit der Berlin-Hamburger Eisenbahn (1/5 71, Nachtr. v. 15/6 u. 15/7 71);
10. Verbandverkehr mit der Berlin-Stettiner Eisenbahn (15/11 70, Nachtr. v. 1/3 u. 15/5 71);
11. Schlesisch-Rheinischer Verbandgüterverk. (15/10 70, Nachtr. v. 15/6 u. 11/6 71);
12. Cüstrin-Frankfurt-Böhmischer Verbandgüterverk. (15/5 71);
13. Norddeutsch-Galizischer Verbandgüter-Verkehr. Erster Nachtrag (1/5 68, Nachtr. v. 1/5 69 resp. 1/5 70);
14. Verbandverkehr mit der Niederschlesischen Zweigbahn (15/5 70);
15. Verbandverkehr mit der Berlin-Anhaltischen Eisenbahn (1/1 71);
16. Schlesisch-Märkischer Verbandgütertarif (1/10 70);
17. Sächsisch-Russisch-Polnischer Verbandgütertarif (1/10 70);
18. Verbandtarif mit der Rechte-Oder-Ufer Eisenbahn (1/10 70);
19. Directer Berlin-Posener Verband-Verkehr (20/11 70);
20. Verbandtarif mit der Süd-Norddeutschen Verbindungsbahn und der Oesterreichischen Nordwest-Bahn (15/1 71);
21. Schlesisch-Böhmischer Eisenb.-Verbandgüterverk. (10/5 71);
22. Magdeburg-Preussischer Verbandgüterverk. Erster Nachtrag (5/11 70, Nachtr. 15/5 71);
23. Tarif für Güter der Normalklasse, welche auf directe Frachtbriefe von Berlin über Görlitz nach der Sächsischen Lausitz und Böhmen befördert werden (5/10 52);
24. Gemeinschaftlicher Tarif für Rohzucker und Farin unter Steuervergütigung zum Export aus dem Zollvereinsgebiete im directen Verkehr mit Stationen der Breslau-Schweidnitz-Freiburger Bahn (1/11 67);
25. Gemeinschaftlicher Tarif für Braunkohlen im directen Verkehr mit der Königlichen Ostbahn (1/5 71);
26. Gemeinschaftlicher Tarif für Flachs, Hanf, Heede und Werg mit der Königlichen Ostbahn (1/1 66);
27. Gemeinschaftlicher Tarif für Mehl im directen Verkehr mit der Königlichen Ostbahn (1/4 65);
28. Gemeinschaftlicher Tarif für Getreide, Hülsenfrüchte, Sämereien und Steine im directen Verkehr mit der Königlichen Ostbahn (1/4 65);
29. Specialtarif für Getreide, Hülsenfrüchte und Oelsaaten, Mais, Malzkeime, Kleie und Mehl sowie der leer zurückgehenden Säcke von Stationen der Kaiser Ferdinands Nordbahn nach Berlin und Hamburg via Breslau (10/11 70);
30. Gemeinschaftlicher Tarif für gebrannten Kalk im directen Verkehr mit der Oberschlesischen Bahn und den Gebirgsstationen Rabishau, Alt-Kemnitz, Reibnitz und Hirschberg, sowie in umgekehrter Richtung von Erkner, Fürstenwalde und Finkenheerd (15/4 60, Nachtr. 1/11 67);
31. Gemeinschaftlicher Tarif für gebrannten Kalk von der Oberschlesischen nach der Berlin-Görlitzer Bahn (1/4 71);
32. desgl. nach der Niederschlesischen Zweigbahn (1/5 71);
33. Gemeinschaftlicher Tarif für unbearbeitete und rohbearbeitete Steine im directen Verk. mit der Breslau-Schweidnitz-Freiburger und der Niederschlesischen Zweigbahn (1/4 65);
34. Gemeinschaftlicher Tarif für unbearbeitete und rohbearbeitete Steine, Roheisen, Brucheisen, altes Eisen und alte Eisenbahnschienen zum Einschmelzen im directen Verkehr zwischen der Breslau-Schweidnitz-Freiburger Eisenbahn und der Niederschles.-Märk. Eisenbahn (1/4 65);
35. Gemeinschaftlicher Tarif für Steine aller Art excl. geschliffener und polirter Steine im directen Verkehr mit der Sächsischen Staats- und Löbau-Zittau-Reichenberger Eisenbahn (1/5 62);
36. Gemeinschaftlicher Tarif für Roheisen, Bruch- und altes Eisen zum Einschmelzen im directen Verkehr mit der Oberschlesischen u. der Ostbahn via Frankfurt a/O. (1/5 62);
37. desgl. im directen Verkehr zwischen der Oberschlesischen, Breslau-Schweidnitz-Freiburger und der Schlesischen Gebirgsbahn via Altwasser (1/7 69);
38. desgleichen im directen Verkehr zwischen der ehemaligen Wilhelms-Oberschlesischen, Breslau-Schweidnitz-Freiburger und der Schlesischen Gebirgsbahn via Altwasser-Cosel (1/10 69);
39. Gemeinschaftlicher Tarif für Roherz und Silbererz im directen Verkehr von Hamburg nach Tarnowitz via Morgenroth (1/5 68);
40. Gemeinschaftlicher Tarifsatz für Zinkbleche im directen Verkehr von Breslau nach Frankfurt a/M. (15/4 69);
41. Gemeinschaftlicher Tarif für Zinkbleche von Morgenroth nach Mannheim, Bruchsal, Kehl und Basel (15/2 71);
42. desgleichen von Morgenroth nach Stuttgart (1/10 69);
43. desgleichen v. Morgenroth nach Zürich, Bern u. Basel (1/10 69);
44. desgl. von Morgenroth nach Bayerischen Stationen (15/5 70);
45. Gemeinschaftlicher Tarif für Schwefelkies-Transporte von Berlin (Potsdamer Bahnhof) nach Saarau (20/5 70);
46. Gemeinschaftlicher Tarif für Holz- und Steinkohlen-Transporte zwischen Stationen der Süd-Norddeutschen Verbindungsbahn und der Niederschlesisch-Märkischen Eisenbahn (20/11 69, Nachtr. 20/4 u. 5/11 71);
47. Gemeinschaftlicher Tarif für Siede- und Steinsalz aller Art von Schönebeck, Stassfurt, Halle und Sangerhausen nach Stationen der Niederschles.-Märk., Ost-, Niederschles. Zweig-, Oberschlesischen, Breslau-Schweidnitz-Freiburger, Märkisch-Posener und der Rechte Oder-Ufer-Eisenbahn. (15/5 71);
48. Gemeinschaftliche Tarife für Niederschlesische Steinkohlen von den an der Schlesischen Gebirgsbahn belegenen Stationen Gottesberg, Dittersbach, Waldenburg, und Altwasser nach Stationen a, der Berlin-Görlitzer Bahn via Görlitz (1/4 71); b, der Ostb. via Frankfurt a/O. (1/6 69); c, der Berlin-Stettiner Bahn (10/5 71); d. der Grossherzoglich Mecklenburgischen Friedrich-Franz Eisenbahn (15/5 71); e, der Breslau-Schweidnitz-Freiburger Eisenbahn via Altwasser (1/11 69); f. der Breslau-Posen-Glogauer und Stargard-Posener Eisenbahn via Altwasser-Breslau (15/10 69);
49. desgleichen von den an der Breslau-Schweidnitz-Freiburger Bahn belegenen Grubenstationen nach Stationen a, der Niederschles.-Märk. B. via Breslau u. via Liegnitz (1/5 69); b, der Ostb. via Frankfurt a/O. (1/5 69); c, der Berlin-Potsdam-Magdeburger Bahn (1/5 69); d, der Berlin-Hamburger Bahn (20/1 71);
50. Gemeinschaftliche Tarife für Oberschlesische Steinkohlen von den an der Oberschlesischen Bahn belegenen Gruben-Stationen nach den Stationen a, der Niederschl.-Märk. E. b, der Niederschles. Zweigb. via Hansdorf; c, der Ostbahn via Frankfurt a/O; d, der Berlin-Potsd.-Magdeb. E.; e, der Berlin-Hamburger E.; f, der Berlin-Stettiner; g, der Berlin-Görlitzer B. via Görlitz; h, der Anhaltischen E. (1/7 71), i, der Märkisch-Posener E. (15/7 71); k, der Süd-Norddeutschen Verbindungsbahn via Breslau, Altwasser-Liebau (15/1 70);
51. desgleichen von den an der Rechte Oder-Ufer Eisenbahn belegenen Grubenstationen nach Stationen a, der Berlin-Hamburger Eisenb. (1/4 71); b, der Märkisch-Posener E. via Guben und via Frankfurt a/Oder (1/4 71); c, der Berlin-Potsdam-Magdeburger Eisenbahn (1/4 71); d, der Berlin-Anhaltischen Eisenbahn (11/4 71);
52. Gemeinschaftlicher Tarif für Steinkohlen und Coaks, Steinkohlen und Coaks-Asche, sowie für Briquets von Westphalen nach d. Niederschles.-Märk. Stat. Cöpenick, Erkner, Fürstenwalde, Briesen und Frankfurt a/O. (1/4 68),
53. Gemeinschaftlicher Tarif für Coaks von den diesseitigen Stationen Waldenburg und Gottesberg nach Oderberg (Bahnhof) via Altwasser-Cosel (15/11 69).
54. Ostdeutsch-Rheinischer Verband-Verkehr von 1/7 69 (9. N. v. 1/7 71).

### a. Berlin-Breslau (47,6 Mln. = 358,5 Kil.).

Eröffnet Stat. 1-11 23/10 42; 11-29 1/9 46; 29-33 1/10 45; 33-39 1/10 44; die ganze Bahn somit 1. Sept. 1846.

| | Mln. | Kilom. | |
|---|---|---|---|
| 1. ◯ Berlin . . . . . | — | — | Potsdam |
| 2. Rummelsburg . . | 0,4 | 3,0 | » |
| 3. Cöpenik . . . . . | 1,6 | 12,0 | » |
| 4. Friedrichshagen . | 2,0 | 15,0 | » |
| 5. Erkner . . . . . | 3,2 | 24,0 | » |
| 6. Hangelsberg . . . | 4,9 | 36,9 | Frankf. a/O. |
| 7. Fürstenwalde . . | 6,3 | 47,4 | » |
| 8. Berkenbrück . . . | 7,2 | 54,2 | » |

| | Mln. | Kil. | |
|---|---|---|---|
| 9. Briesen . . . . . | 8,3 | 62,5 | Frankf. a./O. |
| 10. Rosengarten . . . | 10,0 | 75,3 | » |
| 11. ○ Frankfurt a./O. | 10,8 | 81,3 | » |
| 12. Buschmühle . . . | 11,3 | 85,1 | » |
| 13. Finkenheerd . . . | 12,2 | 91,8 | » |
| 14. Fürstenberg . . . | 13,9 | 104,6 | » |
| 15. Neuzelle . . . . | 14,6 | 109,9 | » |
| 16. Wellmitz . . . . | 15,5 | 116,7 | » |
| 17. ○ Guben . . . . | 17,2 | 129,5 | » |
| 18. Jessnitz . . . . . | 19,3 | 145,3 | » |
| 19. Sommerfeld . . . | 20,8 | 156,6 | » |
| 20. Gassen . . . . . | 21,5 | 161,9 | » |
| 21. Liebsgen . . . . | 22,5 | 169,4 | » |
| 22. ○ Sorau . . . . | 24,4 | 183,7 | » |
| 23. ○ Hansdorf . . | 25,5 | 192,0 | Liegnitz |
| 24. Halbau . . . . . | 26,4 | 198,8 | » |
| 25. Rauscha . . . . . | 27,9 | 210,0 | » |
| 26. (b,c) Kohlfurt . | 29,8 | 224,4 | » |
| 27. Waldau . . . . . | 30,5 | 229,7 | » |
| 28. Siegersdorf . . . | 31,4 | 236,4 | » |
| 29. Bunzlau . . . . . | 33,2 | 250,0 | » |
| 30. Kaiserswaldau . . | 35,2 | 265,1 | » |
| 31. Hainau . . . . . | 36,8 | 277,1 | » |
| 32. Steudnitz . . . . | 37,8 | 284,6 | » |
| 33. ○ Liegnitz . . | 39,2 | 295,2 | » |
| 34. Spittelndorf . . . | 40,9 | 308,0 | » |
| 35. Maltsch . . . . . | 42,2 | 317,8 | Breslau |
| 36. Neumarkt . . . . | 43,3 | 326,1 | » |
| 37. Nimkau . . . . . | 44,6 | 335,9 | » |
| 38. Deutsch-Lissa . . | 46,0 | 346,1 | » |
| 39. ○ Breslau . . . . | 47,6 | 358,4 | » |

### b. Zweigb. Kohlfurt-Görliz (3,8 M. = 28,6 Kil.).

Eröffnet 15/11 46 resp. 1/9 47.

| | | | |
|---|---|---|---|
| (26. Kohlfurt) . . . | — | — | Liegnitz |
| 40. Penzig . . . . . | 1,8 | 13,6 | » |
| 40a. Hennersdorf II. | 3,0 | 22,6 | » |
| 41. ○ (d) Görlitz . | 3,8 | 28,6 a. | » |

### c. Kohlfurt-Altwasser 17,3 M. = 130,3 Kil.).

Eröffnet Kohlfurt bis Stat. 41: 20/9 65; 48-49: 20/9 66; 49-57: 13/9 67; 57-58 (für Güter) 20/4 69.

| | | | |
|---|---|---|---|
| (26. Kohlfurt) . . . | — | — | Liegnitz |
| 42. Gersdorf (Heide-) | 1,3 | 9,7 | » |
| 43. (d) Lauban . . | 2,9 | 21,8 | » |
| 44. Langenöls . . . | 4,0 | 30,1 | » |
| 45. Greiffenberg . . | 4,8 | 36,1 | » |
| 46. Rabishau . . . . | 6,3 | 47,4 | » |
| 47. Alt-Kemnitz . . | 7,6 | 57,2 | » |
| 48. Reibnitz (Warmbrunn) . . . . | 8,4 | 63,2 | » |
| 49. Hirschberg . . . | 9,8 | 73,8 | » |
| 50. Schildau . . . . | 10,4 | 78,3 | » |
| 51. Jannowitz . . . | 11,4 | 85,8 | » |
| 52. Märzdorf . . . . | 12,6 | 94,9 | » |
| 53. Ruhbank . . . . | 13,4 | 100,9 | » |
| 54. *Wittgendorf P.H.* | 14,3 | 107,7 | » |
| 55. Gottesberg . . . | 15,1 | 113,7 | Breslau |
| 56. Dittersbach . . . | 16,1 | 121,2 | » |
| 57. Waldenburg . . | 16,7 | 125,7 | » |
| 58. ○ Altwasser . | 17,3 | 130,3 | » |

### c[1]. Ruhbank-Liebau (2,2 M. = 16,5 Kilom.).

Eröffnet am 27/12 69.

| | Mln. | Kilom. | |
|---|---|---|---|
| (53. Ruhbank) . . . . . | 13,4 | 100,9 | Liegnitz |
| 59. Landeshut . . . . . | 14,2 | 106,9 | » |
| 60. Blasdorf . . . . . . | 14,9 | 112,2 | |
| 61. ○ Liebau . . . . . | 15,5 | 116,7 | » |

Anschluss an die Südnorddeutsche Verbindungsbahn.

### d. Zweigb. Görlitz-Lauban (3,4 M. = 25,6 K.).

Eröffnet 20. Sept. 1865

| | Mln. | Kil. | |
|---|---|---|---|
| (41. Görlitz) . . . | — | — | Liegnitz |
| 62. Mois . . . . . . | 0,3 | 2,3 | » |
| 63. Niclausdorf . . . | 1,5 | 11,3 | Liegnitz |
| 64. Lichtenau . . . | 2,6 | 19,5 | » |
| (43. Lauban) . . . | 3,4 | 25,6 | » |

Zu diesen Hauptlinien kommen noch:

e. die Verbindungsbahn in Breslau zwischen dem Niederschles. und Oberschles. Bahnhof daselbst = 0,29 M.

f. die 1,34 M. lange Verbindungsbahn in Berlin.

g. An Stelle der letzteren tritt die am 17. Juli 1871 eröffnete (am 1. Januar 1872 auch für den Personenverk. zu eröffnende) neue Berliner Ringbahn, 3,27 M. = 24,6 Kil.

Anschlüsse. Moabit: Berlin-Hamburg u. Berlin-Lehrte; Gesundbrunnen: Berlin-Stettin und Bahn nach dem Viehhof; Lichtenberg: Ostbahn; Boxhagen: Niederschl.-Märkische; Rixdorf: Berlin-Görlitz; Tempelhof: Berlin-Anhalt; Schöneberg: Berlin-Potsdam.

| | | | |
|---|---|---|---|
| 65. ○ Moabit . . . . . | — | 69. ○ Boxhagen . . . . | 1,91 |
| 66. Wedding . . . . . | 0,28 | 70. ○ Rixdorf . . . . | 2,35 |
| 67. ○ Gesundbrunnen . | 0,58 | 71. ○ Tempelhof . . | 3,00 |
| 68. ○ Lichtenberg . . . | 1,72 | 72. ○ Schöneberg . | 3,27 |

## Niederschlesische Zweigbahn.

Direction in Glogau.

Königreich Preussen: Regierungsbezirke.

Anschlüsse. Glogau: Oberschlesische; Hansdorf: Niederschles.-Märkische Eisenbahn; Sorau: Halle-Sorau-Gubener und Niederschlesisch-Märkische Eisenbahn.

Directer Güterverkehr:

a = mit Berlin, Frankfurt a./O., Guben, Sommerfeld, Sorau, Bunzlau, Liegnitz, Neumarkt, Breslau, Görlitz, Lauban, Greiffenberg, Hirschberg, Waldenburg, Landshut, Liebau (15/9 70);

b = Schlesisch-Sächsisch-Thüringischer Verbands-Güterverk. (Regl. u. I. Theil des Tarifs v. 10/9 70, II. Theil v. 1/9 71);

c = Kohlen- und Kokes-Verk. mit Gottesberg, Dittersbach, Waldenburg, Altwasser (15/7 68 resp. 15/9 70);

d = (für Kohlen) mit den Kohlenstationen der Oberschles. Eisenb. (1/7 71);

e = (für alle Güter) mit allen Stationen der Oberschlesischen, der Breslau-Posen-Glogauer und der Stargard-Posener E.;

f = mit Schneidemühl, Nakel, Bromberg, Thorn, Dirschau, Danzig, Elbing, Königsberg und Insterburg via Glogau-Kreuz;

g = von den Stationen Schönebeck, Stassfurt, Halle u. Sangerhausen der Magdeburg-Cöthen-Halle-Leipziger Eisenbahn für Salze aller Art (15/9 71);

h = von den Stationen Dürrenberg, Weissenfels und Erfurt der Thüringischen Eisenb. nach allen diesseitigen Stationen für Salze aller Art (16/9 69);

i = von Stat. Striegau der Bresl.-Schw.-Freib. Eisenb. nach allen diesseitigen Stationen für Steine (1/4 65);

k = Tarif für den Localverkehr v. 1/1 68;

l = Specialtarif für Salz für den Localverkehr v. 1/12 68.

Im Verkehr nach Stationen der Niederschl.-Märk. Eisenb. Berlin, Frankfurt a/O. gilt ein besonderer T., welcher unter der Bezeichnung „Reglement u. Tarif für den Verbands-Güter-Verkehr zwischen Stationen der Niederschl. Zweigb. einerseits u. Stationen der Königl. Niederschl.-Märk. Eisenb. andererseits. Gültig v. 15. Febr. 1870" bei den betreffenden Expeditionen käuflich zu haben ist.

### a. Glogau-Hansdorf.

Eröffnet 1. Nov. 1846.

| | Mln. | Kilom. | | |
|---|---|---|---|---|
| 1. ○ Glogau . . . . . | — | — | a.b.c.g.h.i. | Liegnitz |
| 2. Klopschen . . . . . | 2,0 | 15,06 | c.d.e.g.h.i. | » |
| 3. Quaritz . . . . . | 2,6 | 19,58 | c.d.e.g.h.i. | » |
| 4. Waltersdorf . . . | 4,2 | 31,63 | a.b.c.d.e.f.g.h.i. | » |
| 5. Sprottau . . . . | 5,8 | 43,68 | a.b.c.d.e.f.g.h.i. | » |
| 6. Buchwald . . . . | 6,8 | 51,21 | c.d.e.g.h.i. | » |
| 7. (b) Sagan . . . | 8,0 | 60,25 | a.b.c.d.e.g.h.i. | » |
| 8. ○ Hansdorf . . . | 9,5 | 71,55 | e. | » |

Bahnhof-Inspectionen, daneben Personen-, Gepäck- und Güter-Expeditionen.

Im Bau: b. Zweigb. Sagan-Sorau (1,7 M.).

Bis 1. Januar 1872 zu vollenden.

| | | |
|---|---|---|
| (7. Sagan) . . . . | — | Liegnitz |
| 9. Sorau . . . . . | 1,7 | Frankfurt a/O. |

## Nordhausen-Erfurter-Eisenbahn.

Sitz der Direction in Nordhausen.

Preussen: Regierungsbezirk Erfurt (Station 1—3 und 8—12), Schwarzburg-Sondershausen (Stat. 4—7).

Uebergangstationen resp. Anschlüsse. Erfurt: Thüringische Bahn; Nordhausen: Halle-Casseler und Nordhausen-Northeimer E.; Wolkramshausen: Magdeburg-Leipziger E.-Linie Halle-Cassel.

Bahnlänge 10,13 Meilen = 76,28 Kilometer. (Dazu kommt noch die Verbindungsbahn zwischen beiden Bahnhöfen in Erfurt, für welche eine Entfernung von 0,4 Meilen angenommen wird.

Eröffnet $^{11}/_{9}$ 1869.

Local-Verkehr: Gütertarif v. $^{16}/_{9}$ 69 mit Nachtr. v. $^{1}/_{5}$ 71).

Directe Güterverkehre:

M = im Mitteld. Verb. (Nachtr. IX. zu dem Reglement und Tarife des Mitteldeutschen Eisenb.-Verbandes v. $^{1}/_{1}$ 69 mit Nachtr. v. $^{1}/_{5}$ 71.);

a = mit Stationen der Thüringischen und Werrab. (Regl. u. Tarif v. $^{15}/_{9}$ 70 mit Nachtr. I. v. $^{1}/_{11}$ 70);

b = mit Halle-Casseler u. Magdeb.-Leips. Stationen ($^{15}/_{1}$ 71);

c = mit dem Sächs.-Westf. Verbande. (Nachtr. v. $^{16}/_{7}$ 71 zum Tarife v. $^{20}/_{5}$ 70);

d = im Hannover-Thüringischen Verbande ($^{1}/_{5}$ 71);

e = im Thüring.-Bayer.-Oesterr. Verb. ($^{1}/_{12}$ 70. Nachtr. I. v. $^{1}/_{10}$ 71);

K[1] = Steinkohlen und Coaks von Köln-Mindener Stationen via Hamm-Holzminden-Northeim (Tarif v. $^{1}/_{11}$ 69);

K[2] = dergl. von Bergisch-Märkischen Stationen ($^{15}/_{3}$ 70);

K[3] = dergl. von Zwickau via Gera resp. Leipzig ($^{15}/_{5}$ 70);

K[4] = für Braunkohlen und Kohlensteine (Briquets) von Halle-Casseler Stationen (Specialtarif v. $^{1}/_{11}$ 70);

K[5] = für Böhmische Braunkohlen von Aussig-Teplitzer Stat. nach Sachsen und weiter via Bodenbach (Nachtr. I. zum Tarife v. $^{1}/_{10}$ 70).

| | Mln. | Kil. | | Regierungsbez. |
|---|---|---|---|---|
| 1. ○ **Nordhausen** . | — | — | M.a. | Erfurt |
| 2. ○ Wolkramshausen T | 1,10 | 8,28 | a. | » |
| 3. Klein Furra . . . | 1,54 | 11,82 | a.b.K[1,3,5]. | » |
| 4. Sondershausen T | 2,71 | 20,41 | a-d.K[1-5]. | Schwarzb.- |
| 5. Hohenebra . . . | 3,67 | 27,64 | a-c.K[3,4]. | Sondersh. |
| 6. Wasserthalleben . | 5,20 | 39,10 | a.b.K[1,2,3,4,5]. | » |
| 7. Greussen T . . | 5,87 | 44,20 | a-d.K[1,2,3,4,5]. | » |
| 8. Straussfurth . | 7,08 | 53,61 | a-d.K[1-5]. | Reg.-Bez. |
| 9. Gebesee-Ringleben | 8,05 | 60,62 | a-d.K[1,3,4,5]. | Erfurt |
| 10. Walschleben . . | 8,58 | 64,61 | a-c.K[1,3,4,5]. | » |
| 11. Gispersleben Viti | 9,40 | 70,78 | a-d.K[1,2,3,4,5]. | » |
| 12. ○ **Erfurt** . . . . | 10,13 | 76,28 | b-d.K[1,4]. | » |

## Oberhessische Eisenbahn-Gesellschaft.

### Verwaltungsrath und Sitz der Gesellschaft in Giessen, im Grossherzogthum Hessen.

Stat. 14—16 28 u. 29 im Königreich Preussen, Regierungsbez. Cassel gelegen.

Anschlüsse. Giessen: Köln-Giessener und Main-Weser-Bahn; Fulda und Gelnhausen: Bebra-Hanauer Bahn.

Güterverkehre. a = Local-Gütertarif v. $^{29}/_{12}$ 69; b = directer Kohlenverkehr mit der Köln-Mindener and Berg.-Märk. E. (Tarif v. $^{1}/_{11}$ 70, Nachtr. v. $^{15}/_{3}$ 71); c = Hessisch-Rheinisch-Westfälischer E.-Verbandsverkehr (Tarif v. $^{1}/_{4}$ 71); d = directer Verkehr mit der Bebra-Hanauer und Frankfurt-Hanauer E. (Tarif v. $^{1}/_{4}$ 71).

### a. Giessen-Fulda (14,17 M. = 106,24 Kilom.).

Eröffnet Giessen-Grünberg am $^{29}/_{12}$ 69; Grünberg-Alsfeld am $^{29}/_{7}$ 70; Alsfeld-Lauterbach am $^{30}/_{12}$ 70; Lauterbach-Salzschlirf am $^{31}/_{12}$ 70.; Salzschlirf-Fulda am $^{1}/_{7}$ 71.

| | Meilen | Kil. | | Grssherzgth. Hessen |
|---|---|---|---|---|
| 1. ○ Giessen T E P. . | — | — | | Prov. Oberhess. |
| 2. Grossenbuseck E P | 1,31 | 9,85 | | » |
| 3. Reiskirchen *PH.* . | 1,86 | 13,91 | | » |
| 4. Grünberg T E P . | 3,11 | 23,28 | | » |
| 5. Mücke *PH.* . . . . . | 3,87 | 29,01 | | » |
| 6. Niederohmen *PH.* | 4,33 | 32,46 | | » |
| 7. Burggemünden E | 5,09 | 38,15 | | » |
| 8. Ehringshausen *PH.* | 5,68 | 42,62 | | » |
| 9. Zell-Romrod E . | 7,03 | 52,69 | | » |
| 10. Alsfeld T E P . . | 8,05 | 60,33 | | » |
| 11. Renzendorf E . . | 8,94 | 67,06 | | » |
| 12. Wallenrod *PH.* . . | 9,63 | 72,22 | | » |
| 13. Lauterbach T E P | 10,58 | 79,31 | | » |
| 14. Salzschlirf (Bad) E | 11,48 | 86,09 | | * Preussen |
| 15. Grossenlüder E. | 12,36 | 92,67 | * | » |
| 16. ○ Fulda T E P . | 14,17 | 106,24 | * | » |

### b. Giessen-Gelnhausen (9,30 M. = 69,74 Kilom.).

Eröffnet Giessen-Hungen am $^{29}/_{12}$ 69; Hungen-Nidda am $^{2}/_{6}$ 70; Nidda-Büdingen am $^{30}/_{10}$ 70; Büdingen-Gelnhausen am $^{30}/_{11}$ 70.

| | Meilen | Kil. | |
|---|---|---|---|
| (1. ○ Giessen) . . . | — | — | Grossh. Hessen |
| 17. Garbenteich *PH.* . | 1,05 | 7,88 | Prov. Oberh. |
| 18. Lich E P. . . . . . | 2,03 | 15,25 | » |
| 19. Langsdorf *PH.* . . | 2,43 | 18,23 | » |
| 20. Hungen T E P . . | 2,91 | 21,85 | » |
| 21. Ober-Widdersheim *P.H.* | 3,81 | 28,60 | » |
| 22. Nidda (Bad Salzhausen) T E P . . | 4,68 | 35,09 | Prov. Oberh. |
| 23. Ranstadt *PH.* . . | 5,42 | 40,67 | » |
| 24. Stockheim E P. . | 6,11 | 45,85 | » |
| 25. Bleichenbach *PH.*. | 6,57 | 49,29 | » |
| 26. Büdingen T E P . | 7,32 | 54,89 | » |
| 27. Mittelgründau *PH.* | 8,30 | 62,28 | » |
| 28. Lieblos *PH.* . . . | 8,89 | 66,65 | * Preussen |
| 29. ○ Gelnhausen T E P | 9,30 | 69,74 | » |

## Oberhohndorf-Reinsdorfer Kohlenbahn.

Directorium in Zwickau.

0,876 M., an die Sächs. westl. Staatsb. bei Zwickau anschliessend.

## Oberschlesische Eisenbahn.

### Königl. Direction in Breslau.

Privatbahn in Verwaltung des Staats.

Königr. Preussen: Regierungsbezirke. [1)] Oesterreich.

Anschlüsse. Breslau: Breslau-Freiburg, Niederschles.-Märkische u. Rechte Oderuferb.; Glogau: Niederschl. Zweigb.; Kattowitz: Warschau-Wiener E.; Kreuz: Preuss. Ostbahn; Myslowitz: Kaiser-Ferd.-Nordb.; Oppeln und Tarnowitz: Rechte Oderuferbahn; Oswiecim: Kaiser Ferd.-Nordb.; Lasisk u. Emanuelsegen: Rechte Oderuferbahn; Oderberg: Kaiser Ferd.-Nordb. u. Kaschau-Oderberger Eisenbahn; Stargard: Berlin-Stettiner Eisenbahn; Posen: Märkisch-Posener E.; Bromberg u. Thorn (im Bau): Preuss. Ostbahn.

Die mit *PH.** bezeichneten Haltestellen haben beschränkten Güterdienst für Güter der ermässigten Classen in Wagenladungen.

A. Directer Güterverkehr unter Festhaltung der Localtarife und gesonderter Berechnung nach den Localtarifsätzen (die Stationen mit Gütern aller Art — einzeln u. in Wagenladungen — Eilgütern, Equipagen und Vieh, die Haltestellen, wie angegeben, mit beschränktem Güterdienst): a = mit Stationen der Niederschl. Zweigb.; b = mit Görlitz, Frankfurt a. O. u Berlin (N.-M. B.) via Breslau mit Gütern in ganzen Wagenladungen und Einzelgütern auf Grund mehrerer zugehöriger Frachtbriefe, sofern dieselben einen u. denselben Bestimmungsort haben; b[1] = desgl. via Glogau, unbeschränkt; b[2] = mit Erkner, Fürstenwalde und Briesen via Kreuz-Frankfurt; c = mit Stationen der Preuss. Ostb. excl. Alexandrowo via Kreuz etc. NB. Die nach Polen via Thorn bestimmten Güter werden nur auf Thorn kartirt; d[1] = mit Stationen der Berlin-Stettiner Eisenbahn und deren Zweigbahnen Berlin, Bernau etc.; d[2] = mit Stettin; e = mit Stationen der Breslau-Schweidnitz-Freiburger E. via Breslau, jedoch excl. Vieh etc.; f = mit Stationen der Kaschau-Oderberger E. unbeschränkt.

B. Verbands-Verkehr für einzelne Transportartikel:

I. für Steinkohlen in vollen Wagenladungen nach Stationen der a = Breslau-Schw.-Freiburger E.; b = Märkisch-Posener E. via Posen u. via Frankfurt a/O.-Guben; c = Niederschl. Zweigb. via Hansdorf u. via Glogau; d = Berlin-Stettiner und Hinterpommerschen E. via Berlin und via Stargard; e = Schles. Gebirgsb. via Altwasser; f = Königl. Ostb. via Kreuz u. via Frankfurt a/O.; g = Berlin-Potsd.-Magdeb. E.; h = Berlin-Hamb. E.; i = Berlin-Görlitzer E. via Görlitz; k = Sächsischen Staats.- u. Leipzig-Dresdner E.; l = Berlin-Anhalt. E. via Berlin; m = Südnordd. Verbindungsb. via Breslau-Altwasser-Liebau; n = Kaiser Ferdinands Nord- u. Mährisch-Schles. Nordb.; o = Oesterr. Staatsb.; p = Oesterr. Südb.; q = von Stationen der Breslau-Schw.-Fr. E. via Altwasser; r = v. Dittersbach u. Gottesberg der Schles. Gebirgsb. via Altwasser; s = von Stationen der Breslau-Schw.-Freib. E. nach denen der Kgl. Ostbahn östlich von Kreuz via Breslau-Kreuz; t = desgl. nach der Hinterpommerschen Bahn via Breslau-Stargard.

II. für Kalk in vollen Wagenladungen nach den Stationen der a = Niederschles. Zweigb. via Hansdorf u. via Glogau; b = Kgl. Ostbahn via Kreuz u. via Frankfurt a/O.; c = Berlin-Görlitzer E. via Görlitz; d = Breslau-Schw.-Freiburger E.; e = Berlin-Stettiner E. via Stargard; f = Märkisch-Posener E. via Posen.

III. für Roheisen und Brucheisen in vollen Wagenladungen a = zwischen Stationen der Schlesischen Gebirgsbahn sowie Station Waldenburg der Breslau-Schw.-Fr. E. via Altwasser; b = zwischen Stationen der Kgl. Ostbahn via Frankfurt a/O. und via Kreuz.

IV. für Roherz und Silbererz von Hamburg nach Tarnowitz via Morgenroth.

V. für Steine von Stationen der Breslau-Schweidnitz-Freiburger Eisenbahn nach Kreuz.

VI. für Eisenbahnschwellen von den Stationen Schulitz und Bromberg, der Kgl. Ostbahn nach Breslau.

VII. für Zink, Blei, Zinkweiss etc. nach Station Danzig der Kgl. Ostbahn.

VIII. für Zinkbleche v. Morgenroth nach a = Frankfurt a/M. via Bebra-Hanau; b = Bruchsal, Mannheim, Kehl, Basel und Strassburg via Hof-Würzburg; c = Zürich, Bern und Basel via Lindau-Romanshorn; d = Stuttgart via Hof-Nördlingen; e = Paris via Eisenach-Hanau-Frankfurt a/M.

Forbach und via Berlin-Cöln-Herbesthal resp. via Berlin-Holzminden-Düsseldorf-Aachen; f = Augsburg, Bamberg, Marktbreit, Nürnberg, Würzburg via Görlitz-Hof und nach München und Regensburg via Görlitz-Eger.

IX. für Flachs, Hanf, Hede und Werg von den Stationen der Kgl. Ostbahn östlich von Kreuz.

X. für Roheisensteine von Stationen der Breslau-Schw.-Freiburger Eisenbahn.

XI. für Rohtabak und Cigarren von den Stationen Lübeck, Hamburg und Bremen nach Oderberg.

XII. für Schwefelsäure-Rückstände von Station Saaran der Bresl.-Schweidnitz-Freib. E.

C. Verbandsverkehr mit besonderer Classification für alle Transport-Gegenstände, unter directer Kartirung, ohne Unterschied der Quantitäten und für Eilgüter:

a = im Stettin-Schlesischen Verb.-Verk. (1/4 70);
b = im Preussisch-Schlesisch-Oesterreichisch-Ungarischen V.-Verkehr (15/9 69 u. 16/1 70);
c = im Norddeutsch-Galizischen (1/4 70);
d = im Schlesisch-Polnischen via Kattowitz-Sosnowice (1/1 71);
e = im Ostdeutsch-Schlesisch-Russischen (15/12 69);
f = im Schlesisch-Sächsisch-Thüringischen (16/4 70 u. 1/3 71);
g = im Breslau-Triest-Cormonser via Oderberg-Cosel (1/4 69);
h = im Ostdeutsch-Rheinischen (1/1 69 mit 8 Nachtr.);
i = im Hamburg-Preussischen via Berlin-Kreuz (1/9 69);
k = im Ueberseeischen via Stettin (1/4 70);
l = im Schlesisch-Märkischen (N. M. B.) (1/10 70);
m = im Hamburg-Schlesischen via Lübeck-Stettin (15/9 70);
n = im Schlesisch-Rheinischen via Berlin (15/10 70);
o = im Magdeburg-Preussischen via Berlin-Kreuz (1/11 70);
p = im Berlin-Posener via Kreuz u. via Frankfurt a/O.-Bentschen (20/11 70);
q = im Lübeck-Schlesischen via Kleinen-Stettin (1/1 71);
r = im Schles.-Bömischen via Altwasser-Lieban-Pardubitz.

D. Directer Durchgangsverkehr mit besonderer Classification für alle Transport-Gegenstände unter directer Kartirung ohne Unterschied der Quantitäten und für Eilgüter:

a = im Stettin-Oesterreichisch-Ungarischen via Posen, Cosel-Oderberg (1/4 69);
b = im Berlin-Hamburg-Oesterreich-Ungarischen via Oderberg und via Bodenbach (1/1 69 mit Nachtr.)
c = im Deutsch-Polnischen via Alexandrowo (15/4 66);
d = im Triest-Stettiner via Oderberg-Breslau-Posen (1/4 69);
e = im Sächs.-Russ.-Polnischen via Kattowitz-Breslau (1/10 70).

## a. Breslau-Oswiecim (29,1 M. = 219,20 Kilom.)

mit Zweigbahnen von Morgenroth, Schwientochlowitz und Kattowitz aus in die Oberschlesischen Kohlenreviere.

Eröffnet von der Hauptb. Stat. 1-4 22/5 42; 4-5 1/8 42; 5-10 29/5 43; 10-23 3/10 45; 23-26 10/10 46; 26-30 25/8 59; 30-31 14/8 63.

| Station | Meilen | Kilom. | | |
|---|---|---|---|---|
| 1. ○ (b.i) Breslau | — | — | A.a.c.$d^1$.$d^2$.f.B.I.q.VI. VII.IX.C.a.$b^1$.c.d.e.g.q. | Breslau |
| 2. Kattern P.H.* | 1,3 | 8,79 | | » |
| 3. Leisewitz P.H.* | 2,5 | 18,83 | | » |
| 4. Ohlau | 3,5 | 26,36 | A.a.c.$d^1$.e.B.I.q.II. b.c.VII.C.a.f.n. | » |
| 5. (d) Brieg | 5,4 | 40,67 | A.a.c.$d^2$.e.B.I.q.II. b.c.VII.C.a.b.d.f.l.n. | » |
| 6. Lossen P.H.* | 6,7 | 50,46 | | » |
| 7. Löwen | 7,5 | 56,49 | A.a.c.$d^1$.e.B.I.q. II.b.c.VII.C.a.l. | Oppeln |
| 8. Dambrau | 9,1 | 67,79 | B.I.q.II.c.C.a.l. | » |
| 9. Sczepanowitz G.H. | 10,5 | 73,10 | | » |
| 10. ○ Oppeln | 10,8 | 81,35 | A.a.c.$d^2$.e.B.I.q.II.a. b.c.d.e.f.III.a.b.VII. X.C.a.b.d.f.l.n. | » |
| 11. Gogolin | 13,5 | 101,69 | A.a.c.$d^1$.$d^2$.e.B.I.q. II.a-f.III.a.b.VII. X.C.a.b.d.f.l.n. | » |
| 12. Leschnitz (früher Dzieschowitz) | 14,9 | 112,23 | A.a.c.$d^2$.e.B.I.q.II. a-f.III.a.b.X.C.a.b. | » |
| 13. (e.k) Kosel | 16,3 | 122,77 | A.a.c.$d^2$.e.f.B.I.q. II.b.c.III.a.b.VII. X.XII.C.a.b.d.f.l.n. | » |
| 14. Slawentzitz | 17,4 | 131,04 | | » |
| 15. Rudzinitz | 18,3 | 137,84 | A.a.c.$d^2$.e.B.I.q.II. b.c.III.a.b.VII.X. XII.C.a.l. | » |
| 16. Labend P.H.* | 20,2 | 153,66 | | » |
| 17. Gleiwitz | 21,2 | 159,69 | A.a.c.$d^2$.e.B.I.q.II.b. c.III.a.b.VII.X.XII. C.a.b.c.d.f.l.n. | » |
| 18. (h) Zabrze | 22,3 | 167,98 | A.a.c.$d^1$.$d^2$.e.B.I.a-p.q.II.b.c.III.a.b. VII.X.XII.C.a.d.f.l. | » |
| 19. Ruda | 22,9 | 172,50 | A.a.c.$d^2$.e.B.I.a-p.q. II.c.VII.X.XII.C.a.d.l. | » |
| 20. Morgenroth | 23,3 | 175,51 | A.a.c.$d^1$.$d^2$.e.B.I.a-p. q.II.b.c.III.a.b. VIII.a-f.X.XII.C.a. d.f.g.k.l.n. | » |

Zweigb. Morgenroth-Tarnowitz
(eröffnet 15/5 59)

| Station | Mln. | Kil. | | |
|---|---|---|---|---|
| 21. (b) Beuthen | 24,2 | 182,99 | A.c.$d^2$.e.B.I.q.II. c.III.a.b.X.XII. C.a.d.f.l.m. | Oppeln |
| 22. ○ Tarnowitz | 25,6 | 192,83 | A.c.$d^2$.e.B.I.q.II.c. III a.b.IV.X.XII.C. a.d.l.n. | » |
| 23. Schwientochlowitz | 23,8 | 179,28 | A.a.c.$d^1$.$d^2$.e.B.I.a-p. II.b.c.III.a.b.VII.X. XII.C.a.d.f.l.n. | » |

Zweigb. Schwientochlowitz-Königshütte
(eröffnet 15. Aug. 1860).

| Station | Mln. | Kil. | | |
|---|---|---|---|---|
| 24. Königshütte | 24,2 | 182,29 | A.a.c.$d^1$.$d^2$.e.B.I a-k. m-p.q.II.c.III.a.X. XII.C.a.d.f.l.n. | » |
| 25. ○ Kattowitz | 24,8 | 186,81 | A.a.c.$d^1$.$d^2$.e.f.B.I.a-p. q.II b.c.III.a.b.VII. X.XII.C.a-d.f.l.n. | » |

Zweigb. Kattowitz-Karolinengrube (eröffnet 1/12 59)

| Station | Mln. | Kil. | | |
|---|---|---|---|---|
| 26. Karolinengrube G.H. | 25,4 | 191,33 | A.c.$d^2$.e.B.I.a-p.q. II.c.III.a.X.XII.C. a.b.l.n. | » |

Zweigb. Kattowitz-Louisenglückgrube (eröffnet 1/1 61)

| Station | Mln. | Kil. | | |
|---|---|---|---|---|
| 27. Louisenglückgrube G.H. | 25,5 | 192,08 | | » |
| 28. ○ Myslowitz | 26,1 | 196,60 | A.a.c.$d^1$.$d^2$.e.B.I.a-p. q.II.b.c.III.a.b.VII. X.XII.C.a.d.f.l.n. | » |
| 29. *Imielin PH.* | 27,5 | 207,14 | | » |
| 30. Neuberun | 28,6 | 215,43 | A.a.c.$d^2$.e B.I a-p.q. II.b.c.III.a.b.X.C.a.l. | » |
| 31. ○ Oswiecim | 29,1 | 219,20 | A.a.c.$d^2$.e.B. I.q.II.c.IX. X.C.a.d.f.l.n. | ⁰*Krakau |

## b. Breslau-Posen (21,9 M. = 164,93 Kilom.) mit Zweigb. Lissa-Glogau (5,9 Pr. M. = 39,44 Kil.).

Eröffnet Breslau-Posen 29. Oct. 1856; Lissa-Glogau 18. Mai 1859.

| Station | Mln. | Kil. | | |
|---|---|---|---|---|
| 32. ○ Breslau | — | — | A.a.c.$d^1$.$d^2$.f.B.I.q. VI.VII.IX.C.a-e. g.k.q. | Breslau |
| 33. Schebitz | 2,1 | 15,82 | A.a.c.$d^2$.e.B.I.q.r.C.a. | » |
| 34. Obernigk | 3,4 | 25,61 | A.a.c.$d^2$.e.B.I.q.r.C.a. | » |
| 35. Gellendorf | 4,9 | 36,91 | A.a.c.$d^2$.e.B.I.q.r.C.a. | » |
| 36. Trachenberg | 6,3 | 47,45 | A.a.c.$d^2$.e.B.I.q.r.C.a. | » |
| 37. Rawicz | 8,3 | 62,51 | A.a b.$b^1$.c.$d^2$.e.B. I.q.r.C.a f.m.q. | Posen |
| 38. Bojanowo | 10,0 | 75,31 | A.a.c.$d^2$.e.B.I.q.r.C.a. | » |
| 39. Reisen | 11,3 | 85,10 | A.a.c.$d^1$.e.B.I.q.r.C.a. | » |
| 40. Poln. Lissa | 12,7 | 95,64 | A.a.b.$b^1$.c.$d^1$.e.B.I.q. r.C.a.b.f.m.q. | » |

Zweigb. Lissa-Glogau

| Station | Mln. | Kil. | | |
|---|---|---|---|---|
| 41. Fraustadt | 15,2 | 109,47 | A.a.c.$d^1$.e.B.I.q.r.C.a. | » |
| 42. Driebitz PH.* | 16,4 | 118,51 | | » |
| 43. ○ Glogau | 18,6 | 135,08 | A.c.$d^2$.e B.I. q.r.C.a. | Liegnitz |
| 44. Alt-Boyen | 14,9 | 112,21 | A.a.c.$d^2$.e.B. I.q.r C.a.p. | Posen |
| 45. Kosten | 16,3 | 122,75 | A.a.c.$d^1$.e.B.I.q.r. C.a.f.m.p.q. | » |
| 46. Czempin | 17,6 | 132,54 | A.a.c.$d^2$.e.B.I.q.r. C.a.p. | » |
| 47. Moschin | 19,4 | 146,10 | A.a c.$d^2$.e.B.I.q.r. C.a.p. | » |
| 48. ○ (c.l) Posen | 21,9 | 164,93 | A.a.b.$b^1$.$b^2$.c.$d^1$.e.B. I q.r.C.a.b.f.h.i.k. m.o.p.q. | » |

## c. Posen-Stargard (22,7 Mln. = 170,98 Kilom.).

Eröffnet streckenweise (Stat. 55-59, dann 50-55) 10/8 47 u. 10/8 48, vollständig 10. August 1848.

| Station | Mln. | Kil. | | |
|---|---|---|---|---|
| (48. Posen) | 21,9 | 164,93 | A.a.b.$b^1$.$b^2$.c.$d^1$.e. B.I.q.r.C.a.b.f.h.i. k.m.o.p.q. | Posen |
| 49. Rokietnice | 24,1 | 181,50 | A.a.$b^2$.c.$d^1$.e.B.I. q.r.C.a. | » |
| 50. Samter | 26,1 | 196,56 | A.a.$b^2$.c.$d^1$.e.B.I. q.r.C.a. | » |
| 51. Wronke | 28,5 | 214,64 | A.a.$b^2$.c.$d^1$.e.B.I. q.r.C.a. | » |
| 52. Miala PH.* | 31,0 | 233,47 | | » |
| 53. *Dratzig PH.* | 31,9 | 240,25 | | » |
| 54. ○ Kreuz | 32,8 | 247,03 | A.a.$d^1$.e.B.I.q.r. V.C.a.b. | Bromberg |
| 55. Woldenberg | 35,7 | 268,87 | A.a.$b^2$.c.$d^1$.e.B. I.q.r.C.a.q. | Frankfurt a/O. |
| 56. Augustwalde | 37,6 | 283,18 | A.a.$b^2$.c.$d^1$.e.B.I. q.r.C.a. | » |
| 57. Arnswalde | 40,0 | 301,26 | A.a.$b^2$.c.$d^1$.e.B.I. q.r.C.a. | » |

| | Mln. | Kil. | | |
|---|---|---|---|---|
| 58. Dölitz . . . . | 41,9 | 315,57 | A.a.b$^2$.c.d$^1$.e. B.I.q.r.C.a. | Stettin |
| 59. ○ Stargard . | 44,6 | 335,91 | A.a.b$^2$.c.e.B.I.q.r. | » |

### d. Neisse-Brieger Eisenbahn (5,83 M. = 43,91 Kil.).

Durch Fusionsvertrag am 1/1 1870 in das Eigenthum und in Betrieb der Oberschles. E.-G. übergegangen.
Eröffnet Stat. 61 — Brieg 21/1 47: ganz 3/11 48.

| | Mln. | Kilom. | | |
|---|---|---|---|---|
| 60. Neisse . . . . . . | — | — | A.c.d$^2$.e.B.I.q. II.a.d.e.f.IX. C.a.b.d.f.l.n. | Oppeln |
| 61. *Boesdorf PGH.* . | 1,1 | 8,3 | | » |
| 62. *Falkenau PH.** . | 2,2 | 16,6 | | » |
| 63. *Altgrottkau PH.* . | 2,7 | 20,3 | | » |
| 64. Grottkau . . . . . | 3,4 | 25,6 | A.c.d$^2$.e.B.I.q.C. a.l. | » |
| 65. *Böhmischdorf PH.** | 4,6 | 34,6 | | Breslau |
| 66. *Alzenau PH.* . . . | 5,0 | 37,7 | | » |
| (5. Brieg) . . . . . . | 5,83 | 43,9 | | » |

### Wilhelmsbahn (24,67 Meilen = 185,81 Kilom.)

In Gemässheit des Fusions-Vertrags v. 18/19 Decbr. 1869 seit dem 1/1 1870 in Verwaltung und Betrieb der Direction der Oberschlesischen E. für Rechnung der Oberschles. E.-G.

Nur für die Geschäfte der Bahnunterhaltung und des engern Betriebsdienstes der früheren Wilhelmsb ist die Commission der Kgl. Direction der Oberschles Eisenb. zu Ratibor eingesetzt, deren Mitglieder zugleich Mitglieder der Kgl. Direction der Oberschles. Eisenb. sind.

### e. Kosel-Oderberg (7,6 Mln. = 57,2 Kilom.).

Eröffnet Kosel-Stat. 70 1/1 1846; 71-73 1/5 47; 73-74 1/5 48.
Entfernungen ab Kosel.

| | Mln. | Kilom. | | |
|---|---|---|---|---|
| (13. Kosel) . . . . | — | — | A.a.c.d$^2$.e.f.B.I.q.II.b$^1$ c.III.a.b.VII.X.XII. C.a.b.d.f.l.n. | Oppeln |
| 67. *Birawa PH.** . . | 0,9 | 6,8 | | » |
| 68. Hammer . . . . . | 2,4 | 17,1 | A.c.d$^2$.e.B.I.q.II. c.III.a.C.a.l. | » |
| 69. (g) Nendza . . . | 3,1 | 23,4 | A.c.d$^2$.e.B.I.q.II. e.C.a.l. | » |
| 70. (f) Ratibor . . . . | 4,3 | 32,4 | A.c.d$^2$.e.f.B.I.q. II.c.III.a.IX.C. a.b.d.f.l.n. | » |
| 71. *Tworkau PH.** . . | 5,5 | 41,4 | | » |
| 72. Krzizanowitz . . . | 6,0 | 45,2 | A.c.d$^2$.e.B.I.q.II.c.l. | » |
| 73. Annaberg . . . . | 7,0 | 52,7 | A.c.d$^2$.e.B.I.q. II.c.l.n. | » |
| 74. ○ Oderberg . . | 7,6 | 57,2 | A.c.d$^4$.e.B.I.q.II. c.III.a.IX.X.XI. C.a.f.l.q. | ***Schlesien |

NB. Die Strecke Kosel-Oderberg reicht zwar nur bis zur Landesgrenze hinter Bahnhof Annaberg 7,14 Mln., das Stück von da bis zum Bahnhofe Oderberg ist von der Kaiser Ferd. Nordbahn erpachtet.

### f. Ratibor-Leobschütz (5,1 Mln. = 38,4 Kilom.).

Eröffnet 1. October 1856.
Entfernungen ab Ratibor.

| | Mln. | Kil. | | |
|---|---|---|---|---|
| 75. Leobschütz . . | 5,1 | 38,4 | A.c.d$^2$.e.f.B.I.q. II.c.III.a.IX.C. a.b.d.f.l.n. | Oppeln |
| 76. *Wernersdorf PH.** | 4,2 | 31,6 | | » |
| 77. Bauerwitz . . . . | 3,2 | 24,1 | A.c.d$^2$.e.f.B.I.q. II.e.C.a.l.n. | » |
| 78. *Stolzmütz PH.** . . | 2,2 | 16,6 | | » |
| 79. Peterwitz, Gr. . . | 1,6 | 12,1 | A c.d$^2$.e.B.I.q.II. c.III.a.IX.C.a.d.l.n. | » |
| 80. Woinowitz . . . . | 1,1 | 8,3 | A.d$^2$.e.B.I.q.II.c. III.a.IX.C.a.d.l.n. | » |
| (70. Ratibor) . . . . . | — | — | | » |

### g. Nendza-Kattowitz (9,8 Mln. = 73,8 Kilom.).

Eröffnet Stat. 81-83 1/1 55; 83-88 1/10 56; 88-94 20/12 56.
Entfernungen von Nendza.

| | Mln. | Kil. | | |
|---|---|---|---|---|
| (69. Nendza) | — | — | | Oppeln |
| 81. Charlottengrube K.St. | 2,1 | 15,8 | B.I.a-p.C.a. (nur für Kohlen) | » |
| 82. Czernitz . . . . . | 2,3 | 17,3 | A.c.d$^2$.e.B.I.a-p.q. II.e.III.a.C.a.l.n. | » |
| 83. Leogrube KSt. . . | 2,4 | 18,0 | B.I.a-p.C.a. (nur für Kohlen) | » |
| 84. Hoymgrube KSt. . | 2,7 | 20,3 | B.I.a-p.C.a. (nur für Kohlen) | » |
| | | | A.c.d$^1$.e.f.B.I.a-p. | |
| 85. Rybnik . . . . . | 3,7 | 27,8 | q.II.c.III.a.C. a.b.d.fl..n. | Oppeln |
| 85a. Paruschowitz . . | 3,9 | 30,1 | | » |
| 86. *Czerwionka PH.** . | 5,7 | 42,9 | A.d$^2$.e.B.I.a-p.q. II.c.C.a.(nur für Kohlen) l.n. | » |
| 87. *Friedrichsgrube PH** | 6,3 | 47,4 | A.d$^2$.e.B.I.a-p.q. II.c.C.a.(nur für Kohlen) l.n. | » |

Zweigb. von Friedrichsgrube nach

| | Mln. | Kil. | | |
|---|---|---|---|---|
| 88. ○ Laziek KSt. . | 7,6 | 57,3 | A.c.B.I.a-p.q.C.a. | » |
| 89. Orzesche . . . . . | 6,7 | 50,4 | A.c.d$^2$.e.B.I.a-p. q.III.a.C.a.l.n. | » |
| 90. *Bradegrube PH.** . | 7,2 | 54,2 | A.d$^2$.e.B.I.a-p.q. II.c.C.a.(nur für Kohlen) l.n. | » |
| 91. Burghardtgrube KSt. | 7,3 | 55,0 | B.I.a-p.C.a. (nur für Kohlen) | » |
| 92. Napoleongrube KSt. | 7,5 | 56,5 | B.I.a-p.C.a. (nur für Kohlen) | » |
| 93. Mokrau-Kalköfen . | 7,6 | 57,3 | | » |
| 94. Mokraugrube KSt. | 7,7 | 58,0 | B.I.a-p. | » |
| 95. Nicolai . . . . . | 8,0 | 60,3 | A.c.d$^2$.e.f.B.I.q.II. a.c.d.e.f.III.a.C.a. b.c.d.f.l.n. | » |

(Zweigb. Nicolai-Idahütte) eröffnet 20/12 58.

| | Mln. | Kil. | | |
|---|---|---|---|---|
| 96. *Idaweiche PH.** | 9,3 | 69,3 | | » |
| 97. Ochojetzweiche . | — | — | | » |
| 98. (25) ○ Kattowitz | 9,8 | 73,8 | A.a.c.d$^1$.d$^2$.e.f.B.I. a-p.q.II.b.c.III.a.b. VII.X.XII.C.a.b.c. d.f.l.n. | » |

(Zweigb. Kattowitz-Emanuelssegen)

| | Mln. | Kil. | | |
|---|---|---|---|---|
| 99. Emanuelssegen KSt. | 10,0 | 75,4 | | » |

## Im Bau.

### h. Zabrze-Beuthen-Schoppinitz (3,79 M. = 28,55 Kil.).

| | | |
|---|---|---|
| (18. Zabrze) . . | — — | Oppeln |
| 100. Nave . . . . . | 0,72 | » |
| 101. Vulcanhütte . | 1,10 | » |
| (21. Beuthen) . . . | 1,49 | » |
| 102. Laurahütte . . | 2,83 | » |
| 103. Schoppinitz | 3,79 | » |

### i. Breslau-Mittelwalde-Landesgrenze (17,6 Meilen)

Breslau-Strehlen ist am 1. October 1871 eröffnet, im Uebrigen noch im Bau.

#### A. Breslau-Mittelwalder Eisenbahn.

| | Mln. | Kil. | |
|---|---|---|---|
| (1. Breslau) . . . . . . . | — | — | Breslau |
| 104. Rothsürben . . . . . | 1,88 | 14,10 | » |
| 105. Wäldchen . . . . . . | 3,43 | 25,72 | » |
| 106. Strehlen . . . . . . | 4,88 | 36,59 | » |

### k. Kosel (Kandrzin)- von Leobschütz nach Ziegenhals Neisse-Frankenstein (21,9 Meilen).

Noch nicht in Angriff genommen (Vorarbeiten).

### l. Posen-Thorn-Bromberg (24,706 M. = 186,096 Kil.)

Die Bahnstrecke wird voraussichtlich Anfangs 1873 dem Betriebe übergeben.

| | | |
|---|---|---|
| (48. Posen) . . . . . . | — | Posen |
| 141. Kobelnica *PH.* . . . | 1,788 | » |
| 142. Pudewitz . . . . . . | 3,670 | » |
| 143. Chwalkowo *PH.* . . | 5,031 | Bromberg |
| 144. Gnesen . . . . . . | 6,713 | » |
| 145. Trzemeszno . . . . . | 8,856 | » |
| 146. Mogilno . . . . . . | 10,867 | » |
| 147. Janikowo *PH.* . . . | 12,737 | » |
| 148. Inowraclaw . . . . | 14,215 | » |
| 149. Zlottnik . . . . . . | 15,979 | » |
| 150. Hopfengarten *PH.* . | 18,905 | » |
| 151. ○ Bromberg . . . | 20,197 | » |

## Oesterreichische Nordwestbahn.

Verwaltungsrath und General-Direction in Wien (Hoher Markt Nr. 3).

Anschlüsse: Wien (im Bau): Kaiser Ferd. Nordb., Kaiser Franz Josefb., Kaiserin Elisabethb., Oesterr. Staatsb. u. Oesterr. Südb.; Jedlersee: Kaiser Ferdinands Nordb.; Znaim und Kolin: Oesterr. Staas-Eisenb.-Gesellschaft (nördliche Linie); Jung-Bunzlau: Turnau-Kralup-Prager Eisenb.; Parschnitz und Alt-Paka: Süd-norddeutsche Verbindungsb.; Pardubitz (Rossitz): Süd-norddeutsche Verbindungsb. u. Staatsb. nördliche Linie; Horn (Sigmundsherberg): Kaiser Franz-Josefb.

I. Lokalverkehr:

1. Tarife und Reglements der Ö. N. W. B. und der S. N. D. V. B. (December 1869). Nur mehr bezüglich der Bestimmungen von Seite 1—63 in Kraft.

Allgemeine Tarife beider Gesellschaften für den Personen-, Gepäck-, Eilgut- u. Fracht-Verkehr; und zwar:

2. I. Heft: Gebühren-Tarif auf Grundlage der concessionsmässigen Meilensätze (enthält auch einige später aufgezählte Ausnahmstarife (April 1871);
3. II. Heft: Stationstarife für die Beförderung von Personen und Reisegepäck (1. Juni 1871);
4. III. Heft: Stationstarife für die Beförderung von Eil- und Frachtgut (1. Juni 1871);
5. Militärtarif beider Gesellschaften (April 1871);
6. Tarife beider Gesellschaften für mineralische Kohle (Stein- und Braunkohle), Briquets und Coake in Wagenladungen (enthalten auch einige später aufgeführte Anschlusstarife) (Juni 1871);
7. Tarif für die Beförderungen von Schiefer, Mauerziegeln, Kalk und Düngerkalk, dann Mineralkohle und Gasschiefer zwischen einzelnen Stationen der S. N. D. V. B. in dem sub 2 aufgeführten Heft I der allgemeinen Tarife, Seite 68;
8. Tarif für Eilgut-Sendungen, deren Beförderung mit den Eilgüterzügen auf den Frachtbriefen ausdrücklich vorgeschrieben wird (10 Juli 1871). Gilt auch für den Anschlussverkehr.

II. Inländischer Anschluss-Verkehr:

9. Tarif für den directen Eil- und Frachtgüter-Verkehr zwischen Stationen der Kaiser Ferdinands-Nordbahn, der Oesterr. Staatseisenbahn-Gesellschaft, der Oesterr. Nordwestbahn, der Süd-Norddeutschen Verbindungsb., der Turnau-Kralup-Prager E. und der Böhmischen Nordbahn (Zirkeltarif) (1. August 1871);
10. Special-Tarif für Kohlensendungen von Kladno und Buschtěbrad via Turnau (in dem sub 6 aufgeführten Tarifshefte, Seite 25);
11. Special-Tarif für den directen Braunkohlen-Verkehr von den Stationen der Aussig Teplitzer Bahn und den Stat. Aussig und Nesterschitz der Oesterr. Staatseisenb. nach Station Reichenberg der S. N. D. V. B. (in den sub 6 aufgeführten Tarifshefte, Seite 96) (Nachtr. v. Juli 1871);
12. Tarif für Flachs, Werg, Leinen- und Towgarn, verpackt oder ledig in Bündeln, zwischen Stat. der Oesterr. Staatsbahn und solchen der S. N. D. V. B. (in dem sub 2 aufgeführten Hefte I der allgemeinen Tarife, Seite 61);
13. Tarif für Flachs, Werg und Leinengarn, verpackt oder ledig in Bündeln, zwischen Stat. der S. N. D. V. B. und der Böhmischen Nordbahn (in dem sub 2 aufgeführten Heft I, Seite 62—65);
14. Special-Tarif für Rohglassendungen von Stationen der Oesterr. Nordwestb. nach solchen der Böhmischen Nordbahn (25. Juni 1871).

III. Ausländischer Anschlussverkehr:

15. Tarif für Flachs, Hanf und Werg (Heede), Jute u. Jutegarn, Leinengarn, verpackt oder ledig in Bündeln, zwischen Stationen der Sächsischen Eisenbahnen einerseits und der Süd-Norddeutschen Verbindungsbahn andererseits via Reichenberg (enthalten in dem sub 2 angeführten Heft I der allgemeinen Tarife, Seite 66 und 67);
16. Gemeinschaftlicher Tarif der Oberschlesischen, der Breslau-Schweidnitz-Freiburger, der Kgl. Niederschlesisch-Märkischen und der S. N. D. V. B. für Oberschlesische Steinkohlen via Breslau-Altwasser-Liebau (10 Mai 1870 mit Nachtr. v. 1. Juli 1871);
17. Reglement und Tarif für den directen Güter-Verk. zwischen Stat. Berlin der Niederschles.-Märk. Eisenb. einerseits und Stationen der Ö. N. W. B. und S. N. D. V. B. anderers. via Liebau (15. Januar 1871);
18. Reglement und Tarif für den Cüstrin-Frankfurt-Böhmischen Verbands-Güter-Verkehr (15. März 1871);
19. Reglement und Tarif für den Schlesisch-Böhmischen Eisenb.-Verband (Posen, Polnisch Lissa, Rawicz und Breslau mit Prag, Pilsen und Furth a/W- via Altwasser-Liban-Pardubitz) (10. Mai 1871);
20. Gemeinschaftliche Tarife für den directen Verk. zwischen Stationen der Süd-Norddeutschen Verbindungsb. und der Niederschles.-Märk. Eisenb. via Liebau (29. December 1869).

Nachtrag mit Ausdehnung auf Stat. der Oesterr. Nordwestb. für Kohlen- und Holz-Transporte als Fracht in Wagenladungen 20. Juni 1871.

(Der ergänzte directe Kohlentarif ist auch in dem sub Post 6 aufgeführten Kohlentarifshefte, Seite 27—29 enthalten).

## a. Hauptbahn Wien-Jungbunzlau

(46,550 Mln. = 353,141 Kilom.).

Wien-Jedlersee im Bau; Jedlersee-Stockerau von der Kaiser Ferd. Nordb. käuflich erworben und am 1/11 71 in die Verwaltung der Oesterr. Nordwestb. übergegangen; Stockerau-Znaim eröffnet 1/11 71; Znaim-Iglau 15/11 71; Iglau-Deutschbrod 25/1 71; Deutschbrod-Goltsch-Jenikau 21/12 70; Goltsch-Jenikau-Kolin 6/12 69; Kolin-Jungbunzlau 17/10 70.

| | Oesterr. Mln. | Kilom. | |
|---|---|---|---|
| 1. ○ Wien . . . . | — | — | Nieder- |
| 2. ○ Jedlersee . | 0,718 | 5,445 | österreich |
| 3. Langenzersdorf . | 1,484 | 11,257 | » |
| 4. Korneuburg . . | 2,062 | 15,643 | » |
| 5. Spillern . . . . | 2,965 | 22,494 | » |
| 6. Stockerau . . . | 3,395 | 25,760 | » |
| 7. Sierndorf . . . | 4,309 | 32,693 | » |
| 8. Göllersdorf . . . | 5,408 | 41,032 | » |
| 9. Oberhollabrunn . | 6,782 | 51,452 | » |
| 10. Guntersdorf . . | 8,188 | 62,122 | » |
| 11. ○(b) Zellerndorf | 9,698 | 73,574 | » |
| 12. Retz . . . . . . | 10,726 | 81,374 | » |
| 13. Schattau . . . . | 11,748 | 89,120 | Mähren |
| 14. ○ Znaim . . . | 13,210 | 100,216 | » |
| 15. Wolframitzkirchen | 14,847 | 112,634 | » |
| 16. Schönwald . . . | 15,748 | 119,471 | » |
| 17. Gröschelmauth . | 16,762 | 127,158 | » |
| 18. M. Budwitz . . | 18,256 | 138,489 | » |
| 19. Jarměritz . . . | 19,318 | 146,546 | » |
| 20. Kojetitz *PH.* . . | 20,378 | 154,591 | » |
| 21. Trebitsch-Startsch | 21,231 | 161,060 | » |
| 22. Okřiško . . . . | 22,380 | 169,774 | » |
| 23. Branzaus . . . . | 23,500 | 178,269 | » |
| 24. Wiese . . . . . | 24,685 | 187,259 | » |
| 25. Iglau . . . . . | 26,198 | 198,736 | » |
| 26. Polna . . . . . | 27,300 | 207,096 | Böhmen |
| 27. Schlappenz-Přibislau . . . . . | 28,405 | 215,485 | » |
| 28. ○ (c) Deutschbrod . . . . . | 29,530 | 224,024 | » |
| 29. Okrouhlitz . . . | 30,701 | 232,909 | » |
| 30. Swětla . . . . . | 31,624 | 239,910 | » |
| 31. Leština . . . . | 33,258 | 252,310 | » |
| 32. Goltsch-Jenikau . | 35,265 | 267,536 | » |
| 33. Časlau . . . . . | 36,730 | 278,649 | » |
| 34. Kuttenberg . . . | 37,986 | 288,182 | » |
| 35. ○ Kolin . . . | 39,837 | 298,811 | » |
| 36. ○(d) Gr.-Wossek | 40,533 | 307,496 | » |
| 37. Poděbrad . . . | 41,573 | 315,386 | » |
| 38. Nimburg . . . . | 42,604 | 323,206 | » |
| 39. Wikawa . . . . | 44,130 | 334,781 | » |
| 40. Dobrawitz . . . | 45,411 | 344,501 | » |
| 41. ○ Jungbunzlau | 46,550 | 353,141 | » |

## b. Flügelbahn Zellerndorf-Horn

(Sigmundsherberg) 2,640 Mln. = 20,026 Kil.).

Eröffnung im Dec. 1871.

| | | | |
|---|---|---|---|
| (11. ○ Zellerndorf) | — | — | Niederösterreich |
| 42. Pulkau. . . . . | 1,500 | 11,376 | » |
| 43. Horn (Sigmundsherberg). . . . | 2,640 | 20,026 | » |

## c. Flügelbahn Deutschbrod-Pardubitz (Rossitz)

(12,182 Mln. = 92,423 Kil.).

Eröffnet am 1. Juni 1871.

| | | | |
|---|---|---|---|
| (28. ○ Deutschbrod) | — | — | Böhmen |
| 44. Rosochatetz *PH.* | 1,417 | 10,750 | » |
| 45. Chotěboř . . . | 2,335 | 17,717 | » |
| 46. Ždiretz . . . . | 3,632 | 27,557 | » |
| 47. Hlinsko . . . . | 5,256 | 39,881 | » |
| 48. Skuč . . . . . | 7,313 | 55,490 | » |
| 49. Chrast . . . . . | 9,082 | 68,908 | » |
| 50. Slatinan . . . . | 10,091 | 76,561 | » |
| 51. Chrudim . . . . | 10,664 | 80,905 | » |
| 52. ○ Rossitz (Pardubitz) . . . | 12,182 | 92,423 | » |

## d. Flügelbahn Gross-Wossek-Parschnitz

(17,009 Mln. = 129,044 Kil.).

Eröffnet: Gr. Wossek-Ostroměř 21/12 70; Ostroměř-Pelsdorf 1/4 71; Pelsdorf-Trautenau im Bau; Trautenau-Parschwitz für Güterverkehr eröffnet 22/10 70.

| | Oesterr. Mln. | Kil. | |
|---|---|---|---|
| (36. ○ Gr.-Wossek) | — | — | Böhmen |
| 53. Libňowes. . . . | 0,904 | 6,861 | » |
| 54. Žiželitz . . . . | 2,394 | 18,163 | » |
| 55. Chlumetz . . . . | 3,008 | 22,819 | » |
| 56. Neu-Bydschow . | 4,406 | 33,439 | » |
| 57. Smidar . . . . | 5,198 | 39,433 | » |
| 58. ○ (e) Ostroměř (Hořitz) . . . | 6,454 | 48,961 | » |
| 59. Bělohrad . . . . | 7,768 | 58,927 | » |
| 60. Neu-Paka. . . . | 9,184 | 69,672 | » |
| 61. ○ Alt-Paka . | 9,788 | 74,256 | » |
| 62. Kruh . . . . . | 10,897 | 82,667 | » |
| 63. Starkenbach . . | 11,735 | 89,026 | » |
| 64. ○ (f) Pelsdorf. | 12,805 | 97,146 | » |
| 65. Arnau . . . . . | 14,167 | 107,480 | » |
| 66. Kottwitz *PH.* . | 14,674 | 111,329 | » |
| 67. Pilnikau . . . . | 15,241 | 115,631 | » |
| 68. ○ (g) Trautenau | 16,454 | 124,830 | » |
| 69. ○ Parschnitz | 17,009 | 129,044 | » |

**e. Flügelbahn Ostroměř (Hořitz)-Jičin**
(2,278 Mln. = 17,279 Kil.).
Eröffnung Ende Dec. 1871.

| | | | |
|---|---|---|---|
| (58. ○ Ostroměř). | — | — | Böhmen |
| 70. Tuř . . . . . . | 1,234 | 9,359 | » |
| 71. Jičin . . . . . | 2,278 | 17,279 | » |

**f. Flügelbahn Pelsdorf-Hohenelbe**
(0,577 Mln. = 4,378 Kil.).
Eröffnet 1/10 71.

| | | | |
|---|---|---|---|
| (64. ○ Pelsdorf) . | — | — | Böhmen |
| 72. Hohenelbe . . | 0,577 | 4,378 | » |

**g. Flügelbahn Trautenau-Freiheit**
(1,286 Mln. = 9,760 Kil.).
Eröffnung im December 1871.

| | | | |
|---|---|---|---|
| (68. ○ Trautenau) | — | — | Böhmen |
| 73. Altstadt . . . . | 0,680 | 5,160 | » |
| 74. Freiheit . . . | 1,286 | 9,760 | » |

# K. k. priv. Oesterreichische Staats-Eisenbahn-Gesellschaft.

Verwaltungsrath und General-Direction in Wien.

Kaiserthum Oesterreich.

**Anschlüsse.** A. Nördl. Staatsbahn: Aussig: Aussig-Teplitz; Bodenbach: Böhm. Nordb., Sächs. (Böhm.) Staatsbahn und Dux-Bodenbacher Bahn; Brünn: Brünn-Rossitz, Kaiser Ferd.-Nordb. und Mährisch-Schlesische Nordbahn; Hohenstadt: Hohenstadt-Zöptauer Bahn; Kolin: Oesterr. Nordwestb.; Kralup: Turnau-Kralup u. Buschtěhrader B.; Olmütz: Kaiser Ferd.-Nordbahn, Mährisch-Schlesische Nordbahn und Mährisch-Schlesische Centralb.; Pardubitz: Südnordd. Verbindungsb. und Oesterr. Nordwestb.; Prag: Böhm. Westb., Buschtěhrader Eisenb. u. Kaiser Franz-Josefsb.; Znaim: Oesterr. Nordwestbahn;

B. Wien-Neu-Szönyer-Linie: Neu-Szöny: Oestr. Südbahn, Grammat-Neusiedl: Wr. Neustadt-Grammat-Neusiedler E.; Raab: Graz-Raaber (Ungar. Westb.); Wien: Oesterr. Südbahn.

C. Südöstl. Linie: Czegléd: Theissb.; Marchegg: Kaiser Ferd.-Nordb.; Pressburg: Pressburg-Tirnauer Pferdebahn; Pest: Ungar. Stsb.; Steinbruch: Ungar. Staatsb.; Szegedin: Alfoldbahn; Temesvar: Arad-Temesvarer Bahn.

D. Centralbahnhof Wien: Südbahn, Westb., Nordbahn (über die Wiener Verbindungsbahn)

## A. Nördliche Staatsbahn-Linie.

**a. Wien-Brünn-Prag-Bodenbach** (71 M. = 538,7 Kil.).
Eröffnet Stat. 1-12 26/11 70; 12-20 15/4 70; 20-30 1/1 49; 30-49 1/9 45; 49-61 1/4 50; 61-64 1/10 50; 64-67 8/4 51.

| | | | |
|---|---|---|---|
| 1. ○ (e,f) Wien Centralbahnhof | — | — | Nieder-Oesterreich |
| 2. (f) Stadlau . . . . | 1½ | 11,38 | Oesterreich |
| 3. Gerasdorf . . . . . | 2½ | 18,97 | » |
| 4. Wolkersdorf . . . . | 3½ | 26,55 | Nieder-Oesterreich |
| 5. Schleinbach . . . . | 4½ | 34,14 | Oesterreich |
| 6. Neubau-Kreuzstätten | 6 | 45,52 | » |
| 7. Ladendorf . . . . . | 6½ | 49,31 | » |
| 8. Mistelbach-Poysdorf . | 7 | 53,10 | » |
| 9. Frättingsdorf. . . . | 8½ | 64,48 | » |
| 10. Staatz . . . . . . . | 9½ | 72,07 | » |
| 11. Laa . . . . . . . . . | 10½ | 79,65 | » |
| 12. (b) Grussbach-Schönau . . . . . | 12 | 91,03 | Mähren |
| 13. Frischau . . . . . . | 13 | 98,62 | » |
| 14. Mislitz . . . . . . | 14 | 106,20 | » |
| 15. Wolframitz . . . . | 15½ | 117,58 | » |
| 16. Kromau . . . . . . | 16 | 121,38 | » |
| 17. Kanitz-Eibenschitz . | 17½ | 132,76 | » |
| 18. Siluwka (Neslowitz) . | 18 | 136,55 | » |
| 19. Střelitz . . . . . | 19 | 144,13 | » |
| 20. ○ (c) Brünn . . . . | 20½ | 155,51 | » |
| 21. Adamsthal . . . . . | 22½ | 170,69 | » |
| 22. Blansko . . . . . . | 23½ | 178,27 | » |
| 23. Raitz . . . . . . . | 24½ | 185,86 | » |
| 24. Skalic-Roskowic . . | 25½ | 193,44 | » |
| 25. Letowitz . . . . . | 26½ | 201,03 | » |
| 26. Brüsau-Brünnlitz . . | 27½ | 208,62 | » |
| 27. Greifendorf . . . . | 29 | 219,99 | » |
| 28. Zwittau . . . . . . | 30 | 227,58 | » |
| 29. Abtsdorf. . . . . . | 31 | 235,17 | Böhmen |
| 30. ○ (d) Böhm. Trübau | 32½ | 246,55 | » |
| 31. Wildenschwert . . . | 33½ | 254,13 | » |
| 32. Brandeis . . . . . . | 35 | 265,51 | » |
| 33. Chotzen . . . . . . | 35½ | 269,30 | » |
| 34. Zamrsk-Hohenmauth | 36½ | 276,89 | » |
| 35. Ubersko . . . . . . | 37½ | 284,48 | » |
| 36. Morawan . . . . . | 38 | 288,27 | » |
| 37. Dašic . . . . . . . | 39 | 295,85 | » |
| 38. ○ Pardubitz . . . | 39½ | 299,65 | » |
| 39. Přelouč . . . . . . | 41½ | 314,82 | » |
| 40. Kladrub . . . . . . | 42½ | 322,41 | » |
| 41. Elbeteinitz . . . . . | 44 | 333,78 | » |
| 42. ○ Kolin . . . . . . | 45½ | 345,16 | » |
| 43. Velim . . . . . . . | 46½ | 352,75 | » |
| 44. Peček . . . . . . . | 47½ | 360,34 | » |
| 45. Böhmisch Brod . . | 49½ | 375,51 | » |
| 46. Auwal . . . . . . . | 51 | 386,89 | » |
| 47. Běchowic . . . . . | 52½ | 389,27 | » |
| 48. ○ Prag . . . . . . | 54 | 409,64 | » |
| 49. Bubenč . . . . . . | 54½ | 413,44 | » |
| 50. *Podbaba PH.* . . . | 55 | 417,23 | » |
| 51. Roztok . . . . . . | 56 | 423,82 | » |
| 52. Libšic . . . . . . . | 57 | 432,40 | » |
| 53. ○ Kralup. . . . . | 58 | 439,99 | » |
| 54. *Mühlhausen PH.* . | 58½ | 443,78 | » |
| 55. Weltrus . . . . . . | 58½ | 443,78 | » |
| 56. Jenšowic . . . . . | 59½ | 451,37 | » |
| 57. Beřkowic-Melnik . . | 60½ | 458,95 | » |
| 58. Wegstädtl . . . . . | 62 | 470,33 | » |
| 59. Raudnitz . . . . . . | 63 | 477,92 | » |
| 60. Theresienstadt . . . | 64½ | 489,30 | » |
| 61. Lobosic . . . . . . | 65½ | 496,88 | » |
| 62. *Praskowitz-Kartitz PH.* . . . . . . . | 66½ | 504,47 | » |
| 63. Zalesl . . . . . . . | 67 | 508,26 | » |
| 64. ○ Aussig . . . . . | 68 | 515,85 | » |
| 65. Nestržic (Nesterschitz) | 69 | 523,43 | » |
| 66. *Topkowitz-Kartitz PH.* | 70 | 531,02 | » |
| 67. ○ Bodenbach . . . | 71 | 538,61 | » |

**b. Zweigbahn von Grussbach nach Znaim**
(3,39 M. = 24,125 Kilom.).
Eröffnet 15/6 70.

| | | | |
|---|---|---|---|
| (12. Grussbach) . . . | — | — | Mähren |
| 68. Possitz-Joslowitz . . | 1 | 7,59 | » |

| | | | |
|---|---|---|---|
| 69. Hödnitz . . . . . . | 2½ | 18,97 | Mähren |
| 70. Mühlfraun . . . . . | 3 | 22,76 | » |
| 71. Znaim . . . . . . . | 3½ | 26,55 | » |

**b¹. Brünner Verbindungsbahn der nördl. Staatsbahn mit der Brünn-Rossitzer Bahn** (0,12 M. = 0,910 Kil.).
Eröffnet 24/11 70.

**c. Brünn-Segen Gottes** (3,74 M. — 28,37 Kil.).
Eröffnet 7/1 56 für Güter- und 1/1 56 für Personenverkehr.

| | | | |
|---|---|---|---|
| (20. ○ Brünn) . . . . . . | — | — | Mähren |
| 72. *Strelitz PH.* . . . . . | 1½ | 11,38 | » |
| 73. Tetschitz wie bei Brünn. | 2½ | 18,97 | » |
| 74. *Rossitz-Pendorf PH.* | 3 | 20,86 | » |
| 75. Segen Gottes . . . von da Flügel nach | 3 | 22,76 | » |
| 76. *Zbeschau GH.* . . . | 3¾ | 28,44 KSt. | » |

**d. Olmütz-Böhmisch-Trübau** (11 Ö. M. = 83,450 Kil.).
Eröffnet 1. Sept. 1845 (Olmütz-Prag).

| | | | |
|---|---|---|---|
| 77. ○ Olmütz. . . . . . | — | — | Mähren |
| 78. Stefanau . . . . . . | 1 | 7,59 | » |
| 79. Littau . . . . . . . | 2½ | 18,97 | » |
| 80. Müglitz . . . . . . | 4 | 30,34 | » |
| 81. Lukawec . . . . . . | 5 | 37,93 | » |
| 82. ○ Hohenstadt . . | 6½ | 45,52 | » |
| 83. Budigsdorf . . . . . | 8 | 60,69 | » |
| 84. Landskron . . . . . | 8½ | 64,48 | Böhmen |
| 85. Rudelsdorf . . . . | 9½ | 72,07 | » |
| 86. Triebitz . . . . . . . | 10½ | 79,65 | » |
| (30. B.-Trübau) . . . | 11 | 87,24 | » |

## B. Wien-Neu-Szönyer-Linie.

**e. Wien-Neu-Szöny** (21 M. = 159,306 Kil.).
Eröffnet Wien bis Stat. 96 12/9 46; 96-102 24/12 55; 102-105 10/9 56.

| | | | |
|---|---|---|---|
| (1. ○ Wien, Central-bahnhof) . . . . . | — | — | Oesterreich unt. d. Enns |
| 87. Simmering . . . . . . | ½ | 3,79 | » |
| 88. Schwechat-Kledering . | 1 | 7,59 | » |
| 89. Lanzendorf-Pellendorf | 1½ | 11,38 | » |
| 90. Himberg . . . . . . | 2 | 15,17 | » |
| 91. Gutenhof-Velm . . . | 2½ | 18,97 | » |
| 92. ○ Grammat-Neusiedel | 3 | 22,76 | » |
| 93. Götzendorf . . . . . | 4 | 30,34 | » |
| 94. Trautmannsdorf . . | 4½ | 34,14 | » |
| 95. Wilfleinsdorf. . . . | 5 | 37,93 | » |
| 96. Bruck a. d. L. . . . | 5½ | 41,72 | » |
| 97. Parndorf. . . . . . | 6½ | 49,31 | Ungarn |
| 98. Zurndorf . . . . . | 8 | 60,69 | » |
| 99. Strass-Sommerein. . | 9½ | 72,07 | » |
| 99a. Kaltenstein . . . . | | | » |
| 100. Wieselburg . . . . | 11 | 83,45 | » |
| 101. Szt. Miklós . . . . | 13 | 98,62 | » |
| 102. ○ Raab . . . . . . | 15½ | 117,58 | » |
| 103. Szt. János. . . . . | 17½ | 132,76 | » |
| 104. Ács . . . . . . . . | 19 | 144,13 | » |
| 105. ○ Neu-Szöny . . | 20½ | 155,51 | » |

## C. Südöstliche Staatsbahn-Linie.

**f. Wien-Marchegg-Bazias** (92 M. — 697,91 Kil.).
Eröffnet Station 1-2 u. 106-109 24/1 70; 109-112 20/8 48; 112-129 16/12 50; 129-133 15/10 50; 133-137 15/9 46; 137-144 1/9 47; 144-148 1/9 53; 148-153 4/3 54; 153-163 15/11 57; 163-169 20/7 58; 169-171 20/8 56.

| | | | |
|---|---|---|---|
| (1. Wien, Centralbahnhof) | — | — | Nieder- |
| (2. Stadlau) . . . . . | 1½ | 11,38 | Oesterreich |
| 106. Gross-Enzersdorf . | 3 | 22,76 | » |
| 107. Siebenbrunn . . . | 4 | 30,34 | » |
| 108. Schönfeld-Lassee . . | 5 | 37,93 | » |
| 109. ○ Marchegg. . . | 6 | 45,54 | » |
| 110. Neudorf . . . . . | 6½ | 49,31 | » |
| 111. *Blumenau PH.* . . | 7½ | 56,89 | » |
| 112. ○ Pressburg . . | 8 | 60,69 | Ungarn |
| 113. Weinern . . . . . | 9½ | 72,06 | » |
| 114. Lanschütz. . . . . | 10½ | 79,65 | » |
| 115. Wartberg . . . . . | 11½ | 87,24 | » |
| 116. *Födemes PH.* . . | 12½ | 94,83 | Ungarn |
| 117. Diószegh . . . . . | 13½ | 102,41 | » |
| 118. Galantha . . . . . | 14½ | 110,00 | » |
| 119. Waag Sellye. . . . | 16 | 121,38 | » |
| 120. Tornócz . . . . . | 16½ | 125,17 | » |
| 121. Tardoskedd . . . . | 18 | 136,55 | » |
| 122. Tót-Megyer . . . . | 18½ | 140,34 | » |
| 123. Neuhäusel . . . . | 20 | 151,72 | » |
| 124. Udvard . . . . . . | 21 | 159,31 | » |
| 125. Perbete. . . . . . | 22 | 166,89 | » |
| 126. *Kürth PH.** . . . | 23 | 174,48 | » |
| 128. Köbölkut . . . . . | 24½ | 185,86 | » |
| 129. Gran-Nána . . . . | 26½ | 201,03 | » |
| 130. Szobb . . . . . . | 28½ | 216,20 | » |
| 131. Gr. Maros . . . . | 30 | 227,58 | » |
| 132. Verőcze . . . . . | 31 | 235,17 | » |
| 133. Waitzen . . . . . | 32 | 242,75 | » |
| 134. Göd . . . . . . . | 33½ | 254,13 | » |
| 135. Dunakesz . . . . . | 34½ | 261,72 | » |
| 136. Palota . . . . . . | 35½ | 269,30 | » |
| 137. ○ Pest . . . . . | 36½ | 276,89 | » |
| 138. ○ Steinbruch . . | 37½ | 284,48 | » |
| 139. Vecsés . . . . . . | 39½ | 299,65 | » |
| 140. Üllö . . . . . . . | 40½ | 307,23 | » |
| 141. Monor . . . . . . | 41½ | 314,82 | » |
| 142. Pilis . . . . . . . | 43 | 326,20 | » |
| 143. Alberti-Irsa . . . . | 44 | 333,78 | » |
| 144. ○ Czegléd . . . . | 46 | 348,96 | » |
| 145. Nagy-Körös . . . . | 48 | 364,13 | » |
| 146. Kecskemét . . . . | 50 | 379,30 | » |
| 147. Puszta Páka . . . . | 51½ | 390,68 | » |
| 148. Félegyháza . . . . | 53½ | 405,85 | » |
| 149. Puszta Péteri* . . | 55½ | 421,02 | » |
| 150. Kistelek . . . . . | 57½ | 436,20 | » |
| 151. Szatymáz . . . . . | 59½ | 451,37 | » |
| 152. *Dorozsma PH.* . . | 61½ | 458,95 | » |
| 153. ○ Szegedin . . . | 61½ | 466,54 | » |
| 154. Szöregh . . . . . | 62 | 470,33 | » |
| 155. Oroszlámos . . . . | 64 | 485,50 | » |
| 156. (g) Valkány . . . . | 66 | 500,68 | » |
| 157. Mokrin . . . . . . | 67 | 508,26 | » |
| 158. Gr. Kikinda . . . . | 68½ | 519,64 | » |
| 159. Szt. Hubert . . . . | 70 | 531,02 | » |
| 160. Hatzfeld . . . . . | 71 | 538,61 | » |
| 161. Gyertyámos . . . . | 73 | 553,78 | » |
| 162. Szakálháza . . . . | 75 | 568,95 | » |
| 163. ○ Temesvár. . . | 76 | 576,54 | » |
| 164. Sáágh . . . . . . | 78 | 591,71 | » |
| 165. Zsebely . . . . . . | 79½ | 603,09 | » |
| 166. Detta. . . . . . . | 82 | 622,05 | » |
| 167. Stamora-Moravicza . | 84 | 637,22 | » |
| 168. Werschetz (Versecz) | 86½ | 656,10 | » |
| 169. (h) Jassenova . . . | 89 | 675,15 | » |
| 170. Weisskirchen . . . | 90½ | 686,53 | » |
| 171. Bazias . . . . . . . | 92 | 697,91 | » |

**g. Valkány-Perjámos** (5,68 M. = 43,09 Kilom.).
Für den Frachtenverkehr eröffnet von Valkány bis Miklós am 16/9 70, von Miklós bis Perjámos am 16/10 70. Die ganze Bahn wurde für den allgemeinen Verkehr am 24/10 70 eröffnet.

| | | | |
|---|---|---|---|
| (156. Valkány) . . . . . | — | — | Ungarn |
| 172. Ó Bessenyő . . . . | 1,5 | 11,38 | » |
| 173. Nagy-Szt. Miklós . . | 3,5 | 26,55 | » |
| 174. Szaravola . . . . . | 4,5 | 34,14 | » |
| 175. Rácz-Szt. Péter . . | 5,5 | 41,72 | » |
| 176. Perjámos . . . . . | 6 | 45,52 | » |

**h. Zweigbahn Jassenova-Oravicza**
(10 M. = 75,860 Kilom.).
Eröffnet 1. November 1856.
Entfernungen ab Jassenova.

| | | | |
|---|---|---|---|
| (169. Jassenova) . . . . | — | — | Ungarn |
| 177. Jam . . . . . . . . | 1½ | 11,38 | » |

| | Meilen | Kilom. | |
|---|---|---|---|
| 178. Rakasdia . . . . . | 3½ | 26,55 | Ungarn |
| 179. (i) Oravicza . . . | 5 | 37,93 | » |

**i. Oravicza-Anina.**

Diese bisjetzt (seit Mitte November 1863) nur für Kohlentransport in Betrieb gesetzte Bahnlinie wurde am 20/10 1869 auch für Personen- und Güterverkehr eröffnet.

| | | | |
|---|---|---|---|
| (179. Oravicza). . . . | — | — | Ungarn |
| 180. Majdan . . . . . . | 1 | 7,59 | » |
| 181. Lissawa . . . . . | 1½ | 11,38 | » |
| 182. Krassowa-Gerlistje . | 3 | 22,76 | » |
| 183. Anina-Steierdorf . | 4 | 30,34 | » |

## K. k. priv. Oesterr. Südbahn (südliche Staatsbahn).

### Verwaltungerath und General-Direction in Wien.

Kaiserthum Oesterreich: Kronland.

Anschlüsse. Ala und Cormons: Oberital. Eisenb.; Barcs: Fünfkirchen-Barcser E.; Graz: Graz-Köflach; Klagenfurt, Villach und Laibach: Kronprinz Rudolfsbahn; Leoben: Kronprinz Rudolfsbahn und Leoben-Vordernberger E.; Kufstein: Bayer. Stsb.; Uy-Szöny: Oesterr. Staatsb. (Wien-Neu-Szöny); Wien: Kaiser Ferd.-Nordb., Kaiserin Elisabethb., Oesterr. Staatsb., Kaiser Franz Josefsb. und Oesterr. Nordwestb. (im Bau); Agram: Ungar. Stsb.; Zákány: Ungar. Staatsb. u. Donau-Draub.; Carlstadt: Ungar. Staatsb. (im Bau); Neustadt: Neustadt-Gramat-Neusiedel; Steinamanger und (im Bau) Stuhlweissenburg: Ungar. Westb.

Interner Verkehr

1. Tarife der Südb. für sämmtliche Linien v. 15. Novbr. 1871.
2. Meilenzeiger für sämmtliche Linien vom Jahre 1865 und Nachtrag hierzu vom Jahre 1871.

Directer Güterverkehr.

B. = mit den Stationen des Oesterr.-Bayer. Verbandes;
Br. = mit Breslau;
By. = mit Bombay via Triest u. Suez-Canal;
D. = mit Dresden und Leipzig;
E. = mit England via Belgien;
F[1]. = mit den Stationen des Deutsch-Französ. Verbandes;
F[2]. = mit Frankreich via Belgien;
H. = mit Hannover;
J. = mit den grösseren Stationen der Oberitalienischen, Südital. u. Römischen Bahnen;
L. = mit Liverpool via Triest;
M. = mit den Stationen der Mohács-Fünfkirchener und Fünfkirchen-Barcser Bahn;
N. = mit den Niederlanden;
Ö. = mit den bei den betreffenden Bahnen mit Ö bezeichneten Stationen der Oesterr. Staatsb. (nördliche, südöstl. und Wien-Neu-Szönyer Linie), der K. Ferd.-Nordbahn, der Kaiserin Elisabethb., der Südnordd. Verbindungsb., der Theissb., der Aussig-Teplitzer Bahn, der Kaiser Franz-Josefsb., der Kronpr. Rudolfsb. u. der Ungar. Staatsb.;
Ob. = mit der Oberschlesischen E.;
Rh. = mit einigen Stationen der Rheinischen Bahn;
R. = mit Russland;
S. = mit den Stationen des Südd. Verbandes;
St. = mit Stettin via Wien;
Ss. = mit der Schweiz;
Th. = mit Stationen der Thüring. u. Werrabahn.
UW. = mit Stationen der Ungarischen Westbahn.

Ausserdem stehen sämmtl. Stationen der Linie Pragerhof-Ofen u. Stuhlweissenburg-Uj-Szöny, dann die Stationen Wien, Liesing, Baden, Leobersdorf, Felixdorf, Neustadt, Bruck, Graz, Laibach und Triest im directen Verkehr mit allen Stationen der Wien-Neu-Szönyer Linie; — ferner alle Stationen der Südb. überhaupt in directer Kartirung mit den Wiener Bahnhöfen der Nordb., Elisabethb., Franz-Josefsb. und Oesterr. Staatsb. Die unter Nr. 104, 110, 118, 121, 123 u. 189a genannten Haltepuncte sind eigentlich nur Ausweicheplätze, welche gar keinen Dienst haben.

Zollämter befinden sich in folgenden Stationen.

1. Zollämter mit speziellen Verfahren: Bruck a/M. (No. 40), Cilli (64), Görz (206), Klagenfurt (166), Villach (171), Ala (245), Roveredo (243), Trient (240), Bozen (233), Innsbruck (217), Hall (216), Kufstein (208).
2. Zollämter mit abgekürztem (Ansage-) Verfahren: Wien (Hauptmauth) (No. 1), Wr. Neustadt (22), Oedenburg (97), Graz (48), Marburg (57), Laibach (76), Triest Station (89), Ofen (135), Agram (148), Sissek (151).

### a. Südbahn (78,5 Oesterr. M. = 595,50 Kilom.).

Eröffnet Wien bis Stat. 10 20/6 41; 10-15 20/8 41; 15-22 18/9 41; 22-24 20/10 41; 24-27 5/4 42, 27-33 (Semmeringb.) 17/7 54; 33-48 21/10 43; 48-64 2/6 46; 64-76 18/8 49; 76-80 20/11 56; 80-89 und damit die ganze Bahn 27/7 57.

| | Meilen | Kilom. | | |
|---|---|---|---|---|
| 1. Wien Hauptzollamt G.H. | — | — | Ö.M.J.By. | Oesterreich |
| 2. ○ » Südbahnhof PH.* T | — | — | M.J.UW. | |
| 3. » Matzleinsdorf GH T | — | — | Ö.M.J.L.By.UW. | » |
| 4. Meidling PH.* T . | 0,5 | 3,79 | | » |
| 5. Hetzendorf T . . . | 1 | 7,59 | | » |
| 6. Atzgersdorf . . . . | 1 | 7,59 | Ö.M.Ob.J. | Oester- |
| 7. Liesing T . . . . . | 1,5 | 11,38 | Ö.M.Ob.J. | reich |
| 8. Perchtoldsdorf PH.* | 1,5 | 11,38 | | » |
| 9. Brunn T . . . . . | 2 | 15,17 | Ö.M.Ob. | » |
| 10. Mödling T . . . . . | 2 | 15,17 | Ö.M.Ob. | » |
| Zwgb. (10. Mödling) . | 2 | 15,17 | eröffnet M. 28/9 45. | » |
| 11. Laxenburg T . . | 2,5 | 18,97 | | » |
| 12. Guntramsdorf . . . | 2,5 | 18,97 | M. | » |
| 13. Gumpoldskirchen T . | 3 | 22,76 | M. | » |
| 14. Pfaffstätten. . . . . | 3,5 | 26,55 | M. | » |
| 15. Baden T . . . . . . | 3,5 | 26,55 | Ö.M.Ob. | » |
| 16. Vöslau T . . . . . | 4 | 30,34 | Ö.M.Ob. | » |
| 17. Kottingbrunn PH.* . | 4,5 | 34,14 | M. | » |
| 18. Leobersdorf T . . . | 4,5 | 34,14 | Ö.M.Ob. | » |
| 19. Solenau PH.* . . . | 5 | 37,93 | M. | » |
| 20. Felixdorf T . . . . | 5,5 | 41,72 | N.Rh.H.Ss.B. Ob.S.Ö.M.Th.E. | » |
| 21. Theresienfeld T . . . | 5,5 | 41,72 | M. | » |
| 22. ○ (c.o) Neustadt T | 6,5 | 49,31 | Ö.M.J.B.S.F[1,2]. N.Ob.Rh.L.UW. H.Th.E.Ss. | |
| 23. St. Egyden T . . . | 7,5 | 56,90 | M. | » |
| 24. Neunkirchen T . . . | 8,5 | 64,48 | L.Ö.M.Ob. | » |
| 25. Ternitz T . . . . . | 9 | 68,27 | Ö.M.Ob. | » |
| 26. Pottschach . . . . . | 9,5 | 72,07 | M. | » |
| 27. Gloggnitz T . . . . | 10 | 75,86 | L.M.Ö. | » |
| 28. Payerbach T . . . . | 11,5 | 87,24 | Ö.M.Ob. | » |
| 29. Klamm T . . . . . | 13 | 98,62 | | » |
| 30. Breitenstein T . . . | 14 | 106,20 | | » |
| 31. Semmering T . . . | 15 | 113,79 | | » |
| 32. Spital T . . . . . | 16,5 | 125,17 | Ö.M. | Steier- |
| 33. Mürzzuschlag T . . | 17,5 | 132,76 | Ö.M.Ob | mark |
| 34. Langenwang T . . . | 18,5 | 140,34 | Ö.M. | » |
| 35. Krieglach T . . . . | 19 | 144,13 | Ö.M. | » |
| 36. Mitterdorf T . . . . | 19,5 | 147,93 | Ö.M. | » |
| 37. Kindberg T . . . . | 20,5 | 155,51 | Ö.M. | » |
| 38. Marein T . . . . . | 21,5 | 163,10 | Ö.M. | » |
| 39. Kapfenberg T . . . | 22,5 | 170,69 | Ö.M. | » |
| 40. (m) Bruck T . . . | 23 | 174,48 | Ö.M.B.S.F[1].L.J.UW. | » |
| 41. Pernegg T . . . . . | 24,5 | 185,86 | Ö.M. | » |
| 42. Mixnitz T . . . . . | 25 | 189,65 | Ö.M. | » |
| 43. Frohnleiten T . . . | 26,5 | 201,03 | Ö.M. | » |
| 44. Peggau T . . . . . | 27,5 | 208,62 | Ö.M. | » |
| 45. Stübing T . . . . . | 28 | 212,41 | Ö.M. | » |
| 46. Gratwein T . . . . | 28,5 | 216,20 | Ö.M. | » |
| 47. Judendorf T . . . . | 29 | 219,99 | Ö.M. | » |
| 48. ○ Graz T . . . . . | 30 | 227,58 | Ö.M.J.B.S.F[1]. F[2].L.Ob.UW. | » |
| 49. Puntigam T . . . . | 30,5 | 231,37 | Ö.M.J. | » |
| 50. Kalsdorf T . . . . . | 31,5 | 238,96 | Ö.M. | » |
| 51. Wildon T . . . . . | 33 | 250,34 | Ö.M. | » |
| 52. Lebring T . . . . . | 33,5 | 254,13 | Ö.M.J. | » |
| 53. Leibnitz T . . . . . | 34,5 | 261,72 | Ö.M. | » |
| 54. Ehrenhausen T . . . | 35,5 | 269,31 | Ö.M. | » |
| 55. Spielfeld T . . . . . | 36 | 273,10 | Ö.M. | » |
| 55a. Egydi Tunnel PH.* | 37,5 | 284,48 | | » |
| 56. Pössnitz T . . . . . | 37,5 | 284,48 | Ö.M. | » |
| 57. (h) Marburg T . . | 38,5 | 292,06 | Ö.M.J.B.S.F[1]. L.UW. | » |
| 58. Kranichsfeld T . . . | 40 | 303,44 | Ö.M. | » |
| 59. (d) Pragerhof T . . | 41 | 311,03 | B.S.F[1].M.Ö.Ss. | » |
| 60. Pöltschach T . . . . | 43 | 326,20 | Ö.M.J. | » |
| 61. Ponigl T . . . . . . | 45 | 341,37 | Ö.M. | » |
| 62. St. Georgen T . . . | 46 | 348,96 | Ö.M. | » |
| 63. Storé T . . . . . . | 47 | 356,54 | Ö.M.Ob. | » |
| 64. Cilli T . . . . . . . | 47,5 | 360,34 | Ö.J.L.M.Ob. | » |
| 65. Markt-Tüffer T . . . | 49 | 371,71 | Ö.M. | » |
| 66. Römerbad T . . . . | 50 | 379,30 | Ö.M. | » |
| 67. (f) Steinbrück T . | 51 | 386,89 | Ö.M.J.B.S.R.Ss., Rh.F[1,2].UW. | » |

| | Mln. | Kil. | | |
|---|---|---|---|---|
| 68. Hrastnigg ⌶ | 52 | 394,47 | Ö.M. | Steiermark |
| 69. Trifail ⌶ | 52,5 | 398,27 | Ö.M. | |
| 70. Sagor ⌶ | 53 | 402,06 | Ö. | Krain |
| 71. Sava ⌶ | 54 | 409,64 | | » |
| 71a. Littai-Ponovitsch *GH.* | 55 | 417,23 | J. | » |
| 72. Littai ⌶ | 55 | 417,23 | Ö.J. | » |
| 73. Kressnitz ⌶ | 56 | 424,82 | | » |
| 74. Lasse ⌶ | 57 | 432,40 | | » |
| 75. Salloch ⌶ | 58 | 439,99 | Ö. | » |
| 76. ⊙ Laibach ⌶ | 59 | 447,57 | Ö.M.J.L.UW. | » |
| 77. Franzdorf ⌶ | 62 | 470,33 | Ö. | » |
| 78. Loitsch ⌶ | 64 | 485,50 | Ö. | » |
| 79. Rakek ⌶ | 65,5 | 496,88 | J.Ö. | » |
| 80. Adelsberg ⌶ | 67,5 | 512,06 | Ö. | » |
| 81. Prestranek | 68,5 | 519,64 | | » |
| 82. (b) St. Peter ⌶ | 69 | 523,43 | Ö.M.F[1]. | » |
| 83. Ober-Lesece ⌶ | 70,5 | 534,81 | | » |
| 84. Divacca ⌶ | 72,5 | 549,90 | | » |
| 85. Sessana ⌶ | 73,5 | 557,57 | Ö | Küstenland |
| 86. Prosecco ⌶ | 75 | 568,95 | | » |
| 87. (k) Nabresina ⌶ | 76 | 576,54 | Ö.M.J.UW. | » |
| 88. Grignano ⌶ | 77 | 584,12 | | » |
| 89. Triest ⌶ | 78,5 | 595,50 | Ö.M.J.F[1].Br.D.E.L.St.H.Ob.UW. | |

**b. St. Peter-Fiume** (7,5 Mln. = 56,9 Kil.)
Eröffnung 1. Juni 1873.

| | Mln. | Kil. | | |
|---|---|---|---|---|
| (82. St. Peter) | — | — | | Krain |
| 89a. Küllenberg | 1 | 7,59 | | » |
| 89b. Dornegg | 2 | 15,17 | | » |
| 89c. Sapiane | 4 | 30,34 | | Küstenland |
| 89d. Jurdani | 5,5 | 41,72 | | » |
| 89e. Mattuglie | 6 | 45,52 | | » |
| 89f. Fiume | 7,5 | 56,90 | | Croatien |

**c. Wr. Neustadt-Kanizsa** (26,5 M. = 201,03 Kilom.).
Eröffnet bis Oedenburg [20]/4 47; Oedenb.-Kanizsa [1]/4 65.

| | Mln. | Kil. | | |
|---|---|---|---|---|
| (22. Wiener Neustadt) | — | — | Ö.M.J.B.S.F[1].[2].N.Ob.Bh.L.H.Th.E.Ss.UW. | Oesterreich |
| 90. Neudörfl ⌶ | 1 | 7,59 | M.U.W. | Ungarn |
| 91. Sauerbrunn | 1,5 | 11,38 | M.UW. | » |
| 92. Wiesen-Sigless | 2 | 15,17 | M.UW. | » |
| 93. Mattersdorf ⌶ | 2,5 | 18,97 | M.UW. | » |
| 94. Marz-Rohrbach | 2,5 | 18,97 | M.UW. | » |
| 95. Loipersbach-Schadendorf | 3,5 | 26,55 | M.UW. | » |
| 96. Agendorf | 4 | 30,34 | M.UW. | » |
| 97. Oedenburg ⌶ | 4,5 | 34,14 | Ö.M.J.B.S.F[1].[2].Bh.E.N.L.H.Ss.Ob.Th.UW. | » |
| 98. Zinkendorf. ⌶ | 6,5 | 49,31 | Ö.M.Ob.UW. | » |
| 99. Schützen. ⌶ | 8 | 60,69 | Ö.M.Ob.UW. | » |
| 100. Bükk ⌶ | 10 | 75,86 | Ö.M.Ob.UW. | » |
| 101. Acsád ⌶ | 11,5 | 87,24 | M.UW. | » |
| 102. ○ Steinamanger ⌶ | 13 | 98,62 | B.S.F[1].[2].Ö.N.Ss.S.Th.M.J.E.Bh.UW. | » |
| 103. Molnári. ⌶ | 15,5 | 117,58 | M.UW. | » |
| 104. *Oszkó Ausweiche* | 16 | 121,38 | | » |
| 105. *Györvar* (Haltestelle für den Pers.-Verk.) | 17,5 | 132,76 | M.UW. | » |
| 106. Szent-Iván-Zala-Egerszeg ⌶ | 19,5 | 147,93 | E.N.Bh.H.B.S.F[2].M.Th.Ss.UW. | » |
| 107. Szent-Mihály ⌶ | 22,5 | 170,69 | M.UW. | » |
| 108. Gelse. ⌶ | 24 | 182,06 | M.UW. | » |
| 109. (d,n) Kanizsa ⌶ | 26,5 | 201,03 | Ö.M.J.B.S.L.H.Ss.Th.F[1].[2].Bh.N.E.UW. | » |

**d. Pragerhof-Ofen** (44 Meilen = 333,78 Kilom.).
Eröffnet Pragerhof-Kanizsa [24]/4 60; Kanizsa-Ofen [1]/4 61.

| | Mln. | Kil. | | |
|---|---|---|---|---|
| (59. Pragerhof) ⌶ | — | — | Ö.B.S.F.Sch.M. | Steiermark |
| 110. *Sternthal Ausweiche* | 1,5 | 11,38 | | » |
| 111. Pettau ⌶ | 2,5 | 18,97 | M.Ö. | » |
| 112. Moschganzen ⌶ | 3,5 | 26,55 | M.Ö. | » |
| 112a. Gross-Sonntag *PH** | 5 | 37,93 | | Steiermark |
| 113. Fridau ⌶ | 5,5 | 41,72 | M.Ö | » |
| 114. Polstrau ⌶ | 7 | 53,10 | M.Ö. | » |
| 115. Csakathurn ⌶ | 8 | 60,69 | Ö.M.U.W. | Ungarn |
| 116. Kraljevec ⌶ | 10,5 | 79,65 | M.Ö. | » |
| 117. Kottori ⌶ | 12 | 91,03 | Ö.M.J.B.S.F.L.Ss. | » |
| 117a. MuraKeresztur *PH.**⌶ | — | — | | » |
| (109. Kanizsa) ⌶ | 14,5 | 110, | Ö.M.J.B.S.F[1].[2].Bh.L.H.Ss.Th.E.N.UW. | » |
| 118. *Récse Ausweiche* | 15,5 | 117,58 | | » |
| 119. Komárváros ⌶ | 17 | 128,96 | M.Ö. | » |
| 120. Keszthely ⌶ | 20 | 151,72 | M.Ö. | » |
| 121. *Fonyod Ausweiche* | 22 | 166,89 | M. | » |
| 122. Boglár ⌶ | 24 | 182,06 | E.Ss.S.H.B.Bh.Th.Ö.J.N.M. | » |
| 123. *Szemes Ausweiche* | 25,5 | 193,44 | | » |
| 124. Szántod ⌶ | 27 | 204,82 | M.Ö. | » |
| 125. Sió-Fok ⌶ | 28,5 | 216,20 | Ö.Bh.N.H.M.Th.J.E. | » |
| 126. Lepsény ⌶ | 31 | 235,17 | Ö.M. | » |
| 127. Csikvár ⌶ | 33,5 | 254,13 | M.Ö. | » |
| 128. ○ (e) Stuhlweissenburg ⌶ | 35 | 265,51 | Ö.M.Bh.N.L.Th.E.F[1].J.UW. | » |
| 129. Dyniés ⌶ | 36 | 273,10 | H.Ö.M. | » |
| 129a. Gárdony *PH.** | 37 | 280,69 | | » |
| 130. Nyék ⌶ | 38 | 288,29 | Ö.M. | » |
| 131. Martonvásár ⌶ | 39,5 | 299,65 | M.Ö. | » |
| 132. Tárnok ⌶ | 40,5 | 307,23 | M.Ö. | » |
| 133. Tétény ⌶ | 41,5 | 314,82 | N.Bh.H.F[1].M.Th.Ö.E. | » |
| 134. Promontor ⌶ | 43 | 326,20 | M.Ö. | » |
| 135. Ofen ⌶ | 44 | 333,78 | Ö.M.J.Bh.N.L.E.H.F[1].Th.By. | » |

* Haltestelle für gemischte Züge.

**e. Zweigbahn Stuhlweissenburg-Neu-Szöny**
(11 Meilen = 83,45 Kilom.).
Eröffnet 1. Juni 1860.

| | Mln. | Kil. | | |
|---|---|---|---|---|
| (128. Stuhlweissenburg) | — | — | L.J.Ö.Th.M.Bh.N.E.F[1]. | Ungarn |
| 136. Moha ⌶ | 1,5 | 11,38 | M.Ö. | » |
| 137. Bodaik ⌶ | 3 | 22,76 | M.Ö. | » |
| 138. Moór ⌶ | 4 | 30,34 | M.Ö. | » |
| 139. Kis-Bér ⌶ | 6,5 | 49,31 | M.Ö. | » |
| 140. Nagy-Igmánd ⌶ | 8,5 | 64,48 | M.Ö. | » |
| 141. ○ Uj-Szöny ⌶ | 11 | 83,45 | Ö. | » |

**f. Kroatische Bahn (Steinbrück-Sissek)**
(17 Meilen = 128,96 Kilom.).
Eröffnet 1. October 1862.

| | Mln. | Kil. | | |
|---|---|---|---|---|
| (67. Steinbrück) ⌶ | — | — | Ö.M.J.B.S.F[1].[2].E.Ss.Bh. | Steiermark |
| 142. Lichtenwald ⌶ | 2 | 15,17 | Ö. | » |
| 143. Reichenburg ⌶ | 4 | 30,34 | Ö. | » |
| 144. Videm-Gurkfeld ⌶ | 5 | 37,93 | Ö. | » |
| 145. Rann ⌶ | 6 | 45,52 | Ö. | » |
| 146. Zaprešič ⌶ | 8,5 | 64,48 | Ö. | Croatien |
| 147. Podsused *PH.** | 9 | 68,27 | | » |
| 148. ○ (g) Agram ⌶ | 10 | 75,86 | Ö.M.J.B.S.F[1].[2].Ob.Bh.E.L.UW. | » |
| 149. Gorica ⌶ | 12 | 91,03 | Ö. | » |
| 150. Lekenik ⌶ | 14,5 | 110,— | Ö. | » |
| 151. Sissek ⌶ | 17 | 128,96 | Ö.M.J.B.S.F.N.Bh.L.H.Th.E.Fr.Sch.UW. | » |

**g. Zweigb. Agram-Carlstadt** (7 M. = 53,10 Kilom.).
Eröffnet 1. Juni 1865.

| | Mln. | Kil. | | |
|---|---|---|---|---|
| (148. Agram) | — | — | Ö.M.J.B.S.F[1].[2].L.Ob.Bh.Ss.UW. | Croatien |
| 152. Zdenčina *PH.** | 3 | 27,76 | Ö. | » |
| 153. Jaska ⌶ | 4,5 | 34,14 | Ö. | » |
| 154. ○ Carlstadt ⌶ | 7 | 53,10 | Ö.M.B.S.F[1].[2].N.Bh.L.M.Th.J.E.Ob.Ss. | » |

## h. Kärnthnerbahn Marburg-Villach

(22 M. = 166,89 Kilom.).
Eröffnet bis Klagenfurt 1/6 63; bis Villach 1/6 64.

| | | | | |
|---|---|---|---|---|
| (57. Marburg) T . . . | — | — | Ö.M.J.B. S.$F^1$.L.UW. | Steiermark |
| 155. Feistritz . . . . . | 1 | 7,59 | Ö.M. | » |
| 156. Maria-Rast T . . . | 2 | 15,17 | Ö.M. | » |
| 156a. Faal. . . . . . . | 3 | 22,76 | Ö.M. | » |
| 157. St. Lorenzen T . . | 3,5 | 26,55 | Ö.M. | » |
| 158. Reifnigg-Fresen T . | 5 | 37,93 | Ö.M. | » |
| 159. Wuchern T . . . . | 6 | 45,52 | Ö.M. | » |
| 160. Saldenhofen T . . . | 7 | 53,10 | Ö.M. | » |
| 161. U. Drauburg T. . . | 8,5 | 64,48 | Ö.J.M. | Kärnthen |
| 162. Prävali T . . . . . | 10 | 75,86 | Ö.M.J. | |
| 163. Bleiburg T . . . . | 12 | 91,03 | Ö.M.J. | » |
| 164. Künsdorf T . . . . | 13,5 | 102,41 | Ö.M. | » |
| 165. Grafenstein T . . . | 15,5 | 117,58 | ÖM. | » |
| 166. ○ Klagenfurt T . | 17 | 128,96 | Ö.M.J.B.S.$F^{1,2}$. N.E.Rb.L.H. Ob.Th.Ss.UW. | |
| 167. Krumpendorf T . . | 18 | 136,55 | M.Ö. | » |
| 168. Maria-Wörth T . . | 19 | 143,13 | Ö.M. | Kärnthen |
| 169. Velden T . . . . . | 20 | 151,72 | Ö.M. | |
| 170. Föderlach* T . . . | 21 | 159,31 | M. | » |
| 171. ○ (i) Villach T . | 22 | 166,89 | Ö.M.J.B.S.F.L. UW. | » |

## i. Villach-Franzensfeste (28 M. = 212,41 Kil.).

Die ganze Linie eröffnet am 20. November 1871.

| | Mln. | Kil. | |
|---|---|---|---|
| (171. Villach) . . . . | — | — | Kärnthen |
| 177. Gummern T . . . . | 1 | 7,59 | » |
| 178. Paternion-Feistritz T | 3 | 22,76 | » |
| 179. Rothenthurn T . . | 4 | 30,34 | » |
| 180. Spittal a/Drau T . | 5 | 37,93 | » |
| 181. Sachsenburg T . . | 6 | 45,52 | » |
| 182. Kleblach-Lind T . | 7,5 | 56,90 | » |
| 183. Greifenburg T . . | 9 | 68,27 | » |
| 184. Dellach T . . . . | 10 | 75,86 | » |
| 185. Ober-Drauburg T. | 11,5 | 87,24 | » |
| 186. Nicolsdorf T . . . | 12 | 91,03 | Tirol |
| 187. Dölsach T . . . . | 13 | 98,62 | » |
| 188. Lienz T. . . . . | 14 | 106,20 | » |
| 189. Thal T . . . . . | 15 | 113,79 | » |
| 189a. Ausw. Mittewald T | — | — | » |
| 190. Abfaltersbach T . | 17 | 128,96 | » |
| 191. Sillian T . . . . | 18 | 136,55 | » |
| 192. Innichen T . . . | 19,5 | 147,93 | » |
| 193. Toblach T . . . | 20 | 151,72 | » |
| 194. Niederdorf T . . | 20,5 | 155,51 | » |
| 195. Welsberg T . . . . | 21 | 159,31 | » |
| 196. Olang T . . . . | 22 | 166,89 | » |
| 197. Bruneck T . . . . | 24 | 182,06 | » |
| 198. Ehrenburg T . . . | 25 | 189,65 | » |
| 199. Vintl T . . . . . | 26 | 197,24 | » |
| 200. Mühlbach T . . . | 27 | 204.82 | » |
| 201. (l) Franzensfeste T . | 28 | 212,41 | » |

## k. Nabresina-Cormons (7 Mln. = 53,10 Kil.).

Eröffnet 1. October 1860.

| | | | | |
|---|---|---|---|---|
| (87. Nabresina) T . | — | — | Ö.M.J.UW. | Küstenland |
| 201a. Bivio Duino *PH.* | | | | |
| 202. Monfalcone T . . . | 2 | 15,17 | | » |
| 203. Ronchi *PH.** . . . | 3 | 22,76 | | » |
| 204. Sagrado T . . . . | 3,5 | 26,55 | | » |
| 205. Rubbia-Savogna *H.* | 4 | 30,34 | | » |
| 206. Görz* T . . . . . | 5 | 37,93 | Ö.J.$F^1$.UW. | » |
| 207. ○ Cormons T . . | 7 | 53,10 | Ö.M.J.$F^1$.Br.B. UW. | » |
| Italienische Grenze | — | — | | |

## l. Tiroler Linie (Brennerbahn).

Eröffnet Kufstein-Innsbruck 24. November 1858; Innsbruck-Botzen 24. Aug. 1867; Botzen-Avio (Verona) 16. Mai 1859.

Von der Mitte der Station Kufstein bis zur Landesgrenze ist die Strecke (0,28 Oesterr. M. = 2,134 Kilom.) der Königl. Bayer. Bahnverwaltung pachtweise überlassen; es stellt sich sonach bei Zurechnung dieser Strecke die ganze Länge der Tiroler Linie mit 40,59 Oesterr. M. = 307,934 Kilom. heraus.

Directer Güterverkehr: $S^1$ = die mit $S^1$ bezeichneten Stationen kartiren direct nach den bedeutenderen Stationen der nachfolgenden Bahnen:

1. der K. k. priv. Elisabeth-Westbahn;
2. der Böhm. Westbahn;
3. der Königl. Bayer. Staatsbahn;
4. der Königl. priv. Bayer. Ostbahn;
5. der Frankfurt-Hanauer Bahn;
6. der Hessischen Ludwigsbahn;
7. der Königl. Sächs. westlichen Staatsbahn und
8. der Rheinischen Bahn;
9. nach Berlin;

J = Jene mit J markirten Stationen stehen in directem Verkehr mit den grösseren Stationen der Oberital. Bahn, Sg.: mit den Saargruben.

| | Entfernung von Kufstein Tarif-Meilen | Wirkliche Länge | | |
|---|---|---|---|---|
| 208. ○ Kufstein T . . . | — | — | $S^1$.J. | Tirol |
| 209. *Kirchbichl PH.** T | | | | |
| Eilgut—Kohle . . . . | 1,5 | 11,38 | $S^1$.Sg. | » |
| 210. Wörgl T . . . . . . | 2 | 15,17 | $S^1$.J.Sg. | » |
| 211. Kundl T . . . . . . | 3 | 22,76 | | » |
| 212. Brixlegg T . . . . . | 4 | 30,34 | $S^1$.J.Sg. | » |
| 213. Jenbach T . . . . . | 5 | 37,93 | $S^1$.J.Sg. | » |
| 214. Schwaz T . . . . . . | 6 | 45,52 | $S^1$. | » |
| 215. *Fritzens PH.u. Eilg.* . | 8 | 60,69 | | » |
| 216. Hall T . . . . . . . | 8,5 | 64,48 | $S^1$.J.Sg. | » |
| 217. Innsbruck T . . . . | 10 | 75,86 | $S^1$.J.Sg. | » |
| 218. *Patsch PH.u. Eilgut* . | 11 | 83,45 | | » |
| 219. Matrei T . . . . . . | 12,5 | 94,83 | $S^1$.Sg. | » |
| 220. Steinach T . . . . . | 13 | 98,62 | | » |
| 221. *Gries PH. u. Eilgut* . | 14 | 106,20 | | » |
| 222. *Brenner PH.** T . . | 15 | 113,79 | | » |
| 223. Schelleberg (nur Wasserstation) . . . | 16 | 121,38 | | » |
| 224. Gossensass T . . . . | 17 | 128,96 | | » |
| 225. Sterzing T . . . . . | 18 | 136,55 | $S^1$.Sg. | » |
| 226. Freienfeld T . . . . | 18,5 | 140,34 | | » |
| 227. Grasstein T . . . . . | 19,5 | 147,93 | | » |
| (201. Franzensfeste) T . . | 20 | 151,72 | J. | » |
| 228. Brixen T . . . . . . | 22 | 166,89 | $S^1$.J.Sg. | » |
| 229. Klausen T . . . . . | 23 | 174,48 | $S^1$.Sg. | » |
| 230. Waidbruck T . . . . | 24 | 182,06 | | » |
| 231. Atzwang T . . . . . | 25 | 189,65 | | » |
| 232. Blumau T . . . . . | 26 | 197,24 | $S^1$.Sg. | » |
| 233. Bozen T . . . . . . | 27 | 204,82 | $S^1$.J.Sg. | » |
| 234. Branzoll T . . . . . | 28,5 | 216,20 | J. | » |
| 235. Auer T . . . . . . . | 29 | 219,99 | J. | » |
| 236. Neumarkt T . . . . | 30 | 227,58 | J. | » |
| 237. Salurn T . . . . . . | 31 | 235,17 | J. | » |
| 238. St. Michele T . . . . | 32 | 242,75 | J. | » |
| 239. Lavis T . . . . . . | 33 | 250,34 | $S^1$.J.Sg. | » |
| 240. Trient T . . . . . . | 34,5 | 261,72 | $S^1$.J.Sg. | » |
| 241. *Mattarello PH.u. Eilg.* T | 35,5 | 269,31 | | » |
| 242. Calliano T . . . . . | 36,5 | 276,89 | $S^1$.Sg. | » |
| 243. Roveredo T . . . . . | 37,5 | 284,48 | $S^1$.J.Sg. | » |
| 244. Mori T . . . . . . . | 38 | 288,29 | J. | » |
| 244a. Serravalle *PH.* | | | | |
| 245. Ala T . . . . . . . | 40 | 303,44 | $S^1$.J.Sg. | » |
| 246. Avio T . . . . . . . | 40 | 303,44 | J. | » |
| Landesgrenze . . . . . . | 40,5 | 307,23 | | » |
| ○ Peri, Erste Italienische Station . . . . . . . | 41,5 | 314,82 | | » |

## m. Bruck-Leoben (Steiermark) (2 M. = 15,17 Kil.).

Eröffnet 1. September 1868.

| | | | | |
|---|---|---|---|---|
| (40. Bruck). . . . . . . . . | — | — | Ö.M.B. S.$F^1$.L.J.UW. | Steierm. |
| 247. Niklasdorf *PH.** . | 1,5 | 11,38 | | » |
| 248. ○ Leoben T . . . | 2, | 15,17 | Ö.M.Ob.J.UW. | |

## n. Kanizsa-Barcs (11 Meilen = 83,45 Kilom.).

Eröffnet 1. September 1868.

Diese Linie zweigt zwischen Kanizsa und Kotteri bei Keresztur ab und ist der Abzweigungspunct 1,7 Meilen von Kanizsa und 0,7 Meile von Kottori entfernt.

| | | | | |
|---|---|---|---|---|
| (109. Kanizsa) . . . . . | — | — | Ö.M.J.B.S.Ungarn F¹·².Rb.L.H. Ss.Th.E.N. | |
| 249. Mura-Keresztur T | — | — | | » |
| 250. Legrad T . . . . . | 3 | 22,7 | | » |
| 251. ○ Zákány T . . . . | 4 | 30,34 | M.Ö.U.W. | » |
| 252. Gola T . . . . . . | 5 | 37,93 | M. | » |
| 253. Berzencze T . . . . | 6 | 45,52 | M. | » |
| 254. Vizvár T . . . . . . | 8 | 60,69 | M. | » |
| 255. Babócsa T . . . . . | 9,5 | 72,07 | M. | » |
| 256. ○ Barcs T . . . . | 11,00 | 83,45 | Ö.M.R.Rb.N. Ss.S.F¹·².H. Th.J.E.U.W. | » |

e. Wiener-Neustadt-Grammat-Neusiedel siehe dort.

## Ofener Strassen-Eisenbahn-Gesellschaft.

Direction in Ofen.

Die Ofener Pferdebahn führt vom Ofener Brückenkopf zum Altofener Stadthauptplatz, eröffnet $^{18}/_{11}$ 68. Mit dem im Bau begriffenen Flügel ins Auwinkel beträgt die Länge $^{3}/_{4}$ Ö. M.

## Oldenburgische Eisenbahnen.

Grossherz. Oldenb. Eisenb.-Direction in Oldenburg.

Herzogthum Oldenburg. * = freie Stadt Bremen. ** = Preussen, Provinz Hannover u. Jadegebiet.

Anschlüsse. Bremen: Hannov. Staatsb.; Leer: Westfäl. Eisenb.

Localtarif vom 15. Juni 1869.

Directer Güterverkehr: Die nachfolgenden mit N* bezeichneten Verbands-Nachtrag-Tarife enthalten den Verk. der Oldenb. Stationen. N = Nordd. Verb.; W = Westd. Verb. (N* v. $^{1}/_{7}$ 70); a = Hannover-Oldenb. Verk. (T. $^{15}/_{8}$ 69); b = Niederd. Verb. (G. T. $^{1}/_{10}$ 69); c = Braunschw.-Hannover-Oldenb.-Westfäl. Verkehr (G.T. $^{1}/_{8}$ 68); d = Berlin-Kölner Verband (G.T. $^{1}/_{11}$ 71); e = Bergisch-Hannov. Verkehr via Minden (G.T. $^{15}/_{6}$ 68); f = Westfälischer Verband (V.G.T. $^{1}/_{11}$ 71), g = Verkehr (rsp. Tarif v. $^{1}/_{6}$ 70 für den Transport von Hüttenproducten) von Stationen der Saarbrücker Eisenb. nach Wilhelmshafen (Eisen, Stahl, Eisen- und Stahlwaaren); h = Deutsch-Holländischer Verband (T. $^{1}/_{11}$ 68; N* $^{1}/_{6}$ 69); i = Niederländisch-Westfälisch-Oldenb. Verkehr (T. $^{15}/_{8}$ 70).

### I. Grossherzoglich Oldenburgische Staatsbahnen.

#### a. Bremen-Oldenburg-Leer

(13,23 metr. M. = 99,21 Kilom.).

Eröffnet Oldenburg-Bremen $^{15}/_{7}$ 67; Oldenburg-Leer $^{15}/_{6}$ 69.

| | Metr. M. | Kil. | | | |
|---|---|---|---|---|---|
| 1. ○ Bremen T P . | — | — | f.b.i. | * | Bremen |
| 2. Bremen-Neustadt *PH.* T P . . | 0,32 | 2,37 | | * | » |
| 3. Huchtingen *PH.** | 0,85 | 6,42 | | * | » |
| 4. Delmenhorst T P | 1,82 | 13,66 | N.W.a-d.f. | | Oldenburg |
| 5. Grüppenbühren *PH.** . . . . | 2,99 | 22,44 | | | |
| 6. (c) Hude T P . | 3,69 | 27,67 | | | » |
| 7. Wüsting *PH.** . | 4,82 | 36,16 | | | » |
| 8. (d) Oldenburg T P | 5,91 | 44,33 | N.W.a-f.h.i. | | » |
| 9. Bloh *PH.** . . | 6,71 | 50,31 | | | » |
| 10. Zwischenahn T P | 7,94 | 59,55 | a.b.f. | | » |
| 11. Ocholt *PH.** . | 9,01 | 67,60 | | | » |
| 12. Apen T P . . . | 9,82 | 73,62 | f. | | » |
| 13. Augustfehn T . | 10,19 | 76,43 | N.a-d.f. | | » |
| 14. Stickhausen T P | 11,17 | 83,81 | f. | ** | Hannover |
| 15. Nortmoor *PH.** | 12,27 | 92,02 | | ** | » |
| 16. ○ Leer T P . | 13,23 | 99,21 | N.a.b.c.d. | ** | » |

#### b. Sande-Jever (1,73 metr. M. = 13 Kilom.).

Eröffnet am 15. October 1871.

| | | | | |
|---|---|---|---|---|
| 17. (d) Sande T P . | — | — | N.a.c-f. | Oldenburg |
| 17a. Sander-Busch *HP.* | 0,30 | 2,25 | | » |
| 18. Heidmühle *PH.** | 1,10 | 8,25 | | » |
| 19. Jever T P . . | 1,73 | 13,00 | M.a.c.d.f. | » |

#### c. Hude-Brake (3,40 metr. M = 25,5 Kilom.).

Voraussichtl. Eröffnung: September 1872.

| | | | |
|---|---|---|---|
| (6. Hude) T P . . | — | — | Oldenburg |
| 20. Neuenkoop *PH.** | 0,60 | 4,5 | » |
| 21. Berne P . . . . | 1,14 | 8,5 | » |
| 22. Elsfleth T P . . | 1,94 | 14,5 | » |
| 23. Brake T P . . | 3,40 | 25,5 | » |

### II. Königlich Preussische Staatsbahn.

Den Betrieb der Kgl. Preuss. Strecke führt die Oldenburgische Staats-Eisenbahn-Verwaltung.

Sämmtliche Stationen und Haltestellen der Linien a bis d stehen gegenseitig in directem (Local-)Personen u. Güterverk.

#### d. Oldenburg-Wilhelmshafen (6,98 metr. M. = 52,4 K.).

Eröffnet $^{3}/_{6}$ 67.

| | | | | |
|---|---|---|---|---|
| (1. Oldenburg) T P | — | — | N.W.a-f.h.i. | Oldenburg |
| 24. Rastede T P . . | 1,63 | 12,22 | f. | » |
| 25. Hahn T . . . . | 2,35 | 17,60 | f. | » |
| 26. Jaderberg T P . | 3,12 | 23,43 | f. | » |
| 27. Varel T P . . . | 4,10 | 30,73 | N.W.a-f. | » |
| 28. Ellenserdamm T P | 5,19 | 38,91 | a.f. | » |
| (17. Sande) T P . | 6,00 | 45,00 | N.a.c-f. | » |
| 29. Wilhelmshafen T P . . . . | 6,98 | 52,37 | N.W.a-g. | ** Jadegebiet |

## Ostpreussische Südbahn.

Verwaltungsrath und Betriebs-Direction in Königsberg i./Pr.

Königreich Preussen, Provinz Ostpreussen.

Anschluss in Königsberg: Königl. Preuss. Ostbahn; Prostken: demnächst Anschluss an die Brest-Grajewoer Bahn (siehe Russland).

Die Bahn wurde eröffnet, u. zwar: Pillau-Königsberg $^{11}/_{9}$ 65, Königsberg-Bartenstein $^{24}/_{9}$ 66, Bartenstein-Rastenburg $^{1}/_{11}$ 67, Rastenburg-Lyck $^{8}/_{12}$ 68, Lyck-Prostken $^{1}/_{11}$ 71.

Local-Personen- resp. Güter-Tarif v. $^{8}/_{12}$ 68.

Directer Güterverkehr a = Südostpreuss. Güterverkehr (mit Königl. Ostbahn) v. $^{1}/_{10}$ 70; b = Ostdeutsch-Russischer Verkehr (mit der Grossen Russischen, Riga-Dünaburger und Dünaburg-Witebsker Eisenbahn ($^{15}/_{7}$ 69).

Eisenbahn-Telegraphen-Stationen. Sämmtliche Stationen, demnächst auch Prostken, sind dem allgemeinen telegraphischen Verkehr eröffnet, soweit dieselben nicht durch die Staats-Telegraphen-Stationen eingeschränkt sind. Die Haltestellen haben keinen allgemeinen telegraphischen Verk.

Die Zollabfertigungsstelle des Deutschen Zollvereins für den Gütertransport sind die Stationen Pillau, Königsberg und nach Vollendung der im Herbst d. J. zu eröffnenden Strecke Lyck-Prostken die Station Prostken. Das Ausageverfahren geschieht auf Station Pillau und seiner Zeit Prostken und findet seine Erledigung in Königsberg und Eydtkuhnen auf der Kgl. Ostbahn oder umgekehrt in Eydtkuhnen (Ostbahn) event. Prostken mit Erledigung in Königsberg und Pillau. Die Zollstellen des Auslandes sind für die Strecke Pillau-Königsberg-Eydtkuhnen: Wirballen, für die Strecke Lyck-Prostken: Grajewo.

| | Reichs-M. | Kilom. | | Reg.-Bezirk |
|---|---|---|---|---|
| 1. Pillau, T . . . . . . | — | — | a.b | Königsberg |
| 2. Neuhäuser P . . . | 0,67 | 5,05 | | |
| 3. Fischhausen T . | 1,68 | 12,65 | | » |
| 4. Powayen P . . . . | 3,28 | 24,70 | | » |
| 5. *Lindenau PH.** . . | 3,92 | 29,52 | | » |
| 6. Metgethen P . . . | 4,83 | 36,37 | | » |
| 7. *Juditten PH.** . . . | 5,46 | 41,11 | | » |
| 8. ○ Königsberg T (Lizentbahnhof) . . | 6,07 | 45,71 | | » |
| 9. Königsberg (Südbahnh.) | 6,18 | 46,54 | | » |
| 10. *Wickbold PH.** . . | 7,72 | 58,13 | | » |
| 11. Tharau P . . . . . | 8,18 | 61,60 | | » |
| 12. Schrombehnen P . . | 9,33 | 70,25 | | » |
| 13. Pr. Eylau T . . . . | 11,19 | 84,26 | a. | » |
| 14. Glommen P . . . . | 12,59 | 94,80 | | » |
| 15. Bartenstein T . . . | 13,84 | 104,22 | a. | » |
| 16. Wöterkeim P . . . | 15,07 | 113,48 | | » |
| 16a. *Wormen PH** . . | 16,08 | 121,08 | | » |
| 17. Korschen P . . . . | 16,95 | 127,63 | a. | » |
| 18. Tolksdorf P . . . . | 18,18 | 136,87 | | » |
| 19. *Neumühl GH.** . . | 19,30 | 145,33 | | » |
| 20. Rastenburg T . . . | 19,85 | 149,24 | a. | » |
| 21. Gr. Stürlack P . . . | 21,84 | 166,56 | | Gumbinnen |
| 22. Lötzen T . . . . . | 23,76 | 180,12 | a. | » |
| 23. Widminnen P . . . | 26,19 | 198,94 | | » |
| 24. Neu-Jucha P . . . | 27,62 | 210,24 | | » |
| 25. Lyck T . . . . . . | 30,10 | 226,38 | a. | » |
| Dazu Hafengleise Pillau . . . . . . . | 0,3 | | | |
| Hauptgleise in Lyck | | | | |

über d. Empfangsgebäude hinaus . 0,07

Summa 30,20

Von Mitte Empfangsgebäude Lyck bis zur Russischen Grenze bei Prostken 2, 184 M. } Eröffnet am 1/11 1871.

## Ostrau-Friedländer Eisenbahn,

siehe Kaiser Ferd.-Nordbahn.

## Pest-Neupester Pferdebahn. Direction in Pest.

1,999 Ö. M., dazu am /, 68 neue Linien von Zrinyi über die Kerepesner Strasse in das Stadtwäldchen, und am 1/7 68 von der Kerepesner Mauth zum Nordbahnhof eröffnet, deren Länge uns nicht bekannt. Concessionirt sind die weiteren Linien: c. Pest-Soroksár, d. Heuplatz-Uellöer Linie, e. Waitzner Strasse-Stadtwäldchen.

# Vereinigte Pfälzische Eisenbahnen.

Direction in Ludwigshafen.

Königreich Bayern: Pfalz. Preussen: Reg.-Bez. Coblenz u. Trier.

Anschlüsse. Bayer.-Hess. Grenze bei Worms: Hess. Ludwb.; Bayer.-Preuss. Grenze bei Bexbach: Saarbrücker; Ludwigshafen (Rheinbrücke): Badische Stsb.; Maximiliansau: Carlsruher Rheinbahn; Weissenburg: Elsässer E.: Münster a. St.: Rhein-Naheb.

Directer Güterverkehr: a = Interner Verk. (1/5 70); b = Saarbrücken-Hessen-Pfälzischer Verk. (1/4 71); c = Pfälzisch-Hessischer Verk. (1/7 71); d = Baden-Pfalz-Saarbrücker Verk. (1/11 71); e = Main-Neckar-Verk. (1/1 66); f. = Süddeutscher Verb.-Verk. (1/7 70), g = Rhein. Verb.-Verk. (1/7 70); h = Sächs.-Pfälz. Verk. via Mosbach-Würzb. nach Hof (1/6 69); i = J. Nassau-Taunus Verk. (1/3 71); k = Nordwestd. Verb.-Verk. (1/9 70); l = Mitteldeutscher Verb.-Verk., m = Französisch-Pfälz. Verk. via Forbach, n = Französisch-Pfälz. Verk. via Weissenburg, (1/7 68); o = Belgisch-Pfälz. Verk. via Luxemburg (15/8 66); p = Belgisch-Rheinischer Verk. via Herbesthal (1/11 67); q = Holländischer Verk., (1/12 68 u. 1/2 69), r = Ludwigshafen-Schweizer Verk. (20/11 63 u. 1/3 69); s = Italienisch-Deutscher Güterverkehr.

Die Entfernungen in Deutschen Reichs-M. = 7,500 K. berechnet.

## I. Ludwigsbahn.

### a. Bexbach-Bobenheim resp. Preuss.-Hess. Grenze.

(16,64 Mln. = 124,89 Kil.).

Eröffnet Stat 1-2 4/6 49: 2-6 1/7 48; 6-8 2/12 48; 8-11 25/8 49; zuerst 11-17 11/6 47; 17 bis Worms 15/11 53.

| | | Mln. | | |
|---|---|---|---|---|
| | ○ Neunkirchen | — | | Preussen, Trier |
| 1. | Bexbach | 0,82 | a-e. | Rhein |
| 2. | (b) Homburg | 1,75 | a-g.i.k.q.s. | pfalz |
| 3. | Bruchmühlbach | 3,12 | a-e. | » |
| 4. | Hauptstuhl | 3,65 | a-d. | » |
| 5. | (h) Landstuhl | 4,42 | a-c.i.k.q. | » |
| 6. | (m) Kaiserslautern | 6,47 | a-g.i-o.q.s. | » |
| 7. | (i) Hochspeyer | 7,87 | a-e. | » |
| 8. | Frankenstein | 8,54 | a-e. | » |
| 9. | Weidenthal | 9,09 | a-e. | » |
| 10. | Lambrecht | 10,09 | a-f.i.k.l. | » |
| 11. | (d,g) Neustadt | 10,94 | a-g.i.k-o.q.r.s. | » |
| 12. | Hassloch | 12,11 | a-e. | » |
| 13. | Böhl-Iggelheim | 12,61 | a-d. | » |
| 14. | (c) Schifferstadt | 13,24 | a-e. | » |
| 15. | Mutterstadt | 13,87 | a-e. | » |
| 16. | Rheingönheim-Mundenheim | 14,18 | a.e.i. | » |
| 17. | ○ Ludwigshafen | 14,83 | a-n.p-r.s. | » |
| 18. | Oggersheim | 15,48 | a-e.i. | » |
| 19. | Frankenthal | 16,25 | a-g.i-l.q. | » |
| 20. | Bobenheim | 17,02 | a-d. | » |
| | ○ Worms | 17,74 | | » |

NB. In Neunkirchen und Worms, bis wohin die Züge der Pfälzischen Ludwigsbahn fahren, hat letztere keine Station.

### b. Zweigbahnen Homburg-Zweibrücken (1,46 Mln. = 10,96 Kilom.) u. Homburg St.-Ingbert (3,17 Mln. = 23,92 Kilom.).

Eröffnet Zweigb. Homb.-Zweibrücken 7/6 57; Homb.-St. Ingbert bis Schwarzenacker am 26/11 66, bis St. Ingbert am 1/6 67.

| | | Mln. | | |
|---|---|---|---|---|
| (2. | Homburg) | — | | Rheinpfalz |
| 21. | Schwarzenacker | 0,74 | a-c. | » |
| 22. | Einöd | 1,01 | a-e. | Rheinpfalz |
| 23. | Zweibrücken | 1,46 | a-g.i.k-o.q.s. | » |
| 24. | Bierbach | 1,21 | a.c. | » |
| 25. | Blieskastel-Lautzkirchen | 1,56 | a.f.i.k.m.n. | » |
| 26. | Würzbach | 2,23 | a-c. | » |
| 27. | Hassel | 2,61 | a-c. | » |
| 28. | St. Ingbert | 3,17 | a-f.i-n.q.s. | » |

### c. Zweigbahn Schifferstadt-Speyer-Germersheim.

(3,05 Mln. = 22,66 Kilom.), Eröffnet bis Speier 11/6 47, Stat. 29-33: 14. März 1864.

| | | | | |
|---|---|---|---|---|
| (14. | Schifferstadt) | — | | Rheinpfalz |
| 29. | Speyer | 1,25 | a-g.i.k-n.q.r.s. | » |
| 30. | Berghausen | 1,74 | a-e. | » |
| 31. | Heiligenstein | 1,93 | a-d. | » |
| 32. | Lingenfeld | 2,60 | a-e. | » |
| 33. | Germersheim | 3,05 | a-g.l. | » |

## II. Maximiliansbahn.

### d. Neustadt-Weissenburg-Maximiliansau

(6,25 Meilen = 46,81 Kilom.).

Eröffnet Stat. 34-39 18/4 55; 39-43 26/11 55.

| | | | | |
|---|---|---|---|---|
| 34. | (a,g) Neustadt | — | | Rheinpfalz |
| 35. | Maikammer-Kirrweiler | 0,79 | a-e. | » |
| 36. | Edenkoben | 1,12 | a-f.i.k.l. | » |
| 37. | Edesheim | 1,42 | a-e. | » |
| 38. | Knoeringen | 1,83 | a-e. | » |
| 39. | (f[1]) Landau | 2,46 | a-g.i.k-o.q.s. | » |
| 40. | Rohrbach | 3,48 | a-e. | » |
| 41. | (e,f) Winden | 4,13 | a-e.i. | » |
| 42. | Schaidt | 4,98 | a-f.i.k. | » |
| 43. | ○ Weissenburg | 6,25 | a-g.i-l.q.s. | Elsass Niederrhein |

### e. Zweigbahn Winden-Maximiliansau

(2,11 M. = 16,14 Kilom.), eröffnet am 14. März 1864.

| | | | | |
|---|---|---|---|---|
| (41. | Winden) | — | | Rheinpfalz |
| 44. | Langenkandel | 0,94 | a-e. | » |
| 45. | Wörth | 1,77 | a-d. | » |
| 46. | ○ Maximiliansau (Eisenbahn-Schiffbrücke) | 2,11 | a-d.f.i.m-o.q. | » |

### f. Winden-Bergzabern (1,33 M. = 9,26 Kil.).

Eröffnet 25/4 70.

| | | | | |
|---|---|---|---|---|
| (41. | Winden) | — | | Rheinpfalz |
| 47. | Barbelroth-Oberhausen | 0,65 | a.b.d. | » |
| 48. | Kapellen-Drusweiler | 1,06 | a.b.d. | » |
| 49. | Bergzabern | 1,33 | a.b.d.i. | » |

### f[1]. Landau-Germersheim.

(2,79 M. = 20,950 Kilom.)

Eröffnung voraussichtlich 1872.

## III. Pfälzische Nordbahnen.

### g. Neustadt-Dürkheimer Eisenbahn

(2,05 M. = 15,31 Kilom.), eröffnet am 6. Mai 1865.

| | | | | |
|---|---|---|---|---|
| 50. | (a,d) Neustadt | — | | Rheinpfalz |
| 51. | Mussbach (Gimmeldingen-Königsbach). | 0,49 | a-g.l. | » |
| 52. | Deidesheim-Ruppertsberg | 1,09 | a-g.i.k.l. | » |
| 53. | Wachenheim | 1,59 | a-g.k.l. | » |
| 54. | (k) Dürkheim | 2,05 | a-g.i.k-n.q. | » |

### h. Landstuhl-Cusel (3,83 M. = 28,74 Kilom.).

Eröffnet am 22. September 1868.

| | | | | |
|---|---|---|---|---|
| 54a. | (a) Landstuhl | — | | Rheinpfalz |
| 55. | Ramstein | 0,62 | a-d. | » |
| 56. | Steinwenden | 0,99 | a-d. | » |
| 57. | Niedermohr | 1,52 | a-d. | » |
| 58. | Glanmünchweiler | 1,87 | a-d. | » |
| 59. | Rehweiler | 2,14 | a-d. | » |
| 60. | Eisenbach | 2,35 | a-d. | » |
| 61. | Theisbergstegen | 2,76 | a-d. | » |
| 62. | Altenglan | 3,23 | a-d. | » |
| 63. | Rammelsbach | 3,43 | | » |
| 64. | Cusel | 3,83 | a-d.f.i.k.l. | » |

### i. Alsenzbahn — Hochspeyer-Münster a./St.

(6,55 R.-M. = 49,12 Kilom.).

Hochspeyer-Winnweiler eröffnet am 27/10 70; Winnweiler-Münster a./St. 10/6 71.

| | | | |
|---|---|---|---|
| (9. Hochspeyer) | — | | Rheinpfalz |
| 65. (m) Enkenbach | 0,79 | a.d. | » |
| 66. Sembach-Neuhemsbach | 1,33 | a.d. | » |
| 67. (m) Langmeil-Münchweiler | 1,89 | a.d. | » |
| 68. Winnweiler | 2,27 | a.c.d. | » |
| 69. Imsweiler | 2,96 | a.d. | » |
| 70. Rockenhausen | 3,48 | a.d. | » |
| 71. Dielkirchen | 4,05 | a.d. | » |
| 72. Bayerfeld-Cölln | 4,43 | a.d. | » |
| 73. Mannweiler | 4,61 | a.d. | » |
| 74. Alsenz | 5,12 | a.d. | » |
| 75. Hochstätten | 5,72 | a.d. | » |
| 76. Altenbamberg | 6,10 | a.d. | » |
| 77. Ebernburg | 6,43 | a.d. | » |
| ○ Münster a./St. | 6,55 | a.d. | Coblenz |

(Station der Rhein-Nahe-Bahn).

Im Bau und voraussichtlich Ende 1872 zu eröffnen sind folgende Bahnlinien, deren Tracen noch nicht festgestellt sind.

### k. Dürkheim-Monsheim resp. Bayer.-Hess. Grenze
(2,98 M. = 22,06 Kil.)

### l. Zweigbahn Freinsheim-Frankenthal
(1,6 M. = 11,87 Kil.)

### m. Donnersberger Bahn Kaiserslautern-Enkenbach
(1,68 M. = 12,48 Kil.) und Langmeil-Alzey resp. Bayer.-Hess. Grenze (3,47 Mln. = 25,71 Kilom.)

### n. Zellerthalbahn Marnheim-Monsheim resp. Bayer.-Hess. Grenze (1,28 M. = 9,45 Kil.)

Pommersche Centralb. im Bau.

## Pressburg-Tirnauer Pferdebahn.

Direction in Pressburg, Königreich Ungarn.

(Länge 8½ Mln. = 64,15 Kilom.).

Anschluss in Pressburg: Oesterr. Stsb. (südöstl. Linie).

Eröffnet Stat. 1-5 27/9 40; 5-7 30/6 41; 7-10 20/12 45; 11-11 5/6 46; 11-13 1/11 46.

| | | | |
|---|---|---|---|
| 1. ○ Pressburg | — | 8. Schenkwitz | $3\frac{3}{4}$ |
| 2. Bahnhof (Neustadt) | — | 9. Báhony | $4\frac{3}{4}$ |
| 3. Ratzdorf | $1\frac{1}{4}$ | 10. Cziffer | $5\frac{1}{4}$ |
| 4. Wajnor | $1\frac{3}{4}$ | 11. Tirnau | $6\frac{1}{2}$ |
| 5. St. Georgen | 2 | 12. Keresztur | $7\frac{1}{2}$ |
| 6. Grünau | $2\frac{1}{2}$ | 13. Szered | $8\frac{1}{2}$ |
| 7. Bösing | $2\frac{3}{4}$ | | |

## Königlich Preussische Ostbahn.

Staatsbahn. Kgl. Direction in Bromberg.

Königreich Preussen: Regierungs-Bezirke. * = Russland.

Anschlüsse. Berlin: (siehe Berl.-Anh. Bahn); Eydtkuhnen: Grosse Russische Bahn (Eydtkuhnen-Petersburg); Insterburg: Tilsit-Insterburger Bahn; Königsberg und Korschen: Ostpreussische Südbahn; Danzig: Stolp-Danziger (Berlin-Stettiner) Bahn; Ottloczyn: Warschau-Bromberger Bahn; Kreuz: Oberschlesische (Stargard-Posener) Bahn; Frankfurt a./O.: Niederschlesisch-Märkische und Märkisch-Posener Bahn. Im Bau Bromberg und Thorn: Oberschlesische Eisenbahn.

Die mit *P.H.** bezeichneten Stationen sind Personenhaltestellen und haben beschränkten Dienst für Güter der ermässigten Classen in Wagenladungen.

Die Entfernungen sind in Preuss. Meilen angegeben.

A. Directe Güterverkehre der Ostbahn mit fremden Bahnen nebst den in diesen Verkehren bestehenden Tarifen.

NB. Die Stationen der Ostbahn, welche in directen Verkehren stehen, sind durch die betreffenden Buchstaben nachfolgend bezeichnet, hinsichtlich der correspondirenden Stationen siehe die betreffenden Bahnen.

a = Directer Güterverkehr (Tarif v. 1/10 67) 1. mit Stationen der Niederschles.-Märk. E. via Frankfurt a/O.; 2. der Oberschles. E. incl. Wilhelmsbahn und Neisse-Brieg via Kreuz; 3. der Niederschles. Zweigb. (Stat. 4 u. 5); 4. der Berlin-Stettiner E. via Kreuz und via Danzig. Es gelten die Tarife für den Binnenverk. der betheiligten Bahnen, soweit nicht für einzelne Gegenstände (wie Getreide, Flachs, Hanf, Heede u. Werg, Kalk, Stein- und Braunkohlen, Roheisen etc.) in Wagenladungen besondere Verbandstarife eingeführt sind.

b = Ostdeutsch-Russischer (16/11 71) mit Stationen 1. 15. 17. 26. 34. 41. 45. 56. der Grossen Russ. E., Polotzk, Witebsk u. Riga via Eydtkuhnen;

c = Hamburg-Preussischer (1/5 69 mit N. 1, 2 u. 3) via Berlin;

d = Magdeburg-Preussischer (6/11 70 mit Nachtr. 1—4) via Berlin mit Stat. Magdeburg der Berlin-Potsd.-Magdeb. E.;

e = Ostdeutsch-Rheinischer (1/5 69 mit Nachtr. 1—13 mit Stat. der Niederländ. Rheinb. resp. Stsb., sowie der Köln-Mindener, Hannoverschen, Westfälischen, Rheinischen und Berg.-Märk.; Stat. via Berlin.

f = mit Stat. Tilsit (Tilsit-Insterb.) via Insterburg (1/10 67);

g = Südost-Preussischer (1/12 70 mit Nachtr. 1) mit Stationen der Ostpreuss. Südbahn via Königsberg;

h = Preussisch-Polnischer mit Stat. der Warschau-Wiener u. Warschau-Bromberger E. (v. 15/8 70 mit Nachtr. 1—3) via Alexandrowo;

i = Verband-Güterverkehr zwischen Stat. Krakau (K. Ferd. Nordb.) und Lemberg mit Ostb.-Stat. Danzig via Granica und Alexandrowo (1/11 64);

k = Verband-Güterverkehr mit Stat. der Oesterr. (Galiz. und Lemb.-Czernowitz) Bahnen für Mehl, Getreide etc. (1/8 70) via Granica und Alexandrowo;

l = Deutsch-Franz. Verbands-Güterverkehr (NB. mit Franz. Nord- u. Westb.-Stat.) via Düsseldorf-Mastricht (1/6 69);

m = Norddeutsch-Rheinisch-Französ. Güterverkehr (NB. mit dens. Franz. Stat.) via Deutz-Cöln-Herbesthal (1/6 69);

m¹ = Norddeutsch-Rheinisch-Belgischer Güterverk. (NB. mit Belg. Staatsb.-Stat.) nur für Flachs, Hanf, Heede und Werg via Deutz-Cöln-Herbesthal (1/10 69);

n = Ostdeutsch-Sächsischer Verbands-Güterverkehr (20/5 71) zwischen den Stationen Leipzig, Halle, Cöthen, Dresden, Chemnitz, Hof und Eger, der Berlin-Anhalter resp. Sächs. Stsb. etc. einerseits u. Ostb.-Stationen andererseits via Berlin.

n* = desgl. für die Messperiode und für Güter der Normalklasse von Station Leipzig nach den mit n* bezeichneten Ostb.-Stationen;

o = von Stat. Schönebeck und Stassfurt (Magdeburg-Halle-Leipzig) nach sämmtlichen Ostb.-Stationen (excl. Lebus) via Berlin für Salz aller Art (15/7 71);

o¹ = desgl. mit Station Lebus (No. 70) (15/8 71) via Berlin-Frankfurt a/O.;

p = zwischen Stationen der Niederschl.-Märk., Südnordd. Verbindungsbahn u. Ostb.-Stationen via Frankfurt a/O. für Flachs, Hanf, Heede und Werg in Wagenladungen pro 15/9-31/12 jeden Jahres (1/10 70);

q = Cüstrin-Frankfurt-Böhmischer Verbands-Güterverkehr zwischen Stationen der Sächs. Staatsb. via Frankfurt a/O.-Görlitz, Stationen der Südnordd. Verbindungsb., Oesterr. Nordwest- u. Turnau-Kralup-Prager Bahn via Frankfurt-Görlitz-Reichenb. resp. via Frankfurt a/O.-Liebau einerseits und Cüstrin (No. 8) (15/5 71) andererseits;

r = Berlin-Posener Verbandsverkehr zwischen Stationen der Oberschles. resp. Märk.-Posener E. einers. u. der Ostb.-Stat. Berlin via Kreuz resp. via Frankfurt a/O. (24/11 70 mit N. 1) andererseits;

s = Verbands-Güterverk. für Steinkohlen u. Coaks in Wagenladungen von Stat. Waldenburg u. Altwasser der Bresl.-Freiburger E. nach den Ostbahn-Stationen via Liegnitz-Frankfurt a/O. (1/6 69);

t = desgl. nach Driesen u. den östlich davon gelegenen Ostb. Stationen via Breslau-Kreuz (1/6 69).

B. Transit-Güter-Verkehre.

α = Hamburg-Russischer via Berlin-Eydtkuhnen (1/6 71);

β = Ostdeutsch-Schlesisch-Russischer Güterverkehr zwischen Breslau (O.S.) Waldenburg (Br.F.) u. Stettin (B. St.) u. Russ. Stat. 15/10 69) via Kreuz-Eydtkuhnen;

γ = Russisch-Rheinischer via Berlin-Eydtkuhnen (siehe die Bahnen unter e) (1/5 69 mit Nachtr. 1-5);

δ = Russisch-Deutsch-Französ. (Französ. Nord- und Westb. Stat. mit Russ.) via Herbesthal-Cöln-Berlin-Eydtkuhnen (1/11 67);

ε = Russisch-Deutsch-Belgischer (Belg. und Russ. Stat.) via Herbesthal-Cöln etc. (1/11 67);

ζ = Hamb.-Polnischer Verb.-Güterverk. (zw. Hamburg, Alexandrowo, Warschau u. Lodz) via Berlin-Alexandrowo (1/11 71);

ϑ = Stettin-Polnischer Verband (zw. Stettin u. denselben Stationen der Warschau-Wiener u. Warschau-Bromberger) via Kreuz-Alexandrowo (1/6 71);

ι = Verband-Güterverk. für Salz aller Art in Wagenladungen von Stat. Schönebeck und Stassfurt (M.H.L.) nach Oberschles. Stat. via Berlin-Kreuz resp. Frankfurt a/O. (15/7 71);

κ = Sächsisch-Polnischer (zw. Leipzig, Halle, Chemnitz, Crimmitschau, Reichenbach, Hof u. Eger und Warschau, Lodz via Berlin-Alexandrowo) 20/6 71;

λ = Magdeburg-Polnischer (zw. Magdeburg und Warschau, Lodz via Berlin-Alexandrowo) 15/6 71;

Die Stationen auf denen Zollabfertigung stattfindet sind: Berlin, Frankfurt a/O., Cüstrin, Landsberg, Bromberg, Thorn, Danzig, Marienburg, Elbing, Königsberg und Eydtkuhnen.

Sämmtliche in Betrieb befindliche Eisenbahn-Stationen und Haltestellen ausser Kaulsdorf, Tiedmannsdorf, Seepothen u. Bokellen sind Telegraphenstationen u. nehmen Privatdepeschen an; Postexpeditionen haben sämmtliche Stat. und die Haltestellen ausser Seepothen, Tiedmannsdorf, Kaulsdorf, Braunau und Bokellen.

### a. Berlin-Cüstrin-Eydtkuhnen (103,06 M. = 776,28 K).

Eröffnet Berlin-Cüstrin 1. Oct. 1867; Stat. 8-19 19/10 57; 19-27 26/7 51; 27-34 (resp. Danzig) 6/8 51; 34-36 12/10 57; 36-44 19/10 52; 44-50 2/8 53; 50-62 6/6 60; 62-63 u. damit die ganze Bahn 15/8 60.

| | Mln. | Kilom. | | Regierungsbezirk |
|---|---|---|---|---|
| 1. **Berlin** . . . . . | — | — | a$^{2}$.b.f.g.h.r. | Potsdam |
| 1a. *Kaulsdorf PH** | 1,44 | 10,84 | | » |
| 2. Neuenhagen . . | 2,45 | 18,45 | a$^{1.2}$.o. | » |
| 3. Straussberg . . . | 3,68 | 27,72 | | » |
| 4. Dahmsdorf-Müncheberg . . . . . | 6,08 | 45,80 | | Frankfurt |
| 5. Trebnitz . . . . | 7,16 | 53,93 | a$^{1.2}$.o. | » |
| 6. Gusow . . . . . | 8,42 | 63,42 | | » |
| 7. Golzow . . . . | 9,88 | 74,42 | | » |
| 8. (c) Cüstrin . . | 10,95 | 82,48 | a$^{1.2.4}$.n*.o. | » |
| 9. *Tamsel PH.** . . | 11,98 | 90,24 | | » |
| 10. Vietz . . . . . | 13,84 | 104,25 | a$^{1.2}$.o. | » |
| 11. *Döllensradung PH** | 14,82 | 111,63 | | » |
| 12. *Düringshof PH** | 15,54 | 117,05 | | » |
| 13. Landsberg a. d. Warthe . . . . | 17,02 | 128,20 | a$^{1.2.4}$.n*.o. | » |
| 14. Zantoch . . . . | 18,77 | 141,38 | a$^{1.2}$.o. | » |
| 15. *Gurkow PH.** . | 19,77 | 148,92 | | » |
| 16. Friedeberg . . . | 20,85 | 157,05 | a$^{1.2.4}$.o. | » |
| 17. *Alt-Carbe PH.** | 21,74 | 163,76 | | » |
| 18. Driesen . . . . | 23,12 | 174,15 | a$^{1.2.4}$.o. | » |
| 19. ○ Kreuz . . . | 24,87 | 187,33 | a.c.g.n.o. | Bromberg |
| 20. Filehne . . . . | 26,39 | 198,78 | a$^{1.2.4}$.o. | |
| 21. Schönlanke . . . | 29,62 | 223,11 | a$^{1.2.4}$.n*.o. | » |
| 22. (f) Schneidemühl | 32,64 | 245,86 | a$^{1.2.3.4}$.n*.o. | » |
| 23. Miasteczko . . . | 35,30 | 265,90 | a$^{1.2}$.o. | » |
| 24. Bialosliwe . . . | 36,23 | 272,90 | a$^{1.2.4}$.o. | » |
| 25. Osiek . . . . . | 37,79 | 284,66 | a$^{1.2.4}$.o. | » |
| 26. Nakel . . . . . | 40,61 | 305,89 | a$^{1.2.3.4}$.n.o. | » |
| 27. ○ (b) **Bromberg** | 44,17 | 332,71 | a$^{1.2.3.4}$.c.d.e.g.h.l.m.n.o. | » |
| 28. (b) Kotomierz . | 46,76 | 352,22 | a$^{1.2}$.o. | » |
| 29. Terespol . . . . | 49,59 | 373,54 | a$^{1.2.4}$.n*.o. | Marienwerder |
| 30. Laskowitz . . . | 51,10 | 384,91 | a$^{1.2}$.o. | |
| 31. Warlubien . . . | 53,22 | 400,88 | a$^{1.2.4}$.n*.o. | » |
| 32. Czerwinsk . . . | 55,70 | 419,56 | a$^{1.2.4}$.n*.o. | » |
| 33. Pelplin . . . . | 58,40 | 439,90 | a$^{4}$.n*.o. | Danzig |
| 34. (d,f) Dirschau . | 61,08 | 460,08 | a$^{1.2.3.4}$.o. | » |
| 35. Simonsdorf . . . | 62,23 | 468,75 | a$^{1.2}$.o. | » |
| 36. Marienburg . . . | 63,40 | 477,56 | a$^{1.2.4}$.o. | » |
| 37. Altfelde . . . . | 64,86 | 488,56 | a$^{1.2}$.o. | » |
| 38. Grunau . . . . | 65,89 | 496,32 | | » |
| 39. Elbing . . . . | 67,25 | 506,56 | a$^{1.2.3.4}$.b.c.d.e.g.h.l.m.n.o.p. | » |
| 40. Güldenboden . . | 68,91 | 519,06 | a$^{1.2.4}$.o. | Königsberg |
| 41. Schlobitten . . | 70,53 | 531,27 | a$^{1.2}$.o. | |
| 42. Mühlhausen . . | 71,47 | 538,35 | a$^{1.2}$.o.p. | » |
| 43. *Tiedmannsdorf PH** . . . . . | 72,87 | 584.89 | | » |
| 44. Braunsberg . . | 74,52 | 561,32 | a$^{1.2.4}$.d.e.(Flachs) l.m.n.n*.o.p. | » |
| 45. Heiligenbeil . . | 76,11 | 573,30 | | » |
| 46. Wolitnik . . . | 77,74 | 585,58 | a$^{1.2}$.o. | » |
| 47. Ludwigsort . . | 78,81 | 593,64 | | » |
| 48. Kobbelbude . . | 80,51 | 606,44 | | » |
| 49. *Seepothen PH** | 81,21 | 611,71 | | » |
| 50. ○ **Königsberg** . | 82,74 | 623,24 | a$^{1.2.3.4}$.b.c.d.e.f.h.k.l.m.n.o.p. | » |
| 51. *Gutenfeld PH** | 84,26 | 634,69 | | » |
| 52. Löwenhagen . | 85,48 | 643,88 | | » |
| 53. Lindenau . . . | 86,71 | 653,14 | a$^{1.2}$.o. | » |
| 54. Tapiau . . . . | 88,29 | 665,04 | | » |
| 55. Wehlau . . . . | 89,60 | 674,91 | a$^{1.2.4}$.f.n*.o. | » |
| 56. *Puschdorf PH** | 91,02 | 685,61 | | Gumbinnen |
| 57. Norkitten . . . | 92,44 | 696,30 | a$^{1.2}$.o. | » |
| 58. ○ (g) Insterburg | 94,82 | 714,23 | a$^{1.2.3.4}$.b.g.n*.o. | » |
| 59. Judschen . . . | 96,61 | 727,71 | a$^{1.2}$.o. | » |
| 60. Gumbinnen . | 98,22 | 739,84 | a$^{1.2.4}$.n*.o. | » |
| 61. Trakehnen . . | 100,01 | 753,32 | a$^{1.2}$.o. | » |
| 62. Stallupönen . . | 101,59 | 765,23 | a$^{1.2.4}$.n*.o. | » |
| 63. ○ Eydtkuhnen | 103,06 | 776,30 | a$^{1.2.4}$.n*.o. | » |

Eydtkuhnen-Wirballen 0,50 = 3,766 K. *Russl.

## b. Zweigbahn Bromberg-Thorn-Otlęczyn.

(8,35 Mln. = 62,90 Kilom.).

Eröffnet $^{22}/_{10}$ 61 bis Thorn, $^{4}/_{10}$ 61 bis Otloczyn.

| | | | | Regierungsbezirk |
|---|---|---|---|---|
| (27. Bromberg) . . | — | — | | |
| 64. *Brahnau P.H.** . | 1,35 | 10,17 | | Bromberg |
| 65. Schulitz . . . . . | 2,67 | 20,11 | a$^{1.2}$.o. | » |
| 66. *Czirpitz P.H.** . . | 5,24 | 39,47 | | » |
| 67. ○ (g) Thorn (Podgurz) | 6,62 | 49,87 | a$^{1.2.3.4}$.c.h.n*.o. | Marienwerder |
| 68. ○ Otloczyn . . | 8,35 | 62,90 | a$^{1.2}$.o. | » |

Otloczyn-Alexandrowo 1,00 = 7,532 K. * Russl.

## c. Cüstrin-Frankfurt a./O. (4 Mln. = 30,13 Kilom.).

Eröffnet 12. October 1857.

| | | | | |
|---|---|---|---|---|
| (8. Cüstrin) . . . . | — | — | | Frankfurt |
| 69. Podelzig . . . . | 1,62 | 12,20 | a$^{1.2}$.o. | » |
| 70. Lebus . . . . . . | 2,49 | 18,75 | a$^{1.2}$.o$^{1}$. | » |
| 71. ○ **Frankfurt a./O.** . | 4,00 | 30,13 | a$^{2.4}$.b.f.h.o. | » |

## d. Zweigbahn Dirschau-Danzig (4,14 M. = 31,19 Kil.).

Eröffnet 5. August 1852.

| | | | | |
|---|---|---|---|---|
| (34. Dirschau) . . . | — | — | | Danzig |
| 72. Hohenstein . . . | 1,48 | 11,15 | a$^{1.2}$.o. | » |
| 73. Praust . . . . . | 2,87 | 21,62 | | » |
| 74. (e) **Danzig** (Lege-thor) | 4,14 | 31,19 | a$^{1.2.3.4}$.b.c.d.e.f.g.h.i.k.l.m.n.o. | » |

## e. Danzig-Neufahrwasser (0,96 Mln. = 7,23 Kil.).

Eröffnet 1. October 1867.

| | | | | |
|---|---|---|---|---|
| (74. ○ Danzig, Hohe Thor) | — | — | | Danzig |
| 75. Neufahrwasser | 0,96 | 7,23 | a$^{1.2.4}$.h.k.o. | » |

Für Danzig-Neufahrwasser finden dreierlei Sätze Anwendung und zwar: 1) die Local-Expedition zwischen Danzig (Hohe Thor) u. Neufahrwasser nur für Personen; 2) für Güter tritt die Expedition Danzig (Lege-Thor) mit 1,50 Meilen Entfernung ein. Dieselbe Entfernung tritt beim Personen-Transport von weiter belegenen Stationen der Entfernung bis Danzig hinzu; 3) dagegen tritt für Güter von weiterher, welche den Bahnhof Danzig (Lege-Thor) nicht berühren, nur 1,16 Meilen hinzu. Die Entfernung nach Neufahrwasser (via Danzig Lege-Thor) beträgt für den Personen-Verkehr, 0,34 Meilen mehr.

## f. Schneidemühl-Dirschau (ca. 24 M. = 180,78 K.).

Eröffnet: Schneidemühl-Flatow und Pr. Stargardt-Dirschau am $^{16}/_{1}$ 71, Flatow-Konitz am 15. November 1871.

| | | | | |
|---|---|---|---|---|
| (22. Schneidemühl) | — | — | | Bromberg |
| 76. Krojanke . . | 3,08 | 23,20 | a$^{1.2}$.o. | Marienwerder |
| 77. Flatow . . . | 4,25 | 32,01 | a$^{1.2.4}$.o. | » |
| 78. Linde | | | | » |
| 79. Firchau | | | | » |
| 80. Konitz | | | | » |

(Die Strecke Konitz-Pr. Stargardt wird im Jahre 1871 noch nicht eröffnet).

| | | | | |
|---|---|---|---|---|
| 81. Pr. Stargardt | 3,30 | 24,86 | a$^{1.2.4}$.o. | Danzig |
| 82. *Swaroczyn PH.** | 1,84 | 13,86 | | » |
| (34. Dirschau) . . | — | — | | » |

## g. Thorn-Insterburg (ca. 40 Mln. = 301,30 Kil.).

Eröffnet: Gerdauen-Insterburg $^{16}/_{1}$ 71, Thorn-Jablonowo am $^{20}/_{11}$ 71, Rothfliess-Gerdauen am 27. November 1871.

| | | | | |
|---|---|---|---|---|
| (67. Thorn) | | | | Marienwerder |
| 83. *Turzno PH.** | | | | » |
| 84. Schoensee | | | | » |
| 85. Briesen | | | | » |
| 86. Jablonowo | | | | » |

(Die Strecke Jablonowo-Rothfliess wird in Jahre 1871 noch nicht eröffnet).

| | | | | |
|---|---|---|---|---|
| 88. Rothfliess | | | | Königsberg |
| 89. Bansen | | | | » |
| 90. Bischdorf | | | | » |
| 91. ○ Korschen | | | | » |
| 92. *Doenhofstaedt PH.** | | | | » |
| 93. Skandau | | | | » |
| 94. Gerdauen . . . . | 5,94 | 44,79 | | » |
| 95. Klein Gnie . . . | 4,05 | 30,52 | | » |
| 96. *Bokellen PH.** . | 3,12 | 23,51 | | » |
| (58. Insterburg) . . . | — | — | | Gumbinnen |

## Rechte Oder-Ufer-Eisenbahn.

Direction in Breslau.

**Königreich Preussen:** Regierungsbezirke Breslau u. Oppeln.

**Anschlüsse.** Breslau: Breslau-Schw.-Frbg., Niederschles.-Märk.- und Oberschles.; Oppeln, Tarnowitz u. Schoppinitz: Oberschlesische; Dziedits: Kais.-Ferd.-Nordb.; Emanuelsegen u. Mittel-Lazisk: Wilhelmsbahn; Schoppinitz: Oberschles. u. Warschau-Wiener Eisenb.; Oels: Breslau-Warschauer E. (Preuss. Abthlg.)

Directe Verkehre:

a = Verbandverk. mit der Niederschles.-Märk. E. v. 1/10 70);
b = Directer Verkehr mit der Breslau-Schw-Freib. E. (1/4 71);
c, d, e, f = Directer Kohlenverk. mit der Berlin-Hamburger, Berlin-Potsdam-Magdeburger, Märkisch-Posener und Berlin-Anhaltischen E. (1/4 71, ermäss. Tarife 1/11 71);
g = directer Kohlenverk. mit der Preuss. Ostbahn (1/10 71);
h = directer Kohlenverk. mit der Berlin-Görlitzer E. (1/11 71);
i = Gemeinsch. Satztarif, v. Stationen der Magdeburg-Leipziger Bahn nach Stationen der Rechte-Oder-Uferb. (15/11 71);
k = Verbandstarif zwischen Stationen der Berlin-Hamburger, bezw. Lübeck-Büchener B. (Hamburg-Lübeck u. Wittenberge.) u. Stationen der Rechte-Oder-Uferb. (15/1 71);
l = Gemeinschaftlicher Tarif für feuerfesten Thon von Station Saarau der Breslau-Schw.-Freib. B. nach Stationen der Rechte-Oder-Uferb.
m = Schlesisch-Sächsisch-Thüringischer Verb. (Eintritt der Rechte-Oder-Uferb. seit 1. Oct. 71).

Auf der Station Schoppinitz befindet sich ein Kgl. Preuss. Nebenzollamt II. Classe; auf der Station Dziedits ein desgl. I. Classe mit vollen Abfertigungsbefugnissen u. eine Expositur der K. K. Oesterr. Haupt-Zollamtes Bielitz.

### a. Breslau-Dziedits (33,45 M. = 251,6 Kilom.).

eröffnet Stat. 1-16 am 15/11 68; 17-22 am 24/12 68; 22-25: 1/4 69; 25-28 1/4 70; von Stat. 29-33 am 24. Juni 1870.

| | Meilen | Kilom. | | |
|---|---|---|---|---|
| 1. ○ Breslau { ○ Mochbern / Oderthorbahnhof / Stadtbahnhof | — | — | n. | Breslau |
| 2. Hundsfeld | 0,9 | 6,8 | b. | » |
| 3. Sibyllenort | 1,7 | 12,8 | b. | » |
| 4. Bohrau | 2,5 | 18,8 | b. | » |
| 5. ○ Oels | 3,6 | 27,1 | a.b.i.l.m. | » |
| 6. Gross-Zöllnig | 4,8 | 36,1 | | » |
| 7. Bernstadt | 5,4 | 40,7 | a.b.i.m. | » |
| 8. Namslau | 7,2 | 54,2 | a.b.i.m. | » |
| 9. Noldau | 8,8 | 66,3 | | » |
| 10. Konstadt | 10,4 | 78,3 | a.b.i.m. | Oppeln |
| 11. Kreuzburg | 12,0 | 90,4 | a.b.i.l.m. | » |
| 12. Lassowitz | 13,0 | 97,9 | | » |
| 13. Sausenberg | 13,8 | 103,9 | a.b.i.l.m. | » |
| 14. Zembowitz | 15,1 | 113,7 | | » |
| 15. Mischline | 16,0 | 120,5 | a.b.i.l.m. | » |
| 16. (b) Vossowska | 16,9 | 127,3 | a.b.i.l.m. | » |
| 17. Zawadzki | 18,2 | 137,0 | a.b.i.k.l.m. | » |
| 18. Zandowitz | 18,8 | 141,6 | l. | » |
| 19. Keltsch | 19,3 | 145,3 | a.b.i.l.m. | » |
| 20. Tworog | 20,9 | 157,4 | a.b.i.l.m. | » |
| 21. Friedrichshütte | 22,0 | 165,7 | a.b.i-m. | » |
| 22. ○ Tarnowitz | 22,8 | 171,7 | a-m. | » |
| 23. Naklo | 23,31 | 175,4 | | » |
| 24. *Radzionkau PH.* | 23,7 | 178,4 | | » |
| 25. Scharley | 24,3 | 183,0 | | » |
| 26. Beuthen | 24,8 | 186,7 | a-m. | » |
| 26a. Redenblick | 25,4 | 191,3 | c-h. | » |
| 27. Chorzow | 25,4 | 191,3 | a-m. | » |
| 27a. Königshütte *GH.* | 25,6 | 192,8 | c-h. | » |
| 28. Laurahütte | 26,2 | 197,3 | a-m. | » |
| 29. Georgsgrube *GH.* | 26,7 | 200,0 | a.c-h.k.m. | » |

| | | | | |
|---|---|---|---|---|
| 38. Malapane | 1,4 | 10,5 | a.i. | Oppeln |
| 39. Chronstau | 2,8 | 21,1 | | » |
| 40. ○ Oppeln | 4,2 | 31,6 | | » |

### c. Zweigb. Tichau-Mittel-Lazisk. (1,0 M. = 7,5 K.).

Eröffnet am 1. October 1870.

| | | | | |
|---|---|---|---|---|
| (33. Tichau) | — | — | | Oppeln |
| 41. ○ Mittel-Lazisk | 1,0 | 7,5 | c-h.l. | » |
| 42. *Trautscholdsegengrube GH.* | 1,2 | 9,0 | c-h. | » |

## Rheinische Eisenbahn.

Direction in Cöln.

**Königr. Preussen:** Reg.-Bez. ... Königreich der Niederlande.

**Anschlüsse.** Aachen: Bergisch-Märk. und Aachen-Mastr.; Bingerbrück (Bingen): Hess. Ludwigsb. und Rhein-Naheb.; Cöln: Pers.-Stat.: Cöln-Minden; Crefeld: Berg.-Märk.; Düren (im Bau); Duisburg: Berg-Märk.; Cöln-Minden; Essen: Berg.-Märk. Gelsenkirchen (im Bau): Cöln-Minden; Heissen: Berg.-Märk.; Herbesthal: Belg. Stsb.; Kaldenkirchen: Berg.-Märk.; Mülheim an der Ruhr u. Nenss: Berg.-Märk.; Oberlahnstein: Nassauische E.; Stolberg (im Bau): Bergisch-Märk.; Trier: Saarbrücker E.; Troisdorf: Cöln-Minden; Siegburg (im Bau): Cöln-M.; Uerdingen: Berg.-Märk.; Venlo: Niederl. Stsb. u. im Bau: Cöln-Mindener E.; Zevenaar: Niederländische Rheinbahn; Crefeld, Kempen u. Grefrath: Crefeld-Kreis Kemp. Industrie-B.

NB. Die Anschlüsse der Berg.-Märk. in Duisburg, Essen, Mülheim a.d.R. der Cöln-Mindener in Duisburg, sind nicht durch directe Geleise-Anschlüsse hergestellt.

Directer Güterverkehr:

a = Belgien u. Frankreich;
c = Niederl. Rheinb.;
d = Bergisch-Märkische;
e = Rhein.-Berg.-Westf.
f = Nassauische Bahn;
g = Rhein-Nahe- und Saarbrücker Bahn;
h = Hess. Ludwigsb.;
i = Taunusb.;
k = Rhein. Verb. für Pfalz, Baden, Württemberg und Franz. Ostbahn;
l = Bayer. Ost-u. Staatsb.;
m = Böhm. Westb.;
n = Kaiserin Elisabethb. u. Oesterr. Südb.;
o = Rheinisch-Thüringischer Verb. mit der Hess. Nordb, der Thüring. u. Werrab.;
p = Preuss. Ostb. u. Russische Bahnen;
q = Niederländ. Staatsbahn;
r = Italienischen Bahnen;
s = Tyroler Bahnen;
t = Great Eastern Railway.

### a. Zweigb. Herbesthal-Eupen (0,7 R.-M. = 5,27 Kil.).

Eröffnet 1/5 64.

| | R.-Meilen | Kilom. | | |
|---|---|---|---|---|
| 1. Eupen | 12,1 | 90,69 | a.f.g-n.p.s.t. | Aachen |
| 2. ○ (b) Herbesthal | 11,4 | 85,42 | f-n.r.s. | » |

### b. Herbesthal-Cöln (11,4 R.-M. = 85,42 Kilom.).

Eröffnet streckenweise Cöln-Müngersdorf 2/8 39; bis Aachen 1/9 41; bis Herbesthal 15/10 43.

| | | | | |
|---|---|---|---|---|
| (2. Herbesthal) | 11,4 | 85,42 | | Aachen |
| 3. Astenet | 10,7 | 80,52 | | » |
| 3a. Ronheide | 9,7 | 73,06 | | » |
| 4. ○ Aachen | 9,3 | 69,91 | a.c.f-n.p.r.s.t. | » |
| 5. Stolberg | 8,0 | 59,73 | a.f-n.p.s.t. | » |
| 6. Eschweiler | 7,5 | 56,57 | a.f-n.p.s.t. | » |
| 7. Langerwehe | 6,5 | 48,59 | a.f.h.i.l-n.t. | » |
| 8. ○ (c) Düren | 5,2 | 39,17 | a.c-p.s.t. | » |
| 9. Buir | 4,0 | 29,75 | a.l-n. | Cöln |
| 10. Horrem | 2,5 | 18,45 | a.l.-n. | » |
| 11. Königsdorf | 1,8 | 13,41 | h. | » |
| 11a. *Loevenich PH.* | 1,2 | 9,27 | | » |
| 12. Ehrenfeld | 0,4 | 3,34 | a.e.h.k.l-n. | » |
| 13. ○ (e,g) Cöln | — | — | a.c-o.r.s.t. | » |

Die Rheinische Bahn unterhält in Cöln 6 örtlich vollständig von einander getrennte Stationen: 1) Cöln. Central-Personen-Station, von wo zugleich die Schnell- und Courierzüge der

| | R.-Mln. | Kil. | | |
|---|---|---|---|---|
| 19. Elsdorf . . . . . | 4,6 | 33,98 | | Cöln |
| (8. Düren) . . . . | 5,20 | 39,17 | | Aachen |
| 20. Vettweiss . . . . | 8,4 | 62,68 | h. | » |
| 21. Zülpich . . . . . | 9,2 | 69,16 | a.e.f.h.i.l-n. | Cöln |
| 22. Euskirchen . . . | 10,6 | 79,78 | a.e-n.s.t. | » |
| 23. Satzvey . . . . . | 11,6 | 87,16 | | » |
| 24. Mechernich . . . | 12,5 | 93,87 | a.e.h.k.l-n.s.t. | Cöln u. Aachen |
| 25. (d) Call. . . . . | 13,7 | 103,06 | a.e.h.k.l-n.s. | Aachen |

**d. Eifelbahn Call-Trier** (15,67 R.-M. = 118,03 Kil.).
Call-Soetenich eröffnet 19. Juni 1868, Soetenich-Gerolstein $^{15}/_{11}$ 70, Gerolstein-Trier am $^{15}/_{7}$ 71.

| | | | | |
|---|---|---|---|---|
| (25. Call) . . . . . | — | — | | Aachen |
| 25a. Soetenich . . . | 0,21 | 1,58 | | » |
| 25b. *Urft PH.* . . . | 0,57 | 4,29 | | » |
| 25c. Nettersheim *GH.* | 1,26 | 9,49 | | » |
| 26. Blankenheim . . | 2,13 | 16,04 | | » |
| 27. Schmidtheim . . | 2,73 | 20,56 | | » |
| 28. Jünkerath-Stadtkyll | 3,93 | 29,60 | h. | Trier |
| 29. Hillesheim . . . | 5,03 | 37,89 | | » |
| 30. Gerolstein . . . . | 6,33 | 47,68 | | » |
| 31. Birresborn . . . | 7,30 | 54,99 | | » |
| 31a. Mürlenbach . . | 7,86 | 59,21 | | » |
| 31b. Densborn . . . | 8,23 | 61,99 | | » |
| 32. Kyllburg . . . . | 9,56 | 72,01 | h. | » |
| 33. Erdorf-Bitburg . | 10,36 | 78,04 | | » |
| 33a. Philippsheim . . | 11,39 | 85,79 | | » |
| 34. Speicher . . . . | 11,81 | 88,96 | | » |
| 34a. Auw . . . . . . | 12,26 | 92,35 | | » |
| 35. Cordel . . . . . | 13,83 | 104,17 | | » |
| 36. (d[1]) Ehrang . . . | 14,61 | 110,05 | | » |
| 37. ○ Trier . . . . | 15,67 | 118,03 | | » |

**d[1] Zweigb. Ehrang-Quint** (0,43 M. = 3,24 Kil.)
im Bau, voraussichtliche Eröffnung im Sommer 1872.

**e. Cöln-Bingerbrück** (20,3 R.-M. = 152,92 Kilom.).
Cöln-Bonn-Rolandseck am $^{1}/_{1}$ 57 mit der Rhein. E. vereinigt. Eröffnet: Cöln-Bonn $^{15}/_{2}$ 44; Station 42-45 $^{21}/_{10}$ 55; 45-46 $^{20}/_{1}$ 58; 46-51 $^{15}/_{6}$ 56; 51-52 $^{10}/_{11}$ 58; 52-58 $^{17}/_{12}$ 59.

| | | | | |
|---|---|---|---|---|
| (13. ○ Cöln) . . . | — | — | | Cöln |
| 38. Kalscheuren . . . | 1,3 | 10,24 | | » |
| 39. Brühl . . . . . . | 2,0 | 15,44 | d-n. | » |
| 40. Sechtem . . . . | 2,7 | 20,41 | a.d-n. | » |
| 41. Roisdorf . . . . | 3,5 | 26,66 | d-n. | » |
| 42. (n) Bonn . . . . | 4,4 | 32,92 | a.c-n.r.t. | » |
| 43. Godesberg . . . | 5,3 | 39,85 | d-n. | » |
| 44. Mehlem . . . . | 5,6 | 42,11 | d-n. | » |
| 45. Rolandseck . . . | 6,2 | 46,78 | d-f.h.i.l-n. | Coblenz |
| 46. Remagen . . . . | 7,1 | 53,56 | a.c-n. | » |
| 47. Sinzig . . . . . | 7,7 | 57,55 | d-n. | » |
| 48. Niederbreisig *PH.* | 8,4 | 63,35 | | » |
| 49. Brohl . . . . . . | 8,9 | 66,59 | d-n. | » |
| 50. Andernach . . . | 9,9 | 74,04 | a.c-n. | » |
| 51. Neuwied (l. Ufer) | 10,3 | 77,74 | a.c-n.s.t. | » |
| 51a. Urmitz . . . . . | 10,9 | 82,71 | h. | » |
| 52. (f.m) Coblenz . | 12,1 | 91,07 | a.c-n.p.s.t. | » |
| 53. Capellen . . . . | 13,0 | 97,40 | a.d-i.l-n. | » |
| 54. Boppard . . . . | 14,9 | 111,63 | d-n. | » |
| 55. St. Goar . . . . | 16,8 | 126,24 | d-i.l-n. | » |
| 56. Oberwesel . . . | 17,7 | 133,02 | d-i.l-n. | » |
| 57. Bacharach . . . | 18,5 | 139,43 | d-n. | » |
| 58. ○ Bingerbrück | 20,3 | 152,92 | a.c-f.i.k.p.t. | » |

**f. Coblenz-Oberlahnstein** (1,1 R.-M. = 7,75 Kilom.).
Eröffnet $^{1}/_{4}$ 64.

| | | | | |
|---|---|---|---|---|
| (52. Coblenz) . . . | 12,1 | 91,07 | f.i. | Coblenz |
| 59. Horchheim . . . | 12,8 | 95,81 | f.i. | » |
| 60. ○ Niederlahnstein . . . . . | 13,0 | 97,55 | f.i. | » |
| Oberlahnstein . | 13,2 | 98,83 | | » |

**g. Cöln-Cleve-Zevenaar** (18,1 R.-M. = 136,11 Kil.).
Eröffnet Cöln-Neuss $^{15}/_{11}$ 55; Neuss-Crefeld $^{26}/_{1}$ 56. Seit $^{1}/_{1}$ 60 Cöln-Crefeld im Betrieb der Rheinischen E.-G. Stat. 66-75 $^{1}/_{2}$ 63 eröffnet, 75-77 $^{1}/_{6}$ 65.

| | R.-M. | Kilom. | | |
|---|---|---|---|---|
| (13. Cöln) . . . . | — | — | | Cöln |
| 61. Longerich . . . . | 1,0 | 7,83 | d.e. | » |
| 62. Worringen . . . | 1,9 | 14,61 | d.e. | » |
| 63. Dormagen . . . | 2,7 | 20,56 | d.e.l-n. | Düsseldorf |
| 64. Norf . . . . . . | 3,9 | 29,68 | d.e. | |
| (14. ○ Neuss) . . . | 4,8 | 36,00 | a.c-n.q.s.t. | » |
| 65. (k) Osterath . . | 6,0 | 44,74 | d.h.l-n.q. | » |
| 66. ○ Crefeld . . . | 7,0 | 52,65 | a.c.f-n.q.r.s.t. | » |
| 67. (i) Kempen . . | 8,5 | 64,02 | c-n.s. | » |
| 68. Aldekerk . . . . | 9,6 | 71,78 | d. | » |
| 69. Nieukerk . . . . | 10,0 | 75,40 | d. | » |
| 70. Geldern . . . . . | 11,0 | 82,70 | c-n.s. | » |
| 71. Kevelaer . . . . | 12,2 | 91,60 | c.d.g.h.l-n. | » |
| 72. Weeze . . . . . | 13,0 | 97,70 | d.l-n. | » |
| 73. Goch . . . . . . | 13,9 | 104,63 | c.d.f-n. | » |
| 74. Pfalzdorf *PH.* . . | 14,5 | 108,54 | d. | » |
| 75. (h) Cleve . . . . | 15,6 | 117,43 | a.c.d.f-n.r.s.t. | » |
| 75a. Griethausen (Traject) . . . . | 16,4 | 122,77 | | » |
| 76. Elten . . . . . . | 17,1 | 127,98 | h. | » |
| Niederländ.-Preuss. Grenze. | | | | |
| 77. ○ Zevenaar . . | 18,1 | 136,11 | *** | Niederlande |
| Zollabfertigung. | | | | |

**h. Cleve-Nymegen** (3,6 R.-M. = 26,59 Kilom.).
Eröffnet $^{1}/_{2}$ bzw. $^{11}/_{4}$ 65.

| | | | | |
|---|---|---|---|---|
| (75. Cleve) . . . . | 15,6 | 117,43 | | Düsseldorf |
| 78. Cranenburg . . . | 17,1 | 128,35 | h. | » |
| Niederländ.-Preuss. Grenze. | | | | |
| 79. Groesbeck . . . | 17,8 | 133,55 | | Niederlande |
| 80. Nymegen . . . . | 19,2 | 144,02 | a.f.h.i.l-n.t. | » |

**i. Kempen-Venlo** (3,0 R.-M. = 22,90 Kilom.).
Eröffnet $^{1}/_{4}$ 68.

| | | | | |
|---|---|---|---|---|
| (67. Kempen) . . . | — | — | | Düsseldorf |
| 81. ○ Grefrath . . . | 1,0 | 6,78 | h.l-n. | » |
| 82. Lobberich . . . . | 1,7 | 12,73 | l-n. | » |
| 83. ○ Kaldenkirchen | 2,4 | 18,16 | h.k.l-n. | » |
| 84. ○ Venlo . . . . | 3,0 | 22,90 | f.h.i.k.l-n.t. | Niederlande |

**k. Osterath-Wattenscheid** (6,6 R.-M. = 49,41 Kil.).
Eröffnet: Osterath-Essen $^{1}/_{4}$ 65; bis Wattenscheid $^{1}/_{4}$ 68.

| | | | | |
|---|---|---|---|---|
| (65. Osterath) . . . | — | — | | Düsseldorf |
| 85. Linn . . . . . . | 1,1 | 7,98 | | » |
| 86. ○ Uerdingen . . | 1,3 | 10,10 | a.h.k-n.q.t. | » |
| 87. Rheinhausen } Traject | 2,5 | 18,83 | h. | » |
| 88. (l) Hochfeld } Traject | 2,7 | 19,51 | a.f-n.q.s.t. | » |
| 89. Speldorf-Broich . | 3,6 | 27,20 | | » |
| 90. ○ Mülheim a./Ruhr | 3,9 | 29,68 | a.f.h-n.q.s.t. | » |
| 91. Heissen . . . . . | 4,5 | 33,75 | a.f.h-n.q. | » |
| 92. Altendorf *PH.* . | 4,9 | 36,99 | | » |
| 93. ○ Essen . . . . | 5,3 | 40,00 | a.f-n.q.s.t. | » |
| 94. Wattenscheid | 6,6 | 49,41 | a.f-k.q. | Arnsberg |

**l. Hochfeld-Duisburg** (0,4 R.-M. = 3,24 Kilom.).
Eröffnet am 15. Februar 1870.

| | | | | |
|---|---|---|---|---|
| (88. Hochfeld) . . . | — | — | | Düsseldorf |
| 95. ○ Duisburg (Stadt) | 0,4 | 3,24 | a.f-n.q.s.t | » |

**m. Rechtsrheinische Bahn Ehrenbreitstein-Siegburg**
(9,92 R.-M. = 74,73 Kilom.).
Coblenz-Neuwied eröffnet $^{27}/_{10}$ 69; Stat. 100-107: 11 Juli 1870; Stat. 108-109 für Güterverkehr am $^{1}/_{5}$ 71, bis Siegburg gegen Ende d. J. zu eröffnen.

| | | | | |
|---|---|---|---|---|
| (52. Coblenz) . . . . . | — | — | | Coblenz |
| 96. Ehrenbreitstein . | 0,4 | 2,79 | f-i.k. | » |
| 97. Vallendar . . . . | 1,0 | 7,31 | f-k. | » |
| 98. Bendorf . . . . . | 1,4 | 10,17 | f-n. | » |
| 99. Engers . . . . . | 1,7 | 12,81 | f-n. | » |
| 100. Neuwied (rechtes Ufer) | 2,5 | 18,15 | f-n. | » |
| 101. Leutesdorf . . . . | 3,3 | 24,48 | | » |
| 102. Hönningen . . . . . | 4,6 | 33,90 | | » |
| 103. Linz . . . . . . . | 5,8 | 40,68 | g.h.k. | » |
| 104. Unkel . . . . . . . | 6,2 | 46,40 | h.k. | » |
| 105. Honnef . . . . . . | 6,8 | 50,53 | h.k. | Cöln |

| | Mln. | Kil. | | |
|---|---|---|---|---|
| 106. Königswinter. . . . | 7,4 | 55,36 | k. | Cöln |
| 106a. *Nieder-Dollendorf PH.* . . . . . . . | 7,7 | 57,32 | | » |
| 107. (n) Obercassel . . | 8,1 | 60,11 | h.k. | » |
| 108. Beuel (Bonn gegenüber) | 8,5 | 63,66 | k. | » |
| Im Bau begriffen { 109. (o) Friedrich-Wilhelmshütte . | 9,5 | 71,19 | g.h.k. | » |
| 110. ○ Siegburg . | 10,0 | 74,73 | | » |

**n. Zweigbahn Obercassel-Bonn** (0,39 M. = 2,94 Kil.)
bis zur Einmündung in die Cöln-Bingen'er Linie mit Traject bei Bonn.

| | | | |
|---|---|---|---|
| 107. Obercassel . . . . | — | — | Cöln |
| 42. Bonn . . . . . . . . | 0,7 | 5,73 | » |

**o. Zweigb. Friedrich-Wilhelmshütte-Troisdorf.**
Eröffnet am 26/8 71.

| | | | |
|---|---|---|---|
| (109. Friedrich-Wilhelmshütte) . . | — | — | |
| 111. ○ Troisdorf . . | 0,2 | 1,58 | g.h. |

**p. Zweigbahn Stolberg-Alsdorf**
(1,70 R.-M. = 13,11 Kilom.
Eröffnet am 1. Sept. 70 für Kohlenverkehr; für Personenverkehr in kürzester Zeit bevorstehend.

| | | |
|---|---|---|
| (5. Stolberg) . . . . . | — | Aachen |
| 112. Alsdorf. . . . . . . . | 1,70 | » |

Saalbahn im Bau.

## Königl. Saarbrücker, Saarbrücken-Trierer, Saarbrücken-Saargemünder und Rhein-Nahe-Eisenbahn.

Königliche Direction in Saarbrücken.

Die Bahnen unter a. b. c. sind Preussische Staatsbahnen, die Rhein-Nahebahn Privatbahn unter Staatsverwaltung.

Königr. Preussen: Reg.-Bezirke. — °¹ = Deutsch-Lothringen.

Anschlüsse. Neunkirchen-Bexbach. (Bayer.-Preuss. Grenze): Pfälz. Ludwigsb.; Bingerbrück: Hess. Ludwigsb. und Rheinische und K. Nassauische Staatsbahn per Traject; Forbach und Saargemünd: Eisenbahn in Deutsch-Lothringen; Münster a. St.: Pfälzische E.; Preuss.-Luxemburger Grenze: Luxemb.-Wilhelmsb.; Trier Rheinische E. (Eifelbahn).

Verkehre: a = Pfälzischen Bahnen u. Hess. Ludwigsb. via Pfalzb. (1/6 71 mit N. v. 1/8 71; für Kohlen u. Coaks vom 1/12 67 mit Nachtr. v. 10/11 68, 1/6 69 u. 1/6 71);

b = Hess. Ludwigsb. via Bingerbrück (1/1 71 mit Nachtr. 10/4 71 u. 1/6 71; für Kohlen nach Offenbach v. 20/3 67; Spec.-Tarif für Kartoffeltransp. aus dem Hessischen v. 6/11 70);

c = Kgl. Bayer. Staatsbahn und Ostbahn (für Güter v. 15/6 67; für Kohlen und Coaks v. 15/6 67 resp. 16/1 71);

d = Böhmische Westbahn via Bingen-Aschaffenburg (1/6 65 mit Nachtr. v. 1/6 69 u. 1/6 71);

e = Nordwestdeutscher Verbandsverk. (v. 1/6 70 mit Nachtr. v. 10/10 70, 1/1, 15/1, 1/2, 1/3, 1/7, 1/8 u. 1/9 71);

f = Nassau. Staatsb. und Taunusb. (1/1 71, N. v. 1/6 u. 15/6 71);

g = Mitteldeutschen Verbandsverk. (1/1 69 mit Nachtr. v. 1/5 69, 1/2, 1/6, 1/7, 15/12 70, 1/3, 10/6, 1/7, 20/7 u. 1/8 71; für Kartoffeln v. 9/12 70);

h = Rheinischen Bahn (directer Tarif v. 1/6 63, für Rohproducte v. 15/6 68 mit Nachtr. v. 1/6 69, für Saarkohlen 1/6 66 mit Nachtr. v. 15/9 71, für Ruhrkohlen v. 1/3 68, für Roheisen von Engers nach Neunkirchen trans. Pfalz v. 21/1 70, für Steintransporte ab Commercy mit Reexpedition in Bingerbrück v. 1/6 70, für Bruchsteine nach der Rheinischen Bahn v. 10/1 70, Kartoffeltarif mit der Rhein. E. (v. 25/10 70);

i = Badische Staatsb. (Tarif für Güter v. 1/6 66, für Kohlen u. Coaks v. 25/1 69 mit Nachtr. v. 21/9 69);

k = Luxemburgische Bahnen (Reexpeditionstarif v. 22/6 63, für Erze und Roheisen 1/1 68, für Kohlen und Coaks v. 1/6 68, für Erze und Roheisen nach Thüringen v. 21/11 70);

l = Belgische Bahnen (15/3 66, Nachtr. 1/12 67);

m = Französ. Ostbahn Directer Tarif v. 1/7 68, Nachtr. 15/3 69, für Kohlen u. Coaks nach dem Elsass v. 5/6 70, für dergl. in Extrazügen nach Paris via Forbach v. 5/6 70, für Kohlen und Coaks nach Elsass-Stationen der Linie Colmar-Münster v. 5/6 70, Concurrenz-Tarif zwischen Paris und Bingerbrück etc. v. 10/12 67, Nachtr. 10/6 70; Specialtarif P. V. No. 2 für Französ. Stationen und Ludwigshafen, Mainz u. Speyer v. 10/10 69, Spec.-Tarif P. V. No. 4 Wein- u. Branntweinsendungen ab Bordeaux nach Castel, Frankfurt etc. (v. 10/12 69), Erneuerung der Tarife bevorstehend;

n = Niederl. Rheinbahn (v. 15/10 65, Nachtr. 1/12 69 von und nach Liverpool v. 1/6 69);

o = Ueberseeischer Verk. (20/6 69);

p = Kohlenverk. mit der Kgl. Württemberg. Staatsb. (15/6 69), den Tyroler Linien, Ober-Italien, der Main-Neckarb. und der Homburger Bahn;

p* = desgl. mit den Sätzen der nächsten Gruben,

Ausserdem bestehen noch einige Special-Verkehre wie für Schienen nach Wien, Eisenplatten nach Wilhelmshafen etc. die kein allgemeines Interesse haben und deshalb fortgelassen worden sind.

**a. Saarbrücker Eisenbahn** (4,20 M. = 31,64 Kilom.).
Eröffnet (theilweise 15/2) vollständig 16/11 50.
Entfernungen von der Bayer.-Preuss. Grenze.

| | Mln. | Kilom. | | |
|---|---|---|---|---|
| 1. ○ (d) Neunkirchen T Ꞇ P . . . . . | 0,65 | 4,896 | a.c.d.i-m.p. | Trier |
| 1a. Reden Ꞇ . . . | 1,23 | 9,265 | a.b.c.e.f.h-k.m.p. | » |
| 2. Friedrichsthal Ꞇ P | 1,85 | 13,935 | a-c.e-m.o.p*. | » |
| 3. Sulzbach Ꞇ P . . | 2,32 | 17,474 | a-c.e-m.o.p*. | » |
| 4. Dudweiler Ꞇ P . | 2,75 | 20,713 | a.b.f.h.i.k.p*. | » |
| 5. (b,c) Saarbrücken T Ꞇ P . . . . | 3,47 | 26,136 | a-o.p*. | » |
| 6. Styring Ꞇ . . . . | 4,45 | 33,517 | a.i.k. | Deutsch- |
| 7. ○ Forbach T Ꞇ P | 4,84 | 36,459 | a-o. | Lothr. |

ad 6 und 7 sind angepachtet, —

**b. Saarbrücken-Trierer Bahn** (11,59 M. = 87,27 Kil.).
Eröffnet bis Stat. 17: 15/12 58; 17-22 25/5 60; bis Wasserbillig 29/8 61.

| | | | | |
|---|---|---|---|---|
| (5. Saarbrücken) | 3,47 | 26,136 | | Trier |
| 8. Burbach Ꞇ P . . | 3,79 | 28,546 | a-o.p*. | » |
| 9. Louisenthal Ꞇ P . | 4,33 | 32,616 | a.b.e-l.p*. | » |
| 10. Völklingen Ꞇ P . | 4,85 | 36,533 | a.b.f.h-l.p*. | » |
| 11. Bous Ꞇ P . . . | 5,60 | 42,182 | a.b.e-l.p*. | » |
| 12. Ensdorf Ꞇ . . . | 6,07 | 45,712 | a.b.f.h-l.p*. | » |
| 13. Saarlouis T Ꞇ P . | 6,51 | 49,037 | a-o.p* | » |
| 14. Dillingen Ꞇ P . . | 7,04 | 53,029 | a-o. | » |
| 15. Beckingen Ꞇ P . | 7,69 | 57,925 | a.b.f.h-l. | » |
| 16. Merzig Ꞇ P . . | 8,65 | 65,156 | a.b.e-l. | » |
| 17. Mettlach Ꞇ P . . | 9,65 | 72,689 | a.b.e-l. | » |
| 18. *Serrig PH.* . . | 10,23 | 77,052 | | » |
| 19. Beurig (Saarburg) Ꞇ P . . . . . . | 2,05 | 90,767 | a-o. | » |
| 20. Wiltingen Ꞇ . . | 13,04 | 98,224 | a.b.f.h-l. | » |
| 21. Conz Ꞇ P . . . | 13,97 | 105,507 | a-o. | » |
| Bei Conz Abzweigung nach | | | | |
| 22. ○ Trier T Ꞇ P. | 15,06 | 113,439 | a-o. | » |
| ○ Preuss.-Luxemburger Grenze bei Conz-Wasserbillig . . . . | 14,85 | 111,850 | | |

**c. Saarbrücken-Saargemünder Bahn.**
(2,38 Meilen = 17,927 Kilometer.)
Eröffnet am 1. Juni 1870. Entfernungen von Saarbrücken.

| | | | | |
|---|---|---|---|---|
| (5. ○ Saarbrücken) | — | — | | Trier |
| 23. Brebach Ꞇ . . . | 0,59 | 4,424 | a.b.e-l. | » |
| 24. Kleinblittersdorf Ꞇ P | 1,49 | 11,223 | a.b.f.h-l. | » |
| 25. Hanweiler (Bad Rilchingen) Ꞇ P | 2,13 | 16,044 | a.b.f.h-l. | » |
| 26. ○ Saargemünd T Ꞇ P | 2,38 | 17,927 (16,00 wirkl.) | a-l. | » |

**d. Rhein-Nahe-Eisenbahn** (16,00 M. = 120,512 Kil.).
Preussen. °°¹ = Grossherzogth. Oldenburg: Fürstenthum.
Eröffnet Stat. 27-29 15/7 58; 29-36 15/12 59; die ganze Bahn 26/5 60.

| | | | | |
|---|---|---|---|---|
| 27. ○ Bingerbrück Ꞇ P | — | — | a-g.i-m. | Coblenz |
| 28. Langenlonsheim Ꞇ P | 1,11 | 8,361 | a.b.f.h.k. | » |
| 29. Stadt Creuznach T Ꞇ P . . . . . | 2,00 | 15,065 | a-o. | » |
| 30. *Bad Creuznach PH. für die Badesaison* | 2,30 | 17,325 | | » |
| 31. ○ Münster a. St. Ꞇ P | 2,73 | 20,552 | a.b.e-k. | » |
| 32. Waldbökelheim Ꞇ P | 4,19 | 31,559 | a.b.f.h-k. | » |
| 33. Staudernheim Ꞇ P | 4,73 | 35,629 | a.b.f.h-l. | » |
| 34. Sobernheim Ꞇ P | 5,15 | 38,792 | a.b.e-l. | » |
| 35. Monzingen Ꞇ P . | 5,72 | 43,086 | a.b.f.h-k. | » |
| 36. Kirn Ꞇ P . . . . | 7,08 | 53,330 | a-m. | » |

| | R. Mln. | Kil. | | |
|---|---|---|---|---|
| 37. Fischbach Ꞇ P . | 8,06 | 60,712 | a-c.e-k. | Birken- |
| 38. Oberstein Ꞇ P . | 9,06 | 68,244 | a-m. | feld. |
| 39. Kronweiler Ꞇ P . | 10,04 | 75,626 | a.b.f.h-k. °°¹ | » |
| 40. Heimbach Ꞇ P . | 10,77 | 81,125 | a.b.f.h-k. | Trier |
| 41. Birkenfeld T Ꞇ P | 11,41 | 85,946 | a-c.e-k. °°¹ | Birken |
| 42. Türkismühle Ꞇ P | 12,23 | 92,122 | a.b.f.h-k. | feld |

| | Mln. | Kil. | | |
|---|---|---|---|---|
| 43. St. Wendel ⵉP . | 14,16 | 106,660 | a-m. | Trier |
| 44. Ottweiler ⵉP. . | 15,29 | 115,172 | a.b.f.h-k. | » |
| (1. Neunkirchen). | 16,13 | 121,499 | b-h.n.o. | » |

Bei denjenigen Sendungen, welche sich über den Rhein bewegen (p. Traject), wird den obenbez. Tarifmeilen als Antheil der Rhein-Nahebahn noch 1 Trajectmeile zugeschlagen.

Zu den Bahnen a und b gehören noch

**Zweigbahnen** (Entfernungen von der Bayerischen Grenze an gerechnet).

| | | | Meilen | Kilom. |
|---|---|---|---|---|
| 45. bei ad 1 | Grube | Ziehwaldstollen. | 0,71 | 5,499 |
| 46. zw. ad 1 u. 1a | » | Dechen . . . . | 1,17 | 10,168 |
| 47. » » » | » | Heinitz . . . . | 1,36 | 10,168 |
| 48. bei ad 1a | » | Reden. . . . . | 1,33 | 9,942 |
| 49. zw. 1a u. 2 | » | Itzenplitz . . . | 1,55 | 9,942 |
| 50. bei ad 2 | » | Friedrichsthal . | 2,00 | 14,989 |
| 51. zw. 2 u. 3 | » | Altenwald . . . | 2,66 | 19,960 |
| 52. bei ad 3 | » | Sulzbach. . . . | 2,43 | 18,303 |
| 53. zw. 3 u. 4 | » | Dudweiler . . . | 3,17 | 23,876 |
| 54. zw. 8 u. 9 | » | v. d. Heydt . . | 4,39 | 33,132 |
| 55. bei ad 9 | » | Gerhardt . . . | 4,33 | 32,616 |
| 56. bei ad 12 | » | Griesborn Kronprinz) | 6,50 | 49,485 |

**Zweigb. Saar-Canalstation Malstatt** bei Saarbrücken.

Eröffnet am 15/4 66.

Entfernung von Saarbrücken 0,30 Meile.

57. **Malstatt** (K. u. G.St.) a-m.

Die diesseitigen Zollabfertigungsstationen waren bisher Saarbrücken und Hanweiler; — durch Hinausschiebung der Deutsch-Französischen Grenze wird hierin eine Aenderung eintreten.

# Königl. Sächs. Staats-Eisenbahnen und in Staatsverwaltung befindliche Sächs. Privateisenbahnen.

Dieselben werden von der Kgl. General-Direction in Dresden verwaltet. Von Privatbahnen befinden sich in Staatsverwaltung: die Zittau-Reichenberger (d.) (Directorium in Zittau); die Chemnitz-Würschnitzer (v.) (Directorium in Chemnitz); die Gössnitz-Geraer (p.) (Directorium in Ronneburg); die Greiz-Brunner (q.) (Directorium in Greiz).

Stations-Adressen: 1. Königl. Bahnhofs-Inspection (B.I.);
2. Königl. Güter-Expedition (G.E.);
3. Königl. Güterstation (G.St.);
4. Haltestelle (*P.H.*, *G.H.* u. *P.H.**).

Königr. Sachsen: Kreisdirectionen. *[1] = Oesterreich (Böhmen). *[2] = Preussen: Reg.-Bezirke. *[3] = Herzogthum Altenburg. *[4] = Bayern (Oberfranken). *[5] = Fürstenthum Reuss jüng. Linie. *[6] = Reuss ältere Linie.

Anschlüsse. Bodenbach: Böhm. Nordb. u. Oesterr. Staatsb. (nördl. Linie); Dresden: Leipzig-Dresdner Eisenbahn; Görlitz: Berlin-Görlitzer u. Niederschles.-Märk. Bahn; Warnsdorf: Böhm. Nordbahn; Reichenberg: Süd-Nordd. Verbindungsb.; Döbeln: Leipzig-Dresdner E.; Eger: Bayer. Ostb. u. im Bau Kaiser Franz-Joseph-Bahn; Franzensbad: Hof-Eger-Bahn in Betrieb der Bayer. Staatsb., Buschtěhrader Bahn; Gera: Thüringsche Bahn u. im Bau Gera-Eichicht; Hof: Bayer. Staatsbahn; Leipzig: Berlin-Anhaltische, Leipzig-Dresdner, Magdeburg-Leizipger u. Thüring. E.; Riesa: Leipzig-Dresd.; Röderau: Berlin-Anhalt.) E. Im Bau: Altenburg: Altenburg-Zeitzer E.; Weipert: Buschtěhrader E.

Directer Güterverkehr, und zwar:

1. = Rheinisch-Thüring. Verband (Tarif v. 1/1 71 mit Nachtr. I. v. 15/1 71, II. v. 10/3 71, III. v. 20/3 71 u. IV. v. 10/4 71);
2. = Deutsch-Französischer Verbandsverkehr via Düsseldorf-Mastricht (1/4 69);
3. = Sächsisch-Rheinischer Verband via Eisenach-Giessen (1/5 69 mit Nachtr. I. v. 1/11 69, II. v. 1/1 70, III. v. 1/3 70, IV. v. 1/7 70, V. v. 10/7 70, VI. v. 1/1 71);
4. = Deutsch-Französischer Güterverkehr via Herbesthal-Deutz-Giessen-Eisenach (1/2 70);
5. = directer Güterverkehr via Giessen-Northeim resp. Arenshausen (1/2 69 mit Nachtr. I. v. 1/5 69, II. u. III. v. 1/5 69, IV. v. 1/7 69, V. v. 1/11 69, VI. v. 1/1 70, VII. v. 10/2 70, VIII. v. 1/3 70, IX. v. 15/7 70, X. v. 1/9 70, XI. v. 1/10 70, XII. v. 1/1 71);
6. = Mitteldeutscher Verbandsverkehr via Bebra-Hanau (1/1 69 mit Nachtr. I. v. 1/1 69. II. v. 1/4 69. III. v. 1/6 69. IV. v. 1/11 69, V. v. 1/5 70, VI. v. 1/6 70, VII. v. 1/8 70, VIII. v. 15/10 70, IX. v. 1/3 71);
7. Schlesisch-Sächsisch-Thüringischer Verbandsverkehr (10/6 70 mit Nachtr. v. 10/6 70 u. zweitem Theile v. 1/6 71);
8. = Getreideverkehr von Galizien (1/5 70);
9. = Böhmischer Braunkohlenverkehr (1/10 70 mit Nachtr. I. v. 1/1 71, II. v. 1/4 71);
10. = Verkehr mit Leipzig-Dresdner Stationen;
11. = Verkehr mit Thüringischen Stationen: a = Kohlen von Zwickau (1/5 70); b = Salz von Thüringen (15/2, 20/10, 20/11 69 u. 1/10 70); c = Steine nach Thüringen (1/11 68); d = für andere Güter (1/8 68);
12. = Kohlen ab Zwickau nach Stationen der Nordhausen-Erfurter Bahn (15/4 70);
13. = Kohlen ab Zwickau nach Stationen der Werrab. (1/4 67);
14. = Verkehr mit Magdeb.-Leipz. bez. Halle-Casseler Stationen (1/7 70, Nachtr. I. v. 1/1 71);
15. = Kohlen ab Zwickau nach Berlin-Potsdam-Magdeburger Stationen (1867);
16. = Kohlen ab Zwickau nach Magdeburg-Halberstädter Stationen (1/4 68);
17. = Verkehr mit Station Wittenberge (1861);
18. = Verkehr mit Hannoverschen Stat., sowie Braunschweig und Halberstadt (1/10 68);
19. = Verkehr mit Hannoverschen Stationen (21/5 66);
20. = Verkehr mit Hamburg u. Lübeck via Magdeburg (1/10 68, Nachtr. I. v. 15/11 69, II. v. 15/3 71);
21. = Verkehr mit Hamburg via Berlin (1/11 69, Nachtr. I. v. 1/11 69, II. v. 1/3 71);
22. = Verkehr mit Hamburg via Dresden-Berlin (15/6 68);
23. = Verk. mit Hamburg via Dresden-Berlin (21/7 68, Nachtr. I. v. 15/8 69, II. v. 15/11 69, III. v. 15/4 71);
24. = Sand- u. Granitsteinverk. nach Hamburg (1/6 69);
25. = Verkehr mit Berlin-Anhaltischen Stat. via Leipzig und Riesa (1/3 70, Nachtr. I. v. 20/6 70);
26. = Verkehr mit Berlin (Berlin-Görlitz) (15/6 70);
27. = Verkehr mit Stettin (1/6 70, Nachtr. I. v. 1/7 70);
28. = Verkehr mit Cüstrin, Frankfurt a/O., Finkenheerd oder Wellmitz für Güter, welche auf der Oder eingehen, oder zur Weiterversendung aufgegeben werden (15/4 71);
29. = Verkehr mit Stationen der Südnorddeutschen Verbindungsbahn für Flachs, Hanf etc. und Garne (15/6 70);
30. = mit der Oesterr. Staatsb. (Wien, Marchegg und Ungar. Stationen) (1/4 68, Nachtr. I. v. 15/5 68, II. v. 1/10 68, III. v. 20/4 69, IV. v. 1/8 69, V. v. 15/3 70, VI. v. 1/8 70, VII. v. 1/9 70, VIII. v. 15/4 71);
31. = mit der Oesterr. Staatsbahn (nördliche Linie) (10/12 68, Nachtr. I. v. 1/3 69, II. v. 15/3 70, III. v. 15/4 71);
32. = Verkehr mit der Kaiserin Elisabethbahn (1/2 69);
33. = Verkehr mit Leipzig-Wien via Eger-Passau (15/1 69);
34. = Verkehr mit Stationen der Tyroler Linie (15/1 68);
35. = Verk. mit Bayern (1/4 70, Nachtr. I. v. 15/7 70, II. v. 1/12 70);
36. = Verkehr mit der Hessischen Ludwigsbahn, Frankfurt-Hanauer Bahn und Station Aschaffenburg (15/6 69, Nachtr. I. v. 1/1 71, II. v. 1/3 71);
37. = Verkehr mit der Bayerischen Pfalz (1/1 69, Nachtr. I. v. 1/3 71);
38. = Verkehr mit Württemberg (1/1 71);
39. = Verkehr mit Baden (1/3 69, Nachtr. I. v. 1/9 69, II. v. 1/9 69, III. v. 15/11 69, IV. v. 1/1 71);
40. = Verkehr mit der Schweiz via Lindau (1/11 66, Nachtr. I. v. 10/11 68, II. v. 10/12 69, III. v. 1/8 70, IV. v. 15/3 70);
41. = Verkehr mit Basel und Schaffhausen via Lindau und Romanshorn (1/3 69, Nachtr. I. v. 15/11 69, II. v. 1/12 69, III. v. 1/3 70, IV. v. 1/9 70);
42. = Verkehr mit Stationen der Französischen Ost- und Westbahn (1/7 68);
43. = Verkehr mit Italien, sowie Station Triest (20/3 70);
44. = Roheisen von Stat. der Luxemburgischen Wilhelmsb.;
45. = Sächsisch-Russisch-Polnischer Verbandsgüterverkehr via Kattowitz-Breslau (1/10 70).
46. = Ostdeutsch-Sächsischer Verbandsverkehr (1/3 71).
47. = Sächsisch-Polnischer Verbandsverkehr (20/6 71).
48. = Sächsisch-Westfälischer Verbandsverkehr (15/7 71).
49. = Posen-Sächsischer Verbandsverkehr (1/10 71).

## a. Linie Dresden-Bodenbach (8,87 M. = 66,5 Kil.).

Eröffnet Stat. 1-5 1/6 48; 5-9 9/7 50; 9-10 7/8 50; 10-13 6/4 51; die Dresdner Verbindungsb. (zwischen dem Sächs.-Böhmischen, Sächs.-Schles. u. Leipzig-Dresdner Bahnhof 0,5 M.) 19/4 52.

| | Kilom. | | |
|---|---|---|---|
| 1. ○ (b.f) Dresden . . . . . | — | 9.30.31. | Dresden |
| a. *Neustadt PH.* . . . . . | — | | » |
| b. Altstadt Bl. u. GE. . . . . | 3,75 | | » |
| c. Elbquailadeplatz G.St. . . | — | | » |
| 2. *Niedersedlitz PH.** . . . | 11,25 | | » |
| 3. Mügeln GSt. . . . . . . | 15,00 | 9. | » |
| 4. *Heidenau PH.* . . . . . | 18,75 | | » |
| 5. Pirna BI. . . . . . . . | 21,75 | 9.11.24.25. | » |
| Productenbahnhof bei Pirna GH. | | | |
| 6. *Obervogelgesang PH.* . . . | 25,50 | | » |
| 7. *Pötzscha PH.* . . . . . | 30,00 | | » |
| 8. *Rathen PH.* . . . . . . | 33,75 | | » |
| 9. Königstein BI. . . . . . | 39,00 | 9.11.24.25. | » |
| 10. Krippen BI. . . . . . . | 45,00 | 9.24.25. | » |
| 11. *Schöna PH.* . . . . . . | 52,50 | 9.4. | » |
| 12. *Niedergrund PH.** . . . | 56,25 | | *1 Böhmen |
| 13. ○ Bodenbach BJ. u. GE. . . . . . . . | 66,00 | 1-7.23.35.38.49. | » |

**b. Linie Dresden-Görlitz** (13,80 M. = 103,5 Kilom.).
Eröffnet Stat. 14-16 11/11 45; 16-19 22/11 45; 19-22 1/6 46: 22-25 23/12 46; 25-29 1/6 47. Seit 1/7 51 vom Staat übernommen.

| Station | Kil. | | |
|---|---|---|---|
| 14. ○ (a) **Dresden**, Neustadt Bl.u.GE. | — | 7.8.28.29.45. | Dresden |
| 15. *Langebrück PH.* | 11,25 | | » |
| 16. (c) Radeberg Bl. | 16,50 | 9.10.24.25.29. | » |
| 17. Fischbach GSt. | 24,00 | 9.10.11. | » |
| 18. *Harthau PH.* | 31,50 | | Bautzen |
| 19. Bischofswerda Bl. | 37,50 | 9-11.24.25.28. | » |
| 20. *Demitz PH.** | 42,75 | 24. | » |
| 21. *Seitschen PH.** | 48,75 | 24. | » |
| 22. Bautzen Bl. | 57,00 | 7.9-11.24.25.28.35 | » |
| 23. *Kubschütz PH.* | 63,75 | | » |
| 24. *Pommritz PH.** | 68,25 | | » |
| 25. (d) Löbau Bl.u.GE. | 78,75 | 6.7.9.10.19.22. 26.28.35.38. | » |
| 26. *Zoblitz PH.* | 85,50 | | » |
| 27. Reichenbach Bl. | 88,50 | 9.10. *[2] | Liegnitz |
| 28. *Gersdorf PH.* | 93,00 | *[2] | » |
| 29. ○ Görlitz Bl (Kgl. Preuss.) GE. (Kgl. Sächsisch) | 103,50 | 1-6.9-11.29.35*[2]. 36.38.39.41.46. | » |

**c. Radeberg-Kamenz** (3,70 M. = 27,75 Kilom.).
Eröffnet am 1. October 1871.

| Station | Kil. | | |
|---|---|---|---|
| (16. Radeberg) | — | | Dresden |
| 30. Grossröhrsdorf Bl. | 11,25 | | Bautzen |
| 31. Pulsnitz Bl. | 16,20 | | » |
| 32. *Bischheim PH.** | 21,23 | | » |
| 33. Kamenz Bl. | 27,75 | | » |

**d. Linie Löbau-Zittau-Reichenberg**
(8,23 M. = 61,72 Kilom.).
Strecke Löbau-Zittau seit 1. Januar 1871 vom Staat übernommen; Zittau-Reichenberg Privatbahn. (Sitz des Directoriums in Zittau.)
Eröffnet Löbau-Zittau 10/6 48; Zittau-Reichenb. 1/12 59.

| Station | Kil. | | |
|---|---|---|---|
| (25. Löbau) | — | | Bautzen |
| 34. *Neu-Cunnersdorf PH.* | 7,20 | | » |
| 35. *Ober-Cunnersdorf PH.* | 10,05 | | » |
| 36. Herrnhut Bl. | 15,30 | 9.10. | » |
| 37. Oberoderwitz Bl. | 22,50 | 9.10. | » |
| 38. *Mitteloderwitz PH.* | 24,53 | | » |
| 39. (e) **Zittau** Bl.u.GE. | 34,35 | 1.3.5-7.9-11.19. 22.26.28.29.35. 38.45.48. | » |
| 40. Grottau Bl. | 41,55 | 10. *[1] | Böhmen |
| 41. *Weisskirchen PH.** | 47,33 | *[1] | » |
| 42. Kratzau Bl. | 51,23 | 10. *[1] | » |
| 43. *Machendorf PH.** | 55,88 | *[1] | » |
| 44. ○ Reichenberg Bl.u.GE. | 61,72 | 1.3.5-7.10. 11.19.22.26. 28.35.38.40. *[1] | » |

**e. Zweigb. Zittau-Warnsdorf** (2,1 M. = 15,75 Kil.)
mündet bei Scheibe in die Löbau-Zittauer Bahn ein.
Eröffnet Zittau-Grossschönau am 2. Januar 1868, Grossschönau-Warnsdorf am 15. August 1871.

| Station | Kil. | | |
|---|---|---|---|
| (39. Zittau) | — | | Bautzen |
| 45. *Scheibe PH.** | 3,75 | | » |
| 46. *Hainewalde PH.** | 7,50 | | » |
| 47. Grossschönau Bl. | 13,50 | 6.7.9.10.26.28.2 9.35.38. | » |
| 47a. ○ Warnsdorf Bl. | 15,75 | *[1] | Böhmen |

**f. Linie Dresden-Chemnitz** (10,66 M. = 79,95 Kil.).
Nach von der Generalversammlung der vormaligen Albertsb.-Gesellschaft genehmigtem Vertrage vom 5/11 68 ist die Albertsbahn (Dresden-Tharandt) vom 1. Juli 1868 ab in das Eigenthum des Staats übergegangen.
Eröffnet Dresden-Tharandt 28/6 55; Tharandt-Freiberg 11/8 62; Freiberg-Chemnitz 1/3 69.

| Station | Kil. | | |
|---|---|---|---|
| (1. ○ **Dresden**) | — | 35-39.41.43. | Dresden (Sachsen) |
| 48. *Plauen PH.** | 4,13 | | » |
| 49. Potschappel Bl. | 7,28 | 9.30.35. | » |
| 50. *Deuben PH.** | 9,08 | | » |
| 51. *Hainsberg PH.** | 11,10 | | » |
| 52. Tharandt Bl. | 13,88 | 9.30. | » |
| 53. *Höckendorf (Edle Krone) PH.** | 17,85 | | » |
| 54. Klingenberg-Colmnitz Bl. | 25,20 | 9.30. | Dresden |
| 55. *Niederbobritzsch PH.** | 30,90 | | (Sachsen) |
| 56a. *Hilbersdorf PH.* | 36,00 | | » |
| 56b. Muldenhütten *GH.* | 36,00 | 9. | » |
| 57. Freiberg Bl. | 39,98 | 6.7.9-11.14.30. 35-38. | » |
| 58. *Kleinschirma PH.* | 45,08 | | » |
| 59. *Frankenstein PH.** | 49,58 | | » |
| 60. Oederan Bl. | 57,15 | 7.9-11.14.25. 30.35-37. | Zwickau |
| 61. *Falkenau PH.** | 64,58 | | |
| 62. (b) Flöha Bl. | 67,13 | 9-11.14.20.21.30. | » |
| 63. (g.h) *Niederwiesa PH.** | 72,08 | | » |
| 64. (l[1]) Chemnitz Bl.u.GE. | 79,95 | 6.7.9-11.14.18.20.21. 25.27.30.32.34-43.45. 46.47.49. | » |

Flöha-Chemnitz gemeinsam für den Dienst Dresden-Chemnitz und Annaberg-Chemnitz.

**g. Zweigb. Niederwiesa-Hainichen**
(2,31 M. = 17,30 Kilom.).
Eröffnet am 1/3 69.

| Station | Kil. | | |
|---|---|---|---|
| (63. Niederwiesa) | — | | Zwickau |
| 65. *Braunsdorf PH.** | 3,45 | | » |
| 66. Frankenberg Bl. | 8,18 | 6.7.9-11.14.25.30.35-38. | » |
| 67. Hainichen Bl. | 17,33 | 6.7.9-11.14.25.30.35-39. | » |

**h. Flöha-Annaberg** (5,76 Meilen = 43,20 Kilom.).
Eröffnet 1/2 1866.

| Station | Kil. | | |
|---|---|---|---|
| (62. Flöha) | — | | Zwickau |
| 68. Erdmannsdorf Bl. | 3,98 | 9-11.14.30. | » |
| 69. *Hennersdorf PH.* | 8,55 | | » |
| 70. *Witzschdorf PH.* | 11,25 | | » |
| 71. Waldkirchen GSt. | 12,90 | 7.9-11.14.18.20.21.25. 30.35. | » |
| 72. Zschopau Bl. | 16,58 | 7.9-11.14.18.20.21.25. 30.35-37. | » |
| 73. *Scharfenstein PH.** | 22,05 | | » |
| 74. Wolkenstein Bl. | 29,48 | 7.9-11.14.18.20.21.25. 30.35. | » |
| 75. *Wiesenbad PH.** | 34,95 | | » |
| 76. *Schönfeld PH.** | 39,45 | | » |
| 77. (i) Annaberg Bl. | 43,20 | 27.29.30.32.34-41.45. 6.7.9-11.14.18.20.21.25. | » |

**i. Sächsisch-Böhmische Verbindungsb. Annaberg-Weipert. Verwaltungsrath in Leipzig.**
Anschluss in Weipert an die Buschtěhrader E.
Den Betrieb übernimmt die Kgl. Sächs. Staatsbahnverwaltung.
Eröffnung in 1872.

| Station | Kil. | | |
|---|---|---|---|
| (77. Annaberg) | — | | Zwickau |
| 78. Buchholz | 2,70 | | » |
| 79. Cranzahl | 8,48 | | » |
| 80. Königswalde | 13,50 | | » |
| 81. Bärenstein | 18,08 | | » |
| 82. ○ Weipert | 19,13 | *[1] | Böhmen |

**k. Leipzig-Hof** (22,33 Meilen = 167,47 Kilom.).
Eröffnet Stat. 83-88 19/9 42; 88-90 19/9 44; 90-91 (resp. Zwickau) 6/9 45; 91-93 21/4 46; 93-97 15/7 51; 97-102 20/11 48; die Leipziger Verbindungsbahn 0,75 M. am 30/7 51.

| Station | Kil. | | |
|---|---|---|---|
| 83. ○ Leipzig Bl.u.GE. | — | 32-41.43. | Leipzig |
| 84. *Gaschwitz PH.* | 9,30 | | » |
| 85. *Böhlen PH.** | 14,63 | | » |
| 86. (l) Kieritzsch Bl. | 21,08 | 10.11.14. | » |
| 87. Breitingen GSt. | 28,58 | | » |
| 88. ○ Altenburg Bl. | 35,85 | 6.7.9.11.14.17. 18.20.25.27.30. 32.34-42. | *[2] Herzgth. Altenburg |
| 89. (p.s) Gössnitz Bl. | 58,35 | 9.11.25.27.30. *[2] | » |
| 90. Crimmitschau Bl. | 67,43 | 6.7.11.14.18.20. 25.27.30.32.34. 35-41.45.47. | Zwickau |
| 91. Werdau Bl. | 78,15 | 7.11.14.18.20.25.27. 30.32.34-41. | » |
| Zweigb. n. Zwickau (Linie t.) | | | » |
| 92. (q) *Neumark PH.** | 86,55 | | » |

Kil.

93. Reichenbach Bl. . . 95,33 7.10.11.14.18.20.25.27.30.32.34-42.45.47. Zwikau
94. Netzschkau GSt. . 100,73 11.14.30.32. »
95. (r) Herlasgrün GSt. . 105,98 11.14.30. »
96. *Jocketa PH.** . . . 112,73 »
97. Plauen Bl . . . 120,45 7.10.11.14.18.20.25.27.30.34-42. »
98. Mehltheuer Bl. . . 131,63 11.14.25.35-37.39.41. »
99. Schönberg GSt. . . 137,85 »
100. Reuth Bl. . . . 145,73 11.14.25.35. »
101. *Gutenfürst PH.* . 153,98 »
102. ○ Hof Bl.u.GE. . 167,47 7.10.11.14.17.18.20.25.27.45-47. *[1] Bayern Oberfranken

**l. Linie Kieritzsch-Borna** (0,86 Meile = 6,45 Kil.).
Eröffnet 14/7 67.
Am 1. October 1870 an den Staat übergegangen.

(86. Kieritzsch) . . . — Leipzig
103. *Lobstädt PH.** . . 3,00 »
104. (l[1]) Borna Bl. . . 6,45 10.11.14. »

**l[1]. Borna-Chemnitz** (7,34 M. = 55,05 Kilom.).
Eröffnung in 1872.

(104. Borna) . . . — Leipzig
105. Frohburg . . . 8,18 »
106. Geithain. . . 18,30 »
107. (m.n.) Narsdorf 24,38 »
108. Cossen . . . . 33,00 »
109. Burgstädt . . . 40,13 »
110. (o) Wittgensdorf 44,85 Zwickau
111. Bahrmühle . . 47,55 »
(64. Chemnitz) . . 55,05 »

**m. Zweigbahn Narsdorf bei Geithain-Rochlitz**
(1,27 M. = 9,53 Kilom.).
Eröffnung in 1872.

(107. [n] Narsdorf) — Leipzig
112. Kottwitzsch . 3,53 »
113. Rochlitz. . . 9,53 »

**n. Zweigbahn Narsdorf bei Geithain-Penig**
(1,35 M. = 10,13 Kilom.).
Eröffnung in 1872.

(107. Narsdorf). . — Leipzig
114. Langenleuba . . 4,73 »
115. Penig . . . . 10,13 »

**o. Zweigb. Wittgensdorf-Limbach** (0,87 M. = 6,52 K.).
Eröffnung in 1872.

(110. Wittgensdorf) — Zwickau
116. Hartmannsdorf . 2,40 »
117. Limbach. . . 6,53 »

**p. Gössnitz-Gera** (4,6 Meilen = 34,50 Kilom.).
(Directorium in Ronneburg.)
Eröffnet 28/12 65.

(89. Gössnitz) . . . — *[2] Herzgth. Altenburg
118. Schmölln Bl. . . . 10,42 7.9.11.14.18.20.25.30.32.34-39.41. *[2] »
119. *Nöbdenitz PH.** . 16,35 *[2] »
120. Ronneburg Bl. . 24,15 7.9.11.14.18.20.25.30.32.34-39.41. *[3] »
121. ○ Gera Bl. . . . 34,50 7.9.14.25.27.30.32.34-41. *[5] Reuss j. L.

**q. Greiz-Brunn** (1,58 Meile = 11,85 Kilom.).
(Directorium in Greiz.)
Eröffnet 22/10 65.

(92. *Neumark*) . . — Zwickau
122. *Brunn PH.** . . 1,87 »
123. *Molsdorf P.H.** 6,75 *[6] Reuss ält. L.
124. Greiz Bl. . . . 11,85 7.11.14.18.20.25.27.30.32.34-41. *[6] »

**r. Herlasgrün-Eger** (13,58 Mln. = 101,85 Kil.).
Eröffnet 1/11 65.

(95. Herlasgrün) . — Zwickau
125. Treuen Bl. . . 8,10 11.14.25.27.30-32.35. »
126. Lengenfeld Bl. . 11,85 11.14.30.32.35. »
127. Auerbach Bl. . . 17,33 7.11.14.18.20.25.30.32.35. Zwikau
128. Falkenstein Bl. . . 22,35 11.14.30.32.35.
129. *Bergen PH.** . . . 28,43 »
130. Lottengrün *GH.* . 34,20 »
(Haltest. für Steineverladung)
131. *Untermarxgrün PH** 41,33 »
132. Oelsnitz Bl. . . . 47,25 7.11.14.18.20.25.30.32.35. »
133. Adorf Bl. . . . . 60,45 11.14.25.32.35. »
134. Elster Bl. . . . . 63,68 11.14. »
135. Brambach GSt. . . 77,25 11.14.32. »
136. Voitersreuth Bl. . 87,30 11.14.25.39. *[1] Oesterr. Böhmen
137. ○ Franzensbad Bl. 95,25 11.14.25.27.
138. ○ Eger Bl (K. Bayer.) GE. (K. Sächsisch) . 101,85 7.10.11.14.18.20.25.27.29.46.47. »

**s. Gössnitz-Riesa** (15,28 Meilen = 114,60 Kilom.).
Eröffnet Gössnitz-Chemnitz 15/11 58; Chemnitz-Waldheim 1/9 52; nachdem Stat. 152-155 22/6 47; 155-161 29/9 47 vorher in Betrieb gesetzt waren.

(89. Gössnitz) . . . — Zwickau
139. Meerane Bl. . . . 5,70 7.9.11.14.18.20.25.27.30.32.34-41. »
139a. Schönbörnchen . 12,38 »
140. (t) Glauchau Bl. . 16,28 6.7.9.11.14.18.20.25.27.30.32.34-42. »
141. St. Egidien Bl. . . 23,32 7.9.11.14.25.30.35-37. »
142. Hohenstein-Ernstthal Bl. . . . . 30,00 7.9.11.14.18.20.25.30.32.34-37.39.41 »
143. (v) Wüstenbrand GSt. 33,83 9.11.14.30. »
144. *Grüna PH.* . . . 36,97 »
145. Siegmar GSt. . . 40,20 9.11.14.30. »
146. *Nicolaivorstadt Chemnitz PH.* . 45,45 »
(64. Chemnitz) . . . . 48,37 »
147. Oberlichtenau GSt. . 57,60 10.11.14. »
148. *Altmittweida PH.*. 64,58 »
149. Mittweida Bl. . . 66,67 9-11.14.18.20.21.25.27.32.34-39.41. Leipzig
150. Erlau GSt. . . . . 69,23 9.10.11.14. »
151. *Schweikershain PH.* 72,97 »
152. Waldheim Bl. . . 79,80 9-11.14.18.20.21.25.27.32.34-37.39.41. »
153. *Steina PH.** . . . 83,02 »
154. *Limmritz PH.** . 85,73 »
155. ⊗ Döbeln Bl. . . 89,32 20.21.25.27.32.34-39.41. »
156. Grossbauchlitz GSt. . 90,15 10.25. »
157. *Zschaitz PH.* . . 95,85 »
158. Ostrau Bl. . . . . 99,45 9.10.14. »
159. Stauchitz Bl. . . . 105,15 9.10.14. »
160. *Seerhausen PH.* . 108,83 Dresden
161. ○ Riesa Bl. . . . 114,60 32.34.35.38-42. »

**t. Glauchau-Schwarzenberg** (7,58 Mln. = 56,85. K.)
Eröffnet 15/5 58.

(140. Glauchau) . . . — Zwickau
162. *Mosel PH.** . . . 8,55 »
163. Zwickau Bl.u.GE. (Zweigb. nach k.) . 16,13 6.7.10-16.18.20.25.27.30.32.34-42.44. »
164. *Cainsdorf PH.* . 20,62 »
165. Wilkau GSt. . . . 21,68 11.14. »
166. Wiesenburg GSt. 27,52 11.14.30. »
167. *Fährbrücke PH.** 31,80 »
168. Stein Bl. . . . . 35,93 11.14.30. »
169. (u) *Niederschlema PH.** . . . . . 41,85 »
170. Aue Bl. . . . . . 46,28 7.11.14.25.30. »
171. Lauter GSt. . . . 52,42 »
172. Schwarzenberg Bl. . . . . . . . 56,85 7.10.11.14.18.20.25.27.30.32.34-39.41. »

**u. Zweigb. Niederschlema-Schneeberg-Neustädtel**
(0,68 Meilen = 5,10 Kil.). Eröffnet 1/5 59.

(169. Niederschlema) — Zwickau
173. *Oberschlema PH.** . . 1,95 »
174. Schneeberg-Neustädtel Bl. . . . . 5,10 7.10.11.14.18.20.25.27.30.32.34-39.41. »

### v. Chemnitz-Würschnitzer Kohlenbahn

(= Zweigbahn Wüstenbrand-Lugau)
(1,6 Meile = 12 Kilom.). Eröffnet 15/11 58.
(Directorium in Chemnitz.)

| | | | |
|---|---|---|---|
| (143. Wüstenbrand) | — | | Zwickau |
| 175. Lugau Bl. . . . | 12,00 | 11.14.18.20.25.30. | » |

### w. Kohlen-Industriebahnen.

Die aus dem Dresdner Kohlen-Bassin auf die Hauptbahn zwischen Dresden und Tharandt einmündenden Zweigbahnen sind folgende:

| | Meilen |
|---|---|
| 1. Die Hänichener Stammzweigbahn . . . . . . . . | 1,630 |
| Dieselben nimmt auf | |
| α. die Windberg-Zweigbahn . . . . . . . . . . | 0,181 |
| β. die Rippchener Zweigbahn . . . . . . . . | 0,125 |
| 2. die Hermsdorfer Zweigbahn . . . . . . . . | 0,410 |
| 3. die Döhlener Zweigbahn . . . . . . . . . . | 0,062 |
| 4. die Deubener Zweigbahn . . . . . . . . . . | 0,075 |
| 5. Zweigbahn vom Bahnhofe Dresden nach dem Elbkai | 0,321 |

Die Kohleneisenbahnen bei Zwickau, welche die Werksgruppen mit den Schienengleisen der Staatseisenbahnen verbindet, sind sämmtlich Privateigenthum, als:

| | |
|---|---|
| 1. die Bürgergewerkschaftszweigbahn . . . . . . . | 0,211 |
| 2. die Breithauptschachtzweigbahn . . . . . . . | 0,151 |
| 3. die Hoffnungsschacht- u. Vertrauensschacht-Zweigb. | 0,093 |
| 4. die Planitzer Zweigbahn . . . . . . . . . . | 0,166 |
| 5. die Zwickauer Steinkohlenbauverein-Zweigbahn . . | 0,207 |
| 6. die Königin Marienhütte-Zweigbahn . . . . . . | 0,113 |
| 7. die Oberhohndorf-Reinsdorfer Eisenbahn . . . . . | 0,876 |
| ausser welcher noch 12370 laufende Fuss Schienengeleis nach den einzelnen Kohlenwerken liegen. | |
| 8. die Bockwaer Eisenbahn . . . . . . . . . . | 0,722 |
| auf welcher ausserdem noch 12900 laufende Fuss Schienengeleis als Sammelgeleis aus den entfernt liegenden Werken einmünden. | |

Auf die Chemnitz-Würschnitzer Bahn, sogenannte Kohlenhauptbahn, münden die den Kohlenbauvereinen des Lugau und Würschnitzer Kohlen-Bassins gehörigen Zweigbahnen ein, und zwar:

| | |
|---|---|
| 1. die Ottoschacht-Zweigbahn . . . . . . . . . . | 0,211 |
| 2. die Gottessegenschacht- u. neue Fundgrube-Zweigb. | 0,224 |
| 3. Seewaldschacht-Zweigbahn . . . . . . . . . . | 0,038 |

Die sämmtlichen Zweigbahnen haben Locomotivenbetrieb.

## Salzburg-Halleiner Eisenbahn.

Anschluss in Salzburg an die Bayer. Staatsb. und an die Kaiserin Elisabethbahn.
Eröffnet am 15. Juli 1871.

Die Bahn gehört dem Baurath Ritter v. Schwarz, den Betrieb leitet jedoch die Verwaltung der Kaiserin Elisabeth-Bahn.

| | Oest. Mln. | |
|---|---|---|
| 1. ○ Salzburg. . . . | — | Oesterreich |
| 2. Aigen . . . . . . . | 0,917 | o. d. Enns |
| 3. Puch . . . . . . . . | 1,958 | » |
| 4. Hallein bei Salzburg | 2,4 | » |

Schleswigsche Eisenbahnen, s. Altona-Kieler E.

## Erste Siebenbürger Eisenbahn.

Verwaltungsrath und Betriebsleitung in Arad, General-Direction in Pest.

Oesterreichisch-Ungarische Monarchie.
Anschlüsse: Arad: Theissbahn und Arad-Temesvárer E.; Carlsburg: Ungar. Ostbahn (im Bau).
Allgemeiner Gebührentarif vom 22. December 1868.

### a. Arad-Karlsburg (27,79 Oesterr. M. = 210,85 Kil.).

Eröffnet am 22/12 1868.

| | Tarifmeilen | Ungarn |
|---|---|---|
| 1. ○ Arad Ƭ Ɫ ꝑ. . | — | Arad |
| 2. Gyorok Ɫ . . . . | 3 | » |
| 3. *Paulis PH.* ꝑ . . | 4 | » |
| 4. Radna Ɫ ꝑ . . . . | 4,5 | » |
| 5. Konop ꝑ . . . . . | 7 | » |
| 6. Berzova Ɫ ꝑ . . . | 8 | » |
| 7. Soborsin Ɫ ꝑ . . . | 11 | » |
| 8. Zám Ɫ ꝑ . . . . . | 13,5 | Siebenbürgen |
| 8a. *Guraszada PH.* . | — | » |
| 9. Illye Ɫ ꝑ . . . . | 16,5 | Hunyader |
| 10. *Branyicska PH.* . | 18 | » |
| 11. Déva Ƭ Ɫ ꝑ . . . | 19,5 | » |
| 12. (b) Piski Ɫ . . . . | 21 | » |
| 13. Broos Ƭ Ɫ ꝑ . . . | 23 | Brooser |
| 14. Siboth Ɫ . . . . . | 24,5 | Unt.Weisenburger |
| 15. Alvincz Ɫ ꝑ . . . . | 26,5 | Unter.Weissenburger |
| 16. Karlsburg Ƭ Ɫ ꝑ | 28 | » |

Fortsetzung von Karlsburg nach Klausenburg und Kronstadt eventuell über den Ojtos-Pass nach Galacz u. Bukarest.

### b. Zweigb. Piski-Petrozseni (10,37 M. = 77,77 Kil.).

Eröffnet 15/8 70.

| | Tarifmeilen | |
|---|---|---|
| (12. Piski) Ɫ . . . . | — | Hunyad |
| 17. *Kalán Zeykfalva PH.* | 2 | » |
| 18. Russ Ɫ ꝑ . . . . . | 2,5 | » |
| 19. Váralya (Hátszeg) Ɫ ꝑ | 4 | » |
| 20. Puj Ɫ ꝑ . . . . . | 6 | » |
| 21. Krivádia Ɫ . . . . | 7,5 | » |
| 22. Banyiza Ɫ . . . . | 9 | » |
| 23. Petrosény Ɫ ꝑ . | 10,5 | » |

Fortsetzung über den Vulkan-Pass nach Bukarest u. Rustschuk.

## Süd-Norddeutsche Verbindungsbahn.

Verwaltungsrath und General-Direction in Wien (Hoher Markt 3).

Oesterreich: Kronland Böhmen.
Anschlüsse. Pardubitz: Oesterr. Staatsbahn nördl. Linie und Oesterr. Nordwestbahn; Alt-Paka: Oesterr. Nordwestbahn; Turnau: Turnau-Kralup-Prager Eisenbahn; Reichenberg: Sächsische Staatsbahn; Parschnitz: Oesterr. Nordwestbahn.
Directer Güterverkehr siehe bei Oesterr. Nordwestbahn.

### a. Hauptbahn Pardubitz-Reichenberg

(22 Oesterr. Meilen = 166,907 Kilom.).

| | Oesterr. M. | Kilom. | |
|---|---|---|---|
| 1. ○ Pardubitz. . . . | 22 | 166,907 | Böhmen |
| 2. Opatowitz . . . . . . | 20 | 151,733 | » |
| 3. Königgrätz . . . . . | 19 | 144,147 | » |
| 4. *Předměřitz PH.* . . . | 18,5 | 140,353 | » |
| 5. Smiřitz . . . . . . . | 17,5 | 132,767 | » |
| 6. (b) Josefstadt-Jaroměř | 16,5 | 125,180 | » |
| 7. *Kukus PH.* . . . . . | 15,5 | 117,593 | » |
| 8. Königinhof. . . . . . | 14,5 | 110,007 | » |
| 9. *Tremeschna PH.* . . | 13,5 | 102,420 | » |
| 10. Mastig . . . . . . . | 12,5 | 94,833 | » |
| 11. Falgendorf . . . . . | 11 | 83,454 | » |
| 12. ○ Alt-Paka . . . . . | 10 | 75,867 | » |
| 13. Liebstadl . . . . . | 9 | 68,280 | » |
| 14. Semil . . . . . . . | 8 | 60,693 | » |
| 15. Eisenbrod . . . . . . | 7 | 53,107 | » |
| 16. *Kleinskal PH.* . . . | 6 | 45,520 | » |
| 17. ○ Turnau . . . . . | 5 | 37,933 | » |
| 18. *Sichrow PH.* . . . . | 4 | 30,347 | » |
| 19. Liebenau . . . . . . | 3 | 22,760 | » |
| 20. *Reichenau-Gablonz PH.* | 2 | 15,173 | » |
| 21. Langenbruck . . . . | 1,5 | 11,380 | » |
| 22. ○ Reichenberg . . | — | — | » |

### b. Zweigbahn Josefstadt-Königshain

(8,5 Oesterr. Meilen = 64,487 Kilom.).

| | | | |
|---|---|---|---|
| (6. Josefstadt-Jaroměř) | 16,5 | 125,180 | Böhmen |
| 23. Böhm. Skalitz . . . . | 18 | 136,560 | » |
| 24. Nachod . . . . . . . | 19 | 144,147 | » |
| 25. Kosteletz . . . . . . | 20,5 | 155,527 | » |
| 26. Schwadowitz. . . . . | 21,5 | 163,113 | » |
| 27. ○ Parschnitz . . . | 23 | 174,493 | » |
| 28. *Bernsdorf PH.* . . . | 24,5 | 185,873 | » |
| 29. Königshain . . . . . | 25 | 189,667 | » |
| 30. ○ Liebau . . . . . | 26 | 197,258 | » |

**Stuttgarter Pferdebahn.** Direction in Stuttgart.
(0,5 Meile lang.) Eröffnet im August und November 1868.

## Taunus-Eisenbahn.

Verwaltungsrath und Direction in Frankfurt.

Preussen: Regierungsbez. [illegible] = Grossherzogth. Hessen: Provinz.
Anschlüsse. Frankfurt: Frankfurt-Hanau, Hess. Ludwb., Homb., Main-Neckar- u. Main-Weserb. Wiesbaden, Biebricher Curve: Nassauische Staatsb.
Eröffnet Stat. 1-3 2/5 39; 2-4 26/11 39; 7-10 19/5 40; die ganze Bahn 13/4 40; Zweigb. nach Biebrich 4/4 40.

Tarife für den Güter-Verk. für den Local-Verk. (T. 1/1 71.)

Directe Verkehre a = mit der Nassauischen Eisenbahn und für den Transitverkehr zwischen der Homburger- u. Nassauer Bahn via Taunusbahn (Jan. 1869); b = Main-Weser-Bahn, und dem Nordwestdeutschen Verband für die Stationen der Taunusbahn selbst u. im Transit von der Nassauischen, Rhein-Nahe- und Königl. Saarbrücker E. (Aug. 1870); c = Tarif für Rohstoffe via Main-Weser-B. u. zwar; c¹ = von der Deutz-Giessener Bahn für Rohstoffe u. Kohlen (Mai u. April 1870); c² = von der Bergisch-Märkischen Bahn für Rohstoffe u. Kohlen (März 1870); d = mit Mitteld. Vbd. via Bebra-Hanau, für die Stat. der Taunusb. selbst und im Transit von der Rhein-Nahe-, Saarbrücker- u. Nassauischen E. (Sept. 1869); e = Main-Neckarb. u. Offenbach, für die Stationen der Taunusbahn selbst u. im Transit von der Nassauischen B. (Oct. 1869); f = Rechtsrhein. Verb. resp. für die Verbindung mit den Badischen-Württemberg. E. (Aug. 1865); g = Frankfurt-Hanau (Jan. 1871); h = Kgl. Bayer. Staatsb. via Aschaffenburg (Feb. 1871); i = desgleichen via Ulm (Juli 1870); k = Bayer. Ostb. u. der Böhm. Westb. via Aschaffenburg (Feb. 1871); l = Werra-Bahn-Stat. via Aschaffenburg u. Bayerische Staatsb. (Feb. 1861); m. = Rheinische Bahn via Rüdesheim u. Oberlahnstein; m¹ = für die Stat. der Rheinischen Bahn selbst (Oct. 1865); m² = für Kohlentransporte von der Köln-Mindener B. (April 1870); m³ = für Kohlentransporte von der Bergisch-Märk. E. (Juni 1867); m⁴ = für Transporte nach Stat. der früheren Aachen-Düsseldorfer E. (Oct. 1865); n = Rheinisch-Belgischer Verband via Cöln (Nov. 1867); o = mit dem Rheinisch-Belgisch-Französischen Verb. via Cöln (Juli 1869); p = mit Holland resp. Rotterdam und Amsterdam via Cöln und Nymwegen (Aug. 1865); q = Rhein-Nahe- u. Königl. Saarbrücker Bahn, für die Stat. der Taunusbahn selbst (Jan. 1871); r = desgl. für Sendungen im Transit über die Taunusbahn nach Offenbach und die Homburger Bahn (Sept. 1868); s = mit Frankreich via Forbach und via Weissenburg (Juli 1868); t = Nordwestdeutscher Verband via Frankfurt, Kehl und Forbach mit Frankreich (Jan. 1870); u = Hessische-Ludwigsb., der Pfälzischen Eisenb., der Nassauischen und der Taunus Eisenb. (Jan. 1871).

| | Mln. | Kilom. | |
|---|---|---|---|
| 1. ○ **Frankfurt** . . . | — | — | Wies- |
| 2. Höchst . . . . . . . | 1,18 | 8,95 | baden |
| (Zweigb. Höchst-Soden) | 0,90 | 6,6 | » |
| 3. Soden . . . . . . | 2,08 | 15,56 M. | » |
| 4. Hattersheim . . . . . | 1,97 | 14,83 | » |
| 5. Flörsheim . . . . . . | 2,89 | 21,82 | » |
| 6. Hochheim . . . . . . | 3,75 | 28,30 | » |
| 7. Castel . . . . . . . . | 4,43 | 33,38 M. | **Rhein- |
| 7a. ○ **Mainz** (per Rheinbrücke u. Dampfboot). | | | hessen |
| 8. ○ Biebricher Curve | 5,01 | 37,58 | » |
| (Zwgb. Biebr. Curve-Biebr.) | 0,17 | 1,6 | » |
| 9. Biebrich . . . . . | 5,18 | 39,04 M. | Wies- |
| 10. ○ **Wiesbaden** . . . . . | 5,56 | 41,90 M. | baden |

---

## Temesvárer Strasseneisenbahn.

Direction in Temesvár.

Dieselbe wurde am 8. Juli 1869 von der Fabrikvorstadt in die Stadt eröffnet.

---

# Theiss-Eisenbahn.

Verwaltungsrath und Direction in Pest.

Oesterreichisch-Ungarische Monarchie. Königreich Ungarn.

Anschlüsse. Arad: Siebenbürger E. und Arad-Temesvárer E.; Csaba: Alföldb.; Czegléd: Oesterr. Staatsb. (südöstl. Linie); Debreczin: Ungarische Nordostbahn; Grosswardein: Ungar. Ostbahn und Alföldbahn; Kaschau: Kaschau-Oderberger und im Bau Ungar. Nordostb.; Miskolcz: Ungar. Staatsb.; Nyiregyháza: Nyiregyháza-Unghvárer B. (im Bau); Szerencs: Ungar. Nordostb.; Szolnok: Ungar. Staatsb. (im Bau).

Neben den Tarifmeilen ist in Kilometern die wirkliche Länge der Strecke angegeben.

Directer Güterverkehr: a = mit sämmtlichen Stationen der nördlichen, Verbindungs- u. südöstlichen Linie der Oesterr. Staatsbahn; b = mit sämmtlichen Stationen der Kais. Ferd.-Nordbahn; c. = mit sämmtlichen Stationen der ersten Siebenbürgerb.; d = mit sämmtlichen Stationen der nördlichen Linien der Kgl. Ungar. Staatsbahnen; e = mit sämmtlichen Stationen der Gr.-Wardein-Essegger Strecke der Alföldbahn; f = mit sämmtlichen Stat. der Ungar. Ostbahn; g = mit sämmtlichen Stat. der Arad-Temesvárer Bahn; h mit den Stat. der Linie Kaschau-Eperies der Kaschau-Oderberger Bahn; i = mit sämmtlichen Stationen der Ungar. Nordostb. (1871); k = mit sämmtlichen Stationen der I. Ungar.-Galizischen E. (1871); l = mit Stationen des Rheinisch-Thüringischen Verb. (Getreide) (September 1871); m = Dresden (Getreide).

Tarife zu a von 1870; zu b von 1871 (Specialtarife u. allgemeine Waaren-Classif. v. 1870); zu c von 1869; zu d von Nov. 1869; zu e vom Juli 1870. Zu f Allgem. Tarif u. Special-Tarife No. 1-8, Erweiterte Frachtgüter-Classification, Gebühren Tarif von Octob. 1870; zu g von 1870; zu h von 1869 mit Nachtr. von 1870. Normal-Tarif der Theissbahn sowie Specialtarife v. 1870 nebst Nachtr.

### a. Czegléd-Kaschau (49,23 Mln. = 373,40 Kilom.).

Eröffnet Stat. 1-3: 1/9 47; 3-12: 12/11 57; 12-24 24/5 59; 24-30 14/8 60.

| | Oesterr. Mln. | Kilom. | | |
|---|---|---|---|---|
| 1. ○ Czegléd T P . . | — | — | | Ungarn |
| 2. Ábony Ξ P . . . . . | 2 | 16,01 | l.m. | » |
| 3. ○ Szolnok T P . . | 4 | 28,52 | l.m. | » |
| 4. (b) Szajol P . . . . . . | 5½ | 39,22 | l.m. | » |
| 4a. Török Szt. Miklós Ξ P | 6½ | 47,87 | l.m. | » |
| 5. Fegyvernek Ξ P . . | 8 | 59,25 | l.m. | » |
| 6. Kis-uj-szállás Ξ P . . | 10 | 74,27 | l.m. | » |
| 7. Karczag Ξ P . . . . | 12 | 90,66 | l.m. | » |
| 8. (c) Püspök-Ladány Ξ P | 14 | 106,06 | l.m. | » |
| 9. Kaba Ξ P . . . . . . | 15½ | 116,99 | l.m. | » |
| 10. Szoboszló Ξ P . . . | 17½ | 130,03 | l.m. | » |
| 11. ○ Debreczin T P . | 20 | 149,38 | l.m. | » |
| 12. Hadház Ξ P . . . . . | 22½ | 168,95 | l.m. | » |
| 13. Ujfehértó Ξ P . . . . . | 24½ | 183,44 | l.m. | » |
| 14. ○ Nyiregyháza T P | 26½ | 198,39 | l.m. | » |
| 15. Királytelek Ξ P . . . | 28½ | 213,71 | l. | » |
| 16. *Rakamaz PH.* P . . . | 29½ | 224,11 | | » |
| 17. Tokaj T P . . . . . . | 30½ | 230,03 | l.m. | » |
| 18. *Tarczal PH.* P . . . . | 31½ | 236,25 | l. | » |
| 19. ⊙ Szerencs Ξ P . | 33 | 247,70 | l.m. | » |
| 19a. *Harkány PH.* P . . | 34 | 257,49 | | » |
| 20. Tisza-Lúcz Ξ P . . . | 35½ | 265,91 | l.m. | » |
| 21. *Zsolcza PH.* P . . . | 37½ | 280,93 | | » |
| 22. ○ Miskolcz T P . . | 38 | 285,79 | | » |
| 23. Szikszó Ξ P . . . . . | 40½ | 305,89 | | » |
| 24. Forró-Encs Ξ P . . . . | 43 | 325,09 | | » |
| 25. *Garadna PH* P . . . | 44½ | 334,80 | | » |
| 26. Hidas-Némethi Ξ P . | 46 | 347,24 | | » |
| 27. Csány Ξ P . . . . . . | 48 | 359,99 | | » |
| 28. ○ Kaschau T P . . | 49½ | 373,49 | | » |

### b. Szajol-Arad (18,76 M.) Eröffnet 25/10 58.

| | | | | |
|---|---|---|---|---|
| (4. Szajol) . . . . . . | — | — | | Ungarn |
| 29. Puszta-Pó Ξ P . . . | 1½ | 14,72 | l.m. | » |
| 30. Mezö-Túr Ξ P . . . | 3½ | 29,97 | l.m. | » |
| 31. Gyoma Ξ P . . . . . | 6 | 48,56 | l.m. | » |
| 32. Mezö Berény Ξ P . . | 8½ | 67,98 | l.m. | » |
| 33. ⊙ Csaba T P . . . | 11 | 85,13 | l.m. | » |
| 34. Kétegyháza Ξ P . . | 13 | 101,74 | l.m. | » |
| 35. *Puszta Lökösháza PH.* P | 14 | 109,86 | | » |
| 36. Kurtics Ξ P . . . . | 16 | 125,18 | l.m. | » |
| 37. ○ Arad. T P . . . | 18½ | 142,33 | l.m. | » |

### c. Püspök Ladány-Grosswardein (9 M. = 68,28 Kil.).

Eröffnet 24/4 58.

| | | | | |
|---|---|---|---|---|
| (8. Püspök Ladány) | — | — | | Ungarn |
| 38. *Báránd PH.* Ξ P . . | 1 | 8,50 | | » |
| 39. Saáp Ξ P . . . . . . | 2½ | 19,27 | l.m. | » |
| 40. Berettyó-Ujfalu Ξ P . | 4½ | 33,31 | l.m. | » |
| 41. *M. Petérd PH.* Ξ P | 6 | 42,03 | | » |
| 42. Mezö-Keresztes Ξ P . | 6½ | 50,07 | l.m. | » |
| 42a. Bors *PH.* Ξ P . . | 8 | 58,80 | | » |
| 43. ○ Grosswardein T P | 9 | 68,28 | l.m. | » |

# Thüringische und Werrabahn.

Direction in Erfurt.

Die Thüringische Bahn führt von Gerstungen ab durch: Grossherzogth. Sachsen-Weimar-Eisenach (Verwalt.-Bezirk Eisenach, Weimar und Apolda), Herzogth. Gotha (Landrathsamt Gotha und Tenneberg), Preussen (Regierungsbezirke Cassel, Erfurt u. Merseburg), sowie Sachsen (Kreisdirection Leipzig), Herzogthum Altenburg (Gerichtsamt Eisenberg), Herzogthum Sachsen-Meiningen, Fürstenthum Reuss jüng. Linie, Fürstenthum Schwarzburg-Sondersh. (Landrathsamt Arnstadt), Fürstenthum Schwarzburg-Rudolstadt.

Die Werrabahn führt durch: Sachsen-Weimar, Herzogthum Sachsen-Coburg-Gotha, Sachsen-Meiningen nach Bayern (Oberfranken).

Anschlüsse. Erfurt: Nordhausen-Erfurter E.; Gera: Sächs. westl. Stsb. (Gössnitz-Gera); Gerstungen: Hess. Nordb.; Leipzig: Berl.-Anhalt, Leipz.-Dresd., Magdeb.-Leipz., Sächs. westl. Stsb.-; Halle: Berl., Anh., Magdeb.-Leipz., Halle-Casseler Bahn und Halle-Sorau-Gubener Eisenbahn; Lichtenfels u. Meiningen (im Bau): Bayer. Stsb.; Leinefelde: Halle-Cassel; Zeitz: Altenburg-Zeitzer E.

Die Entfernungen sind nur in Preuss. Meilen angegeben.

Directe Güterverkehre.

NB. Die mit * bezeichneten Tarife sind in Umarbeitung begriffen.

a resp. e = Thüringen-Werrabahn-Verkehr (1/9 71, Nachtr. I. v. 1/11 71);
b = Thüringen-Hessische Nordbahn-Verk. (* 15/5 68 mit Nachtr. I. v. 10/5 68, II. v. 20/4 69, III. v. 1/5 71, IV. v. 1/4 71);
c = Thüringen und Werrab.-Berlin-Anhaltischer Verk. (1/4 70);
d = Thüringen und Werrabahn-Magdeb.-Leipzig und Halle-Casseler Verk. (10/5 70 mit Nachtr. I. v. 1/11 70, II. v. 1/10 71);
e = Kohlenverkehr mit Zwickau (1/5 70);
f = Thüringen u. Werrab.-Nordhausen-Erfurter Bahn (25/5 70 mit Nachtr. I. v. 1/11 70, II. v. 1/5 71, III. v. 1/1 71);
g = Tarif für den directen Transport Böhmischer Braunkohlen (1/10 70 mit Nachtr. I. v. 1/1 71, II. v. 1/4 71, III. v. 1/7 71, IV. v. 1/10 71);
h = Thüringer Local-Gütertarif und directer Verkehr mit Waltershausen (1/5 70 mit Nachtr. I. v. 10/5 70, II. v. 20/5 70, III. v. 1/6 70, IV. v. 1/1 71, V. v. 10/10 71);
i = Güterverkehr mit Wittenberge (1/7 67);
k = Güterverkehr mit Hamburg (* 1/1 61, 15/5 66);
l = Hannover-Thüringer Verk. via Magdeburg-Halle (v. 1/1 70); mit Nachtr. I. v. 1/10 66, II. v. 1/1 67, III. v. 20/7 67);
m = Thüringen und Werrabahn-Leipzig-Dresdner Verkehr (1/5 70 mit Nachtr. I. v. 1/6 70);
n = Rheinisch-Thüringischer Verband (1/1 71 mit Nachtr. I. v. 15/1 71, II. v. 10/3 71, III. v. 20/3 71, IV. v. 10/4 71, V. v. 1/6 71, VI. v. 1/8 71, VII. v. 10/8 71, VIII. v. 20/9 71);
o = Hannover-Thüring. Verband via Cassel (* 1/4 69);
p = Mitteldeutscher Verband (* 1/1 69 mit Nachtr. I-XVI);
q = Schlesisch-Thüringer Verb. (1/5 71) mit Nachtr. I. v. 1/10 71);
r = Thüring.-Bayer.-Oesterr. Verband (1/12 70 resp. 1/5 71 mit Nachtr. I. v. 1/10 71);
s = Sächsisch-Rheinischer Verband via Eisenach-Giessen (1/5 69 mit Nachtr. I-VI.);
t = Belgisch-Deutscher Verkehr via Deutz-Giessen (1/11 66);
u = Französ.-Deutscher Verkehr via Deutz-Giessen (1/2 70);
v = Französ.-Deutscher Verkehr via Düsseldorf-Mastricht (1/4 69 mit Nachtr. I. v. 1/2 70);
w = Salzverkehr mit Stassfurt (1/10 68);
x = Thüringen-Stettiner Verk. (15/10 71);
y = Salzverkehr mit der Sächsischen Staatsb. (20/10 69, 20/11 69, 1/10 70).
aa. Hannov.-Thür. Verb. via Nordhausen, via Leinefelde (v. 15/7 71);
bb. Thür.-Württembergischer Verb. via Lichtenfels-Nördlingen resp. Ulm (v. 15/9 71).

Ausserdem wird die Thüringische Bahn von dem Transit-Verk. berührt von den Hannov. Binnen- u. Hafenstationen nach Bayern u. Oesterreich (15/11 69), von dem Rheinisch-Thüring.-Sächs.-Oesterr. Verk. (1/9 71 mit Nachtr I. v. 1/5 71), sowie von dem Böhmischen und Zwickauer Kohlen-Verkehr der Nordhausen-Erfurter Bahn.

## A. Thüringische Bahn.

### a. Gerstungen-Erfurt-Halle (25,2 Pr. M. = 189,48 Kil.).

Eröffnet Stat. 1-3 am 15/9 49; 3-6 am 21/5 47, nachd. vorh. Stat. 6-8 10/5, 8-10 1/4 47; 10-15 19/12 46; 15-18 bereits 6/5 46 in Betrieb gesetzt war.

| | Pr. Min. | | |
|---|---|---|---|
| 1. ○ Gerstungen | — | a.d.e.f.g. | Eisenach |
| 2. Herleshausen . . | 1,5 | e.f. | Preussen (Cassel) |
| 3. (h) Eisenach . | 3,2 | b-f.g.h.i.m-q.s-u.v.w.x. | Eise- |
| 4. *Wutha P.H.* . . | 3,9 | | nach |
| 5. (f) Fröttstedt. | 5,7 | e.n. | Gotha |
| 6. (g) Gotha . . . | 7,1 | a-i.l-n.p-u.v.w.x.z.aa.bb. | » |
| 7. (d) Neudietendorf | 9,1 | a-g.l-n.p.r.s.w.x.aa.bb. | » |
| 8. ○ (e) Erfurt . . | 10,8 | a-i.l-n.p-u.v.w.x. aa.bb. | Preussen (Erfurt) |
| 9. Vieselbach . . . | 11,9 | e.g. | Weimar |
| 10. Weimar . . . . | 13,7 | a-i.l-n.p-v.w.x.aa.bb. | » |
| 11. Apolda . . . . | 15,7 | a-g.l-n.p-v.w.x.aa.bb. | » |
| 12. Sulza . . . . . | 17,1 | a.c.d.e-g.m.q.w.x.z. | » |
| 13. Kösen . . . . . | 18,2 | a.c.d.e-g.m. | Preussen (Merseburg) |
| 14. Naumburg . . . | 19,1 | a-g.l-n.p-s.u.v.w.x.aa.bb. | » |
| 15. (c) Weissenfels | 20,9 | a-g.l-n.p.q.r.s.w.x.z.aa.bb. | » |
| 16. (b) Corbetha . | 22,1 | d.e.g. | » |
| 17. Merseburg . . . | 23,4 | a-g.l-n.w.x.aa. | » |
| 17a. *Ammendorf P.H.* | 24,4 | | Preussen (Merseburg) |
| 18. ○ Halle . . . . | 25,2 | a.b.e.f.h.n.p.r.s-u.v. | » |

### b. Corbetha-Leipzig (4,2 Pr. M. = 31,48 Kilom.).

Eröffnet 22/3 56.

| | | | |
|---|---|---|---|
| (16. Corbetha) . . | — | siehe 16. | Preussen |
| 19. Dürrenberg . . | 0,8 | a.d-g.q.w.x.y.z. | (Merseburg) |
| 20. Kötschau . . . | 1,3 | e. | |
| 21. Markranstädt . . | 2,3 | e. | Sachsen |
| 22. ○ (l) Leipzig . . | 4,2 | a.b.f.h.n.p.s-u.v. | » |

### c. Weissenfels-Gera (7,9 Pr. M. = 59,65 Kilom.).

Eröffnet Weissenfels-Stat. 27: 1/9 59; 27-31: 1/9 59.

| | | | |
|---|---|---|---|
| (15. Weissenfels). | — | siehe 15. | Preussen (Merseburg) |
| 23. *Prittitz P.H.* . | 1,2 | | |
| 24. Teuchern . . . | 2,0 | a.e.f.g. | » |
| 25. *Deuben P.H.* . | 2,6 | | » |
| 26. *Theissen P.H.* . . | 3,2 | | » |
| 27. ○ Zeitz. . . . | 4,1 | a-f.g.k-n.p.q.s.t.w.x.aa. | » |
| 28. *Wetterzeube P.H.** | 5,5 | | » |
| 29. Crossen . . . . | 6,3 | d.e.f.g.k.m.n.w.y. | » |
| 30. Köstritz . . . . | 7,0 | b.d.e.g.k-m.w.x.aa. | Reuss j.L. |
| 31. ○ (k) Gera . . | 7,9 | a-d.f.g.k-n.p.q.s-v.w.x.aa. | » |

### d. Neudietendorf-Arnstadt (1,4 M. = 10,0 Kilom.).

Eröffnet 16/5 67.

| | | | |
|---|---|---|---|
| (7. Neudietendorf) | — | siehe oben | Gotha |
| 32. *Haarhausen P.H.* | 0,8 | | » |
| 33. Arnstadt . . . | 1,4 | a.c.d.e.f.g.l-n.p. q.r.s.w.x.aa.bb. | Schwarzburg-Sondershausen |

### e. Zweigb. Erfurt-Ilversgehofen (0,6 M. = 4,60 Kil.).

Dem Preuss. Staat gehörig.
Eröffnet im Mai 1864.

| | | | |
|---|---|---|---|
| (8. Erfurt) . . . . . | — | | Preussen |
| 34. Ilversgehofen G.St. (Steinsalzbergwerk) | 0,6 | | » |

### f. Pferdebahn Fröttstedt-Waltershausen

(0,5 M. = 3,766 Kilom.

Staatsb., Sachsen-Gotha gehörig und unter der Verwaltung des Herz. S.-Gothaischen Rent- und Steueramtes Tenneberg zu Waltershausen im eignen Betrieb stehend.
Eröffnet 1848.

| | | | |
|---|---|---|---|
| (5. Fröttstedt) . . . | — | | Gotha |
| 35. Waltershausen . | 0,5 | | » |

### g. Gotha-Leinefelde (8,9 M. = 67,5 Kilom.).

Die Thüringische Eisenbahn hat den Bau und Betrieb der Gotha-Leinefelder Bahn übernommen.
Eröffnet von Gotha bis Mühlhausen am 11/6 70, bis Leinefelde 1/10 70.

| | | | |
|---|---|---|---|
| (6. Gotha) . . . . | — | | Gotha |
| 36. Ballstädt . . . . | 1,6 | e.g.n. | » |
| 37. Langensalza . . | 2,8 | a.c-h.m.n.p.q.r.s.x. aa.bb. | Preussen |
| 38. Grossen-Gottern | 3,9 | e.g.n. | » |
| 39. Mühlhausen . . | 5,3 | a.c-h.m.n.p.q.r.s.x.aa.bb. | » |
| 40. Dachrieden . . | 6,4 | e.g. | » |
| 41. Silberhausen-Dingelstädt . . | 7,7 | d.e.g.aa. | » |
| 42. ○ Leinefelde. | 8,9 | a.r.bb. | » |

## B. Werra-Eisenbahn.

(Siehe die Zeichen für directen Verkehr bei der Thüring. Bahn, ausserdem z = mit der Thüringischen Bahn.

NB. Ausserdem hat die Werrabahn den Transitverkehr im Hannov.-Bayer.-Oesterreichisch. Verbande mit Einschluss der Schweizer Stationen Romanshorn und Rorschach und den Transit der Nordseehäfen mit Oesterreich

### h. Eisenach-Lichtenfels (20,1 M. = 150,64 Kilom.).

Eröffnet Stat. 43-54 2/11 58; 54-57 24/1 59.

| | | | |
|---|---|---|---|
| 43. (a,3) Eisenach. (Werrabahnstation) | — | r.bb. | Weimar-Eisenach |
| 44. Marksuhl . . . | 1,8 | z. | Eisenach |
| 45. Salzungen . . . | 3,6 | b-f.k.m.n.o.p.r.s.x.z.bb. | Mei- |
| 46. Immelborn . . . (Bad Liebenstein) | 4,2 | b.c.d.f.m.n.o.p.r.x.z.bb. | ningen |
| 47. Wernshausen . . | 5,5 | b.c.d.e.f.k.m-o.p.r.s.x.z.bb. | » |
| 48. Wasungen . . . | 6,5 | z. | » |
| 49. Walldorf. . . . | 7,4 | z. | » |

| | | | |
|---|---|---|---|
| 50. ○ Meiningen . . | 8,1 | b.c.d.e.f.k.m.n.o.p. r.s.t.u.x.z.bb. | Meiningen |
| 51. Grimmenthal . . | 9,1 | b-f.k.m.n.o.p.r.s.x.z.bb. | » |
| 52. Themar . . . | 10,9 | b.c.d.e.f.k.m-p.r.s.x.z.bb. | » |
| 53. Hildburghausen . | 12,4 | b-f.k.m.n.o.p.r.x.z.bb. | » |
| 53a. Eisfeld . . . . | 14,4 | b-f.k.m.n.o.p.r.s.t.u.v.x.z.bb. | » |
| 54. (i) Coburg . . . | 17,3 | b.c.d.e.f.k.m.n.o.p. r.s.t.u.v.x.z.bb. | Coburg |
| 55. *Nieder-Füllbach P.H.* | 18,0 | | » |
| 56. Ebersdorf . . . | 18,8 | e.r.z. | » |
| 57. ○ Lichtenfels . | 20,1 | b.c.d.f.m.n.o.p.s.u.v.x.z. | Bayern |

**i. Zweigb. Coburg-Sonneberg** (2,7 M. = 19,89 Kil.).
Eröffnet $^{2}/_{11}$ 58.

| | | | |
|---|---|---|---|
| (54. Coburg) . . . | — | | Coburg |
| 58. Oeslau . . . . . | 0,9 | c.e.f.m.r.x.z.bb. | » |
| 59. *Mönchröden P.H.* | 1,2 | | » |
| 60. Neustadt b. Coburg | 2,1 | b-f.m.n.o.p.r.s.t.u.v.x.z.bb. | » |
| 61. Sonneberg . . | 2,7 | b.c.d.e.f.k.m.n.o. p.r.s.t.u.v.x.z.bb. | Meiningen |

**Im Bau.**

**k. Gera-Eichicht** (10,2 Pr. M. = 77,15 Kilom.).
Voraussichtliche Eröffnung Ende 1871.

| | | |
|---|---|---|
| (31. Gera) . . . . | — | Reuss j. L. |
| 62. Wolfsgefährt . . | 0,9 | Weimar |
| 63. Weida . . . . . | 1,6 | » |
| 64. Niederpöllnitz . | 2,7 | » |
| 65. Triptis . . . . | 3,6 | » |
| 66. Neustadt a/O. (b. Gera) | 4,7 | » |
| 67. Oppurg . . . . | 5,9 | » |
| 68. Pössneck . . . | 6,6 | Meiningen |
| 69. *Könitz* . . . . | 7,7 | Schwarzb.-Rudolstadt |
| 70. Unterwellenborn | 8,2 | Meiningen |
| 71. Saalfeld . . . . | 8,9 | » |
| 72. Eichicht . . . | 10,2 | Schwarzb.-Rudolstadt |

**l. Leipzig-Zeitz** (5,9 Pr. M. = 44,3 Kilom.).
Voraussichtliche Eröffnung Oct. 1872.

| | | |
|---|---|---|
| (22. Leipzig) . . . | — | Königr. Sachsen |
| 73. Barneck . . . . | 0,9 | » |
| 74. Plagwitz . . . . | 1,4 | » |
| 75. Knauthayn . . . | 2,2 | » |
| 76. Eythra . . . . | 2,8 | » |
| 77. Pegau . . . . . | 3,9 | » |
| 78. Profen . . . . | 4,6 | Preussen |
| (27. Zeitz) . . . . | 5,9 | (Merseburg) |

## Tilsit-Insterburger Eisenbahn.

Verwaltungsrath und Betriebs-Direction in Tilsit.

Preussen: Regierungs-Bezirk Gumbinnen.

Anschluss in Insterburg an die Preuss. Ostbahn.

Directer Güterverkehr zwischen Tilsit und den Stationen der Königl. Ostbahn: Eydkuhnen, Stallupönen, Gumbinnen, Wehlau, Königsberg, Frankfurt a. O. und Berlin.

Eröffnet $^{17}/_{4}$ 65.

| | Meilen | Kilom. | |
|---|---|---|---|
| 1. Tilsit . . . . . . . . | — | — | Gumbinnen |
| 2. *Argeningken P.H.* . | 1,67 | 12,73 | » |
| 3. Szillen . . . . . . . | 2,7 | 20,34 | » |
| 4. Grünheide . . . . . | 4,2 | 31,64 | » |
| 5. *Auxkallnehlen P.H.** | 5,58 | 72,03 | » |
| 6. ○ Insterburg . . | 7,1 | 53,48 | » |

## K. k. priv. Turnau-Kralup-Prager E.

Verwaltungsrath und Betriebs-Direction in Prag.

Kaiserthum Oesterreich, Kronland Böhmen.

Anschlüsse. Kralup: Buschtěhr. u. Oesterr. Staatsb.; Jungbunzlau: Oesterr. Nordwestb.; Bakowen: Böhm. Nordb.; Turnau: Süd-Norddeutsche Verbindungsbahn; Prag (im Bau): Kaiser Franz Josefsbahn.

Directer Güterverkehr. Eine directe Güterabfertigung mit Verbandsätzen besteht mit der Preuss. Ostb. u. Niederschles.-Märkischen von Cüstrin, Frankfurt a/O. u. Finkenherd nach der Station Kralup der T.-K.-P. Eisenb; sodann zwischen der T.-K.-P.-E., der Oesterr. Staatsb., der Oesterr. Nordwestb., der Südnordd. Verbindungsb. u. der Böhm. Nordb. mit allen Stationen untereinander, u. mit einigen wichtigeren Stationen der Kais. Ferd.-Nordb. u. der Mährisch-Schlesischen Nordb. Die Buschtěhrader, die Aussig-Teplitzer u. die Dux-Bodenbacher B. dürften diesem Verk. voraussichtlich mit Beginn des Jahres 1872 beitreten.

Die Local-Tarife bestehen derzeit nur in Placatform und werden über Ansuchen unentgeltlich verabreicht. Die Tarife für den Oesterr. Verbandverk. sind durch die Buchhandl. R. v. Waldheim, Wien, Schulerstrasse Nr. 13 zu beziehen.

**a. Kralup-Turnau** (11,44 Oestr. M. = 86,82 Kilom.).
Eröffnet am $^{16}/_{10}$ 65.

Prag-Kralup 4 Meilen (Staatsbahn), doch wird diese Entfernung im Verkehr mit der T.-K.P. Eisenbahn nur für 3,5 Meilen gerechnet.

| | Oesterr. M. | Kil. | Steuer-Bezirke. |
|---|---|---|---|
| 1. ○ Kralup T P . . | — | — | Wellwarn |
| 2. Auschitz (Aužic) T P | 1,0 | 6,38 | » |
| 3. (b) Obřistwy-Klomin T P | 2,2 | 14,91 | Melnik |
| 4. Liblitz-Bischitz (Liblic-Bišic) T P . | 3,5 | 25,665 | » |
| 5. Wrutitz (Wrutic) T P | 4,5 | 33,668 | Benatek |
| 6. Kuttenthal T P . . | 6,0 | 43,637 | » |
| 7. Stranow-Krnsko T P | 7,0 | 51,216 | Jungbunzlau |
| 8. ○ Jungbunzlau T T P | 7,5 | 55,138 | » |
| 9. Josefsthal T T P . | 8,0 | 60,365 | » |
| 10. Bakoven T P . . | 8,5 | 64,68 | München- |
| 11. Münchengrätz T P . | 9,5 | 71,775 | grätz |
| 12. Swijan-Podol T P . | 10,5 | 79,274 | Turnau |
| 13. ○ Turnau T P . . | 11,5 | 86,819 | » |

**Im Bau.**

**b. Flügelbahn Neratowitz-Prag** (4,5 M. = 33,95 Kil.).
Abzweigung 0,29 Meilen ausserhalb der Station Obristwy gegen Liblitz.

Neratowitz-Cakowitz ist seit 22. Oct. 71 für den Frachtenverk. im Betrieb. Die weitere Strecke gegen Prag wird erst im Frühjahr 1872 eröffnet.

Sobald der Flügel Neratowitz-Prag eröffnet ist, wird die Station Klomin aufgelassen.

| | | | |
|---|---|---|---|
| 13. Neratowitz) . . . | — | — | Brandeis |
| 14. *Kojetitz P.H.* . . . | 0,5 | 3,62 | » |
| 15. Meschitz . . . . . | 1,0 | 8,21 | » |
| 16. Čakowitz (Čacowic) . | 1,9 | 15,26 | Karolinen- |
| 17. Sattalitz (Sattalic) . | 2,6 | 20,06 | thal |
| 18. Wysočan . . . . . | 3,7 | 28,46 | » |
| 19. ○ Prag . . . . . | 4,5 | 33,95 | » |

## Ungarische Nordostbahn.

Verwaltungsrath und General-Direction in Pest.

Kaiserstaat Oesterreich: Königreich Ungarn.

Anschlüsse. Debreczin, Nyiregyháza und Szerencs: Theissb.; Kaschau: Kaschau-Oderberger Eisenbahn und Theissbahn; Legenye-Mihályi: Erste Ungarisch-Galizische Bahn.

**a. Hauptlinie Debreczin-Szathmár-Szigeth**
(28,97 Oesterr. M. = 219,81 Kilom.).

Eröffnet von Debreczin bis Nagy-Károly am 25. Juni 71, von Nagy-Karoly bis Szathmar am 25. Septbr. 71. Zu eröffnen bis Bustyaháza Ende December 1871, bis Szigeth im Jahre 1872.

| | Oestr. M. | Kilom. | Tarif-M. | |
|---|---|---|---|---|
| 1. ○ Debreczin T | — | — | — | Com. Bihar |
| 2. *Halap PH.* . . . | 1,94 | 14,74 | 2 | » |
| 3. Vámos-Pércs T . | 2,69 | 20,40 | 2,5 | Hajd.-Distr. |
| 4. *Abrány PH.* . . | 3,95 | 29,97 | 4 | Bihar |
| 5. Ér.-Mihályfalva T | 5,08 | 38,54 | 5 | » |
| 6. Reszege-Szániszló T | 7,27 | 55,19 | 7,5 | Szathmár |
| 7. Nagy-Károly T . | 9,17 | 69,60 | 9 | » |
| 8. Majthény T . . . | 11 | 83,54 | 11 | » |
| 9. *Zsadány PH.* T . | 12,68 | 96,17 | 12,5 | » |
| 10. Szathmár T . . | 13,91 | 105,59 | 14 | » |
| 11. Mikola . . . . . | 15,62 | 118,47 | | » |
| 12. Halmi T . . . . | 16,88 | 128,05 | | Ugocsa |
| 13. *Fekete Ardó PH.* | 18,31 | 138,87 | | » |
| 14. (b) Királyháza . | 19,72 | 149,57 | | » |
| 15. Huszth T . . . . | 21,91 | 166,24 | | Marmaros |
| 16. Bustyaháza . . . | 24,39 | 185,02 | | » |
| 17. Técsö . . . . . . | 25,39 | 192,60 | | » |
| 18. Taraczköz . . . . | 26,61 | 201,88 | | » |
| 19. Hosszumezö . . . | 27,39 | 207,76 | | » |
| 20. Máramaros-Szigeth T . . | 28,97 | 219,81 | | » |

### [illegible] Hauptlinie Szerencs-Királyháza
([illegible] Oesterr. M. = 171,84 Kilom.).
[illegible] bis [illegible] Ujhely am 26. October 1871, zu eröffnen bis Csap [illegible] December 1871, bis Királyháza im Frühjahr 1872.

| | | | |
|---|---|---|---|
| 21. ○ Szerencs T | — | — | Comit. Zemplin |
| 22. Bodrog-Keresztur Ƭ | 1,49 | 11,36 | » |
| 23. Liszka-Tolcsva Ƭ | 3,04 | 23,15 | » |
| 24. Sáros-Patak T | 4,69 | 35,72 | » |
| 25. (c) Sátor-Alja-Ujhely T | 5,97 | 45,45 | » |
| 26. Szomotor | 7,49 | 56,98 | » |
| 27. Perbenyik | 9,39 | 71,44 | » |
| 28. *Bély PH.* | 9,99 | 76,05 | » |
| 29. (e) Csap T | 11,49 | 87,47 | Szabolcs |
| 30. (d) Bátyu | 13,56 | 103,19 | Beregh. |
| 31. Som | 14,95 | 113,58 | » |
| 32. Beregszász T | 16,97 | 128,94 | » |
| 33. Tisza-Ujlak T | 19,52 | 148,30 | Ugocsa |
| 34. Nagy-Szöllös | 21,44 | 162,92 | » |
| (14. Királyháza) | 22,81 | 171,84 | » |

### c. Zweigb. S. A. Ujhely-Kaschau (8,62 Oestr. Mln.).
Vollendungstermin bis Mihályi im November 1871, bis Kaschau im Jahre 1872.

| | | | |
|---|---|---|---|
| (25. [c] S. A. Ujhely) T | — | — | Comit. Zemplin |
| 35. ○ Legenye-Mihályi | 2,31 | | Abauj |
| 36. Kozma | 3,35 | | » |
| 37. Nagy-Szaláncz | 4,79 | | » |
| 38. Mislye | 6,74 | | » |
| 39. ○ Kaschau T | 8,62 | | » |

### d. Zweigb. Batyu-Munkács (3,44 Oesterr. Mln.).
Eröffnungstermin Herbst 1872.

| | | |
|---|---|---|
| (30. Bátyu) | — | Beregh. |
| 41. Strabicso-Gorond | 1,86 | » |
| 42. Munkács | 3,44 | » |

### e. Nyiregyháza-Csap-Ungvár.
(12,6 M. = 95,04 Kilom.)
(Bahn zweiter Ordnung.)
Voraussichtliche Eröffnung bis Csap im Frühjahr 1872, bis zum Canal im December 1871.

| | | | |
|---|---|---|---|
| 43. ○ Nyiregyháza | — | — | Szabolcs |
| 44. *Sóstó PH.* | 0,8 | 6,07 | » |
| 45. Kemecse | 2,1 | 15,93 | » |
| 46. Demecser | 3,5 | 26,65 | » |
| 47. *Pátroha GH.* | 4,5 | 34,23 | » |
| 48. K. Várda | 5,6 | 42,57 | » |
| 49. *F. Litke PH.* | 6,5 | 49,40 | » |
| 50. Tuzsér | 7,7 | 58,50 | » |
| (29. ○ Csap) | 9,4 | 70,70 | » |
| 51. Szürte | 10,7 | 80,56 | Unyvár |
| 52. Ungvár | 12,2 | 91,94 | » |
| 53. Canal | 12,0 | 95,04 | » |

## Ungarische Ostbahn.

Verwaltungsrath und General-Direction in Pest.

Anschlüsse. Grosswardein: Theissbahn und Alföldbahn; Karlsburg: Erste Siebenbürger E.

Localtarife, welche auch auf den Anschlussverkehr Anwendung haben, v. ¹⁵/₁₁ 71, von jeder Station der Ung. Ostb. zu beziehen.

### a. Hauptb. Grosswardein-Kolozsvár-Kronstadt
(64 Oestr. M. = 485 Kilom.).
Eröffnet Stat. 1-10 am ⁷/₉ 70; 14-17 am ²⁰/₁₁ 71.

| | | Tarif-Meilen | |
|---|---|---|---|
| | 1. ○ Grosswardein T | — | Ungarn |
| | 2. Mezö-Telegd | 3,0 | » |
| | 3. Élesd | 4,5 | » |
| | 4. Rév | 6,0 | » |
| | 5. *Brátka PH.* | 7,5 | » |
| | 6. Csucsa | 10,5 | Siebenbürgen |
| | 7. Bánffy-Hunyad T | 13,5 | » |
| | 8. Egeres | 16,5 | » |
| | 9. Magyar-Nádas | 18,5 | » |
| | 10. Kolozsvár (Klausenburg) T | 20,0 | » |
| Im Bau | 11. Apahida | 21,5 | Siebenbürgen |
| Im Bau | 12. Kolos | 22,5 | » |
| Im Bau | 13. (b) Gyéres | 27,0 | » |
| | 14. (c) Kocsárd | 29,0 | » |
| | 15. Felvincz | 30,0 | » |
| | 16. Nagy-Enyed T | 32,0 | » |
| | 17. (d) Tövis | 33,5 | » |
| Im Bau | 18. Karácsonfalva | 36,5 | » |
| Im Bau | 19. Balázsfolva | 36,5 | » |
| Im Bau | 20. Mikeszásza | 39,0 | » |
| Im Bau | 21. (e) Kis-Kapus | 40,5 | » |
| Im Bau | 22. Mediasch | 41,5 | » |
| Im Bau | 23. Elisabethstadt | 44,0 | » |
| Im Bau | 24. Schässburg | 47,0 | » |
| Im Bau | 25. Erked | 50,5 | » |
| Im Bau | 26. Mehburg | 51,5 | » |
| Im Bau | 27. Katzendorf | 53,0 | » |
| Im Bau | 28. Homorod-Köhalom | 54,0 | » |
| Im Bau | 29. Alsó-Rákos | 56,0 | » |
| Im Bau | 30. Ágostonfalva | 57,0 | » |
| Im Bau | 31. Apácza | 59,0 | » |
| Im Bau | 32. Marienburg | 61,0 | » |
| Im Bau | 33. Kronstadt | 64,0 | » |

### b. Zweigbahn Gyéres-Torda.
(1 Oesterr. Meile = 9 Kil.).

| | | | |
|---|---|---|---|
| Im Bau | (13. Gyéres) | — | Siebenbürgen |
| Im Bau | 34. Torda | 1 | » |

### c. Zweigbahn Kocsárd-Maros-Vásárhely.
(7,5 Oesterr. Mln. = 58 Kil.).
Eröffnet am ³⁰/₁₁ 1871.

| | | |
|---|---|---|
| (14. Kocsárd) | — | Siebenbürgen |
| 35. Maros-Ludas | 2,5 | » |
| 36. Csapó-Radnóth | 4,5 | » |
| 37. Nyáradtö | 6,5 | » |
| 38. Maros-Vásárhely T | 7,5 | » |

### d. Zweigbahn Tövis-Karlsburg.
(2,5 Oesterr. Mln. = 19 Kil.).
Eröffnet am ²⁰/₁₁ 1871.

| | | |
|---|---|---|
| (17. Tövis) | — | Siebenbürgen |
| 39. ○ Karlsburg | 2,5 | » |

### e. Zweigbahn Kis-Kapus-Hermannstadt.

| | | | |
|---|---|---|---|
| Im Bau | (21. Kis-Kupus) | — | Siebenbürgen |
| Im Bau | 40. Marktschelken | 1,5 | » |
| Im Bau | 41. Ladámos | 3,0 | » |
| Im Bau | 42. Vizakna | 4,5 | » |
| Im Bau | 43. Hermannstadt | 6,0 | » |

NB. Die eröffneten Stationen sind sämmtlich auch für Privat-Depeschen-Verkehr eröffnet.

## K. Ungarische Staatseisenbahnen.

Kgl. Betriebs-Direction in Pest, Kronland Ungarn.

## A. Nördliche Linien.

Anschlüsse. Pest: Oesterr. Staatsb.; Miskolcz: Theissb.; Ruttek: im Bau: Kaschau-Oderberger E.; Szolnok: im Bau: Theissbahn.

Directer Kartirungsverband. A. Alle Stationen der nördlichen Linien mit allen Stationen a) der Theissb., b) der Kaschau-Oderberger E., c) der Ersten Siebenbürger E., d) der Kaiser Ferd. Nordb., e) der Oesterr. Staatsb. und f) der Südnordd. Verbindungsbahn. B. Alle Stationen der südlichen Linie mit den grösseren Stationen a) der Südbahn, b) der Fünfkirchen-Barcs'er Bahn.

### a. Pest-Salgó-Tarján-Ruttek (41 Meilen).
Eröffnet Pest-Hatvan ³/₄ 67; Hatvan-Salgo-Tarjan ¹⁹/₈ 67; S.-Tarján-Losoncz ⁴/₃ 71; Losoncz-Altsohl am ¹⁹/₈ 71. Zu eröffnen Altsohl-Ruttek ¹/₇ 72.
Sämmtliche Stationen für Personen- u. Güterverk. eingerichtet.

| Station | Oesterr. M. | | Land |
|---|---|---|---|
| 1. ○ Pest T P | — | | Ungarn |
| 2. Steinbruch Ƭ | 0,43 | a. | » |
| 3. Rákos Ƭ | 0,81 | a. | » |
| 4. Csaba-Keresztúr Ƭ | 1,80 | a. | » |
| 5. Péczel Ƭ | 2,57 | a. | » |
| 6. Isaszegh Ƭ | 3,62 | a. | » |

| Station | Meilen | | Land |
|---|---|---|---|
| 7. Gödöllö Ŧ | 4,52 | a. | Ungarn |
| 8. Aszód Ŧ | 6,72 | a. | » |
| 9. Tura Ŧ | 7,85 | a. | » |
| 10. (b.c) Hatvan Ŧ | 8,86 | a. | » |
| 11. Apcz-Szántó Ŧ | 10,73 | a. | » |
| 12. Pászthó Ŧ | 12,72 | a. | » |
| 13. Bátony Ŧ | 14 | | » |
| 14. Kis-Terenne Ŧ | 14,77 | a. | » |
| 15. Salgó-Tarján Ŧ | 16,24 | a. | » |
| | von S.-Tarján | | |
| 16. Somos-Ujfalu Ŧ | 1,1 | | » |
| 17. Fülek Ŧ | 2,8 | | » |
| 18. Losoncz T | 4,9 | | » |
| 19. Lonya-Bánya Ŧ | 6,7 | | » |
| 20. Kriván y Ŧ | 8,5 | | » |
| 21. Nagy-Szalatna Ŧ | 10,3 | | » |
| 22. Alt-Sohl T | 11,9 | | » |
| Zu eröffnen 1/7 72: 23. Gr.-Berzencze | 12,9 | | » |
| 24. Jalna | 14,0 | | » |
| 25. B.-Lehotka | 15,6 | | » |
| 26. Kremnitz | 17,0 | | » |
| 27. Berg | 18,7 | | » |
| 28. Turcsek | 19,8 | | » |
| 29. F. Stüben | 21,0 | | » |
| 30. Pribecz | 22,9 | | » |
| 31. Szt.-Marton | 24,0 | | » |
| 32. ○ Ruttek | 24,9 | | » |

**b. Hatvan-Miskolcz** (15,5 M. — = 118,0 Kil.).
Eröffnet am 5/1 1870.

| Station | Meilen | Land |
|---|---|---|
| (10. Hatvan) | — | Ungarn |
| 33. (e) Vámos-Györk Ŧ | 2,66 | » |
| 34. *Karácsond PH.* | 3,11 | » |
| 35. Ludas Ŧ | 4,44 | » |
| 36. Kaál-Kápolna Ŧ | 6,03 | » |
| 37. Füzes-Abony Ŧ | 7,63 | » |
| 38. *Szihalom PH.* | 8,52 | » |
| 39. Mezö-Kövesd Ŧ | 9,30 | » |
| 40. Mezö-Nyárad Ŧ | 10,54 | » |
| 41. Emöd Ŧ | 12,50 | » |
| 42. Nyék-Ládház Ŧ | 13,45 | » |
| 43. ○ (g) Miskolcz T | 15,12 | » |

**c. Hatvan-Szolnok** (9,07 M.).
Zu eröffnen 11/12 72.

| Station | Meilen | Land |
|---|---|---|
| Im Bau: (10. Hatvan) | — | Ungarn |
| 44. Monostor | — | » |
| 45. Jasz-Berény | — | » |
| 46. Tapio-György | — | » |
| 47. Uj-Szász | — | » |
| 48. ○ Szolnok | — | » |

**d. Flügelbahn nach Neusohl** (2,62 M.).
Zu eröffnen 1/4 73.

| Station | Meilen | Land |
|---|---|---|
| Im Bau: (22. Altsohl) | — | Ungarn |
| 49. Neusohl | 2,62 | » |

**e. Flügelbahn nach Gyöngyös** (1,47 M.).
Eröffnet am 15. März 1870.

| Station | Meilen | Land |
|---|---|---|
| (33. Vámos-Györk) | — | Ungarn |
| 50. Gyöngyös T | 1,47 | » |

**f. Flügelbahn nach Erlau** (2,2 M.).
Zu eröffnen 1/4 72.

| Station | Meilen | Land |
|---|---|---|
| Im Bau: (37. Füzes-Abony) | — | Ungarn |
| 51. Erlau | 2,2 | » |

**g. Miskolcz-Bánréve** (5,77 M.).
Eröffnet 11/4 71.

| Station | Meilen | Land |
|---|---|---|
| (43. Miskolcz) | — | Ungarn |
| 52. Sajo Szt. Peter Ŧ | 2,00 | » |
| 53. Vadna Ŧ | 3,49 | » |
| 54. Putnok Ŧ | 4,93 | » |
| 55. Bánréve Ŧ | 5,77 | » |

## B. Südliche Linien.

Anschlüsse. Zákány und Agram: Oesterr. Südbahn; im Bau: Carlstadt und Fiume: Oesterr. Südb.; Zákány: Donau-Draubahn.

**h. Zákány-Agram** (13,43 M. = 101,9 Kil.).
Eröffnet am 4/1 1870.

| Station | Meilen | Land |
|---|---|---|
| 56. ○ Zákány Ŧ | — | Croatien |
| 57. *Dernje PH.* | — | » |
| 58. Kopreinitz T | 1,90 | » |
| 59. Lepavina Ŧ | 3,07 | » |
| 60. Kreuz T | 5,84 | » |
| 61. *Gradeč PH.* | — | » |
| 62. Verboveč Ŧ | 8,43 | » |
| 63. Dugoselo Ŧ | 10,57 | » |
| 64. Sesvete Ŧ | 11,90 | » |
| 65. ○ Agram T | 13,53 | » |

**i. Carlstadt-Fiume** (22,91 Meilen = 173,8 Kilom.).
Zu eröffnen 1/6 73.

| Station | Meilen | Land |
|---|---|---|
| Im Bau: 66. Carlstadt | — | Agramer Comit. |
| 67. Dugaresa | 1,41 | K. k. Militärgrenze. |
| 68. Generalski Stol | 3,65 | » |
| 69. Thuin | 5,03 | » |
| 70. Ogulin | 7,28 | » |
| 71. *Ljubosina PH.* | 8,69 | » |
| 72. Verbovsko | 10,06 | Fiumaner Comit. |
| 73. Kameral-Moravice | 11,25 | » |
| 74. Skrad | 13,24 | » |
| 75. Delniče | 14,93 | » |
| 76. *Loque PH.* | 16 | » |
| 77. Fussine | 17,13 | » |
| 78. Lič | 18,09 | » |
| 79. Place | 19,38 | » |
| 80. Meja | 20,32 | » |
| 81. Buccari | 21,85 | » |
| 82. ○ Fiume | 22,91 | » |

## Ungarische Westbahn.

Verwaltungsrath in Ofen (Ungarn).

Anschlüsse. Raab: Oesterr. Staatsbahn; Steinamanger und Stuhlweissenburg: Oesterr. Südbahn; Graz: Oesterr. Südbahn und Graz-Köflacher E.

**a. Raab-Steinamanger** (15,43 Ml. = 117,05 Kilom.).
Eröffnet am 1. October 1871.

| Station | Meilen | Kilom. | Land |
|---|---|---|---|
| 1. ○ Raab | — | — | Ungarn |
| 2. Ménfö *PH.* | 1,48 | 11,226 | » |
| 3. Szemere | 2,30 | 17,447 | » |
| 4. Gyömöre | 3,55 | 26,93 | » |
| 5. Vaszar | 5,09 | 38,61 | » |
| 6. Pápa | 6,09 | 46,20 | » |
| 7. Mezölak | 7,08 | 53,69 | » |
| 8. Vinár *PH.* | 7,96 | 60,36 | » |
| 9. (c) Klein-Czell | 9,47 | 72,79 | » |
| 10. Asszonyfa | 11,09 | 85,10 | » |
| 11. Sárvár | 12,25 | 93,92 | » |
| 12. Wettendorf (Vép) | 14,33 | 108,70 | » |
| 13. ○ (b) Steinamanger | 15,43 | 117,05 | » |

**b. Steinamanger-Graz** (17,62 Ml. = 133,7 Kilom.).
Voraussichtliche Eröffnung am 5. August 1872.

| Station | Meilen | Kilom. | Land |
|---|---|---|---|
| (13. Steinamanger) | — | — | Ungarn |
| 14. Kis-Unyom | 1,10 | 8,4 | » |
| 15. Körmend | 3,37 | 25,6 | » |
| 16. Csákány | 4,47 | 33,9 | » |
| 17. Rába Szt. Mihály *PH.* | 5,13 | 38,9 | » |
| 18. Szt. Gotthardt | 6,99 | 53,0 | » |
| 19. Jennersdorf | 8,30 | 63,0 | » |
| 20. Fehring | 9,55 | 72,5 | Steiermark |
| 21. Feldbach | 10,81 | 82,0 | » |
| 22. Studenzen | 12,13 | 92,05 | » |
| 23. Tackern *PH.* | 14,10 | 99,4 | » |
| 24. Gleisdorf | 13,84 | 105,0 | » |
| 25. Lassnitz | 15,26 | 115,8 | » |
| 26. Messendorf *PH.* | 16,25 | 123,3 | » |
| 27. Schönau | 17,14 | 130,1 | » |
| 28. ○ Graz | 17,62 | 133,7 | » |

### c. Stuhlweissenburg-Klein-Czell

(16,067 Mln. = 121,805 Kilom.).
Eröffnung am 3. August 1872.

| | | | |
|---|---|---|---|
| 29. ○ Stuhlweisenburg | — | — | Ungarn |
| 30. Kis-Keszi. . . . . . | 0,92 | 7,0 | » |
| 31. Palota . . . . . . . . | 2,71 | 20,6 | » |
| 32. Péth *PH.* . . . . . . | 3,24 | 24,5 | » |
| 33. Hajmáskér . . . . . | 4,65 | 35,3 | » |
| 34. Veszprém. . . . . . | 5,73 | 43,5 | » |
| 35. Herend. . . . . . . | 7,59 | 57,6 | » |
| 36. Szt. Gál . . . . . . | 8,33 | 63,2 | » |
| 37. Város Lőd . . . . . | 9,65 | 73,2 | » |
| 38. Ajka . . . . . . . . | 10,47 | 79,4 | » |
| 39. Devecser . . . . . . | 12,07 | 91,6 | » |
| 40. Somlyó-Vásárhely *PH.* | 12,59 | 95,5 | » |
| 41. Tüskevár . . . . . . | 13,14 | 99,7 | » |
| 42. Boba-Jánosháza . . . | 14,84 | 112,6 | » |
| (9. Klein-Czell) . . . | 16,057 | 121,805 | » |

## Erste Ungarisch-Galizische Eisenbahn.

Sitz des Verwaltungsraths und der Direction in Wien (Mariahilfer Strasse I. a.).

Sitz der Galizischen General-Bauunternehmung in Przemysl.
Sitz der Ungarischen General-Bauunternehmung in Nagy Mihály.

Bahnlänge der Galiz. Strecke 19,355 Meilen = 146,828 Kilom.
Bahnlänge der Ungar. Strecke 15,799 Mln. = 119,863 Kilom.

Voraussichtliche Betriebseröffnung:
auf der Galizischen Strecke
von Przemyśl bis Szczawne, 15,986 M. = 121,273 Kil., $^{19}/_{12}$ 71.
von Szczawne bis Łupków, 3,369 M. = 25,555 Kilom., $^{19}/_{12}$ 72.
auf der Ungarischen Strecke
von Legenye-Mihályi bis Homonna, 8,5 M. = 64,486 Kil., $^{6}/_{11}$ 71.
von Homonna bis Łupków 7,299 M. = 55,377 Kilom., $^{19}/_{12}$ 72.

Anschlüsse. Przemyśl: Galiz. Carl-Ludwigb.; Legenye-Mihályi: Ungarische Nordostbahn.
Legenye-Mihályi ist von Ujhely 1¾ M. = 13,27 Kil. entfernt.

| | | | |
|---|---|---|---|
| 1. ○ Przemyśl. . . | — | — | Galizien |
| 2. Nizankowice . . . | 1,69 | 12,88 | » |
| 3. Dobromil . . . . . | 3,44 | 26,14 | » |
| 4. Chyrów . . . . . | 4,48 | 33,98 | » |
| 5. Krościenko . . . . | 7,03 | 53,35 | » |
| 6. Ustrzyki . . . . . | 8,09 | 61,43 | » |
| 7. Olszanica . . . . . | 10,22 | 77,57 | » |
| 8. Łukawica-Lisko . . | 11,78 | 89,36 | » |
| 9. Zaluż. . . . . . . | 12,32 | 93,44 | » |
| 10. Zagórz . . . . . . | 12,87 | 97,66 | » |
| 11. Szczawne .*. . . . | 15,98 | 121,27 | » |
| 12. Komancza . . . . . | 17,38 | 131,84 | » |
| 13. Łupków . . . . . | 19,19 | 145,55 | » |
| 14. Mező-Laborcz . . . | 21,27 | 161,43 | Ungarn |
| 15. Radvány . . . . . | 23,28 | 176,55 | » |
| 16. Koskócz . . . . . | 24,58 | 186,52 | » |
| 17. *Udva PH.* . . . . | 25,88 | 196,37 | » |
| 18. Homonna. . . . . | 26,65 | 202,20 | » |
| 19. Őrmező . . . . . | 27,92 | 211,81 | » |
| 20. *Natafalva PH.* . . | 28,68 | 217,59 | » |
| 21. Nagy-Mihály . . . | 29,81 | 226,20 | » |
| 22. Bánócz . . . . . . | 31,07 | 235,72 | » |
| 23. Terebes-Gálszécs . | 32,46 | 246,26 | » |
| 24. *Velejte PH.* . . . | 34,44 | 261,27 | » |
| 25. ○ Legenye-Mihályi | 35,154 | 266,69 | » |

## Vorarlberger Eisenbahn.

Direction in Wien.

Anschlüsse. Grenze bei Laiblach: Bayer. Staatsb.; St. Margarethen und Buchs: Vereinigte Schweizerbahnen.
Voraussichtliche Eröffnung: Frühjahr oder Sommer 1872.

### a. Hauptbahn Laiblach-Bludenz (8,192 M. = 62,154 K.).

| von der Bayerischen Grenze Mln. | | |
|---|---|---|
| 1. ○ Laiblach *PH.* . . . . . | 0,100 | Vorarlberg |
| 2. Bregenz . . . . . . . . | 0,458 | » |
| 3. (c) Lautrach . . . . . . | 0,542 | » |
| 4. Schwarzach. . . . . . . | 0,561 | » |
| 5. Dornbirn. . . . . . . . . | 0,473 | Vorarlberg |
| 6. Hohenembs . . . . . . . | 1,025 | » |
| 7. Götzis . . . . . . . . . | 0,629 | » |
| 8. Rankweil. . . . . . . . | 1,022 | » |
| 9. (b) Feldkirch . . . . . . | 0,558 | » |
| 10. Frastanz . . . . . . . . | 0,593 | » |
| 11. Nenzing . . . . . . . . | 0,852 | » |
| 12. Strassenhaus *PH.* . . . . | 0,737 | » |
| 13. Bludenz . . . . . . . . | 0,586 | » |

### b. Zweigbahn Feldkirch-Buchs (2,352 M. = 17,844 K.).

| | | |
|---|---|---|
| (9. Feldkirch). . . . . . . . | — | Vorarlberg |
| 14. Nendeln *PH.* . . . . . . | 1,428 | Lichtenstein |
| 15. Schaan. . . . . . . . . | 0,506 | » |
| 16. ○ Buchs . . . . . . . . | 0,418 | Schweiz |

### c. Zweigbahn Lautrach-St. Margarethen

1,223 Mln. = 9,276 Kilom.

| | | |
|---|---|---|
| (3. Lautrach) . . . . . . . | — | Vorarlberg |
| 17. Hard-Fussach *PH.* . . . . . | 0,36 | » |
| 18. ○ St. Margarethen . . . | 0,86 | Schweiz |

## Königliche Westfälische Eisenbahn.

Königliche Direction zu Münster.

Anschlüsse. Warburg: Hessische Nordbahn und Bergisch-Märkische (Ruhrthalb., im Bau); Soest: Bergisch-Märkische Bahn; Hamm: Bergisch-Märkische und Köln-Mindener Bahn; Holzminden: Braunschweigische Bahn; Münster: Köln-Mindener E. (Venlo-Hamburg); Rheine: Hannoversche B.; Salzbergen: Niederländische Staatsb.; Leer: Oldenburgische Staatsb.

Directer Güterverkehr:
a = des Rheinisch-Thüringischen Verbandes ($^{1}/_{1}$ 71);
b = des Westfälischen ($^{15}/_{11}$ 71);
c = des Sächsisch-Westfälischen ($^{20}/_{8}$ 70, Nachtr. v. $^{1}/_{7}$ 70);
d = des Deutsch-Holländischen ($^{1}/_{11}$ 68);
e = des Schlesisch-Rheinischen ($^{1}/_{10}$ 70);
f = des Norddeutschen ($^{1}/_{1}$ 68);
g = des Hannover-Bayer.-Oesterr. ($^{15}/_{11}$ 69);
h = des Niederl.-Westfäl.-Oldenburgischen ($^{15}/_{1}$ 70);
i = des Braunschw.-Hannov.-Oldenb.-Westfäl. ($^{1}/_{3}$ 68);
k = des Rheinisch-Thüring.-Oesterr. ($^{1}/_{1}$ 71);
l = des Hessisch-Rheinisch-Westfälischen ($^{1}/_{4}$ 69);
m = mit Stationen der Hannoverschen ($^{1}/_{5}$ 68);
n = mit Stationen der Rheinischen;
o = mit Stat. des Preussisch-Braunschweigischen Verb. ($^{1}/_{4}$ 68).

Ausserdem kommen noch folgende Tarife zur Anwendung: 1. Localtarif v. $^{6}/_{8}$ 67 mit Nachtr. v. $^{1}/_{1}$ 68; 2. Russisch-Rheinischer V.-T. v. $^{1}/_{7}$ 69); 3. Ostdeutsch-Rheinischer V.-T. v. $^{5}/_{7}$ 69; 4. Deutsch-Französ. V.-T. v. $^{1}/_{4}$ 69; 5. Hannover-Oldenb. V.-T. v. $^{1}/_{3}$ 68; 6. Westfäl.-Oldenb. V.-T. v. $^{1}/_{9}$ 69; 7. Nordd.-Niederl. V.-T. v. $^{1}/_{11}$ 69; 8. Bergisch-Westfäl. V.-T. v. $^{1}/_{4}$ 64; 9. Hannov.-Niederländ. V.-T. v. $^{1}/_{6}$ 68; 10. Berlin-Kölner Verbandstarif vom $^{1}/_{11}$ 71.

### a. Warburg-Münster-Rheine-Emden.

(45,66 Pr. M. = 343,93 Kilom.)

Eröffnet Stat. 1-7 $^{21}/_{7}$ 53; 7-15 $^{1}/_{10}$ 50; 15-20 $^{20}/_{5}$ (für Güter $^{1}/_{5}$) 48; 20-24 $^{1}/_{6}$ 56; Rheine-Emden (Hannov. Westb. seit $^{1}/_{1}$ 67 in Verwaltung der Westphäl. Direction) eröffnet Stat. 23-27 $^{23}/_{6}$ 56; 27-33 $^{1}/_{8}$ 56; 33-38 $^{24}/_{11}$ 54.

| | Mln. | Kilom. | | |
|---|---|---|---|---|
| 1. ○ Warburg. . . | — | — | a-d.g.i.n.o. | Minden |
| 2. Bonenburg . . . | 1,46 | 11,00 | a.b.c.d.g.i.n.o. | » |
| 3. *Teutonia GH. Erze* | 2,02 | 15,22 | a.b. | » |
| 4. *Willebadessen PH.** | 2,50 | 18,83 | a. | » |
| 5. *Buke PH.** . . | 4,35 | 32,77 | a. | » |
| 6. (b) Altenbeken | 4,91 | 36,98 | a.b.c.i. | » |
| 7. Paderborn . . . | 7,23 | 54,50 | a-e.g.i.k.n.o. | » |
| 8. *Salzkotten Salz* | 8,94 | 66,34 | a.b. | » |
| 9. Gesecke . . . . | 9,89 | 74,46 | a-e.g.i.n. | Arns- |
| 10. Lippstadt . . . | 11,45 | 86,25 | a-e.g.ik..n.o. | berg |
| 11. *Benninghausen PH.** . . . . . | 12,38 | 93,25 | a. | » |
| 12. *Sassendorf Salz* | 13,60 | 102,44 | a.b. | » |
| 13. ○ Soest . . . | 14,18 | 106,81 | a-e.g.i.k.n.o. | » |
| 14. *Welver PH.** . | 15,65 | 117,88 | | |
| 15. ○ Hamm . . . | 17,34 | 130,61 | a.b.c.d.e.g.k.o. | » |
| 16. *Ermelinghof PH.* | 17,85 | 134,46 | | Münster |
| 17. Drensteinfurt . . | 19,40 | 146,13 | b. | » |
| 18. *Rinkerode PH.* | 20,20 | 152,16 | | » |
| 19. *Hiltrup PH.* . . | 21,14 | 159,24 | | » |
| 20. ○ Münster . . . | 21,98 | 165,56 | a-e.g.h.k.l.o. | » |

| | | | | |
|---|---|---|---|---|
| 21. Greven . . . . | 23,97 | 180,55 | b.h. | Münster |
| 22. Emsdetten . . . | 25,38 | 191,17 | a.b.c.d.h.l. | » |
| 23. *Mesum PH.** . . | 26,19 | 197,78 | b. | » |
| 24. ○ Rheine . . . | 27,10 | 204,13 | a.b.d.f.g.h.i.l. | » |
| 25. ○ Salzbergen | 28,16 | 212,12 | b.m. | Osnabrück |
| 26. *Leschede PH.** . | 29,35 | 221,08 | b.m. | » |
| 27. Lingen. . . . . | 31,23 | 235,24 | a-h.l.m. | » |
| 28. Meppen . . . . | 33,92 | 255,50 | a.b.d-h.l.m. | » |
| 29. *Kellerberg PH.** | 35,27 | 265,67 | m. | » |
| 30. Lathen . . . . | 36,43 | 274,41 | d.m. | » |
| 31. *Kluse-Dörpen PH.** . . . . . | 37,51 | 282,54 | m. | » |
| 32. *Aschendorf PH.** | 39,31 | 296,10 | m. | » |
| 33. Papenburg . . . | 40,02 | 301,45 | a.b.d-i.l.m. | » |
| 34. *Ihrhove PH.** . | 41,27 | 310,87 | b.m. | Aurich |
| 35. ○ Leer . . . . | 42,28 | 318,47 | a.b.d.f-i.l.m. | » |
| 36. *Neermoor PH.** | 43,38 | 326,75 | m. | » |
| 37. *Oldersum PH.**. | 44,44 | 334,74 | b.m. | » |
| 38. Emden . . . . | 45,66 | 343,93 | a.b.d-i.l.m. | » |

**b. Altenbeken-Holzminden** (6,46 Pr. M. = 48,66 Kil.).

Eröffnet Stat. 6-42 1/10 64; 42-43 10/10 65.

| | | | | |
|---|---|---|---|---|
| (6. Altenbeken) . | — | — | | Minden |
| 39. Driburg . . . . | 1,27 | 9,57 | a.b. | » |
| 40. Brakel . . . . . | 2,89 | 21,77 | a.b.c. | » |
| 41. *Godelheim PH.* . | 4,78 | 36,01 | | » |
| 42. Höxter . . . . . | 5,52 | 41,58 | a.b.c.d.i.o. | » |
| 43. ○ Holzminden | 6,46 | 48,66 | a.b.d.g.o. | Braunschweig |

## WienerNeustadt-Grammat-Neusiedler Eisenbahn.

Verwaltungsrath in Wien.

Eröffnet am 1. September 1871.

Den Betrieb der Bahn leitet die K. k. priv. Südbahn.

Anschlüsse. Wiener Neustadt: Oesterr. Südb.; Grammat-Neusiedl: Oesterr. Staatsbahn.

### a. Wiener-Neustadt-Grammat-Neusiedl

(4,5 Meilen = 34,140 Kilom.).

| | | | |
|---|---|---|---|
| 1. ○ Wiener-Neustadt | — | — | Nieder- |
| 2. Eggendorf-Moosbrunn | 0,7 | 5,311 | Oesterreich |
| 3. (b) Ebenfurt . . . . | 1,5 | 11,380 | » |
| 4. Pottendorf-Landegg | 2,0 | 15,173 | Nieder- |
| 5. Waltersdorf . . . | 2,9 | 22,001 | Oesterreich |
| 6. Mitterndorf . . . . | 3,5 | 26,553 | » |
| 7. ○ Gr.-Neusiedl. . | 4,5 | 34,140 | » |

### b. Flügelbahn Ebenfurt-Kohlengruben bei Neufeld

(0,337 Meilen = 2,560 Kilom.).

| | | | |
|---|---|---|---|
| (3. Ebenfurt) . . . . | — | — | Niederösterr. |
| 8. Neufeld. . . . . . | 0,337 | 2,560 | Ungarn |

## Wiener Tramway Gesellschaft

(Pferdebahn.) Direction in Wien.

Im Betrieb die Linien:

| | | Ö. Klaft. | = Ö. M. |
|---|---|---|---|
| a. | Schottenring-Dornbach . . . . . . . . eröffnet 5/10 65. | 2928 | 0,7320 |
| b. | Schottenring-Ringstrasse-Aspernbrücke . am 10/4 68 eröffnet | 1833 | 0,4582 |
| c. | Schottenring-Franz-Josefs-Quai-Aspernbrücke, eröffnet 6/4 69 . . . . . . | 1077 | 0,2692 |
| d. | Aspernbrücke-Prater-Bäder . . . . . . . eröffnet 10/4 68. | 1352 | 0,3380 |
| e. | Schottenring-Döbling eröffnet 31/5 70. . . | 1733 | 0,4332 |
| f. | Burgring-Penzing eröffnet 2/6 70. . . . | 2804 | 0,7010 |

Projectirte Linien.

g. Schwarzenbergplatz-Südbahn.

h. Schwarzenbergplatz-Rennweg-Central-Friedhof.

## Württembergische Eisenbahnen.

Königliche Direction in Stuttgart.

Königreich Württemberg: Kreise. Grossherzogthum Baden: *° Kreise. Königreich Bayern: **'' Kreise. *°'' Königreich Preussen: Hohenzollern.

Uebergangsstat. resp. Anschl. Bruchsal, Mühlacker, Pforzheim, Jagstfeld, Osterburken, Mergentheim Immendingen u. Villingen: Badische Staatsb.; Nördlingen, Ulm: Bayer. Staatsb.; Unterboihingen: Kirchheimer Privatb.; Friedrichshafen / Romanshorn (mittelst Trajectschiffe): Schweiz. Nordostbahn.

Directer Güterverkehr: R = Rheinischer Verband (1/1 70); S = Süddeutscher Verb. (1/7 70); W = Westdeutscher Verb. (1/1 69); a = Verk. mit Baden (1/6 71); a* = Verkehr nach Baden für einzelne Stationen u. für Wagenladungsclassen D u. F (Holztransport) für die mit a** bezeichneten Stationen und Schussenried bestehen auch Taxen für den Steinkohlen- und Coaksverk. ab Mannheim Bahnhof, Rhein- u. Neckarhafen, Heidelberg, Maxau und Kehl; b = mit Bayern (Tarif 1/6 70 mit 2 Nachtr. 1/6, 1/11 71); c = mit Main-Neckar- u. Frankfurt-Offenbacher Bahn (1/10); d = mit Saargruben u. Pfälz. Stationen (Tarif N°. 6 v. 15/1 69); e = mit Sächsischen Bahnen (1/1 71). — Für die mit e* bezeichneten Stationen im Sächs. Verb. besteht nur ein Steinkohlenverkehr ab Zwickau; f = mit Schweizer Nordost-, Central-, Berner Staats-, Freiburger, Franco suisse-, Juraindustriel- u. Westb. via Romanshorn (1/1 64 mit 2 Nachtr.); g = mit Verein. Schweizerb. (1/5 61); f* u. g* = die Stat. Durlesbach und Niederbiegen haben blos Getreideverk. nach der Schweiz in beiden bestehenden Verbänden; h = mit der Belg. Staats-, Nord- u. Centralb. via Köln-Ludwigshafen (15/1 69 mit 2 Nachtr.); h* = mit Amsterdam u. Rotterdam via Giessen-Frankfurt und via Ludwigsh. Köln (1/1 69 mit 5 Nachtr.); i = mit Kirchheim u. Teck; i* = mit der Kirchheimer Privatbahn (Kirchheim u. Oetlingen); k = Bayer. Steinkohlenverk. von Penzberg, Unterpeissenberg, Miesbach u. Hansham; l = mit Berlin via Hof (1/5 71); m = mit Italien. Bahnen via Brenner-Kufstein u. mit Triest, Görz, Cormons n = mit der Werra- und Thüringischen Bahn via Lichtenfels.

Die Stationen Brötzingen, Dettingen, Hessenthal, Igersheim, Marbach, Schweinhausen, Sondelfingen, Steinenbach-Blönried, Trochtelfingen und Urbach sind mit Ausnahme der Station Brötzingen, welche für den Eilgutverkehr eingerichtet ist, bloss Haltestellen für den Personenverkehr.

### a. Hauptbahn Bruchsal-Friedrichshafen

(37,1 Meilen = 276,4 Kilom.).

(1 Meile = 7,449 Kilom. = 26000 Württemb. Fuss.)

Streckenweise eröffnet vom 22 Octbr. 1845 bis 1. Octbr. 1853.

Bei den nachfolgenden Stationen sind diejenigen speciell bezeichnet, welche Bahnhofs-Inspectionen resp. Bahnhofsverwaltungen I. Classe haben.

| | Meilen | Kilom. | | |
|---|---|---|---|---|
| 1. ○ Bruchsal, Inspect. T | — | — | R.S.a-d.h-l*.m. | *° Mittelrheinkreis |
| 2. Heidelsheim T . . . | 0,8 | 6,0 | | » |
| 3. Gondelsheim . . . . | 1,4 | 10,4 | | » |
| 4. Bretten T . . . . . . . | 2,1 | 15,6 | a.a**.c.d.i. | » |
| 5. Maulbronn T P Ablage | 3,4 | 25,3 | i. | Neckarkreis |
| 6. ○ Mühlacker, Vrw. I. Cl. T | 4,3 | 32,0 | a.a**.b.c.d.i. l*.m. | » |
| 7. Illingen T . . . . . . | 5,0 | 37,2 | d. | » |
| 8. Vaihingen (Sersheim) T | 5,7 | 42,5 | i.i*. | » |
| 9. Grosssachsenheim T . | 6,5 | 48,5 | | » |
| 10. (b) Bietigheim, Vrw. I. T | 7,4 | 55,1 | W.a.a**.b-e. i.i*. | » |
| 11. Asperg T . . . . . . . | 8,1 | 60,3 | i. | » |
| 12. Ludwigsburg, Verw. I. T | 8,6 | 64,1 | R-e.f-l*.m.n. | » |
| 13. Kornwestheim P . . | 9,1 | 67,8 | | » |
| 14. (p) Zuffenhausen T | 9,6 | 71,5 | d.i. | » |
| 15. Feuerbach T . . . . . | 9,9 | 73,7 | a.i. | » |
| 16. Stuttgart, Inspection T | 10,5 | 78,2 | R-l.m.n. | » |
| 17. (g) Canstatt, Verw. I. T | 11,0 | 81,9 | R-l.m.n. | » |
| 18. Untertürkheim T . . | 11,5 | 85,7 | S.b.i.k. | » |
| 19. Obertürkheim T . . | 11,9 | 88,6 | i. | » |
| 20. Esslingen, Vrw. I. T | 12,4 | 92,4 | R-e.f-l.m.n. | » |
| 21. Altbach P . . . . . . | 13,2 | 98,3 | i. | » |
| 22. (i.k) Plochingen, Vw. I. T | 13,6 | 101,3 | S.a-e.f.g.i. i*.k. | » |
| 23. Reichenbach P . . . | 14,2 | 105,8 | i. | Donau- |
| 24. Ebersbach T . . . . | 14,8 | 110,2 | i.i*. | kreis |
| 25. Uhingen P . . . . . . | 15,4 | 114,7 | d.i. | » |
| 26. Göppingen, Vw. I. T | 16,2 | 120,7 | R-e.f-l.m.n. | » |
| 27. Eislingen T . . . . | 16,7 | 124,4 | a.a**.b.d.i.k. | » |
| 28. Süssen, Verw. I. T . | 17,3 | 128,9 | S.a-d.f.g.i-k. | » |
| 29. Gingen T . . . . . . . | 17,7 | 131,8 | a.a**.b.d.i.k. | » |
| 30. Geislingen, Verw. I. T | 18,7 | 139,3 | S.a-d.f.g.i-k. | » |
| 31. Amstetten T . . . . | 19,5 | 145,3 | | » |
| 32. Lonsee T . . . . . . | 20,3 | 151,2 | | » |
| 33. Beimerstetten T . . | 21,5 | 160,1 | d.i. | » |

| | Meilen | Kilom. | | |
|---|---|---|---|---|
| 34. ◯(n) **Ulm**, Inspection T | 23,1 | 172,1 | R-l.n. | Donau- |
| 35. Einsingen T | 24,1 | 179,5 | | kreis |
| 36. Erbach T | 24,6 | 183,2 | d.i.k. | » |
| 37. Risstissen | 25,5 | 189,9 | | » |
| 38. Laupheim T | 26,1 | 194,4 | d.i. | » |
| 39. Schemmerberg P | 26,8 | 199,6 | | » |
| 40. Langenschemmern P | 27,2 | 202,6 | | » |
| 41. Warthausen P. | 27,7 | 206,3 | d.i. | » |
| 42. Biberach, Verw.I. T | 28,1 | 209,3 | R-i.k.l.m.n. | » |
| 43. Ummendorf P | 28,7 | 213,8 | i. | » |
| 43a. *Schweinhausen PH.* | 29,1 | 215,8 | | |
| 44. Essendorf T | 29,8 | 222,0 | a*.i. | » |
| 45. Schussenried T | 30,8 | 229,4 | S.a*.a**.b. d.i.k. | » |
| 46. (o) Aulendorf Vrw. I. Cl. T | 31,5 | 234,6 | S.a-g.i.k. | » |
| 47. Durlesbach | 32,4 | 241,3 | f*.g*.i. | » |
| 48. Mochenwangen T | 33,1 | 246,6 | a*. | » |
| 49. Niederbiegen | 33,7 | 251,0 | a*.f*.g*. | » |
| 50. Ravensburg, Vw.I. T | 34,4 | 256,2 | R-i.k.l.m. | » |
| 51. Meckenbeuren-Tettnang T | 35,9 | 267,4 | | » |
| 52. ◯ Friedrichshafen, Inspection T ⚓ | 37,1 | 276,4 | R-g.i.k.l.m.n. | » |

### b. Untere Neckarbahn: Bietigheim-Jagstfeld
(5,5 Meilen = 40,9 Kilom.).
Eröffnet bis Heilbronn 25/7 48, bis Jagstfeld 11/4 66.

| | | | | |
|---|---|---|---|---|
| (10. Bietigheim) T | — | — | | Neckar- |
| 53. Besigheim T | 0,9 | 6,7 | a.a**.b.i. | kreis |
| 54. Kirchheim a. Neckar T | 1,6 | 11,9 | a.a**.i. | » |
| 55. Lauffen T | 2,3 | 17,1 | d.i. | » |
| 56. Nordheim P | 3,1 | 23,1 | i. | » |
| 57. (d) Heilbronn, Insp. T | 4,0 | 29,8 | R-a.f-i*.l.m.n. | » |
| 58. Neckarsulm T | 4,7 | 35,0 | i. | » |
| 59. Kochendorf P | 5,2 | 38,7 | i. | » |
| 60. ◯(c) Jagstfeld Vw. I. T | 5,5 | 40,9 | R-d.h*.i. | » |

### c. Untere Jagstbahn: Jagstfeld-Osterburken
(5,1 Meilen = 37,9 Kilom.).
Eröffnet am 27. September 1869.

| | | | | |
|---|---|---|---|---|
| (60. Jagstfeld) T | — | — | | Neckarkreis |
| 61. Untergriesheim P | 0,7 | 5,2 | | » |
| 62. Neudenau T | 1,5 | 11,2 | a.a**. | **Unterrheink. |
| 63. Siglingen P | 2,0 | 14,9 | | Neckarkreis |
| 64. Züttlingen P | 2,3 | 17,1 | a.a**. | » |
| 65. Möckmühl T | 2,9 | 21,6 | a.a**.i. | » |
| 66. Roigheim P | 3,6 | 26,8 | | » |
| 67. Sennfeld | 4,1 | 30,5 | | **Unterrhein- |
| 68. Adelsheim T | 4,6 | 34,3 | i. | ** kreis |
| 69. ◯ Osterburken T | 5,1 | 37,9 | S.a.b.i.** | » |

### d. Kocherbahn: Heilbronn-Hall-Crailsheim
(11,8 Meilen = 87,9 Kilom.).
Eröffnet bis Hall am 4/8 62, bis Crailsheim 10/12 67.

| | | | | |
|---|---|---|---|---|
| (57. Heilbronn) T | — | — | | Neckarkreis |
| 70. Weinsberg T | 0,9 | 6,7 | i. | » |
| 71. Willsbach. T | 1,6 | 11,9 | | » |
| 72. Eschenau T | 2,1 | 15,6 | | » |
| 73. Bretzfeld P | 2,7 | 20,1 | | » |
| 74. Oehringen, Vrw.I. T | 3,5 | 26,1 | S.a.a**-d.i. | Jagst- |
| 75. Neuenstein T | 4,4 | 32,7 | i. | kreis |
| 76. Waldenburg T | 5,2 | 38,7 | a.a**.d.i. | » |
| 77. Kupfer P | 5,7 | 42,5 | i. | » |
| 78. Gailenkirchen P | 6,3 | 46,9 | | » |
| 79. Hall, Verw.I. T | 7,2 | 53,6 | R.S.a-e*.f.g. i.k. | » |
| 79a. Hessenthal *PH.* | 8,1 | 60,3 | | |
| 79b. Sulzdorf T | 8,9 | 66,3 | i. | » |
| 80. Altdorf (Gross-) P | 9,9 | 73,7 | | » |
| 81. Eckartshausen-Ilshofen T | 10,4 | 77,5 | d. | » |
| 82. Maulach | 11,0 | 81,9 | | » |
| 83. (e) Crailsheim, Insp. T | 11,8 | 87,9 | S.a.a**.b.d.i.k. | » |

### e. Obere Jagstbahn: Crailsheim-Goldshöfe
(4,1 Meilen = 30,5 Kilom.).
Eröffnet am 15/11 66.

| | Meilen | Kilom. | | |
|---|---|---|---|---|
| (83. Crailsheim) T | — | — | | Jagstkreis |
| 84. Jagstheim P | 0,7 | 5,2 | | » |
| 85. Stimpfach P | 1,2 | 8,9 | | » |
| 86. Jagstzell T | 1,7 | 12,7 | | » |
| 87. Ellwangen Verw. I. T | 2,9 | 21,6 | R.S.a-e*.i.k.n. | » |
| 88. Schwabsberg | 3,6 | 26,8 | | » |
| 89. (g) Goldshöfe T | 4,1 | 30,5 | | » |

### f. Tauberbahn Crailsheim-Mergentheim
(7,9 Meilen) = 58,8 Kilom.).
Eröffnet am 23. October 1869.

| | | | | |
|---|---|---|---|---|
| (83. Crailsheim) T | — | — | | Jagstkreis |
| 90. Satteldorf | 0,7 | 5,2 | | » |
| 91. Wallhausen P | 1,2 | 8,9 | | » |
| 92. Roth am See T | 1,9 | 14,1 | a.a**.i. | » |
| 93. Blaufelden T | 3,0 | 22,3 | a.a**.i. | » |
| 94. Schrozberg T | 3,9 | 29,0 | | » |
| 95. Niederstetten T | 5,2 | 38,7 | b.i.k. | » |
| 96. Laudenbach P | 6,0 | 44,7 | | » |
| 97. Weikersheim T | 6,4 | 47,7 | b.i.k. | » |
| 98. Markelsheim | 7,2 | 53,6 | | » |
| 98a. *Igersheim PH.* | 7,5 | 55,8 | | » |
| 99. ◯ Mergentheim T Inspection | 7,9 | 58,8 | R.S.a.a**.b.i. | » |

### g. Remsthalbahn Canstatt-Nördlingen
(15,0 M. = 111,7 Kilom.).
Eröffnet bis Wasseralfingen 25/7 61, von da bis Nördlingen 3/10 63.

| | | | | |
|---|---|---|---|---|
| (17. Canstatt) T | — | — | | Neckar- |
| 100. Fellbach T | 0,8 | 6,0 | i. | kreis |
| 101. Waiblingen T | 1,2 | 8,9 | a.a**.b.c.d. e*.i.i*.k. | » |
| 102. Endersbach T | 1,9 | 14,1 | i. | Jagstkreis |
| 103. Grunbach (Geradstetten) T | 2,4 | 17,9 | i. | » |
| 104. Winterbach T | 3,0 | 22,3 | i. | » |
| 105. Schorndorf, Vw. I. T | 3,5 | 26,1 | a-d.e*.i-k. | » |
| 105a. Urbach *PH.* | 4,0 | 29,8 | | » |
| 106. Plüderhausen T | 4,2 | 31,3 | i. | » |
| 107. Waldhausen P | 4,7 | 35,0 | | » |
| 108. Lorch T | 5,3 | 39,5 | i. | » |
| 109. Gmünd, Verw. I. T | 6,3 | 47,0 | S.a-e*.f.g.i.k.n. | » |
| 110. Unterböbingen T | 7,6 | 56,6 | | » |
| 111. Mögglingen T | 8,1 | 60,4 | | » |
| 112. Essingen T | 8,9 | 66,3 | | » |
| 113. (h) Aalen, Inspect. T | 9,7 | 72,3 | R.S.a-g.h-i.k.n. | » |
| 114. Wasseralfingen T | 10,0 | 74,5 | R.S.a-d.e*.f-i.k. | » |
| (89. Goldshöfe) T | 10,6 | 79,0 | | » |
| 115. Westhausen T | 11,3 | 84,2 | | » |
| 116. Lauchheim T | 11,9 | 88,4 | b.i.k. | » |
| 117. Bopfingen T | 13,3 | 99,1 | a.a**.b.c.d.i.k. | » |
| 118. *Trochtelfingen PH.* | 13,9 | 103,6 | | » |
| 119. Pflaumloch P | 14,3 | 106,5 | b.k. | » |
| 120. ◯ Nördlingen, T (K. Bayer. Post- u. Bahnamt) | 15,0 | 111,7 | S.a-e*. | **Schwa-b*.i.k.l.n. ben u. Neuburg |

### h. Brenzbahn (Zweigbahn) Aalen-Heidenheim
(3 Meilen = 22,3 Kilom.). Eröffnet 15/9 64.

| | | | | |
|---|---|---|---|---|
| (113. Aalen) T | — | — | | Jagstkreis |
| 121. Unterkochen P | 0,5 | 3,7 | d.e*. | » |
| 122. Oberkochen P | 1,1 | 8,2 | | » |
| 123. Königsbronn T | 1,9 | 14,2 | d.e*. | » |
| 124. Schnaitheim P | 2,6 | 19,4 | | » |
| 125. Heidenheim, Vrw. I. T | 3,0 | 22,3 | R.S.a-e*.h-i. k.m.n. | » |

### i. Obere Neckarbahn: Plochingen-Rottweil-Villingen.
(20,2 M. = 150,5 Kil.).
Eröffnet bis Reutlingen 20/9 59, von da bis Rottenburg 15/10 61, bis Eyach 1/7 64, bis Horb 1/3 66, bis Thalhausen 9/10 67, bis Rottweil 21/7 68, bis Villingen am 24/8 69.

| | | | | |
|---|---|---|---|---|
| (22. Plochingen) T | — | — | | Schwarz- |
| 126. (k) Unterboihingen T | 0,9 | 6,7 | d.i.i*. | waldkreis |
| 127. Nürtingen, T | 1,7 | 12,7 | a.a**.b.d.i.i*. | » |

| | Mln. | Kil. | |
|---|---|---|---|
| 128. Neckarthailfingen . . | 2,3 | 17,1 | i. Schwarz- |
| 129. Bempflingen P . . . | 3,0 | 22,3 | i. waldkreis |
| 130. Metzingen, Vrw.I. T | 3,5 | 26,1 | S.W.a-e.f-i*.n. » |
| 131. *Sondelfingen PH.* . | 4,2 | 31,3 | » |
| 132. Reutlingen, Vrw.I. T | 4,6 | 34,3 | R-e.f-l.m.n. » |
| 133. Betzingen P . . . . | 5,0 | 37,2 | i. » |
| 134. Kirchentellinsfurth P | 5,6 | 41,7 | i. » |
| 135. (l) Tübingen, Insp. T | 6,5 | 48,4 | R.S.a-e-f-k.m.n. » |
| 136. Kilchberg P . . . . | 7,2 | 53,6 | » |
| 137. Rottenburg, Vrw.I. T | 8,0 | 59,6 | S.a-e.f.g.i.i*.k.n. » |
| 138. Niedernau T . . . . | 8,5 | 63,3 | » |
| 139. Bieringen P . . . . | 8,9 | 66,3 | i. » |
| 140. Eyach T . . . . . . | 9,7 | 72,3 | i. » |
| 141. Mühlen P . . . . . | 10,3 | 76,7 | i. » |
| 142. Horb T . . . . . . | 10,8 | 80,4 | S.a-b.d.i.k. » |
| 143. Neckarhausen . . . | 11,7 | 87,1 | *°°Hohenzollern |
| 144. Sulz T . . . . . . . | 12,7 | 94,6 | a.a**.d.i. Schwarz- waldkr. |
| 145. Oberndorf T . . . . | 14,2 | 105,8 | a.a**.d.i. » |
| 146. Epfendorf P . . . . | 15,0 | 111,8 | » |
| 147. Thalhausen. . . . . | 15,7 | 117,1 | d. » |
| 148. (m) Rottweil Insp. T | 16,6 | 123,7 | R-e.f-l.n. » |
| 149. Deisslingen . . . . | 17,6 | 131.1 | » |
| 150. Trossingen . . . . . | 18,2 | 135,0 | » |
| 151. Schwenningen T . . | 19,0 | 141,5 | a.a**.b.d.i.k. » |
| 151a. *Marbach PH.* . . | 19,8 | 147,5 | *°Seekreis |
| 152. ○ Villingen T . . | 20,2 | 150,5 | R.S.a-e.i.k.n. » |

## k. Kirchheimer Privatbahn: Kirchheim-Unterboihingen (0,9 M. = 6,7 Kilom.).

Verwaltungsrath in Kirchheim u. T. Im eignen Betriebe der genannten Eisenbahn-Gesellschaft.
Eröffnet am [21]/, 64.

| | Mln. | Kil. | (Oberamt) |
|---|---|---|---|
| 153. Kirchheim u. T. T . | — | — | S.a.a**.b. c.d.k. Kirchheim |
| 154. Oethlingen. . . . . | 0,3 | 2,2 | » |
| (126. Unterboihingen) T . | 0,9 | 6,7 | Nürtingen† |
| (22. Plochingen) T . . . | 1,8 | 13,4 | Esslingen† |

† Sind zugleich Stationen der Staatsbahn.

## l. Hohenzollernsche Bahn: Tübingen-Hechingen

(3,3 M. = 24,6 Kilom.).
Eröffnet am 29. Juni 1869.

| | | | |
|---|---|---|---|
| (135. Tübingen) T . | — | — | Schwarzwaldkreis |
| 155. Dusslingen P . . | 1,1 | 8,2 | i. » |
| 156. Mössingen T . . | 2,2 | 16,4 | i. » |
| 157. Bodelshausen . . | 2,9 | 21,6 | » |
| 158. Hechingen Vrw.I. T | 3,3 | 24,6 | R-e.i.k.l.n. *°°Hohenzollern |

## m. Obere Donaubahn: Rottweil-Immendingen

(5,1 M. = 37,9 Kilom.).
Eröffnet bis Tuttlingen am 15. Juli 1869; Tuttlingen-Immendingen am 26. Juli 1870.

| | | | |
|---|---|---|---|
| (148. Rottweil) T . . | — | — | Schwarzwaldkreis |
| 159. Neufra . . . . . | 0,9 | 6,7 | » |
| 160. Aldingen P . . . | 1,4 | 10,5 | » |
| 161. Spaichingen T . . | 2,0 | 14,8 | a.a**.d.i. » |
| 162. Rietheim . . . . | 2,7 | 20,1 | » |
| 163. Wurmlingen. . . . | 3,1 | 23,1 | » |
| 164. Tuttlingen Vrw.I. T | 3,7 | 27,6 | R.S.a-e.i.k.m. » |
| 165. Möhringen . . . | 4,2 | 31,3 | *° Seekreis |
| 166. ○ Immendingen T | 5,1 | 37,9 | a.a**.c.e.l.i*.n. » |

## n. Untere Donaubahn: Ulm-Sigmaringen

(12,5 M. = 93,1 Kilom.).
Eröffnet bis Blaubeuren [2]/, 68, bis Ehingen [13]/, 69, Riedlingen-Mengen [10]/[10] 69, Ehingen-Riedlingen [13]/, 70, Mengen-Scheer [11]/, 70, Scheer-Sigmaringen (Zeit der Eröffnung unbestimmt).

| | | | |
|---|---|---|---|
| (34. Ulm) T . . . . | — | — | Donaukreis |
| 167. Söflingen . . . . | 0,3 | 2,2 | b. Donaukreis |
| 168. Herrlingen T . . | 1,0 | 7,5 | » |
| 169. Blaubeuren T . . | 2,2 | 16,4 | a.a**.b.d.i.k. » |
| 170. Schelklingen . . | 3,0 | 22,3 | b.d.i.k. » |
| 171. Allmendingen . | 3,8 | 28,3 | i. » |
| 172. Ehingen Vrw.I. T | 4,5 | 33,5 | a.a**.b.d.i.k. » |
| 172a. *Dettingen PH.* . | 4,9 | 36,5 | » |
| 173. Rottenacker P. . | 5,4 | 40,2 | » |
| 174. Munderkingen T . | 6,0 | 44,7 | » |
| 175. Untermarchthal . | 6,4 | 47,7 | » |
| 176. Rechtenstein . . | 7,0 | 52,1 | » |
| 177. Zwiefaltendorf . | 7,7 | 57,4 | » |
| 178. Unlingen . . . . | 8,3 | 61,8 | » |
| 179. Riedlingen Insp. T | 8,8 | 65,6 | a.a**.b.i.k. » |
| 180. Ertingen P . . . | 9,6 | 71,5 | » |
| 181. (o) Herbertingen T | 10,3 | 76,7 | i. » |
| 182. Mengen T . . . . | 11,1 | 82,7 | a.a**.b.i.k. » |
| 183. Scheer T . . . . | 11,6 | 86,4 | b.i. » |
| Im Bau { 184. Sigmaringendorf | 12,0 | 89,4 | *°°Hohenzollern |
| Im Bau { 185. Sigmaringen | 12,5 | 93,1 | *°° » |

## o. Allgäubahn: Herbertingen-Leutkirch

(9,3 M. = 69,3 Kilom.).
Eröffnung: Herbertingen-Saulgau den 10. October 1869, Saulgau-Waldsee d. 25. Juli 1869, Waldsee-Kisslegg d. 15. September 1870. Eröffnung der Strake Kisslegg-Leutkirch noch unbestimmt.

| | | | |
|---|---|---|---|
| (181. Herbertingen) T | — | — | Donaukreis |
| 186. Saulgau Vrw. I. T | 1,2 | 8,9 | a.a**.b.d.i.k. » |
| 187. Hochberg . . . . | 1,8 | 13,4 | » |
| 188. Altshausen T . . . | 2,7 | 20,1 | a.a**.b.d.i.k. » |
| 189. *Steinenbach PH.* . | 3,2 | 23,8 | » |
| (46. Aulendorf) Verw. I. Cl. T . . . . | 3,8 | 28,3 | S.a-g.i.k. » |
| 190. Waldsee T . . . . | 5,1 | 38,0 | a.a**.b.d.i.k. » |
| 191. Rossberg . . . . | 6,2 | 46,2 | » |
| 192. Wolfegg T . . . . | 6,9 | 51,4 | » |
| 193. Kisslegg T . . . . | 7,8 | 58,1 | » |
| Im Bau { 194. Herroth . . | 8,6 | 64,1 | » |
| Im Bau { 195. Leutkirch . | 9,3 | 69,3 | » |

## p. Schwarzwaldbahn: Zuffenhausen-Nagold

(8,9 M. = 66,3 Kilom.).
Eröffnet bis Ditzingen seit 23. Sept. 1868, bis Weil der Stadt am 1 December 1869, von da bis Nagold noch unbestimmt.

| | | | |
|---|---|---|---|
| (14. Zuffenhausen) T | — | — | Neckarkreis |
| 196. Kornthal T . . . | 0,5 | 3,7 | i. » |
| 197. Ditzingen T . . . | 1,0 | 7,4 | i.i*. » |
| 198. Leonberg T . . . | 1,9 | 14,2 | i.i*. » |
| 199. Renningen . . . | 2,7 | 20,1 | » |
| 200. Weil der Stadt T . | 3,4 | 25,3 | a.a**.i. » |
| Im Bau { 201. Schaffhausen . | 3,9 | 29,1 | Schwarzwaldkreis |
| Im Bau { 202. Alt-Hengstett . | 5,0 | 37,2 | » |
| Im Bau { 203. Calw . . . . . | 6,5 | 48,4 | » |
| Im Bau { 204. Teinach . . . | 6,9 | 51,4 | » |
| Im Bau { 205. Wildberg . . . | 7,8 | 58,1 | » |
| Im Bau { 206. Emmingen . . | 8,4 | 62,6 | » |
| Im Bau { 207. Nagold . . . | 8,9 | 66,3 | » |

## q. Enzbahn: Pforzheim-Wildbad (3,1 M. = 23,1 Kil.).

Eröffnet am 11. Juni 1868.

| | | | |
|---|---|---|---|
| 208. ○ Pforzheim Vrw.I. T | — | — | *°Mittelrheinkreis |
| 209. *Brötzingen PH.** . . | 0,4 | 3,0 | |
| 210. Birkenfeld . . . . . | 0,7 | 5,2 | a. Schwarz- |
| 211. Neuenbürg T . . . | 1,4 | 10,4 | a.a**. waldkreis |
| 212. Rothenbach . . . . | 1,9 | 14,1 | a. » |
| 213. Höfen T . . . . . | 2,3 | 17,1 | a. » |
| 214. Calmbach T . . . . . | 2,7 | 20,1 | a.a**. » |
| 215. Wildbad Insp. T . . | 3,1 | 23,1 | a.a**.c.d. » |

---

**Märkisch-Posener Eisenb.** Directe Verkehre.

i = Gemeinschaftlicher Tarif der Oberschlesischen, Niederschlesisch-Märkischen u. Märkisch-Posener Bahn für Oberschlesische Steinkohlen via Guben u. Frankfur (Stat. 2. 17. 18. 19. betheiligt) vom [1]/, 1871.

k = Posen-Sächsischer Verb., Personen- u. Güter- T. v. [1]/, 71.

l = Gemeinschaftlicher Tarif für directe Beförderung von Frachtgütern, Fahrzeugen u. lebenden Thieren zwischen Stationen der Breslau-Schweidnitz-Freiburger Eisenbahn einerseits u. Stationen der Märkisch-Posener B. andererseits vom 15. October 1871.

# B. Die Eisenbahnen

## Belgiens, Dänemarks, Frankreichs, Italiens, Griechenlands, der Niederlande mit Luxemburg, Russlands incl. Polens, Schwedens und Norwegens, der Schweiz, Spaniens und Portugals, der Türkei (mit Rumänien) und Grossbritannien.

## Belgien.

### Uebersicht.

Belgien hat folgende (alphabetisch geordnete) Eisenbahn-Verwaltungs-Gebiete (die Sitze der Bahnverwaltungen sind beigefügt), von welchen die mit * bezeichneten dem Verein Deutscher Eisenbahn-Verwaltungen angehören:

Die Nummern verweisen auf die Reihenfolge, in welcher die Bahngebiete nachstehend aufgeführt werden, die Farben auf unsere Uebersichtskarte.

Anvers-Gand, à St. Nicolas Nr. 9. blau.

Bruges-Blankenberghe à Bruges Nr. 11. gelb.

Chimay: Momignies-Mariembourg-Romedenne und Hastière. Nr. 8. gelb.

État (Belg. Stsb.) à Bruxelles Nr. 1. schwarz.

Gand-Eecloo-Bruges Nr. 10. grün.

* Grand-Central-Belge Nr. 2. mit Aachen-Mastricht roth punctirt.

Grand Luxembourg Bruxelles-Sterpenich-Athus u. Marloie-Liège à Bruxelles. Nr. 7. blau.

* Liégeois-Limbourgeois (= Lüttich-Munsterbilsen [resp. Beverst]-Hasselt, Flémalle-Ans [bei Lüttich]-Liers) im Betriebe der Niederländischen Staats-Eisenbahn-Gesellschaft; schwarz.

* Liège-(Lüttich)-Mastricht zu Lüttich. Nr. 3. gelb.

Nord-Belge (= Liège-Namur-Givet. Charleroi-Erquelines u. Mons-Hautmont) à Liège im Betrieb der Französ. Nordbahn Nr. 4. grün.

Pepinster-Spa-Luxemb. Grenze im Betriebe der Französischen Ostb. roth.

Société générale d'exploitation (abgekürzt Société) à Bruxelles. Nr. 5. gelb.

Turnhouter E. à Lierre. Nr. 12. grün.

Provinzen: Anvers, Brabant, Flandre orientale (Ost-Flandern), Flandre occidentale (West-Flandern), Hainaut (Hennegau), Namur, Liège, Limbourg, Luxembourg.

## 1. Belgische Staatsbahnen.

(Chemins de fer de l'État, Direction générale à Bruxelles.)

Die Belg. Staatsbahnen stehen in directem Güter- u. Personenverkehr mit den unten aufgeführten Belg. Privatbahnen.

Die Linien: Bruxelles-Schellebelle (d), Mons-Manage (m), Jurbise-Alost-Lokeren (e), Hal-Ath-Tournai zur Französ. Grenze (n) und Braine-le Comte nach Grammont und Melle (p), desgl. sämmtliche Linien unter B. sind Privatbahnen, die der Staat gepachtet hat.

Anschlüsse. Ans: Niederl. Stsb. (Lüttich-Limburg); Anseghem: Société (Anseghem-W.-Ingelmünster); Anvers: Anvers-Gand und Grand-Central; Blandain (gegen Lille): Franz. Nordbahn; Bruges (Brügge): Bruges-Eecloo-Gand, Bruges-Blankenberghe u. Société générale d'exploitation (abgekürzt: Société); Bruxelles: Gr.-Luxembourg; Charleroi: Grand Central (Charleroi-Vireux) Nord-Belge; Chatelineau: Grand Central; Courtrai: Société (Courtrai-Poperinghe, und Courtrai-Bruges); Deynze: Société (Deynze Thielt-Ingelmunster); Erquelines: Nord Belge u. Franz. Nordb; Fleurus: Grand Central; Gand (Gent): Anvers-Gand, Gand-Bruges u. Société (Gand-Selzaete); Gembloux: Grand-Luxemb.; Herbesthal: Rheinische; Hombeck bei Malines: Malines-Terneusen Landen: Grand Central; Liège: Lüttich-Mastricht, Niederl. Staatsbahn (Lüttich-Limburg), Nord-Belge (Liège-Namur), Grand Luxembourg (Marche-Liège); Lierre: Grand Central s. Lierre-Turnhout; Lokeren: Anvers-Gand u. Société (Lokeren-Selzaete); Louvain (Löwen): Gr. Central; Marchienne: Grand Central (Charleroi-Vireux), und Nord-Belge (Charleroi-Erquelines); Mons: Nord-Belge (Mons-Hautmont); Mouscron: Franz. Nordb.; Namur: Grand Luxembourg, Nord-Belge (Liège-Namur-Givet); Ostende: Société; Ottignies: Grand Luxembourg u. Grand Central; Pepinster: Pepinster-Spa-Luxemb. Grenze; Quiévrain: Franz. Nordb.; Waereghem: Société Anseghem-Waereghem-Ingelmünster).

Directer Güterverkehr mit dem Nordd., Süddeutschen etc. Verbande.

Die Entfernungen sind in Kilometern angegeben. Die Haltestellen (†) haben Personen- und Güterverkehr. ** = Güter Station. — * Personen-Station.

### I. Aeltere Linien.

#### a. Brüssel-Herbesthal = 138 Kil.

Eröffnet Stat. 1-7: 10/12 66; 7-9: 22/9 37; 9-19: 3/6 38; 19-21: 1/5 42; 21-23: 3/7 43; 23-28: 19/7 43; 28-30: 24/10 43.

Kilom.

1. (b,c,b) Bruxelles —
1a. Bruxelles, Nord . — Brabant
1b. » Central** (Linie d) — »
1c. » AV** (Allée verté) — »
1d. » Entrepot** . . — »
1e. » Ixelles** . . . — »
1f. » Molembeek** . — »
1g. » Chartreux** . . — »
1h. » St. Josse-E-Noode** — »
1i. » Josaphat* . . . 2,9 »
1k. » Rue Rogier* . 3,8 »
1l. Chaussée de Louvain 5,0 »
1m. » Rue de la loi* 5,7 »
1n. » Midi (siehe Linie f) 6,4 »
1o. » » ○ Quartier Leopold siehe Linie 5 (Luxembourg). — »
2. Schaerbeck . . . 3 »
3. Dieghem . . . . 8 »
4. Saventhem . . . 10 »
5. Cortenberg . . . 15 »
6. Velthem . . . . 21 »
6a. Hérent . . . . 24 »
7. ○ (e) Louvain (Löwen) 29 »
7a. Corbeek-Loo . . 34 »
8. Vertryck . . . . 40 »
9. (v) Tirlemont . 47 »
10. Jodoigne . . . 54 »
11. Esemael . . . . 53 »
12. ○ (u) Landen . 60 Liège
13. Gingelom . . . . 64 Limburg
14. Rosoux Goyer . . 69 Liège
15. Waremme . . . . 74 »
16. Rémicourt . . . 79 »
17. Fexhe . . . . . 85 »
18. Bierset . . . . . 90 »
19. ○ Ans . . . . . 93 »
20. Haut-Pré . . . . 97 »
21. ○ Liège (Guill.) 99 »
22. Chénée . . . . 103 »
23. Chaudfontaine . 106 »
24. Le-Trooz-Aval . 110 »
25. Nessonvaux . . 114 »
26. ○ Pepinster . 119 »
27. Ensival . . . . 122 »
28. Verviers . . 124 »
29. Dolhain . . . . 132 Liège
29a. Welkenraed . 137 »

aa. Welkenraed Bleyberg mit Zweigb. nach Moresnet u. Vieille-Montagne. Eröffnet für Güterverkehr 1/11 1870.

30. ○ Herbesthal 138 »

#### b. Brüssel-Antwerpen = 44 Kil.

Eröffnet Brüssel-Malines: 5/5 35, Malines-Anvers 3/5 36.

(1a. Brüssel, Nord) . . — Brabant
(2. Schaerbeek) . . . 3 »
31. Haeren . . . . . 7 »
32. Vilvorde . . . . 9 »
33. Eppeghem* . . . 13 »
34. Weerde . . . . 15 »
35. (c,f) Malines . . . 20 Antwerp.
35a. Wavre St. Cathérine 25 »
36. Duffel . . . . . 28 »
37. (bb) Contich . . 33 »

bb. Zwgb. Contich-Lierre. Eröffnet 1/8 57.

38. ○ Lierre . . 40 »
39. Vieux-Dieu . . . 38 »
39a. Berchem* . . . 42 »
40. ○ Anvers . . . 44 »

#### c. Malines-Louvain = 24 Kil.

Eröffnet: 10/9 1837.

(35. Malines) . . . . 20 Antwerp.
41. Boortmeerbeek . 28 Brabant
41a. Haecht . . . . . 31 »
41b. Wespelaer . . . 33 »
41c. Wygmael . . . 39 »
(7. ○ Louvain) . . . 44 »

#### d. Brüssel-Ostende = 124 Kil. Ouest.

Eröffnet Stat. 1-47: 4/5 56; 47-49: 1/12 55; 49-52: 1/5 38; 52-54: 28/9 37; 54-61: 17/8 38; 61-64: 30/8 38.

(1b. Bruxelles, Central) — Brabant
41d. Laeken . . . . 3 »
42. Jette . . . . . . 5 »
43. Berchem Ste Agathe 7 »
44. Dilbeek . . . . . 11 »
45. Bodeghem St. Martin 15 »
46. Ternath . . . . . 17 Flandre
47. (g) Denderleeuw 24 Orientale
48. Erembodeghem . 27 »
49. (e) Alost . . . . 30 »
50. Lede . . . . . . 36 »
51. (f) Schellebelle 39 »
52. Wetteren . . . . 42 Brabant
52a. Quatrecht . . . 47 »
53. (p) Melle . . . . 50 »
54. ○ Gand (Gent) . 57 »
55. Tronchiennes . . 65 »
56. Landeghem . . . 71 »
57. Hansbeke . . . . 74 »
58. Aeltre . . . . . 80 »
59. Bloemendael . . 90 Flandre
60. Oostcamp . . . . 95 Occidentale
61. ○ Bruges (Brügge) 102 »
62. Jabbeke . . . . 111 »
63. Plasschendael . 117 »
64. ○ Ostende . 124 »

#### e. Zwgb. Alost-Lokeren = 26 Kil.

Dendre-Waes-Bahn. Eröffnet bis Stat. 68: 1/6 53, vollständig 1/7 56.

(49. Aloet) . . . . 30 Flandre
66. Gyseghem . . . . 35 Orientale
67. (f) Audeghem . . 39 »
68. (f) Termonde . 42 »
69. Zele . . . . . . 50 »
70. ○ Lokeren . . 56 »

**f. Malines-Schellebelle = 39 Kil.**
Eröffnet bis Termonde 3/1 37, ganz 13/5 37.
(35. Malines) . . . 20 Brabant
71. Hombeek . . . . 23 »
71a. Capelle au bois . 28 »
72. Londerzeel . . . 33 »
73. Malderen . . . . 38 »
74. Buggenhout . . . 40 Flandre
74a. Baesrode . . . 44 Orientale
(68. Termonde) . . . 42 »
(67. Audeghem) . . . 39 »
74b. Schoonaerde . . 42 »
75. Wichelen† . . . 45 »
(51. Schellebelle) . . 39 »

**g. Denderleeuw-Ath = 40 Kil.**
Dendre-Waes-Bahn.
Eröffnet bis Stat. 80 1/12 55; bis 84 7/4 55.
(47. Denderleeuw). 24 Flandre
76. Ninove . . . . . . 32 Orientale
77. Santbergen . . . 38 »
78. Ideghem . . . . . 40 »
79. Schendelbeke . . 42 »
80. (p) Grammont . 46 »
81. Acren . . . . . 51 Hainaut
82. Lessines . . . . 53 »
83. Papignies . . . . 56 »
83a. Rebaix . . . . . 60 »
84. (k,o) Ath . . . . 53 »

**h. Gent-Tournai = 75 Kil.**
(Sud-Ouest.) Entfernung vom Gent.
Eröffnet bis 87: 24/6 39; 87-92 17/9 39; 92-96 24/10 42; 96-96a 5/12 65.
(54. Gent) . . . . . — Flandre
84a. St. Denis Westrem 7 Orientale
85. ○ (s$^{1}$) La Pinte. 9 »
86. Deurle† . . . . 12 »
87. ○ Deynze . . . 17 »
88. Machelen† . . 21 »
89. Olsene . . . . . 24 »
90. Waereghem . . . 30 Flandre
91. Haerlebeke . . . 39 Occident.
92. ○ (r.s.) Courtrai 44 »
93. ○ Mouscron . . 56 Hainaut
(Belg. Douane gegen Lille)
94. Néchin . . . . . 66 »
95. Templeuve . . . 69 »
96. (k) Tournai . . 75 Brabant
96a. ○ Blandain (Grenzstation gegen Lille) 82 »

**i. Bruxelles-Braine-Quiévrain = 80 Kil.**
Eröffnet bis Stat. 103: 19/5 40; 103-108: 31/10 41; 108-109: 19/12 41; 109-115: 7/5 42; 115 zur Grenze 24/10 42.
(1m. ○ (a,b,d) Bruxelles midi) . . . . . . — Brabant
98. Forest . . . . . 4 »
99. Ruysbroeck . . 7 »
100. Loth . . . . . 10 »
100a. Buysingen . . . 12 »
101. (o) Hal . . . . 14 »
102. Lembecq . . . 17 »
103. Tubize . . . . 19 »
104. Hennuyères . . 24 Hainaut
105. (l,p) Braine-le-Comte . . . . 30 »
106. Soignies . . . . 36 »
107. Neufvilles . . . 43 Hainaut
108. (k) Jurbise . . 49 »
108a. Ghlin . . . . . 55 »
109. ○ (m,x$^{2}$) Mons . 61 »
110. Jemmapes . . . . 65 »
111. Quaregnon . . . 67 »
112. ○ (s) St. Ghislain 70 »
113. Boussu . . . . . 72 »
114. Thulin . . . . . 76 »
115. ○ Quiévrain . 80 »
(Belg. Douane gegen Valenciennes)

**k. Jurbise-Tournai = 48 Kil.**
Eröffnet bis 119 25/9 47; ganz 11/11 48.
(108. Jurbise) . . . 49 Hainaut
116. Lens . . . . . . 53 »
117. Brugelette . . . 58 »
118. Chièvres-Attres . 58 »
119. Maffles . . . . 55 »
(84. (g,o) Ath) . . . 53 »
121. Ligne . . . . . . 58 »
122. ○ (s) Leuze . . 65 »
123. Bary-Maulde . . 71 »
124. Havinnes . . . 76 »
(96. Tournai) . . . 85 »

**l. Braine le C.-Charleroi-Namur 78 K.**
Eröffnet bis 128 30/12 42; 128-145 5/6 43.
(1. Brüssel) —
(105. Braine) . . . . 30 Hainaut
126. ○ (x) Ecaussines 36 »
127. Marche-lez Ecaussines . . . 38 »
127a. Familleureux . 42 »
128. (m,y$^{1}$,y$^{2}$) Manage 45 »
129. Godarville . . . 49 »
130. Gouy-lez-Piéton . 52 »
131. Pont-à-Celles . . 55 »
132. Luttre . . . . . 57 »
133. Gosselies-Courcelles 62 »
134. Roux . . . . . 65 »
135. ○ Marchiennes 68 »
136. ○ (x$^{3}$) Charleroi 72 »
137. Couillet . . . . 75 »
138. ○ Châtelineau 78 »
139. Le Campinaire . 81 »
140. Farciennes . . . 82 »
141. (u) Tamines . . 86 Namur
142. Auvelais . . . . 89 »
143. Moustier . . . . 94 »
144. Floreffe . . . 100 »
144a. Flawinne . . 104 »
145. ○ (w) Namur . 108 »

**m. Manage-Louvière-Mons = 25 Kil.**
Eröffnet bis Stat. 150: 20/1 48; 150-153: 1/5 49; vollständig 20/10 49.
(128. Manage) . . . . 45 Hainaut
146. La Croyère** . . 47 »
147. ○ (n) La Louvière 51 »
148. La Paix . . . . 52 »
149. Bois du Luc . . 53 »
150. Bracquegnies . . 56 »
151. Havré-Ville . . . 61 »
152. Obourg . . . . 65 »
153. Nimy . . . . . 64 »
(109. ○ Mons) . . . 61 »

**n. Zwgb. Louvière-Bascoup = 8 Kil.**
Eröffnet 20. Januar 1848.
(147. La Louvière) . 51 Hainaut
154. Baume . . . . . 53 »
156. Mariemont . . . 56 »
157. l'Olive-L'Etoile . 57 »
158. ○ Bascoup . . 59 »

**o. Hal-Ath 38 Kil. resp. Brüssel-Lille über Hal-Ath.**
Eröffnet 14/1 1866.
(1. Brüssel) —
101. Hal) . . . . . 14 Brabant
160. Saintes . . . 21 »
161. (p) Enghien. . 29 Hainaut
162. Bassilly . . . . 38 »
163. Ghislenghien . . 43 »
(84. Ath) . . . . . 53 Hainaut
(96. Tournai) . . . . 85 »
(96a. Blandain) . . . 92 »
Lille . . . . 109 »

**p. Braine-Gand = 65 Kil.**
Eröffnet am 29. Januar 1867.
Entfernungen von Gand.
(105. Braine) . . . . 65 Hainaut
164. Rebecq-Rognon . 59 »
(161. Enghien) . . 52 »
165. Gammerages . . 44 Brabant
(80. Grammont) . 36 Flandre
166. Lierde St. Marie. 29 Orientale
167. (p) Sotteghem 22 »
168. Baeleghem . . . 19 »
169. Schelde-Windeke 15 »
170. Moortzeele . . . 13 »
171. Landscauter . . 10 »
(53. ○ Melle) . . . 7 »
(54. ○ Gand) . . . — »

**B. Die von der Société générale d'exploitation des chemins de fer vom 1. Januar 1871 ab cedirten Linien (607 1/2 Kil.)**
(Vertrag v. 25. Apr. 1870, siehe Zeitung des Vereins Deutscher Eisenb.-Verwalt., Jahrg. 1870, Nr. 22, S. 377) gehören den nachfolgenden unter q. r. S. U. X. Y. Z. erwähnten Eisenbahn-Gesellschaften.

**q. Denderleeuw-Courtrai.**
(Zur Belg. Westbahn gehörig.) Bis Audenarde 13. April, bis Denderleeuw 14/12 68 eröffnet.
(92. Courtrai) . . . . . . . —
210. Vichte . . . . . . . . 10
211. ○ Anseghem . . . . 18
212. (s) Audenarde . . . . 26
212a. Eenaeme . . . . . . 30
213. Nederzwalm . . . . . 34
(167. (p) Sottheghem) . . . 44
214. Herzeele . . . . . . . 50
215. Burst . . . . . . . . 53
216. Haeltert . . . . . . . 60
(47. Denderleeuw) . . . . 64

**r. Renaix-Courtrai = 29 Kil.**
Eröffnet 1/6 1869.
(Gesellschaft Braine le Comte-Courtrai.)
(92. Courtrai) . . . . . . —
217. Sweveghem . . . . . . 6
217a. Moen . . . . . . . . 12
218. Avelghem . . . . . . 16
219. Orroir . . . . . . . . 18
220. Amougies . . . . . . 22
221. (s) Renaix . . . . . . 28

**S. Bahn von Flandern-Hennegau = 84 Kilom.**
(Chemin de fer Hainaut-Flandres, Sitz der Gesellschaft St. Ghislain.) Ihr gehören die Linien s$^{1}$, s$^{2}$, t.)

**s$^{1}$. St. Ghislain-La Pinte (Gand).**
Eröffnet bis Stat. 233 15/2; 233-34 21/5 61; 234-40 1/6 61; 240-46 15/8 61.
(112. St. Ghislain) . . . . . . . —
231. Pommeroeul . . . . . . . 8

232. Blaton . . . . . . . . 14
233. ($s^2$) Basècles . . . . 18
(192. Leuze) . . . . . . . . 26
235. Frasnes . . . . . . . . 34
236. Anvaing . . . . . . . . 38
(221. Renaix) . . . . . . . 44
238. Etichove . . . . . . . . 52
239. Leupeghem . . . . . . . 55
(212. Audenarde) . . . . . 58
241. Eyne . . . . . . . . . . 60
242. Synghem . . . . . . . . 65
243. Gavre . . . . . . . . . . 68
244. Ecke-Nazareth . . . . . 71
(85. ○ La Pinte) . . . . . 76
(54. (d) Gand) . . . . . . . 84
$s^2$. Im Bau: St. Ghislain-Ath = 24 K.

**$s^3$. Basècles-Peruwelz-Tournai.**
Eröffnet: Peruwelz-Basècles $^{21}/_{6}$ 67, Basècles-Tournai $^{18}/_{2}$ 70.

(233. Basècles) . . . . . . . —
245. ($t^1$) Peruwelz . . . . . 4
346. Callenelle . . . . . . . 10
247. Antoing . . . . . . . . 15
249. Vaulx . . . . . . . . . 20
250. Tournai . . . . . . . . 24

$t^1$. Im Bau: **Perawelz-Valenciennes** 25 Kil. über Condé. In Valenciennes später Anschluss an die Franz. Nordb.

**U. Tamines-Landen.**
**Sitz der Gesellschaft in Brüssel.**

**$u^1$. Tamines-Fleurus-Landen**
der gleichnamigen Gesellschaft gehörig. Fleurus-Landen $^{11}/_{1}$ 65, Tamines-Fleurus $^{22}/_{4}$ 68 eröffnet.

(141. ○ Tamines) . . . . . —
271. ○ Fleurus . . . . . . . 9
272. Ligny-Tongrinne . . . 13
273. Sombreffe . . . . . . . 16
274. ⊗ Gembloux . . . . . 24
275. Perwez . . . . . . . . . 35
276. (w) Ramillies-Offus . 41
277. Jauche . . . . . . . . . 47
278. Orp-le-Grand . . . . . 49
279. Lincent . . . . . . . . . 54
(12. Landen) . . . . . . . . 60

**$u^2$. Ramillies-Tirlemont = 21 Kil.**
Eröffnet in 1866.

(276. Ramillies-Offus) . . . . 41
280. Huppaye . . . . . . . . 47
281. Jodoigne . . . . . . . . 50
282. Lumay . . . . . . . . . 54
283. Hougaerden . . . . . . 56
(9. Tirlemont) . . . . . . 62
$v^1$. Im Bau: Tirlemont-Diest = 25 K. In Diest demnächst Anschluss an Grand-Central-Belge.

**w. Namur-Ramillies = 24 Kil.**
Im Frühjahr 1869 eröffnet.

(145. ○ Namur) . . . . . . —
284. Risles . . . . . . . . . —
285. Vedrin . . . . . . . . . 6
286. Cognelée . . . . . . . —
287. Leuze-Longchamps . . . 13
288. Eghezée . . . . . . . . 17
289. Taviers . . . . . . . . 19
(276. Ramillies) . . . . . 24

X. Centre.

**$x^1$. Ecaussines-Baume-Erquelines = 35 Kil.**
Eröffnet $^{1}/_{1}$ 1865. ab Brüssel

(105. ○ Braine le Comte) . —
(126. ○ Ecaussines) . . . 36
290. Mignault . . . . . . . 40
291. Houdeng Göegnies . . . 45
292. Sars Longchamps . . . 48
293. Gare des Carbonnages . —
294. ($x^2$) Baume . . . . . 49
295. Cronfestu . . . . . . . 52
296. ($x^3$) Leval . . . . . . —
297. Binche . . . . . . . . 57
298. ($x^2$) Bonne-Espérance 61
299. Peissant . . . . . . . . 65
300. Grand-Reng . . . . . . 67
301. ○ Erquelines . . . . . 72

**$x^2$. Charleroi-Baume-St. Ghislain = 19 Kil.**
mit Abzweigung nach Mons.
Eröffnet Charleroi-Bonne-Espérance $^{1}/_{1}$ 65, bis Mons $^{17}/_{2}$ 68.

(136. ○ Charleroi) . . . . —
302. (l) Marchiennes (laSambre) 1
303. Fontaine l'Evêque . . . 7
304. ○ ($x^3$, $y^2$) Piéton . . . 12
305. Morlanwelz . . . . . . 19
(294. Baume) . . . . . . . 23
(295. Cronfestu) . . . . . . 19
(297. Binche) . . . . . . . 21
(298. Bonne-Espérance) . . . 25
306. Estinnes-Haulchin . . . 29
307. Harmignies . . . . . . 35
308. Hyon-Ciply . . . . . . 40
309. Cuesmes-Trieu . . . . . 43
Abzweigung nach
(109. ○ (i. m) Mons) . . 44
310. Jemmapes-Produits . . . 47
Abzweigung nach Jemmapes
311. Flénu . . . . . . . . . 49
(112. St. Ghislain) . . . . . 51

**$x^3$. Piéton.Leval.** Eröffnet $^{17}/_{2}$ 68.

(304. Piéton) . . . . . . . . —
312. Carnières . . . . . . . —
(296. Leval) . . . . . . . . 7

Y. Jonction de l'Est.
Den Betrieb der Linien derselben hat vom $^{1}/_{1}$ 1868 an die Société générale übernommen.

**$y^1$. Manage-Wavre = 41 Kil.**
Eröffnet $^{31}/_{4}$ 1855.

(128. Manage) . . . . . . . —
313. Seneffe . . . . . . . . 4
314. Feluy-Arquennes . . . . 8
315. Nivelles . . . . . . . . 13
316. Genappe . . . . . . . . 23
317. Bousval . . . . . . . . 27
318. ○ Court-St.-Etienne . 33
319. ○ Ottignies . . . . . 36
320. Limal . . . . . . . . . 38
321. Wavre . . . . . . . . . 41

**$y^2$. Manage-Piéton = 10 Kil.**
Eröffnet in 1865.

(128. Manage) . . . . . . . —
322. ○ Bascoup-Chapelle . 7
(304. Piéton) . . . . . . . 10

Z. Chem. de fer des Heinaut.
(Vgl. Zeitung des Vereins Deutscher Eisenb.-Verw., Jahrg. 70 S. 837 fg.) Sitz der Gesellsch. u. der Direction in Brüssel. Dieselbe beschäftigt sich nur mit Eisenb.-Bauten, nicht mit Eisenb.-Betrieb.

**$y^3$. Piéton-Trazegnies.**
Eröffnet im December 1870.

(304. Piéton) . . . . . . . . —
323. Forchies . . . . . . . . —
324. Trazegnies . . . . . . . 5

$z^1$. **St. Ghislain-Bahn** mit Zwgb. nach Frameries u. Thulin 33 K.
a. von St. Ghislain über Gare de formation nach Frameries (Nord-Belge)
b. Gare de formation über Dour nach Thulin

**$z^2$. Frameries-Chimay-Französ. Grenze 83 Kil.**
Davon ist die unter $x^1$ bereits aufgeführte Strecke Bonne-Espérance-Mons 12 Kil. eröffnet.

$z^3$. Zweigbahnen von Providence, Marchienne (usines) u. Amercoeur (Kohlenwerk) an den Bahnhof von Monceau 11 Kil.

$z^4$. Die Linien der Gesellsch. Haut et Bas-Flenu 66 Kil. Hauptlinen von den Kohlenwerken bei Frameries über Jemmapés (Produits Nr. 310) u. Flenu nach St. Ghislain u. Jemmapes.

Durch den Vertrag v. $^{25}/_{4}$ 1870, nach welchem der Staat die Linien der Gesellsch. in Betrieb nimmt, erhielt die letztere die Concession zum Bau folgender weiterer Linien:
1) einer Eisenbahn von Basècles nach Stammbruges zum Anschluss an die Eisenbahn St. Ghislain-Ath, mit Zweigb. von Basècles zur Eisenb. St. Ghislain-Oudenarde, von Blaton gegen Bernissart, und von Station Vaux zu den Steinbrüchen von Tournai;
2) einer Eisenb. von Station Antoing nach der Franz. Grenze in der Richtung nach St. Amand;
3) Fleurus-Nivelles über Frasnes les Gosselies;
4) Houdeng-Goegnies nach Soignies über le Roeulx;
5) Ecaussines-Ronquières;
6) Lembecq nach Rebecq-Rognon;
7) Eisenb. von Dour zur Franz. Grenze in der Richtung auf Cambrai.

## Belgische Privatbahnen (Sociétés).

Der Sitz der Verwaltungen, des Verwaltungsraths (Conseil d'administration) und der Direction, ist bei der Ueberschrift jeder Bahn in ( ) angegeben. Eine grosse Zahl Belg. Privatbahnen ist im Betrieb fusionirt. Bei den betreffenden Bahnen findet sich der Sitz der Gesellschaften, denen dieselben angehören, angemerkt. Die Stationen derselben stehen in directem Personen- u. Güterverkehr mit den Stationen der Belg. Staatsb. (en relation de service mixte).

### 2. Grand Central (Bruxelles).

Adresse: Auch die auf die Verwaltung der Aachen-Mastrichter Eisenb. bezüglichen Schreiben resp. Liquidationen sind direct an die Verwaltung des Grand Central (als Rechtsnachfolgerin der genannt. Eisenb.) unt. der Adresse: an die Direction der Grand Central Belge Eisenbahn Gesellschaft in Brüssel zu richten.
Vereinigung der Eisenbahn-Gesellschaften der 1) Antwerpen-Rotterdamer (Anvers-Moerdijk, Roosendaal-Breda, Anvers-Hasselt); 2) Belgischen Ostb. (Louvain-Charleroi-Givet, mit Zwgb. u. Louvain-Hérenthals); 3) Sambre-Maasbahn (Charleroi-Vireux, mit Zwgb.) u. 4) Aachen-Mastrichter Eisenbahn zum gemeinschaftlichen Betrieb ihrer eigenen und der von ihnen gepachteten Bahnlinien.
Anschlüsse. Aix la Capelle: Rheinische u. Berg.-Märk. E.; Anvers: Belg. Stsb. u. Anvers-Gand; Beverst u. Münsterbilsen: Niederl. Stsb. (Ligéois-Limb.); Breda: Niederl. Stsb.; Charleroi: Belg. Stsb. und Nord-Belge; Châtelineau: u. Court-St. Étienne: Belg

Staatsb. (Manage-Wavre), Doische: Chimayb.; Fleurus: Belg. Staatsbahn (Fleurus-Landen); Givet: Franz. Ostb. u. Nord-Belge; Hasselt: Niederländ. Staatsb. (Lüttich-Hasselt-Eindhoven); Hérenthals u. Turn-hout: Turnhouter B.; La Sambre: Nord-Belge; Landen: Belg. Staatsb. Lierre: Belg. Stab. und Turnhout; Louvain: Belg. Stab.; Mastricht: Liége-Mastr. und Niederl. Staatsb. (Mastricht-Venlo); Mariembourg: Chimayb.; Moerdijk: Niederl. Staatsb.; Ottignies: Grand-Luxembourg u. Belg. Stab.; Roosendaal: Niederl. Stab.; Tilbourg: Niederländ. Staatsb. (Venlo-Moerdijk); Vireux: Franz. Ostb. (Givet-Mézières). Wavre: Belg. Stab. y[1] (Manage-Wavre)

**a. Aachen-Antwerpen-Rotterdam mit Zweigb. b nach Landen und c nach Breda.**

Aachen-Mastricht in 1853, Mastr.-Hasselt $^{1}/_{10}$ 1856; 13-16: $^{2}/_{12}$ 47; 16-18: $^{6}/_{10}$ 39; 19-22: $^{6}/_{7}$ 65; 22-25: $^{1}/_{2}$ 65; 25-31: $^{6}/_{7}$ 65; 31-41: $^{23}/_{4}$ 54 eröffnet.

Die Strecke Beverst-Hasselt wird von der Niederl. Staatsb. mitbenutzt.

1. Aix-la-Chapelle . — Preussen (Aachen T.)
2. » (Aachen M.) . 3 »
3. Simpelveld (Niederl. Ŧ Douane) . . . . 13 Niederlande
4. Wylré Ŧ . . . . 19 »
5. Fauquemont (Valkenburg) Ŧ . . 26 »
6. Meersen Ŧ . . . 32 »
7. ○ Maestricht (Wyk) (Niederl. Douane) Ŧ 37 »
8. Lanaeken T . . 43 Belgien Provins Limburg
9. Eygenbilsen T . 48
10. ○ Münsterbilsen Ŧ 52
11. Beverst Ŧ . . . 56 »
12. Diepenbeek Ŧ . 60 »
13. ○ (b) Hasselt Ŧ 66 »

b. Zweigbahn Hasselt-Landen.

14. Alken . . . 72 Limburg
15. Cortenbosch 78 »
16. St. Trond Ŧ 84 »
17. Velm . . . 89 »
18. ○ Landen Ŧ 94 Lüttich

19. Kermpt Ŧ . . . 70 Limburg
20. Schuelen Ŧ . . . 77 »
21. Zeelhem . . . . 82 »
22. ○ Diest Ŧ . . . 87 »
23. Sichem-Montaigu Ŧ 92 »
24. Testelt. . . . . 95 »
25. (d,e) Aerschot Ŧ 105 Brabant
26. Boisschot Ŧ . 112 »
27. Heyst-op-den-Berg Ŧ 118 Anvers
28. Berlaer Ŧ . . . 125 »
29. ○ Lierre Ŧ . . 132 »
30. Bouchout Ŧ . . 138 »
31. ○ Anvers (Stat.) Ŧ 149 »
31a. » (Dam.) 153 »
32. Eeckeren . . . 159 »

42. Dordrecht T . . 226 Niederl.
43. ○ Rotterdam T 247 »

**d. Aerschot-Tilbourg = 72 Kil.**

Eröffnet Aerschot-Stat. 46 $^{1}/_{8}$ 63, 46-47 $^{19}/_{4}$ 55; 47-52 $^{1}/_{10}$ 67.

(25. Aerschot) . . 105 Brabant
44. Westmeerbeek St. Ŧ 113 Anvers
44a. » Bassin 113 »
45. Norderwyck-Morckhoven Ŧ . 120 »
46. ○ Hérenthals Ŧ 127 »

Die Strecke Hérenthals-Turnhout gemeinsam mit der Turnhouter E. in Betrieb.

47. ○ Turnhout Ŧ . 145 Anvers
48. Weelde-Merxplas Ŧ 152 » (Belg. Douane)
49. Baarle-Nassau T 158 Niederlande (Niederl. Douane)
50. Alphen T . . . 163 »
51. Riel T . . . . . 170 »
52. ○ Tilbourg Ŧ. 176 »

**e. Aerschot-Charleroi = 82 Kil. mit e[1]. Zwgb. Lodelinsart-Jumet = 4 K.**

Aerschot-Louvain $^{22}/_{8}$ 63; 54-56: $^{17}/_{8}$ 55; 56-71: $^{1}/_{8}$ 55 eröffnet.

(25. Aerschot) . . 105 Brabant
53. Rotselaer Ŧ . . 113 »
54. ○ Louvain (Stat.) Ŧ 120 »
54a. » (Bassin) 121 »
55. Héverlé . . . . 123 »
56. Weert-St.-Georges Ŧ 131 »
57. Grez-Doiceau-Gastuche Ŧ . . 139 »

Wavre-Court St. Étienne im gemeinsamen Betrieb mit der Belg. Staatsb.

58. ○ Wavre Ŧ . . 143 »
59. Limal . . . . . 146 »
60. ○ Ottignies Ŧ 148 »
61. ○ Court-St. Étienne Ŧ . . 151 »
62. La Roche . . . 156 »
63. Villers-la-Ville Ŧ 159 »
64. Tilly . . . . . 163 »
65. Marbais Ŧ . . . 166 »
66. Ligny . . . . . . 168 Hainaut
67. ○ Fleurus Ŧ . 172 »
68. Ransart T . . . 177 »
69. (e[1]) Lodelinsart Ŧ 180 »

e[1]. Zwgb. Lodelinsart-Jumet. Eröffnet $^{6}/_{7}$ 55.

(69. (f) Lodelinsart) — Hainaut
70. Deschâssis (G.St) T 182 »

Abzweigung nach Dampremy:

71. Dampremy (Glashütte). . . . . . 183 »
72. Bois d'Elville (K.H.) . . . . . . 183 »
73. Amercoeur (K.H.) 183 »
74. Jumet (G.St.) . 184 »

75. La Planche (G.St.) 182 »
76. Charleroi-Ville-Basse T . . . . . 184 »

79b. Centre et Reunion (K.H.) . . 184 Hainaut
80. Gilly (G.St.). 185
81. Montigny-sur-Sambre Ŧ . . . . . 185 »
84. ○ Châtelineau Ŧ 188 »
85. Bouffioulx . . . 191 »
86. Acoz Ŧ . . . . 195 »
87. Gerpinnes Ŧ . . 198 Hienaut
88. Hensinnes Ŧ . . 200 Namur
89. Oret Ŧ . . . . . 206 »
90. Morialmé (minières) (G.St.) Ŧ 208 »
90a. » (Sambremeuse) 210 »
91. (g) Pavillons (Stave) Ŧ . . . 210 »
92. Florennes (Est-Belge) Ŧ . . . 213 »
93. Villers-le-Gambon Ŧ 220 »
94. Merlemont Ŧ . . 222 »
95. Romedenne-Surice Ŧ . . . 227 »
96. ○ Doische Ŧ . 232 » (Belg. Douane)
97. ○ Givet Ŧ . . 238 Frankr. (Franz. Douane)

**g. Charleroi Etat-Vireux = 65 Kil.**

Eröffnet Charleroi-Walcourt nebst Zwgb. g[1] u. g[2] $^{27}/_{11}$ 48; Stat. 106-111 $^{6}/_{11}$ 52; bis 112 $^{8}/_{12}$ 53; bis 113 $^{3}/_{8}$ 54; Mariembourg-Vireux: $^{30}/_{6}$ 1854.

(69. Lodelinsart) — Hainaut
(74. Charleroi V.-B.) 184 »
(74a. Marcinelle) 185 »
98. ○ La Sambre Ŧ 186 »

Abzweigung nach

99. Marchiennes (G.St.) . . 188 »
99a. ○ Zône (Bergw.) (G.St.) 187 »

100. Bomerce . . . 191 »
101. Jamioulx Ŧ . . 193 »
102. Hameau (Ham-sur-Heure) Ŧ . 197 »
103 (g[1]). Berzée Ŧ . 202 Namur

g[1]. Zweigb. Berzée-Laneffe.

104. Thy-le-château *GH.* (Bergwerk) . 203 »
105. Laneffe . . . 206 »

106. (g[2]) Walcourt Ŧ 205 »
106a. Rossignol (Bgw.) (G.H.) . 208 »

g[2]. Zweigb. Walcourt-Philippeville und Pav. Stave

107. Fraire Ŧ . . 212 Namur
108. St. Lambert Ŧ 212 »
109. Philippeville 218 »
110. Florennes (Sambre-meuse) 219 »

111. Silenrieux Ŧ . 210 »

h. Im Bau Zwgb. Zevenbergen-Zwalluve.
(40. Zevenbergen) . . —
119. Zwalluve . . . . —

### 3. Lüttich-Mastricht

(Liége-Mastricht) Direction in Lüttich.
Eröffnet am $^{24}/_{11}$ 1861.
ᵒᵘ = Niederlande, Herzogthum Limburg.
Anschlüsse. Lüttich: Belg. Stsb., Nord-Belge; Mastricht: Gr. Central Belge u. Niederl. Stsb. (Mastricht-Venlo).
Directer Güterverk. m. sämmtlichen Stationen von a = Aachen-Mastricht-Hasselt; b = v. Aachen-Düsseldorf-Ruhrort; c = m. den Hauptstationen der Belg. Staatsb.; d = der Nord-Belge; e = der Frans. Nordbahn; f = der Fransös. Ostb.; g = der Luxemburgerb.; h = der Saarbrückerb.

1. ○ Lüttich (Longdoz) — a.b. Lüttich
2. Jupille . . 5 a.c.d. »
3. Wandre . 8 a.c.d. »
4. Cheratte . 10 a.c.d. »
5. Argenteau 13 a.c.d. »
6. Visé . . . 16 a-e.g. »
7. Eysden 20 a-e.h. ᵒᵘLimburg
8. Gronsveld 24 d.
9. ○ Mastricht 30 c-h. ᵒᵘ »

### 4. Chemins de fer Nord-Belge

in Betrieb der Fransös. Nordb. (Liége).
Anschlüsse. Charleroi: Belg. Staatsb. und Grand Central; Cuesmes: Belg. Stsb.; Erquelines: Fransös. Nordb. u. Belg. Stsb. x¹ (Ecaussines-Erquelines); Flémalle: Niederl. Stb. (Lüttich-Limburger E.); Givet: Grand Central-Belge, Fr. Ostb.; Hastière und Hermeton: Chimayb.; Liége: Belg. Stsb., Lüttich-Mastricht, Niederl. Staatsb., Grand Luxemb. (Marche-Liége); Marchiennes: Belg. Staatsb., Grand Central (Charleroi-Givet), Belg. Stsb. (Marchiennes-Ecaussines); Mons: Belg. Stsb.; Namur: Belg. Stsb. und Grand Luxemb.; Quévy-Feignies: Frans. Nordbahn.

**a. Mons-Hautmont 36 Kil.**
Eröffnet $^{21}/_{12}$ 57.
200. ○ Mons . . . . . . —
201. ○ Cuesmes . . . . . 3
202. Frameries . . . . . . 7
Anschluss der in Betrieb des Staats befindlichen Kohlenb. du Haut et du Bas Flenu und von St. Ghislain à Frameries par Wasmes.
203. ○ Quévy . . . . . . 16
203a. Fransös. Grenze bei Feignies gegen Hautmont 22
203b. Hautmont . . . . 26

**b. Namur-Liége mit Zweigb. Flémalle-Seraing-Liége etc. — 60 Kil.**
Eröffnet $^{9}/_{2}$ 51.
204. ○ Liége (Lüttich) . . —
205. Tilleur . . . . . . . 5
206. Jemeppe . . . . . . 7
207. Bons buveurs . . . . 8
208. ○ (bb) Flémalle grande 9
209. Baldas-Lalore . . . . 11
210. Flémalle haute . . . . 11
211. Engis . . . . . . . 15
212. Hermalle . . . . . . 19
213. Flône . . . . . . . 19
214. Amay . . . . . . . 23
215. Ampsin . . . . . . . 25
216. Corphalie . . . . . . 27
217. Huy . . . . . . . . 30
218. Statte . . . . . . . 31
219. Bas-Oha . . . . . . 33
220. Java . . . . . . . . 36
221. Andenne . . . . . . 41
222. Sclaigneaux . . . . . 46
223. Namèche . . . . . . 49
224. Hainiau . . . . . . . 51
225. Marche-les-Dames . 52
226. ○ Namur . . . . . . 60

**bb. Zweigb. Flémalle-Longdoz.**
Eröffnet $^{23}/_{4}$ 51.
(208. Flémalle) . . . . . 11
227. Marihaie . . . . . . 10
228. Espérance . . . . . . 9
229. Seraing . . . . . . . 8
230. Sclessin . . . . . . . 7
231. Ougrée . . . . . . . 6
232. Val-Benoit . . . . . . 4
233. Angleur . . . . . . . 3
234. ○ Liége (Longdoz) . 5

**c. Namur à Givet = 50 Kil.**
Bis Dinant $^{10}/_{12}$ 62, bis Givet $^{5}/_{2}$ 1863 eröffnet.
(226. Namur) . . . . . . —
235. Jambes . . . . . . . 3
236. Dave . . . . . . . . 8
237. Lustin . . . . . . . 14
238. Godinne . . . . . . 17
239. Yvoir . . . . . . . . 20
240. Dinant . . . . . . . 28
241. ○ Hastière (Hermeton) 42
242. Agimont . . . . . . 46
243. ○ Givet . . . . . . 50

**d. Charleroi à Erquelines = 30 Kil., eröffnet $^{6}/_{11}$ 52.**
244. ○ Charleroi . . . . —
245. ○ Marchiennes . . 4
246. Landelies . . . . . . 8
247. Hourpes . . . . . . 10
248. Thuin . . . . . . . 15
249. Lobbes . . . . . . . 17
250. La Buissière . . . . 24
251. Solre-sur-Sambre . . 26
252. ○ Erquelines . . . 30

### 5. Société générale d'exploitation des chemins de fer (Bruxelles).

Durch Vertrag v. $^{25}/_{4}$ 70 ist der Betrieb der beim Gebiet der Belg. Stsb. aufgeführten Linien (607½ Kil.) siehe dort 1 B an den Belg. Staat abgetreten worden. Die Société G. hat vom $^{1}/_{1}$ 1871 ab noch 406 Kil. in Betrieb, wovon 326 Kil. in Flandre Occidentale und 80 Kil. in Flandre Orientale (nördl. von Gand) liegen. Diese beiden Gruppen werden durch die Linien der Eecloo-Bruges getrennt. Die Eigenthümer der nachstehend erwähnten Bahnlinien sind folgende Eisenbahn-Gesellschaften:
1. Flandre occidentale: Linie a. b¹. d. e. f. g.
2. Lichterfelde-Furnes: b³.
3. Furnes-Dunkerques: b⁴.
4. Ouest de Belgique: c. i.
5. Ostende-Armentières: e¹.
6. Bruges-Blankenb. Heyst: a¹.
7. Gand-Terneuzen: k.
8. Lokeren-Niederl. Grenze: l.
9. Eecloo-Anvers: m.

Die Bahnen von Westflandern (Flandre occidentale à Bruges = Bruges-Courtrai-Poperinghe u. Ingelmunster-Deynze), Lichtervelde-Furnes à Bruges u. Bruges-Blankenberghe exploitirend.
Anschlüsse. Hascoup und Bruges: Belg. Stsb., Bruges-Gent und Bruges-Blankenb.; Gand: Belg. Stsb. u. Gand-Anvers; Lokeren: Belg. Staatsb. und Anvers-Gent. St. Ghislain: Belg. Stsb. u. Nord-Belge; Sottegheim, Tamines, Tirlemont u. Waereghem: Belg. Stsb.; Wondelgem: Gand-Bruges.

A. Société d'exploitation.

**a. Bahn von Westflandern. Bruges-Ingelmunster-Courtrai = 41 Kil.**
Sitz der Gesellschaft: Bruges.
Chemin de fer de la Flandre occidentale.
Derselben gehören auch die Linien Courtrai-Poperinghe Deynze-Ingelmünster, Roulers-Ypres (g) u. Poperinghe-Hazebrouck (f) zusammen 165 K.
Eröffnet $^{12}/_{7}$ 47.
Entfernungen von Bruges.
253. ○ Bruges . . . . . . —
254. Lophem . . . . . . 6
255. Zedelghem . . . . . 9
256. (h) Thourout . . . 18
257. (b¹, b²) Lichtervelde 22
258. Gits . . . . . . . . 26
259. Beveren . . . . . . 28
260. (f) Roulers . . . . 31
261. Rumbeke . . . . . . 34
262. Iseghem . . . . . . 38
263. (d.l) Ingelmünster 41
264. Lendelede . . . . . 44
265. Heule . . . . . . . 49
266. ○ (e) Courtrai . . 52

**a¹. Bruges-Blankenberghe** (Sitz der Eisenb.-Ges. Bruges).
Eröffnet bis Blankenberghe $^{9}/_{8}$ 63, bis Heyst $^{12}/_{7}$ 1868.
Uebergegangen in den Betrieb der Société générale im Juli 70.
Anschluss in Bruges: Belg. Stsb., Gand-Bruges u. Société.
○ Bruges (Etat) . . —
267. „ (Bassin) . . . 2
268. Dudzeele . . . . . . 8
269. Lisseweghe . . . . 11
270. Blankenberghe . 15
271. Heyst . . . . . . . 24

**b. Gand-Dunkerque,** (Sitz der Eisenb.-Ges.: Bruges) bestehend aus den Strecken:
**b¹. Deynze-Thielt = 14 Kil.**
277. ○ Deynze . . . . . —
278. Aerseele . . . . . . 8
279. (d) Thielt . . . . . 14

**b². Thielt-Lichtervelde = 15 K. im Bau**
(279. Thielt) . . . . . 14
(257. Lichtervelde) . 29

**b³. Lichtervelde à Furnes.**
Eröffnet $^{11}/_{7}$ 58.
(257. Lichtervelde) . —
280. Cortemark . . . . . 6
281. Handzaeme . . . . . 9
282. Zarren . . . . . . . 12
283. Eessen . . . . . . . 15
284. (c) Dixmude . . . 19
285. Oostkerke . . . . . 24
286. Ave-Capelle . . . . 29
287. (b⁴) Furnes . . . . 34

**b⁴. Furnes-Dunkerque = 22 K.**
Eröffnet $^{10}/_{4}$ 1870.
(287. Furnes) . . . . . 34
288. Adinkerke . . . . . 39
288a. Ghyvelde . . . . . 45
288b. Roosendaal . . . . 53
289. ○ Dunkerque (Dünkirchen) Frankr. . . . 56
Anschluss an die Fransös. Nordbahn Linie k.

**c. Dixmude-Nieuport = 15 Kil.**
Eröffnet am 10. Febr. 1868.
(284. Dixmude) . . . . —
290. Pervyse . . . . . . 8
291. Nieuport . . . . . 15
291a. Nieuport Dains . . 18

**d. Ingelmünster-Thielt = 11 K.**
(263. Ingelmünster) . . . —
292. Meulebeke . . . . . 6
(279. Thielt) . . . . . . 11

**e. Courtrai-Poperinghe = 43 K.**
Eröffnet $^{18}/_{12}$ 55.
(266. ○ Courtrai) . . . —
293. Wevelghem . . . . . 7
294. Menin . . . . . . . 12
295. Werwicq . . . . . . 17
296. (e¹) Comines . . . . 21
297. (g) Ypres . . . . . 33
298. Vlamertinghe . . . 37
299. (f) Poperinghe . . 43

**e¹. Comines-Armentières.**
Eröffnet im November 1870.
296. Comines . . . . . . —
300. Warneton . . . . . —
301. Le Touquet . . . . . —
302. Houblines . . . . . —
303. ○ Armentières . . . —
Anschluss an die Fransös. Nordb. Linie m.

**f. Poperinghe-Hazebrouck = 22 Kil.**
Eröffnet $^{10}/_{4}$ 1870.
(299. Poperinghe) . . 131
304. L'Abeele . . . . . 136
305. Godewaersvelde . . 142
306. Caestre . . . . . . 145
307. ○ Hazebrouck . 151
Anschluss: Fransös. Nordb. Linie m.

**g. Roulers-Ypres = 23 Kil.**
Eröffnet am 12. April 1869.
(260. Roulers) . . . . . —
308. Moorslede-Passbendaele 10
309. Zonnebeke . . . . . 14
(297. Ypres) . . . . . . 23

**h. Ostende-Thourout = 24 Kil.**
Eröffnet am 1. April 1868.
310. ○ Ostende . . . . —
311. Snaeskerke . . . . . 6
312. Ghistelles . . . . . 9
313. Moere . . . . . . . 12
314. Eernegheim . . . . 14
315. Ichteghem . . . . . 17
316. Wynendaele . . . . 20
(256. Thourout . . . . 24

**i. Ingelmünster-Anseghem 25 Kil.** Eröffnet $^{25}/_{12}$ 68.
(263. Ingelmünster) . . . —
316a. Oostroosebeke . . . —
317. Wielsbeke . . . . . —
318. Waereghem . . . . . 15
318a. Heirweg . . . . . —
319. Anseghem . . . . . 25

**k. Gand-Terneuzen = 37 Kil.**
Eröffnet Gand-Selzaete $^{20}/_{10}$ 65; Selzaete-Terneuzen $^{1}/_{6}$ 69.
320. ○ Gand Stat. Etat. —
321. Gand porte d'Anvers 2
321a. ○ Wondelgem . 7
322. Langerbrugge . . . . 10
323. Cluysen-Terdonck . 15
324. Erdvelde . . . . . . 18
325. (l) Selzaete . . . . 22
326. Sas de Gand . . . . 25
326a. Philippine . . . . 30
327. ○ Sluyskill . . . . . 33
328. ○ Terneuzen (Terneuse) 38

**l. Lokeren-Selzaete-Assenede 25 Kil.**
Eröffnet bis Selzaete in 1867; bis Assenede $^{1}/_{1}$ resp. $^{15}/_{6}$ 70.
329. ○ Lokeren . . . . . —
329a. Daknam . . . . . . —
340. Exaerde . . . . . . 6
341. Moerbeke . . . . . 10
342. Wachtebeke . . . . 14
(325. Selzaete) . . . . . 20
343. Assenede . . . . . . 25

**m. Assenede-Eecloo 18 Kil.**
Eröffnet Selzaete-Assenede $^{16}/_{5}$ 70; Assenede-Eecloo $^{1}/_{1}$ resp. $^{14}/_{6}$ 71.
(343. Assenede) . . . . . 5
347. ○ Eecloo . . . . . . 23

### 6. Malines-St. Nicolas-Terneuzen.

Anschlüsse: Malines und Hombeeck: Belg. Stsb. (f.); St. Nicolas: Anvers-Gand. Sluyskill und Terneuzen: Société générale.
Eröffnet Malines-St. Nicolas $^{1}/_{10}$ 70; St. Nicolas-Terneuzen $^{1}/_{5}$ 71.
350. ○ Malines . . . . —
351. ○ Hombeeck . . . . 3
352. Thisselt . . . . . . 10
353. Willebroeck . . . . 13
354. Puers . . . . . . . 19
355. Bornhem . . . . . . 22
356. Tamise . . . . . . 26
357. ○ Saint-Nicolas . . 34
358. St. Gilles . . . . . 40
359. La Clinge Belg. Douane 44
360. Hulst. Holländ. » 48
361. Axel . . . . . . . . 58
(327. ○ Sluyskill) gem. Stat. 63
(328. ○ Terneuzen) m. Gand-Tern. 67

## 7. Grand Luxembourg
(Bruxelles).
(Grande Compagnie du Luxembourg.)

Anschlüsse. Athus: Franz. Ostbahn; Bruxelles: Belg. Stsb.; Gembloux: Société (Fleurus-Landen); Liége: Belg. Stb., Lüttich-Mastricht, Niederl. Stsb.; Namur: Belg. Stsb., Société u. Nord-Belge; Ottignies: Grand Central u. Société; Sterpenich: Wilh.-Luxemburg.

**a. Bruxelles-Arlon-Sterpenich**
Eröffnet vollständig im Oct. 1858, vorher Stat. 505-8 $^{11}/_{2}$ 55.

500. ○ Bruxelles (quartier Leopold) . . —
500a. Watermael . . . . —
501. Boitsfort . . . . . 6
502. Groenendael . . . . 10
503. La Hulpe . . . . . 15
504. Rixensaert . . . . 19
505. ○ Ottignies . . . . 24
506. Mont St.-Guibert . . 29
507. Chastre . . . . . . 33
508. ○ Gembloux . . . . 38
509. St. Denis-Bovesse . . 46
510. Rhisne . . . . . . 49
511. ○ Namur . . . . . 55
512. Naninne . . . . . 64
513. Assesse . . . . . 73
514. Natoye . . . . . . 78
515. Ciney . . . . . . 84
516. Haversin . . . . . 94
517. Aye (Marche) . . . 104
518. (c) Marloie . . . . 107
519. Jemelle . . . . . . 112
520. Forrières . . . . . 116
521. Grupont . . . . . . 121
522. Poix (bei St. Hubert) 131
523. Libramont . . . . 145
524. (d) Longlier . . . . 154
525. Lavaux . . . . . . 162
526. Marbehan . . . . . 170
527. Habay . . . . . . 177
528. Fouches . . . . . 182
529. Arlon . . . . . . 191
530. (b) Autel . . . . . 196
531. ○ Sterpenich . . . 201

Grenze gegen Grossherzogth. Luxembourg, siehe Luxemb.-Wilh.-Bahn.

**b. Zwgb. Autel-Longwy = 13 K.**
Eröffnet $^{11}/_{1}$ 1862 n. von Athus zur Grenze $^{11}/_{2}$ 1863.

(530. Autel) . . . . . 196
533. Messancy . . . . . 202
534. ○ Athus . . . . . 206
Französ.-Belg. Grenze gegen Longwy . . 209

**c. Marloie resp. Marche-Liége = 62 Kil.**
Am $^{21}/_{7}$ 1865 bis Melreux, vollständig 1866 eröffnet.
Entfernungen von Liége.

(518. Marloie) . . . . 65
535. Marche . . . . . . 62
536. Melreux . . . . . 52
537. Barvaux . . . . . 48
538. Bomal . . . . . . 40
539. Hamoir . . . . . . 32
540. Comblain-la-Tour . . 27
541. Comblain-au-Pont . . 24
542. Poulseur . . . . . 19
543. Esneux . . . . . . 15
544. Tilff . . . . . . . 10
545. Angleur . . . . . . 3
546. ○ Liége (Guillemins). —

**d. Libramont-Bastogne.**
Eröffnet Ende 1869.

(524. Libramont) . . . —
547. Bernimont . . . . . 5
548. Wideumont-Bercheux 9
549. Morhet . . . . . . 18
550. Sibret . . . . . . 22
551. Bastogne . . . . . 28

## 8. Chimay-Bahn (Chimay).

Anschlüsse. Doische und Mariembourg: Gr. Centr.; Momignies: Franz. Nrdb.; Hastière: Nord Belge; Romedenne: Grand Centr.

Hastière-Mariembourg-Momignies mit Abzweigung nach Romedenne.
Doische-Hastière in 1866 eröffnet; vorher Station 612-621 $^{1}/_{10}$ 64; 621-23 Nov. 59; zuletzt 623-Anor $^{24}/_{5}$ 1868.

611. ○ Hastière . . . . —
611a. Agimont . . . . . 8
612. ○ Doische . . . . . 11
614. Romerée . . . . . 17
615. Matagne-la-Pétite . . 20
616. Matagne-la-Grande . 22
617. ○ Mariembourg . . 30
618. Boussu-en-Fagne . . 34
619. Aublain . . . . . 40
620. Lompret . . . . . 41
621. Chimay . . . . . . 46
622. Villers-la-Tour . . . 51
623. ○ Momignies . . . 59
623a. Anor . . . . . . 67

Anschluss an die Französische Nordbahn Linie q.

## 9. Antwerpen-Gent
(St. Nicolas).

Eröffnet Stat. 624-28 $^{24}/_{2}$ 1845; 628-33 $^{7}/_{2}$ 47.

Anschlüsse. Anvers: Belg. Stsb. u. Grand Centr.; Gand: Belg. Stsb., Société (Gand-Wondelgem, gemeinschaftl. Strecke) und Gand-Bruges; Lokeren: Belgische Staatsb. u. Société (Lokeren-Selzaete). Ch. de fer d'Anvers à Gand (pays de Wees).

624. ○ Anvers (Tête Fl.). —
625. Zwyndrecht . . . . 4
626. Beveren . . . . . 9
627. Nieukerke . . . . . 15
628. St. Nicolas . . . . 19
629. Mille-Pommes . . . 25
630. ○ Lokeren . . . . 32
631. Beirvelde . . . . . 41
632. Loochristy . . . . 43
633. ○ Gand . . . . . . 50

## 10. Gand-Eecloo-Bruges
(Eecloo).

Eröffnet Station 634-39 $^{1}/_{7}$ 61; 639-42 $^{14}/_{11}$ 62; 642-45 $^{22}/_{4}$ 63.

Anschlüsse. Bruges: Belg. Stsb., Bruges-Blankenberghe, Société (Brug.-Lichtervelde); Gand: Belg. Staatsb., Gand-Anvers u. Société; Wondelgem: Société (Gand-Selzaete).

634. ○ Gand (Gent) . . . —
635. Wondelgem . . . . 4
636. ○ Evergem . . . . 7
637. Sleydinge . . . . . 10
638. Waerschoot . . . . 15
639. Eecloo . . . . . . 19
640. Balgerhoeke . . . . 24
641. Adegem . . . . . . 26
642. Maldegem . . . . . 29
643. Syseele . . . . . . 37
644. Steenbrugge . . . . 44
645. ○ Bruges . . . . . 48

## 12. Turnhouter B.: Lierre à Turnhout (Lierre)

Eröffnet $^{19}/_{2}$ 55.

Anschlüsse. Hérenthals u. Turnhout: Grand Central, mit welcher die Strecke Hérenthals-Turnhout gemeinsam betrieben wird; Lierre: Belg. Stsb. u. Grand Central.

653. ○ Lierre T . . . . . —
654. Nylen . . . . . . . 8
655. Bouwel . . . . . . 14
656. ○ Hérenthals T . . 20
657. Lichtaert . . . . . 25
658. Thielen . . . . . . 28
659. Turnhout T . . . . 37

## 13. Lüttich-Limburg
(Niederl. Staatsb.-Gesellsch.), siehe unter Niederlande.

## 14. Pepinster-Spaa
(Luxemburg. Grenze), eröffnet vollständ. $^{17}/_{7}$ 55, siehe Luxemb. Wilhelmsbahn. (Wie letztere bisher im Betrieb der Franz. Ostbahn-Gesellschaft.

# Dänemark.

## 1. Die Jütisch-Fünenschen Eisenbahnen

sind Staatsbahnen. Der Betrieb geschieht für Rechnung des Staats. (Directeur und Administration zu Aarhuus.) Die Entfernungen sind in Dänischen Meilen angegeben. (1 Dän. M. = 1 Pr. M. = 7,532 K.) Von der Grenze bei Farris, (wo Anschluss an die Schlesw. E.) bis Vamdrup 0,55 M.

**a. Vamdrup-Fredericia = 5,21 Dän. M. (Jütische E.).**
Eröffnet am $^{1}/_{11}$ 1866.

1. ○ Vamdrup . . . . —
2. Lunderskov . . . . 0,82
3. Kolding . . . . . 2,51
3a. Eltang PH.* . . . 3,22
4. Taulov . . . . . . 4,01
5. (c) Fredericia . . . 5,20

pr. Dampfboot Verbindung mit Strib in 15 Minuten.

**b. Strib-Nyborg (Fünensche E.) 11,04 M.** Eröffnet am $^{7}/_{9}$ 1865.

6. Strib . . . . . . —
7. Middelfart . . . . 0,58
8. Nörre-Aaby . . . . 1,93
9. Eiby . . . . . . . 2,61
10. Gjelsted . . . . . 3,20
11. Aarup . . . . . . 3,95
12. Broed . . . . . . 4,39
13. Skalbjerg . . . . . 4,77
14. Tommerup . . . . 5,16
15. Holmstrup PH.* . . 6,03
16. Odense . . . . . . 7,13
17. Marslov . . . . . 8,37
17a. Langeskov PH. . . 9,02
18. Ullerslev . . . . . 9,65
19. Nyborg . . . . . . 11,04

pr. Dampfboot Verbindung mit Korsör (Seeländische Eisenb.) in $1^{1}/_{4}$ Stunde.

**c. Fredericia-Langaa = 20,60 M.** (Jütische E.)
Eröffnet bis Aarhuus am $^{4}/_{10}$ 1868, Aarhuus-Langaa $^{3}/_{9}$ 1862.

(5. Fredericia) . . . —
20. Börkop . . . . . . 1,60
21. Veile . . . . . . . 3,49
22. Daugaard . . . . . 5,07
23. Lösning . . . . . . 5,99
24. Horsens . . . . . . 7,63
24a. Tvingstrup PH.* . 8,99
25. Hovedgaard . . . . 9,63
26. (f) Skanderborg . . 11,57
27. Hörning . . . . . . 12,63
28. Hasselager PH.* . . 13,23
29. Aarhuus . . . . . . 14,58
30. Brabrand . . . . . 15,42
31. Mundelstrup . . . . 16,38
32. Hinnerup . . . . . 17,63
33. Hadsteen . . . . . 18,87
33a. Leerberg PH.* . . 19,50
34. Laurberg . . . . . 20,14
35. (de) Langaa . . . . 20,60

**d. Langaa-Holstebro = 15 M.** (Jütische E.)
Eröffnet bis Viborg $^{20}/_{7}$ 63; bis Skive $^{11}/_{11}$ 64; bis Struer $^{17}/_{11}$ 65; bis Holstebro $^{1}/_{11}$ 66.

(35. Langaa) . . . . . —
35a. Ulstrup . . . . . 0,98
36. Bjerringbro . . . . 2,12
37. Rödkjærsbro . . . . 3,53
37a. Skaungaard GH. . . —
38. Bindsholm . . . . . 4,55
39. Viborg . . . . . . 5,30
40. Sparkjær . . . . . 7,13
40a. Stoholm PH.* . . . 7,78
41. Höislev . . . . . . 8,84
42. Skive . . . . . . . 9,31
43. Vinderup . . . . . 12,19
44. Struer . . . . . . 13,99
44a. Hjerm PH.* . . . . 14,83
45. Holstebro . . . . . 15,96

**e. Langaa-Randers-Aalborg = 12,49 Mln.**
Eröffnet bis Randers $^{3}/_{9}$ 62; bis Aalborg $^{17}/_{9}$ 69.

(35. Langaa) . . . . —
46. Randers . . . . . 1,68
47. Faarup . . . . . . 3,65
48. Onsild . . . . . . 4,60
49. Hobro . . . . . . 5,90
50. Arden . . . . . . 7,94
51. Skjörping . . . . 8,95
52. Stövring . . . . . 9,94
53. (g) Aalborg . . . 12,49

Dampfbootverbindung m. Nörre Sundby, in circa 5 Minuten.

**f. Skanderborg-Silkeborg = 4,0** (Jütische E.).
Eröffnet $^{3}/_{2}$ 71.

(26. Skanderborg) . . . —
54. Alken PH.* . . . . 0,7
55. Ry . . . . . . . . 1,6
56. Laven . . . . . . 2,3
57. Svirbæk PH.* . . . 3,1
58. Silkeborg . . . . . 4,0

**g. Nörre Sundby-Frederikshavn = 10,9.**
Eröffnet am $^{16}/_{8}$ 71

(53. Aalborg) . . . . —
59. Nörre Sundby . . . —
60. Sulsted . . . . . . 1,7
61. Brönderslev . . . . 3,2
62. Vraa . . . . . . . 4,5
63. Hjörring . . . . . 6,1
64. Sindal . . . . . . 7,8
65. Qviesel PH.* . . . 9,7
66. Frederikshavn . . . 10,9

Dampfbootverbindung m. Göteborg in Schweden, $4^{1}/_{2}$ Stunde, wird wahrscheinlich im Laufe des Jahres 1871 etablirt.

## 2. Die Seeländischen E.

stehen sämmtlich unter der Direction der Seeländ. Eisenb. zu Copenhagen. (Directionen for de sjellandske Jernbaner.) Reglem. für Personen- und Güterverkehr v. $^{1}/_{8}$ 70.

**a. Kopenhagen-Korsör (Seeländische E.) 14,71 Dän. Mln.**
Eröffnet in 1856.

70. (b.c) Kopenhagen . . —
71. Glostrup . . . . . $1^{1}/_{2}$
72. Taastrup . . . . . $2^{1}/_{2}$
73. (d) Roskilde . . . . $4^{1}/_{2}$
74. Borup . . . . . . . 7
75. Ringsted . . . . . $8^{1}/_{2}$
75a. Sorö . . . . . . $10^{1}/_{2}$
76. Slagelse . . . . . $12^{1}/_{2}$
77. Korsör . . . . . . 15

**b. Kopenhagen-Helsingör = 7,94 Dän. Meilen.**
Eröffnet $^{7}/_{6}$ 1864.

(70. Kopenhagen) . . . —
78. Lyngby . . . . . . 2
79. Frederiksborg . . . 5
80. Fredensborg . . . . 6
81. Helsingör . . . . . 6

**c. Kopenhagen-Klampenborg = 1,73 Dän. Meilen.**

(70. Kopenhagen) . . —
82. Hellerup . . . . . 1
83. Charlottenlund . . . $1^{1}/_{2}$
84. Klampenborg . . . 2

**d. Roskilde-Masnedsund = 11,98 Dän. Meilen.**
Eröffnet $^{4}/_{10}$ 70.

(73. Roskilde) . . . . $4^{1}/_{2}$
85. Havdrup . . . . . 6
86. Kjöge . . . . . . $7^{1}/_{2}$
87. Thureby . . . . . 9
88. Haslev . . . . . . 10
89. Olstrup . . . . . . $11^{1}/_{2}$
90. Nestved . . . . . $12^{1}/_{2}$
91. Lundby . . . . . . $14^{1}/_{2}$
92. Vordingborg . . . 16
93. Masnedsund . . . . $16^{1}/_{2}$

# Frankreich.

Hinsichtlich des directen Güter-Verkehrs mit den Deutschen Eisenb. hatten sich Nord- und Ostbahn seit dem Jahre 1864 in der Weise getheilt, dass eine Demarcations-Linie, welche über die Städte Cassel, Altenburg u. Dresden geht, in der Weise die directen Verkehrsbeziehungen beider Bahnen schied, dass der Verkehr auf dieser Linie u. nordwärts davon der Nordb. zukam, der südliche Verkehr der Ostbahn.

Der Sitz fast aller Französ. Eisenb.-Ges. (Compagnie, Société) u. deren Administration (Conseil d'administration, Verwaltungsrath und Direction, wie bei der Oesterr. Südb. etc.) ist **Paris**. Adressen: Compagnie (Chemin de fer), Conseil d'Administration und Direction.

**Nord (Paris).**

**Anschlüsse.** **Anor** (Belgische Grenze): Belgische Chimaybahn; **Armentières** und **Hazebrouk**: Grand Société Belge; **Clères**: Französische Westb.; **Béthune**, **Bully-Grenay** und **Lille**: Lille-Béthune und Bully-Grenay; **Blandain** (hinter Tournai): Belg. Staatsb.; **Enghien**: Enghien-Montmorency; **Erquelines**: Nord Belge und Société; **Forges**: Französ. Westb.; **Hirson**: Franz. Ostb.; **Laon**: Französische Ostb.; **Mouscron-Tourcoing** gegen Lille, **Quiévrain** hinter Mons u. **Quevy-Feignies** gegen Hautmont: Belgische Staatsb.; **Paris**: Est, Ouest, Orléans, Méditerranée; **Pontoise** und **Rouen**: Franz. Westbahn; **Soissons**: Franz. Ostbahn.

**Politische Lage betreff.**: Frankreich wird in Departements getheilt: Im Departem. Seine liegen: Stat. 1-4 incl., 35, 140; in Seine-Oise: Stat. 5-7 incl., 35a-43, 66-69, 141; in Oise: Stat. 8-16, 44-54, 144-148; in Aisne: Stat. 19-25, 55-57, 149-158, 178 u. 179; in Nord: Stat. 26-33, 58-65, 102-107, 112-116, 126-136, 159-172; in Somme Stat. 70-81, 67-90, 180-190; in Pas de Calais: Stat. 82-86, 91-101, 108-110, 117, 118, 137, 138; in Seine Infér.: Stat. 191-202;

**a. Paris-Erquelines.**

Streckenweise eröffnet u. zwar: Stat. 1-2 $^{20}/_{6}$ 46, 2-10 $^{10}/_{5}$ 58, 10-13 $^{21}/_{12}$ 47, 13-19 $^{10}/_{6}$ 49, 19-22 $^{1}/_{6}$ 50, 22-30 $^{21}/_{10}$ 55, 30-33 $^{11}/_{6}$ 55.

1. ○ Paris . . . . —
2. (b) St. Denis . . . . 7
3. Pierrefitte-Staine . . . 11
4. Villiers le Bel Gonesse 15
5. Goussainville . . . . 20
6. Louvres . . . . . 24
7. Luzarches-Survilliers . 30
8. Orry-la-Ville . . . . 36
9. (c) Chantilly . . . 41
10. (d) Creil . . . . . 51
11. Pont-Sainte-Maxence . 62
12. Verberie . . . . . 73
13. Compiègne . . . . 84
14. Thourotte . . . . . 92
15. Ribécourt . . . . . 97
16. Ourscamps . . . . . 101
17. Noyon . . . . . . 108
18. Appilly . . . . . . 116
19. (x¹) Chauny . . . . . 124
20. (e.t) Tergnier . . . . 131
21. Montescourt . . . . . 141
22. St. Quentin . . . . . 154
23. Essigny-le-Petit . . . 163
24. Fresnoy-le-Grand . . . 171
25. Bohain . . . . . . 175
26. (f) Busigny . . . . 181
27. le Câteau . . . . . 190
28. Landrecies . . . . . 202
29. (r) Aulnoye . . . . . 216
30. Hautmont . . . . . 224
31. Maubeuge . . . . . 229
32. Jeumont . . . . . 238
33. ○ Erquelines . . . 241

**aa. Zweigb. Hautmont-Franz. Belg. Grenze bei Feignies.**
Eröffnet $^{1}/_{4}$ 1858.

(30. Hautmont) . . . . 224
34. Feignies . . . . . 228
Franz.-Belg. Grenze gegen Quevy-Mons . 236

**b. Paris-Ermont-Creil.**
Eröffnet $^{20}/_{6}$ 1846.

(2. St. Denis) . . . . 7
35. Epinay . . . . . 10
35a. ○ Enghien les Bains 12
36. Ermont . . . . . 15
37. Franconville . . . . 18
38. Herblay . . . . . 21
39. ○ Pontoise . . . 29
40. St. Ouen l'Aumône . . 29
41. Anvers . . . . . 34
42. Isle-Adam-Parmain . 40
43. Beaumont . . . . . 47
44. Boran . . . . . . 53
45. Precy . . . . . . 58
46. St. Leu . . . . . . 57
(10. Creil) . . . . . . 68

**c. Zweigb. Chantilly-Senlis.**
Eröffnet $^{9}/_{1}$ 1862.

(9. Chantilly) . . . . 41
47. St. Firmin . . . . . 48
48. (v¹) Senlis . . . . 53

**d. Creil-Beauvais.**
Eröffnet $^{1}/_{9}$ 1857.

(10. Creil) . . . . . . 51
49a. Cramoisy . . . . . 56
49. Cires-les-Mellos . . . 60
50. Mouy-Bury . . . . . 66
51. Heilles-Mouchy . . . 71
52. Hermes-Berthec . . . 74
53. Rochy-Condé . . . . 81
54. (v) Beauvais . . . . 88

**e. Zweigb. Tergnier-Laon.**
Eröffnet $^{1}/_{7}$ 1857.

(20. Tergnier) . . . . —
55. La Fère . . . . . 136
56. Crépy-Couvron . . . 148
57. ○ q. p Laon . . . . 156

**f. Busigny-Somain.**
Eröffnet 15. Juli 1858.

(26. Busigny) . . . . . 181
58. Bertry . . . . . . 187
59. Caudry . . . . . . 191
60. Cattenières . . . . . 197
61. Cambrai . . . . . . 206
62. Iwny . . . . . . . 214
63. Bouchain . . . . . . 220
64. Lourches . . . . . . 224
65. (n) Somain . . . . . 230

**g. Paris-Boulogne.**

Stat. 1-73 $^{20}/_{6}$ 1846, 73-79 $^{15}/_{3}$ 46, 79-83 $^{29}/_{11}$ 47, 83-84 $^{17}/_{4}$ 48, 84-86 $^{1}/_{1}$ 67 eröffnet.

(1. Paris) . . . . . . —
(10. Creil) . . . . . . 51
66. Liancourt . . . . . 58
67. Clermont . . . . . 66
68. Saint-Just . . . . . 80
69. Breteuil . . . . . 95
70. Ailly-sur-Noye . . . 112
71. Boves . . . . . . 122
72. Longueau . . . . . 127
73. (l.t.u) Amiens . . . 131
74. Ailly-sur-Somme . . 140
75. Picquigny . . . . . 145
76. Hangest . . . . . 152
77. Longpré . . . . . 159
78. Pont-Remy . . . . . 167
79. Abbeville . . . . . 178
80. (h) Noyelles . . . . 189
81. Rue . . . . . . . 199
82. Montreuil-Verton . . 216
83. Etaples . . . . . . 226
83a. Neufchatel . . . . 240
83b. Pont-de-Briques . . 249
84. Boulogne . . . . . 254
84a. Wimille . . . . . 261
85. Marquise-Rinxent . . 271
86. Caffiers . . . . . 280
86a. Frethun . . . . . 289
86b. St. Pierre-les-Calais 295
87. (i) Calais . . . . . 297

**h. Noyelles-St. Valery.**
Eröffnet $^{5}/_{6}$ 58.

(80. Noyelles) . . . . —
88. Saint-Valery . . . 195

**i. Paris-Calais.**

Stat. 1-93 $^{20}/_{6}$ 1846, 93-95 $^{4}/_{1}$ 62, 95-104 in 1861, 104-110 $^{1}/_{9}$ 48, 110-Calais $^{20}/_{9}$ 49.

(1. Paris) . . . . . . —
(10. Creil) . . . . . . 51
(73. Amiens) . . . . . 131
(72. Longueau) . . . . 127
89. Corbie . . . . . . 140
90. Albert . . . . . . 156
90a. Miraumont . . . . 169
91. Achiet . . . . . . 174
92. Boileux . . . . . 184
93. (l) Arras . . . . . 192
94. Farbus-Vimy . . . . 203
95. (o) Lens . . . . . 212
96. ○ (y¹) Bully-Grenay 219
97. Noeux . . . . . . 223
98. ○ (y) Bethune . . . 230
99. Chocques . . . . . 236
100. Lillers . . . . . . 243
101. Aire . . . . . . . 249
102. Thiennes . . . . . 254
103. Steenbecque . . . . 259
104. ○ (k,m) Hazebrouck 263
105. Ebblinghem . . . . 274
106. Saint-Omer . . . . 285
107. Watten . . . . . . 294
108. Audruicq . . . . . 305
109. Ardres . . . . . . 313
(86a. St. Pierre-Calais) . 324
(87. Calais) . . . . . 327

**k. Paris-Dünkirchen.**
Eröffnet $^{1}/_{9}$ 1848.

(104. Hazebrouck) . . 265
112. Cassel . . . . . . 274
113. Arnèke . . . . . . 281
114. Esquelbecq . . . . 288
115. Bergues . . . . . 297
116. Dunkerque (Dünkirch.) 305

**l. Paris-Lille-Tourcoing.**

Paris-Lille 20. Juni 1846, Lille-Belg. Grenze im Nov. 42 eröffnet.

(1. Paris) . . . . . . —
(93. Arras) . . . . . 192
117. Roeux . . . . . . 201
118. Vitry . . . . . . 208
118a. Corbehen . . . . 213
119. (n) Douai . . . . . 218
120. le Forest . . . . . 225
121. (o) Carvin . . . . 231
121a. Phalempin . . . . 235
122. Séclin . . . . . . 239
123. ○ (m,s,y,z) Lille . 250
124. Roubaix . . . . . 258
125. Tourcoing . . . . . 261
126. ○ Mouscron . . . . 266

**m. Hazebrouck-Lille.**
Eröffnet $^{1}/_{9}$ 1848.

(104. Hazebrouck) . . —
126. Strazeele . . . . . 6
127. Bailleul . . . . . 13
128. Steenwerck . . . . 20
129. ○ Armentières . . . 25
130. Pérenchies . . . . 33
(123. ○ Lille) . . . . 39

**n. Paris-Quiévrain.**

Eröffnet bis Valenciennes $^{20}/_{6}$ 1846, zur Grenze bereits 1842.

(119. Douai) . . . . . 218
131. Montigny . . . . . 223
(65. Somain) . . . . . 230
132. Wallers . . . . . 239
133. Raismes . . . . . 245
134. (r,s) Valenciennes 250
135. Blanc-Misseron . . 262
136. ○ Quiévrain . . . 264
Grenze gegen Mons . 283
do. gegen Brüssel . . 344

**o. Lens-Carvin.**
Eröffnet $^{24}/_{6}$ 57.

(95. Lens) . . . . . . —
137. Billy-Montigny . . . —
138. Henin-Liétard . . . 10
(121. Carvin) . . . . . 19

**p. Paris-Soissons-Laon.**

Paris-Sevran in 1860, Stat. 141-149 $^{1}/_{1}$ 61, 149-157 $^{2}/_{4}$ 62, 152-157 $^{5}/_{1}$ 66 eröffnet.

(1. Paris) . . . . . . —
140. le Bourget-Drancy . 10
141. Sevran-Livry . . . 18
142. Mitry-Claye . . . . 27
143. Dammartin . . . . 35
144. le Plessis-Belleville . 43
145. Nanteuil . . . . . 49
146. Ormoy . . . . . . 56
147. (v¹) Crepy-en-Valois . 61
148. Vaumoise . . . . . 69
149. Villers-Cotterets . . 78
150. Longpont . . . . . 90
150a. Vierzy . . . . . 94
151. Berny . . . . . . 100
152. ○ Soissons . . . . 105
153. Crouy . . . . . . 109
154. Margival . . . . . 115
155. Anizy-Pinon . . . . 123
156. Chailvet-Urcel . . . 130
157. ○ (q) Laon . . . . 140

**q. Laon-Anor-Belg. Grenze.**

Eröffnet Anor-Belg. Grenze $^{28}/_{6}$ 68, Stat. 157-58 und 159-60 $^{30}/_{12}$ 69, Hirson-Vervins im Sommer 1871.

(157. Laon) . . . . . —
157a. Crecy-Mortiers . . 15
157b. Marle . . . . . . 25
157c. St. Gobert-Bouger. 32
158. Vervins . . . . . 39
159. ○ Hirson . . . . . 56
159a. Origuyen Th. . . . 209
160. (r) Anor . . . . . 65
160a. ○ Franz.-Belg. Grenze bei Momignies gegen Chimay 71

**r. Anor-Valenciennes.**

Anor-Aulnoye $^{30}/_{10}$ 69 eröffnet; Aulnoye-Valenciennes in Bau.

(159. Hirson) . . . . . —
(160. Anor) . . . . . 8
160a. Fourmis . . . . . 13
160b. Sains . . . . . . 22
161. Avesnes . . . . . 29
161a. Dompierre . . . . 34
(29. Aulnoye) . . . . . 41
(134. Valenciennes) . 65

**s. Lille-Belg.-Französ. Grenze gegen Tournai.**

Eröffnet bis Stat. 172 $^{1}/_{12}$ 1865, bis Tournai in 1867.

Entfern. v. Lille

(123. ○ Lille) . . . . —
170. Ascq . . . . . . 7
171. Baisieux . . . . . 12
172. ○ Blandain . . . 17
Belg. Franz. Grenze.
Tournai . . . . . 24

**t. Tergnier-Amiens.**
Eröffnet am 1. Juli 1867.

(20. Tergnier) . . . . —
178. Flavy-le-Martel . . 12
179. Ham . . . . . . . 21
180. Nesle . . . . . . 33
181. Chaulnes . . . . . 42
182. Rosières . . . . . 49
183. Guillaucourt . . . . 55
183a. Marcelcave . . . . 58
184. Villers-Bretonn . . 63
(73. Amiens) . . . . 80

**u. Amiens-Rouen.**

Eröffnet Stat. 73-196 $^{14}/_{6}$ 67, 196-199 $^{21}/_{12}$ 62.

(73. Amiens) . . . . —
185. Saleux . . . . . . 8
186. Bacouel . . . . . 13
187. Namps . . . . . . 20
188. Famechon . . . . . 26
189. Poix . . . . . . . 31
190. Fouilloy-Aumale . . 45
191. Abancourt . . . . 51
192. Formerie . . . . . 57
193. Gaillefontaine . . . 66
194. Forges-les-Eaux . 72
195. Sommery . . . . . 81
196. (u¹) Monterolier-Buchy . . . . . 90
197. Morgny . . . . . . 101
198. Darnetal . . . . . 113
199. ○ Rouen (Martainville) 117

**u¹. Monterolier-Clères.**
Eröffnet $^{24}/_{6}$ 57.

(196. Monterolier) . . 90
200. Critot . . . . . . 96
201. Bosc le Hard . . . 102
202. ○ Clères . . . . . 107

**v. Beauvais-Gournay 28 Kil.**
Eröffnet 28. Aug. 1870.

(54. Beauvais) . . . . . 88
203. St. Paul . . . . . 98
204. La Chapelle aux Pots 104
205. St. Germer . . . . 110
206. Gournay . . . . . 117

**v¹. Senlis-Crépy 21 Kil.**
Eröffnet im Januar 1871.

(48. Senlis) . . . . . —
207. Barbery . . . . . 8
208. Auger-St. Vincent . 15
(147. Crépy) . . . . . 21

An die Nordbahn schliessen von selbstständig kleinere B. an:

**w. Enghien-Montmorency 6 K.**
Eröffnet . . . .

**x. Anzin-Somain 19 Kil.**
Eröffnet 1-3: $^{24}/_{10}$ 35, 3-4 $^{2}/_{10}$ 46.

1. Anzin . . . . . . —
2. St. Vaast . . . . . 3
3. Herin . . . . . . 4
4. Denain . . . . . . 9
5. Escandin . . . . . 12
6. Absaon . . . . . . 15
7. Somain . . . . . . 18

$x^1$. Chauny-St. Gobain 15 Kil. Eröffnet $^{9}/_{1}$ 61.
An Station 19 anschliessend.
(19. Chauny) 1. Sinceny. 2. Rond-d'Orléans. 3. Barisis. 4. St. Gobain.

$x^2$. Achiet-Bapaume 7 Kilom. Eröffnet im Novemb. 1871.
An Station 91 anschliessend.

y. Lille-Béthune und Bully-Grenay, am $^{15}/_{6}$ 67 eröffnet.
Anschluss an die Franz. Nordb. in Lille (Stat. Nr. 123) Bethune n. Bully-Grenay an Linie 1. (Stat. Nr. 96).

1. ○ Lille (p.d.Poses) . —
2. Loos . . . . . . . 2
3. Haubourdin . . . . . 4
4. Wavrin . . . . . . 10
5. Don . . . . . . . 13
6. Marquillies . . . . . 16
7. La Bassée . . . . . 20
8. (b) Violaines . . . . 23
9. Cuinchy . . . . . . 26
10. Beuvry . . . . . . 28
11. ○ Béthune . . . . . 34

$y^1$. Violaines-Bully-Grenay.
(8. Violaines) . . . . . —
12. Vermelles . . . . . 3
13. ○ Bully-Grenay . 10

z. Valenciennes-Lille. Eröffnet in 1871.
1. Valenciennes (Nr. 134) –
2. Raismes . . . . . . 6
3. St. Amand . . . . . 13
4. Rosult . . . . . . 18
5. Orchies . . . . . . 25
6. Templeuve . . . . . —
7. Fretin . . . . . . 37
8. Lesquin . . . . . . 41
9. Lille . . . . . . . 48

## 2. Französische Ostbahn.

Anschlüsse a. an die Elsass-Lothringischen E.: in Audun le Roman (Stat. 178) gegen Longuyon, Sedan; in Emberménil (Stat. 54) gegen Avricourt; in Pagny sur Meuse (Stat. 130) gegen Metz; in Chèvremont (Stat. 126) gegen Mühlhausen. An den genannten Stat. befinden sich die neuen Zollabfertigungsstellen.

b. Weitere Anschlüsse. Chalindrey u. Châtillon sur Seine: Paris-Lyon-Méditerr.; Givet: Grand Central Belge u. Nord Belge; Gray: Paris-Lyon-M.; Hettange: Wilhelm-Luxemb.; Hirson: Franz. Nordb.; Laon: Franz. Nordb.; Longwy resp. Mont St. Martin: Grand Luxemburg; Montereau: Paris-Lyon-M.; Soissons: Franz. Nordb.; Vesoul: Paris-Lyon-M.; Virenx: Grand Central Belge.

Directer Güterverkehr mit den Eisenbahnen des Vereins Deutscher Eisenbahn-Verwaltungen a-e.

Die mit ** bezeichneten Stationen sind für den gewöhnlichen Frachtenverkehr („au service de la petite vitesse") nicht eröffnet. Die mit * bezeichneten sind nicht im Betrieb für Eilgutverkehr („service de la grande vitesse").

PE. = nur für Personen u. Eilgut eröffnet.

### a. Paris-Strassbourg.

Streckenweise eröffnet vom $^{5}/_{7}$ 1849 bis Herbst 1852 (Stat. 1-11 dann 11-26; in 1850: 26-29 und 47-48; in 1851: 29-40, 58-67; in 1852: 48-56).

Politische Lage (Departements, innerhalb deren die Stationen liegen): Stat. 1-5 Seine; 6-7 S. Oise; 8-16 S. Marne; 16-20 Aisne; 20-23 Marne; 33-43 Meuse; 43-54 Meurthe.

Entfern. d. Stationen von Paris

1. ○ (b) Paris a-c. . —
2. Paris (La Villette)* 6
3. Paris (Pantin) . 6
4. Noisy-le-Sec . . 9
5. Bondy** . . . 11
6. Raincy-Villemonble 13
7. Gagny-Montfermeil 15
8. Chelles . . . . 19
9. Lagny-Thorigny 28
10. Esbly . . . . . 37
11. Meaux . . . . 45
12. Trilport . . . . 51
13. Changis** . . . 58
14. La Ferté-sous-Jouarre a-c. . 66
15. Nanteuil-Saacy . 74
16. Nogent-l'Artaud 84
17. Château-Thierry a-c 95
18. Mezy** . . . . 104
19. Varennes . . . 107
20. Dormans . . . 117
21. Port-à-Binson-Châtillon . . . 126
22. Damery-Boursault 135
23. ($c^1$) Epernay a-c. 142
24. (y) Oiry-Mareuil 148
25. Jalons-les-Vignes 159
26. (g,w) Châlons-sur-Marne a-c. 173
27. Vitry-la-Ville . 188
28. Loisy . . . . . 199
29. Vitry-le-Français 205
30. (i) Blesme-Haussignemont 218
31. Pargny . . . . 226
32. Sermaize . . . 231
33. Révigny aux Vac. 239
34. Mussey . . . . 245
35. Bar-le-Duc a-c. 254
36. Longeville . . . 259
37. Nançois-le-Petit 265
38. Ernecourt-Loxéville . . . . . 276
39. Lérouville . . . 289
40. Commercy . . . 295
41. Sorcy . . . . . 303
42. (y) Vaucouleurs-Pagny . . . . 308
43. Foug . . . . . 313
44. Toul . . . . . 320
45. Fontenoy-sur-Moselle . . . . 329
46. Liverdun . . . 338
47. (c) Frouard . 345
48. Nancy a-c. . 353
49. Varangeville-St. Nicolaus . . 366

Entfern. d. Stationen von Paris

50. Rosières-aux Salines . . . . 371
51. (l) Blainville-la Grande . . . 376
52. (n) Lunéville a-c. 386
53. Marainvillers . 393
54. Emberménil . . 402
54a. ○ Avricourt . 410

### $a^1$. Paris-Vincennes-La Varenne 17 Kil.

Eröffnet $^{17}/_{9}$ 1853.
Polit. Lage: Stat. 1-64 Seine.

(1. Paris [Bastille]) —
55. Bel-Air . . . . . 6
56. Saint-Mande PE. 6
57. Vincennes . . 6
58. Fontenay-sous-Bois 8
59. Nogent-sur-Marne 9
60. Joinville-le-Pont PE. . . . . . . 11
61. St.-Maur-Port-Chréteil PE. . 13
62. Parc de St.-Maur PE. . . . . . . 14
63. Champigny PE. . 16
64. La Varenne-St.-Maur . . . 17

### b. Paris-Mulhouse.

Streckenweise eröffnet vom April 1848 (Montereau-Troyes) bis 4. Febr. 1859. (Stat. 1-69 am $^{7}/_{1}$ 56, in 1857: 70-107, in 1859: 110-116, in 1850: 117-126).
Polit. Lage: Stat. 1-70 Seine; 70-71 S. Oise; 71-85 S. Marne; 86-101 Aube; 101-111 H. Marne; 111-124 H. Saune.

(1. Paris) . . . . —
68. Rosny-sous-Bois** 13
69. Nogent-sur-Marne 17
70. Villiers** . . . 21
71. Emérainville-Pontault . . . 28
72. Ozouer-la-Ferrière 33
73. (o) Gretz-Armainvilliers . 39
74. Villepatour-Coubert 44
75. Ozouer-le-Voulgis 49
76. Verneuil-Chaumes 53
77. Mormant . . . 59
78. Grandpuits** . 65
79. Nangis . . . . 70
80. Maison-Rouge . 80
81. (p) Longueville 89
82. Chalmaison** . 93
83. (q) Flamboin** 96
84. Hermé . . . . 100
85. Melz . . . . . 105
86. Nogent-sur-Seine 111
87. Pont-sur-Seine . 119
88. Romilly . . . . 129
89. Mesgrigny . . . 141
90. Saint-Mesmin . 147
91. Payns . . . . . 155
92. Barberey . . . 161
93. (r) Troyes a-c. 167
94. Rouilly-St. Loup 175
95. Lusigny . . . . 182
96. Montiéramey . 189
97. Vendeuvre . . 199
98. Jessains . . . . 210
99. Bar-sur-Aube . 221
100. Clairvaux . . . 234
101. Maranville . . 240
102. (s) Bricon . 250
102a. Villieurs le Sec. II —
103. (i,s) Chaumont a-c. . . . . . 262
104. (i) Foulain . . 274
105. (i) Rolampot . 287
106. (i) Langres . c. 297
107. (i) Chalindrey 308
108. Hortes . . . . . 317
109. Charmoy-Fayl-Billot . . . . 324
110. La Ferté Bourbonne . . . . 328
111. Vitrey . . . . 336
112. Jussey . . . . 347
113. Monthureux . 354
114. (n) Port-d'Atelier . . 361
115. Port-sur-Saône 370
116. (k) Vaivre . . 377
117. Vesoul a.c. . 381
118. Colombier . . 389
119. Creveney-Saulx 395
120. Genevreuille . 403
121. Lure a. . . . 411
122. Rouchamp . . 422
123. Champaguey . 428
124. Bas-Evette . . 436
125. ○ (k) Belfort a.c. 443
126. ○ Chèvremont 449

### c. Zweigbahn Frouard-Novéant.

Eröffnet bis Novéant resp. Metz $^{10}/_{7}$ 50.

(47. Frouard) . . 345
127. Marbache . . 349
128. Dieulouard . . 356
129. Pont-à-Mousson 363
130. ○ Pagny-sur-Moselle . . . 372
Novéant . . . 378

### $c^1$. Zweigbahn Epernay-Laon.

Eröffnet: Epernay-Reims $^{5}/_{6}$ 54, Reims-Laon $^{1}/_{7}$ 57.
Polit. Lage: Stat. 23-136 Marne; 138-141 Aisne.

(23. Epernay) . 142
132. Aï . . . . . . 145
133. Avenay . . . 149
134. Germaine†** . 157
135. Rilly-la-Montagne . . . . 161
136. (d,g,h) Reims a-c. 172
137. Loivre . . . . 184
138. Guignicourt . 194
139. Saint-Erme . . 206
140. Coucy-les-Eppes 213
141. ○ Laon a.c. . 224

### d. Zweigb. Reims-Givet.

Streckenweise eröffnet vom Juni 1858 bis April 1862 (nämlich Stat. 136-146 $^{30}/_{6}$ 58, 146-153 $^{23}/_{9}$ 58, 153-154 $^{1}/_{9}$ 59, 154-161 $^{30}/_{4}$ 62).
Polit. Lage: Stat. 136-143 Marne; 143 Oise; 144-161 Ardennes.

(136. Reims) . . . —
142. Vitry-les-Reims 180
143. Bazancourt . . 189
144. Le Châtelet . . 200
145. Tagnon†* . . —
146. Rethel a.c. . 211
147. Amagne . . . 220
148. Saulce-Monclin 228
149. Launois . . . 236
150. Poix-Terron . 244
151. Boulzicourt . . 251

152. Mohon . . . . 257
153. (e,n) Mézières-Charleville a.c. 260
154. Nouzon . . . 267
155. Brauxt† . . . 276
156. Monthermé . . 277
157. Deville . . . . 281
158. Revin . . . . 293
159. Fumay . . . . 300
160. ○ Vireux a.c. 313
161. ○ Givet a.c. 324

**e. Zweigb. Mézières-Thionville.**

Streckenweise eröffnet vom Decbr. 1858 bis April 1863 (nämlich: Stat. 153-163 14/12 58, 163-164 17/7 59, 164-168 26/9 61, 168-172 24/2 62, 172-176 5/8 62, 176-178 23/4 63).
Polit. Lage: Stat. 153-170 Ardennes; 170-175 Meuse; 175-179 Moselle.

(153. Mézières-Charleville) . . 260
162. Nouvion-sur-Meuse† . . . 266
163. Donchery . . 272
164. Sedan a.c. . . 275
164a. Pont Maugis 280
165. Bazeilles . . . 282
166. Douzy . . . . 286
167. Pourru-Brévilly 289
168. (x¹) Carignan 298
169. Margut . . . . 306
170. Lamouilly . . 313
171. Chauvency . . 319
172. Montmédy . . 325
173. Veslosne-Torgny* —
174. Vezin . . . . 337
175. (f) Longuyon 346
176. Pierrepont . . 355
177. Joppécourt . . 363
178. ○ Audun-le-Roman . . . . 370

**f. Zweigb. Longuyon-Longwy.** (Luxemb. Grenze).

Eröffnet 1/4 1863.
Polit. Lage: Moselle.

(175. Longuyon). 346
182. Cons-la-Granville 356
183. Longwy . . . 362
184. ○ Mont St. Martin (Port sec de)* . 364

**g. Zweigb. Châlons-St. Hilaire gegen Reims.**

(26. Châlons) . . . . . . —
185. La Veuve . . . . . 11
186. (v) St. Hilaire . . . 19
Der Dienst ist noch suspendirt.

**h. Reims-Soissons.**

Eröffnet 16/4 1862.
Stat. 136-192 Marne; 192-194 Aisne.

(136. Reims) . . . 172
189. Muizon . . . . 181
190. Jonchery . . . 188
191. Fismes . . . . 199
192. Braisne . . . 210
193. Ciry-Sermoise . 217
194. ○ Soissons a.c. 227

**i. Zweigbahn Blesme-Chaumont und Gray.**

Eröffnet bis St. Dizier 16/9 53, bis Donjeux 17/7 55, bis Bologne 20/6 57, bis Gray 27/7 58.
Polit. Lage: Stat. 195-207 H. Marne; 207-209 H. Saone.

(30. Blesme) . . . —
195. (w) Saint-Dizier . . . 235
196. Eurville . . . 245
197. Chevillon . . . 254
198. Joinville . . . 264
199. Donjeux . . . 273
200. Vignory . . . 279
201. (t) Bologne . . 271
(103. Chaumont) . —
(104. Foulain) . . . —
(105. Rolampont) . —
(106. Langres) a.c. . —
(107. Chalindrey) —
206. Maâtz . . . . 321
207. Champlitte . . 333
208. Oyrières . . . 343
209. ○ (k) Gray a.c. . 353

**k. Zweigb. Gray-Vesoul.**

Eröffnet 26/4 1863.
Polit. Lage: Haute Saone.

(209. Gray) . . . . —
210. Vereux-Beaujeu 363
211. Autet . . . . 369
212. Seveux . . . . 375
213. Vellexon . . . 380
214. Fresnes-St. Mamès . . . . 383
215. Noidans-le-Ferroux . . . 391
215a. Mont-le-Vernois 383
(116. Vaivre) . . . —
(117. Vesoul) . . —

**l. Zweigb. Blainville-Port d'Atelier.**

Eröffnet Stat. 51-217 am 4/8 59, 217-223 am 26/9 63.
Pol. Lage: Stat. 51-217 Meurthe; 217-222 Vosges; 222-114 H. Saone.

(51. Blainville) . 376
216. Einvaux . . . 383
216a. Bayon . . . 391
217. (x²) Charmes a. 401
217a. Châtel-Nomexy 412
218. (m) Epinal a.c. 427
218a. Thaon H. . . —
219. Doux noux . . 424
220. Xertigny . . . 416
220a. La Chapelle B. —
221. Bains . . . . 405
222. Aillevillers-Plombières . . 391
223. St. Loup-Luxeuil 386
224. Conflans . . . 377
225. Faverney . . . 366
(114. Port d'Atelier) —

**m. Zweigb. Epinal-Remiremont.**

Eröffnet am 10. Nov. 1864.
Polit. Lage: Vosges.

(218. Epinal) . . 427
226. Dinozé* . . . —
227. (x) Arches . . . 438
228. Pouxeux-Eloyes 443
229. St. Nobard** . —
230. Remiremont 454

**n. Zweigb. Lunéville-Saint-Dié.**

Eröffnet bis Raon am 1/4 64, bis Saint-Dié 1/9 64.
Pol. Lage: Stat. 52-234 Meurthe; 234-237 Vosges.

(52. Lunéville) . 386
231. Saint-Clément . 396
232. Azerailles . . 404
233. Baccarat . . . 410
234. Raon-l'Etape-la-Neuveville . . 419
235. Elival-Clairef . 425
236. Saint-Michel . 429
237. Saint-Dié a.c. 436

**o. Zweigb. Gretz-Coulommiers.**

Eröffnet bis Montcerf am 6/2 61, 240-44 am 1/4 63.
Polit. Lage der Linie o., p., q.: S. Marne.

(73. Gretz-Armainvilliers). 39
238. Tournan . . . 41
239. Marles-la-Houssaye . . 49
240. Montcerf . . . 56
241. Guérard . . . 62
242. Faremoutiers . 65
243. Mouroux . . . 69
244. Coulommiers 72

**p. Zweigb. Longueville-Provins.**

Eröffnet 11/12 58.

(81. Longueville) —
245. Provins . . . 95

**q. Zweigb. Flamboin-Montereau.**

Eröffnet 14/9 65.

(83. Flamboin)** —
246. Les Ormes . . 100
247. Vimpelles . . 103
248. Châtenay . . . 110
249. ○ Montereau 123

**r. Zweigb. Troyes-Bar-sur-Seine-Châtillon s. S.**

Eröffnet bis Stat. 255 20/7 62; 255-261 17/10 68.
Polit. Lage: Aube.

(93. Troyes) . . —
250. Maisons blanches 176
251. Clérey . . . . 181
252. St. Parres-les-Vaudes . . . . 185
253. Fouchères-Vaux 189
254. Courtenot-Lenclos . . . 192
255. Bar-sur-Seine 199
256. Polisot . . . . 204
257. Gye-sur-Seine . 210
257a. Plaines H. . . 216
258. Mussy . . . . 219
259. Pothieres . . 225
260. St. Colombe . 231
261. (s) Châtillon-sur-Seine . . . . . . 237

**s. Chaumont-Châtillon-sur-S.**

Am 1. Sept. 1867 eröffnet.
Politische Lage: Stat. 103-263 H. Marne; 263-267 Côte d'or.

(103. Chaumont) . . . —
(102. Bricon) . . . . —
262. Chateauvillain . . . . 8
263. Latrecey . . . . . . 15
264. Vouxaulles . . . . . 23
265. Courban . . . . . . 29
266. Brion-sur-Ource . . 36
(261. Châtillon-sur-Seine) . . . . . . . 44

**t. Bologne (bei Chaumont)-Neufchateau-Pagny.**

Bologne-Neufchateau 1/4 1867 eröffnet, Neufchateau-Pagny im Bau.
Politische Lage: Stat. 201-273 H. Marne; 273-276 Vosges.

(201. Bologne) . . . . . —
267. Chantraines . . . . . 1
268. Andelot . . . . . . 15
268a. Rimaucourt H. . . 18
269. Manois . . . . . . . 21
270. Bourmont-St. Blin . 27
271. Pres-sous-la Fauche . 34
272. Liffol-le-Grand . . . 40
273. Neufchateau . . . . . 49
Im Bau: 274. Vaucouleurs 82
(42. Pagny) . . . . . . . 90

**u. Charleville-Hirson 55 Kil.**

Charleville-Signy 15/1 69, vollständig 7/10 1869 eröffnet.
Politische Lage: Stat. 153-282 Ardennes; 282-285 Aisne.

(153. Mezières-Charleville). —
275. Belval-Sury H. . . 6
276. Tournes . . . . . 9
277. Lonny-Renwez . . . 12
278. Rimogne . . . . . . 19
279. Le Tremblois H. . . 22
280. Maubert-Fontaine . 28
281. Auvillers-Rumigny . 32
282. Signy le Petit . . . 39
283. Aubenton-Any . . . 46
284. St. Michel Sougl . . 53
285. ○ Hirson . . . . . 56

**v. Reims-Aubréville-Verdun.**

In Betrieb bis Menehoult seit 28/7 67; bis Aubréville seit 12/9 69; bis Verdun in 1871.
Polit. Lage: Stat. 26-292 Marne; 292-295 Meuse.

(136. Reims) . . . . . . —
286. Sillery . . . . . . . 14
286a. Wez-Thuizy . . . 21
286b. Sept-Saulx H. . . 25
287. Mourmelon . . . . . 30
(186. St. Hilaire-au-Temple) 38
289. Cuperly . . . . . . 41
290. Suippes . . . . . . 53
291. Somme-Tourbe . . . 63
292. Somme-Bionne H. . 67
293. Valmy . . . . . . . 72
294. St. Menehoult . . . . 81
295. Les Islettes . . . . . 89
296. Clermont . . . . . . 95
297. Aubréville . . . . . 101
298. Dombasle . . . . . . 109
299. Baleicourt . . . . . 120
300. Verdun . . . . . . . 127

## Localbahnen.

**w. St. Dizier-Vassy.**

Am 27/10 1868 eröffnet.
Polit. Lage: H. Marne.

(195. St. Dizier) . . . . . —
300a. Humbécourt H. . . . 9
301. Eclaron . . . . . . 12
302. Louvemont . . . . . 17
303. Pont-Varin . . . . . 20
304. Vassy . . . . . . . 23

**x. Chemins de fer des Vosges. Ligne de la Vologne.**

Eröffnet am 1. Mai 1870.
Pol. Lage: Stat. 218-310 Vosges.

(218. Epinal) . . . . . —
(226. Dinoze) . . . . . . 4
(227. Arches) . . . . . . 10
305. Jarmenil . . . . . . 12
306. Docelles-Cheniménil . 16
307. Deycimont PH. . . . 20
308. Lepanges . . . . . . 24
309. Bruyeres . . . . . . 32
310. Laveline . . . . . . 36

**x¹. Carignan à Messempré 6 K.**

Eröffnet in 1871.

(168. Carignan) . . . . —
311. Osnes Puré . . . . . 5
312. Messempré . . . . . 7

**x². Rambervillers à Charmes.**

Im Departement Vosges im Sept. 71 eröffnet.

(217. Charmes) . . . . . —
313. Portieux H. . . . . 5
314. La Verrerie . . . . . 9
315. Moriville H. . . . . 12
316. Rehaincourt . . . . . 16
317. Ortoncourt . . . . . 18
318. Moyemont . . . . . 21

319. Romont . . . . . . 24
320. Rambervillers . . . 28

**y. Epernay à Romilly.**
Eröffnet in 1871. 78 Kil.

(24. Oiry) . . . . . . —
321. Avize . . . . . . 7
322. Mesnil s. Oger . . . 10
323. Vertus . . . . . . 16
324. Colligny . . . . . 24
325. Morains-Aulnay . . 28
326. Fere-Champenois . . 34
327. Linthes . . . . . 45
328. Sesanne . . . . . 54

## 3. Französische Westbahn
**Ouest (Paris).**
**Linien der Bretagne und Normandie.**

Anschl. Angers: Orléans; Buchy (Monterolier): Nord; Clères: Nord; Gisors und Ponte de l'Arche: Industriebahn nach Ponte de l'Arche (l) Nr. 21; Glos Montfort: Industrieb. nach Pont-Audemer (m) Nr. 22; Gournay: Nord; Landerneau: Orléans; Napoléonville: Orléans; Paris: Est, Méditerranée, Nord, Orléans; Pontoise: Nord; Redon: Orléans; Rouen: Nord.
Directe Güterverkehre a.b.c. siehe Französ. Ostb.

**a. Paris-Havre.**
Stat. 1-7 9/5 43. bis Havre 22/3 47 eröffnet.

1. ○ (c,d,d¹.e,f,i) Paris —
1a. Paris (St-Lazare) . —
2. Colombes . . . . . . 9
3. Houilles . . . . . . 13
4. Maisons . . . . . . 17
5. Conflans . . . . . . 22
6. Poissy . . . . . . 27
7. Triel . . . . . . 35
8. Meulan les Murra. . . 41
9. Epone . . . . . . 49
10. (c) Mantes . . . . . 58
11. Rosny . . . . . . 63
12. Bonnieres . . . . . 69
13. (k.) Vernon . . . . 80
14. Gaillon . . . . . . 94
15. (a¹) St. Pierre du Vauvray 107

**a¹. Zwgb. Vauvray-Louviers.**
8 Kil. Eröffnet 25/4 1867.

15. St. Pierre du V.) . 107
16. Le Vadreuil . . . . 110
17. Louviers . . . . . 115
18. (L) Pont de l'Arche 119
19. (a²) Oissel . . . . 128
20a. Rouen (riv. gauche) 136
20b. Rouen (riv. droit) . 136
21. Maromme . . . . . 146
22. (b) Malaunay . . . . 149
23. Barentin . . . . . 157
24. Pavilly . . . . . 159
25. Motteville . . . . . 170
26. Yvetot . . . . . . 178
27. Alvimare . . . . . 189
28. Bolbec-Nointot . . . 197
29. (a³) Beuzeville-Breaute 203
30. Saint-Romain . . . . 211
31. Harfleur . . . . . 222
32. Le Hâvre . . . . . 228

**a². Zwgb. Oissel-Serquigny**
58 Kil. Eröffnet 24/7 65.

(19. Oissel) . . . . . . 11
33. Tourville . . . . . 13
34. Elbenf . . . . . . 20
35. La Londe . . . . . 29
36. Bourgtheroulde . . . 36
37. St-Leger-Boissey . . . 44
38. (m.) Glos-Montfort . 50
39. Pont-Authon . . . . 54
40. Brionne . . . . . . 59
41. La Rivière-Thibanville 65
42. (c) Serquigny . . . . 69

**a³. Zwgb. Beuzeville-Fécamp**
19 Kil.

(29. Beuzeville-Breaute) . 203
43. Grainville-Goderville 209
44. Les Ifs . . . . . . 215
45. Fecamp . . . . . . 222

**b. Paris-Dieppe.**
Eröffnet 1/4 1848.

(1. Paris) . . . . . . —
(22. Malaunay) . . . . 149
46. Monville . . . . . 155
47. ○ Clères . . . . . . 161
48. Saint-Victor . . . . . 171
49. Anffay . . . . . . 175
50. Longueville . . . . . 184
51. Saint-Aubin . . . . . 194
52. Dieppe . . . . . . 201

**c. Paris-Cherbourg, Honfleur und Trouville.**
Eröffnet streckenweise, zuletzt Stat. 20-22 11/7 58.

(1. Paris) . . . . . . —
(10. Mantes) . . . . . 58
53. Breval . . . . . . 71
54. Bueil . . . . . . 81
55. Boisset-Pacy . . . . 92
56. Evreux . . . . . . 108
57. La Bonneville . . . . 117
58. (f¹) Conches . . . . 126
59. Romilly pres Bon . . 133
60. Beaumont-le-Roger . 144
(42. Serquigny) . . . . 149
61. Bernay . . . . . . 159
62. St-Mards-Orbec . . . 173
63. (c²) Lisieux . . . . 191
64. Mesnil-Mauger . . . 209
65. (e⁴) Mésidon . . . . 216
66. Moult-Argences . . . 225
67. (g) Caen . . . . . 239
68. Bretteville-Norrey . 253
69. Andrien . . . . . . 259
70. Bayeux . . . . . . 269
71. Le Molay-Littry . . . 283
72. (c¹) Lison . . . . . 296
73. Isigny . . . . . . 305
74. Carentan . . . . . 314
75. Chef-du-Pont . . . . 326
76. Montebourg . . . . . 335
77. Valognes . . . . . 343
78. Sottevast . . . . . 353
79. Couville . . . . . . 360
80. Martinvast . . . . . 365
81. Cherbourg . . . . . 371

**c¹. Zwgb. Lison-St. Lô 18 K.**
Eröffnet 1/4 60.

(72. Lison) . . . . . . 296
82. Airel . . . . . . . 299
83. La Meauffe . . . . . 303
84. Pont-Hebert . . . . . 306
85. Saint-Lô . . . . . . 314

**c². Zwgb. Lisieux-Trouville.**
Eröffnet 1/7 63.

(63. Lisieux) . . . . . 191
86. Le Breuil-Blangy . . 202
87. (c³) Pont l'Eveque . . 208
88. Touques . . . . . . 217
89. Trouville-Deauville . 220

**c³. Zwgb. Pont l'Eveque-Honfleur 25 Kil.**
Eröffnet 1/7 62.

(87. Pont-l'Eveque) . . . 208
90. Quetteville . . . . . 220
91. Honfleur . . . . . . 233

**d. Paris-Versailles.**
Rive droite.
Eröffnet 2/8 1839.

(16. Paris (St. Nazaire) —
92. Clichy-Lev. . . . . 6
93. (i) Asnieres . . . . . 6
93a. Courbevoie . . . . 8
94. Puteaux . . . . . . 10
95. Suresnes . . . . . . 12
96. St-Cloud . . . . . . 15
97. Sèvres-v-d'A. . . . . 17
98. Chaville . . . . . . 19
99. Viroflay . . . . . . 21
100. Versailles . . . . . 23

**d¹. Paris-Versailles.**
Rive gauche.
Eröffnet 10/9 39.

(1c. Paris [Montparnasse]) —
101. Ouest-Ceinture . . . —
101a. Clamart . . . . . 6
102. Meudon . . . . . . 8
103. Bellevue . . . . . 9
(97. Sèvres) . . . . . 10
(98. Chaville) . . . . . 13
(99. Viroflay) . . . . . 14
(100. Versailles) . . . . 18

**e. Paris-Brest (Bretagne).**
Eröffnet streckenw. 7/5 52-1/5 54; zuletzt Stat. 40-44 15/4 1865.

(1. Paris) . . . . . . —
(100. Versailles) . . . . 18
101. (f) Saint-Cyr . . . . 23
102. Trappes . . . . . . 28
103. Laverrière . . . . . 33
104. Le Perray . . . . . 42
105. Rambouillet . . . . 48
106. Epernon . . . . . . 61
107. Maintenon . . . . . 69
108. Jouy . . . . . . 73
109. Chartres . . . . . 88
110. St-Aubin-St-Lup. . . 99
111. Courville . . . . . 106
112. Pontgouin . . . . . 114
113. La Loupe . . . . . 124
114. Bretoncelles . . . . 135
115. Condé . . . . . . 141
116. Nogent le Rotrou . 149
117. Le Theil . . . . . 159
118. La Ferte-Bernard . 170
119. Sceaux . . . . . . 179
120. Connerre . . . . . 187
121. Pont-de-Gennes . . 193
122. St-Mars-la-Brière . 198
123. Yvre-l'Eveque . . . 203
124. ○ (e³,e⁴) Le Mans 211
125. La Milesse . . . . . 223
126. Domfront . . . . . 232
127. Conlie . . . . . . 235
128. Sille-le-Guillaume . 247
129 Rouessé-Vassé . . . 253
130. Voutre . . . . . . 261
131. Evron . . . . . . 270
132. Neau . . . . . . 276
133. Monteurs . . . . . 282
134. (e²) La Chapelle-Anthenaise . . . . . 289
135. (e²) Louverné . . . . 293
136. (e²) Laval . . . . . 301
137. Le Genest . . . . . 310
138. Port-Brillet . . . . 318
139. St-Pierre-la-Cour . . 316
140. (o.) Vitré . . . . . 322
141. Chateaubourg . . . 338
142. Servon . . . . . . 335
143. Noyal . . . . . . 365
144. (e,⁵e⁶) Rennes . . . 373
145. L'Hermitage . . . . 386
146. Montfort-sur-Meu. . 396
147. Montauban-de-Bret . 406
148. Caulnes-Dinan . . . 420
149. Broons . . . . . . 428
150. Plenee-Jugon . . . . 439
151. Lamballe . . . . . 455
152. Yffiniac . . . . . 465
153. (e¹) St. Brieuc . . . 475

**e¹. Zwgb. nach Napoléonville**
72 Kilom. eröffnet bis
153a. Quintin 20 Kil.

154. Chatelaudren . . . . 492
155. Guingamp . . . . . 505
156. Belle-Isle-Bégard . . 520
157. Plouaret-Lannion . 531
158. Plounerin . . . . . 540
159. Plouigneau . . . . . 554
160. Morlaix . . . . . . 563
161. Pleyber-Christ . . . 572
162. Saint-Theogonnec . 576
163. Landivisiau . . . . 590
164. ○ Landerneau . . . . 604
165. Kerhuon . . . . . 615
166. Brest . . . . . . 623

**e². Zwgb. Laval resp. Louverné-Majenne 32 Kil.**
Eröffnet 6/11 1866.

(136. Laval) . . . . . . 301
(135. Louverné) . . . . 295
(134. La Chapelle Anthenaise . . . . . . 289
168. Martigné . . . . . 296
169. Commer . . . . . . 302
170. Mayenne . . . . . 309

**e⁵. Zwgb. Rennes-St. Malô 82 K.**

(144. Rennes) . . . . . 374
171. Betton . . . . . . 387
172. St-Germain-s-Ille . 394
173. Montreuil-s-Ille . . 402
174. Combourg . . . . . 416
175. Bonnemain . . . . . 423
176. Dol . . . . . . . 432
177. La Fresnais . . . . 441
178. La Gouesnière-Cancale 446
179. St-Malô-St-Servan . 455

**e⁶. Zwgb. Rennes-Redon.**
Eröffnet 21/9 62.

(144. Rennes) . . . . . 374
180. Brus . . . . . . 384
181. Guichen-B.-des-Comp. 395
182. Bain-Lohene . . . . 404
183. Messac . . . . . . 411
184. Fougeray-Langon . 422
185. Beslé . . . . . . 426
186. Avessac . . . . . . 438
187. ○ Redon . . . . . 445

**e³. Le Mans-Angers.**
Eröffnet bis Station 193 7/12 63; 193-200 1/5 56.

(124. ○ Le Mans) . . . 211
188. Volvres . . . . . . 224
189. La Suze . . . . . . 230
190. Noyen . . . . . . 240
191. Avoise . . . . . . 248
192. Juigne . . . . . . 254
193. Sable . . . . . . 259
194. Pince-Precigne . . . 269
195. Morannes . . . . . 274
196. Etriché-Châteauneuf 284
197. Tierce . . . . . . 293
198. St-Sylvain-Briollay . 297
199. Ecouflant . . . . . 302
200. ○ Angers . . . . . 303

**e⁴. Le Mans-Mézidon.**
Eröffnet bis Stat. 209 13/3 56; 209-214 1/6 58; ganz bis Mézidon 1/2 59.

(124. Le Mans) . . . . 211
201. Neuville . . . . . —
202. La Guierche . . . . —
203. Montbizot . . . . . —
204. Maresche . . . . . 236
205. Vivoin-Beaumont . 237
206. Fresnay-sur-Sarthe . 231
207. La Hutte . . . . . 226
208. Bourg-le-Roi . . . . 220
209. Alençon . . . . . . 210
210. Vingthanaps . . . . 200
211. Sees . . . . . . 190
212. (f) Surdon . . . . 182
213. (f) Almeneches . . . 186
214. (f) Argentan . . . . 197
215. Montabart . . . . . 207
216. Fresne-la-Mere . . . 217
217. (e⁷) Coulibœuf . . . 221
218. Vendeuvre-Jort . . . 227
219. St-Pierre-sur-Dives . 234
(65. Mézidon) . . . . . 216

**e⁷. Zwgb. Coulibœuf-Falaise.**
Eröffnet 1/4 59.

(217. Coulibœuf) . . . 221
220. Falaise . . . . . . 243

**f. Paris-Granville**
Die Linien f, g, g¹ sind in 1867 eröffnet.

(1c. Paris Montparnasse) —
(100. Versailles) . . . . . 18
(101. Saint-Cyr . . . . . 23
221. Villepreux-les-Clayes 29
222. Plaisir-Grignon . . . 33
223. Villiers-Neauphle . 40
224. Montfort-l'Amaur . 45
225. Garancières-la-Q. . . 49
226. Tacoignières . . . . 56
227. Houdan . . . . . . 63
228. Marchezais . . . . . 70
229. Dreux . . . . . . 82
230. St-Germain-St-Remy 91
231. Nonancourt . . . . 97
232. Tillieres . . . . . . 108
233. Verneuil . . . . . . 118
234. Bourth . . . . . . 127
235. (f¹) Laigle . . . . . 141
236. Rai-Aube . . . . . 147
237. St-Hilaire-Beaufai . 152
238. Ste-Gauburge . . . . 157
239. Le Merlerault . . . 168
240. Nonant-le-Pin . . . 173
(212. Surdon) . . . . . 182
(213. Almeneches) . . . . 186
(214. Argentan) . . . . . 197

NB. Surdon-Argentan 11 Kil. auch zur Linie e (Mézidon-Mans) gehörig.

241. Ecouché . . . . . . 207
242. Les Yveteaux Fromental 218
243. (n) Briouse . . . . 226
244. Messei . . . . . . 238
245. (f²) Flers . . . . . 243
246. Monsecret-Tinch . . 254
247. Viessoix . . . . . . 261
248. Vire . . . . . . . 271
249. Clinchamps . . . . . 279
250. Saint-Sever . . . . . 284
251. St-Aubin-du-Bois . 290
252. Villedieu . . . . . . 298
253. Folligny-la-H-P. . . 313
254. St-Planchers . . . . 320
255. Granville . . . . . 329

**f¹. Zwgb. Laigle-Conches 33 K.**

(235. Laigle) . . . . . . —
256. Rugles-Bois-Arnan —
257. Lyre . . . . . . . —

258. Le Fidelaire . . . . —
(58. Conches) . . . . . —

**f². Zwgb. Flers-Berjou-Pont-d'Ouilly (Caen).**
Eröffnet bis Stat. 260 9. November 1868.

(243. Flers) . . . . . . . 11
259. Condé sur Noireau . 19
260. Berjou Pt. d'Ouilly . 19
Im Bau, in 1871(?) zu vollenden.
(67. Caen) . . . . . . . . 60

**h. Pontoise-Gournay(-Dieppe).**
Paris-Dieppe 139 K., Pontoise-Gisors 4. Octob. 1868, Gisors-Gournay 31 Kil. 1869 eröffnet.

270. ○ Pontoise . . . . . 29
271. Boissy-l'Aillerie . . 35
272. Ws-Marines . . . . 40
273. (l¹) Chars . . . . 48
274. Liancourt-St-Pierre 55
275. Chaumont-en-Vexin 61
276. (k.l.) Gisors . . . . 69
277. Sérifontaine . . . . 77
278. Amécourt-T. H. . . 81
279. Neufmarche . . . . 86
280. Gournay . . . . . . 94

**i. Paris-St. Germain.**
Erste Französ. Locomotivb.
Am 26. Aug. 1837 eröffnet.

(1. Paris) . . . . . . . —
(93. Asnieres) . . . . . 6
290. Nanterre . . . . . . 12
291. Rueil . . . . . . . 14
292. Chatou . . . . . . 15
293. Le Vesinet . . . . 17
294. Le Pecq . . . . . . 19
295. St. Germain . . . . 21

## Localbahnen,

welche an die Französ. Westbahn anschliessen.

**k. (20) Gisors à Vernon.**
Direction in Vernon.
Eröffnet in 1869.
Anschluss in Gisors und in Vernon an die Ouest.
(No. 276 u. 13.)

1. ○ Gisors . . . . . . —
2. Vernonnet . . . . . 36
3. ○ Vernon . . . . . . 38

**l. (21) Pont de l'Arche à Gisors 50 Kilom.**
Im Departement de l'Eure.
Am 28. Decemb. 1868 eröffnet.
Anschluss an Ouest bei Pont de l'Arche No. 8 u. bei No. 276.

1. ○ Pont de l'Arche. . —
2. Romilly s. Andelle . 7
3. Pont St. Pierre . . . 10
4. Radepont . . . . . . 14
5. Fleury s. Andelle . . 16
6. Charleval . . . . . . 18
7. Menesqueville . . . 23
8. Sausseay la Ville. . . 30
9. Étrepagny . . . . . 38
10. Bezu St. Eloi . . . 46
11. Gisors (Ville) . . . 52
12. ○ Gisors (Ouest) . . 54

**l¹ Magny à Chars.**
Eröffnet 1871.

(273. Chars) . . . . . . —
2. Magny . . . . . . . 13

**m. (22) Glos-Montfort à Pont-Audemer $^{11}/_{6}$ 1867 eröffnet.**

1. Pont Audemer . . . —
2. Corneville St. Pierre . 6
3. Condé . . . . . . . 9
4. Montfort St. Phil . . 13
(38. Glos-Montfort) . . . 16

**n. Briouze à la Ferté-Macé.**
Direction in Paris
Eröffnet 1869.

1. ○ Briouze Ouest (No. 55) —
2. Lonlay . . . . . . . 7
3. la Ferté-Macé . . . . 14

**o. Vitré-Fougères 37 Kil.**
$^{1}/_{10}$ 1867 eröffnet.
Administration in Paris, rue de la Tour des Dames 16.

1. ○ Vitré (Ouest No. 140) —
2. Gerard . . . . . . . 7
3. Laroche . . . . . . 12
4. Chatillon . . . . . . 19
5. Parce . . . . . . . 21
6. Dompierre . . . . . 25
7. La Brebitierre . . . . 31
8. La Selle . . . . . . 33
9. Fougères . . . . . . 37

**p. Im Bau: Mamers-St-Calais.**
73 K., am $^{1}/_{6}$ 67 concessionirt.
Im Departement Sarthe.

**r. Im Bau: Rouen au Petit Quévilly.**
3K., concess. $^{10}/_{6}$ 68. Seine infér.

## 4. Orléansbahn (Paris).

Anschlüsse. Agen: Midi; Albi: Midi; Angers: Ouest; Angoulême: Charente; Arvant: Mediterr.; Bordeaux: Midi; Coutras: in Bau Charente; Gannat: Méditerr.; Juvisy: Méditerr.; Landerneau: Ouest; La Rochelle: Charente; La Roche St. Yon: Vendéebahn u. Charente; Le Mans: Ouest; Libourne: Libourne-Bergerac; Montargis: Méditerr.; Montauban: Midi; Moulins: Méditerr.; Napoléonville: im Bau Ouest; Redon: Ouest; Rochefort: Charente; Rodez: in Bau Midi; Sancaise (Nevers): Méditer.; Toulouse: Midi; Malesherbes: Méd.

**a. Paris-Tours-Bordeaux via Orléans 578 Kil.**
(NB. Paris-Tour 234 Kil.)
Eröffnet Stat. 1-6 $^{20}/_{9}$ 40; 6-25 $^{5}/_{5}$ 43; 25-42 $^{2}/_{4}$ 46; 42-56 $^{15}/_{7}$ 51; 56-86 $^{20}/_{9}$ 53.

1. ○ (a¹,p) Paris . . . —
1a. Orleans-Ceinture . . 6
2. Vitry . . . . . . . . 6
3. Choisy-le-roi . . . . 10
4. Ablon . . . . . . . 15
5. Athis-Mons . . . . . 17
6. ○ Juvisy . . . . . . 20
7. Savigny-sur-Orge . . 22
8. Epinay-sur-Orge . . 24
9. Saint-Michel . . . . 29
10. (a¹) Bretigny . . . . 32
11. Marolles . . . . . . 37
12. Bouray . . . . . . . 40
13. Lardy . . . . . . . 43
14. Chamarande . . . . 46
15. Etrechy . . . . . . 49
16. Etampes . . . . . . 56
17. Monnerville . . . . 70
18. Angerville . . . . . 75
19. Boisseaux . . . . . 81
20. Toury . . . . . . . 89
21. Chateau-Gaillard . . 95
22. Artenay . . . . . . 102
23. Chevilly . . . . . . 108
24. Cercottes . . . . . 113
24a. Les Aubrais . . . . —
25. (f,r) Orléans . . . 121
26. La Chapelle-St.-M. . 127
27. Saint-Ay . . . . . . 133
28. Meung-sur-Loire . . 139
29. Beaugency . . . . . 147
30. Mer (Chambord) . . 159
31. Suevres . . . . . . 164
32. Menars . . . . . . 169
33. Blois (Chambord) . . 178
34. Chouzy . . . . . . . 188
35. Onzain (Chaumont) . 193
36. Limeray . . . . . . 205
37. Amboise (Chenon) . 211
38. Noizay . . . . . . . 217
39. Vernou . . . . . . . 220
40. Vouvray . . . . . . 223
41. Montlouis . . . . . 224
41a. St. Pierre-des-C. . . —
42. (a¹,b,c,z) Tours . . 234
43. Monts . . . . . . . 245
44. Villeperdue . . . . 254
45. Sainte-Maure . . . 266
46. Port-de-Piles . . . 277
47. Les Ormes . . . . . 281
48. Dange . . . . . . . 285
49. Ingrandes-sur-V. . . 293
50. Chatellerault . . . 299
51. Les Barres . . . . . 308
52. La Tricherie . . . . 313
53. Dissais-sur-Vienne . 317
54. Clan . . . . . . . . 321
55. Chasseneuil . . . . 324
56. (e,q) Poitiers . . . . 332
57. Saint-Benoit . . . . 337
58. Liguge . . . . . . . 340
59. Iteuil . . . . . . . 346
60. Vivonne . . . . . . 352
61. Coure-Verac . . . . 366
62. Epanvillers . . . . 375
63. Civray . . . . . . . 384
64. Ruffec . . . . . . . 398
65. Mousaac . . . . . . 408
66. Luxe . . . . . . . . 416
67. St.-Amand-de-Boix . 426
68. Vars . . . . . . . . 432
69. ○ Angoulême . . . . 445
70. La Couronne . . . . 453
71. Mouthiers . . . . . 459
72. Charmant . . . . . 467
73. Montmoreau . . . . 479
74. Chalais . . . . . . 496
75. La Roche-Ch.-St-Aig . 510
76. Les Eglisottes . . . . 517
77. (g) Coutras . . . . 527
78. Saint-Denis . . . . 535
79. (s) Libourne . . . . 543
80. Arveyres . . . . . 548
81. Vayres . . . . . . . 552
82. Saint-Sulpice . . . . 558
83. Saint-Loubes . . . . 561
84. La Grave-d'Amb . . 565
85. Lormont . . . . . . 573
86a. ⊙ Bordeaux (Bastide) 578
86b. " St.-Jean 585

**a¹. Paris-Tours über Vendôme.**
Eröffnet bis Vendôme $^{20}/_{11}$ 1865, ganz $^{3}/_{8}$ 67.

(1. Paris) . . . . . . . —
(10. Bretigny) . . . . . 32
87. Arpajon . . . . . . 37
88. Breuillet . . . . . . 41
89. Saint-Cheron . . . . 47
90. Dourdan . . . . . . 56
91. Sainte-Mesme . . . 61
92. Ablis-Paray . . . . 70
93. Auneau . . . . . . 77
94. Santeuil . . . . . . 84
95. Allonnes-Boisv. . . 93
96. Voves . . . . . . . 100
97. Gault-St.-Denis . . 110
98. Bonneval . . . . . 120
99. Châteaudun . . . . 134
100. Cloyes . . . . . . 146
101. Moree-St-Hilair . . 158
102. Freteval . . . . . 160
103. Pezou . . . . . . 166
104. Vendôme . . . . . 177
105. St-Amand-de-Vend . 191
106. Chateau-Renaul . . 207
107. Monnaie . . . . . . 220
108. Notre-Dame-d'Oe . . 226
109. St-Pierre-des-Corps . —
(42. Tours) . . . . . . 234

**b. Tours-Le Mans 99 Kil.**
Eröffnet $^{11}/_{4}$ 58.

(42. Tours) . . . . . . —
110. Mettray . . . . . . 13
111. St-Antoine . . . . . 21
112. Neuille . . . . . . 28
113. St-Paterne . . . . 37
114. Dissay-s-Courcil . . 44
115. Château du Loir . . 49
116. Vaas . . . . . . . . 57
117. (y) Aubigne . . . . 61
118. Mayet . . . . . . . 70
119. Ecommoy . . . . . 77
120. Laigne St-Gervai . . 84
121. Arnage . . . . . . 91
122. ○ Le Mans. . . . . 99

**c. Tours-Nantes-St.-Nazaire.**
Eröffnet bis Angers: $^{1}/_{6}$ 49; bis Nantes $^{21}/_{8}$ 51; Stat. 152-158: $^{4}/_{5}$ 63; 158-161: $^{10}/_{8}$ 57.

(42. Tours) . . . . . . 234
(109. St-Pierre-des-Corps) —
123. Savonnieres . . . . 245
124. Cinq-Mars . . . . . 252
125. Langeais . . . . . . 257
126. Saint-Patrice . . . . 266
127. La Chapelle-s.-L. . . 273
128. Port-Boulet . . . . 278
129. Varennes-s-Loire . . 286
130. Saumur . . . . . . 295
131. St-Martin-s-Loire . . 303
132. Les Rosiers . . . . 311
133. La Menitre . . . . . 316
134. Saint-Mathurin . . . 320
135. La Bohalle . . . . . 327
136. Trelaze . . . . . . 332
137. ○ Angers . . . . . . 339
138. La Pointe . . . . . 347
139. Les Forges . . . . . 351
140. (c²) La Possonnière . 355
141. Saint-Georges . . . 360
142. Champtoce . . . . . 368
143. Ingrandes . . . . . 373
144. Varades . . . . . . 381
145. Anetz . . . . . . . 387
146. Ancenis . . . . . . 394
147. Oudon . . . . . . . 403
148. Clermont-s-Loire . . 406
149. Mauves . . . . . . 412
150. Thouare . . . . . . 417
151. Sainte-Luce . . . . 420
152. (c¹) Nantes . . . . 427
152a. La Bourse . . . . —
153. Chantenay . . . . . 431
154. Basse-Indre . . . . 437
155. Coueron . . . . . . 442
156. St-Etienne-Montluc . 450
157. Cordemais . . . . . 455
158. (d) Savenay . . . . 466
159. Donges . . . . . . 477
160. Montoir . . . . . . 485
161. Saint-Nazaire . . . 491

**c¹. Nantes, Napoléon-Vendée.**
Eröffnet 30. Dec. 66.

(152. Nantes) . . . . . . —
163. Clisson . . . . . . . 451
164. ○ Napoléon-Vendée 501

**c². La Possonnière-Cholet.**
Eröffnet $^{26}/_{12}$ 1866.

(140. La Possonnière) —
165. Cholet . . . . . . 43
166. ○ Bressuire . . . . 80
167. (e) Niort . . . . . . 167

**d. Savenay-Landerneau.**
Eröffnet bis Lorient (186): $^{21}/_{9}$ 62, bis Chateaulin $^{4}/_{9}$ 63, ganz $^{19}/_{11}$ 64.

(158. Savenay) . . . . 466
172. Pont-Chateau . . . . 480
173. Dreffeac . . . . . . 486
174. Saint-Gildas . . . . 490
175. Severac . . . . . . 495
176. ○ Redon . . . . . . 506
177. Saint-Jacut . . . . . 516
178. Malansac . . . . . . 525
179. Questembert . . . . 537
180. Elven . . . . . . . 551
181. Vannes . . . . . . . 562
182. Sainte-Anne . . . . 578
183. (d¹) Auray . . . . . 581
184. Landevant . . . . . 594
185. Hennebont . . . . . 608
186. Lorient . . . . . . 616
187. Gestel . . . . . . . 625
188. Quimperle . . . . . 636
189. Bannalec . . . . . 650
190. Rosporden . . . . . 661
191. Quimper . . . . . . 681
192. Quemeneven . . . . 699
193. Chateaulin . . . . . 711
194. Quimerc'h . . . . . 725
195. Hanvec . . . . . . 737
196. Daoulas . . . . . . 747
197. Dirinon . . . . . . 754
198. ○ Landerneau . 765

**d¹. Auray-Pontivy 55 Kil.**
Eröffnet 19. Dec. 64.

(183. Auray) . . . . . . 581
199. Baud . . . . . . . 607
200. St. Nicolas . . . . . 621
201. Pontivy . . . . . . 636

**e. Poitiers-La Rochelle 145 K.**
Eröffnet bis Niort $^{1}/_{5}$ 56; vollständig $^{1}/_{5}$ 57.

(56. Poitiers) . . . . . 332
(167. Niort) . . . . . . 416
207. (e¹) Aigrefeuille . . 459
208. ○ La Rochelle . 477

**e¹. Aigrefeuille-Rochefort 15 K.**
Eröffnet $^{1}/_{5}$ 57.

(207. Aigrefeuille) . . 459
209. ○ Rochefort . . . 474

**f. Paris-Perigeux-Agen.**
Eröffnet bis Vierson $^{20}/_{7}$ 47; 210-11 $^{15}/_{11}$ 47; 211-14 $^{2}/_{7}$ 56; 214-15 $^{26}/_{8}$ 61; 215-218 $^{4}/_{8}$ 63.

(1. Paris) . . . . . . . —
(25. Orléans) . . . . . 121
210. (m) Vierzon . . . . 200
211. Chateauroux . . . . 263

211a. Argenton . . . . . 294
212. (q) Bersac . . . . . 361
213. (o) St. Sulpice-Laurière 367
214. Limoges . . . . . . 400
215. (g,h) Perigneux . 499
216. Niversac . . . . . . 510
216a. (s) Buisson de Cabans 556
217. Le Got . . . . . . . 590
217a. (t) Monsembron-Libos 606
217b. (u) Penne . . . . . 624
218. ◯ Agen . . . . . . 651

**g. Périgueux-Coutras.**
Eröffnet $^{20}/_{7}$ 57.
(215. Périgueux) . . . —
219. Mussidan . . . . . 36
(203. ◯ Coutras) . . . 79

**h. Périgueux-Figeac-Toulouse.**
Bis Stat. 220 $^{11}/_{7}$ 60, bis 222 $^{10}/_{11}$ 1862, ganz $^{24}/_{10}$ 64 eröffnet.
(215. Perigueux) . . . —
(216. Niversac) . . . . . 510
220. (w) Brive . . . . . 571
221. Figeac . . . . . . . 661
222. (h$^{1}$,i) Capdenac . . . 667
223. Villefrance . . . . . 697
224. (k) Lexos . . . . . 732
225. (l) Tessonières . . . 762
226. Gaillac . . . . . . . 767
227. ◯ Toulouse . . . . 820

**h$^{1}$. Capdenac-Aurillac-Murat.**
Eröffnet bis Aurillac 12. Nov. 1866, Station 228-29 $^{20}/_{7}$ 1868, 229-231 $^{5}/_{11}$ 61.
(222. Capdenac) (Figeac) 661
228. Aurillac . . . . . 726
229. Murat . . . . . . 774
230. Massiac . . . . . . 808
231. Arvant . . . . . . . 832

**i. Zwgb. Capdenac-Rodez 65 K.**
Eröffnet 5. Nov. 1860.
(222. Capdenac) . . . . 667
232. (i$^{1}$) Viviers . . . . . 682
233. ◯ Rodez . . . . . 732

**i$^{1}$. Viviers-Decazeville.**
Eröffnet $^{5}/_{11}$ 60.
(232. Viviers) . . . . . —
234. Decazeville . . . . . 4

**k. Lexos-Montauban 66 Kil.**
Eröffnet $^{20}/_{8}$ 58.
(224. Lexos) . . . . . . —
235. ◯ Montauban . . 798

**l. Lexos-Albi 18 Kil.**
Eröffnet 24. Octob. 1864.
224. Lexos . . . . . . 30
236. ◯ Albi . . . . . . 48

**m. Vierzon-Montluçon 126 Kil.**
Eröffnet 9. Dec. 1861.
von Paris
(210. Vierzon) . . . . . 200
237. (n) Bourges . . . . . 232
238. Bigny . . . . . . . 263
239. ◯ (o) Montluçon . 326

**n. Bourges-Saincaize b. Nevers 59 Kil.**
Eröffnet bis 239a $^{20}/_{7}$ 59; 239a-239b $^{5}/_{10}$ 50; 139b-240 $^{15}/_{8}$ 53.
(237. Bourges) . . . . . 232
239a Nérondes . . . . . . 268
239b Guetin . . . . . . . —
240. ◯ Saincaize . . . 291

**o. St. Sulpice-Montluçon-Moulins 206 Kil.**
Eröffnet bis Stat. 242 $^{21}/_{11}$ 64; ganz $^{29}/_{12}$ 64.
(213. St. Sulpice-Laurière) . . . . . —
241. Gueret . . . . . . . 45
242. (o$^{1}$) Busseau d'Ahun. 60
(239. Montinçon) . . . . 123
243. (v) Commentry . . . 137
244. (o$^{2}$) la Presle . . . . 148
245. ◯ Moulins . . . . 206

**o$^{1}$. Busseau-d'Ahun-Fourneaux-Aubusson.**
Eröffnet bis 246 $^{27}/_{11}$ 64; 246-46a 1870 eröffnet.
(242. Busseau d'Ahun) —
246. Fourneaux . . . . 16
247. Aubusson . . . . . 18

**o$^{2}$. La Presle-Bessenet.**
(244. la Presle) . . . . . —
248. Bessenet . . . . . . . 5

**p. Paris-Sceaux u. Limours.**
Eröffnet bis Sceaux $^{27}/_{7}$ 1846, Orsay-Limours 26. Aug. 67.
(1. Paris) . . . . . . —
249. Sceaux (Ceinture) . 6
249a. (an Zwgb.) Sceaux . 11
249b. Orsay . . . . . . . 23
250. Limours . . . . . 40

**q. Poitiers-Bersac 120 Kil.**
Eröffnet 23. Dec. 1867.
(56. Poitiers) . . . . . —
251. Montmorillon . . . . 54
252. Le Dorat . . . . . . 83
253. Bessines . . . . . . 111
(212. Bersac) . . . . . 120

**r. Malesherbes-Pithiviers.**
$^{14}/_{7}$ 1868 eröffnet.
254. Malesherbes . . . . . —
255. Pithiviers . . . . . . 19
Im Bau weiter nach
(257. Orléans) . . . . . . 41

**s. Libourne-Bergerac-Buisson.**
Bis Castillon eröffnet $^{28}/_{8}$ 69.
(204. Libourne) . . . . —
260. Castillon . . . . . . 19
Wird weiter gebaut nach
261. Bergerac . . . . . . 63
(216a. Buisson de Cabans) 101

**t. Libos-Cahors.**
Eröffnet $^{10}/_{8}$ 69.
(217a. Monsempron-Libos) —
263. Cahors . . . . . . . 50

**u. Penne-Villeneuve sur Lot.**
Eröffnet $^{10}/_{8}$ 69.
(217b. Penne) . . . . . —
262. Villeneuve sur Lot . 9

**v. Commentry-Gannat.**
In 1871 eröffnet.
(243. Commentry) . . . —
264. (v$^{1}$) la Peyrouse . . 18
164a. Bellenave . . . . . 34
265. ◯ Gannat . . . . . 54
Anschluss an Mediterranée Station No. 258.

**v$^{1}$. St. Eloi-la Peyrouse.**
Eröffnet in 1871.
(264. la Peyrouse) . . . —
266. Saint Eloi . . . . . 8

**w. Prive-Tulle.**
In 1870 eröffnet.
(220. Brive) . . . . . . —
267. Tulle . . . . . . . 26

**x. Tours-Vierzon.**
Eröffnet $^{16}/_{1}$ 1869.
(42. Tours) . . . . . . —
268. (x$^{1}$) Villefranche . . 88
(210. Vierzon) . . . . . 113

**x$^{1}$. Zweigb. nach Romorantin.**
Im Bau.
(268. Villefranche) . . . —
269. Romorantin . . . . . 8

**y. Aubigné-la Flèche.**
1870 eröffnet.
(117. Aubigné) . . . . . —
270. La Flèche . . . . . 34

## 5. Paris à Lyon et à la Méditerranée (Paris).

Chemin de fer Victor Emanuel seit 1. Januar 1868 mit der Mittelmeerbahn fusionirt. Auch die Algierischen Bahnen gehören seitdem der Méditerr.
Anschlüsse: Arvant: Orléansbahn; Modane: Mont Cenis (Oberitalien.) E.; Belfort: Ostbahn; Bourg: Lyon-Sathonay; Cette: Midi; Châtillon sur Seine: Ostbahn; Genf: Schweiz. Westb.; Gray: Ostb.; Juvissy: Orléans; Lyon: Lyon-Sathonay; Mentone: Oberitalien. Eisenb.; Montargis: Orléans; Montereau: Ostb.; Montpellier: Midi; Moulins: Orléans; Paris: s. Orléansb.; Verrières france (Pontarlier): Schwz. Westb.; Saincaize: Orléans; Vesoul (im Bau) Ostbahn.

**a. Paris-Lyon-Marseille-Nizza.**
Eröffnet Stat. 1-10 $^{17}/_{8}$, 3-16 $^{5}/_{1}$, 16-29 $^{1}/_{9}$ 49; 29-43 $^{20}/_{6}$ 51; 43-52 $^{2}/_{9}$ 49; 52-73 $^{10}/_{7}$ 54; 73-91 $^{16}/_{4}$ 55; 91-111 $^{29}/_{6}$ 54; 111-123 $^{8}/_{1}$ 48; 123-127 $^{15}/_{1}$ 48; 127-133 $^{20}/_{10}$ 58; 133-140 $^{2}/_{5}$ 59; 140-152 $^{1}/_{1}$ 62; 152-159 $^{10}/_{4}$ 63; 159-164 $^{18}/_{10}$ 64; 164-168 $^{19}/_{1}$ 68; 168-171 $^{5}/_{12}$ 69.
1. ◯ Paris . . . . . . —
1a. Bercy . . . . . . . —
2. Charenton . . . . . 6
3. Maisons-Alfort . . . 7
4. (r) Villeneuve-St-George 15
5. Montgeron . . . . . 18
6. Brunoy . . . . . . 22
7. Combs-la-Ville . . . 26
8. Lieusaint . . . . . . 31
9. Cesson . . . . . . . 38
10. Melun . . . . . . . 45
11. Bois-le-Roi . . . . . 51
12. Fontainebleau . . . 59
13. Thomery . . . . . . 64
14. (h) Moret . . . . . 67
15. Saint-Mammes . . . 69
16. ◯ Montereau . . . 79
17. Villeneuve-la-Guy . 90
18. Champigny . . . . . 95
19. Pont-sur-Yonne . . 102
20. Sens . . . . . . . . 113
21. Villeneuve-sur-Yonne 127
22. St-Julien-du-Sault . 135
23. Cesy . . . . . . . 141
24. Joigny . . . . . . . 146
25. (v) La Roche . . . 155
26. Brienon . . . . . . 164
27. St. Florentin . . . . 173
28. Flogny . . . . . . . 184
29. Tonnerre . . . . . . 197
30. Tanlay . . . . . . . 205
31. Lezinnes . . . . . . 211
32. Ancy-le-Franc . . . 219
33. (a$^{1}$) Nuits sur Ravières 225

**a$^{1}$. Zwgb. (Nuits s. R.-Châtillon s. Seine 36 K.**
33a. Châtillon s. Seine 261
34. Aisy . . . . . . . . 233
35. Montbard . . . . . . 243
36. Les Laumes . . . . 257
37. Darcey . . . . . . . 265
38. Verrey . . . . . . . 27
39. Blaisy-Bas . . . . . 288
40. Malain . . . . . . . 296
41. Velars . . . . . . . 306
42. Plombieres . . . . . 310
43. (b) Dijon . . . . . 315
44. Gevrey . . . . . . . 326
45. Vougeot . . . . . . 332
46. Nuits-sur-Beaune . . 337
47. Corgoloin . . . . . 343
48. Beaune . . . . . . . 352
49. Meursault . . . . . 359
50. (p) Chagny . . . . 367
51. Fontaines . . . . . 372
52. Châlon-Ville . . . . 383
52a. (γ) Châlon-St-Come 383
53. Varennes-le-Grand . 391
54. Sennecey-le-Grand . 399
55. Tournus . . . . . . 409
56. Uchizy . . . . . . . 416
57. Pont-de-Vaux-Fleury 423
58. Senozan . . . . . . 430
59. (e,γ) Macon . . . . 441
60. Creches . . . . . . 448
61. Pontanevaux . . . . 452
62. Romaneche . . . . . 456
63. (δ) Belleville . . . . 464
NB. Anschluss der Localb. von Belleville nach Beaujeu,
64. Saint-Georges . . . 469
65. Villefrance . . . . . 478
66. Anse . . . . . . . . 482
67. Trevoux . . . . . . 487
68. St-Germain-Mt-d'Or 492
69. Neuville . . . . . . 495
70. Couzon . . . . . . . 497
71. Collonges-Font . . . 500
72. Ile-Barbe . . . . . . 501
73. Lyon-Vaise . . . . 507
74. (e,f,k,l) ◯ Lyon-Perrache . . . . . 512
75. Saint-Fons . . . . . 517
76. Feyzin . . . . . . . 522
77. Serezin . . . . . . 527
78. (a$^{2}$) Chasse . . . . 533

**a$^{2}$. Verbindungslinie nach Nr. 284 Givors 6 Kil.**

79. Estressin . . . . . . 541
80. Vienne . . . . . . . 543
81. Vaugris . . . . . . . 548
82. Les Roches-de-C. . . 555
83. Le Peage-de-Rous . 564
84. Salaise . . . . . . . 568
85. (a$^{4}$,$^{5}$) St. Rambert d'A. 573

**a$^{4}$. St. Rambert-Rives 92 K.**
Eröffnet $^{5}/_{11}$ 56.
(255 Rives)
St. Rambert-Anonay auf dem rechten Rhonenfer, 20 Kil., im Bau.
86. Andancette . . . . . 579
87. Saint-Vallier . . . . 585
88. Serves . . . . . . . 592
89. Tain . . . . . . . . 600
90. Roche-de-Glun . . . 609
91. (g) Valence . . . . 618
92. Etoile . . . . . . . 627
93. (a$^{5}$,u.) Livron . . . 635

**a$^{5}$. Zwgb. Livron-Privas 32 Kil., eröffnet $^{17}/_{2}$ 62.**
93a. Privas . . . . . . 667
94. Loriol . . . . . . . 638
95. Saulce . . . . . . . 645
96. Lachamp-Condill . . 651
97. Montelimar . . . . . 662
98. Chateauneuf . . . . 671
99. Donzere . . . . . . 676
100. Pierrelatte . . . . . 683
101. La Palud . . . . . . 692
102. La Croisière . . . . 695
103. Mondragon . . . . . 699
104. Mornas . . . . . . 704
105. Piolenc . . . . . . 707
106. Orange . . . . . . 714
107. Courthezon . . . . 722
108. Bedarrides . . . . 728
109. (a$^{6}$) Sorgues . . . 732

**a$^{6}$. Zwgb. Sorgues-Carpentras 7 K., eröffnet $^{19}/_{8}$ 63.**
109a. Carpentras . . . 749
110. Le Pontet . . . . . 736
111. (a$^{7}$) Avignon . . . 724

**a$^{7}$. Zwgb. Avignon-Cavaillon 34 K., eröffnet $^{2}/_{12}$ 68.**
111a. (γ) Cavaillon . 34
In 1871 zu eröffnen
111b. Lamanon . . . . 51
(120 Miramas) . . . . 68
112. Barbentanne . . . . 748
113. Graveson . . . . . 754
114. (i) Tarascon . . . . 764
115. Segonnaux . . . . . 769
116. (a$^{8}$) Arles . . . . 777

**a$^{8}$. Zwgb. Arles-Lunel 44 K.**
Eröffnet $^{2}/_{1}$ 1868.
116a. Lunel . . . . . 824
117. Raphele . . . . . . 786
118. Saint-Martin . . . . 793
119. Entressen . . . . . 805
120. Miramas . . . . . . 810
121. Saint-Chamas . . . 815
122. Berre . . . . . . . 829
123. (a$^{9}$) Rognac . . . 836

**a$^{9}$. Zwgb. Rognac-Aix 26 K.**
Eröffnet bis Aix $^{10}/_{10}$ 56; bis Meyrargues Febr. 1870.
123a. (z) Aix . . . . . 826
124. Vitrolles . . . . . . 840
125. Pas-des-Lanciers . . 845
126. L'Estaque . . . . . 852
127. (a$^{10}$) Marseille . . 863

**a$^{10}$. Zwgb. Marseille-L'Estaque 11 Kil.**
127a. L'Estaque . . . . 874
128. La Pomme . . . . . 7
129. Saint-Marcel . . . . 9
130. Saint-Menet . . . . 12
131. La Penne . . . . . 13
132. Camp-Major . . . . 15
133. (a$^{11}$) Aubagne . . . 17

**a$^{11}$. Aubagne-Mines de Faveau 17 Kil., eröffnet $^{2}/_{1}$ 1868.**
133a. Valdonne . . . . 17
134. Cassis . . . . . . . 27
135. La Ciotat . . . . . 37
136. Saint-Cyr . . . . . 44
137. Bandol . . . . . . 51
138. Ollioules-St-Naz . . 58
139. La Seyne . . . . . . 63
140. Toulon . . . . . . 67
141. La Garde . . . . . . 75
142. Hyères . . . . . . . 79

143. La Farlede-la-Crau . 81
144. Sollies-Pont . 84
145. Cuers . 90
146. Le Puget-de-Cuers . 98
147. Carnoules . 102
148. Pignans . 105
149. Confaron . 110
150. Le Luc et le Cann . 121
151. Vidauban . 130
152. (a[12]) les Arcs . 136

a[12]. Zwgb. les Arcs-Draguignan 13 Kil., eröffnet $^{19}/_{10}$ 64.

152a. Draguignan . 13
153. Le Muy . 144
154. Roquebrune . 150
155. Le Puget-de-Fréjus . 154
156. Fréjus . 158
157. Saint-Raphael . 162
158. Agay . 170
159. (a[13]) Cannes . 194

a[13]. Zwgb. Cannes-Grasse 17 K. in 1871 zu eröffnen.

160. Golfe-Jouan . 200
161. Antibes . 205
162. Vence-Cagnes . 213
163. Var . 219
164. Nice (Nizza) . 225
165. Villefranche-s-M. . 229
166. Beaulieu . 231
167. Eza . 234
168. Monaco . 240
169. Monte-Carlo . 242
170. Cabbe-Roquebrune . 245
171. ○ Mentone (ital. Grenze) 249

**b. Belfort-Dijon.**

Eröffnet Belfort-Besançon: $^{1}/_{8}$ 58; Besançon-Dole: $^{1}/_{6}$ 56; Dole-Dijon: $^{23}/_{6}$ 55;

172. Belfort . —
173. Hericourt . 10
174. (b[1]) Montbéliard . 18

b[1] Zwgb. Montbéliard-Delle 26 Kil. $^{29}/_{6}$ 1868 eröffnet.

175. Audincourt . 6
176. Beaucourt . 12
177. Fesches-le-Chateau 16
178. Morvillars . 20
179. Grandvillars . 23
180. Delle . 28
181. Voujaucourt . 22
182. Colombier-Font . 29
183. L'Isle-s.-le-Doubs . 38
184. Clerval . 48
185. Baume-les-Dames . 64
186. Laissey . 76
187. Roche . 87
188. (x) Besançon . 96
189. (c) Franois . 103
190. Dannemarie . 108
191. Saint-Vit . 114
192. Ranchot . 121
193. (b[2]) Labarre . 123

b[2]. Labarre-Ougney-Gray 39 Kil. Eröffnet $^{1}/_{10}$ 66.

193a. Ougney . 77
193b. Gray . 104
194. Orchamps . 126
195. Rochefort . 134
196. (d.t) Dôle . 141
197. Chambvans-l.-Dôle . 145
198. (b[3]) Auxonne . 156

b[3]. Zwgb. Auxonne-Gray 37 Kil. Eröffnet $^{10}/_{11}$ 56.

198a. Gray . 69
199. Collonges . 165
200. Genlis . 169
201. Magny . 176
(43. Dijon) . 188

**c. Besançon-Lyon.**

Eröffnet bis Stat. 225 $^{1}/_{6}$ 64; bis Lyon $^{29}/_{6}$ 56.

(158. Besançon) . —
(189. Franois) . 7
202. Montferrand . 13
203. Torpes . 16
204. Byans . 22
205. Liesle . 30
206. Arc-Senans . 35
207. (d) Mouchard . 41
208. Arbois . 50
209. Grozon . 56
210. Poligny . 62
211. Saint-Lothain . 65
212. Passenans . 72
213. Domblans . 77
214. Montain . 83
215. (γ) Lons-le-Saulnier 90
216. Gevingey . 96
217. Sainte-Agnes . 101
218. Beaufort . 106
219. Cousance . 112
220. Culseaux . 116
221. Saint-Amour . 125
222. Coligny . 130
223. Moulin-des-Ponts . 137
224. St-Etienne-du-B. . 142
225. ○ (e. s. s) Bourg . 155
226. La Vavrette-T. . 164
227. Pont-d'Ain . 174
228. Ambronay . 179
229. (e) Ambérieu . 186
230. Leyment . 191
231. Meximieux . 199
232. Montluel . 212
233. Beynost . 216
234. Miribel . 221
235. ○ (a) Lyon { St. Clair . 229; Brotteaux . 231; Perrache . 238 }

**d. Dôle-Pontarlier.**

Bis Pontarlier am $^{15}/_{11}$ 62, ganz $^{1}/_{7}$ 60 eröffnet.

(196. Dôle) . —
236. Grand-Contur . 10
237. Montbarrey . 15
238. Chateley . 20
(207. (d[1]) Mouchard) . 32

d[1]. Mouchard-Salins 8 Kil. Eröffnet $^{16}/_{5}$ 57.

238a. Salins . 8
239. Mesnay-Arbois . 43
240. Pont-d'Hery . 52
241. (d[2]) Andelot . 56

d[2]. Andelot-Champagnole 14 Kil. Eröffnet 15. Juni 67.

241a. Champagnole . 14
242. La Joux . 63
243. Boujeailles . 69
244. Frasne . 77
245. Rivière . 82
246. Pontarlier . 93
247. ○ Verrières france 108

Franz.-Schweiz. Grenze gegen Neufchâtel.

**e. Genf-Macon.**

Eröffnet bis Stat. 231 $^{11}/_{8}$ 58; bis Ambérieu $^{1}/_{5}$ 57; bis Bourg $^{24}/_{7}$ 56; bis Macon $^{1}/_{5}$ 57.

248. ○ Genf . 625
249. Collonges . 602
Im Bau: Zwgb. nach Thonon 62 Kil.
250. (h) Culos . 559
251. Seyssel . 544
(229. Ambérieu) . 509
(225. Bourg) . 478
(59. Macon) . 441

**f. Lyon-Grenoble.**

Eröffnet $^{1}/_{7}$ 1858.

Entfern. von Lyon.

(74. Lyon Perrache) . —
252. Bourgoin . 42
253. La Tour du Pin . 57
254. Chabons . 80
255. (a[1]) Rives . 85
256. Moirans . 102
257. (g) Grenoble . 121

**g. Valence-Grenoble-Chambéry.**

Eröffnet bis Moirans $^{1}/_{6}$ 64; bis Chambery $^{1}/_{7}$ 64.

Von Valence.

(91. Valence) . —
258. St. Marcellin . 48
(256. Moirans) . 80
(257. Grenoble) . 99
259. Concelin . 120
260. (h) Chambéry . 162

**h. Culoz-Modane (früher Victor-Emanuelbahn).**

Eröffnet bis St. Jean de M. $^{11}/_{4}$ 1860; bis St. Michel $^{15}/_{3}$ 62; bis Modane: 16. Octob. 1871.

(250. Culos) . 559
261. (h[1]) Aix-les-Bains . 579

h[1]. Zwgb. Aix-Annecy 33 K. Eröffnet $^{8}/_{7}$ 66.

261a. Annecy . 631
(260. Chambery) . 593
262. Montmélian . 610
263. St. Jean de Maurienne 645
264. St. Michel . 677
264a. La Praz . 687
264b. ○ Modane . 693

Anschluss an die am 16. Octob. 1871 eröffnete Mont-Cenisb.

Linien auf dem rechten Ufer der Rhône.

**i. Tarascon-Cette.**

Eröffnet bis Nimes $^{17}/_{8}$ 40; bis Montpellier $^{9}/_{1}$ 45; bis Cette im März 1839.

(114. Tarascon) . —
265. Beaucaire . 6
266. (m) Nimes . 27
267. (a.s[1]) Lunel . 54
268. ○ Montpellier . 77

Zwgb. der Midi in Bau: Montpellier-Paulhan.

269. ○ Cette . 103

**k. Paris-Nevers-Lyon.**

Ligne du Bourbonnais.

Eröffnet bis Montargis $^{11}/_{7}$ 60; bis Nevers $^{1}/_{6}$ 61; bis Moulins $^{15}/_{3}$ 53; 275-276 $^{23}/_{6}$ 53; 276-277 $^{1}/_{7}$ 54; 277-278 $^{1}/_{6}$ 58; 278-282 im Febr. 1834; 282-283 $^{1}/_{4}$ 33; 283-284 $^{1}/_{10}$ 30; bis Lyon $^{1}/_{4}$ 32.

(1. Paris) . —
(14. Moret) . 64
270. Nemours . 79
271. ○ (r) Montargis . 118
272. Gien . 155
273. (p.) Nevers . 254
274. ○ Saincaize . 263
275. ○ Moulins . 313
276. Varennes sur Allier 342
277. (k[1]. m) St. Germain des Fosses . 355

k[1]. St. Germain des Fosses-Vichy 10 Kil. Eröffnet $^{15}/_{1}$ 62.

277a. Vichy . 365
278. Roanne . 421
279. (l) Le Coteau . 423
280. Montrond . 473
281. (o) St. Just . 490
282. (n) St. Étienne . 502
283. Rive de Giers . 573
284. (a[1]) Givors . 528

a[1]. Verbindungsbahn nach (73. Chasse), eröffnet 1857.

(74. Lyon-Perrache) 549

**l. Lyon-Tarare-Roanne-Paris.**

Eröffnet 285-286 $^{14}/_{7}$ 65; 286-287 $^{17}/_{10}$ 68; 287 bis Coteau $^{1}/_{7}$ 66.

(74. Lyon-Perrache) —
285. St. Germain au Mont d'Or . 20
286. Tarare . 45
287. Amplepuis . 59
(279. Le Coteau) . 84
(278. Roanne) . 87
(277. St. Germain des Fosses) . 133
(276. ○ Moulins) . 194
(273. Nevers) . 254
(271. ○ Montargis) . 312
(1. ○ Paris) . 390

**m. St. Germain des Fosses-Nimes.**

Eröffnet 277-288 $^{1}/_{6}$ 55; 288-289 $^{6}/_{5}$ 56; 289-290 $^{1}/_{5}$ 57; 290-291 $^{15}/_{12}$ 66; 291-293 $^{16}/_{8}$ 67; 293-297 $^{14}/_{8}$ 70; 297 bis Nimes $^{17}/_{8}$ 40.

(277. St. Germain des Fosses) . —
288. Gannat . 21
289. (o) Clermont-Ferrant 65
290. Issoire . 100
291. ⊙ Arvant . 125
292. Brioude . 135
293. Langeac . 166
294. Langogne . 233
295. Villefort . 273
296. (m[1]) Grande Combe . 303

m[1] Zwgb. Grande Combe-La Levade 3 Kil., eröffnet $^{1}/_{4}$ 41.

296a. La Levade . 320
297. (m[2]) Alais . 330

m[2]. Alais-Bességes 32 K. Eröffnet $^{1}/_{12}$ 57.

297a. Bességes . 80
(266. Nimes) . 370

**n. St. Etienne-Le Puy-Langeac.**

Eröffnet bis Firminy $^{8}/_{3}$ 59; bis Langeac $^{11}/_{3}$ 66.

(282. St. Etienne) . —
298. Firminy . 15
299. Pont de Lignon . 41
300. Le Puy . 88
Im Bau nach:
(293. Langeac) . 118

**o. St. Etienne-Montbrison-Clermont.**

Eröffnet St. Étienne-Andrézieux als erste Franz. Eisenb. $^{1}/_{10}$ 28; bis Montbrison $^{12}/_{7}$ 66.

(282. St. Étienne) . —
(281. St. Just) . 13
304. Andrezieux . 18
305. Montbrison . 34
Im Bau von dort 75 K. nach
306. Pont-de-Dore . 69
Eröffnet von 296 am $^{10}/_{3}$ 69 33 Kil. nach
(289. Clermont-Ferrand . 144

**p. Chagny-Nevers.**

Eröffnet Stat. 298-301 $^{16}/_{4}$ 1867; bis Nevers $^{11}/_{6}$ 66.

(50. Chagny) . —
307. Santenay . 6
308. (q) Montchanin . 30
309. Creuzot . 37
310. (p[1]) Etang . 58
311. Cercy-la-Tour . 111
(273. Nevers) . 163

p[1]. Etang-Autun-Santenay.

Eröffnet bis Autun $^{14}/_{7}$ 1867; bis Epinac $^{24}/_{10}$ 1868; bis Santenay im Mai 1870.

(310. Etang) . —
312. Autun . 15
313. Epinac . 37
(307. Santenay) . 59

**q. Montchanin-Digoin-Moulins.**

Eröffnet bis Stat. 314 $^{21}/_{7}$ 61; 314-316 $^{15}/_{7}$ 67, vollständig am $^{10}/_{4}$ 69.

(308. Montchanin) . —
314. Montceau-les-Mines 16
315. (3) Paray le Monial . 51
316. Digoin . 63
317. Dompierre . 88
(275. Moulins) . 117

**r. Paris-Montargis.**

Eröffnet bis Corbeil in 1840, bis Montargis 6. Mai 1867.

(1. ○ Paris) . —
(4. Villeneuve St. Germain) 15
318. ○ Juvisy . 23
319. Corbeil . 33
320. ○ Malesherbes . 77
(271. ○ Montargis) . 118

**s. St. Rambert-Annonay.**

Eröffnet $^{7}/_{6}$ 69.

(85. St. Rambert) . —
321. Annonay . 19

**t. Châlon-Dole.**

Eröffnet im October 1871.

(52. Châlon Ville) . —
322. Gergy . 15
323. Verdun-sur-le-Doubs 24
324. St-Bonnet-en-Bresse 34
325. Pierre . 42
326. Neublans . 51
327. Chaussin . 61
328. Tavaux . 69
329. Foucherans . 74
(296. Dole) . 78

**u. Livron-Crest.**

Im October 1871 eröffnet.

(93. Livron) . —
330. Pont de Livron . 6
331. Allex . 9
332. Crest . 18

**v. Laroche-Auxerre-Clamecy.**

Bis Auxerre $^{11}/_{4}$ 55 336-343 im October 1871 eröffnet.

(95. Laroche . —
333. Bonnard . 6
334. Chemilly . 8
335. Moneteau . 14
336. Auxerre . 20
337. Chambs . 28
338. Vincelles . 32

339. (w) Cravant . . . 37
340. Mailly-la-Ville . . . 46
341. Chatel-Censoir . . . 56
342. Coulanges-sur-Y. . . 64
343. Clamecy . . . . 72

Im Bau:

w. Cravant-Avallon. 36 Kil.
Sollte in 1871 (?) eröffnet werden.
(339. Cravant) . . . . . —
344. Avallon . . . . . 36

x. Besançon-Vesoul. 63. Kil.
(188. Besançon) . . . . —
346. ○ Vesoul . . . . . 63

y. Cavaillon-Volx (Theil der projectirten Bahn nach Apt 202 Kil.).
(111e. Cavaillon . . . . —
347. (z) Pertuis . . . . 43
348. Volx . . . . . . 87

z. Pertuis-Aix.
Eröffnet bis Meyrargues im Febr. 1870 die ganze Linie sollte 1871 eröffnet werden.
(123a. Aix . . . . . . —
349. Meyrargues . . . . 26
(347. Pertuis) . . . . . 39

z'. Lunel-Vigan 72 Kil.
(267. Lunel . . . . . . —
350. Gallargues . . . . —
351. Cadière . . . . . 51
352. Ganges . . . . . 57
353. Vigan . . . . . . 72

α. Lyon-Bourg par les Dombes.
Eröffnet Stat. 1-2 $^{20}/_{1}$ 63. 2-4 $^{1}/_{4}$ 66. Chemin de fer de Lyon à la Croix-Rousse. Sitz der Gesellschaft u. der Direction in Lyon. Anschluss: Lyon u. Bourg an Méditerr.
391. ○ Lyon (Croix-Rousse) —
392. Sathonay . . . . . 7
393. Villars-les-Dombes . 32
394. ⊙ Bourg . . . . . 59

## Localbahnen im Gebeit der Mediterranée

In den Departements Sâone et Loire u. Jura, concessionirt in 1866.

Süd-Est.

β. Paray le Monial à Mâcon 77 Kil.
Eröffnet während des Deutsch-Französischen Kriegs.
(59. Mâcon) . . . . . . —
400. Cluny . . . . . . 24
401. Charolles . . . . . 62
(305. Paray le Monial) . 785

γ. Châlon à Lons-le-Saunier 65 Kil.
Eröffnet am 30. April 1871.
(52a. Châlon St. Come) . —
402. Louhans . . . . . 37
(215. Lons le Saunier). . 66

δ. Belleville-Beaujeu im Departement Rhône.
Eröffnet im Februar 1870.
(63. Belleville) . . . . —
403. Beaujeu . . . . . 135

## 6. Midi (Französische Südbahn)

(Paris).

Anschlüsse: Agen, Albi u. Bordeaux: Orléansbahn; Cette und Montpellier: Méditerranée; Irun: Span. Nordb.; Montauban und Toulouse: Orléansb.

a. Linie Cette-Toulouse-Bordeaux,
mit Zwgb. a¹ Agde-Lodeve, a² Béziers-Graissessac, a³ Castelnaudary-Mazamet, a⁴ Agen-Auch, a⁵ Langon-Bazas.
Eröffnet Stat. 1-8 $^{22}/_{4}$ 57; 8-10 $^{30}/_{8}$ 55; 10-12 $^{20}/_{8}$ 55; 12-13 $^{31}/_{5}$ 55.
1. ○ Cette . . . . . —
2. (a¹) Agde . . . . . 24

a¹. Zwgb. Agde-Lodève 52 Kil.
2a. (g) Paulhan . . . 47
2b. Clermont-l'Hérault . 59
2c. Lodève . . . . . 76
3. (a²) Bézieres . . . 45

a². Zwgb. Bézieres-(Graissesac-)Estrechoux 52 Kil.
Eröffnet bis 3a $^{20}/_{9}$ 56; bis 3b $^{10}/_{12}$ 58.
3a. Bédarieux . . . . 88
3b. Estrechoux . . . 97
4. (e) Narbonne . . . 71
5. Carcasonne . . . . 129
6. (a³) Castelnaudary . 165

a³. Zwgb. Castelnaudary-Castres-Mazamet 74 Kil.
Eröffnet bis Stat. 6a $^{14}/_{4}$ 1865; bis 6b $^{21}/_{4}$ 66.
6a. Castres . . . . 220
6b. Mazamet . . . . 239
7. Villefrance . . . . 187
8. ○ Toulouse . . . . 220
9. Montauban . . . . 271
10. (a⁴) ○ Agen . . . . 341

a⁴. Zwgb. Agen-Auch 70 Kil.
Eröffnet bis Auch $^{14}/_{11}$ 65. Stat. 10a-10b: $^{31}/_{8}$ 69; 10b-10c: $^{2}/_{12}$ 69.
10a. (e) Auch . . . . 410
10b. Mirande . . . . . 98
10c. Vic-en-Bigorre . . 135
11. Marmande . . . . 398
12. (a⁵) Langon . . . . 434

a⁵. Zwgb. Langon-Bazas 20 Kil.
Eröffnet $^{14}/_{4}$ 66.
12a. Bazas . . . . . 454
13. ⊙ (b) Bordeaux . 476

b. Bordeaux-Bayonne-Span. Grenze 236 Kil. mit Zweigbahnen: b¹ Lamothe-Arcachon und b² Dax-Pujoo.
Eröffnet bis 14a $^{1}/_{7}$ 41; bis 16 $^{11}/_{11}$ 54; 16-17 $^{20}/_{9}$ 55; 17-18a $^{21}/_{9}$ 63.
(13. Bordeaux) . . . —
14. (b¹) Lamothe . . . 40

b¹. Zwgb. Lamothe-Arcachon 16 Kil. Eröffnet . . . . .
14a. La Teste . . . . 52
14b. Arcachon . . . . 56
15. (d) Morcenx . . . . 109
16. (b²) Dax . . . . . 148

b². Zwgb. Dax-Puyoo 31 Kil.
Eröffnet $^{4}/_{9}$ 63.
16a. Puyoo . . . . . 179
17. (c) Bayonne . . . 198
18. Hendaye . . . . . 234
(Spanische Grenze gegen
18a. ○ Irun) . . . . . 236

c. Toulouse-Tarbes-Bayonne.
Vom Oct. 1861 bis Juni 1867 streckenweise in Betrieb gesetzt, nämlich Stat. 8-19 $^{1}/_{10}$ 61; 19-21 $^{7}/_{4}$ 62; 21-22 $^{20}/_{4}$ 67; 22-23 $^{9}/_{4}$ 66; 3-24 $^{20}/_{7}$ 67; 24 bis Bajonne $^{4}/_{9}$ 1863.
Zwgb. c¹ nach Foix, c² Boussens-Girons u. c³ Montréjeau-Luchon.
8. (Toulouse) . . . . —
19. (c¹) Portet St. Simon 12

c¹. St. Simon-Foix 71 Kil.
Eröffnet bis 19a $^{17}/_{10}$ 1861, bis 19b $^{7}/_{4}$ 1862.
19a. Pamieres . . . . 65
19b. Foix . . . . . . 83
20. (c²) Boussens . . . 66

c². Boussens-Girons 33 Kil.
Eröffnet $^{15}/_{9}$ 66.
20a. Girons . . . . . 99
21. (c³) Montréjean . . 104

c³. Project.: Montréjean-Luchon.
21a. Luchon . . . . . 37
22. (d) Tarbes . . . . 157
23. (c⁴) Lourdes . . . 177
24. Pau . . . . . . . 216
25. (b²) Puyoo . . . . 371
(17. Bayonne) . . . . 322

c⁴. Lourdes-Pierrefitte.
Eröffnet in 1870.
(23. Lourdes) . . . . . —
23a. Pierrefitte-Nestalas . 21

d. Morcenx-Tarbes-Bagnères.
Eröffnet bis Stat. 26 $^{17}/_{7}$ 57; 26-26a $^{1}/_{7}$ 57; 26a-27 $^{21}/_{9}$ 59; 27 bis Tarbes $^{24}/_{9}$ 59; Tarbes-28 $^{11}/_{9}$ 62.
(15. Morcenx) . . . . 119
26. St. Martin d'Oney . . 134
26a. Mont de Marsan . . 148
27. Riscle . . . . . . . 195
(10c. Vic-en-Bigorre . . 229
(22. Tarbes) . . . . . 246
28. Bagnères de Bigorre . 268

e. Narbonne-Port-Vendres 91 K.
Bis Stat. 29 $^{20}/_{9}$ 58; bis 30 $^{12}/_{7}$ 58; 30-31 $^{22}/_{5}$ 66; vollständig $^{10}/_{9}$ 67 eröffnet.
(4. Narbonne) . . . . —
29. Rivesaltes . . . . . 56
30. (12) Perpignan . . . 64
31. Collioure . . . . . 91
32. Port Vendres . . . 93
Zur Span. Grenze projectirt 11 Kil. in der Richtung nach Figuieras-Gerona.

f. Carmaux-Albi.
Eröffnet bis Albi $^{1}/_{5}$ 1858; bis Castres $^{25}/_{12}$ 69.
33. Carmaux . . . . . —
34. ○ Albi . . . . . . 15
(6a. Castres) . . . . . 63

g. Montpellier-Paulhan.
Eröffnet am $^{8}/_{11}$ 1869.
(2a. Paulhan) . . . . . —
36. ○ Montpellier . . . . 41

## 7. Chemins de fer de la Vendée.

Sitz der Gesellschaft, des Verwaltungsraths und der Direction: Paris.
Anschluss an die Orléansb., (Linie c³.), von welcher die Vendéebahn exploitirt wird.
Eröffnet bis La Roche $^{30}/_{12}$ 66, bis Bressuire in 1871.
1. Les Sables d'Olonne . . . . —
2. La Mothe-Achard . . 17
3. ○ La Roche s. Yon . 37
4. Chantonnay . . . . . 70
5. ○ Bressuire . . . . 123

## 8. Chemins de fer des Charentes.

Sitz der Gesellschaft, des Verwaltungsraths und der Direction: Paris (Rue Taitbout 57).
Anschluss an die Orléansb., (Linie d. u. e.), von deren Verwaltung die Bahn exploitirt wird.

a. Rochefort-Angoulême.
Eröffnet Stat. 1-2 $^{17}/_{4}$, 2-3 $^{21}/_{6}$, 3-4 $^{27}/_{10}$ 67.
1. ○ Rochefort . . . —
2. (b) Saintes . . . . . 43
3. Cognac . . . . . . 71
4. ○ Angoulême . . . 122

b. Saintes-Coutras.
Saintes-Pons eröffnet $^{25}/_{9}$ 69; Pons-Jonzac: im Febr. 70 bis Montendre in 1871.
(2. Saintes). . . . . . —
5. Pons . . . . . . . 25
6. Jonzac . . . . . . 44
6a. Montendre . . . . . 65
Im Bau nach
7. ○ Coutras. . . . . . 104
Anschluss an Orléansb. No. 33

c. Rochelle-La Roche s. Yon.
In 1871 eröffnet.
8. ○ Rochelle . . . . . —
9. ○ La Roche s. Yon . 104

## 9. Medoc 98 Kil.

Eröffnet bis Stat. 3 $^{10}/_{11}$ 1868; 3-4: $^{7}/_{9}$ 69; 4-5: $^{24}/_{7}$ 69; 5-7 in 1870.
Anschluss bei Bordeaux an Midi u. Orléans.
1. ○ Bordeaux . . . . . —
2. Blanquefort. . . . . . 8
3. Macau. . . . . . . . 18
4. Margaux . . . . . . 24
5. Moulis . . . . . . . 32
6. St. Laurent St. Julien . 41
7. Pauillac . . . . . . . 47
Im Bau nach
8. Verdon (Hafen) . . . 96

## 10. Perpignan-Prades 42 Kil.

Eröffnet bis Stat. 3 $^{14}/_{12}$ 1868.
Anschluss an Midi e (No. 30)
1. ⊙ Perpignan . . . . . —
2. Ille . . . . . . . . . 23
3. Bouleternère . . . . . 27
Im Bau nach
4. Prades . . . . . . . 42

## 11. Ceinture de Paris.

(Pariser Gürtelbahn).
Section a. u. b. der Westb., c den 5 grossen Franz. Eisenb.-Gesellschaften gehörig.

a. Chemin d'Auteuil.
1. Paris (St. Lazare), 2. Batignolles 3. Courcelles-Levallois, 4. Neuilly (Porte-Maillot, 5. Av. du General Uhrich, 6. Passy . . . 7
Auteuil . . . . . . . . . 9

b. Chemin de Ceinture gauche
8. Auteuil 9, 9. Point du jour 10, 10. Grenelle 11, 11. Vaugirard-Issy 12, 12. Ouest Ceinture 13, 13. Montrouge 14, 14. La Glacière-Gentilly 16, 15. Maison blanche 17, 16. Orléans Ceinture 19 Kil. von St. Lazare.

c. Chemin de Ceinture rive droite.
Eröffnet $^{14}/_{7}$ 62.
Entfern. von St. Lazare:
18. Rapée-Bercy 20 Kil., 19. Bel-Air 21, 20. Avenne de Vincennes 22, 21. Charonne 24, 22. Menilmontant 25, 23. Belleville-Villette 27, 24. Pont de Flandre 28, 25. La Chapelle-St. Denis 30, 26. Boulevard Ornano 31, 27. Avenne de St. Ouen 32, 28. Avenue de Clichy 33, 29. Courcelles-Ceinture 35.

# Griechenland.

Die erste, 10 Kil. = 1,35 geogr. Mln. lange Bahn von Athen nach dem Hafen Piraeus wurde am $^{18}/_{2}$ 1869 eröffnet.

# Italien.

## I. Ober-Italienische Eisenbahn

(Società ferroviaria dell' alta Italia).

Sitz des Verwaltungsraths, der General Direction u. der Betriebs-Direction: Turin.

Der Gesellschaft der Lombardischen und Centralitalienischen Eisenbahnen, welche seit dem 1. Januar 1867 eine selbständige Gesellschaft (getrennt von der Oesterr. Südb.-Gesellschaft) bildet, gehören die Piemontesischen (bis 1865 Staatsbahn), Lombardischen, Centralitalienischen u. Venetianischen Eisenbahnen. Sodann hat dieselbe in Betrieb folgende im Eigenthum anderer Gesellschaften befindlichen Bahnen: Chivasso-Ivrea (b), Santhia-Biella (c), Novara-Gozzano (e), Alessandria-Cavallermaggiore, Mortara-Vigevano, Torreberetti-Pavia, Alessandria-Aqui und Turin-Pinerolo. Seit 1. Januar 1869 hat die Gesellschaft auch die sogenannten Ligurischen Eisenbahnen (Florens-Pistoja-Pisa-Spezia-Genua-Franz. Grenze) welche in das Eigenthum des Italien. Staats übergegangen sind, pachtweise in Betrieb. Anschlüsse: Bologna: Italien. Südbahn; Avio-Peri, Cormons: Oesterr. Südb.; Florenz u. Pisa: Röm. Eisenb.; Modane u. Mentone (Franz. Grenze) die Fr. Paris-Lyon M.

Wir geben (abweichend von den vorigen Ausgaben dieses Stat.-Verzeichnisses) die Stationen und Haltestellen der in Betrieb der Italienischen Eisenbahn-Gesellsch. befindlichen Linien vollständig.

**a. Cormons-Venedig.**

NB. Cormons-Triest = 61 Kil. Eröffnet Stat. 1-4 (und weiter bis Nabresina) 8/10 60; 4-7 in 59; 7-8 11/10 55; 8-15 10/4 54; 15-18 11/10 51; 18-19 41/1 46.

1. ○ Cormons —
2. St. Giovanni Manzano 6
3. Buttrio 13
4. Udine 21
5. Pasian Schiavonesco 33
6. Codroipo 44
7. Casarsa 55
8. Pordenone 70
9. Sacile 83
10. Pianzano 90
11. Conegliano 98
12. Piave 106
13. Spresiano 113
14. Lancenigo 120
15. Treviso 127
16. Preganziol 132
17. Mogliano 136
18. (c.) Mestre 145
19. Venezia 153

**b. Avio-Verona-Mantua.**

Eröffnet Trient-Avio-Verona 11/1 59; Stat. 27-32 1/5 51.

NB. In Alà an der Oesterr. Grenze gegen Trient befindet sich das gemeinsame Grenzzollamt.

20. Avio —
21. Peri —
22. Ceraino 11
23. Domegliara 17
24. Pescantina 23
25. Parona 28
26. Verona Porta nuova 37
27. (c) Verona Porta vescovo 40
28. Dossobuono 50
29. Villafranca 57
30. Mozzecane 62
31. Roverbella 68
32. Mantua 76

**c. Verona-Padua-Venedig.**

Eröffnet Station 27-39 3/7 49; 39-43 11/1 46; 43-Mestre 17/12 42.

(27. Verona P. Vescovo) —
33. S. Martino 6
34. Caldiero 12
35. S. Bonifacio 21
36. Lonigo 26
37. Montebello 32
38. Tavernelle 41
39. Vicenza 48
40. Lerino —
41. Poiana 63
42. Mestrino —
43. (d) Padova (Padua) 79
44. Ponte di Brenta 84
45. Dolo 94
46. Marano 98
(18. Mestre) 107
(19. Venezia) 115

**d. Padua-Ferrara-Bologna.**

Eröffnet bis Stat. 53 11/8 66; bis 59 1/12 66; Stat. 59-66 bereits 9/1 62.

(43. Padova (Padua) —
47. Abano 10
48. Montegrotto 13
49. Battaglia 18
50. Monselice 23
51. Este 29
52. Stanghella 37
53. Rovigo 44
54. Arquà 52
55. Polesella 56
56. Paviole 66
57. S. Maria Maddalena 69
58. Pontelagoscuro 72
59. Ferrara 79
60. Poggio Renatico 90
61. Galliera 95
62. S. Pietro in Casale 100
63. San Giorgio 107
64. Castel Maggiore 114
65. Corticella 117
66. ○ (e. k.) Bologna 127

**e. Bologna-Pistoja-Florenz.**

Eröffnet bis Stat. 71 10/8 62; 71-74 1/12 63; 74-76 3/11 64; 76-83 bereits 14/1 51.

(66. Bologna) —
67. Borgo Panigale 4
68. Casalecchio 9
69. Sasso 13
70. Marzabotto 26
71. Vergato 38
72. Riola 46
73. Porretta 58
73a. Molino del Pallone H. —
74. Pracchia 72
75. Piteccio 86
76. (f) Pistoja 98
77. S. Piero 106
78. Prato 114
79. Calenzano 119
80. Sesto 124
81. Castello 127
82. Rifredi 129
83. ○ Firenze 132

**f. Florenz-Pistoja-Pisa.**

Eröffnet Stat. 88-91 Ende 1852; die ganze Bahn Frühjahr 1857, bis auf den Tunnel von Serravalle; im Jan. 1859 auch dieser.

(83. Firenze) —
(76. Pistoja) 34
84. Serravalle 40
85. Pieve a Nievole 46
86. Montecatini 48
87. Borgo a Bugg. 51
88. Pescia 55
89. Altopascio 64
90. Porcari 69
91. Lucca 78
92. Ripafratta 86
93. Rigoli 90
94. S. Giuliano 93
95a. ○ (g) Pisa P. N. 99

**g. Pisa-Genua.**

Eröffnet Pisa-Massa in 1862? Stat. 100-103 15/1 63; bis 105 4/8 64.

g¹. Pisa-Spezia mit Zweigb. nach Carrara.

(95b ○ (f) Pisa Staz. Centr.) —
96. Torre del Lago 17
97. Viareggio 22
98. Pietra Santa 32
99. Querceta 35
100. Massa 42
101. (g²) Avenza 49

g². Zwgb. von Avenza nach
102. Carrara 5
103. Sarzana 60
104. Arcola 65
105. Spezia 76

**g³. Spezia-Chiavari.**

Eröffnet Chiavari-Sestri 24/4 70, der übrige Theil der Linie wird bei dem schwierigen Terrain (Tunnelbauten) schwerlich vor der 2. Hälfte 1873 eröffnet werden.

(105. Spezia)
106. Riomaggiore
106a. Verrazza
107. Monterosso
108. Levanto,
108a. Bonassola
109. Framura
109a. Deiva
110. Moneglia
111. Sestri Levante —
112. Lavagna 6
113. Chiavari 8

**g⁴. Chiavari-Genova.**

Eröffnet 23. November 1868.

113. Chiavari —
113a. Zoagli 5
114. Rapallo 8
114a. S. Margherita 11
115. Camogli 16
116. Recco 18
116a. Sori 21
117. Pieve di Sori 23
117a. Bogliasco 25
118. Nervi 27
119. Quinto 29
119a. Sturla 32
120. Genova P.B. 35
(= Piazza Brignole)

**h. Genua-Savona.**

Eröffnet Station 120-26 9/4 56; 126-32 25/8 68.

120. (g⁴. i) Genova —
121. S. Pier d'Arena 4
122. Cornigliano 6
123. Sestri Ponente 8
124. Pegli 10
125. Pra 13
126. Voltri 15
127. Arenzano 22
128. Cogoleto 26
129. Varazze 33
130. Celle 37
131. Albissola 40
132. (h¹) ○ Savona 44

**h¹. Savona-Franz. Grenze bei Mentone.**

Ende 1871 zu eröffnen.

133. ○ Mentone
134. Ventimiglia
134a. Bordighera
134b. Ospedaletti
135. S. Remo
135a. L'Arma
136. S. Stefano al mare
137. S. Lorenzo
138. Porto-Maurizio
139. Oneglia
140. Diano marina
140a. Cervo
141. Pigna Andora
141a. Laiguaglia
142. Alassio
143. Albenga
144. Ceriale
145. Loano
146. La Pietra
147. Finalmarina
148. Noli
149. Spotorno
150. Vado
(132. Savona)

**i. Genua-Voghera-Mailand.**

Eröffnet bis Stat. 154 10/12 53; 154-157 1/8 53; 157-159 10/1 51; 159-63 1/11 57; 163-67 15/11 68; 167-72 bereits in 1862.

Direct über Tortona-Novi ohne Berührung Alessandria's (Tortona-Alessandria-Novi ist 25 Kil. länger als Linie i¹. u. k.).

(120. Genova) —
(121. S. Pier d'Arena) 4
151. Rivarolo 6
152. Bolzaneto 9
153. Pontedecimo 13
154. Busalla 23
155. Ronco 28
156. Isola del Cantone 33
157. Arquata 42
158. Serravalle 46
159. (i¹) Novi 54
160. Pozzuolo 59
161. (k) Tortona 73
162. (k) Pontecurone 82
163. (k) Voghera 90
164. Calcababbio 99
165. Bressana 104
166. Cava-Manara 111
167. (s) Pavia 117
168. Certosa 125
169. Villamaggiore 133
170. Locate 138
171. Rogoredo 146
172. (u.p.) Milano 153

**i¹. Novi-Alessandria.**

Eröffnet 4/1 51.

(159. Novi) —
173. Frugarolo 12
174. (k. l. m. n.) Alessandria 22

**k. Florenz, resp. Bologna-Alessandria-Turin-Susa.**

Eröffnet Bologna bis Stat. 188 21/7 59; 188-192 24/10 59; 192-194 5/4 95; 194-195 27/1 58; 195-197 12/1 58; 197-98 21/1 58; 198-Alessandria 1/11 57; bis Turin 20/2 54;

NB. Die Strecke Voghera-Tortona ist gemeinschaftlich mit Linie i.

Firenze-Pistoja 34 Kil. lang.

Von Pistoja

(66. Bologna) 98
175. Lavino 106
175a. Anzola H. —
176. Samoggia 116
177. Castelfranco 124
178. Modena 135
179. Rubiera 148
180. Reggio 160
180a. Villacella H. —
181. S. Ilario 177
182. Parma 188
183. Castelguelfo 201
184. Borgo S. Donnino 210
185. Alseno 217
186. Fiorenzuola 224
186a. Cadeo H. —
187. Pontenure 236
188. (w) Piacenza 245
189. S. Nicolo —
190. Rottofreno 258
191. Sarmato 263
192. Castel S. Giovanni 274
193. Arena-Po 276
194. Stradella 279
195. Broni 282
196. S. Giulietta 290
197. Casteggio 294
198. (i) Voghera 304
199. (i) Pontecurone 311
200. (i) Tortona 320
201. S. Giuliano 328
202. Spinetta 334
(274. (i¹. l. m. n.) Alessandria 342
203. Solero 351
204. Felizzano 357
205. Annone 367
206. Asti 377
207. S. Damiano 384
208. Villafranca 361
209. Villanova 403
210. Pessione 411
211. Cambiano 416
212. (o) Trofarello 420
213. Moncalieri 425
214. (p.q.q) Torino 433

**k¹. Torino-Modane.**

Eröffnet Turin-Susa 24/5 1854. Bussoleno-Modane 16/10 71.

214. Torino —
214a. Torino P. S. —
215. Collegno 6
216. Alpignano 10
217. Rosta 20
218. Avigliana 25
219. S. Ambrogio 28
220. Condove 32
221. S. Antonio 35
222. Borgone 39
223. Bussoleno 46

Abzweigung nach
223a. Susa 48
224. Meana 54
224a. Chiomonte 61
224b. Salbertrand 70
224c. Oulx 76
224d. Beaulard 82
225e. Bardonnèche 87

Mont-Cenis Tunnel.

224f. Modane 106

Anschluss an die Paris-Lyon-Mittelmeerbahn.

**l. Arona-Alessandria.**

Eröffnet Stat. 225-228 11/4 1855; 228-230 4/4 55; 230-233 5/1 54; 233 bis Alessandria 5/4 54.

225. (t) Arona —
226. Borgo-Ticino 10
227. Varallo Pombia 13
228. Oleggio 21
229. Bellinzago 25
230. (q) Novara 37
231. Vespolate 50
232. Borgo Lavezzaro 54
233. (l¹) Mortara 62
234. Olevano 66
235. Valle 74
236. Sartirana 78
237. Torre Berretti 82
238. Valenza 89
239. Valmadonna 94
(74. (i¹. k. m. n.) Alessand.) 102

**l¹. Mortara-Vigevano-Milano.**

Eröffnet bis Vigevano 24/8 54; bis Milano 11/1 1870.

Vigevano-Milano der gleichnamigen Eisenbahn-Gesellschaft gehörig.

(233. Mortara) —
240. Vigevano 12
240a. Abbiategrasso 23
240b. Gaggiano 3
240c. Corsico 3

(172. MilanoPortaTicinese) 44
(172a. MilanoStaz.Centr[le].) 52

**m. Alessandria-Acqui.**
Eröffnet $^{7}/_{1}$ 1858.

(174. (l[1]. k. l. n.) Alessand.) —
241. Cantalupo . . . . . 8
241a. Borgoratto . . . . . 11
242. Gamalero . . . . . 14
243. Sezze . . . . . . 16
244. Cassine . . . . . . 22
245. Strevi . . . . . . 28
246. Acqui . . . . . . 34

**l. Alessandria-Cavallermaggiore.**
Eröffnet bis Stat. 247 $^{10}/_{10}$64; 247-53 $^{21}/_{5}$ 65; 253-63 $^{15}/_{8}$ 65; 263-65 $^{4}/_{10}$ 55.

(174. (l[1]. k. l. m.) Alessand.) —
247. Cantalupo . . . . . 8
248. Oviglio . . . . . . 13
249. Bergamasco . . . . . 19
250. Bruno . . . . . . 22
251. Castelnuovo . . . . . 23
252. Incisa Belbo . . . . 27
253. Nizza Monferrato . 30
254. Calamandrana . . . . 35
255. Canelli . . . . . . 39
256. S. Stefano Belbo . . 44
257. Costigliole . . . . . 50
258. (3) Castagnole . . . . 54
259. Neive . . . . . . . 58
260. Alba . . . . . . . 67
261. Mussotto . . . . . . 69
262. S. Vittoria . . . . . 78
263. Bra . . . . . . . . 85
264. Madonna del P. . . . 93
265. (o) Cavallermaggiore 98

**o. Torino-Cuneo.**
Eröffnet bis Stat. 272 $^{13}/_{3}$ 53; bis 275 in 1854; bis Cuneo $^{5}/_{8}$ 55.

(214. Torino) . . . . . . —
(213. Moncalieri . . . . . 8
(212. Trofarello . . . . . 13
268. Villastellone . . . . . 20
269. Carmagnola . . . . . 29
270. Racconigi . . . . . 33
(265 Cavallermaggiore) . 45
272. Savigliano . . . . . 53
273. Fossano . . . . . . 64
274. Maddalena . . . . . 71
275. Centallo . . . . . . 76
276. Cuneo . . . . . . . 87

**o[1]. Zwgb. nach Saluzzo.**
Eröffnet $^{1}/_{1}$ 1856.

(272. Savigliano) . . . . . —
277. Lagnasco . . . . . . 9
278. Saluzzo . . . . . . 16

**p. Torino-Pinerolo.**
Eröffnet $^{2}/_{7}$ 54.

(274. Torino) . . . . . . —
279. Sangone . . . . . . 8
280. Nichellino . . . . . 10
281. Candiolo . . . . . . 15
282. None . . . . . . . 20
283. Airasca . . . . . . 24
284. Piscina . . . . . . 30
285. Riva . . . . . . . 34
286. Pinerolo . . . . . . 38

**q. Turin-Mailand-Verona.**
NB. Die Zahlen 286-341 der Stationen sind aufgelassen.
Eröffnet Turin-Stat. 343 $^{7}/_{1}$ 55; 343-51 $^{9}/_{4}$ 55; 351-54 $^{4}/_{8}$ 55; 354-60 im Juli 1859; 360-64 $^{15}/_{2}$ 46; 364-70 $^{11}/_{10}$ 57; 371-Verona $^{26}/_{6}$ 54.

214a. Torino . . . . . . —
214b. Torino Porta-Susa . 6
214c. Torino (succursale) . 3
341. Settimo . . . . . . 17
342. Brandizzo . . . . . 24
343. (q[1]) Chivasso . . . . 29
(Zwgb. nach Ivrea.)
344. Torrazza di Verol. . 36
345. Saluggia . . . . . . 40
346. Livorno Vercellese . 47
347. Bianzè . . . . . . 51
348. Tronzano . . . . . . 57
349. (q[2]) Santhià . . . . 60
(Zwgb. nach Biella.)
350. S. Germano . . . . . 65
351. (r) Vercelli . . . . 79
(Zwgb. nach Valenza)
352. Borgo Vercelli . . . 84
353. Ponzana . . . . . . 91
354. (l. s) Novara . . . . 101
(Zwgb. nach Arona u. Gozzano)
355. Trecate . . . . . . 110
356. Magenta . . . . . . 123
357. Vittuone . . . . . . 129
358. (t) Rho . . . . . . 137
359. Musocco . . . . . . 145
360. (l. u) Milano . . . . 150
361. Limito . . . . . . 161
362. Melzo . . . . . . 169
363. Cassano . . . . . . 176
364. (y) Treviglio . . . . 182
365. Verdello . . . . . . 192
366. (v) Bergamo . . . . . 202
367. Seriate . . . . . . 207
368. Gorlago . . . . . . 214
369. Grumello . . . . . . 220
370. Palazzolo . . . . . . 224
371. Coccaglio . . . . . . 232
372. (x) Ospedaletto . . . 240
373. (x) Brescia . . . . . 251
374. Rezzato . . . . . . 260
375. Ponte S. Marco . . . 268
376. Lonato . . . . . . 276
377. Desenzano . . . . . 279
378. Pozzolengo . . . . . —
379. Peschiera . . . . . 294
380. Castelnuovo . . . . . 299
381. Sommacampagna . . . 306
(27. Verona P. N.) . . . 317
(26. (b. c.) Verona P. V. 320
(39. Vicenza) . . . . . 368
(43. Padova) . . . . . . 398
(18. Mestre) . . . . . . 427
(19. Venezia) . . . . . 435

**q[1]. Chivasso-Ivrea.**
Eröffnet bis Caluso $^{20}/_{8}$ 1858, bis Ivrea $^{17}/_{11}$ 58.

(343. Chivasso) . . . . . —
383. Montanaro . . . . . 6
384. Rodallo . . . . . . 11
385. Caluso . . . . . . 14
386. Candia . . . . . . 18
387. Mercenasco . . . . . 20
388. Strambino . . . . . 24
389. Ivrea . . . . . . . 33

**q[2]. Santhià-Biella.**
Eröffnet $^{6}/_{8}$ 58.

(349. Santhià) . . . . . —
390. Salussola . . . . . 11
391. Vergnasco . . . . . 17
392. Sandigliano . . . . . 20
393. Candelo . . . . . . 24
394. Biella . . . . . . 30

**r. Vercelli-Valenza.**
Eröffnet $^{25}/_{8}$ 57.

351. Vercelli . . . . . . —
395. Asigliano . . . . . 8
396. Pertengo . . . . . . 12
397. Balzola . . . . . . 17
398. Casale . . . . . . 23
399. Borgo S. Martino . 30
400. Giarole . . . . . . 35
(238. Valenza) . . . . . 42

**s. Novara-Gozzano.**
Eröffnet $^{10}/_{8}$ 65.

(230. Novara) . . . . . . —
401. Caltignaga . . . . . 8
402. Momo . . . . . . . 15
403. Borgomanero . . . . 31
404. Gozzano . . . . . . 36

**t. Arona-Milano.**
Eröffnet Arona-Sesto $^{7}/_{6}$ 68; Station 405-8 $^{24}/_{8}$ 65; 408-Rho $^{14}/_{12}$ 60.
NB. In Arona wird demnächst die Bahn über den Simplon (in Bau von Arona nach Domodossola 59 Kil.) anschliessen.

(225. Arona) . . . . . . —
405. Sesto . . . . . . . 9
406. Vergiate . . . . . . 16
407. Somma . . . . . . 19
408. (t[1]) Gallarate . . . . 27
409. Busto Arsizio . . . . 34
410. Legnano . . . . . . 39
411. Parabiago . . . . . 44
(358. Rho) . . . . . . . 53
(359. Musocco) . . . . . 61
(360. Milano) . . . . . . 67

**t[1]. Gallarate-Varese.**
Eröffnet $^{26}/_{6}$ 65.

(408. Gallarate) . . . . . —
412. Albizzate . . . . . 8
413. Gazzada . . . . . . 15
414. Varese . . . . . . 19

**u. Camerlata-Milano.**
Eröffnet Monza-Milano $^{17}/_{8}$ 40; Stat. 415-17 $^{4}/_{10}$ u. $^{7}/_{11}$, ganz $^{7}/_{12}$ 49.

415. Camerlata . . . . . —
416. Cucciago . . . . . . 7
417. Camnago . . . . . . 16
418. Seregno . . . . . . 22
419. Desio . . . . . . . 25
420. Monza . . . . . . . 32
421. Sesto . . . . . . . 38
(360. Milano) . . . . . . 45

In Bau von Camerlata an die Schweizer Grenze bei Chiasso, zum Anschluss an die projectirte Gotthardbahn.

**v. Bergamo-Lecco.**
Eröffnet $^{1}/_{11}$ 63.

(366. Bergamo) . . . . . —
422. Ponte S. Pietro . . . 8
423. Mapello . . . . . . 12
424. Cisano . . . . . . 18
425. Calolzio . . . . . . 27
426. Lecco . . . . . . . 33

**w. Milano-Piacenza.**
Eröffnet $^{1}/_{11}$ 61.

(360. Milano) . . . . . . —
427. Rogoredo . . . . . 7
428. Melegnano . . . . . 18
429. Tavazzano . . . . . 25
430. Lodi . . . . . . . 33
431. Secugnago . . . . . 45
432. (x) Casalpusterlengo 52
433. (x) Codogno . . . . 57
434. S. Stefano . . . . . 61
(138. Piacenza) . . . . . 69

**x. Brescia-Cremona-Pavia.**
Eröffnet $^{17}/_{12}$ 66.

(373. Brescia) . . . . . . —
434a. S. Zeno Folzano . 6
435. Bagnolo . . . . . . 14
436. Manerbio . . . . . . 22
437. Verolanuova . . . . 28
438. Robecco Pontevico . 34
439. Olmenetta . . . . . 40
440. (y) Cremona . . . . 51
441. Cavatigozzi . . . . . 56
442. Aquanegra . . . . . 61
443. Pizzighettone . . . . 70
(433. Codogno) . . . . . 77
(432. Casalpusterlengo) . 82
446. OspedalettoLodigiano 90
447. Chignolo . . . . . . 96
448. Miradolo . . . . . . 100
449. Corteolona . . . . . 105
450. Belgioioso . . . . . 110
451. Motta S. Damiano . 118
(167. Pavia) . . . . . . . 124

**y. Treviglio-Crema-Cremona.**
Eröffnet $^{1}/_{1}$ $^{15}/_{4}$ $^{5}/_{8}$ 63.

(364. Treviglio) . . . . . —
452. Caravaggio . . . . . 7
453. Casaletto Vaprio . . 16
454. Crema . . . . . . . 23
455. Castelleone . . . . . 32
456. Soresina . . . . . . 40
457. Casalbuttano . . . . 49
458. Olmenetta . . . . . 55
(440. Cremona) . . . . . 64

**z. Pavia-Torreberetti resp. Valenza.**
Eröffnet in 1863.

(167. Pavia) . . . . . . —
459. Cava-Carbonara . . . 58
460. Zinasco . . . . . . 14
461. Pieve Albignola . . 17
462. Sannazzaro . . . . . 22
463. Ferrera . . . . . . 25
464. Lomello . . . . . . 31
465. Mede . . . . . . . 34
466. Castellaro . . . . . 40
(237. Torreberetti) . . . 44
(238. Valenza . . . . . 51
(174. (a) Alessandria) . 174

**z[1]. Mortara-Asti-Castagnole.**
Der Gesellschaft Cavallermaggiore-Alessandria gehörig.
Eröffnet Mortara-Asti 74 Kil. $^{4}/_{7}$ 70, Asti-Castagnole 20 Kil. $^{11}/_{7}$ 70.

(233. Mortara) . . . . . —
467. Castel d'Agogna . . 5
467a. Candia Lomellina . 14
467b. Terranova . . . . . 21
(398. Casale) . . . . . . 29
468. S. Giorgio di Casale . 37
468a. Ozzano . . . . . . 40
468b. Serralunga . . . . . 45
468c. Moncalvo . . . . . 52
468d. Tonco . . . . . . 60
468e. Castel Alfero . . . . 63
469. Portacomaro . . . . 67
(206. Asti) . . . . . . . 74
469a. S. Marzanotto . . . 79
469b. Isola d'Asti . . . . 83
(257. Costigliolo) . . . . 87
(258. Castagnole) . . . . 95

**Ia. Fell's Eisenbahn über den Mont-Cenis.**
Eröffnet $^{15}/_{6}$ 68; wird mit der Eröffnung der Eisenb. durch den Mont-Cenis ausser Betrieb gesetzt.

470. Susa . . . . . . . —
471. La Grand-Croix . . 20
472. Lanslebourg . . . . 37
473. Termignon . . . . . 44
474. Bramans . . . . . . 51
475. Modane . . . . . . 61
476. St. Michel . . . . . 78

**Ib. Pferdeb. Torino-Ciriè 21 K.**
Eröffnet Stat. 500-501 $^{17}/_{6}$ 68, 501-2: $^{20}/_{11}$ 68, 502-3: $^{11}/_{1}$, 503-3: $^{4}/_{3}$ 69.

500. Torino . . . . . . —
501. Venaria Reale . . . . 7
502. Caselle . . . . . . 13
503. San Mauricio . . . . 18
504. Ciriè . . . . . . . 21

**Ic. Pferdebahn Settimo-Rivarolo 23 Kil.**

**Id. Turin-Rivoli Pferdeb. 12 K.**
Eröffnet Octob. 1871.

Im Bau:

**Ie. Turin-Savona mit Zwgb. von Cairo nach Acqui.**
Sitz der Eisenbahn-Gesellschaft von Savona: Turin.

Im Bau:

**aa. Carmagnola-Savona 111 K.**
477. ○ Carmagnola . .
478. ○ Bra . . . . .
479. Bastia . . . . . .
480. (b) Cairo . . . . .
481. ○ Savona . . . . . 111

**bb. Cairo-Acqui 47 Kil.**

Weitere Projecte:

**If. Bastia-Mondovi-Cuneo 34 K.**
Gesellschaft der Ingenieure Avenati und Peverelli.

**Ig. Monza-Calolzio 30 Kil.**
Gesellschaft Brianteo.

**Ih. Reggio-Guastalla 23 Kil.** resp. Mantua (Provinz Reggio und Consortium).

## II. Römische Eisenbahnen.

Die Römische Eisenb.-Gesellschaft (Sitz der Gesellschaft in Florenz) hat in Verwaltung:

**a. Nördliche Section.** Verwaltungssitz Florenz.
1. Die Livornesischen E. (Livorno-Pisa-Empoli-Florenz, Florenz-Foligno);
2. Die Maremmenbahn (Livorno-Ortibello);
3. Die Central-Toscanische (Empoli-Orte mit Zwgb. Asciano-Grosseto);

**b. Südliche Section** mit dem Verwaltungssitz Rom; die eigentlichen Römischen Eisenbahnen (Rom-Ortibello und Rom-Neapel etc.).

Anschlüsse: Falconara bei Ancona, Neapel: Italien. Südbahn; Florenz, Pisa: Ober-Ital. Eisenb.

**a. Florenz-Livorno-Rom.**
Eröffnet Livorno bis Stat. 22 mit Zweigbahn a[1]. $^{30}/_{10}$ 63; 22-26 $^{10}/_{7}$ 64; 26-31 $^{22}/_{4}$ 67; 31-42 $^{17}/_{4}$ 59.

1. ○ (b) Firenze Staz. Cent. —
2. S. Donnino . . . . . 11
3. Signa . . . . . . . 16
4. Montelupo . . . . . 27
5. (o) Empoli . . . . . 33
*Dir.* per Siena
6. S. Miniato . . . . . 43
7. S. Romano . . . . . 48
8. La Rotta . . . . . . 56
9. Pontedera . . . . . 60
10. Cascina . . . . . . 69

11. Navacchio . . . . . 73
12. ○ Pisa Stas. Centr. . 80
*Dir.* per Spezia
13. Livorno S. M. . . 95
14. Colle Salvetti . . . 114
15. Fauglia . . . . . 120
16. Orciano . . . . . 127
17. Acquabuona . . . . 137
18. (a¹) Cecina . . . . 150

**a¹. Zwgb. nach Saline.**
(18. Cecina) . . . . . —
18a. S. Martino . . . 9
18b. Casino di Terra . 17
18c. Ponte Ginori . . 24
18d. Saline . . . . 30
19. Castagneto . . . . 167
20. S. Vincenzo . . . . 174
21. La Cornia . . . . 185
22. Follonica . . . . 202
23. Potassa . . . . . 217
24. (c¹) Monte Pescali . 233
25. Grosseto . . . . . 244
26. Talamone . . . . 267
27. Albegna . . . . . 275
28. Orbetello . . . . 282
29. Montalto . . . . . 317
30. Corneto . . . . . 332
31. Civitavecchia . . . 352
32. S. Marinella . . . 362
33. Rio Fiume . . . . 367
34. S. Severa . . . . 371
35. Furbara . . . . . 376
36. Palo . . . . . . 385
37. Palidoro . . . . 393
38. Maccarese . . . . 399
39. Ponte Galera . . . 411
40. Magliana . . . . 419
41. (b. d. e. f.) Roma . . 433

**b. Florenz-Foligno-Rom.**
Eröffnet von Florenz bis Stat. 45 7/2 62; 45-49 5/6 63; 49-53 10/3 66; 53-66 17/12 66; 66-Rom 6/1 66; 75-Rom 1/3 65.
(1. Firenze S. Contr.) . . —
42. Firenze P. alla Cr. . 4
43. Compiobbi . . . . . 12
44. Pontassieve . . . . 20
45. Rignano . . . . . 28
46. Incisa . . . . . 35
47. Figline . . . . . 40
48. S. Giovanni . . . . 48
49. Montevarchi . . . . 54
50. Bucine . . . . . 62
51. Laterina . . . . . 67
52. Ponticino . . . . 72
53. Arezzo . . . . . 88
54. Frassineto . . . . 101
55. Castiglion Fior. . . 106
56. Cortona . . . . . 117
57. Tuoro . . . . . 128
58. Passignano . . . . 135
59. Magione . . . . . 144
60. Ellera . . . . . 155
61. Perugia . . . . . 165
62. Ponte S. Giovanni . 177
63. Bastia . . . . . 186
64. Assisi . . . . . 190
65. Spello . . . . . 200
66. (d) Foligno . . . 205
*Dir.* per Ancona
67. Trevi . . . . . 214
68. Spoleto . . . . . 231
69. Terni . . . . . 260
70. Narni . . . . . 273
71. (c) Orte . . . . 289
72. Borghetto . . . . 307
73. Stimigliano . . . . 315
74. Montorso . . . . 324
75. Passo di Corese . . 335
76. Monte Rotondo . . 346
(41. Roma) . . . . . 371

**c. Florenz-Empoli-Orvieto-Rom.**
Eröffnet bis Stat. 85: 11/2 59, 85-91: 28/2 65.
(5. Empoli) . . . . —
77. Osteria Bianca . . . 5
78. Castel Fiorentino . . 17
79. Certaldo . . . . . 25
80. Poggibonsi . . . . 38
81. Siena . . . . . 64
82. (c¹) Asciano . . . . 97

**c¹. Zwgb. nach Montepescali**
Eröffnet bis Stat. 72b 11/2 65, bis 72c 15/1 71.
(82. Asciano) . . . . —
82a. S. Giovanni d'Asso 13
82b. Torrenieri . . . . 22
82c. Monte Amiata . . 33
Von dort 57 Kil. im Bau nach: Montepescali (Stat. 24) Ende 1871 zu eröffnen.
82d. S. Angelo e Cinigiano
82e. Monte Antico . .
82f. Paganico . . . .
82g. Palazzi . . . .
82h. Vado alla Colonna
(24. Montepescali) . . .
83. Rapolano . . . . 103
84. Lucignano . . . . 116
85. Sinalunga . . . . 122
86. Torrita . . . . . 128
87. Montepulciano . . . 134
88. Salcini . . . . . 144
89. Chiusi . . . . . 154
90. Ficulle . . . . . 171
91. Orvieto . . . . . 194
92. Baschi . . . . . 202
Im Bau nach:
(72. Orte) . . . . . 236

**d. Ancona-Foligno (Rom) 129 K.**
Eröffnet 28/4 66.
93. Ancona . . . . —
94. ○ Falconara . . . 9
95. Chiaravalle . . . 16
96. Jesi . . . . . 27
97. Castel Panio . . . 42
98. Serra S. Quirico . . 48
99. Albaccina . . . . 62
100. Fabbriano . . . . 71
101. Fossato . . . . 87
102. Gualdo Tadino . . 93
103. Nocera . . . . . 110
(66. Foligno . . . . 129
(69. Terni) . . . . . 184
(71. Orte) . . . . . 212
(41. Roma) . . . . . 296

**e. Roma-Neapel.**
Eröffnet Rom bis Stat. 117 27/4 62; 117-117a 1/3 65; 117a-123 25/9 63.
(41. Roma) . . . . —
104. (f) Ciampino . . . 14
105. Marino . . . . . 18
106. Albano . . . . 29
107. Civita Lavinia . . 33
108. Velletri . . . . 42
109. Valmontone M. Fort 57
110. Segni . . . . . 65
111. Anagni . . . . . 74
112. Sgurgola . . . . 79
113. Ferentino . . . . 89
114. Frosinone . . . . 97
115. Ceccano . . . . 103
116. Pofi Castro . . . 112
117. Ceprano . . . . 122
117a. Isoletta . . . . 124
118. Roccasecca . . . 132
119. Aquino . . . . 137
120. San Germano . . . 150
121. Rocca d'Evandro . . 160
122. Mignano . . . . 167
123. Presenzano . . . 174
124. Caianiello Vairano . 182
125. Riardo . . . . . 188
126. Teano . . . . . 194
127. Sparanisi . . . . 201
128. Pignataro . . . . 207
129. Capua . . . . . 217
130. S. Maria . . . . 222
131. Caserta . . . . 228
132. Maddaloni . . . . 234
133. (g) Cancello . . . 240
134. Acerra . . . . . 247
135. Casalnuovo . . . 250
136. Napoli . . . . . 261

**f. Rom-Frascati 6 Kil.**
(41. Rom) . . . . . —
(104. Ciampino . . . . 14
137. Frascati . . . . 20

**g. Neapel-Laura 72 Kil.**
Eröffnet bis Stat. 143: 21/2 62; 143-144 1/2 69.
(136. Napoli) . . . . —
(133. Cancello) . . . 22
138. Nola . . . . . 35
139. Palma . . . . . 40
140. Sarno . . . . . 50
141. Codola . . . . . 57
142. S. Giorgio . . . . 60
143. Sanseverino . . . 66
144. Laura . . . . . 72
Im Bau nach Avellino.

## III. Gesellschaft der Südbahn.

Sitz der Gesellschaft und der General-Direction: Florenz

Anschlüsse. Bologna, Brescia, Codogno, Cremona: Ober-Italienische: Falconara (bei Ancona): Römische Eisenb.: Caserta, Neapel: Römische Eisenb. Massafra bei Taranto: Calabrische Eisenbahn.

**a. Bologna-Ancona.**
Eröffnet Bologna bis Stat. 13: 1/9 61; 13-16 5/10 61; 16-22: 17/11 61; Ancona bis Stat. 39: 18/5 63, 39-41: 11/10 63; 41-55: 25/4 64; 55-60: 11/4 64; 60-65: 20/2 65; 65-74: 11/4 65; 74-78: 15/1 66; 78-89: 1/9 68; 82-84: 20/11 68.
von Bologna
1. ○ Bologna . . . . —
2. Mirandola . . . . 11
3. Quaderna . . . . 17
4. Castel S. Pietro Em. . 24
5. Imola . . . . . 35
6. (b) Castel Bolognese . 42
Anschluss nach Ravenna
7. Faenza . . . . . 50
8. Forli . . . . . 64
9. Forlimpopoli . . . . 72
10. Cesena . . . . . 83
11. Savignano di Romagna 97
12. S. Arcangelo . . . 101
13. Rimini . . . . . 111
14. Riccione . . . . 121
15. Cattolica . . . . 130
16. Pesaro . . . . . 145
17. Fano . . . . . 157
18. Marotta . . . . . 169
19. Sinigaglia . . . . 179
20. Case Bruciate . . . 191
21. ○ Falconara . . . 196
Anschluss nach Rom
22. Ancona . . . . . 204
23. Osimo . . . . . 220
24. Loreto . . . . . 228
25. Porto Recanati . . 232
26. Potenza Picena . . 241
27. Porto Civitanova . . 247
28. S. Elpidio a Mare . . 254
29. Porto S. Giorgio . . 263
30. Pedaso . . . . . 273
31. Cupra Marittima . . 281
32. Grottammare . . . 284
33. S. Benedet. del T. . 289
34. Tortoreto . . . . 303
35. Giulianova . . . . 313
36. Mutignano . . . . 331
37. Silvi . . . . . 338
38. Montesilvano . . . 343
39. Pescara . . . . . 350
40. Francavilla a Mare . 360
41. Ortona . . . . . 372
42. S. Vito Chietino . . 379
43. Fossacesia . . . . 387
44. Casalbordino . . . 399
45. Vasto . . . . . 414
46. S. Salvo . . . . 420
47. Termoli . . . . . 440
48. Campomarino . . . 447
49. Chieuti . . . . . 457
50. Ripalta . . . . . 468
51. Poggio Imperiale . . 483
52. Apricena . . . . 487
53. S. Severo . . . . 498
54. Motta . . . . . 512
55. (c) Foggia . . . . 526
Anschluss nach Napoli
56. Ortanova . . . . 546
57. Cerignola . . . . 561
58. Trinitapoli . . . . 578
59. Barletta . . . . 594
60. Trani . . . . . 607
61. Bisceglie . . . . 615
62. Molfetta . . . . 624
63. Giovinazzo . . . . 630
64. S. Spirito Bitonto . . 637
65. (e) Bari . . . . . 649
Anschluss nach Taranto
66. Noicataro . . . . 660
67. Mola di Bari . . . 668
68. Polignano a Mare . . 682
69. Monopoli . . . . 689
70. Fasano . . . . . 703
71. Ostuni . . . . . 723
72. Carovigno . . . . 732
73. S. Vito d'Otranto . 745
74. Brindisi . . . . 760
75. S. Pietro Vernotico . 777
76. Squinzano . . . . 784
77. Trepuzzi . . . . 789
78. Lecce . . . . . 798
79. S. Cesario di Lecce 803
80. S. Donato . . . . 807
81. Sternatia . . . . 815
82. Zollino . . . . . 817
83. Corigliano . . . . 822
84. Maglie . . . . . 827
Im Bau nach
85. Otranto . . . . . 846

**b. Castel-Bolognese-Ravenna 42 Kil. Eröffnet 1/9 61.**
(6. Castel Bolognese) . . —
86. Solarolo . . . . . 6
87. Lugo . . . . . 14
88. Bagnacavallo . . . 19
89. Russi . . . . . 25
90. Godo . . . . . 29
91. Ravenna . . . . . 42

**c. Foggia-Neapel.**
Eröffnet von Foggia bis Stat. 95: 21/1 67; 95-97: 1/6 69; 97-98: 12/1 69; 98-100: 25/1 69; 100-101: im 70; 101-105: 1/5 68; 105-107: 10/6 68; 107-115: 15/5 69; 115-121: 1/5 67.
(55. Foggia) . . . . —
92. Cervaro . . . . 9
93. Giardinetto . . . 27
94. Bovino . . . . . 34
95. Montaguto . . . . 47
96. Savignano-Greci . . 53
97. Pianerottolo . . . 59
98. Ariano . . . . . 65
99. Starza . . . . . 70
100. Montecalvo . . . 74
101. Buonalbergo . . . 80
102. Apice . . . . . 88
103. Ponte Valentino . . 95
104. Benevento . . . . 102
105. Vitulano . . . . 110
106. Ponte di Benevento . 117
107. S. Lorenzo Maggiore 122
108. Solopaca . . . . 129
109. Telese . . . . . 134
110. Amorosi . . . . 138
111. Dugenta . . . . 145
112. Valle di Maddaloni . 151
113. Maddaloni . . . . 156
114. ⊗ Caserta . . . . 164
115. Marcanise . . . . 170
116. Aversa . . . . . 179
117. S. Antimo . . . . 183
118. Fratta Grumo . . . 185
119. Casoria . . . . . 189
120. ○ (e,f) Napoli . . . 198

**d. Foggia-Candela.**
Eröffnet 1/6 resp. 18/8 68.
(55. Foggia) . . . . —
121. Cervaro . . . . 9
122. Ordona . . . . . 19
123. Ascoli . . . . . 31
124. Candela . . . . 39

**e. Neapel-Eboli.**
Eröffnet 11/4 1863.
(120. Napoli) . . . . —
125. Portici . . . . . 8
126. Torre del Greco . . 11
127. (h) Torre Annunz. . . 20
128. Pompei . . . . . 28
129. Scafati . . . . . 27
130. Angri . . . . . 31
131. Pagani . . . . . 34
132. Nocera . . . . . 36
133. S. Clemente . . . 39
134. Cava . . . . . 44
135. Vietri . . . . . 49
136. Salerno . . . . . 53
137. Pontecagnano . . . 62
138. Bellizzi . . . . . 70
139. Battipaglia . . . 73
140. Eboli . . . . . 79
Im Bau weiter nach Contursi, wo die project. Zwgb. Basento-Potenza-Contursi der Victor-Emanuel anschliesst.

**f. Zwgb. Torre Annunziata-Castellamare.**
Eröffnet 1/8 63.
(120. Napoli) . . . . —
141. Torre Annunziata . . 20
142. Castellammare . . . 27

**g. Bari-Taranto.**
Eröffnet bis Station 147 25/5 65; bis 153 15/9 68.
(65. Bari) . . . . —
143. Modugno . . . . . 1

144. Bitetto . . . . . . . 16
145. Grumo . . . . . . . 22
146. Acquaviva . . . . . 41
147. Gioia . . . . . . . 54
148. San Basilio . . . . . 67
149. Castellaneta . . . . . 77
150. Palagianello . . . . . 85
151. Palagiano . . . . . 93
152. ○ Massafra . . . . . 97
153. Taranto . . . . . . 115

## IV. Calabro-Sicilianische Bahnen.

Die Südb.-Gesellschaft übernimmt v. 1/1 72 ab nach Vertrag v. 20/10 71 auf 15 J. den Betrieb.

A. Calabrische Eisenbahnen.

a. Taranto-Reggio.

Stat. 1-3: 29/8 69; 3-10, 10-14: 1/5 70; 14-18: 16/6 70; 35-41: 21/8 71; 41-46 10/6 69; 46-48 1 Oct. 1868 eröffnet.

1. Taranto . . . . . . . —
2. Torremare . . . . . . 41
3. S. Basilio Pisticci . 52
4. Scanzano Montalbano 60
5. Policoro . . . . . . 65
6. Rocca Imperiale . . 79
7. Monte Giordano . . . 86
8. Roseto . . . . . . . 94
9. Amendolara . . . . . 99
10. Trebisacce . . . . . 108
11. Torre Cerchiara . . 118
12. Buffaloria di Cassano 123
13. Corigliano . . . . . 138
14. Rossano . . . . . . 149
15. Mirto Crosia . . . . 161
16. S. Giacomo Calop . . 166
17. Campana . . . . . . 175
18. Cariati . . . . . . 181

Im Bau südwärts nach

35. Roccella . . . . . . —
36. Gioiosa . . . . . . 8
37. Siderno . . . . . . 12
38. Gerace . . . . . . 17
39. Ardore . . . . . . 25
40. Bovalino . . . . . . 29
41. Bianconuovo . . . . 41
42. Brancaleone . . . . 51
43. Palizzi . . . . . . 64
44. Bova . . . . . . . 69
44a. Amandolea . . . . . 73
45. Melito . . . . . . 82
45a. Saline . . . . . . 90
46. Lazzaro . . . . . . 96
47. Pellaro . . . . . . 102
48. Reggio . . . . . . 112

B. Sicilianische Eisenbahnen.

Eröffnet Stat. 49-65: 12/12 66; 65-69: 1/7 69; 69-74: 4/7 71.

49. Messina . . . . . . —
50. Tremestieri . . . . . 6
51. S. Stefano . . . . . 14
52. Scaletta . . . . . . 18
53. Ali . . . . . . . . 23
54. Nizza Sicilia . . . . 27
55. S. Teresa . . . . . . 33
56. S. Alessio . . . . . 37
57. Letoianni . . . . . . 42
58. Giardini Taormina . 48
59. Calatabiano . . . . 52
60. Piedimonte Tiumefreddo 57
61a. Mascali . . . . . . 63
61. Giarre-Riposto . . . 65
62. Mangano . . . . . . 74
63. Acireale . . . . . . 81
64. Acicastello . . . . . 89
65. (f) Catania . . . . . 95
66. (f) Bicocca . . . . . 103
67. Passo Martino . . . . 111
68. Valsavoia . . . . . . 118
69. Lentini . . . . . . . 124
70. Agnone . . . . . . . 133
71. Brucoli . . . . . . . 145
72. Augusta . . . . . . . 152
73. Priolo . . . . . . . 165
74. Siracusa . . . . . . 182

f. Palermo-Catania 250 Kil.

Eröffnet Stat. 80-83: 28/8 63; 83-86: 24/7 64; 86-87: 2/8 66; 67-89: ; 90-91: 14/8 70; 91-92: 1/6 70; 120-122: 15/8 70; 122-123: 21/6 70; 123-128: 15/8 70.

80. Palermo . . . . . . . —
81. Ficarazzelli . . . . . 8
82. Ficarazzi . . . . . . 10
83. Bagheria . . . . . . 14
84. Casteldaccia . . . . . 20
85. Altavilla . . . . . . 23
86. Trabia . . . . . . . 34
87. Termini . . . . . . 40
88. Cerda . . . . . . . 49
89. Sciara . . . . . . . 55
90. Montemaggiore . . . 65
91. Roccapalumba . . . . 70
92. Lercara . . . . . . . 77

Im Bau nach Leonforte.

120. Leonforte . . . . . . —
121. Assaro Valguarnera . 10
122. Raddusa . . . . . . 16
123. Catenanuova Centuripe 33
124. Muglia . . . . . . . 38
125. Sferro . . . . . . . 45
126. Gerbini . . . . . . 51
127. Motta S. Anastasia . 60
128. Bicocca . . . . . . 71
(65. Catania . . . . . . 78

Sardinische Eisenbahn.

a. Cagliari-Oristano-Ozieri-Pausania 290 Kil.

b. Cagliari-Iglesias 35 Kil.

c. Ozieri-Sassari 65 Kil.

Eröffnet bis Villasor 1/4 71, 1/6 71; bis Stat. 139.

131. Cagliari . . . . . . —
132. Elmas . . . . . . . 8
133. Assemini . . . . . . 12
134. Decimomannu . . . . 17
135. Villasor . . . . . . 29
136. Serramanna . . . . . 31
137. Samassi . . . . . . 38
138. Santuri . . . . . . 45
139. San Gavino . . . . . 50

in Bau

# Luxembourg.

## Wilhelmsbahn.

Die Wilhelm-Luxemburger B. wird z. Z. noch von der Franz. Ostb.-Gesellschaft exploitirt. Der Deligirte derselben Direct. Rogray hat s. Sitz in Brüssel. Sitz der Actiengesellschaft: Luxemburg.

Grossherzogth. Luxemburg: Station 1-23 liegen im Arrondissement: Luxembourg; Stat. 24-30 im Arrond. Ettelbrück; Stat. 31-41 liegen in Belgien, Prov.: Liège.

Anschl.: Sterpenich: Grand Luxemb.; Bettembourg: Franz. Ostb.; Pepinster: Belg. Stsb.; Wasserbillig: Saarbrücker Eisenb.

a. Luxembourg-Bettembourg (Französ. Linie) mit Zwgb. Bettembourg-Esch und Noertzange-Ottange.

Eröffnet 4/10 59. Kil.

1. (b. c. d) Luxembourg —
2. Fentange . . . . . . 6
3. (a¹) Bettembourg . . 12
3a. ○ Franz.-Lux. Grenze gegen Thionville . 16,6

a¹. Bettembourg-Esch.

(3. Bettembourg . . . 12
4. (a²) Noertzange P.H. 16
5. Esch sur l'A. . . . . 21

a². Noertzange-Ottange.

(4. Noertzange P.H.) . 16
6. Ottange . . . . . . 22,2

b. Luxembourg-Belg. Grenze (Ligne de Belgique).

Eröffnet 7/10 59.

(1. Luxembourg) . —
7. Strassen-Bertrange . 7
8. Mamer . . . . . . 10
9. Capellen P.H. . . . 13
10. ○ Bettingen . . . 16
Belg.-Luxemb. Grenze . 19

c. Luxembourg-Wasserbillig (Ligne de Trèves).

Eröffnet 29/8 61.

(1. Luxembourg) . —
11. Oetrange . . . . . . 12
12. Roodt . . . . . . . 21
13. Wecker . . . . . . . 28
14. Mertert P.H. . . . . 35
15. ○ Wasserbillig . 37
Preuss.-Lux. Grenze 37,456

d. Luxembourg-Diekirch (Ligne du Nord).

Eröffnet bis Stat. 23 im Sommer, bis 24 im October 1862.

(1. Luxembourg) . . —
16. Dommeldange (Dommeldingen) . . 5
17. Walferdange (Walferdingen) . . . 8
18. Lorentzweiler P.H. . 12
19. Lintgen . . . . . . 14
20. Mersch . . . . . . 18
21. Cruchten P.H. . . . 24
22. Colmar-Berg . . . . 27
23. (e) Ettelbrück . . . 30
24. Diekirch . . . . . 34

e. Ettelbrück-Belg. Grenze, (Prolongement de la ligne du Nord).

Eröffnet 20/2 67.

(23. Ettelbrück) . . . 30
25. Göbelsmühle . . . . . 41
26. Kautenbach . . . . . 45
27. Wilwerwiltz . . . . . 51
28. Clervaux . . . . . . 60
29. Maulusmühle P.H. . 64
30. Trois-Vierges . . . 69
31. Gouvy (Belg. Douane) 79
31a. Bovigny-Courty . . . 85
32. Vielsalm . . . . . . 90
33. Grand-Halleux . . . . 96
34. Trois-Ponts . . . . . 102
35. Stavelot . . . . . . 107
36. Francorchamps . . . 116
37. Spa . . . . . . . . 131
38. La Reid . . . . . . 136
39. Theux . . . . . . . 139
40. Juslenville . . . . . 140
41. ○ Pepinster . . . . 143

# Niederlande (Holland).

Uebersicht (die mit * bezeichneten Eisenb. gehören dem Verein Deutscher Eisenbahnverwaltungen an):

*1. Niederländ. Rheinbahn.
*2. Niederländ. Staatsbahnen mit den Linien der Lüttich-Limburger Eisenb.
*3. Anvers-Rotterdam.
*4. Niederländ. Centralbahn.
5. Holländ. Eisenb. (Amsterdam-Haag-Rotterdam).

## I. Niederländische Rhein-Eisenbahn.

Direction zu Utrecht.

Königreich der Niederlande: Provinzen. Stat. 1 und 2 in Nord-Holland; Stat. 3-11 incl. und 20 in Provinz Utrecht; Stat. 12-17 in Gelderland; Stat. 21-31 in Süd-Holland. * Stat. 18 u. 19 im Königr. Preussen; Regierungsbezirk Düsseldorf.

Anschlüsse: Amsterdam: Holländ. Eisenb. (Amsterdam-Haag-Rotterdam); Arnheim: Niederl. Staatsbahn; Emmerich: Köln-Minden; Elten: Rheinische; s'Gravenhage in Bau: Holländ. Eisenb.; Rotterdam: Holländ. Eisenb.; Utrecht-Niederländ. Central und Niederländische Staatsb.; Zevenaar: Rheinische Eisenb.

Die 4 Stationen Amsterdam, Rotterdam, Utrecht u. Arnheim übernehmen die Expedition von Gütern mit directen Frachtbriefen für alle Stationen Deutschlands. Eine gleiche Expeditionsweise besteht für Sendungen von Deutschland nach Holland.

a. Amsterdam-Utrecht-Emmerich (16,60 Meilen = 126,68 Kil.).

Eröffnet Stat. 1-7: 28/12 43; 7-8: 17/7 44; 8-11: 18/5 45; 11-14: 18/5 45; 14-18: 15/2 56. Kil.

1. ○ Amsterdam . . . —
2. Abcoude . . . . . . 13
3. Loenen-Vreeland . . 18
4. Nieuwersluis . . . . 19
5. (c) Breukelen . . . . 23
6. Maarssen . . . . . . 30
7. ○ (b) Utrecht . . . 37
8. Zeist-Driebergen . . 48
9. Maarn P.H.* . . . . . —
10. Maarsbergen . . . . 58
11. Veenendaal . . . . 70
12. Ede . . . . . . . . 77
13. Wolfhezen . . . . . 86
14. ○ Arnheim . . . . 95
15. Westervoort . . . . 101
16. Duiven . . . . . . 102
17. ○ Zevenaar . . . . 109
18. ○ Elten . . . . . . 117
19. ○ Emmerich . . . 126

b. Utrecht-Rotterdam (7,04 M. = 53 Kil.).

Eröffnet Utrecht-Stat. 23: 21/6 55. Stat. 23-27: 30/7 55.

(7. Utrecht) . . . . . . —
20. (c) Harmelen . . . . 12
21. Woerden . . . . . . 16
22. Oudewater . . . . . 21
23. (d) Gouda . . . . . 32
24. Moordrecht . . . . . 37
25. Nieuwerkerk . . . . 41
26. Capelle . . . . . . 45
27. ○ Rotterdam . . . . 53

c. Breukelen-Harmelen (1,01 M. = 7,601 Kil.).

Eröffnet 1/11 69.

(5. Breukelen) . . . . . —
(20. Harmelen) . . . . 7,6

Durch diese directe Verbindungslinie zwischen den Linien Amsterdam-Utrecht und Utrecht-Rotterdam wird die Entfernung Amsterdam-Rotterdam um 2,13 M. = 16 Kil. abgekürzt.

d. Gouda-s'Gravenhage (3,77 M. = 28,44 Kil.).

Eröffnet für Personenverk. 1/5 70, für Güterverk. 1/6 70.

(23. Gouda) . . . . . . —
28. Zevenhuizen-Moercapelle . . . . . . 9,6
29. Soetermeer-Zegwaard 15,9
30. Voorburg P.H. . . . 25,4
31. ○ s'Gravenhage . . 28,4

## 2. Niederländische Staats-Eisenbahnen.

General-Direction seit 1. Mai 1871 in Utrecht

Königreich der Niederlande: Provinzen: Friesland, Groningen, Drenthe, Gelderland, Overyssel, Utrecht, Noord Brabant, Limburg und Zeeland. *1 Belgien: Provinzen: Limburg und Lüttich. *2 Preussen: Regierungsbezirk Hannover. Sämmtliche Stationen haben Personen- u. Güterverkehr.

Anschl.: Ans: Belg. Staatsb., Arnhem: Niederl. Rheinb., Breda, Moerdijk und Roosendaal: Grand Central Belge, Flémalle: Nord-Belge, Hasselt: Gr. Central (Aachen-Mastricht), Lüttich: Belg. Staatsb., Lüttich-Mastricht, Nord-Belge und Grand Luxembourg (Liège-Marche), Mastricht: Grand Central u. Lüttich-Mastricht, Munsterbilsen: Grand Central, Salzbergen (später auch Ihrhofen): Westfäl. Eisenb.; Tilburg: Grand Central Belge, Utrecht: Niederländische Centralb. u. Niederländische Rheinbahn, Venlo: Bergisch-Märkische (Viersen-Venlo) u. Rheinische (Kempen-Kaldenk.-Venlo), demnächst auch Köln-Mindener E. (Venlo-Hamburg), Zwolle: Niederl. Centralb.

NB. In den Stationen Moerdijk und Lüttich findet keine Verbindung der Geleise statt.

Directe Güterverkehre.

I. Für die nördlichen Linien.

a = Deutsch-Holländischer Verband;

b = Hannover-Niederländ. Verband;
c = Norddeutsch-Niederländ. Güter-Verkehr;
d = Köln-Mindener Bahn (nur für Steinkohlen nach Niederl. Stationen und für Erze von Niederl. Stationen)
e = Nederland. Rhijnspoor;
f = Nederland. Centralspoor;
g = Niederländ.-Bayerisch-Oesterr. Güter-Verkehr.

II. Für die südlichen Linien.
h = Berg.-Märkische Bahn;
i = Rheinische Bahn;
k = Köln-Mindener Bahn;
l = Nord-Belge;
m = Lüttich-Maastricht. Bahn;
n = Lüttich-Limburg;
o = Grand Central Belge;
p = Etat-Belge;
q = Niederl.-Bayer.-Oesterr. Verkehr;
r = Mittel-Rhein. Verkehr.

III. Für die Lüttich-Limburger Bahn.
s = Nord-Belge;
t = Grand Central-Belge;
u = Niederl. Staats-Eisenb. (südliche Linie);
v = Etat Belge;
w = Rheinische Bahn;
x = Bergisch-Märk. B. (Erze)
y = Grand Ducal;
z = Nord-Français;
α = Guillaume-Luxembourg;
β = Est Français;
γ = Gand-Eeclo-Bruges;
δ = Société Générale d' Exploitation;
ε = Chimay;
ζ = Le Grand Luxembourg.

Zollabfertigung auf rsp. nach den Niederl. Staatsb.-Linien:
I. Nach Deutschland: Oldenzaal (28) Venlo (62);
II. Von Deutschland auf Stationen Bentheim (30) Kaldenkirchen (B M. 27. Rh. 83.);
III. Nach Belgien: Valkenswaard (117);
IV. Von Belgien: Achel (116).
Zollstellen mit Ansage-Verfahren: Kampen (Rh. 67); Almelo (35); Oldenzaal (28); Amsterdam, Rotterdam (Niederl. Rh. 1. 27.); Zwolle (40) für die nördl. Linien. Eindhoven (67); Roermond (58); Amsterdam, Rotterdam für die südlichen Linien.

NB. Kampen, Kaldenkirchen, Amsterdam und Rotterdam sind nicht Stationen der Niederl. Stsb.

Nördliche Linien.

a. Harlingen-Preuss. Grenze.

Provinz-Lage: Stat. 1-9 in Friesland, 9-15 in Groningen, 16-24 in Gelderland, 24-28, 33-35 in Overyssel, 29-32 in Preussen (Prov. Hannover), 21-36 in Gelderland, 37-43, 44 in Overyssel, 43 u. 50 in Drenthe, 45 bis Leeuwarden in Friesland. Harlingen-Leeuwarden $^{27}/_{10}$ 63, Leeuwarden-Groningen $^{1}/_{6}$ 66, Groningen-Winschoten $^{1}/_{5}$ 68, Winschoten-Nieuwe Schans $^{1}/_{11}$ 68 eröffnet.

1. Harlingen (Nordseehafen) . . . . . . a. —
2. Franeker . . . . . g. 10
3. Dronrijp . . . . . . 15
4. Deinum (Halt) . . . . 22
5. (e) Leeuwarden a.b.c.g 25
5a. Tietjerk (Halt) . . . 34
6. Hardegarijp . . . . . 36
7. Veenwouden . . . . . 40
8. Buitenpost . . . . . 51
9. Grijpskerk . . . . . 62
10. Zuidhorn . . . . . . 69
10a. Vierverlaten (Halt) . —
11. (f) Groningen a.b.c.g. 80
11a. Kropswolde (Halt) . —
12. Hoogezand . . . . . 95
13. Zuidbroek . . . . . . 102
13a. Scheemda . . . . . 107
14. Winschoten . . a.b. 114
15. Nieuwe Schans . 127

Preussische Grenze, resp. in der Richtung auf Ihrhofen an die projectirte Westfäl. Eisenbahnstrecke.

Oestliche Linien.

b. Arnhem-Hengelo-Salzbergen (115,071 Kil., wovon 23 Kil. auf Preuss. Gebiet.).

Arnhem-Zutphen am $^{1}/_{2}$ 65, Zutphen-Hengelo $^{1}/_{11}$ 65, Hengelo-Salzbergen $^{9}/_{10}$ 65 eröffnet. Die Strecke Almelo-Hengelo-Salzbergen (55,473 Kil.) ist von der gleichnamigen Eisenbahn-Gesellschaft auf 99 Jahre gepachtet.

16. ○ Arnheim a.b.c.e.f. —
17. Velp . . . . . . . e. 7
18. de Steeg . . . . . e. 12
19. Dieren . . . . . . e. 17
20. Brummen . . . . . e. 23
21. (e) Zutphen a.b.c.e.f.g. 31
22. Laren . . . . . . . a. 41
23. Lochem . . . . . a.e. 47
24. Markelo . . . . . . 55
25. Goor . . . . . a.b.d.e. 61
26. Delden . . . . a.d.e. 70
27. (c.d) Hengelo a.b.d.e. 76
28. Oldenzaal a.b.c.d.e. 87
29. Gildehaus . . a.b.d. 100
30. Bentheim . a.b.d.e. 102
31. Schüttorf . . a.b.d. 107
32. ○ Salzbergen . . 116

c. Zwgb. Hengelo-Glanerbeek (14.380) Kil.).

Hengelo-Enschedé am $^{1}/_{7}$ 66, Enschedé-Grenze am $^{1}/_{1}$ 68 eröffnet.

(27. Hengelo) a.b.d.e. 76
33. Enschedé a.b.c.d.e. 84
33a. Glanerbeek . a.b.d. 90

An die project. Eisenbahn von Enschedé nach Münster demnächst anschliessend.

d. Zwgb. Hengelo-Almelo (15 Kil. = 2,1 M.).

Eröffnet 2. October 1865.

(27. Hengelo) . a.b.d.e. —
34. Borne . . . . a.d.e. 6
35. Almelo . a.b.c.d.e. 16

An die projectirte Eisenb. von Almelo nach Zwolle demnächst anschliessend.

e. Zutphen-Zwolle-Leeuwarden.

Eröffnet: Zutphen-Deventer: $^{1}/_{6}$ 65, Deventer-Zwolle-Meppel: $^{1}/_{10}$ 67, Meppel-Heerenveen: $^{15}/_{1}$ 68, Heerenveen-Leeuwarden: $^{1}/_{6}$ 68.

(21. Zutphen) a.b.c.e.f.g. 31
36. Gorsel . . . . . . . 39
37. Deventer . a.b.c.e.g. 47
37a. Diepenveen PH. . . —
38. Olst . . . . . . . d. 56
39. Wijhe . . . . . . d. 63
39a. Windesheim . . . . —
40. ○ Zwolle . a.b.c.g. 76
40a. Dalfsen PH. . . . —
41. Dedemsvaart . . . d. 91
42. Staphorst . . . . . . —
43. (f) Meppel . a.b.g. 104
43a. Nyenveen PH. . . . —
44. Steenwijk . . . . . b. 118
44a. Peperga PH*. . . . —
45. Wolvega . . . . . . 130
45a. Oude Schoot PH. . —
46. Heerenveen . a.b.g. 141
47. Akkrum . . . . . . 152
48. Grouw . . . . . . . 157
48a. Idaard-Roordahuizen —
49. Wirdum . . . . . . 163
(5. Leeuwarden) a.b.c.g. 170

f. Zwgb. Meppel-Groningen, am 1. Mai 1870 eröffnet.

(43. Meppel) . . a.b.g. —
49a. Koekange . . . . . 8
49b. Echten PH. . . . . 14
49c. Hoogeveen . . . . . 19
49d. Beilen . . . . . . . 33
50. Assen . . . . . . . a. 49
50a. Zuid-Laren . . . . . 59
50b. de Punt . . . . . . 66
50c. Haren PH. . . . . . 70
(11. Groningen) a.b.c.g. 76,5

Südliche Linien.

Provinz: Lage; Stat. 51-63 in Limburg, 63-76, 79-83, 90, 91 in Nord-Brabant, 76-78 in Zuid-Brabant, 83—89 in Zeeland, 92-96 in Gelderland, 96-98 in Utrecht.

g. Mastricht-Venlo (Theil der Paris-Hamburgerb.) 69,175 Kil. Seit $^{21}/_{10}$ 1865 in Betrieb.

51. ○ Mastricht . . . l. —
52. Bunde . . . . . l.m. 7
53. Beek-Elsloo . . l.m. 14
53a. Geleen PH. . . . . —
54. Sittard . . . . i.l.m. 22
55. Susteren . . . i.l.m. 29
56. Echt. . . . . . i.l.m. 33
57. Maasbracht Linne i.l.m. 39
58. Roermond . h.i.k.l.m. 47
59. Swalmen . . . i.l.m. 52
60. Reuver . . . . i.l.m. 59
61. Tegelen . . . . i.l.m. 66
62. ○ (b) Venlo . l.m.n. 70

Der Betrieb auf der weiteren Strecke Venlo-Preuss. Grenze (2,8 Kil.), und zwar das südliche Geleise ist an die Berg.-Märkische Eisenb., das nördliche Geleise an die Rhein. Eisenb. pachtweise überlassen.

h. Venlo-Breda (in Betrieb).

Eröffnet: Tilburg-Breda $^{5}/_{10}$ 63, Tilburg-Boxtel $^{1}/_{5}$ 65, Boxtel-Eindhoven $^{1}/_{7}$ 66, Eindhoven-Venlo $^{1}/_{10}$ 66.

(62. ○ Venlo) . l.m.n. 70
62a. Blerick PH* . . . . —
63. Horst. . . . . i.l.m.n. 82
63a. Helenaveen PH* . . —
64. Deurne . . i.k.l.m.n. 100
65. Helmond h.i.k.l.m.n. 109
66. Nuenen-Tongelre i.k.l.n. 118
67. (m) Eindhoven h.i.k. 122
68. Best . . . h.i.k.l.n. 132
69. (l) Boxtel h.i.k.l.n.p. 142
70. Oisterwijk h.i.k.l.n. 151
71. Tilburg h.i.k.l.n.o.p. 159
72. Gilze Rijen h.i.k.l.n. 170
73. ○ (i) Breda h.i.k.l.n.p. 180

i. Breda-Rotterdam.

Breda-Moerdijk im Betrieb seit 1. Juli 1863. Moerdijk-Rotterdam im Bau.

(73. Breda) h.i.k.l.n.p. —
74. Langeweg . . . l.n. 11
74a. Zwaluwe (14 Kil von Breda wird nach Eröffnung der Linie bis Rotterdam der Anschlusspunct für die Zweigbahn Zwaluwe-Moerdijk).
75. ○ Moerdijk h.k.l.n.p. 19

Im Bau:
76. Willemsdorp . —
77. Dordrecht l.n.q.r. —
78. ○ Rotterdam l.n.p.q.r. —

NB. Bis zur Eröffnung der Bahnstrecke Moerdijk-Rotterdam Personen- und Güterbeförderung von Moerdijk nach Dordrecht und Rotterdam per Dampfschiff.

k. Roosendaal-Vlissingen.

Roosendaal-Bergen op Zoom (13 Kil.), seit $^{24}/_{12}$ 63 in Betrieb; Bergen op Zoom-Goes $^{1}/_{7}$ 68; Goes-Vlissingen im Bau, im Juli 1870 zu vollenden.

79. ○ Roosendaal . . . —
80. Wouw . . . . . . . o. 7
81. Bergen op Zoom . o. 13
82. Woensdrecht . . . . 19
82a. Rilland PH. . . . . —
83. Krabbendijke . . . . 32
84. Kruiningen . . . . . 39
84a. Vlake PH. . . . . . 41
85. Kapelle-Biezelinge . 45
86. Goes . . . . . . . . 50

Im Bau:
87. Arnemuiden . —
88. Middelburg . . —
89. Vlissingen . — (Nordseehafen.)

l. Boxtel-Utrecht 59,4 Kil.

Eröffnet: Boxtel-Vught: $^{1}/_{7}$ 68, Vught-s'Hertogenbosch: $^{1}/_{11}$ 69, Bosch-Hedel: $^{10}/_{5}$ 70, Hedel-Waardenburg: $^{1}/_{11}$ 69, Waardenburg-Utrecht: $^{1}/_{11}$ 68.

ab Utrecht.
(69. Boxtel) . . . . . 59
90. Vught . . h.i.k.l.n. 50
91. s'Hertogenbosch (Bosch) h.i.k.l.n.p. 46
92. Hedel . . . . . . . . 40
92a. Bommel . . . . . . 35
93. Waardenburg . . . 31
94. Geldermalsen . . . 26
95. Kuilenburg . . . . n. 18
96. Schalkwijk . . . . . 13
97. Houten . . . . . . . 10
98. ○ Utrecht . . n.o.p. —

## m.n. Lüttich-Limburger Eisenbahn.

Eigenthum der Lüttich-Limburger Eisenb.-Gesellschaft. (Liégeois-Limbourgeois, Domicil: Tongres.)

Politische Lage: Ausser der Strecke Valkenswaard (Stat. 117) bis Eindhoven liegen die Stationen der Linien m und n in Belgien, Provinz Limburg und Liége.

m. Lüttich-Hasselt-Eindhoven 103,022 Kil. mit Abzweigung nach Munsterbilsen 2,911 Kil.

Eröffnet Stat. 99-120 $^{1}/_{5}$ 65, 105-108 $^{1}/_{11}$ 63, 108-121 $^{1}/_{11}$ 65, 111-Eindhoven $^{20}/_{1}$ 66.

99. ○ Liége (Lüttich) — s.t.u.v.y.z.α.β.γ.δ.ε.ζ.
100. Herstal s.t.u.v.y.z.α.β.γ.δ. 3
100a. la Préalle PH.* . . . 4
101. Milmorte s.t.u.v.y.z.α.δ.ζ. 8
102. (n) Liers . s.t.z.δ.ζ. 10
103. Glons s.t.u.v.y.z.α.ζ. 15
104. Nederheim . s.v.z.ζ. 20
105. Tongres s.t.u.v.w.y.z.α.β.γ.ε.ζ. 24
106. Hoesselt . . . s.t.v. 32
107. Bilsen . . . s.t.v.ζ. 35

Abzweigung Bilsen-Munsterbilsen 2,911 Kil.

108. ○ Munsterbilsen s.u.v.ζ. 38
109. Beverst . . . . s.v. 39
110. Diepenbeek . . s.v. 43
111. ○ Hasselt s.w.y.z.β.ζ. 50
111a. Hasselt Canal GH. s.t.v.ζ. 52
112. Zonhoven s.u.v.x.z.ζ. 57
113. Helchteren . s.v.w. 65
114. Wychmael. s.u.v.β.ζ 74
114a. Exel PH.* . s.u.v. 78
115. Neerpelt s.u.v.y.β.z.ζ. 85
116. Achel s.v.w.y.z.β.ζ. 91
117. Valkenswaard . s.u. 100
118. Waalré . . . . s.u. 104
(67. Eindhoven) . s.v. 110

n. Zwgb. Liers-Ans-Flémalle. Liers-Ans, Ans-Flémalle seit $^{1}/_{5}$ 68 eröffnet.

(102. Liers) s.v.y.z.δ.ζ. —
119. Rocour s.t.u.v.y.z.ζ. 3
120. Ans-LL. (Liég-Limb.) s.t.u.v.y.z.α.δ.ε.ζ. 5

Zwgb. von Ans-LL. nach Ans-Etat.

121. ○ Ans-Belg. S.sb. t.u. 7
122. Horlox-Jemeppe . ζ. 13
123. Flémalle grande. s.u. 14
124. ○ Flémalle haute n. 16

3. Anvers-Rotterdam.

a. Roosendaal-Moerdyk;
b. Zwgb. Roosendaal-Breda in Betrieb des Grand Central Belge siehe unter Belgien Nr. 2.

4. Niederländische Centralb.

Direction zu Amsterdam.

Utrecht-Zwolle-Kampen.

Anschlüsse: Utrecht: Ndrl. Rheinb. und Niederl. Stsb.; Zwolle: Niederl. Stsb.

Entfernungen vom Amsterdam.

1. Kampen . . . . . . 136
2. Mastenbroek . . . . 130
3. ○ Zwolle . . . . . 123
4. Hattem . . . . . . 110
5. Wezep . . . . . . . 104
6. Elburg-Epe . . . . . 105
7. Nunspeet . . . . . . 96
8. Hulshorst . . . . . . 90

| | | |
|---|---|---|
| 9. | Harderwijk | 84 |
| 10. | Putten | 75 |
| 11. | Nijkerk | 67 |
| 12. | Amersfoort | 57 |
| 13. | Soest-Soestdijk-Baarn | 51 |
| 14. | Hilt-Vuursche | 44 |
| 15. | Utrecht | 35 |

**5. Rotterdam-Haag-Amsterdam (Holländische Yzere-Sporweg-Maatschappy zu Amsterdam).**

Anschlüsse: Amsterdam u. Rotterdam: Niederländ. Rheinbahn, demnächst noch Niederländ. Staatsbahn.

**a. Rotterdam-Amsterdam.**

| | | |
|---|---|---|
| 1. | Rotterdam | 84,5 |
| 2. | Schiedam | 79,75 |
| 3. | Delft | 69,20 |
| 4. | Rijswijk | 64,3 |
| 5. | Haag (s'Gravenhage) | 61,3 |
| 6. | Voorschoten | 51,08 |
| 7. | Leiden | 45,66 |
| 8. | Warmond | 42,36 |
| 9. | Piet Gijzenburg | 36,22 |
| 10. | Veenenburg | 30,40 |
| 11. | Hillegommerbeek | 29,02 |
| 12. | Vogelenzang | 25,29 |
| 13. | (b) Haarlem | 16,87 |
| 13a. | Halfweg | 9,32 |
| 14. | Amsterdam | — |

**b. Harlem-Nieuwediep.**

Seit Sommer 1865 vollständig im Betrieb, vom Niederländ. Staat gepachtet.

| | | |
|---|---|---|
| (13. | Haarlem) | 75,89 |
| 15. | Zandpoort | 71,58 |
| 15a. | Beverwijk | 64,35 |
| 16. | (c) Uitgeest | 57,9 |
| 17. | Castricum | 53,87 |
| 18. | Alkmaar | 42 — |
| 19. | Heer Hugowaard | 35,18 |
| 20. | Noord Scharwonde | 30 — |
| 21. | Schagen | 21,3 |
| 22. | Anna Paulowna | 12,13 |
| 23. | Helder (Nieuwediep) Nordseehafen | — |

**c. Zwgb. Uitgeest-Amsterdam.**

| | | |
|---|---|---|
| (14. | Amsterdam) | — |
| 24. | Zaandam | 9 |
| 25. | Westzaan | 12 |
| 26. | Krommenie | 16,5 |
| 27. | (b) Uitgeest | 21,5 |

# Russland.

## 1. Warschau-Wiener u. Warschau-Bromberger Eisenb.

Direction in Warschau.

Die Bahn ist Eigenthum des Staats, welcher sie durch Concess. Vertrag vom 10. October 1857 für die Dauer von 75 Jahren an die Warschau-Wiener Eisenb.-Ges. in Pacht gegeben hat.

Königreich Polen: Gubernien.

Anschlüsse. Alexandrowo: Preuss. Ostbahn (Bromberg-Ottlocsyn); Granica: Kais. Ferd. Nordbahn; Sosnowce: Oberschles. E.; Warschau: Grosse Russische E. und Warschau-Terespol; Koluszki: Lodzer Fabrikbahn.

Directe Güter-Verkehre: I. Nach Tarif vom 15. Sept. 1866 mit der Kgl. Preuss. Ostbahn u. über dieselbe hinaus: zwischen den Stationen: a = Hamburg einerseits u. Warschau, Alexandrowo andererseits.

II. Nach Tarif vom 1. Nov. 1864 zwischen der Königl. Preuss. Ostbahn einerseits und der Kaiser Ferd. Nordb., sowie der Galiz. Carl-Ludwigsbahn andererseits transito über die Warschau-Wiener E., ohne dass deren Stationen Verband-Stationen sind, und zwar zwischen Danzig einerseits und Krakau und Lemberg andererseits.

III. Preussisch-Polnischer Verbandstarif zwischen den Stationen Berlin, Frankfurt a/O., Bromberg, Elbing, Königsberg, Thorn, Danzig und Neufahrwasser der Ostbahn einerseits und Warschau, Sosnowice und Granica der Warschau-Wiener und Lodz der Lodzer Fabrikbahn andererseits via Alexandrowo ($^{10}/_{8}$ 70).

IV. Schlesisch-Polnischer Verbandstarif zwischen Stationen der Oberschles. E. (Breslau, Neisse etc.) einers. u. Warschau, Sosnowice der Warschau-Wiener und Lodz der Lodzer Fabrikbahn via Sosnowice andererseits ($^{1}/_{1}$ 71).

V. Sächsisch-Russisch-Polnischer Verbandsverkehr zwischen den Stationen Görlitz, Zittau, Dresden, Chemnitz, Annaberg-Buchholz, Crimmitschau, Reichenbach i. V., Hof und Leipzig einerseits und Sosnowice andererseits, sowie Görlitz, Zittau, Dresden, Chemnitz und Annaberg-Buchholz einerseits und Warschau, Lódz, via Breslau-Kattowitz andererseits ($^{1}/_{10}$ 70).

VI. Stettin-Polnischer Verbandstarif zwischen Stettin einerseits und Alexandrowo, Warschau und Lodz andererseits ($^{1}/_{4}$ 71).

VII. Oesterr.-Ungar.-Russischer Verbandstarif zwischen den Stationen Bodenbach, Aussig, Lobositz, Kralup, Prag, Kolin, Pardubitz, Böhm. Trübau und Hohenstadt dann Pressburg, Gran Nana, Waitzen, Palota, Pest, Steinbruch, Czegled, Szegedin, Temesvar und Basias, sowie Olmütz einerseits und St. Petersburg, Pskoff, Ostrow, Dünaburg, Kowno, Wilna, Bialystok, Riga, Warschau und Granica (transit) und Lodz andererseits ($^{1}/_{11}$ 70).

VIII. Oesterr.-Galizisch-Nordrussischer Verbandstarif zwischen den Stationen Szczakowa, Krakau, Lemberg, Zloczow, Brody, Tarnopol, Podwoloczyska, Czernowitz und Jassy einerseits und den vorstehend genannten Russ. Stationen excl. Granica andererseits ($^{1}/_{12}$ 70).

IX. Nach Tarif vom 1. Juni 1867 mit der Kaiser Ferdin.-Nordbahn und darüber hinaus zwischen den Stationen: Wien einers., dann Granica u. Warschau andererseits.

X. Zwischen der Kais. Ferd. Nord- und der Oesterr. Südbahn einerseits und der St. Petersburg-Warschauer, sowie der Riga-Dünaburger Bahn andererseits, wobei nur die Warschau-Wiener Grenzstation Granica als Verbandstation aufgenommen ist, sonst transito über die Warschau-Wiener Bahn und zwar zwischen den Stationen: a = Cormons, Triest, Wien und Brünn einerseits, dann b = Granica, Wilna, Kowno, Dünaburg, Ostrow, Pskow und St. Petersburg, endlich Riga, Polotsk und Witebsk andererseits; Tarif vom 1. December 1868.

NB. Im directen Verkehr mit der Lodzer Fabrikbahn mit den Stat. Lodz gilt der diesseitige Localtarif.

**a. Warschau-Granica (40,7 M. = 306 Kilom.).**

Am 1. April 1848 eröffnet.

| | | Pr. Mln. | Kilom. | (Gubernium) |
|---|---|---|---|---|
| 1. | Warschau | — | — | I. III—VIII. Warschau |
| 2. | Pruszków | 2,1 | 16 | » |
| 2a. | *Brwinów P.H.* | 3,0 | 23 | » |
| 3. | Grodzisk | 4,0 | 30 | » |
| 4. | Ruda Guzowska | 5,8 | 44 | » |
| 5. | Radziwiłłów | 7,4 | 56 | » |
| 6. | (c) Skierniewice | 8,9 | 67 | » |
| 6a. | *Kręźce G.H.* | 9,8 | 74 | » |
| 7. | Płyćwia | 10,7 | 81 | » |
| 8. | Rogów | 12,8 | 96 | Petrikau |
| 9. | Koluszki | 14,0 | 105 | » |
| 10. | Rokiciny | 15,2 | 114 | » |
| 11. | Baby | 17,3 | 130 | » |
| 11a. | *Moszczenice G.H.* | 18,1 | 136 | » |
| 12. | Petrikau | 19,2 | 145 | » |
| 12a. | *Rozprza P.H.* | 20,9 | 157 | » |
| 13. | Gorzkowice | 22,2 | 167 | » |
| 13a. | *Kamińsk P.H.* | 23,3 | 175 | » |
| 14. | Radomsk | 25,2 | 190 | » |
| 15. | Kłomnice | 27,7 | 209 | » |
| 15a. | *Rudnik G.H.* | 29,0 | 218 | » |
| 16. | Czenstochau | 30,6 | 230 | » |
| 17. | Poraj | 32,8 | 247 | » |
| 17a. | *Żarki G.H.* | 34,3 | 258 | » |
| 18. | Myszków | 34,7 | 261 | » |
| 19. | Zawiercie | 36,5 | 275 | » |
| 20. | Łazy | 37,3 | 281 | » |
| 21. | (b) Ząbkowice | 39,0 | 294 | » |
| 21a. | *Strzemieszyce P.H.* | 39,9 | 300 | » |
| 22. | Granica | 40,7 | 306 | I. b. III. VII. » |

Polnisch-Oesterreichische Grenze gegen Szczakowa.

**b. Zweigb. Ząbkowice-Sosnowce (2,3 M. = 17 Kil.).**

Am $^{24}/_{9}$ 1859 vollständig eröffnet.

| | | | | |
|---|---|---|---|---|
| (21. | Ząbkowice) | 39,0 | 294 | Petrikau |
| 23. | Dąbrowa (Dombrowa) | 39,9 | 300 | » |
| 24. | Sosnowce | 41,2 | 310 | I. b. IV. V. » |

Polnisch-Preussische Grenze gegen Kattowitz.

**c. Skierniewice-Alexandrowo (21,0 M. = 158 Kil.)** umfassend die Zweigb. Skierniewice-Łowicz der Warschau-Wiener Bahn, eröffnet im November 1845, u. Łowicz-Alexandrowo der sog. Warschau-Bromberger Bahn, am 4. Dec. 1862 vollständig eröffnet.

| | | | | |
|---|---|---|---|---|
| (6. | Skierniewice) | 8,9 | 67 | Warschau |
| 25. | Łowicz | 11,7 | 88 | » |
| 25a. | *Jackowice G.H.* | 13,5 | 102 | » |
| 26. | Pniewo | 15,2 | 114 | » |
| 27. | Kutno | 17,7 | 133 | » |
| 28. | Ostrowy | 19,5 | 147 | » |
| 29. | Kowal | 22,8 | 172 | » |
| 30. | Włocławek | 25,0 | 188 | » |
| 31. | Nieszawa | 27,9 | 210 | » |
| 32. | (d) Alexandrowo | 29,9 | 225 | I. a. VI. » |

Polnisch-Preuss. Grenze gegen Ottlozyn.

**d. Zweigb. Alexandrowo-Ciechocinek (ca. 1 M. = 7 K.).**

Eröffnet 1. Juli 1867.

| | | | | |
|---|---|---|---|---|
| (32. | Alexandrowo) | 29,9 | 225 | Warschau |
| 33. | Ciechocinek | 30,8 | 232 | » |
| 33a. | *Salien G.H.* | 31,0 | 233 | » |

## 2. Lodzer Fabrikbahn

(26 Werst = 3,7 M.).

Eröffnet am (20. Mai) 19. Juni 1866.

Verwaltungsrath in Warschau.

| | | |
|---|---|---|
| 34. | (1g) Koluszki | — |
| 35. | Andrzejów (Halt) | 2,1 |
| 36. | Łodź | 3,7 |

## 3. Warschau-Terespol mit Terespol-Brest u. Zweigbahnen

(192 W. = $27^{1}/_{2}$ M.).

(Direction in Warschau).

Anschluss in Warschau: Warschau-Wien und Grosse Russische.

**a. Warschau-Terespol.**

Eröffnet bis Siedlce am $^{29}/_{3}$ 66; Stat. 43-44 am $^{11}/_{6}$ 66; bis Terespol $^{4}/_{1}$ 67.

| | | |
|---|---|---|
| 37. | (c) Warschau (Praga) | — |
| 38. | Milosna | 17 |
| 39. | Dębe Wielkie | — |
| 40. | Mińsk | 35 |
| 41. | Mrozy | 52 |
| 42. | Kotuń | 70 |

| | | |
|---|---|---|
| 43. | Siedlce | 84 |
| 44. | (d) Luków | 93 |
| 45. | Międzyrzec | 136 |
| 46. | Biała | 159 |
| 47. | Chotylów | 174 |
| 48. | ⊙ Terespol | 192 |

b. Terespol-Brest.
Staatsbahn in Betrieb der Warschau-Terespoler Eisenb. Eröffnet am 1. Nov. 1869.

| | | Werst |
|---|---|---|
| 48. | ○ Terespol | — |
| 49. | ○ Brest-Litewsk | $7^{3}/_{4}$ |

Im Bau: Zweigbahnen:

c. Praga zur Festung Nowo-georiewsk.

d. Lukow zur Festung Iwangorod, zusammen 15 W.

## II. Die Linien der Grossen Russischen Eisenbahn-Gesellschaft, nebst den anschliessenden Bahnen Novotorschock, Rybinsk-Bologoje u. Nowgoroder Eisenb.

### 4. Die Grosse Russische Eisenbahn.

(Grande Société des chemins de fer Russes; Direction générale à St. Petersburg.

Die Stationen 1, 15, 17, 26, 34, 41 u. 45 stehen in directem Güterverkehr a. mit den Hauptstationen der Preuss. Ostbahn, b. mit Stettin, c. mit Breslau, d. mit Waldenburg (Breslau-Freiburger für Flachs in Wagenladungen nach Deutschland), e. im directen Personen- und Gepäckverkehr mit Berlin.

Die Entfernungen der einzelnen Stationen unter einander sind bei der Grossen Russischen Eisenbahnen zunächst in Meilen, bei den übrigen Bahnen nur in Werst angegeben. — 1 Werst = 0,1438 geogr. Meile = 0,1406 Preuss. Meile = 1,066 Kil.

a. St. Petersburg-Warschau. 150 M. = 1116 Kil. = 1049 W. Petersburg-Wilna streckenweise in 1859-62 (Stat. 1-3 am $^{1}/_{11}$ 53; 3-9 $^{8}/_{12}$ 57; 9-15 $^{10}/_{9}$ 59; 15-17 $^{26}/_{1}$ 60; 17-26 $^{8}/_{11}$ 60; 26-35 $^{8}/_{4}$ 62; 35-52 $^{11}/_{9}$ 62), Wilna-Warschau vollständig a. $^{12}/_{11}$ 62 eröffnet.

Anschl.: Dünaburg: Riga-Dünaburg und Dünaburg-Witebsk. Gatschina: Baltische Eisenb. Petersburg: Zarskojeseloer E., Peterhofer. Warschau: Warschau-Wien u. Warschau-Terespol. Im Bau: Belostock: Brest-Grajewo.

| | | Meilen | Werst |
|---|---|---|---|
| 1. | ○ (c) Petersburg | — | |
| 2. | Zarskoje-Sélo | 2,85 | |
| 3. | ⊗ Gatschina | 5,98 | 42 |
| 4. | Suida | 7,29 | |
| 5. | Siverskaja | 9,00 | |
| 6. | Divenskaja | 11,30 | 79 |
| 7. | Mechinskaja | 14,15 | |
| 8. | Preobrajenskaja | 16,45 | |
| 9. | Luga | 18,30 | 126 |
| 10. | Serebrianka | 21,30 | |
| 11. | Plussa | 24,44 | |
| 12. | Belaja | 27,58 | 193 |
| 13. | Novocélié | 30,43 | |
| 14. | Toroschino | 34,03 | |
| 15. | Pskow . . a-e | 36,74 | 257 |
| 16. | Orly | 40,16 | |
| 17. | Ostrow . . a-e | 43,76 | 306 |
| 18. | Schogovo | 47,34 | |
| 19. | Pondery | 51,36 | |
| 20. | Korsovka | 53,78 | 376 |
| 21. | Ivanovo | 56,08 | |
| 22. | Reschitza | 59,68 | |
| 23. | Antonopol | 62,28 | 435 |
| 24. | Ruschona | 65,88 | |
| 25. | Dubna | 67,73 | |
| 26. | ○ Dünaburg a-e | 71,15 | 497 |
| 27. | Kalkuhnen | 72,45 | |
| 28. | Novo-Alexandrovsk | 74,87 | |
| 29. | Dukschty | 77,87 | |
| 30. | Ignalino | 81,17 | |
| 31. | Swenziany | 84,31 | 589 |
| 32. | Podbrodse | 87,91 | |
| 33. | Beedany | 91,23 | |
| 34. | Vilno (Wilna) a-e | 94,75 | 662 |
| 35. | (b) Landwarow | 97,05 | |
| 36. | Rudsischky | 99,90 | |
| 37. | Olkeniky | 102,50 | |
| 38. | Orani | 105,11 | |
| 39. | Martsinkanse | 108,06 | |
| 40. | Poretsche | 111,48 | |
| 41. | Grodno | 115,78 | 809 |
| 42. | Kusnitza | 119,20 | |
| 43. | Sokolka | 121,34 | |
| 44. | Tchernaja-Vess | 124,05 | |
| 45. | Bélostok (Bialystock) | 126,90 | 887 |
| 46. | Lapy | 130,03 | 909 |
| 47. | Tschepetowskaja | 132,62 | |
| 48. | Tschijew | 135,63 | |
| 49. | Malkin | 138,95 | |
| 50. | Lochow | 142,80 | |
| 51. | Tluscht | 145,65 | |
| 52. | ⊙ Warschau | 150,25 | 1049 |

b. Landwarow-Eydtkuhnen
Am 1/9. Mai 1862 eröffnet. Stat. 34 resp. 53-56 am $^{3}/_{4}$ 62; 56-61 am $^{31}/_{4}$ 61.

Anschl.: Wirballen: Preuss. Ostb. Schoeli: im Bau: Sch(awli)oeli-Libau

23,04 M. = 173 Kil. = 163 W.

| | | |
|---|---|---|
| (34. | Vilno [Wilna]) | — |
| (35. | Landwarow) | 2,30 |
| 53. | Ewja | 5,60 |
| 54. | ○ Schoeli (Schawli) | 7,74 |
| 55. | Prowenischky | 11,04 |
| 56. | Kowno | 13,89 |
| 57. | Mawrusi | 16,31 |
| 58. | Koslowa-Ruda | 18,73 |
| 59. | Pilwischki | 21,23 |
| 60. | Wilkowischki | 23,04 |
| 61. | ○ Werschbolowo (Wirballen) | 25,34 |
| | Eydtkuhnen | — |

c. Die Nicolaibahn: Petersburg-Moskau, 604 W. = 664 Kil. = $86^{2}/_{7}$ M., wovon 85,91 M. doppelgleisig.

Mit Verbindungsbahnen in Moskau und Petersburg (vom Staat in 1869 gekauft).

Eröffnet Petersburg- Stat. 62 am $^{7}/_{8}$ 47; 62-83 am $^{1}/_{11}$ 51; 83-89 am $^{19}/_{8}$ 50; 89-97 resp. vollständig $^{1}/_{11}$ ($^{19}/_{11}$) 51.

Anschlüsse: Bologoje: B.-Rybinsk; Moskau: Moskau-Jaroslaw, Moskau-Rjäsan, Moskau-Kursk u. Moskau-Smolensk; Ostaschkow: N. Torjock, Petersburg (s. unter a); Tschudowo: Nowgoroder; Tosna: Baltische Eisenb.

| | | Werst |
|---|---|---|
| (1. | ○ St. Petersburg) | — |
| 62. | Kolpino | 24 |
| 63. | Sablino | 38 |
| 64. | ⊗ Tosna | $49^{1}/_{4}$ |
| 65. | Uschaki | $59^{1}/_{4}$ |
| 66. | Ljuban | $77^{3}/_{4}$ |
| 67. | Pomeranje | $89^{3}/_{4}$ |
| 68. | Babino | $93^{3}/_{4}$ |
| 69. | ○ Tschudowo | $110^{1}/_{4}$ |
| 70. | Wolchow | $117^{1}/_{4}$ |
| 71. | Grjady | $132^{1}/_{4}$ |
| 72. | Malaja-Wischera | $151^{1}/_{2}$ |
| 73. | Burga | $169^{1}/_{2}$ |
| 74. | Werebja | 185 |
| 75. | Torbino | 197 |
| 76. | Borowenka | $211^{1}/_{2}$ |
| 77. | Okulowka | 229 |
| 78. | Uglowka | $247^{1}/_{2}$ |
| 79. | Waldaika | $261^{1}/_{4}$ |
| 80. | Beresaika | 281 |
| 81. | ○ Bologoje | $294^{1}/_{4}$ |
| 82. | Saretschje | $318^{1}/_{4}$ |
| 83. | Wischni Wolotschok | $336^{1}/_{4}$ |
| 84. | Osetschenka | $350^{1}/_{4}$ |
| 85. | Spirowo | $367^{1}/_{4}$ |
| 86. | Kalaschnikowo | 387 |
| 87. | ○ Ostaschkowo | 408 |
| 88. | Kulitzkaja | 428 |
| 89. | Twer | $447^{1}/_{2}$ |
| 90. | Kusminka | $466^{1}/_{2}$ |
| 91. | Sawidowo | $492^{1}/_{4}$ |
| 92. | Reschetnikowo | $505^{1}/_{4}$ |
| 93. | Klin | $520^{1}/_{4}$ |
| 94. | Podsolnetschnaja | $543^{1}/_{4}$ |
| 95. | Krjukowo | 568 |
| 96. | Chimky | $586^{1}/_{4}$ |
| 97. | ○ (d) Moskau | 604 |

d. Moskau-Nischni
410 W. = $58^{4}/_{7}$ M. = 441 Kil. Stat. 97-106 am $^{14}/_{8}$ 61; 106-122 am $^{1}/_{8}$ 62, vollständig am 13. Aug. 1862 eröffnet.

Anschlüsse: Moskau s. unter c. Schuisko Iz.: Schuja-Jwanowo-Kineschma.

| | | |
|---|---|---|
| (97. | ○ Moskau) | — |
| 98. | Kuskowo | 1,00 |
| 99. | Obrialowka | 2,85 |
| 100. | Wasiljewo | 4,56 |
| 101. | Bogorodsk | 6,86 |
| 102. | Pawlowo | 8,71 |
| 103. | Orechowo-Sujewo | 11,71 |
| 104. | Prokowo | 14,31 |
| 105. | Petuschki | 16,45 |
| 106. | Boldino | 18,87 |
| 107. | Undol | 21,17 |
| 108. | Koloschka | 23,02 |
| 106. | Wladimir | 25,42 |
| 110. | Bogoljiobo | 26,84 |
| 111. | Wtorowo | 29,14 |
| 112. | ○ Schnisko Iwanowsk | 31,99 |
| 113. | Kowroff | 33,99 |
| 114. | Krestnikowo | 37,13 |
| 115. | Mstera | 39,27 |
| 116. | Wisseniki | 41,98 |
| 117. | Technikowo | 45,58 |
| 118. | Gorochowets Galitz | 48,29 |
| 119. | Gorbatowka | 51,00 |
| 120. | Tschernaja | 54,42 |
| 121. | Orlowka | 56,84 |
| 122. | Nischni-Nowgorod | 58,69 |

### 5. Novotorschock.

32 W.
Anschluss an Stat. 87.
Domicil u. Direction in Petersburg.
Am $^{5}/_{10}$ 68 concessionirt, am 30. Mai 1870 eröffnet.

| | | |
|---|---|---|
| (87. | Ostaschkowo) | — |
| 1. | Tereschkino | 17 |
| 2. | Novotorschock | 33 |

### 6. Rybinsk-Bologowo.

Direction in Petersburg.
Am $^{11}/_{4}$ 68 concessionirt, am $^{11}/_{7}$ 68 in Bau genommen, am 1. Juni 70 eröffnet.
Anschluss an Sation 81.

| | | |
|---|---|---|
| 1. | Rybinsk | — |
| 2. | Wolga | 26 |
| 3. | Charino | 46 |
| 4. | Rodionowo | 72 |
| 5. | Savelino | 99 |
| 6. | Beschetsk | 126 |
| 7. | Weretschje | 148 |
| 8. | Maxaticha | 175 |
| 9. | Brusowo | 200 |
| 10. | Troiza | 228 |
| 11. | Msta | 251 |
| 12. | Medwedewo | 276 |
| (81. | Bologoje (Bologowo) | 280 |

### 7. Tschudowo-Nowgorod.

Schmalspurige E. Concession $^{24}/_{4}$ 70. Eröffnet Juni 1871.

| | | Werst |
|---|---|---|
| (69. | Tschudowo | — |
| 1. | Nowgorod | 69 |

## III. Die übrigen Eisenbahnen um Petersburg sowie in Finnland und Estland.

Der Sitz der nachstehend unter 1, 2, 3 u. 4 genannten Eisenb. und deren Directionen ist in Petersburg.

### 8. Petersburg-Zarskoje-Selo

Direction in Petersburg.
$3^{4}/_{7}$ M. = 27 Kil. = 25 W.
Die 1. Russische Eisenbahn am 4. April 1838 eröffnet.

| | | Werst |
|---|---|---|
| 1. | Petersburg | — |
| 2. | Zarskoje Selo | — |
| 3. | Pawlowsk | 25 |

### 9. Petersb.-Peterhof.

Direction in Petersburg.
$5^{1}/_{7}$ M. = 38,4 W., mit Abzweig. Ligowo-Krasnoje Selo. Bis Peterhof am $^{21}/_{7}$ 1857, bis Oranienbaum am $^{1}/_{8}$ 1864, die Zwgb. am $^{16}/_{8}$ 1859 eröffnet.

| | | |
|---|---|---|
| 4. | Petersburg | — |
| 5. | Ligowo | 13 |
| | Zwgb. von Ligowo 12,5 W. nach | |
| 5a. | Krasnoje Selo | 25,5 |
| 6. | Sergy | 18 |
| 7. | Streljna | 21 |
| 8. | Peterhof (Neu-) | 27,2 |
| 9. | Peterhof (Alt-) | 30,9 |
| 10. | Oranienbaum | 38,4 |

### 10. Finnländsche Eisenbahnen.

Direction in Petersburg. (Staatsbahnen).
Eröffnet Helsingfors-Tawastehus (Stat. 30-38): $^{23}/_{4}$ 62; St. Petersburg-Wyborg-Rijhimäki (Stat. 1-30): $^{30}/_{8}$ 1870.

a. Petersburg-Helsingfors

| | | Werst |
|---|---|---|
| 1. | St. Petersburg | — |
| 2. | Lanskaja | 4 |
| 3. | Udelnaja | 8 |
| 4. | Schuwalowo | 11 |
| 5. | Pargolowo | 15 |
| 6. | Lewaschewo | 18 |
| 7. | Belo-Ustrow | 30 |
| 8. | Tereioky | 46 |
| 9. | Raiwola | 55 |
| 10. | Nowajakirka | 70 |
| 11. | Perkjarwy | 83 |
| 12. | Galitsino | 94 |
| 13. | Seinio | 111 |
| 14. | Wyborg | 120 |
| 15. | Nurmis | 137 |
| 16. | Simola | 158 |
| 17. | Pulsa | 169 |
| 18. | Davidstadt | 190 |
| 19. | Kaipiais | 213 |
| 20. | Utiis | 223 |
| 21. | Kjummene | 240 |
| 22. | Kausala | 255 |
| 23. | Njubi | 272 |
| 24. | Lachtis | 291 |
| 25. | Cherrala | 305 |
| 26. | Erwelja | 316 |
| 27. | Leppila | 322 |
| 28. | Ois | 332 |
| 29. | Chikis | 338 |
| 30. | (b) Rijhimäki | 346 |
| 31. | Chuwinge (Hyvinge) | 358 |
| 32. | Treskenda (Träskända) | 379 |
| 33. | Kerwo | 386 |
| 34. | Dikkursby | 398 |
| 35. | Helsingfor | 413 |

b. Rijhimäki-Tawastehus

| | | Werst |
|---|---|---|
| (30. | Rijhimäki | — |
| 36. | Ryttila | 8 |
| 38. | Turengy | 20 |
| 38. | Tawastehus | 33 |

### 11. Baltische Eisenbahn.

Direction in Petersburg.
Eröffnet am 22. Octbr. 1870.

| | | Werst |
|---|---|---|
| 1. | Baltischport | — |
| 2. | Lodensee | 12 |
| 3. | Kegel | 20 |
| 4. | Reval | 45 |
| 5. | Rasik | 73 |
| 6. | Charlottenhof | 98 |
| 7. | Taps | 118 |
| 8. | Katherinen | 131 |
| 9. | Wesenberg | 143 |
| 10. | Kappel | 159 |
| 11. | Isenhof | 180 |
| 12. | Jewe | 202 |

13. Waiwara . . . . . . 218
14. Narwa . . . . . . . 241
15. Jamburg . . . . . . 263
16. Moloskowizy . . . . 289
17. Wolossowo . . . . . 311
18. Jelisawetinskaja . . 328
19. ⊗ Gatschino (Warsch. E.) . . . . . . . 346
20. Lissino . . . . . . . 370
21. ○ Tosna (Einmündung in die Nikolaibahn) 388

## IV. In Riga einmündende Bahnen u. Libau-Schosli.

Der Sitz der betreff. Eisenb.-Gesellschaften ist in Riga; ebenso der Sitz der Betriebs-Directionen der Bahnen unter 12 u. 13, während die Betriebs-Directionen der Bahn 15a in Dünaburg, der Bahn 14 u. 15b in Petersburg sich befinden.

### 12. Riga-Mitauer B.

20 W. = 2,8 M., am $^{21}/_{11}$ 68. eröffnet.

Werst
1. ○ Riga . . . . . . —
2. Olai . . . . . . . 19
3. Mitau . . . . . . 20

### 13. Riga-Dünaburger Eisenbahn

204 W. = $29^1/_7$ M. = 218 Kil. Am 12. Septemb. 1861 eröffnet. Anschlüsse in Dünaburg: Gr. Russ. Eisenb. u. Dünab.-Witebsk; Riga: Riga-Mitau. Director Güterverkehr siehe Grosse Russische Eisenb.

Werst
4. Riga . . . . . a-e —
5. Kurtenhof . . . . . 17
6. Uexküll . . . . . . $24^1/_2$
7. Oger . . . . . . . 32
8. Ringmundshof . . . 48
9. Römershof . . . . . 68
10. Kokenhusen . . . . 88
11. Stockmannshof . . . 105
12. Kreutzburg . . . . 121
13. Treppenhof . . . . 137
14. Lievenhof . . . . . 148
15. Zargrad . . . . . . $158^1/_2$
16. Nitzgal . . . . . . 174
17. Liana . . . . . . . 190
18. ○ Dünaburg . . . 204

Im Bau:

### 13a. Riga-Bolderaa

17,5 W. concessionirt $^7/_8$ 70, zu vollenden 1872.

### 14. Libau-Schosly-Kowno

Domicil u. Direction in Petersburg.

(Station der Linie Wilna-Eydtkuhnen) 294 Werst, concessionirt in 1869, eröffnet am $^{13}/_4$ 71.

### 15a. Dünaburg-Witebsk

243 W. = $34^5/_7$ M.

Bis Polotsk am $^{25}/_8$ 1866, bis Witebsk am $^5/_{10}$ 1866 eröffnet.

| | ab Werst ab Dünab. | Riga |
|---|---|---|
| 19. ○ Dünaburg | — | 204 |
| 20. Josephowo | 16 | 220 |
| 21. Kreslawka | 40 | 244 |
| 22. Balbinowo | 65 | 269 |
| 23. Drissa | 90 | 294 |
| 24. Borkowitschi | 117 | 321 |
| 24a. Barawucha | 136 | — |
| 25. Polotzk | 150 | 354 |
| 25a. Goriani | 167 | — |
| 26. Obol | 183 | 387 |
| 27. Sirotino | 205 | 409 |
| 28. Staroje-Selo | 223 | 427 |
| 29. ○ Witebsk | 244 | 447 |

### 15b. Orel-Witebsker B.

Direction in Petersburg.
488 W. = $69^5/_7$ M.
Bis Stat. 40 am $^{11}/_{10}$, bis Orel $^{27}/_{11}$ 1868 eröffnet.
Anschlüsse. Witebsk: No. 3, Smolensk: im Bau No. 12, Orel: No. 9.

Werst
30. ○ Witebsk. . . . . —
31. Krynki . . . . . . 24
32. Schebekino . . . . 46
33. Rudnja . . . . . . 65
34. Golynki . . . . . 86
35. Kuprino . . . . . 107
36. ○ Smolensk . . . 128
37. Räbzowo . . . . . 157
38. Potschinok . . . . 184
39. Stodolischtsche . . 210
40. Roslawl . . . . . 239
41. Jwanowka . . . . 261
42. Dubrowka . . . . 311
43. Schukowka . . . . 311
44. Gorodes . . . . . 340
45. Bränsk (Brjansk) . . 363
46. Belije Berega . . . 382
47. Karatschew . . . . 404
48. Chotynez . . . . . 431
49. Naryschkino . . . 459
50. ○ Orel . . . . . 488

## V. Die Eisenbahnen um Moskau.

Der Sitz der Eisenbahn-Directionen der Bahnen 16. 17. 18. 19. 24. 25. 29. 30. 31. ist in Moskau; der der Bahnen unter 21. 22. 23. 26. 26. in Petersburg.

Moskau-Nischny siehe unter II, d. An dieselbe schliesst sich bei Station 106 die Zwgb. Schuja-Jwanowo an.

### 16. Schuja-Iwanowo-Kineschma (Moskau).

85 W. = $12^1/_7$ M.
Eröffnet bis Stat. 5: $^{16}/_8$ 68, 5-9: $^1/_4$ 71.

An die Linie Moskau-Nischny bei Station 112 einmündend; einer besonderen Eisenbahn-Gesellschaft gehörend. Sitz der Direction in Moskau.

Werst
— ○ Nowki (Schuisko-Iwanowsk) . . . . . —
1. Jegorjewo. . . . . . 27
2. 43. Werst . . . . . 43
3. Schuja . . . . . . 56
4. Kochma . . . . . . 73
5. Iwanowo . . . . . 84
6. Jermolino . . . . . 103
7. Gorkino . . . . . . 124
8. Witschuga . . . . . 144
9. Kineschma . . . . 171

### 17. Moskau-Jaroslaw.

Eröffnet Station 1-3 am $^{18}/_8$ 62, 3-8 am $^{14}/_8$ 70, die ganze Linie ist am 18. Febr. 1870 in Betrieb gesetzt worden.

1. ○ Moskau (Directionssitz) —
2. Mitischi . . . . . . 17
3. Puschkino . . . . . 28
4. Talizy . . . . . . . 42
5. Chotkowo. . . . . . 56
6. Sergiew-Posad . . . 67
7. Arsaki . . . . . . . 90
8. Alexandrowo. . . . 105
9. Balakirewo . . . . 122
10. Berendeewo . . . . 136
11. Riazantsewo . . . . 154
12. Itlar . . . . . . . 171
13. Petrowsk . . . . . 187
14. Rostow . . . . . . 209
15. Semibratowo . . . . 223
16. Kosmodemianskoe. . 245
17. Jaroslaw . . . . . 261

### 17a. Im Bau: Jaroslaw-Wologda,

schmalspurige Bahn vom linken Ufer der Wolga gegenüber Jaroslaw zur Stadt Wologda (Mosk.-Jaroslawer Gesellschaft) 196 W., concess. $^{8}/_{1}$ 70, zu vollenden 1872.

### 18. Moskau-Rjäsan (Moskau)

135 W. = $26^1/_7$ M. = 192 Kil.
Von Moskau bis Kolomna am 20. Juli 1862, bis Rjäsan am 26. August 1864 eröffnet.
Anschluss in Moskau: Gr. Russ. Eisenb. (Moskau-Nijni u. Moskau-Petersburg), Moskau-Jaroslaw, Moskau-Kursk (Südbahn), Moskau-Smolensk; Rjäsan: Rjäsan-Koslow.

Werst
1. ○ Moskau . . . . . —
2. Perowo . . . . . . 10
3. Luberzy . . . . . . 19
4. Bykowo . . . . . . 31
5. Ramenskoje . . . . 42
6. Faustowo . . . . . 63
7. (a) Woskresensk . . 84
8. Pesky . . . . . . . 95
9. Kolomna . . . . . 109
10. (b) Luchowizy . . . 128
11. Gorky . . . . . . 143
12. Diwowo . . . . . . 158
13. Woscha . . . . . . 169
14. ○ Rjäsan . . . . . 185

### 18a. Zweigbahn nach Jegorijewsk

concess. $^{16}/_7$ 70, eröffnet $^1/_{12}$ 70.
(7. Woskresensk) . . . —
15. Jegorijewsk . . . . 21

### 18b. Zweigbahn nach Ssaraisk

(eröffnet $^1/_{12}$ 70)
(10. Luchowizy) . . . . —
16. Ssaraisk . . . . . 26

### 19. Rjäsan-Koslow

(Moskau) 198 W. = $28^2/_7$ M. = 198 Kil.
Am 5. Septemb. 1866 eröffnet.
Anschlüsse. Rjäsan: Nr. 18; Rjäschk: Nr. 21; Koslow: Nr. 24 u. Nr. 22.

1. Rjäsan . . . . . . —
2. Sergiewo . . . . . 21
3. Woronowo . . . . . 46
4. Chrutschewo . . . . 58
5. Nikitino . . . . . . 67
6. Korablino . . . . . 85
7. ○ Rjäschk. . . . . 109
8. Ranenburg . . . . . 134
9. Bugojawlensk . . . . 158
10. Chobotowo . . . . . 177
11. Koslow . . . . . . 198

### 20. Skopin-Bahn

44 Werst von Rjäschk (No. 19 Stat. 7) angehend, am 26. Juli 1869 concessionirt und am 1. Juni 1870 eröffnet.

1. Rjäschk . . . . . . —
2. Scheltuchino . . . . 22
3. Skopin . . . . . . 44

Projectirt von Skopin nach Tula an der Linie Moskau-Kursk 154 Werst.

### 21. Zweigb. Rjäschk-Morschansk (Petersb.)

121,35 W. = $17^2/_7$ M.
Am $^2/_{12}$ 67 eröffnet,
Anschluss an Nr. 19.

1. Rjäschk . . . . . . —
2. Ucholowo . . . . . 22,82
3. Borki . . . . . . 42,57
4. Saral . . . . . . . 59,70
5. Alexejewka . . . . 85,99
6. Kuliki . . . . . . 104,27
7. Morschansk . . . 121,35

Die Bahn soll über Pensa nach Samara an der Wolga (580 W.), von dort nach Busuluk (150 W.), u. nach Orenburg (240 W.) fort gesetzt werden.

### 22. Tambow-Koslow

am $^{11}/_4$ 68 concessionirt, von der Rjäsan-Koslow B. (No. 22) ausgehend, am 22. December 1869 eröffnet. (Petersb.)

Werst
1. Koslow (Waarenstation) 4
2. Dmitriewka . . . . . 23
3. Ssaleani . . . . . . 48
4. Tambow . . . . . . 68

### 23. Tambow-Saratow

340 W., 17. October 1868 concessionirt Eröffnet: Stat 4-9 am 1. Aug. 1870, 9-16 1 Febr. 1871. vollständig eröffnet $^4/_7$ 71 a. St. Anschluss an No. 22.

Werst
(4. Tambow) . . . . . —
5. Baskasowo. . . . . 24
6. Nikolskoje . . . . . 48
7. Krasnoslobodsk . . . 66
8. Kirsanow . . . . . 89
9. Umet . . . . . . . 108
10. Tamala . . . . . . 127
11. Sossnowka . . . . . 151
12. Rtischtschewo . . . 176
13. Saltikowka . . . . 200
14. Jekaterinowka . . . 219
15. Schukowka . . . . 244
16. Atkarsk . . . . . . 269
17. Saratow . . . . . 340

### 24. Koslow-Woronesch (Moskau)

168 W. = 23,8 M.
Am 1. Februar 1868 eröffnet.
Anschlüsse. Koslow: Nr. 19 u. Nr. 22; Gräsy: Nr. 25 u. 26, Woronesch: Nr. 25.

1. ○ Koslow . . . . . . —
2. Nikolskoje . . . . . 13
3. Murawjewo . . . . . 36
4. ○ Gräsy . . . . . . 60
5. Drjasgy . . . . . . 85
6. Ussmann . . . . . . 108
7. Grawskoje . . . . . 130
8. Somowo . . . . . . 155
9. ○ Woronesch. . . . 168

### 25. Orel-Jeletz und Jeletz-Grjasi (Moskau)

Gesellschaft der Orel-Grjasy Eisenbahn der Jeletzer Landschaft.

a. Orel-Jeletz (Eletz) 167 W., concessionirt am $^{24}/_4$ 68, eröffnet am 6. Juni 1870. Die von Moskau nach Süden laufenden Bahnen schneidend u. an die Bahn Nr. 9 Orel-Witebsk anschliessend.

Werst
1. Orel . . . . . . . —
2. Solotarewo . . . . . 21
3. Archangelskaija . . . 44
4. Salegoschtsch . . . . 56
5. Turowka . . . . . . 73
6. Chomutowo . . . . . 97
7. Rossoschnaije . . . 117
8. Ismailkowo . . . . . 139
9. Kasaki . . . . . . 162
10. ○ Jeletz . . . . . . 190

b. Jeletz-Grjasi,
103 W. $^{20}/_8$ 68 eröffnet.

11. Jeletz . . . . . . . —
12. Don . . . . . . . . 24
13. Patriaschenskaja . . 28
14. Tschirikowo . . . . 48
15. Lipezk . . . . . . . 70
16. Kasinka . . . . . . 86
17. ○ Grjasy . . . . . 103

c. Zwgb. nach Liwny 54 W. schmalspurig, dem Staat gehörig, an Linie a anschliessend, Anfangs 1871 eröffnet.

### 26. Grjasy-Borisoglebsk-Zarizyn.

Direction in Petersb. 192 W. Eröffnet bis Stat. 10 am $^4/_{12}$ 69, bis Filnow 103 W. am $^{26}/_{12}$ 70, vollständig Herbst 1871.

1. Grjäsy . . . . . . . —
2. Sergiewka . . . . . 25
3. Dobrinka . . . . . . 48
4. Mordowo . . . . . . 71
5. Tokarewka . . . . . 97
6. Burnak . . . . . . 124
7. Ternowka . . . . . 142
8. Aleschki . . . . . 162
9. Gribanowka . . . . 179
10. Borisoglebsk . . . . 195
11. Filonowo . . . . . 299
12. Zarizyn . . . . . . 363

Zweigbahn zur Wolga-Don B.

### 27. Wolga-Don

73 W. = $10^3/_7$ M. = 78 Kil.
Pferdebahn.
Eröffnet 5. März 1862.

Werst.
1. Wolga (Zarizin) . . . —
2. Sadowaja . . . . . . 5,9

3. Krutaja . . . . . . 12,1
4. Karpowskaja . . . 32,3
5. Kriwomusginskaja . 52,6
6. Don (Kalatsch) . . 73

## 28. Woronesch-Rostow (Petersburg)

Gruschewska - Rostow 66 W. am $^{4}/_{4}$ 61 concessionirt, davon Gruschewska-Aksaisk eröffnet $^{19}/_{9}$ 63; Aksaisk-Rostow ($12^{1}/_{2}$ Werst) am $^{1}/_{6}$ 68 eröffnet; Woronesch - Gruschewska 540 W. am $^{10}/_{8}$ 64 concessionirt, davon eröffnet Woronesch-Liski a/Don 91 W. am $^{22}/_{12}$ 70 vollständig 1872 zu eröffnen.

1. Woronesch . . . —
2. Rasdelnaja . . . . 7
3. Maslowka . . . . . 25
4. Olen-Kolodes . . . . 48
5. Dawidowka . . . . 71
6. Liski a/Don . . . . 91
Rest im Bau
26. Gruschewska . . . —
27. (a) Maksimowska . . 5
28. Novotscherkask . . 36
29. Aksaisk . . . . . . 61
30. Nachitschewansk . . 69
31. ◯ Rostow . . . . 72
a. Zwgb. von Maksimowskaja nach 32. Atjukta 6 W.

An Woronesch - Rostow wird sich bei Gruschewk eine projectirte Linie ostwärts nach Kalatsch, 270 W. lang, anschliessen, bei Rostow nach Südosten hin eine Bahn über Pjatigorsk nach Wladikawkas 700 W., welche später nach Tiflis und an den Caspischen See fortzusetzen ist.

## 29. Moskau-Kursk

(Moskau) 502 W. = $71^{1}/_{2}$ M. Eröffnet Stat. 1-6 $^{17}/_{11}$ 66; 6-10 $^{5}/_{11}$ 67; 10-19 $^{14}/_{8}$ 68; 19-25 $^{7}/_{9}$ 68.

Anschlüsse. Moskau: siehe Nr. 18; Orel: Nr. 15 u. 25; Kursk Nr. 30 u. 35. Werst

1. ◯ Moskau . . . . —
2. Zarizin . . . . . $17^{1}/_{2}$
3. Podolsk . . . . . $39^{1}/_{2}$
4. Modoli . . . . . 59
5. Lopasnjä . . . . $69^{1}/_{2}$
6. Serpuchow . . . 92
7. Iwanowo . . . . $115^{1}/_{2}$
8. Tschepowo . . . 130
9. Laptewo . . . . 145
10. Baranowo . . . . $161^{1}/_{2}$
11. Tula . . . . . . 181
12. Jassenki . . . . 203
13. Lasarewo . . . . 221
14. Sergiewo . . . . 241
15. Skuratowo . . . . 266
16. Tschern . . . . . 288
17. Mzensk . . . . . 310
18. Otrada . . . . . 333
19. ◯ Orel . . . . . $358^{1}/_{2}$
20. Stranow Kolodes . $378^{1}/_{2}$
21. Smejewka . . . . $397^{1}/_{2}$
22. Alexandrowka . . $415^{1}/_{2}$
23. Ponuiry . . . . . $438^{1}/_{2}$
24. Solotuchino . . . $463^{1}/_{2}$
25. Budanowka . . . $479^{1}/_{2}$
26. ◯ Kursk . . . . . $502^{1}/_{2}$

## 30a. Kursk-Charkow

Eröffnet $^{4}/_{7}$ 69.
Anschluss in Charkow an Nr. 30b u. 36.

Werst
1. ◯ Kursk . . . . . —
2. Polewaja . . . . . 23
3. Nikolskoje . . . . . 51
4. Marjino . . . . . 73
5. Prochorowka . . . . 97
6. Krjukowo . . . . . 127
7. Bjelgorod . . . . . 150
8. Wessely-Lopan . . . 169
9. Kasatschy-Lopan . . 192
10. Dergatschy . . . . 218
11. ◯ Charkow . . . . 230

## 30b. Charkow-Rostow

Eröffnet am 23. December 1869.
Werst
(11. ◯ Charkow) . . . —
12. Merew . . . . . . . 23
13. Borki . . . . . . . 41
14. Taranowka . . . . 58
15. Alexejewka . . . . 82
16. Krasnopawlowka . . 110
17. (c) Lasowaja (Losowo) 132
18. Nadeschdinaja . . . 156
19. Gawrilowka . . . . 178
20. Barwenkowo . . . . 200
21. Slawrokowo . . . . 211
22. Slawjansk . . . . . 240
23. Druschkowka . . . 259
24. (d) Konstantinowka . 276
25. Nikitowka . . . . . 304
26. Korsuna . . . . . . 324
27. Charziskaja . . . . 345
28. Nikolajewka . . . . 371
29. Amewrosiewka . . . 385
30. Uspenskaja . . . . 404
31. Matwejewkurgan . . 425
32. Pokrowskaja . . . . 444
33. Taganrog . . . . . 466
34. Morskaja . . . . . 485
35. Sinjawskaja . . . . 498
36. Donetz . . . . . . . 517
37. Rostow a Don . . . 546

## 30c. Project Losowo-Sebastopol

600 W. über Alexandrowsk, Melitopol und mit Zweigbahn nach Feodosia.

## 30d. in Bau Konstantinowo-Nowotroizk

85 W. in 1872 zu eröffnen.

## 31. Moskau-Smolensk

(397 W.) Eröffnet am $^{20}/_{9}$ 70.
1. Moskau . . . . . —
1a. Odinzowo . . . . . 23
2. Golizynskaja . . . . 42
3. Kubinskaja . . . . 60
4. Schelkowka . . . . 82
5. Moschaisk . . . . . 104
6. Borodino H. . . . . 115
7. Uwarowskaja . . . . 131
8. Batjuschkowo . . . 151
9. Gschatsk . . . . . 170
10. Sergo-Iwanowskaja . 186
11. Mestscherskaja . . . 211
12. Wjasma . . . . . . 228
13. Sapegino . . . . . 249
14. Ischdeschkowo . . . 272
15. Alexandrowskaja . . 296
16. Michailowskaja . . . 317
17. Jarsewo . . . . . . 333
18. Kamenka . . . . . 360
19. Duchowskaja . . . . 377
20. Smolensk . . . . . 392

## 31a. in Bau Smolensk-Brest

über Minsk, 620 W., laut Statuten in 1873 zu eröffnen (angeblich bereits im Juli 1871 fertig gestellt.)

## VI. Eisenbahnen um Odessa gruppirt.

## 32. Eisenbahnen der Odessaer Eisenb.-Gesellschaft.

Die Bahnlinien Odessa-Balta-Kasatin, Balta-Elisabethgrad mit Zweigb. b und c sind infolge Ukases v. $^{22}/_{6}$ 70 der Russischen Gesellschaft für Dampfschifffahrt u. Handel unterm $^{2}/_{7}$ 70 käuflich übergeben.

a. Odessa-Birsula mit Zweigb.
Eröffnet Stat. 1-14: $^{4}/_{10}$ 65; 14-24: $^{20}/_{6}$ 70; 24-32: $^{1}/_{10}$ 71.
Werst
1. Kulikowo . . . . . —
2. Odessa . . . . . . 3
a¹. Odessaer Hafenb. 17 W.
2. Odessa . . . . . . —
2a. Hafen . . . . . . . 9
2b. Salzliman . . . . . 17
3. Gnilliakowo . . . . 22
4. Wigoda . . . . . . 33
5. Kolontaewka . . . . 48
6. (c) Rasdelnaja . . . 68
7. Migaewo . . . . . 83
8. Wessoli Kut . . . . 97
9. Iwanowka . . . . . 106
10. Satischie . . . . . 124
11. Perckrestowo . . . . 136
12. Mordarovka . . . . 148
13. Tschubowka . . . . 165
14. (b) Birsula . . . . 175

b. Birsula-Schmerinka.
(14. Birsula) . . . . . —
15. Borschtschi (Bortschi) 12
16. Slobodja . . . . . 36
17. Kodima . . . . . . 51
18. Popeliuchi . . . . . 68
19. Krischopol . . . . . 94
20. Woilarki . . . . . 110
21. Jurkowskaja (Inikowka) 133
22. Rachny-Lesowskaja 147
23. Jaroschinskaja (ache) 167
24. Schmerinka (Imerinka) 186

c. Zweigb. Schmerinka-Wolotschisk.
(24. Schmerinka) . . . —
25. Serbinowka . . . . 19
26. Wolkowinka . . . . 38
27. Deratin (Decaschenja) 59
28. Bogdanowka . . . . 73
29. Proskurowskaja . . . 92
30. Tschernostrowskaja . 113
31. Woitowzy (Woitowinskaja) . . . . . . 134
32. ◯ Wolotschisk . 151
(= Podwolocziska) Anschluss an die Galiz. Carl. Ludwigsb. in der Richtung nach Tarnopol.

d. Birsula-Elisabethgrad.
Eröffnet $^{3}/_{8}$ 68. Werst
(14. Birsula . . . . 176
33. Balta . . . . . . 196
34. Scherebkowo . . . . 215
35. Saplasy . . . . . 236
36. Ljubaschowka . . . 247
37. Wradiewka . . . . 272
38. Katerinowka . . . . 287
39. Olwiopol . . . . . 306
40. Bandarka . . . . . 332
41. Glinianaja . . . . . 350
42. Pomoschnaja . . . . 365
43. Nowo-Ukrainka . . . 382
44. Taschlik . . . . . 403
45. Schestakowka . . . 423
46. Elisabethgrad (Jelissawetgrad) . . . 445

e. Rasdelnaja-Tiraspol.
Eröffnet $^{1}/_{6}$ 67.
(6. Rasdelnaja) . . . —
47. Kutschurgan . . . . 13
48. Nowo-Sabizkaja . . . 24
49. (f) Tiraspol . . . . 43

f. Tiraspol-Kischenew.
Eröffnet am $^{15}/_{8}$ Aug. 1871.
(49. Tiraspol) . . . . —
50. Bender . . . . . . 11
51. Bulboki . . . . . . 30
52. Mireni . . . . . . 47
53. Kischenew . . . . 65
Im Bau Kischenew-Russ. Grenze (Pruth) gegen Jassy 103 Werst.

## 33. Kijew-Brest-Litewsk.

Nach Concess. v. $^{27}/_{4}$ 70 gehören der Kiew-Brester Eisenbahn - Gesellschaft folgende Bahnen:

a. Kijew-Schmerinka 233 W. Von der Regierung erbaut, eröffnet $^{24}/_{8}$ 70.
1. Kijew . . . . Werst
2. Bojaika . . . . . . 26
3. Motowilowka . . . . 47
4. Fastow . . . . . . 64
5. Koschanka . . . . . 81
6. Popelnja . . . . . 99
7. Browky . . . . . . 117
8. Radeiwilowka . . . . 132
9. [b] Kasatin . . . . 151
10. Golendrofskaja (Golendry) . . . . . . 172
11. Kalinowa (wka) . . 189
12. Winisa (Winnisa) . . 210
13. Gnewanskaja (Gniwan) 234
14. ◯ Schmerinka . . . 238
b. Kasatin-Berditschew-Brest, Eröffnet bis Berditschew am $^{24}/_{12}$ 70.
(9. Kasatin) . . . . . —
15. Berditschew . . . . 25
Die ganze Linie mit Zweigb. von Rowno nach Radziwilow 535 W. muss bis zum $^{22}/_{10}$ 72 dem Betriebe übergeben werden.

## 34. Preuss. Grenze-Brest-Litewsk

(Fortsetzung der Ostpreuss. Südb.) über Bialistok 275 W. im Bau, im Frühjahr 1872 (laut Statuten am $^{22}/_{12}$ 72) zu vollenden.

## 35. Kursk-Kiew 427 W.

Eröffnet bis Stat. 5 am $^{20}/_{11}$ bis 20 $^{11}/_{10}$; 20-21: $^{16}/_{12}$ 69; Werst
1. ◯ Kursk . . . . . —
2. Djakonowo . . . . 24
3. Iwanino . . . . . . 39
4. Lgow . . . . . . . 73
5. Kolontajewka . . . . 86
6. Korenewo . . . . . 110
7. Gluschkowo . . . . 129
8. Nowoselka . . . . . 147
9. Woroschba (Vorogba) 165
10. Krasnoje . . . . . 190
11. Gruskoje . . . . . 210
12. Konotop . . . . . . 234
13. Bachmatsch . . . . 260
14. Plisky . . . . . . 285
15. Kruty . . . . . . 305
16. Njeschin . . . . . 323
17. Nosowka . . . . . 346
18. Bobrowitza . . . . 368
19. Bobrik . . . . . . 394
20. Browary . . . . . . 414
21. Kiew . . . . . . . 437

## 36. Nikolajewer E.

a. Elisabethgrad-Charkow.
Eröffnet: Elisabethgrad bis Stat. 8: $^{8}/_{10}$ 69; 8-15: $^{1}/_{6}$ 70; 15-23: $^{11}/_{7}$ 1871 eröffnet.
1. Elisabethgrad . . . —
2. Kasarina . . . . . . 23
3. (b) Snamenka . . . . 44
4. Pantasiewka . . . . 64
5. Protopopowka . . . . 82
6. Borowskaja . . . . 94
7. Pawlisch . . . . . 112
Dnjpr-Brücke von der Vorstadt Krjukow nach
8. Krementschug . . . 133
9. Potoki . . . . . . 149
10. Goleschina . . . . . 159
11. Motowinowka . . . 171
12. Kobeliaki . . . . . 186
13. Beliki . . . . . . 199
14. Pereschebino . . . 220
15. Pultawa . . . . . 245
16. Boschkow . . . . . 262
17. Kogubejwska . . . . 279
18. Schelestow . . . . 295
19. Alekcejewka . . . . 313
20. Kowiagi . . . . . . 326
21. Walki . . . . . . 340
22. Mobotin . . . . . . 355
23. Charkow . . . . . . 376

b. Snamenka-Nikolajew mit Zweigbahn zum Bug 275 W. concessionirt im Octob. 1871.

VII. Die Transkaukasische Bahn (Poti-Tiflis) 248 W. (im Bau) soll in 1871 von Poti bis Kutais eröffnet werden. Angeblich am $^{20}/_{8}$ 71 eröffnet.

# Schweden und Norwegen.

Schweden: Reichseintheilung: Stockholm (= St.) (Stadt) u. 24 Laen (Aemter): Malmöhus (=Mal.), Christianstad (=Ch.), Blekinge (= Bl.), Kronoberg (= Kr.), Jönköping (= Jö.), Kalmar (= Kal.), Linköping (=Li.), Halland (=Ha.), Skaraborg (=Sk.), Elfsborg (=El.), Göteborg u. Bohus (= Gö.), Gotland (=Go.), Stockholm-Upsala (= Up.), Nyköping (= Ny.), Westerås (= Wr.), Örebro (=Öe.), Carlstad (= Ca.), Kopparberg (= Ko.), Gefleborg (= Ge.), Wester-Norrland (=WN.), Jemtland,

Westerbotten (= Wb.), Norbotten (= Nb.).

**Tarife.** In den Stationen sowie durch die Buchhandlungen sind zu beziehen folg. Tarife: Tarife der Schwedischen Staatsbahnen „Statens jernvägstrafiks Taxa von 1862, jemte Sammandrag af fraktbestämmelser vom Jahre 1871. — Stockholm. Preis 1 Rdr. Schwedische Reichsmünze.

Tarife der Norwegischen Sondenfjeldschen Eisenbahnen: Driftsreglement og Taxter og Regler for Fragtberegning m. m. ved Norsk Hovedjernbane, Konsvinger - Lilleström og Hamar-Elverum jernbaner m. m. Christiania 1864. Preis 36 skilling Norweg. Specie.

Die Tarife der Privatbahnen sind am besten bei den resp. Directionen oder auf den Hauptstationen der Bahnen zu bestellen.

## 1. Schwedische Staatsb.

Adresse der Kgl. Direction: Kongl. Styrelsen för Statens jernvägs-trafik, Stockholm.

Anschlüsse. **Alfvesta:** Alfvesta - Wexiö 4.; **Christinehamn:** Christinehamn-Sjöändan 12; **Eslöf:** Eslöf-Helsingborg und Eslöf-Ystad 6 u. 7; **Herrljunga:** Herrljunga-Borås 3a u. Herrljunga-Uddevalla 3b; **Hessleholm:** Christianstad - Hessleholm; **Oerebro:** Oerebro-Köping 2.

**a. Westbahn: Stockholm - Göteborg** mit Zwgb. nach Södertelje 1 Kil. lang (Gothenburg). 42,6 Schwed. Meilen = 455 Kil. Eröffnet streckenweise von 1860 bis $^{4}/_{11}$ 62, nämlich Stat. 1-5 $^{1}/_{12}$ 60; 5-7 $^{1}/_{6}$ 61; 7-9 $^{1}/_{10}$ 61; 9-10 $^{11}/_{1}$ 62; 10-12 $^{1}/_{6}$ 62; 12-19 $^{4}/_{11}$ 62; 19-24 $^{1}/_{6}$ 62; 24-29 $^{1}/_{7}$ 59; 29-33 $^{1}/_{10}$ 58; 33-38 $^{16}/_{8}$ 57; 38-40 $^{1}/_{3}$ 56.

Die Verbindungsbahn durch Stockholm 0,25 Meil. mit der Centralstation eröffnet $^{11}/_{1}$ 71.

Die Entfernungen sind in Schwed. Meilen angegeben.

1 Schwed. Ml. = 10,688 Kil.

Göteborg-Falköping 10,7 M., Falköping-Stockholm 31,9 M.

Entfernungen von der Stockholmer Centralstat. gerechnet.

1. (b) Stockholm (Zoll) — St.
2. Liljeholmen . . . 0,4 »
3. Huddinge . . . . 1,2 »
4. Tumba . . . . . 2,2 »
5. Södertelje, öfre . 3,4 »
6. Södertelje, nedre 3,5 »
7. Jerna . . . . . 4,5 »
8. Mölnbo . . . . . 5,5 »
9. Gnesta . . . . . 6,1 Ny.
10. Björnlunda . . . 7,0 »
11. Stjernhof . . . . 7,9 »
12. Sparreholm . . . 9,0 »
13. Flen . . . . . 10,4 »
14. Walla . . . . . 11,6 »
15. (c) Katrineholm 12,6 »
16. Wingåker . . . . 14,3 »
17. Kilsmo . . . . . 16,3 Oe.
18. Pålsboda . . . . 17,4 »
19. (d) Hallsberg . 18,7 »
20. Wretstorp . . . 20,1 »
21. (f) Laxå . . . . 21,5 »
22. Finnerödja . . . 22,8 Sk.
23. Elgarås . . . . . 24,4 »
24. Töreboda . . . . 25,7 »
25. Moholm . . . . . 26,8 »
26. Wäring . . . . . 27,9 »
27. Sköfde . . . . . 29,3 »
28. Stenstorp . . . . 30,8 »
29. (f) Falköping . 32,1 »
30. Sörby . . . . . . 33,4 »
31. Foglavik . . . . 34,7 El.
32. ○ Herrljunga 35,3 »
33. Wårgårda . . . . 36,6 »
34. Lagmansholm . 37,3 »
35. Alingsås . . . . 38,6 »
36. Floda . . . . . 40,3 »
37. Lerum . . . . . 40,9 El.
38. Jonsered . . . . 41,4 »
39. Partilled . . . . 42,0 Gö.
40. Göteborg . . . 42,8 »

(Zoll-Stelle am Meer)

**b. Nordbahn Stockholm-Upsala** (6,2 Meilen = 65 Kil.). Eröffnet $^{20}/_{9}$ 66.

(1. Stockholm) . . . — St.
41. Jerfva . . . . . 0,7 »
41a. Rotebro . . . . 1,8 »
41b. Wäsby . . . . . 2,3 »
41c. Rosersberg . . . 3,0 »
42. Maersta . . . . . 3,4 »
42a. Knifsta . . . . 4,5 »
42b. Bergsbrunna . . 5,5 Up.
43. Upsala . . . . . 6,2 »

**c. Ostbahn: Katrineholm-Norrköping** 48 Kil. Eröffnet $^{2}/_{7}$ 1866.

(15. Katrineholm) . . — Ny.
44. Strångsjö . . . . 1,0 »
45. Simonstorp . . . 2,2 Li.
45a. Grafversfors . . 3,4 »
46. Åby . . . . . . . 3,7 »
47. Norrköping . . . 4,5 »

(Zoll-Stelle am Meer)

**d. Hallsberg-Oerebro** (25 Kil.). Eröffnet $^{1}/_{6}$ 62.

(19. Hallsberg) . . . — Oe.
48. Kumla . . . . . 0,6 »
49. Mosås . . . . . 1,4 »
50. ○ Örebro . . . 2,3 »

**e. Südbahn: Falköping-Malmö** (35,6 M. = 380 Kil.). Eröffnet streckenweise von 1856 bis $^{1}/_{9}$ 64, nämlich Stat. 29-53 $^{1}/_{11}$ 62; 53-55 $^{1}/_{12}$ 63; 55-59 $^{1}/_{12}$ 64; 59-62 $^{1}/_{10}$ 64; 62-66 $^{1}/_{8}$ 64; 66-67 $^{1}/_{9}$ 62; 67-70 $^{1}/_{6}$ 62; 70-71 $^{1}/_{12}$ 60; 71-72 $^{10}/_{7}$ 59; 72-75 $^{1}/_{10}$ 58; 75-76 $^{22}/_{12}$ 57; 76-78 $^{1}/_{12}$ 56.

(29. Falköping) . . — Sk.
51. Wartofta . . . . 1,1 »
52. Sandhem . . . . 2,5 »
53. Mullsjö . . . . . 3,6 »
54. Habo . . . . . . 4,8 »
55. Jönköping (am Wettern-See) . . 6,6 Jö.
56. Tenhult . . . . . 8,1 »
57. Forserum . . . . 9,1 »
58. Nässjö . . . . . 10,6 »
59. Sandsjö . . . . . 12,2 »
60. Säfsjö . . . . . . 13,3 »
61. Stockaryd . . . . 14,3 »
62. Lamhult . . . . . 15,8 Kr.
63. Moheda . . . . . 17,6 »
64. ○ Alfvesta . . 18,7 »
65. Wislanda . . . . 20,0 »
66. Liatorp . . . . . 21,7 »
67. Elmhult . . . . . 23,1 »
68. Ousby . . . . . 25,1 Ch.
69. Hästveda . . . . 26,2 »
70. ○ Hessleholm 27,9 »
71. Sösdala . . . . . 29,3 »
72. Hör . . . . . . 30,6 Mal.
73. Stehag . . . . . 31,6 »
74. ○ Eslöf . . . . 32,5 »
75. Örtofta . . . . . 33,2 »
76. Lund . . . . . . 34,1 »
77. Åkarp . . . . . 34,8 Mal.
78. Malmö (Zoll a. Meer) 35,6 »

**f. Nordwestb.: Laxå - Norweg. Grenze** (208 Kil.). Eröffnet Laxå bis Stat. 83 $^{7}/_{12}$ 66, 87-94 $^{15}/_{6}$ 71, 94-98 $^{10}/_{10}$ 67.

(21. Laxå) . . . . . — Oer.
79. Hasselfors . . . 1,0 »
80. Svartå . . . . . 2,0 »
81. Degerfors . . . . 3,2 »
82. Björneborg . . . 4,5 Ca.
83. ○ Christinehamn 5,6 »
84. Ölme . . . . . . 6,4 »
85. Wäse . . . . . . 7,2 »
86. Skattkärr . . . . 8,4 »
87. Carlstad . . . . 9,4 »
88. Skåre . . . . . 10,1 »
89. Kihl . . . . . . 11,1 »
90. Fagerås . . . . . 11,7 »
91. Boda . . . . . . 12,7 »
92. Brunsberg . . . . 13,7 »
93. Edane . . . . . 14,3 »
94. Arvika . . . . . 15,7 »
95. Ottebol . . . . . 16,6 »
96. Åmot . . . . . . 17,6 »
97. Charlottenberg . 18,9 »
98. an die Norweg. Grenze 19,5 »

Dort schliesst sich die Norweg. Verbindungsb. nach Kongsvinger (siehe Norwegen 1) an.

## Schwed. Privat-Eisenb.

Dieselben werden sämmtlich von eigenen Directionen betrieben, jede Bahn für sich. Die Orte, wo der Sitz der Verwaltung, sind mit Fettschrift gesetzt, z. B. zu 2. Örebro, zu 8. Gefle.

**A. In die Westbahn einmündend.**

**2. Örebro-Köping** 72 Kil. mit Zwgb. nach Nora 16 Kil. An Nr. 50 anschliessend. Eröffnet Stat. 100-106 in 1856 u. 1857; 106-107 in 1866.

100. ○ Örebro . . . — Ö.
101. Dylta . . . . . 1,5 »
(101. Dylta . . . . . — »
101a. Jerle . . . . . 2,2 »
102. Nora . . . . . . 3,0 »
103. Frövi . . . . . 2,5 —
104. Ullersäter . . . 3,0 —
105. Fellingsbro . . . 3,7 —
105a. Jäder . . . . . 5,0 —
106. Arboga . . . . 5,2 Wr.
106a. Walskog . . . 6,0 »
107. Köping . . . . . 6,7 »

**3a. Herrljunga - Borås** 42 Kil. Bei No. 32 anschliessend. Eröffnet $^{7}/_{6}$ 1863.

108. ○ Herrljunga — El.
108a. Ljung . . . . . 1,0 »
109. Borgstena . . . 2,1 »
110. Fristad . . . . . 2,7 »
111. Borås . . . . . 3,9 »

**3b. Herrljunga-Uddevalla** 93 K. Eröffnet $^{14}/_{12}$ 66, ganz $^{17}/_{5}$ 67.

(108. Herrljunga) . . — El.
112. Wedum . . . . 1,0 »
113. Wara . . . . . 2,0 »
114. Håkantorp . . . 2,5 Sk.
115. Ulfstorp . . . . 3,0 »
116. Grästorp . . . . 3,8 »
117. Sahlsta . . . . 4,3 »
118. Lilleskog . . . . 5,1 »
119. Månnum . . . . 5,5 El.
120. Wenersborg . . 6,1 »
121. Grunnebo . . . 6,8 »
122. Ryr . . . . . . 7,3 »
123. Engebacken . . 7,8 Gö.
124. Uddevalla . . . 8,7 »

(Zoll am Meer)

**B. In die Südbahn einmündend.**

**4. Alfvesta - Wexiö** 18 Kil. (bei No. 64 einmündend). Eröffnet $^{4}/_{7}$ 65.

125. ○ Alfvesta . . — Kr.
126. Gemla . . . . . 0,7 »
127. Räppe . . . . . 1,8 »
128. Wexiö . . . . . 1,7 »

**5. Hessleholm-Christianstad** 30 K. (bei No. 70 einmündend). Eröffnet $^{30}/_{7}$ 65.

129. Hessleholm . . — Ch.
130. Winslöf . . . . 1,1 »
131. Onnestad . . . . 1,9 »
132. Christianstad . 2,8 »

(Zoll am Meer)

**6. Eslöf-Helsingberg und Billeberga-Landskrona** 60 Kil. (bei No. 74 einmündend). Eröffnet 9. Aug. 1865.

133. Eslöf . . . . — Mal.
134. Trollenäs . . . 0,5 »
135. Marieholm . . . 1,0 »
136. Billeberga . . . 2,0 »
(136. Billeberga) selbstst. Bahn
136a. Asmundtorp . 2,3 »
137. Landskrona . . 3,0 »

(Zoll am Meer)

138. Tågarp . . . . . 2,6 »
139. Wallåkra . . . . 3,3 »
140. Raus . . . . . . 4,0 »
141. Ramlösa . . . . 4,3 »
142. Helsingberg . . 4,6 »

(Zoll am Meer)

**7. Eslöf - Ystad** 76 Kil. Eröffnet die ganze Bahn $^{1}/_{7}$ 66. (bei No. 74 einmündend).

143. Eslöf . . . . . — Mal.
144. Christineberg . 0,4 »
145. Hurfva . . . . 1,0 »
146. Löberöd . . . . 1,5 »
147. Askeröd . . . . 2,0 »
148. Bjersjölagård . 2,7 »
149. Wilsjö . . . . . 3,3 »
150. Löfvestad . . . 4,1 »
151. Esperöd . . . . 4,6 »
152. Tomelilla . . . . 5,3 »
153. Svenstorp . . . 6,1 »
154. Ystad (Zoll a. d. Ostsee) . . . . 7,1 »

**C. Eisenbahnen, welche keinen Anschluss an die Staatsbahnen haben.**

Eröffnet Nr. 8 in 1858 u. 59; 9 in 60; 10: 54; 11: 66; 12: 51; 13: 51; 17: 61; 18: 59. Nr. 14, 15 u. 16 sind Industrieb.

**8. (155-162) Gefle-Fahlun** 92 K. In Gefle: Zollstelle am Meer.

155. Gefle
156. Lund
157. Sandviken
158. Kungsgården
159. Storvik
160. Robertsholm
161. Korsnäs
162. Fahlun.

**9. (163.164) Wessman - Barken** 16 Kil. in Amt Fahlun.

**10. (165.166) Norberg - Åmänningen** 17 Kil. in Westerås.

**11. (167.168) Köping-Uttersberg** 36 Kil. Anschluss an 2. Nr. 107.

**12. (169.170) Christinehamn-Sjöändan** 12 Kil. in Carlstad.

**13. (171.172) Clarelven - Fryken** 8 Kil. in Amt Carlstad.

**14. (173) nach Åmmeberg** 12 K. in Amt Oerebro. Zinkwerk der Gesellschaft Vieille-Montagne.

**15. (174) nach Åtvidaberg** 11 K. Kupferhütte in Amt Linköping.

**16. (175.176) Karma - Sandarne** 10 Kil. in Amt Gefleborg für Transport von Holzwaaren zur Ostsee.

**17. (177.178) Söderhamn-Bergvik** 16 Kil. in Gefleborg.

**18. (179.180) Hudiksvall-Forsa** 12 Kil. in Amt Gefleborg. In Söderhamn und Hudiksvall Zollstellen am Meer.

## Norwegen.

**1. Christiania-Eidsvold (Hauptbahn) und Kongsvinger Bahn.** Die Tarife der Bahnen 1 a, b u. 2 (Hauptb., Kongsvingerb. u. Hamarb.) von 1864 sind in einem Bande bei dem Hauptbureau der erstern Bahn in Christiania für 36 Skilling (= 13$^{1}/_{3}$ Neugroschen) zu bekommen. Spätere Aenderungen u. Nachträge sind beigefügt. Die Tarife der übrigen Bahnen, (der Bahn 3 von 1868, der Bahn 5 v. $^{20}/_{10}$ 65) sind gratis bei den betreffenden Betriebs-Inspectoren zu bekommen.

Die Eisenbahn unter Nr. 1 a liegt in Amt Agershuus, Nr. 1 b theils in Amt Agershuus, theils in Amt Hedemarken, No. 2 in Amt Hedemarken, No. 3 die längste Strecke im Amt Buskerud, No. 4 theils im Amt Agershuus, theils im Amt Buskerud, No. 5 im südlichen Amt Trondhjem No. 3 im südlichen Amt Trondhjem,

**a. Hauptbahn (Christiania-Eidsvold)** 68 K. Staatsb., eröffnet $^{1}/_{9}$ 54.

Adresse des Direction der Bahnen unter 1 a: Directionen for de norske Hovedjernbane, Christiania, b u. 2: Kgl. Direction for de söndenfjeldske Statsjernbaner, Christiania, Kgl. Directionen for de Söndenfjeldske Statsjernbaner zu Christiania.

Mil.
200. (4) Christiania . —
201. Bryn . . . . . . 0,3
202. Grorud . . . . . 0,9
203. Strömmen . . . . 1,6
204. (b) Lilleströmmen . 1,8
205. Leersund . . . . . 2,4
206. Frogner . . . . . 2,6
207. Klöften . . . . . 3,2
208. Trögstad . . . . . 3,9
209. Dahl . . . . . . 6,1
210. Eidsvold . . . . . 3,0

**b. Kongsvinger Bahn 123 Kil.**
Eröffnet Stat. 204-218 $^{5}/_{10}$ 62; 218-22 $^{4}/_{11}$ 65.
(204. Lilleströmmen) . . —
211. Fedtsund . . . . 0,7
212. Blakjer . . . . . 1,9
213. Haga . . . . . . 2,5
214. Aarnaes . . . . . 3,3
215. Saeterstöen . . . . 4,4
216. Skarnaes . . . . . 5,2
217. Sander. . . . . . 5,9
218. Kongsvinger . . . 7,0
219. Aabogen . . . . . 8,0
220. Eidskog . . . . . 8,9
221. Magnor . . . . . 9,9
222. zur Schwed.-Norweg. 10,2
Grenze gegen Charlottenberg, wo Anschluss an die Schwed. Stab., Linie 1 g.

**2. Hamar-Aamodtbahn**
5,7 Norw. M. = 64 Kil.
Eröffnet Stat. 223-29 (35 Kil.) $^{7}/_{11}$ 62; im Bau: Stat. 229-232 (2,3 Norw. M. = 26 Kil.) im Sommer 1871 zu vollenden.
223. Hamar . . . . . . —
224. Hjellum . . . . . 0,4
225. Sande . . . . . . 1,1
226. Löken . . . . . . 1,3
227. Berg . . . . . . 1,6
228. Elverum . . . . . 2,8
229. Grundseth . . . . 3,4
230. Oxna . . . . . . 3,9
231. Aastad . . . . . 5,1
232. Aamodt . . . . . 5,7

**3. Drammen-Randsfjord 8 Mil. = 90 Kil.**
Sitz der Direction in Drammen.
Eröffnet bis Stat. 240 $^{15}/_{11}$ 66; 240-41 $^{22}/_{11}$ 67; 241-45 $^{17}/_{10}$ 68.
Adr.: Direction in Drammen.
234. Drammen. . . . . —
235. Gulskogen . . . . 0,2
236. Mjöndalen . . . . 1,0
237. (a) Hougsund . . 1,5
238. Skotselven . . . . 2,4
239. Aamodt . . . . . 2,9
240. (b) Vigersund . . 3,8
241. Skjaerdalen . . . . 5,1
242. Ask. . . . . . . 5,8
243. Hönefos . . . . . 6,3
244. Heen . . . . . . 6,9
245. Randsfjord . . . 8,0
Im Bau begriffen sind folgende zwei Zweigbahnen von der Drammen-Randsfjord-Bahn:

a. die Hougsund-Kongsberg-Bahn, 2,5 Norw. M. = 28 Kil., wird im Herbst 1871 eröffnet mit folgenden Stationen:
(237. Hougsund) . . . 0,0
246. Vestfossen . . . . 0,4
247. Darbo . . . . . . 0,9
248. Skollenborg . . . . 1,9
249. Kongsberg . . . . 2,5

b. die Vigersund-Kröderen-Bahn, 2,2 Norw. M. — 24,8 Kil., wird im Sommer 1872 mit folgenden Stat. eröffnet werden:
(240. Vigersund) . . . —
250. Prestegaarden . . . 1,0
251. Kröderen . . . . 2,2

4. Im Bau: Die Christiania-Drammen-Bahn, 4,6 Norw. M. = 52 Kil., hat Anschluss an die Drammen-Randsfjord-Bahn u. wird im Sommer 1872 mit folgenden Stat. eröffnet werden:
252. (1a) Christiania . —
253. Tydskestranden . . 0,15
254. Lysager . . . . . . 0,55
255. Sandvigen . . . . . 1,2
256. Valstad . . . . . . 1,7
257. Asker . . . . . . . 2,1
258. Röken . . . . . . . 3,0
259. Hmg . . . . . . . 4,1
260. (3) Drammen . . 4,6

**5. Trondhjem-Stören.**
261. Trondhjem . . . . —
262. Sluppen . . . . . 0,3
263. Heimdal . . . . . 0,8
264. Stokke . . . . . 1,2
265. Meelhuns. . . . . 1,6
266. Söberg . . . . . 1,9
267. Kvaal . . . . . . 2,2
268. Leer . . . . . . 2,7
269. Lundemo . . . . . 3,2
270. Hovind . . . . . 3,8
271. Stören . . . . . 4,3

# Schweiz.

## 1. Schweizerische Centralbahn.

Directorium in Basel.
Anschlüsse. Aarau: Schw. Nordostb.; Basel: Franz. Ostb., indirect Bad. Stsb.; Bern: Berner Stsb. u. Westschweiz.E.; Biel: Bern.Stsb.; Gümlingen: Bern. Stsb.; Luzern: Schw. Nordostb.; Zollikofen: Bern. Stsb.
Directer Güterverkehr:
a = mit der Bad. u. Main-Neckarb. via Basel Tarif v. 1. Aug. 1865;
b = mit den Hauptstationen der Württemberg. Bahn via Romanshorn v. 1. Jan. 1864;
c = mit Stat. der Bayerischen Ostbahnen via Romanshorn vom 1. Juni 1864, v. 1. März 1870;
d = Sächs. westl. Stsb. via Romanshorn v. $^{1}/_{[illegible]}$ 69, N. I-III, v. 1. März 1869;
e = dgl. mit Hamburg und Lübeck v. 1. Jan. 1866;
f = mit Stat. der Bayer. Stsb. via Romanshorn (Tarif v. $^{1}/_{5}$ 70 u. $^{1}/_{8}$ 70);
g = mit Stat. der Kaiserin Elisabethbahn u. der Oesterr. Staatsb., (Ungar.-Oesterreich. Schweizer. Güter-Verk., Tarif v. $^{1}/_{8}$ u. $^{20}/_{10}$ 70);
h = mit Stationen der Mohacs-Fünfkirchen-Barcser Eisenb. u. der Oesterr. Südb. (Tarif v. $^{15}/_{8}$ 70).
* = nur Eilgüter; °° = Güterdienst, excl. ganze Wagenladungen. Stat. 3 und 4 Salz; Stat. 25. 37. 40. 52 Bausteine.
Ueberdies stehen die sämmtlichen Centralbahn-Stationen mit sämmtlichen Stationen der übrigen Schweizerischen Bahnen im directen Personen-, Gepäck- u. Güterverkehr.

**a. Basel-Luzern mit Zwgb. nach Aarau.**
Eröffnet Stat. 1-5: $^{19}/_{12}$ 540; 5-7: $^{1}/_{6}$ 55; 7-9: $^{1}/_{5}$ 57; 9-1; (Hauensteintunnel): $^{1}/_{5}$ 58; 10-24, mit Zwgb. nach Aarau: $^{9}/_{6}$ 56.
Politische (Canton-)Lage: Stat. 2-9: Basel-Land, 10-12 u. 50-54: Solothurn, 13-15 u. 26: Aarau, 16-25: Luzern, 25a Uri, 27-48. 49. 55. 56: Bern.
1. ○ Basel b.c.d.e.f.g.h. Kil
2. Muttenz°° . . . . . . 5
3. Pratteln . . . . . . 10
4. Nieder-Schönthal a. . 12
5. Liestal . a.b.c.f.g.h. 14
6. Lausen . . . . . . . 19
7. Sissach . a.b.c.f.g.h. 22
8. Sommerau°° . . . . . 26
9. Läufelfingen . . . . 31
10. Olten . a.b.c-e.f.g.h. 41
Zwgb. Olten nach
11. Däniken . . . . . 46
12. Schönenwerth . . . 48
13. ○ Aarau . . . a. 53
14. (b) Aarburg a-d.f-h. 43
15. Zofingen a.b.c-e.f.g.h. 48
16. Reiden . . . . . . . 53
17. Dagmersellen . . . 58
18. Nebikon . . a.f.g.h. 60
19. Wauwyl . . . . . . 65
20. Sursee . . . . . . 70
21. Nottwyl . . . . . . 74
22. Sempach . . . . . . 79
23. Rothenburg . . . . 86
24. Emmenbrücke . . . 91
25. ○ Luzern . . . . a. 96
25a. Flüelen °° a. See-Station am Vierwaldstättersee. —

**b. Aarburg-Bern-Thun.**
Eröffnet bis Stat. 31: $^{1}/_{6}$ 57; bis 39: $^{15}/_{11}$ 58; 39-47: $^{1}/_{7}$ 59.
(14. Aarburg) . . . . 43
26. Niederwyl . . . . . 48
27. Morgenthal . . . . 53
28. Roggwyl * . . . . . 55
29. Langenthal . a.b.c-h. 60
30. Bützberg* . . . . . 62
31. (c) Herzogenbuchsee . a.f-h. 67
32. Riedtwyl . . . . . . 72
33. Wynigen . . . . . . 77
34. Burgdorf . . a.b.c-h. 84
35. Lyssach . . . . . . 86
36. Hindelbank . . . . 91
37. Schönbühl . . . . . 96
38. ○ Zollikofen . . . 101
39. ○ Bern . . a.b.c-h. 108
40. Ostermundingen f-h. 113
41. ○ Gümlingen . . . 115
42. Rubigen . . . . . . 120
43. Münsingen . . . . . 122
44. Wichtrach . . . . . 127
45. Kiesen . . . . . . 130
46. Uttigen °° . . . . . 132
47. Thun . a.b.c.d.f-h. 137
48. Scherzligen . . . . 139
48a. Neuhaus (Interlaken)* See-Station am Thunersee. . —

**c. Herzogenbuchsee-Biel.**
Eröffnet $^{1}/_{6}$ 57.
(31. Herzogenbuchsee) 67
49. Inkwyl °° . . . . . 70
50. Subigen . . . . . . 77
51. Derendingen . . . 79
Anschluss der Pferdebahn nach dem Emmencanal.
52. Solothurn . . a.b.c-h. 82
53. Selzach . . . . . . 89
54. Grenchen . . . . . 94
55. Pieterlen . . . . . 98
56. ○ Biel . . a.b.c-h. 106

## 2. Schweizerische Nordostbahn.

Direction in Zürich.
Anschl.: Aarau u. Luzern: Schweiz. Centralb.; Schaffhausen, Waldshut und Constanz: Bad. Staatsb.; Wallisellen, Winterthur und Rorschach: Vereinigte Schweizerb. Linien a. u. c.
Sämmtliche Stationen sind für den Personen- und Güterverkehr eingerichtet.
Directe Güterverkehre. Die Tarife werden in Folge der im internen Verkehr der Schweizer-Bahnen zur Zeit vorgehenden Tarifänderungen umgearbeitet, und werden damit die nachstehend erwähnten Tarife in nächster Zeit obsolet.
a = mit der Badischen Staatsbahn (Badisch-Ostschweiz. Tarif vom $^{1}/_{6}$ 65, Mannheim-Nordostb. ($^{1}/_{6}$ 65);
b = mit der Württemb. Stsb. (Württemberg-Schweiz. Tarif v. $^{1}/_{5}$ 64);
c = mit der Bayer. Staatsb., der Kaiserin Elisabethbahn und der Oesterr. Staatsbahn (Bayrisch-Schweiz. Tarif. v. $^{1}/_{8}$ 70, Schweizer.-Oesterr.-Ungar. Tarif ($^{1}/_{8}$ 70);
d = Sächs.-Schweiz. Tarif via Hof-Romanshorn ($^{1}/_{11}$ 66);
e = Holländisch-Schweiz. T. via rechts- u. linksrheinische Route und via Luxemburg-Thionville ($^{21}/_{8}$ 68);
f = Hamburg und Lübeck-Schweiz via Wittenberge-Hof-Romanshorn ($^{1}/_{1}$ 66);
g = Ludwigshafen-Schweiz via Weissenburg ($^{10}/_{11}$ 65);
u = mit Bexbach u. Homburg und mit der Saarbrücker Eisenb. für Kohlentransporte (Kohlentarif aus den Saargruben via Mazau-Waldshut $^{1}/_{7}$ 69) und via Saargemünd-Basel ($^{1}/_{4}$ 70);
ß = Kohlentarife ab Mannheim ($^{1}/_{7}$ 69) und ab Ludwigshafen für Ruhrkohlen ($^{10}/_{7}$ 70).
Politische (Canton-)Lage: Stat. 1-11. 61-63. 66-72: Thurgau, 12-22. 32-50: Zürich, 23-30. 57-60: Aargau, 51-53: Zug, 54-56: Luzern, 64-65: St. Gallen.

**a. Romanshorn-Winterthur-Zürich.**
Die ganze Linie, resp. Stat. 18-19 eröffnet $^{26}/_{6}$ 56, vorher Stat. 1-13: $^{16}/_{5}$ 55; 13-18: $^{27}/_{12}$ 55.
Kil.
1. ○ (g, h) Romanshorn d.e.g.ß. —
2. Amriswell . a.g.u.ß. 7
3. Erlen Ŧ . . a.g.u.ß. 14
4. Sulgen Ŧ . . a.g.u.ß. 17
5. Bürglen . . . a.g.u.ß. 19
6. Weinfelden . a-e.g.u.ß. 24
7. Märstetten . . a.g.u.ß. 29
8. Mullheim Ŧ P a.g.u.ß. 31
9. Felben . . . . a.g.u.ß. 35
10. Frauenfeld a-e.g.u.ß. 41
11. Islikon Ŧ . . a.g.u.ß. 46
12. Wiesendangen P a.g.u.ß. 50
13. ○ (c) Winterthur. . . . a-g.u.ß. 55
14. Kemptthal Ŧ a.g.u.ß. 62
15. Effretikon P . a.g.u.ß. 67
16. Dietlikon . . a.g.u.ß. 72
17. ○ Wallisellen a.g.u.ß. 74
18. (d) Oerlikon a.g.u.ß. 79
19. (b. e) Zürich T a-g.u.ß. 84

**b. Zürich-Turgi-Aarau.**
Eröffnet Stat. 19-24: (Zürich-Baden, die erste Schweizerb. nach Basel-St. Louis, welches Stück der Franz. Ostb. $^{15}/_{6}$ 44 eröffnet wurde), $^{9}/_{8}$ 47; 24-26: Herbst 56; 26-30: Aug. 57.
(19. Zürich) . . . . —
20. Altstetten . . a.g.u.ß. 5
21. Schlieren . . a.g.u.ß. 10
22. Dietikon Ŧ . a-e.g.u.ß. 12
23. Killwangen . a.g.u.ß. 17
24. Baden . . . a-g.u.ß. 24
25. (f) Turgi Ŧ a-d.e.f.u.ß. 29
26. Brugg . . . a-f.u.ß. 34
27. Schinznach Ŧ a.g.u.ß. 38
28. Wildegg Ŧ . . a-f.u.ß. 43
29. Rupperswell . a.g.u.ß. 46
30. ○ Aarau . . . a-f.u.ß. 50

**c. Schaffhausen-Winterthur.**
Eröffnet $^{1}/_{5}$ 1857.
31. ○ Schaffhausen b-g.u.ß. —
32. Dachsen Ŧ . . g.u.ß. 4
33. Marthalen . . g.u.ß. 9
34. Andelfingen Ŧ . g.u.ß. 16
35. Henggart P . . g.u.ß. 19
36. Hettlingen P . g.u.ß. 21
(13. Winterthur) . . . . 28

**d. Oerlikon-Bülach-Dielsdorf.**
d und d[1] eröffnet 1. Mai 1865.
(19. Zürich) . . . . . —
(18. Oerlikon) . . . . 5
37. Glattbrugg . . g.u.ß. 10
38. Rümlang . . . g.u.ß. 12
39. (d[1]) Oberglatt g.u.ß. 14
40. Niederglatt P . g.u.ß. 17
41. Bülach . . a.c.g.u.ß. 22
d[1]. Zwgb. Oberglatt-Dielsdorf.
42. Niederhasli . . g.u.ß. 17
43. Dielsdorf . . . g.u.ß. 22

**e. Altstetten-Luzern.**
Eröffnet 1. Juni 1864.
(19. Zürich) . . . . . —
(20. Altstetten) . . . 5
44. Urdorf . . . . . g.u.ß. 10
45. Birmensdorf . a.g.u.ß. 14
46. Bonstetten . a.g.u.ß. 19
47. Hedingen P . a.g.u.ß. 22

48. Affoltern ⊻ a.c.e.g.z.ß. 24
49. Mettmenstetten a.g.e.ß. 29
50. Knonau . . a.g.e.ß. 31
51. Zug . . . . . a.g.a.ß. 41
52. Cham ⊻. . . a.g.a.ß. 41
53. Rothkreuz . . a.g.a.ß. 46
54. Gisikon ⊻ P . a.g.a.ß. 48
55. Ebikon . . . a.g.a.ß. 53
56. ◯ Luzern a.c-f.a.ß 62

**f. Zwgb. Turgi-Waldshut.**
Eröffnet $^{18}/_{8}$ 58.

57. ◯ Waldshut . . . —
58. Koblenz . . c.g.a.ß. 5
59. Döttingen (Klingnau) . . a.g.a.ß. 7
60. Siggenthal . . a.g.e.ß. 13
(25. Turgi) . . . . . . 15

**g. Romanshorn-Rorschach.**
Eröffnet $^{15}/_{10}$ 69.

(1. Romanshorn). . . —
61. Egnach . . . . . a.ß. 2,6
62. Arbon . . . . . a.ß. 8,2
63. Horn. . . . . . a.ß. 11,3
64. Rorschach Hafen . . a-c.e.z.ß. 14,2
65. ◯ Rorschach Bahnh. 15,1

**h. Romanshorn-Constanz** 19 K.,
Eröffnet am 1. Juli 1871.
Kilom.

(1. Romanshorn). . . —
66. Uttweil . . . . . . . 5
67. Kesswell . . . . . . 7
68. Güttingen . . . . . . 10
69. Altnau . . . . . . . 12
70. Münsterlingen ⊻ . . . 14
71. Kreuzlingen . . . . 19
72. ◯ Constanz . . . e. 22

## 3. Vereinigte Schweizerbahnen,

Generaldirection in St. Gallen.
Schweiz: Cantone. St. Gallen: Stat. 1-8, 14a-29, 34-38, 40-46, Thurgau: 9-11, Zürich: 12-14, 47-57, Graubünden: 30-33, u. Glarus: 39, 58-60.
Anschlüsse: Rorschach, Winterthur u. Zürich: Schweiz. Nordostb.
Directer Verkehr. NB. Die Tarife der unter a. c. d. e. f. g. erwähnten Verkehre sind in Veränderung begriffen und baldige Aenderung in Aussicht, desshalb deren Daten nicht angegeben. a = mit Schweiz; b = Oesterreich., Bayern ($^{1}/_{2}$ 70); c. = Sachsen; d = Hamburg und Lübeck; e = Württemberg; f = Baden; g = Mannheim u. Ludwigshafen; h = Amsterdam, Rotterdam ($^{15 u. 20}/_{6}$ 68), i = Hafenstationen der Franz. West- und Nordbahn ($^{21}/_{12}$ 66).

**a. Rorschach-Winterthur.**
Eröffnet Stat. 1-3: $^{22}/_{10}$ 56; 3-4: $^{15}/_{8}$ 56; 4-6: $^{23}/_{12}$ 55; 6-8: $^{23}/_{12}$ 55; 8-14: $^{11}/_{6}$ 55.

1. (b) Rorschach a-i. —
2. Mörschwyl . a.g.i. 10
2a. St. Fiden PH. . . . 14
3. St. Gallen . . . a-i. 17
3a. Bruggen PH. . . . 22
4. Winkeln (Herisau) a-i. 24
5. Gossau . . . a-c.e-i. 26
6. Flawyl . . . . . a-i. 34
7. Utswyl . . . . . a-i. 38
7a. Schwarzenbach P.H. 44
8. (e) Wyl . . . . . a-i. 48
9. Sirnach . . . a.g.i. 50
10. Eschlikon . a.b.e.g.i. 55
11. Aadorf . . . a.b.e.g.i. 60
12. Elgg . . . . a.g.i. 62
13. Räterschen . . a-g.i. 70
14. ◯ Winterthur . a. 74
72 Kilom. Tarifdistanz.

**b. Rorschach-Chur.**
Eröffnet bis Stat. 15: $^{24}/_{8}$ 57
Stat. 15-33: $^{1}/_{7}$ 58

(1. Rorschach . a-i. —
14a. Staad . . . a.g.i. 5
15. Rheineck . . a.e-g.i. 10
16. St. Margrethen a-c. f-i. 11
17. Au . . . . . a-c.f-i. 14
18. Herbrugg . . a.g.i. 97
19. Rebstein . . . a.g.i. 22
20. Altstätten . a-c.e.i. 26
21. Oberriet . . . a.g.i. 31
22. Rüthi . . . . a.g.i. 36
23. Sales . . . . a.g.i. 43
24. Haag . . . . . . a-i. 46
25. Buchs . . . . a.g.i. 50
26. Sevelen . . . a.g.i. 53
27. Trübbach . . . a.g.i. 62
28. (c) Sargans a.e.g.i. 67
29. Ragatz . . a-c.e-g.i. 72
30. Maienfeld . . a.g.i. 74
31. Landquart . a.b.e-i. 79
32. Zizers . . . . a.g.i. 84
33. Chur . . . . . . a-i. 94

**c. Sargans-Zürich.**
Eröffnet bis Stat. 38: $^{15}/_{2}$ 59; 38-40: $^{1}/_{7}$ 59; 40-47: $^{15}/_{2}$ 59; vorher 47-49: $^{1}/_{8}$ 58; 49-55: $^{15}/_{11}$ 57; 55-57 $^{27}/_{12}$ 55.

(28. Sargans) . a-e.g.i. 67
34. Mels . . . . . a.e.g.i. 70
35. Flums . . . a.e.g.i. 77
36. Wallenstadt a-c.e-g.i. 82
37. Unterterzen . . a.g.i. 86
38. Murg . . . a.b.e.g.i. 89
39. Mühlehorn . . . a.g.i. 91
40. (d) Weesen a.e-g.i. 98
41. Ziegelbrücke a.b.e-i. 101
42. Schänis . . . . a.g.i. 103
43. Kaltbrunn . . . a.g.i. 110
44. Utznach . . a-c.e-i. 113
45. Schmerikon . . a.g.i. 118
46. Rapperswyl a-c.f-i. 127
47. Rüti . . . . . a.b.f-i. 134
48. Bubikon . . . a.g.i. 139
49. Wetzikon . . a.b.f-i. 144
50. Aathal . . . . a.g.i. 146
51. Uster . . . . a.b.f-i. 151
52. Nänikon . . . a.g.i. 153
53. Schwerzenbach a.g.i. 156
54. Dübendorf . . a.g.i. 160
55. Wallisellen* . . . . . 165
56. Oerlikon* . . . . . . 168
57. ◯ Zürich* . . . . . 172
* Gemeinsam mit d. Nordostb.

**d. Weesen-Glarus.**
Eröffnet $^{14}/_{2}$ 59.

(40. Weesen) . a.e-g.i. 98
58. Naefels . . . a-c.e-i. 103
59. Nettstall . . a-c.e-i. 108
60. Glarus . . . . . a-i. 110

**e. Wyl-Ebnat (Toggenburger E.)**
Am 24. Juni 1870 eröffnet.

(8. Wyl) . . . . . . . —
61. Bazenhaid . . . . . a. 7
62. Lütisburg PH. . . . . 12
63. Bütschwyl . . . . . a. 14
64. Dietfurt . . . . . . a. 17
65. Lichtensteig . . . . a. 19
66. Wattwyl . . . . . . a. 20
67. Kappel-Ebnat . . . a. 26

## 4. Bernische Staatsbahn

Direction in Bern.
Eröffnet Stat. 1-3: Oct. 60; 3-20: $^{1}/_{6}$ 64.
Anschlüsse: Bern: Schweiz. Centralb. und Westschweiz.; Biel: Schweiz. Centralb.; Gümlingen: Schweiz. Centralb.; Neuenstadt, resp. Berner Grenze: Schweiz. Westbahnen; Zollikofen: Schw. Centralb.
Directer Güterverkehr mit a = Badische u. Main-Neckarb.; b = Pfälz. Bahnen, via Basel.

Berner Grenze. . . . —
1. ◯ Neuenstadt a.b. 2
2. Twann . . . . . . . 7
3. ◯ Biel . . . . . . . 17
4. Brügg . . . . . . . 19
5. Busswyl . . . . . . 24
6. Lyss . . . . . . . a. 26
7. Suberg . . . . . . . 30
8. Schüpfen . . . . . . 34
9. Münchenbuchsee . . 41
10. ◯ Zollikofen . . . 43
11. ◯ Bern . . . . . . . 50
12. Ostermundigen . . . 55
13. Gümligen . . . . . . 58
14. Worb . . . . . . a. 65
15. Tägertschi . . . . . 67
16. Konolfingen . . . . 72
17. Zäziwyl . . . . . . . 74
18. Signau . . . . . . . 84
19. Emmenmatt . . . . . 82
20. Langnau . . . . a. 89

## 5. Westschweizerische Bahnen.

Der Sitz der Betriebs-Direction für alle, den nachstehend unter 5 genannten Gesellschaften gehörigen, im Betrieb fusionirten Linien ist in Lausanne.
(Chemins de fer de la Suisse Occidentale.)

Der Sitz der Administration für die Linie Genève-Versoix ist in Fribourg; der Ouest-Suisse in Lausanne; für Lausanne-Fribourg-frontière Bernoise in Fribourg; für Berne-Singine (Central-Suisse) in Bâle; der Franco-Suisse in Neuchâtel; für Bulle-Romont in Bulle.

Geographische Lage: Stat. 1-4 u. 6 im Canton Genf, Stat. 5, 7-34, 50-58 im Canton Vaud, Stat. 29a im Canton Wallis, Stat. 35-46 im Canton Freiburg, Stat. 47-49 im Canton Bern, Stat. 59-74 im Canton Neuchâtel.

Anschlüsse: Berne: Schweiz. Centralb. u. Bern. Stsb.; Genève: Paris-Lyon-M.; St. Maurice: Ligne d'Italie; Neuchâtel: Jura Industr.; Neuveville (Neuenstadt): Berner Stsb.; Penthalaz-Cossonay: Jougne-Eclépens, Romont: Bulle-Romont; Verrières: Paris-Lyon-M.

Directer Güterverkehr a = mit Württemberg (T. $^{1}/_{1}$ 64 m. N.I $^{1}/_{1}$ 67, II $^{1}/_{2}$ 69, Specialtarif $^{1}/_{5}$ 69); b = mit Bayern ($^{1}/_{2}$ 70, N.I $^{1}/_{3}$ 70, II $^{1}/_{2}$ 71); c = mit Kaiserin Elisabethbahn resp. Oesterr.-Ungarn ($^{1}/_{6}$ 70 N.I $^{20}/_{10}$ 70, II $^{1}/_{8}$ 70, III $^{1}/_{12}$ 70); d = mit Baden u. Main-Neckarb. ($^{1}/_{6}$ 65) Mannheim ($^{1}/_{6}$ 65), Ludwigshafen ($^{20}/_{11}$ 65, I.N. $^{20}/_{7}$ 67); e = mit der Sächs. Staatsb. ($^{1}/_{11}$ 66 N.I $^{10}/_{11}$ 66, II $^{10}/_{12}$ 69, III $^{1}/_{2}$ 70, IV $^{15}/_{5}$ 70); f = mit Hamburg und Lübeck ($^{1}/_{7}$ 66) Alle Stationen der Westschweizer. Bahnen stehen ausserdem in directem Güterverkehr mit allen Schweizer Bahnen; sodann mit Paris-Lyon-Mittelmeer für den Kohlentransport aus dem Kohlenbecken der Loire via Genf und aus den Kohlenbecken von Monceau via Verrières ($^{1}/_{1}$ 69, N. I $^{4}/_{8}$ 70); desgl. mit der Saarbrücker Bahn für die Kohlentransporte aus den Kohlenbecken der Saar, von Bexbach und Homburg ($^{10}/_{6}$ 70); desgl. mit der Rheinischen etc. betreff. die Ruhrkohlen-Transporte ($^{10}/_{7}$ 70).

**a. Genf-Versoix** (Stat. 1-4 u. 6) **u. Ouest-Suisse** (Sat. 5 u. 7 flg.).
Eröffnet Stat. 1-4: $^{21}/_{4}$ 58: 5-13: $^{14}/_{6}$ 58; 13-15: $^{1}/_{5}$ 56; 15-25 und die ganze Bahn in 1861.
Entfern. v. Lausanne.

1. ◯ Genève . . a-e. 60,2
2. Chambésy PH.* . . . 56,6
3. Genthod PH.* . . . 54,7
4. Versoix . . . . . . . 51,9
5. Coppet . . . . . . . 47,0
6. Céligny . . . . . . . 43,5
7. Nyon . . . . . . . . 38,5
8. Gland . . . . . . . . 33,8
9. Gilly-Bursinel PH. 29,7
10. Rolle . . . . . . . . 26,6
11. Allaman (Aubonne) 21,5
12. St. Prex PH. . . . . 16,9
13. Morges . . . . a-e. 12,5
14. (d) Renens PH. . 4,8
15. (b.d) Lausanne a-e. —
16. Lutry . . . . . . . 5,0
17. Cully . . . . . . . 8,5
18. Rivas . . . . . . . . 13,5
19. Vevey . . . . . a-e. 18,3
20. La Tour de Peilz PH. 19,3
21. Burier PH.. . . . . 21,4
22. Clarens PH.* . . . . 23,0
23. Vernex-Montreux . 26,4
24. Veytaux-Chillon PH. 27,0
25. Villeneuve . . . . . 29,3
26. Roche . . . . . . . 33,7
27. Aigle . . . . . . . . 39,2
28. St. Triphon . . . . 43,3
29. Bex . . . . a-c.e. 47,5
29a. ◯ St. Maurice . 51,5

**b. Lausanne-Fribourg et Frontière Bernoise.**
Eröffnet Stat. 15-43: $^{4}/_{9}$ 62 43-49: im Juli 1860.
Entfern. v. Lausanne.

(15. Lausanne) . . . . —
30. Conversion . . . . . 4,0
31. Grandvaux . . . . . 8,3
32. Chexbres . . . . . 12,1
33. Palézieux . . . . . . 20,5
34. Oron . . . . . . . . 24,4
35. Vauderens . . . . . 30,5
36. Siviriez . . . . . . . 35,2
37. ◯ (c) Romont a-e. 40,2
Jonction du Bulle Romont.
38. Villaz-St.-Pierre . . 45,0
39. Chénens . . . . . . 49,6
40. Cottens . . . . . . . 52,4
41. Neyruz . . . . . . . 55,4
42. Matran . . . . . . . 60,3
43. Fribourg . . a-e. 66,0
44. Guin . . . . . . . . 71,9
45. Schmitten . . . . . 77,8
46. Flamatt . . . . . . 84,0
47. Thörishaus . . . . . 88,2
48. Bümplitz . . . . . . 93,0
49. ◯ Berne . . . . . . 97,5

**c. Bulle-Romont.**
Eröffnet $^{20}/_{4}$ 68.

(37. Romont) . . . . —
49a. Vuisternens . . . . 6,5
49b. Sales . . . . . . . 10,3
49c. Vaulruz . . . . . . 12,8
49d. Bulle . . . . . . . 18,1

Telegraph. Auf Stat. 13. 15. 19. 29. 43. 55. 65. u. 69b. befinden sich Eidg. Telegraphenbureaux oder öffentliche Telegraphenbureaux im Bahnhof.

**d. Lausanne-Neuchâtel-Neuveville (Neuenstadt).**
(Stat. 50-59 Ouest-Suisse, Stat. 59-74 Franco-Suisse.)
Eröffnet bis Bussigny $^{1}/_{7}$ 55; bis Biel $^{7}/_{11}$ 59; bis Stat. 69: $^{8}/_{12}$ 60; 69-69b $^{1}/_{10}$ 60.
Von Lausanne.

(15. Lausanne) . . . . —
(14. Renens) . . . . . 4,5
50. Bussigny . . . . 6,9
51. (f) Penthalaz-Cossonay 14,5
Jonction du Jougne-Eclépens.
52. Eclépens-Lasarraz . 21,4
53. Chavornay-Orbe . . 27,4
54. Ependes P.H. . . . 32,7
55. Yverdon . . . a-e. 34,0
56. Grandson . . . . . 41,5
57. Onnens-Bonvillars 46,3
58. Concise . . . . . . 49,6
59. Vaumarcus PH.* . 53,8
60. Gorgier-St. Aubin . 56,9
61. Bevaix . . . . . . . 61,0
62. Boudry . . . . . . . 65,0
63. Colombier . . . . 66,4
64. (d) Auvernier . 69,1
65. ◯ (e) Neuchâtel a-e. 74,1
66. St. Blaise . . . . . 78,1
67. Cornaux . . . . . . 82,3
68. Cressier . . . . . . 84,3
68a. Landeron . . . . . 86,5
69. ◯ (d) Neuveville (Neuenstadt) . . . 88,8
(69a. Douanne) . . . . 94,7
(69b. Bienne (Biel) . 103,2

**e. Neuchâtel-Verrières (Pontarlier).**
Eröffnet im Juli 1860.
Von Neuchâtel

(65. Neuchâtel) . . . —
(64. Auvernier) . . . 5,0
70. Noiraigue . . . . . 18,2
71. Travers . . . . . . 22,5
72. Couvet . . . . a-e. 26,1
73. Boveresse . . . . . 29,5

74. Verrières (Suisse) . . . a-e. 39,4
P.L.M. 74a. ○ Verrières-France . . . . 41,3
P.L.M. 74b. Pontarlier . . . 52,4

## 6. Jura Industriel.

Direction in Chaux-de-Fonds. Anschluss in Neuchâtel an Westschweiz. Eisenb.-Linie e. Directer Güterverkehr. Die bei Schweiz. Centralbahn gebrauchten Zeichenerklärungen finden im Folgenden Anwendung.

1. ○ Neuchâtel . . . —
2. Corcelles . . . . . 3
3. Chambrelien . . . . 11
4. Geneveys sur Coffrane 17
5. Hauts-Geneveys . . 20
6. Convers . . . . . a. 26
7. Chaux-de-Fonds a-e. 30
8. Eplatures . . . . . 33
9. Locle . . . . . a-e. 36

## 7. Jougne-Eclépens.

Eröffnet am 10. Juli 1870.

1. Cossonay . . . . . . —
2. La Sarraz . . . . . 9
3. Arnex . . . . . . . 14
4. Croy . . . . . . . 20
5. Vallorbes . . . . . 22

## 8. Ligne d'Italie

Direction in Sion.
Anschluss in St. Maurice an Westschweiz. Eisenbahnlin.a.
Eröffnet Stat. 6-11: $^{14}/_{7}$ 59.
Directer Güterverkehr a = mit Baden und Main-Neckarbahn via Basel.
Canton-Lage: Stat. 1-12: Wallis.

1. Bouveret . . . . . —
2. Vouvry . . . . . . 6
3. Monthey . . . . . a. 17
4. ○ St. Maurice . . . 23
5. Evionnaz . . . . . 29
6. Vernayaz . . . . . 33
7. Martigny . . . . . a. 38
8. Saxon . . . . . . 46
9. Riddes . . . . . . 51
10. Ardon . . . . . . 56
11. Sion (Sitten) . . a. 64
12. Siders . . . . . . 80

# Spanien.

Das Spanische Eisenbahn-Netz zerfällt in folgende Eisenbahnen, welche selbstständige Bahnverwaltungen haben. Der Sitz der Gesellschaften wie der Verwaltung (Verwaltungsrath) ist, wo nichts weiter angegeben ist, **Madrid**. Die Nummern verweisen auf die Reihenfolge, in welcher die fraglichen Eisenbahnen aufgeführt werden.

**Almansa-Valenca-Saragossa** 11.
**Barcelona-Figuièras** 8.
**Barcelona à Sarria** 7.
**Ciudad Real-Badajoz** 13.
**Cordova u. Malaga-Granada** 16.
**Cordova-Belmez** 13b.
**Cordova-Sevilla u.** 14.
**Isabella II.** (Santander-Reinosa-Alar del Rey) 2.
**Langreo** in Austurien 4.
**Lerida-Tarragona** 10.
**Madrid-Saragossa-Alicante** 12.
**Medina del Campo-Zamora** 16.
**Nord de l'Espagne** (Madrid-Irun etc.) 1.
**Nord-Ouest de l'Espagne** (Palencia-Ponferrada-Coruña u. Leon-Gijon) 3.
**Quintanilla-Barruelo** 2,b.
**Saragossa-Pampelana-Barcelona** 6.
**Sevilla-Xeres-Cadix** gehört zu 14.
**Tarragona-Barcelona** 9.
**Tudela-Bilbao** 5.
**Utrera-Moron** 17.

## 1. Nord (de l'Espagne).

Anschlüsse: Alar del Rey: Isabella II. (Alar-Santander) 2; Alsasua: Barcelona-Saragossa-Pamplona 6; Irun: Midi (Franz. Südbahn); Madrid: Madrid à Saragossa 12; Medina: Medina-Zamora 16; Miranda: Tutela-Bilbao 5; Palencia: Nord-Ouest de l'Espagne 3.

### a. Irun-Madrid 637,618 Kil.

Eröffnet Stat. 1-3, 7-9 und 10-11 in 1860; 11-13 in 63; 13-14: $^{5}/_{8}$ 61; vollständig (Stat. 3 Olazagoïta): $^{16}/_{8}$ 65 ($^{15}/_{8}$ 64 Irun-Bayonne eröffnet).

1. ○ Irun (Hafen) . . —
2. San Sebastian . . . 17
3. Beasain . . . . . 59
4. ○ Alsasua . . . . . 103
5. Vitoria . . . . . . 146
6. ○ Miranda . . . . . 179
7. Burgos . . . . . . 268
8. (b) Venta de Baños . 353
9. Valladolid . . . . . 389
10. ○ Medina del Campo 432
11. San Chidrian . . . . 487
12. Avila . . . . . . . 518
13. Escurial . . . . . . 581
14. ○ Madrid . . . . . . 631

### b. Venta de Baños-Alar del Rey 91 Kil.

Eröffnet $^{1}/_{8}$ 60.

(8. Venta de Baños) —
15. ○ Palencia . . . . 11
16. Marcilla . . . . . 43
17a. ○ Alar del Rey . 91

## 2. Isabella II. (Alar-Santander) 108 Kil.

Eröffnet 17b.-18: $^{20}/_{2}$ 57; 19-22: $^{9}/_{10}$ 60; vollständig (18-19): Sept. 1866.

Anschlüsse: Alar del Rey: Nord de l'Espagne 1; Quintanilla: nach den Bergwerken von Barruelo 2b.

17b. Alar del Rey . . —
18. Reinosa . . . . . . 29
19. Barcena . . . . . . 48
20. (b) Quintanilla de las Torres . . . . 9
21. Torrelavega . . . . 76
22. Santander . . . . . 104

### 2b. Quintanilla-Barruelo.

(20. Quintanilla) . . . —
22a. Barruelo . . . . . 13

## 3. Nord-Ouest (de l'Espagne).

(Palencia-Ponferrada-Coruña).
Eröffnet Stat. 15-25: $^{7}/_{11}$ 63; 25-26: $^{11}/_{3}$ 66.
Anschlüsse: Palencia: Nord de l'Espagne 1b.; Leon: Asturische Eisenb. 20.

(15. ○ Palencia) . . . —
23. Villalumbroso . . . 29
24. Sahagun . . . . . . 62
25. (b) Leon . . . . . . 123
26. Astorga . . . . . . 175
27. Brañuelas . . . . . 202

Von Brañuelas weiter im Bau über Ponferrada u. Monforte nach Vigo mit Zweigb. von Montforte nach Coruña.

### b. Leon-Oviedo-Gijon.

(25. Leon) . . . . . . —
28. La Robla . . . . . 15
Ist nach Gijon (4, Nr. 31) im Bau.

## 4. Langreo in Austrien

39 Kil. Eröffnet theilw. $^{7}/_{8}$ 53; vollständig $^{12}/_{7}$ 56.

30. Sama de Langreo . . —
31. Gijon (Hafen) . . . 39

Demnächst Anschluss an die Bahn 3.

## 5. Tudela à Bilbao 250 Kil.

Eröffnet 32-34: $^{2}/_{8}$ 63, vollständig $^{11}/_{4}$ 63.
Anschlüsse: Miranda: Nord de l'Espagne 1; Tudela (Castejon): Saragossa-Barcelona-Pamplona 6.

32. Bilbao (Hafen) . . —
33. Orduna . . . . . . 41
34. ○ Miranda . . . . . 114
35. Logroño . . . . . . 173
36. Alfaro . . . . . . . 244
36a. Castejon . . . . . 249
37. ○ Tudela . . . . . —

## 6. Saragossa-Barcelona und Pamplona.

Anschlüsse: Alsasua: Spanische Nordbahn 1; Barcelona: Barcelona-Gerona-Figueras 8a.b., Barcelona-Sarria 7 u. Barcelona-Tarragona 9; Lerida, im Bau: Tarragona-Lerida 10; Saragossa: Madrid-Saragossa 12; Tudela (Castejon): Tudela-Bilbao 5.

### a. Hauptbahn.

Eröffnet Stat. 38-45: $^{4}/_{7}$ 59; 45-47: $^{1}/_{9}$ 60 u. $^{10}/_{9}$ 61; die ganze Bahn $^{22}/_{4}$ 63.

38. ○ Barcelona (Hafen) —
39. Tarrasa . . . . . . 32
40. Manresa . . . . . . 64
41. ○ Lerida . . . . . 182
42. (b) Tardienta . . . 312
43. ○ Saragossa . . . . 363
44. ○ Casetas . . . . . 379
45. ○ Tudela . . . . . 441
46. ○ Castejon . . . . 457
46a. Caparroso . . . . 484
47. Pamplona . . . . . 544
48. ○ Alsasua . . . . . 696

### Zwgb. Tardienta-Huesca.

(42. Tardienta) . . . . —
49. Huesca . . . . . . . 21

## 7. Barcelona-Sarria 5 Kil.

Eröffnet $^{24}/_{6}$ 63.

50. ○ Barcelona . . . . —
51. Sarria . . . . . . . 5

## 8. Barcelona-Figuièras-Franz. Grenze.

Anschlüsse siehe Barcelona-Saragossa Nr. 6. Die Bahn wird von Gerona über Figueras zur Franz. Grenze bei Port Vendres fortgesetzt.

### a. Küstenlinie via Mataro 75 Kil.

Eröffnet Stat. 52-53: $^{28}/_{10}$ 48; 53-54: $^{10}/_{1}$ 57; 54-55: $^{8}/_{8}$ 59; ganz $^{17}/_{3}$ 62.

52. ○ Barcelona . . . . —
53. Mataró . . . . . . 28
54. Arenys . . . . . . 37
55. Tordera . . . . . . 65
56. (b) Empalme . . . . 75
57. Gerona . . . . . . 105

### b. via Granollers 99 Kil.

Eröffnet $^{24}/_{7}$ 54; ganz $^{17}/_{3}$ 62.

(52. Barcelona) . . . . —
58. San Andrés . . . . 6
59. Granollers . . . . 29
60. Llinás . . . . . . 40
61. Hostalrich . . . . 64
(56. Empalme) . . . . 69
(57. Gerona) . . . . . 99

## 9. Tarragona-Martorell und Barcelona 101,7 Kil.

Eröffnet Stat. 62-62a. (16 Kil. $^{16}/_{11}$ 53) ganz: $^{21}/_{4}$ 59; vollst. bis Stat. 65: $^{1}/_{10}$ 64.
Anschlüsse: Barcelona siehe Barcelona-Saragossa Nr. 6; Tarragona: Tarragona-Lerida 10 u. Almansa-Valencia-Tarragona 11.

62. ○ Barcelona . . . . —
62a. Martorell . . . . . 25
63. Villafranca . . . . 53
64. Vendrell . . . . . . 73
65. Tarragona . . . . . 102

## 10. Lerida à Reus und Tarragona 100 Kil.

Eröffnet Stat. 66-67: $^{16}/_{4}$ 62.
Anschlüsse: Lerida, im Bau Barcelona-Saragossa; Tarragona: Barcelona-Tarragona.

66. ○ Tarragona . . . —
67. Reus . . . . . . . 16
68. Montblanch . . . . 44
69. Vimbodi . . . . . . 55
Im Bau:
70. Lerida . . . . . . 100

## 11. Almansa-Valencia und Tarragona.

Eröffnet Stat. 71-74: $^{21}/_{12}$ 54; 74-74a: $^{23}/_{8}$ 52; 74-80: $^{17}/_{7}$ 61.
Anschlüsse: Almansa: Madrid-Alicante 12; Tarragona: Tarragona-Barcelona und Tarragona-Lerida 9. u. 10.

71. ○ Almansa . . . . —
72. Jativa . . . . . . . 60
72a. Carcagente . . . . 94
Anschluss: Pferdeb. nach Gandia.
73. Alcira . . . . . . . 80
74. Valencia . . . . . 116
74a. Grao (Hafen) v. Valencia —
75. Murviedro . . . . . 145
76. Nules . . . . . . . 168
77. Castellon . . . . . 185
78. Ulldecona . . . . . 279
79. Tortosa . . . . . . 308
79a. Amposta . . . . . 321
80. ○ Tarragona . . . 391

## 12. Madrid-Saragossa und Alicante.

Anschlüsse: Almansa: Almansa-Valencia-Tarragona 11; Ciudad Real: Ciudad Real-Badajos 13; Madrid: Spanische Nordbahn 1; Saragossa: Barcelona-Saragossa 6.

### a. Madrid-Saragossa 340 Kil.

Eröffnet Stat. 81-82: $^{3}/_{8}$ 59; vollst. $^{25}/_{6}$ 63.

81. ○ (b) Madrid . . . —
82. Guadalajara . . . . 57
83. Jadraque . . . . . 105
84. Medinaceli . . . . . 166
85. Alhama . . . . . . 219
86. Calatayud . . . . . 245
87. Ricla . . . . . . . 281
88. ○ Casetas . . . . . 328
89. ○ Saragossa . . . 341

### b. Madrid-Alicante 455 Kil. mit Castillejo-Toledo 27 Kil.

Eröffnet Stat. 90-91: $^{9}/_{2}$ 51; 91-94: $^{11}/_{8}$ 53; 94-95: $^{20}/_{6}$ 54; 95-96: $^{10}/_{3}$ 55; 96-97: $^{11}/_{11}$ 57; 97-98: $^{7}/_{5}$ 65; 98-99: $^{11}/_{3}$ 58.

90. ○ Madrid . . . . . —
91. Aranjues . . . . . 49
92. (bb) Castillejo . . 63

### bb. Zwgb. Castillejo-Toledo.

Eröffnet $^{12}/_{6}$ 58.

93. Toledo . . . . . . 26
94. Tembleque . . . . 101
95. (c) Alcazar . . . . 148
96. (e) Albacete . . . . 279
97. Chinchilla . . . . . 298
98. ○ Almansa . . . . . 358
99. Alicante . . . . . . 455

### c. Alcazar-Ciudad Real 114,28 Kil.

Eröffnet 1861.

(95. Alcazar) . . . . 148
100. (d) Manzanares . . 198
101. Almagro . . . . . 242
102. ○ Ciudad Real . 263

### d. Manzanares-Cordova 243,599 Kil.

Eröffnet vollst. $^{1}/_{8}$ 65.

(81. Madrid) . . . . . —
(95. Alcazar) . . . . . 148
(100. Manzanares) . . . 198
103. Valdepenãs . . . . 226
104. Santa Cruz . . . . 240
105. Baeza . . . . . . 316
106. Andujar . . . . . . 364
107. Montoro . . . . . . 399
108. ○ Cordova . . . . 442

### e. Albacete (Chinchilla)-Cartagena 246,369 Kil.

Eröffnet $^{21}/_{7}$ 1865.
Von Albacete

(96. Albacete) . . . . —
(97. Chinchilla) . . . . 20
109. Cieza . . . . . . . 133

110. Murcia . . . . . . 183
111. La Palma . . . . 235
112. Cartagena . . . . 247

## 13. Ciudad Real-Badajoz und Almorchon-Belmez (Madrid) 342 Kil.

Eröffnet Stat. 113-14: $^{10}/_{3}$ 64; 121-22: $^{20}/_{10}$ 64; die ganze Hauptbahn im Dec. 1866.
Anschlüsse: Ciudad Real: Madrid-Alicante 12c; Badajos: Portugies. E.-G.

a. Hauptbahn.

Von Madrid
113. ○ Ciudad Real . 263
114. Puertolano . . . . 302
115. Veredas . . . . . 321
116. Almaden . . . . . 377
117. (b) Almorchon . . 419
118. Castuera . . . . . 443
119. Magacela . . . . . 472
120. Don Benito . . . . 487
121. Mérida . . . . . . 540
122. ○ Badajos . . . . 599
Portugies. Grenze.

b. Almorchon-Belmez.

Eröffnet $^{1}/_{4}$ 68; $^{10}/_{3}$ 68 f. Güter.
(117. Almorchon) . . . —
123. Belmez . . . . . . 99

## 14. Cordova-Sevilla 131 K.

Eröffnet vollst. $^{3}/_{4}$ 60.
Anschlüsse: Cordova: Madrid-Alicante 12d. u. Cordova-Malaga 15; Sevilla: Sevilla-Cadix 15.
124. ○ Cordova . . . . 442
125. Posadas . . . . . 474
126. Palma . . . . . . 495
127. Lora del Rio . . . 517
128. Carmona . . . . . 533
129. ○ Sevilla . . . . . 573
Dazu: Verbindungsbahn mit der Cordovabahn 6 Kil.

## Sevilla-Jeres u. Cadix

174,7 Kil.
Anschlüsse: Sevilla: Cordova-Sevilla 14; Utrera: Utrera-Moron 18.

a. Sevilla-Cadix.

130. ○ Sevilla . . . . 573
131. ○ Utrera . . . . 604
132. Xeres (Jeres) . . . 657
133. (b) Puerto de St. Maria 104
133a. Puerto Real . . . 128
134. San Fernando . . . 711
135. Cadix . . . . . . 726

b. Puerto de Santa Maria-Empalme del Trocadero $12^{1}/_{2}$ K.
Eröffnet $^{10}/_{10}$ 56.

## 15. Cordova-Malaga und Granada 192 Kil.

Domicil: Malaga.
Eröffnet 22 Kil. $^{10}/_{9}$ 63, vollst. $^{10}/_{8}$ 64.
Anschlüsse: Cordova: Cordova Sevilla 14 und Madrid-Alicante 12d.; Bobadilla: Zwgb. nach Granada.

a. Cordova-Malaga.

136. ○ Cordova . . . —
137. Montilla . . . . . . 50
138. Aquilar . . . . . . 57
139. La Roda . . . . . 100
140. ○ Bobadilla . . . . 123
141. Alora . . . . . . . 157
142. Malaga . . . . . . 193

b. Bobadilla-Granada (In Betrieb 69 Kil.). Eröffnet 1865.
(140. Bobadilla) . . . . —
144. Antequera . . . . . 15
Im Bau: Antequera-Loja.
145. Loja . . . . . . . —
146. Granada . . . . . . 54

## 16. Medina del Campo-Zamora 90 Kil.

Anschluss an Span. Nordbahn 1a.
147. ○ Medina . . . . . —
149. Zamora . . . . . . 90

## 17. Utrera-Moron 36 Kil.

Anschluss an Sevilla-Cadix 15.
149. ○ Utrera . . . . . —
150. Moron . . . . . . 36

# Portugal

## 1. Compagnie Royale des chemins de fer Portugais à Lissabon.

Eröffnet Lissabon-Badajos: $^{1}/_{7}$ 63; Lissabon-Oporto: $^{1}/_{7}$ 64.
Anschlüsse: Badajos: Ciudad Real-Badajos; Lissabon per Dampfschiff nach Barreio, dem Ausgangspunkt der Portugies. Südbahn.

a. Lissabon-Oporto 332 Kil.

1. (2) Lissabon . . . . —
2. Carregado . . . . . 36
3. Santarem . . . . . 74
4. Empalme . . . . . 105
5. (b) Entrocamiento 109
6. Thomar . . . . . . 120
7. Pombal . . . . . . 168
8. Coimbra . . . . . . 217
9. Aveiro . . . . . . . 272
10. Ovar . . . . . . . 299
11. Villa Nova de Gaya (Oporto) . . . 332

b. Entrocamiento-Badajos 175 Kil.

(4. Empalme) . . . 105
(5. Entrocamiento) 109
12. Abrantes . . . . . 135
13. Chanca . . . . . . 201
14. Portalegre . . . . 225
15. Santa Eulalia . . . 262
16. Elvas . . . . . . . 265
17. ○ Badajos (Spanien) 281

## 2. Compagnie du Sud de l'Etat à Lissabon.

(Lissabon-Beja 154 Kil., mit Zwgb. nach Setubal 28 Kil. und nach Evora 26 Kil.).
Eröffnet $^{10}/_{3}$ 1864.
Lissabon . . . . . —
20. Barreiro . . . ab Barreiro
21. Pinhal Novo . . . . 18
Zwgb. Pinhal Novo-Setubal.
22. Setubal . . . . . 28
23. Vendas Novas . . . 56
24. Casa Branca . . . . 90
Casa-Branca-Evora 26 Kil.
25. Evora . . . . . . 116
26. Cuba . . . . . . . 138
27. Beja . . . . . . . 151

# Europäische Türkei.

## I. In Rumänien (Moldau-Walachei):

### 1. Sučzawa-Jassy

siehe unter Lemberg-Czernowitz-Jassy Eisenb.

### 2. Die Linien der Rumänischen Eisenb.-Ges.

(Consortium: Dr. Strousberg). Concession vom 21. Sept. 1868.

a. Bukarest-Galatz $232^{1}/_{2}$ Kil. Eröffnet: $^{31}/_{12}$ 1870.

1. (c) Bukarest . . . . —
2. Bufta . . . . . . . 18
3. Crivina . . . . . . 40
4. Plojeschti . . . . . 60
5. Albesti . . . . . . 77
6. Mizil . . . . . . . 92
7. Ulmeni . . . . . . 113
8. Buson . . . . . . . 129
9. Cilibin . . . . . . 148
10. Faurec . . . . . . 169
11. Janca . . . . . . . 189
12. Muftin . . . . . . 207
13. Braila . . . . . . 228
Im Bau weiter nach
14. (b) Galatz . . . . $232^{1}/_{2}$

b. Galatz-Roman 32 M. = 538 Kil.
Eröffnet 27. Decemb. 1870.]
(14. Galatz) . . . . . —
15. Barbosch . . . . . 19
16. Serbeschti . . . . . 32
17. Preval . . . . . . . 49
18. Ivesti . . . . . . . 73
19. (c) Tekutsch . . . . 91
20. Maraseschti . . . . 110
21. Tufeschti . . . . . 125
22. Adjud . . . . . . . 135
23. Sascut . . . . . . . 149
24. Racaciuni . . . . . 166
25. Faraóni . . . . . . 183
26. Baeáu . . . . . . . 194
27. Galbini . . . . . . 215
28. ○ Roman . . . . . 238
Anschluss an die Lemberg-Czernowitz-Jassy-Bahn deren Beamten den Dienst in Roman besorgen.
Im Bau steht:

c. Zwgb. Tekutsch-Byrlat 7 M. = $52^{1}/_{2}$ Kil.
(19. Tekutsch) . . . . —
29. Byrlat . . . . . . —

d. Im Bau: Bukarest-Turnu-Severin 45 M. = $337^{1}/_{2}$ Kil.
(1. Bukarest) . . . . —
30. Pitesti . . . . . . —
31. Slatina . . . . . . —
32. Krajowa . . . . . . —
33. Turnu Severin . . —
Anschluss in Turnu Severin oder Orsova an die Oestr. Stsb.

### 3. Giurgevo-Bukarest,

von einer engl. Gesellschaft gebaut, am 31. October 1869 eröffnet. Anschluss an die Eisenbahnen unter 2a und 4 (Rustschuk bei Giurgevo).
1. Bucuresci (Bukarest) —
2. Gilava . . . . . . 8,2
3. Vidra . . . . . . . 17,4
4. Comana . . . . . . 28,7
5. Banésa . . . . . . 45,8
6. Frătești . . . . . . 59,25
7. Giurgiu (Gurgevo . 67,00

### 4. Varna-Railway.

(Ebenfalls einer engl. Eisenb.-Gesellschaft gehörig).
$^{7}/_{11}$ 66 eröffnet. 140 engl. M.
1. Varna | 3. Schumla
2. Paravadi | 4. Basgrad
5. Rustschuk.

### 5. Danube and Black Sea

(Donau-Schwarzes Meer = Kustendje, Karasu, Tschernawoda 40 Engl. M.).
Von einer Engl. Eisenb.-Gesellschaft betrieben. Eröffnet $^{4}/_{10}$ 1860.

### 6. Gesellschaft der Ottomanischen Eisenb.

mit einem Bahnnetz von ca. 2400 Kilom.

Die Linien a und b werden von der Generalunternehmung Vitali erbaut.

a. Constantinopel-Serb. Grenze. Stat. 1-4, 17 Kil., eröffnet $^{1}/_{1}$ 1871; 4-12, 290 Kil., soll bis $^{1}/_{1}$ 72, 12-19, 300 Kil., in 1872 eröffnet werden.
1. Constantinopel (Jedieule) —
2. Makri-Koi
3. San Stefano
4. Kutschuk Tschekmedsché 17
5. Bojük Tschekmedsché
6. Siliwri | 8. Tschorlu
7. Eski Eregh | 9 Karischliran
12. Adrianopel (Edirne) 290
18. Philippopel (Filibe)
19. Sarembey
20. Tatar Basardschyk
30. Sofia
35. Nissa (Nisch)
Von dort nordwärts zur Serbischen Grenze in der Richtung auf Belgrad.

b. Zwgb. v. Nissa durch Bosnien über Novizabar, Serajevo u. Banjaluka zur Oestr. Grenze in der Richtung gegen Brood und Sissek).

c. Zweigb. Adrianopel-Dedeagatsch (Dedeatsch) am ägäischen Meer bei Enos 147 K. bis $^{1}/_{3}$ 72 zu vollenden.

d. Zwgb. Adrianopel-Varna.

e. Uskup-Saloniki 240 Kil. Bauunternehmer: eine Ital. Gesellsch. Dariola; in 1872 zu vollenden.

# Grossbritannien.

Nur eine allgemeine Uebersicht über das sehr complicirte Eisenbahn-Netz Grossbritanniens kann im Folgenden gegeben werden und sind die hier erwähnten Stationen nicht in das alphabetische Register aufgenommen worden. — Die einzelnen Eisenbahnen werden in alphabet. Reihenfolge unter A.B.C. (England, Schottland, Ireland) aufgeführt mit ihren Haupt- und, soweit es der Raum erlaubt, auch mit den Zweigbahnen. Die Hauptstat. der Hauptlinien werden jedoch (abweichend von dem vorausgehenden Register) in der Reihe fortlaufend aufgeführt und hinter denselben in ( ) der Anschluss sowohl fremder Bahnen als der weitern Hauptlinien derselben Bahn durch Zahlen (die fremden Bahnen mit der Nummer, die weitern Hauptlinien mit der röm. Zahl, unter welcher sie aufgeführt werden, (z. B. II. etc.) die Zweigb. durch Buchstaben (a etc.) angedeutet.

Die Längen der Bahnen sind, soweit uns solche bekannt geworden, in Engl. Meilen angegeben worden; 1 E. M. = 1.609 Kil. = 0,2169 Geogr. M. = 0,2137 Preuss. M. = 0,2121 Oesterr. M.

Jn. oder Junct. = Junction.

## A. England.

1. **Anglesey Central** (Wales) = Gaerwen Junct.-Amlwch $17^{1}/_{2}$ M.

2. **Birkenhead** 47 Meilen = Manchester, Chester, Birkenhead mit Zwgb. nach Hotton.

3. **Bishop's Castle** $10^{3}/_{4}$ M. = Craven Arms (Anschluss: 13 VII) Bishop's Castle.

4. **Blackpool and Lytham** $7^{1}/_{4}$.

5. **Brecon and Merthyr** = Hereford, Hay, Brecon $35^{1}/_{4}$ M. mit Zwgb.: a. nach Cefe (Merthyr Tydvil) 21 M.; b. nach Rhymney u. Newport 24 M.

**Bristol and Exeter** s. Great Western.

6. **Cambrian** (in Wales) 89 M. Whitchurch, Oswestry, Llanymynech (a), Welshpool, Abermule (b), Newtown, Moat Lane (c), Machynlleth (d), Aberystwith. Zweigb. nach
a. Llanfyllin, c. Llanidloes.
b. Kerry, d. Towyn, Barmouth.

7. **Carmarthen and Cardigan** $19^{1}/_{2}$ M. (Carmarthen) = Carmarthen-Landyssil im Bau weiter östlich nach Cardigan.

8. **Central Wales and Knighton** zur Lond. North Western $46^{1}/_{2}$ M. im Betrieb, = Craven Arm, Knighton, Garth, Llanwrtyd (im Bau nach Llandovery).

9. **Cowes and Newport** $5^{1}/_{2}$ M. auf der Insel Wight.

10. **Denbigh, Ruthin and Corwen** (in Wales) $19^{1}/_{4}$ M.

11. **Festiniog** (in Wales) 5 M. = Port Madoc, Dinas (Festiniog), Diffwys.

12. **Furnes** (bei Lancaster) $30^{1}/_{4}$ M. Hauptb. Carnforth, Dalton (a), Foxfield (b) Whitehaven. Zwgb. a. nach Furnes, Barrow u. Piel. b. a. Broughton and Coniston.

**13. Great Eastern** 308 M.
I. Cambridge Linie 146½ M. = London (Bishopsgate und Fenchurch), Shelford (e) Cambridge (f.g.), Ely (h.i.), Thetford, Wymondham (k.), Norwich (II), Yarmouth. — Zwgb. nach a. Enfield; b. Ware und Herford; c. Margaret's u. Buntingford; d. Saffron Walden; e. Sudbury u. Mark's Tey 43½ M. mit Abzweig. nach Bury St. Edmunds; f. Newmarket und Bury 26 M.; g. St. Ives, Huntington 33½ M. mit Zweigb. St. Ives, March, Wisbeach, Lynn; h. March, Peterborough 29 M. i. Hattenham u. Sutton 7½ M.; k. Dereham u. Wells 33 M.; l. Lowestof 11½ M.
II. Colchester Linie 113½ M. = London, Witham (a), Marks Tey (I e), Colchester (b), Manningtree (c), Bentley (d), Ipswich (III und e), Tivetshall Jn. (g), Norwich (I). — Zwgb. nach a. Maldon u. Braintree 12 M.; b. Walton on the Naze 18 M. mit Zweigb. Wivenhoe, Brightlingsea 5 M.; c. Harwich 10¾ M.; d. Hadleigh 7½ M. e. Bury St. Edm. 14 M.; f. Eye 3 M.; g. Harleston, Bungay und Beccles.
III. East Suffolk Linie 46. M. = Ipswich (II), Woodbridge, Wickham Market (a) Saxmundham (b) Beccles (c), Yarmouth. Zwgb. nach a. Framlingham 6½ M. b. Aldborough 8¾ M. c. Lowestoft 8½ M.
IV. Ely-Lynn. (a)-Wells 49 mit Zwgb. nach a. East Der ham 27 M. b. Hunstaton 15 M.
V. London-Lughton-Ungar 22¾ M.
VI. London-Woolwich und London-Blackwall.

**14. Great Northern** 335 M.
I. London-York 191 M. = London (Kings Cross), Seven Sisters Road (b), Hatfield (c-e), Hitchin (f), Huntingdon, Holme (g), Peterborough (II), Essendine (h), Retford, Doncaster (i k), Milford, Church, Fenton, York.
II. Peterborough-Bost.-York 98½ M. = Peterborough, Spalding (l. m.), Boston (n. o.), Kirkstead (p), Lincoln, Gainsbro, Doncater.
Zweigb. nach:
b. Highgate u. Edgware 14½ M.
c. St. Albans 5¼ M.
d. Herford 6.
e. Dunstable.
f. Cambridge 26.
g. Ramsey (St. Ives) 6.
h. Spalding 20.
i. Stamford 4.
k. Wakefield 9½ M.
l. Marche 19½.
m. Holbeach, Sutton Br., Lynn 26½.
n. Sleaford, Grantham 32.
o. Louth u. Gr. Grimsby 47½.
p. Horncastle 7½.

**15 Great Western** 992 M.
I. London Exeter 194 M. = London (Paddington, Vict. u. Kensington Stat.), Southall (a), West Draydon (b), Slough (c), Maidenhead (d), Twyford (e), Reading (II und f.), Moulsford (g), Didcot (III), Uffington (h), Swindon In. (i VI), Chippenham (k), Bath (l) Bristol (m), Yatton (n), Weston (o), Durston (p), Taunton (q), Tiverton (r), Exeter.
Zweigbahnen nach:
a. Brentfort 4 M.
b. Uxbridge 2½.
c. Windsor 2½.
d. Wycombe, Oxford 43 ¾ mit Abzweig. nach Aylesbury 7½.
e. Henley 4½.
f. Basingstoke 15½.
g. Wallingford, Watlington 9¾
h. Faringdon 3½.
i. Gloucester.
k. Calne 5¼.
l. Trowbridge.
m. Portskewet.
n. Clevedon 4.
o. Weston Super Mare 1½.
p. Yeovil 19.
q. West Somerset nach Watchet 14½, r. Tiverton 5.
II. Reading Weymouth and Portland = Reading (I), Hungerford, Savernake (b), Devizes, Melksham (c), Trowbridge (d), Westbury (e), Witham (g) Yeovil (I k), Maiden Newton (f), Dorchester, Weymouth (h).
Zweigb. nach:
b. Marlborough 5¼ M.
c. Chippenham 6.
d. Bradfort, Bath 3.
e. Salisbury 24½.
f. Bridport 9.
Anschliessende kleine Bahnen:
g. East Somerset 13¾.
h. Weymouth and Portland 5½.
III. Didcot-Chester 213 M. = Didcot, Calham (b), Oxford (IV), Banbury, Warwick, Hatton (c), Birmingham, Handsworth (IV), Swan Village (d), Wolverhampton, Wellington (e), Shrewsbury (f), Ruabon (g), Wrexham (h), Chester.
Zweigb. nach:
b. Abington 1½.
c. Stratford on Avon 9½.
d. Dudley and Birmingham 8½.
e. Market Drayten u. Nantwich 32½.
f. Minsterley 10¼.
g. Llangollen Corwen 22,
h. Wrexham, Mold u. Connaks Quai 9.
IV. West Midland (Nord West) = Oxford, Worchestar (V), Stourbridge (f), Wolverhampton, mit Zweigbahn nach a. Witney 15 M.; b. Chipping Norton 4 M.; c. Bourton on the Water 6¾ M.; d. Severn Valley (nach Bridgnorth, Ironbridge); e. Much Wenlock 4½ M.
V. West Midland (South West) = Worcester, Hereford (a), Pontypool (b), Newport (c). Zweigbahn nach a. Hereford, Ross u. Gloucester 30½ M.; b. Monmouth 17½ M.; c. Vale of Neath (= Swansea, Hirwain 7 M. mit Zweigb. nach Merthyr.
VI. South Wales Section 205 M. = Swindon (I), Minety (b), Gloucester (c), Porkskewet (d), Newport (a), Cardiff, Llantrissant, Bridgend (f), Neath (n). Landore. Swansea, Carmathen Jn. (12), Johnston, New-Milford (g).
Zweigb. nach:
b. Cirencester 9¼ M.
c. Cheltenham.
d. Bristol and South Wales Junction 12½.
e. Rhymney 24½.
f. Pembrocke u. Tenbry 17½.
g. Milford 3½.
VII. Shrewsbury and Hereford 37½ M. sowohl im Betrieb der Great Western als der London and North Western. = Shrewsbury, Graven Arms Junction (3), Woofferton (b). Leominster (e), Hereford. — Zweigb. nach: b. Tenbury 5½, c. Kington 13½.

**16. Isle of Wight** = Ryde-Ventnor 12½ M.

**17. Lankashire and Yorkshire** 403 M.
I. Ostlinie 187½ M. = Manchester (Victoria St.), Middleton, Rochdale (b), Todmorden, Pontefract (e), Goole.
Zweigb. nach:
a. Bury, Bolton, Liverpool.
b. Royton u. Oldham.
c. Burley, Rosegrove.
d. Halifax. Bradford, Leeds.
e. Ardsley Leeds.
II. Westlinie 36 M. = Manchester, Bolton (a), Preston (b)' Poulton.
Zweigb. nach a. Blackburn, Chatburn. b. Ormskirk, Liverpool. c. Lytham u. Blackpool.
III. Manchester, Wigan, Liverpool mit Zweigbahn nach a. Newton u. Preston. b. Southport etc.
IV. Manchester, Bury, Accrington, Colne mit Zweigb.

**18. Llanelly** = Llanelly, Llandillo (b), Llandovery 31 M. mit Zweigb. nach a. Garnant etc. 18½. b. Carmathen 13½.

**19. Llynvi and Ogmore** = Bridgent (12 VI e) - Maesteg 14½ M. mit Zweigbahn nach Porthcwl 6½ M.

**20. London, Brighton and South Coast** 280 M.
I. London, Three Bridge (III u. a), Haywards Heath (II), Brighton, Shoreham, Portsmouth 85½ M.
II. Haywards Heath, Lewes (d. e.), Polegat, e Hastings 37½ M. — Zweigbahn nach: a. East Grinsead Tunbridge Wells 20 M. b. Horsham 18¾ M. c. Bognor 3½. d. Uckfield 3. e. Newhaven, Seaford 8. f. Eastbourne ⅟₂. g. Hailsham 2¾.
III. Three Bridge, Horsham (h), Ford Junct. 31 M. mit Zweigb. nach h. Guildford 11½; l. Michurst 11½.
, Croydon, Dor-
IV. London bam 37¼.

**21. London, Chatham and Dover.**
I. London, Chatham, Faversham (c) Canterbury, Dover 81 M.
Zweigb. nach:
a. Sevenoaks 8. b. Sherness 6½. c. Kent Coast (nach Whitstable, Margate, Ramsgate 42.
II. Metropolitan Extension = London Victoria St. nach Farrington Street etc.

**22 Lond. and North Western** 1273.
I. London, Watford, Leighton, Rugby (II), Birmingham, Wolverhampton, Stafford (III) 133½ M. mit über 24 Zweigb., worunter die längsten nach a. Cambridge 45 M. b. Oxford 31½; c. Peterborough 47½; d. Stafford 46¾.
II. Rugby. Lichfield, Stafford 51½ M.
III. Stafford, Warrington, Preston, Lancaster, Carlisle.
IV. Liverpool-Manchester, 31 M. lang. Die erste am ¹⁵⁄₉ 30 eröffnete engl. Locomotivbahn.
V. Knighton u. Central Wales (siehe Nr. 7).
VI. Merthyr-Abergavenny 12.

**23. London and South Western** 442 M.
I. London (Waterloo Bridge) Woking (a. b.), Basingstoke (II), Winchester, Bishopstoke (c), Southampton, Ringwood, Wimborne (d), Dorchester, Weymouth 147 M. Zweigbahnen nach: a. Guildfort, Portsmouth 49¾ M. mit Abzweig. Petersfield-Midhurst u. nach Fareham; b. Alton, Winchester; c. Salisbury mit Zweigb. nach Bishop Waltham; d. Salysbury and Dorset 18½ M.; e. Netley; f. Lymington; g. Christ Church; f. Poole.
II. Basingstoke, Salisbury, Yeovil, Exeter 123 M. mit Anschlussbahn Exeter-Exmouth 10¾ M.
III. London, Wokingham, Reading 25 M.
IV. Exeter, Crediton North Devon u. Cornwall nach Barnstable u. Bideford 48 M.

**24. London Tilbury and Suthend** 45 M.

**25. Manchester and Milford** 41½ M. = Pencader, Lampeter.

**26. Manchester, Cheffield, Lincolnshire** 242 M. = Manchester, Sheffield, Gainsbro, New Holland (gegenüber Hull) mit 14 Zwgb.

**27. Manchester South Jn. and Altrichan** 9½ M.

**28. Maryport and Carlisle** 28 M.

**29. Metropolitan** (Londoner Stadtb.) 4 M.

**30. Midland** 181½ M.
I. London, Hitchin, Leicester, Ambergate (c), Syston, (a) Trent, Chesterfield, Swindon Jn. (d), Leeds, Skipton-Lancaster, Morecambe 270 M. — Die längsten Zweigb. nach: a. Stamford, Peterborg, Wisbeach, Sutton, Lynn; b. Nottingham, Lincoln 39½; c. Manchester; d. Doncaster.
II. Derby, Birmingham, Chettenham, Bristol 136½ mit 7 kleinen Zweigb.

**31. Midland Counties and South Wales** 4¼ M. = Towcester-Blisworth.

**32. Mid-Wales** 52½ M. = Llanidloes-Brecon.

**33. Monmutshire** = 1. Newport-Nantyglo 21½; Newport-Pontypool, Blaenavon 14 M.; 3. Ebbo Vale 6 M. siebe Gr. Western 1 b.

**34. Neath and Brecon** 10¼ M.

**35. North Eastern** 1095 M.
I. Normanton, York, Newcastle, Berwick 257 M.
II. Leeds Northallerton, Stockton 60½ M.
III. Saltburn (Seehafen)-Darlington, Bishop Auckland, Crook 231¼ M., Carrhouse. Davon ein Theil die erste engl. Eisenb. Stockton-Darlington am ⁷⁄₁₀ 1825 eröffnet.
IV. East and West Hartlepool.
V. York, Scarborough 42½ M.
VI. Leeds, Hull, Hornsea, Withernsea 44½ M.
VII. Newcastle, Haltwistle, Carlisle 68 M.
Die Zweigb. siehe auf der Karte.

**36. North and South Western Junction** 6 M. = Kew nach Acton westlich von London.

**37. North London** 10½ M. auf der Nordseite von London (Chalk Farm-Fenchurch Street) etc.

**38. North Staffordshire** 144 M.
I. Macclesfield (bei Manchester), Rochester (a), Uttoxeter (b), Tutbury (c), Derby 51 M.
II. Mackesfield, Congleton (d), Kidsgrove (e), Stoke (f), Stone (g), Colwich 38 M.
Zweigbahnen nach:
a. Ashbourne 10½ M.
b. Stoke 16½. c. Burton 5½.
d. Stoke 15. e. Crewe 9.
f. Silverdale 4½.
g. Stafford 5¼.

**38. Shropshire Union** 29 M. = Shrewsbury, Wellington, Newport, Stafford zu Nr. 22 gehörig.

**39. Sirhowy** = Newport, Tredegar, Sirhowy (Anschluss an 15 bei Monmouth).

**40. Sommerset and Dorset** 66 M. = Poole, Templecombe, Highbridge, Burnham (Anschluss an 131 und 201).

**41. South Devon, Cornwall and West-Cornwall** 79 M. — Exeter, Newton (a), Plymouth (b) mit Zwgb. nach a. Hampstead; b. Kingswaer (Dartmuth); c. Tavistock, Launceston.

**42. South Eastern** 306 M
I. London Tunbridge (d), Paddoc Wood (e), Ashford (f II), Folkeston, Dover 88 M.
Zweigb. nach:
a. Greenwich.
b. Caterham 4 1/4.
c. Dorking, Reading.
d. Wells, Hastings 34.
e. Maidstone 10.
f. Winchelsea, Hastings 27.
II. London, Ashford (I), Canterbury (g), Minster Jn. (h), Ramsgate, Margate 84 M
Zweigb. nach:
g. Whistable 7 M.
h. Deal 9 M.
III. North Kent Linie. London (Charing Cross), New-Cross (i. k.), Woolwich, Grovesend, Strood, Maidstone.
Zweigb. nach:
i. Chislehurst.
k. Loos Linie (nach Dartford).

**43. Swansea Vale** = Swansea-Ystalyfera 12 1/2 M.

**44. Taff Vale and Aberdare** = Cardiff, Llantrissant (b), Pontypridd (c), Aberdare (d), Merthyr 24 1/2 M.
Zweigb. nach:
b. Cowbridge u. Llantrisant 10.
c. Treherbert 10 3/4.
d. Aberdare 7 1/4.

**Vale of Neath** siehe Great Western.

**West Cornwall** siehe South Devon.

**45. West London** 3 M., verbindet die in London einmündenden Bahnen Nr. 13, 17, 19, 20, 39.

**46. Whitehaven, Cleator and Egremont** 10 M.

**Whitehaven and Furness Jn.** siehe Furness.

**47. Witney** = Oxfort-Yarnton Jn.-Witney 11 1/4 M.

**48. Wrexham, Mold and Connah's Quai** = Wrexham (Mold und) Buckley 9 M.

## B. Schottland.

**50. Blyth and Tyne** 9 1/4 M. Newcastle, Backworth (a), Newsham (b), Bedlington (c), Morpet Jn.
Zweigb. nach:
a. Shields u. Tynemouth.
b. North Seaton. c. Blyth.

**51. Caledonian.**
I. Hauptlinie 241 M. Carlisle, Lockerbie (a), Symington (b), Carstairs (c-e), Motherwell (f), Holytown (g), Coatbridge (h), Greenhill (i), Larbert (k-m), Stirling (51a), Dumblane (n), Crieff Jn. (o), Perth (p. q), Stanley (55), Coupar Angus (r), Ardler (r¹), Meigle (s), Forfar (d), Guthrie (u), Bridge of Dun (v), Dubton (w), Laurensekirk, Stonehaven u. Averdeen.
II. Portpatrick Section: Castle Douglas über Stranraer nach Portpatrick.
III. Carstairs, Auchengray (x), Edinbourgh.
IV. Glasgow, Hamilton, Lesmahagow.
V. Glasgow (y. y¹), Paisley, Port Glasgow (z), Grenrock.
Zweigb. nach:
a. Dumfries 15 M.
b. Peebles 19.
c. Edinburgh 27 1/2.
d. Lanark, Douglas 11.
e. Dolphinton.
f. Cambuslang (dort Abzweigungen nach Hamilton Strathaven u. Lesmahagow Branch nach Stonehouse Blackwood u. Brocketsbrae) u. Glasgow 11 1/4 M.
g. Morningside.
h. Glasgow. i. Glasgow.
k. Edinbourg. l. Denny.
m. South Alloa.
n. Calander (von dort im Bau westwärts über Trossachs, Loch Katrine, Juversnaid nach Loch Lomd.
o. Crieff. p. Dundee.
q. Methven u. Crieff.
r. Blairgowrie. r¹. Dundee.
s. Alyth. t. Kirriemuir.
u. Arbroath u. Dundee.
v. Brechin.
w. Montrose u. Bervie.
x. Wilsontown.
Portland Clyde Junct. Stirling, resp. Doune nach Balloch 30 1/4 M.
y. Barrhead u. Neilston.
y¹. Busby u. East Kilbride.
z. Wemyss Bay.

**52. Deeside** 32 1/4 M. = Aberdeen, Banchory, Aboyne, Ballater.

**53. Glasgow and South Western** 198 M. = Glasgow, Paisley (a), Johnstone (b), Dalry, Kilmarnock (c), Hurlford (d), Auchinleck (e), Dumfries (f), Annan, Carlisle.
Zweigb. nach:
a. Renfrew.
b. Bridge of Weir.
c. Troon. d. Newmilns.
e. Muirkirk.
f. Castle Douglas, Kirkcudbright.
g. Ardrossan, Irvine.
h. Dalmellington.

**54. Great North of Scotland** 154 M. = Aberdeen, Kinore (a), Inverury (b), Inveramsay (c), Grange (d), Keith, Craigellachi (e), Elgin, Lossiemouth 86 1/2. 2. Formatine-Buchan = Dyce-Maud Jn.
Zweigb. nach:
a. Alford 16.
b. Old Meldrum.
c. Macduff 29 1/4. d. Portsoy.
e. Abernethy u. Boat of Garten 30 1/4.

**55. Highland** 191 M.
I. Perth, Ballinluig (a), Blair Athol, Kingussie, Boat of Garten, Forres 119 1/4 M.
II. Keith, Elgin, Alves (b), Forres (c), Inverness, Dingwall, Invergordon, Bonar Bridge 52 1/4 M.
Zweigb. nach:
a. Aberfeldy 9 M.
b. Burghead 7 1/2.
c. Findhorn 3.

**56. North British** 435 M.
I. Berwick, Dunbar, Portobello, Edingbourgh, Ratho, Falkirk, Campsie, Cowlairs, Glasgow.
II. Carlisle, Longtown, Riccarton, Hawick, Melrose, Galasbiels, Dalkeith, Portobello, Edinburgh (Leith), Granton (über den Firth of Forth), Burntisland, Kirkaldy, Thornton, Cupar, Leuchars (St. Andrews), Tay Port, Ferry Port, Dundee.
III. Newcastle, Hexham, Reedsmouth, Bellingham, Falstone, Riccarton Jn. (Edingbourgh I.).
V. Stirling, Aloa, Cowdenbeath, Thornton Jn.
Ausserdem 31 Zweigb.

## C. Ireland.

**1. Belfast and County Down** = Belfast, Comber (a), Ballynahinch Jn., Downpatrick 26 1/4 M. mit Zweigb. a. nach Newtownards u. Dornagahee 14 M.; nach Ballynahinch 3 1/2 M.

**2. Belfast, Holywood and Banger** 7 1/4 M.

**3. Belfast and Northern Countiеs** 136 M. = Belfast, Antrim (a), Ballymena, Coleraine (d), Londonderry 94 1/2 M.
Mit Zweigb. nach:
a. Carrickfergus Larne 14 1/2 M.
b. Cookstown 29.
c. Portrush 6 1/4.
d. Newtown, Limavady 3 M.

**4. Cork and Banden** 20 M. u. **Cork and Kinsale** 10 1/2 M.

**5. Cork, Blackrock and Passage** 7 1/4 M.

**6. Cork and Macroom** 24 1/4 M.

**7. Dublin and Belfast Junction** = Drogheda, Dundalk, Scarva (a), Portadown 56 M., mit Zwgb. a. nach Banbridge.

**8. Dublin and Drogheda** = Dublin, Drogheda, Navan, Oldcastle 72 M. mit Zweigb. nach Howth 9 M.

**9. Dublin and Meath** = Dublin, Kilmessan (a), Navan, 39 3/4 M. mit Zweigb. a. nach Athboy 10 M.

**10. Dublin (Bray), Wicklow and Wexfort** 91 1/4 M. mit Zwgb. nach a. Bray via Kingstown 13 M.; b. Shilleiagh 16 1/2 M.

**11. Enniskillen, Bundoran-Sligo** 59 M., wovon Bundoran-Sligo noch im Bau.

**20. Greath Southern and Western** = Dublin, Kildare Jn. (a), Portarlington (b), Maryboro, Roscrea Jn. (c), Thurles, Limmerick Jn. (d), Malow (e. f), Cork, Youghal 198 M. mit Zweigb.:
a. Irish Eastern 41 1/2, nach Carlow, Kilkenny.
b. Athlone 49 M.
c. Parsonstown, Neagh 29.
d. Limmerick 26 M.
e. Fermoy 16 3/4.
f. Killarney, Tralee 62 3/4.
g. Queenstown.

**21. Irish North Western** 191 1/4 M. = Dundalk, Ballybay (a), Clones (b), Enniskilden, Strabane, Bundoran Jn. (e), Omagh, Londonderry 122 M. mit Zwgb. nach:
a. Cootehill 9 M.
b. Cavan 15 1/4.
c. Bundoran 35 1/2.
d. Fintona 3/4.
e. Stranolar (Finn Valley) 13 3/4.

**22. Limerick, Castel Connell Killaloe, Nenagh** 28 1/2 M.

**23. Limerick and Ennis** 24 3/4.

**24. Limerick and Foynes** 26 1/4 M. Zwgb. nach Newcastle 10 M.

**25. Londonderry and Lough Swilly** 14 3/4 M. = Londonderry-Buncrana u. Fareland.

**26. Midland Great Western** 261 M. = Dublin, Mullingar, Athlone, Athenry, Galway 126 1/2 M. — Zweigb. nach:
a. Cavan 35 1/4 M.
b. Longfort, Sligo 76 1/2.
c. Clara.
d. Ballyglass, Westport (Great North and West) 82 1/2.
e. Tuam 15 1/4.

**27. Newry and Armagh** 3 M. u. **Newry-Restrever** 9 M.

**28. Ulster:** Belfast, Portadown, Clones. 64 1/2.
Zweigb. nach;
a. Hambridge.
b. Dunganon, Omagh.

**29. Waterfort, Kilkenny, Marybore** 31 M.

**30. Waterfort and Limerick** 77 1/2 M.

**31. Waterfort and Tramore** 7 1/2 M.

**32. West Cork** 38 1/4 M. = Bandon-Dunmanway 17 1/4 M. (im Bau von dort über Bandry nach Skibbereen 13 1/4 M.).

---

**Nachträge betreffend die während des Druckes der vorausgehenden Bogen in Betrieb gesetzten Bahnlinien.**

1. Zu S. 14 Bergisch-Märk. E. Linie aa: die Strecke Arnsberg-Meschede ist am 18. Decemb. 1871 in Betrieb gesetzt

5. Zu S. 30 Hessische Ludwigsb. Linie h die Strecke Wiebelbach-Erbach (Stat. 74-80) soll am ¹⁵/₁₂ eröffnet werden.

# II.

# Alphabetisches Stations-Register.

Hinter den Stations-Namen ist zunächst angegeben, in welchem Bahnverwaltungs-Gebiet die Station liegt, sodann die Nummer, welche die Station im geographischen Register Seite 1—104 trägt. — Da die Eisenbahnen Deutschlands und Oesterreichs in streng alphabetischer Reihenfolge aufgeführt sind und in den Kolumnentiteln (über jeder Seite) angegeben worden ist, welche Bahnen auf der betreffenden Seite behandelt sind, so wird jene Angabe genügen, um sich sofort über die Lage jeder Station genau zu informiren. — Dagegen ist bei den ausländischen Eisenbahnen (da solche im vorstehenden Verzeichniss geographisch geordnet sind) neben der Stations-Nummer noch die Nummer des Bahn-Gebiets zu-, resp. vorgesetzt. Da, wo der Name der betreffenden Bahn mit dem Namen der Bahnverwaltung nicht übereinstimmt, ist der erstere ebenfalls, soweit es der Raum gestattete, in zweiter Zeile beigefügt. Auch sind mit den auf S. .II fg. bereits angegebenen Abkürzungen die Titel der Stations-Verwaltungen aufgeführt, soweit solche eine Besonderheit bieten; siehe z. B. Aglasterhausen. — Die ausser Deutschland und Oesterreich liegenden, dem Verein Deutscher Eisenbahn-Verwaltungen nicht angehörigen Stationen sind zur bessern Uebersicht mit kleinerer (Nonpareil-) Schrift gesetzt.

**Zeichenerklärung.** ° = dem Betrieb noch nicht übergebene Stationen. Der 20. Dec. 1871 war bei diesen Angaben massgebend. Die in ( ) gestellten Orte sind Haltestellen mit beschränktem Güterverkehr. P = Stationen und Haltestellen, welche nur Personen-Verkehr, G = Stationen resp. Haltestellen, welche nur Güterverkehr haben; ⨯ oder K.St. = Kohlenstat. * = im Nachtrag berichtigte Stationen. Durch { wird angedeutet, dass mehrere gleichnamige Stationen an demselben Orte (Stadt etc.) liegen.

## A.

Aabogen, Norwegen 1, 19.
Aachen, Marschirthor, {Aachen-Mastricht 1. / Berg.-Märkische 1 u. 2. / Rheinische 4. (B.-Insp.)
Aachen, Templerbend, {Aachen-Mastricht 2. / Berg.-Märk. 2.
Aadorf, Verein. Schweizerb. 3, 11.
Aalborg, Dänemark Jütländ. E. 1, 53.
Aamodt, Norwegen 2, 232.
Aalen, (Insp.) Württemb. Stsb. 113.
Aamot Norwegen, Drammenb. 3, 239.
Aarau, {Schweiz. Centralb. 1, 13. / Schweiz. Nordostb. 2, 30.
Aarburg, Schweizer. Centralb. 1, 14.
Aarhuus, Dänemark, Jütländ. E. 29.
Aaruse, Norwegen 1, 214.
Aarup, Dänemark, Fün. E. 1, 11.
Aastadt, Norwegen 2, 231.
Aathal, Verein. Schweizerb. 3, 50.
Abancourt, Französ. Nordb. 1, 191.
Abano, Italien (Ober-) 1, 47.
Abbeville, Französ. Nordb. 1, 79.
Abbiategrasso, Ober-Italien 1, 240a.
Abcoude, Niederl. Rheinb. 1, 2.
Abeele, Belg. Société 5, 204.
Abfaltersbach Oesterr. Südb. 190.
Ablis-Paray, Franz. Orléansb. 4, 92.
Ablon, Franz. Orléansb. 4, 4.
Abony, Theissbahn 2.
Abony (Füzes-), Ungar. Stsb. 37.
Abos, Kaschau-Oderb. 33.
Abrantes, Portugal 1, 12.
Abrany, Ungar. Nordostb. 4.
Abscon, Frankreich Nord 1x, 6.
Absdorf-Hippersdorf, Kais. Franz-Josefsb. 6.
Abtsdorf, Oestr. nördl. Stsb. 29.
Åby, Schwed. Stsb. 46.
Accialolo, Italien. Röm. E. II, 8.
Acerra, Ital. Röm. II, 134.
Achel, Niederl. Staatsb. 2, 116.
Achern, Badische Staatsb. 24. Post u. Eisb. Exp.
Achiet, Franz. Nordb. 1, 91.
Achim, Hannover. Stsb. 32.
Aolcastello, Ital. Sicil. IV, 64.
Aolreale, Ital. Sicil. IV, 63.
Acoz, Belg. Grand Centr. 2, 86.
Acqua buona, Italien, Röm. E. II, 17.
Acqua negra, Ober-Italien, I, 442.
Acqua viva, Ital. Südb. III, 146.
Acqui, Ober-Italien, I, 246.
Aoren, Belg. Stsb. 1, 81.
Acs, Oesterr. (nördl.) Stsb. 104.
Acsád, Oesterr. Südb. 101.
Adamsthal, Oestrr. (nördl.) Stsb. 21.
Adeghem Belg. Gand-Eecloo 10, 641.
Adelsberg, Oester. Südb. 60.
Adelschlag, Bayer. Staatsb. 245. Ingolstadt-Gunzenhausen
Adelsheim, {Bad. Stsb. 109 E. Exp. / Württemb. Stsb. 68. (Jagstfeld-Osterburken.)
Adendorf, Hannover. Stsb. 18.
Adinkerke, Belg. Société 5, 288.
°Adjud, Türkei, Rumän. E., 2, 22.
°Admont, Kronpr. Rudolfsb. 14.
Adorf, (B.-Insp.) Sächs. Stsb. 133. (Herlasgrün-Eger.)
Adorf (Aadorf), Schweizb. Vereinigte 3, 11.
Aeltre, Belg. Stsb. 1, 58.
Aerschot, Belg. Grand Centr. 2, 25.
Aerzeele, Belg. Société 5, 278.
Affoltern, Schwz. Nordostb. 3, 48.
Agay Paris-Lyon-M. 5, 156.
Agde, Franz. Midi 6, 2.
Agen, {Franz. Orléansb. 4, 218. / Franz. Midi 6, 10.
Agendorf, Oesterr. Südb. 96.
Agimont, {Belg. Nord 4, 242. / Belg. Chimayb. 8, 611a.
Aglasterhausen, Bad. Stsb. 99. (P.- u. E. Exp.) (Heidelberg-Würzburg.)
Agnes (Sainte-), Paris-Lyon-M. 5, 217.
Agnone, Ital. Sicil. IV, 70.
°Agostonfalva, Ungar. Ostb. 30.
Agram {Oesterr. Südb. 148. / Ungar. Stsb. 65.
Ahlen, Köln-Minden 22.
Ahrensburg, Lübeck-Büchen 12. (Lübeck-Hamburg.)
Ahrenshausen, siehe Arenshausen.
(Ahrnschwang) Bayer. Ostb. 66.
Ai, Franz. Ostb. 2, 132.
Aibling, Bayer. Staatsb. 265. (P.- u. E.-Exp.)
Aigen Salzb.-Halleiner E. 2.
l'Aigle, Franz. Westb. 3, 54.
Aigle, Schweiz. Westb. 5, 37.
Aigrefeuille, Franz. Orléansb. 4, 207.
°Ajka, Ungar. Westb. 38.
Aillevillers-Plombières, Franz. Ostb. 2, 272.
Ailly-sur-Noye†, Franz. Nordb. 1, 70.
Ailly-sur-Somme†, Franz. Nordb. 1, 74.
Airasca, Ober-Italien I, 283.
Aire†, Franz. Nordb. 1, 101.
Airel, Franz. Westb. 3, 82.
Aisy, Paris-Lyon-M. 5, 34.
Aitrang, Bayer. Staatsb. 15. (P.- u. E.-Exp.) Lindau-Augsburg.
Aix, Paris-Lyon-M. 5, 33a.
Aix-la-Chapelle siehe Aachen.
Aix les Bains, Paris-Lyon-M. 5, 261.
Åkarp, Schwed. Stsb. 77.
Akkrum, Niederl. Stsb. 2, 47.
Aksaisk, Russl. V 28, 29.
Aln, Oesterr. Südb. 245.
Alais, Paris-Lyon-M. 5, 297.
Alar-del-Rey {Span. Nord. 1, 17a. / Isabella II., 2, 17b.
°Alassio, Ober-Italien I, 142.
Alba, Ober-Italien 1, 260.
Albaccina, Ital. Röm. II, 99.
Albacete (Chinchilla), Spanien 12, 96.
Albano, Ital. Röm. II, 106.
Albbruck, Bad. Staatsb. 66.
Albegna, Ital. Röm. II, 27.
°Albenga, Ober-Italien I, 143.
Albert, Franz. Nordb. 1, 90.
Alberti-Irsa, Oester. (östl.) Stsb. 143.
Albert-Schacht, Sächs. Stsb. w
Albesti, Türkei, Rumän. E. 2, 5.
Albi, {Franz. Orléansb. 4, 236. / Franz. Midi 6, 34.
Albig, Hess. Ludwigsb. 45.
Albissola, Ober-Italien 1, 131.
Albizzate, Ober-Italien I, 412.
Albshausen, Nassauische E. 40.
Alcazar, Span. (Madrid-Alic.) 12, 95.
Alcira, Span. (Almans.-Val.) 11, 73.
Aldekerk, Rheinische 68.
Aldingen, Württemb. Stsb. 160.
Alekssejewka, Russl. VI, 36, 19.
Alençon, Franz. Westb. 3, 209.
Aleschni, Russl. Grjasy-Borisoglebsk V 26, 8.
Alessandria, Ober-Italien I, 174.
S. Alessio, Ital. Calabr. IV, 56.
Alexandrowo, Warsch.-Bromb. I, 32
Alexandrowo, Russl. Mosk.-Jarosl. V 17, 4.
Alexandrowka, Russl. Mosk.-Kursk V 29, 21
Alexandrowskaja, Russl. V 31, 15.
Alexejewka, Russl. Rjäschk-Morsch. V 21, 5.
Alexejewka, Russl. V 30, 15.
Alfaro, Span. (Tutela-Bilbao) 5, 36.
Alfeld, Hannover. Stsb. 77.
Alfvesta, {Schwed. Stsb. 64. / Schwed. Privatb. 125.
Algermissen, Hannover. Stsb. 68.
Algesheim (Gau-), Hess. Ludwgsb. 16
Algyő, Alföldbahn 12.
Alhama, Span. Madrid-Alic., 12. 85.
Ali, Ital. Sicil. IV, 53.
Alicante, Spanien 12. 99.
Alingsas, Schwed. Stsb. 35.
Alken, Belg. Gr. Centr. 2, 14.
Alken, Dänemark, Jütl. E. 54.
Alkmaar, Niederl. (Holländ.) 3, 19.
Allach, Bayerische Stsb. 235.
Allaman, Schweiz. Westb. 5, 11.
Allensbach, Badische Stsb. 85. (P.- u. E.-Exp.) Schaffhausen-Constanz.
Allex, Paris-Lyon-M. 5, 331.
Allmendingen, Württemb. Stsb. 171
Allonnes-Boisville, Franz. Orléansb. 4, 95.
Almaden, Span. Ciudad-Badajoz 13, 117.
Almagro, Span. (Madrid-Alic.) 12, 101.
Almansa, (Spanien). {Almans.-Valenc. 11, 71. / Madrid-Alicante 12. 98.
Almelo, Niederl. Stsb. 2, 35.
Almenêches, Franz. Westb. 3, 213.
Almorchon, Spanien Ciud-Badaj. 13, 117.
Alora, Span. Cordova-Malaga 16, 141.
Alost, Belg. Stsb. 1, 49.
Alphen, Belg. Grand Centr. 2, 50.
Alpignano, Ober-Italien I, 216.
Alsasua, {Spanien Nord. 1, 4. / Barcel. Pamplona 6, 48.
Alsdorf, Rheinische E. 112.
Alseno, Ober-Italien 1, 185.

Alsenz, Pfälz. Alsenzb. 74.
Alsfeld, Oberhessische 10.
°Also-Mislye, Ungar. Nordostb. 38.
°Alsó-Rákos, Ungar. Ostb. 29.
Alsheim, Hess. Ludwigsb. 8.
Altavilla, Ital. Sicil. IV, 85.
Altbach, Württemb. Stsb. 21.
Alt-, siehe auch die betreff. mit Alt- zusammengesetzten Wurzelwörter, z. B. Alt-Boyen unter B.
Altdorf (Gross-), Württ. Stsb. 80.
Altena Berg.-Märkische 72.
Altenbach, GH. Leipzig-Dresden 5.
Altenbamberg, Pfälz. Alsenzb. 76.
Altenbeken, { °Hannover-Altenbeken 15. / Westfälische 6.
Altenburg, { Sächs. Stsb. 88. (B.-Insp.) / °Altenburg-Zeitz 1.
Altendorf, Rheinische E. 92.
Altenessen, Köln-Minden 13.
Altenglan, Pfälzische Nordb. 62.
Altenhundem, Bergisch-Märk. 77.
Altenmuhr, Bayer. Stsb. 149. (P.- u. E.-Exp.) Gunzenhausen-Würzburg
Altenschwand, Bayer. Ostb. 59.
Altenstadt, Bayer. Staatsb. 209. (P.-u.E.-Exp.) Ulm-Kempten.
Altenwald (Grube) Saarbrücker 51.
Altfelde, Preuss. Ostb. 37.
*Altgrottkau* P, Oberschles. 63.
Althegnenberg, Bayer. Stsb. 119. (P.-u.E.-Exp.) Ulm-Salzburg.
(Altheim), Hess. Ludwigsb. 27.
Altheim-O., Kaiserin Elisabb. 89.
Althofen, Treibach-, Kronprinz-Rudolfsb. 33.
Alt-Jastrzemski, Märk.-Posen. 7a.
Alt-Kemnitz Niederschl. Märk. 47.
Altkirch, Elsass-Lothr. 104.
(Altmannshof), Bayer. Ostb. 33.
*Altmittweida*, P Sächs. Stsb. 148.
Altmorschen, Hess. Nordb. 5.
Altmünsterol, Elsass-Lothr. 106.
Altnau, Schwz. Nordostbahn 2, 69.
Altona, Altona-Kiel 1.
" Schulterblatt " " 59.
Altopascio, Ober-Italien I, 89.
Alt-Páka, Oesterr. Nordwestb. 61.
Alt-Rahlstedt, Lübeck-Büchener 13.
Altshausen, Württemb. Stsb. 188.
Altsohl, Ungar. nördl. Stsb. 22.
Altstadt, Oesterr. Nordwestb. 73.
Altstätten, Ver. Schweizerb. 3, 20.
Altstetten, Schweiz. Nordostb. 2, 20.
Altwasser, { Breslau-Freiburg 9. / Niederschl. Märk. 58. (Schles. Gebirgsb.)
Alvimare, Franz. Westb. 3, 27.
Alvincz, Siebenbürger E. 15.
*Alzenau*, P Oberschlesische 66. (Neisse-Brieg.)
Alzey, Hess. Ludwigsb. 44.
Amänningen, Schweden 10, 166.
Amagne, Franz. Ostb. 2, 147.
Amand (St.-)de Boix, Franz. Orléansb. 4, 67.
Amand (St.)-de-Vend, Orléansb. 4, 105.
Amand (St.), Frankreich 1x, 3.
Amandolea, Ital. Calabr. IV, 44a.
Amarin (St.), Elsass-Lothr. 111.
Amay, Belge (Nord) 4, 214.
Amberg, Bayer. Ostb. 32.
Ambérieu, Paris-Lyon-M. 5. 229.
Amboise, Franz. Orléansb. 4, 37.
Ambourt-T., Franz. Westb. 3, 279.

Ambrogio (St.), Ober-Italien I, 219.
Ambronay, Paris-Lyon-M. 5, 228.
Amécourt-T., Franz. Westb. 3, 278.
°Amelen, Berg.-Märk. 146.
Amendolara, Ital. Calabr. IV. 9.
Amersfoort, Niederl. Centralb. 4, 12.
Amewrosiewka, Russl. V. 30, 29.
Amiens, Franz. Nordb. 1, 73.
Amifontaine H, Franz. Ostb. 2, 139a.
Ammeberg, Schweden 14, 173.
*Ammendorf* P, Thüringische E. 17a.
Amorosi, Ital. Südb. III, 110.
Amot, Schwed. Stsb. 1, 96.
Amougies, Belg. Staatsb. 1, 220.
Amour (Saint-), Paris-Lyon-M. 5, 271.
Ampfing, Bayer. Stsb. 275.
Amplepuis, Paris-Lyon-M. 5, 287.
Amposta, Span. Alman-Taragona 11, 79a.
Ampsin, Belge (Nord) 4, 213.
Amriswell, Schweiz. Nordostb. 2, 2.
*Amselfing* P, Bayer. Ostb. 48.
Amsterdam, (Niederlande.) { Niederl. Rheinb. 1, 1. / Holländische 5, 14.
Amstetten (Oesterreich) { Kaiserin Elisabeth 20 / Kronpr. Rudlfb. 63
Ametetten, Württemb. Stsb. 31.
Anagni, Ital. Röm. II, 111.
Ancenis, Franz. Orléansb. 4, 146.
Anclam, Berlin-Stettin 55.
Ancona, { Italien. Röm. E. II, 93. / Italien. Südb. III, 22.
Ancy-le-Franc, Paris-Lyon-M. 5, 32.
Andancette, Paris-Lyon-M. 5, 86.
Andelfingen, Schweiz. Nordostb. 2, 34.
Andelot, Franz. Ostb. 2, 368.
Andelot, Paris-Lyon-M. 5, 141.
Andenne, Belge (Nord) 2, 291.
Andernach, Rheinische 50.
Andorf, Kaiserin Elisabethb. 50.
András (Szt), Arad-Temesvár 7.
Andrä (St.) Wördern, } Kais. Franz Josefsb.
Andrés (San), Span. Barcel.-Figuieras 58.
Andrest, Franz. Midi 6, 27.
Andrézieux, Paris-Lyon-M. 5, 304.
Andrzejow, Russl., Lodz. I, 2, 35.
Andujar, Span. Manzanares-Cordova 12, 106
Anets, Franz. Orléansb. 4, 145.
Angermünde, Berlin-Stettin 6.
Angern, a. d. March, K. Ferd. Ndb. 6.
Angern i. Böhmen Kais. Elisabethb. 70. (Linz-Budweiser Pferdeb.)
Angers, { Franz. Orléansb. 4, 137. / Franz. Westb. 3, 200.
Angerville, Franz. Orléansb. 4, 18.
Angleur, { Belge (Nord) 4, 233. (Flémalle-Longdoz) / Grand Luxemb. 7, 545. (Marche-Liège)
Angoulême, { Franz. Orléansb. 4, 69 u. 202. / Franz. Charenteb. 8, 4.
Angri, Ital. Südb. III, 130.
Anina-Steierdorf, Oestr. Stsb. 183.
Anizy-Pinon, Franz. Nordb. 1, 155.
Annaberg (B.-Insp.), Sächs. Stb. 77.
Annaberg (Preuss.), Oberschlesische 73. (Wilhelmsb.)
Anna Paulowna, Niederl. (Holl.) 5, 22.
Anne (Sainte-) Franz. Orléansb. 4, 182.
Annecy, Paris-Lyon-M. 5, 261a.
Annen ×, Berg-Märkische 51.
Annonay, Franz. Méditerr. 5, 321.
Annone, Ober-Italien I, 205.
Anor, { Belg. Chimayb. 8, 693a. / Franz. Nordb. 1, 160.
Anrath, Berg-Märkische 21. Aachen-Düsseld.-B.
Ans, { l'Etat Belg. Staatsb. 19. / L. L. Niederl. Stsb. 120 u. 121.
Ansbach, Bayer. Stsb. (P.B.A.) 152.
Anse Paris-Lyon-M. 5, 66.
Anseghem, { Belg. Statsb. 1, 211. / Belg. Société 5, 319.
Antequera, Spanien Granadab. 17, 144.
Antibes, Paris-Lyon-M. 6, 161.
Antimo (S.), Ital. Südb. III, 117.
Antoine (St.), Franz. Orléansb. 4, 111.
Antoing, Belg. Staatsb. 1, 217.

Antonio (St.), Ober-Italien I, 221.
Antonyschacht, Krpr. Rudolfb. 23b.
Antonopol, Russ. (Grosse) II, 23.
Anvaing, Belg. Staatsb. 1, 236.
Anvers, (Antwerpen) { Belg. Stsb. 1, 40. / " Gr. Centr. 2, 31. / Anvers-Gand, 9, 624.
Any, Franz. Ostb. 2, 381a.
Anzin, Frankr. Nord. 1x, 1.
Anzola H, Ober-Italien I, 175a.
°Apácza, Ungar. Ostb. 31.
°Apahida, Ungar. Ostb. 11.
Apcz-Szántó Ungar. Stsb. 11.
Apen, Oldenb. Staatsb. 12.
Apenrade, Alt.-Kiel (Schlesw.) 53.
Apice, Ital. Südb. III, 102.
Aplerbeck, Berg.-Märkische 56.
Apolda, Thüringische 11.
Appelhülsen, Köln-Minden 69a.
Appenweier, Bad. Stsb. 26. (P.-u. E.-Exp.)
Appilly, Franz. Nordb. 1, 18.
Aprath, Berg.-Märkische 61.
Apricena, Ital. Südb. III, 52.
Aquanegra, Ober-Italien I, 442.
Aqui, Ober-Italien. I, 246.
Aquilar, Span. Cordova-Malaga, 16, 138.
Aquino, Ital. Röm. II, 119.
Arcachon, Franz. Midi 6, 146.
Arad, { Arad-Temesvár 1 / Siebenbürger 1. / Theissb. 37.
Arad, Neu-, Arad-Temesvár 2
Aranjues, Span. Madrid-Alicante 12, 91.
Arboga, Schwed. Oerebro-Köp. 2, 106.
Arbois, Paris-Lyon-M. 5, 209.
Arbon, Schweiz. Nordostb. 2, 62.
Arcangelo (S.), Ital. Südb. III, 12.
Archangelskaja, Russl. V. 25, 9.
Arches, { Franz. Ostb. 2, 227. / Franz. Vologneb. 2x.
Arcola, Ober-Italien I, 104.
Arcs (les), Paris-Lyon-M. 5, 152.
Arc-Senans, Paris-Lyon-M. 5, 206.
Arden, Dänemark, Jütl. E. 50.
Ardon, Schweiz: Ligne d'Italie 8, 10.
Ardore, Ital. Calabr. IV, 39.
Ardres †, Franz. Nordb. 1, 109.
Arena-Po, Ober-Italien, 1, 191.
Arenshausen, { Hannov. Stsb. 101. / Magdeb.-Leipzig 34.
Arenys, Span. (Barcel.-Figuieras) 8, 54.
Arenzano, Ober-Italien 1, 127.
Arezzo, Italien. (Römische E.) II, 53.
Argeningken P, Tilsit-Insterburg 2.
Argentan, Franz. Westb. 3, 214.
Argenteau, Belg. Lüttich-Mastr. 3, 5.
Argenton, Franz. Orléansb. 4, 211a.
Arqua, Ober-Italien I, 54.
Arquata, Ober-Italien I, 157.
Arheilgen, Main-Neckarb. 4.
Ariano, Italien, Südb. III, 98.
Arles, Paris-Lyon-M. 5, 116.
Arlon, Belgien (Grand Luxemb.) 7, 520.
°L'Arma Ober-Italien I, 135a.
Armentières, { Belg. Société 5, 303. / Franz. Nordb. 1, 129.
Armsheim, Hess. Ludwigsb. 46.
Arnage, Franz. Orléansb. 4, 121.
Arnau, Oesterr. Nordwestb. 65.
Arnèke †, Franz. Nordb. 1, 113.
°Arnemuiden, Niederl. Stsb. 2, 87.
Arnex, Schwz. Jougneb. 7, 3.
Arnheim, (Arnhem) { Niederl. Staatsb. 2, 16. / Niederl. Rheinb. 1, 14.
°Arnoldstein, Kronpr. Rudolfb. 41.
Arnsberg Berg.-Märkische 118.
Arnstadt, Thüringische 33.
Arnswalde, Oberschlesische 57. (Stargard-Posen.)
Arona, Ober-Italien I, 225.
Arpajon, Franz. Orléansb. 4, 87.
Arquà, Ober-Italien I, 54.
Arquata, Ober-Italien 1, 157.
Arras, Franz. Nordb. 1, 93.

Arsaki, Russ. Moskau-Jarosl. V 17, 3a.
Arsonval-Jaucourt 11, Franz. Ostb.
Ars a. d. Mosel, Elsass-Lothr. 54.
(= Ars-sur-Moselle)
Artenay, Franz. Orléansb. 4, 22.
Arvant, {Franz. Orléansb. 4, 231. / Paris-Lyon-M. 5, 291.}
Arveyres, Franz. Orléansb. 4, 80.
Arvika, Schwed. Stsb. 94.
*Asbach*, P Bad. Staatsb. 100.
(Billet-Bureau) Heidelb.-Würzb.
Asch, Bayer. Stsb. (B. Verw.) 228.
·Aschaffenburg, {Bayer. Stsb. 102. (P. u. B.-Amt) / Frankf.-Hanau 10. / Hess. Ludwgb. 30.}
Aschbach, Kais. Elisabethb. 21.
Ascheberg, Altona-Kiel 36.
(Aschendorf), Westfälische, 32.
Aschersleben, Magdb.-Halbst. 30.
Asciano, Italien (Römische) II, 82.
Ascoli, Ital. Südb. III, 123.
Asigliano, Ober-Italien I, 395.
Ascq, Franz. Nordb. 1. 170.
Ask, Norwegen 3, 242.
°Asker, Norwegen 257.
Askeröd, Schwed. (Eslöf-Ystad) 7, 147.
Asmundtorp, Schweden 6, 136a.
Asnières, Franz. Westb. 3, 93.
Aspach, Elsass-Lothr. 113.
Asperg, Württemb. Stsb. 11.
Assara Valg., Ital. Sicil. IV, 121.
Assemini, Ital. Sard. IV, 133.
Assen, Niederl. Stsb. 2, 50.
Assenede, Belg. Société 5, 343.
Assesse, Belg. (Grand Luxemb.) 7, 513.
Assisi, Ital. Röm. II, 64.
Assling, Bayer. Staatsb. 134.
Assling, Kronpr. Rudolfsb. 69.
Assmannshausen, Nassau. E. 11.
°Asszonyfa, Ungar. Westb. 10.
Asten, Kais. Elisabethb. 26.
Astenet, Rheinische 3.
Asti, Ober-Italien I, 204.
Astorga, Span. Nordwestb. 3, 96.
Aszód, Ungar. nördl. Stsb. 8.
Ata, Mohacs-Fünfkirchen 6.
d'Atelier (Port-) Franz. Ostb. 2, 114.
Ath, Belg. Stsb. I, 64.
Athis-Mons, Franz. Orléansb. 4, 5.
Athus, Belg. (Grand Luxemb.) 7, 534.
Atkarsk, Russ. V 23, 16.
Attnang, Kais. Elisabethb. 36.
Atvidaberg, Schweden 15, 174.
Atzgersdorf, Oesterr. Südb. 6.
Atzwang, Oesterr. Südb. 231.
Au, Köln-Minden 49.
Deutz-Giessen.
Au, Verein. Schweizerb. 2, 17.
Aubagne, Paris-Lyon-M. 5, 133.
Aubenton-Any, Franz. Ostb. 2, 283.
Aubigné, Franz. Orléansb. 4, 117.
Aubin (St.)-du-Bois, Franz. Westb. 3, 251.
Aubin (St.)-St.-Lup., Franz. Westb. 3, 110.
Aublain, Belgien Chimayb. 8, 619.
Aubréville, Franz. Ostb. 2, 297.
Aubusson, Franz. Orléansb. 4, 246a.
Auch, Franz. Midi 6, 10a.
Audeghem, Belg. Staatsb. I, 67.
Audenarde, Belg. Staatsb. 1, 212.
Audincourt, Paris-Lyon-M. 5, 175.
Audrieu, Franz. Westb. 3, 69.
Audruicq, Franz. Nordb. 1, 109.
Audun-le-Roman, Franz. Ostb. 2, 178.
Aue, (B.-Insp.) Sächs. Stsb. 170.
Auer, Oesterr. Südb. Südtiroler. 235.
*Auerbach*, P Badische Stsb. 105.
(Bill.-A.-Büreau) Heidelb.-Würzb.
Auerbach, Main-Neckarb. 9.
Auerbach, B.-I. Sächs. Stsb. 127.
*Auggen*, P Badische Stsb. 46.
(Billetb.) Carlsruhe-Basel.
Augsburg, Bayer. Stsb. 26.
(O. P. u. B.-A.)
Augusta, Ital. Sicil. IV, 72.

Augustfehn, Oldenb, Stsb. 13.
August-Schacht, Sächs. Stsb. w.
Augustwalde, Oberschles. 56.
Stargard-Posen.
Auheim (Gross-), Frankf-Hanau 6.
Aulendorf, Vrw. I. Württemb. Stsb. 46
Aulnoye, Franz. Nordb. 1, 29.
Aumenau, Nassauische E. 34.
Auneau, Franz. Orléansb. 4, 93.
°Auperschin, Bielathalb. 19.
Auray, Franz. Orléansb. 4, 183.
Aurillac, Franz. Orléansb. 4, 278.
Auschitz, s. Aužic. Turnau-Kralup 2.
Aussig, {Aussig-Teplitz 1. / °Dux-Bodenbach 19. / Oestr. nördl. Stsb. 64.}
Austria-Schacht, Aussig-Teplitz 12.
Autel, Belg. Grand Luxemb. 7, 530.
Autet, Franz. Ostb. 2, 211.
Auteuil, Frankr. Centure 11a u. 11b.
Autun, Paris-Lyon-M. 5, 312.
Auvelais, Belg. Stsb. 1, 142.
Auvernier, Schweiz. Westb. 5, 64.
Auvers, Franz. Nordb. 1, 41.
Auvillers-Rumigny, Franz. Ostb. 2, 261.
Auw, Rheinische 34a.
Auwal, Oestr. (nördl.) Stsb. 46.
Auxerre, Paris-Lyon-M. 5, 336.
(Auxkallnehlen), Tilsit-Insterburg 5.
Auxonne, Paris-Lyon-M. 5, 198.
Aužic, Turnau-Kralup 2.
Avallon, Paris-Lyon-M. 5, 344.
Ave-Capelle, Belgien Société 5, 286.
Aveiro, Portugal 1, 9.
Aveighem, Belg. Staatsb. 1, 218.
Avenay, Franz. Ostb. 2, 132.
Avenza, Ober-Italien I, 101.
Aversa, Ital. Südb. III, 116.
Avesnes, Franz. Nordb. 1. 161.
Avessac, Franz. Westb. 3, 186.
Avigliana, Ober-Italien I, 218.
Avignon, Paris-Lyon-M. 5, 111.
Avila, Spanien Nord 1, 12.
Avio, {Oester. Südb. (Tyrol) 246. / Ital. (Ober-), I, 20.}
Avise, Frankr. Ostb. 2, 221.
Avoise, Franz. Westb. 3, 191.
Avold (St.), Elsass-Lothr. 46.
(Avolsheim), Elsass-Lothr. 145.
Avricourt, {Elsass-Lothr. 21. / Franz. Ostb. 2, 55.}
Axel, Belg. Malines-Terneuzen 6, 361.
Ay (Saint), Franz. Orléansb. 4, 27.
Aye (Marche), Belg. Grand-Luxemb. 7, 517.
Azerailles, Franz. Ostb. 2, 232.
Azoudange-Maizières, Elsass-L. 23.

## B.

Baal, Berg.-Märkische 9.
Baar-le-Nassau, Belg. Grand Centr. 2, 49.
Babenhausen, Hess. Ludwigsb. 28.
Babino, Russ. E. Petersb.-Moskau II 63.
Babócsa, Oesterr. Südb. 255.
Kanizsa-Barcs.
(Babstadt), Bad. Stsb. 131.
(Bil.-A.-Bureau) Meckesheim-Jaxtfeld.
Baby, Warschau-Wien I, 11.
Baccarat, Franz. Ostb. 2, 233.
Baceu, Türkei, Rumän. E. 2, 26.
Bacharach, Rheinische 57.
Bachmatsch Russland VI 35, 13.
Baconel, Französ. Nordb. 1, 156.
Badajos, {Portugal 1, 17. / Spanien 13, 172.}
Baden, Badische Stsb. 164.
(P. u. B. Amt.)
Baden bei Wien, Oest. Südb. 15.
Bad-Sulz, Elsass-Lothr. 146.
Baden, Schweiz. Nordostb. 2, 24.
Baeleghem, Belgische Stsb. 1, 169.
Bärenstein, Sächs. Stsb. 81.
°Bärn, Mähr.-Schl. Centralb. 6.
Baesrode, Belg. Staatsb. 1, 74a.
Baeza, Spa. (Manzanares-Cordova) 12, 105.
Bagheria, Italien (Sicilien) IV. 83.
Bagnacavallo, Ital. Südb. III, 88.

Bagnères de Bigorre. Französ. Midi 6, 26.
Bagnolo, Ober-Italien I, 435.
Bahony, Pressb.-Tyrnau Pferdeb. 9.
(*Bahrenfeld*), Altona-Kiel 56.
Bahrmühle, Sächs. Staatsb. 111.
Baiersdorf, s. Bayersdorf.
Bailleul, Französ. Nordb. 1, 127.
Bajmok, Alföldbahn 18.
Bain-Lohéac, Franz. Westb. 3, 132.
Bains, Französ. Ostb. 2, 221.
Baisieux, Französ. Nordb. 1, 171.
Bakov (Neu-) {Böhm. Nordb. 1.
Bakofen, Turnau-Kralup 10.}
Balakirewo, Russ. Mosk.-Jarosl. V 17, 4a.
°Balázsfalva, Ungar. Ostb. 19.
Balbinowo, Russ. (Dünab.-Witebsk) IV, 22.
Baldaz-Lalore, Belg. Nord, 4, 209.
Balduinstein, Nassauische E. 27.
Bâle, siehe Basel
Balaicourt, Französ. Ostb. 2, 293.
Balgerhöke, Belg. (Gand-Bruges) 10, 640.
Ballenstedt, Magdeb.-Halberst. 40.
Ballstädt, Thüringische 36.
Balta, Russ. VI 32, 33.
Baltischport, Russ. III 11, 1.
Balzola, Ober-Italien I, 397.
Bamberg Bayer. Staatsb. 56.
(O. P. u. B. Amt.)
(Bammenthal), Bad. Stsb. 93.
B. A. Bureau Heidelb.-Würzb.
Bandol, Paris-Lyon-M. 5, 137.
Bandurka, Russ. VI 32, 40.
Banésa, Türkei 3, 5.
Bánffy-Hunyad, Ungar. Ostb. 7.
Bannalec, Franz. Orléansb. 4, 169.
Bánócz, Ungar.-Galiz. 22.
Banréve, Ungar. Staatsb. 55.
Bansen, Preuss. Ostb. 89.
Banstein, Elsass-Lothr. 33.
Banteln, Hannov. Stsb. 76.
Banya (Lonya), Ungar. Stsb. 19.
Banyiza, Siebenbürger E. 22.
Bapaume, Frankr. Nord 1, x2.
*Báránd* P, Theissb. 38.
Baranowo, Russ. (Mosk.-Kursk) V 23, 9a.
Baranyavar-Monostor Alföldb. 29.
Barawacha, Russ. Dünab.-Witebsk IV, 24a
Barbentanne, Paris-Lyon-M. 5, 112.
Barbelroth, Pfälz. Maxb. 47.
Barberey, Französ. Ostb. 2, 92.
Barbery, Französ. Nordb. 1, 207.
Barbosch, Türkei, Rum. E. 2, 15.
Barcelona, {Saragossa-Barcel. 6. 89. / Barcel.-Figueiras 8, 52. / Barcel. Sarria 7, 50.}
Barcena, Span. (Alar.-Santander) 2, 10.
Barcs, {Oesterr. Südb. 256. / Fünfkirchen-Barcs 6.}
Bardowick Hannover Stsb. 14.
Barentin, Franz. Westb. 3, 23.
Bargteheide, Lübeck-Büchen 11.
Lübeck-Hamburg.
Bari, Italien Südb. III, 65.
Bariels, Franz. Nord 1 x¹, 3.
Barken, Schweden Privatb. 131.
Barleben, Magdeb.-Halberst. 16.
Magdeb.-Wittenberge.
Bar le Duc, Franz. Ostb. 2, 35.
Barletta, Italien Südb. III, 59.
Barmen, Bergisch-Märk. 41.
Barmen-Rittershausen, Bergisch-Märkische 42.
Berneck, Thüringische E. 73.
°Barnsdorf, Köln-Minden 75.
Barnten, Hannoversche E. 74a.
Barop, × Berg.-Märk. 52.
Barr, Elsass-Lothr. 144.
Barreiro, Portugal (Süd-) 2, 20.
Barruelo, Spanien 2, 22a.
Barry-Maulte, Belg. Stsb. 1, 128.
Barsinghausen Hannov.-Altenb. 18.
Bar sur Aube, Franz. Ostb. 2, 99.
Bar sur Seine, Franz. Ostb. 2, 255.
Barszczowice, Galiz. Carl L. B. 31.

Bartenheim, Elsass-Lothr. 99.
Bartenstein, Ostpreuss. Südb. 15.
Barvaux, Belg. Gr.-Luxemb. 7, 537.
Barwenkowo, Russl. V. 30, 20.
Baschi, Ital. Röm. II. 93.-
(Baschka), Kais. Ferd. Nordb. 87 (Ostrau-Friedland).
Bascoup, Belg. Stsb. 1, 159 u. 327.
Basècles, Belg. Staatsb. 1, 233.
Basel, (Bâle) Bad. Stsb. P. u. E. A. 56.
Frans. Ostb. 2, 323.
Schweiz. Centralb. 1, 1.
Bas-Évette, Frans. Ostb. 2, 124.
Basgrad, Türkei (Rustschuk-Varna) 4, 4.
Basiasch, Oest. südöstl. Stsb. 171.
Basilio (San), Ital. Südb. III, 148.
S. Basilio Pisticci, Ital. Calabr. IV, 3.
Basilly, Belg. Stsb. 1, 162.
Bas-Oha, Belgien Nord-B. 4, 219.
Bassée, (la) Frankreich Nord 1 y, 7.
Basse-Indre, Frans. Orléansb. 4, 154.
Bassevelde, Belg. Société 5, 344.
°Bastia, Ober-Italien I, 479.
Bastia, Ital. Röm. II, 63.
Bastogne, Belg. Grand-Luxemb. 7, 551.
Bati, Báttaszék-Dombovár 7.
Batignolles, Frankreich 9 c.
Batjuschkowo, Russl. V 31, 6.
Bátony, Ungar. Staatsb. 13.
Battaglia, Ober-Italien, I, 49.
°Báttaszék, Báttaszék-Domb.- 1.
Battipaglia, Ital. Südb. III, 139.
°Bátyu, Ungar. Nordostb. 30.
Bau siehe Bülderup.
Baue, Frans. Orléansb.
Bauerwitz, Oberschlesische (Wilhelmsb.) 77.
Baume, Belg. Stsb. 1, 54 u. 294.
Baume-les-Dames, Paris-Lyon M. 5, 185.
Bautzen Sächs. Stsb. 22. (B.-I.)
Bayerfeld-Cölln Pfälz. Alsenzb. 72.
Bayersdorf, Bayer. Stsb. 52.
Bayeux, Französ. Westb. 3, 70.
Bayon, Französ. Ostb. 2, 216a.
Bayonne, Französ. Midi 6, 17.
Bayreuth, (P. u. B. A.) Bayer. Ostb. 80.
Bayer. Stsb. 225.
Bazancourt, Französ. Ostb. 2, 143.
Bazas, Französ. Midi 6, 12a.
Bazeilles, Französ. Ostb. 2, 165.
Bazenhaid, Schwz. Toggenburger E. 3, 61.
Bazias, Oesterr. südöstl. Stsb. 171.
Beasain, Spanien Nord- 1, 3.
Beaucaire, Paris-Lyon-M. 5, 265.
Beaucourt, Paris-Lyon-N. 5, 176.
Beaufort, Paris-Lyon-M. 5, 218.
Beaugency, Franz. Orléansb. 4, 29.
Beaujeu, Frans. Belleville-B. 5, 403.
Beaujeu Verreux-, Franz. Ostb. 2, 210.
Beaulieu, Paris-Lyon-M. 5, 166.
Beaumont, Französ. Nordb. 1, 43.
Beaumont-le-Roger, Franz. Westb. 3, 60.
Beaune, Paris-Lyon-M. 5, 48.
Beauvais, Franz. Nordb. 1, 54.
Bebra, Bebra-Hanau 1.
Hess. Nordb. 3.
Běchowic, Oestr. (nördl.) Stsb. 47.
Beckingen Saarbrücker E. 15.
Beckum, Köln-Minden 23.
Bédarieux, Franz. Midi 6, 3a.
Bedarrides, Paris-Lyon-M. 5, 108.
Bedburg, Rheinische E. 18.
Bedihoscht, Kais. Ferd. Nordb. 77.
Beek-Elsloo, Niederl. Stsb. 2, 53.
Beja, Portugal (Süd-) 2, 27.
Beilen, Niederl. Stsb. 2, 49d.
Beimerstetten, Württb. Stsb. 33.
Bei Rheinfelden, Bad. Stsb. 59.
Beirvelde, Belgien (Anvers-Gand) 9, 631.
Beiseförth, Hess. Nordb. 6.
Bel-Air, Franz. Ostb.
Belaja, Petersb.-Warschau II, 12.
°Beleg. Báttászék-Dombovár-Zákány E. 11.

Belfort, Elsass-Lothr. 106b.
Paris-Lyon-M. 5, 172.
Frans. Ostb. 2, 125.
Belgard, Berlin-Stettin 21.
Belgioloso, Ober-Italien I, 450.
Belgorod, R. Kursk-Charkow, V, 121.
Belije-Berega, Russl. Orel-Witebsk IV, 46.
Beliki, Russl. VI 36, 13.
Belleben, Magdeb.-Halberst. 73.
Belle-Isle-Bégard, Frans. Westb. 3, 156.
*Bellenberg* P, Bayer. Stsb. 207.
Belleville, Frans. Méditerr. 5, 63.
Frans. Localbahn Belleville-Beaujeu. 5, 344
Bellevue, Frans. Westb. 3, 108.
*Bellingen* P, Badische Stsb. 48. B. A. Bureau.
Bellinzago, Ober-Italien I, 276.
Bellizzi, Ital. Südb. III, 138.
Belmez, Spanien 13, 123.
Belohard, Oestr. Nordwestb. 59.
Belo-Ostrow, Russl. III 10, 7.
Bélostok (Bialystock), Grosse Russ. II, 45.
Belval-Sury II, Franz. Ostb. 2, 275.
Bély, Ungar. Nordostb. 28.
Bempflingen, Württemb. Stsb. 129. Obere Neckarbahn.
Bender, Russland VI 32, 50.
(Bendorf), Rheinische E. 98.
S. Benedet del T., Ital. Südb. III, 33.
Beneschau, Kais. Fr. Josefb. 63.
Benevento, Italien. Südb. III, 104.
Benfeld, Elsass-Lothr. 78.
Beningen, Elsass-Lothr. 41.
Bennigsen, Hannov.-Altenb. 5.
*(Benninghausen)* Westfäl. 11.
Bennweier-M. Elsass-Lothr. 85.
Benoit (St.-) Franz. Orléansb. 4, 57.
Benrath, Köln-Minden 6.
Bensberg, Bergisch-Märk. 100.
Bensen, Böhm. Nordb. 22.
Bensheim, Main-Neckarb. 10.
Hess. Ludwigsb. 67.
Bentheim, Niederl. Stsb. 2, 30. Almelo-Salzbergen.
Bentschen, Märk.-Posener 7.
Beratzhausen, Bayr. Ostb. 99.
Beraun, Böhm. Westb. 16.
Berchem, Belg. Stsb. 1, 39a.
Berchem Ste.-Agathe, Belg. Stsb. 1, 43.
Bercheux, Belg. Grand-Luxemb. 7, 546.
Bercy, Paris-Lyon-M. 5, 1a.
Berditschew, Russ. Südwestb. VI 33, 15.
°Beregszász, Ungar. Nordostb. 32.
Berendeewo, Russl. Mosk.-Jarosl. V 17, 4b.
Berény (Mezö-), Theissb. 32.
Beresaika, Grosse Russ. II, 80. Petersb.-Moskau.
Berettyó-Ujfalú, Theissb. 40.
°Berg, Ungar. Staatsb. 27.
Berg, Norwegen 227.
Bergamasco, Ober-Italien I, 249.
Bergamo, Ober-Italien I, 366.
Berge-Borbeck, Köln-Minden 12.
Bergedorf, Berl.-Hamburg 24.
Bergen, Bayer. Staatsb. 143.
*(Bergen)*, Sächs. Stsb. 129.
Bergen op Zoom, Niederl. Stsb. 81.
Bergerac, Franz. Orléansb. 4, 261.
(Berghausen), Bad. Stsb. 143. B.-A.-Bureau.
Berghausen, Pfälz. Ludwigsb. 30.
°Bergheim, Hannov.-Altenb. 13.
Bergisch-Gladbach, Bergisch-Märkische 99.
*Bergrheinfeld*, P Bayer. Stsb. 85.
Bergsbrunna, Schwed. Stsb. 42b.
Bergtheim, Bayer. Staatsb. 88.
Bergues, Franz. Nordb. 1, 115.
Bergvik, Schweden Privatb. 178.
Bergwitz, Berlin-Anhalt 10.
Bergzabern, Pfälz. Maxb. 49.

(*Beringen*), Bad. Stsb. 75. (Billetb.)
Berjon-Pont d'Ouilly, Franz. Westb. 3, 260
Berkenbrück, Ndrschl.-Märk. 8.
Bełkowic, Oestr. (nördl.) Stsb. 57.
Berlaer, Belg. Grand. Central. 2, 28.
°Berlin, Berlin-Anhalt. 1.
Berlin-Ch. Pferdb. 1.
Berl.-Görlitz 1.
Berl.-Hamburger 1.
Berl.-Ptsd.-Magd. 1.
Berl.-Stettiner 1.
Mgdb.-Halberst. 45.
Niederschl.-Märk. 1.
Preuss. Ostb. 1.
Bern (Berne) Schweiz. Centralb. 1, 39.
Berner Stsb. 4, 11.
Schweiz. Westb. 5, 49.
Bernau, Bayer. Stsb. 141.
Bernau, Berlin-Stettiner 2.
Bernay, Franz. Westb. 3, 61.
Bernburg, Magdeb.-Halberst. 32.
°Berne, Oldenb. Staatsb. 21.
Bernimont, Belg. Grand-Luxemb. 7, 547.
Bernried, Bayer. Stsb. 201.
*Bernsdorf* P, Südnordd. Vbdgsb. 29.
Bernstadt, Rechte Oderuferb. 7.
Berolzheim, Bayer. Stsb. 252.
Berre, Paris-Lyon-M. 5, 122.
Bersac, Frans. Orléansb. 4, 212.
Bertrange (Strassen-), Lux. Wilhlb. 7.
Bertry, Franz. Nordb. 1, 58.
Berzée, Belgien Grand-Central. 2, 103.
Berzencze, Oesterr. Südb. 253. Kanissa-Barcs.
°Berzencze (Gr.), Ungar. Stsb. 23.
Berzova, Siebenbürger E. 6.
Berzy, Franz. Nordb. 1, 151.
Besançon, Paris-Lyon-M. 5, 168.
Beschetsk, Russl. II 6, 6.
Besdany, Russl. Eydtkuhnen-Petersb. II, 83.
Besigheim Württemb. Stsb. 53.
Beslé, Franz. Westb. 3, 185.
Bességes, Paris-Lyon-M. 5, 297a.
Bessenyo, Oesterr. Staatsb. 172.
Bessines, Franz. Orléansb. 4, 253.
Best, Niederl. Staatsb. 2, 68.
Bestahow, Kais. Fr. Jos. 60a.
°Bestwig, Berg.-Märkische 131.
Béthune, Franz. Nordb. 1, 99.
Frkr. Béthune-Lille 1 y 11.
Bettembourg, Luxemb. Wilhelmsb. 3.
Bettingen, Luxemb. Wilhelmsb. 10.
Betton, Frans. Westb. 3, 171.
Betzdorf, Köln-Minden 51. (Deutz-Giessen.)
*Betzigau* P, Bayer. Stsb. 12.
Betzingen, Württemb. Stsb. 133.
Beuel, Rheinische E. 108.
*Beuggen* P, Badische Stsb. 60. (Billetbureau.)
Beurig (Saarburg), Saarbrücker 19.
Beutersitz, Halle-Sorau-Guben 10.
Beuthen, Breslau-Freiburg 29.
Beuthen, Oberschlesische 21.
Rechte Odruferb. 26.
Beuvry, Franz. Lille-B. 1 y, 10.
Beuzeville, Franz. Westb. 3, 29.
Bevaix, Schweiz. Westb. 5, 61.
Bevensen, Hannover Stsb. 11.
Beveren-Waes, Belg. Société 5, 259.
Beveren-Flandre, Belg. (Anvers-G.) 9, 626.
Beverst, Aachen-Mastr. 11.
Niederl. Stsb. 2, 109.
Beverwijk, Niederlande Holländ. 5, 13a.
Bex, Schweizer. Westb. 5, 29.
Bexbach, Pfälz. Ludwigsb. 1.
Beynost, Paris-Lyon-M. 5, 233
Bezdany, Grosse Russische II, 33.
Bézenet, Französ. Orléansb. 4, 247.
Béziers, Französ. Midi 6, 3.
Biala, Russl. Warschau-Terespol I, 46.
Bialosliwe, Preuss. Ostb. 24.

Bialystock, Russ.Petersb.-Warsch.II,43.
Bianconuovo, Italien, Calabrien IV, 41.
Bianze, Ober-Italien I, 347.
Biaritz, Frans. Midi 6, 17a.
Biberach, Württemb. Stsb. 42. (Verw. I. Cl.)
Biberach-Zell, Bad. Stsb. 161. (P.-u. E.-Exp.)
Biblis, Hess. Ludwigsb. 61.
Bickenbach Main-Neckarb. 7.
Bicocca, Ital. Sicil. IV. 66 u. 126.
Biebesheim, Hess. Ludwigsb. 58.
Biebrich, Taunusb. 9.
Biebricher Curve, Taunusb. 8.
Biebrich-Mosbach, Nassau. E. 2.
Biechowitz s. Bechowic.
Biel (Bienne) {Schweiz. Centralb. 1, 56. / Bernische Stsb. 4, 3. / Schweiz. Westb. 5, 69b.}
Bielefeld, Köln-Minden 28.
Bjelgorod, Russland V 30, 7.
Bielitz, Kais. Ferd. Nordb. 64.
Biella, Ober-Italien I. 394.
Biendorf, Magdeb.-Halberst. 33.
Bienenbüttel, Hannover Stsb. 12.
Bienne, siehe Biel.
Bierbach, Pfälz. Ludwigsb. 24.
Bieringen, Württemb. Stsb. 139.
Bjerringbro, Dänemark, Jüdl. E. 36.
Bierset Belg. Stsb. 1, 18.
Bjersjö Lagård, Schweden Privatb. 148.
Bierzanów, Galiz. C.-Ludwigb. 2.
Biesenthal, Berlin-Stettin 3.
Biessenhofen, Bayer. Stsb. 17.
Bietigheim, Württb. Stsb. 10. (Verw. I. Cl.)
Bigny, Französ. Orléansb. 4, 238.
Bigorre (Bag.d.-), Französ. Midi 6, 25a.
Bilbao (Hafen, Spanien 5, 32.
Bilin, Aussig-Teplitz 10.
Billeberga, Schwed. Malöf Helsingb. 6, 136.
Billy-Montigny, Frans. Nordb. 1, 137.
Bilsen, Niederl. Stsb. 2, 107.
Bilt-Vuursche, Niederl. Ctrlb. 4, 14.
Binche, Belgische Staatsb. 1, 297.
Bindlach H., Bayer. Stsb. 224a.
Bingen, Hess. Ludwigsb. 18.
Bingerbrück, {Rhein. 58. (B.-Insp.) / Rhein-Naheb. 27.}
Björneborg, Schweden Staatsb. 82.
Björnlunda, Schwed. Stsb. 10.
(Birawa), Oberschles. W.B. 67.
Birkenfeld, Rhein-Naheb. 41.
Birkenfeld, Württemb. Stsb. 210.
Birmensdorf, Schwz. Nordostb. 2, 45.
Birresborn, Rheinische E. 31.
Birsula, Russl. VI 32, 14.
Bisceglie, Ital. Südb. III, 61.
Bischdorf, Preuss. Ostb. 90.
Bischheim, Sächs. Staatsb. 32.
Bischofsheim, Elsass-Lothr. 140.
Bischoffsheim, Hess. Ludwigsb. 20.
·Bischofswerda, Sächs. Stsb. 19. (B.-I.)
Bischweiler, Elsass-Lothr. 3.
Bisens-Pisek, Kais. Ferd.-Ndb. 14.
Bismark, Magdeb.-Halberst. 66.
Bistric, Kais. Fr. Josefb. 62.
Bitburg, Rheinische E. 33.
Bitetto, Ital. Südb. III, 144.
Bitsch, Elsass-Lothr. 34.
Bitschweiler, Elsass-Lothr. 109.
Bitterfeld, Berlin-Anhalt 13.
Bivio Duino P., Oestr. Südb. 201a.
Bladnitz, × Wilkischner Bahn 4.
Blagny H., Franz. Ostb. 2, 168a.
Blainville la Grande, Franz. Ostb. 2, 5.
Blaise (St.), Schweiz. Westb. 5, 66.
Blaisy-Bas, Paris-Lyon-M. 5, 39.
Blakjer, Norwegen 212.
Blamont, Elsass-Lothr. 2.

Blanc-Misseron, Frans. Nordb. 1, 135.
Blandain, {Belg. Stsb. 1, 96a. / Frans. Nordb. 1, 172.}
Blankenberg, Friedr. Franzb 7.
Blankenberghe, Belg. (Société) 5, 270.
Blankenese, Altona-Kiel 58.
Blankenheim, Rheinische E. 26.
(Blankensee), Lübeck-Büchen 2.
°Blankenstein, Berg.-Märk. 125. (Ruhrthalbahn.)
Blanquefort, Franz. Medoc 9, 2.
Blansko, Oestr. nördl. Stsb. 22.
Blasdorf, Niederschl.-Märk. 60.
Blasendorf, Ungar. Ostb. 13.
Blaton, Belg. Staatsb. 1, 232.
Blaubeuren, Wrttemb. Stsb. 169.
Blaufelden, Württemb. Stsb. 93.
Bleyberg, Belg. Stsb. 1, 29 b.
Bleiburg, Oesterr. Südb. 163.
Bleichenbach PH., Oberhess. 25.
Bleicherode, Magdeb.-Lpzg. 29. (Halle-Cassel.)
Blerick H., Niederl. Stsb. 2, 63a.
Blesme-Haussignemont, Frans. Ostb. 2, 30.
Bliesbrücken, Elsass-Lothr. 37.
Blieskastel-Lautzkirchen, Pfälz. Ludwigsb. 25.
Blindenmarkt, Kais. Elisabb. 19.
*Blisowa* P, Böhm. Westb. 3.
Blömendael, Belg. Stsb. 1, 39.
(Blönsdorf), Berlin-Anhalt 7.
(Bloh), Oldenb. Staatsb. 9.
Blois, Franz. Orléansb. 4, 33.
Blowic, Kais. Fr.-Josefb. 36.
°Bludenz, Voralberger E. 13.
Blumau, Oesterr. Südb. 232. (Brennerbahn.)
Blumenau, Oesterr. Staatsb. 111.
Blumenberg, Magdb.-Halberst. 4.
(Blumenhagen) Berlin-Stettin 68.
Bobadilla, Span. (Cordova-Malaga) 16, 140.
°Boba-Jánosháza, Ungar. Westb. 42.
Bobenheim, Pfälz. Ludwigsb. 20.
Bobingen, Bayer. Stsb. 24.
Bobitz, Friedr. Franzb. 4.
Bobrik, Russland VI 35, 19.
(Bobritzsch), Sächs. Stsb. 49.
Bobrowitza, Russland VI 35, 18.
Bochnia, Galiz. C.-Ldwgb. 7.
Bochum, Berg.-Märkische 103.
(Bockelholm), Altona-Kiel 12.
(Bóbrka), Lemb.-Czernowitz 4.
Bockenheim, Main-Weserb. 24.
(Bockhorst), Altona-Kiel 34.
Boda, Schwed. Staatsb. 91.
Bodaik, Oesterr. Südb. 137.
Bodeghem St.-Martin, Belg. Stsb. 1, 45.
Bodelshausen, Württbg. Stsb. 157.
Bodenbach, {Böhm. Nordb. 20. / Dux-Bodenbach 1. / Oesterr. nördl. Stsb. 67. / Sächs. Stsb. 13 (B.-I.).}
Bodenheim, Hess. Ludwigsb. 3.
Bodenwöhr, Bayer. Ostb. 60.
Bodrog-Keresztur, Ung. Ndostb. 22.
Böheimkirchen, Kais. Elisabb. 10.
Böhl-Iggelheim, Pfälz. Ludwgb. 3
(Böhlen), Sächs. Stsb. 85.
Böhm. Brod, Österr. nrdl. Stsb. 45.
(Böhmischdorf), Oberschles. 65.
Böhm. Hörschlag, K. Elisabthb. 76.
Böhm. Kamnitz, Böhm. Nordb. 25.
Böhm. Leipa, Böhm. Nordb. 8.
Böhm. Skalitz, Süd-Nrdd. Vbgb. 23.
Böhm. Trübau, Oestr. nördl. Stsb. 30.
Bönen, Berg.-Märkische 86.
Börssum, Braunschw. 14.

(Bösdorf), Oberschlesische 61.
Bösig, Böhm. Nordb. 3.
Bösigheim, Württemb. Stsb. 53.
Bösing, Pressburg-Tyrnau 7.
Bogdanowka (Kamionka), Galiz. Carl-Ludwigsb. 46.
Bogdanowka, Russl. VI 32, 28.
Boglár, Oesterr. Südb. 122.
Bogliasco, Ober-Italien I, 117a.
Bogojawlensk, Russl. Rjäsan-Kosl. V 19, 9.
Bogumiłowice, Gal. C.-Ldwgb. 9.
Bogoljiobo, Grosse Russ. E. II, 110.
Bogorodsk, Grosse Russische II, 101.
Bohain, Französ. Nordb. 1, 25.
Bohrau, Rechte Oderuferb. 4.
Bojaika, Russland VI 33, 2.
Bojanowo, Oberschlesische 38.
Boileux, Französ. Nordb. 1, 92.
Bois-du-Luc, Belg. Stsb. 1, 149.
Boisheim, Berg-Märkische 27.
Bois-le-Roi, Paris-Lyon-M. 5, 11.
Boisschot, Belg. Gr. Centr. 2, 26.
Boisseaux, Frans. Orléansb. 4, 19.
Boisset-Pacy, Franz. Westb. 3, 55.
Boissy-l'Aillerie, Franz. Westb. 3, 271.
Boitsfort, Belg. Grand Luxemb. 7, 501.
Boitzenburg, Berlin-Hamb. 19.
Bokellen, Preuss. Ostb. 96.
Bolbec-Nointot, Franz. Westb. 3, 29.
°Bolderaa, Russl. IV, 13e.
Boldino, Grosse Russ. E. II, 106.
Bollersleben, Altona-Kiel 24. (Schlesw.)
Bollweiler, Elsass-Lothr. 91.
Bologna, {Ober-Italien I. 66. / Ital. Südb. III, 1.}
Bologne, Französ. Ostb. 2, 201.
Bologoje, {Grosse Russische II, 81. / Russland, II 6, 13.}
Boly s. Deutsch u. Magyar.-B.
Bolzaneto, Ober-Italien I, 152.
Bomal, Belg. Gr. Luxemb. 7, 538.
Bomerée, Belg. Grand Central 2. 100.
Bommel, Niederl. Stsb. 2, 92a.
Bommern, Berg.-Märk. 126.
Bomst, Märkisch-Posener 15.
Bonames, Main-Weserb. 23.
°Bonassola, Ober-Italien I, 108a.
Bondy, Franz. Ostb. 2, 5.
Bonenburg, Westfälische 2.
Bonifacio (St.), Ober-Italien I, 35.
Bonn, Rhein. 42. (B.-Insp.)
Bonnard, Paris-Lyon-M. 5, 338.
Bonne-Espérance, {Belg. Staatsb. 1, 298. / Belg. Grand Cent. 2, 72.}
Bonnemain, Franz. Westb. 3, 175.
Bonnet (St.)-en-Bresse, Paris-L.-M. 5, 334.
Bonneval, Frans. Orléansb. 4, 93.
Bonnières, Frans. Westb. 3, 12.
Bons-buveurs, Belg. Nord. 4, 207.
Bonstetten, Schweiz. Nordostb. 2, 46.
Bonyhád, Báttaszék-Dombovár-Zákány E. 3.
Boortmeerbeek, Belg. Staatsb. 1, 41.
Bopfingen, Württemb. Stsb. 117.
Boppard Rheinische E. 54.
Boran, Frans. Nordb. 1, 44.
Borås, Schweden Privatb. 3, 111.
Bordeaux, {(la Bastide) Fr. Orléansb. 4, 86 u. 205. / Franz. Midi 6, 13. / (St. Jean) Frans. Medoc 9, 1.}
Bordesholm, Altona-Kiel 31.
°Bordighera, Ober-Italien I, 134a.
*Bordujeni* P, Lmbg. Czern.-Jassy 29
Borghetto, Ital. Röm. II, 72.
Borgoa Bugg, Ober-Italien I, 87.
Borgo Lavezzaro, Ober-Italien I, 232.
Borgomanero, Ober-Italien, I, 403.
Borgone, Ober-Italien I, 222.
Borgo Panigale, Ober-Italien I, 67.
Borgoratto, Ober-Italien I, 241.
Borgo-Ticino, Ober-Italien I, 226.
Borgo St. Domino, Ober-Italien I, 184.
Borgo St. Martino, Ober-Italien I, 399.
Borgo Vercelli, Ober-Italien I, 352.
Borgstena, Schweden Stsb. I, 109.
Borisoglebsk, Russ. Grjasy-Borisoglebsk V 26, 10.

Borken, Main-Weserb. 6.
Borkenfriede Berl.-Stettin 53. (Vorpommersche Bahn.)
Borki, Russl. (Rjäschk-Morschansk) V 21, 3.
Borki, Russl. Charkow-Rostow V 30, 13.
Borki wielki, Galiz. Carl L. B. 44.
Borkop, Dänemark, Jütl. 20.
Borkowitschi, R. (Dünab.-Witebsk) IV. 24.
Borna, (B.-Insp.) Sächs. Stsb. 104.
Borne Niederl. Stsb. 2, 34. (Almelo-Salzbergen.)
°Bornheim, Hess. Ludwgsb. 92.
Bornhem, Belg. Mal.-Terneuz. 6, 335.
(Bornitz), Leipzig-Dresden 10.
Borodino, Russland V 31, 6.
Borowenka, Grosse Russische II, 76.
Borowskaja, Russland V 36, 6.
Bors PH. Theissb. 42a.
(Borsdorf), Leipzig-Dresden 2.
Bortniki, Lemb.-Czern.-Jassy 8.
Bortschi, Russland VI 32, 15.
Borup, Dänemark, Seel. E. 54.
Borynicze, Lemb.-Czern.-Jassy 6.
Bosc-le-Hard, Frans. Nordb. 1, 232.
Boschkow, Russland VI 36, 16.
Boschpol (Gross-), Berl.-Stettin 33.
°Bossum, Köln-Minden 76.
Botošani, Lemberg-Czern.-J. 42.
°Botragy, Ungar. Nordostb. 31.
Botuschani, s. Botošani.
Botzen (Bolzano), Oest. Südb. 233. Tyroler Linie.
Bouchain, Frans. Nordb. 1, 63.
Bouchout, Belg. Gr. Centr. 2, 30.
Boudry, Schweiz. Westb. 5, 62.
Boufflouls, Belg. Grand Centr. 2, 85.
Boujeailles, Paris-Lyon-M. 5, 243.
Bouleterenère, Frankreich 10, 5.
Boulogne, s. M. Frans. Nordb. 1, 84.
Boulzicourt, Frans. Ostb. 2, 151.
Bouray, Frans. Orléansb. 4, 12.
Bourg, {Pr.-Lyon-M. 5, 225 u. 294. / Lyon à la Croix-Rousse 5 t, 4. (Les Dombes).}
Bourges, Frans. Orléansb. 4, 237.
Bourget-Drancy, Franz. Nordb. 1, 140.
Bourg-le-Roi, Frans. Westb. 3, 208.
Bourgoin, Paris-Lyon-M. 5, 252.
Bourgthéroulde, Frans. Westb. 3, 86.
Bourmont-St.-Blin, Frans. Ostb. 2, 270.
Bourth, Frans. Westb. 3, 234.
Bous, Saarbrücker E. 11.
Boussens, Fransös. Midi 6, 20.
Boussu, Belg. Stsb. 1, 113.
Boussu-en-Fagne, Belg. (Chimayb.) 8, 618.
Bousval, Belgische Staatsb. 1, 317
Bouveret, Schweiz. (Italie) 8, 1.
Bouwel, Belgien (Turnhoutb.) 12, 655.
Bova, Ital. Calabr. IV, 44.
Bovalino, Ital. Calabr. IV, 40.
Bovenden, Hannover Stsb. 83. (Hannover-Cassel.)
Boveresse, Schweiz. Westb. 5, 73.
Boves, Frans. Nordb. 1. 71.
Bovesse (St. Denis), Belg. Gr. Luxb. 7, 509.
Bovigny-Courty, Wilh. Luxemb. 31a.
Bovino, Italien Südb. III, 94.
Boxberg-Wölchingen, Badische 113. (Eisenbahn-Exped.)
Boxhagen, Niederschl.-Märk. 69.
Boxtel, Niederl. Stsb. 69.
Boyen (Alt-). Oberschles. 44. (Breslau-Posen.)
Bozen siehe Botzen.
Bra, {Ober-Italien I, 263 u. 478. / Turin-Savona I, 406.}
Brabrand, Dänemark, Jütl. E. 30.
Brackwede, Köln-Minden 27.
Bracquegnies, Belg. Stsb. 1, 130.
Bradegrube, Oberschlesische 90. (Wilhelmsb.)
Bränsk, Russl. (Orel-Witebsk) IV, 45.
Brahlsdorf, Berlin-Hamb. 18.
Brahnau, Preuss. Ostb. 64.
Braila, Türkei, Rum. E. 2, 13.

Braine le Comte {Belgische Stsb. 1, 105. / " Société 5, 324.}
Braisne, Franz. Ostb. 2, 192.
°Brake, Oldenb. Staatsb. 23.
Brakel, Westfälische 40.
°Bralin, Breslau-Warschau 5.
Bramans, Italien, Fell's E. I, 474.
Brambach, Sächs. Stsb. 135 (Güterstation.)
Brancaleone, Ital. Calabr IV, 42.
Brand, Berlin-Görlitzer 5.
Brandeis, Oesterr. nördl. Stsb. 32.
Brandeisl, Buschtěhrader 54.
Brandenburg, Berl. Potsd. Mgdb. 9.
Brandizzo, Ober-Italien I, 342.
Brannenburg, Bayer. Stsb. 179.
Branowitz, Kais. Ferd.-Nordb. 51.
Brañuelas, Span. (Nord-West) 27.
Branyiczka P, Siebenbürger E. 10.
Branzaus, Oestr. Nordwestb. 23.
Branzoll, Oesterr. Südb. 234. (Tyroler Linie.)
Bratka, PH. Ungar. Ostb. 5.
Braunau, Kais. Elisabethb. 91.
Braubach, Nassauische E. 18.
Braunfels, Nassauische E. 39.
Braunsberg, Preuss. Ostb. 44.
Braunschweig, Braunschw. 25.
°Braunsdorf, M.-Schl. Centralb. 11.
(Braunsdorf), Sächs. Stsb. 65.
Braux, Frans. Ostb. 2, 155.
Brebach, Saarbrücker 23.
Brechelshof, Breslau-Freiburg 21.
Breda {Niederl. Stsb. 2, 73. / Belg. Grand. Centr. 2, 38.}
°Bredelar, Berg.-Märkische 135. (Ruhrthalbahn).
(Breed), Dänemark, Fün. E. 12.
°Bregenz, Vorarlberger E. 2.
Brehna, Berlin-Anhalt. 15.
Breisach, Badische 221.
Breitengüssbach, Bayer. Stsb. 57.
Breitenschützing, Kais. Elisabb. 34
Breitenstein, Oesterr. Südb. 30.
Breitingen, G.-St., Sächs. Stsb. 87.
Bremen, (Altstadt) {Hannov. Stsb. 34. / Oldenb. Stsb. 1. / °Köln-Minden 78.}
" (Neustadt), Oldenb. Stsb. 2.
Bremerhafen, s. Geestem., Hannv. 40.
Brenda (Ponte di), Ober-Italien, I. 67.
(*Brenner*), Oesterr. Südb. 222. (Brennerbahn.)
Brennet, Badische Stsb. 222. (P.- u. E.-Exp.)
Brescia, Ober-Italien I, 373.
Breslau, {Bresl.-Schw.-Frbg. 1. / Niedschl.-Märk. 39. / Oberschles. 1. u. 32. / Rechte Oderuferb. 1.}
Bressuire, {Franz. Orléansb. 4, 166. / Frankreich, 7, 5}
Brest, Frans. Westb. 3, 166.
Brest-Litewsk, Russland I 3, 49.
Breteuil, Franz. Nordb. 1, 69.
Bretigny, Frans. Orléansb. 4. 10.
Bretoncelles, Frans. Westb. 3, 114.
Bretten (in Baden), Württ. Stsb. 4.
Breteville-Norrey, Franz. Westb. 3, 68.
Bretzfeld, Württemb. Stsb. 73.
Breuillet, Franz. Orléansb. 4, 88.
Breukelen, Niederl. Rheinb. 5.
Bréval, Frans. Westb. 3. 53.
Breyell, Berg.-Märk. 28.
Bricon, Frans. Ostb. 2, 109.
Brieg, Oberschlesische 5.
Brienon, Paris-Lyon-M. 5, 26.
Briesen, Niederschles.-Märk. 9.

Briesen, Preuss. Ostb. 85.
Brieuc (St.), Franz. Westb. 3, 158.
°Brilon, Berg.-Märkische 133. (Ruhrthalbahn.)
Brindisi, Italien. Südb. III, 74.
Brionne, Frans. Westb. 3, 40.
Brion sur Ourcq, Franz. Ostb. 2, 266.
Brioude, Paris-Lyon-M. 5, 292.
Briouze, {Frans. Westb. 3, 243. / Localb. la Ferté-Macé 23, 1.}
Brive, Frans. Orléansb. 4, 290.
Brixen, Oesterr. Südb. 228. (Brennerbahn.)
Brixlegg, Oesterr. Südb. 212. (Tyroler Linie.)
*Brocksedt* P, Altona-Kiel 9.
Brodeck, Kais. Ferd. Nordb. 57.
Brody, Galiz. Carl Ludwigsb. 30.
Brönderslev, Dänemark, Jütl. E. 61.
(Brötzingen), Württemb. Stsb. 209.
Brohl, Rheinische 49.
°Broich, Berg.-Märk. 140.
Broich, (Speldorf-), Rheinische 89.
Bromberg, {°Oberschles. 151. / Preuss. Ostb. 27.}
Broni, Ober-Italien I, 195.
Bronnbach, Badische Stsb. 139. (P.- u. E.-Exp.)
Broons, Franz. Westb. 3, 149.
Broos, Siebenbürger E. 13.
Browary, Russl. VI 35, 20.
Browky, Russl. VI 33, 7.
°Bruch, Dux-Bodenbach 13.
Bruchmühlbach, Pfälz. Ludwb. 3.
(Bruchmühlen), Hannover E. 54.
Bruchsal in Baden {Bad. Stsb. 10. (P. u. E.-A.) / Württ. Stsb. 1. (B.-Insp.)}
Bruck a. d. Leitha, Oester. Stsb. 96. (Wien-Raab.)
Bruck a. d. Mur, Oesterr. Südb. 40.
(Bruckberg), Bayer. Ostb. 9.
Bruckmühl, Bayer. Stsb. 263.
Brucoli, Ital. Calabr. IV, 71.
Brugelette, Belg. Stsb. 1, 117.
Brückel, Kronpr. Rudolfsb. 47.
Bruges, (Brügge) {Belg. Stsb. 1, 61. / " Société 5, 253 u. 267. / " Gand-Bruges 10, 645.}
Brügg, Schweiz. Bern. Stsb. 4, 4.
°Brügge, Berg.-Märk. 159.
Brühl, Rheinische E. 39.
Brünn, {Kais. Ferd. Nordb. 56. / Oesterr. Stsb. 20.}
Brüsau, Oestr. nördl. Stsb. 26.
Brüx, Aussig-Teplitz 12.
Bruxelles, (Brüssel) {Belg. Stsb. 1a—1n. / Belg. Grand Luxem. 7, 500.}
Brugg, Schwz. Nordostb. 2, 26.
Bruggen P, Verein. Schweizerb. 3, 3a.
Brumath, Elsass-Lothr. 11.
Brummen, Niederl. Stsb. 2, 20.
Brunau-Packebusch, Magdeb.-Halberst. 66.
°Bruneck, Oesterr. Südb. 197.
Brunn, Oesterr. Südb. 9.
Brunn, Sächs. Stsb. 122.
Brunnersdorf, Buschtěhrader 34.
Bruno, Ober-Italien I, 230.
Brunoy, Paris-Lyon-M. 5, 6.
Brunsberg, Schwed. Staatsb. 92.
Brusowo, Russl. II 6, 9.
Brussana, Ober-Italien I, 165.
Bruyères, Frans. Ostb. 2, 309.
Brus, Frans. Westb. 3, 180.
(*Brwinów*), Warschau-Wien I. 2a.
Bubenč, Oestr. nördl. Stsb. 49.
Bubikon, Verein. Schweizerb. 2, 48.
°Buccari, Ungar. Stsb. (Carlstadt-F.) 81.
Bučecea, Lemb.-Czernow-Jassy 40.
*Buch* P, Bayer. Stsb. 279.
Buchholz, Sächs. Staatsb. 78.

Buchloe, Bayer. Stsb. 20.
Buchs, Verein. Schweizerb. 3, 25.
Buchsee (Herzogen-), Schwz.Ctrlb. 1, 31.
Buchwald, Niederschl.Zwgb. 6.
Buchy (Monterolier), Franz. Nordb. 1, 196.
°Buchs, Vorarlberger E. 16.
Bucine, Ital. Röm. II, 50.
Budanowka, Russl. Mosk.-Kursk) V 29, 24.
Buddenhagen, Berlin-Stettin 60.
Budenheim, Hess. Ludwigsb. 13.
Budigsdorf, Oestr.nördl. Stsb. 83.
Budweis, {Kais. Fr. Josefb. 23.
{Kais. Elisabethb. 83.
(Linz-Budweis.)
Budwitz (Mähr-), Oesterr. Nordwestb. 16.
Büchen, {Berlin-Hamburg 20.
{Lübeck-Büchen, 7.
Bückeburg, Hannov. Stsb. 47.
Büddenstedt, Braunschw. 30.
Büdesheim, Hess. Ludwigsb. 52.
Büdingen, Oberhessische E. 26.
Bühl, Bad. Stsb. 22. (P.u.E.-Exp.)
Bueil, Franz. Westb. 3, 54.
Bükk, Oesterr. Südb. 100.
Bülach, Schweiz. Nordostb. 2, 41.
Bülderup-Bau, Altona-Kiel 50. (Schlesw.)
Bümplitz, Schweiz. Westb. 5, 48.
Bünaburg, Dux-Bodenbach 2.
Bünde, Hannov. Stsb. 53.
Bürglen, Schweiz. Nordostb. 2, 5.
(Bürstadt), Hess. Ludwigsb. 65.
Bütschwyl, Verein. Schweizerb. 3, 63.
*Büttgen* P, Bergisch-Märk. 16.
(Bützberg), Schweiz. Centrb. 1, 30.
Bützow, Friedrich-Franzb. 10.
Buffaloria di Cassano, Ital. Calabr. IV, 12.
Buffalora, Ober-Italien I. 15.
Bufta, Türkei, Rum. E. 2, 2.
Buggenhout, Belg. Stsb. 1, 74.
*Buggingen* P, Bad. Stsb. 44. (Billetb.)
(Bujendorf), Altona-Kiel 40.
Buir, Rheinische E. 9.
Buisson de Cabans, Franz. Orléansb. 4, 216a.
Buissière (la), Belg. Nord- 4, 250.
Buitenpost, Niederl. Stsb. 2, 8.
Buk, Märk.-Posener 11.
Bukaczowce, Lemb.-Czernow. 9.
Bukarest, {Türk. Rumänische E. 2, 1.
{„ Bukarest-Giurgewo 3, 1.
(Buke), Westfälische E. 5.
Bulboki, Russl. VI 32, 51.
Bulle, Westschweizerb. 5, 49d.
Bully-Grenay, {Franz. Nordb. 1, 96.
{Lille-Bully-Grenay Iy, 13.
Bunde, * Niederl. Stsb. 2, 52.
Bunzlau, Niederschles.-Märk. 29.
Buonalbergo, Ital. Südb. III, 101.
Burbach, Köln-Minden 54.
Burbach, Saarbrücker 8.
Burg, Berl.-Potsd.-Mgdb. 13.
Burga, GrosseRuss. Petersb. Moskau II, 73.
Burgau, Bayer. Stsb. 109.
Burgbernheim, Bayer. Stsb. 156.
Burgdorf, Hannov. Stsb. 4.
Burgdorf, Schweiz. Centralb. 1. 34.
Burgfarrnbach, Bayer. Stsb. 166.
Burggemünden, Oberhess. 7.
Burghardtgrube, × Oberschl. 91. (Wilhelmsb.)
Burghaun, Bebra-Hanauer E. 4.
Burgkemnitz, Berl.-Anhalt 12.
Burgkundstadt, Bayer. Stsb. 63.
Burg-Lesum, Hannov. Stsb. 35.
Burgos, Spanien (Nord-) 1, 7.
Burgsinn, {Bayer. Staatsb. 287.
{Bebra-Hanauer E. 22.
Burgstädt, Sächs. Staatsb. 109.
*Burier*, Schweiz. Westb. 5, 21.
Burnhaupt, Elsass-Lothr. 114.
Burnak, Russ. Grjasy-Borisoglebsk V 26, 6.
Burst, Belg. Staatsb. 1, 215.
Bursztyn, Lbg.-Czern.-Jassy 10.
Burxdorf, Berlin-Anhalt 24.
Busalla, Ober-Italien I, 154.
Buschmühle. Niederschl.-Märk. 12.
Buschow, Magdeb.-Halberst. 49.
Buschtěhrad, Buschtěhrader 53.
Busigny, Franz. Nordb. 1, 26.
Busseau d'Ahun, Franz. Orléansb. 4, 242
Bussigny, Schwz. Westb. 5, 50.
Bussoleno, Ober-Italien I, 223.
Busswyl, Schweiz. Berner Stsb. 4, 5.
Busto Arsizio, Ober-Italien I, 409.
Bustyaháza, Ungar. Nordostb. 16.
Butowes Tur-, Oestr. Nordwestb. 70.
Buttrio, Ober-Italien I, 3.
Butzbach, Main-Weserb. 16.
Buysingen, Belg. Stsb. 1, 100a.
Buzen, Türkei, Rum. E. 2, 8.
Byans, Paris-Lyon-M. 5, 204.
Bykowo, Russl. (Mosk.-Rjäsan) IV 18, 4.
Bystricz, Kaschau-Oderb. 5.

## C.

Cabbe-Roquebrune, Paris-Lyon-M. 5, 170.
Cabel, Berg.-Märkische 69.
Cadeo II, Ober-Italien I, 186a.
Cadière, Paris-Lyon-M. 5, 351.
Cadix, Spanien 15, 135.
Caen, Franz. Westb. 3, 67.
Caestre, Belg. Société 5, 306.
Caffiers, Franz. Nordb. 1, 87.
Cagliari, Ital. Sard. IV, 131.
Cahors, Franz. Orléansb. 4, 262.
Caianiello-Vairano, Ital. Röm. II, 124.
Cainsdorf, Sächs. Stsb. 164.
°Cairo, Italien (Turin-Savona) I, 460.
Cakowitz, Turnau-Kr.-Prag 16.
Calais, Franz. Nordb. 1, 88.
Calamandrana, Ober-Italien, I, 254.
Calatabiano, Ital. Calabr. IV, 59.
Calatayud, Span. (Madr.-Saragossa) 12, 86.
Calau, Halle-Sorau-Guben 14.
Calendabbio, Ober-Italien I, 164.
Calcum, Köln-Minden 8.
Caldiero, Italien (Ober-) I, 34.
Calenolle, Belg. Staatsb. 1, 216.
Calenzano, Italien (Ober-) I, 79.
Call, Rheinische E. 25.
Calliano, Oesterr. Südb. 242.
Calmbach, Württemb. Stsb. 214.
Calmpthout, Belg. Grand-Central 2, 34.
Calolzio, Italien (Ober-) I, 425.
°Caltanisetta, Italien (Sicilien) IV, 37.
Caltignaga, Italien (Ober-) I, 401.
Caluso, Italien (Ober-) I, 385.
°Calw, Württemb. Stsb. 203.
Cambiano, Italien (Ober-) I, 211.
Cambrai, Franz. Nordb. 1, 61.
Camen, Köln-Minden 20.
Camnago, Italien (Ober-) I, 417.
Camerlata (Como), Italien I, 415.
Camogli, Ober-Italien I, 115.
Camp, Nassauische E. 16.
Campana, Ital. Calabr. IV, 17.
Campinaire (le), Belg. Stsb. 1, 139.
Camp. Major, Paris-Lyon-M. 5, 132.
Campomarino, Ital. Südb. III, 48.
Canal, Ungar. Nordostb. 53.
Cancello, Ital. Röm. II, 123.
Candela, Italien Südb. III, 124.
Candelo, Italien (Ober-) I, 392.
Candia, Italien (Ober-) I, 386.
°Candia-Lomellina, Ober-Italien I, 467a.
Candiolo, Italien (Ober-) I, 281.
Canelli, Italien (Ober-) I, 255.
Cannes, Paris-Lyon-M. 5, 159.
Canstatt, Württb. 17. Verw. I. Cl.
Cantalupo, Italien (Ober-), I, 240.
Canth, Bresl.-Schw.-Frbg. 3.
Caparroso, Span. (Sarag.-Pampel.) 6, 46a.
Capdenac, Franz. Orléansb. 4, 228.
Capelle, Niederl. Rheinb. 1, 26.
Capelle au bois, Belg. Stsb. 1, 71.
*Capellen* H, Luxemb. Wilhmsb. 9.
Capellen, Rheinische E. 53.
Capellen-Wevelinghoven, Rheinische E. 15.
Cappellen, Belg. Grand Centr. 2, 23.
Capryke. Belg. Société 5, 345.
Capua, Italien (Römische) II, 129.
Caravaggio, Italien (Ober-) I, 452.
(Carbe [Alt-]), Preuss. Ostb. 17.
Carcassonne, Franz. Midi 6, 5.
Carentan, Franz. Westb. 3, 74.
Cariati, Ital. Calabr. IV, 18.
Carignan, Franz. Ostb. 2, 168.
Carling G.H, Franz. Ostb. 2, 370.
Carl-Emanuel-Grube, Oberschles. siehe Orts-Register.
Carlsbad, Buschtěhrader 41.
Carlsglück, Berg.-Märk., s. Orts-R.
Carlshafen, Hess. Nordb. 20.
Carlshütte, {K. Ferd. Nordb. 85.
{(Ostrau-Friedland).
Carlsruhe, (Bahnhof.) Badische Stsb. 14. (Eisenbahnamt.)
„ *Mühburger Thor* P, (Bill.-A.-B.) Carlsruher Rheinb. 201.
Carlstad, Schwed. Stsb. 87.
Carlstadt, Bayer. Stsb. 159.
Carlstadt, {Oesterr. Südb. 154.
{°Ungar. Stsb. 66.
{(Carlstadt-Fiume).
Carmagnola, {Italien (Ober-) I, 269.
{Turin Savona I, 477.
Carmaux, Französ. Midi 6, 33.
Carmona, Span. (Cordov.-Sevil 14, 127. la)
Carnières, Belg. Staatsb. 1, 312.
Carnoules, Paris-Lyon-M. 5, 147.
Carolinengrube, Oberschles. 26.
Carolinenhorst, Berlin-Stettin 13.
Carovigno, Ital. Südb. III, 72.
Carpentras, Paris-Lyon-M. 5, 28a.
Carregado, Portugal 2.
Cartagena, Spanien 12, 112.
Carvin, Franz. Nordb. 1, 121.
Carwitz, Berlin-Stettin 26.
Casa Branca, Portugal (Süd-) 2, 24.
Casalbordino, Ital. Südb. III, 44.
Casalbuttano, Italien (Ober-) I, 457.
Casale, Italien (Ober-) I, 398.
Casalecchio, Italien (Ober-) I. 68.
Casalnuovo, Ital. Röm. II. 135.
Casalpusterlengo, Italien (Ober-) I, 432.
Casaletto-Vaprio, Italien (Ober-), I, 453.
Casarsa, Italien (Ober-) I, 7.
Cascina, Ital. Röm. II, 10.
Case Bruciate, Ital. Südb. III, 20.
Casekow, Berlin-Stettin 8.
Caselle, Ober-Italien I, 502.
Caserta, {Ital. Röm. II, 131.
{Italien Südb. III, 114.
Casetas, Span. {Barcel.-Saragossa 6, 44.
{Madrid-Saragossa 12, 88.
Casino di Terra, Ital. Röm. II, 18b.
Časlau, Oesterr. Nordwestb. 33.
Casoria, Ital. Südb. III. 119.
Cassano, Italien (Ober-) I, 363.
Cassel, {Hess. Nordb. 11.
{Hannov. Südb. 87.
{°Magdeb.-Leipz. 35.
{Main-Weserb. 1.
Cassel, Franz. Nordb. 1, 112.
Cassine, Ober-Italien I, 244.
Cassis, Paris-Lyon-M. 5, 134.
Castagneto, Ital. Röm. II, 19.
Castagnole, Italien (Ober-) I, 258.
Casteggio, Italien (Ober-) I, 197.
Castejon, Span. {Barcel.-Saragossa 6, 46.
{Tudela-Bilbao 5, 36a.
Castel (Mainz), Taunusb. 7.
Castel-Alfero, Ober-Ital. I, 468e.
Castel d'Agogna, Ober-Italien I, 467.
°Castel Alfiano, Ober-Italien I, 486e.
Castel-Bolognese, Italien Südb. III, 6.
Casteldaccia, Ital. Sicil. IV, 84.
Castel Fiorentino, Ital. Röm. II, 78.
Castelfranco, Italien (Ober-) I, 177.
Castelguelfo, Italien (Ober-) I, 183.
Castellaneta Ital. Südb. III, 149.
Castellaro, Italien (Ober-) I, 466.
Castellamare, Italien Südb. III, 142.

Castelleone, Italien (-Ober) I, 455.
Castello, Italien (Ober-), I, 81.
Castellon, Span. (Almanes-Tarrag.) 11, 77.
Castel-Maggiore, Italien (Ober-) I, 64.
Castelnaudary, Frans. Midi 6, 6.
Castelnuovo, Italien (Ober-), I, 380.
Castel Pianio, Ital. Röm. II, 97.
Castel S. Pietro Em., Ital. Südb. III, 4.
Castel St. Giovanni, Italien(Ober-) I, 192.
Castiglion Fior, Ital. Röm. II, 55.
Castillejo, Spanien (Mad.-Alicante) 12, 92.
Castillon, Französ. Orléansb. 4, 260.
Castres, Französ. Midi 6, 6a.
Castrieum, Niederl.(Holland.) 5, 17.
Castrop, Köln-Minden 16.
Castuera, Spanien(Ciudad-Badajos) 12, 118.
Catania, Italien (Sicilien) IV, 65.
°Catanzaro, Italien (Calabrien) IV, 3.
Câteau (le), Frans. Nordb. 127.
Catenanuova Centuripe, Ital. Sicil. IV, 123.
Catlenburg, Hannov. Stsb. 88.
Cattenières, Frans. Nordb. 1, 60.
Cattolica, Ital. Südb. III, 15.
Caub, Nassauische E. 13.
Caudry, Frans. Nordb. 1, 59.
Caulnes-Dinan, Frans. Westb. 3, 148.
*Caulsdorf* P, Preuss. Ostb. 1a.
Cava, Ital. Südb. III, 134.
Cava-Carbonara, Italien (Ober-) I, 459.
Cavaillon, Paris-Lyon-M. 5, 111a.
Cavallermaggiore, Italien I, 263.
Cava-Manara, Italien (Ober-) I, 166.
Cavatigozzi, Italien (Ober-) I, 441.
Ceccano, Ital. Röm. II, 115.
Cecina, Italien (Römische), II 18.
*Čejtic* P, Kais. Franz.Jos.-B. 29.
Céligny, Schweiz. Westb. 5, 6.
Celle, Hannov. Stsb. 6.
Celle, Ober-Italien I. 130.
Centallo, Italien (Ober-), I, 275.
Ceprano, Italien (Römische) II, 117.
Ceraino, Ober-Italien I, 22.
Cerčan-Pisely, K. Fr. Josefb. 64.
Cercottes, Franz. Westb. 4, 24.
Cercy-la-Tour, Paris-Lyon-M. 5, 311.
Cerda, Ital. Sicil. IV, 88.
Cerfontaine, Belg. GrandCentral. 2, 112.
°Ceriale, Ober-Italien I, 144.
Cerignola, Ital. Sicil. III, 57.
Cernay s. Sennheim (Elsass).
Certaldo, Ital. Röm. II. 79.
Certosa, Italien (Ober-) I, 168.
Cervaro, Ital. Südb. III, 92 u. 121.
°Cervo, Ober-Italien I, 140a.
S. Sesario di Lecce, Ital. Südb. III, 79.
Cesena, Ital. Südb. III, 10.
Cesson, Paris-Lyon-M. 5, 9.
Cette, {Franz. Midi 6, 1. / Paris-Lyon-M. 5, 76.}
Cézy, Paris-Lyon-M. 5, 23.
Châbons, Paris-Lyon-M. 5, 254.
Chagny, Paris-Lyon-M. 5, 30.
Chailvet-Urcel, Franz. Nordb. 1, 156.
Chalais, Franz. Orléansb. 4, 74.
Chalindrey, Franz. Ostb. 2, 107.
Chalmaison P.E, Franz. Ostb. 2, 82.
Châlons sur Marne, Franz. Ostb. 2, 26.
Châlon-Ville, Paris-Lyon-M. 5. 52.
Châlons St. Come, Paris-Lyon-M. 5, 52a.
Chambvans-lès-Dôle, Paris-Lyon-M. 5, 197.
Cham, Bayer. Ostb. 64.
Cham, Schweiz. Nordostb. 2, 82.
Chamarande, Franz. Orléansb. 4, 14.
Chamas (Saint-), Paris-Lyon-M. 5, 121.
Chambéry, Paris-Lyon-M. 5, 260.
Chambésy, Schweiz. Westb. 5, 2.
Chambrelien, Schweiz.Jura Industr. 6, 3.
Champagney, Frans. Ostb. 2, 123.
Champagnole, Paris-Lyon-M. 5, 55a.
Champigny, Paris-Lyon-M. 5, 18.
Champlitte, Franz. Ostb. 2, 207.
Champs, Paris-Lyon-M. 5, 327.
Chamtocé, Franz. Orléansb. 4, 142.
Chanca, Portugal (Lissab.-Badajoz) 1, 13.
Changis, Franz. Ostb. 2, 13.
Chanionay, Franz. Orléansb. 4, 153.
Chantilly, Franz. Nordb. 1, 9.
Chantonnay, Frankr. Vendéeb. 7, 4.
Chapiraines P, Franz. Ostb. 2, 267.
Chapelle La-, -aux-Bois siehe unter La-Chapelle.
Charenton, Paris-Lyon-M. 5, 2.
Charino, Russland II 6, 3.
Charkow, {Russl. Kursk-Chark. V 30, 11. / » Elisabethgr.-Chark. VI 36, 23}

Charlerol, {Belg. Stsb. 1, 136. / » Grand Centr. 2, 71. / » Nord 4, 244. / » Société 5, 428.}
Charlerol (Ville Basse), Belg. Gr. Cent. 2, 71a.
Charleval, Frankr. Westb. 3, 16.
Charleville, Franz. Ostb. 2, 153.
Charlottenberg, Schweden Staatsb. 97.
Charlottenburg, Berliner Pferdeb.
Charlottengrube, Oberschles. 81.
Charlottenhof, Russl. III 11, 6.
Charlottenlund, Dänemark, Seel. E. 2, 63.
Charmant, Frans. Orléansb. 4, 72.
Charmes, Frans. Ostb. 2, 217.
Charmoy-Fayl-Billot, Franz. Ostb. 2, 109.
Charolles, Paris-Lyon-M. 5, 401.
Chars, Frans. Westb. 3, 273.
Chartres, Frans. Westb. 3, 109.
Charsiskaja, Russl. V 30, 27.
Chasse, Paris-Lyon-M. 5, 78.
Chasseneuil, Frans. Orléansb. 4, 55.
Chastre, Belg. Grand Luxemb. 7, 507.
Chateaubourg, Frans. Westb. 3, 141.
Châteaudun, Französ. Orléansb. 4, 99.
Château du Loire, Frans. Orléansb. 4, 115.
Château-Gaillard, Franz. Orléansb. 4, 21.
Châteaulin, Französ. Orléansb. 4, 193.
Château neuf, Paris-Lyon-M. 5, 98.
Château-Renault, Franz. Orléansb. 4, 106.
Châteauroux, Französ. Orléansb. 4, 211.
Château-Thierry, Französ. Ostb. 2, 17.
Châteauvillain, Franz. Ostb. 2, 262.
Châtelandren, Frans. Westb. 3, 154.
Châtel-Censoir, Paris-Lyon-M. 5, 341.
Châteley, Paris-Lyon-M. 5, 238.
Châtelet (Le), Frans. Ostb. 2, 144.
Châtelineau, {Belg. Stsb. 1, 139. / Belg. Grand Centr. 2, 84.}
Châtellerault, Französ. Orléansb. 4, 50.
Châtel-Nomexy, Französ. Ostb. 2, 217a.
Châtenay, Französ. Ostb. 2, 243.
Châtenois s. Kestenholz (Elsass).
Châtillon-P.-à-Binson, Franz. Ostb. 2, 21.
Châtillon s. Seine {Französ. Ostb. 2, 281. / Paris-Lyon-M. 5, 12a.}
Châtillon, Frankr. Westb. 3 n 4.
Chaton, Franz. Westb. 3, 192.
Chaudfontaine, Belg. Stsb. 1, 23.
Chaulnes, Französ. Nordb. 1, 131.
Chaumont, Französ. Ostb. 2, 103.
Chaumont-en-Vexin, Frans. Westb. 3, 275.
Chauny, Französ. Nordb. 1, 19.
Chaussin, Paris-Lyon-M. 5, 327.
Chauvency, Französ. Ostb. 2, 171.
Chaux de Fonds, Schweiz. Jura Ind. 6, 7.
Chaville, Franz. Westb. 3, 98.
Chavornay-Orbe, Schweiz. Westb. 5, 33.
Chef-du-Pont, Frans. Westb. 3, 75.
Chelles, Französ. Ostb. 2, 8.
Chelmek P, Kais. Ferd. Nordb. 36.
Chemilly, Paris-Lyon-M. 5, 334.
Chemnitz, Sächs. Stsb. 64 (B.-I.)
*Chemnitz*, Sächs. Stsb. 146.
(Nicolaivorstadt.)
Chênée, Belg. Stsb. 1, 22.
Chénens, Schweizer. Westb. 5. 39.
Cheratte, Belg. Lüttich-Mastr. 3, 124.
Cherbourg, Französ. Westb. 4, 81.
Cheron (Saint-), Frans. Orléansb. 4, 89.
Cherrala, Russl. III, 10, 25.
Chevillon, Französ. Ostb. 2, 197.
Chevilly, Frans. Orléansb. 4, 23.
Chèvremont, Geisenberg-, Elsass-L. 106a.
Chexbres, Schweizer. Westb. 4, 32.
Chiavari, Italien (Ober-) 1, 113.
Chibi, siehe Chybi.
Chidrian (San), Spanien (Nord) 1, 11.
Chiaravalle, Ital. Röm. II, 95.
Chienti, Ital. Südb. III, 49.
Chièvres-Attres, Belg. Stsb. 1, 118.
Chignolo, Italien (Ober-) I, 447.
Chikie, Russl. III 10, 29.
Chimay, Belgien Chimayb. 8, 621.
Chimky, Grosse Russische (Nicolai) II, 96.
Chinchilla, Span. Madrid-Alicante 12, 97.
Chiomonte, Ober-Italien 1, 224a.
Chirlitz-Turas, Kais. Ferd. Nordb. 70
Chiusi, Ital. Röm. II, 89.
Chivasso, Italien (Ober-) I, 343.
(*Chlebowiče-wielkie, Bóbrka*), Lembg.-Czernowitz-Jassy. 4.
Chlumec, Kais. Fr. Josefb. 51.
Chlumetz, Oestr. Nordwestb. 55.

Chobolowo, Russl. Rjäsan-Koslow V 19, 10.
Chocques, Französ. Nordb. 1, 99.
Chodau, Buschtěhrader 42.
Chodorów, Lemb.-Czern.-Jassy 7.
Choisy-le-roi, Frans. Orléansb. 4, 3.
Cholet, Französ. Orléansb. 4, 155.
Chomntowo, Russl. V 25, 12.
Chorin, Berlin-Stettiner 5.
Corosnica, Galiz. C.-Ludwb. 24a.
Chorzow, Rechte Oderuferb. 27.
Chotěbor, Oestr. Nordwestb. 45.
Chotkowo, Russl. Mosk.-Jaroslaw, V 17, 2a.
Chotylow, Russl. Warsch.-Terespol I 3, 47.
Choiynez, Russl. Oral-Witebsk IV, 49.
Chotzen, Oestr. (nördl.) Stsb. 33.
Chouzy, Franz. Orléansb. 4, 34.
Chrast, Böhm. Westb. 9.
Chrast, Oesterr. Nordwestb. 49.
Christiania, Norwegen 200 u. 252.
Christianstadt, Schwed. Herrij-Uddev. 119.
Christineberg, Schweden Eslöf-Ystad 144.
Christinehamn, {Schwedische Stsb. 83. / Schweden 12, 170.}
Chronstau, Rechte Oderuferb. 39.
Chropin, Kais. Ferd. Nordb. 81.
Chrudim, Oestr. Nordwestb. 51.
Chrutschewo, Russl. Rjäsan-Koslow V 19, 4.
Chrzanów P, Kais. Ferd. Nordb. 37.
Chur, Verein. Schweizb. 3, 33.
Chuwinge, Russl. III 10, 31.
°Chwalkowo, Oberschlesische 143.
Chybi, Kais. Ferd. Nordb. 32.
Chyrow, Ungar.-Galiz. 4.
Ciampino, Italien (Römische) II, 104.
Cibulka, Buschtěhrader 58.
Ciechocinek, Russl. Warschau-Bromberg 33.
CieszkowičeP, Kais. Ferd. Nrdb. 65.
Cieza, Span. (Albacete-Carthag.) 12, 109.
Ciliblin, Türkei Rum. E. 2, 9.
Cilli, Oesterr. Südb. 64.
Ciney, Belgien (Grand-Luxemb.) 7, 515.
Cinq-Mars, Franz. Orléansb. 4, 124.
Cirès-lès-Mello, Franz. Nordb. 1, 49.
Cirey, Elsass-Lothr. 2.
Ciriè, Italien (Ober-) I, 504.
Cisano, Italien (Ober-) I, 424.
Ciudad-Real, Span. {Madr.-Ciud.R. 12, 96. / Ciud.-Badaj. 13, 113.}
Civita Lavinia, Ital. Röm. II, 107.
Civitavecchia, Italien (Römische) II, 81.
Civray, Franz. Orléansb. 4, 63.
Clairef Elival-, Franz. Ostb. 2, 235.
Clairvaux, Französ. Ostb. 2, 100.
Clamart, Franz. Westb. 3, 101.
Clamecy, Paris-Lyon-M. 5, 343.
Clan, Franz. Orléansb. 4, 34.
Clarelven, Schweden 13, 171.
Clarens, Schweizer. Westb. 5, 22.
°Clausthal, Magdeb.-Halberst. 84.
Clement (St.), Französ. Ostb. 2, 231.
St. Clemente, Ital. Südb. III, 133.
Clères, {Französ. Nordb. 1, 202. / Französ. Westb. 3, 47.}
Clérey, Französ. Ostb. 2, 251.
Clermont, Französ. Nordb. 1, 67.
Clermont en Argonne, Franz. Ostb. 2, 296.
Clermont-Ferrand, Paris-Lyon-M. 5, 289.
Clermont l'Hérault, Frans. Midi 6, 2b.
Clermont-s.Loire, Franz. Orléansb. 4, 148.
Clerval, Paris-Lyon-M. 5, 184.
Clervaux, Luxembürg-Wilhelmsb. 28.
Cleve, Rhein. (B.-Insp.) 75.
Clichy-Lev, Franz. Westb. 3, 92.
Clinchamps, Franz. Westb. 3, 249.
Clisson, Französ. Orléansb. 4, 163.
Cloud (St.), Frans. Westb. 3, 96.
Cloyes, Frans. Orléansb. 4, 100.
Cluny, Paris-Lyon-M. 5, 400.
Cluysen-Terdonne, Belgien Société 5, 323.
Coblenz, Rheinische 52. (B. Insp.)
Coblenz (Kobl.), Schweiz. Nordostb. 2, 58.
Coburg, Werrabahn 54.
Coccaglio, Italien (Ober-), I, 371.
Cocheren, Elsass-Lothr. 44.
Codogno, Italien (Ober-) I, 433.
Codola, Ital. Röm. II, 141.
Codroipo, Italien (Ober-) I, 6.

(*Cölbe*), Main-Weserb. 10a.
Cöln, Köln-Mindener E. 1.
Cöln, Central-Pers.-Bahnh. } Rhein. E. 11.
» Gereon } Güter-Stationen } Rhein. E. 11.
» Pantaleon
» Rheinstation
» Nippes
» Central-Werkstatt

In den Frachtbriefen über Güter in ganzen Wagenladungen für Cöln ist die genauere Bezeichnung der Station erforderlich.

Cönnern, Magdeb-Halberst. 74.
Cöpenik, Niederschl.-Märk. 3.
Cörlin, Berlin-Stettin 41.
Cöslin, Berlin-Stettin 24.
Cöthen, {Berlin-Anhalt 33. / Magdebg.-Leipzig 7. / Magdbg.-Halberst. 34.}
Cognac, Französ. Charentesb. 8, 2.
Cognelée, Belgien Staatsb. 1, 266.
Cogoletto, Italien I, 128.
Coimbra, Portugal 8.
Coligny, Paris-Lyon-M. 5, 222.
Colberg, Berlin-Stettin 44.
Collegno, Italien I, 215.
Colle-Salvetti, Ital. Röm. II, 14.
Colligny, Frankr. Ostb. 2, 324.
Collioure, Französ. Midi 6, 31.
Collonges, Paris-Lyon-M. 5, 199 u. 219.
Collonges-Fontaines, Paris-Lyon-M. 5, 71.
Colmar, Elsass-Lothr. 86.
Colmar-Berg, Luxemb. Wilhb. 22.
Colmnitz, s. Klingenberg.
Colombe (Ste.), Französ. Ostb. 2. 260.
Colombes, Frans. Westb. 3, 2.
Colombier, Frans. Ostb. 2, 118.
Colombier, Schweiz. Westb. 5, 63.
Colombier-Fontaines, Paris-Lyon-M. 5, 182.
Comana, Türkei, 3, 4.
Combe (Grande), Paris-Lyon-M. 5, 103.
Comblain-au-Pont, Belg. 7, 541.
» la-Tour, Belg. (Gr. Luxemb.) 7, 540.
Combourg, Frans. Westb. 3, 174.
Combs-la-Ville, Paris-Lyon-M. 5, 7.
Comines, Belg. (Société) 5, 296.
Commentry, Frans. Orléansb. 4, 243.
Commer, Frans. Westb. 3, 169.
Commercy, Franz. Ostb. 2, 40.
Como, s. Camerlata, Ober-Italien I, 25.
Compiègne, Frans. Nordb. 1, 13.
Compiobbi, Ital. Röm. II, 42.
Concelin, Paris-Lyon-M. 5, 259.
Conches, Frans. Westb. 3, 58.
Concise, Schwz. Westb. 5, 58.
Condé, Frans. Westb. 3, 115.
Condé-sur-Risle, Frankr. Westb. 3 m 9.
Condé sur Noireau, Frans. Westb. 3, 259.
Condove, Ober-Italien I, 230.
Conegliano, Italien, Ober-, I, 11.
Confaron, Paris-Lyon-M. 5, 149.
Conflans, Frans. Ostb. 2, 224.
Conflans, Frans. Westb. 3, 5.
Conlie, Franz. Westb. 3, 127.
Connerré, Frans. Westb. 3, 120.
Cons-la-Granville, Frans. Ostb. 2, 182.
Constantinopel, Türkei 6, 1.
Constanz, Bad. Stsb. 87. (E.-A.)
Contich, {Schw. Nordostb. 2, 72. / Belg. Stsb. 1, 37.}
°Contursi, Italien, Südb. IIIf.
Convers, Schweiz Jura Industr. 6, 6.
Conversion, Schweiz. Westb. 5, 30.
Conz, Saarbrücker E. 21.
°Coppenbrügge, Hannov.-Altenb. 27
Coppet, Schweiz. Westb. 5, 5.
Corbeek-Loo, Belg. Stsb. 1, 7a.
Corbehen, Französ. Nordb. 1. 119a.
Corbeil, Paris-Lyon-M. 5, 319.
Corbetha, Thüringische E. 16.
Corbie, Frans. Nordb. 1, 89.
Corcelles, Schweiz. Jura-Industr. 6, 2.
Cordel, Rheinische E. 35.
Cordemais, Frans. Orléansb. 4, 157.
Cordova, Span. {Madrid-Cordova 12, 108. / Cordov.-Sevilla 14, 124. / Cordov.-Malaga 16, 136.}
Corese, Italien Römische, II, 24.
Corgoloin, Paris Lyon-M. 5, 47.
Corigliano, {Ital. Südb. III, 43. / » Calabr. IV, 13.}
Cormons, {Oesterr. Südb. 207. / Ober-Italien I, 1.}
Cornaux, Schweizer. Westb. 5, 67.
Corneto, Ital. Röm. II, 30.
Corneville St. Paul Frankr. Westb. 3 m 2.
Cornigliano, Italien, Ober-, I, 122.
Corphalie, Belgien Nord. 4, 216,
Corschenbroich, Berg.-Märk. 14.
Corsico, Ober-Italien 1, 240c.
Cortemarck, Belgien Société 5, 280.
Cortenberg, Belg. Stsb. 1, 5.
Cortenbosch, Belg. Grand Central. 2, 15.
Corteolona, Italien, Ober-, I, 449.
Corticella, Italien, Ober-, I, 65.
Cortona, Ital. Röm. II, 56.
Cosel, Oberschlesische 13.
°Cossen, Sächs. Staatsb. 108.
Cossonay, {Schweiz. Westb. 5, 51. / » Jougneb. 7, 1.}
Costigliole, Ober-Italien I, 257.
Coswig i. Pr., Berlin-Anhalt 27.
Coswig i. Sachs., Lpzg.-Dresd. 16.
Coteau (Le), Paris-Lyon-M. 5, 83.
Cottbus, {Berlin-Görlitz 9. / Cottbus-Grossenh. 1. / Cottbs.-Schwielochs. 1. / Halle-Sor.-Gub. 16.}
Cottens, Schweiz. Westb. 5, 40.
Coucy-les-Eppes, Franz. Ostb, 2, 140.
Couëron, Frans. Orléansb. 4, 155.
Couillet, Belg. Stsb. 1, 137.
Coulanges-sur-Y, Paris-Lyon-M. 5, 342.
Couliboef, Frans. Westb. 4, 217.
Coulommières, Frans. Ostb. 2, 244.
Couperly, Franz. Ostb. 2, 289.
Courban, Franz. Ostb. 2, 265.
Courbevoie, Frans. Westb. 3, 93a.
Courcelles, Elsass-Lothr. 56.
°Courcelles (Gosselies), Belg. Stsb. 1, 133.
Cours-Verac, Frans. Orléansb. 4, 61.
(*Courl*), Köln-Minden 19.
Courtenot-Lenclos, Frans. Ostb. 2, 234.
Courtheson, Paris-Lyon-M. 5, 107.
Court St. Étienne {Belg. Staatsb. 1, 319. / » Grand Centr. 2, 61.}
Courtrai, {Belg. Stsb. 1, 92. / » Société 5, 266.}
Courville, Franz. Westb. 3, 111.
Cousance, Paris-Lyon-M. 5, 219.
Coutras, {Franz. Orléansb. 4, 77. / °Franz. Charentesb. 8, 7.}
Couvet, Schweiz. Westb. 5, 72.
Couville, Frans. Westb. 3, 79.
Couvin, Belgien Grand Centr. 2, 114.
Couzon, Paris-Lyon-M. 5, 70.
Crailsheim, Wtbg. Stsb. 83. (Insp.)
Cramoisy, Französ. Nordb. 1, 49.
Cranenburg, Rheinische 78.
Cranzahl, Sächs. Staatsb. 79.
Crati, Italien (Calabrien) IV, 4.
Cravant, Paris-Lyon-M. 5, 339.
Crêches, Paris-Lyon-M. 5, 60.
Crécy-Mortiers, Frans. Nordb. 1, 157a.
Crefeld, {Berg.-Märkische 22. (Aach.-Düss.-Ruhrort.) / Rhein. GG. (B.-Insp.) / Crefeld-Kr. Kemp. 5}
Creil, Franz. Nordb. 1, 10.
Crema, Italien, Ober-, I, 454.
Cremona, Italien, Ober-, I, 440.
Crempe, Glückst.-Elmshorn 5.
(Cremperheide), Glückst.-Elmsh. 6.
°Crensitz, Halle-Sorau-Guben 4.
(Crépy Couvron), Frans. Nordb. 1, 56.
(Crepy-en-Valois), {Frans. Nordb. 1 v'. / Frans. Nordb. 1, 147.}
Cressier, Schweiz. Westb. 5, 68.
Creuznach, s. K. Rhein-Naheb. 22.
Creuznach (Bad) nur während des Sommers und nur für Personenverkehr.
Creusot, Paris-Lyon-M. 5, 309.
Creuzthal, Berg.-Märkische 79.
Creveney-Saulx, Franz. Ostb. 2, 119.
Crimmitschau, Sächs. Stsb. 90. (B.-Insp.)
Crisot, Frans. Nordb. 1, 200.
Crivina, Türkei, Rum. E. 2, 3.
Cronfestu, Belgien Staatsb. 2, 295.
Crossen, Märk.-Posener 18.
Crossen, Thüringische 29.
Crottorf, Magdb.-Halberst. 7.
Crouy, Frans. Nordb. 1, 152.
Croy, Schweiz. Jougneb. 7, 4.
Croyere la, Belg. Stsb. 1, 146.
(Cruchten), Luxemb. Wilhb. 21.
Cruz (Santa), Spanien (Madr.-Alic.) 12, 104.
Csaba, {Alföldb. 7. / Theissb. 33.}
Csaba-Keresztúr, Ungar. Stsb. 4.
Csácza, Kaschau-Oderberg 8.
°Csakany, Ungar. Westb. 16.
Csakaturn, Oesterr. Südb. 115. Pragerhof-Ofen.
Csány, Theissb. 27.
Csap, Ungar. Nordostb. 29.
Csapó-Radnóth, Ungar. Ostb. 36.
Cséffa, Alföldb. 3.
Csikvár, Oesterr. Südb. 127.
Csorvás, Alföldb. 8.
Csucsa, Ungar. Ostb. 6.
°Csurgó, Báttaszék-Dombovár-Záhány E. 13.
Cuba, Portugal, Süd-, 2, 26.
Cucciago, Italien, Ober-, I, 416.
*Cuculeni* P, Lemberg-Czern. J. 38.
Cuers, Paris-Lyon-M. 5, 220.
Cuesmes, Belgien, Nord 4, 201.
Cuesmes-Trieu, Belg. Staatsb. 1, 309.
Cüstrin, Preuss. Ostb. 8.
Cuinchy, Frankreich 1 y', 9.
Cuiseaux, Paris-Lyon-M. 5, 220.
Cully, Schweiz. Westb. 5, 17.
Culmbach, Bayer. Stsb. 66.
Culoz, Paris-Lyon-M. 5, 250.
Cuneo, Italien, Ober-, I, 276.
Cunnersdorf P Sächs. Stsb. 34. (Neu-),
*Cunnersdorf*, Sächs. Stsb. 35. (Ober-) (Löbau-Zittau.)
Cupra Marittima, Ital. Südb. III, 31.
Cusel, Pfälz. Nordb. 64.
Cyr (St.) Franz. Westb. 3, 101.
Cyr (Saint), Paris-Lyon-M. 5, 136.
Czácza, Kaschau-Oderb. 7.
Czakathurn, Oesterr. Südb. 115.
*Czány*, Theissb. 27.
Czarna, Galiz. C. Ludw.-B. 11.
Czaslau, Oesterr. Nordwestb. 32.
Czegléd, {Oestr. südö. Stsb. 144. / Theissbahn 1.}
Czekay siehe Ropczyce.
Czempin, Oberschles. E. 46. (Breslau-Posen-Glogau.)
Czenstochau, Warschau-Wien 16.
Czerepkoutz-Sereth Lemb.-Czernow. 25.
Czernitz, Oberschlesische 82. (Wilhelmsb.)
Czernowitz, Lemb.-Czern. 22.
" *Volksgarten* P, Lemb.-Czer. 22a
Czerwinsk, Preuss. Ostb. 32.
(Czerwionka), Oberschlesische 86. (Wilhelmsb.)
Cziffer, Pressb.-Tyrnau 10.
(Czirpitz), Preuss. Ostb. 66.

## D.

Dabrowa, Kais. Ferd. Nordb. 67.
Dąbrowa, sprich u. siehe Dombrowa (Warschau Wien.)
Dachau, Bayer. Stsb. 236.
Dachrieden, Thüringische 40.
Dachsen, Schwz. Nordostb. 2, 22.
Dachstein, Elsass-Lothr. 135.
Dänikon, Schweiz. Centralb. 1, 11.
Dagmersellen, Schweiz Centralb. 1, 17.
°Dahl, Berg.-Märk. 157.

Dahl, Norwegen 209.

Dahlen, Leipzig-Dresden 8.

Dahmsdorf-Müncheborg, Preuss. Ostb. 4.

*Dahlhausen*, Bergisch-Märk. 107.

Daknam, Belg. Société 5, 329a.

Dalfsen H, Niederl. Stsb. 2, 37a.

Dálja, Alföldbahn 25.

(Dallau), Bad. Stsb.104.(Billetb.)

Dambrau, Oberschlesische 8.

Damery-Boursault, Französ. Ostb. 2, 22.

Damiano (St.) Italien, Ober-, I, 207.

Damm, Alt- Berlin-Stettin 12.

Dammartin, Französ. Nordb. 1, 143.

Dammerkirch, Elsass-Lothr. 105.

Dammthor (Hamb.), Berl.Hamb.29

Damnitz, Berlin-Stettin 30.

Dangaard, Dänemark, Jütl. 22.

Dangé, Franz. Orléansb. 4, 48.

Dannemarie, Paris-Lyon-M. 5, 190.

Dannemarie = Dammerkirch Elsass-L.105.

Dannstedt, Magdb.-Halberst. 42. (Heudeber-Dannstedt).

Danzig, {Berlin-Stettin 40. / Preuss. Ostb. 74.}

Daoulas, Franz. Orléansb. 4, 196.

Darány, Fünfkirchen-Barcs 5.

Darbo, Norwegen 247.

Darcey, Paris-Lyon-M. 5, 37.

Darching, Bayer. Stsb. 184.

Dárda, Alföldbahn. 28.

Darkau, Kaschau-Oderb. 4.

Darmstadt, {Hess. Ludwigb. 24. / Main-Neckarb. 5.}

Darnétal, Französ. Nordb. 1, 198.

Dašic, Oestr. Staatsb. 37.

Dassnitz, Buschtěhrader 46.

(Dauenhof), Altona-Kiel 7.

Dave, Belg. (Nord) 4, 236.

Davidstadt, Russl. III 10, 18.

Dawidowka, Russl. V 28, 5.

Dax, Franz. Midi 6, 16.

Debe Wielkie, Russland I 3, 39.

Debica siehe Dembica.

Debreczin, {Theissb. 11. / Ungar. Nordostb. 1}

Decazeville, Französ. Orléansb. 4, 234.

v. Dechen (Grube), Saarbrücker E. 46.

Decimomannu, Ital. Sard. IV, 134.

Dedemsvaart, Niederl.Stsb. 2, 42.

Degerfors, Schweden, Staatsb. 1, 81.

Deggendorf, Degg.-Plattling 1.

Degow, Berlin-Stettin 43.

Deidesheim- (Ruppertsberg,) Pfälzische E. 52. (Neustadt-Dürkheim.)

°Deining, Bayer. Ostb. 95.

Deinum H, Niederl. Stsb. 2, 4.

Deisenhofen, Bayer. Stsb. 259.

Deisslingen, Württbg. Stsb. 159.

°Deiva, Ober-Italien I, 109a.

Delden, Niederl. Staatsb. 2, 26.

Delft, Niederl. (Holländ.) 5 3.

Delitzsch, {Berl.-Anhalt 38. / °Halle-Guben 3.}

Dellach, Oesterr. Südb. 184.

Dellbrück, Berg.-Märk. 98.

Delle, Paris-Lyon-M. 5, 180.

Delmenhorst, Oldenb. Stsb. 4.

°Delnice, Ungar. Stsb. 75.

°Delstern, Berg.-Märk. 156.

Dembica, Galiz. Carl-L.-B. 12.

(Demitz), Sächs. Stsb. 20.

Demker, Magdeb.-Halberst. 21.

Denain, Frankreich 1z, 4.

Denderleeuw, {Belg. Stsb. 1, 47. / Belgien Société 5, 316.}

Denis (St.), Französ. Nordb. 1, 2.

Denis (St.), Franz. Orléansb. 4, 78.

Denis (St.) Bovesse, Belg. Gr. Luxb. 7, 509.

Denis (St.) Westrem, Belg. Stsb. 1, 84a.

Densborn, Rheinische E. 31b.

(Denzlingen), Bad.Stsb.38.Bill.-B.

Deratin, Russl. VI 33, 27.

Deraschenja, Russ. Südwestb. VI, 100.

(Derendingen), Schwz. Centralb. 1, 51.

Dergatschy, Russl. V 30, 10.

°Derneburg, Hannov.-Altenb. 33.

Dernje, Ungar. Staatsb. 57.

Deschâssis, Belg. Grand Centr. 2, 79.

Desenzano, Italien, Ober, I, 377.

Desio, Italien, Ober-, I, 419.

Dessau, Berlin-Anhalt 30.

Detta, Oestr. (südöstl.) Stsb. 166.

Dettelbach, Bayer. Stsb. 177.

Dettingen, Frankfurt-Hanau 8.

*Dettingen* P, Württemb. Stsb. 172a.

(Dettum), Braunschw. E. 23.

Dettwiller, Elsass-Lothr. 14.

(Deuben), Sächs. Stsb. 50.

*Deuben* P, Thüringische E. 25.

Deurle, Belg. Stsb. 1, 86.

Deurne, Niederl. Stsb. 2, 64.

Deutsch-Boly-Bácz-Töttös, Mohacs-Fünfkirchen 2.

Deutschbrod, Oestr. Nordwestb. 28.

Deutsch-Pretzier, Magdeburg-Halberst. 70.

(Deutschenbora), Lpzg.-Dresd. 31.

Deutsch-Lissa, Ndrschl.-Märk. 38.

Deutz, {Berg.-Märk. 96a. / Köln-Mindener 2.}

Deutzerfeld, Köln-Mindener 42.

Déva, Siebenbürger E. 11.

Devant-les-Ponts, Elsass-Lothr. 56.

°Devecser, Ungar. Westb. 39.

Deventer, Niederl. Stsb. 2, 37.

Deville, Französ. Ostb. 2. 157.

Deycimont, Franz. Ostb. 2, 307.

Deynze, {Belg. Stsb. 1, 87. / " Société 5, 277.}

Djakonowo, Russl. Kursk-Kiew VI 35, 2.

°Diano marina, Ober-Italien I, 140.

Dickursby, Russl. (Hels. Tavasteh) III, 12.

Dié (Saint), Franz. Ostb. 2, 237.

Dieburg, Hess. Ludwigsb. 26.

Diedenhofen, Elsass-Lothr. 60.

*Diedorf* P, Bayer. Stsb. 115.

Dieghem, Belg. Stsb. 1, 3.

*Diehlau* P, Kais. Ferd. Nordb. 59.

Diekirch, Luxembgr. Wilhb. 24.

Dielkirchen, Pfälz. Alsenzb. 71.

Dielsdorf, Schwz. Nordostb. 2, 43.

*Diemendorf* P, Bayer. Stsb. 190.

Diepenbeek, {Aach.-Mastr. 12. / Niederl. Stsb. 2, 110.}

Diepenveen, Niederl. Stsb. 2, 37a.

°Diepholz, Köln-Minden 74.

Dieppe, Franz. Westb. 3, 52.

Dieren, Niederl. Stsb. 2, 19.

Diest, Belgien Gr. Cent. 2, 22.

Dietendorf (Neu-), Thüringische 7.

Dietfurt, Verein. Schweizerb. 3, 64.

Dietikon, Schwz. Nordostb. 2. 22.

Dietlikon, Schwz. Nordostb. 2, 16.

Dietmannsried, Bayer. Stsb. 215.

Dieulouard, Franz. Ostb. 2, 128.

Dieuze, Elsass-Lothr. 25.

Diez, Nassauische Stsb. 29.

Digoin, Paris-Lyon-M. 5, 316.

Dijon, Paris-Lyon-M. 5, 43.

Dikkursby, Russl. III 10, 34.

Dilbeck, Belg. Stsb. 1, 44.

Dillenburg, Köln-Minden 56. Deutz-Giessen.

Dillingen, Saarbrücker E. 14.

Dinant, Belg. Nordb. 4, 240.

Dingelstädt, (Silberhausen-) Thüringische 41.

Dinglingen, Bad. Stsb. 31. (P.-u. E.-Exped.)

Dinkelscherben, Bayer. Stsb. 112.

Dinozé, Franz. Ostb. 2, 226.

Dinslaken, Köln-Minden 37.

Dinyés, Oestr. Südb. 129.

Diószeg, Oestr. südöstl. Stsb. 117.

Dirinon, Franz. Orléansb. 4, 197.

Dirschau, Preuss. Ostb. 34.

Dissais-sur-Vienne, Franz. Orléansb. 4, 53

Dissay-s-Courcillon, Frz. Orléansb. 4, 114.

*Distelhausen* P, Bad. Stsb. 135. (Billet-Bureau.)

Ditfurth, Magdeb.-Halberst. 11.

Dittersbach, Niederschl.-Märk. 56. (Schles. Gebirgsb.)

°Dittersdorf, Mähr.-Schl. Centralb. 7

Ditzingen, Württemb. Stsb. 197.

Divacca, Oesterr. Südb. 84.

Divenskaja, Russl. Petersb.-Warschau 6.

Diwowo, Moskau-Rjäsan V 18, 12.

Dixmude, Belg. Société 5, 284.

Dizier, (Saint-), Franz. Ostb. 2, 195.

Dmitriewka, Russl. V 22, 2.

Dobrawitz, Oest. Nordwestb. 40.

Dobřichowitz, Böhm. Westb. 19.

Dobrilugk, Halle-Sorau-Guben 11.

Dobrinka, Russl. Grjäsy-Borisogl. V, 26, 2.

Dobromil, Ungar.-Galiz. E. 3.

Docelles-Cheniménil, Franz. Ostb. 2, 306.

Dodendorf, Magdeb.-Halberst. 2.

Döbeln, {Leipzig-Dresden 28. / Sächs. Stsb. 155. (B.-Insp.)}

Dölitz, Oberschlesische 58. (Stargard-Posen.)

(Döllens-Radung), Preuss. Ostb. 11.

Dölsach, Oesterr. Südb. 187.

Dönhofstädt, Preuss. Ostb. 92.

Dörnigheim P, siehe Hochstadt, Frankfurt-Hanau. 3.

Dörverden, Hannover. Stsb. 29.

Döttingen, Schwz. Nordostb. 2, 59.

*Dogern*, P Bad. Stsb. (Billetb.) 67.

Doische, Belgien {Gr. Centr. 2, 90. / Chimayb. 8, 612.}

Dol de Bretage, Franz. Westb. 3, 176.

Dôle, Paris-Lyon-M. 5, 196.

Dolhain, Belg. Stsb. 1, 29.

(Dolhaska), Lemb.-Czern.-Jassy 32.

Dollbergen, Magdeb.-Halberst. 63.

Dollendorf (Nieder-), Rhein. 106a.

Dollnstein, Bayer. Stsb. 247.

Dolo, Italien, Ober-, I, 45.

Dombasle, Franz. Ostb. 2, 298.

Domblans, Paris-Lyon-M. 5, 213.

°Dombovár, Báttaszék-Domb.-Zákány E. 6.

Dombrau, Kaschau-Oderberg 2.

Dombrowa (Dąbrowa), Warschau-Wiener I, 23.

Dombrowka, Märk.-Posener 13.

Domegliara, Italien, Ober-, I, 23.

Domfront, Franz. Westb. 3, 126.

°Domina, Buschtěhrader 26.

Dommeldange, Luxemb.-Wilhelmsb 16.

Dompierre, Frankr. (Vitré-Fougères) 3 n 6.

Dompierre, Franz. Nordb. 1, 161a.

Dompierre-Septfons, Paris-Lyon-M. 5. 317.

Don, Russl. Grjäsy-Jelets V 26, 12.

Don, Russl. Wolga-Don, V 27, 6.

Don, Frankreich Nord 1 y, 5.

S. Donato, Ital. Südb. III, 80.

Donaueschingen, Bad. Stsb. 185. (P. u. E.-Amt.)

Donauwörth, P.B.V. Bayer. Stsb. 31.

Donawitz, Leoben-Vordernb. 2.

Don Benito, Spanien 13, 120.

Donchery, Franz. Ostb. 2, 163.

Donetz, Russl. V 30, 36.

Donges, Franz.-Orléansb. 4, 139.

Donjeux, Französ. Ostb. 2, 199.

Donnino, (S.) Ital. Röm. II, 2.

Donzère, Paris-Lyon-M. 5, 99.

Dorat (le), Franz. Orléansb. 4, 81.

Dordrecht, {Niederl. Stsb. 2, 77. / Belg.GrandCentr.2,42.
Dorfen, Bayer. Stsb. 272.
Dorlisheim, Elsass-Lothr. 138.
Dormagen, Rheinische 63.
Dormans, Französ. Ostb. 2, 20.
Dornach, Elsass.Lothr. 94.
Dornap, Berg.-Märkische 60.
°Dornbirn, Vorarlberger E. 5.
Dornegg, Oesterr. Südb. 89b.
(Dornreichenbach), Lpzg.-Dresd.7.
*Dorosma* P, Oesterr. Stsb. 152.
°Dorsten, Köln-Minden 67.
Dortelweil, Main-Weserb. 21.
Dortmund, {Berg.-Märkische 54. / Köln-Minden 18.
Dortmunderfeld, Berg.-Märk. 53.
Dossobuono, Italien, Ober-, I, 28.
Douai, Franz. Nordb. 1, 119.
Doussane, Schwz. Westb. 5, 69a.
Dourdan, Französ. Orléansb. 4, 90.
Douznoux, Französ. Ostb. 2, 219.
Doury, Französ. Ostb. 2, 166.
Drägy, Russl. Koslow-Woronesch V 24,5.
Draguignan, Paris-Lyon-M. 5, 37a.
°Drakenstedt, Berl.-Potsd.-M. 22.
Drammen, Norwegen 234 u. 260.
Dransfeld, Hannov. Stsb. 85.
*Dratzig* P, Oberschlesische 53. (Stargard-Posen.)
Drauberg, (Ober-)Oest. Südb. 185.
Drauburg(Unter-),Oestr.Südb.161. Kärnthnerbahn.
Drebkau, Cottbus-Grossenh. 2.
Dreffiac, Franz. Orléansb. 4, 178.
Drensteinfurt, Westfälische 17.
Dresden, {Leipzig-Dresd. 20. / Sächs. Stsb. 1 a-c / u. 14. (Bahn-Insp.)
Dreux, Französ. Westb. 3, 53.
Dribergen, s. Zeist Niederl. Rheinb.
Driburg, Westfälische 39.
(Driebitz), Oberschlesische 42.
Driesen, Preuss. Ostb. 18.
Drissa, Russl. Dünab.-Witebsk IV, 23.
*Drösing* P, Kais. Ferd. Nordb. 8.
Dromersheim, Hess. Ludwigsb. 52.
Dronrijp, Niederl. Stsb. 2, 3.
Druschkowka, Russl. V. 30, 23.
Drusweiler, Pfälz. Maxb. 48.
Dubna, Russl. Petersb.-Warschau I, 21.
Dubrowka, Russl. Witebsk-Orel IV, 42.
Duby ×, Buschtěrader 52.
Ducherow, Berlin-Stettin 54. (Vorpommersche Bahn.)
Duchowskaja, Russl. V 31, 19.
Dudweiler, Saarbrücker E. 4.
Dudweiler (Grube) Saarbr. E. 53.
Dudzeele, Belg. (Société) 5, 288.
Dübendorf, Verein. Schwzb. 3, 54.
Dülken, Berg.-Märkische 26.
Dülmen, Köln-Minden 69.
Dünaburg, Russland. {Petersb.-Warsch. II. 26. / Riga-Dünaburg IV, 18. / Dünab.-Witebsk. IV, 19.
°Düngen, Hannov.-Altenb. 32.
Dünkirchen, (Dunkerque) {Belg. Société 5, 289. / Französ. Nordb. 1, 116.
Düppigheim. Elsass-Lothr. 133.
Düren, {Bergisch-Märk. 149. / Rhein. 8. (B.-Insp.)
(Düringshof), Preuss. Ostb. 12.
Dürkheim, Pfälz. E. 54. (Neustadt-Dürkheim.)
Dürnkrut, Kais. Ferd. Nordb. 7.
Dürrenberg, Thüringische E. 19.
*Dürrenzimmern* P, Bayer. Stsb. 35
Düsseldorf, {Berg.-Märkische 18. / Köln-Minden 7.
Düsseldorf, (Obercassel) Berg.-Mark. 17. (Aachen-Düsseldorf.)
Düttlenheim, Elsass.-Lothr. 134.
Duffel, Belg. Stsb. 1, 36.
°Dugaresa, Ungar. Stsb. 67. (Carlstadt-Fiume.)
Dugenta, Italien Südb. III, 111.
Dugoselo, Ungar. Stsb. 63.
Duisburg, {Berg.-Märk. 106. / Köln-Minden 10. / Rheinische E. 95.
Duisburger Hafen, Köln-Mdn. 10a.
Duiven, Niederl. Rheinb. 1, 16.
Dukschti, Russl. (Grosse B.) 29.
Dunakesz, Oest.südöstl. Stsb. 135.
Dunkerque, {Französ. Nordb. 1, 116.
Dünkirchen {Belg. Société 5, 289.
Durlach, Bad. Stsb. 13 (P. u. E. E.)
Durlesbach, Württemb. Stsb. 47.
Dusslingen, Württbg. Stsb. 155.
Dutzendteich, Bayer. Ostb. 90.
Dux, {Aussig-Teplitz 9. / Dux-Bodenbach 11.
Dylta, Schweden 101.
Dyniče, Oesterr. Südb. 129.
Dzieditz, {Kais. Ferd. Nrdb. 33. / Rchte. Oderuferb. 37
(Dzieschowitz), Oberschlesische 12.

## E.

Ebange Elsass-Lothr. 59.
Ebblinghem, Französ. Nordb. 1, 105.
Ebelsbach, Bayer. Stsb. 78.
Ebenfurt, Wr.-Neust.-Gr.-Neus. 3.
Ebenhausen, Bayer. Stsb. 284.
Ebensfeld, Bayer. Stsb. 59.
Ebernburg, Pfälz. Alsenzb. 77.
Ebersbach, Württemb. Stsb. 24.
Ebersdorf, Böhm. Nordb. 23.
Ebersdorf, Werrabahn 56.
Ebersheim, Elsass-Lothr. 80.
Eberstadt, Main-Neckarb. 6.
Eberstein, Kronpr. Rudolfb. 48.
Eberswalde(Neust.-), Berl. Stettin 4.
Ebikon, Schwz. Nordostb. 2, 55.
Ebnat(Kappel-), Verein. Schweizerb. 3. 67.
Eboli, Italien, Südb. III, 140.
Ecaussines, {Belg. Stsb. 1, 126. / » Société 5, 416.
Echem, Hannover. Stsb. 19.
Echt, Niederl. Stsb. 2, 56.
Echten, Niederl. Stsb. 2, 49b.
Eckartshausen-, Württemb. Stb. 81. Ilshofen,
Eclaron, Französ. Ostb. 2, 301.
Eclépens-Lasarras, Schwz. Wstb. 5, 52.
Ecommoy, Frans. Orléansb. 4, 119.
Ecouché, Frans. Westb. 3, 241.
Ecoufiant, Frans. Westb. 3, 199.
Edane, Schwed. Staatsb. 93.
Ede, Niederl. Rheinb. 1, 12.
Edelfingen, Bad. Stsb. 141b.
Edenkoben, Pfälz. Maxb. 36.
Edesheim, Pfälz. Maxb. 37.
Edle Krone, Sächs. Stsb. 53.
Eecke-Nazareth, Belg. Staatsb. 1, 244.
Eeckeren, Belg. Gr. Centr. 2, 33.
Eecloo, Belgien, {Société 5, 347. / Gand-Bruges 10, 639.
Eehten P, Niederl. Stsb. 2, 49b.
Eenaeme, Belg. Staatsb. 1, 219a.
Eessen, Belg. Société, 5, 288.
Effretikon, Schwz. Nordostb. 2, 15.
Efringen, Bad. Stsb. (P. E. Exp.) 52.
Eger, {Bayer. Ostb. 87. / Bayr. Stb. (B.-A.) 231. / Buschtěrader 50. / Kais. Fr. Josefb. 48. / Sächs. Staatsb. 138. / (B.-L. resp. G.-Exp.)
Egeres, Ungar. Ostb. 8. (Grosswardein-Klausenburg.)
Egestorf, Hannov.-Altenb. 17.
Eggebeck, Alt.-Kiel (Schlesw.) 17.
Eggenburg; Kais. Fr. Josefb. 12.
Eggendorf, Wr.-Neust.-Gr.-Neus. 2
Eggenstein, Bad. Rheinthalb. 229.
Eggersdorf, Magdb.-Leipzig 15.
Eggolsheim, Bayer. Stsb. 54.
Eghezée, Belg. Staatsb. 1, 288.
Egidien (St.), Sächs. Stsb. 141. (B.-Insp.)
Egnach, Schweiz. Nordostb. 2, 61.
Egisheim, Elsass-Lothr. 87.
Egyden (St.), Oestr. Südb. 23.
Egydi-Tunnel II, Oestr. Südb. 55a.
Ehingen, Württemb. Stsb. 172.
Ehlershausen, Hannover. Stsb. 5.
Ehrang, Rheinische E. 36.
*Ehrenbreitstein* H, Rhein. E. 96.
Ehrenburg, Oesterr. Südb. 198.
Ehrenfeld, Rheinische 12.
Ehrenhausen, Oesterr. Südb. 54.
Ehringshausen, Köln-Minden 59.
Ehringshausen, Oberhessische 8.
Eibenschitz, Oestr. Staatsb. 17.
Eiby, Dänemark, Fün. E. 9.
Eichberg, Kais. Elisabethb. 59.
Eichenbacher-mühle. Pfälz. Alsenzb. 66.
Eichenborst, Märk.-Posener 9.
°Eichhofen, Bayer. Ostb. 101.
Eichicht, Thüringische E. 72.
*Eicholzheim* P, Bad. Stsb. 107. (B. A. Bureau.)
Eichow, Halle-Soran-Guben 15.
Eichstädt, Bayer. Staatsb. 246. (Wasserzell.)
Eickendorf, Magdeb.-Leipzig 16.
(Eidelstedt), Altona-Kiel 2.
Eidsvold, Norwegen 210.
Eidskog, Norwegen 220.
Eilenburg, Halle-Sorau-Guben 5.
°Eilsleben, Berl.-Potsd.-Mgdb. 23.
EimeldingenP, Bad.Stsb.(B.A.B.)53
Elmas, Ital. Sard. IV, 132.
Eindhoven, Niederl. Stsb. 2, 67. (Lüttich-Limburg.)
Einersheim,(Markt-), Bayr. Stb. 173.
Einöd, PH. Kronpr. Rudolfb. 30a.
Einöd, Pfälz. Ludwigsb. 22.
Einsingen, Württemb. Stsb. 35.
Einvaux, Französ. Ostb. 2, 216.
°Eisbergen, Hannov.-Altenb. 23.
Eisenach, {Thüringische 3. / Werrabahn 43.
Eisenbach, Pfälz. Nordb. 60.
°Eisenberg, Dux-Bodenbach 16.
Eisenbrod, Süd-Nordd. Vbdgsb. 15.
Eisfeld, Werrabahn 53a.
Eisleben, Magdeburg-Leipzig 22. (Halle-Cassel.)
Eislingen, Württemb. Stsb. 27.
Eistrup, Hannov. Stsb. 26.
Eitorf, Köln-Minden 47. (Deutz-Giessen.)
Elbe Colliery Comp., × Aussig-Teplitz 19. Musterung.

Elberfeld (Steinbeck), G.-Stat. Berg.-Märkische 39.
» (Döppersb.) P.-Stat. Berg.-Märkische. 40.
Elbe-Teinitz, Oestr. (nördl.) Stb. 41.
Elbeuf, Französ. Westb. 3, 34.
Elbing, Preuss. Ostb. 39.
Elbogen-Neusattel, Buschtêhr. 43.
Elbquailadeplatz, Sächs. Staatb. 1c. (Güterstation.)
Elburg-Epe, Niederl. Centralb. 4, 6.
Eldagsen, Hannov.-Altenb. 5a.
Élesd P, Ungar. Ostb. 5. (Grosswardein-Klausenburg).
Elgarås, Schweden Staatsb. 23.
Elgg, Verein. Schweizerb. 3, 12.
Elisabethgrad {Russl. VI 32, 46. / » VI 36, 1.}
°Elisabethstadt, Ungar. Ostb. 23.
Elival, Französ. Ostb. 2, 235.
Ellenserdamm, Oldenb. Stsb. 28. (Heppens-Oldenburg.)
Ellera, Ital. Röm. II, 60.
Ellingen, Bayer. Stsb. 256.
Ellrich, Hannov. Stsb. 95.
Ellwangen, Württemb. Stsb. 87. Verw. I.
Elm, Debra-Hanau 9.
Elmhult, Schweden Staatsb. 67.
Elmshorn, {Altona-Kiel 5. / Glückst.-Elmsh. 1.}
Eloi (St.-), Orléansb. 4, 266.
S. Elpidio a Mare, Ital. Südb. III, 28.
Elsdorf, Rheinische E. 19.
Elsfleth, Oldenb. Stsb. 22.
Elsnigk, Berlin-Anhalt 32.
Elster (Bad), Sächs. Stsb. 134 (B.-Insp.)
Eltang P, Dänemark, Jütl. E. 3a.
Elten, {Niederl. Rheinb. 1, 18. / Rheinische E. 76.}
Eltersdorf, Bayer. Staatsb. 50.
Eltville, Nassauische Stsb. 5.
Elvas, Portugal 1, 16.
Elven, Frans. Orléansb. 4, 180.
Elverum, Norwegen 228.
Elz, Nassauische E. 47.
Elze, {Hannoversche 75. / °Hannov.-Altenb. 30.}
Emanuelssegen, {Recht. Oderufb. 32 / Oberschles. 99 (Wilhelmsb. ×)}
Emberménil, Französ. Ostb. 2, 34.
Emden, Westfälische E. 38.
Emérainville-Pontault, Frans. Ostb. 2, 71.
Emmenbrücke, Schweiz. Centralb. 1, 24.
Emmendingen, Badische Stsb. 37. (P.- u. E.-Exp.)
Emmenmatt, Schweiz. Bern. Stsb. 4, 19.
Emmerich, Köln-Minden 41.
Emmerich, Niederl. Rheinb. 1, 19.
°Emmern, Hannov.-Altenb. 9.
°Emmingen, Württemb. Stsb. 206.
Emöd, Ungar. Staatsb. 41.
Empalme, Portugal 1, 4.
Empalme, Span. Barcel.-Figueiras 8, 56.
Empel, Köln-Minden 40.
Empoli, Italien (Römische) II, 5.
Ems (Bad), Nassauische Stsb. 22.
Emsdetten, Westfälische 22.
Emserhütte G, Nassau. E. 21a.
Emskirchen, Bayer. Stsb. 169.
Enchenberg PII°, Elsass-Lothr, 36a.
Endersbach, Württemb. Stsb. 102.
Endorf, Bayer. Stsb. 139.
Engebacken, Schweden 123.
*Engelhof* P, Kais. Elisabethb. 62.
Engen, Badische Staatsb. 176. (P.- u. E.- Exp.)
Engers, Rheinische E. 99.
Enghien, Belg. Stsb. 1, 161.
Enghien les Bains, {Französ. Nordb. 1, 35a. / Engh.-Montmorency 1 w.}
Engis, Belg. Nordb. 4, 211.
Enkenbach, Pfälz. Alsenzb. 65.
Enns, Kais. Elisabethb. 25.
Enschedé, Niederl. Stsb. 2, 33.
Ensdorf, Saarbrücker E. 12.
Ensival, Belg. Stsb. 1, 27.
Entressen, Paris-Lyon-M. 5, 119.
Entrocamiento, Portugal 1, 5.
Enyed (Nagy-), Ungar. Ostb. 16.
(Enzberg), Badische Staatsb. 152.
*Enzersdorf* P, Kais. Ferd. Nordb. 43.
Enzersdorf (Gross-) Oestr. Stsb. 106.
Enzheim, Elsass-Lothr. 132.
Epanvillers, Frans. Orléansb. 4, 62.
*Ependes*, Schweiz. Westb. 5, 54.
Eperies, Kaschau-Oderb. 30.
Epernay, Frans. Ostb. 2, 23.
Epernon, Frans. Westb. 3, 106.
Epfendorf, Württemb. Stsb. 146.
Epinac, Paris-Lyon-M. 5, 313.
Epinal, {Frans. Ostb. 2, 218. / Frans. Vologneb. 2 x.}
(Epinay), Frans. Nordb. 1, 35.
Epinay-sur-Orge, Frans. Orléansb. 4, 8.
Eplatures, Schweiz. Jura Industr. 8, 8.
Epône, Frans. Westb. 3, 9.
*Eppeghem*, Belg. Stsb. 1, 33.
Eppelsheim, Hess. Ludwigsb. 42.
°Erbach, Hess. Ludwigsb. 80.
*Erbach* P, Nassauische E. 6.
Erbach, Württemb. Stsb. 36.
°Erbersdorf, M.-Schles. Centrlb. 10.
Erding, Bayer. Staatsb. 269a.
Erdmannsdorf, Sächs. Stsb. 68. (B.-Insp.)
Erdöd, Alföldbahn 24.
Erdorf, Rheinische E. 33.
Erdweis, Kais. Fr. Josephb. 49.
Erembodeghem, Belg. Stsb. 1, 48.
Erfelden-Goddelau, Hess. Ldwb. 56
Erfurt, {Nordhausen-Erfurt 12. / Thüringische 8.}
Ergoldsbach, Bayer. Ostb. 12.
°Erked, Ungar. Ostb. 25.
Erkelenz, Berg.-Märkische 10. (Aachen-Düsseldorf.)
Erkner, Niederschl.-Märk. 5.
Erkrath, Berg.-Märkische 35.
Erlangen, Bayer. Staatsb. 51. (P.-u. B.-Verw.)
Erlau, G.-St. Sächs. Stsb. 150.
Erlau, Füzes-A., Ungar. Stsb. 51.
Erlen, Schweiz. Nordostb. 2, 3.
Erme (St.), Frans. Ostb. 2, 139.
*Ermelinghof* P, Westfälische 16.
Ermetzhofen, Bayer. Stsb. 158.
Ermont, Franz. Nordb. 1, 36.
Ermsleben, Magdeb.-Halberst. 39.
Ernecourt-Loxéville, Franz. Ostb. 2, 39.
Erneghem, Belg. Société 5, 314.
Ernsthofen, Kronpr. Rudolfsb. 2.
Ernstthal, Sächs. Staatsb. 142. (Hohenstein.) (B.-Insp.)
Erquelinnes, {Belg. Staatsb. 1, 301. / Belg. (Nord-) 4, 252. / Frans. Nordb. 1, 33.}
*Ersingen* P, Bad. Stsb. 147. (Billetb.)
Erstein, Elsass-Lothr. 76.
Ertingen, Württemb. Stsb. 180.
Ertvelde, Belgien Société 5, 324.
*Erwetegem, Belg. Stsb. 1, 163a.
Erwelja, Russl. III 10, 26.
Erzingen, Bad. Stsb. 72. (E.-Exp.)
Esbly, Französ. Ostb. 2, 10.
Escaudin, Frankr. Anzin S. 1x, 5.
Eschede, Hannov. Stsb. 7.
Eschenau, Württemb. Stsb. 72.
Eschenbach, Bayer. Ostb. 82. (Windisch-)
Eschhofen, Nassau. Stsb. 31.
Eschlikon, Verein. Schweizb. 3, 10.
Esch sur l'A, Luxemb. Wilhelmsb. 5.
Eschweiler, {°Berg.-Märkische 152. / Rheinische 6.}
°Eschweiler Aue, Berg.-Märk. 153.
Escurial, Spanien (Nord) 1, 13.
Esemael, Belg. Stsb. 1, 11.
Eslöf, Schweden {Stsb. 74. / Privatb. 133 u. 143.}
Esneux, Belgien Grand Luxemb. 7, 543.
Espérance, Nordbelg. 4, 226.
Esperöd, Schweden 151.
Esquelbecq, Französ. Nordb. 1, 114.
Esschen, Belgien Grand Centr. 2, 35.
Essegg, Alföldbahn 27.
Essen, {Berg.-Märkische 104. / Köln-Minden 13 u. 13a. / Rheinische E. 93.}
Essendorf (Unt.-), Württ. Stsb. 44.
Essigny-le-Petit, Frans. Nordb. 1, 22.
Essingen, Württemb. Stsb. 112.
*Essleben* P, Bayer. Staatsb. 87.
Esslingen, Württ. Staatsb. 20. (Verw. I. Cl.)
Estaque, (l') Paris-Lyon-M. 5, 34a.
Este, Ober-Italien I, 51.
Estinnes-Haulchin, Belg. Staatsb. 1, 306.
Estressin, Paris-Lyon-M. 5, 79.
Estréchoux, Französ. Midi 6, 3b.
Etampes, Frans. Orléansb. 4, 16.
Etang, Paris-Lyon-M. 5, 310.
Etaples, Französ. Nordb. 1, 83.
Etichove, Belgien Staatsb. 1, 238.
Étienne (St.), Paris-Lyon-M. 5, 282.
Étienne (St.)-Montluc, Fr. Orléansb. 4, 156.
Étienne (St.)-du Bois, Paris-Lyon 5, 224.
Etival, Französ. Ostb. 2, 260.
Etoile, Paris-Lyon-M. 5, 92.
Etoile (l'), Belg. Stsb. 1, 157.
Etréchy, Franz. Orléansb. 4, 15.
Etrépagny, Frnkr. Pont de l'Arche-G. 3. 1, 9.
Etriché-Châteauneuf, Frans. Westb. 3. 196
Ettelbrück, Luxemb. Wilhb. 23.
Etten, Belg. Grand Centr. 2, 37.
°Etterzhausen, Bayer. Ostb. 102.
Ettlingen, Bad. Stsb. 15. (E.-Exp.)
*Etzelwang* P, Bayer. Ostb. 37.
Eubigheim, Badische Stsb. 112. (P.- u. E.-Exp.)
Eulau, Dux-Bodenbach 3.
Eulalia (Santa), Portugal 15.
Eupen, Rheinische 1.
Eurville, Französ. Ostb. 2, 196.
Euskirchen, Rhein. (B.-Insp.) 22.
Eutin, {Altona-Kiel 39. / °Eutin-Lübeck 5.}
*Eutingen* P, Bad. Stsb. 150. (Billetb.)
Evergem, Belgien (Gand-Bruges) 10, 636.
°Eversberg, Berg.-Märkische 130. (Ruhrthalbahn.)
Evionnaz, Schwz. Jura industr. 8, 5.
Evron, Portugal 25.
Evreux, Französ. Westb. 3, 56.
Evron, Französ. Westb. 3, 131.
Ewja, Russl. (Wilna-Alexandrowo) II 53.
Exaerde, Belgien Société 5, 340.
Exel, Niederl. Stsb. 2, 114a.
Eyach, Württemb. Stsb. 140.
Eydtkuhnen, Preuss. Ostb. 63.
Eygenbilsen, Aachen-Mastr. 11.
Eylau (Pr.), Ostpreuss. Südb. 13.
Eyne, Belgien Staatsb. 1, 241.
Eysden, Belg. Lüttich-Mastr. 3, 127
Eywanowitz, Kais. Ferd. Nordb. 75.
Eystrup, siehe Eistrup.
°Eythra, Thüringische E. 76.
Eza, Paris-Lyon-M. 5, 167.

## F.

Faal, Oesterr. Südb. 156a. (Kärntbnerb.)
Faarup, Dänemark, Jütl. E. 47.
Fabbriano, Ital. Röm. II, 100.
Fachingen, Nassauische Stsb. 28.

Faenza, Ital. Südb. III, 7.
Fagerås, Schwed. Staatsb. 90.
(Fährbrücke), Sächs. Stsb. 167.
Fairoul, Belg. Grand Centr. 2, 452.
Falaise, Französ. Westb. 3, 51.
Falconara, {Italien Röm. II, 94. / Italien Südb. III, 21.}
Falgendorf, Süd-Nordd.-Verbindungsb. 11.
Falkenau, Böhm. Nordb. 26.
Falkenau bei Eger, Buschtěbr. 44.
(Falkenau), Oberschlesische 62.
(Falkenau), Sächs. Stsb. 61.
Falkenberg, {Berlin-Anhalt 23. / Halle-Guben 8.}
Falkenberg, Berlin-Stettin 65.
Falkenberg, Elsass-Lothr. 47.
Falkenstein, Sächs. Stsb. 128. (B.-Insp.)
Falköping, Schweden Stsb. 29.
Fallersleben, Mgdb.-Halberst. 60.
*Falls* P, Bayer. Staatsb. 70. (E.-Exp.)
Falun, Schweden 162.
Famechon, Franz. Nordb. 1, 188.
Familleureux, Belg. Stsb. 1, 127a.
Fanglia, Ital. Röm. II, 15.
Fano, Ital. Südb. III, 17.
Faroni, Türkei, Rum. E. 2, 25.
Farbus-Vimy, Französ. Nordb. 1. 94.
Farciennes, Belg. Stsb. 1, 140.
Faremoutiers, Französ. Ostb. 2, 242.
Farschweiler, Elsass-Lothr. 40.
Fasano, Ital. Südb. III, 70.
Fastow, Russl. VI 33, 4.
Faulbrück, Breslau-Freiburg 14.
Faulquemont s. Falkenberg Elsass-L. 42.
Fauquemont, Aachen-Mastricht 6.
Fauree, Türkei, Rum. E. 2, 10.
Faustowo, Russl. Moskau-Rjäsan V 18, 6.
Faverney, Französ. Ostb. 2, 225.
Fécamp, Französ. Westb. 3, 45.
Fedtsund, Norwegen 211.
Fegersheim, Elsass-Lothr. 74.
Fegyvernek, Theissbahn 5.
°Fehring, Ungar. Westb. 20.
Fehrow, Cottbus-Schwielochseer Pferdebahn 2.
Feignies, Franz. Nordb. 1, 34.
Feistritz, PH. Kronp. Rudolfb. 35c.
Feistritz, Oesterr. Südb. 155. (Kärnthnerbahn.)
Feistritz (P), Oesterr. Südb. 178.
Fekede-Ardó, Ungar. Nordostb. 13.
Felben, Schweiz. Nordostb. 2, 9.
Feldafing, Bayer. Staatsb. 194.
°Feldbach, Ungar. Westb. 21.
°Feldkirch, Vorarlberger E. 9.
Feldkirchen *PH*°, Bayer. Stsb. 267b
Feldkirchen, Kronpr. Rudolfb. 37.
*(Feldmoching)*, Bayer. Ostb. 2. (bei Freising)
Félegyháza, Oest. südöstl. Stsb. 148.
Felixdorf, Oesterr. Südb. 20.
Felizzano, Ober-Italien I, 204.
Fellbach, Württemb. Stsb. 100.
Fellheim, Bayer. Stsb. 211.
Fellingsbro, Schweden 105.
Feluy-Arquennes, Belg. Staatsb. 1, 314.
Felvincz, Ungar. Ostb. 15.
Fentange, Luxemb. Wilhelmsb. 2.
Ferdinandshof, Berlin-Stettin 52. (Vorpommersche Bahn.)
Fère (La), Französ. Nordb. 2, 55.
Fère-Champenois. Franz. Ostb. 2, 326.
Ferentino, Ital. Röm. II, 113.
Fernando (San), Spanien 15, 134.
Ferrara, Ober-Italien I, 59.
Ferrera, Ober-Italien I, 483.
Ferté (la)-Macé. Franz. Westb. Prieuse-Ferté-Macé 3 n 2.
Ferté (La-)sous Jouarre, Franz. Ostb. 2,14
Siehe auch unter La Ferté.
Fesches-le-Chateau, Paris-Lyon-M. 5, 177.
Feucht, Bayer. Ostb. 91.

Feuerbach, Württemb. Stsb. 15.
Fexhe, Belg. Stsb. 1, 17.
Feysin, Paris-Lyon-M. 5, 76.
Ficarazzelli, Ital. Sicil. IV, 81.
Ficarazzi, Ital. Sicil. IV, 82.
Ficulle, Ital. Röm. II, 90.
Fides (St.-) P, Verein. Schweizerb. 3, 9a.
Figeac, Französ. Orléansb. 4, 221.
Filinge, Ital. Röm. II, 47.
Filehne, Preuss. Ostb. 20.
Filonowo, Russl. V 26, 11. Grjasy-Boris.-Zarizyn.
°Finalmarina, Ober-Italien I, 147.
Finkenheerd, Niederschl. Märk. 13.
Finkenwalde, P Berlin-Stettin. 11.
Finnentrop, Berg.-Märkische 75. (Ruhr-Siegbahn.)
Finnerödja, Schweden Staatsb. 22.
Finsterwalde, Halle-Guben 12.
Fiorenzuola, Ober-Italien I, 186.
Firchau, Preuss. Ostb. 79.
Firenze (Florenz), Ital. {(Ober-) I, 83. / (Römische) II, 18.}
Firmin (St.), Franz. Nordb. 1, 47.
Firminy, Paris-Lyon-M. 5, 298.
°Firnitz, Kronpr. Rudolfb. 40.
Fischbach Bayer. Stsb. 180.
Fischbach, Rhein-Naheb. 37.
Fischbach G St., Sächs. Staatsb. 17.
Fischhausen, Ostpreuss. Südb. 3.
Fismes, Französ. Ostb. 2, 191.
°Fiume, {Oesterr. Südb. 89f. / Ungar. Stsb. 30. (Carlstadt-Fiume.)}
Flacht, Nassauische E. 42.
Flamatt, Schweiz. Westb. 3, 46.
Flamboin, Französ. Ostb. 2, 83.
Flatow, Preuss. Ostb. 77.
Flavy-le-Martel, Französ. Nordb. 1, 178.
Flawjansk, Russl. Kursk-Rostow V, 123.
Flawinne. Belg. Stsb. 1, 144a.
Flawyl, Verein. Schweizerb. 3. 6.
Flèche (La), Franz. Orléansb. 4, 100.
Flémalle-Grande, {Nordbelge 4, 208. / Niederl. Stsb. 2, 123.}
" Haute, {Nordbelge 4, 210. / Niederl. Stsb. 2, 124.}
Flen, Schweden Staatsb. 13.
Fléron, Belg. Staatsb. 1, 311.
Flensburg, Altona-Kiel 20. (Schleswiger E.)
Flers, Französ. Westb. 3, 245.
Fleurus, Belg. {Staatsb. 1, 271. / Grand Centr. 2, 67.}
Fleury s. Andelle. Franz. Westb. 3. 1, 5.
Flieden, Bebra-Hanau 8.
Floda, Schweden Staatsb. 36.
Flöha, B.-I. Sächs. Staatsb. 62.
Flône, Nord-Belge 4, 213.
Flörsheim, Taunusbahn 5.
Flörsheim (Nieder-), Hess. Ldwb. 40.
Flogny, Paris-Lyon-M. 5, 28.
°Flonheim, Hess. Ludwigsb. 93.
Floreffe, Belg. Stsb. 1, 144.
Florennes, Belg. Grand Central 2, 92.
Florentin (St.), Paris-Lyon-M. 5, 27.
Florenz, {Italien (Ober-) I, 83. / " Römische II, 42.}
Floridsdorf, Kais. Ferd. Nordb. 2.
(Flottbeck), Altona-Kiel 57.
Fluelen, Schwe. Centralb. 1, 23a.
Flums, Verein. Schweizerb. 3, 35.
*Födemés* P, Oesterr. Stab. 116.
*(Föderlach)*, Oesterr. Südb. 170.
Förderstedt, Magdb.-Leipzig 17.
Foggia, Italien Südb. III, 55.
Foglavik, Schweden Staatsb. 31.
Fohnsdorf, Kronpr. Rudolfb. 23a.
Foix, Französ. Midi 6, 19a.
Foligno, Italien Römische II, 66.
Fulligny-la-H-P., Franz. Westb. 3, 253.
Follonica. Italien Römische E. II, 22.
Fontainebleau, Paris-Lyon-M. 5, 12.
Fontaines, Paris-Lyon-M. 5, 51.
Fontaine l'Evêque, Belg. Staatsb. 1, 303.
Fontenoy-sur-Moselle, Franz. Ostb. 2, 45.
Fontoy, Elsass-Lothr. 63.

Fons (Saint-), Paris-Lyon-M. 5, 75.
(Fonyod), (Ausw.) Oesterr. Südb. 121
Forbach, {Elsass-Lothr. 43. / Saarbrücker 7.}
Forbes, Kais. Franz-Josefb. 22.
Forchheim, Bayer. Stsb. 53.
Forchies, Belg. Staatsb. 1. 373.
Forest, Belg. Stsb. 1, 98.
Forest (Le), Französ. Nordb. 1, 120.
Forges-les-Eaux, Franz. Nordb. 1, 194.
Forli Italien. Südbahn III, 8.
Forlimpopoli, Ital. Südb. III, 9.
Formerie, Französ. Nordb. 1, 192.
Forrières, Belg. Grand Luxemb. 7, 520
Forró-Encs, Theissbahn 24.
Forsa, Schweden 180.
Forserum, Schweden 57.
Forst, Halle-Sorau-Guben 19.
Fossacesia, Ital. Südb. III, 43.
Fossano, Italien (Ober-) I, 273.
Fossato, Ital. Röm. II, 101.
Foucherans, Paris-Lyon-M. 5, 329.
Fouchères-Vaux, Franz. Ostb. 2, 253.
Fouches, Belg. Grand Luxemb. 7, 529.
(Foug), Franz. Ostb. 2, 43.
Fougeray-Langon, Franz. Westb. 3, 184.
Fougères, Frankr. (Vitré-Foug.) 3 n, 9.
Fouilloy-Aumale, Franz. Nordb. 1, 190.
Foulain, Französ. Ostb. 2, 104.
Foulcrey, Elsass-Lothr. f[2].
Fourmis, Franz. Nord 1, 160a.
Fourneaux, Franz. Orléansb. 4, 246.
Frättingsdorf, Oesterr. Staatsb. 9.
Fraire, Belg. Grand Central 2, 107.
Frameries, Belg. Nord 4, 202.
(Franconville), Franz. Nordb. 1, 37.
Francorchamps, Luxemb. Wilhb. 36.
Franeker, Niederl. Stsb. 2, 2.
Frankenberg, B.-I. Sächs. Stab. 66.
Frankenmarkt, Kais. Elisab.-B. 41.
Frankenstein (Pfalz), Pfälz. Ldwgb. 8.
" (Schles.), Bresl.-Freib. 11.
(Frankenstein) Sächs. Stsb. 59.
Frankenthal, Pfälz. Ludwigsb. 19.
Frankfurt a. M. {Frankf.-Hanau 1. / Hess. Ludwigsb. 36. / Homburger 5. / Main-Neckarb. 1. (mit Frankf.-Offenbach) / Main-Weserb. 25. / Taunusb. 1.}
Frankfurt a. O. {Märk.-Posener E. 1. / Niederschl.-Märk. 11. / Preuss. Ostb. 71.}
°Framura, Ober-Italien I, 109.
Francavilla a Mare, Ital. Südb. III. 40.
Franois, Paris-Lyon-M. 5, 189.
Franzdorf, Oesterr. Südb. 77.
Franzensbad, {Bayer. Staatsb. 230. (B.-Verw.) Hof-Eger. / Buschtěhr. 60a. / Sächs. Stsb. 137. (B.-Insp.) Voigtländ. B.}
Franzensfeste, Oesterr. Südb. 201. (Brennerbahn.)
Franzensthal, Böhm. Nordb. 27.
Frascati, Italien Römische II, 137.
Frasne, Paris-Lyon-M. 5, 244.
Frasnes, Belgien Staatsb. 1, 235.
Frassineto, Ital. Röm. II, 54.
°Frastanz, Vorarlberger E. 10.
Frătesti, Türkei 3, 6.
Fratta Grumo, Ital. Südb. III. 118.
Frauenberg, Kais. Fr.-Josefsb. 24.
Frauenfeld, Schweiz. Nordostb. 2, 10.
Fraustadt, Oberschles. E. 41. (Breslau-Posen-Glogau.)
Freden, Hannov. Staatsb. 78.
Fredensborg, Dänemark. Seel. E. 60.
Fredericia, Dänemark Jütl. E. 5.
Frederiksborg, Dänemark Seel. E. 59.
Frederikshavn, Dänemark, Jütl. E. 66.
Freiberg, Sächs. Staatsb. 57. (B.-Insp.)

Freiburg, Bad. Stsb. 39. (E.-A.)
» » Breslau-Schwdn.-Frb. 8.
Freiburg (Schweiz), siehe Fribourg.
Freienfeld, Oesterr. Südb. 226. (Tiroler Linie).
Freienstein, Leoben-Vordernb. 3.
Freienwalde, Berl.-Stettin 16.
Freienwalde a. O., Berl.-Stett. 49.
Freiheit, Oesterr. Nordwestb. 74.
Freiheitau, Kais. Ferd. Nordb. 60.
Freihöls, Bayer. Ostb. 31.
Freilassing, Bayer. Staatsb. 147.
Freising, Bayer. Ostb. 6.
Freistadt, Kais. Elisabethb. 74.
Fréjus, Paris-Lyon-M. 5, 156.
Frellstedt, Braunschweig. E. 43.
Fremonville, Elsass-Lothr. f².
Fresen (Reifnigg-), Oestr. Südb. 158.
Fresnai (la-), Franz. Westb. 3, 177.
Fresnay-sur-Sarthe, Franz. Westb. 3, 206.
Fresné-la-Mère, Franz. Westb. 3, 216.
Fresnes St. Mamès, Französ. Ostb. 2, 214.
(Fresnoy-le-Grand), Franz. Nordb. 1, 24.
Fréteval, Franz. Orléansb. 4, 102.
Frethun, Franz. Nordb. 1, 86a.
Fretin, Franz. Nordb. 1a, 7.
°Freudenthal, M.-Schles. Centrlb. 9.
Freyenwalde, s. Freienwalde.
Fribourg, Schweiz. Westb. 5, 43.
Fridau, Oesterr. Südb. 113.
Friedau, Hochofen, Leob.-Vordrb. 7.
Friedberg, Main-Weserb. 18.
Friedeberg, Preuss. Ostb. 16.
Friedek-Mistek, K. Ferd. Nordb. 86. (Ostrau-Friedland)
Friedland, K. Ferd. Nordb. 88. (Ostrau-Friedland)
*Friedland* II, Hannov. Stsb. 100.
°Friedrichsberg, Schleswigsche 27.
(Friedrichsfeld) Bad. 2. (E.-Exp.). / Main-Neckarb. 16
Friedrichsgrube, Oberschles. 87. (Wilhelmsb.)
Friedrichshafen, Württ. Stsb. 52. (Insp.)
Friedrichshagen, Nderschl.-Märk. 4.
Friedrichshütte, Recht. Oderufb. 21
Friedrichsruh, Berl.-Hamburg 22.
Friedrichstadt, Altona-Kieler 47.
Friedrichsthal, Saarbrücker 2.
" (Grube), Saarbrücker 50.
(Friedrichswalde) Friedr. Franzb. 8
Friedrich-Wilh.-Hütte, Rhein. 109.
Friesach, Kronpr. Rudolfsb. 31.
Friesack, Berlin-Hamburg 6.
*Friesenheim* P, Bad. Stb. 30. (Billetb.)
Frischau, Oesterr. Staatsb. 13.
Fristad, Schweden 110.
(Fritzens), Oesterr. Südb. 215. (Tiroler Linie.)
Fritzow, Berlin-Stettin 42.
Fröbel, Breslau-Freiburg 28.
Fröndenberg, Berg.-Märk. 115.

(*Füllbach, Nieder-*), Werrab. 55.
Fünfkirchen, Barcs-Fünfkirchen 2. / Mohács-Fünfk. 2.
Fürstenberg, Niederschl.-Märk. 14.
Fürstenwalde, Niederschl.-Märk. 7.
Fürth, Bayr. Stb. 48. (P.u.B.-A.) / Nürnberg-Fürth 3.
FürtherKreuzung, Bayer. Stsb. 47.
Füzes-Abony-(Erlau), Ung. Stsb. 37. (Hatvan-Miskolcz.)
Füzes-Stüben, Ungar. Staatsb. 20.
Fulda, Bebra-Hanau 6. / Oberhess. E. 16.
Fura (Klein-), Nordh.-Erfurt 3.
Furbara, Ital. Röm. II, 35.
Fumay, Franz. Ostb. 2, 159.
Furnes, Belgien Société 5, 237.
Furth a. W. Bayer. Ostb. 67. / Böhm. Westb. 1.
°Fussach (Hard-), Vorarlb. E. 17.
Fussine, Ungar. Stantsb. 77.

## G.

*Gabelbachgereuth* P, Bayr. Stb. 111.
Gädheim, Bayer. Staatsb. 82.
Gänserndorf, Kais. Ferd. Nordb. 5.
Gaflenz, Kronpr. Rudolfsb. 66.
Gaggenau, Baden (Murgb.) 214a.
Gaggiano, Ober-Italien 1, 240b.
Gagny, Französ. Ostb. 2, 7.
Gailenkirchen, Württemb. Stsb. 78.
Gaillac, Französ. Orléansb. 4, 225.
Gaillefontaine, Französ. Nordb. 1, 193.
Gaillon, Franz. Westb. 3, 14.
Gaimersheim *PII** Bayer. Stsb. 244.
°Gaisbach, Kais. Elisabethb. 71. (Wartberg)
Gál (Szt.) Ungar. Westb. 36.
Galantha, Oest. südöstl. Stsb. 118.
Gallarate, Italien (Ober-) I, 408.
Gallargues, Paris-Lyon-M. 5, 350.
Galatz, Rumänische E. 2, 14.
Galbini, Türkei, Rum. E. 2, 27.
Galisino, Russl. III 10, 12.
Gallen (St.), Verein. Schweizerb. 3, 3.
Galliera, Italien (Ober-) I, 61.
Gamalero, Italien (Ober-) I, 342.
(*Gamburg*), Badische Stsb. 138. (Billet-Ausg.-Bürau.)
Gammerages, Belg. Stsb. 1, 165.
Gand (Gent), Belg. Stsb. 1, 54. / Belg. Société 5, 320 u. 321. / Anvers-Gand 9, 633. / Gand-Bruges 10. 634.
Gandersheim, Braunschw. 6.
Ganges. Paris-Lyon-M. 5, 352.
Gannat, Paris-Lyon-M. 5, 988. / Orléansb. 4, 365.
Garadna P, Theissb. 25.
Garancières-la-Q., Franz. Westb. 3, 225.
Garbenteich, Oberhessische E. 17.
Gardelegen, Magdeb.-Halberst. 56.
Gárdony, Oesterr. Südb. 129a.
Gare des Carbonnages, Belg. Stsb. 1, 293.
°Garkau, Eutin-Lübeck 4.
*Garsten* P, Kronpr. Rudolfsb. 3a.

Gawrilowka, Russl. V 30, 19.
Gassada, Italien (Ober-) I, 413.
(Gebesee-Ringleben), Nordhausen-Erfurt 9.
Gebweiler, Elsass-Lothr. 117.
Geestemünde, Hannov. Stsb. 40.
Gefle, Schweden 8, 135.
Geilenkirchen, Berg.-Märkische 7.
Geimersheim, Bayer. Stsb. 244.
Geiselhöring, Bayer. Ostb. 16.
Geisenheim, Nassauische Stsb. 9.
Geisingen, Bad. Stsb. 181. (P.-u. E.-E.)
Geislingen, Württbg. Stsb. 30. (Vrw. I. Cl.)
Geispolsheim, Elsass-Lothr. 73.
Geisweid, Berg.-Märkische 80.
Geithain, Sächs. Staatsb. 106.
Geldermalsen, Niederl. Stsb. 2, 94.
Geldern, °Köln-Minden 60. / Rheinische 70.
Geleen H, Niederl. Stsb. 2, 53a.
Gellendorf, Oberschlesische 35.
Gelnhausen, Bebra-Hanauer 14. / Oberhessische E. 28.
Geloucourt, Elsass-Lothr. 24.
Gelse, Oesterr. Südb. 108.
Gelsenkirchen, Köln-Minden 14.
Gembloux, Belg. Staatsb. 1, 274. / Belg. Gr. Luxemb. 7, 508.
Gemla, Schweden 4, 126.
Gemünden, Bayer. Stsb. 97. / °Bebra-Hanau 24.
Genappe, Belgien Staatsb. 1, 316.
Geneiken (Rheydt-), Berg. Märk. 12
°Generalski Stol, Ungar. Stsb. 68. (Carlstadt-Fiume.)
Genevreuille, Französ. Ostb. II, 2, 120.
Geneveys sur Coffrane, Schweiz. Jurab. 6, 4.
Genf, (Genève) Schweiz. Westb. 5. 1. / Paris-Lyon-M. 5. 248.
Gengenbach, Bad. Stsb. 159. (P.-u. K.-Exp.)
Genlis, Paris-Lyon-M. 5, 64.
Gensingen, Hess. Ludwigsb. 51.
Gensungen, Main-Weserb. 4.
Genthin, Berl.-Potsd.-Magdeb. 11.
Genthod, Schweiz. Westb. 5, 3.
Genua, (Genova), Italien (Ober-) I, 120.
*Georgen* (*St.*), P, Bad. Stsb. 40. (Bill.- A.- Bureau.)
°Georgen (St.), Bad. Stsb. 168.
Georgen (St.), Kais. Elisabb. 84a.
Georgen (St.), Kronpr. Rudolfsb. 26.
in Steyermark,
Georgen (St.), Oesterr. Südb. 62.
Georgen (St.), Pressb.-Tyrnau 5.
Georgensgmünd, Bayer. Stsb. 42.
Georgenthal, Böhm. Nordb. 17.
Georges (Saint-), Paris-Lyon-M. 5, 64.
Georges (Saint-), Franz. Orléansb. 4, 141.
Georgsgrube, Rechte Oderufrb. 29.
Gera, Sächs. Staatsb. 121. / (B.-Insp.) (Gössnitz-Gera.) / Thüringische 31.

Germain (St.) au Mont d'Or, Paris-Lyon-M. 5, 63.
Germain (St.) des Fossés, Paris-Lyon-M. 5, 277.
Germain (St.)-s-Ille, Frs. Westb. 3, 173.
Germain (St.)-St. Remy, Franz. Westb. 3, 230.
Germaine, Französ. Ostb. 2, 134.
Germano (San), Ital. Röm. II, 120.
Germano (S.), Italien (Ober-) I, 350.
Germer (St.) Franz. Nordb. 1, 205.
Germersheim, Pfälz.Ludwgsb. 33.
Gernrode, Magdeb.-Lpzg. 31. (Halle-Cassel.)
Gernsbach, Bad. Staatsb. 216.
Gernsheim, Hess. Ludwigsb. 59.
(Geroldshausen), Bad. Stsb. 122. (Billetbureau.)
Gerolstein, Rheinische E. 30.
Gerona, Spanien 57.
Gerpinnes, Belg. Grand. Centr. 2, 87.
Gerresheim, Berg.-Märkische 34.
Gersdorf (Heide-), Ndrschl.-Märk. 42 Schles. Gebirgsbahn.
*(Gersdorf)*, Sächs. Stsb. 28.
Gerspitz (Ober-), K. Frd. Nrdb. 55.
Gersthofen, Bayer. Stsb. 27.
Gerstungen, {Hess. Nordb. 1. / Thüringische 1.}
Gertweiler, Elsass-Lothr. 143. (Gertwiller)
(Gerwisch), Berl.-Potsd.-Mgdb. 17.
Gesecke, Westfälische 9.
Gessertshausen, Bayer. Stsb. 114.
Gestel, Franz. Orléansb. 4, 187.
Gesundbrunnen, Niederschles.-Märk. 67.
Gevelsberg, Berg.-Märkische 45.
Gevingey, Paris-Lyon-M. 5, 216.
Gevrey, Paris-Lyon-M. 5, 44.
Gewenheim, Elsass-Lothr. 115.
Ghislain (St.) {Belg. Stsb. 1, 112. / Belg. Société 5, 320.}
Ghislenghien, Belg. Stsb. 1, 163.
Ghistelles, Belg. Société 5, 312.
Ghlin, . Belg. Stsb. 1, 109a.
S. Giacomo Calop, Ital. Calabr. IV, 16.
Giardinetto, Ital. Südb. III, 93.
Giardini Taormina, Ital. Sicil. IV, 58.
Giarole, Italien (Ober-) I, 400.
Giarre-Riposto, Ital. Sicil. IV, 61.
(Gielde), Braunschweig. 13.
Gjelsted, Dänemark, Fün. E. 10.
Gien, Paris-Lyon-M. 5, 272.
Gijon (Hafen), Spanien 31.
Giessen, {Köln-Mindener 61. / Main-Weserb. 14. / Oberhessische 1.}
Giffhorn, Magdeb.-Halberst. 61.
Gildas (Saint-), Franz. Orléansb. 4, 174.
Gileva, Türkei 3, 2.
Gildehaus, Niederl. Stsb. 2, 29.
Gilles (St.), Belg. Malines-Terneusen 6, 358.
Gilly, Belgien, Grand Centr. 2, 78.
(Gilly-Bursinel), Schweiz. Westb. 5, 9.
Gilze Rijen, Niederl. Stsb. 2, 72.
Gingelom, Belg. Stsb. 1, 13.
Gingen, Württemb. Stsb. 29.

Gittersee, Sächs. Stsb. w.
Giuliano (St.), Italien (Ober-) I, 94.
Giuliano (St.), Italien (Ober-) I. 301.
Giulianova, Ital. Südb. III, 35.
Giulietta (St.), Italien (Ober-) I, 196.
Giurgevo, Türkei 3, 7.
Givet, (Ouest) / " (Ville) {Belg. Nord 4, 243. / Belg. Grand Centr. 2, 97. / Französ. Ostb. 2. 161.}
Givors, Paris-Lyon-M. 5, 284.
Gladbach (Bergisch-) Bg.-Mrk. 139.
Gladbach (München-), Berg.-Märkische 13. Aachen-Düsseldorf-B.
Gland, Schweiz. Westb. 5, 8.
Glanegg, Kronpr. Rudolfb. 36.
Glanerbeek, Niederl. Stsb. 2, 33a.
Glanmünchweiler, Pfälz. Nordb. 68.
Glarus, Verein. Schweizb. 3, 60.
Glattbrugg, Schwz. Nordostb. 2, 37.
Glauchau, B.-I. Sächs. Stb. 140.
Gleidingen (Gross-), P Braunschw. 26
°Gleisdorf, Ungar. Westb. 24.
Gleiwitz, Oberschlesische 17.
°Gleschendorf-Garkau, Eutin-Lüb. 4
Glinjanaja, Russl. VI 32, 41.
°Glocken, Württemb. Stsb. 187.
Glöwen, Berlin-Hamburg 9.
Glogau, {Bresl.-Schwdn.-Frb. 27. / Niederschl. Zweigb. 1. / Oberschlesische 43.}
Gloggnitz, Oesterr. Südb. 27.
Glommen, Ostpreuss. Südb. 14.
Glons, Niederl. Stsb. 2, 103.
Glos-Montfort, {Französ. Westb. 3, 38. / Frankreich 20. 1.}
Glostrup, Dänemark, Seel. E. 51.
Gluschkowo, Russl. Kursk-Kiew VI 35, 7.
Glückstadt, Glückst.-Elmshorn 4.
Gmeingrub, Leoben-Vordrb. 4.
Gmünd, Kais. Franz Josefb. 20.
Gmünd, Württembg. Stsb. 109. (Verw. I. Cl.)
Gmunden, Kais. Elisab. B. 63.
Gnadau, Magdeb.-Leipzig 4.
Gnadenfrei, Breslau-Freiburg 12.
Gnesta, Schweden Stsb. 1, 9.
•Gnesen, Oberschlesische 144.
Gnewanskaja, Russl. VI 33, 13.
Gnie (Klein), Preuss. Ostb. 95.
Gniliakowo, Russl. VI 32, 3
Goar (St.), Rheinische 55.
Goarshausen (St.), Nassau Stsb. 14.
Gobain, (St.). Frankreich 1, x'. 4.
Gobert (St.)-Rouger, Franz. Nord 1, 157c.
Goch, Rheinische 73.
Goczalkowitz, Rechte Oderuferb. 36
Godarville, Belg. Stsb. 1, 129.
Goddelau (Erfelden-) Hess. Ldwb. 50
Godelheim, P Westfälische 41.
Godo, Ital. Südb. 90.
Godesberg, Rheinische 113.
Godewaersvelde., Belg. Société 5, 303.
Godinne, Belge Nord 4, 238.
Göbelsmühle, Luxemb. Wilhb. 25.
Göd, Oesterr. Stsb. 134.
Göding, Kais. Ferd. Nordb. 12.

Goes, Niederl. Stsb. 2, 86.
Gössnitz, Sächs. Stsb. 89. (B.-I.)
Göteborg, Schwed. Stsb. 1, 40.
Göttingen, Hannov. Stsb. 84.
Götzendorf, Oesterr. Stsb. 93. (Wien-Neu-Szönyer.)
°Götzis, Vorarlberger E. 7.
Gogney, Elsass-Lothr. f[a].
Gogolin, Oberschlesische 11.
Gola, Oesterr. Südb. 252.
Goldbeck, Magdeb.-Halberst. 23. (Magdeburg-Wittenberge.)
Goldshöfe, Württemb. Stsb. 89.
Golendrofskaja, Russl. VI 31, 10.
Goleschina. Russl. VI 36, 10.
Golfe-Jouan, Paris-Lyon-M. 5, 160.
Golitzynskaja, Russl. V 31, 2.
Gollmitz, Halle-Sorau-Guben 13.
Goltsch-Jenikau, Oesterr. Nrdwb. 32
Golynki, Russl. Witebsk-Orel IV, 34.
Golzow, Preuss. Ostb. 7.
Gombos-Bogojeva, Alföldbahn 23.
Gondelsheim, Württemb. Stsb. 3. in Baden.
°Gonsenheim, Hess. Ludwgsb. 83.
Goor, Niederl. Stsb. 2, 25.
Gorbatowka, Gr. Russische II. 119.
Gorgier-St. Aubin, Schwz. Westb 5, 60.
Goriani, Russl. Dünab.-Witebsk. IV 14, 25a
Gorica, Oesterr. Südb. 149. (Croatische Bahn.)
Gorkino, Russl. V 16, 7.
Gorky, Moskau-Rjäsan V 18, 11.
Gorlago, Italien (Ober-), I, 369.
Gorochowetz, Petersb.-Warschau II, 118.
Gorodez, Russl. Witebsk-Orel IV, 44.
Gorsel, Niederl. Stsb. 2, 36.
Gorzkowice, Warschau-Wien I, 13.
Goslar, Braunschweig. 38.
Gossau, Verein. Schweizerb. 3, 5.
Gosselies Courcelles, Belg. Stsb. 1, 133.
Gossensass, Oesterr. Südb. 224. (Brennerbahn.)
*Gossmannsdorf*, P Bayer. Stsb. 163.
Got (Le), Französ. Orléansb. 4, 47.
Gotha, Thüringische 6.
Gottenheim, Badische E. 218.
Gottesberg, Niederschl.-Märk. 55. (Schles. Gebirgsb.)
•Gotthardt, Szt. Ungar. Westb. 18.
Gottmadingen, Bad. Stsb. 80. (P.-u. E.-Exp.)
Gouda, Niederl. Rheinb. 1, 23.
Gournay, {Franz. Nordb. 1, 206. / Französ. Westb. 3, 280.}
(Goussainville), Französ. Nordb. 1, 5.
Gouvy (Belgien), Luxemb. Wilhb. 31.
Gouy-lez-Piétron, Belg. Stsb. 1, 130.
Goxweiler, Elsass-Lothr. 142. (Goxwiller)
Goyatz, (am See) Cottb.-Schwielochsee 3.
Gozzano, Italien (Ober-) I, 404.
Graben-Neudorf, Bad. Rheinthalb. 227.
Grabow, Berlin-Hamburg 14.
Gradec, PH Ungar. Staatsb. 61.

Granada, Spanien 17, 146.
Grand-Contour, Paris-Lyon-M. 5, 236.
Grand-Croix (La), Italien (Ober-) I, 471.
Grande Combe, Paris-Lyon-M. 5, 296.
Grand Halleux, Luxemb. Wilhb. 33.
Grandpuits, Französ. Ostb. 2, 78.
Grand-Reng, Belgien Staatsb. 1, 300.
Grandson, Schweiz. Westb. 5, 56.
Grandvaux, Schweiz. Westb. 5, 31.
Grandvillars, Paris-Lyon-M. 5, 179.
Granica, { Kais.Ferd.Nordb.69. / Warschau-WienI,22.
Gran-Nana, Oesterr. Stsb. 129. (südöstl. Linie),
Granollers, Spanien (Barcel-Figu.) 8, 59.
Granville, Französ. Westb. 3, 255.
Grasse, Franz. Mediterranée 5, 159a.
Grasstein, Oesterr. Südb. 227. (Brennerbahn.)
Gratwein, Oesterr. Südb. 46.
Gratzen, Kais.Franz Josefb.21.
°Grauhof, { Hannov.-Altenb. 37. / Magdeb.-Halberst. 79.
s'Gravenhage, (Haag) { Niedrl.Rhnb. 1,31 / Niederl. (Holl.) 5, 8.
Graveson, Paris-Lyon-M. 5, 113.
Grawskoje, Russl. Koslow-Wor. V 24, 7.
Gray, { Französ. Ostb. 2, 209. / Paris-Lyon-M.5,193b u. 198a.
Graz, { Graz-Köflach 1. / Oesterr. Südb. 48. / °Ungar. Westb. 28.
Grebenstein, Hess. Nordb. 13.
Grefrath, { Rheinische 81. / Cref.-Kr.Kempen 9.
Greifenburg, Oesterr. Südb. 183.
Greifendorf, Oestr. nördl.Stsb. 27
Greiffenberg, Berl.-Stettin 45.
Greiffenberg, Niederschl.-Märk.45. (Schlesische Gebirgsbahn.)
Greifswald, Berlin-Stettin 57. (Vorpommersche E.)
Greiz, (B.-I.) Sächs. Stsb. 124.
(Gremsmühlen), Altona-Kiel 38.
Grenada, Spanien 134.
Grenchen, Schweizer. Centralb. 1, 54.
Grenoble, Paris-Lyon-M. 5, 257.
(Grenzach), Bad.Stsb.57.(Billetb.)
Gretz-Armainvilliers, Franz. Ostb. 2, 73.
Greussen, Nordhausen-Erf. 7.
Greven, Westfälische 21.
Grevenbroich, Rheinische E. 16.
Grevenbrück, Berg.-Märkische 76. (Ruhr-Siegb.)
Grevesmühlen, Friedr. Franzb. 3.
Grez-Doiceau-Gastuche, Belg. Gr. Ctr. 2.57.
Grjady, Gr. Russ. (Petersb.-Moskau) II, 71.
Grjäsy, { Koslow-Woronesch V 24, 4. / Jeletz-Grjäsy V 25, 7. / Grjasy-Borisogl. V 26, 1
Gribanowka, Russl. Grjasy-Borisoglebsk V 26, 9.
(Gries), Oesterr. Südb. 221. (Brennerbahn.)
Griesborn Saarbrücker E. 56. (Kronpr. Grube),
Griesheim, Hess. Ludwgsb. 54.
°Griesheim (Unter-), Wrtbg.Stsb.61.
Grieskirchen, Kais.Elisab.-B. 47.
(Griessen), Bad. Stsb. (Billetb.) 71.
*Griethausen* II, Rheinische 75a.
Grijpskerk, Niederl. Stsb. 1, 9.
Grignano, Oesterr. Südb. 88.
Grimma, Leipzig-Dresden 23.
Grimmenthal, Werrabahn 51.
(Grizehne), s. an der Saale.
Gródek, Galiz. Carl-Ldwgsb. 26.
Grodno, Petersb.-Warschau II, 41.
Grodzisk, Warschau-Wien I, 3.

Grönenbach, Bayer. Stsb. 214.
Grönendael, Belg. Gr.Luxemb. 7, 502.
Grönhard, Bayer. Stsb. 254.
Groesbeck, Rheinische 79.
Gröschelmauth, Oestr. Nordwstb.17
(Grötzingen), Bad. Stsb. 142a. (Billetbureau.)
Grohn-Vegesack, Hannover 42.
(Grombach), Badische Stsb. 130. [Unter-] (Billet-Ausg.-Bureau.)
Groningen, Niederl. Stsb. 2, 11.
Gronsveld, Belg.Lüttich-Mastr.38.
Grorud, Norwegen, 1, 202.
Grossaitingen, P Bayer. Stsb. 23.
Gross-Altdorf, Württemb. Stsb. 80.
Gross-Auheim, Frankf.-Hanau 6.
Grossbauchlitz, Säch. Stsb. 156. (Güter Station.)
Grossbeeren, Berlin-Anhalt 2.
Gross-Behnitz, Magdeb.Halberst.48
Gross-Boschpol, Berlin.Stettin 33.
(Grossbothen), Leipzig-Dresden 24.
Gross-Berzencze, Ungar. Stsb. 23.
Gross-Carolinenfeld, *PH*° Bayer. Staatsb. 136.
*Grossenbaum*, P Köln-Mindener 9.
Grossenbuseck, Oberhessische 2.
Gross-Enzersdorf, Oestr. Stsb. 106.
Grossen-Gottern, Thüringische 38.
Grossenhain, { Cottb.-Grossenh. 8. / Leipz.-Dresden 35.
Grosseto, Italien Römische II, 25.
Grosseulüder, Oberhess. 15.
Gross-Gerau, Hess. Ludwgsb. 22.
*Gross-Gleidingen*, P Braunschw. 26.
Grosshesselohe, Bayer. Stsb. 258.
Grosskarben, Main-Weserb. 20.
Grosskarolinenfeld, Bayer.Stsb.136.
Gross-Kikinda, Oesterr.Stsb. 158.
Grosskreuz, Berl.-Ptsd.-Mgdb. 8.
Gross-Máros, Oesterr. Stsb. 131.
Gross-Peterwitz, Wilhelmsb. 14.
Gross-Rambin, Berl.-Stettin 20.
Grossramming, Kronpr. Rudlfsb. 7
Grossröhrsdorf, B.-I.Sächs.Stsb.30.
Gross-Rohrheim, Hess Ludwsb.60.
Gross-Rosen, Breslau-Frbg. 19.
Grosssachsen, Main-Neckarb.14.
Grosssachsenheim, Württ. Stsb. 9.
Grossschönau, B.-I. Sächs. Stsb.47.
Gr. Siegharts, Kais.Fr.Josefb. 16
(Gross-Sontag), Oestr.Südb.112a.
(Gross-Steinberg, Lpzg.-Dresd. 22.
Gross-Stürlack, Ostpr. Südb. 21.
Gross-Umstadt, Hess. Ludwgsb.83.
Grosswardein, { Alföldbahn 1. / Theissbahn 43. / Ungar. Ostb. 1. (Grossw.-Klausenb.).
°Gross-Wasser, M.-Schl. Centralb. 4
*Gross-Weickersdorf* P, Kaiser Franz.-Josefsb. 9.
Gross-Weissandt, Mgdb.-Lpzg. 8.
Gross-Wosseck, Oestr.Nordwestb.36
°Gross-Wosternitz, Mähr.-Schles.-Centralb. 2.
Gr.-Wudicke, Magdeb.-Halberst 52
Gross-Zöllnig, Rchte. Oderuferb. 6.
Grottammare, Ital. Südb. III, 32.
Grottau, Sächs. Stb. (B.-Insp.) 40.
*Grottkau, Alt*-P, Oberschlesische 66
Grottkau, Oberschlesische 64. (Neisse-Brieg.)

Groson, Paris-Lyon-M. 5, 209.
Grouw, Niederl. Staatsb. 2, 48.
Grube, × Mohacs-Fünfk. 7.
Gruben, s. Saarbrücker Stat. 38-49. und Oberschles. E. im Anhang S. 123.
*Grüna* P, Sächs. Stsb. 144.
Grünau, Berlin-Görlitzer 2.
Grünau, Pressburg-Tyrnauer 6.
Grünberg, Breslau-Freibg. 32.
Grünberg, Oberhessische E. 4.
Grünheide, Tilsit-Insterburger 3.
*Grüningen* P, Bad. Stsb. 186.
Grünsfeld, Bad. Stsb. 118. (P.-u. E.-Exp.)
Grüppenbühren, Oldenb. Stsb. 5.
Grumello, Italien (Ober-) I, 369.
Grumo, Ital. Südb. III, 145.
Grunau, Preuss. Ostb. 38.
Grunbach, Württemb.Stsb.103. (Geradstetten)
Grund-Georgenthal, Böhm.Nrdb.17.
Grundseth, Norwegen 229.
Grunnebo, Schweden 3, 121.
Grupont, Belg. Gr. Luxemb. 7, 571.
Gruschewska, Russl. V 24, 26.
Gruskoje, Russl. Kursk-Kiew VI 35, 11.
Grussbach, Oesterr. Stsb. 12.
Gschatzk, Russland V 31, 9.
°Gstatterboden, Krnpr. Rdlfb. 13.
Guadalajara, Spanien 17, 82.
Gualdo Tadino, Ital. Röm. II, 108.
Guben, { Halle-Guben 18. / Märk.-Posener 20. / Nderschl.-Märk. 17.
Guebwiller siehe Gebweiler.
Güldenboden, Preuss. Ostb. 40.
Gümlingen, (Gümligen), { Schwz. Centralb. 1, 41. / Berner Staatsb. 4, 13.
Günsbach, Elsass-Lothr. 122.
Günzach, Bayer. Stsb. 14.
Günzburg, Bayer. Stsb. 107.
Guérard, Französ. Ostb. 2, 241.
Guéret, Französ. Orléansb. 4, 241.
Guétin, Frankr. Orléansb. 4, 239b.
*Güsen*, Berl.-Potsd.-Magdeb. 12.
Güsten, Magdeb.-Halberst. 31.
Güstrow, Friedr.-Franz-B. 10.
Gütersloh, Köln-Minden 26.
Güttingen, Schweiz. Nordostb. 2, 68.
Guewenheim siehe Gewenheim.
Guichen (B.-des-Comp.), Fr. Westb. 3, 181.
Guignicourt, Französ. Ostb. 2, 138.
Guiläkowo, Russl. Odessa-Balta VI, 3.
Guillaucourt, Französ. Nordb. 1, 183.
Guin, Schweiz. Westb. 5, 44.
°Gulskogen, Norwegen 3, 235.
Gumbinnen, Preuss. Ostb. 60.
Gummern, Oesterr. Südb. 177.
Gumpoldskirchen, Oestr.Südb.13.
Gundelsdorf, Bayer. Stsb. 221.
Gundersheim, Hess. Ludwgb. 41.
Gundershoffen siehe Guntershofen.
Gunskirchen, Kais. Elisab.-B. 32.
(Gunsleben), Braunschw. 18.
Gunspach s. Günsbach, Elsass-Lothr.
Guntersblum, Hess. Ludwgsb. 7.
Guntersdorf, Oest. Nordwestb. 10.
Guntershausen, { Hess. Nordb. 9. / Main-Weserb. 3.
Guntershofen, Elsass-Lothr. 29.
Guntramsdorf, Oestr. Südb. 12.
Gunzenhausen, Bayer. Stsb. 39. (P.-u. B.-Verw.)
Guperly, Franz. Ostb. 2, 287.
Guraszada, Siebenbürger 8a.
*(Gurkow)*, Preuss. Ostb. 15.
Gurten, Kais. Elisabethb. 68.
Gusow, Preuss. Ostb. 6.
Gustavsburg, G. Hess.Ludwgsb.19.

(Gutenfeld), Preuss. Ostb. 51.
*Gutenfürst* P, Sächs. Stsb. 101.
Gutenhof-Velm, Oestr. Stsb. 91. (Wien-N.-Szönyer.)
*Gutmadingen*, P Bad. Stsb. 182. (Billet-Ausg.-Bureau.)
Guxhagen, Hess. Nordb. 8.
Guingamp, Franz. Westb. 3, 153.
°Gyéres, Ungar. Ostb. 13.
Gyertyámos, Oestr. Staatsb. 161. (südöstl. Linie).
Gyé sur Seine, Französ. Ostb. 3, 257.
Gyömöre, Ungar. Westb. 4.
Gyöngyös, Ungar. Stsb. 50. (Hatvan-Miskolcz.)
Györvár, Oesterr. Südb. 105.
Gyoma, Theissbahn 31.
Gyorok, Siebenbürger E. 2.
Gyseghem. Belg. Stsb. 1, 66.
Gyula, Alföldb. 6.
Gysenburg, Niederl. (Holländ.) 5, 9.

## H.

Haag (Oestr.), Kais. Elisab.-B. 23.
Haag (Pram-) Kais. Elisabb. 86.
Haag, = s'Gravenhage. Niederl. Rheinb. 1, 31. (Holländ. E.-Ges.) 5, 5.
Haag (Schweiz). Verein. Schweizerb. 3, 24.
(Haagen), (Billet-B.) Badische E. 209. (Wiesenthalb.)
Haan, Berg.-Märkische 37.
Haar, Bayer. Stsb. 130.
*Haarhausen*, P Thüringische 32.
Haarlem, Niederl. (Holl. E.-Ges.) 5, 13.
Habay, Belg. Luxemb. 7, 527.
Habichtstein, Böhm. Nordb. 6.
Habo, Schweden Staatsb. 54.
Habsheim, Elsass-Lothr. 97.
Hadamar, Nassauische E. 48.
Hadersleben, Altona-Kiel 55. (Schlesw.)
Hadház, Theissbahn 12.
Hadmersleben, Mgdeb.-Hlbrst. 5.
Hadsteen, Dänemark, Jütl. E. 33.
Hadikfalva-Radautz, Lemberg-Czernowitz-Jassy 26.
Haecht, Belg. Stsb. 1, 41a.
°Hæg, Norwegen 259.
Haeltert, Belg. Staatsb. 1, 216.
Hämeler Wald, Hannov. Stsb. 65.
Hämerten, Magdeb.-Halberst. 54.
Hänicher Schächte, Sächs. Stsb. w.
Haeren, Belg. Stsb. 1, 31.
Haerlebeke, Belg. Stsb. 1, 91.
Hästveda, Schweden Staatsb. 69.
*Häusing*, P Bayer. Stsb. 216.
Haffning, Leoben-Vordernb. 6.
Hagen, Berg.-Märkische 47.
(Hagen), Hannov. Stsb. 24.
Hagenau, Elsass-Lothr. 5.
Hagenbüchach, Bayer. Stsb. 168.
Hagendingen, (Hagondange) Elsass-Lothr. 57.
Hagenow, Berlin-Hamburg 16. / Friedr. Franzb. 21.
Hahn, Oldenb. Stsb. 25.
Hahnstätten, Nassauische E. 44.
Haida, Böhm. Nordb. 10.
Haidenau, s. Heidenau Sächs. Stsb. 4.
Haidhausen, Bayer. Stsb. 128.
Haidhof, Bayer. Ostb. 27.
Haide-Waldau, s. Waldau.
Haiger, Köln-Minden 55. Köln-Giessen.
°Hajmáskér, Ungar. Westb. 33.
Hainau, Niederschl.-Märk. 31.
(Hainewalde), Sächs. Staatsb. 45.
Hainin, Nordbelge 4, 224.
Hainichen, B.-l. Sächs. Stsb. 67.
(Hainsberg), Sächs. Staatsb. 61.
Håkantorp, Schweden 3, 114.
Hal, Belg. Stsb. 1, 110.
Halap, Ungar. Nordostb. 2.
Halaucestie, Lemb.-Cz.-Jassy. 48.
Halbau, Niederschl.-Märk. 24.
Halbe, Berlin-Görlitz 4.
Halberstadt, Mgdeb.-Halberst. 9.
Halfweg, Niederl. Holland. 5, 13a.
Halics, Lemb.-Czernow.-Jassy 11.
Hall, Oesterr. Südb. 216.
Hall, Württemb. Stsb. 79. (Verw. I. Cl.)
Halle a. d. Saale. Berlin-Anhalt 18. / °Halle-Guben 1. / Magdeb.-Lpzig. 11. mit Halle-Cassel. / Magdb.-Halberst. 78. / Thüringische 18.
Hallein, Salzburg-Halleiner E. 4.
Halleux (Gr.), Belg. Gr. Luxbg. 7, 538.
Hallsberg, Schweden Stsb. 19.
Halmi, Ungar. Nordostb. 12.
Haltern, Köln-Minden 68.
Haltingen, Bad. Stsb. 54. (P.- u. E.-Exp.)
Ham, Französ. Nordb. 1, 179.
Hamar, Norwegen 223.
Hamburg, Berlin-Hamburg 25. 28—30. / ° Köln-Minden 64. / Lübeck-Hambg. 15.
Hameau, Belg. Grand Centr. 2, 102.
Hameln, Hannov.-Altenbek. 8.
Hamm, Berg.-Märkische 87. / Köln-Minden 21. / Westfälische 15.
Hammelef, Altona-K. (Schlesw.) 54.
Hammer, Oberschlesische 68. (Wilhelmsb.)
Hammerau, Bayer. Stsb. 231.
Hamoir, Belg. Grand Luxemb. 7, 539.
Hanau, Bebrau-Hanau 17. / Frankf.-Hanau 5.
Handzaeme, Belg. Société 5, 231.
Hangelsberg, Niederschl.-Märk. 6.
Hangest, Französ. Nordb. 1, 76.
Hannover, Hannov.-Altenb. 1. / Hannov. Stsb. 1.
Hansbeke, Belg. Stsb. 1, 57.
Hansdorf, Niederschl.-Märk. 23 / Niederschl. Zwgb. 8.
Hanvec, Franz. Orléansb. 4, 195.
Hanweiler, Saarbrücker 25.
Harbatzhofen, Bayer. Stsb. 6.
(Harbleck), Altona-K. (Schlesw.) 48
Harburg (Bayern), Bayer. Stsb. 32.
Harburg, Hannov. Stsb. 17. / ° Köln-Minden 83.
Hardegarijp, Niederl. Stsb. 2, 6.
Harderwijk, Niederl. Centralb. 4, 9.
°Hard-Fussach, Vorarlb. E. 17.
Hardt, GH. Berg.-Märkische 81. (Ruhr-Siegbahn.)
Haren, Niederl. Staatsb. 250c.
Harff, Rheinische E. 17.
Harfleur, Franz. Westb. 3, 31.
Harkany, PH. Theissb. 19a.
Harlingen, (Nordsee-Hafen.) Niederl. Stsb. 2, 1.
Harmelen, Niederl. Rheinb. 1, 20.
Harmignies, Belg. Staatsb., 1, 307.
Harsdorf, Bayer. Stsb. 224.
Harsum, Hannov. Stsb. 69.
*Harthau*, P Sächs. Staatsb. 18.
Hartmannsdorf, Sächs. Stsb. 116.
Hartmannshof, Bayer. Ostb. 38.
Harzburg, Braunschw. 36.
Hasbergen, Köln-Minden 71a. (Venlo-Hamburg.) / Hüggelbahn 1.
Haslach, Badische Stsb. 163. (P.- u. E.-Exp.)
Haslev, Dänemark, Seel. E. 2, 68.
Haspe, × Berg.-Märkische 46.
Haspelmoor, Bayer. Stsb. 120.
Hassel, Pfälzische Ludwigsb. 27.
Hasselager, Dänemark, Jütl. E. 28.
Hasselfors, Schweden Staatsb. 79.
Hasselt, Aachen-Mastr. 14. / (Belg. Grand Centr. 2, 13.) / Niederl. Stsb. 2, 111.
Hasselt Canal, Niederl Stsb. 2, 111a.
Hassfurt, Bayer. Stsb. 80.
Hasslau, Bayer. Stsb. (B.-Exp.) 229.
Hassloch, Pfälz. Ludwigsb. 12.
Haste, Hannov.-Altenb. 20. / Hannov. Stsb. 43.
Hastière, Belg. Nord 4, 241. / Chimayb. 6, 611.
(*Hatna*), Lemb.-Czernow-Jassy 27a
Hattem, Niederl. Centralb. 4, 4.
Hattenheim, Nassauische Stsb. 7.
Hattersheim, Taunusbahn 4.
(Hattingen), Bad. Staatsb. 178.
Hattingen, Berg.-Märkische 100.
Hattorf, Hannov. Stsb. 89.
Hatvan, Ungar. (nördl.) Stsb. 10.
Hatzfeld, Oest. (südöstl.) Stsb. 160.
Haubourdin, Franz. Nordb. 1y, 3.
Hauenstein-Warta, Buschtěhr. 37.
Hauptstuhl, Pfälz. Ludwigsb. 4.
Hausach, Badische Stsb. 164. (P.- u. E.-Exp.)
Haushem, Bayer. Stsb. 187.
Hautmont, Französ. Nordb. 1, 30. / Belg. Nordb. 4, 203b.
Haut-Pré, Belg. Stsb. 1, 20.
Hauts-Geneveys, Schweiz. Jura ind. 6, 5.
Havdrup, Dänemark, Seel. E. 2, 65.
Haversin, Belg. Gr.-Luxemb. 7, 516.
Havinnes, Belg. Stsb. 1, 124.
Hâvre, (le) Französ. Westb. 3, 32.
Havré-Ville, Belg. Stsb. 1, 151.
Hayingen, (Hayange) Elsass-Lothr. 62.
(Haynewalde), Sächs. Stsb. 39.
Hazebrouck, Belgien Société 5, 307. / Französ. Nordb. 1, 101.
Hebron-Damnitz, Berl.-Stettin 30.
Hеče-Lespitz, Lmb.-Czern.-Jssy. 33.
Hechingen, Württemb. Stsb. 158.
Hedel, Niederl. Stsb. 2, 92.
°Hedemünden, Magdeb.-Leipz. 36.
*Hedeper*, P Braunschw. 15.
Hedingen, Schweiz. Nordostb. 2, 47.
(Hedwigsburg), Braunschw. 33.
Heen, Norwegen 244.
Heerbrugg, Verein. Schweizb. 3, 18.
Heerenveen, Niederl. Stsb. 2, 46.
Heer Hugowaard, Niederl. (Holl.) 5, 19.
Heida, Böhm. Nordb. 10.
Heide-Gersdorf, Ndrschl. Märk. 42.
Heidelberg, (Bahnhof.) Bad. Stsb. 3. E.-A. / Main-Neckarb. 17.
» (Carlsthor), Bad. Stsb. 90. (E.-Exp.)
*Heideburg*, P Berl.-Anhalt 34.
Heidelsheim i. Bad., Würt. Stsb. 2.
(Heidemühle), Oldenb. Stsb. 18.
*Heidenau*, P Sächs. Staatsb. 4.
Heidenheim, Württ. Stsb. 125. (Verw. I. Cl.)

Heidesheim, Hess. Ludwigsb. 14.
Heidingsfeld, (in Bayern.) {Badische Stsb. 124. (Billet-Bureau.) {Bayer. Stsb. 165.
Heigenbrücken, Bayer. Stsb. 100.
Heilbronn, Württ. Stsb. 57. Insp.
Heilendorf, Hohenst.-Zöptau 2.
Heiligenbeil, Preuss. Ostb. 45.
Heiligenstadt, Mgdeb.-Lpzg. 33. (Halle-Cassel.)
Heiligenstein, Pfälz. Ludwgsb. 31.
Heiligkreuz, Elsass-Lothr. 128.
Heillies-Mouchy, Französ. Nordb. 1, 51.
Heimbach, Rhein-Naheb. 40.
Heimdal, Norweg. Stsb. 263.
*Heimertingen* P, Bayer. Stsb. 212.
Heinitz-Grube, Saarbrücker 47.
Heirweg, Belg. Société 5, 318a.
Heissen, {Berg.-Märk. 104a. {Rheinische E. 91.
Heitersheim, Bad. Stsb. 43. (E.-Exp.)
Helchteren, Niederl. Stsb. 2, 113.
Helder, (Nieuwediep). Niederl. (Holländ.) 5, 23.
Helenaveen, Niederl. Stsb. 2, 63a.
Hellerup, Dänemark, Seel. E. 62.
Helmarshausen, Hess. Nordb. 19.
Hellmitzheim, Bayer. Stsb. 172a.
Hellmond, Niederl. Stsb. 2, 65.
(Helmstadt), Badische Stsb. 98. (B.-A.-B.)
Helmstedt, {Berl.-P.-Mgdb. 30. {Braunschw. 31.
Helsingborg, Schweden 6, 142.
Helsingfors, Russland III 10, 35.
Helsingör, Dänemark, Seel. E. 61.
Hemmingen, (Héming) Elsass-Lothr. 19.
Hemsbach, Main-Neckarb. 12.
Hendaye, Französ. Midi 6, 18.
Hengelo, Niederl. Stsb. 2, 27.
Henggart, Schwz. Nordostb. 2, 35.
Hengstei, G. H. Berg.-Märk. 68b.
°Hengstett (Alt-), Wrtbg. Stsb. 202.
Hennebont, Franz. Orléansb. 4, 185.
Hennef, Köln-Minden 46. Anschluss der Bröltbalb.
Hennersdorf, M.-Schles. Centr. 15.
*Hennersdorf*, P Sächs. Staatsb. 69.
*Hennersdorf* H, Ndrschl.-Mrk. 40a.
Hennuyères, Belg. Stsb. 1, 104.
Hénin-Liétard, Französ. Nordb. 1, 139.
Hensinnes, Belg. Grand Centr. 2, 88.
Heppenheim, Main-Neckarb. 11.
Heppens, siehe Wilhelmshafen.
Herbertingen, Württ. Stsb. 181.
Herbesthal, {Rhein. 2. (B.-Insp.) {Belg. Stsb. 1, 30.
Herbitzer Saxonia-Schacht, Aussig-Teplitz 14.
Herblay, Französ. Nordb. 1, 38.
*Herblingen*, P Bad. Stsb. 78. (Billetb.)

Heringen, Mgdbg.-Leipzig 27. (Halle-Cassel.)
Herisau (Winkeln-), Verein. Schwzb. 4.
Herlasgrün, (Güterstation.) Sächs. Stsb. 95. (Herlasgrün-Eger.)
Herleshausen, Thüringische 2.
Herlisheim, Elsass-Lothr. 88.
Hermalle, Nord Belge 4, 212.
Hermé, Französ. Ostb. 2, 84.
Hermann-Schacht, Sächs. Sttsb. w.
°Hermannstadt, Ungar. Ostb. 43.
°Hermelingen, Köln-Minden 77.
Hermes-Berthecourt, Franz Nordb. 1, 52.
Herne, {Berg.-Märk. 113a. {Köln-Minden 15.
Herny, Elsass Lothr. 48.
Herrala, Russl. Petersb.-Riihimäki III 3, 24.
Herrenbergtheim, Bayer. Stsb. 160.
Herrlingen, Württemb. Stsb. 168.
Herrljunga, {Schweden Staatsb. 32 {Herrljunga-Boras 108.
Herrnhut, (B.-Insp.) Sächs. Stsb. 36. (Löbau-Zittau.)
°Herroth, Württemb. Stsb. 194.
Hersbruck, Bayer. Ostb. 40.
Hersfeld, Bebra-Hanau 2.
Herstal, Niederl. Stsb. 2, 100.
Hertin P, Süd-Nordd. Vbdgsb. 26.
s'Hertogenbosch, Niedrl. Stb. 2, 91.
Herzberg, Berlin-Anhalt 22.
Herzberg, Hannov. Stsb. 90.
Herzeele, Belg. Staatsb. 1, 214.
(Herzhorn), Glückst.-Elmsh. 3.
Herzogen-Buchsee, Schwz. Ctrlb. 1, 31.
Herzogenrath ×, Berg.-Märk. 5.
Hesselohe (Gross-), Bayer. Stsb. 128.
Hessenthal, PH. Württb. Stsb. 79a.
Hessleholm, {Schwed. Staatsb. 70. {Hessleh.-Christianst. 129.
Hettingen, (Hettange) Elsass-Lothr. 61.
Hettlingen, Schwz. Nordostb. 2, 36.
Hetzendorf, Kais. Elisabethb. 55.
Hetzendorf, Oesterr. Südb. 5.
Heubach, Hess. Ludwigsb. 74.
Heudeber-Dannstädt, Magdeburg-Halberstädter 41.
Heufeld, Bayer. Stsb. 204.
Heule, Belgien Société 5, 265.
Héverlé, Belg. Grand Centr. 2, 55.
Heydeburg, siehe Heideburg.
v. d. Heydt-Grube, Saarbr. 54.
Heyst, Belg. Société 5, 271.
Heyst-op-den-Berg, Belg. Gr. Centr. 2, 27.
Hidas-Némethi, Theissb. 26.
°Hieflau, Kronpr. Rudolfsb. 50.
Hjellum, Norwegen 224.
*Hjerm*, Dänemark Jütl. 44a.
Hilaire (St.)-au-Temple, Franz. Ostb. 2, 186
Hilaire (St.)-Beaufui Franz. Westb. 3, 237.
(Hilbersdorf), Sächs. Stsb. 56a.
Hildburghausen, Werrab. 63.
Hildesheim, {°Hannov.-Altenb. 31 {Hannov. Stsb. 70.

Hirson, {Französ. Nordb. 1, 139. {Französ. Ostb. 2, 265.
Hirt, Kronpr. Rudolfsb. 32.
Hliboka, Lemb.-Czern.-Jassy 24.
Hlinska, Oesterr. Nordwestb. 47.
Hluboczeck wielki, Galiz. Carl-Ludwigsb. 42.
Hobro, Dänemark, Jütl. E. 49.
Hochberg, Württemb. Stsb. 187.
Hochdahl, Berg.-Märk. 36.
Hochfeld, {Berg.-Märk. {Rheinische 88.
Hochfelden, Elsass-Lothr. 13.
Hochhausen, Bad. Stsb. 137. (P.- u. E.-Exp.)
Hochheim, Taunusbahn 6.
Hochspeyer, Pfälz. Ludwgsb. 7.
Hochstadt, Bayer. Stsb. 62.
Hochstadt-Dörnigheim P, Frankfurt-Hanau 3.
Hochstätten, Pfälz. Alsenzb. 75.
Hochwald, Kaschau-Oderb. 22.
Hockenheim, Bad. Rheinthalb. 223
Höchst, Taunusbahn 2.
·Höchst Hess. Ludwigsb. 75.
(Höckendorf), Sächs. Staatsb. 53.
Hödnitz, Oesterr. Stsb. 69.
Höfen, Württemb. Stsb. 213.
Höislev, Dänemark Jütl. E. 41.
Hönebach, Hess. Nordb. 2.
Hönefos, Norwegen 243.
Hönningen, Rheinische E. 102.
Hör, Schweden Staatsb. 72.
Hörde, Berg-Märkische 55.
Hördt, Elsass.-L. 2a.
Hördten, Badische E. 215.
Hörlkofen, Bayer. Stsb. 270.
Hörsching, Kais. Elisabethb. 29
Hörschlag (Böhm.), K. Elisabb. 76.
Hörstel, Hannov. Stsb. 63.
°Hösel, Berg.-Märkische 122. (Ruhrthalbahn.)
Hösselt, Niederl. Stsb. 2, 106.
*Hoetzelsdorf* P, Kais. Fr. Josefsb. 14.
Höxter, Westfälische 42.
Hof, {Bayer. Stsb. (P. u. B.-Amt) 75. {Sächs. Stb. (B.-Insp.) 102.
Hoffen, Elsass-Lothr. 8.
Hoffenheim, Bad. Stsb. 127. (Billet-Ausg.-Bureau.)
Hofgeismar, Hess. Nordb. 14.
Hofheim, Hess. Ludwigsb. 62.
Hohenau, Kais. Ferd. Nordb. 9.
(Hohenebra), Nordhausen-Erf. 5.
Hohenelbe, Oestr. Nordwestb. 72.
°Hohenembs, Vorarlberger E. 6.
(Hohenkrähen), Bad. Stsb. 173. (B.-A.-B.)
Hohenmauth, (Zamrsk) Oesterr. Stsb. 31. (nördl.)
HohenrheinerhütteG, Nassau. E. 20.

Holstebro, Dänemark, Jütl. E. 43.
Holzdorf, Berlin-Anhalt 21.
Holzheim, Elsass-Lothr. 131.
·Holzkirchen, Bayer. Stsb. 261.
Holzminden, {Braunschweiger 1. / Westfälische 43.}
Holzwickede ×, Berg.-Märk. 57.
Hombeek, Belg. Stsb. 1, 71.
Hombeek, Belg. Malines-Terneuze 6, 351.
Homberg, Berg.-Märkische, 25. (Aachen-Düsseld.-B.)
°Hombock, M.-Schl.-Centralb. 3.
Homburg, Elsass-Lothr. 45.
Homburg v. d. Höhe, Homburger E. 1.
Homburg(Pfalz), Pfälz Ldwgsb.2.
Homonna, Ungar.-Galiz. E. 18.
°Homorod-Köhalom, Ung. Ostb. 28.
Honfleur, Frans. Westb. 3, 91.
Honnef, Rheinische E. 105.
Hoogeveen, Niederl. Stsb. 2, 49c.
Hoogezand, Niederl. Stsb. 2, 12.
°Hopfengarten, P Oberschles. 150.
Horatic, Buschtěhrader 22.
Horaždiowic, Kais. Fr. Jos.-B. 32.
Horb, Württemb. Stsb. 142.
Horchheim, Rheinische 59.
Horgos, Alföldb. 14.
Horloz-Jemeppe, Ndrl.Stsb. 2, 122.
Horn, Oesterr. Nordwestb. 43,
Horn, Schweiz. Nordostb. 63.
°Hornberg, Badische Stsb. 166.
Hörning, Dänem., Jütl. E. 27.
Hořowitz, Böhm. Westb. 14.
Horrem, Rheinische 10.
Horrweiler, Hess. Ludwgsb. 51.
Horsens, Dänemark. Jütl. E. 24.
Horst, Altona-Kiel 6.
Horst-Sevenum, Ndrl.Stsb. 2, 63.
Hortes, Fransös. Ostb. 2, 106.
Hosszumözö, Ungar. Nordostb. 19.
Hostalrich, Spanien 61.
Hostivař, Kais. Fr. Josepfb. 68.
(Hostiwic), Buschtěhrader 6.
°Hostomitz, Bielathalbahn 24.
Hostrup siehe Jeising.
Houblines, Belg. Société 5, 302.
Houdan, Frans. Westb. 3, 277.
Houdeng-Goegnies, Belgien Stsb. 1, 291.
Hougaerden, Belg. Staatsb. 1, 283.
Hoagsund, Norwegen 237.
Houilles, Frans. Westb. 3, 3.
Hourpes, Nordbelge 4, 247.
Houten, Niederl. Stsb. 2, 97.
Hovedgaard, Dänemark, Jütl. E. 25.
Hovind, Norweg. Stsb. 270.
Hoymgrube, × Oberschlesische 84. (Wilhelmsb.)
Hradek, Kaschau-Oderberg 20.
Hradisch(Ungar.), K.Ferd.Nrdb. 15.
Hrastnigg, Oesterr. Südb. 68.
Hruschau, Kais. Ferd. Nordb. 27.
Hubert (St.) H., Crefeld-Kr. Kempen 6a.
Hubert(Szt.), Oestr.südöstl.Stb. 159.
Huchtingen, Oldenb. Stsb. 3.
Hude, Oldenb. Stsb. 6.
Huddinge, Schweden Staatsb. 3.
Hudiksvall, Schweden 18, 179.
Hückingen, Elsass-Lothr. 58.
Hüls, Crefeld-Kr.Kempen 6.
Hümme, Hess. Nordb. 15.
Hünfeld ✓, Bebra-Hanau 5.
Huesca, Spanien 49.
Hüsten, siehe Neheim-
Hütteldorf, Kais. Elisabethb. 3.

Hüttenberg, Kronpr. Rudolfb. 50.
Hugstetten, Badische 217. (Freiburg-Breisach.)
Hullein, Kais. Ferd. Nordb. 18.
Hulpe (La), Belgien Gr. Luxemb. 7, 403.
Hulshorst, Niederl. Centralb. 4, 8.
Hulst, Belg. Malines-Terneuzen 6, 360.
Humbécourt H. Frans. Ostb. 2, 300a.
Hundlingen, Elsass-Lothr. 39.
Hundsbach, Elsass-Lothr. 9.
Hundsfeld, Rechte Oderuferb. 2.
Hungen, Oberhessische E. 20.
Hunspach, siehe Hundsbach
Huppaye, Belg. Staatsb. 1, 280.
Hurtva, Schweden 7, 145.
Husum, Altona-Kiel 46. (Schlesw.)
Huszth, Ungar. Nordostb. 15.
Huy, Nordbelge 4, 217.
Hyères, Paris-Lyon-M. 5, 142.
Hyon-Ciply, Belg. Staatsb. 1, 308.
Hypolit (St.) Elsass-Lothr. 82.
Hyvinge, Russl. (Helsingf.-Tav.) III, 15.

## J.

Jabbeke, Belg. Stsb. 1, 62.
Jablonowo, Preuss.-Ostb. 86.
Jablunkau, Kaschau-Oderberg 7.
(Jackowice), Warsch.-Brmb. I, 25a.
Jacobsdorf P, Bresl.-Freiburger 15.
Jacobsgrube, Rechte Oderuferb. 31
Jacobsthal, Berl.-Anhalter 25.
Jacut (Saint), Frans. Orléansb. 4, 177.
Jaderberg, Oldenburger Stsb. 26. (Heppens-Oldenburg.)
Jadraque, Spanien 83.
Jäder, Schweden 2, 105a.
°Jägerndorf, M.-Schl.-Centralb. 12.
Järvilä, Russl. Petersb.-Riihimäki III, 2, 23.
Jagstfeld. {Badische Stsb. 134. / Württemb. Stsb. 60, Verw. I.}
Jagstheim, Württemb. Stsb. 84.
Jagstzell, Württemb. Stsb. 86.
°Jaklar, × Mähr.-Schl. Centrb. 18.
°Jákó, Báttaszék-Domb.-Zákány E. 10.
°Jalna, Ungar. Staatsb. 2a.
Jálon-les-Vignes, Fransös. Ostb. 2, 25.
Jam, Oestr. südöstl. Stsb. 177.
Jamburg, Russl. III 11, 15.
Jampes, Nordbelge 4, 235.
Jamioulx, Belg. Grand Centr. 9, 101.
Janca, Türkei, Rum. E. 2, 11.
°Janikowo, Oberschlesische 147.
Jannowitz, Niederschl.-Märk. 51. (Schles. Gebirgsb.)
János (Szt.), Oesterr. Stsb. 103. (Wien.-N.-Szönyer.)
°Janosháza, Ungar. Westb. 42.
Jarménil, Frans. Ostb. 2, 305.
Jarmeritz, Oestr. Nordwestb. 19.
Jaroschinskaja, Russl. VI 32, 23.
Jaroslaw, Galiz.-C.-Ldwgb. 19.
Jaroslaw, Russl. Mosk.-Jarosl. V 17, 11.
Jarzewo, Russl. V 31, 17.
Jassenki, Russl. Mosk.-Kursk V 29, 11.
Jassenova, Oester. (südöstl.) Stb. 169.
Jassy, {Lemb.-Czern.-Jassy 39. / Türkei (Ruman.) 1, 4.}
Jasska, Oesterr. Südb. 153. (Croatische Linie.)
°Jasz-Berény, Ungar. Staatsb. 45.
Jativa, Spanien 72.
Jatznick, Berlin-Stettin 51. Vorpommersche.
Jauche, Belg. Staatsb. 1, 277.
Jauer, Bresl.-Freiburger 19.
Jauerburg, Kronpr. Rudolfb. 58.
Java, Nordbelge 4, 220.
Jawiszowice P, K. Ferd. Nordb. 34.

Jaxtfeld, Jaxstheim etc. s. Jagstfeld etc.
Ibbenbüren, Hannover. Stsb. 61.
Ichteghem, Belgien Société 5, 315.
(Idaweiche), Oberschlesische 96. (Wilhelmsb.)
Iddaard-Noordahuisen H, Niederl. Stsb. 2, 48a.
Ideghem, Belg. Stsb. 1, 78.
Jean (St.) de Maurienne, Par.-L.-M. 5, 263.
Jedlersee, P {Kais. Ferd. Nrdb. 42. / Oestr. Nordwestb. 2.}
°Jeesteburg, Köln-Minden 82.
Jegorjewo, Russl. Schuja-Iwanowo V 16, 1.
Jegorljewsk, Russl. V 18, 15.
Jeising-Hostrup, Altona-Kiel 51.
Jekaterinowka, Russl. V 23, 14.
Jelets, Russl. Grjäsy-Jelets V 25, 1 u. 16.
Jelisawetgrad, Russland VI, 29.
Jelisawetinskaja, Russl. III 11, 16.
Jemmapes, Belg. Stsb. 1, 110.
Jemmapes Produits, Belg. Société 5, 436.
Jemelle, Belgien Gr. Luxemb. 7, 519.
Jemeppe, {Niederl. Stsb. 2, 122. / Nordbelge 4, 206.}
Jenbach, Oesterr. Südb. 213. (Tyroler-Linie.)
(Jenč), Buschtěhrader 7.
Jenikau (Goltsch-), Oesterr.-Nordwestb. 32.
°Jonnersdorf, Ungar. Westb. 19.
Jenšowic, Oestr. Stsb. 56.
Jermolino, Russl. V 16, 6.
Jerna, Schweden Staatsb. 7.
Jersdal, Altona-Kiel (Schlesw.) 27.
(Ober-) Jerxheim, {Berl.-Ptsd.-Mgdb. 28 / Braunschw. 17.}
Jesi, Ital. Röm. II, 96.
Jesseins, Fransös. Ostb. 2, 98.
Jessnitz b. Guben, Ndrschl.-Mrk. 18
» bei Bitterfeld, Berl.-Anhalt. 37.
Jette, Belg. Stsb. 1, 42.
Jettingen, Bayer. Stsb. 110.
Jeumont, Fransös. Nordb. 1, 32.
Jever, Oldenb. Staatsb. 19.
Jewe, Russl. III 11, 12.
Jezirena, Galiz. Carl-L.-B. 41.
Jezupol, Lemb.-Czern.-Jassy 12.
*Igersheim* P, Württemb. Stsb. 98a.
Iggelheim (Böhl-), Pfälz. Ldwgsb. 13
Iglau, Oestr. Nordwestb. 25.
Jgló, Kaschau-Oderb. 26.
Igmánd (Nagy-), Oestr. Südb. 140.
Ignalino, Petersb.-Warschau II, 30.
(Ihrhove), Westfälische 34.
Ihringen, Badische E. 219.
Jicin Oesterr. Nordwestb. 71.
Ilario (St.). Italien (Ober-), I, 181.
(Ildehausen), Braunschw. 7.
Ile-Barbe, Paris-Lyon-M. 5, 72.
*Ilgen, (St.-)*, P Badische Stsb. 5. (Billetb.)
Ille, Frankr. Perpignan-Prades 10, 2.
Illertissen, Bayer. Stsb. 208.
Illfurt Elsass-Lothr. 103.
Illingen, Württemb. Stsb. 7.
Illye, Siebenbürger 9.
Iloii (Podùl-), Lemb.-Cz. Jassy. 37.
Ilshofen, Württemb. Stsb. 81.
Ilversgehofen, G Thüringische 34.
Imielin P, Oberschlesische 29.
Immelborn, Werrabahn 46.
Immendingen, {Bad. Stsb. 179. (P.-u.-E.-Exp.) / Württ. Stsb. 166.}
Immenstadt, Bayer. Stsb. 8. (P.-u.R.-V.)
Imola, Ital. Südb. III, 5.
Imsweiler, Pfälz. Alsenzb. 69.

Incisa, Ital. Röm. II, 46.
Incisa Belbo, Italien (Ober-) I, 252.
Inikowka, Russ. Südwestb. VI, 90.
°Inden, Berg-Märkische 150.
Ingbert (St.), Pfälz. Ldwgb. 28.
Ingelheim, Hess. Ludwigb. 15.
Ingelmünster, Belgien Société 5, 263.
Ingolstadt, P.B.V.Bayer.Stsb.243
Ingramsdorf, Bresl.-Freiburg. 5.
Ingrandes-sur-L., Franz. Orléansb. 4, 143.
Ingrandes-sur-V., Franz. Orléansb. 4. 49.
Inkwyl, Schweiz. Centralb. 1, 49.
Innichen, Oesterr. Südb. 192.
*Inningen* P, Bayer. Stsb. 25.
Innsbruck, Oesterr. Südb. 217. (Tyroler Linie.)
°Inowraclaw, Oberschlesische 148.
Insterburg, Preuss. Ostb. 58.
Tilsit-Insterb. 4.
(Jocketa), Sächs. Stsb. 96.
Jodoigne, Belg. Stsb. 1, 10 u. 381.
Jogovo, Petersb.-Warschau II, 18.
Jönköping, Schweden Staatsb. 55.
Johann (St.), Saarbrücker 2.
Johannisberg, Nassau. Stsb. 9.
Joigny, Paris-Lyon-M. 5, 24.
Joingville, Französ. Ostb. 2, 198.
Jonchery, Französ. Ostb. 2, 190.
Jonsered, Schweden Staatsb, 38.
Jonzac, Franz. Charentesb. 8, 6.
Joppécourt, Französ. Ostb. 2, 177.
Jordkirch, Altona-Kiel 25. (Schlesw.)
°Josephslust, Bad. Staatsb. 199a.
Josephstadt-Jaromer, Süd-Nordd. Verb. 6.
Josefsthal-Kosmanos, Turn.-Kral. 9.
Josephowo, Dünabg.-Witebsk. IV, 20.
Josli (Schosli), Petrsb.-Eydtknhn. II, 54.
Joslowitz, Oesterr. Staatsb. 68.
°Jossa, Bebra-Hanauer E. 20.
Jouy, Franz. Westb. 3, 108.
Iphofen, Bayer. Stsb. 174.
Irrenlohe, Bayer. Ostb. 30.
Irsa (Alberti-), Oesterr. Stsb. 143. (südöstliche Linie)
Irun, Spanien 1, 1.
Isarhofen, Bayer. Ostb. 52.
Isaszegh, Ungar. (nördl.) Stsb. 6
Ischdeschkowo, Russl. V 31, 14.
Iseghem, Belgien Société 5, 262.
Isenburg, Main-Neckarb. 2.
Isenhof, Russl. III 11, 11.
Iserlohn, Berg.-Märkische 83. (Ruhr-Siegb.)
Isigny, Franz. Westb. 3, 73.
Isle-Adam, Französ. Nordb. 1, 42.
Islettes (Les), Franz. Ostb. 2, 397.
Islikon, Schweiz. Nordostb. 2, 11.
Jsmailkowo, Russl. V 25, 14.
°Isola d'Asti, Ober-Italien I, 469b.
Isola del Canton, Italien (Ober-) I, 156.
Isoletta, Italien Röm. E. II, 117a.
*Ispringen*, P Bad. Stsb. 148.
Issoire, Paris-Lyon-M. 5, 290.
IstenSegitz P, Lbg-Czern-Jassy 26a
*Istein* P, Badische 51. (Billetb.)
Jteuil, Franz. Orléansb. 4, 59.
Itlar, Russl. Mosk.-Jarosl. V 17, 6.
Itzehoe, Glückst.-Elmshorn 7.
Itzkany-Sučzawa, Lemb.-Czern. 28.
Itzenplitz-Grube, Saarbrücker 49.
Jucha (Neu-), Ostpr. Südb. 24.
Judenburg, Kronpr. Rudolfb. 24.
Judendorf, Oesterr. Südb. 47.
*Juditten*, P Ostpreuss. Südb. 7.
Judschen, Preuss. Ostb. 59.
Jübeck, Altona-Kiel (Schlesw.) 16.
°Jülich, Berg.-Märkische 147.
Jünkerath, Rheinische 28.
Jüterbogk, Berlin-Anhalt 6.
*Jütrichau*, P Berlin-Anhalt 43.
Juigné, Franz. Westb. 3, 192.
Julien-Schacht, Aussig-Teplitz 11.
Julien (St.)-du-Sault, Paris.-L.-M. 5, 72.
Jumet, Belg. Grand Centr. 2, 70.
Jungbunzlau, Oestr. Nordwb. 41.
Turnau-Kralup 8.
Jupille, Belg. Lüttich-Mastricht 2.
Jurbise, Belg. Stsb. 1, 108.
°Jurdani, Oesterr. Südb. 89d.
Jurkowskaja, Russl. VI 32, 21.
Juslenville, Luxemb. Wilhelmb. 40.
Jussey, Französ. Ostb. 2, 112.
Just (St.), Französ. Nordb. 1, 68.
Just (St.), Paris-Lyon-M. 5, 281.
Juvisy, Paris-Lyon-M. 5, 318.
Orléans, 4, 6.
Iván (St.)-Zala-Egerszeg, Oestr. Südb. 106. (W. Neustadt-Kanizsa.)
Iwanowskaja, Petersb.-Warschau II, 21.
Ivesti, Türkei, Rum. E. 2, 18.
Ivrea, Italien (Ober-) I, 369.
Iwanino, Russl. VI 35, 3.
Iwanowka, Russl. IV 15, 41.
Iwanowo, Russl. Schuja-Iwanowo V 18, 5.
Moskau Kursk. V 29, 7.
Kursk-Kiew VI, 55.
Iwansowska, Russl. VI 32, 9.
Iwanowskaja, Russl. Witebsk-Orel IV, 41.
Iwuy, Französ. Nordb. 1, 62.

## K.

Kaaden-Brunersdorf, Buschtěhr. 34
Kaál-Kápolna, Ungar. Stsb. 36.
Kaba, Theissbahn 9.
Kačič (Katschitz), Buschtěhrad 17.
Kahl, Frankfurt-Hanau 7.
*Kahlenbergerdorf* P, Ksr.Fr.J. 2a.
Kaipiais, Russl. III 10, 19.
(Kainsdorf), Sächs. Stsb. 164.
Kaisersberg PH, Kr. Rudolfb. 20a.
Kaiserslautern, Pfälz. Ludwgb. 6.
Kaiserswaldau, Ndrschl.-Märk. 30.
*Kalán* P, Siebenbürger E. 17.
Kalatsch, Russische E. VII, 2.
Kalaschnikowo, Petersb.-Moskau II, 86.
Kalinowa, Russl. VI 33, 11.
Kalinowka, Russ. Südwestb. VI, 84.
Kaldenkirchen, Berg.-Märk. 29.
Rheinische 83.
Kalinowa, Russl. VI 33, 11.
Kalkuhnen, Petersb.-Warschau II, 27.
Kallehne, Magdeb. Halberst. 74.
Kalscheuren, Rheinische 38.
Kalsdorf, Oesterr. Südb. 50.
Kaltbrunn, Verein. Schweizerb. 3, 43.
Kalwang, Kronpr. Rudolfb. 18.
Kamenka, Russl. V 30, 18.
Kamenz, B.-I. Sächs. Staatsb. 33.
°Kameral-Moravice, Ungar. Stsb. 73. (Carlstadt-Fiume.)
*Kamienobród* P, Galiz.C.-Ldwb. 27.
(*Kamińsk*), Warschau-Wien I, 13a.
Kamnitz, Böhm. Nordb. 25.
Kampen, Niederl. Centralb. 4, 1.
Kandel (Langen-), Pfälz. Maxb. 36.
Kanitz-Eibenschitz. Oestr. Stsb. 17.
Kanizsa, Oesterr. Südb. 109.
°Kapelle Biezelinge, Ndrl. Stsb. 2, 85.
Kapellen-Drusweiler, Pfälzische Maximiliansbahn 68.
Kapfenberg, Oesterr. Südb. 39.
Kaplitz, Kais. Elisabethb. 79.
Kápolna-(Kaál,) Ungar. Stsb. 36. (Hatvan-Miskolcz.)
°Kaposvár, Báttaszék-Dombvár-Zákány E. 8.
Kappel, Russl. III 11, 10.
Kappel-Ebnat, Verein. Schweizerb. 3, 67.
Kapsdorf, Kaschau-Oderb. 25.
Karácsond, Ungar. Stsb. 34.
°Karácsonfalva, Ungar. Ostb. 18.
Karasu, Türkei 5, 2.
Karatschew, Russland IV 15, 47.
Karben (Gross-), Main-Weserb. 20.
Karbitz, Aussig-Teplitz 4.
Karbitzer Sax.-Schacht (Wilh.) Aussig-Teplitzer 13.
Karczag Theissbahn 7.
Karlsburg, Siebenbürger 16.
Ungar. Ostb. 39.
Karlshafen, s. Carlshafen, Hess. Nordb.
Karlstadt, Bayer. Stsb. 95.
Karlstein, Böhm. Westb. 17.
Karolinengrube, G Oberschles. 26.
Karoly (Nagy-), Ungar. Nrdostb. 7.
Karpowskaja, Russl. V 27, 4.
Karstädt, Berlin-Hamburg 12.
Karwin, Kaschau-Oderberg 3.
Kasácsonfalva, Ungar. Ostb. 12.
Kasaki, Russl. V 25, 15.
Kasarina, Russl. VI 36, 2.
Kasatin, Russl. VI 33, 9.
Kaschtschy-Lopan, Russl. V 30, 9.
Kaschau, Kasch.-Oderbg. 34.
Theissbahn 28.
Ungar. Nrdostb. 39.
Kasinka, Russl. Grjäsy-Jelets V 25, 6.
Katerinowka, Russl. VI 37, 28.
Katherinen, Russl. III 11, 8.
Katrineholm, Schweden Stsb. 15.
Kattenfenne, Köln-Minden 70b.
(Kattern), Oberschlesische 2.
*Kattowic*, P Kais. Franz Josefb. 31.
Kattowitz, Oberschles. 25 u. (Wilhelmsb.) 98.
°Katzendorf, Ungar. Ostb. 27.
Kaub, siehe Caub.
*Kaulsdorf* P, Preuss. Ostb. 1a.
Kaufbeuern, Bayer. Stsb. 18. (P.-u. B.-Verw.)
Kausala, Russl. III 10, 23.
Kautenbach, Luxemb. Wilhelmsb. 26.
Kecskemet, Oest. südöstl. Stsb. 146.
Kefermarkt, Kais. Elisabethb. 73.
Kegel, Russl. III, 11, 3.
Kehl, (Strassburg.) Badische Staatsb. 157. (P.-u. E.-Amt.)
(Kellerberg), Westfälische 29.
Kellmünz, Bayer. Stsb. 210.
Kelsterbach, Hess. Ludwigb. 33.
Keltsch, Rechte Oderuferb. 19.
°Kemecse, Ungar. Nordostb. 45.
Kemmelbach, Kais. Elisabethb. 18.
Kemnath, Bayer. Ostb. 77.
Kemnitz (Alt-), Ndrschl.-Märk. 47. Schles. Gebirgsb.
°Kempen, Breslau-Warschau 6.
Kempen, Rheinische E. 67.
Cref.-Kr. Kempen 7.
*Kemps (Klein-)* P, Bad. Stsb. 50. Billb.
Kempten, Bayer. Stsb. 11. (P.-u. B.-Amt.)
Kempten Hess. Ludwigsb. 53.
Kemptthal, Schwz. Nordostb. 2, 14.
Kenzingen, Bad. Stsb. 35. (P.- u. E.-Exp.)
Kereesztes (Mezö-), Theissbahn 42.
Keresztur, Pressb.-Tyrnau 12.
Keresztur (Bodrog-), Ungar. Nordostb. 22.
Keresztúr (Czaba-), Ungar. Stsb. 4.
Kerhuon, Franz. Westb. 3, 165.
Kerkerbach, G Nassauische 31a.
Kermpt, Belg. Gr. Centr. 2, 19.
Kerschbaum, Kais. Elisabethb. 68. Linz-Budweis.
Korwo, Russland III 10, 33.
Kesswell, Schweiz. Nordostb. 2, 67.
Kestenholz, Elsass-Lothr. 124.
Kestert, Nassauische Stsb. 15.
Keszthely, Oesterr. Südb. 120.

Kétegyháza, Theissbahn 34.
(Kettenheim), Hess. Ludwigsb. 43.
°Kettwig, Berg.-Märkische 123. (Ruhrthalbahn.)
Kevelaer, Rheinische E. 71.
Kiefersfelden, Bayer. Stsb. 182.
Kiel, Altona-Kiel 33.
Kielau, Berlin-Stettin 36.
Kieltsch, s. Keltsch, R. Oderufb. 9.
Kieritzsch, Sächs. Stsb. 86. (B.-Insp.)
Kiesen, Schweiz. Centralb. 1, 45.
Kiew, {Russl. Kiew-Brest-L. VI 33, 1. / » Kursk-Kiew VI 35, 21.
Kihl, Schwed. Staatsb. 89.
Kikinda (Nagy-), Oesterr. Stsb. 158. (Südöstl. Linie.)
Kilchberg, Württemb. Stsb. 136. (Killwangen), Schweiz. Nordostb. 2, 22.
Kilsmo, Schweden Staatsb. 17.
Kindberg, Oesterr. Südb. 37.
Kineschma, Russland V 16, 9.
Kjöge, Dänemark, Seel. K. 2, 66.
*Kippenheim*, P Bad. Stsb. 32. (P.- u. E.-Exp.)
Királyháza, Ungar. Nordostb. 14.
Kiralytelek, Theissbahn 15.
(*Kirchbichl*), Oesterr. Südb. 209. (Tyroler Linie.)
Kirchen, Köln-Minden 62. Deutz-Giessen.
Kirchenlaibach, Bayer. Ostb. 78.
Kirchentellinsfurt, Wrtbg. Stb. 134.
Kirchdrauf, Kaschau-Oderb. 28.
Kirchhain, Main-Weserb. 10.
Kirchheim, P Bad. Stsb. 4. bei Heidelberg. (Billetb.)
(Kirchheim), Bad. Stsb. 121. bei Würzburg. Billet-Ausg.-Bur.
Kirchheim, Elsass-Lothr. 148.
Kirchheim am Neckar, Württemb. Staatsb. 54.
Kirchheim u. Teck, Würtbg. 153. (Kirchheimer Privatb.)
Kirchhorsten, Hannover. Stsb. 46.
Kirchlengern, Hannov. Stsb. 52.
Kirchseeon, Bayer. Stsb. 152.
Kirchstetten, Kais. Elisabethb. 9.
Kirn, Rhein-Naheb. 36.
°Kirnach, Bad. Stsb. 171.
Kirsanow, Russl. V 22, 8.
Kis-Bér, Oesterr. Südb. 139.
Kischenew, Russl. VI 32, 53.
Kis-Kapus, Ungar. Ostb. 21.
Kis-Keszi, Ungar. Westb. 30.
•Kis Korpád, Báttaszék-Domb. 9.
Kis-Ladna, Kaschau-Oderb. 32.
Kis-Majthény, Ungar. Nordostb. 6.
Kis-Bér, Oesterr. Südb. 139.
Kissingen, Bayer. Stsb. 285.
Kisslegg, Württemb. Stsb. 193.
Kistelek, Oestr. (südöstl.) Stsb. 150.
Kis-Terenne, Ungar. nördl. Stsb. 14.
Kis-uj-szállás, Theissb. 6.
Kis-Unyom, Ungar. Westb. 14.
Kisutza-Neustadt, Kaschau-Oderb. 8.
Kitzingen, Bayer. Stsb. 176. (P.-und B.-Verw.)
Kjöge, Dänemark Seel. K. 2, 66.
Kjubi, Russl. III 10, 21.
Kladno, Buschtěhrader 51.
Kladrau (Mies-), K. Fr. Josb. 42.
Kladrub, Oestr. (nördl.) Stsb. 40.
Klaeden, Magdeb.-Halberst. 65.
Klagenfurt, {Kronpr. Rudlfb. 46. / Oesterr. Südb. 166.
Klamm, Oesterr. Südb. 29.

Klampenborg, Dänemark, Seel. B. 61.
(Klardorf), Bayer. Ostb. 28.
Klausen, Oesterr. Südb. 229.
Klausenburg, Ungar. Ostb. 10. (Grosswardein-Klausenburg.)
*Klay* P, Galiz. Carl-Ludwgsb. 6.
Kleblach-Lind, Oestr. Südb. 182.
Kledering, Oesterr. Stsb. 88. (Schwechat-)
Kleestadt, Hess. Ludwigsb. 69.
Kleinblittersdorf, Saarbrücker 24.
Kleinen, Friedr. Franzb. 5.
Kleinenbroich, Berg.-Märk. 15. (Aachen-Düsseldorf.)
Klein-Furra, Nordhausen-Erf. 3.
Klein-Gnie, Preuss. Ostb. 95.
Klein-Hermanic, K.-F.-Josefb. 60.
Klein-Kalm, Dux-Bodenbach 5.
Kleinkems, P Badische Stsb. 50. (Billetb.)
Klein-Lassowitz, RchteOdrfrb. 13.
Kleinmünchen, Kais. Elisabb. 27.
Klein-Ostheim, Frankf.-Hanau 9.
Klein-Rederchingen PH*, Elsass-Lothr. 36b.
Klein-Reifling, Kronpr. Rudlfb. 9.
Klein-Sarau, Lübeck-Büchen 3.
*Kleinschirma* P, Sächs. Stsb. 58.
Kleinskal P, Süd-Nordd. Verb. 16.
Klein-Stanisch, RechteOderufb. 38.
*Kleinsteinbach* P, Bad. Stsb. 144a.
Klein-Umstadt, Hess. Ludwgsb. 82. (Kleestadt-)
Klein-Winternheim, Hess.-Ludwigsbahn 87.
Klein-Zell, Ungar. Westb. 9.
Klengen, Badische Stsb. 187.
Kliecken, P Berlin-Anhalt 28.
Klin, Grosse Russische II, 93.
Klingenberg- Sächs. Stsb. 54. (Colmnitz.) (Dresden-Chemnitz.)
Klitzschmar, Halle-Sorau-Gub. 2b.
Klösterle, Buschtěhrader 35.
Klomnice, Warschau-Wien I, 15.
Klopschen, Niederschl. Zwgb. 2.
(Klosterbuch), Leipzig-Dresd. 27.
Klosterneuburg, Kais. Fr. Josefb. 3.
Klosterthor, Berlin-Hamb. 30. (Hamburg)
(Kluse-Dörpen), Westfäl. E. 31.
°Knauthayn, Thüringische E. 75.
*Kniaže* P, Gal. Carl-Ludwigsb. 37.
Kniebingen P, Bad. Stsb. 203. (B.-A.-Bur.)
Knittelfeld, Kronpr. Rudolfb. 22.
Knöringen, Pfälz. Maxb. 38.
Knonau, Schweiz. Nordostb. 2, 51.
Kobbelbude, Preuss. Ostb. 48.
Kobeliaki, Russl. VI 36, 12.
°Kobelnica, Oberschlesische 141.
Kobier, Rechte Oderuferb. 34.
Koblenz, Schweiz. Nordostb. 2, 60.
» siehe auch C.
Kochendorf, Württemb. Stsb. 59.
Kochma, Russl. Schuja-Iwanowo V 16, 4.
Kocsárd, Ungar. Ostb. 14.
Kodima, Russl. Südwestb. VI 37, 17.
Köbölkut, Oestr. (südöstl.) Stsb. 128.
Köflach, Graz-Köflach 11.
Koekange, Niederl. Stsb. 2, 49a.
Köln, siehe C.
°König, Hess. Ludwigsb. 77.
Königgrätz, Süd-Nordd. Vbd. 3.
Königinhof, Süd-Nordd. Vbd. 8.
(Königsbach), Bad. Stsb. 146. (B.-A.-Bur.)

Königsberg, {Preuss. Ostb. 50. / Ostpr. Südb. 8 u. 9.
Königsberg-Maria Kulm, Buschtěhrader 47.
Königsbronn, Würtbg. Stsb. 123.
Königsdorf, Rheinische 11.
Königshain, Süd-Nordd. Vbdg. 29.
Königshofen, Bad. Stsb. 115. (P.- E.-Exp.)
(Königshofen) PH*, Elsass-L. 71.
Königshütte, Oberschlesische 24.
Königslutter, Braunschw. 42.
Königstein, Sächs. Stsb. 9. (B.-Insp.)
Königswald, Dux-Bodenbach 4.
Königswalde, Sächs. Staatsb. 80.
Königswart, Kais. Fr. Josefb. 46.
Königswinter, Rheinische E. 106.
Königs-Wusterhausen, Berlin-Görlitz 3.
Königszelt, Breslau-Freiburg 7.
°Könitz, Thüringische E. 69.
Köping, Schweden 167.
°Körmend, Ungar. Westb. 15.
Körmigk, × Magdb.-Halberst. 35.
Körös, Oestr. (südöstl.) Stsb. 145. (Nagy-)
Kösen, Thüringische 13.
Köstendorf, Neumarkt, } Kais. Elisabethb. 43.
Köstritz, Thüringische 30.
Kötschau, Thüringische 20.
(Kötschenbroda), Lpzg.-Dresd. 17.
(Kogenheim), Elsass-Lothr. 79.
Kogubejewka, Russl. VI 36, 17.
Kohlfurt, Niederschl.-Märk. 26.
Kohlscheidt, × Berg.-Märkische 4.
Kojetein, Kais. Ferd. Nordbahn 30.
Kojetitz {Oestr. Nordwestb. 20. / Turnau-Kr.-Prag 14.
Kokenhusen, Riga-Dünaburg IV, 10.
Kolberg, siehe C., Berlin-Stettin.
Kolbermoor, Bayer. Stsb. 266.
Kolding, Dänemark, Jütl. E. 3.
Kolin, {Oestr. nördl. Stsb. 42. / Oester. Nordwstb. 35.
Kolomea, Lemb.-Czernow. 16.
Kolomna, Russl. Mosk.-Rjäsan V 18, 9.
Kolontajewka, Russl. VI 32, 5.
Kolontajewka, Russl. Kursk-Kiew VI 35, 5.
°Kolos, Ungar. Ostb. 12.
Koloschka, Grosse Russische II, 108.
Koloszvár (Klausenburg), Ungar. Ostb. 10.
Kolpino, Grosse Russische II. 62.
Koltwitz, Oesterr. Nordwestb. 66.
Koluszki, {Warschau-Wien I, 9. / Russl. Lodzer E. I, 34.
°Komancza, Ungar.-Galiz. E. 12.
Komárváros, Oesterr. Südb. 119.
Komorau, P Kais. Ferd. Nordb. 62.
Komotau {Aussig Teplitz 16. / Buschtěhrader. 24. / °Dux-Bodenbach 18.
°Kongsberg, Norwegen 249.
Kongsvinger, Norwegen 1, 218.
Konitz, Preuss. Ostb. 80.
Konolfingen, Schwz. Bern. Stsb. 4, 16.
Konop P, Siebenbürger 5.
Konotop, Russl. Kursk-Kiew VI 35, 12.
Konstadt, Rechte Oderuferb. 10.
Konstantinowka, Russl. V 30, 24.
Kopenhagen, Dänemark, Seel. E. 50.
Kopreinitz, Ungar. Stsb. 58.
Korablino, Russl. Rjäsan-Koslow V 19, 6.
Korenewo, Russl. (Kursk-Kiew) VI 35, 6.
Kork, Bad. Stsb. 156. P.-u. E.-Exp.

Korneuburg, Oestr. Nordwestb. 4.
Kornthal, Württemb. Stsb. 196.
Kornwestheim, Würtbg. Stsb. 13.
Korschen, Ostpreuss. Südb. 17.
Korschen, Preuss. Ostb. 91.
Korsnäs, Schweden 8, 160.
Korsör, Dänemark, Seel. E. 57.
Korsovka, Petersb.-Warschau II, 20.
Korsuna, Russl. V 30. 26.
Korszow, Lemb.-Czern.-Jassy 15.
Koschanka, Russl. VI 33, 5.
Kosel, Oberschlesische 13.
°Koskócz, Ungar.-Galiz. E. 16.
Koslowa-Ruda, Petersb.-Warschau II, 58.
Koslow, {Russl. Rjäs.-Kosl. V 19, 11. / Kosl.-Woronesch V 24, 1. / Koslow-Tambow V 27, 1.}
Kosmodemiansskoe, Russl. Moskau-Jarosl. V 17, 10.
Kostel, Kais. Ferd. Nordb. 49.
Kosteletz, Süd-Nordd. Vbdg. 25.
Kosten, Dux-Bodenbach 10.
Kosten, Oberschlesische 45. (Breslau-Glogau.)
Koswig, siehe C., Berlin-Anhalt.
Kothmaissling, Bayer. Ostb. 65.
Kotomierz, Preuss. Ostb. 28.
Kottori, Oesterr. Südb. 117.
(Kottingbrunn), Oesterr. Südb. 17.
Kottwitzsch, Sächs. Staatsb. 112.
Kotun, Warschau-Terespol I, 43.
Kowiagi, Russl. VI 36, 20.
Kowal, Warschau-Bromb. I, 29.
Kowno, Petersb.-Warschau II, 56.
Kowrofi, Petersb.-Warschau II, 113.
°Kozma, Ungar. Nordostb, 36.
Krabbendijke, Niederl. Stsb. 2, 83.
Krainburg, Kronpr. Rudolfsb. 55.
Krajowa, Türkei, Rum. E. 2, 32.
Krakau, {Galiz. C. Ldwgb. 1. / Kais. Ferd. Nrdb. 41.}
Kraljevec, Oesterr. Südb. 116.
Kralován, Kaschau-Oderb. 14.
Kralup, {Buschtěhrader 57. / Oestr. nördl. Stsb. 53. / Turnau-Kralup. 1.}
Kranenburg, siehe Cranenburg.
Kranichsfeld, Oesterr. Südb. 58.
Krasne, Galiz. C. Ldwgsb. 33.
Krasnoje, Russl. Kursk-Kiew VI 35, 10.
Krasnoje-Selo, Petersb.-Peterhof III, 5a.
Krasnopawlowka, Russl. V 30, 16.
Krasnoslobodsk, Russl. V 23, 7.
Krassowa, Oesterr. Stsb. 182.
Kratzau, B.-I. Sächs. Stsb. 42.
•Krauchenwies, Bad. Staatsb. 198.
°Krauthausen, Berg.-Märkische 148.
(Kręzsce), Warschau-Wien I, 6a.
Kreibitz-Neudörfl, Böhm. Nrdb. 14.
Kreiensen, {Braunschweig 5. / Hannover. Stsb. 79.}
Krementschug, Russl. VI 36, 8.
•Kremnitz, Ungar. Staatsb. 26.
Krems, Graz-Köflach 7.
Křenowitz, Kais. Ferd. Nrdb. 72.
Kreslawka, Russl. Dünab.-Witebsk IV, 21.
Kressnitz, Oesterr. Südb. 73.
Krestnikowo, Grosse Russische II, 114.
Kreutz (Gr.-), Berl.-Potsd.-Mgdbg. 8.
Kreutzburg, Russl. Riga-Dünaburg IV, 12.
Kreuz, {Oberschlesische 54. (Stargard-Posen.) / Preuss. Ostb. 19.}
Kreuz, Ungar. Stsb. 60.
Kreuzburg, Rechte Oderuferb. 11.
Kreuzlingen, Schweiz. Nordost. 2, 71.
Kreuznach (Stadt), Rh.-Naheb. 29.
» (Bad), Rhein-Naheb. 30.
Kreuzstetten, Oesterr. Stsb. 6.

Kreuzthal s. C. Berg.-Märk. 79.
Kreuzung b. Fürth, Bayer. Stsb. 113.
(Krezce), Warschau-Wien I, 6a.
Krieglach, Oesterr. Südb. 35.
°Kriegsdorf, M.-Schl.-Centralb. 8.
ᴾKrima-Neudorf Buschtěhr. 27.
Krippen, Sächs. Staatsb. 10. (B.-Insp.)
Krischopol, Russl. VI 32, 19.
(Kritzendorf), Kais. Fr. Josefb. 4.
Krjukowo, Russl. Kursk-Charkow V 30, 6.
Krjukowo, Russl. Petersb.-Moskau 95.
Krivádia, Siebenbürger 21.
Krivány, Ungar. nördl. Stsb. 20.
Kriwomusginskaja, Russl. V 27, 5.
°Kröderen, Norwegen 251.
Krojanke, Preuss. Ostb. 76.
Kromau, Oesterr. Stsb. 16.
Krommenie, Niederl. (Holländ.) 5, 26.
Krompach, Kaschau-Oderb. 29.
Kronach, Bayer. Stsb. 219. (B.-Exp.)
Kronau, Kronpr. Rudolfsb. 61.
(Kronheim), Bayer. Stsb. 38.
°Kronstadt, Ungar. Ostb. 33.
Kronweiler, Rhein-Nahebahn 39.
Kroscienko, Ungar.-Galiz. 5.
Krossen, s. Crossen, Thüring. 29.
Krottendorf-Ligist, Graz-Köflach 6.
Krozingen, Badische Stsb. 42. (Post- und Eisenbahn-Exp.)
Kruh, Oestr. Nordwestb. 62.
Kruiningen, Niederl. Stsb. 2, 84.
Krumau, Kais. Elisabethb. 80.
Krummnussbaum, K. Elisabb. 17.
Krumpendorf, Oesterr. Südb. 167.
Krupa, Buschtěhrader 16.
Krutaja, Russl. V 27, 3.
Kruty, Russl. (Kursk-Kiew) VI 35, 15.
Krynki, Russl. Witebsk-Orel IV, 31.
Krzeszowice, K. Ferd. Nordb. 39.
Krzizanowitz, Oberschlesische 72. (Wilhelmsb.)
Kubinskaja, Russl. V 31, 3.
Kubschütz, P Sächs. Stsb. 23.
Kuchelbad, P Böhm. Westb. 21.
Kučzurmare, Lbg.-Czern.-Jassy 23.
•Köllenberg, Oesterr. Südb. 89a.
Künsdorf, Oesterr. Südb. 164. (Kärnthnerbahn.)
Küpfern, (Weyer-) Kronpr. Rudolfsb. 8.
Küppersteg, Köln-Minden 4.
Küps, Bayer. Stsb. 218.
(Kürth), Oesterr. Stsb. 126.
Kufstein, {Bayer. Stsb. 208. (B.-Amt.) / Oesterr. Südb. 208. (Tyroler Linie.)}
Kuilenburg, Niederl. Stsb. 2, 95.
Kukus P, Süd-Nordd. Vbdg. 7.
(Kukuteni), Lemb.-Czern.-Jassy 38.
Kuliki, R. Rjäschk-Morschansk V 21, 6
Kulikowo, Russl. VI 32, 1.
Kulitzkaja, Russl. (Petersb.-Mosk.) II, 88.
Kulm, Dux-Bodenbach 6.
Kumla, Schweden Staatsb. 46.
Kundl, Oesterr. Südb. 211. (Tyroler Linie.)
Kunersdorf (Neu-) Märk.-Posen. 16.
Kungsgården, Schweden 8, 156.
Kunst-Schacht, Sächs. Stsb. w.
(Kunzendorf), {K. Ferd. Nordb. 88. (Ostrau-Friedland)}
Kupfer, Württemb. Stsb. 77.
ᵇKupferberg, Buschtěhrader 30.
Kupferdreh, × Berg.-Märkische 65

Kuppenheim, Bad. Stsb. 213. (Rastatt-Gernsb.)
Kuprino, Russl. Witebsk-Orel IV, 35.
Kursk, Russl. {Moskau-Kursk V 29, 25. / Kursk-Charkow V 30, 1. / Kursk-Kiew VI, 35, 1.}
Kurtenhof, Russl. Riga-Dünab. IV, 5.
Kurtics, Theissbahn 36.
Kuskowo, Russl. (Petersb.-Warsch.) II, 98.
Kusminka, Gr. Russ. (Petersb.-Mosk.) II, 80.
Kusnitza, Petersb.-Warschau II, 47.
Kustendje, Türkei (Tschernow.-K.) 5, 1.
Kutno, Warschau-Bromb. I, 27.
Kutschuk Tschekmedsché, Türkei 6, 4.
Kutschurgan, Russl. VI 32, 47.
Kuttenberg, Oesterr. Nordwestb. 34
Kuttenthal, Turnau-Kral.-Prag 6.
Kvaal, Norweg. Stsb. 267.
Kyllburg, Rheinische E. 32.

## L.

Laa, Oesterr. Stsb. 11.
°Laaber, Bayr. Ostb. 100.
Laak (Lack), Kronpr. Rudolfsb. 54.
Laakirchen, Kais. Elisabethb. 60.
Laase, Oesterr. Südb. 74.
(Laband), Oberschlesische 16.
Labarre, Paris-Lyon-M. 5, 193.
L'Abeele, Belg. Société 5, 304.
Laberweinting, Bayer. Ostb. 15.
Labes, Berlin-Stettin. 18.
La Bohalle, Frans. Orléansb. 4, 135.
La Bonneville, Frans. Westb. 4, 57.
La Bourse, Frans. Orléansb. 4, 152a.
La Brélitière, Frans. Westb. 3 n, 7.
La Buissière, Belg. Nordb. 4, 250.
Lachamp-Condillac, Paris-Lyon-M. 5, 96.
La Chapelle, Frans. Nordb. 1, 204.
La Chapelle-Anthenaise, F. Westb. 3, 134.
La-Chapelle-aux-Bois, Franz. Ostb. 2, 236a.
La Chapelle-s.-Loire, Orléansb. 4, 127.
La Chapelle-St.-Mesmin, Orléansb. 4, 26.
Lachlia, Russl. III 10, 24.
La Ciotat, Paris-Lyon-M. 5, 135.
La Clinge, Belg. Mal.-Terneuzen 6, 359.
La Cornia, Ital. Röm. II, 21.
La Couronne, Frans. Orléansb. 4, 70.
La Croisière, Paris-Lyon M. 5, 102.
La Croyère, Belg. Stsb. 1, 146.
°Ladámos, Ungar. Ostb. 41.
Ladány (Püspök-), Theissb. 8.
Ladenburg, Main-Neckarb. 15.
Ladendorf, Oesterr. Staatsb. 7.
Ladna (Kiss-), Kaschau-Oderb. 32.
Laeken, Belg. Stsb. 1, 41d.
Laer, Berg.-Märk. 108.
Läufelfingen, Schweiz. Centralb. 1, 9.
La-Farlède-la-Crau, Paris-Lyon-M. 5, 148.
La Fère, Französ. Nordb. 1, 55.
La Ferté-Bernard, Fr. Westb. 3, 118.
La Ferté-Bourbonne, Franz. Ostb. 2, 110.
La Ferté-sous-Jouarre, Französ. Ostb. 2, 14.
La-Ferté-Macé, Frans. Westb. 3. n, 2.
La Flèche, Franz. Orléansb. 4, 270.
La Fresnais, Frans. Westb. 3, 177.
La Garde, Paris-Lyon.-M. 5, 141.
(Laggenbeck), Hannover. Stsb. 60.
Lagmansholm, Schwed. Stsb. 34.
Lagnasco, Italien (Ober-) I, 377.
Lagny-Thorigny, Französ. Ostb. 2, 9.
La Gouesnière-Cancale, Fr. Westb. 3, 178.
La Grand-Croix, Ober-Italien, I, 471.
La Grave-d'Amb, Fr. Orléansb. 4, 84.
La Guierche, Frans. Westb. 3, 202.
Lahnstein, s. Ober-Lahnstein.
Lahr, Bad. Stsb. (E.-Exp.) 205.
Lahtis, Russl. Petersb.-Riih. III, 3, 25.
La Hutte, Frans. Westb. 3, 207.
Laibach, {Oesterr. Südb. 76. / Kronpr. Rudolfsb. 61.}
Laiblach, Vorarlberger E. 1.
La Joux, Paris-Lyon-M. 5, 262.
Laigle, Frans. Westb. 3, 235.
Laigle-St. Gervai, Fr. Orléansb. 4, 120.
Laigueglia, Ober-Italien I, 141a.
Lalendorf, Friedr. Franzb. 12.
La Levade, Paris-Lyon-M. 5, 103a.

La Londe, Franz. Westb. 2, 35.
La Loupe. Franz. Westb. 3, 118.
La Louvière, Belg. Stab. 1, 147.
Laissey, Paris-Lyon-M. 5, 186.
Lamanon, Paris-Lyon-M. 5, 111b.
Lambach, Kais. Elisabethb. 33.
» (Alt-), Kais. Elisabethb. 56. (Lambach-Gmunden.)
Lamballe, Franz. Westb. 3, 151.
Lambert (St.), Belg. Gr. Centr. 2, 108.
Lambrecht, Pfälz. Ludwigsb. 10.
La Meauffe, Franz. Westb. 3, 83.
La Ménitré, Franz. Orléansb. 4, 133.
Lamhult, Schwed. Südb. 62.
La Milesse, Franz. Westb. 3, 125.
Lamothe, Französ. Midi 6, 14.
LaMothe-Achard, Frankr. Vendéeb. 7, 2.
Lamouilly, Französ. Ostb. 2, 170.
Lana (Stochov), Buschtěhrad. 12
Lanaeken, Aachen-Mastricht 9.
Lancenigo, Italien, (Ober-) I, 14.
Łańcut Galiz. C. Ludwigsb. 17.
Landau, Pfälz. Maxb. 39.
Landeghem, Belg. Stab. 1, 56.
Landelies, Belg. Nord 4, 246.
Landen, Grand Centr. (Aachen-Mastr.) 19. / Belg. Stab. 1, 12. / Belg. Société 5, 380.
Landerneau, Französ. Orléansb. 4, 193. / Französ. Westb. 3, 164.
Landeron, Schweiz. Westb. 5, 68a.
Landeshut, Niederschl.-Märk. 59.
Landévant, Franz. Orléansb. 4, 184.
Landivisiau, Franz. Westb. 3, 163.
Landquart, Verein. Schweizerb. 3, 31.
Landrecies, Französ. Nordb. 1, 78.
Landsberg, Berl.-Anhalt. 16.
» a. d. W., Preuss. Ostb. 13.
Landscauter, Belg. Stab. 1, 171.
Landshut, Bayer. Ostb. 10.
S. dagegen Landeshut, Niederschl.-Märk.
Landskron, Oestr. (nördl.) Stsb. 84.
Landskrona, Schweden 6, 137,
Landstuhl, Pfälz. Ludwigsb. 5. / » Nordb. 54a.
Landvaux, Verein-Schweizb. 3, 31.
Landwarow, Petersb.-Warschau II, 35.
Laneffe, Belg. Gr. Centr. 2, 105.
Langaa, Dänemark, Jütl. E. 35.
Langeac, Paris-Lyon-M. 5, 293.
Langeais, Franz. Orléansb. 4, 125.
Langebrück, Sächs. Stsb. 15.
°Langelsheim, Magdeb.-Halberst. 80
Langen, Main-Neckarb. 3.
Langenau, Böhm. Nordb. 9.
Langenbach, Bayer. Ostb. 7.
Langenberg bei Steele, Berg.-Märk. 63.
(Langenberg in Sachsen.) Leipzig.-Dresd. 13.
Langenbruck, Süd-Nordd. Vbd. 31.
Langenbrücken, Bad. Stsb. 8. (P.- u. E.-Exp.)
Langendreer, ⨯ Berg.-Märk. 102.
Langenfeld, Bayerische Stab. 171.
Langenfeld, Köln-Minden 5.
Langenkandel, Pfälz. Maxb. 44.
Langenlebarn P, K. Fr. Josefb. 6.
Langenleuba, Sächs. Staatsb. 114.
Langenlonsheim, Rhein-Naheb. 28
Langenöls, Niederschl.-Märk. 44. (Schles. Gebirgsbahn.)
Langensalza, Thüringische 37.
Langenschemmern, Wrtb. Stsb. 40.
Langenselbold, Bebra-Hanau. 16.
Langenthal, Schweiz. Centralb. 1, 79.
Langenwang, Oesterr. Südb. 34.
Langenweddingen, Mgdb.-Hlbst. 3.
Langenzem, Bayer Stsb. 167a.
Lang-Enzersdorf, K. Frd. Nrdb. 43. / Oestr. Nordwb. 3
Langerbrugge, Belg. Société, 5, 372.
Langerwehe, Rheinische 7.
Langeskov P, Dänemark. Jütl. E. 17a.
Langeweg, Niederl. Stsb. 2, 74.
Langfuhr, Berlin-Stettin 39.
Langgöns, Main-Weserb. 15.
(Langlau), Bayer. Stab. 40.
Langmeil, Pfälz. Alsenzb. 67.
Langnau, Bern. Stsb. 4, 20.
Langogne, Paris-Lyon-M. 5, 294.
Langon, Französ. Midi 6, 12.
Langreo (Sama de), Spanien 30.
Langres, Französ. Ostb. 2, 106.
Langschede, Berg.-Märk. 114.
Langsdorf, Oberhessische 19.
Langstadt, Hess. Ludwigsb. 81.
Langwedel, Hannov. Stsb. 31.
Lanschütz, Oesterr. Stsb. 114. (Südöstliche Linie.)
Lanskaja, Russl. Finnl. E. III 10, 2.
Lanslebourg, Italien, Mont-Cenisb. I, 472.
Lanzendorf-(Pellendorf,) Oesterr. Stsb. 89. (Wien-Raab.)
Laon, Französ. Nordb. 1, 57, u. 157. / Französ. Ostb. 2, 141.
La Paix, Belg. Stsb 1, 148.
La Palud, Paris-Lyon-M. 5, 101.
La Penne, Paris-Lyon-M. 5, 131.
La Pinte, Belg. Stsb. 1, 85. / Belgien, Société 5, 345.
La Planche, Belg. Grand Centr. 2, 62.
La Pointe, Franz. Orléansb. 4, 138.
La Pomme, Paris-Lyon-M. 5, 128.
La Possonnière, Franz. Orléansb. 4, 140.
Lappila, Russl. Petersb.-Rihi. III 10, 27.
La Preele, Franz. Orléansb. 4, 244.
Laptewo, Russl. Mosk.-Kursk V 29, 9.
Lapy, Petersb.-Warschau II, 46.
Lardy, Franz. Orléansb. 4, 13.
La Reid, Luxemb. Wilhelmsb. 38.
Laren, Niederl. Stsb. 2, 22.
La Rivière-Thibouville, Fr. Westb. 3, 41.
La Robla, Spanien 20, 152.
La Roche, Belg. Grand Centr. 2, 62.
La Roche, Frankr. Fougèresb. 3 n, 3.
La Roche-Chalais-St.-Aigulin, Französ. Orléansb. 4, 75.
La Roche, Paris-Lyon-M. 5, 25.
La Rochelle, Franz. Orléansb. 4, 206.
La Roche s. Yon, Frankr. Vendéeb. 7, 3
La Roda, Spanien 16, 139.
La Rotta, Ital. Röm. II. 8.
La Sambre, Belgien Gr. Centr 2, 99.
Lasarewo, Russl. (Moskau-Kursk) V 29, 12.
La Sarraz, Schweiz Jougneb. 7, 2.
La Selle, Frankr. Westb. 3 n, 8.
La Seyne, Paris-Lyon-M. 5, 139.
Lasowaja Russl. V 30, 17.
Laskafalva, Alföldbahn 28a.
Laskowitz, Preuss. Ostb. 30.
Lassee, Oesterr. Staatsb. 108.
•Lassnitz, Ungar. Westb. 23.
Lassowitz, Rechte Oderuferb. 12.
La Suze, Franz. Westb. 3, 189.
Laterina, Ital. Röm. II, 51.
Lathen, Westfäl. Eisenb. 30.
(La Tour de Peilz), Schw. Westb. 5, 20.
La Tour du Pin, Paris-Lyon-M. 5, 253.
Latrecey, Franz. Ostb. 2, 263.
La Tricherie, Franz. Orléansb. 4, 32.
Lauban, Niederschles.-Märk. 43.
Laubenheim, Hess. Ludwigsb. 2.
Lauchheim, Württemb. Stsb. 116.
Lauda, Badische Stsb. 116. (P. u. E.-Exp.)
Laudenbach, Württemb. Stsb. 96.
Lauenburg, Berlin-Hamburg 26.
Lauenburg, Berlin-Stettin 32.
Lauf, Bayer. Ostb. 42.
Laufach, Bayer. Stsb. 101.
Laufenburg, Bad. Stsb. 64 u. 65. (P.- u. E.-Exp.)
Lauffen, Württemb. Stsb. 55.
Launois Franz. Ostb. 2, 149.
Launsdorf, Kronpr. Rudolfb. 34.
Laupheim, Württemb. Stsb. 38.
Laura, Italien, Römische 2, 144.
Laurahütte, Oberschles. E. 102. / Rechte Oderuferb. 28.
Laurberg, Dänemark, Jütl. E. 34.
Laurenburg, Nassauer Stsb. 25.
St. Laurent St. Julien, Frankr. Medoc 9, 6
Lausanne, Schweizer-Westb. 5. 15.
Lausen, Schweiz. Centralb. 1, 6.
°Lautenthal, Magdeb.-Halberst. 82.
*Lauter* P, Bayer. Stsb. 145.
(*Lauter*), G. St. Sächs. Staatsb. 171
Lauterbach, Oberhessische E. 13.
Lauterberg, (Scharzfeld-) Hannov. Stsb. 91.
Lautrach, Vorarlberger E. 3.
Lautzkirchen, (Blieskastel-) Pfälz. Ludwigsb. 30. (St. Ingbert Zwgb.)
Lavagna, Ober-Italien I, 119.
Laval, Franz. Westb. 3, 138.
La Vancelle, Elsass-Lothr. 126.
La Varvette-T., Paris-Lyon.M. 5, 226.
La Veuve, Franz. Ostb. 2, 185.
Laveline, Franz. Ostb. 2, 310.
Laven, Dänemark, Jütl. E. 56.
La Verrerie, Frankr. Ostb. 2 x, 314.
Laverriere, Franz. Westb. 3, 103.
Lavino, Ober-Italien I, 175.
Lavis, Oesterr. Südb. 239. (Tiroler Linie.)
Laxå, Schwed. Stsb. 21.
Laxenburg, Oesterr. Südb. 11.
Łazisk, Mittel- Oberschlesische 88 (Wilhelmsb. K. St.) / Rechte Oderuferb. 41.
Łazy, Warschau-Wien I, 20.
Lazzaro, Italien, Calabrien IV, 46.
Leberau, Elsass-Lothr. 127.
Le Breuil-Blangy, Franz. Westb. 3, 86.
Lebring, Oesterr. Südb. 52.
Lebus, Preuss. Ostb. 70.
Le Campinaire, Belg. Stsb. 1, 139.
Le Coteau, Paris-Lyon-M. 5. 279.
Lecce, Italien. Südb. III, 78.
Lecco, Ober-Italien I, 426.
Le Dorat, Franz. Orléansb. 4, 232.
Leerberg, Dänemark, Jütl. 33a.
Lede, Belg. Stsb. 1, 50.
Leer, Oldenb. Stab. 16. / Westfälische E. 35.
Leer, Norweg. Stsb. 266.
Lees, Kronpr. Rudolfb. 58.
Leeuwarden, Niederl. Stsb. 2, 5.
Le Fidelaire, Franz. Westb. 3, 258.
Legelshurst, P Bad. Stsb. 155. (Billetb.)
Le Genest, Franz. Westb. 3, 137.
Legenye-Mihályi, Ungar. Nordostb. 35. / Ungar.-Galiz. 25.
Leger (St.)-Boissy, Franz. Westb. 3, 37.
Legnano. Ober-Italien I, 410.
Le Got, Franz. Orléansb. 4. 217.
Legrad, Oesterr. Südb. 250.
°Lehotka (B.-), Ungar. Stsb. 25.
Lehrberg, Bayer. Stsb. 153.
Lehrte, Hannov. Stab. 3. / Mgdb.-Halberst. 64.
Leibnitz, Oesterr. Südb. 53.
Leichlingen, Berg.-Märkische 93.
Leiden, Niederland. (Holl. E.) 5, 7.
Leinefelde, Magdeb.-Leipzig 32 / Thüringische 42.
Leipa (B.-), Böhm. Nordb. 8.
Leipheim, Bayer. Stsb. 106.
Leipnik, Kais. Ferd. Nordb. 20.
Leipzig, Berlin-Anhalt 41. / Leipzig-Dresden 1. / Magdeburg-Leipzig 14. / Sächs. Stsb. 83 (B.-Insp.) / Thüringische 22.
Leisewitz, Oberschlesische 3.
Leisnig, Leipzig-Dresden 26.
Lekenik, Oesterr. Südb. 150.

Le Luo et le Caun, Paris-Lyon-M. 5, 150.
Le Mans, {Frans. Westb. 3, 124. / Frans. Orléansb. 4, 122.}
Lembecq, Belg. Stsb. 1, 102.
Lemberg, Elsass-Lothr. 35.
Lemberg, {Gal. Carl.-Ldwgb. 29. / Lemberg-Czernow. 1.}
Lemberg-Cristallerie de St. Louis, Frans. Ostb. 2, 368e.
Le Merlerault, Frans. Westb. 3, 239.
°Lemförde, Köln-Minden 73.
Le Molay-Littry, Frans. Westb. 3, 71.
Le Muy, Paris-Lyon-M. 5, 153.
Lendelede, Belgien Société 5, 264.
Lengenfeld, Kronpr. Rudolfb. 60.
Lengenfeld, Sächs. Staatsb. 126. (B.-Insp.)
Lengerich, Köln-Minden 71.
Lengfeld Hess. Ludwigsb. 73.
°Lengschede, Berg.-Märkische 113.
Lennep, Berg.-Märkische 90.
Lennes, Kaschau-Oderberg 35.
Lens, {Belg. Stsb. 1, 16. / Frans. Nordb. 1, 95.}
Lentini, Italien, Sicilien IV, 69.
Leoben, {Kronpr. Rudolfb. 43. / Leoben-Vordernb. 1. / Oesterr. Südb. 248.}
Leobersdorf, Oesterr. Südb. 18.
Leobschütz, Oberschlesische 75. (Wilhelmsb.)
(Leogrube), Oberschlesische 83. (Wilhelmsb.)
Leon, Spanien, Nordwestb. 95.
Leonberg, Württemb. Stsb. 198.
Leonforte, Ital Sicil. IV, 190.
Leopoldsdorf, Oesterr. Stsb. 154.
*(Leopoldshöhe)*, Bad. Stsb. 55.
Lépanges, Frans. Ostb. 2, 308.
Lepavina P, Ungar. Stsb. 59.
Le Péage-de-Rous, Paris-Lyon-M. 5, 83.
Le Pecq, Franz. Westb. 3, 294.
Le Perray, Franz. Westb. 3, 104.
Le Pontet, Paris-Lyon-M. 5, 110.
Lepsény, Oesterr. Südb. 126.
Le Puget-de-Cuers, Paris-Lyon-M. 5, 146.
Le Puget-de-Fréjus, Par.-Lyon-M. 5, 155.
Le Puy, Paris-Lyon-M. 5, 300.
Lercara, Ital. Sicil. IV, 92.
Lerida, Spanien 41 u. 70.
Lerino, Ober-Italien I, 40.
Léronville, Franz. Ostb. 2, 39.
Lerum, Schweden Staatsb. 37.
Les-Aubrais. Franz. Orléansb. 4, 24a.
Les Barres, Frans. Orléansb. 4, 51.
(Leschede), Westfälische E. 26.
Leschnitz, Oberschlesische 12.
Les Eglisottes, Franz. Orléansb. 4, 76.
Les Forges, Franz. Orléansb. 4, 139.
Les Ifs, Frans. Westb. 3, 44.
Les Islettes, Frans. Orléansb. 2, 295.
Les Laumes, Paris-Lyon-M. 5, 36.
Les Ormes, Franz. Ostb. 2, 246.
Les Ormes, Frans. Orléansb. 4, 47.
Les Rosches-de-C., Paris-Lyon-M. 5, 82.
Les Rosiers, Franz. Orléansb. 4, 182.
Les Sables d'Olonne, Frans. Vendée 7, 1.
Lespitz, Lemberg-Czernow.-J. 33.
Lesquin, Franz. Nordb. 1 a, 8.
*Less* P, Alföldb. 2.
Lessines, {Belgien Société 5, 377. / Belg. Stsb. 1, 82.}
Lest, Kais. Elisabethb. 67. (Linz-Budweis.)
L'Estaque, Paris-Lyon-M. 5, 126 u. 127a.
Leština, Oesterr. Nordwestb. 31.
Lesum, s. Burg-Lesum.
Les Yveteaux-Fromental, Fr. Westb. 3, 243
Le Theil, Franz. Westb. 3, 117.
Letmathe, Berg.-Märkische 71. (Ruhr-Siegbahn.)
Letojanni, Ital. Sicil. IV, 57.
Lettowitz, Oesterr. nördl. Stsb. 25. (Letowic)
Le Touquet, Belg. Société 5, 301.

Le Troos-Aval, Belg. Stsb. 1, 34.
Leu (St.), Frans. Nordb. 1, 46.
Leupeghem, Belgien Staatsb. 1, 239.
(Leutesdorf), Rheinische E. 101.
Leutkirch, Württemb. Stsb. 195.
Leuze, Belg. Stsb. 1, 122.
Leuze-Longchamps, Belg. Staatsb. 1, 287.
Levade (la), Paris-Lyon-M. 5, 103a.
Le Vaudreuil, Frans. Westb. 3, 16.
Leval, Belg. Staatsb. 1, 296.
Levanto, Ober-Italien I, 108.
Leverda, *PH* Lemb.-Czernow. 41.
Le Vesinet, Frans. Westb. 3, 293.
Lewaschewo, Russl. III 10, 8.
Léximnes, Paris-Lyon-M. 5, 31.
Lezoe, Franz. Orléansb. 4, 224.
Leyment, Paris-Lyon-M. 5, 230.
Lgow, Russl. (Kursk-Kiew). VI 35, 8.
L'Hermitage, Frans. Westb. 3, 145.
(Liancourt), Frans. Nordb. 1, 66.
Liancourt-St. Pierre, Franz. Westb. 3, 274.
Listorp, Schweden Staatsb. 86.
Libau, Russl. IV, 14.
Liblic-Bišic, Turnau-Kralup. 4.
Libnowes, Oestr. Nordwestb. 53.
*Liboc* P, Buschtěhrader E. 4.
Libos, Frans. Orléansb. 4, 47a.
(Monsempron-)
Libourne, Franz. Orléansb. 4, 79.
Libramont, Belgien Gr. Luxemb. 7, 524
Libšik, Oesterr. Stsb. 52.
°Lič, Ungar. Stsb. 78. (Carlstadt-Fiume.)
Lich, Oberhessische E. 18.
Lichtaert, Belgien Turnhout 12, 657.
Lichtenau, Niederschl.-Märk. 64. (Schles. Gebirgsbahn.)
Lichtenberg, Niederschl.-Märk. 68
Lichtenfels, {Bay. Stsb. 61. (P. B. A.) / Werrab. 57.}
Lichtensteig, Verein. Schweizerb. 3, 65.
Lichtenwald, Oesterr. Südb. 42.
Lichterfelde, Berlin-Anhalt. 1a.
Lichtervelde, Belgien 5, 257.
Liebau, {Niederschles.-Märk. 61. / Südnordd. Verbindgsb. 30}
Liebenau, Hess. Nordb. 16.
„ (Böhmen), Süd-Nordd. Verb. 19.
Lieblitz, s. Liblic.
Lieblos PH., Oberhessische 28.
Liebenstein, s. Immelborn Werrab. 46.
Lieboch, Graz-Köflach 4.
Liebsgen, Niederschl.-Märk. 21.
Liebstadl, Süd.-Nordd. Verb. 13.
Liège (Lüttich) {Belg. Stsb. 1, 21. / Nord Belg. 4, 204. / Belg. Gr. Luxb. 7, 546. / Niederl. Stsb. 2, 99.}
Liège (Longdos), {Nord Belge 4, 234. / Lüttich-Mastricht 1.}
Liegnitz, {Breslau-Freiburg 23. / Niederschl.-Märk. 33.}
Lienz, Oesterr. Südb. 188.
Liepvre, Elsass-Lothr. 127.
Lierde-St.-Marie, Belg. Stsb. 1, 166.
Lierre, {Belg. Stsb. 1, 38. / „ Grand Centr. 2, 29 / „ Lierre-Turnh. 12, 653.}
Liers, Niederl. Stsb. 2, 102.
Liesing, Oesterr. Südb. 7.
Liesle, Paris-Lyon-M. 5, 205.
Liestal, Schweiz. Centralb. 1, 5.
Lievenhof, Riga-Dünab. IV, 14.
Liensaint, Paris-Lyon-M. 5, 8.
°Liezen, Kronpr. Rudolfb. 15.
Liffolle Grand, Frans. Ostb. 2, 272.
Ligne, Belg. Stsb. 1, 121.
Ligny, Belgien Gr. Centr. 2, 66.
Ligny-Tongrinne, Belgien Staatsb. 1, 272.
Ligowo, Russland, III 9, 5.
Ligugé, Frans. Orléansb. 4, 58.
Liljeholmen, Schwed. Stsb. 2.
Lille, {Frans. Nordb. 1, 123. / Lille-Béthune 1y, 1. / Frankreich 1s, 9.}

Lillers, Frans. Nordb. 1, 100.
Lilleströmmen, Norwegen, 1, 304.
Limal, {Belg. Staatsb. 1, 320. / „ Gr. Centr. 2, 59.}
Limbach, Sächs. Staatsb. 117.
*Limberg-Maissau* P, Kais. Franz-Josefsb. 11.
Limburg Berg-Märkische 70. Ruhr-Siegbahn.
„ Nassauische Stsb. 30.
Limeray, Frans. Orléansb. 4, 36.
Limersheim, Elsass-Lothr. 75.
*(Limmritz)*, Sächs. Staatsb. 154.
Limito, Ober-Italien I, 361.
Limoges, Franz. Orléansb. 4, 314.
Limours, Frans. Orléansb. 4, 250.
Lincent, Belgien Staatsb. 1, 279.
Linda, Berlin-Anhalt. 20.
Lindau, Bayer. Stsb. (P. u. B. A.) 1.
Linde, Preuss-Ostb. 78.
Linden, Hannov.-Altenb. 2.
*Lindenau* P, Ostpreuss. Südb. 5.
Lindenau, Preuss. Ostb. 53.
Lindern, Berg.-Märkische 8. Aachen-Düsseldorf.
Lindhorst, Hannov. Stsb. 44.
Lingen, Westfäl. E. 27.
Lingenfeld, Pfälz. Ludwigsb. 32.
Lingolsheim, Elsass-Lothr. 130.
Linkenheim, Bad. Rheinthalb. 228.
Linn, Rheinische E. 85.
Linne- (Maasbracht), Niederl. Stsb. 2, 57.
Linsburg, Hannover. Stsb. 25.
Lintgen, Luxemb. Wilhelmsb. 19.
Linthes, Franz. Ostb. 2, 327.
Linz, Rheinische E. 103.
Linz (Urfahr), Kais. Elisabethb. 64. und Linz-Budweiser Pferdeb.
Lipezk, Russl. Grjäsi-Jelets V 25, 5.
Lippstadt, Westfälische 10.
Liptó-Szt. Miklos, Kasch.-Oderb. 19
Lisieux, Frans. Westb. 3, 63.
Liski a/Don, Russl. V 28, 6.
L'Isle-s-le-Doubs, Paris-Lyon-M. 5, 183.
Lison, Franz. Westb. 3, 12.
Lissa (Deut.), Niederschl.-Märk. 38.
„ (Poln.), Oberschlesische 40.
Lissabon, Portugal 1.
Lissawa, Oestr. südöstl. Stsb. 181.
Lisseweghe, Belgien Société 5, 269.
Lissieux, Französ. Westb. 3, 63.
Lissino, Russland III 11, 20.
Liszka-Tolcsva, Ungar. Nordostb. 23
Liteni, Lemb.-Czernowitz-Jassy 31.
Litke (F.-), Ungar. Nordostb. 49.
Littai, Oesterr. Südb. 74.
Littau, Oestr. (nördl.) Stsb. 79.
Littizer Kohlenb. s. Böhm. Westb. 6, 4
Ljuban, Grosse Russ. II, 66.
Ljubaschewka, Russland VI 32, 36. (Balta-Olviop.)
°Ljubosina, P Ungar. Stsb. 71. (Carlstadt-Fiume.)
Liverdun, Franz. Ostb. 2, 46.
Livorno, Ital., Römische II. 13.
Livorno Vercellese, Ober-Italien. I, 344.
Livron, Paris-Lyon-M. 5, 93.
Livry, Frans. Ostb.
Liwny, Russl. V, 25c.
Lixna, Russl. (Riga-Dünaburg), IV, 17.
Llinás, Spanien, 60.
Lô (St.), Frans. Westb. 3, 23.
Loano, Ober-Italien I, 145.
Lobberich, Rheinische 82.
Lobbes, Belg. Nord 4, 249.
Lobosic, Oester. (nördl.) Stsb. 61.
(Lobstädt), Sächs. Staatsb. 103.
Locate, Ober-Italien I, 170.
Lochem, Niederl. Stsb. 2, 23.
(Lochhausen), Bayer. Stsb. 124.
Lochow, Petersb.-Warsch. II, 30.
Locle, Schweiz. Juraindustr., 6, 9.

Lodelinsart Belgien Gr. Centr. 2, 69.
Lodensee, Russland III 11, 2.
Lodève, Frans. Südb. 6, 2c.
Lodi, Ober-Italien I, 430.
Lodz, Russl. Lodzer E. I, 36.
Löbau, Sächs. Staatsb. 25.
(Bahn-Insp.)
Löcknitz, Berlin-Stettiner 62.
°Löd (Várcs-) Ungar. Westb. 37.
Lödderburg, Magdh.-Leipzig 19.
Löhnberg, Nassau. Stsb. 37.
Löhne, °Hannov.-Altenb.26. Hannover. Stsb. 51. Köln-Minden 30.
Lœhnen-Vreeland, Niederländ. Rheinbahn 1, 3.
Lököshäza (Puszta), Theissbahn 35.
Lörincz (St.), Barcs-Fünfkirchen 3.
Lörrach, Baden (Wiesenthalb.) 208.
(Post- u. Eisenb.-Exped.)
Lösning, Dänemark, Jütl. E. 23.
Lötzen, Ostpreuss. Südb. 22.
Lövenich, Rheinische E. 11a.
Löwen (Schlesien), Oberschles. 7.
Löwen (Louvain), Belg. Stsb. 1, 7.
Löwenhagen, Preuss. Osth. 52.
Logelbach, Elsass-Lothr. 118a.
Logroño, Spanien 35.
Lohhof, Bayer. Ostb. 4.
Lohr, Bayer. Stsb. 98.
Loja, Spanien, 16, 145.
Loipersbach-Schadendorf, Oesterr. Südb. 95.
Loisy, Frans. Ostb. 2, 26.
Loitsch, Oesterr. Südb. 78.
Loivre, Frans. Ostb. 2, 137.
Lokeren, Belg. Stsb. 1, 70. „ Société 5, 329. „ Antw.-Gent 9, 630.
Lollar, Main-Weserb. 13.
Lomello, Ober-Italien I, 464.
Lomnic, Kais. Fr. Josefb. 53.
Lomprez, Belgien Chimay 8, 620.
Lonato, Ober-Italien I, 376
Londerzeel, Belg. Stsb. 1, 72.
Longdoz (Lüttich) Lüttich-Mastr. 1. Belg. Nord 4, 234.
Longerich, Rheinische 61.
Longeville, Frans. Ostb. 2, 36.
Longlier, Belg. Gr. Luxb. 7. 535.
Longpont, Frans. Nordb. 1, 150.
Longpré, Frans. Nordb. 1, 77.
Longueau, Frans. Nordb. 1, 72.
Longueville, Frans. Ostb. 2, 81.
Longueville, Frans. Westb. 3, 50.
Longuyon, Frans. Ostb. 2, 175.
Longwy, Frans. Ostb. 2, 183.
Lonigo, Ober-Italien I, 36.
Louiay, Frankr. Westb. 3 u, 2.
Lonny-Renwez, Frans. Ostb. 2, 277.
Lonsee, Württemb. Stsb. 32.
Lons-le-Saulnier, Paris-Lyon-M. 5, 215.
Lonya-Bánya, Ungar. Stsb. 19.
Loochristy, Belgien 9, 632.
Loos, Frankr. Lille-Bethune 1y2.
Loosdorf, Kais. Elisabethb. 14.
Lopasnjá, Russl. Moskau-Kursk V 29, 5.
Lophem, Belgien Société 5, 254.
°Loque P, Ungar. Stsb. 76.
(Carlstadt-Fiume.)
Lora del Rio, Spanien 14, 127.
Lorch, Nassau. Stsb. 12.
Lorch, Württemb. Stsb. 108.
Lorentzweiler, P Luxemb. Wilhelmsb. 18.
Lorenzen (St.), Oesterr. Südb. 157.
Lorenzen (St.), Kronpr. Rudolfb. 21.
S. Lorenzo, Ober-Italien I, 137.
S. Lorenzo Maggiore, Ital. Südb. III, 107.
Loreto, Ital. Südb. III, 24.
Lorient, Frans. Orléansb. 4, 186.
Loriol, Paris-Lyon-M. 5, 94.
Lorment, Frans. Orléansb. 4, 85.
Lorsch Hess. Ludwigsb. 66.
Losenstein, Kronpr. Rudolfb. 5.

Losoncz, Ung. (nördl.) Stsb. 18.
(Lossen), Oberschlesische E. 6.
Lostau P, Berl.-Potsd.-Magd. 16.
Loth, Belg. Stsb. 1, 100.
Lothain (Saint-), Paris-Lyon-M. 5, 211.
Lottengrün, G Sächs. Stsb. 130.
(Haltest. für Steine.)
Loubès (Saint-), Frans. Orléansb. 4, 63.
Louhans, Frankr. Sud-Est 5, 402.
Louis (Sanct-), Elsass-Lothr. 100.
Louisenglückgrube G, Oberschl. 27.
Louisenthal, Saarbrücker E. 9.
„ „ Grube Gerhard 55.
Loup Luxeuil, (St.-) Frans. Ostb. 2, 223.
Lourches, Frans. Nordb. 1, 64.
Lourdes, Frans. Midi 6. 23.
Louvain, (Löwen), Belg. Stsb. 1, 7. „ Gr. Ctr. 2, 54 u. 54a.
Louvemont, Frans. Ostb. 2, 302.
Louverné, Frans. Westb. 3, 135.
Louvière (la), Belg. Stsb. 1, 147.
Louviers, Frans. Westb. 3, 17.
Louvres, Frans. Nordb. 1, 6.
Lowicz, Warschau-Bromb. I, 25.
Loxéville, Frans. Ostb. 2, 38.
Loxstedt, P Hannov. Stsb. 39.
Lubersy, Russl. Mosk.-Rjäs. V 18, 3.
Lubochna, Kaschau-Oderb. 15.
Luce (Saint-), Frans. Orléansb. 4, 151.
Lucca, Ober-Italien I, 91.
°Luchon, Frans. Midi 6, 21a.
Luchowizy, Russl. Mosk.-Rjäs. V 18, 10.
Lucignano, Ital. Röm. II, 84.
Luckenwalde, Berlin-Anhalt. 5.
Luczona, Kaschau-Oderb. 23.
Lucz (Tisza-), Theissbahn 20.
Ludas, Ungar. Stsb. 35.
Ludwigsburg, Würtemb. Stsb. 12.
(Verw. 1. Cl.)
(Ludwigsfelde), Berlin-Anhalt 3.
Ludwigshafen, Pfälz. Ldwgsb. 17.
Ludwigslust, Berlin-Hambg. 15.
Ludwigsort, Preuss. Osth. 47.
Lübben, Berlin-Görlitz 6.
Lübbenau, Berlin-Görlitz 7.
Lübeck, °Eutin-Lübeck 1. Lüb.-Büchen 1. u. 8. (mit Lübeck-Hamb.) Friedr.-Franz. E. 1.
Lüben, Bresl.-Schw.-Freib. 24.
Lüdersdorf, Lübeck-Kleinen 2.
Lüneburg, Hannov. E. 13.
Lütisburg, Verein. Schweizerb. 3, 62.
Lüttich (Liège), Belg. Stsb. 1, 21. „ Nord 4, 204. „ Gr. Luxemb. 7, 546. Longdoz Lütt.-Mastr. 1. Belg. Nord 4, 234.
Lüttringhausen, Bergisch-Märkische E. 89.
Lützelburg, Elsass-Lothr. 17.
Luga, Petersb.-Warschau II, 9.
Lugau, Sächs. Stsb. 175.
(Würschnitz.) (B.-Insp.)
Lugo, Ital. Südb. III, 87.
Luhe, Bayer. Ostb. 72.
(Luisenglückgrube), Oberschles. 27.
Lukawec, Oesterr. Stsb. 81.
Lukawica-Lisko, Ung.-Galiz. 8.
Luków, Russl. Warschau-Terespol I, 3, 44.
Lumay, Belg. Staatsb. 1, 282.
Lund, Schwed. Stsb. 1, 76 u. 8, 156.
Lundby, Dänemark, Seel. E. 2, 71.
Lundemo, Norweg. Stsb. 269.
Lundenburg, Kais. Ferd. Nordb. 10.
Lunel, Paris-Lyon-M. 5, 267.
Lunéville, Frans. Ostb. 2, 53.
°Lungitz, Kais. Elisabethb. 85.
°Lupkow, Ungar.-Galiz. 13.
Luppa, s. Dahlen, ELeipz.-Dresden.
Lure, Frans. Ostb. 2, 121.
Lusigny, Frans. Ostb. 2, 95.
Lustin, Belge Nord. 4, 237.

Lutry, Schweiz. Westb. 5, 16.
Lutter a. B., Braunschw. 10.
Lutterbach, Elsass-Lothr. 93.
Luttre, Belg. Stsb. 1, 132.
Lutzelbourg, siehe Lützelburg Elsass L 7.
Luxé, Frans. Orléansb. 4, 66.
Luxemburg, Luxemb. Wilhelmsb. 1.
Luzan, Lemb.-Czernow.-Jassy 20.
Luzarches-Survilliers, Frans. Nordb. 1. 7.
Luzern, Schweiz. Centralb. 1, 25. Schwz. Nordostb. 2, 57.
Lužna-Lišan, Buschtěhrader 15.
Lyck, Ostpreuss. Südb. 25.
Lyngby, Dänemark, Seel. E. 58.
Lyon (Vaise), Paris-Lyon-M. 5, 73.
„ Perrache, „ „ „ 5, 74. u. 735.
„ St. Clair, „ „ „ 5, 53.
„ Croix Rousse, Lyon-Bourg 5, „ 391.
°Lysaager, Norwegen, 254.
Lyre, Frans. Westb. 3, 257.
Lyss, Schweiz. Bern. Stsb. 4, 6.
Lyssach, Schweiz. Centralb. 1, 35.

## M.

(Maarn), Niederl. Rheinb. 1, 9.
Maarsbergen, Niederl. Rheinb. 1, 10
Maarssen, Niederl. Rheinb. 1, 6.
Maasbracht-Linne, Niedrl. Stsb. 2, 57
Maastricht, Niederl. Stsb. 2, 51.
(s. auch unter Mastricht.)
Maätz, Frans. Ostb. 2, 206.
Macau, Frankr. Medoc 9, 3.
Maccarese, Ital. Röm. II, 38.
(Machelen), Belg. Stsb. 1, 88.
(Machendorf), Sächs. Staatsb. 43.
(Machern), Leipzig-Dresden 4.
Mâcon, Paris-Lyon-M. 5, 59.
Maddalena, Ober-Italien I, 274.
Maddaloni, Ital. Röm. II, 132.
Maddaloni, Ital. Südb. III, 113.
Madrid, Spanien 14, 31 u. 90.
Mähr.-Budwitz, Oest. Nordwb. 18.
Mähr.-Schönberg, Hohenst.-Zöpt. 3.
Maersta, Schweden Staatsb. 42.
Märstetten, Schwz. Nordostb. 2, 7.
Märzdorf, Niederschl.-Märk. 52.
(Schles. Gebirgsb.)
Maestricht, s. Mastricht.
Maffles, Belg. Stsb. 1, 119.
Magacela, Spanien 13, 119.
Magdalena, Kais. Elisabethb. 65.
Magdeburg, Berl.-Potsd.-Mgd. 18 Magdeb.-Leipzig 1. Magdeb.-Halberst. 1. mit Mgdb. Wittb. 15.
Magenta, Ober-Italien I, 356.
°Maglern, Kronpr. Rudolfb. 39.
Magliano, Ital. Röm. II, 40.
Maglie, Italien Südb. III, 84.
Magnor, Norwegen 221.
*Magnus* (St.), Hannov. Stsb. 41.
Magny-sur Tille, Paris-Lyon-M. 5, 201.
Magny, Frankreich Westb. 3, 1[1], 2.
°Mágocs, Báttaszék-Dombovár-Zákány E. 5.
*Magyar-Boly* P, Alföldb. 30.
Magyar-Nádas, Ungar. Ostb. 9.
(Grosswardein-Klausenburg.)
Mahlwinkel, Magdeb.-Halberst. 19.
(Magdeburg-Wittenberge.)
Majdan, Oestr. (südöstl.) Stsb. 180.
Maienfeld, Verein. Schweizerb. 3, 30.
Majanne, Frans. Westb. 3, 34a.
Maikammer, Pfälz. Maximb. 35.
Mailand, Ober-Italien I, 172 u. 360.
Mailly-la-Ville, Paris-Lyon-M. 5, 240.
Mainbernheim, Bayer. Stsb. 175.
Mainkur, Frankfurt-Hanau 2.
Mainleus, Bayer. Stsb. 65.
*Mainroth* P, Bayer. Stsb. 64.
Maintenon, Frans. Westb. 3, 107.
Mainz, Hess. Ludwigsb. 1. Taunusb. 7 a Dampfschiffst.
Maisach, Bayer. Stsb. 122.

Meissen, Leipzig-Dresden 33.
Meitingen, Bayer. Stsb. 28.
°Mejo, Ungar. Staatsb. 80. (Carlstadt-Fiume.)
Melegnano, Ober-Italien I, 428.
Melito, Ital. Calabr. IV, 45.
Melk, Kais. Elisabethb. 15.
Melle, Hannov. Stsb. 55.
Melle, Belg. Stsb. 1, 53.
Melnik (Bełkowic-), Oest. Stsb. 57.
Melreux, Belg. Gr. Luxemb. 7, 536.
Mels, Verein. Schweizb. 3, 34.
Melsungen, Hess. Nordb. 7.
Melun, Paris-Lyon-M. 5, 10.
Melz, Franz. Ostb. 2, 85.
Melzo, Ober-Italien I, 362.
Memmingen, Bayer. Stsb. 213. (Post- u. Bahn-Verw.)
Ménars, Franz. Orléansb. 4, 22.
°Menden, Berg.-Märk. 141.
Ménehould (St.-), Franz. Ostb. 2, 294.
Ménesqueville, Frankr. Westb. 2, 1, 7.
St. Menet, Paris-Lyon-M. 5, 130.
°Ménfő H, Ungar. Westb. 2.
Mengede, Köln-Minden 17.
Mengen, °Badische Stsb. 199. / Württemb. Stsb. 182.
Menin, Belg. Société 5, 294.
°Menningen, Bad. Staatsb. 197a.
Menton (Mentone), Franz. Méditerr. 5, 171. / Ober-Italien I, 133.
Meppel, Niederl. Stsb. 2, 43.
Meppen, Westfälische 28.
Mer (Chambord), Franz. Orléansb. 4, 30.
Mercenasco, Ober-Italien I, 357.
Merczidorf, Arad-Temesvár 6.
Merew, Russland V 30, 12.
Mergentheim, Bad. Stsb. 142. / Württemb. 99.
Merida, Spanien 13, 121.
Mering, Bayer. Stsb. 118.
Merlemont, Belge Gr. Centr. 2, 94.
Mersch, Luxemb. Wilhelmsb. 20.
Merseburg, Thüringische E. 17.
(Mertert), Luxemb. Wilhelmsb. 14.
(Mertingen), Bayer. Stsb. 30. (Post- u. Eisenb.-Verw.)
Merzheim, Elsass-Lothr. 90.
Merzdorf siehe Märzdorf.
Merzig, Saarbrücker E. 16.
Merzötelegd, Ungar. Ostb. 2.
Merzwiese, Märk.-Posener 19.
Merzweiler, Elsass-Lothr. 27.
°Meschede, Berg.-Märk. E. 119a (Ruhrthalbahn.)
Meschitz, Turnau-Kr.-Prag 15.
Mesgrigny, Franz. Ostb. 2, 89.
Mesme (Sainte-), Franz. Orléansb. 4, 91.
Mesmin (St.), Franz. Ostb. 2, 90.
Mesnay-Arbois, Paris-Lyon-M. 5, 239.
Mesnil-Mauger, Franz. Westb. 3, 64.
Mesnil s. Oger, Frankr. Ostb. 2, 322.
Messac, Franz. Westb. 3, 183.
Messancy, Belg. Gr. Luxemb. 7, 533.
Messdorf, Magdeb.-Halberst. 67.
Messei, Franz. Westb. 3, 244.
Messel, Hess. Ludwigsb. 25.
Messempré, Französ. Ostb. 2, 312.
°Messendorf, Ungar. Westb. 26.
Messina, Italien, Sicilien IV, 49.
°Messinghausen, Berg.-Märk. 134. (Ruhrthalbahn.)
Messkirch, Bad. Stsb. 197.
Mestre, Ober-Italien I, 18.
Mestrino, Ober-Italien I, 42.
Mestscherskaja, Russland, V 31, 11.
(Mesum), Westfälische E. 23.
Metgethen, Ostpreuss. Südb. 6.
(Mettenheim), Hess. Ludwigsb. 9.
Mettkau, Breslau-Freiburg 4.
Mettlach, Saarbrücker E. 17.
Mettmenstetten, Schwz. Nordostb. 2, 49.
Mettray, Franz. Orléansb. 4, 110.

Metz, Elsass-Lothr. 52.
Metzger Thor (Strassb.) Elsass-L. 71
Metzingen, Württemb. Stsb. 130. (Verw. I. Cl.)
Meudon, Franz. Westb. 3, 102.
Meulan, Franz. Westb. 3, 8.
(Meulebeke), Belg. Société 5, 292.
Meung-sur-Loire, Franz. Orléansb. 4, 28.
Meursault, Paris-Lyon-M. 5, 49.
Meuselwitz, Altenburg-Zeitz 3.
Meximieux, Paris-Lyon-M. 5, 231.
Meyrargues, Paris-Lyon-M. 5, 349.
Mézidon, Franz. Westb. 3, 65.
Mezières-Charleville, Franz. Ostb. 2, 153.
Mező-Berény, Theissb. 32.
Mező-Keresztes, Theissb. 42.
Mező-Kövesd, Ungar. Stsb. 39.
°Mező-Laborcz, Ungar.-Galiz. 14.
°Mezőlak, Ungar.-Westb. 7.
Mező-Nyárad, Ungar. Stsb. 40. (Hatvan-Miskolcz).
Mező-Petérd, Theissb. 41.
Mező-Telegd, Ungar. Ostb. 2.
Mező-Tur, Theissb. 30.
Mozy, Franz. Ostb. 2, 18.
(Miala), Oberschles. E. 52. (Stargard-Posen.)
Miasteczko, Preuss. Ostb. 23.
Michael (St.), Kronpr. Rudolfb. 20.
Michailowskaja, Russl. V 31, 16.
Michel (St.), Franz. Ostb. 2, 236.
Michel (St.), Franz. Orléansb. 4, 9.
Michel (St.), Paris-Lyon-M. 5, 264. / Italien, Mont-Cenisb. I, 476.
Michel (St.)-Sougland, Franz. Ostb. 2, 294.
Michele (St.), Oesterr. Südb. 238.
Michelstadt Hess. Ludwigsb. 79.
Michelsthal, Russ. Südwestb. VI, 7.
°Middelburg, Niederl. Stsb. 2, 88.
Middelfart, Dänemark 1, 7.
Miodzyrzec, Russ. Warschau-Teresp. I 3, 45.
Miesbach, Bayer. Stsb. 186.
Mies-Kladrau, Kais. Fr. Josefb. 42.
Mieste, Magdeb.-Halberst. 57.
(Mietesheim), Elsass-Lothr. 28.
Migaewo, Russl. VI, 32, 7.
Mignano, Italien, Röm. II, 122.
Mignault, Belg. Staatsb. 1, 290.
Mihaly (Nagy-), Ungar.-Galiz. 21.
Mihaly (St.-), Oesterr. Südb. 107.
°Mihaly Szt., Ungar. Westb. 17.
Mihályfalva, Ungar. Nordostb. 5.
Mikeszásza, Ungar. Ostb. 20.
Miklós (Szt-), Kaschau-Oderb. 19.
Miklós (Szt.), Oesterr. Stsb. 101. (Wien-Raab-Neuhäusel.)
Miklós (Nagy-Sz.), Oest. Stsb. 173.
Miklos (Török Sz.), Theissb. 4.
Milada-Schacht, Aussig-Tepl. 10.
Milano, Ober-Italien I, 172 u. 360.
Mikola, Ungar. Nordostb. 11.
Militics, Alföldb. 19.
Millè-pommes, Belg. (Anvers-Gand) 9, 629.
Milleschoutz, Lemberg-Czern. J. 27
Milmorte, Niederl. Stsb. 2, 101.
Milosna, Russl. Warsch.-Teresp. I, 38.
Milostic, Kais. Fr. Josephb. 69.
Milostin-Kounowa, Buschtěhr. 17.
Milspe, Berg.-Märk. E. 44.
(Miltitz), Leipzig-Dresden 32.
Miltzow, Berlin-Stettin 58.
Minden, Hannover. E. 48. / Köln-Minden 33.
Miniato (S.), Ital. Röm. II, 6.
Minning, Kais. Elisabb. 90.
Minsk, Russl. Warsch.-Teresp. I, 40.
Mjöndalen, Norwegen 3, 236.
Miradolo, Ober-Italien I, 448.
Miramas, Paris-Lyon-M. 5, 120.
Miranda, Spanien Nord 1, 6. / Tudela-Bilbao 5, 34.

Mirande, Franz. Midi 6, 10b.
Mirandola, Ital. Südb. III, 2.
Miraumont, Französ. Nordb. 1, 90a.
Mirceatie, Lemberg-Czern. J. 44.
Mironi, Russl. VI 32, 52.
Miribel, Paris-Lyon-M. 5, 231.
Miröschau, Böhm. Westb. b, 6.
Mirskofen, Bayer. Ostb. 11.
Mirto Crosia, Ital. Calabr. IV, 15.
(Misburg), Hannov. Stsb. 2.
Mischline, Rechte Oderuferb. 15.
Miskolcz, Theissbahn 22. / Ungar. Stsb. 43. (Hatvan-Miskolcz.)
Mislye (Also-), Ungar. Nordostb. 38
Misslitz, Oesterr. Staatsb. 14.
Mistek (Friedek-), K. F. Nordb. 86. (Ostrau-Friedland.)
Mistelbach, Oesterr. Staatsb. 8.
Mitau, Russl. Riga-Mitau IV, 3.
Mitischi, Russl. Moskau-Jaroslaw V 17, 1a.
Mitry-Claye, Franz. Nordb. 1, 142.
Mittelgründau, Oberhess. E. 27.
Mittel-Lazisk, Recht. Oderuferb. 41
*Mittel-Oderwitz* P, Sächs. Stsb. 33 (Löbau-Zittau.)
°Mittelsinn, Bayer. Staatsb. 288. / Bebra-Hanauer E. 21.
Mitterdorf, Oesterr. Südb. 36.
Mitterndorf, Wr. Neust.-Gr.-Neus. 6
Mittersendling, Bayer. Stsb. 257.
Mitterteich, Bayer. Ostb. 85.
Mittewald, Oesterr. Südb. 169a.
Mittweida, Sächs. Staatsb. 149. (D.-Insp.)
Mittweida (Alt-) P Sächs. Stsb. 148.
Mitterweier, Elsass-Lothr. 85.
Mixnitz, Oesterr. Südb. 42.
Misil, Türkei, Rum. 2, 6.
Mnichowic-Stransic, Kais. Fr. Josefb. 65.
Moabit, Niederschl.-Märk. 65.
Mobotin, Russland VI 36, 22.
Mochenwangen, Württemb. 48.
°Mockrehna, Halle-Sorau-Guben 6.
Modane, Paris-Lyon-M. 5, 264b. / Italien Mont-Cenisb. I, 475.
Modena, Ober-Italien I, 178.
Modoli, Russl. Moskau-Kursk V 29, 4.
Modugno, Ital. Südb. III, 143.
Möckmühl, Württemb. Stsb. 65.
*Mödishofen* P, Bayer. Stsb. 113.
Mödling, Oesterr. Südb. 10.
Mödritz, Kais. Ferd. Nordb. 54.
Mögeldorf, Bayer. Ostb. 44.
Mögglingen, Württemb. Stsb. 111.
Möhringen, Württemb. Stsb. 165.
Mölln, Friedrich-Franzb. 16.
Mölln, Lübeck-Büchen 5.
Mölnbo, Schwed. Stsb. 1, 6.
Moen, Belgien Staatsb. 1, 217a.
Mönchehof, Hess. Nordb. 12.
Mönchröden P, Werrab. 59.
Moerbeke, Belg. Société 5, 341.
Moere, Belg. Société 5, 313.
Moercapelle, Niederl. Rheinb. 28. (Zevenhuizen)
Mördyk, Niederl. Stsb. 2, 75. / Belg. Gr. Centr. 2, 41.
Moere, Belg. Société 5, 306.
Mörschwyl, Verein. Schweizerb. 3, 2.
Mösel, Kronpr. Rudolfb. 49.
Mössingen, Württemb. Stsb. 156.
Mösskirch, Bad. Stsb. 197. s. Messkirch.
Möttingen, Bayer. Stsb. 33.
°Mogilno, Oberschlesische 146.
Mogliano, Ober-Italien I, 17

Moha, Oesterr. Südb. 136.
Mohács, Mohács-Fünfkirch. 1.
Moheda, Schwed. Stab. 63.
(Mohlsdorf), Sächs. Staatsb. 123.
Moholm, Schwed. Stab. 25.
Mohon, Franz. Ostb. 2, 152.
Moirans, Paris-Lyon-M. 5, 256.
Mois, Niederschl.-Märk. 62.
Mokrau-Grube ×, Oberschl. 94. (Wilhelmsb.)
Mokrau-Kalköfen G, Oberschl. 93. (Wilhelmsb.)
Mokrin, Oestr.(südöstl.)Stab.157.
Mola di Bari, Ital. Südb. III, 67.
Molfetta, Ital. Südb. III, 62.
Molino del Pallone, Ober-Italien I, 73a
Molnári, Oesterr. Südb. 103.
Moloskowisy, Russland III 11, 16.
Molsheim, Elsass-Lothr. 136.
Mombach, Hess. Ludwigsb. 12.
Momignies, Belg. Chimay. 8, 623.
Frans. Nordb. 1, 160a.
Mommenheim, Elsass-Lothr. 12.
Momo, Ober-Italien I, 402.
Monaco, Paris-Lyon-M. 5, 168.
Moncalieri, Ober-Italien, I, 213.
Moncalvo, Ober-Italien I, 468c.
Monceau, Belg. Société 5, 431.
Mondragon, Paris-Lyon-M. 5, 103.
Moneglia, Ober-Italien I, 110.
Monéteau, Paris-Lyon-M. 5, 335.
Monfalcone, Oesterr. Südb. 202.
Monnaie, Franz. Orléansb. 4, 107.
Monnerville, Franz. Orléansb. 4, 17.
Monopoli, Ital. Südb. III, 69.
Monor, Oestr.(südöstl.)Stab. 141.
Monostor, Ungar. Staatsb. 44.
Mons, Belg. Stab. 1, 109.
Nord Belge 4. 200.
Monsecret-Tinchebray, Fr. Westb. 3, 246.
Monselice, Ober-Italien I, 50.
Monsembron-Liboe, Frs. Orléansb. 4, 217a.
Monsheim, Hess. Ludwigsb. 39.
Montabart, Franz. Westb. 3, 215.
Montaguto, Ital. Südb. III, 95.
Montain, Paris-Lyon-M. 5, 214.
Montalto, Italien, Römische II, 29.
Montanaro, Ober-Italien I, 383.
Montargis, Paris-Lyon-M. 5, 271.
Montauban, Franz. Midi 6, 9.
Franz. Orléansb. 4, 235.
Montauban-de-Bret, Franz. Westb. 3, 147.
Montbard, Paris-Lyon-M. 5, 36.
Montbarrey, Paris-Lyon-M. 5, 237.
Montbeliard, » » » 5. 174.
Montbizot, Franz. Westb. 3, 203.
Montblanch, Spanien 68.
Montbrison, Paris-Lyon-M. 5, 305.
Monteeau les Mines, Paris-Lyon-M. 5, 314.
Montcerf, Franz. Ostb. 2, 240.
Montchanin, Paris-Lyon-M. 5, 308.
Monte Amiata, Ital. Röm. E. II, 82c.
Monte Antico, Ital. Röm. E. II, 82e.
Montebello, Ober-Italien I, 37.
Montebourg, Franz. Westb. 3, 76.
Monte-de-Marsan, Frans. Midi 6, 26.
Montecalvo, Italien. Südb. III, 100.
Monte-Carlo, Paris-Lyon-M. 5, 169.
Montecatini, Ober-Italien I, 86.
Monte Giordano, Ital. Calabr. IV, 7.
Montegrotto, Ober-Italien I, 48.
Montélimar, Paris-Lyon-M. 5, 97.
Montelupo, Italien, Römische II, 4.
Montemaggiore » Sicilien IV, 90.
Monte Pescali, Ital. Röm. II, 24
Montepulciano, Ital. Röm. II, 87.
Montereau, Frans. Ostb. 2, 249.
Paris-Lyon-M. 5, 16.
Montérollier-Buchy, Franz. Nordb. 1, 196.
Monterosso, Ober-Italien I, 107.
Monte-Rotondo, Ital. Röm. II, 76.
(Montescourt), Frans. Nordb. 1, 21.
Montesilvano, Ital. Südb. III, 39.
Montevarchi, Italien, Römische II, 49.
Montfermeil Gagny-, Franz. Ostb. 2, 7.
Montferrand, Paris-Lyon-M. 5, 202.
Montfort-l'Amaury, Frz. Westb. 3, 224.
Montfort-sr.-Men, Frans. Westb. 3, 146.
Montfort St. Philbert, Frankr. Westb. 3 m, 4.
Montgeron, Paris-Lyon-M. 5, 3.
(Monthermé), Frans. Ostb. 2, 136.
Monthey, Schweiz. Ligne de Italie 8, 3.
Monthureux, Franz. Ostb. 2, 113.
Montiéramey, Frans. Ostb. 2, 96.
Montigny, Elsass-Lothr. 53.
» sur Sambre, Gr. Centr. Belge 2, 81.
Montilla, Spanien, 16. 137.
Mont-le-Vernois, Frans. Ostb. 2, 215a.
Montlouis, Franz. Orléansb. 4. 41.
Montluçon, Frans. Orléansb. 4, 239.
Montluel, Paris-Lyon-M. 5, 232.
Montmédy, Frans. Ostb. 2, 172.
Montmélian, Paris-Lyon-M. 5, 262.
Montmoreau, Franz. Orléansb. 4, 73.
Montmorency, Frankreich 1w.
Montmorillon, Franz. Orléansb. 4, 231.
Montoir, Frans. Orléansb. 4, 160.
Montoro, Spanien 107.
Montorso, Ital. Röm. II, 74.
Montpellier, Paris-Lyon-M. 5, 268.
Midi 6, 36.
Montréjeau, Franz. Midi 6, 21.
Montreuil-s-Ille, Franz. Westb. 3, 173.
Montreuil-Verton, Franz. Nordb. 1, 82.
Montreux-Vieux = Altmünsterol Elsass-Lothr. 106.
Montrond, Paris-Lyon-M. 5, 280.
Monts, Frans. Orléansb. 4, 43.
Mont-St.-Guibert, Belg. Gr. Luxb. 7, 506.
Montsurs, Franz. Westb. 3, 133.
(Mont-St.-Martin). Franz. Ostb. 2, 184.
Monville, Franz. Westb. 3, 46.
Monza, Ober-Italien I, 420.
Monzingen, Rhein-Naheb. 35.
Moór, Oesterr. Südb. 138.
Moordrecht, Niederl. Rheinb. 1, 24.
Moorslede-Passchendaele, Belg. Soc. 5, 308
Moortzeele, Belg. Stab. 1, 170.
Moosburg, Bayer. Ostb. 8.
Moosbrunn (M.-), Wr. Neust.-Gr. Neus. 6.
Moosham, Bayer. Ostb. 10.
°Mórágy, Báttaszék-Domb. 2.
Moraine-Aulnay, Frankr. Ostb. 2, 325.
Morannes, Franz. Westb. 3, 195.
Moravitza, Oest.(südöstl.)Stb.167.
Morawan, Oestr.(nördl.)Stab. 36.
Morcenx, Franz. Midi 6, 13.
Mordarowka, Russl. VI 32, 12.
Mordowo, Russl. Grjäsy-Boriso. V 26, 4.
Morée-St.-Hilaire, Frans. Orléansb. 4, 101.
Moret, Paris-Lyon-M. 5, 14.
Morgenroth, Oberschlesische 20.
Morgenthal, Schweiz. Centralb. 1, 27.
Morges, Schweiz. Westb. 5, 13.
Morgny, Frans. Nordb. 1, 197.
Morhet, Belg. Grand-Luxemb. 7, 349.
Mori, Oesterr. Südb. 244.
Morialmé, Belg. Gr. Centr. 2, 90 a. 90a.
Moritzschacht, Sächs. Stsb w.
Moriville H., Frankr. Ostb. 2 x[1], 315.
Morlaix, Franz. Westb. 3, 160.
Morlanwelz, Belg. Staatsb. 1, 305.
Mormant, Franz. Ostb. 2, 77.
Mornas, Paris-Lyon-M. 5, 101.
Moron, Spanien 18, 150.
Morschansk. Russl. Rjäschk-M. V 21, 7.
Morskaja, Russl. V 30, 24.
Mortara, Ober-Italien I, 283.
Morvillars, Paris-Lyon-M. 5, 178.
Mosås, Schwed. Stab. 49.
Mosbach, Bad. P. u. E.-Exp. 102.
Mosbach (Biebrich), Nass. Stsb. 2.
Moschaisk, Russl. V 31, 5.
Moschganzen, Oesterr. Südb. 112.
Moschin, Oberschlesische 47.
Mósciska, Galiz. C.-Ludwigsb. 24.
Mosczyn, Oberschl. (Bresl.-Pos.) 47
Mosel, Sächs. Stsb. 162.
Mosigkau P, Berlin-Anhalt. 31.
Moskau, Moskau-Nischni / Petersburg-Moskau II, 97.
Moskau-Jaroslaw V 17, 1.
Moskau Rjässan. V 18, 1.
Moskau-Kursk V 29, 1.
Moskau-Smolens V 31, 1.
Mostau-Nebanitz, Buschtěhr. 48.
(Moszczenice) G.H., Warschau-Wien I. 11a.
Motowilowka, Russl. VI 33, 3.
Motowinowka, Russl. VI 36, 11.
Motta, Ital. Südb. III, 54.
Motta S. Anastasia, Ital. Sicil. IV, 107.
Motta, s. Damiano Ober-Italien I, 451.
Motteville, Frans. Westb. 3, 75.
Mouchard, Paris-Lyon-M. 5, 207.
Mouchy, Frankr. Nordb. 1, 51.
Moulin-des-Ponts, Paris-Lyon-M. 5, 223.
Moulins, Franz. Orléansb. 4, 245.
Paris-Lyon-M. 5, 275.
Moulis, Franz. Medoc 11, 5.
Moult-Argences, Frans. Westb. 3, 66.
Mourmelon, Frans. Ostb. 2, 287.
Mouroux, Frans. Ostb. 2, 243.
Mouscron, Belg. Stab. 1, 93.
Moussac, Franz, Orléansb. 4, 65.
Moussy, Elsass-Lothr. 22.
Moustier, Belg. Stab. 1, 143.
Mouthiers, Franz. Orléansb. 4, 71.
Mouy-Bury, Franz. Nordb. 1, 50.
Mozzecane, Ober-Italien I, 80.
Mrakau, Buschtěhrader 11.
Mrozy. Russl. Warschau-Terespol I, 41.
Mschinskaja, Petersburg-Warschau II, 7.
Msta, Russl. II, 6, 11.
Mstera, Gr. Russische II, 115.
Mszana, Galiz. C.-Ludwigsb. 28.
Mücke, Oberhessische E. 5.
(Mügeln), G. St., Sächs. Stsb. 3.
Müglitz, Oesterr.(nördl.)Stb. 80.
Mühlacker in Württemb. Bad. Stsb. (B.-V.) 153.
Württemb. Stsb. 6. (Verwaltung I. Cl.)
Mühlbach, Oesterr. Südb. 200.
(Mühlburg), Bad. Ssb. 202. (Billetb.)
°Mühldorf, Bayer. Stsb. 276.
Mühlehorn, Verein. Schweizerb. 3, 39.
Mühlen, Württemb. Stsb. 141.
Mühlfraun, Oesterr. Stsb. 70.
Mühlhausen, Bad. Stb. 174 (P.E. Ex.)
Mühlhausen, Oesterr. Stsb. 54.
Mühlhausen, Preuss. Ostb. 42.
Mühlhausen, Thüringische E. 39.
Mühlingen, Bad. Stsb. 194.
Mühlthal, *PH** Bayer. Stsb. 191.
Mülhausen, Elsass-Lothr. 95.
Mülheim a. d. Ruhr, Berg.-Märk. 105.
Rheinische E. 90.
Mülheim am Rhein, Berg.-Märk. 96.
Köln-Minden 3.
Müllfort, Berg.-Märk. 32.
Müllheim, Bad. Stsb. 45. E.-Exp.
Müllheim, Schweiz. Nordostb. 2, 8.
°Mümling-Grumbach, Hess. Ludwigsbahn 76.
Münchberg, Bayer. Stsb. 72.
Müncheberg, Preuss. Ostb. 4.
München, Bay. Stb. O.P.u.B-A. 126
Bayer. Ostb. 1.
Münchenbuchsee, Schwz. Bern. Stsb. 4, 9.
München-Gladbach, Berg.-Märk. 13.
Münchengrätz, Turnau-Kralup 11.
Münchweiler (L.-), Pfälz. Nordb. 67.
Münden, Hannov. Stsb. 86.
°Magdb. Leipz. 37.
Münder, Hannov. Altenb. 7.
Münsingen, Schweiz. Centralb. 1. 43.
Münster, Elsass-Lothr. 123.
Münster, Köln-Minden 70.
Westfälische E. 20.
Münster am Stein, Pfälz. Alsenzb. 77a.
Rhein-Naheb. 31.
Münsterbilsen, Aachen-Mastr. 11.
Münsterlingen, Schweiz. Nordostb. 2, 70.
Mürlenbach, Rheinische E. 31a.
Mürzzuschlag, Oesterr. Südb. 33.
Muftin, Türkei Rum. E. 2, 12.
Muggenhof P, Nürnb.-Fürth 2.
Muggensturm, Badische Stsb. 17.
Mugione, Ital. Röm. II, 59.
Mugila. Ital. Sicil. IV, 124.
Muizon, Franz. Ostb. 2, 199.

Muldenhütte, Sächs. Stsb. 56b.
Mullsjö, Schweden, 1, 53.
Mundelstrup, Dänemark Jütl. E. 31.
Munderkingen, Württemb. 174.
°Munkacs, Ungar. Nordostb. 42.
Munster, siehe Münster Elsass 123.
Munsterbilsen, Niederl. Stsb. 2, 108.
Siehe auch Münsterbilsen (derselbe Ort).
Mura-(Keresztur) Oestr. Südb. 249.
Murawjewo, Russ. Kosl.-Woron. V 24, 3.
Murat, Franz. Orléansb. 4, 229.
Murcia, Spanien 110.
Murg, Bad. Stsb. 63. Billetb.
Murg, Verein. Schweizb. 3, 38.
Murviedro, Spanien 75.
Muskau, Berlin-Görlitz 11.
Mussbach, Pfälz. Neust.-Dürkh. 51.
Musocco, Ober-Italien I, 359.
Mussey, Franz. Ostb. 2, 34.
Mussidan, Franz. Orléansb. 4, 219.
Mussotto, Ober-Italien I, 261.
Mussy, Franz. Ostb. 2, 256.
Mutigano, Ital. Südb. III, 36.
(Muttenz), Schweiz. Centralb. 1, 2.
Mutterstadt, Pfälz. Ludwigsb. 15.
Mutzig, Elsass-Lothr. 137.
Myslowitz, Kais. Ferd. Nordb. 68.
Myslowice, Oberschlesische 28.
Myszkow, Warschau-Wien I, 18.
Mzensk, Russl., Moskau-Kursk, V 29, 16.

## N.

Nabburg, Bayer. Ostb. 69.
Nabord (St.), Franz. Ostb. 2, 229.
Nabresina, Oesterr. Südb. 87.
Nachitschewansk, Russl. V 28, 30.
Nachod, Süd-Nordd.-Verb. 24.
Nachterstedt, Magdb.-Halberst. 28
(Nackenheim), Hess. Ludwigsb. 4.
Nadeschdinaja, Russl. V 30, 18.
Näfels, Verein. Schweizerb. 3, 58.
Nänikon, Verein. Schweizerb. 3, 52.
Naensen, Braunschw. 4.
Nässjö, Schwed. Stsb. 1, 58.
°Nagold, Württemb. Stsb. 207.
Nagy, siehe die mit Nagy zusammengesetzten Wurzelwörter z. B. Kikinda.
Nakel, Preuss. Ostb. 26.
Naklo, Rechte Oderuferb. 23.
Namêche, Belge Nord 4, 223.
Namps, Franz. Nordb. 1, 187.
Namslau, Rechte Oderuferb. 8.
Namur, Belg. Stsb. 1, 145. / Belge Nord 4, 226. / Belg. Société 3, 356. / Belg. Gr. Lux. 7, 511.
Nána (Gran-), Oestr. (südöst.) Stsb 129
Nançois le Petit, Franz. Ostb. 2, 37.
Nancy, Franz. Ostb. 2, 48.
Nangis, Französ. Ostb. 2, 79.
Nanhofen, Bayer. Stsb. 121.
Naninne, Belg. Gr. Luxemb. 7, 512.
Nanterre, Franz. Westb. 3, 290.
Nantes, Französ. Orléansb. 4, 152.
Nanteuil, Französ. Nordb. 1, 145.
Nanteuil-Saacy, Französ. Ostb. 2, 15.
Napagedl, Kais. Ferd. Nordb. 16.
Napoléongrube ×, Oberschl. 92. (Wilhelmsb.)
Napoléon Vendée, Franz. Orléansb. 4, 164. / Franz. Vendéeb. 7. / °Franz. Charenteb. 8.
Napoléonville, Franz. Orléansb. 4, 23.
Napoli, siehe Neapel.
Narbonne, Französ. Midi 6, 4.
Narni, Ital. Röm. II, 70.
Narsdorf, Sächs. Staatsb. 107.
Narwa, Russl. III 11, 14.
Naryschkino, Russl. Witebsk-Orel IV, 49.
Nassau, Nassauische Stsb. 23.
Nassow, Berlin-Stettin 22.
Natafalva, Ungar.-Galiz. 20.
Natoye, Belg. Gr. Luxemb. 7, 514.
Nauen, Berlin-Hamburger 4.
Nauheim, Hess. Ludwigsb. 21.
Nauheim (Bad), Main-Weserb. 17.
Naumburg, Thüringische 14.
°Naundorf, Magdeb.-Halberst. 75.
(Naunhof), Leipzig-Dresden 21.
Navacchio, Ital. Röm. II, 11.
°Nave, Oberschlesische E. 100.
Nazaire (St.), Franz. Orléansb. 4, 161.
Neapel, Italien Röm. II, 136. / „ Südb. III, 130.
Neau, Franz. Westb. 3, 132.
Nebikon, Schweiz. Centralb. 1, 18.
Néchine, Belg. Stsb. 1, 94.
Nechlin, Berlin-Stettin 49. (Vorpommersche Bahn.)
Neckarau, Bad. Rheinthalb. 223.
Neckarburken P, Bad. Stsb. 103. (Billetbüreau.)
Neckarelz, Bad. Stb. 101. P. u. E.-Ep.
Neckargemünd, Bad. Stsb. 92. (P.- u. E.-Exp.)
Neckarhausen, Württemb. Stsb. 143.
Neckarsulm, Württemb. Stsb. 58.
Neckarthailfingen, Württ. Stsb. 128.
Nederheim, Niederl. Stsb. 2, 104.
Nederzwalm, Belg. Staatsb. 1 213.
(Neermoor), Westfälische E. 30.
Neerpelt, Niederl. Stsb. 2, 115.
Neheim-Hüsten, Berg.-Märk. 117. (Ruhrthalbahn).
(Neidenstein), Bad. Stb. 96. Billetb.
Neinstedt, Magdeb.-Halberst. 13.
Neisse, Oberschlesische 60. (Neisse-Brieg.)
Neive, Ober-Italien I, 259.
Nemours, Paris-Lyon-M. 5, 270.
°Nendeln, Vorarlberger E. 14.
Nenndorf, Hannov.-Altenb. 19.
Nennhausen, Magdeb.-Halberst. 50.
Nendza, Oberschlesische 69. (Wilhelmsbahn.)
°Nenzing, Vorarlberger E. 11.
(Nenzingen), Badische Stsb. 191. (Bill.-Ausg.-Büreau.)
Nepolokoutz P, Lemb.-Czernow. 19.
Nepomuk, Kais. Franz Josefb. 34.
Neratowitz, Turnau-Kr.-Prag 3.
Nérondes, Franz. Orléansb. 4, 239a.
Nersingen, Bayer. Stsb. 105.
Nervi, Ober-Italien I, 118.
Nesle, Franz. Nordb. 1, 180.
Neslowitz, Oesterr. Stsb. 18.
Nessonvaux, Belg. Stsb. 1, 25.
Nestřziš, Oesterr. nördl. Stsb. 65.
Nestved, Dänemark, Seel. E. 2, 70.
Netolic, Kais. Franz-Josefb. 25.
Nettersheim, Rheinische E. 25c.
Nettstall, Verein. Schweizb. 3, 59.
Netzschkau G. St., Sächs. Stb. 94.
Neu-Aigen P, Kais. Franz. Jos. 7a
Neu-Arad, Arad-Temesvár 2.
Neubau P, Bayer. Ostb. 61.
Neubau-Kreuzstetten, Östr. Stb. 6.
Neuberun, Oberschlesische 30.
Neublans, Paris-Lyon-M. 5, 326.
(Neubockhorst), Altona-Kiel 17.
Neubrandenburg, Frdr.-Franzb 17.
Neu-Bydschow, Oestr. Nordwb. 56.
Neuchâtel, Schweiz. Westb. 5, 65. / » Jura industr. 6, 1.
Neu-Cunersdorf, Märk.-Posen 4.
Neucunnersdorf P, Sächs. Stb. 34.
Neudau, Buschtěhrader 40.
Neudenau, Württemb. Stsb. 62.
Neudietendorf, Thüringische 7.
Neudingen P, Bad. Stsb. 183. (Bill.-A. B.)
Neudörfl, Oesterr. Südb. 90.
Neudörfl (Kreibitz-), Böhm. Nrdb. 14.
Neudorf (Graben-), Bad. Stsb. 227.
Neudorf (Mähren), Kais. Ferd.-Nordb. 11
Neudorf (Ungarn), Oestr. (südöst.) Stsb. 110.
(Neuekrug), Braunschw. 9.
Neuenbürg, Württemb. Stsb. 211.
Neuenburg, siehe Neuchâtel.
Neuendorf P, Berl.-Potsd.-Magdb. 4.
Neuenhagen, Preuss. Ostb. 2.
°(Neuenkoop), Oldenb. Stsb. 20.
Neuenmarkt, Bayer. Stsb. 68.
Neuenstadt (Neuveville), Bern. Stsb. 4, 1. / Schweiz. Westb. 5, 69.
Neuenstein, Württemb. Stsb. 75.
Neufahrn (bei Ergolsbach), Bayer. Ostb. 13.
Neufahrn (bei Freising), Bayer. Ostb. 5.
Neufahrwasser, Preuss. Ostb. 75.
Neufchâteau, Franz. Ostb. 2, 273.
(Neufchâtel), Französ. Nordb. 1, 83a.
Neufeld, Wr. Neust.-Gr. Neusi. 8.
Neufmarché, Franz. Westb. 3, 279.
Neufra, Württemb. Stsb. 159.
Neufvilles, Belg. Stsb. 1, 107.
Neuhäusel, Oestr. (südöst.) Stb. 123
Neuhäuser, Ostpreuss. Südb. 2.
Neuhaus (Interlaken), Schweiz. Centralb. 1, 48a.
Neuhausen, Bad. Stb. 76. (E.-Exp.)
Neuhemsbach (S.-) Pfälz. Nordb. 66.
Neuhof, Bebra-Hanau 7.
Neuhof, Breslau-Freiburg 21.
Neuhof, Kais. Fr. Josefb. 41
Neu-Hoffnungs-Schacht, Sächs. Staatsb. 62.
Neuillé, Franz. Orléansb. 4, 112.
Neu-Jucha, Ostpreuss. Südb. 24.
Neukirchen, Bayer. Ostb. 36.
Neukirchen, Bebra-Hanau 3.
°Neukirchen, Berg.-Märk. 144.
°Neukrug, Magdeb.-Halberst. 81.
Neu-Kunersdorf, Märk.-Posener 4.
Neulengbach, Kais. Elisabethb. 8.
Neulussheim, Bad. Rheinthalb. 224.
(Neumark), Sächs. Stsb. 92.
Neumarkt, Bayer. Ostb. 94.
Neumarkt, Niederschles.-Märk. 36.
Neumarkt (Oestr.), K. Elisabb. 48.
Neumarkt, Kronpr. Rudolfsb. 30.
Neumarkt, Oesterr. Südb. 236.
Neumühl G, Ostpreuss. Südb. 19.
Neumünster, Altona-Kiel 10.
Neunkirch, Bad. Stsb. 74. (E.-Exp.)
Neunkirchen (in Westfalen.), Köln-Minden 53. (Köln-Giessen.)
Neunkirchen, Oesterr. Südb. 24.
Neunkirchen (in Rheinpreuss.), Saarbrücker E. 1. auch Rhein-Nahebahn.
Neuötting, Bayer. Stsb. 277.
Neu-Paka, Oestr. Nordwestb. 60.
Neurode, Bresl.-Schw.-Frbg. 23.
Neusalz, Bresl.-Schw.-Frbg. 30.
Neusiedel (Gramat-), Oesterr. Stsb. 99. (Wien-Raab.) / Wr. Neust-Gr. Neusi. 7.
Neusörnewitz P, Leipz.-Dresden 34.
Neusohl, Ungar. Staatsb. 49.
Neuss, Berg.-Märkische 17. (Aachen-Düsseldorf.) / Rhein. (B.-Insp.) 14
Neustadt a. d. Aisch, Bayer. Stsb. 170.
Neustadt a. W. Naab, Bayer. Ostb. 81.
Neustadt a. Dosse, Berlin-Hambg. 7.

Neustadt-Ebersw., Berl.-Stettin 4.
Neustadt i/W., Berlin-Stettin 34.
Neustadt a. Nübenb., Hannover 23.
Neustadt, Kaschau-Oderb. 9.
Neustadt a. d. Hardt, Pfälz. Ludwigsb. 11. / Pfälz. Maxb. 34. / Neust.-Dürkheim 50.
Neustadt, Altona-Kiel 41.
" a/O. bei Gera, Thüringische E. 66.
" a. d. Heide, Werrabahn 51.
" (Hessen), Main-Weserb. 9.
" (Wiener-) Oesterr. Südb. 22. / Wr. Neust.-Gr. Neusiedel 1.
Neustädtel (Schneeberg-), Sächs. Stsb. 174. (B.-Insp.)
Neustraschitz, Buschtěhrader 13.
Neu-Szöny, Oesterr. Stsb. 105. (Wien-Raab-N.Szöny.) / Oesterr. Südb. 141.
Neutitschein, (Zauchtl-) K. Ferd. Nordb. 23.
Neutomysl, Märk.-Posener 8.
Neu-Ulm, P.B.V. Bayer. Stsb. 104.
Neuveville Neuenstadt, Schweiz. Westb. 5, 69. / Bern. Stsb. 5, 94.
Neuville-sur-Sarthe, Franz. Westb. 3, 201.
Neuville, Paris-Lyon-M. 5, 69.
Neuwied, (linkes Ufer) Rheinische E. 51. (Köln-Bingerbrück.)
Neuwied, (rechtes Ufer) Rheinische E. 100. (Rechtsrheinische E.)
NeuwirthshausP, Kais. Elisabethb. 72
Neuzelle, Niederschl.-Märk. 15.
Nevers, Paris-Lyon-M. 5, 273.
Neviges, Berg.-Märkische 62.
Neyruz, Schweiz. Westb. 5, 41.
Nezamislitz, Kais. Ferd.-Nordb. 76.
Nichellino, Ober-Italien I, 260.
Niclausdorf, Niederschl.-Märk. 63
Nicolai, Oberschlesische 95. (Wilhelmsb.)
" (St.), Sächs. Stsb. 146.
Nicolas (Saint-), Belgien 6, 357.
Nicolas, (St.) Belg. Antw.-Gent 9, 628.
Nicolo (S.), Ober-Italien I, 189.
Nicolsdorf, Oesterr. Südb. 186.
Nidda, Oberhessische E. 22.
Nieder-

Siehe die mit Nieder- zusammengesetzten Wurzelwörter sofern der Ort nicht nachfolgend aufgeführt steht (z. B. Nieder-Ramstadt unter Ramstadt).

(Niederau), Leipzig-Dresden 15.
Niederbiegen, Württemb. Stsb. 49.
(Niederbobritsch), Sächs. Stb. 55.
Niederbreisig, Rheinische 48.
Niederbronn, Elsass-Lothr. 31.
Niederdorf, Oestr. Südb. 194.
°Niederdodeleben, Berl.-Potsd.-Magdeb. 20.
Nieder-Dollendorf, Rhein. E. 106a

Niederpöllnitz, Thüringische E. 64
Nieder-Ramstadt, Hess. Ludwgsb 69
Niederrad G, Hess. Ludwigsb. 35.
*Niederrodenbach* P, Bebra-Hanau 16a.
Niedersachswerfen, Hann. Stsb. 96.
°Niedersaulheim, Hess. Ludwgsb. 89
Niederschelden, Köln-Minden 63. (Köln-Giessen.)
(Niederschlema), Sächs. Stsb. 169.
Nied.-Schönthal, Schweiz. Centralb. 1, 4.
Niederschopfheim P, Bad. Stsb. 29. (Bill.-Bür.)
*Niedersedlitz* P, Sächs. Stsb. 2.
Niederstetten, Württemb. Stb. 95.
Nieder-Walluf, Nassau Stsb. 4.
(Niederwiesa), Sächs. Stsb. 63.
Nieder-Wöllstadt, Main-Weserb. 19.
Niederwyl, Schweiz. Centralb. 1, 26.
(Niefern), Bad. Stb. 151. (Billetb.)
NiegrippP, Berl.-Potsd.-Magdb. 14.
Niemberg, Magdeb.-Leipzig 10.
Niemes (Brenn-), Böhm. Nordb. 7.
Nienburg, Hannov. Stsb. 26.
NiendorfP, Lübeck-Büchener E. 8a. ((Lübeck-Hamburg.)
Nienhagen, Magdb.-Halberst. 8.
Niepolomice, Gal. Carl-Ludwgsb. 5.
Nierenhof, Berg.-Märkische 64.
(Nierstein), Hess. Ludwigsb. 5.
Njeschin, Russl. (Kursk-Kiew) VI 35, 16.
Nieszawa, Warschau-Bromb. I, 31.
Nieukerk, Rheinische 69.
Nieukerk, Belg. Anvers-Gand 9, 627.
Nieuport, Belg. Société 5, 291.
Nieuwerkerk, Niederl. Rheinb. 1, 25
Nieuwersluis, Niederl. Rheinb. 1, 4.
Nieuwe Schans, Niederl. Stb. 2, 15.
Nievernerhütte G, Nassauische 21.
Nijkerk, Niederl. Centralb. 4, 11,
Nikitino, Russl. Rjäsan-Koslow V 19, 5.
Nikitowka, Russl. V 30, 25.
(Niklasdorf), Oesterr. Südb. 247.
Nikolajewka, Russl. V 30, 28.
Nikolskoje, Russl. V 23, 6.
Nikolskoje, Russl. V 30, 3.
Nikolskoje, Russl. Koslow-Woronesch V 24, 2.
Nimburg, Oestr. Nordwestb. 38.
Nimes, Paris-Lyon-M. 5, 266.
Nimkau, Niederschl.-Märk. 37.
Nimy, Belg. Stsb. 1, 153.
Ninove, Belg. Stsb. 1, 76.
Niort, Franz. Orléansb. 4, 167.
Nippes (Cöln), Rheinische E. 13.
Nischni Nowgorod, Gr. Russische II, 122.
Nittritz, Bresl.-Schw.-Freibg. 31.
Nitzgal, Russl. Riga-Dünaburg IV, 16.
Njubi, Russl. III 10, 22.
Nivelles, Belgien Staatsb. 1, 315.
Niversac, Franz. Orléansb. 4, 216.
Nizankowice, Ungar.-Galiz. 2.
Nizza Monferrato, Ober-Italien I, 153.
Nizza (Nice), Paris-Lyon-M. 5, 164.
Nizza Sicilia, Ital. Sicil. IV, 54.
(Nöbdenitz), Sächs. Stsb. 119.

Noizay, Franz. Orléansb. 4, 39.
Noldau, Rechte Oderuferb. 21.
Nola, Ital. Röm. II, 138.
Noli, Ober-Italien I, 143.
Nomantcourt, Franz. Westb. 3, 231.
Nonant-le-Pin, Franz. Westb. 3, 240.
*None, Ober-Italien I, 2[illegible].
Noord-Scharwoude, Niederl. (Holl.) 5, 20.
Nora, Schweden 2, 102.
Norberg, Schweden 10, 165.
Nordendorf, Bayer. Stsb. 29.
Norderwyk Morckhoven, Belg. Gr. C. 2, 45.
Nordhausen, Hannov. Stsb. 97. / Magdeb.-Leipzig 28. (Halle-Cassel.) / Nordh.-Erfurter 1.
Nordheim, Württemb. Stsb. 56.
Nordschlesw. Weiche, Altona-K. (Schlesw.) 19
Nordstemmen, Hannov. Stsb. 71.
Norf, Rheinische 64.
Norkitten, Preuss. Ostb. 57.
Norrköping, Schweden Staatsb. 47.
Northeim, Hannov. Stsb. 81.
(*Nortmoor*), Oldenb. Stsb. 15.
Nortorf, Altona-Kiel 11.
Nosowka, Russl. (Kursk-Kiew) VI 35, 17.
Nossen, Leipzig-Dresden 30.
Notre-Dame-d'Oé, Franz. Orléansb. 4, 193.
Nottwyl, Schweiz. Centralb. 1, 21.
Nouvion-sur-Meuse, Franz. Ostb. 2, 162.
Nouzon, Französ. Ostb. 2, 154.
Novi, Ober-Italien 1, 159.
Novara, Ober-Italien I, 230 u. 334.
Novéant, Elsass-Lothr. 55. / Französ. Ostb. 2, 131.
Novo-Alexandrovsk, Pet.-Warsch. II, 23.
Novocélie, Petersb.-Warschau II, 13.
Novo Torschok, Russland II 5, 2.
Nowajakirka, Russl. III 10, 10.
Nowgorod, Russland II 7, 1.
Nowki, Russl. Schuja-Iwanowo V, 1.
Nowo Sabiskaja, Russl. VII, 449.
Nowoselka, Russl. (Kursk-Kiew) VI 33, 8.
Nowotscherkask, Russl. V 28, 23.
Nowo-Ukrainka, Russl. VI 32, 43.
Nowo Sawitzkaja, Russl. VI 32, 46.
Noyal, Franz. Westb. 3, 143.
Noyelles, Franz. Nordb. 2, 80.
Noyen, Franz. Westb. 3, 190.
Noyon, Französ. Nordb. 1, 17.
Nuenen-Tongelre, Niederl. Stb. 2, 66
Nürnberg, Bayer. Ostb. 45. / Bayer. Stsb. 46. (Ober-Post- u. Bahnamt.) / Nürnberg-Fürth 1.
Nürschau, Böhm. Westb. 6.
Nürtingen, Württemb. Stsb. 127. (Verw. I. Cl.)
Nuits-sous-Beaune, Paris-Lyon-M. 5, 46[illegible]
Nuits-sous-Ravières, Paris-Lyon-M. 5, 33.
Nules, Spanien 76.
Nunspeet, Niederl. Centralb. 4, 7.
Nurmis, Russl. III 10, 15.
Nussdorf, Kais. Franz-Josefb. 2.
Nyáradtő, Ungar. Ostb. 23.
Nyék, Oesterr. Südb. 130.
Nyék-Ládház, Ungar. Stsb. 42. (Hatvan-Miskolcz)
Nyenveen H, Niederl. Stsb. 2, 43a.

Obercassel, Rheinische E. 107.
ObercunnersdorfP, Sächs. Stsb. 35.
Oberdachstetten, Bayer. Stsb. 155.
(Oberdorf), Bayer. Stsb. 9.
Oberdorf-Rosenthal, Graz-Köflach 9.
Ober-Drauburg, Oesterr. Südb. 185.
Oberehnheim, Elsass-Lothr. 141.
°Ober-Georgenthal, Dux-Bodb. 15.
Ober-Gerspitz, Kais. Frd. Nordb. 55.
Oberglatt, Schweiz. Nordostb. 2, 39.
Oberhagen, Berg.-Märk. 155.
*Oberhaid* P, Bayer. Stsb. 76.
Oberhaun, Bebra-Hanau 2a.
Oberhausen, { Berg.-Märkische 110. / Köln-Minden 11.
Oberhollabrunn, Oest. Nordwestb. 9.
Oberhohndorf Oberhohndorf-Reinsd. Kohlenb.
Ober-Jersdal, Schleswigsche 17.
Oberkochen, Württemb. Stsb. 122.
Ober-Kotzau, Bayer. Stsb. 74.
Oberlahnstein, Nassau. Stsb. 19.
*Oberlangenstadt* P, Bayer. Stsb. 218.
Oberlauchringen, Bad. Stsb. 70. (Post- u. E.-Exp.)
°Oberleitensdorf, Dux-Bodenb. 14.
Ober-Lesece, Oesterr. Südb. 83.
Oberleutensdorf, Aussig-Teplitz 11.
Oberlichtenau, Sächs. Stsb. 147. (Eisenb.-Exp.)
Obernberg-Altheim, KaiserinElisabethbahn 89.
Oberndorf, Bayer. Staatsb. 281.
Oberndorf, Württemb. Stsb. 145.
Oberndorf, Kais. Elisabethb. 65. (Linz-Budweis.)
Obernay, Elsass-Lothr. 141.
Oberneisen, Nassauische E. 43.
Obernhof P, Nassauische E. 24.
Obernjesa, H Hannov. Stsb. 99.
Obernigk, Oberschlesische 34. (Breslau-Posen-Glogau.)
(Ober-Oderwitz), Sächs. Stb. 37. (B.-Insp.)
Oberrad, Main-Neckarb. 19.
Ober-Ramstadt, Hess.-Ludwb. 70.
*Oberreitnau* P, Bayer. Stsb. 2.
Oberriet, Verein. Schweizerb. 3, 21.
Ober-Röblingen Magdb.-Leipz. 21.
(Oberschlema), Sächs. Staatsb. 173.
Oberstaufen, Bayer. Stsb. 7.
Oberstein, Rhein-Naheb. 38.
Ober-StreitP., Breslau-Freibg. 17a.
Obersulz, Elsass-Lothr. 118.
*Obertheres* P, Bayer. Stsb. 81.
(Obertraubling), Bayer. Ostb. 21.
Obertürkheim, Württemb. Stsb. 19.
Oberursel, Homburger E. 2.
Obervogelgesang, Sächs. Stsb. 6.
ObervveidenP, Kais. Ferd.-Nordb. 47.
Oberweis P, Kais. Elisabethb. 61.
Oberwern, Bayer. Stsb. 282.
Oberwesel, Rheinische 56.
Ober-Widdersheim, Oberhess. 21.
Ó Bessenyö, Oesterr. Stsb. 172.
Obiralowska, Gr. Russische II, 99.
Obol, Russ. Dünab.-Witebsk IV, 26.
Obourg, Belg. Stsb. 1, 152.
Obřistwy-Klomin, Turnau-Kralup 3.
Ochenbruck, Bayer. Ostb. 92.
Ochojetzweiche, Oberschles. 97. (Wilhelmsb.)
(*Ocholt*), Oldenb. Stsb. 11.
Ochsenfurt, Bayer. Stsb. 162.

°Ochtmersleben, B.-Potsd.-M. 21.
Odenkirchen, Berg.-Märk. 33.
Odense, Dänemark 1, 16.
Oderberg, { K. Ferd.-Nordb. 28. / Kaschau-Oderberg 1. / Oberschlesische 74. (Wilhelmsb.)
Odessa, Russland VI 32, 2.
Odinzowo, Russ. V 31, 1a.
Oebisfelde, Magdeb.-Halberst. 58.
Oedenburg, Oesterr. Südb. 97.
Oederan, B.-I. Sächs. Staatsb. 60.
Oedt, Crefeld-Kr. Kempen 8.
Oehna, Berlin-Anhalt 19.
Oehringen, Württemb. Stsb. 74. (Verw. I. Cl.)
Oelde, Köln-Minden 24.
Ölme, Schwed. Stsb. 84.
Oels, { Rechte Oderuferb. 5. / Breslau-Warschau 1
Oelsnitz, B.-I. Sächs. Staatsb. 132.
°Oeynhausen, Hannov.-Altenb. 25.
Önnestad, Schweden 5, 131.
Örebro, { Schweden Staatsb. 30.
" Oerebro-Köping 2, 100.
Oerlikon, Schweiz. Nordostb. 2, 18.
" Verein. Schweizerb. 3. 56.
Örmező, Ungar. Galiz. E. 19.
Ortofta, Schweden Staatsb. 73.
Oertzenhof, Friedrich-Franzb. 18.
Oeslau, Werrabahn 58.
Oestrich-Winkel, Nassau. Stsb. 8.
Oethlingen, Württemb. E. 154. (Kirchheimer Privatb.)
Oetrange, Luxemb.-Wilhelmsb. 11.
Oettingen, Bayer. Stsb. 36.
Oeventrop, Berg.-Märkische 119. (Ruhrthalbahn.)
Oeynhausen, Köln Minden 31.
Ofen (Pest), { Oest. Stsb. (südös.) 95. / Oesterr. Südb. 135.
Offenbach, Main-Neckarb. 20. (Frankfurt-Offenbach.)
Offenburg, Bad. Stb. 28 (P.-u. E.-A.)
Offingen, Bayer. Stsb. 108.
°Ofleben, Berl.-Potsd.-Magdeb. 25.
Oger, Russ. Riga-Dünaburg IV, 7.
Oggersheim, Pfälz. Ludwigsb. 18.
°Ogulin, Ungar. Stsb. 70. (Carlstadt-Fiume.)
Ohlau, Oberschlesische 4.
Ohligswald, Berg.-Märkische 92.
Ohrstedt, Altona-Kiel 45. (Schlesw.)
Ois, Russ. Petersb.-Riihimäki III 10, 26.
Oiry-Avize, Französ. Ostb. 2, 24.
Oissel, Französ. Westb. 3, 19.
Oisterwijk, Niederl. Stsb. 2, 90.
Oker, (Hannov.) Braunschw. 37.
Okřischko, Oesterr. Nordwestb. 22.
Okrouhlitz, Oesterr. Nordwestb. 29.
Okulowka, Russ. Petersb.-Mosk. II, 77.
Olai, Russ. Riga-Mitau IV, 2.
Olang, Oesterr. Südb. 196.
Olberndorf-Schleinb., Oest. Stb. 138
°Olbersdorf, M.-Schles. Centrlb. 13
(Olching), Bayer. Stsb. 123.
Oldenbüttel, Hannover 37.
**Oldenburg**, Oldenb. Stsb. 8.
Oldendorf (Stadt-), Braunschw. 2.
°Oldendorf, Hannov.-Altenb. 21.
Oldenzaal, Niederl. Stsb. 2, 28.
(Oldersum), Westfälische E. 37.
Oldesloe, Lübeck-Hambg. 10.
Oleggio, Ober-Italien I, 223.
Olen-Kolodes, Russ. V 28, 4.
Olevano Ober-Italien I. 234.

Oliva, Berlin-Stettin 38.
L'Olive-l'Etoile, Belg. Stsb. 1, 137.
Olkeniky, Petersburg-Warsch. II, 37.
Ollioules-St. Nazaire, Paris-Lyon-M. 5, 135.
Olloy, Belg. Gr. Centr. 2, 115.
Olm, Nieder-, Hess. Ludwigsb. 38.
Olmenetta, Ober-Italien I. 439 u. 458.
Olmütz, { K. Ferd. Nordb. 58. / °M.-Schles. Centrb. 1 / Oesterr. Stsb. 77.
°Olsberg, Berg.-Märk. 132.
Olsène, Belg. Stsb. 1, 89.
Olst, Niederl. Stsb. 2, 38.
Olstrup, Dänemark, Seel. E. 2, 69.
Olten, Schweiz. Centralb. 1, 10.
Olwiopol, Russ. VI 32, 39.
Olszanica, Ungar.-Galiz. 7.
Omer (St.-), Französ. Nordb. 1, 106.
Oneglia, Ober-Italien I, 139.
Onnens-Bonvillars, Schwz. Westb. 3, 57.
Onsild, Dänemark, Jütl. E. 43.
Onzain (Chaumont), Franz. Orléansb. 4, 35.
Oos, Bad. Stsb. 19. (E.-Exp.)
Oostcamp, Belg. Stsb. 1, 60.
Oostkerke, Belgien Société 5, 283.
Oostrosebeke, Belgien Société 5, 316b.
Opalenica, Märk.-Posener 10.
Opatowitz, Süd-Nordd. Vbdgsb. 2.
Opladen, Berg.-Märkische 94.
Oppahof-Stettin P, Kais. Ferd.-Nordb. 61.
Oppeln, { Oberschlesische 10. / Rechte Oderuferb. 40
Oppel-Schacht, Sächs. Stsb. w.
Oppenheim, Hess. Ludwigsb. 6.
°Oppurg, Thüringische E. 67.
Orange, Paris-Lyon-M. 5, 106.
Orani, Russ. Petersb.-Warsch. II, 33.
Oranienbaum, Russland III 9, 10.
Oravicza, Oesterr. Stsb. 179.
Orbetello, Ital. Röm. II, 23.
Orchamps, Paris-Lyon-M. 5, 194.
Orchies, Frankr. Nordb. 1 x, 5.
Orciano, Ital. Röm. II, 16.
Orczidorf, Arad-Temesvár 5.
Ordona, Ital. Südb. III, 122.
Orduna, Spanien 33.
Orechowo-Sujewo, Gr. Russische II, 103.
Orel, { Witebsk-Orel IV 15, 50. / Moskau-Kursk V 29, 15.
Oret, Belg. Gr. Centr. 2, 89.
Origny en Thiérache, Frz. Nordb. 1, 159a.
Orléans, Französ. Orléansb. 4, 25.
Orléans-Ceinture, Franz. Orléansb. 4, 1a.
Orlowka, Grosse Russische II, 121.
Orly, Russ. Petersb.-Warsch. II, 16.
Ormes, les, Französ. Ostb. 2, 338.
Ormoy, Französ. Nordb. 1, 146.
Oron, Schweiz. Westb. 4, 34.
Orosháza, Alföldb. 9.
Oroszlámos, Oestr. (südö.) Stb. 155.
Orp-le-Grand, Belgien Staatsb. 1, 278.
Orroir, Belgien, Staatsb. 1, 219.
Orsay, Französ. Orléansb. 4, 249.
Orschweier, Badische Stsb. 33. (P.- u. E.-Exp.)
Ortanova, Ital. Südb. III, 56.
Orte, Italien Römische II, 71.
Ortenberg, Badische Stsb. 158. (Bill.-A. Bür.)
Ortona, Italien Südb. III, 41.
Ortoncourt, Frankr. Ostb. 2 x[1], 317.
Ortrand, Cottbus-Grossenh. 6.
Orvieto, Italien Römische II, 91.
Orzesche, Oberschlesische 89. (Wilhelmsb.)
Oschatz, Leipzig-Dresden 9.
Oschersleben { Braunschweig. 20. / Magd.-Halberst. 6.
Osetschenka, Grosse Russische II, 84.
Osiek, Preuss. Ostb. 25.
Osimo, Ital. Südb. III, 23.
Oslovaner Simson Schacht Brünn-Rossitz ća.

Osnabrück, {Hannover 57. / Köln-Minden 72.
Osnes Pard, Franz. Ostb. 2, 311.
°Ospedaletti, Ober-Italien I, 134b.
Ospedaletto-Lodigiano, Ober-Ital. I, 446.
°Ossegg, Dux-Bodenbach 12.
Ossiach, Kronpr. Rudolfb. 38.
Ospedaletto, Ober-Italien I, 372.
Ostaschkowo, Grosse Russische II, 87.
Ostende, {Belgien Staatsb. 1, 64. / Belg. Société 5, 310.
Osterath, Rheinische E. 65.
Osterburg, Magd.-Halberst. 24. (Magdeb.-Wittenberge.)
Osterburken {Bad. Stsb. 110. (P.- u. E.-Exp.) / Württemb. Stsb. 69.
Osterhagen, Hannov. Stsb. 92.
Osterhofen, Bayer. Ostb. 53.
Osterholz- [Scharmbeck,] Hannov. Stsb. 36.
Osteria Bianca, Ital. Röm. II, 77.
Ostermünchen, Bayer. Stsb. 135.
Ostermundingen, (Ostermundigen) {Schwz. Centralb. 1, 40. / Berner Stsb. 4, 12.
Osterode, Hannov. Stsb. 98.
Oster-Ohrstedt, siehe Ohrstedt.
Osterspai, Nassau. Stsb. 17.
°Osterwald, Hannov.-Altenb. 28.
Ostheim, Elsass-Lothr. 84.
Ostheim (Klein-), (in Bayern.) Frankf.-Hanau 9.
Osthofen, Hess. Ludwigsb. 10.
Ostrau, (in Sachsen.) Sächs. Staatsb. 158. (Bahn-Insp.)
Ostrau, (in Mähren.) {Kais. Ferd. Nordb. 26. / (auch Ostrau-Friedl.)
Ostrau-Wilkowitz, Kaiser Ferd. Nordb. 82. (Ostrau-Friedland)
Ostroměř Hořitz, Oesterr. Nordwestbahn 58.
Ostrow, Grosse Russische II, 17.
Ostrowy, Warschau-Bromb. 1, 28.
Ostuni, Ital. Südb. III, 71.
Oswiecim, {Kais. Ferd. Nordb. 35. / Oberschlesische 31.
Oszkó, Oesterr. Südb. 104.
°Othfresen, Hannov.-Altenb. 36.
Otloczyn, Preuss. Ostb. 68.
Otrada, Russl. Moskau-Kursk V 29, 17.
°Otranto, Italien Südb. III, 16.
Ottange, Luxemb. Wilhelmsb. 6.
Ottebol, Schweden Stsb. 95.
Ottensoos, Bayer. Ostb. 41.
°Ottersberg, Köln-Minden 79.
Ottersweier P, Bad. Stsb. 23. (Billet-Ausg.-Bür.)
Ottignies, Belg. {Gr. Centr. 2, 60. / Staatsb. 1, 319. / Gr. Luxemb. 7, 305.
Ottweiler, Rhein-Naheb. 44.
Ottynia, Lemb.-Czern.-J. 14.
Otusz, Märk.-Posener 12.
°Otzenrath, Berg.-Märk. 145.
Oudenbosch, in Holland. Belg. Gr. Central. 2, 39.
Oude Schoot II, Niederl. Stsb. 2, 45a.
Oudewater, Niederl. Rheinb. 1, 22.
Oudon. Franz. Orléansb. 4, 147.
Ouen (St.-), Französ. Nordb. 1, 40.
Ouest-Ceinture, Franz. Westb. 3, 101.
Ougney, Paris-Lyon-M. 5, 193a.
Ougrée, Nordbelge. 4, 231.
Ourscamps, Französ. Nordb. 1, 16.
Ousby, Schwed. Stsb. 68.
Ovar. Portugal 1. 10.
Origlio, Ober-Italien I, 248.
Owschlag, Altona-K. (Schlesw.) 14.
Oxna, Norwegen 2. 230.
Oyrières, Französ. Ostb. 2, 208.
Ozouer, la Ferrière, Franz. Ostb 2, 72.
Ozouer-le-Voulgis, Französ. Ostb. 2, 73.
Ożydów, Galiz. Carl Ldwgb. 34.
Ozzano, Ober-Italien I, 468a.

## P.

Packebusch, Magdeb.-Halberst. 63. (Brunau-)
Paderborn, Westfälische 7.
Padova (Padua), Ober-Italien I, 43.
Paes, Rheinische 68.
Pagani, Ital. Südb. III, 131.
Paganico, Ital. Röm. II, 82 f.
Pagny (Vaucouleurs-), Franz. Ostb. 2, 42.
Pagny sur Moselle, {Elsass-Lothr. 55a. / Franz. Ostb. 2, 130.
Paix (La), Belg. Stsb. 1, 148.
Paka (Alt), {Oestr. Nordwestb. 61. / Süd-Nordd. Vbdgsb 21.
Paka (Neu-), Oestr. Nordwestb. 60.
Páka [Puszta-], Oesterr. (südöstl.) Stsb. 147.
Palagianello, Ital. Südb. III, 150.
Palagiano, Ital. Südb. III, 131.
Palazzolo, Ober-Italien I, 370.
Palenberg P, Berg.-Märkische 6. (Aachen-Düsseldorf.)
Palencia, Spanien 1, 15 u. 3. 15b.
Palermo, Italien, Sicilien IV, 80.
Palézieux, Schweiz. Westb. 5, 33.
Palics P, Alföldb. 15.
Palidoro, Ital. Röm. II, 37.
Palizzi, Ital. Calabr. IV, 43.
Palma, Ital. Röm. II, 139.
Palma, Spanien (Cordova-Sevilla) 14, 126.
Palma (la), Span. (Madrid-Alic.) 12, 111.
Palo, Italien, Röm. II, 36.
Polota, Oestr. südöstl.) Stsb. 136.
Palota, Ungar. Westb. 31.
Pålsboda, Schweden Staatsb. 1, 18.
Pamplona, Span. (Barcel.-Pampl.) 6, 47.
°Pansdorf, Eutin-Lübeck 3.
Pantasjewka, Russl. VI 36. 4.
Pápa, Ungar. Westb. 6.
Papenburg, Westfälische E. 33.
Papignies, Belg. Stsb. 1, 83.
Pappenheim, Bayer. Stsb. 249.
Parabiago, Ober-Italien I, 411.
Paray le Monial. Paris-Lyon-M. 5, 315.
Paravadi, Türkei Varnab. 4, 2.
Parcé, Frankr. Westb. 3 n, 5.
Pardubitz, {Oestr. Nordwestb. 52 / Oestr. (nrdl.) Stsb. 38 / Süd-Nordd. Vbdg. 1.
Pargny, Französ. Ostb. 2, 31.
Pargolowo, Russland III 10, 5,
Paris, {Ceinture 9 a-c mit 23 dort aufgeführten Stationen. / Französ. Nordb. 1, 1. / Französ. Ostb. 2, 1—3. / Französ. Westb. 3, 1. / Orléansbahn 4, 1. / Paris-Lyon-M. 5, 1.
Párisháza, Kaschau-Oderberg 18.
Parkstein-Hütten, Bayer. Ostb. 74
Parma, Ober-Italien I, 182.
Parndorf, Oesterr. Stsb. 97. (Wien-Raaber Bahn.)
Parona, Ober-Italien I, 25.
Parres (St.) les Vautes, Frnz. Ostb. 2, 252.
°Parsberg Bayer. Ostb. 97.
Parschnitz {Oestr. Nordwestb. 69. / Süd-Nordd.-Verbindungsbahn 27.
Partenstein, Bayer. Stsb. 99.
Partilled, Schwed. Stsb. 39.
Paruschowitz, Oberschl. E. 85a. (Wilhelmsb.)
Pas-des-Lanciers, Paris-Lyon-M. 5, 125.
Pasewalk, Berlin-Stettin 50. (Vorpommersche B.)
Pasian Schiavone, Ober-Italien I, 5.
Pasing, Bayer. Stsb. 125.
Paskani, Lemb.-Cern.-Jassy 34.
Paskau, {Kais. Ferd. Nordb. 84. / (Ostrau-Friedland.)
Passau, {Bayer. Ostb. 58. / K. Elisabethb. 54.
Passenans, Paris-Lyon-M. 5, 212.
Passignano. Ital. Röm. II, 58.
Passo Martino, Ital. Sicil. IV, 67.
Passo di Corese, Ital. Röm. II, 75.
Passow, Berlin-Stettin 7.
Pászthó, Ungar. (nördl.) Stsb. 12.
Paterne (St.), Franz. Orléansb. 4, 112.
Paternion-Feistritz, Oestr. Südb. 178
Patriaschenskaja, Grjäsy-Jelets V 25, 1.
Patrice (Saint), Franz. Orléansb. 4, 126.
Pátroha, Ungar. Nordostb. 47.
(Patsch), Oesterr. Südb. 218. (Brennerb.)
Pattburg, Altona-K. (Schlesw.) 21.
Pau, Französ. Midi 6, 24.
Pauillac, Französ. Medoc 11, 7.
Paul (St.), Franz. Nordb. 1, 208.
Paulhan, Franz. Midi 6, 2a.
Paulinenaue, Berl.-Hamburg. 5.
Paulis P, Siebenbürger E. 3.
Pavia, Ober-Italien I, 167.
Pavillons (Stave), Belg. Gr. Centr. 2, 91.
Pavilly, Franz. Westb. 3, 24.
Paviolo, Ober-Italien I, 56.
Pawlisch, Russl. VI. 36, 7.
Pawlowo, Grosse Russische II, 102.
Pawlowsk, Russland III 8, 3.
Payerbach, Oesterr. Südb. 28.
Payns, Französ. Ostb. 2, 91.
Pečeк, Oesterr. Staatsb. 44.
Péczel, Ungar. (nördl.) Stsb. 5.
Pedaso, Ital. Südb. III, 30.
°Pegau, Thüringische E. 77.
Peggau, Oesterr. Südb. 44.
Pegli, Ober-Italien, I, 124.
Peine, Hannov. Stsb. 66.
Peissant, Belg. Staatsb. 1, 299.
Peissenberg [Unter-], Bayer. Stsb. 199.
Peitz, Halle-Sorau-Guben 17.
Pellaro, Ital. Calabr. IV, 47.
Pellendorf, [Lanzendorf-] Oesterr. Stsb. 89. (Wien-Raab.)
Pelplin, Preuss. Ostb. 33.
Pelsdorf, Oesterr. Nordwestb. 64.
Peltre, Elsass-Lothr. 51.
Penne, Franz. Orléansb. 4, 217b.
Penig, Sächs. Staatsb. 115.
Penndorf, Oesterr. Staatsb. 74.
Penthalaz-Cossonay, Schwz. Westb. 5, 51.
Penzberg, Bayer. Stsb. 204.
Penzig, Niederschl.-Märk. 40.
Penzing, Kais. Elisabethb. 2.
Peperga II, Niederl. Stsb. 2, 44a.
Pepinster, {Belg. Stsb. 1, 26. / Luxb.-Wilhb. 41.
Perach, Bayer. Staatsb. 277a.
Perbete, Oestr. südöstl. Stsb. 125.
°Perbenyik, Ungar. Nordostb. 27.
(Perchtoldsdorf), Oesterr. Südb. 8.
Perek Zestowo, Russl. (Odessa-Balta) VI, 11
Pérenchies, Französ. Nordb. 1, 130.
Perekrestowo, Russl. VI 32, 11.
Pereschebino, Russl. VI 36, 14.
Perjamos, Oesterr. Staatsb. 176.
Peri, Ober-Italien I, 21.
Périgueux, Französ. Orléansb. 4, 215.
Perkjarwi, Russl. III 10, 11.
Pernegg, Oesterr. Südb. 41.
Perowo, Russl. Moskau-Rjäsan V 18, 2.
Perpignan, {Französ. Midi 6, 30. / Frankreich 10, 1.
Pertengo, Ober-Italien I, 396.
°Pertuis, Franz. Méditerr. 5, 317.
Perugia, Italien, Römische II, 61.
Peruwelz, Belg. Staatsb. 1, 245.
Pervyse, Belg. Société 5, 220.
Perwez, Belg. Staatsb. 1. 275.
Pesaro, Italien Südb. III, 5.
Pescara, Italien Südb. III. 39.
Pescantina, Ober-Italien I, 24.
Peschiera, Ober-Italien I, 379.
Pescia, Ober-Italien I, 88.

Pesky. Russl. Moskau-Rjäsan V 18, 8.
Pessione, Ober-Italien I, 210.
Pest, {Oestr. südöstl. Stb. 137 | Ungar. nördl. Stsb. 1.}
Peter (St.) Kais. Elisabethb. 22. in Oesterreich.
Peter (St.) Leoben-Vordernb. 3.
Peter (St.) Oesterr. Südb. 82. in Krain,
Petérd (M.-) P, Theissbahn 41.
Peterhof, Russl. Petersb.-Peterh. I 119, 8 u. 9
Péteri, Oestr. (südöstl.) Stsb. 149. (Puszta)
Petersburg (St.), Russland. {Grosse Russ. II, 1. | Petersb.-Zarskoe III 8, 1. | Petersb.-Peterh. III 9, 4. | Petersb.-Billhlm. III 10, 1.}
Petersdorf, Hohenst.-Zöptau 4.
Petershain, Cottb.-Grossenh. 3.
Petershausen, Bayer. Stsb. 238.
Peterwitz (Gr.-), Oberschl. W.-B. 79.
°Peterzell, Badische Stsb. 169.
°Péth, Ungar. Westb. 32.
Petrikau, Warschau-Wien I, 12.
Petrowitz, Kais. Ferd. Nrdb. 29.
Petrowsk, Russl. Moskau-Jarosl. V 17, 7.
Petrozsény, Siebenbürger E. 24.
Pettau, Oesterr. Südb. 111.
Petuschki, Grosse Russische II, 105.
Peyrouse (La). Franz. Orléansb. 4, 261.
Pezou, Franz. Orléansb. 4, 103.
Pfaffenhofen, Bayer. Stsb. 240.
Pfaffstätten, Oesterr. Südb. 14.
Pfalzdorf, Rheinische 74.
Pfeddersheim, Hess. Ldwgsb. 38.
(Pfiffligheim) Hess. Ludwgsb. 37.
Pflaumloch, Württemb. Stsb. 119.
Pfohren P, Badische Stsb. 184. (Billet-Ausg.-Bureau.)
*Pforzen* P, Bayer. Stsb. 19.
Pforzheim, {Badische Stsb. 149. (P.- u. E.-Amt.) | Württemb. Stb. 207. Verw. I.}
(Pfreimt), Bayer. Ostb. 70.
Phalempin, Franz. Nordb. 1, 121a.
Philippeville, Belg. Gr. Centr. 2, 109.
Philippine, Belg. Société 5, 326a.
Philippsburg, Elsass-Lothr. 32.
Philippsheim, Rheinische 33a.
Piacenza, Ober-Italien I. 186.
Pianerottolo, Italien, Südb. III, 97.
Pianzano, Ober-Italien I, 10.
Piave, Ober-Italien I, 12.
Picquigny, Französ. Nordb. 1, 75.
(Piding), Bayer. Stsb. 233.
Piedimonte Tiumefr.. Ital. Sicil. IV, 60.
Pier d'Arena, Ober-Italien I, 121 u. 150.
Piero (S.), Ober-Italien I, 77.
Pierre, Paris-Lyon-M. 5, 324.
Pierre (St.)-de-Chignac, Fr. Orléansb. 4, 41a
Pierre (St.)-des-Corps, Fr. Orléansb. 4, 109.
Pierre (St.) du Vauvray, Franz. Westb. 3, 15.
Pierre (St.)-la-Cour, Franz. Westb. 3, 139.
Pierre (St.)-lez-Calais, Franz. Nordb. 1, 86a.
Pierre (St.) Villas, Schwz. Westb. 4, 38.
Pierre (St.)-sur-Dives, Fr. Westb. 3, 219.
Pierrefitte-Nestalas, Franz. Midi 6, 25a.
Pierrefitte-Stains, Französ. Nordb. 1, 3.
Pierrelatte, Paris-Lyon-M. 5, 100.
Pierrepont, Französ. Ostb. 2, 176.
Piesberg, Hannov. Stsb. 58.
Pilt (Sanct-) Elsass-L. 82 (= St. Hippolyt).
Pieterlen, Schweiz. Centralb. 1, 55.
Piéton, Belgien Staatsb. 1, 304.
°Pietra (La), Ober-Italien I, 146.
Pietra Santa, Ober-Italien I, 98.
S. Pietro Casale, Ober-Italien I, 62.
S. Pietro Vernotico, Ital. Südb. III, 73.
Pieve Albignola, Ober-Italien I, 461.
Pieve a Nievole. Ober-Italien I. 85.
Pieve di Sori, Ober-Italien I, 117.
Pigna Andora, Ober-Italien I. 141.
Pignans, Paris-Lyon-M. 5, 148.
Pignataro, Ital. Röm. II, 128.
Pilat Chlumec-, Kais. Fr. Josefb. 51.
Pilis, Oestr. (südöstl.) Stsb. 142.
Pillau, Ostpreuss. Südb. 1.
Pilling P, Bayer. Ostb. 46.
Pilnikau, Oestr. Nordwestb. 67.
Pilsen, {Böhm. Westb. 8. | Kais. Franz Josefb. 39.}
Pilwischki, Grosse Russ. II, 59.
Pincé-Précigné, Franz. Westb. 3, 194.
Pinerolo, Ober-Italien I, 286.
Pinhal Novo, Portugal 21.
Pinie, Buschtěhr. Pferdeb. 62.
Pinneberg, Altona-Kiel 3.
Pinta (la), {Belg. Stsb. 1, 85. | Belgien, Société 5, 345.}
Piolenc, Paris-Lyon-M. 5, 105.
Piraeus, Griechenland, 2.
Pirna, Sächs. Stsb. 5. (B.-I.)
Pisa, Italien, Römische E. II, 12.
Pisa P. N., Ober-Italien I, 95.
Piscina, Ober-Italien I, 284.
Pisek (Bisenz-), Kais. Ferd. Nordb. 14.
Pisek (Račic-), Kais. Fr. Josefb. 28.
Piski, Siebenbürger 12.
Pistoja, {Ober-Italien I, 76. | Italien, Römische II, 2.}
Piteccio, Ober-Italien I, 75.
Pitesti, Türkei, Rumän. 2, 30.
Pithiviers, Paris-Lyon-M. 5, 310a.
Pizzighettone, Ober-Italien I, 443.
Place, Ungar. Stsb. 79. (Carlstadt-Fiume).
°Plagwitz, Thüringische E. 74.
Plaines H., Franz. Ostb. 2, 257a.
Plaisir-Grignon, Franz. Westb. 3, 222.
Plan, Kais. Fr. Josefb. 44.
Pláňa Kais. Fr. Josefb. 56.
Planegg, Bayer. Stsb. 189.
Planchers (St.), Franz. Westb. 3, 254.
Plasschendael, Belg. Stsb. 1, 63.
Plattling, Bayer. Ostb. 51.
Plauen (im Voigtlande), Sächs. Stsb. 97. (B.-Insp.)
Plauen (bei Dresden), Sächs. Stsb. 48.
Pleinfeld, Bayer. Stsb. 41.
Pleinting, Bayer. Ostb. 54.
Plénée-Jugon, Franz. Westb. 3, 150.
Pless, Rechte Oderuferb. 35.
Plessis (le)-Belleville, Franz. Nordb. 1, 144.
Plettenberg, Berg.-Märkische 74. (Ruhr-Siegb.)
Pleyber-Christ, Franz. Westb. 3, 161.
Plisky, Russl. (Kursk-Kiew) VI 35, 14.
Plochingen, Württemb. Stsb. 22. (Verwaltung I. Cl.)
Plön, Altona-Kiel 37.
Ploješti. Türkei, Rumän. E. 2, 4.
Plombières, Paris-Lyon-M. 5, 42.
Plouaret-Lannion, Franz. Westb. 3, 157.
Plouigneau, Franz. Westb. 3, 159.
Plounérin, Franz. Westb. 3, 158.
Plsenec P, Kais. Franz Josefb. 38.
Pluchów, Galiz. C.-Ludwb. 39.
Plüderhausen, Württemb. Stb. 106.
Plussa, Grosse Russ. II, 11.
Plycwia, Warschau-Wien I, 7.
Plzenec P, Kais. Fr. Josefb. 38.
Pniewo, Warschau-Bromb. I, 26.
Podbaba P, Oestr. nördl. Stsb. 50.
Podbrodze, Petersb.-Warschau II, 32.
Poděbrad, Oestr. Nordwestb. 37.
Poděbrad, Oestr. (nördl.) Stb. 23.
Podelzig, Preuss. Ostb. 69.
Podgurz s. Thorn, Preuss. Ostb. 67.
Podleże, Galiz. C. Ludwigsb. 4.
Podnart, Kronpr. Rudolfsb. 56.
Podoln P, Kais. Elisabethb. 71.
Podol-Swijan, Turnau-Kr.-Prag 12.
Podolsk, Russ. Moskau-Kursk V 29, 3.
Podsolnetschnaja, Grosse Russ. 94.
Podsused H, Oesterr. Südb. 147.
Podul-Iloii, Lembg.-Cz.-Jassy 37.
Podwołoczyska, Gal. C. Ludw. 47.
°Podzamce, Breslau-Warschau 8.
Podzamkiem, Galiz. C. Ldwgb. 30. (Lemberg-)
Pöchlarn, Kais. Elisabethb. 16.
Pölten (St.), Kais. Elisabethb. 12.
Pöltschach, Oesterr. Südb. 60.
(Pösing), Bayer. Ostb. 63.
Pössneck, Thüringische E. 68.
Pössnitz, Oesterr. Südb. 56.
Pötscha P, Sächs. Stsb. 7.
Podwołoczyska, Galiz. C.-L.-B. 43.
Poli Castro, Ital. Röm. II, 116.
Poggibonsi, Ital. Röm. II. 80.
Poggio Imperiale, Ital. Südb. III, 51.
Poggio Renatico, Ober-Italien I, 60.
Pohl, Kais. Ferd. Nordb. 22.
Polana, Ober-Italien I, 41.
*Poing* P, Bayer. Stsb. 268.
Poissy, Franz. Westb. 3, 6.
Poitiers, Französ. Orléansb. 4, 56.
Poix, Belg. Gr. Luxemb. 7, 529.
Poix, Französ. Nordb. 1, 189.
Poix-Terron, Französ. Ostb. 2, 150.
Pokrowo, Gr. Russische II, 104.
Pokrowskaja, Russl. V 30, 32.
Polesella, Ober-Italien I, 55.
Polewaja, Russl. V 30, 2.
Policori, Ital. Calabr. IV, 5.
Polignano a Mare, Ital. Südb. III, 68.
Poligny, Paris-Lyon-M. 5, 210.
Polisot, Französ. Ostb. 2, 256.
Politz (Sandau-), Böhm. Nordb. 28.
Polna, Oestr. Nordwestb. 26.
Polnisch-Lissa, Oberschles. 40.
Polotsk, Russl. Dünab.-Witebsk IV, 25.
Polstrau, Oesterr. Südb. 114.
Poltawa, Russl. Südwestb. VI, 42.
Pombal. Portugal 7.
Pommelsbrunn, Bayer. Ostb. 39.
Pommeranje, Gr. Russische II, 67.
Pommeroeul, Belg. Staatsb. 1, 231.
(Pommritz), Sächs. Stsb. 24.
Pomoschnaja, Russland VI 32, 42.
Pompei, Ital. Südb. III, 128.
Ponzana, Ober-Italien I, 353.
Pondery, Russl. Petersb.-Warschau II, 19.
Ponholz, Bayer. Ostb. 26.
Ponigl, Oesterr. Südb. 61.
Pons, Franz. Charenteb. 8, 5.
Pont-à-Celles, Belg. Stsb. 1, 131.
Pont-à-Mousson, Französ. Ostb. 2, 129.
Pontanevaux, Paris-Lyon-M. 5, 61.
Pontarlier, Paris-Lyon-M. 5, 246.
Pontassieve, Italien, Röm. II, 44,
Pont Audemer, Frankr. Westb. 3 m, 1.
Pont-Authon, Franz. Westb. 3, 39.
Pont-Château, Franz. Orléansb. 4, 172.
Pont-d'Ain, Paris-Lyon-M. 5, 227.
Pont-de-Briques, Franz. Nordb. 1, 83b.
Pont-de-Gennes, Franz. Westb. 3, 1, 1.
Pont-de-l'Arche, {Franz. Westb. 3, 18. | Frankr. P.-à-Gisors 21, 1.}
Pont-du-Lignon, Paris-Lyon-M. 5, 299.
Pont de Livron, Paris-Lyon-M. 5, 330.
Pont-de-Vaux-Fleury, P.-Lyon-M. 5, 57.
Pont-d'Héry, Paris-Lyon-M. 5. 240.
Pontecagnano, Ital. Südb. III, 137.
Pontecurone, Ober-Italien I, 162 u. 199.
Pontedecimo, Ober-Italien I, 153.
Ponte de Dore, Franz. Méditerr. 5, 296.
Ponte dera, Italien Römische E. II, 9.
Ponte-di-Benevento, Ital. Südb. III, 106.
Ponte di Brenta, Ober-Italien I. 44.
Ponte Gliuori, Ital. Röm. II, 18c.
Ponte Lagoscuro, Ober-Italien I, 58.
Pont l'Evêque, Französ. Westb. 3, 87.
Ponte Galera, Ital. Röm. II, 38.
Pontgouin, Franz. Westb. 3. 112.
Ponte S. Giovanni, Ital. Röm. II, 62.
Ponte S. Marco, Ober-Italien I, 375.
Ponte S. Pietro, Ober-Italien I, 422.
Pontenure, Ober-Italien I, 187.
Ponte Valentino, Ital. Südb. III, 103.
Pont Hebert, Franz. Westb. 3, 84.
Pontivi, Franz. Orléansb. 4, 200.
Ponticino, Ital. Röm. II, 52.
Pont Maugis, Franz. Ostb. 2. 164a.
Pont-sur-Yonne, Paris-Lyon-M. 5, 19.
Pont-Ste. Maxence, Franz. Nordb. 1, 11.

Pont-St.-Pierre, Frankr. Westb. 3, 1, 4.
Pont-sur-Seine, Französ. Ostb. 2, 87.
Pontoise, {Französ. Nordb. 1, 39. / Französ. Westb. 3, 270.
Pont-Remy, Französ. Nordb. 1, 78.
Pont-Varin, Französ. Ostb. 2, 303.
Pontwitz, Breslau-Warschau 2.
Ponuiry, Russl. Mosk.-Kursk V 29, 22.
Ponzana, Ober-Italien, I, 353.
Pó (Puszta-), Theissbahn 29.
Poperinghe, Belg. Société 5, 299.
Popeljuchi, Russl. VI 32, 18.
Popelnja, Russl. VI 33, 6.
*Poppenhausen* P, Bayer. Stsb. 282.
*Poppenreuth* P, Bayer. Stsb. 49.
Poprád, Kaschau-Oderberg 24.
Poraj, Warschau-Wien I, 17.
Porcari, Ober-Italien I, 90.
Pordenone, Ober-Italien I, 8.
Poretsche, Petersb.-Warschau II, 40.
Porretta, Ober-Italien I, 73.
Porta, {Hannover. Stsb. 49. / Köln-Minden 32.
Portacomaro, Ober-Italien I, 469.
Port-à-Binson-Châtillon Franz. Ostb. 2, 21.
Portalegre, Portugal 14.
Port-Boulet, Franz. Orléansb. 4, 129.
Port-Brillet, Franz. Westb. 3, 138.
Port d'Atelier, Französ. Ostb. 2, 114.
Port-de-Piles, Franz. Orléansb. 4, 46.
Portici, Ital. Südb. III, 125.
Portieux H. Frankr. Ostb. 2 x², 313.
Portet St. Simon, Französ. Midi 6, 19.
Port sur Saône, Französ. Ostb. 2, 115.
Port Vendres, Französ. Midi 6, 32.
Porto-Civitanova, Ital. Südb. III, 27.
°Porto-Maurizio, Ober-Italien I, 138.
Porto Recanati, Ital. Südb. III, 25.
Porto S. Giorgio, Ital. Südb. III, 29.
Posadas, Spanien 14, 120.
Posen, {Märk.-Posener 14. / Oberschlesische 48.
Posen-Glogau und Stargard-Posen.
Possenhofen, Bayer. Stsb. 193.
Possitz-Joslowitz, Oestr. Stsb. 68.
la Possonnière, Französ. Orléansb. 4, 140.
Postbauer, Bayer. Ostb. 93.
Posthausen, Leipzig-Dresden. 3.
Potassa, Ital. Röm. II, 23.
Potenza Picena, Ital. Südb. III, 26.
Pothières, Französ. Ostb. 2, 259.
Potoki, Russland VI 36, 9.
Potschappel, Sächs. Stb. 49. B.-I.
Potschinok, Russl. Witebsk-Orel IV, 38.
**Potsdam**, Berl.-Potsd.-Mgdbg. 5.
Pottangow, Berlin-Stettin 31.
Pottenbrunn, Kais. Elisabethb. 11
Pottendorf, Wr. Neust.-Gr. Neus. 4.
Pottschach, Oesterr. Südb. 26.
Pouilseur, Belg. Gr. Luxemb. 7, 542.
Pourru Brévilly, Französ. Ostb. 2, 167.
Pouxeux-Eloyes, Französ. Ostb. 2, 228.
Powayen, Ostpreuss. Südb. 4.
Poysdorf, Oestr. Staatsb. 8.
Pozzolengo, Ober-Italien I, 378.
Pozzuolo, Ober-Italien I, 160.
Pra, Ober-Italien I, 125.
Pracchia, Ober-Italien I, 74.
Prades, Frankr. 10, 4.
Prävali, Oesterr. Südb. 162.
Prag, {Böhm. Westb. 22. / Buschtěhr. 1 (*Bubna*). / » 2 (Sandthor). / Oester. (nördl.) Stb. 48. / Kais. Franz Josefb. 69. / °Turnau-Kr.-Prag. 19.
Praga, Warschau-Terespol I, 15.
Pragerhof, Oesterr. Südb. 62.
Pram-Haag, Kais. Elisabb. 86.
Praskowitz P, Oestr. nördl. Stb. 62.
Prato, Ober-Italien I, 78.
Pratteln, Schweiz. Centralb. 1, 3.
Praust, Preuss. Ostb. 73.
Précy, Französ. Nordb. 1, 45.
Předměřitz, Süd-Nordd. Vbdg. 4.

Preetz, Altona-Kiel 43.
Preganziol, Ober-Italien I, 16.
Přelouc, Oesterr. Stsb. 39.
Premstätten- (Tobelbad.) Graz-Köflach 3.
Prenzlau, Berlin-Stettin 48. (Vorpommersche B.)
Preobrajenskaja, Petersb.-Warschau II, 8.
Prerau, Kais. Ferd. Nordb. 19.
Preschen-Bilin, Aussig-Tepl. 10.
Presle (la), Französ. Orléansb. 4, 244.
Presenzano, Italien Röm. E. II, 123.
Pressath, Bayer. Ostb. 75.
Pressbaum, Kais. Elisabethb. 6.
Pressburg, {Oesterr. Stsb. 112. / Pressb.-Tyrnau 1.
°Pressnitz-Reischdorf, Buschtěhr 29
Prestranek, Oesterr. Südb. 81.
Preuss. Eylau, Ostpreuss. Südb. 13.
°Prestegaarden, Norwegen 230.
Pretzier (Deutsch-), Magdeb.-H. 70.
Preuss. Stargardt, Preuss. Ostb. 81.
Preusslitz, × Magdb.-Halberst. 36.
Preval, Türkei, Rum. E. 2, 17.
Prex (St.), Schweizer. Westb. 5, 12.
Pres-sous-la Fauche, Franz. Ostb. 2, 271.
°Pribecz, Ungar. Staatsb. 30.
Přibislau-S, Oestr. Nordwestb. 27.
Prien, Bayer. Stsb. 140.
Priesen, Buschtěhrader 23.
Priglevitza-St. Ivan, Alföldb. 21.
Prinzersdorf, Kais. Elisabethb. 13.
Prinz Wilhelm ×, Braunschw. 44.
Priolo, Ital. Sicil. IV, 73.
Pristewitz, Leipzig-Dresden 14.
Prittitz P, Thüringische 23.
Pritzier, Berlin-Hamburg 17.
Privas, Paris-Lyon-M. 5, 25a.
Prochorowka, Russland V 30, 5.
°Profen, Thüringische E. 78.
Promontor, Oesterr. Südb. 134.
Prosecco, Oesterr. Südb. 86.
Proskurowskaja, Russl. VI 32, 29.
Prossnitz, Kais. Ferd. Nordb. 78.
Protiwin P, Kais. Franz Josefb. 27.
Protopopowka, Russland VI 36, 5.
Provins, Französ. Ostb. 2, 337.
Prowenischky, Petersb.-Wirballen II, 53.
Pruchna, Kais. Ferd. Nordb. 31.
°Prüfening, Bayer Ostb. 103.
Pruszkow, Warschau-Wien I, 2.
Przemysl, {Galiz. Carl Ldwgb. 22 / Ungar.-Galiz. E. 1.
Przeworsk, Galiz. Carl Ldwgb. 18.
Pskow, Petersb.-Warschau II, 15.
Puch, Salzb.-Halleiner E. 3.
Pudewitz, Oberschlesische 142.
Pürbach- (Schrems), Kais. Franz Josefb. 19
Pürstein-Tschirnitz, Buschtěhr. 36.
Puertolano, Spanien 13, 114.
Puerto Real, Spanien 15, 133a.
Puers, Belg. Malines-Terneuzen 6, 334.
Püspök-Ladany, Theissbahn 8.
Püsselbüren × Hannov. Stsb. 62.
Pulkau, Oesterr. Nordwestb. 42.
Pulsa, Russl. III 10, 17.
Pulsnitz, B.-I., Sachs. Staatsb. 31.
Putlawa, Russl. VI, 36, 15.
de Punt, Niederl. Stsb. 2, 50b.
Puntigam, Oesterr. Südb. 49.
Purkersdorf, Kais. Elisabethb. 5.
(Puschdorf). Preuss. Ostb. 56.
Puschkino, Moskau-Jaroslaw V 17, 1b.
Puszta-Lököshaza P, Theissbahn 35.
» Paka P, Oestr. (südöstl.) Stb. 147.
» Péteri, P Oestr. (südöstl.) Stb. 149.
Puszta-Pó, Theissbahn 29.

Puteaux, Franz. Westb. 3, 94.
Putnok, Ungar. Staatsb. 54.
Putten, Niederl. Centralb. 4, 10.
Puy, Siebenbürger 20.
Puy (Le), Paris-Lyon-M. 5, 106.
Puyôo, Franz. Midi 6, 16a u. 21.
°Pyrmont, Hannov.-Altenb. 10.

## Q.

Quaderna, Ital. Südb. III, 3.
Quaregnon, Belg. Stsb. 1, 111.
Quaritz, Niederschl. Zwgb. 3.
Quassitz- [Tlumatschau,] Kais. Ferd. Nordb. 17.
Quatrecht, Belg. Stsb. 1, 52a.
Quedlinburg, Mgdb.-Halberst. 12.
Quéménéven, Franz. Orléansb. 4, 192.
Questembert, Franz. Orléansb. 4, 179.
Quentin (St.), Französ. Nordb. 1, 22.
Quercota, Ober-Italien I, 99.
Quetteville, Franz. Westb. 3, 90.
Quévy, {Belg. Nordb. 4, 203. / Französ. Nordb. 1, 34a.
Quiévrain, {Belg. Stsb. 1, 115. / Franz. Nordb. 1, 136.
Quimerc'h, Franz. Orléansb. 4, 194.
Quimper, Französ. Orléansb. 4, 191.
Quimperlé, Franz. Orléansb. 4, 188.
Quintanilla de las Torres, Spanien 2, 20.
Quinto, Ober-Italien I, 119.
Quintin, Franz. Westb. 3, 153a.
Quřinoves, Kais. Fr. Josefb. 67.
Qvissel, Dänemark, Jütl. E. 65.

## R.

Raab, {Oesterr. Stsb. 69. (Wien-Raab.) / Ungar. Westb. 1.
°Raba Szt Mihaly, Ungar. Westb. 17.
Rabishau, Niederschl.-Märk. 46. (Schles. Gebirgsbahn.)
Rabstein, Böhm. Nordb. 24.
Racadjuni, Türkei, Rum. E. 2, 24.
Racconigi, Ober-Italien, I, 270.
Rachny-Lesowskaja, Russl., VI 32, 22.
Račic-Pisek, Kais. Fr. Josefb. 28.
Rackwitz, Berlin-Anhalt 40.
Rácz-Sz. Péter, Oest. Stsb. 175.
Rácz-Töttös, [Deutsch-Boly-] Mohács-Fünfk. 5.
Raddusa, Ital. Sicil. IV, 122.
Radeberg, Sächs. Staatsb. 16. (Bahn-Insp.)
Radebeul P, Leipzig-Dresden 19.
Radepont, Frankr. Westb. 3, 1, 4.
Radmannsdorf, Krpr. Rudlfsb. 57.
Radna, Siebenbürger 4.
Radnitz, Böhm. Westb. 10.
Radolfzell, Badische Stsb. 83. (P.- u. E.-Exp.)
Radomsk, Warschau-Wien I, 14.
Radotin, Böhm. Westb. 20.
Radsiwilowka, Russl. VI 33, 8.
Radung, (Döllens-) Preuss. Ostb. 11.
°Radvány, Ungar.-Galiz. 15.
Radymno, Galiz. C. Ludwigb. 20.
Radzionkau, Rechte Oderuferb. 24.
Radziwillów, Warschau-Wien I, 5.
Räbsowo, Russl. Witebsk-Orel IV, 37.
Räppe, Schweden Privatb. 4, 127.
Räterschen, Verein. Schweizerb. 3, 13.
Ragatz, Verein. Schweizerb. 3, 24.
Raguhn, Berlin-Anhalt 36.
Rahlstedt P, [Alt-] Lübeck-Hamb. 13.
Rai-Aube, Franz. Westb. 3, 236.
Raigern, Kais. Ferd. Nordb. 53.
Raincy-Villemonble, Franz. Ostb. 2, 6.
(Raisdorf), Altona-Kiel 42.
Raismes, {Französ. Nordb. 1, 133. / Frankr. Val-Lille 1 a, 2.
Raitz, Oestr. (nördl.) Stsb. 23.
Raiwola, Russl. III 10 9.

Rakamaz P, Theissbahn 16.
Rakasdia, Oestr. (südöstl.)Stb. 178.
Rakek, Oesterr. Südb. 79.
Rakonitz, Buschtěhrader 60.
Rákos, Ungar. (nördl.) Stsb. 3.
Rambert (St.), Paris-Lyon-M. 5, 85.
Rambervillers, Franz. Ostb. 2 x², 320,
Rambin (Gross-), Berl.-Stettin 20.
Rambouillet, Franz. Westb. 3, 105.
Ramenskoje, Russl. Mosk.-Rjäs. V 18, 5.
Ramillies-Offus, Belg. Staatsb. 1, 276.
Ramlösa. Schweden Privatb. 6, 141.
Rammelsbach, Pfälz. Nordb. 63.
Rammindorf, Kronp. Rudolfb. 2a.
Ramstadt, Hess. Ludwigsb. 69 u. 70
Nieder- u. Ober-
Ramstein, Pfälz. Nordb. 55.
Ranchot, Paris-Lyon-M. 5, 192.
Randers, Dänemark, Jütl. E. 46.
Randsfjord, Norwegen Drammenb. 245.
Ranenburg, Rjäsan-Koslow V 19, 8.
°Rankweil, Vorarlberger 8.
Rann, Oesterr. Südb. 145.
Rannum, Schweden Privatb. 119.
Ransart, Belg. Gr. Centr. 2, 68.
Ranstadt, Oberhessische 23.
Raon-l'Etappe Französ. Ostb. 2, 234.
la-Neuveville.
Raphael (Saint-), Paris-Lyon-M. 5, 137.
Raphèle, Paris-Lyon-M. 5, 117.
Rapolano, Ital. Röm. II, 83.
Rapallo, Ober-Italien I, 114.
Rappenau, Badische Stsb. 132.
(P.- u. E.-Exp.)
Rapperswyl, Verein. Schweizerb. 3, 46.
Rappoldsweiler, Elsass-Lothr. 83.
Rasdelnaja, Russl. V 28, 2 u. VI 32, 6.
Rasik, Russland III 11, 5.
Raskasowo, Russland V 23, 5.
°Rast, Hannov.-Altenb. 34.
Rast (Maria-), Oesterr. Südb. 156.
(Kärnthner B.)
Rastatt, Bad. Stsb. 18. (E.-Exp.)
Rastede, Oldenburger E. 24.
(Heppens-Oldenburg.)
Rastenburg, Ostpreuss. Südb. 20.
°Rath, Berg.-Märkische 120.
(Ruhrthalbahn.)
*Rathen* P, Sächs. Staatsb. 8.
Rathenow, Magdeb.-Halberst. 51.
Ratibor Oberschlesische 70.
(Wilhelmsb.)
°Ratingen, Berg.-Märkische 121.
(Ruhrthalbahn.)
Ratschach, Kronpr. Rudolfsb. 62.
Ratschitz- Aussig-Tepl. 11.
Oberleutensdorf,
Ratzdorf, Pressburg-Tyrnau 3.
Ratzeburg, Lübeck-Büchen 4.
(Raubling), Bayer. Stsb. 178.
Raudnitz, Oesterr. (nördl.) Stsb. 59.
Raudten, Bresl.-Schw.-Frbg. 25.
Raunheim, Hess. Ludwigsb. 32.
Raus, Schweden Privatb. 140.
Rauscha, Niederschl.-Märk. 25.
Rausnitz, Kais. Ferd.-Nordb. 73.
Ravenna, Italien Südb. III, 91.
Ravensburg, Württemb. Stsb. 50.
(Verw. I. Cl.)
Rawicz, Oberschlesische 37.
(Breslau-Posen-Glogau.)
Ražic siehe Račic-Pisek.
Rebaix, Belg. Stsb. 1, 83a.
Rebecq-Rognon, Belg. Stsb. 1, 164.
Rebstein, Verein. Schweizerb. 3, 19.
Recco Ober-Italien I, 116.
Réchicourt = Rixingen, Elsass-L. 20.
Rechtenstein, Württb. Stsb. 176.
Recklinghausen, Köln-Minden 85
(Récse) Ausweiche, Oesterr. Südb. 118.
Roden, Saarbrücker 1a.

Reden-Grube, Saarbrücker 48.
Rederchingen (Klein-), PH* Elsass-Lothr. 35b,
Redl, Kais. Elisabethb. 39.
Redon, {Französ. Orléansb. 4, 176. / Französ. Westb. 3, 187.}
*Redwitz* P, Bayer. Stsb. 217.
Regensburg, Bayer. Ostb. 22.
Regenstauf, Bayer. Ostb. 25.
Reggio, Ober-Italien I, 180.
Reggio, Italien Calabrien IV, 48.
Rehaincourt, Frankr. Ost. 2x², 316.
Rehau, Bayer. Stsb. 226.
Rehme, {Hannover 50. / Köln-Minden 31.}
°Rehmsdorf, Altenburg-Zeitz 4.
Rehweiler, Pfälz. Nordb. 59.
Reibnitz, (Warmbrunn) {Niederschl.-Märk. 48 / (Schles. Gebirgsb.)}
Reibold-Schacht, Sächs. öst. Stb. 61.
Reichelsdorf, Bayer. Stsb. 45.
Reichenau P, Bad. Stsb. 86. B.-A.-B.
Reichenau P, Süd-Nordd. Vbdgb. 20.
Reichenbach Brsl.-Schw.-Frbg. 13
(in Schlesien),
Reichenbach Sächs. Staatsb. 27.
(i. Oberlausitz), (B.-Insp.)
Reichenbach Sächs. Staatsb. 93.
(i. Voigtland), (B.-Insp.)
Reichenbach, Württemb. Stsb. 23.
(Reichenberg), Bad. Stsb. 123.
(in Bayern) (B.-A.-Büreau).
Reichenberg, (i. Böhmen) {Sächs. Staatsb. 44. / (B.-Insp.) Zitt.-Reichenb. / Süd.-Nrdd.-Vdgb. 22.}
Reichenburg, Oesterr. Südb. 143.
Reichenhall, PBV. Bayer. Stsb. 233.
(Reichertshausen), Bayer. Stb. 239
Reichertshofen, Bayer. Stsb. 242.
Reichholzheim P, Bad. Stsb. 140.
(Bill.-A.-B.)
Reichramming, Kronpr. Rudolfb. 6.
Reichshofen, Elsass-Lothr. 20. 30a.
Reid (La), Luxemb. Wilhelmsb. 38.
Reichstadt-Niemes, Böhm. Nordb. 7.
Reiden, Schweiz. Centralb. 1, 16.
°Reifling, Kronpr. Rudolfb. 11.
°Reifling (Klein-), Kronpr. Rudolfb. 9
Reifnigg-Fresen, Oester. Südb. 158
(Kärnthner Bahn.)
Reims, Französ. Ostb. 2, 136.
Reinbeck, Berl.-Hamburger 23.
Reinfeld, Lübeck-Hamburger 9.
Reinheim, Hess. Ludwigsb. 72.
Reinosa, Spanien 2, 18.
Reinsdorf Oberhohnd.-Reinsd.
Kohlenb. s. Sächs. Stsb.
Reisen, Oberschlesische 39.
(Bresl.-Posen-Glogauer.)
Reiskirchen, Oberhessische E. 3.
Rekawinkl, Kais. Elisabethb. 7.
Remagen, Rheinische 46.
Remicourt, Belg. Stsb. 1, 16.
Remilly, Elsass-Lothr. 49.
Remiremont, Französ. Ostb. 2, 230.
Remo (St.), Ober-Italien I, 135.
Remscheid, Berg.-Märkische 91.
Renaix, Belg. Staatsb. 1, 221.
Renč, Buschtěhrader 14.
Renchen, Badische Stsb. 25.
(P.- u. E.-Exp.)
Rendsburg, Stadt {Altona-Kiel 13a. / Station Schlesw. 13b.}
(Renens), Schweiz. Westb. 5, 14.
Rennes, Französ. Westb. 3, 144.
Renningen, Württemb. Stsb. 199.
Renzendorf, Oberhessische 11.
Reppen, Märkisch-Posener 2.

°Repy, Buschtěhrader 59.
Reschetnikowo, Grosse Russische II, 92.
Reschitza, Russl. Grosse Russ. II, 22.
Resoiu Belg. Gr. Centr. 2, 76.
Reszege-Stániszlo, Ung. Nrdostb. 6
Rethel, Französ. Ostb. 2. 146.
Rethen, Hannov. Stsb. 73.
Retz, Oesterr. Nordwestb. 12.
Retzbach, Bayer. Stsb. 94.
Reus, Spanien 6, 7.
Reussen, Halle-Sorau-Gub. 2a.
Reuth, Bayer. Ostb. 83.
Reuth (B.-I.), Sächs. Staatsb. 100.
Reutlingen, Württemb. Stsb. 132.
(Verw. I. Cl.)
Reuver, Niederl. Stsb. 2, 60.
Rév, Ungar. Ostb. 4.
(Grosswardein-Klausenburg.)
Reval, Russland III 11, 4.
Révigny au Vac., Französ. Ostb. 2, 33.
Revin, Französ. Ostb. 2, 158.
Rewnitz P, Böhm. Westb. 18.
Rezzato, Ober-Italien I, 374.
Rheda, Berlin-Stettin 35.
Rheda, Köln-Minden 25.
Rheims, siehe Reims.
Rheine, {Hannov. Stsb. 64. / Westfälische 24.}
Rheineck, Verein. Schweizb. 3, 15.
Rheinfelden, Badische Stsb. 59.
(P.-u. E.-Exp.)
Rheingönheim, Pfälz. Ldwgsb. 16.
Rheinhausen, (Hochfeld.) {Rheinische E. 87. / Berg.-Märk. 105a.}
(Rheinweiler), Bad. Stsb. 49.
(Bill.-A.-Büreau)
Rheydt, Berg.-Märkische 12.
Rheydt-Geneiken, Berg-Märk. 31.
Rhisne, Belg. Gr. Luxemb. 7, 510.
Rho, Ober-Italien I, 358.
Riardo, Ital. Röm. II, 125.
Riasanisewo, Russl. Moskau-Jarosl. V 17, 3.
Rjäsan, {Rjäsan-Koslow V 19, 1. / Moskau-Rjäsan V 18, 14.}
Rjäschk, {Russl. Rjäsch.-Morsch. V 21, 1. / Russl. Rjäsan-Koslow V 16, 7. / Russl. Skopinb. V 20, 1.}
Ribauville = Rappoltsweiler Elsass-L. 83.
Ribécourt, Französ. Nordb. 1, 15.
Říčan, Kais. Fr. Josefb. 66.
Riccione, Ital. Südb. III, 14.
Richard-Schacht, Aussig-Tepl. 17.
Richterich P, Berg.-Märkische 3.
Rickelshausen P, Bad. Stsb. 82.
(Bill.-A.-Bureau.)
Riela, Span. Madr.-Sarag. 121, 87.
Riddes, Schwz. Ligne d'Italie 8, 9.
Ried, Kais. Elisabethb. 87.
Riedau-Ried, Kais. Elisabethb. 49
Riedlingen, Insp. Wrtb. Stb. 179.
Riedselz P, Elsass-Lothr. 9a.
Riedtwyl, Schweiz. Centralb. 1, 32.
Riegel, Bad. Stsb. 36. (P. u. E.-Exp.)
Riehen P, Bad. Wiesenthalb. 206.
(E.-Exp.)
Riel, Belg. Gr. Centr. 2, 51.
Riem *PH.* Bayer. Stsb. 267a.
Riemke, Berg.-Märk. 113.
Riesa, {Leipzig-Dresden 11. / Sächs. Staatsb. 161. (B.-Insp.)}
Riestedt, Magdbg.-Leipzig 23.
Halle-Cassel.
Rietheim, Württemb. Stsb. 162.
Rietschen, Berlin-Görlitz 12.
Rifredi, Ober-Italien I, 82.
Riga, {Riga-Dünaburg IV, 4. / Riga-Mitau IV, 1.}
Rignano, Ital. Röm. II. 45.
Rigoli, Ober-Italien I, 93.
Rijen (Gilze-), Niederl. Stsb. 2, 72.

Riihimäki, Russl. Petersb. Helsingf III. 10, 30.
Rijswijk. Niederl. (Holländ.) 5, 4. s siehe auch Ryswyk.
Rilchingen (Hanweiler-), Saarb. 25.
Rilland H. Niederl. Stsb. 2, 82a.
Rilly-la-Montagne, Französ. Ostb. 2, 135.
Rimaucourt H. Franz. Ostb. 2, 368a.
Rimini, Italien Südb. III, 14.
Rimogne, Französ. Ostb. 2, 278.
Rindsholm, Dänemark, Jütl. E. 38.
°Rineck, Bebra-Hanauer E. 23.
Ringelheim, {Braunschw. 11. / °Hannv.-Altenb. 35.}
(Ringleben, Nordhausen-Erfurt 9. Gebesee-),
Ringmundshof, Riga-Dünaburg IV, 8.
Ringsted, Dänemark, Seel. E. 55.
*Ringsheim* P, Bad. Stsb. 33a.
Rinkerode P, Westfälische 18.
°Rinteln, Hannov.-Altenb. 22.
Rio Fiume, Ital. Röm. II, 33.
Riola, Ober-Italien I, 72.
°Riomaggiore, Ober-Italien I, 106.
Ripafratta, Ober-Italien I, 92.
Ripalta, Ital. Südb. III, 50.
Riscle, Frankr. Midi 6, 27.
Risles, Belg. Staatsb. 1, 284.
Rissttissen, Württemb. Stsb. 37.
Ritschel-Schacht, Aussig-Tepl. 15.
Rittershausen (B.-), Berg.-Märk. 38
Riva, Ober-Italien I, 285.
Rivarolo, Ober-Italien I, 151.
Rivarolo, Ober-Italien Ic, (Pferdeb. Settimo-Rivarolo)
Rivaz, Schweizer. Westb. 5, 18.
Rive de Giers, Paris-Lyon-M. 5, 283.
Rives, Paris-Lyon-M. 5, 265.
Rivesaltes, Frankr. Midi 6, 29.
Rivière, Paris-Lyon-M. 5, 245.
Rivoli, Ober-Italien I d.
Rixdorf, Niederschles.-Märk. 70.
Rixensaert, Belg. Gr. Luxemb. 7, 504.
Rixheim, Elsass-Lothr. 96.
Rixingen, Elsass-Lothr. 20.
Roanne, Paris-Lyon-M. 5, 278.
Robecco Pontev., Ober-Italien I, 438.
Rocca d'Evandro, Ital. Röm. II, 121.
Rocca Imperiale, Ital. Calabr. IV, 6.
Roccasecca, Ital. Röm. II, 118.
Roccella, Ital. Calabr. IV, 35.
Roccapalumba, Ital. Sicil. IV, 91.
Robla (la-), Spanien 3, 28.
Roche, Schweizer. Westb. 5, 26.
Roche (La), Belg. Gr. Central 2, 62.
Roche (La), Paris-Lyon-M. 5, 25.
Roche (la), Frankr. (Vitré-Fougères) 3 o, 2.
Roche-de-Glun, Paris-Lyon-M. 5, 90.
Roche (La) s Yon, {Frkr. Charenteb. 8, 9. / „ Vendeeb. 7, 3.}
Rochefort, {Franz. Orléansb. 4, 209. / Französ. Charenteb. 8, 1.}
Rochefort, Paris-Lyon-M. 5, 195.
Rochelle (La), {Französ. Orléansb. 4, 208. / „ Charenteb. 8, 8.}
Rochlitz, Sächs. Staatsb. 112.
Rochy-Condé, Französ. Nordb. 1, 53.
Rockenhausen, Pfälz. Alsenzb. 70.
Rocour, Niederl. Stsb. 2, 119.
Roda (la), Spanien 16, 139.
Rodallo, Ober-Italien I, 384.
Rodez, Franz. Orléansb. 4, 233.
Roding, Bayer. Ostb. 62.
Rodionowo, Russland II 6, 4.
(Rodnik), Warschau-Wien I, 15a.
Röblingen (Ober-), Magdb.-Leipz. 21. (Halle-Cassel.)
Rödelheim, Homburger E. 4.
Röderau, {Berlin-Anhalt 26. / Leipzig-Dresden 12.}
Rödjærsbro, Dänemark, Jütl. E. 37.
Röhrmoos, Bayer. Stsb. 237.
Röhrsdorf, Böhm. Nordb. 11.
°Röken, Norwegen 258.
Römerbad, Oesterr. Südb. 66.
Römershof, Russl. Riga-Dünab. IV, 9.
Roermond, Niederl. Stsb. 2, 58.

Rössel, Buschtěhrader 8.
Röthenbach Bayer. Ostb. 43. bei Nürnberg,
Röthenbach Bayer. Stsb. 5. bei Harbatshofen,
Roeux, Französ. Nordb. 1, 117.
°Röversdorf, M.-Schles. Centr. 14.
Rogätz, Magdb.-Halberst. 18. (Magdeb.-Wittenberge.)
Roggwyl, Schweiz. Centralb. 1, 26.
Rognac, Paris-Lyon-M. 5, 123.
Rogoredo, Ober-Italien I, 171 u. 497.
Rogów, Warschau-Wien I, 8.
Rohatetz, Kais. Ferd. Nordb. 13. [Strassnitz-]
Rohrbach i. d. Pfalz, Pflz. Maxb. 40
Rohrbach P, Kais. Ferd. Nordb. 52.
Rohrbach, Elsass-Lothr. 36.
Rohrheim, Gross-, Hess. Ldwgb. 60.
Rohrsen, Hannov. Stsb. 27.
Roigheim, Württemb. Stsb. 66.
Roisdorf, Rheinische 41.
Roitham, Kais. Elisabethb. 57.
Roitzsch, Berlin-Anhalt 14.
Rokiciny, Warschau-Wien I, 10.
Rokietnice, Oberschlesische 49. (Stargard-Posen.)
Rokitzan, Böhm. Westb. 11.
Rolampont, Französ. Ostb. 2, 105.
Rolandseck, Rheinische 45.
Rolle, Schweiz. Westbahn 5, 10.
Roma, Italien, Römische II, 41.
Romain (Saint-), Franz. Westb. 3, 30.
Roman, {Lemb.-Czern.-Jassy 45. / Türkei Rumänische E. 2, 26.}
Romanèche, Paris-Lyon-M. 5, 62.
Romano (S.) Ital. Röm. I, 7.
Romanshorn, {Bayer. Stsb. 1b. (Dampfschiffstation.) / Schweiz. Nordostb. 2, 1.}
Romedenne-Surice, {Belg. Gr. Centr. 2, 95. / Belg. Chimayb. 8, 613.}
Romerée, Belg. Chimayb. 8, 614.
Romilly, Französ. Ostb. 2, 88.
Romilly pres Bou, Franz. Westb. 3, 59.
Romilly s. Andelle, Frankr. West. (Pt. de l'Arche à Gis.) 3, 1, 2.
Romont, Schweiz. Westb. 5, 37.
Romont, Frankr. Ostb. 2x², 319.
Romorantin, Franz. Orléansb. 4, 269.
Romrod (Zell-), Oberhessische 9.
Ronchamp, Französ. Ostb. 2, 122.
Ronchi H, Oesterr. Südb. 203.
Ronco, Ober-Italien I, 155.
Rond d'Orléans, Frankr. Nordb. x¹, 2.
(Ronheide) Rheinische 3a.
Ronneburg, {Sächs. Staatsb. 120. / Gössnitz-Gera, B.-Insp.}
Ronnenburg, Hannov.-Altenb. 3.
Ronsdorf, Berg.-Märkische 68.
Roodt, Luxemb. Wilhelmsb. 12.
Roosendaal, {Niederl. Stsb. 2, 79. / Gr. Centr. Belg. 2, 36.}
Ropczyce, Gal. Carl-Ludwgb. 13.
Roquebrune, Paris-Lyon-M. 5, 154.
Rorschach, {Bayer. Stsb. 1a. (Dampfschiffstation.) / Schweiz. Nordostb. 2, 65. / Verein. Schweizerb. 3, 1.}
Rorschach, Hafen, Schweiz. Nordost 2, 64.
(Roseburg), Lübeck-Büchen 6.
Rosen (Gross-), Bresl.-Freiburg 19.
*Rosenbach* P, Bayer. Stsb. 154.
(Rosenberg), Badische Stsb. 111. (Bill.-A.-Bureau.)
Rosenberg, Bayer. Ostb. 34.
Rosenberg, Kaschau-Oderb. 16.
Rosengarten, Hess. Ludwgsb. 64.
(Rosengarten), Niderschl.-Märk. 10.
Rosenheim, P.B.V. Bayer. Stsb. 137
Rosenhöhe, Hess. Ludwigsb. 68.

Rosenthal, Dux-Bodenbach 7.
Rosenthal Graz-Köflach 9. [Oberdorf-],
Rosersberg], Schwed. Stsb. 1, 41c.
Roseto, Ital. Sicil. IV, 8.
Rosheim, Elsass-Lothr. 139.
Rosières, Französ. Nordb. 1, 152.
Rosières aux Salines, Franz. Ostb. 2, 50.
°Rositz, Altenburg-Zeitz 2.
Roskilde, Dänemark, Seel. E. 53.
Roslawl, Russl. Witebsk-Orel IV, 40.
Rosny, Franz. Westb. 3, 11.
Rosny-sous-Bois, Französ. Ostb. 2, 68.
Rosochatetz, Oest. Nordwestb. 44.
Rosporden, Franz. Orléansb. 4, 190.
Rosoux Goyer, Belg. Stsb. 1, 14.
Rossano, Ital. Calabr. IV, 14.
Rossberg, Württemb. Stsb. 191.
Rossignol, Belg. Gr. Centr. 2, 10ca.
Rossitz, Oest. Nordwestb. 52.
Rossitz-Penndorf, Oest. Stsb. 74.
Rossla, Magdeb.-Leipzig 26. Halle-Cassel.
Rosslau, Berlin-Anhalt. 29.
Rossoschnaije, Russl. V 25, 13.
Rosswein, Leipzig-Dresden 29.
Rosta, Ober-Italien I, 217.
Rostock, Friedr.-Franzb. 24.
Rostock, Oesterr. (nördl.) Stsb. 51. (ND. = Rostock.)
Rostow, Russl. {Gruschewka-Rost. VII, 6. / Kursk-Rostow V, 135.}
Rostow, Russl. {Moskau-Jarosl. V 17, 8. / Woronesch-Rostow V 28, 31. / Charkow-Rostow V 30, 37.}
Rosult, Frankr. Nordb. 1a, 4.
Rotebro, Schwed. Stsb. 41a.
Rotenburg, Hess. Nordb. 4.
Rotenburg, Köln-Minden 80.
Roth, Bayer. Stsb. 43.
Roth am See, Württemb. Stb. 92
Rothenbach, Württemb. Stsb. 212.
Rothenburg, {Bresl.-Schw.-Frbg. 33. / Märkisch-Posener 17.}
Rothenburg,[1] Schweiz. Centralb. 1, 23.
Rothenfels, Badische E. 214.
Rothenkrug, Altona-Kiel 26. (Schleswigsche)
Rothenstadt P, Bayer. Ostb. 72a.
Rothenthurn, Oesterr. Südb. 179.
Rothfließ, Preuss. Ostb. 88.
Rothkreuz, Schweiz. Nordostb. 2, 53.
Roth-Malsch P, Badische Stsb. 7. (Bill.-A.-Bür.)
Rotselaer, Belg. Gr. Centr. 2, 53.
Rothsürben, Oberschlesische 104.
Rottenacker, Württemb. Stsb. 173.
Rottenburg, Württemb. Stb. 137. (Verw. I. Cl.)
Rottendorf, Bayer. Stsb. 90.
Rottenmann, Kronpr. Rudolfb. 16.
Rotterdam, {Niederl. Rheinb. 1, 27 / °Niederl. Stsb. 2, 78. / Holländ. (E.-Ges.) 5, 1. / °Gr. Centr. Belge 2, 43 (Dampfschiffstation.)}
Rottofreno, Ober-Italien, I, 190.
Rottweil, Württemb. Stsb. 148.
Roubaix, Französ. Nordb. 1, 124.
Rouen, {Französ. Nordb. 1, 193. / Französ. Westb. 3, 20.}
Rouffach, siehe Rufach Elsass-Lothr. 89.
Rouilly St. Loup, Franz. Ostb. 2, 94.
Roulers, Belgien Société 5, 260.
Roucase-Vaase, Franz. Westb. 3, 129.
Roux, Belg. Stsb. 1, 134.
Roverbella, Ober-Italien I, 31.
Roveredo, Oesterr. Südb. 243.
Rovigo, Ober-Italien I, 53.
Rozendaal, siehe Rosendaal.
(Rozprza), Warschau-Wien I, 12a

Roztok, Oesterr. (nördl.) Stab. 51.
Rtischtschewo, Russl. V 23, 17.
Rubbiera, Ober-Italien I, 179.
Rubigen, Schweiz. Centralb. 1, 42.
Rubbia- Oesterr. Südb. 205.
(Savogna H),
(Ruda) b. Gleiwitz, Oberschles. 19
Ruda-Guzowska, Warschau-Wien I, 4
Rudelsdorf, Oesterr. (nrdl.) Stab. 85.
(Ruderatshofen), Bayer. Stab. 16.
Rudnja, Russl. Witebsk-Orel IV, 33.
Rudnik, G.H. Warschau-Wien I, 15a.
Rudzinitz, Oberschlesische 15.
Rudeischky, Petersb.-Warschau II, 36.
Rue, Französ. Nordb. 1, 61.
Rüdesheim, Nassau. Stab. 10.
Rueil, Franz. Westb. 3, 291.
Rümlang, Schweiz. Nordostb. 2, 37.
Rüsselsheim, Hess. Ludwigsb. 31.
Rüthi (Rheinthal), Verein. Schwzb. 3, 22.
Rüti, Verein. Schweizerb. 3, 47.
Ruffach, Elsass-Lothr. 89.
Ruffec, Franz. Orléansb. 4, 64.
Ruginossa, Lemb.-Czern.-Jassy 35.
Rugles-Bois Arnaud, Franz. Westb. 3, 256.
Ruhbank, Niederschles.-Märk. 53.
Schlesische Gebirgsbahn.
Ruhland, Cottbus-Grossenhain 5.
(Cottbus-Grossenhain) 5.
Ruhrort Hafen G, Berg.-Märk. 111.
Ruhrort, {Berg.-Märk. 112.
{Köln-Minden 35.
Rumbeke, Belg. Société 5, 261.
Rumburg, Böhm. Nordb. 16.
(Rummelsburg), Niedschl.-Märk. 2.
Runkel, Nassauische E. 32.
Rupbach G, Nassauische E. 26.
Rapperswell, Schweiz. Nordostb. 2, 29.
Ruschona, Petersb.-Warschau II, 24.
Rusin, Buschtěhrader 5.
Russ, Siebenbürger E. 18.
Russhütte, × Saarbrücker E. 49.
(Itzenplitz Grube.)
Russi, Ital. Südb. III, 99.
Rustschuk, Türkei 4, 5.
°Rutka (Ruttek) {Kaschau-Oderb. 12
{°Ungar. Stab. 32.
Ruysbroeck, Belg. Stab. 1, 99.
Ry, Dänemark, Jütl. E. 55.
Rybinsk, Russland II 6, 1.
Rybnik, Oberschlesische 85.
(Wilhelmsb.)
Ryr, Schweden, Privatb. 122.
Ryswyk, Niederl. Stsb. 2, 124.
» siehe auch Rijswyk.
Ryttyla, Russland III 10, 36.
Rzeszów, Gal. Carl Ludwigsb. 16.

## S.

Saagh, Oesterr. (südöstl.) Stab. 164.
a. d. Saale (Calbe), Magdb.-Leipz. 5.
°Saalfeld. Thüringische 71.
Saáp, Theissb. 39.
(Saarau), Lübeck-Büchen 3.
Saarau (Schles.), Bresl.-Freibg. 6.
Saarbrücken, Saarbrücker E. 5.
[St.-Johann]
Saarburg, Elsass-Lothr. 18.
Saarburg (Beurig), Saarbr. 19.
Saargemünd, {Saarbrücker E. 26.
{Elsass-Lothr. 38.
Saarlouis, Saarbrücker E. 13.
°Saarn, Berg.-Märk. 139.
Saaz, Buschtěhrader 21.
Sablskaja, Novo, Russl. Wolga-D. VII, 49a.
Sablé, Französ. Westb. 3, 193.
Sablino, Grosse Russ. (Nicolai) II, 63.
Sables d'Olonne (Les), Frankr. Vendée 7, 1.
Sachsenburg, Oesterr. Südb. 181.
Sachsen (Gross-), Main-Neckarb. 14.
Sachsenhausen, Main-Neckarb. 18.
Frankfurt-Offenbacher.
Sacile, Ober-Italien I, 9.
Sad. Wisznia, Gal. Carl. Ludwgb. 25.
Sadowaja, Russl. Wolga-Don V 27, 2.
Säckingen, Bad. Stab. 62. (E.-Exp.)
Saetersiöen, Norwegen 213.
Säfsjö, Schwed. Stab. 60.
Sagan, Niederschl. Zweigb. 7.
Sagor, Oesterr. Südb. 70.
Sagrado, Oesterr. Südb. 204.
Sahagun, Spanien, Nordwestb. 3, 24.
Sahlsta, Schweden, Privatb. 117.
Saincaize, {Franz. Orléansb. 4, 240.
{Paris-Lyon-M. 5, 274.
Saine, Franz. Nordb. 1, 160b.
Saintes, Belg. Stab. 1, 160.
" Französ. Charentsb. 8, 2.
Saint-Aubin, Franz. Westb. 3, 51.
Saint-Lô, Franz. Westb. 3, 85.
Saint-Romain, Franz. Westb. 3, 30.
Saint-Theogonnec, Franz. Westb. 3, 162.
Sajo Szt. Peter, Ungar. Stab. 52.
Saitz, Kais. Ferd. Nordb. 50.
Salaise, Paris-Lyon.-M. 5, 54.
Salcimi, Ital. Röm. II, 88.
Saldenhofen, Oesterr. Südb. 160.
Salegoschtsch, Russl. Orel-Jelets 25, 4.
Salerno, Italien. Südb. III, 136.
Sales, Schweiz. Westb. 5, 49b.
Saleux, Französ. Nordb. 1, 165.
Sales, Verein. Schweizerb. 3, 23.
Salgo-Tarján, Ung. nördl. Stab. 15.
(Saline), Warsch.-Brombg. I, 33a.
Saline, Italien, Römische II, 15d.
Saline, Ital. Calabr. IV. 45a.
Salins, Paris-Lyon-M. 5, 34a.
Salloch, Oesterr. Südb. 75.
Salmünster, Bebra-Hanau 12.
Salon, Franz. Méditerr. 5, 29b.
Saltikowka, Russl. V 23, 13.
Salurn, Oesterr. Südb. 237.
Saluggia, Ober-Italien I, 343.
Salussola, Ober-Italien I, 390.
Salusso, Ober-Italien I, 278.
Salvo (S.), Ital. Südb. III, 46.
Salzbergen, {Westfälische 25.
{Niederl. Stab. 2, 32.
Salzburg, {Bayer. Stab. 148. B.-Amt.
{Kais. Elisabethb. 45.
{Salzb.-Halleiner E. 1.
Salzderhelden, Hannov. Stab. 80.
Salzgitter, Braunschweig 12.
Salzkotten G, Westfälische 8.
Salzschlirf, Oberhessische 14.
Salzungen (Bad), Oberhessische 22.
Salzungen, Werrabahn 45.
Salzwedel, Magdeb.-Halberst. 71.
Sammoggia, Ober-Italien I, 176.
Samter, Oberschlesische 50.
Stargard-Posen.
Sampierdarena, Ober-Italien I, 62.
*Samson* P, Alföldb. 10.
San Andrés, Span. Barcel. Fig. 8, 59.
San Childrian, Span. Nord. 1, 11.
San, Sant, Saint, St., Sst. s. die betreffenden Wurzel-Wörter, z. B. Goar (St.-)
Sandarne, Schweden Privatb. 176.
Sandau, Kais. Fr. Josefb. 47.
Sandau-Politz, Böhm. Nordb. 28.
Sandbach, Bayer. Ostb. 56.
Sande, Oldenburger E. 17.
Sande, Norwegen 225.
°Sandebeck, Hannov.-Altenb. 14.
Sander, Norwegen 217.
Sander-Busch P., Oldenb. Stab. 17a.
Sandersleben, Magdeb.-Halberst. 72
Sandhem, Schwed. Stab. 52.
Sandigliano, Ober-Italien I, 392.
Sandsjö, Schwed. Stab. 59.
°Sandvigen, Norwegen 255.
Sandviken, Schwed. Privatb. 137.
San Gavino, Ital., Sardinien IV, 139.
Sangerhausen, Magdb.-Leipz. 24.
(Halle-Cassel.)
San Fernando, Span. Sevill.-Cadix 15, 134.
San Giorgo, Ober-Italien I, 101.
Sangone, Ober-Italien I, 279.
Sannazzaro, Ober-Italien I, 462.
San Sebastian, Spanien Nord 1, 2.
Sanseverino, Italien Römische II, 143.
Santa Cruz, Span. Madrid-Alic. 12, 104.
Santa Eulalia, Portugal 15.
Santander, Span. Alar-Santand. 2, 22.
Santarem, Portugal 3.
Santbergen, Belg. Stab. 1, 77.
Santenay, Paris-Lyon-M. 5, 307.
Santeuil, Franz. Orléansb. 4, 94.
Sant Giovanni, Oesterr. Südb. 148.
Santhià, Ober-Italien I, 349.
Sapegino, Russl. V 31, 13.
Sapiane, Oesterr. Südb. 89c.
Saplasy, Russl. VI 32, 35.
Saragossa, Span. {Sarag.-Barcel. 6, 43.
{Madrid-Sarag. 12, 89.
Sarai, Russl. Rjäschk-Morschansk V 21, 4.
Saratow, Russl. V 23, 17.
(Sarau, Klein-), Lübek-Büchen 3.
Saretschje, Grosse Russische II, 82.
Sargans, Verein. Schweizerb. 3, 28.
Sarkad, Alföldbahn 5.
Sarmato, Ober-Italien I, 191.
Sarno, Ital. Röm. II, 140.
Sáros-Patak, Ungar. Nordostb. 24.
Sarraz La, Schweiz. Westb. 5, 75.
Sarrebourg, siehe Saarburg.
Sarreguemines, siehe Saargemünden.
Sarria, Spanien Barcel.-Sarria 7, 31.
Sars-Longchamps, Belgische Stab. 1, 292.
Sarstedt, Hannov. Stab. 74.
Sárvar, Ungar. Westb. 11.
Sarzana, Ober-Italien I, 103.
Sascut, Türkei, Rum. E. 2, 23.
Sas de Gand, Belg. Société 5, 326.
Sassendorf G, Westfälische 19.
Sasso, Ober-Italien I, 89.
Sathonay, Frankr. (Lyon-Bourg.) 5, 392.
Satischje, Russland VI 32, 10.
Satkau-Teschnitz, Buschtěhr. 18.
Sator-Alja-Ujhely, Ung. Nrdost. 25.
Sattalitz, Turnau-Kr.-Prag 17.
Satteldorf, Württemb. Stab. 90.
Satzvey, Rheinische E. 23.
Sauerbrunn, Oesterr. Südb. 91.
Sauerlach, Bayer. Stab. 260.
Sauloe, Paris-Lyon-M. 5, 95.
Saulce-Monclin, Franz. Ostb. 2, 143.
Sauldorf, Badische Stab. 196.
Saulgau, Württemb. Stab. 186.
Verw. I.
Saulheim, Hess. Ludwgsb. 89.
(Nieder-)
Saumur, Franz. Orléansb. 4, 130.
Sausenberg, Rechte Oderuferb. 13.
Sanssay la V., Frkr. (Pont de l'A.) 3. 1, 8.
Sava, Oesterr. Südb. 71.
Savenay, Französ. Orléansb. 4, 159.
Saventhem, Belg. Stab. 1, 4.
Savigliano, Ober-Italien I, 272.
Savignano di Romagna, Ital. Südb. III, 11.
Savignano-Greci, Ital. Südb. III, 96.
Savigny-sur-Orge, Franz. Orléansb. 4, 7.
Savogna, Oesterr. Südb. 175.
Savona, Ital. {Ober-, I, 132.
{Turin-Savona I, 431.
Savonnieres, Franz. Orléansb. 4, 123.
Sawelino, Russl. II 6, 5.
Sawidowo, Grosse Russische II, 91.
Saxon, Schweiz. Ligne d'Italie 8, 8.
Scafati, Ital. Südb. III, 129.
Scaletta, Ital. Sicil. IV. 52.
Scansano Montalbano, Ital. Calabr. IV, 4.
Sceaux, Franz. Westb. 3, 119.
Sceaux, Französ. Orléansb. 4, 248.
Schaafhaus, Altona-K. (Schlesw.) 22
°Schaan, Voralberger E. 15.
Schadendorf Oesterr. Südb. 95.
[Loipersbach-]
Schänis, Verein. Schweizerb. 3, 42.
Schärbeek, Belg. Stab. 1, 2.
Schärding, Kais. Elisabethb. 52.
°Schässburg, Ungar. Ostb. 24.

Schaffhausen, {Bad.Stsb. 77. E.-Amt {Schwz. Nordostb. 2, 31.
°Schaffhausen, Württemb. Stb. 201.
Schafstall, Nassau. Staatsb. 35.
Schagen, Niederl. Holländ. 5, 21.
Schaidt, Pfälz. Maxb. 42.
Schalding P, Bayer. Ostb. 57.
Schalking, Niederl. Stsb. 2, 96.
°Schalksmühlen Berg.-Märk. 158.
Schalkwijk, Niederl. Stsb. 2, 96.
(Schallstadt), Bad. Stb.(Billetb.)41
Schaltau, Oesterr. Nordwestb.13.
Schandelah, Braunschweig 41.
(Scharfenstein), Sächs. Stsb. 73.
Scharley, Rechte Oderuferb. 25.
Scharmbeck, siehe Osterholz.
Scharrachbergheim Elsass-L. 147.
Scharzfeld-Lauterberg, Hannover. Stsb. 91.
Schauerfeld, Kronpr. Rudolfb. 29.
Schebekino, Russl. Witebsk-Orel IV, 32.
Schebitz, Oberschles. E. 33.
Scheemda, Niederl. Stsb. 2, 13a.
Scheer, Württemb. Stsb. 183.
Scheerding, Kais. Elisabethb. 52.
Schefflenz, Bad. Stsb. 106. (P.- u. E.-Exp.)
(Scheibe), Sächs. Stsb. 46.
Scheifling, Kronpr. Rudolfb. 28.
Scheldo-Windeke, Belg. Stsb. 1, 169.
Schelestow, Russl. VI 36, 18.
Schelklingen, Württemb.Stsb. 170.
Schelkowka, Russl. V 31, 4.
Schellebelle, Belg. Stsb. 1, 51.
(Schellenberg), Oesterr. Südb. 223. (Wasserstation.)
Scheltuchino, Russland V 20, 2.
Schemmerberg, Württemb. Stb 39.
Schendelbeke, Belg. Stsb. 1, 79.
Schenkwitz, Pressburg-Tyrnau 8.
Scherebkowo, Russl. VI 32, 34.
Scherzligen, Schwz. Centralb. 1, 48.
Schestakowka, Russland VI 32, 45.
Schiedam, Niederl. Holländ. 5, 2.
°Schieder, Hannov.-Altenb. 11.
Schierstein, Nassau Stsb. 3.
Schifferstadt, Pfälz. Ludwigsb. 14.
Schildau, Niederschl.-Märk. 50. Schlesische Gebirgsbahn.
Schinznach (Bad), Schwz. Nordostb. 2, 27.
Schivelbein, Berlin-Stettin. 19.
Schkeuditz, Magdeb.-Leipzig 13.
Schlachters, Bayer. Stsb. 3.
Schlackenwerth, Buschtěhr. 39.
Schladen, Braunschweig 34.
Schladern, Köln-Minden. E. 48. Köln-Giessen.
Schlappenz-Přibislau, Oesterr. Nordwestb. 27.
Schlawe, Berlin-Stettin. E. 27.
(Schlawentzütz), Oberschles. 14.
Schlebusch, Berg.-Märk. E. 95.
Schleinbach, Oesterr. Stsb. 5.
Schleissheim, Bayer. Ostb. 3.
Schlema(Nieder-), Säch.w. Stsb.51.
» (Ober-), Sächs. w. Stsb.52.
Schleswig, Altona-Kiel 15.
Schletstadt, Elsass-Lothr. 81.
Schliengen, Bad. Stsb. 47. (P.- u. E.-Exp.)
Schlierbach P, Bad.Stb.(Billetb)91
Schlieren, Schweiz. Nordostb. 2, 20.
Schliersee, Bayer. Stsb. 188.
Schlobitten, Preuss. Ostb. 41.
Schlüchtern, Bebra-Hanau. E. 10.
Schmerikon, Verein. Schwzb. 3, 45.

Schmerinka, Russl. {VI 32, 24. {VI 33, 14.
Schmidtheim, Rhein. E. 27.
°Schmiedeberg, Buschtěhr. 31.
Schmitten, Schweiz. Westb. 5, 45.
Schmölln, {Sächs. Stsb. 118. (B.-Insp.) (Gössnitz-Gera.)
Schmolz, Bresl.-Schw.-Freib. 2.
Schnaitheim, Württemb. Stsb. 124.
Schneeberg- Sächs. Stsb. 174. Neustädtel, (B.-Insp.)
Schneidemühl, Preuss. Ostb. 22.
(Schöna), Sächs. Stsb. 11.
Schönau, Oesterr. Stsb. 12.
°Schönau, Ungar. Westb. 27.
(Schönberg), Bad.Stb.(Billetb.)100.
Schönberg, Friedrich Franzb. 2.
Schönberg (Mähr.-) Hohenstadt-Zöptau 8.
Schönberg G. St. Sächs. Stsb. 99.
Schönbrunn, Kais.Ferd.Nordb.25
Schönbühl, Schwz. Centralb. 1, 37.
Schönebeck, Magdeb.-Leipzig 3.
Schönenberg, Niederschl.-Märk.72.
Schönenwerth, Schweiz. Centralb. 1, 12.
Schönfeld, Aussig-Teplitz 3.
Schönfeld, Böhm. Nordb. 13.
(Schönfeld), Sächs. Stsb. 76.
Schönfeld, Cottbus-Grossenh. 7.
Schönfeld-Lassee, Oestr. Stsb. 108.
Schönhausen, Magdeb.-Halberst.53
°Schöningen, Berl.-Potsd.-Mgdb.26
Schöningen, Braunschw. Stsb. 29.
Schönlanke, Preuss. Ostb. 21.
Schönlinde, Böhm. Nordb. 15.
Schönsee, Preuss. Ostb. 84.
Schönthal (Nieder-), Schwz. Centralb.1,4.
Schönwald, Oest. Nordwestb. 16.
Schöppenstedt, Braunschw. E. 22.
Schönwald, Oestr. Nordwestb. 16.
Schogovo, Petersb.-Warsch. E. II, 18.
Schonungen, Bayer. Stsb. 83.
Schoonaerde, Belg. Stsb. 1, 74b.
Schopfheim, Bad. Wiesenthalb.212 (P.- u. E.-Exp.)
Schoppinitz, {Oberschles. E. 103. {Rechte Oderuferb.30
Schorndorf, Württemb. Stsb. 105. (Verw. I. Cl.)
Schooli, {Gr. Russ. E. II, 54. {Libau-Kowno Russl. IV, 14.
Schrombehnen, Ostpr. Südb. 12.
Schrozberg, Württemb. Stsb. 94.
Schübben-Zanow, Berlin-Stett. 25.
Schuelen, Belg. Gr. Centralb. 2, 20.
Schüpfen, Schweiz. Bern. Stsb. 4, 8.
Schüttorf, Niederl. Stsb. 2, 31.
Schützen, Oesterr. Südb. 99.
Schuisko-Iwanowskaja, Gr. Russ. II, 112.
Schuja, Russl. Schuja-Iwanowo V 16, 3.
Schukowka, Russl. Witebsk-Orel IV, 43.
Schulitz, Preuss. Ostb. 65.
Schulterblatt (Altona), Alt.-Kiel 59
Schumla, Türkei 4, 3.
Schussenried, Württemb. Stsb. 45.
Schuwalowo, Russland III 10, 4.
Schwaan, Friedr. Franzb. 23.
Schwabach, Bayer. Stsb. 44.
°Schwaben, Bayer. Stsb. 269.
Schwabmünchen, Bayer. Stsb. 22.
Schwabsberg, Württemb. Stsb. 88.
Schwakenreuthe, Bad. Stsb. 195.
Schwadowitz, Süd-Nordd. Verb.26
Schwandorf, Bayer. Ostb. 29.
Schwanenstadt Kais.Elisabethb.35
(Schwanheim), Hess. Ludwigsb. 34.
°Schwartau Eutin-Lübeck 2.

°Schwarzach. Vorarlberger E. 4.
Schwarzenacker, Pfälz.Ldwgsb.21.
Schwarzenau Kais. Fr. Josefb. 17. (-Zwettl)
Schwarzenbach P, Bayer. Ostb. 74a.
Schwarzenbach, Bayer. Stsb. 73.
Schwarzenbach, Verein. Schweizb. 3, 7a.
Schwarzenbeck, Berlin-Hamb. 21.
Schwarzenberg, Sächs. Stsb. 172. (B.-Insp.)
Schwarzenfeld, Bayer. Ostb. 68.
°Schwatz Kuttowitz, Bielathalb. 25.
Schwaz, Oesterr. Südb. 214.
Schwechat- {Oesterr. Stsb. 88.
[Kledering] {(Wien-Raab.-N. Szöny.)
Schweidnitz, Breslau-Freiburg 16.
(Schweikers-hain) {Sächs. Stsb. 34.
Schweighausen, Elsass-Lothr. 26.
Schweikershain, Sächs. Stsb. 151.
Schweinfurt, Bayer. Stsb. 84. (P.- u. B.-Amt.)
Schweinhausen P, Württb.Stb.43a.
°Schweissing, K. Fr. Josefb. 43.
Schwelm, Berg.-Märkische 43.
Schwenningen, Württb. Stb. 151.
Schwerin, Friedr. Franzb. 19.
Schwerte, Berg.-Märkische 85.
Schwarzenbach, Verein. Schweizb. 3, 53.
Schwetzingen, Bad. Rheinthb. 222
Schwiebus, Märk.-Posener 5.
Schwientochlowitz, Oberschl. 23.
Schwindeck, Bayer. Stsb. 273.
Sciara, Italien, Sicilien IV, 69.
Scaiguneaux, Nord Belge 4, 222.
Scleszin, Nord Belge 4, 230.
Sczepanowitz G, Oberschles. E. 9.
Sebaldsbrück, Hannover. E. 33.
Sebastian (San-), Spanien. Nord 1, 2.
Sechtem, Rheinische E. 40.
Seckach, Bad.E.108 (P.-u.E.-Exp.)
Séclin, Franz. Nordb. 1, 132.
Secugnago, Oberitalien I, 431.
Sedan, Franz. Ostb. 2, 164.
Sedziszów, Galiz. C.Ludwigsb. 14.
Seegefeld, Berlin-Hamburg 3.
Seehausen, Magdeb.-Halberst. 35.
Seehausen {Berlin-Stettin 47. am Oberueckersee, {Vorpommersche B.
Seekirchen, Kais. Elisabethb. 44.
(Seelze), Hannov. E. 21.
(Seepothen), Preuss. Ostb. 49.
(Seerhausen), Sächs. Stsb. 160.
Sées, Franz. Westb. 3, 211.
Seesen, Braunschweig. E. 8.
Seeshaupt, Bayer. Stsb. 202.
Seestadtl, Aussig-Teplitz 13.
Segen Gottes, Oestr. Staatsb.75. (Brünn-Rossitz.)
Segen Gottes- Sächs. Stsb. w. Schacht,
Segenthau, PH Arad-Temesvár 3.
Segni, Ital. Röm. II, 110.
Ségonnaux, Paris-Lyon-M. 5, 115.
(Sehnde), Hannov. Stsb. 67.
Sehnkowka, Russl. V 23, 15.
Seibersdorf P, Kais.Ferd.Nordb.30.
Seinio, Russl. III 10, 13.
(Seitschen), Sächs. Stsb. 21.
Seiz-Kammern, PH Kronprinz Rudolfb. 19a.
Selb, Bayer. Stsb. 227.
Seligenstadt, Bayer. Stsb. 89.
Sellye (Waag-), Oestr. (südöstl. Staatsb. 119.
Selzach, Schweiz. Centralb. 1, 53.
Seizaete, Belg. Société 5, 325.
Sembach-N., Pfälz. Nordb. 66.

Semibratowo, Russl. Moskau-Jarosl. V 17, 9.
Semil, Süd-Nordd.Verbdgsb.14.
Semmering, Oesterr. Südb. 31.
Sempach, Schweiz. Centralb. 1, 22.
Senden, Bayer. Stsb. 205.
Seneffe, Belg. Staatsb. 1, 313.
Senftenberg, Cottbus-Grossenh.4.
Senlis, Franz. Nordb. 1, 48.
Sennecey-le-Grand, Par.-Lyon-M. 5, 54.
Sennfeld, Württemb. Stsb. 67.
Sennheim, Elsass-Lothr. 107.
Sept-Saulx H, Franz. Ostb. 2, 286b.
Senosan, Paris-Lyon-M. 5, 58.
Sens, Paris-Lyon-M. 5, 20.
Sentheim, Elsass-Lothr. 116.
Seraing, Nord Belge 4, 229.
Serbeschti, Türkei, Rum. E. 2, 16.
Serbinowka, Russl. Südwestb. VI 32, 25.
SerbitzerSchächte,Aussig-Tepl.20.
Serebrianka, Russl.Pet.-Warsch. II, 10.
Seregno, Oberitalien I, 418.
Sergiewo, Russl. Rjäsan-Koslow V 19, 2.
Serebkowo, Russl.(Balt.-Olviop.) VI, 16.
Sérézin, Paris-Lyon-M. 5, 77.
Sergiewka, Russl. Grjasy-Borisoglebsk V 26, 2.
Sergiewo, Russl. Mosk.-Kursk V 29, 11.
Sergiew-Posad, Mosk.-Jaroslaw V 17, 3.
Sergo-Iwanowskaja, Russl. V 31, 10.
Sergy, Russl. Petersb.-Peterhof. III 9, 6.
Seriate, Oberitalien I, 367.
Sérifontaine, Franz. Westb. 3, 277.
Sermaize, Franz. Ostb. 2, 32.
Sermoize-Ciry, Franz. Ostb. 2, 193.
Serpuchow, Moskau-Kursk V 29, 6.
Serquigny, Franz. Westb. 3, 42.
Serraiunga, Ober-Italien I, 468b.
Serra S. Quirico, Italien II, 98.
Serravalle, *PH*Oesterr.Südb.244a.
Serravalle, Oberitalien I, 84 u. 158.
Serrig P, Saarbrücker E. 18.
Sersheim Württemb. Stsb. 8.
[Vaihingen-],
Serves, Paris-Lyon-M. 5, 88.
Servon, Franz. Westb. 3, 142.
Sessana, Oesterr. Südb. 85.
Sesto, Oberitalien I, 80
Sesto, Oberitalien I, 421.
Sesto Calende, Oberitalien I 405 u. 421.
Sestri-Ponente, Ober-Italien I, 127.
Sestri-Levante, Oberitalien I, 111.
Sesvete, Ungar. Stsb. 64.
Settenz, Aussig-Tepl. E. 7.
Settimo, Oberitalien I, 341.
Setubal, Portugal 22.
Seubersdorf, Bayer. Ostb. 96.
*Seulbitz* P, Bayer. Stsb. 72a.
Sevelen, Verein. Schwzb. 3, 26.
Sevenum, Niederl. Stsb. 2, 63.
S. Severa, Ital. Röm. II, 34.
Sever (Saint-), Franz. Westb. 3, 250.
Sévérac, Franz. Orléansb. 4, 175.
S. Severo, Italien. Südb. III, 53.
Seveux, Franz. Ostb. 2, 212.
Sevilla, Spanien 129 u. 130.
Sevran-Livry, Franz. Nordb. 1, 141.
Sèvres-r-d'A. Franz. Westb. 3, 97.
Seybothenreuth, Bayer. Ostb. 79.
Seyssel, Paris-Lyon-M. 5, 251.
Sezanne, Franz. Ostb. 2, 328.
(Epernay-Romilly.)
Sferlo, Ital. Sicil. IV, 125.
Sgurgola, Ital. Röm. II, 112.
Siboth P, Siebenbürger E. 14.
Sibret, Belg. Gr. Luxemb. 7. 550.
Sibyllenort, Rechte Oderuferb. 15.
Sichem-Montaigu, Belg. Gr. Centr. 2, 23.
SicherowP,Süd-Nordd.Vbdgsb.18.
(Sichów), Lemb.-Czern.-Jassy 2.
Siderno, Ital. Calabr. IV, 37.
Siderno, Ital. Calabr. IV, 37.
Siders, Schwz. Ligne d'Italie 8, 12.
Siebenbrunn, Oesterr. Stsb. 107.
Siedloe, Russl. Warsch.-Teresp. 13, 43.
Siegburg, Köln-Minden 45. Köln-Giessen. Rheinische E. 110.

Siegelsdorf, Bayer. Stsb. 167.
Siegen, Berg.-Märk. E. 82. Ruhr-Siegb. Köln-Minden 64. Köln-Giessen.
Siegersdorf, Niederschl.-Märk. 28.
Sieghartz, Gr., K. Fr.-Josefb. 16.
Siegmar, Sächs. Staatsb. 145.
(Güterstation)
Siena, Italien. Röm. E. II, 81.
Sierenz, Elsass-Lothr. 98.
Sierndorf, Oesterr. Nordwestb. 7.
(Siethwende),Glückst.-Elmshorn2.
Siggenthal, Schwz. Nordostb. 2, 60.
Sigless(Wiesen-),Oesterr.Südb.93.
Siglingen, Württemb. Stsb. 63.
°Sigmaringen, Bad. Staatsb. 200. Württemb. Staatsb. 185.
°Sigmaringendorf Württemb. Staatsb. 184.
Sigmundsherberg (Horn) Kais.Fr.Josefsb.13. Oestr.Nordwstb. 43
Signa, Ital. Röm. II, 3.
Signau, Schwz. Bern. Stsb. 4, 18.
Signy le Petit, Franz. Ostb. 2, 282.
Silberhausen- Thüringische 41.
(Dingelstädt),
Silein, Kaschau-Oderb. 10.
Silenrieux, Belg. Gr. Centr. 2, 111.
Silkeborg, Dänemark Jütl. E. 58.
Sillé-le-Gillaume, Franz. Westb. 3, 128.
(Sillery), Franz. Ostb. 2, 288.
Sillian, Oesterr. Südb. 191.
Siluwka (Nesowitz), Oestr.Stsb. 18.
Silvi, Ital. Südb. III, 37.
Simbach, Bayer. Stsb. 260. Kais. Elisabb. 92.
Simmering, Oesterr. Stsb. 87. Wien-Raab-N.-Szöny.
Simola, Russl. III 10, 16.
Simonsdorf, Preuss. Ostb. 35.
Simonstorp, Schwed. Stsb. 45.
Simpelveld, Aachen-Mastricht 4.
Sinalunga, Italien Röm. II, 85.
Sinceny, Frankr. Nordb. $x^1$, 1,
Sindal, Dänemark, Jütl. E. 64.
Singen, Bad. Stsb. 81. (P.- u. E.-Exp.)
Sinn, Köln-Minden 58.
Sinjawskaja, Russl. V 30, 35.
Sinigaglia, Ital. Südb. III, 19.
Sinsheim, Badische Stsb. 128. (P. u. E.-Exp.)
Sinzheim P, Bad.Stsb.(Billeth.)20.
Sinzig, Rheinische E. 47.
Sjöanden, Schwed. Privatbahn 170.
Sió Fók, Oesterr. Südb. 125.
Sion (Schweiz), Ligne d'Italie 8, 11.
Siracusa, Ital. Sicil. IV, 74.
Sirnach, Verein. Schwzb. 3, 9.
Sirotino, Russl. Dünab.-Witebsk IV, 27.
Sissach, Schweiz. Centralb. 1, 7.
Sissek, Oesterr. Südb. 151.
Sittard, Niederländ. Stsb. 2, 54.
Sitten (Sion), Schwz. Ligne d'Italie 8, 11.
Siverskaja, Petersburg-Warschau II, 3.
Sivriez, Schweiz. Westb. 5, 36.
Skalbjerg, Dänemark 1, 13.
Skalic, Oesterr. (nördl.) Stb. 24.
Skalitz(Bhm.), Süd-Nordd.V.-B.23
Skandau, Preuss. Ostb. 93.
Skanderborg, Dänemark, Jütl. E. 26.
Skära, Schwed. Staatsb. 88.
Skarnaes, Norwegen 216.
Skattkärr, Schwed. Stsb. 86.
Skanngaard, Dänemark, Jütl. E. 37a.
Skierniewice, Warschau-Wien I, 6.
Skjörping, Dänemark. Jütl. E. 31.
Skjordalen, Norwegen 241.
Skollenborg, Norwegen, 248.
Skopin, Russl. Skopinb. V 20, 3.
Skive, Dänemark, Jütl. E. 42.

Sköfde, Schwed. Stsb. 27.
Skotselven, Norwegen 238.
°Skrad, Ungar. Stsb. 74. (Carlstadt-Fiume.)
Skuč, Oestr. Nordwestb. 48.
Skuratowo, Russl. Mosk.-Kursk V 29, 14.
Slagelse, Dänemark, Seel. E. 56.
°Slatina, Türkei, Rumänische E. 2, 31.
Slatinan, Oestr. Nordwestb. 50.
(Slawentzitz), Oberschles. E. 14.
Slawjansk, Russl. V 30, 22.
Slawrukowo, Russl. V 30, 21.
Sleydinge, Belgien 10, 637.
Slobodseja, Russl. VI 32, 16.
Slotwina, Galiz.CarlLudwigsb.3.
Sluppen, Norweg. Stsb. 262.
Sluyskill, Belg. Société 5, 327.
Smejewka, Russl. Mosk.-Kursk V 29, 20.
Smolensk, Russl. Witebsk-Orel IV, 36.
Smichow(Prag) Böhm. Westb. 22.
Smidar, Oestr. Nordwestb. 57.
Smiřitz, Süd-Nordd.Verbdgsb. 5.
Smolensk, Russl. V 31, 20.
Snaeskerke, Belg. Société 5, 311.
Snamenka, Russl. VI 36, 3.
Snyatin, Lemberg-Czernowitz 18.
Sobernheim, Rhein-Naheb. 34.
Soboslau, Kais. Fr. Josefb. 55.
Soborsin, Siebenbürg. E. 7.
Soden, Taunusb. 3.
Söberg, Norweg. Stsb. 266.
Söderhamm, Schweden Privatb. 177.
Södertelje(öfre), Schwed. Stsb. 4.
Södertelje(nedre), Schweden Stsb. 6.
Söding, Graz-Köflach. E. 5.
Söflingen, Württemb. Stsb. 167.
Söllingen, Braunschweig 28.
Söllingen P, Bad.Stb.144.(Billetb.)
°Söllingen, Berl.-Potsd.-Mgdb. 27.
Sörby, Schwed. Stsb. 30.
Sörnewitz siehe Neusörnewitz.
Sösdala, Schwed. Stsb. 71.
Soest, Berg.-Märk. E. 59. Westfälische E. 13.
Soest-Soestdijk-Baarn, Niederl. Centralb. 4, 13.
Soetermeer-Zegwaard, Niedrländ. Rheinb. 1, 29.
Soetenich, Rheinische E. 25a.
Soignies, Belg. Stsb. 1, 106.
Soissons, Franz. Nordb. 1, 152. Franz. Ostb. 2, 194.
Sokolka, Petersburg-Warschau II, 43.
Sokolnitz, Kais.Ferd.Nordb.71.
Solarolo, Ital. Südb. III, 86.
(Solenau), Oesterr. Südb. 19.
Solero, Italien I, 203.
Solingen, Berg.-Märk. E. 97.
Sollbrück, Altona-K. (Schlesw.)44.
Sollies-Pont, Paris-Lyon-M. 5, 144.
Sollstedt, Magdeb.-Leipzig 30. Halle-Cassel.
Solnhofen, Bayer. Stsb. 248.
Solopaca, Ital. Südb. III, 108.
Solotarewo, Russl. V 25, 8.
Solothurn, Schweiz. Centralb. 1, 52.
Solotuchino, Russl. Mosk.-Kursk 103.
Solre-sur-Sambre, Nord. Belge 4, 251.
Som, Ungar. Nordostb. 31.
Somlyó-Vásárhely, Ung.Westb.40.
Somain, Franz. Nordb. 1, 365. Frankreich 1w, 7.
Sombreffe, Belg. Staatsb. 1, 273.
Somma, Oberitalien I, 407.
Sommacampagna, Oberitalien I, 290.
Somme-Bionne H, Franz. Ostb. 2. 292.
Somme-Tourbe, Franz. Ostb. 2, 291.
(Sommerau), Schweiz. Centralb. 1, 3.
Sommerein(Strass-), Oestr.Stsb.66. Wien-Raab-N.-Szöny.
Sommerfeld (Preuss.), Niederschl.-Märkische 19.
Sommerstedt, Altona-Kiel 29. (Schlesw.)

Sommery, Frans. Nordb. 1, 195.
Somos-Ujfalu, Ungar. Stsb. 16.
Somowo, Russl. Koslow-Woronesch V 24, 8.
Sondelfingen P, Würtemb. Stsb. 131
Sondershausen, Nordh.-Erfurt 4.
Sonneberg, Werrabahn 61.
Sonnenberg, Buschtěhrader 28.
Sorau, {Halle-Sorau-Guben 21. / Niederschles.-Märk. 22. / Niederschl. Zweigb. 9.}
Sori, Oberitalien I, 116a.
Sorcy, Frans. Ostb. 2, 41.
Soresina, Oberitalien I, 456.
Sorgnes, Paris-Lyon-M. 5, 109.
Sorö, Dänemark, Seel. E. 2, 55a.
Sortacomaro, Ober-Italien I, 469.
Sosnowce, Warschau-Wien. I, 24.
Sossnowka, Russl. V 23, 11.
Sóstó, Ungar. Nordostb. 44.
Sotteghem, {Belg. Stsb. 1, 167. / Belg. Société 5, 314.}
Sottevast, Frans. Westb. 3, 78.
(Soultz-les-bains)- Bad Sulz, Elsass 146.
Soultz-sous-Forêts = Sulz unterm Walde Elsass 7.
Soultz-Wuenheim- Obersulz, Elsass 117.
Souvy, Belgien 7, 592.
Spaa, Luxemb. Wilhelmsb. 37.
Spaichingen, Württemb. Stb. 161.
Spalt, Bayer. Staatsb. 42a.
Spandau, Berlin-Hamburg. E. 2.
Spandau, Magdeb.-Halberst. 46.
Sparanesi, Ital. Röm. II, 127.
Sparkjær, Dänemark, Jütl. E. 40.
Sparreholm, Schwed. Stsb. 12.
Speicher, Rheinische E. 34.
Spello, Ital. Röm. II, 65.
Speldorf-Broich, Rhein. E. 89.
Spezzia, Oberitalien I, 105.
Speyer, Pfälz. Ludwigsb. 29.
Spielfeld, Oesterr. Südb. 55.
Spillern P, Oestr. Nordwestb 5.
Spinetta, Oberitalien I, 202.
°S. Spirito, Italien. Südb. III, 22.
S. Spirito Bitonto, Ital. Südb. III, 64.
Spirowo, Grosse Russische II, 85.
Spital, Oesterr. Südb. 32.
Spittal, Oesterr. Südb. 180.
Spittelndorf, Niederschl.-Märk. 34
Spoleto, Ital. Röm. II, 68.
°Spotorno, Oberitalien I, 149.
Spremberg, Berlin-Görlitz 10.
Sprendlingen, Hess. Ludwigsb. 49.
Spresiano, Oberitalien I, 13.
Springe, Hannov. Altenb. 6.
Squinzano, Ital. Südb. III, 76.
Ssarsisk, Russl. V 13, 16.
Sselesni, Russl. V 22, 3.
Sprottau, Niederschles. Zwgb. 5.
Staab, Böhm. Westb. 5.
Staad, Verein. Schwzb. 3, 14a.
Staatz, Oesterr. Stsb. 10.
Stadlau, Oesterr. Stsb. 2.
°Stadtberge, Berg.-Märk. E. 126. (Ruhrthalbahn.)
Stadthagen, Hannover. E. 45.
Stadtkyll, Rheinische E. 28.
Staffel, Nassauische E. 46.
Stadt-Oldendorf, Braunschw. E. 2.
Staffelbach, Bayer. Stsb. 77.
Staffelstein, Bayer. Stsb. 69.
Stahlau, Kais. Fr. Josefb. 15.
(Stahringen) Bad. Stsb. 189. (B.A.B.)
Stallupönen, Preuss. Ostb. 62.
Staltach, Bayer. Stsb. 203.
Stambach, Bayer. Stsb. 71.
Stamora, Oesterr. Staatsb. 167.
Stanghella, Ober-Italien 1, 32.
Stanislau, Lemberg-Czernow. 13.
Staniszlo, Ungar. Nordostb. 6.
[Bessege-]

Stanislawtschik, Russ. Südwestb. VI, 94.
Stankau, Böhm. Westb. 4.
Stanow-Kolodes, Russland Moskau-Kursk V, 99.
Staphorst, Niederl. Stsb. 2, 42.
Staresiolo, Lemberg-Czernowitz-Jassy 3.
Stargard (Pommern), {Berlin-Stettiner E. 14. / Oberschlesische E. 59. (Stargard-Posen.)}
Stargardt (Pr.-) Preuss. Ostb. 81.
Starkenbach, Oestr. Nordwestb. 63.
Starnberg, Bayer. Stsb. 192.
Staroje-Selo, Russl. Dünaburg-Witebsk IV, 28.
Startsch Tr., Oestr. Nordwestb. 21.
Starza, Italien, Südb. III, 90.
Stassfurt {Magdeb.-Halberst. 38. / Magdeburg-Leipzig 18.}
Statte, Nord Belge 4, 213.
Stauchitz, Sächs. Staatsb. 159. (B.-Insp.)
Staudernheim, Rhein-Nahcb. 33.
Stauding, Kais. Ferd. Nordb. 24.
Staufen (Ober-), Bayer. Stsb. 7.
Stavelot, Luxemb. Wilhelmsb. 35.
Stavenhagen, Friedr. Franzb. 15.
Steeg (de), Niederl. Stsb. 2, 18.
Steele, Berg.-Märk. E. 67.
Steenbecque, Frans. Nordb. 1, 103.
Steenbrugge, Belg. Gand-Bruges 10, 644.
Steenwerck, Frans. Nordb. 1, 128.
Steenwijk, Niederländ. Stb. 2, 44.
Stefanau, Oestr. (nördl.) Stsb. 78.
Stefano (S.), Ober-Italien I, 434.
S. Stefano, Ital. Sicil. IV, 51.
Stefano Belbo (S.), Ober-Italien I, 256.
°Stefano (St.) al Mare, Ober-Italien I, 136.
Stefanshütte, Kaschau-Oderb. 30.
Steglitz P, Berl.-Potsd.-Magdeb. 2.
Stehag, Schwed. Stsb. 73.
Steierdorf, [Anina-] Oesterr. (südöstliche) Stsb. 183.
Stein, Sächs. Stsb. 168. B.-Insp.
(Steina), Sächs. Stsb. 153.
Steinach P, Bad. Stsb. 162. (Billetb.)
Steinach, Bayer. Stsb. 157.
Steinach, Oesterr. Südb. 220.
Steinamanger, {Oesterr. Südb. 102. / Ungar. Westb. 13.}
Steinau, Bebra-Hanau 11.
Stein-Aujesd, Wilkischner Kohlenb. 3.
(Steinbach), Bad. Stsb. (Billetb.) 21.
Steinburg, Elsass-Lothr. 15.
Steinbruch, Oestr. (südöstl.) Stsb. 138
Steinbruch, Ungar. (nördl.) Stb. 2.
Steinbrück, Oesterr. Südb. 67.
Steinen, Bad. Wiesenthalb. 210. (P.- u. E.-Exped.)
Steinenbach P, Württemb. Stsb. 189
°Steinheim, Hannov.-Altenb. 12.
Steinkirchen, Kais. Elisabethb. 82
Steinsfurth, Bad. Stsb. 129. (P.- u. E.-Exped.)
Steinwenden, Pfälz. Nordb. 56.
Stelle, Hannov. Stsb. 16.
Stendal, Magdeb.-Halberst. 22. Magdeburg-Wittenberge.
Stenstorp, Schwed. Stsb. 28.
Stentsch, Märk.-Posener E. 6.
(Stephanskirchen), Bayer. Stsb. 138
(Stephansposching), Bayer. Ostb. 50
°Sterbfritz, Bebra-Hanauer E. 19.
Sterkrade, Köln-Minden. E. 36.
Sternatia, Ital. Südb. III, 81.
Sternberg, Märk.-Posen. E. 3.
Sternberg, Kais. Ferd. Nordb. 79.

Sternschanze, (Hamburg) Berlin-Hamburg 28.
Sternthal, Ausweiche Oester. Südb. 110
Sterpenich, Belg. Gr. Luxemb. 7, 531.
Sterzing, Oesterr. Südb. 225.
Stetten P, Bad. Wiesenthalb. 207. (Billetb.)
Stettin, Berlin-Stettin. 10.
Steudnitz, Niederschl.-Märk. 32.
Steyer (Stadt), Kronpr. Rudolfb. 3.
Steyregg, Kais. Elisabethb. 84.
Stiahlau, Kais. Franz Josefb. 37.
Stickhausen, Oldenb. Stsb. 14.
Stierhof, Bayer. Stsb. 117.
Stjernhof, Schwed. Stsb. 11.
Stimigliano, Ital. Röm. II, 73.
Stimpfach, Württemb. Stsb. 85.
Stochov (Lana), Buschtěhrad. 12.
Stockach, Bad. Stsb. 192. (E.-Ex.)
Stockaryd, Schwed. Stsb. 61.
Stockerau, Oestr. Nordwestb. 6.
Stockhausen, Nassau. Stsb. 38.
Stockheim, Bayer. Stsb. 222.
Stockheim, Oberhess. E. 24.
Stockholm, Schwed. Stsb. 1.
Stockmannshof, Russl., Riga-Dünab. IV, 11
Stockstadt, Hess. Ludwigsb. 29.
Stockstadt a. Rh., Hess. Ludwgb. 57.
Stockwald, Bad. Stsb. 170.
Stoeren, Norwegen 271.
Stövring, Dänemark, Jütl. E. 52.
*Stoholm*, Dänemark, Jütl. E. 40a.
Stodolischtsche, Russland, Witebsk-Orel IV, 39.
Stokke, Norweg. Stsb. 264.
Stolberg (Rhein), {°Berg.-Märkische E. 154 / Rheinische E. 5.}
Stolp, Berlin-Stettin. E. 29.
(Stolzmütz), Oberschlesische 73. (Wilhelmsb.)
Storé, Oesterr. Südb. 63.
Storvik, Schweden, Privatb. 159.
°Strabicso-Gorond, Ungar. Nordostb. 41.
Stradam, Breslau-Warschau 3.
Stradella, Ober-Italien I, 194.
Strakonic, Kais. Fr. Josefb. 30.
Stralsund, Berlin-Stettin. E. 59. Vorpommersche B.
Strambino, Ober-Italien I, 338.
Stramsjö, Schwed. Stsb. 1, 44.
Stranach, Kronpr. Rudolphb. 34.
(Stranow-Krnsko), Turnau-Kralup 7.
Stranow-Kolodes, Russl. V 29, 19.
Strassburg, Berlin-Stettin. E. 69.
**Strassburg**, Elsass-Lothr. 1.
Strassburg (Metzger Thor), Elsass-Lothr. 71.
Strassburg, Russland VI, 49.
Strassenhaus, Voralberger 12.
Strassgang, Graz-Köflach. E. 2.
Strasskirchen, Bayer. Ostb. 49.
Strassnitz-Rohatetz, Kais. Ferd. Nordb. 13.
Strass-Sommerein, Oestr. Stsb. 99. Wien-Raab-Neu-Szöny.
Strasswalchen, Kais. Elisabethb. 42
Straubing, Bayer. Ostb. 47.
Straussberg, Preuss. Ostb. 3.
(Straussfurt), Nordhaus.-Erfurt 8.
Straussnitz, Böhm. Nordb. 29.
Strazeele, Frans. Nordb. 1, 126.
Streljna, Russl., Petersb.-Petersh. III 9, 7.
Strehlen, Oberschlesische 106.
Strelitz P, Oesterr. Staatsb. 72. (Brünn-Rossitz.)
Strelitz, Oesterr. Stsb. 19.
Strevi, Ober-Italien I, 245.
Stryemieszyce, Warschau-Wien I, 21a.
Striegau, Breslau-Freiburger 17.

Strüb, Dänemark, Fün. E. 6.
°Strochowitz, M.-Schl. Centr. 17.
Strömmen, Norwegen 1, 203.
Struer, Dänemark, Jütl. E. 44.
(Strzemieszyce) Warsch.-Wienl. 21a
Stubben Hannover. Stsb. 38.
°Studenzen, Ungar. Westb. 22.
Stüben (F.-), Ungar. Staatsb. 29.
Stübing, Oesterr. Südb. 45.
Stürlack (Gr.-), Oestr. Südb. 17.
Stuhlweissenburg, Oestr. Südb. 126. / Ungar. Westb. 29.
Stumsdorf, Magdeb.-Leipzig. 9.
Stupčic, Kais. Fr. Josefb. 59.
Sturla, Ober-Italien I, 119a.
Stuttgart, Württemb. Stsb. 16. (Inspection.)
Styring, Saarbrücker E. 6. / Elsass-Lothr. 42.
Styrum, Berg.-Märk. E. Linie w.
Suberg, Schweiz. Bern. Stsb. 4, 7.
Subigen, Schweiz. Centralb. 1, 50.
Suchenthal, Kais. Fr. Josefb. 50.
Suczawa, Lemb.-Czern.-J. 28. (Itzkany-),
°Sudenburg, Berl.-Potsd.-Mgdb. 19.
Suderburg, Hannover. Stsb. 9.
Sudoměřic, Kais.-Fr.-Josefb. 58.
Süchteln, Crefeld-Kr. Kempen 2.
Sülsted, Dänemark, Jütl. E. 60.
Sünching, Bayer. Ostb. 17.
Süssen, Würtemb. Stsb. 28. (Verw. I. Cl.)
Süssenbrunn P, K. Ferd. Nordb. 3.
Suèvres, Frans. Orléansb. 4, 31.
Suida, Russl. Petersb.-Warschau II, 4.
Suippes, Frans. Ostb. 2, 290.
Sulgen, Schweiz. Nordostb. 2, 4.
Sulpice d'Jgon (St.-), Frans. Orléansb. 4, 82.
Sulpice (St.)-Laurière Französ. Orléansb. 4, 218.
Sulz, Bayer. Stsb. 200.
Sulz (Bad-), Elsass-Lothr. 146.
Sulz u/W. Elsass-Lothr. 7.
Sulz (Ober-), Elsass-Lothr. 118.
Sulz, Württemb. Stsb. 144.
Sulza, Thüringische E. 12.
Sulzbach, Saarbrücker E. 3.
» -Grube, Saarbrücker E. 45.
Sulzbach, (Amberg) Bayer. Ostb. 35.
Sulzdorf, Württemb. Stsb. 79b.
Summerau, Kais. Elisabethb. 75.
Surdon, Französ. Westb. 3, 212.
Suresnes, Frans. Westb. 3, 95.
Sursee, Schweiz. Centralb. 1, 20.
Susa, Ober-Italien I, 224 u. 470.
Susannagrube, Rechte Oderuferb. 31
Susteren, Niederl. Stsb. 2, 55.
Svarta, Schwed. Stsb. 80.
Sveibæk, Dänemark, Jütl. E. 57.
Svenstorp, Schwed. Stsb. 153.
Swalmen, Niederl. Stsb. 2, 59.
Swarsozyn, Preuss. Ostb. 82.
Swenziany, Petersb.-Warschau II, 31.
Swělta, Oestr. Nordwestb. 30.
Sweveghem, Belg. Staatsb. 1, 217.
°Swiba, Breslau-Warschau 7.
Swida, Petersb.-Warschau II, 4.
Swijan-Podol, Turn.-Kr.-Prag 12.
Sylvain (St.)-Briollay, Fr. Westb. 3, 198.
Synghem, Belg. Staatsb. 1, 242.
Syssele, Belg. Gand-Bruges 10, 643.
Szajol, Theissbahn. 4.
Szakalháza, Oest. (südöstl.) Stb. 162
Szálancs, (Nagy-) Ungar. Nordostb. 37.
Szalatna, (Nagy-) Ungar. nördl. Stsb. 21.
Szalonta, (Apos) Alföldbahn 4.
Szántód, Oesterr. Südb. 124.
Szaravola, Oestr. Staatsb 174.
*Szarvas* P, Alföldb. 26.
°Szászvár, Báttaszék-Dombóvár Zákány E. 4.
Szathmár (-Nemethi) Ungar. Nordostb. 10.
Szatymáz, Oestr. südöstl. Stsb. 151.
Szczakowa, K. Ferd. Nordb. 66.
Szczawne, Ungar. Galiz. E. 11.
Szczepanowitz G, Oberschles. 9.
Szegedin, Alföldbahn 13. / Oesterr. Stsb. 153.
Szemere, Ungar. Westb. 3.
Szemes, Oesterr. Südb. 123.
Szent, vgl. die mit Szent zusammengesetzten Wurzelwörter.
Szent-Iván-Zala-Egerszeg, Oesterr. Südb. 106.
Szent-Mihály, Oestr. Südb. 107.
Szered, Pressb.-Tyrnau 13.
Szerencs, Theissbahn 19. / °Ungar. Nrdostb. 21.
°Szigeth, Ungar. Nordostb. 20.
Szigetvár, Fünfkirchen-Barcs 4.
Szihalom, Ungar. Staatsb. 38.
Szikszó, Theissbahn 23.
Szillen, Tilsit-Insterburg 3.
°Szobb, Báttaszék-Dombovár-Zákány E. 12.
Szobb, Oesterr. (südöstl.) Stb. 130
Szoboszló, Theissbahn 10.
°Szöllös (Nagy-) Ung. Nrdostb. 34.
Szöny (Uj-) Oesterr. Südb. 141. / Oesterr. Stsb. 105. (Wien-Raab-N. Szöny.)
Szöreg, Oesterr. Stsb. 154.
Szolnok, Theissbahn 3. / Ungar. Staatsb. 48.
°Szomotor, Ungar. Nordostb. 26.
Szonta, Alföldbahn 22.
Szürte, Ungar. Nordostb. 51.

## T.

Taastrup, Dänemark, Seel. E. 52.
Tabor, Kais. Fr. Josefb. 57.
Tachomowo, Russl. Mosk.-Kursk V 29, 8.
Tacoignières, Frans. Westb. 3, 226.
°Tackern, Ungar. Westb. 23.
Tägertsche, Schwz. Bern. Stsb. 4. 15.
Taganrog, Russl. Charkow-Rostow V 30, 33.
Tagarp, Schweden 6, 138.
Taimering, Bayer. Ostb. 18.
Tain, Paris-Lyon-M. 5, 89.
Talamone, Ital. Röm. II, 26.
Talisy, Russl. Mosk.-Jaroslaw V 17, 2.
Tamala, Russl. V 23, 10.
Tambow, Russl. Koslow-Tambow V 32, 4.
Tamines, Belg. Stsb. 1, 141.
Tamise, Belgien 6, 336.
(Tamsel), Preuss. Ostb. 9.
Tangerhütte, Magd.-Halberst. 20. (Magdeburg-Wittenberge.)
Tanlay, Paris-Lyon-M. 5, 30.
(Tanndorf), Leipzig-Dresden 25.
Tannenberg, Böhm. Nordb. 12.
Tantow, Berlin-Stettin 9.
Tapiau, Preuss. Ostb. 54.
°Tapio-György, Ungar. Staatsb. 46
Taps, Russl. III 11, 7.
Tarnczköz, Ungar. Nordostb. 18.
Tarnowka, Russl. V 30, 14.
Taranto, Italien, Südb. III, 153. / » Calabr. IV, 1.
Tarare, Paris-Lyon-M. 5, 286.
Tarascon, Paris-Lyon-M. 5, 214.
Tarbes Französ. Midi, 6, 22.
Tarczal P, Theissbahn 18.
Tardienta, Span. Sarag.-Barcel. 6, 42.
Tárdoskéd Oestr. (südöstl.) Stb. 121
Tarján (Salgo-), Ungar. Staatsb. 15.
Tarnok, Oesterr. Südb. 132.
Tarnopol, Galiz. Carl-L.-B. 43.
Tarnów, Gal. Carl Ludwgb. 10.
Tarnowitz, Oberschlesische 22. / Rechte Odruferb. 22.
Tarp, Altona-Kiel (Schlesw.) 18.
Tarragona, Span. Tarag.-Barcel. 9, 63. / » Tarag.-Vimb. 10, 66. / » Alm.-Tarag. 11, 80.
Tarrasa, Spanien, Sarag.-Tarag. 6, 39.
°Tarvis, Kronpr. Rudolfb. 42.
Taschlik, Russl. VI 2, 44.
Taviers, Belgische Staatsb. 1, 289.
Tauberbischofsheim, Bad. Stb. 136 (P.- u. E.-Exp.)
Taufkirchen, Kais. Elisabethb. 51.
Taulov, Dänemark, Jütl. E. 1, 4.
Taus, Böhm. Westb. 2.
Tavankut Ausw., Alföldb. 17.
Tavaux, Paris-Lyon-M. 5, 328.
Tavazzano, Ober-Italien I, 429.
Tavernelle, Ober-Italien I, 36.
Tavernelle, Italien, Röm. E. I, 19.
Taviers, Belg. Staatsb. 1, 289.
Tawastehus, Russl. III 10, 38.
Tchernaja, Grosse Russische II, 120.
Teano, Ital. Röm. II, 126.
Tecsö, Ungar. Nordostb. 17.
Tegelen, Niederl. Stsb. 2, 61.
°Teinach, Württemb. Stsb. 204.
Teisendorf, Bayer. Stsb. 146.
°Tekutsch, Türkei, Rumän. E. 2, 19.
Telese, Ital. Südb. III, 109.
Tembleque, Spanien (Madrid-Alic.) 12, 94.
Temesvár, Oestr. südöstl. Stb. 163. / Arad-Temesvár 8.
Tempelhof, Niederschles.-Märk. (Berl. Verb.-Bahn.) 71.
Templeuve, Belg. Stsb. 1, 95.
Templeuve. Frankr. Nord 1 z, 6.
Tenhult, Schwed. Stsb. 56.
Tepla, Kaschau-Oderb. 17.
Teplitz, Aussig-Teplitz 6. / Dux-Bodenbach. 9.
Terdonck, Belg. Société 5, 403.
Terebes-Gál, Ungar.-Galiz. E. 23.
Tereiok, Russl. III, 10, 8.
Terenne (Kis-), Ungar. Stsb. 14.
Teresa (S.), Ital. Sicil. IV, 55.
Tereschkino, Russland II 5, 1.
Terespol, Preuss. Ostb. 29.
Terespol, Russl. Warsch.-Teresp. I 3, 48.
Tergnier, Französ. Nordb. 1, 20.
Termignon, Ital. Fell's Mont Cenisb. I, 473.
Termini, Italien Sicilien IV, 87.
Termoli, Ital. Südb. III, 47.
Termonde, Belg. Stsb. 1, 68.
Ternath, Belg. Stsb. 1, 46.
Ternberg, Kronpr. Rudolfb. 4.
Terneuzen, Belg. Société 5, 398.
Terni, Italien, Römische II, 69.
Ternitz, Oesterr. Südb. 25.
Ternowka, Russl. Grjasy-Borisoglebsk V 26, 7.
Terranova, Ober-Italien, I, 467b.
Teschen, Kaschau-Oderberg 5.
Tessonières, Französ. Orléansb, 4, 225.
Teste, la- Franz. Midi 6, 14a.
Testelt, Belg. Gr. Centr. 2, 24.
Tétény, Oesterr. Südb. 133.
Teterow, Friedr. Franzb. 13.
Tetschen, Böhm. Nordb. 21.
Tetschitz, Oesterr. Stsb. 73.
Tettenborn, Hannov. Stsb. 92.
Tettnang, Württemb. Stsb. 51.
Teuchern, Thüringische 24.
Teuplitz H, Halle-Guben-Sorau 20.
Teutonia G, Westfälische 3.

Teutschenthal, Mgdb.-Leipz. 20. (Halle-Cassel.)
Thal, Oesterr. Südb. 189.
Thale, Magdeb.-Halberst. 14.
Thalham, Bayer. Stsb. 185.
Thalhausen, Württemb. Stsb. 147.
Thalheim, Kronpr. Rudolfb. 25.
Thalkirchdorf, Bayer. Stsb. 7a.
Thalkirchen, Bayer. Stsb. 127.
Thalmühle P, Bad. Stb. 177. (E.-Exp.)
Thann, Elsass-Lothr. 108.
Thaon H., Französ. Ostb. 2, 218a.
Tharandt, (B.-Insp.) Sächs. Stsb. 52.
Tharau, Ostpreuss. Südb. 11.
Thayingen, Bad. Stsb. 79. E.-Exp.
Theisbergstegen, Pfälz. Nordb. 61.
Theissen P, Thüringische E. 26.
Themar, Werrabahn 52.
Theresienfeld, Oesterr. Südb. 21.
Theresienstadt Oestr. (nrdl.) Stb. 60
Theresiopel (Maria-), Alföldb. 15.
Theux, Luxemb. Wilhelmsb. 39.
Thielen, Belgien Thurnhout 12, 658.
Thielt, Belgien Société 5, 279.
Thiengen, Bad. Stsb. 69. (P.- u. E.-Exp.)
Thiennes, Französ. Nordb. 1, 102,
Thiergarten, Buschtěhrader E. 61.
Thionville, Elsass-Lothr. 60.
Thiesselt, Belgien 6, 352.
Thörishaus, Schweizer. Westb. 5, 47.
Thomar, Portugal 1, 6.
Thomasroith, ✕ Kais. Elisabethb. 94
Thomery, Paris-Lyon-M. 5, 13.
Thorn, Preuss. Ostb. 67.
Thouaré, Franz. Orléansb. 4, 150.
Thourotte, Französ. Nordb. 1, 14.
Thourout, Belg. Société 5, 256.
*Thünggersheim* P, Bayer. Stsb. 93.
Thuin, Belg. Nord. 9, 248.
°Thuin, Ungar. Stsb. 69. (Carlstadt-Fiume.)
Thulin, Belg. Stsb. 1, 114.
Thuisy, Franz. Ostb. 2, 286a.
Thumesnil, Frankr. 1y, 3.
Thun, Schweiz. Centralb. 1, 47.
*Thunow* P, Berlin-Stettin 23.
Thurány, Kaschau-Oderb. 13.
Thureby, Dänemark, Seel. E. 2, 67.
Thy-le-château, Belg. Gr. Centr. 2, 104.
Tichau, Rechte Oderuferb. 33.
(Tiedmannsdorf), Preuss. Ostb. 43.
Tiercé, Franz. Westb. 3, 197.
Tietjerk H, Niederl. Stsb. 2, 5a.
Tilburg, {Niederl. Stsb. 2, 71. / Belg. Gr. Centr. 2, 52.}
Tilff, Belg. Gr. Lux. 7, 544.
Tilleur, Nordbelge 2, 205.
Tillières, Franz. Westb. 3, 232.
Tilly, Belg. Gr. Centr. 2, 64.
Tilsit, Tilsit-Insterburg 1.
Timmelkam, Kais. Elisabethb. 38.
Tingleff, Altona-K. (Schlesw.) 23
Tiraspol, Russland VI 32, 49.
Tirgul-Frumos, Lemb.-Czernow.-Jassy 30.
Tirlemont, Belgische Staatsb. 1, 9.
Tirschnitz, Buschtěhrader 49.
Tisza-Lúcz, Theissbahn 20.
°Tisza-Ujlak, Ungar. Nordostb. 33.
Tlumatschau, K. Ferd. Nordb. 17.
Tluschtsch, Petersb.-Warschau II, 51.
Toblach, Oesterr. Südb. 193.
Tönis (St.), Crefeld-Kr. Kempen 4.
Tönning, Altona-Kiel Schlesw. 49.
Töreboda, Schweden Stsb. 14.
Török St. Miklos, Theissbahn 4a.
Tövis, Ungar. Ostb. 17.
Tokarewka, Russl. Grjasy-Borissoglebsk V, 26, 5.
Tokai Theissbahn 17.
Tolcsva (Liszka-), Ungr. Nordost. 23.
Toledo, Spanien 12, 93.
Tolksdorf, Ostpreuss. Südb. 18.
Tomelilla, Schwed. Eslöf-Ystad 152.
Tommerup, Dänemark, Jütl. E. 14.
Tonco, Ober-Italien 1, 468d.
Tondern, Altona-Kieler E. 52. Schlesw.
Tongelré (Nuenen-), Ndrl. Stsb. 2, 66.
Tongres, Niederl. Stsb. 2, 105.
Tonnerre, Paris-Lyon-M. 5, 29.
Topkowitz P, Oestr. (nördl.) Stsb. 66.
Torbino, Russl. Petersb.-Warschau II, 75.
°Torda, Ungar. Ostb. 34.
Tordera, Spanien 8, 55.
°Torgau, Halle-Sorau-Guben 7.
Torino, (Turin), Ober-Italien I, 214 u. 500
Tornau P, Berlin-Anhalt 42. Rosslau-Zerbst.
Tornesch, Altona-Kiel 4.
Tornócz, Oestr. (südöstl.) Stb. 120.
Toroschino, Petersb.-Warschau II, 14.
Torpes, Paris-Lyon-M. 5, 203.
Torrazza di Ver., Ober-Italien I, 344.
Torre-Annunziata, Ital. Südb. III 127 u. 141.
Torreberetti, Ober-Italien I. 237.
Torre Cerchiara, Ital. Calabr. IV, 11.
Torre del Greco. Ital. Südb. III, 126.
Torrede Lago, Ober-Italien I, 96.
Torrelavega, Spanien 2, 21.
Torremare, Ital. Calabr. IV, 2.
Torrita, Ital. Röm. II, 86.
Tortona, Ober-Italien I, 161.
Tortoreto, Ital. Südb. III, 34.
Tortosa, Span. Almans.-Tarag II, 79.
Tosna, Russl. Petersb.-Mosk. II, 64.
Tosno, Russl. III 11, 21.
Tót-Megyer Oestr. (südöstl.) Staatsb. 122.
Toul, Französ. Ostb. 2, 44.
Toulon, Paris-Lyon-M. 5, 140.
Toulouse, {Französ. Orléansb. 4, 227. / Französ. Südb. 6, 5.}
Tonques, Franz. Westb. 3, 88.
Tourcoing, Französ. Nordb. 1, 125.
Tournai, Belg. Stsb. 1, 96 u. 250.
Tournan, Französ. Ostb. 2, 238.
Tournes, Franz. Ostb. 2, 276.
Tournus, Paris-Lyon-M. 5, 55.
Tours, Französ. Orléansb. 4, 42.
Tourville, Franz. Westb. 3, 33.
Toury, Franz. Orléansb. 4, 20.
Trabia, Ital. Sicil. IV, 86.
Trabitz, Bayer. Ostb. 76.
Trachenberg, Oberschlesische 36. Breslau-Posen-Glogau.
Träskända, Russl. Helsingf.-T. III 10, 32.
Trakehnen, Preuss. Ostb. 61.
Trampke, Berlin-Stettiner 15.
Trani, Italien Südb. III, 60.
Trappes, Franz. Westb. 3, 102.
Traunfall P, Kais. Elisabethb. 58.
Traunstein, Bayer. Stsb. 144. (P.- u. B.-V.)
Trautenau, {Süd-Nordd. Verbb. 28. / Oesterr. Nordwstb. 68.}
Trautmannsdorf, Oestr. Stsb. 94. Wien-Raab-N.-Szöny.
Trautscholdsegengrube, Rechte Oderuferb. 42.
Travers, Schweiz. Westb. 5, 71.
Trazegnies, Belg. Staatsb. 1, 324.
Trebbia, Italien Sicilien IV, 24a.
Trebbin, Berlin-Anhalt 4.
Trebendorf, Berlin-Görlitz 11.
(Trebgast), Bayer. Stsb. 223.
Trebitsch-Startsch, Oestr. Nordwestb. 21.
Trebisacce, Italien Calabrien IV 10.
Trebnitz, Preuss. Ostb. 5.
Trecate, (Buffalora), Ober-Italien I, 355.
Treibach-Althof, Kronp. Rudolfb. 33
Trélazé, Franz. Orléansb. 4, 136.
le Tremblois H, Franz. Ostb. 2, 279.
Třemešna P, Süd.-Nordd.-Verb. 9.
Tremestieri, Italien Sicil. IV, 50.
Trendelburg, Hess. Nordb. 18.
Trendelbusch, ✕ Braunschw. 32.
Treppenhof, Russl. Riga-Dünab. IV, 13.
Trepuzzi, Ital. Südb. III, 77.
Treskende, Russl. III 10, 37.
Treuchtlingen, Bayer. Stsb. 250. (Post- u. Bahn-Verw.)
Treuen, Sächs. Stsb. 125. (B.-Insp.)
Trevi, Ital. Röm. II, 67.
Treviglio, Ober-Italien I, 364.
Treviso, Ober-Italien I, 15.
Trévoux, Paris-Lyon-M. 5, 67.
Treysa, Main-Weserb. 8.
Trieben, Kronpr. Rudolfb. 17.
Triel, Franz. Westb. 4, 7.
Triebitz, Oestr. (nördl.) Stb. 86.
Trient, Oestr. Südb. (Tirol) 240.
Trier, {Rheinische E. 37. / Saarbrücker E. 22.}
Triesdorf, Bayer. Stsb. 150.
Triest, Oesterr. Südb. 89.
Trifail, Oesterr. Südb. 69.
Trinitapoli, Ital. Südb. III, 58.
Trinitas P, Mohacs-Fünfkirchen 4.
Triphon, Schweiz. Westb. 5, 28.
°Triptis, Thüringische E. 65.
Trnowan, Buschtěhrader 20.
Trochtelfingen P, Würtbg. Stsb. 118.
Trofayach, Leoben-Vordernb. 5.
Trofarello, Ober-Italien I, 212.
Troisdorf, {Köln-Minden 44. (Köln-Giessen.) / Rheinische 111.}
Trois-Ponts, Luxemb. Wilhb. 34.
Trois-Vierges, Luxemb. Wilhb. 30.
Troiza, Russl. II 6, 10.
Trollenäs, Schwed. Eslof.-Hels. 6, 134.
Trompet, Berg.-Märkische 24. (Aachen-Düsseldorf.)
Tronchiennes, Belg. Stsb. 1, 55.
Trond (St), Belg. Gr. Centr. 2, 16.
Trondhejm, Norwegen 261.
Tronzano, Ober-Italien I, 348.
Troos (Le)-Aval, Belg. Stsb. 1, 24.
Troppau, {Kais. Ferd. Nordb. 63. / °M.-Schl.-Centralb. 19.}
Trossingen, Württemb. Stsb. 150.
°Trotha, Magdeb.-Halberst. 77.
Trouville-Deauville, Franz. Westb. 3, 89.
Troyes, Französ. Ostb. 2, 93.
Trudering, Bayer. Stsb. 129. (Strasstrudering.)
Trübau (Böhm.-) Oestr. (nörd.) Stb. 30
Trübbach, Verein. Schweizerb. 3, 27.
°Tryberg, Badische Stsb. 167.
Trzciana P, Gal. Carl Ludwb. 15.
Trzebinia, Kais. Ferd. Nrdb. 38.
°Trzemeszno, Oberschlesische 145.
Tržinietz, Kaschau-Oderb. 6.
Tsarskoë-Sélo, siehe Zarskoë.
Tschepetowskaja, Grosse Russ. II, 47.
Tschereij-Ostrow, Russ. Südwestb. VI, 103
Tschern, Russl. Mosk.-Kursk V 29, 15.
Tschernaja, Grosse Russ. II, 120.
Tschernaja-Vess, Petersb.-Warschau II, 44.
Tschernawoda, Türkei 5, 1.
°Tschernowitz, Buschtěbr. 25.
Tschernostrowskaja, Russl. VI 32, 30.
Tschijew, Grosse Russ. II, 48.
Tschirikowo, R. Grjäsy-Jelets V 25, 4.
°Tschochau, Bielathalb. 21.
Tschubowka, Russl. VI 32. 13.
Tschudowo, Gr. Russ. Petersb.-Mosk. II, 69.
Tschaikowo, Grosse Russ. II, 117.
Tubise, Belg. Stsb. 1, 103.
Tudela, Spanien {Tutela-Bilb. 5, 37. / Sarag.-Barcel. 6, 45.}
Tübingen, Württemb. Stsb. 135. (B.-Insp.)
Tüffer (Markt-), Oesterr. Südb. 65.
Türkheim, Elsass-Lothr. 119.
Türkismühle, Rhein-Naheb. 42.
Türmitz, {Aussig-Teplitz 2. / °Dux-Bodenbach 20.}

°Tüskevár, Ungar. Westb. 41.
Tufeschli, Türkei, Rum. E. 2, 31.
Tula, Russl. Moskau-Kursk V 29, 10.
Tulle, Franz. Orléansb. 4, 267.
Tulln, Kais. Franz. Josef b. 7.
Tumba, Schwed. Stsb. 1, 4.
Tuoro, Ital. Röm. II, 57.
Tuř-Butowes, Oestr. Nordwestb. 70.
Túr (Mezö-), Theissbahn 30.
Tura, Ungar. (nördl.) Stsb. 9.
Turas, Kais. Ferd. Nordb. 70.
Turcsek, Ungar. Staatsb. 28.
Turengy, Russl. III 10, 37.
Turgi, Schweiz. Nordostb. 3, 24.
Turengi, Russl. Helsingf.-T. III, 18.
Turin, Ober-Italien I, 214 u. 500.
Turnau, {Süd. Nordd. Vbdb. 17. / Turnau-Kralup 13.}
Turnhout, {Belg. Gr. Centr. 3, 47. / Belg. Turnhout 12, 659.}
°Turnu Severin, Rumänische E. 2, 33.
Turowka, Russland V 25, 11.
Turzno, Preuss. Ostb. 83.
Tuschkau, Kais. Franz Josefb. 40.
Tuschmitz (nicht Tuschnitz, wie S. 22 steht), Buschtěhrader E. 33
Tuttlingen, Verw. I, Württemb. Staatsb. 164.
Tutzing, Bayer. Stsb. 195.
°Tuzsér, Ungar. Nordostb. 50.
Tvingstrup, Dänemark Jütl. E. 24a.
Twann, Schweiz. Bern. Stsb. 4, 2.
Twer, Grosse Russische II, 69.
(Tworkau), Oberschlesische 71. Wilhelmsb.
Tworog, Rechte Oderuferb. 20.
°Tydalsestranden, Norwegen 253.
Tyrnau, Pressb.-Tyrnau 11.
Tsarisin, siehe Zarisin.

## U.

Ubstadt P, Bad. Stsb. (Billetb.) 9.
Uchizy, Paris-Lyon-M. 5, 56.
Ucholowo, R. Rjäsch.-Morschansk V 21, 2.
Uckange siehe Uckingen Elsass-L. 53.
Uddevala, Schweden Herljunga-Udd. 126
Udelnaja, Russl. III 10, 3.
Udine, Ober-Italien I, 4.
°Udva, Ungar.-Galiz. E. 17.
Udvard, Oesterr. Stsb. 124.
Udwitz-Görkau, Aussig-Tepl. 15.
Ueberruhr, × Berg.-Märkische 66.
Uebersee, Bayer. Stsb. 142.
Ueckingen, Elsass-Lothr. 58.
(Üllö), Oestr. (südöstl.) Stsb. 140
Uelzen, Hannover. Stsb. 10.
Uerdingen, {Rheinische E. 86. / Berg.-Märkische 23. (Aachen-Düsseldorf.)}
Üszög (Pecs), {Barcs-Fünfkirchen 1 / Mohács-Fünfk. 6.}
Uexküll, Russl. Riga-Dünab. IV. 6.
Uffenheim, Bayer. Stsb. 159.
Uglowka, Gr. Russ. Petersb.-Mosk. 78.
Uhersko, Oestr. (nördl.) Stsb. 35.
Uhingen, Württemb. Stsb. 25.
Uhsmannsdorf, Berlin-Görlitz 13.
Uitgeest, Holländ. E.-Ges. 5, 16.
Ujfalu (Berettyo-), Theissbahn 39.
Ujfalu (Somos-) Ungar. Stsb. 16.
Ujfehérto, Theissbahn 13.
°Uj Szász, Ungar. Staatsb. 47.
Uj-Szöny, (Neu-Szöny) {Oesterr. Südb. 141. / Oesterr. Stsb. 72. (Wien-Raab-N.-Szöny.)}
Ulfstorp, Schwed. Herlj.-Uddev. Sb, 115.
Ulleaåker, Schwed. Carebro-Köp. 2, 104.
Ulldecona-Tortosa, Spanien 11, 76.
Ullersdorf, Aussig-Teplitzer 8.
Ullerslev, Dänemark, Fün. E. 18.

Ullö siehe Üllö vor Uelzen.
Ulm, {Bayer. Stsb. 103. / Württemb. Stsb. 34. (B.-Insp.)}
Ulmanl, Türkei, Rum. E. 2, 7.
°Ulmerfeld, Kronpr. Rudolfb. 64.
(Ulstrup), Dänemark, Jütl, E. 25a.
Umet, Russland V 23, 9.
Umitz, Rheinische E. 51a.
Umlowitz, Kais. Elisabethb. 78.
Ummendorf, Württemb. Stsb. 43.
Umstadt, Hess. Ludwigsb. 82 u. 83. [Klein- u. Gross-]
Undol, Grosse Russische E. II, 107.
Ungarisch Hradisch, K. F. Nordb. 15.
Ungvár, Ungar. Nordostb. 52.
Unhoscht, Buschtěhrader E. 9.
Unkel (Haltest.), Rheinische 104.
Unlingen, Württemb. Stsb. 178.
Unna ×, Berg.-Märkische 58.
*Unterbalbach* P, Bad. Stsb. 141a.
Unterbeřkowic, Oesterr. (nördl.) Stsb. 34.
Unterböhingen, Wrtbg. Stsb. 110.
Unterboihingen, Wrtbg. Stb. 126.
Unterdrauburg, Oestr. Südb. 161. (Kärnthnerbahn.)
Untergriesheim, Wrtbg. Stsb. 61.
(Untergrombach), Bad. Stsb. 11. (Billetb.)
Unterkochen, Württemb. Stb. 121.
Unterlüss, Hannov. Stsb. 8.
Untermarchthal, Würtbg. Stb. 175.
(Untermarxgrün), Sächs. Stsb. 131.
Unterpeissenberg, Bayer. Stsb. 199.
(Unterschüpf), Bad. Stb. 114 (Billetb)
Untersteinach, Bayer. Stsb. 67.
Unterterzen, Verein. Schweizb. 3, 37.
Untertürkheim, Württbg. Stb. 18.
Unter-Waltersdorf, Wr. Neust.-Gr.-Neusiedel 5.
°Unterwellenborn, Thüringische 70.
Unzmarkt, Kronpr. Rudolfb. 27.
Upsala, Schwed. Stsb. 1, 43.
*Urbach* P, Württemb. Stb. 105a.
Urdorf, Schweiz. Nordostb. 2, 44.
Urfahr (Linz), K. Elisabethb. 64.
Urft, Rheinische E. 25b.
Uschaki, Grosse Russ. (Nicolai) II, 65.
Uspenskaja, Russland V 30, 30.
Ussmann, Russland V 24, 6.
Uster, Verein. Schweizerb. 3, 51.
Ustrzyki, Ungar.-Galiz. 6.
Utrecht, {Niederl. Rheinb. 1, 7. / Niederl. Stsb. 2, 98. / » Centralb. 3, 15.}
Utrera, Span. {Sevill.-Cadix 15, 131. / Utrera-Moron 18, 149.}
Uttersberg, Schweden 11, 168.
Uttigen, Schweiz. Centralb. 1, 46.
Uttis, Russland III 10, 20.
Uttweil, Schweiz. Nordostb. 2, 66.
Utznach, Verein. Schweizb. 3, 44.
Utzwyl, Verein. Schweizb. 3, 7.
Uwarowskaja, Russland V 31, 7.

## V.

Vaas, Franz. Orléansb. 4, 116.
St. Vaast, Frankr. Anzin-Somain 1x, 2.
Vadna, Ungar. Staatsb. 53.
°Vado, Ober-Italien I, 150.
Vado alla Colonna, Ital. Röm. II, 82 h.
Vaihingen-, [Sersheim] Württemb. Stsb. 8.
Vaivre, Französ. Ostb. 2, 116.
Val-St. Lambert, Belg. Nord. 4, 232.
Valdepenas, Spanien 12, 103.
Val-de-Ville, = Weilerthal, Elsass-L. 125.
Valdonne, Paris-Lyon-M. 5, 35a.
Valence, Paris-Lyon-M. 5, 91.
Valencia, Span. Almans-Valenc. 11, 74.

Valenciennes, {Französ. Nordb. 1, 134. / Frankreich, 1x, 2.}
Valentin (St.), {Kais. Elisabethb. 24. / Kronpr. Rudolfb. 1.}
Valenza, Ober-Italien I, 238.
Válkány, Oesterr. Stsb. 156.
Valkenburg, Aachen-Mastricht 6.
Valkenswaard, Niederl. Stb. 2, 117.
Valladolid, Spanien Nordb. 1, 9.
Valle, Ober-Italien I, 235.
Valle di Maddaloni, Ital. Südb. III, 112.
Vallier (Saint-), Paris-Lyon-M. 5, 87.
Vallendar, Rheinische E. 97.
Vallorbes, Schweiz. Jougneb. 7. 5.
Valmontone M. Fort, Ital. Röm. II, 109.
Valmy, Franz. Ostb. 2, 291.
Valognes, Französ. Westb. 3, 24.
°Valstad, Norwegen 256.
Vamdrup, Dänemark, Jütl. E. 1, 1. (siehe Wamdrup)
Valmadonna, Ober-Italien I, 239.
Valognes, Franz. Westb. 3, 77.
Valsavoia, Ital. Sicil. IV, 68.
Vámos-Györk, Ungar. Stsb. 33.
Vámos-Pércs, Ungar. Nordostb. 3.
Vancelle (la) siehe Wanzell Elsass. 127.
Vannes, Französ. Orléansb. 4, 181
Var (le), Paris-Lyon-M. 5, 163.
Varades, Franz. Orléansb. 4, 144.
Varallo Pombia, Ober-Italien I, 297.
Varallya (Hátszeg), Siebenb. 19.
Varangeville-, Saint Nikolas, Französ. Ostb. 2, 49.
Várda (K.-), Ung. Nordostb. 48.
Varec, Kaschau-Oderb. 21.
Varel, Oldenburg. Stsb. 27. (Heppens-Oldenburg.)
Varennes, Französ. Ostb. 2, 19.
Varennes-le-Grand, Paris-Lyon-M. 5, 93.
Varennes-sur-Loire, Franz. Orléansb. 4, 129
Varennes-sur-Allier, P.-Lyon-M. 5, 276.
Varese, Ober-Italien I, 414.
Varin, Kaschau-Oderb. 11.
Varna, Türkei 4, 1.
°Város Löd, Ungar. Westb. 37.
Vars, Franz. Orléansb. 4, 68.
Vásárhely, Alföldbahn 11.
°Vásárhely (Somlyo-), Ung. Westb. 40
Vassy, Französ. Ostb. 2, 304.
Vasto, Ital. Südb. III, 45.
°Vaszar, Ungar. Westb. 5.
Vaucouleurs-Pagny, Französ. Ostb. 2, 42.
Vauderens, Schweiz. Westb. 5, 35.
Vaugris, Paris-Lyon-M. 5, 81.
Vaulruz, Schweiz. Westb. 5, 49c.
Vaulx, Belg. Staatsb. 1, 249.
Vaumarcus, Schweiz. Westb. 5, 59.
Vaumoise, Französ. Nordb. 1, 148.
Vayres, Franz. Orléansb. 4, 81.
Vechelde, Braunschweig 27.
Vecsés, Oestr. südöstl. Stsb. 139.
Vedrin, Belg. Staatsb. 1. 285.
Veenenburg, Niedrl. (Holl. E.-G.) 5, 10.
Veenendal, Niederl. Rheinb. 1, 11.
Veenwouden, Niederl. Stsb. 2, 7.
Vegesack (Grohn-), Hannover. Stsb. 42.
Veile, Dänemark, Jütl. 1, 21.
Veit (St.), Kronpr. Rudolfb. 35a.
» Stadt P, » » 35b.
Veitshöchheim, Bayer. Stsb. 92.
Velars, Paris-Lyon-M. 5, 41.
Velden, Oesterr. Südb. 169. (Kärnthnerbahn.)
Velejte, Ungar.-Galiz. 24.
Velletri, Italien Röm. E. II, 108.
Vellexon, Französ. Ostb. 2, 218.
Velim, Oesterr. Stsb. 43.
Velm, Belg. Gr. Centr. 3, 17.
Velm, (Gutenhof-) Oestr. Stsb. 91. (Wien-Raab-Neu-Szöny.)
(Velosnes-Torgny), Franz. Ostb. 2, 173.
Velp, Niederl. Stsb. 2, 17.
Velpe, Hannover Stsb. 59.
Veltheim, Belg. Stsb. 1, 6.
Venaria Reale, Ober-Italien I, 501.

Vence-Cagnes, Paris-Lyon-M. 5, 162.
Vendas Novas, Portugal 23.
Vendenheim, Elsass-Lothr. 2.
Vendeuvre, Französ. Ostb. 2, 97.
Vendeuvre-Jort, Französ. Westb. 3, 218.
Vendôme, Französ. Orléansb. 4, 204.
Vendrell, Span. Tarag.-Barcel. 9, 64.
Venedig, Ober-Italien I, 19.
Venlo, {Berg.-Märkische 30. / °Köln-Minden 65. / Rheinische E. 84. / Niederl. Stsb. 2, 62.}
°Ventimiglia, Ober-Italien I, 134.
Venta de Baños, Spanien, Nord 1, 8.
(Ventschow), Friedr. Franzb. 6.
Vép(Wettendorf), Ungar. Westb. 12
Verberie, Franz. Nordb. 1, 12.
Verboveč, Ungar. Stsb. 46. (Zákány-Agram.)
°Verbovsko, Ungar. Staatsb. 72. (Carlstadt-Fiume.)
Vercelli, Ober-Italien I, 251.
Verdello, Ober-Italien I, 365.
Verden, Hannov. Stsb. 30.
Verdon, Frankr. Medoc 11, 8.
Verdun, Franz. Ostb. 2, 300.
Verdun-sur-le-Doubs, Par.-L.-M. 5, 323.
Veredas, Spanien 13, 115.
Verestie, Lemberg-Czernow.-J. 30.
Vereux-Beaujeu, Franz. Ostb. 2, 210.
Vergato, Ober-Italien I, 71.
Vergiate, Ober-Italien I, 406.
Vergnasco, Ober-Italien I, 391.
Vermelles, Frankreich 1y[1], 12.
Vernayaz, Schweiz. Italie 8, 6.
Verneuil, Franz. Westb. 3, 233.
Verneuil-Chaumes, Franz. Ostb. 2, 76.
Verneux Montreux, Schwz. Westb. 5, 23.
Vernon, {Franz. Westb. 3, 13. / Localb. Gisors-Vernonet 3k, 3.}
Vernonet, Franz. Gisors-Vernon 3 k, 2.
Vernou, Franz. Orléansb. 4, 39.
Veröcze, Oestr. (südöstl.) Stb. 132. (in Ungarn)
Verolanuova, Ober-Italien I, 437.
Verona (Portanuova), » (P. Vescovo), } Ober-Italien I, 26 u. 27
Verrazza, Ober-Italien I, 106a.
Verrey Paris-Lyon-M. 5, 38.
Verrières (les), Schweiz. Westb. 5, 74.
Verrières france, Paris-Lyon-M. 5, 247.
Versailles, Franz. Westb. 3, 100.
Verschetz (= Versec), Oesterr. (südöstl.) Stsb. 168.
Versoix, Schweiz. Westb. 5, 4.
Vertryck, Belg. Stsb. 1, 8.
Vertus, Frankr. Ostb. 2, 323.
Verviers, Belg. Stsb. 1, 20.
Vervins, Franz. Nordb. 1, 158.
Vesoul, {Franz. Ostb. 2, 117. / Paris-Lyon-M. 5, 346.}
Vespolate, Ober-Italien I, 231.
°Vestfossen, Norwegen 246.
°Veszprem, Ungar. Westb. 34.
Vetschau, Berlin-Görlitzer E. 8.
Vettweiss, Rheinische E. 20.
(Veuve (la)), Franz. Ostb. 2, 185.
Veuxaulles, Franz. Ostb. 2, 264.
Vevey, Schweiz. Westb. 5, 19.
Veytaux-Chillon P, Schweiz. Westb. 5, 24.
Vezin, Franz. Ostb. 2, 174.
Viareggio, Ober-Italien I, 97.
Viborg, Dänemark, Jütl. E. 39.
Vicenza, Ober-Italien I, 39.

Vierverlaten H. Niederl. Stsb. 2, 10a.
Viersel, Belg. Gr. Centr. 2, 116.
Vierzon, Franz. Orléansb. 4, 210.
Vierzy, Franz. Nordb. 1, 150a.
Vieselbach, Thüringische E. 9.
Viessoix, Franz. Westb. 3, 247.
Vietri, Italien. Südb. III, 135.
Vietz, Preuss. Ostb. 10.
Vieux-Dieux, Belg. Stsb. 1, 39.
Vigan, Paris-Lyon-M. 5, 353.
Vigersund, Norwegen, Drammenb. 240.
Vigevano, Ober-Italien I, 240.
Vignory, Franz. Ostb. 2, 200.
Vilbel, Main-Weserb. 22.
Villach, {Kronpr. Rudolfb. 39. / Oesterr. Südb. 171.}
Villacella, Ober-Italien, I, 18a.
Villafranca, Ober-Italien I, 29.
Villafranca, Span. Tarrag.-Barcel. 9, 63.
Villalumbrosa, Span. Nord-Ouest 3, 23.
Villamaggiore, Ober-Italien I, 169.
Villa Nova de Gaya (Oporto) Portug. 11.
Villanuova, Ober-Italien I, 209.
Villány, {Mohács-Fünfkirch. 3 / Alföldbahn 31.}
Villars-les-Dombes, Frankreich 5 s, 293.
Villasor, Ital. Sard. IV, 135.
Villastellone, Ober-Italien I, 268.
Villaz St. Pierre, Schweiz. Westb. 5, 38.
Villedieu, Franz. Westb. 3, 252.
Villefort, Paris-Lyon-M. 5, 295.
Villefranche-de-Rouergue, Fr. Orléansb. 4, 223.
» -sur-Cher, Franz. Orléansb. 4, 268.
» -sur-Saône, Paris-Lyon-M. 5, 65.
» -s-Mer, Paris-Lyon-M. 5, 195.
» -de-Louragais, Franz. Südb. 6, 7.
Villeneuve, Paris-Lyon-M. 5, 2.
» Schweiz. Westb. 5, 25.
Villeneuve-la-Guyard, Paris-Lyon-M. 5, 17.
Villeneuve-St.-George, P.-Lyon-M. 5, 4.
Villeneuve-sur-Yonne, P.-Lyon-M. 5, 21.
Villeneuve sur Lot, Franz. Orléansb. 4, 263.
Villepatour-Coubert, Franz. Ostb. 2, 74.
Villeperdue, Franz. Orléansb. 4, 44.
Villepreux-les-Clayes, Fr. Westb. 3, 221.
Villers-Bretonneux, Franz. Nordb. 1, 184.
Villers-Cotterets, Franz. Nordb. 1, 149.
Villers-la-Tour, Belgien Chimayb. 8, 622.
Villers-la-Ville, Belg. Gr. Centr. 2, 63.
Villers-le-Gambon, Belg. Gr. Centr. 2, 93.
Villiers-Neauphle, Franz. Westb. 3, 223.
Villiers le Sec H, Franz. Ostb. 2, 102a.
Villingen, {Badische Stsb. 172. / Württemb. Stsb. 152.}
Villmar, Nassauische Stsb. 33.
Vilno (Wilna), Petersburg-Warschau II, 24.
Vilshofen, Bayer. Ostb. 55.
Vilvorde, Belg. Stsb. 1, 32.
Vimbodi, Span. Tarrag.-Vimb. 10, 69.
Vimpelles, Franz. Ostb. 2, 247.
Vimy Farbus-, Franz. Nordb. 2, 94.
Vinár, Ungar. Westb. 8.
Vincelles, Paris-Lyon-M. 5, 338.
Vincennes, Franz. Ostb. 2, 425.
Vincenso (S.), Ital. Röm. II, 20.
Vinderup, Dänemark, Jütl. E. 43.
Vinga, Arad-Temesvár 4.
Vingt-Hanaps, Franz. Westb. 3, 210.
Vintl, Oesterr. Südb. 199.
Vinzelberg, Magdeb.-Halberst. 55.
Violaines, Frankreich 1y, 8.
Vire, Franz. Westb. 3, 248.
{Belg. Gr. Centr. 2, 118.

Vitry-la-ville, Franz. Ostb. 2, 27.
Vitry-le-Français, Franz. Ostb. 2, 29.
Vitry-les-Reims, Franz. Ostb. 2, 142.
Vittoria (S.), Ober-Italien I, 262.
Vittuone, Ober-Italien I, 357.
Vitulano, Ital. Südb. III, 105.
Viviers, Franz. Orléansb. 4, 232.
Vivoin-Beaumont, Franz. Westb. 3, 205.
Vivonne, Franz. Orléansb. 4, 60.
°Vizakna, Ungar. Ostb. 42.
Vizvár, Oesterr. Südb. 254.
Vlaka P, Niederl. Stsb. 2, 84a.
Vlamertinghe, Belg. Société 5, 298.
Vlissingen, Niederländ. Stsb. 2, 89.
°Vlotho, Hannov.-Altenb. 24.
Vöcklabruck, Kais. Elisabethb. 37.
Vöcklamarkt, Kais. Elisabethb. 40.
(Vöderlach), Oesterr. Südb. 170.
*Vöhringen* P, Bayer. Stsb. 206.
Völklingen, Saarbrücker E. 10.
°Völpke, Berl.-Potsd.-Mgdb. 24.
Vöslau, Oesterr. Südb. 16.
Vogelenzang, Niederl. (Holländ.) 5, 12.
Voghera, Ober-Italien I, 163.
Vohwinkel, Berg.-Märk. E. 38.
Voitersreuth, Sächs. Stsb. 136. (B.-Insp.)
Voitsberg, Graz-Köflacher E. 5.
Voivres, Franz. Westb. 3, 188.
°Vollmerz, Bebra-Hanauer E. 18.
°Volmarstein, Berg.-Märk. 127.
Voltri, Ober-Italien I, 126.
Volx, Paris-Lyon-M. 5, 348.
(Voorde), Altona-Kieler E. 32.
Voorschoten, Niederländ. (Holländ.) 5, 4.
Vordernberg, Leoben-Vordernb. 8.
Vordingborg, Dänemark, Seel. E. 2, 72.
Vorsfelde, Mgdb.-Halberst. 59.
Vorst, Crefeld-Kr. Kempen 3.
Vorwohle, Braunschw. E. 3.
Vossowska, Rechte Oderuferb. 16.
Vougeot, Paris-Lyon-M. 5, 45.
Voujeaucourt, Paris-Lyon-M. 5, 181.
Voutré, Franz. Westb. 3, 130.
Vouvray, Franz. Orléansb. 4, 40.
Vouvry, Schweiz. Ligne d'Italie 8, 2.
Voves, Franz. Orléansb. 4, 96.
Vraa, Dänemark. Jütl. E. 62.
Vreeland (Loenen-), Niederl. Rheinb. 1, 3.
Vught, Niederl. Stsb. 2, 90.
Vuisternens, Schweiz. Westb. 5, 49a.
°Vulcanhütte, Oberschles. E. 101.

## W.

Waag-Sellye, Oestr. Staatsb. 119.
Waalré, Niederländ. Stsb. 2, 118.
Waardenburg, Niederl. Stsb. 2, 93.
Wabern, Main-Weserb. 5.
Wachenheim, {°Hess. Ludwgsb. 95. / Pfälz. (Neustadt-Dürkheim) 53.}
Wachtebeke, Belg. Société 5, 342.
Wächtersbach, Bebra-Hanau 13.
Wäldchen, Oberschlesische 105.
Wäreghem, {Belg. Stsb. 1, 90. / Belg. Société 5, 318.}

Wajnor, Pressb.-Tyrnau 4.
Waitzen, Oestr.(südöstl.)Stsb.133.
Walwara, Russl. III 11, 13.
Walbach, Elsass-Lothr. 120.
Walburg, Elsass-Lothr. 6.
Walcourt, Belg. Gr. Centr. 2, 106.
Wald, Kronpr. Rudolfb. 17a.
Waldaika, Grosse Russische II, 79.
Waldau, Niederschl.-Märk. 27.
Waldbökelheim, Rhein-Naheb.32.
Waldenburg, Breslau-Freib. 10.
Ndrschl.-Märk. 57. (Schles. Gebirgsb.)
Waldenburg, Württemb.Stsb.76.
Waldenburger Niederschl.Märk.56 Grube,
Waldhausen, Württemb. Stsb. 107.
Waldheim, Sächs. Staatsb. 152. (B.-Insp.)
Waldkirchen G.,St., Sächs.Stsb.71.
Waldsassen, Bayer. Ostb. 86.
Waldsee, Württemb. Stsb. 190.
Waldshut, Bad. Stsb. 68. P. u. E.A.
Schweiz. Nordostb. 2, 61.
Walferdange, Luxemb. Wilhb. 16.
Walhallastrasse, Bayer. Ostb. 23.
Walkenried H, Hannov. Stsb. 91.
Walki, Russl. VI 36. 21.
Walla, Schweden Staatsb. 14.
Walläkra, Schweden 6, 139.
Walldorf, Werrabahn 49.
Wallendorf, Kaschau-Oderb. 28.
Wallenrod, Oberhessische E. 11.
Wallenstadt, Verein. Schweizb. 3, 36.
Wallern, Kais. Elisabethb. 46.
Wallers, Franz. Nordb. 1, 132.
Wallertheim, Hess. Ludwigsb. 47.
Wallhausen, Magdeb.-Leipzig 25. (Halle-Cassel.)
Wallhausen, Württemb. Stsb. 91.
Wallisellen, Schweiz. Nordostb. 2, 17.
Verein. Schweizb. 3, 55.
°Wallwitz, Magdeb.-Halberst. 76.
Wallwitzhafen, Berlin-Anhalt 29a.
Walpertskirchen P, Bayer.Stsb.271.
Walschleben, Nordh.-Erfurt 10.
Walskog, Schwed. Oerebro-Köp. 2, 106a.
Wälsjö, Schwed. Eslöf-Ystad 7, 149.
*Waltenhofen* P, Bayer. Stsb. 10.
Waltersdorf, Niederschl.Zwgb.4.
Waltershausen, Thüring. E. 35.
Wamdrup, Altona-K.(Schlesw.)30. siehe Vamdrup, Dänemark, Jütl. 1, 1.
Wandre, Belg. Lüttich-Maastr.3,123.
Wandsbeck, Lübeck-Hamb.E.14.
Wangen, Elsass-Lothr. 125.
Wangerin, Berlin-Stettin. E. 17.
Wankendorf, Altona-Kiel. E. 35.
Wanne, Köln-Mindener 14a.
Wanzell, Elsass-Lothr. 127.
Wapnjänjarka, Russ. Südwestb. VI, 91.
Wappoltenreith, Kais.Fr.Josefb.15
Wara, Schwed. Herljunga-Uddev. 3, 113.
Warburg, °Berg.-Märkische 138. (Ruhrthalb.)
Hess. Nordb. 17.
Westfälische E. 1.
Waremme, Belg. Stsb. 1, 15.
Wågarda, Schwed. Stsb. 1, 33.
Warlubien, Preuss. Ostb. 31.
Warmbrunn, siehe Reibnitz.
Warmond, Niederl. (Holländ.) 5, 8.
Warneton, Belg. Société 5, 300.
Warnow, Berlin-Hamb. E. 13. [Wendisch-]
(Warnow), Friedr. Franzb. 9.
Warnsdorf, Böhm. Nordb. 19.
Sächs.Stsb.47b.B.-I.

Warschau, Warschau-Wien I, 1.
Warsch.-Teresp. I, 3, 37.
Petersb.-WarschauII,52.
Warta Hauenstein-, Buschtěhr. 37.
Wartberg, Oestr.(südöstl.)Stsb.115.
Wartberg, Kais. Elisabethb. 72
Wartenberg, Breslau-Warschau 4.
Warthausen, Württemb. Stsb. 41.
Wartofta, Schwed. Südb. 1, 51.
Wasiljewo, Grosse Russische II, 100.
Wasmes, Belg. Stsb. 1, Linie 2[1].
Wasselnheim, Elsass-Lothr. 151. (= Wasselonne)
Wasseralfingen, Württb.Stsb.114.
Wasserbillig, Luxemb. Wilhelmsb. 5.
Wasserleben, Mgdb.-Halberst.42
Wasserthalleben, Nordh.-Erfurt 6.
Wassertrüdingen, Bayer.Stsb.37.
Wasungen, Werrabahn 48.
(Watenstedt), Braunschw. 21.
Watten, Franz. Nordb. 1, 107.
Wattenscheid, Rheinische E. 94.
°Wattersdorf, Wr.Neust.-Gr.Neus.5
Wattwyl, Vereinigte Schweizerb. 3, 66.
Wauwyl, Schweiz. Centralb. 1, 19.
Wavre, Belg. Gr. Centr. 2, 58.
» Staatsb. 1, 321.
Wavrin, Frankreich I y, 4.
Wecker, Luxemb. Wilhelmsb. 13.
Wedding, Niederschles.-Märk. Berl. Verbindungsb. 66.
Wedum, Schwed. Herljung.-Uddev.3,112.
Weelde-Merxplas, Belg. Gr. Centr. 2, 48.
Weesen, Verein. Schweizerb. 3, 40.
Weerde, Belg. Stsb. 1, 34.
Weert-St.-Georges, Belg. Gr. Centr. 2, 56.
Weestmeerbeek siehe Westmeerbeek.
Weeze, Rheinische E. 72.
Weetzen, Hannov.-Altenb. 4.
°Wefensleben, Berl.-Potsd.-Mgdb29
Wegeleben, Magdeb.-Halberst.10.
Wegersleben, Braunschw. 19.
Wegstädtl, Oestr.(nördl.)Stsb.58.
Wehlau, Preuss. Ostb. 55.
Weida, Thüringische E. 63.
Weiden, Bayer. Ostb. 73.
Weidenbach, Bayer. Stsb. 274.
Weier-im-Thal, Elsass-Lothr.121.
Weidenthal, Pfälz. Ludwigsb. 9.
Weidlingau, Kais. Elisabethb. 4.
Weigolshausen, Bayer. Stsb. 86.
Wejhybka, Buschtěhrader 10.
Weikersheim, Württemb.Stsb.97
Weilburg, Nassauische Stsb. 36.
Weil der Stadt, Württb. Stb. 200.
Weiler, Elsass-Lothr. 110.
Weilerthal, Elsass-Lothr. 125.
Weilheim, Bayer. Stsb. 198.
Weimar, Thüringische E. 10.
Weinern, Oestr.(südöstl.)Stsb.113.
Weinfelden, Schweiz. Nordostb. 2, 6.
(Weingarten), Bad.Stsb.12.Billetb.
Weinheim, Main-Neckarb. 13.
Weinsberg, Württemb. Stsb. 70.
Weintraube P, Leipzig-Dresden 18.
Weipert °Buschtěhrader 32.
Sächs. Staatsb. 82.
Weiskirchen, Homburger E. 3.
Weissandt (Gr.-) Magdeb.-Leipz. 8.
°Weissenbach, Kronpr. Rudolfb. 10.
Weissenburg, Bayer. Stsb. 255.
Weissenburg, Pfälz. Maxb. 43.
Elsass-Lothr. 10.
Weissenfels, Kronpr. Rudolfb. 62.
Weissenfels, Thüringische E. 15.
Weisskirchen, Homburger E. 3.

Weisskirchen, Kais.Fd.Nordb.21. (in Mähren)
(Weisskirchen), Sächs. Staatsb. 41. (in Sachsen)
Weisskirchen, Oesterr. (südöstl.) Stsb. 170.
NB. siehe auch Weisskirchen.
Weisswasser, Berlin-Görlitz 11.
Weisswasser, Böhm. Nordb. 2.
°Weisweiler, Berg.-Märk. E. 152.
Weitersdorf P, Kais.Elisabethb.66.
Weiterstadt, Hess. Ludwigsb. 23.
Welchau-Wickwitz, Buschtěhr. 38.
(Weleslawin), Buschtěhrader E. 3.
Welgesheim, Hess. Ludwigsb. 50.
Welkenraedt, °Berg.-Märk. 142.
°Welle, Köln-Minden 81.
Wellmitz, Niederschl.-Märk.16.
Wels, Kais. Elisabethb. 31.
°Welsberg, Oesterr. Südb. 195.
Welschenennest, Berg.-Märk.78. (Ruhr-Siegbahn.)
Welschingen P, Bad.Stsb.175.Billb.
Weltrus, Oestr. (nördl.) Stsb. 55.
(Welver), Westfälische E. 14.
Wendel (St.), Rhein-Naheb. 43.
Wendenheim siehe Vendenheim.
Wendessen G, Braunschw. 24.
Wendisch-, Berlin-Hamb. 13. [Warnow]
Wenersborg, Schwed. Herljung.-Uddev3,120
°Wennigsen, Hannov.-Altenb. 16.
Wenzelschacht, Aussig-Teplitz 21.
Werdau, Sächs. Stsb. 91. (B.-Insp.)
°Werden, Berg.-Märk. E. 124. (Ruhrthalbahn.)
Werder, Berlin-Potsd.-Magdeb. 7.
Werdohl, Berg.-Märk. E. 73. (Ruhr-Siegbahn.)
Werebja, Gr. Russ. (Petersb.Mosk.) II, 74.
°Werestie, Lemb.-Czernow.-Jassy30
Weretschje, Russland II 6, 7.
Werl, Berg.-Märk. E. 58a.
Wernberg, Bayer. Ostb. 71.
(Wernersdorf), Oberschlesische 76. (Wilhelmsb.)
*Wernfeld* P, Bayer. Stsb. 96.
Wernigerode, Mgdb.-Halberst. 65.
Wernshausen, Werrabahn 47.
Wernstein, Kais. Elisabethb. 53.
Werschbolowo, Gr. Russ. II, 61.
Werschetz, Oesterr. Stsb. 168.
Wertheim, Badische Stsb. 141. (P.- u. E.-Exp.)
Wervicq, Belg. Société 5, 295.
Wesel, Köln-Minden. E. 38.
Wesenberg, Russland III 11, 9.
Wespelaer, Belg. Stsb. 1, 41b.
Wessely, Kais. Fr. Josefb. 54.
Wessely Kut, Russl.(Odess.-Balt.)VI 32, 8.
Wessely-Lopan, Russland V 30, 8.
Wesserling, Elsass-Lothr. 112.
Wessman, Schweden 9, 163.
Westbevern, Köln-Minden 70a.
*Westereringen* P, Bayer.Stsb.21.
Westerham, Bayer. Stsb. 262.
(Westerhüsen), Magdeb.-Leipz.2.
Westervoort, Niederl.Rheinb.1,15.
Westhausen, Württemb. Stsb. 115.
Westheim, Bayer. Stsb. 116.
(Westhofen), Berg.-Märk. E. 64.
Westmeerbeek, Belg. Gr. Centr. 2, 44, 44a.
Westzaan, Niederl.(Holländ.) 5, 25.
Wettelsheim, Bayer. Stsb. 251.
Wettendorf, Ungar. Westb. 12.
Wetter, Berg.-Märk. E. 49.
Wetteren, Belg. Stsb. 1, 52.
(Wetterzeube), Thüringische 28.

Wetzikon, Verein. Schweizerb. 3, 49.
Wetzlar, {Köln-Minden. E. 60. (Köln-Giessen.) Nassauer Stsb. 41.
Wevelghem, Belg. Société 5, 293.
Wevelinghoven, Rheinische 15. (Capellen-)
Wexiö, Schwed. Alfvesta-Wex. 4, 128.
Weyer, Kronpr. Rudolfb. 56. (Küpfern-)
Wezep, Niederl. Centralb. 4, 5.
Wes-Thuisy, Franz. Ostb. 2, 296a.
Wjasma, Russland V 31, 12.
Wjasniki, Grosse Russ. E. II, 116.
Wiborg, Russl. Petersb.-Riihimäki III, 3.
(Wichelen), Belg. Stsb. 1, 75.
(Wichtrach), Schweiz. Centralb. 1, 44.
(Wickbold), Ostpreuss. Südb. 10.
Wickede, Berg.-Märk. E. 116. (Ruhrthalbahn.)
Wickrath, Berg.-Märk. E. 11. Aachen-Düsseldorfer Linie.
Wickwitz, Buschtêrader 38.
Widdershheim (Ober-), Oberhess. 21.
Wideumont-Berchenx, Belg. Grand-Luxemb. 7, 548.
Widminnen, Ostpreuss. Südb. 23.
Wiebelsbach-Heubach, Hessische Ludwigsbahn 74.
Wieliczka, Galiz. Carl Ludwigb. 3.
Wielsbeke, Belg. Société 5, 317.
Wien, {Kais. Ferd. Nordb. 1. Kais. FranzJosefb. 1. Kais. Elisabethb. 1. Oesterr. Nordwestb. 1. Oesterr. Staatsb. 1. (Wien-Raabu. W.-Marchegg.) Oesterr. Südb. 1, 2 u. 3.
Wiener-Neustadt s. Neustadt.
Wierzbolow (Wirballen), }Grosse Russische II, 61.
(Wiesa), (Nieder-) Sächs. Staatsb. 63.
Wiesau, Bayer. Ostb. 84.
Wiesbaden, {Nassau. Stsb. 1. Taunusbahn 10.
Wiese, Oesterr. Nordwestb. 24.
Wieselburg, Oesterr. Stsb. 100. (Wien-Raab.)
(Wiesenbad), Sächs. Staatsb. 75
Wiesenburg, G. St. Sächs. Stsb. 166.
Wiesendangen, Schweiz. Nordostb. 2, 12.
Wiesen-Sigless, Oesterr. Südb. 92.
Wiesenthal P, Bad. Rheinthalb. 226.
Wiesloch, Bad. Stsb. 6. (E.-Exp.)
Wigoda, Russland VI 32, 4.
Wihr-au-Val = Weier im Thal, Elsass 121.
Wijhe, Niederl. Stsb. 2, 39.
Wijtgaard, Niederl. Stsb. 2, 49.
Wilchingen P, Bad. Stb. 73. (Billetb.)
Wildbad, Insp. Württemb. Stsb. 215.
°Wildberg, Württemb. Stsb. 205.
Wildegg, Schweizer. Nordostb. 2, 28.
°Wildemann, Mgdb.-Halberst. 83.
Wildenschwert, Oestr. Stsb. 31.
Wildon, Oesterr. Südb. 51.
Wildpark P, Berl.-Potsd.-Magdb. 6.
Wildpoldsried, Bayer. Stsb. 13.
Wilferdingen, Badische Stsb. 145. (Post- u. Eisenb.-Exped.)
Wilfleinsdorf, Oesterr. Stsb. 95. (Wien-Raab.)
Wilhelmsbad, Frankf.-Hanau 4.
Wilhelmshafen, Oldenburg. E. 29.
Wilhelmshöhe, {Hess. Nordb. 10. Main-Weserb. 2.
Wilkau, G. St. Sächs. Stsb. 165.
Wilkischner Kohlenbahn, unter Böhm. Westb. Seite 19 u. 20.

Wilkowischki, Grosse Russische II, 60.
(Willebadessen), Westfäl. E. 4.
Willebroeck, Belgien 6. 353.
Willemsdorp, Niederl. Stsb. 2, 76.
Willer = Weiler, Elsass-Lothr. 110.
Willsbach, Württemb. Stsb. 71.
Wilmersdorf, Berlin-Stettin. E. 46. Vorpommersche Bahn.
Wilna (Vilno), Grosse Russische II, 34.
Wilsnack, Berlin-Hamburg. 10.
Wiltingen, Saarbrücker E. 20.
Wilwerwiltz, Luxemb. Wilhelmsb. 27.
Wilzhofen. Bayer. Stsb. 197.
Wimille, Franz. Nordb. 1, 84a,
Wimpfen, Bad. Stsb. 133.
Windberg-Schacht, Sächs. Staatsb. w.
Winden, Pfälz. Maxb. 41.
Windesheim H, Niederl. Stsb. 2, 30a.
Windisch-Eschenbach, Bayerische Ostb. 82.
Windschläg P, Bad. Stb. 27. (Billetb.)
Windsfeld, Bayer. Stsb. 253.
Wingaker, Schwed. Stsb. 1, 16.
Winiza, Russl. VI 33, 12.
Winkel (Oestrich-), Nassau. E. 7.
Winkeln, Verein. Schweizerb. 3, 4.
Winnizа, Russ. Südwestb. VI, 85.
Winnweiler, Pfälz. Alsenzb. 68.
Winschoten, Niederl. Stsb. 2, 14.
Winsen, Hannov. Stsb. 15.
Winslöf, Schweden 5, 130.
Winterbach, Württemb. Stsb. 104.
Winterhausen, Bayer. Stsb. 164.
Winternheim (Klein-), Hessische Ludwigsbahn 87.
*Winterschneidbach* P, Bayr. Stb. 151
Winterthur, {Schweiz. Nordostb. 2, 13. Verein. Schweizerb. 3, 14.
Wirballen, Grosse Russische II, 61.
Wirdum, Niederländ. Stsb. 2, 49.
Wischni Wolotschok, Grosse Russ. II, 83.
Wislanda, Schwd. Hesleholm-Christ. 5, 65.
Wischau, Kais. Ferd. Nordb. 74.
Wismar, Friedr. Franzb. 22.
Wissen, Köln-Minden. E. 50. (Köln-Giessen.)
Wissenbourg = Weissenburg, Elsass-L. 10
Wissingen, Hannover. E. 56.
Wisznia, s. Sad-Wisznia, Galiz. CLB.
Witebsk, Russl. {Dünab.-Witebsk IV, 29. Witebsk-Orel, IV, 30.
Witschuja, Russland V 16, 8.
Wittelsheim, Elsass-Lothr. 92.
Witten ×, Berg.-Märk. E. 50.
Wittenberg, Berlin-Anhalt. E. 9.
Wittenberge, {Berlin-Hamburg 11. Magdb.-Halbst. 26.
Wittgendorf P, Niederschl. Märk. 54. (Schles. Gebirgsb.)
°Wittgensdorf, Sächs. Stsb. 110.
Wittighausen, Badische Stsb. 120. (Post- u. Eisenb.-Exped.)
Wittingau, Kais. Fr. Josefb. 52.
°Witzenhausen, Magdb.-Leipz. 35. (Halle-Cassel.)
Witzschdorf P, Sächs. Stsb. 70.
Wladimir, Gr. Russische II, 109.
Wlkawa, Oesterr. Nordwestb. 39.
Włocławek, Warsch.-Bromb. 1, 30.
Wodnian, Kais. Franz-Josefb. 26.
Wölchingen-Boxberg, Bad. 113. (E.-Exp.)
Wöllstadt, Main-Weserb. 19.
[Nieder-] Woensdrecht, Niederl. Stsb. 2, 82.
Wörden, Niederl. Rheinb. 1, 21.
Wördern, K. Franz Josefsb. 5.
Wörgl, Oesterr. Südb. 210. Tiroler Linie.

Wörrstadt, Hess. Ludwigsb. 90.
Wörth, Pfälz. Maxbahn 45. s. auch Maria-Wörth, Oesterr. Südb. 15a.
Wöterkeim, Ostpreuss. Südb. 16.
°Wohontsch, Bielathalb. 23.
Woilarki, Russland VI 32, 20.
Woinowitz, Oberschlesische 80. (Wilhelmsb.)
Woitowzy, Russland VI 32, 31.
Woken, Böhmische Nordb. 4.
Wolchow, Gr. Russ. (Nicolaib.) II, 70.
Woldenberg, Oberschlesische 55. Stargard-Posen.
Wolfegg, Württemb. Stsb. 192.
Wolfenbüttel, Braunschweig. 24a.
Wolfhezen, Niederl. Rheinb. 1, 13.
Wolframitz, Oesterr. Stsb. 15.
Wolframitzkirchen, Oesterr. Nordwestb. 15.
Wolfsegg, Kais. Elisabethb. 93.
Wolfsgefärth, Thüringische E. 62.
Wolfskehlen, Hess. Ludwigsb. 55.
Wolga, Russl. II 6, 2.
Wolga, Russl. Wolga-Don V 27, 1.
Wolgast, Berlin-Stettiner 61. Vorpommersche Bahn.
Wolitnik, Preuss. Ostb. 46.
Wolkenstein, Sächs. Staatsb. 74. (B.-Insp.)
Wolkersdorf, Oesterr. Stsb. 4.
Wolkowinka, Russland VI 32, 26.
Wolkramshausen, Magd.-Leipz. 28a. (Halle-Cassel.)
(Wolkramshausen), Nordh.-Erf. 2.
Wolmirstedt, Magd.-Halberst. 17. (Magdeb.-Wittenberge.)
Wolnzach, Bayer. Stsb. 241.
Wolossowo, Russland III 11, 17.
Wolotschysk, {Galiz. Carl-L.-B. 44. Russland VI 32, 32.
Wolšan, Kais. Franz-Josefb. 33.
Wolvega, Niederl. Stsb. 2, 45.
Wondelgem, (Belgien) {Société 5, 321a. Gand-Bruges 10, 635.
Worb, Schweiz. Bern. Stsb. 4, 14.
*Wormen* P, Ostpreuss. Südb. 16a.
Worms, Hess. Ludwigsb. 11.
Worms-Hafen, Hess. Ludwgsb. 63.
Woronesch, Russl. Kosl.-Woronesch V 24, 9.
Woronesch, Russl. V 28, 1.
Woronowo, Russl. Rjäsan-Koslow V 19, 3.
Woroschba, Russl. (Kursk-Kiew) VI 35, 9.
Worringen, Rheinische 62.
Woscha, Russl. Moskau-Rjäsan 18, 13.
Woskressenskoje, Russl. Mosk.-Rjäs. V 18, 7.
Wossek, Oesterr. Nordwestb. 36. (Gross-)
Wottic, Kaiser Fr. Josefb. 61.
Wotwowitz, Buschtêhrader 56.
Wouw, Niederl. Stsb. 2, 80.
Woyens, Altona-Kiel 28. (Schlesw.)
Wradiewka, Russl. VI 32, 37.
Wretstorp, Schwed. Stsb. 1, 20.
°Wrexen, Berg.-Märkische 137. (Ruhrthalbahn)
Wrietzen a. O., Berl.-Stettiner 67.
Wrist, Altona-Kiel 8.
Wronke, Oberschlesische 51. Stargard-Posen.
Wrutic, Turnau-Kralup 5.
Wtorowo, Russ. Petersb.-Warsch. II, 111.
Wuchern, Oesterr. Südb. 159. Kärnthnerbahn.
Wülfel, Hannov. Stsb. 72.
Würzbach, Pfälz. Ludwigsb. 26.
Würzburg, {Badische Stsb. 125. (E.-Amt.) Bayer. Stsb. 91. (O.-P. u. B.-Amt.)
Wüstenbrand, Sächs. Stsb. 143. (Güterstation.)

Wüsting, Oldenb. Stab. 7.
Wulffen, Magdeburg-Leipz. 6.
Wunstorf, Hannov. Stab. 22.
Wurmlingen, Württemb. Stab. 163.
Wurzen, Leipzig-Dresdner 6.
Wurzmes, Aussig-Teplitz 14.
Wusterhausen Berlin-Görlitz 3.
(Königs-),
Wustermark, Mgdb.-Halberst. 47.
Wusterwitz (Gr.-), Berl.-P.-Magd. 8.
Wutha P, Thüringische 4.
Wutschdorf, Märk.-Posener 4a.
Wutzlhofen P, Bayer. Ostb. 24.
Wyborg, Russl. III 10, 14.
(Wybranówka), Lemb.-Czern. 5.
Wychmael, Niederl. Stab. 2, 114.
Wygmael, Belg. Stab. 1, 41c.
Wygoda, Russl. (Odessa-Balta) VI, 4.
Wyhe, Niederl. Stab. 2, 39.
Wyhlen P, Bad. Stab. 58. Billetb.
Wyl, Verein. Schweizerb. 3, 8.
Wylré, Aachen-Mastricht 5.
Wynendaele, Belgien Société 5, 316.
Wynigen, Schweiz. Centralb. 1, 33.
Wysočan, Turnau-Kr.-Prag 18.
Wytgaard, Niederl. Stab. 2, 49.

## X.

Xeres, Spanien 15, 132.
Xertigny, Frans. Ostb. 2, 220.

## Y.

Yffiniac, Frans. Westb. 3, 152.
Ypres, Belgien Société 5, 297.
Ystad, Schweden Eslöf-Ystad 154.
Yverdon, Schweiz. Westb. 5, 55.
Yvetot, Französ. Westb. 3, 26.
Yvoir, Belge Nord 2, 239.
Yvré-l'Evêque, Frans. Westb. 3, 123.

## Z.

Zaandpoort, Niederl. (Holländ.) 5, 15.
Zaardam, Niederl. (Holländ.) 5, 24.
Zabern, Elsass-Lothr. 16.
Zabierzów, Kais. Ferd.-Nordb. 40.
Ząbkowice Warschau-Wien I, 21.
[ausgesprochen: Zomkowice.]
Zabłotce, Gal. Carl-Ludwgb. 35.
Zabłotów, Lemb.-Czern.-Jassy 17.
Zabrze, Oberschlesische 18.
Zachun P, Friedr. Franzb. 20.
Zadwórze, Gal. Carl-Ludwigb. 32.
Zäziwyl, Schweiz, Bern. Stab. 4, 17.
Zagórz, Ungar.-Galiz. 10.
Zahna, Berlin-Anhalt 8.
Zákány, {°Báttaszék-Domb.-Zákány E. 14. / Oesterr. Südb. 251. / Ungar. Stab. 56. (Zákány-Agram)}
Zakolan, Buschtěhrader 55.
Zala Egerszeg, Oesterr. Südb. 106.
[Szent Ivan-]
Zalcsl, Oesterr. Stab. 63.
Załuż, Ungar. Galiz. 9.
Zám, Siebenbürger 8.
Zamora, Spanien 17, 149.
Zamrsk, Oesterr. Stab. 34.
Zandowitz, Rechte Oderuferb. 18.
Zandpoort Niederl., Rotterd.-Amst. 5, 15a.
Zanow (Schübben-), Berl.-Stett. 25
Zantoch, Preuss. Ostb. 14.
Zapfendorf, Bayer. Stab. 58.
Zaprešić, Oesterr. Südb. 146. Croatische Linie.
Zargrad, Russl. Riga-Dünaburg IV, 15.
Zarisin, Russland V 27, 1.
» Moskau-Kursk V 29, 2.
Zarisyn, Russl. V 26, 12. Grjasy-Boris.-Zarisyn
Zarki G, Warschau-Wien I, 17a.
Zarren, Belgien Société 5, 282.
Zarskoje-Sélo, {Grosse Russl. II. 2. / Petersb.-Zarsk. III 9, 2.}
Zartlesdorf, K. Elisabethb. 69 u. 77.
Zauchtl-Neutitschein, Kais. Ferd. Nordb. 23.
Zawadzky, Rechte Oderuferb. 17.
Zawiercie, Warschau-Wien I, 19.
Zbeschau, Oesterr. Staatsb. 76.
Zbirow, Böhm. Westb. 18.
Zbórow, Galiz. Carl L. B. 40.
Zdenčina H, Oesterr. Südb. 152.
Žd'iar-Ždirec P, K. Franz Josefsb. 35.
Ždiretz, Oesterr. Nordwestb. 46.
Zditz, Böhm. Westb. 15.
Zedelghem, Belg. Société 5, 255.
Zeelhem, Belg. Gr. Centr. 2, 21.
Zegwaard, Niederl. Rheinb. 1, 29.
Zehlendorf, Berl.-Potsd.-Magd. 3.
Zeil, Bayer. Stab. 79.
Zeilhard, Hess. Ludwigsb. 71.
Zeist-Driebergen, Ndrl. Rheinb. 1, 8.
Zeitz, {°Altenburg-Zeitz 5. / Thüringische 27.}
Zele, Belg. Stab. 1, 69.
°Zell, Hess. Ludwigsb. 78.
Zell, Oberhessische E. 9.
Zellerndorf, Oestr. Nordwestb. 11.
Zeltweg, Kronpr. Rudolfb. 23 u. 23a.
Zembowitz, Rechte Oderuferb. 14.
S. Zeno Folzano, Ober-Italien I, 434a.
Zerbst, Berlin-Anhalt 44.
Zernitz, Berlin-Hamburg 8.
Zevenaar, {Niederl. Rheinb. 1, 17. / Rheinische 77.}
Zevenbergen, (Niederlande) Belg. Gr. Central 2, 40.
Zevenhuizen-Niederl. Rheinb. 1, 28.
Moercapelle,
Zeykfalva Kalán *PH*, Siebenb. 17.
Zieditz, Buschtěhrader 45.
Ziegelbrücke, Verein. Schweizerb. 3, 41.
Ziehwaldstollen (Grube), Saarbr. 45.
°Zielfingen, Bad. Staatsb. 198a.
Ziersdorf, Kais. Franz-Josefb. 10.
Zillisheim, Elsass-Lothr. 102.
(Zimmern), Badische Stab. 119. (Billetbür.)
Zimmersrode, Main-Weserb. 7.
Zinasco, Ober-Italien I, 460.
Zinkendorf, Oesterr. Südb. 99.
Zittau, Sächs. Stab. 39. (B.-Insp. u. B.-Exp.)
Zitzewitz, Berlin-Stettin 28.
Žiželitz, Oesterr. Nordwestb. 64.
Zizenhausen, Bad. Stab. 193.
Zizers, Verein. Schweizerb. 3, 32.
Złoczów, Gal. Carl-Ludwigb. 38.
°Zlottnik, Oberschlesische 149.
Znaim, {Oesterr. Stab. 159. / » Nordwestb. 14.}
Zoagli, Ober-Italien I, 113a.
Zoblitz P, Sächs. Staatsb. 26.
Zöllnig (Gr.-), Rechte Oderuferb. 6.
Zöptau, Hohenstadt-Zöptau 5.
Zofingen, Schweiz. Centralb. 1, 15.
*Zollfeld* P, Kronpr. Rudolfb. 44.
Zollhaus, Nassauische E. 45.
Zollikofen, {Schweiz. Centr. 1, 38. / Schweiz. Bern. Stab. 4, 10.}
Zollino, Italien Südb. III, 82.
Zomkowice, Warsch.-Bromb. I, 21.
siehe Ząbkowice.
Zombor, Alföldbahn 18.
Zône, Belgien Gr. Centr. 2, 99.
Zonhoven, Niederl. Stab. 2, 179.
Zonnebeke, Belgien Société 5, 309.
Zoppot, Berlin-Stettin 37.
Zorneding, Bayer. Stab. 131.
Zotzenheim, Hess. Ludwigsb. 84.
Zsadány, Ungar. Nordostb. 9.
Zschaitz P, Sächs. Staatsb. 157.
°Zschakau, Halle-Sorau-Guben 8.
Zschopau, Sächs. Staatsb. 72. (B.-Insp.)
(Zschortau), Berl.-Anhalt 39.
Zsebely, Oesterr. Stab. 165.
Zsolcza P, Theissbahn 21.
Zučzka-Sadagóra P, Lemb.-Czernowitz-Jassy 21.
Züllichau, Märk.-Posener 16.
Zülpich, Rheinische E. 21.
Zürich, {Schweiz. Nordostb. 2, 19. / Verein. Schweizb. 3, 87.}
Züssow, Berlin-Stettiner 56. Vorpommersche Bahn.
Züttlingen, Württemb. Stab. 64.
Zuffenhausen, Württemb. Stab. 14.
Zug, Schweiz. Nordostb. 2, 52.
Zuidbroek, Niederl. Stab. 2, 13.
Zuidhorn, Niederl. Stab. 2, 10.
Zuid-Laren, Niederl. Stab. 2, 50a.
*Zurawica* P, Gal. Carl-Ludwb. 21.
Zurndorf, Oesterr. Staatsb. 98.
Zutphen, Niederl. Stab. 2, 21.
Zuzenhausen P, Bad. Stab. 126. (Bill.-A.-Bür.)
Zwaluwe, Niederl. Stab. 2, 74a.
Zweibrücken, Pfälz. Ludwigb. 23.
Zwettl (Schwarzenau-), Kais. Fr. Josefsb.
Zwickau, B.-I., Sächs. Stab. 163.
Zwiefaltendorf, Württ. Stab. 177.
Zwingenberg, Main-Neckarb. 8.
Zwischenahn, Oldenb. Stab. 10.
Zwischenwässern, Kronpr. Rudolfsbahn 53.
Zwittau, Oesterr. Staatsb. 28.
Zwolle, {Niederl. Stab. 2, 40. / » Centralb. 4, 3.}
Zwyndrecht, Belgien Anvers-Gand 9, 825.

---

Nachtrag zu S. 30 und 32. Von der Hessischen Ludwigsbahn ist die Linie k (Mainz-Alzei) mit den Stationen 84—90 am 17. Decemb. 1871 eröffnet worden. Kaiser Franz Josefsb.: Stat. 17 ist Schwarzenau-Zwettl, Stat. 51 Chlumec-Pilar benannt worden.

Druck von F. A. Brockhaus in Leipzig.

# Elsass-Lothringische Eisenbahn.

General-Direction in Strassburg

Local-Gütertarif von $^{1}/_{1}$ 71.

Deutsche Zollabfertigungsstellen bestehen in St. Louis, Altmünsterol, Avricourt, Novéant und Fontoy.

Telegraphen-Aemter auf Station 1. (auch T) 3. 5. 10. 16 18. 76. (T) 78. (T) 81. 83. 86. 89. 95. 104. 105. 108. 109. 112. 118. 123. 129. 136. 137. 144. 151.

Anschlüsse: in Avricourt (No. 21), Novéant (55), Fontoy (63), Alt-Münsterol (106): an die Franz. Ostb.; Rhein-Grenzeb. Kehl: an die Badische E.; Forbach (Styringen): Saarbrücker E.; Weissenburg: Pfälzische E.; St. Louis (da das Stück St. Louis-Basel von der Ostb. nicht abgetreten wird): Schweiz. Centralb.

## a. Strassburg-Weissenburg.

Eröffnet Stat. 2-5 $^{18}/_{7}$; 5-10 $^{2}/_{10}$ 55. Kil.

1.(b,h,i,q) Strassburg T —
2.(b) Vendenheim T 8,5
2a. Hördt T . . . 15,7
3. Bischweiler T . 25,3
4. Marienthal *PH** 28,9
5. (d) Hagenau T . 32,9
6. Walburg T . . 41,2
7. Sulz unterm Wald 49,6
(Soultz-sous-Forêts.)
8. Hoffen . . . . 53,3
9. Hundsbach *PH* 57,4
9a. Riedselz *PH* 60,9
10. O Weissenburg T . . 66,1

## b. Strassburg-Avricourt

resp. Deutsch-Französ. Grenze gegen Nancy.

Eröffnet Stat. 1-18 $^{29}/_{12}$ 51; 18-21 $^{15}/_{8}$ 52. Kil.

(1. Strassburg) . —
(2. Vendenheim) 8,5
11. Brumath T . . 16,4
12. Mommenheim T 21,6
13. Hochfelden T . 26,4
14. Dettweiler T . 34,4
15. Steinburg . . 38,4
16. Zabern (Saverne) 42,9
17. Lützelburg T . 52,9
18. Saarburg T . . 69,6
19. Hemmingen T . 77,8
20. Rixingen . . . 87,3
(Réchicourt.)
21. O (c f[2]) Avricourt 92,2
Französ. Grenze 92,390.

## c. Avricourt-Dieuze. Eröffnet $^{28}/_{11}$ 64.

(21. Avricourt) . —
22. Moussey T . . 5,0
23 Azoudange-Maizières 12,1
24. Gisselfingen (Gelucourt . . . 17,6
25. Dieuze T . . . 22,6

## d. Hagenau-Beningen.

Eröffnet bis Stat. 31 $^{1}/_{11}$ 64; 31-38 $^{5}/_{12}$ 69; 38-41 $^{14}/_{1}$ 65.

(5. Hagenau. . . —
26. Schweighausen PH. T . . . 3,8
27. Merzweiler T . 10,8
28. Mietesheim *PH** 12,4
29. Guntershofen T 15,1
30. Reichshofen *PH* 16,8
30a. Reichshofen. Station T . . . 18,2
31. Niederbronn T 21,4
32. Philippsburg T 28,4
33. Banstein T . . 34,2
34. Bitsch T . . . 45
35. Lemberg T . . 53,1
35a Enchenberg PH* . 57,3
35b. Klein-Rederchingen PH* . . 61,9
36. Rohrbach T . . 64,7
37. Bliesbrücken T 72,4
38. O Saargemünd T 84,5
39. Hundlingen T . 90,5
40. Farschweiler T . 96,3
41. (e,g,g[1]) Benningen T . . 105,9

## e. Forbach-Metz-Pagny.

Eröffnet bis Metz $^{10}/_{7}$ 50; Metz-Forbach $^{24}/_{7}$ u. $^{15}/_{11}$ 51; bis zur Preuss. Grenze $^{20}/_{7}$ 52.

42. O Styringen . . —
43. Forbach . . . 6
44. Cocheren T . . 12
(41. Benningen) 14,2
45. Homburg T . . 19
46. St. Avold T . . 25
47. Falkenberg T . 36
(Faulquemont.)
48. Herny T . . . 46,4
49. Remilly T . . 53,3
50. Courcelles T . 62
51. Peltre T . . . 69
52. (f) Metz T . . 75
53. (b) Montigny GH. 78
54. Ars a. d. Mosell T 83
55. Novéant T . . 89,3
Grenze . . . . 91,0
55a. O Pagny . 04,9

## f. Metz-Diedenhofen (Thionville). Eröffnet $^{16}/_{9}$ 54.

(52. Metz) T . . —
(53. Montigny) T . 2,5
56. Devant-les-Ponts T 6,8
57. Maizières T . . 16,2
58. Hagendingen T 20,7
(Hagondange.)
59. Ueckingen T . . 6,4
(Uckange.)
60. (g,g[1]) Diedenhofen (Thionville.) T 31,8
61. Hettingen T . . 39,3
(Hettange.)
Grenze gegen Luxemburg. 48,8

NB. Zwischen Stat. 58 und 59 mündet in die Linie f[1] die 55 Kilom. lange Industriebahn von Moyeuvre.

f[2] Localbahn Avricourt-Cirey eröffnet $^{10}/_{7}$ 71 mit den Stationen: Foulcrey, Gogney, Blamont, Fremonville, Cirey. 18 Kil.

## g. Diedenhofen-Fontoy-Grenze

Eröffnet $^{25}/_{4}$ 63. Kil.

(60. Diedenhofen) . —
62. Hayingen T . 7,5
(Hayange.)
63. Fontoy . . . . 15,4
Grenze 17,3

## g[1]. Bening-Carling.

Bening-Carling 10 Kilom. für den Güterverkehr in 1866 eröffnet; der Weiterbau dieser Linie nach Diedenhofen hat noch nicht begonnen

## h. Strassburg-Kehl. Eröffnet $^{11}/_{8}$ 61. Kil.

1. Strassburg [Stadt]) . . . . . . . . —
70. (i. q.) Königshofen . . . . . . . . 3,2
71. Metzger Thor (Strassburg) T . . . . . 4,0
Mitte Rheinbrücke . . . . . . . . 7,987
O Kehl (Badische Station) . . . . . . 10,8

## i. Strassburg-Basel.

Eröffnet streckenweise bis Stat. 71 $^{18}/_{8}$ 44; 71-78 $^{1}/_{5}$ 41; 78-86 $^{10}/_{10}$ 40; 86-95 $^{15}/_{8}$ 41; 95-100 $^{25}/_{10}$ 40; bis Basel $^{11}/_{6}$ 44.

(1. Strassburg) —
(70. (q.) Königshofen) *PH** . . 3,2
72. Grafenstaden T 8,9
73. Geispolsheim *PH** . . . 10,5
74. Fegersheim T 13,8
75. Limersheim *PH** . . . . 17,3
76. Erstein T . . . 21,8
77. Matzenheim *PH** 24,8
78. Benfeld T . . 28,6
79. Kogenheim *PH** 33,9
80. Ebersheim *PH** T 38,3
81. (p) Schletstadt 45,1
82. Sanct-Piet (Saint-Hippolyt) *PH** 50,5
83. Rappoltsweiler T 54,7
(Ribeauville.)
84. Ostheim *PH** 58,0
85. Bennweier T . 61,2
86. (o) Colmar T 67,4
87. Egisheim . . 71,9
88. Herlisheim T . 74,5
89. Ruffach T . . 80,7
90. Merxheim *PH** 86,0
91. (n) Bollweiler T 92,9
92. Wittelsheim *PH** 97,4
93. (l) Lutterbach 104,4
94. (l) Dornach T . 107,1
95. (k,l) Mülhausen T . 110,2
96. Rixheim *PH** 115,6
97. Habsheim T . 117,0
98. Sierenz . . . 126,8
99. Bartenheim *PH** 130,0
100. Sanct-Louis T P 137,9
Schweizer Gr. 138,9
O Basel . . 142,8

## k. Mülhausen-Grenze gegen Belfort. Eröffnet $^{1}/_{10}$ 57.

(95. Mülhausen) —
102. Zillisheim *PH.* 6,2
103. Illfurt T . . 9,8
104. Altkirch T . . 16,7
105. Dammerkirch T 26,0
(Dannemarie.)
106. Altmünsterol T 34,1
(Montreux-Vieux).
106a. Franz. Gr. bei Geisenberg-Chèvremont . . . 35,7
106b. Belfort T P 48,3

## l. Zweigb. Mülhausen-Wesserling.

Eröffnet bis Thann $^{1}/_{9}$ 39. Thann-Wesserling $^{15}/_{11}$ 63.

(95. Mülhausen —
(94. Dornach) T . 3,2
(93. Lutterbach) T 5,8
107. (m) Sennheim T 15,0
(Cernay.)
108. Thann T . . 20,2
109. Bitschweiler . 23,4
110. Weiler . . . 25,4
111. St. Amarin T . 29,9
112. Wesserling T *33,1

## m. Sennheim (Cernay)-Sentheim. Eröffnet $^{20}/_{6}$ 69.

(107. Sennheim) [Cernay] . . . . —
113. Aspach *PH** . 4,6
114. Burnhaupt . . 7,7
115. Gewenheim . 11,0
116. Sentheim T 13,6

## n. Bollweiler-Gebweiler. Eröffnet in 1869.

(91. Bollweiler) . . . . . . . . . —
117. Obersulz (Soultz-Wuenheim) T . . . . . . . 4,9
118. Gobweiler T . . . . . . . . . . 7,4

## o. Colmar-Münster.

(86. Colmar) . . —
118a. Logelbach . 2,7
119. Türkheim T . 5,8
120. Walbach (Halt) 10,4
121. Weier-im-Thal 12,7
(Wihr au Val)
122. Günsbach . . 15,5
123. Münster T . 18,5

## p. Schletstadt-Markirch (St. Marie-aux-Mines).

Eröffnet $^{2}/_{12}$ 64.

(81. Schletstadt) —
124. Kestenholz (Châtenois) . . 4,6
125. Weilerthal . . 6,2
(Val de Ville)
126. Wanzell *PH* 9,4
127. Leberau (Lieprre) 14,2
128. Heiligkreuz . 18,3
(St. Croix-aux-Mines.)
129. Markirch 21,4
(St. Marie-aux-Mines.)

S. Fortsetzung S. 153 Umschlag

# Alphabetisch-Geographisches Verzeichniss

von Orten, welche in der Nähe von Eisenbahn-Stationen gelegen sind und denselben ihre Güter zuführen oder solche von denselben empfangen.

---

## Vorbemerkungen und Erklärung der Abkürzungen und Zeichen.

Das nachfolgende Ortsverzeichniss, welchem die uns gütigst in umfassendster Weise mitgetheilten Angaben der betreffenden Eisenbahn-Verwaltungen zu Grunde liegen, soll vorzugsweise dazu dienen, in den Fällen, wo es sich um den Transport eines Guts nach einem nicht an der Eisenbahn gelegenen Orte handelt, den Versender (und folgeweise die Eisenbahn-Güterexpedition des Versandt-Ortes) in den Stand zu setzen, auf dem Frachtbriefe den Adressort des Guts mit der Eisenbahn-Station, von welcher dasselbe am vortheilhaftesten von der Eisenbahn abgestossen werden muss, so genau anzugeben, dass dasselbe ohne Fehlspedition auf dem kürzesten, wohlfeilsten Wege zu dem richtigen Adressort und folgeweise an den Adressaten gelangt. Zugleich soll dasselbe kurz die commercielle Bedeutung des Orts für den Eisenbahn-Verkehr unter Angabe, ob solcher eine Post-, Telegraphen- oder Dampfschiff-Station besitzt, klarstellen. — Für diese erste Angabe ist jedoch die commercielle Bedeutung der Orte meist nur in den Fällen hervorgehoben worden, wo solche von der betreffenden Bahnverwaltung angegeben ist. Die ausser diesen erheblichen Orten uns von den verschiedenen Stations-Verwaltungen noch weiter angegebenen Orte behalten wir uns vor, nachträglich zu veröffentlichen.

Bei Aufstellung des fraglichen Ortsregisters ist von folgenden Grundsätzen ausgegangen worden:

1) Ausser den Orten Deutschlands und Oesterreichs sind nur unmittelbar an deren Grenzen liegende Orte und die Gebiete der drei an die Süddeutschen Bahnen grenzenden Schweizer Bahnen berücksichtigt. Ein Nachtrag hinsichtlich der an der Warschau-Wiener Eisenbahn gelegenen Orte wird vorbehalten. Von Mittheilung eines Ortsverzeichnisses der dem Vereine Deutscher Eisenbahn-Verwaltungen angehörigen Niederländischen Eisenbahnen musste bei den eigenthümlichen Verkehrsverhältnissen (Canalverkehr) dieses Landes Abstand genommen werden.

2) Innerhalb dieses Gebiets sind Städte und Flecken ohne weitere Auswahl aufgenommen, Dörfer, Weiler, Gehöfte etc. in stärker bevölkerten Gegenden nur dann, wenn solche entweder wenigstens gegen 300 Einwohner haben, oder, bei geringerer Einwohnerzahl, wenn dieselben durch ihre gewerblichen Etablissements von Einfluss auf den Verkehr der Bahn sind, also Orte mit Brennereien, Zuckersiedereien, desgleichen Heilquellen, Kohlenbergwerke, Eisenlager etc.

Trotz dieser nothwendigen Beschränkung des Stoffs umfasst das Register weit über 20 000 Orte, welche an einer Bahn nicht gelegen sind. Unter den aufgeführten Orten finden sich übrigens ausser den nur für Personenverkehr dienenden Haltestellen (*PH*) auch solche, welche im Stations-Verzeichnisse als Haltepuncte mit beschränktem Güterverkehre (*H°*) aufgeführt sind, ja auch Eisenbahn-Stationen mit Güterverkehr (*GH*), wenn solche je nach der Art des Transports (Einzelgut oder Wagenladungen etc.) als Neben-Orte anderer Stationen erscheinen können, wie es denn auch vorkommt, dass Eisenbahn-Endstationen als Nebenorte einer nicht fern liegenden, mit ihr durch keine Eisenbahn oder nur auf einem unverhältnissmässigen Umwege durch Schienen verbundenen Station auftreten, z. B. Königshain für Waldenburg in Schlesien.

3) Um den Leser in den Stand zu setzen, den Adressort möglichst ohne weiteres Nachschlagen vollkommen genau auf dem Frachtbrief angeben zu können, ist bei der dem Orte beigefügten Abstoss-Station desselben, soweit solche nicht als allgemein bekannt angesehen werden muss, zugleich in ( ) der Name des Bahngebiets, welchem die Abstoss-Station angehört, durch dessen Anfangsbuchstaben angedeutet. Und damit der Leser, welcher sich erst noch weiter über die Lage des Adressorts vergewissern will, nicht erst das alphabetische Stations-Register nachzuschlagen braucht, um sich (was wir bei allen Zweifelsfällen dringend empfehlen möchten) im geographischen Stations-Register Raths zu erholen, ist dem abgekürzten Namen des Bahngebiets (in derselben Weise, wie im alphabetischen Stations-Register) die Nummer beigefügt, welche die fragliche Station innerhalb jenes Bahngebiets trägt. In den Fällen, wo ein Stationsort zu verschiedenen Bahnen gehört, ist nur der Name der Bahnverwaltung meist aufgeführt, welche uns den Ort als in Beziehung zu der fraglichen Station stehend angegeben hat. Da wo mehrere Abstoss-Stationen bei einem Orte aufgeführt werden, sind zum Zweck der nothwendigen Raumersparniss diese sämmtlichen Hinweisungen auf das Stations-Register meistens in eine ( ) zusammengefasst worden; z. B. bei Aach (Ba 176. 173. 174). Gern würden wir diese sämmtlichen Abkürzungen vermieden haben, um dem Nachschlagenden die Arbeit noch mehr zu erleichtern, wenn nicht das Werk dadurch fast noch einmal so umfangreich und der Preis desselben folgeweise vertheuert worden wäre.

Indem wir nun die Abkürzungen zusammenstellen, mittelst deren die Bahngebiete nachfolgend bezeichnet werden, wollen wir nicht verfehlen, noch besonders darauf aufmerksam zu machen, dass wir, um für den ersten Gebrauch das Nachschlagen nach jenen Abkürzungen, deren Bedeutung sich bald dem Gedächtniss einprägen wird, zu ersparen, dieselben nochmals auf ein Blatt zusammengestellt haben, welches an dem Umschlag so angeheftet wird, dass man jene Abkürzungen immer vor Augen haben kann.

1. Aachen-Mastricht: AM.
2. Alföldbahn: Alf.
3. Altona-Kiel: AK.
4. Aussig-Teplitz: AT.
5. Badische Eisenbahnen: Ba.
6. Bayer. Ostbahnen: ByO.
7. Bayer. Staatsbahnen: ByS.
8. Bebra-Hanau: BbH.
9. Bergisch-Märkische: BM.
10. Berlin-Anhaltische: BA.
11. Berlin-Görlitzer: BG.
12. Berlin-Hamburger: BH.
13. Berl.-Potsd.-Magd.: BPM.
14. Berlin-Stettiner: BSt.
15. Böhmische Nordbahn: BN.
16. Böhmische Westb.: BW.
17. Braunschw. Staatsb.: Bs.
18. Breslau-Schw.-Freib.: BF.
19. Brünn-Rossitzer: BR.
20. Buschtiehrader: Bu.
21. Cottbus-Grossenh. s. LD.
22. Deggendf.-Plattlingb.: DP.
23. Elmshorn-Glückstadt: EG.
24. Frankfurt-Hanau: FH.
25. Friedrich-Franz-E.: FF.
26. Fünfkirchen-Barcser: FB.
27. Galiz. Carl-Ludwb.: GCL.
28. Graz-Köflacher: GK.
29. Halle-Sorau-Guben: HSG.
31. Hannoversche Stb.: Ha.
32. Hess. Ludwigsb.: HL.
33. Hess. Nordbahn: HN.
34. Homburger Eisenb.: Ho.
35. Kais.-Ferd.-Nordb.: KFN.
36. Kais.-Franz-Josefb.: KFJ.
37. Kaiserin Elisabethb.: KE.
38. Kaschau-Oderberger: KO.
39. Köln-Mindener: KM.
40. Kronpr. Rudolfsb.: KR.
41. Leipzig-Dresdner: LD.
42. Lemb.-Czern.-Jassy: LCJ.
43. Ludw.-B. (Nrnb.-Fürth): L.
44. Lübeck-Büchen: LB.
45. Märkisch-Posener: MP.
46. Magdeb.-Leipziger: ML.
47. Magdeb.-Halberst.: MH.
48. Main-Neckar-Eisenb.: MN.
49. Main-Weser-E.: MW.
50. Mecklenburgische E.: Mk.
51. Mohacs-Fünfkirchen: MF.
52. Nassauische E.: Na.
53. Neisse-Brieger: NB.
54. Niederschles.-Märk.: NM.
55. Niederschl. Zweigb.: NZ.
56. Nordh.-Erfurter: NE.
57. Ober-Hessische: OH.
58. Ober-Schlesische: OS.
60. Oesterr. Staatsb.: OeSt.
61. Oesterr. Südbahn: OeSB.
62. Oldenburgische E.: Ol.
63. Ostpreuss. Südbahn: OpS.
64. Pfälzische Ludwigsb., Maxim.-B., Nordbahn.: Pf.
66. Preussische Ostbahn: PO.
67. Rechte Oderuferb.: RO.
68. Rheinische E.: Rh.
    Rhein-Naheb. s. Saarbr. B.
69. Saarbrücker, S.-Trierer mit Rhein-Nahebahn: Sa.
70. Sächs. Oestl. Staatsb.: SO.
71. Sächs. Westl. Staatsb.: SW.
72. Schleswigsche E.: Sw.
73. I. Siebenbürger E.: Si.
74. Süd-Nordd. Verbb.: SNV.
75. Taunusbahn: T.
76. Theissbahn: Ts.
77. Thüring. u. Werra-E.: Th.
78. Tilsit-Insterburger E.: TI.
79. Turn.-Kralup-Prag: TKP.
80. Ungarische Nordb.: UN.
83. Ungarische Staatsb.: US.
    Werrabahn s. Thüring. B.
85. Westfälische E.: Wf.
86. Wilhelmsbahn: Wl.
87. Württemb. Staatsb.: WS.

Von ausländischen Eisenbahnen werden, abgesehen von den drei nördl. Schweizer Bahnen, nur dem Verein Deutscher Eisenbahn-Verwaltungen angehörige sowie nicht weit von den Deutschen Grenzen liegende Stationen des Grand Central Belge und der Ober-Italienischen Bahnen und zwar mit der ihnen im Stations-Register beigelegten Nummer wie folgt citirt:

Belge Gr. Centr.: BGC 2,
Belg. Lüt.-Mastr.: BLM 3.
Niederländ. Rheinb.: NR 1,
Niederländ. Staatsb.: NS 2,
Schweiz Centralb.: SC 1,
Schweiz. Nord-Ostb.: SNO 2,
Vereinigte Schweizerb.: VS 3,
Warschau-Wien incl. Warschau-Bromberg: WW 1,

In den Fällen jedoch, wo der nöthige Raum fehlt, werden die sämmtlichen Schweizer Bahnen nur mit S citirt, unter Beifügung der Nummer (1, 2, 3), welche sie im Stations-Register tragen.

4) Bei denjenigen Orten, welche bei verschiedenen Bahnstationen aufgeben und empfangen, je nachdem der Transport nördlich, östlich, westlich oder südlich seinen Weg nimmt, mussten die verschiedenen Bahnstationen, von oder nach welcher die Beförderung zu richten ist, aufgeführt werden, unter Angabe deren Lage, Entfernung und Himmelsgegend, von der Station aus gesehen. Damit der Leser sich über die genaue Lage eines jeden Orts mit Hülfe einer tüchtigen Karte (als welche ausser der Reimannschen namentlich die Specialkarte Westdeutschlands von Liebenow zu empfehlen ist) rasch vergewissern kann, ist übrigens in derselben Weise die geographische Lage eines jeden Orts im Verhältniss zu der beigedruckten nächsten Station angegeben. N, O, S, W, NO, NW, SO, SW = die Himmelsgegend (Norden, Osten, Süden, Westen, Nordost etc.), nach welcher hin der Ort von der betreffenden Eisenbahn-Station aus gesehen liegt.

Die Entfernungen sind dabei in Meilen angegeben. Das Wort Meile ist fortgelassen. Nur da, wo es sich um die Entfernung von einer Schweizer Station handelt, ist, wenn nicht ein M. oder Kil. beigefügt wurde, die Entfernung in Schweizer Stunden = 4,8 Kilometer zu verstehen.

5) In den Fällen, wo eine gleichnamige oder gleichlautende Station existirt, ist auf dieselbe nach Aufführung des gleichnamigen Orts mit *Cursivschrift* (unter Auszeichnung der etwa abweichenden Schreibweise) noch besonders hingewiesen, um den Versender auf mögliche Verwechselungen noch besonders aufmerksam zu machen. z. B. Abstorf. *Siehe dagegen Absdorf.*

Dem Namen dieser als Orte aufgeführten Stationen resp. Haltepuncte ist ein *H°* oder *PH* (nebst dem Hinweis auf das Stations-Register) beigefügt, je nachdem sie Personen- und beschränkten Güterverkehr oder nur Personen-Verkehr haben.

Die Hinweise auf ähnlich lautende Orte sind ebenfalls durch *Cursivschrift* hervorgehoben.

Verschiedene Schreibweisen eines Ortes sind durch () angedeutet; siehe z. B. Abts(ch)wind, welches sich bald Abtschwind, bald Abtswind geschrieben findet; Abbach (Abach).

6) Bei gleichnamigen Orten ist nur der erste ausgeschrieben und für die folgenden ein —— gesetzt, auch in den Fällen, wo eine grössere Anzahl solcher Orte aufgeführt werden, solche mit fortlaufenden Nummern bezeichnet, um besser nach denselben verweisen zu können.

7) Sämmtliche Orte sind nach ihren Stamm-Namen alphabetisch zusammengestellt; diejenigen mit der Neben-Bezeichnung: Alt-, Neu-, Gross-, Klein-, Ober-, Unter-, Nieder-, Mittel-, Deutsch-, Böhmisch-, Ungarisch-, Also- (Nieder), Uj- (Neu), Felsö- (Ober), Nagy- (Gross), Nemet- (Deutsch), Kis- (Klein), Mezö- (Feld), sind also (sofern sie nicht in einem Worte zusammengeschrieben sind) unter ihren Stamm-Namen aufzusuchen. z. B. Böhm.-Aicha unter Aicha.

8) Hinsichtlich der politischen Lage der Orte ist zu bemerken, dass solche im nachfolgenden Register nur in den Fällen regelmässig notirt wurde, wo dieselbe nicht identisch mit der politischen Lage der Abstoss-Station ist, welche im Stations-Register sich angegeben findet.

*H°*, *PH*, *GH* = Haltestellen (siehe unter 5).
* = Stationen, welche in 1869 eröffnet werden sollen.
° = weitere noch nicht eröffnete Stationen.
*Fl.* = Marktflecken.
📯 = Poststation.
T = Staats-Telegraphen-Station.
T = Eisenbahn-Telegraphen-Station.
⚓ = Dampfschiff-Station.
unm. = in unmittelbarer Nähe.
✕ = Steinkohlengrube (wo es der Raum erlaubt, ist jedoch das Wort selbst gebraucht).
*Br* ✕ = Braunkohlengrube. } Soweit diese Gruben bereits im Stations-Register
*E* ✕ od. *Eisengr.* = Eisengrube. } aufgeführt sind, siehe dort insb. S. 123.

# A.

Aach in Baden, *Stadt*, 📯 *Eisenb.*, *Hammerwerk*, *Webereien*, *Papierfabr.*, *Torflager*, von Engen $\frac{2}{3}$ SO, von Hohenkrähen 0,5 NW, von Mühlhausen 0,6 NO. (Ba 176. 173. 174).
—— Ober-Staufen (ByS. 7) $\frac{3}{4}$ SW.
—— in Württemb., Horb (Wü 142) $2\frac{1}{4}$ W.
Aalten (in der Niederl. Prov. Geldern, an der Preuss. Grenze), *Weberei*, *Gerberei*, *Oel- u. Mahlmühlen*, Empel (KM 40) 3 NO.
Aarberg, *Stadt*, 📯 Lyss 1 NO, Biel 2 SO, Bern $3\frac{1}{4}$ NW. (S 5, 6. SO 1, 56. 39).
Aarhorst, Driesen (PO 18) $\frac{1}{2}$ SO.
Aarmühle, Thun (SC 1, 47) unm.
Aart, Elten (Rh. 76) $\frac{3}{4}$ NW.
Aarwangen, Langenthal (SC 1, 29) $\frac{3}{4}$ NW.
Aasen, Donaueschingen (Ba 165) 0,8 NO.
Abá, *Ackerbau*, *starke Weberei*, Stuhlweissenburg (OeSü 178) $2\frac{3}{4}$ S.
Abad mit Tisza-Szalok, 📯 Fegyvernek $4\frac{1}{2}$ N, Karczag 4 NW. (Ts 6. 7).
Abanj-Szántó, *Weinbau*, Forró Encs (Ts 34) $1\frac{1}{2}$ SO.
Abbach (Abach), *Fl.*, 📯 Regensburg $1\frac{3}{4}$ SW. (ByO 22).
Abbarten, Tapiau (PO 54) 3 SW.
Abbehausen, 📯 Bremerhafen $1\frac{1}{2}$ SW, Oldenburg 7 NO. (Ha 40. Ol 1).
Abbenrode, 📯 Vienenburg $\frac{1}{2}$ SO. (Ha 35. MH 43).
Abbensen, Hämelerwald $\frac{3}{4}$ NO, Peine 1 NW. (Ha 65. 66).
Abda, Raab (OeSt 69) 1 W.
Abdach, Draubnrg 9. (OeSü 161).
Abdinsendorf, Kalsdorf (OeSü 50) $\frac{1}{2}$ N.
Abenberg, *Stadt*, 📯 *Nadelfabr.*, Roth (ByS 43) 1 W.
Abendröthe, *Kohlenbergwerk*, Gottesberg (NM 55) $\frac{3}{8}$ NW.
Abenheim, Worms (HL 1) 1 NW.
Abensberg, *Stadt*, 📯 *Tuchfabr.*, *Mineralquelle*, *Porzellanerde*, von Ingolstadt $4\frac{1}{4}$ O, Regensburg $4\frac{3}{4}$ SW, Landshut 6 NW, Geiselhöring 6 W. (ByS 243. ByO 22. 10. 16).
Abentheuerhütte, Birkenfeld (Sa 41) $1\frac{1}{2}$ NW.
Abertham, 📯 *Bergbau auf Silber*, *Zinn u. Kobald*, Schwarzenberg (SW 58) $2\frac{1}{2}$ SO.
Abhorn, Langenfeld (SW 72) $\frac{3}{8}$ SO.
Abinch, Aulendorf (Wü 46) 4 NW.
Abljan, Jassenova (OeSt 125) $\frac{3}{4}$ O.
Abony, *Fl.*, 📯 T Abony (Ts 2) $\frac{1}{4}$ NO.
Abrud Bánya, *Stadt*, 📯 *Goldbergw.*, Carlsburg (SI 16) 6 NW, Grosswardein (Ts 43. °US. 1) $29\frac{1}{4}$ SO.
Absam, *Spinnerei*; Hall (Tirol, OeSü 186) $\frac{1}{4}$ NO.
Absberg (Abtsberg), *Fl.*, *Hopfenbau*, Laufen $\frac{1}{2}$ N, Pleinfeld 1 NW, Gunzenhausen $1\frac{1}{2}$ NO. (Wü 55. ByS 41. 39).
Absdorf, Hohenau (KFN 9) $\frac{1}{2}$ SW.
Abstorf, Frankenmarkt (KE 41) $1\frac{1}{2}$ SO.
Abtenau, *Fl.*, 📯 Salzburg 5 SO.
Abterode, 📯 *Kupferschmelze*, *Tuchfabr.*, Cassel $4\frac{1}{2}$ SO. (HN 11. Ha 87. MW 1).
Abts(ch)wind, *Weinbau*, Kitzingen 3 N, Schweinfurt 2 S. (ByS 176. 84).
Abtsdorf, Triebitz (OeSt 52) $\frac{3}{4}$ S.
—— Wittenberg (Berl.-Anhalt. 9).
*Siehe Station Absdorf, Oestr. nördl Stsb.* 10.
Abtshagen, 📯 Stralsund (BSt 59) $1\frac{3}{4}$ S.
Abtsgmünd, 📯 Wasseralfingen (Wü 114) $1\frac{1}{2}$ NW.
Acsás, Bahoca (OeSü 224) $\frac{1}{2}$ S.
Accum, Emden (Wf 38) 5 NO.
Ach, Strasswalchen (KE 42) 8 NW.
—— Unter-, 📯 Timmelkam 4 S, Vöcklabruck $4\frac{1}{2}$ SW. (KE 36. 37).
*Siehe auch Aach in Baden.*
Achdorf, Landshut (ByO 10) $\frac{1}{4}$ S.
Achau, Laxenburg $\frac{1}{4}$ NO, Himberg $\frac{1}{2}$ NW. (OeSü 11. 57).
Achenkirchen, 📯 Jenbach (OeSü 183) $3\frac{1}{4}$ NW.
Achenrain, *Messingfabr.*, Brixlegg (OeSü 183) $\frac{1}{4}$ NW.
Achenthal, *Zollamt*, Jenbach N. (OeSü 183).
Achenwald, Jenbach (OeSü 183) N.
Aching, Freising (ByO 6) $\frac{1}{2}$ SW.
Achim, Börssum (Ba 14) $\frac{1}{2}$ SO.
*Siehe Station Achim, Hannov. Stsb.* 32.
Achkarren in Baden, Riegel 2,0 SW, Freiburg 2,5 NW. (Ba 36. 39).
Achleiten, Haag (KE 23).
Achstetten, Risstissen (Wü 37) $\frac{1}{4}$ SO.
Achtel, Neukirchen (ByO 36) 1 NW.
Achtelsbach, Birkenfeld (Sa 41) $1\frac{1}{4}$ NW.
Achterdeich (*H°*), (Ha 16), $\frac{1}{2}$ SO.
Achtum, Hildesheim (Ha 70) $\frac{3}{8}$ SO.
Acken, siehe Aken.
Ackendorf, Magdeburg (ML 1) $2\frac{1}{4}$ NW.
Ackerau, Löwenhagen (PO 52) 1 SO.
Ackmenischken, Norkitten (PO 57) $\frac{3}{4}$ SO.
Acsád, Debreczin (Ts 11) 3 NO.
Aczien, *Dorf mit Fabriken*, Lanzendorf-Pellendorf (OeSt 56) $\frac{1}{4}$ N.
Ada, *Fl.*, 📯 Gr. Kikinda (OeSt 114) 5 W.
Adacs, Hatvan (UN 10) $3\frac{1}{4}$ O.
Adalbertgrube, *Bergwerk*, Bradegrube $\frac{1}{2}$. (W 125).
Adamowitz, *Papiermühle*, Neutitschein (W 14) $\frac{3}{4}$ O.
Adamsheide, Insterburg (PO 58) $2\frac{1}{2}$ S.
Adand, Siófok 2 (OeSü 125).
Adelberg, Schorndorf (Wü 105) 1 SO.
Adelboden, Zoflngen $\frac{3}{4}$ SO, Thun 7 S. (SO 1, 15. 47).
Adele, *Eisengr. des hörder B.- u. H.-W.*, Hörde (BM 51) unm.
Adelebsen, *Stadt*, 📯 Dransfeld $1\frac{1}{4}$ N, Bovenden $1\frac{3}{4}$ W, Nörten 2 SW, Göttingen 2 NW. (Ha 85. 83. 82. 84).
Adelhausern, Maulburg (Ba 211) 0,4 SW.
Adelheidsdorf, Ehlershausen $\frac{3}{4}$ NO, Celle $\frac{7}{8}$ S. (Ha 5. 6).
Adelmannsfelden, *Spinnerei*, *Hammerwerk*, Ellwangen (Wü 87) $1\frac{1}{2}$ O.
Adelsberg i. Bayern (Unterfr.), *Chem. Fabr.*, Gemünden. (ByS 97).
*Siehe Station Adelsberg, Oesterr. Südb.* 80.
Adelsdorf bei Goldberg i. Schles., 📯 Kaiserswaldau $1\frac{1}{2}$ SO, Haynau $1\frac{1}{2}$ SW. (NM 30. 31).
—— a. d. Vils (i. Bayern), Osterhofen 2 SW, Landshut 7 O. (ByO 53. 10).
—— a. d. Aisch (i. Bayern), 📯 Forchheim 2 W, Bamberg 3 S. (ByS. 53. 56).
Adelshausen (Preuss. Hessen), Melsungen (HN 7) $\frac{3}{8}$ SO.
—— (Bayern), Reichertshofen (ByS 242) 2 W.
Adenau, *Stadt*, 📯 T Coblenz 8 NW, Remagen 7 SW. (Rh. 52. 46).
Adendorf, Mehlem $1\frac{3}{4}$ SW, Bonn (Rh. 44. 42) 2 S.
*Siehe Station Adendorf. Hannov. Stsb.* 18.

**Adensen**, von Nordstemmen (Ha 71) ½ W.
**Adenstedt**, Peine (Ha 66) 1¼ SW.
**Adersbach** i. Böhm., Dittersbach 3 SW, Waldenburg 2½ SW. Kosteletz 2½ N. (NM. 56. 57. SNV 25).
— in Baden, Waibstadt ½ W. Steinsfurt ½ O. Sinsheim ¾ NO. (Ba. 97. 128. 129).
**Adersheim**, Wolfenbüttel (Ba 24a) ¾ SW.
**Adersleben**, *Mühlen, Brennereien*, Wegeleben (MH 10) 3/10 NO.
**Aderstädt** bei Aseberesleben, Wegersleben ¼ SW, Jerxheim 1¼ SO. (Ba 19 17).
**Aderstedt**, Bernburg ½ SW, Güsten ¾ SO. (MH 31. 33).
**Adler**, *Kupferbergw*., Jannowitz (NM 51) ½ O.
**Adlerhütte**, *Eisenhütte*, Ober-Lahnstein (Na 19) 1 NO.
— i. Bayern (Oberpfalz), Neuenmarkt (ByS 68).
**Adlhausen**, Landshut (ByO 10) 4½ N.
**Adlich Reetz**, Freienwalde i. P. (BSt 16) 1 O.
**Adligenschwyl**, Luzern 1 NO.
**Adliswell** (Adlischwil), Zürich 1½ S.
**Adlum**, Harsum (Ha 69) ¾ NO.
°**Admont** (KE 14), *Fl.*, ♈ *Flossen- u. Zeug-Spedition*. St. Michel (KE 20) 6½ NW.
**Adolph-August**, *Bergwerk*, Ullersdorf (AT 8) ½ N.
**Adolphshöhe**, Fürstenwalde ½ (NM 7).
**Adolphshof**, Hämelerwald (Ha 65) ¼.
**Adolphshütte**, Bruck a. M. (OeSS 14) 3 NW.
— *Eisenh.* zwischen Dillenburg u. Herborn (KM. 56. 57).
**Adolphsthal**, *Eisenwerk*, 1½ SW. Budweis. (KFJ 23).
**Adony** a. d. Donau, ⚓ ♈ T Nyék 2½ S), Pest 6 S. (OeSS 130. OeSt 95).
**Adorf**, Emden (Wf 38) 4½ N.
— im Waldeckschen, *Bergw., Eisenhammer*, ♈ Bonenburg (Wf 2) 3½ SW. *Siehe dagegen Stationen Adorf und Andorf.*
**Adriach**, Frohnleiten (OeSS 43) ¼ SW.
**Aefligen**, Lissach (SC 1, 35) ¾ NW.
**Aegeri** (am Zuger See), Zug (SNO 2, 52).
**Aegidienberg**, Mehlem (Rh 44) 1¼ O.
**Aepfingen**, Laupheimschemmern ¾ O, Schemmerberg 1 SO, Biberach i. Württemberg 1½ NO. (Wü 40. 39. 42).
**Aerzen**, *Fl.*, ♈ Bückeburg 4¾ SO, Elze 5 SW. Holzminden 4 N, Hannover 8 S. (Ha 47. 75. Wf 43. Ha 1).
**Aesch** (Kant. Baselland), Basel 1 Ml. S.
— (Kt. Luzern), Wildegg 4¼ SO, Aarau 5 SO. (SNO 2 28. 30).
**Aeschach**, Lindau (ByS 1) ½ N.
**Aeschi** (Kt. Solothurn), Herzogenbuchsee (SC 1, 31) ¾ W.
— Thun (SC 1, 47) 2½ SO.
**Aeugst**, Pratteln (SC 1, 3) ¾ NO.
**Affalter**, Aue in Sachsen (SW 56) 1 NO.
**Affalterbach** i. Württemb., *Steinbrüche*, Ludwigsburg (Wü 12) 2 O.
**Affaltrach** i. Württemb., Willsbach ¼ SO, Eschenau ¼ SW. (Wü 71. 72).
**Affeln**, Plettenberg ¾ N, Werdohl 1 O. (BM 72 71).
**Affeltrangen**, Märstetten 1¼ SW, Frauenfeld 2½ SO. (SNO 2, 7. 10).
**Affenthal** in Baden, *vorzügl. Rothwein*, Bühl (Ba 22) 0,4 NO.
**Afferde**, Unna (BM 54) ½ NW.
— Elze (Ha 75) 2½ W.
**Afferden**, (Holland), Goch (Rb 73) 1⅓ SW.
**Affing**, ♈ Augsburg (ByS 26) 1½ NO.
**Affoldern** in Hannover, Burgdorf (Ha 4) 1¾ NO
— im Waldeckschen. ♈ Wabern 3 NW, Bonenburg 4 S. (MW 5 Wf 2).
**Affolterbach**, Weinheim (MN 13) 1 O.
**Affoltern** bei Höngg, Zürich 1 NW. *Siehe dag. Station Affoltern (am Albis).*
**Aflenz**, ♈ Bruck a. d. Mur 2 N, Kapfenberg 2½. (OeSS 40. 39).
— *Hausteinbrüche*. Leibnitz (OeSS 53) 1 S.
**Aftersteg**, Freiburg (Ba 39) 2½ S.
**Aga**, Gross- u. Klein-, Köstritz (Th. 30) ¼ O.
**Agárd**, *Schleimühlen*, °Kiralyhaza (Ungar. Nordosth. 9) 2 SO.
— Waizen (OeSt 92).
— Dinyes (OeSS 129) ¼ NO.
**Agatha**, St., Grieskirchen (KE 47) 2½ N.
**Aggsbach**, *Fl.*, Melk (KE 15) 1½ N.
**Agnesmühle**, Breslau (NM 39) ¾ SO.
**Agnetendorf**, Hirschberg i. Schles. (NM. 43) 2 SW.
**Agstinek**, von Lekenik (OeSS 150) 1½.
**Aham**, Landshut (ByO 10) 2 SO.
**Ahaus** (Niederl.) *Stadt*, ♈ Glanerbeek (NS 1. 33a) 2½ S. Rheine 5½ SW, Münster 7¼ NW, Wesel 2 NO. (Wf 24 30. KM. 38).
**Ahausen**, *Mühlen*, Weilburg (Na 36) ¼ N.
— *Weinbau*. Constanz (Ba 57) 1½ N.
— Verden (Ha 30) 2½ N.
**Ahden**, Salzkotten 1 S, Geseke 1 SO. (Wf 8. 9).
**Ahe**, Horrem (Rh 10) ½ NW.
**Ahlde**, Leschede H° (Wf 26) ½ SW.
**Ahlden**, *Stadt*, ♈ Eilstrup 3 O, Neustadt a. Rübenb. 4 NO. (Ha 28. 23).
**Ahle**, Bünde (Ha 53) ½ W.
**Ahlen**, Kluse-Dörpen H° (Wf 31) ½ W.
— Salzbergen (Wf 25) ⅜ O. *Siehe dagegen Station Ahlen.*
**Ahlersbach**, Schlüchtern (BbH 10) ½ S.
**Ahlhorn**, ♈ Oldenburg 3½ S, Delmenhorst 2½ SW, Bremen 5½ SW, Osnabrück 6½ N. (Ol 1. 5. 6. Ha. 34. 57).
**Ahligse**, Lehrte (Ha 3) ¼ NW.
**Ahlimssmühle**, Wilmersdorf (ByS 46) 2½ SW.
**Ahlintel**, Emsdetten (Wf 22) ½ W.
**Ahlshausen**, Salzderhelden (Ha 60) ½ SO.
**Ahlten**, Lehrte (Ha 3) ½ SW.
**Ahlum**, Wolfenbüttel (Bs 24a) ¾ NO.
**Ahnsbeck**, Celle (Ha 6) 2 O.
**Aholming**, Isarhofen (ByO 52) ½ W.
**Ahornberg**, Münchberg (ByS 72) ¾ N.
**Ahrbergen**, Sarstedt (Ha 54) ½ SO.
**Ahrem**, Zülpich ½ NO, Brühl 1½ S (Rh 21. 39).
**Ahrenberg**, Coblenz (Rh 52) ⅔ O.
**Ahrenholz**, Schleswig (Sw 20) ¾ NW.
**Ahrensböck**, *Fl.*, T ♈ Lübeck 3⅓ NW, Plön 3 SO. (LB 1. AK 20).
**Ahrensfelde**, Bernau (BSt 2) 2¼ S.
— Ebelsfeld (LB 23) 1 S.
**Ahrholzen** (Aarholzen), Stadtoldendorf (Bs 3) ⅝ SW.
**Ahrweiler**, *Stadt*, T ♈ *Weinbau, Tuch- u. Lederfabr.*, Remagen 1¾ SW, Sinzig 1⅔ W. (Rh 46. 47).
**Aich** (Oberbaiern), Landshut (ByO 10) 3 SO.
— bei Grötzingen in Baden, Neckarthailfingen (Wü 128) ¾ NW.
— a. d. Strogen, Moosburg (ByO 8) ½ O.
— b. Karlsbad, *Porz.-Fabr.*, Eger 5¾ NO.
— Bruck a. d. Mur, 1½. (OeSS 40).
— Laibach 3½. (OeSS 76).
**Aicha**, Böhm.-, *Stadt*, ♈ Liebenau (SNV 19) 1 W.
— vorm Wald, Vilshofen (ByO 55) 1 NO.
**Aichach**, *Stadt*, ♈ *Brauereien*, Augsburg 3 NO, Dachau 4 NW, Pfaffenhofen 4 SW. (ByS 26. 236. 240).
**Aichelberg**, Endersbach (Wü 102) ⅔ SO.
— (Eichelberg), Uhingen ¾ SW, Kirchheim u. T. ¾ O. (Wü 25. 153).
**Aichendorf**, Plattling (siehe Eichendorf).
**Aichkirchen**, Breitenschützing (KE 34) ¾ N.
**Aichstetten**, *Stadt*, ♈ Essendorf 3 SO, Durlesbach 3 O. (Wü 44. 47).
**Aidenbach**, *Fl.* ♈, Vilshofen (ByO 55) 1½ SW.
**Aidlingen**, Stuttgart (Wü 16) 2½ SW.
**Aigen** (in Böhmen, nahe d. Grenze), *Stadt, Kattunfabr.*, ♈ Linz (KE 64) 7 NW.
— am Inn, Passau (ByO 58) 5 SW.
— Schwanenstadt 1¼. (KE 35).
— (Aign), Salzburg (KE 45) 1 S.
**Ailingen** am Bodensee, Friedrichshafen (Wü 52) ½ N.
**Ailringen** a. d. Jaxt (Baden). Wölchingen-Boxberg (Ba 113) 2¼ SO, Waldenburg (Wü 76) 3½ NO.
**Aindling**, *Fl.*, ♈ Meitingen 1¼ SO, Augsburg 3¼ NO. (ByS 28. 26).
**Airach**, Stockach (Ba 192) 0,4 SO.
**Aislingen**, *Fl.*, Offingen (ByS. 106) 1 NO.
**Aispel**, Waldshut (Ba 68) 0,6 NO.
**Aisperg**, Waldshut (Ba 68) 1,3 N.
**Aistaig**, Oberndorf (Wü 145) ¾ N.
**Aistersheim**, ♈ Grieskirchen (KE 47) 1¼ SW.
**Aiterhofen**, Straubing (ByO 47) ¾ SO.
**Aitingen**, Gr.- u. Kl.-, Schwabmünchen (ByS 23) ⅝ O.
**Aitterbach**, Petershausen (ByS 238) W.
**Aitting**, (Eitting), Freising (ByO 6) 1¾ SO.
**Aixheim**, °Aldingen (Wü 160) ½ NW.
**Ajka**, Oedenburg 5. (OeSS 97).
**Aka**, Moór W. (OeSS 138).
**Akaratya**, von Lepsény (OeSS 126) NW.
**Aken** a. d. Elbe (Acken), ♈ *Zucker-, Tuch- u. Lederfabr.*, Dessau 1¾ W, Zerbst (BA 30. 44) 1¾ S, Cöthen (ML 7. MH 34. BA 31) 3 NO.
**Alacsony**, *Fl.*, Raab. (OeSt 69).
**Alatyan**, Czegléd (OeSt 102) 2¼ NO.
**Alaunhütte**, Bonn (Rh 42) ⅝ O.
**Alb**, Albbruck (Ba 66) 0,1 S.
**Albachten**, Münster (Wf 20) 1¼ SW.
**Albaxen**, Höxter (Wf 42) 1⅝ N.
**Albendorf** bei Glatz, (*proj. Stat.*), Ruhbank 3½ S, Frankenstein 4 SW. (NM 83 BF 11).
**Albenort**, Kobbelbude (PO 48) ¾ S.
**Albenreuth**, Windisch-Eschenbach (ByO 83) 2 NO.
— Neu-, *Fl.*, Waldsassen (ByO 86) 1½ SO.
**Albern** bei Wien, Schwechat-Kledering (OeSt 55) ⅝ O.
**Albersdorf**, Vilshofen (ByO 55) ⅜ N.
**Albershausen**, Uhingen (Wü 25) ¼ SW.
**Albersloh**, *Steinbrüche*, Rinkerode ¾ NO. Hiltrup 1½ SO. (Wf 18. 19).
**Alberstedt**, Ob.-Röblingen (ML 21) ½ SW.
**Albersweiler**, ♈ Landau (Pf 39) 1 SW.
**Alberswyl**, Nebikon S. (SC. 1, 18).
**Albert** in Baden, Albbruck 0,3 W, Laufenburg 0,7 NO. (Ba 64. 65).
**Albert**, Gebrüder, *Guanofabr.*, Biebrich-Mosbach (Na 2) 0,3 SO.
**Alberti**, *Fl.*, *Lederfbr.*, Alberti-Irsa (OeSt 101) ¼ N.
**Albertine**, ⚒ Förderstedt (ML 15) ¼ O.
**Albertinenhof**, Casekow (BSt 8) 2¼ S.
— Freienwalde i. P. (BSt 16) ½ NW.
**Albertshausen** bei Würzburg, Geroldshausen H° (Ba 122) ¼ NO.
**Alberweiler**, Langenschemmern (Wü 40) 1 SW.
**Albig**, Alzey (HL 44) ½ N.
**Albisheim**, (Bayern), ♈ Monsheim (HL 39) 1¼ W.
**Albona**, *Stadt*, ♈ Triest (OeSS 69) 9½ SO.
**Albrecht**, St., Praust ½ N, Danzig 1 S. (PO 73. 74).
**Albrechtsberg**, Loosdorf (KE 14) ¼ N.
**Albrechtsdorf** in Böhmen, Reichenberg 1⅔ O, Eisenbrod 2 N. (SNV 22. 15).
— *Eisenbergbau*, Sorau (NM 22) ½ SW.
— (bei Rosenberg), Lassowitz (RO 24) ¾ NO.
**Albrechtsfler**, Mokrin (OeSt 103) ½ NW.
**Albrechtshain**, Naunhof H° (LD 21) ½ NW.
**Albrechtshof**, Insterburg (PO 58. TI 4) 1¾ S.
**Albrechtsthal**, Norkitten (PO 57) 1 SW.
**Albsheim** a. d. Eis, (Bayern), *Thonerdegruben*, Monsheim (HL 39) ⅞ S.
**Alburg**. Straubing (ByO 47) ⅜ SW.
**Alchenflüh**, Lyssach (SC 1, 35) ½.
**Alchenstorf**, Herzogenbuchsee u. Wynigen (SC 1. 31. 33) ½.
**Alcsuth**, Martonvásár (OeSS 131) 3 NW.
**Aldebne**, Hatvan (UN 10) 7 NO.
**Aldenhoven**, *Fl.*, ♈ Eschweiler (Rh 6) 1¼ N.
**Aldingen** (in Württemb.), Kornwestheim (Wü 13) ½ SO.
°**Aldingen** (Wü 160 in Württemb.), Immendingen (Ba 179. Wü 166) 2½ NO.
**Alexander-Carl-Grube**, Eggersdorf 1/10 SO, Förderstedt ¼ N, Eickendorf ⅝ SW. (ML 15. 16. 17).
**Alexanderhof**, Prenzlau (BSt 48) 2 O.
**Alexanderhütte**, Sonneberg 2 NO, Gundelsdorf 2¼ NW. (Th 61. ByS 220).
**Alexandersbad**, *Sauerbrunnen*, Marktschorgast (ByS 69) 3½ O.
**Alexandersdorf**, Zaniosch (PO 14) ¾ S.
**Alexehmen**, Stallupönen (PO 62) ½ SO.
**Alexisbad**, ♈ Ballenstedt 1½ SW, Quedlinburg 3½ S. (MH 40. 12).
**Alexowitz**, *Tuchf.*, Napagedl (KPN 16) W.
**Alf**, a. d. Mosel, T ♈ Coblenz 6½ SW, St. Goar 6½ SSW, Trier 6½ NO. (Rh 58. 35. Sa 25).
**Alfalter**, Hartmannshof 1 NW, Hersbruck ½ NO. (ByO 35. 40).
— (Altfalter). Schwarzenfeld (ByO 68) 1 O.
**Alfdorf**, ♈ *Flachsbau*, Lorch (in Württemberg) 1¼ NO, Gmünd 1 NW. (Wü 108. 109).
**Alfeld** (Allfeld), Hersbruck (ByO 40) 1¾ SO. *Siehe dagegen Station Alfeld, Ha 77.*)
**Alfredowka**, Staroslolo (LCJ 3) ⅝ NO.

**Alfter,** *Weinbau,* von Roisdorf (Rh 41) ½ S.
**Algenrodt,** *Achatbrüche,* Oberstein (Sa 38) ¾ NW.
**Algersdorf,** Bodenbach (BN 20. OeSt. 42. SO 11a) 1½ SO.
°**Algyo** (Alf 11) Szegedin (OeSt 110) 1¼ NO.
**Alickendorf,** Hadmersleben (MH 8) ½ SW.
**Alkofen.** ✉ Wels (KE 31) 1 N.
**Allach.** (*PH. Bayer. Stb.* 125), Pasing (BySt 125) ¾ N.
**Alland,** Baden (OeSü 10) num.
— **im Gebirge.** ✉ Baden 2, Mödling 2½ SW. (OeSü 10. 15).
**Allburg,** Straubing (ByO 47) ⅔ SW.
**Allenau.** Tapiau (PO 54) 3¼ S.
**Allenbach,** *Eisenhammer, Kupfer- u. Bleischmelze,* Oberstein 2 NW, Birkenfeld 2¾ N. (Sa 38. 41).
**Allensbach,** Freiburg (Ba 39) 3 O.
*Siehe Station* **Allensbach** *(Ba 85).*
**Allenburg,** *Stadt,* ✉ T Wehlau 2 S, Pr. Eylau 4½ NO. (PO 55. OpR 13).
1 **Allendorf** a. d. Werra, *Stadt,* ✉ *Salzsiedereien, chemische Fabr.,* Arenshausen 2 S, Münden 4 SO, Cassel 6 O, Eisenach 6½ NO. (He 26. 86. 87. HN 11. MW 1. Th 3).
2 — am Bärenschuss. Neustadt in Hessen 1¼ W, Kirchhain 1½ O. (MW 9. 10).
3 — bei Ziegenhain, *Braunkohlengrube,* Treysa 1 N, Zimmersrode 1¼ S. (MW 8. 7).
4 — bei Frankenau, *Wollspinnerei,* Kirchhain (MW 10) 4¼ N.
5 — a. d. Lumda, *Fl.,* ✉ *Weberei,* Lollar (MW 13) 1¼ NO.
6 — in Nassau (Köln-Giessen), Haiger ¼ NW, Stockhausen 1 N. (KM 55. Na 38).
7 — Weilburg (Na 36) ½ NW.
8 — Rupbach 1½ SO, St. Goarshausen 3 NO. (Na 26. 14).
9 — (oder **Allentrop**) in Westphalen, *Stadt,* ✉ *Hammerwerk, Tuch- u. Zeugweberei,* Plettenberg 1½ NO, °Arnsberg 2 SW. (BM 72. 117).
**Allenstein,** *Stadt,* ✉ Pr. Eylau 9 S, Braunsberg 12 SO. (OpS 13. PO 44).
**Allerdorf,** Langwedel (He 31) 1 N.
**Allerheiligen,** Marein ¼ NO, Kindberg 1 SW. (OeSü 38. 37).
— Wildon (OeSü 51) 1 NO.
— Fridau (OeSü 113) 1.
**Allersberg,** *Stadt,* ✉ Roth (Mittelfr.) 1½ O, Nürnberg 3½ SO. (ByS 43. 46).
**Allersdorf,** Neufahrn bei Ergoldsbach (ByO 13) 1 NW.
— Amstetten (KE 20) ½ S.
**Allershausen,** Freising (ByO 6) 1½ NW.
*Siehe auch Allertshausen.*
**Allersheim,** Holzminden (Wf 43) ⅔ NW.
— *Fl.* in Bayern, Wittighausen ½ NO, Kirchheim bei Würzburg ½ S, Ochsenfurt 2 SW. (Ba 120. 121. ByS 162).
**Allertshausen,** *Teppichweberei,* Lollar (MW 13) 1¾ O. *Siehe auch Allershausen.*
**Allertshofen,** Darmstadt 2 SO.
**Allfeld,** Hersbruck (ByO 40) 1½ SO.
— Mosbach (Ba 102) 1¼ SO.
**Allhagen,** Soest (Wf 13. BM 56) 1¾ SO.
**Allhausen,** Driburg (Wf 39) ¾ N.
**Allmannsdorf,** Constanz (Ba 87) 1¼ NO.
**Allmannsweiler,** Dinglingen (Ba 31) ¾ NW.
**Allmegg,** Lembach (KE 33) 2 W.
**Allmendingen,** Bern (SC 1. 38) 1½ SO.
*Siehe Station °Almendingen (Wü 171).*
**Allmen(d)shofen,** Donaueschingen (Ba 185) ¼ S.
**Allner,** (*Station d. Bröltbahn*), Hennef (KM 46) ¼ NO.
**Allrode** (Braunschw.), *Fl.,* T Thale (MH 14) 2 SW.
**Allschwyl,** Basel (Ba 56) 1 W.
**Allstädten,** Kaiserbeuren (Rh 38) ½ W.
**Allstädt,** *Stadt,* ✉ *Tuchwebereien etc.,* Sangerhausen 1½ SO, Riestedt 1½ S. (ML 23. 24).
**Alm,** Ober-, *Messingw.,* Salzburg 2 SO.
— **Nieder-,** Salzburg (KE 45) 1½ S.
**Almas,** a. d. Donau, Neu-Szöny (OeSt 72) 1 O.
— *Fl., vorzügl. Weizen- u. Roggenbau,* °Theresiopel (Alf 15) 2¼ W.
**Alme,** ✉ Gesecke (Wf 9) 3¼ SO.
**Almenhausen,** Norkitten (PO 57) 1½ SW.
— °Wasserthalleben (NE 8) 1⅔ SW.
**Almerode, Gross-,** *Stadt,* ✉ Arenshausen 3½ SW, Cassel 3½ SO. (He 96. 87).
**Almerspann,** Eckartshausen - Ilshofen (Wü 51) ½ N.
**Almerswind,** *Stab- u. Blechhammer,* von Oeslau (Th. 58) 1¼ N.
**Almhorst,** Seelze (Ha 21) ¼ S.
**Almosd,** ✉ Debreczin (Ts 11) 5 SO.
**Almstedt,** Freden (Ha 78) 2½ NO.
**Aloisthal,** *Hüttenamt,* Hohenstadt (PO 72) 2 N.
**Alpar,** Puszta-Paka 2½ NO, Kecskemét 3 O. (OeSt 105. 104).
**Alpeck,** Ulm (ByS 103. Wü 34) 1½ NO.
**Alpe, heilige,** Sagor (OeSü 70) 1½.
**Alpen,** *Stadt,* ✉ Geldern (Rh 70) 2 NO.
**Alperstedt,** °Ringleben (NE 9) 1 SO.
**Alpfen,** Ober- u. Unter-, Albbruck (Ba 66) 0,1 NO.
**Alpirsbach** (in Württemb.), *Fl.,* ✉ T *Bergbau u. Fabr.,* Hausach (Ba 164) 2,8 NO, Horb (Wü 142) 3 SW.
**Alpnach,** Luzern 3 SW.
**Alsbach,** ✉ Blieskastel (Pf. 25) ¾ NW.
— Bickenbach (MN 7) ¼ SO.
— Eisfeld (Th 53a) 1½ NO.
**Alsberg,** Salmünster (BbH 12) ½ W.
**Alsdorf** bei Altenkirchen, *Eisenhammer,* ✉ Betzdorf (KM 51) ½ SO.
— Eisleben (ML 22) ¾ W.
— bei Aachen, ✉ *Wollspinnerei,* Herzogenrath (BM 5) ¾ O.
°**Alsenz** (Pf 73), *Stadt,* ✉ ✕ Münster am Stein (Sa 31) 1½ SW.
°**Alsfeld** (OH 9), *Stadt,* ✉ *Tabak-, Tuch- u. Leinenfbr., Bleichen etc.,* Neustadt 2½ SO, Treysa 3 S. Kirchhain 3½ SO, Hersfeld 4½ SW. Fulda 5 NW. (MW 9. 8. 10. BbH 2. 6).
**Alshausen.** Kreiensen (Bs 5. He 79) 1¼ S.
**Alsleben,** *Stadt,* ✉ Biendorf 1½ SW. Bernburg 1½ SW, Gösten 1½ SO, Eisleben 2¼ NO, Halle 4½ NW. (MH 33. 32. 31. ML 22. 11).
— **Kl.,** Hadmersleben (MH 5) ¾ SW.
— **Gr.,** *Fabr.* Crottorf ¼ O, Oschersleben ½ S, Hadmersleben 1 SW. (MH 7. 6. 5).
**Alsó** (ungarisch) = Unter, z. B. Alsó-Kubin = Unter-Kubin, siehe Kubin.
**Alsók,** Berzencze (OeSü 222) ⅝ NW.
**Alstaden,** Oberhausen (BM 89) ½ W.
**Alsterweiler,** Maikammer (Pf 35) ¼ SW.
**Alswede,** ✉ Blinde 2¼ N, Minden 3½ NW. (Ha 63. 46. KM 33).
**Alsweiler,** St. Wendel (Sa 43) 1 W.
**Alt-.** Die mit Alt- und Alten- zusammengesetzten Ortsnamen siehe bei den betreffenden **Stammwörtern,** so z. B. Alt-Benedek, Alt-Berun, Alt-Breisach, Alt-Buch, Alt-Bunzlau unter **B**; Alten-Frauenberg, Alten-Gamm unter **F, G.**
**Altaven,** Kellerberg (Wf 29) 1 W.
**Altbreisach,** *Stadt,* ✉ Krotzingen 1,6 W, Riegel 2.5 SW, Freiburg 2.7 NW. (Ba. 42. 36. 39).
**Altbüron,** Nebikon (SC 1, 18) 1½ W.
**Altdirnbach,** St. Peter (OeSü 82) 1½.
1 **Altdorf,** Edenkoben (Pf 37) ⅞ SO.
2 — in Niederbayern bei Landshut, (ByO 10) ¾ NW.
3 — in Oberbayern, Biessenhofen (Bayer. Stb. 17) ⅛ S.
4 — in Mittelfranken, *Stadt,* ✉ Lauf 2 SO, Hersbruck 3 SW, Nürnberg 3 SO. (ByO 42. 40. 45)
5 — in Württemb., *Fl.,* Ravensburg ½ NO, Niederbiegen 1 SO. (Wü 50. 49)
6 — in Württemb., Neckartailfingen (Wü 128) ¼ S.
7 — Orschweier (Ba 33) 0,3 SO.
8 — Säckingen (Ba 62) 2.5 N.
9 — **Nieder-,** Bechingen (Sa 15) 1¼ SW.
10 — Luzern. Siehe Altorf.
*Siehe Station Altdorf, Württemb. Stb. 80.*
**Altefähre,** ✉ T Stralsund (BSt 59) ½ NO.
**Alte-Hase,** ✕ Nierenhof (BM 62) 1 O.
**Alteich, Nieder-,** Isarhofen (ByO 52) ¼ NO.
**Alten,** Dessau (BA 30) ½ SW.
**Altenahr,** *Fl.,* ✉ *Weinbau,* Remagen (Rh 46) 3 SW.
**Altenau,** *Stadt,* ✉ Oker (Bs 37) 1½ S.
— Simonsdorf (PO 35) ¼ NO.
**Altenbach,** Heidelberg (Ba 3. MN 17) ¼ NO, Ladenburg (MN 15) 1¼ O.
*Siehe Altenbach, Leipzig-Dresden.*
**Altenberg,** ✉ *Galmeigruben,* Astenet ⅔ NW, Herbesthal (Rh 3. 2) 1 NW.
— in Sachsen, *Stadt,* ✉ *Zinngruben,* Teplitz 3 N, Dresden 4¼ S, Müglitz 5 SW. (AT 6. OeSü 1. 3).
— in Steyermark, Spielfeld (OeSü 55)
**Altenberg** in Oesterr. ob der Ens, *Steinbrüche,* von Oberndorf (KR 66) ¾ NW.
— Königsberg i. Pr. (PO 50) 1 S.
**Altenberge** bei Hearen, Kellerberg (Wf 28) 1¾ NW.
— Münster (Wf 20. KM 70) 2 NW, Emsdetten (Wf 22) 2¾ SW.
**Altenbergen,** Höxter (Wf 42) 1¼ NW.
**Altenbraack,** *Berg- u. Hüttenw.,* Thale (MH 14) 1½ SW.
**Altenbruch,** *Fl.,* ✉ Geestemünde (He 40) 7 NO.
**Altenbuch** bei Landau in Niederbayern, Strasskirchen (ByO 49) 1½ SW.
— Trautenau ¾ SW, Mastig (SNV 28. 10) 1¾ NO.
1 **Altenburg,** *Gipshütte,* Bernburg (MH 32) ½ N.
2 — (bei Gensungen), Gensungen (MW 4) ½ SW.
3 — (bei Alsfeld), Kirchhain (MW 10) 3¾ SO.
4 — (an der Saale), Naumburg (Th 14) ½ W.
5 — Remagen (Rh 46) 3 SW.
6 — in Baden. Neuhausen 0,3 S, Schaffhausen 0,5 SW. (Ba 76. 77).
7 — Unger., *Fl.,* Wieselburg (OeSt 67) ¼ W.
**Altenbuseck,** Giessen (KM 61. MW 14) 1 N.
1 **Altendorf,** Altfelde (PO 57) 3½ N.
2 — Berge-Borbeck (KM 12) ¼ SO.
3 — Essen (KM 13. Rh 93. BM 86) ⅔ NW.
4 — (Tiefbau), bei Dahlhausen, ✕ *St.* BM 88) 0,2 S.
5 — *Eisenwerke,* Holzminden (Bs 1, Wf 43) ¼ SO.
6 — Krippen (Schandau) (SO 9) ½ NO.
7 — Nabburg (ByO 9) 1¼ NO.
8 — Vorstadt von Ratibor (Wl 5) ¼ SW.
9 — in Mähren, Kr. Olmütz. ✉ *Walzwerke, Silber- u. Bleibergwerke.* (KFN 58).
10 — ebd., Kr. Prerau. (KFN 19).
11 — bei Chemnitz. (SO 29).
**Altenesch,** ✉ Vegesack (Ha 42) 1½ S.
**Altenessen,** *Station,* ✉ Essen (KM 13. Rh 93. BM 85) ⅔ N.
**Altenfeld,** Eisfeld 2 N, Arnstadt 4½ S. (Th 53e. 33).
**Altenfliess,** Friedeberg 1½ W, Zantoch 1¾ NO. (PO 16. 14).
— Wangerin (BSt 17) 1 SW.
**Altenhagen,** Celle (Ha 6) ⅜ NO.
— Miltzow (BSt 58) ½ SW.
**Altenhain** bei Chemnitz, Nieder-Wiesa (SO 54. SW 59) ⅓ NO.
— Machern *H°* (LD 4) 1 SO.
**Altenhayn,** Radeberg (SO 42) 3½ NO.
**Altenhausen,** Helmstedt 2 NO, Magdeburg 4¼ NW. (Bs 31. BPM 16. ML 1. MH 1).
— bei Waldenburg (Sachsen), *bed. Töpf. u. Strumpfwirk.,* Glauchau (SW 22) ⅞ NO.
**Altenheerse,** Willebadessen *H°* ½ NO, Driburg 1¼ S. (Wf 4. 39).
**Altenheim,** Offenburg (Ba 28) 1½ W.
**Altenhof,** Breitenschützing (KE 34) 1½ NW.
— Neunkirchen (OeSü 24) 5.
— bei Hannover (Ha 1).
**Altenhofen,** *Stadt,* ✉ Valentin (KE 24) ½ SO.
**Altenkirchen** am Wiedbache, *Stadt,* ✉ *Eisenwerk,* Au 1½ S, Wissen 1¾ SW. (KM 49. 50).
— Braunfels 1¼ S, Weilburg 1¾ SO. (Na 39. 38).
— Freienwalde (BSt 16) 2¼ NO.
— (auf Rügen) Stralsund (BSt 59) 5 NO.
— Landshut (ByO 10) 3½ O.
**Altenlohm,** Kaiserswaldau (NM 20) ⅔ N.
1 °**Altenmarkt** (KR 10) in Steiermark, *Fl.,* ✉ Aschbach (KE 21) 6½ S.
2 — a. d. Triesting (in Oesterr. unt. d. Ens), ✉ Krummnussbaum (KE 17) 2 NW.
3 — *Fl.,* ✉ *Salpetersiedereien,* Salzburg (KE 45) 7½ S.
4 — ✉ Leobersdorf 3 NW, Mödling 3½ SW. (OeSü 18. 10).
5 — Rakek in Krain (OeSü 79) 3.
6 — (bei Trostberg), *Fl., Waff.- u. Nagelschm.,* Traunstein 2¼ N, Endorf 3 NO, Landshut 11 SO. (BySt 144. 139. ByO 10).
7 — Osterhofen (ByO 55) ⅛ S.
**Altenmünster,** Crailsheim (Wü 83) ¼ S.
**Altenrath,** Wahn (KM 43) 1 O.
**Altenritte,** Guntershausen (HN 9) 1 NW.

**Altenschlief**, von Giessen (MW 14. KM 61) 7½ O.
**Altenschwand** (Bayern), Bodenwöhr (ByO 60) ½ W.
— in Baden, Säckingen (Ba 69) 2½ N.
**Altensdorf**, Neufahrn bei Ergoldsbach (ByO 5) ½ SW.
**Altenseelbach**, Neunkirchen (KM 53) ¼ NW.
**Altenstadt**, *Fl.*, Nieder-Wöllstadt 3 O, Hanau 3½ N. (MW 19. RbH 17. FB 5).
— Geislingen (WB 30) ¼ NW.
*Siehe Station Altmstadt, Bayer. Stb.*
**Altensteig**, *Stadt.* ⊤ *Wollmanufacturen*, Stuttgart (WB 16) 5½ SW.
**Altenstein**, Immelborn (Th 48) ⅓ NO.
**Altenthann**, *Pottaschesiederei*, Walhallastrasse (ByO 23) 2 NO.
**Altenwald**, Friedrichsthal (Sa 2) ¼ SO.
*Identisch mit Altenwald, Saarbr. K. 51.*
**Altenwalde**, Geestemünde (Ha 40) 4½ N.
**Altenweddingen**, *Kohlengr.*, Langenweddingen (MH 3) ⅝ SO.
**Alterswelier**, Weinfelden (S 2. 6) 1¾ NO.
**Alterwasch**, Guben (NM 17) 1 SW.
**Altfliess**, Laskowitz (PO 30) 2¼ NW.
**Altfranken**, Dresden (LD 20) ½ SW.
**Altglashütte**, Freiburg (Ba 39) 3,2 O.
**Althaldensleben**, *Zuckersiedereien u. Porzellanfabr.*, Wolmirstädt 2 W, Magdeburg 3½ NW, Helmstedt 4 O. (MH 17. 1. Be 31).
**Althammer**, Laibach (OeSB 166) 5⅛ N.
**Althausen**, Terespol (PO 29) 2 SO.
1 **Altheim**, Altheim *R*° (RL 27) ¾ SO.
2 — Allmendingen (WB 171) ½ O.
3 — *Fl.*, *Leinenweberei*, Lonsee (WB 82) 1 NO.
4 — Schemmerberg (WB 89) ¼ W.
5 — *Fl.*, Riedau-Ried u. Schaerding 4 SW. Strasswalchen 5 N. (KE 49. 52. 42).
6 — Mirskofen (ByO 11) ¼ SO.
7 — Rosenberg (Ba 111) 1 NW.
*Siehe Station Altheim, Hess. Ludwigsb.*
**Althof**, Insterburg (PO 58. TI 4) ¼ NW.
— Güldenboden (PO 40) ⅝ NW.
**Althofen**, Klagenfurt (OeSB 166) 5⅛ N.
**Althof-Nass**, Breslau (BP 1) 1 SO.
**Althütte**, Schönlanke (PO 21) 3⅓ SO.
**Althütten**, Beraun (BW 16) ½ NW.
**Altikon**, Winterthur (S 2, 13 u. 3, 14) 1¾ N.
**Altishofen**, Nebikon (SC 1, 18) ¼ NO.
**Altmannsdorf**, Hetzendorf (OeSB 5) nnm, Penzing (KE 2) ⅜ SW, Wien ⅞ S.
**Altmannstein**, *Fl.*, Ingolstadt (ByS 243) 3 NO.
**Altmark**, Marienburg (PO 86) 2¼ SO.
**Altnau**, Bürglen (SNO 2, 5) 2 NO.
**Altneudorf**, Heidelberg (Ba 3. MN 17) 1½ NO.
**Altötting**, ⊤ Vilshofen (ByO 55).
**Altofen**, Ofen (OeSB 135) ½ N.
**Altomünster**, Petershausen 3 W, Dachau 2¼ NW. (ByS 238. 236).
**Altorf**, *Stadt*, Luzern 9 SO. (S 1, 25 u. 2, 57).
**Altrop**, Greven (Wf 21) ¼ SO.
**Altsattel**, Egar (ByO 87) 2⅝ NO.
— Dux (AT 9) 4 S.
**Altschweier**, Bühl (Ba 82) ½ NO.
°**Altshausen**, *Fl.*, ⊤ Aulendorf (WB 46) 1 SW.
**Altstaden**, ✕ *St.*, Duisburg (BM 67. KM 10. Rh 95) ¾ NO.
1 **Altstadt** bei Ostritz in Sachsen, Zittau 2 NO, Görlitz 2¼ SW. (SO 33. 37).
2 — bei Stolpen, Fischbach G (SO 15) ¾ SO.
3 — Trampke (BSt 15) ¾ N.

**Altwyl**, von Emmenbrücke (SC 1. 24) 1 N.
**Altwyss**, Emmenbrücke (SC 1, 24) 1 N.
**Altzbach**, Wetzlar (KM 60. Na 41) ¾ NO.
**Al(t)zenbach**, Eitorf (KM 47) ½ O.
**Alven**, Salzkotten 1¼ SO, Paderborn 1½ W. (Wf 8 7).
**Alverdissen**, *Fl.*, Bückeburg 4 S, Herford 4¾ O. (Ha 47. KM 29).
**Alversdorf**, Schöningen (Be 29) ⅓ O.
**Alzenau**, *Haltestelle*, Brieg (NB 8) 1 S.
— *Fl.*, Kahl (FB 7) ¾ NO.
— bei Goldberg, Kaiserswaldau 1 SO, Hainau 1½ SW. (NM 30. 31).
**Alzenbach**, siehe Altzenbach.
**Alzey**, *Stadt*, *Station*, Creuznach (Sa 23) 3 SO.
**Amalienhof**, Pr. Eylau 2⅔ SW, Ludwigsort 4½ SO. (OpS 13. PO 47).
— Niederfinow ⅛ SO, Strausberg ⅘ SO. (BSt 64. 69).
**Amban**, siehe Ampass.
**Ambringen**, Krotzingen (Ba 42) ½ O.
**Amcke**, *Eisenhammer*, Drensteinfurt 1 S, Hamm 1 N. (Wf 17. 15).
**Amelinghausen**, Lüneburg (Ha 13) 4½ SW.
**Amelsbüren**, Hiltrup (Wf 19) ⅝ SW.
**Ameisen**, Salzderhelden (Ha 80) 1½ NW.
**Amelunxborn**, Stadtoldendorf (Be 2) ½ NW.
**Amelunxen**, *Papiermühle*, Höxter 1 S, Brakel 1½ O. (Wf 42. 40).
**Amendorf** in Hannover, Neustadt a. Rübenb. (Ha 23) 1¼ NO.
**Amesdorf**, Güsten (MH 31) ½ S.
**Ammelshain**, Naunhof (LD 21) ½ O.
**Ammerndorf**, *Fl.*, Nürnberg 3 W, Schwabach 2¼ NW. (ByO 45. BvS 46. 44).
**Ammensen**, Naensen (Ba 4) ½ NW.
**Ammensleben**, Gr.- u. Kl.-, Wolmirstedt 1 SW, Magdeburg 2 NW. (MH 17. 1).
**Amöneburg**, *Stadt*, Kirchhain i. Hessen (MW 10) ½ S.
**Amoltern** in Baden, Riegel (Ba 36) 1 W.
**Amorbach**, *Stadt*, Seckach (Baden) 3,2 NW, Wertheim 4,1 S, Aschaffenburg 5 S, Heppenheim 6 O. (Ba 106. 141. ByS 102. MN 11).
**Ampass** (Ambas ?), *Eisenquelle*, Hall ½ S. Innsbruck ¾ O. (OeSB 186. 187).
**Ampen**, Soest ½ SW. (Wf 13. BM 58).
**Amper**, Ober- u. Unter-, Moosburg ½ W. (ByO 8).
**Ampermoching**, *Mineralquellen*, Lohhof (ByO 4) 1 W.
**Ampfing**, Landshut (ByO 10) 7 SO.
**Ampfurth**, Oschersleben (Be 20. MH 6) ⅞ NO.
**Amrigschwand**, Waldshut (Ba 68) ¾ N.
**Amsdorf**, Ob.-Röblingen ¼ NO, Teutschenthal ⅝ W. (ML 21. 20).
**Amsoldingen**, Thun (SC 1, 47) 1 SW.
**Amsteg**, Luzern (S 1, 25 u. 2, 27) 13 SO.
**Amstenrade** Valkenburg (AM 6) 1½ NO.
**Amtenhausen**, Immendingen (Ba 179) 0,6 NW.
**Amtitz**, Jamnitz (NM 18) ½ N.
**Am Thürmchen**, Köln (Rh 1) ⅛ NW.
**Andelfingen**, Engen (Ba 176) 0,3 S.
**Audenschmiede**, *Hütte*, Weilburg (Na 36) 1¾ SO.
**Anderbeck**, Jerxheim (Be 17) 1 SO.
**Andermannsdorf**, Neufahrn bei Ergoldsbach (ByO 13) 1¼ SW.
**Andermatt**, Luzern (S 1, 25 u. 2, 57) 16 SO.
**Andershausen**, Salzderhelden (Ha 80) 1 NW.
**Andersheim**, Taufkirchen (KE 51) ½ SW.
**Andisleben**, °Walschleben (NE 13) ⅜ N.
**Andocs**, Szántod (OeSB 124) 2½ S.

**Anemolter**, von Nienburg (Ha 26) 2 SW.
**Angath**, Wörgl (OeSB 194) ¼.
**Angelloch**, Bammenthal (Ba 93) 0,3 SW.
**Angelsdorf**, Buir (Rh 9) 1¼ N.
**Angenstein**, Basel (Ba 56) 1,3 SW.
**Anger**, *Fl.*, Graz (GK 1. OeSB 48) 6 NO.
— in Bayern, Teisendorf (ByS 146) 1 SO.
**Angerburg**, *Stadt*, ⊤ Lötzen 3 N, Rastenburg 4 NO, Gumbinnen 8 SW, Wehlau 9 SO, Königsberg i. Pr. 13½ SO. (OpS 22. 20. PO 60. 55 50).
**Angerhausen**, Hochfeld (Rh 88) ⅜ SW.
**Angermund**, Düsseldorf (BM 29. KM 7) 1½ N.
**Angern**, Frankenmarkt (KE 41) 1½ SW.
— Rogätz, ¾ N, Mahlwinkel (MH 18. 19) ¾ SW.
*Siehe Station Angern a. d. March (Kais. Ferd. Nordb.) u. Angern i. Böhmen (Kais. Elisabethb. Linz-Budweis).*
**Angerod**, Kirchhain (MW 10) 3 SO.
**Angerstein**, Nörten (Ha 82) 1½ S.
**Angnitten**, Schlobitten (PO 41) ¾ W.
**Anhalt**, Neuberun (OS 30) 1 N.
**Anhausen**, Neuwied (Rh 61) 1⅛ NO.
**Anholdsweiler**, Buir (Rh 9) ¾ SW.
**Anholt**, *Stadt*, *Wasserfabriken*, Empel (KM 40) 1 N.
°**Ankerholz**, Kl., (domn. Stat. 33 Danz.-Cöslin), Danzig (PO 74) 6½ NW.
**Ankenstein**, Pettau (OeSB 111) 1 SO.
**Anna**, ✕ (Kölner Bergw.-Verein), Altenessen (KM 13) nnm.
— Sgt., Kartics 1½ SO, Arad 3¼ NO. (Ts 36. 37. 31 1).
**Annaberg** (Station), *Stadt*, *viele Fabr. u. Bergbau*, Freiberg (SO 51) 5 SW.
— Godesberg (Rh 113) ½ W.
— *Stadt*. St. Pölten 6 SW, Bruck a. Mur 7½ N. (KE 12 OeSB 40).
*Siehe auch Station Annaberg i. Schlesien.*
**Annaburg**, *Fl.*, Holzdorf 1 SW, Herzberg 1½ NW. (BA 21. 21).
**Annarode**, Riestedt (ML 23) 1½ NO.
**Annawerder**, Liegnitz (BF 25. NM 33) ½ W.
**Annathal**, Taus (BW 2) 3 NW.
**Annen**, St., Melle (Ha 55) 1½ SW.
**Annenhof**, Bothenfriede (BSt 53) ¾ O.
**Annweiler**, *Stadt*, ⊤ *Tuch- u. Lederfabr.*, Landau (Pf 39) 1⅞ SW.
**Anröchte**, Sassendorf 1½ SO, Lippstadt 1¾ SW. (Wf 19. 10).
**Ansbach** (Station d. Bayer. Stsb.), *Stadt*, Crailsheim (WB 83) 6 NO.
**Anspach**, Driesen (PO 18) ⅛ SO.
— Homburg (Ho 1) 1½ NW.
**Anstel**, Dormagen (Rb 63) 1¼ SW.
**Antrum**, Emsdetten (Wf 27) ¼ SO.
**Anton**, St., Pöchlarn (KE 16) 4¼ S.
**Antonienhütte**, Schwientochlowitz (OS 23) ½ SW.
**Antonienwalde**, Alt-Kemnitz (NM 47) 1 SW.
**Antoniewald**, Eisenbrod (SNV 16) 2 N.
**Antonii-Gartzen**, Satzvey (Rh 23) ½ N.
**Antonithal**, Bodenbach (OeSt 42. SO 11a) 6 NO.
**Antonsglückgrube**, *Kohlenbergw.*, Friedrichsgrube (Wl 22) ½ N.
**Anwyl**, Sissach (SC 1, 7).
**Anyas**, Kistelek (OeSt 108).
**Apacza**, *Fl.*, Csaba 4. (Ts 33).
**Apacza-Körmend**, Wartberg (OeSt 78) ⅜ NO.
**Apalfalva**, *Fl.*, Szöreg (OeSt 111) 4½ O.
**Apati**, Jász-, *Fl.*, Czegled 6½ NO, Hatvan 6½ SO (OeSt 102. Ts 1. UN 10).
**Apati**, Kis-, Mező-Keresztes (Ts 42) 1¾

Aranyos Maróth, *Stadt*, 📯 T von Neuhäusel (OeSt 85) 4½ N.
Arbeck (Ahrbeck), Burgdorf (Ha 4) ½ SW.
Arberg, Gunzenhausen (ByS 29) 1¾ NW.
Arbergen, Sebaldsbrück (Ha 33) ½ S.
Arbesau, Karbitz (AT 4) ½ NO.
Arbesthal, Bruck a. L. (OeSt 63) 7/8 NW.
Arboldswyl, Liestal (SC 1, 5) 1½.
Arbon, *Stadt*, Romanshorn (SNO 2, 1) 1½ SO.
Arch, Pieterlen (SC 1, 55) 2 NO.
— in Krain, Videm (OeSS 114) 1½ SW.
Archfelde, Herleshausen (Th 2) ¾ NO.
Arco, 📯 Mori 1½ NW, Trient 2½ SW. (OeSS 214 210).
Aremberg, *Fl., Blei- u. Eisengr.*, Remagen 4 SW, Sinzig 4 SW. (Rh 46 47).
Arendsee, *Stadt*, 📯 T Seehausen (MH 35) 2½ W.
— Prenzlau (BSt 48) 2 NW.
— Milzow (BSt 58) ¾ NW.
Arensberg, Kobbelbude (PO 48) 1½ SO.
Arensdorf, Cöthen (BA 35. ML 7. MH 34). ¾ SO.
— 📯 Briesen 1½ NW, Fürstenwalde 2 NO. (NM 9 7).
Arenstein, Kobbelbude 3 S, Ludwigsort 3¼ SO. (PO 48. 47).
Arft, Worringen (Rb 62) ¼ NW.
Arfurt Villmar ½ NO, Runkel ¾ O. (Na 33 31).
Argenthal, Bacharach (Rb 57) 2½ SW.
Argus, ⚒ u. E⚒ Cabel ½ NW, Herdecke ¾ N. (BM 67. 41).
Arheilgen (Haltestelle), Darmstadt (HL 24. MN 5) 5/8 N.
Arle, *Stadt*, Emden (Wf 38) 4½ NO.
Arlen, Singen (Ba 81) 0,3 SO.
Arlesheim, Basel (Ba 56) 1½ SO.
Arló, Kis-Terenne (UN 13) 6½ NO.
Arloff, Euskirchen (Rb 21) 1 S.
Arlstetten, Pöchlarn (KE 16) ¾ W.
Armenko, Reichenberg (OeSS 145) ½ NO.
Armsheim, Alzey (HL 44) 1¼ NW.
Arnau, *Stadt*, 📯 T *Leinen- u. Baumwollen-Industrie*, Mastig 1 NO, Trautenau 1½ SW, Falgendorf 2¼ O, Rubbank 5 SW. (SNV 10. 28. 11. NM 63).
— Königsberg i. Pr. (PO 50) 1½ NO.
Arndagger, Amstetten (KE 20) 1 NW.
— Stift, Amstetten (KE 20) ¾ NW.
Arneburg, *Stadt*, 📯 Stendal (MH 23) 1⅞ NO.
Arnfels, Leibnitz (OeSS 53) 3 SW.
Arnhausen, Gr. Rambin (BSt 20) ½ S.
Arnimswalde, Damm (BSt 12) 1 N.
— Wilmersdorf (BSt 46) 2 NW.
Arnis, *Fl.*, 📯 Schleswig (Sw 28) 3¾ NO.
Arnoldsmühle, D.-Lissa (NM 28) ½ S.
Arnoldstein, Villach (OeSS 171) 2 SW.
Arnoldsweiler, Düren (Rb 8) ½ N.
Arnsberg, *Stadt*, 📯 Soest (BM 56. Wf 13) 3¼ S.
— *Fl.*, Ingolstadt (ByS 243) 2¾ N.
— bei Hirschberg, Greiffenberg (NM 45) 2¼ O.
[1] Arnsdorf, Aussig ¾ N, Bodenbach 1 NO. (AT 1. BN 20. OeSt. 42 SO 21a).
[2] — Bodenbach (OeSt 42) 4 NO.
[3] — *Fl.*, 📯 Plattling 3½ S, Vilshofen 4 SW, Landshut 6½ O. (ByO 51. 55 10).
[4] — Görlitz (SG 15. NM 41. SO 27) 2 NW.
[5] — Görlitz 3 S.
[6] — 📯 Liegnitz 1 NW, Haynau 1¼ SO. (BF 23. NM 33 31)
[7] — 📯 Müncheberg (PO 4) 2½ SO.
[8] — Hirschberg 1½ SO, Schildau 1¾ SW. (NM 49. 51)
[9] — Fischbach ¼ NW, Radeberg ¾ SO. (SO 15. 14).

Artand, von Mező-Keresztes (Ts 41) ½ O.
Artelshofen, Hartmannshof 1 NW, Hersbruck 1¼ NO. (ByO 38. 40).
Artern *Stadt*, 📯 T *proj. Stat.*, Sangerhausen 1½ S, Erfurt 5 NO (ML 24. Th 8).
Arth, Zug (SNO 2, 52) 2½ S.
— Landshut (ByO 16) 1¼ NW.
Artič (Artitsch), Rann (OeSS 145) ½ N.
Artlenburg, *Fl.*, 📯 Hohnstorf ¾ NW, Lüneburg 2¼ N. (Ha 20. 13).
Artlkofen, Mirskofen (ByO 11) ¾ N.
Arweiden, Tharau (OpS 11) ¼ S.
Arys, *Stadt*, 📯 Lötzen (OpS 22) 3¼ SO.
Arzbach, Ems (Na 22) ¾ NO.
Arzberg in Bayern, *Stadt*, 📯 *Eisen- u. Steinkohlengruben*, Mitterteich 1½ N, Eger 2 SW. (ByO 85. 87).
Arzdorf, Mehlem (Rb 44) 1½ SW.
Arzgraben, Peggau (OeSS 44) 1½.
Arzheim, Landau (Pf 39) ½ S.
— Coblenz (Rh 52) ½ O
Arzignano, Vicenza (O. Ital. I. 39) 2¼ W.
Asad, Bersenese (OeSü 252) 2½ O.
Asbach a. d. Asbach, Landshut (ByO 10) 4 N.
— Gotha (Th 6) 1 W.
— Darmstadt (HL 24. MN 5) 1⅜ SO.
— 📯 Hennef 2½ SO, Mehlem 3 O. (KM 46 Rb 44).
— *PH.* (Ba 100. 99) Aglasterhausen ½ SO.
Asberg, Aldekerk (Rb 68) ? N.
Asch, Herrlingen (Wü 168) ¾ NW.
*Siehe Station Asch Bayer. Stsb.*
Ascha, 📯 Straubing (ByO 47) 1⅔ NO.
Aschach, *Fl.*, 📯 Schweinfurt (ByS 84) 4 NW.
— *Fl.*, 📯 ⚓ Wallern 2½ NO. Linz 3 NW, Wels 3½ N. (KE 46 64 31).
Aschbach, *Stadt*, 📯 Bamberg 3 SW, Neustadt a. A. (Mittelfr.) 3 NW, Kitzingen 4 NO, Hassfurth 4½ SO. (ByS 56. 170. 176. 90).
— Weinheim (MN 13) 2¼ O.
*Siehe Station Aschbach, Kais. Elisabethb.*
Aschbuden, Granau (PO 34) ½ NO.
Ascheberg, 📯 Drensteinfurt 1½ W, Rinkerode 1¼ SW. (Wf 17. 18).
*Siehe Station Ascheberg Altona-Kiel.*
Aschen, Gross-, Bünde ¾ SW, Bruchmühlen 1¼ SO. (Ha 53. 54).
Aschenbach, Sonneberg (Th 61) 2 N.
Aschenhausen, Wasungen 2 SW, Salzungen 3 S. (Th 48. 45).
Ascherbude, Filehne (PO 20) 1½ NO.
Ascherode, Gernrode (ML 31) 1½ NO.
Aschersleben, Ferdinandshof (BSt 51) ½ O.
Aschfeld, Karlstadt (ByS 95) 1 NO.
Ascholdshausen, Nieder-Lindhart (ByO 14) ¾ NW.
Aschwarden, 📯 Vegesack (Ha 41) 1½ NW.
Aseleben, Ober-Röblingen (ML 21) ½ N.
Asendorf i. Hannover, 📯 Winsen 3½ W, Nienburg 3 NW. (Ha 15. 26)
— bei Eisleben, Teutschenthal ¾ SW, Ober-Röblingen ¾ SO. (ML 20. 21).
Ashausen, Winsen (Ha 15) ¾ W.
Asiago, *Fl.*, 📯 Vicenza (Ital. I, 39) 5 N.
Aslar, *Eisenhütte*, Wetzlar (KM 60. Na 41) ⅝ NW.
Aslau, Kaiserswaldau ¾ N, Bunzlau 2 NO. (NM 30. 29).
Aspach bei Altheim, 📯 Riedau-Ried (KE 49) 3½ SW.
Aspang, Neunkirchen (OeSS 24) 1½ S.
Asperden, Goch (Rb 73) ½ NW.
Aspichhof, *Weinbau*, Bühl (Ba 22) ½ S.
Aspisheim, Gau-Algesheim ⅞ SW, Bingen 1¼ SO. (HL 16. 18).
Assamstadt, Wölchingen-Boxberg (Ba

Astheim, von Nauheim ¾ SW, Mainz 1 SO, Rüsselsheim 1 S, Gr.-Gerau 1 SW. (HL 21. 11. 31. 22).
Astrawischken, Norkitten 3 S, Wehlau 3 SO. (PO 57. 55).
Asvány, Raab (OeSt 69) 2½ NW.
Aszaló, *Fl.*, Szikszó (Ts 23) ½ O.
Aszar, *Fl.*, 📯 Kis Bér (OeSü 139) ¼.
Aszlanken, Stallupönen (PO 63) 2¾ S.
Atens, Bremerhafen (Ha 40) 1¼ SW.
Athanasienhof, Bialosliwe (PO 24) 1 S.
Athensleben, Förderstedt ¾ SW, Stassfurt 1 NW. (ML 17. 18).
Attaching, Freising (ByO 6) ½ SO.
Attendorn, *Stadt* 📯 Finnentrop (BM 73) 1 SW.
Attenhausen, Laurenburg (Na 25) 1¼ SW.
Attenhoven, Landen (Belg. Gr. C. 2, 19) ¾ N.
Attersee, 📯 Frankenmarkt 1¼ SO, Vöcklabruck 3 SW, Timmelkam 2 S. (KE 41. 37. 38).
Atting, Straubing (ByO 47) ⅞ W.
Attiswyl, Solothurn. (SC 1. 52).
Atzbach, Schwanenstadt (KE 35) ¾ NW.
— Wetzlar (KM 60. Na 41) ⅞ NO.
Atzelsdorf, Blindenmarkt (KE 19) ¼ N.
Atzenbach, Schopfheim (Ba 212) 1¼ N.
Atzenbrugg, 📯 Neulengbach (KE 8) 2½ NW.
Atzendorf, Förderstedt (ML 17) ½ NW.
— Merseburg (Th 17) ½ SW.
Atzgersdorf, 📯 *Station d. Oestr. Südb.*, *Heilbad*, *Fabr.*, Penzing (KE 2) 1 S.
[1] Au, *Stadt*, 📯 Freising 2½ N, Pfaffenhofen 2½ O (ByO 6. ByS 240).
[2] — bei Landshut, 📯 Mirskofen 1½ NO, Neufahrn bei Ergoldsbach 2 SO. (ByO 11. 13).
[3] — Neufahrn bei Ergoldsbach 1¾ NW.
[4] — Liesing (OeSS 7) ¼ NW.
[5] — bei Neusiedl, Götzendorf (OeSt 60) 3 SW.
[6] — bei Seewiesen, Kapfenberg (OeSS 39) 3½.
[7] — in Baden, Rastatt 1½ N, Freiburg ½ S. (Ba 18. 39).
*Siehe Station Au d. Köln-Giessener u. d. Verein. Schweizer B.*
*Siehe auch Aue.*
Aub, *Stadt* 📯 Marktbreit 1½ S, Uffenheim 1½ W. (ByS 161. 159).
Aubach, Schloss in Baden, Achern (Ba 24) 0,8 NO.
Aubel, *Stadt* 📯 Visé 2 SO, Herbesthal 2 W. (LM 3, 5. Rh 2).
Aubing Pasing (ByS 125) ¼ W.
Auchwitz, Gr.-Peterwitz (Wl 14) 2¾ W.
Audernák, Hatvan (UN 10) 11 NO.
Audorf, Nieder- (Oberbayern), Ober-Audorf (ByS 181) ¼ N.
Aue, Eschweiler, (*Walzwerk*), Eschweiler (Rb 6) ½ SW.
*Siehe Station Aue, Sächs. Westl. Stsb.*
Auenhausen, Brakel (Wf 40) 3½ SW.
Auenheim, Kehl (Ba. 157) 0,8 N.
Auenstein, Lauffen (Wü 55) W.
Auer, Norkitten (PO 57) ¾ NW.
*Siehe Station Auer, Oesterr. Südb. (Tirol).*
[1] Auerbach in Bayern, *Stadt* 📯 Neukirchen 3 N, Pressath 3½ SW, Sulzbach 3¾ NW, Amberg 4½ NW. (ByO 36. 75. 38 32).
[2] — im Bayer. Walde, Passau (ByO 58. KE 54) ¾ NW.
[3] — Unter-, Schwarzenfeld (ByO 68) 1½ O.
[4] — Wilferdingen (Ba 145) 0,6 S.
[5] — *PH* Dallau (Ba 104) 0,5 N.
[6] — Nieder-, Zweibrücken (Pf 23) ¾ NO.

**Aufhausen** a. d. gross. Laaber, in Bayern (Ober-Pfalz), von Sünching 3/4 W, Moosham 1 S. (ByO 17. 19).
**Aufhofen**, Langenschemmern (Wü 40) 1/4 W.
**Aufkirchen**, Wassertrüdingen (ByS 37) 1 W.
— Freising 2 1/2 SO, Landshut 5 SW. (ByO 6. 10).
**Aufsess**, Ober- u. Unter-, ♉ Bamberg (ByS 56) 3 O.
**Auggen**, Müllheim in Baden (Ba 45) 1/2 O.
**Augilitien**, Tapiau (PO 54) 3 1/2 S.
**Augstupöhnen**, Gumbinnen (PO 60) 3/4 SO.
**Augustdorf**, Suyatin (LCJ 18) 3/4 N.
**Augustenhain**, Pasewalk (BSt 50) 1 1/4 NO.
**Augustenhof**, Angermünde (BSt 6) 3/4 N.
**Augusten-Hoffnung** ✕ (der Bergb.-A.-G. Mark), Holzwickede (BM 53) unm.
**Augustenthal**, *Walz- u. Hammerwerk*, (Rh 51) Neuwied 1 NO.
— Sonneberg, (Th 61) 2 NW.
**Augustusbad**, *Badeort*, Radeberg (SO 14) 1/2 N.
**Augustusburg**, Erdmannsdorf (SW 61) 1/4 O.
**Auguswalde**, Grunau (PO 38) 1 1/2 SO.
— Damm (BSt 12) 1/2 O.
*Siehe Station Auguswalde, Oberschles. 56.*
**Auhagen** Lindhorst (Ha 44) 3/4 NW.
**Auheim**, Klein-, Gross-Auheim (FH 6) 1/2 W.
**Auherzen**, Nürschan (BW 6) 1/4 SW.
**Auhof**, Blindenmarkt (KB 19) 1/2 N.
1 **Aujezd**, ♉ Hohenmauth (OeSt 15) 1 N.
2 — Elbe-Teinitz (OeSt 21) 1 3/4 NO.
3 — Tarnau 1 W, Münchengrätz (SNV 17. TK 12. 11) 1 1/4 NO.
4 — Horowitz (BW 14) 1 SW.
5 — Neu-Paka (SNV 12) 1/2 SW.
6 — bei Johann, Neu-Paka (SNV 12) 1 1/4 S.
7 — Littau (OeSt 45) 1 N.
8 **Aujezd**, Ober- u. Unter-, von Zwittau (OeSt 9) 2 NW.
9 — Chrastvy-Klomin (TK 3) 3/4 NW.
10 — Skalic (OeSt 5) 1/2 SO.
11 — Hoch-, Beraun (BW 16) 1 3/4 O.
12 — Kl., *Glashütte*, Seltsch NW, Teplitz 1/2 NW. (AT 7. 6).
13 — ✕ Nürschan (BW 6) 1/4 NW.
14 — Weiss-, Smirl z 3/4 SO, Josefstadt (SNV 5. 6) 1 1/4 S.
**Aul**, Diez (Na 29) 1/4 NW.
**Aula**, Nieder-, Hersfeld (BbH 2) 1 1/2 SW.
— Ober-, Hersfeld (BbH 2) 2 1/2 SW.
**Auleben**, Heringen 1 SO, Nordhausen (ML 27. 28) 1 1/4 SO.
**Aulfingen**, Geisingen (Ba 141) 0 6 S.
**Aulhausen**, Assmannshausen 1/4 NO, Rüdesheim 1/2 N. (Na 11 10).
**Aulowöhnen**, ♉ Grünheide 1 1/4 W, Insterburg 2 1/2 N. (TI 3. 4).
**Auma**, *Stadt*, ♉ T Gera (Th 31. SW 83) 4 SW.
**Aumühl**, Kindberg 1/2, S, Mareln 1/2 NO. (OeSS 37. 38).
**Aumühle**, *Zuckerfabr.*, Rossla 1 W, Heringen 1 SO. (ML 26. 27).
**Aumund**, Vegesack (Ha 42) 1/2 N.
**Aupa**, Gr., ♉ Trautenau 2 3/4 NW, Marschendorf 4 1/4 NO. (SNV 28. 10).
— Kl., Trautenau 3 NW, Mastig 4 1/2 NO. (SNV 28. 10).
**Auperschin**, Teplitz (AT 6) 5/8 SO.
**Auplitz**, Weissenfels (Th 15) 3/4 SO.
**Aurach**, ♉ Memmingen (ByS 213) 1 1/4 SW.
**Auras**, *Stadt*, ♉ Schebitz 1 NW, Obernigk 1 SW, Nimkau 2 1/2 NO. (OS 33 34. NM 37).
**Aurich**, *Stadt*, ♉ T Emden 3 NO, Leer 4 3/4 NO, Sande 5 W, Varel 6 NW. (Wf 38. 35. Ol. 18. 20).
**Auringen**, Wiesbaden (Na 1. T 10) 1 NO.
**Aurinowes**, Bdebowie (OeSt 28) 3/4 S.
**Aurith**, Frankfurt a. O. (NM 11. PO 71) 2 1/2 SO.
**Auroff**, Nieder- u. Ober-, von Wiesbaden (Na 1. T 10) 1 3/4 N.
**Aurolzmünster**, ♉ Ried an Ried 2 1/4 SW, Redl 3 1/2 NW. (KE 49. 39).
**Aurorahütte**, Fronhausen (MW 12) 1 1/2 NW.
**Aurose**, Anclam (BSt 55) 1 S.
**Auscha**, *Stadt*, ♉ T Habichtstein 2 1/4 SW, Wegstädtl 2 3/4 N. Theresienstadt 3 1/2 O. (BN 6 OeSt 35. 37).
**Auslauf**, Neu-Paka (SNV 12) 3/4 S.
**Ausleben**, Oschersleben 1 NW, Wegersleben 1 1/2 N. (MH 6. Bs 20. 19).
**Ausmannn**, Ober- u. Nieder-, Terespol (PO 19) 1 1/2 SO.
**Auspitz**, *Stadt*, ♉ Saitz (KFN 60) 1 NW.
**Aussee**, *Stadt*, ♉ Müglitz 1 1/4 N, Littau 2 N. (OeSt 46. 45).
— in Steiermark a. d. Traun, *Fl.*, ♉ T *Salzsiederei*, Gmunden 5 S, Salzburg 9 SO, Wels 15 SO, Bruck a. M. 20 1/2. (KE. FS. 45. 81).
**Aussem**, Ober-, Horrem (Rh 10) 1 N.
— Nieder-, Horrem 1 1/4 N.
— Dillingen 1 3/4 NO, Saarlouis 2 1/4 NO. (Sa 14. 13).
**Aust**, Neu-Paka (SNV 12) 7/8 NW.
**Austerlitz**, *Stadt*, ♉ Brünn (KFN 56. OeSt 1) 3 SO.
**Auswciler**, Oberstein 1 S, Heimbach 1 3/4 NO. (Sa 38. 40).
**Autischkau**, Bauerwitz (Wi 12) 1 1/2 N.
**Auw** i. d. Schweiz, Cham (ByO 64) 2 1/2 NW.
**Auweiler**, Longerich (Rh 61) 1/2 W.
**Avenches** (Wiflisburg), *Stadt*, ♉ Bern (SC 1 39) 7 SW.
**Avendshausen**, Salzderhelden (Ha 80) 1 1/4 NW.
**Avernas le Bauduin**, Landen (BGO 2, 19) 3/4 S.
**Avisio**, Lavis (OeSS 2/9) 1/4 S.
**Ay**, Waldshut (Ba 68) 1 NW.

# B.

**Baalberge**, von Biendorf 1/2 NW, Bernburg 5/8 SO. (MH 33. 32).
**Baán**, *Stadt*, ♉ Tornocz (OeSt 82) 8 NO.
**Baar**, Mohacs (MF 1) 7/8 NO.
— Zug (SNO 2, 52) 3/4 N.
**Baarlen**, Venlo (Rh 84) 1 SW.
**Baasdorf**, Cöthen (MH 34. ML 7) 3/4 S.
**Baben**, Horasdiewic (KPJ 32) 1/4 NO.
**Babenhausen**, *Stadt*, ♉ Babenhausen (HL 20) 1/4 NO.
— Bielefeld (KM 28) 5/8 NW.
— *Fl.*, ♉ Kellmünz 1 1/4 O, Illertissen 1 1/2 O, Memmingen 3 NO (ByS 210. 2. 8. 213)
**Babianka**, Oiynia (LCJ 14) 1/2 S.
**Babice**, Przemysl (GOL 29. LCJ 22) 3 NW.
**Babin**, Bukaczowce (LCJ 9) 3 SO.
**Babitz**, Auwal (OeSt 55) 1 O.
— Neudau (Wi 4) 1/2 S.
— *Mahl- u. Sägemühlen*, Bauerwitz (Wi 12) 3/4 NW.
**Bábolna**, Tisza-, Karczag (Ts 7) 4 1/2 N.
— (Ungarn), *k. k. Gestüt*, Nagy-Igmand OeSS 140) 1/2 W.
— (Siebenbürgen), *Weinbau u. warme Quellen*, Broos (Si 13).
**Babony**, Kiss-Terenne (UN 13) 2 1/2 SO.
**Baborin**, Zdice (BW 15) 1/4 W.
**Baboth**, Kis-, Raab (OeSt 69) 1 1/2.
— Nagy-, Raab.
**Babra**, Schmolz (BF 2) 1 1/2 SW.
**Babuchow**, Burstyn (LCJ 10) 2 1/2 S.
**Baccum**, Lingen (Wf 27) 1 O.
**Bach**, Walhallastrasse (ByO 23) 1 1/2 O.
**Bachem**, Nieder-, Mehlem (Rh 44) 1/2 SW.
— Ober-, Mehlem (Rh 44) 3/4 SW.
— Remagen (Rh 46) 1 3/4 SW.
**Bachern**, Mering (ByS 118) 1 NO.
**Bachheim**, Ober- u. Nieder-, Braubach (Na 15) 1 1/4 SO.
**Bachmanning**, Breitenschützing 1 NW, Schwanenstadt 1 1/2 NW. (KE 34. 35).
**Bachtevier**, *Bergw.*, Mechernich (Rh 24) 1/8 S.
**Bachzimmern**, Immendingen (Ba 179) 3/4 N.
**Backnang**, *Stadt*, ♉ T Waiblingen 2 NO, Ludwigsburg 2 3/4 NO. (Wü 101. 12).
**Baddeckenstedt**, von Ringelheim (Bs 11) 3/4 NW.
**Badeborn**, Ballenstedt 5/8 N, Nachterstedt 1 SW, Frose 1 1/4 SW, Quedlinburg 1 1/2 O. (MH 40. 38. 39. 12).
**Badegast**, Cöthen (MH 34. ML 7) 1/2 S.
**Badeleben**, Schöningen (Bs 29) 1 1/2 O.
**Baden**, Achim (Ha 32) 1/2 SO.
*Siehe die Stationen Baden der Bad. Stsb., Oesterr. Südb. u. Schweizer Nordostb.*
**Badenhard**, St. Goar (Rh 55) 1 SW.
**Badenhausen**, ♉ Seesen (Bs 8) 2 S.
**Badenheim**, Bingerbrück (Rh 58) 1 3/4 SO.
**Badenscheuern**, Baden (Ba 154) 0,2 W.
**Badenweiler**, ♉ T *Silber- u. Bleigr.*, *Badeort*, Müllheim (Ba 45) 3/4 O.
**Badersleben**, ♉ Jerxheim (Bs 17) 1 1/2 S.
**Badewitz**, Leobschütz (Wi 10) 3/4 S.
**Badl**, Feggau (OeSS 44) 1/2 N.
**Badorf**, Brühl (Rh 39) 1/2 SW.
**Baelen** in Belgien, Herbesthal (Rh 2) 3/4 S.
**Bärenbruch**, Lindenau (PO 53) 1/4 SO.
**Bärengrund**, Waldenburg (BF 10) 3/4 SO.
**Bärenklau**, Guben (NM 17) 1 1/2 W.
**Bärenstein** *Stadt*, ♉ Dresden 6 S, Müglein *GH* (SO 1. 3) 4 SW.
— (im Sächs. Erzgebirge), ♉ Annaberg-Buchholz (SW 70) 1 1/4 S.
**Bärenthal**, Freiburg (Ba 39) 3 SW.
**Bärentschwyl**, Wetzikon (VS 3 49) 1 1/4 NO.
**Bärenwalde** (bei Kirchberg), ♉ Wiesenburg 1 1/4 S, Schneeberg 1 1/4 SW. (SW 50. 55).
*Siehe dagegen nachfolgend Bärwalde.*
**Bärfelde**, Cüstrin (PO 8) 3 N.
**Bäringen** (in Böhmen), *Fl.*, Schwarzenberg (SW 58) 4 S.
**Bärn**, *Stadt*, ♉ T Olmütz (KFN 58. OeSt 43) 4 1/4 NO.
**Bärnau** (Bayern), *Stadt*, ♉ *Weberei*, Neustadt a. W. 3 NO, Mitterteich 3 SO. (ByO 61. 65).
**Bärndorf**, Kaldorf (OeSS 50) 3/4.
**Bärsdorf**, Waldenburg 1 SO. Dittersbach 1 O. Schweidnitz 1 1/2 SW. (NM 57. 56. BF 10. 16).
— bei Jauer, Gr.-Rosen (BF 19) 3/8 NO.
— bei Hainau (NM 31) 1 NO.
**Bärstadt**, von Eltville (Na 6) 1 1/4 N.
**Bärwalde** (Prov. Brandenburg), *Stadt*, ♉ Wriezen 3 1/4 NO, Cüstrin 4 NW. (BSt 67. PO 8).
— (in Pommern), *Stadt*, ♉ T Schivelbein 5 SO, Schneidemühl 9 NW. (BSt 19. PO 22).
— (Preuss.) Tapiau (PO 54) 2 1/2 NO.
— (Preuss. Lausitz), Bautzen (SO 20) 3 1/2 NO.
**Bärzdorf**, Brieg (OS 5) 1 3/4 SW.
**Bäsweiler**, *starker Hopfen- u. Flachsbau*, Geilenkirchen ((BM 7) 1 SSO.
**Bätterkinden**, Solothurn (SC 1, 52) 1 3/4 S.
**Bagenz**, Spremberg (BG 10) 1 1/2 NO.
**Bagola**, Kanisza (OeSS 109) 1/4 SO.
**Bagota**, Neuhäusel (OeSt 65) 1 S.
**Bagyar**, Szanto (UN 11) 1/4 NW.
**Bahlow**, Wriezen a. O. (BSt 67) 1 1/4 S.
**Bahn**, *Stadt*, ♉ T Stettin 4 S, Tantow 4 1/2 SO, Stargard 5 SW. (BSt 109. 14).
**Bahnau** (Preuss.), Heiligenbeil (PO 45) 1/4 SW.
— (Poln.), Heiligenbeil (PO 45) 5/8 N.
**Bahony**, *Station v. Pressb.-Tyrnau*, Wartberg (OeSt 78) 1 N.
**Bahrdorf**, ♉ Helmstedt (Bs 31) 3 N.
**Bahrenburg**, *Fl.*, ♉ Nienburg 4 3/4 W, Minden 5 1/2 N. (Ha 36. 48).
**Bahrendorf**, Dodendorf 3/4 SW, Langenweddingen 1 S, Schönebeck 1 1/2 SW. (MH 2. 3. ML 3).
**Bahrum**, Salzgitter 1 1/2 NO, Wolfenbüttel 1 1/2 SW. (Bs 12. 24a).
**Baienfurth**, Niederbiegen (Wü 49) 1/4 O.
**Baierbach** (Bayerbach), Ergoldsbach 7/8 O, Nieder-Lindhart 1 1/4 S. (ByO 12. 14).
**Baierbrunn**, Grosshesselohe (ByS 128) 3/4 SW.
**Baiersberg**, Gotzow (PO 7) 1 NW.
**Baiersbronn** (in Württemb.), ♉ T Achern (Ba 24) 3 O.
**Baierthal**, Meckesheim 0,8 W, Wiesloch 1 NO. (Ba 8. 95).
**Baja**, *Fl.*, ♉ T ⚓ an der Donau, Mohacs 3/4 O, Theresiopel 6 1/2 W. (MF 1. Alf 15).
— Sebersin (Si 7).
**Bajca**, Kis-, Raab (OeSt 69) 2 NO.

**Bajcs, Nagy-**, von Raab (OeSt 69) 3½ NO.
**Bajcsa**, Kanizsa (OeSt 109) ¾ O.
**Bajna**, *Fl.*, 📯 Tornocs (OeSt 88) 8 N.
**Bajom, Nagy-**, *Fl.*, 📯 Püspök-Ladany 2½ SO, Saap 1 SW. (Ts 8. 39).
**Bajta**, Szobb (OeSt 89) 1½ N.
**Bak**, St. Mihály (OeSt 107) 1½ W.
**Bakamaz**, Tokaj (Ts 17) ½ SO.
**Bakaniczö**, Soborsin (Sl 7).
**Bakendorf**, Hagenow (BH 16) 1¼ N.
**Bakonak**, Kanizsa (OeSt 109) 1½ NO.
**Baksa**, 📯 Szikszó (Ts 23) ½ NO.
**Balassa-Gyarmat**, 📯 T *Fl.* in Ungarn an der Eipel, Waitzen (OeSt 92) 4 N.
**Balasvalva**, Karlsburg (Sl 18).
**Balbach**, Königshofen (Ba 115) 0,5 S.
**Baldegg**, Sempach (SC 1, 22) 2 O.
**Baldenburg**, *Stadt*, 📯 T Cöslin 8 SO, Belgard 8 SO. (BSt 21. 24).
**Baldenerub**, Liegnitz (BF 23) ⅓ S.
**Baldern**, Bopfingen (Wü 117) 1 N.
**Baldingen, Ober-**, Ober-Geislingen 1 W, Donaueschingen 1¾ NO. (Ba 181. 183).
— **Unter-**, Donaueschingen 1,56 NO.
**Balfanz**, Gr.-Rambin (BSt 20) 3 SO.
**Balg**, Oos (Ba 19) ⅝ S.
**Balga**, 📯 Heiligenbeil 1½ NO, Woltnik 1½ W (PO 45. 46).
**Balge**, 📯 Nienburg (Ha 26) 1¼ N.
**Baligród**, *Stadt*, 📯 Przemysl (GCL 22) 11¼ SW.
**Balince**, Kolomea (LCJ 16) 2¾ NO.
**Balingen**, *Stadt*, 📯 T Tübingen (Wü 135) 5 SW.
**Balkány**, 📯 Uj Fehértó 1½ SO, Hadhaz 2 NO. (Ts 12. 13).
**Balkow**, Frankfurt a. O. (NM 11) 3½ SO.
**Ball**, Freienwalde i. P. (BSt 16) 1½ SO.
**Balla**, Kis-Terenne (UN 13) 1½ O.
**Balldegg**, Emmenbrücke (SC 1, 24) 3 N.
**Ballenberg**, Osterburken (Ba 110) 1¼ SO.
— Gr.-Rambin (BSt 20) ½ O.
**Ballendorf**, Grimma 1½ S, Borna 2 O. (LD 23. SW 28).
— Lonsee (Wü 32) 1¼ O.
**Ballenhausen**, Obernjesa ½ SO, Göttingen 1¼ S. (Ha 94. 84).
**Ballersbach**, Herborn (KM 57) ⅝ S.
**Ballhausen**, Heidenheim (Wü 125) 1½ SO.
— *Straussfurth (NE 8) ⅞ SW.
**Ballrechten**, Heitersheim (Ba 43) ½ O.
***Ballstedt**, Gotha (Th 6) 1½ N.
**Ballum**, Tondern (Sw 12).
**Ballwyl**, Emmenbrücke 2½ NO, Sempach 2½ O. (SC 1, 24. 25).
**Balm**, *Weiler*, Neuhausen (Ba 76) 0,5 S.
— **Ober-**, Bern (SC 1, 39) 1¾ SW.
**Balmaz-Ujváros**, Szoboszló (Ts 10) 2½ NW.
**Balsthal**, Olten (SC 1, 10) 3¼ SW.
**Baltavar**, St. Iván (OeSt 106) 1¾.
**Baltersweiler**, St. Wendel (Sa 43) ½ N.
— Griessen 1 O, Neuhausen 1 SW. (Ba 71. 76).
**Baltmannsweiler**, Reichenbach (Wü 23) ½ N.
**Baltringen**, Schemmerberg (Wü 30) ⅝ O.
**Balványos**, Szántos (OeSt 124) 1 S.
**Balve**, *Stadt*, 📯 Iserlohn (BM 81) 2 SO.
**Balz**, Vietz (PO 10) ½ NO.
**Balzenwyl**, Zofingen (SC 1, 15) 1 O.
**Balzfeld**, Hoffenheim (Ba 127) 0,5 W.
**Balzhofen**, Bühl (Ba 22) 0,7 NW.
**Bamberg, Alten-**, Münster a. Stein (Sa 31) ½ SW.
— **Neu-**, *Stadt*, 📯 Creuznach (Sa 29) 1 SO.
*Siehe dagegen Station Bamberg in Bayern.*
**Bamlach**, Rheinweiler (Ba 49) 0,3 O.
**Ban** (Banowitz), *Fl.*, 📯 T Ungar. Hradisch (KFN 15) 10½ SO.
**Bana**, Sz. Janos (OeSt 70) 1½ S.
**Bandelin**, Greifswalde 2 S, Züssow 2 W. (BSt 56. 57).
**Bandelow**, Nechlin (BSt 49) ¾ SW.
**Banfa**, St. Mihaly (OeSt 107) 1¼ NO.
**Bangstede**, Emden (Wf 55) 2 NO.
**Banilla**, Snyatin (LCJ 18) 2 N.
**Bankau**, *Eisenb.*, Kreuzburg (RO 23) 1 O.
**Bankholzen**, Radolfzell (Ba 83) 0,6 S.
**Bankwitz**, Brieg (NB 8. OS 5) 2½ NO.
**Baniok**, Detta (OeSt 122) ⅝ N.
**Bann**, Landstuhl (Pf 5) ½ SO.
**Banna**, Acs (OeSt 5) 1½ SO.
— Nagy Igmand (OeSt 140) 1½ W.
**Bannholz**, Waldshut (Ba 68) 1 N.
**Banov**, *Fl.*, 📯 Ungar. Hradisch (KFN 15) 3¼ SO.
**Bantorf**, Haste (Ha 43) 1 S.

**Bánya, Nagy-**, *Stadt*, 📯 von Debreczin (Ts 11) 20½ O.
— **Feled**, Debreczin (Ts 11) 21¾ O.
— **Telky**, *Mineralbad*, Hidas-Németby (Ts 26) 1½ NO.
**Banz (Kloster)**, Staffelstein (BySt 69) ½ NW.
**Banzkow**, von Schwerin (Mk 9) 2 SO.
**Baracska**, Perbete (OeSt 86) 2½ NO.
— Martonvasar (OeSt 131) ¾ SW.
**Baraczhaza**, 📯 Temesvar (OeSt 119) 3 N.
— Detta (OeSt 122) 1¾ W.
**Barand**, Püspök-Ladany 1¼ SO, Saap 1½ NW. (Ts 28. 39).
**Baranów in Galizien**, *Stadt*, 📯 Dembica 7 NO, Rzeszów 7 NW. (GCL 12. 16).
— **in Preussen**, *Stadt*, 📯 Namslau 4 NO, Kreuzburg 5¼ NW, Oels 6 NO. (RO 20. 23. 17).
**Baranowitz**, Orzesche (Wl 23) ½ S.
**Bárát-Falu, Kis-**, Raab (OeSt 69).
**Barau**, *Fl.*, 📯 *Strumpfwirkereien*, Wodnian (KFJ 26) 1 SW.
**Barbaraberg**, Trabitz (ByO 76) ⅜ W.
**Barbelroth**, Winden (Pf 41) ¼ W.
**Barbing**, Mangolding (ByO 20) 1 N.
**Barbis**, *Salzquelle*, Nordhausen (ML 28) 4 NW.
**Barby**, *Fl.*, 📯 T Gnadau 1 SO, an der Saale 1 NO. (ML 4. 5).
**Barchfeld**, *Fl.*, 📯 Immelborn (Th 46) ⅛ NO.
**Barchow, Gross-**, *Fl.*, Elbe-Teinitz (OeSt 21) 2½ W.
— **Klein-**, Elbe-Teinitz (OeSt 21) 1¼ W.
**Barcola** (am Meer), Prosecco (OeSt 86) ¾ W.
**Barczin**, *Stadt*, 📯 Bromberg (PO 27) 4 S.
**Bardau**, Gr. u. Kl., Grimma (LD 23) ¾ SW.
**Bardenberg**, Aachen (Rh 4. BM 1) 1 NO.
**Bardenfleth**, Oldenburg 1½ NO, Vegesack 3 NW. (Ol 1. Ha 43).
**Bardowieck**, *Fl.*, 📯 Bardowieck (*PH* *) ¼ NO, Adendorf ¾ W, Vegesack 3 SW. (Ha 14. 18. 42).
**Barenbostel**, Nienburg (Ha 26) 4 SW.
**Barenbruch**, Carolinenhorst (BSt 13) ½ SW.
**Barenbusch**, Schneidemühl (PO 22) 6½ N.
**Barendt**, Dirschau (PO 34) 1¼ NO.
**Barenthin**, Zernitz (BH 9) 1½ NW.
**Barentschwell**, Wetzikon (VS 5, 49) 1¼ O.
**Bargau**, Unterböbingen ½ SW, Gmünd ¾ SO. (Wü 110. 109).
**Bargen** (Schweiz), Schaffhausen (Ba 77) 1,3 N.
— Helmstadt (Ba 98) 0,5 S.
— Engen (Ba 176) ¾ N.
— Fraustadt (OS 41) 1¼ NO.
— 📯 Trachenberg (OS 36) 1 W.
**Bargensdorf**, Neubrandenburg (FF 7) 1 SO.
**Barglischow**, Anklam (BSt 55) ¾ O.
**Barillon- (früher Julia-) Schacht**, ⚒ Bochum 0,2 NW, Pluto 0,2 NO (BM 84. KM 14a).
**Barkenbrügge**, Schneidemühl (PO 23) 6 N.
**Barkhausen**, Porta ¼ N, Minden ½ S, Bruchmühlen 1½ N. (Ha 45. 48. 54).
**Barleben** (*GH*), 📯 Wolmirstedt ⅝ S, Magdeburg 1½ N. (MH 17. 15).
**Barloszno**, Czerwinsk (PO 32) 1 NW.
**Barmbeck**, (Bernbeck), Wandsbeck ½ W, Hamburg ½ N. (LB 14. 15)
**Barmstedt**, *Stadt*, 📯 Elmshorn (AK 5) 1 NO.
**Barna**, Kiss-Terenne (UN 13) 1½ NO.
**Barneberg**, Schöningen (Be 29) 1¼ SO.
**Barnim, Gr.-**, Wriezen a. O. (BS 167) 1 SO.
— **Neu-**, Wriezen a. O. 2½ W.
**Barnimskunow**, Stargard (BSt 14) 1 S.
**Barnitz**, Reinfeld (LB 9) ⅝ S.
**Barnsdorf** (Barnstorf), Jerxheim ¾ NW, Schöppenstedt ¾ SO. (Be 17. 21)
**Barnstädt**, Ober-Röblingen (ML 21) 2½ S.
**Barnstorf**, *Fl.*, 📯 Nienburg (Ha 26) 8 NW.
**Barntrup**, *Stadt*, 📯 Bückeburg 4¾ S, Herford 5 SO. (Ha 47. KM 29).
**Barod, Nagy-**, 📯 Grosswardein (Ts 43) 3½ SO.
**Barok**, Ofen (OeSt 95) 2 W.
*Siehe dag. Station Barop Berg.-Märk. E.)*
**Baromlak**, Perbete (OeSt 86) 1¾ N.
**Barschdorf**, Liegnitz ⅛ SO, Neuhof ¾ NO. (BF 23. 21).

**Barssel**, von *Apen (Ol 12) 1 SW.
**Barskewitz**, Trampke (BSt 15) 1 S.
**Barsinghausen**, 📯 ⚒ Haste (Ha 43) 2 SO.
**Barteln**, Breslau (BF 1) ⅜ SO.
**Bartelsee, Gr.**, Bromberg (PO 27) ½ O.
— **Kl.**, Bromberg (PO 27) ⅜ O.
**Barten**, *Stadt*, 📯 Korschen 2 NO, Rastenburg 3 N, Wehlau 6 SO. (OpS 17. 20. PO 55).
**Bartenbach**, Göppingen (Wü 26) ⅜ N.
**Bartensleben**, Helmstedt (Be 31) 1 NO.
**Bartenstein** (in Württb.), *Stadt*, 📯 T Waldenburg 3½ NO, Crailsheim 4¾ NW. (Wü 76. 83).
*Siehe dag. Station Bartenstein, Ostpr. Südb.*
**Barterode**, von Dransfeld (Ha 85) ½ NW.
**Bartfeld**, *Stadt*, 📯 T *berühmter Sauerbrunnen*, Bochnia 16 SO, Kaschau 15 N. (GCL 7. Ts 28).
**Barth**, *Stadt*, 📯 T Stralsund (BSt) 4 NW.
**Barthen**, Tapiau (PO 54) ½ NW.
**Bartholomä**, Mögglingen 1 S, Unterböbingen 1¼ SO. (Wü 111. 110).
**Bartin**, *Kalkbr.*, Degow (BSt 43) ½ W.
**Bartloff, Gr.**, Heiligenstadt (ML 33) 2⅛ SO.
**Bartow**, Anklam (BSt 55) 3 W.
**Barum**, Bevensen (Ha 11) 1 SW.
**Baruth in Preussen**, *Stadt*, 📯 *Glashütten*, Brand 2¼ W, Halbe 2½ SW, Lübben 4½ NW, Luckenwalde 3 SO. (BG 5. 6. BA 5).
— **in Sachsen**, Bautzen (SO 20) 1½ NO.
**Barver**, Nienburg (Ha 26) 6 W.
**Barycz**, *Stadt*, 📯 Przemysl (GCL 22) 8¼ W.
**Barzdorf**, 📯 T *Zollamt, Rübenzuckerfabr.*, Troppau (KFN 63) 9½ NW.
— Striegau ¾ NO, Gr.-Rosen 1 O. (BF 17. 19).
**Barzheim** (Schweiz), Thayingen (Ba 79) 0,3 NO.
**Barzin**, Nassow (BSt 22) ¾ SO.
**Basadingen**, Andelfingen (SNO 2, 34) 2 N.
**Basahid**, 📯 Gr.-Kikinda (OeSt 114) 3 S.
**Basbeck**, 📯 T Bremerhafen (Ha 40) NO.
**Baschka**, Schönbrunn (KFN 25) 3 SO.
**Baschnitz**, Rohbank (NM 53) 3 S.
**Baschütz**, Bautzen (SO 20) ¾ O.
**Basedow**, Malchin (FF 4) 1 SW.
**Basepohl**, Stavenhagen (FF 5) ¼ N.
**Basiowka**, Lemberg (GCL 29. LC 1) 1 SW.
**Basse**, Neustadt a. N. (Ha 23) 1 NO.
**Bassenheim**, Coblenz (Rh 52) 1½ W.
**Bassum**, Achim 1 NO, Bremen 2¾ O. (Ha 33. 34).
— *Fl.*, 📯 Delmenhorst 3 SO, Bremen 3⅝ S, Nienburg 6 NW. (Ol 5. 8. Ha 26).
**Bast**, Cöslin (BSt 24) 2 W.
**Basthorst**, Schwarzenbeck (SH 21) 1¼ N.
**Batenburg** i. d. Niederl., *Fl.*, 📯 Nymwegen (Rh 80) 2 W.
**Batnowitz**, Schwadowitz (SNV 27) ⅛ S.
**Batonya**, 📯 Kiss-Terenne (UN 13) ½ SO.
**Batorkeszi**, Köbölkut (OeSt 87) ¾ SW.
**Batta a. d. Donau**, Tarnok (OeSt 132) 1½ W.
**Battenberg**, *Stadt* 📯 *Eisenhammer*, Marburg (MW 11) 3¾ N.
**Battin**, Gr.-Rambin (BSt 20) ½ NW.
**Battinsthal**, Tantow (BSt 9) 1½ NW.
**Batzenhof**, *Hof*, Durlach (Ba 13) 0,5 S.
**Bau**, Pattburg (Sw 11) ¼ NO.
**Bauchlitz, Gr.-**, Döbeln (LD 28.) ¼ O.
**Baudach** 📯 Sommerfeld (NM 19) ¼ SO.
**Baudenbach**, *Fl.*, Langenfeld (BySt 171) ¼ N.
**Baudis, Poln.**, Neumarkt (NM 36) 2 SO.
— **Gr.**, 📯 Neumarkt (NM 36) 2½ SW.
**Bauerberg**, Anklam (BSt 55) 2¼ O.
**Bauerort**, Pasewalk (BSt 50) ¼ NO.
**Bauerschaft Ober-**, Bünde (He 53) ⅜ NW.
**Bauma**, Wetzikon (VS 3, 43) 2⅛ NO.
**Baumbach**, Coblenz (Rh 52) 2¼ NO.
— Rotenburg (HN 4) ½ NW.
**Baumgart**, Altfelde 2 SO, Elbing 3 S. (PO 37. 39)
1 **Baumgarten**, 📯 Landshut (ByO 10) 1 O.
2 — Penzing (KE 2) ¼.
3 — Kirchstetten (KE 9) 1 SO.
4 — Marchegg (KFN 48. OeSt 73) 1 N.
5 — Bützow (Mk 3) 1⅜ SW.
6 — Frankenstein (BF 11) ½ SW.
7 — *Ziegelei*, Greiffenberg (NM 45) ¼ S.
8 — Wangerin (BSt 17) 3½ SO.
9 — Prenzlau (BSt 48) 1 O.
**Baumgartenberg**, 📯 Amstetten (WS 31) 2½ NW.

**Baumholder**, *Fl.*, ♁ von Heimbach (Sa 40) 1⅛ O.
**Baumkirchen** in Tirol, *Mineralbad*, Fritzens ¼ SW, Hall 1 NO. (OeSü 185. 186).
**Bauna**, Alten-, Guntershausen ¾ NW.
— Kirch-, Guntershausen ½ NW, Cassel 1⅜ SW. (HN 9. 11. MW 1. 3).
**Baunach**, *Fl* ♁ Breitengüssbach ½ NW, Bamberg 1 N. (ByN 57. 56).
**Bauschheim**, Bischofsheim (HL 20) ½ S.
**Bauschlott**, Bretten 1 S, Pforzheim 1 N. (Ba 149 Wü 4. 207).
**Bautzen**, Klein- (in Sachsen, Lausitz), Bautzen (SO 20) 1 NO.
— Ober- (in Böhmen), Turnau (SNV 17. TK 12) 1⅞ S.
— Unter- (dsgl.), Jung-Bunzlau (TK 8) 2¼ NO.
*Siehe dagegen Station Bautzen der Sächs. östl. Staab.* 20.
**Bautsch**, *Stadt*. ♁ Troppau 5½ SW, Olmütz 4½ NO. (KFN 63. 55).
**Bawinkel**, Lingen (Wf 67) 1⅝ NO.
**Bayenthal**. ♁ Cöln (Rh 13) ½ S.
**Bayersbronn**, siehe Baiersbronn.
**Beatenwald**, Saarau (Schles.) (BF 6).
**Béba**, Alt-, Orosslámos (OeSt 112) 1½ W.
**Beberbeck**, Hofgeismar (HN 14) ¾ NO.
**Beberstedt**, Gernrode (ML 31) 1½ S.
**Bebra**, °Sondershausen (NE 4) ¼ SW.
*Siehe dag. Station Bebra d. Hess. Nordb.* 3.
**Bechein**, *Eisenwerk*, Horowitz 1 SO, Zditz 1½ SO. (BW 14. 15).
**Becheln**, Ems (Na 22) 1 S.
**Bechenheim**, Alzey (HL 44) 1 W.
**Bechhofen**, ♁ Wassertrüdingen 1½ N, Triesdorf 1½ SW, Gunzenhausen 1⅝ NW. (ByS 150. 37. 39).
**Bechin** (Bechyna). *Stadt*, ♁ *Bad*, Pisek-Racic (KFJ 28) 3½ NO.
**Bechlin**, Raudnitz (OeSt 36) ½ SO.
**Bechstedtwagd**, Erfurt (Th 8) 1⅛ S.
**Bechtheim**, Osthofen (HL 2) ½ NW.
**Bechtolsheim**, Alzey 1¼ NO, Nierstein 1⅞ SW. (HL 44. 7).
**Beckenried**, Luzern (SC 1, 25. SNO 2, 57) 4½ SO.
**Beckermühle**, Sorau (NM 22) ½ O.
**Beckern**, Gr.- u. Alt-, Liegnitz (BF 23. NM 33) ½ O.
**Becs**, **Becsa**, Gyertyámos (OeSt 117) 1½ N.
**Becse**, Neu- (Török-), *Fl.*, ♁ T ⚓ Gr.-Kikinda (OeSt 114) 4½ SW.
— Alt- (Racz-), ♁ T ⚓ Gr.-Kikinda (OeSt 114) 5½ S.
**Becske**, Waitzen (OeSt 92) 4 NO.
**Becskerek**, Gross-, *Fl.*, ♁ T Gr.-Kikinda (OeSt 114) 7 S.
— Klein-, *Fl.*, ♁ Temesvar (OeSt 119) 2⅛ NW.
**Becswar**, Kolin (OeSt 22) 1½ SW.
°**Bedburg** (*proj. Station 18 d. Rhein-E.*) *Fl.*, ♁ Horrem (Rh 10) 2 NW.
**Bedecaspel**, Emden (Wf 38) 1¼ NO.
**Bedel**, Schivelbein (BSt 19) 2 O.
**Bederkesa**, *Fl.*, ♁ Geestemünde (Ha 40) 3 O.
**Bedheim**, Hildburghausen (Th 58) 1 SW.
°**Bedihoscht** (KFN 77). °Nezamislitz 1,2, Brodek 2,5 NW. (KFN 57. 76)
**Bednarów**, Stanislau (LCJ 13) 2½ W.
**Bednarowka**, Lemberg (GCL 28) ½ S.
**Bedö**, Mező-Kerestes (Ts 42) ¾ NO.
**Bedra**, Merseburg (Th 17) 1⅛ SW.
**Bedziemysl**, Rzeszow (GCL 18) 2⅛ NW.
**Beedenbostel**, Celle (Ha 6) 1½ O.
**Beek**, ♁ Wickrath (BM 11) 1 W.
— Ruhrort (BM 21. KM 35) ½ N.
**Beelen**, ♁ Oelde 1¾ N, Rheda 2 NW. (KM 34 35)
**Beelitz**, *Stadt*. ♁ Potsdam 2½ SW, Trebbin 2½ W, Luckenwalde 2¾ NW. (BPM 5. BA 4. 5).
— Alt-, Driesen (PO 18) 1 O.
— Neu-, Kreuz 1 SW, Driesen 1½ NO. (PO 19. 18).
**Beerbach**, Nieder-, Eberstadt (MN 16) ⅔ SO.
**Beerbaum**, Biesenthal (BSt 3) 1 SW.
**Beerberg**, *Fachen. Weberei*, Lauban 1¾ S, Greiffenberg 2⅛ W (NM 43. BSt 45).
**Beerendorf**, Delitzsch (BA 38) ½ O.
**Beerfelden** (Hessisch), ♁ Weinheim 3½ O, Darmstadt 5½ SO, Dieburg 5½ SO. Neckargemünd 4,3 NO. (MN 13. 5. HL 24. 26. Ba 99).
**Beerfurth**, Darmstadt, siehe Kirchbeerfurth u. Pfaffenbeerfurth.

**Beerwalde**, von Weisswasser (BG 12) 2 SW.
— in Altenburg, Ronneburg ⅛ NO, Schmölln 1 SW, Auerbach in Sachsen 1½ NO. (SW 67. 85. 73).
— in Sachsen, Niederau (LD 15) 1¼ NO.
**Beerwangen**, Grombach (Ba 130) 0.3 S.
*Siehe auch Herwangen bei Griessen* (Ba 71) 1 O.
**Beesdau**, Lübben (BG 6) 3 SW.
**Beesedau**, Bernburg 1⅛ S, Biendorf 1⅜ SW. (MH 32. 33).
**Beesen**, Halle (ML 11) ¾ S.
— Neu-, *Zuckerfabr.*, Bernburg (MH 32) 1½ SW.
**Beesen-Laublingen**, °Eisleben (ML 32) 3 NO.
**Beeskow**, *Stadt*. ♁ Fürstenwalde 3½ SO, Frankfurt a. O. 4 SW, Lübben 5 NO. (NM 11. 7. BG 6).
**Beesten**, Lingen (Wf 67) 2¼ SO.
**Beetzendorf**, *Fl.*, ♁ Uelzen, Stendal 2 NW (Ha 10. MH 32). °Salzwedel 2¼ S, °Gardelegen NW.
**Beggendorf**, Geilenkirchen (BM 7) ¾ SO.
**Beggenried**, Luzern (S 1, 25. 2, 37) 4 SO.
**Beggingen** (Schweiz). Schaffhausen 1,6 NW. Neunkirch 0 4 N, Beringen 1,5 NW. (Ba 77. 74. 75).
**Behamberg**, Steyer (KR 3) ¾ O.
**Behla**, Donaueschingen (Ba 131) 1,5 S.
**Behle**, Schönlanke (PO 21) ¾ O.
**Behlendorf**, Ratzeburg (LB 4) ⅝ W.
**Behme**, Ober-, Kirchlengern (Ha 42) ⅛ N.
**Behrenhof**, Greifswald 1½ S, Züssow 2 W. (BSt 57. 56).
**Behringersdorf**, Röthenbach (ByO 43) ¼ W.
**Behrungen**, *Fl.*, Meiningen (Th 50) 2⅔ S.
**Beichau**, Glogau (NZ 1. OS 43) ½ W.
**Beidl**, *Tuchfabr.*, Windisch-Eschenbach (ByO 88) 1 O.
**Beiersdorf** in Sachsen, Niederau (LD 15) 1 NO.
**Beiertheim**, *Badeort*, Carlsruhe (Ba 14) ½ S.
**Beilingen**, *Tabak- u. Hopfenbau*, Wiesloch (Ba 6) 0,9 W.
**Beilngries**, *Stadt* ♁ Ingolstadt 4 N, Pleinfeld 6 NO. (ByS 342. 41).
**Beilstein**, *Fl.*, Löhnberg (Na 37) 1½ N.
— *Stadt*, ♁ Lauffen (Wü 55) 1½ SO.
**Beindersheim**, Bobenheim (Pf 20) ½ S.
**Beiniger Berg**, *Hüttenw.*, Stolberg (Rh 5) 1½ S.
**Beinuhnen**, Insterburg (PO 58) 3½ SO.
**Beinum**, ♁ Salzgitter (Br 12) ½ NO.
**Beinwyl**, Rupperswell 3½ SO. Aarau 4 SO. Wildegg 5½ SO. (SNO 2, 28 29. 30).
**Beiselheim**, Riegel (Ba 36) 1.2 W.
**Beitzsch**, Jessnitz (NM 18) ½ S.
**Bekees**, Szerencs (Ts 19) ½ SW.
**Békés**, siehe Békés-Csaba (Ts 33). Mező-Berény 1½ SO, Csaba 1½ N. (Ts 32).
**Béla**, Köbölkut (OeSt 87) 1¼ NO.
— Prelous (OeSt 19) 1¼ NO.
**Bela** (Biela), Liebstadtl (SNV 13) ½ SW.
**Belecke**, *Stadt*, ♁ *Mineralbad*, Lippstadt 3 S, Soest 3 SO. (Wf 10. 13).
**Beleluja**, Sniatyn (LCJ 18) 1½ N.
**Belényes**, *Fl.*, ♁ Grosswardein (Ts 48) 8½ SO.
**Belgern** in Preussen, *Stadt*, ♁ Burxdorf 1¼ NW, Falkenberg 2 SW, Dahlen 2 N. (BA 24. 23. LD 8).
**Belgershain**, Grimma 1¾ W, Borna 1¾ NO. (LD 23. SW 93).
**Belgrad** (in Serbien), *Stadt*, ♁ Basias 9 W, Sissek 45 W. (OeSt 127. OeSü 151).
*Siehe Station Belgard, Berlin-Stett.* 21
**Belk**, Nieder- u. Ober-, *Kupferhammer*, Czerwionka (WI 21) ¼ SO
**Belkau**, Nimkau (NM 37) ½ NO.
**Belkow**, Carolinenhorst ¾ S, Stargard i. P. 2 W. (BSt 13. 14).
**Bell**, Andernach (Rh 50) 2 SW.
**Bellamont**, Ummendorf (Wü 43) 1¼ SO.
**Belleben**, Bernburg (MH 32) 2 SW.
**Beller**, Remagen (Rh 46) 1¾ W.
— Brakel (Wf 40) ¾ S.
**Bellerive** (Schweiz), *Fabriken*. Basel Ba 56) 4 S.
**Bellersen**, Brakel (Wf 40) ¾ O.
**Bellheim**, ♁ Germersheim (Pf 53) 1 SW.
**Belling**, Pasewalk (BSt 50) ¼ N.
**Bellingen**, *PH* (Ba 46), Schliengen ½ S, Rheinweiler 0,3 N. (Ba 47. 49).
**Bellings**, Steinau (BbH 11) ½ SW.
**Bellmannsdorf**, ♁ Nicolausdorf ¾ SO, Görlitz 1½ SO. (NM 58. 41).

**Bellnhausen**, ♁ von *Lollar* (MW 13) 1 N.
**Bellovar**, (siehe Belovar), von Visvar (OeSü 123) ⅝ NW.
**Belmsdorf**, Bischofswerda (SO 17) ¼ SO.
**Belohrad** (Bielohrad), Paka 1½ SO, Falgendorf 2 S, Königinhof 3 W. (SNV 12. 11. 8).
**Belovar**, (s. auch Bellovar), *Stadt*, ♁ T °Verbovec (US 26) 4½ SO.
— Agram 7½ NO, Kottori 6½ S (OeSü 148. 117).
**Below**, Anklam (BSt 55) 3 W.
**Belp**, Bern (SC 1, 39) 1½ SO.
**Belsch**, *Prislier*, Hagenow 1½ S. (BH 17. 16).
**Belum**, Geestemünde (Ha 40) 6 NO.
**Belwitzhof**, Brechelshof (BF 21) ⅜ NW.
**Belz**, *Stadt*, ♁ Jaroslau (GCL 19) 9¾ NO.
— Cöslin (BSt 24) ½ W.
**Belzheim**, Oettingen (ByS 36) 1 W.
**Belzig**, *Stadt*, ♁ Brandenburg 4 S, Wittenberg 4½ NW, Jüterbogk 5 NW. (BPM 9. BA 9. 6).
**Bemmel**, Nymwegen (Rh 80) ⅝ NO.
**Benatek**, Alt-, *Stadt*, ♁ Kuttenthal (TK 6) ⅝ S.
**Benau**, Sorau (NM 22) 1¼ NO.
**Bendeleben**, °Sondershausen (NE 4) 1 O.
**Bendelin**, Glöwen (BH 9) 1¼ NO.
**Bendlikon**, Zürich (S 2, 19 u. 3. 57) 1 S.
**Bendorf**, *Fl.*, ♁ T *Eisenhütten, proj. Haltest. 96 d. Rheinischen E.*, Neuwied 1 O, Coblenz 1¼ N, Horchheim 1½ N. (Rh 51. 52 59).
**Bendwisch**, Wittenberge (BH 11. MH 26) ¾ NW.
**Bendzin**, *Stadt.*, ♁ Myslowitz 1½ N. (KFN 68. OS 28).
**Benedictbeuern**, ♁ Holzkirchen (ByS 131) 4½ SW.
**Benedix**, ⚒ Dahlhausen (BM 88) ½ SW.
**Beneschau** (Benesov), *Stadt*, ♁ T (*proj. Station d. Kais. Franz-Josefsb.*), Prag (BW 22. OeSt 27) 4½ SO.
— ♁ Semil (SNV 14) ½ O.
— Böhm.-Skalitz (SNV 23) ¾ NO.
— *Fl.*, Angern (KE 70) 2 NO.
— (in Preuss. Schlesien), *Fl*, ♁ Annaberg (Wilhelmsb. 8) 2 W.
**Bengen**, Remagen (Rh 46) ½ W.
**Bengerstorf**, Boitzenburg (BH 19) 1¼ NO.
**Bengheim**, ♁ Insterburg (PO 58) 6 SO.
**Benigna**, St., ⚒ u. *Hüttenw.*, Horowitz 1 SW, Zbirow 1 SO. (BW 14. 18).
**Benken**, Basel (Ba 56. SC 1, 1) 1½ SW.
**Benkenhagen**, Gr. u. Kl., Miltzow (BSt 58) ¾ W.
**Benndorf**, *Kohlengr.*, *Zuckerf.*, Gröbers (ML 12) ¼ N.
— bei Frohburg, Borna (SW 93) 1¼ S.
**Benneckenbeck**, *Brauerei*, Magdeburg 1 SW, Langenweddingen 1½ NO. (MH 1. 3).
**Benneckenstein**, *Stadt*, ♁ ⚒ u. *Fabr.*, Nordhausen 3¼ N, Thale 4 SW, Harzburg 5 SO, Halberstadt 6¼ SW. (ML 28. MB 14. Bs 26. MH 9).
**Bennewitz** in Sachsen, Altenbach (LD 5) ¼ NO.
**Benniehausen**, Göttingen (Ha 84) 1¼ SO.
**Bennien**, Bruchmühlen (Ha 54) ½ N.
**Bennigsen**, Rethen (Ha 73) 1¾ SW.
**Bennisch**, *Stadt*, ♁ Troppau (KFN 63) 4 W.
**Benno**, St. Michele (OeSü 206) 3 NW.
**Bennstedt**, Teutschenthal (ML 20) ¼ NO.
**Bennungen**, Rossla (ML 26) ½ O.
**Bennwyl**, Liestal (SC 1 5) 2 SO.
°**Bensberg**, (*Berg.-Märk.* 140), ♁ T Deutz 1½ O, Mülheim a. Rh 1¾ O. (KM 2 3).
**Bensdorf**, Wusterwitz (BPM 8) 1½ NW.
**Bensen**, Paderborn (Wf 7) ¾ O.
*Siehe dagegen Station Bensen d. Böhm. Nordb.* 24; *siehe auch Bentschen*.
**Benser Syhl**, *Hafenort*, Emden (Wf 38) 5 NO
**Benshausen**, *Fl. Eisenhammer*, Meiningen (Th 50) 2 NO.
**Benstrin**, Schivelbein (BSt 19) ¾ N.
**Benterode**, Münden (Ha 86) 1 S.
**Bentlage**, Rheine (Ha 64. Wf 24) ½ NW.
**Bentschen**, *Stadt*, (°*Stat. 7 Märk.-Posener E.*). ♁ Alt-Boyen 8 NW, Frankfurt a. O. 15¼ O. (OS 44. NM 11)
**Bénye**, Monor (OeSt 99) 1 O.
— Erdö-, *Mineralquellen*, Tokaj (Ts 17) 2¾ NW.
— Legyes-, Szerencs (Ts 19), siehe Legyes-Bénye.

**Benz**, Gr. u. Kl., Freienwalde i. P. 2½ NW. Wangerin 2 W. (BSt 26. 17).
**Beö Tinza-**, Fegyvernek (Ts 6) 1¾ NW.
**Beódra**, *Fl.* ✉ ⊤ im Com. Temesvar. (OeSt 119).
**Beratzhausen**, *Fl.*, Regensburg (ByO 22) 3¾ NW.
**Berau**, Waldshut (Ba 68) 1 NO.
**Berbersdorf**, Haynichen (SO 57) ⅝ NO.
**Berbisdorf**, Hirschberg (NM 49) 1 NO.
**Berching**, *Fl* ✉ Pleinfeld (BySt 41) 5 O.
**Berchtesgaden**, *Fl.*, ✉ ⊤ Reichenhall 2 SO. Salzburg 3½ SW. (BySt 233. 168. KE 45).
**Berczel**, *Mineralquellen*, Kiralytelek (Ts 15) 1½ N.
**Bereghszó**, Szakálháza (OeSt 118) 1 S.
**Beregszász**, *Fl.*, ✉ Debreczin (Ts 11) 26¾ O.
**Berent**, *Stadt*, ✉ ⊤ Danzig (PO 74) 6 SW.
**Bereny**, Hidas-Németby ½. (Ts 26).
— **Jász-**, *Stadt*, ✉ Hatvan 4¾ SO. Czegléd 5½ N. Pills 6½ NO. (UN 10. 1. OeSt 102 100).
*Siehe dagegen Bereny (Hosd-), Station d. Theissb.* 31.
1 **Berg** am Laim, München (BySt 196) ½ O.
2 — ⊤ Landshut (ByO 10) ½ O.
3 — Höhenkirchen (KE 10) ¼ SW.
4 — Zülpich (Rh 21) 1⅛ SW.
5 — Beurig-Saarburg (Sa 19) 2 SW.
6 — Weisswasser i. Schles. (BG 12) 1¼ NO.
7 — *Pferdebahn-Stat.*, (Vorstadt von Canstatt). Canstatt (Wü 17) ⅛ S.
8 — Friedrichshafen (Wü 52) ½ N.
9 — Bürglen ¾ N, Weinfelden ¾ NO. (SN 2, 5 6).
**Berga**, *Stadt*, ✉ Ronneburg 2 S, Gera 3½ SO. (SW 87. 88 Th 31).
— Rossla (ML 26) ½ W.
**Bergach** in Württb., Ebingen (Wü 172) ¼ N.
— in Baden, Gengenbach (Ba 159) ⅛ S.
**Bergau**, Königsberg i. Pr. (PO 50) 1¼ SW.
**Bergbruch**, Schallitz (PO 65) 2½ S.
**Berge**, *Fl.*, ✉ Meppen 4½ NO, Lingen 4¾ NO. (Wf 28. 27).
— Hamm (BM 95. KM 21. Wf 15) ½ S.
**Bergel**, *Fl.*, ✉ Burghernheim (BySt 156) ½ SO.
**Bergellingen**, Säckingen (Ba 62) 1 N.
1 **Bergen** (a. d. Dumme), *Fl.*, ✉ Uelzen 3½ SO (Ha 10).
2 — *Fl.*, ✉ Celle (Ha 6) 3 N.
3 — *Fl.*, Mainkur (PH 2) ¼ N.
4 — (auf der Insel Rügen) *Stadt*, ⊤ Stralsund (BSt 59) 3½ NO.
5 — Gr. Rambin ¼ N, Belgard 2 S (BSt 20. 21).
6 — Kirn (Sa 35) ¾ W.
7 — Mettlach 1¼ NO, Merzig 2 NO. (Sa 17. 16).
*Siehe dagegen Bergen (Bayer. Stsb.* 143) *u. Bergen PH° (Sächs. westl. Stsb.* 75).
**Bergerhausen**, Buir (Rh 9) ¼ O.
**Bergfactorei, Anhaltische**, im Selkethal, *Bergw.*, Rossla (ML 26) 1½ NO.
**Berggiesshübel**, *Stadt*. ✉ Pirna (SO 5) 1½ S.
**Bergfreiheit**, *Bergw.*, Schildau (NM 60) 2 S.
**Berghaupten**, *Wein- u. Bergb.*, Gengenbach (Ba 159) 0 3 W.
**Berghausen**, Rupbach (Na 26) 1¼ SO.
*Siehe dagegen Station Berghausen d. Bad. Stsb.* 127 *u. d. Pfälz. Ludwigsb.* 18.
**Bergheim**, Wabern (MW 5) 1¾ NW.
— *Stadt* ✉ ⊤ Horrem (Rh 10) 1¼ NW.
— Mecbernich (Rh 24) ⅝ S.
— Nieder- u. Ober-, Soest (BM 56. Wf 13) 1½ S.
**Bergheimerhof**, Longerich ⅓ NO, Köln ¾ NO. (Rh 61. 13)
**Bergheimersdorf**, Horrem (Rh 10) 1 NW.
**Berghof**, Mettkau (BF 4) ½ S.
**Bergholz**, Potsdam (BPM 5) 1 SO.
**Bergkirchen**, Nieder- u. Ober-, Landshut (ByO 10) 4¾ SO.
— Oeynhausen [Rehme] (KM 31) 1 N.
**Berg-Lern**, Moosburg 1½ S, Landshut 3½ SW. (ByO 8, 10).
**Bergmann**, × Witten (BM 46) ½ SO.
**Bergöschingen**, Griessen (Ba 71) ½ SO.
**Bergrath**, Eschweiler (Rh 6) ⅛ S.
**Bergreichenstein**, *Stadt*, ✉ Katowic (KFJ 31) 3 SW.
**Bergstadt**, *Stadt*, ✉ Littau (OeSt 45) 4 N.
**Bergstadtl**, *Stadt*, ✉ Harasdiowic (KFJ 32) 3 SW.
**Bergstedt**, von Ahrensburg (LB 12) 1 W.

**Bergstrasse**, *Spielw.-Fabr.*, Greiffenberg (NM 45) 2 SW.
***Bergzabern**, (*Pfälz-Maxb.* 49) *Stadt*, ✉ Winden (Ff 41) 1¼ W.
**Berhida**, Lepsény (OeSt 126) 2 NW.
**Berka** a. d. Ilm, *Stadt*, ✉ ⊤ Weimar 1½ SW, Erfurt 3 SO. (Th 10. 9).
— a. W., *Stadt*, ✉ Gerstungen ½ S, Markuhl 3½ NO. (HN 1. Th 1. 44).
— °Sondershausen (NE 4) ½ SO.
— Eisenach (Th 3) 1½ NO.
— Northeim (Ha 81) 1 O.
**Berkach**, Meiningen (Th 50) 2 S.
— Gr.-Gerau (HL 22) ½ S.
**Berkenbrügge**, Arnswalde (OS 57) 2¼ SO.
**Berkenlatte**, Wilmersdorf (BSt 46) 2 NW.
**Berkenthin** Gr.-, Ratzeburg (LB 4) 1 NW.
**Berkersheim**, Vilbel (MW 22) ½ W.
**Berkesz**, Nyiregyháza (Ts 14) 1½ NO.
**Berkheim**, *Fl.*, Memmingen (BySt 218) 1½ NW.
**Berkholtz**, Angermünde (BSt 6) 1½ N.
**Berkowitz**, Unter-, Berkowitz-Melnik (OeSt 34) ¼ O.
**Berkum**, Mehlem (Rh 44) 1 SW.
**Berleburg**, *Stadt* ✉ ⊤ *Eisenhammer*, Siegen 6 NO, Marburg 5¾ NW. (BM 60. KM 64. MW 11).
**Berlichingen**, *Wollspinnerei*, Heilbronn (Wü 57) 4 NO.
**Berlinchen**, *Stadt*. ✉ Dölitz 3¼ S, Landsberg a. W. 4 N. (OS 58. PO 13)
**Berlingsen**, Soest (BM 56. Wf 13) 1¼ S.
**Berlinlye**, Jam (OeSt 128) 1⅓ S.
**Berlesreuth**, Passau, siehe Perlesreuth.
**Bermaringen**, Lonsee (Wü 32) 1½ SW.
**Bermersbach**, Gengenbach (Ba 159) ½ S.
**Bermersheim**, Gundersheim ¼ SO, Alzey ¾ N (HL 41. 44).
**Berminghaus**, *Kesselschmiede*, Hochfeld (Rh 86) ⅛ W.
**Berna**, Nicolausdorf ¾ SO, Görlitz 2½ S. (NM 59. 41. BG 15).
**Bernarditz**, *Stadt* ✉ Pisek (KFJ 28) 3½ NO.
**Bernbach**, Biessenhofen (BySt 17) ½ O.
**Bernbruch**, Radeberg (SO 14) 3¼ NO
**Berncastel**, *Stadt*. ✉ ⊤ Birkenfeld 5¼ N. Trier 6 NO, Fischbach 6¼ NW. (Sa 41. 22 37).
**Berndorf**, Seekirchen (KE 44) 1¾ NW.
— Spittelndorf (NM 34) 1½ S.
— Jauernitz 1 SW, Schildau 1¾ S. (NM 51. 50).
— (in Waldeck) Bonenburg (Wf 2) 5 S.
**Berndten**, Gr., °Kl.-Furra (NE 3) 1¼ SW.
**Berne**, *Fl.*. ✉ Hude 1 NO, Grüppenbühren 1¼ NW, Vegesack 3 NW, Oldenburg 2 NO. Delmenhorst 3¼ NW. (Ol 3. 4. 1. 5. Ha 47).
**Berneburg**, Bebra (BH 1. HN 3) 1½ NO.
**Berneck**, *Stadt*, ✉ *Eisensteingruben, Alaun- u. Vitriolhütten*, Markt-Schorgast ¾ S. Trebgast 1¼ SO, Bayreuth 2 NO. (BySt 69. 223. 225. ByO 80)
— Au (Schweiz) ½ St. SW. (VS 3, 17).
**Bernecze**, Szobb (OeSt 89) 4 NO.
**Berneuchen**, Vietz 2 NW, Cüstrin 4 NO. (PO 10. 8).
**Bernhardshütte**, *Eisenh.-Werk*, Sonneberg (Th 61) ¾ N.
**Bernhard Schacht**, × (Fiscal. Steink.-Grube Glückauf). Püsselbüren ½ N, Ibbenbüren ¾ NW. (Ha 62. 61).
**Bernhardt**, Gr.-, × Teutschenthal (ML 20) ⅛ W.
**Bernhausen**, Stuttgart (Wü 16) 1½ S.
**Bernsbach** in Sachsen, *Mineralbad*, Lauter (SW 57) ⅜ O.
1 **Bernsdorf** (*Haltst. d. Südnordd. Verbdgsb.*) Königshain ½ SW, Trautenau 1 NO. (SNV 28—30).
2 — Frankenstein (BF 11) 2 O.
3 — bei Hersberg, Holzdorf (BA 21) 1 SO.
4 — i. Pr., ✉ Radeberg (SO 14) 4½ NO.
5 — i. Sachsen, Dresden (LD 20. SO 1 u. 12) 1¼ NO.
6 — bei Chemnitz, Hohenstein-Ernstthal (SW 42) ½ SW.
7 — Alt-, Herrnhut (SO 38) 1 NO.
8 — Gera (SW 88. Th 31) ½ SW.
**Bernsdorff**, Wangerin (BSt 17) 1¾ SO.
**Bernsee**, Woldenberg (OS 55) 1½ N.
**Bernsgrün**, Mehltheuer (SW 16) 5 SW.
**Bernstadt**, *Stadt*, ✉ Herrnhut 1 NO, Löbau 1½ SO, Görlitz 3 SW. (SO 30. 23. 27).
— Ulm (ByS 103. Wü 34) 1½ N.
*Siehe dagegen Station Bernstadt* (SO 18).
**Bernstein**, Windisch-Eschenbach ½ NO, Reuth ⅛ SO. (ByO 62. 65).

**Bernstein**, *Stadt*, ✉ von Arnswalde 3 SW, Dölitz 2½ SO, Landsberg a. W. 5 N. (OS 57. 58 PO 13).
**Berntrode**, Gernrode (ML 31) ¾ O.
— Heiligenstadt (ML 33) 1¼ S
**Bernweiler**, Aulendorf (Wü 46) 2¼ NW.
***Beroldsheim** Rosenberg (ByS 254. ByO 34) 0 5 N.
**Berrendorf**, Buir 1 NO, Horrem 1¼ NW. (Rh 9. 10).
**Berrenrath**, Kalscheuern (Rh 38) ⅓ S.
**Bersaszka**, Weisskirchen (OeSt 126) 6¾ SO
**Berschkallen**, Insterburg 1½ NW, Norkitten 2¼ NO. (PO 58. 57. TI 4)
**Berschweiler**, Heimbach (Sa 40) 1¼ SO.
— Friedrichsthal 1½ NW, Ottweiler 1½ NW, St. Wendel 1½ SW. (Sa 2 44. 43).
**Bersenbrück**, ✉ Osnabrück (Ha 57) 4¼ N.
**Bersen**, Gr. u. Kl., Meppen (Wf 28) 3 NO.
**Berteszów**, Chodorów (LCJ 7) 2 N.
1 **Berthelsdorf**, Lauban (NM 43) ½ S.
2 — Reichenbach i. Schles. (BF 13) ½ NO.
3 — Neu-, Herrnhut (SO 30) ¾ NO.
4 — Freiberg i. Sachsen (SO 51) ½ SW.
5 — Reibnitz ½ NW, Alt-Kemnitz ½ NO. (NM 48. 47).
6 — Bischofswerda (SO 17) 1¼ S.
**Bertikow**, Prenzlau (BSt 46) 1 W.
**Bertingen**, Mahlwinkel (MH 19) 1 SO.
**Bertrée**, Landen (BelgGC 2, 19) ¾ S.
**Bertrich**, *Bad* bei Cochem. ⊤ Trier 6 NO. Coblenz 7¾ SW. (Sa 22. Rh 52).
**Bertsdorf**, Hayneswalde ½ SO, Zittau ½ W, Görlitz 1¼ SW. (SO 39. 33. 27).
**Berum**, *Fl.*, Emden (Wf 35) 4¾ NO.
**Berun**, Alt-, *Stadt*, ✉ Neuberun (OS 30) 1 NW.
**Berwangen**, Grombach 0,5 S, Griessen 1 O. (Ba 130. 71).
**Berwicke**, Welver ½ O, Soest 1 NW. (Wf 14 13).
**Berzdorf**, Görlitz (NM 41. SO 27) 2 S.
— Brühl (Rh 39) ¼ O.
**Berzek** Tisza Lúcz (Ts 20) 1 SW.
**Berzencze**, Kanizsa (OeSt 109) 1½.
**Besdra**, *Fl.*, Gr.-Kikinda (OeSt 114) 1 SW.
**Besenbüren**, Birmensdorf (SNO 2, 45) 1 SW.
— Aarau (SO 1. 13. SNO 2. 39).
**Besenkamp**, Bünde (Ha 53) ½ S.
**Besitz**, Brahlsdorf, Boitzenburg 1⅛ SO. BH 18. 19).
**Besse**, Guntershausen (HN 9. MW 3) 1 W.
**Bes(s)enbach**, Strass-, ✉ Aschaffenburg 1 SO.
— Ober-, Aschaffenburg 1⅛ SO.
— Schloss- (Unter-), Aschaffenburg 1⅛ NO. (ByS 102. FH 10. HL 30).
**Bessenich**, Zülpich (Rh 21) ¼ N.
**Bessingen**, Abts-, °Wasserthalleben (NE 6) 1¼ W.
— Freien-, °Wasserthalleben (NE 6) 1¼ SW.
**Bessungen** (Vorstadt), Darmstadt (HL 24. MN 5) ¼ S.
**Betheln**, Nordstemmen (Ha 71) ¾ S.
*Dagegen Bethlen*, ⊤ *in Siebenbürgen*.
**Betsche**, *Fl.*, ✉ Landsberg a. W. 8 SO, Frankfurt a. O. 11 NO. (PO 13 71).
**Bettenhausen**, *bedeutende Industrie*, Cassel (Ha 67. HN 11. MW 1) ½ O.
— Walldorf (Th 49) 1 SW.
— (Schweiz), Herzogenbuchsee (S 1. 31).
**Bettingen**, Dillingen 1¾ NO, Saarlouis 2 NO. (Sa 14 13).
— (Schweiz), Basel (Ba 58. SC 1.1) 1 M. NO.
*Siehe dageg. Bettingen d. Lux.-Wilhelmsb.* 8.
**Bettinger Schmelze**, Dillingen 2 NO, Saarlouis 2½ NO. (Sa 14. 13).
**Bettingerode**, Harzburg (Be 36) ½ N.
**Bettinghausen**, Sassendorf ½ O, Soest ¾ NO. (Wf 19. 13. BM 56).
**Bettmar**, Vechelde (Be 27) ¼ NW.
**Bettmaringen**, Thiengen (Ba 69) 1,5 N.
**Bettringen**, Unter-, Gmünd (Wü 109) ¾ SO.
**Bettwyl**, Wildegg (SNO 2, 18) 3¾ S.
**Betzenhausen**, Freiburg (Ba 39) ½ NW.
**Beucha**, Borna ⅞ NO, Borsdorf ½ SO. SW 93. LD 2).
**Beuel** (° Rh 108), Bonn (Rh 42) ⅛ NO.
— resp. Neuenahr, *Bad*, Remagen 1¼ SW, Sinzig 1⅛ W. (Rh 46. 47).
**Beuern**, Ober-, Baden ⅛ SO. } (Ba 154).
— Unter-, Baden ⅛ SO. }
Hohenkrähen (Ba 173) 0,7 SO.
— Neu-, Rosenheim (ByS 137) 1¼ S.
— Giessen (KM 61. MW 14) 1½ NO.

[illegible] Rheinfelden (Ba 59) 1,4 NO.
[illegible] (Schweiz), Basel (Ba 56, SC 1, 1) 1 [illegible] SO.
Beuren in Württb., Nürtingen (WS 127) 1½ SO.
— (in Baden), Thayingen 0,6 N, Gottmadingen 0,7 NW. (Ba 79. 80).
Bennlngsen, Sassendorf ½ S, Soest ¾ SO. (Wf 19. 13 BM 56).
Beuster, Wittenberge (BH 11. MH 26) 1 S.
Beust-Schacht, × Ibbenbüren (Ha 61) 0,2 N.
Beutelsbach, Endersbach (WS 102) ¼ SO.
Beutha i. Sachs., Stein (SW 52) ½ NO.
°Beuthen a. d. Oder (BF 31). *Stadt*, T Klopschen 2 NW, Quaritz 3 N, Waltersdorf 2½ NO, Glogau 2¾ NW. (NZ 2. 3 4 1). *Siehe Station Beuthen (OS 21 u. RO 30).*
Beverzern, *Fl.*, Hörmel (Ha 63) ½ S.
Bevern, Holzminden (Wf 43. Ba 1) ½ NO.
Beverstedt, Stubben (Ha 35) ¾ NO.
Beverteich, Ferdinandshof (BSt 52) ½ O.
Beverungen, *Stadt*, T Carlshafen ¾ NW, Höxter 1½ S, Brakel 2 SO. (BN 20 Wf 41. 40).
Bewerlngen, Trampke (BSt 15) ½ N.
Bexbach, Mittel-, Bexbach (Pf 1) ½ NO.
Bexten, Salzbergen (Wf 25) ⅜ O.
Beyenburg, Schwelm 1 SO, Lennep 1 NO. (BM 39 104).
Beyersdorf, Löbau 1¼ W, Bautzen 2 SO. (SO 23. 20).
— Brehna ½ NW. (BA 15).
— Bernau bei Berlin 1½ O. (BSt 2).
Beyerfeld, Schwarzenberg (SW 58) ½ N.
Beyer-Naumburg, Riestedt (ML 23) ¼ S.
Beyerstedt, Jerxheim (Ba 17) ¼ SW.
Beylau (Peylau), Canth 1 W, Mettkau 1 O. (BF 3. 4).
Bezau (in Vorarlberg, b. Bregenz) Rorschach, Lindau. (VS 3, 1. ByS 1).
Bezdan, *Fl.*, T Szegedin (OeSt 110) S. *Siehe dagegen Station Bezdany.*
Bezdekow, Prelouc (OeSt 19) 1 SO.
Bezi, Raab (OeSt 69) 2 W.
Bezno, Kottenthal (TK 6) ⅜ N.
Bia, Tarnok (OeSU 132) 2 N.
Biainkowe, Warlubien (PO 31) 3 SO.
Bialcz, Kosten (OS 45) 1 W.
Bialla, Laskowitz (PO 30) 5 NW.
— *Stadt*, Neu-Jucha (OpS 24) 4 SW.
Biber, Kössaab (GK 11) ½ N.
Biberbach, *Fl.*, Meitingen (ByS 28) ½ SW.
Biberist, Solothurn (SC 1, 52) ⅝ SO.
Bibern (Schweiz), Thayingen (Ba 79) 0,5 NW.
Biberweyer, siehe Bieberweier.
°Biblis (HL 52), Gernsheim 1 S, Worms 1½ NO, Bensheim 1¾ NW. (HL 50. 1. MN 10).
Bibra, *Fl.*, Meiningen 1½ S, Kösen 1¼ NW, Naumburg 2½ NW. (Th 50. 13 14).
Biburg bei Abensberg, Landshut (ByO 10) 4 N.
Bickefeld, × Hörde unm. (BM 51).
Bicken, Herborn (KM 57) ¾ O.
Bickenbach, St. Goar (Rh 55) 1¼ SW. *Siehe dagegen Bickenbach (Main-Neckarb. 7).*
Bickendorf, Ehrenfeld (Rh 12) ¼ NW.
Bicske, *Fl.*, Pest (OeSt 95. °US 1) 4 N.
Bidingen, Biessenhofen (ByS 17) 1 O.
Bidschow, Neu-, *Stadt*, T Königgrätz 3 W, Elbe-Teinitz 3 W, Pardubitz 5½ NW, Turnau 6 SO. (SNV 3. 1. 17. OeSt 21).
— Alt-, Elbe-Teinitz (OeSt 21) 3 W.
Biebelnheim, Alzey 1 NO, Bingen 1½ SO. (HL 44. 18).
Bieber, *Fl.*, *Bergbau u. Industrie*, Gelnhausen 1½ SO, Fulda 1⅝ NO. (SbH 14. 6).
— *Fl.*, Offenbach ½ SO, Hanau 1½ SW. (MW 20 FH 5).
Bieberach (Württb.), Rappenau (Ba 132) 0,8 SO.
Bieberau, Gr.-, *Fl.*, Darmstadt (HL 24. MN 5) 2 SO.
Bieberbach (Biberbach), St. Peter (KE 22) ½ S.
Biebernheim, St. Goar (Rh 55) ⅛ SW.
Biebersdorf, Topkovic 1 O, Nesterschitz 1½ NO. (OeSt 41a. 41).
— Lübben (BG 6) 1 NO.
Bieberschlag, Eisfeld (Th 53a) 1 NW.
Bieberstein, Freiberg i. Sachs. 1½ N. (SO 51).
Bieberswalde, Tapiau (PO 54) ¾ S.
Bieberweier bei Imst (Innsbruck (OeSü 187) 11 W.

Biebrich, von Rupbach (Na 26) ⅜ SO. *Siehe dagegen Biebrich, Stat. d. Taunusb. 9.*
Biebrich-Mosbach, *Stadt*, (*Stat. d. Nass. Stsb.*), Mainz ½ NW.
Biechowitz T bei Prag (OeSt 27).
Biecz, *Stadt* Tarnow (GCL 10) 9¾ SO.
Biedenkopf, *Stadt*, *Eisenhütten, Hochöfen etc.*, Dillenburg 3 NO, Marburg in Hessen 4 NW. (KM 56. MW 11)
Biederitz, Magdeburg (ML 1. MH 1) ¾ NO.
Biedermannsdorf, *Fabriken*, Laxenburg (OeSü 11) ¼ N.
Biedesheim, Monsheim (HL 29) 1¼ SW.
Biefingen, Königsbach (Ba 148) 0,2 SO.
Biegelhof, *Hof*, Grombach (Ba 130) 0,3 NO.
Biegen, Briesen (NM 9) 1 SO.
Biehain, Görlitz (BG 15. NM 41. SO 27) 2¾ N.
Biehla bei Camenz, Radeberg 3½ NO.
— Dürrn-, Radeberg 1 SW. (SO 14).
Biel, Nieder-, Braunfels (Na 23) ½ NO.
— Ober-, Albshausen (Na 40) ¼ N.
Biela, *Fl.*, Pardubitz (OeSt 18) 6 SW.
Bielau, Deutsch-, Brünau (OeSt 7) ½ W.
— Neisse (NB 1) ⅝ SW.
— Langen-, *bed. Webereien*, Reichenbach in Schles. (SF 13) ¾ S.
— Haynau (NM 31) ½ N.
— Nieder- u. Ober-, Penzig ¾ NW, Görlitz 2¼ NO. (NM 40 41. BG 15 SO 27).
Bielawy, Nakel ½ W, Osiek 1 O. (PO 26. 25).
Bielen, Heringen (ML 27) 1 NW.
Bielenberg, Glückstadt (GE 4) ½ S.
Bielitz, Neisse (NB 1) 2 NO.
Bielsk, Czerwinsk (PO 32) 1 NO.
Bielwiese, Spittelndorf 2 N, Liegnitz 2¾ NO. (NM 34 33).
Bienenwerder, Freienwalde a. O. (BSt 66) 1,5 O.
Biengen, Krozingen (Ba 42) 0,3 NW.
Bienowitz, Liegnitz (NM 33. BF 23) 1½ NO.
Bienstedt, °Gispersleben-Viti 1½ W, Erfurt. (NB 11. 12. Tb 8).
Bierbaumsmühle, Ringelheim ½ NW, Hildesheim 2½ SO. (Be 11. Ha 70).
Bierbergen, Algermissen (Ha 68) 1¾ O.
Bierbronnen, Waldshut (Ba 63) 0,8 NO.
Bierden, Achim (Ha 32) ¼ W.
Bierdzau, Oppeln (OS 10 RO 1) ¾ NO.
Biere, Eggersdorf ¼ SW, Eickendorf ⅝ NW, Schönebeck 1 SW. (ML 15. 16. 3).
Bierstadt, Wiesbaden (Na 1) ½ NO.
Bierzanow, *Halst.*, Wieliczka (GCL 3) ⅞ NW.
Biesdorf, Berlin 1½ O.
— Wriezen a. O. (BSt 67) 1 W.
Biesen, Zernitz (BH 8) 4¼ N.
Biesenbrow, Passow (BSt 7) 1¼ S.
Biesenbrück, Pasewalk (BSt 50) 1 N.
Biesendahlshof, Casekow (BSt 8) ¼ N.
Biesendorf, Hattingen 0,3 O, Engen 0,96 NO. (Ba 178 176).
Biesenkofen, Mangolding (ByO 20). *Siehe dagegen Biessenhofen (Bayer. Stsb. 17).*
Biesenthal, *Stadt*, Biesenthal (BSt 3) 0,5 W.
Biesingen, Blieskastel (Pf 25) ¼ SW.
— Geisingen 1 N, Donaueschingen 1,15 NO. (Ba 181. 185).
Bieskau, Gr.-Peterwitz (Wl 14) 1½ W.
Biesnitz, Gr. u. Kl., Görlitz (NM 41) ½ SW.
Biethingen, Thayingen 0,8 O, Gottmadingen 0,5 W. (Ba 79. 80).
Bietigheim, Malsch 0,7 W, Muggensturm 0,7 NW, Rastatt 0,7 N. (Ba 7. 17. 18). *Siehe Station Bietigheim, WS 10.*
Bietikow, Prenzlau (BSt 48) 1 W.
Bietzwyl, Pieterlen (SC 1, 55).
Bigge, *Eisenhütte*, Soest (Wf 13. BM 58) 5½ SO.
Bihar, *Fl.*, Grosswardein (Ts 43) 1⅞ N.
— (Diószegh), *Fl.*, Grosswardein (Ts 1. US 43) 3 N.
Bilai, Paka (SNV 12) 1½ SO.
Bilcze, Lusan (LCJ 20) 9 NO.
Bilichberg, Sava (OeSü 71) 1¼ O.
Bilin, *Stadt*, Dux 1 S, Teplitz 1½ SW. (AT 9. 6).
Bilk, Ober-Düsseldorf (BM 29. KM 7) ¼ SO.
Bilka Krolewska, Lemberg 2 O.
Bilka Szlachecka, Lemberg 2¼ O. (GCL 29. LCJ 1)
Billerbeck, *Stadt*, Münster 3½ NW, Rheine 5 SW. (KM 70. Wf 20 24 Ha 64).
Billig, Ober-, Conz (Sa 21) ¾ NW.
Billigheim, *Fl.*, Rohrbach (Pf 40) 1 NW.

Billigkeit, × von Witten (BM 46) 0,2 W.
Billingshausen, Ober- u. Unter-, Nörten (Ha 82) ¾ SO.
Billowitz, Lundenburg (KFN 10) 1⅝ N.
Bilm, Lehrte (Ha 3) ¾ SW.
Bilohorszcze, Lemberg (GCL 29) 1 W.
Bilowitz, Skalitz (SNV 23) 1½ NO.
Bilshausen, Northeim (Ha 81) 2½ SO.
Bilstein, *Fl.*, Altenhundem ⅝ W, Grevenbrück ¾ S. (BM 75. 74).
Bindersleben, Erfurt (Th 8) 1 W.
Bindlach, Bayreuth (ByO 80. ByS 225) ⅝ NO.
Bingen (bei Sigmaringen), *Fl.*, Aulendorf (WS 46) 4 NW.
— *Stadt*, (*Station d. Hess.-Ludwigsb.*), Bingerbrück unm., Rüdesheim ¼ SW. (Na 10. Rh 58).
Bingum, Leer (Wf 35) 1 SW.
Binkowitz, Kralzanowitz (Wl 7) 1 NW.
Binningen, Basel (Ba 56) 0,3 S.
— Thayingen 0,5 NO, Gottmadingen 1,4 NW, Mühlhausen 0,96 NW, Engen 0,75 S. (Ba 79. 80. 174. 176).
Binsdorf, Bodenbach (OeSt 43) ¾ NO.
Binsfeld, Düren (Rb 8) ½ SO.
Binsfeldhammer, *Hüttenw.*, Stolberg (Rb 5) ¾ SO.
Binsförth, Beiseförth (HN 6) ⅛ O.
Binzen, *Fl.*, Haltingen (Ba 54) 0,4 NO.
Binzgen, Laufenburg (Ba 65) 0,3 N.
Bipp, Ober-, Olten (SC 1, 10) 4¼ SW.
Bircza, *Fl.*, Przemysl (GCL 22) 3¾ SW.
Birda, Detta (OeSt 122) ⅝ O.
Birgel, Düren (Rb 8) ¾ SW.
Birglau, Thorn (PO 67) 2⅛ NW.
Biringen, Merzig (Sa 16) 1 W.
Birkenau, Weinheim (MN 13) ½ NO.
Birkenauerhof, Steinsfurth (Ba 129) 0,3 SW.
Birkenberg, *Bergw.*, Horowitz (BW 14) 2¾ SO.
Birkendorf, Thiengen (Ba 69) 1,5 N.
Birkeneck, Freising (ByO 6) 1½ S.
Birkenfeld, *Fl.*, Birkenfeld (Sa 41) ¾ N.
— (in Bayern), Coburg (Tb 54) 3½ SW. *Siehe dagegen Station Birkenfeld b. R ein. Nahab. 33, Birkenfeld (Württemb. Stsb. 210), siehe auch Birkfeld.*
Birkenfelde, Heiligenstadt (ML 33) 1 SW.
Birkengang, *Hüttenw.*, Stolberg (Rb 5) ¼ SW.
Birkesdorf, Düren (Rh 8) ¼ NW.
Birkfeld, *Fl.*, *Eisenhütte*, Pernegg 3¼ O, Kindberg 4 NO. (OeSt 37 41).
Birkholz, Friedeberg (PO 18) 1½ NW.
— Mahlwinkel ½ NO, Tangerhütte ½ SO. (MH 19. 20).
— Bernau bei Berlin (BSt 2) 1,5 S.
— Wangerin (BSt 17) 4 SO.
Birklcht, Skalitz (SNV 23) 4½ NO.
Birkingen, Waldshut (Ba 63) 0,7 NW.
Birlenbach, Fachingen ⅛ SO, Diez ¼ S. (Na 28. 29).
Birnbach, Vilshofen (ByO 55) 3½ S.
— Neufahrn b. Ergoldsbach 1 NW, Landshut 4¾ N. (BSO 13. 10).
Birnbaum, *Stadt*, T Driesen 4 S, Samter 4½ SW, Posen 10½ NW, Frankfurt a. O. 13 NO. (PO 18. OS 50. 48. NM 11. PO 71).
Birndorf, Albbruck (Ba 64) 1 NO.
Birngritz, Rabishau (NM 46) ½ O.
Birr, Wildegg (SNO 2. 26) 1 NO.
Birrenborn (*project. Stat. d. Rhein. E. 31*), Call 7 S, Trier 7 N. (Rh 25 Sa 32).
Birri, Aarau. (SC 1, 13. SNO 2, 30).
Birrwinken, Erlen (SNO 2, 3) 1 N.
Birrwyl, Wildegg 3 SO, Rupperswell 3 SO. (SNO 2, 26. 29).
Birsfeld in der Schweiz, Basel (Ba 56) 0,2 O.
Birstein, *Fl.*, Wächtersbach (SbH 13) 1⅛ N.
Bisamberg, Korneuburg (KFN 44) ⅝ SO.
Bischdorf, Neumarkt ½ SO, Nimkau ½ SW. (NM 34. 37).
— Haynau (NM 31) 1 NW.
— Löbau ⅜ O, Reichenbach ¾ SW. (SO 23 25).
Bischhagen, Heiligenstadt (ML 33) 1 NW.
Bischhausen, Bebra 3 NO, Cassel 5½ SO. (SbH 1. HN 3. Ha 87. HN 11. MW 1).
— Göttingen (Ha 84) 2 SO.
Bischheim, Radeberg (SO 14) 2¼ NO.
— Alzey (HL 44) 1¼ S.
Bischleben, Erfurt (Th 8) ¾ SW.

**Bischmisheim**, von Saarbrücken (Sa 5) ¾ SO.
**Bischofsburg**, *Stadt*, 🚉 T Bartenstein (OpS 15) 6 SO.
**Bischofsgrün**, 🚉 Münchberg 2¼ SW, Markt-Schorgast 1½ SO. (ByS 72. 69).
**Bischolshagen**, Löhne (Ha 51. KM 30) ½ O.
**Bischoffingen**, Riegel (Ba 36) 1,3 W.
**Bischofsheim** vor d. Rhön, *Stadt*, 🚉 Meiningen (Th 50) 4½ SW.
— a. Rhein, resp. zum hohen Steg (in Baden), *Stadt*, 🚉 Kehl ¾ NO, Renchen 1,4 NW. (Ba 157. 25).
— Gau-, Mainz, s. Gau Bischofsheim.
— (im Grossh. Hessen), 🚉 Vilbel 1 SO. (MW 22).
— Mainkur ½ NO, Hochstadt-Dörnigheim ⅝ NW. (FH 2. 3).
*Siehe dag. Station Bischofsheim* 20 *d. Hess. Ludwigsb. u. d. Frans. Ostb.* 2, 285.
**Bischofshofen**, 🚉 Salzburg (KE 45) 6 SO.
**Bischofstein**, *Stadt*, 🚉 Bartenstein (OpS 15) 2½ SO.
**Bischoffstetten**, *Fl.*, Prinsersdorf (KE 13) 1 SW.
**Bischofswalde**, Neisse (NB 1) 1½ S.
— Breslau (BF 1) ¾.
**Bischofswerder**, *Stadt*, 🚉 Warlubien 7¾ SO, Elbing 14½ S. (PO 31. 39).
*Siehe dagegen Station Bischofswerda, Sächs. östl. Eisenb.* 17
**Bischofsteinitz**, *Stadt*, 🚉 Stankau (BW 4) 1¼ W.
**Bischofzell**, *Stadt*, Gossau (VS 3. 5) 2 NW.
— *Stadt*, 🚉 Sulgen (SNO 2, 4) 1½ SO.
**Bischweier**, Muggensturm 0,5 SO, Rastatt 0,5 O. (Ba 17. 18).
**Bischwitz**, Breslau 1¾ SW, Schmolz ⅞ S. (BF 1. 2).
**Bisdorf**, Dodendorf 1½ S, Langenweddingen 1½ S. (MH 2. 3)
— Greifswald (BSt 57) 1,5 W.
— Schönebeck 2 SW, Förderstedt ¾ NW. (ML 3. 17).
**Bishausen**, Nörten (Ha 83) ¼ O.
**Biskowic**, Obristwy-Klomin ⅛ S (TKP 3).
**Biskold**, Debreczin (Ts 11) 9¼ O.
**Biskupitz**, Thorn (PO 67) 2¼ N.
— Zabrze (OS 18) ⅜ NO.
— Skalitz 3 N, Leitowitz 2 NO (OeSt 5. 6)
**Bisław**, Kl., Terespol (PO 29) 3½ NW.
**Bislich**, 🚉 Mehrhoog (KM 39) 1 S.
**Bismark**, *Stadt*, 🚉 Stendal 3 NW, Osterburg 2½ SW (MH 23. 24).
**Bisperode**, 🚉 *Mineralquelle*, Elze (Ha 75) 2¼ W.
**Bissenberg**, Stockhausen (Na 38) ¼ NW.
**Bissendorf**, Wissingen (Ha 56) ½ SW.
— Hannover (Ha 1) 2¼ N.
**Bissingen** a. d. Enz, Grosssachsenheim ½ SO, Bietigheim ⅜ SW (WU 9. 10).
— *Fl.*, 🚉 Donauwörth 1½ W, Harburg i. Schwaben 1½ SW, Möttingen 1¾ SW (ByS 31. 32. 33).
— Kirchheim u. Teck (WU 153) 1 SO.
**Bisskirchen**, Stockhausen (Na 36) ¼ SW.
**Bistra**, Liebstadtl (SNV 13) ¾ N.
— 🚉 Zapresic (OeSU 146) 1⅛ NO.
**Bistrau**, *Stadt*, 🚉 Brüsau (OeSt 7) 2½ W.
**Bistrey**, Josefstadt (SNV 6) 3 O.
**Bistritz**, *Stadt*, 🚉 T (*project. Station d. Kais.-Franz-Josefsb.*), Prag 5 SO (OeSt 27)
— (an der Waag), *Stadt*, 🚉 T °Klausenburg 11 NO, Grosswardein 36 NO (US 10. 1. Ts 43).
— (Bysteritz), *Stadt*, 🚉 Brünn 6 NW, Zwittau 4 SW (OeSt 1. 9).
— (Bysteritz), *Stadt*, 🚉 Hullein (KFN 18) 2¾ NO.
°**Bitburg** (Bitburg) (Rh 33), *Stadt*, 🚉 T Trier 3¼ NW (Sa 28).
**Bitschin**, Gleiwitz (OS 17) 3 NW.
**Bittelbrunn**, Engen (Ba 176) ¾ NO.
**Bittesch**, Gr., *Fl.*, 🚉 Segen Gottes 3 NW, Brünn 4½ NW (BK 5. 1).
**Bittkau**, Tangerhütte (MH 20) 1½ SO.
**Bitzicker**, Nassow (BSt 22) ½ NO.
**Bladen**, 🚉 Leobschütz (Wi 10) 1¼ S.
**Bladiau**, 🚉 Wolittnick 1 SO, Ludwigsort 1¼ SW (PO 46. 47).
**Blamegard**, Wriezen a/O. (BSt 67) ¾ O.
**Blandikow**, Zernitz (BH 8) 3½ N.
**Blankenau**, Schmolz (BF 3) ½ SO.
— Höxter (Wf 43) 1¼ S.
— Löwenhagen (PO 52) 2 SO.
**Blankenberg** (Rhein-Preuss.), Eitorf ¾ W, Hennef ¾ O (KM 47. 46).
**Blankenberg**, *Hüttenwerk*, 🚉 von Stolberg (Rh 5) ⅛ SO.
*Siehe dagegen Station Blankenberg (Mk 6)*
— Seehausen in Vorp. (BSt 47) ½ SO.
**Blankenburg** (in Schwarzburg), *Stadt*, 🚉 T Weimar 4½ SW, Elsfeld 6 NO (Th 10. 53a).
— (im Harz, Braunschweigisch), *Stadt*, 🚉 T Thale 1 NW. Halberstadt 3 SW, Quedlinburg 2 W (MH 14. 9. 12)
— ✕ bei Blankenstein, Witten (BM 46) 1½ SW.
**Blankenfelde**, Gr.-Beeren (BA 2) 1 SO.
— Angermünde (BSt 6) 5¾ NO.
**Blankenfels**, Bayreuth (ByO 80. ByS 226) 3 SW.
**Blankenhagen**, Rostock (Mk 1) 2 NO.
— Wangerin 1¼ SW, Freienwald i. P. (BSt 17. 16).
**Blankenhain**, *Stadt*, 🚉 T Weimar 2 S, Erfurt 4 SO (Th 10. 6).
— Rotenburg (HN 4) ½ SO.
°**Blankenheim** (Rheinische 26), *Stadt*, 🚉 Euskirchen (Rh 22) 3 SW.
**Blankenheym**, Riestedt (ML 23) ½ NO.
**Blankenhof**, Durlach (Ba 13) 1 NW.
**Blankensee**, Trebbin (BA 4) 1 NW.
— Wilmersdorf (BSt 46) 2¼ W.
*Siehe dagegen Station Blankensee Lübeck-Büchen* 2.
°**Blankenstein** (Berg.-Märk. Ruhrthalb. 112), 🚉 Witten (BM 46) 1½ SW.
**Blankstatt** (Plankstatt), Friedrichsfeld ¾ SO, Heidelberg ⅞ W (Ba 2. MN 16 Ba 3).
**Blankwitt**, Bialosliwe (PO 24) 4¾ NW.
**Blansingen**, Rheinweiler ½ O, Efringen 0,8 N (Ba 49. 52).
**Blanza**, Lichtenwald ¾ W, Reichenburg ¾ O (OeSU 42. 143).
**Blasendorf**, *Fl.*, 🚉 Karlsburg 8¾ NO, Grosswardein 31 O (SI 16. Ts 43).
**Blasewitz**, Dresden (SO 1. LD 20) ½ O.
**Blasheim**, Bünde (Ha 58) 1½ NW.
**Blasien**, St.-, *Stadt*, 🚉 T Waldshut 2¼ NW, Albbruck 2½ N (Ba 68. 66).
**Blasienzella**, *bed. Industrie*, Gotha, siehe Zella.
**Blatná** (Blatina), *Stadt*, 🚉 *Zuckerfabr.*, Nepomuk 2 SO, Cejlic 2½ NO (KFJ 34. 29).
**Blatnitz**, Nürschan (BW 6) ½ NW.
**Blattendorf**, Gr.-Schönau (SO 41) 2½ SW.
**Blatzheim**, 🚉 Buir (Rh 9) ½ SO.
°**Blaufelden** (Württemb. Stab. 93), *Stadt*, 🚉 T Crailsheim 2¾ NW, Waldenburg 3½ NO (WU 83. 76).
**Blazowa**, *Fl.*, 🚉 Rzeszow (GCL 16) 3 SO
**Blechhammer**, *Papiermühle*, Neuwied (Rh 51).
— Kosel (OS 13. Wi 1) ¾ NO.
**Bleckede**, *Fl.*, 🚉 Boitzenburg 1½ S, Lauenburg 3 SO. Lüneburg 3½ NO (BH 19. 26. Ha 13)
**Bleddin**, Wittenberg (BA 9) 1¾ SO.
**Bledeln**, Algermissen (Ha 68) ¼ NW.
**Bledesbach**, Cusel (Pf 64) ¾ SW.
**Bleialf**, 🚉 *Bergwerk*, Call 2½ SW, Eupen 6 S (Rh. 25. 1).
**Bleibach**, Denzlingen (Ba 38) 1¾ NO.
**Bleiberg**, *Bergw.*, Herbesthal (Rh 2) 1¼ NW.
— 🚉 *reichstes Blei- u. Kupferbergw. Europas*, Villach (KR 39. OeSU 171) 1 W.
*Siehe Stat. Bleiberg, Oesterr. Stab.* 163.
**Bleibuir**, *Bleihüttenw.*, Mechernich (Rh 24) ¾ W.
**Bleiche**, *Hof*, Waldshut (Ba 68) 0,3 W.
— Wolmirstedt (MH 17) ½ W.
**Bleichheim**, Kenzingen (Ba 35) 1,3 NO.
**Bleidenstadt**, Wiesbaden (Na 1. T 10) 1 NW.
**Bleienbach**, Langenthal (SC 1, 29) ¾ SW.
**Bleischwitz**, *Nebenzollamt*, Leobschütz (Wi 10) 1¾ SW.
**Bleistadt**, *Stadt*, 🚉 *Bleigruben*, Franzensbad (SW 83) 3 NO.
**Bleiwedel** (Pielswedel), *Fl.*, Habichtstein (BN 6) 1½ W.
**Bleiwäsche**, Gesecke (Wf 9) 4 SO.
**Blender**, Verden (Ha 30) 1 W.
**Blerick**, Venlo (BM 28. Rh 84) ¼ SW.
**Blesen**, *Fl.*, 🚉 Landsberg a. W. (PO 13) 6 SO.
**Blesewitz**, Anclam (BSt 55) ¾ S.
**Blessenbach**, Aumenau (Na 34) ½ NO.
**Blewitz**, Zaholan (Bu 13) ¼ NW.
**Blexen**, 🚉 Bremerhafen (Ha 40) ½ SW.
**Bleystein** (Pleystein), Wernberg (ByO 71).
**Bliersheim**, von Rheinhausen (Rh 87) ¼ S.
**Bliesdahlheim**, Blieskastel (Pf. 26) 1 S.
**Bliesdorf**, Wriezen a/O (BSt 67) ¼ SO.
**Bliesen**, St. Wendel (Sa 43) ¼ NW.
**Bliesheim**, Brühl (Rh 39) 1 SW.
**Blindenmarkt**, 🚉 Blindenmarkt ⅛ NO, Wels 1 SO. (KE 19. 31)
**Blinova** (*PH* BW 4) Stankau (BW 3) 1 S.
**Blittersdorf**, Saarbrücken (Sa 5) 1½ SO.
**Blödesheim**, Eppelsheim (HL 42) ¾ NO.
**Blomberg**, *Stadt*, 🚉 Paderborn 8¾ NO, Driburg 4 N, Herford 5 SO, Bückeburg 6 S (Wf 7. 39. KM 29. Ha 47).
**Blondzmin**, Terespol (PO 29) 2 NW.
**Blonhofen**, *Fl.*, Pforzen 1 O, Kaufbeuern 1¼ NO (ByS 19. 18).
**Blosdorf**, Landskron (OeSt 50) ½ S
**Blossin**, Königs-Wusterhausen (BO 3) 2 SO.
**Blottendorf**, Bodenbach (OeSt 42) 4 O.
**Bludau**, Fischhausen (OpS 3) ¾ O.
— Mühlhausen i. Ostpr. (PO 48) 1 NW.
**Bludenz** (i. Oesterr., Vorarlberg), *Stadt*, 🚉 T Haag 5 SO, Insbruck 19,5 W. (VB 3, 24. OeSU 187).
**Blindniki**, Halles (NCJ 11) 1 W.
**Bludowitz**, 🚉 Schönbrunn (KFN 25) 3 SO.
**Blücher**, Boitzenburg (BH 19) ¾ SO.
[1]**Blumberg**, 🚉 Vietz (PO 10) ¾ NW.
[2] — Döllitz (OS 58) ½ NW.
[3] — Bernau b. Berlin (BSt 2) 1¼ S.
[4] — *Stadt*, Neunkirch 2,2 N. Schaffhausen 1,3 N, Donaueschingen 2½ S (Ba 74. 77. 185).
[5] — Casekow (BSt 8) ½ W.
*Siehe dagegen Station Blumenberg* (MH 4).
**Blumenau**, Wunstorf (Ha 22) ¼ N.
— Pressburg (OeSt 75) 1 W.
— Güldenboden 2¼ SW, Grunau 2¾ SO (PO 40. 38).
**Blumendorf**, Rabishau (NM 46) 1 SO.
**Blumenfeld** i. Baden, *Stadt* 🚉 Thayingen 1 N, Gottmadingen 2 N, Engen 1,2 S (Ba 79. 80. 176).
**Blumenfelde**, Friedeberg (PO 16) 2 NW.
**Blumenhagen**, Angermünde (BSt 6) 2½ NO.
— Pasewalk (BSt 50) 1 NW.
**Blumenstein**, Thun (SC 1, 47) 2 SW.
**Blumenthal**, Ferdinandshof (BSt 52) ¼ O.
— Vegesack (Ha 42) ¾ NW.
— 🚉 Call (Rh. 25) ½ SW.
**Bluscherzau**, Kraizanowitz (Wi 7) ¾ O.
**Bnin**, *Stadt*, 🚉 Moscryn 2¼ O, Posen 8½ SO (OS 47. 46. °MP 13).
**Boban**, 🚉 Pelplin (PO 33) 1¾ SW.
**Bobbau**, Jessnitz bei Bitterfeld (BA 37) ¼ NW.
**Bobda**, Gyertyámos (OeSt 117) 1 W.
**Boberau**, Liegnitz (BF 23. NM 33) ½ N.
**Bober-Röhrsdorf**, Reibnitz (BN 11), siehe Röhrsdorf.
**Bobersberg**, *Stadt*, 🚉 Sommerfeld 3 NO, Guben 3¾ O (NM 19. 17).
**Bobersen**, Riesa ½ NW, Röderau ½ NW (LD 11. SW 44. BA 26)
**Boberstein**, Schildau (NM 50) ½ O.
**Boberwitz**, Sprottau (NZ 5) 1 S.
**Boblin**, Grambow (BSt 63) ½ SO.
**Boblowitz**, Gr.-Peterwitz (Wi 14) 3 W.
**Bobowa**, *Fl.*, 🚉 Tarnow (GCL 10) 6 SO.
**Bobrau**, *Fl.*, *P*, Brünn (OeSt 1) 5¼ NW.
**Bobrek**, Beuthen ¾ SW, Tarnowitz 1¾ S (BF 31. OS 23. RO 12).
**Bóbrka**, *Stadt*, 🚉 Staresiolo (LCJ 3) 2 NO.
**Bobrownik**, Beuthen bei Tarnowitz (BF 31) 1¼ NW.
**Bobrowniki**, Tarnow (Wi 14) 1⅛ NW.
**Bobstadt**, Worms 1 NO, °Biblis ¼ S. (HL 1. 52).
— Wölchingen (Ba 113) 0,5 O.
**Bocholt**, *Stadt*, 🚉 T *bed. Eisen- u. Manufaktur-Waaren Industrie*, Empel 3 O, Wesel 3 N (KM 40. 38).
**Bochow**, Gr. Kreuz (BPM 8) ½ SO.
**Bock**, Gross- u. Klein-, Josefstadt (SNV 6) 1⅛ NO.
**Bockau**, *Fl.*, 🚉 Schneeberg (SW 55) 1 S.
— Ingramsdorf ⅜ N, Mettkau ⅞ NW (BF 5. 4).
**Bockel**, Papenburg ¼ W, Aschendorf (Wf 33. 32) ½ NO.
**Bockenau**, Waldböckelheim (Sa 32) 1 NW.
**Bockendorf**, Frankenberg ¾ NO, Hainichen ¾ SO (SO 56. 57).
**Bockenem**, *Fl.*, 🚉 Lutter a. B. 1 NW, Seesen 2 N, Hildesheim 3 SW (Bs 10. 8. Ha 70).

**Bockenheim, Gr.-,** von Monsheim (HL 39) 5/8 S.
— **Kl.-,** von Monsheim (HL 39) 5/8 S.
*Siehe dagegen Station Bockenheim* (MW 24).
— **Stein-,** Alzey, siehe Stein-Bockenheim (HL 44)
**Bockfliess,** Wagram (KFN 4) 3/4 NO.
**Bockhorn,** ⚙ Ellenserdamm 3/4 S, Varel 1 W (Ol 19 20).
**Bockhorst,** Holzminden (Wf 43. Ba 1) 3 N
*Siehe Bockhorst (Neu-), P. H. Altona-Kiel* 17.
**Bocklemünd,** Ehrenfeld (Rh 13) 1/2 NW.
**Bockraden,** Ibbenbüren (He 61) 3/4 N.
**Bockschaft,** *Hof,* Grombach (Ba 130) 0,5 SW.
**Bockum,** Uerdingen 1/4 W, Crefeld 1/2 NO (BM 20 Rb 66).
— Hamm (Wf 15) 1 NW.
**Bockwa,** ✕ Zwickau 1/2 SO, Cainsdorf 5/8 N (SW 47. 48)
**Bockzetelerfehn,** Neermoor *PH°* (Wf 36) 3/4 O.
**Boczar,** Gr. Kikinda (OeSt 114) 2 SW.
**Bodaik,** Bodaik (OeSt 137) 1/4 O.
**Bodelschwingh,** Mengede (KM 17) 1/4 SW.
**Boden,** Radeberg (SO 14) 2 NW.
**Bodenburg,** *Fl.,* ⚙ Lutter a. B. 2 1/2 NW, Gandersheim (Ba 10. 6) 2 1/2 N.
**Bodendorf,** Remagen 3/8 SW, Sinzig 1/2 NW (Rh 46. 47)
— Helmstedt 2 1/4 NO, Magdeburg 4 NW (Ba 31. MH 1).
**Bodenfelde,** *Stadt.* ⚙ Carlshafen 3/4 O, Nörten 4 1/2 W (HN 20. Ha 52).
**Bodenhagen,** Colberg (BSt 44) 1 1/4 O.
**Bodenheim,** Euskirchen (Rh 22) 1/2 N.
*Siehe dagegen Station Bodenheim* (HL 9)
**Bodenmais,** ⚙ Deggendorf 4 N, Cham 5 1/2 SO (D 1. ByO 64).
**Bodenrode,** Heiligenstadt (ML 33) 1 NO.
**Bodenstadt,** *Stadt,* ⚙ Weisskirchen in Mähren (KFN 21) 1 1/4 NW.
**Bodenstedt,** Vechelde (Ba 27) 1/2 NW.
**Bodenstein,** Bodenwöhr (ByO 60) 1 1/2 S.
— Lutter a. B. (Ba 10) 1/4 W.
**Bodenteich,** *Fl.,* ⚙ Uelzen (Ha 10) 2 SO.
**Bodenwerder,** *Stadt.* ⚙ *Spinnerei.* Vorwohle 2 1/2 NW, Holzminden 3 1/4 N. (Ba 3. 1. Wf 43).
**Bodersweier,** Kehl (Ba 157) 1 N.
**Bodmann,** Stahringen (Ba 189) 0,8 O.
**Bodrog-Keresztur,** *vorzügl. Wein,* Tokaj (Ts 17) 3/4 NW.
**Bodungen, Gr.,** ⚙ Bleicherode 1 NW, Gernrode 2 NO. (ML 29. 31).
**Bodzanowitz,** ⚙ *Eisenhammer,* Rosenberg 3 NO, Creutzburg 3 O. (KO 10. RO 23).
**Böbingen,** Edenkoben (Pf 36) 1 SO.
**Böblingen,** *Stadt,* ⚙ T Stuttgart 1 3/4 NW, Tübingen 3 N. (WS 16. 125).
**Böchten,** Flaach (SC 1. 7).
**Böcs,** Tiszá Lucz (Ts 20) 1 S.
**Bödecken,** Salzkotten (Wf 8) 1 3/4 SO.
— **Neu-,** Paderborn (Wf 7) 2 SO.
**Bödefeld,** ⚙ Altenhundem (HM 75) 4 NO.
**Bödexen,** Höxter (Wf 42) 1 1/4 NW.
**Bödigheim,** Seckach (Ba 108) 0,7 N.
**Bögendorf, Ober-,** Schweidnitz 1 SW, Freiburg 1 1/4 SO, Waldenburg 1 3/4 NO, Dittersbach 2 NO. (BF 14. 39. NM 56).
— **Nieder-,** Schweidnitz (BF 16) 1/2 SW.
**Böhla, Gr. u. Kl.,** *früher PH°,* Dahlen (LD 8) 3/8 O.
**Böhlen** (in Schwarzb.-Rudolstadt), Eisfeld 3 1/2 NO. Themar 4 NO. (Th 53a. 52).
— Leipzig (LD 26) 3/4 NW.
*Siehe Böhlen, PH° d. Sächs. Westl. Staab.* 3.
**Böhmenkirch,** *Fl.,* ⚙ Amstetten 1 1/2 NO. Süssen 2 NO. (WS 31. 28).
**Böhmisch-Aicha,** T siehe Aicha.
**Böhmischdorf,** *H°,* ⚙ Löwen 1 1/4 W, Brieg 1 3/4 S. (OS 7. 5. NB 8).
**Böhmsdorf, Ober-,** Mehltheuer (SW 16) 1 1/4 NW.
**Böbönye,** Komárvaros (OeSt 119) 6 O.
**Böhrigen** in Sachsen, *Fabr. u. Rittergut,* Rosswein (LD 29) 1 NW
**Böhringen,** Radolphzell (Ba 83) 1/2 NW. Essendorf (Wü 44) 3/4 O.
**Bökenberg,** Wilmersdorf (BSt 46) 2 NW.
**Bököny,** Hadhaz (Ts 12) 1 1/4 NO.
**Bölhorst u. Laura,** ✕ Minden (Ha 48. KM 33) 0,5 SW.
**Bölkendorf,** Angermünde (BSt 6) 1 1/4 S.
**Bölllberg,** *Salzquelle,* Halle (BA 18. ML 11. Th 18) 1/2 SW.
**Bönen,** Hamm (BM 95. Wf 15) 1 3/8 SW.
**Bönigen,** Thun (SC 1, 47) 5 SO.

**Bönnigheim,** *Stadt,* ⚙ von Kirchheim a. N. (Ba 121) 0,5 W.
**Börger,** Kluse-Dörpen 2 O, Lathen 2 1/4 NO. (Wf 31. 70).
— **Neu-,** von Lathen (Wf 70) 2 1/4 NO.
**Börln** in Sachsen, Dahlen (LD 8) 0,5 N.
**Börnchen,** Weidkirchen (SW 64) 1/2 SO.
— Oederan (SO 52) 1/2 NW.
**Börnecke,** Halberstadt 1 S, Quedlinburg 1 1/4 NW. (MH 9 12).
— Stassfurt 1 NW, Aschersleben 1 3/4 N. (MH 38. ML 18. MH 30).
**Börnicke,** *Zuckerfabr.,* Stassfurt 1 1/4 NW, Hadmersleben 2 SO, Langenweddingen 2 3/4 S. (MH 38. 5 3).
**Börnig,** Herne (KM 15) 3/4 NO.
**Börnitz,** Anklam (BSt 55) 1 N.
**Börzseny,** Szobb (OeSt 89) 2 1/2 NO.
**Bösdorf,** *H°* ⚙ Neisse (NB 1) 1 1/2 N.
**Bösendorf,** Praust (PO 73) 1 SW.
**Bösenwyl,** Zofingen (SC 1. 15)
**Bösing,** *Station 7 der Pressb.-Tyrnau. E., Stadt* ⚙ *Gold- u. Schwefelbergb.,* Weinern 1 1/2 N, Wartberg 2 NW. (OeSt 76. 78).
**Bösingfeld,** *Fl,* ⚙ Bückeburg 3 1/4 S, Herford 5 SO. (Ha 47. KM 29).
**Bösinghausen,** Göttingen (Ha 64) 1 1/2 NO.
**Böszörmeny** (Hajdu), *Fl,* ⚙ Debreczin (Ts 11) 2 3/8 NW.
— (Beregh), *Fl,* Mező-Kereszies (Ts 43) 1 1/8 SW.
**Böttingen** in Württb., Neckarelz (Ba 101) 1,1 N.
**Bötzen** (Schweiz), Säckingen 2,26 NO, Brugg 2 5 W. (Ba 62. SNO 1, 26)
**Bötzingen,** Biel (SC 1, 56. S 5, 3) 1/2 N.
— Riegel 1 3 SW, Emmendingen 1 5 W. (Ba 36. 37).
**Bötzow,** Seegefeld (BH 3) 1 1/4 N.
**Bofzen,** Höxter (Wf 42) 3/4 S.
**Bogáros,** Hatzfeld (OeSt 118) 1 1/2 N.
**Bogdanówka,** Lemberg (UCL 29 LCJ 1) 1/2 SO.
**Bogdany,** ⚙ Nyiregyháza (Ts 14) 2 NO.
**Bogel,** St. Goarshausen (Na 14) 1 NO.
**Bogen,** *Fl.,* ⚙ Straubing (ByO 47) 1 3/4 NO.
**Bogenau,** *Steinbrüche,* Lettowitz (OeSt 6) 1 W.
**Bogenhausen,** München (ByS 196) 1/4 NO.
**Bogsan,** *Stadt,* ⚙ *Eisenwerk,* Temesvar (OeSt 118) 5 O.
**Bohdanetsch,** *Stadt,* ⚙ Pardubitz (OeSt 18. SNV 1) 1 NW.
**Bohlheim, Ober-,** Bulr (Rh 9) 3/4 SO.
— **Nieder-,** Bulr (Rh 9) 7/8 SO.
**Bohlingen,** Radolphzell (Ba 83) 0 6 SW.
— Riegel (Ba 36) 0,7 W.
**Bohlsbach,** Offenburg (Ba 28) 0,5 NW.
**Bohlsen,** Uelzen 1 W, Suderburg 1 N. (Ha 10. 9).
**Bohlsehle,** Nienburg (Ha 26) 1 1/4 SO.
**Bohmte,** *Fl.,* ⚙ Osnabrück (He 57. KM 72) 4 NO
**Bohnau,** Brüsau (OeSt 7) 3/4 N.
**Bohnsdorf,** Grünau (BG 2) 1/4 SW.
**Bohra,** Schmölln (SW 35) 1/4 NO.
**Bohrau,** *Fl,* ⚙ Ohlau (OS 4) 2 SW.
NB. Es giebt ausserdem eine grosse Anzahl unbedeutender Orte dieses Namens in Preussen
*Siehe dagegen Station Bohrau d. Rechten Oderuferb.* 15 *u. Ort* *B o r a u unten.*
**Bohsdorf,** ⚙ Spremberg (BG 10) 2 NO.
**Bohuslawitz,** Josefstadt (SNV 6) 1 1/2 O.
**Boihingen, Ober-,** Unter-Boihingen (WS 126) 1/4 S.
**Boikowitz,** *Stadt,* ⚙ Ungar. Hradisch (KFN 15) 4 1/8 O.
**Boischow,** Neuberun (OS 30) 7/8 W.
**Bois, les,** Biel (SC 1. 56) 8 1/2 W.
**Boissin,** Belgard (BSt 21) 3/4 N.
**Boitzenburg** (Vorpommern), *Stadt,* ⚙ T Prenzlau (BSt. 48) 2 1/4 NW.
*Siehe dag. Station Boitzenburg a. d. Elbe,* ⚙ T *Berlin-Hamb.* 19.
**Bojan,** *Fl.,* ⚙ T Czernowitz (LCJ 23 22a) 3 NO.
**Bojt,** ⚙ °Mező-Keresztes (US 17) 7/8 N.
**Boke,** Salzkotten (Wf 8) 1 1/2 N.
**Bokel,** °Augustfehn (Ol 13) 1/4 O.
**Bokow,** Burstyn (LCJ 10) 3 N.
**Bokowitz,** Temesvar (OeSt 119) 1/2 N.
**Boland,** Waldshut (Ba 68) 0 6 NW.
**Bolanzów,** Burstyn (LCJ 10) 1 SO.
**Boldekow,** Anklam (BSt 55) 2 W.
**Bolechów,** *Stadt,* ⚙ T Bolszniki (LCJ 8) 5 SW.
**Boleslau,** Kreisanowitz (Wl 7) 1 NW.
**Bolheim,** Heidenheim (WS 126) 1/8 S.

**Bolkenhayn,** *Stadt,* ⚙ T von Märzdorf 1 1/2 NO, Freiburg 2 1/4 NW, Jauer 2 1/4 SW, Liegnitz 4 1/2 S. (NM 52. BF 8. 20. 25. NM 33).
**Bolk(e)ow,** Gr. Rambin 1 O, Belgard 2 1/2 S (BSt 20. 21)
**Boll,** ⚙ Göppingen (WS 26) 1 SW.
**Bollenbach, Noh-,** in Preussen, Oberstein 1/2 SO, Fischbach 3/4 SW. (Sa 38. 37).
**Bollenbach, Kirchen-,** von Oberstein 1 SO. Fischbach 1 S. (Sa 38. 37).
— **Mittel-,** Oberstein (Sa 38) 1 NO.
— in Baden, Hasloch (Ba 163) 0 3 NW.
**Bollendorf,** Neuenhagen (PO 2) 1/4 S.
**Bollersdorf,** Müncheberg (PO 4) 1 1/4 NW.
**Bollingen,** Bern (SC 1. 39. 4 49. 5.11) 1 NO.
**Bollodingen,** Herzogenbuchsee (SC 1. 31).
**Bollschweil,** Krotzingen (Ba 42) 1 O.
**Bolszowce,** ⚙ Halicz (LCJ 11) 3/4 N.
**Boltenhagen,** *Fl,* ⚙ *Seebad,* Wismar (Mk 13) 5 NO.
— Greifswald (BSt 57) 3/4 SW.
— Greifswald (BSt 57) 2 O.
**Boltigen,** Thun (SC 1, 47) 5 1/2 SW.
**Bolyok,** Kis-Terenne (UN 13) 7 NO.
**Bolzfeld,** Wiesloch (Ba 6) 1 2 O.
**Bolzum,** Sehnde (Ha 67) 1/4 SW
**Bombach,** Kenzingen (Ba 35) 0,9 S.
**Bomblin,** Samter (OS 50) 1 1/4 NO.
**Bomsdorf,** Neuzelle 1 S, Wellmitz 1 SW. (NM 15. 16).
°**Bomst,** (MP 6) *Stadt,* ⚙ Frankfurt a. O. (NM 11. PO 71) 14 1/4 SO.
**Bonaforth,** Münden (Ha 86) 3/4 SW.
**Bonbaden,** Braunfels 3/4 SO, Albshausen 3/4 S. (Na 39 40).
**Bonbruck,** Landshut (ByO 10) 3 1/2 SO.
**Bonfeld** (in Württb.), Rappenau (Ba 132) 0 5 SO.
**Bonifacius,** ✕ Essen (BM 85. Rb 93) 5/8 O.
**Bonin** Labes (BSt 18) 3/4 S.
**Boniswyl,** Wildegg (SNO 2, 28) 2 3/4 SO.
— Aarau (SC 1, 13. SNO 2, 30) 2 3/4 SO.
**Bonndorf** in Baden, *Stadt,* ⚙ T Thiengen 2,5 N, Neunkirch 2 5 N (Ba 69. 74).
**Bonniswyl,** Rupperswell (SNO 2, 29) 2 1/4 SO.
**Bony,** Sz. Janos 1 1/2 S, Raab 2 (OeSt 70. 69).
**Boochhagen,** Miltzow (BSt 58) 1 1/4 W.
**Boos** (Rheinl.), Waldböckelheim (Sa 32) 1/4 SW.
— (Bayer.), Kellmünz, Fellheim. (ByS 210. 211).
**Bossen,** Türkismühle (Sa 42) 3/4 W.
— Frankfurt a/O. (NM 11. PO 71) 1 NW.
**Boppard** (*Station Rh* 42), *Stadt,* ⚙ Camp (Na 16) 1/2 SW.
**Borau,** ⚙ Zwittau 5 SW, Pardubitz 8 S (OeSt 9. 18. SNV 1).
**Borchen, Kirch-,** Paderborn (Wf 7) 1 SW.
— **Nord-,** Paderborn 1 SW.
**Borchersdorf,** Löwenhagen (PO 58) 1 SW.
**Bordenau,** Neustadt a. N. (Ha 23) 3/4 SO.
**Borek,** *Stadt* ⚙ Rawicz 6 1/2 NO, Lissa 6 1/2 O (OS 37. 40).
— **maly u. Wielki,** Sedziszow (GCL 14.)
— Bochnia (GCL 7) 1 1/2 NW.
**Borg,** Nenrig Saarburg 2 1/2 SW, Merzig 2 1/2 NW. (Sa 19. 16).
**Borganie,** Mettkau (BF 4) 1/4 SW.
**Borgeln,** Welver 1/2 O, Soest 3/4 NW (Wf 14. 13. BM 56).
**Borgentreich,** *Stadt,* ⚙ Warburg 1 1/2 NO (HN 17. Wf 1).
**Borgersdorf,** Cöthen (BA 33. ML 7. MH 34)
**Borgenwies,** Stockach (Ba 193) 0,7 NW.
**Borghetto** in Tirol, Oestr.-Ital. Grenze, Avio (OeSt 216) 1/2 S.
**Borgholz,** *Fl.,* ⚙ Warburg 2 1/4 NO. Bonenburg 2 1/2 NO, Willebadessen 2 1/2 O, Driburg 2 1/2 SO (BM 128. HN 17. Wf 1. 2 4 39.
**Borgholzhausen,** *Stadt,* ⚙ Melle 1 1/2 S, Bielefeld 2 1/2 NW (Ha 55. KM 28).
**Borghorst,** ⚙ T Emsdetten 1 1/2 SW, Rheine 3 1/4 S (Wf. 22 24. Ha 64).
**Borgloh,** Melle (Ha 55) 1 1/2 SW.
**Borgo di Valsugana,** ⚙ T Trient (OeSt 210) 2 1/2 O.
**Borgsdorf,** Bunzlau (NM 29) 2 NW.
**Borgwall** i. Mecklbg., Strassburg (BSt 69) 1 SO.
**Borin, Ober-,** Rybnik (Wl 20) 1 3/4 SO.
**Borislawitz,** *Fl,* ⚙ von Leobschütz (Wl 10) 1 1/2 NO
**Boritsch,** Lettowitz (OeSt 6) 3/4 W.
**Bork,** ⚙ Dortmund (BM 50. KM 16) 2 1/4 ...

**Borken** (b. Münster), *Stadt*, ⊤ von Wesel (KM 88) 4 NO.
*Siehe Station Borken in Hessen, HW 6.*
**Borkendorf**, Neisse (NS 1) 2 S.
**Borkenhagen**, Gr. Wangerin (BSt 17) 1⅓ NW.
**Borkenstein**, Trampke (BSt 15) 1½ N.
**Borkenthal**, Ferdinandshof (BSt 52) ¾ O.
**Borki**, Lemberg (GCL 29) 2¾ NW.
**Borki Dominikanskie**, Lemberg (GCL 29. LCJ 1) 2½ NW.
**Borlas**, Tharandt (SO 46) ¾ S.
**Borlinghausen**, von Bonenburg ½ N, von Willebadessen ½ S (Wf 2. 4).
**Bormann**, Sz. Miklos (Ts 4) ¾ NW.
**Born**, Wiesbaden (Na 1. T 10) 1½ NW.
— auf Rügen, Stralsund (BSt 59) 1 NW.
**Borna**, Oschatz (LD 9) ¾ NO.
*Siehe dagegen Station Borna, SW 93.*
*Ausserdem 2 unbedeutende Orte bei Chemnitz u. bei Liebstadt in Sachsen.*
**Borne**, Förderstedt ¾ NW, Dodendorf 1½ S, Langenweddingen 1⅝ S, Schönebeck 2 SW (MH 2. 3. ML 3. 17).
— (in Preuss. Schlesien), Nimkau ½ SW, Neumarkt 1½ SO (NM 37. 36).
*Siehe dagegen Borne Niederl. Stab. 1, 34.*
**Bornheim**, *Fl.*, Frankfurt a/M. (FH 1. Ho 5. MN 1. MW 25. T 1) ⅝ NO.
— Alzey (HL 44) ¾ NW.
— Roisdorf (Rh 41) ½ NW.
**Bornig**, *Fl.*, St Goarshausen (Na 14) ¾ SO.
**Bornim**, Potsdam (BPM 5) ½ NW.
**Bornitz** in Preussen bei Zeitz (Th 27).
— *H°* (LD 10) in Sachsen, Oschatz (LD 9) ¾ NO.
**Bornshain**, Schmölln (SW 85) ¼ O.
**Bornstedt**, Potsdam (BPM 5) ⅜ NW.
— Magdeburg (BPM 18. ML 1. MH 1) 2⅔ W.
**Bornlin**, Gr. Rambin (BSt 20) 2½ S.
**Bornum**, Börssum (Bs 14) ½ N.
— *Eisenw.*, Lutter a/B. (Bs 10) 1 SW.
**Bornumhausen**, Seesen (Bs 8) ½ NW.
**Borohradek**, Hohenmauth (OeSt 15) 1½ NW.
**Boronow**, ✕ Tworog (RO 10) 3 NO.
**Boros-Jenö**, Arad (St 1. Ts 37) 7 NO.
**Boros-Sebes**, *Fl.*, Arad (Ts 37) 10⅝ NO.
**Borotin**, *Fl.*, Lettowitz (OeSt 6) 1½ O.
**Borowitz**, Gross-, Mastig ⅜ NW, Falgendorf ½ SO (SNV 10. 11).
— Klein-, Mastig (SNV 10) ¼ NW.
**Borowo**, Czempin (OS 46) ½ SO.
**Borr**, Zülpich (Rh 21) 1 NO.
**Bors**, Mezö-Keresztes (Ts 42) 1 N.
**Borsa**, Nagy- u. Kiss-, Wartberg (OeSt 78) ⅔ SO.
**Borsfleth**, Crempe (EG 5) ½ W.
**Borstendorf**, Oederan 1½ S, Freiberg i. Sachs. 3 SW (SO 52. 51).
**Borsum**, Harsum (Ha 69) ½ SO.
**Borszczów**, Zabłotów (LCJ 17) ¾ W.
**Borusow**, Borynice (LCJ 6) ½ W.
**Borussia**, ✕ Marten (BM 82) anm.
**Borynia**, *Fl.*, Przemysl (GCL 22) 14 SO.
**Borynice**, Chodorow (LCJ 7) 2⅛ NW.
**Bosatz**, Ratibor (W1 5) ½ O.
**Boschan**, *Fl.*, Tornocs (OeSt 82) 6½ NO.
**Boschkow**, Pilsen (BW 8) ½ SO.
**Bosenbach**, Theisbergstegen (Pf. 61) ⅔ NW.
**Boskow**, Semil (SNV 14) ¾ NO.
**Boskowitz**, *Stadt*, Skalitz (OeSt 5) ½ O.
**Bosovitsch**, Oravicsa (OeSt 130) 6 SO.
**Bosserhorn**, Höxter (Wf 42) 1 NW.
**Bosswyl**, Aarau (S 1. 13. 8. 30) 5½ SO.
— Dietikon (SNO 2. 22) 3 S.
**Boswyl**, Wildegg (SNO 2. 28) 3⅔ SO.
**Boszok**, Lepseny (OeSt 126) 1½ S.
**Bothnang**, Stuttgart (Wü 16) ½ W.
**Bottenbroich**, Horrem (Rh 10) ½ SO.
**Bottendorf**, *Kupferbergbau*, Apolda 4 N, Weimar 5 NO (Th 11. 10.)
**Bottenwyl**, Zofingen (SC 1. 15).
**Bottmersdorf**, Blumenberg (MH 4) ¼ W.
**Bottmingen** i. d. Schweiz Basel (Ba 56. SC 1,1) ½ S.
**Bottrop**, Berge-Borbeck 1 N, Sterkrade ¾ O (KM 12. 36).
**Bottschow**, Frankfurt a/O. (NM 11. PO 71) 4 O.
**Bottwar**, Gr.-, *Stadt*, Besigheim 1½ O, Ludwigsburg 1⅞ NO (Wü 53. 12).
— Kl.-, desgl.
**Botzdorf**, Roisdorf (Rh 41) ½ NW.
**Boulay** in Frankreich, *Stadt*, Saarlouis (Sa 13) 3¼ SW.

**Bovenden**, *Fl.*, von Nörten ⅓ S, von Göttingen 1 N (Ha 82. 84).
**Boxberg**, *Stadt*, ⊤ Wölchingen-Boxberg (Ba 113) 0,1 O.
— *Hüttenw.*, Weisswasser in Schles. 1⅔ SW, Bautzen 4 NO (BG 12. SO 20).
**Boyadel** (Pojadel), Fraustadt 5½ NW, Glogau 5 NW (OS 41. 43. NZ 1).
**Bozyckow**, Burstyn (LCJ 10) 4 S.
**Braach**, Rotenburg (HN 4) ¼ NW.
**Braak**, Stadtoldendorf (Bs 2) ⅜ S.
**Brachbach**, Niederscheiden (KM 63) ½ S.
**Brachelu**, Lindern (BM 8) 1¼ NO.
**Brachstedt**, Stumsdorf (ML 9) ½ SW.
**Bracht**, von Kaldenkirchen (BM 27. Rh. 83) ⅝ S.
**Brackenheim**, *Stadt*, ⊤ Lauffen (Wü 55) ⅔ W.
**Bradlo**, Pardubitz (OeSt 18. SNV 1) 3¾ S.
**Brätz**, *Stadt*, *Maschinenspinnerei u. Tuchfabr.*, Landsberg a. W. 8 SO, °Schwiebus 2 NO, Frankfurt a. O. 10 O (BA 16. °MP. 15. NM 11. PO 71).
**Bräunlingen**, *Stadt*, *Eisenwerk*, Donaueschingen (Ba 185) 0,95 SW.
**Bräunsdorf**, Freiberg i. Sachs. (SO 51) 1½ NW.
**Brake** bei Detmold, *Fl.*, Herford (KM 29) 3 SO.
— bei Herford, Herford 1 SW.
— *Stadt*, ⊤ Vegesack 3 NW, Rastede 4 NO, Oldenburg 4¼ NO, Varel 4⅔ SW (Ha 42. Ol 23. 1. 20).
**Brakupöhnen**, Gumbinnen (PO 60) 1½ NO.
**Bralin**, *Stadt*, Namslau 3¾ NO, Oels 5 NO (RO 20. 17).
**Brallitz**, Falkenberg ½ O, Freienwalde a. O. ⅔ N. (BSt 65. 66).
**Brallentin**, Dölitz (OS 58) ¾ N.
**Brambach**, Ober- u. Unter-, *Güter-Station* SW 81, Adorf 1½ SO, Plauen 4 SW (SW 79. 15).
— unbed. Ort bei Dessau (BA 30).
**Bramel**, Geestemünde (Ha 40) 1 O.
**Bramsche**, *Fl.*, ⊤ Osnabrück (Ha 57. KM 72) 2 N.
**Bramsforth** Freienwalde i. P. (BSt 16) ⅔ N.
**Bramstedt**, *Fl.*, ⊤ Wrist (AK 8) 1 O.
— Stubben (Ha 38) 1 SW.
**Brand** b. Culmain, Kemnath 1½ NO } (ByO
— bei Redwitz, Kemnath 3 NO } 77).
— in Rheinpreussen, Aachen ¾ SO, Stolberg 1 SW (AM 1. BM 1. Rh 4. 5).
— in Sachsen, *Stadt*, *Bergbau*, Freiberg i. Sachsen (SO 51). ½ SW.
— in Schlesien, Weisswasser i. Schles. (BG 12) 1¼ SO.
*Siehe dagegen Station Brand, Berlin-Görlitz 5.*
**Brandau**, Darmstadt (HL 24. MN 5) 1¼ SO.
**Brandeis** a/Elbe, *Stadt*, ⊤ Prag 2 O, Obristwy-Kiomin 2 SO (OeSt 27. TKP 3).
*Siehe dagegen Brandeis (an der Adler), OeSt 13 und Brandeisl, Bu 12.*
**Brandenburg**, *Fl.*, Ludwigsort 1 NO, Kobbelbude 1 NW, Königsberg 2½ SW (PO 47. 48. 50. OpS 8 u. 9).
*Siehe dagegen Station Brandenburg, BPM 9.*
**Brandensleben**, Alt-, Oschersleben (Bs 20. MH 6) ⅝ NO.
— Neu-, Oschersleben ½ N.
**Brandis**, *Stadt*, Machern ⅘ SW, Posthausen ½ SW, Naunhof ¾ N. (LD 4. 3. 21).
**Brandlecht**, Lingen (Wf 27) 3½ SW.
**Brandrübel**, Schmölln (SW 85) ½ SW.
**Brandshagen**, Miltzow (BSt 58) 1 N.
**Brandshof**, Ducherow (BSt 54) ½ O.
**Brandt**, Stolberg (Rh 5) 1 SW.
— *Theerofen*, Ferdinandshof (BSt 52) ½ W.
**Branitz**, Gr.-Peterwitz (W1 14) 3 W.
— Cottbus (BG 9) ½ SO.
**Branna**, Falgendorf (SNV 11) 1¼ N.
**Bratikow**, Eisenbrod (SNV 15) ½ N.
**Bratsch**, Leobschütz (W1 10) 1¼ SW.
**Braubauerschaft**, Gelsenkirchen (KM 14) ¼ N.
**Brauna**, Radeberg 2½ N, Bischofswerda 3 NW. (SO 14. 17).
**Braunau**, *Stadt*, ⊤ *Tuch- u. Leinenf.*, Skalitz 3½ NW, Josefstadt 5 NO, Dittersbach 4½ S. Waldenburg 5 S. (SNV 23. 6. NM 56. BF 10).
— Haynau 2½ NO, Liegnitz 3 NW. (NM 31. 33. BF 23).
— bei Löwenberg, Greiffenberg (NM 45) 2½ NO.
— *Stadt*, °*Station ByS 280*, Traunstein 8 NO, Strasswalchen 5½ NW, Scheerding 6 SW. (ByS 144. KM 42. 52).
**Braunfels**, *Stadt*, Braunfels (Na 39) ½ S.

**Braunichswalde**, von Ronneburg (SW 87) 1 SO.
**Braunlage**, *Fl.*, *mehrere Fabr.*, Harzburg (Bs 36) 2¼ S.
**Braunsbach**, Waldenburg i. Schles. 1¼ NO, Kupfer 1 NO. (BF 10. NM 56).
**Braunsberg** in Mähren, *Stadt*, *Tuchweberei*, Stauding 1⅓ O, Schönbrunn 1½ S. (KFN 24. 25).
— Freienwalde i. P. (BSt 16) 1¾ N.
*Siehe dagegen Braunsberg, Preuss. Ostb. 44.*
**Braunsdorf** (Sachsen), Tharandt (SO 46) ½ N.
— (Schles.), Weisswasser (BG 12) 1⅓ NO.
*Siehe dagegen Braunsdorf, H° der Sächs. Oestl. Stab. 55a.*
(Ausserdem mehrere unbedeutende Orte des Namens in Preussen bei Merseburg; bei Wittenberg Prov. Sachsen; bei Potsdam etc.)
**Braunseifen** (Brunseif), Olmütz (KFN 58. OeSt 43) 4½ N.
**Braunsfelde**, Friedeberg (PO 16) 1¼ NW.
**Braunswalde**, Marienburg (PO 36) 1 S.
**Brauchitzschdorf**, Liegnitz (BF 23. NM 33) 2½ N.
**Braut** in Küpperswiese, ✕ °Werden (BM 110) 0,2 N.
**Brauweiler**, Königsdorf (Rh 11) ½ N.
**Braaz**, *Bergwerke, Alaunhütten, mehrere Fabriken, Walzwerke u. Hochöfen*, Radnitz (TKP 3) ¼ O u. ¼ N.
**Brazdim**, Obristwy-Kiomin (TKP 3) 1½ SO.
**Brazzano**, Cormons (OeSt 177) ½ NW.
**Brezetz**, Kandrzin (Cosel) (OS 15. W1 1) ⅜ S.
**Brdo**, Paka (SNV 12) ¼ S.
**Brebach**, Saarbrücken (Sa 5) ½ SO.
**Brech**, Prelouc (OeSt 19) ¼ NO.
**Brechen**, Nieder-, Villmar ½ S, Limburg ¾ SO, Runkel ¾ S. (Na 33. 30. 32).
— Ober-, Villmar ¾ S, Limburg 1 SO. (Na 33. 30).
**Brechten**, Dortmund (BM 60. KM 18) 1 N.
**Breckenheim**, Wiesbaden (Na 1. T 10) 1 O.
**Breckerfeld**, *Stadt*, *Fabr. in Seiden- u. Stahlw.*, Milspe (BM 5) 1¾ SO.
**Breckwitz** in Sachsen, Coswig (LD 16) ¼ W.
**Bredelar**, Kloster-, *Eisenhütte*, Bonenburg 4¾ SW, Gesecke 5 SO. (Wf 2. 9).
**Bredelem**, Lutter a. B. (Bs 10) 1¼ O.
**Bredenborn**, *Fl.*, Brakel 1½ N, Driburg 3 NO. (Wf 40. 39).
**Bredeneier Krone**, ✕ Essen (BM 88. KM 13. Rh 93) 0,5 S.
**Bredenfelde**, Stavenhagen (FF 5) 1½ SO.
**Bredow**, Stettin (BSt 10) ½ N.
**Bredstedt**, *Stadt*, ⊤ Husum 2¼ N, Flensburg 4 SW, Tondern 5 S. (Sw 21. 10. 12).
**Breese**, Gross-, Wittenberge (BH 11. MH 26) ½ O.
**Bregenz** in Oesterreich (Vorarlberg), *Stadt*, ⊤ *bed. Industrie*, Lindau (ByS 1) 1½ SO.
**Breidenbach**, *Kupferschmelze*, Dillenburg (KM 56) 3 NO.
**Breidenstein**, Marburg i. Hessen (MW 11) 5 NW.
**Breinig**, Stolberg (Rh 5) 1¼ S.
**Breisach**, Alt-, *Stadt*, Krozingen 3 NW, Freiburg i. Baden 2,7 NW. (Ba 42. 39).
**Breisig**, Ober-, Brohl (Rh 49) ½ NW.
— Nieder-, Brohl ½ N, Sinzig ¾ SO. (Rh 49. 47).
**Breitenau** (Schles.), Neumarkt (NM 36) ¾ NW.
— (Steiermark), *Eisenwerk*, Pernegg (OeSt 41) 1¼ O.
— St Egyden ½ S, Neunkirchen ¾ NO. (OeSt 23. 24).
— (in Baden), Freiburg (Ba 39) 2,5 O.
1 **Breitenbach**, Gross-, *Stadt*, Eisfeld 2⅔ NO, Arnstadt 4 S, Erfurt 7½ S. (Th 53a. 33. 8).
2 — Bebra (BbH 1. HN 3) ½ S.
3 — Guntershausen (HN 9. MW 3) 1¾ NW.
4 — Schlüchtern (BbH 10) ½ NW.
5 — Rotenburg (HN 4) ¼ S.
6 — Leinefelde (ML 32) ¼ N.
7 — in Sachsen, Nossen (LD 30) ½ S.
8 — in Tirol, Kundl (OeSt 181) ½ NO.
**Breitenberg**, Passau (ByO 58. KE 54) 4½ NO.
**Breitenbronn**, Aglasterhausen (Ba 99) 0,5 O.

**Breitenbrunn**, *Fl.*, von Regensburg (ByO 22) 5 NW.
— Bruck a. d. L. 1 O. Wilfleinsdorf 1½ SW. (OeSt 63. 63).
**Breitendorf**, Löbau (SO 23) ¾ NW.
**Breitenfeld**, Thiengen (Ba 69) 0,5 NO.
**Breitenfelde**, Mölln (FF 6) ½ SW.
— Freienwalde i. P. (BSt 18) 1 N.
**Breitenfurt**, Liesing (OeSü 7) 1½ W.
**Breitenhain**, Schweidnitz (BF 16) 1¾ SW.
**Breitenhaupt**, Brakel (Wf 40) 1½ NW.
**Breitenhof**, *Blechwerke*, Schwarzenberg (SW 58).
**Breitenholz**, Leinefelde (ML 32) ¼ O.
**Breitensee**, Marchegg (KFN 48. OeSt 73) ½ SW.
— Penzing ⅛ W, Wien ⅝ W. (KE 2. 1).
**Breitenstein**, *Glash.*, *Hüttenwerk*. Nordhausen 2½ O, Quedlinburg 3¼ SW. (ML 28. *NE 1. MH 12).
— *Mühle*, Angermünde (BSt 6) 1¼ N.
— Pasewalk (BSt 50) 1 O.
*Siehe dagegen Breitenstein. Oesterr. Südb.* 30.
**Breitenwerder**, Friedeberg (PO 16) 1 SO.
**Breitfurth**, Blieskastel (Pf 25) ½ SW.
**Breithardt**, Wiesbaden (Na 1. T 10) 2 NW.
**Breithurst**, Bühl (Ba 22) 0,6 W.
**Breitscheid**, Au ¼ S, Herborn 1 W. (KM 49. 57).
**Breitungen, Alten-**, Immelborn ½ SO.
— **Frauen-**, *Stadt.* Immelborn ¾ SO. } (Th 46).
— **Herren-**, Immelborn ¾ SO.
**Breitwiesen**, Wallern (KE 46) ½ NO.
**Bremberg**, Laurenburg ½ S, Bopbach ⅜ SW. (Na 25. 26).
— Brechelshof (BF 21) ⅛ SW.
**Bremen**, Aniendorf (Wü 46) 2 NW.
— **Klein-**, Bückeburg (Ha 47) ⅛ S.
*Siehe dagegen Station Bremen, Ha* 34.
**Bremenhain** Ubersmannsdorf (BG 14) ½ NO.
**Bremerhagen, Gr.- u. Kl.-**, Miltzow (BSt 58) 1 SW.
**Bremerlehe**, siehe Lehe.
**Bremervörde**, *Stadt.* T Stubben 4 O, Osterholz-Scharmbeck 5½ NO, Harburg 8 W. (Ha 38. 36. 17).
**Bremgarten**, Krotzingen 1 W, Heitersheim 1 NW. (Ba 42. 43).
— *Stadt.* Baden i. d. Schweiz 2½ SO, Wildegg 8½ SO. (SNO 2, 24. 28).
— Aarau (S 1, 13 u. 2, 30) 5 SO.
**Bremke**, Göttingen (Ha 84) 1½ SO.
**Bremthal**, Wiesbaden (Na 1. T 10) 1¼ NO.
**Brenig**, Roisdorf (Rh 41) ½ NW.
**Brenken**, Salzkotten 1½ SW, Geseke 1½ SO. (Wf 8. 9).
**Brenkenhofsbruch**, Friedeberg ¾ SO. (PO 16).
**Brenkenhofswalde**, Friedeberg 1¼ SO, Driesen 2 W. (PO 16. 18).
— Stargard i. P. (BSt 14) 1¼ W.
**Brenkhausen**, Höxter ½ N, Brakel 2 NO. (Wf 42. 40).
**Brenn**, *Wachstuchfabr.*, Niemes (BN 7) ¾ W.
**Brennberg**, × Agendorf ½ S, Oedenburg 1¼ SW. (OeSü 96. 97).
— Walhallastrasse (ByO 23).
**Brennporitschen**, *Fl.*, Blowic 1 NO, Stahlau 1½ SO, Pilsen 2 SO, Rokitsan 2¼ SO. (KFJ 36. 37. BW 6. KFJ 39. BW 11).
**Brensbach**, Darmstadt 3¼ SO, Heppenheim 3½ NO. (HL 24. MN 5. 11).
**Brenschede** × Dahlhausen (BM 88) 0,8 NO.
**Brenz**, *Fl.*, Offingen 1½ NW. Heidenheim 2 SO, Ulm 3½ NO. (ByS 108. Wü 125. ByS 103. Wü 84).
**Brese, Gr. u. Kl.**, Nimkau 1 NO, Lissa 1½ NW. (NM 37. 38).
**Breesen, Gr.**, Guben (NM 17) ¾ N.
**Breslagk**, Wellmitz (NM 16) ½ S.
**Brestau**, Sorau (NM 22) 1½ NW.
**Bresyn**, Laskowitz (PO 50) 2 NW.
**Brenztyl**, Desta (OeSt 122) ⅝ SO.
**Bretleben**, Sangerhausen (ML 24) 1¾ S.
**Bretschen** (Pretschen), Lübben 2½ NO. (BF 24).
**Brettnig, Gross**, Fischbach 1 NO, Radeberg 1½ NO, Bischofswerda 1 NW. (SO 15. 14. 17).
**Brettnig, Klein-**, Radeberg (SO 14) 1¾ NO.
**Bretzenheim**, Mainz (HL 11) ½ SW.
— Langen-Lonsheim (Rh 28) ¼ S.
**Bretzwyl**, Liestal (SC 1, 5) 2½ SW.
**Brevörde**, Holzminden (Wf 43. Ba 1) 2¼ NO.
**Brey**, Capellen (Rh 53) ¾ SW.

**Brezan**, von Böhm.-Brod (OeSt 24) ¾ NW.
— Velim (OeSt 22a) ½ S.
**Brezina**, Münchengrätz ¾ NW, Turnau 1¼ SW. (TKP 11. 12. SNV 17).
— Radnitz (BW 10) ½ SO.
**Brezno**, Jungbunzlau (TKP 8) 1 SO.
**Breznic**, *Stadt.* Strakonitz 4½ N, Nepomuk 4½ NO, Horowitz 4½ S. (KFJ 30. 34. BW 14).
**Brieginschdorf**, Brieg (NB 8. OS 5) ¼ S.
**Brienz**, Thun 8 O. } (SC 1, 47).
**Brienzwyler**, Thun 9½ O. }
[1] **Briesen**, Leitowitz (OeSt 6) 1 NO.
[2] — Brand (BG 5) ¼ N.
[3] — Vetschau (BG 8) 2 NO.
[4] — **Klein-**, Vetschau (BG 8) ¾ SO.
[5] — Brieg (NB 8. OS 5) ½ NO.
[6] — Schönlanke (PO 21) 2¾ SO.
[7] — Kotomierz (PO 28) ¾ N.
[8] — *Stadt*, Thorn 4½ NO, Terespol 6¼ SO, Warlubien 6½ SO. (PO 67. 29. 31).
[9] — Schivelbein 1 S, Labes 2 O (BSt 19. 18).
*Siehe Briesen, Station d. Niederschl.-Märk.* 9.
**Briesenhorst**, Vietz (PO 10) 1¾ NO.
**Brieskow**, Finkenheerd ⅛ N, Frankfurt a. O. 1½ S. (NM 13. MP 19. NM 11. PO 71).
**Briesnitz**, Schneidemühl (PO 22) 4½ N.
— Frankenstein 1 SW.
— (Priesnitz) Dresden (LD 20. SO 1 u. 12) 0,5 NW.
**Briest**, Tangerhütte (MH 20) ¼ W.
— Passow (BSt 7) ½ SW.
**Brietlingen**, Adendorf ¾ N, Lüneburg 1¼ N. (Ha 18. 13).
**Brietzig**, Nechlin (BSt 49) ½ N.
**Brigach**, Hausach (Ba 164) 4 SO.
**Briggow**, Stavenhagen (FF 5) 1½ SO.
**Brigittenau**, Vorstadt von Wien. (KFN 1. *KFJ 1. KE 1. OeSt 53. OeSü 1—3).
**Brilon**, *Stadt.* T *Fabriken von Eisenw.*, Lippstadt 5¾ SO, Bonenburg 6 SW. (Wf 10. 2).
**Brinitze**, Oppeln 2½ N, Löwen 3½ NO. (OS 10. BO 1. OS 7).
**Brinkhof**, Miltzow (BSt 58) 1 NW.
**Brinkhofswalde**, Carolinenhorst (BSt 13) ¾ O.
**Brinkum**, *Fl.*, Delmenhorst (OI 5) 2 SO.
**Bris, Deutsch-**, Rokitsan (BW 11) 1 N.
**Britten**, Mettlach 1 NO, Merzig 2 NO. (Sa 17. 16).
**Brittnau**, Zofingen (SC 1, 15) 1 S.
**Britz**, Berlin 1 S. Cöpenik 1½ W. (BA 1. BPM 1. MN 3).
— Neustadt E/W. (BSt 4) 0,5 NW.
**Brixen**, Wörgl (OeSü 180) 1¼ SO.
*Siehe Station Brixen d. Oesterr. Südb.* 213.
**Briz**, *Vitriolhütten*, Pilsen (BW 8) 1¼ N.
**Brizingen**, Heitersheim (Ba 43) 1 SO.
**Brlob**, Prelouc (OeSt 19) ¾ SW.
**Brochenzell**, Meckenbeuren (Wü 51) ⅛ NW.
**Brochterbeck**, Ibbenbüren (Ha 61) 1 S.
**Brock**, Drensteinfurt (Wf 17) ½ N.
**Brockau**, Breslau (BF 1) 1 SO.
**Brockel**, *Fl.*, Verden (Ha 30) 4½ NO.
**Brockendorf**, Haynau (NM 31) 1 S.
**Brockhagen**, Brackwede (KM 87) 1¼ NW.
**Brockhausen**, Soest (Wf 13. BM 56) ¾ NO.
[0] **Brod, Deutsch-**, *Stadt*, (*project. Station d. Oesterr. Nordwestb.*), Pardubitz 5 SW, Kolin 6½ SO. (OeSt 18. 23. SNV 1).
— **Ungarisch-**, *Stadt.* T Ungar. Hradisch (KFN 15) 3 SO.
*Siehe Brod (Böhmisch-), Station d. OeSt* 24.
*Siehe auch unter Brood.*
**Brodden**, Schneidemühl 2 NO, Miasteczko 2 NW. (PO 22. 23).
**Brodec**, *Fl.*, Kuttenthal (TKP 6) ½ O.
**Brodersdorf, Deutsch- u. Ungarisch-**, Gramat-Neusiedel (OeSt 59) 1½ S.
**Brodhüsi**, Thun sam. (SC 1, 47).
**Brodnica**, Czempin (OS 46) 1¼ O.
**Brodowin**, Chorin (BSt 5) ½ O.
*°**Brody** (GCL 36) *Stadt*, T Lemberg (GCL 29. LCJ 1) 12 NO.
**Bröllin**, Pasewalk (BSt 50) 1 S.
**Brötzingen**, H° (Wü 209) Pforzheim (Ba 140. Wü 107).
**Broggingen**, Herbolzheim ½ O, Kenzingen 1,3 NO. (Ba 34. 35).
**Brohme** (Brome), Uelzen (Ha 10) 3 SO.
**Broich, Langen-**, Düren (BM 132. Rh 8) 1 S.
**Broicher Erbstollen**, × Mülheim a. d. Ruhr (BM 86. Rh 90) 0,2 SW.
**Broichsdorf**, Falkenberg (BSt 65) ⅛ W.
**Broistädt**, Vechelde (Ba 27) 1 SW.

**Broitzem**, von Braunschweig (Ba 25) ½ SW.
— Schivelbein (BSt 19) 3 NO.
[1] **Brombach, Kirch-**, Darmstadt 4 SO, Bensheim 4 O (MN 10).
[2] — **Langen-**, Darmstadt (HL 14) ¼ SO.
[3] — Heppenheim 3½ O, Darmstadt 3½ SO (HL 24. MN 5. 11).
[4] — in Baden. Neckargemünd 2½. Heidelberg 2¼ NO (Ba 92. 3. MN 17).
[5] — in Baden. Lörrach ½ NO, Haagen 0,2 NO (Ba 208. 209).
**Brommbach, Ndr.-**, Kronweiler ½ NW.
— **Ober-**, Kronweiler (Na 39) ¾ N.
**Bronica**, Przemysl 10¼ SO, Szegedin (GCL 22. OeSt 110).
**Brood**, *Stadt*, T Siseck 20 O, °Essegg 19½ SW (OeSü 51. Alf. 21).
**Brook**, Anclam (BSt 55) 3 W.
**Broschütz**, Gogolin (OS 11) 1 S.
**Broslawo**, Miasteczko (PO 23) ⅛ NO.
**Brotterode**, *Stadt.* Immelborn 1½ NO, Wernshausen 2 NO, Gotha 5½ SW (Th 46. 47. 6).
**Brotzen**, Wegstädtl (OeSt 85) ¾ NO.
**Brozan**, Pardubitz (OeSt 18. SNV 1) ½ NO.
— Theresienstadt (OeSt 37) 1 SO.
**Brozdowce**, *Fl.*, Borynice 1 S, Chodorow 2½ NW (LCJ 6. 7).
**Bruch**, Nimkau (NM 37) 1 W.
— (Niederung), Altfelde (PO 37) 2 SO.
— Dux (AT 9) 1 W.
**Bruchhagen**, Greifenberg u./M. (BSt 45) ½ O.
[1] **Bruchhausen**, *Fl.*, Eistrup 2¼ NW. (Ha 28).
[2] — Nienburg (Ha 26) 4¾ NW.
[3] — Höxter 1 SW, Brakel 1¼ NO (Wf 42. 40).
[4] — Eulingen (Ba 15) 0,6 SW.
[5] — Stargard i. Pom. (BSt 14) 1½ NW.
**Bruchköbel**, Hanau (BbH 17. FH 5) ¾ N.
**Bruchmühle**, Liegnitz (BF 23. NM 33) ½.
*Siehe Station Bruchmühlen H° Ha* 54.
**Bruchweiler**, Oberstein (Na 38) 2 NW.
— in Rhein-Pfalz a. d. Lauter, Weissenburg (Pf 43) 2 NW.
[1] **Bruck**, a. d. Ammer, *Fl.*, Maisach (ByS 122) ½ S.
[2] — Bodenwöhr (ByO 60) ⅜ S.
[3] — a. d. Regnitz, *Fl.*, Erlangen (ByS 51) ½ S.
[4] — im Zillerthal, Jenbach (OeSü 183) ⅚ SO.
*Siehe die Stationen Bruck OeSt* 63. *OeSü* 40.
**Bruckbach**, Mirskofen (ByO 11) ½ NW.
**Brück**, *Stadt*, Potsdam 4½ SW, Jüterbogk 5 NW (BPM 5. BA 6).
— Mülheim a. Rh. (BM 100. KM 3) ¾ SO.
— Remagen 2¾ (Rh 46) SW.
**Brücken**, Birkenfeld (Sa 41) 1 NW.
— *Fl.*, Waiblingen (Wü 91) ¼ S.
— Dettingen (FH 8) 1¼ NO.
**Brückenau**, *Stadt*, T *Bad*, Schlüchtern 2 O, Schweinfurt 6¾ NW, Meiningen 6 SW, Gemünden (Bayern) 4 N (ByS 97, 84. Th. 50).
**Brückenberg**, Hirschberg (NM 49) 2 S.
**Brüel**, *Stadt*, Blankenberg (Mk 6) ½ S.
**Brügge**, Bordesholm (AK 11) ⅜ O.
**Brüggen**, *Stadt*, Kaldenkirchen 1¼ SW, Viersen 2 O (Rh 83. BM 27. 18).
— Bentein (Ha 76) ½ S.
[1] **Brühl**, Wien (OeSü 1—3) ¾ S.
[2] — Friedrichsfeld (Ba 2. MN 16) ¾ SW.
[3] — **Vorder**, Mödling (OeSü 10) ¼ W.
[4] — **Hinter**, Mödling ⅝ W.
*Siehe auch Station Brühl, Rheinische B.* 30.
**Brüllingsen**, Soest (Wf 13. BM 56) 1⅙ SO.
**Brünninghausen**, Dortmund (BM 50. KM 18) ½ S.
— Welver ¾ O, Soest 1½ W (Wf 13. 14).
**Brünnlitz**, *Dampfmühlen*, *Spinnereien*, Brüsau 1/16 S (OeSt 7).
**Brünzow**, Greifswald (BSt 57) 1½ O.
**Brüserwitz**, Trampke (BSt 15) 1¼ W.
**Brüssow**, *Stadt*, Löcknitz 1½ SW, Pasewalk 2 SO, Prenzlau 2½ NO (BSt 62. 50. 48).
**Brütz, Langen-**, Schwerin (Mk 9) 1½ NO.
[0] **Brüx**, *Stadt*, T *proj. Stat.*, Dux 1½ SW, Teplitz (AT 9. 6) 2½ SW.
**Bruggen**, Donaueschingen (Ba 185) 1,35 W.
**Brumby**, Magdeburg (ML 1) 3¼ NW.
— (bei Calbe) a. d. Saale 1 W, Förderstedt ¾ O (ML 5. 17).
**Brumow**, *Fl.*, Ungar.-Hradisch (KFN 15) 7½ O.
— *Glasfabr.*, Ungar.-Hradisch 8 O.

**Brunnadorn**, von Waldshut (Ba 68) 1,4 N.
**Brunnau**, Altfelde (PO 37) 6 S.
**Brunne**, Friesack (BH 6) 1½ O.
**Brunecken** (Bruneck), *Stadt*, ✉ T Franzensfeste (OeSü 197) 3 O.
**Brunkensen**, Alfeld (Ha 77) ½ W.
[1]**Brunn** in Bayern (Mittelfr.), *Mineralquelle*, Emskirchen (ByS 169) ¼ N.
[2] — ebd. (Oberpfalz bei Leinburg). Röthenbach bei Nürnberg (ByO 43) ⅙ S.
[3] — (in Preussen), Neustadt a. d. Dosse (BH 7) 1¼ N.
[4] — W.-Neustadt (OeSü 22) 1 O.
[5] — **Unter-**, Gauting (ByS 190) ½ SW.
*Siehe auch Station Brunn, Oest. Südb.* 9, *u. Sächs. westl. Staib.* 86.
**Brunnecken** s. Brunecken.
**Brunnen**, Luzern (S 1. 25. 2. 57) 5 SO.
— in Oberbayern, Mering (ByS 118).
**Brunndorf**, ✉ Laibach (OeSü 77) 2 SO.
**Brunnenthal**, *Mineralquellen*, Schaerding (KE 58) ⅛.
**Brunnhof**, Haag (VS 3, 24) 1⅙ SW.
**Brunow** Biesenthal (BSt 3) 2⅔ O.
**Brunsbüttel**, *Fl.*, ✉ T Itzehoe 4 W, Rendsburg 9½ SW (EG 7. AK 16. Sw 1).
**Brunshausen** a. d. Elbe, T Harburg (Ha 17).
**Brunstorf**, Schwarzenbeck (BH 21) ⅚ W.
**Brusehek**, *Eisenhütte*, Tworog (BO 10) 1⅙ NO.
**Bruschied**, Kirn (Sa 36) 1½ NW.
**Brustheim**, St. Trond (BGC 2. 16) ½ SO.
**Brynee**, Borynice (LCJ 6) 1½ W.
**Brynnek**, *Eisenhammer*, Tworog (BO 10) ½ SO.
**Brzenko**, ✉ Slotwina (GCL 3) ⅛ SO.
**Brzenowitz**, Beuthen (BF 31) ½ NO.
**Brzezany**, *Stadt*, ✉ T Bursztyn (LCJ 10) 5 N.
**Brzezenitz**, Ratibor (WI 5) 1 NW.
**Brzezie**, Ratibor (WI 5) ¾ O.
**Brzezinka**, ✉ Gliwitz (OS 17) 1 NW.
**Brzeznica**, ✉ Dembica (GCL 12) 1 NO.
**Brzie**, Josefstadt (SNV 6) 1½ N.
**Brzostek**, *Fl.*, ✉ Tarnow (GCL 19) 5 SO.
**Brzozdowce**, *Fl.*, Chodorow (LCJ 7) 1¾ NW.
**Brzozow**, *Stadt*, ✉ Przemysl (GCL 22) 11 SW.
**Brzuchowice**, Lemberg (GCL 20. LCJ 1) ¾ NW.
**Brzuenz**, Dirschau (PO 34) 3 S.
**Brzyskorzystaw**, Nakel (PO 26) 4½ S.
**Bschanitz**, Nimkau (NM 37) 1½ NW.
**Bubach** am Forst, Penbolz (ByO 96) ¾ SW.
**Bubainen**, *Oelmühle*, Norkitten 1 O, Insterburg 1¼ W (PO 57. 58 TI 4).
— **Klein-**, Norkitten (PO 57) 1½ NO.
**Bubenbach**, Freiburg (Ba 39) 4. 5 O.
**Bubendorf**, Liestal (SC 1,5) 1 S.
— St. Peter (KE 22) ⅛ O.
**Bubenhausen**, Zweibrücken (Pf 23) ½ W.
**Bubenheim**, Ingelheim (HL 15) ⅜ SW.
— Monsheim (HL 29) 1 W.
— Coblenz (Rh 52) ½ NW.
**Bubesheim**, Günzburg (ByS 107) ½ SW.
**Bublitz**, *Stadt*, ✉ T Cöslin 5 SO, Belgard 6 SO (BSt 24. 21).
[1]**Buch**, Bernau bei Berlin (BSt 2) 1 SW.
[2] — Goldshöfe (WS 89) ¼ N.
[3] — Unterböbingen (WS 110) ⅜ SW.
[4] — Poppenreuth (ByS 49) ½ NO.
[5] — am Forst, Lichtenfels (ByS 61. Th 51) ¾ NW.
[6] — St. Goarshausen (Na 14) 1½ NO.
[7] — Schwaz (OeSü 184) 1 N.
**Bucha** in Sachs., Dahlen (LD 8) ½ O.
**Buchau**, *Stadt*, ✉ Eger (ByO 87. ByS 231. SW 84) 6⅛ O.
— *Stadt*, ✉ T Schussenried (WS 45) 1¼ NW.
— am Achensee, in Tirol, Jenbach (OeSü 181) ½ N.
**Buchbach**, *Fl.*, ✉ Landshut 4½ SO, München 7½ NO (ByO 10. 1. ByS 126).
**Buchberg** Neunkirchen (OeSü 24) 2 NW.
— (in Steiermark) Cilli (OeSü 84) 2½.
— (Schweiz) Neuhausen 1.4 SW, Schaffhausen 1.7 SW (Ba 76. 77).
— Andelfingen (SNO 2. 34) 2 W.
**Buchbergsthal**, Troppau 6½ NW, Olmütz 8¾ N (KFN 63. 58. OeSt 48).
**Buchbrunn**, Kitzingen (ByS 176) ⅜ NW.
**Buchen**, *Stadt*, ✉ T Seckach (Ba 108) 1¼ N.
**Buchenau**, ✉ Hersfeld (BbH 8) 1½ SO.
**Buchenberg**, ✉ Kempten (ByS 11) 1 SW.
— Hausach (Ba 164) 3 SO.
**Buchenrain**, Luzern (S 1. 25. 2. 57) 1½ NO.
**Buchenrode**, Neuhof (BbH 7) 1 W.
**Buchenstuben**, Pöchlarn (KE 16) 5½ SW.
**Buchhausen**, Nieder-Lindhart 2⅛ O, Straubing 2⅛ SW (ByO 14. 47).
— Heidelberg (Ba 3) 1 SW.
[1]**Buchheim**, Borna (SW 93) 1⅙ O.
[2] — St. Goarshausen (Na 14) 1½ NO.
[3] — Freiburg (Ba 39) 1,3 NW.
[4] — Donaueschingen (Ba 185) 2⅙ SW.
**Buchhofen**, Osterhofen (ByO 53) 1 W.
[1]**Buchholz**, Franz., Berlin (BH 1) 1½ N.
[2] — Fürstenwalde (NM 7) 1 NO.
[3] — (Amt) Chorin (BSt 5) ⅙ N.
[4] — Damm (bei Stettin) (BSt 12) 1 S.
[5] — Stargard in Pom. (BSt 14) 1 N.
[6] — Wangerin (BSt 17) 1½ SW.
[7] — *Fabrik*, Paderborn (Wf 7) 1¼ NO.
[8] — Mehlem (Rh 44) 2½ NO.
[9] — Hennef (KM 48) ¾ S.
[10] — Nordhausen (ML 28. *NS 1) ⅚ NO.
[11] — Schneidemühl (PO 22) 6 W.
[12] — **Wendisch-**, *Stadt*, ✉ Halbe (BG 4) ½ O.
[13] — in Baden, Dinglingen ½ N, Emmendingen ½ O (Ba 31. 37).
*Siehe auch Station Buchholz Sächs. W.* 70.

NB. Es giebt ausserdem eine grosse Anzahl unbedeutender Orte dieses Namens in Preussen.

**Buchhorst**, **Alt-**, Erkner (NM 5) 1 W.
— **Neu-**, Erkner (NM 5) ¼ S.
— Pasewalk (BSt 50) 1¼ N.
**Buchlitz**, Löwen (OS 7) ⅝ N.
**Buchlowitz**, *Fl.*, ✉ Ungar.-Hradisch (KFN 15) 1 W.
**Buchow**, Trampke (BSt 15) 1 S.
**Buchs**, Aarau (SC 1. 13. SNO 2, 30) ½ O.
— Dagmersellen (SC 1, 17) 1 NO.
*Siehe auch Station Buchs, VS* 3 25.
**Buchseegraben**, Bätzberg (SC 1, 30).
**Buchsitten**, Olten (SC 1, 10) 2½ SW.
— **Nieder-**, Olten (SC 1, 10) 2½ SW.
**Buchthalen** (Schweiz) Schaffhausen (Ba 77) 0,25 O.
**Buchwald**, Neumarkt (NM 36) 1½ SW.
— Schildau 1¼ S, Hirschberg 1½ SO (NM 50. 49).
— Borkstadt (RO 19) ½ NO.
— Klopschen 1¼ S, Quaritz 1¼ S (NZ 2. 3).
**Buchwalde**, Altfelde 1¾ S, Marienburg 2¼ SO (PO 36. 37).
**Bucie**, **Unter-**, Elbe-Teinitz (OeSt 21) 1¼ W.
**Bucina**, Hohenmauth (OeSt 15) 2 SO.
**Buckau**, *Stadt*, ✉ T *Masch.-*, *Porz.-* u. *Zuckerfabr.*, Magdeburg (ML 1) ¼ S.
— Kraizanowitz (WI 7) ⅛ O.
[1]**Buckow**, *Fl.*, Müncheberg (PO 4) 1 N.
[2] — bei Breskow, Fürstenwalde (NM 7) 3½ N.
[3] — **Neu-**, ✉ Wismar 3 NO, Rostock 4¼ W, Bützow 6⅛ NW (Mk 13. 1. 3).
[4] — **Gr.-**, Spremberg (BG 10) 1 NW.
[5] — **Alt-** u. **Neu-**, Belgard (BSt 21) 2¼ O.
**Bucklen**, Läufelfingen (SC 1 0) ½ NO.
**Bucs**, ✉ Kököllkut (OeSt 87) ¾ S.
**Buczacz**, *Stadt*, ✉ T Bursztyn (LCJ 10) 8 O.
**Buda-Eörs**, ✉ Pest (OeSt 95 UN 1) 2 W.
**Budberg**, Uerdingen (Rh 86. BM 21) 1 N.
**Budenic**, Weltrus (OeSt 32) 1½ NW.
**Budin**, *Stadt*, ✉ Raudnitz 1 N, Lobositz 3 W, Weltrus 2 NW (OeSt 36. 38. 32)
**Budischau**, ✉ Brünn (OeSt 1) 5½ NW.
**Budislau**, Böhm.-Trübau (OeSt 11) 2 S.
**Budkow**, Staroslolo (LCJ 3) ⅔ S.
**Budweitschen**, Stallupönen (PO 62) 1½ SO.
**Budwitz**, **Mähr.-**, *Stadt* ✉ Brünn (BR 1. KFN 56. OeSt 1) 8 SW.
**Budzin**, Ratibor (WI 5) ¾ NO.
**Budzisk**, Hammer (WI 3) ⅛ W.
**Budzyn**, *Stadt*, ✉ Bialosliwe 3 SW, Schneidemühl 6 SO (PO 24. 22).
**Büchenau**, Unter-Grombach (Ba 11) 0,3 W.
**Büchenbronn**, Pforzheim (Ba 149. WS 207) 0.8 SW.
**Bück**, Bück (OeSü 100) ⅔.
**Bücken**, *Fl.*, ✉ Eystrup (Ha 28) 1 W.
**Büdelsdorf** mit Carlshütte, Rendsburg (AK 16. Sw 1) ¼ N.
**Büderich**, Neuss (BM 16 Rh 14) 1 N.
— ✉ Wesel (KM 38) ½ SW.
— Obercassel (Rh 107) ¾ NW.
**Büdesheim**, Bingerbrück ¼ SO, Bingen ⅓ S (Rh 58).
— Gross-Karben 1 SO, Vilbel 1 NO (MW 20 22).
— **Erbes-**, *Fl.*, Creuznach (Sa 22) 2 SO.
**Büdingen**, *Stadt*, ✉ Gelnhausen 1½ NW, Hanau 3½ NO, Nieder-Wöllstadt 4 O (BbH 16 17. FH 5. MW 19).
**Bühl**, (Bayern) T Nersingen (ByS 105) ½ SO.
— Friedrichsfeld ½ SW, Heidelberg 1½ W (Ba. 2. 3. MN 16).
— (Baden) Offenburg ¼ NW (Ba 28).
— Griessen H° (Ba 71) 0 5 O.
*Siehe Station Bühl, Bad. Staib* 22.
**Bühlerthal**, Bühl (Ba 22) 0.7 O.
**Bühlau**, Fischbach 1 O, Bischofswerda 1 SW (SO 15. 17).
**Bühle**, Nörten (Ha 82) ½ NO.
**Bühlerthann**, *Fl.*, ✉ Hall 2 SO, Ellwangen 2½ NW (WS 79. 87).
**Bühlingen**, Rottweil (WS 148) ½ S.
**Bühne**, Warburg (HN 17. Wf 1) 2 NO.
**Bühren**, Dransfeld ½ SW, Münden 1 NO (Ha 85. 86)
**Bükkösd**, *Fl.*, Zakany (OeSü 220) 1 NO.
**Büklje**, Adelsberg (OeSü 60) 2.
**Bülach**, Carlsruhe (Ba 14) ½ S.
**Bülkau**, Geestemünde (Ha 40) 5 NO.
**Büllesheim**, **Gr.-** u. **Kl.-**, Euskirchen ½ NO, Brühl 2½ SW (Rh 22. 39).
**Bülten**, **Kl.-**, Peine (Ha 66) ¾ SW.
— **Gr.-**, Peine (Ha 66) 1 SW.
**Bündheim**, Harzburg (Ba 36) ½ SW.
**Bünzen**, Aarau (SC 1, 13. SNO 2, 30) 5¼ SO.
— Birmenstorf 2¾ W, Dietikon 3 S (SNO 2, 22).
**Bünzow**, **Gross-**, Anclam (BSt 55) 1 N.
**Bünzwangen**, Ebersbach (WS 24) ¼ SO.
**Buer**, ✉ Essen (BM 85. Rh 93) 1¾ N.
— Melle ¾ NO, Bruchmühlen ¾ NW (Ha 54).
[1]**Büren**, *Stadt*, ✉ Geseke (Wf 9) 1½ S.
[2] — Beckingen (Sa 15) ½ SW.
[3] — Liestal (SC 1, 5) 1¼ SW.
[4] — (Schweiz) Laufenburg (Ba 65) ⅛ SO.
[5] — Brugg (SNO 1, 26) 1¾ N.
— (Kt. Bern) Pieterlen (SC 1, 55) 1 SO.
**Bürgel**, *Stadt*, ✉ Crossen 2 W, Apolda 2½ SO (Th 29. 11).
**Bürgeln**, Waldshut (Ba 68) 0.4 NO.
**Bürgerbruch**, Landsberg a. W. (BA 16) 1½ S.
**Bürgilitz**, Smiritz (SNV 5) ¾ NW.
**Bürgstadt**, *Fl.*, Wertheim 3 SW, Aschaffenburg 4½ SO, Tauber-Bischofsheim 4¾ NW (Ba 141. ByS 102. HL 30. Ba 136).
**Bürgstein**, ✉ Böhm.-Leipa (BN 6) 1 NO.
**Büron**, Sursee (SC 1. 20) 1 N.
**Bürrig**, Solingen (BM 101) 2 SW.
**Bürstadt**, ✉ Worms 1 O, Bensheim 1⅔ SW (HL 1. MN 10).
**Bürvenich**, Zülpich (Rh 21) 1 SW.
**Büsbach**, *Wollspinnerei*, Stolberg (Rh 6) ¾ S.
**Büsdorf**, Königsdorf (Rh 11) 1 NW.
**Büsserach**, Basel (Ba 56. SC 1. 1) 4 S.
**Büsslingen**, Thayingen (Ba 79) 0,8 N.
**Büssow** (nebst Mühlen), Friedeberg (PO 16) 2 NW.
— Lebes (BSt 18) 1 O.
**Buetigen**, Pieterlen (SC 1,55).
**Bütow**, *Stadt*, ✉ T Danzig 12 SW, Cöslin 11 SO (PO 74. BSt 40. 24).
**Büttel**, ✉ Lexstedt (Ha 39) 2 NW.
**Büttelborn**, Gr.-Gerau (HL 22) ½ S.
**Büttgen**, Kleinenbroich ½ O, Neuss ½ W (BM 14 16. Rh 14).
**Bütthard**, ✉ Wittighausen (Ba 190) ½ SO.
**Bugewitz**, Ducherow (BSt 54) ⅙ O.
**Buggingen**, *PH* (Ba 44) Heitersheim (Ba 43) 0,6 SO.
**Buggow**, Anclam 1,5 O, Buddenhagen 1.5 O. (BSt 55. 60).
**Buhla**, Bleicherode 1¼ W, Gernrode 2 NO (ML 29 31).
**Buhlbach**, *Glasfabr.*, Achern (Ba 24) 3 O.
**Buhlenberg**, Birkenfeld (Sa 41) 1¼ NW.
**Buhrau**, Haibau (NM 24) ⅚ NW.
**Buisdorf**, Siegburg (KM 45) ⅜ SO.
**Bujak**, Szanto ¾ NW, Pásztho 2½ SW (UN 11. 12).

[illegible] ✉ von Triest (OeSB 89) [illegible] Peter 2, Ober-Lesece ½ (OeSB 88. 89).
**Buk**, *Stadt, proj. Station*, ✉ Mosczyn 3½ NW, Kosten 4½ N, Posen 4 SW (OS 47. 45. 48).
**Bukowina**, *Fl.*, Chodorow (LCJ 7) 1½ NW.
— Münchengrätz (TKP 11) ½ NO.
— Smiritz (SNV 5) ⅜ S.
**Bukowka**, Prelouc (OeSt 19) 1¼ N.
**Bulach**, Carlsruhe (Ba 14) 0,5 S.
**Bulgrin**, Nassow (BSt 28) ½ S.
**Bulko**, Sabocsa (OeSB 224) ⅝ W.
**Bullendorf**, Echem ¼ SO, Hohnstorf ½ S (Ha 19. 20).
— i. Böhmen, Zittau (SO 33) 2½ NO.
**Bumbalka**, Prelouc (OeSt 19) ¾ SW.
**Bunde**, *Fl.*, ✉ Papenburg 1¾ NW, Ihrhove 2¼ W, Leer 2½ SW (WfSS 34 35).
*Siehe Station Bunde, Niederl. Stab.* 2, 52.
**Bundenbach**, Kirn (Sa 36) 1¾ NW.
**Bunkwitz**, Breslau (BF 1) 2½ SO.
**Bunlowo**, Bialosliwe (PO 24) 3 N.
**Bunzelwitz**, Königszelt (BF 7) ½ SO.
**Bunzendorf**, Görlitz (NM 41. SO 27) 2½ S.
**Bunzlau**, Alt-, *Fl.*, Obristvy-Klomin 2¼ SO, Prag 2¾ NO (TKP 3. BW 28. Bu 6. OeSt 27).
*Siehe Stationen Bunzlau u. Jung-Bunzlau.*
**Buoch**, Grunbach (WB 103) ⅝ S.
**Buochs**, Luzern (SC 1, 25. SNO 2, 57) 2¼ SO.
**Bura**, Tisza-, Fegyvernek (Ts 5) 2½ N.
**Burbach**, Saarbrücken (Sa 5) ⅝ NW.
— Kronweiler (Sa 29) ¾ NW.
*Siehe Stationen Burbach, KM* 54.
**Burchau**, Schopfheim (Ba 212) 1½ NW.
[1]**Burg** a. d. Dill, Herborn (KM 57) ½ N.
[2] — a. d. Wupper, ✉ Solingen 1 SO, Vohwinkel 2 S, Mülheim a. Rh. 3 NO (BM 101. 34. 100. KM 3).
[3] — Vetschau (BG 8) 1 NO.
[4] — *Fl.*, Burg-Lesum (Ha 35) ⅛ S.
[5] — Neckarsulm (Wü 58) 1¼ NO.
[6] — in Baden, Freiburg (Ba 39) 1½ O.
[7] — i. d. Schweiz, Basel (Ba 56) 2 M. NW.
*Siehe auch Station Burg, RPN* 13.
**Burgau**, *Fl.*, Steinamanger (OeSB 108) 6½ W.
**Burgbreitbach** (Burgpreppach), *Fl.*, Hassfurt (ByS 80) 2 NO.
**Burgbrohl**, ✉ Brohl (Rh 49) ¾ SW.
**Burgdorf**, Ringelheim 2 NW, Wolfenbüttel 3¼ W (Bs 24a).
— Börssum (Hs 14) ⅔ SW.
*Siehe Station Burgdorf, Ha* 4.
**Burgebrach**, *Fl.*, ✉ Bamberg (ByS 56) 1½ SW.
**Burgfelden** in Frankreich, Basel (Ba 56) 0,6 M. NW.
**Burgfey**, *Bleischmelze*, Mechernich (Rh 24) ⅚ O.
**Burggemünden**, *Fl.*, Kirchhain 2½ SO, Giessen 5 NO (MW 10. 14. KM 61).
**Burggrub**, Reuth (ByO 13) ¼ SW.
**Burghammer**, *Hüttenw.*, von Spremberg (SO 10) 1½ S.
**Burghaslach**, *Fl.*, ✉ Neustadt a. A. (ByS 170) 2½ NW.
**Burghausen**, *Stadt*, ✉ T Traunstein 4½ NO, Landshut 10 SO (ByS 144, ByO 10).
**Burgistein**, Utigen (SC 1. 46).
**Burgk**, Potschappel (SO 43) ¼ S.
**Burglengenfeld**, *Stadt*, ✉ Ponholz ¾ NW, Haidhof (ByO 26) ½ W.
**Burg-Schlitz** siehe Schlitz
**Burgschwalbach**, *Hammerw.*, Hahnstätten (Na 44) ¼ SO.
**Burgsinn**, ✉ Gemünden (ByS 97) 1½ NW.
**Burgsolms** u. **Kraftsolms**, Braunfels siehe Solms (Na 39).
**Burgstädt** (i. Sachsen), *Stadt*, ✉ Chemnitz 1¾ NW, Mittweida 2 SW, Altenburg 3½ SO (SW 28. 31. 6).
**Burgstall**, *Stadt*, Mahlwinkel (MH 19) ¾ W.
— Botzen (OeSB 203) 2 NW.
**Burgsteinfurt**, *Stadt*, ✉ T Emsdetten 2¼ W, Rheine 2½ SW, Münster 4 NW, Glanerbeek 3¼ SO, Bentheim 3 SO (Wf 22. 24. Ha 64 Wf 20. NS 2, 33. 30).
**Burgstemmen**, Nordstemmen (Ha 71) ¼ S.
**Burguffeln**, Grebenstein (HN 13) ¼ S.
**Burgwalde**, Heiligenstadt (ML 23) 1 W.
**Burgwedel**, Gr.-, *Fl.*, ✉ Hannover 2 NO, Burgdorf 2 NW, Ehlershausen 1½ SW (Ha 1. 4. 5).
**Burgwerben**, Weissenfels (Th 15) ½ NO.
**Burgwindheim**, *Fl.*, ✉ Hassfurt (ByS 80) 3½ SO.
**Burhave**, ✉ Bremerhafen 2 NW, Varel 6¾ NO (Ha 40. Ol 20).
**Burkartshayn** mit Rittergut, Wurzen (LD 6) 1 NO.
**Burkau**, Bischofswerda (SO 17) ¾ N.
[1]**Burkersdorf**, Schweidnitz (BF 16) ¾ SW.
[2] — bei Frauenstein, Freiberg i. Sachsen (SO 51) 2 SO.
[3] — **Hoch-**, bei Neustadt, Fischbach (SO 15) 1½ S.
[4] — **Lang-**, Bischofswerda 1¾ S, Fischbach (SO 17. 15) 2¾ SO.
[5] — bei Ostritz, Herrnhut 1¾ SO, Zittau 1½ NO, Görlitz 2½ SW (SO 30. 28. 27).
[6] — bei Burgstädt, *Fl.*, Chemnitz (SW 28. 29) 1½ NW.
**Burkersroda**, von Marksuhl (Th 44) ¼ O.
**Burkhardsdorf**, ✉ Chemnitz (SW 28. 29. SO 55) 1 S.
**Burkhardsreuth**, Trabitz (ByO 76) ⅙ O.
**Burkhardtswalde**, Pirna (SO 5) 1 SW.
**Burkheim** a. Rh., *Fl.*, ✉ Riegel (Ba 36) 1,7 SW.
— in Bayern, ✉ Mertingen (ByS 30) 1¾ NO.
**Burladingen** in Hohenzollern, *Fl.*, ✉ Reutlingen (WB 132) 4 S.
**Burlafingen**, Neu-Ulm (ByS 104) ½ NO.
**Burrweiler**, Edesheim (Pf 37) ½ W.
**Burscheid**, *Stadt* ✉ T Küppersteg 1½ NO, Opladen 1½ NO (KM 4. BM 96).
**Bursfelde**, von Dransfeld 1½ NW, Münden 2¼ N (Ha 85. 86).
**Burtenbach**, *Fl.*, Jettingen (ByS 110) 1 S.
**Burtin**, *Steinbrüche*, Lettowitz (OeSt 6) ½ W.
**Burtscheid**, *Stadt*, ✉ *Wollspinnerei, Tuch- u. Nadelfabr.*, Aachen (BM 1. Rh 4) ⅛ SO.
**Buschbell**, Königsdorf (Rh 11) ½ SO.
**Buschdorf**, Roisdorf (Rh 41) ¼ O.
**Buschenowa**, Szakálháza (OeSt 118) 1½ N.
**Buschgotthardshütte**, Siegen (BM 80. KM 64) ⅝ N.
**Buschhausen**, Sterkrade (KM 36) ¾ W.
— Osterholz-Scharmbeck (Ha 36) ½ O.
**Buschhoven**, Bonn (Rh 42) 1½ SW.
**Buschin**, Warlubien (PO 31) 1 S.
**Buschkau**, Praust (PO 78) 2 SW.
**Busch-Lukatz**, Kreuz (OS 54. PO 13) ¼ N.
**Buschmühle**, Liegnitz (BF 23. NM 33) 1½ SO.
— Stolberg (BM 137. Rh 5) ¾ SW.
— Friedeberg (PO 16) ¾ N.
*Siehe dagegen Station Buschmühle, NM* 12.
**Buschowitz**, Rokitzan (BW 11) 1 NW.
**Busch-Ullersdorf** in Sachsen, Reichenberg (SO 38. SNV 22) ½ NW.
**Buschvorwerk**, *Papiermühle*, Hirschberg 2 S, Schildau 2 SW. (NM 49. 50).
**Busenbach**, Ettlingen (Ba 15) 0,8 O.
**Busingen** in Baden, Schaffhausen (Ba 77) 0,4 O.
**Busk**, *Stadt*, ✉ Lemberg (GOL 89. LCJ 1) 6 NO.
**Buslar**, Stargard i. P. (BSt 14) 1,5 SW.
— Gr.-Rambin (BSt 20) 1,5 SO.
**Busow**, Ducherow (BSt 54) ¼ N.
**Buthin**, *Fl.*, Detta (OeSt 122) 1¼ O.
**Butow**, Trampke (BSt 15) 2,5 S.
**Butschowitz**, *Stadt*, ✉ Brünn (BR 1. KFN 56. OeSt 1) 3½ SO.
**Buttelstedt**, *Fl.*, ✉ Weimar (Th 10) 1,6 N.
**Butterfelde**, Freienwalde a. O. (BSt 66) 3 NO.
**Butthard**, Zimmern (Ba 119) 1 O.
**Buttlar**, ✉ Salzungen (Th 45) 3 SW.
**Buttstädt**, *Stadt*, ✉ Apolda 2 NW, Weimar 2 NO. (Th 11. 10).
**Buttyin**, *Stadt*, ✉ Arad (Ts 37) 10¾ NO.
**Butyal**, *Fl.*, Stamora-Moravitza (OeSt 123) 2 O.
**Butzheim**, Dormagen (Rh 63) 1¼ SW.
**Butzke**, Nassow (BSt 22) ¾ S.
**Butzow**, Anclam (BSt 55) 1 W.
**Buus**, Sissach (SO 1, 7) 1½ NO.
**Buxtehude**, *Stadt* ✉ T Harburg (Ha 17) 3 W.
**Buzias**, *Fl.*, ✉ T Temesvar (OeSt 119) 4 SO.
**Byblo**, Halics (LCJ 11) 2 N.
**Bykosch**, Beraun (BW 16) 1 S.
**Bykow**, Medyka (GCL 23).
**Byrtultau**, ✕ Czernitz (Wi 17) ¾ SO.
**Byszow**, Halics (LCJ 11) 1½ O.
**Bzinitz**, *Eisenwerk*, Zawadzki (SO 7) ¾ N.
**Bzown** (Sagen), Schönlanke (PO 21) 3 S.

# C.

**Caan**, von Siegen (BM 80. KM 64) ¼ SO.
**Cablow**, Königs-Wusterhausen (BG 3) 1 SO.
**Cadolzburg**, *Fl.*, Fürth (ByS 48) 1 SW.
**Cadow**, Züssow (BSt 56) 2,5 SW.
**Cagnola**, Trient (OeSB 210) 0,5
**Cainsdorf** (Kainsdorf), *H°* (SW 48), ✉ Zwickau (SW 47) ¾ S.
**Cakowitz**, *Zuckerfabr.*, Prag (BW 22. Bu 1. OeSt 27) 1⅝ NO.
**Calau** (Kalau), *Stadt*, ✉ Lübbenau (BG 7) 2 S.
**Calbe** a. d. S., *Stadt*, ✉ an der Saale (ML 5) ¼ SW.
— a. d. Milde, *Stadt*, ✉ Osterburg 4 SW, Stendal 4½ W, Wolmirstedt 7 NW. (MH 24. 22 17).
**Calbeck**, Weeze (Rh 72) ¾ NW.
**Calbitz**, *Fl.*, Dahlen (LD 8) ½ SO.
**Calcar**, *Stadt*, ✉ Goch 1½ NO, Cleve 1½ SO. (Rh 73. 75).
— Salzvey (Rh 23) ¾ SO.
**Caldaro**, Neumarkt (OeSB 206) 1.
**Calden**, Grebenstein (HN 13) ½ S.
**Calefeld**, Kreiensen (Bs 5. Ha 79) 1½ SO
**Calenberg**, Nordstemmen (Ha 71) ½ N.
**Callenberg** bei Waldenburg i. Sachsen, *Bierbr. u. Strumpfwirk.*, Hohenstein-Ernstthal ⅞ NW. Glauchau 1 NO. (SW 47. 42. 22).
— Bautzen (SO 20) 1¼ S.
— Coburg (Th 54) ½ NW.
*Siehe dagegen Stadt Callnberg in Sachsen.*
**Callenhardt**, *Fl.*, Lippstadt (Wf 10) 3½ SO.
**Callies**, *Stadt*, ✉ Wangerin 5 SO, Arnswalde 5 NO. (BSt 17. OS 57).
**Callmuth**, Mechernich (Rh 24) ¾ SW.
**Callnberg**, *Stadt*, ✉ *Baumwollenweb. u. Strumpfwirk.*, St. Egidien (SW 23) ½ S.
**Calvörde** im Braunschw., *Stadt*, ✉ Helmstedt 4 NO, Magdeburg 5 NW. (Bs 31. MH 1).
[6]**Calw** (WB 205), *Stadt*, ✉ Stuttgart 4 W, Tübingen 4 NW. (WB 16. 125).
**Camberg**, *Stadt*, ✉ Limburg 2 SO, Wiesbaden 3 N, Soden 3 NW. (Na 30. 1. T 10. 3).
**Camburg**, *Stadt* ✉ Sulza 1 S, Naumburg 2 SW. (Th 12 14).
**Camenz** in Sachsen, *Stadt*, ✉ *bed. Tuchfabrikation*, Bischofswerda 2½ NW, Radeberg 3 NO, Bautzen 3½ NW, Dresden 5 NO. (SO 17. 14. 20. 1).
— in Schles., Frankenstein (BF 11) 1¼ SO.
**Caminau**, Bautzen (SO 20) 2¼ NW.
**Caminsow**, Belgard (BSt 21) 0,5 W.
**Camitz**, Labes (BSt 18) 2 N.
**Cammerau**, ✉ Königszelt (BF 7) ⅛ S.
**Cammin**, *Stadt*, ✉ Colberg 8 SW, Damm 9 NO, Stettin 10 NO. (BSt 44 12. 10).
— (Camin), in Westpr., *Stadt*, ✉ Nakel (PO 26) 7 NW.
**Camp**, ✉ Geldern (Rh 70) 2¼ O.
— Anclam (BSt 55) 1,5 O.
*Siehe Station Camp, Na* 16.
**Campen**, Emden (Wf 38) 1¾ NW.
— *Fl.*, Verden (Ha 30) 2 SO.
**Campe**, St. Michele (OeSB 208) 1¼ NW.
**Campoformio**, Udine (Ob. Ital. 1, ) 1 SW.

**Canale,** *Fl.*, Ψ von Görz (OeSü 176) 3 N.
**Candern** (Kandern), *Stadt*, Ψ Schliengen 1 O, Haltingen 1,4 W. (Ba 47. 54).
**Candorf,** Spremberg (BG 10) 1/2 NW.
**Canin,** Potsdam (BPM 5) 2 3/4 SW.
**Canitz,** Riesa (LD 11) 0,7 W.
**Canitz-Christine,** Bautzen (SO 20) 1 O.
**Cankovie,** Morawan (OeSt 17) 1/2 S.
**Canne,** Mastricht (AM 8) 1/2 S.
**Canstein,** Bonenburg (Wf 3) 4 1/2 SW.
**Canum,** Emden (Wf 38) 1 1/4 NW.
**Canzem,** Wiltingen 1/4 NW, Conz 1/2 S. (Sa 20. 21).
**Capelle,** Raguhn 1 SW, Stumsdorf 1 1/2 NO. (BA 36. ML 9).
*Siehe dagegen Station Capelle, NR 1, 26.*
**Capellen** (Rheinl.), Ψ Geldern (KM 68. Rh 70) 1 NO.
— Ψ Uerdingen 1 N, Homberg 1 1/4 SW, Crefeld 1 1/2 NO. (BM 21. 23. 20. Rh 68).
— Neuss (BM 16. Rh 14) 1 1/2 SW.
*Siehe dagegen Station Capellen, BA 58.*
**Capellenbank,** × Essen 0,5 W, Steele 1 SW. (BM 85. 65).
**Capo d'Istria,** *Stadt*, Ψ T Triest 2 1/4 SW. (OeSü 89).
**Caporetto,** *Fl.*, Ψ Görz (OeSü 176) 6 NW.
**Cappel,** Geestemünde (Ha 40) 3 N.
**Cappeln, Wester-,** *Stadt*, Ψ Velpe (Ha 59) 3/4 NO.
— *Fl.*, Ψ Schleswig 4 NO, Flensburg 4 1/2 SO, Kiel 5 NW. (Sw 28. 10. AK 13).
**Caput,** Ψ Potsdam (BPM 5) 1 SW.
**Caraienen,** Insterburg (PO 58. TI 4) 1 1/2 N.
**Caransebes,** *Stadt*, Ψ Temesvar (OeSt 119) 8 1/2 O.
**Carbe, Alt-,** (H* PO 17). Ψ Friedeberg 1 1/4 O, Driesen 2 W. (PO 16. 18).
— **Neu-,** Friedeberg 1 1/2 O, Driesen 1 1/2 W. (PO 16. 18).
— *Försterei*, Friedeberg (PO 16) 1 1/2 NO.
**Cardorf,** Sechtem (Rh 40) 3/4 SW.
**Carin,** Wolgast (BSt 61) 3/4 N.
**Carith,** Magdeburg (BPM 18. ML 1. MH 1) 1 3/4 O.
**Carkow,** Cörlin (BSt 41) 2,5 S.
**Carl,** × (des Kölner Bergw.-Vereins, am Zweiggeleis), Alt-Essen (KM 13) 0,4 N.
— *Ziehersgrube*, Rittershausen 0,5 NO, Schwelm 0,5 SW. (BM 38. 39).
**Carl-Friedrich,** × u. E× Dahlhausen (BM 68) 0,5 SW.
**Carl-Grube,** × Förderstedt (ML 17) 1/2 O.
**Carl-Robert-Grube,** × Teutschenthal (ML 20) 1/2 O.
**Carlopago,** *Stadt*, Ψ Adelsberg 28 SO, Triest 28 SO. (OeSü 80. 89).
**Carlowitz,** Breslau (BF 1. NM 39. OS 1. RO 13) 1/2 NO.
— *Stadt*, Ψ Gr. Kikinda (OeSt 114) 14 S.
°**Carlsbad** (Karlsbad), *Stadt*, Ψ T *Station im Bau der Buschtěhr. E., berühmter Badeort*, Franzensbad (ByS 230. SW 83) 3 NO, Eger (ByO 87. ByS 231. SW 84. 58) 6 1/4 NO, Schwarzenberg 6 S, Teplitz 13 1/2 SW (AT 6), Pilsen (BW 8. KFJ 39) 11 NW.
**Carlsburg,** Züssow 1/2 O, Nechlin 1 1/4 W (BSt 56. 49).
**Carlsbrunn,** Löbau (SO 23) 5/8 N.
**Carlsfeld bei Eibenstock,** Ψ Schneeberg (SW 55) 2 1/2 S.
**Carlsfelde,** Strassburg (BSt 69) 1/4 NO.
**Carlsglück,** × (an Zweiggeleise), Dortmunderfeld (BM 49) 0,2 SW.
**Carlshof,** Wriezen a. O. (BSt 67) 1 NO.
— Wangerin (BSt 17) 1 1/4 O.
**Carlshütte,** *Bergw.*, Alfeld (Ha 77) 1/2 S.
— *Glashütte*, Rossla (ML 26) 2 NW.
**Carlsruhe i. Schles.,** *Fl.* Ψ Noldau 2 1/4 SW, Brieg 4 O, Oppeln 4 N. (RO 21. NB 8. OS 5. 10. RO 1).
**Carlstein,** Freienwalde a. O. (BSt 66) 2 NO.
**Carlsthal,** Wangerin (BSt 17) 1 1/4 NO.
**Carlswerk,** Niederfinow (BSt 64) 1/16 S.
**Carnin,** Stralsund (BSt 69) 2 1/2 W.
**Carolath,** Ψ Waltersdorf 2 1/2 NO, Sagan u. Glogau. (NZ 4. 7. 1).
**Caroline,** *Eisenw.*, Ober-Lahnstein (Na 19) 1/4 NO.
**Carolinenglück,** (*Zeche* der Actiengesellschaft Glückauf) Bochum 0,4 NW, Wattenscheid 0,5 O. (BM 84. Rh 94).
**Carolinenhof,** Labes (BSt 18) 1 S.
**Carolinenhütte,** Waldhof (ByO 27).
**Carolinensyhl,** *Fl.*, Ψ von Sande 4 1/2 NW, Emden 7 1/2 SO, Leer 9 3/4 O. (Ol 18. Wf 38. 35. Ol 16).
**Carolinenthal,** Strassburg (BSt 69) 0,5 S.
**Caroliner Erbstollen,** × der Actiengesellschaft Caroline, am Zweiggeleise, Holzwickede (BM 53) 0,2 S.
**Carolus Magnus u. Constantin der Grosse,** × Borge-Borbeck (KM 12) unm.
**Carow,** Labes (BSt 18) 2 N.
**Carthaus,** Liegnitz (BF 23. NM 33) unm. O.
— *Fl.*, Ψ Danzig (PO 74) 4 W.
**Cartlow,** Züssow (BSt 56) 2,5 W.
**Carweiler,** Remagen (Rh 46) 1 1/2 W.
**Carwinden,** Schlobitten (PO 41) 3/4 O.
°**Carwitz** (BSt 26), Cöslin (BSt 24) 3 1/2 NO.
**Carzig, Hohen-,** Friedeberg (PO 16) 3/4 N.
**Casbach,** Remagen (Rh 46) 1/4 O.
**Casdorf,** St., Ψ Goarshausen (Na 14) 1 NO.
**Casel,** Brand (BG 5) 1 1/2 SW.
**Casendorf,** *Fl.* Ψ Culmbach 1 1/4 SW, Bayreuth 2 1/2 NW. (ByS 66. 225. ByO 80).
**Casimir,** Leobschütz (Wl 10) 1 1/4 NO.
**Casimirsburg,** Cöslin (BSt 24) 1 NW.
**Caslau,** *Stadt*, Ψ Elbe-Teinitz (OeSt 21) 2 W.
**Cassebruch,** Stubben (Ha 38) 1 SW.
**Cassel, Ober-,** Bonn (Rh 22) 1 SO.
**Casselerfeld,** Duisburg (BM 87. KM 10. Rh 95) 1/4 NW.
**Casshagen,** Trampke (BSt 15) 1,5 S.
**Castalowic,** *Fl.*, Obotzen (OeSt 14) 2 1/2 N.
**Castel,** Türkismühle (Sa 43) 1 1/2 W.
*Siehe die Station Castel der Taunusb. 7.*
**Castell,** Ψ Markt-Einersheim (ByS 173) 1 1/4 N.
**Castellaun,** *Stadt*, Ψ Oberwesel 3 1/2 W, Boppard 3 3/4 SW. (Rh 56. 54).
**Castelnuova,** Divacca (OeSü 84) 3.
**Castelreuth,** Atzwang (OeSü 201) 1/2 NO.
**Castua,** St. Peter (OeSü 82) 6.
**Catlenburg,** Ψ Osterode 1/2 SW, Northeim 3 W. (Bs 40. Ha 93. 81).
**Cavalese,** *Fl.*, Ψ Neumarkt (OeSü 206) 1 1/2 SO.
**Cavelpass,** Anclam (BSt 55) 2,5 SW.
**Cechtitz,** *Fl.*, Ψ Kolin 7 SW, Prag 10 SO, (OeSt 22. 27. BW 24. Bu 1).
**Cecovic** (Zetschowitz), Stankau (BW 4) 1 N.
**Cekzyn, Deutsch- u. Poln.,** Terespol (PO 29) 6 1/2 u. 4 NW.
**Celaken,** Staab (BW 5) 1 S.
**Celle, Alten-,** Celle 1/2 SO. } (Ha 6).
— **Wester-,** Celle 1/4 S. }
**Cemsenig,** Sagor (OeSü 70) 2.
**Cenjawa,** Kolomea (LCJ 16) 1 NO.
**Cenkau,** Horowitz (BW 14) 3/4 S.
**Centrum,** × Wattenscheid (Rh 94) 0,3 S.
**Ceperów,** Lemberg (LCJ 1. GCL 29) 3 NW.
**Cerekwe, Ober-, Neu- u. Unter-,** *Fl.*, Ψ Budweis 11 N, Prag 15 SO. (KFJ 23. KE 74. BW 22).
**Cerekwic,** *Zuckerfabr.*, *Mineralquelle*, Hohenmauth (OeSt 15) 2 SO.
**Cerekwitz,** Königgrätz (SNV 3) 2 NW.
**Cerhenitz,** *Fl.*, Velim 3/8 W, Podiebrad 3/4 SO. (OeSt 22a. 23).
**Cerhowitz,** *Stadt*, Ψ Horowitz 1/2 W, Zbirow 5/8 SO. (BW 14. 18).
**Cerje,** Lokenik (OeSü 150) 1.
**Cerna,** Liebstadt (SNV 13) 3/4 SW.
**Cernical,** Divacca (OeSü 84) 3.
**Cernilow,** Smiritz 1/2 O, Königgrätz 1 1/4 NO. (SNV 5. 3).
**Cernin,** Zditz (BW 15) 1/4 NO.
**Cernizza,** Ψ Adelsberg, Görz (OeSü 80. 176)
**Cernoschitz,** Ψ Smiritz (SNV 5) 1/4 NO.
**Cernosek,** Lobositz (OeSt 38) 3/8 N.
**Cernowitz,** Wildenschwert (OeSt 12) 1/2 N.
**Cervignano,** Sagrado (OeSü 174) 1 1/4.
**Cetnarówka,** Lemberg (GCL 29. LCJ 1) 1/4 O.
**Cetno,** Kuttenthal 3/4 N, Stranow-Krasko 3/4 NW. (TKP 6. 7).
**Chaber,** Rostok i. Böhmen (OeSt 29) 1/2 O.
**Chammünster,** Cham (ByO 64) 3/8 SO.
**Charlotte, vereinigte,** × Ueberruhr (BM 64) 0,3 NW.
**Charlottenbrunn,** *Fl.*, Ψ *Bad*, Dittersbach 1 SO, Waldenburg 1 1/4 SO. (NM 56. BF 10).
**Charlottenburg,** *Stadt*, Ψ *Pferdeb.-Stat.*, Berlin 1 W, Spandau (BH 2) 1 SO.
— Laurenburg (Na 25) 1/2 NW.
**Charlottengrube,** *Bergw.*, Czernitz (Wl 17) 1/8 N.
**Charlottenhof,** Ψ *Silber- u. Bleigr.*, Beuthen bei Oppeln (OS 21. RO 30) 1/8 S.
— Willmersdorf 0,5 NW, Ducherow 0,5 W. (BSt 48. 64).
**Charleville,** St. Hubert (OeSt 115) 1/8 W.
**Chateau d'Oeux,** *Stadt*, Ψ Thun (SC 1, 47) 12 SW.
**Chatel-St.-Denis,** Freiburg (S 4. 43).
**Chechlow** (Chechlau), Rudzinitz (OS 15) 3/4 N.
**Cheist,** Elbe-Teinitz (OeSt 21) 1 NO.
**Chelcice,** Wodnian (KFJ 26) 1 SW.
**Chemnitz, Alt-,** Chemnitz (SW 20. SO 55) 1/2 S.
— **Dorf-,** Aue i. Sachs., (SW 56) 1 3/4 NO.
**Cherso,** *Fl.*, Ψ T Adelsberg u. Triest S. (OeSü 80. 89).
**Chiavenna,** *Stadt*, Chur (VS 3, 33) 19 Stunden S.
**Chiesch,** *Stadt*, Ψ Pilsen 6 N, Kladno 9 W. (BW 8. KFJ 39).
**Chlmitz,** Elbe-Teinitz (OeSt 21) 1 1/2 NO.
**Chizzola,** Ala (OeSü 215) 1.
**Chlebyczyn fenny,** Ottynia (LCJ 14) 1 W.
— **polny,** Zablotow (LCJ 17) 1/2 W.
**Chlistow,** Skalitz (SNV 23) 1 NW.
**Chliwesti,** Sniatyn (LCJ 18) 2 SW.
**Chludowo,** Ψ Rokietnice (OS 49) 1 NO.
**Chlum,** Königgrätz (SNV 3) 1 1/4 W.
**Chlumec,** *Stadt*, Ψ T Elbe-Teinitz 2 NO, Königgrätz 3 NW, Pardubitz 3 1/2 NW. (OeSt 21. SNV 3. 1. OeSt 18).
**Chmielów,** Dembica (GCL 12) 6 NO.
**Chobilin,** Nakel (PO 26) 3/4 SO.
**Chochomiow,** Halicz (LCJ 11) 2 1/4 N.
**Chodoun,** Zditz (BW 15) 1/8 S.
**Chodziesen,** *Stadt*, Ψ Schneidemühl 3 1/4 SO. (PO 22).
**Choidowice,** Boryniesa (LCJ 6) 3/4 NO.
**Cholojow,** *Fl.*, Lemberg (GCL 29. LCJ 1) 7 NO.
**Choltic,** Prelouc 1 1/8 S, Pardubitz 2 W. (OeSt 18).
**Chomentowo,** Nakel (PO 26) 3 SO.
**Chomiakow,** Stanislau (LCJ 13) 2 S.
**Chomotau,** Stefanau (OeSt 44) 1/4 SW.
**Chorin,** Ψ Pohl (KFN 22) 1 1/2 SO.
— Chorin (BSt 5) 0,5 S.
**Chorinchen,** Chorin (BSt 5) 0,5 S.
**Choroszkow,** Ψ Halicz (LCJ 12) 1/4 NO.
**Chotebor,** *Stadt*, Ψ Kolin 5 O, Pardubitz 6 S. (OeSt 22. 18).
**Chotek,** Paka (SNV 12) 1 1/2 SO.
**Choteschau,** Staab (BW 5) 1/2 NO.
— Lobositz (OeSt 38) 1 N.
**Cholowitz,** Elbe-Teinitz (OeSt 21) 1 1/2 NO.
**Choyna,** Bialośliwe (PO 24) 2 1/2 SO.
**Chrast,** *Stadt*, Ψ Ubersko 1 1/2 SW, Pardubitz 3 SO. (OeSt 16. 18).
— Obristvy-Klomin (TKP 3) 1 O.
— **Unter-,** Horowitz (BW 14) 1/2 NO.
**Chrastian,** Lobositz (OeSt 38) 1 1/4 SW.
**Chreitz,** Elbe-Teinitz (OeSt 21) 1 1/2 NO.
**Christburg,** *Stadt*, Ψ T Altfelde 2 1/2 SO, Elbing 5 S. (PO 37. 39).
**Christgrün,** Herlasgrün (SW 13).
**Christiansaue,** Freienwalde a. O. (BSt 66) 1,5 O.
**Christiansfeld,** *Fl.*, Ψ T Hadersleben (Sw 34) 1 3/4 N.
**Christianshütte,** *Hüttenw.*, Runkel 1 N, Weilburg 1 SW, Limburg 1 1/2 NW. (Na 32. 36. 30).
**Christiansstadt,** *Stadt*, Ψ Sommerfeld 2 3/4 O, Sorau 2 3/4 NO, Sagan 4 N. (NM 19. 23. NZ 7).
**Christiansthal,** Reichenberg i. Böhmen (SNV 22) 1 3/4 NO.
**Christinendorf,** Trebbin (BA 4) 1/2 W.
**Christkowo,** Terespol (PO 29) 2 SW.
**Christofen,** Neulengbach (KE 8) 1/2 SW.
**Christofhof,** Grafenstein (OeSü 185) 3/4.
**Chronstowo,** Nakel (PO 26) 1/2 NW.
**Chropaczow,** *Zinkhütte u. Kohlengruben*, Beuthen bei Oppeln (OS 21) 1/2 S.
**Chroszütz,** Löwen (OS 7) 2 NO.
**Chrost,** Bauerwitz (Wl 22) 1 1/2 NO.
**Chrostau,** Bautzen (SO 20) 1 1/2 S.
— Brüsau (OeSt 7) 1/8 S.
**Chrostowo,** Schneidemühl (PO 22) 2 SO.
**Chroustowitz,** *Fl.*, Ubersko 1/2 S. Pardubitz 3 1/2 W. (OeSt 16. 18).
**Chrtnik,** Prelouc (OeSt 19) 1 1/8 SO.
**Chrudim,** *Stadt*, Ψ Pardubitz (OeSt 15) 1 1/4 S.
**Chrustowo,** Samter (OS 50) 1 1/4 O.
**Chryplin,** Stanislau (LCJ 13) 1 S.
**Chrzanów,** *Stadt*, Ψ Trzebinia (KFN 38) 3/4 SW.
**Chrzin,** Welwarn (OeSt 32) 1/2 W.
**Chudenic,** *Zuckerfabr.*, Stankau (BW 4) 2 1/2 N.

Chudoba (Cudowa), ♥ von Shalitz (OeSt 5) 2 NO.
Chudolas, Wegstädtl (OeSt 5) 1 O.
Chudonic, Elbe-Teinitz (OeSt 21) ½ NW.
Chudow (Chadow), Orzesche (W I 23) 1 N.
Chudwein, Littau (OeSt 45) ¾ W.
Chursdorf bei Waldenburg, Hohenstein-Ernstthal 1 NW, Werdau 1¼ NW (SW 42. 9).
Chwala, Bechowic (OeSt 26) ¼ N.
Chwaletic, Prelouc (OeSt 19) 1¼ NO.
Chwalkowitz, Josefstadt (SNV 6) 1 N.
Chwaterub, Kralup (Bu 15. OeSt 31. TKP 1) ½ SO.
Chwostek, *Eisenhammer*, Tworog (RO 10) 3 NO.
Chyrow, ♥ Przemysl (GCL 18) 4¼ SO.
Ciersyn (Chyssen), Schönlanke (PO 21) 2¾ O.
Cibus, Smiritz (SNV 5) ¼ SO.
Cier, Gorica (OeSü 176) 5/14.
Cicola, Pragerhof (OeSü 59) 6/4.
Cieszanów (Cieszanów), *Stadt*, ♥ Jaroslau (GCL 19) 6 NO.
Cieszkowice, *Stadt*, ♥ Tarnow (GCL 10) 4 N.
Cikwaska, Liebstadtl (SNV 13) ¼ NW.
Cimelic, *Fl.* ♥ Strakonitz (KFJ 30) 3½ NO.
Cirehina, Görz = Gorica (OeSü 176) 3¼.
Ciskowic, Eisenbrod (SNV 15) 1 NW.
Cista, Falgendorf (SNV 11) ¼ NO.
Citav, Berkowic-Melnik (OeSt 34) ½ W.
Cividale, *Stadt*, ♥ (Ob. Ital 1,4) Udine 2 NO. Cormons (OeSü 177) 1.
Cladow, Landsberg a. d. W. (PO 13) 1 N.
— ♥ Potsdam (BPM 5) 1⅛ NO.
Claffenbach, Chemnitz (SW 29. SO 55) 1 S.
Clanschwitz, Ostrau (KFN 26).
Claptow, Cörlin (BSt 41) 1½ W.
Clarenthal, Saarbrücken (Sa 5) 1 W.
Clarholz, ♥ Rheda (KM 25) 1¼ NW.
Clausburg, Freienwalde in Pomm. (BSt 16) 2 NO.
Clauen, Algermissen ½ SO, Harsum ¾ NO (Ha 68. 69).
Clausdorf, Schönlanke (PO 21) 4 N.
— Jüterbogk (BA 6) 1½ NW.
— Wangerin (BSt 17) 3 SO.
Claushagen mit Dampfmühle, Wangerin (BSt 17) ¾ O.
Clauswitz, Mittweida (SW 32) 1 SW.
Clausthal, *Stadt*, ♥ T Goslar 2¾ SW, Seesen 3 SO, Northeim 3½ NO (Bs 38. 8. Ha 81).
Clempenow, ♥ Anclam (BSt 55) 3¼ SW.
— Rothen-, Löcknitz (BSt 62) 1½ N.
Clempin, Stargard in Pomm. (BSt 14) ¼ N.
Clenze, *Fl.*, ♥ T Uelzen (Ha 10) 3½ O.
Clervaux (Clerf), Luxemburg (Lux W I 1) S.
Cles, *Fl.*, ♥ T *bed. Seidenzucht*, St. Michele 2 NW, Trient 4¾ NW (OeSt 208. 210).
Clessin, Podejuig (PO 69) 2½ S.
Cletzen, Rackwitz (BA 40) ⅜ NO.
Cleve, Lippstadt (Wf 10) 2¼ S.
Climbach, Lollar (MW 13) 1½ O.
Clinczacio, Zdenzina (OeSü 152) 0,1.
Clöden, Wittenberg (BA 9) 2½ SO.
Cloppenburg, *Stadt*, ♥ Oldenburg 5 SW, Delmenhorst 7 SW, Meppen 7¼ NO, Cluse-Dörpen 8 SO, Lingen 8¾ NO (Ol 1. 5. Wf 28. 31. 27).
Closterwalde, Wilmersdorf (BSt 46) 5 W.
Cmolas, Sedziszów (GCL 14) 4 N.
Cobbel, Mahlwinkel (MH 19) ⅝ NW.
Cobbelsdorf, Coswig i. Pr. (BA 27) 1½ N.
Coblenz, Pasewalk (BSt 50) 1 O.
Cochem (Kochem), *Stadt*, ♥ T Coblenz (Rh 52) 5 SW.
Cölleda, *Stadt*, ♥ Weimar 4 N, Erfurt 4 NO (Th 10. 8).
Cöllme, Teutschenthal (ML 20) ⅝ NO.
Cölln, Völklingen 1 NO, Saarbrücken 1¾ NO (Sa 10. 5).
Cölna, Falkenberg (BA 23) 1½ SW.
Coenen, Cons (Sa 21) ½ SW.
Cönnern, *Stadt*, ♥ Biendorf 1½ SW, Bernburg 1¾ S, Halle 2¾ NW, Cöthen 2½ SW (MH 33. 32. ML 11. Th 18. ML 7. MH 34).
Cöpenik, *Station*, *Stadt*, ♥ Grünau (BG 2) ½ NO.
Coerbecke, Warburg (HN 17. Wf 1) 1½ NO.
Cörliner Amt, Cörlin (BSt 41) ⅛ S.
Cörne, Dortmund (BM 50. KM 18) ½ O.
Cösfeld, *Stadt*, ♥ T von Münster 5 W, von Rheine 6½ SW, Glanerbeek (Ndrk Stsb. 2, 33a) 4¾ S, von Herne 7 N (Wf 20. 24. Ha 64. NS 2, 24. KM 15).
Cossein, Stumsdorf (ML 9) ¾ NW.
Cöthen, Falkenberg (BSt 65) ½ W.
Cognola, Trient unm. (OeSü 210).
Colsdorf, Sinzig (Rh 47) ½ SW.
Colbatz, Damm bei Stettin 2½ SO, Carolinenhorst 1½ S, Stargard i. P. 2½ W. (BSt 12. 13. 14).
Colberg (Kolberg), Königs-Wusterhausen 2½ SO, Erkner 3 SO (BG 3. NM 5).
Colbitz, ♥ Wolmirstedt 1 N, Rogätz 1 W (MH 17. 18)
Colbitzow, Stettin (BSt 10) 1½ S.
Coldingen, Rethen (Ha 73) ½ SW.
Colditz, *Stadt*, ♥ Leisnig (LD 26) 1¼ SW.
Colenfeld, Wunstorf (Ha 22) ¾ S.
Collatz, Schivelbein 3 O, Gr.-Rambin 2½ SO (BSt 19. 20).
Collm, Döllitz (OS 68) 1 NW.
— Stargard in Pomm. (BSt 14) 2 S.
Collinghorst, Ihrhove (Wf 34) 1 O.
Collm (Kollmen), Oschatz (LD 9) 1½ W.
Colmar, Glückstadt ¾ SO, Elmshorn 1½ SW (EG 4. 1. AK 5).
Colmarsreuthe, Emmendingen (Ba 37) 0,2 O.
Colmberg, *Fl.*, ♥ Lehrberg 1 NW, Ober-Dachstetten 1¼ S (ByS 153. 155).
Colo, Damm bei Stettin (BSt 12) 1½ S.
Colonia, × Langendreer (BM 83) unm.
Colpin, Fürstenwalde (NM 7) 1½ SW.
Colshorn, Lehrte (Ha 3) ½ NW.
Comen, Nabresina (OeSü 87) 2½.
Commerau, Bautzen (SO 20) 1½ NO.
Commern, *Fl.*, Mechernich (Rh 24) ⅝ N.
Commlingen, Wittlingen (Sa 20) ½ NO.
Concordia, *Dampfsäge*, Amstetten (KE 20) ¼.
— *Eisensteingrube* (des Berg-, Gruben- u. Hütten-Vereins), Aprath (BM 68) ¼ W.
Concordiahütte, *Eisenw.*, Coblenz (Rh 52) 1½ N.
Conitz, *Stadt*, ♥ T Nakel 10 N, Dirschau 13¾ SW (PO 26. 34).
Conmen, Sessana (OeSü 87) 3½.
Conradsburg, Ermsleben (MH 39) ½ S.
Conradsdorf, Freiberg i. Sachs. (SO 51)
Connewitz, ♥ Leipzig (SW 1. LD 1) 1 NO.
— Haynau (NM 31) ¼ SW.
Conradsreut, Hof (ByS 75. SW 20) 1 SW.
Consolidation, × an Locomotiv-Zweigb., Gelsenkirchen (KM 14) 0,4 NW.
Conrade, Schwerin (Mk 9) 1 SO.
Constantin der Grosse, vereinigte × Herne (KM 15) 1 S.
Constantinopel, Trampke (BSt 15) 2¼ S.
Constanz, *Station* (Ba 87), *Stadt*, ♥ Friedrichshafen u. Lindau (WG 52. ByS 1) S.
Contzen, Eupen 2¼ SO, Düren 3¾ SW (Rh 1. 8).
Copitz, Pirna (SO 5) ⅛ N.
Coppenbrügge, *Fl.*, ♥ Elze (Ha 75) 2 W.
Coppengrave, Alfeld (Ha 77) 1 W.
Corbach, *Stadt*, ♥ Bonenburg 5¾ S, Wabern 6 NW, Kassel 7 W, Warburg 5¼ N (Wf 2. MW 5. HN 11. Ha 87. MW 1. HN 17. Wf 1).
Corbetha, Merseburg (Th 17) ¾ N.
*Siehe Station Corbetha, Th 18.*
Corbussen, Ronneburg (SW 87) ⅜ NW.
Corcelles, Bern (SC 1, 30. S 4, 49. S 5, 11) 8½ SW.
Cordeshagen, ♥ Cöslin 2 W, Colberg 3 O, Fritzow 1½ NO. (BSt 24. 44 42).
Corgémont, Biel (SC 1, 56. S 5, 3) 3¼ NW.
Corgnale, Divacca (OeSü 84) ½.
Cormoret, Biel (S 1, 56 u. 5, 53).
Cornau, Osnabrück 7 NO, Nienburg 8 NW (Ha 57. 26).
Cornelymünster, *Fl.*, ♥ Stolberg 1 S, Aachen 1½ SO. (Rh 5. BM 1, 2).
Cortazza, Neumarkt (OeSü 209) ½.
Cortébert, Biel (SC 1, 56) 3¼ NW.
Cortina, ♥ T *Eisenw.*, Brixen (OeSt 198) 5⅝ SO.
Corwey, Höxter (Wf 42) 1/10 SO.
Coschütz, Alt-, Potschappel ¼ NO.
— Neu-, Potschappel (SO 43) ⅛ NO.
Cosegger, Cörlin (BSt 41) 1 S.
Cosel, Rietschen (BG 13) ¾ S.
— Radeberg (SO 14) 4 N.
Cosen (Coosen), Cortenbosch (Belg. GC 2, 15) ¾ N.
Cosenow, Alt- u. Neu-, von Ducherow (BSt 54) 2 NW.
Coserow, Wolgast (BSt 61) 2¼ O.
Cosina, Divacca (OeSü 84) 1½.
Cossar, Sommerfeld (NM 19) 4 NO.
Cossenblatt, Fürstenwalde (NM 7) 4 S.
Cossendau, Liegnitz (BF 23. NM 33) 1 S.
Cossengrün i. Reuss, Jocketa (SW 14) ½ NW.
Costra, Sagor (OeSü 70) 2.
Cotta, *Fabrik*, Dresden (LD 30) ½ NW.
Cottbus (*Station*), *Stadt*, ♥ Guben 5¼ SW, Sommerfeld 6½ W (NM 17. 19).
Cottenheim, Andernach (Rh 50) 2 SW.
Courtelary, Biel (SC 1. 56) 4 NW.
Cowanz, Cörlin (BSt 41) ½ S.
Cracau, Magdeburg (ML 1. BPM 18. MH 1) ¼ O.
Craja, Gernrode (ML 31) 2¼ NO.
Cramberg, Balduinstein (Na 27) ½ SW.
Cramersdorf, Freienwalde in Pom. (BSt 16) 2 NW.
Cramme, Wolfenbüttel (Bs 24a) 1¾ SW.
Crampe, Gross-Rambin (BSt 20) 1 NW.
Crandorf, Schwarzenberg (SW 58) ⅝ S.
Cranzahl, Annaberg (SW 20) 1 S.
Creba, ♥ *Eisenhammer*, Rietschen 1¼ SW, Görlitz 4 NW (BG 13. 15).
Cratzig, Nassow ¾ N, Wangerin ½ N (BSt 22. 17).
Creglingen, *Stadt*, ♥ Steinach 2¼ W, Uffenheim 2¼ SW, Waldenburg 6 NO (ByS 157. 152. WG 76).
Creisfeld, Eisleben (ML 22) ¾ W.
Cremmen, *Stadt*, ♥ Nauen (BH 4) 2¾ N.
Cremzow, Prenzlau (BSt 48) 4½ O.
— Anclam (BSt 55) 1 O.
— Stargard in Pom. (BSt 14) 1½ SO.
Crengeldanz, × an Loc.-Zweigb., Annen ½ NW, Witten 1 N (BM 47. 46).
Creitnach, Wittlingen (Sa 20) ¾ NO.
Creussen, *Stadt*, ♥ Bayreuth 1½ S, Kemnath-Neustadt 3 W (ByO 80. ByS 225. ByO 77).
Creutzburg bei Pr. Eylau, *Stadt*, ♥ T Schrombehnen 1 W, Kobbelbude 1¼ SO (OpS 12. PO 48).
— (Creuzburg) a. d. Werra, *Stadt*, ♥ Eisenach 1½ NW (Th 3. 45).
Crien, Anclam (BSt 55) 3 W.
Criewen, Angermünde (BSt 6) 2½ O.
Crimmensen, Salzderhelden (Ha 80) 2 W.
Crina, Burgkemnitz (BA 12) 1 SO.
Crinitz, Ober- u. Nieder-, bei Kirchberg, Wiesenburg (SW 50) 1¼ SW.
Crivitz, *Stadt*, ♥ Schwerin 2½ SO, Blankenburg 3½ S (Mk 9. 6).
Croce, St.-, Nabresina (OeSü 87) ½.
Crock, Eisfeld (Th 53a) ½ NO.
Cröbeln, Jacobsthal (BA 25) 1 NO.
Cröchern, ♥ Rogätz (MH 16) 1¼ NW.
Cröllwitz, Halle (BA 18. ML 11. Th 18) ½ NW.
Cröpa, Mehltheuer 4 NW, Gera 6 SW (SW 16. 68. Th 31).
Crösslin, Wolgast (BSt 61) 1¼ N.
Croessin, Labes (BSt 18) 2 N.
— Gr.- u. Kl.-, Belgard (BSt 21) 3½ O.
Crone, Deutsch-, *Stadt*, ♥ Schneidemühl 2½ NW, Schönlanke 4¼ N, Woldenberg 8 NO, Wangerin 8 SO (PO 22. 21. NM 56. BF 10. BSt 17).
— Polu.-, *Stadt*, ♥ Kotomierz 1¾ O, Bromberg 3 NO (PO 28. 27).
— × an Pferdeb., Hörde (BM 51) ¼ S.
Cronenberg (Cronberg), *Stadt*, ♥ T Ober-Ursel ¾ SW, Weisskirchen ⅝ W, Soden ⅝ N, Bockenheim 1¾ W, Frankfurt a. M. 2 NW (Ho 2. 3. 5. T 3. MW 34.
— *Stadt*, ♥ Elberfeld ¾ S, Remscheid ¾ NW, Solingen ¾ NO (BM 35. 105. 101).
Croppenstedt, ♥ Hadmersleben 1 S, Nienhagen 1¼ O, Gatersleben 1½ N (MH 5. 8. 27).
Crossen, (*proj. Stat.*), *Stadt*, ♥ T Guben 4¼ NO, Sommerfeld 4¾ NO, Frankfurt a. d. O. 7 SO (NM 17. 19. 11).
— Zwickau (SW 47) ⅜ SO.
— ♥ Brand (SO 5) 2¼ SW.
*Siehe dagegen Station Crossen d. Thür. E.*
Crostau, Nieder- u. Ober-, Bautzen (SO 20) 1½ SO.
Crostwitz, Bautzen 1¾ NW, Bischofswerda 2 N, Radeberg 2¾ NO (SO 20. 17. 14).
Crottendorf, ♥ Schwarzenberg (SW 58) 1¾ SO.

Croustillier, von Freienwalde a. O. (BSt 66) $\frac{3}{4}$ O.
Crumbach, Fränkisch-, Darmstadt (HL 24. MN 5) $3\frac{3}{4}$ SO.
— Cassel (HN 11. Ha 87. MW 1) $\frac{3}{4}$ S.
— bei Mittweida, Oberlichtenau (SW 30) $\frac{1}{2}$ NO.
Crumbermersdorf, Fischbach $2\frac{1}{2}$ SO, Bischofswerda 3 S (SO 15. 17).
Crumin, Wolgast (BSt 61) $\frac{1}{2}$ O.
Crussow, Angermünde (BSt 6) $1\frac{1}{4}$ O.
Crumstadt, *Fl.*, Gross-Gerau $1\frac{3}{4}$ S, Darmstadt 8 SW (HL 22. 24. MN 5).
Csaba, *Stadt*, ♁ Csaba (Ts 33. Alf. 7) $\frac{1}{4}$ SO.
— Steinbruch (OeSt 96) $1\frac{1}{2}$ O.
— -Rakos, Csaba-Keresztur (UN 4) $\frac{1}{4}$ NO.
— R., Pest (UN 1. OeSt 45) 4 O.
Csabai, Tornoca (OeSt 62) $1\frac{1}{2}$ O.
Csaca, St. Iván (OeSü 106) $\frac{3}{4}$.
Csajak, Lepsény (OeSü 126) 1.
Csakoháza, Raab (OeSt 69) $3\frac{1}{2}$ W.
Csakova, *Fl.*, ♁ Zsobely (OeSt 121) 1 W.
Csákvár, Bodaik (OeSü 137) 4.
Csan, St. Mihály (OeSü 107) $2\frac{1}{2}$.
Csanad, Deutsch-, *Fl.*, ♁ Sadrag $4\frac{1}{2}$ O, Gr. Kikinda 4 NO (OeSt 111. 114).
— -Palota, ♁ Sadreg (OeSt 111) $5\frac{1}{2}$ O.
Csanak falu, és hegy, Raab (OeSt 69) $\frac{1}{2}$.
Csany, ♁ Hatvan $1\frac{1}{2}$ SO, Hidas-Némethy 2 NO (UN 10. Ts 26).
Csapi, Kanizsa (OeSü 109) 1.
Csarda, Pester-, Pest (UN 1. OeSt 95) 1 SW.
Császár, Kisbér (OeSü 139) $1\frac{1}{2}$.
Csataj, Wartberg (OeSt 41) 1 NO.
Csécse, Szanto $\frac{5}{8}$ NW, Pásztho $1\frac{1}{2}$ SW (UN 11. 12).
Csecsény, Raab (OeSt 69) $2\frac{1}{2}$ SW.
Csege, ♁ Karczag (Ts 7) 6 NO.
Csehi, Kanizsa (OeSü 139) $\frac{5}{8}$.
Cseke, ♁ Perbete (OeSt 66 2 O.
Csem, Puszta-, Acs (OeSt 71) $\frac{1}{4}$ SO.
— — Neu-Szöny (OeSt 72. OeSü 141) $1\frac{1}{2}$ S.
Csenej, *Fl.*, ♁ Gyertyámos (OeSt 117) 1 W.
Csep, Kisbér $1\frac{1}{4}$, Nagy Igmánd 1 (OeSü 139. 140).
Csepa, Szolnok (Ts 3).
Cserna, Kiss-Terenne (UN 13) 7 O.
Csesznek, *Fl.*, Raab (OeSt 69) 6.
Cserepes, Kanizsa (OeSü 109) $\frac{3}{8}$.
Csery, Lepsény (OeSü 126) 1.
Csetény, Bodaik (OeSü 137) 5.
Csiesó, Neu-, St. Janos (OeSt 70) $1\frac{1}{4}$ NO.
Csiesni, Szántód (OeSü 124) 2.
Csiklova, *Kupferbergwerk*, Orawitza (OeSt 130) $\frac{3}{4}$ SO.
Csobád, Forró Encs (Ts 24) $1\frac{1}{2}$ SW.
Csökmö, Berettyo-Ujfalu (Ts 39) 3 SW.
Csöng, Celkvár (OeSü 127) $1\frac{1}{2}$.
Csoka, Oroszismos (OeSt 113) $2\frac{1}{2}$ O.
Csokonya, *Fl.*, Barcs (OeSü 225. FB 6) 3 N.
Csomad, Dunakesz (OeSt 93) 2 NO.
Csongrád, *Stadt*, ♁ Felegyhasa (OeSt 106) 3 O.
Csoor, Moha (OeSü 136) 1.
Csorna, *Fl.* ♁ Sz. Miklos (Ts 4) $2\frac{1}{4}$ SW.
Csorvas, ♁ *Mineralquelle*, Csaba (Ts 33. Alf. 7) $1\frac{1}{2}$ SW.
Csukics, Rakasdia 1 SO, Jam 2 S (OeSt 129. 128).
Csurgo, *Fl.*, *Weinbau*, von Bodaik (OeSü 137) $\frac{3}{4}$.
Csuth, Also-, Martonvásár (OeSt 131 2 NW.
Csuz, ♁ Perbete (OeSt 66) 1 O.
Cuba, *Porzellanfabr.*, Gera (SW 88. Th 31) $\frac{1}{4}$ NW.
Cubach, Weilburg (Na 36) $\frac{1}{2}$ SO.
Cubet, Divsoca (OeSü 84) 3.
Cuchenheim, ♁ Euskirchen $\frac{3}{4}$ SO, Bonn 3 SW (Rh. 28. 42).
Cuclau, Brandeis (OeSt 13) 1 NO.
Cudowa, *Mineralquelle*, ♁ Reichenbach i. Schles. (BF 13) $4\frac{1}{2}$ SW.
Cürrenberg, Andernach (Rh 50) $3\frac{1}{2}$ SW.
Cürten bei Wipperfurth, ♁ Mülheim a. Rh. (BM 100. KM 3) $2\frac{1}{2}$ NO.
Cüs bei Bernkastel, Heimbach (Sa 40) $4\frac{1}{2}$ N.
Cüstrinchen, Miasteczko (PO 23) 2 N.
— Alt-, Freienwalde a. O. (BSt 66) $1\frac{1}{4}$ NO.
— Neu-, Freienwalde a. O. 1 O, Wriezen 1 N (BSt 66. 67).
Culitsch bei Kirchberg, Wiesenburg (SW 56).
Culm, *Stadt*, ♁ T Terespol (PO 29) $1\frac{1}{4}$ SO.
Culmain, *Fl.*, Kemnath-Neustadt (ByO 77) $\frac{1}{8}$ NO.
Culmitsch, Ronneburg $1\frac{1}{4}$ SO, Crimmitschau $1\frac{3}{4}$ SW, Werdau $1\frac{3}{4}$ NW, Greiz 2 NO (SW 87. 8. 9. 91).
Culmsee, *Stadt*, ♁ Thorn $2\frac{1}{2}$ NO, Terespol $5\frac{1}{4}$ SO (PO 67. 29).
Cumlosen, Wittenberge (BH 11. MH 26) $1\frac{1}{4}$ NW.
Cummerow, Cassekow (BSt 8) $1\frac{1}{2}$ SW.
Cummersdorf, Trebbin (BA 4) 1 SO.
Cunewalde, ♁ Bautzen $1\frac{1}{2}$ SO, Löbau $1\frac{1}{2}$ W (SO 20. 23).
1 Cunnersdorf, Haynichen (SO 57) $\frac{1}{4}$ S.
2 — bei Königstein (SO 8) $\frac{3}{4}$ SO.
3 — Nieder-, Löbau (SO 23) $\frac{1}{2}$ S.
4 — Wendisch Ober-, Löbau (SO 23) $\frac{3}{4}$ S.
5 — Wendisch Neu-, Löbau (SO 23) $\frac{3}{4}$ S.
6 — bei Neustadt, Bischofswerda (SO 17) 2 SW.
7 — bei Camenz, Radeberg (SO 14) $3\frac{1}{4}$ NO.
8 — bei Helfenberg, Radeberg 1 SW.
9 — bei Medingen, T Radeberg $1\frac{1}{2}$ NW.
10 — bei Zwickau, Wilkau (SW 49) $\frac{1}{2}$ S.
11 — auf dem Eigen (b. Bernstadt), Herrnhut (SO 30) $\frac{3}{4}$ NO.
12 — Annaberg (SW 70) $\frac{1}{8}$ S.
13 — bei Reinhardtsgrimma, Pirna (SO 5) $1\frac{1}{2}$ SW.
Cunnerwitz, Görlitz (SG 15. NM 41. SO 27) $\frac{3}{4}$ S.
Cunow, Stargard in Pom. (BSt 14) $\frac{3}{4}$ W.
— Cassekow (BSt 8) $1\frac{1}{2}$ SW.
Curau, Lübeck (LB 1. 5) $1\frac{1}{2}$ NW.
Curow, Stettin (BSt 10) 1 S.
Cursdorf, Sonneberg 3 NW, Eisfeld $3\frac{1}{2}$ NO (Tb 61).
Curslak (Corslak), Bergedorf (BH 24) $\frac{3}{4}$ S.
Curtshagen, Borkenfriede (BSt 53) $\frac{1}{2}$ N.
Curtuis, *Ultramarinfabr.*, Hochfeld (BM 105a Rh 88) $\frac{1}{4}$ O.
Cusel (*Station*), *Stadt*, ♁ Heimbach (Th 40) $2\frac{3}{4}$ SO.
Custrena, Bernburg (MH 39) $\frac{7}{8}$ SW.
Cuxhafen, *Fl.*, ♁ T Geestemünde (Ha 40) 6 N.
Cwitowa, von Bukaczowce (LCJ 9) $\frac{1}{2}$ S.
Cybourg, Biel (SC 1. 56).
Czacz, Kosten (OS 45) $1\frac{1}{4}$ SW.
Czahrów, Bukaczowce (LCJ 9) 1 W.
Czakowic, Obristvy-Klomin (TKP 3) $\frac{3}{4}$ SO.
Czanak, Nagy Igmánd (OeSü 140) $\frac{3}{10}$.
Czanitz, Oswiecim (KFN 35. OS 31) $3\frac{1}{2}$ SO.
Czarnikau (Czarnikow a. Tscharnikow), *Stadt*, ♁ Schönlanke $2\frac{1}{4}$ SO, Wronke $3\frac{1}{8}$ NO (PO 21. OS 51).
Czarnilass, Czerwinsk (PO 32) $2\frac{3}{4}$ NW.
Czarnowanz, Oppeln (OS 10. RO 1) $\frac{7}{8}$ NW.
Czartorya, Chodorow (LCJ 7) $1\frac{1}{4}$ W.
Czaslau, *Stadt*, ♁ Kolin (OeSt 22) $2\frac{1}{2}$ SO.
Czattkau, Dirschau (PO 34) 1 N.
Czayegze, Bialosliwe (PO 24) $1\frac{3}{4}$ N.
Czchow, *Stadt*, ♁ Slotwina (GCL 3) 5 SO.
Czechowitz, Dziedits (KFN 33) $\frac{1}{2}$ SW.
Czeczelitz, Libilic-Bisic (TKP 4) $\frac{1}{4}$ S.
Czeikowitz, Göding (KFN 12) $1\frac{1}{2}$ NW.
Czeinkovic, *Fl.*, Auwal (OeSt 25) 1 N.
Czellechowitz *Papierfabr.*, Olmütz (KFN 58. OeSt 43) $1\frac{3}{8}$ O.
Czepregh, Sükk (OeSü 100) $\frac{3}{4}$.
Czerbienczin, Hohenstein (PO 72) $1\frac{1}{4}$ SW.
Czeremchów, Oltynia (LCJ 14) $1\frac{1}{2}$ W.
Czerepien, Lemberg (GCL 29. LCJ 1) 2 SO.
Czerlin, Dirschau (PO 34) $\frac{3}{4}$ SW.
Czerma, Hohenmauth (Oe St 15) 2 NO.
Czerna, Prelouc (OeSt 19) 1 NO.
Czernahora, *Fl.*, *Kohlengr.*, Blansko (OeSt 3) 1 NW.
Czerniau, Praust (PO 73) 2 SW.
Czerniejów, Stanislau (LCJ 13) $1\frac{1}{2}$ S.
Czernijewo, *Stadt*, ♁ Posen (OS 48) $5\frac{1}{4}$ O.
Czerniow, Bukaczowce (LCJ 9) $\frac{1}{2}$ N.
Czernoititz, Dobrichowitz (BW 19) 1 SO.
Czernya, Deutsch- u. Ungar.-, Hatzfeld (OeSt 116) $1\frac{1}{2}$ SW.
Czersk, *Fl.*, ♁ Dirschau $9\frac{1}{4}$ SW, Nakel (PO 34. 36) 12 NO.
Czervenka, *Fl.*, Gr. Kikinda (OeSt 114) 15 SW.
Czerwientzitz, Ratibor (Wi 5) 1 NW.
Czeszewo, Nakel (PO 36) 5 SW.
Czeziadz in Russland, Tarnowitz (RO 12. OS 22) $3\frac{1}{2}$ O.
Czibakháza, *Fl.*, ♁ Szolnok (Ts 3) 4 S.
Cziffer (Ziffer), ♁ (*Station*), *Fl.* Wartberg (OeSt 16) $1\frac{1}{2}$ NO.
Czimelitz, ♁ Strakonitz (KFJ 30) $3\frac{1}{2}$ NO.
Czinkota, Csaba-Keresztur (UN 4) $\frac{3}{4}$ NW.
Czioszek, Czerwionka (Wi 21) $\frac{1}{8}$ NW.
Czirkowec, Kranichfeld (OeSü 58) $1\frac{1}{2}$.
Czisovitz, Dobrichowitz (BW 19) $1\frac{1}{4}$ SO.
Czokonya, Babocsa (OeSü 224) 1 NO.
Czortkow., *Stadt*, ♁ T Sniatyn 9 NO, Lemberg 15 SO (LCJ 16).
Czortowice, Korsów (LCJ 15) 3 NW.
Czuchow, Czerwionka (Wi 21) $\frac{3}{8}$ NW.
Czudec, *Fl.*, Rzeszow (GCL 16).
Czukalówka, Stanislau (LCJ 13) 1 S.
Czurgo, *Fl.*, Bersencze (OeSü 227) 1 NW.
Czycie, Terespol (PO 29) $1\frac{1}{2}$ SO.
Czynzki, Lemberg (GCL 29. LCJ 1) 3 SO.
Czyzyce, Chodorow (LCJ 7) $2\frac{3}{8}$ O.
Czyzykow, Lemberg (GCL 29. LCJ 1) $2\frac{1}{4}$ SO.

# D.

Daaden, ♁ *Kupfergr.*, *Eisen- u. Kupferhütten*, von Betzdorf (KM 51) $1\frac{1}{2}$ SO.
Daban, Pilis (OeSt 100) 3 S.
Daber u. Daber-Mühlen, *Stadt*, ♁ Freienwalde i. Pomm. (BSt 66) $1\frac{1}{4}$ N.
Daber, Kr. Randow, Löcknitz (BSt 62) 2 O.
Dabergotz, Neustadt a. d. Dosse, (HH 7) $2\frac{3}{4}$ O.
Daberkow, Gr. u. Kl., Strassburg (BSt 69) $\frac{3}{4}$ N.
— Anclam (BSt 55) $2\frac{1}{2}$ W.
Dablitz, Obristvy-Klomin (TKP 3) $1\frac{3}{4}$ S.
Dabringhausen, ♁ Lennep $1\frac{5}{8}$ SW, Mülheim a. Rh. 3 NO. (BM 104. 100. KM 3).
Dabrowa, *Stadt*, ♁ Tarnow (GCL 10) $2\frac{3}{4}$ NO.
*Siehe Stationen Dabrowa, KFN 67 u. WWI, 23.*
Dabrun (Braun), von Wittenberg (BA 9) 1 SO.
Dachau (*Station ByS 236*), *Fl.*, ♁ Schleissheim $1\frac{1}{4}$ W, Fasing $1\frac{1}{4}$ N. (ByO 3. ByS 125).
Dachow, Sommerfeld (NM 19) $2\frac{1}{2}$ NO.
°Dachrieden (Tb 40), Gernrode (ML 31) $2\frac{1}{4}$ S.
Dachsbach, *Fl.*, Emskirchen $1\frac{1}{4}$ NW, Neustadt a. A. $1\frac{1}{4}$ NO. (ByS 169. 170).
Dachsenhausen, Braubach (Na 18) 1 SO.
Dachsfelden (Tavannes), Biel (SC 1, 56).
Dachs u. Grevelsloch ⚒ (an Pferdebahn), Hörde $\frac{1}{4}$ S. Haspe 1 W (BM 51. 59).
Dachwig, *Walschleben (NE 10) 1 NO.
Dackenheim, Dürkheim (Pf 54) $\frac{7}{8}$ N.
Dägerigg, Aarau (SC 1, 13. SNO 3, 30).
Dänemark, von Liegnitz (BF 29. NM 23) nom. W.
Därstetten, Thun (SC 1, 47) 4 SW.
Dättlikon, Winterthur (SNO 2, 13. VS 3, 14) $1\frac{3}{4}$ NW.
Dahl, ♁ Paderborn (Wf 7) 1 SO.
Dahlbusch, ⚒ (der Belg.-Rhein. Bergw.-Gesellschaft), Gelsenkirchen (KM 14) 0,2 SW.
Dahlem, Steglitz $\frac{3}{8}$ W, Zehlendorf $\frac{1}{2}$ NO. (BPM 2. 3).
Dahlen i. d. Rheinpr., *Stadt* ♁ T *Sammt- u. Seidenweberei*, Wickrath (BM 11) $\frac{1}{2}$ NW.
*Siehe dag. Station Dahlen, LD* 8.
Dahlenberg, Wittenberg (Prov. Sachsen) (BA 9) $2\frac{3}{8}$ SO.

**Dahlenburg**, *Fl.*, von Lüneburg (Ha 13) 3 SO.
**Dahlewitz**, Königs-Wusterhausen (BG 3) 2 W.
**Dahlhäuser Tiefbau**, ✕ Dahlhausen (BM 88) 0,3 SW.
**Dahlheim**, Kestert (Na 15) 1½ NO.
— *Papierfabr.*, Münden i. Hannover (Ha 86) 1¾ S.
**Dahlum**, Gross-, Schöppenstedt (Be 22) ½ O.
— Ober-, Wolfenbüttel 1 NO. } (Be
— Nieder-, Wolfenbüttel ¾ NO. } 24a).
**Dahlwitz**, Neuenhagen (PO 2) ¾ W.
**Dahme**, *Stadt*, Herzberg 3½ NO, Jüterbogk 4 SO, Luckenwalde 4¼ SO, Brand 3 SO, Lübben 5 W. (BA 22 & 5. BG 5. 6).
— Spitteindorf (NM 34) ¼ NO.
**Dahmsdorf**, Reinfeld ¾ NO, Lübeck 1 W. (LB 9. 1. 8).
— Müncheberg (PO 4) ¼ NO.
**Dahn**, *Stadt*, Landau (Pf 39) 4 SW.
**Dainbach**, Wölchingen (Ba 113) 0,5 NO.
**Daisbach**, Wiesbaden (Na 1. T. 10) 2½ NW.
— Waibstadt (Ba 97) ¼ W.
**Daiten**, Innsbruck (OeSS 187) 15 W.
**Dalchau**, Magdeburg (LM 1 MH 1) 3¼ O.
**Dalewo**, Kosten (OS 45) 2¾ NO.
**Dalhausen**, Höxter 3 SW, Bonenburg 3 NO. (Wf 48. 2).
*Siehe dag. Station Dahlhausen, BE* 88.
**Dalheim**, Nierstein ¾ SW, Oppenheim 1 SW. (HL 7. 6).
— Warburg (HN 17. Wf 1) ½ SO.
— Königsberg i. Ostpreussen 1½ SO, Löwenhagen 1½ W. (PO 50. 52).
**Dalimerie** (Dalmerie), Turnau (SNV 17. TKP 12) ¼ NW.
**Dalkau**, Quaritz (NZ 8) ½ N.
**Dalking**, Kothmaissling (ByO 65) ⅝ N.
**Dalkingen**, Schwabsberg (WS 88) ⅝ O.
**Dalle**, Eschede ¾ NO, Unterlüss 1 S. (Ha 7. 8).
**Daligow**, Seegefeld ½ S, Spandau 1¾ W. (BH 3. 2).
**Dallmin**, Karstädt (BH 12) ¾ N.
**Dalsheim**, Nieder-Flörsheim (HL 40) ¼ NO.
**Damasd**, Srobb (OeSt 89) ½ N.
**Dambach**, Unterschüpf (Ba 114) ½ SO.
— Birkenfeld (Sa 41) ¾ NW.
**Dambeck**, Kleinen (Mk 8) 1 NW.
— Züssow (BSt 56) ¾ W.
**Damberg**, Böheimkirchen (KE 10) 1 S.
**Dambitsch**, Lissa (NM 88) 1 SO.
**Damboritz**, *Fl*, Göding (KFN 12) 2¾ NW.
**Dambrau** (E° OS 8), Löwen 1½ SO, Oppeln 1¾ NW. (OS 7. 10. RO 1).
**Dambritsch**, Neumarkt (NM 36) 1½ SW.
**Damelack**, Glöwen (BH 9) 1 O.
**Damen**, Gr. Rambin (BSt 20) 2½ O.
Ausserdem mehrere unbed. *Dörfer* desselben Namens.
**Dameran**, Deutsch-, Marienburg ¾ SO, Altfelde 1½ SW. (PO 36. 37).
**Damerow**, Alt-, Stargard i. Pommern 1 N. (BSt 14. OS 59).
— Neu-, Stargard i. Pomm. (BSt 14. OS 59) 1¼ N.
Ausserdem mehrere unbed. Dörfer dess. Namens.
**Damitzow**, Tantow (BSt 9) ⅝ NW.
**Damm**, *Fabriken*, Aschaffenburg (ByS 102. FH 10. HL 30) ⅛ N.
— Pasewalk (BSt 50) 1 N.
— Neu-, Cüstrin (PO 8) s. Neudamm.
*Siehe dag. Station Damm, BSt* 12.
**Damme**, Prenzlau (BSt 48) 1½ S.
— in Oldenb., *Fl.*, Osnabrück 4 NO, Oldenburg 9½ S. (Ha 57. Ol 1).
**Dammendorf**, *Brennerei*, Stumsdorf (ML 8) 1 SO.
— Landsberg (BA 16) ¾ N.
**Dammer bei Steinau**, Liegnitz 3½ NO, Spitteindorf 3 N. (BF 23. NM. 33. 34).
— (Dambrowa), Namslau (RO 20) 1¾ SO.
**Dam(m)garten**, *Stadt*. T Rostock 3½ NO, Stralsund 4½ SW. (Mk 1. BSt 60).
**Dammheim**, Landau (Pf 39) ⅜ NO.
**Damnitz**, Stargard (BSt 16) 1½ SW.
**Damscheid**, *guter Weinbau*, Oberwesel ¾ W. St. Goar ¾ SW. (Rh 54. 55).
**Damsdorf**, Gr.-Rosen 1 NO, Striegau 1¾ NO. (BF 19. 17).
**Danesháza**, Saap (Ts 69) ½ S.
**Dane**, Divacca (OeSS 84) 1.
**Daniel, St.**, Saldenhofen (OeSS 160) 1.
**Daniele, St.**, *Fl.*, von Udine (Ob. Ital. I, 4) 2¾ NW.
**Daniellen**, Lyck 4½ NO, Insterburg 10 SO. (OpS 25. PO 58. TI 4).
**Danietz**, Malapane (RO 3) ½ SW.
**Dankelshausen**, Dransfeld 1 SW, Münden 1½ N. (Ha 85. 86).
**Dankern**, Kellerberg (Wf 99) 1¼ NW.
**Dankerode**, Rotenburg (HN 4) 1¼ NO.
**Dankersen**, Minden (Ha 48. KM 33) ½ NO.
**Dankowitz**, Bleiks (KFN 64) 1⅝ NO.
**Dannebaum**, ✕ °Laer (BM 141) usw.
**Dannenberg in Hannover**, *Stadt*. T Bevensen 5¼ O, Uelzen 6 NO. (H 11. 10).
— Freienwalde a. O. (BSt 66) ¾ NO.
— in Pomm., Falkenberg (BSt 65) ¾ W.
**Dannewitz**, Biesenthal ¼ S, Bernau bei Berlin ¾ NO. (BSt 3. 2).
**Dannigkow**, Magdeburg (ML 1. MH 1) 2½ SO.
**Dannstadt**, Mutterstadt (Pf 15) ¼ SW.
**Dannstedt**, Halberstadt (MH 9) 1½ W.
**Danos**, Ober-, Pilis (OeSt 100) ½ S.
— Unter-, Pilis ¾ S, Alberti-Irsa 2 W. (OeSt 100. 101).
**Dansenberg**, Kaiserslautern (Pf 6) ⅝ SW.
**Dansweiler**, Königsdorf b. Köln (Rh 11. 13. KM 1) 1¼ NW.
**Danzkehmen**, Trakehnen (PO 61) 1 O.
**Danzstetten**, Thiengen (Ba 69) 0,9 SO.
**Dardesheim**, *Stadt*, Jerxheim (Be 17) 1½ S.
**Darfeld**, Münster (Wf 20) 3½ NW.
**Dargard**, Karstedt (BH 12) ½ W.
**Dargislaff**, Colberg (BSt 44) 3½ SW.
**Dargitz**, Pasewalk (BSt 50) ½ NW.
**Dargun**, *Stadt*. Malchin (FF 4) 2½ NO.
**Darkehmen**, *Stadt*, T Gumbinnen 3 SW. Insterburg 4 SO. (PO 60. 58. TI 4).
**Darkow**, Belgard (BSt 21) ½ O.
**Darkowitz**, Kraissanowitz (Wi 7) ¾ SO.
**Darmietzel**, Cüstrin (PO 8) 3 NO.
**Darmpfuhls-Mühle**, Ringelheim (Be 11) ⅛ SW.
**Darmsbach**, Wilferdingen (Ba 145) 0,4 S.
**Darnowo**, Kosten (OS 45) 1 SO.
**Darsberg**, Neckargemünd (Ba 97) 1 NO.
**Darmstadt**, Geroldshausen (Ha 122) 0,5 S.
**Daruvár**, Kottori (OeSS 117) 16 75.
**Darvas**, Berettyo-Ujfalu (Ts 40) 3 SW.
**Dasburg**, *Fl.*, Trier (Sa 22) 6 NW.
— (Daseburg), Warburg (Wf 1. HN 17) ⅛ NO.
**Daschitz** (Dašic), *Fl.*, Morawan ½ W, Pardubitz 1½ O. (OeSt 17. 18. SNV 1)
**Dassel**, *Stadt*, *Eisenhütte*. Stadtoldendorf 1½ SO, Salzderhelden 3 W. (Be 2. Ha 80).
**Dassendorf**, Schwarzenbeck (BH 21).
**Dassenheim**, Ladenburg (MN 15) ¾ SO.
**Dassensee**, Salzderhelden (Ha 80) 1 W.
**Dassow**, *Stadt*, Lübeck 3 NO, Wismar 4¾ W. (LB 1. 8. Mk 13).
— Görlin (BSt 41) ¼ N.
**Datschitz** (Dačice) *Stadt*, *Tuch- u. Seidenwarenbereitung* °Znaim 7 NW, Brünn 11 W. (OeSt 159. 1. KFN 56).
**Datteln**, Castrop (KM 16) 1½ N.
**Dattenberg**, Remagen ¾ SO, Sinzig ¾ NO. (Rh 46. 47).
**Dattenfeld**, Schladern (KM 48) ¼ W.
**Datting**, Deggendorf (DP 1) 1½ NO.
**Datzeroth**, Neuwied (Rh 100) 1⅛ N.
**Dauba**, *Fl.*, T Hirschberg i. Böhmen 1 W, Habichtstein 1 S, Berkovic-Melnik 2¼ NO. (BN 5. 6. OeSt 34. 35).
**Daubach**, Sobernheim (Sa 34) 1 N.
**Dauban**, Görlitz (BG 15. NM 41) 4 NW.
**Daube bei Crossen**, Sommerfeld (NM 19) 2¼ NO.
**Daubek**, Auwal (OeSt 25) ¾ SO.
**Daubhausen**, Wetzlar (KM 60. Na 41) 1½ NW.
**Daubitz bei Rumburg**, Kreybitz-Neudörfel ⅛ NW. Bodenbach 4¼ NO. (BN 14. 20. OeSt 42).
— bei Rothenburg, Rietschen (BG 13) ½ O.
**Daubern**, Limburg 1 SO, Eschhofen 1 S, Runkel 1½ S. (Na 30. 31. 37).
**Daubrawitz**, Königinhof (SNV 8) ½ SW.
— bei Müglitz (OeSt 46) 1½ O.
— *Stadt*, Raitz ¼ N, Blansko 1⅛ N. (OeSt 4. 3).
**Daubringen**, Lollar (MW 13) ¼ O.
**Dauby**, Turnau (SNV 17. TKP 12) ⅛ NW.
**Dauchingen**, Donaueschingen (Ba 185) 3,35 N.
**Dauelsen**, Langwedel (Ha 31) ½ SO.
**Dauer**, von Nechlin (BSt 49) 1½ S.
**Daun**, *Fl.*, Trier (Sa 22) 6¾ NO.
**Dausenau**, *Fl.*, Ems ½ O, Nassau ½ NW. (Na 24. 25).
**Dautenheim**, Alzey (HL 44) ⅝ O.
**Dautenstein**, Lahr (Ba 206) 1 SO.
**Davenaberg**, Rinkerode (Wf 18) 1 SW.
**Daverden**, Langwedel (Ha 31) ½ W.
**Davos**, *Kurort*, Landquart (VS 3. 31) 2½ S.
**Dawidow**, Staresiolo (LCJ 3) ⅛ NW.
**Daxlanden**, Mühlburg 0,5 W, Carlsruhe 1 W. (Ba 202. 14).
**Daxweiler**, *Eisenhütte*, Bingerbrück (Rh 58. Sa 27) 1¾ NW.
**Deaky**, Sellye (OeSt 81) ½ SW.
**Debenz**, Warlubien (PO 31) 4 SO.
**Deblinghausen**, Nienburg (Ha 26) 2⅛ SW.
**Debno**, Slotwina (GCL 3) 1¼ SO.
**Debow**, Przeworsk (GCL 18) 2 N.
**Debschwitz**, Gera (Th 31) ¼ SW.
**Debstedt**, Geestemünde (Ha 40) 1½ N.
**Dechantsees**, *Hammerwerk*, Kemnath-Neustadt (ByO 77) 1⅛ NO.
**Dechsel**, Landsberg a. W. (PO 13) 1 SO.
**Dechtow**, Friesack (BH 6) 3 O.
**Deckstein**, Cöln (Rh 13. KM 1) 1 SW.
**Dedee**, Preione (UOeSt 19) 1 NO.
**Dedeleben**, Gr. u. Kl., Jerxheim (Be 17) ⅜ S.
**Dedelow**, Prenzlau (BSt 48) 1 NW.
**Dedenbach**, Sinzig (Rh 47) 1¼ SW.
**Dedensen**, Wunstorf 1 SO, Seelze 1¼ W. (Ha 22. 21).
**Dederstedt**, Teutschenthal (ML 20) 1½ NW.
**Dedesdorf**, *Fl.*, Loxstedt 1¾ W, Geestemünde 2 SW. (Ha 39. 40).
**Dedinghausen**, Lippstadt (Wf 10) ½ O.
**Deensen**, Stadtoldendorf (Be 2) ⅝ SW.
**Deersheim**, Jerxheim (Be 17) 1½ SW.
**Dees**, *Fl.*, T *Weinbau* °Hermannstadt i. Siebenbürgen (UOstb.) 20 NW, Grosswardein 30½ NO. (Ts 43. °US 1).
**Deesbach**, Sonneberg (Th 61) 3 NW.
**Deesdorf**, Wegeleben ½ N, Halberstadt 1¼ NO. (MH 10, 9).
**Deetz bei Belzig**, Gr.-Kreuz (BPM 8) ½ N.
**Deffernik**, *Glas- u. Spiegelfabrik*, Taus (BW 3) 4 SO.
**Degerfelden**, i. Baden, Rheinfelden 0,5 NW, Lörrach 1,2 SO. (Ba 89. 208).
**Degerloch**, Stuttgart (WS 16) ½ S.
**Degernau**, Erzingen (Ba 72) 0,6 NW.
**Degginsen**, Harburg i. Bayern (ByS 32) 1 SW.
— i. Württb., *Fl.*, T Geislingen (WS 30) 1¼ W.
**Deåh**, Lapsdny (OeSS 196) 3,5.
**Degnershausen**, *Brennerei*, Ermsleben (MH 39) ¾ S.
**Degow**, T Degow (BSt 43) ¼ S.
**Dehme**, Oeynhausen (Rehme) (KM 31) ½ NO.
**Dehnic**, Prag (BW 22. Bn 1. OeSt 27) ½ NW.
**Dehnitz**, Wurzen (LD 6) ⅛ SSW.
**Dehnsen**, Alfeld (Ha 77) 1 NW.
**Dehowa**, Chodorow (LCJ 7) 3 SO.
**Dehrn** (Dern), Limburg ½ NW, Eschhofen 1 N. (Na 30. 31).
**Dehsa**, Gr.- u. Kl.-, Löbau (SO 22) ½ W.
**Deichshausen**, Vegesack (Ha 43) 1¾ NW.
**Deichslau bei Steinau**, Spitteindorf 4 N, Liegnitz 4½ NO. (NM 34. 33. BF 23).
**Deiderode** (Deienrode), Friedland in Hannover (Ha 85) ½ W.
**Deiringsen**, Soest (Wf 13. BM 56) ⅞ SW.
**Deimelsberg**, *vereinigte* ✕. Steele 0,3 W, Essen 0,5 O. (BM 66. 85).
**Deining**, Amberg (ByO 38) 4½ SW.
**Deiningen** (Theiningen), Nördlingen (ByS 34. WS 120) ⅛ O.
**Deinsdorf**, Hartmannshof (ByO 36) ¼ N.
**Deissel**, Trendelburg (HN 18) ¼ N.
°**Deisslingen** (WS 149). Rottweil 1 SW, Donaueschingen 3 N. (WS 148. Ba 185).
**Deisswyl**, Ostermundingen (SO 1, 40) 2 Kilom.
**Deitersen**, Salzderhelden (Ha 80) 1½ W.
**Deitingen**, Subigen (SO 1. 50) ½ N.
**Deizisau**, Altbach (WS 21) ⅛ S.
**Delatyn**, *Fl*, *Salzquellen u. Bad*, Kolomea (LCJ 18) 4 W.
**Delbrück**, *Fl* Schlokotten 1¾ N, Paderborn 2⅛ NW. (Wf 8. 7).
**Delecke**, Soest (Wf 13. BM 56) 1½ SW.
**Delhoven**, Dormagen (Rh 63) ½ SW.

**Delkenheim**, von Hochheim ¾ N, von Mainz 1 NO. (T 6. 7. HL 11).

**Dellhofen**, *Weinbau*, Oberwesel (Rh 56) ½ S.

*Siehe dagegen Delhoven bei Dormagen.*

**Delligsen**, *Fl.*, 🕭 *Eisen- u. Glashütte*, Alfeld ¾ SW, Naensen 1¼ NW. (Ha 47. Bs 4).

**Dellmensingen**, Erbach (Wü 36) ¼ S.

°**Delnau**, Dessau (BA 30) ½ SO.

**Delrath**, Dormagen (Rh 63) ½ N.

**Delsberg** (Délémont), *Fl.*, Biel —, Basel 41 Kilom. (SC 1, 56. Ba 55).

**Dembach, Gr.-**, Gmünd (Wü 109) ¾ NW.

**Demblohammer**, 2 *Eisenhammer*, Chronstau (RO 2) ⅝ S.

**Dembno**, Osiek 3 NO, Nakel 4½ NW. (PO 25. 26).

**Dembogora**, Nakel (PO 26) 2½ SW.

**Dembenna**, Kandrzin (Kosel) (OS 13, Wi 1) 1 SW.

**Dembowolonka**, Warlubien 6½ SO, Terespol 7 SO. (PO 31. 29)

**Dembowke**, Bialosliwe (PO 24) ¾ NO.

**Dembowo**, Nakel (PO 26) 1½ NW.

**Demianow**, Bursztyn (LCJ 10) ¼ W.

**Demidow**, Chodorow (LCJ 7) ⅞ SW.

**Demmin**, *Stadt*, 🕭 ⊤ Malchin (FF 4) 4 NO.

**Demnitz**, Fürstenwalde (NM 7) 2 O.

*Siehe dag. Station Demnitz, SO 18.*

**Demycze**, Zablotow (LCJ 17) ½ W.

**Denes**, Komárváros (OeSü 119) 2.

**Dengelek**, Szanto (UN 11) ¾ W.

Ausserdem noch mehrere Dörfer desselben Namens in Oesterreich.

**Dengling**, 🕭 Sünching (ByO 17) 3 W.

**Denkendorf**, Unterboihingen ½ NW, Esslingen ¾ S. (Wü 126. 20).

**Denklingen** i. Preussen, 🕭 Schladern (KM 48) 1¾ N.

**Denkte, Gr.-**, Wolfenbüttel (Bs 24) 1 SO.

— **Kl.-**, Wolfenbüttel (Bs 24) ¾ SO.

**Denkwitz**, Glogau (NZ 1. OS 43) 1⅛ SW.

**Dennheritz**, Meerane ½ SW, Glauchau ¾ W. (SW 21. 22).

**Dennwyl**, Aarau (SC 1, 13. SN 2, 30).

**Denried** (Dannried), Ahrnschwang (ByO 66) 1 S.

**Denta**, *Fl.*, Detta (OeSt 122) ½ S.

**Dents-Landsberg**, Graz (OeSü 48) 6¾.

**Denzin**, Belgard (BSt 21) ½ SO.

**Derben**, Genthin (BPM 11) 1¼ W.

**Dercum**, Euskirchen (Rh 22) ¾ NO.

**D(e)recske**, *Fl.*, 🕭 Berettyo-Ujfalu 2 N, Debreczin 3 S. (Ts 40. 11).

— Kiss-Terenne (UN 13) 2⅝ NO.

**Derekegyhaza**, Kistelek (OeSt 103) ca. 4 O.

**Derenburg**, *Stadt*, 🕭 *Papierfabr.*, Halberstadt (MH 9) 1½ SW.

**Derendingen**, *H* (SC 1, 51), Subigen (SC 1, 50) 2 Kilom.

— Tübingen (Wü 135) ⅝ NO.

**Derendorf**, Düsseldorf (BM 29. KM 7) ⅝ NO.

**Derenthal**, *Porzellanfabr.*, Höxter (Wf 42) 1½ SW.

**Derfsdorf**, Rupbach (Na 26) 1⅜ SO.

**Derichsweiler**, Düren (Rh 8) ½ W.

**Derikum**, Norf (Rh 64) ⅛ NO.

**Derlen**, Bous (Sa 11) ⅜ NO.

**Dermbach** i. d. Rheinprov., Herdorf (KM 52) ¼ N.

— i. Sachs.-Weimar, *Fl.*, 🕭 Salzungen Th 45) 1¾ SW.

**Dernau**, Remagen (Rh 46) 2¼ SW.

**Dernbach** bei Neuwied, Coblenz (Rh 52) 3 NO.

**Derne**, Alten- u. Kirch-, Dortmund (BM 50. KM 18) ¾ NO.

**Derneburg**, Ringelheim 1¼ NW, Hildesheim 2 SO. (Bs 11. Ha 70).

**Dern**, Tisza-, Karczag (Ts 7) 4½ NW.

**Derebkovec**, St. Peter (OeSü 83) 0,5.

**Dersehlag**, 🕭 Mülheim a. Rh. (BM 100. KM 3) 6¾ O.

**Dersdorf**, Sechtem (Rh 40) 1 S.

**Dersekow**, Greifswald (BSt 57) 1 S.

**Dersum**, Alt- u. Neu-, Kluse-Dörpen (Wf 31) 1 W.

**Dertingen**, Ober- u. Unter-, Maulbronn (Wü 5) 1¼ N.

— i. Baden, *Fl.*, Wertheim (Ba 141) 1¼ O.

**Derwitz**, Gr. Kreuz ½ O, Werder 1 NW. (BPM 7).

**Desberg** i. d. Schweiz, *Stadt*, 🕭 Basel (Ba 56) 5,3 SW.

**Deschney**, Josefstadt (SNV 6) 3¾ SO.

**Desna**, Böhm. Trübau (OeSt 11) 2½ S.

**Dessau, Neu-**, bei Friedeberg, von Driesen (PO 18) ½ SO.

**Dessendorf**, Eisenbrod (SNV 15) 2 NO.

**Dessinio**, Pöltschach (OeSü 60) 4.

**Deszanfalva**, Morawicsa (OeSt 123) ⅝ O.

**Deszk**, Szöreg (OeSt 111) ¾ O.

**Detern**, °Stickhausen ¼ SO, Leer 3 O. (Ol 14. 16. Wf 35).

**Detk**, Hatvan (UN 10) 5 NO.

**Detmold**, *Stadt*, 🕭 ⊤ Herford 3½ SO, Bielefeld 4 SO, Driburg 4 NW, Paderborn 4¼ NO. (KM 29. 28. Wf 39. 7).

**Dettenhausen**, 🕭 Tübingen (Wü 135) 1⅜ NO.

**Dettingen** a. d. Erms, 🕭 Metzingen (Wü 130) ¾ SO.

— *Fl.*, Rottenburg (Wü 137) ½ S.

— Heidenheim (Wü 125) 1¼ SW.

— am Schlossberg, Kirchheim unter Teck (Wü 153) ½ S.

— in Hohenzollern, °Ehingen (Wü 172) ⅞ S.

— Allensbach (Ba 85) 0,5 NO.

*Siehe dag. Station Dettingen, FH 8.*

**Dettum** (*H* Bs 23), Wolfenbüttel (Bs 24a) 1½ O.

**Detzeln**, Thiengen (Ba 69) 0,5 NO.

**Deuben** (*H* SO 44), 🕭 Tharandt ½ NO, Potschappel ⅝ SW. (SO 46. 43).

— (*PH* Th 20), Teuchern (Th 34) ½ SO.

**Deudenheim**, Offenburg (Ba 28) 1,3 SW.

**Deufstetten**, Ober- u. Unter-, Ellwangen (Wü 87) 1½ NO.

**Deuna**, Gernrode (ML 31) 1 SO.

**Deute**, Guntershausen (HN 9. MW 3) 1¾ SW.

**Deutschdorf**, St. Peter (OeSü 82) 0,5.

**Deutschendorf**, Schlobitten 1½ NO, Mühlhausen 1½ SO. (PO 41. 42).

**Deutsch-Feistritz**, Stübing (OeSü 45) ⅜.

**Deutsch-Holland**, *Eisengiesserei*, Hochfeld (Rh 88) ¼ W.

**Deutsch-Kreuz**, Oedenburg (OeSü 97) 1,5.

**Deutschthal**, Cilli (OeSü 64) 2,5.

**Deutzen**, Borna (SW 93) ⅝ SW.

**Deuz**, Siegen (BM 80. KM 64) ½ O.

*Siehe dag. Station Deutz, KE 2.*

**Deva-Vanya**, *Fl.*, 🕭 Gyoma (Ts 31) 2 NO.

**Devecser**, *Fl.*, 🕭 Raab (OeSt 69) 9 S.

— Keszthely (OeSü 120) 8.

**Develier**, Basel (SC 1, 1) 34 Kilom.

**Dexheim**, Nierstein ½ SW, Oppenheim ½ SW. (HL 7. 6).

**D'horn**, Langerwehe (Rh 7) ⅛ O.

**Diaganie**, Jaska (OeSü 150) 1,5.

**Diatkowce**, Kolomea (LCJ 16) ¾ W.

**Dichtelbach**, Bacharach (Rh 57) 1 SW.

**Dickeweib**, Hiltrup (Wf 19) ¼ S.

**Didszullen**, Gumbinnen (PO 60) 3 SO.

**Diebach, Rhein-**, Bacharach, s. Rhein-Diebach (Rh 57).

— **Ober-**, Bacharach (Rh 57) ⅛ S.

**Dieburg**, *Stadt*, 🕭 Dieburg (HL 26) ¼ SW.

**Diebzig**, Cöthen (BA 33. ML 7. MH 34) 1¾ NW.

**Diedelsheim**, Bretten (WS 4) ¼ NW.

**Diedenbergen**, Niederflörsheim (HL 40) ¾ N.

**Diedersdorf**, Gusow 1 SW, Müncheberg 2 O. (PO 5. 4).

**Diedesfeld**, Maikammer (Pf 35) ⅛ W.

**Diedesheim**, *Schiffbrücke*, Neckarelz 0,2 N, Mosbach 0,5 W. (Ba 101. 102).

**Dieflen**, Dillingen ½ NO, Saarlouis 1 N. (Sa 14. 13).

**Diegten**, Länfelfingen ⅞ W, Sissach 1¼ S. (SC 1, 9. 1, 7).

**Diehmen**, Bautzen (SO 20) 1¼ SW.

**Diehsa**, Reichenbach i. Sachsen 1½ N, Uhsmannsdorf 2½ SW. (SO 25. BG 14).

**Diekholzen**, Hildesheim (Ha 70) 1 S.

**Diele**, Papenburg (Wf 33) 1 NW.

**Dielfen**, Ober- u. Unter-, Siegen (BM 80. KM 64) ¾ SO.

**Dielheim**, Wiesloch (Ba 6) 0,9 SO.

**Dielingen**, 🕭 Bünde (Ha 53) 4 NW.

°**Dielkirchen** (Pf 71), Münster a. St. (Wf 20) 3 SW.

**Dielmissen**, Vorwohle (Bs 3) 2 NW.

**Dielow** (Dyblo), Fürstenberg ½ SW, Neuzelle 1 NW. (NM 14. 15).

**Diemarden**, Göttingen (Ha 84) ⅞ SO.

**Diemerstein**, Frankenstein (Pf 8) 1/10 W.

**Diemitz**, Halle (BA 18) ½ NO.

**Diemtigen**, Thun (SC 1, 47) 2¾ SW.

**Diendorf**, Nabburg (ByO 69) ¼ SO.

**Dienheim**, *Weinbau*, Oppenheim (HL 6) ½ S.

**Dienstweiler**, Birkenfeld (Sa 41) ½ NO.

**Diepenau**, *Fl.*, 🕭 von Minden (Ha 48. KM 33) 3 NW.

**Diepenbrock**, *Blei-, Zink-, Kupfer-, Eisenerz-, Schwefelkies-Gruben* der Holländ. Act.-Ges. „de Tweede nederlandische Loodmyn", Calcum 0,9 NO, Hochfeld 1 SO, Duisburg 1,2 SO. (KM 8. 10. Rh 88).

**Diepenlinchen**, *Hüttenwerk*, Stolberg (Rh 5) ½ S.

**Diepersdorf** (Dippersdorf), Röthenbach (ByO 43) ½ SO.

**Diepflingen**, Sommeran (SC 1, 8) ¼ NO.

°**Diepholz** (KM 74), *Stadt*, 🕭 ⊤ Osnabrück 6 NO, Nienburg 8 NW. (Ha 57. 26).

**Dier'sche Fabrik**, Birkenfeld (Sa 41) 1 NW.

**Dierbach**, Schaidt (Pf 42) ¼ NW.

**Dierdorf**, *Stadt*, 🕭 *Eisenfabr.*, Neuwied (Rh 51) 2½ NO.

**Dierikon**, Luzern (SC 1, 25. SN 2, 57) 1 NO.

**Diersburg**, Offenburg (Ba 38) 1,8 S.

**Diersheim**, Renchen (Ba 25) 1,3 NW.

**Dies** mit 6 Mühlen, Laurenburg (Na 25) 1¼ NW.

**Diesberg**, Basel (Ba 56) 4 SW.

**Diesdorf**, 🕭 Magdeburg (MH 1) ¾ W.

— Striegau (BF 67) 1¼ NO.

**Diesenbach**, Regenstauf (ByO 25) ⅝ NW.

**Diessenhofen**, *Stadt*, 🕭 Gottmadingen ¾ SW, Schaffhausen 1 SO. (Ba 80. 77).

**Diesfurth**, *ziemlich bed. Industrie*, Parksteinhütten (ByO 74) ¼ NW.

**Dieskau**, Gröbers (ML 12) ¾ W.

**Diessbach** bei Büren, Pieterlen (SC 1, 55) 8 Kilom.

— Thun (SC 1, 47) 2 N.

**Diessen**, *Stadt*, 🕭 Tutzing 1¾ NW, Starnberg 2½ NW. (ByS 195. 192).

**Dieteldorf**, Ponholz (ByO 26) 1½ NW.

**Dietelsberg**, Landshut (ByO 10) 5½ NO.

**Dietelskirchen**, Landshut (ByO 10) 2 SO.

**Dietenheim** i. Württb., *Fl.*, 🕭 Illertissen (ByS 206) ¼ SW.

**Dietenhofen**, Ansbach 1¾ NO, Fürth 3 W. (ByS 142. 48).

**Dietersberg** bei Winklarn, *Eisenhammer*, Bodenwöhr (ByO 60) 2 NO.

**Dietersdorf** bei Neuhaus, Windisch-Eschenbach (ByO 82) ¼ O.

— bei Schönsee, Bodenwöhr (ByO 60) 4½ NO.

**Dietersheim**, Bingerbrück ½ SO, Bingen ⅝ S. (Rh 58. T 27. HL 18).

**Dieterskirchen** b. Neunburg vorm Wald, Bodenwöhr 2 N, Nabburg 2 SO (ByO 60. 69).

**Dietfurt**, *Stadt*, 🕭 Ingolstadt 4½ NO, Regensburg 5 W (ByS 243. 22).

— Ober- u. Unter-, bei Eggernfelden, Landshut (ByO 10) 6 SO.

— *Fabr.*, 🕭 °Pappenheim ¼ NW, °Treuchtlingen ¼ SO, Gunzenhausen 3 SO (ByS 249. 250. 39).

**Diethardt**, Caub 2¼ NO, St. Goarshausen 2¼ NO (Na 14).

**Dietingen**, Rottweil (Wü 148) ½ NO.

**Dietkirchen**, Eschhofen (Na 31) ⅛ N.

**Dietlingen**, Wilferdingen (Ba 145) 1 SO.

— Waldshut (Ba 68) 0,6 NO.

— Pforzheim (Ba 149) 0,9 W.

**Dietwyl**, Gr.- u. Kl.-, Nebikon 1 SW, Langenthal 1¾ SO, Aarau 6 SO (SC 1, 18. 29. 13).

— **Klein-**, Gisikon (SNO 2, 54) 1 N.

**Dietz**, Alten-, Diez (Na 29) ⅛ NW.

— **Freien-**, Diez unm. O.

**Dietzdorf** i. Schles., Neumarkt (NM 36) 1 SW.

**Dietzenbach**, Langen (MN 3) 1⅞ O.

**Differten**, Bous (Sa 11) ⅜ S.

**Dignano**, *Fl.*, Triest (OeSü 89).

**Dillach**, Stübing (OeSü 45) ¼.

**Dillhausen**, Löhnberg (Na 37) ¾ NW.

**Dillingen**, *Stadt*, *prot. Station*, 🕭 Offingen 2 NO, Mertingen 3½ W, Donauwörth 4 SW (ByS 106. 28. 31).

*Siehe dag. Station Dillingen, °Sa 14.*

**Dillstein**, Pforzheim (Ba 149) 0,4 S.

**Dilsberg**, *Fl.*, Neckargemünd (Ba 92) 0,6 NO.

**Dilsburg**, Saarbrücken (Sa 5) 1¾ NW.

**Dingelsdorf**, Constanz 1,3 N, Allensbach 1,3 NO (Ba 87. 85).

**Dingelstedt** a. d. Unstrut, *Stadt*, *prot. Station d. Th 41*, 🕭 *Wollgarn-Spinnereien*, Leinefelde 1¼ S, Heiligenstadt 2 SO (ML 32. 33).

— Halberstadt (MH 9) 1¼ NW.

**Dingen**, von Geestemünde (Ha 40) 1½ N.
**Dingolfing**, *Stadt*, Geiselhöring 3½ S, Landshut 4 NO, Straubing 4½ SW (ByO 16. 10. 47).
**Dinkelburg**, Warburg (HN 17. Wf 1) 1½ NO.
**Dinkelsbühl**, *Stadt*, Crailsheim 3 SO, Ellwangen 3 NO, Wassertrüdingen 3 W, Nördlingen 4 NW, Ansbach 4½ SW (Wü 83 87. ByS 37. 34. Wü 120. ByS 152.)
**Dinker**, Welver (Wf 14) ½ N.
**Dinkholder Mühle** bei Oberspai, Capellen (Rh 63) ½ W.
**Dinklage**, *Fl.*, Delmenhorst (Ol 5) 9½ SW.
*Siehe dagegen Station Dinslaken, KE 37.*
**Dintenhausen**, Freising (ByO 6) ½ N.
**Dintesheim**, Eppelsheim (HL 42) ½ NW.
**Dintikon**, Wildegg (SNO 2, 28) 1½ SO. Aarau (SC 1, 13. SNO 2, 30).
**Dinyes**, Szagh (OeSt 120) 2¼ S.
**Dioskal**, St. Mihály (OeSü 107) 1¼.
**Diószegh, Bihar-**, *Fl.*, Debreczin (Ts 11) 5 SO.
*Siehe dag. Station Diószegh, OeSt 79.*
**Dippelsdorf** in Schlesien, Greiffenberg (NM 45) 2¾ O.
**Dippenweiler**, Beckingen ¾ NO, Dillingen 1 NO (Sa 15. 14).
**Dippers**, Fulda (BbH 6) 1 O.
**Dippmannsdorf**, Brandenburg (BPM 9) 2½ S.
**Dippoldiswalde**, *Stadt*, Tharandt 1½ SO, Dresden (SO 46. 1) 2 S.
**Dirlewang**, *Fl.*, Kaufbeuern (ByS 18) 2 NW.
**Dirmingen**, St. Wendel 1½ SW, Friedrichsthal 2 NW (Sa 43. 2).
**Dirmstein** i. d. Pfalz, *Fl.*, Frankenthal (Pf 19) 1 NW.
**Dirschel**, Peterwitz (Wi 14) 2 SW.
**Dischingen**, *Stadt*, Heidenheim 2 O, Nördlingen 2¾ SW, Offingen 3 N (Wü 125. 120. ByS 108).
— **Ober-**, Erbach ¼ SW, Ehingen 1 NO (Wü 36. 172).
**Dissen**, *Stadt*, Melle 1½ SW, Brackwede 3 NW (Ha 55, KM 27).
— Guntershausen (HN 9. MW 3) 1 SW.
— Cottbus (BG 9. HSG 16) 1½ NW.
**Distelhausen**, Tauberbischofsheim (Ba 136) 0,5 S.
**Disternich**, Vettweiss ¾ O, Zülpich ¾ N (Rh 80. 81).
**Dittelsdorf**, Zittau 1 NO, Görlitz 3½ SW (SO 33. 27).
**Dittelsheim**, Osthofen (HL 2) 1¼ NW.
**Dittelstedt**, Erfurt (Th 8) ¼ SO.
[1]**Dittersbach** bei Böhm. Friedland, Zittau (SO 33) 2¼ O.
[2]— bei Stolpen, Fischbach ¼ SW, Radeberg 1¼ SO (SO 15. 14).
[3]— bei Frauenstein, Freiberg i. Sachsen (SO 51) 1½ SO.
[4]— Frankenberg (SO 56) ⅛ NO.
[5]— bei Bernstadt, Herrnhut 1¼ O, Görlitz 2½ SO (SO 30. 27).
[6]— Görlitz (NM 41) ¾ SW.
[7]— bei Lüben, Liegnitz (BF 23) 2¾ NO.
[8]— Sagan (NZ 7) 1 NO.
[9]— bei Landeshut, Schildau 2¼ S, Ruhbank 2 SW (NM 50. 53).
[10]— bei Braunau i. Böhmen, Dittersbach 4¾ S, Waldenburg 4¾ S, Skalitz 3½ NO (NM 56. 57. SNV 23).
[11]— bei Landskron i. Böhmen (OeSt 50) 1½ NW.
[12]— bei Policka i. Böhmen, Greifendorf 1½ NW (OeSt 8).
[13]— bei Böhm. Kamnitz, Kreibitz-Neudörfel (BN 14) 1 W.
*Siehe dag. Station Dittersbach, NM 56.*
[1]**Dittersdorf** bei Jauer, Gr. Rosen (BF 19) ⅝ N.
[2]— Sprottau (NZ 5) ½ SO.
[3]— Zschopau ⅛ W, Chemnitz 1¼ SO (SW 65. 29).
[4]— bei Lauenstein, Pirna (SO 5) 2 SW.
[5]— bei Schleiz, Mehltheuer (SW 16) 2 NW.
[6]— bei Leitomysl, Abtsdorf ½ O, Budigsdorf ¼ SW, Zwittau 1 NO (OeSt 10. 49. 9).
[7]— Kalsdorf (OeSü 50) 1¼.
**Dittersheim**, Neufahrn bei Freising (ByO 5) ¼ S.
**Dittigheim**, Tauber-Bischofsheim (Ba 136) 0,3 S.
**Dittishausen**, von Donaueschingen (Ba 165) 2,7 SW.
**Dittling (Tittling)**, *Fl.*, Passau 3 NW (ByO 58. KE 54).
**Dittlingen**, Thun (SC 1, 47) 5 Kilom.
[1]**Dittmannsdorf**, *Gr.-*, Radeberg (SO 14) 1¼ NW.
[2]— **Kl.-**, Radeberg (SO 14) 1 N.
[3]— Dittersbach ½ NO, Waldenburg ¾ NO, Schweidnitz 1¾ SW (NM 56. 57. BF 16).
[4]— Zschopau (SW 65) ⅝ N.
[5]— (Dittrichsdorf), Frankenstein i. Schlesien (BF 11) ⅞ NW.
[6]— Borna (SW 93) ⅛ NO.
**Dittmerau**, Bauerwitz (Wi 12) 1 NW.
**Ditzenbach**, Geislingen (Wü 30) 1¼ SW.
**Ditzum**, Oldersum 1 SW, Emden 1 SO (Wf 37. 38).
**Ditzumer Verlat**, Emden (Wf 38) 2½ S.
**Diwischau**, *Stadt*, Prag (OeSt 27. BW 22. Bu 1) 6½ SO.
**Dlaschkowitz**, Lobositz (OeSt 38) 1 SW.
**Dlugoszin**, Sczakowa (KFN 66) ½ W.
**Dluhej**, Eisenbrod (SNV 15) ⅝ SW.
**Dmytrowice**, Lemberg (GCL 29. LCJ 1) 2¼ SO.
**Dneboch**, Münchengrätz (TKP 11) ½ NO.
**Dnesic**, Staab (BW 5) ½ SO.
**Dob**, Tisza-Lúcz (Ts 20) 1½ SO.
**Dobbeln**, Sollingen ½ SW, Jerxheim ½ NW (Bs 28. 17).
**Dobberphul**, Döllis (OS 58) ¾ SO.
**Dobbertin**, *Fl.*, Güstrow (Mk 12. FF 1) 3 SW.
**Dobberzin**, Angermünde (BSt 6) ¼ NO.
**Dobczyce**, *Stadt*, Wieliczka (GCL 3) 3½ SO.
**Dobel**, Kalsdorf (OeSü 50) 1½.
**Dobelbad**, *Mineralquellen*, Premstätten (GK 3) ½ NW.
**Doberan** i. Mecklenb., *Stadt, Seebad*, Rostock (MK 1) 2 W.
**Doberdo**, Monfalcone (OeSü 172) ½ N.
**Dobern**, Böhm.-Leipa (BN 8) ¾ O.
— bei Bensen (BN 32), Bodenbach (OeSt 42. BN 20) 1 O.
— bei Guben, Jessnitz (NM 18) 1 N.
**Dobers**, Uhsmannsdorf 2¼ O, Rauscha 2½ NW (BG 14. 25).
**Doberschau**, Haynau (NM 31) ⅝ SO.
— Bautzen (SO 20) ½ SW.
**Doberschütz**, Bautzen (SO 20) 1 NO.
**Doberzdorf**, Leobschütz (Wi 10) 1 SW.
**Dobien**, Wittenberg (BA 9) ⅝ NW.
**Dobieszewo**, Nakel (PO 26) 6 SW.
**Dobinnawasa**, Laibach (OeSü 76) 5½.
**Dobischau**, Bauerwitz (Wi 12) 1 N.
**Dobl**, Wildon (OeSü 51) 2½.
**Dobos**, Tabakbau, Csaba bei Bekes (Ts 33) 2 NO.
**Dobra**, Przemysl (GCL 22) 1 NO.
— bei Zscborna, Radeberg (SO 14) 3¾ NW.
— bei Radeberg, Fischbach 1½ S, Radeberg 2¼ SO (SO 15. 14).
**Dobraken**, Pilsen (BW 8. KFJ 39) ½ NO.
**Dobran**, Pilsen 1½ SW.
**Dobrau**, Gogolin (Ob 11) 1½ SW.
**Dobrawitz**, Stranov-Krnsko ¾ O, Jungbunzlau (TKP 7. 8) 1 SO.
**Dobrawnik** (Doubrawnik), *Fl.*, Brünn (KFN 56. BR 1) 4 NO.
**Dobrez** (Dubrzes), Kotomiera (PO 23) ½ SO.
**Dobrenice**, Königgrätz 1½ SW, Prelouc 2 NW (SNV 3. OeSt 19).
**Dobrichowitz**, Dobrichowitz (BW 19) ⅛ W.
**Dobrilugk**, *Stadt*, Herzberg 3 SO, Burxdorf 3 NO, Lübben 5¼ SW (BA 22. 24. BG 6).
**Dobrin**, Rokitzan (BW 11) ⅞ O.
**Dobrisch** (Dobris), *Stadt*, Rewnitz 1½ S, Horowitz 2½ SO, Dobrichowitz 2½ SW (BW 18. 14. 29).
**Dobritz, Gross-**, Niederau ½ N, Priestewitz ¾ SO. (LD 15 14).
**Dobromil**, *Stadt*, Przemysl (GCL 22) 3¼ SO.
**Dobroslawitz**, Bauerwitz (Wi 12) ¾ N.
**Dobrotvar**, *Fl.*, Lemberg (GCL 29. LCJ 1) 6 NO.
**Dobrowa**, Reichenberg (OeSü 143) 1¼.
**Dobrowlany**, Chodorow (LCJ 7) ⅜ SW.
**Dobrunje**, Laibach (OeSü 76) 1.
**Dobruschka**, *Fl.*, *Webereien*, Josefstadt NO, Wildenschwert 8 NW (SNV 6. OeSt 12).
**Dobrzau**, von Staab 1 N, von Pilsen (BW 5) 1½ SW.
**Dobrzyce**, *Stadt*, Rawicz (OS 37) 9 NO.
**Dobschau**, *Eisenwerk*, Waitzen (OeSt 92) 16 NO.
**Dockenhuden**, Blankenese (AK 33) ¼ NO.
**Dodeleben, Hohen-**, Magdeburg (BPM 18) 1¼ SW.
— **Nieder-**, Magdeburg 1 W.
**Dodelle**, Werden (BM 110) unm.
**Dodenau** i. Hessen, *Fl.*, Marburg (MW 11) 3½ NW.
**Döben**, Gnadau (ML 4) ¼ S.
— Grimma (LD 23) ¾ NO.
**Döberitz**, Spandau (Bil 2) 1⅝ SW.
**Döberle**, Trautenau (SNV 29) ¾ NO.
**Döbern**, Oppeln 1½ NW, Löwen 2½ O (OS 10. RO 1. NM 43).
— **Alt-**, *Fl.*, Vetschau 2 S, Lübbenau 3¾ S (BG 8. 7).
— **Neu**, Vetschau 2 S, Lübbenau 3¼ S (BG 8. 7).
— bei Pr. Holland, Schlobitten (PO 41) 2 O.
— Bitterfeld (BA 13) ¼ SW.
**Döbernitz**, Delitzsch (BA 38) ⅛ SO.
**Döbling**, *Mineralbad*, Wien (KE 1, KFN 1) ½ NW.
**Döbra** bei Oelsnig, Radeberg (SO 14) ¾ NO.
**Dögös**, Puszta-, Uj- u. O., Tardoskéd (OeSt 63) 1 N.
**Döhlen mit Ober-Döhlen**, *Fl.*, Potschappel ½ SW, Tharandt ¾ NO. (SO 43. 46).
**Döhnis**, Grottau (SO 34) ¼ S.
**Döhren**, Hannover (Ha 1) ½ SO.
— **Gross-**, Salzgitter (Bs 12) ⅞ SO.
**Dölitz**, Leipzig (LD 1) ⅛ S.
**Dölkau**, Schkeuditz (ML 13) 1¼ SO.
**Döllnitz**, *ber. Brauerei*, Halle (BA 18) 1½ SO.
**Döllstedt**, Walschleben (NE 10) 1½ NW.
**Dölme**, Holzminden (Wf 43. Ha 1) 2½ N.
**Dölndorf**, Stumsdorf (ML 9) ¾ SO.
**Dölzig**, Gr. u. Kl., Schkeuditz (ML 13) ¾ S.
**Dömitz**, *Stadt*, Grabow 3½ SW, Wendisch-Warnow 3½ SW, Wittenberge 6 NW, (BH 14. 13. 11).
**Dömös**, Gross-Maros (OeSt 90) 1 W.
**Dönhausen**, Eystrup ⅛ SW, Nienburg 2 N. (Ha 28. 26).
**Doer**, Kistelek (OeSt 108).
**Dörenhagen**, Paderborn (Wf 7) ¾ SO.
**Dörenthe**, Ibbenbüren (Ha 61) 1 N.
**Dörfel** in Böhmen, Reichenberg ⅛ S, Langenbruck ½ N. (SO 38. SNV. 22. 21).
— Zauchtl-Neu-Titschein (KFN 23) 1¾ NW.
**Dörfl**, Böheimkirchen (KE 10) ⅛ SW.
— Baden (OeSü 154) ¼.
**Dörflee**, Mainleus (ByS 65) 1 SW.
**Dörflingen** i. d. Schweiz, Schaffhausen (Ba 77) 0,7 O.
**Döringstadt**, *Fl.*, Staffelstein (ByS 69) ½ SW.
**Dörnberg**, Laurenburg (Na 25) ¼ W.
**Dörnhagen**, Guxhafen ¼ N, Guntershausen ¾ O. (HN 8. 9).
**Dörnigheim**, *PH* (FH 3), Wilhelmsbad ⅜ SW, Mainkur ¾ O. (FH 4. 2).
**Dörnthal**, Freiberg i. Sachsen (SO 51)
**Dörpen**, Kluse-Dörpen (Wf 31) ⅜ NW.
**Dörrebach**, Bingerbrück (Rb 58) 2 W.
**Dörrenbach**, St. Wendel (Sa 43) 1 SO.
**Dörrnhau**, Dittersbach (NM 56) 2 SO.
**Dörrigsen**, Salzderhelden (Ha 30) 1 SW.
**Dörscheid**, Caub ½ N, St. Goarshausen ¾ S. (Na 13. 14).
**Dörth**, St. Goar (Rh 55) ⅜ W.
**Dörzbach**, Waldenburg (Wü 76) 3½ N.
**Dössel**, Warburg (Wf 1) ¾ NO.
**Döteberg**, Seelze (Ha 21) ¼ S.
**Döttingen**, Waldenburg (Wü 70) 1¼ NO.
*Siehe dagegen Station Döttingen, SNO 2, 59.*
**Dognacska**, *Fl.*, *Bergwerk*, Oravitza 4 NW, Temesvar 6 O. (OeSt 130. 119).
**Dohalic**, Königgrätz (SNV 3) ¾ NW.
**Dohms**, Halbau (NM 24) 2 SO.
**Dohna**, *Stadt*, *Strohflechterei*, Mügeln ½ S, Dresden 1¾ SO. (SO 3. 1).
**Dohnau**, Liegnitz (BF 23) 1¼ SW.
**Dohndorf**, Cöthen 1 SW, Biendorf ½ SO. (MH 34. 33).
**Dohnsen**, Unterlüss (Ha 8) 2¼ W.
**Doiacz**, Detta (OeSt 122) 1¼ W.
**Dolan**, Josefstadt (SNV 6) ⅝ NO.
— Kralup 1 O, Lipsic ⅛ N. (OeSt 31. 30).

**Dolanek**, von Turnau (SNV 17, TKP 12) 1/8 NO.
— Theresienstadt (OeSt 37) 1/2 SO.
**Dolberg**, Hamm (BM 95. KM 21. Wf 15) 1 1/4 NO.
**Dolgelin**, Gusow 1 1/2 S, Lebus 1 1/2 NW. (PO 6. 70).
**Dolgen**, Sehnde (Ha 76) 3/4 O.
— Woldenberg (OS 55) 1 1/2 SW.
**Dolgesheim**, Guntersblum (HL 5) 1 W.
**Dolina**, Divacca (OeSü 84) 3.
**Doliniany**, Chodorow (LCJ 7) 1 NO.
**Dollbergen**, Hämelerwald (Ha 65) 1 NO.
**Dollendorf**, **Ober- u. Nieder-**, Bonn 1 1/2 SO, Godesberg 1/3 NO, Mehlem 1/2 NO. (Rh 42. 113. 44).
**Dollna**, Dzieschowitz (OS 12) 1 1/4 NO.
***Dollnstein** (ByS 247), *Fl.*, Ingolstadt 3 3/4 NW, Mertingen 3 1/2 NO. (ByS 243. 30)
**Dolloplass**, *Zuckersiederei*, Prerau (KFN 19) 3 N.
**Dollstädt**, **Alt-**, *Fl.*, ♉ Grunau 2 1/2 SO, Güldenboden 2 SW. (PO 38. 40).
**Dolzig** (Dolsk), *Stadt*, ♉ Poln. Lissa (OS 40) 6 NO.
— bei Sorau, Sommerfeld (NM 19) 1/4 SW.
**Domanze**, Ingramsdorf (BF 5) 3/4 S.
**Domanschelitz**, Prerau (KFN 19) 1 SO.
**Domausnitz**, Jungbunzlau (TKP 8) 2 1/4 O.
**Dombrgyháza**, Kétegyháza (Ts 34) 4 3/4 S.
**Dombke**, Osiek (PO 25) 1/2 NO.
**Dombrowa**, Beuthen (OS 21) 1/2 NW.
— Tarnow (GCL 10) 2 3/4 N.
**Dombrowka**, ♉ Keltsch (RO 9) 1 SW.
— Gogolin (OS 11) 1/2 O.
**Dombrowken bei Angerburg**, ♉ Insterburg (PO 58. TI 4) 4 SO.
— bei Graudenz, Terespol (PO 29) 4 1/2 SO.
— bei Pr. Stargard, Pelplin (PO 33) 1 1/4 SW.
**Dombühl**, *Fl.*, Ansbach (ByS 152) 3 W.
**Domdidier**, Bern (SC 1, 39) 7 1/4 SW.
**Domdürkheim**, Alsheim (HL 4) 3/4 W.
**Domersleben**, Magdeburg 1 3/4 SW, Blumenberg 1 N. (MH 1. 4).
**Domeszkowcy**, Barasztyn (LCJ 10) 1 S.
**Dometzko**, Oppeln (OS 10. RO 1) 1/2 SW.
**Dommitzsch**, *Stadt*, ♉ Wittenberg 4 1/2 SO, Holzdorf 3 SW, Herzberg 3 W (BA 22. 9. 21).
**Domnau**, *Stadt*, ♉ T Pr. Eylau 1 O, Königsberg 5 3/4 SO, Löwenhagen 3 1/2 SO (OpS 19. 8. 9. PO 52).
**Domony**, Aszód (UN 8) 1/2 W.
**Domoszlo**, Hatvan (UN 10) 5 3/4 NO.
**Dompierre**, Bern (SC 1, 39) 8 SW.
*Siehe dagegen Station Dompierre in Frankr.*
**Domsale**, Lasse (OeSü 74) 1,1.
**Domslau**, ♉ Breslau (NM 39) 1 3/4 SW.
**Domshöhe**, Ratibor (WI 5) 3/4 NW.
**Domstadtl**, *Fl.*, Olmütz (KFN 58. OeSt 43) 3 NO.
**Donaudorf**, Kemmelbach (KE 18) 3/4 NW.
**Donaurieden**, Erbach (Wü 36) 1/4 SW.
**Donaustauf**, *Fl.*, ♉ Regensburg 1 1/4 O, Walhallastrasse 3/4 O (ByO 22. 23).
**Dondorf**, Bayreuth (ByO 30. ByS 225) 1 SW.
**Donnerau in Schles.**, Dittersbach (NM 56) 1 1/2 SO.
**Donnstetten**, *Weberei*, Kirchheim u. T. (Wü 153) 2 SO.
**Donsbrüggen**, Cleve (Rh 75) 1/2 W.
**Donzdorf**, ♉ Süssen (Wü 28) 1/2 NO.
**Dopönen**, Stallupönen (PO 62) 1 SO.
**Doppelschwanden**, Nebikon (SC 1, 18) 20 Kil.
**Dorenberg**, Emmenbrücke (SC 1, 24) 4 Kil.
**Dorf**, Nordhausen (ML 28) 1 1/2 SW.
— a. d. Enns, Haag 1 1/4 SW, St. Valentin 1 1/2 SW (KE 23. 24).
— Riedau-Ried (KE 49) 1/4 SW.
**Dorfbauerschaft** Salzkotten (Wf 8) 1 NW.
— Münster (Wf 20) 1 1/2 SW.
— Emsdetten (Wf 22) 1/4 rings um die Station liegend.
**Dorfchemnitz** siehe Chemnitz.
**Dorfelden**, **Nieder-**, Vilbel 3/4 O, Dortelweil 3/4 SO (MW 22. 21).
— **Ober-**, Vilbel 1 O, Dortelweil 3/4 SO (MW 22. 21).
***Dorfen** (ByS 272), *Fl.*, ♉ München 5 NO, Freising 5 SO, Landshut 4 S (ByS 129. ByO 1. 6. 10.
**Dorf-Güll**, Langgöns (MW 15) 1 O.
**Dorfhain**, **Gross-**, von Tharandt 1 SW, Klingenberg-Colmnitz 1/2 O (SO 46. 48).
— **Klein-**, Tharandt (SO 46) 1/2 SW.
**Dorheim**, Nauheim 1/4 SO, Friedberg 1/2 NO (MW 17. 18).
**Dorfmerkingen**, Bopfingen (Wü 117) 1 S.
**Dorlar**, Wetzlar (KM 60. Na 21) 1 NO.
**Dormagen**, Dormagen (Rh 63) 1/4 SO.
**Dorn**, Solingen (BM 101) 1/2 SO.
— St. Peter (OeSü 82) 1/2.
**Dorna**, Ronneburg (SW 87) 3/4 NW.
**Dornach**, Basel (Ba 56) 1 S.
*Siehe Station Dornach, Franz. Ostb. 2, 317.*
**Dornau**, Leobersdorf (OeSü 18) 1/2.
— Pettau (OeSü 111) 1/2
**Dornbach**, Wien (KE 1) 3/4 NW.
**Dornberg**, **Kirch-, Nieder- u. Gross-**, Bielefeld (KM 28) 1 NW.
— Gr.-Gerau (HL 22) 1/4 S.
**Dornbirn in Vorarlberg**, ♉ T Au (VS 8, 17) 2 S.
**Dornbogk**, Cöthen 1 1/2 NW, Bernburg 1 1/2 NO (MH 34. 31).
**Dornburg**, Schönebeck 2 O, Gnadau 1 1/2 NO (ML 3. 4).
— a. d. Saale, *Stadt*, ♉ Naumburg 2 1/2 SW, Sulza 1 1/2 S, Apolda 1 1/2 SO (Th 14. 12. 11).
**Dornbusch**, Liegnitz (BF 23. NM 33) 1/2 S.
**Dorndorf**, *Hadamar (Na 48) 1 NW.
— bei *Eisenach*, Salzungen 1 1/4 NO, Marksuhl 1 3/4 SW (Th 45. 44).
— Naumburg a./S. 2 3/4 SW, Sulza 1 5/8 S, Apolda 1 3/4 SO (Th 14. 12. 11).
**Dorneck**, Basel (Ba 56) 2 SO.
**Dornek**, St. Peter (OeSü 82) 2 1/2.
**Dornhan**, *Stadt*, ♉ Oberndorf (Wü 145) 1 NW.
**Dornheim**, Gr.-Gerau (HL 22) 3/4 S.
**Dornhennersdorf**, Zittau (SO 33) 1 3/4 NO.
**Dornholzhausen**, Homburg (Ho 1) 1/4 NW.
— ♉ Langgöns (MW 15) 1/2 W.
**Dornstatt**, Ulm (Wü 34) 1 NW.
**Dornstedt**, Teutschenthal 3/4 SW, Ober-Röblingen 1 SO (ML 20. 21)
**Dornstetten**, *Stadt*, ♉ Horb (Wü 142) 2 W.
**Dornum**, *Fl.*, ♉ Leer 8 1/2 NW, Oldersum 6 1/4 NO, Emden 6 NO (Wf 35. 37. 38).
**Dorochów**, Halicz (LCJ 11) 1 1/2 W.
**Dorogh**, **Hajdu-**, *Fl.*, ♉ Ujfehértó (Ts 13) 2 NW.
**Dorotheenthal**, Wangerin (BSt 17) 1 1/2 S.
**Dorow**, Labes (BSt 18) 3 N.
**Dorozsma**, *Stadt*, ♉ Szegedin (OeSt 110) 1 NW.
**Dorp**, Solingen (BM 101) 1/2 SO.
**Dorposch**, Terespol (PO 29) 1 1/2 SO.
**Dorsheim**, Bingerbrück 3/4 S, Laugen-Lonsheim 1/2 NW (Rh 55. Sa 27. 28).
**Dorstadt**, Wolfenbüttel 1 S, Börssum 1/2 N (Bs 24a. 14).
**Dorste**, Northeim (Ha 81) 2 O.
**Dorsten**, *Stadt*, ♉ Sterkrade (KM 86) 3 NO.
**Dorstfeld**, Dortmund (BM 50. KM 16) 3/8 W.
— ✕ Marten (BM 52) 1/2 NO.
**Doruin**, *Fl.*, ♉ T Geestemünde (Ha 40) 3 N.
**Dosenbach**, **Nieder- u. Ober-**, Brennet (Ba 61) 0,4 N.
**Dossenbach**, Schopfheim (Ba 21) 3/4 SO.
**Dossenheim**, Ladenburg (MN 15) 1 SO, Heidelberg (Ba 3) 0,7 N.
**Dotha**, Bukaczowce (LCJ 9) 3 S.
**Dottendorf**, Bonn (Rh 42) 3/4 S.
**Dotternhausen**, Horb (Wü 142) 1 1/2 W.
**Dottikon**, Wildegg (SN 2, 28) 1 3/4 O.
**Dottingen**, Heitersheim (Ba 43) 1/2 O.
**Dotzheim**, Schierstein (Na 3) 1/4 N.
**Dotzingen**, Pieterlen (SO 1, 55) 7 Kil.
**Doudleb** (Daudleb), Choltzen 2 1/2 N, Wildenschwert 2 3/4 NW (OeSt 14. 17).
**Dousko**, Lasse (OeSü 74) 0.1.
— Reichenburg (OeSü 143) 3/4.
**Doxan**, Theresienstadt (OeSt 37) 1 SO.
**Dózsa**, **Jász-**, Hatvan (UN 10) 5 3/4 SO.
**Dozwell**, Amriswell (SNO 2, 2) 1/2 N.
**Drabschitz**, Theresienstadt (OeSt 37) 3/4 O.
**Drachenbrunn**, Breslau (OS 1. NM 39) 1 1/2 W.
**Drachenburg**, *Eisenwerk u. Glashütte, Fl.*, ♉ St. Georgen in Steiermark 1 1/2 S, Pöltsach 4. (OeSü 62. 60)
**Drachenstein** (Trackenstein) Kirchheim u. T. 3 SO, Geislingen 2 SW (Wü 153. 90).
**Drackenburg**, *Fl.*, von Rohrsen 1/2 SW, Nienburg 3/4 N (Ha 37. 36).
**Drakenstedt**, Magdeburg 3 1/2 W.
**Draganen**, Warlubien (PO 31) 2 SO.
**Drage**, Winsen (Ha 15) 7/8 NO.
**Dragebruch**, Kreuz (OS 54. PO 19) 1/2 NW.
**Drage-Lukatz**, Kreuz (OS 54. PO 19) 1/4 NW.
**Drahanowitz**, Olmütz (KFN 58. OeSt 43) 1 3/4 W.
**Drahasynów**, Sniatyn (LCJ 19) 2 S.
**Drahotusch**, *Stadt*, Weisskirchen (KFN 21) 3/4 W.
**Drais**, Mainz (HL 11) 1 SW.
**Dramburg**, *Stadt*, ♉ T Wangerin 3 O, Labes 3 1/2 SO. (BSt 17. 18).
**Dramfeld**, Göttingen 1 3/4 SW, Obernjesa 1/2 SW (Ha 84. 94).
**Dranse**, Zernitz (BH 8) 5 1/4 NO.
**Drankovec**, Kraljevec (OeSü 116) 3/4.
[1]**Dratzig**, *PH*, OS 53, Kreuz (OS 54. PO 19) 1/4 S.
[2]— *Mühle*, Kreuz (OS 54. PO 19) 3/4 SO.
[3]— *Ablage*, Kreuz (OS 54. PO 19) 1/4 S.
[4]— *Vorwerk*, Kreuz (OS 54. PO 19) 2/3 N.
**Drausdorf**, Kolsdorf (Rh 41) 1/2 SO.
**Draussendorf**, Zittau (SO 33) 1/2 NO.
**Drebkau**, *Stadt* ♉ T *Tuchfabr.*, Cottbus (BG 9) 1 3/4 SW.
**Drebnitz**, **Gross- u. Klein-**, Bischofswerda (SO 17) 1/2 SW.
**Drebsdorf**, Wallhausen (ML 25) 1/2 N.
**Dreckbank**, ✕ Schwelm (BM 39) 1 N.
**Drees**, **Nied.-, Ober-**, Euskirchen 1 1/4 O, Bonn 3 SW (Rh 22. 42).
**Dreetz**, ♉ Neustadt a. D. (BH 7) 3/4 S.
**Dreggingen**, Donaueschingen (Ba 185) 1 1/4 S.
**Drehbach**, Wolkenstein (SW 67) 3/4 NW.
**Drehna**, **Fürstl.-**, ♉ Lübben (BG 6) 3 SW.
**Drehnow bei Crossen**, Frankfurt a./O. (NM 11. PO 71) 4 SO.
— (Drehne) Sommerfeld (NM 19) 1 S.
**Drehsa**, Bautzen (SO 20) 1 3/8 O.
**Dreidorf**, Nakel (PO 26) 5 NW.
**Dreien** (Dreyen) Herford (KM 29) 1 1/2 NW.
**Dreierwalde**, Rheine 1 1/4 NO, Hörstel 1 1/4 NW (Ha 64. 63).
**Dreihausen**, Unna (BM 54) 1/4 O.
**Dreihöfen**, Littau (OeSt 45) 1/2 O.
**Dreileben**, Oschersleben 2 NO, Magdeburg 3 W (MH 6. 1).
**Dreilingen**, Suderburg (Ha 9) 3/4 NW.
**Drei Schweinsköpfe**, Danzig (PO 74) 1 S.
**Dreisen in Bayern**, ♉ Monsheim (HL 39) 2 W.
**Dreissigacker**, Meiningen (Th 50) 3/4 NW.
**Dreissighuben**, Fanlbrück 1/2 O, Reichenbach in Schles. 3/4 N (BF 14. 13).
**Drengfurth**, *Stadt*, ♉ Wehlau 7 SO, Rastenburg 3 NO (PO 55. OpS 20).
**Drennhausen**, Winsen (Ha 15) 1 NO.
**Drenow**, Colberg (BSt 44) 3 W.
**Drensen**, **Gross-**, ♉ Filehne (PO 20) 1 1/2 N.
— **Klein-**, Filehne (PO 20) 2 NO.
**Drenzig**, Frankfurt a./O. (PO 71) 3 1/2 NO.
**Dresch**, Neuss (BM 16. Rh 14) 1 NW.
**Dresselndorf**, **Nieder-**, Burbach (KM 54) 1/2 SO.
**Drewenitz**, Paka (SNV 12) 1 1/4 SW.
**Drewikau** (Drewikow), Pardubitz (OeSt 18. SNV 1) 4 S.
**Drewitz**, **Gross-**, Potsdam (BPM 5) 3/4 SO.
— — bei Guben, Neuzelle (NM 15) 2 SW.
**Dreye**, Bremen 1 SO, Sebaldsbrück 3/4 SW (Ha 34. 33).
**Dreyeichenhain**, Langen (MN 3) 1/2 NO.
**Driedorf**, *Stadt*, ♉ Herborn (KM 57) 1 1/2 SW.
**Driesem**, Crefeld (BM 30 Rh 66) 1/2 SO.
*Siehe dagegen Station Driesen, PO* 18.
**Drievörden**, Lesche de (Wf 26) 1 W.
**Dringenberg**, *Stadt*, ♉ Willebadessen 1 1/4 NO, Driburg 1 1/4 SO (Wf 4. 38).
**Driespenstedt**, Hildesheim (Ha 70) 3/4 N.
**Dritzmin**, Terespol (PO 29) 2 NW.
**Drnowitz**, *Drahtstiftfabr.*, Brünn (OeSt 1) 3 1/2 NO.
— Skalitz-Boskowitz (SNV 23) 1/2 W.
**Drochtersen**, ♉ T Harburg (Ha 17) 7 NW.
**Droebel**, Bernburg (MH 32) 1/2 O.
**Drogen**, Schmölln (SW 85) 1/2 N.

…, von Aschersleben ¾ SO.
…, Stadt, Borszki 10 NW, …pol 1¾ SO (LCJ 8. GCL 23).
Drohobyczreczany, Stanislau (LCJ 13) 1 S.
Drohowice, Borynicze (LCJ 6) ¼ SO.
Drohowycze, Chodorow (LCJ 7) 1⅜ SW.
Drolshagen, Stadt, Creuzthal 2½ NW, Altenhundem 3 SW (BM 77. 75).
Dromersheim, Gau-Algesheim ¾ SW, Bingen ¾ S (HL 16. 8).
Drommershausen, Weilburg (Na 36) ½ NO.
Drosa, Cöthen (BA 33) 1½ NW.
Drosedow, Cörlin 2½ SW, Schivelbein 3 NW (BSt 41. 19).
Drosen, Schmölln (SW 85) ½ NW.
Drosendorf, Tuchweberei, St. Pölten 10 N, Stockerau 10 NW (KE 12. KFN 46).
Drossenfeld, Bayreuth (ByO 80. ByS 225) 1½ NW.
Drosskau, Sorau (NM 22) 1 NW.
Drossen, Stadt, T Frankfurt a. O. 3¾ NO, Cüstrin 3¾ SO (NM 11. PO 71. 8).
Drove, Düren (Rh 8) 1½ S.
Droyssig, Zeitz (Th 27) 1½ W.
Drozdow, Horowitz (SW 14) ¾ NW.
Drüber, Dörverden (Ha 29) ¾ SW.
— Salzderhelden (Ha 80) ½ S.
Drückenhoff, Terespol (PO 29) 3½ SO.
Drum, Habichtstein (SN 6) 1½ NW.
Druten, Nymwegen (Rh 80) 2 NW.
Druxberge, Magdeburg (MH u. ML 1) 3 W.
Drzekow, Eisenbrod (SNV 18) ¾ NO.
Drzewohostitz, Stadt, Prerau (KFN 19) 1½ SO.
Drzinow, Auschitz (TKP 2) ½ NO.
Duh, Olmütz 1⅛ S, Prerau 1½ NW. (KFN 58. 19)
Duban, Lobositz (OeSt 38) 1½ W.
Dubberow Gr., Belgard 1 O } (BSt 21).
— Kl., Belgard 1½ O. }
Dubec, Rochowitz (OeSt 26) ½ S.
Duben, Lübben (BG 6) 1 SW.
Dubenec, Josefstadt (SNV 6) 1 NW.
Dubensko, Alt, Czerwionka (Wi 21) ¼ N.
— Gross-, Czerwionka (Wi 21) ½ NO.
Dubiecko, Stadt, Przemysl (GCL 22) 4¼ W.
Dubitz, Zalesi (OeSt 89) ¾ SW.
Dubitzko, Lukawetz (OeSt 47) ⅜ O.
Dublany, Lemberg (GCL 29. LCJ 1) 1½ NO.
Dubilinka, Lusan (LCJ 20) 6 N.
Dubrau, Sorau (NM 12) 2 NO.
— Gr.-, Bautzen (SO 20) 1¼ NO.
Dubrauke, Weisswasser (BG 12) 2 N.
Duchroth (Durchroth), Staudernheim ⅜ O, Waldböckelheim ¼ S. (Sa 33. 32).
Duchtlingen, Mühlhausen (Ba 174) 0,6 SW.
Duddenhausen, Nienburg (Ha 26) 3 NW.
Dudenhofen, Weinbau, Speyer (Pf 29) ¼ W.
— bei Seligenstadt, Babenhausen (HL 29) 1 NW.

Dudensen, von Hagen (Ha 24) ½ NO.
Duderstadt, Stadt, T Göttingen 3¾ SO, Gernrode 2¼ NW. (Ha 90. 84).
Düben, Stadt, Wittenberg 4½ S, Delitzsch 2½ O, Gräfenhainchen 2½ SO, Wurzen 3½ NW. (BA 9. 38. 11. LD 6)
— Gr.- u. Kl.-, Weisswasser (BG 12) 1 NW resp. 1 N.
Dübzow, Labes (BSt 18) 1 W.
Düderode (Düdenrode), Seesen 1½ SW, Kreiensen 2¼ SO. (Bs 8. 6. Ha 79).
Dühren, Sinsheim (Ba 128) 0,4 SW.
Düingdorf, Bruchmühlen (Ha 54) ⅛ W.
Dülmen, Stadt, Münster 4 SW, Herne 5 N. (Wf 20. KM 15).
Dümpten, Oberhausen (BM 69. KM 11) ¼ SO.
Düngen, Gr.-, Hildesheim (Ha 70) 1 SO.
— Kl.-, Hildesheim (Ha 70) 1¼ SO.
Dünnwald, Mülheim a. Rh. (BM 100. KM 3) ½ NO.
Duensen, Banteln (Ha 76) ½ W.
Düppel, Apenrade (Sw 32) 3½ SO.
Düppenweiler, Kupferhammer, Merzig (Sa 16) 1¼ SO.
Dürbach, Unt.- u. Ob.-, Würzburg (Ba 125) 0,4 resp. 0,7 N.
Dürenbach, Ober- u. Nieder-, Brohl (Rh 49) 1¾ SW.
Dürmentingen, Schussenried (WS 45) 2¾ NO.
Dürnast, Parksteinhütten (ByO 74) 1¼ S.
Dürnau, Göppingen (Wü 28) 1 S.
Dürnstein, Stadt, St. Pölten (KE 12) 3 N.
Dürrbach, Ober- u. Unter-, Würzburg (ByS 91) ½ N.
Dürrenäsch, Aarau 2¼ SO, Rupperswell 2½ S. (SO 1, 13. SN 2, 30. 2, 29).
Dürrenbüchig, Berghausen (Ba 143) 1 NO.
Dürrenhöfe, Lübben (BG 6) 2 NO.
Dürrenroth, Langenthal 2 S, Burgdorf 3 NO. (SO 1. 29. Ba 4).
Dürrgoy, Breslau (OS 1) 1 SO.
Dürrheim, mit Saline, Donaueschingen 1,3 NO, Hausach 6,6 SO. (Ba 185. 164).
Dürrjentsch, Breslau (OS 1) 1 S.
Dürrmenz, Fl., Mühlacker (Ba 153. Wü 6) ⅛ S.
Dürrmühle, Olten 3½ SW, Solothurn 2¼ NO. (SO 1, 10. 1, 52).
Dürrn, Pforzheim 0,8 N, Enzberg 0,5 NW. (Ba 149. 152).
Dürrwangen bei Dinkelsbühl, Nadelfbr., Nördlingen 4 N, Wassertrüdingen 2½ NW. (ByS 34. 37).
— bei Balingen, Rottenburg 3½ SW, Horb 3¾ SO. (Wü 137. 142).
Dürscheven, Euskirchen (Rh 52) ¾ NW.
Dürschwitz, Spittelndorf (NM 34) 1½ S.
Dürwiss, Eschweiler (Rh 6) ½ N.
Dörverden, Fl., Verden (Ha 30) 4½ SO.
Düssern, Duisburg (BM 87. KM 10. Rh 95) ¼ O.
Düssin, Brahlsdorf (BH 18).
Düthe, Lathen (Wf 30) ¾ NW.
Dützen, Minden (Ha 46. KM 85) ½ SW.

Duingen, berühmte Töpferwaaren, von Alfeld 1¼ NW, Elze 3 S. (Ha 77. 75).
Duisdorf, Bonn (Rh 42) ½ SW.
Duka, Waitzen (OeSt 92) 1 SO.
Dukla, Stadt, Leinenfbr. etc., Tarnow (GCL 10) 11⅛ SO.
Dukovan, Tetschitz (BR 4) 2¾ SW.
Duliby, Borynicze 1¼ SO, Chodorow 1¼ NO. (LCJ 6. 7).
Dulliken, Olten (SO 1, 10) ¾ O.
Dulzig (Dulsk), Terespol (PO 29) 1 N.
Duna-Szerdahely, Fl., Raab (OeSt 69) 7.
Duna-Vecse, Paszta-Paka (OeSt 105) 3¼ W.
Dunayfala, Wartberg (OeSt 78) ½ SW.
Dundenheim, Nieder-Schopfheim (Ba 29) 1¼ NW.
Dungast, Varel (Ol 20) ½ N.
Dungelbeck, Peine (Ha 66) ½ SO.
Dungen, Gr.- u. Kl.-, Burg-Lesum (Ha 35) ½ SW.
Dunkelthal, Mastig (SNV 10) 4 N.
Dupin, Fl., Rawicz (OS 37) 3 O.
Dupplaj, Jassenova (OeSt 125) ⅜ W.
Duppau bei Saatz, Stadt, Schwarzenberg 6 SO, Annaberg 5 SO, Eger 8 NO. (SW 58. 70. 64).
Durach, Kempten (HL 87) ½ SO.
Duras, St Trond (GOB 2, 16) ½ NW.
Durbach, Ettlingen 1,2 SO, Appenweier 0,7 SO, Offenburg 0,8 S. (Ba 15. 26. 28).
Durgoy, Breslau, siehe Dürrgoy.
Durmersheim, Malsch 1 W, Muggensturm 1 W, Rastatt 1 N. (Ba 16. 17. 18).
Duschnik, Obristvy-Klomin (TKP 3) ¼ N.
— bei Melnik, Jenschowitz ¼ SO, Weltrus ¾ N. (OeSt 33. 32).
Duslen, Lekenik (OeSü 150) ½.
Dusslingen (Wü 155), Tübingen (Wü 135) 1¼ S.
Dusznak, Kanizsa (OeSü 109) 1¼.
Duttenberg, Jagstfeld (Wü 86) ⅜ N.
Duttenstedt, Peine (Ha 66) 1 NO.
Duttlshofen, Griessen (Ba 71) 0,7 O.
Dwarischken, Insterburg (PO 58. TI 4) 1½ NO.
Dworzisko, Terespol (PO 29) ½ S.
Dyck, Schönlanke (PO 21) 3½ NW.
— Neuss (BM 16. Rh 14) 1½ SW.
Dyhernfurth, Stadt, Gellendorf 2¼ SW, Nimkau 1½ NW. (OS 85. NM 37).
Dynhart, Winterthur (SN 2, 13. VS 3, 14) 1½ N.
Dynow, Stadt, Rzeszow 4 SO, Przemysl 6¼ W. (GCL 16. 23).
Dytiatyn, Halicz (LCJ 11) 2¼ N.
Dziembowo, Schneidemühl (PO 22) 1½ NO.
Dziergowitz, Hammer (Wi 3) ¾ N.
Dziewierzewo, Nakel (PO 26) 5 S.
Dziewiętniki, Borynicze ¾ N, Chodorow 2¼ N. (LCJ 6. 7).
Dzików, Dembica (GCL 12) 8 NO.
Dzimierz, Neudza (Wi 4) 1½ O.
Dzozdow, Horowitz (BW 14) ½ N.
Dzurkow, Korszów (LCJ 15) 1 NO.
Dzurów, Zabłotów (LCJ 17) 1 SW.
Dzwiniaczka, Lusan (LCJ 20) 8 NO.
Dzwinogród, Staresiele (LCJ 5) 1¼ NO.

# E.

Ebeleben, Fl., T von Hohen-Ebra 1 SW, von Nordhausen 4½ S. (NE 5. 1).
Ebelsberg, Kleinmünchen ½ W, Linz 1 SO. (KE 27. 64).
Eben, Gmunden (KE 63) ½ SW.
— Jenbach (OeSü 183) [illegible].
Ebendorf, Magdeburg (SPM 18) 1 NW.
Ebenfurt, Stadt, Spinnereien etc., Wiener Neustadt 1½ NO, Felixdorf 2½ O, Gramat-Neusiedel 2¾ SW. (OeSü 22. 20. OeSt 59).
Ebensee, Fl., Gmunden (KE 63) 2 S.
Ebersfeld, Kranichsfeld (OeSü 58) 1½.
Ebenthal, Dürnkrut (KFN 7) ¾ SW.
Eberau, Steinamanger (OeSü 101) 2.
Eberbach, Stadt, T Eisenhammer, Mosbach 2½ NW, Neckargemünd 3 NO, Heidelberg 3,4 NO. (Ba 102. 92. 8).
— Eltville 1 NW, Hattenheim ½ N. (Na 5. 7).
Eberdingen, Vaihingen (Sersheim) ⅞ S. (Wü 8).

Eberfingen, von Neunkirch 1 NW, Ober-Lauchringen 1,7 N. (Ba 74. 70).
Ebergassing, Gramat-Neusiedel (OeSt 59) ¼ NO.
Ebergötzen, von Göttingen (Ha 84) 1½ NO.
Eberhardszell, Ummendorf (Wü 43) 1 S.
Eberhausen, Dransfeld (Ha 85) 1½ NW.
Eberholzen, Banteln (Ha 76) 1 O.
Ebermannsdorf, Freihöls (ByO 31) ½ SW.
Ebermannstadt, Stadt, Forchheim (ByS 53) 1½ NO.
Ebern, Stadt, Bamberg 2½ N, Coburg 3 SW. (ByS 56. Th 54).
Eberndorf, Kühnsdorf (OeSt 164) 1½ SO.
Ebernhahn, Coblenz (Rh 52) 3½ NO.
[1]Ebersbach bei Pr. Holland, Mühlhausen (PO 42) ½ NO.
[2]— Görlitz (SO 27) ¾ NW.
[3]— Alt- u. Neu-, Fl., T Bautzen 3 SO, Löbau 1½ SW. (SO 20. 23).

[4]Ebersbach, von Döbeln (LD 28) ¾ S.
[5]— Nieder-, Mittel- u. Ober-, Grossenhain (LD 35) 1⅛ SO.
[6]— Strass-, Dillenburg (KM 56) 1⅞ NO.
Siehe dagegen Station Ebersbach, Wü 24.
Ebersberg, Fl., München 4 O, Rosenheim 4 NW. (ByS 126. 137).
Eberschütz, Hümme (HN 16) ⅜ O.
Eberschwang, Schwanenstadt (KE 35) 2¾ NO.
[1]Ebersdorf i. Reuss., Stadt, T Reuth (SW 18) 3 NW.
[2]— bei Frankenberg, Wiesa (SO 54. SW 59) ¾ NW.
[3]— Dürr-, Gera (SW 88. Th 31) ¾ SW.
[4]— Löbau (SO 23) ⅛ SO.
[5]— bei Silberberg, Frankenstein (BF 11) 2 W.
[6]— bei Striegau, Ingramsdorf (BF 5) ¼ NO.
[7]— Sprottau (NZ 5) ¾ NO.
[8]— Zollamt, Korbitz 1¼ NW, Mariaschein 1 N. (AT 4. 5).

9 Ebersdorf, Kaiser-, von Wien 1 SO. Siehe auch Kaiserebersdorf.

10 — Melk (KE 15) ½ N.

11 — in Böhmen bei Friedland, ✉ Görlitz (SO 27) 2 S.

*Siehe dagegen die Stationen Ebersdorf BN 23, u. Ebersdorf, Werrab. 56.*

Ebersecken, Nebikon (SC 1, 18) ¾ SW.

Ebersgrün, Mehltheuer (SW 16) ⅝ N.

Ebersheim, Mainz 1¼ S, Bodenheim ½ SW. (HL 11. 9).

*Siehe Station Ebersheim, Franz. Ostb. 2, 304.*

Ebersol, Emmenbrücke (SC 1, 24).

Eberspoint, Landshut (ByO 10) 3¾ S.

Eberstall, Ergoldsbach (ByO 12) ¾ W.

Eberstallzell, Wels (KE 31) 2 S.

Eberstein, Hausen-, Baden (Ba 154) ¾ NW.

Ebersteinburg, Baden (Ba 154) ½ NO.

*Siehe Station Eberstein, KR 50.*

Eberswelier, Offenburg (Ba 28) 0,3 NO.

Ebertsheim, *Papierfabr.*, Monsheim (HL 39) 1½ SW.

Eberzhausen, Rupbach (Na 26) 1 SO.

Ebhausen, ✉ Horb 2 N, °Nagold ½ NW. (Wü 142. 207).

Ebingen, *Stadt*, ✉ Tübingen (Wü 135) 6 S.

Ebligen, Scheialingen (SC 1, 48) 24 Kil.

Ebmath, Oelsnitz (SW 78) 1¼ S.

Ebnat, Kemnath-Neustadt (ByO 77) 1¾ NO.

Ebnath ✉ Unterkochen (Wü 121) ¾ SO.

Ebnet, Freiburg ½ O, Thiengen 1,6 N. (Ba 39. 69).

Eborstein, Kühnsdorf (OeSü 164) 3⅞.

Ebrach, *Fl.*, Hassfurt (ByS 6) 3 S.

Ebreichsdorf, Baden (OeSü 154) 2.

Ebringen, Schallstadt *H°* (Ba 41) 0.3 O.

— Gottmadingen 0,2 NW, Thayingen ½ NW (Ba 80, 79).

Ebs, Kufstein (OeSü 178. ByS 183) ⅛ NO.

Ebsdorf, Lollar (MW 13) 2 NO.

Ebstorf, *Fl.*, ✉ Uelzen 2 NW, Bienenbüttel 2 SW. (Ha 10. 12).

Echenbrunn, Offingen (ByS 106) 1¼ N.

Eching, Neufahrn bei Freising ½ SW, Lohhof ¼ O. (ByO 5. 4).

Echte, *Fl.*, ✉ Kreiensen 1¾ NO, Northeim 1½ NO. (Ha 79. 81).

Echterdingen. ✉ Stuttgart (Wü 16) 1¼ S.

Echternach, *Stadt*, ✉ Trier (Sa 22) 2½ NW.

Echtrup, Soest (BM 56. Wf 13) 1¼ SO.

Echtz, Langerwehe (Rh 7) ½ NO.

Echzell, *Schwefelquelle*, ✉ Friedberg in Hessen (MW 18) 1¾ NO.

Eckartsau, *Fl.*, Marchegg (KFN 48. OeSt 73) 3 SW.

Eckartsberg, Zittau (SO 83) ¼ N.

Eckartsberga, *Stadt*, ✉ Kösen 1¾ W, Sulza 1 NW, Apolda 1¾ NO. (Th 13. 12. 11).

Eckartsbronn, Engen (Ba 176) 1,8 O.

Eckartshausen bei Eisenach, Marksuhl (Tb 44) ½ O.

— bei Büdingen, Langenselbold 1 N, Gelnhausen 1½ NW. (BbH 16. 14).

*Siehe dagegen Station Eckartshausen, Wü 81.*

Eckartswalde, Sorau (NM 22) 1¾ SW.

Eckartsweier, *Fl.*, Offenburg 5 NW, Kork 0.8 S. (Ba 28. 156).

Eckberg, Leibnitz (OeSü 53) 2⅝.

Eckdorf, Brühl (Rh 39) ¼ S.

Eckendorf, Remagen (Rh 46) ¾ NW.

Eckenhagen, ✉ *Eisen-, Blei- u. Kupfergruben*, Schladern (KM 48) 3¾ N.

Eckenheim, Frankfurt a. M. (MW 25) ¾ N.

Ecker, Ober- u. Unter-, Ludwigsort 1¾ SO, Kobbelbude 1½ SW. (PO 47. 48).

Eckernförde, *Stadt*, ✉ T Kiel 3¾ NW, Rendsburg 3 NO, Schleswig 3¼ O. AK 13. 16. Sw. 1. 28).

1 Eckersdorf, Bayreuth (ByO 60. ByS 225) 1 SW.

2 — bei Mohrungen, Güldenboden (PO 40) 6½ SO.

3 — Breslau (OS 1. BF 1) 1 S.

4 — bei Silberberg, Reichenbach i. Schl. 3¼ S, Frankenstein 2½ SW. (BF 13. 11).

5 — Namslau (RO 20) 1¼ SO.

6 — Bunzlau (NM 29) ⅝ SW.

7 — Lauban (NM 43) 1¼ S.

8 — Sagan (NZ 7) ½ O.

9 — Tharandt (So 46) ½ SO.

Eckersweiler, Heimbach (Sa 40) 1½ SO.

Eckwälden, Kirchheim unter Teck (Wü 159) 1⅝ SO.

Eckwarden, ✉ von Bremerhafen (Ha 40) 3 W.

Eckweiler, Sobernheim (Sa 34) 1 N.

Ecséd, Hatvan (UN 10) 2 NO.

Ecsegh, Szanto ¾ NW, Pásztho 1½ SW. (UN 11. 12).

Ecska, Nemet- u. Olah-, Gr. Kikinda OeSt 114) 8 S.

Ecsy, Lepény (OeSü 126) 1.

Eddelstorf, Bevensen (Ha 11) 1½ W.

Edderitz, Cöthen 1 SW, Biendorf 1⅛ SO. (MH 31. 33).

Eddersheim, Flörsheim ½ NO, Raunheim ½ NO. (HL 40. 32)

Eddesse, Gr.- u. Kl.-, Peine (Ha 68) 1½ N.

Edelény, *Fl.*, ✉ *Rübenzuckerfabr.*, Miskolcz (Ts 22) 3 NW.

Edelfingen, °Mergentheim ½ NW, Königshofen ½ S. (Ba 200. 115).

Edelsfeld, Neukirchen (ByO 36) ¼ N.

Edelsreith, Krummnussbaum (KE 17) 1 NW.

Edemissen, Peine (Ha 66) 1 N.

— bei Eimbeck, Salzderhelden (Ha 80) ¾ SW.

Edendorf, Bienenbüttel (Ha 12) ¾ W.

Ederics, St. Mihaly 3, St Johann 2,6. (OeSü 107. 106).

Edersleben, Sangerhausen (ML 34) 1⅛ S.

Edesheim, Salzderhelden (Ha 80) ¾ S.

*Siehe dagegen Station Edesheim, Pf 37.*

Edewecht, ✉ °Zwischenahn (Ol 10) ¾ S.

Edirhausen (Eddigehausen), Nörten ½ S, Göttingen ⅞ N. (Ha 83. 84).

Edingen in Baden, Ladenburg ⅜ S, Friedrichsfeld ½ NO, Heidelberg 1 1 NW. (MN 15. Ba 2. 3)

— in Preussen, Sinn (KM 58) ¼ SO.

Edla, Amstetten (KE 20) ⅛ N.

Edlach, Payerbach (OeSü 28) ¾.

Edlitz, Neunkirchen (OeSü 24) 2,5.

Edt, Gmunden (KE 63) 1½ O.

Eelen, Lanaeken (AM 9) 3½ N.

Effelder bei Mühlhausen in Pr. Sachsen, Heiligenstadt (ML 33) 2¾ SO.

— in Sachsen-Meiningen, *Fl.*, Sonneberg 1¼ W, Eisfeld 2 SO. (Th 61. 53).

Efferding, *Stadt*, ✉ Linz 3 W, Wels 2½ N, Wallern 1½ N. (KE 64. 31. 46).

Effern, Kalscheuren ¼ N, Köln ⅞ SW. (Rh 38. 13).

Effingen, Brugg (SNO 2, 26) 2 W.

Egbell (Egböl), M. Neudorf (KFN 11) 1½ SO.

Egeln, *Stadt* ✉ T *Zuckerfabr.*, Langenweddingen 1¾ SW, Hadmersleben 1¼ SO, Stassfurt 3 NW. (MH 3. 5. 38).

Egelsbach, Langen (MN 3) ½ S.

Egelsdorf, *Papierfabr., Bleicherei*, Greiffenberg 1½ SW, Rabishau 1¼ SW, (NM 45 46).

Egelshofen, Constanz 0,3 SW, Weinfelden 2¾ N. (Ba 87. SNO 2. 6).

Egenhausen, Horb (Wü 142) 2¼ NW.

Egenstedt, Hildesheim (Ha 70) ⅝ S.

Egenthal, Bozen (Bolzano) (OeSü 203) 3¼.

Eger, St. Mihaly (OeSü 107) 1½.

Egeri, Ober- u. Unter-, Zug (SN 2, 52) 1½ SO.

Egerkingen, Olten (SC 1. 10) 10 Kil.

Egestorf bei Hannover, Seelze 1 SW, Wunstorf 1½ SO. (Ha 21. 22).

— Winsen (Ha 15) 2¾ SW.

Egg, Constanz 0,8 NO, Säckingen ¾ N (Ba 87. 62).

— Laase (OeSü 74) 2.

Eggelfing, Passau (ByO 58. KE 54) 4 SO.

Eggelham, ✉ Vilshofen (ByO 55) 2¼ SW.

Eggelkofen, Landshut (ByO 10) ⅞ SO.

Eggen, Nieder- u. Ober-, Schliengen (Ba 47) 0,7 O.

Eggenberg, Lambach (KE 33) ¾ O.

— Frankenmarkt (KE 41) 1 SO.

°Eggenburg (KFJ 12), *Stadt*, ✉ Stockerau (KFN 46) 6 NW.

Eggendorf, Neustadt ½, Felixdorf 1 (OeSü 22. 20).

Eggenfelden, *Fl.*, ✉ Landshut 8 SO, Vilshofen 6 SW (ByO 10. 55).

Eggenstädt, Oschersleben (Bs 20, MH 6) 1¼ N.

Eggenstein, Carlsruhe (Ba 14) 1 NW.

Eggerding, Riedau-Ried 1¾ NW, Taufkirchen 1¼ SW (KE 49. 51).

Eggeringhausen, Paderborn (Wf 7) 1⅛ SO.

Eggersdorf, *Kohlengr.*, von Eggersdorf (ML 15) ⅛ NO.

— Amstetten (KE 20) ⅛ SO.

— Strausberg ¼ NW, Müncheberg 1 SO (PO 3. 4).

Eggersheim, Vettweiss (Rh 20) ¾ NO.

Eggesin, Borkenfriede (HSt 58) 2⅛ O.

Eggingen, Unter- u. Ober-, Lauchringen (Ba 70) 1½ N.

Eggmühl, *Fl.*, ✉ Nieder-Lindhart 1¼ NW, Regensburg 3½ S (ByO 14. 22) 1½ S.

Eggiwyl, Burgdorf (SC 1, 34) 14 Kil.

Egidy, St., St. Pölten (KE 12) 6 S.

Eglisau (Schweiz), *Stadt*, ✉ Bülach 1¾ N, Neuhausen 1 4 SW, Schaffhausen 1,6 SW (SN 2, 41. Ba 76. 77).

Egliswell, Wildegg (SNO 2 28).

Eglofsheim, Moosham ¾ W, Mangolding ½ S (ByO 19. 20).

Egmating, Landshut (ByO 10) 2 SO.

Egolsheim (Eglosheim), Asperg (Wü 11) ⅙.

Egres-Kata, Pilis (OeSt 100) 4 O.

Egringen, Efringen (Ba 58) 0,4 NO.

Egstedt, Erfurt (Th 6) 1 S.

Egyek, ✉ Karcsag (Ts 7) 5 N.

Egyhazfalva, Wartburg (OeSt 78) ½ S.

1 Ehingen, *Stadt*, ✉ (°Wü 172) Blaubeuren (Wü 169) 2 SW.

2 — bei Mertingen, Nordendorf (ByS 29) ½ W.

3 — im Ries, Oettingen (ByS 36) ½ NW.

4 — am Hesselberg, Wassertrüdingen ByS 37) 1 NW.

5 — Vorstadt von Rottenburg (Wü 137).

6 — Mühlhausen (Ba 174) 0 15 N.

Ehlingen, Remagen (Rh 46) ¾ SW.

Ehlscheid, Neuwied (Rh 51) 1¼ N.

Ehningen a. d. Würm, Stuttgart (Wü 16) 2½ SW.

— Reutlingen (Wü 132) ½ O.

Ehrang, *Fl.*, *Weinbau*, Trier (Sa 22) 1¼ NO.

Ehrenbach, Wiesbaden (Na 1. T 10) 1¼ N.

Ehrenberg, Bodenbach 3¼ NO, Krippen (Schandau) 2½ NO, Bischofswerda 2½ S, Löbau 2½ SW (SO 11a. 9. 17. 23).

— Arnswalde (OS 57) 2 S.

— Themar (Th 52) ½ SO.

° Ehrenbreitstein, (Rh 96) *Stadt*, ✉ T Coblenz unm. O, Horchheim ½ N. (Rh 62. 59).

Ehrenburg, Nienburg (Ha 26) 5½ NW.

Ehrenfeld, Schwanenstadt (KE 35) 1 SO.

*Siehe Station Ehrenfeld, Rh 12.*

Ehrenfriedersdorf, *Stadt* ✉ Chemnitz 3 S, Wolkenstein ¾ SW, Schönfeld ¾ NW (SW 29. 67. 69).

Ehrenhain, Altenburg 1 SO, Gössnitz 1 NO (SW 6. 7).

Ehrensdorf, Hinter- u. Vorder-, Lettowitz (OeSt 6) 1 W.

Ehrenstetten, *Weinbau*, Schallstadt 0,3 S, Krozingen ½ O (Ba 41 42).

Ehrenthal, St. Goarshausen ⅜ NW, Kestert ⅛ SO (Na 14. 15).

Ehrich, Grossen-, *Fl.*, ✉ °Wasserthaleben (NE 6) ⅝ W.

— Wenigen-, °Wasserthaleben (NE 6) 1 W.

Ehrichshagen, Nienburg (Ha 26) ½ NO.

Ehringen, Warburg (HN 17. Wf 1) 1½ S.

Ehringsdorf, Weimar (Th 10) ¼ SO.

Ehringerfeld, Geseke (Wf 9) 1 S.

Ehringshausen, Geseke (Wf 9) ¼ NW.

*Siehe dag. Station Ehringshausen, KM 68.*

Ehrsberg, Schopfheim (Ba 212) 1½ NO.

Ehrstädt, Steinsfurth 1,1 O, Grombach 0,2 NW (Ba 129. 130).

Ehrwald, *Zollamt*, Innsbruck (OeSü 187) 17 NW.

Ehweiler, Kusel (Pf 64) ½ SW.

Eibau (Eybau), Alt- u. Neu-, ✉ T Ober-Oderwitz ½ NW, Löbau 1½ SW (SO 31. 23).

Eibelshausen, *Eisenhütte*, Dillenburg (KM 56) 1½ NO.

Eibelstadt, *Fl.*, Winterhausen ⅜ NW, Heidingsfeld ½ S (ByS 164. Ba 124).

°Eibenschitz, *Stadt* ✉ OeSt 150, Tetschitz 1¼ SW, Brünn 2¾ SW (BR 4. 1).

Eibenstock, *Stadt*, ✉ T Schneeberg 1¾ SW, Schwarzenberg 3 SO, Auerbach 3 O (SW 55. 58. 73).

Eibingen, Rüdesheim (Na 10) ¼ NO.

Eibiswald, *Fl.*, ✉ *Eisenw., Glasfabr.*, Wuchern 15, Leibnitz 5, Seldenhofen 1½ NO (OeSü 159. 53. 160).

1 Eich, von Guntersblum 1 1/4 SO, von Alsheim 3/4 SO, von Osthofen 1 NO (HL 5. 4. 2).
2 — Andernach (Rh 50) 1/2 SW.
3 — Treuen 3/8 NO, Lengenfeld (SW 71. 74).
4 — Sempach (SC 1, 22) 2 Kil.
5 — Dänikon (SC 1, 11) 2 Kil.
1 Eichberg, Kreuz 2 NO, Filehne 1 1/2 NW (PO 19. 20).
2 — Bunzlau (NM 29) 1 N.
3 — *Papierfabr.*, Schildau (NM 50) 1/4 NW.
4 — *Heilanstalt für Geisteskranke*, Eltville (Na 5) 1 NW.
5 — Griessen H* (Ba 71) 1/2 O.
6 — i. d. Schwe s. Utigen (SC 1, 46) 2.
*Siehe Station Eichberg, KE 59.*
Eichbühl, *Hof*, Brennet (Ba 61) 0,8 NW.
Eiche, Potsdam (BPM 5) 3/4 W.
Eichelberg, Parksteinhütten (ByO 74) 3/4 N.
Eichelsdorf (Eigelsdorf) Reuth in Bayern (ByO 83) 1/4 S.
Eichen, Creuzthal (BM 77) 1/2 NW.
— Lindenau 1 1/4 NO, Tapiau 1 1/2 NW (PO 53. 54).
— Schopfheim (Ba 212) 1/2 NO.
Eichenbarleben, Magdeburg (MH 1) 2 W.
Eichenberg, Themar (Th 52) 1/2 NO.
Eichendorf (Aichendorf), *Fl.*, ⚘ Landshut 7 1/2 O, Vilshofen 3 1/4 W, Plattling 2 1/2 S (ByO 10. 55. 51).
Eichenzell, Fulda (BhH 6) 3/4 SO.
Eichfier, Schönlanke (PO 21) 3 1/4 NW.
Eichgraben (Aichgraben), Rekawinkl (KE 7) 1/2 N.
— Zittau (SO 33) 1/2 SW.
Eichhof, Ferdinandshof (BSt 52) 1/2 W.
1 Eichholz, Zerbst (BA 44) 3/4 SW.
2 — Braunsberg 3 1/2 SO, Heiligenbeil 3 1/4 SO (PO 44. 45).
3 — Brechelsdorf 1/2 N, Liegnitz 1 1/2 S (SF 21. 23).
4 — Klein-, K.-Wusterhausen 2 1/2 SO, Fürstenwalde 3 SW (BG 3. NM 7).
5 — Driburg 2 1/4 N, Brakel 3 NW (Wf 39. 40).
Eicholsheim, Gross-, Ober-Schefflenz (Ba 106) 1/2 N.
Eichhorn-Bititschka, *Fl.*, Brünn (SR 1) 2 1/2 NW.
Eichicht, Reichenberg in Böhm. (SO 36. SNV 22) 1/2 S.
Eichloch, Mainz 2 1/4 SW, Alzey 1 1/4 N (HL 11. 44).
* Eichow, (HSG 15) Vetschau (BG 8) 1/2 SO.
Eichsel, Maulburg 1 W, Lörrach 1,2 NO (Ba 211. 208).
* Eichstädt, *Stadt*, ⚘ (ByS 246) Pleinfeld 4 SO, Ingolstadt 3 NW (ByS 41. 243).
— Klein, Ob.-Röblingen (ML 21) 2 3/4 SW.
Eichstetten, *Fl.*, Riegel 1 SW, Emmendingen 1 W (Ba 36. 37).
Eichstruth, Heiligenstadt (ML 33) 1 1/4 S.
Eichthal, *Dampfmühle u. Glasfabr.*, Kralup 1/2 SW, Wotwowitz 1/10 NW (Bn 15. 14)
Eichtersheim, *Stadt*, Sinsheim (Ba 128) 1,2 W.
Eichwald, ⚘ Teplitz 3/4 NW, Settenz 1/2 N (AT 6. 7).
Eichwalde, Elbing (PO 39) 1/2 SO.
Eichwerder, Friedeberg (PO 16) 1/2 SO.
— Wriezen a./O. (BSt 67) 1/4 O.
Eickelborn, Benninghausen (Wf 11) 3/4 SW.
Eicklingen, Gross- u. Klein-, Celle (Ha 6) 1 1/2 SO.
Eicks, Mechernich (Rh 24) 1/2 NW.
Eickum, Herford (KM 29) 1/2 W.
Eidinghausen, *Salzquellen*, Oeynhausen (Rehme) 1/4 N.
Eifa, Kirchhain 4 1/2 SO, Neustadt 3 1/2 SO (MW 10. 9).
Eigeltingen, *Fl.*, Engen (Ba 176) 1,2 O.
— Nenzingen H* (Ba 191) 1 NW.
Eigenrode, Gernrode (ML 31) 2 S.
Eiglau, Bauerwitz (WI 12) 1/4 SO.
Eikel, Herne (KM 15) 1/2 SW.
Eikeloh, Lippstadt (Wf. 10) 1 SO.
Eiken, Brugg (SNO 2, 26) 4 1/2 NW.
Eil, Wahn (KM 43) 1/4 NO.
* Eilenburg, *Stadt*, ⚘ T (HSG 5) *Cattunfabr.*, Delitzsch 3 SO, Leipzig 2 3/4 NO, Wurzen 1 3/4 NW (DA 38. 41. LD 1. 6).
Eilendorf, *Kupferhammer*, Stolberg (Rh 5) 1 SW.

Eilensen, von Salzderhelden (Ha 80) 2 W.
Eilenstedt, von Wegersleben (Bs 19) 7/8 SW.
Eilmsen, Welver (Wf 14) 3/4 NO.
Eilpe in Westf., ⚘ Hagen (BM 48) 1/4 SO.
Eilsdorf, Wegersleben 1 SW, Halberstadt 1 1/2 NW (Bs 19. MH 9).
Eilsen, ⚘ Bückeburg (Ha 47) 3/4 SO.
Eilshausen, Herford (KM 29) 3/4 N.
Eilsleben, Magdeburg (MH 1) 4 W.
Eilsum, Emden (Wf 38) 1 3/4 NW.
Eilum (Eylum) Schöppenstedt (Bs 22) 1/2 NW.
Eilvese, Neustadt a. N. 3/4 NW, Hagen 1/2 S (Ha 23. 24).
Eimbeck, *Stadt*, ⚘ T Kreiensen 1 SW, Salzderhelden 1/2 NW, Naensen 1 1/2 SW (Ha 79. 80. Bs 4).
Eime, *Fl.*, Banteln 1/4 NW, Elze 1/2 S (Ha 76. 75)
Eimeldingen, Haltingen (Ba 54) 0,4 NW.
Eimen, Vorwohle (Bs 3) 3/4 SO.
Eimeke (Eimbke), Südenburg 1 1/4 NW, Uelzen 2 1/2 W (Ha 9. 10).
Eimsbüttel, Altona (AK 1) 1/2 N.
Eimsen (Eimbsen), Alfeld (Ha 77) 1/2 N.
Eimsheim, Guntersblum (HL 8) 1/2 W.
Einach, Gengenbach (Ba 159) 0,1 N.
Einberg, Oeslau (Th 58) 1/2 O.
Einecke, Soest 1 1/4 NW, Welver 1/4 S (Wf 13. 14).
Einningen, Neu-Ulm (ByS 104) 3/4 SO.
Einöd, Kapfenberg (OeSü 39) 1 3/4.
— Leibnitz (OeSü 53) 2 1/2.
Einöth, Zittau (OeSt 45) 1/4 N.
Einselthum, Monsheim (HL 39) 1 NW.
Einsiedel bei Bolkenhain, Ruhbank (NM 53) 1/2 NW.
Einsiedel, ⚘ Chemnitz (SW 29) 1 SO.
— Deutsch-, bei Sayda, ⚘ Freiberg 4 1/2 SO, Dux 3 NW (SO 51. AT 9).
— bei Hainspach, ⚘ Krippen (Schandau) 2 1/2 NO, Bodenbach 4 1/4 NO (SO 9. OeSt 42).
— in Böhm., Reichenberg 1 N, Kratzau 1 NO (SO 36).
Einsiedeln, *Stadt*, ⚘ Luzern (SC 1, 25. SN 2. 57) 12 NO.
— *Fl.*, Rapperswyl (VS 8. 46) 3 SW.
Einsiedl, bei Tepl, *Stadt*, ⚘ Eger 5 SO, Pilsen 7 NW (SO 87. SW 8. WPJ 39).
Einsiedling, Lambach (KE 33) 2 SW.
Eintracht Tiefbau, ⚒ Steele (BM 65) unm.
Einum, Hildesheim (Ha 70) 3/4 NO.
Einzenried, Poeing (ByO 63) 1 N.
Eipel, *Stadt*, ⚘ Kosteletz 3/4 NW, Schwadowitz 3/4 SW (SNV 25. 27).
Eisbach, Gratwein (OeSü 46) 1/4.
Eisbergen, Porta 1 1/4 SO, Bückeburg 1 1/2 N (Ha 49. 47).
Eischleben, Erfurt (Th 8) 1 1/2 SW.
Eisdorf, Striegau 5/8 NW, Gr. Rosen 3/4 SW (SF 17. 19).
Eisdorf, Teutschenthal (ML 20) 1/4 O.
— (Eisdorf), Seesen (Bs 8) 2 N.
Eisenbach, Limburg 1 3/4 SO, Aumenau 3/4 S (Na 30. 34).
— Donaueschingen 3,2 W, Freiburg 4 3 O (Ba 185. 39).
*Siehe Station Eisenbach Pf. 60.*
1 Eisenberg (in Altenburg), *Stadt*, ⚘ T Crossen (Th 29) 3/4 SO.
2 — bei Moritzburg, Kötzschenbroda H* 4/5 N, Coswig 1 NO (LD 17. 16).
3 — Crossen (Th 29) 3/4 W.
4 — *Papierfabr. u. Eisengiesserei*, Monsheim (HL 39) 1 1/2 SW.
5 — Braunsberg (PO 44) 1 3/4 NO.
6 — Dux (AT 9) 3 SW.
Eisenburg, siehe Vasvar.
Eisenbrod, *Stadt*, ⚘ Eisenbrod (SNV 15) 1/2 N.
Eisendorf in Böhmen, Wernberg (ByO 71) 4 3/4 O.
— Sagan (NZ 7) 1 1/4 SO.
Eisenerz, *Fl.*, ⚘ *bed. Eisenwerke*, Leoben 4 1/4 NW, *Hieflau 2 SO (KE 52. 60. OeS 215).
Eisenfeld, Wels (KE 31) 1/4 NO.
Eisenfurth, Aulendorf (WS 46) 1/2 SO.
Eisenhammer, *Hüttenw.*, Neustadt-Eberswalde (BSt 4) 1/2 W.
— bei Neuwied (Rh 51).
Eisenheim, Sterkrade (KM 36) 1/4 S.
Eisenkappel, Künsdorf (OeSü 164) 2.
Eisenroth, Herborn (KM 57) 1 1/4 NO.

Eisenstadt, *Stadt*, ⚘ von Wiener Neustadt 3 O, Oedenburg 2 O (OeSü 22. 97).
— Mattersdorf 2 1/2 NO, Wiener Neustadt 3 O, Oedenburg 3 NW, Felixdorf 3 O (OeSü 93. 22. 97. 90)
Eisenstadtl, *Stadt*, ⚘ Turnau 3 SO, Falgendorf 2 SW (SNV 17. 11).
Eisenstein, (Bayerisch-), Deggendorf (DP 1) 4 NO.
— (Böhmisch-), *Stadt*, ⚘ Deggendorf 7 NO.
Eisenthal, Bühl (Ba 32) 0,5 NO.
Eiserfeld, Niederscheiden (KM 63) 1/8 S.
Eiserfey, Mechernich (Rh 24) 1 N.
Eisern, Niederscheiden (KM 63) 1/4 O.
Eiserode, Löbau (SO 23) 1/2 NW.
Eisersdorf, *Actien-Spinnerei u. Weberei*, Shallis 6 O, Frankenstein 4 SW (SNV 23. SF 11).
Eisengrub, ⚘ Lundenburg (KFN 10) 1 1/4 NW.
Eisgrub, Lanschütz (OeSt 77) 1/2 N.
Eisingen, Königsbach 0,8 O, Pforzheim 0,8 NW (Ba 146. 148)
— Reichenberg (Ba 123) 0,6 N.
Eismannsdorf, Stumsdorf (ML 9) 3/4 S.
Eisnern, Laibach (OeSü 76) 7.
Eitelbrunn, Regenstauf (ByO 25) 3/8 SW.
Eiterfeld, ⚘ Hünfeld (BbH 5) 1 1/2 N.
Eiting, Laberweinting (ByO 15) 1/4 NO.
Eitzen, Verden (Ha 30) 1/2 SO.
Eitzendorf, Eystrup 1 1/4 NW, Verden 1 1/4 SW (Ha 28. 30).
Eitzum, Scheppenstedt (Bs 22) 1/2 NO.
Eixe, Peine (Ha 66) 1/2 NW.
Ekhorst, Lübeck (LB 1. 8) 1 NW.
Elbe, Gross- u. Klein-, Ringelheim (Bs 11) NW.
Elbei, Wolmirstedt (MH 17) 1/4 SW.
Elbe-Kosteletz, *Stadt*, ⚘ Prag 2 1/2 NO.
Elbenau, Schönebeck (ML 3) 1/2 NO.
Elberberg, Wabern (MW 5) 2 3/4 N.
Elbergen, Leschede (Wf 26) 3/4 N.
Elbersdorf, Radeberg 1 1/4 S, Fischbach 1 SW (SO 14. 15).
Elbert, Ober-, Ems (Na 29) 1 1/4 NO.
— Nieder-, Ems 1 1/2 NO.
Elbingerode, *Stadt*, ⚘ T Halberstadt 3 1/2 SW, Thale 2 1/2 W, Vienenburg 4 SO, Harzburg 4 SO (MH 9. 14. 43. Bs 36).
Elbitz, Teutschenthal (ML 20) 1 1/4 NW.
Elbogen, siehe Ellbogen.
Elbstorf, Winsen (Ha 15) 1 3/8 NO.
Elchesheim, Muggensturm 1,3 W, Rastatt 1 N (Ba 17. 18).
Elchingen, Ober- u. Unter-, Nersingen (ByS 105) 1/2 NW.
— Unterkochen (WS 131) 1 1/2 O.
Eldagsen, *Stadt*, ⚘ Nordstemmen (Ha 71) 1 1/4 W.
Eldena, *Stadt*, ⚘ Grabow (SH 14) 1 3/4 SW.
— Greifswald (BSt 57) 3/4 O.
Eldingen, Eschede (Ha 7) 1 1/4 SO.
Elditten, Schlobitten (PO 41) 4 SO.
Elek, Kétegyháza (Te 34) 3/4 SO.
Elend, Littau (OeSt 43) 2 1/2 N.
Elenz-Mühle, *bed. Mahl- u. Oelmühle*, Aumenau (Na 34) 1 O.
* Elesd, *PH* (US 53). *Fl.*, ⚘ Grosswardein (Te 45. *US 1) 5 O.
Elfingen in der Schweiz, Säckingen (Ba 62) 2 1/2 O.
Elfsen, Soest (Wf 13. BM 56) 3/4 SW.
Elgersburg, ⚘ T *Porzellanfabr.*, *Kaltwasserbad*, Arnstadt 2 1/2 SW, Themar 4 1/2 NO, (Th 33. 52).
Elgershausen, Guntershausen (HN 9. MW 3) 1 1/4 NW.
Elgersweier, Ortenberg H* 0,3 SW, Offenburg 1/2 S. (Ba 158. 28).
Elhenitz, Netolitz (KFJ 35) 1 SW.
Elisabethhütte bei Lieberose, Neuzelle (NM 15) 3 SW.
* Elisabethstadt, *Stadt*, ⚘ T *Hermannstadt (UU) 8 NO.
Elisenau, Lindenau (PO 53) 1 SO.
Elisenthal, *Fabrik*, Brüsau (OeSt 7) 0,1 SW.
Elixhausen, Seekirchen 1 1/2 SW, Salzburg 1 NO. (KE 44. 45).
Elkershausen, Friedland (Ha 86) 1/4 W.
El(l)bogen, *Fl.*, ⚘ T *Porzellanfabr.*, Eger (Ba 87) 4 NO.
Ellefeld, Falkenstein (SW 74) 1/2 NO.
Ellen, Buir 1/2 W, Düren 3/4 N. (Rh 9. 8).
— Ober-, Herleshausen (Th 2) 1 S.
— Unter-, Herleshausen 3/4 S, Markuhl 3/4 N. (Th 2. 44).

Ellenbach in Hessen, von Heppenheim (MN 11) 1 3/4 NO.
— Ober- u. Unter-, Nieder-Lindhart (ByO 14) 3/4 S.
Ellenberg, Ellwangen (Wü 87) 1 NO.
Ellensen, Salzderhelden (Ha 80) 1 7/8 W.
Eller, Düsseldorf (BM 29. KM 7) 3/4 SO.
— bei Cochem, Weinbau, Coblenz (Rh 52) 6 SW.
Ellern, Bacharach (Rh 57) 3 SW.
Ellerndorf, Suderburg (Ha 9) 1 1/4 NW.
Ellernitz, Gr.- u. Kl.-, Warlubien (PO 31) 3 1/2 SO.
Ellers in Hessen, Neuhof (BbH 7) 1/8 N.
Ellersburg, Weimar (Th 10) 1 NW.
Ellershausen, Dransfeld 1/2 NW, Münden 2 1/2 O. (Ha 85. 86).
Ellerstadt, Dürkheim (Pf 54) 1 O.
Ellerwald, Elbing (PO 39) 1/2 SO.
Ellerwinden, Eisenach (Th 3 u. 43) 1 S.
Ellgot, Freiheitau (KFN 60) 3/8 W.
Ellgoth, Gleiwitz (OS 17) 1/4 NO.
1 Ellguth, Gr.- u. Kl.-, Oels (RO 17) 1 1/4 S.
2 — Polnisch-, Oels (RO 17) 1 3/4 NO.
3 — Krzizanowitz 1/2 N, Ratibor 1 1/4 SO. (Wi 7. 5).
4 — Proskau-, Oppeln (OS 10. RO 1) 2 SW.
5 — Gleiwitz (OS 17) 1/2 SO.
6 — Schön-, Oppeln 3 NO, Sausenberg 1 1/2 SW. (RO 1. 25).
7 — Neumarkt i. Schl. (NM 36) 1 1/4 SW.
Ellhotten bei Mies, Staab (BW 5) 1 3/4 NW.
Elliehausen, Göttingen (Ha 84) 5/8 NW.
Ellierode, Gandersheim (Ha 6) 3/4 SO.
*Ellingen (ByS 256), Pleinfeld (ByS 41) 3/4 S.
Ellingsen, Soest (Wf 13. BM 56) 1 1/4 N.
Ell(i)mau, Wörgl (OeSü 180) 1 1/4 NO.
Ellmendingen, Wilferdingen 3/4 S, Brötzingen 1 W, Ettlingen 1 3/4 SO. (Ba 145. Wü 209. Ba 15).
*Ellrich (ML 38), Stadt. Halberstadt 7 SW, Nordhausen 2 NW. (MH 9. ML 28).
Ellwangen, Ummendorf (Wü 43) 2 SO.
Siehe dagegen Station Ellwangen, Wü 87.
Ellweiler, Türkismühl 1/2 N, Birkenfeld 3/4 NW. (Sa 42. 41).
Elm, Bous (Sa 11) 1/2 NO.
Siehe dagegen Station Elm, BbH 9.
Elmenhorst in Oldenburg, Bargteheide (LB 11) 1/2 N.
— Gr.- u. Neu-, Militzow in Vorpommern (BSt 58) 1 1/4 NW.
— in Mecklenb., Rostock (Mk 1) 1 1/2 NW
Elmloh, Geestemünde (Ha 40) 1 1/2 NO.
Elmshausen, Bensheim (MN 10) 3/4 NO.
Elpenrod, Giessen (KM 61. MW 14) 3 1/2 NO.
Elpigenalp, Innsbruck (CeSü 187) 19.
Elsbach (Elsbach), Ober-, Meiningen (Th 50) 3 SW.
°Elsdorf (Rh 19) bei Bergheim, Horrem 1 1/2 NW, Buir 1 N. (Rh 10 9)
— Cöthen (BA 33. ML 7. MH 34) 1/2 N.
Elsen, Paderborn (Wf 7) 3/4 NW.
Elsenfeld, Aschaffenburg (ByS 102. HL 30) 2 S.
Elsenz, Sinsheim (Ba 128) 1,4 S.
Elsey, Limburg in Westfalen (BM 68) 1/8 S.
Elsfleth Stadt, Oldenburg 3 1/4 NO, Vegesack 2 NO. (Ol 1. Ha 42).
Elsheim, Ingelheim (HL 15) 1 1/4 S.
Elsholz, Potsdam (BPM 5) 3 SW.
Elsig, Euskirchen (Rh 22) 5/8 W.
Elst, Nymwegen (Rh 80) 1 N.
Elster i. Preuss., Wittenberg (BA 9) 1 3/4 SO.
Siehe Station Elster, SW 80.
Elsterberg, Stadt. Netzschkau 3/4 W, Greiz 1 SW. (SW 12. 91).
Elsterwerda, Stadt, Grossenhain 3 1/2 N, Burxdorf 2 O. (LD 35. BA 24).
Elstra bei Kamenz, Stadt. Radeberg 3 3/4 NO, Bischofswerda 1 1/2 NO, Bautzen 3 3/4 NW. (SO 14. 17. 20).
Elsungen, Nieder-, Warburg 1 1/2 SO.
— Ober-, Warburg 2 SO. (BN 17. Wf 1).
Elte, Mesum (Wf 23) 3/4 NO.
Elten, Hoch-, Elten (Rh 76) 1/8 SO.
Eltendorf, Molnári (OeSü 103) 6.
Elterlein, Stadt, Chemnitz 4 SW, Schwarzenberg 1 NO, Annaberg 1 3/4 W. (SW 29. 55. 70).
Eltingen, Ditzingen (Wü 197) 7/8 SW.
Eltmann, Stadt, Ebelsbach (ByS 78)

Elvekum, von Norf (Rh 64) 1/4 SO.
Elvenich, Nieder- u. Ober-, Zülpich 5/8 O, resp. 1/2 O, Euskirchen 1 NW. (Rh 21. 22).
Elverlingsen, Eisenwaarenfabr., Altena 5/8 SO, Werdohl 1/4 NW. (BM 70. 71).
Elverdissen, Herford (KM 29) 1/8 SW.
Elvershagen, Labes (BSt 16) 2 1/2 N.
Elxleben bei Erfurt, *Walschleben (NS 10) 1/4 S.
*Elz (Na 47), Limburg (Na 30) 1/2 N.
Elzach, Stadt. Emmendingen 2 NO, Denzlingen 2 O. (Ba 37. 38).
Embken, Vettweiss 1 SW, Zülpich 7/8 SW. (Rh 20. 21).
Em(b)lichheim, Lingen (Wf 27) 5 W.
Embsen, Achim (Ha 32) 3/4 N.
Embrach, Bülach (SN 2. 41) 1 1/4 NW.
Embt, Ober- u. Nieder-, Horrem (Rh 10) 2 NW.
Emde, Glashütte, Driburg 1 NO, Brakel 3/4 NW. (Wf 39. 40).
Emden, Magdeburg (BPM 18) 3 3/4 NW.
Siehe dagegen Station Emden, Wf 38.
Emern, Uelzen (Ha 10) 1 1/4 SO.
Emersleben, Brennereien, Nienhagen 1/4 S, Halberstadt 1 1/4 NO, Wegeleben 3/4 NW. (MH 8 9. 10).
Emilie, Bergwerk, Riestädt (ML 23) unm. N.
Emiliengrube, Bergwerk, Ornasche (Wi 23) 1/4 O.
Emilienhütte, Glashütte, Vetschau (BG 8) 3 1/2 S.
Emishofen, Constanz (Ba 67) 0,2 SW.
Emma, Bergwerk, Stockhausen (Na 38) 1 NW.
Emmel, Ober-, bei Trier, Wiltingen (Sa 20) 1/2 O.
— Nieder-, bei Bernkastel, Trier (Sa 22) 3 NO.
Emmeln, Kellerheig (Wf 29) 1/4 W.
Emmen, Emmenbrücke (SC 1, 24) 1/4 O.
— Eschede (Ha 7) 3 1/4 O.
Emmerich, Hoch-, Rheinhausen (Rh 67) 1/4 NW.
Siehe dagegen Station Emmerich, KE 41.
Emmerichhain, Burbach 2 S, Herborn 2 SW. (KM 54. 57).
Emmerichswalde, Görlitz (NM 41) 1 NO.
Emmerke, Hildesheim (Ha 70) 3/4 W.
Emmersdorf, Vilshofen (ByO 55) 2 SW.
— Melk (KE 15) 1/4 N.
Emmershausen, Eisenschmelze, Aumenau (Na 34) 1 1/2 SO.
Emmersweiler, Völklingen (Sa 10) 1 1/2 S.
Emmingen, Haltingen H° 0,6 O, Engen 1,8 NO. (Ba 178. 176).
Emmishofen, Weinfelden 3 N, Märstetten 2 1/4 NO. (SNO 2. 6. 7).
Empede, Neustadt a. N. (Ha 22) 1/2 N.
Empfingen. Horb (Wü 142) 3/4 S.
Ems, Dorf, Ems (Na 22) 1/4 NW.
Emsbüren, Stadt, Leschede (Wf 26) 1/8 SW.
Emseloh, Riestädt (ML 23) 3/4 N.
Enes, Förrö-Enos (Ts 24) 1/2 O.
Endach, Kufstein (OeSü 178) 1/4 SW.
Endenburg, Steinen (Ba 210) 1 N.
Endenich, Bonn (Rh 42) 3/8 SW.
Endermettingen, Ob.-Lauchringen (Ba 70) 1,7 N.
Endersdorf, Grottkau (NB 5) 1 SW.
Endingen in der Schweiz, Siggenthal (SNO 2,60) 1 3/4 N.
— Stadt, Riegel (Ba 36) 1/2 W.
Endorf, Aschersleben 1 SW, Ermsleben 1/2 SO. (MH 30. 39)
Siehe dagegen Station Endorf, ByS 139.
Endre, St., (András). Stadt. Gr.-Maros 2 SO, Post 2 N. (OeSt 90. 95).
Endred, Perbete (OeSt 86) 3 3/4 O.
Endréd, Siófok (OeSü 125) 1.
Endröd. Gyoma (Ts 31) 1/2 NW.
Endschütz, Ronneburg (SW 87) 1 3/4 SW.
Engar, Warburg (Wf 1) 1 1/4 NW.
Engelade, Papiermühle, Seesen (Bs 8) 1/2 SW.
Engelau, Tapiau (PO 54) 2 1/4 S.
Engelberg, St. Valentin (KE 24. KR 1) 1 NO.
— Luzern (SC 1. 25) 38 Kil.
Engelgau, Mechernich (Rh 24) 2 S.
Engelhardsstätten, Marchegg (KFN 48. OeSt 73) 1 3/8 SW.
Engelhartszell, Fl., Zollamt, Schärding 3 NO, Passau 3 SO. (KE 52 54).
Engelrode, Giessen (MW 14) 5 1/4 O.
Engelsberg in Böhmen, Kratzau (SO 36)

Engelsberg in Oestr.-Schles., Fl., von Neisse 6 1/2 S, von Troppau 5 1/2 NW, von Olmütz 9 1/8 N. (NB 1. KFN 63. 58).
Engelsburg, ⚒ (Schacht Hector u. Schacht Wilhelmsbank), Bochum (BM 84), 0,2 S.
Engelsdorf, Borsdorf H° (LD 2) 1/2 SW.
Engelskirchen, T Siegburg 4 NO, Cöln u. Deutz 4 O, Mülheim a. Rh. 4 1/2 O. (KM 45. 1. 5).
Engelstadt, Ingelheim (HL 15) 1 1/4 SW.
Engelthal bei Altdorf, Hersbruck 5/8 SW, Ottensoos 3/4 SO. (ByO 40. 41).
Engenhahn, Wiesbaden (Na 1. T 10) 1 N.
Engensen, Ehlershausen (Ha 5) 3/4 SW.
Engenthal, Eisenwerk bei Eisenbrod, (SNV 15).
Enger, Stadt. Bünde 1 S, Herford 1 NW. (Ha 53. KM 29).
Engerhafe, Emden (Wf 28) 2 3/4 NO.
Engers (Cunostein), Neuwied 3/4 O, Coblenz 1 1/2 NW. (Rh 51. 57).
— Kalten-, Neuwied (Rb 51) 3/4 NW.
Engersdorf, Wagram (KFN 4) 3/4 N.
Enghölle (Engelhölle), Weinbau, Oberwesel (Rh 56) 1/4 SW.
Engstingen, Gr.- u. Kl., Reutlingen (Wü 132) 1 3/4 SO.
Engter, Fl. Osnabrück (Ha 57) 1 7/8 N.
Engwellen, Märstetten (SN 2, 7) 2 NO.
°Enkenbach (Pf 65), Kaiserslautern (Pf 6) 1 NO.
Enkering (Engering), Ingolstadt 3 1/2 NW, Pleinfeld 4 SO. (ByS 243. 41).
Enkhausen, Salzkotten (Wf 8) 3/4 NW.
Enkheim, Vilbel 1/2 S, Mainkur 1/2 N. (MW 22. FH 2).
Enkirch, Fl., Weinbau, Schieferbrüche, Bingerbrück 7 1/2 W, Kirn 5 NW. (Sa 27. 36).
Ennabeuren, Blaubeuren (Wü 169) 1 1/4 NW.
Ennerich, Eschhofen 1/2 O, Runkel 1/2 SW. (Na 31 32).
Ennewitz, Schkeuditz (ML 13) 3/4 N.
Enniger, Ahlen 1 1/4 N, Drensteinfurt 2 1/2 O. (KM 23 Wf 17).
Ennigerloh, Beckum (KM 23) 3/4 NO.
Enniglob, Bünde (Ha 53) 1/2 W.
Enningloh, Herford (KM 29) 1/4 W.
Ensdorf, Ensdorf (Sa 12) 1/16 N.
— Amberg (ByO 32) 1 3/4 SO.
Ensheim bei Blieskastel, Saarbrücken 1 1/2 SO, St. Ingbert 1 1/4 SW. (Sa 5. Pf 28).
— bei Wörrstadt, Alzey (HL 44) 1 N.
Ensingen, Ober- u. Unter-, bei Nürtingen, Unterboihingen (Wü 126) 1/4 SW.
— bei Vaihingen (Sersheim) 1/2 N. (Wü 8).
Enskehmen, Stallupönen (PO 62) 3/4 W.
Entfelden, Aarau (SO 1, 13. SNO 2, 30) 1 S.
Entlibuch, Nebikon (SC 1. 18) 24 Kil.
Entringen, Manchesterweberei, Tübingen (Wü 135) 1 1/4 NW.
Entrup bei Driburg (Wf 39) 2 1/2 NO.
°Enyed, Nagy-, Grosswardein (Ts 43. US 1) 25 1/2 SO.
Enyeng, Lepsény (OeSü 126) 1 SO.
Enzen (Entzen), Zülpich (Rh 21) 1 S.
Enzenreith, Gloggnitz (OeSü 27) 1/4.
1 Enzersdorf, *Laa 1 1/2 SO, Lundenburg 5 3/4 SW (OeSt 144. KFN 10).
2 — a. d. Fischach, Himberg (OeSt 57) 1 1/2 O.
3 — am Gebirge, Mödling (OeSü 10) 1/4 NW.
4 — im Thal, bei Mödling, Brunn 1/4 (OeSü 9).
5 — Lang-, PH (KFN 43), Fl., Floridsdorf 1 NW, Korneuburg 3/4 SO (KFN 2. 44).
6 — °Gross-, (OeSt 152), Stadt, Wagram 1 1/2 S, Floridsdorf 1 2/3 SO, Wien 1 1/2 O (KFN 4. 3. 1).
Enzersfeld, Korneuburg (KFN 44) 1 NO.
— Leobersdorf (OeSü 18) 1/2.
Enzuhnen, Trakehnen 1 1/2 SO, Stallupönen 1 1/2 SW (PO 61. 62).
Enzweihingen, Fl., Grosssachsenheim (Wü 9) 1 SW.
Epe, Fl., Rheine 6 3/4 W, Glanerbeck 1/2 S (Wf 24. NS 2. 33a).
Epen, Wylré (AM 5) 1 1/8 S.
1 Eperies (KO 15). Stadt, Kaschau 4 5/8 N, Hechuta 16 SO (Ts 28. GCL 7).
Epfenbach, Waibstadt (Ba 27) 1/2 NO.
Eppelborn, Saarlouis 2 1/4 NO, Friedrichs-

[illegible], von Heidelberg (Ba 3. MN 17) [illegible] W.
**[illegible]pelsheim**, Eppelsheim (HL 48) ¼ O.
**[E]ppendorf**, Oederan 1¼ SO, Freiberg 1½ SW (SO 52. 51).
— Wandsbeck ¾ W, Hamburg ¾ NW LH 14. 15).
— Bochum (BM 84) ½ SO.
**Eppenreuth**, Windisch-Eschenbach (ByO 82) ½ SO.
**Eppenrod**, Diez (Na 29) ¾ NW.
**Eppenstein**, *Eisenw.*, Judenburg (KR 24) 1 SO.
**Eppertshausen**, Dieburg (HL 26) ¾ N.
**Eppingen**, *Stadt*, T Bretten 2 NO, Steinsfurt 1½ S (Wü 4. Ba 129).
**Eppinghofen**, Mülheim a. d. Ruhr (BM 86. Rh 90) ½ NO.
**Eppstein**, Oggersheim (Pf 18) ⅜ SW.
— Hattersheim (T 4) 1½ NW.
**Epsingen**, Soest (Wf 13. BM 56) 1 SW.
**Eptingen**, Sissach (SC 1, 7) 2 S.
**Equord**, Hämelerwald 1 S. Peine 1 SW (Ha 65. 66).
[1]**Erbach im Odenw.** (°HL 67). *Stadt*, Darmstadt 5¾ SO, Dieburg 4½ SO, Heppenheim 5 NO (HL 24. 26. NM 11).
[2]— bei Heppenheim, Heppenheim (MN 11) ½ SO.
[3]— *PH* Na 6, Eltville (Na 5) ½ W.
[4]— bei Idstein, *Fl.*, Wiesbaden 3¼ N, Limburg 1¾ SO (Na 1. 30).
[5]— bei Simmern, Bacharach (Rb 57) 1 SW.
[6]— i. d. Pfalz, Homburg (Pf 2) ¼ N.
[7]— Neu-, Driesen (PO 18) 1½ SO.
*Siehe Station Erbach, Wü 36.*
**Erbendorf**, Pressath 1½ NO, Kemnath-Neustadt 1½ O, Reuth ¾ W (ByO 75. 77. 83).
**Erbenhausen** b. Kaltennordheim, Salzungen (Th 45) 3¾ S.
**Erbenheim**, Mainz ¾ NO, Wiesbaden ¾ SO (HL 11. Na 1. T 10).
**Erbes Büdesheim**, Alzey (HL 44) ¾ NW, siehe auch Büdesheim.
**Erbisdorf**, *Freiberg in Sachsen* (SO 51) ¾ S.
**Erbreichsdorf**, Gramat-Neusiedel 1¼ SW, Wiener Neustadt 2½ NO, Laxenburg 2 SO (OeSt 59, OeSü 22. 11).
**Erbsen**, Göttingen (Ha 84) 1½ NW.
**Erbstorf**, Adendorf (Ha 18) ¼ SO.
**Erching**, Neufahrn bei Freising ½ SO, Freising 1¾ SW (ByO 5. 6)
**Ercsin**, Martonvásár (OeSü 131) 2.
**Erd**, Tarnok (OeSü 132) 1.
**Erdeborn**, *Zuckerfabr.*, Ob.-Röblingen (ML 21) ½ NW.
**Erding**, *Stadt*, Freising 2½ SO, Landshut 5 SW (ByO 6. 10)
**Erdmannsdorf in Schles.**, Hirschberg 1 SO, Schildau ¾ SW (NM 49. 50).
*Siehe Station Erdmannsdorf, SW 61).*
**Erdő-Benye**, Tokay (Ts 17), siehe Benye.
—-**Kövesd**, Kis-Terenne (UN 13) 3⅜ NO.
—-**Tarcsa**, Aszód (UN 8) 1½ NO.
**Erdohav**, Martonvásár (OeSü 131) ½.
**Erfeld**, Eubigheim (Ba 112) 0.8 N.
**Erfelden**, *Fl.*, Gross Gerau 1¼ S, Darmstadt 2 SW (HL 22. 24).
**Ergenzingen**, *Fl.*, Rottenburg (Wü 137) 1 NW.
**Ergste**, *Fabr.*, Schwerte (BM 93) 1 SW.
**Erharding**, Landshut (ByO 10) 7 SO.
**Erichsburg**, Salzderhelden (Ha 80) 2 W.
**Ering**, Schaerding 4 SW, Landshut 12 SO. Passau 4¾ SW, Vilshofen 6 S (KE 52. ByO 10. 58. 55).
**Eriedorf**, °Riedlingen (Wü 179) ½ S.
**Eriskirch**, Friedrichshafen (Wü 58) ½ SO.
**Eriswyl**, Langenthal (SC 1. 29) 3¾ SO.
**Erkeln**, Brakel (Wf 40) ½ SO.
°**Erkheim**, Memmingen (ByS 215) 1½ NO.
**Erkmannsdorf, Gross-**, Radeberg (SO 14) ½ S.
— **Klein-**, Radeberg (SO 16) ¾ S.
**Erl**, Kufstein (OeSü 178. ByS 183) 1½ N.
**Erla, Klein-**, St. Valentin (KE 24. KR 1) ½ NO.
— **Kloster-**, St. Valentin ¾ NO.
— in Sachsen, Schwarzenberg (SW 58) ¼ S.
**Erlaa, Neu-**, *Kattunfabr.*, Wien 1½ SW, Hetzendorf ¼ S, Atzgersdorf ½ O (OeSü

[1]**Erlach**, von Renchen 0,5 SO, von Appenweier 0,7 N (Ba 25. 26).
[2]— Gramat-Neusiedel (OeSt 59) 4 SW.
[3]— Riedau-Ried (KE 49) ½ SO.
[4]— am Bieler See, Neuenstadt (S 5, 1 u. 4, 69) ½ N.
[5]— Neustadt (OeSü 22) 1.
**Erlachhammer**, Kapfenberg (OeSü 89) ¼
**Erlau**, *Stadt*, T Miskolcz 7 SW, Hatvan 11 NO, °Maklár 2½ N (Ts 22. UN 10).
*Siehe Station Erlau, SW 33.*
**Erlauf**, Pöchlarn (KE 16) ½ S.
— **Klein-**, Pöchlarn 2¼ S.
**Erlbach**, Emskirchen 1 SW, Neustadt a. A. 1¼ SO (ByS 169. 170).
— **Ober-**, Gunzenhausen (ByS 39) 1⅝ NO.
— bei Stollberg, Hohenstein-Ernstthal ⅜ SO, Lugau ¼ NW (SW 42. 45).
[1]**Erlenbach, Ober- u. Nieder-**, Homburg (Ho 1) ½ N.
[2]— — Gr.-Karben ⅔ W, Vilbel 1 NW, Dortelweil ½ W (MW 20. 21. 22) 2 SO.
[3]— Langenkandel (Pf 44) ⅓ N.
[4]— Kaiserslautern (Pf 6) ½ N.
[5]— Heppenheim (MN 11) 1 NO.
[6]— bei Wörth, Aschaffenburg (ByS 102) 2¾ S.
[7]— Neckarsulm ⅝ SO, Heilbronn ½ NO (Wü 58. 57)
[8]— Thun (SC 1. 47).
[9]— Zürich (SN 2, 19. VS 3, 57) 2 SO.
**Erlenbad**, *Bad*, Achern (Ba 24) 0 5 NO.
**Erlenstegen**, Mögeldorf (ByO 44) 1¼ N.
**Erligheim**, Besigheim (Wü 53) ½ NW.
**Erlitz**, Wildenschwert (OeSt 12) 1¼ N.
**Ermatingen** (Schweiz), Constanz 1,3 W, Felben 4 NO (Ba 67. SNO 2, 9).
**Ermelinghof**, *PH* (Wf 16) Hamm (Wf 15) ½.
**Ermendorf**, Niederau *H°* (LD 15) ¾ N.
**Ermenrod**, Giessen (KM 61. MW 14) 5 O.
**Ermensee**, Sursee (SC 1, 20) 3 O.
**Ermihaly-Salva**, Debreczin (Ts 11) 5⅜.
—**Adony**, Debreczin (Ts 11) 6¼ SO.
**Ermlitz**, Schkeuditz (ML 13) ¾ W.
**Erndtebrück**, Siegen (BM 80. KM 64) 3 NO.
**Ernegg**, Kemmelbach (KE 18) 3 SO.
**Ernsbach**, Oehringen (Wü 74) 1½ N.
**Ernsdorf**, Reichenbach in Schles. (BF 13) ¼ N.
— Chybi (KFN 32) 2 SO.
**Ernstburg**, Insterburg (PO 58 TI 4) 3 S.
**Ernsthof**, Wolgast (SSt 61) ½ W.
**Ernsthütte**, Coburg (Th 54) ¼.
**Ernstroda**, Waltershausen (Th 35) ¾ SO.
**Ernstthal**, Sonneberg (Th 61) 2 N.
*Siehe Station Hohenstein-Ernstthal, SW 24.*
**Ernstweiler**, Zweibrücken (Pf 23) ⅛ NW.
**Erolzheim** (Erolfsheim), Biberach 2½ O, Memmingen 2½ NW (Wü 42. ByS 213)
**Erp**, *Fl.*, Vettweiss 1¼ O, Zülpich ½ NO (Rh 20 21)
**Erpel**, *Stadt*, *Weinbau*, Remagen (Rh 46) ⅛ NO.
— Schneidemühl 1½ SO, Miasteczko 1 W. (PO 22. 23).
**Erpfingen**, Reutlingen (Wü 132) 2¼ S.
**Ersemjen**, Debreczin (Ts 11) 4¾ SO.
**Ersdorf**, Rolandseck (Rh 45) 1½ W.
**Ershausen**, Heiligenstadt (ML 33) 2½ S.
**Ersigen**, Lyssach (SC 1, 35) ⅜ N.
**Ersingen**, *PH* (Ba 147), Königsbach (Ba 146) 0.3 SO.
**Ersrode**, Rotenburg (HN 4) 1½ SW.
**Erteny**, Siófok (OeSü 125) 4.
**Ertin**, Josefstadt (SNV 6) ¾ NW.
°**Ertingen**, (Wü 180) Biberach (Wü 48) 3 W.
**Erwitte**, *Fl.*, Lippstadt (Wf 10) 1 S.
**Erxleben**, Osterburg (MH 24) ½ S.
— Helmstedt 2¼ O, Magdeburg 3¾ NW (Be 31. MH 1)
— **Hohen-**, Stassfurt (MH 38. ML 18) ¼ O.
**Erzhausen**, Langen (MN 8) ⅜ SW.
**Erzweiler**, Heimbach (Sa 40) 2¼ O.
**Esbeck**, Schöningen (Be 29) ¼ N.
— bei Lauenstein, Elze (Ha 75) ¾ SW.
— bei Alfeld, Freden (Ha 78) ¼ S.
— Lippstadt (Wf 10) ½ O.
[1]**Esch bei Idstein**, Limburg (Na 30) 2½

[2]**Esch bei Bergheim**, von Horrem 1½ NW, von Buir 1¼ NW (Rh 10. 9).
[3]— bei Köln, Longerich ½ NW, Worringen ½ S (KM 71. Rh 69).
[4]— bei Rheinbach, Euskirchen (Rh 23) ¾ NO.
— **Ober-**, Merzig (Sa 16) 1 SW.
*Siehe Station Esch, Luxemb.-Wilhelmsb. 5.*
**Eschach**, Gmünd (Wü 109) 1½ NO.
**Eschau**, Aschaffenburg (ByS 102) 3 SO.
[1]**Eschbach**, St. Goarshausen (Na 14) 1 NO.
[2]— **Ober- u. Nieder-**, Homburg (Ho 1) ½ SO.
[3]— **Ober-**, Meckenbeuren (Wü 51) ½ NO.
[4]— Landau (Pf 39) 1⅛ SW.
[5]— Heitersheim (Ba 43) 0,4 NW.
[6]— Waldshut (Ba 68) 0,3 NW.
[7]— Donaueschingen (Ba 185) 1.9 S.
**Eschborn** bei Höchst, Bockenheim (MW 24) 1 NW.
**Eschbruch**, Driesen (PO 18) 1 W.
**Eschdorf**, Radeberg 1¼ S, Fischbach 1 SW (SO 14. 15).
**Eschelbach**, Hoffenheim ½ NW, Sinsheim 1 W (Ba 127. 128).
**Eschelbronn**, Neidenstein *H°* (Ba 96) 0 3 W.
**Eschelkam**, *Fl.*, Furth a. W. (ByO 67. BW 1) ¾ SO.
**Eschen**, Hausach (Ba 164) ½ W.
**Eschenau**, *Fl.*, Lauf 1½ NW, Nürnberg 2 NO, Erlangen 2 O (ByO 42. 45. ByS 51).
— Runkel (Na 37) ¾ N.
— bei St. Pölten (KE 12) 2½ SW.
*Siehe dagegen Station Eschenau, Wü 72.*
**Eschenbach**, *Fl.*, in Mittelfranken, Triesdorf (ByS 150) ¾ NO.
— bei Thumbach, *Fl.*, Pressath (ByO 78) 1 W.
— an der Pegnitz, Hartmannshof ¾ NW, Hersbruck ¾ NO (ByO 38. 40).
— in der Schweiz, Emmenbrücke (SC 1. 24) 1¾ NO.
*Siehe dagegen Station Eschenbach, ByO 82.*
**Eschenfelden** bei Sulzbach, Neukirchen (ByO 36) ¾ NW.
**Eschenhorst**, Grunau (PO 38) ¼ O.
**Eschenthal**, Kupfer (Wü 77) ½ N.
**Escherde, Gr.- u. Kl.-**, Nordstemmen ¾ O, Hildesheim 1 W (Ha 71. 70).
— **Haus-**, Nordstemmen (Ha 71) ¾ SO.
**Escherode**, Münden (Ha 84) 1⅜ S.
**Eschershausen**, *Fl.*, Vorwohle ¾ NW, Stadtoldendorf ¾ N (Bs 3. 2).
**Eschersheim**, Frankfurt a. M. (FH 1) ¾ N.
**Eschollbrücken** bei Darmstadt, Eberstadt (MN 6) ½ W.
**Escholzmatt**, Nebikon (SC 1. 18) 34 Kil.
**Eschwege**, *Stadt*, T Bebra 3½ NO, Cassel 7½ SO, Eisenach 5 NW, Gerstungen 4 N. Münden 6 SO, Leinefelde 5 SW, Heiligenstadt 4¼ SW, Arenshausen 4½ SO. (HN 8 11. Th 3. 1. HN 1. Ha 86. ML 32. 33. 34).
**Eschweiler über Feld**, Buir (Rb 9) ¾ S.
*Siehe dagegen Station Eschweiler, Rh 6.*
**Esclum**, Leer (Wf 35) ½ S.
**Esebeck**, Göttingen (Ha 84) 1 NW.
**Esens**, *Stadt*, Leer 8 NO, Emden 6¾ NO, Sande 5¾ NW. (Wf 35. 38. Ol 18).
**Esensham**, Bremerhafen (Ha 40) 2 SW.
**Eslarn**, *Fl.*, Wernberg 4 O, Weiden 4 SO (ByO 71. 73).
**Espasingen**, Stahringen *H°* (Ba 189) 0.6 NO.
**Espenbach**, Neidenstein *H°* (Ba 96) ½ NO.
**Espenschied**, Lorch (Na 12) 1½ NO.
**Esperstädt**, Sangerhausen (ML 24) 2¾ SW.
**Esperstedt, Ober- u. Unter-**, Ob.-Röblingen (ML 21) ¾ S.
°**Esseg** (Eszek u. Eszeg), (Alf 21), *Stadt*, T Mohacs 6 S, Gr.-Kikinda 18 SW (MF 1. OeSt 114).
**Esselborn**, Alzey (HL 44) ½ S.
**Essen**, Melle 2 N. Wissingen 1¾ NO, Osnabrück 3 NO (Ha 55. 56. 57).
— **Alten-**, *Station* (KM 3), Essen (BM 85. KM 13 Rh 98) ¾ N.
— **Neu-**, ✕ u. ✕ (Bergw.-Act.-Ges. an Zweigb.), Alten-Essen (KM 13) 0,3 N.
*Siehe dagegen Station Essen, BM 85. KM*

**Fohrhaus**, *Weiler*, von Waldshut (Ba 68) 0,2 S.
**Fok-Szabadi**, Siófok (OeSS 125) 1.
**Folgaria**, Roveredo (OeSS 213) 1½ NO.
**Folja**, Zsebely (OeSt 121) 1 S.
**Follendorf**, Heiligenbeil (PO 45) ¾ NO.
**Folmhusen**, Ihrhove (Wf 34) ½ N.
**Fondo**, *Fl.*, Botzen 1½ SW, Auer in Tirol 1½ NW (OeSS 205. 206).
**Fony**, Forro-Encs (Ts 24) 3 NO.
**Fontana fredda**, Neumarkt (OeSS 206) 1.
**Forbach**, Murgesturm (Ba 17) 4 O.
*Siehe Station Forbach, Sa 7.*
**Forchheim**, Carlsruhe 1 SW, Mühlberg ½ SW, Ettlingen 0,7 NW (Ba 14. 15. 202).
— **Riegel** 0,8 NW, Nenzingen 1,4 SW (Ba 36. 35).
— **Ober- u. Nieder-**, Waldkirchen 2 SO, Freiberg 3 SW (SW 64. SO 51.
*Siehe Station Forchheim, ByS. 53.*
**Forchtenau**, Mattersdorf (OeSS 93) ½.
**Forchtenberg**, *Stadt*, Oehringen 1½ NO Wü 74).
**Fordon**, *Stadt*, Bromberg (PO 27) 2 NO.
— **Deutsch-**, Bromberg (PO 27) 1½ O.
**Fornach**, Vöcklamarkt ¾ NW, Frankenmarkt ¾ N (KE 40. 41).
**Fornich**, Brohl (Rh 49) ¼ SO.
**Forró**, Forró-Encs (Ts 24) ⅜ W.
1 **Forst** (Forsta), (HSG 17) *Stadt, Tuchfabriken*, Cottbus 3 O, Guben 3¾ SW, Jessnitz 2¾ SW, Sommerfeld 3⅛ W (BG 9. NM 17. 18. 19.)
2 — *berühmter Weinbau*, Deidesheim ⅛ N, Wachenheim ⅛ S (Pf 52. 53).
3 — **in Baden**, Bruchsal (Ba 10. Wü 1) ½ N.
4 — **Aachen** ½ SO, Burtscheid ½ O (BM 1. Rh 4).
5 — **in Böhmen**, Mastig (SNV 10) 2 N.
6 — **Kalsdorf** (OeSS 50) ½.
**Forstern**, Frankenmarkt (KE 41) ⅞ NW.
**Forsthart**, Osterhofen (ByO 53) 1 S.
**Forsthaus**, *Hof*, Aglasterhausen (Ba 99) ½ N.
**Forstweiler**, Ellwangen 2½ O, Bopfingen 1½ N (Wü 87. 117).
**Forth**, Lauf (ByO 42) 1½ N.
**Foth**, Dunakeszi 1 SO, Palota ⅛ NO (OeSt 93. 94).
**Foug** (Pfauen), Bern (SC 1. 39).
**Fränkisch Crumbach**, Darmstadt (HL 24. MN 5) siehe Crumbach.
**Frain**, *Stadt*, Brünn 9 SW, Stockerau 9 NW, *Znaim 2¾ NW (KFN 56. 46. OeSt 159).
**Framersbach**, *Fl.*, Partenstein (ByS 99) ¾ NW.
**Framersheim**, Alzey (HL 44) ¾ NO.
**Frangenheim**, Vettweiss (Rh 20) ½ SW
**Franken**, Sinzig (Rh 47) 3 W.
**Frankenau in Hessen**, *Stadt*, Kirchhain 4¾ N, Marburg 6 S (MW 10 11).
— **in Sachsen**, Mittweida (SW 31) ⅝ NW.
— **im Altenburg.**, Ronneburg (SW 87) 1¼ NO.
**Frankenberg** in Hessen, *Stadt*, Marburg (MW 11) 4½ N.
— **in Schlesien**, Frankenstein (BF 11) 1 SW.
*Siehe dagegen Station Frankenberg, SO 56.*
**Frankenburg**, Redl (KE 39) ¾ N.
**Frankeneck**, Lambrecht (Pf 10) ⅜ NW.
**Frankenfelde**, Luckenwalde (BA 5) ⅜ NW.
**Frankenfels**, St. Pölten (KE 12) 5 SW.
**Frankenförde**, Luckenwalde (BA 5) ½ N.
**Frankenhain**, Schkeuditz 1 S, Markranstädt ½ N (ML 13. Th. 21).
**Frankenhausen**, *Stadt*, *Bad.* Sangerhausen 3 SW, Rossla 2½ S, Erfurt 7½ N (ML 24. 26. Th 6), demnächst von °Artern (Erfurt-Sangerh.) 2 W.
**Frankenheim**, *Fl.*, Ansbach (ByS 152) 3 W.
**Frankenreuth**, Wernberg (ByO 71).
**Frankenstein**, Oederan (SO 52) ¾ NO.
*Siehe dagegen die Stationen Frankenstein, Pf 8 u. BF 11.*
**Frankenthal**, Fischbach ¾ NO, Bischofswerda ¾ W (SO 15. 17).
— **Neumarkt** (NM 36) 1 S.
*Siehe dagegen Station Frankenthal, Pf 19.*
**Frankenhausen**, Arenshausen (Ha 96. ML 34) 2½ S.

**Frankleben**, von Merseburg (Th 17) 1 SW.
**Frankstadt**, *Stadt*, Standing (KFN 24) 3 SO.
**Frankweiler**, Knöringen (Pf 38) ¾ W.
**Frantschach**, *Eisenw.*, Judenburg 6 SO, Drauburg 5½ NW (KR 24. OeSü 161).
**Franz**, Cilli (OeSü 64) 3½.
**Franzburg**, *Stadt*, Stralsund 2½ SW, Rostock 8½ NO (BSt 59. Mk 1).
**Franzen**, Sagor (OeSü 70) 2½.
**Franzensdorf** in Böhmen, Reichenberg (SNV 22) ⅜ SW.
*Siehe dagegen Station Franzdorf, OeSü 77.*
**Franzensthal**, *Bergw. u. Eisenhüttenw.*, Zbirow (SW 18) ¾ N.
**Franzensthal**, Bodenbach (SN 20. OeSt 42) 1½ SO.
— *Papierfabr.*, Gramat-Neusiedel (OeSt 59) ¼ NO.
**Franzfeld**, Temesvar (OeSt 119) 8 SW.
**Franzhausen**, Damm bei Stettin (BSt 12) ½ O.
**Franziska**, × Witten (BM 46) 0,2 O.
**Franzthal**, Friedeberg 1½ O, Driesen 1 W (PO 16. 18).
**Frasdorf**, Prien (ByS 140) 1 SW.
— **Cöthen** (ML 7) 1¼ SO.
**Frasselt**, Cranenburg (Rh 78) ⅜ S.
**Fraubrunnen**, Solothurn (SC 1, 59) 14 Kil.
**Frauenau**, Deggendorf (DP 1) 4 NO.
**Frauenalb**, *Hof*, Ettlingen (Ba 15) 1.8 SO.
**Frauenberg, Alt-**, Landshut (ByO 10) 3¾ SW.
— (Franuberg), Landshut (ByO 10) ¾ NO.
°— (KFJ) *Fl.*, Budweis (KFJ 23. KM 74) 2½ NW.
— **Euskirchen** (Rh 22) ½ NW.
**Frauenbreitungen**, *Fl.*, Wernshausen ⅝ N, Immelborn ⅜ SO (Th 47. 46).
**Frauenburg**, *Stadt*, Braunsberg (PO 44) 1½ SW.
**Frauendorf**, Frankfurt a./O. (PO 71) 2½ NO.
— *Eisenw.*, Unzmarkt (KR 27) ¼ NW.
**Frauenhagen**, Passow (BSt 7) 1¼ SO.
**Frauenhain**, Ohlau 1 S, Brieg 1½ W (OS 4. 5)
— **bei Schweidnitz**, Ingramsdorf (BF 5) ½ SO.
— **Grossenhain** (LD 35) 1½ N.
**Frauenhofen, Alt-** (Fraunhofen), Landshut (ByO 10) 1¾ S.
— **Neu-**, bei Velden, Landshut (ByO 10) 2½ S
**Frauenkappeln**, Bern (SC 1, 39) 1¾ W.
**Frauenstein**, Biebrich-Mosbach (Na 2) ½ NW.
— *Stadt*, Klingenberg-Colmnitz 2 S, Freiberg 2 SO, Dresden 4½ SW (SO (48 51 1 u. 12)
**Frauenthal**, *Eisenw.*, Nürschan (BW 6) 5½ W.
**Frauenwald**, Themar (Th 52) 2⅜ NO.
**Frauenzell**, Walhallastrasse (ByO 23) 2¾ O.
**Frauheim**, Kranichsfeld (OeSü 58) ⅜.
**Fraunkirchen**, *Fl.*, Zurndorf 3¾ S, Wieselburg 2 SO (OeSt 65. 67).
**Fraureuth**, Werdau (SW 9) ¾ SW.
**Frechen bei Köln**, Königsdorf (Rh 11) ¾ SO.
**Freckenfeld**, Schaidt (Pf 42) ⅜ NO.
**Freckenhorst**, *Stadt*, Ahlen 2½ NO, Münster 3½ SO, Drensteinfurt 3½ NO (KM 22. Wf 20. 17).
**Freckleben**, *Brauerei*, Eisleben 2¼ N Aschersleben 1½ SO (ML 22 MH 30).
**Fredeburg**, *Stadt*, Altenhundem (BM 75) 3 NO.
**Fredelsloh**, Northeim (Ha 81) 2 NW.
**Fredenwalde**, Gross- u. Klein-, Wilmersdorf (BSt 46) ¾ NW.
**Fredersdorf bei Berlin**, Neuenhagen (PO 2) ⅛ S.
— **bei Angermünde**, Passow (BSt 7) 1 SW.
**Freepsum**, Emden 1 NW (Wf 38).
**Freeren**, *Stadt*, Lingen (Wf 27) 2⅛ SO.
**Freiamt**, Emmendingen (Ba 39) 2 N.
**Freiberg** in Mähren, *Stadt*, ⊤ Standing (KFN 24) 1½ SO.
*Siehe dagegen Station Freiberg, SO 51.*
**Freibergsdorf**, Freiberg (SO 51) ¼ W.
**Freiburg**, *Fl.*, ⊤ Harburg (Ha 17) 9 NW.
— a./Unstrut, *Stadt*, ⊤ Naumburg a. d. Saale (Th 14) 1 N.
*Siehe dagegen die Stationen Freiburg, Ba 59, BF 8 u. Schweiz, Westb. 4, 43.*

**Freidorf**, von Halbe (BG 4) ½ SO.
**Freie Vogel u. Unverhofft**, × Hörde (BM 51) 0,3 NO.
**Freiendiez**, *Bergw.*, Fachingen (Na 28) ⅛ NO.
**Freienfels**, Weilburg (Na 38) ½ SO.
**Freienhagen**, Heiligenstadt (ML 33) ⅞ NW.
— *Stadt*, Guntershausen 1¾ NO, Warburg 3½ S, Wabern 4½ NW (MW 3. Wf 1. MW 5).
**Freienohl**, *Fl.*, Soest (Wf 13. BM 56) 4⅜ SW.
**Freienseen**, Giessen 4 O, Butzbach 4½ NO (MW 14. 16).
**Freienstein**, *Fl.*, Löcknitz (BSt 63) 1 N.
— **Bülach** (SNO 2. 41) ¾ NO.
**Freihan**, *Fl.*, Rawicz (OS 37) 4¾ O.
**Freiheit**, *Stadt*, Mastig 3 NO, Königinhof 4 N, Trautenau 1½ NW (SNV 10. 8. 23).
— *Osterode (Ha 93) ¼ NO.
**Freihöfen**, Königgrätz (SNV 3) ½ NW.
**Frei im Felde**, *Fabr.*, Halle (BA 18. ML 11) ¼ NO.
**Freilaubersheim**, Creuznach 1¼ SO, Alzey 1¾ NW (Sa 22. HL 44).
**Freilingen**, An 3½ S, *Hadamar 2¾ NW (KM 49. Na 48).
**Freimersheim**, Alzey (HL 44) ⅝ S.
**Freimersheim**, Edenkoben (Pf 36) 1 O.
**Freindorf**, Kleinmünchen (KE 37) ¾ O.
**Freinsheim**, *Fl.*, Dürkheim (Pf 34) ¾ NO.
**Freiroda**, Schkeuditz (ML 13) ¾ NO.
**Freisen**, St. Wendel 1¾ NO, Türkismühle 1⅛ SO, Heimbach 1½ SO (Sa 43. 42. 40).
**Freistadt (Freystadt)**, *Stadt*, Pleinfeld 3¼ NO, Roth 3 SO, Nürnberg 5 SO (ByS 41. 43 46).
2 — (Freystadt), *Stadt*, ⊤ Lest (KE 68) 1 N.
3 — *Stadt*, Petrowitz ¾ SO, Teschen 1¾ NW (KFN 29 KO 4)
4 — *Stadt*, Warlubien 7 NO, Czerwinsk 6¾ SO, Altfelde 8 S, Elbing 12½ S (PO 31 32. 37)
5 — *Stadt*, ⊤ Waltersdorf 3 NW, Sprottau 3 NO, Sagan 3 NO, Soran 4½ NO Glogau 5 NW (NZ 4. 5. 7. NM 22. NZ 1).
**Freistadtl**, *Stadt*, ⊤ Diozegh 3 NO, Galanta 5 NO (OeSt 79 80).
— *Fl.*, Sollein (KFN 18) 2¼ SO.
**Freistett, Neu- u. Alt-**, *Stadt*, Achern 1¼ NW, Renchen 1,6 NW, Kehl 1¾ NO (Ba 24. 25. 157).
**Freiung** (Freibung u. Freyung), *Fl.*, Amberg 2⅝ N, Parksteinhütten 1¾ SW Prosnath 2¼ S, Passau 4 NO (ByO 32. 74. 75. 58).
**Freiwaldau**, *Stadt*, ⊤ Neisse 5 SW, Troppau 8 SW, Hohenstadt 7 NW (NB 1. KFN 63. OeSt 48).
— *Stadt*, Halbau 1¾ SW, Rauscha 1½ NW (NM 24. 25).
**Freiwalde bei Luckau**, Brand (BG 5) 1 S.
— **Tapiau** (PO 54) 1 SO.
**Frei-Weinheim**, Ingelheim ½ N, Oestrich-Winkel 8 (HL 15. Na 7).
**Freileben**, Helmstedt (Bs 31) 1¼ SW.
**Fremdingen**, Oettingen (ByS 36) 1½ W.
**Fremdiswalde**, Dornreichenbach *8 (LD 7) ¾ S.
**Frommersdorf**, Beckingen (Sa 15) ½ NW.
**Frenkendorf**, Nieder-Schönthal (SC 1, 4) 1 Kil.
**Frenkofen**, Walhallastrasse (ByO 23) 1⅜ O.
**Frenz**, *Dorf*, Langerwehe (Rh 7) ½ NW.
— **Cöthen** ¾ W, Biendorf ½ O (MH 34. 33).
**Frenzenburg**, Langerwehe (Rh 7) ¼ NW.
**Freschenhausen**, Winsen (Ha 15) 1¼ W.
**Fresen**, Marburg a./Drau 11 NO, Kanizsa 2½ NW (OeSü 57. 109).
— **Reifnigg-Fresen** (OeSü 158) ½.
**Fresenburg**, Lathen (Wf 30) ½ NW.
**Fresing**, Leibnitz (OeSü 53) 1½.
**Fressnitz**, Mitterdorf (OeSü 35) ¼.
**Frettenheim**, Alsheim (HL 4) 1 W.
1 **Freudenberg** in Baden, Wertheim 2 SW, Aschaffenburg 4 SO (Ba 141. FH 10. HL 30).
2 — **Grafenstein** (OeSü 165) 1½.

2Freudenberg bei Böhm.-Kamnitz, von Bodenbach 1½ O (OeSt 42. BN 20).
4— Tapiau (PO 54) 1 N.
5— *Stadt*, Siegen 1¾ NW, Kirchen 1¾ N (KM 64. 62).
Freudenburg, *Fl.*, Beurig-Saarburg 1½ S, Mettlach 1¼ NW (Sa 19. 17).
Freudenfier, Schneidemühl (PO 22) 3 NW.
Freudenheim, Ladenburg 1½ NW, Mannheim ¾ O (MN 15. Ba 88 89)
0Freudenstadt, (WB) *Stadt*, T Hausach 6 NO, Horb 3 W, Stuttgart 7½ SW (Ba 164. WB 142. 16).
Freudenstein, Linz (KE 64) 2 NW.
— Maulbronn (WB 5) 1 N.
1Freudenthal, Franzdorf (OeSB 77) ½.
2— *Stadt*, T Troppau 4¼ W, Olmütz 6½ NO, Neisse 7½ S (KFN 63. 58. NB 1).
3— Elbe-Teinitz (OeSt 21) 1 N.
4— im Salzburgischen, Frankenmarkt (KE 41) ¾ SW.
5— Besigheim ¾ W, Gross-Sachsenheim ¾ N, Bietigheim 1 NW (WB 58. 9. 10).
6— Allensbach (Ba 85) 0,8 N.
7— Borken (MW 6) ⅝ SO.
8— *Eisen- u. Stahlhammer*, Danzig (PO 74) 1½ NW.
Freund, Stolberg (Rh 5) ¾ SW.
Freundsheim, Brixlegg (OeSB 182) ¾.
Freusburg, *Eisengruben*, Betzdorf 1 NW, Kirchen ¾ NW (KM 51. 62).
Freystadt siehe Freistadt.
Fribuss (Frühbuss), *Stadt*, Schwarzenberg 2¾ SO, Voitersreuth 4 NO, Annaberg-Buchholz 4¾ SO (SW 58. 82. 70).
Frick, in d. Schweiz, Laufenburg 1 SW, Säckingen 1½ O (Ba 65. 63).
— Ober-, in d. Schweiz, Säckingen 2 O, Brugg (SN 1, 26).
Frickenhausen, *Fl.*, Marktbreit ½ NW, Ochsenfurt ½ NO (BvB 161. 162).
— Nürtingen (WB 127) ½ S.
Friedau, *Kattunfabr.*, St. Pölten 1 SW, Prinzersdorf ¾ SO (KE 12. 13).
*Siehe dagegen Station Frieden, OeSü 113.*
1Friedberg, *Stadt*, *proj. Station* (ByS), Augsburg (ByS 26) ¾ O.
2— bei Hohenfurth in Böhmen, *Fl.*, Linz (KE 64) 5½ NW.
3— in Steiermark, *Stadt*, Wiener-Neustadt (OeSB 22) 6 SW.
4— (Friedeberg), in Oestr. Schles., *Stadt*. Neisse 3 SW, Hohenstein 7 NO (NB 1. OeSt 48).
*Siehe dagegen Station Friedberg, HW 18.*
Friedburg, Strasswalchen (KE 42) 1 NW.
Friedeberg a. Queis, *Stadt*, T *Spinn-, Tuch-, u. Ziegelfabr.*, Rabishau ¾ W, Greiffenberg 1¼ SW. (NM 46. 45).
— nebst Kolonie, *Stadt*, Friedeberg (PO 16) 1 NW.
— Hohen-, siehe Hohenfriedeberg.
*Siehe dagegen Station Friedeberg, PO 16.*
*Siehe auch Friedberg unter 4.*
Friedeburg, Leer (Wf 35) 5 NO.
— Bernburg 2½ S, Cöthen 3 SW (MH 32. 34).
Friedek, *Stadt*, T Staudling 2¾ O, Schönbrunn 2¾ NO, Mähr.-Ostrau 2¾ S. (KFN 24. 25. 26).
Friedelshausen, Wasungen (Th 48) 1¼ W.
Friedelsheim, Wachenheim ⅜ O, Dürkheim ½ SO. (Pf 53. 54).
Friedenfels, *Eisenhammer*, Reuth in Bayern ⅝ NW, Wiesau ¾ SW. (ByO 83. 84).
Friedenweiler, Freiburg (Ba 89) 5 O.
1Friedersdorf, Sorau (NM 22) 1½ N.
2— Gusow 1 S, Lebus 1¾ NW. (PO 6. 70).
3— a. Queis, Langen-Oels ½ S, Greiffenberg i. Schles. ½ NW. (NM 44. 45).
4— bei Storkow, Königs-Wusterhausen (BG 3) 3 O.
5— an der Landskrone, Görlitz (SO 27) 1½ SW.
6— Bitterfeld ½ NO, Burgkemnitz ⅝ S. (BA 13. 12).
7— bei Ob.-Glogau, Gogolin (OS 11) 2½ NW.
8— Zittau (SO 25) ¾ NO.
9— bei Lausa, Radeberg (SO 14) 1½ NW.
10— bei Pulsnitz, Radeberg (SO 14) 1½ NO.
11— bei Neusalza, Bautzen 2½ SO, Löbau 1¼ SW. (SO 30. 23).

Friedewald, von Hersfeld 1 NO, Hönebach 1 SW. (BbH 2. HN 2).
Friedewalde, Breslau (RO 13) ¾ NO.
— Grottkau 1½ S, Neisse 2 N (NB 5. 1).
— Minden (Ha 48, KM 33) 1½ NW.
Friedingen i. Wrttb., *Stadt*, Engen 3 NO, Stockach 3 NW. (Ba 176. 192).
— i. Wrttb., *Riedlingen 1¼ NW, Rottenburg 7 SO. (WB 179. 137).
— i. Baden, Singen (Ba 81) 0 3 O.
1Friedland i. Böhmen, *Stadt*, T Zittau 2½ NO, Reichenberg i. Böhmen 2 N, Görlitz 3½ SO. (SO 23. 38. 27).
2— i. Mähren, *Fl.*, Schönbrunn 3½ SO, Mähr.-Ostrau 4 S. (KFN 25. 26).
3— i. Mähren bei Römerstadt, *Fl.*, Littau 4 NO, Olmütz 5 N. (OeSt 45. 43).
4— i. Mecklenb., *Stadt*, T Anclam 3 SW, Neubrandenburg 3½ NO. (BSt 55. FF 7)
5— bei Beeskow, *Stadt*, Lübben 4½ NO, Frankfurt a. O. 5 SW. (BG 6. NM 11. PO 71).
6— i. Ostpr., *Stadt*, T Pr. Eylau 3 NO, Bartenstein 3½ NO, Königsberg i. Pr. 6 SO, Wehlau 4 SW. (OpS 13, 15. 8. 9 PO 55).
7— Märk.-, *Stadt*, Schönlanke 5¼ NW, Schneidemühl 5 NW, Arnswalde 7½ NO, Woldenberg 6¼ N. (PO 21. 22. OS 57).
8— Preuss.-, *Stadt*, Schneidemühl 8 NW, Nakel 8 NW, Osiek 7 N. PO 22. 26. 25).
9— in Schles., *Stadt*, T Waldenburg 2½ SW, Schwadowitz 2½ NO, Dittersbach 2 SW. (BF 10. NM 56. SNV 27. NM 56).
10— Alt-, Waldenburg (BF 10) 2¾ SW.
11— i. Oberschles., *Stadt*, Neisse 2½ O, Löwen 4½ S. (NB 1. OS 7).
12— Alt-, Trebnitz 1¾ N, Wriesen a. O. 1½ SW. (PO 5. BSt 67).
13— Neu-, Trebnitz (PO 5) 1¼ N.
*Siehe dagegen Haltest. Friedland, Ha 96.*
Friedlicher Nachbar, ✕ (an Pferdeb.), Dahlhausen (BM 85) 0 4 NO.
— ✕ (an Pferdeb.), Nierenhof (BM 62) 0,8 O.
Friedrichgrätz, Mischline ¾ W, Klein-Stanisch ½ N. (RO 27. 4).
Friedrichsaue, *Zuckerfabr.*, Golzow (PO 7) ¾ NW.
— Nachterstedt ⅜ N, Gatersleben ½ NO (MH 28. 27).
Friedrichsberg, Pforzheim (WB 207. Ba 149) ⅛ O.
— Berlin ¼ O.
*Siehe dagegen Station Friedrichsberg, Sw 27.*
Friedrichsbrunnen, Quedlinburg 2½ SW, Nienrode 1½ SW, Thale 1 S. (MH 12. 8. 14).
1Friedrichsdorf, *Fl.*, Homburg vor der Höhe ½ NO, Friedberg 1¾ SW. (Ho 1. MW 18).
2— in Prov. Westfalen, Brackwede (KM 37) 1 S.
3— Vegesack (Ha 42) ¼ NO.
4— in Prov. Pommern, Wangerin (BSt 17) 4¼ O.
5— in Prov. Brandenburg, Kreuz 1½ NW, Woldenberg 2 SO. (OS 54. 55).
6— bei Römerstadt, Olmütz (OeSt 43) 6¼ NW.
*Siehe dagegen proj. Station Friedrichsdorf, BF 27.*
Friedrichsfeld, Gr., Faulbrück (BF 14) ½ S.
*Siehe dagegen gleichnamige Station Ha 16.*
Friedrichsgnade, Wangerin (BSt 17) 3 NW.
Friedrichsgrün bei Wildenfels, Wiesenburg (SW 50) ⅛ N.
Friedrichsgrund mit 2 *Glashütten*, Frankenstein (SO 51b) 4 SW.
Friedrichshagen, Greifswald (BSt 57) 1 O.
— in Vorpommern, Ferdinandshof (BSt 52) ¼ W.
*Siehe dagegen Station Friedrichshagen, NH 4.*
Friedrichshain, Kratzau (SO 36) ⅜ NO.
Friedrichshall, Coburg (Th 54) 1⅞ SW.
Friedrichshayn, *Glashütte*, Spremberg (BG 10) 2 NO.
Friedrichshausen, Salzderhelden (Ha 80) 2½ W.
Friedrichshöh in Schles., Greiffenberg (NM 45) 1 NO.

Friedrichshof, von Braunsberg 3 O, Heiligenbeil 2¼ SO. (PO 44. 45).
Friedrichshorst, Osiek (PO 25) ¼ SW.
Friedrichshütte in Böhmen, *Glashütte*, Taus 2 SW, Cham 3 N, Furth 2½ NW. (BW 2. ByO 64. BW 1).
— *Glashütte*, Cöslin (BSt 24) 9 O.
— *Hüttenwerk*, Weisswasser (BG 12) ¾ N.
— Giessen (KM 61) 4 SO.
*Siehe dagegen Station Friedrichshütte. RO 11.*
Friedrichsort, *Stadt*, T Kiel (AK 13) 1½ N.
Friedrichsroda, *Fl.*, T Gotha 2 SW, Waltershausen 1 S. (Th 6. 35).
Friedrichstein, Löwenhagen (OS 7) ½ NW.
1Friedrichsthal in Baden, Weingarten 1 W, Durlach 2,3 NW. (Ba 12. 13).
2— bei Oranienburg, *Uhrenfabr.*, Berlin (BH 1) 4 NW.
3— Freienwalde in Pommern (BSt 16) 1¼ O.
4— *Eisenwerk*, Oppeln (OS 10. RO 1) 3 N.
5— Neu-, *Glashütte*, Schneidemühl (PO 22) 2 N.
6— bei Gummersbach, *Eisenhammer*, Schladern (KM 48) 3 N.
*Siehe ausserdem Stationen Friedrichsthal, Sa 2 u. 60.*
Friedrichswald, Reichenberg in Böhmen (SNV 29) 1¼ O.
Friedrichswalde, Pirna (SO 5) 1 SW.
— in Pommern, Carolinenhorst (BSt 13) 1 NO.
*Siehe dagegen Station Friedrichswalde, Hk 5.*
Friedrichsweiler, Bous (Sa 11) ¾ SW.
Friedrichswille, *Galmeigruben*, Beuthen bei Tarnowitz (OS 31) 1½ NW.
Friedrich-Wilhelm ✕ Hörde (BM 51) 0,4 W
Frielendorf, Zimmersrode (MW 7) 1 SO.
Frielingen, Neustadt a. N. (Ha 23) 1 SO.
Friemersheim, Rheinhausen ½ SW, Uerdingen 1¼ N. (Rh 87. 86).
Friesach, Peggau (OeSB 44) ½.
Friesdorf, *Alaunwerke*, Bonn ¾ SO, Godesberg ½ NW. (Rh 42. 113).
Friesenhagen i. d. Rheinprov., Wissen (KM 50) 1½ N.
Friesenheim, *PH* (Ba 30), Dinglingen (Ba 31) 0.8 NO.
— i. d. Pfalz, Ludwigshafen (Pf 17) ½ NO.
— i. Hessen, Nierstein 1¼ SW, Oppenheim 1 SW. (HL 7. 6).
Friesheim i. Bayern, Mangolding (ByO 20) 1½ NO.
— i. Preussen, Brühl (Rh 39) 1¾ SW.
Friesoythe, *Fl.*, Oldenburg 3¾ SW, *Zwischenahn 3 S. (Ol 1. 10).
Frille, Minden (Ha 48. KM 33) 1 NO.
Frintrop, Oberhausen (BM 89. KM 11) ½ SO.
Friolzheim i. Württemb., Malsch 1,3 O, Pforzheim 1½ SO. (Ba 18. 149. WB 207).
Frischauf ✕ Witten (BM 46) 0,4 SO.
Fritschendorf, Sommerfeld (NM 19) 4 NO.
Fritzdorf, Bonn 2½ S, Meblem 1½ SW. (Rh 42. 44).
Fritzens, *PH* (OeSB 185) Hall in Tirol (OeSB 186) ⅞ NO.
Fritzlar, *Stadt*, Wabern (MW 5) 1 NW.
Frixheim, Worringen (Rh 62) 1 W.
Frobelwitz i. Schles., Lissa (NM 38) 1 W.
Fröhein, Löwen (OS 7) ¼ O.
Fröbersgrün, Mehltheuer (SW 16) 4 W.
Fröblichsdorf, Freiburg i. Schles. (BF 8) ½ NW.
0Fröndenberg (BM 114) in Westfalen, Camen 1¾ S, Unna 1 S. (KM 20. BM 54).
Fröschnitzgraben, Spital (OeSB 32) 1.
Frohburg i. K. Sachsen, *Stadt*. Altenburg 1½ NO, Borna 1¼ SO. (SW 6. 93).
Frohna i. Sachsen, Hohenstein-Ernstthal (SW 42) 1¼ N.
Frohnau i. Schles., Löwen (OS 7) ¾ NO.
— i. Sachsen, *Eisenhammer*, Annaberg (SW 70) ¼ W.
Frohnbach, Hausach (Ba 164) 0,8 NO.
Frohnhausen in Nassau, Dillenburg (KM 56) ½ N.
— Essen (Rh 93) ⅜ SW.
— Warburg 2¾ NO, Willebadessen 1¾ O. (Wf 1. 4).
— i. Reg.-Bez. Trier, Heimbach (Na 41) 1¼ NO.
*Siehe dagegen Station Frohnhausen, HW 12.*

**Frohnhofen**, von St. Wendel (Sa 43) 1 3/4 SO.
**Frohnlach**, Ebersdorf (Th 56) 1/2 SW.
**Frohnschwand**, Waldshut (Ba 68) 1,6 N.
**Frohsdorf**, Neustadt (OeSü 22) 1.
**Froitzheim**, Vettweiss (Rh 20) 5/8 SW.
**Frommenhausen**, Niedernau (Wü 138) 1/2 SW.
**Frontenhausen**, *Fl.*, Landshut (ByO 10) 4 O.
**Fronza**, Czerwinsk (PO 32) 1 SW.
**Frücht**, Ems (Na 22) 1/2 SW.
**Frutigen**, Thun (SC 1, 47) 4 1/2 S.
**Fryezink**, *Stadt*, Tarnow (GCL 10) 9 1/4 SO.
**Fuchsberg** bei Teuz, Nabburg (ByO 69) 2 NO.
— Königsberg i. Pr. (PO 50) 1 1/2 NW.
**Fuchshain**, *Br* ✕ Naunhof *H°* (LD 21) 1/2 W.
**Fuchsmühl**, Reuth 1 1/4 N, Wiesau 1/4 NW. (ByO 83. 84).
— Haynau (NM 81) 1 1/2 NO.
**Fuchsstadt**, Heidingsfeld (Ba 124) 0,7 SW.
**Fügen**, Brixlegg 1 S, Jenbach 1 3/8 SO. (OeSü 182. 183).
**Fühlingen**, Woringen (Rh 62) 1/2 SO.
**Fülle**, Lepsény (OeSü 126) 3/4.
**Fülme**, *Schwefelquellen*, Bückeburg (Ha 47) 1 1/4 S.
**Fünfeichen**, Fürstenberg (NM 14) 1 1/4 W.
**Fünf- und Sechshaus**, Meidling (OeSü 4) 1/2.
**Für**, Perbete (OeSt 86) 1 NO.
**Füramoos**, Ummendorf (Wü 48) 1 SO.
**Füred**, T *Bad* am nördl. Ufer des Plattensees, Szántód 2 NW, Stuhlweissenburg 8 W. (OeSü 124. 128).
— **Tisza-**, Karcsag (Ts 7) 4 NW.
**Füresz-Gyarmat**, Gyoma (Ts 31) 6 NO.
**Fürfeld**, *Fl.*, Creuznach 1 S, Alzey 2 1/4 NW. (Sa 23. HL 44).
— in Wrttb., Heilbronn 2 NW, Babstadt 1/2 S. (Wü 57. Ba 131).
**Fürholzen**, Neufahrn bei Freising (ByO 5) 3/4 NW.
**Fürstenau**, *Stadt*, T Lingen 3 3/4 O, Osnabrück 5 NW. (Wf 27. Ha 57).
**Fürstenau** in Schles., von Mettkau (BF 4) 1/2 O.
— bei Höxter, (Wf 25) 1 NW.
— Mühlhausen i. Ostpr. (PO 42) 3/4 NO.
[1] **Fürstenberg** i. Baden, *Stadt*, Geisingen 0,96 W, Donaueschingen 1 SO. (Ba 181. 185).
[2] — i. Braunschw., *Porzellanfabr.*, Holzminden 1 3/4 SW, Brakel 1 3/4 O, Höxter 1 SW, Carlshafen 1 3/4 NW. (Wf 43. 40. 42. HN 20).
[3] — i. Westf., *Fl.*, Paderborn 3 1/2 SW, Gesecke 3 3/4 SO, Salzkotten 2 3/4 SO, Bonenbdrg 3 1/2 W. (Wf 7. 9. 8. 2).
[4] — i. Mecklb., *Stadt*, Neubrandenburg 7 N, Prenzlau 6 3/4 SW, Neustadt a. d. Dosse 8 3/4 NO. (FF 7. BSt 48. BH 7).
[5] — i. Waldeck, *Fl.*, Wabern 5 NW. Warburg 6 SW, Marburg i. Hessen 5 N. (MW 5. 11. HN 17).
*Siehe ausserdem Station Fürstenberg, NM 14.*
**Fürstenbruck**, *Fl.*, Münchengrätz (TKP 11) 7/8 SO.
**Fürstenfeld** i. Steiermark, *Stadt*, Graz 7 3/4 SO, Molnari 6 W. (OeSü 48. 130).
**Fürstenfelde**, *Stadt*, Cüstrin (PO 8) 2 1/2 N.
**Fürstenhagen** in Hessen, Cassel (HN 11. MW 1) 3 SO.
— in Prov. Sachsen, Heiligenstadt (ML 33) 3/4 SW.
**Fürstenhausen** i. d. Rheinprov., *Glashütte*, Völklingen (Sa 10) 1/4 SO.
**Fürstensee** bei Pyritz in Pomm., Dölitz (OS 58) 1 S.
**Fürstenstein**, Freiburg i. Schles. (BF 8) 1/2 SW.
**Fürstenwald** in Hessen, Mönchehof (HN 12) 5/8 W.
**Fürstenwalde** in Sachsen, *Zollamt*, Pirna 3 SW, Teplitz 1 3/4 N. (SO 5. AT 6).
*Siehe dagegen Station Fürstenwalde, NM 7.*
**Fürstenwerder**, *Fl.* Prenzlau 3 NW, Neu-Brandenburg 4 SO. (BSt 48. FF 7).
**Fürstenwille**, Mühlhausen in Ostpr. (PO 42) 5/8 O.
**Fürstenzell**, *Mineralquelle*, Passau (ByO 58) 1 1/2 SW.
**Fürth** in Hessen, *Fl.*, T von Heppenheim (MN 11) 1 7/8 O.
— i. d. Rheinprov., Ottweiler 1 NO, St. Wendel 1 1/4 SO. (Sa 44. 43).
— a. Berg, in Sachs.-Cob., Neustadt (Th 51) 3/4 NO.
*Siehe dagegen Station Fürth, ByS 48.*
**Füss** in Ungarn, Neuhäusel (OeSt 85) 1 1/2 N.
**Füssen** in Bayern, *Stadt*, T Peissenberg 6 SW, Biesenhofen 4 1/2 SO, Kempten 4 1/2 O. (ByS 190. 17. 11).
**Füssenheim**, St. Georgen (OeSü 62) 1 3/4.
**Füssenich**, Zülpich (Rh 21) 1/2 NW.
**Fützen**, Ob.-Lauchringen 2,7 N, Donaueschingen 2,6 S. (Ba 70. 185).
**Füzes**, Kiss-Terenne (UN 13) 3 SO.
**Füzvölgy**, Kanizsa (OeSü 109) 7/8.
**Fuhlbeck**, Posn., Schönlanke (PO 21) 4 1/2 NW.
**Fuhrn** bei Neunburg, Schwandorf 3/4 NO, Bodenwöhr 1 NW. (ByO 29. 60).
**Fulerum**, Heissen (Rh 91) 3/4 SW.
**Fulgenstadt**, Aulendorf (Wü 46) 2 NW.
**Fullen**, Gr.- u. Kl.-, Meppen (Wf 28) 3/4 W.
**Fulnek**, *Stadt*, Zauchtl-Neutitschein (KFN 23) 1 1/2 NW.
**Fulpmes**, Innsbruck (OeSü 187) 2.
**Funkenhagen**, Fritzow (BSt 42) 2 O.
**Furra**, Gr., Nordhausen 1 1/2 SW, Wolkramshausen 1/2 SO. (ML 28. 28a).
[6] — Kl., (NE 3), Nordhausen 1 1/4 SW, Wolkramshausen 1/4 SO, *Sondershausen 3/4 NW. (ML 28. 28a. NE 4. 3).
**Furschweiler**, St. Wendel (Sa 43) 1 N.
**Furta**, Berettyo-Ujfalu (Ts 40) 2 SW.
**Furth**, Landshut (ByO 10) 1 1/2 NW.
— Innkreis, St. Pölten (KE 12) 2 1/2 N.
— Böheimkirchen (KE 10) 1/2 S.
*Siehe dagegen Station Furth am Walde, ByO 67 u. BW 1.*
**Fur(t)wangen**, *Stadt*, T *Glockengiesserei*, Hausach 3,8 S, Donaulingen 3 O, Emmendingen 4 S. (Ba 164. 58. 37).
**Futak**, *Fl.*, Gr. Kikinda (OeSt 114) 13 1/2 SW.

# G.

**Gaad**, Zsebely 2 1/2 SW, Detta 1 3/4 W. (OeSt 121. 122).
**Gaaden**, Ober-, Mittel- u. Unter-, Mödling 1 1/8 SW, Baden 1 1/2 NW (OeSü 4. 15).
**Gabditten**, Heiligenbeil (PO 45) 3/4 NO.
**Gabel** in Böhmen, *Stadt*, Zittau 2 S, Grottau 1 1/2 S, Kratzau 2 SW, Böhm.-Leipa 2 1/4 NO. (SO 33. 34. 36. BN 6).
— a. d. stillen Adler, *Fl.*, Wildenschwert (OeSt 12) 3 1/4 NO.
— in Schles., Quaritz 3/4 W, Waltersdorf 1/2 NO. (NZ 3. 4).
**Gabelbach**, Gabelbachgereuth (ByS 111) 1/4 O.
**Gabenberg**, Stuttgart (Wü 16) 1/4 NO.
**Gabersdorf** bei Glatz, Frankenstein 2 SW, Schwadowitz 5 1/2 O. (BF 11. SNV 27).
**Gaberske**, Trifail (OeSü 69) 3/4.
**Gabitz**, Breslau (BF 1) 1/4 SW.
**Gablau** (Gaablau), Gottesberg (NM 55) 1/2 SW.
[1] **Gablenz**, Sommerfeld (NM 19) 1 SO.
[2] — bei Muskau, *mehrere Fabr.*, Weisswasser (BG 12) 1/2 NO.
[3] — Chemnitz (SO 55) 1/2 O.
[4] — Crimmitzschau (SW 8) 3/8 O.
[5] — bei Stolberg, Lugau 1 SO, Aue 1 1/4 NO. (SW 45. 56).
**Gablicken**, Gr.-, Insterburg 1 6 SO, Lötzen 2 7/8 O. (PO 28. OpS 22).
**Gablitz**, Purkersdorf (KE 5) 5/8 NW.
**Gablonz** bei Hühnerwasser, *Stadt*, T Weisswasser i. Böhmen 1 1/2 NO, Turnau 2 W, Liebenau 2 1/4 SW. (BN 2. SNV 17. 19).
— bei Morchenstern, *Fl.*, Liebenau 1 1/2 NO, Eisenbrod 1 1/8 NW, Reichenberg i. Böhm. 1 3/4 SO. (SNV 15. 19. 22).
**Gábor** (Gr.-Gabar), Littai (OeSü 72) 3 SO.
**Gáborján**, Berettyo-Ujfalu (Ts 40) 2 NO.
**Gabow**, Freienwalde a. O. (BSt 49) 1/2 NO.
**Gabsheim**, Mainz (HL 11) 3 1/2 SW.
**Gadderbaum**, Brackwede (KM 27) unm.
**Gadebusch**, *Stadt*, Ratzeburg 3 1/2 O, Schwerin 3 W. (LB 4. Mk 9).
**Gaden** (Gaaden), Mödling (OeSü 10) 1 SW.
**Gadenstedt**, Peine (Ha 66) 1 S.
**Gadernheim**, Bensheim (MN 10) 1 1/2 NO.
**Gadesbünden**, Nienburg 1 1/2 NO, Rohrsen 1/2 NO. (Ha 26. 27).
**Gadewitz** *mit Brennerei*, Döbeln (LD 28) 3/4 N.
**Gadmen**, Seberzligen (SC 1, 48) 60 Kil.
**Gadow**, Zernitz (BH 5) 4 NO.
**Gäbersdorf**, Striegau (BF 17) 1 5/8 NO.
**Gächlingen** i. d. Schweiz, Neunkirchen 0,3 N, Schaffhausen 1 3/4 W. (Ba 74. 77).
**Gächliwyl**, Solothurn (SC 1, 52) 12 Kil.
**Gänsdorf**, Stein am Anger (OeSü 102) 1 N.
**Gänsefurth**, Stassfurth (MH 38) 1 1/4 NW.
**Gänseteich**, Heiligenstadt (ML 33) 1 NW.
**Gänsweis**, Passau (ByO 58) 3 1/2 NO.
**Gärten**, Bodenbach 5 1/4 N, Rumburg 5/8 SW. (BN 10. 16).
**Gärtitz** *mit Brennerei*, Döbeln (LD 28) 1/2 O.
**Gävernitz**, Pristewitz (LD 14) 3/2 S.
*Gaggenau (Ba 214a). T *Glasfabr. u. Hammerwerk*, Muggensturm 1 1/2 O, Rastatt 1 SO. (Ba 17. 18).
**Gahlenz**, Oederan 5/8 SO, Freiberg in Sachsen 1 7/8 SW. (SO 58. 51).
**Gahry**, Jessnitz bei Guben (NM 18) 1 NO.
**Gaiberg**, Bammenthal (Ba 93) 0,4 NW.
**Gaienhofen**, Radolfzell (Ba 83) 0,9 SO.
**Gailbach**, Aschaffenburg (ByS 109) 7/8 SO.
**Gailboden**, Insterburg (PO 28) 3 1/2 SO.
**Gaildorf**, *Stadt*, T Hall 1 1/2 S, Canstatt 7 1/2 NO, Gmünd 3 N. (Wü 79. 17. 109).
**Gailingen**, Gottmadingen (Ba 80) 0,6 N.
**Gailsbach**, Moosham (ByO 19) 1 SW.
**Gaindorf**, Landshut (ByO 10) 2 3/4 SO.
**Gainfahren**, *Weinbau*, *Mühlen*, Vöslau (OeSü 16) 1/4 W.
**Gairach**, Markt-Tüffer (OeSü 65) 1 1/2.
**Gais**, Waldshut (Ba 68) 1/2 NW.
— *Kurort*, St. Gallen (VS 3. 3) 3 St. S.
**Gaisbruck**, Vilshofen (ByO 55).
**Gaisburg**, Untertürkheim (Wü 18) 1/2 NW.
**Gaishofen**, Vilshofen (ByO 55) 1 3/8 SO.
**Gaisthal**, *Hammerwerk*, Nabburg 2 1/2 NO, Bodenwöhr 3 1/2 NO. (ByO 39. 60).
**Gaja**, Gr.- u. Kl.-, Moravicza (OeSt 123) 1 5/8 resp. 1 W.
**Galambock**, Kanizsa (SeSü 109) 1 NO.
**Galgweis**, Osterhofen (ByO 63) 1 5/8 S.
**Galizien**, Grafenstein (OeSü 166) 1 1/2.
**Gallbrunn**, *Fl.*, Götzendorf 5/8 NO, Trautmannsdorf 1/4 N. (OeSt 60. 61).
**Gallen**, St.-, in Steyermark, Aschbach (KE 21) 7 S.
*Siehe dagegen Station St. Gallen. VS 3, 3.*
**Gallenberg**, Sagor (OeSü 70) 1 1/2.
**Gallenweiler**, Heitersheim (Ba 43) 0,4 NO.
**Gallern**, Vilshofen 7 S, Passau 7 SW. (ByO 55. 58).
**Gallingen**, Kobbelbude (PO 48) 3 SO.
**Gallinghofen**, Walhallastrasse (ByO 23) 5/8 N.
**Gallmannsweil**, Stockach (Ba 192) 1,8 N.
**Gallneukirchen**, Oberndorf (KE 66) 1/8 S.
**Gallowitz**, Breslau (BF 1, OS 1) 2 S.
**Gallsbach**, Grieskirchen (KE 47) 1/2 SW.
**Gallun**, K. Wusterhausen (BG 3) 1 1/4 SW.
**Gallunsbrück**, K. Wusterhausen (BG 3) 1 S.
**Gal-Szécs**, *Stadt*, Tokaj (Ts 17) 10 N.
**Galten**, Brugg (SNO 2, 26) 2.
**Gambach**, Langgöns 3/4 SO, Butzbach 3/4 NO. (MW 15. 16).
**Gamboa**, Nagy-, Hatvan (UN 10) 1/2 N.
**Gam(m)elsbach**, *Fabrik*, Neckargemünd (Ba 92) 4,3 N.

**Gaming**, *Fl.* Pöchlarn 5 S, Melk 5½ SW. (KE 15. 16).
**Gamlitz**, *Kohlensteinbruch*, Ehrenhausen (OeSü 54) ½.
**Gammelsdorf**, Moosburg (ByO 8) 1⅜ N.
**Gammertingen**, *Stadt*, T Reutlingen (Wü 132) 4 S.
**Gampelen**. Neuenstadt (S 5, 1 u. 4, 69).
**Gampern**. Timmelkam ¾ SW, Vöcklamarkt ½ SO. (KE 38. 40).
**Gams**, Marburg a. d. Drau (OeSü 57) 1 NW.
— i. d. Schweiz, Haag (VS 3 24).
**Gamshurst**, Achern (Ba 24) 0,7 SW.
**Ganacker**, Landshut 6 NO, Straubing 3 SW, Plattling 2 SW. (ByO 10. 47. 51).
**Gandau**, Kl.-, Breslau (NM 39) ½ NW.
— Poln.-, Schmolz (BF 2) ½ SO.
**Ganderkesee**, Delmenhorst (Olö) 1 SW.
**Gandern**, Nieder-, Göttingen 2¼ S, Friedland ¾ S. (Ha 84. 95).
**Gandersum**, Oldersum (Wf 37) 0 3 W.
**Gandesbergen**, Nienburg 2 NO, Eystrup ⅜ SW. (Ha 26. 28).
**Gangelt**. Geilenkirchen (BM 7) 1¾ NW.
**Gangkofen** bei Eggenfelden, *Fl.*, Landshut (ByO 10) 5 SO.
— Landshut 1 SO, Mirskofen 1⅝ S. (ByO 10 11).
**Ganiowitz**, Nendza (WI 4) ¾ W.
**Ganobitz**, Pöltschach (OeSü 60) 2.
**Gansingen** in der Schweiz, Laufenburg 1 SO, Brugg 2 NO. (Ba 65. S 5. 4).
**Gantikow**. Zernitz (BH 8) 1½ NW.
**Gany**, Galanta (OeSt 80) ¾ NW.
**Ganzig**, Oschatz (LD 9) ½ SO.
**Ganzkow** bei Kolberg, Degow (BSt 43) ½ O.
**Garabonez**. Kanizsa (OeSü 109) 1⅞.
**Garbenheim**, *Bad.* Wetzlar (KM 60. Na 41) ¼ SO.
**Garbeninken**, Tapiau (PO 54) 1¾ NO.
°**Garbenteich** (OH 17), Giessen (KM 61. MW 14) 1 SO.
**Garbsen**. Seelze (Ha 21) ½ N.
**Garching** a. d. Isar, Lohhof (ByO 4) 1 SO.
**Gardawitz**, Orzesche (WI 23) ½ S.
**Gardelegen**. *Stadt*. T (proj. Stat. MH), Wolmirstedt 5 NW, Magdeburg 7 NW. (MH 17. 1).
**Garden**, *Zuckerfabr.*, Tantow (BSt 9) 2 SO.
**Garding**, *Fl.* T Tönning (Sw 24) 1½ W.
**Gardon(y)**, Nyek (OeSü 130) 1¼ SW.
**Gardolo**, Trient (OeSü 210) ⅝ NW.
**Gardschau**, Dirschau 2½ W, Hohenstein 1½ SW. (PO 34. 72).
**Gargazon**, Botzen (OeSü 203) 1¾ NW.
**Garham** (Garheim), Vilshofen (ByO 56) 1 N.
**Garlin**, Karstädt (BH 12) 1 NW.
**Garlitz** in Mecklenburg, Pritzier ¾ SO, Brahlsdorf ¾ SW. (BH 17. 18).
— Brandenburg 2¼ N, Paulinenaue 2¼ SW. (BPM 9. BH 5).
**Garlstorf** bei Winsen an der Luhe (Ha 15) 3 SW.
— an der Elbe, Echem (Ha 19) 1½ NO.
**Garmisch**. *Fl.*, Biessenhofen 7 SO, Holzkirchen 8½ SW, Peissenberg 5 S. (ByS 17. 181. 129).
**Garnsdorf** bei Chemnitz, Oberlichtenau ½ SO. Frankenberg ¼ SW. (SW 30. SO 56).
**Garnsee**, Warlubien 4¾ NO, Czerwinsk 4½ SO. (PO 31. 32).
**Gars**, *Fl.*, Freising 7 SO, Rosenheim 4¾ NO. (ByO 6. ByS 137).
**Garssen**. Celle (Ha 6) 1 NO.
**Garstedt**, Winsen (Ha 15) 1⅜ SW.
**Gartach**, Gross-, Nordheim (Wü 56) ½ N.
**Gartitz**, Aussig (OeSt 40) ½ N.
**Gartow**, *Stadt*, Seehausen 3 NW, Wittenberge 3 W. Uelzen 8 O. (MH 35. 36. BH 11. Ha 10).
**Gartzen**, Ober-, Satzvey (Rh 23) ¼ N.
— Antonii, Satzvey (Rh 23) ¼ N.
**Garz** a. d. Oder, *Stadt*, T Tantow (BSt 9) 1½ S.
— auf Rügen, *Stadt*, T Stralsund (BSt 59) 2½ O.
— Gross-, Pelplin (PO 38) ¾ NO.
— Klein-, Dirschau (PO 34) 2 S.
**Garzau**, Strausberg (PO 3) 1 O.
**Garzin**, Strausberg (PO 3) 1¼ NO.
**Gaspoltshofen**, Breitenschützing 1½ NW, Schwanenstadt 1½ NW. (KE 34. 35).
**Gasse**, Neuss unm. (BM 16. Rh 14).

**Gassen**, *H°* (NM 20), Sommerfeld (NM 19) ¾ SO.
**Gassendorf**, Liegnitz (NM 33. BF 23) 1 W.
**Gasseneass**, Innsbruck (OeSü 187) 7.
**Gassnitz**, Eger (SW 84. ByO 87) ¾ O.
**Gastdorf** (Gastorf), *Fl.*, *Hopfenbau*, Raudnitz 1 NO, Wegstadtl ¾ NW. (OeSt 36. 35).
**Gastein**, T *berühmter Badeort*, Salzburg (ByS 148. KE 45) 15 S.
**Gastrose**, Gr., *Tuchfabrik*, Guben (NM 17) 1¼ SW.
**Gatersleben**, Neu-, Förderstedt 1 SO, Stassfurt 1 O. (ML 17. 18).
*Siehe dagegen Station Gatersleben BH 27.*
**Gatow**, Potsdam (BPM 5) 1⅜ NO.
— Angermünde (BSt 6) 3½ NO.
**Gattendorf** in Ungarn (Gatendorf), Zurndorf (OeSt 65) ¾ NW.
— Schloss, Hof (ByS 75) ⅞ SO.
**Gattern**, Schaerding (KE 52) 1⅛ NO.
**Gatterstädt**, Ober-Röblingen (ML 21) 1 SW.
**Gattnau**, Meckenbeuren (Wü 51) 1½ S.
**Gatzki**, Terespol (PO 29) 2 NW.
**Gau-Bischofsheim**, Mainz 1 S, Bodenheim ½ SW. (HL 11. 9).
°**Gau-Böckelheim** (Gau-Bickelheim), (HL 52), Alzey 1¾ NW, Bingen 2¼ S. (HL 44. 18).
**Gaubüttelbrunn**, Kirchheim (Ba 121) 0,5 SW.
**Gaudenzdorf**, *Webereien*, Meidling ⅛, Penzing ⅜ O. (OeSü 4. KE 2).
**Gaudischkehmen**, Gr., Judschen (PO 59) ½ NW.
**Gauern**. Ronneburg (SW 87) 1⅛ S.
**Gauersheim**, Monsheim (HL 39) 1½ NW.
**Gauleden**, Lindenau (PO 53) ¼ NO.
**Gaunersdorf**, Gänserndorf (KFN 5) 2¼ NW.
**Gau-Odernheim**, *Fl.*, Alsheim 1½ W, Alzey 1 NO (HL 4. 44).
**Gausbach**, Muggensturm (Ba 17) 3 9 O.
**Gaussig**, Gr. u. Kl., Bautzen (SO 29) 1¼ SW.
**Gauting**, *PH* (ByS 190), Planegg 1 S, Starnberg 1 N. (ByS 189. 191).
**Gautade**, Leibnitz (OeSü 53) 2.
**Gawaiten**, Gumbinnen (PO 60) 3 S.
**Gaya**, *Stadt*, Göding 2 N, Bisenz-Pisek 2 W. (KFN 12. 14).
**Gdów**, *Fl.*, Wieliczka (GCL 3) 2 SO.
**Gebelkofen**, Mangolding (ByO 20) ½ SW.
**Gebelzig**, Reichenbach in Sachsen (SO 25) 1½ NW.
**Gebersdorf** bei Hofendorf, Neufahrn bei Ergoldsbach (ByO 18) 1 NW.
**Gebersdorf**, Wallern (KE 46) ¼ W.
**Gebesee**, *Stadt*, °Ringleben-Gebesee (NS 9) ¼ NW, Erfurt (Th. 8) 3 NW.
**Gebhardtsdorf**, *Färberei u. Spielw.-Fabr.*, Greiffenberg 1 SW, Rabishau 1¼ NW. (NM 45. 46).
**Gebhardshagen**, Salzgitter ⅞ N, Wolfenbüttel 2 SW. (Bs 12. 24a).
**Gebhardshain**, Betzdorf (KM 51) ¾ SW.
**Gebisbach**, Ober- u. Nieder-, Laufenburg (Ba 65) 1,5 resp. 1.7 N.
**Gebra**, Nieder- u. Ober-, Bleicherode (ML 29) ¾ S, resp. ⅞ SW.
**Gebroth**, Sobernheim (Sa 34) 1½ N.
**Gedern**, *Fl.*, *Nadelfabr.*, Nieder-Wöllstadt (MW 19) 5¼ NO.
**Geesow**, Tantow (BSt 9) ½ SO.
**Geestendorf**, Geestemünde unm. (Ha 40).
**Geesthacht**, Bergedorf 2 SO, Lauenburg 1½ NW. (BH 24. 26).
**Gefell**, *Stadt*, *Baumwollenfabr. etc.* Hof 2 NW, Reuth in Sachsen 1 SW. (SW 18. 20).
**Gefrees**, *Fl.*, Markt-Schorgast (ByS 69) ½ O.
**Gegenbach**, Passau (ByO 58) 4 NO.
**Gegenthal**, Saldenhofen (OeSü 160) ½.
**Gehaus**, Salzungen (Th 45) 1½ SW.
**Geheege**, Uhsmannsdorf (BG 14) ½ O.
**Gehering**, Stephanskirchen (ByS 138) ½ NW.
**Gehrden**, *Fl.*, Hannover (Ha 1) 1½ SW.
— Winsen (Ha 15) ⅝ W.
— *Fl.*, Willebadessen 1 NO, Brakel 2 SW. (Wf 4. 40).
**Gehren**, Strassburg (BSt 69) 1¾ N.
— *Stadt*. T Eisfeld 3½ N, Arnstadt 3 S. (Th 63a. 33).
**Gehrsdorf**, Brand (BG 5) 1¼ SW.
**Gehweiler**, St. Wendel (Sa 43) 1¼ NO.

**Geibsdorf**. Lichtenau 1 NW, Lauban 1¾ NW. (NM 60. 43).
**Geich**, Zülpich (Rh 21) ⅝ NW.
**Geiersberg**, *Stadt*, Wildenschwert (OeSt 12) 1¼ N.
**Geiffertshofen**, Ellwangen (Wü 87) 2¼ NW.
**Geilenfelde**, Augustwalde 1 SO, Friedeberg 2½ N. (OS 56. PO 16).
**Geilnau**, Balduinstein (Na 27) ¾ W.
**Geilshausen**, Lollar (MW 12) 2¼ O.
**Geinsheim** in Grossh. Hessen, Nierstein ½ O, Gross-Gerau 1½ SW. (HL 7. 22).
— in der Pfalz. Speyer (Pf 22) 1¼ SW.
**Geisa**, *Stadt*, Hünfeld 2 NO, Salzungen 3½ SW, Gerstungen 4 S. (BbH 5. Th 45. 1).
**Geiselwind**. *Fl.*, Markt Bibersheim (ByS 173) 1¾ NO.
**Geisenfeld**, *Fl.*, Reichertshofen (ByS 242) 1 NO.
**Geisenhausen**, *Fl.*, an der kl. Vils, Landshut (ByO 10) 1¾ SO.
**Geisig**, Nassau (Na 23) ¾ S.
**Geising**, Alt- u. Neu-, *Stadt*, Mügeln 4¼ SW, Teplitz 1¾ N. (SO 3. AT 6).
**Geisingen**, Bietigheim (Wü 10) ¾ NO.
*Siehe dagegen Station Geisingen Ba 181.*
**Geislautern**, *Blechfabriken*, Völklingen Sa 10) ¼ SW.
**Geisleden**, Heiligenstadt (ML 33) ½ SO.
**Geismar** bei Göttingen (Ha 84) ⅝ SO.
— bei Heiligenstadt (ML 33) 2⅝ S.
*Siehe dagegen Station Hofgeismar HN 14.*
**Geisshubel**, Niederwyl (SC 1, 26) 5 Kil.
**Geissling**, Moosham ¾ NO, Mangolding 1 NO. (ByO 19. 20).
**Geisslingen**, Griessen *H°* (Ba 71) 0,12 SW.
*Siehe dagegen Station Geislingen Wü 20.*
**Geisslitz**, Gelnhausen (BbH 14) ¾ SO.
**Geissmannsdorf**, Bischofswerda (SO 17) ¼ N.
**Geist(hell)**, Laibach (OeSü 76) 5¾.
**Geisthal**, Bodenwöhr (ByO 60).
**Geistingen**, Hennef (KM 46) ¼ W.
**Geitelde**, Wolfenbüttel (Bs 24a) 1¼ NW.
**Geithain**, K. Sachsen, *Stadt*, Altenburg 2½ NO, Frlau 3¼ NW, Borna 2½ SO. (SW 4. 23. 93).
**Geithe** in Westfalen, Hamm (Wf 15) ⅞ O.
**Gelbingen**, Hall (Wü 79) ½ N.
**Gelchsheim**, *Fl.*, Ochsenfurt (ByS 163) 1½ S.
**Geldersheim**, Schweinfurt (ByS 84) ½ W.
**Geleen**, Meerssen (AM 7) 2¼ N.
**Gelenau**, Ober-, Mittel- u. Unter-, Chemnitz 2 S, Zschopau 1 SW, Wolkenstein 1¼ NW. (SW 29. 65. 67).
— bei Camenz, Radeberg (SO 14) 2½ NO.
**Gelfingen**, Emmenbrücke 18 Kil., Luzern 20 Kil. (SC 1, 24 u. 25).
**Gellen**, Laskowitz (PO 30) 1 SO.
**Gellendin**, Anclam (BSt 55) ½ S.
**Gelliehausen**, Göttingen (Ha 84) 1¼ SO.
**Gellin**, Grambow (BSt 68) ½ N.
**Gelmeroda**, Weimar (Th 10) ½ SW.
**Gelsdorf**, Bonn (Rh 48) 2½ SW.
**Gelterkinden**, Sissach (SC 1, 7) 4 Kil.
**Geltolfing** (Geltofing), Straubing (ByO 47) ¾ SO.
**Geltow**, Alt-, Werder unm. (BPM 7).
**Gemarke** (der mittlere Theil von Stadt Barmen), Barmen unm. (BM 57).
**Gembice** (Gembice), *Stadt*, Bromberg (PO 27) 9 S.
**Gembitz**, Schönlanke (PO 21) 2¾ SO.
**Gemen** bei Borken, Wesel (KM 58) 4 NO.
**Gemersdorf**, Böheimkirchen (KE 10) ¾ SW.
**Gemlitz**, Dirschau 2¼ NO, Praust 2 SO. (PO 34. 73).
**Gemmerich**, St. Goarshausen 1½ NO, Braubach 1 SO. (Na 14. 16).
**Gemmingen**, Steinsfurth (Ba 129) 1,1 SO.
**Gemmrigheim**, Besigheim (Wü 53) ¾ N.
**Gemona**, Udine (Ob. Ital. I, 4) 3¼ NW.
**Gemünd**, *Stadt*, Call (Rh 25) ¾ NW.
**Gemünden** in der Rheinprov. bei Simmern, *Fl.*, Sobernheim 3¼ NW, Bacharach 4 SW. (Sa 34. Rh 57).
— in Nassau, Limburg 2½ NW, °Elz 1¾ N, °Hadamar 1⅝ N. (NA 30. 47. 48).
— in Hessen, *Stadt*, Kirchhain (MW 10) 3½ N.
— in Bayern (Oberpfalz), Parksteinhütten (ByO 74) ½ SW.
*Siehe ausserdem Station Gemünden ByS 97. °BbH 24.*

**General I.** ⚒ Dahlhausen (BM 88) unm.
— **a. Erbstollen,** ⚒ (an Pferdeb.), Bochum (HM 84) ½ SW.
**Genheim,** Bingerbrück (Rh 58. Sa 87) 1 SW.
**Genin** Lübeck (LB 1. 8) ½ SW.
**Gennep,** *Stadt,* 🚉 Goch 2 NW, Groesbeck 1¼ S, Nymegen 2⅜ SW. (Rh 73. 79. 80).
**Gennin,** Landsberg a. W. (PO 13) 1½ SW.
**Gennweiler** (Rheinprov.), Friedrichsthal (Sa 2) 1 NW.
**Gennebmar,** Golzow (PO 7) 1 N.
**Gennhagen,** Ludwigsfelde (BA 3) ½ NO.
⁰**Genningen** (HL 85). Langen-Lonsheim ¼ O, Bingerbrück 1 SO, Bingen 1¼ S. (Sa 26. 27. HL 18).
**Genslack,** Lindenau ¾ O, Tapiau 1¼ W. (PO 53. 54).
**Georg, St.,** (Böhmen) bei Hohenmauth, Choltzen ½ SO, Brandeis ½ SW. (OeSt 14. 13).
1 **Georgen, Szt.,** in Ungarn, *Stadt,* 🚉 Pressburg 1¾ NO, Weinern 1 N. (OeSt 75. 76).
2 — **St.,** an der Militärgrenze, *Stadt,* 🚉 °Kopreinitz (US 23) 3 SO.
3 — — bei Ibbs, 🚉 Blindenmarkt (KE 19) ¼ NW.
4 — — am Reith, Aschbach (KE 21) 4½ SO.
5 — — in der Klaus, Aschbach (KE 21) 1½ SW.
6 — — an der Gusen, 🚉 Enns (KE 25) 1¼ NW.
7 — — am Attergau, 🚉 Vöcklamarkt ¾ SO, Frankenmarkt ¾ SO. (KE 40. 41).
8 — — bei Grieskirchen (KE 47) 5/8 SW.
9 — — in Steyermark, *Fabr.,* Neumarkt (KR 30) ½ SO.
10 — — bei Graz, *Fl.,* Wilden 1 SO, Lebring 1 NO. (OeSü 51. 52).
11 — — Rottenmann (KR 16) ½ S.
12 — — Bayreuth (ByO 80. ByS 225) ¼ NO.
13 — — *PH* (Ba 40) Freiburg (Ba 39) ½ S.
14 — — ⁰ (Ba 168) Hausach (Ba 164) 3,5 SO.
*Siehe ausserdem die Stationen St. Georgen KR 26 u. OeSü 63.*
**Georgenau,** Tapiau (PO 54) 3 SW.
**Georgenberg,** 🚉 T Tarnowitz (OS 22. RO 12) 1 NO.
**Georgenburg,** Insterburg (PO 58. TI 4) ½ N.
**Georgendorf** in Böhmen, *Zollamt,* Dux (AT 9) 2½ NW.
— Spitteindorf (NM 34) 3 NO.
**Georgenhausen,** Darmstadt (HL 24. MN 5) 1⅝ O.
**Georgenhütte,** *Glashütte,* Schneidemühl (PO 22) 9 NO.
**Georgenthal,** Nieder- u. Ober-, °Brüx ⅞ NW, Dux 1½ SW. (AT 9).
— Eisenbrod (SNV 15) 2 N.
— Briesen (NM 9) ¾ N.
— *Fl.* 🚉 Gotha (Th 6) 2¼ SW.
*Siehe auch Station Grund-Georgenthal, B.T 17.*
**Georgewitz,** Löbau (SO 23) ⅜ NO.
**Georgsheil,** 🚉 Emden (Wf 88) 2 NO.
**Georgswalde** in Böhmen, *Fl.,* 🚉 T Rumburg 1 NW, Löbau 1¾ SW. (BN 16. SO 23).
**Geppersdorf,** Greiffenberg (NM 45) 1¼ SO.
**Gerabronn,** *Stadt* 🚉 T Waldenburg (WÜ 76) 2¾ NO.
**Gerach,** Oberstein (Sa 38) ¾ N.
**Geradmatetten,** Grunbach (Wü 103) unm.
⁰**Gerasdorf,** siehe ⁰OeSt 136.
**Gerau, Klein-,** Gross-Gerau (HL 21) ⅜ O.
**Gerbach,** Münster a. St. (Sa 31) 2½ S.
**Gerbstädt,** *Stadt,* 🚉 Eisleben 2 NO, Bernburg 2½ SW. (ML 22. MH 32).
**Gerchsheim,** Tauber-Bischofsheim (Ba 136) 1¾ NO.
**Gerdau,** Suderburg 1 N, Uelzen 1½ W. (Ha 9. 10).
**Gerdauen,** *Stadt,* 🚉 T Bartenstein 4 NO, Rastenburg 4 N, Wehlau 4½ SO. (OpS 15. 20. FO 55).
**Gerdin,** Dirschau (PO 34) 1 S.
**Gerersdorf,** Prinzersdorf (KE 13) ¼ NO.
**Gereuth,** Loitsch (OeSü 78) 1½.
**Gergweis,** Osterhofen (ByO 53) 1¼ S.
**Gerichtshain,** Posthausen *GH* (LD 3) ⅛ NW.
**Gerichtsstetten,** Eubigheim (Ba 112) 0,8 N.
**Gerickensberg,** Golzow (PO 7) 1 NW.
**Geringswalde,** *Stadt,* 🚉 Waldheim 1 W, Leisnig 1 SO. (SW 35. LD 26).
— **Kloster- u. Alt-,** Leisnig (LD 26) 1 SO.
**Gerlachsheim** in Schles., Nicolausdorf 2½ SO, Lichtenau 2 S, Lauban 2½ SW. (NM 59. 43. 60).
*Siehe dagegen H° Gerlachsheim, Ba 117.*
**Gerlafingen,** Biel (SC 1. 56) 10 Kil.
**Gerlebogk,** ⚒ (MH 37), Cöthen (MH 34) 1½ SW.
**Gerlingen,** Ditzingen (Wü 197) ½ S.
— in Westfalen bei Olpe, Grevenbrück (BM 77) 1½ NW.
**Gerlischwyl,** Emmenbrücke (SC 1. 24) 1 Kil.
**Germania,** ⚒ Marten (BM 82) unm.
**Germany,** Moravicza (OeSt 123) 1⅛ O.
**Germaringen,** Ober- u. Unter-, Kaufbeuren (ByS 18) ¼ NO.
**Germersleben, Kl.-,** Blumenberg ½ SW, Hadmersleben ½ NO. (MH 4. 5).
— **Gr.-,** *Zuckerfabr.,* Hadmersleben (MH 5) ⅛ O.
— **Nord-,** Magdeburg (ML 1) 3 NW.
**Germete,** Warburg (HN 17. Wf 1) ½ SW.
**Gernheim,** Minden (Ha 48) 1½ NO.
**Gernrode,** *Stadt,* 🚉 Ballenstedt 1 W, Quedlinburg 1½ S. (MH 40. 12).
— Gernrode (ML 31) ¼ N.
°**Gernsbach** (Ba 216), *Stadt,* Muggensturm 1,5 O, Rastatt 2 O, Baden 1,2 O. (Ba 17. 18. 154).
**Gernsheim,** Minden (Ha 48) 2 NO.
*Siehe dag. Station Gernsheim, HL 50.*
**Gernstedt,** Kösen (Th 13) ¾ W.
**Geroldsau,** Baden (Ba 154) 0,8 S.
**Geroldsheim,** Frankenthal (Pf 19) ⅞ NW.
**Gerolstein,** *Schieferqr.,* Lorch (Na 12) 2 NO.
*Siehe dag. proj. Station Gerolstein, Rh 30.*
**Gerolzhofen,** *Stadt,* 🚉 Seligenstadt 2¼ NO, Schweinfurt 2¼ SO, Hassfurt 3 SW, Kitzingen 3 NO, Würzburg 5 SW. (ByS 89. 84. 80. 176. 91).
**Gerona,** Rakek (OeSü 79) 4.
**Gersau,** Luzern (SC 1. 25) 5 SO.
**Gersbach,** Schopfheim (Ba 212) 2¼ NO.
**Gersberg,** Ottensoos (ByO 41) ½ S.
**Gerschede,** Berge-Borbeck (Km 12) ½ SW.
1 **Gersdorf, Heide-,** Heide-Gersdorf (NM 42) ¼ NO.
2 — Magdeburg (MH 1) 1¼ NW.
3 — bei Lichtenstein, Hohenstein-Ernstthal (SW 42) ⅜ S.
4 — bei Hartha, Leisnig (LD 26) 1 SO.
5 — bei Gottleuba, Pirna (SO 5) 1½ SW.
6 — **Nieder- u. Ober-,** bei Camenz, Radeberg (SO 14) 2 NO.
7 — **Alt- u. Neu-,** Löbau (SO 23) 1¼ SW resp. 2 SW.
8 — **Alt- u. Neu-,** Oberoderwitz ¾ NW, Gr. Schönau 1¼ N. (SO 31. 41).
9 — **Vorder- u. Hinter-,** Tharandt (SO 46) ½ W.
10 — *Bergwerk,* Rosswein ¼ O, Hainichen ⅜ SW. (LD 29. SO 57).
11 — in Böhmen, Böhm. Kamnitz ½ SW, Bodenbach 1¾ O, Böhm. Leipa 2 NW. (BN 25. 20. 8).
12 — in Steiermark, Spielfeld (OeSü 55) ¼.
*Siehe dagegen H° Gersdorf, SO 26.*
**Gersfeld,** *Fl.,* 🚉 Fulda 2½ SO, Meiningen 6 SW. (SbH 6. Th 50).
**Gerstetten,** Geislingen 2 O, Amstetten 1½ NO. (Wü 30. 31).
**Gerswalde,** *Stadt,* 🚉 Wilmersdorf (BSt 46) 1¾ NW.
**Gersweiler,** Saarbrücken (Sa 5) ¾ W.
**Gertenyes,** Detta (OeSt 152) 2½ O.
**Gertraud,** *Bergwerk,* Stockhausen (Na 38) 1 NW.
— **St.,** Brixlegg (OeSü 182) S.
**Gerwischkehmen,** Gumbinnen (PO 60) 1½ NW.
**Gerzen,** Landshut (ByO 10) 3 SO.
**Gerzensee,** Münsingen (SC 1, 43) ¾ SO.
**Gerzhausen,** Alt- u. Neu-, Wangerin (BSt 17) ½ NO resp. 1 SO.
**Gesäss,** Frankenstein (BF 11) 3½ SO.
**Gescher,** 🚉 Münster 6¾ W, Rheine 8 SW. (Wf 20. 24).
**Gesecke, Alten-,** Sassendorf ¾ SO, Soest 1¼ O. (Wf 19. 13).
— **Neuen-,** Sassendorf ¾ SO, Soest ¼ SO. (Wf 19. 13).
*Siehe dagegen Station Gesecke, Wf 9.*
**Geseen,** Bayreuth (ByO 80. ByS 225) 1⅝ SO.
**Gesmold,** Melle (Ha 55) ½ W.
**Gessen,** Ronneburg (SW 67) ⅝ SW.
**Gessenbach,** Ober- u. Unter-, Osterhofen (ByO 53) ¾ resp. ¼ SW.
**Gestewitz,** Borna (SW 93) ½ N.
**Gestorf,** Nordstemmen (Ha 71) 1¼ NW.
**Gesztely,** Tisza-Lúcz (Ts 20) 1½ NW.
**Gesztered,** Ujfehértó (Ts 13) ¾.
**Gettnau,** Nebikon (SC 1, 18) 1½ SW.
**Gettorf,** 🚉 Kiel (AK 13) 2 NW.
**Geuensee,** Sursee (SC 1, 20) ¾ N.
**Geuz,** Cöthen (BA 33) ¼ NW.
**Gevensleben,** Jerxheim (Be 17) ½ W.
**Gewalt,** ⚒ Ueberruhr (BM 64) unm.
**Gewitsch,** *Stadt,* 🚉 Lettowitz 2 NO, Skalic 2½ NO. (OeSt 6. 5).
**Gey,** Düren (Rb 8) 1 SW.
**Geyer,** *Stadt* 🚉 Chemnitz 3¼ SW, Wolkenstein 1½ SW, Aue 2¼ O, Schönfeld ¾ W. (SW 69. 67. 56. 69).
**Geyersdorf,** Fraustadt (OS 41) ¾ N.
**Geyersthal,** Eisfeld (Th 53a) 3 NO.
**Gföchl,** *Fl.,* 🚉 T °Limberg-Maissau (KFJ 11) 2½ SW.
**Gfrill,** Salurn (OeSü 207) 1.
**Gibau** (Gübau), *Stadt,* 🚉 Olmütz (KFN 58. OeSt 43) 2⅝ NO.
**Giebelstadt,** Kirchheim (Ba 121) 0,8 S.
**Giebenach,** Nieder-Schönthal (SO 1, 4) 4 Kil.
**Giebichenstein,** Halle (ML 11) ½ N.
**Gieboldehausen,** *Fl.,* 🚉 Northeim 2½ SO, Göttingen 2½ NO. (Ha 81. 84).
**Giehren,** Rabishau (NM 46) ¾ SW.
**Gielow,** Malchin (FF 4) 1 S.
**Gielsdorf,** Roisdorf (Rh 41) ¾ S.
— Strausberg (PO 3) 1½ N.
**Giengen** a. d. Brenz, *Stadt,* 🚉 T Sünsen 4½ SO, Heidenheim 1 SO, Uffingen 2⅞ NW. (Wü 28. 125. ByS 108).
**Gienow,** Wangerin (BSt 17) 1¾ SO.
**Gier,** Neues 1½ S, Nort ⅛ SW. (Rb 14. 16).
**Gieraltowitz,** Gleiwitz (OS 17) 1½ SO.
1 **Giersdorf,** Brieg (NB 8. OS 5) ¾ S.
2 — Frankenstein (BF 11) 1½ SW.
3 — **Hohen-,** Schweidnitz (BF 16) 1¼ SW.
4 — **Wüste-,** 🚉 Waldenburg 1¾ SO, Schweidnitz 3½ SW, Dittersbach 2 SO (BF 10. 16. NM 56).
5 — Reibnitz 1½ SO, Hirschberg 1½ SW, Schildau 2¼ SW. (NM 48. 50. 49).
6 — **Hohen-,** Grottkau (NB 5) 1 W.
7 — Neisse (NH 1) 2 S.
8 — **Neu-,** Bunzlau (NM 29) 1¼ SW.
**Giershagen,** Bouenburg (Wf 2) 3½ SW.
**Giersleben,** Güsten (MH 31) ¾ SW.
**Gierstedt,** °Walschleben (NE 10) 1½ SW.
**Gieselwerder,** Trendelburg (HN 18) 1 O.
**Giesenberg,** Stadtoldendorf (Hs 2) ¼ SO.
**Giesendorf,** Buir (Rb 9) ½ NO.
**Giesenkirchen,** 🚉 Rheydt (BM 12) ⅝ SO.
**Giesensdorf** bei Teltow, Zehlendorf (BPM 3) ⅛ O.
**Gieshübel,** Brunn (OeSü 9) ⅞.
*Siehe auch Giesshübel.*
**Gieskow,** Cöslin (BSt 24) ½ S.
**Giesmannsdorf** bei Sprottau, Waltersdorf (NZ 4) ½ W.
**Giessbach,** Thun (SC 1, 47) 7 O.
— Seberstigen (SC 1, 48) 34 Kil.
**Giesseltshausen,** Landshut 3 N, Neufahrn bei Ergoldsbach 3 W (ByO 10. 13).
**Giessen,** Meckenbeuren (Wü 51) ¾ O.
— in Hannover, Harsum (Ha 69) 1 SW.
*Siehe dagegen Station Giessen, KW 61.*
**Giesshof,** Wriezen a. O. (BSt 67) 2 O.
**Giesshübel,** *Fl.,* 🚉 Josefstadt (SNV 6) 3¼ NO.
— **Klein-,** Krippen [Schandau] (SO 9) 1 S.
**Giessmannsdorf,** Siegersdorf 3 SO, Bunzlau 2 SW. (NM 28. 29).
— Greiffenberg in Schles. (NM 45) 2 NO.
— Zittau (SO 53) ¾ NO.
**Giessübel,** Eisfeld (Th 53a) 2 N.
**Giffen,** Sarstedt (Ha 74) ½ SW.
**Gifhorn,** *Fl.,* 🚉 Braunschweig (Be 25) 3½ N.
**Giflitz** bei Wildungen, Wabern (MW 5) 2¾ W.

Giggenhausen, Neufahrn bei Freising ¾ N, Freising 1 SW. (ByO 5. 6).
Gijoro, Martonvásár (OeSt 131) 1.
Gilad, Zsebely (OeSt 121) 1⅝ NW.
Gilgen, St., Fl., Strasswalchen 4 SW, Salzburg 4 SO. (KE 43. 45).
Gilgenburg (Dobrowno), Stadt, Elbing 17¼ SO, Güldenboden 14½ SO. (PO 39. 40).
Gillersdorf, Arnstadt 3½ SO, Themar 4 NO. (Th 33. 53).
Gilow (Jilow), Eisenbrod (SNV 15) ¾ NO.
Gilowiecht, Dobrichowitz (BW 19) ⅛ O.
Gilsbach, Burbach (KM 54) ½ N.
Gilten, Neustadt a. N. (Ha 23) 3½ NO.
Gimbsbach, Eisenbach (Pf 60) ¼ N.
Gimbsheim, Guntersblum ⅜ SO, Alsheim ⅝ N. (HL 5. 4).
Gimmel, Schmölln (SW 85) ¼ NW.
Gimmeldingen, Mussbach (Pf 51) ¼ NW.
Gimmersdorf, Mehlem (Rh 44) ¾ SW.
Gimmingen, Remagen (Rh 46) ⅞ SW.
Gimpern, Ober- u. Unter-, Babstadt ½ NW, Unter-Waibstadt 1,2 SO (Ba 131. 97).
Gimte, Münden (Ha 86) ½ N.
— a. d. Ems, Greven (Wf 21) ½ SO.
Gindlkofen, Mirskofen (ByO 11) ¼ N.
Gingst auf Rügen, Fl., Stralsund (BSt 59) 3 NO.
Ginnheim, Bockenheim ½ N, Frankfurt a. M. ½ NW. (MW 24. 25).
Ginnick, Vettweiss (Rh 20) ¾ SW.
Ginsheim, Mainz ½ SO, Bischofsheim ½ SW. (HL 11. 20).
Gipf, Brugg (SNO 2. 26) 4 NW.
Girbach, Laufenburg (Ba 65) 2 N.
Girbelsrath, Buir 1 SW, Düren ⅚ O. (Rh 9. 8).
Girbigsdorf, Görlitz (BG 15) ½ NW.
Girincs, Tisza-Lúcz (Ts 20) ¾ S.
Girkow (Jirkow), Eisenbrod (SNV 15) ½ NO.
Girlachsdorf bei Jauer, Gr. Rosen (BF 19) ¾ SW.
— (Girlsdorf), Reichenbach i Schles. (BF 18) 1 O.
Girmes, Nieder-, Eisenstein- u. Phosphorit-Gruben, Wetzlar (KM 60. Na 41) ⅓ NO.
— Wald-, Wetzlar (KM 60 Na 41) ⅓ NO.
Giroda, Temesvar (OeSt 119) 1 NO.
Gischkau, Praust (PO 73) ½ W.
Gispersleben, Kiliani-, °Gispersleben-Viti (NM 11) unm.
Gistebnitz, Stadt, Prag (OeSt 27) 9½ S.
Gistey (Jistey), Eisenbrod (SNV 15) 1 N.
Gitschin (Jicin), Stadt, Falgendorf 3 SW, Jungbunzlau 4½ O, Münchengrätz 4 SO, Turnau 3 SO. (SNV 11. TKP 8. 11. 12).
Gittelde, Seesen (Bs 8) 1½ S.
Gitter a. Berge, Salzgitter (Ha 12) ½ O.
Gittersee, Potschappel (SO 43) ½ O.
*Siehe dagegen Station Gittersee, SO 58.*
Gladbach bei Düren, Vettweiss (Rh 20) ½ NO.
— Neuwied (Rh 51) ¼ NO.
— Bergisch-, Fl., T (BM 130), seit ⅔ 1868 eröffnete Station.
*Siehe auch Station Gladbach, BM 13.*
Gladbeck, Essen (Rh 93) 1¾ N.
Gladebeck, Nörten (Ha 62) ¾ W.
Gladenbach, Fl., Marburg i. Hessen 2½ SW, Frohnhausen 1½ NW. (MW 11. 12).
Gladigau, Osterburg (MH 24) 1½ W.
Glaesen, Gr., Leobschütz (Wi 10) 1¼ N.
Gläsendorf, Grottkau (NB 5) 2⅝ SW.
Gläsersdorf bei Lüben, Haynau 3 NO, Liegnitz 3½ N. (NM 31. 33).
Gläserzell, Fulda (BbH 6) ½ N.
Glambeck, Angermünde (BSt 6) 2 W.
Glandorf, Osnabrück 3 S, Münster 6 NO (Ha 57. Wf. 20).
Glansdorf, Ihrhove (Wf 34) ¾ SO.
Glasehausen, Heiligenstadt (ML 33) ¼ N.
Glaselsdorf, Greifendorf (OeSt 8) ½ O.
Glasewitz, Güstrow (FF 1. Mk 12) 1 NO.
Glashütte, Stadt, Mügeln 3 SW, Dresden 3 S (SO 3. 1. LD 20).
— Kreuz (OS 54. PO 19) 1¼ NO.
— Löcknitz (BSt 62) 2¼ N.
Glashütten, Morgenthal (SO 1, 27) 1 Kil.
Glasow, Teterow (FF 5) ¾ SO.
— Grambow (BSt 63) 1 SW.
— bei Teltow, Grossbeeren (BA 2) 1¼ O.
Glattfelden, (SNO 3, 41) 1½.

Glatz (Glaz), Stadt, T Frankenstein 3 SW, Skalitz 5 W (BF 11. SNV 23).
Glaubitz, Langenberg H° (LD 13) 0,2 N, Röderau ¾ NO (BA 26).
Glaudinen (Glautinen), Kobbelbude (PO 48) 1½ SO.
Glauschnitz, Radeberg (SO 14) 2½ NW.
Glauzig, Zuckerfabr., Cöthen 2 S, Stumsdorf 1 NW (ML 7. 9).
Glebitzsch, Brehna ½ N, Stumsdorf 1 SO (BA 15. ML 9).
Glees, Brohl (Rh 49) 1¼ SW.
Glehn, Neuss (BM 16. Rh 14) 1¼ SW.
— Mechernich (Rh 24) ½ NW.
Gleichen, Guntershausen (HN 9. MW 3) 2 SW.
Gleichenberg, berühmter Badeort, Spielfeld (OeSü 55) 5 NO.
Gleicherwiesen, Fl., Hildburghausen (Th 53) 1½ SW.
Gleidingen, Rethen H° (Ha 73) ⅜ SO.
*Siehe Station Gross-Gleidingen, Bs 26.*
Gleinitz, Laibach (OeSü 76) ⅙.
Gleina, Bautzen (SO 20) 1½ NO.
Gleiritsch, Bodenwöhr 2½ NO, Nabburg 2½ O (ByO 60. 69).
Gleisdorf, Fl., Graz 3¼ NO, Melnari 11 W (OeSü 48. 103).
Gleissen, Landsberg a./W. 4½ S, Frankfurt a./O. 6 NO (PO 13. 71).
Gleissenberg, Kothmaissling (ByO 65) 1 N.
Gleisweiler, Curort, Landau (Pf 39) ½ NW.
Glesch, Horrem (Rh 10) 1½ NW.
Glessen (Glessan), Leschede (Wf 36) 1¼ O.
Glesno, Osiek (PO 25) ¾ N.
Glessen, Königsdorf (Rh 11) ¼ NW.
Gleltkau, Danzig (PO 74) ¾ NW.
Gleuel, Kalscheuren (Rh 28) ½ NW.
Gleusen, Staffelstein (ByS 59) 1 NW.
Glewitzer Fähre, Stralsund (BSt 59) 3 SO.
Glien, Anclam (BSt 55) 1½ W.
— Damm bei Stettin (BSt 12) 2 S.
Glienicke, Gross- u. Klein-, Potsdam 1¾ NO, Spandau 1½ SW (BPM 5. BH 2).
Glietzen, Alt- u. Neu-, Freienwalde a./O. (BSt 49) 1 NO.
Glina, Sissek (OeSü 151) 5.
Glinde, Schönebeck 1½ O, Gnadau 1½ NO (ML 3. 4).
Glindow, Werder (BPM 7) ½ S.
*Siehe auch Glienicke.*
Glinike, Grunau (BG 2) ¼ NW.
Gliniany, Stadt, Lemberg (GCL 29. LCJ 1) 5 O.
Glinitz bei Lublinitz, Tworog 3 NW, Kolonowska 2½ O (Ro 10. 6).
Glissen, Nienburg (Ha 26) 1 NW.
Globuhnen, Kobbelbude (PO 48) 1 SO.
Glockersdorf, Zauchtl-Neutitschein (KFN 23) 2 NW.
Glocksin, Neubrandenburg (FF 7) 1 NO.
Glöthe, Eickendorf ⅜ S, Förderstadt ¾ NO (ML 16. 17).
Glött, Offingen (ByO 108) 1¼ NO.
Glöttweng, Burgau (ByS 109) 1 O.
Glesswain, Karstädt (BH 12) ½ SO.
Glogau, Ober-, Leobschütz 2 N, Kandrzin (Kosel) 3 W, Oppeln 5 S (Wi 10. 1. OS 10).
*Siehe dagegen Station Glogau, NZ 1. OS 43.*
Gloginschdorf, Glogau (OS 43. NZ 1) 1 N.
Glogow, Fl., Rzeszow (GCL 16) 1¾ NW.
Gloschkau, Nimkau (NM 37) 1 NW.
Glossen, Löbau 1 N, Reichenbach 1 NW (SO 23. 25).
Glotterthal, Denzlingen (Ba 38) 1 SO.
Glubczin, Schneidemühl (PO 24) 2½ NO.
Gluchowko, Terespol (PO 29) ¾ SO.
Gluchowo, Czempin (OS 46) ¾ NW.
Glückauf, ✕ Barmen (BM 37) 1,1 S.
— Segen, ✕ Hörde 0,4 W, Barop 0,3 NO (BM 51. 48).
— Tiefbau, ✕ (an Pferdeb.), Barop (BM 48) 0,3 O.
Glücksanfang, ✕ Barop (BM 48) 0,4 S.
Glücksburg, Fl., Flensburg (Sw 10) 1½ NO.
Glückau, Velim (OeSt 32a) ½ N.
Glumbowitz, Trachenberg (OS 36) 1⅚ SW.
Glurns, Stadt, Botzen (OeSü 203) 6 NW.
Gluszyn, Posen 1½ SO, Moscziu 1½ NO (OS 48. 47).

[1]Gmünd, Stadt, Villach (KE 39. OeSü 17) 8 NW.
[2]— °KFJ 20, St. Pölten 11 NW, Budweis 6 SO (KE 12. 74).
[3]— bei Neunburg, Pösing (ByO 63) 2 N.
[4]— bei Wörth, Sünching (ByO 17) 2 NO.
*Siehe dagegen Station Gmünd, Wü 109.*
Gmund, Miesbach 1½ SW, Holzkirchen 2½ SO (ByS 186. 131).
Gnadenberg, Bunzlau (NM 29) ½ SO.
Gnadenfeld, Bauerwitz (Wi 12) 2 N.
— Kaisdorf (OeSü 50) ¾.
Gnadenhütte, Kohlengr., Eickendorf ¾ O, Gnadau ¼ SW (ML 16. 4).
Gnadschütz, Schmölln ½ N (SW 85).
Gnandorf, Borna (SW 93) ½ S.
Gnandstein, Borna 1½ SO, Altenburg 1¼ NO (SW 83. 6).
Gnarrenburg, Oldenbüttel (Ha 37) 2½ NO.
Gnas, Fl., Graz 6 SO, Marburg a. d. Drau 6 NO (OeSü 48. 67).
Gnaschwitz, Bautzen (SO 20) ½ SW.
Gnesen, Stadt, T Posen 7 NO, Bromberg 10 SW (OS 48. PO 27).
Gnetzsch, Stumsdorf (ML 9) 1 N.
Gnevezin, Anclam (BSt 55) ½ O.
Gnie, Wehlau (PO 65) 2 SO.
Gniewkowo (Gniwkowo) Stadt, T Thorn 3 SW, Bromberg 4 SO (PO 67. 27).
Gnödheim, Marktbreit ½ NO, Mainbernheim ½ SW (ByS 171. 175).
Gnoien, Stadt, Teterow 3½ NO, Rostock 5 NO (FF 3. Mk 1).
Gnoitz, Stefanau (OeSt 44) ⅜ NO.
Gnojau, Marienburg (PO 86) 1 NW.
Gnojnik, Slotwina (GCL 13) 1¼ NO.
Gnotzheim, Gunzenhausen 1 SW, Wassertrüdingen 1 NO (ByS 39. 37).
Gobelsburg, Fl., St. Pölten (KE 12) 4 N.
Gocherheide, Pfalzdorf (Rh 74) ⅓ S.
Gochsheim, in Baden, Stadt, Heidelsheim (Wü 2) 1 O.
— Schweinfurt (ByS 84) ⅜ SO.
Gedduin, Gross- u. Klein-, Dürrenberg (Th 19) ¼ S.
Godelheim, Höxter ⅞ S, Brakel 1⅓ O (WL 42. 40).
Godorf, Brühl (Rh 39) ½ NO.
Godoschitz, Laibach (OeSü 76) 7⅞.
Godowitsch, Loitsch (OeSü 78) 2.
Godramstein, Landau (Pf 39) ⅜ NW.
Godrienen, Königsberg i. Pr. (PO 50. OpS 8. 9) ¾ SW.
Gody, Kolomea (LCJ 16) 1 W.
Göbeljárán, Martonvásár (OeSü 131) 2.
Göblsbach, Nieder-, Säckingen (Ba 82) 2½ N.
Göbrichen, Pforzheim 1 N, Königsbach H° 1 N (Ba 149. 146).
Göda, Bautzen (SO 20) 1 W.
Göddeckenrode, Schladen (Bs 34) ½ SO.
Göddenstedt, Uelzen (Ha 10) 2¼ O.
Gödenstorf, Winsen (Ha 15) 1⅞ S.
Gödissa, Schmölln (SW 85) ½ NO.
Gödlau, Radeberg 2¼ NO, Bischofswerda 1¾ N (SO 14. 17).
Gögglingen, Augsburg (ByS 26) ½ SW.
— Gmünd 1¼ NO, Unterböbingen ¾ NW (Wü 109. 110).
Göhrde bei Hitzacker, Bevensen (Ha 11) 2¾ O.
Göhren, Erlau (SW 33) 1½ SW.
— Sommerfeld (NM 19) ¾ N.
Göhrendorf, Ober-Röblingen (ML 21) 2½ S.
Göhritz, Ober-Röblingen (ML 21) 2½ S.
Göldschen, Schmölln (SW 85) ⅜ NO.
Göllheim, Monsheim (HL 39) 1½ SW.
Göllnitz, Schmölln (SW 85) 1 N.
Göllschau, Haynau (NM 31) ½ O.
Gölsdorf, Fürstenwalde (NM 7) 1.
Gölshausen in Baden, Bretten (Wü 4) ½ NO.
Gömmingen, Reutlingen (Wü 132) 1 SW.
Gönc, Stadt, Mineralquelle, Tokaj 4½ NW, Hidas-Németi 1 SO (Ts 17. 26).
Gönnersdorf, Brohl (Rh 49) ⅔ W.
Gönnheim, Wachenheim ½ O, Dürkheim ¾ SO (Pf 53. 54).
Gönningen, Reutlingen (Wü 132) 1 SW.
Gönnsdorf, Radeberg (SO 11) 1 SW.
Gönyö, Sz. Janos (OeSt 70) 1 N.
°Göpfritz, siehe KFJ 16.
Göppersdorf bei Gottleuba, Pirna (SO 5) 2 S.
Göppmannsbühl, Kirchenlaibach (ByO 78) ¼ NO.

**Görbersdorf**, Waldenburg 1¾ SW, Dittersbach 1½ SW (NM 56. 57).

— Oederan (SO 52) ¼ SO.

**Görbitsch**, Frankfurt a./O. (PO 71. NM 11) 4¼ O.

**Görchen**, *Stadt*, ♉ Rawitsch (OS 37) 1¼ NO.

**Göricke**, Zernitz 1½ NW, Glöwen 1¼ NO (BH 8. 9).

**Goeritten**, Stallupönen (PO 62) ¾ SO.

**Göritz**, *Stadt*, ♉ Cüstrin 3 SO, Podelzig 1½ NO, Frankfurt a./O. 2½ N (PO 8. 69. 71).

— Vetschau (BG 8) ½ NW.

— bei Prenzlau, Nechlin (BSt 49) ¾ SO.

**Görkau**, *Stadt*, ♉ T Dux 3½ SW, Wolkenstein 4¾ SO (AT 9. SW 67).

**Görke**, Anclam (BSt 55) ½ W.

**Görlsdorf**, Lübben (BG 6) 2¼ SW.

— Greiffenberg i. d. Uckermark ½ O, Angermünde 1 N (BSt 45. 6).

— bei Seelow, Gusow (PO 6) ⅜ SW.

**Görmin**, Greifswald (BSt 57) 2 S.

**Görrisseiffen** bei Neundorf, Greiffenberg (NM 45) 1½ NO.

— Greiffenberg 2 O.

**Görsbach**, Heringen ½ NO, Nordhausen 1¼ SO (ML 27. 28).

**Görschen**, Gross- u. Klein-, Markranstädt (Th 21) 1¼ SW.

**Görsdorf** bei Lengefeld, Waldkirchen 1½ SO, Freiberg 2½ SW (SW 64. SO 51).

**Görslow**, Schwerin (Mk 9) 1½ O.

**Görsroth**, Wiesbaden (Na 1. T 10) 2 N.

**Görzke**, *Stadt*, ♉ Zerbst 4 NO, Brandenburg 4½ SW, Wusterwitz 3½ S (BA 44. BPM 9. 8).

**Görwyhl**, Albbruck (Ba 66) 1 N.

**Görzig**, Fürstenwalde (NM 7) 2½ SO.

— Cöthen (ML 7) 1½ S.

**Goes**, Pirna (SO 5) ⅝ N.

**Göschenen**, Luzern (SC 1. 25) 15 SO.

**Göschweiler**, Donaueschingen (Ba 165) 2,85 SW.

**Göslikon**, Baden (SNO 24) 2½.

**Gössendorf**, Kalsdorf (OeSü 50) 1.

**Gösnitz**, ♉ Mehltheuer 4 NW, Apolda 6 SW (SW 16. Th. 11).

**Gössling**, ♉ Pöchlarn 8 SW, Aschbach 5½ S (KE 16. 21).

**Gössweinstein**, *Fl.*, ♉ Forchheim (ByS 53) 2¾ NO.

**Göstritz**, Gloggnitz (OeSü 27) ¾.

**Göttern** bei Guben, Jessnitz (NM 18) ⅓ NO.

**Göttersdorf**, Osterhofen (ByO 59) 1¼ SW.

— Amstetten (KE 20) ⅞ S.

**Göttin**, Brandenburg (BPM 9) ⅔ S.

**Göttibach**, Thun (SC 1, 47) 5 Kil.

**Göttlesbrunn**, Wilfleinsdorf 1 N, Bruck a. L. 1 W (OeSt 62. 63).

**Göttnitz**, Stumsdorf (ML 9) ¼ N.

**Göttschied**, Oberstein (Sa 38) ½ N.

**Götzenhain** bei Darmstadt, Langen (MN 3) ¾ O.

**Götzendorf**, Dürnkrut (KFN 7) ¾ W.

**Götzenkirchen**, Horrem (Rh 10) ⅝ O.

**Götzis**, Au (VS 3, 17) 5 St. S.

**Gogolau**, Ober, Rybnik (Wl 20) 1¾ SO.

**Gohfeld**, Rehme ¼ NW, Löhne ¼ NO (Ha 50. KM 31. Ha 41. KM 30).

**Gohlau**, Lissa (OS 40) 1 SW.

**Gohlis**, Leipzig (Th 22. LD 1. BA 41) ¾ S.

— a. d. Elbe, Riesa ½ N, Röderau ⅝ N (LD 11. BA 26).

— Kötzschenbroda H° (LD 17) ⅔ O.

**Gohlsdorf**, Hainau (NM 31) ¾ SO.

**Gohr**, Dormagen (Rh 63) ½ NW.

**Golanz**, *Stadt*, ♉ Bialosliwe 3½ SO, Nakel 4 SW (PO 24. 26).

**Golchen**, Anclam (BSt 55) 3 W.

**Goldapp**, *Stadt*, ♉ T Insterburg 7 SO, Gumbinnen 5 SO, Lyck 7¾ N (PO 58. 60. OpS 25).

**Golden**, Altfelde (PO 37) 7 SO.

1 **Goldbach**, Aschaffenburg (ByS 102. FH 10. HL 30) ½ NO.

2 — Tapiau (PO 54) 1½ NO.

3 — Sorau (NM 22) ¾ NO.

4 — Greiffenberg (NM 45) ¾ SW.

5 — Bischofswerda (SO 17) ⅜ W.

6 — Gotha (Th 6) 1 NW.

**Goldberg**, *Stadt*, ♉ Güstrow (FF 1. Mk 12) 3½ SW.

— *Stadt*, ♉ T Jauer 3 NW, Hainau 2½ S, Liegnitz 2¾ SW (BF 20. NM 31. BF 23. NM 25).

**Goldbruch**, Friedeberg (PO 16) 1¼ No.

**Goldebee**, Wismar (Mk 13) 1½ O.

**Goldegg**, Prinzersdorf (KE 13) ½ NO.

**Goldenberg**, °Lennep ½ W, Barmen-Rittershausen 1 S (BM 104. 58).

**Goldenitz**, Pritzier (BH 17) ½ O.

— Schwaan (Mk 2) ½ SO.

**Goldenkron**, *Tuch-, Maschinen- u. Zündwaarenfabr.*, Holkau 1 O, Budweis 1¾ S (KE 73. KFJ 23).

**Goldenöls**, Trautenau (SNV 28) ¾ NO.

**Goldenstedt**, Delmenhorst (Ol 5) 5 SW.

**Goldenstein** in Mähren, *Stadt*, ♉ Hohenstadt 4⅔ N, Neisse 7½ SW (OeSt 48. NB 1).

**Goldentraum**, *Schieferbr.*, Greiffenberg (NM 45) 1¼ SW.

**Goldewin**, Bützow (Mk 3) 1¼ NO.

**Goldkronach**, *Stadt*, ♉ Markt-Schorgast 1½ S, Bayreuth 1½ NO (ByS 89. 225).

**Goldmannsdorf**, Ober-, Mittel- und Nieder-, Rybnik (Wl 20) 2½ SO.

**Goldscheuer**, Offenburg (Ba 38) 1.8 NW.

**Goldschmiede**, Deutsch-Lissa (NM 38) ¼ SO.

**Golembin**, Kosten (OS 45) 1½ O.

**Golenz**, Bautzen (SO 20) 1¼ SW.

**Golkowitz** bei Loslau, *Zollamt*, Petrowitz (KFN 29) ½ NW.

— Creutzburg (RO 23) 2½ N.

**Gollasowitz**, Rybnik (Wl 20) 2½ SO.

**Gollenberg**, Birkenfeld (Sa 41) 1¼ N.

**Gollin**, Trampke (BSt 15) 1 S.

**Golling**, *Fl.*, ♉ Salzburg (KE 45) 4½ SO.

**Gollmitz**, Prenzlau (BSt 48) 1½ NW.

— Deutsch-Lissa (NM 38) 1¼ NW.

*Siehe dagegen Gollmitz HSG* 13.

**Gollnow**, *Stadt*, ♉ T Damm bei Stettin (BSt 12) 3 NO.

**Golloschütz**, Kotomierz (PO 28) 1½ NO.

**Gollrath**, Kapfenberg (OeSü 39) 6½.

**Gollup**, *Stadt*, ♉ T Thorn 5¼ NO, Warlubien 11 SO. (PO 67. 31).

**Gollwitz**, Wusterwitz (BPM 8) 1 SW.

— Brandenburg (BPM 9) ⅞ NO.

**Golm** bei Angermünde, Passow (BSt 7) ¾ SW.

— Potsdam (BPM 5) 1 NW.

— Alt-, Fürstenwalde (NM 7) 1 SO.

**Golmbach**, Stadtoldendorf (Bs 2) ¾ NW.

**Golmkau**, Gross-, Hohenstein 1½ W, Praust 2½ SW. (PO 72).

— Mittel- u. Klein-, Hohenstein 1¾ W, Praust 2¼ SW. (PO 71).

**Golop**, Szerencs (Ts 19) 1⅞ N.

**Golpa**, Burgkemnitz (BA 12) ¼ N.

**Gols**, Parndorf 1½ SO, Zurndorf 2¼ S. (OeSt. 64. 65).

**Golssen**, *Stadt*, ♉ Brand 1½ SW, Lübben 2⅔ NW. (BG 5. 6).

**Goltewitz**, Dessau (BA 30) 1½ O.

**Goltsch-Jenikau**, *Fl.*, ♉ Pardubitz (OeSt 18. SNV 1) 6 SW.

**Golz**, Wangerin (BSt 17) 2¼ SO.

**Golzau**, Stumsdorf (ML 9) ⅜ N.

**Golzern**, *Eisengiesserei u. Papierfabrik*, Grimma (LD 13) ½ NO.

**Golzheim**, Buir ⅜ S, Düren 1 NO. (Rh 9. 8).

**Golzow**, Golzow (PO 7) ½ N.

— Brandenburg (BPM 9) 2 S.

**Gomaringen**, Tübingen ¾ S, Reutlingen 1¼ SW. (Wü 135. 132).

**Gomba**, Wartberg (OeSt 78) 2 S.

— Monor (OeSt 99) 1 O.

**Gombeth**, Borken (MW 6) ¼ N.

**Gommern**, *Stadt*, ♉ Magdeburg 2 SO, Schönebeck 1¾ NO, Zerbst 3 NW. (ML 1. 3. BA 44).

**Gommersheim**, Edenkoben (Pf 36) 1⅜ O.

**Gommlau**, Greiz (SW 91) ¼ W.

**Gondecz**, Kotomierz (PO 28) 1⅜ SO.

**Gonnesweiler**, Türkismühle (Sa 42) ¼ SW.

**Gonobitz** (Gonowitz), *Fl.*, ♉ Pöltschach (OeSü 60) 1 NW.

**Gonsawa** (Gonsawa), *Stadt*, ♉ Nakel (PO 26) 7 SO.

**Gonsenheim**, Mainz ½ W, Budenheim ⅔ S. (HL 11. 13).

**Gonten**, Thun (SC 1. 47).

**Gontenschwyl**, Sursee 2¾, Aarau 3 SO. (SC 1, 13. u. 20).

°**Gonzenbach**, *siehe VS* 3.62.

**Gonzenheim**, Homburg (Ho 1) ¼ SO.

**Gorabonez**, Komáráros (OeSü 119) 2½.

**Gorenje**, Divacca (OeSü 84) ½.

**Gorgast**, *Zuckerfabr.*, Golzow ½ O, Cüstrin 1 O. (PO 7. 8).

**Gorican**, Kraljevec (OeSü 116) 1 N.

**Goriza**, Reichenberg (OeSü 145) ¾.

*Siehe auch Station Gorizia-Görz*.

**Gorka**, Alt-Boyen (OS 44) ⅝ S.

**Gorkau**, ♉ Mettkau 1½ S, Schweidnitz 2½ NO. (BF 4. 16).

— bei Nimptsch, Breslau (BF 1. NM 39) 5 SW.

**Gorki-Zagayni**, Nakel (PO 26) 2¾ S.

**Gorkow**, Löcknitz (BSt 67) ¾ N.

**Gorlice**, *Stadt*, ♉ Tarnow (GCL 10) 7½ SO.

**Gornau**, Waldkirchen ½ SW, Zschopau ⅝ NW, Chemnitz 1½ SO. (SW 64. 65. 29).

**Gornitz**, Schönlanke (PO 21) 1¾ SW.

**Gornsdorf** bei Stollberg, Chemnitz 2 S, Zschopau 1¾ SW, Hohenstein-Ernstthal 2 SO. (SW 29. 64. 42).

**Gorschendorf**, Malchin (FF 4) 1 N.

**Gorsdorf**, Wittenberg (BA 9) 2 SO.

**Gorsleben**, Teutschenthal (ML 20) 1¼ NW.

**Gortz**, Friesack (BH 6) 4 S.

**Gorzyn** bei Bromberg, Nakel (PO 26) 1 O.

— bei Birnbaum, ♉ Driesen (PO 18) 4½ SO.

**Gorzütz**, Gross-, Annaberg (Wl 8) 1 NO.

— Klein-, Annaberg 1¼ NO.

**Gosbach**, Kirchheim u. Teck 2¼ SO, Geislingen 1¾ SW. (Wü 151. 30).

**Goschin**, Praust (Po 73) 1½ SW.

**Goschütz**, *Stadt*, ♉ Oels 3 NO, Breslau 6 NO. (RO 16. 13).

**Gosen**, Erkner (NM 5) 1½ SW.

**Gosenbach**, Siegen (BM 80. KM 64) ⅜ SW.

**Goslawitz**, Oppeln (OS 10. RO 1) ⅝ NO.

**Goslin** (Murowana), Posen (OS 48) 3 NO.

**Gosliwyl**, Solothurn (SC 1, 52) 12 Kil.

**Gospic**, Carlstadt (OeSü 154) 22½.

**Gossa**, Burgkemnitz (BA 12) 1 SO.

**Gossendorf**, Neumarkt (NM 36) 1½ SO.

**Gossengrün**, Franzensbad (SW 83. ByS 230) 2 NO.

**Gosswitz**, Löbau ⅞ NO, Reichenbach ½ NW. (SO 28. 26).

**Gostkowo**, Thorn (PO 67) 1¾ NO.

**Gostinca**, Lasse (OeSü 74) 0,2.

**Gostyn**, *Stadt*, ♉ Rawitsch 4¾ NO, Poln. Lissa 4½ O. (OS 37. 40).

**Gotalova** (Gotalowo), Zakany (OeSü 230) ⅝ S.

**Gotschdorf**, Reibnitz ½ SO, Hirschberg ½ W. (NM 48. 49).

**Gottartowitz**, *Hüttenwerk*, Rybnik (Wl 20) ⅔ SO.

**Gottenheim**, Freiburg 1½ NW, Riegel 2½ SW. (Ba 59. 36).

**Gottenz**, Gröbers (ML 12) ¼ NO.

**Gottesau**, *Caserne*, Carlsruhe (Ba 153) 0.2 O.

**Gottesberg**, *Stadt*, ♉ Gottesberg (NM 55) ⅛ N.

**Gottesbrück**, Erkner (NM 5) ½ SO.

**Gottesgab**, *Stadt*, ♉ Schwarzenberg (SW 58) 4 SO.

**Gottesgabe u. Gladbacher Höfe**, ⨯, Aumenau (Na 34) ½ S.

— *Saline*, Rheine (Ha 64. Wf 24) ½ NW.

— Wriezen a. O. 1¼ SO, Trebnitz 1¾ N. (BSt 67. PO 5).

**Gottesgnaden**, *Zuckerfabr.*, an der Saale, (ML 5) ¼ S.

**Gotteskirchen**, Horrem (Rh 10) ⅔ S.

**Gotteszell**, Deggendorf (D 1) 2 NO.

**Gotthardt**, St., Bietingen (Wü 27) ½ SW.

— Molnári (OeSü 103) 5.

**Gottleuba**, *Stadt*, ♉ Pirna (SO 5) 3 S.

**Gottlieben** in der Schweiz, Constanz (Ba 87) ½ W. Märstetten (SN 2, 7) 2¼ NO.

**Gottlob** (Kis-Oess), St. Hubert ¾ NO, Hatzfeld 1½ NW. Gr. Kikinda 4 S. (OeSt 115. 116. 114).

**Gottow**, *Eisenhütte*, Luckenwalde (BA 5) ¾ NO.

**Gottschee**, *Stadt*, ♉ Laibach 8½ SO, Rakek 7 SO, Carlstadt 8 NW. (OeSü 79. 76. 154).

**Gottschimm**, Friedeberg 2¼ SO, Driesen 2 SW. (PO 16. 18).

**Gottschimmer Bruch** etc., Friedeberg 1½ SO, Driesen 2½ SW.

**Gottsdorf**, Krummnussbaum (KE 17) ½ SW.

**Gottstatt**, Biel (SC 1, 56) 5 Kil.

**Gottwollshausen**, Gailenkirchen (Wü 78) ¾ SW.

**Gouce**, Markt-Tüffer (OeSü 65) 1.
**Goy**, Ohlau (OS 4) ½ SW.
⁸**Graben** (*prov. Station der Rheintalb.*), Bruchsal (Ba 10) ¾ W.
**Graban** bei Pr. Stargard, Czerwinsk (PO 35) 2 NW.
— Schwarzenbeck (BH 21) ¾ N.
**Grabe**, Gross-, Radeberg (SO 14) 3¾ N.
**Graben**, *Fl.*, 📯 Bruchsal (Ba 10. WÜ 1) 1¼ W.
**Grabensee**, Neulengbach (KE 8) ⅝ NO.
**Grabenstetten**, Nürtingen (WÜ 127) 2 NO.
**Graber**, *Fl.*, Habichstein (BN 6) 1¾ W.
**Grabin**, Neu-, Ottoczyn (PO 88) 1½ SW.
**Grabig**, Sorau (NM 28) ½ NW.
**Grabig** bei Glogau, Quaritz (NZ 8) ⅔ NO.
**Grabionne**, Miasteczko 1 NO, Bialosliwe 1 NW. (PO 23. 24).
**Grablcz**, Ottynia (LCJ 14) ½ N.
**Grabkow**, Sommerfeld (NM 19) ¾ N.
**Graboszewo**, Nakel (PO 26) 2¾ NW.
**Grabo**, Wittenberg (BA 9) 2¾ SO.
**Graboez**, St. Hubert ¾ NO, Hatzfeld 1 N. (OeSt 115. 116).
**Grabow** a. d. Oder, *Stadt*, 📯 Stettin (BSt 10) ¼ N.
²— in Pommern, Labes (BSt 18) 1 O.
³— Wüsten-, Stavenhagen (FF 5) ⅝ N.
⁴— Burg (BPM 13) 1 O.
⁵— Sommerfeld (NM 19) 1¾ SW.
⁶— in Posen, *Stadt*, 📯 Oels (RO 17) 9 NO.
*Siehe ausserdem Station Grabow BH* 14.
**Grabowka**, Kraiszanowitz (Wi 7) 1 NO.
**Grabownica**, *Fl.*, Przemysl (GCL 28) 9¾ SW.
**Grabowo**, Miasteczko (PO 23) 1 N.
— Kotomierz (PO 28) 2 SO.
**Grabs**, Buchs (VS 8, 35) ½ NW.
**Grabschütz**, Josefstadt (SNV 6) ⅝ NO.
**Grada(l)sz**, Carlstadt (OeSü 154) 4½.
**Gradberg**, Driburg (Wf 39) ¾ S.
**Gradenberg**, ⚒ Köflach (GK 11) ¾ NW.
**Gradisca**, *Stadt*, 📯 Sagrado (OeSü 174) ¼ N.
**Gradiska**, Alt-, an der Saave gegenüber Türkisch-Gradisca, *Fl.*, Sissek (OeSü 151) 10 SO.
— Neu, *Fl.*, Sissek (OeSü 151) 9 SO.
**Graditz** bei Torgau, Falkenberg (BA 23) 2 SW.
**Gradlitz**, Königinhof ½ SO, Josefstadt 1½ NW. (SNV 8. 6).
**Grado**, *Stadt*, 📯 Monfalcone (OeS 178) 8 S.
**Gradolo**, Trient (OeSü 210) 1.
**Gradole**, Lasse (OeSü 74) 0,7.
**Gräben**, Striegau (BF 17) ¹/₁₀ W.
**Gräbendorf**, K. Wusterhausen (BG 8) 1¼ SO.
**Gräbnitzfelde**, Trampke (BSt 15) 2 S.
**Gräbschen**, Breslau (BF 1) ½ SW.
**Graeden**, Frankfurt a. O. (NM 11. PO 71) 2½ SO.
**Gräditz**, Ober-, Schweidnitz ⅞ SO, Faulbrück ¼ NO. (BF 16. 14).
— Nieder, Schweidnitz ¾ SO.
— Gross-, Glogau (NZ 1. OS 43) 2 SO.
— Klein-, Glogau ⅝ NW.
**Gräfenau**, Eisfeld (Th 53a) 4 NO.
**Gräfenberg**, *Stadt*, 📯 Lauf 2½ N, Erlangen 2½ NO. (ByO 42. ByS 51).
**Gräfenberg** in Schlesien, *Kaltwasserheilanstalt*, Neisse 7 SW, Hohenstadt 5½ NW. (NB 1. OeSt 48).
**Gräfendorf**, Gr.-, Teutschenthal (ML 20) 1 S.
— bei Jüterbogk, Linda (BA 20) 1¼ NO.
**Gräfenhain**, Radeberg (SO 14) 2 N.
**Gräfenhausen**, Weiterstadt ¼ N, Darmstadt ½ N. (HL 23. 24).
— in Württemberg, Wilferdingen (Ba 145) 1 S.
**Gräfenhayn**, Sorau (NM 28) 2¼ W.
**Gräfenort**, Oppeln (OS 10. RO 1) 1½ SO.
**Gräfenroda**, Arnstadt (Th 33) 2¼ SW.
**Gräfenthal** in Sachsen-Meiningen, *Stadt* 📯 Gera 9 SW, Sonneberg 3½ NO, Weimar 6½ S. (Th 31. 61. 10).
**Grafentonna**, *Fl.*, 📯 T Gotha (Th 6) 2¼ N.
**Gräfing**, Nieder- u. Ober-, Wels (KE 31) 1¼ N.
**Gräfrath**, *Stadt*, 📯 Vohwinkel ½ S, Solingen ¾ N. (BM 34. 101).
**Gräslchen**, Aarau (SC 1, 13) 1 SO.
**Gräultz**, Freiberg in Sachsen (SO 51) 1¾ S.
**Gräsewitz**, Gr. Rosen (BF 19) 1¼ NO.

**Gränzendorf**, Reichenberg in Böhmen (SO 38. SNV 22) 1¼ O.
**Grätz** (Grodzisko), *Stadt*, 📯 T Kosten 3½ NW, Alt-Boyen 6 NW, Posen 6½ SW. (OS 45. 44. 48).
**Graf Beust**, ✕ Essen (BA 85) unm.
**Grafenau**, *Stadt*, 📯 *Glashütte*, Passau 5 N, Deggendorf 5 O. (ByO 58. D 1).
**Grafenbach**, Pottschach (OeSü 2a) ½.
**Grafenbrunn**, St. Peter (OeSü 83) 1.
**Grafendorf**, Görz (OeSü 176) ¼ W.
— Ober-, *Fl.*, 📯 St. Pölten 1 SW, Prinzersdorf ¾ SO. (KE 12. 13).
— Unter-, Böheimkirchen (KE 10) ½ NW.
— Ober-, Landshut (ByO 10) 7½ O.
**Grafengehaig**, Unter-Steinach (ByS 67) 1½ NO.
**Grafenhausen**, Thiengen (Ba 69) 1,9 N.
**Grafenort**, Frankenstein (BF 11) 4 NW.
**Grafenrheinfeld**, Bergrheinfeld (ByS 85) ½ O.
**Grafenried**, Lyssach (SC 1, 35) 7 Kil.
**Grafenstein**, Grottau (SO 34) ¼ SO.
*Siehe dagegen Station Grafenstein OeSü* 163.
**Grafentraubach**, Laberweinting (ByO 15) ½ SW
**Grafenwinn**, Regenstauf (ByO 25) 1 NO.
**Grafenwöhr**, *Stadt*, 📯 Pressath (ByO 75) ⅞ SW.
**Grafing**, *Fl.*, München 4 SO, Rosenheim 3¼ NW. (ByS 136. 137).
**Grafling**, Deggendorf (DP 1) 1 N.
**Grablow**, Zantoch (PO 14) ¼ N.
**Grahovo**, Rakek (OeSü 79) 2.
**Graicha**, Schmölln (SW 85) ca. 1 N.
**Grainz**, Markt-, *Fl.*, Hochstadt (ByS 63) ¾ NO.
**Gramastetten**, *Fl.*, Linz (KE 64) 1½ NW.
**Grambach**, Kalsdorf (OeSü 50) 1½.
**Grambeck**, Mölln (LB 5) 1 S.
**Grambzow**, Teterow (FF 3) ¾ S.
**Grampke** (Grambke), Burg-Lesum (Ha 35) ¼ SO.
**Grampkermoor**, Burg-Lesum (Ha 35) ¼ SO.
⁰**Gramschütz** (BF 28), Glogau (NZ 1. OS 43) 1½ S.
**Gramzow**, *Fl.*, Passow 1½ W, Angermünde 2⅛ N. (BSt 7. 6).
— Anclam (BSt 55) 8 W.
**Grandval**, Basel (SC 1, 1) 46 Kil.
**Granow** bei Guben (NM 17) 1 NW.
— Landsberg a. W. 5 NO, Arnswalde 1½ S. (PO 13. OS 57).
**Gransee**, *Stadt*, 📯 Angermünde 7½ W, Neustadt a. d. Dosse 7½ NO. (BSt 8. BH 7)
**Granzin** in Meckib., Boitzenburg (BH 19) 1½ NO.
**Graschnitz**, Marein (OeSü 38) ¼.
**Grasdorf** bei Hannover, Rethen (Ha 73) ⅓ N.
— Hildesheim 2 SO, Wolfenbüttel 3½ W. (Ha 70. Ba 74a).
— Borsdorf *B** (LD 2) 1 NW.
**Grasellenbach**, Heppenheim (MN 31) 2¾ SO.
**Grasfilzing**, Ahrnschwang (ByO 66) 1 SO.
**Grasleben**, Helmstedt (Ba 31) 1 N.
**Grasmannsdorf**, Furth am Walde (ByO 67. BW 1) ¼ S
**Grassau** (Grasso), Holsdorf (BA 21) 1 SO.
**Grassee**, Wangerin (BSt 17) 2¼ SO.
**Grasslitz** in Böhmen, *Stadt*, 📯 Auerbach 2½ SO, Falkenstein 2½ SO, Adorf 2¼ NO, Eger 5 NO. (SW 73. 74. 79. 84).
**Grassnitz**, Spielfeld (OeSü 55) ½.
**Grassnitzberg**, Spielfeld (OeSü 55) ½.
**Grasswyl**, Riedtwyl (SC 1, 32) 3 Kil.
**Graste**, Freden (Ha 78) 1¼ NO.
**Grastrup**, Herford (KM 29) 1½ SO.
**Grattenbruck**, Wörgl (OeSü 160) ¼.
**Grattersdorf**, Langen-Isarhofen (ByO 53) 2 NO.
***Gra(t)zen** (Gratzin), (KFJ 31), *Stadt*, 📯 T Budweis (KFJ 31. KE 74) 4 SO.
**Grauden**, Gr.- u. Kl.-, Bauerwitz 1½ NW, Leobschütz 1 NO. (Wi 12. 10).
**Graudenz** (Grudziadz), *Stadt*, 📯 Warlubien (PO 31) 2 SO.
**Grauelsbaum**, Bühl (Ba 29) 1,5 NW.
**Grauen** bei Soltau, Unterlüss (Ha 8) 2 W.
**Graulingen**, Suderburg (Ha 9) ½ W.
**Graun** bei Nauders, Innsbruck (OeSü 187) 23 SW.

**Graupen** in Böhmen, *Stadt*, 📯 Mariaschein (AT 5) ½ NW.
**Graustein**, Spremberg (BG 10) ¾ O.
**Grave**, Holzminden (Wf 43. Ba 1) 1½ N.
— *Stadt*, 📯 Nymwegen (Rh 80) 1¾ SW.
**Gravenhorst**, Hörstel (Ha 63) ¼ S.
**Gravenstein**, *Fl.*, 📯 T Apenrade (Sw 32) 2 SO.
**Graz**, St. Peter (OeSü 83) ½.
**Grazdorf**, Littai (OeSü 74) ½.
**Grebenn** (Grebehne), Schkeuditz (ML 13) 1¼ NO.
**Grebenatz**, Jassenova (OeSt 125) ¾ W.
**Grebenau**, *Stadt*, 📯 Kirchhain 5½ O, Neustadt in Hessen 4¼ SO, Treysa 4½ SO. (MW 10. 9. 8).
**Grebenroth**, St. Goarshausen (Na 14) 2½ NO.
**Grebin**, Praust (PO 73) 1 SO.
**Greding**, *Stadt*, 📯 Ingolstadt (ByS 243) 4¾ N.
**Greene**, 📯 Kreiensen (Ba 5. Ha 79) ¼ NW.
**Greetsyhl**, *Fl.*, 📯 Emden (Wf 58) 3 NW.
**Grefrath** bei Neuss (BM 16. Rh 14) ¾ SW.
— bei Horrem (Rh 10) ¾ SO.
*Siehe dagegen Station Grefrath, Rh* 81.
**Greibnig**, Liegnitz 1⅜ SO, Spittelndorf 2 S. (NM 33. 34).
**Greifenberg** in der Uckermark, *Stadt*, 📯 T Greifenberg (BSt 45) ⅜ N.
*Siehe auch Station Greifenberg, NB* 45.
**Greifenburg** in Kärnthen, *Fl.*, 📯 Villach (KR 89. OeSü 171) 7 NW.
**Greifendorf**, *grosse Ziegelei*, Rosswein ¾ W, Hainichen ¾ N. (LD 29. SO 57).
*Siehe dagegen Station Greifendorf, OeSt* 8.
**Greifenhain** bei Frohburg, Borna (SW 83) 1½ SO.
**Greifenstein** bei Wetzlar, Sinn (KM 58) ½ SW.
**Greiffenberg** in Pommern, *Stadt*, 📯 Labes 6½ N, Colberg 6 SW. (BSt 15. 44).
*Siehe dagegen Stationen Greiffenberg, BSt* 45 *u. NB* 45.
**Greiffenhagen**, *Stadt*, 📯 T Stettin 3 S, Tantow 1½ SO. (BSt. 10. 9).
**Greiffenstein**, Greiffenberg ½ S, Rabishau ¾ NW. (NM 45. 46).
**Grein**, *Stadt*, 📯 Amstetten 2 N, Linz 5 SO. (KE 20. 64).
— Neckargemünd (Ba 98) 1 NO.
**Greinsfurth**, Amstetten (KE 20) ¼ SW.
**Greislau**, Alt-, Weissenfels (Th 15) ½ SW.
**Greith**, Leibnitz (OeSü 55) 2¾.
— Kapfenberg (OeSü 39) 3.
**Greiz**, *Station* (SW 91), *Stadt*, 📯 Gera (Th 81) 4 SO.
**Greillingen** i. d. Schweiz, *Fabriken*, Basel (Ba 46. SC 1, 1) 2 S.
**Gremblin**, Pelplin (PO 33) 1 NO.
**Gremboczin**, Thorn (PO 76) 1 NO.
**Gremertshausen**, Neufahrn bei Freising 1 N, Freising 1¼ SW. (ByO 5. 6).
**Gremmelsbach**, Hausach (Ba 164) 2 S.
**Gremsdorf**, Kaiserswaldau (NM 30) 1½ N.
**Gremsheim** (Germsheim), Gandersheim (Ba 6) ¼ N.
**Grensdorf**, Greiffenberg 2 SW, Rabishau 2 S. (NM 45. 46).
**Grenzhausen**, Coblenz 2 NO, Herchheim 2 NO, Ober-Lahnstein 3 NO, Ems 1¾ NW. (Rh 52. 59. Na 19. 29).
**Grenzhof**, *Hof*, Friedrichsfeld (Ba . 2) 0,2 SO.
— *Colonie*, Heidelberg (Ba 3) 1,1 NW.
**Greppen**, Luzern (SC 1, 25) 13 Kil. O.
**Greppin**, Bitterfeld (BA 13) ⅝ N.
**Gressenich**, Eschweiler ¾ SW, Stolberg ½ SO. (Rh 6. 5).
**Gressgen**, Schopfheim (Ba 212) 1 N.
**Gresten**, 📯 *Eisenwerk*, Pöchlarn 4 SW, Kemmelbach 3 S. (KE 16. 15).
**Gretenberg**, *Schwefelquelle*, Sehnde (Ha 67) ½ SO.
**Gretzenbach**, Däniken (SC 1, 11) 1 Kil.
**Greulich**, Bunzlau 2½ NO, Kaiserswaldau 1¾ N, Hainau 2 NW. (NM 29. 30. 31).
**Greulsberg** (Greilsberg), Nieder-Lindhart (ByO 14) ¾ SO.
***Greussen** (NB 7), *Stadt*, 📯 Nordhausen 4¼ S, Erfurt 5 N. (ML 23. Th 8).
— West-, *Greussen (NB 7) ⅝ NW.
**Grensenig**, *Fabrik*, Döbeln (LD 28) ¾ SO.
**Greuth**, St. Lorenzen (OeSü 157) ¼.

°Grevenbroich (Rh 16), *Stadt*, ♉ Neuss (BM 16. Rh 14) 2 SW.
Grevenhagen, Altenbeken (Wf 6) ¾ NO.
Grevenhausen, Lambrecht (Pf 10) ⅛ S.
Grevenmacher, *Stadt*, ♉ Conz (Sa 21) 1¼ SW.
°Grevismühlen (Gevesmühlen), (LK 4), *Stadt*, ♉ Wismar (Mk 13), 2¾ W.
Gribenow, Greifswald (BSt 57) 1¼ W.
Grieben, Tangerhütte (MH 20) 1⅝ O.
Griebnitz, Cöslin (BSt 24) 3 SO.
Griebo, Coswig i. Pr. (BA 27) ⅝ NO.
Griedel, Butzbach (MW 16) ⅛ O.
Griedelbach, Braunfels (Na 39) 2½ SO.
Gries, Botsen (OeSü 103) ½.
Griesau, Süncking (ByO 17) 1¼ NO.
1 Griesbach, ♉ T *Badeort*, Appenweier (Ba 26) 3 SO.
2 — bei Gersen, Landshut (ByO 10) 5 O.
3 — links von der Rott, ♉ Vilshofen 3 S, Passau 3 SW. (ByO 55. 58)
4 — bei Wegscheid in Bayern, *Fl.*, Passau (KE 54. ByO 58) 2¼ O.
5 — in Sachsen, *Kalkwerk*, Scharfenstein (SW 66) ⅛ NW.
Griesborn, *Kohlenstation* (Sa 56), Ensdorf (Sa 12) ⅛ SO.
Griesen, Dessau 1⅝ O, Coswig i. Pr. 1 SW. (BA 30. 27).
*Siehe dagegen Station Griessen. Ba* 71.
Griesheim, Frankfurt a. M. 1 SW, Höchst ½ SO. (T 1. 2).
— Ober-, Jagstfeld ½ N, *Unter-Griesheim ¼ W. (Wü 60. 61).
— Offenburg ½ NW, Appenweier ⅝ SW. (Ba 25. 26).
— Heitersheim (Ba 43) 0,8 W.
Griesingen, Rississen (Wü 37) ¾ W.
Grieth, *Stadt*, ♉ Emmerich ¾ SO, Goch 2½ NO, Cleve 2 O. (KM 41. Rh 73. 75).
Griethausen, *Fl.*, Griethausen (Rh 75a) ½ SW.
Griffen, Kühnsdorf (OeSü 164) 2.
Grifte, Guntershausen (HN 9. MW 3) ⅛ S.
Grigalischken, Stallupönen (PO 62) 3½ S.
Grimbach in Wrttbg., Pforzheim (Ba 149) 1 S.
Grim(m)elshofen, Neunkirchen 2 N, Ob.-Lauchringen 2½ N. (Ba 74. 70).
Grimmen, *Stadt*, ♉ T Greifswald 3 W, Stralsund 3 S, Rostock 8 O. (BSt 57. 59. Mk 1).
Grimmersum, Emden (Wf 38) 2 N.
Grimmlinghausen, Norf 0,3 NO, Neuss ¾ SO. (Rh 64. 14).
Grimmeleben, *Zuckerfabr.*, an der Saale (ML 5) 1½ SW.
Grimnitz, Neu-, Chorin (BSt 5) 1 N.
Grindel, Basel (SC 1, 1) 26 Kil.
Grindelwald, Scheraligen (SC 1, 48) 32 Kil.
— Thun (SC 1. 47) 7½ SO.
Grinsdorf, Ullersdorf (AT 8) ⅝ NW.
Grinzing, Wien (KE 1) ¾ NW.
Grischow, Greifswald (BSt 57) 3 W.
Grisenbach, Mirskofen (ByO 11) 1½ NO.
Grissen, Schopfheim (Ba 212) 1½ NW.
Gristow, Greifswald (BSt 57) 1½ N.
Grobilischken, Gumbinnen (PO 60) 2½ S.
Grobsdorf, Greiffenberg 1½ S, Rabishau 1½ SW. (NM 45. 46).
— Ronneburg (SW 87) ⅝ W.
Grocana, Divacca (OeSü 84) 2.
Grocholin, Nakel (PO 26) 2½ SW.
Grochwitz, Glogau (NZ 11. OS 43) 2 NW.
Grod, Reiden 4 Kil., Dänikon 2 Kil. (SC 1,16 u. 11).
Groddeck, Laskowitz (PO 30) 1,3 W.
Groden, Geestemünde (Ha 40) 6 N.
Grodziska, Przemysl (GCL 22) 1¾ N.
Gröba, Röderau ½ N, Riesa 0,1 N. (BA 26. LD 11).
Gröben, Wusterwitz (BPM 8) 2 SO.
— bei Weissenfels, Teuchern (Th 24) ¼ SO.
Gröbern, Gräfenhainchen (BA 11) ½ S.
*Siehe dagegen Station Gröbern, ML* 12.
Groebnig, Leobschütz (Wl 10) ½ O.
Gröbzig, *Stadt*, ♉ T Cöthen 1½ SW. Biendorf 1 S, Gerlebogk ½ SO. (MH 34. 33. 37).
Grödel, Langenberg *H*° 0,4 S, Riesa ½ O. (LD 13. 11).
Gröden, Innsbruck (OeSü 187) 16.
Grödig, Salzburg (KE 45) 1½ S.
Gröditz bei Weissenberg, Bautzen (SO 20) 1¾ NO.
— Bunzlau 2½ SO, Kaiserswaldau 1½ S. (NM 29. 30).

Gröditz, *Eisenwerk*, Grossenhain 1⅞ NW, Röderau u. Riesa 1¾ NO (LD 35. 12. 11).
Gröditzsch (Grädtzsch), Lübben (BG 6) 2 NO.
Grömitz, *Fl.*, Neustadt (AK 24) 1½ NO.
Gröna, Bernburg (MH 32) ⅝ SW.
Grönau, Gr.-, Lübeck 1½ SO, Ratzeburg 1½ N. (LB 1 u. 3. 4).
Gröningen, *Stadt*, ♉ *Zuckerfabr.*, *Mühlen*, Oschersleben 1 S, Nienhagen ½ O. (MH 6. 8).
— Kloster-, Nienhagen (MH 8) ⅟₁ O.
— Ober- u. Unter-, Gmünd (Wü 109) 2 NO.
Grönloh, Osnabrück (Ha 57) 5 N.
Gröpelingen, Bremen (Ha 34. Ol 8) ½ NW.
Grössin, Schivelbein (BSt 10) ½ N.
Grötschenreuth, *Fl.*, Kemnath-Neustadt 2¾ NO, Reuth in Bayern 3½ NW. (ByO 77. 83).
Grötzingen, Neckarthailfingen (Wü 128) ¾ N.
*Siehe dagegen H° Grötzingen, Ba* 142.
Grohnde, *Fl.*, Elze 3¼ S. Stadtoldendorf 2½ NW. (Ha 75. Ba 2).
Groitsch, *Stadt*, ♉ Machern 1 N, Kleritzsch 1 W. (LD 4. SW 4).
Grolsheim, Langen-Lonsheim (Sa 28) ¼ NO.
Gromaden, Nakel 1½ SW, Osiek 1½ NW. (PO 26. 25).
1 Gronau, *Stadt*, ♉ T Elze ½ SO, Banteln ½ NO. (Ha 75. 76).
2 — *Stadt*, ♉ Glanerbeek ⅜ O, Rheine 4 W. (NS 2, 33a. Ha 64. Wf 34).
3 — in Hessen, Bensheim (MN 10) ¾ O.
4 — Alt- u. Neu-, Steinau (BbH 11) 1 SO.
5 — bei Bergen, Dortelweil ½ SO, Vilbel ½ NO. (MW 21. 22).
Gronauer Hof, Dortelweil ⅙ SO, Vilbel ½ NO.
Grone, Göttingen (Ha 84) ⅞ W.
Gronenfelde, Frankfurt a. O. (NM 11) PO 71) ½.
Gronig, St. Wendel (Sa 43) 1½ NW.
Gronstein, Elten (Rh 76) ½ N.
Groothusen, Emden (Wf 35) 2 NW.
Groppendorf, Magdeburg (MH 1) 3 W.
Grossaffoltern, Biel (SC 1. 56) 2¾ SO.
Grossalmerode, *Stadt*, ♉ T Cassel 3 O, Arenshausen 2½ SW. (Ha 87. 96).
Grossau, Vöslau (OeSü 16) ½.
Grossbreitenbach, Eisfeld etc., siehe Breitenbach.
Grossbeck, Josefstadt (SNV 6) 1½ N.
Grossdorf, Obristvy-Klomin (TKP 3) ½ SW.
— Rakek (OeSü 79) 3.
Grossefehn, ♉ Leer 3¼ NO, Neermoor 3 NO. (Wf 35. 36).
Grosseifligen in Hohenzollern, *Fl.*, Rottenburg (Wü 137) 2¼ SW.
Grossenbach, Hünfeld (BbH 5) ¼ NO.
Grossenbrunn, Marchegg (KFN 48. OeSt 73) ¼ S.
*Grossenbuseck (OH 2), ♉ Giessen (KM 61) 1¼ NO.
Grossendorf bei Steinau, Spitzelndorf (NM 34) 2⅚ NO.
Grosseneder, Warburg (BN 17. Wf 1) 1½ NW.
Grossenglis, Borken (MW 6) ¼ N.
Grossenhagen, Carolinenhorst (BSt 13) 3 NO.
Grossen-Linden, *Stadt*, ♉ Giessen (MW 14. KM 61) ⅞ S.
Grossenlüder, *Stadt*, ♉ Fulda (BbH 6) 1½ NW.
Grossenmoor, Burghaun (BbH 4) ⅝ W.
Grossenrode, Nörten (Ha 89) ½ N.
Grossensee, Hönebach (HN 2) ¼ O.
Grossenstein, Ronneburg (SW 87) ⅝ N.
Grossgmein, *Zollamt*, Salzburg (ByS 148. KE 45) 2 W.
Grosshof, Brunowitz (KFN 51) ¾ N.
Grosslak, Littai (OeSü 74) 3.
Grosslaschitz, Laibach (OeSü 76) 4.
Grossmaierhof, St. Peter (OeSü 82) 1.
Grossmannsburg (Laibach (OeSü 76) 1½.
Grosssulz, Kalsdorf (OeSü 50) ½.
Grossvoigtsberg, Nossen (LD 30) 1 S.
Grosswangen, Nottwyl (SC 1,21) 1¼ W.
Grossweier, Achern (Ba 24) 0,5 N.
Grub, Themar (Th 58) ¾ N.
— am Forst, Coburg ¾ SO, Ebersdorf ⅝ NW. (Th 54. 56).

Grub, Parksteinhütten (ByO 74) ½ S.
Grubbenvorst, Venlo (Rh 84. NS 2, 62) ½ N.
Grube, Neustadt (AK 24) 2½ NO.
Grubenhagen, Greifswald (BSt 57) 1 S.
Grubno, Terespol (PO 29) 1½ SO.
Grubschütz, Bautzen (SO 2 O) ½ SW.
Grubsleben, Dietendorf (Th 7) 1 NW.
Gruczno, Terespol (PO 29) 1 S.
Grüllenburg, Klingenberg-Colmnitz (SO 45) ½ N.
Grün in Böhmen, Elster (SW 80) ½ SW.
— in Sachsen, Lengenfeld (SW 72) ½ O.
Grüna, *PH* (SW 26), Siegmar ⅝ W, Wüstenbrand ¼ NO. (SW 27. 25).
Grünau bei Hartenstein, Fährbrücke (SW 51) ⅛ NO.
— Grünau (BG 2) ⅛ N.
— Wels (KE 31) 6 SW.
*Siehe auch Station Grünau, Pressb.-Tyrn.* 6.
Grünbach, Neunkirchen 2,3, Neustadt 3. (OeSü 24. 22).
— bei Erding, Freising 3 SO, Landshut 4 SW. (ByO 6. 10).
1 *Grünberg (OH 4), *Stadt*, ♉ T Giessen (MW 14. KM 61) 3 O.
2 d — in Schles., (BF 34). *Stadt*, ♉ T Frankfurt a. O. 11 SO, Sommerfeld 6½ NO, Sorau 6½ NO, Glogau 7½ NW. (NM 11. 19. 29. NZ 1. OS 43).
3 — in Prov. Posen, Wronke (OS 51) 1¼ O.
4 — bei Camenz, Radeberg (SO 14) 4 NO.
5 — bei Lausa (Radeberg (SO 14) 1 NW.
6 — bei Chemnitz, Erdmannsdorf (SW 61) ½ NO.
7 — bei Waldheim, Hainichen (SO 57) 1 NW.
8 — Nieder- u. Ober-, Schmölln ¾ SO, Crimmitschau ⅝ NW. (SW 85. 8).
9 — in Bayern, Kemnath-Neustadt (ByO 77) 1½ NO.
10 — Nepomuk (KFJ 34) ⅛ SW.
11 — (Kamaik), Velim (OeSt 22a) ½ S.
Grünebach, *Eisenhütte*, Betzdorf KM 51) ⅛ SO.
Grüneberg, Freienwalde a. O. (BSt 49) 2 NO.
— Löcknitz (BSt 62) 2 S.
Grüneiche, Breslau (OS 1) ½ O.
Grünenplan, *Glashütte*, Alfeld (Ha 77) 1 SW.
Grünewald, Schönebeck (ML 3) ¼ NO.
Grünewald, Trebnitz (PO 5) ½ O.
Grünfelde, Marienburg (PO 36) 1½ SO.
Grüngräbchen, Radeberg (SO 14) 3⅛ N.
Grünhagen, Marienburg (PO 36) 1 S.
Grünhaide, Erkner (NM 5) ½ O.
Grünhain, *Stadt*, ♉ Chemnitz 4½ SW, Schwarzenberg ¾ NO (SW 29. 58).
Grünhainichen, Waldkirchen ¾ O. Freiberg 3 SW, Oederan 1½ SW (SW 64. SO 51. 52).
Grünheide, Tapiau (PO 54) 1 NO.
*Siehe dagegen Station Grünheide, TJ* 3.
Grünhof, Löcknitz (BSt 62) 2 N.
Grünholz, Laufenburg (Ba 65) 0,2 NO.
Grünhübel, Breslau (BF 1) 1⅝ SW.
1 *Grüningen, (Ba 186) Donaueschingen (Ba 185) 1.8 N.
2 — *Stadt*, Langgöns (MW 15) ¾ NO.
3 — * Greussen (NE 7) ¼ O.
4 — Brieg (NB 8. OS 5) ½ W.
Grünlas, Kemnath-Neustadt (ByO 77) 1½ NO.
Grünow, Prenzlau (BSt 48) ⅝ O.
— Gross-, Wangerin (BSt 17) 4½ NO.
— Klein-, Wangerin 2½ S.
— Passow (BSt 7) ½ SO.
Grünrode, *Fabrik*, Döbeln (LD 28) 1 SO.
Grünschleben, Bernburg (MH 32) ½ NO.
Grünsfeldhausen, Grünsfeld (Ba 118) 0,5 N.
Grünstadt, *Stadt*, ♉ Monsheim 1⅝ S, Dürkheim 1½ N, Frankenthal 2 NW (BL 39. Pf 54. 19).
Grünstädtel, Schwarzenberg (SW 58) ⅛ SO.
1 Grünthal, *Brauerei*, Biesenthal (BSt 3) ½ SO.
2 — Schneidemühl (PO 22) ½ NO.
3 — ♉ Geldern (Rh 70) 2½ NO.
4 — bei Olbernhau, Freiberg (SO 51) 3½ SW.
Grünwald, Deisenhofen (ByS 129) ¾ NW.
— bei Gablonz, Reichenberg 1½ SO. Liebenau 1¾ NO (SNV 22. 19).

**Grünwehr**, Ludwigsort 1 SO, Kobbelbude 1 SW (PO 47. 48).
**Grünweitschen**, Gumbinnen (PO 60) 1¼ SO.
**Grünwettersbach**, Durlach (Ba 13) 0,7 O.
**Grünwiese**, Ludwigsort (PO 47) 1 SO.
**Grünwinkel**, Carlsruhe (Ba 14) 0,5 W.
**Grünz**, Casekow (BSt 8) 1½ NW.
**Grüssau**, Rohbenk (NM 53) 1¾ SO.
**Grüssow**, Gr.-Rambin 1 N, Belgard ½ S (BSt 20. 21).
**Gruibingen**, Göppingen (WS 26) 1½ S.
**Grulich**, *Stadt*, Wildenschwert 3¼ NO, Hohenstadt 5 NW (OeSt 12. 48).
1 **Grumbach**, *Fl.*, Fischbach 2¾ SO, Standernheim 2½ SW (Sa 37. 33).
2 — Hainichen (SO 57) ¼ NW.
3 — bei Wilsdruff, Tharandt (SO 46) ¾ N.
4 — bei Jöhstadt, Annaberg (SW 70) 1½ SO.
5 — bei Waldenburg, Glauchau (SW 22) ¾ O.
**Grumberg**, *Stadt*, Hohenstadt (OeSt 48) 3 N.
**Grumkowkeiten**, Stallupönen (PO 62) 3½ NO.
**Gruna**, *Basaltsteinbrüche*, Kohlfurt 1 SW, Görlitz 1½ NO (NM 26. 41).
**Gruna**, Dresden (SO 1a-c u. 13).
— **Ober- und Nieder-**, Nossen ⅝ S, Freiberg 1½ N (LD 30. SO 51).
1 **Grunau**, Elbing (PO 39) ⅝ SO.
2 — Braunsberg ¾ NO, Heiligenbeil ½ SW (PO 44. 45).
3 — Hirschberg (NM 49) ½ N.
4 — Saaran (BF 6) ¼ NW.
5 — Frankenstein (BF 11) 1 S.
6 — Neisse (NB 1) ¾ SW.
7 — Deutsch-Lissa (NM 38) ⅔ N.
8 — bei Ostritz, *Fabrikort*, Zittau (SO 33) 2½ NO.
9 — *Fabrikort*, Rosswein (LD 29) ½ SW.
*Siehe dagegen Station Grunau, PO 38.*
**Grund, Nieder- u. Ober-**, bei Warnsdorf in Böhmen, Gr.-Schönau (SO 41) ½ W.
— Görlitz (SO 15. NM 41) 1½ NO.
— *Stadt* Seesen (Bs 8) 2¼ S.
**Grundhof**, Salzungen (Th 45) ½ N.
**Grunern**, Krozingen ½ S, Heitersheim ½ NO (Ba 42. 43).
**Grunow**, Strausberg (PO 3) 2 NO.
**Gruol**, Horb (WS 142) 1½ SO.
**Gruppe**, Warlubien (PO 31) 2 SO.
0 **Gruschbach**, (OeSt 145) Branowitz (KPN 51) 4 SW.
**Grybow**, *Stadt*, Przemysl (GCL 22) 26¾ SW.
**Gryzyn**, Kosten (OS 45) 1 SO.
**Grzeda**, Lemberg (GCL 29. LCJ 1) 1 N.
**Grzegorzowitz**, Nendza ¾ NW, Ratibor 1¼ NW (WI 4. 5).
**Grzywna**, Thorn 2¼ N, Terespol 4 SO (PO 61. 29).
**Grzybowice male**, Lemberg (GCL 29. LCJ 1) ½ N.
— **wielki** Lemberg ½ N.
**Gschaidt**, **Gross- u. Klein-**, Ottensoos (By 4).
**Gschwend** *Fl.*, Gmünd 2 N, Hall 2¼ S (WS 109. 79).
**Gsteig** bei Interlaken, Thun (SC 1, 47) 4½ SO.
— bei Saanen, Thun (SC 1, 47) 12½ SW.
**Guckelhausen**, Ingramsdorf (BF 5) ¾ NO.
**Guddin**, Trakehnen (PO 61) ¼ SW.
**Gudenau**, Godesberg (Rh 115) ¾ SW.
**Gudensberg**, *Stadt*, Guntershausen 1½ SW, Gerstungen 1 NW, Wabern 1¼ N (MW 3. 4. 5).
**Gudow**, Büchen (BH 20. LB 7) 1¾ NO.
**Gudwallen**, Insterburg (PO 58. TI 4) 4 SO.
**Güba**, Magdeburg (BPM 18) 1 O.
**Güchenbach** (Gigenbach), Saarbrücken (Sa 5) 1½ NW.
**Gückelsberg**, Flöha (SO 58. SW 60) ¼ O.
**Güdingen**, *Bleibergwerk*, Saarbrücken (Sa 5) ¾ SO.
**Güglingen**, *Stadt*, Lauffen (WS 55) 1 W.
**Gühlitz** bei Putlitz, Kerstädt (BH 12) 1¾ NO.
**Güldenboden** bei Mohrungen, Güldenboden (PO 40) 6 SO.
**Güldenfelde**, Altfelde (PO 37) 1½ SO.
**Gülpen**, *Fl.*, Wylré (AM 5) ⅜ S.
**Güls**, *Fayencefabr.*, Coblenz (Rh 52) ¾ SW.
**Gülz**, Nassow (BSt 22) 1 SO.
**Gülzow**, *Stadt*, Damm bei Stettin (BSt 12) 9 N.
— Büchen (BH 20. LB 7) 1¼ SW.
— Güstrow (FF 1. Mk 12) 1 NW.
**Gümmer**, Wunstorf 1¼ O, Seelze ¾ NW (Ha 22. 21).
**Gümminen**, Bern (SC 1, 39) 17 Kil.
**Gündelhart**, Felben (SNO 2, 9) 1½.
**Gündenhausen** (*Zinken*), Schopfheim (Ba 212) ¼ S.
**Gündlingen**, Freiburg (Ba 39) 2 S.
**Günebach**, *Weiler*, Brennet (Ba 61) 1 O.
**Günne**, Soest (Wf 15. BM 56) 1¾ SW.
**Güns**, *Stadt*, T Steinamanger 2½ N, Bükk 3 SW, Oedenburg 4½ N (OeSU 102. 100. 97).
**Günselsdorf**, Leobersdorf (OeSS 18) 1.
**Günstedt**, *Straussfurth (NE 8) 1½ NO.
**Günthersberg**, Arnswalde (OS 57) 1½ N.
**Güntersdorf**, Königinhof (SNV 8) ½ NO.
— bei Hensen, Bodenbach (BN 20. OeSt 42) 1½ NO.
**Güntershagen**, Wengerin (BSt 17) 5 SO.
**Güntersen**, Dransfeld (Ha 85) ½ NW.
**Güntherode**, Heiligenstadt (HL 85) ¾ N.
**Günthersberg**, Greifenberg i. d. Uckermark (BSt 45) ½ N.
**Günthersberge**, *Stadt*, Thale 3 S, Ballenstedt 3 SW (MH 14. 40).
**Günthersdorf**, Schkeuditz (ML 13) 1¼ SO.
— Oschersleben (Bs 20. MH 6) ½ SO.
— Heide-Gersdorf (NM 42) ½ W.
**Günthersrieth**, Hertmannshof (ByO 88) ½ S.
**Günzburg**, **Ober-**, Günzach (ByS 14) ½ NW.
*Siehe dagegen Station Günzburg, ByS 107.*
**Günzelsdorf**, Leobersdorf (OeS 18) ½ O.
**Günzenhausen**, Neufahrn bei Freising (ByO 5) ½ W.
**Günzenhofen**, Neufahrn bei Ergoldsbach (ByO 13) 1¾ NW.
**Günzgen**, Griessen *H** (Ba 71) 1 S.
**Gürzenich**, Düren (Rh 8) ¾ SW.
**Güssing**, Molnári 4, Steinamanger 4½ (OeSU 103. 102).
**Güstebiese**, Wriezen a./O. (BSt 67) 1½ O.
**Güstow**, Stettin (BSt 10) ¾ S.
**Gütenbach**, T Denzlingen *H** 2½ O, Emmendingen 3 SO (Ba 38. 37).
**Gütergotz**, Gr.-Beeren (BA 3) 1 W.
**Gütern**, Wiesau (ByO 84) ½ SW.
**Güter**, Burg bei Magdeburg (BPM 13) ½ O.
**Güttingen**, Stahringen *H** (Ba 189) 0,4 SO, Romanshorn 1¾ NW, Amriswell 1½ N (SN 2, 1 u. 2).
**Güttland**, Dirschau 1¼ N, Hohenstein 1 SO (PO 34. 72).
**Güttmannsdorf**, Reichenbach in Schles. (BF 13) ½ O.
**Gützkow**, *Stadt*, T Züssow 1¼ W.
—**-Wieck**, Züssow (BSt 56) 1¼ W.
**Gugelwitz**, Liegnitz 2¼ NO, Spitteindorf 1½ N (NM 33. 34.
**Guggenbach**, Peggau (OeNS 49) 1.
**Guggisberg**, Bern (SC 1, 39. S 4, 49. S 5, 11) 24 Kil. SW.
**Gubden**, Cüstrin (PO 8) 5½ NW.
**Gublau**, Glogau (NZ 1. OS 43) 1½ NO.
— Mettkau 1 SW, Ingramsdorf ¾ S (BF 4. 5).
**Gublen**, Sommerfeld (NM 19) 1 S.
**Guhlow** bei Perleberg, Kerstaedt (BH 12) 1¼ O.
**Guhrau**, *Stadt*, T Bojanowo 2 SW, Glogau 4 O (OS 38. 43).
**Guhren** bei Steinau, Spitteindorf (NM 34) 4½ N.
**Gummersbach**, *Stadt*, T Creuzthal 5 NW, Mülheim a. Rh. 6 O (BM 77. 100).
**Gumnowitz**, Nakel (PO 26) ¾ NO.
**Gumpen**, Wiesau (ByO 84) 1 SO.
**Gumtow**, Zernitz (BH 8) 2 NW.
**Gundelfingen**, *Stadt*, Günzburg 1¾ NO, Offingen 1 N, Heidenheim 2¼ SO (ByS 107. 108. WS 126).
— Freiburg (Ba 39) 0,7 N.
**Gundelsbach**, Vaihingen (WS 8) ¾ NW.
**Gundelsheim**, *Stadt*, T Jagstfeld ¾ NW, Neckarelz 1½ SO (WS 60. Ba 101).
**Gundernhausen**, Darmstadt 1½ O, Dieburg 1 SW (HL 24. 26).
**Gundheim**, Nieder-Fleursheim (HL 40) ⅜ NO.
**Gundhelm**, Elm (BbH 9) ¾ SO.
**Gundholzen**, Radolfzell (Ba 83) 0,6 SO.
**Gundorf**, Schkeuditz (ML 13) 1 SO.
**Gunrichshof**, Grafenstein (OeSS 165) ½.
**Gunsleben**, *H** (Bs 18) Wegersleben (Bs 19) ½ W.
**Guntalingen**, Andelfingen (SNO 2, 84) 2.
**Gunten**, Scherzligen (SC 1, 48) 7 Kil.
**Guntersdorf**, Kohlfurt (NM 26) 1¼ SO.
**Guntershausen**, Bürglen (SNO 2, 25) ¾.
*Siehe dagegen Station Guntershausen, HN 9. MW 3.*
**Gunimadingen** in d. Schweiz, Beringen *H** (Ba 75) 0 2 SW.
**Guntrup**, Greven (Wf 21) ½ SO.
**Gunzgen**, Olten (SC 1, 10) 7 Kil.
**Gunzwyl**, Sursee (SC 1, 20) 8 Kil.
**Gopf**, Schliengen (Ba 47) 1 O.
**Gurig**, **Nieder-**, Bautzen (SO 30) ¾ NO.
— **Ober-**, Bautzen ¾ N.
**Gurk**, *Eisenw.*, Hirt (KR 32) 1½ SW.
**Gurkfeld**, *Stadt*, Reichenburg ½ S, Videm-Gurkfeld ½ NW, Carlstadt 3 SW (OeSU 143. 144. 154).
**Gurkow**, *H** (PO 15) Zantoch 1½ NO, Friedeberg 1 SW (PO 14. 16).
**Gurkower Bruch**, **Alt- u. Neu-**, Friedeberg (PO 16) 1¼ S.
**Gurlitsch**, Krumpendorf (OeSS 167) ¼.
**Gursen**, Schneidemühl 3½ NO, Bialosliwe 5 NW (PO 22. 24).
**Gurten**, Riedau-Ried (KE 49) 4 SW.
**Gurtweil**, Waldshut (Ba 68) 0,3 NO.
**Gury**, Bükk (OeSU 100) ¾.
**Gurzelen**, **Ober-**, Uttigen (SC 1, 46) 4 Kil. SW.
— **Nieder-**, Uttigen 5 Kil. SW.
**Gurzno** (Gurschno), *Stadt*, Warlubien (PO 31) 12 SO.
**Guscht**, Friedeberg (PO 16) 1½ SO.
**Guschter Bruch** u. **-Holländer**, Friedeberg (PO 16) 1⅝ SO.
**Gusoenstadt**, *Fl.*, Amstetten (KE 20) 1¼ NO.
**Gusow**, Gusow (PO 6) ⅛ N.
**Gussow**, Königs-Wusterhausen (BG 3) 1 SO.
**Gusswerk**, **k. k.**, Kapfenberg (OeSU 89) 7½.
**Gustavgrube mit Paulinenschacht**, ✕ Gottesberg (NM 55) ⅜ W.
**Gustavsruh**, Wilmersdorf (BSt 46) 2¼ NW.
**Gusternhain**, Herborn (KM 57) 1¼ SW.
0 **Gutach**, (Ba 165) Hausach (Ba 164) 0,8 S.
**Gute Herberge**, Praust ¾ N, Danzig 1¼ S (PO 73. 74).
**Gute Hoffnung**, *Hüttenwerk*, St. Goarshausen (Na 14) ¼ N.
— *Br*✕ Eggersdorf (ML 15) ¼ O.
**Gutenacker**, Rupbach ½ SW, Laurenburg ¼ SO (Na 26. 25).
**Gutenberg**, Kirchheim u. Teck (WS 153) 1⅛ SO.
**Gutenbrunn**, Baden (OeSU 15) ½.
**Guteneck**, Nabburg (ByO 69) 1 O.
**Gutenfürst**, *PH* (SW 19) Hof (SW 20) 1½ N.
**Gutenstein** (Gustanj), *Fl.*, Bleiburg 1¾ SO, Prevali 1 SO (OeSU 163. 162).
**Gutenswegen**, Magdeburg (MH 1) 2 NW.
**Guterföldi**, St. Mihály (OeSU 107) 3.
**Gutmadingen**, *PH* (Ba 182), Geisingen (Ba 181) 0,3 W.
**Gutschdorf**, **Ober- u. Nieder-**, Gross-Rosen (BF 19) ½ O. ⅝ SO.
**Gutstadt**, *Stadt*, T Bartenstein 3 NW, Braunsberg 8½ SO (OpS 15. PO 44).
**Gutta**, *Fl.*, Neuhäusel 1 SO, Neu-Szöny 2 N (OeSt 85. 72).
**Guttannen**, Scherzligen (SC 1, 48) 55 Kil.
**Guttaring**, *Fl.*, *Eisenwerk*, Hirt (KR 32) ½ SO.
**Guttau**, *Fl.*, Bautzen (SO 30) 1¾ NO.
— Lest (KE 68) 1½ NO.
**Guttenbach**, Aglasterhausen (Ba 99) 1 NO.
**Guttenberg**, Reichenberg (Ba 123) 0 3 N.
— Kemnath-Neustadt (ByO 77) 1 O.
**Gut(t)enfeld**, *H** (PO 51) Königsberg 1½ SO, Löwenhagen 1½ NW (PO 50. 52).
**Guttenfelde**, Ludwigsort (PO 47) 4 SO.
**Gut(t)enstein**, *Stadt*, Felixdorf (OeSS 20) 4 NW.
**Guttenstein**, Prävali 1 O, Unter-Drauburg ¼ W (OeSU 161. 162).
**Guttentag**, *Stadt*, T Klein-Stanisch 1½ NO, Mischline ¾ NO (RO 4. 27).
**Guttenthal**, Birkenfeld (Sa 41) 7 N.

**Guttenthau**, Kemnath-Neustadt (ByO 77) 3/4 SW.
**Gutwasser**, Brandeis (OeSt 18) 1/2 SO.
**Gutzmutz**, Maslig (SNV 10) 1 1/2 N.
**Gwatt**, Thun (SC 1, 47) 1 S.
**Gwozdziau**, Kolonowska (RO 6) 1 3/4 N.
**Gwozdziec**, Kolomea (LOJ 16) 2 NO.
**Gyala**, Szöreg (OeSt 111) 1 W.
**Gyalla**, **O-**, Neuhäusel 1 S, Perbete 1 W, Neu-Szöny 2 1/2 N (OeSt 85. 86. 72).
— **Uj-**, Perbete 1 W.
**Gyalu** (Jalmarkt), *Stadt*, ⚑ *Klausenburg (US 10) 2 1/4 SW.
**Gyanda**, Karczag (Ts 7) 2 1/2 N.
**Gyarmat**, **Feher-**, Nyiregyhaza (Ts 14) 8 O.
— **Fuzes**, *Fl.*, Mezö-Hegyes 4 NO, Karczag 4 SO, Szap 3 SW (Ts 32. 7. 39)
**Gyarmata**, Temesvar (OeSt 119) 2 NO.
— bei Boros-Jenö, Arad (Sl 1. Ts 37) 6 NO.
**Gyarmath**, Raab (OeSt 69) 2 1/2 SW.
— **Balassa-**, *Stadt*, ⚑ Waitzen (OeSt 92) 4 NO.
**Gyekenyes**, Zakany (OeSS 220) 5/8 O.
**Gyer**, Detta (OeSt 122) 1 1/4 NW.
**Gyires**, Mezö-Keresztes (Ts 32) 1 3/8 S.
**Gyirmóth**, Raab (OeSt 69) 1/2 S.
**Gymnich**, Horrem (Rh 10) 1 1/4 S.
**Gynievia**, Bükk (OeSS 100) 1.
**Gyömörö**, Monor (OeSt 99) 1 NW.
**Gyömrö**, Üllö (OeSt 98) 3/4 NO.
**Gyöngyös**, (US 21), *Stadt*, ⚑ Hatvan 3 1/4 NO, *Gyöngyös 1/2 N. (UN 10. US 21).
**Györ**, **Dios-**, *Fl.*, Miskolcz (Ts 22) 1 W.
— **Felsö-**, Miskolcz 1 1/2 W.
— **Sziget-**, Raab (OeSt 69) 3/8 N.
[1]**György-Abrany**, **Szt.**, Debreczin (Ts 11) 3 3/4 O.
[2]— **-Also**, **Szt.**, Abony (Ts 2) 3 NO.
[3]— **St.**, Acsad (OeSS 101) 1 NO.
[4]***György**, **St.**, Polstrau (OeSü 114) 3/4 NO.
[5]— — Temesvar (OeSt 119) 3 1/2 S.
[6]— **N.-**, Detta (OeSt 122) 3/4 O.
**Györgyhaza**, Moravicza (OeSt 123) 3 W.
*Ausserdem existiren noch eine grosse Anzahl unbedeutender Orte desselben Namens.*
**Gyoma**, Gyoma (Ts 31) 1/2 O.
**Gyon**, Pilis (OeSt 100) 3 S.
**Gypf** in d. Schweiz, Säckingen (Ba 62) 2 O.
***Gyula**, (Alf. 6), *Fl.*, ⚑ Csaba (Ts 33) 2 SO.
**Gyula-Varsand**, Ketegyhaza (Ts 34) 3 NO.
**Gyuris**, St. Mihály (OeSü 107) 1 3/4.
**Gyut**, Siófok (OeSü 125) 1 1/2.
**Gzyn**, Terespol (PO 29) 5 S.

# H.

[1]**Haag**, Helmstadt 1,2 NW. Aglasterhausen 1 NW. (Ba 98. 99).
[2]— in Bayern bei Freising, Langenbach 1/2 N. (ByO 7).
[3]— bei Vilseck in Bayern, Pressath (ByO 75) 2 1/4 SW.
[4]— in Ober-Bayern, *Fl.*, ⚑ München 6 O, Rosenheim 5 NO. (ByS 126. 137).
[5]— in Oesterreich, *Fl.*, ⚑ Schwanenstadt 2 1/4 NW, Grieskirchen 2 1/4 SW, Riedau-Ried 2 1/4 SW. (KE 35. 49. 47).
*Siehe dagegen die Stationen Haag KE* 23, *Holländ. E.* 5,5, *Verein. Schweizerb.* 3, 24.
**Haan**, Dux (AT 9) 1/2 NW.
*Siehe dagegen Station Haan BH* 33.
[0]**Haar**, *siehe ByS* 260.
**Haarbach** bei Vilsbiburg, Landshut (ByO 10) 2 SO.
— bei Griesbach, Vilshofen (ByO 55) 2 S.
**Haardorf** (Harrdorf), Langen-Isarhofen 3/8 SO, Osterhofen 1/2 N. (ByO 52. 53).
**Haardt** in Westfalen, Siegen (BM 80. KM 64) 3/8 N.
— in der Pfalz, Neustadt (Pf 11. 34) 3/8 N.
**Haaren**, ⚑ Aachen (AM 2. BM 2) 1/2 NO.
— in Westfalen, Paderborn 2 1/4 S, Salzkotten 2 1/4 SO. (Wf 7. 6).
— in Hannover, *Fl.*, Meppen 2 NW, Kellerberg 3/4 W. (Wf 28. 29).
**Haarhausen**, *PH* (Th 32), Neudietendorf 3/4 S, Arnstadt 1/4 N. (Th 7. 33).
**Haasel**, Soran (NM 22) 2 W.
**Habbelrath**, Horrem (Rh 10) 1/4 SO.
**Habelsbach**, Laberweinting (ByO 15) 1/2 N.
**Habelschwert**, *Stadt*, ⚑ ⊤ Frankenstein in Schlesien 5 SW, Wildenschwerdt 6 NO. (BF 11, OeSt 12).
**Habendorf**, **Alt-**, *Tuchfabr.*, Reichenberg in Böhmen (SNV 23) 1/2 NW.
— **Neu-**, Reichenberg 1/2 N.
**Haberkofen**, Strasskirchen (ByO 49) 1/4 SW.
**Habern** (Habry), *Fl.*, ⚑ Kolin (OeSt 92) 4 1/4 SO.
**Habichtswald** in Hessen, Wilhelmshöhe (HN 10. MW 2) 3/4 W.
**Habighorst**, Eschede (Ha 7) 1/2 S.
**Habitzheim**, *Fl.*, Dieburg (HL 26) 1 SO.
**Habkern**, Scherzligen (SO 1, 48) 31 Kil.
**Habkirchen**, Blieskastel (Pf 25) 2 SW.
**Habrina** bei Josefstadt (SNV 6) 3/4 N.
— **vicj.**, Prelouc (OeSt 19) 3/4 NW.
**Habrinka**, Prelouc (OeSt 19) 1 1/4 NW.
**Habruvka**, Blansko (OeSt 3) 1/2 SO.
**Habstetten**, Zollikofen (SC 1, 38) 5 Kil.
**Hachelbich**, *Kl. Furra (NE 3) 1 SO.
**Hachen**, Soest (Wf 13. BM 56) 4 1/4 SO.
**Hachenburg**, *Stadt*, ⚑ Limburg (Na 30) 4 NW.
**Haching**, **Ober-**, Deisenhofen (ByS 129) 1/4 NO.
— **Unter-**, Deisenhofen 3/4 NO.
**Hackelberg**, Passau (ByO 58. KE 54) 3/8 W.
**Hackenbroich**, Worringen 1/2 NW, Dormagen 1/2 S. (Rh 62. 63).
**Hackenheim**, Creuznach (Sa 22) 1/2 SO.
— Friedrichsfeld (Ba 3) 1 S, Heidelberg (Ba 3) 2 1/2 SW.
**Hackenow**, Podelzig (PO 69) 1 1/2 NW.
**Hackenstedt**, Magdeburg (MH 1) 3 1/4 W.
**Hackhausen**, Worringen (Rh 62) 1/2 NW.
**Hackpfüffel**, Wallhausen (ML 25) 1 S.
***Hadamar**, *Stadt*, ⚑ (Na 46), Limburg (Na 30) 1 N.
**Hader**, Laberweinting (ByO 15) 1/4 S.
**Hadersbach**, Geiselhöring (ByO 16) 1/4 SW.
**Hadersdorf** bei Wien, ⚑ Weidlingau (KE 4) 1/8 S.
**Hadmersleben**, *Stadt*, ⚑ *Zuckerfabrik*, Hadmersleben (MH 5) 1/4 S.
— *Dorf*, *Brenner*, Hadmersleben 1/4 S.
**Häfelfingen**, Läufelfingen (SC 1, 9) 3 Kil.
— Sommerau (SC 1, 8) 5 Kil.
**Häfnerhaslach**, Gross-Sachsenheim (WS 9) 1/2 W.
**Hägendorf**, Olten (SC 1, 10) 6 Kil. SW.
**Hägglingen**, Wildegg (SNO 2, 28) 1 3/4 SO.
**Hähnichen**, **Gross-**, Bischofswerda (SO 17) 1 1/4 NO.
**Hähnlein** in Grossh. Hessen, Zwingenberg (MN 8) 4/8 NW.
**Hämelhausen**, Eystrup (Ha 28) 1/4 NO.
**Häner**, Murg (Ba 63) 1/2 N.
**Hämmern**, Sonneberg (Th 61) 1 NW.
**Hänchen** bei Cottbus (BG 9. HSG 16) 1 SW.
— Rietschen 1 SO, Uhsmannsdorf 1/2 N. (BG 13. 14).
**Hänichen**, Schkeuditz (ML 13) 3/8 SO.
**Hänicher Schächte**, ⚒ (SO 65), Dresden (SO 1) 2 1/2 S.
**Hänigsen**, Burgdorf (Ha 4) 1 NO.
**Häring**, Kirchbichl (OeSü 179) 1/2.
**Härkerode**, Aschersleben 1 1/2 SW, Ermsleben 3/4 SO. (MH 30. 39).
**Härmelsdorf**, Freienwalde in Pommern (BSt 16) 1 1/2 NW.
**Härkingen**, Morgenthal (SC 1, 27) 5 Kil.
**Härtensdorf** bei Wildenfels, Wiesenburg (SW 50) 1/2 O.
**Häslach**, Neckarthailfingen (WS 126) 3/4 SW.
**Haeslicht**, Striegau 3/4 NW, Gr.-Rosen 1/2 SW. (BF 17. 19).
**Häslich** bei Camenz, Radeberg (SO 14) 2 1/4 NO.
— bei Dresden, Potschappel (SO 43) 1/2 S.
**Hättenhausen** (Hettenhausen), Meiningen (Th 50) 6 SW.
**Häusern**, Waldshut (Ba 68) 2,3 N.
**Häusing**, *PH* (ByS 216), Kempten (ByS 11) 1 N.
**Häutligen**, Münsingen (SC 1, 43).
**Hafendorf**, Kapfenberg (OeSü 39) 1/2.
**Haferbeck**, Löwenhagen (PO 52) 1 1/2 SO.
**Haferwiese**, **Alt-**, Friedeberg (PO 16) 1/2 O.
— **Neu-**, Friedeberg 3/4 O.
**Hafestrom**, Königsberg in Preussen (PO 50. OpS 8. 9) 3/4 SW.
**Haffen**, Mehrhoog (KM 59) 1/2 NW.
**Hafnerbach**, Prinzersdorf (KE 13) 1/2 N.
**Hage**, *Fl.*, ⚑ Emden (Wf 38) 4 NO.
**Hagelstadt**, Moosham (ByO 19) 1 SW.
[1]**Hagen**, Osnabrück (Ha 57) 1 1/2 SW.
[2]— bei Uelzen in Hannover, Eschede (Ha 7) 2 1/4 NO.
[3]**Hagen** bei Kuhstedt in Hannover, von Stubben (Ha 38) 1 1/2 SO.
[4]— Straubing (ByO 47) 2 1/4 NO.
[5]— Plettenberg (BM 72) 3/4 NO.
*Siehe dagegen die Station Hagen BH* 43 *und Haltestelle Hagen Ha* 24.
**Hagenau** in Ostpreussen, Güldenboden (PO 40) 3 1/2 SO.
— Regenstauf (ByO 25) 1/2 N.
— Strasswalchen (KE 43) 5 NW.
*Siehe auch Station Hagenau der Fremdb. Ostb.* 2,268.
**Hagenbach**, Langenkandel 1 SO, Wörth 1/2 SW. (Pf 44. 45).
**Hagenbeck**, ⚒ (an d. Bahn), Heissen (Rh 91) 0,2 O.
**Hagenberg**, Oberndorf (KE 66) 1 1/4 O.
**Hagenburg**, *Fl.*, ⚑ Wunstorf (Ha 22) 1 1/4 W.
**Hagendorf** (Nagy-Magyar), *Fl.*, Wartberg (OeSt 78) 1 3/4 S.
— Greiffenberg (BSt 45) 1 NO.
**Hagenweil**, Amriswell (SNO 2,2) 3/4 O.
**Hagsfeld(en)**, Durlach 1/2 N, Grötzingen 1/2 NW. (Ba 13. 14).
**Hahausen**, Lutter a. B. (Bs 10) 3/4 SW.
**Hahlen**, Minden (Ha 46. KM 33) 4/8 W.
**Hahn**, Eberstadt (MN 6) 5/8 SW.
— Wiesbaden (Na 1. T 10) 1 NW.
*Siehe dagegen Station Hahn Ol* 22.
**Hahnbach**, *Fl.*, Sulzbach 7/8 NO, Amberg 1 1/4 NW. (ByO 38. 32).
**Hahnheim**, Mainz 1 1/2 S. Nierstein 1 W, Oppenheim 1 1/4 W. (HL 11. 7. 6).
***Hahnstätten** (Na 44). Diez (Na 29) 1 SO.
**Habot**, **Ober-** u. **Unter-**, Gelse (OeSü 108) 1 1/4, Kanizsa (OeSü 109) 2.
**Haibach**, ⚑ Schaerding 1 1/2 NO, Passau 3/4 O. (KE 53. 54).
**Haid** in Böhmen, *Stadt*, ⚑ Mürschau 4 1/2 NW, Eger 7 SO. (BW 6, ByO 87. ByS 231).
— **Ober-** u. **Unter-**, Kerschbaum siehe Oberhaid etc.
**Haida**, Freiberg in Sachsen (SO 51) 1 N.
*Siehe dagegen Station Haida BN* 10.
**Haidbach**, Wörgl (OeSü 180) 1.
**Haidenburg**, Vilshofen (ByO 55) 1 3/4 SW.
**Haidenkofen**, Sünching (ByO 17) 1/4 SW.
**Haidenschaft**, Loitsch (OeSü 78) 3 1/4.
**Haidershofen** in Oesterreich, Haag (KE 23) 1 1/2 SW.
**Haidgau** in Württemberg, Essendorf (WS 40) 2 SO.
[0]**Haidhausen** (ByS 258), München (ByS 126) 1 1/2 SO.
**Haidlfing** (Heidlfing), Strasskirchen (ByO 49) 1 1/2 SW.
**Haigerloch**, *Stadt*, ⚑ Horb (WS 142) 1 1/4 SO.
**Hailer**, Meerholz (BbH 15) 1/8 W.
**Haimar**, Sehnde (Ha 57) 3/4 O.
**Haimbuch** (Heimbuch), Sünching (ByO 17) 2 NO.
**Haimendorf**, Röthenbach (ByO 43) 1/2 SO.
**Haimhausen** (Heimhausen), Lohhof (ByO 4) 5/8 NW.
**Hain** in Schlesien, Hirschberg (NM 49) 2 SW.
— in der Rheinprov., Brohl (Rh 49) 1 3/4 SW.

**Hain** in Westfalen, *Eisenhammer*, von Siegen (BM 80. KM 64) ⅛ O.
— in Sachsen, Zittau 1¼ SW, Gr.-Schönau 1 SO. (SO 33. 41).
**Haina** in Kurhessen, Zimmersrode 3¼ W, Kirchhain 3½ N. (MW 7. 10).
**Hainberg**, Vilsbofen (ByO 55) 1¼ S.
**Hainburg**, *Stadt*, ✉ Pressburg 1¼ W, Bruck a. L. 2 NO, Wien 6 SO. (OeSt 75. 63. 53).
**Hainchen**, Hanau (BbH 17. PH 5) 2¼ N.
**Haindlfing**, Freising (ByO 6) ⅝ N.
**Haindling**, Geiselhöring (ByO 16) ½ S.
**Haindorf** in Böhmen, ✉ Zittau (SO 33) 3½ O.
— in Oesterreich, Prinzersdorf (KE 13) ½ S.
**Hainerhof**, Gr. Gerau (HL 22) ⅞ S.
**Hainfeld** in der Pfalz, Edesheim (Pf 87) ¼ W.
**Hainfeld**, *Fl.*, ✉ St. Pölten 4 SO, Mödling 6 SW, Leobersdorf 4 NW. (KE 12. OeSü 10. 18).
**Hainhofen** in Beiern, Westheim (ByS 116) ½ NW.
**Hainholz**, Hannover (He 1) ½ N.
**Hainichen** bei Borna (SW 93) 1¼ NO.
*Siehe dagegen Station Hainichen SW (resp. SO) 57.*
**Hainlitz**, Bautzen (SO 20) ¾ S.
**Hainrode** bei Sangerhausen, Wallhausen (ML 25) ¾ N.
— bei Nordhausen, Wolkramshausen ½ SW, Bleicherode 1¼ SO. (ML 28 a. 29).
— bei Worbis, Gernrode (ML 31) 1 NO.
**Hainsbach**, Geiselhöring (ByO 16) ⅜ SO.
**Hainsberg**, *PH* (SO 45), Tharandt ½ O, Potschappel ½ SW. (SO 46. 43).
**Hainspach** in Böhmen, *Stadt*, ✉ Bischofswerda 3 NO, Bodenbach 4½ NO. (SO. 17. 11e)
**Hainstadt** in Hessen, Gross-Auheim (PH 6) ⅜ SW.
**Hainstetten**, Amstetten (WB 31) ¾ NO.
**Haintgen**, Limburg 2 O, Aumenau ¾ SO. (Na 30. 84).
**Haiterbach**, *Stadt*, *Nagold 1 SW, Horb 1⅜ N. (WS 207. 142).
**Hajan**, Brünn (OeSt 1) 1⅛ SW.
**Hajdu-Böszörmény**, *Fl.*, ✉ Hadhaz (Ts 12) 1½ W.
**Hajdusámson** [illegible], *Fl.*, ✉ Detta 1⅞ W, Moravicza 2⅞ NW (OeSt 122. 123).
**Hakeborn**, *Zuckerfabr.*, Gatersleben 1 NO, Langenweddingen 2½ SW, Hadmersleben 1 S. (MH 27. 3. 5).
**Hakenberg**, Friesack (BH 6) 2½ O.
— Buke (Wf 5) 1¾ S.
**Halap, Kis-**, *Zuckerfabrik*, Weitzen (OeSt 92) 4½ NO.
**Halas**, *Fl.*, ✉ Kistelek 5 SW, Szegedin 7 NW. (OeSt 108. 110).
—, **Nagy-**, Nyiregyhaza (Ts 14) 2⅝ N.
**Halaun**, Dobrichowitz (BW 19) 1¼ S.
1 **Halbendorf** in Westpreussen, Czerwinsk (PO 32) ¾ SO.
2 — in Schlesien, Striegau (BF 17), ½ SW.
3 — Ober- u. Nieder-, *Bad u. Gesundbrunnen*, Nicolausdorf ½ S, Görlitz 1½ SO. (NM 39. 41).
4 — Görlitz (BG 15) 1 S.
5 — bei Bolkenhayn, Weisswasser in Schlesien (BG 13) ¾ NW.
6 — bei Oppeln (OS 10. RO 1) ⅜ NW.
7 — bei Grottkau (NB 5) ¼ SW.
8 — a. Spree, Bautzen (SO 20) 2¼ NO.
9 — im Gebirge, Bautzen 1¼ S.
**Halbenrain**, Spielfeld (OeSü 55) 3¼.
**Halbstadt** in Böhmen, Skalitz (SNV 23) 4 NO.
— in Westpreussen, Marienburg 1 NO, Altfelde 1 NW. (PO 36. 37).
**Halbthurn**, Zurndorf (OeSt 65) 2¼ S.
**Halchter**, Wolfenbüttel (Be 24a) ½ S.
**Haldensleben**, siehe Althaldensleben u. Neuhaldensleben.
**Haldenstetten**, Stubringen *H°* (Ba 189) 0,4 W.
**Haldern**, Mehrhoog (KM 39) ¾ N.
**Haldorf**, Guntershausen (HN 9. MW 3) ¾ SW.
**Halfing**, Endorf (ByS 139) ¾ NW.
**Hall** in Ober-Oesterreich, *Stadt*, ✉ T Linz 7 S, Wels 3 SO. (KE 64. 31).
— *Tuchfabrik* in Preussen, Stolberg (Rh 5) ¾ SW.
*Siehe dagegen die Stationen Hall in Tirol OeSü 187 u. in Württemb. Wd 79.*

**Hallau**, Ober- u. Unter- in der Schweiz, Neunkirch 0,4 N, Erzingen 0,7 N. (Ba 74. 72).
**Hallbach** bei Olbernhau, Freiberg in Sachsen (SO 51) 2½ SW.
**Hallberger Werk**, Saarbrücken (Se 5) ½ SO.
**Hallbergmoos**, Freising (ByO 6) ¾ N.
**Halle** im Limburgschen, Valm (GCB 2. 17) ½ N.
— a. d. W. bei Eschershausen, *Fl.*, ✉ Vorwohle (Be 3) 2½ NW.
— in Westfalen, *Stadt*, ✉ T Brackwede 1¾ NW, Melle 2½ S. (KM 27. Ha 55).
*Siehe dagegen Station Halle an der Saale BA 18, BL 11, Th 18.*
**Hallein**, *Stadt*, ✉ T Salzburg (KE 45) 2 SO.
**Hallenberg** in Westfalen, *Stadt*, ✉ Marburg (MW 11) 5½ NW.
— Herges-, Wernshausen (Th 47) 2½ SO.
— Steinbach-, Wernshausen 2 SO.
**Haller** (Innbrücke) bei Hall in Tyrol. (OeS 186).
**Hallgarten**, Hattenheim ¼ NW, Oestrich-Winkel ½ NO. (Na 7. 8).
**Hallingen**, Emsdetten (Wf 22) ½ S.
**Hallstadt**, *Fl.*, Bamberg (ByS 58) ½ N.
— am Hallstädter See, *Fl.*, ✉ Salzburg 8 SO, Gmunden 6 S. (KE 45. 63).
**Hallwyl**, Aarau (SC 1, 13) 2¾ SO.
— Wildegg 2 S, Rapperswyl 2 SO. (SN 2, 28. 29).
**Halmai**, ✉ Hatvan (UN 10) 5½ NO.
*Siehe dagegen °Halmy UNO 8.*
**Hals**, Passau (KE 54. ByO 58) ½ N.
— Freiberg in Sachsen (SO 51) ½ N.
**Halsbach**, Freiberg in Sachsen (SO 51) ½ NO.
**Halsbrücke**, *Hammerwerk*, Freiberg in Sachsen (SO 51) ¾ N.
**Halsdorf**, Provinz Hessen, Kirchhain (MW 10) 1½ N.
**Halsenbach**, Boppard (Rh 54) 1½ SW.
**Halte**, ✉ Papenburg ¼ NW, Ihrhove 1½ SW. (Wf 33. 34).
**Halten**, Subigen (SC 1. 50) 3 Kil.
°**Haltern** (KM 68), *Stadt*, ✉ Herne 3¼ N, Münster 5½ SW. (KM 16. Wf 20).
**Halver**, ✉ T Hagen (Be 209) 3½ S.
**Halverde**, Ibbenbüren (Ha 61) 2 NW.
**Halzhausen**, Lonsee (WS 32) ¼ S.
**Hambach** in der Pfalz, Neustadt (Pf 11. 34) ½ NW.
— in Hessen, Heppenheim (MN 11) ¾ O.
— in Preussen, Düren (Rh 8) 2 NW.
**Hamberg**, Pforzheim (Ba 149. WS 207) 1½ SO.
**Hamberge**, Lübeck 1¼ SW, Reinfeld (LB 1. 8, LH 9) ¾ O.
**Hambergen**, Oldenbüttel (Ha 37) ½ N.
**Hamborn**, Ruhrort (BM 91. KM 33) ¾ NO.
**Hambrücken**, Bruchsal (Ba 10) 1,3 NW.
**Hambühren** in Hannover, Celle (He 6) 1 NW.
**Hambüren** in Westfalen, Velpe (Ha 59) ½ N.
**Hamburg**, ⚒ Annen (BM 47) unm.
**Hameln**, *Stadt*, ✉ Bückeburg 4¼ SO, Elze 5 W, Hannover 6 SW, Porta 5 SO, Minden 5½ SO. (Ha 47. 75. 1. 49. 48).
**Hamelwörden**, ✉ Herburg (Ha 17) 3½ NW.
**Hamersleben**, Wegersleben (Be 19) ⅜ N.
**Hamfelde** Stargard in Pommern (BSt 14. OS 59) 1 SO.
**Hamich**, Langerwehe (Rh 7) ½ S.
**Hamm**, Wandsbeck ⅜ SW, Hamburg ½ NO. (LH 14. 15).
— in Hessen, Osthofen (HL 2) 1¼ NO.
— in der Rheinprovinz, Cons (Sa 21) ¼ SW.
— a. d. Sieg, Au in Rheinprov. (KM 49) ½ S.
— Düsseldorf (BM 29. KM 7) ⅜ SW.
*Siehe dagegen Stadt u. Station Hamm BM 95, KM 21, Wf 15.*
**Hammelbach**, *Fl.*, Heppenheim (MN 11) 2½ SO.
**Hammelburg**, *Stadt*, ✉ Gemünden 2 NO, Schweinfurt 3½ NW. (ByS 79. 84).
**Hammenstedt**, Northeim (Ha 81) ½ SO.
1 **Hammer**, Prov. Brandenburg, Driesen (PO 18) 1 SO.
2 — Schneidemühl (PO 22) ½ N.
3 — in Westpreussen, Laskowitz (PO 30) 2½ NW.
4 — Schönlanke (PO 21) 1¾ S.
5 **Hammer** in Vorpommern, von Jatznick (BSt 51) ½ N.
6 — Damm bei Stettin (BSt 12) ½ O.
7 — bei Teupitz, Halbe (BG 4) ¾ NO.
8 — Gleiwitz (OS 17) 1 N.
9 — Prov. Sachsen, Heringen (ML 27) ¼ SO.
10 — Mögeldorf (ByO 44) ¼ NO.
*Siehe dagegen Station Hammer, Wf 3.*
Ausserdem existiren noch eine Anzahl Orte desselben Namens.
**Hammerdorf**, Eisenbrod (SNV 15) 1 NO.
**Hammereisenbach**, Donaueschingen (Ba 185) 2¼ W.
**Hammerfort** u. **Hammer**, Prov. Brandenburg, Finkenheerd (NM 13) 1 W.
**Hammerhaus**, Cronenthal (BM 77) 4½ NW.
**Hammerhütte**, Siegen (BM 80. KM 64) ⅛ SW.
**Hammerlies**, Parksteinhütten (ByO 74) ⅝ O.
**Hammerling**, Passau (ByO 58. KE 54) ¾ S.
**Hammersbach**, **Ober-**, Biberach-Zell a. H. (Ba 161) 1 NO.
**Hammersbeck**, Vegesack (Ha 42) ¾ N.
**Hammerstadt** in Schles., Rietschen (SO 43) ¼ SW.
**Hammerstein**, *Stadt*, ✉ Schneidemühl 6 NO, Schivelbein 11 NO. (PO 22. BSt 19).
— **Nieder-** u. **Ober-**, bei Neuwied, Brohl ¼ SO, Andernach ¾ NW. (Rh 49. 50).
— i. d. Rheinprov., Oberstein (Sa 38) ¾ SW.
— Schliengen 1 O, Haltingen 1 NO. (Ba 47. 54).
**Hammerwerkstätte**, *Drahtstiftfabr.*, Neuwied (Rh 51) ½ NO.
**Hampenhausen**, Willebadessen 1½ NO, Brakel ¾ S. (Wf 4. 40).
**Hamulec**, Lemberg (GCL 29. LCJ 1) ½ NW.
**Handlova**, Tornocz (OeSt 82) 14½ NO.
**Handorf** bei Hannover, Peine (He 66) ¼ S.
— Winsen (Ha 15) 1½ SO.
**Handschuhsheim**, Heidelberg (Ba 3. NM 17) ¼ N.
**Hanfeld**, Mühlthal ½ SW, Sternberg ½ NW. (ByS 191. 192).
**Hanfort**, Welver (Wf 14) ¼ O.
**Hangard**, Neunkirchen ¾ NO, Ottweiler ½ SO. (Se 1. 44).
**Hangelar**, Siegburg ⅛ SW, Bonn 1 NO. (KM 45. Rh 43).
**Hangelsberg**, *H°* (NM 6), ✉ Erkner 2 SO, Fürstenwalde 1½ NW. (NM 5. 7).
**Hangenwahlheim**, Alsheim (HL 4) ⅛ N.
**Hangenweisheim**, Gundersheim ⅝ N, Eppelsheim ½ NO. (HL 41. 42).
**Han(g)kofen**, Strasskirchen [illegible] (ByO 47) 1¾ S.
**Hanhofen**, Speyer (Pf 29) 1 SW.
**Hanichen**, **Nieder-** u. **Ober-**, Reichenberg i. Böhm. (SNV 22) ½ SW.
**Hankensbüttel**, ✉ Uelzen 4½ S, Eschede 3¼ O. (Ha 10. 7).
**Hannibal**, ⚒ (an Zweigb.), Bochum (BM 84) 0,6 S.
**Hannsdorf** in Mähren, ✉ Hohenstadt (OeSt 48) 3¼ NW.
*Siehe dag. Station Hansdorf NM 23. NZ. 8.*
°**Han(n)weiler** (Sa 25), Saarbrücken (Sa 5) 2¼ S.
**Hannut-Bourg**, *prov. Station*, Landen (Belg. Gr. C. 2. 19) 1½ S.
**Hanowitz**, Litau (OeSt 45) ¼ W.
**Hanseberg**, Angermünde (BSt 6) 4¼ SO.
**Hansen**, Uelzen (He 10) 1 SW.
**Hanstedt** bei Ebstorf, Uelzen 2½ NW, Winsen 3½ SW. (Ha 10. 15).
— bei Gr.-Lindern, Uelzen (He 10) 1½ O.
**Hanton**, Csikvár (OeSü 127) 4½.
**Hanusowce**, Josupol (LCJ 12) ⅝ SO.
**Hanz**, *Stadt*, ✉ Chur (VS 2, 33) 7 SW.
**Happurg**, *früher PH*, Hersbruck (ByO 40) ⅝ SO.
**Harasimów**, Korszow (LCJ 15) 1½ NW.
**Haraszt Rogard**, Lepseny (OeSü 126) 4½.
**Haratitz**, Eisenbrod (SNV 15) 1 NO.
**Harbarnsen**, Alfeld 1¼ O, Freden 1¾ NO. (Ha 76. 78).
**Harber**, Algermissen (Ha 68) ¾ NO.
**Harbke**, Helmstedt (Be 31) ¾ SO.
**Hardegg**, *Stadt*, ✉ Stockerau 8½ NW, St. Pölten 11 NO, *Znaim 2 W (KFN 46. KE 12. OeSt 159).

Hardegsen, *Stadt*, Nörten 1 NW, Göttingen 2¼ NW. (Ha 82. 84).
Hardehausen, Bonenburg (Wf 2) ¾ W.
Hardenberg, Nörten (Ha 82) ½ O.
— Neu-, Trebnitz ¾ N, Gusow 1¼ NW, Wriezen a. O. 2¼ SO. (PO 5. 6. BSt 67).
Hardenburg, *Eisenhammer etc.*, Dürkheim (Pf 54) ¼ W.
Hardheim, *Stadt*, Eubigheim 2 N, Tauberbischofsheim 3 W. (Ba 112. 136).
Hardt, Gladbach (BM 12) 1 NW.
*Siehe dagegen Hardt, GH der BH* 79.
Hardtburg, Euskirchen (Rh 22) ¾ S.
Harenberg, Seelze (Ha 21) ½ O.
°Harf (Rh 17), Horrem (Rh 10) 2½ NW.
Hargelingen, Murg (Ba 63) 0,7 N.
Harka (Harkau), Oedenburg (OeSt 97) ¾ S.
Harkaly, Szerencs (Ts 19) 1⅜ SW.
Harkort's Brückenbau-Anstalt, Hochfeld (BM 105a. Rh 88) ¼ W.
Harland, St. Pölten (KE 12) ¾ S.
Harlingerode, Harzburg (Ba 86) ½ NW.
Harmelsdorf, Schönlanke (PO 21) 5 NW.
Harmersbach, Ober- u. Unter-, Biberach-Zell a. H. (Ba 161) 1 NO.
Harnekop, Freienwalde a. O. 1⅗ SO, Wriezen a. O. 1½ SW. (BSt 49. 67).
Haromfa, Babocsa (OeSt 224) 1 N. 2¾ SW.
Harpertshausen, Altheim (HL 27) ⅔ O.
Harpstedt, *Fl.*, Delmenhorst 3 S, Nienburg 7½ NW. (Ol 5. Ha 26).
Harreshausen, Babenhausen (HL 28)
Harpersdorf, Liegnitz (BF 23. NM 33) ⅝ NO.
Harriehausen, Gandersheim (Ba 6) ½ SO.
Harsány, Miskolcz (Ts 22) 2 S.
Harsagy, Szigetvár (FB 4) 1½ N.
Harsdorf, *PH* (ByS 224), Neuenmarkt 1 S, Bayreuth 1 N. (ByS 68. 225).
Harsefeld, *Fl.*, Harburg (Ha 17) 4 W.
Harsewinkel in Westfalen, *Fl.*, Rheda (KM 25) 1¾ NW.
Harsleben, Halberstadt ½ SO, Wegeleben ⅚ SW. (MH 9. 10).
Harste, Göttingen (Ha 84) 1¼ NW.
Hart in Tirol, Jenbach (OeSt 183) 1¼ SO.
— Amstetten (KE 20) ½ NO.
Hartau, Waldenburg ½ NW, Dittersbach ¾ N. (BF 10. NM 57. 56).
— Hirschberg i. Schles. (NM 46) ¼ O.
Hartberg, *Stadt*, Wiener-Neustadt 1½ SW, Graz 7 NO. (OeSt 22. 48).
Hartefeld, Geldern (Rh 70) ¾ SO.
Hartenstein, Neukirchen (ByO 26) 1½ NW.
— *Stadt*, Stein (SW 52) ½ NO.
Harth, Gesecke (Wf 9) 2⅓ S.
1 Hartha bei Görlitz, Nicolausdorf (NM 59) ¼ S.
2 — Greiffenberg (NM 45) ¾ SW.
3 — Oederan (SO 52) ½ N.
4 — *Stadt*, Waldheim ⅝ NW, Leisnig 1 SO. (SW 35. LD 26).
5 — Schmölln 1¼ NW, Ronneburg 1¾ NO. (SW 85. 87).
Harthau, Sprottau (NZ 5) 1 N.
— Alt- u. Neu-, Zittau ½ S, Grottau ¼ NW. (SO 33. 34).
— Chemnitz (SW 29. SO 55) ⅞ SW.
*Siehe dagegen Hst Harthau SO* 16.
Harthausen, Bergbausen (Pf 30) ¾ W.
— Essendorf (Wü 44) ½ NO.
— Söflingen (Wü 167) ½ W.
Hartheim, Krotzingen 0,7 W, Heitersheim 0,1 NW. (Ba 42. 43).
Hartkirchen, *Fl.*, Passau (ByO 58. KE 54) 2 S.
Hartlieb, Breslau (NM 39) ¾ SW.
Hartliebsdorf, Liegnitz (BF 23. NM 33) 4½ W.
1 Hartmannsdorf, Trautenau (SNV 28) 1⅛ NW.
2 — Lübben (SG 6) ¾ N.
3 — Alt- u. Neu-, Erkner 2 SO, Fürstenwalde 3 W. (NM 5. 7).
4 — Ober- u. Nieder-, Hansdorf 1 SW, Halbau 1 NW. (NM 23. 24).
5 — Gross-, Bunzlau 2 SO, Kaiserswaldau 1½ SW. (NM 29. 30).
6 — Lauban (NM 43) 2¼ S.
7 — Tief-, Hirschberg i. Schles. (NM 42) 2 NO.
8 — bei Schweidnitz, Holsdorf (BA 21) 1 N.
9 Hartmannsdorf, Gr.- u. Kl.-, bei Brand: von Freiberg i. Sachsen 1½ SW, von Oederan 1⅓ SO. (SO 51. 52. 64).
10 — bei Burgstädt, *Fl.*, Chemnitz (SW 29) 1⅓ NW.
11 — Borna (SW 93) ½ SW.
12 — bei Frauenstein, Tharandt 2½ S, Freiberg i. Sachs. 2¾ SO, Klingenberg-Colmnitz 1½ S. (SO 46. 51. 48).
13 — bei Kirchberg, Schneeberg 1 W, Wiesenburg 1 S. (SW 55. 50)
14 — Werdau ⅝ NO, Gera ¾ NW. (SW 9. 88. Th 31).
Hartroda, Schmölln 1⅓ NW, Nöbdenitz 1¼ N. (SW 85. 86).
Hartsdorf (Harsdorf), Alt- u. Neu-, Reichenberg i. Böhmen (SO 39. SNV 22) ¾ O.
Hartum, Minden (Ha 48. KM 33) ⅞ NW.
Hartyan, Pilis (OeSt 100) 2½ S.
Harvathy, St. Mihály (OeSt 177).
Harxheim a. d. Steig, Mainz (HL 11) 1¼ S.
Harzgerode, *Stadt*, Ballenstedt 1⅓ SW, Quedlinburg 3½ S. (MH 40. 12).
Harxheim, Monsheim (HL 39) ¾ W.
Harzungen, Nordhausen (ML 28) 1 N.
Hasbergen, Osnabrück (Ha 57) ⅞ SW.
— Delmenhorst (Ol 5) ½ NO.
— bei Hoya, siehe Hassbergen.
Haschbach, Theisbergstegen (Pf 61) ½ NW.
Hasede, Harsum (Ha 69) ¼ SW.
Hasel, Schopfheim (Ba 212) 1 NO.
Haselau, Elbing (PO 39) 2¼ NO.
1 Haselbach, Sonneberg (Th 61) 2 N.
2 — Freiberg i. Sachs. (SO 51) 2½ SW.
3 — Ronneburg (SW 87) ¾ SO.
4 — (Hasselbach), Ober-, Mittel- u. Unter-, Neufahrn bei Ergoldsbach ⅝ NW, Niederlindhart ⅞ NW resp. ¾ N. (ByO 13. 14).
5 — Furth am Walde 2 NW, Taus 3 W. (BW 1. 2).
6 — Videm ½, Reichenburg ½ (OeSt 144. 143).
Haselberg, Freienwalde a. O. 1½ SO, Wriezen a. O. 1¼ SW. (BSt 49. 67).
Haselünne, *Stadt*, Lingen 2¾ NO, Meppen 2 O. (Wf 27. 28).
Hasenberg, Schneidemühl (PO 22) ¾ NW.
— Tapiau (PO 54) ½ NW.
Hasenburg, *Papiermühle*, Lüneburg (Ha 13) 1.
Hasenfelde, Fürstenwalde 1½ NO, Müncheberg 2 SO. (NM 7. PO 4).
Hasenfier, Schneidemühl (PO 22) 5½ NW.
Hasenwinkel, × (an Zweigb.), Dahlhausen (BM 88) 0,8 NO.
Haslach, *Fl.*, Linz (KE 64) 4¾ NW.
— Freiburg (Ba 39) 0,3 W.
— Renchen (Ba 25) 0,5 O.
*Siehe dagegen Station Haslach, Ba* 163.
Haslau in Böhmen, Voitersreuth ¾ W, Asch 1¼ SO. (SW 82. ByS 228).
Hasli bei Burgdorf (SC I 34) 6 Kil. SO.
— im Entlebuch, Luzern 21 Kil., Nebikon 26 Kil. (SC 1, 25. 18)
Haslinghausen, Gevelsberg (BM 41) ½ S.
Hassbach, Neunkirchen (OeSt 24) 2 1/10
Hassbergen, Nienburg 1½ N, Rohrsen ½ NW. (Ha 2[illegible]. 27).
Hassborn, St. Wendel (Sa 43) 1½ NW.
Hassel, Eystrup (Ha 28) ½ NW.
*Siehe dagegen Station Hassel Pf* 27.
Hasselbach, Waibstadt 0,8 SO, Steinsfurth 1 O. (Ba 97. 129).
— Aumenau 1½ SO, Weilburg ½ NW. (Na 34. 36).
Hasselberg, Heiligenbeil 2½ SO, Braunsberg 3 O. (PO 45. 44).
Hasselbusch, Heiligenbeil (PO 45) 2½ SO.
Hasselfelde, *Stadt*, Halberstadt 4 SW, Quedlinburg 3½ SW, Thale 2½ SW, Nordhausen 3¾ NO. (MH 9. 12. 14 ML 28).
Hasselt, Eschweiler (Rh 6) ⅛ SW
Hassenberg in Sachsen-Coburg, Ebersdorf (Th 56) 1½ NO.
Hassenhausen, Kösen (Th 13) ½ W.
Hassenthal, Sonneberg (Th 61) 2 NO.
Hassitz, Frankenstein (BF 11) 2¼ SW.
Hasslau, Alten-, Gelnhausen (BbH 14) ⅛ SW.
— *gewerbreich*, Rosswein (LD 29) ¼ N.
*Siehe dagegen Station Hasslau ByS* 229.
Hassleben, Prenzlau 2 SW, Wilmersdorf 2½ W. (BSt 46. 48).
Hassleben in Sachsen Weimar, *Fl.*, von °Ringleben (NE 9) ½ O.
Hasslinghausen, Neu-, u. Hasslinghauser Hütte, × u. E× Gevelsberg (BM 41) 1 NW.
Hassloch, Nauheim ½ N, Rüsselsheim ½ S, Raunheim ½ S (HL 31. 31. 32).
*Siehe dagegen Station Hassloch Pf* 18.
Hassmersheim, Neckarelz 1 W, Mosbach 1 S. (Ba 101. 102).
Hassum, Goch (Rh 73) ⅛ W.
Hastede, Sebaldsbrück ¼ W, Bremen ½ SO. (Ha 33. 34).
Hastenrath, Eschweiler ⅜ S, Stolberg ¾ O. (Rh 6. 5).
Hathenow, Golzow 1 SW, Podelzig ½ N (PO 7. 69).
Hatno, *Glasfabr.*, Waitzen (OeSt 92) 7½ NO.
Hatsch, Krzizanowitz (Wi 7) ½ S.
Hatschein, Olmütz (KFN 58. OeSt 43) ¼ NW.
Hatshausen, Neermoor (Wf 36) ¾ N.
°Hatzegg (Si 19), Piski (Si 17) 4 S.
Hattendorf, Haste (Ha 43) 2 SW.
Hattenhofen, Ebersbach (Wü 24) ⅝ SO.
Hattgenstein, Birkenfeld 1½ N, Kronweiler 1¼ NW. (Sa 41. 39).
°Hattingen (BM 111), *Stadt*, Nierenhof (BM 69) ¾ NO.
— Neu-, × °Hattingen (BM 111) unm.
*Siehe dagegen Station Hattingen Ba* 178.
Hattrop, Soest (Wf 13. BM 56) ½ NW.
Hattstedt, Husum (Sw 21) ¾ NW.
Hatvan, Csikvár (OeSt 127) 4.
*Siehe dagegen Station Hatvan UN* 10.
Hatzenbühl, Langenkandel (Pf 44) ½ NO.
Hatzenweier, Bühl (Ba 28) ½ SW.
Hatzfeld in Hessen, *Stadt*, Marburg a. d. Lahn (MW 11) 5½ NW.
*Siehe dagegen Station Hatzfeld OeSt* 116.
Hatzkofen, Landshut (ByO 10) 3 NW.
Hatzum, Oldersum (Wf 37) ¾ S.
Hau, Cleve (Rh 75) ⅝ S.
Haubersbronn, Schorndorf (Wü 105) ½ NO.
Haubitz, Borna (SW 93) 1 O.
Haueda in Prov. Hessen, Liebenau (HN 16) ¼ W.
Hauenebersstein (auch Eberstein), Oos (Ba 19) ½ NO.
Hauenstein, Albbruck 0,5 [illegible] Laufenburg 0,7 O. (Ba 66. 65).
— Dettingen (FH 8) 1½ NO.
— Krieglach (OeSt 35)
— i. d. Schweiz, Läufelfingen (SC 1, 9) 3 Kil.
Hauerz, Ummendorf (Wü 43) 2 SO.
Haugsdorf, *Fl.*, Stockerau (KFN 46) 4½ N.
— Lauban 1 NO, Heide-Gersdorf 1 SO, Siegersdorf 1¼ SW. (NM 43. 42. 26).
Hauingen, Hagen 0,4 NO, Lörrach 0,6 N. (Ba 209. 208).
Haun, Ober- u. Unter-, Hersfeld (BbH 2) ¾ N.
— Margrethen-, siehe Margrethenhaun.
Haunersdorf, Landshut (ByO 10) 1 S.
Haunritz, Hartmannshof (ByO 38) ¼ SO.
Haunstetten, *Waschmaschfabr.*, Augsburg (ByS 26) 1 S.
Hauptersweiler, St. Wendel (Sa 43) 1½ NO.
Hauptmannsdorf bei Braunau, Skalitz 4 NO, Waldenburg i. Schles. 2¼ S. (SNV 23. NM 56).
Hauptwil, Gossau (VS 3, 5) 1½ NW.
— Sulgen (SNO 2, 4) 2 SO.
Hausberge, *Stadt*, Porta (Ha 49. KM 32) ½ N.
Hausbach, Mettlach (Sa 17) 1 O.
Hausbrunn in Mähren, Lettowitz 1¾ NO, Skalitz 2½ N. (OeSt 6. 5).
— bei Falsberg, *Fl.*, Hohenau (KFN 9) ½ O.
1 Hausdorf in Mähren, Zauchtl Neutitschein (KFN 23) ¾ SO.
2 — Nieder u. Ober-, Reichenbach in Schles. (BF 15) 2 SW.
3 — i. Schles., Neumarkt (NM 36) ½ SO.
4 — bei Bolkenhain, Striegau (BF 17) 1 W.
5 — Waldenburg 1½ SO, Schweidnitz 2 SW, Dittersbach 1¾ SO. (BF 10. 16. NM 56).
6 — bei Biela, Radeberg (SO 14) 3½ NO.
1 Hausen, Nieder- u. Ober-, Kenzingen (Ba 35) ⅞ NW.
2 — Krotzingen (Ba 42) ½ W
3 — Schopfheim (Ba 212) ½ NO.

[4]**Hausen** a. d. Aach, von Singen 0,3 N, von Hohenkrähen H° 0,1 W, von Gaisingen 0,3 W. (Ba 81. 173. 181).
[5]— Donaueschingen (Ba 185) 1,3 S.
[6]— Rottweil (Wü 148) ½ SW.
[7]— Ober- u. Unter-, Reutlingen (Wü 132) 1 SO.
[8]— Schweinfurt (ByS 84) 3½ NW.
[9]— Lichtenfels (ByS 61. Tb 57) ¾.
[10]— hinter der Sonne, Hanau (BbH 17. PH 5) 1¼ SW.
[11]— °Hadamar (Na 48) 1½ N.
[12]— vor der Höhe, *Bergwerk*, Hattenheim (Na 7) 1½ N.
[13]— Niedern- u. Obern-, Löhnberg (Na 37) ⅔ resp. ¾ NW.
[14]— bei Philippsburg, Speyer (Pf 39) 1½ SO.
[15]— Ober- u. Nieder-, bei Kreuznach, Waldböckelheim (Sa 32) ⅔ resp. ⅓ SO.
[16]— Gr. u. Kl., Bensheim (MN 10) ¾ SW.
[17]— Bockenheim ¼ SW, Frankfurt a. M. ½ NW. (MW 24. 25).
[18]— i. d. Rheinprov., Neuwied (Rb 51) 1¾ N.
[19]— bei Aachen, Astenet (Rb 8) ⅜ NO.
[20]— bei Worbis, Gerurode (ML 31) ½ W.
**Hausgereuth**, Rauchen (Ba 25) 1,3 NW.
**Hausmannstätten**, Kalsdorf (OeSS 50) ½.
**Hausneindorf**, Gatersleben ¼ NW, Quedlinburg 1½ NO. (MH 27. 12).
**Haus-Nienburg**, Wegersleben (Bs 19) ¾ S.
**Hausstadt bei Beckingen** (Sa 15) ½ NO.
**Haustenbeck**, Paderborn (Wf 7) 1¾ NO.
**Hauswalde**, Radeberg 1¾ NO, Bischofswerda 1 NW. (SO 14. 17).
**Hausweiler**, Euskirchen (Rb 22) ¾ NO.
**Hauswurz in Hessen**, Neuhof (BbH 7) 1 W.
**Hautzenstein**, Regenstauf (ByO 25) ¾ SO.
**Hauzenberg** (Hautzenberg), *Fl.*, Passau (ByO 58. KB 54) 2½ NO.
**Havelberg**, *Stadt*, ⊤ Glöwen (BH 9) 1¼ S.
**Havelse**, Seelze (Ha 21) ¼ W.
**Haverlah**, Ringelheim ¼ NO, Salzgitter ½ NW. (Bs 11. 12).
**Havighorst**, Reinfeld ¾ NW, Oldesloe ⅞ NO. (LH 9. 10).
**Havixbeck**, Münster (Wf 20) 2¼ W.
**Hawirna**, Semil (SNV 14) 2 NO.
**Hawlowitz in Böhmen**, Kostelets (SNV 25) ½ NW.
**Hawrylowka**, Ottynia (LCJ 14) 1½ S.
**Haydau**, Striegau (BF 17) ½ O.
— Brieg (NB 8. OS 5) 1½ NO.
**Hayingen**, Ehingen 2¾ W, Reutlingen 4¾ SO. (Wü 172. 132).
**Haym**, Nordhausen (ML 26) 1 SW.
— °Kl. Farra (NB 3) ½ NO.
**Hayna**, Langenkandel (Pf 44) ¾ N.
— Gotha (Tb 6) 2 NW.
*Siehe dagegen die Orte „Hain, Haina, Heyda etc.“*
**Hebatendorf**, Blindenmarkt (KB 19) ¼ NO.
**Hebelermeer**, Meppen 4 NW, Kellerberg 2 SW. (Wf 28. 29).
**Hebenshausen**, Arenshausen ½ W, Göttingen 2½ SW, Friedland ½ SW. (Ha 96. 84. 95).
**Hebramsdorf**, Neufahrn bei Ergoldsbach (ByO 13) ¾ SW.
**Hebsack**, Winterbach (Wü 104) ¼ NW.
**Hechalom**, Szanto (UN 11) ⅝ SW.
**Hechein**, Stockach (Ba 192) 1,8 N.
°**Hechingen** (Wü 158), *Stadt*, ⊤ Tübingen 3 SW, Rottenburg 2 S. (Wü 135. 137).
**Hechthausen**, Bremerhafen 6½ NO, Harburg 6 NW. (Ha 40. 17).
**Hechtsheim**, Mainz (HL 11. T 7a) ½ S.
**Heck**, Rheine 6¼ SW, Gronau 1⅛ SO. (Wf 34. NS 2. 33a).
**Heckelberg**, Biesenthal 1½ SO, Neustadt-Eberswalde 2 N. (BSt 5. 4).
**Heckershausen in Prov. Hessen**, Mönchehof (HN 12) ⅓ S.
**Heckfeld**, Königshofen (Ba 115) 1 W.
**Heckhof**, Cöln ¾ NW, Longerich ⅓ S. (Rb 13. 61).
**Heckholzhausen**, Limburg 1½ NO, Weilburg ¾ W, °Hadamar 1 NO. (Na 30. 56. 48).
**Hecklingen**, Kenzingen (Ba 35) 0,6 S.
— Riegel (Ba 36) 0,3 N.
— Güsten 1¼ NW, Stassfurt ⅝ W, Aschersleben 1½ NO. (MH 31. 38. 30).
**Heddernheim**, Bonames ½ SO, Rockenheim ½ NW, Frankfurt a. M. ¾ NW. (MW 23. 24. 25).
**Heddesbach**, Heidelberg 2 NO, Neckargemünd 2,2 N. (Ba 3. 92)
**Heddesdorf**, Neuwied (Rb 51) ¼ NO.
**Heddesheim** bei Kreuznach, Langen-Lonsheim (Sa 26) ½ W.
— in Baden, Gross-Sachsen (MN 14) ¼ SW.
**Hedelfingen**, Obertürkheim (Wü 19) ¼ SW.
**Hedemünden**, *Stadt*, Münden 1¼ SO, Arenshausen 2 W. (Ha 86. 96).
**Hedeper**, *PH* (Bs 15), Mattierzoll (Bs 16) 1 NW.
**Hedersleben**, *Zuckerfabr.*, Gatersleben ½ NW, Wegeleben ¾ SO, Quedlinburg 1½ NO. (MH 27. 10. 12)
**Hedervár**, *Fl.*, Sz. Miklos 2½ NO, Raab 2¾ NW. (OeSt 68. 69).
**Hedwigsburg** H°, Wolfenbüttel (Bs 24a) 1¼ S.
**Hedwigsdorf**, St., Kaiserswaldau 1 SO, Haynau 1¼ SW. (NM 30. 31).
**Heede**, Aschendorf 1 SW, Kluse-Dörpen 1 NW. (Wf 32. 31).
— Elmshorn (AK 5. EG 1) 1½ NO.
**Heemsen**, Nienburg (Ha 26) 1 NO.
**Heepen**, Bielefeld (KM 28) ¾ O.
**Heerda**, Gerstungen (HN 1. Tb 1) ½ SO.
**Heerdt**, Oberkassel ½ S, Neuss ½ NO. (BM 17. 16).
**Heere**, Gr. u. Kl., Ringelheim (Bs 11) ¼ NW.
s'**Heerenberg**, *Stadt*, Elten ¾ SO, Emmerich ¾ N. (NR 1. 18. 19).
**Heerlen**, *Fl.*, Valkenburg (AM 6) 2¼ NO.
**Heeseliebt**, Fischbach (NO 15) 1½ S.
**Heessen**, Hamm (BM 95. KM 21. Wf 15) ½ NO.
**Heftrich**, Wiesbaden (Na 1. T 10) 2½ NO.
**Heft über Altofen**, Klagenfurt (OeSS 166) 7¾.
**Heft über Eberstein**, Klagenfurt (OeSS 166) 7½.
**Hegenberg**, Jagstzell (Wü 84) ¼ NW.
**Hegenlohe**, Reichenbach (Wü 23) ½ N.
**Hegermühle**, *mehrere Fabr.*, Neustadt-Eberswalde (BSt 4) ¾ W.
**Hegglingen**, Aarau (SC 1. 18).
**Hegne**, Allensbach (Ba 85) 0,2 SO.
**Hegyes**, Kis-, Gr. Kikinda (OeSt 114) 15 SW.
**Hegyfalu**, Bükk (OeSS 100) 1.
**Hegymar**, Wartberg (OeSt 78) ½ S.
**Hehlen**, Vorwohle (Bs 3) 3 NW.
— Grossen- u. Kleinen-, Celle (Ha 6) ¼ N resp. ¼ NW.
**Hehlrath**, Eschweiler (Rb 6) ½ NW.
**Heichelheim**, Weimar (Tb 10) 1 N.
**Heida** (Heyda), Dornreichenbach H° ½ NO, Riesa 0,6 SO, Dahlen 1¼ N. (LD 11. 7. 8).
*Siehe dagegen Station Heida, BN 18*
**Heidau**, Liegnitz 1¾ NO, Spittelndorf ¾ NW. (NM 32. 34).
— Hinter-, Hainau (NM 31) 2½ NW.
— Nimkau (NM 37) ½ S.
**Heidbrink**, Holzminden (Wf 43. Bs 1) 1¼ NW.
**Heide**, *Fl.*, Rendsburg (AK 16. Sw 1) 5 SW.
— Weisswasser (BG 12) 1 SO.
**Heideburg**, *PH* (BA 36), Dessau (BA 30) 1 SO.
**Heideck**, *Stadt*, Pleinfeld (ByS 41) 1½ NO.
**Heidemühl**, *Glasfabrik*, Spremberg (BG 10) 3 S.
**Heidelberg**, Freiberg i. Sachsen (SO 51) 4¼ S.
*Siehe dagegen Stadt u. Station Heidelberg, Ba 3. BN 17.*
**Heiden**, *Kurort*, Rheineck (VS 3. 15) 2½ St. SW.
**Heidenau**, *PH* (SO 4), Pirna ½ N, Dresden 2½ S. (SO 5. 1).
**Heidenfeld**, *Fl.*, Würzburg 3½ NW, Rottenbach 2¼ SW, Wertheim 3 NO, Lohr 2¼ S. (ByS 91. 94. Ba 14. ByS 98).
**Heidenheim**, *Station* (Wü 125), *Stadt*, Süssen (Wü 24) 3½ O.
— *Fl.*, Gunzenhausen 1½ S, Wassertrüdingen 1½ O, Oettingen 1¾ NO. (ByS 39. 87. 86).
**Heidenhofen**, Donaueschingen (Ba 186) 0,95 NO.
**Heidenschaft**, Adelsberg (OeSS 80) 4⅞.
**Heidersdorf**, ⊤ Reichenbach i. Schles. (BF 13) 2 NO.
— Ober- u. Nieder-, Nicolausdorf ½ O, Lichtenau 1 SW. (NW 59. 60).
— Neisse (NB 1) ⅝ NW.
**Heidewilxen**, Obernigk (OS 34) ½ SO.
**Heidorn**, Gr.- u. Kl.-, Wunstorf (Ha 22) 1 resp. ¾ NW.
**Heiligedamm**, *Seebad* ⊤ Rostock (Mk 1) 2¼ NW.
**Heiligenfelde**, Nienburg (Ha 26) 5 NW.
**Heiligengeist**, Pöltschach (OeSS 60) 1.
**Heiligenhafen**, *Stadt* ⊤ Neustadt (AK 24) 4½ NO.
**Heiligenhaus**, Düsseldorf (BM 29. KM 7) 1 NO.
**Heiligen-Kreutz**, Naumburg (Tb 14) 1 SW.
**Heiligenkreuz**, Kalsdorf (OeSS 50) 2.
— Baden (OeSS 15) 2.
— Pöltschach (OeSS 60) 6.
— Hall (OeSS 186) 0,2
— Fridau (OeSS 113) 2½.
**Heiligenloh**, Nienburg (Ha 26) 5 W.
**Heiligensee**, Halban 1¾ SO, Rauschs 1½ O. (NM 24. 25).
**Heiligenstadt**, *Stadt*, Bamberg 3 SO, Forchheim 2¾ NO. (ByS 56. 53).
— Wien (KFN 1) ⅝ N).
— Strasswalchen (KE 42) 1¼ NW.
*Siehe dagegen Station Heiligenstadt, ML 33.*
**Heiligenstedten**, Itzehoe (EG 7) ½ NW.
**Heiligenthal in Ostpr.**, Braunsberg (PO 44) 2½ SO.
— in Prov. Sachsen, Eisleben (ML 22) 1½ NO.
**Heiligenwalde**, Altfelde (PO 37) 2½ SO.
**Heiligenzell**, Dinglingen (Ba 31) 0,5 NO.
**Heiligkreuzsteinach**, Heidelberg (Ba 3) 1,8 NO.
**Heiligkreuzthal**, Schussenried (Wü 65) 4½ NO.
**Heilsberg** in Ostpr., *Stadt*, ⊤ Pr.-Eylau 4 S, Bartenstein 2¾ SW, Braunsberg 9 SO. (OpS 13. 15. PO 44).
— in Sachs., Tharandt (SO 46) ¼ S.
— in Sachs.-Weimar, Arnstadt (Tb 33) 3½ SO.
°[1]**Heilsbronn** (ByS), *Stadt*, Schwabach 2 W, Ansbach 2½ NO. (ByS 44. 152)
*Siehe dagegen Station Heilbronn Wü 57.*
**Heilshorn**, Burg-Lesum (Ha 35) 1¼ N.
[1]**Heimbach**, Riegel ⅓ O, Emmendingen 1 N. (Ba 36. 37).
[2]— bei Station Heimbach (Ba 40) ¼ O.
[3]— Neuwied (Rb 51) 1 NO.
[4]— Nieder- u. Ober-, Bacharach (Rb 57) ½ resp. ¾ SO.
[5]— Zülpich (Rb 21) 2 SW.
[6]— Fulda (BbH 6) ⅜ W.
**Heimberg**, Thun 5 Kil. N, Kiesen 4 Kil. (SC 1. 47. 45).
**Heimburg**, *Fl.*, Halberstadt 1¾ SW, Thale 1½ NW, Harzburg 4 SO. (MH 9. 14. Bs 36).
**Heimenhausen**, Herzogenbuchsee (SC 1. 31) 3 Kil
**Heimenschwand**, Thun (SC 1. 47) 1 Kil. NO.
**Heimerdingen**, Ditzingen (Wü 197) 1 NW.
**Heimersdorf**, Cöln 1¼ NW, Longerich ½ NW. (KM 1. 71).
**Heimersheim**, Alzey (HL 44) ½ NW.
— bei Ahrweiler, Remagen ¾ SW, Sinzig 1 W. (Rb 46. 47).
**Heimertingen**, *PH* (ByS 212), Fellheim ½ S, Memmingen 1 N. (ByS 211. 213).
**Heimerzheim**, Euskirchen 1½ NO, Sechtem 1½ SW, Roisdorf 1¼ SW. (Rb 22. 40. 41)
**Heimschuh**, Leibnitz (OeSS 53) 1.
**Heimsheim in Wrttb.**, Pforzheim (Ba 149. Wü 207) 1½ SO.
**Heinade**, Stadtoldendorf (Bs 2) ⅚ S.
**Heinde**, Hildesheim (Ha 70) 1 SO.
**Heinebach**, Altmorschen (HN 5) ½ NO.
[1]**Heinersdorf bei Friedland in Böhmen**, *mechan. Dampfweberei*, Reichenberg 3 NO, Greiffenberg 2½ SW. (SNV 32. NM 45).
[2]— Reichenberg i. Böhmen, (SNV 32) ½ S.
[3]— Müncheberg 1½ SO, Fürstenwalde 2 NO. (PO 4. NM 7).

[4]Heinersdorf, Passow 1 O, von Angermünde 2½ NO. (BSt 7. 6).
[5]— Berlin (BSt 1) ¾ NO.
[6]— Gr.-Beeren (BA 2) ¾ NO.
[7]— Liegnitz 1½ NO, Spittelndorf 1 NW. (NM 33. 34).
[8]— bei Lausigk, Borna (SW 93) 1 O.
[9]— in Sachs.-Weimar, *Fl.*, Sonneberg (Th 61) ¾ O.
Heining, Passau (ByO 58. KE 54) ¾ NW.
Heiningen in Hannover, Börssum (Bs 14) ⅝ W.
— in Württemb., Göppingen (Wü 96) ⅝ N.
Heinrich, ✕ Ueberruhr 0,3 S, Kupferdreh 0,6 N. (BM 63. 64).
— Gustav, ✕ der Harpener B.-A.-G. (an Zweigb.), Langendreer (BM 83) 0,2 N.
— St., am Würmsee, Seeshaupt (ByS 202) ½ NO.
Heinrichau in Westpr., ♥ Altfelde (PO 37) 8 SO.
— in Schles., Gnadenfrei 2 O, Frankenstein 2 NO. (BF 12. 11).
Heinrichs, *Eisenwerk*, Grimmenthal (Th 51) 2 NO.
Heinrichsberg, Wolmirstedt (MH 17) 1 NO.
Heinrichsdorf, ♥ Wriesen a. O. (BSt 67) 1 O.
— bei Greiffenhagen (BSt 9) 3¼ SO.
Heinrichsfelde in Pommern, Wangerin (BSt 17) 2 O.
Heinrichsgrün in Böhmen, *Stadt*, ♥ Auerbach im Voigtl. ca. 3½ S, Eger 4 NO. (SW 73. 84).
Heinrichsgrund, Dittersbach (NM 56) ¼ O.
Heinrichshagen, Greifswald (BSt 54) 1½ S.
Heinrichshall, *Saline*, Köstritz unm., Gera ¾ NW. (Th 30. 31).
Heinrichshof, Tapiau (PO 54) 1½ NW.
Heinrichsort bei Lichtenstein, St. Egidien 1 SO, Zwickau 1⅝ O. (SW 23. 47).
Heinrichsruh in Vorpommern, Ferdinandshof (BSt 52) ¼ O.
Heinrichsthal, *Papierfabr.*, Hohenstadt (OeSt 48) 3¼ NW.
Heinrichswaldau (Hennerswalde), Frankenstein (BF 11) 2 S.
Heinrichswalde, ♥ Tilsit (TI 1) 2¼ W.
Heinsberg, *Stadt*, ♥ T Lindern (BM 8) 2 NW.
Heinsdorf (Hinsdorf a. S.), Stumsdorf (ML 9) ½ NW.
— Reichenbach bei Zwickau (SW 11) ¼ SO.
Heinsen, Holzminden (Wf 43. Bs 1) 1¾ N.
Heinsheim, Mosbach (Ba 103) 1½ S.
— Rappenau (Ba 132) ½ W.
Heintrop, Soest (Wf 13. BM 56) 1½ NW.
Heinzenbach, Sobernheim (Sa 34) 4 NW.
Heinzendorf, Skalitz (SNV 23) 4 NO.
— Ober-, Greifendorf 1½ NO, Zwittau 3½ SO. (OeSt 8. 9).
— Unter-, Hohenstadt (OeSt 48) 1 SW.
— Obernigk 1¼ NW, Gellendorf ¾ SW. (OS 34. 35).
Heisede, Rethen ¾ S, Sarstedt ½ N. (Ha 73. 74).
Heisen, Paderborn (Wf 7) 2¼ S.
Heisenbüttel, Oldenbüttel (Ha 37) ½ NO.
Heissum, Ringelheim (Bs 11) ¾ SO.
Heister, Neuwied (Rh 51) 3¼ NW.
Heistern, Langerwehe ⅜ SW, Eschweiler ¾ SO. (Rh 7. 6).
Heiterwang, Innsbruck (OeSS 187) 14 NW.
Heitzing, Riedau-Ried (KE 49) 1 N.
Hekla, Markeuhl (Th 44) 1½ NW.
Helbigsdorf bei Brand, Freiberg i. Sachs. (SO 51) 1⅝ S.
Helbra, Eisleben (ML 22) ¾ NW.
Heldburg, *Stadt*, ♥ Hildburghausen 2 S, Coburg 2½ NW, Hassfurt 4 NO. (Th 53. 54. ByS 80).
Helden, Venlo (BM 28. Rb 64, NS 2,62) 1½ SW.
Heldenbergen, ♥ Vilbel (MW 22) 1½ NO.
Heldenfingen, Heidenheim (Wü 125) 1⅜ SW.
Heldrungen, ♥ Sangerhausen 2½ SW, Erfurt 5½ NO. (ML 24. Th 8).
Helemba, Szobb (OeSt 89) ⅓ N.
Helena, Lasse (OeSS 74) 0,2.
— St., Baden (OeSS 15) ⅜.
— Tiefbau, ✕ (an Pferdeb.) Witten (BM 46) 0,2 SW.

Helene und Amalie, ✕ von Altendorf (Rh 92) unm.
Helenenberg ♥ Trier (Sa 22) 1¾ N.
Helfenberg, *Fl.*, ♥ Linz (KE 64) 3¼ NW.
Helfta, Eisleben (ML 22) ½ SO.
Hellendorf bei Gottleuba, Pirna (SO 5) 2 S.
Hellenthal, Stadtoldendorf (Bs 2) 1 S.
— Call (Rh 25) 2 SW.
Hellikon, Sissach (SC 1, 7) 12 Kil.
Hellingen, *Stadt*, ♥ Coburg (Th 54) 2½ W.
Hellinghausen, Benninghausen (Wf 11) ⅞ NO.
Hellkofen, Sünching 1 N, Moosham 1 O. (ByO 17. 19).
Hellmern, Willebadessen (Wf 4) ½ O.
— bei Büren, Paderborn 2¼ S, Willebadessen 2¼ W. (Wf 7. 4).
Hellstein, Wächtersbach (BbH 13) ¾ N.
Hellziechen, *Hochofen*, Sulzbach (ByO 38) 2¼ N.
Helmbrechts, *Fl.*, ♥ Münchberg (ByO 72) 1 NW.
Helmershausen, *Fl.*, Salzungen 4 S, Walldorf 1½ SW. (Th 45. 49).
*Siehe dagegen Station Helmarshausen, HN* 12.
Helmhof, Walbstadt (Ba 97) 1 O.
Helmlingen, Achern (Ba 24) 1.5 NW.
Helmsdorf bei Bolkenhain, Ruhbank (NM 53) 1 NO.
— bei Schönau, Hirschberg (NM 49) 2 NO.
— in Sachs., Fischbach (SO 15) ¾ S.
Helmsgrün, Herlasgrün (SW 13) ⅓ SO.
Helmsheim, Gondelsheim ½ N, Bruchsal ¾ SO. (Wü 3. 1).
Helmstadt, *Fl.*, Würzburg 2 SW, Wertheim 2 O. (ByS 91. 116).
*Siehe dagegen Station Helmstadt Ba* 31.
Helpe, Arnswalde (OS 57) 1 NO.
Helpenstein, Neuss (BM 16. Rh 14) ¾ S.
Helsa, ♥ Cassel (HN 11) Ha 87) 2 SO.
Helschen, Leschede (Wf 26) ¼ NO.
Helsinghausen, Haste (Ha 43) ½ SO.
Helstorf, Neustadt a. R. (Ha 23) 2 NO.
Hemau, *Stadt*, ♥ Regensburg 3¾ NW, Ingolstadt 5½ NO. (ByO 22. ByS 243).
Hembergen, Emsdetten (Wf 22) ⅛ N.
— Emsdetten 1 SO, Greven 1 N. (Wf 22. 21).
Hembsen, Brakel (Wf 40) ¾ NO.
Hemelingen, ♥ Sebaldsbrück (Ha 83) ¾ S.
Hemeln, Münden (Ha 86) 1½ NW.
Hemer, ♥ Iserlohn (BM 81) ¾ NO.
Hemeringshausen, Nienburg (Ha 26) 1⅝ SW.
Hemmendorf, *Fl.*, Elze (Ha 75) 1¼ SW.
Hemmenhofen, Radolfzell (Ba 83) 1 S.
Hemmerde, ♥ Unna (BM 54) 1¼ O.
Hemmerich, Sechtem (Rh 40) 1¼ SW.
Hemmersbach, Horrem (Rh 10) ¾ S.
Hemmessen, Remagen (Rh 46) 1½ SW.
Hemmiken, Sissach (SC 1, 7) 8 Kil.
Hemmingen, ♥ T Stuttgart 2½ NW, Asperg 1½ SW, Ditzingen ¾ NW. (Wü 16. 11. 197).
Hemmigkofen, Meckenbeuren (Wü 51) 1¼ S.
Hemsendorf, Wittenberg 2¼ SO, Holzdorf 2¼ W. (BA 9. 21).
Henczida, Berettyo-Ujfalu (Ts 40) 2 NO.
Hencses-Puszta, St. Mihály 2⅔, Lebring 1, Wildon 1⅔. (OeSS 107. 52. 51).
Henfenfeld, Hersbruck ⅜ SW, Ottensoos ⅝ SO. (ByO 40. 41).
Henfstädt, Themar (Th 52) ⅜ NW.
Hengersberg, *Stadt*, ♥ Langen-Isarhofen (ByO 52) 1½ NO.
Hengsberg, Lebring 1, Wildon 1¾. (OeSS 52. 51).
Hengstforde, *Apen ¼ W, *Augustfehn ¼ O. (Ol 12. 13).
Henkenhagen, Colberg (BSt 44) 1¾ O.
— Wangerin (BSt 17) 1 SO.
Henndorf im Salzburgischen, Köstendorf-Neumarkt (KE 43) ⅞ SW.
Henneckenrode, Ringelheim (Bs 11) 1½ NW.
[1]Hennersdorf in Böhmen bei Gabel, Böhm.-Leipa 2¼ NO, Kratzau 2 SW. (BN 8. SO 36).
[2]— bei Rumburg (BN 18) ¼ SO.
[3]— bei Namslau, Noldau (RO 21) ¾ N.
[4]— bei Landshut, Ruhbank (NM 53) 1 S.
[5]— Frankenstein (BF 11) 1½ S.
[6]— Ohlau (OS 4) 1 SW.
[7]— bei Reichenbach i. Schles., Faulbrück (BF 14) ⅜ NO.

[8]Hennersdorf bei Jauer, von Brechelshof (BF 21) ½ SW.
[9]— Lauban 1 N, Heide-Gersdorf ½ SW. (NM 43. 42).
[10]— Görlitz (BG 15. NM 41) ½ NO.
[11]— bei Liebenthal, Greiffenberg (NM 45) 1½ SO.
[12]— Grottkau 2 SO, Neisse 1½ NO. (NB 5. 1).
[13]— Gross-, *Fl.*, ♥ Herrnhut (SO 30) ½ SO.
[14]— bei Camenz i. Sachs., Radeberg (SO 14) 2½ NO.
[15]— Dürr-, Löbau (SO 23) ¾ SW.
[16]— Seif-, siehe Seifhennersdorf.
[17]— Kl.-, Krippen [Schandau] (SO 9) ½ W.
[18]— *PH* (SW 62), Erdmannsdorf ½ S, Zschopau ½ N. (SW 61. 63).
[19]— Lang-, Freiberg i. Sachs. 1⅔ NW, Hayniсhen 1 O, Oederan 1½ NO. (SO 51. 57. 58).
Hennerwitz, Gr. Peterwitz (WI 14) 2 W.
Hennickendorf, Strausberg (PO 3) ¾ SO.
Hennigkendorf, Luckenwalde (BA 5) 1½ NW.
Hennigsdorf, ♥ Spandau (BH 2) 1½ N.
Henriette, ✕ Kupferdreh (BM 63) 0,5 N.
Henry Chapelle, Herbesthal (Rh 2) ½ W.
Henschhausen, Bacharach (Rh 57) ½ NW.
Hentschleben, *Stranssfurth (NE 8) ½ S.
Hentschikon, Wildegg (SN 2,18) 1¼ SO.
Heppach, Gross-, Endersbach (Wü 102) ¼ NO.
Heppen, Sassendorf ⅛ NW, Soest ½ NO. (Wf 19. 13).
Heppendorf, Horrem ½ W, Buir ⅞ NO. (Rh 10. 9).
Heppenheim im Loch, Alzey (HL 44) ⅝ O.
— a. d. Wiese, Pfeddersheim (HL 38) ½ W.
*Siehe dagegen Station Heppenheim HN* 11.
Heppingen, Remagen (Rh 46) ½ SW.
Hepschingen, Schopfheim (Ba 219) 1¾ NO.
Hepsisau, Kirchheim unter Teck (Wü 153) 1½ SO.
Herbede, ♥ Witten (BM 46) ½ SW.
Herbergen, Riegel (Ba 36) 2.5 SW.
Herberhausen, Göttingen (Ha 84) ½ O.
Herberholz, ✕ Witten (BM 46) ½ SW.
Herbern, ♥ Drensteinfurt 1¾ SW, Greven ½ NW. (Wf 17. 21).
Herbersdorf, Landshut (ByO 10) 1 S.
— Wildon (OeSS 51) 1.
[0]Herbertingen (Wü 181), ♥ Aulendorf (Wü 46) 3 NW.
Herbertshofen, Meitingen (ByS 28) ¼ S.
Herbigsdorf (Herwigsdorf), Zittau (SO 33) ½ NW.
— (—), Löbau (SO 23) ⅝ SO.
Herbitz, Türmitz ½ NW, Karbitz ⅓ O. (AT 2. 4).
— ✕ Saxoniaschacht (*AT* 14), Karbitz (AT 4) ¼ O.
Herblingen, *PH* (Ba 76), Schaffhausen (Ba 77) 0,6 O.
Herbolzheim, Mosbach (Ba 102) 1,9 SO.
*Siehe dagegen Herbolzheim PH* Ba* 34.
Herborn-Seelbach, Herborn (KM 57) ½ NO.
Herbram, Buke (Wf 5) 1½ SW.
Herbrechtingen, Ulm 3 NO, Heidenheim 1 S. (Wü 34. 125).
Herbrum, Aschendorf (Wf 32) ¼ SW.
Herbsleben, *Fl.*, ♥ *Ringleben 1¼ W, Gotha 3½ NO, Erfurt 4 NW. (NE 9. Th 6. 8).
Herbstein in Hessen, *Stadt*, ♥ Neustadt 5 O, Gieasen 7½ O. (MW 9. 14).
Herbutów, Halicz (LCJ 11) 1½ N.
Herchen, ♥ Eitorf (KM 47) ½ NO.
Hercules, ✕ Essen (BM 85) unm.
Herculesbäder, *altberühmter Badeort*, ♥ Weisskirchen 10 O, *Mehadia ¼ SO. (OeSt 126).
Herdain, Breslau (BF 1) ½ S.
Herdern, Freiburg (Ba 39) 0,2 NO.
— Griessen *F** (Ba 71) 1 S.
Hergenrath, Astenet (Rh 3) ½ N.
Hergershausen, Rothenburg (BG 13) ¾ NW.
— bei Seligenstadt, Babenhausen (HL 28) ⅝ SW.
Hergesweiler, Winden (Pf 41) ¼ S.
Hergisdorf, Eisleben (ML 22) ¾ W.

**Hergiswyl**, Luzern (SC 1, 25) 1½ S.
**Hering**, Dieburg (HL 26) 1⅙ SO.
**Heringen**, *Fl.*, Gerstungen 1½ SW, Hönebach 1 SW. (HN 1. 2).
*Siehe dagegen Station Heringen HL 27.*
**Heringhausen** bei Brilon, Bonenburg (Wf 3) 4¾ SW.
— Benninghausen (Wf 11) ⅓ NO.
**Heringsdorf**, *Badeort*, ♉ T Anclam 5 NO, Stettin ca. 10 NW. (BSt 55. 10).
**Herisau**, *Fl.*, Winkeln (VS 3,4) ½ St. S.
**Herischdorf**, Reibnitz 1 SO, Hirschberg i. Schles. ½ SW. (NM 48. 49).
**Heriwyl**, Subigen (SC 1, 50) 4 Kil.
**Herkingen**, Olten (SO 1, 10) 1½ SW.
**Herk St. Lambert**, Alken (GrCBelg 2, 14) ¾ N.
**Herlinghausen**, Warburg (HN 17. Wf 1) ¾ NO.
**Herlikofen**, Unterböbingen (Wü 110) ¾ W.
**Hermanic**, Josefstadt (SNV 6) ¾ NW.
— Chotzen (OeSt 14) ½ O.
**Hermanitz**, Landskron (OeSt 50) 1½ NW.
**Hermanmiestetz**, *Stadt*, ♉ Pardubitz 1½ SW, Prelouc 1½ SO. (OeSt 18. 19).
**Hermannsborn**, Driburg (Wf 39) 1¼ N.
**Hermannsburg**, Unterlüss (Ha 8) 1¾ W.
**Hermann-Schacht**, ⚒ (SO 66), Dresden (SO 1) 2 S.
**Hermannsdorf**, D.-Lissa (NM 38) ½ S.
— Brechelshof ½ SW, Jauer 1 NW. (BF 21. 20).
**Hermannshütte**, T Neuwied (Rh 51) ⅛ NO.
— bei Wilkischen, *Eisenhütte*, T Nürschan (BW 6) 1½ NW.
°**Hermannstadt** (Ung. Ostb.), *Stadt*, ♉ T Alvinez (SI 15) 8 O.
**Hermannstein**, *Eisengrube*, Wetzlar (KM 60. Na 41) ¼ N.
**Hermannseifen**, Falgendorf 2½ NO, Mastig 1¾ N. (SNV 11. 10).
**Hermaringen**, Heidenheim (Wü 125) 1¼ SO.
**Hermersbach**, Unter- u. Ober-, Biberach (Ba 101) 1 resp. 1 3 N.
**Hermersdorf**, Nieder- u. Ober-, Chemnitz (SW 29) ⅜ SO.
— Mährisch-, Zwittau (OeSt 9) ¾ SO.
— bei Müncheberg, Trebnitz (PO 5) ½ NW.
**Hermeskeil**, ♉ Türkismühle (Sa 42) 2½ NW.
1 **Hermsdorf** bei Braunau i. Böhm., Waldenburg i. Schles. (BF 10. NM 56) 2 S.
2 — Berlin 3 NW.
3 — in Prov. Preussen, Schlobitten (PO 41) 1 SO.
4 — in Prov. Brandenburg, Woldenberg (OS 55) ¾ W.
5 — bei Wansen, Grottkau (NB 5) 1¾ NW.
6 — ⚒ (BF 10a), ♉ T Waldenburg (BF 10. NM 56) ⅝ SW.
7 — Glogau (NZ 1. OS 43) 1¼ SW.
8 — Görlitz (NM 41) ¾ SO.
9 — Hainau (NM 31) ¼ W.
10 — bei Goldberg, ♉ Liegnitz 3¼ SW, Hainau 2⅜ S. (NM 33. 31).
11 — Reibnitz 1½ SO, Hirschberg i. Schl. 1½ SW. (NM 48. 49).
12 — Grüssauisch-, Waldenburg 2 W, Dittersbach 1½ W. (NM 57. 56).
13 — Neisse (NB 1) 1½ NO.
14 — bei Buchholz, Halbe (BG 4) 1 NO.
15 — Wend.-, Weisswasser (BG 12) 1½ NO.
16 — Hansdorf (NM 23. NZ 6) 1¼ SO.
17 — Magdeburg (ML 1) 1½ NW.
18 — in Altenburg, Gera (SW 86) 1⅜ NO.
19 — bei Lichtenstein, Hohenstein-Ernstthal (SW 42) ⅝ SW.
20 — bei Geithain, Borna (SW 93) 1½ SO.
21 — *mit Brennerei*, Döbeln (LD 26) 1 O.
22 — bei Lausa, Radeberg (SO 14) 1¼ NW.
23 — bei Frauenstein, Freiburg i. Sachs. (SO 51) 2½ SO.
24 — Ober-, Tharandt ⅝ N, Potschappel ½ NW. (SO 46. 43).
25 — Königstein (SO 8) 1 SW.
26 — Hinter-, Krippen [Schandau] (SO 9) 2 O.
**Hermstedt**, Apolda (Th 11) ¾ S.
**Hermswalde**, Sommerfeld (NM 19) 1¼ NO.
**Hermülheim**, ♉ Kalscheuren (Rh 36) ¼ NW.

**Hernad**, Pilis (OeSt 100) 1½ S.
**Hernals**, ♉ Wien ⅜ NW, Penzing ½ NW (KE 1. 2).
**Herndorf** bei Wiegandsthal, Greiffenberg 2¼ SW, Rabishau 1½ SW. (NM 45. 46).
**Heroldsberg**, *Fl.*, ♉ Nürnberg 1½ NO, Lauf 1¼ NW, Erlangen 1¾ SO. (ByO 45. 42. ByS 51).
**Herolz**, Schlüchtern (BbH 10) ½ W.
**Herrenalb** in Württbg., *Badeort*, ♉ T Ettlingen (Ba 15) 2,2 NW.
**Herrenberg**, *Stadt*, ♉ T Stuttgart 3½ SW, Tübingen 2¼ NW (Wü 16. 135).
**Herrenbreitungen**, ♉ Wernshausen ¾ NW,
Immelborn ⅔ SO. (Th 47. 46).
*Siehe auch Breitungen.*
**Herrengosserstedt**, Kösen (Th 13) 1¾ NW.
**Herrenwalde**, Gr.-Schönau (SO 41) ⅜
**Herrenhütte**, Mögeldorf (ByO 44) ½ NW. SW.
**Herrenwiese**, Freienwalde a. O. (BSt 49) ¾ NO.
**Herrenzimmern** bei Rottweil, Thalhausen (Wü 147) ¼ W.
**Herrhausen**, Seesen (Ba 8) ½ S.
**Herrieden**, *Stadt*, ♉ Ansbach (ByS 152) 1½ SW.
**Herringen**, Hamm (BM 95. KM 21. Wf 15) 1 SW.
**Herringhausen**, Herford (KM 29) ⅛ NW.
*Siehe dagegen Heringhausen.*
**Herringsen**, T Soest (Wf 13. BM 56) ¾ SO.
**Herrischried**, Murg 1½ N, Säckingen 3½ N. (Ba 63. 62).
**Herrliberg**, Zürich (SNO 2, 19) 2½ SO.
**Herrmannsdorf** bei Elterlein i. Sachs., Annaberg ¾ W, Schwarzenberg 1½ NO. (SW 70. 58).
**Herrnbaumgarten**, Hohenau (KFN 9) 2¼ NW.
**Herrndorf**, Spittelndorf (NM 34) 1¾ N.
**Herrnhaag**, Hanau 2½ NO, Gelnhausen 1½ NW. (BbH 17. 14).
**Herrngiersdorf**, Neufahrn bei Ergoldsbach (ByO 13) 1½ NW.
**Herrnpratsch**, D.-Lissa (NM 38) ¾ NO.
**Herrnsdorf**, Hirschaid (ByS 55) 1¼ SW.
**Herrnsheim**, Worms (HL 1) ½ N.
**Herrnskretschen**, Krippen [Schandau] (SO 9) 1½ SO.
**Herrnstadt**, *Stadt*, ♉ Rawics (OS 87) 2 SW.
**Herschbach**, ♉ Neuwied 3½ NO, Wissen 3¼ S, °Hadamar 3½ NW. (Rh 61. KM 50. Na 48).
**Herschweiler**, Kusel (Pf 64) ¾ NW.
**Herschwiesen**, Boppard (Rh 64) 1½ SW.
**Hersel**, Roisdorf ⅛ NO, Bonn 1 NW. (Rh 41. 42).
**Herswyl**, Subigen (SC 1, 50) 4 Kil.
**Herste**, Driburg ¾ SO, Brakel 1¼ SW. (Wf 39. 40).
**Herstein**, Oberstein 1½ N, Fischbach 1¼ NW, Kirn 1½ W. (Sa 35. 34. 36).
**Herstelle**, ♉ Carlshafen ⅛ W, Höxter 1½ S. (HN 30. Wf 42).
**Herten**, Herne (KM 15) 1¼ NW.
**Hertheim**, Bei Rheinfelden (Ba 59) 0,7 W.
**Hertigswalde**, Bischofswerda (SO 17) 3¼ SO.
**Hertin**, *PH* (SNV 26), Kostelets ⅝ N, Schwadowitz ½ SO. (SNV 25. 27).
**Hertingen**, Schliengen (Ba 47) ½ S.
**Hertinghausen**, Cassel 1⅜ SW, Guntershausen ½ W. (HN 11. MW 3).
**Hertwigswaldau**, ♉ Jauer (BF 20) ¾ NO.
**Herwen**, Elten (NB 1, 18. Rh 76) ½ W.
**Herwigsdorf**, Zittau, siehe Herbigsdorf.
**Herxheim** bei Rheinzabern, ♉ Rohrbach (Pf 40) 1 O.
— am Berg, Dürkheim (Pf 54) ¾ N.
**Herzberg**, Alt-, Herzberg (BA 22) ½ W.
— ♉ Wangerin (BSt 17) 7 SO.
*Siehe dagegen Station Herzberg BA 22 und Ha 90 (am Harz).*
**Herzebrock**, ♉ Rheda (KM 25) ¾ NW.
**Herzershof**, *Zuckerfabr.*, Golzow ½ SO, Cüstrin 1 SO, Podelzig 1¼ N. (PO 7. 8. 69).
**Herzfeld**, Soest (Wf 13. BM 56) 1¾ N.
**Herzfelde**, Strausberg 1 SO, Erkner 2 NO. (PO 3. NM 5).
— bei Templin, Wilmersdorf (BSt 46) 5 W.

**Herzlake**, ♉ Lingen 4 NO, Meppen 3 O. (Wf 27. 28).
**Herznach**, Aarau (SC 1, 13. SN 2, 30) 2.
**Herzogenauhütte**, Cham i. Bayern (ByO 64) 1½ NW.
**Herzogen-Aurach**, *Stadt*, ♉ Emskirchen 1½ O, Erlangen 1¼ SW. (ByS 160. 51).
**Herzogenburg**, *Fl.*, ♉ St. Pölten (KE 12) 1½ NO.
**Herzogenweiler**, Donaueschingen (Ba 185) 2 NW.
**Herzogöd**, Wiesau (ByO 84) 1¼ NW.
**Herzogreuth**, Passau (ByO 58, KE 51) 5 NO.
**Herzogswaldau** bei Bunzlau, Siegersdorf (NM 28) 1 S.
— bei Jauer, Gr.-Rosen (BF 19) ⅛ NW.
— bei Lüben, Liegnitz (BF 23. NM 33) 2½ NO.
— Grottkau (NB 5) 1 N.
**Herzogswalde**, Tharandt (SO 46) 1 NW.
— Schlobitten (PO 41) 3½ SO.
**Herzsprung**, Angermünde (BSt 6) ¾ S.
— bei Wittstock, Zernitz (BH 8) 3¼ N.
**Hesel**, ♉ Leer (Wf 25) 1¾ NO.
**Hesepe**, Gr. u. Kl., Meppen (Wf 28) 1¼ SW.
**Hesepér Twiest**, Meppen (Wf 28) 3 SW.
**Heslach**, ♉ Stuttgart (Wü 16) ¼ SW.
**Hesselbach**, Schweinfurt (ByS 64) 1¼ NO.
**Hesseldorf**, Wächtersbach (BbH 18) ⅓ N.
**Hesselhurst**, Kork 0,8 S, Offenburg 1 NW. (Ba 156. 28).
**Hessen** am Fallstein, *Fl.*, ♉ Mattierzoll ⅓ SO, Jerxheim 1½ SW. (Ba 16. 17).
**Hessenhagen**, Wilmersdorf (BSt 46) ¾ NW.
**Hessenthal**, ♉ Hall (Wü 79) ½ O.
— Aschaffenburg (PH 10) 1¾ SO.
**Hesserode**, Nordhausen (ML 28) ½ NW.
**Hessheim**, Frankenthal (Pf 19) ½ N.
**Hessigheim**, Besigheim (Wü 53) ½ O.
**Hessloch**, Wiesbaden (Na 1. T 10) ¾ NO.
— Osthofen (HL 2) ⅞ NW.
**Heteborn**, *Zuckerfabr.*, Hadmersleben 1¾ S, Nienhagen 1½ SO, Ditfurth ¾ NO, Wegeleben 1⅛ O. (MH 5. 11. 8. 10).
**Heteny**, Neu-Szöny (OeSt 72. OeSü 141) 1 NO.
**Hetes**, St. Mihály (OeSü 107) 1.
**Hettenhahn**, Wiesbaden (Na 1. T 10) 1¼ NW.
**Hettenheim**, *Thonerdegruben*, Monsheim (HL 39) 1⅞ SW.
**Hettenroth**, Oberstein (Sa 38) 1½ NW.
**Hettensen**, Nörten (Ha 82) 1 W.
**Hettjershausen**, Göttingen (Ha 84) ½.
**Hettingen**, *Stadt*, ♉ Reutlingen (Wü 132) 4½ S.
**Hettstädt** (Hechstädt), *Stadt*, ♉ T Eisleben 2 N, Bernburg 3 SW, Aschersleben 1½ S. (ML 22. MH 32. 30).
**Hettstein**, Oberstein (Sa 38) 1 NW.
**Hetzbach**, *Schwerspatbergw.*, Darmstadt 6 NO, Dieburg 4½ NO. (HL 24. 26).
**Hetzdorf**, Oederan (SO 52) ⅜ SW.
**Hetzerath**, ♉ Trier (Sa 22) 2⅜ NO.
**Heubach**, *Stadt*, ♉ Unterböbingen (Wü 110) ½ S.
° — (ByS), *Stadt*, ♉ Aschaffenburg (ByS 103. PH 10. HL 30) 4⅛ S.
— Dieburg (HL 26) 1½ SO.
— Eisfeld (Th 53a) 1⅛ N.
— in Hessen, Elm (BbH 9) 1½ NO.
**Heuberg**, Steinen (Ba 210) ¾ N.
**Heubisch** in Sachsen-Meiningen, Neustadt (Th 51) ⅜ SO.
**Heubude**, Danzig 1 NO, Neufahrwasser ¾ SO. (PO 74. 75).
**Heubuden**, Marienburg (PO 86) ¾ NW.
**Heuchelheim**, Giessen (KM 61. MW 14) ½ W.
**Heuchlingen**, Mögglingen (Wü 111) ½ N.
**Heuckewalde**, Schmölln 2¼ NW, Ronneburg 1¼ N, Zeitz 1¼ S. (SW 85. 87. Th 27).
**Heudorf**, Nenzingen *H*° 1 NW, Stockach 1,3 NW. (Ba 191. 192).
— Mödling (OeSü 10) ⅓.
**Heufeld**, St. Hubert (OeSt 115) ¼ S.
*Siehe dagegen Station Heufeld ByS 134.*
**Heufelden**, Ehingen (Wü 172) ⅜ NO.
**Heusweiler**, ♉ Saarlouis 2 O, Saarbrücken 2 NW (Sa 13. 5).
**Heuten**, Heiligenstadt (ML 33) 1 SO.
**Heuterode**, Heiligenstadt (ML 33), siehe Stein- u. Wüst-Heuterode.
**Heuweiler**, Denzlingen *H*° (Ba 36) ½ SO.

**Hevensen**, Nörten (Ha 82) 1¼ NW.
**Heven**, *Stadt*, ⚘ *Kápolna (UN 14) 2½ S.
**Hevis Györk**, Aszód (UN 8) ⅛ SO.
**Héviz**, ⚘ Tura (UN 9) ¾ NO.
**Heyda** in Böhmen, siehe Haida.
**Heydau**, Neisse (NB 1) ¾ SO.
**Heydt, von der**, *Grube* (Sa 54), Burbach (Sa 8) 0 54 N.
— × an Pferdeb. d. fiscal. Steinkohlengrube Glückauf, Ibbenbüren (Ha 61) 0,1 NO.
**Heydekrug**, *Stadt*, ⚘ T Tilsit (TI 1) 6¼ NW.
**Heyersum**, *Saline*, Nordstemmen (Ha 71) ½ SO.
**Heynewalde**, siehe Hainewalde.
**Hezéd**, Hatvan (UN 10) 1 NO.
**Hibernia**, × Gelsenkirchen (KM 14) nom.
**Hidas Kürth**, Galantha (OeSt 80) 1,8 W.
**Hiddenhausen**, Herford (KM 29) ¾ NO.
**Hiddinghausen**, Neu, E× Gevelsberg (BM 41) 0,9 NW.
**Hiddingsel**, Münster (Wf 20) 2¾ SW.
**Hidvég**, Komárváros (OeSt 119) 3½.
— Tisza-Lúcs (Ts 29) ¾ SW.
**Hiesfeld**, Dinslaken (KM 37) ⅛ O.
**Hietzing**, *Fabriken*, ⚘ Wien ½ SW, Penzing ¼ S, Hetzendorf 0.4 NW (KE 1. 2 OeSt 5).
**Hilbersdorf** bei Chemnitz, Wiesa (SO 54 SW 59) ¾ NO.
— bei Ronneburg (SW 87) 1 S.
*Siehe dagegen Güterstation Hilbersdorf*, SO 50.
**Hilbersheim, Nieder-**, Gau-Algesheim (HL 16) ¾ S.
— **Ober-**, Bingen (HL 18) 1¾ S.
— **Wald-**, Langen-Lonsheim (Sa 28) ¾ W.
**Hilchenbach**, *Stadt*, ⚘ Creuzthal (BM 77) 1¾ NO.
**Hildebrandtshagen**, Miltzow (BSt 58) ¾ SW.
**Hilden**, *Stadt*, ⚘ T Hochdahl 1 S, Ohligswald ½ W, Benrath ½ O (BM 32. 96. KM 6).
**Hilders**, *Stadt*, ⚘ Salzungen 5¾ SW, Meiningen 5 W (Th 45. 50).
**Hildisrieden**, Sursee (SC 1, 20) 3 SO.
**Hildmannsfeld**, Bühl (Ba 22) 0,9 SW.
**Hilgenroth**, Au (KM 49) ¾ S.
**Hilgersdorf** in Böhmen, Bischofswerda (SO 17) 2½ SO.
**Hille**, ⚘ Minden 1⅞ NW, Oeynhausen 3 N (KM 33. 31).
**Hillegossen**, Bielefeld (KM 28) ⅞ SO.
[0] **Hillesheim**, Rh 29, *Fl.*, ⚘ Call 4 SO, Coblenz 9 W (Rh 25. 52).
— Alsheim (HL 4) ¾ W.
**Hilmersdorf**, Zschopau (SW 65) 1 SO.
**Hillscheid mit Höhr**, Coblenz 1¼ NO (Rh 52), Ems 1½ NW (Na 12).
**Hilpertsau**, Muggensturm (Ba 17) 2 O.
**Hilpoltstein** (Hiltpoltstein), *Stadt*, ⚘ Pleinfeld 2 NO, Roth 1½ NO (ByS 41. 43)
— bei Gräfenberg, Erlangen 3¼ NO, Lauf 2½ N, Bayreuth 5¾ SW, Forchheim 2¾ SO (ByS 51. ByO 42. 80. ByS 53).
**Hilsbach**, *Stadt*, Neckargemünd 0,6 S, Bammenthal 0,3 N, Sinsheim 0,9 S, Steinsfurth 0 8 W (Ba 92. 129. 128. 93).
**Hilschbach**, Saarbrücken (Sa 5) 1¼ NW.
**Hiltensweiler**, Meckenbeuren (Wü 51) 1 SO.
**Hiltersklingen**, Heppenheim (MN 11) 3 SO.
**Hiltrup**, *PH* Wf 19, Münster (Wf 20) 0 84 S.
**Hilwartshausen bei Einbeck**, Salzderhelden (Ha 60) 2¼ W.
— Münden (Ha 86) ½ N.
**Hilzingen**, ⚘ Gottmadingen (Ba 80) ½ N.
**Himbergen**, Bevensen (Ha 83) 1½ O.
**Himmelberg**, *Eisenwerk*, Feldkirchen (KR 37) 1 NW.
**Himmelfürst Erbstollen**, × (an Eisenb.) Kupferdreh 0,5 N, Ueberruhr 0,4 S (BM 63. 64).
**Himmelgeist**, Düsseldorf (BM 29. KM 7) ⅞ S.
**Himmelpforten**, Güldenboden (PO 40) 6½ SO.
**Himmelsberg**, *Kl.-Furra (NE 3) 1½ SW.
**Himmelstädt**, Landsberg a. W (PO 13) 1 N.
**Himmelsthür**, Hildesheim (Ha 70) ¼ W.
**Himmelwitz**, Zawadzki (RO 7) 1½ SW.
**Himmighofen**, St. Goarshausen (Na 14) 1¼ NO.

**Himmighausen**, Altenbeken 1½ NO, Dreiburg 1¾ NW (Wf 6. 39).
**Hindelang**, ⚘ Immenstadt (ByS 8) 1¾ SO.
**Hindelwangen**, Stockach (Ba 192) 0 3 NW.
**Hindenburg**, Guldbeck (MH 25) ¾ NO.
**Hindorf**, Alt-Kemnitz (NM 47) ¼ SW.
**Hinkofen**, Moosham (ByO 19) 1 NO.
— **Nieder-**, Sünching (ByO 17) ¼ N.
**Hinnenburg**, Brakel (Wf 40) ½ N.
**Hinsbeck** bei Geldern, Grefrath ⅝ W, Lobberich ¼ N, Kaldenkirchen ¾ O (Rh 81. 82. 83).
**Hinte**, Emden (Wf 38) ½ N.
**Hinterberg**, Peggau (OeSt 44) ½.
**Hinterfeld**, Neuss (BM 16 Rh 14) ⅜ NW.
**Hinterhausen**, Constanz (Ba 87) 0 3 NO
**Hinternah**, Themar (Th 52) 1½ NO.
**Hintersteinau**, Schlüchtern (HbH 10) 1 N.
**Hinterwasser**, Brüsau (OeSt 7) ⅛ N.
**Hintschingen**, *PH* Ba 180, Immendingen (Ba 179) 0,6 SW.
**Hinwell**, Wetzikon 1¼ SO, Bubikon 1 N (VS 3. 49. 3. 48).
**Hinzendorf**, Carolinenhorst (BSt 13) 1¼ NO.
— Glogau (NZ 1. OS 43) 1½ NO.
**Hirm**, Mattersdorf (OeSt 93) 1.
— Neustadt (OeSt 72) 2½.
**Hirnsen**, ⚘ *Posthaus* in der Nähe von Bodenbach (HN 20. OeSt 42)
**Hirrlingen**, Rottenburg (Wü 137) 1 SW.
**Hirschau**, *Stadt*, ⚘ Amberg 1¾ NO Sulzbach 2½ NO, Wernberg 2⅝ W (ByO 32. 38. 71).
— Rottenburg (Wü 137) ¾ NO.
— *Calw ½ N, Pforzheim 2¼ S (Wü 103. 207).
**Hirschbach** bei Etzelwang, Neukirchen (ByO 38) 1⅛ NW.
— bei Themar (Th 52) 1¼ NO.
**Hirschberg** b. Schleiz, *Stadt*, ⚘ Reuth 3 SW, Hof 1½ NW (SW 18 20).
— *Stadt*, ⚘ Soest 2½ SO, Plettenberg 4½ NO (BM 56. 72).
*Siehe dagegen die Stationen Hirschberg*, BN 5 u. NM 40.
**Hirschenberg**, Passau (ByO 58. KB 54) 3¼ O.
**Hirschenstand** in Böhmen, Schwarzenberg (SW 58) 2 S.
**Hirschfeld**, Güldenboden (PO 40) 1 S.
— Borsdorf (LD 2) ⅜ SW.
— Nossen (LD 30) ½ SO.
**Hirschfeldau**, Sprottau 1¾ NW, Sorau 3½ O (NZ 5. NM 22).
**Hirschfelde**, Bernau bei Berlin (BSt 2) 2½ O.
— *Stadt*, ⚘ Herrnhut 1½ SO, Zittau 1 NO, Görlitz 3½ SW (SO 30. 33. 27).
**Hirschhausen**, Weilburg (Na 26) ½ NO
**Hirschhorn**, *Stadt*, ⚘ Heidelberg 2,4 NO, Neckargemünd 4,6 NO (Ba 3. 92).
**Hirschlanden**, Rosenberg *H** (Ba 111) ½ N.
— Mensingen *H** (Ba 191) 1½ NW.
**Hirschlatt**, Meckenbeuren (Wü 51) ½ NW.
**Hirschling**, Geiselhöring (ByO 16) ¾ N.
**Hirschstätten**, Floridsdorf (KFN 2) ¾ SO.
**Hirschthal**, Aarau (SC 1, 13 SN 2, 30) 1¾ S.
**Hirschwang**, Payerbach (OeSt 28) ½.
**Hirtenberg**, Leobersdorf (OeSt 18) ½.
**Hirzenach**, Kestert ⅛ W, St. Goar ⅞ NW (Na 15. Rh 55).
**Hirzenhain**, *Hammerwerk*, Friedberg 4¾ O, Nieder-Wöllstadt 5 NO (MW 18. 19).
**Hirzweiler**, Friedrichsthal (Sa 3) 1½ N.
**Hiskow**, *Eisenhammer*, Beraun (BW 16) ½ NW.
**Hitdorf**, *Stadt*, ⚘ Langenfeld (KM 5) ¾ SW.
**Hitschenhausen**, Hauptstuhl (Pf 4) ½ NW.
**Hittbergen**, Echem ½ NO, Hohnstorf ½ SO (Ha 19. 20).
**Hitten**, Neunkirchen (OeSt 24) 2½.
**Hittfeld**, ⚘ Stelle 1¼ W, Harburg 1½ S (Ha 16. 17).
**Hittnau**, Winterthur 4½ SO, Wetzikon 1½ N (VS 3, 14. 3, 49).
**Hitzacker**, *Stadt*, ⚘ T Bevensen 5 NO, Hohnstorf 3 SO (Ha 11. 20).
**Hitzdorf**, Arnswalde 2 SO, Augustwalde ¾ NW (OS 57. 56).
**Hitzendorf**, Graz 1¼, Gratwein 2 (OeSt 45. 46).

**Hitzkirch**, Emmenbrücke 3¾ N, Aarau 5½ SO, Sursee 3¼ SW, Gisikon 3¾ SO (SC 1, 24 1, 15. 1, 20. SN 2, 54).
**Hitzkirchen**, Wächtersbach (HbH 13) 1 N.
**Hlawecnik**, Elbe-Teinitz (OeSt 21) 1 NO.
**Hlehowice**, Staresiolo (LCJ 3) 1 SO.
**Hlinal**, Turmitz (AT 2) ¾ SW.
**Hlinica**, Lusan (LCJ 20) 1¼ W.
**Hlinsko**, *Stadt*, ⚘ Pardubitz 5 SO, Ubersko 2½ S, Zwittau 4½ W (OeSt 16. 16. 9).
**Hlohorep**, Prag (OeSt 27) ⅝ SW.
**Hlubos**, Zditz 2¼ S, Horowitz 1½ O (BW 15. 14).
**Hluschitz**, Gross-, *Fl.*, Elbe-Teinitz (OeSt 21) 3 NW.
— Klein-, Elbe Teinitz 2¾ NW.
**Hnewcowes**, Königgrätz (SNV 8) 1½ NW.
**Hnlewitz**, Wegstädtl (OeSt 35) ½ SO.
**Hobbach**, Aschaffenburg (ByS 109) 3½ SO.
**Hoburg**, Dorareichenbach *H** (LD 7) ¾ NW.
**Hohsovic**, Weltrus (OeSt 32) 1 W.
**Hochberg**, Görlitz (NM 41) 2 SO.
**Hochburg**, Emmendingen (Ba 87) ½ O.
1 **Hochdorf**, Freiburg (Ba 89) 1 NW.
2 — Böhl ½ N, Mutterstadt ¾ SW, Deidesheim 1 O (Pf 13. 15. 52).
3 — Horb (Wü 142) ⅞ NO.
4 — Reichenbach ¼ S, Kirchheim u. T. 1 NO (Wü 23. 153).
5 — Vaihingen (Sersheim) (Wü 8) ⅞ SO.
6 — Ummendorf (Wü 43) ½ SW.
7 — Waiblingen (Wü 101) 1 N.
8 — Alt Hegnenberg (ByS 119) ¼ NW.
9 — Emmenbrücke (SC 1, 24) 2¼ N.
10 — Sempach (SC 1, 22) 3½ O.
**Hochelheim**, Langgöns (MW 15) ½ NW.
**Hochemmerich**, Trompet (BM 22) ¼ SO.
**Hochenstein**, Strausberg (PO 3) 1½ NO.
**Hochfeld**, St Wendel (Sa 48) ¾ N.
*Siehe dagegen Station Hochfeld*. Rh 88.
**Hochfelden**, Bülach (SN 2, 41) ½.
**Hochhausen**, Neckarelz (Ba 101) 0,3 S.
**Hochheim** bei Erfurt, Dietendorf (Th 7) ⅜ S.
— Gotha (Th 6) 1 N.
— Worms (HL 1) ¼ N.
*Siehe dagegen Station Hochheim*, T 6.
1 **Hochkirch** bei Langenau, Kohlfurt (NM 26) 1½ SW.
2 — Görlitz (NM 41) 1½ NO.
3 — Brechelshof ¾ N, Liegnitz 1 S (BF 21. 23).
4 — Bautzen (SO 20) 1¼ SO.
**Hochkirchen**, Buir 1¼ SO, Vettweiss ½ NO (Rh 9. 20).
**Hochmutting**, Schleissheim (ByO 3) ½ SO.
**Hochofen**, *Eisenhammer*, Neuss (BM 16. Rh 14) ¼ NO.
— Tans (BW 2) 1½ SW.
**Hochsal**, Laufenburg (Ba 65) ½ NO.
**Hochstadt**, *Stadt*, ⚘ Semil (SNV 14) 2 NO.
— Offingen (ByS 108) 2¾ NO.
— *PH* (FH 3). Wilhelmsbad ⅜ NW, Vilbel 1¼ SO (FH 4 MW 22).
— Nieder- u. Ober-, Landau (Pf 29) 1 NO
*Siehe dagegen Station Hochstadt*, ByS 62.
**Hochstätten**, Angern 1 SO, Marchegg 1 N (KFN 6 48).
— Auerbach (MN 9) ½ NO.
— (Hochstetten) Münster a. St. (Sa 31) ¾ SW.
**Hochstetten**, Freiburg (Ba 89) 2½ W.
**Hochstedt**, Erfurt (Th 8) 1 O.
**Hochstrass**, Sz. Miklos (OeSt 68) 1 O.
— -Szigeth, Sz. Miklos (OeSt 68) 1¼ S.
**Hochwald**, *Glashütte*, Gottesberg (NM 55) ½ NW.
**Hochzeit**, ⚘ Woldenberg (OS 55) 2 NO.
**Hockeln**, Hildesheim (Ha 70) 1½ SO.
**Hockenheim**, *Tabak- u. Hopfenbau*, ⚘ T Wiesloch 1,2 W, Friedrichsfeld 1¾ SW (Ba 6. 2. MN 16).
**Hodany**, Szakálháza (OeSt 118) 2½ N.
**Hodolein**, Olmütz (KFN 58. OeSt 43) ¼ O.
**Hodocsan**, Kraljevec (OeSt 116) ½.
**Hodowice**, Lemberg (LCJ 1. GOL 29) 1½ SW.
**Hodság(h)**, ⚘ Szilye (OeSt 81) 2¼ SW.
**Höchberg**, Würzburg (Ba 125) 0,6 W.
**Höchenschwand**, Waldshut (Ba 68) 2 N.

**Höchst**, Gelnhausen (BbH 14) ¼ O.
— bei Gross-Karben, Hanau (BbH 17. FH 5) 2¼ N.
— im Odenwald, Darmstadt 4 SO, Dieburg 3 SO (HL 24. 26).
°**Höchstadt** (ByS), *Stadt*. Neustadt a. A. 2¾ NO, Mertingen 5 SW, Forchheim 2 W, Erlangen 3 NW (ByS 170. 50. 53 51).
**Höchstädt** an d. Donau, *Stadt*. Donauwörth 2¾ SW, Günzburg 5¾ NO, Mertingen 8 NW (ByS 31. 107. 28).
**Höchsten**, *Steinbruch*, Schwerte (BM 93) ¼ N.
**Höchstetten**, Kl.-, Herzogenbuchsee (SC 1, 31) 7 Kil.
**Höckelheim**, Northeim (Ha 81) ⅜ W.
**Höckendorf**, Damm bei Stettin (BSt 12) ½ S.
— bei Meerane, Glauchau (SW 22) ⅜ NW.
— bei Königsbrück, Radeberg (SO 14) 1¼ N.
*Siehe dagegen Station Höckendorf, SO* 47.
**Höcking**, Ober- u. Nieder-, Landshut (ByO 10) 6 NO.
**Höfchen Commende**, Breslau ½ SW.
— Maria-, Breslau (NM 39) ¾ W.
**Höfel**, Greiffenberg (NM 45) 2¼ NO.
**Höflein**, Bruck a. L. (OeSt 63) ¾ NW.
— Gross-, Wiener-Neustadt 3 NO, Oedenburg 2½ NW (OeSü 22. 27).
**Hoefles**, Ostensee (ByO 41) ¼ NW.
**Högen**, Hartmannshof (ByO 38) ½ SO.
**Högling**, Freiböls (ByO 31) ½ N.
**Högyesz**, Siófok (OeSü 125) 6.
**Höhenstadt**, *Mineralquelle*, Passau (ByO 58) 1⅞ SW.
**Höhlenbach**, *Bergwerk*, Horchheim (Rh 59) 1 NO.
**Höhn**, Coblenz 1¾ NO, Horchheim 2 NO (Rh 52 59).
**Höhnstedt**, Teutschenthal (ML 20) ¾ NW.
**Höhr**, Ober-Lahnstein 2¾ NO, Ems 1¾ NW (Na 19 22).
**Hoelbeck**, Münsterbilsen (AM 11) ⅜ SO.
**Höll**, Darlesbach (WS 47) 1½ SO.
**Höllenstein**, Aschbach (KE 21) 4½ SO.
**Höllstein**, Steinen (Ba 210) 0,13 S.
— Liestal (SC 1, 5) 1½ SO.
**Hömberg**, Nassau (Na 23) ⅜ NW.
**Hoengen**, Eschweiler (Rh 6) 1⅛ NW.
°**Hönningen** (Rh 102), bei Adenau, Remagen (Rh 46) 4 SW.
— bei Neuwied, Remagen 1¼ SO, Brohl ½ N (Rh 46. 49)
— Kalscheuren (Rb 38) ½ NO.
**Hoensbroek**, Valkenburg (AM 6) 1½ N.
**Höntrop**, Wattenscheidt (Rh 24) ½ SO.
**Hörbach**, Herborn (KM 57) ⅜ S.
**Hörberg** bei St. Georgen (KE 26).
— Pöltschach (OeSü 60) 4.
**Hörbering** a. d. Rott, Landshut (ByO 10) 4½ SO.
**Hörbrunn**, *Glasfabr.*, Wörgl (OeSü 180) 3 SO.
**Hörder Kohlenwerk**, × an Industrieb., Hörde 0,7 NO, Aplerbeck 0,5 N (BM 51. 52).
**Hördten**, Muggensturm 1,2 O, Rastatt 1,7 O (Ba 17 18).
**Höri**, Niederglatt (SNO 2, 40) ½.
**Hörnerkirchen**, Horst (AK 6) 1 NO.
**Hörnitz**, Alt-, Zittau ⅜ W, Haynewalde ½ SO (SO 33. 39).
— Neu-, Zittau ⅜ NW, Haynewalde ½ SO (SO 33. 39).
**Hörnsheim**, Langgöns (MW 15) ½ NW.
**Hörrstein**, *Fl*, Dettingen (FH 8) ⅜ NO.
**Hörselgau**, Waltershausen (Th 25) ½ NO.
**Hoerste**, Gesecke (Ha 84) 1 NW.
*Siehe dagegen Station Hoerstel, Ha* 63.
**Hörstgen**, Nieukerk 1 NO, Geldern 1½ SO (Rh 69. 70).
**Hörsum**, Alfeld (Ha 77) ½ SO.
**Hösbach**, Aschaffenburg (ByN 102. FH 10) ¾ NO.
**Hösseringen**, Suderburg (Ha 9) ¾ S.
**Hösslinswarth**, Winterbach (WS 104) ½ N.
**Hötehorn**, Gatersleben (MH 27) 1 N.
**Hötensleben**, Schöningen (Bs 29) ¾ SO.
**Hoetmar**, Ahlen (KM 22) 1¾ N.
°**Hoetzelsdorf**, *PH* KFJ 14, Wien 13 NW, Budweis 15 SO, °Wapoldenreith 1½ NW (KE 1 u. 74. KFJ 1. 28. 15).

**Hövel**, Hamm (KM 21. BM 95. Wf 15) ½ N.
**Hövelhoff**, Paderborn (Wf 7) 2 NW.
1 **Hof** in Westfalen, Burbach (KM 54) 1½ SW.
2 — Cassel 2 W, Guntershausen 1½ NW. (HN 11. 8. MW 1. 3).
3 — Salzburg (KE 45) 2 O.
4 — Aschbach (KE 21) 6½ SO.
5 — *Stadt*, Olmütz 4½ NO, Weisskirchen in Mähren 4½ NW. (KFN 58 21).
*Siehe dagegen Station Hof ByS* 75 *und SW* 20.
**Hofamt**, Melk (KE 15) ¼ N.
**Hofdamm**, Damm bei Stettin 3 SO, Stargard i. P. 2 NW. (BSt 12. 14).
**Hofdorf** bei Pondorf, Walhallastrasse (ByO 23) 3¼ SO.
1 **Hofen** in der Schweiz, Thayngen (Ba 79) ½ NW.
2 — *Weiler*, Geisingen 0,45 O, Immendingen 2 SW. (Ba 181. 179).
3 — Steinen (Ba 210) ¾ N.
4 — Runkel (Na 32) ½ NW.
5 — Canstatt (WS 17) ½ NO.
6 — Ober-, Meckenbeuren (WS 51) ¾ NO.
**Hofendorf**, Neufahrn bei Ergoldsbach (ByO 13) ⅜ SW.
**Hoffelde**, Wangerin (BSt 17) 2 NW.
**Hoffnung und Secretarius Aak**, × Essen (BM 85) unm.
**Hofgastein**, *Badeort*, ⊤ Salzburg (KE 45 ByS 148) 9½ S.
**Hofhegnenberg**, Alt-, Hegnenberg (ByS 119) ½ SW.
**Hofheim**, *Stadt*, Hattersheim (T 4) ½ NW.
— Darmstadt (HL 24. MN 5) 2 SW.
— *Stadt*, Zeil 2 NW, Hassfurt 1½ N. (ByN 79, 80).
*Siehe dagegen Station Hofheim HL* 53.
**Hofkirchen**, Nieder-Lindhart ½ SO, Laberweinting ⅜ S. (ByO 14. 15).
— bei Vilshofen, Pleinting (ByO 54) ⅜ N.
— *Fl.*, Linz 5¼ NW, Passau 4 SO. (KE 64. 54).
— Grieskirchen (KE 47) 1 SW.
— Enns (KE 25) 1½ SW.
**Hofreith**, Vilshofen (ByO 55) 1⅞ NW.
**Hofstädt**, Schönlanke (PO 21) 4¾ N.
**Hofstedt-Emerbach**, Amstetten (KE 20) ⅜ O.
**Hofstetten**, St. Pölten (KE 12) 2 SW.
— Hasbach (Ba 163) 0,3 N.
— in der Schweiz, Basel (Ba 65) 1½ N.
— Oberglatt (SNO 2, 39) ¼.
**Hofweier**, Offenburg (Ba 28) 1 S.
**Hogschur**, Laufenburg (Ba 65) 1⅛ N.
**Hohberg**, Nicolausdorf (NM 59) ¼ NO.
**Hohe**, Holzminden (Wf 43. Bs 1) 2¾ NO.
**Hohegeiss**, Nordhausen 4 O, Harzburg 4¾ SO (Bs 36. ML 28).
**Hohenau** (Hochenau), Passau (ByO 58. KE 54) 4⅞ N.
— *Rheininsel*, Nackenheim (HL 8) ⅛ O.
*Siehe dagegen Station Hohenau KFN* 9.
**Hohenberg** in Bayern, *Stadt*, Eger 1½ W, Selb 1½ SO. (ByS 231. 227).
— in Oesterr., *Stadt*, St. Pölten (KE 12) 5 S.
— in Prov. Sachsen, Goldbeck (MH 23) 1 NO.
— Ellwangen (WS 87) 1 NW.
**Hohenbinde**, Erkner (NM 5) ½ S.
**Hohenbostel**, Haste (Ha 43) 1¼ SO.
— Bienenbüttel (Ha 12) ⅛ N.
**Hohenbruck**, *Stadt*, Königgrätz (SNV 3) 1½ O.
**Hohenbüchen**, Alfeld (Ha 77) 1 SW.
**Hohenburg** a. d. Lauterach, *Fl.*, Ponholz 2¾ W, Haidhof 3¾ NW, Amberg 2¼ N. (ByO 26. 27. 32).
1 **Hohendorf**, Wolgast (BSt 61) ½ S.
2 — Stralsund (BSt 59) 1½ NW.
3 — Marienburg (PO 38) 2¼ S.
4 — Gottesberg (NM 55) ⅛ S.
5 — Förderstedt (ML 17) 1 SO.
**Hoheneck**, Lugau (SW 45) ¾ SO.
**Hohenecken**, Landstuhl (Pf 5 54a) 1¼ S.
**Hohenegg**, Cilli (OeSü 64) 1½.
**Hoheneggelsen**, Ringelheim 3 NW, Hildesheim 2 NO, Vechelde 1¾ SW. (Bs 11. Ha 70. Bs 27).
**Hoheneiche**, Holzminden (Wf 43. Bs 1) ¼ S.
**Hohenelbe**, *Stadt*, ⊤ Falgendorf 2¼ N, Rubbank 3½ SW. (SNV 11. NM 58).

**Hohenems**, *Fl.*, ⊤ Au i. d. Schweiz 2¼ S, Innsbruck 26. (VS 3, 17. OeSü 187).
**Hohenerxleben**, Bernburg 1⅛ NW, Stassfurt ½ W. (MH 32. 33).
**Hohenfelde**, Horst (AK 6) ½ NW.
— in Mecklbg., Laiendorf (FF 2) ⅛ NO.
— Fritzow (BSt 42) 1¼ O.
**Hohenfels**, *Fl.*, Regensburg (ByO 22) 3⅜ NW.
**Hohenfichte**, Erdmannsdorf (SW 61) ⅜ NO.
**Hohenfinow**, Niederfinow (BSt 64) ¾ S.
**Hohenfriedeberg**, *Stadt*, Freiburg i. Schl. 1 NW, Striegau 1¼ SW. (BF 8. 17).
**Hohen-Haslach**, *Fl.*, Gr.-Sachsenheim ½ NW, Illingen 1½ NO. (WS 9. 7).
**Hohenfurth**, *Fl.*, Angern (KFN 6) 2 SW.
**Hohengandern**, Arenshausen (Ha 96. ML 34) ¼ SW.
**Hohengehren**, Schorndorf 1 SW, Reichenbach ½ N. (WS 105. 33).
**Hohenhagen**, Löwenhagen (PO 52) ½ NO.
**Hohenhameln**, Algermissen (Ha 68) 1 O.
**Hohenhausen**, Oeynhausen [Rehme] KM 31) 2¾ SO.
**Hohenheim**, ⊤ Stuttgart (WS 16) 1 S.
**Hohenholz**, Tantow (BSt 9) 1½ N.
**Hohenhorn**, Schwarzenbeck bei Lauenburg (BH 21) ¼ NW.
**Hohenkammer**, Lohhof 2 NW, Petershausen ⅜ NO. (ByO 4. ByS 288).
**Hohenkirchen** in Prov. Hessen, Mönchehof (HN 12) ¼ N.
**Hohenkrug**, Damm bei Stettin (BSt 12) 1 S.
**Hohenleipa**, Bodenbach (BN 20. OeSt 49) 2 NO.
**Hohenleuben**, *Stadt*, Greiz 1¾ NW, Gera 3 S, Mehltheuer 2½ N. (SW 91. 88. 16).
**Hohenmauth**, *Stadt*, Hohenmauth 1 SO, Chotzen ¾ SW. (OeSt 15. 14).
**Hohenmauthen**, *Fl.*, *Eisenwerk*, Saldenhofen (OeSü 160) 0,3 N.
— *Gewerkschaft*, Saldenhofen ⅓ N.
**Hohenmölsen**, *Stadt*, Weissenfels 1½ NO, Teuchern 1 NO. (Th 15. 24).
*Siehe auch Mölsen.*
**Hohenmühl**, Greifswald (BSt 57) ½ S.
**Hohenölsen**, Gera 2½ SO, Greiz 1¾ NW. (Th 31. SW 88. 91).
**Hohenrain**, Emmenbrücke (SC 1, 24) 2½ NO.
**Hohenrheiner Hütte**, *GH* (Na 20), Nieder-Lahnstein (Rh 60) ½ O.
**Hohenrode**, Salzgitter (Bs 18) ⅓ SW.
**Hohenroden**, Mögglingen (WS 111) ½ S.
**Hohenrupersdorf**, Dürnkrut (KFN 7) 2 W.
**Hohenschönau**, Freienwalde i. Pomm. BSt 16) 2½ NW.
**Hohenschwangau**, ⊤ *Schloss*, U.-Peissenberg (BSt 199) 6 SW.
**Hohensee**, Buddenhagen (BSt 60) ½ O.
**Hohenseeden**, Burg 1½ NO, Genthin 2 SW. (BPM 13. 11).
**Hohenselchow**, Casekow (BSt 8) ¾ S.
**Hohensolms**, *Fl.*, Wetzlar 1⅜ N, Giessen 2 NW. ((KM 60. 61).
**Hohenstadt**, Eubigheim (Ba 112) 0,2 S.
— Hartmannshof ¾ W, Hersbruck ⅜ O. (ByO 38. 40)
— bei Fürstenzell, Passau (ByO 58) 1⅞ SW.
— bei Aalen i. Wrttbg., Mögglingen 1 N, Wasseralfingen 2 NW. (WS 111. 114).
— Geislingen 2 SW, Kirchheim u. T. 2½ SO. (WS 30. 153).
*Siehe dagegen Station Hohenstadt OeSt* 48.
**Hohenstaufen**, Eislingen (WS 27) ¾ N.
**Hohenstein**, *Fabriken*, Karbitz ½ NW, Mariaschein ½ NO. (AT 4. 5).
— *Eisenhütte*, Ober-Lahnstein (Na 19) 19) ½ NO.
— Wiesbaden (Na 1. T 10) 2 NW.
— Kirchheim (WS 54) ¾ W.
— *Stadt*, ⊤ Pr.-Eylau 13½ S, Elbing 14½ SO, Güldenboden 12 SO. (OpS 13. PO 39. 40)
*Siehe dagegen Station Hohenstein (bei Danzig) PO* 48 *u. Hohenstein-Ernstthal SW* 42.
**Hohensülzen**, Pfeddersheim (HL 58) ⅜ SW.
**Hohenstengen**, Aulendorf (WS 46) 3½ NW.

**Hohenthann** bei Rottenburg, Ergoldsbach (ByO 12) 1¼ SW.
**Hohentengen**, Thiengen (Ba 69) 2 SO.
**Hohentresswitz**, Nabburg (ByO 69) 1 NO.
**Hohentwyl** in Wrttbg., Singen (Ba 61) 0.1 W.
**Hohenwalde**, Frankfurt a. O. (NM 11. PO 71) 1½ SW.
— Vietz 2 NO, Landsberg a. W. 2 NW. (PO 10. 13).
— Braunsberg 1¾ O, Heiligenbeil 1½ SO. (PO 44. 45).
**Hohenwang**, Langenwang (OeSü 34) ¼.
**Hohenwarth**, *Fl.*, Pfaffenhofen 1¼ NW, Reichertshofen 1¼ SW. (ByS 240. 247).
**Hohenwarthe**, *PH* (BPM 15), Burg (BPM 13) 1½ SW.
**Hohenwepel**, Warburg (HN 17. Wf 1) ¾ NW.
**Hohenwestedt**, Wrist (AK 8) 2½ NW.
**Hohenwettersbach**, Durlach (Ba 13) ½ O.
**Hohenwiese**, Schildau (NM 50) 2 S.
**Hohenwoos**, Pritzier (BH 17) 2 SO.
**Hohenzell**, Schlüchtern (SbH 10) ⅛ S.
— Riedau-Ried (KE 49) 3 SW.
**Hohl**, Dettingen (FH 8) ¾ O.
**Hohlen**, *Fl.*, Habichtstein (BN 6) 1 W.
**Hohlstedt**, Wallhausen (ML 25) ¼ W.
**Hohlstein**, Bunzlau (NM 29) 2 S.
**Hohndorf**, Bauerwitz (Wl 12) 1 W.
— Ober- u. Nieder-, Colnsdorf (SW 48) ⅜ NO.
**Hohnhardt**, Stimpfach (Wü 85) ½ NW.
**Hohnhorst**, Haste (Ha 43) ⅛ S.
**Hohnhurst**, Offenburg (Ba 25) 1 W.
**Hohnsdorf** (Hunsdorf), Cöthen (ML 7. MH 34) 1½ S.
**Hohnsleben**, Schöningen (Bs 29) ¾ NO.
**Hohnstadt**, Rappenau (Ba 132) 0,3 O.
**Hohnstädt**, *Brauerei*, Grimma (LD 23) ¼ N.
**Hohnstedt**, Salzderhelden (Ha 80) ⅛ SO.
**Hohnstein**, *Stadt*, Fischbach (SO 16) 1¾ SO.
**Hohnstorf**, Bienenbüttel (Ha 12) ½ W.
*Siehe dagegen Station Hohnstorf Ha 20.*
**Holsten**, Norf (Rh 64) ⅝ SW.
**Holbeck**, Luckenwalde (BA 5) 1 S.
**Holdenstedt**, Riestedt (MH 23) 1⅛ SO.
— Uelzen (Ha 10) 1 SW.
**Holdowiec**, Chodorow (LCJ 7) 1¾ O.
**Holenberg**, Stadtoldendorf (Bs 2) ⅝ NW.
**Holeschin**, Raitz (OeSt 4) ½ N.
**Holitz**, *Stadt*, Moravan 1 N, Hohenmauth 2 NW, Pardubitz 2 NO. (OeSt 17. 15. 18).
**Hollabrunn**, Ober-, *Fl.*, Stockerau (KFN 48) 3 NW.
**Holland**, Preuss., *Stadt*, Elbing 3 SO, Güldenboden 1¼ SO. (PO 39. 40).
— ✕ Wattenscheid (Rh 94) unm.
**Hollasl**, Wieselburg (OeSt 67) 1 NW.
**Holle** in Oldenb., Wüsting (Ol 2) ¾ N.
**Holleischen**, Stankau 1⅛ N, Staab 1 SW. (BW 4. 5).
**Hollen** in Oldenb., °Stickhausen (Ol 14) 1⅛ NO.
**Hollenstedt**, Salzderhelden (Ha 80) 1 S.
**Hollern**, Langenwang (OeSü 34) ½.
**Holleschau**, *Stadt*, Hullein (KFN 18) 1 O.
**Hollfeld**, *Stadt*, Bayreuth 3 W, Bamberg 3½ O, Burgkundstadt 5 S, Culmbach 3 NW. (ByS 225. 56. 63. 66).
**Hollitsch** (Holic), *Stadt*, Göding (KFN 12) ¾ S.
**Hollnstein** bei Etzelwang, Neukirchen (ByO 86) ⅝ NO.
**Hollubschen**, Stankau (BW 4) 2½ NW.
**Holm**, Driesen (PO 18) ¼ SO.
*Siehe dagegen Station Holm Sw 4.*
**Holohlau** (Hohlolavy), Smiritz (SNV 5) 12) ⅛ NW.
**Holosko**, Lemberg (GCL 29. LCJ 1) ¾ N.
**Holoskow**, Ottynia (LCJ 14) ½ W.
**Holoubkau**, *Eisenwerk*, Holoubkau (BW ⅛ NW.
**Holpe**, Wissen ¼ N, Schladern ¾ NO. (KM 50. 48).
**Holscha**, Bautzen (SO 20) 1½ NW.
**Holsen**, Gesecke (Wf 9) ½ N.
**Holssel**, Geestemünde (Ha 60) 2½ NO.
**Holsten**, Salzbergen (Wf 25) ¼ O.
**Holsterhausen**, Essen (BM 85. KM 13. Rh 98) ⅝ SW.
**Holt**, Gladbach (BM 13) ¼ SW.
**Holte**, Brackwede (KM 27) 1⅓ S.
— Lingen 4 NO, Kluse-Dörpen 7 SO. (Wf 27. 31).
**Holtebüttel**, Langwedel (Ha 31) ¼ SO.
**Holten**, *Fl.*, Sterkrade (KM 36) ¾ NW.
**Holtensen** bei Hannover, Wunstorf (Ha 82) 1 SO.
— Northeim (Ha 81) ⅜ NO.
— Göttingen (Ha 84) ⅝ NW.
**Holterhütte**, *Fabrik*, Paderborn (Wf 7) 3¾ N.
**Holthausen**, Grossen-, Dortmund (BM 50) ⅞ SW.
— Bochum (BM 84) 1¼ S.
**Holthorst**, Burg-Lesum ⅔ NW, Vegesack ½ NO. (Ha 35. 42).
**Holthusen**, Suderburg (Ha 9) ¾ O.
**Holtland**, °Nortmoor (Ol 15) ⅛ N.
**Holtorf**, Winsen (Ha 15) 1¼ SW.
— Stelle (Ha 16) ¾ SW.
— Rohrsen ¾ S, Nienburg ⅝ N. (Ha 27. 26).
**Holtrup**, Porta (Ha 49. KM 32) ¾ SW.
— Nienburg (Ha 26) 2 N.
**Holtum**, Langwedel (Ha 31) 1¼ O.
**Holxen**, Suderburg (Ha 9) ½ NO.
**Holz**, Saarbrücken 2 N, Sulzbach 1 NW. (Sa 5. 8).
**Holzappel**, *Stadt*, *Silberbergwerk*, Laurenburg (Na 25) ¾ N.
**Holzbach** bei Simmern, Bacharach (Rh 57) 3 SW.
**Holzbalge**, Nienburg (Ha 26) 1⅛ NW.
**Holzbüttgen**, Neuss (BM 16. Rh 14) ¾ NW.
**Holzem**, Godesberg 1 SW, Mehlem 1 S. (Rh 113. 44).
**Holzen**, Schliengen (Ba 47) 1 S.
— Vorwohle (Bs 8) 1 NW.
**Holzerode**, Göttingen (Ha 84) 1½ NO.
**Holzfeld**, St. Goar (Rh 55) ¾ NW.
**Holzgau**, Innsbruck (OeSü 189) 19.
**Holzgerlingen**, Neckarthailfingen 3 NW, Tübingen 1¾ N. (Wü 128. 135).
1 **Holzhausen**, Renchen (Ba 25) 1¼ NW.
2 — bei Vilsbiburg in Bayern, Landshut (ByO 10) 2 SO.
3 — Buchloe (ByS 20) ½ O.
4 — *Eisenhammer*, Beiseförth 1¼ SW, Wabern 1½ SO. (HN 6. MW 5).
5 — Guntershausen (HN 9. MW 3) ½ SW.
6 — Nienburg (Ha 26) 2¼ SW u. 4 SW.
7 — Bünde (Ha 53) 1¼ N.
8 — auf der Haide, *Fl.*, St. Goarshausen (Na 14) 1¾ NO.
9 — über der Aar, Wiesbaden (Na 1. T 10) 2 NW.
10 — Haarhausen (Th 32) ¼ SW.
11 — Brakel (Wf 40) 1½ NW.
12 — bei Minden, Porta (Ha 49. KM 32) ¼ N.
13 — Burbach ¾ SO, Haiger ¾ W. (KM 54. 55).
14 — Windisch- u. Mönchen-, Erfurt (Th 8) ⅝ SO, resp. 1⅛ O.
15 — Sulz (Wü 144) ⅓ O.
16 — Übingen (Wü 25) ¼ N.
Ausserdem giebt es noch eine grosse Anzahl Orte desselben Namens, die aber für den Eisenbahn-Verkehr von keiner Bedeutung sind.
1 **Holzheim**, Offingen (ByS 108) 1½ O.
2 — in Prov. Hessen, Neukirchen (SbH 3) ¼ N.
3 — bei Giessen, Langgöns (MW 15) ½ O.
4 — Diez (Na 29) ⅜ SO.
5 — i. d. Rheinprov., Neuss (BM 16. Rh 14) ¾ SW.
6 — Satzvey ⅞ S, Mechernich ¾ SO. (Rh 23. 24).
7 — Eislingen (Wü 27) ½ SW.
**Holzkirch**, Lonsee (Wü 32) ¾ SO.
— Lauban (NM 43) 1 S.
*Siehe dagegen Station Holzkirchen ByS 131.*
**Holzmaden**, Kirchheim u. Teck (Wü 153) ¾ SO.
**Holzthalleben**, Bleicherode (ML 29) 2 S.
**Holztraubach**, Nieder-Lindhart (ByO 14) ½ NW.
**Holzweiler**, Erkelenz (BM 10) 1 SO.
**Holzweissig**, Bitterfeld (BA 13) ⅝ SW.
**Homberg** in Prov. Hessen, *Leinesiederei*, *Stadt*, Wabern 1¼ SO, Beiseförth 1¼ SW. (MW 5. HN 6).
— a. d. Ohm, *Stadt*, Kirchhain in Prov. Hessen (MW 10) 2 SO.
— Elten (NB 1. 18. Rh 76) ⅛ W.
— Prävali (OeSü 162) 2½.
*Siehe dagegen Station Homberg BM 23.*
**Hombeck**, Olmütz (KFN 58. OeSt 43) 1¾ NO.
**Hombressen**, Hofgeismar (HN 14) ½ O.
**Hombruch**, Dortmund (BM 50. KM 18) ¾ SO.
**Homburg** am Main, *Stadt*, Würzburg 3 W, Wertheim 1½ NO. (Ba 125. 141).
— *Höfe*, Stahringen *H*° (Ba 189) ½ NW.
— i. d. Schweiz, Felben (SNO 2.9) 2 NO.
*Siehe dagegen die Stationen „Homburg vor der Höhe" Ho 1, und Homburg Pf 2.*
**Hommersum**, Goch (Rh 73) 1¼ W.
**Homók**, Kanizsa (OeSü 109) ¾.
— Terenye, Kiss-Terenne (UN 13) ¾ NO.
**Homona**, *Fl.*, Tokaj (Ts 17) 14 NO.
**Homorog**, Berettyo-Ujfalu (Ts 40) 3 SW.
— Magyar-, Mezö-Keresztes (Ts 42) 2¾ SW.
**Honau**, Renchen (Ba 25) 1½ NW.
**Hondingen**, Geisingen 1.2 S, Donaueschingen 1,95 S. (Ba 181. 186).
°**Honnef** (Rh 105), *Fl.*, T Mehlem ⅝ SO, Rolandseck ⅝ NO. (Rh 44. 45).
**Honnefeld**, *Eisenw.*, Neuwied (Rh 51) 1¾ N.
**Honositz**, Staab (BW 5) ½ W.
**Honstetten**, Engen (Ba 176) 1,8 O.
— Nenzingen *H*° 1 NW, Stockach 1,8 NW. (Ba 191. 192).
**Honzerath** i. d. Rheinprov., Beckingen (Sa 15) ¾ NO.
**Hooksiel**, Sande 3½ NO, Heppens 2½ NW. (Ol 18. 17).
**Hoopte**, Winsen (Ha 15) ⅝ N.
**Hopfenau**, Norkitten (PO 57) ¾ O.
**Hopfgarten** in Tirol, *Fl.*, Wörgl (OeSü 160) 2 SO.
— Weimar 1⅛ W, Erfurt 1⅛ NO. (Th 10. 8).
— im Grossh. Hessen, Kirchhain 4¼ SO, °Renzendorf unm. W. (MW 10. OH 10).
— bei Geithain, Borna (SW 93) 1½ SO.
**Hoppegarten**, Müncheberg (PO 4) 1½ SW.
**Hoppenbruch**, Schlobitten (PO 41) ¾ SW.
**Hoppenmühle**, Schönlanke 4½ NO, Schneidemühl 4¾ NW. (PO 21. 22).
**Hoppensen**, Salzderhelden (Ha 80) 1½ W.
**Hoppetenzell**, Stockach (Ba 192) 0,8 N.
**Hoppstädten**, Birkenfeld (Sa 41) ½ NO.
**Hopsten**, Rheine 2¼ NO, Hörstel 1¼ N, Ibbenbüren 1¾ NW. (Ha 64. 63. 61).
**Horan**, Böhm.-Brod (OeSt 24) 1 SO.
**Horas**, Fulda (SbH 6) ¼ N.
**Horbach**, Gelnhausen (SbH 14) 1½ O.
— Aachen (AM 1. BM 1. Rh 4) ⅞ NW.
**Horburg**, Schkeuditz (ML 13) 1 SO.
**Horchheim**, Worms (HL 1) ⅝ S.
*Siehe dagegen Station Horchheim, Rh 59.*
**Horczanka**, Halicz (LCJ 11) 2 NO.
**Hordorf**, Oschersleben ½ S, Crottorf ¼ N (MH 6. 7).
**Horenowes**, Smiritz ¾ SW, Königgrätz 1 NW (SNV 5. 3).
**Horenic**, Josefstadt (SNV 6) ½ NW.
**Horepnik**, *Stadt*, Prag (BW 22. Bn 1. OeSt 27) 12 SO.
**Horgen**, *Fl.*, Zürich 3 SO, Rapperswyl 4 NW (VS 3, 57. 3, 46).
°**Horgos**, Alf. 13, *Fl.*, Szegedin (OeSt 110) 2 SW.
**Horhausen**, Laurenburg (Na 25) 1 N.
**Horheim**, Ober-Lauchringen (Ba 70) ½ W.
**Horicka**, Skalitz (SNV 23) 1 NW.
**Horikowitz**, Staab (BW 5) ½ NO.
**Horin**, Bechovic-Melnik ⅝ S, Jensowic 1 O (OeSt 34. 33).
**Horitz** (Horic), *Stadt*, T Falgendorf 2 S, Mastig 1½ S, Königgrätz 3 NW (SNV 11. 10. 3).
1 **Horka**, Kuttenthal (TKP 6) ⅜ SO.
2 — Elbe-Teinitz (OeSt 21) 1 NO.
3 — Gross- u. Klein-, Eisenbrod (SNV 15) ¼ O.
4 — Oedenburg (OeSü 97) 1 S.
5 — bei Olmütz, Stefanau (OeSt 44) ¼ SW.
6 — Mittel-, Uhsmannsdorf (BG 14) ½ S.
7 — Nieder-, Uhsmannsdorf ¼ S.
8 — Ober-, Uhsmannsdorf ¾ S.
1 **Horn**, Wandsbeck ⅜ S, Hamburg ¾ O (LH 14. 15).
2 — Radolfzell (Ba 83) 0,8 SO.
3 — in Lippe-Detm., *Stadt*, Altenbeken 1¾ N, Paderborn 3 NO, Herford 4½ SO (Wf 6. 7. KM 29).

[illegible] Benninghausen ½ SO, von [illegible]orf ¾ NO (Wf 11. 19).
[illegible]emen (Ha 34. Ol 8) ¾ NO.
— Unterböbingen (Wü 110) ½ NW.
— Stockerau 6 NW (KFN 46), demnächst °Sigmundsherberg ¾ SW, °Eggenburg 1,3 NW. (Oestr. NWb. 42. KFJ 13).
**Hornatek**, Obristvy-Klomin (TKP 3) ⅛ SW.
**Hornatzka**, Pöltschach (OeSü 80) 5.
**Hornbach, Neu-**, *Stadt*, ♁ Zweibrücken (Pf 23) 1 S.
°**Hornberg**, Ba 166, *Stadt*, ♁ T Hausach 1¼ N, Säckingen 3 N (Ba 164 62).
— *Schloss*, Neckarelz (Ba 101) 1 S.
**Hornburg**, *Stadt*, ♁ Börssum ½ SO, Schladen ½ O, Halberstadt 4¾ NW (Bs 14. 34. MH 9).
— Ober-Röblingen (ML 21) ½ W.
**Horneburg**, ♁ Harburg (Ha 17) 4 NW.
**Hornhausen**, Oschersleben (Bs 20. MH 6) ½ NW.
**Horno**, Spremberg (BG 10) 1¾ NO.
**Hornsburab**, Strassburg (BSt 69) ¾ SW.
**Hornskrug**, ♁ Damm bei Stettin (BSt 12) 1½ NO.
**Hornstorf**, Wismar (Mk 13) ½ NO.
**Hornussen** in d. Schweiz, Säckingen 2 O, Brugg 2¾ W (Ba 62. SNO 2. 26).
**Horodenka**, *Fl.*, ♁ Korszow (LCJ 15) 5 NO.
**Horodyszcze** cel, Chodorow (LCJ 7) 1 N.
— krò, Chodorow ⅞ N.
— Borynicze (LCJ 6) 1 O.
— krolewskie, Borynicze 1 SO.
**Horomeric**, Rostock in Böhmen (OeSt 29) ¾ W.
**Horomislitz**, *Eisenhammer*, Rokitzan (BW 11) ¼ SO.
**Horpnes**, Schützen (OeSü 99) 1.
**Horrenberg**, Hoffenheim ½ NW, Wiesloch 1,3 O (Ba 127. 6).
**Herrenwies**, Bühl (Ba 22) 0,7 SO.
**Horrheim**, *Fl.*, Illingen (Wü 7) ¾ NO.
**Horrweiler**, Gau-Algesheim 1 SW, Lingen 1⅜ S (HL 16. 18).
**Horscha**, Uhsmannsdorf 1¾ SW, Görlitz 2½ NO (BG 14. 15).
**Horst** in Hannov., Neustadt a. N. (Ha 23) 1½ SO.
**Horst**, Winsen (Ha 15) 1⅝ SW.
— *Zuckerfabr.*, Wrietzen a./O. (BSt 67) 1½ SO.
— Essen (BM 85. KM 13. Rb 93) 1½ N.
*Siehe dagegen Station Horst*, AK 6, *auch Horst-Sevenum, Niederl. Stsb.* 2, 63.
**Horstem**, Haste (Ha 43) ½ SW.
**Horstmar**, *Stadt*, ♁ Münster 3¾ NW, Rheine 3¾ SW (Wf 30. 24).
**Hort**, Hatvan (UN 10) 1½ NO.
**Hortau**, Topkovic (OeSt 41a) ¼ N.
**Horusic**, Elbe-Teinitz (OeSt 21) 1¼ W.
**Horváth**, Kanizsa (OeSü 109) ⅜.
**Horw**, Luzern (SC 1, 25) ¾ S.
**Hoschkowitz**, Münchengrätz (TKP 11) ⅝ NO.
**Hoschütz**, Gross- u. Klein-, Wolnowitz (Wl 15) 3⅛ SW.
**Hospenthal**, Luzern (SC 1, 25) 17 SO.
**Hospozin**, Weltrus (OeSt 32) 1 W.
**Hosszufalu**, Sellye (OeSt 81) ½ W.
**Hostau**, *Stadt*, ♁ Stankau (BW 4) 3 W.
**Hostawitz**, Bechowic (OeSt 26) ¼ W.
**Hostel**, Mechernich (Rb 24) ⅜ NW.
**Hostenbach**, Völklingen (Sa 10) ¾ NW.
**Hostenic**, Theresienstadt (OeSt 37) 1¾ SO.
**Hostie**, Littai (OeSü 74) 1⅛.
**Hostin**, Auschitz (TKP 2) ¾ NO.
**Hostiwar**, Bechowic (OeSt 26) 1¼ NW.
**Hostomitz**, Dux (AT 9) ⅛ SO.
— *Stadt*, ♁ Zditz 1½ SO, Horowitz 2 O (BW 15. 14).
**Hostów**, Ottynia (LCJ 14) 2 N.
**Hosszufalu**, St. Mihály (OeSü 107) 1⅛.
**Hosszu-Palyi**, ♁ Debreczin (Ts 11) 2 SO.
**Hotederschitz**, Loitsch (OeSü 78) 1.
**Hotieina**, Divacca (OeSü 84) 2½.
**Hotis**, Kremnitz (OeSü 73) ½.
**Hottein**, Algermissen (Ha 68) ½ W.
**Hottenbach**, Fischbach (Sa 37) 3¼ NW.
**Hottenwies** (Huttowies), Türmitz (AT 2) ½ O.
**Hottingen**, Murg (Ba 63) 1 N.
**Hottewitz**, Karbitz (AT 4) ½ S.
**Hotunie**, Ponigl (OeSü 61) ¼.

**Hotzenplotz**, *Stadt*, ♁ T Leobschütz 1½ NW, Troppau 7½ NW (Wl 10. KFN 63).
**Hounko** (Housko), Raitz (OeSt 4) 1½ NO.
**Houtain l'Évêque**, Landen (GC Belge 19) ¾ S.
**Houthem**, Meerssen (AM 7) ⅛ SO.
**Hoven**, *Nagelfabr.*, Düren (Rb 8) ½ NW.
— Zülpich (Rb 21) ⅛ SW.
— Gladbach (BM 13) ½ NO.
**Hovestadt** (Hofstadt), *Fl.*, ♁ Soest (Wf 13. BM 56) 1¼ N.
**Howorzowitz**, Obristvy-Klomin (TKP 3) 1½ S.
**Hoya**, *Fl.*, ♁ T Nienburg 2¾ NW, Eystrup 1 NW (Ha 26. 23).
**Hoyel**, Bünde 1 SW, Bruchmühlen ¾ SO (Ha 53. 54).
**Hoyer**, *Fl.*, ♁ T Tondern (Sw 12) 1½ NW.
**Hoyersdorf**, Schöningen (Bs 29) ⅛ SW.
**Hoyerswerda**, *Stadt*, ♁ T Spremberg 3¼ SW, Bautzen (4½ NW (BG 10. SO 20).
**Hoym**, *Stadt*, ♁ *Zuckerfabr.*, Frose ⅝ W, Nachterstedt ½ SW, Gatersleben ¾ SO, Ermsleben ¾ NW, Quedlinburg 1⅛ O (MH 29. 38. 27. 39. 12).
**Hoymgrube**, × (Wl 19) Czernitz (Wl 17) ¾ SO.
**Hrabacow** (Hrabatschow), Falgendorf (SNV 11) 1½ NW.
**Hrabin**, Freiheitau (KFN 60) ¾ SW.
**Hrabowa**, Schönbrunn (KFN 25) 1¼ SO.
**Hradek, Neu-**, *Fl.*, Josefstadt (SNV 6) 1¼ NO.
— *Fl.*, ♁ Bielitz (KFN 64) 17 SO.
— bei Pilsen, Rokitzan (BW 11) ¾ SO.
**Hradisch, Kloster-**, Olmütz (KFN 58. OeSt 43) ⅛ W.
*Siehe Station Ungar.-Hradisch, KFN* 15.
**Hradischko**, Elbe-Teinitz (OeSt 21) 1¼ NO.
**Hradischt, Alt- u. Neu-**, Pardubitz (OeSt 18. SNV 1) ¾ N.
**Hradzen**, Staab (BW 5) ½ W.
**Hraniki u. Küttz**, Chodorow (LCJ 7) 2½ O.
**Hrasche**, Adelsberg (OeSü 50) ¾.
**Hrastie**, St. Peter (OeSü 82) ¼.
**Hrastnigg**, Trifail (OeSü 69) 1.
**Hrdlorez**, Bechowic (OeSt 26) ⅞ W.
**Hrdly**, Theresienstadt (OeSt 37) ¼ O.
**Hreborow**, Bukaczowce (LCJ 9) 1 W.
**Hröneg**, Ponigl (OeSü 61) ¾.
**Hromitz**, *Mineralwerk*, Pilsen (BW 8. KFJ 39) 1½ N.
**Hronow**, *Fl.*, ♁ Skalitz 1½ NO, Kostelets 1 SO (SNV 23. 25).
**Hruschau**, Hohenmauth (OeSt 15) 1½ SO.
*Siehe dagegen Station Hruschau, KFN* 27.
**Hruslatycze**, Chodorow (LCJ 7) 1⅝ NO.
**Hryniow**, Staresiolo (LCJ 3) 1¼ SW.
**Hubbad**, Bühl (Ba 22) 0,5 S.
**Huben**, Breslau (OS 1) ¼ S.
**Hubenstein**, Landshut (ByO 10) 3 S.
**Hubert, St.**, i. Rheinprov., Kempen (Rb 67) ½ NO.
*Siehe dagegen Station St. Hubert, OeSt* 115.
**Hubertusburg** (Wermsdorf), *Fl.*, ♁ Luppa-Dahlen (LD 8) 1 SW.
**Hubertshofen**, Donaueschingen (Ba 185) 1,35 W.
**Hubilen**, Smiritz (SNV 5) ¼ S.
**Huchem**, Düren (Rb 8) ¾ N.
**Huchenfeld**, Pforzheim (Ba 149) 0,5 S.
**Huckarde**, Dortmund (BM 59. KM 18) ½ SW.
**Huckingen**, ♁ Duisburg (BM 87. KM 10. Rb 95) 1 S.
**Hudemühlen**, Eystrup 3¼ O, Neustadt a. N. 4½ NO (Ha 28. 23).
**Hudlic**, Beraun (BW 16) 1¼ NW.
**Hübstädt**, Gernrode (ML 31) 1 S.
**Hücheln**, Langerwehe (Rb 7) ½ W.
**Hücker**, Bünde (Ha 53) ¼ S.
**Hückeswagen**, *Stadt*, ♁ T Rittershausen 2¾ SO, Lennep 1 SO, Mülheim a. Rh. 4½ NO (BM 38. 104. 100 u. KM 3).
**Hüddessum**, Harsum (Ha 69) ½ O.
**Hüffen**, Bünde (Ha 53) ½ S.
**Hüfingen**, *Stadt*, ♁ Donaueschingen (Ba 185) ¾ S.
**Hügelberg**, Steinen (Ba 210) 0,38 N.
**Hügelheim**, Müllheim (Ba 45) 0,7 N.
**Hügelsheim**, Rastatt 1 S, Oos 0,9 W (Ba 18. 19).

**Hühnerwasser** (Hünerwasser), Weisswasser 1¼ N, Josefsthal-Kosmanos 2¼ NW, Münchengrätz 1⅛ NW (BN 2. TKP 8. 11).
**Hülben**, Nürtingen (Wü 127) 1¾ SO.
**Hülchrath**, *Fl.*, Neuss 1¼ SW, Norf 1 SW (Rb 14. 64).
**Hülen**, Lauchheim (Wü 116) ⅛ NO.
**Hüllhorst**, Löhne (Ha 51. KM 90) 1¼ NW.
**Hülptingen**, Burgdorf (Ha 4) ¼ O.
**Hüls**, *Fl.*, ♁ Crefeld ¾ NW, Kempen ⅛ O (BM 20. Rb 66. ByS 11).
**Hülsebeck**, Karstädt (BH 13) 1½ NO.
**Hülshagen**, Stadthagen (Ha 45) ⅛ N.
**Hümmerich**, Neuwied (Rh 51) 2 N.
**Hümpfershausen**, Wasungen (Th 48) 1¼ W.
**Hünern**, Schebitz 1 SO, Breslau 1 N (OS 33. 1 u. 32).
— Brieg (NB 8. OS 5) 1 NO.
**Hüngheim**, Osterburken (Ba 110) ½ SO.
**Hüningen, Gross-**, in Frankr., Leopoldshöhe 0,4 SW, Basel 0,6 N (Ba 55. 56).
— **Klein-**, i. d. Schweiz, Leopoldshöhe H° 0,4 O, Basel 0,6 N (Ba 55. 56).
**Hünshoven**, Geilenkirchen (BM 7) ½ NW.
**Hüpede**, Rethen (Ha 73) 2¼ SW.
**Hürben** in Bayern, Ulm (ByS 103. Wü 34) 4 SO.
— Heidenheim (Wü 125) 1½ SO.
**Hürlingen**, Thiengen (Ba 69) 1,3 N.
**Hürtgen**, Düren (Rb 8) 1⅝ SW.
**Hürth**, Kalscheuren (Rb 38) ½ SW.
**Hüsingen**, Steinen (Ba 210) ¼ S.
**Hüsten**, *Fl.*, ♁ Soest 3½ SO, Werl 2¾ S (BM 54. 55).
**Hüswyl**, Nebikon (SC 1, 18) 14 Kil.
**Hüthum**, Elten (NR 1, 15. Rb 76) ½ SO.
**Hütt, Unter-**, Ebersbach (Wü 24) ½ N.
**Hüttau**, *Fl.*, ♁ Salzburg (ByS 148. KE 45) 10 SO.
**Hütteben**, Schönlanke (PO 21) 1 S.
**Hütte**, Elbing (PO 39) 2½ NO.
**Hütteldorf**, Hetzendorf (OeSü 5) 0,65.
[1]**Hütten**, Säckingen (Ba 62) 1¾ N.
[2]— Parksteinhütten (ByO 74) ½ SW.
[3]— Elm (Bbll 9) ½ NW.
[4]— **Alt-**, *Hüttenwerk*, Beraun (BW 16) ½ NW.
[5]— **Neu-**, Beraun (BW 16) 1⅝ NW.
[6]— Königstein (SO 8) ⅝ SW.
**Hüttenbach**, Ottensoos 1⅛ N, Lauf 1½ NO (ByO 41. 42).
**Hüttenberg**, *Fl.*, ♁ *Eisenwerk*, Friesach (KE 31) 1½ O.
— bei Detingen (FH 8).
**Hüttenbusch**, Osterholz-Scharmbeck (Ha 36) 1½ NO.
**Hüttendorf, Alt-**, Angermünde (BSt 6) 2 W.
**Hüttengesäss** bei Hanau, Langenselbold (Bbll 16) ⅛ N.
**Hüttengrund**, Teplitz (AT 6) 1 NW.
— Sonneberg (Th 61) ½ O.
**Hüttenkofen** bei Teisbach, Landshut (ByO 10) 2¼ NO.
**Hüttenrode**, *Bergw.*, Thale (MH 14) 1¾ W.
**Hüttersdorf**, Dillingen 1½ NO, Saarlouis 2 NO (Sa 14. 18).
**Hüttlingen**, Wasseralfingen (Wü 114) ½ NW.
**Hüven**, Kluse-Dörpen (Wf 81) 4½ O.
**Huffenhardt**, Helmstadt 1,2 SO, Rappenau 0,7 N (Ba 98. 132).
**Hugohütte**, *Fabrik*, Tarnowitz (OS 22. RO 12).
°**Hugstetten** (Ba 217), Freiburg (Ba 39) 1,1 NW.
**Hugsweier**, Dinglingen (Ba 31) 0,8 N.
**Hugyaj**, Ujfehértó (Ts 13) ⅝ N.
**Huilersum**, Salzderhelden (Ha 80) 1 W.
**Hulm**, Goch (Rb 73) ¾ S.
**Hultrop**, Soest (BM 56. Wf 13) 1¼ NW.
**Hultschin**, *Stadt*, ♁ Schönbrunn 1 N, Annaberg 1½ NW (KFN 25. Wl 8).
**Humboldt**, × an Zweigb., Heissen (Rb 91) 0,3 SO.
**Humburg**, Elbeteinitz (OeSt 21) 2¼ NW.
**Humes**, Ottweiler (Sa 44) 1½ W.
**Hummel**, Liegnitz (BF 23. NM 33). ⅝ N.
— **Ober- u. Nieder-**, Langenbach (ByO 7) ¼ SO.
**Hummelberg**, Böheimkirchen (KE 10) ¾ S.
**Hummeldorf**, Salzbergen (Wf 25. NB 2, 32) ¾ W.
**Hummelshain**, Gera (SW 68. Th 91) 4¼ SW.

**Hummelroth**, Dieburg (HL 26) 2 S.
**Humpoletz**, *Stadt*, ♁ T Prag (BW 22. Bn 1. OeSt 27) 11 SO.
**Hundeluft**, Coswig in Preuss. (SA 27) 1¾ NW.
**Hunden**, Winsen (Ha 15) 1 O.
**Hundheim**, ♁ Wertheim (Ba 141) 1,3 SW.
**Hundisburg**, Wolmirstedt 2 W, Magdeburg 3¼ NW (MH 17. 1).
**Hundorf**, Ullersdorf (AT 8) ½ SO.
**Hundsbach**, Sobernheim (Sa 34) 1¼ SW.
**Hundsheim**, Bruck a. L. (OeSt 63) 2 N.
**Hundsnocken**, ✕ Kupferdreh (BM 63) 0,3 W.
**Hundshübel**, Schneeberg (SW 55) 1 SW.
**Hungen**, (OH 19) *Stadt*, ♁ T Giessen 3 SO, Friedberg 2¾ NO (MW 14. 13).
**Hunnebrock**, Bünde (Ha 53) ½ S.
**Hunnesrück**, Salzderhelden (Ha 80) 2 NW.
**Huntirow**, Eisenbrod (SNV 15) ⅝ NW.
**Hunzenschwyl**, Rupperswyl ½ S, Aarau 1¼ O (SNO 2, 29. 3, 30).
**Hurek**, Böhm.-Trübau (OeSt 11) 3 S.
**Husinec**, *Fl.*, *Schafwollenwaarenfabr.*, Wodnian 1½ SW, Strakonic 2 S (KFJ 26. 30).
**Husnakow**, *Fl.*, Moscisca (GCL 24) 2½ SW.
**Husndorf**, *Sandsteinbr.*, Greiffenberg (NM 45) 2 O.
**Hussyatin**, *Stadt*, ♁ T an d. russ Grenze, Stanislau (LCJ 13) 14 O.
**Hussowitz** (Husovice). Brünn (BR 1. KFN 56. OeSt 1) ⅜ NO.
**Hustädt**, Bruchmühlen (Ha 54) 1¼ NW.
**Hustopetsch** bei Weisskirchen, Pohl (KFN 22) 1 S.
**Husum**, Nienburg (Ha 26) 1¼ S.
*Siehe dagegen Station Husum, Sw 21.*
°**Huszt** a. d. Theiss (Ung.Nordostb. 10), *Fl.*, ♁ T Debreczin (Ts 11) 25¼ NO.
**Hutta**, Verőcze (OeSt 91) ¾ N.
— *Papiermühle*, Terespol 2 NO, Warlubien 1¼ S (PO 29. 31).
**Huttendorf**, Falgendorf (SNV 11) 1 N.
**Huttenheim**, Bruchsal (Ba 10) 1 S NW.
**Hutthurm**, Passau (ByO 58. KE 54) 1¾ N.
**Huttingen**, Efringen (Ba 53) 0,2 N.
**Huttrop**, Essen (BM 85. KM 13. Rh 93) ⅜ O.
**Huttwyl**, Langenthal 2½ SO, Burgdorf 4 NO (SC 1, 29. 1. 34).
**Huzahl**, Unterlüss (Ha 8) 2½ SW.
**Huy-Neinstedt**, Halberstadt 1¼ NW, Jerxheim 1½ S (MH 9. Bs 17).

# I.

**Iba**, von Bebra (BbH 1. HN 3) ¾ NO.
**Ibach**, Waldshut (Ba 68) 2½ NW.
— Luzern (SC 1, 25. SNO 2, 57) 6½ O.
**Ibenhain**, Waltershausen (Th 35) ¼ SO.
**Ibenthal**, Ober- u. Unter-, Freiburg (Ba 39) 1⅞ O.
**Iber**, Salzderhelden (Ha 80) 1 SW.
**Ibersheim**, Osthofen (HL 2) ¾ O.
**Iburg**, *Fl.*, ♁ Osnabrück 2 SO, Münster 4 NO. (Ha 57. Wf 20).
**Ibsdorf**, Spittelndorf (NM 34) 2 NO.
**Ichenberg**, *Weizw. u. Dampfmühle*, Eschweiler (Rh 6) ⅛ W.
**Ichendorf**, Horrem (Rh 10) ¼ N.
**Ichenhausen**, *Fl.*, ♁ T Günzburg 1½ S, Burgau 1⅙ SW. (ByS 107. 109).
**Ichenheim**, Offenburg 1½ SW, Nieder-Schopfheim ⅞ NW. (Ba 28. 29).
**Ichstedt** im Schwarzburgschen, Wallhausen (ML 25) 1 S.
**Ichtershausen**, ♁ T Dietendorf (Tb 7) 1 SO.
**Ichtingen**, Riegel (Ba 36) 1½ SW.
**Ickenhausen**, Bonenburg (Wf 2) ¼ O.
**Ickern** bei Dortmund, Mengede (KM 27) ¾ NO.
**Idar**, Oberstein (Sa 88) ½ NW.
**Iden**, Goldbeck (MH 23) 1 NO.
**Idensen**, Wunstorf (Ha 28) 1¼ SW.
**Idria**, Ober-, *Stadt* ♁ Loitsch (OeSü 75) 3 NO.
**Idstein**, *Stadt*, ♁ Mainz 2½ N, Wiesbaden 2 N, Limburg 3 SO. (HL 11. T 7a. T 10. Na 1. 30).
**Iduna**, ✕ Bochum (BM 84) 0,4 SW.
**Iffezheim**, Rastatt 0,7 SW, Oos 0,9 NW. (Ba 18. 19).
**Ifta**, Eisenach (Th 3. 43) 2½ NW.
**Igal**, Boglár (OeSü 122) 4.
**Igar**, Tisza-, Karczag (Ts 7) 3½ NW.
**Igel**, Conz (Sa 21) ⅙ NW.
**Igels**, Innsbruck (OeSü 187) ⅜ SO.
**Igelshieb**, Sonneberg (Th 61) 2 N.
**Igersheim** in Wttbg., *Mergentheim (Ba 200. Wü 99) ⅓ O.
**Iggelheim**, Böhl ⅛ S, Schifferstadt ¾ SW. (Pf 13. 14).
**Iggensbach**, Vilshofen 1½ NW, Osterhofen 1½ NO. (ByO 55. 53).
**Iggingen**, Unterböbingen (Wü 110) ½ NW.
**Ihlpool**, Burg-Lesum (Ha 35) ½ NW.
**Ihren**, Ihrhove (Wf 34) ½ O.
°**Ihringen** (Ba 221), Krotzingen 1,3 W, Freiburg 2,2 NW, Riegel 2 2 SW. (Ba 36. 39. 42).
**Ihringshausen**, Cassel (HN 11. Ha 87) ⅝ NO.
**Iklad**, Aszód (UN 8) ½ NW.
**Ilbersdorf** in Anh.-Dessau, Biendorf (MH 33) ¾ SW.
**Ilberstedt** in Anh.-Cöthen, Bernburg ¾ W, Güsten ⅝ O. (MH 32. 31).
**Ilbesheim**, Landau (Pf 39) ⅜ SW.
**Ilbisheim** (Ilbesheim) bei Kirchheim, Kettenheim (HL 43) ¾ SW.
**Ildehausen**, *H*° (Bs 7), Seesen (Bs 8) ¾ SW.
**Ilegyfalu**, Bükk (OeSü 100) 1.
**Ilfeld**, *Fl.*, ♁ *Papierfabr.*, Halberstadt 5½ SW, Nordhausen 1½ N (MH 9. ML 2b).
**Ilgen**, St.-, *PH* (Ba 5), Heidelberg (Ba 3. MN 17) 1¼ S, Wiesloch (Ba 6) 0,6 N.
— — Heitersheim (Ba 43) 0,3 SO.
— — Kapfenberg (OeSü 39) 2½.
**Ilince**, Zablotow (LCJ 17) ½ SW.
**Iliadia**, Oravitza (OeSt 130) ⅓ S.
°**Illava**, *Fl.*, ♁ T Galanta (OeSt 80) 13 NO.
**Illenau**, *Irrenanst.*, Achern (Ba 24) 0,1 O.
**Illereichheim** (Illeraichheim). Altenstadt ½ O, Illertissen 1 S. (ByS 209. 208).
**Illhart**, Mülheim (SNO 2, 8) 1.
**Illingen**, Friedrichsthal 1 NW, Ottweiler 1½ SW. (Sa 2. 44).
— Welver (Wf 14) ¼ N.
— Muggensturm 1,2 W, Rastatt 1,7 N. (Ba 17. 18).
*Siehe dagegen Station Illingen Wü 7).*
**Illkofen** (Illenkofen), Mangolding (ByO 20) 1½ NO.
**Illnau**, Kempthal (SN 2, 14) ⅔ SO.
**Illowo**, Nakel (PO 26) 6 NW.
**Illschwang**, Sulzbach (ByO 38) 1 SW.
**Illsitz**, Schmölln (SW 85) ⅙ NO.
**Ilm**, Stadt-, *Stadt*, ♁ Weimar 4 SW, Erfurt 3½ S, Arnstadt 1½ SO. (Th 10. 8. 33).
**Ilmenau**, *Stadt*, ♁ T *Eisenhammer u. Fabr.*, Themar 4 NO, Eisfeld 4½ N, Weimar 6 SW, Arnstadt 2⅔ S. (Th 52. 53a. 10. 33).
**Ilz**, *Fl.*, ♁ Graz (GK 1. OeSü 46) 5¾ O.
**Imbsen**, Dransfeld ¼ NW, Münden 1¼ N. (Ha 85. 86).
**Imbshausen**, Northeim (Ha 81) 1 NO.
**Imgenbroich**, ♁ Aachen 6½ SO, Call 3 W, Eupen 2 SO, Düren 4½ SW. (Rh 4. 25. 1. 8).
**Imielin**, *PH* (OS 29), Neuberun (OS 30) 1 N.
**Immekeppel**, Mülheim a. Rh. (BM 100. KM 3) 2½ O.
**Immelhäuserhof**, Hof Steinsfurth (Ba 129) 0,38 W.
**Immendorf**, ♁ Wolfenbüttel (Bs 24a) 1 W.
— Coblenz (Rh 58) ⅝ NO.
**Immeneich**, Albbruck (Ba 66) 1,2 N.
**Immenhausen**, *Stadt*, ♁ Grebenstein (HN 13) ½ SO.
**Immenhof**, Donaueschingen (Ba 185) 1 O.
**Immenhofen**, Ruderatshofen (ByS 16) ½ S.
**Immenhorst**, Greifswald (BSt 57) ½ NW.
**Immenreuth**, Kemnath-Neustadt (ByO 77) ½ NW.
**Immenrode**, Nordhausen (ML 26) 1½ NW.
— bei Schwarzb.-Sondershausen, *Fl.*, Wolkramshausen (ML 26a) 1¼ S.
**Immensee**, Luzern (SC 1, 25. SN 2, 57) 3 NO.
**Immensen**, Lehrte ½ NO, Burgdorf 1 SO, Salzderhelden ½ S. (Ha 3. 4. 80).
**Immenstaad**, *Fl.*, Friedrichshafen (Wü 52) 1 W.
*Siehe dagegen Station Immenstadt ByS 8.*
**Immer**, St. (St. Imier), Biel (SC 1, 56) 5½ SW.
**Immersheim** i. d. Pfalz, Monsheim (HL 39) 1 W.
**Immigrath**, Langenfeld (KM 5) ⅜ N.
**Imming**, Breitenschützing (KE 34) ½ NW.
**Impfingen**, Tauber-Bischofsheim (Ba 136) 0,4 N.
**Impflingen**, Landau (Pf 39) ½ S.
**Imre**, Tisza-Szt., Karczag (Ts 7) 4 NW.
**Imsbach**, St. Wendel (Sa 43) 1¾ NW.
**Imsen**, Alfeld (Ha 77) ⅝ SO.
**Imst**, *Fl.*, ♁ T Innsbruck (OeSü 187) 4 W.
**Imten**, Tapiau (PO 84) ⅛ S.

**Ingelsbohl**, Luzern (SO 1, 25. SN 2, 57) 6½ SO.
**Ingenheim**, *Fl.*, Rohrbach (Pf 40) ½ W.
**Ingerkingen**, Schemmerberg (Wü 29) ½ NW.
**Ingersheim**, Crailsheim (Wü 63) ⅝ S.
— Gr.- u. Kl.-, Bietigheim 1½ resp. ⅝ NO, Besigheim ¾ SO. (Wü 10. 53).
**Ingersleben**, Alt-, in Pr. Sachsen, Helmstedt (Bs 31) 1¼ O.
**Ingramsdorf** (Ingerdorf), Schmölln 1 NW, Ronneburg ⅞ NO. (SW 85. 87).
*Siehe dagegen Station Ingramsdorf BF 5.*
**Ingrowitz** in Mähren, *Fl.*, Zwittau (OeSt 9) 4 SW.
**Ingweiler**, Einöd (Pf 26) ¼ N.
**Inke**, Komárváros (OeSü 119) 3.
**Inkofen**, Landshut 3 N, Neufahrn bei Ergoldsbach 1 SW. (ByO 10. 13).
— links der Ammer, Langenbach (ByO 7) ⅝ NO.
— bei Mallersdorf, Sünching (ByO 17) 1 SW.
**Innbruck**, Neulengbach (KE 8) ¼ N.
**Innichen** in Tirol, *Fl.*, T Franzensfeste (OeSü 197) ca. 5 O.
**Inning**, *Fl.*, Sternberg (ByS 192) 2½ NW.
— Loosdorf (KE 14) ¼ SO.
**Inningen**, *PH* (ByS 25), Augsburg (ByS 26) 1 S.
**Inóka**, Nagy-Körös (OeSt 103) 4 SO.
**Inowraclaw**, *Stadt*, Bromberg 6 SO, Thorn 5 SW. (PO 27. 67).
**Insheim**, Rohrbach (Pf 10) ¼ N.
**Interlaken**, Thun (SO 1, 47) 4½ SO.
**Intlekofen** (Indlikofen), Waldshut (Ba 68) ½ NO.
**Intschede**, Verden 1½ NW, Langwedel ¾ SW. (Ha 30. 31).
**Inzell**, Reichenhall (ByS 233) 3 NW.
**Inzersdorf** am Wiener Berg, *Fl.*, Hetzendorf 0,4 O, Liesing ⅝ O, Wien 1 SW, Schwechat-Klederling, 1 W. (OeSü 5. 7. OeSt 53. 55).
**Inzlingen**, Nieder- u. Ober-, Lörrach (Ba 208) ½ SO.
**Ipóly-Ság**, *Fl.*, Szobb (OeSt 89) 5 NO.
**Ippendorf**, Bonn (Rh 42) ¾ N.
**Ippenschied**, Sobernheim (Na 34) 1¼ N.
**Ippesheim**, *Fl.*, Herrenbergtheim (ByS 160) ½ NO.
**Ippingen**, Immendingen (Ba 179) 0,96 N.
**Ips** an der Donau, Blindenmarkt, siehe Ybs.
**Ipsheim**, *Fl.*, Burgbernheim 1¾ NO, Neustadt a. A. 1½ SW. (ByS 158. 170).

**Iptingen** in Wrttbg., Vaihingen-Sersheim 1 S, Niefern ½ SO. (Wü 8. Ba 151).
**Irátos**, Almos- u. Nagy-, Kurtics (Ts 36) ¼ S.
**Irbersdorf**, Frankenberg ½ N, Hainichen ¾ SW. (SO 56. 57).
**Irdning**, *Fl.*, Wels 18 SO, °Judenburg 7¾ NW. (KE 31. KR 24).
**Iribach**, Strasskirchen (ByO 49) ¼ NO.
**Irmscul**, Alföld (Ha 77) 1 O.
**Irnkofen**, Sünching (ByO 17) ¼ SW.
**Irresheim**, Buir 1½ S, Vettweiss ¾ N. (Rh 9. 20).
**Irrgang**, Marienburg (PO 36) ¾ N.
**Irrlich**, *Fl.*, Andernach ½ O, Neuwied ¼ N. (Rh 50. 51).
**Irrsee**, *Fl.*, Kaufbeuren (ByS 18) 1 NO.
**Irsa**, *Fl.*, Alberti-Irsa (OeSt 101) ¼ O.
**Irslingenberg**, Thalhausen (Wü 147) ½ O.
**Irxleben**, Magdeburg 1¾ NW, Wolmirstedt 2 SW. (MH 1. 17).
**Isareck**, Moosburg (ByO 8) ½ N.
**Ischdaggen**, Judschen (PO 59) ¾ NO.
**Ischgl**, Innsbruck (OeSü 187) ca. 10 SW.
**Ischl**, *Kurort*, *Fl.*, T Gmunden 4 SW, Salzburg 7¼ SO. (KE 63. 45).
**Iseltwald**, Thun (SO 1, 47) 6 SO.
**Isen** bei Buchbach, Landshut (ByO 10) 3¼ S.
— bei Haag, *Fl.*, München (ByS 196) 4½ NO.
**Isenburg**, Neu-, Langen 1 NO, Frankfurt a. M. 1 SO. (MN 3. 1).
— *Fl.*, Neuwied (Rh 51) 1½ NO.
— Horb (Wü 142) ⅜ S.
**Isenhagen**, Eschede 3¼ O, Uelzen 4½ S. (Ha 7. 10).
**Isera**, *Weinbau*, Roveredo (OeSü 313) ¼ W.
**Iserbecka**, Wittenberg (SA 9) 1⅜ SO.
**Iserlohn**, Neu-, ⨯ (an Zweigb.), Marten ½ W, Langendreer ½ O. (BM 82. 83).
**Isingerode**, Schladen (Bs 34) ¼ O.
**Isny** in Wittbg., *Stadt*, T Immenstadt 3 NW, Kempten 3 SW, Röthenbach 1½ NO, Essendorf 6 SO. (ByS 8. 11. 43. Wü 44).
**Isola**, *Bad* in Oesterr., Triest (OeSü 89) ca. 1 S.
**Isola della Scala**, Venedig, Verona 2¾ S. (Ob. Ital. 1, 19 u. 27).
**Ispas**, Kolomea (LCJ 16) ¾ S.
**Isper** (Ysper), Krummnussbaum (KE 17) 2¼ NW.
**Ispringen**, *PH* (Ba 148), Königsbach 0,7 SO, Pforzheim 0,6 NW. (Ba 148. 149).

**Isselburg**, *Stadt*, *Glockengiesserei*, Empel (KM 40) ¾ NO.
**Isselhorst**, Gütersloh (KM 26) ¾ NO.
**Issendorf**, Emsdetten (Wf 12) ¼ O.
**Issigau** in Bayern, ⨯ *etc.*, Hof (ByS 71. SW 20) 2½ NW.
**Issigheim**, Ober- u. Unter-, Hanau (BbH 17. FH 5) 1 NO.
**Issum** (Yssum), *Fl.*, *bed. Industrie in Seide etc.*, Geldern (Rh 70) 1 O.
**Istrup**, Driburg 1½ O, Brakel ½ NW. (Wf 39. 40).
**Istvan**, St., Perbete (OeSt 86) 1 S.
**Istvány**, Szent-, Uelló (OeSt 98) 2 O.
— — (Kerkegyhaza), Kecskemet (OeSt 104) 2 W.
**Iszka St. György**, Moha (OeSü 186) ½.
**Ittenbach**, Mehlem (Rh 44) 1 NO.
**Ittenthal** i. d. Schweiz, Lauffenburg (Ba 65) 0,7 SW.
**Itter** in Tirol, Wörgl (OeSü 180) ½ SO.
— Düsseldorf (BM 29. KM 7) 1 SO.
**Itteren** (Iteren), Meerssen (AM 7) ¾ NW.
**Ittersbach**, Wilferdingen (Ba 145) 1,2 S.
**Ittersdorf**, Saarlouis (Sa 13) 1¼ SW.
**Ittingen**, Sissach 2 Kil., Laufen 3 Kil. (SC 1, 7 u. 6).
**Ittling**, Straubing (ByO 47) ½ O.
**Ittlingen**, Steinsfurth (Ba 129) 0,8 S.
**Itzbach**, Saarlouis (Sa 13) 1½ NO.
**Itzelberg**, Heidenheim (Wü 125) ¾ N.
**Itzum**, Hildesheim (Ha 70) ½ SO.
**Ivad**, Kiss-Terenne (UN 13) 2½ O.
**Ivan**, St.-, bei Agram, *Stadt*, °Sesvete (US 28) 2½ NO.
— Raab (OeSt 69) 1 O.
— Szt.-, Szöreg (OeSt 111) ½ W.
*Siehe auch Station St. Ivan-Zala, OeSü 106.*
**Ivanda**, Szagh (OeSt 120) 2¼ S.
**Ivanec**, *Stadt*, Fridau 3, °Kopreinitz (OeSü 103. US 23) 2 SO.
**Ivanfa**, Bükk (OeSü 100) 1½.
**Ivanka**, Weisern ¼ S, Lanschütz ½ N. (OeSt 76. 77).
**Ivany**, Nagy-, Karcag (Ts 7) 3 N.
**Iven**, Anclam (BSt 55) 2 W.
**Ivenack**, *Fl.*, Stavenhagen (FF 5) ½ NO.
**Iversheim**, Euskirchen (Rh 22) 1 S.
**Iwanikowka**, Stanislau (LCJ 13) 1¼ S.
**Iwankoutz**, Lusan (LCJ 20) 1¾ N.
**Iwitz**, Terespol (PO 29) 3 NW.
**Iwno**, Nakel (PO 26) 2½ SW.
**Iwonicz**, T *besuchter Badeort*, Tarnow ca. 16 S, Rzeszow 9 S, Przemysl ca. 11 SW. (GCL 10. 16. 22).
**Ixheim**, Zweibrücken (Pf 23) ¼ S.
**Iznang**, Radolfzell (Ba 83) 0,4 S.

# J.

**Jabel** bei Dömitz, Pritzier (BH 17) 2 S.
**Jabkenitz**, Stranow-Krnsko 1 SO, Jungbunzlau 1¾ SO. (TKP 7. 8).
**Jaberlich**, Langenbruck (SNV 21) ¼ SW.
**Jablanic**, Littai (OeSü 74) 1½.
**Jablau**, Gross-, Pelplin (PO 33) 1¼ W.
**Jablonau**, Skalic (OeSt 5) ¼ W.
**Jablonetz** bei Rochlitz, Semil (SNV 14) 2 NO.
**Jablonów**, *Fl.*, Kolomea (LCJ 15) 2½ SO.
— Halicz (LCJ 11) 1½ N.
**Jablonowo**, Wariabien (PO 31) 6½ SO.
**Jablowko**, Nakel (PO 26) 4 SO.
°**Jablunkau** (KO 8), *Stadt*, Teschen 3½ SO, Prschna 5 S. (KO 45. KFN 31).
**Jabuka**, Versecz [Verschetz] (OeSt 124) 7½ SW.
**Jacob**, Szt.-, Pásztho (UN 12) 1 S.
— St.-, i. d. Schweiz, Basel (Ba 56) 0,3 SO.
**Jacobine**, Ohlau (OS 4) 1 SW.
**Jacobsberg**, Boppard (Rh 54) ½ N.
¹**Jacobsdorf**, Namslau (SO 20) 1 N.
² — Canth 1 NW, Neumarkt 1½ SO. (BF 3. NM 36).
³ — *PH* (BF 15), Schweidnitz ½ SO, Faulbrück ½ NW. (BF 16. 14).
⁴ — Jauer (BF 19) 1 SW.
⁵ — Liegnitz (BF 22. NM 33) ¾ NW.
⁶ — Briesen (NM 9) ½ O.

**Jacobshagen**, *Stadt*, Trampke 1¾ SO, Freienwalde 2 SO. (BSt 15. 16).
**Jacobskirch**, Klopschen (NZ 2) ¾ O.
**Jacobswalde**, *Messingfabrik*, Hammer (Wi 3) 1½ NO.
**Jacobwüllesheim**, Düren 1 SO, Vettweiss ½ NW. (Rh 8. 20).
**Jade**, Jaderberg (Ol 21) ½ O.
**Jadwiga**, Osiek (PO 25) ½ O.
**Jadzwiegli**, Boryniecze ¾ NO, Chodorow 2½ NO. (LCJ 6. 7).
**Jägendorf**, Mittel-, Nieder- u. Ober-, Jauer (BF 20) 1½ SW.
**Jägerndorf**, Landshut (ByO 10) 7 O.
— in Oest., *Stadt*, Leobschütz 2¼ SW, Troppau 3 NW. (Wi 10. KFN 63).
— Brieg 1 SO, Löwen 1¼ NO (OS 5. 7).
**Jägersdorf**, Gr.- u. Kl.-, Norkitten (PO 57) 1 W resp. 1¼ SW.
— bei Neukirchen z. heil. Blut, Furth a. Walde (ByO 67. BW 1) 1½ SO.
**Jägersfreude**, *Stahlhammer*, Dudweiler (Sa 4) ¼ SW.
**Jägersthal**, Stallupöhnen (PO 62) 3½ S.
**Jähnsdorf**, Sommerfeld (NM 19) 2¼ NO.
**Jämlitz**, *Glashütte*, Sorau (NM 22) 4½ SWW.
**Jänickendorf**, Luckenwalde (BA 5) 1 SO.
**Jänkendorf**, Görlitz 1½ NW, Uhsmannsdorf 1½ SW, Reichenbach i. d. Lausitz 1½ NO. (BG 15. 14. SO 25).

**Jänowitz**, Gr.-, Liegnitz (BF 23. NM 33) 1¼ SW.
**Järischau**, Striegau (BF 17) ⅞ NO.
**Jäschwitz**, Alt-, Bunzlau (NM 29) 1 SO.
**Jätschau**, Glogau (NZ 1. OS 43) 1 S.
**Jagdschütz**, Bromberg (PO 27) ½ N.
**Jageina**, Ratibor (Wi 5) ½ O.
**Jagenza**, Steinbrück (OeSü 67) ¾.
**Jager**, Miltzow (BSt 58) ¾ SO.
**Jagerberg**, Lebring (OeSü 52) 2½.
**Jagow** bei Prenzlau, Nechlin 1½ SW, Prenzlau 1½ NW (BSt 49. 48).
**Jahn**, Alt-, Czerwinsk (PO 39) 1 SW.
**Jahnsbach** bei Thum, Schwarzenberg 1¾ N, Wolkenstein 2½ W, Chemnitz 3 SW (SW 67. 58. 29).
**Jahnsdorf** bei Stolberg, Siegmar (SW 27) 1 S.
**Jahnsfelde**, Landsberg a. W. 1½ NO, Zantoch ½ NW (PO 13. 14).
— Müncheberg 1¼ SO, Trebnitz ¼ S (PO 4. 5).
**Jahring**, Pössnitz (OeSü 56) ½.
**Jahrsfeld**, Neuwied (Rh 51) 1⅝ NO.
**Jaispitz** (Jesowice, Jevisovice), *Stadt*, Brünn 7 SW, °Znaym 2 N (OeSt 1, 159).
**Jako**, Wartberg (OeSt 78) 1½ SO.
**Jamickow**, Casekow (BSt 8) 1 S.
**Jamlitz** bei Lieberose, Neuzelle (NM 15) 3 SW.
**Jamnica**, Stanislau (LCJ 13) 1¼ N.

**Jamnitz**, *Stadt*, ✉ Brünn (OeSt 1) 10 3/8 SW.
**Jamund**, Cöslin (BSt 24) 1 N.
**Janegg** (Janigg), Ullersdorf (AT 8) ¾ SW.
**Janickow**, Wangerin (BSt 17) 2½ SO.
**Janischau**, Alt- u. Neu-, Pelplin (PO 33) ¾ SO.
**Janiska**, Lemberg (GCL 29. LCJ 1) 2½ NW.
**Jankau**, Ohlau (OS 4) 1½ W.
**Jankendorf**, Altfelde (PO 37) 3 SO.
**Jankowitz** in Böhm., Prelouc (OeSt 19) ¾ SW.
— in Schlesien, Rybnik (Wi 20) ¾ SO.
**Jankowo**, Bromberg (PO 27) 5 S.
**Jannowitz**, *Papierfabr.*, Jannowitz (NM 51) ¼ W.
**Janok**, Alsó- u. Felsö-, Wartberg (OeSt 78) 1¾ S.
**Janos**, Szt.-, Mezö-Keresztes (Ts 43) 1 3/8 O.
*Siehe dagegen Station St. Janos, OeSt* 70.
**Jánosföld**, Szagh (OeSt 120) 3¼ O.
**Janoshaza**, Sz. Miklos ¼ NO, Acsad 3 (OeSt 68. OeSü 101).
— *Stadt*, ✉ Moravitza (OeSt 123) 3 W.
**Jánoe**, Ilid-, Abony (Ts 2) 3¾ NO.
**Janow**, *Fl.*, ✉ Grodek (GCL 26) 2 N.
— *Fl.*, ✉ Lemberg (GCL 29. LCJ 1) 3 NW.
**Janowice**, *Stadt*, ✉ Nakel 5 SW, Posen 7½ NO (PO 26. OS 48).
**Janowitz**, *Stadt*, ✉ Pilsen (BW 6. KFJ 39) 6½ SW.
— bei Römerstadt, Olmütz (KFN 58. OeSt 43) 5½ N.
— Breslau (NM 39. BF 1) 2 SO.
— bei Ratibor, Gross-Peterwitz (Wi 14) ¼ SO.
**Jansdorf** (Johnsdorf), Zwittau (OeSt 9) 1½ NW.
**Januschau**, Altfelde (PO 37) 6 SO.
**Januschkowitz**, Dziesehowitz ½ S Kosel 1 NW (OS 12. 13).
**Japenzin**, Anklam (BSt 55) 2 SW.
**Jaraczewo**, *Stadt*, ✉ Poln.-Lissa (OS 40) 7½ NO.
**Járdánháza**, Kis-Terenne (UN 13) 6½ NO.
**Jarischau**, Kosel 2 NO, Rudzinitz 1 NW (OS 13. 15).
— Striegau (BF 17) ¾ NO.
**Jarmen**, *Stadt*, ✉ T Züssow 2¼ SO, Greifswald 2¼ S (BSt 56. 57).
**Jarndorf**, Deutsch- (Jarendorf) Zarndorf (OeSt 65) 1½ NO.
**Jarocsyn**, *Stadt*, ✉ Rawicz (OS 37) 10 NO.
**Jaromer**, *Stadt*, ✉ Josefstadt (SNV 6) ¼ NW.
**Jaromeritz** (Jarmeritz), *Stadt*, ✉ Brünn (OeSt 1) 7 SW.
**Jaruszyn**, Nakel (PO 26) 1¼ SO.
**Jaryczow, nowy**, *Stadt*, ✉ *Wolldeckenfabrik*, Lemberg (GCL 29. LCJ 1) 3 NO.
**Jaryczow Stary**, *Fl.*, Lemberg 2¾ NO.
**Jarzombkowitz**, Rybnik (Wi 20) 3¼ SO.
**Jaschkowitz**, Breslau (OS 1. RO 1) 3 SO.
**Jasena**, Josephstadt (SNV 6) ¼ SO.
**Jasenitz**, Stettin (BSt 10) 3 N.
**Jasienica**, Przemysl (GCL 22) 10¼ W.
**Jasliska**, Tarnow (GCL 10) 12 SO.
**Jaslo**, *Stadt*, ✉ T Tarnow 7¼ SO.
**Jasmund** auf Rügen, *Fl.*, Stralsund (BSt 59) 6 NO.
**Jasnitz**, Hagenow 1½ SO, Pritzier 1½ NO (BH 16. 17).
**Jasnik**, Deutsch-, Zauchtl-Neutitschein ½ SW (KFN 23).
**Jast**, Myslowitz (KFN 69) 1 SW.
**Jastor**, Bevensen (Hs 11) ½ SO.
**Jastrow**, *Stadt*, ✉ T Schneidemühl 4 N, Schivelbein 13 SO (PO 22. BSt 19).
**Jastrowo**, Samter (OS 50) ½ W.
**Jastrzemb**, Czernitz, siehe Königsdorf-Jastrzemb.
**Jaszcz**, Laskowitz (PO 30) 1½ N.
**Jaszczurowa**, Oswiecim (KFN 35. OS 31) 6 SO.
**Jauchen**, Lasse (OeSü 74) 1.
**Jauer**, Brieg (NB 8. OS 5) 2¾ SW.
*Siehe dagegen Station Jauer, BF* 20.
**Jauern**, Schmölln ¾ NO, Altenburg ¾ SO (SW 85. 6).
**Jauernick**, Görlitz (SO 27) 1 SW.
— Königszelt (BF 7) ¼ S.

**Jauernig**, Dittersbach 2 SO, Waldenburg 1¾ SO (NM 56. BF 10).
— (Johannesberg), *Stadt*, ✉ Frankenstein 3½ SO, Hohenstadt 9½ N (BF 11. OeSt 48).
**Jauliz**, Jessnitz (NM 18) ½ N.
**Jauth**, Gross- u. Klein-, Altfelde (PO 37) 7 resp. 6½ S.
**Jawiskowice**, *PH* (KFN 34), Dziedits (KFN 33) 1 S.
**Jawornik** bei Hohenmauth, Chotzen 1½ SW, Uhersko ½ SO (OeSt 14. 16).
**Jawornitz** bei Reichenau, Chotzen (OeSt 14) 3 NO.
**Jaworow**, *Stadt*, ✉ T Jaroslau 7 SO, Sad. Wisznia 2 N (GCL 19, 25).
**Jaxthausen** (Jagsthausen), in Wrttmbg., Osterburken 1¼ S, Neuenstein 3¼ NW (Bs 110. WU 75).
**Jebenhausen**, Göttingen (Hs 84) ½ SW.
**Jecha**, *Sondershausen (NE 4) ¼ SO.
**Jechnitz** (Jesenice), Pilsen (BW 8. KFJ 39) 5½ NO.
**Jesen**, Gross- u. Klein-, Gyertyámos (OeSt 117) 1 O.
**Jedenspeigen**, Dürnkrut (KFN 7) ½ N.
**Jederitz**, Glöwen (BH 9) 2 SO.
**Jedibab** (Gedibau), Auschitz (TKP 2) 1 N.
**Jedlersdorf**, Floridsdorf (KFN 2) ¼ N.
**Jedlesee** (Jedlersee), *PH* (KFN 42), Floridsdorf (KFN 2) ½ NW.
**Jedlin**, Neuberun (OS 30) ½ SW.
**Jedownitz**, *Fl.*, Blansko (OeSt 3) 1 SO.
**Jegenstorf**, Solothurn (SO 1, 52) 14 Kil.
**Jehnedl**, Chotzen ¼ SO, Brandeis ¾ S (OeSt 14. 13).
**Jehser**, Hohen- u. Nieder-, Lebus (PO 70) 1¼ W.
**Jeinsen**, Nordstemmen ¾ N, Elze 1½ N (Hs 71. 75).
**Jelen**, Elbe-Teinitz (OeSt 21) ¾ N.
**Jelien**, Czerwinsk (PO 32) 1½ NO
**Jellowa**, Sansenberg 2 SW, Oppeln 2¾ NO (RO 25. OS 10. RO 1).
**Jellschane**, St. Peter (OeSü 82) 4.
**Jeltsch**, Ohlau (OS 4) 1½ NO.
**Jemeling**, Lemberg (GCL 29. LCJ 1) 2½ NW.
**Jemjum**, *Fl.*, ✉ Leer (Wf 85) 1½ SW.
**Jena**, *Stadt*, ✉ T Apolda 2 SO, Weimar 2¾ SO, Gera 4½ NW, Mehltheuer 7 NW (Th 11. 10. 31. SW 16).
**Jenikau**, Goltsch-, *Stadt*, ✉ T Kolin 4¾ SO (OeSt 73).
**Jenikowic**, Prelouc (OeSt 19) 1¼ SO.
**Jenkau**, Gr.-Rosen (BF 19) 1¼ NO.
**Jenkwitz**, Brieg (NB 8. OS 5) 1½ S.
— Oels (RO 17) ½ NW.
— Bautzen (SO 20) ¾ O.
**Jennelt**, Emden (Wf 38) 1½ NW.
**Jenö**, Kis-, *Fl.*, ✉ Arad 5 3/8 NO, Kotegyháza 3 O (Ts 87. 84).
**Jenschowitz**, Uhersko (OeSt 16) ¾ SO.
**Jentkulkampen**, Stallupönen (PO 62) 2½ NW.
**Jenisch**, Gross-, Unhoscht (Bu 8) ¼ O.
**Jentschowitz**, Turnau (SNV 17. TKP 12) ¾ N.
**Jerchel**, Tangerhütte (MH 20) 1¼ NO.
**Jerichow**, *Stadt*, ✉ Genthin 2 NW, Güsen 2 NW, Stendal 3 SO (BPM 11. 12. MH 22).
**Jermanice** (Jerschmanitz), Langenbruck (SNV 21) ½ S.
**Jernau**, Bauerwitz (Wi 12) unm.
**Jeroltschütz**, Konstadt (RO 22) ½ SO.
**Jerrentowitz**, Terespol (PO 29) 6½ SO.
**Jersleben**, Wolmirstedt (MH 17) ½ W.
**Jerstedt**, Ringelheim (Bs 11) 1 SO.
**Jerze**, Lutter a. B. (Bs 10) 1 SW.
**Jesa**, Niedern-, Obern-Jesa ⅛ NO, Göttingen 1 S (Ha 94. 84).
**Jesau**, Radeberg (SO 14) 3 O.
**Jesberg**, *Fl.*, ✉ Zimmersrode (MW 7) 1 W.
**Jesbin**, Josefstadt (SNV 6) ⅜ SW.
**Jeschen**, Löwen (OS 7) ¾ NW.
**Jeschkendorf**, Neumarkt (NM 36) ¼ NO.
— bei Parchwitz, Spittelndorf (NM 34) ½ NW.
**Jeschowitz**, Wegstädtl (OeSt 35) ½ SO.
**Jeschütz**, Bautzen (SO 20) 1 NO.
**Jesendorf**, Kleinen (Mk 8) 1¼ NO.
**Jesenitz**, Josefstadt (SNV 6) ¾ NO.
**Jeser**, Miltzow (BSt 58) ¼ SO.
— **Kirch-**, Hagenow (BH 16. Mk 11) ¾ NO.
— **Nieder-**, Jessnitz (NM 18) 1½ SW.

**Jeserig**, Gr.-Kreuz ½ W, Brandenburg 1¼ O (BPM 8. 9).
**Jeserigerhütten**, Coswig in Preussen (BA 27) 2¾ N.
**Jeseritz**, Damm bei Stettin (BSt 12) 1 S.
**Jesewitz**, Czerwinsk (PO 32) 1½ NO.
**Jesingen**, Ober- u. Unter-, Tübingen (WU 135) 1 NW.
— Kirchheim u. Teck (WU 153) ¾ SO.
**Jessen**, *Stadt*, ✉ Holzdorf 1½ W, Wittenberg 3 SO (BA 21. 9).
— Spremberg (BG 10) ¼ W.
— (früher *PH**), Niederau *H** (LD 15) ½ N.
**Jesseney**, Semil (SNV 14) 1 NO.
**Jessenitz** in Mecklenburg, Pritzier (BH 17) 1½ S.
— Skalitz (SNV 23) ½ S.
— ✉ Prag (BW 22. OeSt 27) 2 SO.
**Jessnitz**, Jessnitz (NM 18) ⅛ NW
— im Gebirge, Bautzen (SO 20) ½ SO.
— bei Königswartha, Bautzen 1⅜ NW.
*Siehe dagegen die Stationen Jessnitz, NM 18 und BA* 37.
**Jestetten**, ✉ T Neuhausen ½ SW, Schaffhausen 1 SW (Ba 76. 77).
**Jestin**, Gross-, Cörlin (BSt 41) 2 W.
**Jestreby**, Reitz (OeSt 4) ½ W.
**Jesuborn**, Arnstadt (Th 33) 2¾ SO.
**Jettingen**, Ober- u. Unter-, Rottenburg 2¼ NW, *Nagold ½ NO (WU 137. 107).
*Siehe dagegen Station Jettingen, ByS* 120.
**Jeutendorf**, Böheimkirchen ¼ NW, Pottenbrunn ½ NO (KE 10. 11).
**Jevenstedt**, Rendsburg (AK 16. Sw 1) 1 S.
**Jever**, *Stadt*, ✉ T Sande 1¾ NW, Emden 7 NO, Leer 9 NO (Ol 18. Wf 88. 85).
**Jezierzany**, *Stadt*, ✉ Burstyn (LCJ 10) 1½ N.
**Jeziorka**, Halicz (LCJ 11) 2 SW.
— Bialosliwe 1¼ NO, Osiek 1½ NW (PO 24. 25).
**Jibka**, Kostelets (SNV 25) 1 N.
**Jicin**, *Stadt*, ✉ T Falgendorf (SNV 11) siehe Gitschin.
**Jiedlitz**, Bischofswerda (SO 17) 1¼ N.
**Jieziorki** (Jeziorki), Szczakowa (KFN 66) ¾ S.
**Jilow**, Eisenbrod (SNV 15) ½ NO.
**Jinetz**, Horowitz (BW 14) 1 SO.
**Jirna**, Gross- u. Klein-, *Zuckerfabr.*, Auwal (OeSt 25) ½ N.
**Jistebnitz** (Gistebnitz), *Stadt*, ✉ Prag (OeSt 27) 9 S.
**Joachimstein**, Görlitz (SO 27) 1¼ SW.
**Joachimsthal**, *Stadt*, ✉ Neustadt-Eberswalde 2 NW, Angermünde 2⅜ SW (BSt 4. 6).
— *Stadt*, ✉ *Bergbau*, Schwarzenberg 4 SO, Eger 6 NO (SW 58. 84).
— **Neu-**, Beraun (BW 16) 1½ NW.
**Jobb**, Szt.-, *Fl.*, Grosswardein (Ts 48. UN 1) 4 NO.
**Jobbaggyi**, Szanto (UN 11) ½ N.
**Jobst**, St.-, Mögeldorf (ByO 44) ½ NW.
**Jockgrim**, *Stadt*, Langenkandel 1 NO, Maximiliansau ⅞ NW (Pf 44. 46).
**Jodlauken**, ✉ Insterburg (PO 58. TJ 4) 2 SW.
**Jodlowa**, *Fl.*, Tarnow (GCL 10) 3½ SO.
**Jodlowka**, Tarnow 3 SO.
**Jöhlingen**, Weingarten (Ba 12) ½ SO.
**Jöhstadt**, *Stadt* ✉ Annaberg-Buchholz (SW 70) 1¼ SO.
**Jöllenbeck**, Nieder- u. Ober-, Bielefeld (KM 28) 1 N.
**Jörb**, Sollerup ½ NW, Eggebeck ½ SW (Sw 6. 7).
1 **Johann**, × Steele 0,3 W, Essen 0,8 O (BM 85).
2 — **am Brückl**, Künsdorf (OeSü 164) 3¾.
3 — **Friedrich**, × Dahlhausen (BM 88) 0,3 O.
4 — **St.-**, Bingen (HL 18) 2 S.
5 — — Beraun (BW 16) ½ N.
6 — — Hohenau (KFN 9) ½ O.
7 — — Haag (KE 23) ½ NO.
8 — — *Stadt*, ✉ Salzburg (KE 45) 7 SO.
9 — — *Eisenw.*, Lannsdorf (KE 34) 1 O.
10 — — Saldenhofen (OeSü 160) ½.
11 — — Wörgl (OeSü 150) 2 NO.
12 — — *Fl.*, ✉ Wieselburg (OeSt 67) 1 S.
*Siehe auch Station St. Johann. Sa* 2.

... noch existirende grosse ... selben Namens kommt ... -Verkehr nicht in Be-...

**Johannes Erbstollen**, ✕ au Pferdeb., Annen (BM 47) 0,3 O.
— **St.**, Bayreuth (ByO 80. ByS 225) 1/4 O.
**Johannesbad** (Johannesbrunn), Mastig 3 1/4 NO, Trautenau 2 NW (SNV 10. 28).
**Johannesberg**, Reichenberg in Böhmen (SNV 22) 1 1/2 O.
**Johannesbrunn**, Landshut (ByO 10) 3 1/2 SO.
**Johannesdorf**, Böhmisch-Leipa 1 NO, 2 Haida 1/4 SO (BN 8).
**Johanneskirchen**, Landshut (ByO 10) 3 SO.
1 **Johannesthal**, in Oestr.Schles., *Stadt*, Neisse 5 SW, Leobschütz 3 1/2 W, Troppau 6 1/4 NW (NS 1. Wl 10. KFN 63).
2 — Reichenberg (SNV 22) 1/4 SW.
3 — Steinbrück (OeSü 67) 1 1/2.
4 — Lichtenwald (OeSü 41) 2.
**Johann-Georgenstadt**, *Stadt*, Schwarzenberg (SW 58) 2 SW.
**Johannisberg**, *ber. Weinbau*, Johannisberg-Geisenheim 1/4 O, Oestrich-Winkel 1/2 W (Na 8. 9).
— Cörlin (BSt 41) 2 S.
**Johannisburg**, *Stadt*, T Lötzen (OpS 72) 6 S.
1 **Johnsdorf** bei Politz, Schwadowitz (SNV 27) 1 1/4 NO.
2 — Dux (AT 9) 2 W.
3 — Böhm.-Trübau 1/2 NO, Rudelsdorf 1 3/4 NO (OeSt 11. 51).
4 — Liegnitz (BF 23. NM 33) 3/4 W.
5 — Alt- u. Neu-, Zittau 1 SW, Gross-Schönau 3/4 SO (SO 23. 41).
**Jonasdorf**, Marienburg 1 1/4 NO, Altfelde 3/4 NW (PO 56. 27).
**Jonasthal**, Trakehnen (PO 61) 3/4 S.
**Jonaswalde**, Ronneburg (SW 67) 1 SO.
**Jonen**, Wildegg (SNO 2, 28) 5 1/2 SO.
**Jonitz**, Dessau (BA 30) 1/4 O.
**Jordanken**, Marienburg (PO 56) 2 SO.
**Jordanow**, *Stadt*, Krakau 6 1/2 S, Bielitz 8 SO (KFN 41. 64).
**Jordansmühl**, Breslau (BF 1) 4 SW.
**Jörin**, St.-, Eschweiler (Rh 6) 1/4 NW.
**Josbach**, Nieder- u. Ober-, Wiesbaden (Na 1. T 10) 1 1/4 NO.
**Josefinenhütte**, *Glashütte*, Pilsen (BW 8. KFJ 39) 4 NW.
**Josefsdorf**, Gr.-Kikinda (OeSt 114) 11 S.
**Josefshütte**, *Eisenwerk*, Pilsen (BW 8. KFJ 39) 6 NW.
1 **Josefsthal**, Baden (OeSü 15) 3/4.
2 — Salloch (OeSü 75) 1/2.
3 — *Glasfabrik*, Reifnigg (OeSü 158) 1.
4 — *Glasschleiferei*, Reichenberg 2 NO, Turnau 3 NO, Eisenbrod 2 1/2 N (SNV 22. 17. 15).
5 — bei Brünn, Adamsthal (OeSt 2) 1/2 N.
6 — *Eisenw.*, Budweis (KFJ 23. KB 74) 2 1/2 O.
*Siehe dagegen Station Josephsthal-Kosmanos, TK 9*
**Josephinen**, Nakel (PO 26) 1/4.
**Josephinenhütte**, *Zinkhütte*, Friedrichsgrube (Ss 50) 1/2 NW.
**Josephshöh**, Mastig (SNV 10) 1/4 S.
**Josephsruh**, Bisloslitwe (PO 24) 1 1/2 SW.
**Juchenberg**, Bruck a. M (OeSü 40) 8 1/4.
**Judenau**, Purkersdorf 2 NW, Neulengbach 2 1/2 NO (KE 5. 8).
**Judenbach**, *Fl.*, Sonneberg (Th 61) 1 NO.
**Judendorf** in Böhmen, Jungbunzlau (TKP 8) 1 O.
— *Kohlenbergw.*, Leoben (KR 52. OeSü 218) 1/2 O.
*Siehe dagegen Station Judendorf, OeSü 47.*
**Judenstein**, Hall (OeSü 184) 3/4.
**Jüchen**, *Fl.*, T Rheydt 1 SO, Neuss 2 1/4 SW (BM 12. 16)
**Jüchsen**, Meiningen (Th 50) 1 1/4 SO.
**Jüdenberg**, Gräfenhainichen (BA 11) 1/4 NO.
**Jüdenhagen**, Cöslin (BSt 24) 1 NW.
**Jügesheim**, Babenhausen (HL 28) 1 1/4 NW.
**Jühnde**, Obern-Jesa 1 W, Dransfeld 1/2 SW (Ha 94. 85).
**Jühnsdorf**, Grossbeeren (BA 2) 1 SO.
0 **Jülich**, *Stadt*, T (BM 150) Aachen 4 1/2 NO, Eschweiler 2 NO, Düren 2 NW, Lindern 3 SO (Rh 4. 6. 8. BM 8).
**Jüngersdorf**, Langerwehe (Rh 7) 1/2 O.
0 **Jünkerather** (Rh 25), *Hüttenwerk* bei Stadtkyll, Call (Rh 28) 3 1/4 S.
**Jürgen**, St.-, Osterholz-Scharmbeck (Ha 36) 1 S.
**Jürgenstorf**, Alt- u. Neu-, Eshem (Ha 19) 1/2 O.
**Jürtsch** bei Parchwitz, Spittelndorf (NM 34) 1 1/2 NO.
**Jütrichau**, *PH* (BA 43), Zerbst (BA 44) 1/4 SO.
**Jugenheim**, *Fl.*, T Mainz 2 SW, Ingelheim 1 1/4 S (HL 11. 17).
**Julbach**, Linz (KE 64) 8 NW.
**Juliansdorf**, Dittersbach 1 NO, Waldenburg 1/2 NO (NM 56. 57).
**Julienfelde**, Insterburg (PO 58. TJ 4) 3 SO.
**Julius Philipp**, ✕ an Pferdeb., Laer (BM 41) 0,2 S.
**Juliusburg**, *Stadt*, Oels (SO 17) 1 1/4 N.
— Kosel (OS 13. Wl 1) 1 W.
**Jumtow**, Schivelbein (BSt 10) 3/4 S.
**Jungbuch**, Mastig 2 1/2 NO, Königinhof 3 N, Trautenau 1 NW (SNV 10. 8. 28).
**Jungen**, Terespol 1 1/2 O, Laskowitz 1 3/4 SO (PO 29. 30).
**Jungfern-Teinitz** (Jungfrau-Teinitz) *Fl.*, Kladno 3 NW, Weltrus 3 NW (Bu 10. OeSt 32).
**Jungholz**, Säckingen (Ba 62) 1 1/4 N.
**Jungingen**, Ulm 3/4 N, Beimerstetten 1/2 S (WS 34. 33).
— Hechingen (WS 158) 1 SO.
**Jungwoschitz**, *Stadt*, Budweis 8 3/4 NO, Prag 9 1/2 SO (KFJ 23. OeSt 27. Bu 1).
**Junkersdorf** bei Köln, Königsdorf (Rh 11) 3/4 SO.
— Zülpich (Rh 21) 3/4 W.
**Junkershammer**, *Walzwerk*, Stolberg (Rh 5) 1 1/4 SO.
**Justemin**, Wangerin (BSt 17) 2 1/2 NW.
**Justingen**, Schelklingen (WS 170) 1 NW.
**Justushütte**, Fronhausen (MW 12) 1 3/4 NW.
**Juszkowce**, Borynicze (LCJ 6) 1/2 NO.
**Jutroschin**, *Stadt*, Rawicz (OS 37) 3 1/2 O.

# K.

Orte, welche unter K nicht stehen, suche man unter C.

**Kaaden** (Kadan), *Stadt*, T *Bergbau*, Teplitz 6 SW, Eger 9 1/2 NO, Annaberg 4 SO, Schwarzenberg 6 SO. (AT 6. SW 54. 70. 58).
**Kaakstadt**, Wilmersdorf (BSt 46) 1 1/2 NW.
**Kaal**, St. Peter (OeSü 62) 1.
**Kaarst**, Neuss 3/4 NW, Osterrath 3/4 SW. (Rh 14. 65).
**Kaba**, Kaba (Ts 9) 1/2 SW.
**Kabel**, Vetschau (BG 8) 1 3/4 SW.
**Kaczorisk**, Kanizsa (OeSü 109) 1 1/4.
**Kaden**, Lübben (BG 6) 1 SW.
**Kadlau**, Neumarkt 3/4 SO, Nimkau 1/2 SW. (NM 36. 37).
**Kadelburg**, Thiengen (Ba 69) 0,6 S.
**Kadenbach**, Ems (Na 22) 3/4 N.
**Kadenberg**, *Fl.*, Glückstadt 3 1/2 W, Harburg 9 1/2 NW. (EG 4. Ha 17).
**Kaditz**, Dresden (LD 20) 1/2 NW.
**Kadlub** bei Gr.-Strehlitz, *Hochöfen*, Malapane (EO 3) 1 S.
— Malapane (EO 3) 3/4 NO.
**Käbelick**, Alt- u. Neu-, Oertzenhof (FF 3) 1 SW.
**Käferthal**, Mannheim (Ba 1) 1/2 NO.
**Kähme**, *Stadt*, Posen (OS 48) 8 1/2 NW.
**Kälberau**, Dettingen (PH 8) 1 NO.
**Kälbertshausen**, Helmstadt *H* 0,7 O, Neckarelz 0,2 SW. (Ba 98. 101).
**Kändler**, Hohenstein-Ernstthal (SW 42) 1 1/4 NO.
**Känerkinden**, Läufelfingen (SC 1, 9).
**Käntchen**, Schweidnitz (BF 16) 1 SO.
**Käslich**, *Sauerbrunnen*, Neuwied (Rh 51) 3/4 SO.
**Käsmarkt** (Kesmarkt), *Stadt*, T Mähr.-Ostrau (KFN 26) 25 SO.
**Kästritz**, Teuchern (Th 24) 1 SW.
**Kagel**, Strausberg (PO 3) 1 1/2 SO.
**Kagendorf**, Anclam (BSt 55) 1 S.
**Kagran**, Floridsdorf (KFN 2) 1/2 O.
**Kahla** i. Sachs.-Altenb., *Stadt*, T *Porzellanfabr.*, Gera 4 1/2 SW, Reuth i. Sachs. 6 1/2 NW, Apolda 4 S. Sonneberg 7 1/2 NO. (SW 58. 18. Th 11. 61).
**Kahlau**, Güldenboden (PO 40) 3 SO.
**Kahlholz**, Wollinick (PO 46) 1 3/4 NW.
**Kahlhorst**, Lübeck (LB 1 u. 8) 1/4 SO.
**Kahnsdorf**, Lübben (BG 6) 2 SW.
— Borna (SW 93) 3/4 NW.
**Kaibitz**, Kemnath-Neustadt (ByO 77) 1/2 O.
**Kaichen**, Gross-Karben 1 NO, Vilbel 1 3/4 NO. (MW 20. 22).
**Kaina**, *Fl.*, Altenburg 2 W, Zeitz 1 1/4 SO. (SW 6. Th 27).
— **Nieder-** u. **Ober-**, Bautzen (SO 20) 1/2 NO resp. 3/4 S.
**Kainsbach**, Nieder-, Darmstadt (HL 24. MN 5) 3 1/2 SO.
**Kaiserebersdorf**, Wien 1 1/2 SO, Schwechat-Kledering 3/4 O. (OeSt 53. 55).
**Kaisersberg**, St. Michael (KR 20) 3/4 W.
**Kaiseresch**, Coblenz (Rh 58) 5 1/2 SW.
**Kaiserhagen**, Gernrode (ML 31) 2 S.
**Kaisersteinbruch**, *Fl.*, *bed. Steinbrüche*, Wilfleinsdorf 1/2 SW, Bruck a. L. 1/2 S. (OeSt 62. 63).
**Kaiserstuhl**, Döttingen (SNO 2, 59) 3 O.
**Kaiserswaldau**, *Fl.*, Alt-Kemnitz 1 1/4 SO, Hirschberg 2 SW. (NM 47. 49)
*Siehe dagegen Station Kaiserswaldau NM 30.*
**Kaiserswalde**, Bodenbach (SO 11a) 6 3/4 NO.
**Kaiserswerth**, *Stadt*, T Calcum (KM 8) 1/2 W.
**Kaisten** i. d. Schweiz, Laufenburg (Ba 65) 1/2 SW.
**Kajal**, Galanta (OeSt 80) 1/4 W.
**Kajar**, Raab (OeSt 69) 1 1/2.
**Kajata**, Seliye (OeSt 81) 3/4 W.
**Kakau**, Coswig i. Pr. (BA 27) 1 S.
**Kakernehl**, Miltsow (BSt 58) 1 1/2 W.
**Kakowa**, Oravitza (OeSt 130) 1 1/2 NW.
**Kalamboki**, Komárváros (OeSü 110) 1.
**Kalbassen**, Trakehnen (PO 61) 2 N.
**Kalden**, Neu-, *Stadt*, Malchin (FF 4) 1 1/4 NO.
**Kaldenhausen**, Uerdingen (Rh 86. BM 21) 1/2 N.
**Kaldus**, Terespol (PO 29) 2 SO.
**Kalham**, Neumarkt (KE 48) 1/2 NW.
**Kalinow**, Gogolin (OS 11) 1 1/2 O.
**Kalinesti**, Solatyn (LCJ 18) 2 NO.
**Kalisch** in Polen, *Stadt*, Rawicz 12 NO, Oels i. Schles. 11 NO. (OS 37. RO 17).
**Kalischau**, Reichenburg (OeSü 143) 1.
**Kalk**, Deutz (KM 2) 3/4 O.
**Kalkberge**, Erkner (NM 5) 1 1/4 N.
**Kalkofen**, Burgdorf (Ha 4).
**Kalkreuth**, Grossenhain 1/4 O, Pristewitz 3/4 O. (LD 35. 14).
**Kalksburg**, Wien 1 3/4 SW, Liesing 3/4 W. (KE 1. OeSü 7).
**Kalkstein**, Ducherow (BSt 54) 1/2 NO.
**Kallbach**, Nieder- u. Ober-, Neuhof (BF 21) 1/2 resp. 1/2 SO.
**Kallendorf**, Saarau (BF 6) 1/2 SO.
**Kalling**, Taufkirchen (KE 51) 1/2 NO.
**Kallisten**, Schlobitten (PO 41) 4 SO.
**Kallmünz**, *Fl.*, Regensburg 2 3/4 NW, Ponholz 1 1/2 W. (ByO 22. 26).
1 **Kallo**, Asod (UN 9) 1 1/4 N.

[2]**Kallo, Nagy-**, ♁T von Ujfehértó (Ts 18) 2 NO.
**Kallstadt**, Dürkheim (Pf 54) ¼ N.
**Kalna**, Falgendorf (SNV 11) ⅝ NO.
**Kalocsa**, *Stadt*. ♁ Stuhlweissenburg 11 SO. (OeSü 128).
**Kalsching**, *Fl.*, ♁ Nettolitz (KFJ 25) 3 S.
**Kaltbiese**, Wriesen (BSt 67) 2 O.
**Kaltbrunn**, Allensbach (Ba 85) 0,2 N.
— Hausach (Ba 164) 3 NO
**Kaltensche**, Breslau (NM 89) 1 S.
**Kalten**. ♁ Auer (OeSü 205) ½ N.
**Kaltenbach**. Gottmadingen ½ SW. Frauenfeld (Ba 80. SNO 2, 10) 3¾ N.
— Taus (BW 2)
**Kaltenbrunn**, Parksteinhütten (ByO 74) 1 SW.
— Salloch (OeSü 75) ¾.
**Kalteneber**, Heiligenstadt (ML 33) 1 S.
**Kalten-Engers**, Coblenz (Rh 52) 1 NW.
**Kaltenfeld**, Rakek (OeSü 79) 2.
**Kaltenlengsfeld**, Salzungen (Th 45) 4 S.
**Kaltenleutgeben**, Liesing (OeSü 7) 1.
**Kaltenmark**, Stumsdorf (ML 9) 1¼ W.
**Kalten-Nordheim**, *Stadt*, ♁ Salzungen 3 SW, Meiningen 2¾ NW. (Th 45. 50).
**Kalten-Sundheim**, Meiningen 2½ NW, Salzungen 3¼ SW. (Th 50. 45).
**Kaltenstein**, Strass-Sommerein (OeSt 66) ½ SO.
— Wieselburg (OeSt 67) ¾ W.
**Kaltenwesten**, Lauffen (Wü 55) ½ S.
**Kalten-Westheim**, Salzungen (Th 45) 3½ SW.
**Kalterberberg**, Eupen (Rh 1) 2 SO.
**Kaltern**, *Fl.*, ♁ Botzen (OeSü 203) 1⅜ SW.
**Kaltlinnen**, Gr.-Rosen ⅜ W, Liegnitz 1 O. (BF 19. 33).
**Kalthoff**, Czerwinsk (PO 32) 2½.
**Kaltofen**, *Kalk- u. Ziegelbrennerei*, Rosswein (LD 29) ¾ S.
**Kaluaz**, *Stadt*, ♁ Barsstyn (LCJ 10) 4 SW.
**Kalwarya**, *Fl.*, ♁ Krakau (GCL 1. KFN 41) 3 SW.
**Kaltwasser**, *Fl.*, Lemberg (LCJ 1. GCL 29) 1 W.
— *Bergwerk*, Uhsmannsdorf 1½ SO, Görlitz 2 NO. (BG 14. 15).
— Hainau 1½ NO, Liegnitz 2 NW. (NM 31. 33).
— Kandrzin [Kosel] (OS 13. Wi 1) 1¾ NO.
**Kalwe** (Celve), Marienburg (PO 36) 1½ SO.
**Kamaik**, Theresienstadt (OeSt 27) 2 N.
**Kamarás**, Almás- u. Nagy-, Kétegyháza (Ts 34) 1⅛ resp. 1¼ SW.
**Kamba**, Schwaan ¾ SW, Bützow 1 N. (Mk 2. 3).
**Kameik**, Zalesi ⅜ S, Lobositz ⅜ N. (OeSt 39. 38).
**Kamenitz**, Eisenbrod (SNV 15) ½ NO.
— an der Linde in Böhmen, *Stadt*, ♁ Budweis 7½ NO, Pardubitz u. Prag. (KFJ 23. KE 74 OeSt 18).
— bei Iglau in Mähren, *Fl.*, Brünn (BR 1. OeSt 1. KFN 50) 7 NW.
**Kamenomost**, Kralup (Bn 15. TKP 1) 1 SW.
**Kamernu**, Kl. Stanisch (RO 4) ½ S.
**Kamienitz**, Gleiwitz (OS 17) 1½ NO.
**Kamienopol**, Lemberg (GCL 29. LCJ 1) 1 O.
**Kamin**, Kraissauowitz (Wi 7) ½ SO.
**Kaminken**, Marienburg (PO 36) ¼ N.
**Kamionka wielka**, Korosów (LCJ 15) ½ NO.
**Kamionka-Strzumilowa**, *Stadt*, ♁ Lemberg (GCL 29. LCJ 1) 5 NO.
**Kamionken**, Terespol (PO 29) 4 SO.
**Kammelwitz**, D.-Lissa (NM 38) 1½ S.
**Kammer**, Timmelkam (KE 38) ½ SW.
**Kammerberger Mühle**, Lorch (Na 12) ¾ NO.
**Kammern**, Landshut (ByO 10) 7 O.
**Kammerswaldau**, Hirschberg 1½ NO, Jannowitz 1 NW. (NM 49. 51).
**Kammin, Gr.- u. Kl.-**, Vietz (PO 10) 1 W resp 1 SW.
**Kamminchen**, *Papiermühle*, Kreuz (OS 54. PO 19) 1½ SW.
**Kamnitz, Böhm.-**, (Kamenice česká), *Stadt*, ♁ T Reichenberg i. Böhm. 8 W, Bodenbach 2½ O. (SNV 22. BN 20. OeSt 42).
**Kamnitz, Wendisch-**, von Reichenberg i. Böhm. (SNV 22) 6½ W.
— Kotomiers (PO 28) 4 NW.
*Siehe dagegen Station Kamnitz BN 25.*
**Kampehl**, Neustadt a. D. (HH 7) ¼ NO.
**Kampenau**, Grunau (PO 38) 1½ SO.
**Kanczuga**, *Fl.*, Przeworsk (GCL 18) 1⅝ SW.
**Kandern**, *Stadt* ♁ T *Eisenhütten*, Schliengen 1¼ SO, Steinen 1½ NW. (Ba 47. u. 210).
**Kandersteg**, Thun (SC 1, 47)
**Kanizsa, Türkisch-**, *Fl.*, Oroszlámos (OeSt 112) 1½ O.
— Ungarisch-, Oroszlámos (OeSt 112) 2 O.
**Kanitz**, *Stadt*, ♁ Branowitz (KFN 51) 2½ NW.
*Siehe dagegen Station Kanitz-Eibenschitz OeSt 150.*
**Kankel**, Lissa (NM 38) 1 O.
**Kankelfitz**, Wangerin (BSt 17) ¾ NO.
**Kanker**, Laibach (OeSü 76) 5½
**Kannberg**, Mödling (OeSü 10) 4 SW.
**Kannenberg**, Freienwalde i. P. (BSt 16) 1 NW.
**Kantersdorf**, Löwen (SO 7) ¼ W.
**Kanzach**, Schussenried (Wü 45) 2 NW.
**Kapellen**, Pottenbrunn (KE 11) 1 NO.
— Mürzzuschlag (OeSü 33) ⅛.
*Siehe dagegen Station Kapelle ONS 2, 85.*
**Kapi**, Raab (OeSt 69) 3½ W.
**Kapkeim**, Lindenau (PO 53) 1/12 S.
**Kaplitz**, *Fl.* ♁ Linz 8 NO, Angern ¾ NO. (KE 64. 70).
**Kapolna**, Wartberg (OeSt 78) 1 N.
[6]— -Kal. (US 14). ♁ Hatvan (UN 10) 7½ NO.
**Kapornak**, *Fl.*, *Weinbau*. St. Mihály 1½. St. Iván 1½. (OeSü 107. 106).
**Kaposvár**, ♁ T *Wein- u. Tabakbau*, Boglár (OeSü 122) 5½.
**Kappe**, Schönlanke (PO 21) 1 NO.
[1]**Kappel**, Chemnitz ¼ SW, Siegmar ½ NO. (SW 29. 27).
[2]— a. Rhein, Orschweier (Ba 38) ½ W.
[3]— a. d. Acher, Achern (Ba 24) 1 SO.
[4]— bei Neustadt, Freiburg (Ba 39) ¾ SO.
[5]— (Eisenkappel), *Fl.*, ♁ Klagenfurt (OeSü 166) 3½ SO.
[6]— Reifnigg (OeSü 168) 1.
[7]— Innsbruck (OeSü 187) 13.
[8]— Olten (SC 1, 10) 1 SW.
[9]— -Ebnat, Wyl (VS 3, 8) 5 St. SO.
**Kappelen**, Wyningen (SC 1, 33).
**Kappelrodeck**, Achern (Ba 24) 0,1 SO.
**Kappelwindeck**, Bühl (Ba 23) 0,3 SO.
**Kappenbach**, Emmendingen (Ba 37) 1 O.
**Kappern**, Marchtrenk (KE 30) ½ NO.
**Kapsdorf**, Schobitz (OS 33) ¾ O.
**Káptalan Nyul**, Raab (OeSt 69) 1½.
**Kapuvar**, *Fl.*, ♁ Oedenburg 4½ SO, Zinkendorf 3½ (OeSü 97. 99).
[6]**Karacsond**, (US 13), Hatvan (UN 10). 4½ O.
**Karaczynów**, Lemberg (GCL 29. LCJ 1) 2 NW.
**Karad**, Szántód 2,05, Boglár 3. (OeSü 124. 123).
**Karapczyjow**, Suiatyn (LCJ 18) 1½ SO.
**Karansebes**, *Fl.*, ♁ T Temesvar (OeSt 119) 11 SO.
**Karasz**, Nyiregyhaza (Ts 14) 4 NO.
**Karben**, Heiligenbeil (PO 45) ⅜ NW.
**Karbischau**, Löwen (OS 7) 1¼ SO.
**Karbowo**, Warlubien (PO 31) 11 SO.
**Karschowitz**, Gleiwitz 1¼ N, Zabrze 1½ NW. (OS 17. 18)
**Karcice**, Divacca (OeSü 84) 1.
**Kardaschretschitz** (Kardasowo), *Stadt*, ♁ Budweis (KFJ 23. KE 74) 5½ NO.
**Karea**, Zbirow (BW 18) ⅝ S.
[6]**Kargo**, (Unruhstadt), (MP 6), *Stadt*, ♁ Fraustadt 8 NW, Glogau 7 N, Alt-Boyen 7½ NW, Frankfurt a. O. 14⅔ SO, Bomst 1½ S. (OS 41, 43. 44 NM 11. PO 71).
**Karkow**, Freienwalde (BSt 49) ½ NW.
**Karlbach**, Taus (BW 2) 2 NW.
**Karlburg**, *Stadt*, ♁ Pressburg 2½ W, Zurndorf 2½ NO. (OeSt 75. 65).
*Siehe dagegen Station Karlsburg St 16.*
**Karlow**, Paka (OeSt 105) ⅝ N.
— Suiatyn (LCJ 18) ¾ W.
**Karlowitz**, Stankau (BW 4) 1 N.
**Karlsbach**, Blindenmarkt (KE 19) ½ NO.
**Karlsbad**, siehe Carlsbad.
**Karlsbrunn**, Völklingen (Sa 10) 1¼ SW.
— Zwittau (OeSt 9) 1 N.
**Karlsdorf**, Bruchsal (Ba 10. Wü 1) ½ NW.
— bei Römerstadt, Littau 5 NO, Olmütz 6¾ N. (OeSt 45. 43. KFN 58).
**Karlshütten**, *Hochöfen u. Eisenhammer*, Zdits ¾ O, Beraun ½ W. (BW 15 16).
**Karlsmarkt**, Brieg (NS 8. OS 5) 2¼ O.
**Karlstein**, Regenstauf (ByO 25) ⅙ NO.
*Siehe dagegen Station Karlstein BN 17.*
**Karlswald**, Reichenberg i. Böhmen (SNV 21) ½ NW.
**Karmin**, Alt-Boyen (OS 44) ¾ SO.
**Karnowke**, Nakel (PO 26) 1 N.
**Karnowo**, Nakel (PO 26) ¾ N.
[6]**Karoly, Nagy-**, (UNO 5), ♁ Debreczin (Ts 11) 9¾ NO.
— Fejervár, siehe Karlsburg (St 16).
**Karolinenfeld**, Reichenberg i. Böhmen (SNV 22) ½ SW.
**Karos**, Kanizsa (OeSü 109) 1¼.
**Karpad**, Fünfkirchen (FB 2 MF 2) 3 NW.
**Karpfen**, *Stadt*, ♁ Szobb (OeSt 89) 10 N.
**Karsau**, Rheinfelden (Ba 59) 0,7 NO.
**Karschau**, Mühlhausen i. Preuss. (PO 61) 1½ NW.
**Kartál, Nagy- u. Kis-**, Aszód (UN 8) ⅝ resp. ½ NO.
**Karthaus**, Brünn (BR 1. OeSt 1. KFN 56) ⅝ N.
**Karva**, Köbölkut (OeSt 87) 1¼ S.
**Karwe**, Friesack (BH 6) 2¾ NO.
**Karwin**, Cörlin (BSt 24) 1 S.
*Siehe auch Station Karwin RO 3.*
**Karwitz, Klein-**, Wangerin (BSt 17) 3¼ SW.
**Kasalitz, Gross-**, Prelouc (OeSt 19) 1⅛ NO.
**Kaschel, Unter- u. Ober-**, Salloch (OeSü 75) ½.
**Kaselow**, Löcknitz (BSt 62) ¾ W.
**Kasnau**, Pilsen (BW 8. KFJ 39) 2 N.
**Kassel bei Orb**, Gelnhausen (SbH 14) ¾ O.
*Siehe Station Cassel HW 1.*
**Kassuben**, Trakehnen 1½ SO, Stallupönen 2 SW. (PO 61. u. 62).
**Kasten**, Kirchstetten 1½ S, Böheimkirchen ½ SO. (KE 9. u. 10).
— Kaisdorf (OeSü 5 O) 1.
**Kastengstatt**, Wörgl (OeSü 180) ¼.
**Kastenholz, Nieder-**, Euskirchen (Rh 22) ¾ SO.
**Kastgenstadt**, *Hammerw.*, Wörgl (OeSü 18 O).
**Kastl**, (Kastel), *Fl.*, ♁ Amberg (ByO 32) 2 SW.
— Trabitz ⅝ N, Kemnath-Neustadt ½ SO. (ByO 76 u. 77).
**Kaszouy**, *Fl.*, ♁ Nyiregyháza (Ts 14) 9 NO.
**Káta, Nagy-**, *Fl.*, ♁ Pilis 3½ O, Alberti-Irsa 2½ NW, Czegled 3 NW. (OeSt 100. 101. 102).
**Katharein**, Blansko (OeSt 3) ½ SW.
**Katharinenberg** (Katharinaberg), Reichenberg i. Böhm. (SNV 22) ½ N.
— *Stadt*, ♁ Annaberg 5 NO, Zschopau 5 SO, Freiberg i. Sachs. 5 S. (SW 70. 65. SO 51).
**Katord**, Czikvár (OeSü 117) 3.
**Katrop**, Soest (Wf 13 BM 56) ½ NO.
**Katsch**, *Eisenwerk*, Schauerfeld (KE 29) 1¼ W.
**Katschdorf**, Jannowitz (NM 51) 1 NO.
**Katscher**, *Stadt*, ♁ Gr.-Peterwitz (Wi 14) 1 W.
**Katschkau**, Bojanowo 1 NW, Reisen ½ SO. (OS 38. 39).
**Kattenau**, ♁ Trakehnen 1 NO, Stallupönen 1½ NO. (PO 61. 62).
**Kattern**, *H* (OS 2), ♁ Breslau (OS 1) 1½ SO.
**Kattowic**, *PH* (KFJ 31), Strakonic 1 SO, Horazdiowic 1,3 NW. (KFJ 30. 31).
**Kattsdorf**, Oberndorf (Wü 145) 1 SO.
**Kattun**, Schneidemühl (PO 22) 1 SW.
**Katwyk**, Groesbeck ⅝ S, Nymwegen 1½ SO. (Rh 79. 80)
**Katz, Kl.- u. Gr.-**, ♁ Danzig (PO 74) 3 NW.
**Katzendorf**, Ullersdorf (AT 8) ½ SW.
**Katzenelnbogen**, *Fl.*, ♁ St. Goarshausen 3 NO, Rupbach 1 SO, Diez 1½ S. (Na 14. 26. 29)
**Katzenfurt**, Ehringshausen (KM 59) ½ N.
**Katzhütte**, Eisfeld 2½ NO, Sonneberg 3 NW. (Th 58a, 61).

**Katznase**, Altfelde (PO 37) ½ NW.
**Katzow**, *Stadt*, Kolin (OeSt 32) 4 S.
**Kauer**, Quaritz (NZ 3) ⅝ NO.
**Kauernick**, *Fl.*, Warlubien (PO 31) 10 SO.
**Kauffung**, Haynau 5 S, Hirschberg 2½ NO, Jannowitz 1½ N. (NM 31. 49. 51).
**Kaufungen**, Nieder- u. Ober-, Cassel (HN 11. MW 1) 1 SO resp. 1½ SO.
**Kaukehmen**, Tilsit (TI 1) 4 NW.
**Kaunitz**, *Fl.*, Böhm.-Brod (OeSt 24) ½ N.
— Brackwede 2½ S, Paderborn 3 NW (KM 27. Wf 7).
**Kaurim**, *Stadt*, Böhm.-Brod (OeSt 24) ½ N.
**Kauth**, Taus (BW 3) 1 SO.
**Kauthen**, Woinowitz (WI 15) 3 SW.
**Káva**, Monor 1½ O, Pills 1½ N. (OeSt 99. 100).
**Kavern**, Kobbelbude (PO 48) 1¼ SO.
**Kawallen**, Breslau (OS 1) 1 NO.
**Kayerde**, Alfeld (Ha 77) 1 SW.
**Kaynow**, Trachenberg (OS 36) 1¾ SO.
**Kazár**, Kiss-Terenne (UN 13) ¾ N.
**Kazmirowo**, Nakel 2¾ SW, Rokitnice 1½ W. (PO 98. OS 49).
**Keblic**, Theresienstadt (OeSt 37) 1 SW.
**Kecna**, Haisfeld (OeSt 118) 1½ O.
**Kecsege**, Lepsény (OeSS 126) 3½.
**Kécske**, Uj-, Nagy-Körös (OeSt 103) 5 O.
**Keeken**, Cleve (Rh 75) 1½ NW.
**Keenow**, Tantow (BSt 9) ¼ NW.
**Kefermarkt**, Lest (KE 68) ½ SO.
**Kehida**, Szt. Mihály (OeSS 107) 2½.
**Kehl**, *Dorf*, Kehl (Ba 157) 0.8 S.
**Kehmstedt**, Bleicherode (ML 29) ½ N.
**Kehnert**, Mahlwinkel (MH 19) 1 SO.
**Kehrberg**, Angermünde (BSt 6) 5½ NO.
**Kehrig**, Andernach u. Neuwied (Rh 50. 51) 3 SW.
**Kehrwalde**, Czerwinsk (PO 29) 1½ NW.
**Keitum** auf Insel Sylt, T Tondern (Sw 12) ca. 4½ W.
**Keilhau**, Sonneberg (Th 61) 6 N.
**Keimkallen**, Heiligenbeil (PO 45) ¾ NO.
**Keiberg**, Coblenz (Rh 52) 7½ SW.
**Kelbra**, *Stadt*, Rossla ¾ SW, Nordhausen 2 SO. (ML 24. 28).
**Keldenich**, Seebiem (Rh 40) ¾ NO.
**Kelheim**, *Stadt*, T *Hermerbrücke*, Regensburg (ByO 22) 3½ SW.
**Kell**, Brohl (Rh 49) ¾ SW.
— Ohristey Klomin (TKP 3) ⅛ N.
**Kellen**, Cleve (Rh 75) ¼ N.
**Kellinghusen**, *Fl.*, T Wrist (AK 8) ½ NW.
**Kellminen**, Tilsit (TI 1) 2½ SW.
**Kelpin**, Terespol (PO 29) 6 NW.
**Keltsch**, *Stadt*, Weisskirchen in Mähren (KFN 21) 1½ SO.
*Siehe dagegen Station Keltsch RO 9.*
**Keltschan**, Bisenz-Pisec (KFN 14) 1½ W.
**Kelz**, Veitweiss (Rh 20) ½ N.
**Kemathen**, Wels (KE 31) 2 W.
**Kemberg**, *Stadt*, Wittenberg 1½ S, Bergwitz 1 SO, Gräfenhainchen 2 NO. (BA 9. 10. 11).
**Kemel**, Wiesbaden (Na 1. T 10) 3 NW.
**Kemenesza**, Szobb (OeSt 96) 4 NO.
**Kemend**, Grán-Nana (OeSt 88) 1¾ W.
**Kemin Egerszeg**, Bükk (OeSS 100) 1.
**Kemme**, Hildesheim (Ha 70) 1¼ NO.
**Kemmenau**, Ems (Na 22) ½ NO.
**Kemnath (Kemnat)**, Kemnath-Neustadt (ByO 77) ½ NO.
— bei Fuhrn, Schwarzenfeld (ByO 68) 1½ SO.
— bei Nabburg, Schwandorf (ByO 29) 1¼ NO.
**Kemnitz**, Greifswald (BSt 57) ½ O.
— bei Bernstadt, Löbau 1¼ SO, Reichenbach 1¼ S. (SO 23. 25).
— Neu-, Alt-Kemnitz (NM 47) ½ NW.
**Kempa**, Nendza (WI 4) ¼ S.
**Kempen**, *Stadt*, T Oels 6 NO, Namslau 4½ NO, Creuzburg 5½ NW, Breslau 10 NO. (RO 17. 20. 23. 13).
— Trampke (BSt 15) ¼ N.
— Altenbeken (Wf 6) ½ N.
*Siehe dagegen Station Kempen Rh 67.*
**Kempenich**, Brohl (Rh 49) 2½ SW.
**Kemperhof**, *Gerberei*, Coblenz (Rh 52) unm.
**Kempfeld**, Oberstein 1¾ NW, Fischbach 2¾ NW. (Sa 38. 37).
°**Kempten**, (UL 87), Bingerbrück (Rh 56. Sa 27) ¼ O.
*Siehe dagegen Station Kempten ByS 11.*

**Kendenich**, Kalscheuren (Rh 38) ¼ SW.
**Kenderes**, Kis-uj-Szállás (Ts 6) ¾ NW.
**Kene(n)ce**, Lepsény (OeSS 126) 2.
**Kengen**, Aldekerk (Rh 68) ½ NO.
**Kenten**, Horrem (Rh 10) ½ NW.
**Kentschkau**, Breslau 1¼ SW, Schmolz ½ NO. (BF 1. 2).
**Kenty**, *Stadt*, Bielitz 2½ NO, Oswiecim 3 S. (KFN 64. 35).
**Kenyhéczy**, Hidas-Németby (Ts 26) ½ N.
**Kenzlin**, Alt- u. Neu-, Malchin (FF 4) 1 N.
**Keppeln**, Weeze 1¼ NO, Goch 1 O. (Rh 72. 73).
**Kér**, Forró Encs (Ts 24) 1½ W.
— Kis- u. Nagy-, Gr.-Kikinda (OeSt 114) 15 SW.
— — — Grosswardein (Ts 43. US 1) 1 SO.
**Kerbshorst**, Grunau (PO 35) ¾ NO.
**Kerbswalde**, Ober-, Elbing (PO 39) ½ SW.
**Kerecsen**, Gelse (OeSS 108) 1.
**Kerecsent**, Hatvan (UN 10) 2 NO.
**Kerek**, Nagy-, Mezö-Kereszies (Ts 42) 1½ N.
**Kerestinec**, Zapresic (OeSS 146) 1½.
**Kereszten**, Moha (OeSS 136) ½ N.
*Siehe dag. Station Kereszies-, Mezö-, Ts 42.*
**Kereszíur (Brodog)**, *Fl.*, Tokaj (Ts 17) ¾ NW.
— Martonvásár (OeSS 131) 1.
— Szöreg (OeSt 111) 1¼ W.
— Pest (OeSt 95. UN 1) 2 O.
*Siehe dag. Station Keresztur, Csaba-, UN 4.*
**Kerkow**, Angermünde (BSt 6) ¼ N.
**Kernenried**, Lyssach (SC 1. 25).
**Kerns**, Luzern (SC 1, 25. SNO 2. 57).
**Kerpen**, *Fl.*, Horrem 1 SW, Bulz 1 O. (Rh 10. 9).
— Gogolin (OS 11) 2½ SW.
**Kersbach**, Ottensoos (ByO 41) ⅜ NO.
**Kerschbach**, Pragerhof (OeSS 59) ½.
**Kersdorf**, Briesen (NM 9) ¼ SW.
**Kerspleben**, Erfurt (Th 6) ¾ NO.
**Kerstenbruch**, *Zuckerfabr.*, Wriezen (BSt 67) 1 O.
**Kerstenhausen**, Borken (MW 6) ¼ NW.
**Kerstenwalde**, Carolinenhorst (BSt 24) 1 W.
**Kerstlingerode**, Göttingen (Ha 84) 1¾ SO.
**Kervenheim**, *Fl.*, Kevelaer 1 NO, Weeze 1 O. (Rh 71. 72).
**Kerzdorf**, Lauban (NM 43) ½ S.
**Kerzell**, Neuhof (BbH 7) ¾ N.
**Kerzenheim**, Monsheim (ML 39) 1¾ SW.
**Kessburg**, Schönlanke (PO 21) 4½ NW.
**Kessel**, Goch 1 NW, Venlo 1¾ SW. (Rh 73. 84).
— oder **Kynitzsch**, Bischofswerda (SO 17) ⅝ NO.
**Kesselbach**, Lollar (MW 13) 2 NO.
— Wiesbaden (Na 1. T 10) 1¾ N.
**Kesseldorf**, Dresden (LD 20) 1¼ W.
**Kesselheim**, Coblenz (Rh 52) ½ N.
**Kesselhütte**, Cham (ByO 64).
**Kesseling**, Remagen (Rh 46) 2¼ SW.
**Kesselsdorf**, Bunzlau (NM 29) 3 S.
**Kesselstadt**, Hanau (BbH 17. FH 5) ¼ NW.
**Kessenich**, Bonn (Rh 42) ⅝ S.
— Buskirchen (Rh 31) ¼ NO.
**Kessin**, Züssow (BSt 56) ½ N.
— Rostock (Mk 1) ½ SO.
**Kesslingen**, Mettlach (Sa 17) 1¼ NW.
**Kesswell**, Romanshorn (ByS 1b) 1¼ NO.
**Kestenholz**, Olten (SC 1. 10) 2¼ SW.
**Kesternich**, Aachen (AM 1. Rh 4. BM 1) 3 SO.
**Kestert**, Ober-, Kestert (Na 15) unm. O.
**Keszeg**, Waitzen (OeSt 92) 3 NO.
**Keszi**, Tisza-, Mezö-Kereszies (Ts 42) 3¼ SO.
**Kesznyétem**, Tisza-Lúcz (Ts 20) 1 S.
**Keszthely**, Keszthely (OeSS 120) 1¾.
**Keszü**, Fünfkirchen (FH 2. MF 2) 1 SW.
**Kétegyháza**, Kétegyháza (Ts 34) ¼ SO.
**Ketsch**, Friedrichsfeld 1 NW, Heidelberg 2 SW. (MN 16. Ba 2. 3).
**Ketten**, Grottau (SO 34) ¼ S.
**Kettenbach**, Diez 2 SO, °Hahnstätten ¾ S. (Na 29. 44).
**Kettenheim**, Vettweiss (Rh 20) ½ NW.
*Siehe dagegen Kettenheim H° HL 43.*
**Kettenhof**, Neu-, Schwechat-Kledering (OeSt 55) ½ SO.
**Kettenise**, Astenet ½ S, Eupen ¼ NO. (Rh 3 u. 1).

**Kettig**, Neuwied (Rh 51) ½ S.
°**Kettwig**, (BM 119), *Stadt*, T Mülheim a. d. Ruhr 1 N, Essen 1¼ SW. (BM 86. Rh 90. — BM 85. Rh 93).
**Kéty**, Perbete (OeSt 96) 2 O.
**Ketzelsdorf**, Königinhof (SNV 8) 1 N.
**Ketzin**, *Stadt*, Potsdam 2½ NW, Nauen 3 S, Gr.-Kreutz 1¼ NO. (BPM 5. BH 4. BPM 8).
**Keuern** *mit Brennerei*, Döbeln (LD 28) ½ W.
**Keula**, Gr.-, *Fl.*, Gernrode (ML 31) 1½ NO.
— *Hüttenwerk*, Weisswasser i. Schlesien (BG 12) ¾ O.
**Keule**, Trautenau (SNV 26) 1 S.
**Keuschberg**, Dürrenberg (Th 19) ⅛ SO.
**Kevermes**, Kétegyháza (Ts 34) 3 SW.
**Kezdy-Vasarhely**, *Fl.*, Arad ca. 30 O (SI 1. Ts 27) °Kronstadt (UO) 7½ NO.
**Kiauten**, Gumbinnen (PO 60) 3 SO.
**Kichlinsbergen**, Riegel (Ba 86) 1,3 W.
**Kicin**, Posen (OS 48) 1 NO.
**Kiebel**, *Stadt*, Fraustadt (OS 41) 4¼ NW.
**Kiedrich**, Eltville (Na 5) ½ NW.
**Kiefendorf**, Mettkau (BF 4) ⅞ S.
**Kieferstädtel**, *Fl.*, Gleiwitz (OS 17) 1½ SW.
**Kielholz**, Wangerin (BSt 17) 1½ NW.
**Kiekebusch**, Königs-Wusterhausen (BG 3) 1¼ NW.
**Kielp**, Terespol (PO 29) 1¾ SO.
**Kienau**, (Kynau), Waldenburg 1¼ O, Schweidnitz 1½ SW, Dittersbach 2 O. (BF 10. 16. NM 56).
**Kienberg**, Sissach (SC 1, 7) 2¼ SO.
**Kienbom**, Erkner (NM 5) 2.
**Kienitz**, *Zuckerfabr.*, Wriezen 2 SO, Gusow 2 NO, Golzow 2¼ NW, Cüstrin 2½ NW. (BSt 67. PO 6. 7. 8)
**Kiene**, Franzensfeste (OeSS 197) 2 O.
**Kienwerder**, Kreuz (OS 54. PO 19) ¾ N.
**Kierberg**, Brühl (Rh 39) ¼ NW.
**Kierspe**, Hagen i. Westfalen (Ha 24) 4 SO.
**Kiesdorf**, Herrnhut (SO 30) 1½ NO.
**Kieselbach**, Markeuhl (Th 44) 1½ SW.
— Oberwesel (Rh 56) 1½ SW.
**Kieselbronn**, Pforzheim 0,6 N, Enzberg 0,4 W. (Ba 149. 152).
**Kieseling**, Marienburg (PO 36) 1½ SO.
**Kieselkehmen**, Judschen (PO 59) 1¼ S.
**Kieselwitz**, Fürstenberg (NM 14) 1½ SW.
**Kieshof**, Greifswalde (BSt 57) ¾ N.
**Kieslingswalde**, Kohlfurt 1¾ S, Görlitz 1½ O. (NM 26. 41).
**Kiesow**, Gr.- u. Kl.-, Züssow (BSt 56) 1 N.
**Kietz**, Woltersdorfer, Erkner (NM 5) ½ N.
— Driesen (PO 18) ½ S.
— Neu-, Freienwalde (BSt 49) ½ NO.
**Kietzerow**, Stargard (BSt 14) ¾ N.
**Kietzig**, Stargard (BSt 14) 1 NO.
**Kiewo**, Terespol (PO 29) 1½ SO.
**Kigyos**, Csaba (Ts 33).
**Kikez**, Rokitnice (OS 49) ¾ SO.
**Kilb (Kulb)**, St. Pölten 3 SW, Loosdorf 1½ S. (KE 13. 14).
**Kilchberg**, Sommerau (SC 1, 8) 1 O.
— Zürich (SNO 2, 19. VS 2, 57) 1½ S.
*Siehe dagegen Station Kilchberg Wü 186.*
**Kilgis**, Kobbelbude (PO 48) 2 SO.
**Kilian**, St., *Fabrik*, Radotin (BW 20) ¾ SO.
**Kilianstädten**, Vilbel (MW 23) 1¼ NO.
**Kilimán**, Gelse ¼, Kanizsa 1⅝. (OeSS 108 u. 109).
**Kilitl**, Siófok (OeSS 125) ½.
**Kindelbrück**, *Stadt*, °Strausfurth (NE 8) 2½ NO.
**Kindenheim**, Monsheim (HL 39) ⅝ SW.
**Kinderhof**, Weblau (PO 55) 4 SO.
**Kinding**, *Fl.*, Ingolstadt (ByS 243) 4 N.
**Kindisch**, Bischofswerda (SO 17) 1 NW.
**Kinzweiler**, Eschweiler (Rh 6) ¾ NW.
**Kinzing**, Osterhofen (ByO 53) ¾ SO.
**Kipfenberg**, *Fl.*, Ingolstadt (ByS 243) 3 N.
**Kippenheim**, *PH* (Ba 33), *Stadt*, Orschweier (Ba 33) ½ NO.
**Kippenheimweiler**, Dinglingen (Ba 31) ½ NW.
**Kiralfalva**, (Königshaiden), Wartberg (OeSt 78) ⅝ SO.
**Kiraly, Szt.**, St. Lörincz (FB 3) 1 SO.
**Kiralyhegyes**, Szöreg (OeSt 111) 4½ O.

**Kiraliseo**, Sellye (OeSt 81) 2¼ SW.
**Kirberg**, Limburg (Na 80) 1¼ SO.
**Kirchähr**, Laurenburg (Na 25) 1¼ N.
**Kirchardt**, Grombach (Ba 130) 0,3 S.
**Kirchau**, Neunkirchen (OeSü 24) 2,1.
**Kirchbach**, Oederan (SO 52) ½ NO.
**Kirchbaggendorf**, Greifswald (BSt 57) 4 W.
**Kirchbeerfurth**, Darmstadt (HL 24 MN. 5) 3 SO.
1 **Kirchberg** a. d. Jaxt, *Stadt*, T Hall 3 NO, Eckartshausen-Ilshofen 1 N. (Wü 79. 81).
2 — Ober-, Ulm (ByS 103. Wü 94) 1¼ S.
3 — bei Eggenfelden, Landshut (ByO 10) 1¾ N.
4 — Regenstauf (ByO 25) ¾ NO.
5 — Semen (Ba 8), ½ SW.
6 — Cassel 2 SW, Guntershausen 2¼ W. (HN 9. MW 3).
7 — bei Jülich, Eschweiler (Rh 6) 1½ NO.
8 — *Stadt*, Boppard 6¼ SO, Oberwesel 4½ SW, Bacharach 4¼ SW. (Rh 54. 56. 57).
9 — *Stadt*, Wilhau (SW 49) ¾ S.
10 — bei Stollberg i. Sachs., Hohenstein-Ernstthal (SW 42) ¾ SO.
11 — a. d. Wagram, *Stadt*, Stockerau (KFN 46) 3 NW.
12 — a. d. Pilach, Sct. Pölten 3½ SW, Prinzersdorf 2½ S. (KE 12. 13).
13 — am Walde, Hörsching (KE 29) ½ NW.
14 — im Brixenthal, Wörgl (OeSü 180) ¾.
15 — im Wechsel, Gloggnitz (OeSü 27) 1½.
16 — Lebring (OeSü 52) 2½.
17 — Burgdorf 1 NW, Lyssach ½ N. (SC 1, 34 u. 35).
**Kirchboitzen**, *Fl.*, Eystrup 2½ NO, Verden 2¾ SO. (Ha 28. 30).
**Kirchborchen**, Paderborn (Wf 7) 1 SW.
**Kirchbrack**, Vorwohle (Bs 3) 1¾ NW.
**Kirchbracht**, Wächtersbach (BbH 13) 1½ SW.
**Kirchbrombach**, *Fl.*, Darmstadt (HL 24. MW 5) 3½ SO, siehe Brombach.
**Kirchbüchl**, *H*° (OeSü 179), Wörgl (OeSü 180) ⅝.
**Kirchdaun**, Remagen (Rh 46) ¾ W.
**Kirchderne**, Dortmund (BM 50. KM 18) ¾ NO.
**Kirchditmold**, Wilhelmshöhe (HN 10. MW 2) 1/12 N.
1 **Kirchdorf**, Donaueschingen (Ba 185) 1,3 N.
2 — Freising (ByO 6) 1½ NW.
3 — Osterhofen (ByO 53) ¾ SW.
4 — im Walde, Plattling (ByO 51) 3 NO.
5 — *Fl.*, Linz 6 S, Wels 4½ SO (KE 64. 31).
6 — Pernegg (OeSü 41) 15.
7 — in Tirol, Wörgl (OeSü 180).
8 — Nienburg (Ha 26) 4 W.
9 — Milsow (BSt 58) 1 SO.
10 — Thun (SC 1, 47).
**Kirchdrauf**, (Kirchdorf u. Csepes Varallya), *Stadt*, Kaschau (Ts 23) 6 NW.
**Kirchen**, Efringen (Ba 52) 0,1 SO.
— im Aitriehthal, Geisingen (Ba 181) 0,45 O.
*Siehe dagegen Station Kirch-n KH 62.*
**Kirchendemenreuth**, Windisch-Eschenbach (ByO 82).
**Kirchenlamitz**, *Fl.*, Münchberg in Bayern 1½ SO, Schwarzenbach 1 S. (ByS 72. 73).
**Kirchenpingarten**, Kirchenlaibach (ByO 78) ¼ N.
**Kirchenrainbach**, Neukirchen (ByO 36) ½ NW.
**Kirchenroth**, Walhallastrasse 4½ SO, Straubing 1½ N (ByO 25. 47).
**Kirchentemerreuth**, Parksteinhütten (ByO 74) 1¼ NO.
**Kirchenthumbach**, *Fl.*, Amberg 5 N, Pressath 2 W. (ByO 32. 75).
**Kirchfeld**, Amstetten (KE 20) ¾ SW.
**Kirchfelden**, *Badeort*, Kenzingen (Ba 35) 2 O.
**Kirchgarten**, Freiburg (Ba 39) 1,3 O.
**Kirchgellersen**, Bardowiek 1 SW, Lüneburg 1¼ SW. (Ha 14. 15).
**Kirchgöns**, Langgöns (MW 15) ½ S.
**Kirchhain**, *Stadt*, *Tuchfabr. u. Weissgerbereien*, Herzberg 3½ O, Burxdorf 3¼ NO. (BA 22. 24. BG 6).
*Siehe dagegen Station Kirchhain HW 10 u. OHSG 11.*
**Kirchham**, Vilshofen (ByO 55) 5 S.
— Riedau-Ried (KE 49) 3 SW.
**Kirchhasel**, Hünfeld (BbH 5) 1 N.
**Kirchhausen**, Steinen (Ba 210) 1,13 N.
1 **Kirchheim**, *PH* (Ba 4), Friedrichsfeld ½ S. Heidelberg ½ SW. (Ba 2. 3. MN 16. 17).
2 — a. d. Flossach, *Fl.*, Schwabmünchen 3 W, Kellmünz 3½ O, Dinkelscherben 3 SW. ((ByS 22. 210. 112).
3 — *Fl.*, Ebingen (Wü 172) 1 W.
4 — im Ries, Bopfingen (Wü 117) ¾ NO.
5 — Euskirchen (Rh 22) 1 SO.
6 — Hersfeld (BbH 2) 1½ SW.
7 — Erfurt (Th 8) 1½ SW.
*Siehe dagegen die Stationen Kirchheim, Ba 121 u. Wü 54, und Kirchheim u. Teck, Wü 153.*
**Kirchheimbolanden**, *Stadt*, *Eisenhütten*, *Quecksilbergr.*, Alzey (HL 44) 1½ SW.
**Kirchhellen**, Sterkrade (KM 36) 1½ NO.
**Kirchherten**, Horrem (Rb 10) 3 NW.
**Kirchhörde**, Dortmund (BM 50. KM 18) 1 S.
**Kirchhofen**, Schallstadt *H*° (Ba 41) ½ S.
**Kirchhorst**, Burgdorf (Ha 4) 1 W.
*Siehe dagegen Station Kirchhorsten, Ha 46.*
**Kirchlauter**, Ebelsbach (ByS 78) ½ N.
**Kirchleerau**, Aarau (SC 1, 18. SNO 2, 30) 2¾ S.
— Reiden (SC 1, 16) 2 NO.
**Kirchlinde**, Mengede (KM 17) ½ S.
**Kirchrath Kerkrade** (*Stat.*), Simpelveld 1 NO, Herzogenrath ½ W (AM 4. BM 5).
**Kirchrode**, Hannover (Ha 1) 1½ O.
**Kirchroth**, Walhallastrasse (ByO 23) 4 SO.
**Kirchseifen**, Call (Rb 25) 2 SW.
**Kirchsittenbach**, Hersbruck (ByO 40) 1 N.
**Kirchwärder**, Bergedorf (BH 24) 1¼ S.
**Kirchwehren**, Seelze (Ha 21) ½ SW.
**Kirchwerder**, Wunsen (Ha 15) 1⅛ N.
**Kirchweyhe**, Uelsen (Ha 10) ⅜ NW.
**Kirchwistedt**, Stubben (Ha 38) 1½ O.
**Kirchzell**, Aschaffenburg (ByS 103. FH 10. HL 30) 5¾ S.
**Kirf**, Beurig-Saarburg (Sa 19) 1½ SW.
**Kiritein**, Brünn (OeSt 1) 1½ NO.
**Kirkel-Neuhäusel**, Blieskastel (Pf 25) 1 NW.
**Kirlach**, Wiesloch (Ba 6) 1¼ SW.
**Kirlitz**, Brünn (BR 1) 1 SO.
**Kirnbach**, *Fl.*, Bretten (Wü 4) 1½ NO.
— Biberach 0,8 N, Hausach 0,5 S (Ba 161. 164).
**Kirrdorf**, Homburg (Ho 1) ⅛ N.
**Kirrlach**, Langenbrücken (Ba 8) 1 W.
**Kirrweiler**, Maikammer (Pf 35) ⅛ O.
**Kirschau**, Bautzen (SO 20) 1¼ S.
**Kirschgartshausen**, Mannheim (Ba 1) 0,9 N.
**Kirschhausen**, Heppenheim (MN 11) ¾ O.
**Kirschhofen**, Weilburg (Na 36) ⅝ S.
**Kirschroth**, Sobernheim (Sa 34) ¾ SW.
**Kirspenich**, Euskirchen (Rb 22) ¾ S.
**Kirtorf**, *Stadt*, Neustadt 1½ S, Kirchhain 2 SO (MW 9. 10)
1 **Kis-Igmánd**, Nagy-Igmánd (OeSü 140) ⅝.
2 —-Komárom, Komárváros (OeSü 119) ½.
3 —-Láng, Lepsény (OeSü 126) 3.
4 —-Lóók, Csikvár (OeSü 127) 4.
5 —-Márton, Martonvásár (OeSü 131) ½.
*Siehe im Uebrigen die mit Kis zusammengesetzten Ortsnamen unter den betreffenden Stammwörtern.*
**Kischitz**, Pilsen (BW 8. KFJ 39) 1 O.
**Kiser**, **Jacz-**, *Fl*, Abony (Ts 2) 5 NO.
**Kislau**, *Fabrik*, Langenbrücken (Ba 8) 0,2 W.
**Kissenbrück**, Wolfenbüttel (Bs 24a) ¾ SO.
°**Kissingen** (ByS 284), *Stadt*, T *berühmter Badeort*, Schweinfurt 3 NW, Gemünden 4½ NO, Meiningen 7 SW (ByS 84. 97. Th. 50).
°**Kisslegg** (Wü 193), T Essendorf 3½ N, Ravensburg 2½ O (Wü 44. 50).
**Kissoroszi**, St. Hubert (OeSt 115) ½ SW.
**Kist**, Reichenberg (Ba 123) 0,5 N.
**Kiszkowo**, *Stadt*, Posen (OS 48) 4½ NO.
**Kittelwitz**, Leobschütz (WI 10) 1½ N.
**Kittenberg**, Leibnitz (OeSü 58) 1.
**Kittlitz**, Löbau (SO 23) ½ N.
— Böhm.-Leipa (BN 8) 2 N.
**Kittlitztreben**, Bunzlau (NM 29) 2 N.
**Kitzbichl** (Kitzbühel), Wörgl (OeSü 180) 2 SO.
**Kitzerow**, Trampke (BSt 15) 1 W.
**Kitzscher**, Borna (SW 93) ¾ NO.
**Kisbava**, *Eisenwerk*, Rokitzan (BW 11) ⅝ NW.
**Klaber**, Laiendorf (PF 2) ¾ SO.
**Klackendorf**, Altfelde (PO 37) ¼ SO.
**Kladau**, Praust (PO 73) 1½ SW.
**Kladern**, Josefstadt (SNV 6) 1½ N.
**Kladie**, Reichenburg (OeSü 143) ½.
**Kladrau**, *Stadt*, Nürschau 2 NW, Staab 2 NW (BW 6. 5).
**Klafferstrasse**, Passau (ByO 58) 4¼ NO.
**Klanjec**, Rann (OeSü 145) 3.
**Klanjetz**, Pöltschach (OeSü 60) 5.
**Klantendorf**, Zauchtl-Neutitschein (KFN 23) 1 N.
**Klanz**, Divacca (OeSü 84) 1½.
**Klapai**, Lobositz (OeSt 38) 1½ W.
**Klarsberg**, Kelsterbach (HL 33) ½ W.
**Klarafalva**, Szöreg (OeSt 111) 3 O.
**Klari**, Hatzfeld (OeSt 116) 1 SO.
**Klasno**, Wieliczka (GCL 3) 1¼ SO.
**Klaster**, Josefstadt (SNV 6) 1½ SO.
**Klattau** (Klatov), *Stadt*, T Welsau 2½ W, Nepomuk 5 SW (KFJ 33. 34).
**Klausdorff**, Schneidemühl (PO 21) 3½ NW.
°**Klausenburg** (US 10), *Stadt*, T Grosswardein (Ts 43. US 1) 19½ SO.
**Klawittersdorf**, Schneidemühl (PO 22) 2½ NW.
**Klebow**, Damm (BSt 12) 1½ W.
**Klebach**, Woinowitz (WI 15) 3 S.
**Klecan**, Rostok in Böhm. (OeSt 29) ¼ NO.
**Kleeaneck**, Rostok (OeSt 29) ¼ NO.
**Kleckewitz**, Raguhn (BA 30) ½ O.
**Klecko**, *Stadt*, Posen (OS 48) 6 NO.
**Kleeberg**, Landshut (ByO 10).
**Kleefeld**, Hannover (Ha 1) ½ NO.
**Kleen**, **Nieder-**, Langgöns ⅝ SW, Wetzlar 2 SO (MW 15. KM 60. Na 41).
— **Ober-**, Langgöns 1 SW, Wetzlar 2¼ SO.
°**Kleestadt** (HL 69), Babenhausen (HL 28) ¾ S.
**Kleim**, Topkowic (OeSt 41a) ½ W.
**Klein**, Leibnitz (OeSü 53) 1.
**Kleinboden**, Jenbach (OeSü 183) 1½.
**Kleinburg**, Breslau ½ S.
**Kleindorf**, Littai (OeSü 74) 3¼.
**Kleinenberg**, *Stadt* Bonenburg 1 NW, Willebadessen 1 SW, Paderborn 3¼ SO (Wf 2. 4. 7).
**Kleinenglis**, Borken (MW 6) ¾ N.
**Kleinensee**, Hönebach (HN 2) ⅓ O.
**Klein-Föll**, Kundl (OeSü 181) 1.
**Kleinholz**, Bützberg (SC 1, 30).
**Kleinitz**, Fraustadt (OS 41) 5½ NO.
**Kleinkems**, Rheinweiler *H*° ½ S, Efringen 0,7 NW (Ba 49. 52).
**Kleinkrug**, Czerwinsk (PO 32) ¾ NO.
**Klein-Maierhof**, St. Peter (OeSü 82) ½.
**Kleinmünchen**, Landshut (ByO 10) 6 SO.
*Siehe dagegen Station Kleinmünchen, KE 27.*
**Kleinstetten**, Leibnitz (OeSü 53) 2½.
**Kleinsulz**, Kalsdorf (OeSü 50) ¼.
**Kleischa**, Aussig (AT 1. OeSt 40) ¾ NW.
**Klenak**, Sissek (OeSü 151) 40.
**Klengen**, Donaueschingen (Ba 185) 1,5 N.
**Klek**, Trifail (OeSü 69) ¾.
**Klemmerwitz**, Liegnitz (BF 23. NM 33) 1¼ SO.
**Klempin**, Belgard (BSt 21) ½ O.
— Hohenstein (PO 72) 1¼ SW.
**Klemzow**, Freienwalde (BSt 49) 2½ NO.
**Klen**, Gran-Nana (OeSt 88) 4 W.
**Klenovka**, Prelouc (OeSt 19) ¼ SO.
**Klentsch**, Taus (BW 2) 2½ W.
**Kleparow**, Lemberg (GCL 29. LCJ 1) ½ N.
**Kleppehagen**, Strassburg (BSt 69) 1½ N.
**Klepzig**, Cöthen (BA 33. ML 7) ¼ O.
— bei Belzig, Coswig (BA 27) 2 NO.
— Landsberg bei Halle (BA 10) ½ SW.

**Klessen**, Friesack (BH 6) 1 W.
**Klesowen**, Insterburg (PO 58. TI 4) 6 SO.
**Kleische**, Lasse (OeSS 74) 0,7.
**Kleischkau**, Schweidnitz (BF 16) 1/16 SO.
— **Gross-**, Praust (PO 73) 2 SW.
— **Klein-**, Praust 1 S.
**Kleitbach**, Erfurt (Th 8) 1¼ SO.
**Klettendorf**, *Zuckerfabrik*, Breslau 1 SW.
— Ingramsdorf 1 S, Schweidnitz 1 NO (BF 5. 18).
**Kletzke**, Glöwen 1¾ NW, Wilsnack 1¼ NO (BH 9. 10)
**Kleutsch**, Gnadenfrei ⅝ S, Frankenstein 1 N (BF 12. 11).
— Dessau (BA 30) ¾ SO.
**Kliebem**, Coswig (LD 16) ½ W.
**Klieken**, *PH* (BA 28), Coswig in Pr. (BA 27) ¾ NW.
**Kliestow** (Cliestow), Frankfurt a/O. (NM 11. PO 71) ½ NW.
**Klietzen**, Cöthen (BA 33. ML 7) 1 N.
**Klikowa**, Tarnow (GCL 10) ½ NW.
**Klinetz**, Dobrichowitz (BW 19) 1 SO.
**Klinga**, *verstaatl. Steinbruch*, Naunhof *H°* ⅝ O. Grossteinberg *H°* ½ N (LD 21. 22)
**Klingbeck, Gross-**, Ludwigsort (PO 47) 1 SO.
— **Klein-**, Ludwigsort 2½ SO.
**Klingebeutel**, Wolnowitz (Wi 15) 3 SW.
**Klingelbach**, St. Goarshausen 3 NO, Kupbach 1 SO, Diez 1½ S (Na 14 26. 29).
**Klingen**, *Stadt*, °Greussen (NE 7) ¼ NW.
— **Ober-**, } Darmstadt (HL 24. MN 5)
— **Nieder-**, } 2¾ SO.
**Klingenberg**, *prov. Stat.*, *Stadt*, Aschaffenburg 3½ S.
*Siehe dagegen Station Klingenberg, SO 48.*
**Klingenbrunn**, Haag (KE 23) ½ O.
**Klingenbrunn**, *Glashütte*, Plattling (ByO 51).
**Klingenthal**, *Fabr. v. Musikinstrumenten*, Auerbach 2 SO, Falkenstein 2 SO, Adorf 2 NO, Plauen 3¾ SO (SW 73. 74. 79 15).
**Klingenmünster**, *Fl.*, Neustadt a. d. Harth (Pf 11 u. 34) 2 SW.
**Klingewalde**, Görlitz (BG 15. NM 41) ½ N.
**Klingnau in d. Schweiz**, *Stadt*, Waldshut (Ba 68) ca. 1 NO.
**Klinge**, Salzungen (Th 46) 2½ SW.
**Klitschdorf**, Halbau 2½ SO, Kohlfurt 2 NO, Bunzlau 2 NW, Siegersdorf 1¼ N (NM 24. 26. 29. 28).
**Klitschen**, Czerwinsk (PO 38) 3½ O.
**Klitschendorf**, Anclam (BSt 55) 1¼ N.
**Klitten**, Bautzen (SO 20) 3 NO.
**Klitzschmar, Gross- u. Klein-**, Delitzsch 1 SW, Brehna ½ SO (BA 35. 15).
**Kliz**, Bautzen (SO 20) 1½ NO.
**Klobauk** (Klobouky), *Stadt*, Ungar.-Hradisch (KFN 15) 5 O.
— — *Fl.*, Brünn (KFN 56) 3½ SO.
**Klobbicke**, Neustadt E/W (BSt 4) 1½ S.
**Klönig**, St. Peter (OeSS 82) ½.
**Kloddram**, Pritzier 1¼ NW, Brahlsdorf 1 NO (BH 17. 18).
**Klösterle**, *Stadt*, T Dux (AT 9) 6½ SW.
— Wildenschwert (OeSt 12) 3 N.
— Innsbruck (OeSS 187) 17.
**Klötzen**, Czerwinsk (PO 38) 4½ SO.
**Klokoczka**, Bakov (BN 1. TKP 10) ⅛ N.
**Klomin**, *Stadt*, Obristvy-Klomin (TKP 5) ¼ N.
**Klonowken**, Pelplin (PO 33) ¾ NW.
**Klopodia**, Detta 1¼ SO, Moravitsa 2½ O (OeSt 122. 123).
**Kloppe**, Möglitz (OeSt 46) 2 NO.
**Kloppenheim**, Gross Karben (MW 20) ¼ W.
— Wiesbaden (Na 1. T 10) ¾ NO.
**Kloppitz**, Fürstenberg (NM 14) ½ SO.
**Klosdorf**, Brieg (NB 8. OS 5) 1⅝ SW.
**Kloster**, Münchengrätz (TKP 11) ⅜ NW.
**Klosterbauerschaft**, Kirchlengern (Ha 52) 1½ N.
**Klosterbuch**, *Vorwerk*, Leisnig (LD 26) 1½ SO.
**Klosterdorf**, Strausberg (PO 3) 1½ NO.
**Klosterfelde**, Woldenberg (OS 55) ¼ N.
**Klosterfreiheit bei Ostritz**, Herrnhut (SO 30) 1½ O.
**Klostergrab**, *Stadt*, Teplitz 1 NW, Settenz ⅝ NW, Ullersdorf ⅝ N (AT 6. 7. 8).
**Kloster-Lausnitz**, *Fl.*, Köstritz (Th 30) 1 W.
**Kloster-Mannsfeld**, Eisleben (ML 22) 1½ NW.
°**Klosterneuburg** (KFJ 3), *Stadt*, Wien (OeSt 53) 2 NW.
**Klosterwald**, Aulendorf (WS 46) 4 W.
**Kloten**, Glattbrügg (SNO 2. 37) ½.
**Klotzsche**, Dresden (LD 20).
**Kletingen**, Welver (Wf 14) ½ SO.
**Kluczewo**, Wronke (OS 51) 1 SO.
**Kluczow**, Kolomea (LCJ 16) 1 SW.
**Klücken**, Arnswalde (OS 57) ¾ SO.
— **Neu-**, Arnswalde 1½ SO.
**Klütz**, Stettin (BSt 10) ¾ S.
**Klützow**, Stargard (BSt 14) 1 S.
**Klüx** (Kliex) Halbau (NM 24) ½ S.
**Klütz**, *Fl.*, Wismar 2¾ NW, Lübeck 4¾ NO (Mk 13 LB 1 u. 8).
**Kluk**, Podiebrad (OeSt 23) 1¼ NO.
**Klukowo**, Bialosliwe (PO 24) 4½ NW.
**Klunkwitz**, Laskowitz (PO 30) ¾ NW.
— **Neu-**, Laskowitz ¾ NW.
**Klutschau**, Kandrzin (Cosel) (OS 13. Wi 1) 1½ NO.
**Kmetnoves**, Weltrus (OeSt 32) 1½ NW.
**Knalnach**, *Eisenwerke*, Kößach (UK 11) 1¼ N.
**Knappendorf**, Wildenschwert (OeSt 12) ½ O.
— Merseburg (Th 17) ¾ NO.
**Knausholz**, Bons (Sa 11) ⅜ NO.
**Knauthain**, Leipzig (SW 1) 1⅛ SW.
**Knederling**, *chemische Fabr.*, Hochfeld (BM 105. Ha 58) ¼ W.
**Knesebeck**, Uelzen (Ha 10) 5 S.
**Knestal**, Trifail (OeSS 69) 1.
**Knetzgau**, *Schiffbau*, Hassfurt ⅜ SO, Zell ½ SW (ByS 80. 79).
°**Kniaze** (GCL 37), Sniatyn (LCJ 18) 1¼ SW.
**Kniebau**, *Ziegelei*, Dirschau (PO 34) ½ S.
**Kniebis**, Hausach (Ba 164) 3,5 NO.
**Kniebitz**, Stefanau ⅝ N, Littau ¾ N (OeSt 44. 45).
**Kniegnitz bei Lüben**, Liegnitz (BF 23. NM 33) 3½ NO.
— Gnadenfrei (BF 12) 1¾ NO.
**Knielingen**, *PH* (Ba 203), Mühlburg 0,8 NW, Maxau 0,3 O (Ba 202. 204).
**Kniephof**, Freienwalde (BSt 49) 3¼ NW.
**Knieszolo**, Borynicze (LCJ 6) 1½ NO.
**Knin, Neu-**, T Radotin (BW 20) 3 S.
**Kninitz**, Nesterschitz (OeSt 41) 1 O.
**Knippmühle**, *Papiermühle*, Eschweiler (Rh 6) ¼ O.
**Knispel**, Bauerwitz (Wi 12) ⅜ SW.
**Knittelsheim**, Germersheim (Pf 33) 1¼ SW.
**Knittlingen**, *Fl.*, Maulbronn (WS 5) ⅝ N.
**Knocke**, Emden (Wf 38) 1¾ W.
**Knölling**, Freiböls (ByO 31) ¼ O.
**Knopfmühle**, Breslau (OS 1) ¾ SO.
**Knutbühren**, Göttingen ¾ NW, Dransfeld 1 NO (Ha 84. 85).
**Knutwyl**, Sursee (SC 1, 20) ¾ NW.
**Kobelnick**, Neumarkt (NM 56) ¾ NO.
— Bromberg (PO 27) 7 SO.
**Kobelwitz**, Kandrzin (Kosel) (OS 13. Wi 1) ¾ SW.
**Koberow**, Eisenbrod (SNV 15) ½ SW.
**Koberwitz**, Breslau (BF 1) 2½ SW.
°**Kobier** (RO 36), *Schneidemühlen*, Nicolai (Wi 29) 2 S.
**Kobilitz**, Elbeteinitz (OeSt 21) 2¼ NW.
**Kobilla**, Ratibor (Wi 5) ¾ O.
**Koblau**, Annaberg (Wi 8) ⅜ SW.
**Koblauk** (Koblouk), *Stadt*, Ungar.-Hradisch (KFN 15) 7½ NO.
**Kobylagora**, *Fl.*, Oels (RO 17) 5 NO.
**Kobylepole**, Posen (OS 48) ¾ SO.
**Kobylin**, *Stadt*, Rawicz (OS 37) 4 NO.
**Kobyline**, Oppeln (OS 10. RO 1) 3 NO.
**Kochstedt**, *Zuckerfabr.*, Langenweddingen 3 SW, Hadmersleben 2 SO, Nachterstedt 1½ NO, Gatersleben 1½ NO (MH 3. 5. 28. 27)
**Kochstedt**, Stassfurt (MH 38. ML 18) 3 NW.
**Kocs**, Nagy-Igmánd (OeSS 140) 1¼.
**Kocó**, Prestranek (OeSS 81) 0,2.
**Kocsola**, Siófok (OeSS 126) 5.
**Kodersdorf**, Uhsmannsdorf 1¾ S, Görlitz 1½ NW (BG 14. 15).
**Kodien**, Tapiau (PO 54) ½ NW.
**Köben a/O.**, *Stadt*, Gellendorf 5 NW, Glogau 4¼ SO, Liegnitz 6½ NO (OS 35) 43. NZ 1. BF 23. NM 33).
**Köbeln, Alt-**, Weisswasser in Schles. (BG 12) 1 NO.
**Köberwitz**, Wolnowitz (Wi 15) 1¾ SW.
**Köckern**, Brehna ¾ N, Stumsdorf 1¼ SO (BA 15. ML 9).
**Köditz, Unter-**, Eisfeld (Th 53a) 5½ NO.
**Ködiz**, Hof (ByS 75) ⅝ W.
**Köfering**, Mangolding (ByO 20) ¾ S.
**Köhlen**, Stubben 2 NO, Geestemünde 2½ O (Ha 38. 40).
**Köhra**, Naunhof *H°* (LD 21) ⅝ SW.
**Kököyös**, Hatvan (UN 10) 3½ NW.
**Kökut**, Kiss-Terenne (UN 13) 3½ S.
**Kölliken**, Aarau (SC 1, 13. SNO 2, 30) 1½ SW.
**Köllnbach, Ober-**, Ergoldsbach (ByO 12) 1½ SO.
**Kölpin**, Schneidemühl (PO 22) 9 NO.
**Kölschhausen**, Ehringshausen (KM 59) ¼ O.
**Költschen**, Schweidnitz 1½ SO, Faulbrück 1 NO (BF 16. 14).
**Kölzig**, Woldenberg (OS 55) 1¼ NW.
**Köndringen**, Emmendingen ½ NW, Riegel ½ S (Ba 37. 36).
**Köngen**, *Fl.*, Unterboihingen (WS 126) ½ N.
**Köngernheim**, Nierstein 1 SW, Oppenheim 1½ W, Alzey 1 NO (HL 7. 6. 44).
°**König** (HL 64), *Fl.*, Darmstadt 4½ SO, Dieburg 3 SO (HL 24. 26).
**Königgraben**, Stübing (OeSS 45) ¼.
**Königgrätz, Neu-**, Vorstadt von Königgrätz (SNV 3) ¼ O.
**Königheim**, T Tauberbischofsheim (Ba 136) 0,7 W.
**Königlosen**, Littau (OeSt 45) ¾ N.
**Königin Augusta**, ⚒ Kupferdreh (BM 63) 0,2 W.
— **Elisabeth**, ⚒ Essen ½ O (Rh 93. 13. BM 85. KM 13).
— **Marienhütte**, *Eisenhüttenwerk*, Cainsdorf (SW 48) ½ NW.
**Königsaal**, *Stadt*, Radotin ½ SO, Prag 1½ SW (BW 20. 22).
**Königsaue**, Aschersleben 1 NW, Frose ½ NO, Gatersleben 1 O, Stassfurt 1½ SW (MH 30. 29. 27. 38).
**Königsbach**, Capellen (Rh 15) ¼ N.
— Mussbach (Pf 51) ¼ N.
— Vilshofen (ByO 55) 1½ SO.
*Siehe dagegen Station Königsbach, H° Ba 146.*
1 **Königsberg in Cob.-Gotha**, *Stadt*, Hassfurt 1 NO, Zell 1¼ NW (ByS 80. 79).
2 — *Fl.*, Giessen (KM 61. MW 14) 1¼ NW.
3 — **in d. Mark**, *Stadt*, T Angermünde 4¾ SO, Freienwalde a./O. 4¼ NO, Cüstrin 6 NW (BSt 6. 49. PO 8).
4 — **in Böhmen** *Stadt*, Eger (SW 84) 1¾ NO.
5 — **in Oestr. Schles.**, *Stadt*, Schönbrunn (KFN 25) 1 SW.
6 — **in Ungarn**, *Stadt*, Tornocz (OeSt 82) 9 SO.
*Siehe dagegen Station Königsberg, PO 50 u. OpS 8.*
**Königsborn**, *Saline*, Unna (BM 54) ¼ N.
— Magdeburg (BPH 18. ML 1. MH 1) 1½ O.
**Königsbrück in Preuss.-Sachsen**, *Stadt*, Dresden 4 NO, Radeberg 2¼ N, Grossenhain 4 O (SO 1 u. 12. 14. LD 35).
**Königschaffhausen**, Riegel (Ba 36) 1 W.
**Königsbruch**, Trachenberg 1½ NW, Rawicz 1½ S (OS 36. 37).
1 **Königsdorf**, Marienburg 1 O, Altfelde ½ SW. ((PO 36. 37).
2 — Grunau (PO 38) ¼ SW.
3 — **Kl.-**, Königsdorf (Rh 11) ¼ NW.
4 — **Jastrzemb**, *Badeort*, Czernitz 3¼ SO, Rybnik 2 S. (Wi 17. 20).
5 — Penzberg (ByS 204) 1¼ NO.
*Siehe dagegen Station Königsdorf Rh 11.*
**Königseck**, *Stadt*, Brünn 14 W, Prag 18 SO (OeSt 1. 27), °Wittingau (KFJ) 4½ NO.
**Königsee in Schwarzb.-Rudolst.**, *Stadt*, T Weimar 5½ SW, Erfurt 6 S, Arnstadt 3 SO, Gera 10 SW, Eisfeld 4 NO, Sonneberg 6 NW. (Th 10. 8. 33. 31. 53a. 61).

**Königseggwald**, Aulendorf (Wü 46) 2 SW.
**Königsfeld**, *Badeort*, Rudelsdorf (OeSt 61) ½ W.
— Sinzig (Rh 47) 1 SW.
**Königsfelde**, Gumbinnen (PO 60) 3 S.
**Königsgrube** ⚒ an Zweigb., (der Magdeb. Bergw.-Act.-Ges. gehörig), Planto 0,35, Wattenscheid 0,4 N. (KM 14a. Rh 94).
[1]**Königshain**, *Granitsteinbrüche*, Görlitz 1½ NW, Reichenbach i. d. Lausitz 1 NO. (SO 27. 25).
[2]— bei Glatz, Frankenstein (BF 11) 2 SW.
[3]— *Fl.*, 📯 Herrnhut 2 SO, Zittau 2 NO. (SO 30. 33).
[4]— bei Rochlitz, Erlau 1 SW, Mittweida ⅞ W. (SW 33. 32).
*Siehe dagegen Station Königshain SNV* 29.
**Königsheim**, Tauberbischofsheim (Ba 136) ¾ W.
**Königshof**, Willfleinsdorf (OeSt 62) ¼ S.
— Beraun (BW 16) ¾ SW.
**Königshofen**, Wiesbaden (Na 1. T 10) 1 NO.
— im Grabfeld, *Stadt*, 📯 Grimmenthal 4 S, Hildburghausen 4½ SW, Schweinfurt 4¼ NO. (Th 51. 53. ByS 54).
*Siehe dagegen Station Königshofen Ba* 115.
**Königshoven**, 📯 Horrem (Rh 10) 2½ NW.
**Königshütte** bei Lauterberg, Harzburg und Nordhausen (Bs 36. ML 28).
*Siehe dagegen Station Königshütte OS* 24.
**Königshuld**, 📯 Oppeln (OS 10. RO 1) 1½ NO.
**Königslutter**, *Stadt*, 📯 Schöppenstedt 1½ N, Braunschweig 2¾ O, Helmstedt 2 W. (Bs 22. 25. 31).
**Königsmark**, Osterburg (MH 24) ⅜ O.
**Königssee**, Reichenhall (ByS 233) 3 SO.
**Königsstadtl**, *Stadt*, 📯 Podiebrad 3 NO, Turnau 6 SO. (OeSt 23. — SNV 17. TKP 12).
**Königstädten**, Nauheim ¼ N, Rüsselsheim ½ S, Gr.-Gerau ¾ NW. (HL 21. 31. 22).
**Königstein**, 📯 Neukirchen (ByO 36) 1½ N.
— *Fl.*, 📯 T Soden ¾ NO, Oberursel ¾ NW, Weisskirchen ¾ W. (T 3, Ho 2. 3).
*Siehe dagegen Station Königstein SO* 8.
**Königstheerofen**, Kreuz (OS 54. PO 19) 2 N.
**Königsstuhl**, *Mineralquelle*, Capellen (Rh 53) ¼ S.
[1]**Königswalde**, *Stadt*. 📯 Frankfurt a. O. 8 NO, Landsberg a. W. 4 S (PO 71. 13).
[2]— Bodenbach (BN 20. OeSt 48) 1½ SW.
[3]— Bodenbach 3⅞ NO, Bautzen 2½ S. (SO 11a. 20).
[4]— i. Böhm., Dittersbach (NM 56) 2½ SO.
[5]— Annaberg i. Sachs. (SW 70) ½ SO.
[6]— Werdau (SW 9) ⅜ NO.
**Königswart** i. Böhm., *Stadt*, 📯 Eger (SW 84) 2½ O.
**Königswartha**, *Fl.*, 📯 Bautzen (SO 20) 2¼ N.
**Königswinter**, *Stadt*, 📯 Mehlem (Rh 44) ¼ NO.
**Könitz**, Bern (SC 1, 39. N 4, 49) ¾ SW.
— 📯 Gera 7 SW, Eisfeld 6 NO, Erfurt 6 SO. (Th 31. 53a. 8).
**Könnern**, *Stadt*, Cöthen, siehe Cönnern.
**Köntopp**, Wangerin (BSt 17) 3½ SO.
**Köppelsdorf**, Sonneberg (Th 61) ¼ O.
**Körbecke**, Soest (Wf 13. BM 56) 1¼ S.
**Körbelitz** (Görbelitz), Magdeburg (ML 1) 1¾ NO.
**Körbisdorf**, Merseburg (Th 17) 1½ SW.
**Körchow**, Hagenow 1½ W, Brahlsdorf 1½ NO. (BH 16. 18).
**Kördorf**, Rupbach ½ SW, Laurenburg ¾ S. (Na 26. 25).
**Körmigk**, ⚒ (MH 35), Biendorf (MH 33) ⅜ S.
**Köris**, Halbe (BG 4) 1¾ N.
**Köritz**, Neustadt a. D. (BH 7) ⅛ S.
**Körmend**, Molnári (OeSü 103) 2.
**Körmönd**, *Stadt*, 📯 Steinamanger 3 S, Molnári 2 SW. (OeSü 102. 103).
**Körner**, *Fl.*, 📯 T Gotha 4½ NW, *Mühlhausen 1½ NO. (Th 6. 39).
[1]**Körös**, Kis-, Kecskemet (OeSt 104) 5 SW.
[2]— **Banya-**, 📯 Arad (Sl 1. Ts 37).
[3]**Körös**, Hegy-, Szántod (OeSü 124) 0,05 S.
[4]— -**Ladany**, Mezö-Bereny (Ts 32) 2¼ NO.
[5]— -**Sarcas**, Mezö-Bereny (Ts 32) ⅞ N.
*Siehe dagegen Station Körös, Nagy-, OeSt* 103.
**Körperick**, Dillingen (Sa 14) 1¼ NO.
**Körte**, Gnzhagen (HN 8) ½ S.
**Kösching**, Ingolstadt (ByS 243) 1 NO.
**Köselitz**, Coswig i. Pr. (BA 27) 1¼ N.
**Kösitz**, *Ziegelei u. Brauerei*, Stumsdorf (ML 8) ½ NO.
**Köslitz**, Görlitz (BG 15) ¾ SO.
**Kössen**, 📯 Kufstein (OeSü 178. ByS 183) 3.
**Köstendorf**, Klein-, Köstendorf-Neumarkt (KE 43) ⅛ W.
**Kösternitz**, Gross-, Belgard (BSt 21) ¾ N.
— Cöslin (BSt 24) 3 O.
**Köstin**, Grambow (BSt 63) ¼ NO.
**Köstlarn**, *Fl.*, 📯 Landshut 11 SO, Passau 4½ SW, Vilshofen 4½ S. (ByO 10. 58. 55).
**Kötelek**, Szolnok (Ts 3) 3 NO.
**Köthel**, Kl.- u. Gr.-, Teterow (FF 3) ½ resp. ⅜ SW.
**Kötsch**, Kranichsfeld (OeSü 58) 1.
**Kötschen**, Merseburg (Th 17) ½ S.
**Kötzschenbroda**, *H*° (LD 17), *Fl.*, Dresden (LD 20) 1¼ WNW.
**Kötse**, Szántod (OeSü 124) 2.
**Kötz**, Gr.- u. Kl.-, Günzburg (ByS 107) ¼ S.
**Kötzschlitz**, Schkeuditz (ML 13) 1½ SO.
**Kötzting**, *Stadt*, 📯 Straubing 6 NO, Cham 2½ SO, Kothmaisling 1½ SO. (ByO 47. 64. 65).
**Kövend**, Szobb (OeSt 89) 1½ N.
— Waitzen (OeSt 92) 3 NO.
— °Mezö-, (US 16), *Stadt*, 📯 Miskolcz (Ts 22) 4 SW.
**Kohlau**, Gottesberg ¼ NW, Waldenburg 1 W. (NM 55. 56. BF 10).
**Kohlberg**, (Kollberg), *Fl.*, Amberg 2¾ NO, Luhe 1¼ W. (ByO 38. 72).
**Kohlfurt**, Solingen (BM 101) 1¼ O.
**Kohlfurter Brücke** desgl.
*Siehe dagegen Station Kohlfurt NM* 26.
**Kohlhöhe**, Striegau ¾ N, Gr.-Rosen ½ O. (BF 17. 19).
**Kohlhof**, *Hof*, Heidelberg (Ba 3) 0,6 SO.
**Kohlige**, Grottau (SO 34) ½ NO.
**Kohling**, Hohenstein (PO 72) ¼ S.
**Kohljanowitz**, *Stadt*, 📯 Kolin (OeSt 22) 3 S.
**Kohlow**, 📯 Frankfurt a. O. (NM 11. PO 71) 2¼ NO.
**Kohlstedt**, Paderborn (Wf 7) 2¼ NO.
**Kohnsen**, Salzderhelden (Ha 80) 1 NW.
**Kohren**, *Stadt*, 📯 Altenburg (SW 6) 1½ NO.
**Koischwitz**, Liegnitz ¾ SO, Spittelndorf 1 SW, Neuhof ⅞ NO. (NM 33. 34. BF 21).
**Koiskau**, Liegnitz (NM 33) 1 S.
**Koitz**, Spittelndorf (NM 34) 1 NO.
**Koitenhagen**, Greifswald (BSt 57) ¾ S.
***Kojetein** (KFN 60), *Stadt*, 📯 Hullein (KFN 18) 2 NW.
**Kojetic**, Obristvy-Klomin (TKP 3) ¾ S.
**Kojitz**, Elbeteinitz (OeSt 21) ½ SO.
**Koken**, Josefstadt (SNV 6) 1½ N.
**Kokotzko**, Terespol (PO 29) 2 S.
**Kolaczycee**, 📯 Tarnow (GCL 10) 6¼ SO.
**Kolarien**, Pettau (OeSü 44) 1½.
**Kolba**, *Fl.*, Gera (Th 31. SW 88) 4 SW.
**Kolbendorf**, Mastig (SNV 10) 4¼ NO.
**Kolbingen**, Reutlingen (Wü 132) 6 SW.
**Kolbnitz**, Jauer (BF 20) ¾ SW.
**Kolbuszów**, *Fl.*, 📯 Sedziszów (GCL 14) 3 N.
**Kollebke**, Neufahrwasser (PO 75) 1½ NW.
**Kolkwitz**, Cottbus (BG 9. *HSG 16) 1 W.
**Kollanowitz**, Oppeln (OS 10. RO 1) 1¼ NO.
**Kollat**, Lepsény (OeSü 126) 3.
**Kollautschen**, *Stadt*, 📯 Staukau (BW 4) 1 S.
**Kollbach**, Landshut (ByO 10) 4½ SO.
**Kollbrunnen**, Winterthur (SNO 2,13. VS 3,14) 1¼ SO.
**Kollinetz**, *Stadt*, 📯 Horazdiowic (KFN 37) 2½ W.
**Kollnau**, ⚒, *Schmelz- u. Hammerwerk*, Emmendingen (Ba 37) 1 O.
**Kollnitz**, Krummnussbaum (KE 17) 1½ N.
**Kollnitz**, Drauburg (OeSü 161) 3.
**Kollosomp**, Marienburg (PO 36) 3 SO.
**Kolm**, Sommerfeld (NM 19) ½ NW.
— Görlitz (SO 15) 5 NW.
**Kolno**, Driesen (PO 18) 4½ SO.
**Koloerbory**, Boryniesa (LCJ 6) 1 N.
**Kolodej**, Béchowic (OeSt 26) ¼ SO.
**Kolodziejow**, Bukaczowce 1½ SO, Halicz 1½ N. (LCJ 9. 11).
**Kolokolin**, Bukaczowce (LCJ 9) 1 W.
**Kolonna** (Kolonnaberg), Fritzens ¾, Schwaz ¾ SW. (OeSü 185. 184).
**Koltha**, Perbete (OeSt 86) 1¾ O.
**Kolzenburg**, Luckenwalde (BA 5).
**Komádi**, 📯 Mezö-Keresztes 3½ SW, Grosswardein 4¼ W (Ts 42. 43).
**Komarno**, *Stadt*, 📯 Grodek (GCL 26) 3 SO.
**Komarom**, Lagos-, Lepsény (OeSü 126) 3 SO, siehe Lagos.
**Komarov**, Morawan (OeSt 17) ⅝ NW.
**Komarów**, Halicz (LCJ 11) 1 S.
**Komienzki**, Bursztyn (LCJ 10) 2 N.
**Komjáth**, 📯 Tardosked 2 N, Neuhäusel 2½ N. (OeSt 83. 85).
**Komlos**, 📯 Hatzfeld (OeSt 116) 1½ NW.
— *Fl.*, 📯 Gr.-Kikinda 2 NO, St. Hubert ½ N. (OeSt 114. 115).
**Komlosd**, Babocsa (OeSt 274) ½ SO.
**Kommingen**, Gottmadingen (Ba 80) 2,3 NW.
**Komnitz**, *Fl.*, Letowic (OeSt. 6) 2 NO.
**Komorau**, *PH* (KFN 63), Troppau (KFN 63) ½ W.
— *Eisenw.*, Horowitz (BW 14) ¼ W.
**Komorn**, *Stadt*, 📯 T Neu-Szöny ¼ NO, Neuhäusel 5 N. (OeSt 72. 85).
**Komorniki**, Posen (OS 48) 1½ SW.
**Komorrno**, Kandrzin (Kosel), (OS 13. WL 1) 1¼ W.
**Komorsk**, Warlubien (PO 31) ½ NO.
***Kom(m)otau**, *Stadt*, 📯 T *bed. Indust.*, Wolkenstein 4½ SO (SW 67), Dux 4 SW (AT 9).
**Komtendorf**, Cottbus (BG 9, *HSG 16) 2 NO.
**Konarowitz**, Kolin (OeSt 22) ¾ NO.
**Koncitz**, Elbeteinitz (OeSt 21) 1¾ NO.
**Konczaki**, Halicz (LCJ 11) 2 N.
**Konitz**, *Stadt*, 📯 Lettowitz (OeSt 6) 4 O.
**Konken**, Kusel (Pf 64) 1 S.
**Konnersreut**, *Fl.*, Waldsassen (ByO 86) 1 W.
**Konolfingen**, Münsingen (SC 1, 43) 1½ NO.
**Konopath**, Polnisch-, Terespol 1¼ O.
— **Deutsch-**, Terespol ½ S. (PO 29).
**Konradswaldau**, Brieg (NB 8. OS 5) 1¼ SW.
— bei Schweidnitz, Saarau (BF 6) ½ NO.
— bei Landeshut, Gottesberg (NM 55) ¾ SW.
**Konradswalde**, Marienburg (PO 36) 1½ S.
— Ludwigsort (PO 47) 1 SO.
— Gellendorf (OS 25) ½ SW.
**Konstantinowo**, Oslek (PO 25) ¼ N.
**Kontop(p)**, *Fl.*, 📯 Glogau (NZ 1. OS 43) 4 NW.
**Konyar**, B.-Ujfalu (Ts 39).
**Konzell**, Straubing (ByO 47) 3¼ NO.
**Kopczan**, *kgl. Pferdegestüt*, *Viehmärkte*, *Tabakbau*, Mähr.-Neudorf (KFN 11) 1 O.
**Kopeczynce**, *Fl.*, 📯 T Kolomea (LCJ 16) 6 NW.
**Kopfing**, Taufkirchen (KE 51) 1½ NO.
**Kopidlno**, *Stadt*, 📯 Podiebrad (OeSt 23) 3½ NO.
**Koplst**, Deutsch- u. Böhmisch-, Theresienstadt (OeSt 37) ½ NO resp. ½ NW.
**Kopitkowo**, Czerwinsk (PO 32) ½ SW.
**Kopnitz**, *Stadt*, 📯 Alt-Boyen (OS 44) 7 NW.
**Koppigen**, Herzogenbuchsee 2 SW, Burgdorf 2 NW (SC 1, 31. 1, 34).
**Koppitz**, 📯 Grottkau (NB 5) 1 SO.
***Kopreinitz** (Koprivnica), (US 23) *Stadt*, 📯 T Zakany 1 SW, Kottori 3½ (OeSü 260. 117).
— Reichenburg (OeSü 143) 1 NO.
**Korb**, Adelsheim (Ba 109) 1 S.
— Waiblingen (Wü 101) ½ NO.
**Korbsdorf**, Schlobitten (PO 41) 4 O.
**Korinzan** (Koritschan), *Fl.*, 📯 Auschitz ¾ O, Obristvy Klomin ¼ SW (TKP 2. 3).
**Kornburg**, *Fl.*, Schwabach (ByS 44) ¾ NO.
**Kornhaus**, *Fl.*, Kaischitz (Bu 17) 1 NW.

**Kornitz**, Gr.-Peterwitz (Wi 14) ½ NO.
**Kornowatz**, Ratibor (Wi 5) 1¼ O.
**Kornthann**, Wiesau (ByO 84) ½ SW.
**Korencze**, Raab (OeSt 69) 1.
**Koroniowicy**, Barszty (LCJ 10) 1¼ O.
**Korusz**, Komarvaros (OeSü 119) 1½.
**Korpovar**, Kaniszn (OeSü 109) ¾.
**Korschenbroich**, Kleinenbroich (BM 14) ½ W.
**Korschlitz**, Gr.-Zölling (RO 18) ¾ NO.
**Korsiack**, Bergedorf (BH 24) ¾ S.
**Koruja**, Oravicza (OeSt 150) 4 NW.
**Koryny**, Barszty (LCJ 10) 3 N.
**Korzenica**, Radymno (GCL 20) 2 SW.
**Korzowa**, Halicz (LCJ 11) 2¼ NO.
**Koschanna**, Ober-Lesece (OeSü 83) 1.
**Koschatek**, Wrutic (TKP 5) ¼ W.
**Koschentin**, Tworog (RO 10) 2 NO.
**Koschow**, Liebstadt (SNV 13) ¼ SW.
**Koscielejow**, Lemberg (GCL 29. LCJ 1) 2½ N.
**Koscielec**, Bromberg (PO 27) 6 SO.
**Koscierzyn**, Gr.-, Usiek (PO 25) 1½ N.
**Kosel**, Breslau (NM 29) ¾ NO.
— **Alt-**, Kandrzin (Kosel) (OS 13. Wi 1) ¾ S.
— *Stadt*, Kandrzin (Kosel) ½ W, Kleinbahn mit *Station Kosel OS* 13 u. *Wi.* 1.
**Kosenow**, Anclam (BSt 55) 1 O.
**Koserse**, St. Peter (OeSü 82) 3.
**Kositz**, Gr.- u. Kl.-, Elbeteinitz (OeSt 21) 2½ NO.
**Koskau**, Ober- u. Unter-, Mehltheuer (SW 16) ½ W.
**Koslowagora**, Tarnowitz (OS 22. RO 17) 1 SO.
**Kosmanos**, Josefsthal-Kosmanos (TKP 9) ½ SO.
**Koserin**, Brandeis (OeSt 13) ¾ NW.
**Kospallag**, Szobb 1½ N, Verőcze 1¼ SW (OeSt 89. 91).
**Kossenblatt**, Lübben (BG 6) 2½ NO.
**Kossma**, Görlitz (NM 11) 1 S.
**Kossow**, *Stadt*, Sniatyn 3¾ S, Kolomea 4 S (LCJ 18. 16).
**Kossowo**, Nakel (PO 26) 1 N.
— Terespol (PO 29) 2 S.
**Kossuth**, Diosszegh ½ S, Galanta ¼ SW (OeSt 79. 80).
**Kost**, Turnau (SNV 17. TKP 12) 1½ S.
**Kostainicza**, *Stadt*, T Sissek (OeSü 151) 5 SO.
**Kostebaude**, Kötzschenbroda (LD 17) ½ S.
[1]**Kostelets am Adler** (Adlerkostelets). *Stadt*, Chotzen 2 N, Königgrätz 3½ SO, Wildenschwert 3¼ NW. (SNV 3. OeSt 14. 12.)
[2]— **an Elbe**, *Stadt*, Obristvy-Klomin 1 SO, Prag 2½ NO. (TKP 3. OeSt 27).
[3]— **Roth- und Ober-**, Kostelets bei Nachod (SNV 25) ¼ O resp. ⅜ O.
[4]— **bei Holleschau**, Prerau (KFN 19) 1¼ SO.
[5]— **Schwarz-**, *Stadt*, Böhmisch-Brod (OeSt 24) 1¼ S.
**Kosten**, *Glasfabr. etc.*, Teplitz ¾ NW, Settenz ½ NW, Ullersdorf ½ N. (AT 6. 7. 8).
*Siehe dagegen Station Kosten OS* 45.
**Kostenblatt**, Lobositz (OeSt 88) 2 W.
**Kostenblut**, *Fl.*, Canth (BF 3) 1¼ W.
**Kostomlo**, Morawan (OeSt 17) ½ SW.
**Kostheim**, Mainz (HL 11. T 7a) ¼ NO.
**Kostl**, *Stadt*, Lundenburg (KFN 10) 1 NW.
**Kostomlat**, Jensowic 1 W, Podiebrad 2 NO. (OeSt 33. 23).
**Kostreinitz**, *Sauerquelle*, Pöltschach (OeSü 60) 1.
**Kostrenitz**, Littai (OeSü 74) 2½.
**Kostrzyn**, *Fl.*, Posen (OS 48) 2¾ O.

**Kotulin** Radzionka (OS 15) 1½ NO.
**Kotzendorf**, Zwittau (OeSt 9) ½ O.
**Kotzen**, Friesack (BH 6) 2¼ S.
**Kotzenau**, *Fl.*, Quaritz 2¾ S, Hainau 2½ N. (NZ 3. NM 31).
**Kotzenmühl bei Conitz**, *Glasfabr.*, Dirschau (PO 34) 13½ SW.
**Kotzerbe**, Trachenberg (OS 36) 2½ SO.
**Kotzmann**, *Fl.*, Luzan (LCJ 20) 1½ N.
**Kovacshaza**, Nagy-, Kotegyhaza (Ts 34) 4 SW.
**Kovacny**, Lepseny 1, Boglar 3. (OeSü 126. 129).
**Kovan**, Jungbunzlau 1 W, Weisswasser 1¼ S. (TKP 8. BN 2).
**Kovaretz**, *Zuckerfabr.*, Tonoes (OeSt 33) 6 NO.
**Kovasincz**, Arad (Si 1. Ts 27) 2½ NO.
**Kowahlen**, Insterburg (PO 58. TI 4) 9½ SO.
**Kowal in Vorpomm.**, Miltzow (BSt 58) 1¼ SO.
**Kowalewko**, Nakel (PO 26) 2½ SW.
**Kowalewo**, Bialosliwe (PO 24) 3 S.
— Nakel (PO 26) 3 SO.
**Kowalk**, Belgard (BSt 21) 3½ O.
**Kozlau**, Böhmisch Trübau (OeSt 11) ½ S.
— (Kozlany), *Stadt*, Zbirow 3½ NW, Pilsen 4 NO. (BW 18. 8).
**Kozlow**, Gleiwitz (OS 17) 1 NW.
**Kozmyn**, Rawitsch 7½ NO, Lissa 9 O, (OS 37. 40).
**Kozojed**, Gr.- u. Kl.-, Elbeteinitz (OeSt 21) 2¾ NW.
**Kozomin**, Weltrus (OeSt 32) ¾ S.
**Kraatz**, Prenzlau (BSt 48) 2 NW.
**Krachoiusk**, Vorstadt von Raudnitz, (OeSt 36) ¼ SO.
**Kränig**, Nieder- und Hohen-, Angermünde (BSt 6) 3¼ O.
**Kraftsdorf**, Gera (SW 88. Tb 31) 1½ W.
**Kraftsolms**, Braunfels siehe Solms (Na 29).
**Krahne**, Brandenburg (BPM 9) 1 S.
**Kraj**, Zapresic (OeSü 146) 1½.
**Krajevic**, Zapresic (OeSü 146) 1.
**Krainsberda**, Reichenberg (OeSü 143) 1.
**Kraiburg bei Ampfing**, Landshut (ByO 10). 1
**Krainburg**, *Stadt*, T Klagenfurt 5 SO, Laibach 3 NW. (OeSü 166. 76).
**Krakau**, *Fl.*, Radeberg (SO 14) 3 NW.
— Magdeburg (ML 1) ¼ SO.
*Siehe dagegen Station Krakau GLC* 1 *und KFN* 41.
**Krakó**, Kiss-Terenne (UN 13) ½ NW.
**Krakow**, *Stadt*, Güstrow (FF 1 u. LMK 12) 2¾ SO.
— Tantow (BSt 8) 1½ NW.
**Krakowan**, Elbeteinitz (OeSt 21) ½ NO.
**Krakowiec**, *Stadt*, Radymno 3½ NO, Mosciska 2½ NW. (GCL 20. 24).
**Kralliat**, Segen Gottes (HR 5) ½ W.
**Kralovic**, Bechovic (OeSt 26) ½ S.
**Kralowitz**, *Stadt*, Pilsen (BW 8. KFJ 39) 3¼ NO.
**Krampnitz**, Deutsch-Lissa (NM 28) ¾ NW.
**Krams**, Gross-, Hagenow 1¾ SO, Pritzier 1½ W. (BH 16. 17).
**Kramsach bei Rattenberg**, Brixlegg (OeSü 182) ¼.
**Kramske**, *Eisenhammer*, Schneidemühl (PO 22) 1¾ NO.
**Kranichfeld**, Weimar 2½ SW, Erfurt 3½ SO. (Th 10. 8).
*Siehe dagegen Station Kranichfeld OeSü* 58.
**Kranowitz**, Woinowitz (Wi 15) ¾ N.
**Kranz**, *Badeort*, Königsberg (PO 50. OpS 8 u. 9) 4¼ N.
**Kranzberg**, Freising (ByO 6) 1¼ W.

**Krattigen**, Thun (SO 1 47).
**Kratzgau** (Kratskau), Ingramsdorf ¾ S, Saaran 1 SO (BF 5. 6).
**Krauna**, *Fl.*, Pardubitz 7½ SO, Ubersko 3 S (OeSt 18. 16).
**Kraupischken**, Szillen (TI 3) 2 SO.
**Krausche**, Pensig 1 O, Görlitz 3 N (NM 40 41.)
**Krauschen**, Gross-, Bunzlau (NM 29) ½ O.
— **Klein-**, Bunzlau ¾ SO.
**Krauschwitz**, Weisswasser (BG 12) ½ NO.
**Krausendorf**, Ruhbank (NM 63) ½ S.
**Kraussnick**, Brand (BG 5) 1 O.
[0]**Krauthausen** (BM 13), Düren (Rb 8) ⅝ N.
**Krautheim**, *Stadt*, T Osterburken 1½ SO, Wölchingen-Boxberg 1½ SO (Ba 110. 113).
**Kravarsko**, Lekenik (OeSü 150) 2.
**Krawarn**, Deutsch-, *Fl.*, Gr.-Peterwitz (Wi 14) 2 S.
— Bauerwitz (Wi 12) 1½ O.
**Krayne**, Guben (NM 17) 1¼ NW.
**Krebs**, Pirna (SO 5) ½ SW.
— **Gross-**, Czerwinsk (PO 32) 3½ O.
**Krebshagen**, Stadthagen (Ha 45) ¼ S.
**Krebsjauche**, Finkenheerd (NM 13) ½ S.
**Krebsow**, Züssow (BSt 56) ½ N.
**Krechor**, Velim (OeSt 22a) ½ S.
**Krechowce**, Stanislau (LCJ 13) ¾ S.
**Kreckwitz**, Bautzen (SO 20) ¾ NO.
**Krefflingen**, *Stadt*, Donaueschingen (Ba 185) 3¼ SW.
**Krehlau**, Liegnitz 5½ NO, Spittelndorf 3 N (NM 33. 34).
**Kreibau**, Kaiserswaldau ¼ NO, Hainau 1 W (NM 30, 31).
**Kreisau**, Faulbrück (BF 14) ½ N.
**Kreischa**, Dresden (SO 1a-c. u. 12) 1½ S.
**Kreisewitz**, Brieg (NB 8. OS 5) ¾ S.
**Krekow**, Stettin (BSt 10) 1 NW.
**Kremitten**, Lindenau (PO 63) ½ NO.
**Kremmin**, Tramphe (BSt 15) 2½ S.
**Kremnitz**, *Stadt*, Szobb (OeSt 89) 14 N.
**Krempa**, Dziechowitz (OS 12) ½ NW.
**Krempel**, Geestemünde (Ha 40) 3 NO.
**Krems**, *Stadt*, T St. Pölten 3 N Stockerau 6 W (KE 12. KFN 46).
*Siehe dagegen Station Krems, GK* 7.
**Kremsier**, *Stadt*, T Hullein (KFN 18) ¾ W.
**Kremsmünster**, *Stadt*, Wels 2 SO, Steyer 3 W (KE 31. KR 3).
**Kremzow**, Stargard (BSt 14. OS 59) 1½ SO.
**Krenglbach**, Wallern (KE 46) ½ SO.
**Krenitz**, Bechowic (OeSt 26) ¾ S.
**Krennstetten**, Aschbach (KE 21) ½ SW.
**Krenova**, Stankau (BW 4) 1 SW.
**Krenzlingen**, Weinfelden, Romanshorn (SN 3, 6. ByS 1b).
**Kreschic**, Theresienstadt (OeSt 37) 1½ O.
**Krenchow**, Wegstädtl (OeSt 35) ¾ NW.
**Krensenbach**, Schlüchtern (SbH 10) ⅝ NW.
**Kretscham**, Roth-, Breslau, siehe Rothkretscham.
**Kretz**, Andernach (Rb 60) 1 SW.
**Kreuth**, *Bad*, Holzkirchen 4 S, Miesbach 2¾ SW (ByS 131. 186).
**Kreutz**, Klein-, Brandenburg (BPM 9) ¾ NO.
*Siehe dag. Station Kreutz, Gross-, BPM* 8.
**Kreuzau**, Düren (Rh 8) 1 S.
**Kreutzmannshagen**, Greifswald (BSt 57) 1½ W.

Kreuzlingen in d. Schweiz, *Fl*, Constanz (Ba 67) 0,1 S.

Kreuzriehe, Haste (Ha 43) ⅓ S.

Kreuzlingen, Romanshorn 3¾ NW, Weinfelden 2½ NO. Märstetten 2¾ NO (SNO 2, 1. 2, 6. 2. 7).

Kreuzwertheim, *Fl.*, Aschaffenburg (ByS 102 8 SO).

Kriebau, Weissenfels (Th 15) ¾ NO.

Kriechen, Breslau (OS 1. BF 1) 2 W.

— bei Lüben, Hainau (NM 31) 2½ NO.

Kriefkohl, Hohenstein (PO 78) 1 O.

Kriegsfeld, Alzey (HL 44) ¾ SW.

Kriegsheim, Monsheim (HL 39) ¼ O.

Kriegshofen, Sechtem (Rb 40) 1½ SW.

Kriegstetten, Subigen (SC 1, 50) ½ SW.

Kriel, Cöln (Rb 13. KM 1) ¾ SW.

Krielow, Gross-Kreutz (BPM 6) ¼ NW.

Krienitz, *Steingutfabr.*, Lübben (BG 6) 3⅛ SW.

Kriens, Luzern (SC 1, 25. SN 2, 57) ½ SW.

Kriepitz, Bischofswerda (SO 17) 1⅜ N.

Kriescbow, Vetschau (BG 8) ¾ SO.

Kriescht, *Fl.*, Cüstrin 4 O, Vietz 1½ SO, Landsberg a. W. 4 SW (PO 8. 10. 12).

Kriestorf, Kraisau (SO 36) 1 SW.

Krietern, Breslau (OS 1. BF 1) ¾ S.

Krietzschwitz, Pirna (SO 5) ¾ SO.

Kriewen, *Stadt*, Lissa 3 NO, Alt-Boyen 2¼ SO, Kosten 3¾ SO (OS 40. 44. 45).

Kriffelbach (Kröffelbach), Braunfels (Na 39) 1½ SO.

Kriftel, Hattersheim (T 4) ⅜ NW.

Krimitz, Pilsen (BW 8. KFJ 30) ¾ NW.

Kringelsdorf, Weisswasser (BG 12) 1¾ S.

Krinec, *Fl.*, Jungbunzlau (TKP 8) 3½ SO.

Kripp, Sinzig (Rb 47) ½ NO.

Kriptau, Breslau 1¼ SW, Schmolz ¼ N (BF 1. 2).

Krischa, Bautzen 2¼ NO. Löbau 1½ N Görlitz 2½ NW (SO 20. 23 27).

Kritschen, Brünn (BR 1. OeSt 1) 1⅛ O.

Krivabara, Detta (OeSt 122) 1⅜ SO.

Krnsko, Stranow-Krnsko (TKP 7) ⅛ SW.

Kröben, *Stadt*, Rawicz 3 NO, Bojanowo 3 NO (OS 37. 38).

Kröchlendorf, Prenzlau (BSt 48) 1½ N.

Krögis, Meissen (LD 23) 1 SW.

Kröllendorf, Aschbach (KE 21) ¾ NO.

Krönau, *Fl.*, Brüsau 1 NO, Letowic 2 NO (OeSt 7. 6).

— Landskron (OeSt 50) 3 NO.

Kröp(e)lin, *Stadt*, Wismar 4¼ NO, Bützow 4 NW, Rostock 3 W (Mk 13. 3 1).

Kroczen, Czerwinsk (PO 32) 3¾ SO.

Kroffdorf, Wetzlar 1⅛ NO, Giessen O (KM 60. 61).

Krohle, Sorau (NM 22) 3 W.

Krohnhorst, Wilmersdorf (BSt 46) 2½ W.

Kroin, Brechelsdorf (BF 21).

Kroisbach, Oedenburg (OeSt 97) 1 NO.

Kroischwitz, Bunzlau (NM 39) 1 SW.

Kroitsch, Brechelsdorf (BF 21) 1¼ NW.

— Liegnitz (BF 35. NM 33) 1½ SW.

Krojanke, *Stadt*, Bialosliwe (PO 24) 3½ NW.

Krolowiasn, Czerwinsk (PO 32) 1¼ N.

°Kromau, Mährisch- (OeSt 149), Tetschitz 2 SW, Brünn 3½ SW (BR 4 1).

Krombach in Böhm., Zittau 1½ SW, Gross-Schönau 1 S (SO 33. 41).

Krommenau, Alt-Kemnitz (NM 47) ⅝ SO.

Kromlau, *Pechofen*, Weisswasser (BG 12) ½ N.

Krompach, *Fl.*, Kaschau (Ts 28).

Kronau, Langenbrücken (Ba 8) 0,5 W.

— Zwittau (OeSt 9) 2 S.

Kronenburg bei Schleiden, Call (Rb 25) 2¾ SW.

Krong, Laskowitz (PO 30) 4½ NO.

Kronheim, *PH* (ByS 38), Gunzenhausen (ByS 39) 1½.

Kronstorf, Enns (KE 25) 1 S.

Kropp, Owschlag ⅝ NW, Klosterkrug ¾ SW (Sw 2. 8).

— *Fl*, *Eisenw.*, Laibach (OeSt 76) 5 NW.

Kropstädt, *Fl.*, Zahna (BA 8) ⅞ N.

Kroschentin, Tvoreg (RO 10) 2½ NO.

Kroschin (Kroszyn), Schönlanke (PO 21) 3 S.

Krosno, *Stadt*, Rzeszow 5 SW, Tarnow 10⅛ SO (GCL 16. 10).

Krosigk, Stumsdorf (ML 9) 1½ W.

Krosnikowo, Bialosliwe (PO 24) 1 O.

Krotoschin, *Stadt*, T Rawicz 6 NO, Breslau 10 NO (OS 37).

Krotoszyn, Lemberg (GCL 29. LCJ 1) 2¼ SO.

Krotzenburg, Gross- u. Klein-, Gross-Auheim ½ S. Kahl ½ NW (FH 6. 7).

Krouch, Liebstadtl (SNV 13) 1 O.

Krp, Wrutic (TKP 8) ½ N.

Kruczewo, Schönlanke (PO 21) 2 SO.

Krüchern, Biendorf (MH 33) ⅜ NO.

Krügelborn, St. Wendel (Sa 43) ⅞ NO.

Krüssau, Burg 2 O, Genthin 2¼ SW (HPM 13. 11).

Krüssow, Angermünde (BSt 6) ¾ SO.

— Stargard (BSt 14) 1½ S.

Kruft, Andernach 1¼ SW, Neuwied 1½ SW (Rb 50. 51).

Krugau, Lübben (BG 6) 1½ NO.

Krugsdorf, Pasewalk (BSt 50) ½ NO.

Krukowo, Nakel (PO 26) 2 N.

Krumau (Cremlov), *Stadt*, T Linz 9 N, Budweis 3 SW, Holkau 2 SW (KE 64 74. 73).

Krumbach, *Fl.*, Ulm (ByS 103. Wü 34) 4 SO.

— bei Augsburg, *Fl*, T Günzburg 3¼ S, Hendau 3⅛ SO, Illertissen 3 W Dinkelscherben 3 SW (ByS 107. 205. 208. 112).

Krumhermersdorf, Waldkirchen ⅓ S, Zschopau ¼ SO (SW 64. 65).

Krummennaab, Reuth in Bayern (ByO 63) ¼ NW.

Krummensee, K.-Wusterhausen (BG 3) ½ S.

Krummlinde, Liegnitz (BF 23. MN 33) 1½ N.

Krummhübel, Hirschberg (NM 49) 2½ S.

Krummöls, Greiffenberg (NM 45) ⅜ O.

Krummwälden, Eislingen (Wü 27) ¼ NO.

Krupoczin, Terespol (PO 29) 1½ NW.

Kruschwitz, *Fl.*, Bromberg (PO 27) 8 SO.

Krusendorf, Boitzenburg (BH 19) 1¾ SO.

Krusenhagen, Wismar (Mk 13) 1 NO.

Krusemark, Goldbeck (MH 23) ¾ O.

Krut, Böhm.-, Hohenau (KFN 9) 1¾ W.

Krynica, Bochnia 12¾ SO, Krakau 14 SO (GCL 7. 1).

Krylos, Halicz (LCJ 11) 1¼ S.

Krynidow, Halicz 2 N

Krystynopol, *Fl.*, Lemberg (GCL 29. LCJ 1) 8 N.

Krzizanowitz, Krzizanowitz (Wl 7) 1¾ W.

Krzyszaki, Bialosliwe (PO 24) 2½ SO.

Krzyweyce, Lemberg (GCL 29. LCJ 1) ½ O.

Krzywiza, Przemysl (GCL 28) 3¾ W.

Krzywotuly, Ottynia (LCJ 14) ¾ O.

Kubin, *Stadt*, T Weisskirchen (OeSt 128) 5 SW.

Kubschütz, *PH* (SO 21), Löbau 1½ O, Bautzen 0,4 W (SO 20. 23).

Kuchel, *Fl.*, Salzburg (ByS 148. KE 45) 3 SO.

Kuchelbach, Waldshut (Ba 68) 0,6 NW.

Kuchelbad, *PH* (BW 21), *Bad*, Prag (BW 22) ⅓ N.

Kuchelberg, Hainau 3 O, Liegnitz 1 N NM 31. 33).

Kuchelna, Semil (SNV 14) ¼ NW.

— Krzizanowitz (Wl 7) 1/16 W.

Kuchen, Geislingen (Wü 30) ⅝ NW.

— Gross-, Königsbronn (Wü 123) 1 O.

Kuckau, Bischofswerda (SO 17) 1¾ N.

°Kuczurmare (LCJ 23), Czernowitz (LCJ 24) 1 S.

Kuczurmik, Lusan (LCJ 20) 2⅛ N.

Kudritz, *Fl.*, Verschetz (Versecz) (OeSt 134) 2¼ NO.

Küdingshoven, Sechtem (Rb 40) ¾ SO.

Kühbach (Kühbach), *Fl.*, Pfaffenhofen 3½ SW, Augsburg 3¾ NO. (ByS 240. 26).

Kühnau, Gr.-, Dessau (BA 30) ½ NW.

— Crenzburg (RO 23) ½ SO.

Kühndorf, Meiningen (Th 50) 1 NO.

Kühnhausen, °Gispersleben-Viti (NE 11) ⅝ N.

Kühren, Dornreichenbach R* ¼ W, Wurzen 1 SO. (LD 7. 6).

Kühnitzsch, Wurzen (LD 6) ¾ ONO.

Külsheim, Bronnbach (Ba 139) 1 S.

Küllstedt, *Flanellfabr.*, Leinefelde (ML 32) 2 SW.

Külsheim, *Stadt*, Tauber-Bischofsheim 1½ NO, Gamburg 1 SW. (Ba 136. 138).

Kümpken, Wangerin (BSt 17) 1¾ O.

Kümmlsch, Dornreichenbach R* (LD 7) ½ NW.

Künkendorf, Neu-, u. Alt-, Angermünde (BSt 6) ¾ W resp. 1¼ W.

Künzelsau, *Stadt*, T Waldenburg (Wü 76) 1¼ N.

Künzing (Kinzing), Osterhofen ¾ SO, Pleinting ⅜ NW. (ByO 63 64).

Küpper, Nicolausdorf 1 SO, Görlitz 2 SO. (NM 59. 41).

— Gr.- u Kl.-, Sprottau (NZ 5) ½ S.

— Ober- u. Nieder-, Sagan (NZ 7) 1 NO.

Kürnbach, Mühlacker 1½ N, Bretten 1½ NO. (Ba 153. Wü 4).

Kürnberg, Schopfheim (Ba 212) ½ NO.

Kürrighoven, Mehlem (Rh 44) 1 SO.

Kürt, Perbete (OeSt 86) 1 SO.

— Aszod (UN 8) 2½ N.

— Tisza-, Nagy-Körös (OeSt 105) 2½ SO.

Kürtow, Arnswalde (OS 57) 1½ SO.

Kürü, Nagy-, Szolnok (Ts 3) 3 NO.

Kürzell, Dinglingen (Ba 31) 0,8 NW.

Küssnacht am Züricher See, Luzern 2½ NO, Zürich 1½ SO. (SN 2, 57. SN 3. 19).

Küssow, Neubrandenburg (FF 7) ¾ O.

Kütten, Sinnsdorf (ML 9) ¾ SW.

Kützbrunn, Zimmern (Ba 119) 0,3 S.

Kufferath, Düren (Rb 8) ¾ SW.

Kuglacken, Gr. u. Kl.-, Tapiau 1 N, Wehlau 1½ NO. (PO 54. 56).

Kuhagen, Fritzow (BSt 24) ½ O.

Kuhajow, Lemberg (GCL 29. LCJ 1) 2 S.

Kuhbach, Lahr (Ba 205) 0.8 O.

Kuhblank, Carolinenhorst 1½ S, Stargard 1½ W. (BSt 13. 14).

Kuhlitz, Pelplin (PO 35) ¾ S.

Kuhtz, Cöslin (BSt 24) 2 O.

Kuhna, Görlitz ¾ SO, Nicolausdorf ¾ SW. (NM 41. 59).

Kuhnau, Mettkau (BF 4) 2 SO.

Kuhnern, Striegau 1⅜ NO, Gr.-Rosen 1 NO. (BF 17. 19).

Kuhren, Neu-, Königsberg i. Pr.: siehe Neukuhren.

Kuhstedt, Oldenbüttel 2 NO, Osterholz-Scharmbeck 3 NO. (Ha 37. 36).

Kujau, Gogolin (OS 11) 2½ SW.

Kukan, Liebenau 1¼ NO, Eisenbrod 1 NW. Reichenberg in Böhmen 1¾ SO. (SNV 19. 15. 22).

Kukehnen, Ludwigsort 1¾ SO, Kobbelbude 1¼ SW. (PO 47. 48).

Kukizow, *Fl.*, Lemberg (GCL 29, LCJ 1) 1½ NO.

Kuklena, Königgrätz (SNV 3) ¼ SW.

Kukus, *PH* (SNV 7) Josefstadt (SNV 6) 1 N.

Kula, *Fl.*, T Gr.-Kikinda (OeSt 114) 15 SW.

Kulaczkowce, Kolomea (LCJ 16) 2½ NO.

Kulaczyn, Sniatyn (LCJ 18) 1¼ W.

Kulikow, *Fl*, *Rothfabriken*, Lemberg (GCL 29. LCJ 1) 1½ N.

Kulkwitz, Markranstädt (Tb 21) ½ S.

Kulm, Karbitz ½ N, Aussig 1 W. (AT 4. 1).

— Ober- u. Unter-, Aarau (SC 1, 13) 2 SO.

Kulmerau, Sursee (SC 1, 20) 2 N.

Kulparkow mit Persenkowka, *Kesselfabrik*, Lemberg (GCL 29. LCJ 1) ½ SW.

Kumehnen, Fischhausen (OpS 3) 2 NO.

Kummer, Schmölln (SW 85) 1 NW.

Kummernick, Spittelndorf (NM 34) ½ SO.

Kumrowitz, Brünn (SR 1. OeSt 1) ¼ S.

Kun, Szt. Martony, Szolnok (Ts 3) 4½ SO.

— Hegyes, Kis-uj-Szallas (Ts 6) 2½ NW.

Kunagota, Kétegyháza (Ts 24) 2¾ SW.

Kunaszow, Burstyn (LCJ 10) 2 S.

Kunau, Hansdorf ⅜ S, Halbau ¾ N. (NM 23. 24).

Kundl, *Salpetersiederei*, Wörgl (OeSt 180) ¾ SW.

**Kundratitz**, Liebstadtl (SNV 13) ¼ NO.
— Bibeteinitz (OeSt 21) 2½ NO.
**Kundschütz**, Breslau (BF 1) 1 S.
[1]**Kunersdorf**, Wriezen (BSt 67) ½ SO.
[2]— bei Hirschberg (NM 49) ½ SW.
[3]— Frankfurt a. O. (NM 11) 1 N.
[4]— desgl. 1 NO.
[5]— b. Rothenburg, Görlitz (NM 41) 1 NW.
*Siehe auch* [0]*Kunersdorf, Neu-, BF* 16.
**Kunewald**, Zauchtl-Neutitschein (KFN 23) ½ SO.
**Kunnersdorf** bei Reichenberg i. Böhm. (SNV 22) ½ SO.
**Kuniczе**, Burstyn (LCJ 10) 2 S.
**Kunigundenhütte**, Ringelheim 1 SO, Salzgitter ⅞ S. (Bs 11. 12).
**Kunitz-**, Ober- u. Nieder-, Liegnitz 1 NO, Spittelndorf 1¼ SW. (NM 33. 34).
**Kunowo**, Bialosliwe 3½ N, Osiek 3½ NW. (PO 24. 25).
**Kunstadt**, *Stadt*, Skalic (OeSt 5) 1 NW.
[1]**Kunzendorf** bei Mähr.-Trübau. Budigsdorf 1 SW, Landskron 1 SO. (OeSt 49. 50).
[2]— Mähr.-Ostrau (KFN 26) 1 SO.
[3]— bei Sorau ¾ SO, Hansdorf ½ N. (NM 22. 23).
[4]— Dirschau 1 SO, Simonsdorf ¾ SW. (PO 34. 35).
[5]— Frankenstein (BF 11) ½ SO.
[6]— Stein-, Reichenbach (BF 13) 1½ SW.
[7]— bei Glatz, Dittersbach 2½ SO, Waldenburg 3 SO, Reichenbach 2½ SW. (NM 56. 57. BF 13).
[8]— Nieder- u. Ober-, Freiburg i. Schl (BF 8) ½ SO.
[9]— bei Landeshut, Rohnau (NM 58) 2½ SW.
[10]— bei Löwenberg, Greiffenberg i. Schl. (NM 45) 1½ NO.
[11]— bei Flinsberg, Rabishau (NM 46) ½ SO.
[12]**Kunzendorf**, bei Steinau, Spittelndorf (NM 34) 3½ NO.
[13]— bei Liegnitz, Spittelndorf (NM 34) 1¼ S.
[14]— bei Sprottau, Buchwald (NZ 6) ½ NO.
**Kupferberg**, *Stadt*, Unter-Steinach (By 8 67) ½ O.
— *Stadt*. Jannowitz (NM 51) ½ O.
— in Böhmen, *Stadt*. Schwarzenberg 3½ SO, Annaberg 3 S, [0]Komotau 3 SW, Teplitz 6 SW, Dux 5 SW. (SW 58. 70. AT 6. 9).
**Kupferhammer**, *Fabrik*, Labes (BSt 18) ⅒ S.
— *Hüttenwerk*, Neustadt E.-W. (BSt 4) ½ NW.
— Finkenheerd (NM 13) 1¾ SW.
**Kupferhammerhütte**, *Bergw.*, Eisleben (ML 10) 1½ N.
— Gr.-, ⚒ Ober-Röblingen (ML 21) ⅒ O.
**Kupferzell**, Waldenburg (WS 76) ½ NO.
**Kupp**, Alt- u. Neu-, Oppeln (OS 10. RO 1) 2½ N.
[0]**Kuppenheim** (Ba 213). *Stadt*, Rastatt ½ SO, Muggensturm 0,6 O, Oos 1 NO (Ba 17. 18. 19).
**Kuppel**, *Kupferhütte*, Hochfeld (BM 105a. Rh 88) ¼ W.
**Kurály**, Perbete (OeSt 86) 2 O.
**Kurau**, Mühlhausen i. Ostpr. (PO 42) ½ N.
**Kurl**, Bochowic (OeSt 26) 1½ S.
**Kurnik**, *Stadt* Mosczin 2½ O, Posen 3 SO. (OS 47. 48).
**Kuropatniki**, Bursztyn (LCJ 10) 1 S.
**Kursdorf**, Fraustadt (OS 41) ¾ SW.
— (Kuhrsdorf), Schkeuditz (ML 13) ½ NO.
**Kurtschow**, Frankfurt a. O. (NM 11. PO 71) 5 SO.
**Kurtzebrack**, Oberwinek (PO 22) 1¾ NO.
**Kurz-Lipsdorf**, Blönsdorf (BA 1) ⅝ NW.
**Kurzrickenbach**, Constanz (Ba 97) 0,5 SO
**Kuschern**, Wellmitz (ML 16) ½ O
**Kuschkow**, Lübben (BG 6) 2¼ NO.
**Kuschwarda** (Kuschwarta), *Fl.*, Passau 6 NO, Strakonic 6 S. (KE 54. KFJ 30).
**Kussen**, Gumbinnen (PO 60) 2¾ NO.
**Kussfeld**, Alt- u. Neu-, Güldenboden (PO 40) ¾ SO.
**Kussnow**, Schivelbein (BSt 19) ½ W.
**Kussow**, Gr.- u. Kl.-, Stargard (BSt 14) 1½ NW.
**Kussowo**, Kotomierz (PO 26) 1 SO.
**Kutl**, M.-Neudorf (KFN 11) 2 S.
**Kutla**, Otloczyn (PO 68) ⅜ O.
**Kutten**, Insterburg (PO 68. TI 4) 2 NO.
**Kuttenberg**, *Stadt*, T *Kattunfabr.*, Kolin (OeSt 22) 1 S.
**Kuttenplan**, *Fl.*, Staab 5½ NW, Eger 4½ SO. (BW 5. SW 84).
**Kutterau**, Albbruck (Ba 66) 1½ N.
**Kuttkuhnen**, Gumbinnen (PO 60) ½ SW.
**Kuttlau**, *Fl.*, Glogau (NZ 1. OS 43) 1⅝ N.
**Kut(t)y**, *Stadt*, Kolomea (LCJ 16) 5½ S.
**Kutzdorf**, *Hüttenwerk*, Cüstrin (PO 8) 2½ N.
**Kutzoben**, *Eisenhammer*, Creutzburg 4 SO, Kl.-Stanisch 4½ NO. (BO 23. 4).
**Kuventhal**, Salzderhelden (Ha 86) 1 NW.
**Kuyk**, Groesbeek ¾ SW, Nymwegen 1½ S. (Rh 79. 80).
**Kwasny**, Josefstadt (SNV 6) 2¼ SO.
**Kwieciszewo**, *Stadt*, Posen 10 NO, Bromberg 7 S. (OS 48. 27).
**Kwittein**, *Bergwerk*, Lukawec ¼ SW, Müglitz ½ NW. (OeSt 47. 48).
**Kyritz**, *Stadt*, T Zernitz (BH 8) 1 N.

# Orte, welche von der Siebenbürger Eisenbahn ihre Güter empfangen.

Mitgetheilt von der Direction der genannten Eisenbahn am 1. Juni 1869.

*(Auf die bereits im Orts-Register enthaltenen, theilweise abweichenden Notizen, ist durch Hinweis auf die betreffende Seite aufmerksam gemacht.)*

**Ag, Nagy-**, *Bergwerk*, Déva (Si 11) 4½ NO.
**Algyógy**, *Fl.*, *Badeort*, Broos (Si 13) ½ N.
**Almásel**, Zám (Si 8) 1½ N.
**Almás-Szelistye**, Zám (Si 8) 1¾ N.
**Al-Pestes**, *Dorf*, *Spiritusfabrik*, Déva (Si 11) 1 S.
**András**, Sz.-, Déva (Si 11) 1 NO.
**Baar**, N.-, Piski (Si 12) 3 SO.
**Báboina** (siehe S. 7), Piski (Si 12) 1½ NO.
**Banyitza**, Piski (Si 12) 3½ SO.
**Baiucza**, Bersova (Si 6) 1 O.
**Belotincz**, Bersova (Si 6) 1¼ S.
**Birkis**, *Stadt*, Szoborsin (Si 7) 1½ S.
**Bisztritz** (siehe Bistritz No. 2 S 12) *Stadt*, Karlsburg (Si 16) 29½ W.
**Boicza**, *Bergstadt*, Déva (Si 11) 3¼ NO.
**Boldogfalva**, *Fl.*, Piski (Si 12) 4 SO.
**Brad**, *Bergstadt*, Déva (Si 11) 5½ NO.
**Brassó**, Zám (Si 8) 2⅝ N.
**Bulca**, Szoborsin (Si 7) 2 S.
**Burzsuk**, Zám (Si 8) ½ SO.
**Buzaur**, Szoborsin (Si 7) 4½ S.
**Czerbia**, Zám (Si 8) ⅝ N.
**Czerten**, *Dorf*, *Hüttenverwaltung*, Déva (Si 11) 2½ NO.
**Csicsér Mondorl**, Gyorok (Si 2) 1½ W.
**Csik Szereda**, *Stadt*, Karlsburg (Si 16) 28½ O.
**Dobra**, *Fl.* Illye (Si 9) 1¼ S.
**Dombravicza**, Bersova (Si 6) ¼ NO.
**Elisabethstadt** (siehe S 27), *Stadt*, Karlsburg (Si 16) 20½ O.
**Enyed, Nagy-**, (siehe S. 28) *Fl.*, Karlsburg (Si 16) 3½ N.
**Facset**, *Stadt*, Szoborsin (Si 7) 3½ S.
**Felvincz**, *Fl.*, Karlsburg (Si 16) 7¾ W.
**Ferdinandsberg**, *Eisenwerk*, Piski (Si 12) 5½ S.
**Fö-Lapugy**, Illye (Si 9) 3½ SW.
**Fogaras**, *Stadt*, Karlsburg (Si 16) 27¾ O.
**Glod-Gilent**, Zám (Si 8) ⅝ O.
**Glogovácz**, Gyorok (Si 2) 2 W.
**Govasdia**, *Eisenwerk*, Piski (Si 12) 5½ O.
**Groos**, Bersova (Si 6) 1½ NO.
**Guttenbrunn**, Radna (Si 4) 1⅝ S.
**Gyulicza**, Szoborsin (Si 7) 1¼ W.
**Halma, Szanto-**, Déva (Si 11) ¾ NO.
**Hátszeg**, *Stadt*, Piski (Si 12) 4½ S.
**Heltau**, *Fl.*, Alvincz (Si 15) 1 O.
**Hermannstadt**, *Stadt*, Alvincz 8 O, Karlsburg 9¼ O (Si 8. 16).
**Hondol**, *Bergwerk*, Déva (Si 11) 2⅝ NO.
**Ilyó**, Zám (Si 8) ¾ W.
**Korbesty**, Zám (Si 8) 1 N
**Kamenicza**, ⚓ Bersova (Si 6) 1 N.
**Kápolnás**, Szoborsin (Si 7) 1 S.
**Kaprioara**, Szoborsin (Si 7) ⅞ S.
**Kapruczа**, Radna (Si 4) ½ O.
**Kelmak**, Bersova (Si 6) 1½ SW.
**Keresztur, Sz.-**, *Stadt*, Karlsburg (Si 16) 18¼ O
**Kezdi Vásárhely**, *Stadt*, Karlsburg (Si 16) 38⅜ O.
**Királybánya**, *Schmelzwerk*, Déva (Si 11) 4¾ S.
**Kiszindia**, Bersova (Si 6) 4 N.
**Körösbánya**, *Fl.* Déva (Si 11) 7½ N.
**Konop**, Bersova (Si 6) 1¼ W.
**Koruk**, Bersova (Si 6) 1 S.
**Kovaszincz**, Gyorok (Si 2) 1 NO.
**Krivadia**, Piski (Si 12) 7½ SO.
**Kronstadt**, *Stadt*, Alvincz 26 SO, Karlsburg 27⅞ O. (Si 15. 16)
**Kudsir**, *Eisenwerk*, Broos (Si 13) 1½ SO.
**Kuvin**, Gyorok (Si 2) ½ NO.
**Laiasincz**, Bersova (Si 6) 1 S.
**Lippa**, *Stadt*, Radna (Si 4) ⅛ S.
**Livadia**, Piski (Si 12) 6½ SO.
**Lugos**, *Stadt*, Szoborsin (Si 7) 8 S.
**Lunkány**, *Badeort*, *Eisenfabrik*, Szoborsin (Si 7) 8 S.
**Magura**, *Dorf*, *Bergwerk*, Déva (Si 11) 3⅛ NO
**Maros-Vásárhely** (siehe S. 10), *Stadt*, Karlsburg (Si 16) 36¼ O.
**Mediasch** (siehe S. 11), *Stadt*, Karlsburg (Si 16) 22¼ O.
**Ménes**, *Fl.*, Gyorok (Si 2) ½ SO.
**Merisor**, Piski (Si 12) 3 SO.
**Milova**, Radna (Si 4) 1⅜ NO.
**Mikanest**, Zám (Si 8) 1½ N.
**Monorostia**, Bersova (Si 6) ¼ O.
**Mühlenbach** (siehe S. 14), *Stadt*, Alvincz (Si 15) 1 SO.
**Nádas**, Bersova (Si 6) 4½ N.
**Nadrág**, *Badeort*, *Eisenfabrik*, Szoborsin (Si 7) 6½ S.
**Neudorf**, Radna (Si 4) 1 S.
**Obersia**, Zám (Si 8) 2¼ N.
**Odvos**, Radna 2 NO, Bersova 3 W. (Si 4 u. 6).
**Ostrov**, Szoborsin (Si 7) 1 S.
**Paulis**, *Fl.* (Si 3). Radna 1 NO, Gyorok 1 SW. (Si 4 u. 3).
**Pestes**, siehe Al-Pestes.
**Petersdorf**, *Papierfabrik*, Alvincz (Si 15) 1½ OSO.
**Petresti**, Zám (Si 8) 1½ O.
**Petris**, *Fl.*, Zám (Si 8) ¾ NW.
**Piorzkabánya**, *Eisenwerk*, Déva (Si 11) 4¼ NO.
**Pogánesd**, Zám (Si 8) ⅞ N.
**Pozsóga**, Szoborsin 1½ O, Zám ⅝ S. (Si 7 u. 8).
**Rapold, N.-**, Piski (Si 12) 1 NO.
**Reussmarkt**, *Fl.*, (siehe S. 88), Alvincz (Si 15) 4 OSO.
**Rossia**, Zám (Si 8) 1⅞ N.
**Runtberg**, *Eisenwerk*, Piski (Si 12) 10 S.
**Solymos, M.-**, *Salzamt*, Déva (Si 11) ½ NO.
— Radna (Si 4) ⅛ NO.
**Szabadhely**, Gyorok (Si 2) 1 W.
**Szécsel**, *Fl.*, Alvincz (Si 15) 5 OSO.
**Szegszárd, B.-**, Szoborsin (Si 7) 3½ S.
**Szelesova**, Zám (Si 8) ½ S.
**Szelistye**, Zám (Si 8) ½ NW.
**Szlatina**, Bersova (Si 6) 4 NO.
**Tamasesti**, Zám (Si 8) ½ O.
**Tataresti**, Zám (Si 8) 1½ SO.
**Tövis**, *Fl.*, Karlsburg (Si 16) 2½ W.
**Thorda**, *Stadt*. Karlsburg (Si 16) 8¼ W.
**Tomesd**, *Glasfabrik*, Szoborsin (Si 7) 8 S.
**Tótvárad**, *Stadt*, Szoborsin (Si 7) ⅞ W.
**Troján**, Szoborsin (Si 7) 2 N.
**Udvarhely, Sz.-**, *Stadt*, Karlsburg (Si 16) O.
**Vajda-Hunyad**, *Fl.*, Déva (Si 11) 2½ S.
**Valyemare**, Szoborsin (Si 7) ¼ NO.
**Vaszolya**, Bersova (Si 6) 4½ N.
**Verespatak**, *Bergstadt*, Karlsburg (Si 16) 7½ SO.
**Vilagos**, *Fl.*, Gyorok (Si 2) 2 N.
**Zabalz**, Bersova (Si 6) 4½ N.
**Zalathna**, *Bergstadt*, Karlsburg (Si 16) 3 SO.

# Zusätze und Berichtigungen zum Stations-Verzeichniss.

S. 8 u. 9. **Badische Eisenbahnen.** Zu Nr. 11 u. 75. Untergrombach und Berlingen: *PH*° (nicht *PH*).

S. 10. Donaueschingen-Villingen (s. Linie l) soll im Sommer 1869, Stockach-Messkirch (m) im Herbst 1869, Königshofen-Mergentheim (n) desgl. im Herbst 1869 eröffnet werden, Rastatt-Gernsbach (r) ist am 1. Juni 1869 eröffnet worden u. dort als Station 214a, Gaggenau 1,3 M. beizufügen.

S. 14. **Bayerische Staatsbahnen.** Miesbach-Schliersee (siehe Linie g) soll 1. Juli 1869 eröffnet werden.

S. 15. **Bebra-Hanau.** Nach dem Sommerfahrplan ist als Station (*PH*) Nr. 16a Niederrodenbach 18,5 M (137,05 Kil.) eröffnet worden.

S. 20. **Berlin-Stettin.** Cöslin-Stolp (Linie b): die Eröffnung der Bahn, welche am 1. Juni 1869 erfolgen sollte, ist auf 1. Juli verschoben worden. — Station 33 soll an Stelle von Ankerholz nunmehr Gross-Boschpol genannt werden.

S. 21. **Böhmische Westbahn.** Als 6. Kohlenflügelbahn ist die bei Rokitzan einmündende, 1 M. lange, **Miröschauer Flügelbahn** am 31. Mai d. J. eröffnet worden.

S. 22. **Breslau-Freiburg.** Die projectirte Station Rosalitz soll fortfallen.

S. 24. **Galizische Carl-Ludwigsbahn.** Die Linie b, Lemberg-Brody sowie die Zweigbahn Krasne-Zloczow soll nunmehr am 1. Juli 1869 eröffnet werden.

S. 125. **Hessische Ludwigsbahn.** Von der Linie f, Darmstadt-Worms (Riedbahn), ist am 15. April d. J., die Strecke Darmstadt-Gernsheim, 3.42 M., und am 1. Juni die 2,21 M. lange Strecke Gernsheim-Rosengarten mit den S. 125 angegebenen Stationen eröffnet worden. Die Bezeichnung *PH*° ist bei Nr. 46, 47, 49, desgl. bei Nr. 55, 65, 68, 69, 73, 79, 81, 84, 87 nunmehr zu streichen. — Zusätze etc.: Als Entfernungen sind beizufügen zu Nr. 45: 1,37; Nr. 46: 1,89; Nr. 47 (Erfelden-Goddelau) 2,15; Nr. 48 (Stockstadt am Rhein) 2.55; Nr. 49 (Biebesheim) 2 96); Nr. 50: 3.42; Nr. 50: 3.42; Nr. 51: 4 07; Nr. 52: 4,53; Nr. 53: 5 13; Nr. 54: 5,63.

Die Linie g (Hofheim-Bensheim) soll zu Ende 1869 eröffnet werden.

S. 28. **Kaiser Franz-Josefsbahn.** Die Bezeichnung der im Bau begriffenen Stationen auf der Strecke Wien-Budweis ist vielfach geändert; die Station (*PH*) Nr. 35 heisst nunmehr Zdár-Zdírec. Siehe im Uebrigen die nachfolgenden Zusätze zum alphab. Stations-Register.

S. 30. **Kaschau-Oderberg.** An Stelle der projectirten Station Nr. 5, Tralenitz tritt Bystricz 6 M. — Die vielen auf der im Bau begriffenen Strecke Teschen-Kaschau weiter zugetretenen Stationen werden wir später mittheilen.

S. 31. **Köln-Minden** (Venlo-Hamburg). Als Station 69a ist: Appelhülsen 15,05 beizufügen. Station 80 heisst Rotenburg.

S. 31. **Kronprinz Rudolfsbahn.** Linie c, St. Veit-Klagenfurt, ist am 15/4. d. J. eröffnet worden.

S. 38. **Erfurt-Nordhausen** soll am 1. Aug. 1869 eröffnet werden.

S. 42. **Oesterr. Südbahn.** Station 36 heisst seit 9/6. 68 Mitterdorf (nicht mehr Mitterndorf). Station 175. Rubbia, ist seit 1/8. 68 auch für den Frachtverkehr eröffnet. Als Nr. 219a ist Haltestelle Legrad beizufügen.

S. 44. **Oldenburgische Eisenbahnen.** Nr. 2. 4. 6. 9. 11. 15 sind Haltepuncte. Linie b, Oldenburg-Leer, ist am 15. Juni d. J. mit den S. 44 angegebenen Stationen eröffnet worden.

S. 48. **Rheinische Eisenbahn.** Von der Linie m (Rechtsrheinische Eisenbahn) soll die Strecke Ehrenbreitstein-Neuwied im Sommer 1869 eröffnet werden. Von Obercassel bis Siegburg ist die Linie verlegt worden und erhält solche ausser in Siegburg auch in Troisdorf Anschluss an die Köln-Giessener Bahn, indem von der Friedrich-Wilhelmshütte, welche als Station 108a einzufügen ist, eine Abzweigung nach Nr. 110, Troisdorf, gebaut wird. Als Entfernungen sind nunmehr beizufügen zu Nr. 108: 8,35; Nr. 108a: 9,47: Nr. 109: 9 92.

S. 49. **Saarbrücker Eisenbahn.** Als Station 1a ist am 1. Juni 1869 eine neue Station, Reden (0 58 M. von Neunkirchen) in unmittelbarer Nähe der Kohlengrube Reden (Nr. 48), eröffnet worden.

S. 50. **Sächs.-westl. Staatsbahn.** Bei Nr. 12, 13, 25, 27, 33, 49, 64, 81 muss es statt *GH* heissen: *GSt*. Diese Güter-Stationen haben in Beziehung auf Güter unbeschränkten Verkehr.

S. 52. **Siebenbürger Eisenbahn.** Nr. 23 lies Petroseny (statt Petrozseny).

S. 55. **Ungarische Nordbahn.** Station Nr. 11 heisst nunmehr: Apcz-Szántó.

S. 55. **Ungarische Ostbahn u. Ungar. Staatsbahnen.** Die Linie Grosswardein-Klausenburg, welche nebst ihrer Fortsetzung bis Kronstadt Ende December d. J. eröffnet werden soll, gehört nunmehr zur Ungar.-Ostbahn. — Die Linie d (Zakany-Agram) soll bei ihrer Eröffnung in den Betrieb der Oesterr.-Südbahn übergehen.

S. 58 ff. **Württembergische Eisenb.** Die Strecke Rottweil-Villingen der Linie l soll im Sommer, Linie l (Tübingen-Hechingen 29. Juni, Linie m (Rottweil-Tuttlingen) desgl. 1. Juli eröffnet werden. Die Strecke Blaubeuren-Ehingen der Linie n ist am 13. Juni d. J. für Personen- u. Güterverkehr eröffnet worden (die Station Nr. 170 heisst Schelklingen nicht Schelkingen.

S. 75. 76. Hinsichtlich der **Niederländ. Staatsb.** siehe innere Seite des Umschlags.

In das alphabetische Stations-Register, S. 86 ff., bitten wir folgende Einschaltungen und Berichtigungen aufzunehmen:

°Ahsdorf-Hippersdorf statt °Abtsdorf.
°Ankerholz, BSt 33 zu streichen.
Apcz-Szanto, UN 11 ist einzuschalten.
Biebesheim (nicht Bibesheim) ist hinter Bickenbach zu stellen.
°Boschpol, Gross-, BSt 33, vor Bossum einzufügen.
Burgkemnitz BA 12, nicht 66.
Celnsdorf SW 48, nicht 47.
Cosmpin nicht Cosmbin (OS 46).
Dechen ByS 236 nicht 235.
Deutschenbora nicht Deutschenbord.
Ehrenfeld, das *P* zu streichen.
Elbe-Teinitz. Nr. 21 beizufügen.
Erfelden-Goddelau HL 47 ist vor Erfurt einzutragen.
Falkenberg BA 25 und
°Falkenberg HSG 8 sind als identisch zusammenzustellen und mit Klammern zu verbinden.
Freienwalde BSt 16, nicht 66.
Friedeberg nicht Friedberg PO 16.
Gaggenau Ba 214a ist einzuschalten.
°Gesundbrunnen nicht Gesndbrunnen.
°Gladbach (Bergisch-) das ° zu streichen.
Glanerbeek Niederl. Stsb. 2, 23e ist vor Glanmünchweiler einzuschalten.
Goddelau (-Erfelden) die ( ) zu streichen.
Gremschütz ist als noch nicht eröffnet mit ° zu bezeichnen.
Griesheim HL 45 ist nach Griesbern einzuschalten.
Griethausen *H* Rh 75 ist vor Grignone einzuschalten.
Gronau ┬ NS 2, 33e zu streichen.
Gross-Boschpol BSt 33 ist vor Gross-Bothen einzuschalten.
Grossenhain LD 35, nicht 36.
Grossrohrheim HL 51 vor Gross-Rosen einzuschalten.
Grosswardein, bei US 1 ist ° beizufügen.
°Hetzegg nach Hatna zu setzen statt °Hetzek nach Hanweiler.
Happurg ByO 39 zu streichen.
Hattorf, das ° zu streichen.
Heide-Gersdorf u. Hereberg (BA 22) ┬ beizufügen.
Hörde, das ✕ zu streichen.
Hetzelsdorf zu streichen und dafür (vor Höxter) Hötzelsdorf zu setzen.
°Hopfgarten OH 10 ist zu streichen.
Jaszka OeSü 153 nicht 150.
Jauer BF 19, nicht 20.
°Iglo-Neudorf KO 12 ist statt vor Jemmapes vor Igmand zu stellen.
Zu Josephstadt ist -Jaromer (SNV 6) beizufügen.
Keilmünz ByS 210 nicht 209.
Bei °Kempten HL 67 u. Kleestadt HL 69 ist ( ) zu streichen.
Landquart VS 2, 31 ist nach Landstuhl einzuschalten.
Bei Langstadt u. °Lengfeld ist ( ) zu streichen.
Lathen Wf 30, nicht 70.
Legrad *H*° OeSü 219a ist beizufügen.
Liebstadt zu lesen statt Liebstadt.
Limberg-Maissau *P* KFJ 11 vor Limburg einzuschalten.
Lingen Ha 27 nicht 67.
Zu Löhnen-Vreeland gehört die nach Lökösháza stehende Zeile: Rh 1, 3.
Mihaly, St.-, OeSü 107, ist vor °Mihaly UN einzufügen.
Miröschauer Kohlenb. BW 6 ist einzuschalten.
Mitterdorf zu lesen statt Mitterndorf.
°Mösskirch Ba 197 nicht 182.
Bei Niedergrund SO 11 u. °Nussdorf KFJ 2 ist *P* zu streichen.
Nicolausdorf statt Niclausdorf zu lesen.
Niederrodenbach *PH* BhH 16a ist einzuschalten.
°Petroseny statt °Petrozseny (Si 24) zu lesen u. daher vor Petrówitz zu stellen.
Pommelsbrunn ByO 39 nach Pombal einzuschalten.
Premstätten statt Premgstätten.
Reden Sa 1a ist vor Reden-Grube einzuschalten.
°Rosalitz BF 25 sowie Rothenburg ┬ BG 12 zu streichen.
Rapperswell SNO 2, 29 nicht 28.
Schelklingen, das ° ist fortzustreichen.
Siegmar, zu G ist St beizufügen.
Steinfurth statt Steinfurt (Ba 129) zu lesen.
°Stockstadt (HL 48), das ° zu streichen u. „am Rhein" beizufügen.
Suczawa (Itzkany-) LCJ 28 vor Suderburg einzuschalten.
Bei Szantó (UN) fällt das ° fort und ist Apcz- beizufügen.
°Tarnopol ┬ GCL 42 vor Tarnow einzuschalten.
Bei Teschen ist ┬ zuzufügen.
Ungarisch Hradisch KFN 15 ist vor Unhoscht einzuschalten. (NB. Steht bis jetzt nur unter Hradisch).
°Vitis zu lesen statt Vittes *P* (KFJ 18) u. folgeweise nach °Visk zu stellen.
Waldenburg NM 57 nicht 56.
°Wappoltenreith zu lesen statt Wapoldenreuth (KFJ 15).
Bei °Weissheim das ° zu streichen.
Wien KFN 1 statt Ludwigsb. zu lesen.
Wördern (St. Andrae) KFJ 5 vor Wörgel einzuschalten.
Zu Zdiar ist -Zdirec zuzusetzen, und zu Zdencina: *PH*°.
Bei °Zell (HL 65) ist ( ) u. bei °Zuczka-Sadagora, das ° zu streichen.

In Folge der vom März bis 15. Juni d. J. eingetretenen Bahneröffnungen ist im alphabetischen Stations-Register, sowie im Orts-Register das ° bei folgenden Stationen zu streichen:

Allmendingen Wü 171.
Apen Ol 12.
Augustfehn Ol 13.
Biblis HL 52.
Biebesheim HL 49.
Bloh *H* Ol 9.
Ehingen Wü 172.
Gernsbach Ba 216.
Gernsheim HL 50.
Goddelau (Erfelden) HL 47.
Hördten Ba 215.
Hofheim HL 53.
Klagenfurt KR 48.
Kuppenheim Ba 213.
Maria Saal auch beifügen *PH* KR 47.
Nortmoor Ol 15.
Ocholt *H* Ol 11.
Rohrheim, Gross-, *PH*° HL 51.
Rosengarten HL 54.
Rothenfels Ba 214.
Schelklingen Wü 170.
Stickhausen Ol 14.
Stockstadt HL 48
Wolfskehlen HL 46.
Zwischenahn Ol 10.

# L.

**Laa**, Ober-, von Wien 1 SO, Schwechat-Kiederling 3/4 W. (OeSt 53 u. 55).
— Unter-, Wien 1 SO, Schwechat-Kiederling 1/4 W. (OeSt 53 u. 55)
[1]**Laa** (*OeSt. 144*), *Stadt*, Wien 7 1/2 N, Stockerau 5 1/4 NO, Lundenburg 5 W. (KFN 1. 46 u. 10).
**Laab** in Böhmen, Eisenbrod (SNV 15) 3/4 N.
— im Walde, Purkersdorf (KE 5) 3/4 S.
— Angern (KFN 6) 1 1/4 O.
— in Ungarn, Marchegg (OeSt 73) 2 NO.
**Laabe**, Marienburg (PO 38) 1 3/4 SO.
**Laaben**, *Glasfabr.* Neulengbach (KE 6) 1 1/2 SO.
**Laaber**, (Laber), Regensburg (ByO 22) 2 1/2 NW.
**Laach** i. *Rheinprov.*, Remagen, (Rh 46) 3 SW. siehe Maria Laach.
(i. Oesterr. Krain) Laibach, siehe Lack.
**Laag** i. Tirol, Salurn (OeSü 207) 1/4.
**Laage** (Lage) i. Mecklenburg, *Stadt*, Rostock 3 SO., Güstrow 2 1/4 NO., Teterow 3 NW. (Mk 1. 12 u. FF 3).
**Laak**, Steinbrück (OeSü 67) 3/4.
**Laan** bei Chrudim in Böhmen, Prelouc (OeSt 19) 1 3/4 SO.
**Laar**, i. Rheinprov. Ruhrort (BM 91, KM 35) 3/4 O.
— i. Westfalen, Herford (KM 29) 1 SW.
**Laas** in Oesterr. Krain *Stadt*, Rakek (OeSü 69) ca. 2 1/2 SO.
— in Tirol, Botzen (OeSü 203) ca. 6 W.
**Laasan** i. Schlesien, Saarau (BF 6) 3/4 N.
**Laase** in Westpreuss. Marienburg 1 SO, Altfelde 1 SW. (PO 36 u. 37).
— in Mecklenburg, Blankenberg (Mk 6) 1 1/4 NO.
— i. Oesterr. (Krain) Littai (OeSü 72) 1.
*Siehe auch Station Laase Oesterr. Südb. 74.*
**Laaserbach**, Rakek (OeSü 69) 4.
**Laaslich**, Karstaedt (BH 12) 1/4 NO.
**Laasow**, Vetschau (BG 8) 1 1/4 S.
**Laasphe** *Stadt*, T i. Westfalen, *Hüttenw.* Dillenburg 4 N, Siegen 4 1/2 O, Marburg 4 1/4 NW. (KM 56 u. 64. BM 80, MW 11).
**Laatsch** i. Tirol, Botzen (OeSü 203) 8 NW.
**Labach**, Rheinprov., Saarlouis (Sa 13) 1 1/2 NO.
**Laband** PH*, (OS 16) i. Schlesien, Gleiwitz (OS 17) 3/4 NW.
**Laban**, i. Böhmen, Eisenbrod (SNV 15) 1 NW.
**Labehnen**, Prov. Ostpreussen, Ludwigsort 2 1/2 SO Kobbelbude 1 1/4 SO. (PO 47 u. 48).
**Labenz**, i. Pommern, Labes (BSt 18) 2 O.
**Labetin**, i. Böhmen, Prelouc (OeSt 19) 1/2 SW.
**Labetz**, Wittenberg (BA 9) 1/2 O.
**Labiau**, *Stadt*, Königsberg i. Pr. 5 1/2 NO, Tapiau 3 1/2 N. (PO 50 u. 54).
**Labischin**, *Stadt*, T Bromberg (PO 27) 3 S.
**Labuttendorf**, Leibnitz 2 3/4, Spielfeld 1 (OeSü 53 u. 55).
**Lache**, Gross-, Breslau (OS 1) 2 S.
**Lachem**, Gr.- u. Kl.-, Longerich (Rh 61) 1/2 NO.
**Lachen**, i. Schweiz, Zürich 6 SO, Rapperswyl 2 N. (VS 3, 57 u. 46)
— Rapperswyl (VS 3, 46) 1 SO.
— i. d. Pfalz, Neustadt (Pf 11. 34 u. 50) 3/4 SO.
**Lachendorf**, Celle (Ha 6) 1 1/2 O.
**Lachtehausen**, Celle (Ha 6) 3/4 O.
**Lack**, *Stadt*, Laibach (OeSü 76) 4 3/4 NW.
**Lackenbach**, siehe Lakenbach.
**Laczháza**, *Fl.*, Post (OeSt 91) 4 3/4 S.
**Lacunsas**, Moravicza (OeSt 123) 2 1/2 O.
**Ladany**, Jász-, *Fl.*, Abony (Ts 2) 3 1/2 NO.
**Ladany-Körös**, Mező-Berény (Ts 82) ca. 2 N; siehe auch Körös-Ladany.
*Siehe auch Station Püspök-Ladany der Theissbahn 8.*
**Ladbergen**, Greven (Wf 21) 1 1/4 NO.
**Ladeburg**, Magdeburg (BPM 18) 2 3/4 O.
— Bernau (BSt 2) 1/2 N.
**Ladekopf**, Marienburg (PO 36) 2 1/4 N.
**Ladenburg** (*MN 15*), *Stadt*, Friedrichsfeld (Ba 2) 0,5 NO.
**Ladenthin**, i. Pommern, Grambow (BSt 68) 3/4 SO.
**Laderholz**, Hagen (Ha 24) 1 NO.
**Ladmieritz** (Steindorf), Pilsen (BWS) 3 3/4 NW.
**Ladomer**, Raab (OeSt 69) 1 1/4 NW.
**Ladue**, Zapresic (OeSü 146) 1.
**Lähn**, *Stadt* i. Schlesien, Greiffenberg 2 3/4 SO., Hirschberg 2 NW. (NM 45 u. 49).
**Lähnhaus**, Greiffenberg (NM 45) 2 3/4 [illegible]

**Lämberg** bei Gabel (Lamrich, Lemberk), Zittau 2 S., Kratzau 2 SW. (SO 33 u. 36).
**Lämmersdorf**, Woldenberg (OS 55) 1 NO.
**Laer**, von Münster (KM 70, Wf 20). 3 NW.
— bei Iburg, Osnabrück (Ha 57) 2 1/2 S.
— Landen (Belg. Gr. Centr. 2, 19) 1/2 SW.
**Laessig**, Alt-, Gottesberg (NM 55) 1/4 SW.
— Neu-, Gottesberg (NM 55) 1/4 SO.
**Lafferde**, Gr.- u. Kl.-, Vechelde (Bs 27) 3/4 SW.
**Lage**, Lingen (Wf 67) 3 1/2 W.
— (Lippe-Detmold), *Stadt*, T Bielefeld 3 OS, Herford 2 3/4 SO., Paderborn 5 N. (KM 28, 29 u. Wf 7).
**Lagenbach**, Agendorf (OeSü 98) 1.
**Laggenbeck**, H* (Ha 60), Ibbenbüren (Ha 61) 3/4 SO.
**Lagersdorf**, Jasenova (OeSt 125) nam.
**Lagiewnik** bei Guttentag in Schlesien, Kolonowska (RO 6) 1 1/2 NO.
**Lagow**, *Stadt*, Frankfurt a/O. 5 3/4 O., Sternberg 1 3/4 NO. (PO 71. MP 17).
**Lagschau**, i. Westpreussen, Hohenstein (PO 72) 1 W.
**Lahde**, Kirchhorsten (Ha 46) 1 1/4 NW.
**Lahn** i. Hannover, Lathen (Wf 30) 3 O.
**Lahnhof**, Cilli (OeSü 64) 1/4.
**Lahnstein**, Nieder-, *Stadt*, Ober-Lahnstein (Na 19) 3/4 N.
**Lahombl**, Markt-Tüffer (OeSü 65) 1/2.
**Laibach**, Ober-, *Fl.*, Franzdorf 1 NW, Loitsch 1 NO. (OeSü 77. 78).
**Laichingen**, *Fl.*, T Geislingen 3 SW, Amstetten 2 SW. (Wü 30 u. 31).
**Laimnau**, Meckenbeuren (Wü 51) 3/4 SO.
**Lainz**, Penzing (KE 2) 1/2 SW.
**Lajos-Komárom**, Lepseny (OeSü 126) 3 SO.
**Laiz** i. Hohenzollern, Aulendorf (Wü 46) 4 NW.
**Lak**, Nagy-, *Fl.*, Ungarn, Szöreg (OeSt 111) 7 O.
**Lak(k)enbach** (Lakompack), Oedenburg (OeSü 97) 1 3/4 SW.
**Lakonza**, Trifail (OeSü 69) 1/4.
**Lalkau**, Czerwinsk (PO 32) 1 S
**Lalling**, Plattling (ByO 51) 3/4 SW.
**Lam**, Furth a. W. (ByO 67 u. BW 1) 3 SO.
**Lamarche**, vereinigte, (Dreckbank) ⚒ (*an Pferdeb.*), Kupferdreh (BM 63) 1/2 W.
**Lambacher Hütte**, Furth a. W. (ByO 67 u. BW 1).
**Lambrecht**, St., *Fl.*, i. Steyermark, Scheuerfeld (KR 29) 1 1/4 SW.
*Siehe dagegen Station Lambrecht Pfälz. E. 10.*
**Lambrechten**, Riedau-Ried 1 1/4 W, Taufkirchen 1 1/2 S. (KE 49 u. 51).
**Lambsborn**, Bruchmühlbach (Pf 8) 1 W.
**Lambsheim**, *Fl.*, Frankenthal (Pf 19) 3/4 SW.
**Lamerden**, Hümme (HN 15) 3/4 O.
**Lamersdorf** (*Strohpappenfabr.*), Langerwehe 1/2 N, Eschweiler 3/4 NO. (Rh 7 u. 8).
**Lammersdorf**, *Eisenhütte*, Stolberg (Rh 5) 2 1/2 S.
**Lammsdorf**, Neisse (NR 1) 2 1/2 NO.
**Lammsfeld**, Breslau (OS 1) 1 S.
**Lampenberg**, Liestal (BC 1, 5) 8 Kil.
**Lampenhain**, Heidelberg (Ba 3) 1,7 NO.
**Lampersdorf**, Königshain (SNV 29) 1/2 SO.
— in Schles., Neumarkt (NM. 36) 1 S. O.
— bei Reichenbach i. Schles. (BF 13) 1 1/2 S.
— bei Steinau 3 1/2 NO, Spittelndorf 2 1/2 NO. Liegnitz 3 1/2 NO. (NM 33 BF 29 u. NM 34).
**Lamperswell**, Schweiz, Felben 1 (SNO 2, 9).
**Lampertheim**, *Fl.*, Bensheim 2 SW Worms 1 1/4 SO (MN 10 HL 57 u. 1.)
**Lampertswalde**, Dahlen 1 1/2 NO, Oschatz 1 1/2 NW (LD 8 u. 9).
**Lampoldshausen**, Neckarsulm (Wü 58) 1 1/2 NO.
**Lamprechtshof**, *Hof*, Durlach (Ba 13) 1/2 NO.
**Lamspringe**, (*Glashütte*) i. Hannover, *Fl.*, Gandersheim 1 1/2 N. Freden 2. NO (Bs 6 Ha 78).
**Lamstedt**, Geestemünde 5 O. Osterholz-Scharmbeck 5 NO. Stubben 4 1/2 NO. (Ha 40, 36 u. 38.)
**Lancut**, Dorf bei Lancut (GCL 17) 1/4 S.
**Lanczyn**, i. Galizien, Kolomea (LCJ 16) 3 W.
**Landau** a. d. Isar *Stadt*, Landshut 6 1/2 NO, Straubing 3 1/2 S. Strasskirchen 3 S. Plattling 2 3/4 SW (ByO 10, 51, 47 u. 49).
— im Waldeckschen *Stadt* Cassel 4 1/4 W. Warburg 2 3/4 S. (HN 11 u. 17).
*Siehe Station Landau d. Pfälz. Maxb.* [illegible]

**Landeck**, *Fl.*, T Innsbruck, (OeSü 167) 11 SW.
— in Westpreussen, Schneidemühl 6 NO Woldenberg 14 NO (PO 22 u. OS 55).
— *Stadt* Bad in Schlesien, Frankenstein 3 1/2 S. (BF 11).
**Landegge**, von Kellerberg (Wf. 29) 1 1/2 SW.
**Landershofen**, Remagen (Rh. 46) 2 1/4 SW.
**Landesbergen**, Nienburg (Ha 20) 1 1/2 SO.
**Landeshut**, *Stadt* T i. Schlesien, *Bleichen, mech. Webereien, Spinnereien*, Ruhbank 3/4 S. Waldenburg 2 1/4 W, Königshain 1 1/4 NO. (NM 53, 56 u. SNV 29).
**Landin**, Nieder- u. Hohen-, Angermünde (BSt. 6) 2 NO.
**Landl** i. Tirol, Kufstein (OeSü 178) 1 1/2 W.
**Landol** i. Tirol, Adelsberg (OeSü 80) 1 1/2
**Landringhausen**, Wunstorf (Ha 22) 1 1/4 SO.
[1]**Landsberg** am Lech in Bayern, *Stadt* München 6 3/4 SW, Buchloe 1 1/2 O. (ByS 126 u. 20).
[2]— Deutsch-, i. Steiermark Premstätten 2 1/2 SW Lebring 3 W. Baldenhofen 4 O. (GK 3. OeSü 52, 160).
[3]— Windisch-, *Fl.* in Steiermark Pöltschach 3 SO. (OeSü 60).
[4]— Alt-, *Stadt* Neuenhagen (PO 2) 3/4 N. Bernau (BSt 2) 2 NO.
[5]— in Ostpreuss., *Stadt*, Pr. Eylau (OpS 12) 2 SW, Braunsberg (PO 44) 6 SO.
[6]— i. Schles. *Stadt* Creutzburg (RO 29) 2 NO.
*Siehe dagegen die Städte und Stationen Landsberg a. W. (PO 13) u. Landsberg (BA 16).*
**Landscha**, Leibnitz (OeSü 53) 3/4.
**Landshut**, *Fl.*, Lundenburg 1 SO. (KFN 10).
*Siehe Stat. Landshut (ByO 10) u. die Stadt Landeshut in Schlesien.*
**Landskron**, *Stadt* in Galizien, Krakau. 4 SW. (GCL 1, KFN 41).
— *Stadt* in Böhmen, T Landskron 3/4 SW, Rudelsdorf 1 NO (OeSt 50 u. 51).
**Landstrass**, Videm (OeSü 144) 2 1/2.
**Landsweiler**, Neunkirchen 1/2 W. (KM 23).
**Landwehrhagen**, Münden 1 SW (Ha 86).
**Landwüst**, Adorf 1 SO (SW 79).
**Lang**, Czikvár (OeSü 127) 2.
**Langau**, *Kunstmühle*, Nassau 1/4 S. (Na 23).
**Langel**, Worringen (Rh. 62). 3/4 O. (nördl. von Köln).
— Wahn, (KM 43) 1 W. (südlich v. Köln).
**Langbath**, Gmunden 1 3/4 S. (KE 83).
**Langelsheim**, *Fl.* *Silberhütten etc.*, Goslar NW. (Ha 38). Seesen 1 3/4 NO (Ha 8). Salzgitter 1 1/2 S. (Ha 12).
**Langen**, Geestemünde 1 N. (Ha 40).
— Nieder- i. Hannover, Lathen 1/2 W.
— Ober- i. Hannover, Lathen 3/4 W. (Wf 30)
— i. Prov. Brandenburg, Friesack 2 1/2 NO. (BH 6).
— i. Pommern, Schivelbein (BSt 19) 1 3/4 O.
*Siehe dagegen die Station Langen (MN 8).*
**Langenamming**, Osterhofen (ByO 53) 1/4 S.
**Langenargen**, T Friedrichshafen 1 SO. (Wü 52).
**Langenau** in Böhm., Haida 1/2 SW, Böhm. Leipa 3/4 N (BN 10. 8).
— in Böhmen bei Hohenelbe, Mastig (SNV 10) 2 1/2 N., Falgendorf 2 NO. (SNV 11).
— in Prov. Posen, Bromberg 1 O., (PO 27) Schulitz 1 NW. (PO 65).
— Ober- Mittel- Nieder- in Schlesien, Kohlfurt 1 S., (NM 26) Penzig (NM 40) 1 SO, Heide-Gersdorf (NM 42) 1 1/4 NW
— Fürstl. in Schlesien, Gr. Peterwitz (Wi 14) 1 W.
— Lehn in Schlesien, Gr. Peterwitz 3/4 W.
— i. Westpreussen, Hohenstein 1 1/2 N, (PO. 72) Praust 1 S. (PO 73).
— i. Westpreussen, Altfelde (PO 37) 7 1/2 S.
— i. Schlesien, Hirschberg (HN 5) 1 N.
— in Sachsen, Oederan (SO 52) 1 SO.
— in Württemberg, *Fl.* T Ulm (Wü 34) 1 1/4 NO. Nersingen (ByS 105) 1 N, Lonsee 2 SO. Beimerstetten 1 O. (Wü 33).
— in Baden Schopfheim (Ba 212) 1/2 NW.
— (Rheininsel) Nackenheim (HL 8) 3/4 O.
*Siehe auch Stat. Langenau Böhm. Nordb. 11.*
**Langenaubach** (in Nassau) Haiger 1/2 S (KM 55).
**Langenbach** in Nassau, Aumenau 1 O. (Na 34).
— in Sachsen, Fährbrücke (SW 51) 3/4 [illegible]
*Siehe Station Langenbach ByO 7.*

**Langenberg**, in Westfalen, Rheda 1 1/4 S. (KM 25) Lippstadt (Wf 10) 1 3/4 N.
— i. Reuss *Fl.* Köstritz (Th 30) 1/4 W.
— i. Sachsen bei Waldenburg, Hohenstein-Ernstthal (SW 42) 1/4 NO.
— i. Sachsen bei Schwarzenberg (SW 58) 3/4 NO.
*Siehe dagegen Stationen Langenberg Berg.-Märk. 61 u. Leipzig-Dresdner K. 13.*
**Langenbielau**, Reichenbach siehe Bielau.
**Langenbogen**, Teutschenthal (ML 20) 1/4 N.
**Langenbrahm**, Essen (BM 85) 1/2 S.
**Langenbrand** Muggensturm (Bad 17) 2,8 O.
— i. Württemberg, °Calw (Wü 203) 1 NW.
**Langenbrück** i. Schlesien, *Wollspinnfabr.* Leobschütz (Wi 10), 3 NW, Neisse (NB 1) 4 SO.
**Langenbruck**, Liestal (SC 1, 5).
*Siehe dagegen Stationen Langenbruck in Oesterr. SNV 21 und Langenbrücken Ba 8.*
**Langenbuch**, Mehltheuer (SW 10) 3/4 NW.
**Langenburg**, *Stadt*, T Waldenburg (Wü 76) 2 NO.
**Langendamm**, Nienburg (Ha 26) 1/2 SO.
Ferdinandshof 1 O. (BSt 52).
**Langendernbach**, Limburg, (Na 30) 2 N. °Elz 1 1/2 N., (Na 47) °Hadamar (Na 48) 1 N. Burbach (KM 54) 3 1/2 S.
**Langendiebach**, Hanau (BbH 17 FH 5) 3/4 NO.
[1] **Langendorf**, bei Mährisch-Neustadt, *Fl.*, Littau 2 NO. (OeSt 45).
[2] — i. Prov. Preussen, Lindenau (PO 53) 3/4 NO.
[3] — i. Rheinprovinz, Zülpich (Rh 21) 1/2 SW.
[4] — i. Schlesien, Neisse (NB 1) 2 1/4 S.
[5] — i. Schlesien, Koltsch 1 SO, Tworog (RU 9 u. 10) 1 SW.
[6] — bei Hultschin, Annaberg 1/2 SW. (Wi 8) Mähr.-Ostrau 3/4 NW. (KFN 20).
**Langenelke**, Gesecke (Wf 9) 1/2 W.
**Langenerling**, Sünching (ByO 17) 1 NW, Moosham (ByO 19) 1/2 SW.
**Langenerringen**, Westererringen (ByS 21) 1/4 NO.
**Langenfelde**, Dirschau (PO 34) 2 1/2 NO.
*Siehe Station Langenfeld ByS 171 u. Langenfeld KM 5.*
**Langengrund**, Rumburg (BN 16) 1 SW.
**Langenhagen**, Hannover (Ha 1) 1 1/2 N.
— Freienwalde i. Pom. (BSt 16) 1 SO.
**Langenhain**, Hattersheim (T 4) 1 NW.
— Waltershausen (Th 35) 1/2 W.
**Langenhart**, Sct. Valentin (KE 24 KR 1) 1/4 O.
**Langenheide** i. Mecklenb., Pritzier 1/2 W. Brahlsdorf 1/10 (BH 17 u. 18).
**Langenheim**, Lichtenfels siehe Langheim.
**Lang-Hennersdorf**, siehe Hennersdorf.
**Langen-Hessen**, Werdau siehe Hessen.
**Langenhettenbach**, Ergoldsbach (ByO 12) 3/4 NO.
**Langenholzen**, Alfeld (Ha 77) 1/4 NO.
**Langenholzhausen** (i. Lippe-Detmold), Bückeburg (Ha 47) 2 3/4 SW, Oeynhausen (KM 31) 1 1/2 SO.
**Langenhorst**, Rheine (Ha 64 Wf 24) 2 3/4 SW.
**Langeneich**, Bair (Rh 9) 1 O.
**Langenleuba-Niederhain** (i. Sachs.), Altenburg 1 1/2 SO.
— **Oberhain**- (i. Sachs.), Altenburg (SW 6) 2 SO.
**Langenlois**, Sct. Pölten, (KE 12) 5 N. Stockerau (KFN 46) 5 NW.
**Langen-Naundorf**, Falkenberg (BA 23) 1 NO.
**Langenpreising**, Moosburg (ByO 8) 1 S, Landshut (ByO 10) 2 3/4 SW.
**Langen-Prozelten**, Lohr 1 1/4 NO, Gemünden 1/2 W. (ByS 96. 97).
**Langenrade**, Ascheberg (AK 19) 1/4 W.
**Langenreichenbach** i. Preuss.-Sachsen, Dahlen 2 1/4 N, Wurzen 2 1/2 NO. (LD 8. 6).
**Langenreinsdorf**, Crimmitschau (SW 8) 1/2 SW.
**Langenrieden**, Unterschüpf 1/2 (Ba 114) 1/2 NW.
°**Langensalza** *(Th 37) Stadt*, Erfurt (Th 8.) 5 NW Gotha (Th 6.) NW.
**Langenscheid**, Balduinstein (Na 27) 1/2 NW.
**Langenschwalbach**, T Wiesbaden (Na 1 Th 10) siehe Schwalbach.
**Langenschwarz**, Neukirchen 1 SW. (BbH 3).
**Langenstein**, *Steinbrüche*, Halberstadt 1 SW (MH 9).
**Langensteinbach**, Durlach 1/2 SO, Ettlingen 1 O. (Bad 13. 15).
**Langenstrasse**, Gesecke (Wf 9) 1 1/2 SW.
**Langenthal**, Neckargemünd (Ba 92) 2 NO.
Trendelburg (HN 18) 3/4 N.

**Langentrog**, Meckenbeuren (Wü 51) 1/2 NO.
**Langenwaldau**, Liegnitz (NM 33 BF 28) 1 NW.
**Langenrain**, Allensbach (Ba 85) 0,7 N.
**Langenwaltzendorf**, (Langenwetzendorf), Greiz (SW 91) 1 1/4 NW.
**Langenwinkel**, Dinglingen (Ba 31) 0,3 NW.
**Langenwolmsdorf** in Sachsen, Fischbach (SO 15) 1 1/2 SO, Bischofswerda (SO 17) 1 3/4 SW.
**Langenwolschendorf**, Gera 4 SW. (SW. 88. Th 31) Mehltheuer (SW 16) 1 1/4 NW.
**Langenzell**, *Hof*, Bammenthal (Ba 93) 1/2 O.
**Langenzenn**, *Stadt*, Fürth 1 1/4 NW, Burgfarrnbach 1 1/4 W. Emskirchen 1 1/4 SO (ByS. 48. 166. 169).
**Langerfeld** i. Westfalen, B.-Rittershausen (BM 38) 1/4 NO.
**Langerwiesen** i. Schwarzburg-Sondershausen Themar 4 1/2 NO, Eisfeld 4 1/2 N, Arnstadt 3 S. (Th 52. 53 u. 33).
°**Langfuhr**, Vorstadt von Danzig (PO 74) 1/2 N.
**Langhagen**, Lalendorf (FF 2) 1 SO.
**Langhecke**, Aumenau (Na 34) 1/4 SO.
**Langhecker Hütte**, Aumenau (Na 34) 1/2 SO.
**Langheim**, Gr.-, Kitzingen (ByS 176) 3/4 NO.
— Kl.-, Kitzingen, (ByS 176) 1 1/4 NO.
Korschen (OpS 17) 1/2 SW.
**Langhennersdorf**, Pirna (SO 5) 1 1/2 S.
**Langkampfen**, Kufstein (OeSü 178. ByS 183) 1/2 SW.
— Kirchbichl (OeSü 179) 1/2 NW.
**Langlingen**, Celle (Ha 0) 2 1/4 SO.
**Langnau** (K. Luzern), Reiden (SC. 1, 10) 1/2 SW.
*Siehe Station Langnau Berner Stab. 5, 20.*
**Lan(g)quaid**, *Stadt*, Niederlindhart 2 NO, Landshut 5 N, Regensburg 4 SW. (ByO 14. 10. 22).
**Langräckenbach**, Constanz (Ba 97) 1 1/4 SO.
**Langrickenbach**, Bürglen (SNO 2, 5) 1 3/4 NO.
**Langscheide**, Hamm (BM 95 KM 21) 1 1/4 SW.
**Langscheidt**, Plettenberg (BM 72) 1 1/2 NW.
**Langsow**, Neu-, Gusow 1/2 NO.
Alt-, *Zuckerfabrik*, Gusow (PO 6) 3/4 O.
**Langstadt**, Babenhausen (HL 28) 1/2 S.
**Langwalde**, Korschen (OpS 17) 1/2 NW.
**Langwarden** in Oldenburg, Bremerhafen (Ha 40) 2 1/2 NW.
**Langwasser**, Greiffenberg 3/4 S, Rabishau 1 N (NM 45. 46).
**Langweiler**, Eschweiler (BM 136) 1 NW.
**Langwiesen**, Schaffhausen (Ba 77) 1/2 SO.
**Lamsch**, Breslau, (NM 39) 1 1/2 SO.
**Langwitz**, Kanitza (OeSü 169) 3/4.
**Lank**, Osterath 3/4 NO, Uerdingen 3/4 S. (Rh 65 u. 86).
Wolittnick 1 1/2 SO, Ludwigsort (PO 46 u. 47) 1 1/4 S.
**Lanke**, Bernau bei Berlin (BSt 2) 1 N.
**Lanken** i. Lauenburg, T Mölln (FF 6) 1 N.
**Lankow**, Schwerin (Mk 9) 1/2 NW.
Belgard (BSt 21) 2 1/2 SO.
**Lankwitz**, Lichterfelde (BA 1 a) 1/4 NO.
**Lannesdorf**, Mehlem (Rh 44) 1/4 SW.
**Lanquaid**, siehe Langquaid.
**Lanz**, Wittenberge (BH 14) 2 NW.
**Lanzendorf**, Böheimkirchen (KE 10) 3/4 S.
— **Maria-**, *Fabriken*, Lanzendorf 1/4 S, Himberg 1/4 NW (OeSt 56 u. 57).
**Lanzow**, Josephstadt (SNV 6) 1 1/2 NW.
**Lanzrath**, Neuss (Rh 14 BM 16) 1/2 SW.
**Lapajow**, Lemberg (GCL 29) 1 SW.
**Lapáncza**, Vilany (MF 3) 1 SO.
**Lapanow**, *Fl.*, Wieliczka (GCL 3) 3 1/2 SO
**Lappienen**, Tilsit (TI 1) 4 NW.
**Larrelt**, Emden (Wf 38) 3/4 W.
**Lasbeck**, Belgard (BSt 21) 2 3/4 SO.
**Laschana**, Dzieschowitz (OS 12) 3/4 W.
**Laszyn**, Rawicz (OS 37) 1/2 N.
**Lasdehnen**, Stallupönen (PO 62) 4 1/2 N.
**Lasdinehlen**, Gumbinnen (PO 60) 3/4 NO.
**Laskowitz**, Neu-, Laskowitz (PO 30) 3/4 N.
— im Schles., Oppeln (OS 10. RO 1). 3 1/2 NO.
**Laskownica**, Bialosliwe (PO 24) 3 SO.
Bialosliwe (PO 24) 1 SO.
**Laskowo**, Bialosliwe (PO 24) 1 1/4 S.
**Lasmak**, Kanizsa (OeSü 100) 1/4.
**Lassan**, *Stadt*, Anclam (BSt 55) 2 NO.
**Lassberg**, Lost (KE 68) 1/2 NO.
**Lassene**, Colberg (BSt 44) 2 1/2 O.
**Lassnitz**, Feistritz (OeSü 155) 1/4.
**Lassrönne**, Winsen (Ha 15) 3/4 NO.
**Lastiber**, Eisenbrod (SNV 15) 1/2 NO.
**Lastrup**, Lingen 6 1/2 NO, Meppen 6 NO. (Wf 67 u. 28).
**Laszewo**, Kotomierz (PO 28) 1 1/2 NO.

**Laszki** bei Lemberg (GCL 29. LCI 1) 1 NO.
— bei Borynicze (LCI 6) 3/4 S.
**Laszló**, Iszszegh (UN 6) 1 1/2 NO.
**Lathwehren**, Hannover, Seelze (Ha 21) 1 1/4 SW.
**Latrany**, Boglar (OeSü 122) 1.
**Latscha**, Radzinitz (OS 15) 1 SO.
**Latterbach**, Thun (SC I, 47) 12 Kil.
**Latum**, Osterrath 1 NO, Uerdingen 3/4 S. (Rh. 65 u. 86).
**Latzig**, Belgard (BSt 21) 3/4 SW.
**Lauba**, Löbau (SO 23) 1 W.
**Laubach**, Münden (Ha 86) 3/4 SO.
— *Stadt*, T Giessen 3 3/4 O, Butzbach 3 1/4 NO. (MW 14 u. 10).
— bei Co hem, Coblenz (Rh 52) 5 1/2 SW.
**Laubach** (*Wasserheil-Anst.*), Coblenz 1/2 W, Capellen 1/2 N. (Rh 52 u. 53).
**Laube**, Fraustadt (OS 41) 1 O.
**Laubegast**, Dresden (LD 20. SO 1) 3/4 SO.
**Laubegg**, Wildon (OeSü 51) 1 1/2.
**Laubendorf**, Greifendorf (OeSt 8) 2 NW.
**Laubenheim**, Bingerbrück (Rh 58) 3/4 S.
*Siehe dagegen Station Laubenheim Hl. 10.*
**Laublingen**, Beesen-, Blendorf 1 1/2 SW, Bernburg 1 1/2 SW Eisleben (MH 31, 32 u. ML 22) 3 NO, siehe auch Beesen-Laublingen.
**Laubnitz**, Sorau (NM 22) 1 N.
— Schlesien, Frankenstein (BF 11) 1 1/2 SO.
**Laubsdorf**, Spremberg (BG 10) 2 NO.
**Laubuseschbach**, Aumenau (Na 34) 3/4 O.
**Laucha**, *Stadt*, Naumburg (Th 14) 1 1/2 SW.
**Laucherthal**, *Eisenhüttenwerk* in Hohenzollern, Aulendorf (Wü 46) 4 NW.
**Lauchhammer**, Prov. Sachsen, *Eisenhüttenwerk*, Grossenhain 3 N, Röderau und Riesa 4 NO. (LD 11 u. 12).
**Lauchringen**, Unter-, Oberlauchringen (Ba 70) 1, 3 W.,
**Lauchstädt**, Woldenberg (OS 55) 1/2 SW.
*Stadt* Halle 1 1/2 SW, Merseburg 1 1/2 NW. Teutschenthal 1 SO (Th 18 u. 17 u. ML 20).
**Lauck**, Mühlhausen (PO 42) 1 1/4 NO.
— Kobbelbude (PO 48) 1/2 SW.
**Laucin**, Böhmen, Kottenthal 1 3/4 SO, Jungbunzlau 2 1/2 SO. (TKP 6 u. 8).
**Lauda**, Ober-, Lauda (Ba 116) 0,3 W.
**Laudenbach**, Ober-, Heppenheim (MN 11) 3/4 SO.
Unter-, Heppenheim (MN 11) 3/4 SO.
°**Laudenbach**, Waldenburg (Wü 76) 5 NO.
**Lauenau**, *Fl.*, Haste (Ha 43) 1 3/4 S.
**Lauenberg**, Salzderhelden (Ha 8) 2 W.
**Lauenbruch**, Harburg (Ha 17) 1/4 NW.
°**Lauenburg** (*BSt 32*), *Stadt*, T Danzig (PO 74) 10 NW, Cöslin 14 1/4 NO. (BSt 24).
*Siehe Station Lauenburg BH 26.*
**Lauenen**, Thun (SC I, 17) 64 Kil.
**Lauenförde**, in Hannover, *Fl.*, Carlshafen 3/4 NW, Godelheim 1 SO, Höxter 1 1/2 S. (HN 20. Wf. 40 u. 42).
**Lauenhagen** i. Schaumb.-Lippe, Stadthagen (Ha 45) 1/2 N.
**Lauenstein**, *Silber- u. Kupferbergbau*, Sonneberg (Th 61) 2 1/2 NO, Stockheim 2 1/4 N. (BySt 222).
— *Fl.*, Elze (Ha 75) 1 3/4 SW.
*Stadt*, Mügeln 4 1/2 S, Dresden 4 S. (SO 1 u. 3).
**Lauf** in Baden, Bühl 1 O, Achern 1 SO. (Ba 22. 24).
*Siehe dagegen Station Lauf der Bayerischen Ostbahn 42.*
**Lauf am Holz**, Mögeldorf (ByO 44) 3/4 N.
**Laufdorf**, *bed. Eisensteingruben*, Wetzlar (KM 60. Na 41) 3/4 SW.
**Laufen** (Lauffen), *Stadt*, T Salzburg (BySt 148) 2 1/2 NW, Teisendorf (ByS 146) 1 1/2 NO, Freilassing (ByS 147) 1 1/2 NW.
— Heitersheim (Ba 93) 0,7 SO.
— Cilli (OeSü 64) 5 1/4.
— Basel (Ba 56. SC I, 1) 3 1/4 SW.
**Laufenbach**, Taufkirchen (KE 51) 1/4 S.
**Laufenfelden**, *Fl.*, Wiesbaden 3 NW, St. Goarshausen 3 NO. (Na 1 u. 14).
**Lauffen** bei Rottweil, Tübingen (Wü 135) 7 1/4 SO.
*Siehe Station Lauffen (Wü 55).*
**Lauffenmühle**, Thiengen (Ba 69) 0,3 SO.
**Laugallen**, Insterburg (TI 4) 1 1/2 NO.
— Insterburg (TI 4) 2 NO.
**Laugszargen**, Tilsit (TI 1) 3 3/4 NO.
**Laugwitz** Brieg (NB 8) 1 1/4 SW.
**Lauingen**, *Stadt*, Günzburg 2 1/2 NO. Offingen 1 1/2 NO. (ByS 107 u. 108).
**Lauken**, Nieder- u. Ober-, Aumenau (Na 34) 1 1/2 SO.
**Laukitten**, Ludwigsort (PO 47) 1/2 SO.

Laukow, Semil (SNV 14) ¾ O.
Laukowitz, Münchengrätz (TKP 11) ½ NO.
Laumersheim, Ψ Worms (HL 1) 1½ SW.
Laun, *Stadt*, Ψ T Brandeisl (Bn 12) 1½ NW. Lobositz (OeSt. 38) 4¼ SW.
Launsbach, Giessen (KM 61) ¼.
Laupen, Bern (SC 1, 39) 3½ SW.
Laupersdorf, Solothurn (SC 1, 52) 16 Kil.
Laurenburg, *Berg- u. Hüttenwerk*, Laurenburg (Na 25) ¼ N.
Laurensberg, Aachen (BM 1, Rh 4) ¾ NW.
Laurentius-Erbstollen, ⚒ Witten (BM 46) 0, 8 SW.
Laurenzenberg, Gau-Algesheim (HL 16) ½ SW.
Lauringen, Schweinfurt (BySt 84) 2¾ NO.
Lausa, Ψ Radeberg (SO 14) 1¼ SW.
Lauscha, Unter-, Sonneberg (Th. 61) 1½ N
— Ober-, Sonneberg (Th 61) 2 N.
Lausigk i. Anhalt-Dessau, Cöthen (MH 34.
i. Sachsen, *Stadt*, Ψ Borna 1½ O, Grimma 1½ SW, Altenburg 3 NO. (SW 93, LD 23 u. SW 6).
Lauske, Bautzen (SO 20) 1¼ O.
Lausnitz, Ψ Radeberg (SO 14) 2 S.
Lautenbach, Achern (Ba 21) ½ S.
Lautenburg, *Stadt*, Ψ T Thorn 13 NO, Elbing 19½ SO, Warlubien 14¼ SO. (PO 67. 30 u. 31).
Lautensee, Altfelde (PO 37) 2½ SO.
Lautenthal, *Stadt*, Ψ Goslar 2 SW, Seesen 1½ SO. (Ha 38 u. 8).
[1]Lauterbach i. Bayern, Dachau (ByS 235) 1¾ W.
[2]— im Grossh.-Hessen, *Stadt*, Ψ T (HO 12) Treysa 5½ SO, Neustadt (MW 8, 9) 4½ SO, Giessen (MW 14) 8¼ O, Hersfeld (HbH 2) 4½ SW, Fulda (HbH 0) 3 NW.
[3] — *Stadt*, Ψ i. Böhmen, Eger (ByS 231) 3¼ O
[4] — in Rheinprov., Völklingen (Sa 10) 1½ SW.
[5] — i. Schles., Reichenbach (BF 13) 1¼ NO.
[6] — Görlitz 1½ SO, Nicolausdorf ⅝ N. (SO 15, NM 41 u. 59)
[7] — i. Sachsen, Fischbach 1 SO, Bischofswerda 1 SW (SO 15 u. 17)
[8] — bei Lausigk in Sachsen, Borna (SW 93) 1¼ SB.
[9] — i. Sachsen, Niederau H* (LD 15) ¾ NO.
[10] — i. Sachsen bei Zöblitz, Oederan (SO 52) 3 S, Wolkenstein (SW 67) 1½ O.
[11] — in Sachsen, bei Oelsnitz (SW 78) ½ SW.
[1]Lauterberg, *Stadt*, Ψ Herzberg (Ha 91) 1½ SO, Nordhausen (ML 28) 4¼ NW.
Lauterbrunnen, Thun (SC 1, 47) 6½ SO.
Lauterburg in Württemberg, Amstetten 2½ NO, Mögglingen ½ S. (Wü 38 u. 111).
— *Stadt*, Ψ im Elsass, Carlsruhe (Ba 14) 1½ SW, Weissenburg (Pf 43) 2½ SO.
Lauterecken, *Stadt*, Ψ Altenglan 2½ N, Kusel 3 N. (Pf 62, 64), Staudernheim (Sa 31) 2 SW.
Lauterhofen, *Fl.*, Amberg (ByO 32) 2⅔ SW.
Lautern, Mögglingen (Wü 111) ½ S.
Lauterheim, *Thongruben*, Monsheim (HL 39) 2¼ SW.
Lautert, St. Goarshausen (Na 14) 1 O.
Lauterwasser, Mastig (SNV 10) 2 N.
Lauth, Gross-, Schrombehnen (OpS 12) ½ NO.
Lautitz, Löbau (SO 23) 1 N.
Lautsch, Littau (OeSt 45) ½ W.
Lautschitz, Raigern (KFS 83) ½ SO.
Lautschney Liebenau (SNV 10) 2 W.
Lauwyl, Liestal (SC 1, 5) 14 Kil.
Lavamünd, *Fl.*, Ψ Unter-Drauburg (OeSü 161) 1 NW.
Lawaldau (Lawalde), Sprottau (NZ 5) 5 N, Sorau (NM 22) 5½ NO, *Grünberg (BF 31) ¾ SO.
Lawalde, Nieder- u Ober-, Löbau (SO 23) ½ W.
Lawischkehmen, Stallupönen (PO 62) ½ NW.
Lazan Turnau (SNV 17) ⅓ NW.
— Turnau (SNV 17) 1¼ SO.
Lazaruschacht, *Kohlenwerk*, Nürschau (BW 6) ½ W.
Lazisk, Mittel-, H* (Wi 22a) Nicolai (Wi 29).
— Ober- u. Nieder-, *Bergwerke*, Nicolai (Wi 29) ⅓ SW.
Laziska, Zawadzki (RO 7) 1 O.
Lean, Biendorf ⅛ SW, Bernburg 1 SO (MH 32 u. 33).
— St. Trond (Belg. Gr. Centr. 2, 16) ¾ W.
Leba, *Stadt*, Ψ Danzig 12 NW, Cöslin 16 NO, *Lauenburg 3¾ NW (PO 74 u. BSt 40, 24 u. 32).
Lebach, *Fl.*, Ψ Saarlouis 2½ NO, Saarbrücken 3½ NW (Sa 13 u. 5).
Lebbenichen, Lebus (PO 70) 1¼ NW.
Lebendorf, Biendorf 1 SW, Bernburg (MH 32 u. 33) 1¼ SO.
Lebehnke, Schneidemühl (PO 22) 1¼ NW.
Lechenich, *Stadt*, Ψ Brühl (Rh 39) 1¼ SW.
Lechfeld, Ψ Schwabmünchen ⅔ SO, Westerringen (BySt 22 u. 21) ¾ NO.
Lechhausen, Ψ *Eisenhammer*, Augsburg (BySt 28) ¼ NO.
Lechstedt, Hildesheim (Ha 70) ¾ SO.
Leckwitz, Oschatz (LD 9) ¾ NO.
Leck, Ψ T Flensburg (Sw 10) 2½ W.
Leco, Ψ Sava (OeSü 71) ⅝.
Ledde, Velpe ¾ SW, Ibbenbüren (Ha 59 u. 61) 1¼ SO.
Leddin, Zernitz (BH 6) ½ NO.
Leder, Pilsen (BW 8) 1¼ NW.
— Prelouc (OeSt 19) 1¼ SO.
— (Ledetz, Ledetsch), *Stadt*, Ψ Neu-Kolin OeSt 22) 5½ S.
Lednice, Wieliczka (OCL 3) ⅝ SO.
Leeden, Velpe (Ha 59) 1 S.
Leeder, *Fl.*, Kaufbeuern (BySt 18) 2 NO.
Leeheim, Gross-Gerau 1¼ S, Darmstadt 2¼ SW.
Leerbeutel, Breslau (NM 30 u. OS 1) ½ O.
Leerort, Leer (Wf 35) ½ SW.
Leesdorf am Canal, Baden (OeSü 15) ⅝.
Leese, Ψ Nienburg 2¼ SO, Stadthagen (Ha 26 u. 45) 3 NW.
Leeseringen, Nienburg (Ha 26) ¾ SW.
Leeste, Bremen (Ha 34) 1¼ S.
Leezen, Oldesloo (LB 10) 1¼ NW.
Legau, *Fl.*, Memmingen 3 SW, Grönenbach (BySt 213 u. 214) 1¼ W.
Legde, Wilsnack (BH 10) ¾ S.
Legden, Ψ Münster (Wf 20) 4½ NW.
Legelshurst, Cork (Ba 156) ½ O.
Legénd, Waitzen (OeSt 95) 3½ NO.
Legnitten, Ludwigsort 1 O, Kobbelbude (PO 47 u. 49) 1 SW.
Legrad, Kereztur (UN 4) 1 SW.
Legyes-Benye, Szerencs (Ts 19) ¾ SW.
Lehde, Lübbenau (BG 7) ½ O.
Lehe, Bremer-, *Fl.*, Ψ Geestemünde ¾ N (ByO 39).
— Aschendorf (Wf 32) ¾ SW.
Lehen, Freiburg (Ba 39) ½ NW.
— Ibbenbüren (Ha 61) ½ S.
Lehendorf, Hartmannshof (ByO 38) ½ O.
Lehenhammer, Hartmannshof (ByO 39) ½ NO.
Lehesten in Sachsen-Meiningen, *Stadt*, Ψ Stockheim (ByS 222) 3 NO, Reuth i. Sachsen (SW 18) 4 W, Gera (Th 31) 13 SW, Weimar (Th 10) 8 SO.
Lehmannshöfel, Golzow (PO 7) 1 NW.
Lehmden, Hahn (Ol 22) ½ S.
Lehmgruben, Breslau (NM 30 u. OS 1) ¼ S.
Lehmke, Uelzen (Ha 10) 1 SO.
Lehmwasser, Dittersbach (NM 56) ¾ SO.
Lehn, Löbau (SO 23) ¾ NW.
Lehnäcker, Steinen (Ba 210) 1¼ N.
Lehngericht, Ober- u. Unter-, Hausach (Ba 64) ½ O.
Lehnin, *Stadt*, Ψ Potsdam 3½ SW, Gr. Kreutz ½ S, Brandenburg 2 SO. (BPM 5, 8 u. 9).
Lehr, Ulm (Wü 34) ½ NW.
Lehre, Ψ Braunschweig (Bs 1).
Lehrbach, Kirchhain (MW 10) 1½ SO.
Lehsen, Hagenow 2 NW, Brahlsdorf 2 N. (BH 16 u. 18).
Leiblfing, Straubing (ByO 47) 1¾ SW.
Leiben, *Fl.*, Ψ Melk 1 NW, Krummnussbaum 2 NO. (KE 15 u. 17).
Leiberg, Geseke (Wf 9) 2½ SO.
Leibi, Nersingen (ByS 105) ½ NW.
Leibitsch, Ψ Thorn (PO 67) 1½ NO.
Leibitz (Lubicza) *Stadt*, Ψ Kaschau 10 NW. (Ts 28 u. UN 26, GCL 7), Bochnia 13 S.
Leibstadt, Döttingen (SNO 2, 50) 1¼ W.
Leichau, Windisch-Eschenbach (ByO 82) 1½ O.
Leichlingen, *Stadt*, Ψ Langenfeld ¾ O, Opladen 1 N. (KM 5 u. BM 98).
Leichnam, Bautzen (SO 20) 1½ NO.
Leidelheim, *Thonerdegruben*, Monsheim HL 39) 2 SW.
Leider, Aschaffenburg (FH 10) ¾ W.
Leidringen, Sulz 1⅝ SO, Rottenburg 2½ SW. (Wü 144 137).
Leiersdorf, Ober- u. Unter-, Neufahrn bei Ergoldsbach (ByO 13) 1½ NW.
Leifers, Branzoll (OeSü 204) ½ N.
Leifling, Drauburg (OeSü 161) 1.
Leihgestern, Langgöns (MW 15) ½ NO.
Leikow, Frizow (BSt 42) ⅝ W.
Leimbach, Eisleben (ML 22) 1½ NW.
Leimbach bei Salzungen, Ober-Röblingen (ML 21) 2¼ SW.
— Aarau (SC 1, 13) 3½ SO.
Leimen, Heidelberg (Ba 3) ¾ S.
Leimersheim, Germersheim (Pf 33) 1 S.
Leimerwitz, Gr. Peterwitz (W 14) 2 SW.
Leinach, Ober- u. Unter-, Retzbach (ByS 94) ½ SW.
Leinburg, Lauf (ByO 42) 1 S, Röthenbach (ByS 43) ¾ SO.
Leine, Gr.-, Lübben (BG 6) 1¾ NO.
— Kl.-, Lübben (BG 6) 2 NO.
Leineck, Bayreuth (ByO 8).
Leiningen, Alt- u. Neu-, *Eisenw.* Durkheim (Pf 54) 1½ NW.
— Gr.- u. Klein-, Wallhausen (ML 25) ½ NW.
Leinstetten, Ψ Sulz (Wü 144) 1½ NW.
Leinzell, Gmünd 1 NO, Unterböbingen (Wü 109 u. 110) ½ NW.
Leipe, Breslau (NM 30 OS 1) 1 N.
— Lübbenau (BG 7) 1 O.
Leipen, Tapiau (PO 54) 1¼ NO.
Leipferdingen, Engen 1, 8 W, Geisingen 1,2 S. (Ba 176. 181).
Leippa, *Glas- u. Steingutfabr.*, Halbau 2 SW Kauscha 2 NW, Uhsmannsdorf 2 NO. (NM 24. 25 u. BG 14).
*Siehe dagegen Stat. Leipa, Böhm.* (BN 8).
Leipzig, Witten (BM 46) 0, 2 SO.
Leisel, Kronweiler (Sa 30) 1 NW.
Leiselheim, Worms ½ N, Pfeddersheim (HL 1 u. 38) ¼ NO.
Leisen, Nesterschitz (OeSt 41) 1 NW.
Leisenwald, Wächtersbach (HbH 13) ¾ SW.
Leisersdorf, Kaiserswaldau 1¼ SO, Haynau 2 SW (NM 30 u. 31).
Leisnig, Alt-, Leisnig (LD 26) ½ NW.
Leissienen, Wehlau (PO 55) 1½ S.
Leissigen, Thun (SC 1, 47) 3⅓ SO.
Leislau i. Sachsen-Meiningen, Naumburg (Th 14) 1¼ SW.
Leissnitz, Leobschütz (Wi 10) 1 NO.
Leistadt (Leystadt), Dürkheim (Pf 54) ½ N.
Leistenow, Gross-, Warlubien (PO 31) 6½ SO.
Leiten, Poln.-, Oderberg (Wi 9) 1 SO.
— Deutsch-, Oderberg (Wi 9) 1 O.
*Ausserdem existiren eine grosse Anzahl Orte (meist Weiler) dess. Namens in Bayern und Oesterreich.*
Leitenhausen, Neufahrn bei Ergoldsbach (ByO 13) 1¾ NW.
Leitensdorf, Nieder- (Leutensdorf), Dux (AT 9). 1 SW, *Brüx ½ N.
— Ober-, *Fl.*, Ψ (Leutensdorf), Dux (AT 9) 1½ W, *Brüx 1½ N.
Leitersweiler, St. Wendel (Sa 43) ½ NO.
Leitmeritz, *Stadt*, Ψ T Theresienstadt (OeSt 37) 1 N.
Leitomischl, *Stadt*, Ψ Hohenmauth 3 SO, Böhm. Trübau 2 SW, Zwittau 2½ N. Triebnitz 2 W. (OeSt 15, 11, 9 u. 52).
Leitzkau, *Fl.*, Ψ Schönebeck (ML 3) 2½ NO, Zerbst (BA 44) 2 NW, Magdeburg (ML 1) 3 SO.
Lekartow, Ratibor (W 5) 1 SW.
Lekno, *Stadt*, Ψ Bialosliwe 4 SO, Nakel 5½ SW. (PO 24 u. 20).
Lelecl, *Stadt*, Ψ Tokaj (Ts 17) 8 NO.
Lelecz, Kis-Terenne (UN 13) 4 NO.
Lellowa, Stanb (BW 5) ½ S.
Lelle (Lölle), Boglar (OeSü 122) 1 Meile.
Lembach, Ψ Linz (KE 64) 5 NW.
— Freistritz (OeSü 155) ¼.
— Wabern (MW 5) ½ S.
Lemberg, Pöltschach (OeSü 60) 1.
— Ponholz ¼ N, Haidhof ½ S. (ByO 26 u. 27).
*Lemförde (KM 73), *Fl.*, Ψ Osnabrück (Ha 57) 5 NO.
Lemgo i. Lippe-Detmold, *Stadt*, Ψ T Herford 3 SO, Bückeburg 3½ SW, Paderborn 5 NO. (KM 29, Ha 47 u. Wf 7).
Lemke, Nienburg (Ha 26) ¾ NW.
Lemmersdorf, Strassburg, (BSt 69) 1 S.
Lemmwerder, Ψ Vegesack (Ha 42) ½ SW.
Lemnitz, Schönlanke (PO 21) 1½ S.
Lemsdorf, Magdeburg (ML 1) ½ S.
Lendersdorf, Düren (Rh 8 u. BM 132) ½ SW.
Lendringen, Soest (Wf 13) ¾ S.
Lendvatz, *Fl.*, Ψ Csakathurn (OeSü 115) 3 Meilen.
Lendzin, Neuberun (OS 30) 1 NW.
Lenz, Nendza (W 4) ½ W.
Lengbach, Alt-, Rekawinkl (KE 7) 1¼ SW
— Neu-, Neulengbach (KE 8) ¼ SO.

**Lengden**, Gr.- u. Kl.-, Göttingen (Ha 84) 3/4 SO.
**Lengefeld** Fl., T i. Erzgeb., Chemnitz 3 SO Waldkirchen 1 1/2 SO, Freiberg 2 3/4 SW, Oederan 1 7/8 S. (SW 29, 64 u. SO 51 u. 52).
Ronneburg (SW 87) 3/4 SW.
— — a. Stein, Heiligenstadt (ML 33) 3 SO, Eisenach (Th 3) 4 NW.
— *Fl.*, St. Pölten (KE 12) 4 N.
*Siehe dagegen Station Lengenfeld der Sächs. westl. Staats-E. 72.*
**Lengerich**, Lingen (Wf 67) 2 NO.
- *Stadt*, Velpe 2 S, Osnabrück 3 SW, Ibbenbüren 2 1/4 SO, Greven 2 3/4 NO. (Ha 59, 57, 61 u. Wf. 21).
**Lengfeld** (*HL PH' 61*), Darmstadt (HL 24, MN 5) 2 3/4 SO.
- Themar (Th 52) 3/4 NO.
- Würzburg (ByS 91) 3/8 NO.
**Lengfelden**, *Papiermühle*, Salzburg (KE 45) 1/2.
**Lengfurt**, *Fl.*, Würzburg 3 W, Wertheim 1 3/4 NO. (Ba 125 u. 141).
**Lenglern**, Göttingen (Ha 84) 1 NW.
**Lengnau**, Siggenthal 1 1/2 NO, Baden 1 1/4 N. (SNO 2, 60 u. 24).
**Lengsdorf**, Bonn (Rh 42) 1/2 SW.
**Lengsfeld**, *Stadt*, Salzungen (Th 45) 1 1/2 SW, Gerstungen (Th 1) 3 SO.
Kalten-, Salzungen, siehe Kaltenlengsfeld.
**Lengwethen**, Szillen (TI 3) 1 1/2 O.
**Lengyel-Toti**, Boglar (OeSt 122) 1 1/2.
**Lenhausen**, *Fl.*, *Stahlhammer*, Plettenberg (BM 72) 1 1/4 N.
**Lenk**, Thun (SC 1, 47). 10 SW.
**Lenkersheim**, *Fl.*, Burgbernheim 1 1/2 NO, Neustadt a. A., 1 3/4 SW, Ermetzhofen 1 3/4 W. (BySt 156, 170 u. 158).
**Lenne**, Vorwohle (Bs 3) 3/4 W.
**Lenningen**, Ober- u. Unter-, Kirchheim unter Teck (Wü 153) 1 1/2 S.
**Lensahn**, Eutin (AK 22) 3 NO.
**Lent**, Nymegen (Rh 80) 1/8 N.
**Lenterode**, Heiligenstadt (ML 33) 1/8 SW.
**Lenthe**, Seelze, (Ha 21) 1/2 SO.
**Lenz**, Stargard i. P. (BSt 14) 1 3/4 N.
**Lenzburg**, Wildegg (SNO 2, 28) 3/4 S.
**Lenzen**, *Stadt*, Wittenberge (BH 11) 3 NW.
— Belgrad (BSt 21) 1/2 S.
— Elbing (PO 39) 1 1/4 NO.
**Lenzkirch**, Ober- u. Unter-, Freiburg (Ba 39) 4 SO.
**Leobendorf**, Korneuburg (KFN 44) 1/2 NW.
*Siehe dagegen Stat. Leobersdorf (OeSü 18).*
**Leobl**, Unter-, *Eisenwerke*, Klagenfurt (OeSü 166) 2 S.
**Leogrube**, *Bergwerk*, Czernitz (Wi 17) 3/8 SO.
**Leon**, St., Wiesloch (Ba 6) 3/4 SW.
*Leonberg*, *Stadt*, Ditzingen (Wü 197) 3/4 SW.
**Leonding**, Linz (KE 64) 1/2 SW.
**Leonberg**, Ponholz 1/4 N, Haidhof 3/4 S. (ByO 26 u. 27).
**Leonfelden**, *Stadt*, Linz (KE 64) 3 N.
**Leonhard**, St., *Stadt*, Loosdorf 1 1/2 SW, Melk 1 1/4 SW, Pöchlarn 1 1/2 SO. (KE 14, 15 u. 16).
— St., *Stadt*, in Kärnthen, Judenburg (KR 24) 4 SO, Köflach (OK 11) 3 1/2 SW, Künsdorf (OeSü 104) 6 NO.
— St., in Steiermark, Marburg a. d. Drau 1 1/2 NO, Pettau 2 NW. (OeSü 57 u. 111)
- St., *Fl.*, in Tirol, Innsbruck (OeSü 187) ca 6 SW.
**Leonhardwitz**, Spittelndorf (NM 34) 1 1/2 NO.
**Leonstein**, *Fl.*, Linz (KE 64) 7 S.
**Leopoldau**, Floridsdorf 1/4 N, Wien 1 NO. (KFN 2 u. 1).
**Leopoldschlag**, Kerschbaum (KE 69) 1/4 N.
**Leopoldsdorf bei Wien**, Himberg (OeSt 57) 1/2 NW.
Gänserndorf 1 1/2 S, Wagram 1 1/2 SO, (KFN 5, 4).
**Leopoldshafen**, Carlsruhe (Ba 14) 1 1/4 NW
**Leopoldshagen**, Ducherow (BSt 54) 1 O.
Borkenfriede, (BSt 53) 1 1/2 NO.
**Leopoldshain**, Görlitz (BG 15) 1/4 O.
**Leopoldshöhe**, *H' Zollstation*, Haltingen (Ba 54) 0,4 S.
**Leopoldstadt**, *Stadt*, Tyrnau (PT 11) 2 1/2 NO.
**Leppersdorf**, *Bleichen*, Ruhbank (NM 53) 3/4 SW.
— Radeberg (SO 14) 1/2 NO.
**Leppin**, Schivelbein (BSt 19) 2 N.
— Gross-, Glöwen (BH 9) 3/4 NW.
**Lerandhaza**, St. Iwan (OeSü 106) 3 1/2.
**Lerbach** *mit Eisenhütte*, Seesen 2 1/4 SW, Goslar 2 1/2 SO, Harzburg 3 1/4 SO. (Bs 8, 38 u. 36).
**Lerbeck**, Porta (KM 32) 1/2 NO.
**Lerchenborn**, Haynau 2 1/4 NO, Liegnitz 2 1/4 NW. (NM 31 u. 33).
**Lerchenfeld**, Neu-, Wien unm., Penzing 1/2 SO. (KE 1 u. 2).
**Lermoos**, Innsbruck (OeSü 187) 9 NW.
**Lesan** (Leschan), Weltrus 1/2 S, Kralup 1/4 NW. (OeSt. 32 u. 31).
**Leschen**, Nieder-, Sprottau (NZ 5) 1 SO.
Ober-, Sprottau (NZ 5) 2 1/2 SO.
**Leschnitz**, *Stadt*, Gogolin (OS 11) 1 3/4 SO, Cosel (OS 13) 1 3/4 N.
**Leschtina**, Nestarschitz (OeSt 41) 1/2 O.
**Leschzin**, Czerwionka (W 21) 3/4 W.
**Leschwitz**, *Tuchfabr.*, Görlitz (NM 41) 1/2 S.
Spittelndorf (NM 34) 1 1/4 N.
**Lesenye**, Kraljevec (OeSü 116) 3 1/2 —
**Lesewitz**, Gr.- u. Kl.-, Marienburg (PO 36) 1 NO.
**Lesgewangminnen**, Szillen (TI 3) 3 O.
**Leskonz**, Reichenberg (OeSü 143) 1 Meile.
**Leskow** bei Lieberose, Neuzelle (NM 15) 3 SW.
**Leskowetz**, Pettau (OeSü 111) 1 1/2 SO.
**Lesnek**, Illye (Si 9) 1 SO.
**Lesnyek**, Deva (Si 11) 1 1/2.
**Lesse**, Wolfenbüttel 3 W, Ringelheim 2 NW. (Bs 24a u. 11).
**Lessen**, Gross- u. Klein-, von Nienburg (Ha 26) 4 1/2 NW.
— Gr.-, Sommerfeld (NM 19) 7 NO.
— *Stadt*, Warlubien (PO 31) 5 1/4 SO.
**Lessenich**, Satzvey (Rh 23) 1/4 SO.
**Lessenthin**, Wangerin (BSt 17) 3/4 NO.
**Lesum**, Burg-Lesum (Ha 35) 1/4 NW.
— — Neu-, Burg-Lesum (Ha 35) 1/2 NW.
**Lesumbrook**, Burg-Lesum (Ha 35) 1/2 W.
**Lesumstotel**, Burg-Lesum (Ha 35) 1 NO.
**Leszczyn**, Borynicze (LCJ 6) 1 1/4 N.
**Leszenye**, Waitzen (OeSt 92) 5 1/2 N.
**Léta**, Nagy-, Debreczin (Ts 11) 4 SO.
**Letkes**, Szobb (OeSt 89) 1 1/2 N.
**Letschin**, *Fl.*, Gusow 1 1/4 N, Wriezen 2 SO, Golzow 2 NW, Cüstrin 3 NW (PO 7, BSt 60, PO 6 u. 8).
**Lette bei Wiedenbrück**, Oelde (KM 24) 1 N.
— bei Coesfeld, Münster (Wf 20) 4 1/2 SW.
**Lettin**, Halle (BA 18) 1 NW.
**Lettovanic**, Lekenik (OeSü 150) 1 Meile.
**Lettowitz**, *siehe Station Letovic (OeSt 6).*
**Letzendorf**, Ronneburg (SW 87) 1 S.
**Letzlingen**, Wolmirstedt (MH 17) 3 1/4 NW.
**Letzten Heller**, Breslau (OS 1) 1/2 NW.
**Leuba**, Görlitz (NM 41 u. BG 15) 1 1/2 S.
Zittau (SO 33) 2 1/4 NW.
**Leubnitz**, Dresden (SO 1) 3/4 SO.
— Werdau (SW 9) 3/4 S.
— — Plauen 1 1/4 W, Mehltheuer 1/2 O. (SW 15 u. 16).
**Leubsdorf**, Sinzig (Rh 47) 1/2 O.
— — Oederan (SO 52) 3/4 S, Erdmannsdorf (SW 61) 1 SO.
**Leubus**, *Stadt*, Maltsch (NM 35) 3/4 NW.
**Leubusch**, Brieg (NB 8. OS 5) 1 NO.
**Leuchtenberg**, *Fl.*, Wernberg (ByO 71) 1 1/2 NO.
**Leuchtenburg**, Vegesack (Ha 42) 1/2 S.
**Leucken**, Ober-, Beurig-Saarburg (Sa 10) 2 NW, Mettlach 1 1/2 SW. (Sa 17).
**Leudersdorf**, Düren (Rh 8) 1/2 S.
**Leudesdorf** (Leutesdorf), Neuwied (Rh 100) 3/4 NW, Andernach (Rh 50) 1/4 NW.
**Leuenberg**, Freienwalde a. Oder (BSt 49) 1 3/4 SW.
**Leugast**, *Fl.*, Unter-Steinach 1 1/2 NO, Stambach 3/4 NW. (ByS 157 u. 71).
Wiesau (ByO 84) 1/4 SO.
**Leuggern**, Koblenz 1 S, Döttingen 1 W. (SNO 2, 60 u. 59).
**Leukersdorf**, Lugau (SW 45) 1/2 NO, Chemnitz (SW 29) 1 1/4 SW.
**Leulitz**, *Br* × Altenbach, *GH* (LD 5) 1/2 SW.
**Leumnitz**, Gera (SW 88) 1/4 O, Ronneburg (SW 87) 3/4 NW.
**Leun**, *Stadt*, Braunfels 1/4 NW, Wetzlar 1 1/2 W. (Na 39 u. 41).
**Leupoldsgrün**, *Mineralquelle*, Hof, (ByS 75 u. SW 20) 1 1/2 SW.
**Leuscheid**, Schladern (KM 48) 3/4 S.
**Leuschentin**, Malchin (FF 4) 1 O.
**Leuten**, Deutsch-, Oderberg (Wi 9 u. KFN 28, KO 1) 1 O.
— Polnisch-, Oderberg (Wi 9 u. KFN 28. KO 1) 1 1/2 SO.
**Leutenberg**, *Stadt*, Sonneberg (Th 61) 4 1/2 NO, Reuth i. Sachsen (SW 18) 5 NW
**Leutersberg**, Schallstadt (Ba 41) 3/4 O.
**Leutersdorf** i. Sachsen, Ober-Oderwitz 1/2 W, Gr.-Schönau 1 N, Löbau 2 S. (SO 31, 41 u. 23).
— i. Sachsen-Meiningen, Themar (Th 52) 1 W.
**Leutershausen**, *Stadt*, *proj. Station*, Ansbach (ByS 152) 1 1/2 W
— Heidelberg (Ba 3) 0,6 N.
- Gross-Sachsen, (MN 14) 1/4 SO.
**Leutersheim**, Renchen (Ba 25) 1 1/2 W.
*Leutesdorf*, *PH (Rh 101)*, Neuwied (Rh 51) 1/2 N.
**Leutesheim**, Kohl (Ba 157) 0,8 S.
**Leutewitz**, Bischofswerda (SO 17) 1 NO.
— Riesa 0,7 SW, Meissen 1 W. (LD. 11. 33).
**Leuth**, Lobberich 3/4 NW, Kaldenkirchen 3/4 NO. (Rh 82 u. 83).
**Leuthen**, Gross-, Lübben (BG 6) 2 NO.
— Klein-, Lübben (BG 6) 1 1/2 NO.
- bei Sommerfeld (NM 19) 3/4 NO.
bei Deutsch-Lissau (NM 38) 1 W.
**Leutherheide**, Kaldenkirchen (Rh 83) 1/2 SO.
**Leuthmannsdorf**, Faulbrück (BF 14) 1/2 SW.
*Leutkirch*, *Stadt*, (*Wü 195*). Kissendorf 4 1/2 SO, Ravensburg 4 NO, Memmingen 3 SW. (Wü 41, 50 u. ByS 213).
**Leutsch**, Leipzig (LD 1) 1/2 W.
**Leutschach**, *Fl.*, Marburg a. Drau 1 1/2 NW. Spielfeld (OeSü 57 u. 55) 3/4 W.
**Leutschau** (Löcse, Levoca), *Stadt*, T Kaschau 11 1/4 NW, von Krakau 20 SO, Bielitz 20 SO. (Ts 28, GCL 1 u. KFN 64).
**Leutwyl**, Aarau (SC 1. 13) 2 3/4 SO.
**Leuzigen**, Pieterlen (SC 1, 55) 10 Kil.
**Léva**, *Stadt*, T Gran-Nana 8 W. (OeSt 88 u. 89), Szobb 7 N.
**Levenhagen**, Greifswald (BSt 57) 3/4 W.
**Leveringsbank**, Oevelsberg (BM 41) 0,8 N.
**Levern**, Bünde (Ha 53) 3 N, Minden (Ha 48 KM 83) 5 NW.
**Levetzow**, Teterow (FF 3) 1 N.
**Levico**, *Fl.*, Trient (OeSü 210) 1 1/2 SO.
**Levoca**, *siehe Leutschau.*
**Lewin in Schlesien**, *Stadt*, T Reichenbach (BF 13) 6 1/2 SW, Frankenstein (BF 11) 6 SW. Skalitz (SNV 23) 2 O.
1 **Lewin in Böhmen bei Auscha**, *Fl.*, Theresienstadt (OeSt 37) 3 1/2 NO.
2 — bei Chlum, Elbe-Teinitz (OeSt 21) 1 1/2 NO.
3 — Berann (BW 16) 1/2 SW.
4 — (Oels) Paka (SNV 12) 1/2 NO.
5 — Neu-, Wriezen a. Oder (BSt 67) 1 O.
6 — Alt-, Wriezen a. Oder 3/4 SO.
**Lexen in Mähren**, *Fl.*, Müglitz (OeSt 46) 1/2 SW.
**Lezajsk**, Lancut 4 NO, Przeworsk (GCL 17 u. 18) 3 1/4 NW.
**Lgota**, Trzebinia (KFN 38) 1 1/4 NO.
1 **Lhota**, Semil (SNV 14) 1/2 SW.
2 — Prelouc (OeSt 10) 1/4 SW.
3 — Skalitz (OeSt 5) 1/4 SO.
4 — Elbe-Teinitz (OeSt 21) 2 1/4 NO.
5 — Bidschow, Elbe-Teinitz 2 1/4 NW.
6 — Smeldar, Elbe-Teinitz 2 1/2 NW.
7 — Wseler, Elbe-Teinitz (OeSt 21) 2 1/4 NW.
8 — Uhlirsko, Elbe-Teinitz (OeSt 21) 3/4 NO.
9 — Zales, Brandeis (OeSt 13) 1/4 W.
10 — Unter-, Raitz 1/2 S, Blansko (SOeSt 4 u. 3) 1/2 NW.
**Lhotka**, Eisenbrod (SNV 15) 1 NO.
— Dobrichowitz (BW 19) 1 1/2 S.
— Zditz (BW 15) 1 1/4 SO.
**Lhotta**, Kostelets (SNV 25) 1/8 NO.
*Ausserdem existiren noch eine sehr grosse Anzahl Orte desselben Namens i. Oesterr.*
**Liban**, *Stadt*, Turnau (SNV 17) 3 1/4 SO, Jungbunzlau (TKP 8) 3 1/4 SO.
**Libava**, *siehe Liebau Stadt in Mähren.*
**Libbach**, Nied.- u. Ober-, Wiesbaden (Na 1) 1 1/2 NW.
**Libbesdorf**, Cöthen 1 1/4 O, Dessau 1 1/2 SW (MH 34. BA 33 u. 30).
**Libehna**, Cöthen (MH 31. BA 33). 3/4 SO.
**Libein**, Müglitz 1/2 NW, Lukawetz (OeSt 46 u. 47) 1/4 SW.
**Liberec** *Station Reichenberg (SNV 22).*
**Libetben** (Libeth-Bynza) *Stadt*, Losoncz (UN 15) 8 NW.
**Libisch**, Obristvy-Klomin (TKP 3) 1/2 NO.
**Liblar**, Brühl (Rh 30) 1 SW.
**Liblitz**, *Zuckerfabr.*, Böhm. Brod (OeSt 24) 3/8 O.

**Libnowes**, Podiebrad 2 NW, Kolin (OeSt 23 u. 22) 1½ N.
**Liboch**, Berkovic-Melnik (OeSt 34) ½ NO.
**Libochowitz**, *Stadt*, Lobositz 2 S, Raudnitz 2 W. (OeSt 34 u. 36).
**Libodric**, Velim (OeSt 22a) ½ S
**Liboje**, (St. Agnes) Cilli (OeSü 61) 2½.
**Libomisl**, Zditz ¾ S. (BW 15)
**Librie**, Josefstadt (SNV 6) 1½ SO.
**Libuchitz**, *Station Lipnik (OeSt 34)*.
**Libtitz**, Dux (AT 9) ¾ SW.
**Libun**, Turnau (SNV 17) 1½ SO.
**Lich**, *Stadt*, Giessen 2 SO, Butzbach 2 NO. (MW 16 u. 11).
**Lichendorf**, Spielfeld (OeSü 55) 1½ Meile.
**Lichnia**, Dzieschowitz (OS 12) 1 SO.
**Lichte bei Wallendorf**, Eisfeld 3 NO, Sonneberg 3 N, Weimar 7 SW. (Th 53a, 61. 10).
**Lichtenau a. der Aacher**, *Stadt*, Rastatt 2½ S, Bühl 1¼ NW. (Ba 22. 18).
— a. d. Rezat *Fl.*, Ansbach (BySt 152) 1 SO.
— *Stadt*. Altmorschen (HN 3) 1½ NO, Kassel (HN 11) 3½ SO.
— *Fl.*, Willebadessen (Wf 4) 1½ W, Paderborn (Wf 7) 2½ SO.
— Gr.- u. Kl., Dirschau (PO 34) 1½ NO, Simonsdorf (PO 35) ¾ N.
— Straussberg (PO 3) 1 SO.
— Nieder-, Radeberg (SO 14) 2 NO.
— Ober-, Radeberg (SO 14) 1¾ NO.
— Schneeberg (SW 55) ¾ SW.
— Ober-, i. Schlesien, Lichtenau ¾ NM. Lauban 1½ W. (NM 60. 43)
**Lichtenberg**, *Stadt*, *Eisenhammer-Marmorbrüche*, Münchberg 3 NW, Hof 3 NW, Kronach 4 NO. (BySt 72, 75 u. 219).
— Ringelheim (Bs. 11) 1½ N.
— Berlin (BSt 1) ¾ NO.
— Frankfurt a/O. (NM 11) 2 SW.
— Darmstadt (HL 24 u. MN 5) 3½ SO.
— Thal-, Helmbach (Sa 40) 2½ SO.
— Görlitz (BG 15. NM 41) 1½ O.
— Grottkau (NB 5) 1 N.
— Freiberg (SO 51) 1½ SO.
— bei Pulsnitz in Sachsen, Radeberg (SO 14) 1 NO.
— Zittau 1½ SO, Kratzau 1 N. (SO 33 u. 36).
— in Reuss, Ronneburg ½ SW, Gera 1 SO. (SW 87 u. 89)
**Lichtenburg**, Holzdorf (BA 21) 2½ SW.
**Lichteneck**, Hartmannshof (ByO 33) ½ SO.
**Lichtenhagen**, Holzminden (Wf 43 u. Bs 1). 3½ SW.
— Königsberg i. Pr. (PO 50) 1½ SW.
**Lichtenhain**, Krippen (Schandau) (SO 9) 1 NO.
— bei Gräfenthal, Sonneberg (Th 61) 3 SW.
— bei Königsee, Sonneberg (Th 61) 3 NO.
**Lichtenow**, Erkner (NM 5) 2½ NO.
— nebst Abbau, Friedeberg 1½ N, Woldenberg 1¾ SW. (PO 16 u. OS 55.
— *Theerofen*, Friedeberg (PO 16) 1½ NO.
**Lichtenrade** bei Berlin, Grossbeeren, (BA 2) 1½ NO.
**Lichtensee**, Jacobsthal (BA 25) ¾ NO.
**Lichtenstadt**, Eger (ByO 87) 1 NO.
*Lichtensteig (VS 3, 64)*, *Stadt*, Wyl (VS 3, 8) 4 St. NO.
**Lichtenstein**, Pilsen (BW 8) 2½ N.
— *Stadt* T St. Egidien (SW 23) ¾ S.
— Willsbach (Wü 71) ¾ SW.
**Lichtenthal**, *Stadt*, Baden (Ba 151) 0,2 W.
**Lichtentanne**, Zwickau (SW 47) ½ SW.
**Lichtenwald**, Walhallastrasse (ByO 23) 1½ NO.
*Siehe dagegen Station Lichtenwald OeSü 42.*
**Lichtenwaldau**, Kaiserswaldau (NM 30) 1½ NW.

**Liebel**, Alt- u. Neu-, Rietschen (BG 13) ½ SW.
**Liebemühl** (Liebmühl) *Stadt*, Güldenboden (PO 40) 6 SO, Elbing (PO 39) 8½ SO.
**Lieben**, Prag (BW 22) ½ N.
1 **Liebenau**, *Fl.*, Nienburg (Ha 26) 1½ SW.
2 — *Stadt*, Frankfurt a. d. Oder (NM 11) 8½ O.
3 — Kl.-, Schkeuditz (ML 13) ½ S.
4 — Pelplin (PO 33) 1 SO.
5 — Schebitz 1 NW, Obernigk (OS 33 u. 31) ½ S.
6 — Berg-, *Kohlengr.*, Gröbers (ML 12) 1½ SO.
7 — Radeberg (SO 14) 3 NO.
8 — Pirna (SO 5) 2¾ S.
9 — Puntigam (OeSü 49) ½ Meile.
10 — Meckenbeuren (Wü 51) ¾ NO.
*Siehe dagegen die Stationen Liebenau der SNV 19 und HS 18.*
**Liebenberg**, Fürstenwalde (NM 7) 2 NW.
**Liebenburg**, Salzgitter ½ SO, Schladen 1 W. (Bs 12 u. 34).
**Liebeneck** *(Schloss)*, Osterspai (Na 17) ½ S.
**Liebenhof**, Hohenstein (PO 72) ¾ S.
**Liebenow**, Arnswalde (OS 57) 2 NO.
**Liebenstein in Böhmen**, *Fl.*, Franzensbad (BySt 230) 1 W.
— *Badeort*, T Immelborn (Th 46) ¾ NO.
**Liebenthal in Böhmen**, Wildenschwert (OeSt 12) ¾ NO.
— *Stadt*, Bunzlau 4½ SW, Greiffenberg ¾ SO. (NM 29 u. 45)
— Hohen-, Hirschberg (NM 49) 2½ NO.
— Marienburg (PO 36) ½ SO.
**Liebenwalde**, *Stadt*, Liebenthal (BSt 3) 3 NW.
**Liebenwerda**, *Stadt*, T von Falkenberg 1½ SO, Burxdorf 1½ NO. (BA 23 u. 24.
**Liebenzell**, *Stadt*, *Mineralbad*, Pforzheim 2½ S, Stuttgart 5 W. (Ba 149. Wü 16).
**Lieberose**, *Stadt*. Lübben (BU 6) 6 NO, Fürstenwalde (NM 7) 7½ SO, Frankfurt a/O (NM 11) 7 NW, Guben (NM 17) NW.
**Liebertwolkwitz**, Leipzig (LD 1) 1½ SO.
**Liebeschitz**, Theresienstadt (OeSt 37) 2½ NO.
**Liebesitz**, Jessnitz (NM 18) ½ SW.
**Liebesnic**, Obristvy-Klomin (TKP 8) 1 S.
**Liebichau**, Alt- u. Neu-, Freiburg (BF 8) ½ S. Dittersbach (NM 36) 1½ NO, Waldenburg (BF 10) 1¼ NO.
**Liebichau**, Bunzlau 1½ SO, Kaiserswaldau 1 SW. (NM 29 u. 30).
**Liebling**, Zsebely (OeSt 121) 1 SO.
**Lieblos**, Gelnhausen (BbH 14) ½ W.
**Liebschau**, Dirschau (PO 34) 1 W.
**Liebschwitz**, Gera 1 S, Ronneburg ¾ SW. (SW 88 u. 87).
**Liebsen**, Hansdorf (NM 23) ½ SW.
**Liebsgen**, *H* (NM 21) Sorau (NM 22) 1½ NW.
**Liebstadt**, *Stadt*, Schlobitten (PO 41) 3½ SO.
— *Stadt*. Pirna (SO 5) 1¾ SW.
**Liebstadtl**, Liebstadtl (SNV 13) ½ SO.
**Liebstein**, *Urnsitzsteinbrüche*, Görlitz (BG 15) 1½ NW.
**Liebthal**, Hohweiler (Pf 59) ½ NW.
**Liebthal**, Sommerfeld (NM 19) 4½ NO.
**Liebwalde**, Altfelde (PO 37) 3½ SO.
**Liebwerda**, Reichenberg (SNV 22) 3 NO.
**Liedberg**, Kleinenbroich (BM 14) ½ S.
**Liedern**, Gross-, Uelzen (Ha 10) 2¾ S.
**Liederbach**, Höchst (T 2) ½ W.
**Liedersdorf**, Gr.- u. Kl.-, Lindenau (PO 53) ¾ S.
— Riestedt (ML 23) 1¾ SO.
**Liederstedt**, Ober-Röblingen, (ML 21) 3½ SW.
**Liedolsheim**, Bruchsal (Ba 10) 1,8 W.
**Liegau**, Radeberg (SO 14) ¾ NW.

**Lienegar**, Sommerfeld (NM 19) 1 S.
**Lienke**, Radeberg (SO 14) 4½ NO.
**Lieskow**, Gr.- u. Kl.-, Cottbus (BG 21) 1½ NO.
**Liessau**, Dirschau ½ NO, Hohenstein 2 SW. (PO 34 u. 72).
**Liessem**, Mehlem (Rh 44) ¾ SW.
**Lietzegöricke**, Alt- u. Neu-, Wriezen a/O. 1 NO.
**Lietzen**, Alt- u. Neu-, Gusow 2 S, Trebnitz 1½ SO, Briesen 2½ NO. (PO 6, NM 9 u. PO 5).
*Liezen (KR 15), *Stadt*, Wels (KE 31) 16 SO, Bruck a. Mur 11½ NW. (OeSü 40).
**Liggersdorf**, Stockach (Ba 192) 0,8 NO.
**Ligist**, *Fl.*, Krems (GK 7) ½ S.
**Lilienfeld**, St. Pölten (KE 12) 3 S.
**Lilienthal**, Breslau (NM 30 OS 1) ¾ N
— Bremen, (Ha 34) 1½ NO
— Braunsberg (PO 44) 2 SO.
— *Hof*, Riegel (Ba 36) 2½ S.
**Limanowa**, *Stadt*, Bochnia (GCL 7) 5 S.
**Limbach i. d. Pfalz**, Glanmünchweiler (Pf 58) ½ N.
— Sobernheim (Sa 34) 1½ S.
— Chemnitz 1½ NW, Siegmar 1 SW, Hohenstein-Ernstthal 1 NO, Wüstenbrand ¾ N. (SW 20, 27, 42 u. 25).
— Herlasgrün (SW 13) ¼ NO.
— Eisfeld (Th 53a) 1½ NO.
— Spielfeld (OeSü 55) 5½.
*Limberg-Maissau, *(PH der KFJ 11)*, *Eggenburg (KFJ 12) 1,3 SO.
**Limberge**, Trifail (OeSü 60) ½.
**Limmer**, *Gesundbrunnen*, Hannover (Ha 1) ½ SW.
— bei Alfeld (Ha 77) ½ NW.
**Limmritz**, Cüstrin (PO 8) 2½ SO.
*Siehe dagegen Haltest. Limmritz SW 37.*
**Limpach**, Solothurn (SC 1, 52) 12 Kil.
**Limperich**, Bonn (Rh 42) ¾ SO.
**Lind**, Mitter-, Ober- u. Unter-, von Kemnath-Neustadt (ByO 77) 1¾ SW.
— Ober-, Sonneberg. (Th 61) ½ S.
— Cöln ¾ SW, Ehrenfeld ½ SW. (Rh 12 u. 13).
— Spielfeld (OeSü 55) ½ Meile.
**Linda**, Nieder-, Lichtenau (NM 60) ¾ SW. Nicolausdorf (NM 59) ½ SO.
— Mittel-, Lichtenau (NM 60) 1 SW Nicolausdorf (NM 59) ¾ SO.
— Ober-, Lichtenau (NM 60) 1½ SW. Nicolausdorf (NM 59) ¾ SO.
— Ronneburg (SW 87) ½ S.
— in Sachsen (bei Brand) Freiberg (SO 51) ¾ SW.
*Siehe dagegen Station Linda der BA 20.*
**Lindabrunn**, Leobersdorf (OeSü 18) 1½ Meile.
**Lindau**, *Fl.*, Zerbst (BA 44) 1 N, Burg bei Magdeburg (BPM 13) 4½ SO.
— *Fl.* i. Hannover, Northeim (Ha 81) 2 SO.
— *(Station BySt 1)*, *Stadt*. am Bodensee, Meckenbeuren (Wü 51) 2½ SO.
1 **Linden**, Wolfenbüttel (Bs 24a) ½ SO.
2 — Vorstadt von Hannover, *bedeutende Industrie* (Ha 1) ½ SW.
3 — Grossen-, *Stadt*, Giessen ¾ S, Langgöns ½ N. (MW 14 u. 15).
4 — *K* u. ✕ Dahlhausen (BM 88) 0,3 O.
5 — Brieg (NB 8, OS 5) 1 NW.
6 — Bunzlau (NM 29) 1½ NO.
1 **Lindenau**, Böhm. Leipa (BN 8) 1½ NO.
2 — Braunsberg (PO 44) 1½ SO.
3 — Marienburg (PO 36) 2 NO.
4 — in Schlesien bei Münsterberg, Grottkau (NB 5) 3½ SW, Frankenstein (BF 11) 2½ SO.
5 — Leipzig (LD 1) ½ W.
6 — Gr.-, Lindenau (PO 53) ½ SW.

**Linderbach**, Erfurt (Th 8) ½ O.
**Lindern**, Lingen (Wf 67) 7 NO, Meppen (Wf 28) 6 NO, Lathen (Wf 70) 4 O, Kluse-Dörpen (Wf 31) 4½ SO.
'Ocholt (Ol 11) ½ N.
*Siehe Station Lindern, Berg Märk 8.*
**Linderode**, Sorau (NM 22) 1½ W.
**Lindewiese**, Neisse (NB 1) 1¾ SO.
**Lindflur**, Reifenberg (Ha 123) 0,3 SW.
**Lindhart, Ober-**, Nieder-Lindhart (ByO 14) ¾ SW.
**Lindhardt**, Hainau (NM 31) 1¼ NO.
**Lindholzhausen**, Eschhofen ½ SO, Limburg ½ SO. (Na 31 u. 30).
**Lindlar**, Mülheim a. Rh. (BM 100. KM 3). 4 O.
**Lindorf**, Oethlingen (Wü 154) ⅛ S.
**Lindow, Ober- u. Unter-**, Frankfurt a. d. Oder (NM 11) 1¾ S.
**Linelow**, Finkenheerd (NM 13) ½ W.
**Lindow bei Neu-Ruppin**, *Stadt*, Neustadt a. D. (BH 7) 6 NO.
**Lindschied**, Wiesbaden (Na 1) 1¾ NW.
**Lingenthalerhof**, Heidelberg 1 SO, Bammenthal ½ SW. (Ba 3, 63).
**Lingneville**, Eupen (Rh 1) 4 S.
**Linichen**, Freienwalde in Pom. (BSt 16) 1¾ O.
**Linkau**, Fischhausen (OpS 3) 1 NO.
**Linkehnen**, Lindenau (PO 53) ½ O.
'**Linkenheim**, Carlsruhe (Ba 14) 1½ N.
**Linne**, Bruchmühlen (Ha 54) 2 NW.
**Linnenbach**, Heppenheim (MN 11) 1½ NO.
**Linnenkamp**, Stadtoldendorf (Ha 2) ¾ SO.
**Linnenhütt**, *Schieferbr.*, Lorch (Na 12) 1 NO.
**Linnich**, *Stadt*, Lindern (BM 8) ¾ SO.
**Linsenhofen**, Nürtingen (Wü 127) ¾ S.
**Linsk**, Laskowitz (PO 30) 4½ NW.
**Lintein bei Bremen**, Osterholz-Scharmbeck (Ha 36) ½ SW.
Verden (Ha 30) 1 O.
**Linthal**, Glarus (VS 3, 60) 3½ SW.
**Lintig**, Geestemünde (Ha 40) 2½ O.
**Lintorf**, Calcum (KM 8) ¼ NO.
**Linum**, Friesack (BH 6) 2¾ O.
**Linx**, von Renchen 1½ NW, Kehl 1½ NO. (Ba 157, 25).
**Linxweiler, Nieder-**, Ottweiler ½ N, St. Wendel ¾ S. (Sa 44 u. 43).
**Ober-**, St. Wendel (Sa 43) ¼ S.
'**Linz am Rhein** (Rh 103), *Stadt*, T Remagen ½ SO, Sinzig ¾ NO. (Rh 46. 47).
*Siehe dagegen Stat. Linz KE 64.*
**Linzenich**, Zülpich (Rh 21) ¾ S.
**Linzerhausen**, Remagen (Rh 46) ¾ SO.
**Lipeis**, Elbe-Teinitz (OeSt 21) ¾ NO.
**Lipica dolna**, Bursztyn (GCL 10) 3 NO.
**Lipina**, Schönbrunn 1½ O, Ostrau 1¼ SO. (KFN 25 u. 26).
**Lipinken**, Terespol (PO 20) 3 SO.
**Lipitza**, Kärnten Sessana (OeS 85) ¼ Meile.
**Lipitzbach**, Bleiburg (OeSü 163) 1 Meile.
**Lipke**, *Fl.*, Zantoch (PO 14) 1½ O.
**Lipoltic**, Prelouc (OeSt 10) ¾ S.
**Lipowice**, Chrzanow (KFN 37) 1 S.
**Lippa**, St. Peter (OeSü 82) 4 Meilen.
*Fl.*, Arad (Ts 37 u. Si 1) 4¾ SO, Temesvar (OeSt 110) 7½ SO.
Radna (Si 4) ¼ S.
**Lippach**, Lauchheim ½ N, Ellwangen 1¾ SO. (Wü 116 u. 87).
**Lippborg**, Soest 1¾ NW, Welver 1 NO Hamm 2 SO. (Wf 13, 14 u. 15).
**Lippehne**, *Stadt*, T Landsberg a. W. (PO 13) 6 NW, Arnswalde (OS 57) 5 SW. Damm bei Stettin (BSt 12) 6½ SO.
**Lippen**, Weisswasser (BG 12) 3 SW.
**Lippern**, Oberhausen (KM 11) ¼ N.
**Lipperode**, Lippstadt (Wf 10) ½ NO.
**Lippersdorf bei Gr.-Hartmannsdorf**, Waldkirchen (SW 64) 1½ O, Freiberg (SO 51) 2½ SW.

**Lipovka**, Raitz (OeSt 4) 1½ SO.
**Lischin**, Staab (BW 5) ½ S.
**Lischitz, Gr.- u. Kl.-**, Elbe-Teinitz (OeSt 21) 2 NO.
**Lischkowke**, Osiek (PO 25) 2 N.
**Lischkowo**, Osiek 2 O, Nakel (PO 26) 2½ NW.
**Lischney**, Eisenbrod (SNV 15) ½ W.
**Lischnitz**, Dobrichowitz (BW 19) 1 SO.
**Lisko**, *Stadt*, Przemysl (GCL 22) 9 SW.
**Lisoley**, Bubenc (Bubenetsch) (OeSt 28) ½ W.
**Lispenhausen**, Bebra (BbH 1) ½ N.
'**Lissa**, *Stadt*, Kottenthal (TKP 6) 1½ S.
' — Penzig (NM 40) ½ S.
' — **Gr.- u. Kl.-**, Delitzsch ⅜ SW, Landsberg 1 SO. (BA 38 u. 16).
*Siehe dagegen die Stationen Deutsch-Lissa, NM 88 u. Poln.-Lissa, OS 40.*
**Lissau**, Hohenstein (PO 72) 1½ SW.
— — Tworog (RO 10) 3¼ SO.
**Lisberg**, *Fl.*, Nieder-Wöllstadt (MW 19) 3½ NO, Gelnhausen (BbH 14) 3 NW.
**Lissen**, Striegau (BF 17) 1 NO.
**Lissewo**, Terespol. (PO 20) 2¾ SO.
**Lissitz**, Skalitz ¾ SW, Raitzl NW (OeSt 5 u. 4).
**Lissowa**, Staab (BW 5) ¼ W
**List**, Hannover (Ha 1) ¼ NO.
**Listerfehrde**, Wittenberg (BA 9) 2 SO.
**Listingen, Nieder-**, Hofgeismar 1½ SW Warburg 1½ SO. (HN 17 u. Wf 1).
— — **Ober-**, Hofgeismar (HN 14) 1½ SW.
**Listringen**, Hildesheim (Ha 70) 1½ SO.
**Listrup**, Leschede (Wf 26) ½ O.
**Liszka**, *Fl.*, Tokaj (Ts 17) 2¾ N.
**Liszo**, Kanizsa (OeSü 109) ⅞ Meilen.
**Litetin**, Ubersko (OeSt 16) ½ N.
**Litic**, Josephstadt (SNV 6) 1½ NW.
**Lititz**, *Kohlenwerk*, Nürschan (BW 6) 1 SO.
**Litohlavl (Litohlas)**, Rokitzan (BW 11) ½ NW.
**Litomerice** *siehe Leitmeritz.*
**Litomysle** *siehe Leitomischl.*
**Litschau**, Budweis (KFI 23 u. KE 74) 6 O, *Wittingau (KFJ 7) 3 SO,
**Littau**, Emmenbrücke (SO 1, 24) ½ SW.
*Siehe dagegen Station Littau der Oesterr. nördl. Staats-E. 45.*
**Litten**, von Rewnitz ¾ W, Karlstein ½ SO (BW 18 u. 17).
**Littenweiler**, Freiburg (Ba 30) ½ O.
**Littitz**, *an Kohlenbahn*, Pilsen (BW 8 u. KFI 30) ¾ S.
**Litzelstetten**, Constanz (Ba 87) 1 N.
**Litzelberg**, Timmelkam (KE 38) 1¼ SW.
**Lizzana**, Roveredo (OeSü 213) ½ Meile.
**Loiannek**, Terespol (PO 29) 2½ NW, Laskowitz (PO 30) 2½ NW.
**Lobach**, Holzminden (Wf 43 u. Ha 1) ¾ NW.
**Lobbendorf**, Vegesack (Ha 42) ¼ NW.
**Lobeda**, *Stadt*, Apolda (Th 11) 2½ SO.
**Lobek**, Kralup (BN 15 u. TKP 1) ¼ NW.
**Lobendau, Ober-, Mittel-, Nieder-, Berg-, Roth-**, Liegnitz 1¼ W, Haynau (NM 33 u. 31) 1½ SO.
— — in Böhmen, Bischofswerda 2¾ SO, Krippen 2½ NO, Bodenbach (SO 17. 9 u. Ha) 7½ NO.
**Lobenfeld**, Meckesheim (Ba 95) ½ NW.
**Lobenstein** *Stadt*, in Reuss, Reuth in Sachsen, 3 W, Hof (SW 18 u. 20) 4 NW, Kronach (BySt 219) 4½ NO, Gera (SW 88) 8½ SW.
**Lobetinz**, Nimkau 1½ S, Lissa (NM 37 u. 38) 1½ SW.
**Lobith**, Elten (Rh 76) ½ W.
**Lobitz, Neu-**, Wangerin (BSt 17) 3½ SO.
**Lobkowitz**, Obristvy-Klomin (TKP 3) ½ SO.
**Lobmachtersen**, Wolfenbüttel 1¾ SW, Salzgitter (Ba 24a u. 12) ¾ NO.
**Lobminz, Mitter- u. Klein-**, *Eisenwerke*, Knittelfeld (KR 22) 1 S.

**Locherau**, Cöthen (ML 7, BA 33) 1½ SO.
**Lochnia**, Rudzinitz (OS 15) ½ NO.
**Lochocin**, Osiek (PO 25) 3 NW.
**Lochovic**, *Fl.*, Zditz ¾ SO, Horowitz ½ NO (BW 15 u. 14).
**Lochtschitz**, Schönfeld (AT 3) ½ S.
**Lochtum**, Vienenburg (Ba 35) ½ S.
**Lochutzen**, Staab (BW 5) ½ NW.
**Locken**, Güldenboden (PO 40) 7½ SO.
— Hohenstein (PO 72) 2½ SW.
**Löckstädt bei Putlitz**, Karstädt (BH 12) 2¾ NO.
**Lockweiler**, Merzig 3½ NO, Türkismühle 2½ SW (Sa 16 u. 42).
**Lockwitz**, Dresden 1 SW, Mügeln ½ SW (SO 1 u. 3).
**Locs**, Bück (OeSü 100) ½ Meile.
**Lodenau**, Uhsmannsdorf 1½ NO, Rauscha 2½ W (BG 14 u. NM 25).
**Lodenic**, Beraun (BW 16) 1 NO.
— Prelouc (OeSt 19) ½ SW.
**Lodenitz, Böhmisch-**, Olmütz (KFN 58) 1 N.
**Lodersleben**, Ober-Röblingen (ML 21) 2 SW.
**Lodz**, Moszczin (OS 47) 1 W. *Siehe dagegen Stat. Lodz der Warschau-Wiener E. I, 36.*
**Lodzin**. Nakel (PO 26) 1 W.
**Loebau**, Thorn 14½ NO. Warlubien 12 O, Elbing 14½ SO, Altfelde 11 SO, Czerwinsk 13 SO (PO 67, 31, 30, 37 u. 32).
*Siehe dagegen Station Löbau SO 22.*
**Löbejün**, *Stadt*. *Zuckerfabr.* Halle 2 NW, Cöthen 2¾ SW (BA 18 u. 33).
**Löben**, Holzdorf (BA 21) ½ SW.
**Löberitz**, Stumsdorf (ML 9) 1½ NO.
**Lobersdorf**, Stumsdorf (ML 9) ½ NO.
**Löbichau**, Schmölln (SW 85) 1 W.
**Löbnitz**, Stralsund (BSt 59) 3 W.
— — bei Calbe, Förderstedt ¾ SO, Bernburg 1½ NW (ML 17 u. MH 22).
**Löbnitz**, Cöthen 1 SW, Biendorf ¾ SO. (BA 33, MH 34 u. 33).
bei Delitzsch 1⅝ NO, Bitterfeld 1½ SO. (BA 33 u. 18).
**Löchgau**, Besigheim (Wü 53) ⅜ W.
**Löcse** *siehe Leutschau.*
**Lödderburg**, *Kohlenstation (ML 19)*, Stassfurt (ML 18) ½ NW.
**Lödingsen**, Nörten 1 W, Göttingen 1¾ SW (Ha 82 u. 84).
**Lofer**, *Glasfabr.* von Wörgl (OeSü 180) 8.
**Löffingen**, *Stadt*. Freiburg (Ba 9) 5 SO.
**Löhme**, Bernau (BSt 2) 1 SO.
**Löhnberger Hütte**, Löhnberg (Na 37) ½ S.
**Löhndorf**, Sinzig (Rh 47) ¾ SW.
**Löhnhorst**, Vegesack (Ha 42) ¾ N.
**Löhningen i. Schweiz**, Beringen 0,2 NW, Schaffhausen 0,8 NW (Ba 75 u. 77).
**Lohlbach**, Kirchhain (MW 10) 4 N.
**Löhringen**, Thiengen (Ba 69) 0,7 N.
**Lök, Tisza-**, *Fl.*, Királyhelok (Ts 15)
**Lölling**, Klagenfurt 7 Meilen, Kühnsdorf 6 Meilen (OeSü 186 u. 164).
**Löningen**, *Fl.*, Delmenhorst (Ol 5) 10½ SW, Oldenburg (Ol 1) 8½ SW, Lingen ¾ W. (Wf 67) 5½ NO, Meppen (Wf 28) 5 O.
**Löpten**, Halbe (BG 4) ⅜ N.
**Lörincz**, Szanto (UN 11) ½ S.
**Lörincz, St.-**, Verocze (OeSt 97) ½ NO
*Siehe dagegen Lörincz, Fünfk.-Barcs. (3).*
**Lörinczi**, Hatvan (UN 10) 1 NO.
**Lörzenbach**, Heppenheim (MN 11) 1¾ O.
**Lörzweiler**, Bodenheim (HL 9) ½ S.
**Lösch**, *Fl.*, Brünn (BR 1 u. KFN 56) ⅞ O.
**Löschenrode**, Fulda (BbH 6) ¾ SO.
**Löschna**, Pohl (KFN 22) 1½ SO.
**Lössnitz**, *Stadt*, Aue i. Sachsen ¾ NO, Chemnitz 3½ SW. (SW 56 u. 29).
**Lövelinz**, Neuss (BM 16) ½ SW.
**Loevenich**, Zülpich (Rh 21) ⅓ S.
**Lövenich**, Erkelenz (BM 10) ¾ S.

**Loffenau**, Muggensturm 2 NO, Pforzheim 3 1/2 SW. (Ba 17, 149).
**Loga**, Leer (Wf 35 u. Ol 16) 1/2 O.
**Logabirum**, Leer 1 O, *Nortmoor 3/4 W. (Wf 35 u. Ol 18 u. 15).
**Logau**, Lauban (NM 43) 1 NO.
**Logisch**, Gr.-, Klopschen (NZ 2) 3/4 S.
**Logum in Hannover**, *Vorwerk*, Emden (Wf 38) 1 W.
**Lohberg in Preussen**, Mühlhausen (PO 42) 1/4 NW.
*Glashütte*, Furth am Walde (BW 1) 3 1/4 SO.
**Lohbrügge**, Bergedorf (BH 24) 1/4 N.
**Lohe**, Nienburg (Ha 26) 3/4 NW.
Breslau (NM 39, OS 1) 1 1/4 SW.
Siegen (BM 80) 1 1/4 N.
**Lohenic**, Prelouc (OeSt 19) 3/4 NO.
**Lohm**, Alten-, Kaiserswaldau (NM 30) 1/2 N.
Zernitz (BH 8) 3/4 SW.
**Lohma an der Leine**, Schmölln (SW 85) 3/4 SW.
**Lohmar**, Siegburg (KM 45) 1/2 N.
**Lohmen**, ⊕ Fischbach (SO 15) 1 1/2 S.
**Lohn**, Langerwehe (Rh 7) 3/4 S.
i. Schweiz, Thayingen (Ba 79) 0,3 SW.
**Lohnde**, Seelze (Ha 21) 1/4 NW.
**Lohne**, Lingen (Wf 67) 1 SW.
⊕ Delmenhorst 8 3/4 SW, Oldenburg 7 1/2 S. (Ol 5 u. 1).
— Sassendorf 1/4 NO, Soest 1 1/4 NO. (Wf 19 u. 13).
**Lohnitz**, Ratibor (Wi 5) 2 O.
**Lohsdorf**, Landsberg (BA 16) 1/2 S.
**Lohova**, Stankau (BW 4) 1/4 SW.
**Lohrbach**, Mosbach (Ba 102) 0,8 NO.
**Lohrberg**, *Bergw.*, Stockhausen (Na 39) unm. O.
**Lohrheim**, Diez 1 SO, *Flacht 1/4 S. (Na 29 u. 42).
**Lohrsdorf**, Remagen (Rh 46) 1/2 SW.
**Loicum**, Mehrhoog (KM 39) 1/2 O.
**Loimersdorf**, Marchegg (KFN 48 u. OeSt 73) 1 3/4 SW.
**Loitsche**, Rogätz (MH 18) 1/4 S.
**Loitz**, Kl.-, Spremberg (BG 10) 1 1/4 NO.
*Stadt*, ⊕ Greifswald (BSt 57) 3 SW, Stavenhagen (FF 5) 4 1/2 NO.
**Loitzenkirchen**, Landshut (ByO 10) 2 1/4 O.
**Loitsch**, Zeitz (Th 27) 1 SO.
**Lollschied**, *Papiermühle*, St. Goarshausen 2 NO Nassau 1 1/4 SO. (Na 14 u. 23).
**Lomersheim**, Mühlacker (Bad 153) 1/8 SO.
**Lommatzsch**, *Stadt*, ⊕ Riesa 1 3/4 S, Meissen 1 3/4 NW. (LD 11 u. 33).
**Lommersum**, Euskirchen 3/4 N, Brühl 2 SW. (Rh 22 u. 39).
**Lommis**, Frauenfeld (SNO 2, 10) 2 SO.
1 **Lomnitz**, *Stadt*, ⊕ Budweis (KFJ 23 u KE 74) 2 3/4 NO.
2 *Stadt*, ⊕ Liebstadtl (SNV 13) 3/4 SW.
3 ⊕ Alt- u. Unter-, Liebstadtl 3/4 SW.
4 *Fl.*, ⊕ Skalitz 2 SW, Brünn 4 NW. (OeSt 5 u. 1).
5 Hirschberg 1 SO, Schildau 1/8 SW. (NM 49 u. 50).
6 Dittersbach (NM 56) 2 SO, Schweidnitz (BF 16) 2 1/4 SW.
7 Görlitz (BG 15) 1 1/2 S.
8 Radeberg (SO 14) 1 1/4 N.
**Lonczyško**, Bromberg (PO 27) 1 1/2 SW.
**Londorf**, ⊕ Lollar (MW 13) 1 3/4 NO.
**Lonk**, Polnisch-, Terespol (PO 29) 1 1/2 W.
**Lonnerstadt**, *Fl.*, Neustadt a. A. (BySt 170) 2 NO.
**Lonsk**, Laskowitz (PO 30) 3 3/4 SW.
**Lonskipler**, Laskowitz (PO 30) 3 3/4 SW.
**Lonsheim**, Alzey (HL 44) 3/4 NW.
**Lontzen**, Astenet 3/4 S, Herbesthal 1/4 NO. (Rh 3 u. 2).
**Loog**, Pöltschach (OeSü 60) 4 Meilen.
**Loos**, Haibau (NM 24) 2 O.
**Loosch**, Ullersdorf (AT 8) 3/4 S.
**Loosdorf**, Bodenbach (BN 20 u. OeSt 42) 3/4 NO.
**Loos**, Alken (Belg Gr. Centr 2, 14) 1 1/4 S.
**Lopiennо**, *Stadt*, ⊕ Nakel (PO 26) 5 SW.
**Lopke**, Gross-, Algermissen (Ha 68) 1/2 NO.
Klein-, Algermissen 3/4 NO.
— Algermissen 3/4 SO.
**Loppersum**, Emden (Wf 38) 3/4 N.
**Loppow**, Landsberg a. W. (PO 13) 1 SW.
**Lopuszna**, Stareslolo (LCJ 3) 1 W.
Bursztyn (LCJ 10) 3 NO.
**Loque**, Reichenburg (OeSü 143) 3/4 Meilen.
**Lorchhausen**, Lorch (Na 12) 1/2 SW.
**Lorenz**, St., Gonsenass (OeSü 161) 2 W.
**Lorenzdorf**, Siegersdorf 2 N, Bunzlau 2 1/2 NW. (NM 28 u. 29)

**Lorenzdorff**, Landsberg a. W. (PO 13) 1/2 NO.
**Lorenzenzimmern**, Altdorf (Wü 80) 1/4 NO.
**Lorenzkirchen**, Riesa 3/4 SW, Röderau 1 SW. (LD 11 u. 12).
**Lorenzreuth**, Kemnath-Neustadt (ByO 77) 3 3/4 NO.
**Lorsch**, *Fl.*, ⊕ Bensheim (MN 10) 3/4 SW.
**Lorup**, ⊕ Lathen (Wf 70) 3 1/4 NO, Kluse-Dörpen (Wf. 31) 4 O.
**Lorzendorf**, Metthau (BF 4) 1/4 N.
**Losau**, Bayreuth (BySt 225) 1 S.
**Loschitz**, *Fl.*, Müglitz (OeSt 46) 1/2 SW.
**Loschwitz**, ⊕ Dresden (SO 1) 1/2 O.
**Losendorf**, Altfelde (PO 37) 1 1/2 SW.
**Losenstein**, ⊕ Wels (KE 31) 8 SO, *Weyer (KR 56) 2 1/2 NO.
**Losensteinleiten**, Wels (KE 31) 8 SO, *Steyer (KR 3) 1 1/4 NW.
**Losheim**, ⊕ Merzig (Sa 16) 1 1/2 NO.
**Losita**, Ubersko (OeSt 16) 1 S.
**Loslau**, *Stadt*, ⊕ Czernitz 1 1/2 SO, Petrowitz 3 1/2 NW. (Wi 17 u. KFN 29).
*Losoncz (*UN 15), *Stadt*, ⊕ T Waitzen, (OeSt 92) 8 NO, Salgo-Tarjan (UN 14) 4 NW.
**Lossburg**, ⊕ Horb (Wü 142) 2 SW.
**Lossen**, ⊕ (*Haltst. OS 6*), Brieg (NB 8 u. OS 5) 1 1/4 SO, Löwen (OS 7) 1 NO.
**Losenitz**, Gross-, Pardubitz (SNV 1) 8 S.
**Lossin**, Staab (BW 5) 1/2 O.
**Lossnitz**, Freiberg in Sachsen (SO 51) 1/4 SW.
**Lossow**, Frankfurt a/O. 3/4 S, Finkenheerd 3/4 N. (NM 11 u. 13)
**Loterhaus**, Böhm.-, Abtsdorf 1/2 SO, Zwittau 1/2 N. (OeSt 10 u. 9).
**Lotte**, Velpe (Ha 59) 3/4 O.
**Lottstetten**, Neuhausen 0,8 SW, Schaffhausen 1,2 SW. (Ba 76, 77).
**Lotzdorf**, Radeberg (SO 14) 1/4 N.
**Loucen**, siehe Lautschin.
**Louisa**, Vietz (PO 10) 1 SO.
**Louise**, ⚔ (*an Pferdeb.*) Kupferdreh (BM 63) 1/4 W.
**Louisendorf**, Goch (Rh 73) 1 NO.
**Louisenfelde**, ⊕ Bromberg (PO 27) 8 SO.
**Louisenhall**, Erfurt (Th 8) 1 1/4 N.
**Louisenthal** ⊕ Insterburg (PO 58 u. TI 4) 3/4 SO.
— (*Glashütte*), Terespol (PO 29) 4 NW.
**Loukow** (Laukow), Semil 1 O, Liebstadtl 3/4 NO. (SNV 14 u. 13).
— (Laukow), Münchengrätz (TKP 11) 1 NO.
**Loukowetz**, Münchengrätz (TKP 11) 1 1/2 SO.
**Louny**, siehe Laun.
**Lovrie**, Sagor (OeSü 70) 1/2 Meile.
**Lozanic**, Eisenbrod (SNV 15) 3/4 NO.
**Lovosice**, siehe Lobositz.
**Lovrin**, ⊕ Gr.-Kikinda 4 W, Hatzfeld 2 N. (OeSt 114 u. 110).
**Lowin**, Kotomierz (PO 28) 1 N.
**Lowinnek**, Kotomierz (PO 28) 1 1/4 N.
**Lubacz**, Nakel (PO 26) 1/2 W.
Schönlanke (PO 21) 3 SO.
**Lubaczów**, *Stadt*, ⊕ Jaroslau (GCL 19) 5 SO.
**Lubenz** (Libenz, Lubance), *Fl.*, ⊕ Pilsen (BW 8) 6 N, Kladno (Bu 10) 8 W. Annaberg (SW 70) 8 SO.
**Lubereck**, Melk (KE 15) 1/2 SW.
**Lubholz**, Gr.- (Lubolz), Lübben (BG 6) 3/4 SW.
Kl.- (Lubolz), Lübben (BG 6) 1/4 NW.
**Lubiath**, ⊕ Driesen (PO 18) 2 S.
**Lubiewo**, Kotomierz (PO 28) 2 3/4 NW.
**Lubin**, Warlubien (PO 31) 1 3/4 SO.
**Lubliniitz**, *Stadt*, ⊕ Zawadzki 2 1/2 NO, Tworog 2 N. (RO 7 u. 10).
**Lublo**, Alt- u. Neu- (Lublau), *Stadt*, ⊕ Kaschau (Ts 28 u. *UNO 28) 10 SW, Bochnia (GCL 7) ca 11 SO.
**Lubochin**, Terespol, (PO 29) 1 1/2 N.
**Lubokey**, Reichenberg i. Böhmen (SO 38 u. SNV 22) 3/4 SW.
**Lubom**, Ratibor (Wi 5) 1 1/4 SO.
**Lubostron**, Bromberg (PO 27) 3 SW.
**Lubowitz**, Sendzin 3/4 W. Ratibor 1 1/4 N. (W 4 u. 5).
**Lubs**, Gr.-, Kreuz (PO 19) 1/4 NO.
Kl.-, Kreuz (PO 19) 1 SO.
**Lubsee**, Terespol (PO 19) 1 1/4 NW.
**Luchem** (*Kattundruckerei*), Langerwehe (Rh 7) 3/4 N.
**Lucherberg**, Langerwehe (Rh 7) 1/2 N.
**Luchowo**, Osiek (PO 25) 2 1/4 N.
**Lucka**, *Stadt*, ⊕ Kieritzsch 1 SW, Altenburg 2 NW, Zeitz 2 1/2 NO. (SW 4, 6 u. Th 27).

**Luckahammer**, Schwarzenfeld 2 3/4 NO, Nabburg 2 1/4 O. (ByO 68 u. 69).
**Luckau**, *Stadt*, ⊕ Lübben (BG 6) 2 SW. Herzberg (BA 22) 5 NO.
**Luckenpoint**, Mangolding (ByO 20) 1 SW.
**Lucklum**, Wolfenbüttel (Bs 24a) 1 3/4 NO.
**Luckow**, Casekow (BSt 8) 1/2 N.
— Gr. u. Kl.-, Sechlin 2 NW, Pasewalk 1 1/2 NW. (BSt 49 u. 50).
**Luczany**, Borynicze (LCJ 6) 1 O.
**Ludás**, ⊕ Hatvan (UN 10) 4 1/4 NO.
**Ludbreg**, St., *Fl.*, ⊕ *Kopreinitz (US 23) 2 1/2 SW, Kraljevec (OeSü 116) 2 S.
**Ludendorf**, Euskirchen (Rh 22) 1 O.
**Ludmannsdorf**, Landshut (ByO 10) 4 NW.
**Ludweiler**, ⊕ Völklingen (Sa 10) 3/4 SW.
**Ludwikówka**, Bursztyn (LCJ 10) 1 N.
**Ludwig**, T Essen (BM 85) 0,3 S.
**Ludwigsdorf**, Landskron (OeSt 50) 2 1/2 SO.
Filehne (PO 20) 1/4 O.
Oels (RO 17) 3/4 S.
— Ober- u. Nieder-, Görlitz (BG 15) 1/2 N.
Faulbrück 1/4 W, Schweidnitz SO. (BF 14 u. 16)
bei Löwenburg, Bunzlau (NM 29) 2 S.
Alt-Kemnitz (NM 47) 1 SW.
am Stangenberge, Hirschberg (NM 49) 1 1/4 N.
Kreuzburg (RO 23) 1 1/4 NO.
— Neisse (NB 1) 2 1/4 SO.
**Ludwigshöhe**, Guntersblum (HL 5) 1/2 N.
**Ludwigshütte**, *Hüttenwerk*, Thale (MH 14) 1 1/2 SW.
**Ludwigsruh**, ⊕ Vietz (PO 10) 1 1/2 NO.
**Ludwigstadt**, *Stadt*, ⊕ Stockheim (BySt 222) 3 N, Reuth in Sachsen (SW 18) 5 1/2 W. Weimar (Th 10) 7 1/2 SW, Sonneberg (Th 61) 4 NO.
**Ludwigsthal**, *Weiler*, Immendingen (Ba 179) 1 1/2 N.
— Deggendorf (D 1) 4 3/4 NO.
— Olmütz (KFN 58) 10 1/2 N.
— *Eisenhammer*, Dirschau (PO 34) 2 SW.
**Ludwigswalde**, Königsberg (PO 50) 1 1/2 SO.
**Lübbecke**, *Stadt*, ⊕ Minden (KM 33) 3 W, Bünde (Ha 53) 2 N, Herford (KM 20) 3 N, Kirchlengern (Ha 52) 2 N.
**Lübbenau**, Gr.-, Lübbenau (BG 7) 1 S.
Neu-, Halbe (BG 4) 2 SO.
**Lübbenow**, Strassburg 1 SO, Sechlin 1 W (BSt 69 u. 49).
**Lübbendorf**, Pritzier (BH 17) 1 SO.
**Lübberstedt**, Wiesen (Ha 15) 2 1/2 SW.
— Oldenbüttel (Ha 37) 1 N.
**Lübbichow**, Hohen- u. Nieder-, Freienwalde a. Oder (BSt 49) 2 1/2 NO.
**Lübbrechtsen**, Banteln (Ha 76) 1 SW.
**Lüben**, Gross-, Wilsnack (BH 10) 1/2 NW.
Klein-, Wilsnack (BH 10) 3/4 SW.
*Stadt*, ⊕ Hainau 3 NO, Liegnitz 3 N (NM 31 u. 33), Klopschen (NZ 2) 4 SO Glogau (NZ 1) 4 1/2 S.
— Schönlanke 4 1/4 NO, Schneidemühl 3 1/4 NW (PO 21 u. 22).
**Lübnitz**, Brandenburg (BPM 9) 3 1/4 S.
**Lübow**, Kleinen 1 3/4 NO, Wismar 3/4 SO (Mk 8 u. 13).
**Lübs**, Borkenfriede (BSt 33) 1/2 NO.
**Lübschütz**, Oschatz (LD 9) 1/4 S.
**Lübtheen**, *Fl.*, ⊕ Pritzier (BH 17) 1 S.
**Lübz**, *Stadt*, ⊕ Güstrow 5 1/2 SW, Schwerin 5 1/2 SO, Ludwigslust 5 1/2 NO (Mk 12, 9 u. BH 15).
**Lübzin**, ⊕ Stettin (BSt 10) 2 NO.
**Lüchow**, *Stadt*, ⊕ Seehausen (MH 35) 5 SW Uelzen (Ha 10) 6 O, Wittenberge (BH 11) 6 1/4 W.
**Lüchtringen**, ⊕ Höxter 1/4 NO, Holzminden 3/4 SW (Wf 42 u. 43).
**Lückendorf**, Zittau (SO 33) 1 SW.
**Lückerath**, Mechernich (Rh 24) 3/4 W.
**Lückersdorf**, Radeberg (SO 14) 2 3/4 NO.
**Lüdenscheid**, *Stadt*, ⊕ Altena (BM 70) 1 1/4 SW.
**Lüderitz**, ⊕ Demker 1 W, Stendal 2 SW (MH 21 u. 22).
**Lüdersburg**, Echem 1/2 SO, Hohnstorf 3/4 SO, Lüneburg 2 NO (Ha 19, 20 u. 13).
**Lüdersdorf**, Angermünde (BSt 6) 1 1/4 SO.
Wriezen a Oder (BSt 67) 3/4 SW.
**Lüdinghausen**, *Stadt*, ⊕ Drensteinfurt 3 1/4 W, Münster 4 SW Dortmund 4 N. (Wf 17, 20, BM 50).
**Lüdersdorf** bei Zossen, Trebbin (BA 4) 3/4 SO.
**Lüdersfeld**, Lindhorst (Ha 44) 3/4 NW.
**Lüdingworth**, Geestemünde (Ha 40) 5 NO.
**Lüftelberg**, Euskirchen (Rh 22) 2 O, Bonn (Rh 42) 1 1/2 SW.
**Lügde**, *Stadt*, ⊕ Paderborn 6 1/4 NO, Driburg 4 1/2 NO, Höxter 3 NW. (Wf 7, 39 u. 42).

**Lügum, Nord-**, Rothenkrug (Sw 16) 3¼ W.
**Lügumkloster**, *Fl.*, *Tabackfabr., Ackerbau.* Tondern 2 NO, Rothenkrug 3 W. (Sw 12 u. 16).
**Lühmannsdorf**, Buddenhagen (BSt 60) ½ W.
**Lühnde**, Algermissen (Ha 68) ¼ N.
**Lührkow, Alt- u. Neu-**, Teterow (FF 3) 1 NO.
**Lümzow**, Schneidemühl (PO 22) 6 N.
**Lünen a. d. Lippe** *(Stadt)*, Dortmund 1¾ NO, Camen 1½ W, Hamm 3 SW. (BM 50 u. KM 18, 20 u. 21).
**Lünern**, Unna (BM 54) ½ O.
**Lürdissen**, Vorwohle (Bs 3) 1⅓ NW.
**Lürken**, Eschweiler (BM 135 u. Rh 6) ½ N.
**Lüssow**, Bützow (Mk 3) 1⅓ O.
**Lüssum**, Vegesack (Ha 42) ¾ NW.
**Lütau**, Schwarzenbeck 1½ SO, Büchen 1 SW. (BH 21 u. 20).
**Lütetsburg**, Emden (Wf 38) 4½ N.
**Lütgenade**, Holzminden (Wf 43) 1½ NO.
**Lütgeneder**, Warburg (Wf 1) 1½ NW.
*Siehe auch Eler.*
**Lütgenrode**, Nörten (Ha 82) ⅓ N.
**Lüthorst**, Stadtoldendorf (Bs 2) 1¼ SO, Vorwohle (Bs 3) ¾ SW, Salzderhelden (Ha 80) 1¼ NW.
**Lütjenburg**, *Stadt*, Aschberg (AK 19) 2½ NO.
**Lütkendorf**, Karstädt (BM 12) 3 NO.
**Lütkenfürst**, Heiligenbeil 2½ SO, Braunsberg (PO 45 u. 44) 2½ O.
**Lütmarsen**, Höxter (Wf 42) 1 NW.
**Lütschenbach**, Schliengen (Ba 47) 1 O.
**Lüttchendorf**, Ober-Röblingen (ML 21) ⅓ NW.
**Lüttenglehn**, Neuss (BM 16) ¾ SW.
**Lüttenmark**, Boizenburg (BH 19) 1¼ N.
**Lüttershausen**, Eitorf (KM 47) ½ N.
**Lützel, Klein-**, Basel (Ba 56) 23 Kil.
**Lützelbach**, Darmstadt (HL 21) 3 SO.
**Lützeln**, Burbach (KM 54) ½ S.
**Lützen**, *Stadt*, Markranstedt (Th 21) 1 SW, Kötschau (Th 20) ¾ S, Dürrenberg (Th 19) 1 SO, Weissenfels (Th 15) ¾ NO.
**Lützenkirchen**, Opladen (BM 98) ½ O.
**Lützingen, Nieder-**, Brohl ½ SW.
**Ober-**, Brohl ⅜ SW. (Rh 49).
**Lützlow**, Passow (BSt 7) 1⅓ NW.
**Lützschena**, Schkeuditz (ML 13) ¾ SO.
**Lüxheim**, Vettweiss (Rh 20) ½ NO.
**Lufingen**, Bülach 1⅓ SO, Oberglatt 1 NO (SNO 2, 41 u. 2, 39).

**Luga**, Bautzen (SO 20) 1 NW.
**Lugau**, Lübben (BG 6) 5 SW.
*Siehe dagegen Station Lugau SW 45.*
**Lugk**, Vetschau (BG 8) 2 SW.
**Lugnian**, Oppeln (OS 10 u. RO 1) 1⅔ N.
**Lugos**, *Stadt*, Temesvar (OeSt 119) 7 SO
**Lugoven**, Wehlau (PO 55) 2 SO.
**Luhatschowitz**, Ungar-Hradisch (KFN 15) 4½ NO.
**Luhden**, Bückeburg (Ha 47) ¾ SO.
**Luhdorf**, Winsen (Ha 15) 1 SW.
**Luhmühlen**, Winsen (Ha 15) 2 S.
**Luischen**, Witten (BM 46) 0,8 SO.
**Luise u. Erbstollen**, Barop (BM 48) unm.
**Luisenglück, vereinigte**, (an Pferdeb.) Witten (BM 46) 0,2 SO.
**Luizhausen**, Lonsee (Wü 32) ½ SW.
**Luja, Gr.-**, Spremberg (BG 10) 1 NO.
**Luka u. Kulaszowka**, Bukarzowce (LCJ 9) ½ S.
**Lukatz**, Kreuz (SO 54) ¼ NW.
**Lukau**, Landskron ½ SW, Rudelsdorf ½ S, (OeSt 50 u. 51).
**Lukawetz**, Lobositz (OeSt 38) ¾ SO.
— Pardubitz (SNV 1) 2 SW.
**Lukawitz bei Reichenau**, Pardubitz (SNV 1) 5¾ NO.
**Luko im Anhaltischen**, Klieken (BA 28) ½ NW.
**Lummel**, Wegstädtl (OeSt 35) 1 NO.
**Lummen**, Hasselt 2 NW, Diest 1½ O. (Belg. Gr. Centr. 2, 13 u. 22).
**Lumpzig**, Schmölln (SW 85) 1¼ NW.
**Lunau**, Dirschau (PO 34) ¾ NW.
**Lunden**, *Fl.*, Friedrichstadt (Sw 22) 1 S.
**Lungern**, Luzern (SC 1, 25) 7 SW.
**Lungwitz, Ober-**, Wüstenbrand (SW 25) ¼ S.
— **Nieder-**, Glauchau (SW 22) ¾ SO.
**mit Nutzung**, Hohenstein-Ernstthal (SW 42) ¼ SO.
**Lunkhofen**, Wildegg (SNO 2, 28) 5 SO.
**Lunow**, Angermünde (BSt 6) 2 SO.
**Lunz**, Pöchlarn (KE 16) 6½ SW.
**Lunzenau**, *Stadt*, Mittweida 2 SW, Altenburg 3 SO. (SW 32 u. 6).
**Lunzig**, Greiz (SW 91) 1¼ NW.
**Lupnitz**, Eisenach (Th 8) ⅓ NO.
**Luppa**, Bautzen (SO 20) 1¼ N.
**Luppurg** (Lupburg), Regensburg 5 NW, Schwandorf 5 SW. (ByO 22 u. 29).

**Lupsingen**, Liestal (SC 1, 5) 5 Kil.
**Lusan**, Gera (SW 88) ⅓ SW.
**Luschan** (Luzan, Luzany), Königinhof (SNV 8) 3½ W.
**Lusche** (Luze), Ubersko 1½ S, Zamrsk (OeSt 16. 15).
**Luschitz**, Mährisch-Neudorf (KFN 11) ¾ NO.
**Luschwitz**, Fraustadt (OS 41) 1⅓ NO.
**Lusowo**, Posen (OS 48) 2 W.
**Lustadt, Ober-**, Lingenfeld (Pf 32) ¾ S.
**Lustenau**, in Tirol, *Stadt*, *proj. Stat.* Lindau 3½ SO. (BySt 1).
— *Fl.* Crailsheim (Wü 83) 1¾ O.
**Lustnau**, Tübingen (Wü 135) ¼ NO.
**Lustthal**, Lasse (OeSü 74) ½ Meilen.
**Luszkowko**, Kotomierz (PO 28 u. 29) 1⅓ NO, Terespol 2 SW.
**Luszkowo**, Kotomierz (PO 28) 2 NO.
**Luterbach**, Subigen (SC 1, 50) 3 Kil.
**Luthe**, Wunstorf (Ha 22) ¼ N, Seelze (Ha 21) 1¼ NW.
**Luthern**, Nebikon (SC 1, 18) 19 Kil.
**Lutowiska**, *Stadt*, Przemysl (GCL 22) 10 ⅓ S.
**Lutsch, Langen-**, Lettowitz (OeSt 6) 1 N.
**Luttenberg** (Lotmerk, Lutomer), *Fl.*, Friedau (OeSü 113) 1½ N.
**Lutter**, Hagen (Ha 24) 1⅓ NO.
Heiligenstadt (ML 33) ⅔ S.
— **a/B.** Lutter a. B. (Bs 10) ¼ O.
**Lutterberg**, Münden (Ha 86) ¾ S.
**Lutterhausen**, Nörten (Ha 82) ⅓ N.
**Lutterloh**, Unterlüss (Ha 8) ¾ W.
**Luttingen**, Laufenburg (Ba 65) 0,2 SO.
**Lutzig**, Gr.-Rambin, (BSt 20) 1 SO.
**Luxdorf**, Reichenberg in Böhmen (SNV 22) 1 O.
**Luxethen**, Schlobitten (PO 41) ½ SW.
**Luze** (Lusche) *Stadt*, Ubersko (OeSt 16) 1½ S.
**Luzec**, *Zuckerfabr.*, Jenšovic (OeSt 33) ⅓ O.
**Luznica**, Zapresic (OeSü 146) ¾ Meilen.
**Lwow** Lemberg (GCL 29 u. LCJ 1).
**Lychen**, *Stadt*, Prenzlau (BSt 48) 5½ SW, Neustadt a. D. (BH 7) 11 NO.
**Lygum u. Lygum-Kloster**, siehe Lügum.
**Lysieck**, *Fl.*, Stanislau (LCJ 13) 1½ S.
**Lyss**, Pieterlen (SC 1,55).

# M.

**Maad**, *Zombor (Alf. 18) 1½ W.
**Maad**, Tokai 1½ NW, Szerencs 1½ NO. (Ts 17. 15).
**Maasdorf**, Cöthen (ML 7 MH 34) 1 SW.
**Maasbree** (i. Niederl.) Venlo (BM 28 Rh 84) 1 W.
**Maberzell**, Fulda (BbH) ¾ NW.
**Macedonia**, Zsebely (OeSt 121) 1⅓ NW.
**Machenscheid**, Neuss. (BM 16 Rh 14) 1 SO.
**Machern**, Friedeberg (PO 16) 2½ NW.
*Siehe dagegen Haltestelle Machern LD 4.*
**Machnow, Gross- u. Kl.-**, Wusterhausen (BG 3) 1⅓ SW.
**Machow** (Machau), Skalitz (SNV 23) 2 NO.
**Machtlos**, Hönebach (BN 2) ½ N.
**Mackenbach**, Ramstein (Pf. 55) ½ NO.
**Mackendorf**, Helmstedt (Bs. 31) 2½ N.
**Mackenrode**, Heiligenstadt (ML 33) 1¼ SW.
**Mackenroth**, Oberstein (Na. 38) 1 NW.
**Mackensen**, Stadtoldendorf ¼ SO, Salzderhelden 2½ W. (Bs 2 Ha 80).
**Mackenzell**, Hünfeld (BbH. 5) ¼ SO.
**Macsa**, i. Ungarn, Aszód (UN 8) ¾ NW.
i. Ungarn, Kurtics (Ts. 36) ½ W.
**Macséd-Nagy**, Galanta (OeSt. 80) 1 NW.
**Maczeikowitz**, Beuthen (OS. 21) 2 SW.
**Maczinecz**, Polstrau (OeSü 114) ½.
**Maczonka**, Kas-Terenne (UN 13) ¼ SO.
**Mád**, *Fl.*, *Schwefelquelle u. Bad*, Tokaj (Ts 17) 1⅔ NW.
**Mada**, *Fl.*, Nyiregyhaza (Ts 14) 6 NO.
**Madaras, Kun-**, *Fl.*, Karczag (Ts 7) 2 NW.
**Madfeld**, Gesecke (Wf 9) 3½ SO.
**Madlitz**, Briesen (NM 9) ¾ N.
**Neu-**, Briesen ½ NW.
**Madlow**, Cottbus (BG 9) ½ S.
**Mägdesprung**, *Hüttenwerk*, Quedlinburg 2¼ S, Ballenstädt 1½ SW. (MH 12. 14).
**Mägenwyl**, Wildegg (SNO 2, 28) 1¼ O.
**Mährengasse**, Neisse (NB 1) ⅓ NO.
**Mähring**, Mitterteich (ByO 85) 3½ SO.
**Mähringen**, Ulm (Wü 31) ¾ NW.

**Mähringen**, Tübingen (Wü 135) ¾ SO.
*Mährisch: die mit Mährisch zusammengesetzten Wurzelwörter siehe bei diesen.*
**Männedorf**, Zürich (SNO 2, 19) 4 SO.
**Märgen, St.-**, Freiburg (Ba 39) 2½ O.
**Märkt**, Haltingen (Ba 54) ½ NW.
**Märl**, Essen (BM 8) 2⅓ N.
**Märzdorf**, Josefstadt (SNV 6) 4½ NO.
Ohlau (OS 4) 1 NW.
— Grottkau (NB 4) ¾ SO.
— Kaiserswaldau ¾ SO, Haynau 1¼ SW. (NM 30 u. 31).
*Siehe dagegen Station Märzdorf der Schles. Gebirgsb. (NM 52) u. die Orte Merzdorf.*
**Mättenwyl**, Zofingen (SC 1, 15) 5 Kil.
**Maffersdorf**, Reichenberg i. Böhm. ½ SO, Langenbruck (SNV 22 u. 21) ¼ NO.
**Magdala**, *Fl.*, Weimar (Th 10) 1¾ SO.
**Magdalena, St.-**, Rinholetz (Bu 18) 1 SW.
**Magden**, Liestal (SC 1, 5) 1½ NO.
**Magdlos**, Flieden (BbH 8) ¼ NW
**Magelsen**, Verden (Ha 30) 1 SW.
**Maggia**, Triest (OeSü 89) 1 S.
**Maglod**, Vecses 1¼ NO, Üllö 1½ N. (OeSt 97 u. 98).
**Mágocs**, *Fl.*, Fünfkirchen (MF 2) 5 N.
**Magolsheim**, *Schelklingen (Wü 170) 1½ NW.
**Magotten**, Tapiau (PO 54) ¾ O.
**Magstadt**, Stuttgart 2 W, Ditzingen 1½ SW. (Wü 16 u. 197).
*Magyar: die mit Magyar zusammengesetzten Ortsnamen, siehe a. a. O.*
**Magyar, Kis-**, Wartberg (OeSt 78) 1¾ S.
**Magyarád**, Arad (Ts 37 St 1) 5 NO.
**Magyar-Homorog**, Mező-Keresztes (Ts 42) siehe Homorog.
**Magyarod**, Komarvaros (OeSü 110) 2½.
**Magyarod-Balaton**, Kanizsa (OeSü 109) 1½.
**Mahlau**, Marienburg (PO 36) ½ SO.
**Mahlberg**, *Stadt*, Orschweier, (Ba 33) 0,3 N.
— Euskirchen (Rh 22) 1½ S.
**Mahlerten**, Nordstemmen (Ha 71) ¼ S.
**Mahlin**, Hohenstein (PO 72) ¾ SW.

**Mahlis**, Dahlen 1¼ W, Oschatz (LD 8. 9) 1½ SW.
**Mahlisch**, Gusow 2½ SO, Podelzig 1¼ N, Lebus 1¼ NW. (PO 6, 69 u. 70).
**Mahlpfuhl**, Tangerhütte (MH 20) ¼ SW.
**Mahlsdorf**, bei Berlin, Neuenhagen (PO 2) 1 W.
**Mahlspüren**, Nenzingen 0, 5 N, Stockach 0, 7 N (Ba 191. 192).
**Mahlum**, Lutter a. B. (Bs 10) ¾ W.
**Mahndorf**, Sebaldsbrück (Ha 33) ¾ SO.
— Halberstadt (MH 9) ¾ W.
**Mahnen**, Löhne (Ha 51) ¼ O.
**Mahner, Gr.- u. Kl.-**, Salzgitter (Bs 12) ⅚ O.
**Mahnsfeld**, Kobbelbude (PO 48) 1 O. Tharau (OpS 11) ⅔ W.
**Mahrenberg**, *Stadt* Wuchern (OeSü 159) ½ NW.
**Maiernberg** (Meienberg), Bayreuth (ByO 80) ½ W.
**Maifritzdorf**, Frankenstein (BF 11) 2 S.
**Mailing** (Meiling), Ingolstadt (BySt 243) ⅜ O.
**Maimerhausen**, Alfeld (Ha 77) ½ SO.
**Mainaschaff** (auch Mainaschaffenburg), Klein-Ostheim ½ SO, Aschaffenburg ½ W. (FH 9 u. 10).
**Mainburg a. d. Abends**, *Fl.*, Wolnzach 1½ W. (BySt 241) Freising 3¾ N, Moosburg 3 NW, Landshut 3½ NW, Regensburg 7 SW. (ByO 6, 8, 10 u. 22).
**Mainflingen**, Dettingen (FH 8) ½ S.
**Mainhardt**, Willsbach (Wü 71) 2½ SO.
**Mainsholzen** (Mainzholzen), Vorwohle (Bs 3) ½ SO.
**Mainsondheim**, Dettelbach (BySt 177) ½ SO.
**Mainstockheim**, Dettelbach (BySt 177) ¾ S.
**Mainwangen**, Stockach (Ba 192) 1,6 NO.
**Mainzlar**, Lollar (NW 13) ¾ NO.
**Maisbach**, *Hof*, Bammenthal (Ba 93) 0, 8 W.
**Maisprach**, Sissach (SC 1, 7) 1¼ N.
**Maiwaldau**, Hirschberg 1 NO, Schildau ¾ N. (NM 49 u. 50).

…Proloue (OeSt 19) ¾ S.
…Puszta-Peteri (OeSt 107) 1½ SW.
…, Szegedin 4½ O. Szöreg 3 SO (OeSt 110 u. 111).
…ovinja, Rakasdia (OeSt 129) ¾ SO.
…czka, Fl., Pressburg (OeSt 75). 4½ N.
…rnkrut (KFN 7) 1½ SO.
…, Perbete (OeSt 86) 2½ O.
**Malchesing**, Münching (ByO 17) ½ S.
**Malching**, Maisach (BySt 122) ¼ W.
— Vilshofen 5¾ S, Passau 5 SW. (ByO 55 u. 58).
**Malchow**, *Stadt*, Güstrow 6¼ SO, Neubrandenburg 9 W (FF 1 u. 7).
— Cöslin (BSt 24) 3 NO.
Berlin (BSt 1) 1¼ NO.
bei Prenzlau, Nechlin (BSt 49) ½ SO.
**Maldeuten**, T Güldenboden (PO 40) 4 SO.
**Maldewin**, Wangerin (BSt 17) 2¾ NW.
**Malechów**, Lemberg (GCL 29 u. LCI 1) 1 NO.
Borynicze (LCI 6) 1½ SW.
**Malenowitz**, Napagedl (KFN 16) 1 NO.
**Maleschitz** bei Prag, Bechowic (OeSt 26) 1¼ SW.
**Malesitz**, Pilsen (BW 6) 1 NW.
**Malgersdorf**, Landshut (ByO 10) 6½ O.
**Malliczkowice**, Lemberg (GCL 29 u. LCI 1) 2 SW.
**Mallitsch**, Brecholsdorf (BF 21) ½ NO.
**Malkow**, Zditz ½ SO, Beraun 1 S (BW 15 u. 16).
**Malkwitz**, Schmolz (BF 2) ¾ W.
— Dahlen (LD 8) ¼ S.
**Mallendar**, Coblenz (Rh 52) ½ NO.
**Malleray**, Basel (SC 1, 1) 54 Kil.
**Mallersdorf**, *Fl.*, Nieder-Lindhart (ByO 14) ½ N.
**Malling** bei Helsbrunn, Landshut (ByO 10) 3½ SO.
**Malling** (Malling) bei Gangkofen, Landshut (ByO 10) 5½ SO.
**Mallnow**, Podelzig ¾ N, Lebus ½ NW (PO 69 u. 70).
**Malliwischken**, Gumbinnen (PO 60) 2 N.
**Malliwitz**, Sommerfeld (NM 19) ¾ NO.
**Malmedy**, *Stadt*, T Eupen (Rh 1) 4 S.
**Malmitz** bei Sprottau, Buchwald (NZ 6) ½ SO.
bei Lüben, Haynau (NM 31) 3½ N.
**Malomsok**, Ó-, Raab (OeSt 69) 3 SW.
— Uj-, Raab (OeSt 69) 2 SW.
**Mals**, *Fl.*, T Tirol, Botzen (OeSü 203) ca. 8 SW.
**Malsau**, Gross-, Dirschau (PO 34) 1¼ W.
— Klein-, Dirschau 1½ W.
**Malsch**, *PH* (Ba 7) Wiesloch (Ba 6) 0,9 SO, Langenbrücken (Ba 8) 0, 8 N.
**Malschen**, Wegstättl (OeSt 35) ¾ NW.
**Malschenberg**, Wiesloch (Ba 6) 0,6 SO.
**Malschowitz**, Königgrätz (SNV 3) ¼ O.
**Malschwitz**, Bautzen (SO 20) 1 NO.
**Malsfeld**, Beiseförth (HN 6) ½ N.
**Malsitz**, Bautzen (SO 20) ½ NO.
**Malstadt**, *Kohlenstation*, Saarbrücken (Sa 5) ¼ NW.
**Malterdingen**, *Fl.*, Riegel (Ba 36) 0,3 O.
**Malters**, Emmenbrücke (SC 1, 24) 2 SW.
**Mamajestie**, Luzan (LCI 20) ¾ O.
**Mambach**, Schopfheim (Ba 212) 1½ NO.
**Mambächel**, Heimbach (Sa 40) 2½ NO.
**Mamerow**, Lalendorf (FF 2) ½ SO.
**Mamlitz**, Bromberg (PO 27) 3 S.
**Mammendorf**, Nanhofen (BySt 121) ¼ SW.
— Magdeburg (ML u. MH 1) 2 NW.
**Mammerling** (Mairing), Landshut 9 O, Osterhofen (ByO 10 u. 53) 1½ SO.
**Mamming**, Landshut (ByO 10) 5 NO.
**Manasterzyska**, *Fl.*, Burztin (LCI 10) 5 SO.
**Manastyreze**, Burztyn (LCI 10) 1½ NO.
**Mandelatz**, Belgard (BSt 21) 1½ SO.
**Mandelkow**, Stettin (BSt 10) 1¼ W.
**Mandelsloh**, Neustadt a. N. (Ha 23) 2 NO.
**Mandern** i. Waldeck, Wabern (MW 5) 1¾ W.
- Merzig (Sa 16) 3½ NO.
**Manderscheidt**, *Fl.*, Trier (Sa 22) 7 NO Coblenz (Rh 52) 10 SW.
**Mandok**, *Fl.*, Nyiregyhaza (Ts 14) 8 NO.
**Manebach** i. Sachsen-Coburg, Themar (Th 52) 3 NO.
**Manetin**, *Stadt*, Pilsen (BW 6) 4½ NW.
**Mangschütz**, Brieg (NS 8) 2¼ NO.
**Manheim**, Buir (Rh 9) ½ NO.
**Maniecki**, Czempin (OS 46) 1½ O.
**Mank**, Loosdorf 1½ SW, Melk 1½ S. (KE 14 u. 15).
**Mankelwitz**, Brecholsdorf (BF 21) ½ NO.
**Mankmoos**, Blankenberg (Mk 6) ¾ NO.
**Mannenbach**, Felben (SNO 2, 9) 3½ NO.
**Mannersdorf** am Leithaberge, *Fl.*, Götzendorf (OeSt 60) 2 SO.

**Mannersdorf**, Stein am Anger (OeSü 102) 3 N.
Angern (KFN 6) ½ NO.
**Mannhagen**, Miltzow (BSt 58) ½ S.
**Manning**, Schwanenstadt 1½ NW, Attnang 1 NW. (KE 35 u. 36).
**Mannsbach**, Hersfeld (Bbll 2) 2½ SO. Salzungen (Th 45) 3¾ W.
**Mannsburg**, Lasse (OeSü 74) 1½.
**Mannsdorf**, Neufahrn bei Ergoldsbach (ByO 13) 1¼ N.
**Mannswörth**, Wien (OeSt 1) 2½ SO.
**Manow**, Cöslin (BSt 24) 1 O.
**Manschnow**, Golzow 1½ SO, Cüstrin ¾ SW, Podelzig 1¼ N. (PO 7, 8 u. 69).
**Mansfeld**, *Stadt*, Eisleben (ML 22) 1½ NW. Karstardt (BH 12) 2 NO.
**Mansfelde**, Woldenberg (OS 55) 2 SW.
Friedeberg (PO 16) 2 N.
**Mansloost**, Emden (Wf 38) 2 NW.
**Mantau**, *Bergw.*, Staab (BW 5) ½ O.
**Mantel**, *Fl.*, *Eisenhammer*, Luhe 1¼ NW, Parksteinhütten 1¾ SO (ByO 72 u. 74).
Gr.- u. Kl.-, Angermünde (BSt 6) 3½ SO.
**Manubach**, Bacharach (Rh 57) ¾ S.
**Manya**, Kis-, Neuhäusel (OeSt 85) 2½ NO.
**Manza**, Rubbia (OeSü 175) ¼ N.
**Mappach**, Effringen (Ba 52) 0, 6 NO.
Bodenwöhr (ByO 60) ½ SO.
**Marannen**, Ludwigsort 1¾ S, Heiligenbeil 1½ O. (PO 47 u. 45).
1 **Marbach**, Hünfeld 1 SW, Fulda 1 NO. (Bbll 5 u. 6).
2 — a. d. Donau, *Fl.*, Krummnussbaum ¼ N. (KE 17).
3 — Erfurt ½ W. (Th 8), *Gispersleben-Viti (NE 11) ½ S.
4 — Nossen ½ SW, Rosswein ½ SO, Haynichen 1¼ NO (LD 30. 29. SO 57).
5 — Gerlachheim (Ba 117) 0, 3 S.
*Siehe dagegen projekt. Station Marbach Ba 188).*
6 — am Neckar *Stadt*, Ludwigsburg. (Wü 12) 1 NO.
7 — Aulendorf 2½ NW. (Wü 40), *Riedlingen 1½ S. (Wü 179).
8 — Nebikon 28 Kil. (SC 1, 18).
**Marborn**, Steinau (BbH 11) 1 W.
**Marchenbach**, Unter-, Moosburg 1¼ W, Langenbach ½ N. (ByO 8, 7).
**Marchthal**, Ober-, *Fl.*, Erbach (Wü 30) 3 SW.
**Marchwitz**, Poln.- u. Windisch-, Namslau (RO 20) ½ SW.
**Marco**, Mori (OeSü 214) ¼ Meile.
**Marconschina**, Divacca, (OeSü 84) 2½ Meilen.
**Marczalhaza**, Perbete (OeSt 86) 1¾ SW.
**Marczali**, *Fl.*, Keszthely (OeSü 120) 2½ SO.
**Mardorf**, Neustadt a. N. (Ha 13) 1½ W.
**Marein** i. Steiermark, Ponigl (OeSü 6) 1½ Meile.
*Siehe dagegen Station Marein OeSü 88.*
**Marenbach**, Weilheim (BySt 108) ¾ SO.
**Margareth**, Breslau (BF 1) 1½ SO.
St.-, Prag (BW 22 Bu 1) ½ W.
**Margaretha**, ✕ *der Act.-Gesellsch. Aplerbecker Verein*, Aplerbeck 0,6 NO, Holzwickede 0,6 SW. (BM 52. 53).
1 **Margarethen** a. Moos, Götzendorf (OeSt 60) ¾ N.
2 — i. Steiermark, Moschganzen (OeSü 112) 1 Meile.
3 — ebendas. Römerbad (OeSü 66) ¼.
4 — Prinzersdorf (KE 13) ½ S.
5 — St.-, i. Ungarn, Oedenburg (OeSü 97) 2 N.
6 — St.-, i. Holstein, Itzehoe (EG 7) 2½ SW.
**Margarethendorf** i. Böhmen, Bodenbach (BN 20 u. SO 11 a) 4½ NO.
**Margarethenhütte**, Bautzen (SO 20) 1 Meile.
**Margaritha**, St.-, Botzen (OeSü 203) 1 NW.
**Margita**, *Fl.*, Grosswardein 5½ NO, Debreczin 8¾ SO. (Ts 43 u. 11).
— Moravicza (OeSt 123) 1½ SW.
**Margonin**, *Stadt*, Bialosliwe (PO 24) 2 S.
**Margoninsdorf**, Bialosliwe 2 S.
**Margreid**, Salurn (OeSü 207) ¾ Meile.
**Margrethenhaun**, Fulda (Bbll 6) 1 O.
**Maria Anna** u. **Steinbank**, ✕ Bochum (BM 84) 0,6 SW.
**Maria**, Kis-, Mező-Keresztes 3 N, Grosswardein 5 NW. (Ts 42 u. 43).
— St.-, Pöltschach (OeSü 60) 2 Meilen.
**Mariabrunn**, Lohhof, (ByO 4) 1 W.
— Weidlingau (KE 4) ½ W.
— Friedrichshafen (Wü 52) ¾ SO.
**Mariafeld**, Mokrin (OeSt 113) ½ W.
i. Krain, Salloch (OeSü 75) ½.
**Maria-Gratz**, Markt-Tüffer (OeSü 65) ¼.
**Mariahilf**, Galizien, Kolomea (LCI 16) ½ W.

**Mariahilf**, i. Mähren, Branowitz (KFN 51) 1½ SW.
— bei Wien, Meidling (OeSü 4) ½ Meile.
**Mariahütte**, *Hochöfen*, Orzesche (Wi 23) ¼ NO.
**Maria-Kappel**, Crailsheim (Wü 83) 1 NO.
**Mariakirchen**, Landshut 7 O, Vilshofen 3 W. (ByO 10 u. 55).
**Mariakron**, Rudigsdorf (OeSt 49) ¼ O.
**Maria-Kulm**, *Fl.*, Franzensbad (BySt 230) 1½ NO.
**Maria-Laach**, *(Kloster)*. Remagen 3 SW. Brohl 2 SW, Andernach 2 SW. (Rh 46, 49 u. 50).
**Mariampol**, *Stadt*, Jezupol (LCJ 12) 1½ O.
**Mariannenthaler Hütte**, Friedrichsthal (Sa 2) ¾ S.
**Maria-Nostra**, Szobb (OeSt 89) 1 NO.
**Maria-Pocs.**, *Fl.*, Ujfeherto (Ts 13) 3 NO.
**Maria-Schelern**, Steinbrück (OeSü 67) ⅓ Meile.
**Maria-Schutz**, Semmering (OeSü 31) ½ Meile.
**Mariastein**, Kufstein 1¾ SW, Kirchbichel ½ N. (OeSü 178 u. 179).
— Basel (SC 1, 1) 12 Kil.
**Maria-Schmollen**, Strasswalchen (KE 42) 4 NW.
**Maria-Taferl**, Krummnussbaum (KE 17) ⅓.
*Maria-Theresiopel (Alf 15) Szegedin (OeSt 110) 5½ SW.
**Mariaweiler**, Düren (Rh 8) ½ W.
**Maria-Wüste**, St. Lorenzen (OeSü 157) ½.
**Maria-Zell**, *Fl.*, T Bruck a. Mur 6 N, Mürzzuschlag 6 NW, Sct. Pölten 10 SW. (OeSü 40, 33, KE 12).
1 **Marienau**, Elze (Ha 75) 1¼ W.
2 — Strass-Sommerein (OeSt 66) ½ NO.
3 — Breslau (BF 1) ½ SO.
4 — Marienburg (PO 36) 2 N.
5 — Gr. u. Kl.-, bei Marienwerder, Czerwinsk (PO 32) 2¼ O.
**Marienbad**, T *berühmter Badeort in Böhmen*. Eger (ByO 87, SW 84) 4 SO.
**Marienbaum**, Goch (Rh 73) 2½ O.
1 **Marienberg** i. Grossh. Hessen, *Fabriken*, Bensheim (MN 10) 1¼ NO.
2 — i. Nassau, Osterspai (Na 17) ½ S.
3 — i. Nassau, Hurbach (KM 54) 2 SW *Hadamar (Na 48) 3½ NW.
4 — *Stadt*, i. Sachsen, Zschopau 1¾ SO, Wolkenstein ¾ O, Freiberg i. Sachs. 4½ SW. (SW 65 u. 66. SO 51).
**Marienberghausen**, Schladern (KM 48) 2½ NW.
**Marienborn**, Mainz (HL 11) ½ SW.
— Helmstedt (Be 31) 1 SO.
Siegen (KM 64 u. BM 80) ¼ O.
**Marienburg**, *Schloss*, Nordstemmen (Ha 71) ¼ SW, Hildesheim (Ha 70) ½ SO.
— Limburg 3 NW, *Elz 3½ N, *Hadamar 3 N. (Na 30, 47 u. 48).
*Siehe dagegen Station Marienburg (PO 36).*
**Mariendorf**, Grebenstein (HN 13) ½ NO.
— Lichterfelde ½ NO, Berlin 1¼ SW. (BA 1a u. 1)
**Marienfelde**, Lichterfelde ½ SO, Berlin 1¼ SW. (BA 1a u. 1).
— bei Pr. Holland, Güldenboden (PO 40) 1 O.
— bei Schlochau, Schneidemühl (PO 22) 6½ NO.
— Miasteczko (PO 23) ¼ NO.
**Marienfels**, *Fl.*, St. Goarshausen 1½ NO, Nassau 1 S. (Na 14 u. 23).
**Marienfliess** (Fräuleinstift), Trampke (BSt 15) ½ S.
**Marienforst**, Godesberg (Rh 113) ¼ SW.
**Marienhafe**, *Fl.*, Emden (Wf 38) 3 NO.
**Marienhagen**, Banteln (Ha 76) 1 SW.
— Freienwalde i. Pommern (BSt 16) 1½ N.
**Marienhütte**, *Glasfabrik*, Gramat-Neusiedel (OeSt 59) ¾ SW.
**Marienkirchen**, St.-, *Fl.*, Wallern ¾ NO, Riedau-Ried 2½ NW, Scheerding 1½ S, Taufkirchen ¾ SW. (KE 46, 49, 52 u. 51).
**Marienlohe**, Paderborn (Wf. 7) 1 NO.
**Marienmünster**, *Fl.*, Driburg (Wf 39) 3½ NO.
**Marienrode**, Hildesheim (Ha 70) ½ SW.
**Marienschloss**, Butzbach (MW 16) ¾ O.
**Mariensee**, Neustadt a. N. (Ha 23) 1 N.
— Danzig (PO 74) 4 SW.
**Mariensiel**, Sande (Ol 16) ½ N.
**Marienstern**, Kloster-, Bischofswerda 1½ N, Bautzen 2 NW. (SO 17 u. 20).
1 **Marienthal**, *Glasfabr.*, Regenstauf (ByO 25) 1¾ N.
2 — Helmstedt (Be 31) ¾ N.
3 — Lüneburg (Ha 13) 2 N.
4 — [illegible]

[5]**Marienthal**, *Spinnfabrik u. Weberei*, Gramat-Neusiedel (OeSt 59) 1/4 SO.
[6] — *Schieferbergwerk* in Ungarn, Neudorf (OeSt 74) 1 NO.
[7] Driesen (PO 18) 1 SO.
[8] Remagen (Rh 46) 2 SW.
[9] Zwickau (SW 47) 1/2 W.
[10] *Kloster*, Herrnhut 1 1/2 O, Zittau 1 1/4 NO, Görlitz 2 1/2 S. (SO 30, 33 u. BG 15).
[11] Immelborn (Th 46) 1/2 NO.
[12]— Sonneberg (Th 61) 1 1/4 NO.
**Marienwald**, *Glasfabr.*, Böhmisch-Trübau (OeSt 11) 4 1/2 S.
**Marienwalde**, *Hüttenwerke*, Augustwalde 3/4 SO, Woldenberg 1 1/2 NW. (OS 56 u. 55).
**Marienwehr**, Emden (Wf 38) 3/4 NO.
**Marienwerder**, *Kloster*, Seelze 1/2 NO, Hannover ca. 1 NW (Ha 21. 1).
Biesenthal (BSt 3) 1 1/4 NW.
*Stadt*, T Czerwinsk (PO 32) 2 1/2 W.
**Marisfeld**, Themar (Th 52) 3/4 NW.
**Marja**, Kis-, *Fl.*, Grosswardein (Ts 43) 3 N.
**Marjoss**, Steinau (Bbll 11) 3/4 SW.
**Mark** i. Hannover, Papenburg (Wf 33) 3/4 W.
i. Westfalen, Hamm (BM 95, KM 21) 1/4 O.
*Fl.*, Elbing (PO 39) 6 S.
**Markausch**, Schwadowitz (SNV 27) 1/4 NW.
**Markdorf** i. Baden, *Stadt*, Ravensburg (Wü 50) 2 SW.
**Markelfingen**, *PH.* (*Ba 84*) Radolfzell (Ba 83) 0,4 O.
**Markelkofen**, Landshut (ByO 10) 4 O.
[0]**Markelsheim**, (Wü 99) Königshofen 1 1/4, Lauda (Ba 115) 1 3/4 SO.
**Markelsköchheim**, Würzburg (Ba 125) 0,8 NW.
**Markendorf**, Bruchmühlen (Ha 54) 1/2 N, Melle (Ha 55) ca. 1/2 S.
— Frankfurt a. O. (NM 11) 1 1/2 SW. Jüterbogk (BA 6) 1 O.
**Markersbach** bei Gottleuba, Pirna (SO 5) 2 1/4 S.
— bei Scheibenberg, Schwarzenberg (SW 58) 3/4 O.
[1]**Markersdorf**, i. Böhmen bei Gabel, Kratzau (SO 36) 1 1/2 SW.
[2] bei Böhm. Kamnitz, Bodenbach (BN 20, SO 11a) 1 1/2 O.
[3] in Mähren, Littau (OeSt 45) 2 N.
[4]— in Oesterr., Prinzersdorf (KE 13) 1/4 O
[5] Guben (NM 17) 1 1/2 SW.
[6] in Schlesien, Görlitz (BG 15) 1 W.
[7]— Neisse (NB 1) 1 1/4 S.
[8] in Sachsen, Chemnitz (SW. 29) 3/4 S.
[9] Zittau 1 1/2 O, Kratzau 2 NO. (SO 33 u. 36.)
**Markgölitz** in Sachsen-Meiningen, Gera 8 1/4 SW, Sonneberg 3 1/2 NO. (SW 88 u. Th 31 u. 61).
**Markgraf-Neusiedl**, *Fl.*, Wagram (KFN 4) 3/4 SO.
**Markgrafpieske**, Fürstenwalde (NW 7) 1 1/2 SW.
**Markgröningen**, *Stadt*, Asperg 1/2 W, Ditzingen 1 N. (Wü 11 u. 197).
**Markkleeberg**, Leipzig (LD 1. SW 1) 3/4 S.
**Marklissa**, *Stadt*. (*Orleansfabr.*) Lauban 2 S, Greiffenberg 2 1/2 W. (NM 43 u. 45)
**Marklowitz**, Rybnik (Wi 20) 1 1/2 SW.
**Markneukirchen**, *Stadt*, Adorf (SW 79) 3/4 SO.
**Marköbel**, Langenselbold 1 1/4 NW, Hanau 1 1/2 NO. (Bbll 16 u. 17).
**Markoldendorf**, *Fl.*, Salzderhelden (Ha 80) 1 1/4 W, Stadtoldendorf (Bs 2) 2 SO.
**Markota**, Raab (OeSt 69) 3 1/4 W.
**Markovatz**, Versecz (OeSt 124) 1 1/4 NO.
**Markowa**, Halicz (LCI 11) 2 1/4 NO.
**Markowicz**, Bromberg (PO 27) 6 SO.
**Markowitz**, Nendza 3/4 S, Ratibor 1 NO. (Wi 4 u. 5).
**Markt**, Gädheim 3/4 N, Schonungen 1/2 NO. (BySt 82 u. 83).
*Siehe die mit der Bezeichnung „Markt" versehenen Orte, als „Markt-Erlbach" unter ihrem Stammnamen.*
**Marktbofen**, Marchegg (KFN 48)) 3/4 S.
[0]**Markt a. Inn**, (*ByS 277*), Vilshofen (ByO 55) 7 SW.
**Marktleuthen**, *Fl.*, Schwarzenbach 1 1/2 SO, Selb 1 1/2 SW. (BSt 73 u. 227).
**Marktsteft**, *Stadt*, Marktbreit 1/2 N, Mainbernheim 3/4 SW, Kitzingen 3/4 S. (BySt 162, 175 u. 176).
**Marlen**, Offenburg 1 1/2 NW, Kehl 1 S. (Ba 28 u. 157.)
**Marlow**, *Stadt*, Rostock (Mk 1) 4 1/4 O.
[0]**Marmaros-Szigeth**, *Stadt*, (*UN 14*), Debreczin (Ts 11) ca. 28 NO.
**Marmsdorf**, Harburg (Ha 17) 1 SW.
**Marne**, *Fl.*, Rendsburg (AK 16, Sw 1) 8 1/2 SW.
**Maroldsweisach**, Bamberg 4 1/2 NW, Hassfurth 3 NO. (BySt 56 u. 80).
[0]**Marnheim** (*Pfalz. proj. Station*), Monsheim (HL 39) 1 1/2 W.
**Marokhaza**, Kiss-Terenne (UN 13) 3/4 W.
**Maros**, Nagy-, Gross-Maros 1/2 O, Vorőcze 1/4 W. (OeSt 90 u. 91).
— Sio Fock (OeSü 125) 1 1/4 Meile.
**Marosporto**, Alvincz 1 N, Karlsburg 3/4 S. (Si 15. 16).
[0]**Maros-Vasarhely**, (*Alf. 10*), *Fl.*, T Szegedin (Ts 33) 3 1/2 NO.
**Marpingen**, St. Wendel (Sa 43) 1 1/4 W.
**Marquardt**, Potsdam (BPM 5) 1 1/4 NW.
**Marsberg**, Ober- u. Nieder- (Stadtberge), *Stadt*, Bonenburg 2 1/2 SW, Warburg 2 3/4 W. (Wf 2 u. 1).
**Marschacht**, Nieder- u. Ober-, Winsen 1 1/2 NO, Lüneburg 3 1/2 NW. (Ha 13 u. 15)
**Marschallshagen**, *Glashütte*, Bonenburg 2 1/4 SW, Paderborn 3 1/4 SO. (Wf 2. 7).
**Marschendorf**, Freiheit(?) Falgendorf 5 NO, Trautenau 2 NW, Mastig 3 1/2 NO, Königinhof 4 S. (SNV 11, 10, 8 u. 28).
**Marschowitz**, Eisenbrod (SNV 15) 1 NW.
**Marschwitz**, Ohlau (OS 4) 1 W.
Deutsch-Lissa (NM 38) 1/4 S.
**Marsdorf**, Sorau (NM 22) 3/4 O.
**Marsow**, *Eisenhammer*, Cöslin (BSt 21) 9 NO.
**Martellago Mestre** (Ob. Ital. I. 18) 1 1/2 SW.
**Marten**, (*Station BM 82*). Dortmund (BM 50 u. KM 18) 1 SW.
**Martensdorf**, Wismar (Mk 13) 3/4 SW.
[1]**Martin**, St.-, Edenkoben (Pf 30) 3/4 SW.
[2] Blindenmarkt (KE 19) 3/4 NO.
[3] in Oesterreich ob der Enns, Kleinmünchen (KE 27) 1 SW.
[4]— *Fl.*, Riedau-Ried 2 W, Schearding 2 3/4 S (KE 49 u. 52).
[5] Marburg a. Drau. (OeSü 57) 1 3/4 SO.
[6] i. Kärnten, Klagenfurt (OeSü 166) 1/4 W.
*Ausser vorstehenden existiren noch eine grosse Anzahl Orte desselben Namens in Oesterr. von geringer Bedeutung für den Eisenbahnverkehr.*
**Martinfeld**, Heiligenstadt (ML 33) 1 1/2 SO.
**Martinikenfelde**, Berlin (BA 1) 3/4 W.
**Martinsbach**, Rakek (OeSü 79) 2 Meilen.
**Martinsbuch**, Geiselhöring (ByO 16) 1 1/4 S.
**Martinsdorf**, Gänserndorf (KFN 5) 2 1/4 NW.
**Martinsried**, Wallhausen (ML 25) 1/4 SO.
**Martinstein**, Monzingen (Sa 35) 1/2 SW.
**Martinszell**, Kempten (BySt 11) 1 1/2 SW.
**Martinwaldau**, Bunzlau 1 1/2 O, Kaiserswaldau 1/2 NW (NM 29 u. 30).
**Marton-Mezővaros** (Martinsberg), Raab (OeSt 69) 2 1/2 SO.
**Marton**, Szt. bei Arad, Kartics (Ts 36) 1 NO.
Berettyo Szt.-, Berettyo-Ujfalu (Ts 40) 1/4 S.
— St.-, Temesvar (OeSt 119) 2 1/2 SW.
Serbisch-, Saagh (OeSt 120) 2 3/4 O.
— Kun St.-, *Fl.*, Mezö-Tur ca 4 SW, Szolnok 6 S (Ts 30 u. 3).
**Martonos**, Szegedin (OeSt 110) 1 1/2 S.
**Martynów**, nowy, Bukaczowce (LCI 9) 1 O.
stary, Burstyn (LCI 10) 1 NO.
**Marxdorf**, Trebnitz 3/4 SO, Gurow 1 1/2 SW (PO 5 u. 6).
**Marxen**, Winsen (Ha 15) 1 1/2 SW.
**Marxheim**, Hattersheim (T 4) 1/2 O.
**Marxzell**, *Mühle*, Ettlingen (Ba 15) 1 1/2 SO.
**Maryanowo**, Kreuz (OS 54 u. PO 19) 2 SO.
**Marz**, Mattersdorf (OeSü 93) 1/2 Meile.
**Marzahn**, Berlin (BSt 1 NM 1) 1 NO.
**Marzahna**, Zahna (BA 8) 1 1/4 N.
**Marzling**, Freising (ByO 6) 3/4 O.
**Maschau** (Mastov), *Stadt*, Pilsen (BW 8) 8 N, Kaaden (Bu 10) 9 NW.
**Maschen**, Stelle (Ha 16) 3/4 NW.
**Maschkrafen** (Maschkrawen, Mashrov), Staab (BW 5) 1/2 SO.
**Maslowed**, Smiritz 3/4 NW, Königgrätz 1 S (SNV 5 u. 3).
**Massaney**, Waldheim (SW 35) 3/4 SO.
**Massbach** (Masbach), *Fl.*, Schweinfurt (BySt 84) 2 N.
**Masselwitz**, Gross- u. Klein-, Deutsch-Lissa 3/4 NO, Breslau 1 1/4 SW (NM 38 u. 39).
**Massen**, Ober- u. Nieder-, Unna (BM 54) 1/2 NW.
— *Schacht (a. d. Zweigb.)*, Unna (BM 54) 0,7 W.
**Massener**, Tiefbau der Act.-Ges. Massener Verein, Conrl H* (KM 10) 0,3 NO.
**Massenhausen**, Neufahrn bei Freising (ByO 5) 1 N.
**Massenheim**, Vilbel (MW 22) 1/4 NW.
in Nassau, Mainz (HL 11 u. T 7) 1 NO Flörsheim 3/4 SW, Hochheim 3/4 SW (T 5 u. T 6).
**Masserberg** in Schwarzburg-Rudolstadt, Eisfeld (Th 53a) 1 1/2 S.
**Masserhammer**, Eisfeld (Th 53a) 2 SO.
**Massin**, Vietz (PO 10) 1 N.
**Massing** (Masling), Landshut (ByO 10) 5 1/2 SO.
**Masslau**, Schkeuditz (ML 13) 3/4 SO.
**Massow**, *Stadt*, Stargard (BSt 14) 2 1/2 S
**Mastig**, Vorder-, Mastig (SNV 10) 1/2 SO.
Hinter-, Mastig (SNV 10) 1/4 SO.
**Mastrup**, Greven (Wf 21) 1/4 O.
**Materborn**, Cleve (Rh 75) 3/4 SW.
**Maté-Szalka**, *Fl.*, Nyiregyhaza (Ts 14) 8 SO.
**Math** (Maad), Regenstauf (ByO 25) 1/2 SO.
**St. Mathias Erbstollen**, (a. d. Ruhr), Dahlhausen (BM 88) 0,5 SO.
**Matra Novák**, Kiss-Terenne (UN 13) 1 1/4 NO.
**Matra Szele**, Kiss-Terenne (UN 13) 3/4 NO.
**Matsch**, Innsbruck (OeSü 187) 20 Meilen.
**Matschdorf**, Frankfurt a. O. (NM 11) 1 1/2 SO.
**Mattau**, Pöltschach (OeSü 60) 1 Meile.
**Mattauu**, Divacca (OeSü 84) 1/2 Meile.
**Matten** bei St. Stephan, Thun (SC 1, 47) 4 3/4 SO.
**Mattieria**, Divacca (OeSü 84) 2 Meilen.
**Mattfeld** (Martfeld), Eystrup (Ha 28) 2 1/2 NW.
**Mattighofen**, *Fl.*, Strasswalchen (KE 42) 2 1/2 NW.
**Mattsee**, Seekirchen 1 1/2 NW, Köstendorf-Neumarkt 1 1/2 NW. (KE 44 u. 43).
**Mattstedt**, Apolda (Th 11) 3/4 NO.
**Matzdorf**, Oertzenhof (FF 8) 1 NO.
Alt-Kemnitz 1 1/4 N, Greiffenberg 2 S. (NM 47 u. 45).
Creutzburg (RO 23) 1 1/4 NO.
**Matzen**, Gänserndorf (KFN 5) 1 N.
**Matzenbach**, Rehweiler (Pf 59) 1/2 N.
Jagstzell (Wü 86) 1 NO.
**Matzendorf**, Solothurn (SC 1, 52) 14 Kil.
**Matzkirch**, Bauerwitz (Wi 12) 1/2 SO.
**Matzleinsdorf**, Pöchlarn (KE 16) 3/4 O.
*Siehe Station Matzleinsdorf OeSü 3.*
**Maubach**, Düren (Rh 8) 1 1/2 SW.
**Mauchen**, Schliengen (Ba 47) 0, 2 O.
Oberlauchringen (Ba 70) 2 1/2 N.
**Mauchenheim** (i. Pfalz) Alzey (HL 44) 3/4 SW.
**Maudach**, Rheingönheim (Pf 16) 1/2 NW.
**Mauel**, *Spinnerei*, Call (Rh 25) 1/2 NW.
**Mauenheim**, Köln (Rh 13) 1/2 N.
**Mauer**, Penzing (KE 2) 3/4 SW, Wien (KE 1) 1 1/4 SW, Atzgersdorf (OeSü 6) 1/2 N.
— Loosdorf (KE 14) 1/2 NO.
Alt-Kemnitz 2 NO, Greiffenberg 2 1/2 SO Hirschberg 2 NW (NM 47, 45 u. 49).
— Meckesheim 0, 2 NW, Bammenthal (Ba 95. 93) 1/2 SO.
**Mauerbach**, Weidlingau (KE 4) 3/4 NW.
**Mauerkirchen**, *Stadt*, Strasswalchen (KE 42) 4 NW.
**Mauern**, Moosburg (ByO 8) 3/4 NW.
**Mauernheim**, Hattingen *PH*° 0, 65, Engen 1 NW. (Ba 178. 176).
**Maugenhardt**, *Weiler*, Haltingen (Ba 54) 0, 8 NO.
**Maugstrup**, Woyens (Sw 18) 3/4 NO.
**Mauls** (i. Tirol), Freienfeld (OeSü 195) 1/2 SO.
**Maunitz**, Rakek (OeSü 79) 1/2 Meile.
**Maurach** i. Tirol, Jenbach (OeSü 183) 1/4.
**Mauren**, Weinfelden 3/4, Bürglen 1/2 (SNO 2. 6 u. 2. 5).
**Mausbach**, Stolberg (BM 137. Rh 5) 1 SO.
**Mauschbach**, St. Wendel (Sa 43) 3/4 N.
**Mausdorf**, Gr.-, Marienburg 3 NO, Altfelde 1 1/2 N. (PO 36 u. 37).
**Mautern** a. d. Donau, *Stadt*, St. Pölten (KE 12) 2 3/4 NW.
[2]— i. Steiermark, (KR 19) *Fl.*, St. Michael (KR 10) 2, 2 NW.
**Mauterndorf**, *Fl.*, Salzburg 12 SO, Villach 8 N. (KE 45 u. KR 39).
**Mauterndorf** (i. Krain), Prestaneh (OeSü 81) 1/4 Meile.
**Mauth**, *Stadt*, Zbirow (BW 18) 1/2 SW.
**Mauthausen**, Enns (KE 25) 3/4 NO.
**Mauthen**, *Fl.*, Villach (KR 39. OeSü 171) 8 W.
**Mauthstadt**, Mixnitz (OeSü 42) 1/4 Meile.
**Maxau**, *Fl.*, Pölterbach (OeSü 60) 1 O.
*Siehe Station Maxau (Ba 204).*
[1]**Maxdorf**, Oggersheim (Pf 60) 1/2 S.

[1]**Maxdorf**, Zittau (SO 33) 2 NO.
[2] — ♉ Reichenberg i. Böhm. 1½ SO, Eisenbrod 2 N. (SNV 22 u. 15).
[3] — Bodenbach (BN 20, SO 11a) ½ SW.
**Maxen**, Mügeln (SO 3) 1 SW.
**Maxhafen**, Rheine (Ha 64, Wf 24) 1¼ S.
**Maxhütte in Bayern bei Haidhof** (ByO 27).
**Maxsayn**, *Eisenhütte*, i. Nassau, Coblenz 3½ NO, Wissen 4 SO. (Rh 52 u. KM 50).
**Maydan-sredni**, *Glashütte*, Ottynia 1¾ W.
— **gorny**, *Glashütte*, Ottynia 2½ W. (LCJ 14).
**Maydan**, *Fl.*, ♉ Rzeszow (GCL 16) 5 NW.
*Siehe dagegen Stat. Maidan OeSt 131.*
**Mayen**, *Stadt*, ♉ Andernach 2½ SW, Neuwied 3 SW, Coblenz 4 W. (Rh 50, 51 u. 52).
**Mayerhofen**, ♉ Jenbach (OeSü 183) 4 Meilen.
**Mayerling**, Baden (OeSü 15) 2¼ Meilen.
**Mayyen**, *Walzwerk*, Hochfeld (BM 105a) ¼ W.
**Maysa**, Lopeny (OeSü 128) 3½
**Mayschoss**, Remagen (Rh 46) 2½ SW.
**Mazingen**, Frauenfeld (SNO 2, 10) 1 SO.
**Mechenthin**, Degow (BSt 43) ¾ S.
**Mechernich**, ♉ Mechernich (Rh 24) ½ O.
**Mechnacz**, Nakel (PO 28) 2¾ SW.
**Mechnitz**, Dziemchowitz (OS 12) ¾ SW.
**Mecholup**, **Ober-**, Bechowic (OeSt 26) ⅝ SW.
**Mechters**, Böheimkirchen (KE 10) ⅛ —
**Mechtersen**, Bardowiek (Ha 14) ½ W.
**Mechtersheim**, Heiligenstein (Pf 31) ¼ S.
**Meckbach**, *PH (BbH 1a)*, Bebra (BbH 1) 1 S.
**Meckelfeld**, Harburg (Ha 17) 1 SW.
**Meckenheim**, *Stadt*, ♉ Bonn (Rh 42) 2 SW. Euskirchen (Rh 23) 2¾ SO.
— Hassloch ¾ N, Deidesheim ⁵⁄₁₆ O. (Pf 12 u. 52).
*Siehe dagegen Station Meckesheim Ba 95.*
**Mecklar**, *PH (BbH 1a)*, Bebra (BbH 1)¹, S.
**Mecklenburg**, Kleinen 1 N, Wismar ¾ S (Mk 8 u. 13).
**Mecklenburg**, **Neu-**, Friedeberg (PO 16) ¼ SW.
**Mecklenhorst**, Neustadt a. N (Ha 23) ½ O.
**Mecklingsbanker Erbstollen**, ⚒ Steele (NM 65) 0,2 S.
**Medart**, Staudernheim (Na 33) 1½ SW.
**Meddersheim**, Monzingen ½ SO, Sobernheim ⅝ SW. (Na 35 u. 34).
**Medebach**, *Stadt*, ♉ Warburg (Wf 1) 6 SW, Marburg (MW 11) 6 N, Altenhundem (BM 73) 7 NO.
**Medelsen**, **Ober-** u. **Unter-**, Stankau (BW 4) 1¾ W.
**Medenbach**, Wiesbaden (Na 1) 1 NO.
**Medenscheid**, Bacharach (Rh 57) ½ S.
**Medessen**, Pristewitz (LD 14) ½ W.
**Medewitz**, **Alt-**, *Zuckerfabr.*, Wriezen a. O. (BSt 67) ¾ NO, Cüstrin (PO 8) 4 SW.
— Bautzen (SO 20) 1¼ SW.
**Medewitzer Hütten**, Coswig (BA 27) 3 NW.
**Mediasch** (**Medgyes**), *Stadt* ♉ ⊤ *proj. Station*, Karlsburg (SI 16) ca 6 NO.
**Medingen**, **Alten-**, Bevensen (Ha 11) 1 N.
Radeberg (SO 14) 1½ NW.
**Medlesehitz**, Pardubitz (SNV 1) 1 SW.
**Medonost**, ♉ Hirschberg (NM 49) 1¾ SW.
**Mednitz**, Sagan (NZ 7) 1¼ N.
**Medow**, Anclam (BSt 55) 1 SW.
**Meducha**, Halicz (LCJ 11) 1 NO.
**Medve**, Raab (OeSt 69) 1½ N.
**Medziber** (**Mittelwalde**), *Stadt*, ♉ Oels (RO 17) 4 NO.
**Meeder**, *Fl.*, Coburg (Th 54) 1 NW.
**Meedl**, Littau (OeSt 45) ¾ NW.
**Meensen**, Dransfeld (Ha 85) 1 S.
**Meer**, **Kloster-** (**Meerhof**), Osterrath (Rh 65) ½ O.
**Meerbeck**, Stadthagen (Ha 45) ½ NW.
**Meerasch**, *Kupferh.*, Sonneberg (Th 61) ½ NO.
**Meersburg** (**Mörsburg**), *Stadt*, ♉ Constanz (Ba 87) 1 NO.
**Meesdorf**, Bruchmühlen (Ha 54) 1½ NW.
**Mefferdorf**, ♉ Greiffenberg 2 SW, Rabishau (NM 45 u. 46) 2 SW.
**Meggen**, Luzern (SC 1, 25) 1½ O.
**Megolzen**, Stankau (BW 4) 1½ W.
**Megyaszó**, *Fl.*, Szerencs (Ts 19) 1½ W.
**Megyer**, **Nagy-**, *Fl.*, ♉ Neu-Szöny 4 NW (OeSt 72).
**Pócs-**, Pest (OeSt 95 u. UN 1) 3 N.
*Siehe dagegen Station Tot.-Megyer OeSt 64.*
**Megyeres**, Neu-Szöny (OeSt 72) 1¾ NW.
**Megyes**, **Nyir-**, Ujfeherto (Ts 13) 6 NO.
**Mehadia**, *Fl.*, ♉ ⊤ *Goldwäsche, berühmte warme Bäder. (proj. Stat.)*, Weisskirchen (OeSt 126) 9½ O.
**Mehala**, ♉ Temesvar (OeSt 119) ½ NW.
**Mehlauken**, ♉ Wehlau (PO 55) 5 NO.
**Mehlbergen**, Nienburg (Ha 26) ⅝ SW.
**Mehle**, Elze (Ha 75) ¼ O.
**Mehlis**, *Fl.*, Meiningen 2½ NO, Grimmenthal 3 NO, Gotha 5¼ S. (Th 50, 51 u. 6).
**Mehlke(h)men**, ♉ Trakehnen 3 SO, Stallupönen 2¾ S (PO 61 u. 62).
**Mehlmeifel**, Kemnath-Neustadt (ByO 77) 2 NO.
**Mehlsack**, *Stadt*. ♉ Braunsberg (PO 44) 4 SO.
**Mehlsäcken**, Reiden (SC 1, 16) 1 Kil.
**Mehltheuer**, Riesa (LD 11) ½ SW.
*Siehe dagegen Station Mehltheuer SW 16.*
**Mehr**, Meerbeeg ♉ (KM 39) ½ W.
**Mehrenberg** (**Merenberg**), *Fl.*, Weilburg (Na 36) ½ NW.
**Mehrenthin**, *Glashütten*, Kreuz 2 NW, Woldenberg ¾ SO. (PO 19, OS 54 u. 55)
**Mehring** (**Möhring**) Ingolstadt (BySt 243) 1 O.
Trier (Sa 22) 2 O.
**Mehringen**, Aschersleben (MH 30) ⅝ SO.
**Mehrn**, Brixlegg (OeSü 182) ca ¼ NO.
**Mehrum**, Hämelerwald ¼ S, Sehnde 1½ O, Peine 1½ SW. (Ha 65, 67 u. 66)
**Meichow**, Passow (BSt 7) 1¼ W.
**Meiderich**, *PH (KM 34)*, Ruhrort (BM 91 KM 35) ½ O.
**Meidling**, **Ober-** u. **Unter-** *(Station OeSü 4)*, ♉ Wien ½ SW, Penzing ⅛ S. (KE 1 u. 2).
**Meienberg**, Cham (SNO 2, 52) 1½ W.
**Meiersberg**, Ferdinandshof (BSt 32) 1 O.
**Meiersdorf**, Sommerfeld (NM 19) ½ SO.
**Meilen**, Zürich (SNO 2, 10) 2⅔ SO.
**Meilingen**, **Nieder-** u. **Ober-**, St. Goarshausen (Na 14) 2½ O.
**Meilitz bei Neustadt**, Gera 4 SW, Ronneburg 4¾ SW. (SW 88, 87).
**Meimbressen**, Grebenstein (HN 13) ⅝ SW.
**Meimsheim**, Lauffen (Wü 55) ½ SW.
**Meinberg**, *Mineralbad*, in Lippe-Detmold, *Fl.*, ♉ Paderborn (Wf 7) 3½ NO. Herford (KM 29) 4¾ SO.
**Meinborn**, Neuwied (Rh 51) 1½ NO.
**Meinbrexen**, Höxter (Wf 42) 1½ S.
**Meindorf**, Siegburg (KM 45) ¾ SW.
**Meinefeld**, Stadthagen (Ha 45) ½ S.
**Meinersdorf**, Chemnitz (SW 29) 1¾ SW.
**Meinerzhagen**, *Stadt*, ♉ Hagen 5 SO, Mülheim a. Rh. 7 NO. (BM 43 u. 100).
**Meinetschlag**, Kurschbaum (KE 69) 1½ NO.
**Meineweh**, Zeitz (Th 27) 1½ NW.
**Meinhard**, Siegen (BM 60) ½ N.
**Meiningsen**, Sassendorf (Wf 19) ½ O.
**Meinisberg** [?], Bötzberg (SC 1, 30) 2 Kil.
**Meinsdorf**, Rosslau (BA 29) ¼ N.
**Meinsen**, Bückeburg (Na 47) ⅝ N.
**Meirscheid**, **Gr.-** u. **Kl.-**, Neuwied (Rh 51) 1½ NO.
**Meisdorf**, ♉ *Brennerei, Mühle*, Ballenstedt ½ SO, Ermsleben ½ SW. (MH 40 u. 39).
**Meisenheim**, *Stadt*, ♉ Staudernheim (Na 33) 1 SW.
**Meiser**, **Nieder-**, Hofgeismar (HN 14) ¾ SW.
**Ober-**, Hofgeismar (HN 14) 1 SW.
[2]**Meissau** *(KFJ 11)*, *Stadt*, ♉ Stockerau (KFN 46) 4½ NW.
**Meisberg**, Ballenstedt (MH 40) 1 SW.
**Meissen**, Minden (KM 33) ¼ SO.
*Siehe dagegen Station Meissen der LD 88.*
**Meissenheim**, Dinglingen (Ba 31) 1,0 NW.
**Meisterschwanden**, Emmenbrücke 5½ N, Aarau 4 SO, Wildegg 3 SO, Rupperswell 3¾ SO. (SC 1, 24, I. 13, SNO 2, 28 u. 29).
**Meistersdorf**, Bodenbach 2¾ O, Kamnitz (BN 20 u. 25) ⅝ S.
**Meisterswalde**, Praust (PO 73) 2½ SW.
**Meitzenberg**, Wolmirstedt (MH 17) ½ SW.
**Meitzendorf**, Magdeburg (BPM 18, ML 1) 1¾ NW.
**Melaten**, Köln ½ W, Ehrenfeld ¼ S. (Rh 13 u. 12)
**Melbeck**, Bienenbüttel ¾ NW, Lüneburg 1½ S (Ha 12 u. 13).
**Melchendorf**, Erfurt (Th 8) ⅝ SO.
**Melchnau**, Langenthal (SC 1, 20) 1½ SO.
**Melchow**, Biesenthal (BSt 3) ½ SO.
**Meldorf**, *Fl.*, ♉ Rendsburg 6½ SW, Glückstadt 5¼ NW. (AK 16 u. EH 4).
**Melencze**, *Fl.*, ♉ Gr.-Kikinda (OeSt 114) 5½ S.
**Melenchwitz**, Ohlau (OS 4) 1¾ N.
**Melice**, Prelouc (OeSt 19) 1 SW.
**Melkhof**, Pritzier (BH 17) ¾ NW, Brahlsdorf (BH 18) ¾ NO.
**Mellach**, Kalsdorf (OeSü 50) ⅜.
**Mellbergen**, Oeynhausen (Rehme) (KM 31) ¼ S.
[1]**Mellen bei Lenzen**, Karstaedt 1½ W, Wend.-Warnow 1½ S. (BH 12 u. 13).
[2]**Mellen**, Wangerin (BSt 17) 1 W.
[3] **Gr.-** u. **Kl.-**, Wangerin ♉ (BSt 17) 3 SO.
**Mellenbach**, Röhl (Ba 22) 0, 3 O.
(Schwarzb.-Rudolstadt), Eisfeld 3½ NO, Sonneberg 3 NW. (Th 53 u. 61).
**Mellendorf**, ♉ Hannover (Ha 1) 2¾ N.
**Mellenthin**, Schönlanke (PO 21) 4 NW.
**Mellingen**, *Stadt*, Baden 1½ S, Wildegg 2 O. (SNO 2, 24 u. 2, 28).
*Fl.*, Weimar (Th 10) 1 SO.
**Mellinghausen**, Nienburg (Ha 28) 3¼ NW.
**Mellinghofen**, Mülheim a. d. Ruhr (BM 86, Rh 90) ⅛ N.
**Melno**, Warlubien (PO 31) 4 SO.
**Mellrich**, **Nieder-** u. **Ober-**, Wabern (MW 5) ¼ resp. ¾ NW.
**Mellrichstadt**, *Stadt*, ♉ *(proj. Station)*, Schweinfurt (BySt 84) 6½ N, Meiningen (Th 50) 2 SW, Grimmenthal (Th 51) 2 SW.
**Melnik**, *Stadt*, ♉ Berkowic-Melnik (OeSt 34) ¾ NO.
**Melsbach**, Neuwied (Rh 51) ¾ N.
**Melschwitz**, Ohlau (OS 4) 2 N.
**Melstrup**, Lathen (Wf 70) ½ SO, Kluse-Dörpen (Wf 31) ½ S.
**Meltewitz**, Dornreichenbach *PH* (LD 7) ½ O.
**Meltigen**, Basel 28 Kil., Liestal 18 Kl. (SC 1, 1 u. 1, 5).
**Melzingen** (**Meltzingen**), Uelzen (Ha 10) 1½ NW.
**Melzow** mit *Schneidemühle*, Wilmersdorf (BSt 46) 1½ N.
**Membach**, *Bergwerk*, Eupen (Rh 1) ½ SW.
**Memel**, *Stadt*, ♉ Tilsit (Tl 1) 13 NW, Königsberg i. Pr. (PO 50) 20¾ NO.
**Memmelsdorf**, Bamberg (BySt 58) ¾ NO.
(bei Ebern), Lichtenfels (Th 57) 1½ SW, Coburg (Th 54) 2 SW, Staffelstein (BySt 69) 1¼ W.
**Memmendorf**, Flöha 1½ SO, Oederan ¾ NO. (SO 53, 52).
**Memprechtshofen**, Achern (Ba 24) 1,25 NW.
**Mende**, Uellö (OeSt 98) 1¾ O.
**Menden**, *Stadt*, ♉ Iserlohn 1½ NO, Unna 2 SO, Werl 2¼ SW. (BM 81, 84 u. 55).
Mülheim a. Ruhr (BM 86 u. Rh 90) ¼ S.
Troisdorf (KM 44) ½ S.
**Mendig**, **Ober-** u. **Nieder-**, Andernach 1½ SW, Neuwied 2¼ SW. (Rh 50 u. 51).
**Mendling**, Aschbach (KE 21) 6½ SO.
**Ménés**, *Mineralquellen u. bed. Weinbau*, Arad (SI 1, Ts 37) 3½ SO.
**Mengelrode**, Heiligenstadt (ML 33) ½ NW.
**Mengelsdorf**, Görlitz (BG 15) 1½ W, Reichenbach in Sachs. (SO 25) ¼ NO.
**Mengen**, Schallstadt (Ba 41) 0, 5 W.
[2] — *Stadt*, ♉ *(Wü 152)*, Schussenried 4 NW, Aulendorf 3 NW. (Wü 45 u. 46).
**Mengenich**, Ehrenfeld (Rh 12) ¾ NW.
**Mengeringhausen** (in Waldeck), *Stadt*, ♉ Bonenburg (Wf 2) 3½ S, Cassel (MW 1) 6½ NW, Marburg (MW 11) 10 NO.
**Mengerschied**, Sobernheim (Na 34) 2½ NW.
**Mengersdorf**, Bayreuth (ByO 80) 2 SW.
**Mengersgereuth**, *Fl.*, Sonneberg (Th 61) 1 NW.
**Mengershausen**, Göttingen (Ha 84) ¾ SW.
**Mengerskirchen**, *Fl.*, Weilburg (Na 36) 1½ NW.
**Mengersreuth**, Kemnath-Neustadt (ByO 77) 1¾ NO.
**Mengkofen**, ♉ Straubing (ByO 47) 3 SW.
**Menkin**, Löcknitz (BSt 62) ½ S.
**Menne**, Warburg (Wf 1) 1½ NW.
**Mennig**, **Ober-**, Wiltingen (Sa 20) 1 NO.
**Mennighüffen**, Oeynhausen (Rehme) 1 W, Löhne ½ NO, Kirchlengern 1 NO. (KM 30, 31, Ha 52).
**Mennsdorf**, Ronneburg (SW 87) ½ SO.
**Mensfelden**, Limburg (Na 30) ½ S.
**Mensguth**, ♉ Bartenstein (OpS 15) 8 S.
**Menzenschwand**, Freiburg (Ba 39) 3½ SO.
**Mensik**, Filehne (PO 20) 2 SO.
**Menz**, ♉ Magdeburg (MH u. ML 1) 1¼ O.
**Menzenberg**, Rolandseck (Rh 45) ¾ SO.
**Menzikon**, Sursee (SC 1, 20) 2½ W.
**Menzing**, **Unter-**, Pasing (BySt 125) ½ N.
**Ober-**, Pasing (BySt 125) ¾ N.
**Menzingen**, Bruchsal (Ba 10) 2 O.
**Menzlin**, Anclam (BSt 55) 1 N.
**Menznau**, Sobikon (SC 1, 18) 14 Kil.
**Meran**, *Kurort in Tirol*. *Stadt*, ♉ ⊤ Botzen (OeSü 203) 3 NW.
**Merani**, Ala (OeSü 215) ½ N.
**Merching**, Mering (BySt 118) ¼ S.
**Merchingen**, *Stadt*, ♉ Osterburken 1 SO, Rosenberg 1 S (Ba 110 u. 111).
**Mereina** (**Mertina**), Jam 3½ N, Rakasdia ¾ NW (OeSt 128 u. 129).

**Merenschwand**, Wildegg (SSO 2, 28) 5 SO.
**Merenye**, Kaulzsa (OeSü 109) 2 1/4 NO, Gelse (OeSü 108) 1 O, Komarvaros (OeSü 110) 1 1/2 SW.
**Mergelstetten**, Heidenheim (Wü 125) 1/4 S.
**Mergenthal** i. Böhmen, Gr.-Schönau (SO 41) 1 1/4 S.
— i. Böhmen, Gr.-Schönau (SO 41) 1 3/4 SW.
**Mergenthau**, Stierhof (BySt 117) 3/4 O.
°**Mergentheim** *(Ba 200, Wü 99)*, *Stadt*, ▼ Königshofen (Ba 115) 1 SO, Waldenburg (Wü 76) 5 N.
**Merges**, Raab (OeSt 69) 1 1/2 SW.
**Merheim**, Köln (KM 1, Rh 13) 1/2 N.
**Merishausen**, Schaffhausen (Ba 77) 1 N.
**Merke**, Sommerfeld (NM 19) 1/2 NW.
**Merkelsdorf** i. Böhmen, Dittersbach 2 SW, Waldenburg 2 1/2 SW. (NM 56 u. 57).
**Merken**, Düren 3/4 NW, Langerwehe 3/4 NO. (Rh 8 u. 7).
**Merkendorf**, *Stadt*, Triesdorf (BySt 150) 1/4 O.
**Merkenich**, Longerich (Rh 61) 3/4 NO.
**Merkenstein**, Vöslau (OeSü 16) 1 1/2 Meile.
**Merkenstetten**, Pöchlarn (KE 16) 3 S.
**Merklin**, *Fl.*, ▼ Stankau (BW 4) 1 O.
**Merklingen**, Amstetten (Wü 31) 1 1/4 SW.
— i. Würtemb., Pforzheim (Ba 149) 2 SO, °Weil die Stadt (Wü 200) 1/2 SW.
**Merklinghausen**, Sassendorf (Wf 19) 1/2 SW.
**Merkwitz**, Oschatz (LD 9) 1/4 SW.
**Merl**, Bonn (Rh 42) 1 1/4 SW.
— bei Zell, Coblenz (Rh 52) 6 SW.
**Merleinsrauth**, Kakok (OeSü 70) 4 Meilen.
— (bei Zell), Coblenz (Rh 52) 6 SW.
**Merlen**, Offenburg (Ba 28) 1,8 SW.
**Merligen**, Thun (SC 1, 47) 2 1/2 SO.
**Merlsheim**, Altenbeken (Wf 6) 1/4 N.
**Merode**, Langerwehe (Rh 7) 1/2 SO.
**Merols**, Astenet (Rh 3) 3/4 SO.
**Meronitz**, Dux (AT 9) 1 1/2 S.
**Merscheid**, *Fl.*, Ohligswald (BM 96) 1/4 O.
**Merschweiler**, *Glashütte*, Friedrichsthal 3/8 NW, Ottweiler 1 1/2 SW. (Sa 2 u. 44).
**Merschwitz**, Spitteindorf (NM 34) 1 1/2 N.
— Pristewitz (LD 14) 1 NW.
**Mersheim**, Vettweiss (Rh 20) 1/2 NO.
**Merten** bei Siegburg, Eitorf (KM 47) 1/2 W.
— bei Bonn, Sechtem (Rh 40) 3/4 SW.
**Mertensdorf**, Tapiau (PO 54) 3 1/2 S.
**Mertschütz**, ▼ Liegnitz (BF 23 u. NM 33) 2 1/4 SO.
**Merx**, Nieder-, Eschweiler (Rh 6) 1 1/4 N.
**Merxhausen**, Stadtoldendorf (Bs 2) 3/4 S.
— Kloster-, Kassel (MW 1) 2 1/2 SW.
**Merxheim**, *Fl.*, ▼ Monzingen (Sa 35) 1/2 W.
**Merzbach**, Coburg (Th 54) 2 SW.
1 **Merzdorf**, Bodenbach (BS 20 SO 11a) 1/2 W.
2 — bei Niemes, Liebenau (SNV 19) 2 1/4 SW.
3 — Cottbus (BG 9) 1/2 NO.
4 — Gr. u. Kl., Schweidnitz 1 NO, Ingramsdorf 1 1/4 S. (BF 16 u. 5).
5 — a. Bober bei Löwenberg, Hirschberg (NM 49) 2 1/2 NW.
6 — Jauer (BF 20) 1 O.
7 — *(Spinnerei)*, Merzdorf (NM 52) 1/4 W.
8 — Frankenberg 1/4 NW, Oberlichtenau (SO 56 u. SW 30) 1/2 NO.
9 — *Dampfmühle*, Riesa 0,4 NW, Oschatz 1/4 NO (LD 9, 11).
*Siehe auch die Orte Märzdorf.*
**Merzenich**, Buir 1/2 SW, Düren 1/2 NO. (Rh 9 u. 8).
— bei Euskirchen, Zülpich (Rh 21) 1/2 SW.
**Merzhausen**, Freiburg (Ba 39) 1/8 S.
— Friedland (Ha 95) 1/4 8 W.
**Merzien**, Cöthen (BA 33 ML 7) 1/2 O.
**Merzo Tedesco**, St. Michele (OeSü 208) 1/4 NW.
**Meschede**, *Stadt*, ▼ Lippstadt (Wf 10) 5 3/4 SW, Soest (Wf 13) 6 SO, Grevenbrück (BM 74) 5 NO.
**Meschenich**, Kalscheuren 1/4 SO, Brühl 1/2 NO. (Rh 38 u. 39).
**Mescherin**, *Zuckerfabr.*, Tantow (BSt 9) 1 SO.
**Meschno**, *Fl.*, *Kohlenbergw.*, Rokitzan (BW 11) 1 SO.
**Meschwitz**, Bautzen (SO 20) 1 SO.
**Meseberg** (Mõseberg), Wolmirstedt (MB 17) 1 NW.
**Meseritsch**, Gross-, *Stadt*, ▼ T Brünn (BrR u. OeSt 1) 6 1/2 NW.
— Walachisch-, *Stadt* ▼ Pohl (KFN 22) 2 SO, Weisskirchen in Mähren (KFN 21) 2 3/4 SO.
**Meseritz**, *Stadt*, ▼ Frankfurt a. O. 9 NO, Landsberg a. W. 6 SO (PO 71 u. 13).
**Mesletsch**, Skalitz (SSV 23) 1/2 SO.
**Mesmerode**, Wunstorf (Ha 22) 1 1/4 W.
**Mespelbrunn**, Aschaffenburg (FH 10 ByS. 102) 2 1/4 SO.
**Messdorf**, Bonn (Rh 42) 3/4 SW.
**Messelhausen**, Zimmern (Ba 119) 1/4 SO.
**Messen**, Solothurn (SC 1, 52) 17 Kil.
**Messendorf**, Kalsdorf (OeSü 50) 1 1/4.
— Olmütz (KFN 58) 6 NO.
**Messingen**, Lingen (Wf 67) 1 3/4 SO.
°**Messinghausen** *(BM 124)* Gesecke (Wf 9) 4 SO.
**Messingwerk**, *Hüttenw.*, Neustadt-Eberswalde (BSt 4) 1 W.
**Messnerskraith**, Haidhof (ByO 27) 1/4 O.
**Mesterhaza**, Buck (OeSü 100) 1 Meile.
**Mestlin**, Hohenstein (PO 72) 3/4 S.
**Metelen**, *Stadt*, ▼ Rheine (Wf 24) 3 1/2 SW, Glanerbeck (NS 2, 33a) 2 1/2 SO.
**Meteln**, Schwerin (Mk 9) 2 NW.
**Metnitz** (Motnica), *Fl.*, Friesach (KR 31) 2 NW.
**Metschkau**, Ingramsdorf (BF 5) 1 NNW.
**Metschlau**, Quaritz 3/4 NW, Waltersdorf 1/2 N. (NZ 3 u. 4).
**Mettau** i. Schweiz, Laufenburg (Ba 65) 1 SO.
**Metten**, ▼ Deggendorf (D 1) 1/2 NW.
— Velpe (Ha 59) 3/4 NW.
**Mettenbach**, Mirskofen (ByO 11) 1 NO.
**Metternich**, Coblenz (Rh 52) 1/4 NW.
— bei Euskirchen, Sechtem (Rh 40) 1 1/2 NW.
**Mettingen**, Ober- u. Unter-, Oberlauchringen (Ba 70) 1, 7 N.
— ▼ Ibbenbüren (Ha 61) 3/4 NO.
**Mettlen**, Bürglen 3/4 S, Weinfelden 1 S. (SNO 2, 5 u. 2, 6).
**Mettmann** *Stadt*, ▼ Hochdahl (BM 32) 1/2 N.
**Mettnich**, Türkismühle (Sa 42) 2 1/4 SW.
**Mettweiler**, Heimbach (Sa 40) 1 1/2 SO.
**Metzdorf**, Erdmannsdorf (SW 61) 3/4 NO.
**Metzeltin**, Neustadt a. D. (BH 7) 1 NO.
**Metzenzéf** (Metzenseifen), Unter-, *Fl.*, ▼ T Kaschau (Ts 28) 4 W.
**Metzing**, Sünching (ByO 17) 1 1/2 NO.
*Siehe Station Metzingen Wü 130.*
**Meudt**, Limburg 2 1/4 NW, °Elz 1 1/2 NW, °Hadamar 1 3/4 NW. (Na 30, 47 u. 48).
**Meura** (i. Schwarzburg-Rudolstadt) Sonneberg (Th 61) 3 N.
**Meurig**, Beurig-Saarburg (Sa 19) 1 1/4 SW.
**Meuro**, Wittenberg (BA 9) 2 1/4 S.
**Meurs**, Homberg. Siehe Mörs.
**Meuschau**, Merseburg (Th 17) 1/2 NO.
**Meusegast**, Pirna (SO 5) 3/4 SW.
**Meuselbach**, ▼ Eisfeld 3 NO, Sonneberg 3 NW. (Th 51a u. 61).
**Meuselwitz**, Reichenbach (SO 25) 1/2 NW.
— *Fl.*, ▼ Altenburg (SW 6) 1 1/2 NW, Zeitz (Th 27) 1 1/2 O.
**Meusling** (Meisling), Lübeck (LB 1 u. 8) 1/2 SW.
**Mewe**, *Stadt*, ▼ Czerwinsk 2 1/4 NO, Pelplin 2 SO. (PO 32 u. 33).
**Mewegen**, Löcknitz (BSt 62) 1 1/2 N.
**Meyenburg** in der Priegnitz, Wittenberge (BH 11) 6 NO.
— (i. Hannover), ▼ Vegesack (Ha 42) 1 3/4 N.
**Meyerskappel**, Luzern (SC 1, 25) 2 3/4 NO
**Meyrich**, Welver (Wf 14) 1/4 W.
**Mező-Komarom**, Lepseny (OeSü 126) 3 SO.
— -St. György, Lepseny 1/2 Meile.
— -Kövesd *(proj. Stat.)*, *Fl.*, ▼ Hatvan (UN 10) 14 NO.
— -Peterd, Mező-Keresztes (Ts 42) 1 1/2 NW.
— -Sas, Mező-Keresztes (Ts 42) 1 3/4 W.
— -Telegd, *Fl.*, ▼ Grosswardein (Ts 43 u. UN 1) 2 1/4 O.
**Mgoszcz**, Terespol (PO 29) 3 SO.
**M'heer**, Wylre (AM 5) 1 1/2 SW.
**Miala**, Filehne (PO 20) 1 1/2 S.
**Miastowiece**, Nakel (PO 28) 3 S.
**Miava**, *Fl.*, ▼ Goeding (KFN 12) 5 SO.
**Michael**, St.-, *Fl.*, ▼ Salzburg (KE 45) 13 SO.
— Kaulzsa (OeSü 109) 1 1/4 Meile.
*Siehe auch Station St. Michael (KR 20).*
**Michaelis**, St.-, Oederan (SO 52) 1 O.
**Michelau**, Lichtenfels (Th 57 BySt 61) 1/2 NO.
— *Fl.*, Löwen (OS 7) 1 1/4 W, Grottkau (NB 5) 1 1/2 NO.
1 **Michelbach**, Kahl 1 1/4 NO. (FH 7), Dettingen (FH 8) 1 1/4 NO.
2 — *mit Hüttenwerk*, Wiesbaden (Na 1) 2 1/2 NW, Ems (Na 22) 2 SO, °Hahnstätten (Na 44) 3/4 S.
3 — Aglasterhausen (Ba 69) 1/2 NW.
4 — Muggensturm (Ba 17) 1 1/2 O.
5 — a. d. Lücke, *Fl.*, Crailsheim (Wü 63) 1 1/2 NO.
6 — *Fl.*, Böheimkirchen (KE 10) 1 3/4 S.
**Michelfeld**, Sinsheim (Ba 128) 1 SW, Langenbrücken (Ba 8) 1,2 N.
— Hall (Wü 79) 1/2 SW.
**Micheln**, Cöthen (BA 33, ML 7) 1 N.
**Michelsberg**, *Stadt*, Staab (BW 5) 5 1/4 NW, Eger (BySt 231) 5 SO.
**Michelsbuch**, Plattling (ByO 51) 3/4 N.
1 **Michelsdorf**, *Sandsteinbrüche*, Landskron 1 1/4 NW, Böhm. Trübau 1 1/2 NO. (OeSt 50 u. 11).
2 — ▼ Haynau (NM 31) 1/4 S.
3 — Neumarkt (NM 36) 1 1/2 SW.
4 — Waldenburg (NM 57) 1 3/4 SO.
5 — bei Landeshut, Ruhbank (NM 58) 2 SW.
**Michelsneukirchen**, Roding (ByO 62) 1 1/2 S.
°**Michelstadt** *(HL 66)*, *Stadt*, ▼ Darmstadt 5 1/4 SO, Dieburg 4 SO. (HL 24 u. 26).
**Michelwitz**, Brieg (NB 8, OS 5) 1/2 N.
**Michendorf**, Potsdam (BPM 5) 1 1/4 S.
**Michldorf**, ▼ Wels (KE 31) 5 SO.
**Micholz**, Salurn (OeSü 207) 1/4 Meile.
**Michovetz**, Fridau (OeSü 113) 1/2 Meile.
**Michowitz**, Beuthen (OS 21) 3/4 NW.
**Michowka**, Eisenbrod (SNV 151) 1/2 SW.
**Middels**, Emden (Wf 38) 4 1/2 NO.
**Midlum**, Emden (Wf 38) 3/4 NW.
— Geestemünde (Ha 40) 3 1/2 N.
**Miechowitz**, ▼ Tarnowitz (OS 22, RO 12) 1 1/4 S.
**Mieczkowo**, Bialosliwe (PO 24) 2 1/2 SO.
**Miedar**, Kandrzin (Kosel) (OS 13, WI 1) 3/4 O.
**Miedarhammer**, Kandrzin (Kosel) (OS 13, WI 1) 3/4 O.
**Mieders**, ▼ Innsbruck (OeSü 187) 2 1/2 S.
**Miedzno**, Laskowitz (PO 30) 2 1/2 NW.
**Miedzyhorze**, Halicz (LCJ 11) 1/2 O.
**Miehlen**, *Fl.*, St. Goarshausen 1 1/2 NO, Nassau 1 1/4 SO. (Na 14 u. 24).
**Miejsce**, ▼ Przemysl (GCL 22) 12 1/4 W.
**Miekinia**, Krzeszowice (KFN 39) 1 NW.
**Miel**, ▼ Bonn (Rh 42) 1 1/4 SW.
**Mielec**, *Fl.*, ▼ Dembica (GCL 12) 3 N.
**Mielen**, St. Trond (Belg. Centr. 2, 16) 1 SO.
**Mielenhausen**, Münden (Ha 86) 7/4 NO.
**Mielenz**, Simonsdorf 1 1/4 S, Marienburg 1 SW. (PO 35, 36).
**Mieleszewo**, Warlubien (PO 31) 7 1/2 SO.
**Mielieu**, Ober-Lahnstein 3/4 NO, Ems 3/4 W. (Na 19, 22).
**Mielnica**, *Fl.*, ▼ Luzan (LCJ 20) 7 NO.
**Mielzyn**, *Stadt*, ▼ Posen (OS 48) 8 O.
**Mieran** bei Schöneck, Dirschau (PO 34) 2 1/4 W.
**Mierndorf**, K. Wusterhausen (BG 3) 3/4 N.
**Mies**, *Stadt*, ▼ *Bleierzwerk*, Pilsen (BW 8) 4 1/2 W, Nürschan (BW 8) 2 N, Staab (BW 5) 2 NW.
**Miess** (Miss) in Steyermark, Prävali (OeSü 162) 1 1/2 Meile.
**Miesau**, Ober- u. Unter-, Bruchmühlbach (Pf 3) 1/4 N.
**Miesce**, Kandrzin (Kosel) (WI 1) 3/4 NO.
**Miesenbach**, Steinwenden (Pf 56) 1/2 NO.
**Miesenheim**, Andernach 3/4 S, Neuwied 3/4 SW. (Rh 50 u. 51).
**Mietersheim**, Dinglingen (Ba 31) 1/4 S.
**Mietingen**, Laupheim 7/4 SO, Schemmerberg 3/4 O (Wü 38 u. 39).
**Mietschin**, *Fl.*, Nepomuk (KFJ 34) 2 W.
**Mihaly**, Nagy-, *Fl.*, ▼ Kaschau (Ts 26) ca 6 O.
**Mihály**, Sct.-, Kiralytelek 1 1/2 SW, Tokaj 2 S. (Ts 15 u. 17).
**Mihaly**, Sct.-, Szakalhaza 1 S, Temesvar 2 S. (OeSt 118 u. 119).
— St., Stuhlweissenburg (OeSü 128) 1/4 SW.
— St., *Fl.*, ▼ Stein am Anger (OeSü 102) ca 2 W.
*Siehe auch Station St. Mihaly OeSü 107 u. °Mihaly UNO 22, auch °Mihalyfalva UNO 3.*
**Mihla** (Mühla), ▼ Erfurt (Th 8) 1 3/4 N.
**Mikebuda**, Alberti-Irsa (OeSt 101) 1/2 SW.
**Mikietynce**, Stanislau (LCJ 13) 1/2 O.
**Miklaszów**, Lemberg (LCJ 1) 2 O.
**Miklos**, Szent-, Perbete (OeSt 86) loco.
— St.- bei Esterhacz, ▼ Zinkendorf (OeSü 90) 2 O.
— Nagy Szt.-, *Stadt*, ▼ Szöreg (OeSt 111) 5 1/2 SO, Mokrin (OeSt 113) 2 W, Gr.-Kikinda (OeSt 114) 4 N.
— Sz.-, Stuhlweissenburg (OeSü 128) ca 6 S.
— Kun Szt.-, *Fl.*, ▼ Pest (UN 1 u. OeSt 85) 6 1/4 S.
— Olah, Sz.-, Grosswardein (Ts 43 USt 1) 2 1/4 SW.
— Sz.-Miklos (OeSt 88) 1/4 S.
*Siehe auch Station Szt.-Miklos Törek Ts 4.*
**Mikolajów**, *Fl.*, ▼ Staresiolo (LCJ 3) 1 1/4 O.
1 **Mikulince**, *proj. Station*, *Fl.*, ▼ Lemberg (LCJ 1) ca 15 SO.

**Mikulince**, Sniatyn (LCJ 18) 1/2 N.
**Mikulschütz**, Zabrze (OS 18) 1/2 NO.
**Milbertshofen**, München (ByO 1) 3/4 N.
**Milbitz**, Gera (SW 89 u. Th 31) 1/2 NW.
**Mildenau**, Reichenberg (SNV 22) 2 1/4 NO.
Annaberg (SW 70) 3/4 NO.
— Sorau (NM 22) 3/4 SW.
**Mileschau**, Lobositz (OeSt 39) 1 1/4 NW.
**Miletin**, *Stadt* Königinhof (SNV 8) 1 SW.
**Miletic**, Weitrna (OeSt 32) 1/2 W.
**Milein**, siehe Miltschin.
**Militsch**, *Stadt*, T Breslau 8 NO, Trachenberg 4 NO, (OS 82 u. 86).
**Milkel**, Bautzen (SO 20) 1 1/4 NO.
**Mil(l)lin**, *Fl.*, Horowitz (BW 14) 3 1/2 SO.
**Millingen**, Empel (KM 40) 1/2 NW.
**Millnern**, Villach (OeSü 171) 1 1/4 N.
**Milotitz**, Göding (KFN 12) 1 1/2 N.
— — Strassnitz-B. (KFN 13) 1 1/2.
**Millstadt**, *Fl.*, Klagenfurt (OeSü 166) 8 NW.
**Milluhnen**, Stallupönen (PO 62) 1 SW.
**Milmersdorf**, Wilmersdorf (BSt 46) 4 NW.
**Milonitz**, Raitz (OeSt 4) 3/4 SO.
**Miloslaw**, *Stadt*, T Posen (OS 48) 7 SO.
**Milow**, Alt- u. Neu-, Genthin (BPM 11) 2 1/4 NO.
— bei Lenzen, Wendisch-Warnow (BH 13) 1 1/2 SW.
**Milowitz**, Königgrätz (SNV 3) 1 3/4 NW.
**Mils**, Hall (OeSü 186) 1/4 NO.
**Milstrich**, Radeberg (SO 14) 4 NO.
**Miltenberg** *(proj. Station der ByS)*, *Stadt*, Tauber-Bischofsheim (Ba 136) 4 3/4 NW, Wertheim (Ba 141) 3 W, Aschaffenburg (ByS 102) 4 3/4 S.
**Miltitz**, Markranstedt (Th 21) 1/2 NO.
*Siehe Station Miltitz LD 32.*
**Miltschin** (Milicin), Prag (OeSt 27, BW 22) 7 1/2 SO.
**Mimbach**, Blieskastel (Pf 25) 1/4 S.
**Mine, E** ✕ (an Pferde-), Dahlhausen (SS) 0,3 NO.
**Mindelheim**, *Stadt*, *(proj. Station der ByS)*, Buchloe 2 W, Memmingen 3 NO, Kaufbeuren 3 NW (ByS 20, 213 u. 18.
**Mindraching** (Mintraching), Aibling (ByS 135) 1/4 N.
**Minfeld**, *Fl.*, Winden 3/4 SO, Langenkandel 1/2 SW (Pf 41 u. 44).
**Mingolsheim**, Langenbrücken (Ba 8) 1/2 N.
**Minichreith**, Krummnussbaum (KE 12) 1 1/2 N.
**Minitz**, Kralup (Bu 15) 1/4 SW.
**Minikowo**, Nakel (PO 20) 1 1/4 NO.
**Minkendorf**, Guntramsdorf (OeSü 12) 1 Meile.
Reichenberg (SNV 22) 1/2 S.
**Minkowitz**, Kralup (Bu 15) 1/4 SW.
**Minseln**, Maulburg, *PH* 1,4 S, bei Rheinfelden 0,8 NO. (Ba 211. 59).
**Mintraching**, Neufahrn bei Freising (ByO 5) 1/4 O.
**Miramare**, Grignano (OeSü 88) 1/4 Meile.
**Mirchau**, Danzig (PO 74) 6 W.
**Mirschau**, *Fl.*, Rokitzan (BW 11) 1 SO.
**Mirow**, *Stadt*, Neubrandenburg (FF 7) 6 SW.
**Mirotitz**, *Stadt*, Strakonitz 3 NO, Pisek 3 NW. (KFJ 30 u. 28).
**Mirowitz**, *Stadt*, Strakonitz (KFJ 30) 4 1/2 NO.
**Mirotken**, Czerwinsk (PO 32) 1 1/4 W.
**Mirschowitz**, Staab (BW 5) 1/4 NW.
**Misefa**, St. Mihaly (OeSü 208) 1 Meile.
**Mislibořitz**, *Fl.*, Brünn (BR 1 u. KFN 56) 6 1/2 SW.
**Misdorf**, Hohen-, Teltow (FF 3) 1 O.
**Miskoles**, Skalitz (SNV 23) 1/2 NW.
*Siehe dagegen Stat. Miskolcz (Ts 22).*
**Misliw**, Nepomuk (KFJ 34) 1 S.
**Misselhorn**, Unterlüss (Ha 8) 1 1/2 W.
**Misselwarden**, Geestemünde (Ha 40) 2 1/2 N.
**Missling**, *Eisenw.*, Cilli 3 N, Unter-Drauburg (OeSü 84 u. 161) 3 SO.
**Mistek**, *Stadt*, Standing 2 1/4 SO, Schönbrunn 2 1/4 SO. (KFN 24 u. 25).
**Mistelbach**, Bayreuth (ByO 80) 1 SW.
— *(OeSt 141)*, Gänserndorf (KFN 5) 4 N, Hohenau (KFN 9) 3 SW.
**Mistelbronn**, Donaueschingen (Ba 185) 1,6 W.
**Mistelfeld**, Lichtenfels (BySt 61) 3/4 SO.
**Mistelgau**, Bayreuth (ByO 80) 1 SW.
**Mistitz**, Hammer (Wi 3) 1/2 W.
**Mistorf**, Bützow (Mk 3) 1 1/2 NO.
**Miszla**, Lepseny (OeSü 126) 4 Meil.
**Mitgottgewalt** ✕ (an der Ruhr), Witten (NM 46) 1 W.

**Mitrowitz**, *Fl.*, T Gr. Kikinda (OeSt 114) 18 SW.
**Mittel-**, *die Orte Frohna, Hasselbach mit der Nebenbezeichnung „Mittel" sind unter ihrem Stamm-Namen aufgeführt.*
**Mittelbach**, Radeberg (SO 14) 1 1/4 NO.
bei Chemnitz, Siegmar 3/4 SW, Wüstenbrand 3/4 SO. (SW 27 u. 25).
**Mittelberg**, Oeslau (Th 58) 3/4 N.
**Mittelburg**, Hartmannshof (ByO 39) 1/4 SW.
**Mittelbruch**, Friedeberg (PO 16) 3/4 O.
**Mittelbuchen**, Wilhelmsbad (FH 4) 3/4 N.
**Mitteldorf**, Krippen (Schandau) (SO 9) 1 NO.
— Bleicherode (ML 29) 3/4 O.
**Mittelgrund**, Bodenbach (BN 20 u. SO 11a) 3/4 N.
**Mittelhausen**, *Walschleben (NE 10) 3/4 SO.
**Mittelheim**, Oestrich-Winkel (Na 8) 1/4 SW.
**Mittelpöllnitz**, Gera (SW 89, Th 31) 2 1/2 SW.
**Mittelstadt**, Bempflingen (Wü 120) 1/2 SW.
**Mittelwalde** (Medzibor) *Stadt*, Oels (RO 17) 4 NO.
a. Neisse, *Fl.*, Frankenstein (BF 11) 6 1/2 SW.
**Mittelweiler**, Haslach (Ba 163) 0,3 S.
**Mittenwald** *(proj. Stat. BySt)*, *Fl.*, Holzkirchen (BySt 131) 8 1/2 SW Peissenberg (BySt 190) 6 SO.
**Mittenwalde**, Wilmersdorf (BSt 46) 2 1/2 NW.
*Stadt*, K. Wusterhausen (BG 3) 1 1/4 SW.
**Mitterburg**, *Stadt*, Triest (OeSü 89) 9 S.
**Mitteregg**, Leibnitz (OeSü 53) 3 1/2 Meilen.
**Mitterfeld**, Böheimkirchen (KE 10) 3/4 S.
**Mitterfels**, Straubing (ByO 47) 1 3/4 NO.
**Mitterndorf**, Wels 9 SW, Salzburg 9 SO. (KE 31 u. 45).
*Siehe dagegen Stat. Mitterndorf OeSü 36.*
**Mittershausen**, Heppenheim (MN 11) 1 O.
**Mittersill**, *Fl.*, Wörgl (OeSü 190) 7 SO.
**Mitterskirchen**, Landshut (ByO 10) 7 SO.
**Mittlau**, Nieder-, Meerholz 3/4 S.
Alten-, Meerholz 1/2 S. (BbH 15).
Bunzlau (NM 29) 1 1/4 SO.
**Mittling**, Papenburg (Wf 33) 1/2 N.
**Mittweida**, Lübben (BG 6) 2 1/4 NO.
(bei Scheibenberg), Schwarzenberg 1 O, Annaberg 1 1/2 SW. (SW 58 u. 70).
*Siehe dagegen die Stationen Mittweida SW 31. 32.*
**Mittwitz**, *Fl.*, Kronach (BySt 219) 1 W.
**Mixstadt**, *Stadt*, Breslau 10 NO, Oels 6 NO. (RO 13 u. 17).
**Mladějow**, Turnau (SNV 17) 1 3/4 SO.
**Mlaka**, Gross-, Gorica (OeSü 149) 1/2 Meile.
**Mlaslitz**, Berkowic-Melnik (OeSt 34) 1/2 NO.
**Mlazowitz** (Mlazowice) *Fl.*, Königinhof 2 1/4 SW. (SNV 8).
**Mlatkow**, Skalic (OeSt 5) 1/4 NO.
**Mlecchost**, Jenowic (OeSt 33) 1/2 S.
**Mlietsch**, Haynau (NM 31) 4 1/2 NO.
**Mlikojed** bei Brandeis, Obristwy-Klomin (TKP 3) 1/4 O.
bei Leitmeritz, Theresienstadt (OeSt 37) 1 NW.
**Mlikosrb**, Elbe-Teinitz (OeSt 21) 2 1/2 NO.
**Mlotkowke**, Bialosliwe (PO 24) 2 NO.
**Mlotkowo**, Bialosliwe (PO 24) 1 1/2 NO.
**Mnischek**, *Stadt*, Dobrichowitz (BW 19) 1 1/2 S.
**Moabit**, Vorstadt von Berlin (BH 1) 1/2 W.
**Mobendorf**, Haynichen (SO 57) 1/2 O.
**Mochau**, Döbeln (LD 28) 1 O.
**Mochbern**, Gr.- u. Kl.-, Breslau (NM 30, OS 1) 3/4 SW.
**Mochel**, Bromberg (PO 27) 2 NW.
**Mocherwitz**, Delitzsch (BA 38) 1 SO.
**Mochholz**, Rietschen (BG 13) 3/4 W.
**Mochow**, *Fl.*, Böhm. Brod (OeSt 24) 1 1/2 NW.
Lübben (BG 6) 2 1/2 NO.
**Mockau**, *Spinnerei u. Zuckerfabr.*, Leipzig (LD 1. ML 14. BA 41) 1/2 N.
**Mocker**, Thorn (PO 67) 3/4 N.
Leobschütz (Wl 10) 1 3/4 SW.
**Mockethal**, Pirna (SO 5) 1/4 NO.
**Mocran**, *Berg- u. Hüttenwerke*, Nicolai (Wl 29) 1/2 W.
**Mockritz**, Döbeln (LD 28) 1 N.
**Mocsa**, Acs (OeSt 71) 1 SO.
**Modau**, Ober-, Darmstadt (HL 24) 1 1/4 SO.
Nieder-, Darmstadt (HL 24) 1 1/4 SO.
**Modderwiese**, Driesen (PO 18) 2 S.
**Modelsdorf**, Kaiserswaldau 1 1/4 SO, Haynau 1 1/2 SW. (NM 30 u. 31).
**Modelwitz**, Schkeuditz (ML 13) 3/4 SO.
**Modern**, *Stadt*, Wartberg 2 NW, Weinern 2 1/2 NO. (OeSt 78 u. 76).
**Modlau**, Schönfeld 1/2 NW, Karbitz 1/2 SW. (AT 3 u. 4).

**Modlau**, Kaiserswaldau 1 1/4 N, Haynau 2 1/2 NW. (NM 30 u. 31).
Glogau (NZ 1 u. OS 43) 3/4 SW.
**Modos** *Fl.*, Temesvar (OeSt 119) 6 1/2 SW.
**Modrau**, Prag (BW 22. Bu 1). 1 S.
**Modrie**, Turnau (SNV 17) 1/4 SW.
**Modrzejow**, *Stadt*, Myslowitz (OS 29) 1/4 N.
**Möckern**, *Stadt*, Magdeburg (BPM 18) 3 O, Burg (BPM 13) 2 SO, Zerbst (BA 44) 3 NW.
— *Ziegelei, Brauerei, Eisengiesserei*, Leipzig (LD 1. Th 22. ML 14). 1/2 NW.
***Möckmühl** *(Wü 65)* in Baden, *Stadt*, Adelsheim 1 1/2 S, Neckarsulm 2 1/2 NO, (Ba 109 Wü 58).
**Möderbruck**, Bruck a. Mur (OeSü 40) 11 Meilen.
**Mödersheim** (Müddersheim), Vettweiss 1/2 O, Zülpich 1 NO. (Rh 20 u. 21).
**Mödesse**, Peine (Ha 66) 3/4 NO.
**Mödrath**, Horrem (Rh 10) 1/2 S.
**Mödritz**, *Fl.*, Brünn (BrR 1 KFN 56) 1 S.
**Mögelin** (Möglin), Friesack (BH 6) 3 1/2 SW.
**Möhlau**, Gr.- u. Kl.-, Raguhn (BA 36) 3/4 NO.
**Möhler**, Oelde (KM 21) 1/4 N.
**Möhlin**, Liestal (SC 1, 5) 2 1/2 NO.
***Möhringen** *(Wü 165)* in Baden, *Stadt*, Hattingen *PH* 0,8 N, Immendingen 0,6 N. (Ba 178, 179).
a. d. Fildern, *Fl.*, Stuttgart (Wü 16) 3/4 SW.
— Stettin (BSt 10) 1 W.
**Möhrsdorf**, Radeberg 2 NO, Bischofswerda 1 1/2 NW. (SO 14 u. 17).
**Mökow**, Züssow (BSt 56) 1/2 NO.
**Mölbis**, Borna (SW 93) 1 N.
**Möllbergen**, Porta (KM 32, Ha 19) 1/2 S.
**Moellen**, Cöslin (BSt 24) 1 1/2 NW.
*Siehe dagegen Stationen Mölln der FF 6 u. LB 5.*
**Möllenbeck**, Grabow (BH 14) 1 1/2 O.
**Möllendorf**, Riestedt (ML 23) 1 1/2 NO.
**Möllensdorf**, Coswig (BA 27) 3/4 NO.
**Möllersdorf**, Himberg (OeSt 57) 1 1/2 NW.
**Möllrich**, Nieder- u. Ober-, Wabern (MW 5) 3/4 W.
**Mölsen**, Hohen- *(Siehe auch Hohenmölsen)*, *Stadt*, Weissenfels 1 1/2 SO, Teuchern 1/2 NO, Zeitz 2 N.
**Mölsern**, Erfurt (Th 8) 1 1/2 NO.
**Mölsheim**, *Thonerdegruben*, Monsheim 1/2 NW, Nieder-Flörsheim 1/2 W. (HL 39 u. 40).
**Mölten**, Neunkirchen (OeSü 24) 6 Meilen.
**Mölz**, Biendorf (MH 33) 1/4 NO.
**Mömbris**, Dettingen (FH 8) 1 1/2 NO.
**Moena**, Neumarkt (OeSü 208) ca 4 NO.
**Mönau**, Weisswasser (BG 12) 2 1/2 SW.
**Mönchberg**, *Fl.*, Aschaffenburg (ByS 102) 3 SO.
**Mönchenhofen**, Holzdorf (BA 21) 3/4 W.
**Mönchenstein**, Basel (Ba 50) 1 SO.
**Mönchhagen**, Rostock (Mk 1) 1 NO.
**Mönchhof**, Nenzingen, *PH* (Ba 181) 1/4 N.
Raunheim 3/4 NO, Kelsterbach 3/4 SW. (HL 32 u. 33).
*Siehe dagegen Station Mönchshof HN 12.*
**Mönchswalde**, Bautzen (SO 20) 3/4 S.
**Mönchweiler** i. d. Schweiz, Säckingen 3/4 S. (Ba 42).
Donaueschingen (Ba 185) 3 1/2 N.
**Mönchzell**, Meckesheim (Ba 95) 0,3 NW.
**Mönkebude**, Borkenfriede 2 NO, Ducherow 1 1/2 O. (BSt 53 u. 54).
**Mönichwald**, Krieglach (OeSü 35) 10 Meilen.
**Mönninghausen**, Geseke (Wf 9) 3/4 W.
**Mönthal**, Brugg (SNO 1, 26) 1 1/2 NO.
**Möggingen**, Radolfzell (Ba 83) 3/4 NO.
**Mördingen**, Freiburg (Ba 39) 1,7 W.
**Mörfelden**, Langen 1 SW, Gr.-Gerau 1 1/2 N (MN 3 HL 22).
**Möritzsch**, Schkeuditz (ML 13) 1 1/2 SO.
**Mörkau**, Neuterschitz (OeSt 41) 3/4 NW.
**Mörlen**, Nieder- u. Ober-, Nauheim (HL 21) 1/2 NW.
**Mörlenbach**, *Fl.*, Heppenheim (MN 11) 1 1/2 SO.
**Mörlheim**, Landau (Pf 39) 1/2 SO.
**Mörmter**, Empel 1 SW, Cleve 2 1/4 SO, (KM 40 u. Rh 75).
**Mörnsheim**, *Fl.*, Mertingen (ByS 30) 3 NO.
**Moers** (Meurs), *Stadt*, T Homberg (BM 20) 3/4 W, Crefeld (Rh 66) 2 NO, Geldern (Rh 70) 3 1/2 SO, Uerdingen (Rh 86) 1 1/2 N.
**Mörsbach**, Homburg, (Pf 2) 3/4 SO.
**Mörsch**, Carlsruhe 1 1/2 SW, Mühlburg *PH* 0,7 S, Ettlingen 0,8 NW, Rastatt 2 N. (Ba 14. 202. 15 u. 18).
**Mörschied**, Oberstein (Sa 38) 1 1/2 N.

**Mörsenbroich**, Düsseldorf (KM 7) ½ NO.
**Mörstadt**, Pfeddersheim (HL 38) ½ NW.
**Mörtelstein**, Aglasterhausen (Ba 99) ½ O.
**Mösbach**, Renchen (Ba 25) 0,7 NO.
**Moese**, Lippstadt (Wf 10) 3¾ NO.
**Mösendorf**, Vöcklamarkt (KE 37) ½ S.
**Möser**, T Wusterwitz (BPM 8) ¼ NO.
*Mössingen, (Wü 138), Tübingen (Wü 135) 1½ S.
*Mösskirch, (Ba 191). *Stadt*, Stockach (Ba 192) 2¼ NO, Aulendorf (Wü 46) 5 NW.
**Moest**, Stumsdorf (ML 9) ¼ NW.
**Möthlow**, Paulinenau (BH 5) 1½ SW.
**Möttig**, Spitteindorf (NM 34) ½ N.
**Möttling**, *Stadt*, Carlstadt (OeSü 154) 1½ NW.
**Möttlingen** (in Württemberg), Pforzheim (Ba 149. Wü 207) 2¼ SO, *Calw (Wü 208) 1 NO.
**Möttnig**, *Fl.*, Cilli (OeSü 64) ca 3 W.
**Moggio di sotto**, Udine (ObItal. 1, 4) 4¼ N.
**Mogilno**, *Stadt*, T Bromberg (PO 27) 8 S.
**Mohlis**, Schmölln (SW 85) ¾ NW.
**Mohnau**, Gross-, Mettkau (BF 4) ½ SO.
Klein-, Mettkau (BF 4) ¾ S.
Wenig-, Mettkau (BF 4) ¾ S.
**Mohol**, Gr.-Kikinda (OeSt 114) 2 S.
**Moholz**, Uhsmannsdorf (BG 14) 1¼ W.
**Mohorn**, Tharandt (SO 40) 1¼ NW.
**Mohr**, Ober-, Landstuhl (Pf 5) ¾ NW.
Wald-, Homburg (Pf 2) 1 N. Siehe Waldmohr.
**Mohren**, Mastig (SNV 10) 2 NO.
bei Braunau, Kostelets, (SNV 25) 1½ NO.
Zwittau (OeSt 9) ½ NW.
**Mohrin**, *Stadt*, Freienwalde a. Oder 3½ NO, Wriezen a. O. 3½ NO, Angermünde 4½ SO. (BSt 49, 67 u. 6).
**Mohrungen**, *Stadt*, Elbing 7 SO, Güldenboden 6 SW, Schlobitten 4 SO. (PO 39, 40 u. 41).
**Mois**, Nieder- u. Ober-, Neumarkt (NM 30) 1½ SW.
– Nieder- u. Ober-, Greiffenberg (NM 45) 2 NO.
**Moisburg**, Harburg (Ha 17) 3 W.
**Moisdorf**, Jauer (BF 20) 1 SW.
**Mokosin**, Prelouc (OeSt 19) ¾ SO.
**Mokritz**, Rann (OeSü 145) 1½ Meile.
**Mokropetz**, Ober- u. Unter-, Dobrichowitz (BW 19) ¼ NO.
**Mokrowaus**, Königgrätz (SNV 3) 1½ NW.
**Moldautheim**, *Stadt*, Budweis 4 N, Pisek 3½ O, Wodnian 2¾ NO. (KFJ 23. 28 u. 26).
**Moldava**, Neu-, *Bergwerk*, *Fl.*, Bazias 3 SO. Weisskirchen 4 SO. (OeSt 127 u. 126).
**Moletein**, Müglitz (OeSt 46) 1½ NW, Budigsdorf (OeSt 49) 1½ SO.
**Mollenfelde**, Friedland (Ha 95) ¾ W.
**Mollis**, Naefels (VS 3, 58) ½ SO.
**Mollu**, Wels (KE 31) 5 SO.
**Mollwitz**, Brieg (NB 8 u. OS 5) ¾ W.
**Molodynsze**, Chodorow (LCJ 7) 1½ S.
**Molotów**, Chodorow (LCJ 7) 1 W.
**Molsberg**, *Fl.*, *Hadamar 1 NW, Limburg 2 N. (Na 48 u. 30).
**Molsburg**, Schliengen (Ba 47) 1 O.
**Molsdorf**, Dietendorf (Th 7) 1 O.
**Moltow**, Cörlin (BSt 41) 1½ NW.
**Molzen**, Uelzen (Ha 10) 1 NO.
**Mombach**, *Fabriken*, Mombach (HL 12) ½ N.
**Momehnen**, Wehlau (PO 55) 5 S.
**Mommenheim**, Mainz 1½ S, Bodenheim ¾ SW, Nierstein ¾ W. (HL 11. 9 u. 7).
*Siehe dagegen PH* Mommenheim der Französischen Ostb. 2, 64.*
**Mondorf**, Merzig (Sa 16) ½ SW.
Troisdorf (KM 44) 1 SW, Bonn (Rh 42) 1½ N.
**Mondsee**, *Fl.*, Strasswalchen (KE 42) 2 SO.
**Monheim**, *Stadt*, Donauwörth (BySt 31) 1¾ NO.
Langenfeld (KM 5) ¾ W.
**Monok**, Szerencs (Ts 19) 1 NW.
**Monostor**, Hatvan (UN 10) 3 SO.
Temesvar (OeSt 110) 8 N.
**Monreal**, *Fl.*, Andernach (Rh 50) 3½ SW, Coblenz (Rh 52) 4 W.
**Monsberg**, Pöltschach (OeSü 60) 2 Meilen.
**Montabaur**, *Stadt*, Ems 1¾ NO, Diez 2 NW, Limburg 2 NW. (Na 22. 29 u. 30). Coblenz 3 NO. (Rh 52).
**Montau**, Dirschau 2 SO, Simonsdorf 1¾ SW, Marienburg 1¾ SW. (PO 34, 35 u. 36).
– Warlubien (PO 31) 1¼ O.
**Montebelluna**, *Stadt*, Treviso (Ob. Ital. I, 35) ¾ N.
**Monteforte**, St. Bonifacio (Ob. Ital. I, 35) ¾ N.
**Montjoie**, *Stadt*, Aachen 4 S, Eupen 2 SO. (AM u. BM 1. Rh 1).
**Montorio**, Verona (Ob. Ital. I. 26) ½ NO.
**Montpreis**, *Eisenhammer u. Silberbergwerk*, *Fl.*, Markt-Tüffer (OeSü 65) 4 SO.
**Montzen**, Herbesthal (Rh 2) ¾ N.
**Monzernheim**, Osthofen (HL 2) 1 W.
**Mook a. d. Maas**, Groesbeck ¾ SW, Nymegen 1½ S. (Rh 79 u. 80).
**Moorburg** (i. Oldenburg), Leer (Wf 35) 4½ NO.
– – (i. Hamburg), Harburg (Ha 17) 1 NW.
**Moorhausen**, Hude 1 SW, Wüsting ½ S. (Ol 3 u. 2).
**Moorlage**, Leschede (Wf 26) ¾ NO.
**Moorsleben**, Helmstedt (Ba 31) 1 O.
¹**Moos**, Langen-Isarhofen (ByO 52) ¼ N.
² —— Radolphzell (Ba 83) 0, 4 SW.
³ – Bühl (Ba 22) 0, 3 NW.
⁴ – Geroldshausen (Ba 122) 0, 3 SO.
⁵ – Meckenbeuren (Wü 51) ¾ S.
**Moosach**, München (ByO 1) ¾ NW.
**Moosbach** bei Vohenstrauss, Wernberg (ByO 71) 2¾ NO.
*Siehe dagegen Station Mosbach (Ba 102 u. Na 2).*
**Moosbrunn**, Aglasterhausen (Ba 99) 1, 2 NW.
Gramat.-Neusiedel (OeSt 59) ¼ SW.
**Moosburg**, Krumpendorf 1½, Klagenfurt 2 NW. (OeSü 167 u. 166).
*Siehe dagegen Stat. Moosburg ByO 8.*
**Moosen**, Sursee (SC 1, 20) 3 NO.
**Mooskirchen**, *Fl.*, Lieboch (GK 4) ¾ N.
**Mooslerau**, Sursee (SC 1, 20) 2½ NW.
**Moosthann**, Ergoldsbach (ByO 12) 1 SO.
**Moosthenning**, Landshut (ByO 10) 4 NO.
**Mopertingen**, Eygenbilsen (AM 11) ¼ S.
**Moran** (Mohrau), *Fl.*, Olmütz 6 N, Littau 4¾ NO. (OeSt 43 u. 45).
**Moravicza**, *Fl.*, Moravicza (OeSt 123) ½ SO.
**Morbach**, Birkenfeld 3¾ N, Oberstein 3 NW, Fischbach 4 NW. (Sa 41, 38 u. 37).
**Moresnet**, Astenet ¾ NW, Herbesthal ¾ NO. (Rh 3 u. 2).
**Morgany**, Kanizsa (OeSü 109) 1 Meile.
**Morgenstern** (Morchenstern), Reichenberg in Böhmen 1½ SO, Turnau 2½ NO, Eisenbrod 1½ N. (SNV 22. 17 u. 15).
**Morgenröthe**, Auerbach (SW 73) 1½ SO.
**Morgensternsheide**, Neuss (BM 16) ¾ SO.
**Morgenthau** (Morgenthal) Grottau (SO 34) 1¾ SW.
**Moriczhely**, Kanizsa (OeSü 109) 1 Meile.
**Móriczhida**, Kis- u. Nagy-, Raab (OeSt 69) 3 SW.
**Moringen**, *Stadt*, Northeim 1 W, Göttingen 2½ NW. (Ha 81. 84).
**Moritten**, Kobbelbude (PO 48) 2 SO.
**Moritz**, St.- (*Kurort*), Chur (VS 3, 33) 16 SüS
Zerbst (BA 44) ¾ NW.
**Moritzburg**, Coswig 1 NO, Dresden 1¾ NW. (LD 16. 20).
**Moritzfelde**, Stargard i. Pomm. (BSt 14) 1 W.
**Morl**, Halle (BA u. Th 18) 1 NW.
**Moroczyn**, Czerwinsk (PO 32) 2 N.
**Morren**, Zantoch (PO 14) 1½ SO.
**Morsbach**, Wissen (KM 50) 1½ N.
**Morschen**, Neu- u. Alt-, Morschen (HN 5) ½ SO.
**Morschenich**, Buir ¾ NW, Düren 1 NO. (Rh 9 u. 8).
**Morschheim**, Alzey (HL 44) 1 SW.
**Morsdorf** (Moorsdorf), Köln (KM 1. Rh 13) ¾ SW.
**Morzell**, Schliengen (Ba 47) 1 O.
**Morzewo**, Schneidemühl 2 SO, Miasteczko 1½ W. (PO 22 u. 23).
**Mosbach**, Babenhausen (HL 28) 1¼ SO.
*Siehe dagegen die Station Mosbach Ba 102 u. siehe die Orte Moosbach.*
**Mosbronn**, Malsch (Ba 16) 1 O.
**Moschel**, Ober-, *Stadt*, Standernheim 1½ SO, Münster a. St. 2 SW. (Sa 33 u. 31).
– Nieder-, Münster a. St. (Sa 31) 1½ SW. Standernheim (Sa 33) 1½ SO.
**Moschendorf**, Kaiserswaldau (NM 30) ¾ S.
**Moschütz**, Bialosliwe (PO 24) 2 NW.
**Moschwitz**, Greiz (SW 91) ¾ SW.
**Moserm**, Wörgl (OeSü 180) ¼ M.
**Moselweiss**, Coblenz (Rh 52) ½ W.
**Mosen** (i. Sachs.-Meiningen), Ronneburg (SW 87) 1½ S.
**Mosern**, Nesterschitz (OeSt 41) ½ NO.
**Mosigkau**, *PH (BA 31), Dessau (BA 30) ½ SW.
**Mosle**, Laibach (OeSü 76) ½ O.
**Mosurau**, Ratibor (Wi 5) 2 NW.
**Moszisk**, *Glashütte*, Orzesche (Wi 23) ½ SO.
**Moszkowce**, Bukaczowce (LCJ 9) 1½ SO.
**Mothalen**, Altfelde (PO 37) 4½ SO.
**Motterwitz**, Leisnig (LD 26) 1 NNW.
**Mottgers**, Schlüchtern (BbH 10) 1½ SO.
**Motzen** (i. Oldenburg), Vegesack (Ha 42) 1½ NW.
– K. Wusterhausen (BG 3) 1½ S.
**Moudon** (Milden), *Stadt*, Bern (SC 1, 39) 13 SW.
**Moulin**, Thun (SC 1, 47) 12 SW.
**Mover**, Winsen (Ha 15) 1 O.
**Moyland**, Cleve (Rh 75) 1 SO.
**Moys**, *Tuchfabr.*, Görlitz (BG 15) ½ SO.
**Mratin**, Obristvy-Klomin (TKP 3) 1 SO.
**Mriczna** (Wemerschitz), Liebstadtl (SNV 13) ¾ NO.
**Mrocsen**, *Stadt*, Nakel (PO 26) 2 N.
**Mrowino**, Rokitnice (OS 49) ¼ W.
**Mrozowo**, Osiek (PO 25) 1½ NO.
**Mrsczin**, Kotomierz (PO 29) ½ NO.
**Mrzyglod**, *Fl.*, Przemysl (GCL 22) 5 SW.
**Mscheno**, Liblic-Bisic (TKP 4) 2 N, Berkowic-Melnik (OeSt 34) 2½ NO, Weisswasser (BN 2) 2 SW.
**Msauno**, Terespol (PO 29) 3 NW.
**Muccum**, Bünde (Ha 53) ½ NW.
**Much**, Siegburg (KM 45) 2¾ NO.
**Muchmühle**, Bialosliwe (PO 24) 1½ SW.
**Muchochin**, Driesen (PO 18) 4¾ S.
**Mucherau**, Deutsch-Lissa (NM 38) ½ NW.
**Muckrow**, Sommerfeld (NM 19) 1 NO.
**Mudau**, *Fl.*, T O. Schefflenz (Ba 106) 2 N.
**Mudersbach**, Niederschelden (KM 63) ½ SO.
**Mücheln**, *Stadt*, Merseburg 2 SW, Naumburg 2½ NO. (Th 17 u. 14).
**Mückenberg** (in Preuss. Sachsen), *Stadt*, Pristewitz (LD 14) 3½ NO.
**Mückenhain**, Uhsmannsdorf (BG 14) 1¼ S.
**Mückenhausen** (Muggenhausen), Sechtem (Rh 40) 2 SW.
**Mückenloch**, Neckargemünd (Ba 92) 0, 6 O.
**Mückern**, Ronneburg (SW 87) ¾ NW.
**Müddersheim** (Médorsheim) Zülpich ½ N, Vettweiss ½ SO. (Rh 20. 21).
**Müden**, Unterlüss (Ha 8) 1¾ NW.
**Müdisdorf** bei Brand, Freiberg (SO 51) ½ S.
**Mügeln**, *Stadt*, Oschatz 1¼ SW, Döbeln 1¼ NW, Leisnig 1½ NO, Bornitz *PH** 1½ SW. (LD 9. 10. 26. 38).
**Mügeln**, Linda (BA 20) ¾ SW.
*Siehe dagegen Güter-Station Mügeln SO 3.*
**Müggelsheim**, Erkner (NM 5) 1 W.
**Müggenburg**, Ehlershausen (Ha 5) ¼ NO.
– Anclam (BSt 55) 1½ SW.
**Müggenhall**, Stargard i. Pomm. 2 NO, Trampke 1¼ NW. (BSt 14 u. 15).
**Müggenthal**, Praust (PO 73) ½ NO.
**Mügienz**, Wurzen 1 NO, Dornreichenbach *PH** ¾ NW. (LD 67. 7).
**Mühla** (Mihla), Eisenach (Th 3 u. 43) 1½ N.
¹**Mühlau**, Chemnitz 1¾ NW, Mittweida 2½ SW, Altenburg 3½ SO. (SW 29, 31 u. 6).
² —— Hall (OeSü 186) 1 W.
³ —— Mettmenstetten (SNO 2, 49) 1½ W.
¹**Mühlbach** (i. Baden), Bretten (Wü 4) 2 NO.
² Karlstadt (BySt 9) ½ SW.
³ —— a. O., Altenglan (Pf 62) ½ O.
⁴ —— Hersfeld (BbH 2) 1½ NW.
⁵ *Fl.*, Franzensfeste (OeSü 197) ½ NO.
⁶ – Frankenberg (SO 56) ¾ SO.
**Mühlbanz**, Dirschau 1½ NW, Hohenstein ½ S. (PO 34 u. 72).
**Mühlbeck**, Bitterfeld (BA 13) ¾ NO.
**Mühlberg a. Elbe**, *Stadt*, T Burxdorf (BA 24) ¾ SW.
– *Fl.*, Dietendorf (Th 7) 1¼ SW.
**Mühlbock**, Kohlfurt (NM 26) 1 NO.
**Mühldörfl**, Littau (OeSt 45) ¾ W.
⁰**Mühldorf a. Inn** (*ByS 275*) *Fl.*, Landshut (ByO 10) 7½ SO
**Mühlen am Bekafluss**, St. Peter (OeSü 82) 2 M.
*Siehe Station Mühlen, Wü 141.*
**Mühlenbank**, ✕ Kupferdreh ¼ O, Nierenhof ¼ NW. (BM 68. 62).
**Mühlbach**, Alvincz (Si 15) 1 O.
**Mühlenbach**, Haslach (Ba 163) ½ S.
**Mühlenberg**, Altona (AK 1) 1½ W.
– (i. Braunschweig), Holzminden (Wf 43 Bs 1) ¾ S.
**Mühlendorf**, Neu-, Driesen (PO 18) ¼ W
Labes (BSt 18) 1 N.
**Mühlethal**, Zofingen (SC 1, 15) ¾ NO.
**Mühlfeld**, Turkismühl (Sa 42) 2 SW.
**Mühlgraben**, Kufstein (OeSü 178) loco.

T Erfurt (Th 8) 7½ NW., Gotha (Th 6) 5 NW, Gernrode (ML 31) 3 S, Cassel (MW 1) 12 SO, Eisenach (Th 3 u. 43) 4 NO, Leinefelde (ML 32) 3¾ SO.
Mühlhausen a. Neckar, Kornwestheim ¾ SO, Canstatt ¾ NO (Wü 13 u. 17).
— a. d. Eng, Illingen (Wü 7) ¾ SW.
— Wiesloch (Ba 6) 0,9 SO.
— Ingolstadt (ByS 243) 1½ W.
— Würzburg (Ba 125 u. ByS 91) 1½ NO
— Stadt, Pisek (KFJ 28) 5 NO.
— Weltrus ½ S, Kralup ½ NW. (OeSt 32 u. 31).
— Schrombehnen (OpS 12) ½ SO.
— Unna (BM 54) ½ SO.
— Kempen (Rh 67) ¾ SW, Grefrath (Rh 81) ½ O.
*Siehe dagegen Stationen Mühlhausen, Ba 174 u. PO 42.*
Mühlheim a. d. Donau, (i. Wurtemberg) *Stadt*, Engen (Ba 176) 3 NO, Stockach (Ba 192) 3 NW.
— am Bach, Sulz (Wü 141) ¾ NO.
— (i. Pfalz), Monsheim (HL 39) ¾ S.
— Coblenz (Rh 52) 1 NW.
— *Fl.*, Trier (Sa 22) 4¾ NO.
— Ober-, Frankenmarkt (KE 41) ¾ NW.
— Unter-, Frankenmarkt (KE 41) ¾ NW.
*Siehe dagegen Stationen Mülheim am Rhein (BM 100. KM 3) u. an der Ruhr (BM 86 u. Rh 90), sowie Müllheim Ba 45, desgl. die Orte Mülheim.*
Mühlheimer Glück, ✕ Dahlhausen (BM 88) anm.
Mühlhofen, Düren (Rh 8) ½ NW.
Mühlinen bei Interlaken, Thun (SC 1, 47) 3 SO.
Mühlingen, Stockach (Ba 192) 1,3 N.
— Gr.-, Schönebeck 1 S, Gnadau ¾ SW, Eggersdorf ¼ SO, Eickendorf ¾ NO. (ML 3, 4, 15 u. 16).
— Kl.-, Schönebeck (ML 3) 1½ S, Eickendorf (ML 16) ½ SO.
Mühlmannsdickebank, ✕ Kupferdreh (BM 63) anm.
Mühlrädlitz, Liegnitz (BF 23. NM 33) 2 NO.
Mühlrose, Weisswasser, (BO 12) 1½ W.
Mühlseiffen, Greiffenberg (NM 45) ¾ S.
Mühlstädt, Rosslau (HA 29) ½ N.
Mühltroff, *Stadt*, Mehltheuer (SW 16) 1 W.
Mühlwitz, Nieder- u. Ober-, Oels (BO 17) 2½ O.
Mühringen, *Fl.*, Eyach (Wü 140) ½ S.
Mülchi, Solothurn (SC 1, 52) 14 Kil.
Mülheim a. d. Möhne, *Stadt*, Lippstadt 3½ SW, Soest 2 SO. (Wf 10 u. 13).
— Euskirchen (Rh 22) 1 NW.
— Neuwied 1 SO, Coblenz ½ NW. (Rh 51 u. 52).
*Siehe dagegen Stationen Mülheim a. Rhein (BM 100. KM 3) u. Mülheim a. d. Ruhr (BM 86 u. Rh 90) u. Müllheim i. Baden (Ba 45) u. der Schweiz (SNO 2, 8).*
Müllersdorf, Teutschenthal (ML 20) ¼ N.
Mülligen, Baden (SNO 2, 24) 1 SW.
Müllingen, Sehnde (Ha 67) 1 SW.
Müllingnen, Nassendorf (Wf 19) ½ S.
Müllmen, Gogolin (OS 11) 3 SW.
Mülln, Offenburg (Ba 28) 1,3 W.
Müllrose, *Stadt*, Frankfurt a. O. 2 SW, Finkenheerd 1½ W. (NM 11 u. 13).
Mülsen, St. Jacob, St. Egidien 1 SW, Zwickau ¾ NO. (SW 21 u. 47).
— St. Niclas, Zwickau (SW 47) 1 O.
— St. Micheln, Zwickau (SW 47) ¾ NO.
Mümling-Grumbach (Mumling-Grumbach), Dieburg (HL 26) 2½ SO.
Mümliswyl, Langenthal (SC 1, 29) 3½ NW.
Münchaurach, Erlangen (ByS 51) 1½ W.
Müncheberg, *Stadt*, Müncheberg (PO 4) ½ SO.
*Siehe dagegen Station Münchberg, ByS 72.*
Münchehof, Seesen (Bs 8) ¾ W.
Münchehofe, Müncheberg (PO 4) ¾ N.
Münchenbernsdorf, *Stadt*, Gera (SW 88. Th 31) 1½ SW.
Münchendorf, Wien 2½ S, Laxenburg ½ S. (OeSü 1 u. 11).
Münchenhoff Quedlinburg (MH 12) 1 N.
Münchenlohra, Wolkramshausen (ML 28a) ½ SW.
Münchenreuth, Hof (ByS 75. SW 20) 1½ N.
Münchhof, Neuzingen ½ N, Stockach 1,1 NW. (Ba 191. 192).
Münchholzhausen, Wetzlar (KM 60. Na 41) ¾ O.
Münchingen, Kornthal ½ NW, Ditzingen ¾ NO. (Wü 196 u. 197).
Münchsdorf, *Glashütte*, Stankau (BW 4) 2½ W.
Münchshöfen, Strasskirchen (ByO 49) ¾ SW.
Münchsreuth, Kemnath-Neustadt (ByO 77) 1 SW.
Münchweier, Orschweier (Ba 33) 1 SO.
Münchwellen, Frauenfeld (SNO 2, 10) 2½ SO.
Münchwiese, Neunkirchen 1 NO, Ottweiler ¾ O. (Sa 1 u. 44).
Mündelheim, Uerdingen (Rh 86) ½ O.
Münder, *Stadt*, Hannover (Ha 1) 4 SW.
*Siehe dagegen Station Munden Ha 86.*
Müngersdorf, Köln ¼ SW, Ehrenfeld ½ SW. (Rh 13. 12).
Münkheim, Unter-, Kupfer ½ SO, Hall ½ NO. (Wü 77 u. 79).
Münnerstadt, *Stadt*, Meiningen (Th 50) 6 SW.
— Schweinfurt 3½ NW, Gemünden 6 NO. (ByS 84 u. 97).
Münsingen, *Stadt*, Metzingen (Wü 130) 2½ SO, Schelklingen 2¾ NW, Ehingen 3 NW. (Wü 170. 172).
Münstedt, Vechelde (Bs 27) ¾ SW, Peine 1½ S. (Ha 66).
Münster in Baden, Allensbach (Ba 85) 0,2 S.
— Landshut (ByO 10) 3 S.
— Landshut (ByO 10) 3 NW.
— Dieburg (HL 26) ½ N.
— bei Bingen, Bingerbrück (Rh 58. Sa 27) ¼ S.
— Limburg 2 O, Aumenau ½ S. (Na 30 u. 34).
— Canstatt (Wü 17) ¾ NO.
— Alt-, Gmunden (KE 63) ½ SW.
— Brixlegg ¾ SW, Jenbach ¾ M. (OeSü 182 u. 183).
— Aarau (SC 1, 13) 5 SO, Sursee (SC 1, 20) 1¾ O.
*Siehe dagegen Stat. Münster Wf 20 u. Munster am Stein Sa 31.*
Münsterberg, *Stadt*, T Frankenstein (BF 11) 2¼ O, Grottkau (NB 5) 3½ SW.
— Alt-, Simonsdorf ¾ S, Marienburg ¾ W. (PO 35 u. 36).
— Neu-, Marienburg (PO 36) 3½ NW.
— Gross-, Altfelde (PO 37) 4½ SO.
— Mühlhausen (PO 42) 1½ NW.
Münsterbusch, *Hüttenwerk*, Stolberg (Rh 5) ¾ SW.
Münsterdorf, Itzehoe (GE 7) ½ SO.
Münstereifel, *Stadt*, Euskirchen (Rh 22) 1¾ S.
Münsterhausen, *Fl.*, Jettingen 1¾ S, Dinkelscherben 1½ SW. (ByS 110 u. 112).
Münsterlingen, Romanshorn (SNO 2, 1) 3 W, Erlen (SNO 2, 3) 2 N.
Münstermayfeld, *Fl.*, Coblenz (Rh 52) 4¼ SW.
Münsterthal, Orschweier (Ba 33) 1, 3 SO.
— Ober- u. Unter-, Krozingen (Ba 42) 2, 0 resp. 1, 3 O.
Münsterwalde, Czerwinsk (PO 32) 1¼ O.
Münzenberg, *Stadt*, Butzbach (MW 16) 1 O.
Münzesheim, *Fl.*, Heidelsheim (Wü 22) ½ NO.
Bruchsal (Ba 10) 1, 4 O.
Münzkirchen, *Stadt*, Scheerding (KE 52) 1½ NO.
Müran, *Fl.*, Müglitz ¾ NW, Lukawetz ¾ SW. (OeSt 46 u. 47).
Mürow, Angermünde (BSt 6) ¾ NO.
Mürzhöfen, Marein (OeSü 38) ¼ M.
Mürzsteg, Mürzzuschlag (OeSü 33) 2 NW.
Müsen (Müssen), Creuzthal (BM 77) ¾ NO.
— III. V—IX. E ✕ (a. d. Ruhr), Dahlhausen (BM 88) 0,8 O, Witten (BM 40) 1 SW.
Müsleringen, Nienburg (Ha 26) 3¾ SW.
Müssen (i. Lauenburg), Schwarzenbeck (BH 21) 1 O.
Mützel, Genthin (BPM 11) ¾ SO.
Mützenich, Eupen (Rh 1) 1½ SO.
Muffendorf, Godesberg (Rh 113) ¾ S.
Muggenau, Leibnitz (OeSü 53).
Muggendorf, *Fl.*, Forchheim (ByS 53) 2 NO.
Muggenmühlen, *Hof*, Kenzingen (Ba 35) 2 S.
Muggia, *Stadt*, Triest (OeSü 89) 1 SW.
Mugrau, *Graftwerk*, Budweis (KFJ 24 u. KE 74) 4½ SO.
Muhen, Aarau (SC 1, 13) 1½ S.
Muhrau, Striegau (BF 17) ½ O.
Muhr, Eisenbrod (SNV 15) ¾ NW.
Mukarow, Weisswasser (BN 2) 1½ NO.
Mukrena, Bernburg (MH 32) 1½ SW.
Mulda bei Frauenstein, Freiberg (SO 51) 2 S.
Muldszen, Wehlau (PO 55) 2 SO.
Mulkenthin, Stargard (BSt 14) 1 N.
Mulkwitz, Weisswasser (BO 12) 1½ W.
Mulsum, Geestemünde (Ha 40) 2½ N.
Mumpf, Säckingen ¾ S, Sisseln 2½ N. (Ba 62. SC 1, 7).
Mundelfingen, Donaueschingen (Ba 185) 1, 85 S.
Mundelsheim, Bietigheim (Wü 10) 1 NO.
Mundenheim, Ludwigshafen (Pf 17) ½ S.
Munderkingen (Wü 174) *Stadt*, T Um 3 SW, Erbach 2½ SW, Ehingen 1 SW. (Wü 34, 36 u. 172).
Mundingen, Emmendingen (Ba 37) 0, 2 N.
Munkendorf, Rann (OeSü 145) 1 Meile.
Munkacs (UNO 32), *Eisensteingr. u. Eisenhammer*, *Stadt*, Nyiregyhaza (Ts 14) 12 NO.
Munzel, Gross-, Wunstorf (Ha 22) 1¼ S.
Munzifay, *Stadt*, Kaschitz (Bu 17) ¾ NO.
Munzingen, Schallstadt ¾ NW, Freiburg 1½ SW. (Ba 41. 39).
Mupperg, *Fl.*, Neustadt (Th 51) ½ SO.
Murano, Venedig (Ob.-Ital 1, 19) ¾ N.
Muran, Temesvar (OeSt 119) 3 N.
Muraro, Sagrado (OeSü 174) ¼ Meile.
Muravalle, Ala (OeSü 215) ¼.
Murau, *Eisenwerk*, *Stadt*, Schauerfeld (KR 29) 2 W.
Murchin, Anclam (BSt 55) 1 N.
Mureck, *Fl.*, Ehrenhausen 2½ O, Spielfeld 2 O. (OeSü 54 u. 55).
Muri, Aarau (SC 1, 13) 6½ SO.
— Bern (SC 1, 39) 1 SO.
— Wildegg (SNO 2, 28) 4½ SO, Affoltern (SNO 2, 48) 2 W, Dietikon (SNO 2, 22) 3½ S.
— Egg, Affoltern (SNO 2, 48) 2 W.
Langdorf, Affoltern (SNO 2, 48) 2 W.
Murnau (*proj. Stat. d. ByS*), *Fl.*, Peissenberg (ByS 109) 2 SO.
Murowanna-Goslyn, *Stadt*, Posen (OS 48) 3 N.
Murrbach, Gottmadingen (Ba 80) ½ SW.
Murrhardt, *Stadt*, T *Steinkohlengr.*, *Salzquelle*, Canstatt 4 NO, Waiblingen 4 NO. (Wü 17 u. 101).
Murstetten, Böheimkirchen ¾ N, Pottenbrunn 1 NO. (KE 10 u. 11).
Murten (Morat), *Stadt*, Bern (SC 1, 39) 5 W.
Muskau, *Stadt*, Weisswasser (BO 12) 1 NO, Guben (NM 17) 12½ S, Sorau (NM 22) 5½ SW.
Mussum, Bünde (Ha 53) ½ NW.
Mustin, Ratzeburg (LB 4) 1¼ O.
Mutenitz (Mutienitz), Göding (KFN 12) 1½ NW.
Muth, Csikvar (OeSü 127) 5 Meil.
Muthmannsdorf, Neustadt (OeSü 22) 1½ Meilen.
Muthlangen, Gmünd (Wü 109) ½ N.
Mutscheibach, Ober- u. Unter-, Wilferdingen (Ba 145) 0,4 u. 0,3 SW.
Muttelsee, Meckenbeuren (Wü 51) 1 SO.
Muttersdorf, *Fl.*, Stankau (BW 4) 3 W.
Muttrin, Belgard (BSt 21) 3¼ O.
Mutzschen, *Stadt*, Wurzen 2 SO, Dahlen 1½ SW, Grimma 1½ NO. (LD 6. 8. 23).
Myhard, Komarvaros (OeSü 119) 3 Meilen.
Mylau, *Stadt*, T Reichenbach (SW 11) ¾ SW.
Myslenice, *Stadt*, Krakau 4½ SO, Bochnia 5½ SW. (GCL 1 u. 7).
Myslinka, Nürschan (BW 6) ½ NO.
Myszyn, Kolomea (LCJ 16) 1 SW.

# N.

Nabdemenreuth, Windisch-Eschenbach (ByO 82) ½ NW.
Nabelberg, *Schieferyr.*, Lorch (Na 12) 1½ NO.
Nabern, Kirchheim u. Teck (Wü 153) ¾ SO.
Nabsel (Nabzel), Eisenbrod (SNV 15) ½ NW.
Nachrodt, *Fabriken*, Lethmathe (BM 69) ½ SW.
Nachtigal u. Neuglück, ✕ Gevelsberg (BM 69) ½ SW.
Nachtsheim, Andernach (Rh 50) 3½ SW.
Nack, *Weiler*, Neuhausen (Ba 76) 1 SW.
— Alzey (HL 44) 1¼ W.
Naclaw, Kosten (OS 45) ¾ S.

**Nadap** bei Stuhlweissenburg, Nyek (OeSü 130) 1 Meile.
**Nadas**, *Fl.*, Pressburg (OeSt 75) 6 NO.
**Nadasd** bei Hidas-Nemethy (Ts 26) 1¾ N.
**Nadelburg**, W.-Neustadt (OeSü 22) ¾ NO.
**Nadelwitz**, Bautzen (SO 20) ¼ NO.
**Nadreuse**, Tantow (BSt 9) 1 N.
**Nadudvár**, *Fl.*, Kaba 1¾ NW, Püspök-Ladany 1½ N. (Ts 8. 9)
**Nad-Ujfalu**, Kiss-Terenne (UN 13) 1¼ O.
**Nadworna**, *Fl.*, Kolomea (LCJ 16) 4 NW.
**Naedlitz**, Breslau (OS 1) 2 SO.
**Nägelak** (Nögelak), Schlobitten (PO 41) 4 SO.
**Naffin**, Belgard (BSt 21) ¾ S.
°**Nagold** *(Wü 207)*, *Stadt*, T Stuttgart 4½ SW, Tübingen 3 NW. (Wü 10 u. 135).
**Nagocs**, *Fl.*, Szantod (OeSü 124) 2 S.
**Nagy-**, *siehe die Orte, welche diese Nebenbezeichnung haben, unter ihren Stamm-Namen.*
**Nahausen**, Angermünde (BSt 6) 3½ O.
**Nahlau** (Nahlo), Langenbruck (SNV 21) 2¼ SW.
**Nahmitz**, Brandenburg (BPM 9) 2½ SO.
**Nahornie**, Chodorow (LCJ 7) 1¾ W.
**Nahoschitz**, Stankau (BW 4) 1¼ SW.
**Nahrendorf**, Lüneburg (Ha 13) 3 SO.
**Naila**, *Stadt*, Münchberg 2½ NW, Hof 2 W, Kronach 3½ NO. (ByS 72. 75 u. 219).
**Nairitz**, Kemnath-Neustadt, 1 SW, Kirchenlaibach ¾ SO. (ByO 77 u. 78).
**Nakofalva** oder Szölös, Gr.-Kikinda (OeSt 114) 1 NO.
**Nalbach**, Dillingen (Sa 14) ¾ NO.
**Nalhütten** (Lhotka) B.-Trübau (OeSt 11) ½ N.
**Namborn**, St. Wendel (Sa 43) 1¼ N.
°**Naklo** *(RO 28)*, Tarnowitz (RO 12) ½ SO.
**Namedy**, Andernach (Rh 50) ¾ NW.
**Nameny**, Kis-, Nyiregyhaza (Ts 14) ca 8 SO.
Vasaros *Fl.*, Nyiregyha (Ts 14) 6 NO.
**Namenzto**, Klin-, *Fl.*, Bielitz (KFN 64) 8 SO.
**Namiescht** (Namest), *Fl.*, Olmütz (KFN 58, OeSt 43) 1¾ W.
**Namiest**, *Stadt*, Brünn (DB 1 OeSt 1) 4¾ W.
**Nana**, Tisza-, Karczag (Ts 7) 6½ NW.
**Nanas**, *Fl.*, Nyiregyhaza (Ts 14) 3 SW.
**Nandlstadt**, *Fl.*, Freising 2 NO Moosburg 2 NW. (ByO 6 u. 8).
**Nannhausen**, Sobernheim (Sa 34) 3¾ NW.
**Nanno** (Nan), St. Michele (OeSü 208) 1½ NW.
**Nantikow**, Arnswalde (OS 57) 2½ NO.
**Nanzweiler**, Niedermohr (Pf 57) ¼ NW.
**Narkau**, Dirschau (PO 34) 1 S.
**Narpgallen**, Gumbinnen (PO 60) ½ NO.
**Narol** *Fl.*, Jaroslau (LCJ 19) 7 NO.
**Naseband**, Belgard (BSt 21) 3½ O.
**Naselwitz**, Mettkau (BF 4) 2½ SO.
**Nassaberg**, *Fl.*, Pardubitz (SNV 1) 3 S.
**Nassach**, Ebersbach (Wü 24) ¾ N.
**Nassau** i. Sachsen, Klingenberg Colmnitz (SO 48) 2 S. *Siehe dagegen Station Nassau Na 23.*
**Nassawen**, Stallupönen (PO 62) 3¼ S.
**Nassenerfurth**, Borken (MW 6) ¾ SW.
**Nassenfels**, Ingolstadt (ByS 243) 2 NW.
**Nassenfuss**, *Fl.*, Lichtenwald 2½ SW, Steinbrück 2½. (OeSü 42 u. 67).
**Nassengrund**, Driburg (Wf 30) 4 N.
**Nassenheide**, Löcknitz (BSt 62) 2 N.
**Nassereuth** (Nassereit), *Fl.*, Innsbruck (OeSü 187) 4 W.
**Nassiedel**, Gr.-Peterwitz (Wi 14) 2 SW.
**Nasswald**, Payerbach (OeSü 28) 2.
**Nassweiler**, Völklingen (Sa 10) 1¼ S.
**Nastätten**, *Sauerbrunnen*, *Stadt*, St. Goarshausen (Na 14) 1½ NO.
**Nastaszyn**, Bursztyn (LCJ 10) 1½ SO.
**Naszaly**, Neu-Szöny (OeSt 72) 1½ SO.
**Natein**, Welver (Wf 14) ¾ O.
**Natendorf**, Bevensen (Ha 11) 1 W.
**Natschehradez**, *Stadt*, Prag 9 SO, Neu-Kolin 7 SW. (OeSt 27 u. 22).
**Naturns**, Botzen (OeSü 203) 5 NW.
**Natzmersdorf**, Labes (BSt 18) 1½ N.
**Natzlow**, Belgard (BSt 21) ¾ W
**Natzungen**, Warburg 2¾ NO, Bonenburg 2 NO, Willebadessen 2 O. (Wf 1, 2 u. 4).
**Nauborn**, *bed. Eisensteingruben*, Wetzlar (KM 60. Na 41) ½ S.
**Nauders**, T Innsbruck (OeSü 187) 24 SW.
**Nauendorf** i. Reuss, Ronneburg (SW 87) ¾ N.
**Naugard**, *Stadt*, T Damm bei Stettin 7 NO, Freienwalde 4 NW, Labes 5 W (BSt 12, 16 u. 18).
**Nauheim** i. Nassau, Limburg (Na 30) 1 SO. *Siehe die Stationen Nauheim MW 17, HL 21.*
**Naujeningken**, Gumbinnen (PO 60) ½ S.
**Naulitz**, Ronneburg (SW 87) ¾ NW.
SW, Wabern 3½ NW, Warburg 4 S. (MW 1, 5 u. HN 17).
**Naumburg**, a. Bober, *Stadt*, Sommerfeld 2¾ O, Sorau 3 NO, Sagan 4 NW. (NM 10, 22. NZ 7).
a. Quais, *Stadt*, Siegersdorf (NM 28) 1 S, Heide-Gersdorf (NM 42) 1¼ O, Bunzlau (NM 20) 2 SW.
*Siehe dagegen die Stat. Naumburg Th. 14.*
**Naumeric**, Kralup (Ln 15. TKP 1.) 1 SW.
1 **Naundorf**, Dessau (BA 30) ¼ O.
2 bei Annaburg, Holzdorf (BA 21) 1½ SW.
3 — bei Oschatz (LD 9) ¾ S.
4 — *Kattunfab.*, Grossenhain (LD 35) ½ NO.
5 Coswig (LD 16) ½ O.
6 Nieder-, Potschappel ¾ S, Tharandt ¾ SO. (SO 43 u. 46).
7 Ober-, Potschappel ¾ S, Tharandt ¾ SO. (SO 43 u. 46).
8 Freiburg (SO 51) ¾ NO.
9 Haynichen (SO 57) 1 N.
10 Gr.-, Radeberg (SO 14) 1½ S.
11 Klein- (bei Pulsnitz), Radeberg 2¼ SW.
12 Merseburg (Th 17) 1¼ SW.
**Naunhof**, *PH* * *(LD 21)* Borsdorf 1 SO, Leisnig ½ NO. (LD 3 u. 26).
**Naurod**, Wiesbaden (Na 1) ¾ NO.
**Naussaden**, Ludwigsort (PO 47) 1¾ SO.
**Naussiltz**, Schwarz-, Bautzen (SO 20) ½ SW.
Weiss-, Bautzen (SO 20) 1 SW.
— Dresden (SO 1, LD 20) ½ SW.
**Nauten**, Schlobitten (PO 41) 1½ SO.
**Nawaria**, *Fl.*, *Papierfabr.*, Lemberg (GCL 29 LCJ 1) 2 SW.
**Nawarow** (Navarow), Eisenbrod (SNV 15) 1 NO.
**Nazurna**, Kolomea (LCJ 16) 1½ NO.
**Nebelin**, Wittenberge 1¾ N, Karstaedt ¾ S. (BH 11 u. 12).
**Nebelschütz**, Radeberg (SO 14) 3¼ NO.
**Nebenau**, *Weiler*, Haltingen (Ba 54) 0,9 NO.
**Neboteln**, Olmütz (KFN 58, OeSt 43) ¾ SW.
**Nebra**, *Stadt*, Naumburg (Th 14) 2½ NW. Ob. Röblingen (ML 21) 3½ SW, Eisleben (ML 22) 4 S.
**Nebrau**, Warlubien (PO 31) 1½ NO.
**Nebrezin**, *Parquettenfabrik*, Pilsen (BW 8 u. KFJ 30) 3 N.
**Nebuschitz**, Hostiwitz (Bu 5) ½ NO.
**Nechanic**, *Fl.*, Königgratz 1½ W, Pardubitz 4½ NW (SNV 3 u. 1).
**Nechausen**, Teutschenthal (ML 20) 1 NW.
**Nechern**, Bautzen 1½ O, Löbau ¾ NW. (SO 20 u. 23).
**Neckarau**, Mannheim (Ba 1) ½ SO.
**Neckarbinau**, Neckarels (Ba 101) 0,1 N.
**Neckarbischofsheim**, *Stadt*, T Waibstadt ½ SO, Helmstadt ½ S. (Ba 97, 98).
**Neckarburken**, *PH (Ba 103)*, Mosbach (Ba 102) ½ NO.
**Neckargerach**, *Fl.*, Aglasterhausen 1,2 NO, Neckarels 1 N. (Ba 99, 101).
**Neckarhäuser-Hof**, *Weiler*, Neckargemünd (Ba 92) 1,2 O.
**Neckarhausen** in Baden Ladenburg ¼ S, Friedrichsfeld ½ NO. (MN 15, Ba 2).
*Siehe dagegen Stat. Neckarhausen Wü 143.*
**Neckarkatzenbach**, Aglasterhausen (Ba 99) 0,8 NO.
**Neckarmühlbach**, Rappenau (Ba 132) 0,7 NO.
**Neckarsteinach** i. Hessen, *Stadt*, Neckargemünd (Ba 92) ¾ NO.
**Neckartenzlingen**, *Fl.*, Bempflingen ½ SW, Neckarthailfingen ¾ NW (Wü 129 u. 128).
**Nedaschütz**, Bautzen (SO 20) 1¼ W.
**Nedelisce**, Csakaturn (OeSü 115) ½ W.
**Nedielischt**, Königgrätz (SNV 3) 1¼ NW.
**Nedlin**, Nassow (BSt 22) 1½ SO.
**Nedlitz**, Magdeburg (ML u. NH 1) 2 O.
**Nedraschitz**, Staab (BW 5) 1 NW.
**Neenstetten**, Beimerstetten (Wü 33) 1 NO.
**Neerhaeren**, Lanaeken (AM 9) ½ N.
**Neersen**, Anrath (BM 19) ½ SO.
**Neesbach**, Limburg (Na 30) 1 SO.
**Neese**, Grabow (BH 14) ½ SO.
**Neesen**, Minden ½ S, Porta ¼ NO. (KM 33 u. 32).
**Neetze**, Lüneburg (Ha 13) 1½ O.
**Neftenbach**, Winterthur (SNO 2, 13) 1¼ NW.
**Negenborn**, Stadtoldendorf (Ba 2) 1½ NW.
— Salzderholden (Ha 80) ½ N.
**Negrep**, Labes (BSt 18) ½ O.
°**Neheim**, *(BM 110)*, *Stadt*, T Werl
**Nehwizd**, Gr.-, *Fl.*, Auwal (OeSt 25) ¾ NO.
— Kl.-, Auwal (OeSt 25) ¾ NO.
**Neidenburg**, *Stadt*, T Thorn 19 SO, Elbing 18½ SO, Güldenboden 16 SO, Pr. Eylau 17 S. (PO 67, 39, 40 u. 13).
**Neidenfels**, Lambrecht (Pf 10) ¾ W.
**Neidhardsthal**, *Hammerwerk*, Schneeberg (SW 55) 1 SW.
**Neidhartshausen**, Salzungen (Th. 45) 2¾ SW.
**Neidlingen**, Kirchheim unter Teck (Wü 153) 1½ SO.
**Neidstein**, Neukirchen (ByO 38) ¼ W.
**Neindorf**, Oschersleben (Be 20 u. MH 6) ¾ N.
**Neisen**, Nieder-, Diez ¾ SO, °Flacht ½ SO. (Na 29 u. 42).
— °Ober-, *(Na 43)*, Diez (Na 29) 1 SO.
**Nekmir**, Pilsen (BW 8) 2 N.
**Nelben** a. d. Saale, Bernburg (MH 32) 2 S
**Nelbzig**, Bernburg (MH 32) 2 S.
**Nelep**, Schivelbein (BSt. 19) 1½ NW.
**Nellingen** bei Esslingen (Wü 20) ½ S.
— Amstetten (Wü 31) 1 SW.
**Nelsbrunn** in Bayern, Landhut (ByO 10).
**Nemedy**, Lepseny (OeSü 126) 4.
**Nemes Vid**, Komarvaros (OeSü 119) 3.
**Nemesker**, Schützen (OeSü 99) ½.
**Németh**, Gyertyamos (OeSt. 117) 1 S.
**Neméthi**, Kiss-Terenne (UN 13) ¾ O.
**Németi**, Tisza-Lucz (Ts 20) 1 NW.
**Nemitz**, Cöslin (BSt 24) 2½ NO.
**Nemjath**, Tornocz (OeSt 82) 2 O.
**Nemmenich**, Zülpich (Rh 21) ½ SO.
**Nemmersdorf**, Judschen 1¼ SO, Gumbinnen 1¼ SW. (PO 59 u. 60).
**Nemmin**, Schivelbein (BSt 19) ¾ NO.
**Nemoschitz**, Pardubitz (SNV 1) ¼ NO.
**Nemsdorf**, Ob.-Röblingen (ML 21) 2¼ S.
**Nemt**, Wurzen (LD 6) ½ SSO.
**Nenderoth**, Löhnberg (Na 37) 1 NW.
**Nenkersdorf**, Borna (SW 93) ½ SO.
**Nenndorf**, Aschendorf (Wf 32) ½ N.
— — Harburg (Ha 17) 2 SW.
— — Nienburg (Ha 26) 3½ SW.
*Schwefelbad*, Haste (Ha 43) ½ S.
**Nennig**, Beurig-Saarburg (Sa 19) 2 SW.
**Nennigmühle** bei Zöblitz, Waldkirchen (SW 64) 2 SO.
**Nenntmannsdorf**, Pirna (SO 5) 1 SW.
**Nenslingen**, *Fl.*, Pleinfeld (ByS 41) 1¾ SO.
**Nentershausen**, Bebra (BbH 1) 1½ NO.
— Diez (Na 29) 1 NW.
**Nenzenheim**, Markt-Einersheim (ByS 173) ¾ SO.
**Nentschau**, Asch (ByS 229) ½ NW.
**Neograd**, *Fl.*, Veröcze (OeSt 91) 1¼ NO.
**Nepolis**, Elbe-Teinitz (OeSt 21) 2½ NO.
**Nepolokouts**, Sniatyn (LCJ 18) 1½ O.
**Nepperwitz**, Machern ½ NO, Altenbach, *GH*, ½ NO. (LD 4. 5).
**Nepzin**, Züssow (BSt 56) ¼ N.
**Nerad**, Prelouc (OeSt 19) ¾ NO.
**Neradowic** (Neratowitz), Obristvy-Klomin (TKP 3) ¼ O.
**Neratov**, Prelouc (OeSt 19) 1 NO.
**Nerbsheim**, Gondelsheim (Wü 3) ¼ NO.
**Nerchau**, *Stadt*, Grimma 1¼ NO, Wurzen 1½ SO. (LD 23. 6).
**Nerenstetten**, Amstetten 1½ SO, Lonsee 1 O. (Wü 31 u. 32).
**Neresheim**, *Stadt*, T Aalen 2 SO, Bopfingen 2 S, Nördlingen 2 SW. (Wü 113, 117 u. 120).
**Neritz**, Oldesloe (LB 10) ¾ SW.
**Neschwitz** (i. Böhmen), Topkowic (OeSt 41a) ½ N.
— (i. Sachsen), Bautzen (SO 20) 1½ NW.
**Nesse**, Teuchern (Th 24) ½ N.
**Nesse**, *Stadt*, Emden (Wf 88) 5¾ NO.
**Nesse**, Loxstedt (Ha 30) ½ SW.
**Nesselbach** a. Donau, Pleinting (ByO 54) ½ N.
**Nesselgrund**, Vietz (PO 10) 2 N.
**Nesselried**, Appenweier (Ba 28) 0,7 SO.
**Nesselröden** (i. Hessen), Gerstungen (HN u. Th 1) 1 NO.
**Nesselröden** (i. Hannover), Göttingen (Ha 84) 2 SO.
**Nesselwang**, *Fl.*, Kempten (ByS 11) 2½ SO.
**Nessin**, Colberg (BSt 44) 3 SW.
°**Nessowitz** *(OeSt 151)*, Tetschitz ½ SW, Segen-Gottes ¾ SO. (BR 4 u. 5).
**Nestors(ch)itz** (Silowka), T Station Nustrzic (OeSt 41).
**Nestrzeby**, Auschitz (TKP 2) ½ O.
**Netes**, Weltrus (OeSt 32) 1½ NW.

**Netphen**, Siegen (BM 80. KM 64) 1 SO.
**Netra**, *Stadt*, Herleshausen 1½ NO, Eisenach 3½ SW. (Th 2 u. 3).
**Nettelkamp**, Suderburg (Ha 9) 1½ O.
**Nettelstädt**, Minden (Ha 48. KM 30) 2 W.
**Nettesheim**, Dormagen (Rh 63) 1½ SW.
**Nettgendorf** (Nettchendorf), Luckenwalde (BA 5) 1½ SW.
**Nettienen**, Insterburg (PO 58. TI 4) ½ SW.
**Nettingsdorf**, Kleinmünchen (KE 27) 1 SO.
**Nettolitz** (Netolic), *Stadt*, Nettolitz (KFJ 25). 1 SW.
**Networitz**, *Stadt*, Prag (BW 22. Bu 1) 3½ S.
**Netzbach**, Diez 1½ SO, *Flacht ½ SO. (Na 29 u. 42).
**Netzbruch**, Friedeberg 1¼ SO, Driesen (PO 16 u. 18) 1 SW.
**Netzdorf**, Miasteczko (PO 23) ½ O.
**Netze**, Freden (Ha 78) 1½ NO.
**Neubäu**, *PH (ByO 61)*, siehe auch Neubau, Bodenwöhr (ByO 60) 1¼ SO.
**Neubamberg**, Creuznach (Sa 22) ½ SO, Alzey (HL 44) 1¾ NW.
**Neubaud**, Buddenhagen (BSt 60) 1¼ N.
**Neubau**, Horschlag (KE 20) ½ SO.
Meidling (OeSü 4) ½ N.
— Sonneberg (Th 61) 1½ N.
— Zimmersrode (MW 7) 2 NW.
*Siehe dagegen proj. Station Neubau OeSt 139.*
**Neuberg**, Asch ½ NO, Elster 1 SW. (ByS 228. SW 80).
— *Eisenw.*, Mürzzuschlag (OeSü 33) 1½ SW.
**Neubeuern**, Stephanskirchen (ByS 138) 1½ SW.
**Neublesk**, Trifail (OeSü 69) 1.
**Neubörger**, Lathen 2½ NO, Kluse-Dörpen 1 NO. (Wf 30 u. 31).
**Neubrück**, *Stadt*, Wronke (OS 51) 1 NW.
**Neubrunn**, Unter-, Themar (Th 52) 2¼ NO, Eisfeld (Th 53a) 1½ N.
Ober-, Eisfeld (Th 53a) 1½ N.
Meiningen (Th 50) 1 SO.
**Neubulach**, *Stadt*, Pforzheim 3½ S, Horb 3¼ N. (Wü 207 u. 142).
1 **Neuburg a. d. Donau** (*proj. Station der ByS*) Mertingen 4 NO, Augsburg 7 NO, Ingolstadt 2½ W. (ByS 30. 28 u. 243).
2 — a. d. Kammel, Günzburg (ByS 107) 2¼ SO, Jettingen (ByS 110) 1½ SW.
3 ° a. Inn, *Fl.*, Passau 1 S, Schärding ¾ N. (KE 54 u. 52).
4 — a. Rh., Wörth (Pf 45) 1 S, Carlsruhe (Ba 14) 1½ SW.
5 — *Stift Schloss*, Heidelberg ½ O, Neckarelz 0,2 NW. (Ba 3. 101).
6 Wismar (Mk 13) 1½ NO.
**Neuburgweier**, Mühlburg *PH* (Ba 292) 1 SO, Ettlingen (Ba 15) 1 NW.
**Neudamm**, *Stadt*, T Cüstrin 2½ NO, Vietz 2 NW. (PO 8 u. 10).
Wegersleben (Bs 19) ¼ S.
**Neudeck i. Böhm.**, *Stadt*, Schwarzenberg 4 S, Eger 6 NO. (SW 54 u. 84).
— in Sachsen, Werdau (SW 9) 1½ SW.
— i. Schlesien, Tarnowitz (OS 22 u. 12) 1 O.
**Neudegg**, Lichtenwald (OeSü 42) 3 SW.
Littai (OeSü 72) 6½.
°**Neudenau** (*Wü 62*), in Baden, *Eisenhammer, Stadt*, T Mosbach 1 SO, Neckarsulm 1½ NO. (Ba 102 u. Wü 58).
**Neudörfchen**, Czerwinsk (PO 32) 4½ SO.
Mittweida (SW 32 u. 31) ½ O.
**Neudörfel**, Böhm.-, Karbitz ½ NO.
Deutsch-, Karbitz ¾ NO. (AT 4).
— (in Ober-Schlesien), Krzizanowitz (Wi 7) ½ W.
Rietschen (BG 13) 1½ N.
bei Jocketa, Herlasgrün (SW 13) ½ S.
*Siehe dagegen die Stat. Neudorf OeSü 90 u. BN 14.*
**Neudorf**, *NB. No 1–4 in Süddeutschl., 6–18 in Oesterr. 19–48 und 5 in Norddeutschland.*
1 — (in Baden), Bruchthal (Ba 10) 1,2 NW.
2 — Leopoldshöhe *PH* (Ba 55) 0,8 NW.
3 Ober- u. Unter-, Aschaffenburg (ByS 102. FH 10) 2 SO.
4 (i. Bayern), Lohe (ByO 72) ½ SW.
5 (i. Nassau), Eltville (Na 5) ½ N.
6 (in Böhmen bei Hohenelbe), Turnau 2½ NO, Eisenbrod 1½ NW. (SNV 17 u. 15).
7 (i. Böhmen bei Morchenstern), Reichenberg (SNV 22) 1½ SO.
8 (bei Lomnitz in Böhmen), Liebstadtl ¼ SO, Paka ½ NW. (SNV 13 u. 12).
9 bei Böhm., Brod (OeSt 24) ½ W.
10 **Neudorf** (bei Wolwarn), Weltrus (OeSt 32) ½ NW.
11 bei Landskron (OeSt 50) 1½ NO.
12 Mittel-, Nieder- u. Ober-, Paka (SNV 12) 1½ SO.
13 Obristvy-Klomin (TKP 3) ½ SO.
14 Himberg (OeSt 57) 1 NW.
15 Parndorf (OeSt 64) ½ NO.
16 Leibnitz (OeSü 53) 3½.
17 Steinbrück (OeSü 67) 2½.
18 Rakek (OeSü 79) 3.
19 Wilmersdorf (BSt 46) 2½ NW.
20 Gr.-, Bromberg (PO 27) 3 SO.
21 Schönlanke (PO 21) ¾ S.
22 (Uscz), Schneidemühl (PO 22) 2 S.
23 Nakel (PO 26) 2 SO.
24 Nakel (PO 26) 2 SW.
25 bei Graudenz, Warlubien (PO 31) 2½ SO.
26 — Wronke (OS 51) ¼ S.
27 — Commende-, Breslau (BF 1) ½ SW.
28 Poln.-, Schmolz (BF 2) ½ SO.
29 Gross-, Brieg (NB 8. OS 5) ½ NO.
30 bei Nimptsch, Gnadenfrei (BF 12) 1 S.
31 Faulbrück ¼ S, Reichenbach ¾ NW. (BF 14 u. 13).
32 Waldenburg 2 S, Dittersbach 2½ S. (NM 57 u. 56).
33 Kaiserswaldau 2 SO, Haynau 1½ S. (NM 30 u. 31).
34 Gr.- u. Kl.-, Jauer (BF 20) 1½ SW.
35 bei Schweidnitz, Königszelt (PF 7) ½ O.
36 Neuhof ½ S, Liegnitz 18. (BF 21 u. 23).
37 Spremberg (BG 10) 1½ S.
38 Sommerfeld (NM 19) 1½ NO.
39 Halbau (NM 24) 1 SO.
40 Königlich-, Oppeln (OS 10 u. RO 1) ½ SO.
41 — Polnisch-, Oppeln (OS 10 u. RO 1) 1½ SW.
42 — (i. Sachsen), Annaberg 1½ S, Schwarzenberg 3 SO. (SW 70 u. 58).
43 — Deutsch-, Zschopau (SW 65) 4½ SO.
44 — Nieder-, Spandau (BH 2) 1 N.
45 — (i. Anhalt), Ballenstedt (MH 40) 1½ SW.
46 — bei Arolsen im Waldeckschen, Bonenburg (Wf 2) 2 SW.
47 Duisburg (BM 87. KM 10) ½ SO.
48 bei Saarbrücken, Louisenthal (Sa 9) ½ N.
49 — Sursee (SC 1, 20) 2 SO.
*Siehe dagegen die Stationen Neudorf (Mährisch) KFN 17 und Neudorf (Ungarisch) OeSt 74).*
**Neuhütte** bei Badenhausen, Seesen (Bs 8) 2 S.
**Neuen**, Bunzlau (BM 29) 1½ SW.
**Neuenahr**, T *Bad*. Sinzig siehe Beuel.
**Neuenbaum**, Neuss (BM 16 u. Rh 14) 1½ S.
**Neuenbecken**, Paderborn (Wf 7) 1 NO.
**Neuenbrock** (i. Holstein), Crempe (EG 5) ½ NO.
**Neuenburg a. Rh.**, *Stadt*, Müllheim i. Bad. (Ba 45) ¾ W.
— Ellenserdamm (Ol 19) 1½ W.
— *Stadt*, Warlubien 1½ NO, Czerwinsk 3 S. (PO 31 u. 32).
**Neuende**, Heppens (Ol 17) ½ W.
1 **Neuendorf**, Elmshorn (AK 3) ¾ SW.
2 Potsdam (BPM 5) ¾ SO.
3 Niederfinow (BSt 64) 1½ NO.
4 — Gross-, Wriezen a. Oder 2½ O, Golzow (PO 7) 2½ NW.
5 — Klein-, Wriezen (BSt 67) 1½ SO.
6 — bei Cottbus (BG 9) 1½ NO.
7 Borkenfriede (BSt 53) ½ N.
8 — (bei Ueckermünde), Borkenfriede (BSt 53) 2½ O.
9 — Greifswald (BSt 57) 1½ W.
10 — auf Rügen, Stralsund (BSt 59) 2 NO.
11 — Fürstenwalde (NM 7) ½ NO.
12 Frankfurt a. O. (NM 11 PO 71) 2 O.
13 (Rietz), Fürstenwalde (NM 7) 2½ S.
14 Elbing (PO 39) 1 SO.
15 Königsberg i. Pr. (PO 50) 1 O.
16 Lübben (BG 6) ½ SW.
17 Coblenz (Rh 52) ½ NO.
18 — (i. Schweiz), Olten (SC 1, 10) 2 SW.
**Neuengamme**, Bergedorf (BH 24) 2½ SO.
**Neuenhagen** (Nieuwenhagen), Simpelveld (AM 4) 1 NO.
Freienwalde a. O. (BSt 49) 1½ N.
*Siehe dagegen Station Neuenhagen, PO 2.*
**Neuenhammer**, Stolberg (Rh 5) 1½ SO.
**Neuenhaus**, *Stadt*, Lingen (Wf 67) 3½ W.
— Neckarthailfingen (Wü 128) ½ W.
**Neuenheerse**, Willebadessen (Wf 4) ¾ W.
Buke (Wf 5) 1 S, Driburg (Wf 38) 1 S.
**Neuenheim**, Heidelberg (Ba 3) ¼ N.
**Neuenhof**, Cöln (Rh 13 u. KM 1) 1 SW.
**Neuenkamp**, Duisburg (BM 87 KM 10) ½ W.
**Neuenkirch**, Sempach (SC 1, 22) 2 Kil.
1 **Neuenkirchen**, Rheine (Ha 64 u. Wf 24) ¾ SW.
2 Melle (Ha 55) 1 SO.
3 bei Basum Nienburg (Ha 26) 4½ NW.
4 Osnabrück (Ha 57) 3¼ N.
5 (bei Soltau), *Fl.*, Verden (Ha 30) 4½ NO.
6 bei Blumenthal, Vegesack (Ha 42) 1½ NW.
7 — bei Otterndorf, Geestemünde (Ha 40) 5½ NO.
8 — in Holstein, Crempe (EG 5) ¾ NW.
9 — Stettin (BSt 10) 1½ W.
10 — Greifswald (BSt 57) ¾ N.
11 bei Wiedenbrück, Gütersloh 1½ SO, Rheda 1½ SO, Lippstadt 2½ NO. (KM 28, 25 u. Wf 10).
**Neuenrade**, *Stadt*, Werdohl (BM 71) ½ S.
Pritzier (BH 17) loco.
**Neuensalz**, Plauen ½ O, Herlasgrün 1 S. (SW 15 u. 13).
**Neuenschwand** i. Bayern, Bodenwöhr ¾ W, Schwandorf ½ SO. (ByO 60 u. 29).
**Neuenstadt a. Kocher**, *Stadt*, T Neckarsulm (Wü 58) 1 NO.
**Neuentempel**, Trepnitz 1½ S, Gusow 1½ SW. (PO 5 u. 6).
**Neuenwalde**, *Fl.*, Geestemünde (Ha 40). 3 NO.
**Neuerburg**, *Fl.*, T Trier (Sa 22) 5 NW.
°**Neuershausen** (*Ba 218*), Freiburg (Ba 39) 1½ SW.
**Neuerstadt** bei Schweinitz, Linda (BA 20) ¾ SO.
**Neuessing**, *Fl.*, Regensburg (ByO 22) 4 W.
**Neue Welt**, Breslau (OS 1. BF 1) 1 NO.
**Neufeld**, Felixdorf (OeSü 20) 1.
— Trebnitz 1 NO, Gusow 1½ NW. (PO 5 u. 6).
**Neufelden**, *Stadt*, T Linz (KE 64) 4½ NW.
**Neuffen**, *Stadt*, T Nürtingen (Wü 127) 1 S.
**Neufürstwalde**, Bodenbach 4½ NO, Rumburg ¾ SW. (BN 20 u. 16).
°**Neufra**, (*Wü 159*), Rottweil (Wü 148) ¾ SO.
— bei Gammertingen, Reutlingen (Wü 132) 4 S.
**Neufreistett**, Achern (Ba 24) 1½ W.
**Neugarten**, Vorstadt von Ratibor (Wi 5) ¾ S.
**Neugedein**, *Stadt*, Taus (BW 2) 1½ SO.
**Neuglashütten**, Freiburg (Ba 39) 3,2 O.
**Neuguth**, Güldenboden (PO 40) ½ S.
— Terespol (PO 29) ¾ NO.
**Neuhaldensleben**, *Stadt*, T Wolmirstedt 2 NW, Magdeburg 3 NW (MH 17 u. 1).
1 **Neuhammer a. Queis**, Halbau (NM 24) 2 O.
2 — Rauscha (NM 25) ¾ S.
3 Rietschen (BG 13) ½ SO.
4 i. Böhmen, bei Neudek, Eger 5¾ NO, Schwarzenberg 3½ S. (SW 84 u. 58).
**Neuharlingersiel**, Leer (Wf 35) 9½ NO.
1 **Neuhaus am Inn**, Passau 1½ S, Schärding ¼ NW. (ByO 58 u. KE 54 u. 52).
2 — a. d. Naab i. Bayern, Windisch-Eschenbach (ByO 82) ½ N.
3 — bei Auerbach i. Bayern, *Fl.*, Neukirchen 2 NW, Hersbruck 2½ NO. (ByO 36 u. 40).
4 — bei Neustadt, Schweinfurt (ByS 84) 5 N, Hildburghausen (Th 53) 3 SW.
5 — i. Lauenburgischen, *Fl.*, Lüneburg (Ha 13) 5 O, Brahlsdorf (BH 18) 1½ S, Boitzenburg (BH 19) 3 SO.
6 — a. d. Oste, *Fl.*, T Geestemünde 8 NO, Harburg 9½ NW. (Ha 40 u. 17).
7 — *Fl.*, Höxter 1½ NO, Holzminden 1½ SO, Paderborn ¾ N. (Wf 42, 43 u. 7).
8 — Holzminden (Wf 43) 1½ SO.
9 — i. Pommern, Greifenberg (BSt 45) ¾ N.
10 — Zantoch (PO 14) 2 SO.
11 — Lübben (BG 6) ½ SO.
12 — Breslau (BF u. OS 1) 1 O.
13 — Frankenstein (BF 11) 2½ SO.
14 — Waldenburg (BF 10) ¾ S.
15 — Halbau 1½ SO, Rauscha 1 NO. (NM 24 u. 25).
16 — Eisfeld 2½ NO, Sonneberg 2½ NW. (Th 53a u. 61).
17 — *Stadt*, T *Fabriken*, Budweis 5½ NO, Stockerau 15 NW. (KFJ 23 u. KE 74). Demn. von Wittingau (KFN 46) 3 NO.
18 — *Bad*, T Cilli (OeSü 64) 2½ N.
19 — Dranburg (OeSü 161) 1½.
20 — *Hof*, Grombach (Ba 130) 0,2 NW.
21 in Schweiz, Thun (SC 1, 47) 3½ SO.
*Siehe dagegen Station Neuhaus der Schweizerischen Centralbahn I. 48a.*

1 **Neuhausen**, Engen 0,3 S, Mühlhausen 0,6 N. (Ba 176. 174).
2 — a. d. Ems, Metzingen (Wü 130) ½ S.
3 — bei Tuttlingen, Stockach (Ba 192) 2 NW.
4 — auf den Fildern, *Fl.*, Plochingen (Wü 22) 1¾ W, Stuttgart (Wü 16) 1½ SO, Esslingen (Wü 20) ¾ S.
5 — München (ByO 1) ½ NW.
6 — Landshut (ByO 10) 2 NW.
7 — Worms (HL 1) ¼ N.
8 — Königsberg i. Preussen (PO 50) 2 NO.
9 — Cottbus (BG 9) 1½ SO.
10 — bei Perleberg, Karstädt (BH 12) ½ NO.
11 — bei Saida, Freiberg i. Sachsen (SO 51) 3½ S.
*Siehe dagegen Station Neuhausen Ba 76.*
**Neuheusel**, Coblenz (Rh 52) 1½ NO.
**Neuhöferfelde**, Altfelde (PO 37) 2 SO.
1 **Neuhof**, Wiesbaden (Na 1) 1 NW.
2 — Hattenheim (Na 7) ½ N.
3 — St. Goarshausen (Na 14) 1½ SO.
4 — Langgöns (MW 15) ¼ NO.
5 — Hildesheim (Ha 70) ½ SW.
6 — Harburg (Ha 17) 1 NW.
7 — bei Perleberg, Karstädt (BH 12) ¾ N.
8 — bei Zinna, Luckenwalde (BA 5) ½ SW.
9 — i. Pommern, Angermünde (BSt 6) 1 O.
10 — i. Vorpommern, Anclam (BSt 55) 1 N.
11 — Gr.- u. Kl.-, i. Vorpommern, Miltzow (BSt 58) 1 NW.
12 — Schneidemühl (PO 22) 2 W.
13 — Bialosliwe (PO 24) 2 SO.
14 — Nakel (PO 26) 4 N.
15 — bei Culm, Terespol (PO 29) 2 SO.
16 — Pelplin (PO 33) ½ NW.
17 — Altfelde (PO 37) 2½ SO.
18 — bei Elbing, Grunau (PO 38) ½ NW.
19 — Breslau (BF u. OS 1) 3 W.
20 — Liegnitz (BF 23 u. NM 33) ½ S.
21 — Ingramsdorf (BF 5) ¼ N.
22 — bei Schmiedeberg, Hirschberg (NM 49) 2 SO.
23 — Görlitz (BG 15) 2 SW.
24 — Oeslau (Th 58) ¼ S.
25 — a. der Zenn, Fürth 3 W, Oberdachstetten 2 O, Neustadt a. A. 1½ SO, Emskirchen 1½ SW. (ByS 48. 155. 170. u. 169).
26 — Elbe-Teinitz 1½ SW, Kolin 1½ SO. (OeSt 21 u. 22).
27 — Kreis Tabor, Pisek (KFJ 28) 5 NO.
28 — Gr.-, *Meierei*, Blansko bei Brünn (OeSt 3) ½ O.
*Siehe dagegen die Stationen Neuhof BbH 7 u. BF 21.*
**Neuhofen**, Mutterstadt (Pf 15) ¼ SO.
— *Stadt*, Kleinmünchen 2 SW, Linz 2½ S, Wels 2 O. (KE 27. 64 u. 31).
— Amstetten (Wü 31) 1½ S.
*Neuhoff siehe unter Neuhof N. 10. 12. 14. 15. 22.*
**Neuhütte**, Bingen siehe Strombergerhütte.
**Neuhütten**, *Hammerwerk*, Rokitzan (BW 11) ½ SO.
— bei Pürglitz, *Eisenhammerwerke*, Beraun (BW 16) 1¼ SW.
**Neuhüttendorf**, Stockheim (ByS 222) 3¼ NO. Reuth in Sachsen (SW 18) 5¼ W.
**Neukalden**, *Stadt*, Malchin (FF 4) 1 NO. Siehe auch Kalden.
1 **Neukirch**, Tilsit (TJ 1) 3 W.
2 — Pelplin (PO 33) 1 SW.
3 — bei Neuteich, Dirschau (PO 34) 2¼ NO.
4 — Grunau 1 S, Elbing ¾ SW. (PO 38 u. 39).
5 — D.-Lissa (SM 38) ¼ SO.
6 — Ober- u. Nieder-, Liegnitz 3½ SW, Hirschberg 2½ NO. (NM 33 u. 49).
7 — Breslau (BF u. OS 1) 1 W.
8 — Deutsch-, *Stadt*, Bauerwitz (WI 12) 1¼ SW, Troppau (KFN 63) 2½ S.
9 — Polnisch-, Kandrzin (Kosel) 2 S, Dzieschowitz 1½ SW. (WI 1. OS 13 u. 12).
10 — bei Königsbrück, Radeberg (SO 14) 2¾ N.
11 — Nieder- u. Ober-, Bischofswerda 1¼ O, Bautzen 1¾ SO. (SO 17 u. 20).
12 — Romanshorn (SNO 2, 1) 1 S.
13 — Meckenbeuren (Wü 51) 1½ SO.
14 — Rottweil (Wü 148) ¾ NO.
15 — Freiburg 3½ NO, Hausach 4 S. (Ba 39. 164).
*Siehe auch Station Neukirch Ba 74.*
1 **Neukirchen**, Ottensoos (ByO 41) ¼ SW.
2 — bei Heiligenblut, Furth a. W. (ByO 67 u. BW 1) 1¾ SO.
3 — am Inn, Passau (ByO 58) 1¼ SW.
4 — -Balbini, *Fl.*, Bodenwöhr (ByO 60) 1¼ NO.
5 — am Brand, *Stadt*, Lauf (ByO 42) 2¼ NW, Erlangen (ByS 51) 1 O.
6 — am Teinberg, Tebendorf (ByS 140) ¾ SW.
7 — in der Vierhtau, Gmunden (KE 63) 1½ SW.
8 — am Walde, *Fl.*, Strasswalchen 5 SW, Neumarkt 3 N, Grieskirchen 3¼ NW. (KE 42. 47 u. 48).
9 — Redl (KE 39) ½ SO.
10 — bei Ziegenhain, *Stadt*, Treysa (MW 8) 1¾ SO.
11 — Braunfels (Na 39) 1¼ SO.
12 — *Stadt*, Küppersteg (KM 4) ¾ NO.
13 — Siegburg (KM 45) 1½ NO.
14 — Norf (Rh 64) ½ SW.
15 — bei Meurs, Homberg (BM 23) 1 W.
16 — Türkismühle (Sa 42) ¾ SW.
17 — Eisenach (Th 3 u. 43) ¾ N.
18 — i. Böhm., Voitersreuth (SW 82) 1½ NO.
19 — Siegmar (SW 27) ½ S, Chemnitz (SW 29) 1 SW.
20 — Borna (SW 93) ½ S.
21 — Labes (BSt 18) 1¼ N.
*Siehe dagegen die Stationen Neukirchen (ByO 36 u. BbH 8) desgl. Neunkirchen (KM 58. Sa 1 u. OeSü 24).*
*Siehe auch die Orte Neuenkirchen u. Neunkirchen.*
**Neukloster**, *Fl.*, Blankenberg (Mk 6) 1¾ N, Wismar (Mk 13) 2 O.
**Neukochen**, Aalen (Wü 113) ½ S.
**Neukrenzlin**, Hagenow (BH 16) 1½ SO.
**Neukrug**, Seesen (Ha 8) 1 NO.
**Neukuhren**, *Bad*, T Königsberg i. Pr. (PO 50) 4¼ NW.
**Neuland**, Harburg (Ha 17) ½ O.
— — *Gypsbrüche*, Greiffenberg 2 NO, Siegersdorf 2½ SO, Bunzlau 2½ SW. (NM 45. 28 u. 29).
— Ober-, Mittel- u. Nieder-, Neisse (NB 1) ¼ S.
**Neulautern**, Willsbach (Wü 71) 1½ SO.
**Neuler**, Goldshöfe (Wü 89) ¾ NW.
**Neumagen**, *Fl.*, Trier (Sa 22) 3 NO.
1 **Neumark** i. Böhm., Furth a. W. 1¾ NO, Taus 1¾ SO. (BW 1 u. 2).
2 — *Stadt*, Warlubien 10 SO, Elbing 16¼ SO, Thorn 12¼ NO. (PO 31. 39 u. 67).
3 — Mühlhausen (PO 42) ½ O.
4 — Stettin 1½ SO, Stargard 2½ SW. (BSt 10 u. 14)
5 — a. d. Vippach, *Fl.*, Weimar 1½ NW, Erfurt 2½ NO. (Th 10 u. 8).
*Siehe dagegen die Haltestelle Neumark SW 10.*
1 **Neumarkt** a. d. Rott, *Stadt*, Landshut (ByO 10) 4½ SO.
2 — a. d. Sulz, Amberg 5 SW, Sulzbach 5 SW, Hersbruck 4 S, Nürnberg 5 SO. (ByO 32. 38. 40 u. 45).
3 — in Ober-Oesterr., Köstendorf-Neumarkt (KE 43) ½ O.
4 — Lest (KE 68) ½ S.
5 — Kemmelbach ½ SW, Blindenmarkt 1 NO. (KE 18 u. 19).
6 — in Galizien, *Stadt*, Bielitz (KFN 64) 14 SO, Krakau (GCL 1) 10 S, Bochnia (GCL 7) 16 SW.
7 — i. Böhmen, *Stadt*, (bei Weserits), Staab (BW 5) 5 NW, Eger (ByO 87) 6½ SO.
*Siehe dagegen die Stationen Neumarkt NM 36. KE 48. KR 30 u. der OeSü 206.*
**Neumarktl**, *Fl.*, T Laibach (OeSü 76) 5½ NW.
**Neumittl**, Zditz (BW 15) ½ O.
1 **Neumühl**, Kehl (Ba 157) 0,5 S.
2 — Littau (OeSt 45) ¾ W.
3 — Cüstrin (PO 8) 3 NW.
4 — Wehlau (PO 55) 2½ S.
5 — Terespol 1 NW, Laskowitz 1½ NW. (PO 29 u. 30).
*Siehe dagegen Neumühl GH der OpS 19.*
**Neumühlen**, Altona (AK 1) ½ NO.
**Neunburg** v. d. Walde, *Stadt*, Schwandorf 3 O, Bodenwöhr 1½ NO. (ByO 29 u. 60).
1 **Neundorf** i. Anhalt, Güsten ½ NW, Stassfurt ½ S. (MH 31 u. 38).
2 — Bunzlau (NM 29) 1¼ NO.
3 — Kl.-, Görlitz (BG 15 u. NM 41) ¾ N.
4 — Ober-, Görlitz 1 N.
5 — Nohr-, Görlitz 1 NO, Penzig (NM 41 u. 40) 1¼ SO.
6 — Nieder-, bei Rothenburg, Uhsmannsdorf 1 SO, Penzig 1 NW (BG 14 u. NM 40).
7 — Kl.-, bei Löwenberg, Greiffenberg (NM 45) 1 NO, Langenöls (NM 44) 1 NO.
8 — Gross-, Neisse (NB 1) ¾ NO.
9 — bei Pirna (SO 40) ½ SO.
10 — bei Bernstadt, Herrnhut (SO 30) ½ O.
11 — i. Böhmen Kratzau (SO 36) ½ NO.
**Neunlinger**, Cöthen 1½ NW, Biendorf ½ S. (MH 34 u. 33).
**Neunforn** i. Schweiz, Andelfingen (SNO 2. 31) 1¾ O, Frauenfeld (SNO 2. 10) 2½ SW.
**Neunhof**, Lauf (ByO 42) ¾ NW.
**Neunischken**, Insterburg (PO 58, TI 4) 1½ NO.
1 **Neunkirchen** i. Baden, Aglasterhausen (Ba 99) 0,8 N.
2 — i. Bayern, Baireuth (ByO 80) ¾ SO.
3 — *Fl.* Bayersdorf 1½ SO, Erlangen 1½ NO. (ByS 32 u. 51).
4 — Siegburg. (KM 45) 1¼ NO.
*Siehe auch Neuenkirchen.*
*Siehe dagegen die Stat. Neunkirch Ba 74 u. Neunkirchen KM 58, OeSü 24 u. Sa 1.*
**Neuötting**, *siehe ByS 276.*
**Neurath**, Bacharach (Rh 57) ¼ S.
**Neureuth**, Deutsch- u. Welsch-, Carlsruhe ½ N. (Ba 14).
— Windisch-Eschenbach (ByO 82) 1 W.
**Neuried**, München 1 SW, Planegg ½ SO. (ByS 120 u. 189).
**Neurode**, *Stadt*, T *(BF 28)* Reichenbach (BF 13) 3 SW, Frankenstein (BF 11) 3 W, Dittersbach (NM 56) 4½ SO, Waldenburg (BF 10, NM 57) 4½ SO.
**Neusalz** a. O. *(BF 32)*, *Stadt*, T Glogau 4 NW, Waltersdorf 3 N, Sagan 4½ NO (NZ 1, 4, 7), Sorau (NM 22) 6 NO.
**Neusalza**, *Stadt*, T Bautzen 2¼ SO, Löbau 1½ SW. (SO 20 u. 23).
**Neusath**, Nabburg (ByO 69) ½ NO.
**Neusatz**, *Stadt*, T Gr.-Kikinda (OeSt 114) 13 SW, Sissek (OeSü 151) 35 SO.
— Bühl (Ba 22) 0,2 SO.
1 **Neuschloss**, Bensheim (MN 10) 1½ SW.
2 — *Fabr.*, Worms (HL 1) 1¼ SO.
3 — bei Leitomysl, *Fl.*, Hohenmauth (OeSt 15) 3 SW.
4 — *Fl.*, Böhm.-Leipa (BN 8) ¾ S.
5 — bei Arnau, Falgendorf 2 O, Mastig ¾ NO, (SNV 11 u. 10).
**Neuschönberg**, Ober- u. Nieder-, Zschopau (SW 65) 5 SO.
**Neuschönefeld**, *Eisengiesserei*, *Dampfmühle u. Tabaksfabr.*, Leipzig (LD 1, ML 14) ½ NO.
**Neusellerhausen**, Leipzig (LD 1) ¼ O.
**Neusiedel**, Klein.-, Gramat-Neusiedel 1¼ NO, Götzendorf 1 N. (OeSt 59 u. 60).
— a. See, *Fl.*, Bruck a. L. 1½ SO Parndorf ½ S. (OeSü 40 u. OeSt 64).
**Neusitz**, Münchengrätz (TKP 11) ¼ N.
**Neusohl**, *(UN 22)* *Stadt*, T Neuhäusel 8 NO, Szobb 10 N, Waitzen 13½ N. (OeSt 85, 89 u. 92).
**Neussen**, Eschweiler (Rh 6) 1 NW.
**Neusserbroich**, Neuss (BM 16) ½ NW.
**Neusserfurth**, Neuss (BM 16) ¼ N.
**Neusserweg** *(Neuss, Bergheimer Strasse) Neuss (BM 16) loco.*
**Neussling**, Osterhofen (ByO 53) 1¼ W.
**Neusslitz**, Dresden (LD 20) ½ SW.
NB. *Neustadt in Nord- u. Süddeutschland Nr. 1—25:*
1 **Neustadt** i. Baden, i. Oberrheinkr., *Stadt*, T Freiburg 4 SO, Waldshut 4½ NO. (Ba 39, 68).
2 — a. d. Donau, *Stadt*, *proj. Station (ByS)*, Regensburg 5¾ SW, Ingolstadt 3½ W. (ByO 22, ByS 243).
3 — a. d. Saale, *Stadt*, Meiningen (Th 50) 5½ SW, Schweinfurt (ByS 84) 5 N, Hildburghausen (Th 53) 5 SW.
4 — a. Main, Lohr (ByS 98) 1¼ S.
5 — a. Culm, *Stadt*, Kemnath-Neustadt (ByO 77) ½ SW.
6 — *Neuhof (BbH 7) loco.*
7 — i. Odenwald, Darmstadt 4½ SO, Dieburg 3 SO. (HL 24 u. 26).
8 — *Stadt*, Harzburg (Ba 36) ½ S.
9 — (Cleve/Berg bei Gummersbach) *Stadt*, Crenzthal (BM 77) 4 NW, Mühlheim a. Rh. (BM 100, KM 3) 8½ NO.
10 — bei Worbis, Bleicherode (ML 29) 1½ W, Gernrode (ML 31) 1½ NO.
11 — *Vorstadt*, Magdeburg (MH u. ML 1) ¼ N.
12 — unter Hohnst., *Fl.*, Nordhausen (ML 28) 1¼ N.
13 — a. Rennsteig, Eisfeld (Th 53a) 2½ N, Erfurt 8 SW, Arnstadt 4½ S (Th 8 u. 53).
14 — Gerstungen (HN u. Th 1) ½ NO.
15 — a. d. Elde i. Mecklenburg, *Stadt*, Ludwigslust (BH 15) 1½ NO.
16 — -Gödens, *Fl.*, Sande (Ol 18) ¾ SW.
17 — a. d. Orla, *Stadt*, T Gera (SW 88, Th 31) 4½ SW, Apolda (Th 11) 5½ SO Reuth i. Sachs. (SW 18) 5 NW, Sonneberg (Th 61) 9 NO.

Neustadt bei Stolpen, *Stadt*, Fischbach 2 1/4 SO, Bischofswerda 1 1/2 S. (SO 15 u. 17).
— bei Chemnitz (SW 29) 1/2 SW, Siegmar (SW 27) 1/2 NO.
— a. d. Pinne, *Stadt*, Posen (OS 48) 7 3/4 NW, Samter (OS 50) 5 1/4 SW, Wronke (OS 54) 4 3/4 SW.
— O.S., *Stadt*, Neisse (SB 1) 3 3/4 SO, Leobschütz (W 10) 3 1/2 NW.
— i. Westpreussen, *Stadt*, *proj. Stat. (BSt. 34)*, Danzig (PO 74) 6 1/4 NW.
— Spremberg 1 1/4 SO, Weisswasser 1 3/4 W. (BG 10 u. 12).
— a. d. Warthe, *Stadt*, Czempin 6 O, Poln. Lissa 9 NO, Posen 6 1/2 SO. (OS 46, 40 u. 48).
— (Wladyslawow), *Stadt*, Eydtkuhnen (PO 63) 2 1/4 NO.
Neustadt i. Böhmen (bei Traumberg), *Stadt*, Staukau 3 1/2 NW, Weiden 6 O. (BW 4 u. ByO 73).
— a. d. Mettau, *Stadt*, Skalitz 1 SO, Josefstadt 2 O. (SNV 23 u. 6).
— Mährisch-, *Stadt*, Littau (OeSt 45) 1/2 N.
— Velim (OeSt 22a) 1/2 S.
Neustadt-Pyrmont, *siehe Pyrmont*.
*Siehe dagegen die Stationen Neustadt ByS (170), ByO (81), BH (7), BSt (4), Ha (23), Pf (11), AK (24), Th (51), MW (9) Wiener Neustadt OeSü (22).*
Neustadtl a. d. Waag, *Stadt*, U. Hradisch (KFN 15) 8 SO, Galanta (OeSü 80) 8 NO.
— in Mähren, Zwittau 6 SW, Brünn 8 NW, Pardubitz 7 S. (OeSt 9, 1 u. 18).
— Blindenmarkt 1 1/2 NW, Amstetten 1 1/2 NO. (KE 19 u. 20).
— bei Friedland, *mechanische Spinnereien. Stadt*, Reichenberg (SO 38 u. SNV 22) 3 1/2 NO, Greiffenberg (NM 45) 2 1/2 SW. Rabishau (NM 46) 3 SW.
— Böhmisch-Leipa (BN 8) 3/4 NW.
— Laibach 10 SO, Carlstadt 6 NW, Videm-Gurkfeld und Rann 4 3/4 SW. (OeSü 76 154, 144 u. 145).
Neustädtel, *Stadt*, Quaritz 1 1/2 NW, Waltersdorf 1 1/2 N, Glogau 3 1/2 NW. (NZ 3, 4 u. 1).
Neustädtl, *Station (SW 55)*, *Stadt*, Schneeberg (SW 55) 1/4 SW.
— bei Elstra, Bischofswerda (SO 17) 1 1/2 N.
NB. *Die Orte Neustadtl in Krain, Neustadtl in Mähren und Neustadtl in Böhmen (bei Reichenberg) werden häufig auch Neustädtel genannt.*
Neustein, Lichtenwald (OeSü 42) 1 Meile.
Neustettin, *Stadt*, Schivelbein (BSt 19) 9 O, Schneidemühl (PO 22) 9 N.
Neustift, Krummnussbaum (KE 17) 1/4 S.
— Passau (ByO 58, KE 54) 1/4 W.
— Maria-, Pettau (OeSü 111) 1 1/2
Neustrelitz, *Stadt*, Neu-Brandenburg (FF 7) 3 SW, Prenzlau (BSt 48) 7 W, Neustadt a. Dosse (BH 7) 9 NO.
Neustupow, *Stadt*, Prag (BW 22, OeSt 27) 7 1/2 SO.
Neuteich, *Stadt*, Simonsdorf 1 1/4 NO, Marienburg 1 1/2 N. (PO 35 u. 36).
— Driesen 2 SO, Kreuz 1 1/2 SW. (PO 18 u. 19).
Neuteichsdorf, Simonsdorf (PO 35) 1 1/4 NO.
Neutersdorf, Spielfeld (OeSü 55) 1.
Neuthardt, Untergrombach (Ba 11) 1/2 N.
Neutomysl (*MP 8*), *Stadt*, Kosten 6 NW, Posen 7 3/4 SW, Samter 6 SW. (OS 45, 48 u. 50).
Neutra, *Stadt*, Tornocz 3 1/2 NO, Neuhäusel 2 N. (OeSt 82 u. 85).
Neu-Wallmoden, Lutter a. B. *siehe Wallmoden*.
Neuwarp, *Stadt*, Stettin (BSt 10) 4 1/2 N.

Nezwestitz, Pilsen (BW 8, KFJ 39) 2 SO.
Nicheln, Fraustadt (OS 41) 1 NO.
Nichtewitz, Falkenberg (BA 23) 1 1/4 SW.
Nickelsdorf, Crossen (Th 29) 1/4 O.
Nickelswalde, Danzig (PO 74) 2 1/2 O.
Nickenich, Andernach (Rh 50) 1 SW.
Nickrisch, Görlitz (BG 15) 1 1/4 S.
Nickweiler, Sobernheim (Sa 34) 3 1/4 NW.
Niclashausen, Gamburg (Ba 138) 0,3 N.
Nicolai, Fridau (OeSü 113) 1 1/2
Nicolai, *Stadt*, *(Station Wi 29)*, Gleiwitz (OS 17) 3 SO.
Nicolaus, St., Freiburg (Ba 39) 1 W.
Nicolausberg, Göttingen (Ha 81) 1/2 NO.
Nicoline, Löwen (OS 7) 1 NO.
Nicoliez, Jam (OeSt 128) 2 1/2 S.
Nicolschmiede, Halbau (NM 24) 1/2 SO.
Nidau, Biel (SC 1, 56) 2 Kil.
Nidda, *(OH 21) Stadt*, Friedberg (MW 18) 3 1/4 NO.
Niebeck, Suderburg (Ha 9) 3/4 SW.
Niebendorf bei Dahme, Linda (BA 20) 2 1/2 NO.
Niebotschau, Ratibor (Wi 5) 1 SO.
Niebra, Ronneburg (SW 87) 3/4 S.
Niecha, *Tuchfabr.* Görlitz (BG 15) 1 1/4 S.
Niecinszewo, Kotomierz (PO 28) 3/4 S.
Nieda, Görlitz (BG 15) 1 1/2 S.
Niedana, Ratibor (Wi 5) 3/4 N.
Niedau, Marienburg (PO 36) 2 1/4 NO.
Niedeggen, *Fl.*, Düren (Rh 8) 2 S.
Nieden, Nechlin (BSt 49) 1/4 O.
Niedenstein, *Stadt*, Cassel 2 SW, Guntershausen 1 1/2 SW. (HN 11 u. 9, MW 1 u. 3).
Niederau, Niederau (LD 15) 1/4 W.
— Düren (Rh 8) 3/4 S.
Niederaula, Treysa (MW 8) 5 SO.
Niederberg, Coblenz (Rh 52) 1/2 SO.
Niederbiel, Wetzlar (KM 60, Na 41) 1 W.
Niederbuchsitten, siehe Buchsitten.
Niederbühl, Rastatt (Ba 18) 0,2 N.
Niederburg, St. Goar (Rh 55) 3/4 S, Oberwesel (Rh 56) 3/4 NW.
1 Niederdorf, Liestal (SC 1, 5) 1 3/4 S.
2 — Innsbruck (OeSü 187) 17.
3 — Kufstein (OeSü 178) 1 1/4 NO.
4 — Rakek (OeSü 70) 1.
5 — Laibach (OeSü 76) 7 1/2.
6 — Kaldenkirchen (BM 27) 1 1/4 N.
7 — bei Stolberg, Lugau (SW 45) 3/4 SO.
Niederdorfelden, Vilbel (MW 22) 3/4 O.
Niedereck, Göttingen (Ha 84) 1 1/2 SO.
Niederfischbach, Kirchen (KM 62) 3/4 N.
Niedergirmes, Wetzlar siehe Girmes.
Niederhausen Au (KM 49) 1/4 SW.
— a. d. Vils, Landshut (ByO 10) 5 3/4 O.
1 Niederhof, Murg *PH** (Ba 63) 0,4 NO.
2 — Stolberg (Rh 5) 3/4 SO.
3 — Breslau 1 SW, Schmolz 3/4 O. (BF 1 u. 2).
4 — Miltzow (BSt 58) 1 N.
Niederhofen, Erbach 1 SW, Allmendingen 3/4 O. (Wü 36 u. 171).
Niederich, Remagen (Rh 46) 3/4 NW.
Niederkassel, Wahn (KM 43) 3/4 SW.
Niederkirchen, Deidesheim (Pf 52) 1/2 SO.
— St. Wendel (Sa 43) 3/4 O.
Niederkleen, Wetzlar (KM 60) 1 1/2 SO.
Niederleiten, Langen-Isarhofen (ByO 52). 1/4 SO.
Niederlenz, Wildegg (SSO 2, 28) 1/12 O.
Niederlungwitz, Glauchau 1 1/2 SO, St. Egidien 1/4 NW. (SW 22 u. 23).
Niedernadorf, Gera (SW 88, Th 31). 1 W.
Niedernhall, *Stadt*, Waldenburg (Wü 76) 2 1/2 N.
Niedernhausen, Darmstadt (HL 24) 3 SO.
— Wiesbaden (Na 1) 1 1/2 NO.
Niedernwöhren, Stadthagen (Ha 45) 3/4 SW.
Niederrad, Frankfurt a. M. (FH 1) 3/4 SW.
Niederrheinische Hütte, *Eisengiesserei*, Niederwald, *Jagdschloss*, Rüdesheim (Na 10) 3/4 N.
Niederwasser, Hausach (Ba 164) 1,5 S.
Niederwölz, Bruck a. Mur (OeSü 40) 11 1/2.
Niederwyl (i. Baden), Laufenburg 1 N, Albbruck 1 W. (Ba 65, 66).
— (i. Schweiz), Aarau (SC 1, 13) 4 O, Wildegg (SSO 2, 28) 2 1/2 SO.
*Siehe auch Station Niederwyl SC 1, 26.*
Niederzell, Schlüchtern (BbH 10) 1/2 SW.
Niedzielisko, Szczakowa (KFN 66) 1/2 SW.
Niefernheim, Monsheim (HL 39) 3/4 W.
Niegowce, *Fl.*, Bakaczowce (LCJ 9) 3 S.
Niegripp, Burg (BPM 13) 1 W.
Nieheim, *Stadt*, Driburg 2 NO, Brakel 2 NW. (Wf 39 u. 40).
Niel a. Rh., Cöln (Rh 13, KM 1) 3/4 N.
— Cranenburg 3/4 N, Cleve 1 3/4 NW. (Rh 78 u. 75).
Niemegk, *Stadt*, Jüterbogk 3 3/4 NW, Wittenberg 3 N. (BA 6 u. 9).
Niemen, Ohlau (OS 4) 1 1/4 S.
Niemes, *Fl.*, Brenn-Nimes 1 O, Habichtstein 1 1/2 NO, Böhm. Leipa (BN 6, 7, 8) 1 1/2 SO, Zittau 3 1/2 SW, Kratzau (SO 36) 3 1/4 SW, Liebenau (SNV 10) 3 1/2 W, Münchengrätz (TKP 11) 2 1/2 NW.
Niemaszyn, Burzstyn (LCJ 10) 1 SO.
Niemtschitz, Böhm.-Trübau (OeSt 11) 1 W.
— Raitz (OeSt 4) 1 NO.
— (Nemcice), Prerau (KFN 18) 3 SW.
— Gross-, Brunowitz (KFN 51) 1 NO.
Nienberge, Münster (Wf 20) 3/4 NW.
Nienborg, *Fl.*, Münster (Wf 20) 6 NW, Rheine (Wf 24) 5 3/4 SW, Glanerbeek (NS 2, 33a) 1 1/2 SO.
Nienburg, a. d. Saale (ML 5) 1 1/4 SW, Bernburg (ML 32) 3/4 NO.
— Walter, Gnaden siehe Walter-Nienburg.
*Siehe dagegen Station Nienburg Ha 26.*
1 Niendorf, Bienenbüttel (Ha 12) 1/2 NO.
2 — Teterow (FF 3) 1/2 SO.
3 — Mölln (LB 5) 1 SW.
4 — Schwaan (Mk 2) 1/2 SO.
*Siehe auch Niendorf PH (LB 7) Lübeck 1 W.*
1 Nienhagen, Celle 1 S, Ehlershausen (Ha 6 u. 5) 1 SO.
2 — Münden (Ha 88) 1 1/4 S.
3 — Lalendorf (FF 2) 1/2 W.
*Siehe dagegen Station Nienhagen MH 8.*
Nienrode, Salzgitter (He 12) 3/4 O.
Nienstedt, Riestedt (ML 23) 1 SO.
Niepolomice, *PH** (GCL 5) *Fl.*, Podlęze (GCL 4) 1/2 NO.
Nierendorf, Nieder- u. Ober-, Remagen (Rh 46) 1/2 SW.
Nierst, Osterath (Rh 65) 3/4 NO.
Nieschwitz, Bunzlau (NM 29) 1 SO.
Niesdrowitz, Rudzinitz (OS 15) 3/4 NW.
Niesen, Warburg 2 1/2 N, Bonenburg 1 1/2 NO, Willebadessen 1 O, Brakel 1 3/4 S. (Wf 1, 2, 4 u. 40).
Niesig, Fulda (BbH 6) 1/2 N.
Niesky, *Fl.*, Bautzen (SO 20) 4 NO, Reichenbach (SO 25) 2 N, Görlitz (BG 15) 3 NW, Uhsmannsdorf (BG 14) 1 SW.
Nietlehen, *Bergw.* Halle (ML 11) 3/4 W.
Nievenheim, Dormagen (Rh 63) 1/4 NW.
Nievern mit *Hüttenw. (Na 21)*, Ems (Na 22) 1/4 W.
Nieverke, St. Peter (OeSü 82) 2.
Niewerle, Sommerfeld (NM 10) 3/4 SW.
Niewiescsin, Kotomierz (PO 28) 1 O.
Niewistka, Przemysl (GCL 22) 8 W.
Niewitz, Lübben (BG 6) 1 W.
Niewke, Gogolin (OS 11) 1 O.
Nikelsdorf, Zurndorf (OeSt 65) 1 SO.
Nikl, Zwittau (OeSt 9) 1/4 N.
Niklasberg, *Stadt*, Ullersdorf (AT 8) 1 1/2 NW.
— Asch (ByS 228) loco.

[1]Nimburg, *Stadt*, bei Jungbunzlau (TKP 8) 4 SO, Podiebrad (OeSt 23) 2 N.
Nimerle, Kottenthal (TKP 6) ¾ N.
Nimmersatt, Märzdorf (NM 52) 1 N.
Nimmschütz, Bautzen (SO 20) ½ NO.
Nimptsch, *Stadt*, T Gnadenfrei 1 NO, Breslau 6 SW. (BF 12 u. 1)
Neu-, Potschappel (SO 43) ½ N.
Nindorf am Walde, Winsen (Ha 15) 2¾ SW.
Nipkau, Altfelde (PO 37) 6½ S.
Nippach, *Schloss*, Erfurt (Th 8) 2½ NO.
Nippern, Nimkau ½ O, D.-Lissa 1¼ NW. (NM 37 u. 38).
Nipperwiese, *Fl.*, Angermünde (BSt 6) 4¼ O.
Nippes (*Rh 13, 5*), Cöln (Rh 13 KM 1) ¼ N.
Nirm, Stolberg (Rh 5) ½ W.
Nischburg, Beraun (BW 16) 1½ NW.
Nischwitz, Schmölln 1¼ SW, Ronneburg 1 SO. (SW 85 u. 87).
— Wurzen (LD 6) ¼ NW.
Nisko, *Fl.*, Rzeszow (GCL 16) 7 NO.
Nispert, Eupen (Rh 1) ¼ NO.
Nissmenau, Sorau (NM 22) 1¾ NO.
Nisterberg, Au (KM 49) ¾ SO.
Nitschendorf, Schweidnitz (BF 16) ½ NO.
Nittel, Consz 1½ SW, Beurig-Saarburg 1½ NW. (Sa 21 u. 19).
Nittenau am Regen, *Stadt*, Regensburg 3¾ NO, Bodenwöhr 1½ S. (ByO 22 u. 60).
Nitzow, Glöwen (BH 9) ½ SW.
Nitzschka, Ober- u. Unter-, Wurzen (LD 6) 1 SO.
Schmölln (SW 85) 1¼ NW.
Nixdorf i. Böhmen, T Krippen (Schandau) 2 NO, Bodenbach 4 NO. (SO 9 u. 11a).
Nixhütte, Neuss (BM 16, Rh 14) unm.
Nizankowice, *Stadt*, Przemysl (GCL 22) 1¾ SO.
Noale, Marano (ObItal. 1, 46) 1 N.
Nöbiskrug, Hildesheim (Ha 70) 1 W.
Nochern, St. Goarshausen (Na 14) ¼ N.
Nochten, Weisswasser (BO 12) 1¼ SW.
Nockwitz, Schkeuditz (ML 13) ¾ N.
Nöbden, Schmölln (SW 85) ¾ NO.
Nöbdenitz, *H*° (*SW 86*), Schmölln (SW 85) ¾ SW.
Nöbliu, Freienwalde i. Pomm. (BSt 16) ½ O.
Nöda, °Walschleben (NE 10) ½ O.
Nöggenschwyl, Waldshut (Ba 68) 1 NO.
Nöham, Landshut (ByO 10) 9 SO.
Nöpke i. Hannover, Hagen (Ha 24) ¼ N.
Nörde, Warburg (HN 17, Wf 1) 1 NW.
Nörditz, Schmölln (SW 85) ca ½ N.
Nörenberg, *Stadt*, Freienwalde i. Pomm. (BSt 16) 2½ O.
Noervenich, Buir (Rh 9) 1 SO.
Nöschikon, Niederglatt (SNO 2, 40) ¼.
Nöthnitz, Dresden (LD 20) ¾ S.
Nogarole, Villafranca (ObItal. 1, 29) 1 SO.
Nogowschütz, Rudzinitz (OS 15) 1 N.
Nohen, Birkenfeld (Sa 41) 1 NO.
Nohbollenbach, Oberstein ½ SO, Fischbach ¾ SO (Sa 38, 37).
Nohfelden, *Fl.*, Türkismühle (Sa 42) ¼ NO.
Nohl, *Weiler* i. Schweiz, Neuhausen (Ba 76) 0,2 S.
Nohra, Wolkramshausen (ML 28a) ¼ W.
Noirmont, Biel (SC 1, 56) 7 NW.
Nollingen, Rheinfelden (Ba 59) 0,2 N.
Nonnenbach, Meckenbeuren (Wü 51) 1½ S.
Nonnenheim, *Fl.*, Meckenbeuren (Wü 51) 1¼ SO.
Nonnenhorn, Lindau (ByS 1) 1¼ NW.
Nonnenweier, Dinglingen (Ba 31) 1 W.
Nonnweiler, Türkismühle (Sa 42) 1½ NW.
Nordburg, Celle (Ha 6) 2 SO.
Norddeich, Emden (Wf 39) 4¼ N.
Norddinker, Welver (Wf 14) ½ N.
Norddrebber, Neustadt a. N. (Ha 23) 3 NO.
Nordeck, Lollar (MW 13) 1¾ NO.
Norden, *Stadt*, T Emden (Wf 39) 4 N.
Nordenburg, *Stadt*, T Bartenburg (OpS 29) 4 NO, Wehlau (PO 55) 7 SO, Insterburg (PO 58) 4 SW.
Nordenstadt, Wiesbaden (Na 1) ¾ SO.
Norderney, *Fl.*, T Emden (Wf 39) 6 N.
Nordhalben, *Stadt*, Hof 4 NW, Kronach 3 NO. (ByS 75 u. 219).
Nordhausen, Nordheim (Wü 56) ¾ SW.
— Kleth-, °Ringleben (NE 9) ¾ SO.
*Siehe dagegen Station Nordhausen MH 28).*
[1]Nordheim vor der Rhön, in Bayern, *Stadt*, Meiningen (Th 50) 3¼ SW.
[2]— Kalten-, *Stadt* Salzungen 3 S, Wasungen 2 SW, Meiningen 2½ NW. (Th 45, 48 u. 50).
[3]— Worms (HL 1) ¼ N.
[4]— *Fl.* Uffenheim 1¾ NO, Marktbibart 1¼ SW. (ByS 159 u. 172).
*Siehe dagegen Station Nordheim Wü 36.*
Nordholz, Geestemünde (Ha 40) 4½ NO.
Nordhorn, *Stadt*, T Lingen (Wf 27) 2¼ SW.
Nordkirchen, Drensteinfurt (Wf 17) 2½ SW.
Nordleda, Geestemünde (Ha 40) 5¼ NO.
Nordrach, Biberach (Ba 161) 0,8 O.
Nordschwaben, Maulburg, *PH*° (Ba 211) 1½ SO.
Nordsehl, Stadthagen (Ha 45) ½ NW.
Nordstetten, Horb (Wü 142) ¼ SO.
Nordwalde, Greven 1½ W, Emsdetten 1½ SW. (Wf 21 u. 22).
Nordweil, Kenzingen (Ba 35) 0,6 S.
Noreitschen, Trakehnen (PO 61) 1½ S.
Noriglio, Roveredo (OeSü 213) ½ O.
Norheim, Kreuznach (Sa 20) ¾ SW.
Noroch, Löwen (OS 7) 1¾ O.
Norsingen, Krotzingen 0,3 N, Schallstadt ½ W. (Ba 42 u. 41).
Nortmoor (*Ol 15*) Leer (Wf 35) 1½ O.
Norutschatschen, Gumbinnen (PO 60) ½ O.
Norwieden, Stallupönen (PO 62) 2¾ SO.
Nossdorf, Cottbus (BO 9) 2½ O.
Nossen, Frankenstein (BF 11) 2¼ O.
*Siehe Station Nossen LD 30.*
Nostitz, Löbau (SO 23) ¾ N.
Nostorf, Boitzenburg (BH 19) ¾ NW.
Nothberg, Langerwehe ½ W, Eschweiler ¼ O. (Rh 7 u. 6).
Nothwendig, Filehne (PO 29) ½ S.
Nottekampsbank, ✕ Kupferdreh (BM 63) 0,3 N.
Nottuln, Münster (Wf 20) 2¾ SW.
Notzendorf, Altfelde (PO 37) ¼ S.
Notzingen, Kirchheim a/T (Wü 153) ¼ N.
Nova, *Fl.*, St. Ivan (OeSu 106) 4.
Novawess, Potsdam (BPM 5) ¼ O.
Novidvori, Zapresic (OeSu 146) ¾.
Novigrad, Koltori (OeSü 117) 5¾.
Novinsky, Preloue (OeSt 19) 1 NO.
Nowag, Neisse (SB 1) 1 SW.
Nowagora, *Fl.* Trzebinia (KFN 36) 1 NO.
Nove Miasto, *Stadt*, Przemysl (GCL 22) ca 3 SO.
Nowosielce, Chodorow (LCJ 7) 1¾ N.
Nowosiellca, *Bergwerk*, Zablotow (LCJ 17) 2 NW.
*brd. Grenzort*, Lemberg (LCJ 1) 4 SO
Nowoszyn, Bukaczowce (LCJ 9) 1 N.
Nowy, Elbe-Teinitz (OeSt 21) 2¼ NO.
Nowytarg *siehe Neumarkt.*
Nudersdorf, Wittenberg (BA 9) 1 NW.
Nudwojowitz, Turnau (SNV 17) ½ SW.
Nübel, Schleswig (Sw 28) ¼ N.
Nümbrecht, Schladern (KM 48) 1¾ SW.
Nünchritz, Langenberg *PH*° (LD 13) ½ SO
Nüssenberg, Cöln (Rh 13 u. KM 1) 1 NW, Longerich (Rh 61) ½ SW.
Nütterden, Cleve ¾ W, Cranenburg ¾ O (Rh 75 u. 78).
Nuhnen, Frankfurt a/O. (PO 71 u. NM 11) ¼ NW.
Nunkirchen, Merzig 2½ NO, Beckingen 3 NO, Türkismühl 3 SW. (Sa 15, 16 u. 42).
Nunningen, Liestal (SC 1, 5) 19 Kil, Basel (SC 1, 1) 30 Kil.
Nupac, Bechowic (OeSt 26) 1½ S.
Nusbach, Appenweier (Ba 26) ½ O.
— Hausach (Ba 164) 2,8 S.
Nusel, Prag (BW 22, OeSt 27) ½ S.
Nusplingen bei Spaichingen, Rottenburg (Wü 137) 5½ SW.
Nussbaum, Königsbach *PH*° (Ba 146) 1 NO.
Monzingen (Sa 35) ¼ NO.
Nussbaumen, Andelfingen 2 NO, Frauenfeld 2½ (SNO 2, 34 u. 10).
Nussdorf am Inn, Stephanskirchen 2 SW, Brannenburg ½ O. (ByS 128 u. 179).
— in der Pfalz, Kuöringen (Pf 38) ½ W.
[6]— (*KFJ 2*) Wien (KFN 1) ¾ N.
Frankenmarkt (KE 41) 2 SO.
— Prestanek (OeSü 81) 1, Adelsberg (OeSü 80) 1¾ SW.
Nusse, Mölln (LB 5) 1 NW.
Nussloch, *Fl.*, Wiesloch (Ba 6) 0,6 NO, Heidelberg (Ba 3) 1¼ S.
Nustenbach, Mosbach (Ba 102) ½ NO.
Nuth, Valkenburg (AM 6) 1 NO.
Nuttlar, Bonenburg 7½ SW, Soest 5¾ SO. (Wf 2 u. 13).
Nyalka, Raab (OeSt 69) 2 SO.
Nyárad bei Papa, Raab (OeSt 69) 3 SW.
Nyáregyháza, Monor (OeSt 99) 2 S.
— Ober- u. Unter-, Pilis (OeSt 100) ½ SW.
[6]Nyek siehe US 10.
Nyim, Siofok (OeSü 125) 2.
Nyir-Bakta, Nyiregyhaza (Ts 11) 4 O.
Nyir-Bator, T Nyiregyhaza (Ts 11) 4 SO.
Nyir-Mada, Nyiregyhaza (Ts 11) 6 NO.
Nyir-Megyes, Ujfehertó (Ts 13) 5 NO.
Nyitra Apathi, Tornocz (OeSt 82) 4½ O.
Nymphenburg, *Fl.*, München (ByO 1) ¾ NW.
Nyul, Kis- u. Nagy-, Raab (OeSt 69) 1½ S.

# O.

Obad, Zsebely (OeSt 121) ½ W.
Obbach, Schweinfurt (ByS 84) 1¼ NW.
Obdach, *Fl.* *Eisenw.*, Judenburg (KR 24) 2 SO, Köflach (GK 11) 2½ SW.
Obelsko, Adelsberg (OeSü 80) 2¼.
Obenbeck, Löhne (Ha 51) ¼ N.
Obererysko, Kosten (OS 45) ¾ NO, Czempin (OS 46) ¾ SW.
Oberdieten, Dillenburg (KM 56) 2 NO.
[1]Oberdorf bei Langenargen am Bodensee, Friedrichshafen (Wü 52) 1 SO.
[2]— *PH* (*ByS 9*), Immenstadt 1 N, Kempten
Obergleen, Kirchhain 2¼ SO, Neustadt 1½ S. (MW 10 u. 9).
Oberglogau, *Stadt*, Gogolin (OS 11) 3 SW.
Obergrund, Bodenbach (BS 20, OeSt 42) ¼ N.
Oberhaen, Bern (SC 1, 30) 10 Kil.
Oberhald, Kerschbaum (KE 69) ¾ NW.

**Oberkirch**, *Stadt*, ✉ T Renchen 1¼ SO, Appenweier 1 O. (Ba 25 u. 26).
— Sursee (SC 1,20) 2 Kil.
**Oberkirchen**, St. Wendel (Sa 43) 1½ NO.
bei Meschede, ✉ Altenhundem (BM 75) 3 NO.
**Ober-Laibach**, *Fl.*, Laibach (OeSü 76) 2½ SW, *siehe auch Laibach.*
**Oberleutensdorf**, *Stadt*, ✉ Dux (AT 9) 1½ W, *siehe auch Leutensdorf.*
**Oberlind**, *Fl.*, Sonneberg (Th 61) ½ S.
**Oberloch**, Littai (OeSü 72) ½.
**Obermohr**, Niedermohr (Pf 57) ½ NW.
**Obernak**, Kanizsa (OeSü 100) 1½ NW.
**Obernau**, Aschaffenburg (FH 10) ¾ S.
Niedernau (Wü 138) ¼ W.
**Obernbeck**, Löhne (Ha 51, KM 30) ½ N.
**Obernberg am Inn**, *Fl.* ✉ Strasswalchen 6½ N, Taufkirchen 2 SW, Schärding 2½ SW. (KE 42, 51 u. 52).
*Stadt*, ✉ *proj. Stat. (ByS)* Aschaffenburg (FH 10) 2 S.
1 **Oberndorf**, Muggensturm (Ba 17) ¾ O.
2 Allensbach (Ba 85) ¾ NO.
3 Neufahrn bei Ergolsbach (ByO 13) ¾ W.
4 — Ottenmoos (ByO 41) ½ NO.
5 Osterhofen (ByO 53) 1½ S.
6 am Main, Schweinfurt (ByS 84) ¾ SW.
7 Wetzlar (KM 60, Na 41) 1½ NW.
8 Münster a. St. (Sa 31) 1½ SW.
9 Braunfels ½ SO, Albshausen ½ SW. (Na 39 u. 40).
10 *Fl.*, Geestemünde 5½ NO, Harburg 9 SW. (Ha 40 u. 17).
11 — ✉ Loosdorf 2½ SW, Pöchlarn 3½ S. (KE 14 u. 16).
12 — St. Pölten (KE 12) 1 NO.
13 Kirchbichl ¼ SW, Wörgl ½ NO. (OeSü 179 u. 180).
14 bei St. Johann in Tirol, Wörgl (OeSü 180) 3½ O.
15 — bei Ebbs, Kufstein (OeSü 178) ¾ NO.
16 — Alt-, Oberndorf (Wü 145) ½ SO. Essendorf (Wü 44) ¼ NO.
*Siehe dagegen die Stationen Oberndorf KE 66 u. Wü 145.*
**Oberneuland**, Sebaldsbrück 1 NO, Bremen 1½ O. (Ha 33 u. 34).
**Obernfeld**, Northeim (Ha 81) 4 SO.
**Obernhausen**, Darmstadt (HL 24, MN 5) 3 SO.
**Obernkirchen**, *Stadt*, ✉ Kirchhorsten (Ha 46) ¾ S, Bückeburg (Ha 47) 1 NO.
**Obernsees**, Bayreuth (ByO 80) 2 SW.
**Obernzell**, ✉ *Fabr.*, Passau (ByO 58, KE 54) 2 O.
**Obernzenn**, *Fl.*, ✉ Ober-Dachstetten (ByS 155) ¾ NO.
**Oberode**, Münden (Ha 86) 1¼ SO
**Oberönz**, Herzogenbuchsee (SC 1,31) 2 Kil.
**Oberpleis**, Mehlem (Rh 44) 1½ NO.
**Oberrad**, *Station (MN 19)*, Frankfurt a M. (FH 1) ½ SW.
**Oberried**, Freiburg (Ba 39) 1½ SO.
**Oberriedt**, Scherzligen (SC 1,48) 30 Kil.
**Oberrieden**, Zürich (SNO 2,19) 2½ SO.
**Oberrohn**, Salzungen (Th 45) ½.
**Oberroth**, Hall (Wü 79) 1½ SW.
— Muggensturm (Ba 17) 1¼ O.
**Oberscheiden**, Niederscheiden (KM 63) ¼ W.
**Oberschweig**, Breitenschützing (KE 34) ½ NO.
**Obersdorf**, Windisch-Eschenbach (ByO 82) ¼ S.
Trebnitz (PO 5) ½ W.
**Obershagen**, Ehlershausen ¾ SO, Burgdorf 1 NO. (Ha 5 u. 4).
**Obersitzko**, *Stadt*, ✉ Samter 1½ N, Wronke 1½ O. (OS 50, 51).
**Oberstadt**, Themar (Th 52) ¾ N.
**Oberstdorf**, *Fl.*, *Stahlhammer*, Immenstadt (ByS 8) 2 SO.
**Oberstoppel**, Neukirchen (BhH 3) ¼ O.
**Oberstreu**, Meiningen (Th 50) 2½ SW.
**Obersuhl**, Gerstungen (HN u. Th 1) ½ SO.
**Oberthal**, St. Wendel (Sa 43) 1 NW.
**Obertraubling**, Mangolding (ByO 80) ½ NW.
**Obertyn**, *Stadt*, ✉ Korszów (LCJ 15) 2 NO.
**Oberviechtach**, *Fl.*, ✉ Schwandorf 4 NO, Bodenwöhr 3 NO. (ByO 29 u. 60).
**Oberwarth**, Stein am Anger (OeSü 102) 4.
**Oberwasser**, Bühl (Ba 22) 1 W.
**Oberwelden**, *PH (KFN 47)*, Gänserndorf (KFN 5) 1½ SO.
**Oberweis**, *PH (KE 61)* Gmunden 1 N, Laakirchen ½ S. (KE 63, 60).
**Oberweier**, Bühl (Ba 22) ½ W.
- Ettlingen (Ba 15) ¼ S.
— Dinglingen (Ba 31) 1 SO.

**Oberwern** *(ByS 251)*, Schweinfurt (ByS 84) 1 N.
**Oberwiesen**, Alzey (HL 44) 1 SW.
**Oberwinter**, *Fl.*, Rolandseck ½ S, Remagen ¾ N. (Rh 45 u. 46).
**Oberwitz**, Gogolin (OS 11) ¾ SW).
**Oberwölz**, Bruch a. Mur (OeSü 40) 11½.
**Oberwyl**, Laufenburg (Ba 64 u. 65) 1½ N.
Thun (SC 1,47) 4½ SW, Basel (Ba 56, SC 1,7) 1 SW, Pieterlen (SC 1,55) 1½ SO.
**Oberzell auf der Insel Reichenau**, Constanz (Ba 87) NW.
— a M., Würzburg (Ba 125, ByS 91) ½ W.
**Obiedowitz**, Elbe-Teinitz (OeSt 21) 2 SO.
**Obiezierce**, Samter (OS 50) 1½ O.
**Obing**, Landshut (ByO 10) 9½ S.
**Oblak**, Rakek (OeSü 79) 3.
**Obles**, Brünn (BrB 1, OeSt 1) 7½ SW.
**Oblotnitz**, Pöltschach (OeSü 60) 3.
**Obora**, Horowitz (BW 14) 1 O.
Skalic (OeSt 5) ½ W.
**Obornik**, *Stadt*, ✉ T Samter (OS 50) 2½ NO.
**Obrigheim**, Neckarelz (Ba 101) ½ N.
i. der Pfalz, Monsheim (HL 39) ¾ S.
**Obristvy**, Obristvy-Klomin (TKP 3) ¼ N.
**Obrovo**, Divacca (OeSü 84) 2½.
**Obsendorf**, Neumarkt (NM 36) 1½ SW.
**Obstall**, Spielfeld (OeSü 55) 3.
**Ochlenberg**, Herzogenbuchsee (SC 1,31) 6 Kil.
**Ochotz**, Oppeln (OS 10, RO 1) 1½ SW.
**Ochsenbach**, Heidelberg (Ba 3) 1 SO.
Gross-Sachsenheim (Wü 9) 1¼ NW.
**Ochsenberg**, Königsbronn (Wü 123) ½ NO.
**Ochsenbrunn**, Günzburg (ByS 107) 1½ S.
**Ochsenburg**, St. Pölten (KE 12) ¾ S.
**Ochsenhausen**, *Mineralquelle*, ✉ T Ummendorf (Wü 43) 1 O, Memmingen (ByS 213) 2½ NW.
**Ochsenstall**, Breslau (BrF 1) 2 S.
**Ochsenwang**, Kirchheim unter Teck (Wü 153) 1½ SO.
**Ochtelbur**, Emden (Wf 38) 2 NO.
**Ochtendung**, Andernach (Rh 50) 1½ SW.
**Ochtersum**, Hildesheim (Ha 70) ½ S.
**Ochtmersleben**, Magdeb. (ML u. MH 1) 2 W.
**Ochtmissen**, Bardowieck (Ha 14) ¼ W.
**Ochtrup**, *Fl.*, ✉ Münster (Wf 20) 6 NW, Rheine (Wf 24) 2½ W, Glanerbeek (*Niederl. St.* 2,33a) 1½ O.
**Ochtum**, Vegesack (Ha 42) 1 W.
**Ockenfels**, Remagen (Rh 46) ¾ SO.
**Ockenheim**, Gau-Algesheim ½ W, Bingen ¾ SO (HL 16, 18), Bacharach (Rh 57) 1 SO.
**Ockerwitz**, Dresden (LD 20) ¾ NW.
**Ockingen**, Subigen (SC 1,50) 2 Kil.
**Ocklitz**, Mettkau (BF 4) ½ SO.
**Ockrilla**, Klein-, Radeberg (SO 14) 1½ NW.
- Gross-, Radeberg (SO 14) 1¼ NW.
**Odagsen**, Salzderhelden (Ha 80) ½ SW.
**Odelshofen**, Kork (Ba 156) 0,3 SO.
**Odendorf**, Euskirchen ½ O, Bonn 2¾ SW. (Rh 22 u. 42).
**Odenhausen** a. d. Lahn, Lollar (MW 13) ½ N.
auf der Babenau, Lollar (MW 13) 2¼ O.
**Odenheim**, Langenbrücken (Ba 8) 1 SO.
**Odenkirchen** *(BM 143)*, ✉ T Rheydt (BM 12) ½ S.
**Odenspiel**, Schladern (KM 48) 2 NO.
**Odenthal**, Mülheim a. Rhein (KM 3) 1½ NO.
**Oderberg**, *Stadt*, ✉ Niederfinow (BSt 64) 1¼ O, Freienwalde a. Oder (BSt 49) ½ NO.
- *Stadt*, ✉ Oderberg (WI 9, KO 1, KN 28) ½ SW.
**Oderin**, *Brennerei*, Halle (BA 68, ML 11) ½ SO.
**Odernheim**, Gau-, *Fl.*, ✉ Alzey (HL 44) 1 NO.
a. d. Glan, Sobernheim (Sa 34) 1 SO.
**Odersbach**, Weilburg (Sa 36) ¾ SW.
**Odersch**, Ratibor (WI 5) 3½ SW.
**Oderwitz**, Mittel- u. Nieder-, Ober-Oderwitz (SO 31) ¼ SO.
**Oderzo**, *Fl.*, Treviso (ObIt 1, 15) 8½ NO.
**Odrau bei Ratibor**, Krzizanowitz (WI 7) 1 SO.
(i. Oesterr. Schlesien), *Stadt* ✉ Zauchtl-Neutitschein (KFN 23) 1 NW.
**Oebisfelde**, *Stadt*, ✉ Helmstedt (Bs 31) 3 N.
**Oecsöd**, ✉ Szolnok (Ts 3) 3 SO.
**Oed**, Hartmannshof (ByO 38) ¼ NO.
bei Waldmünchen, Furth am Walde (BW 1) 2½ W.
**Oedelsheim**, Trendelburg (HN 18) 1¼ NO.
**Oedelum**, Algermissen (Ha 68) 1½ SO.
Neu-, Algermissen (Ha 68) 1½ SO.
**Oedekoven**, Roisdorf (Rh 41) ¾ S.
**Oedendorf**, Hall (Wü 79) 1 S.
**Oedernitz**, Uhsmannsdorf (BG 14) 1 SW.
**Oedesse**, Peine (Ha 66) ¾ N.
**Oedheim**, Jagstfeld (Wü 80) 1 O.

**Oedhütte**, Furth a. W. (BW 1)
**Oeding**, *Fl.* ✉ Emmerich 6 NO, Wesel 5½ NO. (KM 41 u. 38).
**Oedingen**, Remagen (Rh 46) 1 NW.
**Oedt**, *Fl.*, ✉ Amstetten 1½ W, Aschbach ¾ N. (KE 20 u. 21).
— Kempen 1 SW, Grefrath ½ SO. (Rh 67 u. 81).
**Oefingen**, Immendingen (Ba 179) 1½ N, Geisingen (Ba 181) 1½ N.
**Oeflingen**, Brennet (Ba 61) 0,2 NO.
**Oege**, Neu-, Letmathe (BM 60) ½ S.
**Oegeln**, Jessnitz bei Guben (NM 18) 1½ W.
**Oehling**, Amstetten (KE 20) ¾ SW.
**Oehlstorf**, Winsen (Ha 15) 2 SW.
**Oehna**, Bautzen (SO 20) ¾ NO.
**Oehningen**, Radolfzell (Ba 83) 1½ SW.
**Oehnsbach**, Achern (Ba 24) ½ SW, Renchen (Ba 25) ½ NO.
**Oelberg**, Skalitz (SNV 23) 3½ NO.
**Oelbronn**, Maulbronn (Wü 5) ¼ W, Mühlacker (Wü 6) ¾ NW.
**Oelersee**, Hämelerwald ¾ NO, Peine 1 NW. (Ha 65 u. 66).
**Oelhütten**, Stefanau (OeSt 44) ½ NW.
Braun., Müglitz (OeSt 46) 2½ S.
**Oellinsweiler**, Schallstadt *PH* (Ba 41) ½ S.
**Oelkassen**, Vorwohle (Bs 3) 1¼ NW.
**Oels in Mähren**, *Fl.*, ✉ Skalic (OeSt 5) 2½ NW.
— Alt-, *Fl.*, Bunzlau (NM 20) 2½ N.
— Klein-, Sibyllenort (RO 15) 1 S.
— (*Dorf*), Brieg (NB 8, OS 5) 2 W.
— in Böhmen, Mastig (SNV 10) ½ NO.
*Siehe dagegen Station Oels RO 17.*
**Oelsa**, Löbau (SO 23) ¾ NW.
Lang-, Uhsmannsdorf (BG 14) 2½ SW.
— Stein-, Uhsmannsdorf (BG 14) 2 SW.
**Oelsberg**, St. Goarshausen (Na 14) 1½ NO.
**Oelse**, Striegau (BF 17) ¾ SW.
**Oelsen bei Lauenstein**, Pirna (SO 5) 2½ S.
**Oelsnitz**, Grossenhain (LD 36) 1½ NO.
bei Stollberg, Hohenstein-Ernstthal 1½ SW, St. Egidien 1½ SO, Lugau ½ SW. (SW 42, 23 u. 45).
*Siehe dagegen Station Oelsnitz, SW 76.*
**Oelveth**, Perbete (OeSt 86) 2½ O.
**Oelzschau**, Borna (SW 93) 1½ N.
**Oensbach**, Achern ½ S, Renchen ½ N. (Ba 24, 25).
**Oensingen**, Olten 3 SW, Langenthal 2½ NW 10 u. 1, 29).
**Oenz**, Nieder- u. Ober-, Herzogenbuchsee (SC 1,31) 2 Kil.
**Oepfingen**, *Ehingen ¾ O, Erbach 1 SW, Schemmerberg, 1 N. (Wü 172, 36, 39)
**Oerkeny**, ✉ Alberti-Irsa (OeSt 101) 3½ S.
**Oerlenbach**, siehe ByS 263.
**Oerlinghausen**, *Fl.*, ✉ T Paderborn (Wf 7) 4 N, Bielefeld (KM 28) 1½ SO.
**Oerner**, Gross-, Eisleben (ML 22) 1½ N.
— Burg-, Eisleben (ML 22) 1½ N.
**Oers**, Tisza-, Karczag (Ts 7) 4 NW.
**Oertmannsdorf**, Lauban (NM 43) 1½ S.
**Oeschelbronn**, Niefern *PH* (Ba 151) ½ SO.
**Oeschgen**, Brügg (Berner Stsb. 5, 4) 4 NW.
Säckingen (Ba 62) 1 O.
**Oesede u. Georgs-Marienhütte**, Osnabrück (Ha 57) 1½ S.
**Oesselse**, Algermissen (Ha 68) 1 NW.
**Oestinghausen**, Soest (Wf 13) 1 N.
**Oestringen**, Langenbrücken (Ba 8) ½ N.
**Oestrum**, Rheinhausen (Rh 87 u. BM 105a) ½ NW, Trompet (BM 22) ½ SW.
**Oetlingen**, Haltingen (Ba 54) ¾ NO.
*Siehe dagegen Station Oethlingen (Wü 154)*
**Oetigheim**, Rastatt (Ba 18) ½ N, Muggensturm (Ba 17) ½ W.
**Oetisheim**, Maulbronn (Wü 5) ½ S, Mühlacker (Wü 6) ½ NW.
**Oetsch**, Kötschau (Th 20) ½ S.
**Oettern**, Weimar (Th 10) 1 S.
**Oetting**, Alt-, *Fl.*, ✉ Landshut 8 SO, Vilshofen (ByO 10 u. 55) 9 SW.
— Neu-, *Stadt*, ✉ Landshut 7½ SO, Vilshofen 8½ SW.
**Oetlinghausen** (Oetinghausen) Herford (KM 29) ¾ NW.
**Oeverich**, Remagen (Rh 46) 1 NW.
**Oewisheim**, Ober- u. Unter-, Bruchsal (Ba 10, Wü 1) 1 NO.
**Ofen**, Alt-, *Fl.*, Pest (OeSt 95) ¾ N.
*Siehe dagegen Station Ofen (vis à vis Pest) OeSt 95.*
— (Oven) *Bloh (Ol 9) ½ N.
**Offdilln**, Dillenburg (KM 56) 1¼ N.
**Offenau**, Neckarelz (Ba 101) 1½ S.
**Offenbach a. d. Glan**, Staudernheim (Sa 37, 20) SW.

*Offenbach, Landau (Pf 30) 1/2 O.
* Station (MN 20) Stadt, Mainkur (FH 2) 3/4 S.
Offendingen, Krotzingen (Ba 42) 1/4 N.
Offenhausen (bei Altdorf), Hersbruck (ByO 40) 1 S.
— Fl., Gunskirchen (KE 32) 1 1/4 NW, Lambach (KE 33) 1 NW, Breitenschützing (KE 34) 1 1/4 SO.
Offenheim, Alzey (HL 44) 3/4 SW.
Offensen, Celle (Ha 6) 1 1/2 SO.
Offenthal, Langen (MN 3) 1/2 O, Messel (HL 25) 1 1/4 N.
Offingen, Markt-, Nördlingen (ByS 34) 1 1/4 N.
*Siehe dagegen Station Offingen ByS 108.*
Offleben, Schöningen (Bs 29) 1 O.
Offstein, Pfeddersheim (HL 38) 3/4 SW.
Offerdingen, Rottenburg (Wü 137) 1 1/4 SO.
Offerfingen, Erzingen (Ba 72) 3/4 O, Neunkirch (Ba 74) 1/2 SW.
Offering, Marchtrenk (KE 30) 3/4 NW.
Offeringen, Oberlauchringen (Ba 70) 1 N.
Offersheim, Friedrichsfeld (Ba 2. MN 16) 1 S, Heidelberg (Ba 3. MN 17) 1 1/2 SW.
Oftringen, Aarburg (SC 1, 14) 1/4 SO.
Ofzenitza, Detta (OeSt 122) 3/4 N.
*Ogulin (*US 42*), Fl., T Carlstadt (OeSü 154) 4 1/2 SW.
Ogulinek, Lekenik (OeSü 150) 1 1/2.
Ohe, Ober- u. Nieder-, Unterlüss (Ha 8) 3/4 W.
bei Hamburg, Reinbeck (BH 28) 1/2 NO.
Ohlenberg, Remagen (Rh 46) ca. 1 1/2 NO.
Ohlendorf, Winsen (Ha 15) 1 3/4 SW.
Ohlenhausen, Göttingen (Ha 84) 1 1/2 SW.
Ohlenrode, Freden (Ha 78) 3/4 SO, Kreiensen (Bs 5, Ha 79) 1 1/4 NO.
Ohlsbach, Ortenberg H* (Ba 158) 3/4 SO.
Ohlum, Algermissen (Ha 68) 1 1/4 NO.
Ohlweiler, Sobernheim (Sa 34) 3 NW, Bacharach (Rh 57) 3 1/2 SW.
Ohmden, Kirchheim u. Teck (Wü 153) 3/4 O.
Ohmen, Nieder- u. Ober-, Giessen (KM 61. MW 14) 4 NO.
Ohndorf, Haste (Ha 43) 1/4 SW.
Ohne, Salzbergen (Wf 25) 1 NW.
Ohodos, Lepseny (OeSü 128) 2.
Ohorn, Radeberg (SO 14) 1 1/2 NO, Bischofswerda (SO 17) 1 1/4 NW.
Ohra, Danzig (PO 74) 1/2 S.
Ohrdruf, *Stadt*, T Gotha (Th 6) 2 SO.
Ohren, Bodenbach (BN 20, SO 11a) 1 1/4 SW.
Ohringen, Hettlingen (SNO 2. 36) 1/2.
Kl.-, Weimar (Th 10) 3/4 N.
Ohrsleben, Schöningen (Bs 29) 1 SO.
Ohrum, Wolfenbüttel (Bs 24a) 3/4 S.
Oitzen, Bevensen (Ha 11) 1 1/4 SO, Uelzen (Ha 10) 1 1/2 NO.
Okány, Mezö-Berény (Ts 32) 3 1/2 O.
Okarben, Grosskarben (MW 20) 1/4 NO.
Okorim, Slotwina (GCL 3) 3/4 NO.
Okollo, Bromberg (PO 27) 1/4 NW.
Okopy, bod. Grenzort, Luzan (LCJ 20) 8 O.
Okresinice, Chodorów (LCJ 7) 1 1/4 NW.
Okrilla, Meissen 1/2 NO, Pristewitz 1/2 S. (LD 33 u. 14).
Ola, St. Ivan (OeSü 106) 1 1/4.
Olaszy, Bodrog-, Fl., Tokaj (Ts 17) 3 NO.
Olbendorf, Grottkau (NB 5) 1 NW.
Olbernhau, Fl., Chemnitz (SW 29. SO 55) 4 1/2 SO, Zschopau (SW 65) 3 SO, Wolkenstein (SW 67) 2 1/4 O, Freiberg in Sachs. (SO 51) 3 3/4 SW.
Olbersdorf, Landskron (OeSt 50) 3/4 NO.
*Stadt*. T Leobschütz (W1 10) 2 1/2 SW, Troppau (KFN 63) 5 NW.
Reichenbach 3/4 O, Frankenstein 1 1/4 NO. (BF 13 u. 11).
Zittau (SO 33) 1/4 SW.
Gross-, Scharfenstein H* (SW 66) 3/4 SO.

*Oldendorf, Boitzenburg (BH 19) 2 S.
— Melle (Ha 55) 3/4 NW.
— (bei Lübbecke), *Stadt*, Bünde (Ha 53) 1 3/4 NW.
— (bei Halle), Bielefeld (KM 28) 1 3/4 NW.
*Siehe dagegen Stat. „Stadt Oldendorf" Bs 2.*
Oldenrode, Seesen (Bs 8) 1 1/2 SW.
Oldenstadt, Uelzen (Ha 10) 1/4 NO.
Oldenswort, Harbleck (Sw 23) 1/4 SW.
Oldern, Gr.- u. Kl.-, Breslau (BF 1. NM 39) 1 1/4 SO.
Oldershausen, Winsen (Ha 15) 1 O.
Oldershausen, Kreiensen (Bs 5, Ha 79) 2 SO.
Olderup, Oster-Ohrstedt (Sw 5) 1 NW, Husum (Sw 21) 1 NO.
Oldinghausen, Herford (KM 29) 3/4 W.
Oldisleben, Fl., *Salpetersiedereien u. Zuckerfabr.*, Sangerhausen (ML 24) 3 SW.
Olef bei Schleiden, Call (Rh 25) 3/4 W.
Oleschau, Hohenstadt (OeSt 48) 2 NW.
Oleschka, Dzieschowitz H* (OS 12) 3/4 N.
Oleschna, Blansko (OeSt 3) 1/4 SW.
Olesnitz, Schneidemühl (PO 22) 3 SO.
Oleszyce, *Stadt*, Jaroslau (GCL 19) 4 1/4 NO.
Oletzko, *Stadt*, T Insterburg (PO 58, T1 4) 12 SO, Lyck (OpS 25) 3 NO.
Olfen, *Stadt*, Castrop (KM 16) 2 1/4 N.
Olgya, Wartberg (OeSt 78) 2 S.
*Oliva, (*BSt 38*) Fl., Danzig (PO 74) 1 3/4 NW, Neufahrwasser (PO 75) 1 W.
Oliar, St. Ivan (OeSü 106) 1/2.
Ollendorf, Erfurt (Th 8) 1 3/4 NO.
Ollersdorf, Angern (KFN 6) 1/2 NO.
Ollesheim, Buir (Rh 9) 3/4 S.
Ollheim, Euskirchen (Rh 22) 1 1/4 NO, Roisdorf (Rh 41) 1 1/2 SW.
Ollsen, Winsen (Ha 15) 2 3/4 SW.
*Olm, Nieder-, (*HL 75*), Fl., Mainz (HL 11) 1 SW.
— — Ober-, Mainz (HL 11) 1 SW.
Olpe (*proj. Stat.*), *Stadt*, Welschenennest (BM 76) 1 1/2 SW.
Olsau i. Schlesien, Annaberg (W1 8) 1/2 NO.
Olsberg bei Brilon, Lippstadt (Wf 10) 5 S, Altenbundem (BM 75) 6 NO.
—— Nieder-Schönthal (SC 1,4) 5 Kil.
Olschau, Olmütz (KFN 58, OeSt 43) 1 3/4 SW.
Olschowa, Kandrzin (Kosel) (Wi 1) 1 3/4 NO.
Olsdorf, Roisdorf (Rh 41) 1/2 S.
Olsnitz, Fl., Spielfeld (OeSü 55) 5.
Olszewko, Nakel (PO 26) 1/2 NW.
Oltaschin, Breslau (BF 1, NM 39) 3/4 S.
Oltarcz, Kanizsa (OeSü 109) 1 1/4.
Oltigen, Sissach (SC 1,7) 2 SO.
Olvenstedt, Magdeburg (ML u. MH 1) 1 NW.
Omor, Detta (OeSü 122) 3/4 SO.
Ondroko, Puszta-, Tardoskéd (OeSt 83) 1 3/4 N.
Onnau (Ohnau), Buir (Rh 9) 1 SO.
Onod, Miskolcz (Ts 22) 2 SO.
Onstmettingen, Rottenburg (Wü 137) 3 SO.
Oosterhoat, Nymwegen (Rh 80) 5/8 NW.
*Opalenica, (*MP 9*). *Stadt*, Posen 5 SW, Kosten 4 NW. (OS 48 u. 45).
Opatitza, Detta (OeSt 122) 1/4 O.
Opeca, Fridau (OeSü 113) 1.
Opfershausen, Wasungen (Th 48) 1 1/4 SW.
Opfertshofen i. Schweiz, Thayingen (Ba 79) 1/2 NW.
Opfingen, Freiburg (Ba 39) 1 1/4 W Schallstadt H* (Ba 41) 1/4 N.
Opitz, Kl. u. Gr.-, Tharandt (SO 46) 3/4 N.
Opmünden, Sassendorf (Wf 19) 1/2 S, Soest (Wf 13, BM 50) 1/2 SO.
Opocno, *Stadt*, Josefstadt (SNV 6) 1 1/2 SO.
Oporinek, Prelonc (OeSt 19) 1 SO.
Opojetz, *Kalköfen*, Nicolai (W1 28) 1 1/4 O.
Oporowo, Bromberg (PO 27) 3 1/2 SW.
Oppach, Bautzen 2 SO, Löbau 1 1/2 SW. (SO 20 u. 23).

Oppingen, Amstetten (Wü 31) 3/4 SW.
Oppitz, Bautzen (SO 20) 2 1/4 N.
Oppligen, Thun (SC 1,47) 1 1/2 N.
Oppolz, Kerschbaum (KE 69) 1 N.
Opponitz, Aschbach (KE 21) 3 3/4 SO.
Oppuck, Otloczyn (PO 68) 2 SW.
Oppum, Crefeld (BM 20, Rh 66) 1/2 SO.
Oppurg, Gera (SW 88, Th 31) 5 SW.
Opsen, Au (KM 49) 1/4 O.
Opischina, Sessana (OeSü 85) 1.
Oranienbaum, *Stadt*, Coswig (BA 27) 1 1/2 SW, Dessau (BA 30) 2 SO, Wittenberg (BA 9) 2 3/4 W, Gräfenhainchen (BA 11) 1 1/4 NW.
Oranienburg, *Stadt*, Bernau (BSt 2) 3 1/2 NW, Nauen (BH 4) 3 3/4 NO, Berlin (BSt 1) 4 NW.
Oranienstein, *Cadettenschule*, Diez (Na 29) 1/4 N.
Oranichl, Jaszka (OeSü 150) 1 1/2 O.
Orb, i. Bayern, *Stadt*, Wächtersbach (BH 13) 1/2 SO.
Orbis i. d. Pfalz, Alzey (HL 44) 1 1/4 SW.
Ordange, St. Trond (Belg. Ctr. 2,16) 1/2 O.
Ordzin, Wronke (OS 51) 3/4 SO.
Orelec, Sniatyn (LCJ 18) 3 W.
Orenhoven, Trier (Sa 22) 2 1/4 N.
Orenitz, Jassenowa (OeSt 125) 1 N.
Oreszkowce, Borynicze (LCJ 6) 1 1/4 NW.
Orey-Lak, Boglar (OeSü 122) 2 1/4.
Orlamünde, *Stadt*, Apolda (Th 11) 4 1/2 S, Sonneberg (Th 61) 8 NO.
Orlau, Mähr.-Ostrau 1 1/2 O, Petrowitz 1 1/2 SW (KFN 26 u. 29).
Orle, Warlubien (PO 31) 4 SO.
Orlen, Wiesbaden (Na 1) 1 1/4 NW.
Orloff, Marienburg (PO 30) 2 3/4 N.
Orlowo, Bromberg (PO 27) 5 SO.
Ormand, Komarvaros (OeSü 119) 1 1/4.
Ormalingen, Sissach (SC 1,7) 1 O.
Ornbau, *Stadt*, Triesdorf (ByS 150) 1/2 SW.
Ornontowitz, Orzesche (Wi 23) 1/2 N.
*Orosháza, (*Al(9)*) Csaba (Ts 33) 4 1/2 SW.
Oroslavje, Zapresic (OeSü 146) 2 1/2.
Oroszi, Kis-, Gross-Maros (OeSt 90) 3/4 SO, Veröcze (OeSt 91) 1/2 SW.
Orosztony, Kanizsa (OeSü 109) 1 1/4, Gelse (OeSü 108) 1.
Orpund, Biel (SC 1,56) 5 Kil.
Orr, Longerich (Rh 61) 3/4 NO.
Orsberg, Remagen (Rh 46) ca 1 NO.
Orschel, Nieder-, Gernrode (ML 31) 1/4 S.
Orschholz, Mettlach (Sa 17) 1 NW.
Orsingen, Nenzingen (*Ba 19) 1 1/4 SW.
Orsova, Alt-, Fl., T Weisskirchen (OeSt 126) 10 1/4 SO.
Orsoy, *Stadt*, T Homberg (DM 23) 1 1/2 N.
Orszowce, Sniatyn (LCJ 18) 1 1/2 O.
Ort, Riedau-Ried 2 W, Taufkirchen 1 3/4 SW (KE 49 u. 51).
Floridsdorf (KFN 2) 3 1/2 SO.
Ortelsburg, *Stadt*, T Bartenstein (OpS 15) 10 S.
Ortenberg i. Hessen, *Stadt*, Friedberg 3 1/4 O, Nieder-Wöllstadt 4 NO. (MW 18 u. 19).
*Siehe dagegen Haltestelle Ortenberg Ba 158.*
Ortenburg, Vilshofen (ByO 55) 1 1/2 S.
Ortmannsdorf, Zwickau (SW 47) 1 1/4 SO.
Ortowitz, Kandrzin (Kosel) (Wi 1) 2 SO.
*Ortrand, (*CU 6*), *Stadt*, Grossenhain (LD 36) 2 1/2 NO.
Ortschwaben, Zollikofen (SC 1,38) 6 Kil.
Ortshausen, Lutter a. B. (Bs 10) 1 W.
Orvin (Ilfingen), Biel (SC 1,56) 4 Kil.
Oschatz, Alt-, Oschatz (LD 9) 1/4 SW.
Osche, Laskowitz 2 NW, Czerwinsk 3 SW. (PO 30 u. 32).
Oschersleben, Kl., Hadmersleben (MH 5) 1/2 W.

…l (OeSü 72) 2.
… (OeSü 145) 3 Meilen.
…wegen (Rh 60) 3½ SW.
…, Taus (BW 2) 4 SO.
…g (Kloster), Ullersdorf (AT 8) ½ SW, Dux (AT 9) ½ NW.
Ossel, Bischofswerda (SO 17) 1½ NW.
Ossendorf bei Köln, Ehrenfeld (Rh 12) ½ NW.
— i. Westfalen, Warburg ¾ SW, Bonenburg 1 S. (Wf 1. u. 2).
— i. Schlesien, Neusalz (NM 15) ½ SW.
Ossenfeld, Dransfeld (Ha 85) ½ NO.
Ossero, *Stadt*, Triest (OeSü 89) ca 15 SO.
Osslek, Czerwinsk (PO 32) 2 SW.
Ossig bei Guben, Jessnitz 1 SO, Sommerfeld ¾ N. (NM 18 u. 19).
— Deutsch-, Görlitz (BG 15) 1 SW.
— Windisch-, Görlitz (BG 15) 1½ SW.
— bei Kostenblut, Ingramsdorf (BF 5) ⅝ N.
— bei Lüben, Liegnitz (BF 23, NM 33) 2½ NO.
— Zeitz (Th 27) ¾ SW.
Ossingen, Andelfingen (SNO 2,34) 1.
Ossling, Radeberg (SO 14) 4½ NO.
Osslig, Cottbus (BG 9) 1¼ S.
Ossowa, Alt-, Samter (OS 50) ¾ NO.
Ossowke, Schneidemühl (PO 22) 3⅜ N.
Osswitz, Breslau (BF 1) ½ NW.
Ostbevern, Münster (Wf 20) 2½ NO.
Ostdorf, Rottenburg (Wü 137) 3 SW.
Osteel, Emden (Wf 38) 3¼ N.
Ostenfelde bei Warendorf, Oelde (KM 24) ½ NW.
Osterbrücken, Kusel (Pf 64) ½ S.
Ostercappeln, *Stadt*, Osnabrück (Ha 57) 2 NO.
Osterfeld, Sterkrade (KM 36) ¼ S.
— *Stadt*, Teuchern 1½ SW, Naumburg 2 SO, Weissenfels 2 SW. (Th 24, 14 u. 15).
Osterfingen, Schaffhausen (Ba 77) 2¼ SW.
Ostergau, Nebikon (SC 1,18) 10 Kil.
Osterhagen (*Ha 92*), Nordhausen (ML 28) 3½ NW.
Osterhausen, Gr.-, Eisleben (ML 22) 1 SW.
Osterholz, Sebaldsbrück (Ha 33) ¼ O.
*Siehe dagegen Station Osterholz-Scharmbeck Ha 36.*
Osterhusen, Emden (Wf 38) 1 N.
Osterledde, Ibbenbüren (Ha 61) 1 O.
Osterlinde, Wolfenbüttel (Bs 24a) 3 SW.
Ostermünden, *siehe ByS 265.*
Ostern i. Grossh. Hessen, Heppenheim (MN 11) 2½ NO.
— i. Ungarn, St. Hubert ½ NO, Hatzfeld 1 NW. (OeSt 115 u. 116).
Osternberg, Strasswalchen (KE 42) 5 NW.
Osterndorf, Stubben (Ha 38) ¾ NO.
Oster-Niemburg, Cöthen (BA 33, ML 7) 1 NO.
Osterode (*Bs 40*), *Stadt*, Seesen (Bs 8) 2¾ SO, Northeim (Ha 81) 3 O.
— *Stadt*, Elbing 10¾ SO, Güldenboden 7½ SO. (PO 39 u. 40).
— Nordhausen (ML 28) 1 N.
Osterrode, Oldenbüttel (Ha 37) 1½ NO.
Osterwald, Neustadt a. N. (Ha 23) 1¼ SO.
— Elze (Ha 75) ½ W.
Osterwanna, Geestemünde (Ha 40) 4 NO.
Osterweddingen, Dodendorf (MH 2) ¼ S.
Osterwick, Münster (Wf 20) 4 SW.
Osterwieck, Hohenstein 1¼ NO, Praust 1½ SO. (PO 72 u. 73).
— *Stadt*, Schladen (Bs 34) 1½ SO, Mattierzoll (Bs 16) 1¼ SW, Halberstadt (MH 9) 3¼ NW.
Ostheim, Hanau (Bbll 17, FH 5) 1 N.
— Gross-, *Fl.*, Aschaffenburg (FH 10) 1¼ SW.
— a/Rhön, *Stadt*, Meiningen (Th 50) 2½ SW.
*Siehe dagegen Stat. Klein-Ostheim (FH 9).*
Ostiglia, *Stadt*, Mantua (Ober-Ital. 1,32) 3¼ SO.
Ostinghausen, Sassendorf ¾ N, Soest 1¾ NO. (Wf 10 u. 13).
Ostkilver, Bruchmühlen H* (Ha 54) ½ NO.
Ostlutter, Lutter a. B. (Bs 10) ¼ O.
Ostönnen, Soest (Wf 13 u. BM 56) 1½ SW.
Ostra, Ungarisch-, *Stadt*, Bisenz-Pisek (KFN 14) ½ O.
Ostrach, *Stadt*, Aulendorf (Wü 46) 2 W.
Ostrau, Polnisch-, Mähr.-Ostrau ¾ SO, Hruschau 1 SW. (KFN 26 u. 27).
— Stumsdorf (ML 9) ½ W.
— Leisnig (LD 26) ½ NW.
*Siehe dagegen die Stationen Ostrau SW 41 u. KFN 26.*
Ostringen, Langenbrücken (Ba 8) ¾ NO.
Ostritz, *Stadt*, Herrnhut (SO 30) 1⅝ O, Zittau (SO 33) 2 NO, Görlitz (BG 15 u. SO 27) 2 SW.
Ostrometzko, Bromberg (PO 27) 2 NO, Schulitz (PO 65) 1½ NW.
Ostroppa, Gleiwitz (OS 17) ¾ SW.
Ostroschno, Ponigl (OeSü 61) ½ Meilen.
Ostrow bei Brünn, Blansko (OeSt 3) ¾ NO.
— Borynicze (LCJ 6) ½ O.
— Halicz (LCJ 11) 1 S.
Ostrowek, Osiek ¼ O, Nakel 2½ SW. (PO 25 u. 26).
Ostrowiec, Korszów (LCJ 15) 3 NW.
Ostrowitt, Czerwinsk (PO 32) ½ SO.
Ostrowo, Nakel (PO 26) 2 NO.
— Filehne (PO 20) ½ SO.
— *Stadt*, T Oels (RO 17) 8 NO, Rawicz (OS 37) 10 O, Breslau (RO 13, OS 1 u. 32) 12 NO.
Ostroswitz, Bauerwitz (Wi 12) 2 NO.
Ostscheid, Löhne (Ha 51 u. KM 30) ¾ W.
Ostwethen, Szillen (Tl 3) 1 SO).
Oswald, St., Lest (KF 68) 1 NO.
— St. Lorenzen (OeSü 157) ½ Meile.
Oszechliby, Luzan (LCJ 20) 1¼ S.
Oszlan, *Fl.*, Tornocz (OeSt 82) 9 NO.
Otava, Rakek (OeSü 79) 2 Meilen.
Oteren, Verden (Ha 30) 1½ SO.
Othfresen, Salzgitter (Bs 12) ¼ S.
Othmarsingen, Wildegg 1 SO, Aarau 2½ O. (SNO 2,28 u. 2,30).
Otloczynek, Otloczyn (PO 68) ½ NO.
Otocac, *Fl.*, T Carlstadt (OeSü 154) 9½ SW.
Otorowo, *Fl.*, Samter (OS 50) 1½ SW.
Otrocin, Beraun (BW 16) 1 NW.
Ottakring, Wien ¾ W, Penzing ½ S. (KE 1 u. 2).
Ottbergen, Hildesheim (Ha 70) 2½ O.
— Brakel 1¼ SO, Höxter 1¼ SW. (Wf 40 u. 42).
Otten, Ludwigsort (PO 47) 2½ SO.
Ottenau, Rastatt 1¾ SO, Muggensturm 1 O. (Ba 18 u. 17).
Ottenbach, Eislingen (Wü 27) ½ NO.
Ottendorf, Bunzlau (NM 29) 1¼ SO.
— i. Schlesien, Greiffenberg (NM 45) ¾ S.
— bei Sprottau, Waltersdorf (NZ 4) ¼ O.
— Pirna (SO 5) 1 S.
— Haynichen (SO 57) ½ S.
— Radeberg (SO 14) 1¼ NW.
— bei Neustadt in Sachsen, Bischofswerda (SO 17) 1 S.
— bei Mittweida, Oberlichtenau (SW 30) ½ N.
Ottenhagen, Löwenhagen 1 O, Lindenau ½ W. (PO 52 u. 53).
Ottenhain, Nieder- u. Ober-, Löbau (SO 23) ½ S.
Ottenhausen, Wilferdingen (Ba 145) 1 S.
— Driburg (Wf 39) 2¼ N.
— Saarbrücken (Sa 5) ¾ W.
— Emmenbrücke (SC 1, 24) 2½ NO.
Ottenheim, Dinglingen (Ba 31) 1 NW.
Ottenhöfen, Achern (Ba 24) 1½ SO.
Ottensen, Lindhorst (Ba 44) ½.
— Altona (AK 1) ¼ W.
Ottensheim, *Fl.*, Linz (KE 64) 1¼ NW.
Ottenstein, *Fl.*, Holzminden (Wf 43, Bs 1) 2¼ N, Vorwohle (Bs 3) 3½ NW.
— in Westfalen, *Stadt*, Rheine (Ha 64, Wf 24) 5½ SW, Münster (Wf 20) 7 NW, Wesel (KM 38) 7½ NO.
Otterbach, Ober- u. Unter-, Neufahrn bei Ergoldsbach (ByO 13) 1¼ SW.
— Nieder- u. Ober-, Schaidt (Pf 42) 1 NW.
Otterberg, *Stadt*, Kaiserslautern (Pf 6) 1 N.
Otterling, Landshut (ByO 10) 3½ SO.
Otterlohe, Sauerlach (ByS 130) ¾ N.
Otterndorf, *Stadt*, T Glückstadt (EG 1) 5 SW, Geestemünde (Ha 40) 8 NO, Harburg (Ha 17) 12 SW.
Otternhagen, Neustadt a. N. (Ha 23) ½ O.
Ottersberg (*KM 79*), *Fl.*, Achim (Ha 32) 1¼ NO.
Ottersdorf, Rastatt (Ba 18) ¾ W.
Ottershausen, Lohhof (ByO 4) ¾ NW.
Ottersheim, Germersheim (Pf 31) 1¾ SW.
— Monsheim (HL 39) 1 W.
Otterskirchen, Vilshofen (ByO 55) 1 SO.
Ottersleben, Gr.- u. Kl.-, *Zuckerfabr.*, Magdeburg ½ SW, Langenweddingen 1½ NO. (MH 1 u. 3).
Otterstadt, Speyer (Pf 29) 1 N.
Otterstedt, Achim (Ha 32) 2 NO.
— Wasserthalleben (Nordh.-Erf. 6). ¼ S.
Otterthal, Gloggnitz (OeSü 27) 1½ SW.
Ottersweier, *Pfl.*, Bühl (Ba 22) ½ SW.
Otterwisch, Borna 1½ NO, Grimma 1½ SW, Naunhof 1 SW. (SW 93, LD 23 u. 21).
Ottitz, Mittel-, Ratibor (Wi 5) ½ SW.
— Neu-, Ratibor ¾ SW.
— Nieder-, Ratibor ½ SW.
— Ober-, Ratibor ¾ SW.
Ottlaka, Kotegyhaza (Ts 34) 1½ SO.
Ottlau, Czerwinsk (PO 32) 3⅛ SO.
Ottleben, Wegersleben ¾ N, Oschersleben 1½ NW. (Bs 19 u. 20).
Ottmachau, *Stadt*, Neisse (SB 1) 1½ W, Frankenstein in Schlesien (BF 11) 4¾ SO.
Ottmanach, Klagenfurt (OeSü 166) 1 NO.
Ottmaring, Osterhofen (ByO 53) ¾ NW.
— Stierhof (ByS 117) ½ NO.
Ottmarsbocholt, Rinkerode (Wf 18) 1½ W.
Ottmarshausen, Ober- u. Unter-, Bobingen ½ SO, Westheim ¼ N. (ByS 24 u. 116).
Ottmachow, Tworog (RO 10) ¾ NW.
Ottmuth, Gogolin (OS 11) ½ W.
Ottnang, Attnang (KE 36) 1½ NW.
Ottobeuern, *Stadt*, Memmingen (ByS 213) 1½ SO.
Ottok, Gross-, Adelsberg (OeSü 80) ¼ NW.
— Laibach (OeSü 76) 5¾.
Ottorowo, Schulitz (PO 65) ¾ W.
Ottoschwanden, Kenzingen (Ba 35) 3 SO.
Ottstedt am Berge, Weimar (Th 10) 1¼ SO.
Ottweiler, Klein-, Bexbach (Pf 1) ¾ O.
*Siehe dagegen Station Ottweiler der Rhein-Naheb. 44.*
Ottwitz, Breslau (BF 1, OS 1) 1 O.
Ottynowice, Chodorow (LCJ 7) ½ NW.
Otluez siehe MP 11.
Otze, Ehlershausen ½ S, Burgdorf ½ N. (Ha 5 u. 4).
Otzenhausen, *Eisenhütte*, Türkismühle (Sa 42) 1½ NW.
Otzing, Plattling (ByO 51) 1 SW.
Oveigönne, *Stadt*, Oldenburg 4¼ NO, Vegesack 3¼ SW. (Ol 1 u. Ha 42).
Oveigünne, Magdeburg (ML u. MH 1) 3¼ W.
Ovenhausen, Höxter (Wf 42) ¾ W.
Overath, Mülheim a. Rh. (BM 10 u. KM 8) 2¾ SO.
Overhagen, Benninghausen (H* Wf 11) ½ NO.
Oversee, Tarp (Sw 8) ½ NO.
Overwinden, Landen (AM 19) ½ NW.
Owen, *Stadt*, T Kirchheim unter Teck (Wü 153) ¼ S.
Owingen, *Fl.*, Stockach (ByS 102) 2 SO.
Owinsk, *Fl.*, Posen (OS 48) 1¾ NO.
Owisheim, Ober-, *Fl.*, Heidelsheim ½ NO.
— Unter-, Heidelsheim ¾ NO. (Wü 2).
Oxhöft, Neufahrwasser (PO 75) 2½ NW.
Oyas (Ojas), Liegnitz 1 SO, Neuhof ¾ NO. (BF 23 u. 21).
Oybin, Zittau (SO 33) 1 SW.
Oyeleszyno, Samter (OS 50) 2 O.
Oyle, Nienburg (Ha 26) ½ W.
Oyten, Achim (Ha 32) ½ N.
Oyterdamm, Sebaldsbrück (Ha 33) ½ O.
Ozd, *Eisenwerk*, Kiss-Terenne (UN 13) 8 NO.
Ozora, *Fl.*, Lepseny (OeSü 126) 4 Meilen.

# P.

**Pätz**, Königs-Wusterhausen (BG 3) 1¼ S.

**Paetzig**, Angermünde (BSt 6) 1¼ SO.

**Paffendorf** bei Bergheim, Horrem (Rh 10) 1½ NW.

**Pagelienen**, Insterburg (PO 58, TI 4) 1 N.

**Pahnitzsch**, Borsdorf *H* (LD 2) ¼ N.

**Pahlowitz**, Liegnitz (BF 23, NM 33) ¾ SW.

**Paluten** (Pointen), *Fl.*, *Glashütte*, Regensburg (ByO 22) 3 W.

**Paitzdorf**, Ronneburg (SW 87) ½ SO.

**Paks**, **Alt-**, Paks (OeSt 105) ¼ SO.
 — **Neu-**, *(SNV 12)*, *Stadt*, Paks (OeSt 105) ¼ SO, Falgendorf (SNV 11) ¾ SW.

**Pakalnischken**, Trakehnen (PO 61) ¾ SO.

**Pakony**, Cillo (OeSt 98) 1½ SO.

**Pakosr**, *Stadt*, Bromberg (PO 27) 5 S.

**Pakozd** i. Ungarn, Dinyes (OeSü 84) ¼.

**Pakrac** i. Slavonien, *Stadt*, T Kottori (OeSü 117) 18 SO.

**Paks**, *proj. Stat.*, *Fl.*, Pest (OeSt 95) 12 SW, Stuhlweissenburg (OeSü 128) 9 SO.

**Pal**, **Major-**, Lepeeny (OeSü 128) 3.
 — **Sz.**, Sz. Miklos (OeSt 98) 2 O.

**Palanka**, Weisskirchen (OeSt 120) 1½ SW.
 — a. d. Donau, *Fl.*, Szegedin (OeSt 110) 15 SW.

**Paleje** i. Krain, St. Peter (OeSü 82) 1½.

**Palenberg**, *PH*, (BM 6) Geilenkirchen ½ S, Herzogenrath 1 N. (BM 5. 7).

**Pallersdorf**, Strass-Sommerein (OeSt 98) 1 NO.

**Pallowitz**, Orzesche (Wi 23) 1½ SW.

**Palma nuova**, *Stadt*, T Sagrado (OeSü 174) 1¼ NW.

**Palmbach**, Durlach (Ba 13) ¾ SO.

**Palmersheim**, Euskirchen (Rh 22) ¾ SO.

**Palota**, Moha 2 SW, Stuhlweissenburg 3 W. (OeSü 130 u. 128).
*Siehe dagegen Station Palota OeSt 94.*

**Palotas**, Szanto (UN 11) ½ NW.

**Palschau**, Dirschau (PO 34) 1½ NO.

**Pal-Teles**, Szanto (UN 11) ½ NW.

**Pama**, Zurndorf (OeSt 65) 2½ N.

**Pammern**, Wolitnick (PO 46) ½ SW.

**Pammin**, Arnswalde (OS 57) 1¼ NO.

**Pampau**, **Gr. u. Kl.-**, Schwarzenbeck (BH 21) ¾ NO.

**Pamplitz**, Brieg (NB 8, OS 5) ¾ SW.

**Pampow** i. Pommern, Löcknitz (BSt 62) 1½ N.
 — i. Mecklenburg, Teterow (FF 3) ½ SO.

**Pancova** (Pancsova), *Stadt*, T Bazias (OeSt 127) 6 NW, Sissek (OeSü 151) 45 SO.

**Pand**, Pilis (OeSt 100) ½ N.

**Pangritz**, Elbing (PO 39) ½ W.

**Panigrodz**, Nakel (PO 26) 3 SW.

**Paniow**, **Gross-**, Orzesche (Wi 23) ¾ N.

**Pankalm**, **Gr. u. Kl.-**, Belgard (BSt 21) ½ N. Cöslin (BSt 24) 2¾ O.

**Pankota**, *Fl.*, Kurtics 4 SO, Arad 4 NO. (Ts 36 u. 37).

**Pankow**, Berlin (BSt 1) ¾ N.

**Pankratz**, Grottau 1 S, Kratzau 1¼ W. (SO 34 u. 36).

**Pankrazzeche**, *Kohlenw.*, Nürschan (BW 6) ½ N.

**Pannesheide**, Kohlscheidt (BM 4) ¼ W.

**Pannewitz**, Bischofswerda (SO 17) 1¼ NO.
 — bei Königswartha, Bautzen (SO 20) 1¼ NW.

**Panschwitz**, Bischofswerda (SO 17) 1½ N, Bautzen (SO 20) 2 NW.

**Pansdorf**, Liegnitz (BF 23, NM 33) ½ NW.

**Pansfelde**, Ballenstedt (MH 40) 1 S.

**Pansin**, Stargard i. Pommern (BSt 14) 1½ NO.

**Panthen**, Liegnitz (BF 23, NM 33) ½ NO.

**Panthenau**, Haynau 1 SO, Liegnitz 1½ NW. (NM 31 u. 33).

**Panzerin**, Labes 1½ NO, Schivelbein 1¾ S. (BSt 18 u. 19).

**Panzing**, Landshut (ByO 10) 5 SO.

**Parád**, *Badeort*, Kiss-Terenne (UN 13) 2½ SO.

**Paradeningken**, Norkitten (PO 57) ½ SO.

**Paradies**, Soest (Wf 13 u. BM 56) ¾ SW.

**Parchau**, Haynau (NM 31) 3 N.
 — bei Magdeburg, Burg (BPM 13) 1 N.

**Parchen**, Bodenbach (OeSt 42) 1½ O.
 — Genthin (BPM 11) 1 SW, Güsen (BPM 12) 1½ NO.

**Parchim**, *Stadt*, T Ludwigslust (BH 15) 3½ NO, Blankenberg (Mk 6) 6½ SO, Schwerin (Mk 9) 5½ SO, Güstrow (FF 1, Mk 12) 7¼ SW.

**Parchwitz**, *Stadt*, T Liegnitz 2¼ NO, Spittelndorf 1 N. (NM 33 u. 34).

**Pardany** (Bardany), *Fl.*, Temesvar (OeSt 110) 4 SW, Saagh (OeSt 120) 3½ SW, Gyertyamos 4 S. (OeSt 117).

**Parensen**, Nörten ½ S, Göttingen 1¼ N. (Ha 82 u. 84).

**Parenzo**, *Stadt*, T Triest (OeSü 89) 6¾ SW.

**Parey**, Güsen (BPM 12) ½ N.

**Pargow**, Tantow (BSt 9) ¾ O.

**Parkany**, *Fl.*, Gran-Nana (OeSt 88) ½ S.

**Parkentin**, Rostock (Mk 1) 1½ W.

**Parkstein**, **Alten-**, Parksteinhütten (ByO 74) 1½ NO.
 — *Fl.*, Parksteinhütten (ByO 74) ½ O, Neustadt a. W. (ByO 81) 1 W.

**Parkstetten**, Straubing (ByO 47) ¾ NO.

**Parlin**, Terespol (PO 29) 1½ SW.

**Parnehnen**, Wehlau (PO 55) 2 NO.

**Parnik**, Böhm.-Trübau (OeSt 11) ¼ N.

**Parnow**, Cöslin (BSt 24) 1¼ SW.

**Parsberg**, *Fl.*, Regensburg 5½ NW, Amberg 6¼ SW. (ByO 22 u. 32).

**Parschau**, Simonsdorf (PO 35) 1½ N.

**Parschlug**, Kapfenberg (OeSü 39) ¼ NW.

**Parschnitz**, Trautenau (SNV 28) ½ NO.

**Parsow**, Cörlin (BSt 41) 1¼ NO.

**Partenheim**, *Fl.*, Mainz 2 SW, Ingelheim 1½ SW. (HL 11 u. 15).

**Partenkirchen**, *proj. Stat.*, Peissenberg (ByS 100) 5 S.

**Partheinen**, Wolitnick (PO 46) ½ SW.

**Partos**, Detta (OeSt 122) 1 S.

**Paruschowitz**, *Hüttenwerk*, Rybnik (Wi 20) ½ O.

**Parwinen**, Judschen (PO 50) ¼ S.

**Pasching**, Hörsching (KE 29) ½ N.

**Paschkenwitz** (Paschkewitz), Schebitz (OS 33) 1½ O.

**Paschkowitz**, Oschatz (LD 9) 1½ SO.

**Paschleben**, **Gross-**, Cöthen (MH 7) ½ NW.
 — **Klein-**, Cöthen 1 NW, Biendorf ½ NO. (MH 7 u. 33).

**Pasierzna**, Stanislau (LCJ 13) ½ W.

**Pasieka**, Lemberg (GCL 20, LCJ 71) ½ SO.

**Paskau**, *Fl.*, Schönbrunn 1½ SO, Mähr. Ostrau 1¼ S. (KFN 25 u. 26).

**Pass**, Grottau (SO 34) ½ S.

**Passail**, *Fl.*, Mixnitz 1 O, Frohnleiten 1½ NO. (OeSü 42 u. 43).

**Passarge**, **Alt- u. Neu-**, Braunsberg (PO 11) ¾ NW.

**Passariano**, Codroipo (Ober-Ital. 1,6) ¾ SO.

**Passau** (Bzstadt), Passau (ByO 58, KE 54) ¾.

**Passenheim**, *Stadt*, Bartenstein (OpS 15) 9 S.

**Passentnin**, Gr.-Rambin (BSt 20) ½ S.

**Passin**, Lutzow (Mk 3) ¼ N.

**Pastow**, Rostock (Mk 1) ¾ O.

**Patahaza**, Raab loco (OeSt 69).

**Patak**, **Saros-**, *Fl.*, Tokay (Ts 17) 3½ NO.

**Pataleon**, St. Valentin (KE 24, KR 1) 1 NO.

**Patas**, Raab (OeSt 69) 1½ NO.

**Paternion**, *Fl.*, Villach (OeSü 171, KR 39) 2 NW.

**Patersberg**, St. Goarshausen (Na 14) ¼ NO.

**Patersort**, Ludwigsort (PO 47) ½ NW.

**Paulis**, Versecz (OeSt 124) ¾ SW.
 — *PH* (Si 3), Gyorok (Si 2) 0,9 O.

**Paulsdorf**, **Alt- u. Neu-**, Reichenberg in Böhmen (SO 38, SNV 22) ¼ NW.
 — **Wendisch-**, Löbau (SO 23) ¾ NO.
 — **Deutsch-**, Reichenbach (SO 25) ½ SO, Görlitz (SO 27, BG 15) 1½ SW.

**Paulstern**, *Gypsmühle*, Berlin (BH 1) 1½ W.

**Pausa** *Stadt*, Mehltheuer (SW 16) ¾ NW.

**Pausin** bei Nauen, Seegefeld 1½ NW, Nauen 1½ NO. (BH 3 u. 4).

**Pausitz**, Riesa (LD 11) 0,3 S.

**Pavlov** (Pawlow), Müglitz (OeSt 46) ¾ SW.

**Pawelcze**, Stanislau (LCJ 13) 1¼ W.

**Pawellau**, Gellendorf (OS 35) 2 SO.

**Pawlau**, Ratibor (Wi 5) 1¼ W.

**Pawlowitz** i. Mähren, T Saiz (KFN 50) 1½ NO.
 — Polnisch-Lissa (OS 40) 1½ O.

**Pawlowo**, Bialosliwe (PO 24) 3½ SO.

**Payerne** (Peterlingen), *Stadt*, Bern (S 1, 30) 9 SW.

**Pazmand**, Nyek (OeSü 130) 1 SW.

**Pazua**, **Szt.-**, Gr.-Kikinda (OeSt 114) 16 S.

**Pecek**, Podiebrad (OeSt 23) unm.

**Pech**, Godesberg (Rh 113) ¾ SW.

**Pechau**, Magdeburg (ML u. MH 1) 1 SO.

**Pechern**, Rietschen (BG 13) 2 NO.

**Pechhof**, *Parksteinhütten*, (ByO 71) ¼ S.

**Pechtelsgrün**, Lengenfeld (SW 72) ½ NO.

**Peckatel**, Schwerin (Mk 9) 1½ SO.

**Peckelsheim**, *Stadt*, Bonenburg (Wf 2) 1 NO, Willebadessen (*H* Wf 4) 1½ SO, Brakel (Wf 40) 2¼ SW.

**Pecounegg**, Cilli (OeSü 64) ¾.

**Pecs**, **Uj-**, *Stadt*, Temesvar 2½ SW, Saagh 1½ SW. (OeSt 119 u. 120).

**Pecska**, **Magyar u. Racz-**, *Stadt*, Arad (Ts 37, Si 1) 2½ W.

**Pécsvár**, *Fl.*, Ucszög (Fünfkirchen) (MF 6) 2½ NO.

**Peczenizyn**, *Fl.*, Kolomea (LCJ 16) 1 SW.

**Pedena**, *Stadt*, Triest (OeSü 89) 8 SO.

**Peenemünde**, Wolgast (BSt 61) 1½ O.

**Péér** (Per), Raab (OeSt 69) 2 SO.

**Peetzen**, Bückeburg (Ha 47) ½ NW.

**Pegau**, *Stadt*, Kieritzsch (SW 4) 1¾ W, Zeitz (Th 27) 2 NO, Leipzig (LD 1, SW 1) 2¾ SW.
*Siehe dagegen Station Peggau OeSü 44.*

**Pegelow**, Trampke (BSt 15) ¾ SW, Stargard i. Pommern (BSt 14) 1 NO.

**Pegnitz**, *Stadt*, Bayreuth 3 SW, Amberg 6 NW. (ByO 30 u. 32).

**Pehlitz**, Woldenberg 1½ W, Friedeberg 2½ N. (OS 55 u. PO 16).

**Pehsken**, Czerwinsk (PO 32) 1½ NO.

**Peilau**, **Ober-**, Gnadenfrey (BF 12) ½ N.

**Peilenstein** i. der Steiermark, *Fl.*, Pöltschach (OeSü 60) 4 S.

**Peilstein**, *Fl.*, Linz (KE 64) 6 NW.

**Peiperz**, Bodenbach (OeSt 42) ¼ NW.

**Peischling**, Neunkirchen (OeSü 24) ¾ O.

**Peiskern**, Ohlau (OS 4) 1½ W.

**Peiskersdorf**, Faulbrück ¾ S, Reichenbach i. Schles. ¾ W. (BF 14 u. 13).

**Peiskretscham**, *Stadt*, Gleiwitz 2 N, Kottisch 3 SO. (OS 17, RO 9).

**Peissen**, **Ober- u. Unter-**, Bernburg (MH 32) ½ S.

**Peisterwitz**, Ohlau (OS 4) 1 NO.

**Peitz**, (*HSO 20*) *Tuchfabr.*, *Stadt*, T Cottbus (BG 9) 1¾ NO, Guben (NM 17) 3½ SW.

**Peitzkofen**, Strasskirchen (ByO 49) ½ SW.

**Peklau**, Liebstadl (SNV 13) 1 SW.

**Pel**, **Alsó-**, Neuhäusel (OeSt 85) 3½ N.

**Pél**, **Nagy-**, Ketegyhaza (Ts 34) 2½ NO.

**Pelechow**, Eisenbrod (SNV 15) ¾ S.

**Peleschan**, Turnau (SNV 17, TK 12) ½ SO.

**Pennighüttel**, Osterholz-Scharmbeck (Ha 25) ½ N.
**Pennau**, Schulitz (PO 65) 2 NO.
**Penskowo**, Krenz (PO 19) 1 SO.
**Penting**, Bodenwöhr (ByO 60) 1½ NO.
**Pentrup**, Greven (Wf 21) 1 N.
**Pens**, Waitzen (OeSt 92) 1½ NO.
**Penzin**, Blankenberg (Mk 6) ¾ SO.
**Penzlin**, *Stadt*, Neubrandenburg (FF 7) 2 SW.
**Penzling**, Osterhofen (ByO 53) 1½ W.
**Perbersdorf**, Spielfeld (OeSü 55) 1 NO.
**Perchtoldsdorf**, *PH* (OeSü 8)*, Liesing ¼ S, Brunn ½ N. (OeSü 7, 9).
**Perding**, Wildon (OeSü 51) 2.
**Perdöhl** i. Mecklenburg, Brahlsdorf (BH 18) 2 NO.
**Péred**, Sellye (OeSt 81) ¾ SW.
**Peremarton**, Lepseny (OeSü 126) 2 N.
**Perezow**, Kolomea (LCJ 16) 1 O.
**Perg**, *Fl.*, Enns 1½ NO, Linz 3½ SO, Oberndorf 2½ SO. (KE 25, 64 u. 66).
**Pergine** (Bersine), *Fl.*, T Trient (OeSü 210) 1½ O.
**Peritzsch**, Posthausen (LD 3) ¾ N.
**Perjámos**, *Stadt*, Hatzfeld (OeSt 116) 4 NO, Temesvar (OeSt 119) 5 NW, Arad (Ts 37, Si 1) 6 SW, Gr.-Kikinda (OeSt 114) 7 NO.
**Perkallen**, Gumbinnen (PO 60) 1 SO.
**Perkam**, Geiselhöring (ByO 16) ¾ NO.
**Perkata**, Nyek (OeSü 130) 2½ O.
**Perkoszova**, Detta (OeSt 123) 1 SO.
**Perkove**, Moravitza (OeSt 123) 1 N.
**Perkuiken**, Tapiau (PO 54) 2½ N.
**Perl**, Ober- u. Nieder-, T Besnig-Saarburg 3 SW, Mettlach 2½ W, Merzig 3¾ NW. (Sa 19, 17 u. 16).
**Perlach** München (ByO 1) 1 SO.
**Perleberg**, *Stadt*, T Wilsnack 2 NW, Wittenberge 1½ NO. (BH 10 u. 11).
**Perlesreuth**, *Fl.*, Passau (ByO 58, KE 54) 3½ N.
**Perlmoos**, Wörgl (OeSü 181) 1.
**Perlowey**, Bursztyn (LCJ 10) 1 SO.
**Permani**, St. Peter (OeSü 82) 6 SO.
**Perna**, Brandeis (OeSt 13) ½ SO.
**Pernau**, Steinamanger (OeSü 102) 2.
**Pernegg**, *Serpentinbrüche* Pernegg (OeSü 41) 5.
**Perpolken**, Lindenau 2½ NO, Tapiau 2 NO. (PO 53 u. 54).
**Perscheid**, Oberwesel (Rh 56) 1 SW
**Perschen**, Nabburg (ByO 69) ¾ N.
**Persenbeug**, *Fl.*, Kemmelbach (KE 18) ¾ NW.
**Pertisau**, Jenbach (OeSü 183) 1.
**Pertolzhofen** (Bertholdshofen), *Waffenhammer*, Nabburg (ByO 60) 1½ O.
**Perutz**, Lobositz (OeSt 38) 3½ W.
**Perwilten**, Kobbelbude (PO 48) ¾ SW.
**Pery** (Budrich), Biel (SC 1, 56) 8 Kil.
**Pescenica**, Lekenik (OeSü 150) ½.
**Pesch**, Cöln 1½ NW, Longerich ½ W. (Rh 13 u. 61).
**Peschenova**, Mokrin (OeSt 113) 1½ SW.
**Peschlickem**, Stallupönen (PO 62) ¾ O.
**Peseckendorf**, Hadmersleben (MH 5) ¼ N.
**Pessin**, Paulinenau (BH 5) ¾ SW.
**Pest**, Neu-, *Fl.*, T Pest 1 N, Palota ¼ W. (OeSt 95 u. 94).
**Pesterwitz**, Dresden (SO 1, LD 20) ½ S.
**Pestlin**, Marienburg (PO 36) 2½ S.
**Pesszak**, Hatzfeld (OeSt 116) 2½ N.
**Peteline**, St. Peter (OeSü 82) ½.
1 **Peter, St.-** (Schleswig), Tönning (Sw 24) 2½ W.
2 — *Bergwerk*, Stockhausen (Na 38) 1 NW.
3 — **St.-**, Nürnberg (ByO 45) ½ SO.
4 — **St.-**, Kleinmünchen (KE 27) ⅜ N.
5 **St.-**, Leoben (KR 52, OeSü 218) 1 NW.
6 **St.-**, bei Graz, Puntigam (OeSü 49) ½ NO.
7 — **St.-**, Marburg an der Drau (OeSü 57) ¾ SO.
8 **St.-**, Pöltschach 4 SO, Videm 2 NO. (OeSü 60 u. 144).
9 **St.-**, im Saunthale, Cilly (OeSü 64) 1½ NW.
10 **Szt.-**, *Fl.*, Wieselburg (OeSt 67) 1 S.
11 **Szt.-**, Neuhäusel 1½ S, Perbete 2 W. (OeSt 85 u. 86).
12 **Szt.-**, Miskolcz (Ts 22) 2 SO.
13 **Szt.-**, Neu-Szöny (OeSt 72, OeSü 141) 1½ N.
14 — **St.-** (bei Stuhlweissenburg), Martonvasar (OeSü 131) 1.
15 — **St.-** bei Klagenfurt, Grafenstein (OeSü 165) ½ N.
*Siehe dagegen die Station St. Peter (Krain), der Oesterr. Südbahn (82) u. St. Peter (Oesterr.) der Kaiserin Elisabeth-Bahn (28).*
**Peterheide** (*Bergw.*), Mechernich (Rh 24) ½ S.
**Peterhida**, Baborsa (OeSü 224) ½ S.
**Peterl**, Pusrta-Peteri (OeSt 107) 1 N.
**Peterkau**, Altfelde (PO 37) 8 SO.
**Petersberg**, Fulda (Bbll 6) ½ O.
— Stumsdorf (ML 9) 1 W.
1 **Petersdorf**, Gross-, Steinamanger (OeSü 102) 3.
2 Budigsdorf (OeSt 49) ½ SO.
3 Landsberg (BA 16) ca. ½ N.
4 — bei Warmbrunn, Reibnitz 2 S, Hirschberg 2 SW, Alt-Kemnitz 1½ SO. (NM 48, 49 u. 47).
5 — Haynau (NM 31) ½ SW.
6 Breslau (NM 39, OS 1) 1½ N.
7 bei Sagan, Buchwald (NZ 6) ½ NO.
8 Gleiwitz (OS 17) ⅞ N.
9 Gr.-, Soran 2½ SW.
— Kl.-, Soran 2 SW. (NM 22).
10 — Briesen (NM 9) ¾ NO.
11 — bei Parchwitz, Spittelndorf (NM 34) ¼ S.
12 in Böhmen (bei Gabel), Grottau 1½ SW, Zittau 1½ SW. (SO 34 u. 33).
1 **Petershagen**, Briesen (NM 9) 1½ NO.
2 — *Stadt*, Minden (Ha 48 u. KM 33) 1½ N.
3 — bei Alt-Landsberg, Strausberg (PO 3) ½ SW.
4 — Cassekow (BSt 8) ½ N.
5 — Greifswald (BSt 57) 1 W.
**Petershain**, Uhsmannsdorf 1¾ W, Görlitz 2½ NW. (BG 14 u. 15).
**Petershof**, Frankfurt a. O. (NM 11, PO 71) 1 NO.
— Zawadzki (RO 7) ⅝ N.
**Peterskirchen**, Landshut (ByO 10) 8½ SO.
**Peterslahr**, Neuwied (Rh 51) 3 N.
**Petersthal**, Heidelberg (Ba 3 u. 90) ⁹⁄₁₀ NO.
*Badeort*, Appenweier 2¾ SO, Renchen 3 SO. (Ba 26, 25).
**Peterswald**, Mähr.-Ostrau 1½ O, Hruschau 1 SO. (KFN 28 u. 27).
— — Bodenbach (OeSt 42) 2½ W, Aussig (OeSt 40 u. AT 1) 2 NW, Pirna (SO 5) 2½ S.
**Peterswaldau**, T Reichenbach (BF 13) ¾ SW.
**Peterswalde**, Braunsberg (PO 44) 2½ SO.
Marienburg (PO 36) 2 SO.
Pasewalk (BSt 50) 1 NO.
**Péterszeg**, Szt.-, Berettyo-Ujfalu (Ts 40) 1 NO.
**Peterur**, Kl.-, St. Mihaly (OeSü 208) 1 O.
**Petervasár**, *Stadt*, Kiss-Terenne (UN 13) 2½ O.
**Peterwardein**, *prof. Station*, *Stadt*, T Gr.-Kikinda (OeSt 114) 13½ SW.
1 **Peterwitz** in Schlesien, Frankenstein (BF 11) ½ NW.
2 — Poln.-, Schmolz (BF 2) ⅝ S.
3 — Gross-, bei Kostenblut, Canth (BF 3) ¾ W.
4 — bei Striegau, Saaran (BF 6) ¼ W, Königszelt (BF 7) ¾ NO.
5 — bei Trebnitz, Obernigk (OS 34) ¾ SO.
6 Brecheisdorf ½ S, Jauer ¾ W. (BF 21 u. 20).
7 — Leobschütz (Wi 10) 1¾ SW.
8 Lehn-, Neisse (NB 1) 2 SW.
*Siehe dagegen die Station Peterwitz der Wilhelmsbahn (14).*
**Petery**, Uellö 1 O, Monor 1 NO. (OeSt 98 u. 99).
**Peterzell** (*Ba 160*), Hausach (Ba 164) 4 SO.
**Pethau**, Zittau (SO 33) ½ NW.
**Petkum**, Emden (Wf 38) ¾ SO.
**Petlikowcy**, Bursztyn (LCJ 10) 5 O.
**Petri**, Kanizsa (OeSü 109) 1½ W.
**Petrikatschen**, Stallupönen (PO 62) ½ NO.
**Petrikau**, Myslowitz (OS 28) 1 SW.
**Petrinia**, *Stadt*, T Sissek (OeSü 151) 1½ SW.
**Petroman**, Gr.- u. Kl.-, Saagh 2½ SW, Zsebely 1½ NW. (OeSt 120 u. 121).
**Petronell**, *Fl.*, Bruck a. L. (OeSt 63) 1 NW.
**Petrovoszello**, Gr.-Kikinda (OeSt 114) 4 S.
**Petrovina**, Jaszka (OeSü 150) 1 W.
**Petrowitz**, Raitz (OeSt 4) ½ NO.
**Petrowitz**, Schwadowitz (SNV 27) ½ NO.
*Siehe dagegen Stat. Petrowitz KFN 29.*
**Petrzkowitz**, mit *Kohlenbergwerk*, Annaberg in Schlesien (Wi 8) 1 W
**Petschau**, *Fl.*, Eger (ByO 87 u. ByS 231) 5 O.
**Petschkau**, *Fl.*, Kolin (OeSt 22) 1 S.
**Petschkendorf**, Haynau (NM 31) ¾ SO.
**Pettelkau**, Braunsberg (PO 44) 1½ S.
**Pettenbach**, *Fl.*, Wels 3½ S, Lambach 3 SO. (KE 31 u. 33).
**Petterweil**, Grosskarben (MW 20) ⅝ NW.
**Petzin**, Bialosliwe (PO 24) 4½ SW.
**Petzkau**, *Stadt*, Falgendorf 1 SO, Mastig ¾ W. (SNV 11 u. 10).
**Petzkofen**, Sünching ¾ NW, Moosham ½ SO. (ByO 17 u. 19).
**Petzles**, Leipnitz (OeSü 53) ³⁄₁₆.
**Petzow**, Werder (BPM 7) ½ SW.
**Peuerbach**, *Stadt*, Linz 5 W, Grieskirchen 2 NW, Neumarkt 1½ NO. (KE 64, 47 u. 48.)
**Pewsum**, *Fl.*, Emden (Wf 38) 2 NW.
**Pfäffikon**, i. Cant. Zürich, Uster (VS 3,51) 1 NO, Kemptthal (SNO 2,14) 2 S, Winterthur (SNO 2,13) 4 SO.
— — Sursee (SC 1,20) 2 NO, Aarau (SC 1,13) 20 Kil.
**Pfaffenbeerfurth**, Darmstadt (HL 24) 3¾ SO.
**Pfaffenberg**, *Fl.*, Nieder-Lindhart (ByO 14) ½ W.
1 **Pfaffendorf** bei Rottenburg, Landshut (ByO 10) 2¾ NW.
2 — i. Böhmen, Bodenbach (OeSt 42) ⅜ SW.
3 — Fürstenwalde (NM 7) 2 SO.
4 Schweidnitz 1½ SO, Faulbrück ⅝ NO. (BF 16 u. 14).
5 — bei Schmiedeberg, Ruhbank (NM 53) 1¾ SW.
6 — Nieder- u. Ober-, Görlitz (BG 15 u. NM 41) 1 SW.
7 Görlitz (BG 15) 1½ SO, Lichtenau (NM 60) ¾ W, Nicolausdorf (NM 59) ½ NO.
8 Liegnitz (BF 23, NM 33) ¼ NO.
9 — bei Striegau, Saaran (BF 6) ¾ N.
10 — i. Sachsen, Königstein (SO 8) ¼ S.
11 — Landsberg (BA 16) ½ O.
12 — Biendorf 1 SO, Cöthen 1½ SW. (MH 33 u. 34).
13 — Coblenz (Rh 52) ¼ SO, Horchheim (Rh 59) ½ NO.
14 — Horrem (Rh 10) 1½ NW.
**Pfaffengrün**, Herlasgrün (SW 13) ca ½ O.
**Pfaffenhausen**, *Fl.*, Schwabmünchen 3 SW, Memmingen 3½ NO. (ByS 22 u. 213).
**Pfaffenheck**, Boppard (Rh 54) 1½ W.
1 **Pfaffenhofen** bei Kastl, Amberg 2¾ SW, Hersbruck 3 SO. (ByO 32 u. 40).
2 — Günzburg (ByS 107) 1½ SW.
3 — bei Velden, Hersbruck (ByO 40) 2 NO.
*Siehe dagegen Station Pfaffenhofen der ByS 240.*
**Pfaffenreuth**, Windisch-Eschenbach (ByO 82) 1½ W.
**Pfaffenroth**, Ettlingen (Ba 15) 1¾ SO.
**Pfaffenschwabenheim**, Bingen (HL 18) 2 S.
**Pfaffenweiler**, Donaueschingen (Ba 185) 2½ N.
Schallstadt *H** (Ba 41) ⁵⁄₁₀ S.
**Pfaffenwiesbach**, Homburg (Ho 1) 1¾ N.
**Pfaffenwiese**, Straas-Sommerein (OeSt 66) ½ O.
**Pfaffnau**, Reiden (SC 1,16) 1 SW.
**Pfaffroda** i. Sachsen, Freiberg (SO 51) 3 S.
**Pfahlheim**, Ellwangen (Wü 87) 1½ O.
**Pfalzel**, Trier (Sa 22) ⅝ NO.
**Pfalzfeld**, St. Goar (Rh 55) 1½ SW.
**Pfalzgrafenweiler**, *Fl.*, T Stuttgart (Wü 16) 6 SW, Rastatt (Ba 18) 6 SO.
**Pfandorf**, Lanschütz (OeSt 77) ½ N.
**Pfannenstiel**, Ober-, Aue in Sachsen (SW 50) ½ SO.
**Pfarrdorf**, Bleiburg (OeSü 163) 1½ SO.
**Pfarrkirchen** a. d. Rott, *Stadt*, Landshut 9 SO, Vilshofen 4 SW (ByO 10 u. 55).
**Pfarrweisach**, *Fl.*, Bamberg (ByS 56) 3½ NW, Hassfurt (ByS 80) 3 NO, Coburg (Th 54) 3 SW.
**Pfatter**, Sünching 1½ N, Moosham 1½ NO. (ByO 17 u. 19).
**Pfauhausen**, Plochingen (Wü 22) ¼ S.
**Pfedelbach**, Oehringen (Wü 74) ½ S.
**Pfeffelbach**, Heimbach 2 SO, St. Wendel 1¾ NO. (Sa 40 u. 43).
**Pfeffenhausen**, *Fl.*, Landshut 3 NW, Neufahrn bei Ergoldsbach 2½ SW. (ByO 10 u. 13).
**Pfeffingen**, *Fl.*, Täbingen (Wü 135) 5½ SO.
**Pfelling**, Straubing (ByO 47) 2 O.
**Pferdsfeld**, Sobernheim (Sa 34) 1½ NW.
**Pfiffelbach**, Apolda (Th 11) 1 NW.
**Pfingstberg**, Wilmersdorf (BSt 40) ½ SW.
**Pflersch** i. Tirol, Gossensass (OeSü 193) 1 NW.
**Pföring**, *Fl.*, Ingolstadt (ByS 243) 2¾ NO.
**Pförten**, *Fl.*, Jessnitz 1½ SW, Sommerfeld 2 W. (NM 18 u. 19).

**Pfohren**, *PH* (*Ba 184*), Donaueschingen (Ba 185) 3/4 SO.
**Pforta**, Schul-, Kösen (Th 13), *siehe Schulpforta.*
**Pforten**, Gera (SW 88, Th 31) 1/4 S.
**Pforts** i. d. Pfalz, Maximiliansau (Pf 46) 3/4 W.
**Pforzen**, *PH* (*ByS 19*), Kaufbeuren (ByS 18) 1 N.
**Pfraumberg** (Pfrauenberg) *Stadt*, Nürschan (BW 6) 5 1/2 W, Eger (ByO 87, SW 84) 6 1/2 SO.
**Pfriemsdorf**, Cöthen (ML 7) 1 SO.
**Pfützendorf**, Neu-, Teutschenthal (ML 20) 1/4 O.
**Pfuhl**, Neu-Ulm (ByS 104) 1/4 NO.
**Pfullendorf**, *Stadt*, T Stockach (Ba 192) 3 NO, Aulendorf (Wü 46) 4 W.
Gotha (Th 6) 1 N.
**Pfullingen**, *Stadt*, T Reutlingen (Wü 132) 1/2 SO.
**Pfunds**, Innsbruck (OeSü 187) 15 SW.
**Pfungen**, Winterthur (SNO 2,13) 1 1/2 W.
**Pfungstadt**, *Stadt*, Eberstadt (MN 6) 3/4 SW.
**Pfyn**, Felben (SNO 2,9) 1/2 N.
**Philippinenhof**, Müncheberg (PO 4) 3/4 SO.
**Philippolis**, Zawadzki (RO 7) 1/4 NO.
**Philippsberg**, Reichenberg i. Böhmen (SO 38) 1 1/4 N.
**Philippsburg**, *Stadt*, T Bruchsal (Ba 10, Wü 1) 2 1/2 NW, Wiesloch (Ba 6) 2 SW.
**Philippsdorf**, Böhmisch-Kamnitz (BN 25) 3/4 NW.
**Philippseich**, Langen (MN 3) 3/4 O.
**Philippshof**, Kolin 2 1/2 SO, Elbe-Teinitz 1 3/4 SW. (OeSt 22 u. 21).
**Philippstein**, Weilburg 1 O, Braunfels 1 S. (Na 36 u. 39).
**Philippsthal**, Labes (BSt 18) 1 1/4 O.
Salzungen (Th 45) 2 1/4 NW, Gerstungen (HN 1, Th 1) 2 1/4 SW.
**Piaten**, Wehlau (PO 55) 1 O.
**Picheisdorf**, Spandau (BH 2) 1/2 S.
**Pichelwang**, Langenwang (OeSü 34) 1/2.
**Pichling**, Asten (KE 26) 1/4 NW.
*Kohlengr.*, Voitsberg 3/4 SW, Köflach 1/2 S. (GK 5 u. 11).
**Picktupönen**, Tilsit (TI 1) 1 1/4 NO.
**Piding**, *PH* (*ByS 233*), Hammerau 1/2 S, Reichenhall 1/2 N (ByS 232 u. 234).
**Piekar**, Deutsch-, Tarnowitz 1 1/2 SO, Beuthen 3/4 NO (RO 12 u. 30).
Rudy-, Tarnowitz 1/2 S, Beuthen 1 1/4 NW. (OS 22 u. 21).
**Pielach**, Melk (KE 13) 3/4 N.
**Pielachberg**, Melk (KE 15) 3/4 N.
**Pielitz**, Bautzen (SO 20) 3/4 SO.
**Pienonskowo**, Czerwinsk (PO 32) 1 SW
**Piepenhagen**, Labes (BSt 18) 3/4 N.
**Piepstock**, Wangerin (BSt 17) 1 S.
**Pier**, Düren 1 1/4 NW, Langerwehe 3/4 NO. (Rh 8 u. 7).
**Pieragienen**, Insterburg (PO 58, TI 4) 1/2 NO.
**Piesau**, Sonneberg (Th 61) 3 1/2 N.
**Piesbach**, Dillingen (Sa 14) 1 NO.
**Pieschen**, Dresden (SO 1, LD 20) 1/2 N.
**Piesdorf**, Bernburg (MH 32) 2 SW.
**Pieskow**, Fürstenwalde (NM 7) 1 3/4 S.
a. Schwielochsee, Lübben (BG 6) 4 NO, Fürstenwalde (NM 7) 5 SO.
**Piesling**, *Sensenschmiede*, Wels (KE 31) 5 S.
**Piesteritz**, Wittenberg (BA 9) 1/2 W.
**Piesting**, Felixdorf (OeSü 20) 1 1/2 SW.
**Piethen**, Stumsdorf (ML 9) 1 1/2 NW.
**Pietro**, St., Sagrado (OeSü 174) 1/4.
Udine (Ober-Ital. 1,4) ca 3 NO.
**Pietrowo**, Wronke (OS 51) 1 NO.
**Pietronke**, Schneidemühl 4 1/2 SO, Bialosliwe 2 1/2 SW. (PO 22 u. 24).
**Pietschen**, Ingramsdorf (BF 5) 3/4 NW. *Siehe dagegen Pitschen.*
**Pietzkendorf**, Danzig (PO 74) 1 1/2 W.
**Pietzschwitz**, Bautzen (SO 20) 1 NW.
**Pieve**, Mori (OeSü 214) 2 W.
**Piglon**, Auer (OeSü 205) 1/4.
**Pikulowice**, Lemberg (GCL 29, LCJ 1) 1 3/4 NO.
**Pilcante**, Ala (OeSü 215) 1/2.
**Pilchowitz**, Rybnik (WI 20) 1 1/2 NO.
**Pilgram**, Cüstrin (PO 8) 1 W.
Briesen 1 O, Frankfurt a. d. O. 1 1/2 W. (NM 9 u. 11).
i. Böhmen, *Stadt* Budweis (KFJ 23, KE 74) 10 NO, Prag (BW 22) 13 SO.
**Pilgramsdorf**, Bunzlau 3 1/4 SO, Liegnitz 4 SW. (NM 29 u. 33).
Rybnik (WI 20) 3 SO.
**Pilgramshayn**, Striegau 1/2 NW, Gr. Rosen 1/2 S. (BF 17 u. 19).
**Pilichberg**, Sagor (OeSü 70) 2.
**Pill**, Schwaz (OeSü 184) 1/2 S.
**Pillersee**, Wörgl (OeSü 180) 6 O.
**Pillersreuth** (Pullersreuth), Windisch-Eschenbach (ByO 82) 1/4 W.
**Pillham**, Landshut (ByO 10)
**Pilling**, *PH* (*ByO 46*), Geiselhöring 1 NO, Straubing 1 SW. (ByO 16. 47).
**Pillingsdorf**, Gross-, Schmölln 1 1/4 SW, Ronneburg 1 SO. (SW 85 u. 87).
**Pillkallen**, *Stadt*, Stallupönen (PO 62) 2 1/4 N.
**Pillnitz**, *Df. mit Kgl. Schloss*, T Dresden (SO 1) 1 1/2 SO.
**Pillupönen**, Stallupönen (PO 62) 2 S.
**Pilnikau**, *Stadt*, Mastig 1 1/2 NO, Königinhof 2 N, Trautenau 1 SW. (SNV 10, 8 u. 28).
**Pilschowitz**, Gleiwitz (OS 17) 1 1/2 SW.
**Pilsnitz**, D. Lissa 1 1/4 O, Breslau 3/4 NW. (NM 38 u. 39).
**Pilsting**, *Fl.*, Straubing (ByO 47) 3 S.
**Pilsum**, Emden (Wf 38) 2 1/4 N.
**Piltsch**, Gr.-Peterwitz 2 1/2 S, Wolnowitz 3 SW. (WI 14 u. 15).
**Pilzen**, Schweidnitz (BF 16) 1/2 SO.
**Pilzno**, *Stadt*, Tarnow (GCL 10) 3 SO.
**Pinache**, Mühlacker (Ba 153 u. Wü 6) 3/4 S.
**Pingsdorf**, Brühl (Rh 39) 1/4 SW.
**Pinguente**, *Stadt*, Triest (OeSü 89) 4 1/4 SO.
**Pinkafeld**, *Fl.*, Steinamanger (OeSü 102) 6 1/2 NW.
**Pinnau**, *Fabr.*, Wehlau (PO 55) 1/4 S.
**Pinne**, *Stadt*, T Posen 6 1/2 NW, Samter 4 SW, Wronke 3 1/2 SW. (OS 48, 50 u. 51).
**Pinnow**, Angermünde (BSt 6) 1 1/2 NO.
" Cassekow (BSt 8) 3/4 S.
" Anklam (BSt 35) 1 1/4 O.
" Frankfurt a. O. (NM 11) 4 O.
" Schwerin (Mk 9) 1 1/4 O.
" Stavenhagen (FF 5) 1 W.
**Pinow** Volin (OeSt 22a) 1/4 N.
**Pinschin** bei Stargard, Dirschau (PO 34) 4 1/4 SW.
**Pinsk**, Nakel (PO 26) 3 SO.
**Pinsweiler**, St. Wendel (Sa 43) 1 1/4 N.
**Pintschel**, Eisenbrod (SNV 15) 3/4 N.
**Pinyed**, Raab (OeSt 69) 3/4 W.
**Piotrkowicce**, Nakol (PO 26) 4 1/2 S
**Piotrowo**, Nakel (PO 26) 2 1/2 SW.
**Pipats-Major**, Lepseny (OeSü 126) 3/4.
**Pipitz**, Eisenbrod (SNV 15) 1/2 S.
**Pirano**, *Stadt*, T Triest (OeSü 89) 4 SW.
**Pirawarth** (*Bad*), Gänserndorf (KFN 5) 2 NW.
**Pirgine**, Trient (OeSü 210) 1 O.
**Pirk**, Ober-, Mittel- u. Nieder-, Mehltheuer (SW 16) 1/4 u. 1/2 NW.
**Pirkenhammer**, Teplitz (AT 6) 10 1/2 SW.
**Pirkensee**, Ponholz (ByO 26) 1/4 SW.
**Pirl**, Spitteindorf (NM 34) 3/4 N.
**Pirmasens**, *Stadt*, *bedeutende Industrie*, Zweibrücken 2 1/2 SO, Kaiserslautern 4 S. (Pf 23 u. 6).
**Pirscham**, Breslau (OS 1, BF 1) 3/4.
**Pisarzowice**, Oswiecim (KFN 35, OS 31) 2 SW.
**Pischätzl**, Rann (OeSü 145) 1 1/2 NO.
**Pischelsdorf**, Götzendorf (OeSt 60) 3/4 SO.
*Fl.*, Graz (GK 1, OeSü 48) 4 1/2 NO.
**Pisczyn**, Kotomierz (PO 28) 1/2 SW.
**Pisek**, *Stadt*, T Racic-Pisek (KFJ 28) 1 N.
Elbe-Teinitz (OeSt 21) 2 NO.
*Siehe auch Station Bisenz-Pisek KFN 14.*
**Pisino** (Mitterburg), *Stadt*, T Triest (OeSü 89) 6 1/2 SO.
**Piskarken**, Laskowitz (PO 30) 1/2 W.
**Piskowitz**, Radeberg (SO 14) 3 1/2 NO.
**Pissdorf**, Cöthen (ML 7) 3/4 NO.
**Pissenheim**, Mehlem (Rh 44) 1 1/4 SW.
**Pissighofen**, St. Goarshausen (Na 14) 1 1/2 NO.
**Pistian** (Pöstyen), T *Badeort*, Galanta (OeSt 80) 6 NO.
**Pitomacz**, Kottori (OeSü 117) 8 1/2 SO.
**Pitrycz**, Halicz (LCJ 11) 3/4 W.
**Pitschen**, *Stadt*, T Creutzburg (RO 23) 3 1/2 N.
**Pitschkau**, Sorau (NM 22) 2 NW.
**Pitschönau**, Kundl (OeSü 181) 1 1/4.
**Pittehnen**, Schlobitten (PO 41) 4 SO.
**Pitten**, *Fl.*, Neunkirchen 1 1/4 NO, Wr. Neustadt 1 1/2 SW, Neudörfl 1 1/2 SW. (OeSü 24, 22 u. 90).
**Pittersberg**, Freihöls (ByO 31) 3/4 NO.
**Piwniczna**, *Stadt*, Bochnia (GCL 7) 9 1/2 SO.
**Placht**, Alt- u. Neu-, Wilmersdorf (BSt 46) 5 W.
**Plagow**, Augustwalde (OS 56) 1/2 N.
**Plagne**, Biel (SC 1, 56) 8 Kil.
**Plagwitz**, *Fabriken*, Leipzig (LD 1) 3/4 SW.
in Schlesien, Greiffenberg (NM 45) 2 1/4 NO.
**Plaidt**, Andernach 1 S, Neuwied 1 SW. (Rh 50 u. 51).
**Plan**, *Stadt*, T Eger (ByO 87) 5 SO, Nürschan (BW 6) 6 NW.
(Oberplan), *Fl.*, Budweis (KFJ 23, KE 74) 5 SW.
**Plania**, Ratibor (WI 5) 1/2 S.
**Planian**, *Stadt*, Podiebrad (OeSt 23) 1/2 S.
**Planig**, Bingen (HL 18) 1 3/4 S.
**Planina** (Plania), *Fl.*, Rakek (OeSü 79) 1 NW.
**Planitz**, *Fl.*, Nepomuk 2 SW, Wolzen 1 1/4 W. (KFJ 34 u. 33).
Ober- u. Nieder-, in Sachsen, Cainsdorf (SW 40) 1/2 NW.
**Plankenhammer**, Neustadt a. Waldnaab (ByO 81) 1 O.
**Plankstadt**, Friedrichsfeld (Ba 2, MN 16) 1/2 S, Heidelberg (Ba 3, MN 17) 1 SW.
**Plantikow**, Freienwalde i. Pommern (BSt 16) 2 1/2 NW.
**Plantlünne**, Leschede *H*° 1 1/2 NO, Lingen 1 3/4 SO. (Wf 26 u. 27).
**Plass**, *Eisenhütte*, Radnitz 2 1/4 NW, Pilsen 3 N (BW 10 u. 8).
**Plate** i. Mecklenb., Schwerin (Mk 9) 1 1/2 SO.
**Plateka**, Borna (SW 93) 3/4 S.
**Platendorf**, Aschersleben 1 SW, Frose 1 1/4 S, Ermsleben 1/2 SO, (MH 30, 29 u. 39).
**Platenhammer**, Stolberg (Rh 5) 1 1/4 SO.
**Plateniec**, Morawan (OeSt 17) 1/4 N.
**Plathe**, *Stadt*, T Labes (BSt 18) 4 1/2 NO.
**Platowo**, Terespol (PO 29) 4 1/2 NW.
**Platsch**, Spielfeld (OeSü 55) 1 SW.
**Platte**, Die, *Jagdschloss*, Wiesbaden (Na 1) 3/4 NW.
**Platten** i. Böhmen, *Stadt*, Schwarzenberg i. Sachs. (SW 58) 3 S.
**Plattkow**, Gusow (PO 6) 1/2 NW.
**Platzka**, Königgrätz (SNV 3) 3/4 N.
**Plau** i. Mecklenburg, *Stadt*, Güstrow (FF 1, Mk 12) 5 3/4 S.
**Plaue** a. d. Havel, *Fl.*, Brandenburg 1 3/4 W, Wusterwitz 1/2 NO. (BPM 9 u. 8).
i. Sachsen, Flöha (SO 58, SW 60) 1/2 S.
i. Schwarzburgschen, *Stadt*, Arnstadt (Th 33) 1 SW.
**Plauen**, Wehlau (PO 55) 1 1/2 S.
bei Dresden, *Fl.*, *H*° (*SO 42*), Potschappel (SO 43) 1/2 NO.
*Siehe dagegen die Station Plauen der SW 15.*
**Plava**, Görz (OeSü 170) 1 3/4 N.
**Plaw**, Eisenbrod (SNV 15) 1 NO.
**Plawnitz**, Holkau (KE 73) 1 N.
**Pleidelsheim**, *Fl.*, Bietigheim (Wü 10) 3/4 NO.
**Pleis**, Ober- u. Nieder-, Siegburg (KM 45) 3/4 S, Hennef (KM 46) 1 S, Bonn (Rh 42) 1 NO.
**Pleische**, Schmolz (BF 2) 1/2 SW.
**Pleischwitz**, Breslau (BF 1) 2 SW.
**Pleissa** (Pleisa), Wüstenbrand (SW 25) 1/2 N, Hohenstein-Ernstthal (SW 42) 3/4 NO.
**Pleiswedel**, *Fl.*, Habstein (BN 6) *s. Bleiswedel.*
**Pleitzenhausen**, Bingerbrück (Rh 58, Sa 27) 3 1/2 NW, Oberwesel (Rh 56) 2 1/4 SW.
**Pleschen**, *Stadt*, T Rawicz (OS 37) 10 3/4 NO, Oels (RO 17) 12 NO, Breslau (RO 13, NM 39) 14 NO.
**Pleschivica**, Jaszka (OeSü 150) 1.
**Pless**, Alt- u. Neu-, Josephstadt (SNV 6) 1/4 S.
" (*RO 37*), *Stadt*, Dziedlitz (KFN 33) 1 NW, Nendza (WI 4) 3 SO, Gleiwitz (OS 17) 7 SO.
**Plessow**, Werder (BPM 7) ca 1/2 SW.
**Pletz**, Görtz (Gorizia) (OeSü 176) 3 1/4.
**Pleystein**, *Fl.*, Wernberg (ByO 71) 3 NO.
**Plicken**, Gumbinnen (PO 60) 3/4 S.
**Plieningen**, Stuttgart (Wü 16) 1 SO.
**Pliensbach**, Kirchheim unter Teck (Wü 153) 1 1/2 O.
**Pliezhausen**, Bempflingen (Wü 129) 3/4 SW
**Plitnitz**, Schneidemühl (PO 22) 2 1/4 NO.
**Plittersdorf** bei Bonn, Godesberg (Rh 113) 1/4 NO.
Rastatt (Ba 18) 3/4 W.
**Plochoczyn**, Warlubien (PO 31) 1/2 NW.
**Plömnitz**, Biendorf (MH 33) 1/4 SW.
**Plössberg**, Windisch-Eschenbach (ByO 82) 1 3/4 SO.
**Plössen**, Kirchenlaibach (ByO 78) 1/4 S.
**Plöttke**, Schneidemühl (PO 22) 1/4 SO.
**Ploetz**, *Bergw.*, Stumsdorf (ML 9) 1 1/4 NW.
**Plötzkau**, *Stadt*, Bernburg (MH 32) 1 SW, Güsten (MH 31) 1 SO.

Plötzky, Magdeburg 1¼ SO, Schönebeck 1 NO. (ML 1 u. 3).
Plötzmin, Schneidemühl (PO 22) 2 N.
Plönen, Löcknitz (BSt 62) ½ O.
Plohn, Lengenfeld (SW 72) ¾ O.
Plokl, Trzebinia (KFN 39) 1 NO.
Ploschkovic, Theresienstadt (OeSt 37) 1¾ NO.
Plotha, Naumburg (Th 14) 1½ O.
Plotiericht, Königgrätz (SNV 8) ½ NW.
Plottendorf, Borna (SW 91) 1¼ SW.
Plzenetz, PH (KFJ 38), Pilsen (BW 8, KFJ 39) 2 SO.
Plümenhagen, Cöslin (BSt 24) 1 W.
Plumenau, Fl., ❦ Brodek 4 W, Olmütz 3½ SW. (KFN 57 u. 58).
Plusrkaitz, Rudzinitz (OS 15) 1½ NO.
Pluszulitz, Terespol (PO 29) 4 SO.
Pluto, ⚒ Bergw. A. G. (an Zweigb.) Pluto (KM 14a) 0,2 S.
Plutowo, Terespol (PO 29) 1½ SO.
Pnenow, St., Saldenhofen (OeSü 160) 1.
Pniewno, Terespol (PO 29) 1 NW.
*Siehe dagegen Station Pniewo WW 1,26.*
Pobarz, Belgard (BSt 21) 2 O.
Poberschau, Kandrzin (Kosel) (Wi 1) 1½ NW.
· Wolkenstein (SW 67) 1½ SO.
Pobethen, ❦ Fischhausen (OpS 3) 3¼ NO, Königsberg i. Preussen 3½ NW. (OpS 8 u. 9 u. PO 50).
Pobloth, Gr.- u. Klein-, Cörlin (BSt 41) 1½ NW.
Pobor, Velim (OeSt 22a) ½ SW.
Poburke, Gr.-, Bialosliwe (PO 24) ¾ N.
Pobutsch, Lukawetz (OeSt 47) ¾ NW.
Pocernic, Ober- u. Unter-, Prag 1½ O, Bechovic ½ W. (OeSt 27 u. 28).
Pocatek, Pardubitz (SNV 1a) 3½ SW.
Pockau i. Sachsen, Waldkirchen (SW 64) 1½ SO.
— i. Böhmen, Aussig (AT 1) ¾ N.
Pocking, ❦ Passau (ByO 59, KE 54) 38 W.
Podangen, Schlobitten (PO 41) 3½ SO.
Podanin, Schneidemühl (PO 22) 4½ SO.
Podbaba, PH (OeSt 28a), Bubna (Bubentsch) (OeSt 28) ½ W.
Podborce, Lemberg (LCJ 1) 1½ O.
Podejuch, ❦ Damm bei Stettin (BSt 12) ½ SW.
Podelwitz, Leisnig (LD 26) ¾ W.
Podelzig, Zuckerfabr., Podelzig (PO 69) ½ S.
Podersdorf (Bodendorf), Fl., Gramat-Neusiedel (OeSt 59) 2½ SW.
Podersam, Stadt, ❦ Dux (AT 9) 6½ SW, Eger (ByO 87) 10 NO.
Podersdorf, Parndorf (OeSt 64) 2 SO.
Podewils, Belgard (BSt 21) 1½ SW.
Podgórze, vis à vis von Krakau, Stadt, ❦ (GCL 1, KFN 41).
Podgrodzie, Halicz (LCJ 11) ¾ W.
Podgurz, Thorn (PO 67) ½ S.
Podhajce, Stadt, ❦ T Bursztyn (LCJ 10) 5 O.
Podhajczyki, ❦ Kolomea (LCJ 16) ½ O.
Podharczel, Monor (OeSt 99) 2 S.
Podhaj, Turnau (SNV 17, TKP 12) ½ SW.
Podharna, ❦ Prelouc (OeSt 19) 1 SW.
Podhorce, ❦ Chodorow (LCJ 7) 2 SO.
Podiebrad (Podebrad), Stadt, ❦ Podiebrad (OeSt 23) 1 N.
Podigrad, Spielfeld (OeSü 55) 1½.
Podkamień, Fl., ❦ Borynicze (LCJ 6) 2 O.
Podlipka, Sagor (OeSü 70) ½.
Podliski, Chodorow (LCJ 7) ¼ SO.
Podliski male, Lemberg (LCJ 1) 2 NO.
Podluze, Stanislau (LCJ 13) 1 NO.
Podmichalowce, Bukaczowce (LCJ 9) 2 W.
Podmokltz, Semil (SNV 14) ½ S.
Podmonasterz, Staresiolo (LCJ 3) ¾ S.
Podniestrzany, Borynicze 1½ SO, Chodorow 1½ O. (LCJ 6 u. 7).
Podobowice, Nakel (PO 26) 4 S.
Podajemno, Staresiolo (LCJ 3) 1½ NO.
Podol, Berkovic-Melnik (OeSt 34) ½ SO.
— a. d. Iser, Münchengrätz (TKP 11) ½ N.
— bei Swijan, Münchengrätz (TKP 11) 1½ NO.
— Turnau (SNV 17, TKP 12) ½ SW.
— Weiss-, Prelouc (OeSt 19) 2 SW.
— Kalk-, Prelouc (OeSt 19) 3 SO, Pardubitz (SNV 1) 2½ SW.
Podolin, ❦ Nakel (PO 26) 3 SW.
Podollen, Lindenau ½ NO, Tapiau 1½ SW. (PO 53 u. 54).
Podolu, PH (KE 71), Angern (KE 70) 1 S.
Podolska, Pisek (KFN 14) 2½ NO.
Podoly, Skalic (OeSt 5) 1½ N.
Podona i. Steiermark, Kranichsfeld (OeSü 58) ½.
Podpetsch, ❦ Laibach (OeSü 76) 3.

Podpleczary, Stanislau (LCJ 13) 1½ NO.
Podporany, Veresz (OeSt 124) 1½ SO.
Podrosche, Rietschen (SG 13) 2 NO.
Podrusen, Bialosliwe (PO 24) 2½ N.
Podsadki, Lemberg (LCJ 1) 2½ SW.
Podschepilitz, Wegstädtl (OeSt 35) ½ O.
Podseditz, Lobositz (OeSt 38) 1½ W.
Podstolitz, Bialosliwe (PO 24) 3 SW.
Podsumlance, Bursztyn (LCJ 10) 2½ O.
Podwysoka, Bursztyn (LCJ 10) 3 O.
Pöbring, Pöchlarn (KE 16) 3 S.
Pöchlarn, Klein-, Fl., Pöchlarn (KE 16) ¼ N.
Pöggstall, Fl., ❦ Melk (KE 15) 2 NW.
Pöhl bei Plauen, *Hammerwerk*, Herlasgrün (SW 13) ¾ SW.
Pöhla, Gr.- u. Kl.-, Schwarzenberg in Sachs. (SW 58) ¾ SO.
Pölbitz, Zwickau (SW 47) ¾ NO.
Pölitz, Stadt, ❦ Stettin (BSt 10) 2 N.
— i. Mecklenburg, Lalendorf (FF 2) 1 N.
— i. Holstein., Oldesloe (LB 10) ½ S.
Pöllau, Fl., ❦ Graz (GK 1, OeSü 48) 5½ NO, Krieglach (OeSü 35) 6 SO.
Pöllnitz, Mittel-, Mehltheuer (SW 16) 3 NW, Gera (SW 88, Th 31) 2½ SW, Greiz (SW 91) 3½ NW.
Pöllwitz, Greiz (SW 91) 4 W.
Pölöske, St. Mihaly (OeSü 209) ¾ W.
Pölöskefy (Pelöskofy), Kanizsa (OeSü 109) 1½ N.
Pöls, Wildon (OeSü 51) 1½ W, Kalsdorf (OeSü 50) 1¾ SW.
— Schloss-, Kalsdorf (OeSü 50) 1½ SW.
— *Eisenhütte*, Judenburg (KR 24) 1½ NW.
Pölzig, ❦ Ronneburg (SW 87) 1½ N.
Pömbsen, Driburg (Wf 39) 1½ N.
Pömmelte, Schönebeck 1½ SO, Gnadau 1 NO. (ML 3 u. 4).
Pömmerle, Nesterschitz (OeSt 41) ½ NW.
Pöndorf, Frankenmarkt (KE 41) 1 W.
Poepel, Breslau (BF 1, NM 39) 2 NW.
Poepelwitz, Breslau (BF 1, NM 39) ½ NW.
Pöppeln, Gera (SW 88, Th 31) ½ SW.
Pöring, Nieder-, Langen-Isarhofen (ByO 52) 1½ SW.
— Ober-, Landshut 7 NO, Osterhofen 2 W. (ByO 10 u. 53).
Pörschken, Ludwigsort (PO 47) ½ O.
Pösendorf, ❦ Laibach (OeSü 76) 4 SO.
Pösigk, Cöthen (ML 7) 1 SO.
Pösing, H° (ByO 63), Roding (ByO 62) ½ NO.
Pössneck, Stadt, ❦ T Neuth i. Sachs. (SW 18) 5 NW, Gera (SW 88) 6 SW, Apolda (Th 11) 6 S, Sonneberg (Th 61) 7 SO, Mehltheuer (SW 16) 5 NW.
Pöthen, Magdeburg (BPM 18) 1½ O.
Pötrau, Büchen (LB 7, BH 20) ½ W.
Pötting, Grieskirchen 1 NW, Neumarkt ½ NO. (KE 47 u. 48).
Pöttmes, Fl., ❦ Augsburg (ByS 26) 4 NO.
Pötzenkirchen, Pöchlarn 1½ SW, Kemmelbach ½ SO. (KE 16 u. 18).
Pötznitz, Dessau (BA 30) ½ SO.
Poganeeg, Kresnitz (OeSü 73) ½.
Pogarell, Brieg (NB 8, OS 5) 1 S.
Pogell, Nimkau 1½ NW, Neumarkt 1 N. (NM 37 u. 38).
Poggendorf, Greifswald (BSt 57) 2½ W.
Poggenhagen, Neustadt a. S. (Ha 23) ¾ S.
Poggensee, Oldesloe (LB 10) ¾ N.
Pogirmen, Tapiau (PO 54) 1½ NW.
Pogorzelle (Pogorzela), Stadt, ❦ Hojanowo 5 NO, Rawicz 5 NO. (OS 38 u. 37).
Pogrzebin, Ratibor (Wi 5) 1½ SO.
Pogum, Oldersum H° 1½ W, Emden 1½ S. (Wf 37 u. 38).
Pohla, Bischofswerda (SO 17) ¾ NO.
Pohlanowitz, Breslau (BF 1, NM 39) 1 N.
Pohlen, Ronneburg (SW 87) 1 SW.
Pohlgöns, Langgöns ½ S, Butzbach ½ NW. (MW 15 u. 16).
Pohlitz, Fürstenberg (NM 14) 1 NW.
— Greiz (SW 91) ½ NO.
Pohlom, Gr.-, ❦ Schönbrunn (KFN 25) 1½ NW, Freiheitau (KFN 60) ¾ SO, Rybnik (Wi 20) 1½ S.
Pohlschildern, Liegnitz 1½ NO, Spittelndorf 1 NW. (NM 33 u. 34).
Pohlsdorf, Haynau (NM 31) ¾ SO.
— Ober-, Mittel- u. Nieder-, Mettkau (BF 4) ¾ N.
Pohnsdorf, Lübeck (LB 1 u. 8) 1 NW
— in Mecklenburg, Teterow (FF 3) 1 NO.
Pohor, Liebstadtl (SNV 13) ¾ NW, Josefstadt (SNV 6) 1¼ SO.
— bei Dobruschka, Turnau (SNV 17, TKP 12) ½ S.
Pohorella, Eisenw., Losoncz (UN 15) ca 8 NO.

Pohorudrzany, Fl., Stanislau (LCJ 13) 2½ S.
Pohrlitz, Stadt, ❦ Branowitz (KFN 51) 1 NW.
Pohsen bei Guben, Jessnitz (NM 18) ½ S.
Polschwitz, Nieder- u. Ober-, Jauer (BF 20) ¾ u. ¾ S.
Poisbrunn, Lundenburg (KFN 10) 4 W.
Poisdorf, Fl., ❦ Lundenburg ¾ SW, Hohenau 2½ NW (KFN 10 u. 9).
Poitzen, Unterlüss (Ha 8) 1¾ NW.
Pokarben, Kobbelbude (PO 48) ¾ SW.
Pokau, Böhm.-, Aussig (AT 1, OeSt 40) ½ NW.
Poklek, Reichenburg (OeSü 143) 1½.
Pokratic, Theresienstadt (OeSt 37) 1½ N.
Pola, proj. Stat., Stadt, ❦ T Triest (OeSü 89) 10 S.
Polajewo, ❦ Schönlanke 4½ SO, Samter 3½ NO. (PO 21, OS 50).
Polane, Littai (OeSü 72) 2.
Polanka, Lemberg (LCJ 1) 2½ SW.
— Schönbrunn (KFN 25) ¾ S.
Polanowice, Bromberg (PO 27) 6 SO.
Polaun, Reichenberg i. Böhmen 2½ O, Eisenbrod 2½ NO. (SNV 22 u. 15).
Polch, Fl., ❦ Coblenz (Rh 52) 3½ SW.
Polchlep, Schivelbein (BSt 19) 1 S.
Polchow (Insel Rügen) Stralsund (BSt 59) 5½ NW.
— Wangerin (BSt 17) ½ S.
Poldemin, Degow (BSt 43) ½ O.
Poledno, Terespol (PO 29) ¾ SW.
Polenschak, Pettau (OeSü 111) 1½.
Polenz bei Neustadt, Fischbach 2 SO, Bischofswerda 1½ S. (SO 15 u. 17).
— bei Brandis, Machern H° (LD 4) ½ S, Naunhof H° (LD 21) ¾ NO.
Polesella, Fl., ❦ Rovigo (Ob.-Ital. 1, 53) 1½ S.
Poley, Biendorf ½ NW, Bernburg ¾ SO. (ML 33 u. 32).
Polgardy, Lepseny 1 NO, Czikvar 1½ SW. (OeSü 126 u. 127).
Polgsen, ❦ Gellendorf (OS 35) 1½ W.
Polichno, Nakel (PO 26) ¾ SW.
Policzka (Politschka), Stadt, ❦ Zwittau (OeSt 9) 2 SW.
Politz, Stadt, ❦ Skalitz 2 NO, Kostelecz 1½ NO. (SNV 23 u. 25).
— ❦ Bodenbach 2 SO, Böhmisch-Leipa 1½ NW. (BN 20 u. 8).
Poliwoda, Malapane (RO 3) 1½ N.
Poljana, ❦ Lekenik (OeSü 150) ½.
Polkendorf, Nimkau 1 SW, Neumarkt 1 SO. (NM 37 u. 38).
— in Böhmen, Mastig (SNV 10) 2½ NO.
Polkwitz, Stadt, ❦ T Glogau (NZ 1) 2½ S, Klopschen (NZ 2) 2½ SO, Haynau (NM 31) 4 NO, Liegnitz (NM 33) 5½ N.
Poll bei Düren, Vettweiss (Rh 20) ½ NO.
— Köln (Rh 13, KM 1) ½ SO.
Pollaun bei Reichenberg, siehe Polaun.
Polle, Fl., ❦ Holzminden (Wf 43, Bs 1) 1½ NW.
Polleben, ❦ Eisleben (ML 22) 1 NO.
Pollein, Müglitz (OeSt 40) 1½ SO.
Pollhagen, Stadthagen (Ha 45) ½ N.
Polling bei Mühldorf, Landshut (ByO 10) 8 SO.
Pollixen, Altfelde (PO 37) 3 SO.
Pollnow, Stadt, ❦ T Cöslin (BSt 24) 5 SO.
Pollychen, Zantoch (PO 14) ½ S.
Polna, Stadt, ❦ Pardubitz (OeSt 18, SNV 1) 9 S.
Polo, St.-, Monfalcone (OeSü 172) ½.
Polom, Rybnik (Wi 20) 1½ S.
— bei Tarnowitz, Tworog (RO 10) ½ S.
Polsnitz in Schlesien, Freiburg (BF 8) ¼ N.
— bei Kostenblut, Canth (BF 3) ½ NW.
Polssen bei Angermünde, Seehausen (BSt 47) 1 SO, Passow (BSt 7) 1½ W.
Polsum, Essen (BM 85, KM 13 u. Rh 93) 2½ N.
Polzin, Stadt, ❦ T Schivelbein 3½ SO, Gr.-Rambin 2 SO. (BSt 19 u. 20).
— Gr.- u. Kl.-, Anklam (BSt 55) 1 N.
Polzow, Pasewalk (BSt 50) ½ SO.
Pamarola, Roveredo (OeSü 213) ¾ N.
Pomauden, Tapiau (PO 54) ¾ NW.
Pombsen, ❦ Ober-, Mittel- u. Nieder-, Jauer (BF 20) 1½ W.
Pomedien, Tapiau (PO 54) 1½ NW.
Pomeisl (Nepomysl), Stadt, ❦ Kladno (Bu 10) 8 W, Lobositz (OeSt 38) 9 SW.
Pomellen, Tantow (BSt 9) 1½ N.
Pommehrendorf, ❦ Elbing (PO 39) 1½ O.
— Güldenboden (PO 40) 1 N.
Pommerensdorf, Stettin (BSt 10) ½ SW.
Pommer-Esche, ⚒ (fiscalisch), Ibbenbüren (Ha 61) ½ NW.

**Pommerswitz**, Leobschütz (Wi 10) 1½ NW.
**Pommey**, Pelplin (PO 33) ½ SO.
**Pommoisel**, Bevensen (Ha 11) 2¾ O.
**Pomnik**, Wehlau 5 S, Rastenburg 2¼ NW. (PO 55 u. OpS 20).
**Pomnitz**, Kösen (Th 13) ½ NW.
**Pomoniets**, Chodorow (LCJ 7) 1½ S.
**Pomssen**, *Rittergut mit grosser Brennerei*, Naunhof (*H*° LD 21) ¾ S, Grimma (LD 23) 1 W, Gross-Steinberg (LD 22) ¼ SW.
**Ponarien**, Schlobitten (PO 41) 4 SO.
**Ponientzitz**, Ratibor (Wi 5) 1¾ NW.
**Ponischowitz**, Rudzinitz (OS 15) 1 NO.
**Ponitz**, Gössnitz (SW 7) ½ SW, Meerane (SW 21) ½ NW.
**Ponoschau**, Zawadzki (RO 7) 2¾ NO.
**Ponovitsch**, Sava (OeSü 71) ½.
**Ponschau**, Czerwinsk (PO 32) 3 NW.
**Pont**, Geldern (Rh 70) ¾ S.
°**Pontafel** = **Pontebba**, *(KR 45)*, T Udine (Ober-Ital 1,4) 7 N, Villach (KR 39, OeSü 171) 6 SW.
**Pontwitz**, Nieder- u. Ober-, Oels (RO 17) 1¾ O.
**Popehnen**, Tapiau (PO 54) 1¼ NW.
**Popelken**, Wehlau (PO 55) 5 NO.
— Lindenau (PO 53) 1½ NO, Tapiau (PO 54) 1¾ NW.
**Poplitten**, Ludwigsort (PO 47) 1 O.
**Poplitz**, Bernburg (MH 32) 1½ SW.
**Popowic**, *Eisenhammer*, Zditz ½ NO, Beraun ½ SW. (BW 15 u. 16).
**Popowo**, Samter (OS 50) ¾ NO.
**Poppelau**, Rybnik (Wi 20) ¾ S.
bei Oppeln, Löwen (OS 7) 1¾ NO.
**Poppelsdorf**, Bonn (Rh 42) ¼ SW.
**Poppenburg**, Nordstemmen (Ha 71) ¼ SW.
°**Poppenhausen** an der Wern (*ByS 282*), Schweinfurt (ByS 84) 1 NW.
u. d. Hard (in Bayern), Fulda (BbH 6) 2¼ SO.
**Poppenreuth** bei Fuchsmühl, Kemnath-Neustadt 2½ NO, Wiesau ¾ NW. (ByO 77 u. 84).
bei Tirschenreuth, Mitterteich 2½ SO Wiesau 3 O. (ByO 85 u. 84).
*Poppenreuth PH (ByS 49)*.
**Poppitz**, Branowitz (KFN 51) 1 SO.
**Popplow**, Gr.- u. Kl.-, Gr. Rambin (BSt 20) 2¾ SO.
**Poratz**, Wilmersdorf (BSt 46) 1½ SW.
**Pordany**, Szt.-, Miklos (OeSt 66) 2 SW.
**Poreba**, Krzeszowice (KFN 39) 1¼ SW.
**Porecana**, Lemberg (LCJ 1) 2½ SW.
**Porgany**, Puszta-, Szöreg (OeSt 111) 3¼ O.
**Porican**, Böhm.-Brod (OeSt 24) ¾ O.
**Porltsch**, Gross- u. Kl.-, Zittau ½ SO, Grottau ½ N, Skalitz 1½ NO. (SO 33 u. 34. SNV 23).
**Poritz**, Siegersdorf (NM 28) ¼ S.
**Poroszló**, *Fl.*, Karczag (Ts 7) 6 NW, °Füzes-Abony-Erlau (US 15) 3 SO.
**Porschdorf**, Krippen (Schandau) (SO 9) ¾ NW.
**Porschendorf** bei Stolpen, Pirna (SO 5) 1 NO.
Zschopau (SW 65) ¼ W.
**Porschwitz**, Liegnitz 3 NO, Spittelndorf 2¼ N. (NM 33 u. 34).
**Porst**, Cöthen (BA 33, ML 7) ½ NO.
**Porstendorf**, Zwittau (OeSt 9) 1½ O.
**Porszlee**, Lemberg (LCJ 1) 2½ NW.
**Port**, Biel (SC 1, 56) 4 Kil.
**Portenhagen**, Salzderhelden (Ha 80) 1½ NW.
**Portschweiden**, Marienburg (PO 36) 3 S.
**Poruba**, Schönbrunn (KFN 25) ¼ W.
**Porz**, Wahn (KM 43) ¼ NW.
**Posegnik**, Wehlau (PO 55) 5 SO.
**Poseritz**, Hohen-, Ingramsdorf (BF 5) ¾ SW.
Stralsund (BSt 59) 1 NO.
**Posilge**, Altfelde (PO 37) 1 SO.
**Posnowitz**, Gogolin (OS 11) 1¼ NO.
**Poseritz**, *Fl.*, Brünn (BR u. OeSt 1) 2 NO.
**Posottendorf**, Görlitz (BG 15) ½ S.
**Posseck**, Oelsnitz (SW 78) 1½ SW.
**Possnitz**, Gr.-Peterwitz (Wi 14) 2 W.
*Siehe auch °Possitz (OeSt 156)*.
**Postehnen**, Tapiau (PO 54) 3½ SW.
**Postelberg**, *Stadt*, T Dux (AT 9) 4 S, Lobositz (OeSt 38) 4¼ SW, Brandeisl (Bu 12) 5½ NW.
**Postelwitz**, bei Oels, Bernstadt (RO 19) 1¼ SW.
**Posterstein**, Schmölln 1½ N, Altenburg 1½ SW. (SW 85 u. 6).
**Posterwitz**, Nieder-, Potschappel ½ N.
Ober-, Potschappel ½ N. (SO 43).
**Postlin**, Karstaedt (BH 12) ½ N.
**Postlow**, Anklam (BSt 55) 1 W.
**Postmünster**, Landshut (ByO 10) 8½ SO.
**Postwitz**, Bautzen (SO 20) ¾ S.
**Posvár**, Kiss-Terenno (UN 13) 2¾ O.
**Pota**, Lepsény (OeSü 126) 2.
**Potempa**, *Stabeisenhammer*, Tworog (RO 10) ¾ NW.
**Potlatynce**, Bursztyn (LCJ 10) 3 O.
**Potoczek**, Sniatyn (LCJ 18) 1½ N.
**Potok**, Bursztyn (LCJ 10) 3 O.
**Potraga**, Divacca (OeSü 84) 2.
**Potschappelitz**, Bischofswerda (SO 17) ¾ NO.
**Potshausen**, °Stickhausen (Ol 14) ¾ S.
**Pottendorf**, *Fl.*, Wiener-Neustadt 2 NO, Laxenburg 3 S, Felixdorf 1½ NO. (OeSü 22, 11 u. 20).
**Pottenstein**, *Stadt*, Forchheim 3½ NO, Bayreuth 3 SW. (ByS 53 u. 225).
— in Böhmen, *Fl.*, Wildenschwert 1¼ NW, Chotzen 1½ NO. (OeSt 14 u. 12).
— — *Fl.*, Leobersdorf 1½ NW, Baden 1½ SW. (OeSü 18 u. 15).
**Potthagen**, Greifswald (BSt 57) ¾ SO.
**Pottlitz**, Bialosliwe 7 NO, Osiek 5 NO. (PO 24 u. 25).
**Potulice**, Nakel (PO 26) ¾ O.
**Potylicz**, *Fl.*, Lemberg (LCJ 1) ca 6 NW.
**Potzlow**, Seehausen (BSt 47) ½ W.
**Potz-Neusiedl**, *Fl.*, Parndorf 1 N, Zurndorf 1¼ NW. (OeSt 64 u. 65)
**Pouch**, Alt- u. Neu-, Bitterfeld (BA 13) ½ O.
**Pouchow**, Königgrätz (SNV 3) ½ NO.
**Poulheim**, Worringen (Rh 62) 1¼ SW, Köln (Rh 13) 1¾ NW.
**Povir**, Divacca (OeSü 81) 1.
**Povo**, Trento (Trient) (OeSü 210) ¾.
**Powidz**, *Stadt*, Posen (OS 48) 9 O.
**Powitzko**, Trachenberg (OS 36) ¾ SO.
**Poxau**, Landshut (ByO 10) 4 O.
**Poyritz**, Ober- u. Nieder-, Dresden (LD 20) 1½ SO.
**Pozega**, *Stadt*, T °Essegg (Alf 21) 10 SW, Sissek (OeSü 151) 12 SO.
**Praberina**, Trifail (OeSü 69) 1.
**Prachatitz**, *Stadt*, *Mineralbad*, Wodnian 3 SW, Nettolitz 2½ SW. (KFJ 26 u. 25).
**Prachowitz**, Pardubitz (SNV 1) 2½ W.
**Pracht**, Au (KM 49) ½ SO.
**Pradlo**, Nepomuk (KFJ 34) ½ NW.
**Prädikow**, Wriezen a. Oder (BSt 67) 2 SW, Strausberg (PO 3) 2½ NO.
**Prägarten** (Pregarten), *Fl.*, Linz 2¾ NO, Oberndorf 1¾ O. (KE 64 u. 66).
**Praesident**, ✕ (an Zweigb.), Bochum 0,2 N, Wattenscheid 0,7 O. (Rh 94, BM 84).
**Praesladon**, Reichenburg (OeSü 143) ¾.
**Praest**, Emmerich (KM 41) ¾ SO.
**Praewald**, Adelsberg (OeSü 80) 1½.
**Pragwald**, Cilli (OeSü 64) 2¼ W.
**Prauссen**, Brieg (NB 8, OS 5) 1 SO.
**Praugschin**, Praust (PO 73) 1 NW.
**Prappeln**, Königsberg i. Pr. (PO 50. OpS 8 u. 9) ¼ S.
**Prasek**, Elbe-Teinitz (OeSt 21) 2¼ NO.
**Praskacka**, Königgrätz (SNV 3) ¾ SW.
**Praskoles**, Zditz 1 SW, Horowitz ¼ NO. (BW 15 u. 14).
**Praskowitz**, *PH (OeSt 38a)* Salesl (Zalesi) (OeSt 30) ½ W.
**Prassberg**, Cilli (OeSü 64) 4.
**Praszka** in Polen, *Stadt*, Creutzburg (RO 23) 2½ NO.
**Pratau**, Wittenberg (BA 9) ¾ S.
**Prath**, St. Goarshausen ¾ NW, Kestert ½ NO. (Na 14 u. 15).
**Pratschwitz**, Pirna (SO 5) ½ NW.
**Praunheim**, *Fl.*, Bockenheim (MW 24) ½ N.
**Prauske**, Rietschen ¼ S, Görlitz 3¼ NW. (BG 13 u. 15).
**Prausitz**, Riesa (LD 11) 0,8 S.
**Prausnitz**, *Stadt*, Obernigk 1½ NO, Gellendorf 1 SO, Trachenberg 1¾ SO. (OS 34. 35. u. 36).
— Ober- u. Nieder-, Liegnitz 2½ SW, Jauer 2¼ NW. (BF 23 u. 20).
— Ober-, Mastig (SNV 10) ¾ S.
Nieder-, Mastig (SNV 10) ¾ S.
— — Deutsch-, Königinhof 1½ NO, Josefstadt 1¾ NO. (SNV 8 u. 6).
**Prauss**, Gnadenfrey (BF 12) 2 NO.
**Praussen**, Ludwigsort (PO 47) ¾ NO.
**Prav**, Prelouc (OeSt 19) 1¾ NO.
**Prawomysl**, Miasteczko (PO 23) ¾ SW.
**Prebelschau**, Elbe-Teinitz (OeSt 21) 2¼ NO.
**Prebl**, Drauburg (OeSü 161) 6.
**Prechthal**, Emmendingen (Ba 37) 3 NO.
**Predazzo** in Tirol, Neumarkt (OeSü 200) 2½ O.
**Predel**, Zeitz (Th 27) 1½ NO.
**Predhrad**, Velim (OeSt 22a) ¼ N.
**Preding**, *Fl.*, Wildon (OeSü 51) 1½ SW.
**Predmeritz** (Předměřitz), Kuttenthal (TKP 6) 1¾ SW.
*Siehe dagegen Haltestelle Predmeritz SNV 4.*
**Pregelswalde**, Tapiau (PO 54) ½ SW.
**Pregrada**, Pöltschach (OeSü 60) 4.
**Preheisen** (Preheischen), Nürschau (BW 6) ½ NW.
**Prehna**, Schmölln (SW 85) 1 N.
**Preichau**, Liegnitz 5 NO, Spittelndorf 3 N. (NM 33 u. 34).
**Preichow**, Sommerfeld (NM 19) 2 N.
**Preilsdorf**, Saarau (BF 6) ½ NW.
**Preinsbach**, Amstetten (KE 20) ½ O.
**Preissach** (Prisach), Trabitz (ByO 76) ¼ NW.
**Preiswitz**, Gleiwitz (OS 17) 1 SO.
**Preititz**, Bautzen (SO 20) 1 NO.
**Prelep**, Rostock i. Böhmen (OeSt 29) ¾ W.
**Preilenkirchen**, Bruck a. L. (OeSt 63) 1½ N.
**Prelog**, Kraljevec (OeSü 116) ¾.
**Prem** i. Oesterreich, Payerbach (OeSü 28) 1.
— i. Krain, St. Peter (OeSü 82)
**Premsendorf**, Holzdorf (BA 21) ¾ S.
**Premstätten**, Kalsdorf 1 NO, Puntigam ¾ SO. (OeSü 50 u. 49).
*Siehe auch Stat. Premstätten GK 3, ½ W von Kalsdorf, OeSü 50.*
**Premyslení**, Rostock i. Böhmen (OeSt 29) ¾ O.
**Prenden**, Biesenthal (BSt 3) 1 NW.
**Prenkingen**, Thiengen (Ba 69) ½ N.
**Prenning**, Peggau (OeSü 44) ½.
**Preper**, Turnau (SNV 17, TKP 12) ¾ SW.
**Preplch**, Josefstadt 2 SO, Königgrätz 3 NO (SNV 6 u. 3).
- Elbe-Teinitz (OeSt 21) 2¾ NO.
**Preran** (Prerow), *Fl.*, Böhm.-Brod (OeSt 24) 1½ N.
*Siehe dagegen Station Preran der KFN 10.*
**Prerow** (Insel Rügen), T Stralsund (BSt 59) 3 NW.
**Presberg**, Oestrich-Winkel 2 NW, Lorch 1 O (Na 8 u. 12).
**Preschkau**, Nieder- u. Ober-, Böhmisch-Kamnitz (BN 25) ¾ u. ¾ SO.
**Presseck**, Unter-Steinach (ByS 67) 1½ N.
**Pressing** i. Ungarn, Bükk (OeSü 100) 1½.
**Pressnitz** (Prisecnice), *Stadt*, Eger (SW 84, ByO 87) 9¼ NO, Annaberg i. Sachs. (SW 70) 2 SO.
**Prestawik**, Pardubitz (OeSt 18, SNV 1) 3 SO, Morawan (OeSt 17) ¾ SO, Uhersko (OeSt 16) 1 SW.
— Münchengrätz (TKP 11) ½ NO.
**Prester**, Magdeburg (BPM 18, ML 1) ½ SO.
**Prestitz** (Přestitz) *Stadt*, Staab (BW 5) 2 SO, Pilsen (BW 8, KFJ 30) 2½ S, Stankau (BW 4) 2 O, Nepomuk (KFJ 34) 3 NW.
**Preten**, Brahlsdorf (BH 18) 1 SW.
**Prettin**, *Stadt*, Wittenberg (BA 9) 4½ SO, Holzdorf 2½ SW, Herzberg 3 NW. (BA 21 u. 22).
**Pretul**, Langenwang (OeSü 34) 1½.
**Pretzien**, Magdeburg (BPM 18, ML u. MH 1) 1¾ SO.
**Pretzsch**, *Stadt*, Wittenberg 3 SO, Holzdorf 3 SW, Herzberg 3¾ NW. (BA 9, 21 u. 22).
**Pretzschendorf**, Klingenberg-Colmnitz (SO 48) 1 S.
**Preungesheim**, Frankfurt a/M. ¾ NO, Mainkur ca ½ NW. (FB 1 u. 2).
**Preuschmark**, Güldenboden (PO 40) ¾ NW.
**Preuschwitz**, Ober- u. Unter-, Bayreuth (ByO 80) ¾ NW.
- Bautzen (SO 20) ¼ S.
**Preussendorf**, Sternsdorf (ML 9) ½ SO.
**Preussendorff**, Schönlanke (PO 21) 3½ NW.
**Preussnitz**, ✕ *(MH 86)*, Biendorf (MH 33) ½ SW.
**Prezid**, Rakek (OeSü 79) 5.
**Pribislau** (Primislau), *Stadt*, Pardubitz 7 S, Zwittau 9 SW. (OeSt 18 u. 9).
**Pribislawitz**, Paka (SNV 12) 1½ SO.
**Pribram** (Przibram), *Stadt*, T *Bergd.*, Horowitz (BW 14) 2½ SO.
**Prichowitz**, Reichenberg i. Böhmen 3 O, Eisenbrod 2 NO, Semil 2½ N. (SNV 22, 15 u. 14).
Turnau (SNV 17, TKP 12) ¾ SW.
**Prichsenstadt**, *Stadt*, Schweinfurt 4 SO, -Markt-Einersheim 2 N, Kitzingen 2 NO. (ByS 84, 173 u. 176).
**Prieborn**, T Grottkau (NB 5) 2½ W.
**Priebrow** bei Wriezen, Cüstrin (PO 8) 5¾ NW.
**Priebus**, *Stadt*, Sorau (NM 22) 3 SW, Hansdorf (NM 23, NZ 8) 3 SW, Halbau (NM 24) 2½ W, Rauscha 2¾ NW, Görlitz

4 N (NM 25 u. 41), Weisswasser (BG 12) 3 O.
**Prielipp**, Stargard i. Pommern (BSt 14) 2½ SW.
**Priemhausen**, Stargard i. Pommern (BSt 14) 2½ NW, Carolinenhorst (BSt 13) 1½ NO.
**Prieros**, K.-Wusterhausen (BG 3) 1½ SO.
**Prierosbrück**, Königs-Wusterhausen (BG 3) 1½ SO.
**Prierow**, Brand (BG 5) 1 SW.
**Priesdorf**, Stumsdorf (ML 9) ¾ N.
**Priesen** (Prisen) *Stadt*, "Komotau ½ S, Dux (AT 9) 4½ SW, Annaberg i. Sachsen (SW 70) 4½ SO.
Gross-, Nesterschitz (OeSt 41) ¼ SW.
Klein-, Nesterschitz (OeSt 41) ¼ S.
**Priessnitz**, Borna (SW 93) 1½ SO.
**Priessnitz**, Dresden (SO 1) ¾ NW.
**Priesstäblich**, Markranstedt (Th 21) ½ N.
**Priesten**, Karbitz (AT 4) ½ NW.
**Prietitz**, Radeberg (SO 14) 2½ NO, Bischofswerda (SO 17) 1½ NW.
**Prikry**, Semil (SNV 14) ¾ NO.
**Prim**, Königgrätz (SNV 3) 1½ NW.
**Primislau** bei Pardubitz, *siehe Pribislau*.
**Primkenau**, *Stadt*, Klopschen 2 SW, Waltersdorf 1½ SO, Sprottau 2½ SO, Glogau 3½ SW, Haynau 5 NW. (NZ 2, 4, 5 u. 1. NM 31)
**Prinkendorf**, Neuhof ¼ W, Liegnitz ½ S. (BF 21 u. 23).
**Prinz von Preussen**, ✕ der Harpener B. A. G. Langendreer (DM 83) 0,4 W.
**Priorau**, Raguhn (BA 36) ca ½ S.
**Pripslaff**, Schivelbein (BSt 19) ½ W.
**Prisselwitz**, Ohlau (OS 4) 3½ W.
**Pristoupin** (Chrast), *Kupferbergwerk*, Böhmisch-Brod (OeSt 24) ¼ SO.
**Prittitz**, *PH (Th 23)*, Weissenfels (Th 15) 4½ N.
**Prittschinna**, Gröbers (ML 12) ½ S.
**Pritzerbe**, *Stadt*, Brandenburg (BPM 9) 1½ NW.
**Pritzier** i. Pommern, Buddenhagen (BSt 60) 1 N.
*Siehe dagegen Station Pritzier der BH 17.*
**Pritzlow**, Stettin (BSt 10) 1 SW.
**Pritzwalk**, *Stadt*, T Glöwen 4 N, Wittenberge 4½ NO. (BH 9 u. 11).
**Priwrat**, Wildenschwert (OeSt 12) ¾ S, Böhm.-Trübau (OeSt 11) ¾ NW.
**Privigye** (Privica), *Fl.*, Tornocz (OeSt 82) 13 NO, Neuhäusel (OeSt 85) 14 NO.
**Probbach**, Löhnberg (Na 37) ¾ NW.
**Probluz**, Königgrätz (SNV 3) 1 NW.
**Prohoschl**, Nesterschitz (OeSt 41) 1 SO.
**Probotschine**, Breslau (NM 39, OS 1) 2 SO.
**Probstey** in Schlesien, Neumarkt (NM 36) ½ SW.
**Probsthain**, Haynau 3½ SW, Liegnitz 4½ SW. (NM 31 u. 33).
**Probstheida**, Leipzig (LD 1) ½ SO.
**Probstjesar**, Pritzier (BH 17) 1 SO.
**Probstzella**, *Fl.*, Gera (SW 68 Th 31) 8½ SW, Reuth in Sachsen (SW 18) 5½ NW, Weimar (Th 10) 7 S, Sonneberg (Th 61) 3½ NO.
**Prochnow**, Schönlanke (PO 21) 5½ NW.
**Prode**, Josefstadt (SNV 6) ½ N.
**Pröckelwitz**, Altfelde (PO 37) 3½ SO.
**Prödlitz**, Aussig ½ W, Turmitz ½ N. (AT 1 u. 2).
**Prökuls**, T Tilsit (Tl 1) 10 NW.
**Prölsdorf** in Bayern, *Fl.*, Ebelsbach (ByS 78) 1½ S.
**Prösitz**, Wendisch-Warnow (BH 13) 1 S.
**Prötzel**, Strausberg (PO 3) 2½ NO, Wriezen a. Oder (BSt 67) 2 SW.
**Profen** in Schlesien, Gr.-Rosen (BF 19) ½ NW.
— Zeitz (Th 27) 1¾ NO.
**Progen**, Wehlau (PO 55) 2 S.
**Prohn**, Stralsund (BSt 59) 1 NW.
**Proleb** bei Leoben, Niklasdorf *H*° (OeSt 217) ¾ NW.
**Promnitz**, Riesa (LD 11, SW 44) ½ NO.
**Proschowitz**, Ratibor (Wi 5) ½ NW.
**Proschwitz** bei Oschitz, Reichenberg in Böhmen (SO 38 SNV 22) 1 SW,
Paka (SNV 12) ½ S.

**Proschwitz Wüst-**, Paka 1 S, Mastig 1½ N. (SNV 12 u. 10).
**Proser**, Hohenmauth (OeSt 15) 4 SW.
**Prosetsch**, *Fl.*, Zwittau (OeSt 9) 4 NW.
**Prosigk**, Cöthen 1½ SO, Stumsdorf 1½ N. (ML 7 u. 9).
**Proskau**, Oppeln (OS 10, RO 1) 1½ SW.
**Prosnik**, Lobositz (OeSt 39) ½ O.
**Prosper**, ✕ (an Zweigbahn), der Arenbergschen A.-G., Oberhausen 0,9 NO, Berge-Borbeck 0,5 NW. (KM 11. 12).
**Prossein**, Topkowitz (OeSt 41a) ¼ W.
**Prossnitz**, *Stadt*, T Drodek 3 W, Olmütz 3 SW. (KFN 57 u. 58).
**Protes**, Gänserndorf (KFN 5) ¾ N.
**Protiwanow**, Skalic (OeSt 5) 2 N.
**Protiwin**, *PH (KFJ 27)*, *Fl.*, Wodnian (KFJ 26) 1 NO.
**Protsch**, Breslau (BF u. OS 1) 1 NW.
**Protschkenhayn**, Mettkau (BF 4) ½ SO.
**Protzen**, Friesack (BH 6) 1¾ NO.
**Prowodow**, Skalitz (SNV 23) ½ SO.
**Prozelten**, siehe Stadtprozelten.
**Prschiedrowitz**, Mettkau (BF 4) 2 SO.
**Prschalk**, *Fl.*, Jaroslau (GCL 19) 3 SW.
**Prschnowo**, Bialosliwe (PO 24) 2½ S.
**Prüm**, *Stadt*, T Trier (Sa 22) 7 N, Call (Rh 25) 5½ SW.
**Prützkow**, Brandenburg (BPM 9) 1 S.
**Prützmow**, Labes (BSt 18) ¾ N.
**Pruntrut** (Porrentrui), *Stadt*, Basel (SC 1,1) 28 Kil.
**Pruppendorf**, Altfelde (PO 37) ¾ SW.
**Pruskau**, Klein-Stanisch (RO 4) 1¾ NO.
**Pruskehmen**, Gr.-, Norkitten (PO 57) ¾ N.
— — Kl.-, Norkitten (PO 57) 1 NO.
**Prussy**, Lemberg (LCJ 1) 1½ NO.
**Prust**, Kotomierz (PO 28) 1½ NO.
**Prutz**, Innsbruck (OeSt 187) 13 SW.
**Przechowka**, Terespol (PO 20) ½ SO.
**Przechowo**, Terespol (PO 20) ½ O.
**Przeciaw**, *Fl.*, Dembica (GCL 12) 2 N.
**Przeslawik**, Staab (BW 5) ½ SO.
**Przewozieo**, Lukarzowce (LCJ 9) 3½ SO.
**Przyborow** u. **Przyborowice**, Dembica (GCL 12).
**Przylubie**, Poln.-, Schulitz (PO 65) ½ O
Deutsch-, Schulitz (PO 65) 1 SO.
**Przyszowka**, Gleiwitz (OS 17) ½ N.
**Pschow** *mit Bergw.*, Czernitz (Wi 17) 1 SO.
**Pschüra**, Nesterschitz (OeSt 41) ½ NO.
**Ptakowitz**, Tarnowitz (OS 22. RO 12) 1 SW.
**Puchberg**, Neunkirchen (Oesterr.) (OeSt 24) 2½.
**Puchers**, *Fl.*, Lest (KE 66) 3 NO.
**Puchheim**, Attnang (KE 36) ½ S.
**Puclitz**, Stankau (BW 4) 1 NW.
**Pudewitz**, *Stadt*, Posen (OS 48) 3 O.
**Pudlau**, Oderberg (KFN 28, Wi 9) ¼ SW.
**Pudop** in Krain, Rakek (OeSt 79) 2½.
**Püchau**, Wurzen (LD 6) ¾ NW, Posthausen (LD 3) ¾ NO, Machern (*H*° LD 4).
**Pülfringen**, Eubigheim (Ba 112) 1½ N.
**Pülzig** im Anhaltischen, Coswig (BA 27) 1¼ NO.
**Pümpchen**, Eschweiler (Rh 6) ½ SW.
**Pürglitz**, Beraun (BW 16) 3 NW.
**Pürstein** in Böhmen, Dux (AT 9) 6½ SW, Annaberg (SW 70) 3 SO.
**Pürsten**, Borna (SW 93) ½ NW.
**Püspöki**, *Fl.*, Grosswardein (Ts 43, US 1) ¾ NW.
**Püspöky**, Tisza-, Török-Szt. Miklos (Ts 4) 1½ NW.
**Püsselbüren**, ✕ *(Ha 62)*, Hörstel ½ O, Ibbenbüren ½ NW. (Ha 63 u. 61).
**Pütt**, Damm bei Stettin (BSt 12) 2 N.
**Pütte**, Stralsund (BSt 59) 1 SW.
**Pütten**, *Fl.*, Wiener-Neustadt (OeSt 22) 1½ S.
**Püttlingen**, Völklingen (Sa 10) ¾ NO.
**Pützchen**, Bonn (Rh 42) ¾ O.
**Pützerlin**, Stargard i. Pommern (BSt 14) 2 NW.
**Pützfeld**, Remagen (Rh 46) 3½ SW.
**Puhlau**, Sibyllenort (RO 15) ½ S.
**Pukasowce**, Halicz (LCJ 11) ¾ W.
**Pulkau**, *Fl.*, Floridsdorf (KFN 2) 7 NW, Dem. von Eggenburg (KFJ 13) 1 NO, Stockerau (KFN 46) 6½ NW, Brunn (KFN 56) 10½ SW.

**Pullach**, Gross-Hesselohe (ByS 128) ¼ S.
**Pullenreuth**, Kemnath-Neustadt (ByO 77) 2 NO.
**Pullenrieth** bei Oberviechtach, Nabburg 3 NO, Bodenwöhr 4 NO. (ByO 69 u. 60).
**Pulling**, Freising (ByO 8) ¾ SW.
**Pullitz**, Josefstadt (SNV 6) 2½ SO.
**Pulow**, Anklam (BSt 55) 1½ O.
**Pulsberg** *Br.* ✕ Spremberg (BG 10) ¼ SW.
**Pulsgau**, Ober- u. Unter-, Kranichsfeld ¾ W, Pragerhof ¾ NW. (OeSt 58 u. 59).
**Pulsitz**, Ostrau i. Sachs. (SW 41) 1 S.
**Pulsnitz**, *Stadt*, Radeberg 1½ NO, Bischofswerda 1½ NW, Dresden 2½ N. (SO 14 u. 17, 1 LD 20).
**Pulspforda**, Zerbst (BA 44) ½ NO.
**Pulverkrug** *(Papierfabr.)*, Cüstrin (PO 8) 1 SW.
— Frankfurt a. O. (NM 11, PO 71) 1½ SO
**Pulvermühle**, Call (Rh 25) 1½ W.
Nassau (Na 23) ½ O.
Fürstenberg (NM 14) ½ NW.
**Pummlow**, Belgard (BSt 21) ¼ O.
**Pumpe**, Eschweiler (Rh 6) ¾ SW.
**Pumlow**, Döllitz (OS 58) ½ SW.
**Punitz**, *Stadt*, Bojanowo (OS 38) 1½ NO.
**Puplick** (Publick), Weisswasser (BG 12) 1½ SO.
**Purbach**, *Fl.*, Wilfleinsdorf 2 SW, Bruck a. L. 1½ SO. (OeSt 62 u. 63).
**Purgstall**, *Fl.*, Pöchlarn 2½ SW, Kemmelbach 1½ SO. (KE 16 u. 18).
**Purpesseln**, Gumbinnen (PO 60) ¾ NW.
**Purschwitz**, Bautzen (SO 20) 1 NO.
**Purzin**, Holzdorf (HA 21) ¼ S.
**Pusca** in Kroatien, Zapresic (OeSt 116) 1.
**Puschkau**, Saaran ½ NW Königszelt ¾ NO. (BF 6 u. 7).
**Puschwitz** in Böhmen, *Stadt*, Pilsen (BW 8, KFJ 39) 7½ N, Lobositz (OeSt 38) 9 SW, Annaberg in Sachsen (SW 70) 7 SO.
in Schlesien, D.-Lissa (NM 38) 1¼ SW.
in Sachsen, Bautzen (SO 20) 1¼ NW.
**Puspern**, Gumbinnen 1½ NO, Trakehnen ½ NW. (PO 60 u. 61).
**Pustchow** bei Belgard, Nassow (BSt 22) ½ SW.
**Puszkow**, Dembica (GCL 12) 1¼ NO.
**Puszkow**, Malapane (RO 3) ½ NW.
**Pustomaji**, Lemberg (LCJ 1) 2½ SW.
**Puszta**, Tardoskéd (OeSt 83) ¾ S.
Bereny, Boglar (OeSt 122) 1.
**Pusztafödemes**, Wartberg (OeSt 78) 1½ O.
**Puszta-Koracsi**, Boglar (OeSt 122) 3.
Korec, Kraljevec (OeSt 116) ¾.
Peteri, *PH (OeSt 107)*, Felegyhaza 2 Kistelek 2 (OeSt 106, 108).
Pó, Puszta-Pó (OeSt 107) ½ S.
Lököshaza, *PH (Ts 35)*, Ketegyhaza 1½, Kurtica 1½ (OeSt 34.-36).
**Putbus** *Stadt*, T *(Bad)*, Stralsund (BSt 59) 3 NO.
**Putensen**, Winsen (Ha 15) 2¾ S.
**Putlitz**, *Stadt*, Wittenberge 4½ NO, Karstädt 3 NO. (BH 11 u. 12).
**Putnok**, *Fl.*, Miskolcz (Ts 22) 4 NW.
**Putlgarten**, Stralsund (BSt 59) 3 NO.
**Puttlitten** (Butlitten), Wolitnick ½ SO, Ludwigsort 1 SW. (PO 46 u. 47).
**Putzar**, Borkenfriede 1½ W, Anklam 2 S. (BSt 53 u. 55).
**Putzig**, *Stadt*, Danzig 8 NW, Neufahrwasser 7 NW. (PO 74 u. 75).
**Putzkau**, Bischofswerda (SO 17) ½ S.
**Putzmannsdorf**, Pottschach (OeSt 26) ½.
**Putzleinsdorf**, *Fl.*, Passau (ByO 58, KE 54) 4 O, Linz (KE 64) 5½ NW.
**Pyra**, Böheimkirchen (KE 10) 1 SW, St. Pölten (KE 12) 1 SO.
**Pyrbaum** i. Bayern, *Fl.*, Roth (ByS 43) 2 NO.
**Pyrehne**, Vietz (PO 10) 1 O.
**Pyritz**, *Stadt*, T Stargard (BSt 11, OS 59) 4 S, Dölitz (OS 58) 3 W, Damm (BSt 12) 5 SO.
**Pyrmont**, *Badeort*, *Stadt*, T Höxter (Wf 42) 3½ NW, Paderborn (Wf 7) 7 NO, Bückeburg (Ha 47) 7½ S, Minden (Ha 48, KM 33) 7 SO, Hannover (Ha 1) 9 SW.
**Pyschez**, Krzizanowitz (Wi 7) ½ W.
**Pystyn**, Kolomea (LCJ 16) 3½ SO.

# Q.

**Quadendorf**, Danzig (PO 74) 1 SO.
**Quadrath**, Horrem (Rh 10) ½ NW.
**Quals**, Gröbers (ML 12) 1 S.
**Quakenbrück**, *Stadt*, T Osnabrück (Ha 57) 6½ N, Lingen (Wf 27) 7½ NO, Meppen (Wf 28) 6½ O.
**Qualburg**, Cleve (Rh 75) ½ SO.
**Qualisch**, Trautenau (SNV 28) 1¼ NO.
**Qualitz** i. Mecklenb., Blankenberg (MkG) 1½ W.
**Qualkau**, Mettkau (BF 4) 1½ S.
**Quappendorf**, Müncheberg 1 NO, Gusow 1½ NW (PO 4 u. 6).

**Quarrendorf**, Winsen (Ha 15) 2 SW.
**Quartschen**, ⚭ Cüstrin (PO 8) 1¼ N.
**Quassel**, Pritzier (BH 17) ½ S.
**Quassnitz**, Schkeuditz (ML 13) ½ SO.
**Quastenberg**, Neubrandenburg (FF 7) 1½ SO.
**Quatitz**, Bautzen (SO 20) ¾ NO.
**Queichheim**, Landau (Pf 39) ½ O.
**Quelle**, Brackwede loco, Bielefeld (KM 27 u. 28) ½ SW.
**Quellendorf**, ⚭ Cöthen (BA 33, ML 7) 1½ O.
**Quembach**, **Ober-**, Braunfels 1½ SO, Wetzlar 1¾ SW (Na 39 u. 41).
  **Nieder-**, Braunfels 1½ SO, Wetzlar 1¾ SW (Na 39 u. 41).
**Quenstedt** bei Aschersleben (MH 30) 1 S.
  **Gr.-**, Halberstadt (MH 9) 1 NO.
  **Kl.-**, Halberstadt (MH 9) ½ NO.
**Querbach** i. Baden, Kehl (Ba 157) ¾ N.
  i. Schlesien, Rabishau (NM 46) ½ S.
**Quernhorst**, Helmstedt (Bs 31) 1¾ NW.
**Querfurt**, *Stadt*, ⚭ T Ob.-Röblingen (ML 21) 1½ SW, Eisleben (ML 22) 2½ S, Halle (ML 11, BA 18) 4 SW, Merseburg (Th 17) 4½ NW, Naumburg (Th 14) 4 NW.
**Quernheim**, ⚭ Kirchlengern (Ha 52) 1 N, Minden (Ha 48) 2¾ W, Bünde (Ha 53) ¾ N.
**Quesitz**, Markranstedt (Th 21) ¾ SW.
**Quetz**, Landsberg (BA 16) 1 N, Stumsdorf (ML 9) ¾ SO.
**Quetzen**, Kirchhorsten (Ha 46) 1 NW.
**Quickborn**, *Fl.*, ⚭ Pinneberg (AK 3) 1½ NO.
**Quickendorf**, Frankenstein i. Schles. (BF 11) 1 NW.
**Quierscheidt**, Sulzbach ¾ N, Friedrichsthal ¾ W. (Sa 3 u. 2).
**Quilitten**, ⚭ Wolitnick 1½ S, Ludwigsort 1½ SW. (PO 40 u. 47).
**Quillow**, Anklam (BSt 55) 1 O.
**Quint**, Trier (Sa 22) 1½ NO.
**Quinto**, Verona (Ober-Ital. 1,26) ¾ NW.
**Quiram**, Schönlanke (PO 21) 4 N.
**Quirl** i. Schles., Hirschberg (NM 40) 1¼ SO.
**Quirnbach**, ⚭ Glanmünchweiler (Pf 58) ¼ NW.
**Quirnheim**, Monsheim (HL 39) 1½ NW.
**Quisbernow**, Gross-Rambin (BSt 20) 1 SO.
**Quittainen**, ⚭ Güldenboden 2¾ SO, Schlobitten 2 S. (PO 40 u. 41).
**Quitzöbel**, Glöwen (BH 9) 1 W.
**Quitzow**, Karstaedt (BH 12) 1¼ SO.
**Quohren**, Dresden (LD 20) ¾ O.
**Quolsdorf** bei Rothenburg, Rietschen (BG 13) 1 SO.
**Quolsdorf** bei Bolkenhayn, Freiburg i. Schles. (BF 8) 1 W.

# R.

**Raab** bei Schärding, *Fl.*, ⚭ Riedau-Ried (KE 49) ¾ N.
*Siehe dagegen Stat. Raab der OeSt 60.*
**Raabel** (Hrabova), Hohenstadt (OeSt 48) 1 SO.
**Raaben**, Saaran (BF 6) ¾ NO.
**Raabs**, *Fl.*, ⚭ Brünn (OeSt 1, KFN 56) 13 SW, *Znaim (OeSt 150) 5½ W.
**Raakow**, Arnswalde 1¾ SO, Augustwalde 1 NW. (OS 57 u. 58).
**Raasdorf**, Wagram (KFN 4) ¾ S.
  Greiz (SW 91) ½ NO.
**Rabe**, Lukawetz (OeSt 47) ¼ O.
**Rábé**, **Nagy-**, ⚭ Saap (Ts 30) ¾ NW.
**Rabenau**, *Stadt*, ⚭ Tharandt (SO 46) ¾ SO, Potschappel (SO 43) 1 S, Dresden (SO 1, LD 20) 1¾ SW.
**Rabensburg**, Hohenau (KFN 9) ½ N.
**Rabenstein** i. Oesterr. u. Enns, *Fl.*, ⚭ St. Polten (KE 12) 3 SW.
  i. Böhmen, *Stadt*, ⚭ Pilsen (BW 8, KFJ 39) 4½ N.
  **Ober-** u. **Nieder-**, i. Sachs., Siegmar (SW 27) ¾ NW.
  i. Bayern (bei Zwisel) Deggendorf (D. 1) 3½ NO.
  bei Belzig, Wittenberg 2¾ NO, Coswig i. Pr. 2¾ NW. (BA 9 u. 27).
**Rabland**, Innsbruck (OeSü 187) 23 W.
**Raboldshausen**, ⚭ Hersfeld (BbH 2) 1½ NW.
  Langenselbold (BbH 16) ½ W.
**Rabotraed**, Astenet (Rh 3) ¾ SW.
**Rabsen**, Glogau (NZ 1, OS 43) ½ NW.
**Rabuhn**, Cörlin (BSt 41) 2 SW.
**Rabutz**, Gröbers ¾ O, Schkeuditz 1 NW. (ML 12 u. 13).
**Raby**, *Fl.*, ⚭ Horazdiowic (KFJ 32) 1 SW.
**Racach**, Steinbrück (OeSü 67) ¼.
**Rach**, Gloggnitz (OeSü 27) ½.
  Judendorf (OeSü 47) ¼.
**Rachenau**, Görlitz (BG 15, SO 27) 1½ O.
**Rachlau**, Bautzen (SO 20) 1 SO.
**Rachowitz**, Rudzinitz (OS 15) 1½ SO.
**Racic** (Ratschitz), Josefstadt 1 SW, Königgrätz 1½ NW. (SNV 0 u. 3).
*Siehe auch Stat. Racic-Pisek KFJ 28.*
**Racinowes**, Woltrus (OeSt 32) 1½ NW.
**Rackith**, Wittenberg (BA 9) 1 SO.
**Rackschütz** i. Schlesien, ⚭ Neumarkt (NM 36) 1¾ SO.
**Racour**, Landen (Gr. Centr. Belg. 2, 19) ¾ SW.
**Racszien**, Kosten (OS 45) ¾ SO.
**Racsa**, *Stadt*, ⚭ Sissek (OeSü 151) 20 SO, Bazias (OeSt 127) 18 SW.
**Radcze**, Stanislau (LCJ 13) 1¼ S.
**Radden**, Gr.- u. Kl.-, Lübben (BG 6) 1 S.
**Raddow**, Gr.- u. Kl.-, Labes (BSt 18) 2 W.
**Raddatz**, Arnswalde (OS 57) 1 SO.
**Rade**, Vegesack (Ha 42) 2¼ NW.
**Radebeul**, *PH (LD 19)*, Dresden (LD 29) ¼ NW.
**Radeburg** i. Sachsen, *Stadt*, ⚭ Dresden (SO 1, LD 20) 2½ N, Grossenhain (LD 36) 2¼ SO.
*Siehe dagegen Station Radeberg SO 14.*
**Radechow**, **Ober-** u. **Nieder-**, (Radechau), Kostelotz (SNV 25) ½ SO.
**Radefeld**, Schkeuditz (ML 13) ¾ NO.
**Radegast**, *Fl.*, ⚭ *Zuckerfabr.*, Cöthen (ML 7) 2 S, Stumsdorf (ML 9) ½ NO.
  i. Hannover, Boitzenburg (BH 19) ½ SW, Echem (Ha 19) 1½ O.
**Radekow**, Tantow (BSt 9) ½ N.
**Radel** i. Böhmen, Langenbruck (SNV 21) ½ SO.
**Radeland**, Grünau (BO 2) ½ SO.
**Radelberg**, St. Pölten (KE 12) ½ NO.
**Radelfing**, Freising (ByO 6) ¾ O.
**Radelkofen**, Landshut (ByO 10) 3¾ SO.
**Radelstetten**, Lonsee (Wü 82) ¾ SW.
**Raden**, Gr.-, i. Mecklenburg, Blankenberg (Mk 6) 1¼ SO.
  **Alt-** u. **Neu-**, Wangerin (BSt 17) 3 NW.
**Radenickel**, ⚭ Frankfurt a/O. (NM 11, PO 71) 5½ SO.
**Radensdorf**, Lübben (BG 6) 1 NO.
**Rade vorm Wald**, *Stadt*, ⚭ Milspe 1½ SO, Lennep 1 O. (BM 40 u. 104).
**Radewitz** i. Pommern, Casekow (BSt 8) 1 NW.
**Radfeld**, Brixlegg (OeSü 182) ca 1 NO.
**Radgendorf**, Zittau (SO 33) ½ NO.
**Radheim**, Babenhausen (HL 28) 1½ SO.
**Radhoscht**, Chersko 1 O, Hohenmauth ¾ W. (OeSt 16 u. 15).
**Radibor**, Bautzen (SO 20) 1 N.
**Radim**, Podiebrad (OeSt 23) ¼ NW.
**Radimek**, Vellin (OeSt 22a) ½ SW.
**Radis**, Gräfenhainichen (BA 11) ¼ NO.
**Radisch**, Gr.-, Görlitz 3½ NW, Uhsmannsdorf 2¼ SW. (BG 15 u. 14).
**Radisleben**, Ermsleben ½ W, Ballenstedt ½ NO. (MH 39 u. 40), Quedlinburg (MH 12) 1¾ SO.
**Radkersburg**, *Stadt*, ⚭ T Spielfeld 3½ O, Ehrenhausen 4 SO. (OeSü 55 u. 54).
**Radlow** i. Galizien, *Fl.*, ⚭ Bogumilowice (GCL 9) 1¼ NW.
  i. Prov. Brandenb., Fürstenwalde (NM Kladno (Bu 10) 8¾ NO, Annaberg (SW 70) 5½ SW.
**Radoschau**, Bauerwitz (Wi 12) 1 NO.
**Radostin**, *Fl.*, Brünn (KFN 56, OeSt 1) 8 NW.
**Radowenz**, Kostelotz 1¼ NO, Schwadowitz ¾ NO. (SNV 25 u. 27).
**Radowesnitz**, Elbe-Teinitz (OeSt 21) 1 NO, Neu-Kolin (OeSt 22) ½ SW.
**Radstadt**, *Stadt*, ⚭ T Salzburg (KE 45) 10 SO, Villach (KR 30, OeSü 171) 15 NW.
**Raduhn**, Angermünde (BSt 6) 3¾ O.
**Radun**, Keltsch (RO 9) ¾ SO.
**Radusch**, Lübbenau (BG 7) 1¼ SO.
**Radvány** (Csilisz), Raab (OeSt 69) 2 NO.
**Radwanitz**, Breslau (BF 1, NM 39) 1 SO.
**Radwonke**, Bialosliwe (PO 24) 3 SW.
**Radziechów**, *Fl.*, ⚭ Lemberg (LCJ 1) 8 NO.
**Radzionkau**, Tarnowitz (OS 22, RO 12) 1 SO.
**Rähel**, Glöwen (BH 9) 1¼ SW.
**Räber**, Suderburg (Ha 9) ½ SW.
**Räbke**, Schöppenstedt 1¼ NO, Helmstedt 1½ SW. (Bs 22 u. 31).
**Räckelwitz**, Radeberg 3¼ NO, Bischofswerda 2 N, Bautzen 1¾ NW (SO 14, 17 u. 20).
**Räckenbach**, **Kurz-** u. **Lang-**, i. d. Schweiz, Constanz (Ba 87) ½ resp. 1½ SO.
**Räcknitz**, Dresden (SO 1, LD 20) ¾ S.
**Rädel**, Halbau (NM 24) ½ NW.
**Räderloh**, Eschede (Ha 7) 1½ O.
**Rähnsdorf**, Radeberg 2¾ NO, Bischofswerda 1½ NW. (SO 14 u. 17).
**Raem**, Aldekerk (Rh 68) ½ SO.
**Ränkam**, Ahrnschwang *H** (ByO 66) ½ N, Furth a. W. (ByO 67, BW 1) ½ W.
**Ræren** (Raaren), ⚭ Aachen (Rh 4) 1½ SO, Astenet (Rh 3) ¾ SO, Eupen (Rh 1) 1 NO.
**Räschen**, Sommerfeld (NM 19) ½ N.
**Rätzlingen**, Uelzen (Ha 10) 1 O.
**Rafz** i. d. Schweiz, Neuhausen 1¼ SW, Schaffhausen 1½ SW. (Ba 76 u. 77).
**Ragendorf**, *Fl.*, ⚭ Strass-Sommerein (OeSt 60) 1 N.
**Ragnwerder**, Wangerin (BSt 17) 3½ SO.
**Ragnit**, *Stadt*, ⚭ T Tilsit (Tl 1) 1½ SO.
**Ragow**, Lübben (BG 6) ½ SO.
  Königs-Wusterhausen (BO 3) ¾ W.
  bei Beeskow, Briesen 2 S, Frankfurt a. O. 3 SW. (NM 9 u. 11).
**Ragwitz**, Oschatz (LD 9) ½ NO.
**Ragzow**, Schivelbein (BSt 10) 2¼ N.
**Rahden**, *Stadt*, ⚭ Bünde 3½ S, Minden 3¾ NW. (Ha 53 u. 48).
**Rahm**, Dortmund (BM 50, KM 18) ¾ NW.

[illegible]ach, Neuzingen H* (Ba 191) 1/8 N.
[illegible] (Ba 192) 1 NW.
[illegible]ca, Warme Bader, Fl., Ungar-Bra-[illegible]ch (KFN 15) 8 O.
[illegible]ecko, Raitz (OeSt 4) 1/6 SO.
[illegible], Also-, St. Mihaly 3/4 W, Kanizsa 1½ SW, Gelse 1 NW. (OeSü 208, 109, 108).
Felsö-, St. Mihaly 1/2 W, Kanizsa 1½ NW, Gelse 1 NW. (OeSü 208, 109, 108).
Rakau, Bauerwitz (Wi 12) 1/6 SO.
Rakaus, Turnau (SNV 17, TKP 12) 1/2 NO.
Rakitje, Zapresic (OeSü 146) 1.
Rakonic (Rakonitz), Stadt, Kinholec (Bu 18) 1½ SW.
Rakos, Steinbruch (OeSt 96) 1/8 O.
(Kroisbach), Fl., Oedenburg (OeSü 97) 7/8 NO.
-Teresztur, Csaba-Keresztur (UN 4) 1/4 SO.
Siehe dagegen Station Rakos UN 3.
Rakowitz, Czerwinsk (PO 32) 1 NO.
Rakwitz, Stadt, Alt-Boyen 3¾ NW, Kosten 4 NW. (OS 44 u. 45).
Rambach, Wiesbaden (Na 1) 1/2 NO.
Rambeltsch, Hohenstein (PO 72) 1/4 SW.
Rambin, Stralsund (BSt 59) 1 NO.
Klein-, Gross-Rambin (BSt 20) 1/4 N.
Ramelow, Cörlin (BSt 41) 2 SW.
Rameisbach, Altenglan (Pf 62) 1/2 NW.
Rameisloh, Stelle 1 SW, Winsen 2 W. (Ha 16 u. 15).
Ramersbach, Remagen u. Sinzig (Rh 46 u. 47) 1½ SW.
Ramersdorf, Bonn (Rh 42) 3/8 SO.
Ramholz, Schlüchtern (BbH 10) 3/4 W.
Ramin, Grambow (BSt 63) 3/4 W.
Ramischau, Breslau (BF 1, NM 30) 1½ NO.
Ramitzow, Anklam (BSt 55) 1½ N.
Ramlesreuth, Kirchenlaibach (ByO 78) 1/6 S.
Ramlingen, Ehlershausen (Ha 51) 1/4 SW.
Ramlingsburg, Liestal (SC 1, 5) 5 Kil.
Ramm, Pritzier (BH 17) 1½ SO.
Rammenau, Bischofswerda (SO 17) 1/8 NW.
Rammersweier, Offenburg (Ba 29) 1/4 NO.
Rammingen, Leipheim (ByS 165) 1½ NW.
Ramplitz, Fürstenberg (NM 14) 1 SO.
Ramsau, Reichenhall 2 S, Salzburg 4 SW. (ByS 233 u. 148).
Sct. Pölten (KE 12) 3 S.
Ramsbach, Hausach (Ba 164) 3/4 S.
Ramsbeck, Grevenbrück (RM 71) 6¼ SO, Lippstadt (Wf 10) 7¼ S.
Ramsdorf in Bayern, Osterhofen (ByO 53) 1¼ SW.
Fl., Wesel (KM 38), 4½ NO, Münster (Wf 20) 7 W.
Ramsen, Kobbelbude (PO 48) 3/4 O.
Ramsin, Bitterfeld (BA 13) 1/8 SW.
Ramsloh, *Apen (Ol 12) 2¼ SW.
Ramspau, Regenstauf (ByO 25) 3/8 N.
Ramstadt, Ober-, Darmstadt (HL 24, MN 5) 1 SO.
Nieder-, Darmstadt (HL 24, MN 5) 3/4 SO.
Ramstedt, Rogätz (MH 18) 1/6 W.
Randau, Schönebeck (ML 3) 3/4 N.
Randeck, Freiberg i. Sachs. (SO 51) 1½ S.
Randegg i. Baden, Gottmadingen (Ba 80) 1/4 SW.
in Oesterr., Fl., Pöchlarn 3½ SW, Kemmelbach 3 SW. (KE 16 u. 18).
Randerath, Lindern (BM 8) 1½ NO.
Randersacker, Heidingsfeld (Ba 124, ByS 165) 1/4 SO, Würzburg (Ba 125, ByS 91) 3/4 SO.
Randinghausen (Ranninghausen), Bünde (Ha 33) 1/2.
Rangsdorf, Grossbeeren (BA 2) 1½ SO.
Ranis, Stadt, Apolda 6½ S, Sonneberg 6½ NO. (Th 11 u. 61).
Raniszów, Rzeszow (GCL 16) 3¼ N.
Rankweil, Haag (VS 3, 24) 2½ O.
Rann, Littai 1, Sa a 3/4. (OeSü 72 u. 71).
Siehe dagegen Station Rann, OeSü 45.
Ranna, Thersko (OeSt 10) 2½ S.
Rannach, St. Peter (OeSü 82) 1.
Rannersdorf, Lanzendorf-Pellendorf (OeSt 56) 1/4 N.
Rannershofen (Rannertshofen), Landshut (ByO 10) 3 NW.
Rannstedt, Markranstedt (Th 21) 1/2 NW.
Ransbach, Coblenz (Rh 52) 2¾ NO.
Ransel, Lorch 1 NO, Caub 1¼ O. (Na 12 u. 13).
Ransen, Liegnitz 3¼ NO, Spittelndorf 2½ N. (NM 33 u. 34).
Ransern, Breslau (NM 38, BF 1) 1 SW.
Ranshofen, Strasswalchen (KE 42) 5 NW.
Ransko, Bergwerk, Pardubitz (SNV 1) 5½ S.

Ranspach bei Pausa, Mehltheuer 1 W, Schönberg 1/2 NW. (SW 16 u. 17).
Ranzin, Züssow (BSt 56) 1/8 S.
Rapendorf, Güldenboden (PO 40) 1/2 NO.
Rappenau, Saline (Salzwerk), Rappenau (Ba 132) 1/4 NO.
Rappenhagen, Greifswald (BSt 57) 1¾ O.
Rapperswyl, Schönbühl 1¾ NW, Zollikofen 1½ NW. (SC 1, 37 u. 38).
Rarfin, Cörlin (BSt 41) 1½ S.
Raro, Raab (OeSt 69) 2½ NW.
Rarj, Chodorow (LCJ 7) 1¼ O.
Raschau, Schwarzenberg i. Sachs. (SW 58) 1/4 SO.
Raschau, Bautzen (SO 20) 3/4 S.
in Schlesien, Malapane (RO 3) 1 SO.
Raschitz, Sendzin 3/4 S, Ratibor 1¾ NO. (W u. SW 4 u. 5).
Raschwitz, Leipzig (LD 1) 1/8 S.
Rasel, Gr.-, Lubawetz (OeSt 47) 1/2 N.
Raslnja, Kottori (OeSü 117) 3 S.
Raskovic, Prelouc (OeSt 19) 1½ SO.
Rasoschek, Josefstadt (SNV 6) 3/4 S.
Raspenau, Reichenberg i. Böhm. (SO 38, SNV 22) 2¼ NO.
Rassdorf, Hünfeld (BbH 5) 1½ NO.
Drechslerei, Zahna (BA 8).
Rasselstein (Walzw.), Neuwied (Rh 51) 1/4 NO.
Rasselwitz, Deutsch-, Leobschütz (Wi 10) 1¼ N.
Rasseltz, Gröbers (ML 12) 1/2 S.
Rassweiler, Friedrichsthal (Sa 2) 1 N.
Rastenberg, Stadt, Apolda (Th 11) 2¾ N.
Siehe dagegen Station Rastenburg OpS 20.
Rasten in der Steiermark, Reichenburg (OeSü 143) 1/2.
Raszkow, Stadt, Rawicz (OS 37) 8½ O, Breslau (NM 30, OS 1 u. 32) 12 NO.
Rath (BM 106), Düsseldorf 1/4 NO, Calcum 3/4 S. (KM 7 u. 8).
Erkelenz (BM 10) 1/4 NO.
Mülheim a. Rh. (BM 100, KM 3) 1 SO.
Köln (Rh 13, KM 1) 1/2 S.
bei Aldekerk (Rh 68) 1/8 O.
Rathau, Badeanstalt, Brieg (NH 8, OS 5) 1/4 NW.
Rathebuhr, Borkenfriede (BSt 53) 1/2 NW.
Rathen, D. Lissa (NM 38) 1/4 SW.
PH (SO 7), Königstein (SO 8) 0,8 O.
Rathenow, proj. Stat., Stadt, Brandenburg (BPM 9) 4 NW, Friesack (BH 8) 3¼ SW.
Rathmannsdorf, Vilshofen (ByO 55) 3/4 NO.
Güsten 1/4 NO, Stassfurt 5/8 SO. (MH 31 u. 38).
Rathmannshagen, Stavenhagen (FF 5) 1 SW.
Rathsdorf, Böhm.-Trübau (OeSt 11) 1/2 N.
Rathstock (Zckfr.), Golzow 1/4 SO, Podelzig 3/4 N. (PO 7 u. 69).
Rathstube, Dirschau (PO 34) 2 S.
Ratiboritz, Skalitz (SNV 21) 1/4 N.
*Ratingen (BM 107), Stadt, Calcum (KM 8) 3/4 O.
Ratka, Kraljevec (OeSü 116) 2.
Ratkin, Paka (SNV 12) 1¼ SO.
Ratsch in Böhmen, Schwadowitz (SNV 27) 1 SW.
in Schlesien, Gr.-Peterwitz (W 114) 1/4 SW.
Ratschach, Fl., Steinbrück (OeSü 67) 1/2 S.
Ratschendorf, Reichenberg i. Böhm. (SO 38, SNV 22) 1/2 N.
in der Steiermark, Spielfeld (OeSü 11) 2.
Ratschein, Alt-, Gr.-Peterwitz 2 W.
Neu-, Gr. Peterwitz 2 SW. (Wi 14).
Ratschitz, Eisenbrod (SNV 15) 1/8 NO.
Rattay, Fl., Neu-Kolin (OeSt 22) 4 SW, Böhm. Brod (OeSt 24) 3¾ SO.
Ratteisdorf, Fl., Breitengüssbach (ByS 57) 3/4 N.
Ratten, Krieglach (OeSü 35) 2½.
Rattenberg, Stadt, Brixlegg (OeSü 182) 3/4 N.
Rattey, Bialosliwe (PO 24) 3 SW.
Rattiman, Mähr. Ostrau (KFN 20) 1½ SO.
Rattwitz in Sachsen, Bautzen (SO 20) 1/4 NW.
in Schlesien, Ohlau (OS 4) 1½ N.
Rátz-Sz.-Peter, Hatzfeld (OeSt 116) 4 N.
Ratzbeck, Reinfeld (LB 9) 1/2 NO.
Ratzdorf, Wriezen a. Oder (BSt 67) 1/2 N.
Wellmitz (NM 16) 3/4 O.
Ratzebuhr, Stadt, Schneidemühl (PO 22) 6 N.
Ratzenried, Ravensburg (Wü 50) 3 SO.
Ratzersdorf, Weinern 1/4 NW, Pressburg 1 SO. (OeSt 76 u. 75).
Raubling, PH (ByS 178), Rosenheim (ByS 137) 1 S.

Rauchenwarth, Gramat-Neusiedel (OeSt 59) 3/4 N.
Rauden, Weisswasser (BG 12) 1 S.
Eisenwerke u. Dampfmühlen (Schlesien), Hammer (Wi 3) 1½ O.
(Preuss.), Pelplin (PO 39) 1/4 NO.
Raudendorf, Szakalhaza (OeSt 118) 1½ S.
Raudenitz, Schmölln 3/4 SW, Nöbdenitz 1/4 SO. (SW 85 u. 86).
Raudna, Fl., Budweis (KFJ 23, KE 71) 6¼ NO.
Raudnitz, Karbitz (AT 4) 1/4 SW.
Raudnitz i. Schlesien, Frankenstein (BF 11) 1½ NW.
in Westpreussen, Altfelde (PO 37) 9 SO.
Siehe dagegen Station Raudnitz der OeSt 36.
Raudonatschen, Gumbinnen (PO 60) 3½ N.
*Raudten (BF 26), Stadt, Glogau (NZ 1) 3¼ SO, Liegnitz (BF 23) 5 NO.
Rauen, Fürstenwalde (NM 7) 3/4 S.
Rauenberg, Wiesloch (Ba 6) 3/4 SO.
Rauenhagen, Wangerin (BSt 17) 2 SO.
Rauenstein, Eisfeld 1½ O, Sonneberg 1½ NW. (Th 53a u. 61).
Freiberg i. Sachsen (SO 51) 2½ SW, Oederan (SO 52) 1¾ S.
i. Baden, Stadt, Laufenburg 1/4 NO, Albbruck 1/2 SW. (Ba 64, 65 u. 66).
Rauenthal, Muggensturm 1/2 SW, Rastatt 1/2 O. (Ba 17 u. 18).
Rauft, Alt- u. Neu-, Freienwalde a. Oder (BSt 49) 1 NO.
Rauhenstein, Zwittau (OeSt 9) 1 N.
Raum (in Sachsen bei Hartenstein), Stein (SW 52) 1/2 NO.
Raumbach, Ob.- u. Nied.-, Staudernheim (Sa 33) 1 SW.
Raupenau, Haynau (NM 31) 2 N.
Raupenhain, Borna (SW 93) 1/4 S.
Rauris, Fl., Salzburg (KE 45, ByS 148) 9 S.
Rauscha, Glash., Rauscha (NM 25) 1/4 O.
Rauschenberg, Stadt, Kirchhain (MW 10) 1 N.
Rauschendorf, Siegburg (KM 45) 1 S.
Rauschengrund, Teplitz (AT 6) 2 SW.
Rauschenwasser, Nörten (Ha 62) 1/4 S.
Rauschnicken, Heiligenbeil 1 NO, Ludwigsort 2 SW. (PO 45 u. 47).
Rauschwalde, Görlitz (BG 15) 1/4 W.
Rauschwitz, Radeberg 2½ NO, Bischofswerda 1½ NW. (SO 14 u. 17)
Glogau (NZ 1, OS 43) 3/4 S.
Rauske, Saarau 7/8 N, Striegau 1½ NO. (BF 8 u. 17).
*Rausnitz, Neu- (KFN 78), Fl., Brünn (KFN 58) 2¾ NO.
Rautenberg i. Hannover, Harsum 1/2 NO, Algermissen 1/4 SO (Ha 69 u. 68).
Gr.- u. Kl.- in Ostpreussen, Mühlhausen (PO 42) 1½ N.
Rautenkranz, Hammerwerk, Auerbach im Voigtl. (SW 73) 1½ SO.
Rautenstein, Baden (Oesterr.) (OeSü 15) 1/4.
Rautheim, Braunschweig (Br 25) 1/2 SO.
Ravasd, Raab (OeSt 69) 3 S.
Raven, Winsen (Ha 15) 2¾ S.
Ravengiersburg, Sobernheim (Sa 34) 2½ NW.
Ravensburg, Neu-, Ravensburg (Wü 50) 2½ SO.
Ravenstein, Arnswalde (OS 57) 1½ N.
Stadt, Nymwegen (Rh 80) 1¾ SW.
Ravina Trento (Trient) (OeSü 210) 3/4 S.
Ravnagora, Adelsberg (OeSü 90) 8 SO.
Ravolzhausen, Hanau (BbH 17, FH 5) 1 NO.
Rawa, Stadt, Jaroslau (GCL 19) 8 NO.
Rajsza, Bielitz (KFN 64) 6 S.
Razo Szejke, Sz.-Miklos (OeSt 68) 2 NO.
Reana, Udine (Ob.-Ital. 1, 4) 1 NO.
Rebberlah, Eschede (Ha 7) 3/4 W.
Rebersreuth, Adorf im Voigtl. (SW 79) 1/2 NW.
Rebesgrün im Voigtl., Auerbach (SW 73) 1/2 NW.
Rech, Remagen (Rh 46) 2½ SW.
Rechberg i. Baden, Griessen H (Ba 71) 1/2 N.
in Württemberg, Süssen 1½ N, Gmünd 3/4 S. (Wü 28 u. 100).
Rechenberg, Jagstzell (Wü 80) 1/4 NO.
Rechentshofen, Gross-Sachsenheim (Wü 9) 1/2 NW.
Rechnitz, Fl., Steinamanger (OeSü 102) 2 NW.
Rechtenbach, Kl.-, Wetzlar (KM 60) 1¾ SO, Langgöns (MW 15) 1 NW.
Gr.-, Wetzlar (KM 60) 1½ SO, Langgöns (MW 15) 3/4 NW.
Rechtenbach in Bayern, Lohr (ByS 98) 1/4 W.

**Recke**, ✉ Ibbenbüren (Ha 61) 1 3/4 N.
**Reckendorf**, Kothmaissling (ByO 85) 1/4 SO.
**Reckenzin**, Wendisch-Warnow (BH 13) 1/4 SO.
**Reckershausen**, Göttingen 1 3/4 S, Friedland 1/4 SO. (Ha 84 u. 95).
**Reckheim**, Lanaeken (AM 9) 3/4 N.
**Recklingen**, Döttingen (SNO 2, 59) 1 1/4 O.
**Recklingsen**, Welver *H* (Wf 14) 1/4 SO.
***Recklinghausen**, (*KM 85*), *Stadt*, ✉ Herne (KM 15) 1 1/2 N.
**Reckow**, Wangerin (BSt 17) 1 1/4 N.
**Reckum**, Vegesack (Ha 42) 1 1/2 NW.
**Reconvilliers**, Basel (SC 1,1) 58 Kil.
**Récság**, Waitzen (OeSt 92) 2 N.
**Recse**, Kis- u. Nagy-, Kanizsa (OeSü 109) 1/2 NO.
**Recsk**, Kiss-Terenne (UN 13) 2 3/4 SO.
**Redden**, Tapiau (PO 54) 2 1/4 SO.
**Reddern**, Vetschau (BG 6) 1 1/2 S.
**Redefin**, ✉ Hagenow 1 S, Pritzier 1 1/4 O, (BH 16 u. 17).
**Redekin**, Genthin (BPM 11) 1 1/4 NW.
**Reden**, Rethen (Ha 73) 1/2 W.
✕ Neunkirchen (Sa 1) 1/2 NW.
**Reding**, Lebring (OeSü 52) 1 1/2.
**Redlham**, Attnang (KE 36) 1/2 N.
**Redlin**, Cörlin (BSt 41) 1/2 S.
**Redwitz**, *Fl.*, ✉ Kemnath-Neustadt 3 1/4 NO. Mitterteich 2 NW. (ByO 77 u. 85).
**Redwitz a. d. Rodach**, *PH (ByS 217)*, Hochstadt (ByS 62) 1/2 N.
**Reelsen**, Driburg (Wf 39) 1/4 W.
**Rees**, *Stadt*, ✉ T Empel (KM 40) 1/2 S.
**Reesen** bei Magdeburg, Burg (BPM 13) 3/4 NO.
**Reetz**, *Stadt*, ✉ T Arnswalde (OS 57) 2 NO.
bei Perleberg, Karstaedt (BH 12) 1 1/4 NO.
**Adlig**, Wriezen a/O. 3/4 N, Freienwalde a/O. 1 O. (BSt 67 u. 49).
**Königl.**, Wriezen a/O. 3/4 N, Freienwalde a/O. 1/2 NO, (BSt 67 u. 49).
**Alt-**, Wriezen a/O. 1 N, (BSt. 67).
**Regau**, Attnang (KE 36) 3/4 SW, Vöcklabruck (KE 37) 1/2 SO.
**Regen**, *Fl.*, ✉ Deggendorf 3 NO, (D. 1).
**Regendorf**, Regenstauf (ByO 25) 1/2 S.
**Regenhalden**, Riedtwyl (SC 1,32) 2 Kil.
**Regenpeilstein**, Roding (ByO 82) 3/4 SW.
**Regenthin**, Woldenberg (OS 55) 1 1/2 NO.
**Regenwalde**, *Stadt*, ✉ T Labes (BSt 18) 3 1/4 N.
**Regis**, *Stadt*, ✉ Kieritzsch 1 SO, Borna 3/4 SW. (SW 1 u. 93).
**Regitten**, Braunsberg (PO 44) 3/4 O.
**Regnitz** i. Schlesien, Neumarkt (NM 86) 3/4 NW.
**Regnitzlosau**, Rehau (ByS 226) 1 N.
**Regulshausen**, Oberstein (Sa 38) 1/2 N.
**Rehbach**, Sobernheim (Sa 34) 1 1/2 N.
**Rehberg**, Liegnitz (NM 33, BF 23) 3/4 NO.
Anklam (BSt 55) 1 W.
**Rehborn**, Staudernheim (Sa 33) 3/4 S.
**Rehburg**, *Stadt*, ✉ T Stadthagen 2 N, Lindhorst 2 1/4 NW, Wunstorf 2 3/4 NW, Nienburg 2 3/4 S. (Ha 45, 44, 22 u. 28).
(bei der Stadt Rehburg), *Badeort*, Lindhorst 1 1/4 NW, Stadthagen 1 1/2 N, Wunstorf 2 1/2 W, Nienburg 3 1/4 SW. (Ha 44, 45, 22 u. 28).
**Rehden**, *Stadt*, ✉ Warlubien (PO 31) 5 SO.
**Rehfeld** bei Torgau, Falkenberg (BA 23) 1 1/2 SW.
**Rehfelde**, Strausberg (PO 3) 1/2 SO, Erkner (NM 5) 2 NO.
**Rehhausen**, Sulza (Th 12) 1/2 N.
**Rehhof**, ✉ Czerwinsk 4 1/2 NO, Marienburg 3 S. (PO 32 u. 30).
**Rehhorst**, Reinfeld (LB 9) 3/4 N.
**Rehlingen**, Beckingen (Sa 15) 1/2 S.
**Rehme**, *Solbad*, Oeynhausen (Ha 50, KM 31)

**Reich**, Sobernheim (Sa 34) 4 1/2 NW.
**Reichartshausen**, Aglasterhausen (Ba 99) 3/4 W.
**Reichau**, Schlobitten (PO 41) 3 SO.
**Reichelsheim** i. Nassau, *Fl.*, ✉ Friedberg (MW 18) 1 1/2 O.
i. Hessen, *Fl.*, ✉ Bensheim (MN 10) 3 NO, Darmstadt (HL 24, MN 5) 4 1/2 SO.
**Reichen**, *Fl.*, Topkovic 3/4 SO, Nesterschitz 1 1/2 NO. (OeSt 41a u. 41).
— **Gr.- u. Kl.-**, Liegnitz (NM 33, BF 23) 2 NO.
1 **Reichenau, Neu-**, i. Bayern, Passau (ByO 58) 5 NO.
2 — i. Böhmen, *Stadt*, ✉ Chotzen 2 1/2 S, Wildenschwert 3 NW, Königgrätz 4 O, (OeSt 14, 12 u. SNV 3).
3 — **-Gablonz**, *PH (SNV 20)*, Langenbruck 1/2 S, Reichenberg 2 S, Liebenau 1 N (SNV 21, 22 u. 19).
4 bei **Mährisch-Trübau**, Ludwigsdorf 1/2 SW, Landskron 1/4 S. (OeSt 49 u. 50).
5 — i. Böhmen (bei Kaplitz), Angern (KE 70) 1 SO.
6 bei **Falkenau** i. Böhmen, Eger (ByO 87, SW 84) 3 1/4 NO.
7 **Neu-**, *Stadt*, ✉ Brünn (OeSt 1, BR 1) 13 NO, (*Iglau 2 O).
8 — Payerbach 1/4 W, Gloggnitz 1 NW. (OeSü 28 u. 27).
9 bei **Leonfelden**, Linz (KE 64) 2 1/2 N.
10 — i. Schlesien, Frankenstein (BF 11) 1 3/4 SO.
11 **Alt- u. Neu-**, (bei Bolkenhayn), Freiburg 1 1/4 SW, Kuhbank 1 NO. (BF 8, NM 53).
12 — **Nieder- u. Ober-**, Soran (NM 22) 1 1/4 SW, Hansdorf (NM 21, NZ 8) 1 1/4 W.
13 bei **Zittau**, ✉ (SO 33) 1 1/2 O.
14 — bei **Königsbrück**, Radeberg (SO 14) 2 1/4 N.
15 bei **Frauenstein**, Freiberg i. Sachsen (SO 51) 3 SO.
16 *PH (Ba 86)*, Constanz (Ba 87) 0,8 O.
1 **Reichenbach** i. Baden, Gengenbach (Ba 159) 1/4 N.
2 Ettlingen (Ba 15) 1 O.
3 Hausach (Ba 164) 1 1/4 S.
4 — Lahr (Ba 205) 1/2 SO.
5 — Biberach-Zell a. H. (Ba 161) 3/4 SW.
6 — Emmendingen (Ba 37) 1 NO.
7 i. Bayern, Bodenwöhr (ByO 60) 2 SO.
8 Kemnath-Neustadt (ByO 77) 2 1/4 N.
9 — i. Bayern, Dettingen 1 O, Aschaffenburg 1 N. (FH 8 u. 10).
10 i. d. Pfalz, Glanmünchweiler (Pf 58) 1/2 O.
11 — i. Grossh. Hessen, Bensheim (MN 10) 1 NO.
12 **Unter-**, i. Württemberg, Pforzheim (Ba 149, Wü 207) 1/2 S.
13 — bei Freudenstadt (Württemb.), Horb (Wü 142) 3 NW.
14 — i. Württemberg, Mögglingen 3/4 NO, Aalen 1 NW. (Wü 111 u. 113) 1 NW.
15 — **Ober- u. Unter-**, i. d. Prov. Hessen, Wächtersbach (BbH 13) 1 1/4 N.
16 — i. d. Rheinprov., Heimbach (Sa 40) 3/4 NO.
17 — i. Westpreussen, Elbing 4 SO, Güldenboden 1 3/4 S. (PO 39 u. 40).
18 — i. Sachsen bei Hohenstein-Ernstthal 3/4 NW, Glauchau 1 NO. (SW 42 u. 22).
19 bei Königsbrück, Radeberg (SO 14) 2 1/4 N.
20 — **Nossen** (LD 30) 1 SW, Haynichen (SO 57) 1 NO.
21 — **Ober-** (bei Freiberg), Oederan (SO 52) 1/2 O.
22 — bei Waldheim (SW 35) 1 SO.
23 — bei Eisenberg, Gera (SW 88) 1 1/2 SW.

**Reichenhagen**, Löwenhagen (PO 52) 1/2 W.
**Reichenow**, Strausberg (PO 3) 2 1/2 NO.
**Reichensachsen**, ✉ Bebra (BbH 1, HN 3) 3 NO, Cassel (HN 11) 6 SO.
**Reichenschwand**, Ottensoos (ByO 41) 1/4 O.
**Reichenstein**, *Stadt*, ✉ Frankenstein (BF 11) 2 1/2 SO, Neisse (NS 1) 5 W.
— Lichtenwald (OeSü 42) 1 1/2 NO.
**Reichenwalde**, Fürstenwalde (NM 7) 2 S.
**Reichersberg**, Schaerding (KE 52) 2 1/2 SW.
**Reichersdorf**, Borna (SW 93) 1 1/2 O.
**Reicherskreuz**, Neuzelle (NM 15) 2 1/2 SW.
**Reichertshausen** i. Baden, Neidenstein *H** (Ba 16) 1 1/2 NO.
— *PH (ByS 239)*, Pfaffenhofen (ByS 240) 1 1/2 S, Petershausen (ByS 238) 1 N.
**Reichertswalde**, Schlobitten (PO 41) 2 1/2 SO.
**Reichmannsdorf**, Sonneberg (Th 61) 4 NO.
**Reichnow**, Wriezen a/O (BSt 67) 1 1/4 S.
**Reicholsheim**, *PH (Ba 140)*, *Fl.*, Wertheim (Ba 141) 3/4 SO.
**Reichelshofen**, Steinach (ByS 157) 1/2 W.
**Reichow**, *Gr.*- u. **Kl.-**, Belgard 1 1/4 SW, Gr.-Rambin 1 1/2 u. 1 3/4 NO. (BSt 21 u. 20).
**Reichstädt**, Dresden (SO 1) 3 SW.
— Ronneburg (SW 87) 1 NO.
**Reichthal**, *Stadt*, ✉ Namslau (RO 20) 1 3/4 NO.
**Reichwald**, Nimkau (NM 37) 1 1/2 NO.
**Reichwaldau**, Oderberg (Wi 9) 1 SO.
**Reichwalde** i. Ostpreussen, Schlobitten (PO 41) 2 1/2 SO.
bei Luckau, Lübben (BG 6) 1 1/2 W.
Rietschen 1 1/2 W, Görlitz 4 1/4 NW. (BG 13 u. 15).
**Reichweiler**, St. Wendel (Sa 43) 1 3/4 NO.
**Reideburg**, Halle (ML 11, BA 18) 1/2 NO.
**Reifenstein** i. Steiermark, St. Georgen (OeSü 62) 3/4.
**Reiffenhausen** bei Göttingen, Friedland (Ha 95) 1/2 SO.
**Reifferscheid**, *Fl.*, Call (Rh 25) 2 1/2 SW.
**Reifnitz**, ✉ Laibach (OeSü 76) 5 1/2 SO.
**Reigoldswyl**, Liestal (SC 1,5) 2 SW.
**Reihen** i. Baden, Steinsfurth (Ba 129) 1/4 S.
**Reileifzen**, Holzminden (Wf 43, Ha 1) 1 1/2 N.
**Reilsheim** i. Baden, Bammenthal *H** (Ba 83) 1/4 S.
**Reimannsfelde**, Elbing (PO 39) 2 NO.
**Reimersgrün**, Herlasgrün (SW 13) 1/2 NW.
**Reimerzhofen**, Remagen (Rh 46) 2 SW.
**Reimswaldau**, Dittersbach (NM 56) 1/2 S.
**Reinach**, Basel (Ba 56) 4 S.
Wildegg (SNO 2,28) 3 3/4 S, Rupperswil (SNO 2,29) 3 1/2 S, Aarau (SC 1,13, SNO 2,30) 14 Kil, Sursee (SC 1,20) 2 1/4 NO.
1 **Reinbach, Kirchen-**, Neukirchen i. Bayern (ByO 36) 1/2 NW.
2 **Ober- u. Mittel-**, Neukirchen (ByO 36) 1/2 N.
3 — i. Oesterr., Kerschbaum (KE 69) 3/4 S.
4 Taufkirchen (KE 51) 3/4 NO.
**Reinberg**, Miltzow (BSt 58) 1/2 NO.
**Reinborn**, Darmstadt (RL 24, MN 5) 3 SO.
**Reindorf**, Wien (KFN 1) 1/2 SW.
**Reinersdorf** i. Schlesien, Konstadt (RO 22) 1 1/4 N.
Niederau *H** (LD 15) 3/4 NO.
**Reinerz**, *Stadt*, ✉ T Reichenbach i. Schles. (BF 13) 6 SW, Skalitz (SNV 23) 3 O Frankenstein (BF 11) 5 SW.
**Reinfeld**, Schivelbein (BSt 19) 2 O.
*Siehe dagegen Stat. Reinfeld der LB 9.*
**Reinhardtsbrunn**, *Schloss*, T Waltershausen (Th 35) 1/2 S.
**Reinhardtsdorf**, Krippen (Schandau) (SO 9) 3/4 SO.
**Reinhardtsgrimma**, Dresden (SO 1, LD 20) 2 1/2 SW.
**Reinharz**, Wittenberg (BA 9) 2 1/2 S.
**Reinhausen** bei Regensburg, Walhallastrasse (ByO 23) 1/4 NW.

4 **Reinsdorf**, Landsberg (BA 16) ½ O.
5 — bei Jüterbogk, Linda (BA 20) 1 NO.
6 — Sangerhausen 2 S, Ob.-Röblingen 3¼ SW. (ML 24 u. 21).
7 — Greiz (SW 91) 1 NO u. ½ SO.
8 — in Sachsen, Waldheim (SW 35) ½ SW.
9 — ✕ (an der Reinsdorfer Kohlenbahn), Zwickau (SW 47) ¾ SO.
10 — **Langen-**, Crimmitschau (SW 8) ¾ SW.
**Reinsen**, Lindhorst (Ha 41) ¼ S.
**Reinshagen**, *Fl.*, Solingen (BM 101) 1½ N.
**Reinstedt**, Frose ¾ SO, Ermsleben ½ N, Aschersleben 1 W, Quedlinburg 1¾ O. (MH 29, 39, 30 u. 12)
**Reinstorf**, Blankenberg (Mk 6) 1½ NW.
**Reinswalde**, Sorau (NM 22) 1 NO.
**Reinthal**, Laadenburg (KFN 10) W.
**Reipen**, Tapiau (PO 54) 1½ NO.
**Reipzig**, Frankfurt a. O. (NM 11, PO 71) 1½ SO, *siehe auch* Reupzig.
**Reisbach** (Reissbach) bei Dingolfing, *Fl.*, Landshut 5 O, Straubing 5½ S. (ByO 10 u. 47).
**Reischbach** (Reisbach) bei Griesbach, *Fl.*, Vilshofen (ByO 55) 1¾ S.
**Reisenberg**, Götzendorf (OeSt 60) ¾ NW.
**Reisensburg**, Günzburg (ByS 107) ½ SO.
**Reisicht**, Haynau (NM 31) 1 N.
**Reiskirchen**, Wetzlar (KM 60, Na 41) 1 S.
— (*OH 3*), Giessen (MW 14, KM 61) 1½ O.
— i. Pfalz, Homburg (Pf 2) ½ NW.
**Reismarkt** in Ungarn, siehe Reussmarkt.
**Reith**, Innsbruck (OeSü 187) 1¼ NW.
**Reitliehausen**, Nörten (Ha 82) 1 W.
**Reitnau**, Aarau (SC 1, 13) 3 S.
**Reitscheid**, St. Wendel (Sa 43) 1½ NO.
**Reitt**, Neunkirchen (OeSü 24) 1.
**Reitwein**, Podelzig (PO 60) ½ NO.
**Reitzenhahn**, St. Goarshausen (Na 14) ¾ SO.
**Reitzenhain**, Wolkenstein (SW 67) 2½ SO.
**Reitzenstein**, Landsberg a. W. (PO 13) 2 S.
**Rékás**, Abony (Ts 2) 2 NO.
**Rekas**, *Fl.*, Temesvar (OeSt 119) 2¾ NO.
**Reitlehausen**, Salzderhelden (Ha 80) 2¼ W, Stadtoldendorf (Ha 2) 1½ SO.
**Rellingen**, Pinneberg (AK 3) ½ SO.
**Rellinghausen**, Essen (BM 85, KM 13, Rh 83) 1 S.
**Relzow**, Anklam (BSt 55) ½ O.
**Remda**, *Stadt*, Weimar 3½ SW, Erfurt 4 S. (Th 10 u. 8).
**Remete**, Temesvar (OeSt 110) 1½ SO.
**Remich**, *Stadt*, Nenrig-Saarburg 2½ SW, Merzig 3½ NW. (Sa 19 u. 16).
**Remigen**, Brugg (SNO 1, 26) 1 N.
**Remkersleben**, Blumenberg (MH 4) 1½ NW.
**Remlingen**, *Fl.*, Würzburg (Ba 125, ByS 91) 2 W, Retzbach (ByS 94) 2½ SW, Wertheim (Ba 141) 2 NO.
**Remmels**, Nortorf (AK 14) 2 SW.
**Remmersweiler**, St. Wendel (Sa 43) ½ SW.
**Remplin**, Malchin (FF 4) 1 NW.
**Rems**, Sct. Valentin (KE 24, KR 1) ½ N.
**Remse**, Glauchau (SW 22) ¾ NO.
**Renan**, Biel (SC 1, 56) 7 SW.
**Rendek**, Keszthely (OeSü 120) 4½ N.
**Rendel**, Gross-Karben (MW 20) ½ SO.
**Rengelrode**, Heiligenstadt (ML 23) ¼ W.
**Rengersdorf**, Greiffenberg 1½ W, Lauban 1½ S. (NM 45 u. 43).
— **Nieder-** u. **Ober-**, Görlitz 1¼ NO, Uhsmannsdorf 2 S. (BO 15 u. 14).
— bei Glatz, Frankenstein 3½ SW, Neisse 5¼ SW. (BF 11 u. NB 1).
**Rengershausen**, Cassel (HN 11, MW 1) 1½ SW.
— Salzderhelden (Ha 80) 1½ NW.
**Rengshausen**, Alt-Morschen (HN 5) 1½ SO.
**Renneród**, Limburg (Na 30) 3 N, °Elz

**Repin**, Liblic-Bisic 1 NO, Wrutic 1½ NW. (TKP 4 u. 5).
°**Reppen** (*MP 18*), *Stadt*, Frankfurt a. O. (NM 11, PO 71) 3 O.
**Reppenstedt**, Lüneburg (Ha 13) ½ W
**Reppin**, Jacobsthal (BA 25) 1 NO.
**Repplin**, Dölitz 1 NW, Stargard i. Pommern 2 SO. (OS 58 u. 59).
**Reppline**, Breslau (BF 1, NM 39) 1½ S.
**Repten**, Vetschau (BG 8) 1¾ S.
— Tarnowitz (OS 22, RO 12) ½ SW.
**Reschitza**, T *Eisenwerk*, Oravitza (OeSt 130) 6 NW.
**Retalap**, Raab (OeSt 69) 2.
**Rethem** a. Aller, *Stadt*, Eystrup (Ha 28) 1½ O.
*Siehe dagegen Haltestelle Rethen Ha 73.*
**Rethmar**, Sehnde *H°* (Ha 67) ½ O.
**Reti**, Raab (OeSt 69) 3½ NW.
**Retischova**, Versecz (OeSt 124) 1½ S.
**Retschitsch**, Markt-Tüffer (OeSü 65) ¼.
**Rettbach**, Dietendorf (Th 7) ½ NW.
**Rettenbach**, *Fl.*, Memmingen 2 SO, Günzach 2 N. (ByS 213 u. 14).
**Rettendorf**, Neu-, Königinhof (SNV 8) ½ NO.
**Retteneggs**, *Eisenw.*, Semmering (OeSü 31) 2½ S, Spital (OeSü 32) 3 SW, Krieglach (OeSü 35) 5 SW.
**Rettershain**, Caub 1½ NO, St. Goarshausen 1½ SO. (Na 13 u. 14).
**Rettert**, St. Goarshausen (Na 14) 2 NO.
**Retz**, *Stadt*, Stockerau (KFN 40) 6½ NW, demn. °Eggenburg (KFJ 12) 2 NO.
**Retzau**, Raguhn (BA 36) ¾ NO.
**Retzin**, Gr.-Rambin (BSt 20) ½ SO.
— Grambow (BSt 63) ½ W.
**Retznei**, Leibnitz (OeSü 53) 1 SO.
**Retzow**, Malchin (FF 4) ¾ NW.
— bei Nauen, Paulinenaue (BH 5) ¾ SW.
**Retzowsfelde**, Stettin 2 SO, Damm 1½ SW. (BSt 10 u. 12).
**Reuchenette**, Biel (SC 1,56) 6 Kil.
**Reudelsterz**, Andernach (Rh 50) 3½ SW.
**Reuden**, Vetschau (BG 8) ½ SW.
— Jessnitz (BA 37) ¾ W.
**Reudnitz**, *Eisengiesserei etc.*, Leipzig (LD 1) ¼ O.
— Neu-, Leipzig (LD 1) ¼ SO.
**Reuhausen**, Pforzheim (Ba 149, Wü 207) 1½ SO.
**Reupelsdorf**, Kitzingen (ByS 176) 1½ NO.
**Reupzig**, Cöthen (BA 38, ML 7) 1 SO.
**Reusrath**, Langenfeld (KM 5) ½ SO, Leichlingen (BM 97) 1 W.
**Reussen**, Landsberg (BA 16) ½ S.
**Reussendorf**, Dittersbach 1 O, Waldenburg ¾ SO. (NM 56 u. 57).
**Reussenmarkt** (Reussmarkt u. Reissmarkt), *Stadt*, Alvincz (Sl 15) 3 O.
**Reussthal**, Emmenbrücke (SC 1,24) 4 Kil.
**Reust**, Ronneburg (SW 87) ½ SO.
**Reut**, Brixlegg (OeSü 182) ½ SO.
**Reute**, Meckenbeuren (Wü 51) ¾ N.
**Reutern**, Vilshofen (ByO 55) 2½ S.
**Reuth** bei Kastel, Trabitz (ByO 78) ½ N.
— Landshut (ByO 10) 4 NO.
*Siehe dagegen die Stationen Reuth ByO 83 u. SW 18.*
**Reuthe** i. Baden, Emmendingen (Ba 37) ¾ S.
— Nenzingen *H°* (Ba 191) ¾ NW.
— Radolfzell (Ba 83) ½ NW.
**Reuthen**, Spremberg (BG 10) 1½ O.
**Reutigen**, Thun (SC 1,47) 8 Kil.
**Reutlas**, Wiesau (ByO 84) ¾ NW.
**Reutte**, *Stadt*, Kempten (ByS 11) 6 SO, Innsbruck (OeSü 187) 8½ NW.
**Reutti**, Amstetten ¾ SW, Lonsee ¾ NW. (Wü 31 u. 32) ¾ NW.
**Revere**, Mantua (Ober-Ital. 1,32) 4 SO.
**Revnic**, Dobrichowitz (BW 19) ½ S.
**Rexin**, Praust (PO 73) 1 SW.

**Rheinau**, Neuhausen ½ S, Schaffhausen 1 SW. (Ba 76 u. 77).
**Rheinbay**, Boppard (Rh 54) ca 1 SO, St. Goar (Rh 55) ½ NO.
**Rheinbach**, *Stadt*, Euskirchen 1¾ SO, Bonn 2½ SW, (Rh 22 u. 42).
**Rheinberg**, *Stadt*, T Geldern 3 O, Uerdingen 3 N (Rh 70 u. 80), Wesel (KM 38) 2 S, Homberg (BM 23) 2 NW.
**Rheinböllen**, Bacharach 1¾ SW, Bingerbrück 2¾ NW. (Rh 57 u. 58).
**Rheinböller-Hütte**, Bacharach 1¾ SW, Bingerbrück 2½ NW. (Rh 57 u. 58).
**Rheinbreitbach**, Mehlem 1½ SO, Rolandseck ½ SO, Remagen ¾ N. (Rh 44, 45 u. 46).
**Rheinbrohl**, Brohl (Rh 49) ¼ NO.
**Rheincassel**, Longerich ½ NO, Worringen 1 SO. (Rh 61 u. 62).
**Rheindiebach**, Bacharach (Rh 57) ¼ SO.
**Rheindorf**, Langenfeld (KM 5) ¾ SW.
— **Grau-**, Bonn (Rh 52) ¾ N.
— **Schwarz-**, Bonn (Rh 42) ½ N.
**Rhein-Dürkheim**, Osthofen (HL 2) ½ O.
**Reineck** (*Schloss*), Brohl (Rh 49) ¾ NW.
— (*Dorf*), Brohl (Rh 49) ¼ NW.
**Rhein-Elbe**, ✕ (*an Zwgb.*) Wattenscheid 0,2 NW, Gelsenkirchen 0,2 SO. (Rh 94 u. KM 14).
**Rheinfeld**, Dormagen (Rh 63) ¾ O.
**Rheinfelden**, *Stadt*, bei Rheinfelden (Ba 59) ½ SO.
**Rheinfels**, St. Goarshausen (Na 14) ¼ W.
**Rheinhausen** i. Baden, Bruchsal (Ba 10, Wü 1) 3 NW.
*Siehe dagegen Stat. Rheinhausen Rh 87.*
**Rheinheim**, Thiengen (Ba 69) ¾ SO.
**Rheinsberg**, *Stadt*, Neustadt a. D. (BH 7) 8 NO.
**Rheinsdorf**, Kandrzin (Kosel) (OS 13, Wi 1) 1 SW.
**Rheinstein**, Bingerbrück (Rh 58, Ha 27) ½ N.
**Rheinzabern**, *Stadt*, Langenkandel (Pf 44) ½ N.
**Rhenau**, i. Frankreich, *Stadt*, Urschweier (Ba 33) 1½ NW.
**Rhens**, *Stadt*, Capellen (Rh 53) ½ S.
**Rheurdt**, Aldekerk (Rh 88) 1 NO.
**Rhina** i. Baden, Murg *H°* (Ba 63) ¾ NO.
— Neukirchen (BbH 3) ¼ S.
**Rhinow**, *Stadt*, Neustadt a. D. (BH 7) 2 SW.
**Rhoden**, *Stadt*, Warburg (Wf 1) 1½ W, Bonenburg (Wf 2) 1½ SW.
**Rhodt**, Edenkoben (Pf 36) ¼ SW.
**Rhöndorf**, Mehlem (Rh 44) ½ SO.
**Rhüden**, Gr- u. Kl.-, Seesen (Rs 8) 1 N.
**Rhynern**, Hamm (BM 95, KM 21, Wf 15) 1 SO.
**Ribe** (Ripen), *Stadt*, Woyens (Sw 18) 4½ NW.
**Ribnic**, Liebstadtl (SNV 13) ¾ N.
**Ribnitz**, *Stadt*, Rostock (Mk 1) 3½ NO.
**Ricam** (Ricany), *Stadt*, Bechovic (OeSt 26) 1½ S, Prag (OeSt 27) 2 SO.
**Richardschacht**, ✕ (*AT 17*), Marinschein (AT 5) ¼.
**Richardsthal**, Rokitzan (BW 11) ½ NO.
**Richelsdorf**, Gerstungen (HN 1, Th 1) ¾ NW.
**Richen**, Dieburg (HL 26) 1 O.
**Richenburg**, *Fl.*, Hohenmauth 2¾ SW, Pardubitz 4 SO. (OeSt 15 u. 18).
**Richnowec** (Rychnowek), Josephstadt (SNV 6) ½ O.
**Richrath**, Langenberg (BM 61) ¼ SW.
**Richtenberg**, *Stadt*, T Stralsund (BSt 59) 3½ SW, Rostock (Mk 1) 7 NO.
**Richterich**, *PH* (*BM 3*), Aachen (BM 1, Rh 4) ¾ NO.
**Richtersweil**, Rapperswyl (VS 3,46) 2 SW.
**Rickenbach**, Säckingen (Ba 62) 1½ NO.

°**Ried** i. Bayern, Mering (ByS 118) 3/4 NO.
° — Ober- u. Nieder-, Thun (SC 1,47) 7 SO.
*Siehe auch die Stat. Riedau-Ried der KE 49. (Die übrigen Orte „Ried" sind für den Eisenbahnverkehr nicht von Bedeutung.)*
**Rieda**, Stumsdorf (ML 9) 1/4 S.
**Riede**, Verden (Ha 30) 2 3/4 NW.
**Rieden** a. d. Vils, *Fl.*, Amberg (ByO 22) 2 SO.
— — Brohl (Rh 49) 2 SW.
— i. d. Schweiz, Wallisellen (SNO 2,17) 1/4.
**Riedenburg**, *Fl.*, *Eisenhammer*, Regensburg (ByO 22) 5 W, Ingolstadt (ByS 243) 4 NO.
**Rieder**, Ballenstedt (MH 40) 1 NW, Quedlinburg (MH 12) 1 1/2 S.
**Riederich**, Bempflingen (Wü 129) 1/4 S.
**Riedering**, Stephanskirchen (ByS 138) 3/4 SO.
**Riedern** i. Baden, Thiengen (Ba 69) 3/4 N.
**Riedheim** i. Baden, Thayingen (Ba 79) 3/4 NO.
— i. Bayern, Leibheim (ByS 106) 3/4 NW.
**Riedlingen** i. Baden, Schliengen (Ba 47) 3/4 O.
°**Riedlingen**, (*Wü 178*), *Stadt*, Schussenried 3 1/2 NW, Ulm 4 SW. (Wü 45 u. 34).
**Riedmatt**, bei Rheinfelden (Ba 59) 1/2 NO.
**Ried-Nordhausen**, Wallhausen (ML 23) 1/2 SO.
**Riedöschingen**, Geisingen (Ba 181) 1 1/2 S.
**Riegelsberg**, Saarbrücken (Sa 5) 1 1/4 NW.
**Riegersdorf**, Bodenbach (BN 20, SO 11a) 1 1/4 SW.
— i. Schlesien, Orzesche (Wl 23) 2 S.
**Rieglasreuth**, Kemnath-Neustadt (ByO 77) 1 1/2 NO.
**Riehe**, Haste (Ha 43) 1/2 SO.
**Riehen**, *PH* (*Ba 206*), Basel 3/4 NO, Lörrach 1/4 S. (Ba 56 u. 208).
**Riehenthal**, Reiden (SC 1,16) 5 Kil.
**Riehl**, Köln (Rh 13, KM 1) 1/4 NO.
**Riekofen**, Sünching 1/2 N, Taimering 1/2 O, Mosham 3/4 SO. (ByO 17, 18 u. 19).
**Rielasingen**, Murg *H*° (Ba 63) 3/4 N.
**Rielasingen**, Singen (Ba 81) 1/4 S.
**Riemberg**, Obernigk (OS 34) 3/4 W.
**Riemendorf** i. Schlesien, Greiffenberg (NM 45) 2 S.
**Riemertscheide**, Neisse (NB 1) 3/4 NO.
**Riemsloh**, Melle 3/4 SO, Bruchmühlen *H*° 1/2 S. (Ha 55 u. 54).
**Rienow**, Labes (BSt 18) 1 1/2 O.
**Riepe**, Emden (Wf 38) 1 1/4 O.
**Riesdorf**, Cöthen (ML 7, BA 33) 1 1/2 SO.
**Riesel**, Brakel (Wf 40) 1/4 NW.
**Riesenbeck**, Hörstel 3/4 S, Ibbenbüren 1 SW, (Ha 63 u. 61).
**Riesenberg**, *Stadt*, T Czerwinsk 5 1/2 O, Altfelde 5 1/2 S, Elbing 9 SW. (PO 32, 37 u. 39).
**Riesenburg**, Skalitz (SNV 23) 1/2 N.
**Riesenwalde**, Czerwinsk 6 O, Altfelde 5 S. (PO 32 u. 37).
**Riesheim**, Gottmadingen (Ba 80) 3/4 NW.
**Riesigk**, Coswig (BA 27) 1 S.
**Rieste**, Bienenbüttel (Ha 12) 1/2 SW.
**Riestedt** i. Hannover, Uelzen (Ha 10) 1 NO.
— Riestedt (ML 23) 3/4 NW.
**Riesweiler**, Bacharach (Rh 57) 2 3/4 SW.
**Rietberg**, *Stadt*, Paderborn (Wf 7) 3 1/2 NW, Rheda (KM 25) 1 1/2 SO.
**Rieth**, Gross-Sachsenheim (Wü 9) 1 1/4 SW.
**Riethböhringen**, Donaueschingen (Ba 185) 1 1/2 S.
**Riethburg**, Sangerhausen (ML 24) 1 3/4 S.
**Rietheim** i. Baden, Carlsruhe (Ba 14) 1/2 N.
— Durlach (Ba 13) 1/2 NW.
— Donaueschingen (Ba 187) 2 N.
*Siehe auch Station Rietheim Wü 162.*
**Rietz** i. Tirol, Innsbruck (OeSü 187) 2 W.
— i. Steierm., *Fl.*, Cilli (OeSü 61) 4 1/4 NW.
— i. Preussen, Brandenburg (BPM 9) 3/4 SO.

**Rinderfeld**, Gross-, Hochhausen 1 N, Tauber-Bischofsheim 1 NO. (Ba 137 u. 136).
— Klein-, Kirchheim (Ba 121) 0,5 N.
**Rindern**, Cleve (Rh 75) 3/4 NW.
°**Rineck**, (*BbH 23*) *Fl.*, Gemünden (ByS 97) 1 NW.
**Ringelbruch**, Paderborn 1/2 W, Salzkotten 1 O. (Wf 7 u. 8).
**Ringelshain**, Grottau 1 S, Kratzau 1 1/2 SW. (SO 34 u. 36).
**Ringelstein**, Gesecke (Wf 9) 2 S.
**Ringeltaube**, × (an Pferdeb.), Annen (BM 47) 0,2 N.
**Ringen**, Remagen (Rh 46) 1 3/4 W.
**Ringenberg**, Wesel (KM 38) 1 1/2 N.
**Ringenhain**, Bischofswerda 1 3/4 SO, Bautzen 1 3/4 SW. (SO 17 u. 20).
**Ringenwalde**, Wriezen a. Oder (BSt 67) 2 S.
— Greifenberg in Uckermark (BSt 45) 1 3/4 SW, Angermünde (BSt 6) 3 1/4 NW.
**Ringethal**, Hainichen (SO 57) 1 NW.
**Ringfurt**, Mahlwinkel (MH 19) 1 1/4 O.
**Ringgenberg**, Thun 5 SO, Scherzligen 25 Kil. (SC 1, 47 u. 48).
°**Ringleben** (*NE 9*), Sangerhausen (ML 24) 2 1/2 SW.
**Ringschnait**, Ummendorf (Wü 43) 3/4 O.
**Ringsheim**, Orschweier (Ba 33) 3/4 S.
— Euskirchen (Rh 22) 1 1/2 SO.
**Ringstedt**, Geestemünde (Ha 40) 2 1/2 O, Stubben (Ha 38) 2 1/2 N.
**Rinkenkuhl** (*Fabr.*), Arenshausen (Ha 96 ML 34) 3 S, Cassel (HN 11, Ha 87) 2 O.
**Rinkerode**, *PH* (*Wf 18*), Drensteinfurt 0,8 S, Münster 1 3/4 S. (Wf 17. 20).
**Rinkowken**, Czerwinsk (PO 32) 1 1/4 SW.
**Rinn**, Hall in Tirol (OeSü 186) 1/2 S.
**Rinnersdorf**, Gr.- u. Kl.-, Liegnitz (BF 23. NM 33) 4 1/2 NO.
**Rinningen**, Haltingen (Ba 54) 3/4 NO.
**Rinteln**, *Stadt*, T Bückeburg 1 1/2 S, Minden 2 SO. (Ha 47 u. 48).
**Rinzenberg**, Birkenfeld (Sa 41) 1 1/2 SW.
**Rippau**, Lukawetz (OeSt 47) 1/2 W.
**Ripperg**, Wertheim (Ba 141) 3 3/4 SW.
**Rippen**, Ludwigsort (PO 47) 1/2 S.
**Rippicht**, Zeitz (Th 27) 1/2 S.
**Rippoldsau**, *Bad*, *Fl.*, T Hausach (Ba 164) 3 1/2 NO.
**Rippolingen**, Säckingen (Ba 62) 1/4 O.
**Rischenau**, *Fl.*, Höxter (Wf 42) 2 1/2 NW.
**Rissdorf**, Satzvey (Rh 23) 1/2 S.
**Ristensee**, Owschlag (Sw 2) 1 O.
**Risstissen**, Risstissen (Wü 37) 3/4 SW.
**Ristow**, Belgard (BSt 21) 1 SO.
**Ritscheinschacht**, × (*AT 15*), Karbitz (AT 4) 0,1.
**Ritschweiler**, Oberstein (Sa 38) 1 1/2 NW.
**Rittberg**, Zsebely (OeSt 121) 2 1/2 SO.
**Ritte**, Gr.- u. Kl.-, Wildenschwert (OeSt 12) 1/2 W.
— Alten- u. Grossen-, Guntershausen (HN 9 u. MW 3) 1 NW.
**Ritterburg**, × (an Pferdeb.), Bochum 0,4 NO, Langendreer 0,5 NW (BM 84, 47).
**Ritterhude**, Burg-Lesum (Ha 35) 1/2 SO.
**Rittersbach**, Ober-Schefflenz (Ba 106) 1/2 NW.
**Rittersburg** i. Baden, Offenburg (Ba 28) 2 W.
**Rittersdorf** in Böhmen, Topkovic (OeSt 41a) 3/4 O.
**Rittersgrün** i. Sachsen, Schwarzenberg (SW 58) 1 S.
**Rittershausen**, Dillenburg (KM 56) 2 N.
*Siehe auch Station Barmen-Rittershausen BM 38.*
**Rittersheim**, Monsheim (HL 39) 2 NW.
**Ritterswalde**, Neisse (NB 1) 1 O.
**Ritterthal**, Wolitnick (PO 46) 3/4 SW.
**Rittgarten**, Prenzlau (BSt 48) 1 1/2 NW.
**Rittierode**, Salzderhelden (Ha 80) 1/2 NO.

SO, Erlau 1 1/2 SW, Altenburg 8 1/2 NO. (SW 93, 33 u. 6).
**Rochlitz** in Böhmen, T Reichenberg in Böhmen 3 O, Falgendorf 4 1/2 NW. (SNV 22 u. 11).
**Rochlowa**, Nürschau (BW 6) 1/2 NW.
**Rochsburg**, Mittweida 2 SW, Chemnitz 2 1/2 NW, Altenburg 3 SO. (SW 32, 29 u. 6)
**Rockelkeim**, Wehlau (PO 55) 1 S.
**Rockenberg**, Butzbach (MW 16) 3/4 O.
**Rockenfeld**, Neuwied (Rh 51) 1 1/4 NW.
°**Rockenhausen** (*Pf 70*), *Stadt*, Münster a. St. (Sa 81) 3 SW, Kaiserslautern (Pf 6) 3 1/4 N.
**Rockhausen**, Erfurt (Th 8) 1 1/2 SW.
**Rocking**, Moosham (ByO 19) ca 2 1/2 SW.
**Rocklum**, Mattierzoll (Be 16) 1/2 NW.
**Rockwinkel**, Sebaldsbrück (Ha 33) 1 NO.
**Roda** in Sachs.-Altenburg, *Stadt*, T Gera 3 1/2 W, Apolda 4 SO. (Th 51 u. 11).
**Rodach**, *Stadt*, Hildburghausen (Th 50) 1 1/2 SO, Coburg (Th 54) 2 NW.
**Rodau** in Hessen, Zwingenberg (MN 8) 3/4 SW.
— in Sachsen, Mehltheuer (SW 16) 1/4 S.
**Rodaun**, Liesing (OeSü 7) 1/4 W.
**Rodder**, Brohl (Rh 48) 4 1/2 SW.
**Rodeleben**, Rosslau (BA 29) 1/2 W.
**Roden** Ober-, (in Hessen), Dieburg (HL 26) 1 3/4 N, Babenhausen (HL 28) 1 3/4 NW.
— Nieder-, Babenhausen (HL 28) 1 NW.
**Rodenbach**, Kaiserslautern (Pf 6) 1 1/2 NW.
— in Bayern, Lohr (ByS 98) 1/2 S.
— Nieder-, *Fl.*, Hanau (BbH 17, FR 5) 1 O.
— Ober-, Hanau (BbH 17 FR 5) 1 O.
— (Rheinprov.), Neuwied (Rh 51) 1/4 N.
**Rodenbeck**, Minden (Ha 48, KM 33) loco.
**Rodenberg**, *Stadt*, Haste (Ha 43) 1 S.
**Rodenkirchen** in Oldenburg, Bremerhafen (Ha 40) 3 SW, Varel (Ol 20) 3 1/2 O.
— Köln (Rh 13, KM 1) 3/4 S.
**Rodenroth**, °Löhnberg (Ns 37) 1 N.
**Rodensleben**, Gr.-, Blumenberg (MH 4) 1 3/4 SW.
— Kl.-, Blumenberg (MH 4) 1 1/2 N, Magdeburg (MH 1) 1 3/4 W.
**Rodersdorf** (*Brennerei u. Fabr.*), Wegeleben (MH 10) 3/4 O.
— (Schweiz), Basel (Ba 56) 2 SW.
**Rodewald**, Neustadt a. N. 2 1/2 N, Hagen 1 1/2 N. *H*° (Ha 23 u. 24).
**Rodewisch**, *Messingwerk*, Auerbach i. Sachs. (SW 73) 3/4 SO.
**Rodewitz** bei Schirgiswalde, Bautzen (SO 20) 1 S.
— bei Hochkirch, Bautzen (SO 20) 1 1/4 O.
**Rodheim**, Giessen (KM 61, MW 14) 1 SW.
**Rodik**, Divacca (OeSü 84) 1.
**Rodow**, Smiritz (SNV 5) 1/4 SW.
**Rodporisch**, Stankau (BW 4) 2 SO, Starenhagen (FF 5) 6 1/2 SW, Ludwigslust (BH 15) 10 O.
**Roebel**, *Stadt*, Güstrow (FF 1, Mk 12) 8 1/2 SO.
**Roebern**, Gr.-, Elbing (PO 39) 1 N.
**Röblingen**, Sangerhausen (ML 24) 1 S.
**Röblingen**, Unter-, Ob. Röblingen (ML 21) 1/4 SO.
**Röchlitz**, Reichenberg i. Böhm. (SO 38 SNV 22) 1/2 SO.
**Röckrath**, Neuss (Rh 14, BM 16) 3/4 SW.
**Röcse**, Nagy- (Rausenburg), *Fl.*, Miskolcz (Ts 22) 10 NW, Kaschau (Ts 28) 10 W.
**Röddensen**, Lehrte 1/2 N, Burgdorf 1/2 SW. (Ha 3 u. 4).
**Rödelheim**, *Fl.*, Bockenheim (MW 24) 1/4 W.
*Siehe dagegen Station Rödelheim Homb K 4.*
**Röderhäuser** bei Pulsnitz, Radeberg (SO 14) 2 NO.
**Röderhof**, Wegersleben (Ba 19) 1 1/4 SW, Jerxheim (Ba 17) 1 1/2 SO.

…chen, Damm bei Stettin (BSt 12) 2½ N.
…ig, Heiligenstadt (ML 33) 1½ SW.
…nbach, Passau (ByO 58) 2¾ NO.
…rndorf, Fraustadt (OS 11) ½ N.
— in Schlesien (bei Bolkenhayn), Ruhbank (NM 53) 1½ N.
1 **Bober-**, Reibnitz (NM 18) ½ NO, Hirschberg (NM 49) 1 NW.
4 am Queis, Rabishau (NM 46) 1 W.
5 in Sachsen, Chemnitz (SO 55) ¾ NW.
6 bei Königsbrück, Radeberg (SO 14) 2¾ NW.
7 bei Pirna, Mügeln H* (SO 3) ½ W.
8 bei Wilsdruff, Coswig (LD 16) ¾ S.
9 **Dürr-**, Radeberg 1¼ SO, Fischbach 1 S. (SO 14, 15).
10 **Gross-**, Radeberg 1 NO, Fischbach ¾ SO, Bischofswerda 1½ NW. (SO 14, 15 u. 17).
11 **Klein-**, Radeberg (SO 14) ¾ NO.
*Siehe dagegen Station Röhrsdorf BS 11.*
**Röhrse**, Hämelerwald ½ O, Peine ¾ NW. (Ha 65 u. 66).
**Röhrsheim**, Jerxheim (Ha 17) ¾ S.
**Röjtök** in Ungarn, Schützen (OeSü 99) 1.
**Röllinghausen**, Alfeld (Ha 77) ¼ SO.
**Röllingsen**, Soest (Wf 13, BM 26) 1½ SW.
**Rölsdorf**, Düren (Rh 8) ½ SW.
**Römerstadt**, *Stadt*, T Olmütz 5½ N, Littau 4 N. (OeSt 43 u. 45).
**Römerswyl**, Sempach 1½ N, Aarau 30 Kil., Emmenbrücke 12 Kil. (SC 1, 13, 22, 24).
**Römhild**, *Stadt*, Meiningen 2¾ SO, Grimmenthal 2¾ SO, Hildburghausen 1½ SW. (Th 50, 51 u. 53).
**Rönne**, Winsen (Ha 50) 1½ NO.
**Rönnebeck**, Vegesack (Ha 42) 1 NW.
**Rönsal**, Mülheim a. Rh. (BM 100, KM 3) 4 NO.
**Röpsen**, Gera (SW 88, Th 31) ½ NO.
**Rösa**, Bitterfeld (BA 13) 1½ O.
**Rösberg**, Sechtem (Rh 40) 1 SW.
**Röschenz**, Basel (SC 1,1) 26 Kil.
**Röschitz**, Oesterr. u. Enns, *Fl.*, Stockerau 5 NW, Brunn 11 SW. (KFN 46 u. 56).
**Rösebeck**, Warburg (Wf 1, HN 17) 1½ NO.
**Röslau**, Ober-, i. Bayern, Schwarzenbach 2 S, Münchberg 2 SO. (ByS 73 u. 72).
**Rösnitz**, Woinowitz H* (Wi 15) 2 SW.
**Rösrath**, Mülheim a/Rh. (BM 100, KM 3) 2 SO.
**Rössel**, *Stadt*, T Korschen 1½ S, Rastenburg 2 W. (OpS 17 u. 20).
**Rössen**, Falkenberg (BA 23) 1¼ W.
**Rössing**, Nordstemmen (Ha 71) ½ N.
**Röttgen**, Aachen 3 SO, Eupen 1½ O. (Rh 4 u. 1).
**Rötha**, *Stadt*, Kieritzsch (SW 4) ¾ N
**Röthelstein** i. Steiermark, Mixnitz (OeSü 42) ½.
**Röthenbach**, Freiburg i. Baden (Ba 30) 3¼ SO.
i. Bayern, Renth (ByO 83) ½ W.
Lauf 1½ NW, Parkstein-hütten 1½ S. (ByO 72 u. 74).
i. Sachsen, Lengenfeld (SW 72) ¾ SO.
Herzogenbuchsee (SC 1,31) 3 Kil.
*Siehe dagegen die Stationen Röthenbach bei Nürnberg ByS 5 und bei Harbatzhofen ByO 43.*
**Röthenitz**, Schmölln 1 NO, Altenburg 1 SW. (SW 85 u. 8).
**Röthgen**, Eschweiler (Rh 6) ½ W.
**Rötheln**, Haltingen ¾ NO, Lörrach ½ N. (Ba 54 u. 208).
**Röttgen**, Bonn (Rh 42) 1 S.
*Br.* ✕ Horrem (Rh 10) ¼ SO.
**Röttingen**, *Stadt*, Uffenheim 2¾ W, Marktbreit 3 SW. (ByS 150 u. 161).
Wilferdingen (Ba 145) ¼ S.
**Röttlerweiler**, Lörrach (Ba 208) ½ N.
**Roetz**, *Fl.*, Schwandorf 4½ O, Bodenwöhr 2 NO. (ByO 29 u. 60).
**Röts (Retz)**, *Stadt*, Brünn (BR 1, OeSt 1) 9 SW.
**Rövenich**, Zülpich (Rh 21) ¼ NO.
**Roff**, **Tisza-**, Fegyvernek (Ts 5) 3 N.
**Roga**, **Kl.-**, Teterow (FF 3) ¾ W.
**Rogalin**, Mosczyn (OS 47) 1 SO.
**Rogalinek**, Mosczyn (OS 47) ½ O.
**Rogasen**, *Stadt*, Posen (OS 48) 6 N, Samter (OS 50) 4½ NO, Bialosliwe (PO 20) 5½ SW, Nakel (PO 26) 8 SW.
**Rogau** bei Oppeln, Gogolin (OS 11) ¾ N.
Kandrzin (Kosel) (OS 13, Wi 1) ¾ NW.
bei Parchwitz, Spitteindorf (NM 31) 1 NO.
bei Zobten, Mettkau (BF 4) 1½ SO.
**Rogendorf**, Gr.-Kikinda (OeSt 111) 6 SW.
**Roggen**, Wangerin (BSt 17) 1 O.

**Roggenburg**, Senden (ByS 205) 1½ SO, Illertissen (ByS 208) 1½ NO.
i. d. Schweiz, Basel (SC 1,1) 20 Kil.
**Roggendorf** bei Euskirchen, Mechernich (Rh 24) ½ W.
bei Köln, Worringen (Rh 62) ½ SW.
**Roggenhausen**, Warlubien (PO 31) 4 SO.
**Roggliswyl**, Roggwyl 5 Kil, Reiden 9 Kil. (SC 1,28 u. 1,16).
1 **Roggow** i. Mecklenburg, Lalendorf (FF 2) ¾ NO.
2 i. Pommern, Belgard (BSt 21) ½ S.
3 Stargard i. Pomm. (BSt 14) ¾ NW.
4 Wangerin (BSt 17) 2 NW, Labes (BSt 18) 1½ S.
5 bei Pasewalk (BSt 50) ½ S.
**Roggwell**, Romanshorn (ByS 1) 1½ S.
**Rognitz**, Trautenau (SNV 28) ½ S.
**Rogowo**, *Stadt*, Bromberg (PO 27) 7½ SW, Nakel (PO 26) 6½ S.
— Thorn (PO 67) 1¾ NO.
**Rogozno**, Sad. Wisznia (LCJ 25) 1 N.
**Rogzow**, Cöslin (BSt 24) ¾ O.
Cörlin (BSt 41) 2¾ SW.
**Rohatec**, Theresienstadt (OeSt 37) 1 SO.
*Siehe auch Stat. Strasnitz-Rohatetz KFN 13.*
**Rohatyn**, Bursztyn (LCJ 10) 3 N.
**Rohda**, **Nieder- u. Ober-**, Erfurt (Th 8) 1 SO.
**Rohde**, Lalter a. B. (Ba 10) ½ S.
**Rohitsch**, *Fl.*, T *Sauerbrunnen*, Pöltschach (OeSü 60) 2 SO.
**Rohlau**, **Alt-**, Eger (ByO 87) 6½ NO, Teplitz (AT 6) 10 SW.
Warlubien (PO 31) ¾ S.
**Rohle**, Müglitz (OeSt 46) 2 NO.
**Rohn**, Salzungen, *siehe Oberrohn.*
**Rohnau**, Zittau (SO 33) 1 NO.
**Rohndorf**, Cöthen (ML 7, BA 33, MH 34) 1½ S.
**Rohne**, Weisswasser i. Schlesien (BG 12) 1½ NW.
**Rohning (Ronning)**, **Ober- u. Unter-**, Neufahrn bei Ergoldsbach (ByO 13) ca ¾ SW.
**Rohnstock**, Striegau (BF 17) 1½ W.
**Rohosetz**, **Gr.-**, Turnau (SNV 17) ½ N.
Kl., Turnau (TKP 12) ½ N.
**Rohosna** i. Böhmen, Greifendorf (OeSt 8) 1½ W
**Rohr** i. Baden, Waldshut (Ba 68) ¾ NO.
bei Rottenburg, *Fl.*, Landshut 4 NW, Regensburg 4 SW. (ByO 10 u. 22).
bei Heilsbronn, Schwabach (ByS 44) 1¼ W.
**Rohracker**, Untertürkheim (Wü 18) ¾ SW.
**Rohrau**, Bruck a. L. (OeSt 53) 1 N.
1 **Rohrbach** bei Eppingen, Sinsheim (Ba 128) 3¼ S.
2 Sinsheim ½ O, Steinsfurth ¼ N. (Ba 128 u. 129).
3 Heidelberg (Ba 3 u. 90, MN 17) ½ S.
4 — bei Eggenfelden, Landshut (ByO 10) 6 SO.
5 — i. d. Pfalz, St. Ingbert (Pf 28) ½ W.
6 i. Oesterr., *Fl.*, Linz (KE 64) 5¾ NW.
7 Korneuburg (KFN 44) 1 NW.
8 Neunkirchen (OeSü 24) ¾ W.
9 — i. Sachsen, Radeberg (SO 14) 2¾ N.
10 i. d. Schweiz, Langenthal (SC 1,29) 2 SO.
*Siehe dagegen die Stationen Rohrbach Pf 49 u. KFN 52.*
**Rohrbeck**, bei Arnswalde (OS 57) 2 SO.
bei Königsberg, Angermünde (BSt 6) 6 SO.
bei Spandau, Seegefeld (BH 3) ¾ SW.
**Rohrberg**, Heiligenstadt (ML 33) 1½ SW.
**Rohrbronn**, Winterbach (Wü 104) ¾ NW.
**Rohrbruch**, Wangerin (BSt 17) 1½ SO.
**Rohrbrunn**, Aschaffenburg (ByS 102, FH 10) 3 SO.
**Rohren**, Eupen (Rh 1) 2 SO.
**Rohrfeld**, Gumbinnen (PO 60) 2 NW.
**Rohrhammer**, Elsfeld (Th 53a) 2½ NO.
**Rohrhardsberg**, Hausach (Ba 164) 2½ S.
2 **Rohrheim**, **Klein-**, (*HL 51*) *Fl.*, Eberstadt (MN 6) 2 SW, Worms (HL 1) 1¾ NO.
*Siehe dagegen Gross-Rohrheim PH* HL 51.*
**Rohrhof** i. Baden, Friedrichsfeld (Ba 2) ½ SW.
**Rohrlach**, Schildau ½ O, Jannowitz ½ W. (NM 50 u. 51).
**Rohrpfuhl**, **Gross-**, Wangerin (BSt 17) 3 SO.
**Roitham**, *Station* (*KE 37*), Lambach 1½ SW, Schwanenstadt 1 SO. (KE 33 u. 35).
**Roitz**, Spremberg (BG 10) ½ SW.
**Roitzheim**, Euskirchen (Rh 22) ¼ SO.
**Rojach**, Drauburg (OeSü 161) 4.

**Rokelnitz** bei Reichenau, *Fl.*, Wildenschwert (OeSt 12) 3½ NO.
— i. Böhmen, Turnau (SNV 17, TKP 12) ½ SO.
i. Mähren, Prerau (KFN 19) ¾ NO.
**Rokitsch**, Dzieschowitz H* (OS 12) ¾ SO, Kandrzin (Kosel) (OS 13, Wi 1) ¾ N.
**Rokittken**, Dirschau (PO 34) ¾ SW.
**Roland** ✕ (*an Zwgb.*), Oberhausen (KM 11) 0,3 O.
**Rolandswerth**, Rolandseck (Rh 45) ¼ N.
**Rolfsen**, Winsen (Ha 15) 2½ SW.
**Rolika**, Schmölln (SW 85) ca 1 N.
**Rollwitz**, Pasewalk (BSt 50) ½ S.
**Rollsdorf**, Teutschenthal (ML 20) ½ NW.
**Rollhofen**, Ottensoos (ByO 41) ½ N, Lauf (ByO 42) ¾ NO.
**Romagnano**, Matarello H* (OeSü 211) ½ NW.
**Romahn**, Cörlin (BSt 41) 3 SW, Schivelbein (BSt 19) 4 N.
**Roman**, **St.**, Hausach (Ba 164) 1¾ NO.
**St.**, Schoerding (KE 52) 2 NO.
**Romans**, Sagrado (OeSü 174) ¼ N.
**Romansuppen**, Norkitten (PO 57) 1½ SO.
**Romberg**, Deutsch-Lissa (NM 38) ½ SW.
**Romblin**, Kosten (OS 45) 2½ SO.
**Rometschwyl**, Waldshut (Ba 68) 1 N.
**Rommelshausen**, Waiblingen (Wü 101) ¼ SW.
**Rommelsheim**, Düren (Rh 8) ¾ SO.
**Rommershoven**, Boverst (AM 11) ¾ S.
**Rommerskirchen**, Worringen (Rh 62) 1½ SW.
**Rommerz** (Prov. Hessen), Neuhof (BbH 7) ¾ W.
**Romolkwitz**, Canth (BF 3) 1 N.
**Romont**, Biel 10 Kil, Pieterlen 4 Kil. (SC 1,56 u. 55).
**Romoos**, Nebikon (SC 1,18) 25 Kil.
**Romrod** (Prov. Hessen), *Stadt*, Kirchhain 3½ SO, Treysa 3½ S. (MW 10 u. 8).
**Romstedt**, Apolda (Th 11) ¾ S.
**Romsthal** (Prov. Hessen), Steinau (BbH 11) ½ W
**Ronchi** i. Tirol, Ala (OeSü 215) loco.
*Siehe auch Ronchi H* OeSü 178.*
**Rondorf**, Kalscheuren (Rh 38) ½ O.
**Rondsen**, Warlubien (PO 31) 3 SO.
**Rongstock**, Topkovic (OeSt 41a) ¼ S. Nestersitz (OeSt 41) ½ N.
**Rongyo**, Lepseny (OeSü 126) 3½.
**Ronnenberg**, Hannover (Ha 1) 1½ SW.
Pelplin (PO 33) ¾ SW.
**Ronov (Ronow)**, *Fl.*, Neu-Kolin 3½ SO, Pardubitz 3 SW. (OeSt 22 u. 18).
**Ronsberg**, *Fl.*, Günzach 1½ NW, Memmingen 2¾ SO. (ByS 14 u. 213).
**Ronsperg**, *Stadt*, Stankau (BW 4) 2½ SW.
**Ronstadt**, Aumenau (Na 34) 1 O.
**Roobe**, Müglitz (OeSt 46) 3½ S.
**Rorbas**, Winterthur (SNO 2,13) 2½ N.
**Rorichmoor**, Neermoor H* (Wf 36) ½ N.
**Rosahütte**, *Eisenw.*, Wildenschwert (OeSt 12) 4½ N.
**Rosainen**, Czerwinsk (PO 32) 3½ SO.
**Rosalia**, Mattersdorf (OeSü 93) 1 SW.
**Rosalienthal**, Meltheu (BF 4) 1½ S.
**Rosawitz**, Bodenbach (BN 20, OeSt 42) ½ SO.
**Rosbach** (Rheinprov.), Schladern (KM 48) ½ SO.
i. Hessen, Hünfeld (BbH 5) ¾ NO.
*Hammerwerk*, Gelnhausen (BbH 11) 1½ SO.
*Siehe dagegen die Orte Rossbach.*
**Roschau**, Hohenstein (PO 72) 1 SW.
**Roschbach**, Edesheim (Pf 37) ¼ W.
**Roschberg**, St. Wendel (Sa 43) ¾ NO.
**Rosche**, Uelzen (Ha 10) 1½ O.
**Roschitz**, Gera (SW 88, Th 31) ½ NO.
**Roschkau**, Krzizanowitz (Wf 7) ½ S.
**Roschno** in der Steiermark, Reichenburg (OeSü 143) ¼.
**Roschwitz**, Bernburg (MH 32) ¾ S.
**Rose**, Schönlanke (PO 21) 2 N.
**Roseg (Roseck)**, Velden (OeSü 169) ½ S.
**Rosefeld**, Cöthen (ML 7, BA 33) 1½ NO.
**Rosellen**, Norf (Rh 64) ¾ S.
1 **Rosen** bei Leobschütz, Bauerwitz (Wi 12) 1½ SW.
2 **Klein-**, Gross-Rosen (BF 19) ½ SO.
1 **Rosenau** in Ungarn, *Bergw.*, *Stadt*, T, Salgo-Tarjan (UN 14) 10 NO, Kaschau (Ts 28) 7½ SW.
2 — Neuhof ½ O, Liegnitz 1 SO. (BF 21 u. 23).
3 — Schlobitten (PO 41) 3 SO.
**Rosenbach**, *PH* (*ByS 154*), Lehrberg ½ N, Ansbach 1½ NW, Oberdachstetten 1 SO. (ByS 153, 152, 155).

1 **Rosenberg**, Heiligenbeil (PO 45) 1/2 N.
2 — an der Moldau in Böhmen, *Stadt*, Kerschbaum 1 1/2 NW, Augern 1 1/4 SW. (KE 69 u. 70).
3 — *(KO 10)* in Ungarn, *Fl.*, T Teschen (KO 4) ca 16 1/2 SO, Kaschau (Ts 28) ca 20 NW, *Losonca (UN 15) 12 NW.
4 — Hohenstein (PO 72) 1 N.
5 — in Ostpr., *Stadt*, T Czerwinsk 7 3/4 SO, Altfelde 6 1/2 SO, Elbing 10 1/2 S. (PO 32, 37 u. 39).
6 — i. Ober-Schlesien, *Stadt*, T Kl.-Lassowitz (RO 21) 1 1/4 O.
7 — in Württemberg, Ellwangen (Wü 87) 1 1/4 NW.
*Siehe dagegen die Stationen Rosenberg der (ByO 34 u. Ba 111).*
**Rosenblumendelle**, ⨯ (an Zweigb.), Holsen (Rh 91) 0,2 SO.
**Rosenburg**, Gr.-, u. Kl.-, *Zuckerfabr.*, an der Saale (ML 5) 1 O.
**Rosendorf**, Bodenbach (BN 20, OeSt 42) 1 1/2 NO.
**Rosenfeld**, Görlitz (BG 15) 1/2 NW.
— *Stadt*, T Sulz (Wü 144) 1 1/2 SO.
**Rosenfelde** in Pommern, Wangerin (BSt 17) 1 1/2 O.
— in Pommern, Tantow (BSt 9) 3 1/4 SO.
— Schönlanke 3 1/2 N, Schneidemühl 2 1/2 NW (PO 21. 22).
**Rosengarten**, Damm bei Stettin (BSt 12) 1/2 S.
— Lindenau (PO 53) 3/4 NW.
— Grunau (PO 38) 1/2 SO.
— *(NM 10) H°*, Frankfurt a. O. (NM 11) 3/4 W.
*Siehe dagegen Station Rosengarten Hl. 54.*
**Rosengarth**, Pr.-, Grunau (PO 38) 3/4 S.
— Alt-, Altfelde 1 1/2 O, Grunau 1/2 SO. (PO 37 u. 38).
**Rosenhagen**, Ducherow (BSt 54) 1 1/4 N.
**Rosenhain**, Löbau (SO 23) 3/4 NO.
— Ohlau (OS 4) 1/2 S.
**Rosenow**, Labes (BSt 18) 1 1/4 O.
1 **Rosenthal**, i. Prov. Hessen, *Stadt*, Kirchhain (MW. 10) 2 3/4 N.
2 — Peine (Ha 66) 3/4 SW.
3 — Neu-, Trebnitz 1 1/2 NO, Gnsow 3/4 NW. (PO 5 u. 6).
4 — Alt-, Trebnitz 1/2 O, Gusow 1/2 W. (PO 5 u. 6).
5 — Pelplin (PO 33) 1/4 S.
6 — Breslau (NM 39. OS 1. BF 1) 1/4 N.
7 — Brieg (NB 8 u. OS 5) 1 1/2 SO, Löwen (OS 7) 3/4 N.
8 — Bunzlau (NM 20) 1 1/2 NO.
9 — Strassburg (BSt 69) 3/4 O.
10 — in Sachsen Radeberg (SO 14) 3 1/4 NO.
11 — ebendas. Zittau (SO 33) 1 1/4 NO.
12 — Ober- u. Nieder-, Reichenberg in Böhmen (SO 38, SNV 22) 1/4 S.
13 — Mariaschein (AT 5) 1/4 NW.
14 — Angorn (KE 70) 1/2 W.
*Siehe auch Station Oberndorf-Rosenthal GK 9.*
**Rosenweide**, Winsen (Ha 15) 7/8 NW.
**Rosien** in Hannover, Brahlsdorf (BH 18) 1 SO.
**Rositten**, Kobbelbude (PO 48) 2 1/2 SO.
**Rositz**, Uhorsko (OeSt 16) 1 S.
**Rosko**, Filehne (PO 20) 2 SO.
**Roskopow**, Paka (SNV 12) 1/4 N.
**Rosmierka**, Gr.- u. Kl.- (Rosmierz), Kl.-Stanisch (RO 4) 1 3/4 SW.
**Rosnau** (Roznau), *Fl.*, Pohl (KFN 22) 4 SO.
**Rosnig**, Liegnitz 2 SO, Spittelndorf 1/2 SW. (NM 33 u. 34).
**Rosnitz**, Königgrätz (SNV 3) 3/4 NW.
**Rosorka**, Brandeis (OeSt 13) 1/2 NO.
**Rosow**, Tantow (BSt 9) 3/4 NO.
**Rosprunsterh**, Bialosliwo (PO 24) 3 SO.
**Rossau**, Hainichen (SO 57) 3/4 NW.
1 **Rossbach**, Landshut (ByO 10) 6 SO.
2 — Rossbach *Fl.*, Coburg (Th 54) 1 3/4 SW.
3 — Ober-, *Stadt*, Friedberg (MW 18) 3/4 SW.
4 — Nieder-, i. Hessen), Friedberg (MW 18) 3/4 SW.
5 — in Böhm., *Spinnereien u. Färbereien*, Oelsnitz 2 1/2 SO, Adorf 1/2 SW. (SW 78 u. 79).
6 — Naumburg (Th 14) 3/4 N.
7 — Corbetha (Th 16) 1 1/4 W.
8 — bei Schladern, siehe Rosbach.
**Rossberg**, Beuthen (OS 21) 1/4 W.
**Rossbrunn**, Würzburg (Ba 125, ByS 91) 1 1/2 W.
**Rossbüchl**, Liliai (OeSü 72) 1 NO.
**Rossdorf**, Jessnitz (BA 37) 1/4 O.
2 **Rossdorf**, Genthin (BPM 11) 3/4 NO.
3 — *Fl.*, Wernshausen (Th 47) 1 1/2 SW.
4 — Göttingen (Ha 84) 1/2 SW.
5 — Darmstadt (HL 24. MS 5) 1 1/4 O.
**Rossein**, Gross-, Volklingen (Sa 10) 1 S.
**Rossen**, Braunsberg (PO 44) 1/2 N.
**Rossendorf**, Radeberg (SO 14) 1 S.
**Rossfeld**, Maulach (Wü 82) 1/4 SO.
**Rossgarten**, Elbing (PO 39) 1 1/2 NW.
**Rossgraben**, Mixnitz (OeSü 42) 1 1/4.
**Rosshaupten**, Biessenhofen (ByS 17) 3 S.
— in Böhmen, Wernberg 4 1/2 NO, Nürschan 6 1/2 W. (ByO 71 u. BW 6).
**Rosslin**, Ducherow (BSt 54) 1 1/4 W.
**Rossleben**, *Fl.*, Naumburg a. d. Saale (Th 14) 4 1/2 NW.
**Rossleiten**, Wels (KE 31) 10 SO.
**Rossow**, *Dampfmühle*, Löcknitz (BSt 62) 3/4 W.
— Freienwalde i. Pommern (BSt 16) 1 W.
**Rossrein**, Brüsau (OeSt 7) 1/2 S.
**Rossstall**, *Fl.*, Schwabach 1 3/4 NW, Nürnberg 2 SW. (ByS 44 u. 45).
**Rossthal**, Potschappel (SO 43) 3/4 N.
**Rosswaag**, Vaihingen-Sersheim (Wü 8) 1/2 SW.
**Rosswälden**, Ebersbach (Wü 24) 1/2 SW.
**Rosswald**, *Fl.*, Leobschütz (Wi 10) 1 W.
**Rossweiler**, Kronweiler (Sa 39) 1 N.
**Rosswein**, Marburg a. Drau (OeSü 47) 3/4 S.
*Siehe dagegen die Station Rosswein LD 29.*
**Rostas**, Lopeny (OeSü 126) 1.
**Rostau**, Praust (PO 73) 1/2 SO.
**Rostein**, Langenbrück (SNV 21) 1 W.
**Rostig**, Grossenhain (LD 36) 3/4 O.
**Rostin** in Pommern, Belgard (BSt 21) 1/2 W.
— bei Soldin, Cüstrin (PO 8) 5 1/2 NO.
**Rostok** bei Starkenbach, Liebstadtl (SNV 13) 1 SO.
— bei Pürglitz, Beraun (BW 16) 2 1/2 NW.
*Siehe dagegen die Stationen Rostock Mk 1 u. OeSt 29.*
**Roswadse**, Dziesschowitz *H°* (OS 12) 3/4 NW.
**Roszano**, Terespol (PO 29) 1 1/2 SW.
0 **Rotenburg** *(KM 60)*, *Stadt*, Verden (Ha 30) 3 1/4 NO.
*Siehe dagegen Station Rotenburg (HS 4), sowie die Orte u. Stationen Rothenburg.*
**Rotenkirchen**, Salzderhelden (Ha 80) 1 SW.
*Siehe dagegen Rothenkirchen.*
1 **Roth**, Gelnhausen (Bbll 14) 1/4 W.
2 — Au (KM 49) 3/4 SO.
3 — Bingerbrück (Sa 27. Rh 58) 1 SW.
4 — in Baden, Wiesloch 3/4 SW, Langenbrücken 1/2 W. (Ba 6 u. 8).
5 — Ober-, bei München, Maisach (ByS 122) 1 3/4 N.
6 — am See, (Wü 92), *Fl.*, Hall 2 1/2 SO.
7 — Ober-, Hall (Wü 79) 2 SW.
8 — Unter-, Hall (Wü 79) 2 S.
*Siehe dagegen Station Roth ByS 48.*
**Rothacker**, Aarburg 6 Kil, Däniken 4 Kil. (SC 1, 14 u. 11).
**Rothebude**, Altfelde (PO 37) 1 NO.
**Rothe Hütte** bei Elbingerode, *Hüttenw.*, Halberstadt 3 1/2 SW, Thale 2 1/4 W, Harzburg 5 1/2 SO. (MH 9 u. 14. Ba 36).
**Rothem**, Meerssen (AM 7) 1/2 SW.
— Lanacken (AM 9) 2 1/2 N.
**Rottemühl**, Jatznick (BSt 51) 1 W.
**Rothemühle**, Creuzthal (BM 77) 1 W.
— Breslau (OS 1. BF 1. NM 39) 1/2 SO.
**Rothenbach** in Schlesien, Gottesberg (NM 55) 3/4 W.
*Siehe dagegen Station Rothenbach Wü 212.*
**Rothenberg** in Baden, *Stadt*, Wiesloch (Ba 6) 3/4 SO.
— in Württemberg, Untertürkheim (Wü 18) 3/4 O.
**Rothenbergen**, Meerholz (Bbll 15) 3/4 NW.
**Rothenbuch**, 2 *Eisenhammer*, Lohr 1 1/2 SW, Aschaffenburg 2 SO. (ByS 98 u. 102).
1 **Rothenburg** a. d. Tauber (Mittelfranken), *Stadt*, Lehrberg 3 NW, Ober-Dachstetten 2 3/4 SW, Steinach 1 1/4 S, Ilshofen 3 1/2 NO. (ByS 153. 155 u. 157. Wü 81).
2 — in Pommern, Pasewalk (BSt 50) 3/4 NO.
3 — a. d. Saale *(Bergw.)*, Halle (ML 11. BA 18) 2 1/2 NW, Bernburg (MH 32) 2 S.
4 — an der Neisse (Lausitz), Uhsmannsdorf (BG 14) 3/4 O, Soran (NM 22) 5 SW, Görlitz (BG 15) 3 N, Penzig (NM 40) 2 SW.
5 — a. Oder *(BF 35)*, *Stadt*, Soran (NM 22) 8 NO, Glogau (OS 43, NZ 1) 8 1/2 NW.
6 — (Rostarzewo) *Stadt*, Alt-Boyen 4 1/2 NW, Kosten 4 1/2 NW. (OS 41 u. 45).
*Siehe ausserdem die Station Rothenburg der Schweizerischen Centralb., die Orte (Stat.), Rotenburg u. Rottenburg.*
**Rothenfels**, *Fl.*, Würzburg 4 NW, Retzbach 2 W, Lohr 1 3/4 S. (ByS 91, Ba 125, ByS 94 u. 98), Wertheim (Ba 141) 2 N.
*Siehe auch Station Rothenfels Ba 214.*
**Rothenfluh** (Schweiz), Sissach (SC 1, 7) 1 1/4 SO.
**Rothenfurth**, Freiberg i. Sachs. (SO 51) 1 N.
1 **Rothenkirchen**, Burghaun (Bbll 4) 1/2 N.
2 — Burghaun (Bbll 4) 3/4 S.
3 — *Fl.*, Stockheim (ByS 222) 1 1/4 N.
4 — Schnenberg 1 1/2 SW, Auerbach 1 NO. (SW 55 u. 73).
**Rothemünde**, *Glashütte*, Höxter (Wf 42) 1 SW.
**Rothen-Schirmbach**, Eisleben (ML 22) 1 SW.
**Rothensee**, Hersfeld (Bbll 2) 1/2 SO.
— Magdeburg (ML u. MH 1) 1 N.
**Rothenstadt**, *PH (ByO 72a)*, Weiden 1/2 S, Luhe 1/2 N. (ByO 71. 72).
**Rothhof**, Marienburg (PO 36) 1/2 SO.
**Rothholz** in Tirol, Jenbach (OeSü 183) 1/4.
**Rothkirch**, Liegnitz (BF 23. NM 33) 1 SW.
**Rothkirchen**, Weisskirchen (OeSt 126) 3/4 NW.
**Roth-Kosteletz** in Böhmen siehe Kostelitz.
**Rothkretscham**, Breslau (OS u. BF 1. NM 39) 1/2 SO.
**Rothlhota**, Lobositz (OeSt 38) 3/4 W.
**Rothmühl**, Mährisch-, *Fl.*, Greifendorf (OeSt 8) 1/2 NW.
**Rothnaussitz**, Bischofswerda (SO 17) 1 NO.
**Roth-Neusiedl**, Schwechat-Kledering (OeSt 55) 3/4 W.
**Rothreischitz** (Rothrecic), *Stadt*, Prag (BW 22) 12 SO, *Iglau (OeNW) 4 1/2 NW.
**Rothrist**, Siederwyl (SC 1, 26) 2 Kil.
**Rothselberg**, Altenglan (Pf 62) 1/4 S.
**Rothspalk**, Lalendorf (FF 2) 3/4 SO.
**Rothsürben**, Ohlau 2 1/4 NW, Breslau 2 S. (OS 4 u. 1).
**Rothwasser** i. Schlesien, Heide-Gersdorf 1 1/2 NW, Kohlfurt 1/2 S. (NM 42 u. 26).
— Böhm. Landskron (OeSt 50) 2 1/4 NW, Hohenstadt (OeSt 48) 3 NW.
**Rothweil**, Nieder- u. Ober-, Riegel (Ba 36) 2 SW.
**Rothwein** in der Steiermark, Marburg a. Drau (OeSü 57) 1/2 SW.
**Rothwesten**, Mönchehof (HS 12) 3/4 O.
**Rott**, Weilheim (ByS 108) 2 NW.
— Hennef (KM 46) 3/4 SW.
**Rotta**, Wittenberg (BA 9) 1 1/2 SW.
**Rottan**, Bernau (BSt 2) 1/2 SO.
**Rottenacker**, *Ehingen (Wü 172) 3/4 SW.
**Rottenbach**, Grieskirchen (KE 47) 2 SW.
**Rottenbauer** in Baden, Reichenberg (Ba 123) 3/10 S, Heidingsfeld (Ba 124) 1/2 SW.
**Rottenberg** in Steiermark, St. Lorenzen (OeSü 157) 3/4.
**Rottenburg**, *Stadt*, Landshut 3 N, Neufahrn bei Ergoldsbach 2 SW. (ByO 10 u. 13).
**Rottendorf**, Freihöls 1 NO, Nabburg 1 1/4 W (ByO 31 u. 60).
*Siehe dagegen Station Rottendorf ByS 90.*
°**Rottenmann** *(KR 16)*, *Stadt*, Weis (KE 31) 16 SO, Bruck a. Mur (OeSü 40) 12 1/2 NW.
— Strasskirchen (ByO 40).
**Rottenstadt**, Luhe (ByO 72) 3/4 N.
**Rotthalmünster**, *Fl.*, Landshut 12 SO, Vilshofen 5 S, Passau 4 1/2 SW. (ByO 10 55 u. 58).
**Rotthausen**, Gelsenkirchen (KM 14) 1/4 NW.
**Rottleben**, *Sondershausen (NE 4) 1 1/4 SO.
**Rottleberode**, Rossla (ML 26) 2 NW.
**Rottmersleben**, Magdeburg (ML u. MH 1) 2 3/4 NW.
**Rottow**, Belgard (BSt 21) 2 O.
**Rottorf**, Winsen (Ha 15) 1 1/2 SO.
**Rottum**, Ummendorf (Wü 43) 1 SO.
**Rottwernsdorf**, Pirna (SO 5) 3/4 S.
**Rotzel**, Laufenburg (Ba 64 u. 65) 1/2 N.
**Rotzis**, Grünau (BG 2) 1 SW, Königs-Wusterhausen (BG 3) 1 1/2 NW.
**Rouhanin**, Lettowitz (OeSt 0) 1 NO.
**Rovern**, Moravan (OeSt 17) 1/2 N.
**Rovensko** (Rowensko), *Fl.*, Turnau (SNV 17. TKP 12) 1 1/2 SO.
**Rovigno**, *Stadt*, T Triest (OeSü 89) 9 S.
**Rowenupole**, Miastezko (PO 23) 1 W.
**Roxel**, Münster (Wf 20) 1 W.
**Roxheim**, Bodenheim (HL 9) 1/2 S.
**Roydorf**, Winsen (Ha 15) 3/4 S.
**Royn**, Spittelndorf (NM 34) 1 SO.
**Rozdialowitz**, *Fl.*, Strassow-Kruska *H°* (TKP 7) 1 1/2 SO.
**Rozdol**, *Fl.*, Borynice 2 SW, Grodek 5 SO (LCJ 6 u. 26).

**Rozmitál** (Rosenthal), Rokitzan (BW 11) 3½ SO.
**Roznau** bei Pohl siehe Rosnau.
**Roznow** in Böhmen, Semil (SNV 5) ½ SW.
— in Galizien, Jezupol (LCJ 12) 1½ SO.
— Zablotow (LCJ 17) 2 NW.
**Rożnowa**, Wieliczka (GCL 3) ¼ SO.
**Rozolup**, Nürschan (BW 6) ¾ NO.
**Rozwadów**, *Stadt*, Rzeszow (GCL 16) 8 N.
**Rsep**, Hostiwitz (Ba 5) ¾ SO.
**Rubkow**, Anklam (BSt 55) 1¼ O.
**Rubring**, Sct. Valentin (KE 24, KR 1) ¼ N.
**Ruchelbad**, Waldshut (Ba 68) ¾ SW.
**Ruchheim**, Oggersheim (Pf 18) ½ SW.
**Ruckenstein**, Lichtenwald (OeSü 42) ½.
**Ruda** *mit Strychowacer Mühle u. Burna*, Lemberg (GCL 29, LCJ 1) 1 W.
Chodorów 1½ S, Burztyn 4 S. (LCJ 7 u. 10).
Borynlee (LCJ 6) 1 SO.
*Siehe dagegen die Stationen Ruda OS 19 u. Warschau W. 1, 4.*
**Rudelsdorf**, Ober- u. Nieder-, Görlitz (BG 15) 1¼ SO.
*Siehe dagegen Station Rudelsdorf OeSt 51.*
**Rudelstadt** in Schlesien, *Fl.*, Jannowitz ½ SO, Märzdorf ½ NW. (SM 51 u. 52).
**Ruden**, Bialosliwe (PO 21) 2½ NW.
Schulitz (PO 65) ¼ SW.
**Rudenbach**, Freiburg i. Baden (Ba 39) 4½ O.
**Ruderatshofen**, *PH (ByS 16)*, Biessenhofen ½ S, Aitrang ¼ N. (ByS 15. 17).
**Rudersberg**, Schorndorf (Wü 105) 1 N.
**Rudersdorf**, Molnari (OeSü 103) 5.
**Ruderswalde**, Annaberg in Schlesien (Wi 8) ¼ NW.
**Rudig** in Böhmen, *Stadt*, Pilsen (BW 8, KFJ 39) 7 N, Annaberg (SW 70) 8 SO, Dux (AT 9) ca 10 SW.
**Rudits**, *Bergwerk*, Blansko (OeSt 3) 1 O.
**Rudki**, *Stadt*, Grodek (GCL 26) 3 SW.
**Rudlacken**, Norkitten (PO 57) 1 NO.
**Rudmersbach**, Neuenbürg (Wü 211) ½ NW.
**Rudnik**, Ratibor (Wi 5) 1 NW.
**Rudniki**, Zablotów (LCJ 17) 1½ SW.
**Rudnó**, Rudzinitz (OS 15) ½ SO.
**Rudolfowitz**, Liebstadtl (SNV 13) ¾ SW.
**Rudolfsheim**, Meidling *H* (OeSü 4) ½.
**Rudolfstetten**, Dietikon (SNO 2, 22) 1 S.
**Rudolfsthal**, Reichenberg i. Böhm. (SO 38, SNV 22) ¾ NO.
**Rudolstadt**, *Stadt*, T Weimar (Th 10) 4 S, Eisfeld (Th 83a) 6½ NO, Reuth i. Sachs. (SW 18) 8 NW.
**Rudow** bei Berlin, Grünau (BG 2) ½ SW.
**Rudupönen**, Judschen (PO 59) ¾ O.
**Rübeland**, *Hütten*., Halberstadt 3½ SW, Thale 2 W. (MH 9 u. 14).
**Rübenach**, Coblenz (Rh 52) ¾ W.
**Rübenau**, Wolkenstein (SW 67) 3 O.
**Rüblanden**, Ottensoos (ByO 41) ¾ SW.
**Rübsen**, Schkeuditz (ML 13) ½ SW.
**Rückers**, Frankenstein (BF 11) 4 SW.
— Hünfeld (Bbll 5) ½ S.
Flieden (Bbll 6) ½ S.
**Rückersbach**, Dettingen (FH 8) ¾ O.
**Rückersdorf**, Röthenbach (ByO 43) ½ N.
Sprottau (SZ 5) 1½ N.
bei Stolpen in Sachsen, Bischofswerda (SO 17) 1¼ SW.
Ronneburg (SW 87) ¼ SO.
**Rückershausen**, Diez 1¼ SO, *Hahnstätten ½ S. (Na 20 u. 44).
**Rückingen**, Hanau (Bbll 17, FH 5) ¼ NO.
**Rüdenhausen**, *Stadt*, Markt-Einersheim (ByS 173) 1¼ NO.
**Rüdersdorf**, Erkner (SM 5) 1¼ NO.
**Rüdershausen**, Northeim (Ha 81) 3½ SO.
**Rüdesheim**, Creuznach (Ra 22) ¼ W.
*Siehe dagegen Station Rüdesheim Na 10.*
**Rüdigershagen**, *bed. Viehhandel*, Gernrode (ML 31) 1 S.
**Rüdigheim**, Hanau (Bbll 17, FH 5) 1½ NO.
**Rüdigsdorf**, Nordhausen (ML 28) ¾ N.
**Rüdisbach**, Wynigen 4 Kil., Riedtwyl 3 Kil. (SC 1, 33 u. 32).
**Rüdlingen**, Neuhausen (Ba 76) 1¼ SW.

**Rüdnitz**, Alt-, Freienwalde a/O. (BSt 49) 1½ NO.
— Neu-, Freienwalde a/O. 1½ O, Wrietzen a/O. 1 N. (BSt 49 u. 67).
— Bernau bei Berlin (BSt 2) ½ SO.
**Rügenwalde**, *Stadt*, Cöslin (BSt 24) 6 NO.
**Rüegsau**, Burgdorf (SC 1,34) 7 Kil.
**Rühle**, Stadtoldendorf (Ba 2) 1½ NW, Holzminden (Ba 1, Wf 43) 2 NO.
**Rühn**, Bützow (Mk 3) ¾ SW.
**Rülzheim**, Germersheim (Pf 33) 1¼ S.
**Rülzow**, Labes (BSt 18) 2½ O.
**Rümlingen**, Sommerau (SC 1,8) 2 Kil.
**Rümmelsheim**, Bingerbrück (Rh 58, Na 27) ¾ S.
**Rümmingen**, Lörrach (Ba 208) ¼ N.
**Rümpel**, Oldesloe (LB 10) ½ SW.
**Ründeroth**, *Eisenhammer*, Mülheim a/Rh. (BM 100, KM 3) 5 O.
**Rünenberg**, Sommerau (SC 1,18) 3 Kil.
**Rüngsdorf**, Bonn (Rh 42) 1½ SO.
**Rüper**, Peine (Ha 66) 1½ NO.
**Rüppurr**, i. Baden, Carlsruhe (Ba 14) ½ S.
**Rüscheid**, Neuwied (Rh 51) 1¼ NO.
**Rüschlikon**, Zürich (SNO 2,10) 1½ S.
**Rüsdorf**, bei Lichtenstein, St. Egidien (SW 23) ¼ SW.
**Rüsslingen**, Mossheim (HL 39) 1½ W.
**Rüstern**, Liegnitz (BF 23, NM 33) ½ N.
**Rüstringersiel**, Heppens (Ol 17) 1 N.
**Rüstungen**, Heiligenstadt (ML 33) 1½ S.
**Rüstwyl**, *Stadt*, Albbruck (Ba 66) 1 W.
**Rütenbrock**, Kellerberg *H*° (Wf 29) 2 NW.
**Rüthen**, *Stadt*, Gesecke 2½ SW, Lippstadt 3 S. (Wf 9 u. 10).
Alten-, Gesecke (Wf 9) 2 S.
**Rüthi**, Uttigen (SC 1,46) 13 Kil.
**Rüti** bei Büren, Grenchen 6 Kil, Pieterlen 8 Kil. (SC 1,54 u. 1,55).
**Rützenhagen**, Schivelbein (BSt 19) 1½ W.
**Rützow**, Degow (BSt 43) 1 O.
**Rüxleben**, *Kl.-Furra ½ N, Wolkramshausen ½ SO. (ML 28a).
**Rugiswalde**, Bischofswerda (SO 17) 2½ SO.
**Ruhla**, *Fl.*, *Fabriken*, Eisenach (Th 3 u. 43) 1½ SO.
*Ruhland i. Preuss. Sachs., *(Cl 5)*, *Stadt*, Grossenhain (LD 35) 4 NO.
**Ruhlsdorf**, Gr.-Beeren (BA 2) ¼ SW.
Luckenwalde (BA 5) ½ N.
**Ruhmannsfelden**, *Fl.*, Deggendorf 2½ N. (D 1).
**Ruhnow**, Wangerin (BSt 17) ½ W.
**Ruhrberg**, Aachen (AM u. BM 1, Rh 4) 3½ SO.
**Ruhr u. Rhein** ✕ (s. d. Bahn), Ruhrort (KM 35) 0,2 O.
**Ruhstorf**, Landshut (ByO 10) 5¾ SO.
**Rum** i. Tirol, Hall (OeSü 106) ½ W.
— *Fl.*, Molnari (OeSü 103) 1 NO.
**Ruma**, *Fl.*, T Gr.-Kikinda (OeSt 114) 16 SW.
**Rumeln**, Uerdingen (Rh 86, BM 21) ¼ NO.
**Rumendingen**, Wynigen (SC 1,33) 2 Kil.
**Rummelsburg**, Cöslin (BSt 24) 7½ SO.
*Siehe dagegen Rummelsburg PH° der SM 2.*
**Rummen**, St. Trond (Grand-Centr. Belg. 2.16) 1½ N.
**Rumpenheim**, Mainkur (FH 2) ½ O.
**Rumpsdorp**, Landen (Grand-Centr. 19) ½ NW.
**Runau**, Schönlanke (PO 21) 1½ SW.
**Rundewiese**, Czerwinsk (PO 32) 4½ SO.
**Rundling**, Kothmaissling (ByO 65) ¼ S.
**Runowo**, Nakel (PO 26) 4 SW.
**Runstädt**, Ober- u. Nieder-, Merseburg (Th 17) 1½ SW.
**Rundstedt**, Boddenstedt (Ba 30) ½ N.
**Rupert**, St.-, Markt-Tüffer (OeSü 65) 1.
**Ruploh**, Soest (Wf 13, BM 56) ½ SW.
**Ruppau**, Staukau (BW 4) 1½ O.
**Ruppendorf**, Sorau (NM 22) 1½ SW.
**Ruppenheim**, Oos (Ba 19) 1 NO.
**Ruppersdorf**, Reichenberg i. Böhm. (SO 38, SNV 22) ½ NO.
i. Böhmen bei Braunau, Skalitz (SNV 23) 4 NO, Waldenburg (NM 57) 2½ S.

**Ruppersdorf**, Semil (SNV 14) 1 NO.
— Hohen-, Gänserndorf (KFN 5) 2½ N.
Nieder u. Ober-, Herrnhut (SO 39) 1½ SW.
**Ruppertenrod**, Giessen (KM 61, MW 14) 3½ O.
**Ruppertsberg**, Deidesheim (Pf 52) ½ NO.
**Ruppertsburg**, Giessen (KM 61, MW 11) 3½ SO.
**Ruppertsgrün**, Werdau (SW 9) ¾ S.
— bei Elsterberg, Herlasgrün (SW 13) ¾ W.
**Ruppertshofen**, St. Goarshausen (Na 11) 1 NO.
**Ruppertshütten**, Partenstein (ByS 90) ¾ N.
**Ruppichteroth**, *(Stat. der Bröltalbahn)*, Hennef (KM 46) 2½ NO.
**Ruppin**, Alt-, *Stadt*, Neustadt a. D. (BH 7) 3½ NO.
— Neu-, *Stadt*, Neustadt a. D. (BH 7) 3½ NO.
**Rupprechtsreuth**, Parksteinhütten (ByO 74) 1 SO.
**Rupprechtstegen**, Hersbruck (ByO 40) 1½ NO.
**Rupprecht**, St.-, a. d. Raab, *Fl.*, Graz (GK 1, OeSü 48) 4 NO.
**Rusbend**, Bückeburg (Ha 47) 1 NO.
**Ruschberg**, Heimbach (Sa 40) 1 NO.
**Ruschendorf(f)**, Schönlanke (PO 21) 3½ NW, Woldenberg (OS 55) 5½ NO.
**Ruschinowitz**, Tworog (RO 10) 2 NO.
**Ruslatycze**, Borynlee (LCJ 6) 2 SO.
**Ruslec**, Nakel (PO 26) 3½ SW.
**Russ**, Tilsit (Tl 1) 5 NW.
*Siehe auch Station *Russ St 18.*
**Russbach**, Gross-, *Fl*, Korneuburg (KFN 44) 2 NO.
Nieder- u. Ober-, Stockerau (KFN 46) 2 NW.
i. Baden, Thiengen (Ba 69) ½ NO.
**Russdorf** bei Ostritz, Zittau (SO 33) 2 NO.
Görlitz (SO 27, BG 15) 2½ SW.
Schmölln 1½ S, Nöbdenitz *H*° 1½ SO (SW 85 u. 86).
bei Limbach, Hohenstein-Ernstthal (SW 42) ¾ NO.
**Russheim**, Carlsruhe (Ba 14) 1 N.
**Russikon**, Uster (VS 3,51) 1½ N.
**Russoczin**, Praust (PO 73) ½ S.
**Russów**, Salatyn (LCJ 18) 1½ N.
**Russowa-marje**, Jam (OeSt 128) 2 S.
-mik, Jam (OeSt 128) 2½ S.
**Ruswyl**, Nottwyl (SC 1,21) 1 S.
**Rust** i. Baden, *Fl.*, Orschweier (Ba 33) ¼ SW.
i. Ungarn, *Stadt*, Oedenburg (OeSü 97) 2 NO.
**Ruthe**, Sarstedt (Ha 74) ½ SW.
**Rutki**, Nakel (PO 26) ½ O.
**Ruwer**, Trier (Sa 22) 1 NO.
**Ruzdwiany**, Bursztyn (LCJ 10) ½ O.
**Rwacow**, Liebstadtl (SNV 13) ½ SW.
**Rybinnec**, Terespol (PO 29) 2½ SO.
**Rybitwy**, Krakau (GCL 1, KFN 41) 1 SW.
**Rybna**, Friedrichshütte (RO 11) ca ½ N.
**Rybotycze**, *Stadt*, Przemysl (GCL 22) 3 SW.
**Rybowo**, Bialosliwe (PO 24) 2½ SO.
**Ryburg**, *Saline*, Rheinfelden (Ba 59) 1 S.
**Rychnowek**, Josefstadt (SNV 6) ¾ O.
**Ryrkenbach**, Winterthur (SNO 2,13) 1½ NO.
**Ryczywol**, *Stadt*, Samter (OS 50) 4½ NO.
**Rykon-Illnau**, Effretikon (SNO 2,15) ½.
**Rymanów**, *Stadt*, Przemysl 13½ SW, Rzeszow 12 S. (GCL 22 u. 16).
**Rynarzewo**, *Stadt*, Nakel 3 SO, Bromberg 2 SW. (PO 26 u. 27).
**Rynsk**, Terespol (PO 29) 3 SO.
**Rysum**, Emden (Wf 38) 2½ N.
**Rzadkowo**, Miasteczko (PO 23) 1 W.
**Rzeckowitz**, Brünn (OeSt 1) 1 N.
**Rzedzin**, Tarnow (GCL 10) ½ O.
**Rzenskowo**, Bialosliwo (PO 24) ¼ NO.
**Rzesna Poln.-**, Lemberg (LCJ 1) 1½ NW.
Russisch-, Lemberg (LCJ 1) 1 SW.
**Rzidka**, Dobrichowitz (BW 19) ½ SO.

## S.

**Saabor**, Gr.-, Nimkau (NM 37) ½ N.
bei Grünberg, *Fl.*, Glogau (NZ 1) 5 NW, Sorau (NM 22) 7 NO.
**Saager**, Belgard 1 SW, Cörlin 1½ S. (BSt 21 u. 41).
**Saageritz**, Langenberg *H*° (LD 19) ½ NO.

**Saal** i. Bayern, *Fl.*, Schweinfurt (ByS 84) 4 NO, Hildburghausen (Th 53) 3½ SW.
i. d. Rheinprov., St. Wendel (Sa 43) ¾ O.
**Saalau** bei Danzig, Praust (PO 73) 1½ SW.
in Ostpreussen, Norkitten (PO 57) ½ N.

**Saalau**, Gr.-, bei Friedland i. Ostpreussen, Lindenau (PO 53) 3 S.
**Saalburg** i. Reuss, *Stadt*, Reuth i. Sachs. (SW 18) 2½ NW, Mehltheuer (SW 16) 2½ SW, Hof (SW 20) 4 NW.
**Saaleck**, Kösen (Th 13) ½ S.

**Saalfeld** i. Ostpreussen, *Stadt*, ✉ T Elbing 6½ SO, Güldenboden 4¾ SO. (PO 39 u. 40).
i. Sachs.-Mein., *Stadt*, ✉ T Reuth in Sachs. (SW 18) 7 NW, Gera (SW 88, Th 31) 8 SW, Weimar (Th 10) 5 S, Eisfeld (Th 53a) 5 NO, Sonneberg (Th 61) 5 NO.
**Saalfelden**, *Fl.*, ✉ Salzburg (KE 45) 7 SW, Wörgl (OeSü 160) 9 O.
**Saalhausen** bei Dresden, Potschappel (SO 13) ½ W.
Oschatz (LD 9) ¼ S.
**Saanen**, *Fl.*, Thun (SC 1,47) 10 SW.
**Saar**, *Stadt*, ✉ Brünn (OeSt 1) 8½ NW, Pardubitz (OeSt 18, SNV 1) 7 SO, Zwittau (OeSt 9) 8 SW.
**Saar** i. Ungarn, Hatvan (UN 10) 4½ NO.
**Saara** i. Schles., D.-Lissa (NM 38) ½ W.
bei Altenburg, Schmölln (SW 85) ca ¾ N.
**Saarawenzl**, D.-Lissa (NM 38) 1 NW.
**Saarbeck**- ✉ Ibbenbüren (Ha 81) 1¼ SW.
**Saarmund**, *Stadt*, ✉ Potsdam (BPM 5) 1½ SO, Trebbin (BA 4) 2 NW.
**Saarn**, ✉ Mülheim a. d. Ruhr (BM 88, Rh 80) ½ S.
**Saarow**, Fürstenwalde (NM 7) 1 S.
**Saarwellingen**, Saarlouis (Sa 13) ¾ NO.
**Saaten**, Hohen-, Freienwalde a. O. 1½ NO, Angermünde 3½ O. (BSt 49 u. 6).
**Saathayn** bei Liebenwerda, Jacobsthal (BA 25) 1½ NO.
**Saatz**, Halban (NM 24) ¼ N.
**Saatzig**, Trampke (BSt 15) 1½ S.
**Saaz**, *Stadt*, ✉ T Teplitz 6 SW, Dux 5 SW, Brandeisl 7 NW (AT 6 u. 9, Bn 12).
**Sab**, Hatzfeld (OeSt 116) 1½ S.
**Sabbionaro** i. Tirol, Avio (OeSü 216) ¼.
**Sabel**, Schwaan (Mk 2) 1 O.
**Sabitz**, Haynau (NM 31) 1¾ NO.
**Sabiat** i. Böhmen, Wodnian (KFJ 26) 3½ SW.
**Sablath** i. Schlesien, Sommerfeld (NM 19) 1½ O.
**Sabschütz**, Leobschütz (Wi 10) ¾ NO.
**Sabudowna**, Wartubien (PO 31) 1 N.
**Sacco**, Roveredo (OeSü 213) ½ W.
**Sacherwitz**, Breslau (NM 39) 1 SO.
**Sachsa**, *Stadt*, ✉ Nordhausen (ML 28) 3 NW.
**Sachsdorf** bei Guben, Jessnitz (NM 18) ½ NO.
**Sachseln**, Luzern (SC 1,25) 27 Kil. SW.
**Sachsenberg**, *Stadt*, ✉ Marburg (MW 11) 5¼ N, Bonenburg (Wf 2) 8½ SW.
**Sachsenburg** i. Sachsen, Oberlichtenau (SW 30) ¼ NO, Frankenberg (SO 56) ¾ N.
i. Kärnten, *Fl.*, ✉ Villach (OeSü 171, KR 39) 5 NW.
**Sachsendorf**, i. Sachsen-Meiningen, Eisfeld (Th 53a) ½ NO.
i. Sachsen, Dorfreichenbach *H*° (LD 7) ½ S.
(*Zuckerfabr.*), Golzow 1½ SW, Cüstrin 2 SW, Podelzig 1 NW. (PO 7, 8 u. 69).
**Sachsenfeld** i. Steierm., *Fl.*, ✉ Cilli (OeSü 64) 1 NW.
Kl.-, Pest (OeSt 95) 1 S.
Ober- u. Unter- (i. Sachsen), Schwarzenberg (SW 58) ½ N.
**Sachsenhagen**, *Stadt*, ✉ Lindhorst (Ha 44) ½ NW.
[1]**Sachsenhausen**, Wertheim (Ba 141) ½ S.
[2] i. Waldeckschen, *Stadt*, ✉ Cassel (MW 1) 5½ W, Wabern (MW 5) 5 NW, Bonenburg (Wf 2) 6 S.
[3] Weimar (Th 10) ¾ NO.
*Siehe auch Station Sachsenhausen (Vorstadt Frankfurt a/M.) MN 18.*
**Sachsenheim**, Klein-, Gross-Sachsenheim (Wü 9) ½ NO.
**Sachsenroda**, Ronneburg (SW 87) 1½ N.
**Sachswerfen**, Ober-, Nordhausen (ML 28) 1 NW.
**Sack**, Alfeld (Ha 77) ½ NO.
**Sacka**, Radeberg (SO 14) 2½ NW.
**Sackrau**, Breslau (NM 39) 1½ NW.
**Sackrau-Turawa**, Malapane (RO 3) 1½ N.
**Sadagóra**, *Fl.*, ✉ T Czernowitz (LCJ 22) ½ NO.
**Sadelberg**, Freienwalde in Pomm. (BSt 16) 1 NO.
**Sadowa**, Königgrätz (SNV 3) 1 NW.
**Sadska**, *Stadt*, ✉ Böhm.-Brod 1½ NO, Podiebrad ½ NW, Jungbunzlau 4½ SO. (OeSt 24 u. 23. TKP 8).
**Säckingen**, Ober-, Säckingen (Ba 62) ½ O.
**Saebischdorf**, Schweidnitz (BF 16) ½ N.
**Säckten**, Laufenburg (Ba 64 und 65) 2 N.
**Sägewitz**, Kl.-, Breslau (NM 39) 1½ SO.
**Sälzer u. Neuack**, ⚒ (an der Bahn) Essen (BM 85) 0,2 NW.
**Sänitz**, *Papierfabr.*, Uhsmannsdorf (BG 14) 1¼ NO Rauscha (NM 25) 2 W.

**Saerbeck**, ✉ Greven 1¼ N, Emsdetten 1½ SO. (Wf 21 u. 22).
**Särchen**, Gr.-, bei Triebel ✉ Sorau (NM 22) 3¾ SW, Spremberg (BG 10) 3 O.
Gr.-, bei Wittichenau, Bautzen (SO 20) 2¼ NW, Spremberg (BG 10) 3 SW.
in Sachsen, Bautzen (SO 20) 1⅝ NO.
**Särichen**, Görlitz 2½ NW, Uhsmannsdorf 1¼ S. (BG 15 u. 14).
**Säusenstein**, Krummnussbaum ½ SW, Kemmelbach ½ N. (KE 17 u. 18).
**Safenwyl**, Aarburg (SC 1, 14) 1¼ O.
**Saffig**, Andernach (Rh 50) 1 S.
**Safnerern**, Biel (SC 1, 56) 7 Kil.
**Safnitz**, Laibach (OeSü 76) ⅝.
**Sagar**, Weisswasser (BG 12) 1½ NO.
Deutsch-, Sommerfeld (NM 19) 4¼ NO.
Wendisch-, Sommerfeld (NM 19) 4¼ NO.
**Sagard**, *Fl.*, ✉ T Stralsund (BSt 59) 5¼ NO.
**Sagast**, Karstaedt (BH 12) 2½ NO.
**Sageritz**, Langenberg ¼ NO, Riesa ¾ NO. (LD 13 u. 11).
**Ságh Puszta**, Raab (OeSt 89) 1¾ SO.
**Sághalomalja**, Raab (OeSü 69) 2 SO.
**Sagon**, Adelsberg (OeSü 80) ¾ NW
*Siehe dagegen Station Sagor. (OeSt 70).*
**Sagorle**, Steinbrück (OeSü 67) 2½ O.
**Sagorsz**, ✉ Danzig (PO 74) 4 NW.
**Sagschütz**, D.-Lissa (NM 38) 1¼ SW.
**Sagurle** in Krain, ✉ St. Peter (OeSü 82) ½.
**Sagvar**, Siofok (OeSü 125) 1 S.
**Sahlendorf**, Gr.-Schönau (SO 41) ¼ SO.
**Sahlis**, Borna (SW 93) 1¼ SO.
**Sahms**, Schwarzenbeck (BH 21) ¾ NO.
**Sahrendorf**, Winsen (Ha 15) 2¾ SW.
**Saida**, *Stadt* in Sachsen, ✉ siehe Sayda.
**Saidschütz**, *berühmte Bitterwasserquelle*, Teplitz 4 SO, °Brüx 1½ S. (AT 6. 12).
**Saigerhütte**, *Bergw.*, Eisleben (ML 22) 2 S.
**Saignelegier**, Biel (SC 1, 56) 6 NW.
**Sailauf**, Aschaffenburg (FH 10) 1½ NO.
**Sajan**, Gr.-Kikinda (OeSt 114) 2 W.
**Sajtos Kál**, ✉ Bück (OeSü 100) 1 NO.
**Sakalowatz**, Weisskirchen (OeSt 128) 1 SW.
**Salaberg**, Oesterr. u. Enns, Haag (KE 23) ½ SW.
**Salach**, Eislingen (Wü 27) ¼ SO.
**Salámon**, Raab (OeSt 69) 6 S.
**Salbach**, Geiselhöring (ByO 16) 1 SO.
**Salcano**, Görz (OeSü 176) ½ N.
**Salchendorf**, Neunkirchen (KM 53) ½ NO.
**Salchow**, Anklam (BSt 55) 1 O.
**Salder(n)**, ✉ Wolfenbüttel (Hs 24a) 2¼ SW.
**Salem** in Baden, ✉ T Ravensburg (Wü 50) 3 W.
in Lauenburg, Ratzeburg (LB 4) 1 SO.
**Salern**, Walhallastrasse (ByO 23) ¼ NW.
**Salesche**, Dzieschowitz (OS 12) 1½ SO.
Kandrzin (Kosel) (Wi 1) 1 NO.
**Salesni**, Laskowitz (PO 30) 2 NW.
**Sallach**, Cilli (OeSü 64) ½.
**Sallmannskirchen**, Landshut (ByO 10) 4½ SO.
Landshut (ByO 10) 4¾ SW.
**Sallneck** i. Baden, Steinen (Ba 210) 1¼ NO.
**Salló**, Nagy-, *Fl.*, Perbete (OeSt 86) 3 O.
**Salloch**, Adelsberg (OeSü 80) ¾ SW.
*Siehe dagegen Stat. Salloch der OeSü 75.*
**Salmow**, Wangerin (BSt 17) 2½ NW.
**Salnay**, Josefstadt (SNV 6) ½ N.
**Salno**, Wartubien (PO 31) 3½ SO.
**Salomonsborn**, °Gispersleben-Viti (NE 11) ¼ SW.
**Saltendorf**, Pfreimt (ByO 70) ⅝ NW.
**Salzschen**, Staab (BW 5) ½ NO.
**Salvator**, St.-, Vilshofen (ByO 55) 2 S.
St.- in Kärnten, *Eisenwerk*, Friesach (KR 31) 1 NW.
**Salvey-Mühlen**, Tantow (BSt 9) ½ SO.
**Salza**, Nordhausen (ML 28) 1 NO.
**Salzbrunn**, *Bad*, ✉ T Dittersbach (NM 56) 1 N, Freiburg (BF 8) ¾ SW, Waldenburg (NM 57) 1 N.
**Salzdahlum**, Wolfenbüttel ⅝ NO, Braunschweig ½ SO. (Bs 24a u. 25).
**Salzdetfurt**, *Fl.*, ✉ Hildesheim (Ha 70) 1½ S.
**Salzenforst**, Bautzen (SO 20) ¾ NW.
**Salzfurth** (*Brennereien*), Raguhn (BA 30) ½ SW, Steinsdorf (ML 9) 1½ NO.
**Salzhausen**, *Fl.*, ✉ Lüneburg (Ha 13) 3½ W, Winsen (Ha 15) 2⅝ S.
bei Nidda, *Saline etc.*, ✉ Friedberg (MW 18) 2¾ NO.
**Salzhemmendorf**, *Fl.*, ✉ Elze (Ha 73) 1½ SW.
**Salzig**, Boppard (Rh 51) ½ SO

**Salzmünde**, *Fabriken*, ✉ T Halle (ML 11) 1½ NW, Teutschenthal (ML 20) 1 SO
**Salzschlirf**, *Bad*, Neustadt (MW 9) 4¾ SO, Fulda (BbH 6) 2 NW.
**Salzuffeln**, *Stadt*, ✉ Herford (KM 29) 1 SO.
°**Salzwedel** (*MH*), *Stadt*, ✉ T Brehausen (MH 35) 5 W, Uelzen (Ha 10) 6 SO.
**Sambleben**, Schöppenstedt (Bs 22) ½ NO.
**Sambor**, *Stadt*, ✉ T Przemysl (GCL 22) 8¾ SO.
**Samitz**, Haynau (NM 31) 1 NO.
**Sammenthin**, Arnswalde (OS 57) ½ SW.
**Samobor**, *Fl.*, ✉ Zapresic 1½ SO, Kane 2 SO, Agram 2¾ O. (OeSü 146, 145 u. 148).
**Samoklesk**, Nakel (PO 26) 1¼ SO.
**Samostrezel**, Osiek (PO 25) 1½ O, Nakel (PO 26) 1¼ W.
**Samoszyn**, *Stadt*, ✉ T Bialosliwe (PO 21) 1 S.
**Samsan**, ✉ Debreczin (Ts 11) 2¾ NO.
bei Marczali, Komarvaros (OeSü 119) 4 SO.
**Samswegen**, Wolmirstedt (MH 17) ⅝ W.
**Samtens**, ✉ Stralsund (BSt 59) 2 NO.
**Sancz**, Kanizsa (OeSü 100) ½.
**Sancsa-Körös**, Mezo-Berény s. Körös-Sancsa.
**Sand** in Baden, Kork (Ba 156) ¾ SO.
in Ungarn, ✉ Kanizsa (OeSü 109) 1½ SO.
**Sandau**, *Stadt*, ✉ T (*demn. Stat.*), Böhm. Leipa (BN 8) 1½ NW, Bodenbach (BN 20) 2 SO.
bei Königswart, *Stadt*, ✉ Eger (ByO 87) 2 SO.
*Stadt*, ✉ Glöwen (BH 9) 1¾ S.
**Sandbach** in Hessen, Dieburg (HL 26) 1½ O.
**Sandbank**, ⚒ Ueberruhr (BM 63) 0,4 S.
*Siehe dagegen Station Sandbach ByO 56.*
**Sandbeiendorf**, Mahlwinkel (MH 19) ca ¼ W.
**Sandberg**, *Stadt*, ✉ Poln.-Lissa (OS 40) SO.
**Sanddorf**, Mannheim (Ba 1 u. 68) 1½ N.
**Sandebeck**, Altenbeken (Wf 6) 1 N.
**Sandec**, Alt-, *Stadt*, Bochnia (GCL 7) 9½ SO.
Neu-, *Stadt*, ✉ Bochnia (GCL 7) 8½ SO.
**Sandeltshausen**, Landshut (ByO 10) 1½ NW.
**Sander**, ✉ Leer (Wf 35) 3¼ NO.
**Sanderhaza**, Temesvár (OeSt 119) 4½ NW.
**Sandersdorf**, Bitterfeld (BA 13) ½ W.
**Sandershausen**, Kassel (HN 11, MW 1) ½ O.
**Sandersleben**, *Stadt*, ✉ Bernburg (MH 32) 2½ SW, Güsten (MH 31) 1¾ S, Aschersleben (MH 30) 1½ SO, Eisleben (ML 22) 2¾ N.
**Sandförde**, Jatznick (BSt 51) ½ S.
**Sandhagen**, Bielefeld (KM 28) ¼ SO.
**Sandhausen**, Heidelberg (Ba 3 u. 90) Wiesloch (Ba 6) 1 SW.
**Sandhausen**, Gotha (Th 6) ¼ SW.
**Sandheim**, Kohl (Ba 157) ½ S.
**Sandhof**, Mettenheim (HL 3) ½ O.
**Sandhoff**, Marienburg (PO 36) ½ O.
**Sandhofen**, Mannheim (Ba 1 u. 68) ⅝ N.
**Sanding**, Mangolding (ByO 20) 1 SW.
**Sanditten**, Wehlau (PO 55) 2 N.
**Sandl u Rosenhof**, ✉ Lest (KE 68) 2¼ NO.
**Sandow** bei Stralsund (BSt 59) 2½ NO.
— bei Arnswalde (OS 57) ¼ W.
Frankfurt a. O (NM 11) 4 SO.
**Sandsbach**, Neufahrn bei Ergoldsbach (ByO 13) 1¾ NW.
**Sandweier**, Oos (Ba 19) ⅝ NW.
**Sanitz**, Alt- u. Neu-, Anklam (BSt 55) 1½ S.
✉ Rostock (Mk 1) 2 O.
**Sanok**, *Stadt*, ✉ T Tarnow (GCL 10) 16½ SO.
**Sanskau**, Warlubien (PO 31) 1¾ SO.
**Sanssouci**, Ratibor (Wi 5) ½ W.
**Santersleben**, Gr.- u. Kl.-, Magdeburg (MH 1) 2 NW.
**Santomysl**, *Stadt*, ✉ Czempin (OS 46) 3¼ NO, Mosczin (OS 47) 3 SO.
[1]**Sap**, Hatvan (UN 10) ¾ N.
[2]**Sáp**, Szanto (UN 11) ½ S.
**Sapahów**, Halicz (LCJ 11) 1½ N.
**Saponya**, Csikvar (OeSü 127) 2.
**Sár-Keresztur**, Csikvár (OeSü 127) 3.
-Pentele, Csikvár (OeSü 127) 1½.
**Sara (Zdar)**, Karbitz (AT 4) 1½ NO, Bodenbach (OeSt 42) 1 N.
**Sarad**, Debreczin (Ts 11) 2 S.
**Sarand**, Bago-, Debreczin (Ts 11) 2 S.
**Sarasdorf**, Trautmannsdorf ½ O, Wilfleinsdorf ½ W. (OeSt 61 u. 62).
**Sardagna**, Trient (Trento) (OeSü 210) ½ SW.
**Sarenburg**, Hörstel (Ha 63) ½ S.
**Sarfio**, Wartberg (OeSt 78) ¼ N.
**Sargenroth**, Sobernheim (Sa 34) 2½ NW, Bacharach (Rh 57) 3 SW.
**Sargleben**, Wendisch-Warnow (BH 13) 1½ SW, Karstaedt (BH 12) 1½ SW.

**Sargstedt**, Halberstadt (MH 9) 1 NW.
**Saringen**, Brandenburg (BPM 9) 1 NO.
**Sarlisch**, Bautzen (SO 20) 1¼ NW.
°**Sarkad**, (*Alf. 5*), *Fl.*, ♥ Grosswardein (Ts 43, UN 1). 8 O.
**Sárkány**, Kobólkut (OeSt 87) ½ N.
in Siebenbürgen, *Fl.*, ♥ °Kronstadt (Ungar. Ostb.) 5 NW.
**Sarleinsbach**, *Fl.*, ♥ Passau 4 O, Linz 5 NW. (KE 54 u. 64).
**Sarmenstorf**, Wildegg (SNO 2, 28) 3 SO, Aarau, (SNO 2, 30) 4 SO.
**Sarne**, *Stadt*, ♥ Rawicz (OS 37) ¾ NO.
**Sarnen**, *Stadt*, ♥ Luzern (SNO 2, 57) 3½ SW.
**Sarnki**, Bursztyn (LCJ 10) 2 NO.
**Sarnow**, Anklam (BSt 55) 2 SW.
bei Tost, Keltsch (RO 9) 1 S.
**Sarnsheim**, Bingerbrück (Rh 58) ¾ S.
°**Sáros-Patak** (*UN 17*), ♥ Tokaj (Ts 17) 4¼ NO.
**Sarrods**, Salmünster (BbH 12) 1 N.
**Sarsaer**, Komarvaros (OeSü 119) 2 S.
**Sartowitz**, Warlubien (PO 31) 2¼ S.
**Sartzwitz**, Terespol 2 NO, Laskowitz 2 SO. (PO 29 u. 30).
**Sarud**, Karczag (Ts 7) 5 NW.
**Sarvár**, *Fl.*, ♥ Bükk 1½ SO, Steinamanger 3 NO, Acsad 2½ SO. (OeSü 100, 102 u 101).
**Sary** (Puszta) Lopseny (OeSü 126) 2.
**Sasbach** am Rhein, Riegel (Ba 36) 1¼ W.
— Achern (Ba 24) ¾ NO.
Ober-, Achern (Ba 24) ½ O.
**Sasbachwalden**, Achern (Ba 24) 1½ SO.
**Sáshalom**, Hatvan (UN 10) ½ SO.
**Saskal**, Langenbruck (SNV 21) ¼ S.
**Saspe**, Neufahrwasser (PO 75) ½ W.
**Sassen**, in Pommern, Greifswald (BSt 57) 2 S.
– Meckenbeuren (Wü 51) ¾ S.
**Sassenberg**, *Stadt*, ♥ Münster (Wf 20) 4 O, Ahlen (KM 22) 4 NO, Osnabrück (Ha 57) 5 SO.
**Sassenburg**, Freienwalde in Pomm. (BSt 10) 1 W.
**Sassendorf**, Hohnstorf (Ha 20) ¼ O.
*Siehe dagegen Sassendorf OH der Wf 19.*
**Sassenhagen**, Trampke (BSt 15) 1 N, Freienwalde i. Pomm. 1½ W. (BSt 15 u. 16)
**Sassenroth**, Herdorf (KM 52) ¼ W.
**Sassin**, (Sasvar, Schossberg), *Stadt*, ♥ Göding (KFN 12) 3 S, Hohenau (KFN 9) 2½ NO.
**Sassleben**, Vetschau (BG 8) ¾ SW.
**Sasso**, Roveredo (OeSü 213) ½ NW.
**Sasterhausen**, Ingramsdorf ¾ NW, Saaran ¾ NO. (BF 5 u. 6).
**Sasvar**, siehe Sassin.
**Sathmar**, siehe Szathmar.
**Sattel**, Luzern (SNO 2, 57) 30 Kil. NO.
**Sattelbach**, Mosbach (Ba 102) 1 NO.
°**Satteldorf** (*Wü 90*), Crailsheim (Wü 83) ½ N.
**Sattlershütte**, *Eisengiesserei*, Kreuz (OS 54) ½ S.
**Satzpe**, Gr.- u. Kl.-, Belgard (BSt 21) 1¼ O.
**Satzung**, Wolkenstein (SW 67) 2½ SO.
**Sauberitz**, Klein-, Bautzen (SO 20) 1 NO.
Bautzen (SO 20) 1¼ NO.
in Böhmen, Nesterschitz (OeSt 41) ¾ O.
**Saubersdorf**, Neunkirchen (OeSü 24) 1 NO.
**Saubsdorf**, *Fl.*, Hohenstadt (OeSt 48) 7½ NW.
**Sauerbrunn**, ♥ Judenburg (KR 24) 1¼ NW.
*Kurort*, ♥ Pöltschach (OeSü 60) 2 O.
*Siehe auch Station Sauerbrunn OeSü 91.*
**Sauermühle**, Laskowitz (PO 30) 1¼ SW.
**Sauerschwabenheim**, *Fl.*, Ingelheim (HL 15) ¾ S.
**Sauerthal**, Caub (Na 13) 1 O.
**Saufordt**, Haidhof (ByO 27) ¼ S.
**Saugern**, Hasel (Ba 58).
**Saulburg**, Straubing (ByO 47) 2 N.
°**Saulgau** (*Wü 186*), *Stadt*, ♥ Schussenried (Wü 45) 2¾ NW.
°**Saulheim**, Nieder- (*HL 76*), Mainz (HL 11) 1½ SW.
Ober-, Mainz (HL 11) 1¾ SW.
**Saupersdorf** bei Kirchberg, Wilkau (SW 49) 1 S.
**Saupsdorf**, Krippen (Schandau) 2 O, Bischofswerda 3½ SO. (SO 8 u. 17).
**Sauritsch**, ♥ Moschganzen (OeSü 112) 2.
**Sausal**, Leibnitz (OeSü 53) 3¼.
**Sausenberg**, *Eisenhammer*, ♥ Sausenburg (RO 25) ¼ SW.
**Saval**, Komarvaros (OeSü 119) 3.
**Savignana**, Roveredo (OeSü 213) ¾ S.
**Saxdorf**, Burxdorf (Ba 24) ½ S.
**Saxen**, Amstetten (KE 20) 2 NW.

**Saxenham**, Holzkirchen (ByS 131) 1¼ SW.
**Sayda** (Saida), *Stadt*, ♥ Waldkirchen 4½ SO, Zschopau 4 SO, Wolkenstein 3¼ NO, Freiberg 3 S. (SW 64, 65, 67 u. SO 51).
*Dorf*, Waldkirchen (SW 64) 2 SO.
**Sayn**, *Eisenhütte*, ♥ Neuwied 1 O, Coblenz 1¼ S. (Rh 51 u. 52).
**Saypusch** (Saybusch), ♥ Bielitz (KFN 64) 2½ SO.
**Sazena**, Weltrus (OeSt 32) ½ NW.
**Scaby**, Königs-Wusterhausen (BG 3) 2¼ O, Fürstenwalde (NM 7) 2½ SW.
**Scallczka**, Weisskirchen (KFN 21) ¾ SO.
**Schaafheim**, *Fl.*, Babenhausen (HL 28) ¾ SO.
**Schaafsee**, Ob.-Röblingen (ML 21) ¼ SW.
**Schaafstedt**, *Stadt*, ♥ Halle (ML 11) 1½ SW, Teutschenthal (ML 20) 1¼ S, Ober-Röblingen (ML 21) 2½ SO, Merseburg (Th 17) 2¼ NW.
**Schaag**, Kempen (Rh 67) 1¼ SW.
**Schaapen**, *Fl.*, ♥ Horstel (Ha 63) 1½ N, Lingen (Wf 25) 2½ SO, Ibbenbüren (Ha 61) 2¾ NW.
**Schaarhof**, Mannheim (Ba 1 u. 88) ¾ N.
**Schabellin**, Altfelde (PO 37) ½ NO.
**Schabelhöfe**, Geisingen (Ba 181) 1¼ S.
**Schabrode**, Stralsund (BSt 59) 2 NO.
**Scharken**, Sebikon 24 Kil., Emmenbrücke 14 Kil., Luzern 13 Kil. (SC 1,18, 1,24 u. 1,25).
**Schachtebich**, Heiligenstadt (ML 33) 1 W.
**Schachten** bei Eschelkamm, Furth a. W. (ByO 67) 1 O.
Grebenstein (HN 13) ¼ S.
**Schackensleben**, Magdeburg (ML 1) 2¾ NW.
**Schackenthal**, Bernburg (MH 32) 1¾ SW, Güsten (MH 31) 1 S, Aschersleben (MH 30) 1¼ SO.
**Schackstedt**, Bernburg (MH 32) 1¾ SW, Güsten (MH 31) 1¼ S.
**Scharkuglock**, Tapiau (PO 54) 2¾ NW.
**Schadeck**, Runkel (Na 32) ¼ NW.
**Schadeleben**, Frose (MH 29) ½ N, Nachterstedt (MH 28) ½ NO, Gatersleben (MH 27) ½ NO.
**Schadendorf**, Weisswasser (BG 12) 2 S.
*Siehe dagegen Station Leipersbach-Schadendorf OeSü 95.*
**Schadewald**, Lauban (NM 43) 2 S.
**Schadewalde** i. Westpreussen, Marienburg (PO 36) 1 NO.
**Schadewinkel** i. Schlesien, Neumarkt (NM 36) ½ W.
**Schässburg** (Segesvar), *Stadt*, ♥ T Karlsburg (Si 16) 11 O.
**Schätzendorf**, Winsen (Ha 15) 2¾ SW.
**Schafburg**, Ibbenbüren (Ha 61) ¾ NO.
**Schaffhausen**, Ober-, Riegel 1¼ SW, Freiburg i. Baden 1¾ NW, Emmendingen 1½ W. (Ba 35, 37 u. 39).
**Schaffhausen**, Königs-, Riegel (Ba 36) 1½ SW.
*Siehe auch Königsschaffhausen u. die Stat. Schaffhausen Ba 77 u. SNO 2,31.*
**Schafhausen**, Alzey (HL 44) ½ NO.
Harburg (ByS 82) ¾ SW.
**Schafhöfen**, Büchling (ByO 17) ¾ O.
**Schafisheim**, Rupperswoil (SNO 2,29) ¾ S.
**Schafstedt**, *Stadt*, *siehe Schaafstedt.*
**Schaiba** (Scheibe), Böhm.-Leipa 1½ NW, Bodenbach 2½ O. (BN 8 u. 20).
**Schakuhnen**, ♥ Tilsit (TI 1) 5 NW.
**Schakummen**, Trakehnen (PO 61) 2 SO.
**Schalchen**, Strasswalchen (KE 42) 2½ NW.
**Schalding**, *PH* (*ByO 57*), Passau (ByO 58) 1 W.
**Schaldorf** bei Rottenburg, Neufahrn bei Ergoldsbach (ByO 13) 1½ W.
bei Neufahrn, Neufahrn bei Ergoldsbach (ByO 13) ¾ NW.
**Schale**, Ibbenbüren (Ha 61) 3 NW.
**Schalkau** i. Sachsen-Meiningen, *Stadt*, ♥ Eisfeld (Th 53a) 1 SO.
i. Schlesien, Schmolz (BF 2) ¾ NW.
**Schalkenbach**, Sinzig (Rh 47) 1 SW.
**Schalkowitz**, Löwen (OS 7) 1¾ NO.
**Schalkstetten**, Amstetten (Wü 31) ¾ NO.
**Schallbach**, Lörrach (Ba 208) 1 NW, Haltingen (Ba 51) ¾ NO.
**Schallemersdorf**, Melk (KE 15) ½ NW.
**Schallenburg**, °Strassforth (NE 8) 1 SO.
**Schallern**, Sassendorf (Wf 19) ¾ NO.
**Schalscha**, Gleiwitz (OS 17) ¾ NO, Zabrze (OS 18) ¾ NW.
**Schambach**, Straubing (ByO 47) 1¼ SO, Strasskirchen (ByO 49) ¾ NW.
**Schammerwitz**, Woinowitz (Wi 16) ¼ SW.
**Schandau**, *Stadt*, ♥ Krippen (Schandau) (SO 9) loco.

**Schanstadt**, *Papierfabr.*, Breitenschützing (KE 34) ½ SW.
**Schanzendorf** i. Böhmen, Zittau (SO 33) 1½ SW.
**Schaphuysen**, Aldekerk (Rh 68) ¾ O.
**Schaplawa**, Elbe-Teinitz (OeSt 21) 2¼ NW.
**Schappach**, Hausach (Ba 164) 2¾ NO.
**Schardzin**, Ratibor (Wi 5) 1 W.
**Scharfenberg**, Steinbrück (OeSü 67) 1½.
**Scharfenbrück**, Luckenwalde (BA 5) ca. ¾ NW.
**Scharfenort**, *Stadt*, ♥ Samter (OS 50) 1 NW, Wronke (OS 51) 1½ SO.
**Scharlingen**, Langenbruck (SNV 21) ¼ S.
**Scharlack**, Gr.- u. Kl.-, Tapiau (PO 54) 3 NW.
**Scharmbeck**, Winsen (Ha 15) ⅞ SW, Stelle (Ha 16) ¾ SO.
*Siehe auch Stat. Osterholz-Scharmbeck Ha 36.*
**Scharmbeckstotel**, Osterholz-Scharmbeck (Ha 36) ¾ SW.
**Scharmede**, Salzkotten (Wf 8) 1 N.
**Scharndorf**, Bruck a. L. (OeSt 61) ½ NW.
**Scharnebeck**, Adendorf (Ha 18) ¾ NO, Lüneburg (Ha 13) 1 NO.
**Scharnhorst**, Eschede (Ha 7) ¼ O.
**Scharnstedt**, Neustadt a. N. (Ha 23) 2¾ NO.
**Scharnstein**, *Fl.*, ♥ Wels (KE 31) 5 SW.
**Scharnstetten**, Amstetten (Wü 31) 1 SW Lonsee (Wü 32) ¾ SW.
**Scharpzow**, Malchin (FF 4) 1 SO.
**Scharre**, Zittau (SO 33) 1¼ NO.
**Scharrel**, Neustadt a. N. (Ha 23) 1 NO.
— i. Oldenburg, °Apen (Ol 12) 3 SW.
**Scharrmühle** (bei Rendel), Gr.-Karben (MW 20) ⅔ SO.
**Schartau**, Burg (BPM 13) ¾ NW.
**Schartenberg**, Scheerding (KE 52) 1¼ NO.
**Schatthausen**, Bammenthal H° (Ba 93) ¾ SW, Meckesheim (Ba 95) ½ W.
**Schatzlar**, *Stadt*, ♥ *Flachsgarnspinnereien*, Ruhbank (NM 53) 2¾ SW, Josefstadt (SNV 6) 4 S, Trautenau (SNV 28) 1 S, Königshain (SNV 29) ¾ SW.
**Schaudorf**, Bischofswerda (SO 17) ¾ NW.
**Schauenburg**, Nieder-Schönthal (SC 1,4) 5 Kil.
**Schauenstein** i. Bayern, *Fl.*, ♥ Münchberg 1½ NW, Hof 1½ W. (ByS 72 u. 75).
**Schaumberg**, St. Wendel (Sa 43) 1¼ NW.
**Schaumburg**, *Schloss*, Balduinstein (Na 27) ¼ SO.
**Schebetau**, Skalic (OeSt 5) 1¼ N.
**Schechingen**, Mögglingen (Wü 111) ¾ NW.
**Scheden**, Nieder- u. Ober-, Dransfeld (Ha 85) ¾ S, Münden (Ha 86) 1 NO.
**Schedewitz**, Zwickau (SW 47) ¾ SO, Cainsdorf (SW 48) ½ N.
**Schedlau**, Löwen (OS 7) 1¼ S.
**Schedlisk** (Siedlisk), Hammer (W 13) ½ SW.
**Schedlitz**, Gogolin (OS 11) 1 NO.
°**Scheer**, (*Wü 183*), *Stadt*, ♥ Stockach (Ba 102) 4½ NO, Aulendorf (Wü 46) 4 NW.
**Scheessel**, *Fl.*, ♥ Verden (Ha 30) 4¾ NO.
**Scheffau**, Wörgl (OeSü 180) 1¼ NO.
**Schehlingen**, Riegel (Ba 36) ½ SW.
**Scheibbs**, *Fl.*, ♥ Pöchlarn 3½ S, Kemmelbach 2½ SO. (KE 16 u. 18).
**Scheibe**, Alt- u. Neu-, *Bleichen*, Greiffenberg (NM 45) 1¼ SW.
Eisfeld (Th 53a) 1¾ NO.
Ober- u. Unter- (i. Sachsen), Annaberg-Buchholz (SW 70) 1 S, Schwarzenberg (SW 58) 1¼ O.
*Siehe auch Scheibe PH° (SO 40).*
**Scheibenberg**, *Stadt*, ♥ Annaberg-Buchholz (SW 70) 1 SO, Schwarzenberg in Sachs. (SW 58) 1¼ O.
**Scheibenhardt**, Carlsruhe (Ba 14) ½ S.
**Scheid**, Laurenburg (Na 25) ¼ N.
**Scheidegg**, ♥ Schlachters (ByS 3) 1 O.
**Scheidelwitz**, Brieg (NB 8) ¾ N.
**Scheidemühl**, Bammenthal H° (Ba 93) ½ NO.
**Scheiderwald**, Creuzthal (BM 77) 1¼ NW
**Scheidingen**, Welver (Wf 14) ¼ W.
**Scheidt**, Saarbrücken (Sa 5) 1 O.
**Scheinfeld** (Marktscheinfeld), *Stadt*, ♥ Marktbibart (ByS 172) ½ NO.
Ober-, Marktbibart 1 N, Markt-Einersheim 1¼ NO. (ByS 172 u. 173).
**Scheitnig**, Alt- u. Neu-, Breslau (NM 39) ¾ O.
**Scheirhowitz**, Lobositz (OeSt 38) ⅝ SW.
**Schelenburg**, Wissingen (Ha 56) ¼ N.
**Schelesen**, Horkowitz-Melnik (OeSt 31) ½ NO.
°**Schellenberg**, Bronnot (Ba 61) ¾ NO.
Essen (BM 85) 1¼ N.

[3]**Schellenberg**, *Stadt*, 🚂 Erdmannsdorf (SW 61) ¼ O.
[4]— *Dorf*, Erdmannsdorf (SW 61) ½ O.
[5]— an der Ach, *Fl.*, 🚂 Salzburg (KE 45) 1½ S.
*Siehe auch Schellenberg OeSü 192a.*
**Schellendorf**, Haynau (NM 81) ¾ S.
**Schellenhof**, *Brauerei*, Wien (OeSü 1) 1 S, Liesing (OeSü 7) ¼ W.
**Schelletau**, *Fl.*, 🚂 Neu-Kolin (OeSt 22) 14 SO, Brünn (OeSt 1) 8½ W.
**Schelploh**, Eschede (Ha 7) 1 NO, Unterlüss (Ha 8) 1 SW.
**Schelten**, Böhm. Leipa 1½ NW, Bodenbach 2½ O, Böhm. Kamnitz ¼ SO. (BNB. 20 u. 25).
**Schemnitz**, *Stadt*, 🚂 T *Bergbau auf Gold u. Silber*, Szobb 11 N, Waitzen 10½ NW. (OeSt 89 u. 92).
**Schemrowitz**, Mischline (RO 27) ⅝ NO.
**Schenken**, Bursee (SC I. 20) 3 Kil.
**Schenkenberg**, Prenzlau (BSt 48) 1 O.
**Schenkendorf** bei Teltow, Grossbeeren (BA 2) ¾ SW.
— Guben (NM 17) 1 S.
— K. Wusterhausen (BO 3) ½ SW.
**Schenkenzell**, Hausach (Ba 164) 2¼ NO.
**Schenkhöhel** bei Bossendorf, Radeberg (SO 14) ¾ S.
**Schenklengsfeld**, *Fl.*, 🚂 Hersfeld (BbH 2) 1½ SO.
**Schenkwitz** (*Station von Pressb.-Tyrnau 8*), Wartberg (OeSt 78) 1⅛ NW.
**Schernunitz** in Krain, Rakek (OeSü 79) 2.
**Scherbitz**, Alt-, Schkonditz (ML 13) ¼ SO.
**Scherfede**, 🚂 Warburg 1½ NW, Bonenburg ½ SW. (Wf 1 u. 2).
**Scherman**, Landshut (ByO 10) 3⅛ O.
**Schermbeck**, *Stadt*, 🚂 Oberhausen 3 N, Wesel 2¼ NO. (KM 11 u. 38).
**Schermeissel**, *Stadt*, 🚂 Frankfurt a. O. (PO 71, NM 11) 7½ NO.
**Schermen**, Burg (BPM 13) ¾ SW.
— Ostermundingen (SC I. 40) 3 Kil.
**Schermke**, Oschersleben (Bs 20) ¾ NO.
**Schernberg**, *Fl.*, 🚂 *Kl. Furra (NE 2) 2 S.
**Scherpenseel**, Geilenkirchen (BM 7) 1 SW.
**Scherreuth**, Windisch-Eschenbach (ByO 82) ½ S.
**Scherzheim** in Baden, Bühl (Ba 22) 1¼ NW.
**Scheslitz**, *Fl.*, 🚂 Bamberg (ByS 56) 1¾ NO, Zapfendorf (ByS 58) 1½ SO.
**Schestajoric**, Auwal (OeSt 25) ¼ N.
**Scheuder**, Cöthen (ML 7) ¾ NO.
**Scheuern**, Nassau (Na 23) ¼ SW.
**Scheune**, Stettin (BSt 10) ¼ W.
**Scheuren**, Rolandseck ¾ SO, Remagen ⅛ N. (Rh 45 u. 46).
— Zülpich (Rh 21) ⅛ NO.
**Schevenhütte**, Langerwehe (Rh 7) ¾ S.
**Scheveningen**, *Seebad*, 🚂 T Haag (Holl E 5, 5) ¾ NO.
**Scheyern**, Pfaffenhofen (ByS 240) ⅝ SW.
**Schichowitz**, Nendza (Wi 4) ¼ W.
**Schichtshöhn**, Sonneberg (Th 61) ¾ NO.
**Schidlitz**, Danzig (PO 74) ½ W.
**Schieberl**, Als (OeSü 215) ⅛.
**Schieder**, *Fl.*, Driburg (Wf 39) 3¾ NO.
**Schiedlow**, Wellmitz (NM 16) ½ O.
**Schiefbahn**, Osterath (Rh 65) 1 SW.
**Schilfa**, *Straussfurth (NE 8) ½ N.
**Schilfberg**, Ettlingen (Ba 15) 1¾ SO.
**Schiefer** in Schlesien, Greiffenberg (NM 45) 2 O.
**Schienen**, Radolfzell (Ba 83) 1 SW.
**Schienenberg**, Hausach (Ba 164) 3 SO.
**Schierau**, Haynau (NM 31) ¾ S.
— Raguhn (BA 36) ca ¼ W.
**Schierbach**, *Glashütte*, Kirchhorsten (Ha 46) 1 SO.
**Schierhorn**, Winsen (Ha 15) 2⅞ SW.
**Schierke** in Hannover, Hämelerwald (Ha 45)

**Schilda** (Schildau) in Preuss. Sachsen, Wurzen 2½ NO, Dahlen 1¾ N. (LD 6 u. 8).
**Schildbach**, Albbruck (Ba 66) ¼ N.
**Schildberg** in Mähren, *Stadt*, 🚂 Hohenstadt (OeSt 48) 3⅜ N.
— in Schlesien, *Stadt*, 🚂 T Breslau (NM 39, RO 13) 12 NO, Oels (RO 17) 6½ NO.
**Schilde**, Labes (BSt 18) 2 O.
**Schildern**, Kl.-, Liegnitz (NM 33, BF 23) 1¼ NO.
**Schildesche**, 🚂 Bielefeld (KM 28) ½ N.
**Schildhorst**, Freden (Ha 78) ¼ O.
**Schillenlngken**, Judschen (PO 59) ½ S.
— Stallupönen (PO 62) 1¼ SO.
**Schillersdorf**, Stettin 1⅝ SW, Tantow 1½ O, (BSt 10 u. 9).
— in Schlesien, Annaberg (Wi 8) ¼ W.
**Schillerslage**, 🚂 Burgdorf (Ha 4) ½ NW.
**Schillgehnen**, Braunsberg (PO 44) 1 SO.
**Schillinghof**, Steinen (Ba 210) ¾ NO.
**Schillingsfürst**, *Stadt*, 🚂 Ansbach (ByS 152) 3 W.
**Schillupischken**, Tilsit (Tl 1) 2 SW.
**Schiltach**, *Stadt*, 🚂 T Hausach (Ba 164) 1¾ O.
— Langen-, Hausach (Ba 164) 2¼ SO.
**Schima**, Salesl (Zalesl) (OeSt 39) ⅛ S.
**Schimborn**, Dettingen (FH 8) 1½ O.
**Schimsheim**, Alzey (HL 44) 1¼ NW.
**Schimmelwitz**, Liegnitz (BF 23, NM 33) ¾ SW.
**Schimmert**, Valkenburg (AM 6) ¾ NW.
**Schimnitz**, Oppeln (OS 10, RO 1) 1½ S.
**Schimsdorf**, Reichenberg (SNV 22) ⅞ S.
**Schin-op-Geul**, Wylré (AM 5) ½ NW.
**Schindellohe**, Kemnath-Neustadt (ByO 77) 2 NO.
**Schinkau**, *Fl.*, Nepomuk (KFJ 34) ¾ W.
**Schinna**, Nienburg (Ha 26) 2 SW.
**Schinne**, Stendal (MH 22) 1½ NW.
**Schinnen**, Meerssen (AM 7) 1¾ NW.
**Schinz**, Belgard (BSt 21) ¾ SW.
**Schio**, Vicenza (ObItal. 1, 39) ¾ NW.
**Schippenbeil**, *Stadt*, 🚂 Bartenstein 1¾ O, Wöterkeim ¾ NO, (OpS 15 u. 16)
**Schirgiswalde**, *Stadt*, 🚂 Bischofswerda 2½ SO, Bautzen 1½ S. (SO 17 u. 20).
**Schirma**, Gross-, Freiberg 1 NW, Oederan 1¾ NO. (SO 51 u. 52).
— Klein-, Freiberg ½ W, Oederan 1¼ NO. (SO 51 u. 52).
**Schirmbrunn**, Windisch-Eschenbach (ByO 82) 1 O.
**Schirmdorf**, Böhm.-Trübau (OeSt 11) ⅞ S.
**Schirnding**, *Zollamt*, Eger (ByO 87, SW 84) 1¼ W.
**Schirnroth**, Eisfeld (Th 53a) ¾ NO.
**Schirrau**, Wehlau (PO 55) 2 NO.
**Schirwindt**, *Stadt*, 🚂 Stallupönen (PO 62) 5 NO.
**Schlssenitz**, Luzan (LCJ 20) ½ W.
**Schittwa**, Stankau (BW 4) 2½ SW.
**Schkölen**, *Stadt*, 🚂 Naumburg a. Saale (Th 14) 2 S.
**Schköna**, Gräfenhainichen (BA 11) 1 SO.
**Schkopau**, Merseburg (Th 17) ⅝ N.
**Schlaben**, Neuzelle (NM 15) ca ½ W.
**Schlabendorf**, Lübben (BG 6) 2¼ S.
**Schlackenwerth**, *Stadt*, 🚂 Schwarzenberg in Sachsen 5 SO, Annaberg 5 SW, Eger 7 NO. (SW 58, 70 u. 84).
**Schladebach**, Merseburg (Th 17) 1¼ SO.
**Schladming**, *Fl.*, 🚂 Judenburg (KR 24) 10 NW.
**Schlage**, Alt-, Schivelbein (BSt 19) 1⅛ O.
**Schlagenthin**, Müncheberg (PO 4) ⅜ W.
— Arnswalde (OS 57) ⅞ NO.
— Wusterwitz (BPM 8) 1½ NW.
**Schlaggenwald**, *Stadt*, 🚂 Eger (ByO 87, SW 84) 5 O.
**Schlagsdorf**, Ratzeburg (LB 4) 1 NO.

**Schlanow**, Driesen (PO 18) 1½ NW, Woldenberg (OS 55) ⅛ S.
**Schlanstedt**, Wegersleben (Bs 19) ¾ SW.
**Schlanwitz**, Labes (BSt 18) 1½ O.
**Schlanz** Kl.-, Dirschau (PO 34) 1½ SO.
**Schlapacken**, Gumbinnen (PO 60) 1¾ W.
**Schlappanitz**, *Fl.*, Brünn (OeSt 1, KFN 56) 1½ SO.
**Schlath**, Eislingen (Wü 27) ⅜ S.
**Schlatikow**, Gr.- u. Kl.-, Trampke (BSt 15) 1⅛ W.
**Schlatkow**, Anklam (BSt 55) 1 O.
**Schlatt** in Baden, Krotzingen (Ba 42) ¾ W.
— am Randen, Gottmadingen (Ba 80) ¾ NW.
— unter Krähen, Singen (Ba 81) ½ N.
— a. Rhein, Thayingen (Ba 79) ⅝ N.
— Ober- u. Unter-, Schaffhausen (Ba 77) 1½ SO.
**Schlattingen**, Schaffhausen (Ba 77) 2¼ SW.
**Schlattstall**, Kirchheim u. Teck (Wü 153) 1¼ S.
**Schlaup**, Brechelsdorf 1½ SW, Liegnitz 1½ SW. (BF 21 u. 23).
**Schlaupe**, Neumarkt (NM 36) ¾ NO.
**Schlauphof**, Brechelsdorf ⅜ NW, Liegnitz 1½ SW. (BF 21 u. 23).
**Schlauroth**, Görlitz (BG 15) ½ SW.
**Schlawa**, *Stadt*, 🚂 Fraustadt 2½ NW, Glogau 3⅜ N. (OS 41 u. 43).
*****Schlawe** (*BSt 27*), *Stadt*, 🚂 Cöslin (BSt 24) 5 NO.
**Schlechterhaus**, Steinen (Ba 210) ⅞ N.
**Schlechtnau**, Freiburg, (Ba 39) 2¼ SO.
**Schledehausen**, Wissingen (Ha 56) ½ NO.
**Schleedorf**, Köstendorf-Neumarkt (KE 43) 1 NW.
**Schlegel**, Reichenbach (BF 13) 3 SW.
— Haynichen (SO 57) ¼ N.
— Herrnhut 1½ SO, Zittau 1¾ NO. (SO 30 u. 34).
**Schleibitz**, Breslau (NM 39, OS 1) 1⅛ O.
**Schleibnitz** (Darre), Blumenberg ⅜ NO, Magdeburg 1½ SW. (MH 4 u. 1).
**Schleichach**, *Fabrik.*, Zeil (BSt 79) 1½ S.
**Schleiden**, *bed. Industrie*, *Stadt*, 🚂 T Call (Rh 25) 1 W.
**Schleife**, Weisswasser (BG 12) 1¼ NW.
**Schleinitz**, St. Georgen (OeSü 62) 1⅛.
— Kranichsfeld (OeSü 58) ⅛.
**Schleissheim**, Unter-, Schleissheim (ByO 3) ⅛ N.
— Wels (KE 31) ½ O
**Schleitheim**, *Fl.*, 🚂 Neuhausen i. Bad. 1⅜ NW, Schaffhausen 2½ NW (Ba 76 u. 77).
**Schleiz** in Reuss, *Stadt*, 🚂 T Mehltheuer (SW 16) 2½ NW, Gera (SW 88, Th 31) 5½ SW. Hof (ByS 75, SW 20) 5 NW.
**Schlenderlahn** (Braunkohle ⚒), Königsdorf (Rh 11) ⅛ NW.
**Schlennin**, Belgard (BSt 21) 1½ O.
**Schenzig**, Schivelbein (BSt 19) 1½ N.
**Schlepkow**, Strassburg (BSt 69) 1 O.
**Schlepzig**, Lübben (BG 6) 1 N.
**Schlesinghausen**, Linsburg ¾ W Nienburg ⅞ NW. (Ha 25 u. 26).
**Schletta**, Meissen (LD 33) ⅜ W.
**Schlettau**, *Stadt*, 🚂 Annaberg-Buchholz (SW 70) ½ S.
**Schlettau**, Tharandt (SO 46) ½ N.
— bei Löbejün, Cöthen (ML 7) 1¾ SW.
**Schleuse**, Kl.-, Tapiau (PO 54) ⅛ N.
— X–XII, Nakel (PO 26) ⅜ SO.
**Schleusingen**, *Stadt*, 🚂 T Themar (Th 52) 1 O.
**Schlewecke**, Harzburg (Bs 36) ⅝ NW.
— Lutter a. B. (Bs 10) 1¼ NW.
**Schlich** bei Düren, Langerwehe (Rh 7) ½ SO.
— Neuss (BM 16, Rh 14) 1 SW.
**Schlicherum**, Norf (Rh 64) ¼ S.
**Schlicht**, Sulzbach (ByO 38) 1⅝ NO.

**Schlitz**, *Stadt*, Hersfeld (BbH 2) 3¼ S, Giessen (KM 61) 9 O, Treysa (MW 8) 7 SO, Neustadt i. Hessen (MW 9) 7 SO, Kirchhain (MW 10) 8 SO.
**Schlochau**, *Stadt*, Schneidemühl (PO 22) 8½ NO, Nakel (PO 26) 11 NW, Woldenberg (OS 55) 18 NO.
**Schlodien**, Schlobitten (PO 41) 1½ NO, Mühlhausen i. Pr. (PO 42) 1¼ SO.
**Schlönwitz**, Schivelbein (BSt 19) 1 SW.
**Schlöten**, Apolda (Th 11) ½ S.
**Schlötenitz**, Stargard i. Pomm. (BSt 14) 1½ SW.
**Schloppe**, *Stadt*, Kreuz (OS 54) 3 N, Woldenberg (OS 55) 4 NO.
**Schlosshoff**, Marchegg (KFN 48, OeSt 73) ½ S.
**Schlossig**, Schmölln (SW 85) ca ½ S.
**Schlotheim**, *Fl.*, Nordhausen (ML 28) 5½ SW, Wolkramshausen (ML 28a) 2 S.
**Schlotten**, Josefstadt (SNV 6) 1 NW.
**Schluchsee**, Freiburg in Baden (Ba 30) 4¼ SO.
**Schluckenau**, *(proj. Stat.)*, Bodenbach (OeSt 42, SO IIa) 4¾ NO, Löbau (SO 23) 3 SW, Ober-Oderwitz (SO 31) 2½ SW, Krippen (Schandau) SO 9) 3 NO.
**Schludernz**, Innsbruck (OeSü 187) 20 SW.
**Schlüpke**, Unterlüss (Ha 8) 1¾ W.
**Schlüsselberg**, Grieskirchen (KE 47) ½ SO.
**Schlüsselburg** i. Westfalen, *Stadt*, Nienburg (Ha 26) 3½ SW, Minden (Ha 48 KM 33) 3 NO.
— i. Böhmen, Nepomuk (KFJ 34) 2 O.
**Schlüsselfeld** i. Bayern, *Stadt*, Neustadt a. A. (ByS 170) 3 N.
**Schlungwitz**, Bautzen (SO 20) ¾ SW.
**Schlutterbach**, Ettlingen (Ba 15) ¾ S.
**Schlutup**, Lübeck (LB 1 u. 8) 1 NO.
**Schmagerow**, Grambow (BSt 63) ½ NW.
**Schmalbach**, Hainichen (SO 57) ¾ NO.
**Schmalenbuche**, Eisfeld 2¼ NO, Sonneberg 3¼ N. (Th 53 u. 61).
**Schmalenfelde**, Winsen (Ha 15) 2¾ SW.
**Schmaleseite**, Liegnitz (NM 33, BF 23).
**Schmalförden**, Nienburg (Ha 26) 4¾ NW.
**Schmalkalden**, *Stadt*, Wernshausen (Th 47) ¾ O, Gotha (Th 6) 4¼ SW.
— Kl.-, Wernshausen (Th 47) . NO, Gotha (Th 6) 3¼ SW.
**Schmallenberg**, *Stadt*, Altenhundem (BM 75) 2¾ NO.
**Schmalleningken**, Tilsit (TI 1) 7½ O.
**Schmallwirb**, Kempen (Rb 67) ½ NW.
**Schmannewitz**, Dahlen (LD 8) 1 S.
**Schmarbeck**, Unterlüss (Ha 8) 1½ NW.
**Schmargendorf**, Angermünde (BSt 6) ¾ S.
— Steglitz (BPM 2) ½ W.
**Schmarse**, Breslau 2½ O, Oels ½ W. (RO 13 u. 17).
**Schmarsow**, Nechlin (BSt 49) ½ NO.
**Schmartsch**, Breslau (NM 39, BF 1) 1½ SO.
**Schmarza**, Laibach (OeSü 76) 2¾.
**Schmatzhausen**, Landshut (ByO 10) 2 NW.
**Schmatzin**, Züssow (BSt 56) ¾ S.
**Schmauch**, Schlobitten (PO 41) 2 SO.
**Schmechten**, Driburg (Wf 30) ½ NO.
**Schmeckwitz**, Radeberg 3¼ NO, Bischofswerda 2¼ N, Bautzen 2 NW. (SO 14, 17 u. 20).
**Schmedehausen**, Greven (Wf 21) 1 O.
**Schmedenstedt**, Peine (Ha 66) ¾ SO.
**Schmeisdorf**, Leobschütz (Wi 10) ½ W.
**Schmellwitz**, Ingramsdorf (BF 5) 1 SW.
**Schmelze**, Vietzer-, *Hüttenw.*, Vietz (PO 10) ¼ N.
**Schmentowken**, Czerwinsk (PO 32) ½ SW.
**Schmerkendorf**, Falkenberg (BA 23) ¼ S.
**Schmerlecke**, Sassendorf (Wf 19) ¾ SO.
**Schmerzke**, Brandenburg (BPM 9) ½ S.
**Schmidgaden**, Schwarzenfeld ¾ NW, Nabburg 1 SW. (ByO 68 u. 69).

[1]**Schmiedefeld**, *Fl.*, Themar 2½ NO, Arnstadt 3 SW. ((Th 52 u. 31).
[2] — Fischbach ¾ SO, Bischofswerda 1 SW. (SO 15 u. 17).
[3] — Breslau (NM 39, BF 1) ¾ NW.
**Schmiedehausen**, Sulza (Th 12) ½ S.
**Schmiedhofen**, Krotzingen (Ba 42) ½ S.
**Schmiegel**, *Stadt*, Alt-Boyen (OS 44) ¾ NW.
**Schmieheim**, Orschweier (Ba 33) ½ O.
**Schmiera**, Erfurt (Th 8) ½ SW.
**Schmilau**, Ratzeburg ½ S, Mölln ¾ NO. (LB 4 u. 5).
**Schmillinghausen**, Bonenburg (Wf 2) 2¼ SW.
**Schmilowo** (Smilowo), Schneidemühl 1¼ O, Miasteczko 1½ NW. (PO 22 u. 23).
**Schmirchau**, Ronneburg (SW 87) ¼ SW.
**Schmirdowo**, Bialosliwe (PO 24) 3¼ NO.
**Schmitzingen**, Waldshut (Ba 68) ¾ N.
**Schmochtitz**, Bautzen (SO 20) ¾ NW.
**Schmochwitz**, Liegnitz (NM 33, BF 23) ¾ SW.
**Schmöckewitz**, Grünau (BG 2) ½ SO, Cöpenik (NM 3) 2 SO.
**Schmöllen**, Casekow (BSt 8) 2 NW.
**Schmölln**, Bischofswerda (SO 17) ½ O.
*Siehe dagegen Station Schmölln SW 85.*
**Schmölnitz** (Szomolnok), *Stadt*, Kaschau (Ts 28) 5 W.
**Schmogrow**, Vetschau (BG 8) 1½ NO.
**Schmoldow**, Greifswald (BSt 57) 2 S.
**Schmole**, Lukawetz ½ N, Hohenstadt ½ SO, (OeSt 47 u. 48).
**Schmon**, **Ober-** u. **Nieder-**, Ob.-Röblingen (ML 21) 2½ SW.
**Schmorkau**, Radeberg (SO 14) 2¾ N.
**Schmorow**, Labes (BSt 18) 1½ W.
**Schmottseifen**, Bunzlau (NM 29) 3½ S, Greiffenberg (NM 45) 2 NO.
**Schmuggerow**, Ducherow 1 W, Anklam 2 S. (BSt 54 u. 55).
**Schnabelwald**, *Fl.*, Kirchenlaibach 1¾ SW, Bayreuth 2 S. (ByO 78 u. 80).
**Schnaditz**, Bitterfeld (BA 13) 1¼ O.
**Schnaith**, Endersbach (Wü 102) ¾ SO.
**Schnaittach**, *Fl.*, Ottensoos ¾ N, Lauf 1 NO. (ByO 41 u. 42).
**Schnaittenbach**, *Fl.*, Amberg 2½ NO, Wernberg 1½ W. (ByO 22 u. 71).
**Schnakenburg**, *Stadt*, Wittenberge (BH 11) 2½ W, Uelzen (Ha 10) 9 O.
**Schnarsleben**, Magdeburg (ML 1) 1 W.
**Schnathorst**, Löhne 1¼ S, Rehme 1¼ NW. (Ha 50 u. 51, KM 30 u. 31).
**Schnauhübl**, Bodenbach 3½ NO, Rumburg ½ SW. (BN 20 u. 16).
**Schneckengrün**, Mehltheuer (SW 16) ½ SO.
**Schnedowitz**, Wegstädtl (OeSt 35) 1 NO.
**Schneeberg** i. Bayern, Tauber-Bischofsheim (Ba 136) 5 W, Aschaffenburg (ByS 102) 5 SO, Hochhausen (Ba 137) 4½ W.
— i. Böhmen, Bodenbach (OeSt 42) 1¼ W.
*Siehe dagegen Stat. Schneeberg (Neustädtel) SW 55.*
**Schneen**, **Gr.-** u. **Kl.-**, Göttingen (Ha 84) 1 S, Friedland (Ha 85) ¼ NW.
**Schneeren**, Neustadt a. N. (Ha 23) 1½ NW.
**Schnega**, Uelzen (Ha 10) 5 SO.
**Schneidemühlchen**, Kreuz (OS 54) 2 S.
**Schneidersfurt**, Stargard (BSt 14) 1 SO.
**Schneidheim**, **Ober-** u. **Unter-**, Bopfingen (Wü 117) 1¾ NO.
*Siehe dagegen Stat. Schnaitheim Wü 124.*
**Schneiding**, Straubing (ByO 47) 1¾ SO.
**Schneidlingen**, *Kohlengrube*, Aschersleben (MH 30) 2 N, Langenweddingen (MH 3) 2½ SW, Hadmersleben (MH 5) 2 SO, Stassfurt (MH 38) 1½ NW.
**Schneitnig**, Breslau (NM 39) ½ O.
**Schnellförtel**, Halbau 1 S, Rauscha ½ N. (NM 24 u. 25).
**Schnellingen**, Haslach (Ba 163) ¼ NO.

**Schodnia**, Malapane (RO 3) 1 N.
**Schoebekirch**, Canth (BF 3) 1 NW.
**Schöbritz**, Aussig (AT 1) ¼ NW.
**Schöftland**, Aarau 2 S, Sursee 3½ NW, Zofingen 2 O. (SC 1,13 1,20 u. 1,15).
**Schoelen**, Wolitnik (PO 46) ¾ NW, Ludwigsort (PO 47) 1 SW.
**Schölerpad**, **Neu-**, *(an Zwgb.)*, Heissen ¼ N, Altendorf ¼ W. (Rb 91 u. 92).
**Schöllbronn**, Ettlingen (Ba 15) ¾ S.
**Schöllen** (Schelen, Zihle), *Stadt*, Pilsen (BW 8) 4½ N.
**Schöllkrippen**, Aschaffenburg (FH 10) 2 NO.
**Schöllnach**, Langen-Isarhofen 2 O, Vilshofen ⅞ NW. (ByO 52 u. 55).
**Schömberg** in Schlesien, *Stadt*, Königshain (SNV 22) 1 SO, Waldenburg (NM 57) 2 SW, Dittersbach (NM 58) 1¾ SW, Rubbank (NM 53) 2¾ SO.
— in Württemberg, *Stadt*, Rottweil (Wü 148) 1¾ SO.
— ebend., Kalmbach (Wü 214) ½ NO.
**Schöna**, *H* (SO 10), Krippen (Schandau) (SO 9) ¾ SO.
— **Ober-**, Freiberg 1 NO, Oederan 1 NO. (SO 51 u. 52).
**Schönach**, Sünching 1 NO, Straubing 1½ NW. (ByO 17 u. 47).
— in Baden siehe Schonach.
**Schönaich**, Tübingen (Wü 135) 1½ N.
1 **Schönau** an der Steinach (in Baden), *Tuchfabr.*, *Stadt*, Heidelberg (Ba 3, MS 17) 1¼ O, Neckargemünd (Ba 92) 1 S.
2 — *Stadt*, an der Wiese, Schopfheim (Ba 212) 2 NO, Freiburg i. Bad. (Ba 39) 3 SO.
3 — in Nassau, St. Goarshausen (Na 14) 2½ SO.
4 — in Bayern bei Schwarzhofen, Bodenwöhr 1½ N, Nabburg 1½ SO. (ByO 60 u. 69).
5 — in Mähren, Zauchtl-Neutitschein (KFN 23) ¾ SO.
6 — in Oesterr., Leobersdorf (OeSü 18) ¼.
7 — an der Donau, Schwechat-Kiederling (OeSt 55) 1¾ O.
8 — in Böhmen bei Braunau, Waldenburg (NM 57) 2¾ SO, Kostelets (SNV 25) 3½ NO.
9 — in Böhmen, Bensen 1½ S, Böhm. Leipa 2 W. (BN 22 u. 8).
10 — in Böhmen bei Hainspach, Krippen (Schandau) (SO 9) 2¾ NO.
11 — **Klein-**, Zittau (SO 33) ¼ O.
12 — **Neu-**, Gr. Schönau (SO 41) ¾ SW.
13 — auf dem Eigen, Herrnhut 1½ NO, Görlitz 1½ SW. (SO 30 u. 27).
14 — Borna (SW 89) ¾ SO.
15 — Chemnitz ½ SW, Siegmar ¾ NW. (SW 29 u. 27).
16 — in Sachsen (bei Wildenfels), Wiesenburg (SW 50) ca ¼ O.
17 — Heiligenstadt (ML 33) 1 W.
18 — **Ober-**, Wernshausen (Th 47) 2½ O.
19 — **Unter-**, Wernshausen (Th 47) 2¼ O.
20 — in Schlesien, Brieg (NB 8) ½ SO.
21 — ebendas., Neumarkt (NM 36) 1 SW.
22 — ebendas., *Stadt*, Haynau (NM 31) 4 S, Liegnitz (NM 33) 5 SW, Hirschberg (NM 49) 2½ NO, Märzdorf (NM 52) 3 NW, Jauer (BF 20) 3 SW.
23 — bei Glogau, Quaritz (NZ 3) 1¼ N, Glogau (NZ 1) 2 NW.
24 — in Schlesien, Leobschütz (Wi 10) 1½ N.
25 — in Westpreussen, Marienburg (PO 36) ¾ SW.
26 — in Westfalen bei Olpe, Creuzthal (BM 77) 1 W.
27 — Euskirchen (Rh 22) 2¼ S.
*Siehe dagegen Stat. Grosse-Schonau SO 41.*
1 **Schönbach** i. Böhmen, *Stadt*, *Weberei etc.*, Adorf 1½ SO, Voitersreuth 1½ NO, Brambach 1 NO. (SW 79, 82 u. 81).
2 — in Böhmen (bei Gabel), Kratzau 1 SW,

1**Schönberg** ebendaselbst, Ottensoos ½ SW, Lauf ¾ SO. (ByO 41 u. 42).
4 (in Hessen), *Eisengiesserei*, Bensheim (MN 10) ¾ NO.
5 Kiel (AK 13) 2½ NO.
6 (*Lübeck-Kleinen 8*), *Stadt*, Lübeck (LB 1 u. 8) 2¼ O.
7 in Westpreussen, Driesen (PO 18) ½ N.
8 in Schlesien, Görlitz 1¼ SO, Nicolausdorf ½ SW. (BG 15, NM 59).
9 ebendas., Kohlfurt (NM 26) ¾ NW.
10 in Westfalen, Driburg (Wf 39) ¼ NW.
11 in Sachsen, Brambach (SW 81) ½ S, Voitersreuth (SW 82) ¾ NW.
12 ebendas., Bautzen (SO 20) 1½ SO.
13 Ober-, Nieder- u. Neu-, Freiberg in Sachs. (SO 51) 3½ S.
14 in Böhmen, (bei Seltschau) *Stadt*, Strakonitz (KFJ 30) 6 NO.
15 in Mähren, *Stadt*, T Hohenstadt (OeSt 48) 2 NO.
16 bei Innsbruck, Patsch (OeSü 188) ½ SW.
*Siehe dagegen Schönberg PH* (SW 17).*
1**Schönbichl**, Melk (KE 15) ¾ NO.
**Schönborn** in Nassau, Kupbach 1 SO, Balduinstein ¾ SO. (Na 26 u. 27).
2 Reichenberg i. Böhm. (SNV 22) ¾ N.
3 bei Tetschen in Böhmen, Bodenbach (OeSt 42) ¾ SW.
4 Alt- u. Neu- in Böhmen, Gr.-Schönau (SO 41) ca ¼ W.
5 Breslau (NN 39) 1 S.
6 Liegnitz, (NM 33) 1 NO.
7 in Sachsen, Radeberg (SO 14) ¾ NW.
8 ebend., Mittweida (SW 32) ½ SO.
9 in Württemb., *Nagold (Wü 207) 1¾ N, Pforzheim (Ba 149) 3½ S.
**Schönbrünn**, Aglasterhausen (Ba 49) ½ NW.
1**Schönbrunn**, Wien (OeSt 1) ¾ SW.
2 in Bayern, Lehhof (ByO 4) 1¼ NW.
3 in Schlesien, Schweidnitz (BF 18) ½ W.
4 ebend., Sagan (NZ 7) 1½ NO.
5 Nicolausdorf ¼ NW, Görlitz 1 SO. (NM 59 u. 41).
6 in Sachsen, Lengenfeld (SW 72) ¾ NW.
7 Bischofswerda (SO 17) ½ NO.
8 Wolkenstein (SW 67) ½ W.
9 in Reuss (bei Lobenstein), Mehltheuer (SW 16) 3 SW.
*Siehe dagegen Station Schönbrunn der KFN 25*
**Schönbüchl**, Bodenbach 3¼ NO. (Rumburg ¾ SW. (BN 20 u. 16).
**Schönburg**, Strassburg (BSt 69) ½ NO.
**Schöndorf**, Bunzlau (NM 29) 2¾ NW, Sprottau (NZ 5) 3 SW, Rauscha (NM 25) 2 O.
1**Schöneberk** in Hannover, Vegesack ½ N, Burg-Lesum ½ NW. (Ha 42 u. 35).
2 bei Berlin, Cöpenick (NM 3) 1½ NO.
3 Kl.-, Erkner (NM 5) 1 NW, Neuenhagen (PO 2) ¾ SW.
4 in Pommern, Trampke (BSt 15) ¾ N.
5 bei Essen, Berge-Borbeck (KM 12) ¼ NW.
*Siehe auch Stat. Schönebeck Ml. 3.*
1**Schöneberg**, Hofgeismar (HN 14) ¼ N.
2 Angermünde (BSt 6) 1½ O.
3 Berlin (BA 1, BPM 1) ¼ NW (Potsd. u. Anhalt.-Bahnh. abgerechnet).
4 Stargard in Pomm. (BSt 14) 1½ SO.
5 Mühlhausen i. Pr. (PO 42) 1 SW.
6 in Westpreussen, Dirschau (PO 34) 3¼ SW.
7 Soost (Wf 13, BM 56) 1½ N.
**Schöneck** in Westpreussen, *Stadt*, Dirschau 3½ SW, Hohenstein 2¼ SW, (PO 31 u. 72).
Boppard (Rh 54) 1¾ SW.
im Voigtl., *Stadt*, Adorf 1 NO, Plauen 2½ SO, Oelsnitz 1¾ SO, Falkenstein 1½ SW. (SW 79, 15, 78 u. 74).
**Schönecken**, *Fl.*, Trier (Sa 22) 6 N.
**Schönefeld**, Leipzig (LD 1) ¼ NO.
— Neu-, *Eisengiesserei*, Leipzig (LD 1) ¼ NO.
**Schönefliess**, Fürstenberg (NM 14) ½ W.
1**Schöneiche** bei Berlin, Erkner (NM 5) 1 NW.
2 bei Königs-Wusterhausen (BG 3) 2 SW.
3 in Schlesien, Neumarkt (NM 36) 1 SW.
4 Sorau (NM 22) 1¼ NW.
**Schönemoor**, Grüppenbühren (Ol 4) ½ O.
**Schönen**, Wangerin (BSt 17) 2¼ NW.
**Schönenbach**, Emmendingen (Ba 37) 4¼ SO.
**Schönenberg** an der Bröltalbahn (KM 16) 3¼ NO.

**Schönenbuch**, Basel (Ba 56) 1 SW.
**Schönerlinde**, Bernau 1¼ W, Berlin 3 NO. (BSt 2 u. 1).
**Schönermark** bei Angermünde, Passow (BSt 7) ¾ SO.
Zernitz (BH 8) ½ W.
**Schönerstedt**, Oederan (SO 52) ½ NW.
**Schöneseiffen**, Call (Rh 25) 1½ SW.
**Schönewalde**, *Stadt*, Holzdorf 1½ NO, Linda 1½ SO. (BA 21 u. 20).
**Schöneweide**, Luckenwalde (BA 5) 1 NO.
1**Schönfeld** in Böhmen, *Stadt*, Eger (ByO 87) 4½ O.
2 Marchegg (OeSt 73) ¾ S.
3 in Bayern, Wiesau (ByO 84) ¾ NW.
4 (bei Hollfeld), Bayreuth (ByO 80) 2½ W.
5 Arnswalde (OS 57) 1 S.
6 Friedeberg (PO 16) ½ NW.
7 (bei Perleberg), Karstädt (BH 12) ¾ SO.
8 Stargard in Pommern (BSt 14) 2½ SW.
9 bei Stettin, Tantow (BSt 9) ½ NW.
10 bei Fürstenberg, Wellmitz (NM 16) 1 O.
11 i. Westpr., Schneidemühl (PO 22) 2 NO.
12 in Schlesien, Brieg (NB 1) 1 SW.
13 Ingramsdorf ½ S, Saarau ¾ O. (BF 5 u. 6).
14 Frankenstein (BF 11) 6¾ SW.
15 Bunzlau (NM 29) ¾ NO.
16 in Reuss, Greiz (SW 91) ½ O.
17 bei Pillnitz, Dresden 1¾ SO, Radeberg 1¼ S. (LD 20. SO 1 u. 14).
18 bei Saida, Freiberg in Sachsen (SO 51) 3¼ S.
19 Pristewitz (LD 14) 1½ NO.
20 — Annaberg-Buchholz (SW 70) ¾ NW.
21 Sangerhausen (ML 24) 2 SW.
*Siehe dagegen die Station Schönfeld der AT 3, u. der BN 13, Schönfeld H* der SW 69.*
**Schönfelde**, Mühlhausen i. Preuss. (PO 42) ¾ SO.
Müncheberg (PO 1) 1½ SW.
**Schönfels**, Nechlin (BSt 49) 1½ SO.
**Schönficht**, Neustadt a. W. 1½ NO, Windisch-Eschenbach 1 O, Reuth 1¼ SO. (ByO 81, 83, 82).
**Schönfliess**, Bernau bei Berlin (BSt 2) 2 W.
*Stadt*, T Angermünde (BSt 6) 6 SO.
Königsberg i. Pr. (PO 50) ½ SO.
Mühlhausen i. Pr. (PO 42) ½ N.
**Schönhagen**, Heiligenstadt (ML 33) 1¾ SW.
**Schönhardt**, Unterböbingen (Wü 110) ¼ N.
**Schönhausen**, Hohen-, Berlin (NM 1) ¾ NO.
Nieder-, Berlin (NM 1) 1¼ NW.
Stendal (MH 22) 1½ O.
— Strassburg (BSt 69) 1¼ NO.
**Schönheyda**, T Schmölln (SW 85) ¾ SW.
**Schönheid**, Wiesau (ByO 84) ¼ N.
**Schönheide** in Schlesien, Frankenstein (BF 11) 1 SW.
**Schönheyde**, *Eisenhammer*, Auerbach in Sachsen 1½ O, Schneeberg 1¾ SW. (SW 73 u. 55).
**Schönhof**, Mähr.-Ostrau (KFN 26) 1½ SO.
**Schönholz**, Berlin (NM 1) 1¼ NW.
**Schöningen**, Tantow (BSt 9) 1 O.
*Siehe dagegen Station Schöningen Bs 29.*
**Schöningsbruch**, Alt- u. Neu-, Friedeberg (PO 16) 1½ S.
**Schönkirch**, Windisch-Eschenbach (ByO 82) 1¼ O.
**Schönkirchen**, Gänserndorf (KFN 5) ½ N.
**Schönlind** in Böhmen, *Fl.*, Adorf 3 O, Voitersreuth 4 NO, Auerbach in Sachsen 3½ SO, Schwarzenberg 3½ SW. (SW 79, 82, 73 u. 58).
*Siehe dagegen Station Schönlinde BN 15.*
**Schönmattenwaag**, Ober-, Heidelberg (Ba 3 u. 80) 2¾ NO.
**Schönmattenwag**, Unter-, Weinheim (MN 13) 2 O.
**Schönmünzach**, *Glashütte*, Horb (Wü 142) 3½ NW, Muggensturm (Ba 17) 4¾ O.
**Schön-Nahr**, Gr.- u. Kl.-, Wehlau (PO 55) 1 SO.
**Schönow**, Zehlendorf, (BPM 3) ¾ S.
Casekow (BSt 8) ¾ W.
**Schönpriesen**, Aussig (AT 1) ¼ O.
**Schönrade**, Friedeberg (PO 16) 2¼ N.
Ludwigsort (PO 47) 2 S.
**Schönram**, Teisendorf (ByS 45) ¾ NO.
**Schönreuth**, Kemnath-Neustadt (ByO 77) ¾ NO.
**Schönsee**, *Stadt*, Sabburg 4 NO, Pösing 5 N, Bodenwöhr 5½ NO, Weiden 4¾ SO. (ByO 68, 63, 60 u. 73).
Thorn (PO 67) 3¼ NO.

**Schönstein**, *Eisenhütte*, Zimmersrode (MW 7) 1¾ W.
(Rheinprov.) Wissen (KM 50) ½ O.
Köln (Rh 13, KM 1) 1¼ NW.
i. Steierm., *Fl.*, Cilli (OeSü 64) 3¾ NW.
**Schönthal**, Schwandorf (ByO 29) 5¼ O.
— i. Schles., Hansdorf (NM 23) 1¼ NO.
Schneidemühl (PO 22) 3 NO.
*grösste Nadelfabr. Deutschl.*, *Wollenfabr.*, *Schleiferei*, Langerwehe (Rh 7) ¼.
*Siehe dagegen Station Nieder-Schönthal der Schweizerischen Centralbahn 1,4.*
**Schönthann**, Windisch-Eschenbach (ByO 82) 1¾ O.
1**Schönwald**, Hausach (Ba 164) 3 S.
2 b. Mähr.-Neustadt, Littau (OeSt 45) 2 N.
3 bei Schildberg in Mähren, Budigsdorf (OeSt 49) 1 N.
4 — bei Friedland i. Böhmen, Zittau 3¾ NO. Greiffenberg 3 SW. (SO 33, NM 45).
5 i. Schles., Creutzburg (RO 23) ¼ N.
6 (b. Rothenburg), Kl.-Lassowitz (RO 24) 1¼ O.
7 — Gleiwitz (OS 17) ¾ SO.
**Schönwaldau**, Hirschberg (NM 49) 2 S.
1**Schönwalde**, Spandau (BH 2) 1¾ NW.
2 — Sorau (NM 22) ½ W.
3 Bernau (BSt 2) 1 W.
4 Freienwalde i. Pomm. (BSt 16) 1½ NW
5 Labes (BSt 18) 1½ O.
6 Gross-, Greifswald (BSt 57) ¾ SO.
7 Pasewalk (BSt 50) 1 W.
8 Gr., i. Westpreussen, Czerwinsk (PO 32) 5 SO.
9 i. Ostpreussen, Tapiau (PO 54) 3½ S.
10 — i. Schles., Frankenstein (BF 11) 1 W.
11 Güstrow (FF 1) 1 SW.
12 — *Stadt*, bei Holzdorf-Linda, *siehe* Schönewalde.
**Schönwarling**, Hohenstein (PO 72) ¼ N.
**Schönweid**, Velim (OeSt 22a) ¾ O.
**Schönwerder**, Prenzlau (BSt 48) 1 N.
1**Schönwiese**, Norkitten (PO 57) ¾ NW.
2 — Insterburg (PO 58) 5 SW.
3 Altfelde (PO 37) ½ W.
**Schönwitz**, Löwen (OS 7) 1¾ SO.
**Schöpfurth**, Neustadt-Eberswalde (BSt 4) 1½ W.
**Schöppingen**, *Fl.*, Münster 4½ NW, Rheine 4 SW. (Wf 20 u. 24).
**Schöpsdorf**, Weisswasser (BG 13) 2¼ SW.
**Schörfling**, *Fl.*, Vöcklabruck 1 SW, Timmelkam 1¼ SO. (KE 37 u. 38).
**Schötmar**, Herford (KM 29) 1¼ S.
**Schötz**, i. d. Schweiz, Nebikon (SC 1,18).
**Schötzow**, Fritzow (BSt 42) ¼ O.
**Schokken**, *Stadt*, Posen (OS 48) 4½ NO.
**Scholen**, Nienburg (Ha 26) 5 NW.
**Schollitz**, Dessau (BA 30) 1 SO.
**Schollach**, Loosdorf (KE 14) ½ SW.
**Schollbrunn**, Wertheim (Ba 141) 1½ SW.
**Schomberg**, Beuthen (OS 21) ½ W.
**Schonach**, Hausach (Ba 164) 2¼ S.
**Schongau**, *Stadt*, Peissenberg 2 W, Kaufbeuren 3 SO, Biessenhofen 3 S. (ByS 199, 18 u. 17).
**Schonowitz**, Ratibor (Wi 5) 1½ NW.
**Schopfheim**, Nieder- u. Ober-, Offenburg (Ba 28) 1¼ u. 1½ S.
*Siehe dagegen Station Schopfheim (Ba 212).*
**Schopfloch**, bei Freudenstadt, Horb (Wü 142) ¾ W.
— Kirchheim u. Teck (Wü 153) 1¾ SO.
**Schopka**, Berkowic-Melnik (OeSt 34) ½ SO, Liblic-Bisic (TKP 4) 1 NW.
**Schornbach**, Schorndorf (Wü 105) ½ NW.
**Schornborn**, *Glashütte*, Stadtoldendorf (Bs 2) ¾ SW.
**Schornsheim**, Mainz (HL 11) 2 SW.
**Schortewitz**, *Zuckerfabr.*, Stumsdorf (ML 9) ¾ NW.
**Schosnitz**, Canth (BF 3) ¾ SO.
**Schossberg** (Sassin), *Stadt*, Göding (KFN 12) 2¾ S.
**Schossdorf**, Langen-Oels ½ SO, Greiffenberg ½ N. (NM 44 u. 45).
**Schossendorf**, Böhm.-Leipa (BN 8) 1½ NW.
**Schott**, Emden (Wf 38) 2¼ N.
**Schotten**, *Stadt*, Giessen 5½ SO, Friedberg. (MW 14 u. 18).
**Schotterey**, Teutschenthal (ML 20) 1 SO.
**Schotthausen**, Wiesloch (Ba 6) 1 O.
**Schottland**, Alt-, Danzig (PO 74) ½ S.
Neu-, Danzig (PO 74) ¾ NW.
**Schottwien**, *Fl.*, Semmering ¾ S, Gloggnitz ½ SW. (OeSü 31 u. 27).
**Schottwitz**, Breslau (NM 39) ¾ NO.
**Schotzach**, Lauffen (Wü 55) ¼ SW.
**Schrabsmühle**, Fürstenberg (NM 14) ½ S.

**Schramberg**, *Fl.*, T Oberndorf (Wü 145) 1¾ SW, Rottweil (Wü 148) 2½ NW, Hausach (Ba 164) 3 SO, Horb (Wü 142) 3½ SW.
**Schrannwand**, Gramat-Neusiedel (OeSt 59) 1 SW.
**Schraplau**, *Stadt*, Ob.-Röblingen (ML 21) ¼ S.
**Schrattenbruch**, Melk (KE 15) ¾ SO.
**Schrattenthal**, *Stadt*, Stockerau (KFN 46) 6½ NW, *Znaim (OeSt 159) 2¾ SW.
**Schreckenstein**, Aussig (AT 1) ½ S.
**Schreckhof**, Neckarelz (Ba 101) ¼ N.
**Schreetstacken**, Schwarzenbeck (BH 21) 1½ NO.
**Schreiberhau**, *mit Glasfabr. Josephinenhütte*, Reibnitz (NM 48) 1¼ SW, Hirschberg (NM 49) 2 SW, Alt-Kemnitz (NM 47) 1¾ SO.
**Schreibendorf**, Nieder- u. Ober-, Rabbank (NM 53) 1½ SW, *Landeshut (NM) ⅞ W.
**Schreibersdorf** bei D. Lissa (NM 39) 1½ N.
— Kohlfurt 2 S, Lauban 1 NW, Lichtenau ½ NO. (NM 26, 43 u. 60).
— bei Strehlitz i. Schlesien, Gogolin (OS 11) 2 SW.
— bei Ratibor, Woinowitz (Wi 15) 2 SW.
**Schreiersgrün**, Treuen ½ SO, Lengenfeld ¼ SW. (SW 71 u. 72).
**Schrein**, Littau (OeSt 45) 1 O.
**Schreinen**, Ludwigsort (PO 47) 1½ SW.
**Schreitlauken**, Tilsit (Tl 1) 2½ NO.
**Schrems**, *Fl.*, Stockerau (KFN 46) 13⅓ NW.
**Schrenz**, Stumsdorf (ML 9) ¼ S.
**Schrezheim**, Ellwangen (Wü 87) ¼ SW.
**Schricke**, Rogätz (MH 18) ½ SW.
**Schriegwitz**, D. Lissa (NM 39) 1½ SW.
**Schriesheim**, *Fl.*, Heidelberg (Ba 3 u. 90, MN 17) 1¼ N, Ladenburg (MN 15) ½ O.
**Schrimm**, *Stadt*, T Czempin 3 SO, Mosczyn 3 SO. (OS 46 u. 47).
**Schrobenhausen**, *proj. Station*, *Stadt*, Augsburg 4¾ NO, *Pfaffenhofen* 2½ NW, Reichertshofen 2½ SW. (ByS 26, 240 u. 242).
**Schroda**, *Stadt*, T Posen (OS 48) 5 SO.
**Schrollbach**, Steinwenden (Pf 56) ½ NW.
**Schroop**, Marienburg (PO 36) 1 SO.
**Schrotz**, Schneidemühl (PO 22) 1½ NW.
*Schro(t)zberg (*Wü 94*), Waldenburg (Wü 76) 4 NO.
**Schubin**, *Stadt*, T Nakel (PO 28) 3 SO.
*Schübben (*BSt 25*), Cöslin (BSt 24) 1 NO.
**Schüllingen**, Langwedel (Ha 31) ½ O.
**Schüpf**, Ober-, Unter-Schüpf *H** (Ba 114) ¼ S.
**Schüpfheim**, Nebikon 29 Kil., Luzern 24 Kil. (SC 1,18 u. 1,25).
**Schürbank u. Charlottenburg**, Aplerbeck (BM 52) 0,3 N.
**Schüren**, Dortmund (BM 50, KM 18) ⅞ SO.
**Schüsselndorf**, Brieg (NB 8) ½ S.
**Schüsselburg**, Nepomuk (KFJ 34) 2 SO.
**Schüttenburg**, Woldenberg (OS 55) 1½ SO.
**Schüttenhofen**, St., *mit Kunstmühlen, Papier-, Zündhölzchen- u. 11 Glasfabr.*, Horazdiowic (Haraschowitz), (KFJ 32) 2¾ SW.
**Schüttenitz**, Theresienstadt (OeSt 37) 1½ N.
**Schützberg**, Wittenberg (BA 9) 2 SO.
**Schützen**, Gr.-, Dürnkrut (KFN 4) 1½ NO.
*Siehe dagegen Station Schützen OeSü 99.*
**Schützendorf**, Lukawetz (OeSt 47) ¼ W.
— Mechernich (Rh 24) ½ W.
**Schützenhain**, *Sandsteinbrüche, Stärkefabr.*, Görlitz 2 NO, Heide-Gersdorf 1 NW, Kohlfurt 1½ S. (NM 41, 42 u. 26).
**Schützingen**, Mühlacker (Ba 153) ¾ N.
**Schugsten**, Königsberg i. Pr. (PO 50) 2 N.
**Schulenburg**, Nordstemmen (Ha 71) ¾ NW.
**Schullwitz**, Radeberg (SO 14) 1 S.
**Schulpforta**, Naumburg ½ W, Kösen ¼ O. (Th 14 u. 13).
**Schulzendorf**, Wriezen a/O. (BSt 67) ½ S.
— Berlin (BSt 1, NM 1) 2½ NW.
— Grünau 1 S, Königs-Wusterhausen 1½ N. (BG 2 u. 3).
— Trebbin (BA 4) ca. ½ NW.
**Schulzenwerder**, Driesen (PO 18) 2½ SW.
**Schumburg** bei Gablonz, Eisenbrod (SNV 15) ¾ NW.
— bei Tannwald, Eisenbrod (SNV 15) 1½ NO.
**Schupbach**, Limburg 1½ NW, Runkel 1 N, Weilburg 1 SW. (Na 30, 32 u. 36).
**Schupfert**, Säckingen (Ba 62) 1 S.
**Schura**, Donaueschingen (Ba 185) 2½ NO.
**Schurgast**, *Stadt*, Löwen (OS 7) ¾ O.
**Schuritz**, Stralsund (BSt 50) 2 SO.
**Schurz**, Königinhof (SNV 8) ½ O.
**Schusterinsel**, *Zollstation*, Haltingen (Ba 54) ½ SW.
**Schuttern**, Dinglingen (Ba 31) ¾ N.
**Schutterthal**, Lahr (Ba 205) 1¼ SO.
**Schutterwald**, Offenburg (Ba 28) ⅚ SW.
**Schutterzell**, Dinglingen (Ba 31) 1 N.
**Schwaara**, Gera (SW 88) ¾ NO.
**Schwaaz**, Dux (AT 9) ⅔ SO.
**Schwabelweis**, Walhallastrasse (ByO 23) ½ O.
*Schwaben (*ByS 269*), München (ByS 126, ByO 1) 3 NO.
**Schwabenheim**, Friedrichsfeld (Ba 2) ½ NO.
**Schwabenheimer Hof**, Ladenburg (MN 15) ¾ SO.
**Schwaberow**, Hagenow (BH 16) ¾ SW.
**Schwabhausen**, Wölchingen (Ba 113) ½ S.
— Dachau (ByS 236) 1 NW.
**Schwabing**, München (ByO 1) ¾ NO.
**Schwabitz**, *Fl.*, Liebenau (SNV 19) 3 W.
**Schwabsburg**, Nierstein *H** (HL 7) ½ SW.
**Schwabstedt**, *Fl.*, Friedrichstadt (Sw 22) 1½ O.
**Schwachenwalde**, Augustwalde (OS 56) ½ SO.
**Schwachhausen**, Bremen (Ha 34, Ol 8) ½ NO.
**Schwadorf**, Brühl (Rh 39) ⅘ S.
— *Fl.*, i. Oesterr., Gramat-Neusiedel 1½ NO, Götzendorf 1 S. (OeSt 59 u. 60).
**Schwäbing**, Langenwang (OeSü 34) ½.
**Schwägerau**, Norkitten (PO 57) ¾ O.
**Schwätz**, bei Delitzsch, Landsberg (BA 16) ca. ½ O.
**Schwaförden**, Nienburg (Ha 26) 4 NW.
**Schwagsdorf**, Lingen (Wf 27) 4½ O.
**Schwaig** bei Erding, Freising (ByO 6) 1½ SO.
— bei Mögeldorf, Röthenbach (ByO 43) ½ SW.
**Schwaigern**, *Stadt*, Heilbronn (Wü 57) 1½ W.
**Schwaikheim**, Waiblingen (Wü 101) 1 NO.
**Schwalbach**, Saarlouis ¾ SO, Ensdorf ¾ O, Bous ¾ NO. (Sa 13, 12 u. 11).
— Burg-, Diez (Na 29) 1½ SO.
— Klein-, Soden (T 3) ¾ O.
— Kettern-, Wiesbaden (Na 1) 2½ NW.
— Langen-, *Stahlbad*, *Stadt*, T Wiesbaden 1½ NW, Eltville 2 N. (Na 1 u. 5).
**Schwalenberg**, *Fl.*, Driburg (Wf 30) 3 NW.
**Schwalheim**, *Sauerbrunnen*, Nauheim ½ SO, Friedberg ½ NO. (MW 17 u. 18).
**Schwalldorf**, Niedernau (Wü 138) ¼ SW.
**Schwallungen**, Wasungen (Th 48) ½ NW.
**Schwalschied**, St. Goarshausen (Na 14) 2 SO.
**Schwanberg**, *Stadt*, Leibnitz (OeSü 53) 5 W.
**Schwand** bei Schönsee, Bodenwöhr (ByO 60) ¾ W.
— a. Hambach, *Fl.*, Schwabach (ByS 44) 1 SO.
**Schwanden**, Glarus (VS 3,60) 1½ S.
**Schwanebeck**, *Stadt*, Crottorf (MH 7) ½ W, Halberstadt (MH 9) 1¼ NO, Wegersleben (Bs 19) 1½ SO.
— Bernau (BSt 2) ¾ S.
**Schwaneberg**, *Zckrfabr.*, Langenweddingen ¾ SW, Blumenberg ½ S. (MH 3 u. 4).
**Schwaneberg**, Casekow (BSt 8) 2 NW.
**Schwanei**, Buke (Wf 5) ½ SW.
**Schwanenbeck**, Dölitz (OS 58) 1½ NO.
**Schwanewede**, Vegesack (Ha 42) 1½ N.
**Schwanheim** in Baden, Aglasterhausen (Ba 99) ¾ N.
— in Hessen, Bensheim (MN 10) ¾ NW.
*Siehe dagegen die Haltestelle:*
— *PH** *der HL 34* von Höchst (T 2) ⅔ SO.
**Schwanis**, Ludwigsort (PO 47) ¾ SO.
**Schwanowitz**, Brieg 1½ SO, Löwen 1¼ N. (OS 5 u. 7).
**Schwansfeld**, Wöterkeim (OpS 16) 1 S.
**Schwansee**, Ringleben (NE 9) 1½ SO.
**Schwarau**, Reichenberg (SNV 22) ¾ N.
**Schwartau**, Lübeck (LB 1 u. 8) 1 N.
**Schwartow**, Boitzenburg (BH 19) ⅘ NO.
— Cörlin (BSt 41) 1¼ S.
**Schwartsch**, Breslau (NM 30) 1½ SO.
**Schwarz**, Treysa 4½ SO, Kirchhain 5½ SO. (MW 8 u. 10).
— an der Saale (ML 5) ⅔ S.
**Schwarza**, *Fl.*, Meiningen (Th 50) 1½ NO.
— Ober- u. Unter-, Spielfeld (OeSü 55) ½.
¹Schwarzach, Bühl (Ba 22) 1 NW.
²— Ober- u. Unter-, Aglasterhausen (Ba 99) ½ N.
³— Stadt-, Kitzingen 1½ NO, Rottendorf 1½ O. (ByS 176 u. 80).
⁴— Straubing 3 NO, Strasskirchen 2 NO. (ByO 47 u. 49).
⁵— Schwarzenfeld (ByO 68) ¾ NO.
*Schwarzach, Ummendorf (Wü 43) 1½ SO.
**Schwarzau** bei Wiener-Neustadt St. Egyden (OeSü 23) ½ SO.
— a. d. Schwarza, *Fl.*, Payerbach (OeSü 28) 3 NW.
— Liegnitz 3 NO, Spittelndorf 2½ NW. (NM 33 u. 34).
**Schwarzbach** in Mähren, Littau (OeSt 45) ⅛ S.
— *Graphitwerk*, Budweis (KE 74, KFJ 23) 4½ S.
— in Schlesien, Hirschberg (NM 49) ½ S.
**Schwarzburg**, *Fl.*, Eisfeld 5 NO, Sonneberg 4 S. (Th 58 u. 61).
¹Schwarzenbach, *PH (ByO 74a)*, Parksteinhütten (ByO 74) ¾ NW.
² — in Bayern, Cham (ByO 64) 5 SO.
³ — am Walde, *Fl.*, Münchberg 2¼ NW, Kronach 3 NO. (ByS 72 u. 219).
⁴ — in Krain, Littai (OeSü 72) 1½.
⁵ — in Kärnten, Bleiburg (OeSü 163) 1½ SO.
⁶ — Prävali (OeSü 162) 1 S.
⁷ — Sct. Pölten (KE 12) 2½ S.
⁸ — Türkismühle (Sa 42) 1 NW.
*Siehe dagegen die Stationen Schwarzenbach der ByS 73 und der 1S 3, 7a.*
**Schwarzenberg**, Emmenbrücke (SC 1, 21) 17 Kil.
*Siehe dagegen Station Schwarzenberg der SW 58.*
**Schwarzenborn**, *Stadt*, Hersfeld (BbH 2) 3 O.
**Schwarzenburg**, Bern (SC 1, 39) 3½ SW.
**Schwarzeneck**, Thun (SC 1, 47) 1½ NO.
**Schwarzenfels**, Schlüchtern (BbH 10) 1¼ SO.
**Schwarzenholz**, Saarlouis (Sa 13) 1¼ O.
**Schwarzenitz**, Wegstätti (OeSt 35) ⅙ NW.
**Schwarzensee**, Strassburg (BSt 69) ½ O.
**Schwarzenthal**, *Fl.*, Falgendorf 3 NO, Mastig 3 NO. (SNV 11 u. 10).
**Schwarzhofen**, *Fl.*, Bodenwöhr (ByO 60) 1½ N.
**Schwarzhütte** bei Osterode, Seesen (Bs 8) 2¾ S.
**Schwarzkirchen**, Tetschitz (BR 4) ½ NW.
**Schwarzkosteletz**, *Stadt*, Böhm. Brod (OeSt 24) 1½ S.
**Schwarzlosen**, Gr.-, Demker (MH 21) ⅙ W.
**Schwarzmaar**, Sechtem (Rh 40) 2 SW.
**Schwarzow**, Stettin (BSt 10) ½ W.
**Schwarz-Rheindorf**, Bonn siehe Rheindorf.
**Schwarzwald**, Sonneberg (Th 61) ⅓ NW.
**Schwarzwaldau** in Schlesien, Gottesberg (NM 55) 1 NW.
**Schwarzwasser** in Oesterr. Schlesien, *Stadt*, Chibi (KFN 32) ¼ NW.
**Schwechat**, Klein-, *Fl.*, Wien 1½ SO, Himberg 1 NO. (OeSt 53 u. 57).
NB. *Die Station Schwechat-Kledering der Wien-Rauber (Oesterr. Staats) Bahn liegt von Schwechat ½ NO.*
**Schwechow**, Pritzier (BH 17) ½ N.
**Schwechten**, Gr.-, Goldbeck (MH 23) ¾ SW.
**Schweckhausen**, Bonenburg (Wf 2) 1¼ NO.
**Schwedt a. Oder**, *Stadt*, T Angermünde (BSt 6) 2¾ NO.
**Schweeringen**, Eystrup (Ha 26) ½ SW.
**Schwefe**, Soest (Wf 13, BM 56) ¼ W.
**Schweggenheim**, Lingenfeld (Pf 32) ½ N.
**Schweibach**, Gengenbach (Ha 150) ½ O.
**Schweiburg**, Varel (Ol 29) 1½ O.
**Schweich**, *Fl.*, Trier (Sa 22) 1½ NO.
**Schweicheln**, Herford (KM 29) ¾ N.
**Schweiditz**, Schkeuditz (ML 13) ¼ N.
**Schweidnitz**, Kl.-, Löbau (SO 23) ¾ SW.
— Gr.-, Löbau (SO 23) ¾ SW.
*Siehe dagegen Stat. Schweidnitz BF 16.*
**Schweigern**, Wölchingen (Ba 113) ¾ NO.
**Schweighausen**, Orschweier (Ba 33) 2 SO.
**Schweighof**, Murg *H** (Ba 63) ¼ NW.
**Schweighofen**, Schaidt (Pf 42) ¾ SW.
**Schweikhof**, Säckingen (Ba 62) 2 NO.
**Schweina**, *Stadt*, Immelborn (Th 46) ¾ NO.
— *Fabriken*, Nürnberg (ByO 45) ½ SW.
**Schweinbarth**, Gänserndorf (KFN 5) 1½ NW.
**Schweinberg**, Tauber-Bischofsheim (Ba 138) 1½ O.
**Schweine**, Möglitz ⅔ SW, Lukawetz ¾ O. (OeSt 46 u. 47).
**Schweinehofen**, Karstaedt (BH 12) 1¾ NO.
**Schweinern**, Schebitz ¼ SO, Breslau 1½ NW. (OS 33 u. 1).
**Schweinegrube**, Marienburg (PO 36) 3 SW.
**Schweinheim**, Aschaffenburg (FH 10) ½ S.
— Euskirchen (Rh 22) 1½ SO.
— bei Bonn, Godesberg (Rh 113) ¼ SW.

**Schweinitz** in Böhmen *Fl.*, Holkau (KE 73) 1 1/4 O.
*Stadt*, Wittenberg 4 SO, Holzdorf 1 NW, Linda 1 SW. (BA 9, 21 u. 20).
bei Grünberg, Sorau (NM 22) 5 1/4 NO.
Neu-, Langen-Oels 1/2 S, Greiffenberg 1/2 NW. (NM 44 u. 45).
**Schweinsbach**, Wartberg (OeSü 78) 1 3/4 NW.
**Schweinsberg**, *Stadt*, Kirchhain in Hessen (MW 10) 3/4 SO.
**Schweinschädel**, Josefstadt 1 NO, Skalitz 1/2 SW. (SNV 6 u. 23).
**Schweinsdorf**, Potschappel (SO 43) 3/4 S.
**Schweizerhalle**, Pratteln (SC 1, 3) 3/4 NW.
**Schwelle**, Gesecke (Wf 9) 1 NO.
**Schwellin**, Belgard (BSt 21) 3 O.
**Schwemmin**, Corlin (BSt 41) 1 S.
**Schwemmlingen**, Mettlach (Sa 17) 3/4 SW.
**Schwemmsal**, Bitterfeld (BA 13) 2 1/2 O.
**Schwenden**, Haslach (Ba 163) 1/2 NW
**Schwendi**, Laupheim (Wü 38) 1 1/2 SO, Illertissen (ByS 208) 1 1/4 SW.
**Schwendt**, Stargard in Pommern (BSt 14) 1/2 SO.
**Schwengels**, Ludwigsort (PO 47) 3 1/4 SO.
**Schwengfeld**, Schweidnitz (BF 16) 3/4 SO.
**Schwenkitten**, Schlobitten (PO 41) 5 SO.
**Schwennenz**, Grambow (BSt 63) 1/2 SO.
**Schwenningdorf**, Bünde (Ha 80) 3/4 NW.
*Schwenningen**, *proj. Stat. (Wü 151)*, *Fl.*, Donaueschingen (Ba 185) 2 NO, Freiburg (Ba 30) 7 O, Rottweil (Wü 148) 1 3/4 SW.
**Schwente**, Bialosliwe (PO 24) 4 NW.
**Schwentnig**, Breslau (NM 39) 3/4 SO.
Mettkau (BF 4) 2 1/4 SO.
**Schwepnitz**, Radeberg (SO 14) 3 1/4 NO.
**Schweppenburg**, Brohl (Rh 49) 1/2 SW.
**Schweppenhausen**, Bingerbrück (Rh 58, Sa 27) 1 1/2 SW.
**Schwerborn**, *Gispersleben-Viti (NE 11) 1 O.
**Schwerfen**, Zülpich (Rh 21) 1/2 SW.
**Schwerin a/W.**, *Stadt*, ⊤ Landsberg a/W. (PO 13) 4 SO.
in Pommern, Wangerin (BSt 17) 1 1/2 W.
*Siehe dagegen Stat. Schwerin der Mk 9.*
**Schweringen**, Nienburg (Ha 26) 1 3/4 N.
**Schwerinsburg**, Ducherow (BSt 54) 1 1/2 W.
**Schwersenz**, *Fl.*, ⊤ Posen (OS 18) 1 1/2 O.
**Schwerstedt**, *Straussfurt (NE 8) 3/4 SW.
**Schwerta**, Lauban 2 1/2 S, Greiffenberg 2 SW. (NM 43 u. 45).
*Siehe dagegen Station Schwerte BM 93.*
**Schwertberg**, Enns (KE 25) 1 1/4 NO.
**Schwertz**, Brehna (BA 15) ca 1/4 NW.
**Schwerzen**, Oberlauchringen (Ba 70) 1/2 N.
**Schweta**, Döbeln (LD 28) 1 W.
**Schwetig**, Frankfurt a. O. (NM 11) 1 SO.
**Schwetz**, *Stadt*, ⊤ Terespol (PO 29) 1 O.
**Schwetzingen**, *Stadt*, ⊤ Friedrichsfeld 3/4 S, Heidelberg 1 1/4 SW. (MN 16 u. 17).
**Schwetzkau**, *Stadt*, Polnisch-Lissa (OS 40) 3/4 NW.
**Schwey**, Bremerhafen (Ha 40) 3 SW, Varel (Ol 20) 2 1/4 O.
**Schwicheldt**, Peine (Ha 66) 1/2 SW.
**Schwichtenberg**, Borkenfriede (BSt 53) 1 1/2 W.
**Schwichtensee**, Pasewalk (BSt 50) 1 S.
**Schwickershausen**, Wiesbaden (Na 1) 3 1/2 N.
**Schwicklau**, Ober- u. Nieder-, Rybnik (Wi 29) 1 1/2 SO.
**Schwieben**, Keltsch (RO 9) ca 3/4 NO.
**Schwiebendorf**, Bunzlau (NM 20) 3/4 O.
**Schwieberdingen**, *Fl.*, Asperg 1 SW, Illingen 2 SO. (Wü 11 u. 7).
*Schwiebus* (*MP 15*), *Stadt*, ⊤ Frankfurt a. O. 9 1/4 SO, Sorau 11 NO. (NM 11 u. 22).
**Schwiegupönen**, Stallupönen (PO 62) 2 NO.
**Schwiesow**, Kl.-, Güstrow (FF 1) 1 NW.
**Schwiggerow**, Laloendorf (FF 2) 3/4 SW.
**Schwihau**, *Stadt*, Pilsen (BW 8, KFJ 39) 4 S.
**Schwinde**, Winsen (Ha 15) 1 3/4 NW.
**Schwindebeck**, Winsen (Ha 15) 3 1/2 SW.
*Schwindegg (Schwindeck)*, *ByS 278*, Landshut (ByO 10) 4 1/2 S.
**Schwindkirchen**, Landshut (ByO 10) 4 3/4 S.
**Schwinlowitz**, Tworog (RO 10) 3/4 SW.
**Schwintsch**, Praust (PO 73) 1 SW.
**Schwirtz**, Namslau 1 3/4 S, Noldau 1 1/2 SW. (RO 20 u. 21).
**Schwobfeld**, Heiligenstadt (ML 33) 1 3/8 S.
**Schwörstadt**, Nieder- u. Ober-, Brennet (Ba 61) 3/4 NW.
**Schwoich**, Kirchbichl 1/4 O, Kufstein 3/4 SW. (OeSt 179 u. 178).
**Schwollen**, Kronweiler (Sa 30) 1 NW.
**Schwoosdorf**, Radeberg (SO 14) 2 1/2 NO.
**Schwoika** in Böhmen, Haida (BS 10) 3/4 SO.
**Schwüblingen**, Hämelerwald (Ha 65) 3/4 N.
**Schwülper**, Braunschweig (Bs 25) 2 NW.
**Schwyz**, *Stadt*, Luzern (SC 1, 25) 6 O.
**Scoffle**, Divacca 1, Ober-Lesece 1/4. (OeSü 84 u. 83).
**Sesemic**, Pardubitz (SNV 1) 1 NO.
**Sczedrzik**, Malapane (RO 3) ca 3/4 NW.
**Sczepankowitz**, Woinowitz (Wi 15) 2 1/4 SW.
**Sczepanowitz**, *GH (OS 9)*, Oppeln (RO 1) 1/4 W.
**Sebastian**, St.-, Coblenz (Rh 52) 1 NW.
**Sebastiansberg** (Basberg) in Böhmen, *Stadt*, Wolkenstein (SW 67) 3 SO.
**Sebbenhausen**, Nienburg (Ha 26) 1 3/4 N.
**Sebenico** in Dalmatien, *Stadt*, ⊤ Karlstadt (OeSü 154) ca 30 S.
**Sebexen**, Kreiensen (Bs 5) 3/4 SO.
**Sebnitz** in Sachsen, *Stadt*, Krippen (Schandau) 1 1/2 NO, Fischbach 3 1/4 SO, Bischofswerda 3 1/4 SO. (SO 9, 15 u. 17).
**Sebranitz**, Skalic (OeSt 5) 1/4 W.
**Sebur** (Sebutsch), Josefstadt (SNV 6) 1 NO.
**Sebuselm**, Salesl (Zalesi) (OeSt 30) 1/4 S.
**See**, Pardubitz (SNV 1) 3 1/4 S.
Nemle-, Brandeis (OeSt 13) 1/4 NO.
**Seckau** (Seggau), *Fl.*, Knittelfeld (KR 22) 1 NW.
**Seckbach**, Frankfurt a/M. 1/2, Mainkur 1/4 NW, Vilbel 3/4 SW. (FH 1 u. 2, MW 22).
**Seckenburg**, Tilsit (Ti 1) 6 1/4 NW.
**Seckenheim**, Mannheim (Ba 1 u. 89) 3/4 SO, Friedrichsfeld (Ba 2, MN 16) 3/4 NO, Ladenburg (MN 15) 1/2 SW.
**Secritz**, Buddenhagen (BSt 60) 1 O.
**Seddin**, Potsdam (BPM 5) 1 3/4 S.
**Sedegliano**, Codroipo (Oberital. 1, 6) 3/4 N.
[1]**Sedletz**, *Stadt*, Prag 8 S, *Tabor (BW 22) 2 3/4 NW.
[2] bei Hohenmauth, Uhersko (OeSt 16) 2 SO.
[3] bei Kuttenberg, Neu-Kolin (OeSt 22) 1 1/2 SO.
[4] Horowitz (BW 14) 1/4.
[5] *Eisenwerk*, Pilsen (BW 8, KFJ 39) 1 1/4 SO, Stiahlau (KFJ 27) 3/4 N, Rokitzan (BW 11) 1 1/4 S.
**Sedlitz**, *Stadt*, Strakonitz (KFJ 30) 2 N.
Nieder-, i. Sachs., Mügeln (SO 3) 1/2 NW.
**Sedlowitz**, Alt-, Schwadowitz (SNV 27) 1/2 NW.
[1]**See** i. Tirol, Innsbruck (OeSü 187) 12 SW.
[2]— i. Böhmen, Blowitz (KFJ 30) 1/2 W.
[3]— Görlitz 2 1/2 NW, Uhmannsdorf 1 1/4 SW. (BO 15 u. 14).
[1]**Seebach**, i. Baden, Achern (Ba 24) 1 1/4 O.
[2]— i. Bayern, Erlangen (ByS 51) 3/4 N.
[3]— Ober- u. Unter-, i. Kärnten, *Hammern.*, Villach (KR 39, OeSü 171) 3/4 NO.
[4] i. d. Schweiz, Oerlikon (SNO 2,18) 1/4 N.
**Seebarn**, Bodenwöhr (ByO 60) ca 1 1/2 NO.
— i. Oesterr., Korneuburg (KFN 44) 3/4 NO.
**Seeben**, Halle (BA 18) 1 N.
**Seebenstein**, Neunkirchen (Oesterr.) (OeSü 24) 1 1/4 NW.
**Seeberg**, Herzogenbuchsee (SC 1,31) 1/4 SW.
— Löcknitz (BSt 62) 2 N.
**Seebergen**, *Fl.*, Dietendorf 1 1/2 W, Gotha 1 SO. (Th 7 u. 6).
**Seebigau**, Sommerfeld (NM 19) 3/4 NW.
**Seebnitz**, Haynau (NM 31) 2 NO.
**Seebruch**, Oeynhausen (Rehme) (KM 31) 1 1/2 SO.
[1]**Seeburg**, Göttingen (Ha 84) 1 7/8 O.
[2] Spandau (BH 2) 1/2 SW.
[3] i. Ostpr., *Stadt*, Bartenstein (OpS 15) 4 1/2 S.
[4] bei Eisleben, Ob.-Röblingen (ML 21) 3/4 NO.
[1]**Seedorf**, Mölln (LB 5) 1 1/2 O.
[2] i. Krain, Rakek (OeSü 70) 1 NO.
[3] i. Schlesien, Liegnitz (NM 33) 3/4 NW.
[4] Neumarkt (NM 38) 1 N.
[5] bei Crossen, Sommerfeld (NM 19) 2 NO.
[6] Genthin (BPM 11) 3/4 W.
[7] i. d. Schweiz, Biel (SC 1,56) 2 3/4 SO.
**Seefeld** i. Oesterr., *Fl.*, Stockerau (KFN 46) 5 1/2 N.
Stargard i. Pomm. (BSt 14) 1/2 NW.
**Seefelde**, Bernau (BSt 2) 1 1/4 SO.
**Seefelden**, Heitersheim (Ba 43) 1/2 SO.
**Seega**, *Sondershausen (NE 4) 1 1/4 SO.
**Seegenfelde**, Schneidemühl (PO 22) 2 NW.
Friedeberg (PO 16) 2 1/2 NW.
**Seeger**, Nassow (BSt 22) 2 SO.
**Seehausen** bei Zahna, Blönsdorf (BA 7)
**Seehausen** bei Magdeburg, *Stadt*, Oschersleben (MH 6) 1 NO.
*Siehe dagegen die Stationen der MH 35 und der BSt 47.*
**Seeheim**, Bickenbach (MN 7) 3/4 NO.
**Seeland**, Kühnsdorf (OeSü 164) 4 1/4.
[1]**Seelbach**, *Fl.*, Lahr (Ba 205) 1 SO.
[2]— Runkel 1 NO, Aumenau 1/2 NW. (Na 32 u. 34).
[3] Ober- u. Nieder-, Wiesbaden (Na 1) 1 1/2 N.
[4] Siegen (KM 64) 3/4 NW.
**Seeligstadt**, Fischbach 3/4 NO, Bischofswerda 1 SW. (SO 15 u. 17).
**Seelow**, *Stadt*, ⊤ Gusow 1/2 S, Podelzig 2 1/2 NW. (PO 8 u. 69).
Stargard i. Pomm. (BSt 14) 2 1/4 W.
**Seelowitz**, *Stadt*, Branowitz 1 S, Raigern 3/4 SO, Brünn 2 1/4 S. (KFN 51, 53 u. 56).
**Seelscheid**, Siegburg (KM 45) 1 1/2 NO.
**Seemühl**, Stralsund (BSt 59) 1 1/2 S.
**Seen**, Winterthur (SNO 2,13) 3/4 SO.
**Seengen**, Wildegg (SNO 2,28) 2 1/4 SO, Rupperswil (SNO 2,20) 2 1/4 SO, Emmenbrücke (SC 1,24) 6 1/2 N, Aarau (SC 1,13, SNO 2,30) 3 SO.
**Seepothen**, Mühlhausen in Preussen (PO 42) 1 1/4 O.
*Siehe dagegen Seepothen PH* der PO 49.*
**Seesbach**, Monzingen (Sa 35) 1 1/4 NW.
**Seese**, Lübbenau (BO 7) 1 1/2 SW.
**Seestädtel**, *Stadt*, Dux (AT 9) 3 SW.
**Seeste**, Velpe (Ha 59) 1 1/2 NO.
**Seetz**, Karstaedt (BH 12) ca 3/4 SW.
**Seewalchen**, Vöcklabruck 1 1/4 SW, Timmelkam 1 S. (KE 37 u. 38).
**Seewalde**, Lindenau (PO 53) 1/4 NW.
**Seewen**, Liestal (SC 1,5) 1 3/4 SW, Luzern (SC 1,25) 8 O.
**Seftigen**, Uttigen (SC 1,46) 1 SW.
**Segalen**, Waldshut (Ba 68) 1 3/4 N.
**Segebadenhau**, Miltzow (BSt 58) 1 S.
**Segeberg**, *Stadt*, ⊤ Neumünster (AK 10) 3 1/2 SO, Lübeck (LB 1 u. 8) 3 3/4 NW, Oldesloe (LB 10) 2 1/2 N, Reinfeld (LB 9) 2 3/4 NW.
**Segelitz** (Seegelitz), Neustadt a. D. (BH 7) 3/4 SO.
**Segendorf**, Neuwied (Rh 51) 3/4 N.
**Segesvar**, *siehe* Schässburg.
**Seggauberg** i. Steierm., Leibnitz (OeSü 53) 3/4 SW.
**Segrehna**, Wittenberg (BA 9) 1 SW.
**Sehlde**, Elze (Ha 75) 1/2 SW.
Ringelheim (Bs 11) 1/4 W.
**Sehlem**, Freden (Ha 78) 2 1/2 NO.
**Sehlagrund**, Driesen (PO 18) 1/2 W.
**Sehma**, Annaberg (SW 70) 3/4 S.
**Sehnrath**, Königsdorf (Rh 11) 1/2 SO.
**Seibersbach**, Kreuznach 2 1/4 NW, Bingen 1 1/2 W. (Sa 29 u. HL 18).
**Seibersdorf** *PH (KFN 30)*, Pruchna 1/2 W, Petrowitz 1 O. (KFN 29 u. 31).
— Gramat-Neusiedel (OeSt 50) 1 1/4 SO.
— Spielfeld (OeSü 55) 1/2 SW.
**Seiboldsdorf**, Landshut (ByO 10) 1 1/4 SO.
**Seichau**, Brechelsdorf (BF 21) 1 W.
**Seida** bei Zahna, *siehe* Seyda.
**Seidau**, Bautzen (SO 20) 1/4 N.
**Seidel**, Cöslin (BSt 24) 2 O.
**Seidenberg**, *Stadt*, ⊤ Nicolausdorf 1 1/4 S, Görlitz 3 S. (NM 50 u. 41).
**Seidenschwanz**, Liebenau (SNV 10) 1 NO.
**Seidmannsdorf**, Coburg (Th 54) 1/4 SO.
**Seifersbach**, Hainichen (SO 57) 3/4 W.
[1]**Seifersdorf** bei Gabel i. Böhmen, Reichenberg (SNV 22) 1 1/4 SW.
[2]— Sorau (NM 22) 1/4 SW.
[3]— i. Schlesien, Ohlau (OS 4) 3/4 W.
[4]— i. Schles., Schweidnitz 1 1/4 SW, Freiburg ca 1 SO. (BF 16 u. 8).
[5]— Mittel-, Lauban 1 NO, Bunzlau 2 1/2 SW. (NM 43 u. 29).
[6]— bei Schönau i. Schlesien, Jannowitz (NM 51) 1/2 N.
[7] bei Wohlau, Obernigk (OS 34) 1 3/4 W.
[8]— bei Langhennersdorf, Freiberg i. Sachs. (SO 51) 1 3/4 NW.
[9]— Leisnig (LD 28) 1/2 SW.
[10]— bei Kalenau, Tharandt (SO 46) 1 SO.
[11]— Radeberg (SO 14) 3/4 NO.
[12]— Rosswein (LD 29) 1/4 N.
[13] Zittau (SO 33) 1/2 N.
[14] bei Stolberg, Wüstenbrand (SW 25) ca 3/4 SO.
*Siehe auch die Orte „Seiffersdorf."*
**Seifertitz** (Seiferitz), Glauchau (SW 22) 3/4 W.

[illegible] bei Saida, Fl., Freiberg i. Sachs. (SW 51) 4 S, Wolkenstein (SW 67) 3 O.
Seifersdorf, Lang-, Reichenbach i. Schles. (BF 13) 1½ NO.
— Stein-, Reichenbach i. Schlesien (BF 13) 1½ W.
— Haynau (NM 31) 2 S.
— Liegnitz 1¾ O, Spittelndorf ½ SW. (NM 31 u. 34).
— bei Niesky, Görlitz 2½ NW, Löbau 2 NO. (SO 27 u. 23).
— Grottkau (NB 4 u. 5) 1 N.
Seiffershau, Alt-Kemnitz (NM 47) ½ S.
Seifhennersdorf, T Herrnhut 1½ SW, Ober-Oderwitz 1½ W, Gr.-Schönau 1 NW, Löbau 2¼ SW, (SO 30, 31, 41 u. 23).
Seillitz, Meissen (LD 33) ¾ NW.
Seinsheim, Marktbreit (ByS 161) ½ SO.
Seinstedt, Börssum (Bs 14) ½ SO.
Seisenberg, Fl., Littai 6½ SW, Laibach 5¾ SO. (OeSü 72 u. 76).
Seisenegg, Blindenmarkt ½ NW, Amstetten ¾ NO. (KE 19 u. 20).
Seissen, Blaubeuren (Wü 180) ½ NW.
Seitenberg, Frankenstein (BF 11) 5 SO.
Seitendorf i. Mähren, Zauchtl-Neutitschein (KFN 23) ½ N.
— i. Schles., Frankenstein (BF 11) 1 SO.
— Dittersbach 1½ NO, Waldenburg 1½ NO (NM 56 u. 57), Freiburg (BF 8) 1 S.
— bei Schönau i. Schlesien, Jannowitz NM 51) 1½ NO.
— Zittau 1½ NO, Görlitz 3 SW. (SO 33 u. 27).
Seitenstetten, Fl., St. Peter (KE 22) ½ SO.
Seitenthal, Trabitz (ByO 78) ½ SW.
Seitzenhahn, Wiesbaden (Na 1) 1 NW.
Seitzweiler, St. Wendel (Sa 43) 1½ NO.
Sejo, Prestanek (OeSü 81) ½.
Sekerle, Elbe-Teinitz (OeSt 21) 2¾ NW.
Sekrzau, Ober-, Fl., Nürschan (BW 6) 1 NW.
— Unter-, Nürschan (BW 6) ½ NW.
Selbach, Wissen (KM 50) ¾ SO.
Selbelang, Paulinenaue (BH 5) ½ SW.
Selben, Zschortau (BA 39) ½ N.
Selbitz i. Bayern, Münchberg 2 NW, Hof 1½ W. (ByS 72 u. 75).
— Bergkwitz (BA 10) ½ NW.
Selcan i. Böhmen, *siehe* Seltschan.
Selchow, Woldenberg (OS 55) 3 NO, Kreuz (OS 54) 2½ NO, Filehne (PO 20) 1¾ NW.
— Königs-Wusterhausen (BG 8) 2½ SO.
Selchowhammer, Kreuz 2 NO, Woldenberg 3 O. (OS 54 u. 55).
Selicum, Neuss (BM 16) ½ S.
Seligenfeld, Königsberg i. Pr. (PO 50) ¾ SO.
Seligenstadt, *Stadt*, Babenhausen (HL 23) 1½ N, Kahl (FH 7) ½ SO.
*Siehe dagegen Station Seligenstadt ByS 69.*
Seligenthal, Wernshausen (Th 47) 1½ O.
Selk, Klosterkrug (Sw 3) ¼ O.
Selka, Schmölln (SW 85) ½ SW.
Sella, Monfalcone (OeSü 172) ½ O.
Sellbach, Türkismühle (Sa 42) 1 SW.
Sellendorf, Brand (BG 5) 2 SW.
Sellerbach, Saarbrücken (Sa 5) 1½ NW.
Sellerbeck, ✕ (*an Pferdeb.*), Mülheim a. d. Ruhr (BM 86) ½ N.
Sellerhausen, *bed. Industrie*, Leipzig (LD 1) ½ O.
Sellnow, Arnswalde 2½ SO, Augustwalde 1 N. (OS 57 u. 56)
Sellstedt, Geestemünde (Ha 40) ½ S.
Selm, Dortmund (BM 50) KM 18) 2½ N.
Selmitz, Elbe-Teinitz (OeSt 21) 1 NO.
Selmnitz, Ronneburg (SW 87) ca ½ NW.
Selsingen, Stubben (Ha 38) 4½ SO.
Selten, Gr.- u. Kl.-, Soran 2½ SW, Hansdorf 2 SW, Halbau 2 NW. (NM 22, 23 u. 24).
Selters bei Herschbach, Coblenz (Rh 52) 4 NO.
— bei Weilburg ½ NO, Löhnberg ½ O. (Na 36 u. 37).
— Nieder-, *berühmter Sauerbrunnen*, Limburg i. Nassau, (Na 30) 1½ SO.
— Ober-, Limburg (Na 30) 1½ SO.
Seltschan (Selcan), *Stadt*, Prag (BW 1) 5½ S.
Selyeb, Szikszó (Ts 23) 1½ N.
Selyp, Hatvan (UN 10) 1½ N.
Selzen, Mainz 1½ S, Nierstein ¾ SW, Oppenheim 1 W. (HL 11, 7 u. 6).
Sembach, Kaiserslautern (Pf 6) 1½ NO.
Sembten, Neuzelle (NM 15) 1½ S.
Semd, Dieburg (HL 26) ½ SO.
Semelkowic, Obristvy-Klomin (TKP 3) ½ NW.
Semin, Prelouc (OeSt 19) ½ SW.
Semitsch, Laibach (OeSü 76) 15½ SO.
Semlin, *Stadt*, T Bazias (OeSt 127) ca SW.
Semmelei, *Pechhütte*, Halbe (BG 4) ½ S.
Semonitz, Josefstadt (SNV 6) ¼ SW.
Semriach, Fl., Peggau (OeSü 44) 1½.
Semtes, Prelouc (OeSt 19) 1½ SW.
Sendenhorst, Fl., Drensteinfurt 1½ NO, Enkerode 1½ SO (Wf 17 u. 18), Ahlen (KM 22) 1½ NW.
Sendling, Unter-, München (ByO 1) ½ SW.
— Mittel-, München (ByO 1) ½ SW.
— Ober-, München (ByO 1) ¾ SW.
Sendraschitz, Smiřitz ½ SW, Königgrätz ½ NW. (SNV 5 u. 3).
Senec, Pilsen (BW 8) 1½ N.
Senetar, Blansko (OeSt 3) 1¼ O.
Senftenberg i. Böhmen, *Stadt*, Wildenschwert (OeSt 12) 2 NO.
— *Stadt*, Lübbenau (BG 7) 5½ S.
*Siehe auch Senftenberg °Station CG 4.*
Senftenbrücke, Chorin (BSt 5) ½ N.
Senftenegg, Blindenmarkt (KE 19) 1 SW.
Sengkofen, Moosham (ByO 19) 1 NO.
Senik, Prelouc (OeSt 19) 1 SW.
Senitz, Littau (OeSt 45) 1½ S.
Senkovac, Kann (OeSü 145) 1½.
Senne I u. II, Brackwede (KM 27) ½ S.
Sieciehów, Lemberg (LCJ 1) 2½ NO.
Sieck, Ahrensburg (LB 12) ¾ SO.
Siedenburg, Fl., Nienburg (Ha 26) 2½ NW.
Siedenholz, Unterlüss (Ha 8) ¾ W.
Siedkow, Belgard (BSt 21) ½ O.
Siedliska, Lemberg (LCJ 1) 2 NO.
— Halicz (LCJ 11) 1½ N.
Siefersheim, Alzey (HL 44) 1¾ NW.
Siegelbach, Kaiserslautern (NM 30) ¾ NW.
Siegelsbach, Fl., Rappenau (Ba 132) ¾ N.
Siegelsdorf, *Brennereien, Ziegeleien*, Stumsdorf (ML 9) ½ S.
*Siehe dagegen Station Siegelsdorf ByS 167.*
Siegenburg, Fl., Landshut 5 NW, Regensburg 5 SO, Ingolstadt 4½ SO. (ByO 10, 22 u. ByS 243).
Siegendorf, Haynau (NM 31) ¾ SO.
— Wiener-Neustadt 4 O, Oedenburg 2½ NW, Mattersdorf 2½ NO. (OeSü 22, 97 u. 93).
Siegenfeld, Baden (OeSü 15) 1½ NW.
Siegersdorf, Ergoldsbach (ByO 12) ¼ S.
— Felixdorf (OeSü 20) 1.
*Siehe dagegen Stat. Siegersdorf NM 28.*
Siegershausen, Bürglen (SNO 2, 5) 1½ N.
Siegersleben, Oschersleben 2 N, Magdeburg 3½ W. (MH 6 u. 1).
Siegesmühle, Wildegg (SNO 2, 28) 1½ S.
Siegfeld, Velin (OeSt 22a) ¼ S.
Siegharting, Taufkirchen (KE 51) 1 O.
Sieghartz, Gross-, Fl., Stockerau (KFN 46) 10½ NW.
Sieghartskirchen, Fl., Purkersdorf 2 NW, Neulengbach 2½ SO. (KE 5 u. 8).
Sieghütte, *Stabhammer*, Siegen (KM 64) ¼ N.
Sieglar, Troisdorf (KM 44) ¾ SW.
Siele, Bünde (Ha 53) ¾ SW.
Sielec, Jeznpol (LCJ 12) ½ NW.
Sielen, Hümme (HN 15) ½ NO.
Sielsdorf, Kalscheuren (Rh 38) ¾ NW.
Siemerode, Heiligenstadt (ML 33) ½ NW.
Siemersdorf, Worringen (Rh 62) ½ SW.
Siemkowo, Terespol (PO 29) 1½ NW.
Sien, Fl., Fischbach (Sa 37) 1½ SO.
Sieniawa, *Stadt*, Przeworsk 2½ NO, Jaroslau 3 NW. (GCL 18 u. 10).
Sienlakower, Halicz (LCJ 11) ¾ O.
Sienno, Bialosliwe (PO 24) 5 SO.
— Kotomierz (PO 28) ¼ SO.
Sierakowitz, Gleiwitz (OS 17) 1¾ W.
Sierndorf (Sierendorf), Fl., Stockerau (KFN 46) ¾ NW.
Sieruik, Nakel (PO 26) 2½ SW.
Sierning, Fl., *Eisenw.*, Steyer (KR 3) 1½ W, Enns 4 SW, Linz 4½ SO, Wels 4 SO. (KE 25, 64 u. 31).
Sierninghofen, Steyer (KR 3) 1 W.
Siersleben, Eisleben (ML 22) 1 N.
Sierse, Vechelde (Bs 27) ½ NW.
Sierza, Trzebinia (KFN 38) 1 NW.
Siesbach, Kronweiler (Sa 30) 1½ NW.
Sietzsch, Schkeuditz (ML 13) 1½ NW, Landsberg (BA 16) ¾ SO.
Sievern, Geestemünde (Ha 40) 2 N.
Sievernich, Zülpich (Rh 21) ½ NO.
Sievering, Wien (KE 1) ½ NW.
Sieversdorf, Briesen (NM 9) 1 NO.
— Neustadt a. D. (DB 7) ¾ SW.
— Müncheberg (PO 4) ½ NW.
Sievershausen, Salzderhelden (Ha 80) 2½ W.
— Hämelerwald (Ha 65) ¾ NO.
°Sigmaringen (*Wü 185*), *Stadt*, T Stockach (Ba 192) 4 SO, Reutlingen (Wü 132) 6 SO, Aulendorf (Wü 46) 4 NW.
Sigmaringendorf, Sulz (Wü 144) ½ S.
Sigmund, Zapresic (OeSü 140) 1½.
Signiówka, Lemberg (LCJ 1) ½ W.
Sihlbrücke, Zug (SNO 2, 52) 1½ NO.
Siklos, Fl., Villany (MF 3) 2½ W.
Silber, Arnswalde (OS 57) 2½ NO.
Silberbach in Ostpr., Schlobitten (PO 41) 2¾ SO.
— i. Böhmen, Auerbach im Voigtl. (SW 73) 2½ SO.
Silberberg in Böhmen, *Stadt*, Horazdiowic (KFJ 32) 1½ W.
— in Schlesien, *Stadt*, Frankenstein (BF 11) 1½ W.
— Arnswalde (OS 73) 3½ NO.
— bei Storkow, Fürstenwalde (NM 7) 1½ S.
Silberborn, Holzminden (Bs 1) 1¾ SW.
Silberbrunnenbad, *Bad*, Riegel (Ba 36) 1½ W.
Silberhammer, *Eisen- u. Stahlwaarenfabrik*, Danzig (PO 74) ½ NW.
Silberhütte, *Hüttenw.*, Ballenstedt (MH 40) 2 SW.
Silberkopf, Ratibor (WI 5) 1¼ SW.
Silbersand, Andernach (Rh 50) 2½ SW.
Silbersdorf, Freienwalde i. Pom. (BSt 16) ½ S.
Sennewitz, Halle (BA 16) 1 NW.
°Sennfeld, (*Wü 67*), Adelsheim (Ba 109) ½ S.
Sennlich, Velpe (Ha 59) ½ N.
Senomat, Fl., Beraun (BW 16) 4½ NW, Kladno (Bu 10) 4½ SW, Pilsen (BW 8) 6½ NO.
Senosek (Senosetsch), Fl., Adelsberg (OeSü 80) 2½ W.
Senovo, Reichenburg (OeSü 143) ½.
Sensburg, *Stadt*, T Korschen 4½ S, Rastenburg 3 SW. (OpS 17 u. 20).
Senseln, Karbitz (AT 4) ½ SW.
Sensl, Coswig in Preussen, (BA 27) 1½ NO.
Sensweiler, Oberstein (Sa 38) 1½ NW.
Senzig, Königs-Wusterhausen (BG 3) ¾ SO.
Senzke, Paulinenaue (BH 5) 1 SW.
Seon, Aarau (SC 1,13) 2 SO, Wildegg 1¾ S, Rupperswoil 1½ SO. (SNO 2,28 u. 2,29)
Seppenhofen, Donaueschingen (Ba 185) 2¾ SW.
Seppenrade, Dortmund (BM 50) 4 N.
Serbitz bei Regis, Borna (SW 93) ca. ½ SW.
— bei Delitzsch, Brehna (BA 15) ¼ SO.
Serbitzer Schächte; ✕ (*AT 20*), Mariaschein (AT 5) 0,2 S.
Sercha, Görlitz 1 N, Penzig 1½ SW. (NM 41 u. 40)
Serednie, Bursztyn (LCJ 10) 2 S.
Seregélyes, Fl., Dinyes 1½ SW, Stuhlweissenburg 2 SO. (OeSü 129 u. 128).
Sereth, *Stadt*, T Czernowitz (LCJ 22) 5 SO.
Seringhausen, Sassendorf (Wf. 19) ½ O.
Sermes, Szantód (OeSü 124) 1.
Serno i. Anhalt., Coswig i. Preuss. (BA 27) 2 NW.
Serpenien, Gumbinnen (PO 60) ½ SO.
Serravalle, Ala (OeSü 215) 1 N.
Sertegen, Stallupönen (PO 62) 4 SO.
Serwest, Chorin (BSt 5) ¼ N.
Sesslach, *Stadt*, Staffelstein (ByS 63) 2 NW, Coburg (Th 54) 1½ SW.
Sesslacken, Grünheide (TI 3) 1 SO.
Setsch, Fl., Pardubitz (SNV 1) 3½ SW.
Setzin, Hagenow (BH 16) 1 SW.
Seubelsdorf, Lichtenfels (Th 57) ¼ SW.
Seubersdorf, Schlobitten (PO 41) 4½ SO.
Seulingen, Göttingen (Ha 84) 1½ O.
Seusek, Rakek (OeSü 79) 1½.
— Littai (OeSü 72) 1½.
Seusslitz, Pristewitz (LD 14) ½ SW.
Seúze i. Steiermark, Reichenburg (OeSü 143) 1½.
— in Krain, St. Peter (OeSü 82) ½.
Sevelen, Nienkerk ¼ NO, Geldern 1 SO (Rh 69 u. 70).
*Siehe dagegen Station Sevelen der Vereinigten Schweizerbahnen 3,26.*
Sewetin, Budweis (KFJ 23) 2½ NO.
Sexau, Emmendingen ½ O, Denzlingen N ½ N (Ba 37 u. 38).
Sexten, Innsbruck (OeSü 187) ca. 20 SO.
Seyda (Seida), *Stadt*, Zahna (BA 8) 1½ SO.
Seydlitz, Landsberg a/W (PO 13) ½ SO.
Seydorf, Hirschberg 2 SW, Schildau 2½

**Sezemitz**, *Stadt*, Pardubitz (OeSt 18) 1 O.
**Sgonico**, Prosecco (OeSü 86) 1/2.
**Siblingen** i. d. Schweiz, Neunkirch 3/8 NO, Beringen 1/2 SW, Schaffhausen 1 NW. (Ba 74, 75 u. 77).
**Sibrin**, Bechowic (OeSt 26) 1/2 SO.
**Sibsau**, Warlubien (PO 31) 3/4 SO.
**Sichelbach**, Kirchstetten (KE 9) 1/2.
**Sichelnstein**, Münden (Ha 86) 1 S.
**Sicheldorf**, Landskron (OeSt 50) 1/4 NW.
**Sichów**, *H' (LCJ 8)*, Lemberg (LCJ 1) 1 SO.
**Sichowska wólka**, Lemberg (LCJ 1) 1 SO.
**Sichrow**, Turnau (SNV 17) 3/4 SW.
**Sickenhausen**, Neufahrn bei Freising (ByO 5) 1 NW.
**Sickenhofen**, Babenhausen (HL 28) 1/4 SW.
**Sickte**, Braunschweig (Bs 25) 1 1/2 SO.
**Sieldernhausen**, Unterlüss (Ha 8) 2 1/4 W.
**Siddinghausen**, Unna (BM 54) 3/4 SO.
Gesecke (Wf 9) 1 3/4 S.
**Sidessen**, Brakel 1 1/4 SW, Willebadessen 1 1/2 W (Wf 40 u. 4).
**Siebachzell**, Wels (KE 31) 1 1/2 SO.
**Siebenbäumen**, Heinfeld 1 1/4 S, Oldesloe 1 1/2 SO (LB 9 u. 10).
**Siebenbeuthen**, Fürstenberg 1 1/4 SO, Wellmitz 1 NO (NM 14 u. 16).
**Siebenbrunn**, Ober- u. Unter-, Gänserndorf (KFN 5) 1 S resp. 1 1/4 SSO.
**Sirndorf**, Dürnkrut (KFN 7) 3/4 N.
**Siebeneichen**, Büchen (LB 1. u. 8) 1/2 N.
i. Schlesien, Greiffenberg (NM 45) 2 3/4 NO.
**Siebenhirten**, Liesing 1/2 SO, Wien 1 3/8 SW (OeSü 7 u. 1).
**Siebenhuben**, Breslau (NM 39) 1/2 NW.
**Siebenhufen**, Görlitz (BG 15) 3/4 NW.
**Siebenlehn**, *Stadt*, Nossen (LD 30) 1/2 S, Freiberg (SO 51) 2 N, Hainichen (SO 57) 1 3/4 NO.
**Siebenstern**, Willebadessen 1 1/2 NO, Driburg 3/4 SO (Wf 4 u. 30).
**Siebersdorf**, Greifenberg in der Uckermark (BSt 15) 3/4 S.
**Sieblischau**, Schmolz (BF 2) 3/4 SO.
**Sieblehen**, Gotha (Th 6) 3/4 O.
**Sieboldshausen**, Obernjesa (Ha 94) 1/2 W, Göttingen (Ha 84) 1 1/2 SW.
**Siebotschütz**, Breslau (NM 30, BF 1) 2 SO.
**Siebratschaus**, Merkenbeuren (Wü 51) 1/2 S.
**Silberstrasse** bei Zwickau, Wiesenburg (SW 30) 1/4 NW
**Silberwerk**, *Hüttenw.*, Ems (Na 22) 1/4 NW.
**Silesen**, Belgard (BSt 21) 3/4 NO.
**Sil(l)ein**, *(KO 9)*, *Fl.*, Teschen (KO 4) 8 S.
**Sillian**, *Fl.*, T Innsbruck 23 SO, Franzensfeste 10 O, (OeSü 187 u. 197).
**Sillingsdorf**, Wangerin (BSt 17) 3/4 NW.
**Sillium**, Ringelheim (Bs 11) 1 1/2 NW.
**Sillstedt**, Halberstadt (MH 9) 1 3/4 SW.
**Sills**, Innsbruck (OeSü 187) 5 1/2 SW.
**Simakowce**, Zabłotów (LCJ 17) 1 W.
**Simánd**, Kurtics (Ts 38) 1 1/2 NO.
**Simbach** bei Landau, *Stadt*, T Landshut 6 1/2 O, Straubing 5 1/4 S, Vilshofen 5 SW, Passau 7 W. (ByO 10, 47, 55 u. 58).
a. Inn, *(ByS 151)*, *Fl.*, Passau 6 3/4 SW, Salzburg 7 1/2 N, °Braunau 3/4 NW. (KE 54, 45 u. ByS 280).
**Simmelsdorf**, Ottensoos 1 3/4 N, Lauf 1 3/4 NO. (ByO 41 u. 42).
**Simmenau**, Constadt (RO 22) 1 1/2 NW.
**Simmerath**, Aachen (Rh 4) 3 SO.
**Simmerberg**, Ober-Staufen (ByS 7) 1 NW.
**Simmern**, *Stadt*, T Boppard 4 1/2 S, Oberwesel 3 1/4 SW, Bacharach 3 1/4 SW (Rh 54, 56 u. 57), Monzingen (Sa 35) 2 3/4 N, Sobernheim (Sa 34) 3 1/2 NW.
**Simmersfeld**, Horb (Wü 142) 3 1/2 NW.
**Simonswald**, T Emmendingen 1 1/4 O, Denzlingen 2 O. (Ba 37 u. 38).
**Simonswalde**, Oldersum 1 NO, Emden 1 1/2 O. (Wf 37 u. 38).
**Simontornya**, *Fl.*, Lepseny (OeSü 126) 6 SO.
**Simsdorf**, Gogolin (OS 11) 3 1/4 SW.
**Sinabronn**, Lonsee (Wü 32) 1/2 SO.
**Sindelfingen**, *Stadt*, T Stuttgart 1 1/2 SW, Ditzingen 2 SW (Wü 16 u. 197).
**Sindlingen**, Kelsterbach (HL 33) 1/4 O, Hattersheim (T 4) 3/4 NO.
**Sindorf**, Königsdorf (Rh 11) 1/4 W.
**Sindringen**, *Fl.*, Oehringen (Wü 74) 1 1/4 N.
**Singen**, Wilferdingen (Ba 145) 1/2 NW.
*Siehe dagegen Station Singen Ba 81.*
**Singhofen**, Nassau (Na 23) 3/4 SO.

**Sinnersdorf**, Worringen 3/4 SO, Longerich 3/4 NW. (Rh 62 u. 61).
**Sinningsen**, Soest (Wf 13) 3/4 NO.
**Sins**, Wildegg (SNO 2,28) 7 1/2 SO.
**Sinsleben**, Ermsleben (MH 39) 1/4 N.
**Sinstorf**, Harburg (Ha 17) 1/2 S.
**Sinthern** bei Köln, Königsdorf (Rh 11) 1 NW.
**Sinzenich**, Zülpich (Rh 21) 3/4 SW.
**Sinzheim**, *PH (Ba 20)*, Oos (Ba 19) 1/2 S.
**Sinzlow**, Damm bei Stettin (BSt 12) 2 S.
**Sipeth**, Zsebely (OeSt 121) 2 1/2 SO.
**Sipiory**, Nakel (PO 26) 1 SW.
**Siptenfelde**, Ballenstedt (MH 40) 2 SW.
**Sirenow**, Paka (SNV 12) 3/4 SW.
**Sirók**, Kiss-Terenne (UN 13) 3 S.
**Siselen**, Biel (SC 1,56) 14 Kil.
**Sisseln**, Säckingen (Ba 62) 1/2 O.
**Sistrams**, Innsbruck (OeSü 187) 1/8 SO.
**Sitten**, Leisnig (LD 26) 3/4 NW.
**Sittenbach**, Alt-, Hersbruck (ByO 40) 1/4 W.
**Sittensen**, *Fl.*, Verden (Ha 30) 5 NO.
**Sitterdorf**, Sulgen (SNO 2, 4) 1 1/2 SO.
**Sittich**, *Eisenw.*, Feldkirchen (KR 37) 1 O.
**Sittno**, Gr.-, Nakel (PO 26) 1 1/2 NO.
— Kl.-, Nakel (PO 26) 1 1/4 NO.
**Sitzendorf**, i. Oesterreich, *Fl.*, Stockerau (KFN 46) 4 1/2 NW.
—— i. Schwarzburg, *Porzellanfabr.*, Eisfeld (Th 53a) 4 1/2 NO.
**Sitzenroda**, Dahlen (LD 8) 1 1/4 N.
**Sitzenthal**, Loosdorf (KE 14) 1/2 SW.
**Siwka**, Bukaczowce (LCJ 9) 1 1/2 SO.
**Skaisgirren**, Grünheide (Tl 3) 2 3/4 NW.
**Skal**, Gross-, Turnau (SNV 17) 3/4 S.
— Klein-, Eisenbrod (SNV 15) 3/4 W.
**Skalat**, *Stadt*, Lemberg (LCJ 1) 20 SO.
**Skalitz** (Silberskalitz), *Stadt*, Böhm.-Brod (OeSt 24) 2 3/4 S.
— Gr.- u. Kl.-, Smiritz 1/4 S, Königgrätz 1 NO. (SNV 5 u. 3).
— i. Ungarn, *Stadt*, Strassnitz 3/4 SO, Göding 1 O. (KFN 13 u. 12).
*Siehe dagegen die Stationen Böhm.-Skalitz der SNV 23 u. Skalic OeSt 5.*
**Skalka**, Schwadowitz (SNV 27) 1 1/2 NO.
**Skalsko**, Kuttenthal (TKP 6) 1 1/4 N.
**Skandau**, Wehlau (PO 55) 5 S.
**Skaska**, Radeberg 4 1/2 NO, Bischofswerda 3 N. (SO 14 u. 17).
**Skawina**, *Stadt*, Krakau (GCL 1) 1 1/2 SW.
**Skerbersdorf**, Weisswasser (BG 12) 1 1/2 O.
**Sklesewitz**, Karbitz (AT 4) 1/2 NO.
**Skludzewo**, Schulitz (PO 65) 3 N.
**Sknilow**, Lemberg (LCJ 1) 2 1/2 SW.
**Sknilowek**, Lemberg (LCJ 1) 1 SW.
**Skochowitz**, Elbe-Teinitz (OeSt 21) 2 1/4 NO.
**Skomorochy**, Bursztyn (LCJ 10) 3 S, Halicz (LCJ 11) 2 NO.
**Skopówka**, Ottynia (LCJ 14) 3/4 W.
**Skoritz**, Rokitzan (BW 11) 1 3/4 SO.
**Skorzewo**, Posen (OS 48) 1 SW.
**Skotschau**, *Stadt*, Pruchna (KFN 31) 2 SO.
**Skrabnik**, Böhm.-Brod (OeSt 24) 1 SO.
**Skriwan**, Elbe-Teinitz (OeSt 21) 2 1/4 NW.
**Skrovnic**, Brandis (OeSt 13) 1 NO.
**Skrzydlna**, *Fl.*, Wieliczka (GCL 3) 3 1/2 SO.
**Skudly**, Prelouc (OeSt 19) 3/4 SW.
**Skuhrow**, Eisenbrod (SNV 15) 3/4 NW.
Josefstadt (SNV 6) 3 1/2 SO.
**Skulya**, Detta (OeSt 122) 1 O.
**Skurnian**, Pilsen (BW 8) 1/2 W.
**Skurtz**, Czerwinsk 2 NW, Pelplin 3 SW. (PO 32 u. 33).
**Skutsch**, *Stadt*, Pardubitz 4 SO, Uhersko 2 S. (OeSt 18 u. 16).
**Skworetitz**, *Fl.*, Strakonitz (KFJ 30) 2 1/2 N.
**Skworetz**, *Fl.*, Auwal (OeSt 25) 1/2 SO.
**Slanitz**, Bielitz (KFN 64) 8 1/2 SO
**Slanye**, Kraljevec (OeSü 116) 3 1/2.
**Slatin**, Trautenau (SNV 28) 1 O.
— Kralup (TKP 1) 1 SW.
[1]**Slatina**, Lettowitz (OeSt 6) 1 N.
[2]— Königgrätz (SNV 3) 3/4 NO.
[3]— i. Slavonien, *Fl.*, Kottori (OeSü 6) 117) 14 SO.
**Slatinan**, Pardubitz (OeSt 18, SNV 1) 1 1/2 S.
**Slaup** (Slonp), Raitz 1 SO, Blansko 1 1/4 NO. (OeSt 4 u. 3).
**Slaupnic**, Böhm.-Trübau (OeSt 11) 1 1/4 S.
**Slavetic**, Jaszka (OeSü 150) 1 1/2.
**Slavina**, Prestanek (OeSü 81) 1/2.
**Slawentzitz**, *H° (OS 14)*, Cosel 1 1/2 NO, Rudzinitz 1 W. (OS 13 u. 15).
**Slawĕtin** (Slawietin), Josefstadt (SNV 1 3/4 SO.
**Slawetyn**, Bursztyn (LCJ 10) 3 S.
**Slawianowo**, Bialosliwe 2 1/4 NW, Osiek 3

**Slawietin** bei Laun, *Fl.*, Kladno (Bu 10) 4 NW.
**Slawikau**, Hammer (WI 3) 3/4 SW.
**Slawitschin**, Ungar.-Hradisch (KFN 15) 5 O.
**Slawoszewko**, Nakel (PO 26) 4 S.
**Slemsaken**, Wylre (AM 5) 1/2 NW.
**Slibowitz**, Podiebrad (OeSt 23) 4 NO.
**Slichow**, *Dampfschneidemühle*, Prag (BW 22) 1/4 W.
**Silvic**, Sewana (OeSü 85) 4 1/2.
Rakek (OeSü 79) 1/2.
**Slivno**, Ober-, Wrutic (TKP 5) 1/4 SO.
— Unter-, Wrutic (TKP 5) 3/4 SO.
— Klein-, Wrutic (TKP 5) 3/4 SO.
**Sloboda**, Bursztyn (LCJ 10) 1 1/4 S.
*Siehe auch Slobodzin proj. Stat. der LCJ 27.*
**Slopanowo**, Wronke (OS 51) 1 1/2 O.
**Slopno**, Elbe-Teinitz (OeSt 21) 2 1/4 NW.
**Sloupnic**, Chotzen (OeSt 14) 1 SO.
**Sluch** (Sluha), Obristvy-Klomin (TKO 3) 1/4 SO.
**Slupnia**, Rawicz (OS 37) 1 O.
**Slupy**, Nakel (PO 26) 3 SO.
**Slustic**, Auwal (OeSt 25) 3/4 W.
**Smarzewo**, Czerwinsk (PO 32) 1/2 NO.
**Smecic**, Rokitzan (BW 11) 1 3/4 SO.
**Smentau** (Schmentowo), Czerwinsk (PO 32) 1/4 NW.
**Smichow**, *Station (BW 22)*, *Vorstadt von Prag mit mehreren industriellen Etablissements*, *Stadt*, Prag (BW 22) 1/4 SW.
**Smidar**, *Stadt*, Pardubitz 4 NW, Elbe-Teinitz 4 NO. (OeSt 18 u. 21).
**Smieszkowo**, Schönlanke (PO 21) 3 1/4 SO.
**Smilin**, Nakel (PO 26) 1 W
**Smogulec**, Nakel (PO 26) 4 1/2 SW.
**Smogulsdorf**, Bialosliwe 3 SO, Nakel 4 SW. (PO 24 u. 26).
**Smolary**, Bialosliwe (PO 24) 1 S.
**Smolnica**, Przemysl (GCL 22) 6 1/4 SO.
**Smolonk**, Pelplin (PO 33) 1 1/2 SW.
**Smrzow**, Smiritz (SNV 5) 3/4 NO.
**Smukalla**, Bromberg (PO 27) 1 NW.
**Smuszewo**, Nakel (PO 26) 6 SW.
**Snebria**, Salloch (OeSü 75) 1/2.
**Snedole**, Divacca (OeSü 84) 1 1/2.
**Sniatyn**, *Stadt*, Sniatyn (LCJ 18) 3/4 N
**Soave** (Venedig), St. Bonifacio (Ober-Ital. 1,35) 1/2 NW.
**Sobieslau**, *Stadt*, Budweis (KFJ 23) 5 1/2 NO.
**Sobischek**, Prerau (KFN 19) 3/4 N.
**Soborhleben**, Mariaschein (AT 5) 1/4 O.
**Sobola**, Rokitnice (OS 49) 1/2 O.
**Soborten**, Mariaschein 1/4 SW, Teplitz 1/2 NO. (AT 5 u. 6).
**Sobotka**, *Stadt*, Jungbunzlau 2 3/4 NO, Münchengrätz 2 SO, Turnau 1 3/4 S. (TKP 8, 11 u. 12).
**Sobrost**, Insterburg (PO 58) 4 1/2 SO.
**Sodargen**, Stallupönen (PO 62) 2 NO.
**Sodehnen**, Insterburg (PO 58) 2 SO.
**Soden** i. Bayern, Aschaffenburg (FH 10) 1 1/2 SO.
—— i. Prov. Hessen, *Stadt*, Salmünster (BbH 12) 1/4 N.
*Siehe dagegen Station Soden Taunusb. 3.*
**Sodersdorf**, Winsen (Ha 15) 3 1/4 S.
**Sodeyen**, Gumbinnen (PO 60) 1/4 NW.
**Sodinehlen**, Trakehnen (PO 61) 1 SW.
**Sodow**, Tworog (RO 10) 2 1/4 N.
**Söder**, Hildesheim (Ha 70) 3 S.
**Södrich**, Schildau (NM 50) 1 1/4 SO.
**Sögel**, Lathen (Wf 30) 2 O, Kluse-Dörpen (Wf 31) 2 SO.
**Söhlde**, Vechelde (Bs 27) 1 1/2 SW.
**Söhnstetten**, Sünsen (Wü 28) 2 1/2 O.
**Söhre**, Hildesheim (Ha 70) 3/4 S.
**Söjtör**, St. Ivan 3 1/10 SW, Gelse 2 W. (OeSü 108 u. 108).
**Sölden**, Freiburg i. Baden (Ba 39) 1 S.
**Soeldenau**, Vilshofen (ByO 55) 1 1/2 S.
**Söll**, Wörgl (OeSü 180) 1 NO.
**Söller**, Vettweiss (Rh 20) 1/2 W.
**Söllichau**, Bitterfeld (BA 13) 3 O.
**Söllingen**, *PH (Ba 144)*, Berghausen (Ba 143) 1/4 SO.
Bühl (Ba 22) 1 1/2 N.
*Siehe dagegen Station Söllingen Ba 28.*
**Sömmerda**, *Stadt*, T °Straussfurth (NE 8) 1 1/4 SO, Erfurt (NE 12, Th 8) 3 1/2 NO.
**Sömmern**, Gangloff-, °Greussen (NE 7) 3/4 S.
—— Horn-, °Greussen (NE 7) 1 1/2 W.
— Lutzen-, °Greussen (NE 7) 1/2 SW.
**Söregh**, Alberti-Irsa (OeSt 101) 3 O.
**Sörgenloch**, Mainz (HL 11) 1 1/4 SW.
**Sörkewitz**, Kötschenbroda (LD 17) 1/2 O.
**Sörmitz**, Döbeln (LD 28) 1/4 O.
**Soetenich**, Call (Rh 25) 1/4 S.

**Sötör**, St. Michelu (St. Mihaly) (OeSü 2(?)) 2.
**Soffenhütte**, Taus (BW 2) 2 1/4 W.
**Sohland am Rothstein**, Löbau (SO 23) 1 1/4 NO.
— **an der Spree**, 📯 Bischofswerda 2 3/4 SO, Bautzen 2 SW (SO 17 u. 20).
— **Nieder-**, Reichenbach i. Sachsen 1/4 W.
**Mittel-**, do do 3/4 SW.
**Ober-**, do do 5/4 SW. (SO 25).
**Sohlen**, Dodendorf (MH 2) 1/4 O.
**Sohra**, **Mittel-**, **Nieder-** u. **Ober-**, Penzig 1 S, Görlitz 1 NO (NM 40 u. 41).
**Sohrau**, *Stadt*, 📯 T *Eisengiesserei*, Rybnik (Wi 20) 1 3/4 SO.
*Siehe dagegen Sorau, Station der NM 22.*
**Sohrenbohm**, Cöslin (HSt 24) 2 N.
**Sohrneundorf**, Görlitz, *siehe Neundorf.*
**Sokól**, Halicz (LCJ 11) 1 W.
**Sokolec**, Velim (OeSt 22a) 1/2 N.
**Sokolniki**, *eisenhalt. Mineralquellen*, Lemberg (LCJ 1) 1 SW.
°**Sokolnitz**, (*KFN 71*) *Lederfabr.*, 📯 Raigern, 1 1/4 O, Brünn 1 3/4 SO. (KFN 53 u. 56).
**Sokolow**, *Stadt*, 📯 Rzeszow (GCL 16) 3 1/2 N.
**Solan**, Lobositz (OeSt 38) 1 1/4 W.
**Solarnia**, Hammer (Wi 3) 1/2 N.
**Soldau**, *Stadt*, 📯 T Thorn 16 1/2 NO, Elbing 21 1/2 SO (PO 67 u. 39).
Pr. Eylau (OpS 15) 20 SW.
*Siehe dagegen Soltau Provinz Hannover.*
**Soldin**, *Stadt*, 📯 Cüstrin 5 3/4 NO, Vietz 4 N, Landsberg a/W. 5 NW (PO. 8, 10 u. 13).
**Solicante**, Wrietzen a/O (BSt 67) 1 1/2 SO.
**Solitude**, Stuttgart (Wü 16) 1 W.
**Soltbach**, Bodenwöhr (ByO 60) 3/4 SO.
**Sollecken**, Kobbelbude (PO 48) 3/4 S.
**Sollenau**, *Fl.*, 📯 Felixdorf (OeSü 20) 1/4 NO.
**Soller**, Euskirchen (Rh 22) 2 1/2 SO.
**Solln**, Grosshesselohe (ByS 128) 1/4 W.
**Sollnicken**, Kobbelbude (PO 48) 1/2 SO.
**Sollnitz**, Dessau (BA 30) 1 1/4 SO.
**Sollschwitz**, Bautzen (SO 20) 1 1/4 NW.
**Sollstedt bei Mühlhausen**, Gernrode (ML 31) 1 1/2 S.
bei Bleicherode, Gernrode (ML 31) 1 O.
**Solms**, **Burg-**, Braunfels 1/2 O, Albshausen 3/4 SW, (NA 39 u. 40).
**Kraft-**, Braunfels (Na 39) 2 SO.
°**Solnhofen**, (*ByS 248*) *Marmorbrüche, Glashütte*, Pleinfeld 3 3/4 S, Donauwörth 3 1/2 NO, Ingolstadt 4 1/2 NW (ByS 41, 31 u. 243).
**Solnitz**, *Stadt*, 📯 Wildenschwert (OeSt 12) 4 NW, Königgrätz (SNV 3) 4 O.
**Solonka**, **Gr.-** u. **Kl.-**, Lemberg (LCJ 1) 1 S.
**Solotwina in Galizien**, *Stadt*, 📯 Stanislau (LCJ 13) 4 1/2 SW.
**Solschen**, **Gr.-** u. **Kl.-**, Peine (Ha 66) 1 SW.
**Soltau**, *Stadt*, 📯 Verden 6 3/4 O, Uelzen 7 W, Lüneburg 7 SW, Celle 7 1/2 N (Ha 30, 10, 13 u. 6).
**Solymos**, Radna (Si 4) 1/4 NO.
**M.-**, *Salzmal*, Déva (Si 11) 1/2 NO.
**Som**, 📯 Siofok (OeSü 125) 2.
**Somberval**, Biel (SC 1, 56) 2 1/2 NW.
**Somborn**, *Fl.*, Langenselbold (BbH 16) 1 SO.
**Sombor bei Szegedin**, *siehe Zombor.*
**Somlyo**, **Szilagy-**, *Stadt*, 📯 Grosswardein (Ts 48) 8 NO.
**Sommerau**, Hausach (Ba 164) 3 1/4 SO.
bei Lamm, Furth am Walde (ByO 67, (BW 1) 4 SO.
— in Ostpreussen, Saillen (Tl 3) 1/2 NO.
ebendas., Altfelde (PO 37) 3/4 NO.
in Sachsen, Zittau (SO 33) 3/4 SO.
**Sommerein am Leitha-Berg**, *Fl.*, Trautmannsdorf (OeSt 61) 1/2 S.
— *Fl.*, 📯 Pressburg (OeSt 75) 2 3/4 SO.
*Siehe dagegen Station Straas-Sommerein,*

**Soncebox**, Biel (SC 1, 56) 2 NW.
**Sonderbuch**, Herrlingen (Wü 168) 3/4 W.
**Sonderburg**, *Stadt*, 📯 T Flensburg 4 NO, Apenrade 4 SO. (Sw 10 u. 32).
**Sondernheim**, Germersheim (Pf 33) 3/4 SO.
°**Sondershausen**, *Stadt*, 📯 T (*NK 4*) Rossla 2 3/4 SW, Nordhausen 2 1/2 S, Heringen 1 1/4 S (ML 23, 28, 27), Erfurt (Th 8) 7 1/2 N.
**Sondheim a. Rhön**, *Stadt*, 📯 Meiningen (Th 50) 3 SW.
im Grabfelde, Meiningen (Th. 50) 2 1/2 SW.
**Sonnefeld**, Ebersdorf (Th 56) 3/4 O.
**Sonnen**, Passau (ByO 58) 3 NO.
**Sonnenberg i. Nassau**, Wiesbaden (Na 1) 1/2 NO.
— i. Fürstenthum Birkenfeld, Oberstein (Sa 38) 1 SW.
— in Pommern, Grambow (BSt 63) 1/2 SW.
— (Sonneberg) in Böhmen, *Stadt*, 📯 Schwarzenberg 4 3/4 SO, Annaberg 3 1/2 SO, (SW 58, 70). °Komotau (AT) 1 3/4 W.
*Siehe dagegen Station Sonneberg der Werrabahn (Th. 61).*
**Sonnenborstel**, Nienburg (Ha 26) 1 1/4 NO.
**Sonnenburg**, *Stadt*, 📯 Cüstrin 2 SO, Vietz 2 SW (PO 8 u. 10).
— Freienwalde a. Oder 📯 (BSt 49) 3/4 S.
**Sonnenwalde**, *Stadt*, 📯 Lübben (BG 6) 4 1/2 SW, Herzberg (BA 22) 4 1/2 O.
**Sonsbeck**, *Stadt*, 📯 Geldern 1 3/4 NO, Kevelaer 1 1/2 O. (Rh 70 u. 71).
**Sontheim**, a. d. Brenz, Heidenheim (Wü 125) 2 1/4 SO.
im Stubenthal, Heidenheim (Wü 125) 1/4 W.
am Neckar, Heilbronn (Wü 57) 1/2 SW.
bei Gaildorf, Hall 1 1/2 SO, Crailsheim 2 SW. (Wü 79 u. 83).
**Sonthofen**, 📯 Immenstadt (ByS 8) 1 SO.
**Sonterswellen**, Märstetten (SNO 2, 7) 1 N.
**Sontra**, *Stadt*, 📯 Bebra (BbH 1) 3 NO.
**Sonvilliers**, Biel (SC 1, 56) 6 SW.
**Soós**, Baden (OeSü 15) 1/2 SO.
**Soók-Szőlőcze**, Turdossed (OeSt 83) 1 1/4 S.
**Sophienau** (*Porzellanfab.*), Dittersbach 1 1/2 SO, Waldenburg 1 SO. (NM 56 u. 57).
— Eisfeld (Th 53a) 1 NO.
**Sophienberg**, Wehlau (PO 55) 3 1/2 SW.
**Sophienthal**, Golzow (PO 7) 1 1/2 NW.
— Weisswasser (BG 12) 2 N.
Liegnitz (NM 33) 1/4 W.
**Soponya**, Csikvar (OeSü 127) 2 SO.
**Sopotnitz**, Wildenschwert (OeSt 12) 1 N.
**Sopów**, Kolomea (LCJ 16) 1 W.
**Soppau**, Leobschütz (Wl 10) 1 SW.
**Sorenthal**, Gossau (VS 3, 5) 1 1/2.
**Sorga**, Hersfeld (BbH 2) 1/2 O.
**Sorgau**, Dittersbach 1 1/2 S, Waldenburg 1 1/2 N, Freiburg 3/4 S. (BF 8).
**Sorge**, Brand (BG 5) 3/4 W.
**Sorgensen**, Burgdorf (Ha 4) 1/2 NO.
**Sormas**, Kanizsa (OeSü 109) 1/2 W.
**Soroksar**, *Fl.*, 📯 Pest 2 S, Vecsés 1 1/2 W. (OeSt 95 u. 97).
**Sorsum**, Nordstemmen (Ha 71) 1 O, Hildesheim (Ha 70) 3/4 W.
**Sosa bei Eibenstock**, Schneeberg-Neustädtel 1 1/2 S, Auerbach 2 1/2 O, Schwarzenberg 1 1/2 SW. (SW 55, 73 u. 58).
**Sóskut**, Tarnok (OeSü 132) 1 NO.
**Soss**, Vöslau (OeSü 16) 1/4.
**Sossmar**, Harsum 1 NO, Algermissen 3/4 SO. (Ha 69 u. 08).
**Sostin**, Dotta (OeSt 122) 1 1/2 O.
**Sothrieth-**, **Alten-**, Unterlüss 3/4 NW.
**Neuen-**, Unterlüss 1/4 NW. (Ha 8).
**Sotterhausen**, Riestedt (ML 23) 3/4 SO.
**Sovar** (Salzburg), Kaschau (Ts 28, °Ko 14) 3 1/4 N, °Eperies (Ko 15) 3/4 SO.
**Sowinka**, *Fl.*, Kuttenthal (TKP 6) 3/4 N.

**Spandowerhagen**, Wolgast (BSt 61) 1 3/4 N.
**Spangenberg**, *Stadt*, 📯 Altmorschen 1 NO, Melsungen 1 1/4 O. (HN 5 u. 7).
**Spantekow**, Anklam (BSt 55) 2 S.
**Spansberg**, Jacobsthal (BA 25) ca 1/2 NO.
**Sparchen**, Kufstein (OeSü 178) 1/4.
**Sparneck**, Münchberg (ByS 73) 3/4 SO.
**Sparenberg**, *Fl.*, Hof (ByS 75, SW 20) 2 1/2 NW.
**Spay**, **Nieder-**, Capellen 3/4 SO.
**Ober-**, Capellen 1 SO. (Rh 53).
**Spechbach**, Meckesheim (Ba 95) 1/2 NW, Neidenstein (Ba 96) 1 N.
**Spechtsbrunn**, Sonneberg (Th 61) 2 1/2 NO.
**Spechtshausen**, Neustadt-Eberswalde (BSt 4) 1/2 S.
Tharandt (SO 46) 1/2 W.
**Speck**, Neuss (BM 16, Rh 14) 1/2 S.
**Speele**, Münden (Ha 80) 1 1/2 SW.
**Speerenberg**, *neu entdeckten bed. Steinsalzlager*, Trebbin (BA 4) 1 1/2 SW.
**Speicher**, St. Gallen (VS 3, 3) 1 1/2 O.
📯 Trier (Sa 22) 3 N.
**Speichersdorf**, Königsberg (PO 50) 3/4 SO.
**Speikern**, Ottensoos (ByO 41) 1/4 NW.
**Speinshart**, Pressath 1 1/4 NW, Trabitz 3/4 W. (ByO 75 u. 76).
**Speising**, Atzgersdorf 1/4 NW, Penzing 1/2 SW, Hetzendorf 1/2 NW. (OeSü 6, KE 4 u. OeSü 5).
**Speldorf**, Duisburg (KM 10) 3/4 O.
**Speltach**, **Ober-**, Jagstheim (Wü 81) 3/4 NW.
**Spenge**, *Fl.*, 📯 Bünde (Ha 53) 1 1/2 SW, Herford (KM 20) 1 3/4 NW.
**Spergau**, Corbetha (Th 16) 3/4 NO.
**Sperlhammer**, Lase (ByO 72) 1/2 NO.
**Spesbau**, Raitz (OeSt 4) 1/4 S.
**Spessart**, Ettlingen (Ba 15) 3/4 SO.
**Speyerdorf**, Neustadt 3/4 SO, Hassloch 3/4 SW. (Pf 11 u. 12).
**Speyrerhof**, Heidelberg (Ba 3 u. 90) 3/4 SO.
**Spich** (*Alaunbergwerk*), Troisdorf 1/2 SW, Wahn 1/2 SO. (KM 44 u. 43).
**Spickendorf bei Halle**, Landsberg (BA 10) 3/4 N.
**Spiegel**, Vietz (PO 10) 1 1/2 O.
**Spiegelberg**, **Gr.-** u. **Kl.-**, Pasewalk (BSt 50) 1 1/2 W.
📯 Willsbach (Wü 71) 2 SO.
**Spiegel-Manufactur** (*Glasfabr.*), Stollberg (Rh 5) 1/4 SW.
**Spielberg**, Ettlingen (Ba 15) 1 SO.
— Wächtersbach (BbH 13) 3/4 N.
— Melk (KE 15) 1/4 O.
— bei Naumburg, Kösen (Th 13) 1 NW.
bei Querfurt, Ober-Röblingen (ML 21) 2 3/4 SW.
in Württemberg, Gross-Sachsenheim (Wü 9) 1 NW.
**Spier**, **Ober-**, °Hohen-Ebra 3/4 O. (NE 5).
**Nieder-**, °Hohen-Ebra 1/2 SO. (NE 5).
**Spiesen**, 📯 Friedrichsthal 1 O, Neunkirchen 1/2 SW. (Sa 2 u. 1).
**Spiesheim**, Alzey (RL 44) 1 N.
**Spiez**, Thun (SC 1, 47) 2 SO.
**Spiezwyler**, Thun (SC 1, 47) 2 SO.
**Spiller in Schlesien**, 📯 Alt-Kemnitz (NM 47) 1 N.
**Spillern**, *PH* (*KFN 45*), Korneuburg (KFN 44) 1 NW.
**Spinea**, Mestre (Ober Ital. 1, 18) 3/4 W.
**Spital am Phyrn**, *Bad*, 📯 Wels (KE 31) 10 SO.
**Spittal in Kärnthen**, *Fl.*, 📯 Villach (KR 30, OeSü 171) 4 SW.
*Siehe dagegen Station Spital OeSü 32.*
**Spitovic** (Spittowitz), Prelouc (OeSt 19) 3/4 SW.
**Spittelgrund**, Grottau (SO 34) 1/2 SW.
**Spittelhof**, Elbing (PO 39) 1/2 SO.
**Spittwitz**, Bischofswerda (SO 17) 1 1/4 NO.
**Spitzcunnersdorf**, Ob. Oderwitz 1/2 SW,

**Spranden**, Pelplin (PO 33) 1 1/4 SO.
**Spravele** (Sprawtschitz), Königgratz (SNV 3) 1/4 S.
**Spreddig**, Oldenbüttel (Ha 37) 3/4 SO.
**Spree**, Uhsmannsdorf 1/2 N, Weisswasser in Schlesien 1 1/2 SW. (BG 14 u. 12).
**Spreedorf**, Löbau (SO 23) 1/2 SW.
**Spreehammer**, Uhsmannsdorf (BG 14) 1/4 NW.
**Spreewitz**, Spremberg (BG 10) 1 S.
**Spremberg** bei Neusalza, Bautzen 2 1/2 SO, Löbau 1 1/2 SW. (SO 20 u. 23).
*Siehe dagegen Station Spremberg BG 10.*
°**Sprendlingen** *(HL 83)*, Creuznach 1 1/2 O, Bingerbrück 1 3/4 SO, Bingen 2 S. (Sa 22, 27 u. HL 18).
— bei Offenbach, Langen (MN 3) 1/2 NO.
**Sprengen**, Rous (Sa 11) 3/4 NO.
**Sprengerfelde**, Ferdinandshof (BSt 52) 1/4 O.
**Springberg**, Schneidemühl (PO 22) 1 NW.
**Springe**, *Stadt*, Hannover 3 SW, Kirchhorsten 3 SO. (Ha 1 u. 46).
**Springen**, in Württemberg, Königsbronn (Wü 123) 3/4 SO.
**Springmühle**, Kreuz (PO 19, OS 54) 2 N.
**Sprockhövel**, *Fl.*, Witten (BM 46) 1 1/4 SO.
**Sprötteben**, Haynau (NM 31) 2 NO.
**Sprolts**, Uhsmannsdorf (BG 14) 2 SW.
**Sputendorf**, Grossbeeren (BA 2) 1/2 SW.
**Srbic** (Srbitz), Stankau (BW 4) 1 S.
**Staacken**, Spandau (BH 2) 3/4 W.
**Staad**, Constanz (Ba 77) 3/4 NO.
*Siehe dagegen Stat. Staad der VS 3, 14.*
**Staakow**, Brand (BG 5) 1/4 W.
— *Mühle*, Brand (BG 5) 1/4 NW.
°**Stazlz** *(OeSt 143) Fl.*, Lundenburg (KFN 10) 4 SW.
**Stabelwitz**, D.-Lissa (NM 38) 1/4 NO.
**Neu-**, D.-Lissa 1/2 NO.
**Stablewitz**, Terespol (PO 29) 3 S.
**Stablowitz**, Troppau (KFN 63) 1 1/4 SW.
**Stacha**, Bischofswerda (SO 17) 3/4 NO.
**Stachau**, *Glasfabr.*, Strakonitz (KFJ 30) 3 SW.
**Stachelau**, Creuzthal (BM 77) 1 1/2 NW.
**Stachelberg**, *Kurort*, Glarus (VS 3, 60) 3 1/2 SW.
**Stacnov**, Zdita (BW 15) 1/2 SW.
**Stack**, Neuhausen (Ba 76) 1 SW.
**Stade**, *Stadt*, T Geestemünde 9 1/2 O, Stubben 7 1/4 O, Oldenbüttel 8 O, Harburg 6 NW, Osterholz 10 NO. (Ha 40, 38, 37, 17 u. 36).
**Stadtecken**, Mainz 1 1/2 SW, Ingelheim 1 1/4 S. (HL 11 u. 15).
**Stadelhofen**, Appenweier (Ba 26) 3/4 NO.
**Stadensen**, Suderburg (Ha 9) 1/4 W.
**Stadion**, **Ober-**, Schemmerberg (Wü 39) 2 W.
**Staditz**, Türmitz (AT 2) 3/4 S.
**Stadlern** bei Schönsee, Nabburg (ByO 69) 4 1/2 NO.
**Stadtamhof**, *Stadt*, Regensburg (ByO 22) 1/4 NW.
°**Stadtberge** *(BM 126)*, *Stadt*, T Bonenburg 2 3/4 SW, Gesecke 4 1/2 SO. (Wf 2 u. 9).
**Stadtilm** bei Weimar, T siehe Ilm.
**Stadtkyll**, *Fl.*, Call 3 S, Bonn 8 SW, Coblenz 10 W. (Rh 25, 42 u. 52).
**Stadtl**, Beraun (BW 16) 2 3/4 N.
**Stadtlohn**, *Stadt*, Münster 7 3/4 NW, Rheine 8 SW, Wesel 6 NO. (Wf 20 u. 24. KM 38).
**Stadtprozelten**, *Stadt*, Wertheim (Ba 141) 1 3/4 W, Aschaffenburg (FH 10) 5 SO.
**Stadtsteinach**, *Stadt*, Unter-Steinach (ByS 67) 3/4 NW.
**Stadt Worbis**, siehe Worbis.
**Stäbelow**, Rostock (Mk 1) 1 1/4 SW.
**Städtenhausen**, Laufenburg (Ba 64 u. 65) 1/4 SO.
**Stäfa**, *Fl.*, Rapperswyl 1 1/2 NW, Zürich 4 3/4

**Stahren**, Miasteczko 2 N, Bialosliwe 2 1/4 NW. (PO 23 u. 24).
**Stainz**, *Fl.*, Preanstätten (GK 3) 1 1/2 SW.
**Stakelitz**, Coswig in Preussen (BA 27) 2 1/4 NW.
**Stalden**, Münsingen (SC 1, 43) 1 O.
**Stallachsberg**, Longerich (Rh 61) 1/2 NO.
**Stallbaum**, Hartmannshof (ByO 38) 1/4 S.
**Stalle**, Altfelde (PO 37) 1 SO.
**Stallhofen**, Krems (GK 7) 3/4 NO.
**Stallwang** bei Mitterfels, Straubing (ByO 47) 2 3/4 NO.
**Stammen**, Hümme (HN 15) 1/4 N.
**Stammeln**, Düren (Rh 8) 1/2 N.
**Stammersdorf**, Korneuburg (KFN 44) 1 SO.
**Stammheim** in Württemberg, Kornwestheim (Wü 18) 1/4 SW.
— in der Schweiz, Schaffhausen 4 NW, Andelfingen 3 NO, Frauenfeld 2 1/2 NW. (Ba 77, SNO 2, 34 u. 2, 10).
**Stammsried**, Roding 3/4 NO, Pösing 3/4 N. (ByO 62 u. 63).
**Stampen** in Schlesien, Oels (RO 17) 1 NW.
**Stampfen**, *Fl.*, Marchegg 1 NO, Pressburg 2 1/4 NW. (OeSt 73 u. 75).
**Stanaitschen**, Gumbinnen (PO 60) 1/2 NW.
**Stanau**, Altfelde (PO 37) 3 SO.
**Standemin**, Belgard (BSt 21) 1 W.
**Staneutl**, Sniatyn (LCJ 18) 2 N.
**Stanga** in Krain, Littai (OeSü 72) 2 1/2.
**Stangenberg**, Dirschau (PO 34) 1/4 NO.
— Altfelde (PO 37) 5 S.
**Stangendorf** in Böhmen, Zwittau 1/2 W, Greifendorf 1 NW. (OeSt 9 u. 8).
Königinhof (SNV 8) 1/2 SO.
in Sachsen, Zwickau (SW 47) 3/4 NO.
— i. Ostpreussen, Braunsberg (PO 44) 3/4 SW.
**Stangengrün**, Zwickau 1 3/4 SW, Langenfeld 1 1/2 NO. (SW 47 u. 72).
**Stangenhagen**, Trebbin (BA 4) 1 W.
**Stangenhain**, Görlitz (BG 15) 1 NO.
**Stangenwalde**, Danzig (PO 74) 4 SW.
**Stanhowce**, Chodorow (LCJ 7) 1 3/4 S.
**Staniatki**, Podleze (GCL 4) 1/4 N.
**Stanisch**, **Gross-**, Klein-Stanisch (RO 4) 1/4 SO.
**Stanislau**, **St.-**, Halicz (LCJ 11) 1/2 SW.
*Siehe dagegen Station Stanislau der LCJ 13.*
**Staukau**, Staukau (BW 4) 1 S.
**Stannewisch**, Rietschen (BG 13) 1 S.
**Stanowiec**, Sniatyn (LCJ 18) 2 NW.
**Stanowitz**, *GH (BF 16a)* bei Striegau (BF 17) 1/2 S.
**Stanowitz** bei Rybnik, Czerwionka (Wi 21) 3/4 SW.
**Stans** i. Tirol, Schwaz (OeSü 184) 1/2 N.
— in der Schweiz (auch Stanz) Luzern (SC 1,25) 2 1/2 SO.
**Stansstad**, Luzern (SC 1,25) 2 SO.
**Stanz** in Steiermark, Kindberg (OeSü 37) 2.
**Stapel**, Brahlsdorf, (BH 18) 1 3/4 S.
**Stapelburg**, Harzburg (Bs 36) 1 1/2 NO.
**Stapelmoor**, Papenburg (Wf 33) 1 1/4 NW.
**Stara pila**, Prelouc (OeSt 19) 3/4 SO.
**Staranzano**, Monfalcone (OeSü 172) 1/2 W.
**Starasol**, *Stadt*, *Salzwerk*, Przemysl (GCL 22) 6 SO.
**Stare Miasto**, *Stadt*, Przemysl 6 1/2 SO.
**Stargard** in Mecklenburg, *Stadt*, Neubrandenburg (FF 7) 1 SO.
— in Preussen, *Stadt*, T Pelplin 1 3/4 NW, Dirschau 3 1/4 SW. (PO 33 u. 34).
*Siehe dagegen Station Stargard (in Pommern) der Berlin-Stettiner E. 14.*
**Staribrod**, Lekenik (OeSü 150) 1 1/2.
**Starkenbach**, *Stadt*, Liebstadtl 1 NO, Falgendorf 1 1/4 NW. (SNV 13 u. 11).
**Starkenberg**, Lindenau (PO 53) 3/4 SO.
**Starkotsch**, Skalitz (SNV 23) 1/2 NO.
**Starkshorn**, Eschede (Ha 7) 3/4 NW.

**Stause**, Böhm.-Stefanau (OeSt 44) 1/4 O.
**Stavenow**, Karstaedt (BH 12) 1/2 SW.
**Stavenshof**, Stavenhagen (FF 5) 1/4 SO.
**Stavern**, Lathen (Wf 30) 1 1/4 SO.
**Staw**, Paka (SNV 12) 3/4 S.
**Stebra**, **Ober-** u. **Unter-**, *Eisengruben u. Bad*, Hof (ByS 75, SW 20) 2 3/4 NW.
**Stechau**, **Gross-**, Schmölln 1/4 SW, Nöbdenitz 1/2 SO. (SW 85 u. 86).
**Stechow**, Friesack (BH 6) 2 1/4 SW.
**Steckborn**, *Stadt*, Felben 2 1/2 NO, Schaffhausen 2 3/4 SO (SNO 2,9 u. Ba 77).
**Steckendorf**, Crefeld (BM 20, Rh 66) 1/2 NW.
**Steckenroth**, Wiesbaden (Na 1) 2 NW.
**Stecklenberg**, Neinstedt (MH 13) 1/4 S.
**Stecklin**, Tantow (BSt 9) 3 SO.
**Stecowa**, Sniatyn (LCJ 18) 1 1/2 NO.
**Steddorf**, Bienenbüttel (Ha 12) 1/4 SW.
**Stedebergen**, Verden (Ha 30) 1/2 S.
**Stedefreund**, Herford (KM 29) 3/4 SW.
**Stederdorf**, Peine (Ha 60) 1/4 NO.
**Stedorf**, Dörverden (Ha 29) 1/2 N.
**Stedten**, Erfurt (Th 8) 3/4 SW.
— Ob.-Röblingen (ML 21) 1/2 SO.
**Steeg**, Bacharach (Rh 57) 1/4 W.
**Steegen**, **Gr.-** u. **Kl.-**, Ludwigsort (PO 47) 4 1/4 SO.
**Steenfelde**, Ihrhove (Wf 34) 3/4 SO.
**Stefan**, **St.**, Gratwein (OeSü 46) 1/4.
— Lobring (OeSü 52) 1 1/2.
— *Bergw.*, St. Michael (KR 20) 3/4 SW.
*Siehe auch die Orte „Stephan."*
**Stefanshart**, Amstetten (KE 20) 3/4 NW.
**Steffanowo**, Kreuz (PO 19, OS 54) 1 NW.
**Steffenshagen**, Greifswald (BSt 57) 1/2 N.
**Steffisburg**, Thun (SC 1,47) 3/4 N.
**Stegelitz**, Burg (BPM 13) 1 SO.
**Stegen**, *Freiburg* i. Bad. (Ba 39) 1 1/4 O.
**Stegenthumbach**, Pressath (ByO 75) 1 1/2 SW.
**Stegersbach**, Molnari (OeSü 103) 6.
**Steglitz**, Wilmersdorf (BSt 46) 3/4 NW.
*Siehe dagegen Steglitz PH° BPM 2.*
**Steide**, Salzbergen (Wf 25) 1/4 NW.
**Steimeke**, Nienburg 1 1/2 O, Hagen *H°* 1 1/2 N. (Ha 26 u. 24).
[1]**Stein** i. Baden (bei Pforzheim), *Fl.*, Königsbach *H°* (Ba 146) 1/4 O.
[2]— a. Rhein, *Stadt*, Schaffhausen 2 SO, Singen 1 1/2 S, Frauenfeld 2 1/2 N. (Ba 77, 81 u. SNO 2,10).
[3]— i. Baden, Säckingen (Ba 62) 1/2 S.
[4]— a. d. Pfreimt, Pfreimt *H°* (ByO 70) 1/2 NO.
[5]— *Papier- u. Bleistift-Fabriken*, Nürnberg (ByO 45) 3/4 SW.
[6]— i. Nassau, Burbach (KM 54) 1 S.
[7]— i. Krain, Laibach (OeSü 76) 3 NO.
[8]— a. d. Donau, *Stadt*, St. Pölten (KE 12) 2 3/4 N.
[9]— Gr. u. Kl., i. Westpreussen, Gogolin (OS 11) 3/4 NO.
[10]— i. Schlesien, Rybnik (Wi 20) 3/4 NO.
[11]— i. Limburg, Meerssen (AM 7) 1 1/2 N.
[12]— i. Frickthal, Sisach (SC 1,7) 3 1/2.
*Siehe dagegen Stat. Stein der SW 52.*
**Steina**, **Nieder-** u. **Ober-**, Radeberg (SO 14) 1 3/4 NO.
*Siehe auch Steina, PH° SW 36.*
[1]**Steinach**, *PH (Ba 162)*, Haslach (Ba 163) 1/2 NW.
[2]— i. Bayern, Straubing (ByO 47) 1 1/2 NO.
[3]— *Fl.*, Schweinfurt (ByS 84) 4 NW.
[4]— i. Tirol, T Innsbruck (OeSü 187) 3 SO.
[5]— Ober-, *Fl.*, *Hammerwerk, Hochofen*, Sonneberg (Th 61) 1 N.
[6]— i. Steiermark, *Fl.*, Wels (KE 31) 10 SO, °Lietzen (KR 15) 2 SW.
[7]— bei Waldsee i. Württemb., Durlesbach (Wü 47) 3/4 NO.
*Siehe dagegen Station Steinach der ByS 157*

6 **Steinbach**, Neukirchen (ByO 36) 3/4 N.
7 — Neufahrn b. Ergoldsbach (ByO 13) 1 SW.
8 — i. d. Pfalz, Glanmünchweiler (Pf 58) 1/2 W.
9 — hinter der Sonne, Klein-Ostheim (FH 9) 3/4 NO.
10 — Nieder-, Dettingen (FH 8) 1 3/4 NO.
11 — Prov. Hessen, Burghaun (BbH 4) 1/2 N.
12 — Giessen 1 1/4 SO, Langgöns 1 1/2 NO (MW 14 u. 15).
13 — bei Michelstadt, Darmstadt (HL 24) 5 SO.
14 — a. d. Steyer i. Oesterr., *Fl.*, Linz 6 S, Wels 5 S. (KE 64 u. 31).
15 — i. Schlesien, Rauscha (NM 25) 2 1/2 W, Uhsmannsdorf (BG 13) 2 NO.
16 — Rheinprov., Neunkirchen 1 NO, Ottweiler 1/2 O. (Sa 1 u. 44).
17 — i. Sachsen, Niederau (LD 15) 3/4 NO.
18 — bei Lausigk, Borna, (SW 63) 1 NO.
19 — bei Jöhstadt, Annaberg (SW 70) 1 1/2 SO.
20 — Ober-, Döbeln (LD 28) 1 O.
21 — i. Sachs.-Meiningen, Sonneberg (Th 61) 3/4 SO.
22 — daselbst, Sonneberg (Th 61) 2 NO.
23 — *Fl.*, Immelborn (Th 46) 1 NO.
24 — i. Württemb., Hall (Wü 79) 1/4 SO.
25 — daselbst, Plochingen (Wü 22) 3/4 S.
26 — Unter-, Oehringen (Wü 74) 1 1/4 SO.
**Steinbach-Hallenberg**, *Fl.*, Wernshausen (Th 47) 2 SO.
1 **Steinbeck**, Kirch-, Wandsbeck (LB 14) 3/4 SO, Bergedorf (BH 24) 1 NW.
2 — i. Westfalen, Bünde (Ha 53) 3/4 S.
3 — i. Westf., Ibbenbüren (Ha 61) 1 1/2 N.
4 — i. Ostpr., Löwenhagen (PO 52) 1 SW.
5 — Freienwalde a/O. (BSt 49) 1/2 SW.
1 **Steinberg**, Türkismühle (Sa 42) 1/2 S.
2 — Türkismühle (Sa 42) 3 1/4 W.
3 — i. Schles., Liegnitz (NM 33) 3 3/4 SW.
4 — bei Perleberg, Karstaedt (BH 12) 1 1/4 W.
**Steinbergen**, Bückeburg (Ha 47) 1 1/4 SO.
**Steinbockenheim**, Alzey (HL 44) 1 3/4 NW.
**Steinborn** bei Freistadt, Sorau (NM 22) 3 NO.
**Steinbreite**, *Glashütte*, Höxter (Wf 42) 3/4 S.
**Steinbrücken** i. Nassau, Dillenburg (KM 56) 1 3/4 NO.
— Nordhausen (ML 28) 3/4 SW.
**Steinbüchl**, Laibach (OeSü 76) 7 1/2 NO.
**Steinburg**, Straubing (ByO 47) 2 1/2 NO.
**Steinbusch**, Driesen (PO 18) 3 NO.
**Steindörfel**, Bautzen (SO 20) 1 SO.
**Steindorf**, Albshausen 1/4 O, Wetzlar 1/2 W. (Na 40 u. 41).
**Steine** a/O., Breslau (NM 39, BF 1) 1 1/4 SO.
**Steinen**, Luzern (SC 1,25) 5 O.
*Siehe dagegen Station Steinen Ba 210.*
1 **Steinenbach**, (*Wü 189*), Aulendorf (Wü 46) 1/2 SO.
**Steinenstadt**, Schliengen (Ba 47) 1/4 W.
**Steinfeld** i. d. Pfalz, Schaidt (Pf 42) 1/4 N.
— i. Oldenburg, Delmenhorst (Ol 5) 10 SW.
**Steinfels**, Parksteinhütten (ByO 74) 1 S.
**Steinfischbach**, Wiesbaden (Na 1) 2 3/4 NO.
**Steinfurt**, *Stadt*, Rheine, *s.* Burgsteinfurt.
— i. Hessen, Nauheim (MW 17) 1/2 N.
— Erkner (NM 5) 1 1/2 SO.
**Steingatt**, Kupferdreh (BM 64) 0,2 N.
**Steingrund**, Dittersbach 1/2 O, Waldenburg 3/4 SO. (NM 56 u. 57).
**Steinhagen**, Brackwede (KM 27) 3/4 NW.
— Stralsund (BSt 59) 2 S.
**Steinhaus** i. Steierm., Spital (OeSü 32) 1/2.
**Steinhausen**, Geseke (Wf 9) 3/4 S.
— a. d. Rottum, Ummendorf (Wü 43) 1 3/4 SO.
**Steinheide**, Eisfeld (Th 53a) 2 NO.
1 **Steinheim** a/M., Gr.-, *Stadt*, Hanau 1/2 S, Gross-Auheim 1/4 NW. (FH 5 u. 6).
2 — Klein-, Hanau 3/4 S. Gross-Auheim 1/2 NW. (FH 5 u. 6).
3 — i. Bayern, Nersingen (ByS 105) 1/2 SW.
4 — i. Westfalen, *Stadt*, Driburg 2 1/2 N. Brakel 3 NW, Höxter 3 NW. (Wf 39, 40 u. 42).
5 — am Aalbuch, Königsbronn 3/4 SW, Heidenheim 3/4 NW. (Wü 123 u. 125).
6 — a. d. Murr, Ludwigsburg 1 1/2 NO, Bietigheim 1 1/2 O. (Wü 12 u. 10).
**Steinheuterode**, Heiligenstadt (ML 33) 3/4 W.
**Steinhöfel**, Freienwalde i. Pomm. (BSt 16) 1/2 NO.
— Fürstenwalde (NM 7) 1 NO.
— Friedeberg (PO 16) 1/4 SW.
**Steinhof**, Herzogenbuchsee 4 Kil., Riedtwyl 3 Kil. (SC 1,31 u. 32).
**Steinhorst**, Eschede (Ha 7) 2 1/2 SO.
**Steinhude**, *Fl.*, Wunstorf (Ha 22) 1 1/4 NW.

**Steinigt-Wolmsdorf**, Bautzen 1 3/4 SW, Bischofswerda 1 3/4 SO. (SO 20 u. 17).
**Steinitz**, *Fl.*, Göding 3 N, Bisenz-Pisec 3 NW, Brünn 4 1/2 SO. (KFN 12, 14 u. 56).
**Steinkirch**, Ober-, Lauban (NM 43) 1 1/2 S.
— Mittel-, Lauban (NM 43) 1 1/2 S.
— Nieder-, Lauban (NM 43) 1 S.
**Steinkirchen**, Landshut (ByO 10) 3 S.
— Lübben (BG 6) unm. S.
— i. Hannov., Harburg (Ha 17) 3 1/2 NW.
**Steinkunzendorf**, Reichenbach 1 1/4 SW, *s.* Kunzendorf.
**Steinlah**, Salzgitter (Be 12) 3/4 NW.
**Stein**, Maria-, Kirchbichl (OeSü 179) 1/2.
**Steinmauern**, Muggensturm 1 W, Rastatt 3/4 W. (Ba 17 u. 18).
**Stein-Oelsa**, Uhsmannsdorf (BG 13), *siehe* Oelsa.
**Steinort**, Gr.-, Elbing (PO 39) 1 3/4 NO.
— Wehlau (PO 55) 7 SO.
**Steinpert**, Stolberg (Rh 5) 1/2 S.
**Steinpleis**, Ober-, Werdau (SW 9) 1/2 S.
— Unter-, Werdau (SW 9) 3/4 S.
**Steinrath**, Osterath (Rh 65) 1/2 NW.
**Steinberg** i. Bayern, Regenstauf (ByO 25) 3/4 SW.
— i. Nassau, Rupbach (Na 26) 1/2 SO.
**Steinschleife** bei Nabburg, Freihöls (ByO 31) 1 1/2 NO.
**Steinschönau**, *proj. Station*, Bodenbach 3 O, Böhm.-Kamnitz 3/4 SO. (BN 20 u. 25).
**Steinsdorf** bei Haynau (NM 31) 3/4 SW.
— bei Neisse (NB 1) 2 1/2 SO.
— Wellmitz 3/4 SW, Neuzelle 1 1/2 S (NM 16 u. 15).
— bei Schweinitz, Linda (Ba 20) 1/2 S.
— Schmölln (SW 85) ca 3/4 S.
**Steinseifen**, Schildau (NM 50) 2 1/4 S.
**Stein-Seiffersdorf** bei Reichenbach, *siehe* Seiffersdorf.
**Steinspring**, Friedeberg 1 1/2 NO, Driesen 2 NW. (PO 16 u. 18).
**Steinwalde**, Tapiau (PO 54) 1 1/2 S.
**Steinwedel**, Lehrte 1/2 N, Burgdorf 1/2 SW, (Ha 3 u. 4).
**Steinwehr**, Angermünde (BSt 6) 3 1/2 O.
**Steinweiler** (Pfalz), Rohrbach (Pf 40) 3/4 S.
**Steinwiesen**, *Hochofen*, Kronach 1 1/2 NO, Hof 4 W. (ByS 219 u. 75).
**Steinz** i. Oesterr. u. Enns, Wildon (OeSü 51) 3.
**Steisslingen**, Radolfzell (Ba 83) 1 1/4 NW.
**Stekna**, *Fl.*, Cejlic (KFJ 29) 1/2 N.
**Stelzendorf**, Siegmar (SW 27) 1/4 S.
**Stemmermühlen**, Stubben (Ha 38) 3/4 O.
**Stemmern**, Dodendorf 1 SW, Langenweddingen 1 1/2 S. (MH 2 u. 3).
**Stendell**, Passow (BSt 7) 1/2 O.
**Stenden**, Aldekerk (Rh 68) 1/4 SO.
**Stendenbach**, Crenzthal (BM 77) 1/2 NW.
**Stendorf**, Burg-Lesum (Ha 35) 1 1/4 N.
**Stenker**, Rauscha (NM 25) 3/4 N.
**Stenn**, Zwickau (SW 47) 1/2 SW.
**Stennewitz**, Lübbenau (BG 7) 1/4 NW.
— Vietz (PO 10) 1 1/2 NO.
**Stennweiler**, Ottweiler (Sa 44) 1/2 SW.
**Stenowitz**, Pilsen (BW 8) 1 1/2 N.
**Stenszewo**, *Stadt*, Mosczyn 1 1/2 NW, Posen 3 SW. (OB 47 u. 48).
**Stenzlau**, Dirschau 1 W, Hohenstein 1/2 SW. (PO 34 u. 72).
**Stepanow**, Prelouc (OeSt 19) 1/2 SW.
**Stepenitz** (Stepnitz), *Fl.*, Damm (BSt 12) 5 N.
**Stepfershausen**, Walldorf (Th 49) 3/4 W.
**Stephan**, St.-, Thun (SC 1,47) 7 3/4 SW.
**Stephansdorf**, Nieder- u. Ober-, Neumarkt in Schlesien (NM 36) 1/2 N.
— Neisse (NB 1) 3/4 NW.
**Stephansfeld**, Ravensburg (Wü 50) 3 W.
**Stephanshausen**, Oestrich-Winkel (Na 8) 1 NW.
**Stephansheim**, Motthau 1 1/2 SW, Ingramsdorf 1 1/2 S. (BF 4 u. 5).
**Stephanskirchen**, Landshut (ByO 10) 6 3/4 SO.
— *PH* (*ByS 188*), Rosenheim (ByS 137) 1/2 O.
**Stephans-Ueberfahr**, Obristvy (TKP 3) 1/4 N.
9 **Sterbfritz**, (*BbH 19*), Schlüchtern (BbH 10) 1 SO.
**Sterbohol**, Bechovic (OeSt 26) 3/4 NW.
**Sterley**, Mölln (LB 5) 1 1/4 O.
**Stern**, Königinhof (SNV 8) 1/2 S.
**Sternalitz**, Kl.-Lassowitz (RO 24) 3 NO.
1 **Sternberg** i. Mecklenburg, *Stadt*, Güstrow 8 1/2 SW, Blankenberg 1 1/2 SO (Mk 12 u. 6).
2 — Alt-, i. Ostpr., Wehlau (PO 55) 5 N.
3 — i. Mähren (*KFN 79*), *Stadt*, Olmütz (KFN 58) 2 1/4 NO.

4 **Sternberg** i. Böhmen, *Fl.*, Böhm.-Brod (OeSt 24) 3 1/2 S.
5 — (*MP 17*), *Stadt*, Frankfurt a/O. (NM 11) 5 SO.
**Sternenfels**, Mühlacker 1 N, Maulbronn 1 1/2 NO. (Ba 153, Wü 6 u. 5).
**Sterup**, Flensburg (Sw 10) 3 SO.
1 **Stetten** i. Baden, Griessen (Ba 71) 1/2 S.
2 — Engen (Ba 176) 3/4 W.
3 — *PH* (*Ba 207*), Lörrach (Ba 208) 1/2 S.
4 — (i. Baden) am kalten Markt, *Fl.*, Reutlingen (Wü 132) 6 S.
5 — i. d. Schweiz, Thayingen (Ba 79) 1/2 W.
6 — i. Bayern, Biessenhofen (ByS 17) 1 1/2 SO.
7 — i. Hessen, Eppelsheim (HL 42) 3/4 SW.
8 — i. Nassau, Runkel (Na 82) 1/2 NW.
9 — Klein-, i. Steiermark, Leibnitz (OeSü 58) 2 1/2.
10 — *Ehingen (Wü 172) 3/4 S.
11 — Bieringen 1 1/4 SW, Horb 1 1/2 SO (Wü 139 u. 142).
12 — im Remsthal, Endersbach (Wü 102) 1/2 SW.
**Steitfeld**, *Fl.*, Langenbrücken (Ba 8) 1/2 SO.
**Stettfurt**, Frauenfeld (SNO 2,10) 1 1/2 SO.
**Stettin**, Oesterr.-Schlesien, Freiheitau (KFN 60) 1 W.
*Siehe dagegen Station Stettin der BSt 10 u. Neustettin.*
**Stettlen**, Bern (SC 1,39) 1 1/4 NO.
**Steuberwitz**, Woinowitz (WI 15) 1 1/2 SW.
**Steuden**, Teutschenthal (ML 20) 1/2 SW.
**Steuerwald**, Hildesheim (Ha 70) 3/4 NW.
**Steusslingen**, Alt-, *Ehingen (Wü 172) 1/2 NW.
**Steyerberg**, *Fl.*, Nienburg (Ha 26) 2 SW.
**Steyerdorf**, *Haltestelle*, *Bergwerke*, Oravitza (OeSt 130) ca 2 NO.
**Steyeregg**, *Stadt*, Linz (KE 64) 3/4 O.
**Steyersberg**, Neunkirchen (Oesterr.) (OeSü 24) 2.
**Steyl**, Venlo (BM 28, Rh 84) 1/2 SW.
**Steyrling**, Wels (KE 31) 6 SO.
**Stibbe**, Schönlanke (PO 21) 4 3/4 NW.
**Stich** i. Böhmen, Staab (BW 5) 3/4 NO.
— ebend. Stankau (BW 4) ca 1/4 N.
— Rheinprov., Eschweiler (Rh 6) 1/2 S.
6 **Stickhausen**, (*Ol 14*), Leer (Wf 85) 2 1/4 O.
**Stiechowitz** (Stechowice), *Fl.*, Prag (BW 22, OeSt 27) 3 S.
— Strakonitz (KFJ 30) 1 3/4 W.
**Stiege**, *Fl.*, Thale (MH 14) 1 3/4 SW.
**Stiegerheide**, Kempen (Rh 67) 3/4 S.
**Stieldorf**, Siegburg (KM 45) 1 S.
**Stiepanau**, *Fl.*, Brünn (KFN 56) 4 NW.
**Stikau**, Paka (SNV 12) 1/2 SO.
**Stillfried**, Angern (KFN 6) 1/2 N.
**Stillow**, Greifswald (BSt 57) 1 3/4 O.
**Stirchlova**, Stankau (BW 4) 1/2 O.
**Stirpke**, Benninghausen 3/4 S, Sassendorf 1 SW. (Wf 11 u. 12).
**Stixenstein**, Neunkirchen (OeSü 24) 1 1/2.
**Stix-Neusiedel**, Götzendorf 3/4 NO, Trautmannsdorf 1/2 NO, Wilfleinsdorf 1 NW. (OeSt 60, 61 u. 62).
**Stobecken**, Kobbelbude (PO 48) 1/4 SW.
**Stoberau**, Brieg (NB 8) 1 1/2 O.
**Stockarn**, Schwandorf (ByO 29) 3 3/4 O.
**Stockburg**, Hausach (Ba 164) 4 1/2 SO.
1 **Stockhausen**, Obernjesa 1/4 SO, Göttingen 1 S. (Ha 94 u. 84).
2 — Kirchhain 6 1/2 SO, Giessen 4 O, Butzbach 4 3/4 NO. (MW 10, 14 u. 16).
3 — bei Lübbecke, Kirchlengern (Ha 52) 1 3/4 NW.
4 — in Sachsen, Döbeln (LD 28) 1 SW.
5 — Eisenach (Th 3) 1/2 NO.
6 — *Sondershausen (NE 4) 1/4 NW.
*Siehe dagegen Station Stockhausen Na. 85.*
1 **Stockheim** bei Mellrichstadt, *Fl.*, Meiningen (Th 50) 2 1/4 SW.
2 — bei Michelstadt, Darmstadt (HL 24) 5 1/4 SO.
3 — bei Büdingen in Hessen, Langenselbold (BbH 16) 2 1/4 N.
4 — bei Düren (Rh 8) 1 S.
5 — Lauffen 1 1/4 NW, Kirchheim 1 1/2 NW. (Wü 25 u. 54).
*Siehe dagegen Station Stockheim der ByS 222*
**Stocklarn**, Soest (Wf 13) 1 1/4 NW.
**Stockstadt**, Klein-Ostheim (FH 9) 1/4 S.
*Siehe dagegen die Stationen Stockstadt HL 29 u. Stockstadt a. Rhein HL 48.*
**Stockum**, Soest (Wf 13) 1 1/2 SO.
— Unna (BM 54) 1/2 O.
— Eupen (Rh 1) 1/2 W.
**Stöbnitz**, Gr.- u. Kl.-, Schmölln (SW 85) 1/2 NO.

Stöcken, Neustadt a. N. (Ha 23) 2½ NO.
Celzen (Ha 10) 1¼ NO.
in Sachsen, Werdau (SW 9) ¾ W.
Stöckendrebber, Neustadt a. N. (Ha 23) 2¼ NO.
Stöckheim, Salzderhelden (Ha 80) 1 S.
Wolfenbüttel (Hs 24a) ¾ N.
Stöckheimer Hof, Longerich (Rh 61) ⅜ W.
Stöckigt in Schlesien, Greiffenberg (NM 45) ¼ S.
Stöckse, Linsburg ¾ NO, Nienburg 1 O, Hagen 1½ NW. (Ha 25, 26 u. 24).
Stöckte, Winsen (Ha 15) ⅝ N.
Stöfling (Stofling), Bodenwöhr (ByO 60) 1¼ SW.
Störitz, Erkner (NM 5) 1½ SO.
Störmede, Gesecke (Wf 9) ¼ NW.
Stössen, Stadt, Teuchern 1½ W, Naumburg 1½ SO. (Th 24 u. 14).
Stötteritz, Brauerei, Leipzig (LD 1) ¼ SO.
Stöwen, Grambow (BSt 63) ½ O.
Stohnsdorf i. Schles., Hirschberg (NM 49) 1 S.
Stoltzheim, Euskirchen (Rh 22) ½ S.
Stojic, Prelouc (OeSt 19) 1½ SO.
Stolberg am Harz, Stadt, Rossla 2¾ NW, Nordhausen 2½ NO, Ballenstedt 3¾ SW, Quedlinburg 4¾ SW. (ML 26, 28, MH 40 u. 12).
— am Rhein, Stadt, Stolberg (Rh 5) ½ S.
Stollberg i. Sachs., Stadt, Chemnitz 2¾ SW, Stein 1½ NO, Lugau ¾ SO. (SW 29, 52 u. 45).
Stolemsyn, Nakel (PO 26) 3¼ SW.
Stollarzowitz, Beuthen 1¼ NW, Tarnowitz 1½ SW. (OS 21 u. 22).
Stollen, Schlobitten (PO 41) 4 SO.
Stollhofen, Bühl (Ba 22) 1½ NW.
Stollno, Terespol (PO 29) 2¼ SO.
Stollouig in Steiermark, Reichenburg (OeSü 143) ½.
Stolmir, Böhm. Brod (OeSt 24) ¼ NW.
*Stolp (BSt 29), Stadt, T Danzig 14 W, Cöslin 10 NO. (PO 74. BSt 24).
Stolpe a. Oder, Angermünde (BSt 6) 1¼ SO.
— Anklam (BSt 55) 1 N.
Stolpen in Sachsen, Stadt, Fischbach (SO 15) ¾ SO.
Stolpmünde, Fl., T Cöslin 10 NO, *Stolp 2¾ NW. (BSt 24 u. 29).
Stolzenau, Fl., Stadthagen 3¼ NW, Nienburg 3 SW, Minden 4 NO. (Ha 45, 26 u. 48).
[1]Stolzenberg, Landsberg a. W. (PO 13) 1½ NO.
[2]— in Pommern, Schivelbein (BSt 19) 2 N.
[3]— Ludwigsort (PO 47) 2¾ S.
[4]— Görlitz (BG 15) 1½ O.
[5]— Schmölln 1 SW, Ronneburg ½ O. (SW 85 u. 87).
Stolzenburg, Löcknitz (BSt 62) 2 N
Stolzenfelde, Arnswalde (OS 57) ¾ N.
Stolzenfels (Schloss), Capellen (Rh 53) ½ S.
Stolzenhagen, Angermünde (BSt 6) 1¾ SO.
— Stettin (BSt 10) 1¼ NO.
— Bernau (BSt 2) 2 N.
Stolzenhain bei Schweinitz, Linda (BA 20) 1 SO.
— bei Liebenwerda, Jacobsthal (BA 25) ⅞ NO.
Stolzmütz (H* Wi 13), Bauerwitz (Wi 12) 1 SO.
Stommeln, Worringen (Rh 62) 1 SW.
Stonsk, Kotomierz (PO 28) 2 NW.
Stoppenberg, Essen (BM 35, KM 13) ½ NO.
Storchnest, Stadt, Poln.-Lissa 1½ NO, Alt-Boyen 1¾ SO. (OS 40 u. 44).
Storie, Sessana (OeSü 85) 1 NO.
Storkow, Stadt, Fürstenwalde 2 SW, Frankfurt a. O. 1¼ NO, Königs-Wusterhausen 3 SO. (NM 7, 11 u. BG 3).
— Stargard in Pommern (BSt 14) 1½ N.
— Alt- u. Neu-, Wangerin (BSt 17) 1½ S.
— Tantow (BSt 9) 1 NW.
Storozynlec, Fl., Czernowitz (LCJ 22) 3 S.
Storzeln, Gottmadingen (Ba 80) ¾ NW.
Stossdorf, Siegburg (KM 45) ½ SO.
Stotel, Loxstedt ¾ SW, Geestemünde 1½ S. (Ha 39 u. 40).
Stotternheim, Erfurt 1¼ N. *Walschleben 1¼ SO. (Th 8 u. NE 10).
Stotzheim, Kalscheuren (Rh 38) ½ NW.
Stotzingen, Nieder-, Fl., Ulm (ByS 103, Wü 34) 2½ NO.
Stove, Winsen (Ha 15) 1¼ NO.
Stovern, Salzbergen (Wf 25) ¼ W.
Straberg, Dormagen (Rh 63) ½ W.
Strachate, Breslau (NM 39, BF 1) 1¼ SO.
Strachel, Wegstädtl (OeSt 35) ¾ NO

Strachmin, Fritzow (BSt 42) ¾ O.
Strachwitz, Breslau 1¼ W, Schmolz ½ NO. (BF 1 u. 2).
Stracov, Königgrätz (SNV 3) 1¼ NW.
Stradaun, Uhersko (OeSt 16) 1 O.
Straden in Steiermark, Spielfeld (OeSü 55) 3½ NO.
Straelen, Fl., Kempen 2 NW, Nieukerk 1¾ W, Geldern 1¼ SW. (Rh 67, 69 u. 70).
Strahnec, Jezupol (LCJ 12) 1 SO.
Strahlfeld, Roding (ByO 62) ¼ N.
Stralau, Berlin (NM 1) ¼ SO.
Stramberg, Stadt, Zauchtl-Neutitschein 1¾ SO, Stauding 2 S. (KFN 23 u. 24).
Stramehl, Labes (BSt 18) 1 W.
Strandorf, Woinowitz (Wi 15) 1¼ SW.
Strans, Schönlanke (PO 21) 4½ NW.
Straschitz, Eisenhütten, Hochöfen, Zbirow 1 S, Rokitzan 2 SO. (BW 18 u. 11).
— Strakonitz (KFJ 30) 1⅞ SW.
— Neu-, Stadt, Lana ½ N, Kladno 2 W. (Bu 17 u. 10).
Straschkau, Fl., Brünn (OeSt 1, KFN 56) 5¼ NW.
Strasische in Krain, Laibach (OeSü 76) 5½ N.
Straskov (Straschkow), Weltrus (OeSt 32) 1½ NW.
Strass in Oesterr. (bei Krems), Fl., St.-Pölten (KE 12) 4 NO.
— in Steiermark, Fl., Spielfeld ½ NW, Ehrenhausen ⅛ SO. (OeSü 55 u. 54).
— in Tirol, Jenbach ¼ SO, Brixlegg ⅜ SW. (OeSü 183 u. 182).
— (Rheinprovinz) Düren (Rh 8) 1 SW.
Strassberg, Greiffenberg (NM 45) 2 SW.
— Hüttenwerk, Quedlinburg (MH 12) 3 SW.
Strassburg in Kärnten, Eisenwerke, Stadt, Hirt 1¼ W, Klagenfurt 6 N, (KE 32 u. 48).
— in Westpreussen, Stadt, T Thorn 8¾ NO, Warlubien 9¾ SO. (PO 67 u. 31).
*Siehe dagegen die Stationen Strassburg BSt 69 und Strassburg (Kehl) der Französischen Ostbahn 2, 67.*
Strassdorf, Gmünd (Wü 109) ⅛ S.
Strass-Ebersbach, Dillenburg (KM 56) 1¼ NO.
Strassengel, Judendorf (OeSü 47) ¼ SW.
Strassenhäuser, Breslau (BF 1, NM 39) ¼.
Strasserhof, Mülheim a. Rh. 2 N, Opladen 1½ O. (BM 100 u. 98).
Strassfeld, Euskirchen 1 NO, Sechtem 2 SW. (Rh 22 u. 40).
Strassgräbchen, Radeberg (SO 14) 3¾ NO.
Strasskirchen, Passau (ByO 58) 1½ N.
Stratschen, Wegstädtl (OeSt 35) ½ O.
Stratum, Crefeld 1 SO, Osterath ½ NO. (Rh 66 u. 65).
Straupitz, Fl., bei Lübben (BG 6) 1¾ NO.
— bei Haynau (NM 31) 1 S.
— bei Hirschberg (NM 49) ⅛ NO.
Strausberg bei Berlin, Stadt, Strausberg (PO 3) 1 N.
— Kl.-Furra (NE 3) ¾ SW.
Strebersdorf, Floridsdorf (KFN 2) ½ NW.
Streesen, Stargard in Pommern (BSt 14) 1 S.
Stresow bei Lenzen, Wendisch-Warnow (BH 13) ca ½ SO.
Stregann, Königs-Wusterhausen 2 SO, Fürstenwalde 2½ SW. (BG 3, NM 7).
Strehla a. d. Elbe, Stadt, Oschatz 1¼ NO, Riesa 1 NW. (LD 9 u. 11).
— Bautzen (SO 20) ⅛ SO.
Strehlen, Stadt, T Breslau 5 S, Brieg 4 SW, Reichenbach i. Schles. 4¼ NO (OS 1, 5 u. BF 13).
Strehlitz, Gross- in Schlesien, Stadt, Zawadzki 2½ SW, Gogolin 2½ O. (RO 7, OS 11).
— Kl.-, Oppeln 3 SW, Gogolin 1⅞ SW. (OS 10 u. 11).
— bei Breslau, Mettkau (BF 4) 1 S.
Strehlitz bei Namslau (RO 20) 1¼ O.
*Siehe auch die Stationen Strelitz BR 3 u. OeSt 152.*
Strehlow, Seehausen (BSt 47) ¾ N.
Streine i. Krain, Reichenburg (OeSü 143) 1¼ SW.
Streit, Ober- u. Nieder-, Striegau ½ N, Gr.-Rosen ¾ SO. (BF 17 u. 19).
Streitberg i. Bayern, Marmorbrüche, Badeort, Forchheim (ByS 53) 2 NO.
— Prov. Hessen, Wächtersbach (BbH 13) ¾ N.
Streiteben i. Kärnten, Prävali (OeSü 162) ¾.
Streithoff, Grambow (BSt 63) 1 SW.
Streitholz, Heiligenstadt (ML 33) ¾ W.
Streitz, Cöslin (BSt 24) 1 NW.

[1]Strelitz i. Böhmen, Staab (BW 5) ½ SW.
[2]— i. Mähren, Littau (OeSt 45) ½ N.
[3]— Prov. Posen, Bromberg (PO 27) 2 NO.
[4]— Bialosliwo (PO 24) 3½ SW.
[5]— Neu-, Kotomierz (PO 28) 1¾ SW.
[6]— Neu-, Stadt, Neubrandenburg (FF 7) 3½ SW.
[7]— Alt-, Stadt, Neubrandenburg (FF 7) 4 S.
*Siehe dagegen Haltestelle Strelitz der BR 3.*
Strellin, Züssow (BSt 56) ½ W.
Strempt, Mechernich (Rh 24) ¾ SW.
Strengberg, Fl., Aschbach 1¾ NW, Haag 1¼ NO, St. Valentin 1½ SO. (KE 21, 23 u. 24).
Strengelbach, Zofingen (SC 1,15) ½ SW.
Strenitz (Strenice), Fl., Jungbunzlau (TKP 8) ⅞ SW.
— Böhm.-Trübau 1½ SW, Zwittau 1½ NW. (OeSt 11 u. 9).
Strenz, Trachenberg (OS 36) 1¾ SW.
Strenz-Naundorf, Bernburg (MH 32) 2 SW.
Stretensee, Anklam (BSt 55) 2 S.
Streuben u. Wäldchen, Dornreichenbach H. (LD 7) ¼ SW.
Strewelna, Eisenbrod (SNV 15) ⅜ NO.
Strichowitz i. Steiermark, Spielfeld (OeSü 55) 1 SO.
Striegelmühle, Mettkau (BF 4) 1⅞ SO.
Striessen, Dresden (SO 1) ¾ SO.
Pristewitz (LD 14) ¼ W.
Strigis, Langen-, Frankenberg (SO 56) ¾ W.
Strinz, Margarethä, Wiesbaden (Na 1) 2 NW.
— Trinitatis, Wiesbaden (Na 1) 2 NW.
Stripfing, Gänserndorf (KFN 5) ¾ O.
Strippow, Fritzow 1 O, Degow 1¾ O (BSt 42 u. 43).
Strittberg, Waldshut (Ba 68) 1¾ N.
Strodthagen, Salzderhelden (Ha 80) 1½ SW.
Stroebeck, Halberstadt (MH 9) 1 W.
Strohain, Laibach (OeSü 76) 4.
Strohbach, Gengenbach (Ba 159) ¼ S.
Stromberg am Goldbach, Stadt, Bingerbrück (Rh 58, Sa 27) 1¾ SW.
— i. Rheinprov., Eitorf (KM 47) ½ S.
— i. Westf., Stadt, Oelde (KM 24) ¾ SO.
Stromberger Hütte, Hüttenw., Bingerbrück (Rh 58, Sa 27) 2 W.
Stromie, Rann (OeSü 145) 1.
Stronn, Oels (RO 17) 1½ O.
Stronnow, Kotomierz (PO 28) ¾ W.
Stroppen, Stadt, Gellendorf (OS 35) ½ W.
Strücklingen, Apen (Ol 12) 2 SW.
Strümp, Osterath (Rh 65) ½ NO.
Strümpfelbach, Endersbach (Wü 102) ½ S.
Strümpfelbrunn, Neckargemünd (Ba 92) 4 NO.
Strüth, Fl., Caub 2 NO, St. Goarshausen 2 SO. (Na 13 u. 14).
Strumdorf (Trumdorf), Stassfurt (MH 38) 1 S.
Strupków, Ottynia (LCJ 14) ⅛ S.
Struppen, Pirna (SO 5) 1 SO.
Struse, Ober- u. Nieder-, Mettkau (BF 4) ½ NO.
Strusiawa wola, Bursztyn (LCJ 10) 1¼ S.
Struth, Wernshausen (Th 47) 1½ O.
Struthütten, Herdorf (KM 52) ¼ N.
Strusinec, Liebstadtl (SNV 13) ½ SW.
Stryj, Stadt, T Bortnikl 5 W, Przemysl 16½ SO, Lemberg 10 SW. (LCJ 8, 22 u. 29).
Strzalki, Staresiolo (LCJ 3) 1½ NO.
Strzalkowo, Posen (OS 48) 8 SO.
Strzebowitz, Schönbrunn (KFN 25) ¼ NW.
Strzelewo, T Nakel (PO 26) 1¾ NO.
Strzeliska, Fl., Borynicze (LCJ 6) 2 NO.
Strzelno, Stadt, Bromberg (PO 27) 7 SO.
Strzyzów, Stadt, Rzeszow (GCL 16) 4¼ SW.
Stubbenbach in Böhmen, Horazdiowic 4¾ SW, Deggendorf 6 NO. (KFJ 32, D 2).
Stubendorf, Malapane 1¾ S, Gogolin 1¾ NO. (RO 3 u. OS 11).
Stubersheim, Amstetten (Wü 31) ½ NO.
Stubica, Bad, Stadt, Zapresic 2 NO, Agram 2¾ N. (OeSü 146 u. 148).
Stuckenbrock, Brackwede (KM 27) 2 SO.
Studenec, Falgendorf (SNV 11) ⅜ NW.
— Fl., Pardubitz (SNV 1) 5½ S.
Studenitz, Fl., Pöltschach (OeSü 60) ½ NO.
Studernheim, Frankenthal (Pf 19) ⅜ S.
Studinka, Paka (SNV 12) ¾ SO.
Studnitz i. Böhmen, Skalitz (SNV 23) ½ NO.
Studzienna, Ratibor (Wi 5) ¾ SW.
Stüblau, Dirschau 2 N, Hohenstein 1½ O. (PO 34 u. 72).
Stübvoll, Gratwein (OeSü 46) 2 SW.
Stücken, Trebbin (BA 4) 1¼ NW.
Stühlingen, Stadt, T Oberlauchringen

2 N, Schaffhausen 2 NW, Neunkirch 1½ N. (Ba 70, 77 u. 74).
Stülpe, Luckenwalde (BA 5) 2 SO.
Stürzelberg, Dormagen (Rh 63) ½ O.
Stüsselsdorf, Schneidemühl (PO 22) 1½ O.
Stüttgerloch, *Gerbereien*, Langerwehe (Rh 7) ¼ N.
Stützengrün, Ober- u. Unter-, bei Eibenstock, Schneeberg-Neustädtel 1½ SW, Wiesenburg 1¾ SW, Auerbach i. Voigtl. 1½ NO. (SW 55, 50 u. 73).
Stützerbach, Themar 3 NO, Arnstadt 4 SW. (Th 52 u. 53).
Stützkow, Angermünde (BSt 6) 2 O.
Stuhm, *Stadt*, ♥ T Marienburg (PO 36) 2 S, Czerwinsk (PO 32) 5¾ NO.
Stuhmsdorf, Marienburg (PO 36) 2½ S.
Stulgen, Gumbinnen (PO 60) ¾ SW.
Stulln, Nabburg (ByO 69) ⅝ SW.
Stuisko, Borynicze (LCJ 6) ¾ W.
Stumm, Jenbach (OeSü 183) 2⅝.
Stupferich, Durlach (Ba 13) ½ O.
Stuple, Bechowic (OeSt 26) 1¼ SO.
Stupno, Radnitz (BW 10) ½ S.
Stuppach, Gloggnitz (OeSü 27) ⅛.
Stusa, i. Schles., Neumarkt (NM 36) 2 S.
Stutensee, Weingarten *H*° (Ba 12) ¾ W.
Stuthenen, Wolitnik (PO 46) ¾ SW.
Stuttgarten, Königs-Wusterhausen (BG 3) 1½ O.
Stutthof, Damm bei Stettin (BSt 12) ½ N.
Stavern, Gr.- u. Kl.-, Meppen (Wf 28) 1¾ NO.
Stwerin, Turnau (SNV 17, TKP 12) ⅝ W.
Stwolow, Lettowic (OeSt 6) 1 N.
Styrum, Mülheim a. d. Ruhr (BM 86, Rh 90) ¼ NW.
Suben, Taufkirchen 1 NW, Schoerding ⅝ S. (KE 51 u. 52).
Subkau, Gr.- u. Kl.-, Dirschau (PO 34) 1½ S.
Subzow, Greifswald (BSt 57) 1 S.
Succemin, Pelplin (PO 83) 3 W.
Sucha, Königgrätz (SNV 3) ¾ NW.
Suchary, Nakel (PO 26) 1 NO.
Suchau, Petrowitz (KFN 29) 1½ S.
Suchenthal, *Glasfabr.*, Budweis (KFJ 23, KE 74) 3 SO.
Suchodol, Staresiolo (LCJ 3) 1½ SW.
Suchomasty, Beraun 1 SW, Zditz 1 SO. (BW 16 u. 15).
Suchoresz, Nakel (PO 26) 2 S.
Suchorie, Ober-Lesece (OeSü 83) 1 W.
Suchorów, Chodorow (LCJ 7) ¾ NW.
Suckezin, Praust (PO 73) 1 SW.
Suckow, Dölitz (OS 58) ¾ SW.
— Wilmersdorf (BSt 46) 1 NW.
Suczawa *(LCJ 28)*, *Stadt*, ♥ T Czernowitz (LCJ 22) 11 SO.
Sudenburg, *Vorst.*, Magdeburg (MH 1) ¼ SW.
Suderbruch, Neustadt a. N. 3 N, Hagen 2 NO (Ha 23 u. 24).
Suderode, *Bad*, T Quedlinburg 1¼ S, Neinstedt ½ SO, Ballenstedt 1 W (MH 12, 13 u. 40).
Sudershausen, Nörten (Ha 82) 1 O.
Sudheim, Northeim (Ha 81) ½ S.
Sudislaw, Brandeis (OeSt 13) ¾ SO.
Sudoll, Ratibor (Wi 5) 1 SW.
Sudomiřitz, Strassnitz-R. (KFN 13) 1½ O.
Süchteln, *Stadt*, ♥ T Viersen ½ NW, Grefrath ¾ S. (BM 18 u. Rh 81).
Sückau, Brahlsdorf (BH 18) 1 SO.
Süral, Szanto (UN 11) ¾ NO.
Süddinker, Welver *H*° (Wf 14) ½ N.
Süderau, Crempe (EG 5) ¾ SO.
Südlohn, ♥ Rheine 9½ SW, Münster 7 W, Wesel 5 NO. (Wf 24, 20 u. KM 38).
Sülbeck, Kirchhorsten (Ha 46) ½ S.
Salzderhelden (Ha 80) ½ S.
Sülldorf, *Zuckerfabr.*, *Brennerei*, *Soolbad*, Langenweddingen (MH 3) ¾ SO.
Sülly, Szolnok (Ts 3) 3½ NO.
Sülten, Stavenhagen (FF 5) 1 SO.
Sülze, *Stadt*, ♥ Rostock (Mk 1) 4½ O.
Eschede (Ha 7) 2 W.
Sülzen, Hohen-, Monsheim (HL 39) ¾ S.
Sülzheim, *Bergw.*, Nordhausen (ML 28) 2 N.
Sümeg, *Fl.*, ♥ St. Ivan 4¼ NO, Keszthely 4 N. (OeSü 106 u. 120.)
Sünninghausen, Oelde (KM 24) 1 S.
Sünzhausen, Freising (ByO 6) 2¼ NW.
Süpplingen, Helmstedt (Bs 31) 1 NW.
Süpplingenburg, Helmstedt (Bs 31) 1 NW.
Sürchen, Gr.-, Nimkau (NM 37) 1¾ NW.
— Kl.-, Nimkau (NM 37) 1½ NW.
Süssen, Gross-, *Fl.*, Süssen (Wü 28) ¼ SW.
Süssenbrunn, *PH (KFN 3)*, Wagram (KFN 4) ¾ W.

Süstedt, Klein-, Suderburg (Ha 9) 1 N.
Gross-, Suderburg (Ha 9) ¾ N.
Sugenheim, *Fl.*, Langenfeld ¾ SW, Marktbibart ¾ SO. (ByS 171 u. 172).
Suggenthal, Denzlingen *H*° (Ba 38) ½ O.
Suhadol (Suchadoll) i. Steiermark, Steinbrück (OeSü 67) ⅛.
Suhl, *Stadt*, ♥ T Meiningen 3½ O, Grimmenthal 2½ NO, Erfurt 7½ SW, Arnstadt 5 SW, Gotha 6½ S. (Th 50, 51, 8, 33 u. 6).
Suhlendorf, Uelzen (Ha 10) 2¼ SO.
Suhlingen, ♥ Nienburg (Ha 26) 4 W.
Suhorje (Suchorie) i. Krain, St. Peter (OeSü 82) 3 SO.
Suhr, Aarau (SC 1,13) ½ S.
Sukdol, Roztok i. Böhmen (OeSt 29) ½ W.
Sukow, Dölitz (OS 58) 1 SW.
Sulau, *Stadt*, ♥ Trachenberg (OS 36) 3 O.
Sullowitz, Lobositz (OeSt 38) ¾ W.
Sulmentingen, Laupheim ½ SW, Schemmerberg 1½ NW. (Wü 38 u. 39).
Sulmierzyce (Sulmirschütz), *Stadt*, ♥ Trachenberg (OS 36) 6 NO.
Sulowa, Bursztyn (LCJ 10) ¼ S.
[1] Sulz i. Baden, Lahr (Ba 205) ½ S.
[2] — Laufenburg (Ba 64 u. 65) ½ SW.
[3] i. Württemb., Horb 2¾ NO, °Nagold 1½ NO. (Wü 142 u. 207).
[4] — — Gross-, i. Steierm., Kalsdorf (OeSü 50) ½.
[5] Klein-, Kalsdorf (OeSü 50) ½.
[6] — i. Ungarn, Molnari (OeSü 103) 5.
[7] i. d. Schweiz, Brugg (SNO 2,26) 2½ NO.
*Siehe dagegen die Station Sulz der Wü 144 u. Sulz (Bad) ByS 200.*
[1] Sulzbach i. Bad., Hausach (Ba 164) ½ W.
[2] — *Steinbrüche*, Malsch (Ba 7) ¾ O.
[3] — Mosbach (Ba 102) ¾ O.
[4] a. M., Aschaffenburg (FH 10) 1¼ S.
[5] a. d. Donau, Walhallastrasse (ByO 23) 1 O.
[6] Nassau (Na 23) ½ SW.
[7] Rheinprov., Fischbach 2¾ SO, Kirn 2½ SO. (Sa 37 u. 36).
[8] — a. d. Murr, *Stadt*, ♥ T Willsbach 2½ SO, Waiblingen 3 NO. (Wü 71 u. 101.)
[9] a. Kocher, Hall 2½ SO, Mögglingen 2½ NW. (Wü 79 u. 111).
*Siehe dagegen die Stationen Sulzbach der Sa 3 u. Sulzbach (Amberg) der ByO 88.*
Sulzberg a. d. Ach, Kempten (ByS 11) 1 SO.
Sulzbürg, *Fl.*, Amberg 6½ SW, Roth 3½ SO. (ByO 32 u. 43).
Sulzburg i. Baden, *Stadt*, ♥ T Heitersheim (Ba 43) ¾ SO.
Sulzdorf i. Bayern, Kirchheim (Ba 4) ¾ S.
*Siehe dagegen Stat. Sulzdorf der Wü 79a.*
Sulzenbrücken, Haarhausen *H* (Th 32) ¾ N.
Sulzfeld i. Baden, Mühlacker (Ba 153, Wü 6) 1½ N.
— a/M., Kitzingen (ByS 176) ½ SW.
Sulzheim, ♥ Hassfurt 2 SW, Schweinfurt 1½ SO. (ByS 80 u. 84).
— Mainz (HL 11) 2¼ SW.
Summin, Pelplin (PO 33) 2½ W.
Terespol (PO 29) 4½ NW.
Sumiswald, Burgdorf 2 SO, Langenthal 24 Kil. (SC 1,34 u. 1,29).
Sumpf, Mühlhausen i. Pr. (PO 42) ¾ SW.
Sumpfohren, Geisingen ¾ N, Donaueschingen 1¼ O. (Ba 181 u. 185).
Sundern, ♥ Plettenberg (BM 72) 2 NO.
Sundhausen, Nordhausen (ML 28) ½ S.
Sundheim, Kalten-, *Fl.*, Salzungen 3½ S Wasungen 2¼ SW. (Th 45 u. 44).
Sundische Wiese, Stralsund (BSt 59) 2 NO.
Sunthausen, Geisingen 1¼ N, Donaueschingen 1¾ NO. (Ba 181 u. 185).
Suppingen, Amstetten 2 SW, Blaubeuren 1 NW. (Wü 31 u. 109).
Supponin, Kotomierz (PO 29) 1½ SO.
Surany, *Zuckerfabr.*, *Fl.*, ♥ Tot-Megyer (OeSt 84) 1½ O.
Surd, Zakany (OeSü 220) 1 N.
Surheim, Freilassing (ByS 147) 1 NW.
Suschitz, Budigsdorf (OeSt 40) 1 S.
Suschno, Wratic (TKP 5) ¾ NO.
Susaitz (Sussetz) Orzesche (Wi 23) 2 S.
Sussra, Mark-, °Hohen-Ebra (NE 5) ¾ SW.
— Rocken-, °Hohen-Ebra (NE 5) 1¼ SW.
Holz-, °Hohen-Ebra (NE 5) 1½ W.
Sustrum, Lathen 1 NW, Kluse-Dörpen 1 SW. (Wf 30 u. 31).
Sutom, Lobositz (OeSt 38) 1½ W.
Suttorf, Neustadt a/N. (Ha 23) ½ NO.
Suurhusen, Emden (Wf 38) ¾ N.
Swadzim, Posen (OS 48) 1½ NW.
Swaroczyn, Dirschau (PO 34) 1½ SW.
Swell (Swieti), Königgrätz (SNV 3) ¾ NW.
Swetla (Swietla), *Stadt*, ♥ Neu-Kolin (OeSt 22) 6½ SO.

Swietlau, Ungar-Hradisch (KFN 15) 4½ NO.
Swijan, Münchengrätz 1¾ NO, Turnau ½ SW, (TKP 11 u. 12).
Swina, Böhm.-Trübau (OeSt 24) ½ S.
— Radnitz (BW 10) ¾ NO.
Swinar, Dobrichowitz 1 S, Rewnitz ½ SW. (BW 19 u. 18).
*Brauerei*, Radotin (BW 20) ½ W.
Swinemünde, *Stadt*, ♥ T Stettin ca 10 N, Anklam 5 NO. (BSt 10 u. 55).
Swistelniki, Bursztyn (LCJ 10) 3 S.
Switschin, Mastig (SNV 10) ½ SW.
Swoleschitz, Podiebrad (OeSt 23) 1¼ NW.
Swojanow, *Fl.*, Brüsau (OeSt 7) 1½ W.
Swojek, Liebstadtl ⅝ SO, Paka ¾ NW. (SNV 13 u. 12).
Swratka, *Fl.*, ♥ Uhersko 4 S, Zwittau 4 W, Pardubitz 6 SO. (OeSt 16, 9 u. 18).
Sydow, Biesenthal (BSt 3) ½ SO.
Syhra, Borna (SW 93) 1¾ SO.
Syke, *Fl.*, ♥ Delmenhorst 3 SO, Bremen 2½ S, Nienburg 5¾ NW. (Ol 5, 8, Ha 34 u. 26).
Sylda, Aschersleben (MH 30) 1¼ SW.
Sylow, Cottbus (BG 9) ½ NW.
Synoutz, Czernowitz (LCJ 22) 5 SO.
Sypniewo bei Margonin, Bialosliwe (PO 21) 2½ S.
— bei Vandsburg, Bialosliwe (PO 24) 5 NO.
Syrau, Sorau (NM 22) 1 N.
— i. Sachsen, Mehltheuer (SW 16) ca ¾ SO.
Syrin, Krzizanowitz (Wi 7) ¾ NO.
Szabadhegy, Raab (OeSt 69) ½ SO.
Szabadi, Raab (OeSt 69) 1½ NO.
Szabad-Szallas, *Fl.*, ♥ Pest 9 S, Kecskemet 4 W. (OeSt 95 u. 104).
Szabor, Komárváros (OeSü 119) 4½.
Szada, Szerencs (Ts 19) 1 S.
Szadwaitschen, Gumbinnen (PO 60) ½ O.
Szajla, Kiss-Terenne (NN 13) 2¾ O.
Szajol, Tisza-, Török-Szt. Miklos (Ts 4) 1 W.
Szak, Nagy-Igmand (OeSü 140) 1 O.
Szakal, Mező-Keresztes (Ts 42) 2¾ SW.
— Salgo-Tarjan (UN 14) 3 NW.
Szakoly, Hadház (Ts 12) 2½ NO.
Szalabér, *Fl.*, ♥ St. Ivan (OeSü 106) 1¾ NO.
Szala-Egerszegh bei St Ivan, siehe Zala-Egerszegh.
Szalárd, *Fl.*, ♥ Grosswardein (Ts 43, USt 1) 3½ NO.
Szali, Felső-, Galanta (OeSt 80) ½ SO.
— Alsó-, Galanta (OeSt 80) ¾ SO.
Szalka, *Fl.*, Szobb (OeSt 89) 1¾ N.
— Mate, *Fl.*, Ujfeherto 7 NO, Nyiregyháza 6 O. (Ts 13 u. 14), siehe auch Mate-Szalka.
Szalonta, Nagy-, *Fl.*, ♥ Grosswardein (Ts 43, USt 1) 4½ SW.
Szameitkehmen, ♥ Tilsit (Tl 1) 3½ NW.
Szamor (Puszta), Martonvasar (OeSü 131) 1½.
Szamos-Ujfalu, Salgo-Tarjan (UN 14) ½ N.
— — Ujvar-, *Fl.*, ♥ T Grosswardein (Ts 43, USt 1) 24½ O, Karlsburg (Si 16) 6 NO.
Szanad, ♥ Grosslamos (OeSt 112) 2 O.
Szandorháza, Sz. Miklos (OeSt 68) 1½ O.
Szántó, Abauj-, ♥ Forró-Encs (Ts 21) 1½ NO.
— Kis- u. Nagy-, ♥ Mező-Keresztes (Ts 42) 1½ u. 1¾ NO.
*Siehe dagegen Station Szanto der UN 11 u. Stat. Szantod der OeSü 124.*
Szany, *Fl.*, ♥ Raab (OeSt 69) 5 SW.
Szap (Csiliz), Raab (OeSt 69) 2 NO.
Szápár, Bodaik (OeSü 137) 3 NW.
Szárszo, Szantód (OeSü 124) 1 S.
Szarvas, *Fl.*, ♥ Mező-Túr (Ts 30) 2 SW.
Szászberek, Abony (Ts 2).
Szaszka, ♥ *Bergwerk*, Rakasdia 1½ O, Weisskirchen 3 O. (OeSt 129 u. 126).
Szász-Regen bei Klausenburg, *Fl.*, ♥ T Grosswardein (Ts 43, USt 1) 33 O.
Szczepanowo, Bromberg (PO 27) 4½ S.
Szczepice, Nakel (PO 26) 2 S.
Szczerzec, *Stadt*, ♥ *(Kalkbr.)*, Lemberg 3½ SW, Grodek 3 SO. (LCJ 1 u. GCL 26).
Szczucin, *Fl.*, ♥ Tarnow (GCL 10) 6 NO.
Szczurów, Wieliczka (GCL 3) 1 SO.
Szechenyi, Komarváros (OeSü 119) 3.
Szécsenfalva, Detta 1¾ W, Moravitza 2½ NW. (OeSt 122 u. 123).
Szécsény, *Fl.*, ♥ T Waitzen (OeSt 92) 4½ N.
Szeghalom, ♥ Gyoma (Ts 31) 4 NO.
Szekely, Nyiregyháza (Ts 14) 2¾ NO.
Szekelyhid, *Fl.*, ♥ Grosswardein 4½ NO, Debreczin 6½ SO. (Ts 43 u. 11).
Szele, Tapio-, ♥ Abony (Ts 2) 2½ NW. Siehe auch Tapio-Szele.

Szely, Alsó-, Sellye (OeSt 81) ¾ SW.
— Felső-, Sellye (OeSt 81). ½ SW.
Szemere, Perbete (OeSt 86) 1 N.
Szemered, Szobb (OeSt 89) 6 N.
Szemere falu és hegy, Raab (OeSt 69) 1½ SO.
Szemes, Boglar (OeSt 122) 1¾ S.
Szendehely, Verőcze (OeSt 91) ¾ NO.
Szendrő, Fl., Miskolcz (Ts 22) 6 N.
Szenits, Fl., Göding (KFN 12) 3 SO.
Szent, Nagy-Igmand (OeSt 140) 1½.
*Die Orte mit der Nebenbezeichnung Szent (Szt. St.), sind unter ihren Stamm-Namen aufgeführt.*
Szentes, Baboesa (OeSt 224) 1 SO.
*Stadt*, Felegyháza (OeSt 106) 5 O.
Szentkut, Raab (OeSt 69) 1¾.
Szent-Pal, Raab (OeSt 69) ¾.
Széplak, Fl., Debreczin (Ts 11) 11¼ SO.
Szerdahely, Galanta (OeSt 80) 1½ N.
— Magyar-, Kanizsa (OeSt 109) 1¾ NW.
— Schütt-, Sellye (OeSt 81) 5 SW.
Szereczeny, Raab (OeSt 69) 2½ S.
Szered (*Station v. Pressb.-Turnau*), *Stadt*, Dioszegh 2 NO, Galanta 2 N. (OeSt 79 u. 80).
Szerencs-Tallya, Szerencs (Ts 19) ½ O.
Szerep, Puspök-Ladany (Ts 8) 1¾ SO.
Szeteny, Kis-, Neuhäusel (OeSt 85) 3½ N.
— Nagy-, Neuhäusel (OeSt 85) 3½ N.

Szexard (Szegszard) *proj. Station*, *Stadt*, Stuhlweissenburg (OeSt 128) 12 SO.
Szieroslaw, Laskowitz (PO 30) 2½ NW.
Szierotzken, Kotomierz (PO 28) 1¼ NW.
Sziget bei Raab (OeSt 69) (in unmittelb. Nähe).
*— Marmaros- (*UNO 14*), *Stadt*, T Nyiregyhaza ca 21 SO, Debreczin ca 22 NO. (Ts 14 u. 11), siehe auch Marmaros-Sziget.
Szilagy-Somlyó, *Stadt*, *Csucsa (USt 6) 5 N, Grosswardein 14½ NO, Debreczin 14½ O. (Ts 43 u. 11).
Szill, Szantód 4 S, Boglár 4½ SO. (OeSt 124 u. 122).
Szina, Hidas-Némethy (Ts 26) ½ N.
Szino-Banya, *Bergw.*, Salgó-Tarjan (UN 14) 4½ NW.
Szirak, *Stadt*, Szanto (UN 11) ¾ NW.
Szirgupöhnen, Gumbinnen 1½ O, Trakehnen ½ W. (PO 60 u. 61).
Szirma, Miskolcz (Ts 22) ½ SO.
Szittkehmen, Stallupönen (PO 62) 4 SO.
Szlabos, Kis- u. Nagy-, Kaschau (Ts 28) ca 8 W.
Szlanzlő, Szigetvár (FB 4) 1½ NO.
Szlatnia, Rakasdia (OeSt 129) 2 O.
Szoboszló, Szoboszló (Ts 10) ½ S.
Szobotisch, Göding (KFN 12) 2½ SO.

Szőgye, Raab (OeSt 69) 2 NO.
Szőlgyény, Perbete (OeSt 86) 2 O.
Szőllős-Györök, Boglar (OeSt 122) ¾ SO.
— Paszthó (UN 12) 1 SW.
*Szőllős, Nagy- u. Kis-, (*UN 27*). *Fl.*, T Nyiregyháza ca. 18 NO, Debreczin 25 NO. (Ts 14 u. 11)
Tisza, Karczag (Ts 7) 4 NW.
Szőny, Alt-, Neu-Szőny (OeSt 72) ½ SO.
Szoka, Dotis (OeSt 132) ¾ S.
Szokl, Lemberg (LCJ 1) 1 NO.
Szokol, Nagy-, Siofok (OeSt 125) 4 SO.
Szokolár, Rakasdia (OeSt 129) ½ SO.
Szokolla, Verőcze (OeSt 91) ¼ N.
Szolomyja, Staresiolo (LCJ 3) ¾ NO.
Szombat, Rima-, *Fl.*, Losoncz 3 O, Miskolcz 9 NW. (UN 15, Ts 22).
Szovat, Szoboszlo (Ts 10) ca ½ SO.
Szredistye, Moravitza 2¾ O, Versecz (Verschetz) 1½ O. (OeSt 123 u. 124).
Szubotitza, Jam (OeSt 128) 1 N.
Szubrawice, Lazan (LCJ 20) 1 O.
Szűcsy, Hatvan (UN 10) 5 SO.
Szuha, Kis-Terenne (UN 13) ¾ SO.
Szumlany, Hursztyn (LCJ 10) 3 O.
Szupatak, Kis-Terenne (UN 13) ½ SW.
Szurdok-Püspöki, Paszthó 1 S. Szanto ¾ NO. (UN 12 u. 11).

# T.

Taap, Raab (OeSt 69) 1 SO.
— Sz. Miklós, Raab (OeSt 69) 1½ NO.
Tab, Szantod (OeSt 124) 3 SO.
Tabarz, Gr.- u. Kl.-, Fröttstedt (Th 5) 1 SW.
Taben, Beurig-Saarburg 1¼ SO, Mettlach ¾ N. (Sa 19 u. 17).
Taberlak, Wehlau (PO 55) 6 SO.
Tabor, *proj. Station*, *Stadt*, T Pisek 7 NO, Budweis 8 NO, Prag 10 SO (KFJ 28, 23, BW 22).
Tachau, *Stadt*, Mirschau (BW 6) 6½ NW.
Tacken, Karstaedt (BH 12) 2½ NO.
Táca, Csikvár ½ S, Stuhlweissenburg 1½ S. (OeSt 127, 128).
Tägertschi, Münsingen (SC 1,43) ½ O.
Tägerweiler i. d. Schweiz, Constanz ¾ W, Weinfelden 2 N, Märstetten 2¼ (Ba 87, SNO 2,6 u. 2,7).
Tägrig i. d. Schweiz, Baden (SNO 2,24) 2 S.
Taiskirchen, Riedau-Ried (KE 49) 1 SW.
Tännesberg, *Fl.*, Nabburg 1¾ NO, Pfreimt 1½ NO. (ByO 69 u. 70).
Tainach, Grafenstein (OeSt 165) 1½.
Takácsy (Kapólnó) Raab (OeSt 69) 3 S.
Taksony, Galanta (OeSt 80) ¼ S.
Talling, *Fl.*, Tönning (Sw 24) 2 W.
Talkau, Mölln (LB 5) 1½ SW.
Tallos, Galanta (OeSt 80) 1¼ S.
Tállya, *Fl.*, *Weinbau*, Tokaj (Ts 17) 3½ NW.
Tallya, Kiss-, Hatvan (UN 10) 11½ NO.
Talmassons, Codroipo (Ober-Ital. 1,6) 1¾ SO.
Talpenberg, Radeberg (SO 14) 2½ NO.
Tamas, Szt., *Fl.*, Gross-Kikinda (OeSt 114) 10 SW.
St., (bei Gran) Szobb (OeSt 89) 1 SW.
Tamasfalva, Hatzfeld 1½ SO, Temesvár 3½ SW. (OeSt 118 u. 119).
Tamási, *Fl.*, Siofok (OeSt 125) 4 SO.
Tambach, *Fl.*, T Gotha (Th 6) 2½ SW.
Tammendorf, Kaiserswaldau ½ NO, Hainau 1 NW (NM 30 u. 31).
- Frankfurt a/O (NM 11, PO 71) 5 SO.
Tammnitz, Sommerfeld (NM 19) 1½ N.

Tanne i. Braunschw., *gr. Hüttenw.*, Halberstadt 7 SW, Thale 3½ SW. (MH 9 u. 14).
Tanneberg, Mittweida (SW 31 u. 32) ½ N.
Tannenbach, Emmendingen (Ba 37) 1 O.
Tannenberg, Schönfeld i. Sachsen ¾ SW, Annaberg-Buchholz ¾ NW. (SW 69 u. 70).
*Siehe dagegen Station Tannenberg der BN 12.*
Tannenbergsthal, Auerbach im Voigtlande (SW 73) 1 SO.
Tannendorf, Greiz (SW 91) ¼ SW.
Tannenkirch, Schliengen (Ba 47) ½ S.
Tannhausen, T Dittersbach (NM 56, 57) 1½ SO, Waldenburg 1½ SO, Schweidnitz 2½ SW. (BF 10 u. 16).
Tannroda, *Fl.*, Weimar 2 SW, Erfurt 8 SO. (Th 10 u. 8).
Tannsee, Marienburg (PO 36) 1½ N.
Tannstein, (Thannstein), Bodenwöhr (ByO 60) 2 NO.
Tannwald i. Böhmen, T Reichenberg 2½ SO, Eisenbrod 1½ NO, Turnau 2½ NO. (SNV 22, 15 u. 17).
— in Schlesien, Obernigk (OS 34) 1 SW.
Tanova, Taus (BW 2) 2½ W.
Tape, Szegedin (OeSt 110) ¾ NO.
Taplo-Bicske, Pilis 3 O, Alberti-Irsa 2 N. (OeSt 100 u. 101).
Taplo-Gyorgye, Czegled (Ts 1, OeSt 102) 3 NO.
Taplo-Ságh, Monor (OeSt 99) 3 NO.
Taplo-Szele, Czegled (Ts 1, OeSt 102) 2½ N.
Taplo-Szent Marton, Alberti-Irsa (OeSt 101) 2¼ NO.
Taplacken, Wehlau (PO 55) 1 NO.
Tapolcza, *Fl.*, T Keszthely (OeSt 120) 4 NO.
Tapolczafő, Raab (OeSt 69) 6 S.
Tapolcsan, (Tapolcsán) *Fl.*, Tornocz 6½ NO, Neuhäusel 6 N. (OeSt 82 u. 85).
Tapsony, Komárváros (OeSt 119) 3 SO.
Tár, Pasztho (UN 12) 1 NO.
Tarasp, *Kurort*, Landquart (VS 3, 31) 19 Kil. S.
Tarcsa, Nagy-, Csaba-Kereszttur (UN 4) 1½ N.
Tarcento, Udine (Ober-Ital. 1,4) 2½ N.
Tarcza, Körös-, Mező-Berény (Ts 32) ca ½ N.

Tarnow in Pommern, Labes (BSt 18) 1½ O.
*Siehe dagegen Station Tarnow GCL 10.*
Tarnowitz, Alt-, Tarnowitz (OS 22, RO 1) ½ W.
Tarnowken, Schneidemühl (PO 22) 3 NO.
Tarnowo, Posen 2½ NW, Rokitnice 1 SW. (OS 48 u. 49).
Tarpupöhnen, Insterburg (PO 58, Tl 4) 1 O.
Tarputschen, Insterburg (PO 58, Tl 4) 3 S.
Tarrenz, Innsbruck (OeSt 167) 9 W.
Tartakow, Lemberg (LCJ 1) 10 NO.
*Tarvis, (KR 42) *Fl.*, T Villach (OeSt 171, KR 39) 4 SW.
Taschau, Laskowitz (PO 30) 1 O.
Taschauerfelde, Laskowitz (PO 30) ¾ O.
Taschenberg, Strassburg a. Mecklb. Grenze (BSt 69) 2 S.
in Schlesien, Löwen (OS 7) ¾ W.
Taschendorf, *Fl.*, Marktbibart (ByS 172) 1¼ NO.
Bischofswerda (SO 17) ¾ NO.
Tasdorf i. Holstein., Neumünster (AK 10) ½ NO.
— bei Berlin, Neuenhagen 1 SO, Erkner 1½ N. (PO 2, NM 5).
Tastungen, Gernrode (ML 31) 1½ SW.
Tatenhausen, Brackwede (KM 27) 2 N.
Tattenbach, Unter-, Landshut (ByO 10) 10½ SO.
Tattendorf, Baden (Oesterreich) 1½ SO, Leobersdorf 1½ NO, Vöslau 1 O, Gramat-Neusiedel 2 SW. (OeSt 15, 18, 16 u. OeSt 50).
Tatzmannsdorf, (Tarcza), Steinamanger (OeSt 102) 5.
Taubach, Weimar (Th 10) ½ O.
Taubenbach, Eisfeld (Th 53a) 3 NO.
Taubenheim, Bautzen (SO 20) 2 S.
Meissen (LD 33) 1 S.
Taubenpresseln, Ronneburg (SW 87) ca 1 SW.
Tauberbach, (*Spinnereien*) Capellen (Rh 53) ⅔ S.
Taucha, *Stadt*, Leipzig 1 NO, Borsdorf ¾ NW. (LD 1 u. 2).
Tauchel, Sommerfeld (NM 19) ¾ NO.
Tauchritz, Görlitz (BG 15) 1½ SW.
Tauchwitz, Kösen (Th 13) ¾ W.
Taufkirchen bei Neumarkt, Landshut (ByO

**Tautewalde**, Bischofswerda 1¾ O, Bautzen 1½ SW. (SO 17 u. 20).
**Tavannes**, Basel (SC 1,1) 60 Kil.
**Tawern**, Conz (Sa 21) 1 SW.
**Taxen**, Stockerau (KFN 46) 12 NW.
**Taxenbach**, *Fl.*, Salzburg (ByS 148, KE 45) 8 S.
**Taxsölden** (Taxsöldern), Bodenwöhr ¾ NW, Schwandorf ¾ NO. (ByO 60 u. 29).
**Techmitz**, Döbeln (LD 28) ½ W.
**Techow**, Zernitz (BH 8) 4 N.
**Technitz**, Bautzen (SO 20) ¾ SW.
**Tecklenburg**, *Stadt*, T Velpe 1¼ SW. Ibbenbüren 1½ SO (Ha 59 u. 61).
**Tecknau**, Sissach (Schweiz) (SC 1,7) 7 Kil.
*Técsö* (*UNO 12*), *Fl.*, Debreczin (Ts 11) 24½ NO.
**Teczynek**, Krzeszowice (KFN 39) ¼ SW.
**Teesdorf**, Leobersdorf ½ NO, Baden (Oesterr.) 1 SO. (OeSü 18 u. 15).
**Tegel**, Berlin 2 NW, Spandau 1¼ NO. (BH 1 u. 2).
**Tegernau**, Schopfheim (Ba 212) 1¼ NW.
**Tegernbach** bei Mainburg, Landshut (ByO 10) 2¼ NW.
— **Grün-**, Landshut (ByO 10) 4½ S.
**Tegernheim**, Walhallastrasse (ByO 23) ¾ O.
**Tegernsee**, *Hüttenwerk*, *Marmorbrüche*, Miesbach 1½ SW, Holzkirchen 2¾ SO. (ByS 186, 131).
**Téglás**, *Fl.*, Hadház (Ts 12) ¼ N.
**Teglingen**, Meppen (Wf 28) ¾ SO.
**Teicha**, Rietschen ½ SO, Görlitz (2¼ NW) (BG 13 u. 15).
**Teichel**, *Fl.*, Weimar (Th 10) 3½ S.
**Teichenau**, Königszelt (BF 7) ¾ SO.
**Teichhütte** bei Gittelde, *Eisenhütte*, Seesen (Ba 8) 1½ S.
**Teichnitz**, Bautzen (SO 20) ¼ N.
**Teichstedt**, Bodenbach 4 NO, Warnsdorf 1¼ SW. (BN 20 u. 19).
**Teichwolframsdorf**, Greiz 1¼ NO, Werdau 1½ SW. (SW 91 u. 9).
*Teinach, (Wü 204). *Weil der Stadt (Wü 200) 2½ S.
**Teinitz** bei Lundenburg, *Fl.*, Mähr.-Neudorf (KFN 11) ¼ NO.
— **Gross-**, Olmütz (KFN 58, OeSt 43) 1 SO.
— **Jungfern-**, *Fl.*, Brandeisl (Bu 12) 3 NW. Siehe auch Jungfern-Teinitz.
**Teinitzl**, Staab (BW 5) ½ NO.
**Teisbach**, *Fl.*, Landshut (ByO 10) 3¾ NO.
**Teistungen**, Gerurode (ML 31) 1¾ NW.
**Teleic** (Teltschitz), Prelouc (OeSt 19) 1½ SW.
**Telek**, Hatvan (UN 10) ¼ SW.
**Telfes**, Innsbruck (OeSü 187) 1 SW.
**Telfs**, *Fl.*, T Innsbruck (OeSü 187) 4 W.
**Telgte**, *Stadt*, T Münster (Wf 20) 1½ O
— Peine (Ha 66) ½ W.
**Telitzko**, Petrowitz (KFN 29) 2 SO.
**Telkwitz**, Marienburg (PO 36) 2 SO.
**Tellnitz**, Karbitz (AT 4) 1¼ N.
**Teltow**, *Stadt*, Zehlendorf ½ S, Berlin 1½ SW, Lichterfelde ¾ SW, Gr.-Beeren ¾ N. (BPM 3 u. 1, BA 1, 1a u. 2.
**Teltsch**, *Stadt*, T Pardubitz 13 S, Brünn 11½ W, Stockerau 15 NW, *Znaim 7 NW. (OeSt 18, 1, KFN 46, OeSt 150).
**Telz**, Königs-Wusterhausen (BG 3) 1¾ SW.
**Temberg**, Salurn (OeSü 207) ¼.
**Temerin**, *Fl.*, Gr.-Kikinda (OeSt 114) 11 SW.
**Temerowce**, Halicz (LCJ 11) 1½ W.
**Temmen**, Neu- u. Alt-, Greifenberg in Uckerm. 1¼ N, Wilmersdorf 2 SW. (BSt 45 u. 46).
**Temnick**, Wangerin (BSt 17) 2¾ S.
**Tempelberg**, Müncheberg (PO 4) 2 SO.
**Tempelburg**, *Stadt*, T Wangerin (BSt 17) 6½ O.
**Tempelfelde**, Bernau bei Berlin 1 NO, Biesen-

**Temischel**, Liegnitz (BF 23, NM 33) 1½ SO.
**Tenyo falu es hegy**, Raab (OeSt 69) 1½ S.
**Teolo** *Fl.*, Padua (Ob.-Ital. 1, 43) 2½ SW.
**Teper** (Tipper), Eisenbrod (SNV 15) ¾ NW.
**Tepl** (Tepel, Töpl), *Stadt*, Eger 4¼ SO, Pilsen u. Staab 6 NW. (ByO 67, BW 8 u. 5).
**Teplitz** bei Warasdin, *Fl.*, Kraljevec (OeSü 116) 4 SW.
— bei Trencsin, *berühmte Schwefelquelle*, *Fl.*, T Ungar.-Hradisch (KFN 15) 6 SO, Tyrnau (PT 11) 10 NO.
*Siehe dagegen Station Teplitz AT 6.*
**Terborg**, Neermoor (Wf 36) ½ W.
**Terebes**, Tőke-, *Fl.*, Tokaj (Ts 17) 8 NO.
**Terebleszilie**, Czernowitz (LCJ 1) 4 SO.
**Tereschau**, Zbirow (BW 18) 2 NW.
**Teresczeny**, Czernowitz (LCJ 1) 2 S.
**Terfens** in Tirol, Fritzens ¼ SO, Hall 1½ NO. (OeSü 185 u. 186).
**Tergast**, Oldersum, (Wf 37) ¾ NO.
**Termeno** in Tirol, Neumarkt (OeSü 206) ½.
**Terpitz**, Oschatz (LD 9) ¼ NO.
**Terpt**, Lübben (BG 6) ¾ S.
**Terragnolo**, Roveredo (OeSü 213) 1½ O.
**Terranowo**, Elbing (PO 39) 1¼ N.
**Tersain**, Laibach (OeSü 76) 4¼ NO.
**Terzo**, Sagrado in Istrien (OeSü 174).
**Teschen**, Troppau (KFN 63) 2¼ SW.
*Siehe dagegen Station Teschen der KO 4.*
**Teschendorf**, Freienwalde i. Pomm. (BSt 16) 1½ NO.
**Teschetitz**, Olmütz (OeSt 43, KFN 58) 1¼ W.
**Teschow**, Teterow (FF 3) ½ NO.
**Tesero** i. Tirol, Neumarkt (OeSü 206) 1¾ SO.
**Tessendorf**, Marienburg (PO 36) ¼ SO.
**Tessenow**, Teterow (FF 3) 1 S.
**Tessin** in Mecklenburg (bei Wittenburg), Brahlsdorf (BH 18) ca 3 N.
— *Stadt*, Rostock 3¼ SO, Güstrow 4¼ NO, Teterow 5 N. (Mk 1, 12, FF 1 u. 3).
— in Pommern, Cöslin (BSt 24) 1 SW.
**Tetenhusen**, Owschlag (Sw 2) 1 SW.
**Teterin**, Alt-, Anklam (BSt 55) 1½ S.
**Tetetlen**, Kaba ¾ SO, Saap 1¼ N. (Ts 9 u. 39).
**Téth**, *Fl.*, Raab (OeSt 69) 2¾ SW.
**Tetin**, Beraun (BW 16) ¼ O.
**Tettau** in Bayern, *Porzellanfabr.*, Sonneberg (Th 61) 2½ NO.
**Tettenweis**, Vilshofen (ByO 55) 3½ SO.
**Tettnang**, *Stadt*, Meckenbeuren (Wü 51) ½ S.
**Teublitz**, Haidhof (ByO 27) ¼ NW.
**Teuditz**, Dürrenberg (Th 19) ca ½ SO.
**Teufelsmoor**, Osterholz-Scharmbeck (Ha 36) 1½ NO.
**Teufenbach**, Taufkirchen (KE 51) ½ W.
**Teufenthal**, Aarau (SC 1, 13, SNO 2, 30) 1¾ SO.
**Teunz**, Nabburg (ByO 69) 2 NO.
**Teupitz**, *Stadt*, Halbe (BG 4) ¼ NW.
**Teuplitz**, Gr.-, Sommerfeld (NM 19) 2 SW.
**Teuschnitz**, *Stadt*, Stockheim (ByS 222) 1¾ NO.
**Teutenwinkel**, Rostock (Mk 1) ½ N.
**Teutonia**, *GH (Wf 8)*, *Hütte*, Willebadessen (Wf 4) ½ S.
**Teutschenthal**, Ober-, Mittel-, Unter-, Teutschenthal (ML 20) ¼ S.
**Tevel**, Nagy-, Raab (OeSt 69) 5 S.
**Teyendorf**, Uelzen (Ha 10) 2 O.
**Teyrowitz**, Zditz (BW 15) 2 NW.
**Thal**, (Schweiz) Rheineck (VS 3, 15) ½ W.
— in Steiermark, Judendorf (OeSü 47) 1.
— im Gothaischen, Eisenach (Th 3) 1 SO.
**Thalau** in Bayern, Neuhof (BbH 7) 1½ O.
**Thalberg**, Passau (ByO 58, KE 54) 3½ NO.
**Thalerhof** (Steiermark), Kalsdorf (OeSü 50) ½.
**Thalfang**, *Eisenbergw.*, Birkenfeld (Sa 41) 3¾ NW.

*Thalheim in der Schweiz, Brugg (SNO 2,26) 2½ SW.
*Siehe dagegen Stat. Thalheim der KR 25.*
**Thallitter**, *Kupfergruben*, Bonenburg (Wf 2) 8½ SW.
**Thalkirchen**, Mittersendling (ByS 127) ¼ S.
**Thallern**, Guntramsdorf (OeSü 12) ¼.
**Thallwitz**, Wurzen (LD 6) 1 NW.
**Thal-Mässing**, Pleinfeld (ByS 41) 1¾ SO.
**Thalmühle**, *PH (Ba 177)*, Engen (Ba 176) ¾ N.
— in Sachsen, Tharandt (SO 46) ¼ W.
**Thalschütz**, Kötschau (Th 20) ½ S.
**Thalwell**, Zürich (SNO 2, 19, VS 3, 57) 2 SO.
**Thalwenden**, Heiligenstadt (ML 33) ¾ SW.
**Thamm**, Bietigheim ½ SW, Asperg ¾ NW. (Wü 10 u. 11).
**Thammenhain**, Wurzen (LD 6) 1 NO.
**Thamsbrück** (Thomasbrück), Gotha 3¼ NW, *Langensalza ½ NO. (Th 6 u. 37).
**Thann**, *Fl.*, Landshut 9 SO, Vilshofen 6 SW. (ByO 10 u. 55).
*Siehe dagegen Stat. Thann der Französischen Ostbahn 2, 325.*
**Thannhausen** an der Mindel, *Fl.*, Jettingen 1¾ S, Dinkelscherben 1¾ SW. (ByS 110 u. 112).
— bei Rosenheim (ByS 137) 1 NW.
— a. d. Sechta, Bopfingen (Wü 117) 2 N.
— Aulendorf (Wü 46) ¼ W.
**Thannheim**, Donaueschingen (Ba 185) 1¼ NW.
**Thannsüss**, Parksteinhütten (ByO 74) 1½ SW.
**Thansen**, Winsen (Ha 15) 3¾ SW.
**Tharlang**, Reisen (OS 39) ½ W.
**Thauer**, Hall i. Tirol (OeSü 186) ½ SW.
**Thayrnbach**, Wiesloch (Ba 6) ½ O.
**Theben**, *Stadt* Neudorf 1½ S, Pressburg 1¼ W. (OeSt 74 u. 75).
**Thedinghausen**, *Fl.*, Achim 1 S, Verden 2 NW. (Ha 32 u. 30).
**Theessen** bei Burg (BPM 13) 1¾ O.
— Bielefeld (KM 28) ¾ N.
**Theilheim**, Weigolshausen (ByS 86) ½ SO.
**Thein** in Böhmen, Leipnik (KFN 20) ¼ SO.
**Theiningsen**, Soest (Wf 13, BM 56) 1¼ SW
**Theissen**, *PH (Th 26)*, Zeitz (Th 27) ½ N.
**Theley**, St. Wendel 1¾ NW, Türkismühle 1¾ SW. (Sa 43 u. 42).
**Themmenhausen**, Lonsee (Wü 32) 1 SW.
**Thengen**, *Fl.*, Thayingen i. Bad. 1½ NW, Engen 1¼ SW. (Ba 79 u. 176).
— hinter Burg, Gottmadingen (Ba 80) 1¼ NW.
**Thengendorf**, Gottmadingen 1½ NW, Engen 1½ S. (Ba 80 u. 176).
**Thengenstadt**, *Stadt*, Gottmadingen (Ba 80) 1¼ NW.
**Thenhofen**, Worringen (Rh 62) ¼ SW.
**Thennenbronn**, Hausach (Ba 164) 2½ SO.
**Thenningen**, Emmendingen (Ba 37) ½ W.
**Theresienthal** in Bayern, Deggendorf (DP 1) 4½ NO.
— in Böhmen, Zbirow (BW 18) 2 W.
— ebendas., Mastig (SNV 10) 1½ N.
*Theresiopel (*Alf 15*), *Stadt*, Szegedin (OeSt 110) siehe Maria-Theresiopel.
**Thernberg**, *Fl.*, Neunkirchen in Oesterr. 1½ SO, Wiener-Neustadt 2¼ SW. (OeSü 21 u. 22).
**Therwyl**, Basel (Ba 56) ¾ S.
**Theuern**, *Glasfabr. u. Hammerwerk*, Amberg (ByO 32) 1 SO.
**Theuma** i. Sachs., Falkenstein (SW 74) 1½ W.
**Theurow**, Halbe (BG 4) ¼ SO.
**Thiede**, Wolfenbüttel ¾ NW, Braunschweig 1¼ SW. (Ba 24a u. 25).
**Thiedenwiesen**, Nordstemmen (Ha 71) 1 NW.
**Thiel**, *Stadt*, T Nymwegen (Rh 80) 3¼ NW
**Thielitz**, Görlitz (BG 15) ¾ SO.

1 **Thiergarten**, Renchen (Ba 25) 3/4 SO.
2 — Beraun (BW 16) 1 1/2 NW.
3 — *Zinkwalzwerk*, Ohlau (OS 4) 1/4 O.
4 — bei Bunzlau, Siegersdorf (NM 28) 1/4 SO.
5 — Obernigk 1 1/2 NW, Gellendorf 1 1/4 SW. (OS 34 u. 35).
6 — Alt-, Kreuz (OS 54) 1 NW.
**Thiergarth**, Grunau 1 S, Elbing 2 SW. (PO 38 u. 39).
**Thierhaupten**, Meitingen (ByS 28) 3/4 NO.
**Thiersee**, Kufstein (OeSü 178, ByS 183) 1 W.
**Thiersheim**, *Mineralquelle*, *Fl.*, Mitterteich 3 NO, Schwarzenbach 3 SO, Selb 1 1/2 S, Eger 2 3/4 W. (ByO 85, ByS 73, 227 u. 231).
**Thierstein**, *Fl.*, Selb (ByS 227) 1 S.
**Thieschütz**, Gera (SW 88, Th 31) 1/2 NW.
**Thieshope**, Winsen (Ha 15) 1 3/4 SW.
**Thingau, Ober- u. Unter-**, *Fl.*, Altrang 1 SW, Günzach 1 1/4 SO, Wildpoldsried 1 1/4 O. (ByS 15, 14 u. 13).
**Thönis, St.-**, Crefeld 1/2 W, Kempen 1 SO. (Rh 66 u. 67).
**Thönisberg, St.-**, Kempen (Rh 67) 1 1/2 NO.
**Thöningsen**, Soest (Wf 13, BM 56) 1/2 N.
**Thörichthof**, Altfelde (PO 37) 3/4 SO.
**Thörigen**, Herzogenbuchsee (SC 1,31) 1/2 SO.
**Thöringswerder**, *Zuckerfabr.*, Wriezen a/O. (BSt 67) 1/2 O.
**Thörl**, *Eisenw.*, Bruck a. Mur (OeSü 40) 1 1/2 NW.
**Tholey**, St. Wendel (Sa 43) 1 1/2 NW.
**Thomaisroith** (**Thomasreith**), *(a. Kohlenb.)*, ✕ Attnang (KE 36) 1 1/2 NW.
**Thomas, St.**, i. Steiermark, Pettau (OeSü 111) 1 1/2.
— Rheinprov., Andernach (Rh 50) loco.
**Thomasburg**, Lüneburg (Ha 13) 2 O.
**Thomashardt**, Reichenbach (Wü 23) 3/4 N.
**Thomaskirch**, Ohlau (OS 4) 1 1/2 SW.
**Thomaswaldau**, Bunzlau 1 1/4 O, Kaiserswaldau 1 W, Haynau 2 1/2 W. (NM 29, 30 u. 31).
**Thomigsdorf** i. Böhmen, Triebitz 1/2 NO, Rudelsdorf 1/4 W. (OeSt 52 u. 51).
**Thommendorf**, Bunzlau 1 3/4 NW, Siegersdorf 3/4 SO. (NM 29 u. 28).
**Thonberg-Strassenhäuser**, *Fabriken*, Leipzig (LD 1) 1/2 SO.
**Thondorf, Gross-**, i. Hannover, Bevensen (Ha 11) 1 1/2 NO.
— i. Steierm., Kalsdorf (OeSü 50) 1 1/2 NO.
— Prov. Sachsen, Eisleben (ML 22) 1 N.
**Thonhausen**, Schmölln (SW 85) 1/2 SW.
**Thonstetten**, Moosburg (ByO 8) 3/4 SW.
**Thorda**, *Fl.*, Grosswardein 21 SO, Temesvar 34 NO. (Ts 43, OeSt 119).
**Thorey**, Dietendorf (Th 7) 1 SO.
**Thorr**, Horrem (Rh 10) 3/4 NW.
**Thossfell** b. Plauen, Herlasgrün (SW 13) 1 SW.
**Thräna**, Weisswasser (BG 12) 2 1/2 SW.
— Naunhof 3/4 SW, Borna 1 3/4 NO (LD 21, SW 93).
**Thränitz**, Gera 3/4 SO, Ronneburg 1/2 W. (SW 88 u. 87).
**Thüle**, Salzkotten (Wf 8) 1 N.
**Thüngen**, *proj. Stat.*, *Fl.*, Retzbach 3/4 NO, Karlstadt 1 SO. (ByS 94 u. 95).
**Thür**, Andernach 1 1/2 SW, Neuwied 1 3/4 SW. (Rh 50 u. 51).
**Thüringhausen**, °Wasserthaleben (NE 6) 1 NW.
**Thürkow**, Teterow (FF 3) 1 N.
**Thürmsdorf**, Königstein (SO 8) 1/2 NW.
**Thürnen**, Sissach (Schweiz) (SC 1,7) 2 Kil.
**Thuine**, Lingen (Wf 27) 1 1/2 O.
**Thum** i. Sachs., *Stadt*, Wolkenstein 1 1/4 W, Annaberg 1 1/2 NW, Chemnitz 2 S (SW 67, 70 u. 29).
**Thumbach** i. Bayern, *siehe* Kirchenthumbach.
**Thumitz**, Bischofswerda (SO 17) 1/2 NO.
**Thumringen**, Haltingen 1/2 NO, Lörrach 1/2 N, Haagen 3/4 SW. (Ba 54, 208 u. 209).
**Thumsenreuth**, Reuth (ByO 83) 1/2 NW.
**Thundorf**, Langenisarhofen (ByO 52) 3/4 NO.
**Thuningen**, Donaueschingen (Ba 185) 1 3/4 NO.
**Thunsel**, Krozingen 1/4 S, Heitersheim 3/4 NW. (Ba 42 u. 43).
**Thunstetten**, Bützberg (SC 1,30) 1/4 SO.
**Thurau**, Cöthen (BA 33, ML 7) 3/4 NW.
**Thurm** bei Glauchau, Zwickau 3/4 NO, St. Egidien 3/4 SW. (SW 47 u. 23).
**Thurnau**, *Fl.*, Bayreuth (ByO 80) 2 NW, Culmbach (ByS 66) 1 1/2 SW.
**Thurnstein**, Landshut 8 SO, Vilshofen 4 1/2 SW. (ByS 10 u. 55).
**Thurow**, Züssow (BSt 56) 1/4 W.
**Thurse**, Hammer (Wi 3) 3/4 W.
**Thusis**, Chur (VS 3,33) 5 1/2 SW.
**Thyrnau**, Passau (ByO 58, KE 54) 1 1/4 NO.
°**Tichau**, *(RO 35)*, Nicolai (Wi 29) 1 SO.
**Tielben**, Pászthó (UN 12) 1 1/2 NO.
**Tielitz**, Obristvy-Klomin (TKP 3) 1/2 O.
**Tiedmannsdorf**, Mühlhausen i. Pr. (PO 42) 1 1/4 NO.
**Tiefbrunn**, Moosham (ByO 19) 3/4 NO.
**Tiefenau** i. Westpreussen, Czerwinsk (PO 32) 2 1/2 NO.
— Prov. Sachs., Jacobsthal (BA 25) ca 1/2 O.
1 **Tiefenbach** i. Bayern, Schwandorf 5 NO, Bodenwöhr 4 NO. (ByO 29 u. 90).
2 — Passau (ByO 58, KE 54) 1 NW.
3 — i. Böhm., Eisenbrod (SNV 15) 1 1/4 NO.
4 — Ober-, Oberstein (Sa 38) 1 NW.
5 — Hinter, Oberstein (Sa 38) 3/4 NO.
6 — Ober- u. Nieder-, (i. Nassau), St. Goarshausen 2 NO, Nassau 1 1/2 SO. (Na 14 u. 23).
7 — Ober-, i. Nassau, Limburg 1 1/2 NO, °Hadamar 1/2 NO. (Na 30 u. 48).
8 — Nieder-, Limburg 1 NO, Runkel 1 S. °Hadamar 3/4 NO. (Na 30, 32 u. 48).
9 — Stockhausen 1 1/4 NW, Braunfels 3/4 SW. (Na 38 u. 39).
10 — Rheinpr., Sobernheim (Sa 34) 2 3/4 NW, Bacharach (Rh 57) 3 SW.
11 — Siegen (BM 80, KM 64) 3/4 NO.
12 — Crailsheim (Wü 83) 1/2 NW.
**Tiefenbronn**, Pforzheim (Ba 149) 1 1/4 SO.
**Tiefenbrunn**, Oelsnitz (SW 78) 1 1/4 S.
**Tiefenfurt**, Halbau 2 SO, Rauscha 1 1/2 SO, Kohlfurt 1 1/2 NO. (NM 24, 25 u. 26).
**Tiefenhäusern**, Waldshut (Ba 68) 1 1/2 N.
**Tiefenort**, Salzungen 3/4 NW, Marksuhl 1 SW. (Th 45 u. 44).
**Tiefensee** i. Ostpr., Altfelde (PO 37) 3 1/2 SO.
— i. Schles., Grottkau (NB 5) 1 SO.
— Prov. Sachs., Delitzsch (BA 38) 2 OSO.
**Tiefenstein**, Albbruck (Ba 66) 3/4 N.
**Tiefenthal**, Walhallastrasse (ByO 23) 3 1/4 SO.
— i. Ostpr., Kobbelbude (PO 48) 1 1/4 SO.
**Tiefenthamm**, Tapiau (PO 54) 3/4 SO.
**Tieffurth**, Weimar (Th 10) 1/4 NO.
**Tiefthal**, °Gispersleben-Viti (NE 11) 1/2 NW.
**Tiefwerder**, Spandau (BH 2) 1/4 S.
**Tiegenhof**, *Fl.*, Simonsdorf 2 3/4 NO, Marienburg 3 NO, Elbing 3 NW. (PO 35, 36 u. 39).
**Tielitz**, Görlitz (BG 15) 1/2 SO.
**Tiemendorf** (**Thiemendorf**), Liegnitz (BF 23, NM 33) 4 1/2 NO.
**Tiene** i. Venetien, *Fl.*, *Tuchfabr.*, Vicenza (Ober-Ital. 1,39) 2 1/4 N.
**Tihany**, Szántód (OeSü 124) loco.
**Tikrigehnen**, Kobbelbude (PO 48) 1/2 SO.
**Tikvan, Gr.- u. Kl.-**, Oravicza (OeSt 130) 2 NW.
**Till**, Cleve (Rh 75) 1 1/4 SO.
**Tilleda**, Wallhausen 3/4 SW, Rossla 1 SO. (ML 25 u. 26).
**Tillendorf**, Bunzlau (NM 29) 1/4 W.
**Tillisch**, Karbitz (AT 4) 3/4 NO.
**Tillysburg**, Asten (KE 26) 1/2 S.
**Timmel**, Neermoor (Wf 36) 1 1/4 NO.
**Timmenhagen**, Fritzow (BSt 42) 1 1/4 O.
**Timmenrode**, *Brennereien*, Neinstedt 1 NW, Thale 1/2 NW. (MH 13 u. 14).
**Tinischt** (**Tyniste**) *Stadt*, Königgrätz (SNV 3) 2 3/4 SO.
**Tinnen**, Kellerberg (Wf 29) 1/1 NO.
**Tinz, Gross-**, Spittelndorf 1 SO, Liegnitz 2 1/2 SO. (NM 34 u. 33).
— Klein-, Breslau (BF 1) 1 3/4 SW.
— Gera (SW 88, Th 31) 1/2 NW.
**Tiriben**, Kiss-Terenne (UN 13) 1/2 SW.
**Tirnau** i. Krain, Sava (OeSü 71) 3/4.
**Tirschenreuth**, *Stadt*, Reuth 2 NO, Mitterteich 1 1/2 SO. (ByO 83 u. 85).
**Tirschnitz**, Wiesau (ByO 84) 1/4 N.
**Tirschtiegel**, *Stadt*, Frankfurt a/O. (NM 11, PO 71) 13 O, °Bentschen (MP 7) 2 N.
**Tischau**, *Glashütte*, Teplitz (AT 6) 1/2 NW.
**Tischnowitz**, *Stadt*, Brünn 3 NW, Skalic 2 1/2 SW. (OeSt 1 u. 5).
**Tismic**, *Kupferbergw.*, Böhm.-Brod (OeSt 24) 1/2 S.
**Tissa**, Bodenbach (BN 20) 1 1/2 SW.
**Tistling** (**Tüstling**), Landshut (ByO 10) 7 1/2 SO.
*Die mit Tisza zusammengesetzten Orte siehe unter ihren Stamm-Namen.*
**Tiszta Via**, Lepseny (OeSü 126) 2.
**Titel**, *Fl.*, ┬ Gr.-Kikinda (OeSt 114) 9 S.
**Titschein, Alt-**, *Fl.*, Pohl (KFN 22) 1 NO.
— Neu-, *Stadt*, Pohl 2 NO, Zauchtl-Neutitschein 1 1/4 SO. (KFN 22 u. 23).
**Titschfelden**, Kenzingen (Ba 35) 1 NO.
**Titterten**, Liestal 10 Kil., Lausen 10 Kil.
**Titting**, *Fl.*, Pleinfeld (ByS 41) 3 SO.
**Tittlingsdorf**, Bruchmühlen (Ha 54) 1/2 NW.
**Tittling** (**Dittling**), *Fl.*, Passau (ByO 58, KE 54) 2 1/2 NW.
**Tittmoning**, *Stadt*, ┬ Endorf 5 NO, Traunstein 3 NO. (ByS 130 u. 144).
**Tivoli**, Liegnitz (NM 33, BF 23) 1/2 S.
**Tiucna**, Nürschan (BW 6) 1/4 O.
**Tiuczna**, Karlstein (BW 17) 1/2 W.
**Tiukom**, Bialosliwe (PO 24) 2 NO.
**Tlumacz**, *Fl.*, ┬ Stanislau (LCJ 13) 3 1/2 SO.
**Tmalic**, Horowitz (BW 14) 1/10 N.
**Tman**, Beraun 3/4 SO, Zditz 1/2 N. (BW 16 u. 15).
**Tobel**, Märstetten 1 3/4 S, Frauenfeld 2 1/2 SO. (SNO 2, 7 u. 10).
**Tobelbad**, Premstätten (GK 3) 1 SW.
**Tobitschau**, *Stadt*, Brodek (KFN 57) 1 SW.
**Tobolka**, Beraun (BW 16) 3/4 SW.
**Tochheim**, Gnadau (ML 4) 2 SO.
**Tocnik**, Zditz 1 1/4 NW, Horowitz 3/4 NW. (BW 15 u. 14).
**Töddin**, Hagenow (BH 16) 3/4 SW.
**Todendorf**, Teterow (FF 3) 1 N.
**Todtenjuden**, Köln (KM 1, Rh. 13) 3/4 S.
**Todtmoos, Vorder- u. Hinter-**, Brennet (Ba 61) 3 NO.
**Todtmoosau**, Brennet (Ba 61) 2 3/4 NO.
**Todtnau**, *Stadt*, ┬ Freiburg in Baden 2 3/4 SO, Schopfheim 2 1/4 NO. (Ba 39 u. 212).
**Todtnauberg**, Freiburg in Baden (Ba 39) 2 1/4 SO.
**Tölgyes**, Szobb (OeSt 80) 2 NO.
**Tölz**, *Stadt*, ┬ Holzkirchen 2 3/4 SW, Miesbach 2 1/4 SW. (ByS 131 u. 186).
**Tömös**, Temesvár (OeSt 119) 7 1/2 SO.
**Tönnhausen**, Winsen (Ha 15) 3/4 O.
**Tönnistein**, *Bad*, Brohl (Rh 49) 3/4 SW.
**Töpchin**, Königs-Wusterhausen (BG 3) 2 SW.
**Töpfer, Gr.-**, Heiligenstadt (ML 33) 2 1/4 S.
**Töpferberg**, Liegnitz (NM 33, BF 23) 1/4 N.
**Töplitz** a. d. Gurk, *Bad in Krain*, Laibach (OeSü 76) ca 6 SO.
— *Bad*, in Steiermark, Römerbad (OeSü 66) 1/4.
— in Krain, Sager (OeSü 70) 1/2.
*Siehe dagegen die Orte u. die Station Teplitz (AT 6).*
**Töppeln**, Gera (SW 88, Th 31) 3/4 NW.
**Töppendorf**, Kaiserswaldau (NM 30) 1 1/2 SW.
**Töppliwode**, Gnadenfrei 1 1/2 O, Frankenstein 1 1/2 NO. (BF 12 u. 11).
**Törtel**, Czegléd (Ts 1, OeSt 102) 1 1/2 SO.
**Törten**, Heideburg 1/4 NO, Dessau 3/4 S. (BA 34 u. 30).
**Töschen**, Berkowic (OeSt 34) 2 NO.
**Töttelstedt**, °Gispersleben-Viti (NE 11) 1 1/4 W.
**Tófalu**, Hatvan (UN 10) 7 1/2 NO.
**Tolcsva**, *Fl.*, Tokaj (Ts 17) 2 1/2 N.
**Tolczów**, Staresiolo (LCJ 3) 1 NO.
**Tolkemitt**, *Stadt*, Elbing 3 3/4 NO, Braunsberg 2 1/2 SW. (PO 39 u. 44).
**Tollet**, Grieskirchen (KE 47) 1/4 NW.
**Tollmingkehmen**, Gumbinnen 3 SO, Trakehnen 2 SO, Stallupönen 2 1/2 SW. (PO 60, 61 u. 62).
**Tollwitz**, *Br* ✕ Corbetha (Th 16) ca 1/4 NO.
**Tolmein**, *Fl.*, Görz (OeSü 176) 4 1/2 NO.
**Tolmezzo**, Udine (Ober Ital. 1, 4) 4 3/4 NW.
**Tolmino**, Görz (OeSü 176) 5 NO.
**Tolvadia**, Detta (OeSt 122) 1 N.
**Tomal**, Sessana (OeSü 85) 1 1/2.
**Tomany**, Lepseny (OeSü 126) 4 S.
**Tomaszowce**, Bukaczowce (LCJ 9) 2 1/2 S.
**Tombach**, Leibnitz (OeSü 53) 3 SW.
**Tomerdingen**, Ulm (ByS 103, Wü 34) 1 1/4 NW.
°**Tomysl, Neu-** *(MP 8)*, *Stadt*, Posen 8 SW, Samter 6 1/2 SW, Alt-Boyen 7 NW, Kosten 6 NW. (OS 48, 50, 44 u. 45).
**Tonin**, Nakel (PO 26) 2 N.
**Toniszewo**, Bialosliwe (PO 24) 3 SO.
**Tonna, Burg-**, Gotha (Th 6) 2 N.
— Gräfen-, *Fl.*, Erfurt 4 NW, Gotha 2 1/2 N. (Th 8 u. 6).
*Siehe auch Burg- und Gräfen-Tonna.*
**Tonndorf**, Erfurt 2 SO, Weimar 2 SW. (Th 8 u. 10).
**Tonova**, Dobrichowitz (BW 19) 3/4 NO.
**Tonfstedt**, °Greussen (NE 7) 3/4 NO.
**Topolla**, Osiek (PO 25) 3 NO.
**Topolino**, Kotomierz (PO 28) 2 O.
**Topolya**, Detta (OeSt 122) 1 S.
**Toponar**, *Fl.*, Boglar (OeSü 122) 5 S.

**Torda**, T Szap (Ts 39) 3/4 SO.

**Tordasa**, Marton vasar (OeSü 131) 1/4.

**Tordonya**, Kiss-Terenne (UN 13) 1 1/2 O.

**Torga**, Görlitz (BG 15) 1 1/2 NW.

**Torgau* (*BSG 7*), *Stadt*, T Herzberg 3 SW, Falkenberg 2 1/4 W, Wittenberg 6 SO, Leipzig 6 1/2 NO, Dahlen 3 1/4 N. (BA 22, 23, 9, 41, LD 1. 8).

**Torgelow**, Jatznick (BSt 51) 1 NW.

**Tormas**, Bükk (OeSü 100) 1/2.

**Tormersdorf**, Uhsmannsdorf (BG 14) 1 O.

**Torna** (Tornau), *Fl.*, Kaschau (Ts 28) 4 1/4 SW.

**Tornallya**, T Miskolcz (Ts 22) 6 NW.

**Tornau**, *PH* (*BA 42*), Raguhn (BA 38) 1 W.

**Tornitz**, Vetschau (BG 8) 3/4 SO.

— An der Saale (ML 5) 1/2 NO.

[1]**Tornow**, Sommerfeld (NM 19) 2 1/2 NO.

[2]— Lübbenau (BG 7) 1 1/2 SW.

[3]— Neu-, Freienwalde a/O (BSt 49) 1/2 NO.

[4]— Vietz (PO 10) 1 1/2 NO.

[5]— bei Neustadt-Ebersw., Niederfinow (BSt 64) 1/2 SW.

[6]— Neustadt a. D. (BH 7) 1 1/2 N.

**Torschanowitz**, Nieder-, Schönbrunn (KFN

**Tosmeas**, Bremerhafen (Ha 40) 3 NW. 25) 3 SO.

**Tossfell**, Treuen (SW 71) 3/4 SW.

**Tost**, *Stadt*, Rudzinitz 1 3/4 NO, Gleiwitz 3 1/4 NW, Keltsch 3 1/2 S. (OS 15 u. 17, RO 9).

**Toszegh**, Abony (Ts 2) 1 SO.

**Tóth-Györk**, Aszod (UN 8) 1 1/2 NW.

[5]— -Keszi, Siofok (OeSü 125) 3 SO.

— -Komlos, Csaba (Ts 33) 6 SW.

**Tótis**, *Fl.*, Nagy-Igmand 2 O, Kisbér 3 NO, Neu-Szöny 3 SO. (OeSü 140, 139 u. 141).

**Totzenbach**, Kirchstetten (KE 9) 1/2 N.

**Toufen**, *Fl.*, St. Gallen (VS 3, 3) 1 1/2 S.

**Towstobaby**, Halicz (LCJ 11) 2 1/2 O.

**Traar** bei Crefeld siehe Traer.

**Traben**, *Fl.*, Bingerbrück 7 1/2 W, Kirn 4 1/2 NW. (Sa 27 u. 36).

**Trabitz** An der Saale (ML 5) 1/2 SO.

*Siehe dagegen Stat. Trabitz ByO 76.*

**Trachselwald**, Burgdorf (SC 1, 34) 16 Kil.

**Tracht** bei Brienz, Scherzligen (SC 1, 48) 32 Kil.

**Tränke**, Rietschen (BG 13) 1 1/2 NO.

**Traer** (Traar), Crefeld 1 NO, Uerdingen 1/2 NW. (Rh 66 u. 86).

**Trafoss** in Steiermark, Mixnitz (OeSü 42) 1/2.

**Tragis**, Borna (SW 93) 1 NO.

**Trahweiler**, Glanmünchweiler (Pf 58) 3/4 NW.

**Trais**, Darmstadt (HL 24) 3/4 SO.

**Traisen**, Sct. Pölten (KE 12) 3 S.

**Traiskirchen**, *Fl.*, Guntramsdorf 3/4 S, Baden 1/2 O, Himberg 1 1/4 SW. (OeSü 12, 15, OeSt 57).

**Traismauer**, Sct. Pölten (KE 12) 2 1/2 NO.

**Trakehnen** (*Gestüt*), Trakehnen (PO 61) 3/4 SO.

**Trakostjan**, Pettau (OeSü 111) 2.

**Tralau**, Marienburg (PO 36) 1 NW.

**Trambilleno**, Roveredo (OeSü 213) 3/4 SO.

**Tramin** (Tramcno), *Fl.*, Neumarkt in Tirol (OeSü 206) ca 2 NO.

**Tramlingen** (Tramelan), Biel (SC 1, 56) 4 NW.

**Tramm**, Mölln (FF 6) 1 1/2 SW.

— Colberg (BSt 44) 3/4 SO.

**Trampchen**, Gr.-, Hohenstein 2 W, Praust 2 SW. (PO 72 u. 73).

**Trampe**, Neustadt-Eberswalde (BSt 4) 1 S.

— Löcknitz (BSt 62) 2 S.

*Siehe dagegen Station Trampke BSt 15.*

**Trampenau**, Simonsdorf (PO 35) 1 NO.

**Trankwitz**, Altfelde (PO 37) 1 1/2 S.

**Trappenfelde**, Simonsdorf 3/4 NO, Marienburg 1 NW. (PO 35 u. 36).

**Trarbach**, *Stadt*, T Birkenfeld 6 1/2 N, Bingerbrück 7 W. (Sa 41 u. 27).

**Trasadingen**, Erzingen (Ba 72) 1/4 N.

**Traselberg**, Amberg (ByO 32) 3/4 NW.

**Tratendorf**, Spremberg (BG 10) 3/4 S.

**Trattlau**, Görlitz (BG 15) 2 SW.

**Traubenbach**, Ober- u. Unter-, Pösing (ByO 63) 1/4 SO.

**Traubling**, Mangolding, siehe Ober- u. Niedertraubling.

**Traun**, Kleinmünchen 1 1/2 S, Linz 1 3/4 SO. Hörsching 1 1/4 O. (KE 27, 64 u. 29).

**Traundorf**, Asten (KE 26) 3/4 NW.

**Traunen**, Birkenfeld (Sa 41) 1 NW.

**Traunfall**, *PH* (*KE 58*), Lambach 2, Roitham unm. (KE 33, 57).

**Traunkirchen**, *Fl.*, Gmunden (KE 63) 1 1/2 S.

**Trausnitz**, Nabburg 1 1/2 NO, Pfreimt 3/4 NO. (ByO 69 u. 70).

**Trautenbach**, Trautenau (SNV 28) 1/2 N.

**Trautenberg**, Reuth (ByO 83) 1/4 S.

**Travemünde**, *Stadt*, *Seebad*, T Lübeck (LB 1 u. 8) 2 1/4 NO.

**Travensalza** (*Saline*), Oldesloe (LB 10) 1/4 W

**Traxdorf**, Littai (OeSü 72) 1/4.

**Treban**, Karlstein (BW 17) 1/2 NO.

**Trebanitz**, Ostrau i. Sachs. (SW 41) ca 3/4 S.

**Trebatsch**, Lübben 3 NO, Fürstenwalde 4 S. (BG 6, NM 7).

**Trebbichau**, Cöthen (BA 33, ML 7) 1 1/2 NO.

**Trebbin**, Alt- u. Neu-, Wriezen a/O. (BSt 67) 3/4 SO.

*Siehe dagegen Stat. Trebbin BA 4.*

**Trebbow**, Gr.- u. Kl.-, Schwerin (Mk 9) 1 1/4 N.

**Trebelshain**, Dornreichenbach *H*° (LD 7) 1/4 NW.

**Trebendorf**, Spremberg 2 NO, Weisswasser in Schles. 3/4 NW. (BG 10 u. 12).

**Trebenow**, Nechlin (BSt 49) 3/4 W.

**Trebeschow**, Skalitz (SNV 23) 1/4 W.

**Trebetitsch**, Hohen-, Dux (AT 9) 4 S.

**Trebgast**, *PH* (*ByS 223*), Neuenmarkt (ByS 68) 1/2.

**Trebichau**, Bischofswerda (SO 17) 3/4 SO.

**Trebitsch**, *Stadt*, T Segen-Gottes 4 3/4 W, Brünn 6 3/4 W. (BR 5 u. 1).

— Driesen (PO 18) 1 SW.

— *Mühle*, Driesen (PO 18) 1 1/2 SW.

**Trebitz** a/S, Biendorf 1 SW, Bernburg 1 1/4 S (MH 33 u. 32).

— Wittenberg (BA 9) 2 SO.

[1]**Trebnitz** in Böhmen, *Stadt*, Lobositz (OeSt 38) 1 SW.

[2]— in Schlesien, *Stadt*, T Breslau 3 1/2 N, Obernigk 2 O. (OS 1 u. 34).

[3]— bei Könnern, Bernburg (MH 32) 1 1/2 SW.

[4]— Merseburg (Th 17) 1/2 SO.

[5] Gera (SW 88, Th 31) 3/4 NO.

[6] Trebnitz (PO 5) 1/10 S.

**Trebowietitz**, Königgrätz (SNV 3) 1 1/4 NW.

**Trebs**, Pritzier (BH 17) 1 1/4 SO.

**Trebschen**, *Stadt*, Glogau 6 NW, Guben 9 1/2 O, *Züllichau 1 1/2 SO. (NZ 1, NM 17, MP 5).

**Trebsen**, *Stadt*, Wurzen 1 1/4 S, Grimma 1 1/4 N. (LD 6 u. 23).

**Trebula**, Schmölln (SW 85) ca 1/2 NO.

**Trebur**, *Fl.*, Mainz 1 1/4 SO, Nauheim 3/4 SW, Gr.-Gerau 3/4 SW. (ML 11, 21 u. 22).

**Trebus**, Fürstenwalde (NM 7) 1/2 N.

Görlitz 2 1/2 NW, Uhsmannsdorf 1/2 NW. (BG 15 u. 14)

**Trechtingshausen**, Bingerbrück (Rh 58, Sa 27) 3/4 N.

**Treffelhausen**, Süssen (Wü 28) 1 NO.

**Treffelstein**, Cham (ByO 64) 3 N.

**Treffen**, Villach (KR 39, OeSü 171) 1 N.

— *Fl.*, Littai 4 1/2 SO, Laibach 7 SO. (OeSü 72 u. 76).

**Treffurt**, *Stadt*, Eisenach (Th 3 u. 43) 3 NW.

**Treibach**, Klagenfurt (OeSü 166) 4 3/4.

**Treis**, *Fl.*, Coblenz (Rh 52) 4 SW.

**Treis** a. d. Lumda, Lollar (MW 13) 1 NO.

**Treiten**, Biel (SC 1, 56) 17 Kil.

**Treintelhofen**, Landshut (ByO 10) 3 1/2 SO.

**Trembowla**, *Stadt*, Lemberg (LCJ 1) 18 SO.

**Tremeschna**, *PH* (*SNV 9*), Mastig 3/4 SO. Königinhof 1/2 NW. (SNV 10 u. 8).

**Tremoschna**, *Steinkohlenw.*, Pilsen (BW 8, KFJ 39) 1 N.

**Trempau**, Königsberg i. Pr. (PO 50) 2 1/4 NO.

**Trempen**, *Fl.*, Insterburg 2 1/2 S. (PO 58, Tl 4).

**Trempt**, Miltzow (BSt 58) 1 O.

**Trendelbusch**, *Kohlenstation* (*Bs 32*), Büddenstedt (Bs 30) 1/4 N.

**Trentschin** (Trencsin), *Stadt*, T Ungar-Hradisch 8 1/2 SO, Galanta 11 NO. (KFN 15, OeSt 80).

— Bakoven (DN 1, TKP 10) 1/2 S.

**Treppeln**, Neuzelle (NM 15) 1 1/2 W.

— bei Crossen, Sommerfeld (NM 19) 4 1/2 NO.

**Treppendorf**, Lübben (BG 6) 1/4 W.

**Treptow** a. Rega, *Stadt*, T Colberg (BSt 44) 3 3/4 W.

— a. d. Tollense, *Stadt*, Neubrandenburg (FF 7) 2 N.

— Berlin (NM 1) 1/2 SO.

— bei Stargard, Trampke (BSt 15) 1 1/4 W.

**Treschen**, Breslau (NM 39, BF 1) 1 SO.

**Treschklingen**, Babstadt *H*° (Ba 131) 1/4 S.

**Treseburg**, *Hüttenw.*, *Holzschleiferei*, Thale (MH 14) 1 SW.

**Tresovitz**, Bubenc (OeSt 28) 1/2 NW.

**Tressau**, Kirchenlaibach (ByO 78) 1/2 NW.

**Trettin**, Frankfurt a. O. (NM 11, PO 71) 1 NO.

***Treuchtlingen** (*ByS 250*), *Fl.*, Donauwörth 4 NO, Pleinfeld 1 3/4 SW, Wassertrüdingen 3 1/4 SO, Gunzenhausen 3 SO. (ByS 31, 41, 37 u. 39).

**Treuenbrietzen**, *Stadt*, T Luckenwalde 2 3/4 W, Jüterbogk 3 NW, Wittenberg 4 NO, Potsdam 5 SW. (BA 5, 6, 9. BPM 5).

**Treya**, Holm 1/4 NW, Oster-Ohrstedt 1/2 O. (Sw 4 u. 5).

**Triberg**, *Uhrenfabrikation*, *Stadt*, T Hausach (Ba 164) 2 1/2 S.

**Triblitz**, Lobositz (OeSt 38) 2 SW.

**Triboltingen**, Felben (SNO 2, 9) 4 1/2 NO.

**Tribsees**, *Stadt*, Stralsund 5 1/2 SW, Rostock 5 1/2 O, Malchin 5 N. (BSt 59, Mk 1 u. FF 4).

**Tribuswinkel**, Baden (Oesterr.) 1/2 O. Pfaffstetten 1/2 SO, Himberg 1 1/2 SW. (OeSü 15, 14. OeSt 57).

**Tricesimo**, *Fl.*, Udine (Ob.-Ital. 1, 4) 4 1/2 NW.

**Trieb** a. d. Elster, Herlasgrün (SW 13) 3/4 W.

— bei Bergen (in Sachsen), Falkenstein (SW 74) 3/4 W.

**Triebel**, *Stadt*, Sorau 3 1/4 W, Weisswasser 4 NO. (NM 22, BG 12).

— Ober- u. Unter-, Oelsnitz (SW 78) 1 SW.

**Triebelwitz**, Brechelsdorf (BF 21) 1/2 N.

**Triebendorf** in Bayern, Wiesau (ByO 81) 1 1/4 NW.

— in Mähren, Budigsdorf (OeSt 49) 1/2 S.

**Tribes**, Gera 3 1/4 SW, Greiz 3 NW. (SW 88 u. 91).

**Triebsch**, Theresienstadt 1 3/4 NO, Nestersitz 1 1/2 SO. (OeSt 37 u. 41).

**Triebusch**, Bojanowo (OS 38) 1/2 S.

**Triengen**, Sursee (SC 1, 20) 1 1/2 NW.

**Triesching**, Nabburg (ByO 69) 3/4 SW.

**Triestewitz**, Falkenberg (BA 23) ca 2 SW.

**Triftlfing**, Sünching 1 NW, Moosham 3/4 SW. (ByO 17 u. 19).

**Triftern**, *Fl.*, Vilshofen (ByO 55) 4 1/2 SW

**Trillfingen**, Eyach (Wü 140) 1 1/4 SO.

**Trillke**, Hildesheim (Ha 70) 1/2 SW.

**Trimbach**, Olten (SC 1, 10) 1/2 NO.

**Trimbs**, Andernach (Rh 50) 2 SO.

**Trimmau**, Wehlau (PO 55) 2 1/4 S.

**Trimstein**, Rubigen (SC 1, 42) 4 Kil.

**Trinitas**, *PH* (*MF 4*), Ata 1/2 SO, Villany 1,3 NW. (MF 3. 5).

**Trinum**, Cöthen 3/4 NW, Biendorf 3/4 NO. (MH 34 u. 33).

**Trippelsdorf**, Sechtem (Rh 40) 1/2 SW.

**Trippstadt**, *Eisenwerk*, Kaiserslautern (PfG) 1 1/2 S.

**Triptis**, *Stadt*, T Gera 3 SW, Mohltheuer 4 NW, Sonneberg 9 NO. (SW 88, 16 u. Th 61).

**Tristolz**, Ummendorf (Wü 43) 1 3/4 SO.

**Tritschein**, Müglitz (OeSt 46) 1 1/2 N.

**Trittau**, Friedrichsruh 1 1/2 NO, Reinbeck 2 NO. (BH 22 u. 23).

**Trnávka**, Kladrub (OeSt 20) 1/4 W.

**Trochtelfingen**, *Stadt*, Reutlingen (Wü 132) 3 S.

*Siehe dagegen H° Trochtelfingen (Wü 118).*

**Trockenberg**, *Eisengrube*, Tarnowitz (OS 22, RO 12) 1/2 S.

**Trofajach**, *Fl.*, Leoben (KR 52, OeSü 218) 1 3/4 NW.

**Trofanowka**, Zablotów (LCJ 17) 1 N.

**Trogen**, *Fl.*, St. Gallen (VS 3, 3) 2 O.

— in Bayern, Hof (ByS 75, SW 20) 3/4 NO.

**Troitschendorf**, Görlitz (BG 15) 1 O.

**Troja**, Bubenc (OeSt 28) 1/4 NO.

**Trojana**, Sagor (OeSü 70) 1 1/2.

**Trójca**, Zablotów (LCJ 17) 1 1/4 NW.

**Trollenhagen**, Neubrandenburg (FF 7) 3/4 N.

**Tromnau**, Gr.- u. Kl.-, Czerwinsk (PO 32) 4 1/2 SO.

**Tromp**, Gr.-, Mühlhausen i. Pr. (PO 42) 1 1/2 NO.

**Troplowitz**, *Stadt*, Leobschütz (Wi 10) 2 SW.

**Troskowitz**, Eisenbrod (SNV 15) 1 3/4 SO.

**Trostberg**, *Fl.*, Endorf 3 1/2 NO, Traunstein 2 1/4 NW. (ByS 139 u. 144).

**Trotha**, Halle (BA 18) 1/2 NW.

**Trotin**, Saldenhofen (OeSü 160) 3/4.

**Trotina**, Smiritz (SNV 5) 1/4 SW.

**Trub**, Burgdorf (SC 1, 34) 22 Kil.

**Trübau**, Mährisch-, *Stadt*, Zwittau 2 O, Landskron 2 SO, Budigsdorf 1 1/2 S. (OeSt 9, 50 u. 49).

*Siehe dagegen Stat. Böhmisch-Trübau OeSt 11.*

**Trübau**, Lang-, Böhm.-Trübau (OeSt 11) 1 1/2 N.

**Trübenwasser**, Königinhof 3 N, Kosteletz ½ NW, Hubbank 3¼ S. (SNV 8, 25 u. NM 53).
**Trüllikon**, Andelfingen (SNO 2, 34) 1 N.
**Trübsweiler**, Mokrin 2½ O, Gr.-Kikinda 3 NO. (OeSt 113 u. 114).
**Trügleben**, Gotha (Th 6) ½ W.
**Trünzig**, Werdau (SW 9) ½ W.
**Truman**, Vöslau 1¾ NO, Gramat-Neusiedel 1¾ SW, Baden (Oesterr.) 1½ O. (OeSü 16, OeSt 59 u. OeSü 15).
**Tramm** i. Bayern, Seekirchen (KE 44) ¾ NW.
**Trunz**, Elbing (PO 39) 1¼ NO.
**Truppach**, Bayreuth (ByO 80) 2 SW.
**Trutenau**, Praust (PO 73) 2¼ O.
**Truttikon**, Frauenfeld 3½ NW, Andelfingen 1½ N. (SNO 2,10 u. 2,34).
**Trynek**, Gleiwitz (OS 17) ¼ S.
**Trzeban**, Dobrichowitz (BW 19) ⅔ S.
**Trzebon**, Osiek 3 N, Nakel 3 NW. (PO 25 u. 26).
**Trzecielewnica**, (PO 26) ½ NO.
**Trzemeszno**, *Stadt*, T Posen 9 NO, Bromberg 9 SW. (OS 48, PO 27).
**Trzinietz**, Teschen (KO 4) ½ S, Mähr.-Ostrau (KFN 26) 5½ SO.
**Tschacksdorf**, Sorau (NM 22) 2½ W.
**Tschakowitz**, Wegstätti (OeSt 35) ¾ NO.
**Tschansch**, Gr.- u. Kl.-, Breslau (NM 39) ¾ SO.
**Tschecheln**, Sorau (NM 22) 2¼ NW.
**Tschechnitz**, Breslau (NM 39) 1½ SO.
**Tscheidt**, Bauerwitz (Wi 12) ½ NO.
**Tscheitsch**, Göding (KFN 12) 1¼ NW.
**Tschengels**, Innsbruck (OeSü 187) 19 SW.
**Tscheppach**, Solothurn (SC 1,52) 9 Kil.
**Tschernembl**, *Stadt*, Carlstadt 5½ NW, Laibach 15¼ SO. (OeSü 154 u. 76).
**Tschernoschin**, *Stadt*, Pilsen (BW 8, KFJ 39) 5 NW.
**Tschernoltin**, Staab (BW 5) ½ SO.
**Tschernowitz** b. Guben, Jessnitz (NM 18) 1 N.
**Tscheschen**, Königszelt (BF 7) ½ N.
**Tschescheudorf**, Hainau (NM 31) 1½ SO.
**Tschicherzig**, *Fl.*, Frankfurt a/O. (NM 11, PO 71) 13 SO, *Züllichau (MP 5) 1 S.
**Tschirbsdorf**, Hainau (NM 31) 1 N.
**Tschirma**, Greiz (SW 91) 1 NW.
**Tschirmkau**, Bauerwitz (Wi 12) ½ SW.
**Tschirnau**, Gr.-, *Stadt*, Bojanowo 1¼ NW, Reisen 1 SW. (OS 38 u. 39).
— — **Nieder-** u. **Ober-**, Bojanowo 1¼ NW, Reisen 1 SW. (OS 38 u. 39).
**Tschirnau** b. Auras, Nimkau (NM 37) ¼ NO.
**Tschirndorf**, Halbau (NM 24) ½ NO.
**Tschirne**, Breslau (NM 39, BF 1) 2 SO.
— — **Siegersdorf** ½ SW, Heide-Uersdorf ¾ NO. (NM 28 u. 42).
**Tschischowitz**, Lobositz (OeSt 38) ½ W.
**Tschochau**, (Czochau), Türmitz ¾ S, Nesterschitz ¾ NW. (AT 2, OeSt 41).
**Tschoepeln**, Sorau 4¼ SW, Weisswasser 1¾ NO. (NM 22, BG 12).
**Tschöplowitz**, Brieg (NB 8, OS 5) 1 NO.
**Tschöppern**, Dux (AT 9) 2 SW.
**Tschorne** (Zschorne), Weisswasser (BG 12) 1¼ N.
**Tschugg** i. d. Schweiz, Neuenstadt (SC 5,1)
**Tucheband**, *Zuckerfabr.*, Golzow ½ SO, Cüstrin 1½ SW, Podelzig 1 N. (PO 7, 8 u. 69).
**Tucheim**, Wusterwitz (BPM 8) 2 SW.
**Tuchel**, *Stadt*, Nakel 8 NO, Terespol 5½ NW. (PO 26 u. 29).
**Tuchen**, Biesenthal (BSt 3) 1 O.
**Tuchow**, *Stadt*, Tarnow (GCL 10) 2¼ SO.
**Tudorf**, **Niedern-**, Paderborn 1¼ SW, Salzkotten 1½ SO. (Wf 7 u. 8).
— — **Obern-**, Paderborn 1 SW, Salzkotten 1 SO. (Wf 7 u. 8).
**Tüchten**, Achim (Ha 32) 1½ NO.
**Tüngen**, Schlobitten (PO 41) 3 O.
**Tünsdorf**, Mettlach 1¼ SW, Merzig 1½ NW. (Sa 17 u. 16).
**Tünzenhausen**, Freising (ByO 8) 1¼ NW.
**Türchau**, Zittau (SO 33) 1¼ NO.
**Türkendorf**, Spremberg (BG 10) ¾ NO.
**Türkheim** i. Bayern, *Fl.*, Buchloe (ByS 20) 1 NW.
— — i. Württemb., Amstetten (Wü 31) ¾ NW.
**Türnau** i. Mähren, Lettowitz 2½ NO, Landskron 3 SW. (OeSt 6 u. 50).
**Türnich**, Horrem (Rh 10) ½ SO.
**Türnitz**, *Fl.*, Sct. Pölten (KE 12) 5 SW.
**Tüggingen**, Basel (Ba 56).
**Tuhan** i. Böhm., Liebstadtl (SNV 13) ½ W.
— Hirschberg (BN 5) 1¾ W.
**Tulawa**, Sniatyn (LCJ 18) 1¾ NW.
**Tulfes**, Hall i. Tirol (OeSü 188) ½ SO.
**Tullingen**, Haltingen ½ SO, Lörrach ½ SW. (Ba 54 u. 208).
*__Tulln__ *(KFJ 7)*, *Stadt*, Purkersdorf 2½ NW, Neulengbach 3 NO. (KE 5 u. 8).
**Tulukow**, Zablotów (LCJ 17) ½ O.
**Tumeltsham**, Riedau-Ried (KE 49) 1½ N.
**Tumirz**, Halicz (LCJ 11) 2 W.
**Tumofka**, Obristvy-Klomin (TKP 8) ¾ SO.
**Tunxdorf**, Aschendorf (Wf 32) ½ N.
**Tunzenhausen**, *Straussfurth (NE 8) ½ O.
**Tupadl**, Berkovic (OeSt 34) 1 NO.
**Tupadly**, Nakel (PO 26) 2¾ SW.
**Tupesic**, Prelouc (OeSt 19) ½ SW.
**Tur**, Boglár (OeSü 122) 2 SO.
*Siehe dagegen Station Mezö-Tur der Ts SO.*
*__Turas__ *(KFN 70)*, Raigern ½ NO, Brünn ½ SO. (KFN 53 u. 56).
**Turawa**, Oppeln (OS 10, RO 1) 1¾ NO.
**Turbenthal**, Winterthur (SNO 2,13) 3 SO.
**Turiaco**, Monfalcone (OeSü 172) 1 W.
**Turka**, *Fl.*, Przemysl (GCL 22) 11½ SO, Kolomea (LCJ 16) 1¼ NW.
**Tur-Keri**, *Fl.*, Kl. uj Szallas (Ts 6) 1½ SW.
**Turn** (Thurn), Teplitz (AT 6) ¼ NO.
**Turnau** i. Steierm., Marein 1½ NO, Kapfenberg 3 NO. (OeSü 38 u. 39).
*Siehe dagegen Stationen Turnau SNV 17 u. TKP 12.*
**Turnisch**, Pettau (OeSü 111) ¼.
**Turnitz**, *Fl.*, Mähr.-Neudorf (KFN 11) ¼ S.
**Tursko**, Libsic ¾ SW, Roztok i. Böhmen ¾ W. (OeSt 30 u. 29).
**Turza**, Nakel (PO 26) 2½ SW.
**Turze**, Gr.- u. Kl.-, Dirschau 2 W, Hohenstein 2 SW. (PO 34 u. 72).
**Turzin**, Nakel (PO 26) 2½ S.
**Tuschkau** ob der Mies, *Stadt*, Pilsen 1¼ NW, Nürschan 1 NO. (BW 8 u. 6).
— Staab (BW 5) ¾ NW.
**Tuschkowo**, Nakel (PO 26) 2½ N.
**Tussenhausen**, Buchloe (ByS 20) 1¾ NW.
**Tustan**, Halicz (LCJ 11) ¼ O.
**Tutschfelden**, Herbolzheim, *H°* (Ba 34) ½ O.
**Tuttendorf**, Freiberg i. Sachs. (SO 51) ½ NW.
**Tutting**, Passau (ByO 58, KE 54), 3¾ SW.
*__Tuttlingen__ i. Württemb., *(Wü 164)*, *Stadt*, Hattingen 1½ NO, Rottweil 3½ SO, Freiburg i. Baden 9¾ SO, Immendingen 1½ NO. (Wü 148, Ba 178, 39 u. 179).
**Twardowa**, Gogolin (OS 11) 2¼ S.
**Twieflingen**, Schöningen ½ SW, Söllingen ½ NW. (Bs 29 u. 28).
**Twiste**, Bonenburg (Wf 2) 4¾ SW.
**Twistedten**, Kevelaer (Rh 71) ¾ SW.
**Twistringen**, Delmenhorst (Ol 5) 4 S, Nienburg (Ha 26) 6½ NW.
**Tworkau**, *H° (Wi 6)*, Krzizanowitz (Wi 7) ½ N.
**Twülpstedt**, Helmstedt (Bs 31) 2½ NW.
**Tychau**, *Dampfbrauerei u. Brennerei*, Nicolai (Wi 29) 1 O.
**Tychow**, **Wendisch-**, Gr.-Rambin (Rbt 20) 1 O.
— **Gross-**, Belgard (BSt 21) 3 O.
**Tyrzyn**, *Fl.*, Rzeszow (GCL 16) 1½ S.
**Tysmienica**, *Stadt*, T Stanislau (LCJ 13) 1½ O.
**Tysmieniczany**, Stanislau (LCJ 13) 3¼ S.
**Tyssa**, Bodenbach (BN 20) 2 W.
**Tytlewo**, Terespol (PO 29) 3 SO.
**Tzschernitz**, Sorau 5½ W, Spremberg 2 O, Weisswasser 1¼ N. (NM 22, BG 10 u. 12).
**Tzschetzschnow**, Frankfurt a/O. (NM 11, PO 71) ½ S.
**Tzschochau**, Lauban 2 S, Greiffenberg 1½ W. (NM 43 u. 45).

# U.

**Ubbergen**, Nymwegen (Rh 80) ½ SO.
**Ubeinicze**, Bursztyn (LCJ 10) 2 O.
**Ubstadt**, *PH (Ba 9)*, Bruchsal (Ba 10, Wü 1) ¾ N.
**Uchtdorf**, Mahlwinkel (MH 19) ½ NW.
**Uchte**, *Fl.*, Minden 3½ N, Nienburg 4 SW. (KM 33, Ha 48 u. 26).
**Uchtelfangen**, Friedrichsthal 1¼ NW, Ottweiler 1¼ SW. (Sa 2 u. 44).
**Uchtenhagen**, Trampke (BSt 15) ¾ N.
**Uck**, Tingleff (Sw 13) ¾ NO.
**Uckerrath**, Hennef (KM 46) 1 SO.
**Uckersdorf** i. Nassau, Herborn (KM 57) ½ NW.
**Udenhausen**, Grebenstein (HN 13) ¾ NO.
**Udenheim**, Mainz (HL 11) 1¾ SW.
**Uder**, Prov. Sachs., Heiligenstadt (ML 33) ¾ SW.
**Uderballen**, Tapiau (PO 54) 1¾ NW. Norkitten (PO 57) ¾ SW.
**Uderns** i. Tirol, Jenbach (OeSü 183) 2 SO.
**Udersleben**, Wallhausen (ML 25) 1½ S.
**Uderwangen**, *Fl.*, Königsberg i. Pr. 3 SO, Löwenhagen 1½ S. (PO 50 u. 52), Tharau (OpS 11) 1½ SO.
**Udligenschwyl**, Luzern (SC 1,25).
**Udvard**, Neuhäusel (OeSt 85) 1 NO.
**Udvarhely**, Berzencze (OeSü 222) ¾ SO.
**Udvári**, Püspök-Ladany (Ts 8) 1½ SO.
**Udvar Szálász**, Jam (OeSt 128) ½ N.
**Uebach**, Rheinpr., Geilenkirchen (KM 7) ¾ S.
**Uebelbach** i. Steierm., *Fl.*, *Eisenwerk*, Peggau (OeSü 44) ca ½ NW.
**Ueberau**, Darmstadt (HL 24) 2¼ SO.
**Uebersachen**, Donaueschingen (Ba 185) 1¼ N.
**Ueberlingen** a. Ried, Radolfzell (Ba 83) ¾ W.
*Stadt*, T Stockach 2 SO, Friedrichshafen 3¾ NW, Constanz 1½ N. (Ba 192, Wü 52, Ba 87).
**Ueberschaer**, Hainau (NM 31) ½ S.
**Ueberschau**, Spittelndorf (NM 34) ½ NO.
**Uebeschi**, Thun (SC 1,47) 1½ SW.
**Uebigau**, *Stadt*, Falkenberg (BA 23) ½ O.
Dresden (SO 1, LD 20) ½ NW.
Bautzen (SO 20) 1¼ NW.
**Ueckermünde**, *Stadt*, T Borkenfriede (BSt 53) 2 O.
**Uedem**, *Fl.*, Weeze 1 NO, Goch 1¼ O. (Rh 72 u. 73).
**Uedesheim**, Norf ½ NO, Neuss 1 SO. (Rh 64 u. 14).
**Uedorf**, Roisdorf (Rh 41) ¾ NO.
**Uefingen**, Wolfenbüttel 1½ NW, Vechelde ¾ S. (Bs 24a u. 27).
**Uehlingen**, Thiengen (Ba 69) 1 N.
**Uehrde**, Schöppenstedt (Bs 22) ½ S.
**Uekendorf**, Wattenscheidt (Rh 94) anm. NW.
**Uelfeld** (Uhlfeld), Neustadt a. A. (ByS 170) 1½ NO.
**Uelleben**, Gotha (Th 6) ½ S.
**Uelnitz**, Förderstedt (ML 17) ½ O.
**Uelpenich**, Zülpich (Rh 21) ½ SO.
**Uelsen**, *Fl.*, Lingen (Wf 27) 4 W.
**Uenninghausen**, Donninghausen *H°* (Wf 11) ½ N.
**Uentrop**, Hamm (Wf 15) 1½ NO.
**Uerkheim**, Zofingen (SC 1,15) 7 Kil.
**Uermeny**, *Fl.*, Tornocz (OeSt 82) 2 O.
**Uesen**, Achim (Ha 32) ½ SO.
**Uesslingen**, Frauenfeld (SNO 2,10) 1 NW.
**Uetendorf**, Thun (SC 1,47) 6 Kil.
**Uetersen**, *Fl.*, T Tornesch ½ SW, Pinneberg 1½ NW. (AK 4 u. 3).
**Uettingen**, Würzburg (Ba 125, ByS 91) 2 W.
**Uettligen**, Zollikofen (SC 1,38) 7 Kil.
**Uetz**, Mahlwinkel (MH 19) ¾ SO.
**Uetze**, Burgdorf 2 O, Peine 2 N. (Ha 4 u. 66).
**Uffeln**, Hörstel ½ NO, Ibbenbüren ¾ NW. (Ha 63 u. 61).
— *siehe auch* Burguffeln u. Westuffeln.
**Uffhausen**, Freiburg i. Bad. (Ba 39) ½ S.
**Uffhofen** Alzey (HL 44) 1¼ NW.
**Uffikon**, Dagmersellen (SC 1,17) ½ O.
**Uftrungen**, *Pulvermühle*, Rossla (ML 26) 1½ NW.
**Ugh**, Tisza, Nagy-Körös (OeSt 108) 3½ S.
**Ugra**, Hatvan (UN 10) 5½ NO.
**Ugrocz**, Gr.- u. Kl.-, Tornocz (OeSt 82) 9½ NO.
**Uha**, Woltrus (OeSt 32) ½ W.
**Uhlbach**, Ober-Türkheim (Wü 10) ½ NO.
**Uhlenkrug**, Pasewalk (BSt 50) 1 N.
**Uhlkau**, Hohenstein (PO 72) ½ W.
**Uhlstedt**, *Fl.*, Sonneberg (Th 61) 6½ NO.
**Uhna**, **Nieder-**, Bautzen (SO 20) ½ NW.

**Uhrsleben**, Magdeburg 3¼ W, Helmstedt 2½ O. (MH 1, Bs 31).
**Uhrynow dolny**, Stanislau (LCJ 13) ¾ N.
**Uhwiesen**, Schaffhausen (Ba 77) ¾ S.
**Uhyst a. Taucher**, Bischofswerda 1 NO, Bautzen 1½ W. (SO 17 u. 20).
— **a. Spree**, Bautzen (SO 20) 3 NO, Weisswasser (SG 12) 2½ SW.
**Uibelbach** Peggau (OeSü 44) 2.
**Ujest**, *Stadt*, ✉ T Rudzinitz (OS 15) ¾ NW.
**Ujezd**, Münchengrätz (TKP 11), siehe Aujezd.
**Ujfalu**, Raab (OeSt 69) ¾ NW.
— **Nad.-**, Kiss-Terenne (UN 13), siehe Nad. Ujfalu.
*Siehe dagegen Stat. Berettyo-Ujfalu (Ts 40).*
°**Ujhely**, **S. A.**, (*UNO 18*) *Fl.*, ✉ Tokaj (Ts 17) 6 NO.
**Uj-Hodos**, Lepseny (OeSü 126) 2.
**Uj-Ker**, Schützen (OeSü 99) 1.
**Ujlak**, Temesvar (OeSt 119) 1 O.
°**Ujlak**, **Tisza-**, (*UNO 28*) *Fl.*, ✉ Debreczin (Ts 11) 23 NO.
**Ujnep**, **Puszta-**, Gelse (OeSü 108) ½ S, Kanizsa (OeSü 109) 1¼ N.
**Uj Szász**, Abony (Ts 2) 1¾ NO.
**Ujvar**, *Fl.*, ✉ Gyertyámos (OeSt 117) 1½ W.
**Ujvaros**, **Balmaz-**, *Fl.*, ✉ Debreczin 3 NW, Szoboszló 3 N. (Ts 11 u. 10).
**Ukrow**, Lübben (BG 6) 3 SW.
**Ulanow**, *Fl.*, ✉ Rzeszow (GCL 16) 7½ NO.
**Ulbeek**, Cortenbusch (Grand Centr. Belge 2, 15) ¾ O.
**Ulbersdorf**, Hainau (NM 31) 2½ SW.
— Krippen (Schandau) (SO 9) 1½ NO.
**Ulfen**, Gerstungen (HN 1, Th 1) 1¼ N.
**Ulgersdorf**, Bodenbach (BN 20) ½ W.
[1]**Ullersdorf**, **Bensch- in Böhmen**, Kratzau (SO 36) 1¼ NO.
[2] — **Nieder-**, Sorau 1 S, Hansdorf ½ W. (NM 22 u. 23).
[3] — **Ober-**, Sorau 1 SW, Hansdorf 1 W. (NM 22 u. 23).
[4] — a. Quais, Siegersdorf ¾ S, Lauban 1½ NO. (NM 28 u. 43).
[5] — bei Fliesberg, *Papierfabr. u. Bleichereien*, Greiffenberg 1¾ SW, Rabishau 1½ SW. (NM 45 u. 46).
[6] — bei Liebenthal, Greiffenberg (NM 45) 1½ SO.
[7] — in Böhmen, *Spinnfabr.*, Dittersbach (NM 56) 3½ S.
[8] — bei Glatz in Schlesien, Frankenstein (BF 11) 3½ S.
[9] — Uhsmannsdorf 1½ SW, Görlitz 2½ SO. (BG 14 u. 15).
[10] — in Sachsen, Radeberg (SO 14) ½ S.
[11] — **Ober-**, Zittau ¾ SO, Grottau ½ NO. (SO 33 u. 34).
*Siehe dagegen Station Ullersdorf AT 8.*
**Ulrichstein**, *Stadt*, ✉ Neustadt 6½ S, Giessen 5½ O. (MW 9 u. 14).
**Ulm** i. Baden, Renchen (Ba 25) ¾ O.
— Stockhausen (Na 38) ½ S.
*Siehe dagegen Stat. Ulm, Wü 34 u. ByS 102.*
**Ulma**, Verschetz (Versecz) (OeSt 124) 2 S.
**Ulmbach**, Schlüchtern (BbH 10) ¾ SW.
°**Ulmerfeld** (*KE 53*), *Fl.*, Amstetten (KE 20) 1½ SW.
**Ulmet**, Altenglan (Pf 62) 1 N.
**Ulrich**, **St.-**, i. Baden, Krozingen (Ba 42) 2 O.
— **St.-**, in Krain, Sagor (OeSü 70) ½.
— **St.-**, Merseburg (Th 17) ca 1½ SW.
**Ulrichsthal**, Bodenbach 2½ O, Böhm.-Leipa 1½ NW, (BN 20 u. 8).

**Umiken**, Brugg (SNO 1, 26) 1 W.
**Umkirch**, Freiburg i. Baden, (Ba 39) 1 NW.
**Ummeln**, Sehnde ¾ S, Algermissen ½ N. (Ha 67 u. 68).
— Brackwede (KM 27) ½ SW.
**Ummendorf**, Magdeburg 4 W, Helmstedt 2 SO. (MH 1, Bs 31).
*Siehe dagegen Stat. Ummendorf Wü 43.*
**Ummerstadt**, *Stadt*, ✉ Coburg (Th 54) 1½ W.
**Umpferstedt**, Apolda 1½ SW, Weimar 1 O. (Th 11 u. 10).
°**Umstadt**, **Gross-** (*HL 70*), *Stadt*, ✉ T Dieburg (HL 26) 1 SO.
°— **Klein-** (*HL 69*), Babenhausen (HL 28) 1 S.
**Undeloh**, Winsen (Ha 15) 3 SW.
**Undenheim**, Mainz 2 SW, Nierstein 1¾ SW, Oppenheim 1½ W. (HL 11, 7 u. 6).
**Underveilier**, Basel (SC 1,1) 41 Kil.
**Ungedanken**, Wabern (MW 5) 1½ W.
**Ungenach**, Timmelkam (KE 38) 1 N.
**Ungershausen in Bayern**, Reichenberg (Ba 123) ½ SW.
**Unglingen**, Stendal (MH 22) ½ NW.
**Ungnade**, Greifswald (BSt 57) 3 W.
— **Alt- u. Neu-**, Greifswald (BSt 57 ¾ S.
**Ungstein**, Dürkheim (Pf 51) ¼ N.
**Ungvar**, *Fl.*, ✉ Kaschau 10 SO, Nyiregyhaza 12 NO. (Ts 28 u. 14).
**Unheim**, Labes (BSt 18) ½ W.
**Unislaw**, Terespol (PO 29) 4 SO.
°**Unkel** (*Rh 104*) *Stadt*, ✉ Rolandseck ¾ SO, Remagen ½ NO. (Rh 45 u. 46).
**Unkelbach**, Remagen (Rh 46) ½ NW.
**Unken**, *Fl.*, ✉ Salzburg (KE 45) 6 SW, Wörgl (OeSü 180) 6 O.
°**Unlingen** (*Wü 178*), Biberach 3 NW, Erbach 4½ SW, °Riedlingen ½ NO. (Wü 42, 86 u. 179).
**Unruhstadt**, ✉ T Frankfurt a/O (NM 11) siehe Kargo.
**Unseburg**, Förderstedt ¾ NW, Stassfurt 1½ NW, Dodendorf 2 SW, Langenweddingen 2 S. (ML 17, 18 u. MH 38, 2 u. 3).
**Unsleben**, Meiningen 3½ SW, Grimmenthal 3½ SW. (Th 50 u. 51).
**Unterau** (*Rheininsel*), Nackenheim (RL 8) ¼ O.
**Unterbruck**, ✉ Lohhof 1 NW, Petershausen 1¼ SO. (ByO 4, ByS 238).
**Unterhald**, *Fl.*, ✉ Kerschbaum 1 N, Angern 1 SO. (KE 69 u. 70).
**Unterreichenstein**, *Stadt*, ✉ Horazdiowic 3½ SW, Strakonic 4 SW. (KFJ 29 u. 30).
*Siehe auch Reichenstein.*
**Unterm Berg**, Gross-Sachsenheim (Wü 9) ¼ SO.
**Unterseen**, *Stadt*, ✉ Thun (SC 1,47) 3½ SO.
**Untschen**, Schmölln (SW 85) ½ W.
**Unwürde**, Löbau (SO 23) ¾ N.
**Unzerberg**, Sobernheim (Sa 34) 3¾ NW.
**Unzhurst**, Bühl (Ba 22) 1 W.
**Upgant**, Emden (Wf 38) 2¾ N.
**Uphausen**, Achim (Ha 32) ½ NW.
**Uphusen**, Emden (Wf 38) ½ O.
**Upleward**, Emden (Wf 38) 1¾ NW.
**Uppen**, Hildesheim (Ha 70) ½ SO.
**Upsprunge**, Salzkotten (Wf 8) ½ S.
**Urach**, *Stadt*, ✉ T Metzingen (Wü 130) 1½ SO.
**Urbach**, Coblenz (Rh 52) ½ NO.
— bei Cöln, Wahn (KM 43) ½ N.
— bei Nordhausen, Heringen (ML 27) 1 N.
— **Ober-**, Schorndorf (Wü 105) 1½ NO.
— **Unter-**, Schorndorf (Wü 105) 1½ NO.

**Urban**, **St.-**, Sternthal (OeSü 110) 1 N.
**Urbanis**, Pettau (OeSü 111) 1.
**Urbanowitz**, Kandrzin (Kosel) (OS 13, Wi 1) 2 SW.
**Urbar**, St. Goar (Rh 55) ¾ SO.
**Urberach**, Langen 1½ SO, Messel ½ NO, Dieburg 1¼ N. (MN 3, HL 25 u. 26).
**Urbich**, Erfurt (Th 8) ½ SO.
**Urdenbach**, Benrath (KM 6) ¼ S.
**Urem** (auch Vrem), Ober-Lesece (OeSü 83) ¼.
**Urexweiler**, Ottweiler 1½ NW, St. Wendel 1 SW. (Sa 44 u. 43).
**Urfeld in Bayern**, Holzkirchen (ByS 131) 5½ SW.
— Roisdorf (Rh 41) ¾ NO.
**Uri**, Monor (OeSt 99) 1¾ NW.
**Urloffen**, Appenweier (Ba 26) ¼ N.
**Urmenyhaza**, Moravitza (OeSt 121) 3 W.
**Urmitz**, Coblenz (Rh 52) 1½ NW.
**Urmond**, Meerssen (AM 7) 2 N.
**Urnshausen**, Salzungen (Th 45) 1½ SW.
**Ursanne**, **St.-**, Basel (SC 1,1) 46 Kil.
**Urschendorf**, St. Egyden 1 NW, Wiener-Neustadt 1 SW. (OeSü 21 u. 22).
**Ursel**, **Nieder-**, Bonames ¾ SW, Bockenheim 1 N. (MW 23 u. 24).
— **Ober-**, *Station* (*Ho 2*) Bockenheim (MW 24) 1 N.
**Ursellen**, Münsingen (SC 1,43).
**Ursenbach**, Hoffenheim ½ SW, Heidelberg 1½ N. (Ba 127 u. 3).
**Urspring**, T Lonsee (Wü 82) ¾ NW.
**Ursprung**, Hohenstein-Ernstthal (SW 42) ¾ SO.
**Urswyl**, Emmenbrücke (SC 1,24) 10 Kil.
**Uschlag**, Münden (Ha 86) 2 S.
**Uscie**, Zablotow 2½ SO, Sniatyn 1½ NW. (LCJ 17 u. 18).
**Uscie-Solne**, *Fl.*, ✉ Bochnia (GCL 7) 2½ SO.
— **zielone**, *Fl.*, ✉ Jezupol (LCJ 12) 3 SO.
**Usch** (**Usz**), *Stadt*, ✉ Schneidemühl (PO 22) 1½ S.
**Usdau**, Güldenboden (PO 40) 16 SO.
**Usedom**, *Stadt*, ✉ T Anklam (BSt 55) 3 O.
**Usingen**, *Stadt*, ✉ T Homburg 2 NW, Butzbach 2½ SW, Nauheim 2½ W. (Ho 1, MW 16 u. 17).
**Uslar**, *Stadt*, ✉ T Northeim 3 W, Helmarshausen 1½ NO, Göttingen 3½ NW. (Ha 82, HN 10 u. Ha 84).
**Ustron**, ✉ Prochna (KFN 31) 3 SO.
**Ustrzyki dolne**, *Fl.*, ✉ Przemysl (GCL 22) 7½ SW.
**Uszballen**, Insterburg (PO 58) 1½ SW.
— Stallupönen (PO 62) ¾ SO.
**Utenbach**, Apolda (Th 11) ½ O.
**Uthleben**, Heringen ¼ SW, Nordhausen ¾ S. (ML 27 u. 28).
**Uthlede**, Vegesack 2¾ N, Stubben 2½ SW. (Ha 42 u. 38).
**Utoropy**, Kolomea (LCJ 16) 3¼ SO.
**Uttendorf**, *Fl.*, ✉ Strasswalchen (KE 42) 3 NW.
**Uttenhofen**, Thayingen 1 NW, Gottmadingen 2 NW. (Ba 79 u. 80).
**Uttigkofen**, Vilshofen 1¾ SW, Osterhofen 1¾ S. (ByO 55 u. 53).
**Uttrichshausen**, Neuhof (BbH 7) ¾ SO.
**Uttum**, Emden (Wf 38) 1¾ N.
**Uttwell**, Romanshorn (SNO 2, 1) ¾ W.
**Utzenaich**, Riedau-Ried (KE 49) 2 SW.
**Utzenhain**, St. Goar (Rh 55) 1 SW.
**Utzenstorf**, Burgdorf (SC 1,34) 2 NW.
**Uufhusen**, Nebikon (SC 1, 18) 12 Kil.

# V.

**Vac**, Littai (OeSü 72) 2.
**Vacha**, *Stadt*, ✉ T Gerstungen 2 SW, Marksuhl 2½ SW, Salzungen 2 NW. (HN 1, Th 1, 44 u. 45).
**Vachdorf**, Themar (Th 52) ½ NW.
**Vacs**, Pilis 1 S, Alberti-Irsa 1¼ SW. (OeSt 100 u. 101).
**Vadász**, **Also-**, Szikszó (Ts 23) ½ NW.
**Vadena**, Branzoll (OeSü 204) ¼.
**Vadkert**, Waitzen (OeSt 92) 3 N.
**Vadna**, Miskolcz (Ts 22) 3 NW.
**Vaduz** (in Lichtenstein), *Fl.*, ✉ Buchs (Schweiz), (VS 3, 25) SO.
**Vaels**, Aachen ¾ NW, Simpelveld 1¾ S. (AM 2 u. 4).
**Vaethen**, Tangerhütte (MH 20) ¼ SW.
**Vahlbruch**, Holzminden (Bs 1, Wf 43) 1¾ NW.
**Vahr**, Bremen (Ha 34, Ol 8) ¾ O.
**Vaihingen a. d. Fildern**, Stuttgart (Wü 16) 1 SW.

**Vaihingen**, a. d. Enz, *Stadt*, ✉ T *Fabriken*, Illingen ½ SO, Sersheim-Vaihingen ½ SW. (Wü 7 u. 8).
**Val**, ✉ Martonvásár (OeSü 131) 2.
**Valdagno**, *Fl.*, ✉ Vicenza (Ober-Ital. 1, 30) 3 NW.
**Valdobbiadene**, *Fl.*, ✉ Treviso (Ober-Ital. 1, 15) 4¾ NW.
**Valentin**, Neunkirchen 1½ SW, Pottschach ½ SO. (OeSü 24 u. 26).
— **St.-**, Pöltschach (OeSü 60) ¼.
*Siehe dagegen Station Valentin St.-KE 24 u. KR 1.*
**Valireska**, **St. Mihaly** (OeSü 208) 2¼.
**Valkany**, Mokrin (OeSt 113) ¾ NW.
**Valko**, Isaszegh (UN 0) 1 NO.
**Vallarsa**, Rovereto (OeSü 213) 3.
**Valldorf**, Oeynhausen (Rehme) (KM 31) 1¼ S, Herford (KM 29) 1¾ O.
°**Vallendar** (*Rh 97*), *Stadt*, ✉ T Coblenz ¾ NO, Horchheim 1 NO, Ober-Lahnstein 1½ N. (Rh 52, 59 u. Na 19).
**Vallstedt**, Vechelde (Bs 27) ½ SW.
**Valm**, Schivelbein (BSt 19) 3½ O.
**Vam**, Lepseny (OeSü 128) 4.
**Vamos**, Szikszó (Ts 23) ¾ SO.
**Vámos**, Raab (OeSt 69) 1½ N.
**Vamos-Mikola**, *Fl.*, ✉ Szobb (OeSt 89) 2¾ NO.
° — **Péres** (*UNO 2*), ✉ Debreczin (Ts 11) 2½ O.
**Vánesod**, Berettyo-Ujfalu 1½ NO, Mezö-Keresztes 1¾ NW. (Ts 40 u. 42).
**Vandsburg**, *Stadt*, ✉ Nakel (PO 26) 4 NW.
**Vanya**, **Deva-**, *Fl.*, ✉ Kis-uj-Szallas 3 SO, Gyoma 2 NO. (Ts 6 u. 31).
**Ványola**, Raab (OeSt 69) 5 SO.
**Váralya**, **Holdughö-**, *Fl.*, ✉ Forró-Encs (Ts 24) 2 NO.
*Siehe demnächst Station °Varalya (Hidszeg) Si 19.*

**Varanó**, *Stadt*, Tokaj (Ts 17) 13 N.
**Varchmin**, Nassow (BSt 22) 2 NO.
**Varchminshagen**, Nassow (BSt 22) 2⅓ NO.
**Varda**, Kis-, *Fl.*, Nyiregyháza (Ts 14) 5¼ NO.
**Vardegötzen**, Nordstemmen (Ha 71) 1 N.
**Vardeilsen**, Salzderhelden (Ha 80) 1¼ NW.
**Varel**, T Nienburg (Ha 26) 4½ W.
*Siehe dagegen Stat. Varel der Ol 20.*
**Varendorf**, Bienenbüttel (Ha 12) ¾ SW.
**Varenholz**, *Fl.*, Bückeburg 2 S, Oeynhausen 2 SO. (Ha 47 u. 50).
**Varenrode**, Rheine (Wf 24) 1⅔ N.
**Vargatz**, Züssow (BSt 56) 1½ W.
**Vargula**, Gr.-, *Fl.*, Erfurt 4 NW, Gotha 3 N, *Ringleben 1½ W. (Th 8, 6 u. NE 9).
**Varjas**, Hatzfeld 3 N, Temesvar 4½ N. (OeSt 110 u. 119).
**Varkony**, Szolnok (Ts 3) 1 S.
**Varlingen**, Gross-, Linsburg (Ha 25) 1 SW.
**Varlosen**, Dransfeld (Ha 85) ¼ W.
**Varmissen**, Dransfeld (Ha 85) ¼ O.
**Varmo**, Codroipo (Ober-Ital 1, 6) 1⅔ S.
**Varrel**, Huchtingen (Ol 6) ¾ SW.
*Siehe auch Varel.*
**Vasad**, Monor (OeSt 99) 1 SW.
**Vasad**, Cello 1 SO, Monor 1½ NO. (OeSt 98 u. 99).
•**Vasarhely, Hold-Mezö**, *(Alf 10). Stadt,* Csaba (Ts 33) 8 SW, Szegedin (OeSt 110) 3½ NO.
**Vasarny**, Hatvan (UN 10) ¾ NW.
**Vasáros-Nameny**, *Fl.*, Debreczin 11 NO, Nyiregyháza 6 NO. (Ts 11 u. 14).
**Vasas**, Fünfkirchen (MF 2) 1 NO.
**Vasvar**, Molnari (OeSü 103) 2.
**Vaszar**, Raab (OeSt 89) 3 S.
**Vatema**, Meravitza (OeSt 123) ⅜ SW.
**Vatya**, Pilis (OeSt 100) ¾ S.
**Vauffelin**, Biel (SC 1, 56) 7 Kil.
**Vajk**, Neuhäusel (OeSt 85) ½ N.
**Vebuka**, Böhm. Brod (OeSt 24) 1 NW.
**Vechta**, *Stadt*, Delmenhorst (Ol 5) 7½ SW.
**Veckerhagen**, Cassel 3½ NO, Carlshafen 2½ SO, Münden 2 NW. (HN 11, 20 u. Ha 86).
**Veeze**, Tornocz (OeSt 82) ½ N.
**Veeze-Vaag**, Sellye (OeSt 81) ¼ N.
**Vedröd**, Dioszegh (OeSt 79) ½ NW.
**Veerssen**, Uelzen (Ha 10) ¼ SW.
**Veert**, Geldern (Rh 70) ¼ NW.
**Veerwinden**, Landen (Grand Centr. Belge 2,12) ¾ NW.
**Veglia**, *Stadt*, Triest ca 12 SO, Adelsberg ca 12 SO. (OeSü 89 u. 90).
**Vehlen**, Bückeburg (Ha 47) ½ NO.
**Vehlingsdorf**, Freienwalde i. Pom. (BSt 16) 1 NO.
**Vehlitz**, Magdeburg (ML 1) 2½ O.
**Vehlow**, Zernitz (BH 8) 2 NW.
**Vehnhusen**, Neermoor H° (Wf 30) ¼ SO.
**Vehra**, *Straussfurth (NE 8) ½ S.
**Veilsdorf**, Eisfeld (Th 53a) 1 SW.
1 **Veit, St.-** (an der Rott) Landshut (ByO 10) 1½ NO.
2 —— —— an der Gölsen, *Fl.*, Sct. Pölten (KE 12) 3 S.
3 —— —— Ober-, Wien 1½ SW, Penzing ½ SW, Hüttendorf ¼ SO. (KE 1, 2 u. 3).
4 —— —— Unter-, Wien 1 SW, Penzing ¼ SW, Hüttendorf ½ SO. (KE 1, 2 u. 3).
5 —— —— an der Triesting, Leobersdorf ¾ O, Gramat-Neusiedel 4 SW, Vöslau 1½ SO. (OeSü 18, OeSt 59 u. OeSü 16).
6 —— —— Pettau (OeSü 111) ½ SO.
7 —— —— Saldenhofen (OeSü 160) ½.
8 —— —— St. Georgen (OeSü 62) 1.
9 —— —— ob Wippach, Adelsberg (OeSü 80) 3¾ NW, Rakek (OeSü 79) 4 W.
10 —— —— Littai (OeSü 72) 3½.
11 —— —— bei Leibnitz, Spielfeld (OeSü 55) 1 O.

**Vellberg**, *Fl.*, Sulzdorf (Wü 79a) ¼ SO.
**Vellern**, Oelde (KM 24) ⅔ SW.
**Vellheim am Fallstein**, Mattierzoll (Bs 10) ½ S.
**Vellinghausen**, Welver (Wf 14) ¾ NO.
**Velm**, Gramat-Neusiedel (OeSt 59) ½ W.
*Siehe auch Stat. Velm (Guttenhof-) OeSt 58.*
**Velpke**, Helmstedt (Ha 31) 3 NW.
—— Schöningen (Bs 29) 1½ O.
**Veltheim** i. Westf., Porta (Ha 49) 1¼ SO.
—— Brugg (SNO 2,26) 1⅔ SW.
**Veltrup**, Emsdetten (Wf 22) ½ NO.
**Veltzkow**, Schivelbein (BSt 19) 3¼ S.
**Venczellö**, Királytelek (Ts 15) 1½ NW.
**Vendersheim**, Mainz (HL 11) 2¼ SW.
**Venek**, Raab (OeSt 69) 2 NO.
**Venne**, *Fl.*, Osnabrück (Ha 57) 2 NO.
**Vennebeck**, Porta (Ha 49) ½ N.
**Venningen**, Edenkoben (Pf 30) ½ O.
**Vente**, Kanizsa (OeSü 109) 1.
**Venusberg**, *Spinnerei*, Scharfenstein ⅜ SW, Wolkenstein ⅞ NW. (SW 66 u. 67).
**Venzlafshagen**, Schivelbein (BSt 19) 1½ S.
**Verbasz**, *Fl.*, Gr.-Kikinda (OeSt 114) 15 SW.
**Verberg**, Crefeld ½ NO, Uerdingen ⅜ NW. (Rh 66 u. 86).
**Verbitz**, Spandau (BH 2) ca 1¾ SW.
—— Karstaedt (BH 12) 2 SW.
**Verbo**, Galanta (OeSt 80) 6 NO.
°**Verbovsko** *(US 40)*, *Fl.*, Carlstadt (OeSü 154) 8 SW.
**Verchland**, Stargard i. Pomm. (BSt 14) 1 SW.
**Verebelly**, Neuhäusel (OeSt 85) 4 N.
**Verl**, Brackwede 1¾ S, Paderborn 3¾ NW. (KM 27, Wf 7).
**Verlar**, Paderborn 2¾ W, Gesecke ½ N. (Wf 7 u. 9).
**Verlautenheide**, *Galmeigrube*, Aachen (BM 1, Rh 4) ⁵⁄₁₆ NO.
**Vermes**, Basel (SC 1,1) 35 Kil.
**Vernawahlshausen**, Helmarshausen (HN 19) 1½ O.
**Verne**, Salzkotten ½ NW, Gesecke 1 NO. (Wf 8 u. 7).
**Vernich**, Gr.- u. Kl.-, Brühl (Rh 30) 1¼ SW.
**Verpelet**, *Fl.*, Hatvan (UN 10) 7 NO.
**Versbach**, Würzburg (Ba 125) ½ NO.
**Verségh**, Aszód (UN 8) 1¼ NO.
**Versmold**, *Stadt*, Brackwede 2½ NW, Bielefeld 3 NW, Osnabrück 4 S, Münster 5½ NO. (KM 27, 28, Ha 57 u. 20).
**Vesbeck**, Neustadt a. N. (Ha 23) 2½ NO.
**Vessra**, Themar (Th 52) ¼ O.
**Vestenbergsreut**, *Fl.*, Neustadt a. A. (ByS 170) 1¾ N.
**Veszeny** (Veseny), Szolnok (Ts 3) 1½ S.
**Veszprim**, *Stadt*, T Stuhlweissenburg 5 SW, Raab 10 SO. (OeSü 128, OeSt 69).
**Vesztö**, Mezö-Bereny (Ts 32) 3½ NO.
**Vetrusic**, Roztok i. Böhm. (OeSt 29) ½ NO.
**Vettelhofen**, Remagen (Rh 46) 2 W.
**Vettersfelde** b. Guben, Jessnitz (NM 18) ¼ N.
**Vevay**, Wrietzen a/O. (BSt 67) ½ SO.
**Veynau**, Satzvey (Rh 23) ⅜ NO.
**Vezekény**, Tot-, Perbete (OeSt 86) 2¼ O.
—— Fako-, Perbete (OeSt 86) 2½ O.
**Vezzano**, *Fl.*, Trient (OeSü 210) 1 W.
**Vianden** i. Luxemburg, *Stadt*, Diekirch (LWilhB 24) 1¼ NO.
**Vichberg**, Hall (Wü 79) 2 SW.
**Vicht**, Stolberg (Rh 5) 1 SO.
**Vicques**, Basel (SC 1,1) 29 Kil.
**Victoria-Schacht**, ⚒ *(AT 18)*, Mariaschein (AT 5) 0,02 W.
**Viecheln**, Hohen-, Kleinen (Mk 8) ⅜ NO.
**Viechtach**, *Fl.*, Straubing 5 NO, Cham 3½ SO. (ByO 47 u. 64).
—— Ober-, *Fl.*, Nabburg 2¼ O, Bodenwöhr 3 NO. (ByO 69 u. 60).
**Viehen**, Mettkau (BF 4) ca ¾ NO.

**Vietmannsdorf**, Wilmersdorf (BSt 46) 3 SW.
**Vietznitz**, Paulinenau 1 NW, Friesack 1 SO. (BH 5 u. 6).
**Vietzow**, Gr.-Rambin (BSt 20) 1½ O.
**Vigaun**, Rakek (OeSü 79) 1.
**Vigo d'Arsere**, Padua (Ober-Ital. 1,43) ¾ N.
**Vilagos**, *Fl.*, Arad (Sl 1, Ts 37) 4 NO.
**Világos**, Lupseny (OeSü 126) ½.
**Vilchband**, Zimmern H° (Ba 119) ¼ SO.
**Vilich**, Bonn (Rh 42) ½ NO.
— •Mülldorf, Bonn (Rh 42) ½ NO.
— •Rheindorf, Bonn (Rh 42) ¼ NO.
**Villa-Bisty**, Liegnitz (NM 33, BF 23) ⅜ S.
**Villa Lagarina**, Roveredo (OeSü 213) ⅜ NO.
—— Montagna, Trient (OeSü 210).
—— Vicentia, Sagrado (OeSü 174) ½.
**Villach**, Ober-, Villach (OeSü 171, KR 39) ½ NW.
**Villeret**, Biel (SC 1,56) 5 SW.
**Villesse**, Sagrado (OeSü 174) ⅜.
**Villigst**, Schwerte (BM 93) ½ S.
1 °**Villingen** i. Baden, *(Ba 172)*, *Stadt*, T Donaueschingen 2⅜ NW, Rottweil 2⅞ SW, Hausach 6 SO, Denzlingen 6 O. (Ba 185, Wü 148, Ba 164 u. 38).
2 —— i. Württemb., Rottweil (Wü 148) ⅜ NW.
3 — Prov. Hessen, Giessen (KM 61, MW 14) 3½ SO.
**Villip**, Godesberg 1 SW, Mehlem 1 SW. (Rh 113 u. 44).
**Villmergen**, Dietikon 3½ SW, Wildegg 2½ SO, Aarau 3½ SO. (SNO 2,22, 2,28 u. 2,30).
**Villnachern**, Brugg (SNO 2,26) 1.
**Vilplan**, Botzen (OeSü 203) 1½ NW.
**Vils**, *Stadt*, Biessenhofen 4¾ S, Innsbruck 15 NW. (ByS 17, OeSü 187).
**Vilsbiburg**, *Stadt*, Landshut (ByO 10) 2⅞ SO.
**Vilseck**, *Stadt*, Amberg 2⅞ N, Sulzbach 1¾ NO. Pressath 3 SW. (ByO 32, 38 u. 75).
**Vilsen**, *Fl.*, Eystrup (Ha 28) 2½ NW.
**Vilswörth**, Ponholz (ByO 26) 2 NW.
**Vimbuch** i. Baden, Bühl (Ba 22) ¼ N.
**Vincenz**, St., Drauburg (OeSü 161) 3.
**Vinga**, *Fl.*, Temesvár 4 N, Arad 2½ SW. (OeSt 119, Sl 1, Ts 37).
**Vingst**, Köln ⅝ O, Deutz ⅜ O. (KM 1 u. 2).
**Vinsebeck**, Altenbeken 1¾ NO, Driburg 2½ N, Brakel 3 NW. (Wf 6, 39 u. 40).
**Vintarjove**, Littai (OeSü 72) 1½.
**Vinzelberg**, Demker (MH 21) 1⅜ NW.
**Vinzier**, Oldesloe (LB 10) ¾ W.
**Virje**, Kottori (OeSü 117) 6 S.
**Virnheim**, Weinheim (MN 13) 1¼ SW.
**Visbeck**, Delmenhorst (Ol 5) 5 SW.
**Visco**, Sagrado (OeSü 174).
**Visentye**, Gr.-Kikinda 3 SW, St. Hubert ⅜ N. (OeSt 114 u. 115).
**Visinada**, Mantua (Ober-Ital. 1,32) ¾ W.
**Viska**, Gr.-, Horowitz (BW 14) ⁵⁄₁₀ S.
**Visky**, Skalik (OeSt 5) ¾ W.
**Visonta**, Hatvan (UN 10) 4¼ NO.
**Visquard**, Emden (Wf 38) 2 NW.
**Visegrad**, Gross-Maros (OeSt 90) ⅜ SO.
**Visselhövede**, *Fl.*, Verden (Ha 30) 3 O.
**Viszlán**, Kiss-Terenne (UN 13) ⅜ N.
**Visznek**, Hatvan (UN 10) 3½ O.
**Vith**, St., *Stadt*, T Eupen 6 S, Call 6 SW. (Rh 1 u. 25).
**Vito**, St., *Stadt*, Casarsa (Ober-Ital. 1,7) 1 SO.
**Vittava**, Nürschan (BW 6) ¾ W.
**Vitte**, Königsberg i. Pr. (PO 50) ca 18 NO.
**Vitzenburg**, Ob.-Röblingen (ML 21) 3¼ SW.
**Vitznau**, Luzern (SC 1, 25) 4½ SO.
**Vizkelet**, Galanta (OeSt 80) ½ SW.
**Vlajkowatz**, Verschetz (Versecz) (OeSt 124) 1½ S.
**Vlatten**, Zülpich (Rh 21) 1¼ SW.
**Vliermaelroot**, Diepenbeek (AM 12) 1 S.

**Völkermarkt**, *Stadt*, Künsdorf (OeSü 161) ¾ N.
**Völkersbach**, Ettlingen 1½ S, Malsch 1 O. (Ba 15 u. 16).
**Völkersen**, Langwedel (Ha 31) ⅛ NO.
**Völkershausen**, Hohenkrähen ½ O, Mühlhausen i. Baden ⅛ NO. (Ba 173 u. 174).
Salzungen (Th 45) 1¾ SW.
**Völlen**, Papenburg (Wf 33) ⅛ N.
**Völlersdorf**, Prinzersdorf (KE 13) ⅛ N.
**Völlinghausen**, Sassendorf 1⅛ O, Soest 1½ SO. (Wf 12 u. 13).
**Völschow**, Anklam (BSt 55) 4 W.
**Völsen**, Willebadessen (Wf 4) ¾ O.
**Voerde**, *Fl.*, Milspe (BM 40) ¼ NO.
**Vörden** i. Hannov., *Fl.*, Osnabrück (Ha 57) 3¼ NO.
— i. Westf., Höxter 1¾ NW, Brakel 2 N. (Wf 42 u. 40).
**Vörös-Egyhaz**, Dunakesz (OeSt 93) 2¼ O.
**Vörösmarthy**, Hatvan (UN 10) 4¾ NO.
**Vörösvár**, Pest (OeSt 95, UN 1) 2 W.
**Vörstetten**, Denzlingen *H*° (Ba 38) ⅛ W.
**Vösendorf**, Mödling (OeSü 10) 1 NO.
**Vötting**, Freising (ByO 6) ¼ SW.
**Vogau**, Ehrenhausen ¼, Spielfeld 1 (OeSü 54 u. 55).
**Vogelbach**, Bruchmühlbach (Pf 3) ½ SO.
**Vogelbeck**, Salzderhelden (Ha 80) ¼ S.
**Vogelheim**, Berge-Borbeck (KM 12) ¼ N.
**Vogelsang** i. Nassau, *Bergw.*, Caub (Na 13) 1¼ NO.
2 — Prov. Brandenb., Fürstenberg (NM 14) ½ NO.
3 — i. Pomm., Labes (BSt 18) 3 NW.
4 — Borkenfriede (BSt 53) 2⅛ O.
5 — *Fabrik*, Tantow (BSt 9) 2 SO.
6 — Marienburg (PO 36) ⅛ W.
7 — Köln ¾ W, Ehrenfeld ½ NW. (Rh 13 u. 12).
[1]**Vogelsdorf**, Jerxheim (Bs 17) ¾ S.
2 — Erkner 1½ NO, Neuenhagen ⅜ SO, (NM 5, PO 2).
3 — Langenoels 1 S, Greiffenberg ⅛ NW, (NM 44 u. 45).
4 — Rubbank (NM 53) ⅛ S.
**Vogtek**, Zsebely 1⅝ SW, Detta ⅝ N. (OeSt 121 u. 122).
**Vohburg**, *Fl.*, Ingolstadt (ByS 243) 2 W.
**Vohenstrauss**, *Fl.*, Wernberg 2¾ NO, Weiden 2 SO. (ByO 71 u. 73).
**Voigdehagen**, Stralsund (BSt 59) 1 S.
**Voigtsbach** (Voitsbach), Reichenberg in Böhmen (SNV 22) 1⅛ NO.
**Voigtsberg**, Oelsnitz (SW 78) ¼ NO.
— Gr.- u. Kl.-, Nossen (LD 30) 1 S.
*Siehe dagegen Station Voitsberg GK 5.*
**Voigtsdorf**, i. Mecklenburg, Oertzenhof (FF 8) ¾ NO.
[2]**Voigtsdorf**, Strassburg (BSt 69) 2 N.
3 — Reibnitz ½ S, Hirschberg 1 SW. (NM 48 u. 49).
4 — i. Sachs., Freiberg 2½ S, Zschopau 3 O, Oederan 2¾ SO. (SO 51, SW 65, SO 52).
**Voigtshagen**, Freienwalde i. Pomm. (BSt 16) 2¼ NW.
**Voigtshain**, Dornreichenbach *H*° (LD 7) ¾ N.
**Voigtstedt**, Sangerhausen (ML 24) 1 S.
**Voithenberg-Oed**, *Glash.*, Furth a. Walde (ByO 67, BW 1) ca ¾ N.
**Voithenthann**, Wiesau (ByO 84) ⅝ SW.
**Voitsdorf**, *Fl.*, Wels (KE 31) 2⅛ SO.
Mariaschein (AT 5) 1 N.
**Volano**, Roveredo (OeSü 213) ¾ NO.
**Volberg**, Mülheim a/Rh. (BM 100, KM 3) 2 SO.
**Volderberg**, Hall i. Tirol (OeSü 186) ¾ O.
**Volders**, Fritzens ⅛ SO, Hall i. Tirol ¾ NO. (OeSü 185 u. 186).
**Volderthal**, Hall i. Tirol (OeSü 186) ⅝ O.
**Volkach**, *Stadt*, Seligenstadt 1½ O, Kitzingen 2 N. (ByS 80 u. 176).
**Volkerode**, Göttingen (Ha 84) 1¼ SW.
**Volkersdorf**, Greiffenberg (NM 45) 2 SW.
**Volkershagen**, Rostock (Mk 1) 1½ NO.
**Volkersheim**, Lutter a. B. (Bs 10) 1 NW.
**Volkertshausen**, Radolfzell (Ba 83) 1⅛ NW.
**Volkesfeld**, Andernach (Rh 50) 1½ W.
**Volkhoven**, Longerich (Rh 61) ½ N.
**Volkmannsdorf**, Neisse (NB 1) 1¾ O.
**Volkmaritz**, Teutschenthal (ML 20) 1¼ NW.
**Volkmarsdorf**, *Eisengiesserei u. Dampfmühle*, Leipzig (LD 1) ⅛ NO.
**Volkmarsdorfer Strassenhäuser**, *Fabr.*, Leipzig (LD 1) ⅛ O.
**Volkmarsen**, *Stadt*, Warburg 1½ S, Cassel 5 NW. (Wf 1, HN 17 u. 11).
**Volkmarshausen**, Münden (Ha 88) ½ NO.
**Volksen**, Salzderhelden (Ha 80) ⅛ N.
**Volkshausen** in Bayern, Kirchheim (Ba 121) 1 S.
**Volkstädt**, *Zuckerf.*, Eisleben (ML 22) ½ N.
**Volkstedt**, Sonneberg (Th 61) 6 NO.
**Vollenborn**, Gernrode (ML 31) 1⅛ SO.
**Vollersode**, Oldenbüttel (Ha 37) ⅛ O.
**Vollmau**, Furth a/W. (ByO 67, BW 1) ⅝ NW.
**Vollmersweiler**, Schaidt (Pf 42) ⅛ W.
[a]**Vollmerz** (*BbH 18*), Schlüchtern (Bbll 10) ½ O.
**Vollrads**, *Schloss*, Oestrich-Winkel (Na 8) ½ NW.
**Volmarstein**, Wetter (BM 45) ½ S.
**Volmerdingsen**, Oeynhausen (Ha 50, KM 31) ½ N.
**Volmerswerth**, Düsseldorf (BM 29, KM 7) ¾ SW.
**Volosca**, *Fl.*, Adelsberg ca 6 S, Triest ca 7 SO. (OeSü 80 u. 89).
**Volpersdorf**, Reichenbach i. Schles. (BF 13) 2⅜ SW.
**Volxheim**, Creuznach (Na 22) ¾ SO.
**Vollpriehausen**, Nörten (Ha 82) 1½ W.
**Volzrade**, Pritzier (BH 17) 1¾ S.
**Vomp**, Schwaz (OeSü 184) ¼ SW.
**Vomperbach**, Schwaz (OeSü 184) ½ SW.
**Vomperberg**, Schwaz (OeSü 184) ½ SW.
**Vonce**, St. Peter (OeSü 82) 2.
**Voorthuyzen**, Elten (Rh 76) ⅛ O.
**Voran**, *Fl.*, Krieglach 5 SO, Graz 6¾ NO, Wiener-Neustadt 8 SW. (OeSü 35, 48 u. 22).
**Vorbach**, Kirchenlaibach (ByO 78) ⅝ SW.
**Vorbeck**, Gr.- u. Kl.-, Cörlin (BSt 41) 2 SW.
**Vorbruch**, Friedeberg (PO 16) 1¾ O.
**Vorchdorf**, Lambach 1⅛ SO, Schwanenstadt 2 SW. (KE 33 u. 35).
**Vordamm**, Driesen (PO 18) loco.
**Vordemwald**, Zofingen (SC 1,15) 1 SW.
**Vordernberg**, *Eisenwerk*, *Fl.*, T Leoben 3 NW, Bruck a. Mur 4¼ NW. (KH 52, OeSü 218 u. 40).
**Vorhaus**, Hainau (NM 31) ¾ NO.
**Vorheim**, Ahlen (KM 22) ¾ NO.
**Vornhalt**, Steinbach *H*° (Ba 21) ¼ N.
**Vornhagen**, Stadthagen (Ha 45) ⅛ NO.
**Vorra**, Hersbruck (ByO 40) 1 NO.
**Vorsfelde**, *Fl.*, Braunschweig 4½ NO, Helmstadt 4¼ NW. (Bs 25 u. 31).
**Vorst**, Anrath ½ N, Crefeld 1 SW, Kempen ¾ S. (BM 19, 20, Rh 67).
**Vorwärtshütte**, *Eisenhüttenw.*, Dittersbach ½ N, Waldenburg ¼ NW. (NM 56 u. 57).
**Vossberg**, Freienwalde in Pommern ¾ S, Trampke ¾ O. (BSt 16 u. 15).
— *Zuckerfabrik*, Wriezen a/O. (BSt 67) 2 SO.
**Voutsche**, Ober-Lesece (OeSü 83) 1¼.
**Voxfelde**, Vietz (PO 10) 1 S.
**Vracsergay**, Weisskirchen (OeSt 126) ¾ SW.
**Vranyna**, Rakasdia (OeSt 129) 1½ W.
**Vraszlo**, Komárváros (OeSü 119) 4.
**Vreden**, *Stadt*, Münster 9 NW, Rheine 10⅝ SW, Wesel 7⅛ NO. (Wf 20, 24, KM 38).
**Vrem**, Ober-Lesece ⅛ W, Divacca 1½ O. (OeSü 83 u. 84).
**Vrestorf**, Lüneburg (Ha 13) ⅝ N.
**Vritsch**, Mitterndorf (OeSü 36) 1.
**Vsenor**, Dobrichowitz (BW 19) ¼ NO.
**Vsestar**, Königgrätz (SNV 3) ½ NW.
**Vucovjevec**, Lekenik (OeSü 150) ½ NO.
**Vucovselo**, Zapresic (OeSü 116) 1½.
**Vulgola**, Biel (SC 1, 56) 2 Kil.
**Vulkan**, *Eisengiesserei*, Hochfeld (BM 105a, Rh 88) ¾ W.
[a]**Vulkanhütte** (*OS 61*), Zabrze (OS 19) 1 NO.
**Vukovar**, *Stadt*, T Szegedin ca 18 SW, [a]Essegg 4½ SO. (OeSt 110, Alf 21).

# W.

**Waag Neustadtl**, *Stadt*, Ungar.-Hradisch (KFN 15) siehe Neustadtl.
**Waake**, Göttingen (Ha 84) 1¼ O.
**Waakirchen**, Miesbach (ByS 186) 1¼ SW.
**Waal**, *Fl.*, Buchloe (ByS 20) ⅝ SO.
**Waatsch** (Watsch, Vace), *Fl.*, Littai (OeSü 72) 1 N.
**Wachau**, Leipzig (LD 1) ¾ S.
— Radeberg (SO 14) ½ N.
**Wachenbuchen**, Wilhelmsbad (FH 4) ½ SW.
**Wachendorf**, Satzvey (Rh 23) ½ SO.
— Bieringen (Wü 139) ½ S.
**Wachenheim** a. d. Pfrimm, Monsheim (HL 39) ½ NW.
*Siehe dagegen Stat. Wachenheim Pf 53.*
**Wachenroth**, *Fl.*, Neustadt a/A. 3 N, Hirschaid 2⅝ SW. (ByS 170 u. 55).
**Wachlin**, Gr.- u. Kl.-, Stargard i. Pomm (BSt 14) 2 NW.
**Wachow**, Nauen (BB 4) 1½ SW.
— Kl.-Lassowitz (RO 24) 1 SO.
**Wachstedt**, Leinefelde (ML 32) 2½ SW.
**Wachtendonk**, *Stadt*, Kempen (Rh 67) 1 NW.
**Wachtum**, Kluse-Dörpen *H*° (Wf 31) 3 O.
**Wackernheim**, Heidesheim ¼ S, Ingelheim ½ O. (HL 14 u. 15).
**Wackerow**, Greifswald (BSt 57) ¼ N.
**Wackerschwänd**, Riedtwyl (SC 1,32) 6 Kil.
**Wackersleben**, Wegersleben (Bs 19) ¾ SW.
**Waddens**, Bremerhafen (Ha 40) 1½ W.
**Wadelsdorf**, Spremberg (BG 10) 1 NO.
**Wadenheim**, Remagen (Rh 46) 1½ SW.
**Wadern**, *Fl.*, Türkismühle 3 SW, Merzig 3½ NO. (Sa 42 u. 16).
**Wadersloh**, Lippstadt 1¾ NW, Oelde 1½ SO. (Wf 10 u. KM 24).
**Wadowitz** (Wadowice), *Stadt*, Bielitz 5 NO, Oswiecim 4½ SO, Krakau 6 SW. (KFN 64, 35 u. 41).
**Wadrill**, Türkismühle 3 NW, Merzig 3½ NO, (Sa 42 u. 16).
**Wädenschweil**, *Fl.*, Zürich 4½ SO, Rapperswyl 2¼ W. (VS 3, 57 u. 46).
**Wählitz**, Weissenfels (Th 15) 1¼ SO.
**Währing**, Wien (KFN 1) ⅝ NW.
**Wäldchen**, Dittersbach 1 O, Waldenburg 1½ SO. (NM 56 u. 57).
**Wälden**, Ober-, Uhingen (Wü 25) ⅝ NW.
**Wäldi**, Weinfelden 1⅝ NW, Märstetten 1⅛ N. (SNO 2, 6 u. 7).
**Wällischhof** in Kärnten, Brunn (OeSü 9) ⅝.
**Wäschenbeuren**, Lorch (Wü 108) ¾ S.
**Wätzum**, Algermissen (Ha 68) ¼ N.
**Wagendorf** i. Steierm., Spielfeld (OeSü 55) 1.
**Wagenfeld**, Minden 5 NW, Nienburg 6 W. (Ha 48 u. 28).
**Wagenhausen**, Andelfingen 4 NO, Frauenfeld 3¼ N. (SNO 2, 34 u. 10).
**Wagenitz**, Paulinenau ¾ NW, Friesack 1⅜ SO. (BH 5 u. 6).
**Wagenstadt**, Kenzingen (Ba 35) ⅝ NO.
**Waghäusel**, *Zuckerfabr.*, *Fl.*, T Langenbrücken 1½ W, Bruchsal 2½ NW, Heidelberg 2⅝ SW. (Ba 8, 10 u. 3).
**Waging**, *Fl.*, Traunstein (ByS 144) 1¼ NO.
**Wagna**, Leibnitz (OeSü 53) ½ SO.
**Wagningen**, *Stadt*, Nymwegen (Rh 80) 2⅝ NW.
**Wagram**, Leobersdorf (OeSü 18) ⅛.
— Sct. Pölten (KE 12) ¼ O.
*Siehe dagegen Station Wagram KFN 4.*
**Wagrein**, Vöcklabruck (KE 37) 1½ SO.
**Wagshurst**, Renchen (Ba 25) ½ N.
**Wagstadt**, *Stadt*, Stauding (KFN 24) 1 NW.
**Wahlbach**, Burbach (KM 54) 1 NW.
— Bacharach (Rh 57) 2¼ SW.
**Wahle**, Vechelde (Bs 27) ½ NW.
**Wahlen**, Basel (SC 1,1) 27 Kil.
**Wahlender**, Buddenhagen (BSt 60) 1 O.
**Wahlendow**, Anklam (BSt 55) 1½ O.
**Wahlershausen**, Wilhelmshöhe (MW 2) ⅛ SW.
[a]**Wahlheim** in Hessen (*HL 80*), Alzey (HL 44) ⅝ S.
— Besigheim (Wü 53) ¼ NO.
**Wahlitz**, Magdeburg (ML u. MH 1) 1½ SO.
**Wahlsdorf**, Luckenwalde (BA 5) 2½ SO.
— im Anhaltischen, Coswig (BA 27) 1 NO.
**Wahlstadt**, Neuhof (BF 21) 1 O.
**Wahlstatt**, Liegnitz (BF 23) 1¼ SO.
**Wahlwinkel**, Waltershausen (Th 35) ⅝ O.
**Wahn**, Lathen 1¼ O, Kluse-Dörpen 1¼ SO. (Wf 30 u. 31).
*Siehe dagegen Station Wahn KM 43.*
**Wahnebergen**, Verden (Ha 30) ⅝ S.
**Wahnheim**, Hochheim (T 8) ½ SW.
**Wahnsdorf**, Kötzschenbroda *H*° (LD 17) ½ NO.
**Wahnwegen**, Elsenbach (Pf 60) ⅛ NW.
**Wahren**, Leipzig (LD 1) ½ NW.
**Wahrenbrück**, *Stadt*, Falkenberg 1 SO, Burxdorf 1½ NO. (BA 23 u. 24).
**Waiblingen**, Wasseralfingen (Wü 114) 1 NW.
*Siehe dagegen Stat. Waiblingen der Wü 101.*

**Waldendorf**, Dürnkrut (KFN 7) ¼ NW.
**Waldersfelden** (Weitenfelden), *Fl.*, ♈ Kerschbaum (KE 60) 3 SO.
**Waldhaus** (Weidhaus), *Fl.*, ♈ Wernberg (ByO 71) 3¾ NO.
**Waldhofen** a. d. Thaya, *Stadt*, ♈ Stockerau (KFN 46) 10 NW.
[2] a. d. Ybbs *(KR 54)*, *Stadt*, ♈ Aschbach (KE 21) 2 SO.
**Waldring**, ♈ Wörgl (OeSü 180) 7 NO.
**Wain**, ♈ Laupheim (Wü 38) 1½ SO.
**Waischenfeld**, *Stadt*, ♈ Bayreuth (ByO 80) 3 SW.
**Waitz**, ♈ Graz (GK 1, OeSü 48) 4.
**Waitzenfeld**, Hartmannshof (ByO 38) ¾ S.
**Waitzenkirchen**, *Fl.*, ♈ Grieskirchen (KE 47) 1¾ N.
**Wakendorf**, Oldesloe (LB 10) 1 N.
**Waklen**, Merzig (Sa 16) 1¾ NO.
**Walachisch-Meseritzsch**, *siehe* Wallachisch-Meseritzsch und Meseritzsch.
**Walbeck**, *Fl.*, ♈ Helmstedt (Bs 31) 1¼ NO.
— Aschersleben (MH 30) 1¼ S.
— Geldern (Rh 70) 1 SW.
**Walberberg**, Brühl (Rh 30) ½ S.
**Walbenreuth** (Walbernreuth, Walpernreuth), Windisch-Eschenbach (ByO 82) ½ SO.
**Walchen**, Vöcklamarkt (KE 40) ¼ SO.
**Walchensee**, Holzkirchen (ByS 131) 6 SW.
**Walchow**, Stalik (OeSt 5) ¾ O.
**Walchsee**, ♈ Kufstein (ByS 183, OeSü 178) 1½ NO.
**Walching**, Vilshofen (ByO 55) 1¼ SW.
**Walchum**, Kluse-Dörpen, *H*° (Wf 31) ½ SW.
[2] **Wald** in Bayern, *Fl.*, Schwabmünchen 2 SW, Buchloe 2 NW. (ByS 22 u. 20).
[3] — in Tirol, Innsbruck (OeSü 187) 18 W.
— in Oesterr., Böheimkirchen 1¼ SW, Sct. Pölten 1½ SO. (KE 10 u. 12).
[4] — *Fl.*, ♈ T Ohligs-Wald ½ NO, Solingen ½ NW. (BM 96 u. 101).
[5] — in Sachsen, Zittau (SO 33) 1½ O.
[6] — (Canton Zürich), *Fl.*, Rüti 1¼ NO, Winterthur 6½ SO. (VS 3, 47 u. 14).
*Siehe demnächst Station* °*Wald KR 17a.*
**Wald Algesheim**, Bingerbrück (Rh 58, Sa 27) ½ W.
[1] **Waldau**, Freiburg (Ba 39) 3¼ O.
[2] — in Böhmen, Paka (SNV 12) 1¼ SO.
[3] — Königsberg i. Pr. (PO 50) 2 O.
[4] — in Schlesien, Kohlfurt ¾ S, Heide-Gersdorf ¼ N. (NM 26 u. 42).
[5] — Liegnitz (NM 33, BF 23) ½ NW.
[6] — Langen-, Liegnitz (NM 33, BF 23) 1 NW.
[7] — bei Schleusingen, Eisfeld (Th 55a) 1½ NW.
**Waldbehrungen**, Ober-, Meiningen (Th 50) 3½ SW.
**Waldbroel**, *Fl.*, ♈ Schladern (KM 48) 1¼ N.
**Waldbüttelbrunn**, Würzburg (Ba 125) ¾ W.
**Waldburg**, Insterburg (PO 58 u. TI 4) 5 S.
[1] **Walddorf**, Neisse (NB 1) 1 NO.
[2] — in Schlesien, Rietschen (BG 13) 1 O.
[3] — in Sachsen, Löbau (SO 23) 1½ S.
[4] — Neckarthailfingen (Wü 128) 1 SW.
[5] — Horb 2¼ NW, °Nagold ⅝ NW. (Wü 112 u. 207).
**Waldeck** im Fürstenthum Waldeck *Stadt*, ♈ Cassel 4¾ SW, Wabern 3¾ NW. (MW 1 u. 5).
— in Bayern, *Stadt*, ♈ Kemnath-Neustadt (ByO 77) ¾ NO.
**Waldegg**, Felixdorf (OeSü 20) 2.
**Waldek**, Alt- u. Neu- in Böhmen, Abtsdorf ½ SO, Zwittau ¾ N. (OeSt 10 u. 9).
**Waldenbuch**, *Stadt*, ♈ Stuttgart (Wü 16) 2 S.
[1] **Waldenburg** in Sachsen, *Stadt*, ♈ Altenburg 2¼ SO, Hohenstein-Ernstthal 1¾ NW, Glauchau ¾ NO. (SW 6, 42 u. 22).
[2] — Ober-, in Schlesien, Waldenburg (NM 57) ½ S.
[7] **Waldhausen**, Soest (Wf 13, BM 56) 2 SO.
[8] — in Nassau, Weilburg (Na 36) ¾ NW.
*Siehe dagegen Station Waldhausen Wü 107.*
**Waldheim** in Böhmen, Stankau (BW 4) 3½ NW.
*Siehe dagegen Station Waldheim SW 35.*
**Wald-Hilbersheim**, Langen-Lonsheim (Sa 28) siehe Hilbersheim.
**Waldhöfen**, Kluse-Dörpen *H*° (Wf 31) 1½ O.
**Waldhof**, *Spiegel-Manufactur*, Mannheim (Ba 1 u. 88) ½ N.
— Landshut (ByO 10) 8½ SO.
**Waldhof**, Löwenhagen 1 O, Lindenau ¾ SW. (PO 52 u. 53).
**Walditz** in Böhmen, Liebstadtl (SNV 13) ¼ N.
**Waldkappel**, *Stadt*, ♈ Altmorschen 2½ NO, Cassel 5 SO, Eisenach 5¼ NW. (HN 5, 1 u. Th 3 u. 53).
**Waldkeim**, Kobbelbude (PO 46) 2½ SO.
**Waldkirch** bei Freiburg i. Bad., *Stadt*, ♈ T Denzlingen *H*° 1 NO, Emmendingen 1 O. (Ba 38 u. 37).
**Waldkirchen** in Bayern, *Fl.*, ♈ Passau (ByO 58, KK 54) 3 NO.
— *GRl (SW 64)*, ♈ Zschopau (SW 65) ½ NO
— Lengenfeld (SW 72) ½ N.
**Wald-Laubersheim**, Bingerbrück 1 SW, Langen-Lonsheim ¾ NW. (Sa 27 u. 28).
**Waldmatt**, Bühl (Ba 22) ½ S.
**Waldmichelbach**, Heppenheim (MN 11) 3¾ SO.
**Waldmohr** in der Pfalz, ♈ Homburg (Pf 2) 1 N.
**Waldmünchen**, *Stadt*, ♈ Schwandorf 6¼ O, Cham 2½ N. (ByO 29 u. 64).
**Waldorf**, Sechtem (Rh 40) ¾ S.
**Waldow**, Brand (BG 5) ¾ SW.
**Waldowo**, Nakel (PO 26) 4½ NO.
— Kotomierz (PO 28) 1½ NO.
**Waldprechtsweier**, *Bergwerk*, Walsch *H*° ½ S, Muggensturm ⅝ O. (Ba 16 u. 17).
**Waldschmiede**, **Die**, *Papiermühle*, Nassau (Na 23) 1 SO.
**Waldsee** in der Pfalz, Schifferstadt ⅝ O, Speyer 1¼ N. (Pf 14 u. 29).
[2] — *(Wü 190)*, *Stadt*, ♈ T Essendorf 1 S, Durlesbach ¾ NO. (Wü 44 u. 47).
**Waldstein** in Böhmen, Turnau (SNV 17. TKP 12) ½ SO.
— in Steiermark, Peggau (OeSü 44) 1.
**Waldstetten**, *Fl.*, Günzburg 2 S, Senden 2¾ O. (ByS 107 u. 205).
— Gmünd (Wü 100) ⅝ S.
**Waldthurm**, *Fl.*, ♈ Weiden (ByO 73) 1¾ O.
**Waldülversheim**, Guntersblum (HL 5) ¾ W.
**Waldulm**, Achern (Ba 24) 1 O.
**Waldwies**, Merzig (Sa 16) 1¼ SW.
**Waldwimmersbach**, Aglasterhausen 1 W, Neckargemünd 1½ SO. (Ba 99 u. 92).
**Waldzell**, ♈ Ried 2 NW, Riedau-Ried 3½ SW. (KE 39 u. 40).
**Walhorn**, Astenet ¼ S, Eupen ¾ N. (Rh 3 u. 1).
**Walke**, Hausach (Ba 164) 2¼ NO.
°**Walkenried** *(ML 37)*, *Fl.*, ♈ Nordhausen (ML 28) 2¼ NW.
**Walkersbach**, Plüderhausen (Wü 106) ca. ½ N.
**Walkertshofen**, Landshut (ByO 10) 3¼ NW.
**Walkringen**, Burgdorf (SC 1, 34) 2¾ S.
**Walkwitz**, Neu-, Stavenhagen (FF 5) 1 N.
**Wall**, Kl.-, Erkner (NM 5) 1½ O.
**Walla**, Wieselburg (OeSt 67) 1½ S.
**Wallachisch-Meseritzsch**, *Stadt*, ♈ Pohl (KFN 22) 2 SO.
*Siehe auch Meseritzsch.*
**Wallachsee**, Schneidemühl (PO 22) 5¼ N.
**Wallau** in Hessen, Dillenburg (KM 58) 3½ NO.
— Wiesbaden (Na 1) 1 SO.
**Wallbach**, Säckingen (Ba 62) ¼ NW.
**Wallberg**, Orschweier (Ba 70) ¾ SO.
**Wallenstedt**, Banteln (Ha 76) ½ O.
**Wallerdorf**, Osterhofen (ByO 53) ¾ SO.
**Wallern**, *Fl.*, ♈ Wodnian 5 SW, Netolitz 5 SW. (KFJ 26 u. 25).
*Siehe dagegen Station Wallern KE 46.*
**Wallersdorf**, ♈ Straubing 2½ S, Strasskirchen 1½ S, Plattling 1½ SW. (ByO 47, 49 u. 51).
**Wallersheim**, Coblenz (Rh 52) ½ NO.
**Wallersing**, Osterhofen (ByO 53).
**Wallerstädten**, Gr.-Gerau (HL 22) ½ SW.
**Wallerstein**, *Fl.*, ♈ Nördlingen (ByS 34) ¾ NW.
°**Wallertheim** *(HL 81)*, Mainz 2½ SW, Alzey 1½ NW. (HL 11 u. 44).
**Wallfisch**, ⚒ *(an Zegb.)*, Witten (BM 46) 0,6 NO.
**Wallhausen**, Allensbach (Ba 85) ¾ NO.
— Türkismühle (Sa 42) ¼ SO.
— ♈ Creuznach (Sa 22) 1 NW.
*Siehe dagegen die Stationen Wallhausen ML 25 u. Wü 91.*
**Wallhöfen**, Oldenbüttel (Ha 37) 1 NO.
**Wallisfurth** in Schlesien, Frankenstein (BF 11) 3¾ SW.
**Walliswyl**, Herzogenbuchsee (SC 1, 31) 6 Kil.
**Wallkofen**, Sünching (ByO 17) ½ S.
**Wallmenich**, Nieder- u. Ober-, St. Goarshausen (Na 14) 1 O.
**Wallmerod**, ♈ Limburg 2 N, °Hadamar 1 NW, °Elz 1 NW. (Na 30, 48 u. 47).
**Wallmoden**, Alt-, Ringelheim (Bs 11) ½ S.
— Neu-, Lutter a. B. (Bs 10) ¼ N.
**Wallmow**, Löcknitz (BSt 62) 2½ S.
**Wallrabenstein**, *Fl.*, ♈ Wiesbaden 2¾ N, Limburg 1½ SO. (Na 1 u. 30).
**Wallroda**, Radeberg (SO 14) ¾ O.
**Wallroth**, Schlüchtern (BbH 10) 1 N.
**Wallsdorf**, Wiesbaden 2½ N, Limburg 2½ SO. (Na 1 u. 30).
**Wallsee**, *Fl.*, ♈ Amstetten 2 NW, Aschbach 1½ N. (KE 20 u. 21).
**Wallshausen**, Hildesheim (Ha 70) ¼ SO.
**Wallstadt**, Mannheim (Ba 1 u. 88) 1 O.
— Gr.- u. Kl.-, *Fl.*, ♈ Aschaffenburg (ByS 102. FH 10).
**Wallstedde**, Hamm 1 N, Drensteinfurt ¾ SO. (Wf 15 u. 17).
**Wallwitz**, *Zuckerf.*, Stumsdorf (ML 9) 1½ SW.
**Walpersdorf**, Neufahrn bei Ergoldsbach (ByO 13) ¾ SW.
**Walpershofen**, Saarbrücken (Sa 5) 1¾ NW.
**Walperswyl**, Biel (SC 1, 56) 10 Kil.
**Walporzheim**, Remagen (Rh 46) 2 SW.
**Walsbetz**, Landen (Gr. Centr. Belge 2, 18) ¼ S.
**Walsheim**, Knöringen (Pf 38) ¼ N.
**Walsleben**, ♈ Neustadt a. D. (BH 7) 2⅝ NO.
— Goldbeck (MH 23) ½ N.
**Walsrode**, *Stadt*, ♈ T Eystrup 3½ NO, Verden 4 SO, Celle 6 NW. (Ha 28, 30 u. 6).
**Waltalingen**, Andelfingen (SNO 2, 34) 1¼ NO.
**Waltenhofen**, *PH (ByS 10)*, Kempten (ByS 11) ½ S.
**Walterkehmen**, ♈ Gumbinnen (PO 60) 1½ SO.
**Walter-Nienburg**, Zerbst 1½ W, Gnadau 2 O. (BA 44. ML 4).
[1] **Waltersdorf** in Mähren, Olmütz (KFN 58, OeSt 43) 2¾ NO.
[2] — Ober-, Gramat-Neusiedel 1¾ SW, Baden 1 SO. (OeSt 59. OeSü 15).
[3] — Unter-, *Fl.*, Gramat-Neusiedel 1¼ SW, Baden 2 SO, Leobersdorf 2 NO. (OeSt 59 OeSü 15 u. 18).
[4] — Sorau (NM 22) 1 NO.
[5] — Lang-, in Schlesien, ♈ Dittersbach (NM 56) ½ S.
[6] — Wüste-, Waldenburg 1¾ SO, Schweidnitz 3 S, Dittersbach 2 SO. (BF 10, 16 u. NM 56).
[7] — *Sandsteinbrüche*, Greiffenberg 2 O, Hirschberg 2½ NW. (NM 45 u. 49).

[10]**Waltersdorf** in Sachsen-Coburg, Oeslan (Th 58).
*Siehe dagegen Haltestelle Waltersdorf NZ 4.*
**Waltershausen** (*Th 35 Station der Pferdeb.*), *Stadt*, ♥ Gotha (Th 6) 1¾ SW.
**Waltershofen**, Freiburg (Ba 30) 1½ SW.
**Waltersleben**, Erfurt (Th 8) 1 SW.
**Waltersweier**, Offenburg (Ba 28) ½ NW.
**Walterswyl**, Aarburg 4 Kil., Däniken 5 Kil. (SC 1, 14 u. 11).
**Walting**, Kothmaisling (ByO 65) ½ NO.
**Waltringhausen**, Haste (Ha 43) ½ S.
**Waltrop**, ♥ Mengede (KM 17) 1 N.
**Waltwilder**, Munsterbilsen (AM 11) ½ S.
**Walzen**, ♥ Gogolin (OS 11) 2 S.
**Wambeln**, Dortmund (BM 50, KM 18) ½ O.
**Wamberg**, *Stadt*, ♥ Wildenschwert 2½ NW, Chotzen 2 NO, Königgrätz 4½ SO. (OeSt 12, 14 u. SNV 3).
**Wamel**, Soest (Wf 13, BM 56) 1¼ SO.
**Wannagupchen**, Stallupönen (PO 62) ¾ SW.
**Wandersleben**, *Fl.*, ♥ Dietendorf (Th 7) ¾ SW.
**Wanderup**, Tarp (Sw 8) ¾ NW.
**Wandris**, Gr.- u. Kl.-, Liegnitz 2½ SO, Spittelndorf 1½ S. (NM 33 u. 34).
**Wanfried**, *Stadt*, ♥ T Heiligenstadt 4 S, Eisenach 4 NW, Cassel 10½ SO. (ML 33, Th. 3 u. BN. 11).
**Wang**, *Fl.*, Pöchlarn (KE 16) 2¼ SW.
— Ober-, Vöcklamarkt (KE 40) 2 S.
**Wangelau**, Schwarzenbeck (BH 21) ¾ SO.
**Wangelstedt**, Stadtoldendorf ¾ SO, Vorwohle ½ SW. (Bs 2 u. 3).
1 **Wangen**, Radolfzell (Ba 83) 1¾ SW.
2 — *Stadt*, ♥ T Ravensburg (Wü 50) 2½ SO, Hergatz (ByS 4) 1 NW.
3 — *Fl.*, Cannstatt (Wü 17) ½ SO.
4 — Ubingen (Wü 25) ½ N.
5 — i. Bayern, Starnberg (ByS 102) ¾ NO.
6 — Königsberg in Preussen (PO 50) 2 NO.
7 — (bei Olten) Olten (SC 1,10) ½ W.
8 — a. d. Aar, Herzogenbuchsee 1½ NW, Solothurn 2 NO. (SC 1,31 u. 1,52).
9 — Gross-, Nottwyl 1½ W, Sursee 7 Kil (SC 1,21 u. 1,20).
10 — Klein-, Emmenbrücke (SC 1,24) 3½ N.
**Wangenried**, Herzogenbuchsee (SC 1,31) 6 Kil.
**Wangerau**, Warlubien (PO 31) 3 SO.
**Wanglen**, Spittelndorf (NM 34) ½ SO.
**Wankum**, ♥ Kempen 1½ NW, Geldern 2 S. (Rh. 67 u. 70).
**Wanlo**, Wickrath (BM 11) ca ½ SO.
**Wanowitz** i. Mähr., ♥ Letowic (OeSt 6) 1 O.
— i. Schles., Bauerwitz (Wi 12) 1½ SW.
**Wannweil**, Reutlingen (Wü 132) ¾ NW.
**Wansdorf**, Spandau (BH 2) 1½ NW.
**Wansen**, *Stadt*, ♥ Ohlau 2½ SW, Brieg 2½ W. (OS 4 u. 5).
**Wansleben**, Teutschenthal (ML 20) ½ W.
**Wantewitz**, Pristewitz (LD 14) ¼ S.
**Wanzleben**, Gr.-, *Zuckerfabr.*, *Stadt*, ♥ T Blumenberg (MH 4) ½ N, Oschersleben (Ha 20) 2½ NO.
— Klein-, Blumenberg 1 NW, Hadmersleben 1 N. (MH 4 u. 5).
**Wanzin**, Landen (Gr-CBelge 2,18) 1 SW.
**Wanzlitz**, Grabow (BH 14) ¾ SW.
**Wanzwyl**, Herzogenbuchsee (SC 1,31) 2 Kil.
**Wapez**, Tarnopol (PO 20) 2½ SO.
**Wapiltz**, Altfelde (PO 37) 2½ S.
**Wapno**, Elbe-Teinitz (OeSt 21) 2½ NO.
— Nakel (PO 26) 4 SW.
**Wappenstein** in Steiermark, *Hammerwerk*, Kapfenberg (OeSü 39) 2½.
**Waradia**, Oravicza (OeSt 130) 1 SW.
**Warasdin**, *Stadt*, ♥ T Csakaturn 1½ SW, Polstrau 1½ SO. (OeSü 115 u. 114).
**Warberg**, Schöningen 1 NW, Helmstedt 1½ SW, Büddenstedt ½ W. (Bs 29, 31 u. 30).
**Warbilingen**, Singen (Ba 81) ½ SO.
**Warle**, Schöppenstedt (Bs 22) ½ SO.
**Warlitz**, Hagenow ¾ SW, Pritzier ¾ NO. (BH 16 u. 17).
**Warlow**, Mischline (RO 27) ca 1 NO.
**Warmbach**, Rheinfelden (Ba 50) ¼ W.
**Warmbrunn**, *Bad*, *Stadt*, ♥ Reibnitz 1 SO, Hirschberg 1 SW. (NM 48 u. 49).
**Warmbüchen**, Burgdorf (Ha 4) 1½ W.
**Warmsdorf**, Güsten ½ SW, Stassfurt 1 S. (MH 31 u. 38).
**Warmsroth**, Bingerbrück (Rh 58, Sa 27) 1¼ W.
**Warnemünde**, *Seebad*, *Fl.*, ♥ T Rostock (Mk 1) 2 NW.
**Warningken**, Gr.-, Stallupönen (PO 62) 1½ N.
**Warnin**, Nassow (BSt 22) 1 N.
**Warnitz**, Stargard i. Pomm. (BSt 14) 1 S.
— i. Mecklenb., Schwerin (Mk 9) ¾ NW.
**Warnkenhagen**, Lalendorf (FF 2) 1 NO.
**Warnow**, Gross-, Wendisch-Warnow (BH 13) ½ SW.
*Siehe auch Station Warnow Mk 4.*
**Warnsdorf**, Alt-, i. Böhmen, *Stat.* (*BN 10*), ♥ T Ober-Oderwitz 1½ SW, Gr.-Schönau ¾ NW. (SO 31 u. 41).
— Neu-, in Schlesien, Greiffenberg (NM 45) ½ W.
**Warnstedt**, Quedlinburg 1 SW, Neinstedt ½ N, Thale ½ N. (MH 12, 13 u. 14).
**Warp**, Alt-, Stettin (BSt 10) 4¾ NW.
— Neu-, *Stadt*, ♥ Stettin (BSt 10) 4½ NW.
**Warsingsfehn**, Neermoor *H°* (Wf 36) ½ O.
**Warsleben**, ♥ Wegersleben ½ NO, Oschersleben 1½ NW. (Bs 19 u. 20).
— Dahlen-, Magdeburg (ML u. MH 1) 1½ NW.
— Hohen-, Magdeburg (ML u. MH 1) 1½ NW.
**Warsow**, Stettin (BSt 10) ½ N.
**Warstein**, *Stadt*, ♥ Lippstadt 3¾ S, Soest 3 SO. (Wf 10 u. 13).
**Wart**, Ober-, *Fl.*, Steinamanger (OeSü 102) 4½ NW.
— Unter-, Steinamanger (OeSü 102) 3¾ NW.
1 **Wartberg** i. Oesterr., Oberndorf (KE 66) 1½ O.
2 — i. Steierm., Mitterndorf (OeSü 36) ½.
3 — ♥ Wartberg (OeSt 78) ½ NW.
1 **Wartenberg** i. Bad., Geisingen (Ba 181) ½ W.
2 — i. Bayern, *Fl.*, Moosburg (ByO 8) 1½ SO.
3 — bei Niemes i. Böhmen, *Stadt*, ♥ Liebenau 3 NW, Böhm.-Leipa 2½ O, Kratzau 2½ SW. (SNV 19, BN 8, SO 36).
4 — i. Böhmen, *Badeort*, Turnau (SNV 12, TKP 12) ¾ S.
5 — Damm bei Stettin (BSt 12) 3 S.
6 — Deutsch-, *Stadt*, ♥ Glogau 5 NW, Sagan 5 NO (NZ 1 u 7), Sorau (NM 22) 8 NO.
7 — Polnisch-, *Stadt*, ♥ T Breslau 8 NO, Oels 3½ NO. (NM 30, RO 13 u. 17).
1 **Wartenburg** i. Oesterreich, Vöcklabruck ½ NW, Timmelkam ½ N. (KE 37 u. 38).
2 — a. d. Elbe, ♥ Wittenberg (BA 9) 1½ SO.
3 — i. Ostpr., *Stadt*, ♥ Braunsberg 13½ SO, Bartenstein 7 S. (PO 44 u. OpS 15).
**Wartenstein**, Gloggnitz (OeSü 27) ½ SW.
**Warth**, Siegburg ½ SO, Honnef ca ½ N. (KM 45 u. 46).
1 **Wartha** i. Schlesien, *Stadt*, ♥ Frankenstein (BF 11) 1½ SW.
2 — Ober- u. Nieder-, i. Sachsen, Kötschenbroda *H°* (LD 17) 1 W.
3 — bei Königswarthe, Bautzen (SO 20) 3 NW.
4 — bei Guttau, Bautzen (SO 20) 1¾ NO.
**Warthau**, ♥ Bunzlau 1 SO, Kaiserswaldau 1½ SW. (NM 29 u. 30).
**Warthe**, Paderborn (Wf 7) ½ W.
**Wassenberg**, *Stadt*, ♥ Erkelenz (BM 10) 1¾ NW.
**Wasser**, Emmendingen (Ba 37) ½ S.
**Wasserburg**, *Stadt*, ♥ T Rosenheim 3½ NO, Endorf 2½ NW. (ByS 137 u. 139).
— Lindau (ByS 1) ¾ NW.
**Wasserhorst**, Burg-Lesum (Ha 35) ½ O.
**Wasserjentsch**, Breslau (NM 39, BF 1) 1½ SW.
**Wasserleith**, *Sensenfabr.*, Bruck a. Mur 6½ SW, Knittelfeld ½ NO. (OeSü 40, KB 22).
**Wasserliesch**, Conz (Sa 21) ½ NW.
**Wasserlos**, Dettingen (FH 8) ½ NO.
**Wassers**, Durlesbach (Wü 47) 1½ SO.
**Wasserschneppe**, × Kupferdreh (BM 63) 0,3 NW.
**Wasterkingen**, Schaffhausen 4 N, Bülach 2½ SO. (Ba 77, SNO 2,31 u. 2,41)
**Wasskeintz**, *Fl.*, Sniatyn ¾ SO, Luzan 2 N. (LCJ 18 u. 20).
**Waszmiers**, Gr.- u. Kl.-, Dirschau (PO 31) 1½ SW.
**Watenstedt**, Jerxheim (Bs 17) ½ NW.
*Siehe dagegen Haltestelle Watenstedt Bs 21.*
**Wathlingen**, Celle (Ha 6) 1½ S.
**Watislaw**, Lobositz (OeSt 38) 1½ SW.
**Watsch** i. Krain, Sava (OeSü 71) 1½.
**Wattenberg**, Hall i. Tirol (OeSü 186) 1½ O.
**Wattenheim**, ♥ Worms (HL 1) 3½ SW.
**Wattens**, Hall i. Tirol 1 NO, Fritzens ½ S. (OeSü 186 u. 185).
**Wattenscheidt**, *Stadt*, ♥ Wattenscheidt (Rh 94) ½ S.
**Wattenthal**, Hall i. Tirol (OeSü 186) 1 O.
**Wattenwyl**, Thun (SC 1,47) 2 NW.
**Watterdingen**, Engen (Ba 176) 1 SW.
**Wattkowitz**, Czerwinsk (PO 32) 4 NO.
**Wattweiler**, Zweibrücken (Pf 23) ¾ W.
[10]**Wattwyl** (*Schweiz. Toggenburgerb. 3,65*), Wyl (VS 3,8) 4½ SO.
**Watzelhahn**, Wiesbaden (Na 1) 1¼ NW.
**Watzenborn**, Lang-Göns 1 NO, Giessen 1 SO. (MW 15 u. 14).
**Waulo**, Wickrath (BM 11) ½ S.
**Wewelsburg**, Salzkotten 1 S, Geseke 1½ SO. (Wf 8 u. 9).
**Wawern**, Conz (Sa 21) 1 SW.
**Wawitz**, Bautzen (SO 20) 1½ O.
**Wda**, *Mühle*, Czerwinsk (PO 32) 3½ NW.
**Webenheim**, Zweibrücken (Pf 23) 1½ W.
**Wehratz**, Wegstädtl (OeSt 35) 1 N.
**Wechselburg**, *Fl.*, ♥ Mittweida 1½ W, Erlau 1½ W, Chemnitz 3 NW, Borna 3 SO, Leisnig 2½ SW. (SW 32, 33, 20, 21 u. LD 28).
**Wechsungen**, Klein-, Nordhausen (ML 28) ¾ NW.
— Gross-, Nordhausen (ML 28) 1 W.
**Weckelsdorf** i. Böhmen, *Fl.*, Skalitz 3 NO, Kostelétz 1½ NO, Waldenburg 2½ SW, Dittersbach 2½ SW. (SNV 23, 25, NM 57 u. 56).
**Weckhoven**, Norf (Rh 64) ½ W.
**Weddegast**, Biendorf (MH 33) ½ N.
**Weddersleben**, Quedlinburg ¾ SW, Neinstedt ½ N. (MH 12 u. 13).
**Wedderstedt**, Gatersleben ¾ NW, Ditfurth ½ O, Quedlinburg 1½ NO. (MH 27, 11 u. 12).
**Weddewarden**, Geestemünde (Ha 40) 1 N.
**Weddingen**, Alten- u. Oster-, *siehe* Altenweddingen u. Osterweddingen.
**Wedel**, *Fl.*, ♥ Blankenese (AK 33) 1 NW.
**Wedrisdorf**, Wangerin (BSt 17) 3½ SO.
**Wedling**, Unter- u. Ober-, Grieskirchen (KE 47) ½ NW.
**Wedringen**, Magdeburg (MH u. ML 1) 2½ NW.
**Weedern**, Gumbinnen (PO 60) 3 SW.
**Weeize**, Neustadt a. N. (Ha 23) 1½ NO.
**Weende**, Göttingen (Ha 84) ½ N.

Wehdem, Bünde (Ha 53) ¼ N.

Wehden, Geestemünde (Ha 40) 1½ NO.

Wehen, Wiesbaden (Na 1) 1 NW.

Wehingen, Tübingen 6¼ SW, *Spaichingen 1½ NO. (Wü 135 u. 161).

Wehl, Neuss (BM 10, Rh 14) ca 1 SW.

Wehlen i. Hannov., Winsen (Ha 15) 4¼ SW.
— i. Sachs., *Stadt*, Pirna (SO 5) ¾ O.

Wehlheiden, Wilhelmshöhe (HN 10 u. MW 2) ½ O.

Wehlitz, Schkeuditz (ML 13) ½ SW.

Wehlowitz, Berkowic (OeSt 34) ½ O.

Wehm, Klune-Dörpen (Ha 31) 2½ SO.

Wehmingen, Sehnde *H*° (Ha 61) ½ SW.

Wehnde, Gernrode (ML 31) 1½ NW.

Wehnen, Bloh (Ol 9) ½ N.

Wehnenfeld, Löwenhagen (PO 52) ½ SW.

Wehowitz, Gr.-Peterwitz (Wi 14) 3 SW.

Wehr i. Baden, *Eisenhammer*, *Fl.*, Brennet (Ba 61) ½ NO.
— Rheinprov., Brohl (Rh 49) 1½ SW.

Wehrau, Siegersdorf 1 N, Bunzlau 1½ NW. (NM 28 u. 30).

Wehrbleck, Nienburg (Ha 26) 5½ W.

Wehrda, Neukirchen (BbH 3) ½ SW.

Wehrden, Völklingen (Sa 10) ¾ W.
— Brakel 2 O, Höxter 1 S. (Wf 40 u. 42).

Wehrheim i. Nassau, *Fl.*, Homburg (Ho 1) 1½ NW.

Wehringdorf, Bruchmühlen *H*° (Ha 54) ½ NW.

Wehringen, Bobingen ½ SW, Gr.-Aitingen ½ NW. (ByS 24 u. 23).

Wehrsdorf, Bischofswerda 2½ SO, Bautzen W2 SW. (SO 17 u. 20).

Wehrstedt, Halberstadt (MH 9) ½ O.

Weiach, Bülach (SNO 2,41) 2½ NW.

Weiberg, Gesecke (Wf 9) 2 SO.

Weibern, Brohl (Rh 49) 2½ SW.

Weibersbrunn, Aschaffenburg (FH 10) 3 SO.

Weicha, Bautzen (SO 20) 2 NO.

Weicherau, Ingramsdorf 1 N, Neumarkt 2½ S. (BF 5 u. NM 36).

Weichnitz, Quaritz (NZ 3) ½ NO.

Weichs bei Hofkirchen, Laberweinting (ByO 15) ½ S.
— bei Sallern, Walhallastrasse (ByO 23) ½ W.

Weichsel, Alt-, Dirschau (PO 34) ¾ SO.
— i. Oesterr.-Schles., Teschen 2¾ SO, Bielitz 3 SW. (KO 4 u. KFN 64).

Weichselburg, *Stadt*, Laibach (OeSü 70) 4 SO.

Weichselmünde, Danzig ¾ NO, Neufahrwasser ½ SO. (PO 74 u. 75).

Weichstetten, Enns (KE 25) 2 SW.

Weid, Ober- u. Unter-, Salzungen (Th 45) 4 SW.

Weida, Riesa (LD 11, SW 44) ½ SW.
— *Stadt*, T Gera 2 S, Ronneburg 2 SW, Greiz 2 NW, Sonneberg 10 NO. (SW 88, 87, 91 u. Th 61).

Weide, Breslau (NM 39) ¾ N.

1 Weiden i. Ungarn, *Fl.*, Parndorf (OeSt 64) ¾ S.
2 — Königsdorf (Rh 11) ½ O.
3 — Stolberg (Rh 5) ½ NW.
4 — Unter-, Kempen (Rh 67) ½ O.

*Siehe dagegen Station Weiden der ByO 77.*

Weidenau, Neuhof (BbH 7) 1½ W.
— Siegen (BM 80, KM 64) ½ NO.
— *Stadt*, T Neisse (NB 1) 2 SW.

Weidenbach i. Bayern, *Fl.*, Triesdorf (ByS 150) ca ½ SW.
— Ober-Röblingen (ML 21) 1½ S.

Weidenberg, *Fl.*, Seybothenreuth ¾ N, Bayreuth 1½ O. (ByO 79 u. 80).

Weidenhausen, Arenshausen (Ha 96) 2½ S.
— Bebra 4 NO, Cassel 7 SO, (BbH 1, HN 3 u. 11).

Weidenhof, Breslau (NM 39, BF 1) 1.

Weidenpesch, Köln, (Rh 13, KM 1) ½ N.

Weidenstetten, Lonsee (Wü 82) ½ O.

Weidenthal, Nabburg (ByO 69) ¾ NO.

Weiderode, Rotenburg (HN 4) ½ O.

Weidesheim, Euskirchen (Rh 22) ½ O.

Weidhausen, Ebersdorf (Th 56) ½ SO.

Weiding i. Bayern, Cham (ByO 64) 1½ O.

Weidlitz, Bautzen (SO 20) 1½ NW.

Weier, Offenburg (Ba 28) ½ NW.
— Nieder- u. Ober-, Muggensturm (Ba 17) ½ O.

Weierbach, Offenburg (Ba 28) ½ O.

Weiffa (Weifa), Bischofswerda 1¾ SO, Bautzen 1¾ SW. (SO 17 u. 20).

Weigelsdorf, Gr.-, Hundsfeld ½ SO, Breslau 1½ NO. (RO 14 u. 13 u. NM 39).
— Reichenbach in Schles. (BF 13) 1¼ S.
— i. Böhm., Trautenau (SNV 28) ½ W.

Weigelsdorf, Gramat-Neusiedel (OeSt 59) 1½ SW.

Weigsdorf, Bautzen (SO 20) 1¼ SO.
— Mittel- u. Ober-, Zittau (SO 33) 2 NO.

Weigwitz, Breslau (NM 39, OS 1) 2 SO.
— Ohlau (OS 4) 1¾ SW.

Weihenstephan, Freising (ByO 6) ½ SW.
— Landshut (ByO 10) 1½ N.

Weiher, Langenbrücken (Ba 8) ½ W.
— Bodenbach (BN 20) ¼ W.

Weiherhammer, *Hütten- u. Eisenwerk*, Luhe 1¼ NW, Weiden 1¼ SW. (ByO 72, 73).

Weihmörting, Landshut (ByO 10) 12 SO.

Weikendorf, Gänserndorf (KFN 5) ½ NO.

Weikersdorf, Wiener-Neustadt (OeSü 22) 1 W.
— Baden (Oesterr.) (OeSü 15) ¾.
— Gross-, *Stadt*, Stockerau (KFN 46) 2½ NW.

1 Weil i. Baden, Lörrach (Ba 208) ¾ SW.
2 — Haltingen ¾ S, Leopoldshöhe ¾ O. (Ba 54 u. 55).
3 — Gottmadingen (Ba 80) 2 NW.
4* — die Stadt (*Wü 200*), *Stadt*, T Stuttgart 3 W, Ditzingen 2½ SW. (Wü 16 u. 197).
5 — im Dorf, Feuerbach ½ W, Ditzingen ½ SO. (Wü 15 u. 197).
6 — im Schönbuch, Tübingen (Wü 135) 2 NW.

Weilar, Salzungen (Th 45) 1 SW.

Weilbach in Bayern, Aschaffenburg 5 S, Mosbach 5 NNO. (FH 10, Ba 102).
— i. Nassau, Flörsheim (Ts 5) ½ N.

Weildorf, Horb (Wü 142) 1½ SO.

1 Weiler, Haslach ½ NO, Hausach ½ W. (Ba 163 u. 164).
2 — Nieder- u. Ober-, Müllheim (Ba 45) ½ NW.
3 — Radolfzell (Ba 83) ½ S.
4 — Sinsheim ¾ S, Steinsfurth ½ SW. (Ba 128 u. 129).
5 — Wilferdingen (Ba 145) 1 S.
6 — i. Bayern, *Fl.*, Oberstaufen 1½ W, Röthenbach 1 S. (ByS 7 u. 43).
7 — Boppard (Rh 54) ¾ SO.
8 — Nieder- u. Ober-, Brohl (Rh 49) 1 SW.
9 — Longerich (Rh 61) ½ N.
10 — Zülpich (Rh 21) ½ NO.
11 — Satzvey (Rh 23) ¾ S.
12 — Bingerbrück (Rh 58, Sa 27) ½ W.
13 — Monzingen (Sa 35) ½ NW.
14 — Ebersbach (Wü 24) ½ SW.
15 — Willsbach (Wü 71) ½ SO.
16 — Blaubeuren (Wü 169) unm.

Weilerbach, Ramstein (Pf 55) ½ NO.

Weilerhof, Helmstadt *H*° (Ba 98) ¾ NO.

Weilermühle, Aglasterhausen (Ba 99) ½ S.

Weilersbach, Freiburg i. Baden (Ba 39) 1½ SO.

Weilerswist, Euskirchen 1½ NO, Brühl 1½ SW. (Rh 22 u. 39).

Weilheim, Waldshut (Ba 68) ½ NO.
— a. d. Teck, *Stadt*, T Kirchheim u. Teck (Wü 153) 1 SO.

*Siehe dagegen Station Weilheim ByS 108.*

Weilmünster, *Eisen-*, *Silber-* u. *Kupfergruben*, *Fl.*, Weilburg (Na 36) 1½ SO.

Weiltingen, Wassertrüdingen (ByS 37) 2 NW.

Weinähr, Nassau (Na 23) ½ NO.

Weinbach, Landshut (ByO 10) ¼ SO.
— Die, Aumenau (Na 34) ½ O.
— Gross-, Aumenau ¾ NO, Weilburg ¾ SW. (Na 14 u. 36).
— Kl.-, *Schieferbergw.*, Aumenau (Na 34) ½ O.

Weinberg, Prag (BW 22, OeSt 27) ½ O.

Weinböhla, Niederau ½ W, Coswig i. Sachs. ¾ N. (LD 15 u. 16).

Weinburg i. Steiermark, Spielfeld (OeSü 55) 1.

Weine, Gesecke (Wf 9) 1¾ SW.

Weinelsheim, Nierstein (HL 7) ½ SW.

1 Weingarten i. Westpreussen, Elbing (PO 39) ¼ SO.
2 — in Rheinpr., Euskirchen (Rh 22) ¾ S.
3 — Lingenfeld (Pf 32) ½ NW.
4 — *Fl.*, T Ravensburg ¼ NO, Niederbiegen ½ SO. (Wü 49 u. 50).

*Siehe dagegen Haltest. Weingarten der Ba 12.*

Weingrundforst, Elbing (PO 39) ½ SO.

1 Weinheim, Alzey (HL 44) ¾ W.
2 — Nieder-, Mainz 2½ SW, Alzey 1¾ NW. (HL 11 u. 44).

*Siehe dagegen Station Weinheim der MN 18.*

Weinsheim, Worms (HL 1) ½ S.

Weinstetten, Heitersheim (Ba 43) ½ W.

Weipersdorf, Landskron (OeSt 80) 1½ NO.

*Weipert i. Böhmen, (*Buschtehrader E.*) *Stadt*, Annaberg Buchholz (SW 70) 1½ S.

Weipertshofen, Stimpfach (Wü 85) ½ NO.

Weipernitz, Pilsen (BW 8, KFJ 39) 1 W.

Weischlitz, Plauen (SW 15) 1 SW.

Weisel, Caub ½ NO, St. Goarshausen ¾ SO. (Na 13 u. 14).
— Klein-, Bakov (BN 1) ½ W.

Weisen, Wittenberge (BH 11) ½ NO.

Weisenheim a/S., Frankenthal 1 SW, Dürkheim 1½ N. (Pf 12 u. 54).
— a. Berg, Dürkheim (Pf 54) 1 N.

Weisham, Endorf (ByS 139) 1 O.

Weiskirchen, Marchtrenk (KE 30) ¾ SO.

Weismes, Eupen (Rh 1) 3½ S.

Weissach, Ditzingen (Wü 197) 1½ NW.
— Gr.-Peterwitz (Wi 14) 3 W.

Weissandt, Stumsdorf *H*° (ML 9) ¾ N.

1 Weissbach i. Böhm., Görlitz 4½ SO, Reichenberg 3 NO. (BG 15, SO 27 u. 88).
2 — bei Königsbrück, Radeberg (SO 14) 2½ N.
3 — bei Pulsnitz, Radeberg (SO 14) 2 NO.
4 — bei Schneeberg, Wiesenburg (SW 50) ca ½ SO.
5 — *Spinnereien*, Zschopau (SW 65) ½ SW.
6 — Schmölln (SW 85) ½ SW.
7 — Ober- u. Unter-, Eisfeld 3½ NO, Sonneberg 3 NW. (Th 58a u. 61).

Weissbrunn, Weilheim (ByS 108) 1½ NW.

Weissdorf, Münchberg (ByS 72) ½ SO.
— Löwen (OS 7) ½ O.

Weissenau, Mainz (HL 11) ½ S.
— Ravensburg (Wü 50) ½ SW.

Weissenbach i. Baden, Muggensturm (Ba 17) 2¼ O.
— i. Oesterr., *Fl.*, Enns (KE 25) 4½ NO.
— i. Tirol, Innsbruck (OeSü 167) 14 NW.
— i. d. Schweiz, Thun (SC 1,47) 5½ SW.

Weissenberg, *Stadt*, Bautzen 2 NO, Löbau 1½ N. (SO 20 u. 23).
— Neues (BM 16, Rh 14) ½ N.

Weissenborn, Freiberg i. Sachs. (SO 51) 1 SO.

Weissenbronn, Durlesbach (Wü 47) 1 SO.

*Weissenburg a. Sand (*ByS 255*), *Stadt*, Gunzenhausen 2½ SO, Pleinfeld 1½ S. (ByS 39 u. 41).

*Siehe dagegen Station Weissenburg Pf 43.*
— i. d. Schweiz, Thun (SC 1,47) 4½ SW.

Weissendorf, *Fl.*, Emskirchen 1½ NO, Erlangen 1½ NW. (ByS 169 u. 51).

Weisseneck, Wildon (OeSü 51) 1.

Weissenfels i. Krain, *Fl.*, *Stahlhammerwerk*, Laibach 8 NW, Villach 6 SW. (OeSü 171 u. 76).

*Siehe dagegen Station Weissenfels Th 15.*

Weissenhof, Liegnitz (NM 33, BF 23) ½ SW.

Weissenhorn, *Stadt*, Ulm 2 SO, Senden 1½ SO. (ByS 103, Wü 34 u. ByS 205).

Weissenkirchen, *Fl.*, Frankenmarkt (KE 41) ½ S.

Weissenrode, Liegnitz (NM 33, BF 23) ½ SO.

Weissensand, Lengenfeld (SW 72).

Weissensee, Berlin ½ NW, Cöpenik 2½ NW. (NM 1 u. 3).
— i. Ostpreussen, Wehlau (PO 55) 1 NO.
— *Stadt*, *Straussfurth 1½ NO, Erfurt 4 NO. (KE 8, Th 6).

Weissenspring, Frankfurt a/O. 2 SW, Finkenheerd ¾ SW. (NM 11 u. 13).

Weissenstadt, *Stadt*, Schwarzenbach (ByS 73) 2 S.

Weissenstein, Pforzheim (Ba 149) ½ S.
— *Stadt* Süssen 1½ NO, Heidenheim 2½ NW. (Wü 28 u. 125).

Weissenthurm, *Fl.*, Neuwied (Rh 51) 1 NW.

Weissgrün, *Oleumfabr.* u. *Mineralwerk*, Radnitz (BW 10) ¾ NO.

Weiss-Haus, Köln (Rh 13, KM 1) ½ S.

1 Weissig bei Kandten, Spittelndorf (NM 34) 5 N.
2 — a. Bober, Sommerfeld (NM 19) 2½ NO.
3 — i. Sachsen, Priestewitz (LD 14) ½ NW.
4 — bei Biela, Radeberg (SO 13) ¾ S.
5 — bei Camenz, Radeberg (SO 14) ¼ NO.

1 Weisskirchen i. Böhmen, Kratzau (SO 36) ½ NW.
2 — i. Böhmen, Berkowic (OeSt 34) ½ S.
3 — i. Steiermark, *Fl.*, Judenburg (KR 24) ¾ SO.
4 — in Rheinprov., Merzig (Sa 16) 2½ NO.
5 — Türkismühle (Sa 42) 3½ W.

*Siehe dagegen Weiskirchen sowie die Stationen Weisskirchen Ho 8, KFN 21, SO 35 u. OeSt 126.*

Weisskirchlitz, Teplitz ½ N, Settenz ¾ N. (AT 6 u. 7).

Weisslingen, Effretikon (SNO 2,15) 1½ O.

Weissmain, *Stadt*, Burgkundstadt (ByS 63) 1 SW.

**Weiss-Schirmbach**, Ob.-Röblingen (ML 21) 2 SW.

**Weisstein**, Dittersbach 1 NW., Waldenburg 3/4 NW. (NM 56 u. 57).

— **Grube-**, *Steinkohlenbergw.*, Dittersbach (NM 56) 1 NW.

**Weisstein, Neu-**, Waldenburg (NM 57) 1/4 NW.

**Weisswasser** i. Oesterr.-Schlesien, *Fl.*, Neisse 3 3/4 SW, Frankenstein 3 1/2 SO, Nachod 8 O. (NB 1, BF 11 u. SNV 24).

*Siehe dagegen die Stationen Weisswasser der BG 12 u. BN 2.*

**Weisswell**, Kenzingen (Ba 35) 1 1/4 SW.

Erzingen (Ba 72) 1/2 SO.

[1]**Weissweiler** (*BM 131*), *Kunstwollfabr.*, Langerwehe 1/2 NW, Eschweiler 1/4 NO. (Rh 7 u. 6).

— *Kohlenzeche*, Langerwehe (Rh 7) 3/4 SW.

**Weistrach**, Sct. Peter 3/4 SW, Haag 1 NO. (KE 22 u. 23).

**Weistritz, Ober-**, Schweidnitz (BF 16) 1 SW.

**Poln.-**, Schweidnitz (BF 16) 1/2 SW.

**Alt- u. Neu-**, Dittersbach 2 1/2 NO, Waldenburg 2 NO, Schweidnitz 1 1/4 SW. (NM 56, 57, BF 16).

**Weistropp**, Kötschenbroda *H*° (LD 17) 3/4 SW.

**Weitelbach**, Bacharach (Rh 57) 2 SW.

**Welten**, in Rheinprovinz, Mettlach (Sa 17) 3/4 NW.

— i. Oesterr., *Fl.*, Melk (KE 15) 1 1/4 NW.

**Weitenau**, Steinen (Ba 210) 1/4 NO.

**Weiteneck**, *Fl.*, Melk (KE 15) 1/4 W.

**Weitenhagen**, Freienwalde i. Pomm. (BSt 16) 1 1/4 NW.

— Greifswald (BSt 57) 1 S.

**Weitensfeld**, *Fl.*, Hirt 3 SW, St. Veit 2 NW. (KR 32 u. 35).

**Weitenstein**, *Kohlenbergw.*, *Fl.*, Cilli (OeSü 64) 2 1/4 N.

**Weitenung**, Steinbach *H*° (Ba 21) 1/4 W.

**Weiterdingen**, Mühlhausen (Ba 174) 1/2 W.

**Weitersfeld**, Spielfeld (OeSü 55) 1 1/4.

**Weitin**, Neubrandenburg (FF 7) 1/4 W.

**Weitlage**, Neustadt-Eberswalde (BSt 4) 3/4 N.

**Weitmars**, Waldhausen (Wü 107) 1/4 NO.

**Weitra**, *Stadt*, T Melk 8 1/2 NW, Gmünd 1 1/2 SW. (KE 15, KFJ 20).

**Weitz**, *Eisenhammer*, *Fl.*, Graz (GK 1, OeSü 48) 5 NO.

**Weixdorf**, Radeberg (SO 14) 1 1/4 NW.

**Weixelburg**, *Stadt*, Laibach (OeSü 76) 4 SO, *siehe* Weichselburg.

**Weixelstein**, Steinbrück (OeSü 67) 1/4.

**Weizen**, Ober-Lauchringen (Ba 70) 2 1/4 N.

**Weizenrodau**, Schweidnitz (BF 16) 1/2 NO.

**Welbsleben**, *bed. Ziegelei*, Aschersleben 3/4 SW, Ermsleben 1/2 O. (MH 30 u. 39).

**Welchenberg**, Straubing 2 1/2 O, Strasskirchen 1 NO. (ByO 42 u. 49).

**Welchowek**, Josefstadt (SNV 6) 1 W.

**Welda**, Warburg (Wf 1, HN 17) 1/4 SW.

**Welden**, *Fl.*, Dinkelscherben (ByS 112) 1 1/4 NO.

**Welka**, Radeberg (SO 14) 2 1/2 NO.

**Gr.- u. Kl.-**, Bautzen (SO 20) 1/2 N.

— Strassnitz-Rohatetz (KFN 13) 3 1/2 O.

**Welkau**, Bischofswerda (SO 17) 3/4 NO.

**Welkenraedt**, Herbesthal (Rh 2) 1/2 SW.

*Bergw.*, Herbesthal (Rh 2) 1/4 SW.

**Welkersdorf**, Langenöls 1 O, Greiffenberg 1 NO. (NM 44 u. 45).

**Well**, Venlo (BM 28, Rh 84) 2 N.

**Wellbergen**, Rheine (Ha 64, Wf 24) 2 3/4 SW.

**Wellemin**, Lobositz (OeSt 38) 1 1/2 N.

**Wellen**, Alken (Grand Centr. Belge 2.14) 1 SO.

**Wellen**, Magdeburg (ML 1 u. MH 1) 2 W.

**Wellendingen**, Thiengen (Ba 69) 2 N.

**Wellendorf**, Uelzen (Ha 10) 1 1/2 SO.

**Wellersdorf, Ob.- u. Nied.-**, Sorau (NM 22) 1 O.

**Wellersen**, Salzderhelden (Ha 80) 1 1/2 W.

**Wellerswalde**, Oschatz (LD 9) 1/2 N.

**Welleschin**, *Fl.*, Holkau (KE 73) 1/2 S.

**Welleschitz**, Wegstädtl (OeSt 35) 3/4 N.

**Wellesweiler**, Bexbach 1/4 NW, Neunkirchen 1/2 O. (Pf 1, Sa 1).

**Wellheim**, *Fl.*, Donauwörth 3 1/2 NO, Ingolstadt 3 1/2 NW. (ByS 131 u. 243).

**Welling**, Andernach (Rh 50) 2 SW.

**Wellingen**, Kirchheim unter Teck (Wü 153) 1/2 N.

**Wellingholzhausen**, Melle (Ha 55) 3/4 SW.

**Wellje**, Nienburg (Ha 26) 1 1/4 SW

**Wellmich**, *Fl.*, St. Goarshausen (Na 14) 1/4 N.

**Wellmitz**, *Brennerei*, Neuzelle (NM 15) 1/2 S.

*Siehe dagegen Station Wellmitz NM 16*

**Welmlingen**, Rheinweiler *PH* 3/4 O, Efringen 3/4 N. (Ba 49 u. 52).

**Welmschloss**, Dux (AT 9) 3 1/2 SW.

**Welpin**, Terespol (PO 29) 3 1/4 NW.

**Welschdorf**, Hausach (Ba 164) 2 O.

**Welschenburg**, Wangerin (BSt 17) 2 3/4 SO.

**Welschingen**, *PH* (*Ba 175*), Mühlhausen 1/4 NW, Engen 3/4 S. (Ba 174 u. 176).

**Welschkirchen**, *Fl.*, Wodnian 3 SW. Netolic 2 1/4 W. (KFJ 26 u. 25).

**Welschneudorf**, Ems (Na 22) 1 NO.

**Welsch-Ofen**, Botzen (Bolzano) (OeSü 201) 3.

**Welschsteinach**, Haslach (Ba 163) 3/4 W.

**Welsleben**, Dodendorf (MH 2) 1/4 SO.

— Schönebeck (ML 3) 1 SW.

**Welsow**, Angermünde (BSt 6) 1 N.

**Weltenburg**, Regensburg 3 1/2 SW, Ingolstadt 4 1/4 NO. (ByO 22 u. ByS 243).

**Welterod**, Caub 2 NO, St. Goarshausen 2 SO. (Na 13 u. 14).

**Welthe** bei Guben, Jessnitz (NM 18) ca 1/2 W.

**Weltrub**, *Zuckerfabr.*, Kolin (OeSt 22) 1/2 N.

**Welwarn**, *Stadt*, Weltrus 1/2 W, Kralup 1/2 NW. (OeSt 32 u. 31).

**Welzheim**, *Stadt*, T Schorndorf (Wü 105) 1 1/2 NO.

— **Gross-**, Dettingen (FH 8) 1/4 NW.

**Wemb**, Weeze (Rh 72) 3/4 SW.

**Wembach**, Darmstadt (HL 24) 1 1/2 SO.

**Wemding**, *Stadt*, Donauwörth 2 1/4 NW, Nördlingen 2 1/2 NO. Oettingen 1 1/2 SO (ByS 32, 34 u. 36).

**Wemmetsweiler**, Friedrichsthal (Sa 2) 1 N.

**Wenau**, Langerwehe (Rh 7) 1/2 S.

**Wendelsheim** in Hessen, Alzey (HL 44) 1 1/4 NW.

Rottenburg (Wü 137) 3/4 N.

**Wendelstein**, *Fl.*, Schwabach 1 NO, Nürnberg 1 1/2 SO. (ByS 44 u. 46, ByO 45).

**Wendemark**, Passow (BSt 7) 1/2 NW.

**Wenden**, Hagen 1/4 N, Linsburg 1/4 NO. (Ha 24 u. 25).

**Wendenborstel**, Hagen (Ha 24) 1 1/2 N.

**Wendesse**, Peine (Ha 66) 3/4 N.

*Siehe dagegen Güter-Stat. Wendessen Ha 24.*

**Wendhausen**, Hildesheim (Ha 70) 1 O.

**Wendlingen**, Freiberg (Ha 39) 1/4 SW.

— Unterboihingen (Wü 126) 1/2 NO.

**Wendrin**, Kl.-Lassowitz (RO 24) 1/4 O.

**Wendthagen**, Stadthagen (Ha 45) 1/2 S.

**Wendzin**, Mischline (RO 27) 2 NO.

**Wengelsdorf**, Corbetha (Th 16) 1/4.

**Wengern**, Marienburg (PO 36) 1 1/4 SW.

— Oppeln (OS 10, PO 1) 1 1/2 NO.

**Wengerz**, Schneidemühl (PO 22) 3 1/2 NO.

**Wengi**, Frauenfeld (SNO 2.10) 1 1/2 SO.

— Zollikofen (SC 1.38) 2 NW.

**Wenglarken**, Laskowitz (PO 30) 1 NO.

**Wenglingen**, Aitrang (ByS 15) 1/2 NO.

**Weningen**, *Stadt*, Gelnhausen 3 N, Nieder-Wöllstadt 3 1/2 NO. (BbH 14, MW 19).

**Wendorf**, Cöthen (BA 33, ML 7).

**Wennigsen**, Hannover (Ha 1) 1/2 SW.

**Wense**, Peine (Ha 66) 1 1/4 NO.

**Wensikendorf**, Bernau (BSt 2) 2 1/2 NW.

**Wenslingen**, Sissach (SC 1.7) 1 1/2 SO.

**Wensöwen**, Insterburg (PO 58, TI 4) 11 SO.

**Wenthof**, Thalhausen (Wü 147) 1/4 N.

**Wentorf**, Reinbeck 1/4 S, Bergedorf 1/2 NO. (BH 23 u. 24)

**Wentrup**, Greven (Wf 21) 1/2 N.

**Wenzelsdorf**, Bodenbach (BN 20, OeSt 42) 1/4 SW.

**Wenzen**, Naensen (Ba 4) 3/4 W.

**Wepreh**, Weltrus (OeSt 32) 1/2 N.

**Wepritz**, Landsberg a. W. (PO 13) 1/2 SW.

**Werbach**, Hochhausen (Ba 137) 1/2 S.

**Werbeln**, Bous (Sa 11) 1/2 S.

**Werbelow**, Nechlin (BSt 49) 1/2 NW.

[1]**Werben** bei Cottbus, Vetschau (BG 8) 1 1/2 NO.

[2]— *Fl.*, Stargard i. Pomm. (BSt 14) 2 SW.

[3]— *Stadt*, Seehausen 2 SO, Glöwen 1 1/4 SW, Wilsnack 1 1/4 SO. (MH 35, BH 9 u. 10).

[4]— Stumsdorf (ML 9) 1/2 W.

**Werbig**, Gusow (PO 6) 1/2 SO.

— Linda (BA 20) 1 NO.

**Werda** i. Schlesien, Rietschen (BG 13) 1/2 W.

— in Sachsen, Falkenstein (SW 74) 1/4 SW.

*Siehe dagegen Station Werdau SW 2.*

[a]**Werden** (*BM 110*), *Stadt*, T Essen (BM 85, KM 13) 1 1/2 S.

**Werdenberg**, Tilsit (TI 1) 3 1/2 NW.

[1]**Werder**, Woldenberg (OS 55) 2 1/2 NO.

[2]— Strausberg (PO 3) 1 O.

[3] Jüterbogk (BA 6) 3/4 NO.

*Siehe dagegen Stat. Werder BPM 7.*

**Werdershausen**, Cöthen 1 1/2 SW, Bleudorf 1/2 SO, Gerlebogk 3/4 SO. (MH 34, 33 u. 37).

**Werderthau**, Stumsdorf (ML 9) 1/2 NW.

**Werdorf**, Ehringshausen 1/2 O, Wetzlar 3/4 NW. (KM 59 u. 60).

**Wereneczanka**, Lazan (LCJ 20) 3 N.

**Werfeloh**, Kluse-Dörpen (Ha 31) 1 1/2 N.

**Werfen**, *Fl.*, Salzburg (ByS 148, KE 45) 5 1/2 SO.

**Werften**, Bünde (Ha 53) 1/2 SW.

**Wergzahna**, Zahna (BA 8) 1 N.

**Werkleitz**, An der Saale (ML 5) 3/4 O.

**Werlau**, *Hüttenw.*, St. Goarshausen 1/2 NW, St. Goar 1/4 NW. (Na 14 u. Rh 55).

**Werle**, Grabow 1 SO, Wendisch-Warnow 1/2 N (BH 14 u. 13).

**Werlitzsch**, Gröbers 3/4 O, Schkeuditz 3/4 NW. (ML 12 u. 13).

**Werlte**, Lathen 3 O, Kluse-Dörpen 2 1/2 SO. (Wf 30 u. 31).

**Wermelskirchen**, T R.-Rittershausen 2 1/2 S, Remscheid 3/4 SO, Opladen 2 NO. (BM 38, 105 u. 98).

**Wermont**, Landen (Grand Centr. Belge 2.18) 1/2 SW.

**Wermsdorf**, *Fl.*, Dahlen 1 SW, Oschatz 1 1/2 SW. (LD 8 u. 9).

**Werndorf**, Kalsdorf (OeSü 50) 3/4.

**Werne**, *Stadt*, Hamm 1 1/2 W, Drensteinfurt 2 1/2 SW, Dortmund 3 NO. (Wf 15, KM 21, Wf 17 u. KM 18).

**Werneck**, Weigoldshausen (ByS 86) 1/2 NW.

**Werneg** in Krain, Kressnitz (OeSü 73) 1/4.

[1]**Wernersdorf** in Böhmen bei Braunau, Dittersbach 2 1/2 S, Schwadowitz 3 NO. (NM 56 u. SNV 27).

[2]— **Böhm.-**, Kosteletz 1 N, Schwadowitz 1/2 NO. (SNV 25 u. 27).

[3] in Westpreussen, Marienburg (PO 36) 1 1/4 SW.

[4] bei Bolkenhain in Schlesien, Märzdorf (NM 52) 1/2 NW.

[5] in Schlesien, Hirschberg (NM 49) 1 1/2 SW.

[6] bei Zobten, Mettkau (BF 4) 1 SO.

*Siehe dagegen Haltestelle Wernersdorf Wi 11.*

**Wernesgrün**, Auerbach i. Sachsen (SW 73) 3/4 NO.

**Werneuchen**, *Stadt*, Bernau bei Berlin (BSt 2) 1 1/2 SO.

**Wernigerode**, *Stadt*, T Vienenburg 3 SO Halberstadt 3 SW. (Ba 35, MH 43 u. 9).

**Werningshausen**, Straussfurth (NE 8) 3/4 S.

**Wernrode**, Wolkramshausen (ML 28a) 1/2 S.

[1]**Wernsdorf, Neu-**, in Böhmen, Ullersdorf (AT 8) 3/4 N.

[2]— Erkner 1 SW, Königs-Wusterhausen 1 1/2 NO. (NM 5, BG 3).

[3] in Sachsen, Glauchau (SW 22) 3/4 S.

**Wernsee** (Verzje), Spielfeld 5 SO, Pettau 3 NO, Fridau 2 1/4 NW. (OeSü 55, 111 u. 113).

**Wernstadt**, *Stadt*, Theresienstadt 3 1/4 NO, Bensen 1 S, Habichtstein 3 NW, Böhm.-Leipa 2 W, Nesterschitz 2 O. (OeSt 37, BN 22, 6, 8 u. OeSt 41).

**Wersabe**, Stubben (Ha 38) 3 SW.

**Wersau**, Darmstadt (HL 24) 2 3/4 SO.

**Werschow** (Werschau), *Tuchfabr.*, Vetschau (BG 8) 1 1/2 SW.

**Werschweiler**, St. Wendel (Sa 43) 3/4 SO.

**Wersingawe**, Gellendorf (OS 35) 1 W.

**Wersten**, Düsseldorf (BM 29, KM 7) 3/4 SO.

**Werth** in Westfalen, *Stadt*, Empel (KM 40) 1 NO.

**Werthausen**, Rheinhausen (Rh 87) 1/4 NW.

**Werthenstein**, Nebikon 20 Kil., Luzern 17 Kil. (SC 1.18 u. 25).

**Werther**, *Stadt*, T Bielefeld (KM 28) 1/2 NW.

— **Gr.- u. Kl.-**, Nordhausen (ML 28) 1/2 SW.

**Wertherbruch**, Mehrhoog (KM 39) 1 NO.

**Wertingen**, *Stadt*, Offingen 3 1/4 NO, Meitingen 1 1/2 W. (ByS 108 u. 28).

**Weschnegg, Ober-**, Waldshut (Ba 68) 1 3/4 N

Unter-, Waldshut (Ba 68) 1 1/2 N.

**Weschnitz**, Heppenheim (MN 11) 2 1/2 NO.

**Wesdehnen**, Kobbelbude (PO 48) 1/2 N.

**Wesel**, Winsen (Ha 13) 4 1/2 SW.

*Siehe dagegen Stat. Wesel der KM 38.*

**Wesela**, Bakov (BN 1, TKP 10) 1/2 NO.

**Wesele**, Müglitz (OeSt 48) 1 W.

**Weselice**, Josefstadt (SNV 6) 3/4 NO.

**Weselitz**, Seehausen (MH 35) 3/4 O.

**Wesen**, Unterlüss (Ha 8) 1 1/2 W.

**Wesenberg**, *Stadt*, Neubrandenburg 8 SW, Prenzlau 8 W, Neustadt a. D. 8 NO. (FF 7, BSt 48, BH 7).

**Gr.- u. Kl.-**, Reinfeld (LB 9) 1/2 SO.

**Weseram**, Brandenburg (BPM 9) 1 1/2 N.

Wesetz, Turnau (SNV 17, TKP 12) ½ NO.
Weslarn, Sassendorf ½ O, Soest 1 NO. (Wf 12 u. 13)
Wespen, Gnadau ¾ SO, An der Saale ¾ NO (ML 4 u. 5).
Wesselbüren, Fl., ✉ T Rendsburg (AK 16, Sw 1) 6¼ W.
Wesselitz, Raitz (OeSt 4) 1 NO.
Wesseln, Hildesheim (Ha 70) 1½ SO.
Nestomschitz (OeSt 41) ¼ S.
Wesselshoefen, Ludwigsort (PO 47) 1½ SO.
Wessenstedt, Bienenbüttel (Ha 12) 1 SW.
Wesseling, Brühl ½ SO, Sechtem ½ NO. (Rh 39 u. 40).
[1]Wessely in Mähren, Stadt, ✉ Bisenz-Pisek (KFN 14) 1½ SO.
[2] — ob der Lainschitz in Böhmen, Stadt, ✉ Budweis (KFJ 23, KE 74) 4 NO.
[3] — Hoch-, in Böhmen, Stadt, ✉ Elbeteinitz 4½ N, Königinhof 3½ SW, Königgrätz 4 NW. (OeSt 21, SNV 8 u. 3).
[4] — Neu-, Fl., Pardubitz (OeSt 18, SNV 1) 8 S.
[5] — Eisenbrod (SNV 15) ½ NW.
Wessig, Breslau (NM 36, BF 1) 1 S.
Wessmar, Gröbers ½ SO, Schkeuditz 1½ W. (ML 12 u. 13).
Wessnitz, Unter-, Laibach (OeSü 76) 3¾.
Gröbers ½ S, Schkeuditz 1½ W. (ML 12 u. 13).
Wessola, Dzieschowitz (OS 12) ¾ O.
Westdorf, Aschersleben ½ SW, Ermsleben ½ O. (MH 30 u. 39).
Westen, Dörverden (Ha 29) 1 W.
Westendorf, Wörgl (OeSü 180) 2½ SO.
Westenfeld, Wattenscheidt (Rh 94) ½ SO.
Westerbeck, Osterholz-Scharmbeck (Ha 36) ½ NO.
Westerberg, Freden (Ha 78) ½ NO.
Westerbeverstedt, Stubben (Ha 38) 1 NW.
Westerburg, Fl., ✉ Limburg 3 NW, *Hadamar 2½ NW, Elz 1¾ NW, Burbach 3½ SW. (Na 30, 48 u. 47, KM 54).
Jorxheim (Bs 17) ¾ S.
Wester-Cappeln, Stadt, ✉ Velpe, siehe Cappeln.
Westeregeln, Kohlengrube, Langenweddingen 1½ SW, Hadmersleben ¾ SO. (MH 3 u. 5).
Westerende, bei Norden, Emden (Wf 38) 4½ N.
Westerende bei Aurich, Emden (Wf 38) 2¾ NO.
Westereringen, PH (ByS 21), Buchloe 1½, Schwabmünchen 1 (ByS 20, 22).
Westerhausen, Halberstadt 1¼ S, Quedlinburg 1 NW. (MH 9 u. 12).
Westerheim, Geislingen 2¼ SW, Blaubeuren 2½ NW, Kirchheim u. T. 2¾ SO. (Wü 30, 102 u. 153).
Westerhofen, Lauchheim (Wü 116) ½ NW.
Westerholt, Essen (BM 85, KM 13, Rh 93) 2¾ NO.
Westerhusen, Emden (Wf 38) ¾ N.
Siehe dagegen H* Westerhüsen Bl. 2
Westerndorf i. Bayern, Rosenheim (ByS 137) ½ NW.
Westernhausen, Neuenstein (Wü 75) 2 N.
Westernkotten, Lippstadt (Wf 10) ¾ SO
Westernohe, *Hadamar 2 NO, Burbach 2½ S. (Na 48 u. KM 54).
Westerode, Harzburg (Bs 36) ½ N.
Wester-Oldendorf, Melle (Ha 55) ¼ N.
Westerreiden, Lippstadt (Wf 10) 1¾ SO.
Wester-Schwesing, Oster-Ohrstedt (Sw 5) ¾ NW.
Westerstede, Fl., ✉ Leer 5¼ O, Zwischenahn 1½ NW, Apen 1½ NO. (Wf 35, Ol 10 u. 12).
Westerstetten, Lonsee (Wü 32) ½ SO.
Westerwanna, Geestemünde (Ha 40) 4 NO.
Westewitz, Leisnig (LD 20) ¾ O.

Westum, Sinzig (Rh 47) ½ SW.
— Emsdetten (Wf 22) ½ W.
Wesuiak, Rakek (OeSü 79) 1.
Wesuwe, Meppen 1½ NW, Kellerberg 1½ SW. (Wf 28 u. 29).
Weszprim in Ungarn siehe Veszprim.
Weteritz, Wolmirstedt (MH 17) 5 NW.
Wethau, Naumburg (Th 14) ¾ SO.
Wette, Neisse (NB 1) 1½ S.
Wetteborn, Freden (Ha 78) ½ SO.
Wettelbrunn, Heitersheim (Ba 43) ½ NO.
Wetteinswalde, Schmölln (SW 85) ½ SW.
Wetten, Kevelaer (Rh 71) ½ SO.
Wettensen, Alfeld (Ha 77) ½ NW.
Wetter, Stadt, ✉ Marburg (HW 11) 2 N.
Bruchmühlen H* (Ha 54) ¼ W.
Siehe dagegen Station Wetter BM 45.
Wetterfeld, Roding ½ O, Pösing ½ W. (ByO 62 u. 63).
Wetteringen, ✉ Rheine (Wf 24) 1½ SW.
Wetterzeube, H* (Th 25), Crossen (Th 29) ½ NO.
Wettesingen, Warburg (Wf 1, HN 17) 1 SO.
Wettin, Stadt, ✉ Halle (BA 18, ML 11) 2½ NW.
Wettmar, Ehlershausen 1 SW, Burgdorf 1½ NW. (Ha 5 u. 4).
Wetz, Nieder- u. Ober-, Wetzlar (KM 60, Na 41) 1½ S.
Wetzen, Winsen (Ha 15) 3 S.
Wetzendorf bei Lauf, Röthenbach (ByO 43) ½ N.
Wetzenow, Löcknitz (BSt 62) ¾ W.
Wetzwalde, Grottau ¾ O, Kratzau 1 NW. (SO 31 u. 30).
Wevelinghofen, Stadt, ✉ Neuss (BM 16, Rh 14) 1¾ SW.
Wewer, Paderborn (Wf 7) ¾ SW.
Weyde, Breslau (NM 39, BF 1) 1 N.
[1]Weyer, St. Goarshausen (Na 14) ¾ NO.
[2] — Runkel 1½ SO, Villmar ½ O, Aumenau ½ S. (Na 32, 33 u. 34).
[3] — (KR 56), Fl., ✉ Aschbach (KE 21) 4 S.
[4] — Cortenbosch (Grand Centr. Belge 2, 15) 1½ NW.
Weyerthal (Felderhof), Köln (Rh 13, KM 1) ½ SW.
Weyhausen, Eschede 2 NO, Unterlüss 1 SO. (Ha 7 u 8).
Weyher, Bruchsal (Ba 10, Wü 1) ½ NO.
Edenkoben (Pf 30) ½ S.
Weyhers in Bayern, Fulda Fl., ✉ (Bbll 6) 1¾ SO.
Weyregg, ✉ Vöcklabruck 2 NW, Timmelkam 2 SW. (KE 37 u. 38).
Wiblingen, ✉ Ulm (ByS 103, Wü 34) ½ S.
Wichlinghausen, ✉ Rittershausen (BM 38) ½ N.
Wichmannshausen, Bebra (Bbll 1, BN 3) 2½ NO.
Wichorze, Terespol (PO 29) 3 SO.
Wichrau in Schles., Kl.-Lassowitz (RO 24) 3½ NO.
Wichstadtl, Fl., ✉ Wildenschwert (OeSt 12) 3 NO.
Wichtenbeck, Unterlüss 1½ N, Suderburg 1½ NW. (Ha 8 u. 9).
Wichterich, Zülpich ½ O, Euskirchen ¾ NW. (Rh 21 u. 22).
Wichtrach, Münsingen (SC 1, 43) ¾ SO.
Wickartsmühle, Säckingen (Ba 62) 1½ NO.
*Wickede (BM 115), Hamm 3 S, Werl 1 SW. (BM 95 u. 55).
Wickendorf in Schlesien, Königszelt (BF 7) ¾ S.
Wickenhof, Oberstein (Sa 38) 1½ SO.
Wickenrode, Cassel (HN 11, MW 1) 2½ SO.
Wickenroth, Kirn (Sa 36) 1½ NW.
Wickensen, Vorwohle (Bs 3) ¾ NW.
Wickerau, Schlobitten (PO 41) 3 O.
Gr.-, Elbing (PO 39) ½ W.

Wiebelsheim, Oberwesel (Rh 56) 1 SW.
Wiebelskirchen, Neunkirchen ½ N, Ottweiler ½ S. (Sa 1 u. 44).
Wieblingen, Heidelberg (Ba 3 u. 90) ½ NW
Wiechs, Schaffhausen 1¼ N, Thayngen 1 NW, Gottmadingen 1¼ NW. (Ba 77, 79 u. 80).
— Maulburg ½ SO, Schopfheim ½ SO. (Ba 211 u. 212).
Wieda, Hütten., Nordhausen (ML 28) 3 NW, Harzburg (Bs 36) 5¼ S.
Wiedeinh, Vienenburg (Bs 35) ¼ NO.
Wiedemar, Schkeuditz (ML 13) ¼ N.
Wiedenbrück, Stadt, ✉ T Rheda ½ SO, Lippstadt 2¾ N. (KM 25, Wf 10).
Wiedensahl, Stadthagen (Ha 45) 1 NW.
Wiederau, Falkenberg (BA 25) 1 NO.
Mittweida (SW 32) 1¼ W.
Wiedersdorf (Wittersdorf), Eisenh., Gröbers (ML 12) 1 NO.
Wiedersee, Warinbien (PO 31) 6¼ O.
Wiederstein, Neunkirchen ½ O, Burbach ½ W. (KM 53 u. 54).
Wiedlisbach, Stadt, ✉ Herzogenbuchsee 2 NW, Solothurn 2 NO, Langenthal 12 Kil. (SC 1, 31 u. 52, SC 1, 29).
Wiedulitz, Bischofswerda (SO 17) 4 NW.
Wiefelstede, Rastede (Ol 23) 1 W.
Wiegandsthal, Stadt, ✉ Greiffenberg 2½ SW, Rabishau 2 SW. (NM 45 u. 46).
Wiegboldsbur, Emden (Wf 38) 1¾ NO.
Wiegeringhausen, Sassendorf (Wf 12) 1 NO.
Wiegschütz, Kandrzin (Kosel) (OS 13, Wi 1) 1½ W.
Wiegstadt bei Wildenschwert, siehe Wichstadtl u. Wigstadtl.
Wiehau, Mettkau ½ NW, Ingramsdorf ½ NO. (BF 4 u. 5).
Wiehe, Stadt, ✉ Naumburg 4 NW, Apolda 4 N. (Th 14 u. 11).
Ibbenbüren (Ha 61) ½ NO.
Wiehl, ✉ Schladern (KM 48) 3 N.
Wiek auf Rügen, Fl., ✉ Stralsund (BSt 59) 7 NO.
— ebendas., Stralsund (BSt 59) 4 NW.
Wieladingen, Säckingen (Ba 62) 1½ NO.
Wielichowo, Stadt, ✉ Alt-Boyen 3 NW, Kosten 3½ NW. (OS 44 u. 45).
Wielmierszowitz, Dzieschowitz (OS 12) ¾ S.
Wienbergen, Dörverden (Ha 29) 1½ W.
Wiemdahlsbank, ⚒ (a. Pferdeb.) Annen (BM 47) 0,5 NO.
Wiendorf in Mecklenb., Schwaan (Mk 2) ½ O
— in Anhalt, Biendorf ½ SW, Gerlebogk ½ NW. (MH 33 u. 37).
Wiener Herberge, Gramat-Neusiedel (OeSt 59) ½ NO.
Wienersdorf, Pfaffstetten ½ SO, Baden (Oesterr.) ¾ O. (OeSü 14 u. 15).
Wienhausen, Fl., Celle (Ha 6) 1½ SO.
Wieningen, Aschersleben (MH 30) 1 N.
Wienrode, Thale (MH 14) ¾ W.
Wienskowo, Terespol (PO 29) 1½ SW.
Wiepersdorf, Linda (BA 20) 1¾ O.
Wierau, Gross-, in Schlesien, Schweidnitz (BF 16) 1¾ O.
— Klein-, Schweidnitz (BF 16) 1¾ O.
Wierbiaz, Kolomea (LCJ 16) ½ W.
Wierschleschie, Zawadzki (RO 7) 1 SW.
Wieren, Uelzen (Ha 10) 2 SO.
Wiernsheim, Mühlacker (Ba 153) 1 S.
Wierigsdorf, Lübben (BG 6) 2¾ SW.
Wiersdiie, Tworog (RO 10) 2¼ NO.
Wierschleben, Gross-, Bernburg (MH 32) 1 SW.
— Klein-, Biendorf ½ W, Bernburg ½ SO (MH 33 u. 32).
Wierschy, Constadt (RO 22) 1 SO.
Wiershausen, Göttingen (Ha 84) 1 SW.
— Klein-, Dransfeld ½ O, Münden ½ O. (Ha 85 u. 86).
Wiersz, Laskowitz (PO 30) 3 NW.

**Wiesche,** ⚒ (*n. Pferdeb.*), Mülheim a. d. Ruhr, (BM 80, Rh 90) ¾ N.
**Wieschowa,** Zabrze (OS 18) 1¼ N.
**Wiesdorf,** Schlebusch (BM 99) ¼ W.
**Wieseck,** Giessen (KM 61, MW 14) ½ NO.
**Wieselburg,** *Fl.,* ✉ Pöchlarn 1½ SW, Kemmelbach 1¼ SO. (KE 16 u. 18).
*Siehe dagegen Station Wieselburg der OeSt 67.*
1 **Wiesen** Laufach (ByS 101) 1¼ NO.
2 – **Nieder-,** Alzey (HL 44) 1¾ W.
3 **Ober-** in Hessen, (HL 44) 1½ SW.
4 in Schlesien, Waldenburg (BF 10, NM 57) 2¼ S.
5 – Böhmisch-Skalitz (SNV 23) 1 NO.
6 **Böhm.-,** Brünn (OeSt 7) ¼ N.
**Wiesenbach,** ✉ Bammenthal *H*ᵉ (Ba 93) ¼ O.
**Wiesenberg** in Mähren, ✉ Hohenstadt (OeSt 48) 3¾ NO.
**Wiesenburg,** (Prov. Brandenb.), ✉ Coswig (BA 27) 3¼ N.
*Siehe dagegen Stat. Wiesenburg der SW 50.*
**Wiesendorf,** Parksteinhütten (ByO 74) ¼ SO.
**Wiesenfeld,** Coburg (Th 54) ¾ NW.
—— Heiligenstadt (ML 33) 1¾ SW.
**Wiesenfelden,** Walhallastrasse 4½ O, Straubing 3 N. (ByO 23 u. 47).
**Wiesensteig,** *Stadt,* ✉ Geislingen (Wü 30) 2½ SW.
**Wiesent,** Walhallastrasse (ByO 21) 2¼ SO.
1 **Wiesenthal** in Baden, Bruchsal (Ba 10, Wü 1) 2 NW.
2 — Hirschberg (NM 49) 3 N.
3 — **Ober-,** *Stadt,* ✉ Annaberg-Buchholz 2 SW, Schwarzenberg 3¼ SW. (SW 70 u. 58).
4 —— **Unter-** in Sachsen, Annaberg-Buchholz (SW 70) 2 SW.
5 — in Böhmen, ✉ T Liebenau 2 NO, Turnau 2¼ NO, Reichenberg 2¼ SO. (SNV 19, 17 u. 22).
**Wiesentheid,** *Fl.,* ✉ Markt-Einersheim 1½ N, Kitzingen 1¾ NO. (ByS 173 u. 176).
**Wieserode,** Ermsleben (MH 30) ¾ S.
**Wiesleth,** Maulburg 1½ N, Schopfheim ¼ NW. (Ba 211 u. 212).
**Wieskau,** Cöthen (BA 31, ML 7) 1¾ S.
**Wiesoppenheim,** Worms ¾ SW, Pfeddersheim ½ SO. (HL 1 u. 38).
**Wiesselsdorf,** (Wisselsdorf), Landshut (ByO 10) 7 NO.
**Wiessing,** Jenbach (OeSü 183) ¼.
**Wietersheim,** Minden (Ha 48, KM 33) ¾ N.
**Wietmarschen,** Lingen (Wf 27) 2 W.
**Wietzen,** Nienburg (Ha 26) 1¾ NW.
**Wietzendorf,** ✉ Unterlüss (Ha 8) 3 NW.
**Wigodda,** ✉ Kandrzin (Kosel) (OS 13, Wi 1) 1½ SO.
**Wigstadtl** in Oesterr.-Schlesien, *Stadt,* ✉ Zauchtl-Neutitschein (KFN 23) 2 NW.
**Wikleh,** Gr.- u. Kl.-, Elbeteinitz (OeSt 21) 3 NO.
**Wikon,** Reiden (SC 1,16) 2 Kil.
**Wiktorów** Dalicz (LCJ 11) 1¼ S.
**Wilatowo,** *Stadt,* ✉ Bromberg 8 S, Posen 10 NO. (PO 27 u. 48).
**Wilbich,** Heiligenstadt (ML 33) 2¼ S.
**Wilchingen,** *PH (Ba 78)* Neunkirch (Ba 24) 1¼ W.
**Wilchwitz,** Altenburg (SW 6) ½ O.
**Wilczack,** Bromberg (PO 27) ¼ W.
**Wildau,** Königs-Wusterhausen (BG 3) ¼ N.
– Neustadt-Eberswalde (BSt 4) 2¼ NW.
**Wildbach,** Stein (SW 52) ¼ S.
1 **Wildberg,** (*Wü 205*) *Stadt,* ✉ T Stuttgart (Wü 16) 5¾ SW.
2 – ✉ Friesack 2 N, Neustadt a. D. 2 O. (BH 6 u. 7).
**Wildeck,** Hönebach (HN 2) ¾ NO.
**Wildemann,** *Stadt,* ✉ Seesen (Ba 8) 1¼ SO.
**Wilden** in Westfalen, Neunkirchen (KM 53) ¼ NO.
1 **Wildenau** in Bayern, Neustadt a. W. 1 NO, Windisch-Eschenbach 1 SO. (ByO 81 u. 82).

**Wilderswyl** bei Interlaken, Scherzligen (SC 1,48) 23 Kil.
**Wildeshausen,** *Stadt,* ✉ Delmenhorst (Ol 5) 3 SW.
**Wildluis,** Glückstadt (EG 4) ¾ S.
**Wildschönau,** Wörgl (OeSü 180) 2 S.
**Wildschütz,** ✉ Mastig 2 NO, Trautenau 1 W. (SNV 10 u. 28).
**Wildstein,** Hlowic (KFJ 36) 1 NW.
✉ Eger (ByO 87, SW 84) 1½ N.
Voitersreuth (SW 82) 1 NO.
**Wildungen,** *Bad, Stadt,* ✉ T Wabern 2¼ W, Bonenburg 2 S (MW 5, Wf 2).
**Wildungsmauer,** ✉ Wien (KFN 1 u. KE 1) 4 SO.
**Wilfersdorf,** Gänserndorf (KFN 5) NW.
**Wilflingen,** Erzingen (Ba 72) ½ O.
**Wilgersdorf,** Siegen (BM 80, KM 64) 1¼ SO.
**Wilhelmine Victoria,** ⚒ (*n. Zwgb.*) Gelsenkirchen (KM 14) 0,3 NW.
**Wilhelmsaue,** Trebnitz (PO 5) 1¼ NO.
**Wilhelmsberg,** Gumbinnen (PO 60) 2 S.
1 **Wilhelmsburg,** *Fl.,* ✉ Hamburg 1 S, Harburg ½ NO. (BH 23, Ha 17).
2 – in Pommern, Ferdinandshof (BSt 52) ¼ W.
3 *Fl.,* ✉ Sct. Pölten (KE 12) 1¼ S.
1 **Wilhelmsdorf,** Meidling (OeSü 4) ¼.
2 Penzing (KE 2) ½ S.
3 – Ratibor (Wi 5) ¼ NW.
**Wilhelmsdorf,** ✉ Ravensburg (Wü 30) 2¼ NW.
**Wilhelmsfeld,** Heidelberg (Ba 3 u. 90) 1¼ NO.
**Wilhelmsglück,** *Steinsalzbergw.,* Hall (Wü 79) ¾ S.
**Wilhelmshöhe** i. Böhmen Eisenbrod (SNV 15) 2 N.
– Wilhelmshöhe (HN 10, MW 2) ¼ W.
**Wilhelmshof** i. Böhmen, Taus (BW 2) 2 W.
—— Prenzlau (BSt 48) 1 SW.
**Wilhelmshütte,** *Maschinenbau-Anstalt,* Dittersbach 1 N, Waldenburg ¾ N. (NM 56 u. 57).
bei Bornum, Seesen (Ba 8) 1½ N.
**Wilhelmsruh,** Breslau (NM 29, BF 1) ½ NO.
**Wilhelmsthal,** Prov. Hessen, Mönchehof (HN 12) ¼ NW.
Wangerin (BSt 17) 2 NW.
—— *Stadt,* ✉ Frankenstein i. Schlesien (BF 11) 5 S.
**Wilhering,** Linz (KE 64) 1 NW.
**Wilhermsdorf,** *Fl.,* ✉ Emskirchen 1 S, Fürth 2 W. (ByS 109 u. 48).
**Wilimow** (Vilémov), *Stadt,* ✉ Neu-Kolin (OeSt 22) 4½ SO.
**Wilischthal,** *Spinnerei,* Zschopau (SW 65) ¼ W.
**Wilka,** Görlitz (BG 15) 1½ S.
**Wilke,** Deutsch-, Polnisch-Lissa (OS 40) ¼ NW.
**Wilken,** Gumbinnen ¾ SW, Trakehnen 1 SO. (PO 60 u. 61).
**Wilkendorf,** Straussberg (PO 3) 1½ NO.
**Wilkischen,** *Dorf, Eisenhütten,* (*an Zweigbahn*), Nürschan (BW 6) 1½ NW.
**Wilkowo,** Poln.-, Kosten (OS 45) 2 SW.
**Willamowice,** ✉ Oswiecim (KFN 35) 1 S.
**Willenberg,** *Stadt,* ✉ T Bartenstein (OpS 15) 12½ S.
**Willenberg,** Marienburg (PO 38) ¼ SW.
**Willeringen,** Säckingen (Ba 62) 1 N.
**Willershausen,** Kreiensen 2¼ SO, Seesen 2¼ S. (Ba 5 u. 8).
– – Herleshausen (Th 2) 1½ N.
**Willerswalde,** Miltzow (BSt 58) 1½ SW.
**Willibald,** St.-, Riedau-Ried (KE 47) 1 NO.
**Willich,** ✉ Osterath (Rh 65) ¾ W.
**Willighausen,** Unterlüss (Ha 8) 2 W.
**Willihof,** Sursee (SC 1,20) 7 Kil.
**Willisau,** *Fl.,* ✉ Nebikon (SC 1,18) 1¼ S.
**Willishausen,** Gessertshausen ½ N, Diedorf *H*ᵉ ½ W. (ByS 114 u. 115).

**Wilmsdorf,** Kobbelbude (PO 48) 1½ S.
**Wilmshagen,** Miltzow (BSt 58) ¾ SW.
**Wilmshausen,** Bensheim (MN 10) ¼ NO.
**Wilschdorf,** Fischbach (SO 15) ¾ S, Dresden (LD 20) ¾ NW.
**Wilsdorf** in Böhmen, Topkowitz (OeSt 41a) ½ W.
**Wilsdruff,** *Stadt,* ✉ Kötschenbroda *H*ᵉ (LD 17) 1 S, Dresden (LD 20) 1½ W.
– Tharandt 1¼ N, Dresden 1¾ W, Nossen 2 O. (SO 40, 1 u. LD 20).
**Wilsikow,** Sechlin (BSt 49) ¾ NW.
**Wilsleben,** Frose (MH 20) ¾ O.
**Wilster,** *Stadt,* ✉ T Itzehoe (EG 7) 1½ W.
**Wilstorf,** Harburg (Ha 17) ¼ S.
**Wiltrop,** Soest (Wf 13, BM 56) 1½ N.
**Wilstrup,** Hadersleben (SW 34) 1 SO.
**Wilsum,** Lingen (Wf 27) 4¼ W.
**Wilten** (Wiltau), Innsbruck (OeSü 187) ¼ S.
**Wilthen,** Bischofswerda 2 O, Bautzen 1¼ SW. (SO 17 u. 20).
**Wiltscha,** Nieder- u. Ober-, Czerwionka (Wi 21) 1 NW.
**Wiltschau,** Breslau (NM 30, BF 1) 2¼ SW.
**Wiltz** i. Luxemburgschen, *Stadt,* ✉ Diekirch (Luxemb. Wilhelmsb. 24) 2¾ NW.
**Wilxen,** D.-Lissa (NM 38) 1 N.
**Wimbern,** ✉ Werl (BM 55).
**Wimmis,** Thun (SC 1,47) 2 S.
**Wimpassing,** ✉ Neunkirchen (Oesterr.) ½ SW, Ternitz ½ NO. (OeSü 24 u. 25).
1 **Wimpfen** a. Berg (*Ba 133*), *Stadt,* ✉ Rappenau (Ba 132) ½ SO.
— i. Thal, *Fl.,* Rappenau (Ba 132) ¾ SO.
**Wimsbach,** *Fl.,* ✉ Lambach (KE 33) ¾ S.
**Winar** bei Hohenmauth, Uhersko (OeSt 16) 1 SO.
– – bei Czaslau, Elbeteinitz (OeSt 21) 3 SO.
bei Neu-Bidschow, Elbeteinitz (OeSt 21) 4½ N.
(Vinor), *Fl.,* Prag (BW 22, OeSt 27) 1¾ NO.
**Winaritz,** Elbeteinitz (OeSt 21) ¼ SO.
**Windberg,** Straubing (ByO 47) 2 NO.
**Windecken,** *Stadt,* ✉ Vilbel 1¾ NO, Hanau 1½ NW. (MW 22 u. BbH 17).
1 **Winden,** Melk (KE 15) ¼ NW.
2 – Sct. Valentin (KE 24) ¼ S.
3 *Fl.,* Parndorf 2 SW, Wilfleinsdorf 1 S. (OeSt 61 u. 62).
4 – Nassau (Na 23) ½ NO.
5 – Düren (Rh 8) 1¼ S.
*Siehe dagegen Station Winden Pf 11.*
**Windesheim,** ✉ Creuznach 1 N, Bingerbrück 2 SW. (Sa 22 u. 27).
**Windhaag,** *Fl.,* Kerschbaum (KE 69) 1 O.
**Windhäuser Hof,** Ingelheim (HL 15) 1 SO.
¹ **Windhausen** (*Ba 39*), Seesen (Ba 8) 1½ S.
**Windheim,** ✉ Minden (Ha 48, KM 33) 2 N.
**Windischbuch,** Rosenberg *H*ᵉ (Ba 111) 1½ O.
**Windisch,** Feistritz-, *Stadt,* ✉ Pragerhof (OeSü 59) 1 W, *siehe auch Feistritz.*
– Matrei-, *Fl.,* ✉ Innsbruck (OeSü 187) 31 SO.
Graz-, *Stadt,* ✉ Drauburg (OeSü 161) 1½ SO.
**Windischgarsten** (Windischgersten), *Fl.,* ✉ Wels 9 SO, Bruck a. Mur 9 NW. (KE 31 u. OeSü 40).
**Windkeim,** Ludwigsort (PO 47) ¼ SW.
**Windmais,** Bodenwöhr (ByO 60) ¾ NO.
**Windorf,** Vilshofen (ByO 55) ¾ SO.
– – Puntigam (OeSü 49) ¼.
**Windsbach,** *Fl.,* ✉ Roth (Mittelfr.) 1½ W, Schwabach 2 SW, Ansbach 2½ SO, Triesdorf 1¾ NO. (ByS 43, 41, 152 u. 150).
**Windschläg,** *PH (Ba 27),* Offenburg (Ba 28) ¾ N.
**Windsheim,** *Stadt,* ✉ Ober-Dachstätten 1½ N, Ermetzhofen 1½ W, Burgbernheim 1¼ NO. (ByS 155, 158 u. 156).
**Wingendorf,** Lauban (NM 43) ¼ S.

**Winniki**, *Fl.*, ✉ *bed. Tabakfabr.*, Lemberg (LCJ 1) 1½ SO.
**Winningen**, Stassfurt (MH 38) 1 SW.
— *Mineralquelle, Fl.*, ✉ Coblenz (Rh 62) 1 SW.
°**Winnweiler** (*Pf 68*), *Stadt*, ✉ Münster a. St. (Sa 31) 3½ SW.
**Winschoten**, *Station* (*Niederl. Stsb. 2,14*), *Stadt*, ✉ Aschendorf (Wf 32) 2 NW.
**Winsen** a. d. Aller, *Fl.*, ✉ Celle (Ha 6) 2 NW.
—— a. d. Luhe, *Stadt*, ✉ Winsen (Ha 15) ¼ N.
**Winter, Ober-**, Rolandseck, *siehe* Oberwinter.
**Winterbach**, St. Wendel (Sa 43) ½ NW.
—— Sobernheim (Sa 34) 1½ N.
*Siehe dagegen Stat. Winterbach Wü 104.*
**Winterberg** i. Böhmen, *Glasfabr.*, *Stadt*, ✉ Strakonic (KFJ 30) 3½ S.
— i. Westfalen, *Stadt*, ✉ Altenhundem 5 NO, Marburg 7½ NW. (BM 75, MW 11).
**Winterburg**, Sobernheim (Sa 34) 1½ N.
**Winterlingen**, ✉ Tübingen (Wü 135) 5½ S.
**Winternam**, Nieukerk (Rh 69) ¼ NW.
**Winternheim**, Gr.-, Ingelheim (HL 15) ¾ S.
°—— Kl.-, (*HL 62*), Mainz (HL 11) 1 SW.
**Wintersbach**, Aschaffenburg (FH 10, HL 30) 2½ SO.
**Winterscheid**, Hennef (KM 46) ¾ NO.
**Winterschneidbach**, *PH* (*ByS 151*), Triesdorf ½ NW, Ansbach 1½ SO. (ByS 150 u. 152).
**Wintersdorf** i. Baden, Rastatt (Ba 18) 1 W.
—— i. Sachsen, Altenburg (SW 6) 1¼ NW.
**Winterhausen**, Heidingsfeld (Ba 124) ¾ S.
**Wintersheim**, Guntersblum ¾ SW, Alsheim ¾ NW. (HL 5 u. 6).
**Wintersingen** i. d. Schweiz, Sissach (SC 1,7) 4 Kil.
**Winterspüren**, Stockach (Ba 192) ¾ O.
**Winterstettenstadt**, *Fl.*, Essendorf (Wü 44) ½ SW.
**Winterweiler**, Efringen (Ba 52) ¼ N.
**Winterwerb**, Braubach (Na 18) 1 SO.
**Wintzingerode**, Gernrode (ML 31) 1 NW.
**Winzberg**, Bacharach (Rh 57) ½ S.
**Winzenburg**, Freden (Ha 78) ¼ O.
**Winzenheim**, Creuznach ½ N, Langen-Lonsheim ½ SW. (Sa 22 u. 29).
**Winzer**, **Ober-** u. **Unter-**, Langen-Isarhofen 1½ SO, Osterhofen ¾ NO. (ByO 52 u. 53).
**Winzig**, *Stadt*, ✉ Gellendorf 3 NW, Rawicz 3½ SW, Trachenberg 3 W, Liegnitz 6½ NO, Spittelndorf 5½ NO. (OS 35, 37, 36, NM 33, 34 u. 35).
**Winzingen** i. d. Pfalz, Neustadt (Pf 11, 34 u. 50) ¼ O.
**Winzlar**, Wunstorf (Ha 22) 2 W.
**Winznau**, Olten (SC 1,10) 2½ SW.
**Wipfeld**, *Badeanst.* (*Ludwigsbad*), *Fl.*, Weigolshausen (ByS 86) 1 SO.
**Wippach** i. Krain, *Fl.*, ✉ Adelsberg (OeSü 80) 3½ SW.
**Wipperfürth**, *Stadt*, ✉ T R.-Rittershausen 3½ SO, Lennep 2 SO, Mülheim a/Rh. 5 NO. (BM 38, 104 u. 100).
**Wipperingsen**, Soest (Wf 13, BM 56) 1 S.
**Wippertskirch**, Freiburg i. Baden (Ba 39) 1½ NW.
**Wippingen**, Kluse-Dörpen (Wf 31) ½ S.
Herrlingen (Wü 168) ½ NW.
**Wippra**, *Stadt*, ✉ Sangerhausen 1½ N, Ballenstedt 2 SO, Quedlinburg 3½ S. (ML 24, MH 40 u. 12).
**Wirballen**, *Station der Gr. Russ. E.* (*II, 61*), *Stadt*, ✉ Eydtkuhnen (PO 63) 1½ SO.
**Wirbelau**, Runkel (Na 32) 1½ NO.
**Wirbeln**, Norkitten (PO 57) 1 N.
**Wirbenz**, Kirchenlaibach (ByO 78) ¾ NO.
**Wirchenblatt** bei Guben, Jessnitz (NM 18) ½ NW.
**Wirdum**, Emden (Wf 38) 2 N.
**Wirges**, Coblenz (Rh 52) 3½ NO.
**Wirmla**, Neulengbach (KE 8) 1 NW.
**Wirrbach**, Sonneberg (Th 61) 6 NO.
**Wirringen**, Sehnde (Ha 67) ¾ SW.
**Wirschweiler**, Oberstein (Sa 38) 2 NW.
**Wirsitz**, *Stadt*, ✉ T Osiek (PO 25) ¾ NW.
**Wirtheim**, Gelnhausen (Bbil 14) ¾ O.
**Wiry**, Posen 1½ SW, Moszczin 1½ N. (OS 48 u. 47).
°**Wischau** (*KFN 74*), *Stadt*, ✉ T Brünn 4 NO, Prerau 5½ SW. (KFN 56 u. 10).
**Wischerhöfen**, Hamm (KM 21) ½ W.
**Wischhafen**, Harburg (Ha 17) 7½ NW.
**Wischinka**, Prag (BW 22, OeSt 27) ½ O.
**Wischlburg**, Strasskirchen (ByO 40) ½ O.
**Wischnitz**, Koltsch 1 S, Tworog 1½ SW. (EO 9 u. 10).
**Wischnitz** i. Galizien, ✉ *siehe* Wiznitz.
**Wischtocken**, Insterburg (PO 58, TI 4) 1¼ SO.
**Wischwill**, ✉ Tilsit (TI 1) 5 O.
**Wischwitz**, Guben (NM 17) ¾ NW.
**Wisen**, Laufelfingen (SC 1,9) 3 Kil.
**Wisenena**, Gröbers 1 NO, Schkeuditz 1 O. (ML 12 u. 13).
**Wiseli**, Rann (OeSü 145) 1¼ NO.
**Wiskirz**, Turnau (SNV 17, TKP 12) ½ S.
**Wisniez**, *Fl.*, ✉ Bochnia (GCL 7) 1 SO.
**Wisowitz** (Vyzovice), *Stadt*, ✉ Napagedl (KFN 16) 3½ NO.
**Wispenstein**, Alfeld (Ha 77) ½ SO.
**Wissek**, *Stadt*, ✉ Bialosliwe (PO 24) 1½ N.
—— Gr.-, Bialosliwe (PO 24) 1½ NW.
— Kl.-, Bialosliwe (PO 24) 1½ NW.
**Wissel**, Emmerich 1½ SO, Mehrhoog ¾ S. (KM 41 u. 39).
**Wisselsing**, Osterhofen (ByO 53) ½ W.
**Wissen**, Weeze (Rh 72) ¼ SO.
*Siehe dagegen Station Wissen der KM 50.*
**Wissenbach**, Dillenberg (KM 56) 1 NO.
**Wissersheim**, Buir (Rh 9) 1½ SO.
**Wisskirchen**, Euskirchen (Rh 22) ¼ SW.
**Wisternitz**, *Fl.*, ✉ Olmütz (KFN 58, OeSt 431) ¼ O.
**Wisterschan**, Teplitz (AT 6) ½ SO.
**Wistritz**, Teplitz (AT 6) ½ NW.
**Wiszniow**, Bukaczowce (LCJ 9) 1 N.
**Witkowitz**, Mähr.-Ostrau (KFN 26) ¾ S.
**Witkowo**, *Stadt*, ✉ Posen (OS 48) 8 S.
**Witoldowo**, Nakel 3 NO, Bromberg 2½ NW. (PO 26 u. 27).
**Witoslaw**, Nakel (PO 26) 2½ NW.
**Witschein**, Ehrenhausen (OeSü 54) ½ SW.
**Wittchendorf** bei Berga, Greiz (SW 91) ca 1½ NW.
**Wittchow**, Stargard (BSt 14) ¾ SO.
**Wittelbach**, Lahr (Ba 205) 1½ SO.
**Wittelshofen**, Wassertrüdingen (ByS 37) 1½ W.
**Wittem**, Wylré (AM 5) ¾ SO.
¹**Wittenberg**, Gr.- u. Kl.-, Schneidemühl (PO 22) 1 W, 1½ NW.
²**Wittenberg**, ✉ Tharau (OpS 11) ¼ NO.
*Siehe dagegen Station Wittenberg BA 9.*
**Wittenburg**, *Stadt*, ✉ Hagenow 2 NW, Boitzenburg 3½ NO. (BH 18 u. 19).
**Wittenhagen**, Miltzow (BSt 58) 1½ W.
**Wittenförden**, Schwerin (Mk 9) ¾ SW.
**Wittenweier**, Dinglingen (Ba 31) ¾ W.
**Witteroda**, °Walschleben (NE 10) ½ SW.
**Witterschlick**, Bonn (Rh 42) 1 SW.
**Witterschwyl**, Basel (Ba 56) 1½ SW.
**Witteschau**, Lukawec (OeSt 47) ½ NO.
¹**Wittgendorf**, Kaiserswaldau ½ NO, Hainau 1 NW. (NM 30 u. 31).
²—— Sprottau (NZ 5) 1 N.
³—— *PH* (*NM 54*), Ruhbank ¾ O, Gottesberg ¾ W. (NM 53 u. 55).
⁴—— Zittau (SO 33) 1 NO.
**Wittgensdorf**, ✉ Oberlichtenau ¾ SW, Chemnitz 1 NW. (SW 31 u. 29).
**Wittgirren**, Insterburg (PO 58, TI 4) 1½ SW.
**Witthal**, Nesterschitz (OeSt 41) ½ SO.
**Wittichen**, Hausach (Ba 164) 2¾ NO.
**Wittichenau**, *Stadt*, ✉ Radeberg 5½ NO, Bischofswerda 3½ N, Bautzen 3½ NW. (SO 14, 17 u. 20).
**Wittichsthal**, Schwarzenberg (SW 56) 2¾ S.
**Wittig**, Kratzau (SO 30) 1 N.
**Wittighausen**, Ober-, Wittighausen (Ba 120) ¼ N.
**Wittingau**, *proj. Stat.*, *Stadt*, ✉ T Holzau 4 NO, Budweis 3 O. (KE 73 u. 74, KFJ 23).
**Wittingen**, *Fl.*, ✉ Unterlüss 4½ SO, Celle 6½ O, Uelzen 4 SO. (Ha 8, 5 u. 10).
—— Amstetten (Wü 31) ¾ NW.
**Wittisberg**, Sommerau (SC 1,8) 2 Kil.
**Wittislingen**, ✉ Offingen (ByS 108) 2½ NO.
**Wittlage**, ✉ Osnabrück (Ha 57) 3½ NO.
**Wittlich**, *Stadt*, ✉ T Trier (Sa 22) 4½ NO.
**Wittlingen**, Haltingen ½ NO, Lörrach 1 N. (Ba 54 u. 208).
**Wittloh**, Verden (Ha 30) 1½ SO.
**Wittmannsdorf**, Zurndorf (OeSt 65) 1½ S.
**Wittmannsdorf**, ✉ Lübben 2½ NO, Fürstenwalde 4 S. (BG 6, NM 7).
—— in Ostpreussen, Güldenboden (PO 40) 1¾ SO.
**Wittmund**, *Stadt*, ✉ T Sande (Ol 18) 2½ NW.
*Fl.*, Leer 8 NO, Oldersum 8 NO, Emden 7 NO. (Wf 35, 37 u. 38).
**Wittnau**, Freiburg in Baden (Ba 39) ¼ S.
—— Sissach (SC 1,7) 14 Kil.
—— Brugg (SNO 2, 26) 4 W.
**Wittorf**, Bardowieck ½ N, Winsen 1½ SO. (Ha 14 u. 15).
**Wittowa**, Staab (BW 5) ½ NW.
**Wittstock**, *Stadt*, ✉ T Zernitz (BH 8) 4½ N.
— Cüstrin (PO 8) 2½ N.
— Borkenfriede (BSt 53) ½ NW.
**Wittana**, Stankau (BW 4) ½ O.
**Wittwe** u. **Barop**, ⚒ (an Zweigbahn) Barop (BM 48) 0,2 W.
**Wittwyl**, Zofingen (SC 1,15) 1½ O.
**Witylówka**, Luzan (LCJ 20) ½ N.
**Witzelsdorf**, Marchegg (OeSt 73) 1½ S.
**Witzenberg**, Kronweiler (Sa 39) ¼ NW.
°**Witzenhausen** (*ML 35*), *Stadt*, ✉ T Arenshausen 1 SW, Friedland 1½ SW, Münden 2¾ SO. (Ha 96, 25 u. 98).
**Witzhave**, Reinbeck (BH 23) NO.
**Witzhelden**, ✉ Leichlingen 2 O, Solingen ¾ S. (BM 97 u. 101).
**Witznitz**, Borna (SW 93) ½ NW.
*Siehe auch Wirnitz.*
**Witzschdorf**, *PH* (*SO 63*), Waldkirchen (SW 64) ¼ NW.
**Wixhausen**, Darmstadt (HL 24) ½ N.
**Wiznitz** (Wischnitz), *Fl.*, ✉ Kolomea (LCJ 10) 5 S.
**Wlaschim** (Vlasim), *Stadt*, ✉ Prag (BW 22, OeSt 27) 6½ SO.
**Wlcetin**, Langenbrück (SNV 21) ½ W.
**Wlkow**, Josefstadt ¾ S, Smiritz ½ NO. (SNV 6 u. 5).
—— Letowic (OeSt 6) 1 N.
**Wobeck**, Schöningen (Bs 29) ¼ W.
**Wobesde**, °Stolp (BSt 29) 2 N.
**Wobitsdorf**, Müglitz (OeSt 46) 1 O.
**Wockinm**, Camen 5 S, Unna 4 S. (KM 20, BM 54).
**Weddow**, Löcknitz, (BSt 62) 2 S.
**Wode**, Trifail (OeSü 69) ¼.
**Wodniki**, Staresiolo (LCJ 3) ¼ O.
**Wodolka**, Auschitz (TKP 2) ½ SO.
**Wodolow**, Schwadowitz (SNV 27) ½ O.
**Wodzeck**, ✉ Schulitz (PO 65) 2 SO.
**Wöcklitz**, Güldenboden (PO 40) ¼ NO.
**Wöhrden**, *Fl.*, Rendsburg (AK 16, Sw 1) 6 SW.
**Wölflswyl**, Sissach (SC 1,7) 14 Kil.
**Wöllan**, *Fl.*, ✉ Cilli (OeSü 64) 3 NW.
**Wöllersdorf**, ✉ Wiener-Neustadt (OeSü 22) 1 NW.
**Wöllmarshausen**, Göttingen (Ha 84) 1¾ SO.
**Wöllmen**, Posthausen (LD 3) 1 N.
**Wöllstein**, *Fl.*, ✉ Creuznach 1 SO, Alzey 1½ NW. (Sa 22, HL 44).
**Wölmsdorf**, ✉ Krippen (Schandau) (SO 9) 2 NO.
**Wölpe**, Nienburg (Ha 26) ¾ NO.
**Wölpinghausen**, Lindhorst (Ha 44) 1 N.
**Wölsdorf**, Josefstadt (SNV 6) 1½ N.
**Wölsenberg**, Nabburg (ByO 69) ½ S.
**Wölsikendorf**, Freienwalde a. Oder (BSt 49) 1½ SW.
**Wölz**, **Ober-**, *Stadt*, ✉ Scheifling 1½ NW, Schauerfeld 1½ NW. (KR 28 u. 29).
—— **Nieder-**, *Eisenwerke*, Scheifling (KR 28) ½ NW.
**Wörbzig**, Cöthen 1 SW, Biendorf ¾ SO. (MH 34 u. 33).
**Woerlitz**, *Stadt*, ✉ Coswig ¾ SW, Dessau 2 O. (BA 27 u. 30).
**Wörmeln**, Warburg (HN 17, Wf 1) ½ SW.
**Wörmlitz**, Halle (BA 18) ¾ SW.
**Wörrenbach**, **Nied.-** u. **Ober-**, Oberstein 1 N, Fischbach 1 NW. (Sa 38, 37).
°**Wörrstadt** (*HL 77*), *Stadt*, ✉ Creuznach 2½ O, Mainz 2 SW, Alzey 1½ N. (Sa 22, HL 11 u. 44).
**Wörsbach**, Apolda (Tb 11) ½ NW.
**Wörsdorf**, Wiesbaden (Na 1) 2½ N.
¹**Wörth** am Main, *Stadt*, ✉ Aschaffenburg (ByS 102, FH 10) 3 S.
²—— an der Donau, *Fl.*, ✉ Regensburg 3½ SO, Walhallastrasse 3 SO, Straubing 3½ NW (ByO 22, 23 u. 47).
³ an der Isar, Ergoldsbach 2 SO, Landshut 2½ NO. (ByO 12, 10).
*Siehe dagegen Station Wörth Pf 45 u. Maria-Wörth OeSü 105.*
**Wörthschberg** in Steierm., Spielfeld (OeSü 55) 1.
**Wöschbach**, Berghausen *H°* (Ba 143) ¾ O.
**Wössingen**, *Fl.*, Königsbach *H°* ½ NO, Bretten 1½ SW, Weingarten *H°* 1 O, Durlach 1½ N, Berghausen *H°* ¾ NO. (Ba 146, 4, 12, 13 u. 143).
**Wogenapp**, Elbing (PO 39) 1½ N.
**Wogenthin**, Belgard (BSt 21) 3 O.
**Woggersin**, Neubrandenburg (FF 7) ¾ NW.
**Wohla**, Radeberg 2½ NO Bischofswerda 1½ NW. (SO 14 u. 17).

**Wohla**, Löbau (SO 23) ¼ N.
**Wohlau**, *Stadt*, Gellendorf 2½ SW, Maltsch 2½ NO. (OS 35 u. NM 35).
— **Alt-**, Gellendorf (OS 25) 2½ W.
**Wohlde**, Unterlüss (Ha 8) 2½ W.
**Wohlen**, Dietikon 2½ SW, Wildegg 2½ SO. (SNO 2, 22).
— — Aarau 4½ SO, Zollikofen 10 Kil. (SC 1,13 u. 38).
**Wohlenhausen**, Freden (Ha 78) 1½ NO.
**Wohlenrode**, Eschede (Ha 7) ¼ O.
**Wohlenschwyl**, Wildegg (SNO 2, 28) 1½ O.
— Aarau (SC 1,13) 5 SO.
**Wohlgelegen**, *chemische Fabriken*, Mannheim (Ba 1) ¼ NO.
**Wohlsdorf**, Biendorf (MH 33) ¼ NO.
**Wohnischtau**, Alt u. Neu-, Elbeteinitz (OeSt 21) 5 NO.
**Wohnsdorf**, Tapiau 2½ SO, Wehlau 3 S. (PO 54 u. 55).
**Wohnwitz**, Nimkau ½ NO, D.-Lissa 1½ NW. (NM 37 u. 38).
**Wohrasenitz**, Turnau (SNV 17, TKP 12) ¼ NW.
**Woirin**, Trebnitz (PO 5) ½ SO.
**Woinowo**, Nakel 2½ NO, Bromberg 2½ NW. (PO 26 u. 27).
**Woischitz**, Orzesche (Wi 23) 1½ S.
**Woischnik**, *Stadt*, Tarnowitz (OS 22, KO 12) 3½ NO.
**Woischwitz**, Breslau (NM 32, BF 1) ½ S.
**Woisselsdorf**, Grottkau (NB 4) ½ NW.
**Woitsdorf**, Hainau (NM 31) ½ SW.
**Woitz**, Neisse (NB 1) 1½ W.
**Woitzel**, Labes (BSt 18) ½ O.
**Wojanow**, Praust (PO 73) 1 SW.
**Wojkowic**, Jensowic ¾ O, Weltrus 1 NO. (OeSt 33 u. 32).
**Wojnicz**, *Stadt*, Bogumilowice (LCJ 9) ½ S.
**Wojnilów**, *Stadt*, Bursztyn (LCJ 10) 2 SW.
**Wojno Mestitz**, Pardubitz (OeSt 18, SNV 1) 6½ S.
**Wolanic**, Elbeteinitz (OeSt 21) 4 N.
**Wolbeck**, Münster 1½ SO, Hiltrup 1 O. (Wf 20 u. 19).
**Wolbrechtshausen**, Nörten (Ha 82) 1 NW.
**Wolckow**, Wangerin (BSt 17) 2½ NW.
**Wolczatycze**, Chodorow (LCJ 7) ¼ S.
**Wolde, Gross-**, Ihrhove *H*° (Wf 34) ½ SO.
**Woldegk**, *Stadt*, T Oertzenhof (Fr 8) 1 SO, Strasburg (BSt 69) 2 SW.
**Woldenhorn**, Ahrensburg (LB 12) ⁵⁄₁₆ S.
**Wolduch**, Rokitzan (BW 11) 1 NO.
**Wolechko**, Theresienstadt (OeSt 37) 1 O.
**Woleschnitz**, Kostelez (SNV 25) ½ S.
— Eisenbrod (SNV 15) 1½ SO.
**Wolesna** (Woleschna), Rokitzan (BW 11) 2½ SO.
**Woleskowce**, Sniatyn (LCJ 18) 2 NW.
**Wolfach**, *Stadt*, T Hausach (Ba 164) ¾ NO.
— **Ober-**, Hausach (Ba 164) ¾ NO.
**Wolfartsweier**, Durlach (Ba 13) ½ S.
**Wolfberg**, *Stadt*, T Köflach 4 SW, Unter-Drauburg 4 NW. (GK 11, OeSü 161).
[5]**Wolfegg** (Wü 102), *Fl.*, Essendorf 2½ S, Ravensburg 2 NO. (Wü 44 u. 50).
**Wolfen in Sachsen**, Jessnitz (BA 37) ½ S.
**Wolfenhausen**, Aumenau (Na 34) ⅝ SO.
**Wolfenweiler**, Schallstadt *H*° (Ba 41) ¼ N.
**Wolferborn**, Wächtersbach (BH 13) 1 SW.
**Wolfering**, Freihöls (ByO 31) ¼ NO.
**Wolfersdorf**, Bodenbach 3 SO, Böhm.-Leipa 1 NW. (BN 20 u. 8).
**Wolfershausen**, Cassel 2½ SW, Guntershausen 1 S. (HN 11 u. 9, MW 1 u. 3).
**Wolferstedt**, Riestedt (ML 23) 1½ SO.
**Wolfersweiler**, Türkismühle (Sa 42) ¾ SO.
**Wolfgang, St.-**, *Fl.*, Rosenheim 5 N, München 5½ NO, Freising 5 SO. (ByS 137, 126 u. ByO 6).
— **St.-**, *Fl.*, Gmunden 5 SW, Salzburg 4 SO. (KE 63 u. 45).
— **St.-**, Fridau (OeSü 113) 1 NO.
**Wolfhagen**, *Stadt*, Cassel 3½ W, Warburg 3 S. (HN 11 u. 17, Wf 1).
**Wolfpassing**, Blindenmarkt (KE 19) 1½ SO.
**Wolframsdorf**, Teich-, Werdau (SW 9) 1½ W.
**Wolfratshausen**, *Fl.*, München 3½ SW, Gross-Hesselohe 2½ SW, Holzkirchen 3 W, Starnberg 1½ SW, Beesbaupt 1½ NO. (ByO 1, ByS 126, 128, 131, 132 u. 202).
**Wolfs**, Oedenburg (OeSü 97) ¾ SO.
**Wolfsbach**, St. Peter (KE 22) 1½.
**Wolfsbank**, ✕ (*an Zrgb.*), Altendorf 0,3 W, Heissen 0,3 N. (Rh 92 u. 91).
**Wolfsberg**, siehe Wolfberg.
**Wolfsbruch**, Laskowitz (PO 30) 1 S.
[1]**Wolfsdorf in Mähren**, Müglitz (OeSt 46) ½ SW.
[2]— **in Ostpreussen**, Korschen (OpS 17) 1 NO.
[3]— **in Schlesien**, Hansdorf (NM 21, NZ 8) ½ O.
[4]— ebendas., Nimkau (NM 37) ¾ NO.
[5]— Hainau (NM 31) 2½ S.
**Wolfsegg**, ✕ (*an Kohlenb.*), *Fl.*, Breitenschützing 1½ NW, Timmelkam 2 NO, Schwanenstadt 1½ NW. (KE 34, 38 u. 35).
**Wolfsgefärth**, Ronneburg (SW 87) 1½ SW.
**Wolfsgrün**, Auerbach (SW 73) 2 NO.
**Wolfshagen**, Strassburg (BSt 69) 1½ SO.
— Seesen 1½ NO, Lutter a. B. 1½ SO. (Be 8 u. 10).
*Siehe auch Wolfhagen.*
**Wolfshain**, Kaiserswaldau (NM 30) ¼ W.
**Wolfshayn**, Weisswasser i. Schles. (BG 12) 1½ NW.
**Wolfsheim**, Ingelheim 1½ SO, Mainz 2½ SW. (HL 15 u. 11).
**Wolfspfütz**, Lengenfeld (SW 72).
**Wolfsool**, Neunkirchen (OeSü 24) L.
**Wolfstein**, *Stadt*, Altenglan 1½ N, Kusel 2 N, Staudernheim 3 SW. (Pf 62, 64, Sa 33).
**Wolfsthal**, Pressburg (OeSt 75) 1½ W.
**Wolfswinkel**, Neustadt-Eberswalde (BSt 4) ½ W.
**Wolfwyl**, Olten 2½ S, Morgenthal 4 Kil. (SC 1, 10 u. 27).
**Wolhausen**, Nebikon 12 Kil., Luzern 20 Kil. (SC 1, 18 u. 25).
**Wolitta**, Wolitnik (PO 46) ¾ NW.
**Wolkau**, Dürrenberg (Th 10) ¼ N.
**Wolken**, Coblenz (Rh 52) 1½ SW.
**Wolkenburg**, Glauchau 2 NO, Altenburg 2½ SO. (SW 22 u. 6).
**Wolkering**, Mangolding (ByO 20) ¾ W.
[6]**Wolkersdorf** (*OeSt 137*), *Fl.*, Wagram (KFN 4) 1½ N.
**Wolla**, Pelplin (PO 33) ½ O.
**Wollbach**, Brennet (Ba 61) ¼ S.
— Efringen ¾ NO, Haltingen ½ NO, Lörrach 1½ N. (Ba 52, 54 u. 208).
**Wollbrandshausen**, Göttingen (Ha 84) 2 O.
**Wollenberg**, Helmstadt *PH*° (Ba 98) ¾ SO.
— Freienwalde a. Oder (BSt 49) 1 SW.
**Wollendorf**, Andernach (Rh 50) ½ NO.
**Wollenitz**, Katowic (KFJ 31) ¾ SW.
**Wollenthal**, Czerwinsk 2½ NW, Pelplin 2½ SW. (PO 32 u. 33).
**Wollersheim**, Zülpich (Rh 21) 1 SW.
**Wollersleben**, Wolkramshausen (ML 28a) ½ W.
**Wolletz**, Angermünde (BSt 6) 1½ NW.
**Wollin in Böhmen**, *Stadt*, Strakonitz (KFJ 30) 1½ S.
— **in Pommern**, *Stadt*, T Damm bei Stettin 8 N, Anklam 9 O. (BSt 12 u. 55).
— ebendas., Passow 2 NW, Tantow 1½ NW. (BSt 2 u. 9).
**Wollishofen**, Zürich (SNO 2, 19) 1 S.
**Wollmatingen**, Constanz (Ba 87) ½ NW.
**Wollmerschied**, Lorch 1½ NO, Caub 1½ NO. (Na 12 u. 13).
**Wollmesheim**, Landau (Pf 39) ½ SW.
**Wollmirsleben**, *Fl.* (*Kohlengr.*, *Zuckerf.*), Förderstedt 1½ NW, Langenweddingen 1½ S, Hadmersleben 1½ SO. (ML 17, 3 u. 51).
**Wol(l)nzach**, *Fl.*, Freising 4 NW, Pfaffenhofen 2 NO. (ByO 6, ByS 240).
**Wollstein**, *Stadt*, T Fraustadt 5½ NW, Glogau 7½ NO, Alt-Boyen 5 NW, Kosten 5½ NW, Posen 9½ SW, Frankfurt a/O. 18½ SO. (OS 41, 43, 44, 45, 48 u. NM 111).
**Wollup**, Cüstrin (PO 8) 3 NW.
**Wolmsdorf**, Frankenstein (BF 11) 1½ SO.
— **Klein-**, Radeberg (SO 14) ½ S.
— **Langen-**, Fischbach 1½ SO, Bischofswerda 1½ SW. (SO 15 u. 17).
— **Steinicht-**, Bischofswerda 2 SO, Bautzen 2 SW. (SO 17 u. 26).
**Woloczyniec**, Stanislau (LCJ 13) ½ N.
**Wolscha**, Pelplin (PO 33) 1½ SW.
**Wolschow**, Löcknitz (BSt 62) ¾ S.
**Wolsdorf**, Büddenstedt (Be 30) ½ NW.
**Wolsko**, Miasteczko (PO 23) ½ O.
**Wolsz**, Gr.- u. Kl.-, Warlubien (PO 31) 1½ NO.
**Wolterdingen**, Donaueschingen (Ba 185) ¾ NW.
[1]**Woltersdorf bei Berlin**, Erkner (NM 5) ½ N.
[2]— bei Berlin, Erkner (NM 5) ½ N.
[3]— Freienwalde in Pomm. (BSt 16) ½ SO.
[4]— Casekow (BSt 8) ½ SW.
[5]— Magdeburg (ML 1 u. MH 1) 1½ NO.
[6]— bei Plaue a. d. Havel, Wusterwitz (BPM 8) ½ N.
**Woltershagen**, Miltzow (BSt 59) 1 N.
**Woltershausen**, Freden (Ha 78) ¾ NO.
**Wolthausen**, Celle (Ha 6) 1½ NW.
**Woltin**, *Fl.*, Pisek (KFJ 28) 5½ NO.
**Woltmershausen**, Bremen (Ha 34) ½ SW.
**Woltorf**, Peine (Ha 60) ½ SO.
**Wolzig**, Königs-Wusterhausen (BO 3) 2 SO.
**Womwelno**, Nakel (PO 26) 3 N.
**Wongrowice** (Wongrowitz), *Stadt*, T Samter 6½ NO, Bialosliwe 4 SO, Nakel 6 SW. (OS 50, PO 24 u. 26).
**Wonsees**, Bayreuth (ByO 80) 3 NW.
**Wonsheim**, Alzey 1½ NW, Creuznach 1½ SO. (HL 44, Sa 22).
**Wonsow**, Bialosliwe (PO 24) 5½ NW.
**Woosmer**, Pritzier (BH 17) 2½ S.
**Wopersnow**, Schivelbein (BSt 19) ¾ W.
**Worben**, Biel (SC 1,56) 7 Kil.
**Worbis**, *Stadt*, T Gernrode ¾ N, Leinefelde ¾ N. (ML 31 u. 32).
— **Kirch-**, Gernrode (ML 31) ½ N.
— **Breiten-**, (ML 31) ¾ NO.
**Worblaufen**, Zollikofen (SC 1, 38) 2 Kil.
**Worfelden**, Langen 1½ SW, Gr.-Gerau ¾ O, Weiterstadt ½ NW. (MN 3, HL 22 u. 24).
**Worienen**, Lindenau (PO 53) ½ NW.
**Woritten**, Schlobitten (PO 41) 4½ S.
**Workallen**, Schlobitten (PO 41) 3½ SO.
**Wormditt**, *Stadt*, Schlobitten 3½ O, Braunsberg 5½ SO. (PO 41 u. 44).
**Wormersdorf**, Bonn (Rh 42) 2½ SW.
**Wormlage**, Vetschau (BG 8) 3 S.
**Wormsdorf**, Oschersleben (Be 20) 1½ N.
**Wormsfelde**, Landsberg a. W. (PO 13) 1 NO.
**Wormsleben**, Ob.-Röblingen (ML 21) ½ NW.
**Worona**, Ottynia (LCJ 14) ¾ O.
**Worpillen**, Norkitten (PO 57) ½ SW.
**Worpswede**, Osterholz-Scharmbeck (Ha 36) 1½ O.
**Worwegen**, Ludwigsort (PO 47) 1½ SO.
**Woserow**, Anklam (BSt 55) 1 O.
**Woslnczyn**, Chodorow (LCJ 7) 1½ O.
**Wossek**, Rokitzan (BW 11) ¾ N.
**Wossitz**, Praust (PO 73) 2 SO.
**Wossow**, Zditz (BW 15) 1½ SO.
**Wostracin**, Stankau (BW 4) ½ S.
**Wostretin**, Cherekø (OeSt 16) ¾ N.
**Wotersen**, Büchen 1 NW, Schwarzenbeck 1½ NO. (BH 20 u. 21).
**Wo(t)titz**, *Stadt*, T Prag (BW 22, OeSt 27) 6½ SO.
**Wotwowitz**, *Bergwerke*, Kralup (OeSt 31) ¾ SW.
**Woykowitz**, Auschitz (TKP 2) ¾ N.
**Woynilow**, Bursztyn (LCJ 10) 1½ SW.
**Woynitz**, Alt-Boyen (OS 44) 1 O.
**Wrab**, Obristwy-Klomin 2 SO, Prag 2 NO. (TKP 3, BW 22, OeSt 27).
**Wran**, *Fabr.*, Radotin (BW 20) ¾ SO.
**Wrangelsburg**, Züssow (BSt 56) 1 N.
**Wranian**, Jensowic (OeSt 33) ½ O.
**Wranoway**, Eisenbrod (SNV 15) ½ W.
**Wrasch**, Dobrichowitz (BW 19) ½ N.
**Wrat**, Eisenbrod (SNV 15) ½ SW.
**Wrblitschan**, Lobositz (OeSt 38) ¾ SO.
**Wrbkau**, Gr.-Peterwitz (Wi 14) 3 SW.
**Wrchowina**, Falgendorf (SNV 11) ¼ SW.
**Wrdy**, Elbeteinitz (OeSt 21) 1½ W.
**Wrechow**, Freienwalde a. Oder (BSt 49) 2½ NO.
**Wremen**, Geestemünde (Ha 40) 2 N.
**Wreschen**, *Stadt*, T Posen (OS 48) 6½ SO.
**Wreschin**, Filehne (PO 20) 1 SO.
**Wresie in Steiermark**, Reichenburg (OeSü 143) ½.
**Wresina**, Rann (OeSü 145) ¾ N.
**Wrestedt**, Suderburg 1½ NO, Uelzen 1 S. (Ha 9 u. 10).
[5]**Wrexen** (*BM 127*), *Fl.*, Bonenburg (Wf 2) 1 SW.
**Wriedel**, Uelzen (Ha 10) 3 NW.
**Wriezen**, Alt-, Wrietzen a. Oder (BSt 67) ½ NO.
**Wrisbergholzen**, Alfeld (Ha 77) 1 NO.
**Wroblewo**, Wronke (OS 51) 1 SW.
**Wronin**, Bauerwitz (Wi 12) 1 NO.
**Wrotzk**, Thorn (PO 67) 6½ NO.
**Wrschowitz**, Prag (BW 22, OeSt 27) ½ SO.
**Wrzeschin**, Krzizanowitz (Wi 7) 1½ SW.
**Wschelitz**, Kuttenthal (TKP 6) 1 NW.
**Wschen**, Turnau (SNV 17, TKP 12) ¾ SW.
**Wscheraditz**, Karlstein (BW 17) 1½ W.
**Wscherau**, *Stadt*, Pilsen (BW 8, KFJ 39) 2½ NW.
**Wschestar** (Vsestar), Königgrätz (SNV 3) ½ NW.
**Wsetin**, *Stadt*, Napajedl 5 NO, Hallein 4½ O, Pohl 5 SO. (KFN 16, 18 u. 22).
**Wtelno in Posen**, Nakel 3 NO, Bromberg 2 NW. (PO 26 u. 27).

**Wtelno** in Böhmen, Wrutic ½ N, Strassow-Krusko ¾ S. (TKP 5 u. 7).
**Wubbelkow**, Gross- u. Klein-, Stralsund (BSt 50) 2½ NO.
**Wudarge**, Trampke (BSt 15) 1½ S.
**Wudzin**, Kotomierz (PO 28) ¾ NW.
**Wülfel**, Hannover (Ha 1) ½ SO.
**Wülfersdorf**, Hobenau (KFN 9) 2½ W.
**Wülferstedt**, Wegersleben (Ba 19) ½ SO.
**Wülflingen**, Winterthur (SNO 2, 13) ½ NW.
**Wülfingen**, Nordstemmen ½ SW, Elze ½ N. (Ha 71 u. 75).
**Wülfingerode**, Uernrode (ML 31) 1 O.
**Wülfinghausen**, Nordstemmen 1 SW, Elze ½ NW. (Ha 71 u. 75).
**Wülfrath**, *Stadt*, Aprath (DM 58) ½ W.
**Wülknitz**, Röderau (HA 26) 1 NO.
— Cöthen ¾ SW, Biendorf ¾ SO. (MH 34 u. 33).
**Wülperode**, Schladen (Ba 31) ½ S.
**Wülzburg**, Pleinfeld (ByS 41) 1½ S.
**Wünnenberg**, *Stadt*, Paderborn 3½ S, Geseke 2¾ SO. (Wf 7 u. 9).
**Wünschelburg**, *Stadt*, Reichenbach in Schles. 4½ SW, Frankenstein 4 SW. (BF 13 u. 11).
**Wünschendorf** in Schlesien, Greiffenberg 1½ SW, Reibnitz 1½ NW. (NM 45 u. 48).
— in Sachsen, Waldkirchen (SW 64) 1 SO. Rossnburg (SW 87) ca 1½ SW.
**Wünschensuhl**, Marksuhl (Th 44) ½ NW.
**Würben**, Ohlau (OS 4) 1½ W.
Grottkau (NB 4) 1 SW.
— Saaran ½ S, Königszelt 1 O. (BF 6 u. 7).
**Würbenthal**, *Stadt*, T Olmütz 8½ N, Neisse 5½ S. (KFN 58, NB 1).
**Würflach**, Neunkirchen (OeSü 24) 1 NW.
**Würflau**, Cöthen (MH 31) ¾ NO.
**Würgendorf**, Burbach (KH 34) ¾ NO.
**Würges**, Wiesbaden 2¾ N, Limburg 2½ SO. (Na 1 u. 30).
**Würgsdorf**, Märzdorf (NM 52) 1 NO.
**Würm**, Pforzheim (Ba 149) ½ SO.
**Würmersheim**, Muggensturm (Ba 17) 1½ W.
**Würschnitz**, Radeberg (SO 14) 2½ NW.
Ober-, Lugau (SW 45) ½ S.
— Nieder-, Lugau (SW 45) ½ SO.
**Würselen**, Aachen (AM 1, Rh 4) ¾ NO.
**Würtsch-Hölle**, Liegnitz (NM 31) 1½ N.
**Würzbach**, Ober-, Hassel (Pf 27) ½ S.
**Wüschheim**, Euskirchen ½ NO, Brühl 2½ SW. (Rh 22 u. 30).
— Sobernheim (Na 34) 4½ NW.
**Wüstegiersdorf**, Waldenburg (NM 57) *siehe* Giersdorf.
**Wüstendorf**, Breslau (NM 39, BF 1) 1½ O.
**Wüstenhain**, Vetschau (BG 8) 1½ SO.

**Wüstenhammer**, Tworog (RO 10) ½ N.
**Wüstenroth**, *Fl.*, Willsbach (Wü 21) 1½ SO.
**Wüstensachsen**, *Fl.*, Meiningen 4½ SW, Fulda 3½ SO. (Th 50, BbH 6).
**Wüstheuterode**, Heiligenstadt (ML 33) 1½ SW.
**Wüstrey**, Kosteletz (SNV 25) 1 NO.
**Wugarten**, Friedeberg 2½ N, Woldenberg 1½ W. (PO 16, OS 55).
**Wuhden**, Podelzig (PO 60) 2½ S.
**Wuhlenburg**, Winsen (Ha 15) 1½ NW.
**Wuhrow**, Labes (BSt 18) 1 N.
**Wust**, Brandenburg (BPM 9) 1 O.
**Wulfelade**, Neustadt a. N. (Ha 23) 1½ NO.
**Wulfersdorf**, Zernitz (BH 8) 5½ N.
**Wulferstedt**, Crottorf (MH 7) ½ NW.
**Wulfhen**, H* (*MLG*), Cöthen (ML 7) 1½ NW.
**Wulfen**, °Haltern (KM 68) 1½ W.
**Wulfsen**, Winsen (Ha 15) 1 SW.
**Wulfsdorf**, Bienenbüttel (Ha 12) ¾ NO.
°**Wulkow**, Lebus (PO 70) ¾ SW.
²— Trebnitz (PO 5) ½ N.
³— Zernitz (BH 8) 1½ N.
⁴— Stargard i. Pomm. (BSt 14) 1 NO.
**Wulsdorf**, Geestemünde (Ha 40) ½ S.
**Wundersleben**, °Straussfurth (NE 8) ½ SO.
**Wundlacken**, Königsberg (PO 50) 1 SW.
**Wundschuh** in Steiermark, Kalsdorf (OeSü 50) ¾.
**Wunsiedel**, *Stadt*, T Kemnath-Neustadt 8½ NO, Mitterteich 3 NW, Schwarzenbach 3 S, Eger 3½ W. (ByO 77, 85, ByS 73 u. 231).
**Wuppenau**, Bürglen (SNO 2, 5) 1½ SW.
**Wurgassen**, Höxter (Wf 42) 1½ S.
**Wurgwitz**, Potschappel (SO 43) ½ W.
**Wurmannsquick**, *Fl.*, Vilshofen (ByO 55) 6 SW.
**Warmberg** in Steierm., Pettau (OeSü 111) 1
— Niefern *PH* 1 SO, Mühlacker 1 S. (Ba 151, 153).
°**Wurmlingen** (*Wü 163*), Immendingen (Ba 170) 1½ N.
**Wurschen**, Bautzen (SO 20) 1½ O.
**Wurz**, Windisch-Eschenbach (ByO 82) ½ W.
**Wurzach**, *Stadt*, T Memmingen 3 SW, Essendorf 2 SO. (ByS 213, Wü 44).
**Wurzbach** im Reussischen, *Fl.*, Gera 8½ SW, Reuth in Sachsen 4 W. (SW 88 u. 78).
**Wurzen** in Krain, *Fl.*, Villach 3 SW, Laibach ca 8 NW. (OeSü 171 u. 76).
*Siehe dagegen Stat. Wurzen der LD 6.*
**Wuschewier**, Trebnitz 1½ N, Wrietzen a/O. 1½ SO. (PO 5, BSt 67).
**Wussen**, Schlobitten 2 NO, Mühlhausen 2 SO. (PO 41 u. 42).

**Wussecken**, Anklam (BSt 55) 2 S.
— Cöslin (BSt 24) 1 N.
**Wussow**, Freienwalde i. Pom. (BSt 18) 2½ NW.
**Wusterbarth**, Gr.-Rambin (BSt 20) 1½ SO.
**Wusterhausen** a. D., *Stadt*, Neustadt a. D., (BH 7) ¾ N.
— Deutsch-, K.-Wusterhausen (BG 3) ½ W.
**Wusterhusen**, Wolgast 1½ N, Greifswald 2½ O. (BSt 61 u. 57).
**Wusterwitz**, Schivelbein (BSt 19) 3 SO.
— — °Schlawe (BSt 27) 1½ S.
*Siehe Station Gross-Wusterwitz BPM 8.*
**Wustrow**, *Stadt*, Uelzen 5 O, Seehausen 5 NW. (Ha 10, MH 35).
— *Fl.*, (*Nav.-Schule*), Rostock (Mk 1) 5½ NO.
— Alt- u. Neu-, Wrietzen a. O. (BSt 67) ¾ NO.
**Wutha**, *PH* (*Th 4*), Eisenach ¾ O, Fröttstett 1½ W. (Th 3 u. 5).
**Wutike**, Zernitz (BH 8) 2 N.
**Wutzelhofen**, *PH* (*ByO 24*), Regenstauf 1, Walhallastrasse ½ (ByO 23 u. 25).
**Wutzig**, Friedeberg 2½ NO, Woldenberg ½ W. (PO 16, OS 55).
**Wuzow**, Hohen- u. Nieder-, Freienwalde a/O. (BSt 49) ½ NO.
— Belgard (BSt 21) 2 O.
**Wybelsum**, Emden (Wf 38) 1½ W
**Wychowka**, Bursztyn (LCJ 10) ½ SW.
**Wygoda**, Bursztyn (LCJ 10) ½ SW.
**Wyhl**, Riegel 1 W, Kenzingen 1½ SW. (Ba 36 u. 35).
**Wyhlen**, *PH* (*Ba 58*), Grenzach *H** (Ba 57) ½ SO.
**Wyhra**, Borna (SW 93) ¾ S.
**Wyk auf Föhr**, T Husum ca 6 NW, Tondern 5SW (*Dampfschiffr.*) (SW 21, 12).
**Wykon**, Zofingen (SC 1, 15) 1 SO.
**Wyl**, Olten (SC 1, 10) 2 Kil.
*Siehe dagegen Stat. Wyl VS 3, 6.*
**Wyla**, Winterthur (SNO 2, 13) 3½ SO.
**Wylamowitz**, Bielitz (KFN 64) 2 NW.
**Wylen**, Andelfingen (SNO 2, 34) 2 O.
**Wyler**, Cranenburg (Rh 78) ½ NW.
**Wyllberg** (Williberg), Aarau 11 Kil., Reiden 5 Kil. (SC 1, 13 u. 16).
**Wymisdawe** bei Gollancz, Bialosliwe (PO 24) 3 SO.
bei Bialosliwe, Bialosliwe (PO 24) ½ NO.
**Wynau**, Murgenthal (SC 1, 27) ½ W.
**Wyskocz**, Kosten (OS 45) 1½ SO.
**Wysocka**, Pelplin (PO 33) 3 SW.
**Wysoczanka**, Halicz (LCJ 11) 2 S.
**Wysokow**, Skalitz (SNV 23) ½ O.
**Wyssoka**, Dzieschowitz (OS 12) 1 NO.
**Wyszki**, Nakel (PO 26) ½ SO.

# X. Y.

**Xanten**, *Stadt*, T Geldern 2¾ NO, Wesel 1½ NW, Goch 3 O. (Rh 70, KM 38, Rh 73).
**Xions**, *Stadt*, Czempin (OS 40) 5 SO.

**Xienzaiaka**, Hammer (Wi 3) ½ W.
**Yach**, Emmendingen (Ba 37) 2½ NO.
**Ybbs** (Ips), *Stadt*, Kemmelbach ½ NW, Blindenmarkt 1½ NO. (KE 18 u. 19).

**Ybbsitz**, *Fl.*, Aschbach (KE 21) 3 SO.
**Ysperg** siehe Isper.
**Yssum**, *Stadt*, Wesel (KM 38) 2½ SW.

# Z.

**Zaakow**, Lübben (BG 6) 2½ SW.
**Zaap**, (Zapy) *Fl.*, Prag (BW 22, OeSt 27) 2½ NO.
**Zaatzke**, (Saatzke), Zernitz (BH 8) 4½ N.
**Zabadowno**, Czerwinsk (PO 32) 1½ S.
**Zabár**, Kiss-Terenne (UN 13) 2½ NO.
**Zabawa**, Slotwina (GCL 3) 3 NO.
**Zabrikau** i. Schles., Annaberg (Wi 8) ½ N.
**Zabelsmühle**, Schneidemühl (PO 25) 1½ N.
**Zabeltitz**, Grossenhain (LD 36) 1 N.
**Zabloce**, Radymno (GCL 20) 1 SW.
*Siehe dagegen Station °Zabloce GCL 35.*
**Zabnig**, Kandrzin (Kosel) (Wi 1) ¾ SW.
**Zabno** in Galizien, *Fl.*, Tarnow (GCL 10) 2½ NW.
— in der Provinz Posen, Czempin 1½ NO, Mosczin 1 SO. (OS 48 u. 47).
**Zabokrk**, Skalitz 1½ NO, Kostelotz 1 O. (SNV 23 u. 25).
**Zabor**, Hohenmauth (OeSt 15) 4 SW.
**Zaborowo**, *Stadt*, Poln.-Lissa (OS 40) ½ S.
**Zabrzeh**, Schönbrunn (KFN 25) ½ SO.
*Siehe dagegen Station Zabrze OS 18.*
**Zachan**, *Stadt*, Trampke 2 W, Dölitz 1½ NO, Stargard 2½ SO. (BSt 15, OS 58 u. 59, BSt 14).
**Zachenberg**, Deggendorf (DP 1) 2 NO.
**Zachmünde**, Schönebeck ½ SO, Gnadau 1 N (ML 3 u. 4).
**Zachow**, Freienwalde a/O. (BSt 49) 2½ NO.
— Wangerin (BSt 17) 1½ N.

**Zacler**, *siehe* Schatzlar.
**Zadel** in Sachsen, Meissen (LD 33) ½ NW.
— i. Schles., Frankenstein (BF 11) ½ SO.
**Zadelow**, Dölitz 1 N, Stargard 2½ SO. (OS 58, 59, BSt 14).
**Zadobrawka**, Luzan (LCJ 20) 1½ O.
**Zadrazan**, Elbeteinitz (OeSt 21) 2½ NW.
**Zaeckerick**, Freienwalde an der Oder 1½ O, Wrietzen 1½ NO. (BSt 49 u. 67).
**Zägensdorf**, Arnswalde (OS 57) 1½ NO.
**Zagersdorf**, Mattersdorf (OeSü 53) 2½.
**Zagkwitz**, Schmölln (SW 85) ca ½ SW.
**Zagórze**, Lemberg (LCJ 1) 2 S.
— Chodorow (LCJ 7) 1½ O.
**Zagorczko**, Chodorow (LCJ 7) ¾ S.
**Zagreb** Agram.
**Zahajpol**, Kolomea (LCJ 16) 1½ O.
**Zahlbach**, Mainz (HL 11) ½ SW.
**Zahor**, Eisenbrod (SNV 15) ¾ S.
**Zahoran**, Beraun (BW 16) 1 NW.
**Zahorwitz**, Podiebrad (OeSt 23) 3 NO.
**Zahrensdorf**, Boitzenburg (BH 19) ¾ NO.
**Zahrensdorf**, Blankenburg (Mk 6) ½ SW.
**Zainingen**, Blaubeuren 2½ NW, Kirchheim u. Teck 3 SO, Metzingen 3 SO. (Wü 160, 159 u. 130).
**Zaisenhausen**, *Sauerbrunnen*, *Fl.*, Bretten (Wü 4) 1½ NO.
**Zaisersweiler**, Mühlacker (Ba 153, Wü 6) 1 N.
**Zajaczkowo**, Samter (OS 50) 2 W.

**Zajendelz**, Morawan 1 SO, Ubersko 1 SW. (OeSt 17 u. 16).
**Zakrzewce**, Ottynia (LCJ 14) ½ N.
**Zala-Egerszegh**, *Fl.*, T St. Iwán-Zala-Egerszegh (OeSü 106) 1 SW.
**Zalanów**, Bursztyn (LCJ 10) 3 O.
**Zalathna** in Siebenbürgen, *Fl.*, Karlsburg 3½ W, Grosswardein ca 20 SO. (Si 16, Ts 43).
**Zalazan**, Ubersko (OeSt 16) ½ O.
**Zalesie**, Chodorow (LCJ 7) 1½ S.
**Zalesie**, Nakel (PO 26) 2½ S.
**Zalesl**, Nestersitz (OeSt 41) ¾ SO.
*Siehe dagegen Station Zalesl OeSt 32.*
**Zaleslitz**, Obristwy-Klomin (TKP 3) ½ NW.
**Zaleszczyki**, *Stadt*, T Luzan (LCJ 20) 4 N.
**Zalleze**, Bursztyn (LCJ 10) 3 O.
**Zalmsdorf**, Zahna (BA 8) ½ SO.
**Zalosce**, *Stadt*, Lemberg (LCJ 1) 12 O.
**Zalov**, Roztok in Böhmen (OeSt 29) ½ W.
**Zaluczan**, Salgo-Tarjan (UN 14) 5 N.
**Zalúcze**, Sniatyn (LCJ 18) ½ S.
**Zalúkiew**, Halicz (LCJ 11) ½ SW.
**Zaluzi**, Horowitz (BW 13) ½ N.
**Zamardi**, Szantod (OeSü 121) loco.
**Zamarstrznów**, Lemberg (LCJ 1) ½ NO.
**Zamirchów**, Radymno (GCL 20) 1 SW.
**Zamikow**, Trampke (BSt 15) ¾ W.
**Zamiekau**, Horazdiowic (KFJ 32) 2 W.

**Zamosel**, Wronke (OS 51) ½ NW.
**Zamosi**, Hruschau (KFN 27) ½ SO.
Stranow-Krnsko (TKP 7) ½ O.
**Zamrsk**, Hohenmauth (OeSt 15) ½ SO.
**Zams**, Innsbruck (OeSü 187) ca 10 SW.
**Zamzow**, Wangerin (BSt 17) 2½ SO.
**Zandersdorf**, Nakel (PO 26) 10 N.
**Zangberg**, Landshut (ByO 10) 5½ SO.
**Zangenberg**, Zeitz (Th 27) ½ SO.
**Zangenstein**, Schwarzenfeld (ByO 68) 1½ O.
**Zanigg**, Wieselburg (OeSt 67) ½ S.
**Zanow**, *Stadt*, 📯 T Cöslin (BSt 24) 1 NO. demn. *Schübben-Zanow (BSt 25) ½ SO.
**Zanthier**, Freienwalde i. P. (BSt 16) 1½ NO.
**Zanzbruch**, Zantoch 1½ NO, Friedeberg 1½ SW. (PO 14 u. 16).
**Zanzhammer**, *Eisenh.*, Zantoch 2 NO, Friedeberg 2 SW. (PO 14 u. 16).
**Zanzhausen**, *Eisenh.*, Landsberg a. d. W. (PO 13) 3 NO.
**Zanzin**, Landsberg a. d. W. (PO 13) 1½ NW.
**Zanzmühle**, Friedeberg (PO 14) 1½ SW.
**Zanzthal**, 📯 Landsberg a. W. (PO 13) 3 NO.
**Zapel**, Wendisch-Warnow (BH 13).
**Zapitów**, Lemberg (LCJ 1) 2 NO.
**Zappendorf**, Teutschenthal (ML 20) ¾ NO.
**Zarand**, *Fl.*, 📯 Arad (SI 1, Ts 37) 8 N.
**Zarneckow**, Belgard (BSt 21) 3½ O.
**Zarnefanz**, Belgard (BSt 21) ¾ S.
**Zarnow**, Klein-, Tantow (BSt 9) 3 SO.
**Zarow**, Ferdinandshof (BSt 52) ½ O.
**Zarpen**, Lübeck 1½ W, Reinfeld ¾ NO. (LB 8 u. 9).
**Zarrentin**, *Stadt*, 📯 Hagenow 3½ NW, Brahlsdorf 2½ N, Mölln 2½ SO, Büchen 3 NO. (BH 16, 19, LB 5 u. 7).
**Zarrenthin**, Anklam (BSt 55) 1½ W.
**Zarten**, Freiburg i. Baden (Ba 39) 1 O.
**Zarzig**, Stargard i. Pomm. (BSt 14) ½ O.
**Zarzyn**, Nakel (PO 26) 3½ S.
**Zasada**, Eisenbrod (SNV 15) 1 NO.
**Zaschendorf**, Schwerin (Mk 9) 2½ SO.
**Zaskerhütte**, Schönlanke (PO 21) ½ N.
**Zasmuk**, *Stadt*, 📯 Böhm.-Brod 2½ SO, Kolin 2 SW. (OeSt 24 u. 22).
**Zastawna**, 📯 Lazan (LCJ 20) 2½ N.
**Zator**, *Stadt*, 📯 Oswiecim (KFN 35, OS 31) 2 SO.
**Zauche**, Neu-, Lübben (BG 6) 1½ NO.
Alt-, Lübben (BG 6) 1½ NO.
**Zauchwitz**, Bauerwitz (WI 12) 1 SW.
**Zauckerode**, Potschappel (SO 43) ½ NW.
**Zauditz**, *Fl.*, 📯 Woinowitz (WI 15) 1 SW.
**Zaue**, Lübben (BG 6) 2 NO.
**Zaumgarten**, Breslau (NM 30, BF 1) 2 SW.
**Zaun**, Alten-, Goldbeck (MH 23) 1½ O.
**Zavelstein**, *Stadt*, 📯 Pforzheim 3 S, Calw ½ SW (Ba 149, Wü 208 u. 263).
**Zaverstnik**, Littai (OeSü 72) ½.
**Zawada** (Zowada), Nendza (WI 4) ½ W.
(Sawada), Warlubien (PO 31) ½ N.
**Zawadda**, Kotomierz (PO 28) ¾ SO.
**Zawadówka**, Halicz (LCJ 11) 2½ O.
**Zawiese**, Orzesche (WI 21) ½ S.
**Zawitz**, Biendorf (MH 33) ¾ NO.
**Zazina**, Lekonik (OeSü 150) 1.
**Zber**, Elbeteinitz (OeSt 21) 3 NW.
**Zbolska**, Lemberg (LCJ 1) ½ NO.
**Zbonek**, Letowic ½ S, Skalic ½ NW, (OeSt 5 u. 6).
**Zborowitz**, Hullein (KFN 18) 2½ W.
**Zborowski** i. Schles., Zawadzki (RO 7) 3 NO.
**Zboz**, Paka (SNV 12) ½ SW.
**Zbozicko**, Kuttenthal (TKP 6) 2 SO.
**Zbrachlin**, Kotomierz (PO 28) 1½ NO.
**Zbraa**, Elbeteinitz (OeSt 21) 2 NO.
**Zbyszewitz**, Miasteczko (PO 23) 2½ SO.
**Zdanitz**, Pardubitz (OeSt 18, SNV 1) 1½ NW.
**Zdar** (Saar), *Stadt*, 📯 Pardubitz (OeSt 18) 7½ SO.
**Z'dar**, (Zdiar), *PH* (*KFJ 35*). Nepomuk 0,9 NO, Blowic 0,6 SW (KFJ 34 u. 36).
**Zdechovic**, Prelouc (OeSt 10) 1 SW.
**Zdencina**, *H*° (*OeSü 152*). Jaszka (OeSü 153) 1.
**Zdetin**, Kuttenthal (TKP 6) ½ S.
**Zdiar**, Turnau (SNV 17, TKP 12) ½ SW.
Paka (SNV 12) ½ NO.
Raitz (OeSt 4) ½ NO. *Siehe auch Zd'ar.*
**Zdiarna**, Skalic (OeSt 5) 1 O.
**Zdib**, Roztok (OeSt 20) ½ O.
**Zduny**, *Stadt*, 📯 T Rawicz (OS 37) 5½ O.
**Zehegeny**, Szobb (OeSt 80) ½ N.
**Zebrák**, *Stadt*, 📯 Zditz 1 SW, Horowitz ½ NW. (BW 13 u. 14).
**Zebus**, Wegstädtl (OeSt 35) ½ NO.
**Zechendorf**, Schneidemühl (PO 22) 2½ N.
**Zechin**, 📯 Golzow 1 N, Wrietzen a/O. 2½ SO. (PO 7, BSt 67).
**Zechlin**, *Fl.*, 📯 Zernitz (BH 8) 5½ NO.

**Zechowitz**, Elbeteinitz (OeSt 21) 2½ NW.
**Zeckerndorf**, Saldenhofen (OeSü 160) ½.
**Zedel**, Sorau (NM 22) 1 SO.
**Zedenick** bei Berlin u. Prenzlau, *siehe* Zehdenick.
**Zedlich**, Bietschen (BG 13) ½ S.
**Zedlitsch**, Alt-, *Fl.*, 📯 Nürschan (BW 6) 5½ NW.
**Zedlitz**, Breslau (NM 39, BF 1) ¾ SO.
1 Ohlau (OS 4) 1 N.
3 b. Schweidnitz, Königszelt (BF 7) ¾ NW.
4 – bei Steinau, Liegnitz (NM 33, BF 23) 3½ NO.
5 Fraustadt (OS 41) ¾ NO.
6 Borna (SW 93) ½ SO.
**Zeehen** (Zeben), *proj. Stat.*, *Stadt*, 📯 Kaschau (Ts 28) 6 NW.
**Zeesen**, Königs-Wusterhausen (BG 3) ½ SO.
**Zeglingen**, Sommerau 5 Kil., Läufelfingen 5 Kil. (SC 1,8 u. 9).
**Zehbitz**, Stumsdorf (ML 9) 1½ NO.
**Zehden**, *Stadt*, 📯 Freienwalde a/O. (BSt 49) 2 NO.
**Zehdenick**, *Stadt*, 📯 T Prenzlau 6½ SW, Berlin 7 N. (BSt 48 u. 1).
**Zehista**, Pirna (SO 5) ¾ SW.
**Zeholfing**, Straßkirchen (ByO 40) 2 S.
**Zehrbeutel**, Halbau (NM 24) ½ NO.
**Zehren**, Meissen (LD 33) ½ NW.
**Zehringen**, Cöthen (BA 31, ML 7) ½ NO.
**Zehrowic**, Mrakau (Bu 16) ¾ NO.
**Zehrten**, Wangerin (BSt 17) 3 SO.
**Zeidler** i. Böhm., *Fl.*, 📯 Löbau 3 SW, Rumburg 1 O. (SO 23, BN 16).
**Zeil**, Ober-, Essendorf (Wü 44) 4½ SO.
Unter-, Essendorf (Wü 44) 4½ SO.
*Siehe dagegen Stat. Zeil ByS 72.*
**Zeilern** (Zeillern), *Fl.*, Amstetten (KE 20) ¾ W.
**Zeilhard**, Darmstadt (HL 24) 1½ SO.
**Zeilitzheim**, 📯 Seligenstadt (ByS 80) 1½ NO, Kitzingen (ByS 176) 2½ N.
**Zeilsheim**, Hattersheim (T 4) ½ N.
**Zeinicke**, Freienwalde in Pom. (BSt 16) 1½ O.
**Zeipau**, Hansdorf (NM 23, NZ 8) ½ NO.
**Zeisberg** i. Schles., Freiburg (BF 8) ½ W.
**Zeisgendorf**, Dirschau (PO 34) ½ S.
**Zeisholz** bei Königsbrück, Radeberg (SO 14) 3½ N.
**Zeisham**, Lingenfeld (Pf 32) ¾ S.
**Zeisau**, Halbau (NM 24) ½ NW.
**Zeiteldorn**, Walhallastrasse 4½ SO, Straubing 2 NW. (ByO 23 u. 47).
**Zeitlarn**, Regenstauf (ByO 25) ¾ S.
**Zeitlitz**, Wangerin (BSt 17) 1½ N.
**Zeitloss**, *Fl.*, 📯 Gemünden (ByS 97) 8 N.
**Zeitz** bei Barby, Gnadau (ML 4) ½ SO.
i. Anhalt., Bernburg (MH 32) 1½ SW.
*Siehe dagegen Station Zeitz Th 27.*
**Zelasno**, Oppeln (OS 10, RO 1) 1½ NW.
**Zelchowitz**, Littau (OeSt 45) ½ N.
**Zeirin**, Jenzowic (OeSt 33) ½ O.
**Zelenen**, Lazan (LCJ 20) 1½ W.
**Zeletz**, Eisenbrod (SNV 15) ½ NW.
**Zelezna**, Beraun (BW 16) ½ SO.
**Zelibrory**, Burzstyn (LCJ 10) 2 O.
1 **Zell** a. d. Wiese i. Baden, *Stadt*, 📯 T Schopfheim (Ba 212) 1 NO.
2 a. Harmersbach, *Stadt*, 📯 T Biberach (Ba 161) ½ N.
3 bei Bühl (Ba 22) ¾ W.
4 Offenburg (Ba 28) ½ O.
5 Ober- u. Unter-, Allensbach (Ba 85) ½ SO.
6 am Fichtelgeb., Münchberg (ByS 72) 1 S.
7 a. Main i. Bayern, Würzburg (Ba 125, ByS 91) ½ W.
8 Ebelsbach (ByS 78) 1 W.
9 Schweinfurt (ByS 84) 1 N.
10 bei Ottobeuren, Grönenbach ¾ W, Memmingen 1½ S. (ByS 214, 213).
11 bei Bischofsmais i. Bayern, Deggendorf (DP 1) 1½ NO.
12 – i. Zellerthal, Monsheim (HL 39) ¾ NW.
13 i. Gr. Hessen, Bensheim (MN 10) ¾ SO.
14 ° (*HL 65*), Darmstadt 4½ SO, Dieburg 3½ SO. (HL 24 u. 26).
15 Ober-, Schlüchtern (BbH 10) 2 O.
16 — bei Zellhof, *Fl.*, Enns (KE 25) 3 NO.
17 am Moos, Frankenmarkt 2 NW, Strasswalchen 1½ SO. (KE 41 u. 42).
18 – an der Pram, Riedau-Ried (KE 49) ¼ NW.
19 – a. Pattenfürst, Timmelkam (KE 38) 1½ N.
20 Böheimkirchen (KE 10) 1½ SW.
21 a. See, *Fl.*, 📯 Salzburg (KE 45) 10 SW, Wörgl (OeSü 180) 2 SO.

22 **Zell** i. Zillerthal, Brixlegg 3 S, Jenbach 3 SO. (OeSü 182 u. 183).
23 i. Rheinprov., *Stadt*, 📯 T St. Goar 6 SW, Coblenz 6½ SW, Bingerbrück 7 NW, Kirn 5 NW. (Rh 55, 52, 58 u. Sa 27 u. 26).
24 i. Württemb., Altbach (Wü 21) ½ SO.
25 – a. d. Teck, Ohingen ½ SW, Kirchheim 1½ O. (Wü 25 u. 153).
27 — i. d. Schweiz, Nebikon (SC 1,18) 1½ SW.
*Siehe dagegen proj. Stat. Zell OH 8.*
**Zella**, Ober-, Salzungen (Th 45) 2 NW.
(Blasienzella), *Stadt*, 📯 T Meiningen 3 NO, Grimmenthal 3 NO, Gotha 3½ S, Arnstadt 4½ SW. (Th 50, 51, 6 u. 33).
**Zellarino**, Mestre (Ober-Ital. 1,18) ½ NW.
**Zellendorf**, Linda (BA 20) ½ NO.
**Zellenitz**, Brandeis (Bu 12) ½ N.
**Zellerfeld**, *Stadt*, 📯 Seesen 3½ SO, Harzburg 3 SW, Northeim 3½ NO. (Bs 8, 30 Ha 81).
**Zellern**, Oberdorf (ByS 9) ½ S.
**Tellgnlewo**, Schneidemühl 2½ N, Bialosliwe 3½ NW. (PO 22 u. 21).
**Zellhausen**, Babenhausen (HL 28) ¾ N.
**Zellin**, *Stadt*, 📯 Wrietzen a. O. (BSt 67) 2½ O.
**Zellingen**, Retzbach (ByS 94) ½ SW.
**Zellnitz** a. Drau, 📯 Maria-Rast (OeSü 156) ¾ NW.
**Zelow**, Lemberg (LCJ 1) 2 NW.
**Zeltingen**, *Weinbau*, *Fl.*, 📯 Bingerbrück 2 W, Trier 5 NO, Coblenz 2 SW. (Rh 58, Sa 22, Rh 52).
**Zemendorf**, Mattersdorf (OeSü 93) 1 NO.
**Zemitz**, Buddenhagen (BSt 60) 1½ O.
**Zempelburg**, *Stadt*, 📯 Nakel (PO 26) 6 NW.
**Zempelkowo**, Nakel (PO 26) 6 N.
**Zengg** i. Croat., *Stadt*, 📯 T Carlstadt 10 SW, Triest 16 SO. (OeSü 154 u. 80).
**Zennern**, Wabern (MW 5) ½ W.
**Zenningen**, Säckingen (Ba 62) 2½ O.
**Zenone**, St., St. Michele (OeSü 208).
**Zens**, Schönebeck 1½ S, Eickendorf ¾ SO. (ML 3 u. 16).
**Zenta**, *Fl.*, 📯 Mokrin 4 O. Oroszlámos 4 SO. (OeSt 113 u. 112).
**Zentendorf**, Görlitz (RO 15) 2 N.
**Zenz**, Pristewitz (LD 14) ½ O.
**Zepelin**, Bützow (Mk 3) ¾ SO.
**Zepernik**, Bernau bei Berlin (BSt 2) ½ SW.
**Zeppenfeld** i. Westfalen, *Eisenhütte*, Neunkirchen (KM 53) ½ SO.
**Zepperen**, Cortenbosch (Grand Centr. Belge 2,15) ¾ SO.
**Zeppernick**, Magdeburg (MH u. ML 1) 3½ NO.
**Zerben**, Güsen (BPM 12) ½ W.
**Zerbst**, Kl.-, Cöthen (BA 33, ML 7) 1½ NO
*Siehe dagegen Station Zerbst BA 44.*
**Zerf**, Ober- u. Nieder-, Beurig-Saarburg (Sa 19) 1½ O.
**Zerkow(o)**, *Stadt*, 📯 Rawicz 10 NO, Posen 8 SO. (OS 37 u. 48).
**Zerkowiz**, Pragerhof (OeSü 59) ½.
**Zerkwitz**, Lübbenau (BG 7) ½ NW.
**Zerniki**, *Stadt*, 📯 Posen 8 NO, Nakel 5¾ S. (OS 38, PO 26).
**Zernikow**, Gusow (PO 6) ¾ S.
**Zernin** i. Mecklenb., Bützow (Mk 3) 1 SW.
i. Pommern, Degow (BSt 43) ½ W.
**Zernitz**, Deutsch-, Gleiwitz (OS 17) 1 S.
*Siehe dagegen Station Zernitz BH 8.*
**Zernow**, Böhmisch-Skalitz (SNV 23) ½ N.
**Zerndorf**, Königs-Wusterhausen (BG 3) 1 O, Erkner (NM 5) 2½ S.
**Zeronca**, Littai (OeSü 72) 2.
**Zerpenschleuse**, *Fl.*, Neustadt-Eberswalde (BSt 4) 2½ W.
**Zerre**, Spremberg (BG 10) ¾ S.
**Zerrehne**, Nassow (BSt 22) 1½ S.
**Zerrenthin**, Pasewalk (BSt 50) ¾ O.
**Zerufee**, Raitz (OeSt 4) ¾ NW.
**Zescha**, Bautzen (SO 20) 2 NW.
**Zetel**, *Fl.*, 📯 Ellenserdamm (OI 19) 1 W.
**Zethau**, Freiberg (SO 51) 2 S.
**Zetschowitz**, Stankau, *siehe* Cecowic.
**Zettling** i. Steierm., Kalsdorf (OeSü 50) ½.
**Zettwing**, Kerschbaum (KE 69) 1 NO.
**Zeulenroda**, *Stadt*, 📯 T Mehltheuer 1½ NW, Gera 4 NW. (SW 18 u. 84).
**Zeuln** (*auch* Marktzeuln), *Fl.*, Hochstadt (ByS 6) ¾ NW.
**Zeundorf**, Stumsdorf ¾ N, Cöthen 1½ SO. (ML 8 u. 7).
**Zeuthen**, Königs-Wusterhausen (BG 3) ½ N.
**Zeuthern**, Langenbrücken (Ba 8) ¾ SO.
**Zeven**, *Fl.*, 📯 Arhim 5½ NO, Harburg 7 SW. (Ha 32 u. 17).
**Zeyring**, Ober- u. Unter-, *Eisenw.*, Judenburg (KE 21) 2½ NW.
**Zezwyl**, Aarau 3 SO, Rapperswell 2½ S.

**Zhepno**, St. Peter (OeSü 82) 2
**Zhor**, Böhm.-Trübau (OeSt 11) ½ S.
**Zhubar**, Rakek (OeSü 79) 6.
**Zladlowitz**, Müglitz (OeSt 46) ½ W.
**Zlatz**, **Hohen-**, Güsen 2¼ SO, Burg 2½ SO. (BPM 12 u. 13).
— **Lütgen-**, Burg (BPM 13) 2 SO.
**Zibelle**, *Fl.*, Weisswasser i. Schlesien (BO 12) 2¼ NO.
Sorau (NM 22) 3¼ SW.
**Zickhusen**, Kleinen (Mk 8) ½ SO.
**Zichydorf**, *Fl.*, Moravitza (OeSt 123) 2 SW.
**Ziebendorf**, Liegnitz (BF 23, NM 33) 3¼ NO.
**Ziebern**, Glogau (NZ 1, OS 43) ¾ W.
**Ziebigk**, Cöthen (BA 33, ML 7) 1¼ SO.
**Ziebingen**, *Fl.*, Frankfurt a/O. 3¼ SO, Fürstenberg 1½ NO. (NM 11 u. 14).
**Zieder**, Ruhbank (NM 53) ¾ SO.
**Ziegelhausen**, Heidelberg ¾ O, Neckargemünd ¾ NO. (Ba 3, 90 u. 93).
**Ziegelhütte** a.d.Staig, Amstetten (KE 20) ¼ N.
**Ziegenhagen** i. Hessen, Münden 1⅝ SO, Cassel 3 NO. (Ha 86, 87, MW 1).
— Prov. Sachsen, Osterburg (MH 24) 1 S.
— Arnswalde (OS 57) 2¼ NO.
**Ziegenhain**, *Stadt*, Treysa (MW 8) ¾ W.
**Ziegenhals**, *Stadt*, T Neisse (NB 1) 2½ S.
**Ziegenrück**, *Stadt*, Sonneberg 8½ NO, Apolda 7 S. (Th 61 u. 11).
**Ziegra**, Döbeln (LD 28) ½ SW.
**Zieko**, Coswig (BA 27) ½ NW.
**Zielacho**, Osiek (PO 25) 1 NO.
**Zielenzig**, *Stadt*, T Frankfurt a/O. 6 NO, Vietz 4 SO. (PO 71 u. 10).
**Zielitz**, Wolmirstedt ⅝ NO, Rogätz ½ SW. (MH 17 u. 18).
**Ziementzitz**, Gleiwitz 1 NO, Zabrze 1½ NW. (OS 17 u. 18).
**Ziemetshausen**, Dinkelscherben (ByS 112) 1 SW.
**Ziemitz**, Wolgast (BSt 61) ½ O.
**Ziepel**, Magdeburg (ML 1 u. MH 1) 2¼ NO.
**Ziepkeleben**, Magdeburg (ML u. MH 1) ½ NO.
**Zier**, **Ober-**, Buir 1 W, Düren 1¼ N. (Rh 9 u. 8).
**Nieder-**, Buir 1¼ NW, Düren (Rh 9 u. 8) 1 N.
**Zierberg**, Spielfeld (OeSü 55) 1.
**Zieregg**, Spielfeld (OeSü 55) 1.
**Zierenberg**, *Stadt*, Cassel (HN 11, MW 1) 2½ NW.
**Zierolshofen**, Renchen (Ba 25) 1 W.
**Zierstorf**, Lalendorf (FF 2) 1 NO.
*Siehe demnächst Station* °*Zierstorf KFJ 10.*
**Ziesar**, *Stadt*, Wusterwitz 2 SW, Burg 4½ O. (BPM 8 u. 13).
**Zieserwitz** i. Schles., Neumarkt (NM 36) 1½ S.
¹**Ziethen** i. Mecklenb., Ratzeburg (LB 4) ⅝ O.
² — **Gross-**, Nauen (BH 4) 2¼ N.
**Klein-**, Nauen (BH 4) 2¼ NO.
³ — **Gross-** u. **Klein-**, Angermünde 1¼ SW, Chorin ¾ N. (BSt 6 u. 5).
⁴ — **Gr.-** u. **Kl.-**, Grossbeeren (BA 2) 1½ NO.
⁵ — **Anklam** (BSt 55) ½ N.
**Zietsch**, Radeberg (SO 14) 3 N.
**Zieverich**, Horrem (Rh 10) 1 NW.
**Zifflich**, Cranenburg (Rh 78) ¾ NW.
**Zigahnen**, Czerwinsk (PO 32) 2¼ SO.
**Zihlschlacht**, Sulgen (SNO 2, 4) 1¼ SO.
**Zihobetz**, Horazdiowic (KFJ 32) 2 S.
**Zilàh**, *Stadt*, Debreczin (Ts 11) 18 O.
**Zillerthal** i. Schles., Hirschberg (NM 49) 1½ S.
**Zilly**, Jerxheim 2 S, Halberstadt 2¼ NW. (Bs 17, MH 9).
**Zittendorf**, Fürstenberg 1 NW, Finkenheerd ½ SO. (NM 14 u. 13).
**Zimmerhof**, Rappenau (Ba 132) ¼ NO.
**Zimmerholz**, Engen (Ba 176) ¾ NW.
**Zimmermannshorst**, Carolinenhorst (BSt 13) ¼ SO.
**Zimmern**, Immendingen (Ba 179) ½ NW.
Landshut (ByO 10) 4½ O.
**Gr.-**, *Fl.*, Dieburg (HL 26) ½ S.
**Zinken**, Müllheim (Ba 45) ¼ NW.
**Zinkendorf**, Stralsund (BSt 59) 1½ W.
*Siehe dagegen Station Zinkendorf OeSü 99.*
**Zinkwerder**, Wangerin (BSt 17) 1 O.
**Zinna**, **Dorf**, Jüterbogk (BA 6) ½ N.
**Stadt-** oder **Kloster-**, *Stadt*, Jüterbogk (BA 6) ½ NO.
**Zinndorf**, Erkner (NM 5) ca ½ S.
**Zinnitz**, Lübben 2¾ S, Lübbenau 1¾ SW. (BG 6 u. 7).
**Zinnowitz**, *Seebad*, Wolgast (BSt 61) 2¼ O.
**Zinnwald**, *Fl.*, *Zinnwerke*, Teplitz 1½ NW, Dresden 5 S. (AT 6, SO 1).
**Zinsath**, St. Lorenzen (OeSü 157) ¼.
**Zinten**, *Stadt*, Ludwigsort 2¼ SO, Kobbelbude 2 S, Pr.-Eylau 3 NW. (PO 47, 48, OpS 13).
**Zinzow**, Anklam (BSt 55) 2 S.
**Zipf**, Redl (KE 39) ½ N.
**Zipfen**, Darmstadt (HL 24) 3 SO.
**Zipplau**, Praust (PO 73) ½ S.
**Zippnow**, Schneidemühl (PO 22) 4½ NW.
**Zips** in Schlesien, Freiburg (BF 8) ½ SW.
**Zirawka**, Lemberg (LCJ 1) 2¾ S.
**Zircz**, *Fl.*, Stuhlweissenburg (OeSü 128) 5 NW.
**Zirke**, *Stadt*, T Wronke (OS 51) 3 SW.
**Zirklach**, Laibach (OeSü 78) 5 NO.
**Zirknitz**, *Fl.*, Rakek ½ NO, Adelsberg 1½ NO. (OeSü 79 u. 80).
**Zirl**, Innsbruck (OeSü 187) 1 W.
**Zirlau** in Schlesien, Freiburg (BF 8) ½ NO.
**Zirzow**, Neubrandenburg (FF 7) ¾ NW.
**Zissen**, **Nieder-**, Brohl (Rh 49) 1½ SW.
— **Ober-**, Brohl (Rh 49) 1⅝ SW.
**Zistersdorf**, *Stadt*, Dürnkrut (KFN 7) 1¼ NW.
**Zitowa**, Liebstadtl (SNV 13) ¾ SW.
**Zittau**, **Neu-**, Erkner (NM 5) 1 S.
**Zittel**, Zittau (SO 33) ¾ NO.
**Zittow**, Schwerin (Mk 9) 1½ NO.
**Zitzenbach**, Heppenheim (MN 11) 1½ SO.
**Zitzlau**, Kleinmünchen (KE 27) ½ NO.
**Zitzschewig**, Coswig (LD 16) ½ O.
°**Zizenhausen** (*Ba 193*) Stockach (Ba 192) ½ N.
**Zizenef**, Schivelbein (BSt 19) 1½ O.
**Zivanic**, Prelouc (OeSt 19) 1 NW.
**Zleb**, **Neu-**, *Fl.*, Kolin 3¼ SO, Pardubitz 3½ SW. (OeSt 22, 18, SNV 1).
**Zlin**, *Stadt*, Napajedl (KFN 16) 1¼ NO.
**Zlitsch**, Böhmisch-Skalitz (SNV 23) ½ N.
°**Zloczow** (*GCL 38*), *Stadt*, T Lemberg (LCJ 1) 8 O.
**Zlomin**, Obristwy-Klomin (TKP 3) ¾ S.
**Zlonitz**, *Stadt*, Weltrus 2 W, Kladno 2 N. (OeSt 32, Bn 10).
**Zlosin**, Auschütz (TKP 2) ½ NO.
**Zlotowo**, Bromberg (PO 27) 4 S.
**Zlotterie**, Thorn (PO 67) 1¼ SO.
**Zmeslenic**, *Rumfabrik*, Lemberg (LCJ 1) ½ O.
**Zmigród**, *Stadt*, Tarnow (GCL 10) 9¼ SO.
**Zmietsch**, **Gross-**, *Fl.*, Netolic (KFJ 25) 2 S.
**Zmollnigg**, Maria-Rast (OeSü 156) ½.
°**Znaim** (*OeSt 159*), *Stadt*, T Sct. Pölten 13 NO, Brünn 7½ SW, Stockerau 7 NW. (KE 12, KFN 56 u. 46).
**Znin**, *Stadt*, Nakel 6 SO Bromberg 6 SW. (PO 26, 27).
**Zoblitz**, Uhsmannsdorf 1¾ NO, Rauscha 2¾ W, Penzig 3 NW. (BG 14, NM 25 u. 40).
*Siehe dagegen Haltestelle Zoblitz der SO 24.*
**Zobten**, Greiffenberg 2½ NO, Bunzlau 3 SO. (NM 45, 29).
— — **am Berge**, *Stadt* Vetthau 1¾ SO, Schweidnitz 2¾ NO, Breslau 4¼ SW. (BF 4, 16 u. 1).
**Zochau**, Radeberg (SO 14) 3¼ N.
**Zodel**, Penzig 1 SW, Görlitz 1¼ N. (NM 40 u. 41).
**Zöbingen**, Bopfingen (Wü 117) 1½ N.
**Zöblitz**, *Stadt*, Chemnitz 4 SO, Zschopau
**Zollhaus**, **Ober-** u. **Unter-**, Kempten (ByS 11) 1½ SO.
— *Zollstation*, Donaueschingen 2 S, Schaffhausen 1½ N. (Ba 185 u. 77).
*Siehe dagegen demnächst* °*Zollhaus Na 45.*
**Zolling**, **Ober-** u. **Unter-**, Freising (ByO 6) ¾ N.
**Zollnick**, Altfelde (PO 37) 6 SO.
**Zollverein**, ✕ (an Zweigbahn) Altenessen (KM 13) 0,3 O.
**Zollwyl**, Liestal (SC 15) 3 SW.
**Zolondowo**, Bromberg (PO 27) 2 NO.
**Zolynia**, *Stadt*, Lancut (GCL 17) 1½ NO.
°**Zombor** (*Alf 18*), *Stadt*, T Szegedin (OeSt 110) 12 SW.
Szorenca (Ts 19) ¾ SO.
**Kis-**, Szöreg (OeSt 111) 2½ SO.
**Zons**, *Stadt*, Benrath ½ SW, Dormagen ½ NO. (KM 6, Rh 63).
**Zopen**, Tapiau (PO 51) ¼ W.
°**Zoppot** (*BSt 37*), *Fl.*, T Danzig 2 NW, Neufahrwasser 1 NW. (PO 74 u. 75).
**Zorge**, *bed. Hüttenw.*, *Fl.*, Nordhausen 3 NW, Harzburg 5 SO, Halberstadt 7 SW. (ML 28, Bs 38, MH 9).
**Zorkau**, Bautzen (SO 20) 1½ SW.
**Zorn**, St. Goarshausen (Na 14) 2¼ O.
**Zorndorf**, Cüstrin (PO 8) 1¼ NO.
**Zornheim**, Mainz 1 S, Nackenheim ¾ SW. (HL 11 u. 8).
**Zorniska**, Lemberg (LCJ 1) 2 NW.
**Zorneding**, München (ByO 1) 2¼ SO.
**Zossen**, *Stadt*, Trebbin 2¼ O, Königs-Wusterhausen 2 SW, Berlin 4 S. (BA 1 BG 3, BA u. BG 1).
**Zottwitz**, Ohlau (OS 4) 1¼ NW.
**Zozenow**, Labes (BSt 18) 2¼ N.
**Zsáka**, Herettyo-Ujfalu (Ts 20) 2¼ SW.
**Zsám**, **Gross-**, *Fl.*, Moravitza (OeSt 123) 1½ O.
— **Klein-**, Moravitza (OeSt 123) 1¼ SO.
**Zsámbék**, Pest (OeSt 95, UN 1) 4 W.
**Zsambék**, Tura (UN 9) ½ S.
**Zsámbokréth**, Nyitra-, *Stadt*, Tornocz (OeSt 82) 8 NO.
**Zschackwitz**, Döbeln (LD 28) ½ W.
**Zschelia**, Meissen (LD 33) ½ NO.
**Zschepen**, Delitzsch (BA 38) ½ SO.
**Zschepkau**, Stumsdorf (ML 9) 1½ NO.
**Zscherben**, Merseburg (Th 17) ½ SW.
**Zscheraitz**, Schmölln (SW 85) ½ NO.
**Zschertnitz**, Dresden (LD 20) ¼ S.
**Zschiedge**, Potschappel (SO 43) ½ SO.
**Zschiesewitz**, Gräfenhainchen (BA 11) ½ NW.
**Zschillichau**, Bautzen (SO 20) 1¼ NO.
**Zschippach**, Ronneburg (SW 87) 1 NW.
**Zschocher**, **Gr.-** u. **Kl.-**, Leipzig (LD 1) ½ u. ¾ SW.
**Zschocken** bei Hartenstein, Stein (SW 52) ca ½.
**Zschöcherchen**, Schkeuditz (ML 13) 1½ SO.
**Zschorlau**, Schneeb.-Neustädtel (SW 55) ½ S.
**Zschorna**, Dornreichenbach H° (LD 7) ½ SW.
**Zschornau** (Tschornau), Radeberg (SO 14) 3½ NO.
**Zschornewitz**, Burgchemnitz (BA 12) ½ NO.
**Zsigrad**, Sellye (OeSt 81) 1 SO.
**Zsilva**, Barcs (OeSü 225, FB 6) 3 NW.
**Zsitfa**, Vizvar (OeSü 223) ¾ N.
**Zsolcza**, *PH* (*Ts 21*), Miskolcz (Ts 22) ½ O.
**Zubrza**, Lemberg (LCJ 1) 1 S.
**Zuckau**, *Fl.*, Danzig (PO 74) 3½ W.
**Zuckmantel**, *Stadt*, T Neisse 3½ S, Olmütz 11 N, Troppau 2 NW. (NB 1, KFN 59 u. 63).
— Teplitz (AT 6) ½ NW.
**Zudar**, Stralsund (BSt 59) 3 NO.
**Zühlsdorf**, Bernau (BSt 2) 2 NW.
— Arnswalde (OS 57) 1¼ O.
**Züllchow**, Stettin (BSt 10) ¾ N.
°**Züllichau** (*MP 5*), *Stadt*, T Fraustadt

[illegible]lingen (*Wü 64*), *Fl.*, Neckarsulm (Wü 58) 2 NO.
[illegible]en, Angermünde (BSt 0) 2½ O.
— Brand (BG 5) 1½ SW.
Zufälligsglück, *Bergw.*, Stockhausen (Na 38) ¼ O.
Zug, Freiberg (SO 51) ½.
*Siehe dagegen Stat. Zug SNO 2, 52*
Zugdamm, Hohenstein 1 NO, Praust 1½ SO. (PO 72, 73).
Zukow, Korszow (LCJ 15) ¾ NO.
Zulling, Landshut (ByO 10).
Zunsweier, Ortenberg *H°* (Ba 158) ½ SW.
Zunzgen, Sissach (SC 1,7) 2 NO.
Zurawia, Nakel (PO 26) 2¼ SW.
Zurawienko, Bukaczowce (LCJ 9) 2¼ NW.
Zurawno, *Stadt*, Bortniki 2 SW, Bukaczowce 3 NW. (LCJ 8 u. 9).
Zurczyn, Nakel (PO 20) 3½ SO.
Zurin, *bed. Grenzort*, Luzan (LCJ 20) 4 O.
Zurow in Mecklenburg, Wismar 1½ SO, Blankenberg 1½ NW. (Mk 13 u. 6).
— in Galizien, *Fl.*, Bukaczowce (LCJ 9) 1½ W.
Zurzach, *Fl.*, Ober-Lauchringen ¾ SW, Döttingen ¾ O. (Ba 20 u. SNO 2,59).
Zuschendorf, Pirna (SO 5) ½ SW.
Zusdorf, Moosburg (ByO 8) 1 S.
Zusenhofen, Appenweier (Ba 20) ½ NO.
Zusmarshausen, *Fl.*, Burgau 2 SO, Gabelbachgereuth ¾ NO, Dinkelscherben 1 N. (ByS 109, 111 u. 112).
Zussdorf, Ravensburg (Wü 30) 2 NW.
Zuzenhausen, *PH* (Ba 126), Meckesheim ½ S, Hoffenheim ½ N. (Ba 95 u. 127).
Zuzgen, Säckingen (Ba 62) 1½ S.
Zwang, Königsbronn (Wü 123) ½ SW.
Zwecha, Görlitz (BG 15) 1½ S.
Zweedorf, Büchen (BH 20, LH 7) ¾ S.
— Boitzenburg (BH 19) 1½ SW.
Zweenfurth, Borsdorf *H°* (LD 2) ½ SO.
Zweibrodt, Schmolz (BF 2) ½ SO.
Zweibrücken, Rietschen (BG 13) ½ NW
Zweifall, Stolberg (Bh 5) 1½ S.
Zweilütschinen, Thun (SC 1,47) 5½ SO.
Zweisimmen, Thun (SC 1,47) 4 SW.
Zwenkau, *Stadt*, Kieritzsch (SW 4) 1½ NW.
Zwergen, Liebenau (HN 16) ½ SO.
Zwerndorf, Gänserndorf (KFN 5) 1 O.
Zwesten, Borken 1 W, Zimmersrode 1 NW. (MW 6 u. 7).
Zwethau, Falkenberg (BA 23) 2 W.
Zwetkovic, Jaszka (OeSü 150) loco.
Zwettl, *Stadt*, Stockerau (KFN 46) 10 NW.
Zwick, Friedeberg (PO 16) ½ NO.
Zwickau, Böhm.-, *Stadt*, Zittau 3 SW, Gr.-Schönau 2 S, Böhmisch-Leipa 1½ NO, Kratzau 3 W. (SO 33, 41, BN 8, SO 38).
*Siehe dagegen Station Zwickau SW 47.*
Zwiefalten, *Fl.*, Schussenried 5 NW, Erbach 4 SW. (Wü 45 u. 36).
Zwillingsdorf, *Fl.*, Wiener-Neustadt (OeSü 22) 1 NO.
Zwilipp, Degow (BSt 43) ¾ S.
Zwingen, Basel (Ba 56) 3 S.
Zwingenberg, Aglasterhausen 1¼ NO, Neckarelz 1½ N. (Ba 99 u. 101).
*Siehe dagegen Station Zwingenberg MN 8.*
Zwiniacz, Luzan (LCJ 20) 4 N.
Zwippendorf, Sommerfeld 1¼ SO, Sorau 1½ NW. (NM 19 u. 22).
Zwirnitz, Gr.-Rambin (BSt 20) ½ SO.
Zwieselsel, *Fl.*, Vilshofen (ByO 35) 2 N.
Zwischen Wässern, Laibach (OeSü 76) 1½ NW.
Zwittawka, Skalik (OeSt 5) ½ N.
Zwochau, Schkeuditz (ML 13) 1½ NO.
Zwölfaxing, Himberg (OeSt 57) ½ NO.
Zwönitz, *Stadt*, Chemnitz 3¼ SW, Aue 2¼ O, Lugau 2 SO. (SW 28, 36 u. 45).
Zwonitz, Netolic (KFJ 25) 1¼ W.
Zwoll, Josefstadt (SNV 6) ¼ S.
Zwota, *Holzkammfabr. u. Spitzenklöpp. mit Hammerw.* Zwotenthal, Adorf 2 ONO, Oelsnitz 2¾ SO. (SW 72, 78).
Zwuk, Kurschau ½ SW, Staab ½ NO. (BW 6 u. 5).
Zydatycze, Lemberg (LCJ 1) 1½ NO.
Zydaczow, *Fl.*, Bortniki (LCJ 8) 2 NW.
Zydowo, Rokitnice (OS 49) ½ N.
Zyfen, Liestal (SC 1,5) 1½ SW.
Zyfflich bei Cleve, *siehe* Ziflich.
Züglin, Gr.- u. Klein-, Tarnowitz (OS 22, KO 12) 1 NO.
Zygland, Terespol (PO 20) 3 SO.
Zyrawa, Chodorow (LCJ 7) ¾ S.

---

# Orte, welche von den Stationen der Polnischen Eisenbahnen ihre Güter empfangen.

Von der Direction der Warschau-Wiener Eisenbahn ist uns hinsichtlich der Lage der fraglichen Orte angegeben worden, ob solche rechts oder links von der Bahn liegen, d. h. bei der Warschau-Wiener, ob westwärts, nach Deutschland hin (rechts), oder ostwärts, nach Russland hin (links), bei der Warschau-Bromberger, Lodzer und Warschau-Terespoler ob nördlich (rechts) oder südlich (links) von der Bahn. Der Gleichmässigkeit wegen und um genauer und deutlicher noch die Lage der Orte klar zu machen, geben wir, mit Anhalt an die Wehrt'sche und Reimann'sche Karte, die Lage derselben nach der Weltgegend und deren Entfernung von den Stationen in geograph. Meilen. Desgleichen haben wir die merkantile Bedeutung der fraglichen Orte, soweit uns solchen möglich war, beigefügt. Hinsichtlich der Lage der Eisenbahn-Haltepunkte siehe das Stationsregister. Bedeutung der Zeichen, Buchstaben und Abkürzungen:

W = Warschau-Wien; B = Warschau-Bromberg; L = Lodzerbahn; T = Warschau-Terespol.

Die hinter den Stationen in ( ) angegebenen Zahlen beziehen sich auf die Stations-Nummern im Stations-Registers.

⚓ Schiffahrt-Station; kl. = klein.

ą wird wie om, ę wie en ausgesprochen, wo solches bei den betreffenden Orten in ( ) sich angegeben findet.

Alexandrow(o) bei Zgierz, *Fl.*, Lodz (L 36) 1½ NW.
Będków (Bendkow), *Stadt*, an der Bahn, Koliciny (W 10) 1½ S.
Belchatów, *Stadt*, Petrikau (W 12) 3 W.
Bendzin, *Stadt*, Dąbrowa (W 23) ¾ SW. unm.
Biala, *Stadt*, Skierniewice (W 6) 4 SO.
Bielawy, Lowicz (B 25) 3 W.
Blaszki, *Fl.*, *Gerberei, Getreidemärkte*, Lodz (L 36) 11 SSW.
Blonie (Blonj), *Stadt*, Grodzisk 1 N, Pruszkow 1½ W, Warschau 3 SSW. (W 3, 2, 1).
Bolimów, *Stadt*, *Papiermühle*, Radziwillow (W 5) 1 NW, Lowicz (B 25) 2 SW.
Brdów, *Stadt*, *Viehmärkte*, Wloclawek (B 30).
Brudzew, Kutno 8 SW (B 27).
Brześć, Wloclawek 2 SW. (B 30).
Brześć-Litewski (Brest-Litowsky), *Stadt*, *Getreide- u. Flachshandel*, Terespol (T 48) unm. NO.
Brzeziny, *Stadt*, *Tuchfabrication*, Rogow (W 7) 1 NW.
Brzeźnica, Radomsk (W 14) 2 W.
Ceglow, *Stadt*, Mrozy (T 41) 1 W unm.
Chę(n)ciny, *Stadt*, *Marmorbruch*, *Silber- u. Bleibergwerk*, Czenstochau (W 16) 12 O.
Chodecz, *kl. Stadt*, Ostrowy (B 28) 2 NW.
Chrzaszczobrod, Lazy 1 SW, Ząbkowice 1 N. (W 20, 21).
Czeladź, Dąbrowa (W 23) 1½ SW.
Grochalice, *kl. Stadt*, Petrikau (W 12) 2½ SW.
Grzegorzew, Kutno (B 27) 6¼ W.
Gnaszów, Ruda-Guzowska (W 4) 1½ NW.
Herby, Czenstochau (W 16) ca 3 SW.
Hermanów, Ruda-Guzowka (W 4).
Horodyszcze, Biala (T 46) S.
Jablonna, Warschau (W 1) 2 NW.
Janów, *Stadt*, Biala (T 46) 2½ N.
— *Stadt*, Czenstochau (W 16) 3 SO.
Jaronowice, Czenstochau (W 16) O.
Jędrzejów, (Jendrzejów) *Stadt*, Czenstochau (W 16) 13 SSO.
Ilow, *Stadt*, Lowicz (B 25) 5 N.
Inowlodz, *kl. Stadt*, Rokiciny (W 10) 4½ SO.
Jeżów, *kl. Stadt*, *Tuchfabr.*, Rogów (W 7) 1½ NO.
Izbica (Jzbyza), *Stadt*, Wloclawek (B 30) 5 SW.
Kalisz (Kalisch), *Leder- u. Tuchfabriken*, Kutno (B 27) 15 SW.
Kaluszyn, *Stadt*, Mrozy (T 41) 1 N.
Kami(e)nsk, *kl. Stadt*, Gorzkowice (W 13) 1 SW.
Karczew, *Stadt*, Milosna (T 38) 2 S.
Kazimierz, *Stadt*, Lodz (L 36) 2½ W.
Kaz(i)mierz, *kl. Stadt*, Kutno (B 27) 13 W.
Kielce, *Stadt*, *Blei-, Steinkohlen- u. Kupferbergwerke*, Petrikau (W 12) 14 SO.
Kleczewo, *Stadt*, Kutno (B 27) 14 W.
Klobucko, *Stadt*, Czenstochau (W 16) 2½ NW.
Łęczyca (Lentschitza), Kutno (B 27) 5 SW.
Lelów, *kl. Stadt*, Czenstochau (W 16) ca 6 SSO.
Lipno, *Stadt*, Wloclawek (B 30) 3¼ N.
Liw, *Stadt* Mrozy (T 41) 3 NO.
Lomazy, *Fl.*, Biala (T 46) 2 S.
Losice, *Stadt*, Siedlce (T 43) 4 O.
Lubien, Ostrowy (B 28) 1¾ N.
Lubraniec, *Stadt*, Wloclawek (B 30) 3 SW.
Lutomierz (Lutomiersk), *Stadt*, Lodz (L 36) 2½ W.
Lyszkowice, Skierniewice (W 6) W.
Makow, *Stadt*, Skierniewice (W 6) ¾ W.
Malusz(sez), Czenstochau (W 16) 11 O.
Miechów, Zawiercie (W 19) 7 SSO.
Modlin, siehe Nowo-Georgiewsk.
Modrzejów, Sosnowice (W 21) ½ SO.
Mogielnica, *Stadt*, Skierniewice (W 6) 7 SO.
Mokobody (Mokoboda), *kl. Stadt*, Siedlce (T 43) 2½ NW.
Mordy, *Stadt*, Siedlce (T 43) 2½ ONO.
Mszczonów(?) [illegible], *kl. Stadt*, Myszków (W 18) 1 SW.
Mstów, *kl. Stadt*, Czenstochau (W 16) ca 1½ O.
Mszczonów, Ruda-Guzowska (W 4) 1 SO.
Myszków, Myszków (W 18) ½ SW.
Nadarzyn, *kl. Stadt*, Pruszkow 1 S, Grodzisk 1½ O. (W 2, 3).
Nieborów, *Dorf u. Schloss*, Lowicz (B 25) N.
Nowemiasto, *Stadt*, Rogow ca 6½ SSO, Petrikau ca 10 SO. (W 7 u. 12).
Nowo-Georgiewsk (Neu-Georgien, früher

**Parzęczew**, *Stadt*, Kutno (B 27) 5 S.
**Peisern**, siehe Pyzdry.
**Piaseczno**, *Stadt*, Warschau (W 1) 2½ S.
**Piatek** (Pionteck), *Stadt*, Lowicz (B 25) 4½ SSW.
**Pilica** (Pilitza), *Stadt*, *Gerbereien*, Zawierzie (W 19) 2 O.
**Pinsk**, *Stadt*, *Lederhandel*, Terespol (T 48) 22 O.
**Piotrkowo** (Petrikau), *Stadt*, Wloclawek (B 30) 7 SSW.
*Siehe dagegen Station Petrikau W 12.*
**Pławno**, *kl. Stadt*, Radomsk (W 14) 1 S.
**Plecka Dąbrowa**, Pniewo (B 26) ½ S.
*Siehe dagegen Station Dąbrowa W 23.*
**Plock**, *Stadt*, *Gerbereien*, Kutno (B 27) 6 NNO.
**Praszka** (an der Preuss. Grenze), *Stadt*, Czentochau (W 16) 2 NNW.
**Przedbórz**, *Stadt*, Radomsk (W 14) 4 NNO.
**Przedecz**, *Stadt*, Ostrowy (B 28) 1 NW.
**Przyrów**, *Stadt*, Czentochau (W 16) 4 O.
**Przysucha**, *Stadt*, Petrikau (W 12) 8¾ O.
**Pyzdry** (Peisern) (an der Preuss. Grenze) *Stadt*, Kutno (B 27).
**Raciązek** (Razionzek) Nieszawa (B 31) 1 NW.
**Radom**, *Stadt*, *Leder- u. Hutfabriken*, *bed. Handel*, Petrikau (W 12) 12 O.
*Siehe dagegen Station Radomsk W 14*
**Radoszyce**, *kl. Stadt*, Radomsk (W 14) 7 O.
**Radziejewo** (Raziew), *Stadt*, Wloclawek (B 30) 4 W.
**Radzyn** (Radsyn), *Kreisstadt*, Lukow 3¼ SO, Międzyrzec 3 SSW. (T 44, 45).
**Rawa**, *Stadt*, *Tuchfabrik*, *Brauerei*, *Brennerei*, Skierniewice (W 6) 3 S.
**Romoszo**, Biala (T 46) 3 S.
**Rospraa** (Rosspra), unmittelb. an der Bahn, *kl. Stadt*, Petrikau (W 12) 1½ S.
**Rzgów**, *Stadt*, Rokiciny 2½ W, Lodz 1½ SO. (W 10, 36).
**Seroki** (Serock), *Stadt*, Ruda-Guzowska (W 4) 6 N.
**Siennica** (Sienno), *Stadt*, Minsk (T 40) 1½ SSO.
**Sieradz**, *Stadt*, *Leineweberei*, *Gerberei*, Lodz (L 36) ca 8 SW.
**Sierpce**, *Stadt*, Wloclawek (B 30) 6 NO.
**Siewierz**, *Stadt*, *Eisenwerk*, Zawierzie (W 19) 1½ W.
**Skępe**, (Skempe), *Dorf*, Wloclawek (B 30) 4 NO.
**Slawkow**, *Stadt*, *Bleiminen*, Dąbrowa (W 23) 1½ O.
**Słupce** (Slupca), *Stadt*, nahe der Preuss. Grenze, Kutno (B 27) 15 W.
**Sluzewo** (Sluschewo), *Stadt*, Alexandrowo (B 32) 1 W.
**Smilowice**, Kowal (B 29) 1 W.
**Sobota**, Lowicz (B 25) 2½ W.
**Socharzow**, *Stadt*, *Pferdemärkte*, Lowicz (B 25) 3½ SO.
**Soko(l)low**, *Stadt*, *Tuch-*, *Leinwand- und Lederfabriken*, Siedlce (T 43) 4 N.
**Stanisławów**, *Fl.*, Minsk (T 40) 1¼ NW.
**Stryków**, *Stadt*, Lowicz (B 25) 4½ SW, Rogow (W 7) 3 NW.
**Strzemieszyce**, Ząbkowice (W 21) 1 SO.
**Sulejów**, Petrikau (W 12) 2 O.
**Szadek**, *Stadt*, Lodz (L 36) ca 6 SW.
**Szczekociny**, *Stadt*, *Getreidehandel*, Czentochau (W 16) 8 SSO.
**Szczercsow**, *Stadt*, Gorzkowice (W 13) 4 NW.
**Szydłowiec**, *Stadt*, *Handel mit Eisen*, *Holz*, *Mühlsteinen*, *Getreide*, Petrikau (W 12) 12½ O.
**Tarczyn**, *kl. Stadt*, Pruszków (W 2) 3¼ S.
**Tomaszów**, Rokiciny (W 10) 3 SO.
**Trębki** (Trembki) Kutno (B 27) 2 NO.
**Turek**, *Stadt*, Kutno (B 27) 10 SW.
**Tuszyn**, *Stadt*, Rokiciny (W 10) 3 SW.
**Ujazd**, *Stadt*, Rokiciny (W 10) 2 SO.
*Siehe dagegen die gleichnamigen Orte in Preussen.*
**Warta**, *Stadt*, ⚓ *Fabriken*, Lodz (L 36) ca 10 W.
**Węg(n)grów**, *Stadt* Mrozy (T 41) 4 NO.
**Wieluń**, *Kreisstadt*, Czentochau (W 16) ca 10 NW.
**Wiskitki**, Ruda-Guzowska (W 4) ¾ NW.
**Wisznice**, Biala (T 46) 3½ S.
**Władysławów** (Russerschütz), *Stadt*, an der Preuss. Grenze, Kutno (B 27) 9 SW.
**Wlodawa**, *Stadt*, Chotylow (T 47) 12 S.
**Wlodowice**, *kl. Stadt*, *Tuchweberei*, Myskow (W 18) 1½ SO.
**Wloszczow**, *Stadt*, Czentochau (W 16) 8 O.
**Wodzisław**, *Stadt*, Zawierzie (W 19) 7½ NNO.
**Wolborz**, *Stadt*, Baby (W 11) 1 SO.
**Wolbrom**, *kl. Stadt*, Zawierzie (W 19) 4 SO.
**Wyszogrod** (Wyschegrad), *Stadt* an der Weichsel, Lowicz (B 25) 5 N.
**Zakroczyn**, *Stadt*, Warschau (W 1) 3½ NW.
**Zarki**, *Stadt*, *Eisenwerke*, Myskow (W 18) 1 NO.
**Zarnów**, *kl. Stadt*, Petrikau (W 12) 5 SO.
**Zarnowiec** (Zarnowice), *Stadt*, Zawierzie (W 19) 4 O.
**Zdunska Wola**, *Stadt*, *Fabriken*, Lodz (L 36) ca 6½ SW.
**Zgierz**, *Stadt*, Lodz (L 36) 1½ SSW.
**Zychlin**, *Stadt*, *Gerberei*, Pniewo (B 26) ½ N.

## Ueber die rechtliche Verpflichtung des Versenders zur genauen und vollständigen Angabe des Adressorts auf dem Frachtbrief und Anweisung für den Gebrauch des Stations- und Orts-Registers.

Der Frachtbrief, dessen Ausstellung nach Art. 391 des D.H.G.B. der Frachtführer vom Absender des Guts verlangen kann, und welcher als Beweis über den zwischen der Eisenbahn-Verwaltung und dem Absender abgeschlossenen Transportvertrag gilt, muss nach § 5 Nr. 1 des Reglements für den Vereins-Güterverkehr „die deutliche und genaue Bezeichnung des Empfängers und Bestimmungsorts enthalten.“ „Der Versender bürgt (wie § 5 Nr. 2 des V.-G.-R. bestimmt) für die Richtigkeit der Angaben des Frachtbriefs und trägt alle Folgen, welche aus unrichtigen, undeutlichen und ungenauen Angaben im Frachtbriefe entspringen.“ — „Bei Versendung von Gütern nach Orten, welche an einer Eisenbahn nicht gelegen sind, soll der Versender (siehe V.-G.-R. § 5 Nr. 6) wegen des Weitertransports auf dem Frachtbriefe die Eisenbahn-Station bestimmen, von welcher der Adressat den Weitertransport zu besorgen hat.“

Nach diesen Bestimmungen, welche für jeden Eisenbahn-Gütertransport massgebend sind, der innerhalb des grossen Gebiets des Vereins deutscher Eisenbahn-Verwaltungen zur Ausführung kommt, ist die richtige und vollständige Ausfüllung der Frachtbriefs-Adresse lediglich Sache des Versenders. Eine in gutem Glauben geschehene nöthige Vervollständigung dieser Adresse Seitens der Güterexpedition erfolgt daher auf Gefahr desselben, und kann er keinen Schadenersatz fordern, wenn in Folge einer Ungenauigkeit in der Adresse, das Gut an einen unrichtigen Ort expedirt wird.

Es ist letzteres Seitens der Gerichte mehrfach anerkannt worden. Als z. B. ein Dampfkessel in Ruhrort mit einem auf *Tannenbergsthal* bei Station *Reichenbach* lautenden Frachtbriefe ohne weitere Angabe, an welcher Bahn die Station liege, aufgegeben wurde, und die Güter-Expedition in Ruhrort, auf die Aussage hin, dass bei Reichenbach in Schlesien ein Ort Tannenbergsthal existire, auf dem Frachtbriefe den Zusatz *„in Schlesien“* gemacht und den Kessel nach Schlesien befördert hatte, während derselbe nach Tannenbergsthal im Voigtlande bestimmt war, erkannte das Handelsgericht in Aachen, auf eine vom Versender gegen die Verwaltung der Aachen-Düsseldorfer Eisenbahn erhobene Entschädigungsklage: „dass der Absender durch die undeutliche Bezeichnung der Empfangsstation selbst den Irrthum des versendenden Güter-Expedienten, sowie die irrige Dirigirung des Kessels veranlasst, und er daher nach der betreffenden Reglements-Bestim-

Herrn NN. in *Baal*,
Station *Baal* der *Bergisch-Märkischen* Eisenbahn.

Die Wiederholung des Orts-Namens (Baal) als Adressort und Stationsort ist insofern schon von Nutzen, als bei einem unbekannten Ortsnamen und nicht ganz deutlicher Schrift eine solche Wiederholung zur Erledigung etwaiger Zweifel dienen kann. Ebenso ist die Bezeichnung der Bahn, zu welcher die Station gehört, immer nützlich, namentlich bei seltener im Verkehr vorkommenden Stationen, zumal da es nicht immer bekannt ist, ob nicht mehrere Stationen desselben Namens oder ähnliche existiren. Nur bei ganz bekannten Hauptstationen wie Berlin, Wien, Cöln, Leipzig u. s. w., möchte solche überflüssig erscheinen. Durchaus nothwendig ist aber die Bezeichnung der Eisenbahn, wenn sich aus dem Stations-Register ergiebt, dass mehrere Stationen gleichen oder ähnlichen Namens vorhanden sind, z. B. Station Brunn der Sächs. westl. Staatsbahn and Station Brunn der Oesterr. Südb., oder Neunkirch Badische Staatsb., Neunkirchen Köln-Mindner Bahn.

2. Ist nach Inhalt des Stations-Registers der Adressort **keine Eisenbahn-Station**, so ist durch Nachschlagen des **Orts-Registers** in Erfahrung zu bringen, nach welcher Abstoss-Station das Gut zu dirigiren ist, wobei zwei Fälle zu unterscheiden sind:

a) findet sich im Orts-Register bei dem betreffenden Adressort nur eine Adress-Station angegeben, so ist die Manipulation einfach. Wäre z. B. der Adressort Abda, bei welchem im Orts-Register die Abstoss-Station Raab, Station der OeSt. (Oesterr. Staatsbahn) angegeben ist, so wäre die Adresse folgendermaassen auszufüllen:

Herrn NN. in *Abda*.
Station *Raab* der *Oesterr. Staatseisenbahn*.

Bei etwaigen Zweifeln schlage man mit Anhalt an die beigefügte Nummer des Stat.-Registers dieses sowohl als eine gute Karte nach.

b. Weist das Orts-Register **verschiedene Abstoss-Stationen** für den Adressort nach, so wird man stets durch Nachschlagen des **geographischen Stations-Registers** in Verbindung mit der Bartholdschen Karte, oder unserer Uebersichtskarte über die Lage der fraglichen Abstoss-Stationen sich vergewissern müssen, um dann unter denselben diejenige auswählen zu können, welche dem Versandtorte am nächsten liegt resp. am billigsten zu erreichen ist.

Die nach andern Werken so schwer zu ermittelnde geograph. Lage des Adressorts zu der betreffenden Abstoss-

# Speditions-Geschäfts-Adressen.

Die beistehenden Seitenzahlen weisen auf die nachfolgenden specielleren Annoncen dieser Firmen hin.

### Aachen.

Goetze & Staerk. 2.
Carl Schiffers.
A. Souheur & Co. 2.

### Ala (Tirol).

Francesco Parisi. 10.

### Altona.

Ch. van Diemen & Co. 6.
P. A. v. Essen. 6.

### Ansbach.

Carl Oelschlägel.

### Antwerpen.

David, Spick und Kernkamp. 2.
A. Souheur & Co. 2.

### Bautzen.

C. W. Frommelt.

### Berlin.

Louis Bermas.
C. Brastrup.
Fregin & Friedländer. 3.
W. v. Lockstaedt & Resag.
Moreau Valette. 2.
Rosenberg & Loewe.
C. A. Schirow & Co. 3.
A. Warmuth.

### Bernburg.

Ernst Braune. 4.

### Bremen.

Heinrich Becker.
Ch. van Diemen & Co. 6.
N. Luchting & Co. 4.
A. Siebrecht. 4.
Uhlmann & Co. 7.
C. Wüttenberger.

### Bremerhafen.

Heinrich Becker.
N. Luchting & Co. 4.
A. Siebrecht. 4.
Schwoon & Co. 4.
Uhlmann & Co. 7.

### Breslau.

F. A. Franke. 4.
Jos. Pohl & Co.

### Bromberg.

Jul. Rosenthal.

### Brüssel.

David, Spick & Kernkamp. 2.

### Bunzlau.

Heidrich & Co. 5.

### Carlsruhe.

Barthold & Co.

### Cüstrin.

W. Th. Ouvrier.

### Danzig.

Heinr. Hülsen.

### Dessau.

Ziegler, Uhlmann & Co. 5.

### Dresden.

Lüder & Tischer. 5.
Seeger & Maeser.

### Düsseldorf.

E. Mouths.

### Emmerich.

Aug. Lancelle. 5.

### Eydtkuhnen.

A. Feinberg & Rosa.

### Flensburg.

W. O. Frohne. 5.

### Frankenstein i. Schl.

F. A. Franke. 4.
Seifert & Co.

### Frankfurt a. M.

F. Lausberg & Co. 6.

### Frankfurt a. O.

C. Schöllhammer.

### Geestemünde.

J. H. Bachmann.
Heinrich Becker.
Schwoon & Co. 4.
A. Siebrecht. 4.
Uhlmann & Co. 7.

### Glatz.

F. A. Franke. 4.

### Görlitz.

Otto Druschki.

### Greifswald.

Hermann Droysen.

### Halle a. d. S.

Zoern & Steinert. 6.

### Hamburg.

E. N. Becker. 6.
Ch. van Diemen & Co. 6.
P. A. v. Essen. 6.
Otto Reinhardt Frisch. 7.
Rosenberg und Löwe.
Julius Steinhardt.
Uhlmann & Co. 7.

### Hamm.

G. W. Timmermann.

### Harburg.

Ch. van Diemen & Co. 6.

### Haynau (Schlesien).

Heidrich & Co. 5.

### Huy (Belgien).

A. Barras.

### Kiel.

H. B. Hansen. 7.
Sartori & Berger. 7.

### Königsberg.

A. Feinberg & Rosa.

### Leer.

F. Homberg.

### Leipzig.

Uhlmann & Co. 7.

### Löbau.

C. W. Frommelt.

### Ludwigshafen u. Mannheim.

Baum & Fischer. 8.
Claus & Stern. 8.
J. E. Dresler. 8.

### Magdeburg.

Eduard Oberbreyer. 7.

### Mainz.

George Hirsch.

### Nürnberg.

J. G. Linck. 8.

### Ostende.

David, Spick & Kernkamp. 2.

### Ottensen.

Ch. van Diemen & Co. 6.

### Paris.

David, Spick, Kernkamp & Co. 2.

### Prag.

Josef Schmidt. 9.

### Regensburg

J. W. Neumüller.

### Sangerhausen.

Burchardt & Wapler.

### Stettin.

Carl Boden. 9.
Lion M. Cohn.
Wiesenhütter & Wandel.

### Stolp u. Stolpmünde.

G. Rbt. Meyer jr.

### Stralsund.

Heinrich Israel.

### Stuttgart.

Carl Frank. 9.

### Triest.

Francesco Parisi. 10.
Julius Pollack. 9.
Smrecker & Co.

### Udine.

Francesco Parisi. 10.

### Wien.

Karpeles & Hirsch.
Francesco Parisi. 10.
Jos. Regler's Nachfolger. 10.
Rotter & Perschitz.

### Wirballen.

A. Feinberg & Rosa.

PRAG.

# JOSEF SCHMIDT.

**SPEDITEUR**

**der k. k. priv. österr. Staats-Eisenbahn-Gesellschaft.**

Prompteste und billigste Expedition von Gütern aller Art.

**nach und von den sämmtlichen Bahnhöfen Prags.**

Verladung vermittelst Eisenbahn, Schiff und Achse nach allen Orten des In- und Auslandes.

**Umfassende Lager- und Verpackungsmagazine in eigenen Häusern.**

---

**Stettin.**

# CARL BODEN

vormals GÜNTHER, BEHREND & Co.

Speditions-Geschäft.

---

STUTTGART.

# Carl Frank.

Königl. Hof-Spediteur.

**Speditions-, Incasso- & Agentur-Geschäft.**

Gerberstrasse Nr. 9.

**Haupt-Agent**

der Versicherungs-Anstalten der Bayrischen Hypotheken- und Wechsel-Bank in München

der Badischen Schifffahrt Assecuranz-Gesellschaft in Mannheim.

---

**General Agentur der Italienischen Südbahnen.**

**Agentur der grossen Gesellschaft Russischer Eisenbahnen.**

**Agentur der Warschau-Wiener & Warschau-Bromberger Eisenbahnen.**

# JULIUS POLLACK

Königlich Preussischer Hof-Spediteur

**Triest**

Speditions-Commissions-Bank.

# Zur Nachricht.

---

Obgleich zum Zweck einer möglichst raschen Herstellung des beifolgenden Orts-Registers der Satz desselben an zwei tüchtige Druckereien vertheilt worden war, welche beide die bestimmte Zusage gegeben hatten, bis spätestens Ende Mai die ihnen zugetheilte Hälfte der Arbeit zu liefern, so ist doch der Satz desselben erst Mitte Juni vollendet worden, weil die exacte Herstellung des einen sehr reichen Stoff umfassenden Werkes weit mehr Zeit in Anspruch nahm als man allerseits geglaubt hatte. Wir bitten desshalb das verspätete Erscheinen des Orts-Registers gütigst entschuldigen zu wollen, welches als Aequivalent für diese Verspätung ein noch weit umfangreicheres Material bietet, als solches nach der ersten Anlage desselben beabsichtigt war.

Wir machen zugleich darauf aufmerksam, dass die zweite von einer andern Druckerei fertiggestellte Hälfte des Orts-Registers mit neuen Seitenzahlen beginnt, da es selbstverständig nicht möglich war, von vornherein zu bestimmen, wie viel Seiten der Satz der ersten — bis Ende K. reichenden Hälfte umfassen werde. —

Am Schlusse dieser ersten Hälfte finden sich (S. 63) die nachträglich eingegangenen Notizen betreffend die

**Orte im Gebiet der Siebenbürger Eisenbahn,**

sowie S. 64

**Zusätze und Berichtigungen zum Stations-Register,**

welches hierdurch bis zum 20. Juni 1869 fortgesetzt erscheint.

Am Schlusse der zweiten Hälfte haben wir den in den Vorbemerkungen erwähnten Nachtrag betreffend

**die Orte im Gebiet der Warschau-Wiener**

und der übrigen Polnischen Eisenbahnen, sowie

**Bemerkungen über die rechtliche Bedeutung der Frachtbriefadresse**

und eine

**Anweisung zum Gebrauch des Stations- und Orts-Registers bei Ausfüllung des Frachtbriefformulars**

mitgetheilt.

Auch machen wir auf den Nachtrag zum Stations-Verzeichniss betreff. die

**Niederländische Staatsbahn**

aufmerksam, welcher sich auf der dritten Seite des Umschlags abgedruckt findet.

---